作｜者，假借字。（同上）○｜，土膏肥也。〔廣韻·吻部〕○｜肥，聲之轉。〔書·禹貢〕馬融注「｜，有膏肥也」孫疏。○〔說文定聲·卷一五〕｜，借為膹。〔書·禹貢〕馬融注「｜，有膏肥也」。

卺 ｜，以瓢為酒器，婚禮用之也。〔廣韻·隱部〕○巹同｜。（同上）○｜者，巹之假借字。〔說文〕「巹，蠡也」段注。○｜，〔禮記〕借為合巹字。〔說文〕「｜，謹身有所承也」段注。○〔說文定聲·卷二〕｜，叚借為巹。〔儀禮·士昏禮〕「實四爵合｜」。

齔 ｜，毀齒。〔廣韻·隱部〕○｜，俗作齓。（同上）

齓 未既｜者，齒未盡毀也。〔史記·周本紀〕「既｜而遭之」志疑。

刎 ｜，斷也。〔國策·燕策三〕「遂自｜」鮑注。○｜，割也。〔慧琳音義·卷七二〕○｜，｜頸。〔廣韻·吻部〕

抆 ｜，拭也。〔楚辭·悲回風〕「孤子唫而｜淚兮」補注。又〔廣韻·吻部〕○｜，摸也。〔慧琳音義·卷一四〕引〔韻英〕。○｜，修拭也。（同上）○｜，修理也。〔慧琳音義·卷六一〕引〔考聲〕。○｜，或作揾。〔慧琳音義·卷一四〕引〔韻英〕。○｜，字亦作抿。〔廣雅·釋詁二〕「｜，拭也」疏證。

黺 ｜，絥也。〔說文〕「｜，衮衣山龍華蟲｜畫粉也」義證引〔玉篇〕。○｜，畫聚粉也。〔說文〕繫傳。○｜，為分閒布白，所謂繪事後素也。〔說文定聲·卷一五〕○｜，綵文。〔廣韻·吻部〕

扮 ｜，握也。〔廣韻·吻部〕○｜，動。（同上）○｜，叚借為粉，今俗用為優人妝｜字。〔說文定聲·卷一五〕○（同上）｜，叚借為奮。〔廣雅·釋詁一〕「｜，動也」。

鼢 ｜，即化為鴽者也。〔說文〕「｜，地中行鼠」段注引蘇頌〔圖經〕。○｜，〔方言〕謂之犂鼠。（同上）○｜，今謂之地鼠，尾僅寸許。〔說文定聲·卷一五〕○（同上）｜，叚借為濆。〔左傳昭公五年〕「敗莒師於蚡泉」。

蚡 鼢鼠穿地起土，故謂地之鬆者為｜。〔說文定聲·卷一五〕（「墳」下）○或曰地行鼠曰｜。〔說文定聲·卷一二〕（「炆」下）○｜、鼢古通用。〔方言六〕注「犂鼠，｜鼠也」疏證。○濆、瀵、｜皆古字通用，沸聲之轉。〔左氏昭公五年經〕「敗莒師於｜泉」洪詁。○〔說文定聲·卷一二〕疑借坌為蚡也。〔左傳昭公二二年〕「劉炆字伯坌」。（「炆」下）○〔釋文〕｜作坌。〔左傳昭公二三年〕「若敖｜冒」洪詁。

膹 ｜，切熟肉。〔廣韻·吻部〕○｜胐，李善注〔文選·七命〕作脣吻。〔呂覽·觀表〕「管青相｜胐」校正。

幡 ｜，穀囊滿。〔集韻·吻部〕○｜，囊滿裂也。（同上）○｜之言璺也，璺者，隙也。〔說文〕「｜，以囊盛穀大滿而裂也」段注。○｜通作僨。（同上）義證。○｜，〔玉篇〕作㨃。（同上）○｜，或从賁。〔集韻·吻部〕

魵 ｜，鰕別名。〔廣韻·吻部〕

韞 ｜，藏也。〔慧琳音義·卷八五〕引〔韻英〕。又〔續音義·卷一〇〕引〔切韻〕。○｜，包藏也。〔慧琳音義·卷六六〕引〔考聲〕。○｜，裹也。〔說文〕「｜」義證引〔玉篇〕。○｜，赤色。〔廣韻·㲋部〕○｜，韣也。〔集韻·㲋部〕○｜｜櫝。〔廣韻·吻部〕○｜丘，當即宛丘，聲近叚借字也。〔釋丘〕「陳有宛丘」郝疏。

緼 ｜，枲麻。〔廣韻·吻部〕○｜，枲也。〔集韻·隱部〕○｜與蘊通。〔漢書·蒯通傳〕「即束｜請火」補注。

齳 ｜，無齒。〔廣韻·吻部〕○齫同｜。（同上）

会 ｜，大也。〔廣韻·吻部〕○｜，此謂梱物之大。〔說文〕「｜，大也」段注。

趣 ｜，走皃。〔廣韻·吻部〕又〔集韻·質部〕。

乚 ｜，匿也。〔廣韻·隱部〕○｜，隱也。〔說文繫傳·通論上〕又〔說文定聲·卷一六〕。（「真」下）

濦 ｜，字或作溵。〔說文〕「｜，水出潁川陽城少室山」義證。

醞 ｜，釀也。〔廣韻·吻部〕○｜，又為裹藏之義，字作韞。〔說文定聲·卷一五〕

檃 揉曲者曰｜。〔說文〕「｜，栝也」義證引〔增韻〕。○｜通作隱。（同上）義證。○｜，古今皆借隱字為之。（同上）繫傳。○｜，亦省作隱。（同上）句讀。○｜，亦作櫽。〔說文〕「｜，桰也」段注。○｜，字或作櫽。〔說文〕「｜，栝也」義證。○｜，又或作櫽。（同上）

㥯 ｜，凡諸書言安隱者當作此，今俗作安穩。〔說文〕「｜，有所依也」段注。○｜與隱通。〔方言六〕「隱，定也」箋疏。○｜，經典通用隱也。〔說文〕「｜，有所依也」句讀。○｜，與隱音同義近，隱行而｜廢矣。（同上）段注。○｜，所依据也。〔廣韻·焮部〕又〔集韻·焮部〕。

揾 ｜，沒也。〔廣韻·吻部〕

抎 ｜，失也。〔國策·齊策四〕「唯恐失｜之」鮑注。○｜，有所失。〔廣韻·吻部〕○｜之言損也，損亦失也。〔廣雅·釋詁〕「｜，失也」疏證。○｜即隕也。〔左傳成公二年〕「隕子辱矣」疏證引沈欽韓。○｜，本字，隕，同音字。（同上）疏證引李富孫。○｜與隕通。（同上）疏證。又〔廣雅·釋詁〕「｜，失也」疏證。○｜與隕同。〔國策·楚策四〕「折清風而｜矣」補正。

癮 —胗，皮外小起。〔廣韻·隱部〕〇—疹，皮上小起痕跡也。〔慧琳音義·卷四六〕〇—疹，皮上風起也。〔卷七四〕引〔考聲〕。

⿰糸隱 —，縫衣相著。〔廣韻·隱部〕

⿰車隱 —，車聲。〔集韻·隱部〕又〔廣韻·隱部〕。〇—，通作殷。〔集韻·隱部〕〇磤—殷隱，並字異而義同。〔廣雅·釋詁四〕「磤，聲也」疏證。〇隱隱、殷殷，並與——同。〔廣雅·釋訓〕「——，聲也」疏證。〇——慎慎，一作——墳墳，蓋即隱隱填填也。〔通雅·釋詁〕〇—，或从殷。〔集韻·隱部〕

⿰黍斤 —，黏皃。〔廣韻·隱部〕〇—、堇，並音居隱反，其義同也。〔廣雅·釋詁四〕「—，黏也」疏證。〇墐與—亦聲近義同。〔同上〕

⿰牛堇 —，牛馴也。〔廣韻·隱部〕〇—，柔也。〔說文〕「懮，牛柔謹也」義證引〔玉篇〕。〇—謹懮擾並通。〔廣雅·釋詁四〕「—，柔也」疏證。

⿱巹豆 —，瓢也。〔說文〕「—，蠡也」段注。〇—，合—瓢也。〔同上〕義證引〔玉篇〕。〇今婚禮合—用匏謂之—。〔同上〕繫傳。〇以一瓠劙為二曰瓢，亦曰—。〔說文〕「瓢，蠡也」段注。〇一匏劙為二謂之—。〔說文定聲·卷二〕〇—，或作卺。〔說文〕「—，蠡也」義證。〇—同卺。〔廣韻·隱部〕

赾 —，跛行皃。〔廣韻·隱部〕〇—，行難也。〔集韻·隱部〕〇—與蹇署同，音亦相近。〔說文定聲·卷一五〕〇—張，斜立而撥弩也。〔通雅·卷四〕〇—張，蓋謂以足蹋張弩也。〔說文〕「趨，距也」繫傳。〇今人靳固字，當作此—字。〔說文〕「—，行難也」段注。

脗 —合，無波際皃。〔集韻·吻部〕

伆 —，離也。〔廣韻·吻部〕又〔集韻·吻部〕。

勼 —，覆也。〔廣韻·吻部〕又〔集韻·吻部〕。

劤 —，多力也。〔集韻·隱部〕

壼 壹—，不泄皃。〔集韻·隱部〕

喗 —，大口。〔廣韻·吻部〕

嶾 —嶙，山皃。〔廣韻·隱部〕

⿸广軍 —，儲積也。〔集韻·隱部〕

愪 —，憂也。〔集韻·隱部〕

漝 —，水絕皃。〔集韻·吻部〕

漌 —，清也。〔廣韻·隱部〕又〔集韻·隱部〕。

濆 —泉者，直泉也。〔通雅·釋始〕

⿰王囷 —砡，齊也。〔集韻·隱部〕

⿺辶芏 —，菜名。〔廣韻·隱部〕

⿱艹吻 —，蘠—。〔廣韻·吻部〕

⿱艹㥯 —堇，艸名。〔集韻·隱部〕

蘟 —葱，菜名。〔集韻·隱部〕

亲 —，草木衆齊。〔廣韻·隱部〕

歾 —兼有歿刎二讀，無煩改—為刎也。〔荀子·彊國〕「—頸也」集解引王念孫。

斳 —，肕也。〔集韻·隱部〕

脪 —，創肉反出也。〔集韻·隱部〕〇—，或作痛。〔同上〕

腪 —脪，肥也。〔集韻·隱部〕

⿰月昏 —，聚筋也。〔集韻·吻部〕

殷 磤轀—隱，並字異而義同。〔廣雅·釋詁四〕「磤，聲也」疏證。〇隱隱、——，並與轀轀同。〔廣雅·釋訓〕「轀轀，聲也」疏證。

慇 —，痛也。〔集韻·隱部〕〇—，通作隱。〔同上〕

㥯 —，謹也。〔廣韻·隱部〕

磤 —，雷聲。〔廣韻·隱部〕〇—轀殷隱，並字異而義同。〔廣雅·釋詁四〕「—，聲也」疏證。

殞 —，殂也。〔集韻·隱部〕

粉 穧—，穫也。〔集韻·吻部〕

稇 —，束也。〔集韻·隱部〕〇—，或从麇。〔同上〕

瘨｜，病也。〔廣韻・吻部〕

瘽｜，病也。〔廣韻・隱部〕又〔集韻・隱部〕。

⿸疒賓｜，病悶。〔廣韻・吻部〕又〔集韻・吻部〕。

褞｜，｜衼。〔廣韻・吻部〕

⿰虫憲｜，蚯蚓也。吴楚呼為寒｜。〔廣韻・隱部〕

筀｜，竹名。〔文選・南都賦〕「其竹則籦籠｜篾」集釋引〔集韻〕。○｜，皮白如霜，大者宜為篙。（同上）集釋引戴凱之〔竹譜〕。○｜竹，中實而促節，體圓質勁，皮白如霜，大者宜刺船，細者可為笛。（同上）集釋引〔本草〕。○｜，通作斤。（同上）集釋引〔集韻〕。

冃｜，歸依也。〔廣韻・隱部〕○｜，歸也。〔集韻・隱部〕

冃｜，音隱，退也，即冃字。今字書又有作殷者，皆因訛故别耳。〔通雅・疑始〕

豶｜，｜土之怪。〔集韻・吻部〕

紛｜紜、｜云、汾沄並與｜䞓同。〔廣雅・釋詁三〕「｜，亂也」疏證。

縜｜，持綱紐。〔集韻・隱部〕

⿰糸菫｜，織紋緻密。〔集韻・隱部〕

⿺走屈｜，走皃。〔集韻・隱部〕○｜，或从困。（同上）

輐轒｜，車名。〔廣韻・吻部〕○｜轒，車也。〔集韻・隱部〕○

轒｜輐，車名。〔廣韻・吻部〕○｜輐，大車。〔集韻・吻部〕

賁〔通雅・卷二〕｜與僨同。〔禮記〕「｜軍之將」。

睴｜睹，富也。〔廣韻・吻部〕又〔集韻・隱部〕。

⿰角秦｜，角齊多皃。〔廣韻・隱部〕

讔｜，廋語。〔集韻・隱部〕○｜，廋辭也。〔呂覽・重言〕「不聽而好｜」校正。○｜喻，謂隱書也。〔通雅・釋詁〕

鱝｜魚，圓如盤，口在腹下，尾上有毒。〔廣韻・吻部〕○｜，魚名，大魷也，形圜有毒。〔集韻・吻部〕○｜，或从忿。（同上）

齫｜當作齳。〔荀子・君道〕「｜然而齒墮矣」集解引郝懿行。○｜當作齫，與齳同。（同上）集解引盧文弨。

⿰齒堇｜斷，齒皃。〔集韻・隱部〕

續經籍籑詁卷第四十三　上聲

十三　阮

阮　一，石山戴土。〔集韻·微部〕○一，國名，在今涇州。〔詩·皇矣〕「侵一徂共」朱傳。○一崘，即昆侖也。〔呂覽·古樂〕「乃之一崘」平議。○一，通作原。〔說文〕「一，代郡五一關也」義證。○〔地理志〕代郡無五一關，有五原關，疑五一即五原，音之轉耳。〔漢書·成帝紀〕「流民欲入函谷、天井、壺口、五一關者」補注引齊召南。○一，通作亢。〔釋詁〕「一，虛也」郝疏。○一，俗作坑。〔同上〕○官本一作沅。〔漢書·地理志〕「莽曰一陸」補注。

遠　一，遙一也。〔廣韻·阮部〕○一，一色。〔漢書·王商傳〕「一別不親」補注引王文彬。○一，疏也。〔大戴·曾子立事〕「而一其所不能」王詁。○一即外也。〔管子·內業〕「守戰一見有患」平議。○一亦大也。〔廣雅·釋詁一〕「貪，大也」疏證。○一與長亦同義。〔釋詁二〕「敻，長也」疏證。○一猶去也。〔詩·載馳〕「我恩不一」通釋。○一難，即免難之義。〔韓子·六反〕「畏死一難」集解。○至與一義相成。〔釋詁〕「遐，一也」郝疏。○歫國百里為一郊。〔說文定聲·卷七〕（「郊」下）○一志，此草服之能益智彊志，故有一志之稱。〔本草·卷一二〕○一志，一名棘菀，一名葽繞，一名細草。〔說文〕「蒐，棘蒐也」義證引〔本草〕。○一揚，一枝揚起者也。〔詩·七月〕「以伐一揚」朱傳。○一揚者，伐其一人之枝，揚起之條也。〔同上〕後箋引段玉裁。○一德，謂德及一外人胡越之屬。〔漢書·文帝紀〕「朕既不能一德」補注。○騰一，即騰猿，字之誤。〔史記·司馬相如傳〕「騰一」志疑引〔焦氏筆乘〕。○騰一，本作騰猿。〔漢書·司馬相如傳〕「騰一射干」補注。○一當為反。〔荀子·法行〕「不亦一乎」集解引王念孫。○一當為逮。〔墨子·尚同中〕「以一至乎鄉里之長」閒詁。○官本一作還。〔漢書·溝洫志〕「回一」補注。○一，疑逵字之誤。〔呂覽·觀世〕「一乎性命之情也」校正。

本　一，一末。〔廣韻·混部〕○一，根也。〔本草·卷一四〕又〔大戴·少閒〕「苟一正」王詁。○凡木命根為氐，旁根為根，通曰一。〔說文〕「柢，木根」義證引戴侗。○一，今謂之幹者是也。〔說文〕「一，木下曰一」句讀。○一猶根也。〔論語·學而〕「君子務一」朱注。○一，下也。〔廣韻·混部〕○一謂下。〔孟子·告子下〕「不揣其一而齊其末」朱注。○一，始也。〔大戴·夏小正〕「一則在一」王詁。○一亦始也。〔荀子〕「反其平」雜志。○一猶始也。〔漢書·朱博傳〕「一造計謀」補注引蘇輿。○一者，萬物之始。〔論語·八佾〕「林放問禮之一」劉正義。○一，謂考其一始。〔墨子·非命上〕「有一之者」閒詁。○一者，主也。〔漢書·爰盎傳〕「一兵柄」雜志。○一與主同義。〔同上〕○一與主義相近。〔廣雅·釋詁三〕「質，主也」疏證。○一猶質也。〔荀子·哀公〕「不傷於一」集解引郝懿行。○一，常也。〔大戴·千乘〕「崩一以要閒」王詁。○一，治也。〔廣韻·混部〕○一，舊也。〔同上〕○一謂身也。〔大學〕「其一亂而末治者否矣」朱注。○一謂一性。〔大戴·哀公問五義〕「行中矩繩而不傷於一」王詁。○一，宗子也。〔詩·文王〕「一支百世」朱傳。○一謂農業。〔國策·中山策〕「則民務名不存一」鮑注。○今人總以奏謂之一。〔通雅·書札〕○朝廷者，一國之一，故曰一朝。〔經義述聞·卷三一〕○一朝，猶朝廷。〔漢書·李尋傳〕「以彊一朝」補注引蘇輿。○一朝，猶言中朝。〔漢書·蕭望之傳〕「一朝所仰」補注引周壽昌。○明世稱大司馬為一兵，本此。〔漢書·爰盎傳〕「一兵柄」補注引周壽昌。○一事，耕織也。〔韓子·姦劫弒臣〕「利一事」集解。○一亦叢生之義。〔詩·下泉〕傳「苞，一也」通釋。○葆、一，一聲之轉，皆是叢生之名。〔廣雅·釋詁三〕「葆，一也」疏證。○方一苞葆茂，音義俱通。〔釋詁〕「苞，豐也」郝疏。○一，或作苯。〔廣雅·釋詁三〕「葆，一也」疏證。○〔大雅〕以一奏為奔走，叚借也。〔說文〕「一，木下曰一」段注。○〔說文定聲·卷一五〕一，叚借為奔。〔詩·緜〕「予曰有一奏」。○〔御覽〕引一作木。〔左傳成公二年〕「繫桑一焉」疏證。○一乃末字之誤。〔淮南·泰族〕「根深則一固」平議。○一乃大字之誤。〔國語·魯語〕「夫惠一而後民歸之志」平議。○一，大之誤也。〔荀子·君道〕「一不利於所私也」集解。○一，當作卒，卒猶終也。隸書一字或作夲，卒字或作卒，故卒譌為一。〔漢書·郭解傳〕「其陰賊著於心，一發於睚眦如故云」補注引王念孫。○一當為平字之誤也。〔荀子·仲尼〕「彼非一政教也」集解引王引之。○一字乃去字之誤。〔淮南·道應〕「爭者，人之所一也」平議。

晚　一，暮也。〔廣韻·阮部〕○一，引申之為凡後之偁。〔說文〕「一，莫也」段注。

苑　養牛馬林木曰一。〔說文〕「一，所以養禽獸也」義證引〔三蒼〕。○古謂之囿，漢謂之一也。〔說文〕「一，所以養禽獸」段注。○一，其周垣名也。〔說文〕「囿，一有垣也」繫傳。○一，園一。〔廣韻·阮部〕○一猶院也。〔說文〕「一，所以養禽獸」繫傳。○或曰一字之訓與宛互訛，如楟榑之比。宛當訓囿，故从宀。一當訓屈艸自覆，故从艸从死。〔說文定聲·卷一四〕○一，文貌。〔詩·小戎〕「蒙伐有一」朱傳。○一猶積也。〔詩·都人士〕「我心一結」朱傳。○一猶屈也。〔同上〕○一、慰皆病也。〔淮南〕「不為愁悴一慰」雜志。○一窳，暨神也。〔通雅·姓名〕○〔說文定聲·卷一四〕一，叚借為死，死轉屈曲意。〔莊子·天地〕「適遇一風」。○〔同上〕一，叚借為埦。或曰借為黦，亦通。〔詩·小戎〕「蒙伐有一」。○一、黦，字異而義同。〔說文〕「黦，黑有文也」段注引王念孫。○黦䵎黶一宛，並字異而義同。〔廣雅·釋器〕「黦，黑也」疏證。○〔說文定聲·卷一四〕一，叚借為鬱。〔詩·正月〕「有菀其特」。○借一字為蘊。〔說文〕「蘊，積也」段注。○〔說文定聲·卷一四〕一，叚借為蘊。〔禮記·禮運〕「並行而不一」。○韓宛作一。〔詩·小戎〕「蒙伐有一」集疏。○官本一作苑。〔漢書·五行志〕「起一方三百里」補注。

返　一，還也。〔廣韻·阮部〕○一，人行還也。〔説文〕「一，還也」繫傳。○一，通作反。〔釋言〕「還，一也」郝疏。○一，經傳多以反為之。〔説文定聲·卷一四〕○一瑟，〔莊子〕作反琴。〔呂覽·慎人〕「孔子烈然一瑟而弦」校正。

反　一聲，爪象形，為已覆之掌，一謂覆其掌也。〔説文定聲·卷一四〕○一，覆覆。〔詩·瞻卬〕「女一有之」朱傳。又〔執競〕「福祿來一」朱傳。○一，覆也。〔孟子·滕文公上〕「蓋歸一虆梩而掩之」朱注。○一，一覆。〔廣韻·阮部〕○一，亦覆也。〔詩·小明〕「畏此一覆」陳疏。○一，復也。〔詩·猗嗟〕「四矢一兮」朱傳。又〔大戴·子張問入官〕「一道察説」王詁。又〔中庸〕「一古之道」朱注。又〔論語·述而〕「必使一之」朱注。又〔孟子·盡心下〕「君子一經而已矣」朱注。又〔漢書〕「一紃察之」雜志。又〔荀子·非十二子〕「一紃察之」集解引王引之。○一者，一復也。〔荀子·榮辱〕「一鈆察之」集解。○一猶復也。〔公羊傳僖公一〇年〕「使死者一生」陳疏。○〔説文定聲·卷一四〕一，中皆復其故處也。〔詩·猗嗟〕「四矢一兮」。○一者，還也。〔論語·八佾〕「管氏亦有一坫」劉正義。又〔孟子·梁惠王下〕「一其旄倪」朱注。○一猶還。〔國策·西周策〕「三國攻秦一」鮑注。○一，往而還也。〔孟子·公孫丑下〕「一齊滕之路」朱注。○一者，還以相證之義。〔論語·述而〕「舉一隅不以三隅一」朱注。○一猶重也。〔大戴·子張問入官〕「爭之至，又一於亂」王詁。○一亦旋也。〔荀子〕「忽兮其極之遠也」雜志。又〔荀子·賦〕「攙兮其相逐而一也」集解引王念孫。○一，訓為歸。〔國策〕「一於楚王」雜志。○一胙，猶言歸胙。〔國語·齊語〕「一胙於絳」平議。○一，猶言歸休矣。〔漢書·石奮傳〕「君其一室」平議。○一，致也。〔論語·八佾〕「管氏亦有一坫」劉正義。○一、報義同。〔釋詁〕「酬，報也」郝疏。○一謂報恩怨。〔書·呂刑下〕「惟一」孫疏。○一猶變也。〔禮記·中庸〕「一古之道」平議。又〔國語·越語〕「時一是守」述聞。○一，不順也。〔廣韻·阮部〕○一猶誑也。〔左傳僖公五年〕「陳轅宣仲怨鄭申侯之一己於召陵」疏證。○一，前曲出也。〔太素·五藏命分〕「廣胸一骹者肝高」楊注。○一一，謹重也。〔詩·執競〕「威儀一一」朱傳。○一覆，展轉也。〔孟子·告子上〕「梏之一覆」朱注。○一覆，傾側無常之意也。〔詩·小明〕「畏此一覆」朱傳。○一側，一覆不正直也。〔詩·何人斯〕「以極一側」朱傳。○一生，生而一出。〔易·説卦〕傳「其於稼也為一生」李疏引鄭注。○一生，謂枲豆之類戴甲而生。〔同上〕李疏引宋衷。○一成者，已成之業，忽一復也。〔屈賦·天問〕「一成及亡」戴注。○一掖者，謂麾下一以禽君掖也。〔韓子·存韓〕「一掖之寇」集解引舊注。○一掖，反於掖下，言内變將作也。〔同上〕集解引盧文弨。○一接，言反縛也。〔通雅·刑法〕○攬袈裟肩上，名為一抄。〔慧琳音義·卷六四〕○一顧，自視也。〔離騷〕「忽一顧而遊目兮」戴注。○形魂復歸於土，此其所謂一真也。〔漢書·楊王孫傳〕「曰一吾真」補注引劉敞。○凡地及頂當高，今一下，故曰一頂。〔説文〕「屔，一頂受水丘也」繫傳。○〔通雅·卷一八〕一角，角者額也，反謂拗骨也。〔管子〕「柳下惠史魚一角」。○一羽，謂一唇也。〔通雅·身體〕○一踵即跂踵。〔文選·曲水詩序〕「離身一踵之事」集釋。○復風即一風。〔書·金縢〕「天乃雨一風」述聞。○〔説文定聲·卷一四〕一，叚借為返。〔儀禮·士冠禮〕「主人受眂一之」。○下一當為返之叚字。〔墨子·耕柱〕「後生有一子墨子而一者」閒詁。○一，〔説文〕引作返。〔書·西伯戡黎〕「祖伊一」孫疏。○一，叚借為阪也。〔説文〕「阪，坡者曰阪」段注。○〔説文定聲·卷一四〕一，叚借為販。〔荀子·儒效〕「積一貨而為商賈」。○仮，一字異文。〔墨子·經下〕「説在仮其賈」閒詁引畢沅。○一收，三家詩作覆入。〔詩·瞻卬〕「女一收之」集疏。○一，魯一作板，韓作昄。〔詩·執競〕「威儀一一」集疏引陳喬樅。○一衍，司馬作叛衍，云叛衍猶漫衍也。〔莊子·秋水〕「是謂一衍」集釋。○舊本一作及。〔呂覽·高義〕「内一於心」校正。○不一，舊作不及。〔行論〕「微田單固幾不一」校正。○一當作及。〔漢書·西夜國傳〕「蒲犂一依耐」補注引錢大昭。又〔韓子·初見秦〕「又不能一運」集解引顧廣圻。○一當為及字之誤。〔荀子·成相〕「精神相一」集解引王引之。○一當為遠。〔荀子·法行〕「不亦一乎」集解引王念孫。○一見從横，本作見謂從横。〔荀子·賦〕「一見從横」集解引王念孫。

阪　一，坡也。〔國策·楚策四〕「中一遷延」鮑注。○一，陂也。〔説文〕「一，坡者曰一」義證引〔玉篇〕。○坡者曰一。〔詩·東門之墠〕「茹藘在一」朱傳。又〔禮記·月令〕「善相丘陵一險」集解。○一是山陂之名。〔書·立政〕「三亳一尹」孫疏。○一，大陂不平。〔廣韻·阮部〕○一，險遠之地。〔詩·東門之墠〕「茹藘在一」後箋。○一之言反側也。〔廣雅·釋邱〕「岊，一也」疏證。○一田，崎嶇墝埆之處。〔詩·正月〕「瞻彼一田」朱傳。○一泉之戰，即涿鹿之戰，故〔逸周書〕〔史記解〕稱蚩尤曰一泉氏。〔史記·五帝紀〕「與炎帝戰於一泉之野」志疑。○一與反同。〔荀子〕「一為先」雜志。○一，借為返。〔説文定聲·卷一四〕○一，同坂。〔廣韻·阮部〕又〔説文定聲·卷一四〕。○一，或作坂。〔説文〕「一，陂者曰一」義證。○一隅，〔玉篇〕作陬隅。〔説文〕「陬，一隅也」義證。

損　一，減也。〔大戴·曾子立事〕「戰戰唯恐失一之」王詁。又〔曾子制言中〕「一下之憂」王詁。又〔孟子·滕文公下〕「請一之」朱注。又〔廣韻·混部〕。○一，減少也。〔説文〕「一，減也」義證引〔玉篇〕。○一，如減膳省費之類。〔漢書·五行志〕「飢而不一」補注。○一，傷也。〔廣韻·混部〕○一亦失也。〔廣雅·釋詁二〕「抎，失也」疏證。○抎、一古字通。〔墨子〕「共抎」雜志。○一，當為捐。〔漢書·東方朔傳〕「下以一百姓之害」補注引王念孫。○一，當作捐。〔管子·八觀〕「則道有一瘠矣」義證。○一，當為捐字之誤也。〔周書〕「用一憂耻」雜志。○一字，捐字之誤。〔管子·四稱〕「遷一善士」平議。○何一，〔論衡〕引作何益。〔左傳昭公二六年〕「禳之何一」洪詁。

飯 ｜，食也。〔孟子・盡心下〕「舜之｜糗茹草也」朱注。○｜，食之也。〔論語・述而〕「｜疏食飲水」朱注。○｜，餐之也。〔說文〕「皿，｜食之用器也」句讀。○｜飲之，猶言飲食之也。〔漢書・朱買臣傳〕「呼｜飲之」補注。○｜，含也。〔禮記・雜記下〕「天子｜九具」集解。○｜，以米貝實死者口中也。〔雜記下〕「鑿巾以｜」集解。○〔通雅・卷三四〕｜糝，挾提，謂匙箸也。〔儀禮・有司徹〕注「二七如｜糝」。○｜字實當作餕。〔儀禮・士昏禮〕「於是與始｜之錯」平議。

偃 ｜，仆也。〔論語・顏淵〕「草上之風必｜」朱注。○凡仰仆曰｜。〔說文〕「｜，僵也」段注。○｜是卻倒。〔左傳定公八年〕「｜且射」洪詁。又〔廣雅・釋詁四〕「｜，僵也」疏證。○迎風則｜。〔左傳定公八年〕「｜且射」洪詁引〔吳越春秋〕。○伏而覆曰仆，仰而倒曰｜。〔說文定聲・卷一四〕○對文則｜與仆別，散文則通也。〔說文〕「踣，僵也」段注。○｜，引伸為凡仰之偁。〔說文〕「｜，僵也」段注。○｜，仰。〔廣韻・阮部〕又〔說文〕「鰋，鮀也」段注。○｜亦仰也。〔詩・北山〕「或棲遲｜仰」通釋。○｜鼻者，仰鼻也。〔史記〕「曷鼻」雜志。○｜，息也。〔廣韻・阮部〕○〔說文定聲・卷一四〕｜仰，仰而睡也。〔詩・北山〕「或棲遲｜仰」。○｜者，憍慢也。〔慧琳音義・卷八〕○｜，倨傲也。（同上）○｜，矢志也。〔莊子・列禦寇〕「緣循｜侠困畏」集釋。○｜，郭、司馬皆云屏廁也。〔庚桑楚〕「又適其｜焉」集釋。○｜蹇，委曲貌。〔楚辭・東皇太一〕「靈｜蹇兮姣服」補注。○｜蹇，衆盛貌。（同上）○屈曲亦謂之｜蹇。〔廣雅・釋訓〕「｜蹇，天撟也」疏證。○驕傲亦謂之｜蹇。（同上）○崇高亦謂之｜蹇。（同上）○｜蹇、天撟，疊韻之轉也。（同上）○〔通雅・卷七〕｜侠，即｜仰，古作｜印。〔莊子〕「緣循｜侠」。○｜印屈信者，熊經鳥伸，若五禽之戲也。〔漢書・王褒傳〕「何必｜印屈信若彭祖」補注引沈欽韓。○〔說文定聲・卷一四〕｜鼠，即鼢鼠，地中行者，一名隱鼠。〔莊子・逍遙游〕「｜鼠飲河」。○｜與匽同。〔方言九〕「三刃枝，南楚宛郢謂之匽戟」箋疏。又〔廣雅・釋宮〕「屏，廁也」疏證。○｜與匽通。〔荀子〕「渠匽」雜志。○〔說文定聲・卷一四〕｜，叚借為匽。〔國語・吳語〕「兩君｜兵接好」。○｜，當為匽。〔莊子・庚桑楚〕「又適其｜焉」集釋。○｜，〔史記〕作匽。〔漢書・律歷志〕「子景公｜立」補注引錢大昕。○〔說文定聲・卷一四〕｜，叚借為㫃。〔左傳襄公一三年〕「晉荀｜，字伯游」。○經典借｜為㫃。〔說文〕「㫃，旌旗之游，㫃蹇之皃」句讀。○｜讀為㫃。〔春秋名字解詁〕「鄭公子｜字子游」述聞。○｜，〔說文〕作㫃，旌旗之游也。觀其字子游，則名當為㫃。〔史記・仲尼弟子傳〕「言｜，吳人，字子游」志疑。○｜之言隱也。〔說文〕「鼢，一曰｜鼠」段注。○｜當讀為隱，古字｜與隱通。〔春秋名字解詁〕「晉狐｜，字子犯」述聞。○〔說文定聲・卷一四〕｜，叚借為干，或曰借為揜。〔左傳僖公九年〕「晉狐｜，字子犯」。○（同上）｜，叚借為安，為侒，為晏。〔荀子・儒效〕「｜然如固有之」。○｜，俗作鼹。〔說文〕「鼢，一曰｜鼠」段注。○｜，字或作鼴。（同上）義證。○｜，字又作鼴。（同上）

堰 ｜，壅水也。〔廣韻・阮部〕

隁 ｜，塞也。〔慧琳音義・卷七二〕引〔考聲〕。○｜，所以畜水也。（同上）引顧野王。○｜，俗作堰。（同上）引〔考聲〕。

衮 ｜，天子服也。〔廣韻・混部〕○上公始得服｜，公｜亦雙聲。〔說文定聲・卷一五〕○｜斂，上公九命服｜也。〔左傳僖公四年〕「有以｜斂」洪詁引賈逵。○｜職，王職也。〔詩・烝民〕「｜職有闕」朱傳。○〔說文定聲・卷一五〕｜，叚借為公，與王、皇同意。〔廣雅・釋詁一〕「｜，大也」。○（同上）｜，叚借為緄。〔廣雅・釋器〕「｜，帶也」。○於｜加艸，蓘後起字也。〔說文〕「穮，槈，鉏田也。春秋傳云是穮是｜」句讀。○〔說文定聲・卷一五〕｜，字亦作裷。〔荀子・富國〕「天子袾裷衣冕」。

袞 衣有龍文曰｜。〔通雅・衣服〕○｜之言渾也。〔廣雅・釋詁一〕「衮，大也」疏證。○緄與｜通。（同上）○以｜為正，以衮為俗。〔說文〕「衮，天子享先生」句讀。

遯 ｜，逃也。〔詩・雲漢〕「寧俾我｜」朱傳。又〔禮記・緇衣〕「民有｜心」集解。又〔慧琳音義・卷八六〕引〔考聲〕。又〔廣韻・混部〕。○｜，義為困。〔詩・雲漢〕「甯俾我｜」通釋。○｜猶逸也，言逸樂也。〔漢書・五行志〕「閔勉｜樂」補注引周壽昌。○〔說文定聲・卷一五〕｜，叚借為遁。〔易・序卦〕「｜者，退也」。○｜，〔永傳〕作遁，字同。〔漢書・五行志〕「閔勉｜樂」補注。○官本｜作遁。〔五行志〕「夫天子省風𢀖作樂」補注。○｜，或从盾。〔集韻・混部〕○｜，古文作遂。〔易・遯〕「｜亨，小利貞」李疏。○遂，亦｜之俗字。〔漢書・匈奴傳贊〕「如其後嗣遂逃竄伏」補注引沈欽韓。○｜，或从彖。〔集韻・混部〕○｜，或作遂。〔廣雅・釋言〕「彖，挩也」疏證。○｜，亦作踲。〔集韻・混部〕

遁 ｜，逃。〔廣韻・混部〕○｜，同遯。〔漢書〕「上下相｜」雜志。又〔管子〕「隱行辟倚」雜志。

穩 ｜，持穀聚。〔廣韻・混部〕○｜，亦安｜。（同上）

蹇 ｜，跛也。〔廣韻・阮部〕○｜，屯難也。（同上）○｜亦卦名。（同上）○〔說文定聲・卷一四〕｜，叚借為完。〔莊子・秋水〕「與道大｜」。○｜，蓋讀若褰，謂摳衣也。〔楚辭・思美人〕「憚｜裳而濡足」補注。○｜當讀為攓。〔荀子・賦〕「卬卬兮天下之咸｜也」平議。○謇讓謇｜，古通用。〔廣雅・釋詁二〕「謇，吃也」疏證。○｜、謇，古今字。謇，俗字。〔方言六〕「謇，難也」箋疏。○｜｜，一作謇謇。〔通雅・釋詁〕

幰 ｜，車幔也。〔慧琳音義・卷一五〕引〔聲類〕。○布張車上為｜。〔慧琳音義・卷七〕引〔玉篇〕。

巘 ｜，山頂也。〔詩・公劉〕「陟則在｜」朱傳。○｜，山形如甑。〔廣韻・阮部〕○｜，山形似甗。〔集韻・阮部〕○｜，崿，山崖險阻皃。〔慧琳音義・卷

八二〕〇丨，或書作巘。〔集韻・阮部〕

楗 丨，關丨。〔廣韻・阮部〕〇鎖籥，其牡曰丨。〔說文定聲・卷一四〕〔「管」下〕〇丨猶括也，謂藏閉之。〔卷一四〕〔「建」下〕〇丨，馬行不利也。〔集韻・阮部〕〇〔說文定聲・卷一四〕丨，叚借為蹇。〔考工記・輈人〕「終日馳騁左不丨」。〇丨，假借為建。〔說文定聲・卷一四〕〇丨即鍵。〔漢書・司馬遷傳〕「去健羨」補注。〇丨，同鍵。〔廣韻・阮部〕〇丨與鍵同。〔方言五〕「户鑰，自關而東陳楚之間謂之鍵」箋疏。〇〔說文定聲・卷一四〕丨，以鍵為之。〔周禮・司門〕「掌授管鍵」。〇丨，當作揵。木揵者，蓋繫物於横木之兩端而中荷之，若今之扁擔。〔國語・晉語〕「韋藩木丨以過於朝」述聞。〇丨，字亦作揵。〔說文定聲・卷一四〕

揵 丨，舉也。〔廣韻・阮部〕〇丨，難也。〔同上〕〇〔河渠書〕丨作楗。〔漢書・溝洫志〕「而下淇園之竹以為丨」補注。〇丨，官本作楗。〔同上〕〇丨當為捷，隸書捷字或作捷，與丨字相似，因誤而為丨。〔漢書・賈誼傳〕「淮陽包陳邑南丨之江」補注引王念孫。

婉 丨，順也。〔詩・新臺〕「燕丨之求」朱傳。又〔野有蔓草〕「清揚丨兮」通釋。又〔廣韻・阮部〕。〇丨，柔順也。〔慧琳音義・卷八九〕引〔考聲〕。〇丨，柔和。〔說文〕「瘱，靜也」義證引曹大家〔列女傳〕注。〇丨，美也。〔廣韻・阮部〕〇丨，美皃。〔慧琳音義・卷七九〕引〔考聲〕。〇丨，與美同義。〔詩・野有蔓草〕「清揚丨兮」通釋。〇丨，媚也。〔慧琳音義・卷四〕引〔韻詮〕。〇丨，少貌。〔詩・候人〕「丨兮孌兮」朱傳。〇丨，亦好貌。〔猗嗟〕「清揚丨兮」朱傳。〇丨娩，婦人柔順皃。〔慧琳音義・卷九九〕引〔考聲〕。〇丨孌，少好貌。〔詩・甫田〕「丨兮孌兮」朱傳。〇丨丨、宛宛、蜿蜿，並字異而義同。〔廣雅・釋訓〕「蜿蜿，動也」疏證。〇丨僤、丨蟬，字形雖異，音義並同。〔漢書・司馬相如傳〕「象輿丨僤於西清」補注。〇丨僤，〔史記〕作丨蟬。〔文選・上林賦〕「象輿丨僤於西清」集釋。〇丨僤，〔甘泉賦〕引作偃蹇，偃蹇與丨僤音相近。〔同上〕〇〔說文定聲・卷一四〕丨，叚借為夗。〔左傳成公一四年〕「丨而成章」。〇丨、婏，音義皆同。〔說文〕「婏，宴婏也」段注。〇丨，又作婏。〔同上〕義證引〔六書故〕。〇丨婜同。〔說文〕「婜，丨也」義證引〔玉篇〕。〇婜即丨之或體。〔說文定聲・卷一四〕

菀 丨，紫丨，藥名。〔廣韻・阮部〕〇丨，謂紫丨，女丨之屬也。〔說文〕「丨，茈丨」義證引〔急就篇〕顏注。〇丨，積也。〔楚辭・思美人〕「志沈丨而莫達兮」補注。〇丨，茂也。〔詩・桑柔〕「丨彼桑柔」朱傳。〇丨音鬱，茂盛貌。〔詩・正月〕「有丨其特」朱傳。又〔小弁〕「丨彼柳斯」朱傳。〇丨，茂木也。〔廣韻・阮部〕〇丨莚，地褥也，即僊莚也，俗呼為地衣毛錦是也。〔慧琳音義・卷一四〕〇丨猶緼也，鬱也，語之轉。〔屈賦・惜誦〕「心丨結而紆軫」戴注。〇借丨字為蘊。〔說文〕「蘊，積也」段注。〇鬱與丨通。〔廣雅・釋詁二〕「鬱，長也」疏證。〇丨即鬱字。〔說文〕「鬱，木叢者」段注。〇丨，叚借為鬱。〔說文〕「丨，茈丨」段注。又〔說文定聲・卷一四〕。〇丨字本不从草，後人改為丨。〔詩・正月〕「有丨其特」平議。〇〔說文定聲・卷一四〕丨，叚借為宛。〔王元賓碑陰〕「河南丨陵」。〇丨、苑，古通用。〔詩・菀柳〕「有丨者柳」通釋。〇丨、苑，通用字。〔漢書・百官公卿表〕「又邊郡六牧師丨令」補注。〇官本丨作苑。〔漢書・昭帝紀〕「頗省乘輿馬及丨馬」補注。〇本書丨苑通作。〔漢書・地理志〕「有牧師丨官」補注。〇〔說文定聲・卷一四〕丨，叚借為苑。〔管子・水地〕「地者，諸生之根丨也」。

蜿 丨蟺，蚯蚓也。〔廣韻・阮部〕〇丨蟺之言宛轉也。〔廣雅・釋蟲〕「丨蟺，引無也」疏證。〇婉婉、宛宛、丨丨，並字異而義同。〔廣雅・釋訓〕「丨丨，動也」疏證。〇丨，亦作蚃。〔廣韻・阮部〕

踠 丨，體屈。〔廣韻・阮部〕〇丨，屈也。〔集韻・阮部〕〇丨，折也。〔慧琳音義・卷八七〕引張戩。〇丨，足未騁也。〔同上〕引張戩。

晼 丨丨，晚。〔廣韻・阮部〕〇丨，景昳也。〔楚辭・九辯〕「白日丨晚其將入兮」補注。又〔集韻・阮部〕。

宛 丨，屈草自覆。〔廣韻・元部〕〇丨音苑，丨屈同義。〔詩・小宛〕「丨彼鳴鳩」通釋。〇〔說文定聲・卷一四〕丨猶屈也。〔考工記・弓人〕「丨之無己」。〇丨，引伸為丨曲、丨轉。〔說文〕「丨，屈艸自覆」段注。〇丨，丨然。〔廣韻・阮部〕〇丨，小貌。〔詩・小宛〕「丨彼鳴鳩」朱傳。〇丨，高也。〔釋山〕「丨中隆」鄭註。〇丨，深也。〔說文〕「窔，丨也，室之東南隅」繫傳。〇丨，坐見貌。〔詩・山有樞〕「丨其死矣」朱傳。〇丨，痿死。〔太素・順養〕「甘露不下，則菀槀不榮」楊注。〇丨即南陽。〔史記・始皇本紀〕「越丨有郢」志疑。〇丨，或曰當訓囿。〔說文定聲・卷一四〕〔「菀」下〕〇凡狀皃可見者皆曰丨然。〔說文〕「丨，屈艸自覆也」段注。〇箘、箭、丨轉、箘簬、丨簬，其義一也。〔廣雅・釋草〕「箘，箭也」疏證。〇〔說苑・正諫篇〕丨路作箘簬。〔呂覽・直諫〕「丨路之矰」校正。〇丨僤，猶言蜿蜒，狀水勢之縣遠。〔漢書・司馬相如傳〕「丨潬膠盭」補注。〇丨潬膠盭，〔史記〕作蜿灗膠戾。〔同上〕〇丨丨、婉婉、蜿蜿，並字異而義同。〔廣雅・釋訓〕「蜿蜿，動也」疏證。〇丨舌、丨卷義同，言屈舌不談，俟彼發而同聲應之。〔漢書・揚雄傳〕「是以欲談者丨舌而固聲」補注。〇丨拳即夗卷。〔通雅・釋詁〕〇〔通雅・卷一二〕溽暑曰丨暍。〔荀子〕「夏不丨暍」。〇丨陳，惡血。〔太素・知鍼石〕「丨陳則除之者」楊注。〇丨邱，謂中央隆峻，狀如負一邱矣。〔詩・宛邱〕「丨邱之上」後箋引郭璞。〇丘上有丘為丨丘。〔詩・宛丘〕「丨丘之上兮」集疏引魯說。〇四方高中央下曰丨丘。〔同上〕朱傳。〇蠶神曰丨窳。〔通雅・蟲〕〇丨朐，地名，即濟陰丨句也，而〔補紀〕作丨侯，〔漢・志〕作冕侯，蓋冕當作冤，侯句音近。〔史記・封禪書〕「黃帝得寶鼎丨朐」志疑。〇丨朐即冤句。〔漢書・周勃傳〕「襲取丨朐」補注。〇丨朐，音宛劬，今曹縣。〔通雅・地輿〕〇丨與惋通。〔方言一三〕「惋，歡也」箋疏。〇〔說文定聲・卷一四〕丨，叚借為婉。〔管子・五行〕「然則天為粤

—」。○古—冤通用。〔說文〕「婉，宴婉也」段注。○古亦叚—為冤。〔說文〕「冤，屈也」段注。○—，疑當為冤之重文，即今所用惋惜字。又疑正篆與苑囿之苑相承互訛。从艸，故訓屈艸。从死，故訓自覆。〔說文定聲·卷一四〕○—與薀聲義皆通。〔說文〕「—，屈艸自覆也」段注。○〔說文定聲·卷一四〕郭荅謂借—為薀，為鬱。〔釋邱〕「—中—邱」郭注「—謂中央隆高」。○—與蘊與鬱聲義皆通，有蘊結之意，又近鬱幽之稱。〔詩·山有樞〕「—其死矣」後箋。○〔說文定聲·卷一四〕—，叚借為薀，為鬱。〔方言一三〕「—，蓄也」。○—，或作鬱，一聲之轉。〔方言一三〕「—，蓄也」箋疏。○—即鬱字。〔說文〕「鬱，木叢者」段注。○苑菀蘊—，皆相通假。〔通雅·卷一二〕○—，叚借為眢。〔說文定聲·卷一四〕○眢、—，義與蔫並相近。〔廣雅·釋詁四〕「殗，蔫也」疏證。○—當讀為怨，—怨古同聲。〔春秋名字解詁〕「郤—，字子惡」述聞。○—顆字異而義同。〔說文〕「顆，黑有文也」段注引王念孫。○—，或作惌。〔方言一三〕「—，蓄也」箋疏。○黦顆黧苑—，並字異而義同。〔廣雅·釋器〕「顆，黑也」疏證。○—，字亦作蜿、作蝁。〔說文定聲·卷一四〕○〔史記〕—作蜿。〔漢書·司馬相如傳〕「驂赤螭青虯之蚴蟉—蜒」補注。○〔說文定聲·卷一四〕—，字亦作踠。〔東都賦〕「馬踠餘足」。

畹 —，田三十畝。〔廣韻·阮部〕○—，一曰十二畝。（同上）引王逸。

琬 —，玉名。〔楚辭·遠遊〕「懷—琰之英華」補注。○—，珪也。〔廣韻·阮部〕○—者，大璧之名，是本義，度尺二寸。〔說文定聲·卷一四〕○—圭，度九寸，其實借為宛字也。（同上）○—謂宛然窊也。〔說文〕「—，圭有—者」繫傳。○—之言婉也，窊然象柔婉也。（同上）

閫 —，門限也。〔廣韻·混部〕又〔續音義·卷二〕引〔切韻〕。○—為門中之橛。〔儀禮·士冠禮〕疏「—，限也」述聞。○—，域也。〔慧琳音義·卷七九〕引〔文字典說〕。○—，通作困。〔晏子春秋·雜篇〕「和氏之璧，井里之困也」述聞。

梱 —，門橛也。〔史記·循吏傳〕索隱「—，門限也」述聞。○—，橛弋門橛。〔廣韻·混部〕○—謂門兩旁梜門短限。〔說文〕「—，門橛也」繫傳。○橫界於門下者為閾，亦曰切。直豎於門中者為—，亦曰闑。〔說文定聲·卷一五〕○—猶款也。〔說文〕「—，門橛也」繫傳。○—者，門槷之轉注，榩之異稱也。〔說文定聲·卷六〕（「榩」下）○—，即榩也。〔說文定聲·卷一五〕○（同上）—，轉注謂臬也。〔儀禮·大射儀〕「—復」。○悃與—同聲，—之為至，猶悃之為至也。〔儀禮·大射儀〕「揚觸—復」平義。○—心云者，猶禮言拊心耳。〔晏子春秋〕「擁格」雜志。○—，古通用困，後乃作—為專字。〔說文〕「—，門橛也」句讀。○—當讀捆。〔儀禮·大射儀〕「揚觸—復」平議。○〔孟子〕「—履織席」，音義作捆，俗書也。〔晏子春秋〕「擁格」雜志。○—，或當為捆，亦稛之叚字。〔墨子·辭過〕「—布絹」閒詁。○〔說文定聲·卷一五〕—，叚借為稛。〔儀禮·大射儀〕「既拾取矢，—之」。○—，字當為稛。〔墨子·辭過〕「—布絹」閒詁引畢沅。○緄、—、捆，並稛之俗。〔非樂上〕「緄布縿」閒詁。○稛裍，義並與—同。〔廣雅·釋詁三〕「—，屠也」疏證。

壼 宮中巷謂之—。〔周禮·保氏〕「使其屬守王闈」註「闈，宮中之巷門」孫正義。○—，宮中道也。〔通鑑·唐紀〕「政在宮—」音注。又〔廣韻·混部〕。○—，居也。（同上）○—，廣也。（同上）○〔說文定聲·卷一六〕—，叚借為梱。〔詩·既醉〕「室家之—」。○—，篆作壸。〔廣韻·混部〕

鯀 —，大魚也。〔說文〕「—，魚也」義證引〔玉篇〕。○—既禹父名也。（同上）繫傳。○—，義與袞同也。〔廣雅·釋詁一〕「袞，大也」疏證。○—，字或作鯤。〔說文〕「—，魚也」義證。○—，或曰即鯤字，猶言魚子也。〔說文定聲·卷一五〕

悃 —，至誠。〔廣韻·混部〕○—，志純一也。〔說文〕「—，愊也」義證引〔玉篇〕。○—愊，志純一也，亦猶實也。〔通鑑·漢紀〕「陳見—誠」音注引王逸。○—欵，懃苦貌。〔楚辭·卜居〕「吾寧——欵欵」補注引五臣。○—當作梱。〔廣雅·釋詁一〕「—，至也」疏證。○困一本作困，篆作—，非也。〔說文〕「悃，从心，困聲」段注。

捆 —，扣椓之，欲其堅也。〔孟子·滕文公上〕「—屨織席以為食」朱注。○—，稛俗寫。〔墨子·非命下〕「—布縿」閒詁引畢沅。○緄與—同。〔非樂上〕「緄布縿」閒詁引盧文弨。

輥 —，車轂齊等皃。〔廣韻·混部〕又〔集韻·混部〕。○—，如車轂轉也。〔慧琳音義·卷一〇〇〕引〔考聲〕。○—，手轉之令下也，或作掍，或作緷。（同上）引〔韻詮〕。

緄 —，繩。〔詩·小戎〕「竹閉—縢」朱傳。○—，帶也。〔廣韻·混部〕○—之言混成也。〔廣雅·釋器〕「—，帶也」疏證。○—與袞通。〔廣雅·釋詁一〕「袞，大也」疏證。○—，漢碑用為衮字。〔說文〕「—，織成帶也」段注。○〔說文定聲·卷一五〕—，叚借為衮。〔高頤碑〕「當登—職」。○（同上）—，叚借為稛。〔國策·宋策〕「束組三百—」。

鱒 —，似鯶而鱗細眼赤。〔詩·九罭〕「九罭之魚，—魴」朱傳。○—，今草魚之類，蘇俗謂之鯛魚。〔說文定聲·卷一五〕

蕁 —，草叢生皃。〔廣韻·混部〕○—之言欑聚也。〔廣雅·釋詁三〕「—，聚也」疏證。○——，茂盛皃。〔說文〕「—，叢艸也」段注。○噂噂、——、撙撙，並字異而義同。〔廣雅·釋訓〕「僔僔，衆也」疏證。

撙 —，挫也。〔集韻·混部〕○有所抑而不敢肆謂之—。〔禮記·曲禮〕「君子恭敬—節退讓」集解。○—之言損也。（同上）述聞。○〔通雅·卷九〕—

一，言衆多。〔子雲賦〕「總總一一」。○噂噂、蕁蕁、一一，並字異而義同。〔廣雅・釋訓〕「僔僔，衆也」疏證。○一、僔古字通。〔漢書・揚雄傳〕「齊總總一一」補注引錢大昭。

很 一，違也。〔慧琳音義・卷一○〕又〔卷六五〕。又〔晏子春秋〕「恨君」雜志。○一，違也，謂不從上意也。〔漢書〕「忤恨」雜志。○一，戾也。〔慧琳音義・卷一九〕引〔韻詮〕。又〔卷六五〕。又〔廣韻・很部〕。○一，忿戾也。〔孟子・離婁上〕「好勇鬬一」朱注。○一者，相爭訟也。〔漢書〕「忤恨」雜志。○一與爭鬬同義。〔同上〕○一，恨也。〔慧琳音義・卷一九〕引〔考聲〕。○一與狠通。〔漢書〕「忤恨」雜志。○一又借作狠。〔說文〕「一，不聽從也」義證。○一，俗作狠。〔廣韻・很部〕○一，俗作佷。〔說文〕「一，不聽從也」義證。

佷 一戾，不順伏也。〔慧琳音義・卷一五〕

懇 一，信也。〔廣韻・很部〕又〔慧琳音義・卷八二〕引〔考聲〕。○一惻，至誠也。〔廣韻・很部〕又〔慧琳音義・卷八二〕引〔韻英〕。○一，亦堅忍也。〔卷四八〕又〔卷六四〕。○懇與一同。〔廣雅・釋訓〕「一一，誠也」疏證。○狠狠、一一、豤豤，並字異而義同。〔同上〕○悾悾、慤慤、一一、叩叩，皆一聲之轉。〔廣雅・釋訓〕「叩叩，誠也」疏證。○一一，或轉為款款。〔同上〕○祈亦作一。〔說文定聲・卷一五〕〔「祈」下〕

墾 一，耕也。〔廣韻・很部〕○一，力也。〔同上〕又〔續音義・卷八〕引〔切韻〕。○一，治也。〔廣韻・很部〕○一，司也。〔慧琳音義・卷六一〕○墾與一同。〔廣韻・釋詁二〕「墾，力也」疏證。

畚 一，草器。〔廣韻・混部〕○一，盛糧器也。〔說文〕「畚，斛屬，蒲器也」義證引〔玉篇〕。○一，同畚。〔廣韻・混部〕

圈 一，獸闌。〔廣韻・阮部〕○〔說文定聲・卷一四〕今所用文章一點，亦謂形周如一也。〔太玄・交〕「大一閎閎」。○世俗自唐有一禶語，猶言文兒籠絡中也。〔通雅・釋詁〕○一讀如一聚之一。〔管子・立政〕「一屬羣徒」義證。

刌 一，切也。〔儀禮・士虞禮〕「苴一茅」胡正義。○一，細切。〔廣韻・混部〕○一，割也。〔同上〕○一，斷也。〔儀禮・士虞禮〕「苴一茅」胡正義。又〔集韻・没部〕。○〔說文定聲・卷一五〕一，叚借為寸。〔漢書・元帝紀贊〕「分一節度」。○一，俗作忖。〔說文〕「一，切也」段注。

綣 繾一，謹慎。〔廣韻・阮部〕○捲與一同。〔左傳昭公二五年〕「繾一從公」洪詁。○善一，〔莊子〕作善卷。〔呂覽・下賢〕「堯不以帝見善一」校正。

鄢 〔說文定聲・卷一四〕一，字亦作隔，為鄭武公所滅。〔國語・周語〕「昔一之亡也，由仲任」。

混 一，盛滿之流也。〔說文〕「一，豐流也」段注。○八川合流，故曰一。豐流，言流之盛。〔漢書・司馬相如傳〕「汩乎一流」補注。○一，水流大皃。〔慧琳音義・卷一三〕引〔考聲〕。又〔卷三一〕引〔考聲〕。○一，一流。〔廣韻・混部〕○一，同流不分也。〔慧琳音義・卷一二〕○一，訓為水濁。〔說文〕「一，豐流也」段注。○一，訓為雜亂。〔同上〕○一一，湧出之貌。〔孟子・離婁下〕「原泉一一」朱注。○一淆，濁水也。〔慧琳音義・卷九六〕引〔字書〕。○一濁，不明也。〔漢書・司馬相如傳〕「時若曖曖將一濁兮」補注。○一沌，陰陽未分。〔廣韻・混部〕○一庉，猶渾沌耳。〔廣雅・釋訓〕「沌沌，轉也」疏證。○〔通雅・卷六〕一沌，一作渾敦、坤屯、困敦、倱伅。〔莊子〕「七日而一沌死」。○一車書者，天下轍迹共同，文字無別，同一王化，四海為家也。〔慧琳音義・卷一一〕○一為溷也。〔說文〕「一，豐流也」段注。○〔說文定聲・卷一五〕一，叚借為溷。〔法言・脩身〕「善惡一」。○〔同上〕一，叚借為棞。〔荀子・非十二子〕「使天下一然不知是非」。○〔同上〕一，叚借為昆。〔周語〕「若能類善物以一厚民人者」。○〔同上〕一，叚借為運。〔廣雅・釋訓〕「一一，轉也」。○〔同上〕一，叚借為犬。〔詩・緜〕「一夷駾矣」。○一夷，閩監毛三本作昆，非也。〔孟子・梁惠王下〕「文王事一夷」焦正義引阮元。○一與掍通。〔廣雅・釋詁四〕「掍，同也」疏證。○一當讀為惲。〔國語・周語〕「若能類善物以一厚民人者」平議。○一當作渾。〔漢書・鼂錯傳〕「隴西太守臣昆邪」補注。○一與渾同。〔廣雅・釋訓〕「渾渾，大也」疏證。○一與渾畧同。〔說文定聲・卷一五〕○一，俗字作滚。〔說文〕「一，豐流也」段注。

沌 一一，小流皃。〔集韻・䍃部〕○一，混一。〔廣韻・混部〕○一一，一曰愚也。〔集韻・䍃部〕○一，同坉。〔廣韻・混部〕

鰻 一，鮎也。〔詩・魚麗〕「魚麗於罶一鯉」朱傳。○一，魚名。〔廣韻・阮部〕

蝘 一，蝸螗別名。〔廣韻・阮部〕○蜥蜴，總曰螭，緣木曰一蜓。〔通雅・蟲〕

㫃 一，旗旌之旒。〔廣韻・阮部〕○一，从屮象竿首曲其下者，象通帛之旃，柄曲旁邪者，象游从入飄揚如一出一入然。〔說文定聲・卷一四〕○今之經傳皆變作偃，偃行而一廢矣。〔說文〕「一，旌旗之游一蹇之皃」段注。○一，以偃為之。〔說文定聲・卷一四〕

噂 一，聚也。〔詩・十月之交〕「一沓背憎」朱傳。○一，一喈。〔廣韻・混部〕○一喈，聚語也。〔通鑑・晉紀二〕「以一喈之語」音注。○一沓，語多也。〔說文〕「一，聚語也」義證引〔學林〕。○一一、蕁蕁、撙撙，並字異而義同。〔廣雅・釋訓〕「僔僔，衆也」疏證。○一，同譐。〔廣韻・混部〕○一，俗作譐。〔說文〕「一，聚語也」義證。○僔、一，古今字。〔詩・十月之交〕「一沓背憎」陳疏。○一，三家作僔。〔同上〕集疏。○一，或作僔。〔說文〕「一，聚語也」義證。

娩 一，媚也。〔廣韻・阮部〕○一，妊也。〔說文〕「䰉，生子齊均也」義證引〔纂文〕。○〔說文定聲・卷九〕一，叚借為㝃。〔說文〕「一，疾也」。○一，字亦作皾，〔廣雅〕作䰳，作𩲡，亦同。〔說文定聲・卷九〕〇丨，後魏俗字作㝹。（同上）〇〔說文定聲・卷九〕丨，字誤作嬔。〔爾雅〕「兔子嬔」。

烜　丨，火盛皃。〔說文〕「丨，或從亘」義證引〔玉篇〕。〇丨，光明。〔廣韻・阮部〕〇丨之言宣明也。〔廣雅・釋詁四〕「丨，明也」疏證。〇丨即煖字也。〔說文〕「煖，昷也」段注。

咺　丨，兒啼不止，朝鮮云也。〔廣韻・阮部〕〇丨，宣著貌。〔詩・淇奧〕「赫兮丨兮」朱傳。〇喧與丨通。〔方言一〕「丨，痛也」箋疏。〇丨、愃聲亦相近。（同上）〇〔說文定聲・卷一四〕丨，叚借為愃，為宣，為查。〔詩・淇奧〕「赫兮丨兮」。〇爰暖丨，古同聲而通用。〔廣雅・釋詁二〕「爰，恚也」疏證。

焜　丨，火光。〔廣韻・混部〕〇丨，煌也。（同上）引〔說文〕。又〔集韻・混部〕。〇色丨煌者，言其光采盛也。〔說文〕「丨，煌也」義證引〔急就篇〕顏注。〇丨，亦作昆。〔方言一二〕「丨，晠也」疏證。〇丨昆煇並通。〔廣雅・釋詁二〕「昆，盛也」疏證。

䫟　丨，面不正。〔廣韻・阮部〕又〔集韻・阮部〕。

鶤　丨，鳳也。〔廣韻・阮部〕又〔說文〕「丨，鳥也」義證引〔五經文字〕。〇丨即鳳一名。（同上）繫傳。

褗　丨，衱也。〔說文〕「丨，褔領也」義證引〔玉篇〕。〇丨，丨褔也。（同上）義證引〔玉篇〕。〇丨謂衣領偃曲。（同上）繫傳。〇丨即緣也。〔釋器〕「黼領謂之襮」郝疏。〇丨，衣領。〔廣韻・阮部〕〇以匽匿其質言曰丨，以文之表暴言曰襮。〔說文定聲・卷一四〕〇（同上）領之有緣者為丨，散文則丨亦領也。〔儀禮・士昏禮〕注「鄉大夫之妻刺黼以為領，如今偃領矣」。〇丨領，各本譌褔領。〔說文〕「丨，丨領也」段注。

𡜊　丨，女字。〔廣韻・阮部〕〇〔史記〕丨作蹇。〔漢書・司馬相如傳〕「蜩蟉偃丨怵㚟以梁倚」補注。

挽　丨，引也。〔慧琳音義・卷一三〕引〔聲類〕。又〔廣韻・阮部〕。〇丨，同輓。〔廣韻・阮部〕〇丨作換。〔漢書・食貨志〕「教民相與庸輓犂」補注引官本注。

㜓　丨，皮脫也。〔廣韻・阮部〕

脕　丨，色肥澤。〔廣韻・阮部〕〇丨，愉也。〔集韻・阮部〕

軬　車耳曰丨。〔廣韻・阮部〕〇較之反出者曰丨。〔說文〕「丨，車耳反出也」段注。〇丨，通作蕃。（同上）義證。〇丨，又通作轓。（同上）義證。〇丨、轓，聲近義同。〔廣雅・釋器〕「轓，箱也」疏證。〇丨，字亦作版。（同上）

俒　丨，歡樂。〔廣韻・阮部〕〇丨與婉同，古字通。〔方言一三〕「丨，歡也」疏證。又（同上）箋疏。

裷　丨，襪也。〔廣韻・阮部〕〇丨，韈也。〔集韻・阮部〕〇丨，一曰袖耑屈。（同上）

晼　丨，目閉皃。〔集韻・阮部〕〇丨，乖也。〔廣韻・阮部〕〇丨，無媚也。（同上）

夗　丨，轉臥也。〔說文〕「夗，丨夗也」段注。又（同上）句讀。〇丨，引申為凡宛曲之稱。（同上）段注。〇丨，臥轉皃。〔廣韻・阮部〕〇丨專之言宛轉也。〔方言五〕「篿，或謂之丨專」箋疏。〇丨專，猶宛轉也。〔廣雅・釋草〕「箘，箭也」疏證。〇丨專、遵璇，皆圓之貌。（同上）疏證。〇丨轉即宛轉也。〔說文〕「丨，轉臥也」句讀。〇丨轉，疊韻，猶輾轉也。〔說文定聲・卷一四〕

虇　丨，蘆筍。〔廣韻・阮部〕〇今江東呼蘆筍為丨，是𧴪評曰丨薍，單評即曰丨。〔說文定聲・卷二〕〔藅下〕〇草之始萌，通名丨薍。（同上）〇丨薍之言權輿也。〔廣雅・釋草〕「藅，𦹋也」疏證。〇丨薍，本字當作䕡揄。〔說文定聲・卷二〕〔藅下〕

桊　丨，粉也。〔廣韻・阮部〕〇黍與丨同。〔廣雅・釋詁三〕「丨，摶也」疏證。〇丨粽同。〔說文〕「丨，粉也」段注引〔玉篇〕。〇丨，字亦作粽。〔說文定聲・卷一四〕〇（同上）丨，叚借為弄。〔廣雅・釋詁三〕「丨，摶也」。

暖　丨，大目。〔廣韻・阮部〕〇丨，大目皆也。〔說文〕「丨，大目也」義證引〔玉篇〕。〇丨，疑與睅同字。〔說文定聲・卷一四〕

愃　丨，寬心。〔廣韻・阮部〕〇丨，寬心也。〔說文〕「丨，寬嫺心腹皃」義證引〔玉篇〕。〇〔說文定聲・卷一四〕丨，毛本以咺為之。〔說文〕「丨，寬閒心腹貌。詩曰赫兮丨兮」。〇（同上）丨，叚借為萱。〔平輿令薛君碑〕「永矢不丨」。

䚈　丨，大視。〔廣韻・阮部〕

諼　丨，詐也。〔廣韻・阮部〕又〔集韻・阮部〕。〇丨，或作萲。（同上）

𩍒　丨，車丨。〔廣韻・阮部〕〇丨謂車蓋弓也。〔管子〕「兩丨」雜志。〇楥與丨同。（同上）〇丨，當作軬。〔釋名・釋車〕「丨，藩也」疏證。

倱　丨伅，四凶之一，〔春秋〕作「混沌」。〔廣韻・混部〕〇丨伅，不慧也。〔集韻・混部〕〇丨伅，大而無形也。〔慧琳音義・卷一六〕引〔通俗文〕。又〔卷七四〕引〔通俗文〕。〇丨伅，謂不通類也。〔卷一六〕〇丨，通作渾。〔集韻・混部〕

棍　丨，木名。〔廣韻・混部〕〇丨，疑當作棍。〔漢書・揚雄傳〕「丨申椒與菌桂兮」補注引錢大昭。

睔　丨，大目。〔廣韻・混部〕〇丨，目皃。（同上）〇丨，目大皃。〔集韻・混部〕〇丨、緷、緄，並音古本反，義與衮同也。〔廣雅・釋詁一〕「衮，大也」疏證。〇丨讀為綸。綸，印綬也。〔春秋名字解詁〕「鄭公子丨字子印」述聞。

⿰阝𢇁　丨，大阜。〔廣韻・混部〕

醞　丨，醨酒相沃。〔廣韻・混部〕○醨相沃謂之丨。〔集韻・混部〕

掍　丨，丨同。〔廣韻・混部〕○丨，通作混。〔說文〕「丨，同也」義證。○丨、混、棍，字異義同。〔方言三〕「丨，同也」箋疏。○丨成，官本丨作棍，棍與混同，今字作渾成。〔漢書・揚雄傳〕「紛蒙籠以丨成」補注。○〔說文定聲・卷一五〕丨，段借為緄，為稛。〔漢書・揚雄傳〕「丨申椒與菌桂兮」。○緄橐丨並通，又與稛聲相近也。〔廣雅・釋詁三〕「緷，束也」疏證。○丨，當為昆之或體。〔說文定聲・卷一五〕

煇　丨，煌光。〔廣韻・混部〕

忖　丨，思也。〔廣韻・混部〕○丨，測度也。〔慧琳音義・卷二二〕引〔珠叢〕。○丨，亩，橋柱像也。〔通雅・卷二一〕○丨與刌通。〔廣雅・釋詁一〕「刌，斷也」疏證。

笨　丨，竹裏。〔廣韻・混部〕又〔集韻・混部〕。○丨，謂中之白質者也，其白如紙，可手揭者謂之竹孚俞。〔說文定聲・卷一五〕

腞　丨，膹屬。〔廣韻・混部〕○丨，字亦作䐝。〔廣雅・釋器〕「丨，臛也」疏證。又〔說文定聲・卷一五〕。

剸　丨丨，減也。〔廣韻・混部〕○丨、撙，古今字。〔說文〕「丨，減也」段注。○丨，今作撙。(同上)句讀。○丨，或作撙。(同上)義證。○〔說文定聲・卷一五〕丨，字亦作撙，謂促也。〔禮記・曲禮〕「恭敬撙節」。○丨，又作縛。〔說文〕「丨，減也」義證。○〔說文定聲・卷一五〕丨，段借為蹲，猶踐蹲。〔荀子・儒效〕「以相薦撙」。

僔　丨，衆也。〔廣韻・混部〕○丨與尊同義。〔說文〕「丨，聚也」繫傳。○丨沓，即聚語也。〔詩・十月之交〕「丨沓背憎」集疏。○丨沓，猶聚語也。〔左傳僖公一五年〕「丨沓背憎」疏證。○丨丨、譐譐、噂噂、蹲蹲、撙撙、墫墫、尊尊，皆樽樽之聲也。〔通雅・釋詁〕○丨、噂古字通。〔左傳僖公一五年〕「丨沓背憎」疏證引惠棟。○丨、噂古字同。(同上)洪詁。○〔說文定聲・卷一五〕丨，段借為噂。三家〔詩・十月之交〕「丨沓背憎」。○丨，通作撙。〔說文〕「丨，聚也」義證。○丨，字亦作撙。(同上)句讀。○蕁與丨通。〔廣雅・釋訓〕「丨丨，衆也」疏證。○〔說文定聲・卷一五〕丨，段借為剸。〔荀子・仲尼〕「則恭敬而丨」。

笹　丨，所以盛穀高大之器也。〔說文定聲・卷一五〕○丨，今俗言倉丨。〔說文〕「丨，篅也」繫傳。○丨，籧也。〔廣韻・混部〕○丨之言沌沌然圜也。〔廣雅・釋器〕「丨謂之篅」疏證。○丨之言屯也，物所丨聚也。〔說文〕「丨，篅也」義證引〔急就篇〕顏注。○〔通雅・卷九〕丨即與囤同聲。〔呂覽〕注「䡅如車丨之丨」。○〔說文定聲・卷一五〕丨，字亦作囤。〔釋宮室〕「囤，屯也，屯聚之也」。

丨　丨，上下相通。〔廣韻・混部〕○丨，上下通也。〔集韻・薛部〕○丨，一也，一以貫之。〔說文繫傳・通論上〕○丨者，居中也。(同上)

硍　丨，石聲。〔廣韻・混部〕

黗　丨，黑狀。〔廣韻・混部〕○丨黗二字音義同。〔說文〕「丨，黃濁黑也」段注。○丨黗字亦同。(同上)

稛　丨，豢束。〔說文〕「稛，豢束也」義證引〔增韻〕。○丨，滿也。(同上)○丨，縛衣也。(同上)○丨、裍，義並與梱同。〔廣雅・釋詁三〕「梱，屠也」疏證。○〔說文定聲・卷一五〕丨，字亦作捆。〔孟子〕「捆屨織席以為食」。○丨，或作从困者，誤。〔說文定聲・卷一五〕

齦　丨，齧也。〔廣韻・很部〕○丨與豤畧同。〔說文定聲・卷一五〕

豤　丨，豕齧也。〔說文〕「丨，齧也」義證引〔玉篇〕。○丨，豕齧物也。〔集韻・混部〕○丨，字从豕，本訓當謂豕齧。〔說文定聲・卷一五〕○丨，頓傷也。〔說文〕「丨，豕齧也」段注引〔考工記〕「髻丨薜暴不入市」注。○丨與齦同。(同上)句讀。○丨與齦畧同。〔說文定聲・卷一五〕○豤豤、懇懇、丨丨，並字異而義同。〔廣雅・釋訓〕「懇懇，誠也」疏證。○丨丨，〔通鑑〕作懇懇，字同。〔漢書・劉向傳〕「故丨丨數奸死亡之誅」補注。○丨即懇字，舊本作狠，訛。〔呂覽・下賢〕「丨乎其誠自有也」校正。○頎、丨並與懇通。〔廣雅・釋詁一〕「懇，信也」疏證。○丨、豰，聲義並與墾相近。〔方言一二〕「墾，力也」箋疏。○丨，〔考工記〕「髻丨薜暴不入市」，今本作墾，非。〔說文〕「丨，豕齧也」段注。○〔說文定聲・卷一五〕丨，借為艱。〔廣雅・釋詁二〕「懇，力也」。○丨，或从齒。〔集韻・混部〕

囤　丨，小廩也。〔廣韻・混部〕

蕕　丨，穮丨，壅養苗。〔廣韻・混部〕○〔說文定聲・卷一五〕丨，疑即蘋字。〔左傳昭公元年〕「是穮是丨」注「壅苗為丨」。

惃　丨丨，亂。〔廣韻・混部〕

錕　丨，車釭。〔廣韻・混部〕又〔集韻・混部〕。○丨鋙鐵，赤色，可為劍。〔廣韻・魂部〕

焜　丨丨，熱也。〔廣韻・混部〕○芮與丨聲近義同。〔廣雅・釋詁三〕「丨，煗也」疏證。

詪　丨，難語皃。〔廣韻・很部〕又〔說文〕「丨，很戾也」義證引〔玉篇〕。○丨，眼戾也。〔集韻・混部〕

夋　丨，大視皃。〔廣韻・仙部〕

⿰阝卷 一，或作隊。〔説文〕「一，河東安邑陬也」義證。

鞔 一，晚，叚借通用。〔方言四〕「自關而東履其庳者謂之一下」疏證。

⿰扌軒 一字當是掀之俗體，舉出也。〔文選·長揚賦〕「所麾城一邑」集釋。

輓 一者，繫於輅上之索，所以挽也。〔漢書·婁敬傳〕「敬脱一輅」補注。○一，引申之凡引皆曰一。〔説文〕「一，引車也」段注。○一，〔史記〕借為晚字。〔同上〕○一，一作挽。〔漢書·婁敬傳〕「敬脱一輅」補注引沈欽韓。

⿰𧾷囷 一，俗作皸。〔説文〕「一，瘃足也」義證。○〔説文定聲·卷一五〕一，字亦作皸。〔漢書·趙充國傳〕「手足皸裂」。

墫 〔説文定聲·卷一五〕一，〔毛詩〕作蹲，此後出字。〔説文〕「一，舞也，从土，尊聲，詩曰一一舞我」。

⿰扌圂 一，謂脅持之。〔説文定聲·卷一五〕○〔同上〕一，叚借為梱。〔三蒼〕「一，全物者也」。

⿰言蹇 一亦通用蹇。〔方言一〇〕「一，吃也」疏證。○譴一謇蹇，古通用。〔廣雅·釋詁二〕「譴，吃也」疏證。○〔通雅·卷五〕一極凌誶，一作一極謇喫。〔列子〕「一極凌誶」。

綩 一，冠絭也。〔集韻·阮部〕○一，一曰纁色衣。〔同上〕○一，一曰罔也。〔同上〕○一綖，相傳坐褥也。〔慧琳音義·卷九〕○一綖，地褥也，即僻筵也，俗呼為地衣毛錦是也。〔卷一一〕

⿴囗麇 稇一麇，聲近義同。〔廣雅·釋詁三〕「稇，束也」疏證。

頎 一，一曰側隱。〔集韻·很部〕○〔説文定聲·卷一五〕一，謂借為叚忍。〔考工記·輈人〕「輈欲一典」注「一典，堅刃貌」。○一、狠並與懇通。〔廣雅·釋詁〕「懇，信也」疏證。

洒 古多借一為瘁。〔説文〕「瘁，寒病也」段注。○〔説文定聲·卷一五〕一，或曰借為酒。〔莊子·庚桑楚〕「吾一然異之」。

鞔 履空曰一。〔集韻·阮部〕○今人謂作鞋底曰一底。〔通雅·諺原〕○〔説文定聲·卷一五〕一，叚借為輓。〔呂覽·召類〕注「一，鞙也」。○〔同上〕一，叚借為悶，為懣。〔重己〕「胃充則中大一」。

仮 一與反同。〔墨子·經下〕「説在一」閒詁。

体 一，麤皃。〔廣韻·混部〕○一，劣也。〔同上〕○一，儜劣也。〔集韻·混部〕○輀車之夫曰一夫。〔通雅·稱謂〕

俛 一，俯也。〔集韻·阮部〕○一，或作頫。〔同上〕

僆 健一，相从也。〔集韻·阮部〕

⿰亻遁 一，僊去也。〔集韻·混部〕

⿰亻㥯 一一。〔廣韻·混部〕

⿰亻蹇 一，倨也。〔廣韻·阮部〕○一，一曰偃一不從。〔集韻·阮部〕○一，或从寋。〔同上〕

⿰干力 一，吃語也。〔廣韻·阮部〕○一，吃也。〔説文〕「吃，言蹇難也」義證引〔玉篇〕。○一，難也。〔同上〕義證引〔玉篇〕。又〔集韻·阮部〕。

坉 一，塞也。〔集韻·混部〕

坂 峻坡曰一。〔慧琳音義·卷六一〕引〔考聲〕。○一當為版。〔漢書·惠帝紀〕「長安城成」補注引沈欽韓。

⿰扌寸 一，截也。〔廣韻·混部〕

拫 一，牽也。〔集韻·混部〕

⿰扌囷 一，推也。〔集韻·混部〕

攇 一，手約物。〔廣韻·阮部〕

⿰扌圜 一即繯之別字也。〔説文定聲·卷一四〕

攬 一與擥同。〔廣韻·釋詁三〕「一，持也」疏證。

吨 一，氣相衝也。〔廣韻·混部〕

⿰口存 一，大口也。〔集韻·混部〕○一，或作噂。〔同上〕

⿰口㥯 一喗，小口。〔廣韻·混部〕

⿰口蹇 一吃，語澁不利，風病。〔慧琳音義·卷七九〕

⿰巾盾 一，貯也。〔廣韻·混部〕

屮 一，一礀。〔廣韻·阮部〕○一，大脣皃。〔同上〕

岸 —，仰也。〔集韻・阮部〕○—，或从言。〔集韻・阮部〕

嵃 峨—，山皃。〔集韻・阮部〕○𡾋—，山皃。〔同上〕

𡾋 —嵃，山皃。〔集韻・阮部〕○—，或从蹇。〔同上〕

幝 —晩，喪之輕服。〔集韻・緩部〕

獖 —，守犬。〔廣韻・混部〕

㤓 —，性不惠。〔集韻・混部〕

惛 —懣，忽疾皃。〔廣韻・混部〕

惀 —，心思求曉事。〔廣韻・混部〕

愝 —惼，性狹。〔集韻・阮部〕

慍 車—，所以禦熱也，張幔網於車上為—。〔慧琳音義・卷二〕○—，或作忓。〔同上〕引〔古今正字〕。

𢡒 ——，懣也。〔集韻・混部〕

㦥 —，恨也。〔集韻・阮部〕

沄 —，水流皃。〔集韻・混部〕

泍 —，泉涌皃。〔集韻・混部〕

涴 —演，水皃。〔集韻・阮部〕

溷 —，濁也。〔集韻・混部〕○—，亂也。〔同上〕

滾 今江蘇俗語灊水為—水，—水即涫。〔說文〕「涫，灊也」段注。

潤 —，水盈皃。〔集韻・混部〕

嫣 —，長皃。〔集韻・阮部〕

挽 —，子母相解。〔廣韻・阮部〕

苯 —蒪，謂芊茸也。〔慧琳音義・卷九九〕引顧野王。○—蒪，艸叢生。〔集韻・混部〕

草 —，草名。〔廣韻・旱部〕

䓳 —，似蓍，花青白。〔廣韻・很部〕○—，艸名，似蓍，食之不夭。〔集韻・阮部〕

橎 —，木名。〔廣韻・阮部〕

晅 —，日氣。〔廣韻・阮部〕

䐊 —，圓長皃。〔集韻・混部〕

腞 —，行曳踵。〔集韻・混部〕○—，或作腯、豚。〔同上〕

䐪 —，切熟肉，更煑也。〔廣韻・混部〕

煖 —當為緩，緩之叚字。〔淮南・齊俗〕「其衣致—」平議。

肫 —，—肉。〔廣韻・混部〕

𢗷 俗戲體肥者為—子，今亦呼笨子。〔通雅・諺原〕

怨 睡—，行無廉隅。〔廣韻・混部〕

懣 —，愁悶也。〔廣韻・混部〕

𪑛 —懞，不明。〔集韻・混部〕

瓪 —，牡瓦。〔集韻・阮部〕

夐 —，營求也。〔集韻・阮部〕

硱 碖—，石落皃。〔廣韻・混部〕○—磳，石貌。〔楚辭・招隱士〕「—磳磈硊」補注。

碖 —硱，石落皃。〔廣韻・混部〕

磬 —，石皃。〔集韻・混部〕

眅 —，搯目也。〔集韻・阮部〕又〔集韻・潸部〕。

睴 丨,視皃。〔廣韻·混部〕

睡 丨恕,行無廉隅。〔廣韻·混部〕

⿰禾昆 丨,束艸也。〔集韻·混部〕

⿰禾卷 丨,相近皃。〔廣韻·阮部〕

⿸疒辛 丨⿸疒來,惡寒。〔廣韻·混部〕又〔集韻·混部〕。

⿸疒憲 丨,寒病。〔集韻·阮部〕

裍 丨,成就。〔廣韻·混部〕○稛、丨義並與梱同。〔廣雅·釋詁三〕「梱,居也」疏證。

裷 丨,⿰衤幾也。〔廣韻·阮部〕○襎丨,幞帊。〔集韻·阮部〕

⿰片宛 丨,船丨木。〔廣韻·阮部〕

⿰歹宛 丨,人死皃。〔集韻·阮部〕

⿰矛建 丨,矛。〔廣韻·阮部〕

⿰耒艮 丨,再耕也。〔說文〕「穮,耕禾間也」義證。

⿰虫慮 丨,寒丨。〔廣韻·阮部〕

⿱竹卉 丨,竹器,所以盛棗脩。〔廣韻·阮部〕

箢 丨,竹器。〔集韻·阮部〕

栩 丨,飛起。〔廣韻·混部〕○丨,鳥飛上起。〔集韻·混部〕○丨,走也。〔廣韻·混部〕

純 〔通雅·卷四九〕丨音衮,猶今言衮邊,蓋因于此。〔儀禮〕注「總縰中紃也,丨緣也」。

綑 丨捆裍稛,並與梱通,皆成就之意也。〔方言三〕「梱,就也」箋疏。

總 丨,結也。〔集韻·混部〕

緷 丨,大束。〔廣韻·混部〕○丨,束也。〔集韻·阮部〕○丨,百羽也。〔廣韻·混部〕○丨,百羽為丨。〔集韻·混部〕○丨音衮。〔釋器〕「百羽謂之丨」鄭注。○睔丨緜,並音古本反,義與衮同也。〔廣雅·釋詁一〕「衮,大也」疏證。

緫 丨,結也。〔廣韻·混部〕

繁 丨省,猶多少也。〔禮記·樂記〕「使其曲直丨瘠」述聞。

繾 丨綣,猶纏綿,不離散也。〔慧琳音義·卷四六〕

言 丨言,脣急皃。〔廣韻·阮部〕

⿺走焉 丨,走皃。〔集韻·阮部〕

⿺走慮 丨,走皃。〔集韻·阮部〕

轓 丨,車蔽。〔集韻·阮部〕

巻 丨,黃豆。〔廣韻·阮部〕

⿰貝匽 丨,物相當也。〔廣韻·阮部〕又〔集韻·阮部〕。

畚 丨,不釋米釀也。〔集韻·阮部〕

⿰麥見 覷丨,暫見。〔集韻·阮部〕

⿰舟昆 丨,角圓皃。〔廣韻·混部〕又〔集韻·混部〕。

⿰言反 丨,權言。〔集韻·阮部〕

⿰言兒 丨,慰也。〔廣韻·阮部〕

⿰言昆 丨,謀也。〔集韻·混部〕

⿰言典 丨詪,很皃。〔集韻·混部〕

⿰言衮 丨,語不明。〔集韻·混部〕

謇 語不通利謂之丨吃。〔慧琳音義·卷一三〕引〔通俗文〕。○讓、讓、丨、蹇古通用。〔廣雅·釋詁二〕「讓,吃也」疏證。

譐 丨,聚語。〔集韻·混部〕○丨讀為劕。〔賈子·脩政語〕「分人而不丨者」平議。

譓 一博，很戾。〔廣韻・阮部〕〇一，很戾也。〔集韻・阮部〕

錈 一，當與卷同。〔呂覽・別類〕「柔則一」校正。

䩩 一，量物之一也。〔廣韻・阮部〕〇一，同鞔。〔同上〕

鞔 一，量物之一。〔集韻・阮部〕〇一，或从宛。〔同上〕

⿰乙頁 一，禿頭。〔廣韻・混部〕

⿰乙頁 一，頰高也。〔集韻・混部〕

頯 一，無髮。〔廣韻・阮部〕

頣 一，頰後。〔廣韻・很部〕

頤 一，無髮也。〔集韻・混部〕〇一，通作頟。〔同上〕

顐 一，頭面形一也。〔廣韻・混部〕〇一一，面急。〔集韻・混部〕〇一曰面首俱圓謂之一。〔集韻・混部〕

骸 一，細骨。〔集韻・混部〕

餛 一鈍之言倱伅也。〔方言一三〕「餅，或謂之餦一」箋疏。

飩 一，粗食。〔集韻・混部〕

養 一，祭也。〔集韻・阮部〕

遠 一，樂名。〔集韻・阮部〕

騗 〔通雅・卷一〕一因于騗，騗因于涴，涴因于宛，宛有鬱音。〔應天長〕詞「淚沾紅袖一」。

輥 一，車革前也。〔集韻・混部〕又〔很部〕。

韏 一，屈也。〔集韻・阮部〕

韈 一鞔，底履名。〔廣韻・阮部〕〇一，苴履底。〔說文〕「鞔，履空也」義證引〔字苑〕。

麮 一，全麥麴。〔集韻・混部〕

麵 一，餅屬。〔集韻・阮部〕

黫 一，黏一。〔廣韻・阮部〕

鼹 偃與一通。〔廣雅・釋獸〕「一鼠，鼢鼠」疏證。

鼴 一，大鼠。〔說文〕「鼢，一曰偃鼠」義證引〔玉篇〕。〇一鼠，似鼠，形大如牛，好偃河而飲水也。〔廣韻・阮部〕

鼹 一鼠，一名隱鼠，一名鼢鼠，常穿耕地中，討掘即得。〔說文〕「鼢，地中行鼠」段注引陶隱居。

齗 一，露齒。〔說文〕作齗。〔廣韻・阮部〕

齞 一，露齒。〔說文〕「齾，缺齒也」義證引〔玉篇〕。

齫 一齳，齒起皃。〔廣韻・混部〕

續經籍籑詁卷第四十四

上聲

十四　旱

旱 —，不雨。〔廣韻·旱部〕○—之言悍也，陽熇蹇所致也。〔説文〕「—，不雨也」義證引〔春秋考異〕。○—石，矗悍石也。〔説文〕「厲，—石也」繫傳。○—讀為悍，猛疾也。〔漢書·賈誼傳〕「水激則—」補注引劉攽。○〔説文定聲·卷一四〕—，叚借為悍。〔鵩鳥賦〕「水激則—」。○疑—乃罕字之誤。〔墨子·七患〕「二穀不收謂之—」平議。○—字即早字之誤。〔淮南·時則〕「草木—落」平議。

煖 —，火氣。〔廣韻·緩部〕○世嫁女，三日送食，曰—女。〔通雅·諺原〕引〔侯鯖録〕。○—即援。〔國策·齊策四〕「齊人有馮—者」補正。○—，〔史〕作驩。（同上）札記。○〔説文定聲·卷一四〕—，叚借為緩。〔莊子·徐無鬼〕「有暖姝者」。○—當為緩。〔墨子·備蛾傳〕「—失治」閒詁。○—乃緩字之誤。〔賈子·制不定〕「特賴其尚幼倫—之數也」平議。○—又讀為暄。〔廣雅·釋詁三〕「—，煗也」疏證。○俗—作暄。〔説文〕「—，温也」句讀。○—，同暖。〔廣韻·緩部〕○—，本與暖同。〔通雅·疑始〕○—，同煗。〔廣韻·緩部〕○—同煗。〔説文〕「—，昷也」段注。○以—為煗。（同上）句讀。○—與煗同。〔廣雅·釋詁三〕「—，煗也」疏證。○—，同暝。〔廣韻·緩部〕

暖 —妹，則言其柔悦也。〔通雅·釋詁〕

煗 —，温也。〔慧琳音義·卷四〕引〔羣書治要〕。○—，或作暖、作暝。（同上）○—，疑與煖同字，字亦作暝。〔説文定聲·卷一四〕

管 —，鎖籥，其牝曰—。〔説文定聲·卷一四〕○—者，典也，主也。〔禮記·檀弓下〕「—庫之士」述聞。○—，掌也。〔通鑑·周紀五〕「淖齒—齊」音注。○—，主當也。〔廣韻·緩部〕○—猶—搉之—，專之也。〔國策·秦策三〕「—齊之權」鮑注。○—，如笛，形小，併兩—而吹之。〔釋樂〕「大—謂之簥」鄭注。○—，如笛，併兩而吹之者也。〔詩·有瞽〕「簫—備舉」朱傳。○—，樂器也。〔孟子·梁惠王下〕「—籥之音」朱注。又〔廣韻·緩部〕。○—為竹樂之總名。〔書·皋陶謨〕「下—」孫疏。○—猶篇也。〔説文〕「鹹，—樂也」段注。○—，簜也。〔詩·那〕「嘒嘒—聲」集疏。○—即簜也。（同上）後箋。○—，故—叔所都。〔韓子·有度〕「攻韓拔—」集解引舊注。○〔通雅·卷三〇〕唐之—色，猶古之鐘均也。〔琵琶譜序〕「須—色定弦」。○——，欲也。〔詩·板〕「靡聖——」集疏。○——，無所依也。（同上）朱傳。○悹—同，—為借聲，痯為或體。〔釋訓〕「痯痯，病也」郝疏。○——，為悹悹之假，憂無告也。〔詩·板〕「靡聖——」通釋。○痯痯、——，亦字異而義同。〔廣雅·釋詁二〕「悺，憂也」疏證。○〔説文定聲·卷一四〕—，叚借為幹。〔史記·范蔡傳〕「崔杼淖齒—齊」。○—當讀為館。〔禮記·檀弓〕「所舉於晉國—庫之士」平議。○〔説文定聲·卷一四〕—，叚借為錧。〔儀禮·聘禮〕「—人布幕」。○輨、—，並與錧同。〔廣雅·釋器〕「錬鏅，錧也」疏證。○〔説文定聲·卷一四〕—，叚借為筦，為貫。〔禮記·樂記〕「—乎人情」。○—，同筦。〔廣韻·緩部〕○—當為菅。〔漢書·王子侯表〕「—共侯罷軍」補注。○—當作菅，縣屬濟南，古艸竹通寫，故訛。〔史記·惠景間侯者年表〕「—」志疑。○—當作營，形近而誤。營主，謂營惑其主也。〔韓子·愛臣〕「將相之—主而隆國家」集解引孫詒讓。○—當作綰。〔漢書·地理志〕「有鐵官」補注引宋祁。

筦 —，絡緯之管也。〔説文〕「—，竽也」義證引〔六書故〕。○—，蘇俗謂之篗頭，列梃如栅而圓，所以綰絲于其上者。〔説文定聲·卷一四〕○（同上）—，柄也，猶主領也。〔漢書·王莽傳〕「初設六—之令」。○（同上）—，轉注，收也。〔車千秋傳〕「自以為國家興榷—之利」。○—猶包也，謂秦軍包舉其地。〔韓子·初見秦〕「—山東河間」集解。○〔説文定聲·卷一四〕—，叚借為幹。〔漢書·劉向傳〕「周大夫尹氏—朝事」。○主管字當作—。〔説文〕「—，竽也」義證。○—，通作管。（同上）義證。○—，叚借為管。〔説文定聲·卷一四〕○—，宋祁校〔漢書〕引〔字林〕作管。〔説文〕「筳，維絲—也」義證。○—、關，古通用。〔墨子·號令〕「—閉」閒詁。○—路，莞路是草下完，非竹下完。〔漢書·顏安樂傳〕「廣授琅邪—路」補注引宋祁。

篴 —即管。〔文選·長笛賦〕「裁以當—」集釋。

滿 —，盈也。〔廣韻·緩部〕○—，盈溢也。〔大戴·用兵〕「霜雪大—」王詁。○—，充也。〔大戴·衛將軍文子〕「—而不—」王詁。又〔廣韻·緩部〕。○—，盛也。〔太素·經絡虛實〕「經虛絡—者」楊注。○—意義同。〔説文〕云意—也。〔墨子·節葬下〕「寢而埋之，—意」閒詁。○—，讕，猶謾讕也，言詑謾而嘫口也。〔通雅·釋詁〕○—，當作懣。〔文選·四子講德論〕「—而後作」集釋引桂馥。○〔説文定聲·卷一四〕—，叚借為懣。〔漢書·石顯傳〕「憂—不食」。○—，叚借為蔏。〔説文定聲·卷一四〕○（同上）—，叚借為曼。〔左傳成公一八年〕「晉厲公名州—」。○（同上）—，叚借為謾。〔漢書·谷永傳〕「—讕誣天」。○—，叚借為蟎。〔説文定聲·卷一四〕○（同上）—，字亦作漫。〔書·堯典〕傳「若漫天」。○—，〔左傳〕作蒲，二字形近，古書多互出。〔呂覽·慎行〕「令盧—嬖興甲以誅之」校正。○—，本作薄，字之誤也。〔大戴·用兵〕「霜雪大—」述聞。○—，當為漏。〔説文〕「攣，抒—也」義證。

短 —，促也，不長也。〔廣韻·緩部〕○—，不長也。橫用之器矢最—，豎用之器豆最—，故从矢从豆，—以豆矢喻。〔説文定聲·卷一四〕○—，若以弓為度。〔說文〕「丨，有所長丨，以矢為正」繫傳。○不及下壽曰丨。〔義府・卷上〕○丨罷，猶丨痺也。〔通雅・身體〕○丨弧，即射工也，亦呼水弩。〔說文〕「蜮，丨弧也」段注引顏師古。○丨狐，亦作丨弧。〔說文定聲・卷一四〕○丨，讀如裋。〔墨子・魯問〕「丨褐之衣」閒詁引畢沅。○丨，裋之借字。〔公輸〕「鄰有丨褐」閒詁。○丨褐，即裋褐之借字。〔非樂上〕「不可衣丨褐」閒詁。○丨，當為裋。〔說文〕「襡，丨衣也」義證。○裋同丨。〔廣韻・緩部〕○〔說文定聲・卷一四〕丨字誤作裋。〔逢盛碑〕「命有悠裋」。

館　丨，舍也。〔詩・緇衣〕「適子之丨兮」朱傳。又〔孟子・萬章下〕「帝丨甥于貳室」朱注。○丨，客舍也。〔孟子・離婁上〕「舍丨未定」朱注。○觀、丨古字通。〔左傳莊公元年經〕「築王姬之丨于外」洪詁。○丨、觀古同聲通用。〔詩・公劉〕「于豳斯丨」通釋。○觀與丨同音通用。〔文選・兩都賦〕「乃登屬玉之丨」集釋。○丨觀通作。〔漢書・翟方進傳〕「屯平樂丨」補注。○本書丨觀字同。〔郊祀志〕「延壽丨」補注。○本書觀丨字通。〔地理志〕「起丨臺」補注。○丨，魯作觀。〔詩・公劉〕「于豳斯丨」集疏。○丨，〔史記〕作觀。〔漢書・司馬相如傳〕「靈圉燕於閒丨」補注。○丨，〔白虎通〕引作觀。〔左傳莊公元年經〕「築王姬之丨于外」洪詁。○〔平準書〕丨作觀，字同。〔漢書・食貨志〕「列丨環之」補注。○〔封禪書〕〔孝武紀〕丨作觀，古字通。〔郊祀志〕「舍之上林中磃氏丨」補注。○陰丨，前〔漢〕作觀，〔後漢〕、〔晉〕作丨。〔地理志〕「句注山在陰丨」補注引段玉裁。○丨字實飽字之誤。飽者苞之叚字。〔周禮・司巫〕「及葙丨」平議。

緩　丨，和也。〔大戴・千乘〕「丨施生育」王詁。○丨，舒也。〔廣韻・緩部〕○丨，大也。〔太素・經脈標本〕「標在兩丨命門」楊注。○丨者，寬綽之意。〔莊子・田子方〕「丨佩玦者」集釋。○丨有縱弛之義。〔釋言〕「宣，丨也」郝疏。○丨頰，說也。〔通鑑・梁紀二〇〕「鄉欲丨頰於我邪」音注。○丨急，謂事之輕重遲速異宜者。〔大戴・四代〕「則丨急將有所不節」王詁。○䌟，或作丨。〔方言一二〕「紓，丨也」箋疏。○丨，正作䌟，繛也。〔說文〕「綫，偏丨也」段注。○丨當作綬。〔說文〕「絙，丨也」段注。

盥　丨，洗也。〔廣韻・緩部〕○〔說文定聲・卷一四〕丨，依字當作祼，其實以酒澆地，以水澆手，情事畧同，亦引申之誼也。〔易・觀〕「丨而不薦」。○丨盤，承丨水者。〔大戴・武王踐阼〕「於丨盤為銘焉」王詁。○〔論衡〕丨作洗。〔左傳襄公一九年〕「宣子丨而撫之」洪詁。

盌　丨與椀同。〔廣雅・釋器〕「椀，盂也」疏證。○丨，字亦作椀。〔說文定聲・卷一四〕○㼝，〔方言〕作丨，俗作椀。〔說文〕「㼝，小盂也」段注。○〔說文定聲・卷一四〕丨，字亦作[illegible]。〔方言一三〕「盂謂之榼，河濟之閒謂之[illegible]䀇」。

椀　丨，器物。〔廣韻・緩部〕○丨，曲貌也。〔廣雅・釋器〕「丨，盂也」疏證。○丨之言宛曲也。〔同上〕○丨同盌。〔廣韻・緩部〕

㼝　丨與盌同。〔說文〕「丨，小盂也」句讀。○丨，盌之或體，俗亦作碗。〔說文定聲・卷一四〕○丨，俗作椀。〔說文〕「丨，小盂也」句讀。○盌丨椀，聲義並同。〔方言五〕「盌謂之盂」箋疏。

款　丨，叩也。〔楚辭・株昭〕「丨冬而生兮」補注。又〔廣韻・緩部〕。○丨，扣也。〔說文〕「捆，門橛也」繫傳。○丨，誠也。〔楚辭・卜居〕「吾寧悃悃欵欵」補注。又〔通鑑・晉紀一四〕「申丨於丞」音注。又〔廣韻・緩部〕。○丨，愛也。〔通鑑・梁紀一〇〕「與蕭寶寅周丨」音注。又〔廣韻・緩部〕。○丨，至也。〔同上〕又〔本草・卷一六〕。○丨，重也。〔廣韻・緩部〕○丨，空也。〔說文〕「鬲，鼎屬」義證。○悾悾、愨愨、懇懇、叩叩，皆一聲之轉，或轉為丨丨。〔廣雅・釋訓〕「叩叩，誠也」疏證。○拳拳、區區、丨丨，皆一聲之轉也。〔釋訓〕「拳拳，愛也」疏證。○丨丨，亦悾悾也。〔釋詁三〕「窾，空也」疏證。○丨丨，通為灌灌、懽懽之聲。〔通雅・釋詁〕○丨乃，搖船聲也。〔同上〕○丨足，謂空足也。〔釋器〕「丨足謂之鬲」述聞。○丨凍，洛水至歲末凝厲時，丨冬生于草冰之中，則顆凍之，名以此而得。〔本草・卷一六〕引〔述征記〕。○丨凍，後人譌為丨冬。〔同上〕○丨與窾通。〔廣雅・釋詁三〕「窾，空也」疏證。○古丨與窾通用。〔說文〕「丨，意有所欲也」段注。○丨與款同。〔廣雅・釋詁一〕「款，誠也」疏證。又「款，愛也」疏證。○丨與款通。〔釋言〕「款，叩也」疏證。○款與丨同。〔釋訓〕「丨丨，愛也」疏證。○丨同款。〔廣韻・緩部〕○款，或作丨。〔廣雅・釋草〕「苦萃，款凍也」疏證。○丨丨，一作款款、歀歀。〔通雅・釋詁〕○丨，俗作欵。〔廣韻・緩部〕

欵　丨，同款，同歀。〔廣韻・緩部〕

歀　丨，叚借為叩，為扣，實為敂。〔說文定聲・卷一二〕○〔同上〕丨，叚借為[illegible]。〔莊子・達生〕「今休款啓寡聞之民也」。○〔同上〕丨，叚借為空。〔史記・太史公自序〕「實不中其聲者謂之丨」。○〔同上〕丨，叚借為槑。槑款亦一聲之轉。〔孝武紀〕「文鏤無款識」。○〔同上〕丨，叚借助語之辭。〔法言・淵騫〕「始皇方獵六國而翦牙款」。○〔同上〕丨，字變作窾，空款雙聲。〔莊子・養生主〕「導大窾」。

嬾　丨，惰也。〔廣韻・旱部〕○丨，懈惰也。〔說文〕「丨，懈也」義證引〔玉篇〕。○丨，不勤也。〔慧琳音義・卷三〕引〔考聲〕。○一云卧食曰丨。〔卷一二〕○丨勞像，又一聲之轉。是像疲勞三字皆與丨同義。〔廣雅・釋詁二〕「像、勞，丨也」疏證。○孏即古丨字，亦作孄。〔方言三〕「庸謂之㑋」注「今隴右人名孏為㑋」疏證。○孏，古丨字，亦作孄，並同。〔同上〕箋疏。○丨字又作孏。〔說文〕「丨，懈怠也」句讀。○丨，俗作懶。〔廣韻・旱部〕又〔說文〕「丨，懈也」段注。○丨，或作懶。〔慧琳音義・卷一二〕○丨，字亦作懶。〔說文定聲・卷一三〕

繖　丨，蓋也。〔通鑑・宋紀一五〕「覆以青丨」音注。○丨即蓋也。〔慧琳音義・卷一一〕引〔玉篇〕。○丨，絲綾。今作丨蓋字。〔廣韻・旱部〕○以帛避雨曰丨。〔慧琳音義·卷一二〕引〔通俗文〕。○丨,俗作傘。〔同上〕引〔玉篇〕。

卵　鳥未孚曰丨。〔大戴·勸學〕「子死丨破」王詁。○未孚曰丨,開破曰㱿。〔慧琳音義·卷六八〕引〔古今正字〕。○丨,鳥子未分也。〔卷六六〕引〔考聲〕。○丨,字與丸同誼。〔説文定聲·卷一四〕○凡物之小者偁丨,經之丨蒜,今之小蒜也。〔説文〕「蒜,葷菜也」段注。○古者少雞亦曰丨。〔説文〕「雛,雞子也」段注。○磺之韞樸,如丨在腹,故曰丨。〔説文定聲·卷一四〕○〔説文〕丨字本作卝,不作丱,唐時不誤。〔説文〕「磺,銅鐵樸石也」段注。○肕,或作丨。〔慧琳音義·卷三〕

散　丨,丨誕。〔説文〕作㪔,分離也,又作㪚,雜肉也,今通作丨。〔廣韻·旱部〕○丨,從也。〔説文〕「穴,丨也」繫傳。○丨者,不相從也。〔漢書·天文志〕「合丨犯守」補注。○丨,則非梟勇。〔國策·魏策一〕「以丨卒三千」鮑注。○德不及聖王為丨。〔莊子·人間世〕「而況丨焉者乎」集釋。○丨有疏通之誼。〔説文定聲·卷一二〕○丨木,不入于用也。〔説文〕「樵,丨木也」繫傳。○丨材,謂不入屋及器用也。〔説文〕「柴,小材丨材」繫傳。○丨關,南北之界也。寶鷄南二十里為大丨關,不獨為秦蜀之界,亦中國南北之界也。〔通雅·地輿〕○丨人,猶宂人。〔墨子·非儒下〕「丨人焉知良儒」閒詁引畢沅。○丨、粲、殺,並聲之轉耳。〔方言三〕「丨,殺也」箋疏。○丨者,㪔也。〔説文定聲·卷一二〕○丨,當為服。〔墨子·非儒下〕「奉其先之祭祀弗丨」閒詁引盧文弨。

㪚　丨,今俗言散肉。〔説文〕「丨,雜肉也」繫傳。○〔説文定聲·卷一四〕丨,猶襍亂其耳也。〔周禮·庾人〕「丨馬耳」。○〔同上〕丨,叚借發聲之詞。〔方言三〕「散,敉也,東齊曰散」。○丨,隸作散,與㪚㪔並通。〔廣雅·釋詁一〕「㪚,壞也」疏證。

㪔　丨,麻分也。〔集韻·緩部〕○丨,分离也。〔説文〕「紙,丨絲也」段注。○丨,各本作㪚。〔同上〕○丨,經典皆借㪚為之。〔説文〕「丨,分離也」句讀。○丨,變為散。〔同上〕句讀。○丨,通作散。〔集韻·緩部〕

伴　丨,言强大自肆之意。〔説文〕「丨,大皃」繫傳。○〔説文定聲·卷一四〕以廣大訓丨。〔詩·卷阿〕「丨奐爾游矣」傳「廣大有文章也」。○丨之言寬也。〔屈賦·悲回風〕「丨張弛之信期」戴注。○丨,侶也。〔廣韻·緩部〕○漢時非無丨侶之語,許於俗語不之取耳。〔説文〕「丨,大皃」段注。○丨,依也。〔廣韻·緩部〕○丨,令相和也。〔慧琳音義·卷三六〕○丨,通作胖。〔説文〕「丨,大皃」義證。○〔説文定聲·卷一四〕丨,叚借為扶。〔楚辭·惜誦〕「又何以為此丨也」。○丨與般亦聲近義同。〔廣雅·釋詁一〕「般,大也」疏證。○丨奐二字同義,皆大也。〔詩·卷阿〕「丨奐爾游矣」通釋。○丨奐優游,閑暇之意。〔同上〕朱傳。○丨奐即丨換也,蓋即跋扈之義而引申之。〔詩·皇矣〕「無然畔援」平議。○丨奐,通作畔援。〔詩·卷阿〕「丨奐爾游」通釋。

誕　丨,大言也。〔説文〕「譀,丨也」繫傳。○大言謂之丨。〔通鑑·後漢紀三〕「是人目亂而語丨」音注。○丨,誇大也。〔唐紀六五〕「語言荒丨」音注。○丨,又妄為大言也。〔説文〕「丨,詞丨也」繫傳。○丨,妄也。〔大戴·文王官人〕「心氣華丨者」王詁。○丨,大。〔書·大誥〕「朕丨以爾東征」孫疏。○丨,大也。〔漢書·揚雄傳〕「終後丨章乖離」補注引劉敞。又〔廣韻·旱部〕。又〔慧琳音義·卷七一〕。又〔説文〕「丨,詞丨也」繫傳。○丨皆訓大,歎美之詞也。〔詩·生民〕「丨彌厥月」後箋引〔稽古編〕。○丨从延得聲義,延長亦大義。〔詩·旄丘〕「何丨之節兮」集疏。○丨,闊也。〔同上〕朱傳。○訓丨為闊,即延字引申之義。〔同上〕後箋。○丨,信也。〔生民〕「丨彌厥月」集疏。又〔廣韻·旱部〕。又〔續音義·卷七〕引〔切韻〕。○丨,謾也。〔慧琳音義·卷一〇〕又〔卷四九〕。又〔卷五二〕。又〔卷七一〕。○丨,欺也。〔廣韻·旱部〕又〔慧琳音義·卷七一〕。○丨亦欺也。〔卷一〇〕○丨,不實也。〔卷五二〕○丨,放丨欺慢也。〔卷四九〕○丨,欺詐也。〔大戴·衛將軍文子〕「多聞而難丨也」王詁。○丨者,語詞。〔詩·生民〕「丨彌厥月」通釋。又〔皇矣〕「丨先登于岸」通釋。○丨,發語詞。〔字詁〕○丨,發語辭。〔詩·生民〕「丨彌厥月」朱傳。○〔釋詞·卷六〕丨,句中助詞也。〔書·大誥〕「肆朕丨以爾東征」。○丨鄰,即大難。〔大誥〕「丨鄰胥伐于厥室」孫疏。○〔通雅·卷二八〕丨馬,散馬也。〔江夏王義恭傳〕「平乘丨馬不過二」。○丨謾,猶譠謾也。〔方言一〇〕「譠謾,欺謾之語也」箋疏。○謾誕,倒之則曰丨謾。〔廣雅·釋詁二〕「謾譠,欺也」疏證。○譠謾、儃僈、丨謾,並字異而義同。〔釋詁二〕「譠謾,緩也」疏證。○丨者,延之假借。〔詩·旄邱〕「何丨之節」通釋。○丨與覃通,延也。〔同上〕後箋引〔識名解〕。○丨與譠聲近義同。〔方言一〇〕「譠,欺謾之語也」箋疏。○丨,字亦作譠。〔説文定聲·卷一四〕○〔同上〕丨,叚借為繵。〔廣雅·釋詁二〕「譠,緩也」。○籀文丨作𧩫,俗改為這。〔字詁〕○熹平石經丨作永。〔書·盤庚〕「汝丨勸憂」孫疏。

罕　丨即畢也。〔説文〕「丨,网也」句讀。○丨是今罼網。〔同上〕義證引〔宋書·禮志〕徐廣注。○丨,鳥網。〔廣韻·旱部〕○丨,小網似畢,長柄。〔説文定聲·卷一四〕○丨者,网之以竿為柄者也。〔説文〕「箾,以竿擊人也」段注。○丨之制蓋似畢,小网長柄,故〔天官書〕畢曰丨車。〔説文〕「丨,网也」段注。○西方宿畢,八星如網,故曰畢曰丨車。〔説文定聲·卷一四〕○參旗九星九斿,九星在參畢之閒,故辭家即以丨喻旗。〔同上〕○丨,希。〔詩·大叔于田〕「叔發丨忌」朱傳。又〔廣韻·旱部〕。○丨,少也。〔論語·子罕〕「子丨言利與命與仁」朱注。○丨,經傳叚為尟字。〔説文〕「丨,网也」段注。○〔説文定聲·卷一四〕丨,叚借為尟。〔釋詁〕「希,丨也」。○〔同上〕丨,叚借為衎。〔左傳昭公四年〕「鄭渾丨字子寬」。○丨讀為衎。〔春秋名字解詁〕「鄭渾丨字子寬」述聞。○丨,疑弁字之誤。〔荀子·天論〕「養略而動丨」平議。

澣 丨，濯也。〔廣韻・緩部〕又〔慧琳音義・卷一五〕引〔考聲〕。○丨，濯之。〔詩・葛覃〕「薄丨我衣」朱傳。○去舊垢曰丨。〔慧琳音義・卷七七〕引〔公羊傳〕劉兆注。○以足曰丨，以手曰漱。〔卷一五〕引〔考聲〕。○丨洗，通作浣洒、盥洗。〔通雅・釋詁〕○丨，本作瀚。〔廣雅・釋言〕「湅，丨也」疏證。○丨，當作瀚。〔詩・柏舟〕「如匪丨衣」陳疏。

浣 丨同澣。〔廣韻・緩部〕又〔慧琳音義・卷七七〕。○丨，正作澣。〔慧琳音義・卷一五〕引〔考聲〕。

瀚 丨，濯衣垢也。〔集韻・緩部〕○丨，叚借為榦。〔説文定聲・卷一四〕○丨，俗作澣。〔説文〕「丨，濯衣垢也」句讀。○丨，或作澣、浣。〔集韻・緩部〕

瓚 丨之言贊也。〔説文〕「丨，三玉二石也」繫傳。○丨亦圭也。〔同上〕○丨亦杓也。〔説文〕「瑒，圭尺二寸有丨」繫傳。○丨者，勺也，黄金勺，青金外朱中。以圭為柄曰圭丨，以璋為柄曰璋丨，所以挹鬯裸祭。〔説文定聲・卷一四〕○圭丨，秬鬯，宗廟之盛禮。〔廣韻・旱部〕○官本丨作贊。〔漢書・郊祀志〕「祠騶嶧山」補注。

斷 丨，丨絶。〔廣韻・緩部〕○丨亦為絶。〔書・盤庚〕「乃祖乃父乃丨棄汝」孫疏。○丨，截也。〔國策・齊策五〕「士丨於兵」鮑注。○〔義府・卷上〕截木曰丨，謂其所截曰丨。〔書・秦誓〕「丨丨」。○丨亦棄也。〔國策・齊策六〕「丨右壤」鮑注。○丨猶止。〔趙策二〕「物不丨也」鮑注。○丨腸艸，亦名芙蓉花。〔通雅・艸〕○丨，俗作斷、断。〔廣韻・緩部〕

笴 丨，箭莖也。〔通鑑・後唐紀一〕「常於丨上自鏤姓名」音注。○丨，箭丨。〔廣韻・旱部〕○丨同簳。〔廣韻・旱部〕○丨，或作簳。〔説文〕「簜，大竹也」義證。

簳 丨同笴。〔文選・南都賦〕「篠丨箛箠」集釋引〔廣韻〕。○蓬萊有浮筠之丨，葉青莖紫。〔同上〕集釋引〔拾遺記〕。

侃 丨，強直也。〔廣韻・旱部〕○丨丨，和樂也。〔論語・先進〕「丨丨如也」劉正義。○丨丨，和樂皃。〔廣韻・旱部〕○丨丨，即衎衎之假借也。〔説文〕「誾，和説而諍也」段注。○丨丨，即衎衎之假借字。〔説文〕「丨，剛直也」段注。

偘 〔通雅・卷一〇〕丨丨，與侃侃同。〔薛延陀傳〕「丨丨不干虛譽」。

算 丨，物之數也。〔廣韻・緩部〕○丨，或曰字實从目筭省，筭亦聲。〔説文定聲・卷一四〕○丨，選也。〔説文〕「丨，數也」義證引〔三蒼〕。○丨，商車也。〔漢書・食貨志〕「丨軺車賈人之緡錢」補注引沈欽韓。○丨，百二十錢。〔漢書・宣帝紀〕「減民丨三十」補注。○女子五丨，亦不頓謫之，自十五至三十為五等，每等加一丨也。〔漢書・惠帝紀〕「五丨」補注引劉攽。○勞心計丨則髮易白，曰丨髮。〔通雅・身體〕引徐文長。○丨命，丨學也。〔漢・志〕引〔書〕曰「先其丨命」。〔通雅・卷四〇〕○丨，經典多通用筭。〔説文〕「丨，數也」句讀。○匴、篹、丨，並與籥同。〔廣雅・釋器〕「籥，笥也」疏證。○丨，故作筭。〔漢書・高后紀〕「列侯幸得賜餐錢奉邑」補注引宋祁。○丨，疑篹字之誤。〔法言・先知〕「譬諸丨乎」平議。

疃 丨，亦作畽。〔説文〕「丨，詩曰町丨鹿場」段注。○躖與丨蓋一字。〔同上〕段注。○丨，字亦作畽。〔説文定聲・卷一〕

纘 丨，繼也。〔詩・大明〕「丨女維莘」朱傳。又〔崧高〕「王丨之事」朱傳。又〔韓奕〕「丨戎祖考」朱傳。又〔廣韻・緩部〕。○丨，承也。〔慧琳音義・卷八五〕引〔考聲〕。○丨，習而繼之也。〔詩・七月〕「載丨武功」朱傳。○丨，通作纂。〔釋詁〕「纂，繼也」郝疏。○丨，或借纂為之。〔説文〕「丨，繼也」段注。○丨與踐通。〔詩・大明〕「丨女維莘」通釋。○〔説文定聲・卷一四〕丨，叚借為踐。〔詩・崧高〕「王丨之事」。○丨，當為瓚字之叚借。〔詩・大明〕「丨女維莘」通釋。○丨，當為薦。〔同上〕平議。○丨，魯作薦。〔詩・崧高〕「王丨之事」集疏。

暵 丨，曰乾也。〔廣韻・旱部〕○丨者，乾之貌也。〔詩・中谷有蓷〕「丨其濕矣」述聞。○丨，叚借為灘。〔説文定聲・卷一四〕○丨即熯字之假借。〔説文〕「菸，鬱也」段注。○〔説文定聲・卷一四〕丨，字亦作晅。〔易・説卦〕傳「日以晅之」。○丨，今〔易〕作熯。〔説文〕「丨，易曰燥萬物者莫丨乎火」段注。

䖳 丨，南方夷。〔廣韻・旱部〕

但 丨，偏脱衣袖。〔説文〕「丨，裼也」義證引〔增韻〕。○丨，徒也。〔廣韻・旱部〕○丨，引伸為徒也。〔説文〕「丨，裼也」段注。○丨，空也。〔廣韻・旱部〕○丨，語辞。〔同上〕○今人丨謂為語辭。〔説文〕「丨，裼也」段注。○丨割即袒割。〔墨子・耕柱〕「維人丨割而和之」閒詁引畢沅。○丨馬，徒馬也。散馬前行，或曰坐馬，或曰引馬，即丨馬也。〔説文〕「丨，裼也」義證引〔演繁露〕。○丨馬，遂名誕馬。〔通雅・禮儀〕○丨馬，〔宋書〕作誕馬，〔遼史〕作緂馬。〔説文〕「丨，裼也」義證。○丨，通作袒。〔同上〕義證。○丨，古此為袒字。〔同上〕繫傳。○今之經典，凡丨裼字皆改為袒裼矣。〔同上〕段注。○〔説文定聲・卷一四〕丨，叚借為彈。〔考工記・廬人〕故書「句兵欲無丨」。○〔同上〕丨，叚借為襃。〔禮記・襍記〕「下大夫以襢衣」。○〔同上〕丨，或曰借為襌，又為誕。〔淮南・説山〕「媒丨者非學謾也」。○丨，叚借發聲之詞，與用徒、弟、特等字皆同。〔説文定聲・卷一四〕○丨，或作襢。〔説文〕「丨，裼也」義證。○〔説文定聲・卷一四〕丨，字亦作襢。〔詩・大叔于田〕「襢裼暴虎」。○丨乃具字之誤。〔賈子・匈奴〕「上使樂府幸假之丨樂」平議。○丨乃倡之誤。〔淮南・説林〕「使丨吹竽」平議。

酇 高帝封蕭何在沛之鄼縣，成帝封蕭喜是南陽—縣。古借—為鄼字，惟借—為鄼，是以讀作贊音，又直作贊字，非本音本字矣。〔史記·高祖功臣侯者年表〕「—」志疑。〇此沛郡之—字，本作鄼，應劭「音嵯」是也，與何曾孫慶所封之—，地音俱別。〔漢書·高惠高后文功臣表〕「—文終侯蕭何」補注。

衎 —，樂也。〔詩·那〕「—我烈祖」朱傳。〇—，信言。〔廣韻·旱部〕〇——，即侃侃也。〔廣雅·釋訓〕「——，和也」疏證。〇—借罕字。〔說文〕「—，行喜皃」義證。〇—通作侃。〔釋詁〕「—，樂也」郝疏。〇〔說文定聲·卷一四〕—，叚借為侃。〔袁良碑〕「其節—然忠義之臣」。〇—通作刊。〔方言一三〕「—，定也」箋疏。〇—，一本作衍。〔左傳襄公二六年經〕「衛侯—復歸于衛」洪詁引〔穀梁音義〕。

⿸疒亶 —，病也。〔廣韻·旱部〕〇—，風病。〔集韻·緩部〕〇—惡，猶云疾惡也。〔釋詁〕「—，病也」邵正義。〇—通作癉。〔同上〕〇—，通作疸，又通作僤，又通作亶。〔釋詁〕「—，病也」郝疏。〇癉—亶並通。〔荀子〕「路亶」雜志。〇癉與—同。〔漢書·王莽傳〕「金刀之利」補注引沈欽韓。〇—，或从單。〔集韻·緩部〕〇—者，癉之或體。〔釋詁〕「—，病也」郝疏。

脘 —，胃府。〔太素·經脈〕「胃—痛」楊注。又〔廣韻·緩部〕。〇—謂以胃作脯也。〔說文〕「—，胃脯也」繫傳。〇—蓋宛之俗。〔同上〕段注。

坦 —，平也。〔論語·述而〕「君子—蕩蕩」朱注。又〔廣韻·旱部〕。〇—，安也。〔同上〕〇—，明也。〔同上〕〇—，寬也。〔同上〕〇—讀為壇，聲近叚借字。〔墨子·非樂上〕「折壤—而為之」閒詁。

袒 —則訓衣縫解，今之綻裂字也。〔說文〕「但，裼也」段注。〇古者衣縫解曰—，今俗所謂綻也。〔說文〕「組，補縫也」段注。〇—，俗語引伸為飽滿幢裂之稱。〔說文〕「—，衣縫解也」段注。〇今人以—為—裼字。〔同上〕〇—，裼。〔廣韻·旱部〕〇—即裼也。〔國策·齊策六〕「肉—而進」補正。〇—，其衣。〔通雅·疑始〕〇—裼，露臂也。〔孟子·公孫丑上〕「—裼裸裎」朱注。〇脫衣見體曰肉—。〔詩·大叔于田〕「襢裼暴虎」集疏引孔疏。〇偏—者，以右髆去衣露肉也，彼方謂虔敬之儀極也。〔慧琳音義·卷一〇〕〇—幘者，空頂幘也，崇其巾為屋，未冠。童子幘無屋，無屋則—幘也。〔漢書·五行志〕「皆白衣—幘」補注引沈欽韓。〇後世相沿稱五服為—免。〔通雅·疑始〕〇今蘇俗所云長棉襖，亦曰鄙—，曰羞—。〔說文定聲·卷一四〕〇〔說文定聲·卷一四〕—，叚借為但。〔儀禮·鄉射禮〕「—決遂」。〇經書借—為但。〔說文〕「嬴，—也」句讀。〇—當為但。〔說文〕「裼，—也」義證。又〔說文〕「裎，—也」義證。又〔說文〕「嬴，—也」義證。〇—，蓋即〔內則〕「衣裳綻裂」之綻。〔文選·七發〕「—裼身薄」集釋。〇—即今綻字也。〔廣雅·釋詁一〕「—，解也」疏證。〇—為今之綻字。〔說文〕「但，裼也」繫傳。〇—，今之綻裂字也。〔同上〕段注。〇—，今俗所謂綻也。〔說文〕「組，補縫也」段注。〇—，今俗作綻字。〔說文〕「—，衣縫解」繫傳。〇—，許書無綻字，此即綻字也。〔說文〕「—，衣縫解也」段注。〇—，俗作綻。〔同上〕義證。〇襢與—同。〔廣雅·釋詁四〕「裼，—也」疏證。〇—同襢。〔廣韻·旱部〕

襢 —，齊、韓作膻。〔詩·大叔于田〕「—裼暴虎」集疏。

亶 —，誠也。〔詩·祈父〕「—不聰」朱傳。又〔生民〕「胡臭—時」朱傳。又〔同上〕陳疏。又〔板〕「不實於—」朱傳。又〔荀子〕「—有之」雜志。〇—，信也。〔詩·常棣〕「—其然乎」朱傳。又〔十月之交〕「—侯多藏」朱傳。又〔廣韻·旱部〕〇—，善也。〔本草·卷三四〕〇—，厚也。〔廣韻·旱部〕又〔漢書〕「癉熱」雜志。又〔說文〕「—，多穀也」繫傳。〇—者，藏之厚也。〔釋詁〕「—，厚也」郝疏。〇—，大也。〔廣韻·旱部〕〇—，謂患難之事。〔慧琳音義·卷九七〕引〔桂苑珠叢〕。〇—時，猶云誠善也。〔詩·生民〕「胡臭—時」通釋。〇—居，猶平居也，是—與坦通。〔漢書·翼奉傳〕「—居而改作」補注引沈欽韓。〇〔說文定聲·卷一四〕—，叚借發聲之詞，與用但、徒、特、弟等字同。〔漢書·翼奉傳〕「—居而改作」。〇〔同上〕—，叚借為袒，實為但。〔荀子·議兵〕「路—者也」。〇〔同上〕—，叚借為擅。按擅媾也，擅媾即誠信，又轉注自信媾輒之意。〔釋詁〕「—，信也」。〇—，通作單。〔釋詁〕「—，厚也」郝疏。又「—，信也」郝疏。又「—，誠也」郝疏。又〔說文〕「—，多穀也」義證。〇—又通作僤。〔釋詁〕「—，厚也」郝疏。又〔說文〕「—，多穀也」義證。〇—又通作癉，癉—以聲為義。〔釋詁〕「—，誠也」郝疏。〇癉亶—並通。〔荀子〕「路—」雜志。〇—又通燀。〔釋詁〕「—，厚也」郝疏。〇—殫，聲近字通。〔墨子·非樂上〕「—其思慮之智」間詁。〇〔說文定聲·卷一四〕—，叚借為殫。〔太玄·元瑩〕「君子所以—表也」。〇驙、趲、邅、—，並字異而義同。〔廣雅·釋詁三〕「驙，難也」疏證。〇—又通作誕。〔釋詁〕「—，信也」郝疏。〇—與誕聲近義同。〔廣雅·釋詁二〕「誕，信也」疏證。〇—，〔楚世家〕又作黮。〔漢書·古今人表〕「楚熊—」補注。〇—，俗作邅。〔說文〕「驙，駗驙也。易曰乘馬驙如」段注。〇—同亶。〔廣韻·旱部〕

稈 —，稾也，穰謂之—。〔說文〕「—，禾莖也」義證引〔玉篇〕。〇—，禾稿也。〔慧琳音義·卷二〕引〔集訓〕。〇—，禾莖。〔廣韻·旱部〕〇—，禾黍莖也。〔慧琳音義·卷五〕引〔考聲〕。〇—，今本作或體秆。〔說文〕「—，禾莖也」句讀。〇—，或作秆。〔慧琳音義·卷二〕引〔集訓〕。又〔卷五〕引〔考聲〕。〇—同秆。〔廣韻·旱部〕

秆 —，禾稾也。〔說文〕「—，禾莖也」義證引〔孫子〕注。〇—之言幹也，禾之幹也。〔廣雅·釋草〕「—，稾也」疏證。〇—稭稾稈，一聲之變轉也。〔同上〕〇—同稈。〔廣韻·旱部〕

窾 —，空也。〔廣韻·緩部〕又〔集韻·東部〕。〇空—一聲之轉。〔廣雅·釋詁三〕「—，空也」疏證。〇—木，謂舟也。〔雜志·卷九〕〇—与科通，故音亦同。〔莊子·養生主〕「導大—」集釋引盧文弨。○科與—聲亦相近。〔廣雅·釋詁三〕「—,空也」疏證。○—當作款。〔莊子·養生主〕「導大—」集釋。

粄 —,屑米餅也。〔廣韻·緩部〕○—,餈類也。〔慧琳音義·卷七三〕○—同餅。〔廣韻·緩部〕○—同料。（同上）○料,亦作—。〔慧琳音義·卷七三〕引〔字苑〕。

悍 —,勇也。〔國策·秦策五〕「—人也」鮑注。○〔說文定聲·卷一四〕—,段借為睅。〔射雉賦〕「睅—目以旁睞」。

懑 —,中煩也。〔通鑑·唐紀三二〕「懮—不知所為」音注。○—,煩悶也。〔廣韻·緩部〕又〔通雅·身體〕。○—,古文懑。〔廣韻·緩部〕

纂 —,似組而赤。〔楚辭·招魂〕「—組綺縞」補注。○—,集也。〔天問〕「—就前緒」補注。又〔廣韻·緩部〕。又〔慧琳音義·卷一〇〕引〔考聲〕。○—,聚也。（同上）引〔桂苑珠叢〕。○—,近人用為撰集之偁。〔說文〕「—,佀組而赤」段注。○—,繫也。〔文選·思元賦〕「纗幽蘭之秋華兮」補正引何焯。○〔通雅·卷九〕——,猶攢攢也。〔古樂府〕「棗下何——」。○—論,謂使人相繼論議之。〔荀子·君道〕「—論公察」集解。○—者,纘之段音。〔釋詁〕「—,繼也」郝疏。○—,段借為纘。〔說文定聲·卷一四〕○—即纘之段借也。〔說文〕「—,佀組而赤」段注。○篹,治車軸也,—假音字。〔墨子·備城門〕「必為鐵篹」閒詁引畢沅。○—,段借為欑。〔說文定聲·卷一四〕○—,段借為絁。（同上）○—當為篹。〔釋名·釋典藝〕「讚,—也」疏證。○凡編—字,或亦作篹。〔說文定聲·卷一四〕○—,字亦作纗,又誤作纂。（同上）

纗 —,亦纂字也。〔文選·思元賦〕「—幽蘭之秋華兮」補正引何焯。

⿱莫糸 —,—組。〔廣韻·緩部〕○—,古作纗。（同上）○—,本亦作纂。（同上）

篹 —,籭屬。〔廣韻·緩部〕○—,一曰竹木素器。〔集韻·緩部〕○匴—算,並與簨同。〔廣雅·釋器〕「簨,筍也」疏證。○—,通作匴。〔集韻·緩部〕○—,古文撰字也。〔慧琳音義·卷四九〕

饊 —,—飯。〔廣韻·旱部〕○黏米煮孰為餦餭,又乾煎之曰—。—,少乾者也。〔說文定聲·卷一四〕○—,易消散也。〔本草·卷二五〕○—之言散也,熬稻米飯使發散也,古謂之張皇。〔說文〕「—,熬稻粻程也」義證引〔急就篇〕顏注。○—同糤。〔廣韻·旱部〕

痯 ——,病也。〔廣韻·緩部〕○——,罷貌。〔詩·杕杜〕「四牡——」朱傳。○——、管管,亦字異而義同。〔廣雅·釋詁〕「悺,憂也」疏證。○—者,當作悹。〔釋訓〕「——,病也」郝疏。○—,悹之借,無所依也。〔詩·杕杜〕「四牡——」後箋。○—即悹之異體。（同上）陳疏。

疸 —,黃病。〔廣韻·旱部〕○溼病曰—。〔說文定聲·卷一四〕

觛 —,小觶。〔廣韻·旱部〕○—謂觶之小者,行禮飲酒角也。〔說文〕「—,小觶也」義證引〔急就篇〕顏注。○—,小卮。（同上）義證引〔玉篇〕。○—,圜器小卮也。〔說文定聲·卷一四〕○—,或作酟。〔說文〕「—,小觶也」義證。○—,字亦作酟。〔說文定聲·卷一四〕○酟即—字。〔賈子·諭誠〕「時酒一酟」平議。

担 —,笪也。〔廣韻·旱部〕○〔通雅·卷五〕—撟,矯然飄拂之意也。〔楚辭·遠遊〕「意恣睢以—撟」。○笪與—同。〔廣雅·釋詁三〕「—,繫也」疏證。

灛 水中沙為—。〔廣韻·旱部〕○江東呼水沙為—,越人以川流淺急處為—。〔通雅·地輿〕○—,水中沙出。〔說文〕「灘,水濡而乾也」義證引〔五音集韻〕。○—通作灘。（同上）義證。○—灘寔一字。〔通雅·地輿〕○灘,或為—。〔釋水〕「—沙出」平議。

⿰革延 —,馬帶。〔廣韻·旱部〕○—鞮也。〔集韻·僊部〕○—,馬帶也。〔集韻·緩部〕

膻 —中,胸中也。〔太素·四海合〕「—中者為氣之海」楊注。○—,段借為但。〔說文定聲·卷一四〕○—通作袒。〔說文〕「—,肉—也」義證。○多作襢、作袒,非正字,—其正字。（同上）段注。○—當作羶。〔列子·周穆王〕「—惡而不可親」平議。

僤 —,厚。〔詩·桑柔〕「逢天—怒」朱傳。○—,疾也。〔廣韻·旱部〕○—怒,猶云震怒。〔詩·桑柔〕「逢天—怒」通釋。○—怒,言盛怒也。〔漢書〕「癉熱」雜志。○—與單同。〔詩·桑柔〕「逢天—怒」陳疏。○〔說文定聲·卷一四〕—借為亶。〔詩·桑柔〕「逢天—怒」。○—即憚。〔方言六〕「憚,怒也」疏證。○—與憚通。〔廣雅·釋詁二〕「憚,怒也」疏證。○—同儃。〔廣韻·仙部〕

趲 —,散走。〔廣韻·旱部〕○—,逼使走。〔集韻·緩部〕○—、獡、虘,皆驚散之貌也。〔廣雅·釋言〕「—,虘也」疏證。

皯 —,面黑。〔廣韻·旱部〕○—,今醫方云—黔也。〔說文〕「—,面黑氣也」繫傳。○—黵,面上黑子也。〔慧琳音義·卷一五〕引〔考聲〕。又（同上）引〔證音〕。○—黵,或作䵟䵳。（同上）○—黵,即䵟暈。〔通雅·釋詁〕○—黴,與—黣同。〔廣雅·釋詁一〕「—,病也」疏證。○䵟、玻同—。〔廣韻·旱部〕

䵟 —,面上黑斑點病也。〔慧琳音義·卷七五〕引〔文字集略〕。○—,或作皯、䵟。（同上）

讕 —,謾—。〔廣韻·旱部〕

厂 —,崖岸也。〔說文〕「厈,岸也」繫傳。○—,山石之崖巖。〔廣韻·旱部〕引〔說文〕。

⿰火草丨，菜味辛也。〔廣韻・旱部〕〇丨味辛辣，如火焊人，故名。〔本草・卷二六〕〇丨，亦作⿱艹旱。〔同上〕

⿰扌𢇍丨，轉籆。〔廣韻・緩部〕〇丨，轉籆也。〔說文〕「籆，收絲者也」義證引〔玉篇〕。

匴丨，器也，冠箱也。〔廣韻・緩部〕〇〔說文定聲・卷一四〕丨，當以〔儀禮〕之丨為本訓，淥米器為轉注。〔儀禮・士冠禮〕「各一丨」注「竹器名，今之冠箱也」。〇丨，淅米訖，則移于此器，以浚乾之待炊，所謂滰淅也。〔說文定聲・卷一四〕〇丨、篹、算，並與籫同。〔廣雅・釋器〕「籫，筲也」疏證。〇丨，字或作⿷匚臼。〔說文〕「丨，淥米籔也」句讀。

輨丨，車轂端鐵。〔廣韻・緩部〕〇轂孔之外以金表之曰丨。〔說文〕「丨，轂耑錔也」段注。〇銕之裏轂內者曰釭，包轂外者曰丨。〔說文定聲・卷一四〕〇丨之言管也。〔方言九〕「丨，鏅也」箋疏。又〔說文〕「丨，轂耑錔也」段注。〇丨、管，並與錧同。〔廣雅・釋器〕「錬，錧也」疏證。〇丨，亦作錧。〔方言九〕「關之東西曰丨」疏證。又〔說文定聲・卷一四〕。〇丨，或作錧。〔說文〕「軑，車丨也」義證。〇丨，〔玉篇〕亦作輨。〔說文〕「軒，丨內環軺也」義證。

錧丨，車具。〔廣韻・緩部〕〇丨之言管也。〔廣雅・釋器〕「錬，丨也」疏證。〇輨、管，並與丨同。〔同上〕疏證。

輐丨，車鞁具也。〔廣韻・緩部〕又〔說文定聲・卷九〕。

梡丨者，斷木之名。〔廣雅・釋器〕「丨，几也」疏證。〇丨，束薪。〔說文〕「丨，梱木薪也」義證引〔玉篇〕。〇丨，虞俎名，形有足如案。〔廣韻・緩部〕〇丨之言完也。〔說文〕「丨，梱木薪也」段注。〇〔說文定聲・卷一四〕丨，段借為案。〔廣雅・釋器〕「丨，几也」。〇〔同上〕丨，字亦作輐。〔莊子・天下〕「椎拍輐斷」。

⿰⻊𢇍丨與疃同義。〔說文〕「丨，踐處也」段注。〇丨，行速。〔廣韻・緩部〕〇丨，亦作躖。〔說文〕「丨，踐處也」段注。〇躖，一作丨。〔楚辭・悼亂〕「鹿蹊兮躖躖」補注。〇〔說文定聲・卷一四〕丨，字亦作暖。〔博物志〕「麇暖」。

棵丨，斷木也。〔廣韻・緩部〕〇丨亦梡字也。〔廣雅・釋器〕「丨，几也」疏證。

餪丨，餽女也。〔左傳成公九年〕「季文子如宋致女，復命，公享之」疏證引〔玉篇〕。〇女嫁後三日餉食為丨女。〔同上〕疏證引〔集韻〕。〇丨者，温存之意。〔廣雅・釋言〕「丨，饋也」疏證。

渜丨，湯也。〔廣韻・緩部〕〇古文丨作緑。〔說文〕「丨，湯也」句讀。〇洫水，出漁陽白檀塞外之濡水，字本作丨。〔漢書〕「洫水」雜志。〇〔說文定聲・卷一四〕丨誤作濡，即今北方灤河也，字又變作灤。〔水經〕「濡水，從塞外來」。

儹丨，亦與欑聲近義同。〔廣雅・釋詁〕「欑，聚也」疏證。〇丨，通作篹。〔說文〕「丨，最也」義證。〇丨又通作攢。〔同上〕義證。

籫丨，盛匕箸之籠也。〔說文〕「丨，竹器也」義證引〔急就篇〕顏注。〇丨即算器也。〔通雅・褋用〕〇丨又通作算。〔說文〕「丨，竹器也」義證。〇丨，字或作篹。〔同上〕義證。

㚘丨，通作伴。〔說文〕「丨，竝行也」句讀。又〔同上〕義證。

盰〔說文定聲・卷一四〕丨，段借為睅。〔說文〕「丨，一曰張目也」。〇〔同上〕丨，字亦作睅。〔廣雅・釋器〕「睅，白也」。

⿰面完丨，塗面也。〔集韻・緩部〕

撣擅與丨同，謂提持也。〔墨子〕「素」雜志。

昄丨，均大也。〔廣韻・緩部〕

皔丨，白皃。〔廣韻・旱部〕〇翰與丨通。〔廣雅・釋器〕「丨，白也」疏證。

焌婦人繫青腰，為客換茶湯者，謂之丨糟。〔通雅・稱謂〕引〔夢華録〕。

單丨、厚一義也。〔詩・天保〕「俾爾丨厚」平議。〇〔說文定聲・卷一四〕丨，段借為亶。〔詩・天保〕「俾爾丨厚」。〇〔同上〕丨，段借發聲之詞，與用但字同。〔莊子・讓王〕「丨以反一曰之無」。

仟丨，丨長。〔廣韻・旱部〕又〔集韻・旱部〕。

儃丨丨，舒閒皃。〔集韻・緩部〕

坢丨，平坦丨也。〔廣韻・緩部〕

堧丨，垣外餘也。〔集韻・緩部〕

拌丨，弃也。〔廣韻・緩部〕

⿰扌敫丨，捉也。〔集韻・緩部〕

攤丨，按也。〔廣韻・緩部〕

攢　丨，當作篹。篹，鐕之叚字，亦或作揩。〔韓子·用人〕「因丨而縫」集解引俞樾。

㦬　丨丨扇。〔廣韻·旱部〕

㬉　丨，山名。〔廣韻·緩部〕

㣪　徽丨，徐行。〔集韻·緩部〕

狚　獦丨，獸。〔廣韻·旱部〕

㢜　偏舍謂之丨。〔集韻·緩部〕

㵍　丨，弄水也。〔集韻·緩部〕

灘　丨，水濡而乾。〔廣韻·旱部〕又〔集韻·混部〕。○丨，或从鳥。〔同上〕

㜷　丨，媛也。〔廣韻·旱部〕

琯　丨，玉丨。〔廣韻·緩部〕

䔾　丨，衆草莖也。〔廣韻·旱部〕

䕼　〔說文定聲·卷一四〕丨，叚借為稈。〔類篇〕「丨，禾莖也」。

蘐　丨，蕑也。〔集韻·緩部〕

欑　營丨，祭處。〔集韻·緩部〕

瓶　丨，瓦器，大口。〔集韻·緩部〕

㬰　丨，明也。〔集韻·緩部〕

脘　丨，胃府。〔集韻·緩部〕

焊　丨，火乾也。〔廣韻·旱部〕○丨，同熯。〔同上〕

焞　丨，灼龜也。〔集韻·緩部〕○丨，或作焌。〔同上〕

燗　丨，火丨。〔廣韻·敢部〕○丨，火焚也。〔集韻·敢部〕

襸　丨，祭。〔廣韻·旱部〕

𧜵　丨，惰於祭也。〔集韻·緩部〕

㯻　丨，重祭也。〔集韻·緩部〕

矸　丨，丨擊。〔廣韻·旱部〕○丨，礙繒也。〔集韻·旱部〕

暖　丨，目皆。〔廣韻·緩部〕

暵　丨，耕也。〔集韻·旱部〕○丨，或从耒。〔集韻·旱部〕

秚　丨，物之相和。〔集韻·緩部〕○丨，通作伴。〔同上〕

瘓　丨，痪丨皃。〔廣韻·緩部〕

癱　丨，痛也。〔集韻·緩部〕

衦　丨，摩展衣也。〔廣韻·旱部〕○丨，同纤。〔同上〕

裷　丨，袴襱也。〔廣韻·緩部〕又〔說文〕「襱，綺踦也」義證引〔玉篇〕。

皻　丨，面膚病也。〔集韻·緩部〕

穳　丨，鋋也。〔廣韻·緩部〕

蜎　丨，雨下蟲名。〔廣韻·緩部〕

筦　丨，持也。〔廣韻·旱部〕○丨，笞也。〔同上〕

篹　篰丨，簡也。〔廣韻·緩部〕

篙　丨，竹器。〔廣韻·緩部〕

簳　篙丨，桃支竹名。〔廣韻·旱部〕

皖　丨，以血塗也。〔集韻·緩部〕

糷　丨，飯相著也。〔廣韻·旱部〕○丨，亦作糠。〔同上〕

綻　丨之言閒也。〔廣雅・釋詁二〕「袒，解也」疏證。

趀　丨，走皃。〔廣韻・緩部〕又〔集韻・緩部〕。

輠　丨，回也。〔集韻・緩部〕

睕　丨䁔，小有財也。〔廣韻・緩部〕又〔集韻・緩部〕。

覫　丨，大視。〔廣韻・緩部〕又〔集韻・旱部〕。

𧿞　丨，偏立。〔集韻・旱部〕

䛞　丨，大言也。〔集韻・旱部〕

讝　譇丨，言惑。〔集韻・緩部〕

繵　丨，束腰大帶。〔廣韻・旱部〕

𢿎　丨，鳥形。〔廣韻・旱部〕

鉡　丨，鏨也。〔集韻・緩部〕

鏋　丨，金精。〔廣韻・緩部〕○金精謂之丨。〔集韻・緩部〕

𨭇　丨，燒鐵也。〔集韻・緩部〕○丨丨，鏟。〔廣韻・緩部〕

鏾　丨，弩牙緩也。〔廣韻・旱部〕○弩機緩謂之丨。〔集韻・緩部〕

閈　丨，闌也，門傍之㮰，所以止扉。〔廣韻・旱部〕

閲　丨，所以出鍵也。〔集韻・緩部〕○丨，通作管。〔同上〕

䡲　丨，車衡三束。〔集韻・緩部〕

奤　丨，面大。〔集韻・緩部〕

毈　丨，履後帖也。〔廣韻・緩部〕又〔集韻・緩部〕。○丨，同綴。〔廣韻・緩部〕

鬢　丨，款皃。〔廣韻・旱部〕

𣃚　丨，勤也。〔集韻・旱部〕

𣄃　丨，一曰濁也。〔集韻・緩部〕

魭　丨斷，無圭角皃。〔集韻・緩部〕

鰀　丨，魚名。〔廣韻・緩部〕

𩸢　丨，魚名。〔廣韻・緩部〕

傘　丨，丨蓋。〔廣韻・旱部〕

續經籍纂詁卷第四十五

上聲

十五潸

潸 丨,涕下貌。〔詩·大東〕「丨焉出涕」朱傳。○丨,淚下皃。〔廣韻·潸部〕

眼 丨,丨目也。〔廣韻·產部〕○凡吏出捕,輒將兩人,一通信息謂之線,一能識認謂之丨。〔説文〕「罫,司視也」義證。○此鄭謂丨為睅之假借也。〔説文〕「睅,大目出也」段注引〔考工記〕「欲其丨也」注「丨出大皃也」。○舊校云,丨一作髮。〔呂覽·遇合〕「垂丨臨鼻」校正。

簡 丨,竹策也。〔通鑑·周紀一〕「乃書訓戒之辭於二丨」音注。○〔説文定聲·卷一四〕竹謂之丨。〔説文〕「丨,牒也」。○丨,牒也。〔廣韻·產部〕○丨,札也。(同上)○丨,丨牘也。〔説文〕「等,齊丨也」繫傳。○丨,官曹之書也。(同上)○丨,擇也。〔詩·簡兮〕「丨兮丨兮」集疏引魯説。又〔通鑑·漢紀四三〕「丨所置乎」音注。○丨猶擇。〔國策·秦策一〕「丨練以為揣摩」鮑注。○丨,略也。〔孟子·離婁上〕「是丨驩也」朱注。又〔廣韻·產部〕。○丨,約也。〔大戴·子張問入官〕「善政必丨矣」王詁。○丨者,約而用之,故為省約。〔説文定聲·卷一四〕○(同上)丨,少也。〔孟子〕「是丨驩也」。○丨,易,一也。〔易·繫上〕傳「易丨而天下之理得矣」李疏。○丨,丨易不恭之意。〔詩·簡兮〕「丨兮丨兮」朱傳。○丨者,不煩之謂。〔論語·雍也〕「可也丨」朱注。○丨者,易野也,無禮文也。(同上)劉正義。○丨謂苟丨。〔大戴·四代〕「臣將慶其丨者」王詁。○丨,閱也。〔論語·堯曰〕「丨在帝心」朱注。○丨猶閱也。〔管子〕「滿稽」雜志。○陰藏于中故為丨。〔易·繫上〕傳「坤以丨能」李疏。○丨,分別也。〔通鑑·陳紀八〕「丨令入道」音注。○丨,棄也。〔韓子·有度〕「而先王之法所丨也」集解引盧文弨。○丨猶棄也。〔國策·燕策三〕「智不丨功」鮑注。○丨,大也。〔大戴·文王官人〕「智氣丨備」王詁。○丨,亦大也。〔小辨〕「夫道不丨則不行」王詁。○〔説文定聲·卷一四〕丨猶直也,實為竿。〔考工記·弓人〕「小丨而長」。○丨丨,大也。〔詩·執競〕「降福丨丨」朱傳。○丨丨,和大也。〔那〕「奏鼓丨丨」朱傳。○丨丨猶僩僩,美貌。〔凱風〕「丨丨黃鳥」集疏。○丨書,戒命也。〔詩·出車〕「畏此丨書」朱傳。○丨書,策命臨遣之辭也。(同上)朱傳引或説。○凡鄰國有急難之事,則書之於丨,謂之丨書。(同上)集疏。○丨書,國有急難,不暇聯丨為策,但以單札相告,故謂之丨書。(同上)後箋。○丨書,即盟書之叚借,古丨字讀若篇,與明盟同聲。(同上)通釋。○丨聞,謂所聞於丨策者。〔大戴·保傅〕「丨聞小誦不傳不習」王詁。○丨箐,竹名。〔集韻·魚部〕○丨即篇字之叚借。〔説文〕「丨,篇,在也」段注引〔論語〕「丨在帝心」。○丨與柬通。〔書·多方〕「迪丨在王廷」孫疏。又〔通雅·書札〕。○丨,亦作柬。〔書·文侯之命〕「丨恤爾都」孫疏引〔三體石經〕。○大丨,〔詩〕作大諫。〔左傳成公八年〕「是用大丨」洪詁。○丨練者,瀾湅之假借也。〔説文〕「湅,瀾也」段注。○丨同闌。〔墨子·備城門〕「皆為兵弩丨格」閒詁引畢沅。○丨當讀為僩。〔詩·簡兮〕「丨兮丨兮」平議。○丨,亦作撊。(同上)○丨,俗作襇。〔説文〕「襞,韏衣也」段注。○襇襇,古今字。〔説文〕「緥,衣戚也」段注。○丨,當作萠,在頌字上。〔韓子·八説〕「法省而民訟丨」集解引顧廣圻。○丨,傳作萠,古人從竹從艸多通用。〔漢書·夏侯勝傳〕「勝又事同郡簡卿」補注引朱一新。○丨,一作文。〔呂覽·誣徒〕「以丨則有相反」校正。○丨有選義。〔公羊傳桓公六年〕注「大丨閱兵車」陳疏。○丨、選,聲相轉。〔釋詁〕「柬,擇也」郝疏。○丨者,疏節闊目之意。〔釋詁〕「丨,大也」郝疏。○丨,如丨稽之丨。〔公羊傳桓公六年〕「丨車徒也」陳疏引孔廣森。○〔説文定聲·卷一四〕謂借丨為柬。〔莊子·天運〕「食于苟丨之田」注「分別也」。○(同上)丨,叚借為柬。〔廣雅·釋言〕「丨,閱也」。○(同上)丨,叚借為諫。〔左傳成公八年〕「是用大丨」。○(同上)丨,叚借為見,猶實也。〔禮記·王制〕「有旨無丨不聽」注「誠也」。○(同上)丨,叚借為撊。〔吳語〕「丨服吳國之士于甲兵」。○(同上)丨,叚借為橺。〔釋詁〕「丨,大也」。○(同上)丨,叚借為瀾。〔國策·秦策〕「丨練以為揣摩」。○丨練,當作瀾湅。〔説文〕「練,湅繒也」義證。○丨積與嫥嫧聲亦相近。〔廣雅·釋詁〕「嫥嫧,齊也」疏證。○丨,通作閒。〔釋詁〕「丨,大也」郝疏。○丨與閒古字通。〔書·多方〕「丨代夏作民主」平議。○〔史·表〕丨作閒,兩見。〔漢書·高惠高后文功臣表〕「侯丨嗣」補注。○丨又通作閑。〔釋詁〕「丨,大也」郝疏。○丨又通作萠。(同上)○〔説文定聲·卷一四〕萠,以丨為之。〔論語〕「丨在帝心」。(「萠」下)

版 丨,片木也。〔説文〕「丨,判也」義證引〔玉篇〕。○丨,判木也。〔説文定聲·卷一四〕○丨,築墻上下丨也。〔説文〕「丨,判也」義證引〔三蒼解詁〕。○凡户籍名籍並謂之丨。〔周禮·內宰〕「掌書丨圖之灋」孫正義。○今人以折成葉子者謂之丨。〔通雅·器用〕○丨者,車輜也。〔荀子·禮論〕「象丨蓋」集解引俞樾。○丨,祁僻也。〔慧琳音義·卷八三〕引〔考聲〕。○丨猶鉼也。〔説文〕「釘,鍊鉼黃金」義證。○蜅蝢,即丨之合聲。〔釋蟲〕「傅,負丨」郝疏。○以鋻取田閒土塊,令方整不散,謂之丨光。〔説文〕「厽,絫坺土為牆壁」段注。○經言丨圖者,其圖皆謂地圖也。〔周禮·內宰〕「掌書丨圖之灋」平議。○昄當作丨。丨章,猶丨圖也。〔詩·卷阿〕「爾土宇昄章」朱傳引或説。○丨蓋者,棺椁所以象屋,旁為丨,上為蓋,非車之丨蓋也。〔荀子·禮論〕「象丨蓋」集解引郝懿行。○丨部,地官也,亦稱民部。〔通雅·官制〕○丨挈,丨令也,租挈收田之挈令也。〔刑法〕○丨與軓通。〔荀子·禮論〕「象丨蓋」平議。○丨販同聲,古文通用。〔論語·鄉黨〕「式負丨者」平議。○丨,古叚為反字。〔説文〕「丨,片也」段注。○

丨、反聲相近。〔廣雅·釋訓〕「丨丨，反也」疏證。○丨丨即板板，板板止當音反。〔通雅·釋詁〕○丨，字通作板。〔廣雅·釋訓〕「丨丨，反也」疏證。〔說文〕「丨，片也」段注。○丨，俗作板。〔說文〕「丨，判也」句讀。○丨，齊作板。〔詩·緜〕「縮丨以載」集疏。○丨，諸本作板。〔左傳襄公二三年〕「城丨隊」洪詁。○〔說文定聲·卷一四〕丨，字亦作鈑。〔釋器〕「鉼金謂之鈑」。○丨，官本作阪。〔漢書·地理志〕「有羊腸丨」補注引王鳴盛。○丨，當作阪。〔昌邑哀王傳〕「屋丨瓦覆」補注引李慈銘。

板 丨，片也。〔方言五〕「其上版」箋疏。○以鋸析木為丨。〔慧琳音義·卷三〕引〔集訓〕。○丨，墻丨也。〔說文〕「栽，築墻長版也」義證引〔急就篇〕顏注。○丨在兩旁，榦在兩頭，以榦束丨，防土之傾也。〔左傳宣公二年〕「平丨榦」疏證。○傳所云五丨，累五丨也，累言其高，丨廣二尺，累之則一堵之墻高一丈。〔詩·鴻雁〕「百堵皆作」後箋引〔稽古編〕。○丨謂木瓦也。〔說文〕「戊，屋牝丨下」義證引〔急就篇〕顏注。○丨屋，民以丨為室屋。〔詩·小戎〕「在其丨屋」集疏引齊說。○丨丨，反也。〔板〕「上帝丨丨」朱傳。又〔通鑑·晉紀一八〕「四海丨蕩」音注。○丨桐，或作樊桐。〔廣雅·釋山〕「丨桐」疏證。○丨，古作版。〔詩·小戎〕「在其丨屋」陳疏。又〔板〕「上帝丨丨」陳疏。○丨與版同。〔方言五〕「其上版」箋疏。又〔廣雅·釋器〕「[片兆]，版也」疏證。○〔說文定聲·卷一四〕版，字亦作丨。〔後漢·楊賜傳〕注「丨謂詔書也」。〔「版」下〕○丨，魯亦作版。〔詩·板〕「上帝丨丨」集疏。

琖 丨，玉丨，小杯。〔廣韻·產部〕○丨，同盞、醆。〔同上〕○丨與醆同。〔廣雅·釋器〕「醆，爵也」疏證。

產 丨，生也。〔孟子·滕文公下〕「陳良，楚丨也」朱注。○丨猶生也。〔國策·東周策〕「丨以忿強秦」鮑注。○丨謂丨生也。〔左傳僖公二年〕「屈丨之乘」洪詁引服虔。○丨與生義同字通。〔韓子·外儲說右上〕「慎丨也」集解引孫詒讓。○丨，生業也。〔孟子·梁惠王上〕「無恒丨」朱注。○丨，大籥，似笛，三孔而短。〔廣韻·產部〕○丨，滻水。〔漢書·東方朔傳〕「止霸丨以西」補注。○丨氣，生氣也。〔天文志〕「丨氣始萌」補注。○丨，通用為獸犍字。〔說文〕「丨，生也」段注。○〔說文定聲·卷一四〕丨，叚借為犍。〔左傳僖公三年〕「屈丨之乘」。○丨，當作犍。〔說文〕「乳，人及鳥生子曰乳，獸曰丨」義證。○畜丨，丨亦當作犍。〔說文〕「犍，畜牲也」義證。○〔說文定聲·卷一四〕丨，字亦作簅。〔釋樂〕「大籥謂之丨」。○〔同上〕丨，叚借為彥，按〔左傳〕鄭公孫僑字子丨，又作子美。〔說文定聲·卷一四〕

限 丨，閾也。〔說文〕「丨，一曰門榍也」義證引〔玉篇〕。○丨即門閾也。〔本草·卷七〕○丨，度也。〔廣韻·產部〕○丨，齊也。〔同上〕○丨，界也。〔同上〕○丨，切，即門丨也。〔釋宮〕「柣謂之閾」郝疏。○無丨，言無艱阻也。〔漢書·溝洫志〕「而山東從沔無丨」補注。○丨難，言七國自東向西，梁丨止其間，與之為難。〔漢書·韓安國傳〕「唯梁最親，為丨難」補注引周壽昌。○丨與艮音義皆同也。〔說文〕「艮，不相下也。易曰艮其丨」段注。○丨，俗作㡯。〔說文〕「丨，阻也」段注。○丨，俗作臬。〔同上〕○丨，元作恨。〔國策·韓策二〕「遂以丨秦」鮑注。

閬 丨，門閬。〔廣韻·產部〕又〔集韻·產部〕。○丨，通作限。〔集韻·產部〕○丨，本只作限。〔廣韻·產部〕○丨，又作㡯。〔同上〕○丨，或作㡯。〔集韻·產部〕○丨，又作臬。〔廣韻·產部〕○丨，或作臬。〔集韻·產部〕

睅 丨，目出皃。〔廣韻·潸部〕

撰 丨，具也。〔楚辭·天問〕「丨體協脅」補注。又〔通鑑·魏紀六〕「謹丨合所聞」音注。又〔慧琳音義·卷四九〕引〔字統〕。○丨亦具也。〔說文·上說文書〕「丨具一篇」段注。○丨者，為之具也。〔廣雅·釋詁三〕「丨，具也」疏證。○丨，集也。〔慧琳音義·卷四九〕引〔字鏡〕。○丨，述也。〔通鑑·魏紀六〕「謹丨合所聞」音注。○丨，述也。〔廣韻·潸部〕○丨，述也，論其先祖之德也。〔慧琳音義·卷四九〕引〔古今正字〕。○丨者，修著也。〔同上〕引〔考聲〕。○丨，造也。〔同上〕引〔考聲〕。○丨，整也。〔同上〕引〔韻英〕。○丨，定也。〔同上〕引〔文字典說〕。○丨，僎譔並通。〔廣雅·釋詁三〕「丨，具也」疏證。○選、丨並讀曰僎，具也。〔周禮·內饔〕「選百羞」述聞。又〔大司馬〕「丨車徒」述聞。○丨，作選。〔史記索隱〕「異文」雜志。○〔平準書〕作選，蘇林音選擇之選，〔漢書〕作丨，二字音同。〔漢書·食貨志〕「名白丨」補注。○叚丨為算。〔說文〕「算，數也」段注。

棧 今人曰丨，即〔爾雅〕所謂笵也。〔通雅·疑始〕○丨即棚也。〔說文〕「棚，丨也」繫傳。○丨，棚也，施於險境，以濟不通。〔國策·秦策三〕「丨道千里」鮑注。○丨為棚，以立馬。〔齊策一〕「埋馬丨之下」鮑注。○凡編木為棚，通謂之丨。〔廣雅·釋宮〕「丨，閣也」疏證。○編木橫豎為之皆曰丨曰棚。〔說文定聲·卷二〕「棚」下。○丨，閣也。〔廣韻·產部〕○椽上必笮，然後安瓦，今人謂之丨。〔說文〕「戊，屋牝瓦下」義證引〔六書故〕。○丨車，不革不漆也。〔說文〕「丨，棚也」繫傳。○蓋丨本是棚之通名，編竹木為車，有似於棚，因謂之丨車。〔詩·何草不黃〕「有丨之車」通釋。○丨車，役車也。〔同上〕朱傳。○役車、兵車、柩車用丨者，皆取其輕。〔說文定聲·卷一四〕○丨車，每日所行為一丨，俗乃作站。〔通雅·車類〕○木以通險曰丨道。〔同上〕○山路高下矗陷不平，施版以度，謂之丨道，故層樓飛閣亦曰丨也。〔說文定聲·卷一四〕○丨櫪，言圈養之也。〔通雅·車類〕○丨音盞。〔釋樂〕「小者謂之丨」鄭注。○丨盞並音側限反，其義同。〔廣雅·釋器〕「醆，爵也」疏證。○丨當與峨通，峨丨作棧。〔通雅·釋詁〕○〔說文定聲·卷一四〕丨，叚借為棧。〔西京賦〕「丨巉嶮」。○殘與丨同。〔廣雅·釋宮〕「丨，閣也」疏證。○〔說文定聲·卷一四〕丨，叚借為淺。〔釋樂〕「小者謂之丨」。○丨者，俴之叚音也。〔釋樂〕「小者謂之丨」郝疏。○〔說文定聲·卷一四〕丨，叚借為箭。〔廣雅〕「丨，木，千木」。

綰｜，羂也。〔説文〕「｜，惡也，絳也，一曰絹也」義證引〔玉篇〕。○｜，絳淺色。〔同上〕義證引〔類篇〕。○｜，繫也。〔廣韻·潸部〕○｜，結也。〔慧琳音義·卷三九〕引〔考聲〕。○｜，盤結也。〔卷六〇〕引〔考聲〕。○｜之言絆也。〔説文〕「羉，一曰｜也」段注。○｜綽，是古人祝延常語，蓋在鐘鼎雲雷回互之文，謂之｜綽，取其盤旋延長之意。〔通雅·釋詁〕引〔困學記聞〕。○〔説文定聲·卷一四〕｜，叚借為筦。〔廣雅·釋詁三〕「｜，縮也」。○〔同上〕｜，叚借為幹。〔史記·貨殖傳〕「東｜穢貉朝鮮真番之利」。○〔同上〕｜，叚借為毌，為繯，為擐。〔漢書·周勃傳〕「絳侯｜皇帝璽」。

矕｜，視皃。〔廣韻·潸部〕○目生翳亦曰｜。〔説文〕「｜，目｜｜也」義證。○〔説文定聲·卷一四〕謂借｜為蔄。〔漢書·敘傳〕「｜龍虎之文」孟康注「被也」。

赧面愧曰｜。〔慧琳音義·卷四〕引〔小雅〕。○｜，羞慚面赤也。〔同上〕引〔考聲〕。○｜｜，慚而面赤之貌。〔孟子·滕文公下〕「觀其色｜｜然」朱注。○｜王入秦為家人，無謚，為其慚，故謂之｜。〔説文〕「｜，面慚赤也」繫傳。○｜王，〔竹書〕稱隱王。〔史記·周本紀〕「子｜王延立」志疑。○｜、隱聲相近。〔同上〕志疑引沈約〔竹書注〕。○｜戁音近，古通也。〔孟子·滕文公下〕「觀其色｜｜然」焦正義。○戁與｜通。〔廣雅·釋詁一〕「｜，慙也」疏證。

⿰赤艮｜，慙而面赤。〔廣韻·潸部〕○｜，俗作赧。〔同上〕

⿰赤皮｜，羞慙面赤也。〔慧琳音義·卷八八〕引〔考聲〕。○｜同赧。〔漢書·古今人表〕「｜王延」補注。

戁｜，懼也。〔詩·長發〕「不｜不竦」通釋。又〔廣韻·獮部〕。○｜，悚懼。〔廣韻·潸部〕○｜與赧通。〔詩·長發〕「不｜不竦」通釋。又〔廣雅·釋詁二〕「赧，慙也」疏證。○｜，通作赧。〔釋詁〕「｜，懼也」郝疏。○｜赧古通字，聲近義同。〔方言二〕「凡愧而見上謂之｜」箋疏。○〔説文定聲·卷一四〕｜，叚借為赧。〔小爾雅·廣義〕「面慙曰｜」。○｜通作熯。〔釋詁〕「熯，敬也」郝疏。○｜，今〔詩〕作熯。〔説文〕「｜，敬也」繫傳。○｜，又通作難。〔釋詁〕「熯，敬也」郝疏。○｜，聲轉為⿰鬼堇。〔釋詁〕「｜，懼也」郝疏。

潸｜，衆也。〔詩·南有嘉魚〕「烝然｜｜」集疏引齊韓。○｜｜與汕汕同。〔廣雅·釋訓〕「｜｜，衆也」疏證。○〔説文定聲·卷一四〕｜｜，即〔詩〕「烝然汕汕」字，三家本汕作｜也。〔廣雅·釋訓〕「｜｜，衆也」。○｜，〔史〕〔漢〕作産。〔説文〕「｜，｜水」段注。

醆｜，盎齊也。〔禮記·禮運〕「醴｜在户」集解。○〔説文定聲·卷一四〕醴｜，清于醴齊而濁于緹齊。〔禮記·禮運〕「醴｜在户」。○｜盎齊，濁酒微清也。〔慧琳音義·卷一四〕引〔集訓〕。○｜，杯。〔廣韻·獮部〕○｜，酒濁微清。〔廣韻·産部〕○〔説文定聲·卷一四〕｜，字亦作琖。〔禮記·明堂位〕「夏后氏以琖」。○〔同上〕｜，字亦作盞。〔方言五〕「盞，桮也」。○｜、琖並與盞同。〔方言五〕「盞，桮也」箋疏。○｜，字亦作棧。〔説文定聲·卷一四〕○〔同上〕｜，字亦作⿱戔瓦。〔廣雅·釋器〕「⿱戔瓦，盂也」。

羼俗言相爭出前為相｜。〔説文〕「｜，羊相厠也」繫傳。○今人言竄入，當作｜字。〔字詁〕

剗｜，削也。〔通鑑·陳紀四〕「｜之，迹終不滅」音注。○｜，削。〔廣韻·産部〕○｜、鏟聲義並同。〔廣雅·釋詁三〕「｜，削也」疏證。○｜，翦也，以翦草為喻。〔國策·齊策一〕「｜而類破吾家」鮑注。○〔説文定聲·卷一四〕剪字亦作｜。〔小爾雅·廣詁〕「｜，滅也」。（「剪」下）○｜刈者，斬斷果決之意。〔國策·燕策二〕「猶｜刈者」補正。

丳古貝穿之，又珠穿之謂之｜。〔説文〕「毌，穿物持之也」繫傳。○｜，炙肉｜也。〔廣韻·産部〕○｜，燔肉器。〔集韻·産部〕○｜，以鐵貫肉齊也。〔慧琳音義·卷四六〕引〔字略〕。○以鐵貫肉炙之曰｜。〔卷四八〕引〔字苑〕。○｜，亦毌字之變體也。〔説文〕「患，悳也」段注。○毌，又變作｜。〔説文定聲·卷一四〕

僝｜，見也。〔集韻·獮部〕

睆｜為目出貌。〔詩·杕杜〕「有｜其實」通釋。○｜，大目也。〔廣韻·潸部〕○｜，明星貌。〔詩·大東〕「｜彼牽牛」朱傳。○｜，實貌。〔杕杜〕「有｜其實」朱傳。○｜｜，竊視貌。〔通雅·卷一〇〕○｜為或睅字。〔説文〕「睍，目出皃也」段注引徐鉉。○｜即睅字。〔説文定聲·卷一四〕○｜从目。李賢注「睆，今舒州懷甯縣，俗作皖，遂盛行」。〔漢書·地理志〕「｜」補注引王鳴盛。○｜，〔詩〕古本又多作皖。〔説文〕「睍，目出皃也」段注。

柬｜，分別也。〔廣韻·産部〕又〔説文繫傳·通論下〕。○｜，開其束而｜之也。〔説文〕「｜，分別簡之」繫傳。○｜者，分別簡之也。〔説文〕「擇，｜選也」段注。○｜，擇也。〔慧琳音義·卷一〇〇〕引〔考聲〕。○｜，略也。遴｜，即吝嗇、簡略之謂。〔漢書·高惠高后文功臣表〕「遴｜布章」補注。○今人總以折疊者謂之｜帖。〔通雅·書札〕○｜與簡同。〔釋詁〕「｜，擇也」鄭注。○｜，亦通作簡。〔同上〕郝疏。○｜，經傳皆以簡為之。〔説文定聲·卷一四〕○｜，叚借為簡，今用為｜帖字。〔同上〕○｜，通作揀。〔釋詁〕「｜，擇也」郝疏。○｜，或作揀。〔説文〕「｜，分別簡之也」義證。○〔説文定聲·卷一四〕｜，字亦作揀。〔廣雅·釋詁〕「揀，擇也」。○｜，〔韻會〕作揀，乃是俗字。〔説文〕「擇，｜選也」段注。

揀｜，｜擇也。〔廣韻·産部〕

莞　丨，小笑貌。〔論語・陽貨〕「丨爾而笑」劉正義。○丨，丨爾而笑。〔廣韻・潸部〕○丨爾，微笑。〔楚辭・漁父〕「丨爾而笑」補注。○丨爾，小笑貌。〔論語・陽貨〕「丨爾而笑」朱注。○丨爾，段借，猶宛爾也。〔說文定聲・卷一四〕○丨爾，一作莧爾、唍爾、䝟爾。〔通雅・釋詁〕

僴　丨，威嚴貌。〔詩・淇奧〕「瑟兮丨兮」朱傳。○丨，猛也。（同上）通釋。○丨，武毅之貌。〔大學〕「瑟兮丨兮」朱注。○丨，武猛皃。〔廣韻・潸部〕○丨，一曰寬大。（同上）○丨為寬大。〔荀子・榮辱〕「陋者俄且丨也」集解引郝懿行。○丨者，文雅貌。〔說文〕「嫺，雅也」義證引惠棟。○疑丨為嫺雅之義。〔荀子・榮辱〕「陋者俄且丨也」集解引盧文弨。○丨雅，猶言嫺雅，反丨為野。〔詩・淇奧〕「瑟兮丨兮」後箋。○丨借為嫺。〔說文定聲・卷一四〕○丨通作撊。〔詩・淇奧〕「瑟兮丨兮」通釋。○丨然即撊然。〔通雅・釋詁〕○丨，〔左傳〕〔方言〕〔廣雅〕皆作撊。〔說文〕「丨，武皃」段注。○〔說文定聲・卷一四〕丨，字亦作撊。〔小爾雅・廣言〕「撊，忿也」。○（同上）丨，段借為憪。〔荀子・榮辱〕「陋者俄且丨也」。○丨、閑古字同。〔荀子・榮辱〕「陋者俄且丨也」集解引王念孫。

眅　丨，目中白皃。〔廣韻・潸部〕○丨，多白眼也。〔集韻・潸部〕○〔說文定聲・卷一四〕丨，今本以昄為之。〔左傳襄公二十二年〕「鄭游丨字子明」。

鈑　丨，鉼金。〔廣韻・潸部〕○丨音版。〔釋器〕「鉼金謂之丨」鄭注。

憪　丨，寬大。〔廣韻・潸部〕○〔通雅・卷八〕丨然猶介然。〔漢書〕「丨然念外人之有非」。○〔說文定聲・卷一四〕丨然，猶惕然也。〔史記・孝文紀〕「丨然念外人之有非」。

輚　丨，臥車也。〔集韻・產部〕○丨，一曰兵車。（同上）○丨，通作棧。（同上）○丨，或作轏。（同上）

嶘　丨，危高皃。〔說文〕「丨，尤高也」義證引〔玉篇〕。○丨，今字作𡶁。〔說文〕「丨，尤高也」段注。○丨，字亦作𡶁。〔說文定聲・卷一四〕○丨，同𡶁。〔廣韻・產部〕

𡶁　丨，山皃也。〔廣韻・產部〕○丨嵯，山峻皃。〔集韻・產部〕○丨，或作嶘。〔集韻・產部〕

瓪　丨，丨瓦。〔廣韻・潸部〕○丨，牡瓦也。〔廣韻・緩部〕○丨，牝瓦。〔說文〕「戊，屋牝瓦下」義證引〔玉篇〕。又〔集韻・緩部〕。○丨謂破瓦，今蘇俗瓦爿字當作此。〔說文定聲・卷一四〕

昄　丨，大也。〔廣韻・潸部〕又〔集韻・潸部〕。○丨章，大明也。〔詩・卷阿〕「爾土宇丨章」朱傳。○丨，當作版。（同上）朱傳引或說。○丨之為言版也。〔釋詁〕「丨，大也」郝疏。○〔說文定聲・卷一四〕丨，段借為眅。〔左傳襄公二十二年〕「鄭游丨」。

㬎　丨，温濕。〔廣韻・潸部〕○丨，昷溼生黴，有色赤者。〔說文定聲・卷一四〕○丨與曬聲相近。〔廣雅・釋詁三〕「曬，熯也」疏證。

橺　丨，大木也。〔廣韻・潸部〕○〔說文定聲・卷一四〕丨，轉注，以簡為之。〔釋詁〕「丨，大也」。

鯇　丨，魚名。〔廣韻・潸部〕○丨，今俗謂之緄子魚，亦曰草魚。〔說文定聲・卷一四〕○丨，今人曰鯶子。〔說文〕「丨，丨魚也」段注。○丨、鯶古今字。（同上）○丨與鯶同。〔說文〕「丨，魚名」義證引〔類篇〕。

㹽　丨，齧也。〔廣韻・潸部〕○犬食曰丨。〔集韻・產部〕

㹌　人及鳥生子曰乳，嘼曰丨。〔說文〕「字，乳也」段注。○畜丨，畜牲。〔廣韻・產部〕

𥈇　丨，無畏視也。〔廣韻・產部〕

𤃩　丨者，淅也。〔說文〕「練，湅繒也」段注。○丨，洗米。〔廣韻・產部〕○丨，通作簡。〔說文〕「丨，淅也」義證。○丨亦省作簡。（同上）句讀。

鏟　丨，以剛鐵削平柔鐵也。〔說文〕「丨，鏶也」段注。○〔說文定聲・卷一四〕丨，平鐵，謂以剛鐵削平柔鐵也。〔說文〕「丨，一曰平鐵」。○丨，平木器也。〔廣韻・產部〕○剗，丨，聲義並同。〔廣雅・釋詁三〕「剗，削也」疏證。○〔說文定聲・卷四〕丨字，或作丳字。〔字苑〕「丳，謂以籤貫肉炙之者也」。（「籤」下）又〔廣雅・釋器〕「籤謂之丨」疏證。

蝬　丨，蟲名。〔廣韻・潸部〕○丨與蜒，聲之轉。〔廣雅・釋蟲〕「馬蜒，馬蚿也」疏證。○丨即蜒之轉聲。〔釋蟲〕「蛝，馬丨」郝疏。

簅　丨，大籥。〔廣韻・潸部〕又〔集韻・產部〕。○丨，通作產。（同上）

𪌉　丨，粟丨。〔廣韻・產部〕○丨，礱粟。〔集韻・產部〕

硍　丨，石聲。〔廣韻・產部〕

轏　丨，車名，士所乘也。〔廣韻・產部〕○丨當為棧。〔左傳成公二年〕「丑父寢於丨中」洪詁。

𥳑　〔說文定聲・卷一四〕丨，以簡為之。〔論語〕「簡在帝心」。○（同上）簡字亦誤作丨，萌者又丨字之誤。〔釋訓〕「萌萌，在也」。

撊　丨者，勁戾之皃。〔說文〕「橺，大木皃」繫傳。○丨、僩字同。〔左傳昭公一八年〕「丨然授兵登埤」洪詁。○丨當作僩。〔說文〕「僩，武皃」繫傳。○丨僩，古字並通。〔方言二〕「丨，猛也」箋疏。

剷　丨，剃也。〔集韻・產部〕

僎　撰ㄧ譔並通。〔廣雅・釋詁三〕「撰,具也」疏證。

阪　ㄧ,陂別名。〔廣韻・濳部〕

陂　ㄧ,當作際。〔韓子・有度〕「伺其危險之ㄧ」集解。

拃　ㄧ,ㄧ摸。〔廣韻・濳部〕又〔集韻・濳部〕。

捍　ㄧ握,搖動。〔廣韻・濳部〕〇ㄧ摌,搖動。〔集韻・濳部〕〇ㄧ摌,手精擇物也。〔產部〕

摌　ㄧ,以手挍物。〔廣韻・產部〕

嵼　ㄧ,𡾊ㄧ。〔廣韻・產部〕〇𡾊ㄧ,山曲兒。〔集韻・產部〕

𤢂　ㄧ,猛也。〔廣韻・濳部〕又〔集韻・濳部〕。

㦃　ㄧ,全德。〔廣韻・產部〕又〔集韻・產部〕。

汕　ㄧ,魚浮水上。〔廣韻・產部〕

湔　琖、ㄧ,字並與醆同。〔廣雅・釋器〕「斝,爵也」疏證。

遣　ㄧ,送也。〔說文〕「送,ㄧ也」義證引〔玉篇〕。〇ㄧ,去也。〔同上〕

選　ㄧ,數也。〔集韻・緩部〕〇ㄧ為算之叚借。〔詩・柏舟〕「不可ㄧ也」通釋。〇ㄧ、鍰聲近,故古字通用。〔漢書・食貨志〕「名白撰」補注引葉德輝。

蔏　ㄧ,草可染,子可食。〔廣韻・濳部〕

戔　ㄧ,擣傷也。〔集韻・產部〕

晘　ㄧ,日出兒。〔集韻・濳部〕

暕　ㄧ,陰旦日明。〔廣韻・產部〕〇ㄧ,明也。〔集韻・產部〕

𤛓　牛ㄧ,很不從牽。〔廣韻・產部〕〇牛不從羈謂之ㄧ。〔集韻・產部〕

䏼　ㄧ,腹大兒。〔集韻・產部〕

𦡏　ㄧ,皮ㄧ。〔廣韻・產部〕〇ㄧ,皮也。〔集韻・產部〕

𤖼　ㄧ,豢羊屋也。〔集韻・產部〕〇ㄧ,或从羊。〔同上〕

𣈶　ㄧ然,慙兒。〔集韻・濳部〕

盞　ㄧ與琖通。〔廣雅・釋器〕「ㄧ,杯也」疏證。

晥　ㄧ,明星。〔廣韻・濳部〕

襇　ㄧ,帬襵。〔廣韻・產部〕〇ㄧ,帬幅相襵也。〔集韻・產部〕

寳　ㄧ赧,進窄也。〔集韻・產部〕

蝂　ㄧ蝜,蟲。〔廣韻・濳部〕

𤞞　ㄧ,鷙飛。〔廣韻・濳部〕〇ㄧ,迅飛兒。〔集韻・濳部〕

𨄅　ㄧ,徒騎也。〔集韻・產部〕

虥　虎竊毛謂之ㄧ。〔廣韻・產部〕〇虎竊毛謂之ㄧ貓。〔集韻・濳部〕〇竊、ㄧ、淺俱聲相轉。〔釋獸〕「ㄧ貓」郝疏。

𩈣　ㄧ𩉂,面皺。〔廣韻・濳部〕〇ㄧ𩉂,色慙。〔集韻・濳部〕

𩈲　曲面謂之ㄧ。〔集韻・濳部〕

𩉂　ㄧ,或作皻。〔集韻・濳部〕

骭　ㄧ,脛中也。〔集韻・產部〕

驏　ㄧ,馬名。〔廣韻・產部〕

𪌉　ㄧ子,麥䴵類。〔廣韻・濳部〕

䴼　ㄧ,麥也。〔集韻・產部〕

䴸　ㄧ,黃蒸子。〔廣韻・濳部〕〇ㄧ,餅也。〔同上〕引〔玉篇〕。

魬　ㄧ,魚名。〔廣韻・濳部〕

䱚　ㄧ,魚名。〔集韻・產部〕〇ㄧ,或从孨。〔同上〕

齦｜，齒聲。〔廣韻・産部〕

齴｜，齒跌皃。〔集韻・産部〕○｜齗，齒不正。〔廣韻・潸部〕又〔集韻・潸部〕。

續經籍籑詁卷第四十六

上聲

十六　銑

銑｜，為美玉之名也。〔釋器〕「絶澤謂之｜」郝疏。○｜之為言灑也。〔同上〕○｜、錑，標子之類也。〔通雅・戎器〕○〔説文定聲・卷一五〕｜，字亦作鏭。〔埤蒼〕「鏭，小鑿」。

善｜者，吉也。〔説文繫傳・通論下〕○｜，美也。〔同上〕○｜者，美之實也。〔論語・八佾〕「又盡｜也」朱注。○｜猶美也。〔大戴・盛德〕「夫民｜其德」王詁。○｜與義、美同意。〔説文定聲・卷一四〕○｜亦好也。〔論語・泰伯〕「守死｜道」平議。○｜，良也，大也，佳也。〔廣韻・獮部〕○｜猶多也。〔説文〕「罅，裂也，缶燒｜裂也」義證。○｜猶喜也。〔大戴・衛將軍文子〕「貴位不｜」王詁。○｜與悦皆快適之意。〔釋言〕「展，適也」郝疏。○｜，賢能也。〔大戴・子張問入官〕「必以其｜以赦其過」王詁。○｜，謂有能。〔論語・公冶長〕「願無伐｜」朱注。○｜與能同義。〔禮記・大學〕「彼為｜之」平議。○｜，｜我。〔國策・西周策〕「人皆｜」鮑注。○｜人，使人｜也。〔荀子・大略〕「取友｜人」集解。○｜與福同義。〔釋言〕「穀，禄也」郝疏。○｜與禄義同。〔同上〕○法與｜義近。〔釋詁〕「類，｜也」郝疏。○｜與生活義近。〔釋言〕「穀，生也」郝疏。○深衣曰｜衣。〔呂覽・達鬱〕「｜衣東布衣」校正引〔禮記注〕。○｜者，繕也。〔説文繫傳・通論下〕○｜同繕，言勁也。〔墨子・備水〕「必｜以船」閒詁引畢沅。○｜與繕通。〔襍守〕「墉｜其上」閒詁引蘇時學。○｜通作繕。〔釋詁〕「｜儀，｜也」郝疏。○〔説文定聲・卷一四〕｜，假借為繕。〔易・略例〕「｜邇而遠至」。○〔同上〕｜，假借為嫸。〔廣雅・釋言〕「｜，佳也」。○｜當作苦。〔商子・外内〕「莫｜於農」平議。○｜字，言字之誤。〔墨子・天志中〕「義者，｜政也」平議。○｜字，若字之誤。〔韓子・顯學〕「今夫與人相｜也」平議。○｜乃蓋字之誤。〔荀子・非相〕「｜於後世」平議。○｜，一作喜。〔呂覽・遇合〕「所｜惡得不苟」校正。○忠｜，〔新序〕作忠信。〔左傳襄公三一年〕「我聞忠｜以損怨」洪詁。

遣｜，送也，縱也。〔廣韻・獮部〕○逐與｜同。〔公羊傳成公一五年〕「｜歸父之家」陳疏。○〔説文定聲・卷一四〕｜，字變作繾。〔左傳昭公二五年〕「繾綣從公」。○｜有申義。〔詩・民勞〕「以謹繾綣」後箋。○〔説文定聲・卷一四〕｜，假借為選。〔左傳僖公二三年〕「醉而｜之」。○｜乃遺之訛，留也。〔史記・陳涉世家〕「不如少｜兵」志疑。

淺 丨，不深也。〔廣韻·獮部〕〇〔說文定聲·卷一四〕丨謂水少。〔說文〕「丨，不深也」。〇不廣亦曰丨。〔說文〕「丨，不深也」段注。〇丨，讀為戩滅之戩。〔同上〕〇凡物在首者曰丨。〔公羊傳桓公一五年〕注「末者，丨也」陳疏。〇丨丨既濺濺。〔文選·湘君〕「石瀨兮丨丨」集釋。〇丨，虎皮也。〔詩·韓奕〕「鞹鞃丨幭」朱傳。〇竊虦丨，俱聲相轉。〔釋獸〕「虎竊毛謂之虦貓」郝疏。〇〔說文定聲·卷一四〕丨，以帴為之。〔考工記〕「以博為帴」。〇〔大戴〕丨然作淡然。〔荀子·哀公〕「丨然不識其鄰」集解引盧文弨。

典 丨，主也。〔禮記·曲禮〕「長曰能丨謁」集解。又〔王制〕「命丨禮考時月」集解。又〔大戴·千乘〕「司徒丨春」王詁。又〔漢書·朱博傳〕「職丨決疑」補注。又〔王莽傳〕「丨致時雨」補注。又〔韓子·難三〕「不任丨成之吏」集解引舊注。〇丨猶職也。〔國策·楚策二〕「我丨主東地」鮑注。〇丨，常也。〔管子〕「戒心」雜志。〇丨言常道也。〔說文〕「丨，五帝之書也」繫傳。〇丨亦法也。〔書·西伯戡黎〕「不迪率丨」孫疏。〇丨為丨法也。〔周禮·大宰〕「二曰教丨」孫正義。〇丨，法也，常也。〔大戴·四代〕「上服周室之丨」王詁。〇丨謂經也，常也，法也。〔大戴·少閒〕「制丨慈民」王詁。〇丨，主也，常也，法也，經也。〔廣韻·銑部〕〇丨刑，常法也。〔孟子·萬章上〕「顛覆湯之丨刑」朱注。〇丨喪為喪主也。〔漢書·霍光傳〕「徵昌邑王丨喪」補注引錢大昭。〇丨喪為殄喪。〔書·微子〕注「淪喪作丨喪」孫疏引錢大昕。〇丨或訓主，主覽猶總覽也。〔漢書·郊祀志〕「丨覽羣下」補注引周壽昌。〇丨凝猶堅凝也。〔淮南·兵略〕「丨凝如冬」平議。〇五丨即五常。〔書·皋陶謨〕「五丨五惇哉」孫疏。〇丨，經常之籍也。〔通鑑·宋紀九〕「廢太子、諸王丨故」音注。〇丨傳，謂丨籍傳記。〔大戴·保傅〕「博古之丨傳」王詁。〇丨籍即禮籍。〔孟子·告子下〕「守宗廟之丨籍」焦正義。〇丨同敟。〔書·多方〕「惟丨神天」孫疏。〇丨與敟同。〔書·舜典〕「丨朕三禮」孫疏。〇丨即敟之假字。〔周禮·冢宰〕「丨婦功中士」孫正義。〇〔說文定聲·卷一五〕丨假借為敟。〔廣雅·釋詁一〕「丨，主也」。〇丨當讀為腆。〔書·康誥〕「自作不丨」平議。〇丨當作與。〔管子·禁藏〕「如丨之同生」義證引孫星衍。〇〔說文定聲·卷一五〕丨，曲之誤字。〔國語·周語〕「瞽獻丨」。〇丨，〔國語〕宋本作曲。〔史記·周紀〕「瞽獻丨」志疑引陳樹華。〇丨，齊、韓作德。〔詩·我將〕「儀式刑文王之丨」集疏。

轉 東之運曰丨。〔說文〕「亘，求回也」段注。〇丨，陸運也。〔通鑑·秦紀三〕「皆以成漕丨作苦事」音注。〇丨，移也。〔周書〕「無丨其信」雜志。又〔通鑑·晉紀一二〕「曜丨冠上郡」音注。〇丨者，輾之周。〔詩·關雎〕「輾丨反側」朱傳。〇丨謂周丨也。〔說文〕「夗，丨卧也」義證。〇丨，動也，運也。〔廣韻·獮部〕〇動級曰丨。〔通鑑·陳紀七〕「蒙一丨」音注。〇丨注，猶言互訓也。〔說文·敘〕「五曰丨注」段注。〇交互之而其義相輸曰丨注。〔說文〕「注，灌也」段注。〇丨對，次對也。〔通雅·禮儀〕〇丨帖猶今之知會也。〔通雅·事制〕〇丨附即之眔也。〔孟子·梁惠王下〕「觀於丨附朝儛」焦正義。〇丨讀為專。〔莊子·盜跖〕「無丨而行」集釋引王念孫。〇丨讀為專，專謂統領之也。〔漢書·吳王傳〕「丨胡衆」雜志。〇傳、丨通用。〔漢書·高惠高后文功臣表〕「死為丨屍」補注引沈欽韓。〇丨當為傳，聲同字通。〔墨子·經上〕「巧丨則求其故」閒詁。〇丨當作輪。〔墨子·備蛾傳〕「丨徑尺六寸」閒詁引蘇時學。〇〔說文定聲·卷一四〕丨假借為傳。〔漢書·高帝紀〕「丨送其家」。〇〔同上〕丨，假借為縛。〔左傳襄公二四年〕「踞丨而鼓琴」。〇〔同上〕丨，假借為猨。〔左傳昭公三一年〕「贏而丨以歌」。〇丨字必軫字之譌。〔左傳襄公二四年〕「居丨而鼓琴」洪詁引傳遜。〇丨，當為輔字之誤。〔周書〕「强丨」雜志。〇丨作專。〔史記·吳太伯世家〕「子丨立」志疑。

衍 丨，溢也。〔漢書·司馬相如傳〕「陰淫案丨之音」補注。〇丨之為言盈溢也。〔詩·伐木〕「釃酒有丨」集疏。〇丨如水潮之盛溢也。〔說文·上說文書〕「渥丨沛滂」段注。〇丨，達也。〔楚辭·遠遊〕「音樂博丨無終極兮」補注。又〔廣韻·獮部〕。〇丨，廣也。〔楚辭·遠遊〕「博丨」補注。〇丨，寬縱之意。〔詩·板〕「及爾游丨」朱傳。〇丨，饒也。〔荀子·君道〕「是所丨也」集解。〇丨，多也。〔詩·伐木〕「釃酒有丨」朱傳。〇〔說文定聲·卷一四〕丨，饒多也，蕃丨亦疊韻連語。〔詩·椒聊〕「蕃丨盈升」。〇〔同上〕丨，泆也。〔周禮·典同〕「回聲丨」。〇丨猶延也，羨也。〔屈賦·天問〕「其丨幾何」戴注。〇丨，引伸為凡有餘之義。〔說文〕「丨，水朝宗于海皃也」段注。〇丨，假羨字為之。〔同上〕〇今丨文字亦从羨為之。〔說文定聲·卷一四〕〇丨與演與羨義一也。〔儀禮·特牲饋食禮〕「尸至于階，祝延尸」胡正義。〇下平曰丨。〔大戴·千乘〕「規表丨沃」王詁。〇丨沃即沇渥。〔說文〕「㕣，山間陷泥地」義證。〇埏丨聲相近。〔廣雅·釋地〕「埏、丨，池也」疏證。〇丨當作行。〔易·需〕「丨在中也」述聞。〇丨當為延。〔漢書·高惠高后文功臣表〕「丨簡侯翟盱」補注引周壽昌。〇丨當讀為延。〔管子·白心〕「無遷無丨」平議。〇〔說文定聲·卷一四〕丨假借為延。〔周禮·大祝〕「二曰丨祭」。〇〔同上〕丨，假借為沇。〔水經·濟水注〕「丨水即沇水也」。〇〔同上〕丨，假借為簞。〔莊子·天運〕「盛以篋丨」。

犬 丨，金畜也。〔禮記·月令〕「食麻與丨」集解。〇狗有懸蹄者曰丨。〔廣韻·銑部〕〇丨即狗矣，渾言之也。〔說文〕「丨，孔子曰視丨之字如畫狗也」段注。〇丨丘當作太丘。〔左傳襄公元年〕「取丨丘」洪詁。〇丨字當從浙本作狗。〔漢書·鄒陽傳〕「桀之丨可使吠堯」補注引宋祁。

選 丨，擇也。〔大戴·哀公問五義〕「丨賢人善士」王詁。又〔保傅〕「比丨天下端士」王詁。又〔廣韻·獮部〕。〇丨，簡擇也。〔詩·柏舟〕「不可丨也」朱傳。又〔說文〕「擇，柬丨也」義證引〔玉篇〕。〇丨，數也。〔詩·柏舟〕「不可丨也」後箋。又〔車攻〕「丨徒囂囂」朱傳。又〔大戴·哀公問五義〕「日丨於物」王詁。〇丨之言宣也，宣，徧也。〔方言一三〕「丨，徧也」箋疏。〇丨之言宣也。〔廣雅·釋詁〕「丨，徧也」疏證。〇丨有齊義。〔墨子·尚同下〕「丨其國之義」閒詁引俞樾。○丨當訓為齊。〔荀子・儒效〕「遂丨馬而進」集解引俞樾。○凡言丨者，其義并為齊等。〔周書・常訓〕「夫民羣居而無丨」平議。○丨亦總也。〔墨子・尚同下〕「丨其國之義」平議。○丨，遺義，遺譔古字同。〔左傳昭公元年〕「弗去懼丨」洪詁。○丨，授也。〔莊子・德充符〕「天丨子之形」集釋。○丨，少也。〔說文〕「毨，仲秋鳥獸毛盛可丨取以為器」繫傳。○丨閒猶少閒也。〔通雅・釋詁〕○丨司亦謂之南曹，亦謂左曹。〔通雅・官制〕○丨同算。〔墨子・明鬼下〕「春秋冬夏丨失時」閒詁引畢沅。○丨與算音同。〔說文〕「丨，一曰擇也」段注。○丨讀為算。〔詩・車攻〕「丨徒囂囂」陳疏。○丨、算古字通。〔漢書・公孫田劉王楊蔡陳鄭傳贊〕「何足丨也」補注引錢大昭。○古假丨為算。〔說文〕「算，數也」段注。○丨為算之假借。〔詩・柏舟〕「不可丨也」後箋引段玉裁。○丨、撰並讀曰僎，具有。〔周禮・內饔〕「丨百羞」述聞。又〔大司馬〕「僎車徒」述聞。○丨亦具也。〔國語・齊語〕「牛馬丨具」述聞。○丨讀為僎。〔墨子・明鬼下〕「官府丨効」閒詁。○丨讀為饌。〔墨子・號令〕「吏上數丨具之」閒詁。○丨當讀為饌具之饌。〔墨子・明鬼下〕「丨失時」閒詁。○讀丨為饌具之饌，字亦作撰。〔詩・車攻〕「丨徒囂囂」通釋引王尚書。○丨當為巽。〔說文〕「算，數也」義證。又〔說文〕「頭，丨具也」義證。○〔說文定聲・卷一四〕丨，假借為柬。〔說文〕「丨，一曰擇也」。○〔同上〕丨，假借為算。〔書・盤庚〕「世丨爾勞」。○〔同上〕丨，假借為善。〔漢書・武帝紀〕注「丨，善也」。○〔同上〕丨，假借為援。〔史記・平準書〕「株送徒」〔索隱〕「丨，引也」。○〔同上〕丨，假借為巽。〔方言一三〕「丨，偏也」。○〔同上〕丨，假借為旋。〔呂覽・任數〕「丨閒食熟」。○〔同上〕丨，假借為僎。〔史記・律書〕「丨蠕觀望」。○〔通雅・卷七〕丨耎，一作巽蠕、巽輭、巽懦。〔漢書・西南夷傳〕「恐議者丨耎」。○舒懦、丨耎，並輸儒之轉耳。〔廣雅・釋詁一〕「儒輸，愚也」疏證。○丨懦、舒懦、丨耎，皆輸儒之轉注。〔方言一二〕「儒輸，愚也」箋疏。○丨，三家作算。〔詩・柏舟〕「不可丨也」集疏。○丨或作撰。〔說文〕「丨，一曰擇也」義證。○丨，韓作篹。〔詩・猗嗟〕「舞則丨兮」集疏。

冕

丨，冠也。〔左傳桓公二年〕「袞丨黻珽」疏證引〔書〕傳。又〔論語・泰伯〕「致美乎黻丨」朱注。又〔子罕〕「丨衣裳者」朱注。○丨，冠丨。〔廣韻・獮部〕○爵弁，一名丨。〔說文〕「覍，丨也」義證引〔輿服志〕。○端為丨。〔通雅・音義襍論〕○古分丨、弁、冠，然亦通稱。〔通雅・衣服〕○丨，祭服也。〔大戴・哀公問五義〕「今夫端衣玄裳丨」王詁。○丨，冠之有旒者。〔說文〕「丨，大夫以上冠也」義證引宋均。又〔左傳桓公二年〕「袞丨黻珽」疏證引宋衷世本注。○丨者，俛也，低前一寸二分，故得丨稱。〔論語・子罕〕「丨衣裳者」劉正義。○絻與丨同。〔管子・第一〕「服絻」雜志。○丨侯當為冤句，濟陰之縣也。〔漢書・郊祀志〕「黃帝得寶鼎丨侯」補注引王念孫。○絻同丨。〔廣韻・獮部〕

輦

丨，人輓車也。〔詩・黍苗〕「我任我丨」朱傳。○人挽車曰丨。〔左傳成公十七年〕「蒙衣乘丨」疏證引讀本。○丨，人步挽車。〔廣韻・獮部〕○丨謂人輓以行之車也。〔說文〕「丨，輓車也」段注。○駕人曰丨。〔慧琳音義・卷一四〕引〔考聲〕。○夏后氏謂丨曰余車，殷曰胡奴車，周曰輜丨。〔說文〕「丨，輓車也」段注。○銅丨，太子車也。〔文選・赴洛〕「撫劍遵銅丨」集釋引呂注。○銅丨，亦金路。〔同上〕集釋。○丨路即丨道。〔通雅・宮室〕○連、丨古通。〔周禮・巾車〕「丨車」孫正義。○丨之言連也，連者引也，引之以行，故曰丨。〔廣雅・釋器〕「丨，車也」疏證。○丨與連略同。〔說文定聲・卷一四〕○丨，今人謂之二把手，婦人以繩挽於前，夫持兩轅推於後。〔管子・輕重甲〕「夫妻服簞輕丨」雜志。○漢以郎挽丨，為丨郎也。〔漢書・劉向傳〕「以父德任為丨郎」補注引沈欽韓。

免

丨，辭也。〔國策・趙策一〕「垂涕而丨曰」鮑注。○丨即脫也。〔晏子春秋・雜上〕「丨粟之食飽」平議。○丨，丨官。〔漢書・何武王嘉師丹傳贊〕「違俗則丨殆」補注。○丨，赦也，解也，去也，自止也。〔慧琳音義・卷二七〕引〔玉篇〕。○丨，黜也，脫也，去也。〔廣韻・獮部〕○兔不見獲於人則謂之丨。〔說文〕「丨，兔逸也」段注。○引伸之凡逃逸者皆謂之丨。〔同上〕○丨，謂丨冠也，後世相沿稱五服為袒丨。〔通雅・疑始〕○丨者，丨冠而以布纏其頭也。〔義府・卷上〕○丨者，未成服之飾也。〔禮記・喪服〕「主人必丨」集解。○丨，俯也。〔管子・小問〕「茲丨」雜志。○丨即俛之正體。〔說文定聲・卷一四〕○此書丨、俛通。〔國策・韓策三〕「是我丨於一人之下」補正。○丨即挽之省。〔漢書・孝宣許皇后傳〕「婦人丨乳大故」補注引王先慎。○丨與勉同。〔荀子・王制〕「使百吏丨盡」集解引王念孫。又〔同上〕集解引盧文弨。○丨、勉通。〔國策・秦策四〕「丨於國患」補正。又〔同上〕札記。○勉、丨古通。〔史記・漢興以來將相名臣年表〕「以中大夫令丨為車騎將軍」志疑。○丨、勉通借字。〔漢書・薛宣傳〕「宣因移書勞丨之」補注。○娩、丨古字通。〔荀子・禮論〕「娩澤」雜志。○丨當作它，即蛇之正字。〔墨子・經說上〕「丨蚓還園」閒詁。○丨聲古讀如門，與潤音近。〔說文〕「潤，水流浼浼皃」段注。○丨亦讀敏。〔通雅・疑始〕○丨，元作勉。〔國策・秦策二〕「丨於國患」鮑注。又〔秦策四〕「丨於國患」鮑注。又〔趙策一〕「垂涕而丨曰」鮑注。○丨當作勉。〔漢書・諸葛豐傳〕「丨處中和」補注引劉奉世。○丨起，〔新書〕潭本、〔始皇本紀〕作倔起，〔世家〕、〔文選〕作俛起。〔漢書・項籍傳〕「丨起阡陌之中」補注。○丨當作臽。〔廣雅・釋言〕「丨，隤也」疏證。○丨為辰星之別名。〔史記・天官書〕「丨過太白」志疑。

展

丨極猶伸極也。〔廣雅・釋訓〕「丨，極也」疏證。○丨與布同義。〔國語・周語〕「和丨百事」平議。○丨詩猶陳詩也。〔楚辭・東君〕「丨詩兮會舞」補注。○丨，舒而陳之也。〔通鑑・陳紀九〕「丨樂賦詩」音注。○丨，誠也。〔詩・雄雉〕「丨矣君子」朱傳。又〔君子偕老〕「丨如之人兮」朱傳。又〔猗嗟〕「丨我甥兮」朱傳。又〔車攻〕「丨也大成」朱傳。○丨亦有誠義。〔釋名・釋衣服〕「襢衣，襢坦也」疏證。○丨字兼誠信、屈伸二義。〔方言一」「丨，信也」箋疏。○丨，舒也，整也，審也，適也。〔廣韻·獮部〕○丨，省視也。〔通鑑·晉紀二二〕「今既獲丨奉」音注。○省視謂之丨，亦謂之適。〔釋言〕「丨，適也」述聞。○丨，察視也。〔說文〕「珏，極巧視之也」繫傳。○丨矣猶云蹇矣，言其難也。〔詩·雄雉〕「丨矣君子」平議。○丨與謇聲相近，故二字義亦同。〔方言六〕「丨，難也」箋疏。○丨、蚩、鑶、搌，字異聲義並同，伸也。〔方言七〕「丨，信也」箋疏。○丨轉，反側也。〔詩·關雎〕「丨轉反側」集疏引韓說。○丨轉猶反覆。〔國策·趙策一〕「丨轉不可約」鮑注。又〔韓子·存韓〕「丨轉不可知」集解。○丨轉，不寐貌。〔詩·關雎〕「丨轉反側」集疏引魯說。○丨轉者，忽屈忽伸，不適而求適之意態也。〔說文定聲·卷一四〕○丨轉，亦詘曲之意。〔廣雅·釋詁四〕「丨，眷也」疏證。○〔說文定聲·卷一四〕單言之曰丨，累言之曰丨轉。〔廣雅·釋訓〕「丨轉，反側也」。○丨之言丨轉也。〔釋言〕「丨，適也」平議。○轉側為丨，語轉亦為丨。〔詩·君子偕老〕「丨如之人兮」集疏。○丨者，未轉而將轉也。〔說文〕「丨，轉也」段注。○丨與真音近。〔同上〕○亶、丨，聲近義同。〔釋詁〕「丨，信也」郝疏。○丨為亶之假借，古亶丨聲近通用。〔詩·雄雉〕「丨矣君子」通釋。○丨與袗通。〔文選·曲水詩序〕集釋引〔通雅〕。○丨衣，王后以禮見王及賓客之服，卿大夫之妻服以助君祭也。〔說文〕「襄，丹縠衣」義證。○〔說文定聲·卷一四〕丨，或曰凡皆借為饌實為巽。〔東京賦〕「禮事丨」。○〔同上〕丨，假借為嫥。〔釋詁〕「丨，誠也」。○〔同上〕丨，假借為亶。〔國語·魯語〕「分同姓以珍玉，丨親也」。○〔同上〕丨，叚借為燀。〔方言六〕「丨，難也」。○丨，〔吹景集〕作遷。〔史記·周紀〕「丨九鼎」志疑。

𢋈　丨同展。〔廣韻·獮部〕○丨，〔詩〕作展，假借也。〔說文〕「丨，丹縠衣」繫傳。

薾　丨，黹丨。〔廣韻·銑部〕○丨絮，今謂之絲綿。〔左傳宣公一二年〕「挾纊」疏證。○丨，足胝也。〔國策·趙策一〕「足重丨」鮑注。○丨紙，猶今之高麗也。〔通雅·器用〕○丨糖，窠絲糖也。〔通雅·飲食〕○丨即趼字。〔國策·宋衛策〕「百舍重丨」補正。○借丨為黨也。〔說文〕「黨，黑皴也」段注。○丨蓋黨之同音借字。〔文選·百辟勸進今上牋〕「累丨救宋」集釋。○〔說文定聲·卷一四〕丨，假借為黨。〔國策·宋衛策〕「百舍重丨」。○〔同上〕丨，假借為襺。〔禮記·襍記〕「丨衣裳」。○〔爾雅〕郭注引作「重襺衣裘」。〔左傳襄公二一年〕「重丨衣裘」洪詁。○絸，古文丨。〔廣韻·銑部〕○璽，丨之俗字。〔同上〕○璽與丨同，蠒丨也。〔說文〕「襺，親廟也」義證引〔玉篇〕。

辯　丨，別也。〔通鑑·周紀三〕「龍甚丨析」音注。○丨，訓為分。〔墨子·尚同下〕「唯丨而使」閒詁。○丨，理也。〔續音義·卷四〕引〔切韻〕。○丨，正也。〔慧琳音義·卷四九〕○丨之言俾也，俾亦使也。〔廣雅·釋詁一〕「丨，使也」疏證。○丨、俾同聲同義。〔同上〕○丨、俾聲近而義同，俾亦使也。〔書·酒誥〕「勿丨乃司」述聞。○丨，治也。〔管子·五輔〕「丨事」雜志。○丨亦治也。〔荀子·儒效〕「治丨之極也」集解。○丨，察言以治之也。〔說文〕「丨，治也」，繫傳。○丨，惠也。〔續音義·卷四〕引〔字書〕。○丨猶慧也。〔慧琳音義·卷六〕○丨，提也。〔大般若經·卷五二〕「無邊丨」音義引〔字書〕。○丨，引也。〔續音義·卷四〕引〔切韻〕。○丨者，智也，慧也。〔荀子·非十二子〕「言無用而丨」雜志。○丨，慧也，明也。〔慧琳音義·卷八一〕引〔考聲〕。○丨，別也，理也，慧也。〔廣韻·獮部〕○丨謂智士辭丨也。〔韓子·孤憤〕「精丨之功息」集解引舊注。○丨士，才丨之士也。〔左傳襄公二九年〕「丨而不德」洪詁引服虔。○丨士，〔漢書·何武傳〕「使丨士」補注引周壽昌。○丨，旋流。〔集韻·銑部〕○丨之言俾也，平也。〔書·酒誥〕「勿丨乃司」述聞。○平、丨亦聲近而義同。〔同上〕○丨章即平章。〔漢書·敘傳〕「丨章舊聞」補注引朱珔。○辨、丨、偏並通。〔廣雅·釋詁二〕「辨，偏也」疏證。○辨、丨、慧、惠並通。〔廣雅·釋詁一〕「丨，慧也」疏證。○丨與變同。〔荀子·臣道〕「辨其故」雜志。○丨與變聲近義通。〔周禮·士師〕「以荒丨之法治之」平議。○丨讀為變，丨變古通用。〔莊子·逍遙遊〕「御六氣之丨」集釋。○丨字當讀為變。〔管子·侈靡〕「丨以丨辭」平議。○丨辨字通。〔墨子·尚同中〕「維丨使治」閒詁。○丨，通作辨。〔說文〕「丨，治也」義證。○丨當為辨。〔說文〕「諸，丨也」義證。○丨當作辨，判也。〔同上〕段注。○古徧字皆作丨。〔儀禮·鄉飲酒禮〕「衆賓丨有脯醢」胡正義引惠棟。○丨，讀為偏。〔墨子〕「助治天明」雜志。○丨，讀曰偏。〔大戴·衛將軍文子〕「不得丨知也」王詁。○丨，當讀為偏，古字丨與偏通。〔國語·周語〕「言教必及丨」述聞。又〔國語·周語〕「施丨能教」述聞。○丨亦古遍字。〔荀子〕「扁善之度」雜志。○丨又通作班。〔說文〕「丨，治也」義證。○丨為古胖字。〔儀禮·少牢饋食禮〕注「古文胖皆作丨」述聞。○丨，當讀為胖。〔儀禮·有司徹〕「腊丨無髀」述聞。○丨或作辦。〔說文〕「丨，治也」義證。○〔說文定聲·卷一六〕丨，假借為論。〔老子〕「丨者不善」。○〔同上〕丨，假借為辨。〔易·象上傳〕「君子以丨上下」。○〔同上〕丨，假借為變。〔廣雅·釋言〕「丨，變也」。○〔同上〕丨，假借為偏。〔儀禮·鄉射禮〕「丨卒受者」。○〔同上〕丨，假借為貶。〔周禮·士師〕「荒丨」。

辨　丨，別也。〔大戴·四代〕「以教民丨」王詁。又〔文王官人〕「無丨而自慎」王詁。又〔廣韻·獮部〕。○丨亦別也。〔易·剝〕「剝牀以丨」李疏。○丨猶別也。〔左傳僖公四年〕「君必丨焉」疏證。○丨之為言別也。〔說文〕「采，丨別也」義證。○丨、別同。〔墨子·非命上〕「男女有丨」閒詁。○丨、別聲近義同。〔周禮·諸子〕「丨其等」孫正義。○丨者，判也。〔說文〕「辯，治也」段注。○丨，分判之名。〔釋器〕「革中絕謂之丨」郝疏。○丨，明也。〔禮記·王制〕「論丨」集解。又〔大戴·文王官人〕「不學而性丨」王詁。○丨，治也。〔漢書·蕭何傳〕「與從事丨之」補注引錢大昭。○丨者，治也。〔荀子·不苟〕「事起而丨」集解引王念孫。○丨亦治也。〔荀子·禮論〕「治丨之主也」集解。○丨猶治也。〔國策·韓策二〕「丨於薛公而輕秦」鮑注。○丨，具也。〔說文〕「宁，丨積物也」段注。○丨，分別也。〔同上〕繫傳。又〔大戴·五帝德〕「卒業之丨」王詁。○分別為丨。〔大戴·曾子事父母〕「達善而不敢争丨」王詁。○丨，争也。〔大戴·盛德〕「凡鬭丨生於相侵陵也」王詁。○丨，獄辭也。〔通鑑·梁紀一六〕「因下丨曰」音注。○丨謂競於言。〔禮記·鄉飲酒〕「不鬭丨」集解。○丨數即辯訴。〔通雅·卷七〕○丨，智也，慧也。〔大戴·文王官人〕「不學而性丨」述聞。○丨與智慧同義。〔荀子·性惡〕「而心丨知」述聞。○丨、辯、徧並通。〔廣雅·釋詁二〕「丨，徧也」疏證。○丨、辯、慧、惠並通。〔釋詁一〕「辯，慧也」疏證。○丨，牀梐也。〔易·剝〕「剝牀以丨」李疏引崔注。○丨在第足之間，是牀梐也。〔說文〕「牑，牀版也」義證引崔憬。○革中絕謂之丨。〔說文〕「鞶，革中丨謂之鞶」繫傳。○丨，中斷皮也。〔同上〕○丨當為辟，辟之言屈也。〔釋器〕「革中丨謂之鞶」述聞。○丨即今辦字正文。〔墨子·號令〕「丨護諸門」閒詁引畢沅。○辦从刀，俗作丨，為丨別字。〔說文〕「辦，判也」段注。○丨，今俗字作辦。〔說文〕「宁，丨積物也」段注。○丨，古辦字。〔漢書·王訢傳〕「供張丨」補注引錢大昭。○丨與辦同。〔漢書·蕭何傳〕「與從事丨之」補注。又〔張敞傳〕「必丨治梁矣」補注。又〔貢禹傳〕「丨護生家」補注。又〔荀子·正論〕「下治丨矣」集解引郝懿行。○丨，古辦字，辦謂備具也。〔荀子·王霸〕「治丨强固之道」集解引郝懿行。○丨讀為變。〔荀子·臣道〕「丨其故」雜志。○丨讀為平。〔荀子·富國〕「均丨之至也」雜志。○丨，古辯字。〔荀子·王霸〕「必將曲丨」集解引郝懿行。○丨與辯同。〔荀子·哀公〕「丨乎天地」集解引郝懿行。○丨辯通。〔韓子·難二〕「語言丨」集解引孫詒讓。○丨當為辯。〔說文〕「宁，丨積物也」義證。○丨正字，辯借字。〔周禮·冢宰〕「丨正方位」孫正義。○丨，或作辯。〔廣雅·釋詁一〕「辯，慧也」述聞。又〔荀子·臣道〕「丨其故」雜志。○丨讀曰徧。〔大戴·五帝德〕「丨聞古昔之説」王詁。○丨讀為徧。〔荀子·哀公〕「丨乎天地」集解引王念孫。○丨反即徧反。古丨、徧通。〔呂覽·仲夏〕「反舌無聲」校正。○丨為徧之假借，當訓周徧。〔荀子·富國〕「均丨之至也」集解引郝懿行。○丨讀為班。〔漢書〕「丨告」雜志。○丨字義當作班也。〔左傳哀公元年〕「男女以丨」洪詁。○丨，當讀為蹁。〔易·剝〕「剝牀以丨」述聞。○丨當作胖，古字通也。〔同上〕平議。○〔說文定聲·卷一六〕丨，假借為徧。〔廣雅·釋詁二〕「丨，徧也」。○〔同上〕丨，假借為慭。〔廣雅·釋詁一〕「丨，憂也」。○〔同上〕丨，假借為貶。〔禮記·玉藻〕「立容丨卑」。○〔同上〕丨，假借為采。〔易·剝〕「剝牀以丨」。○丨，〔韓詩外傳四〕作別。〔荀子·君道〕「致臨而有丨」集解引郝懿行。

篆 丨，丨書。〔廣韻·獮部〕○〔說文定聲·卷一四〕丨，謂引筆而箸之于竹帛。〔說文〕「丨，引書也」。○丨即垗塚，言鐘界為扁方處也。〔說文〕「瑑，圭璧上起兆瑑也」義證。○〔說文定聲·卷一四〕丨，緣之轉注，沿飾如衣之純也。〔考工記·鳧氏〕「鍾帶謂之丨」。○丨，義亦與縛同。〔廣雅·釋詁三〕「縛，束也」疏證。○〔說文定聲·卷一四〕丨借為軔。〔考工記·輪人〕「陳丨必正」。○〔同上〕丨，假借為緣。〔周禮·巾車〕「孤乘夏丨」。

勉 丨者，㔷也。〔說文〕「勱，丨力也」段注。○丨，自勸强也。〔慧琳音義·卷二三〕引〔玉篇〕。○丨，勗也，勸也，强也。〔廣韻·獮部〕○美、丨義近。〔釋詁〕「茂，丨也」郝疏。○美、丨聲轉義近。〔釋詁〕「劭，丨也」郝疏。○厚與丨義亦近。〔釋詁〕「敦，丨也」郝疏。○丨丨，猶言不已也。〔詩·棫樸〕「丨丨我王」朱傳。○没没即丨丨聲之轉。〔釋詁〕「没，丨也」郝疏。○穆穆、旼旼與亹亹、丨丨俱聲相轉也。〔釋詁〕「亹亹，丨也」郝疏。○丨、免通。〔國策·趙策一〕「垂涕而丨曰」補正。○丨，通作免。〔說文〕「丨，彊也」義證。○丨讀曰免。〔大戴·曾子立事〕「丨於罪」王詁。○丨讀曰免官之免，謂退止之也。〔大戴·曾子立事〕「可以丨矣」王詁。○丨當讀為免，古字丨與免通。〔國語·晉語〕「厚其外交而丨之」述聞。○丨亦省作免。〔說文〕「丨，彊也」句讀。○丨，經文當為勔。〔書·泰誓〕「丨哉夫子」孫疏。○丨當為冤。〔說文〕「暑，大呼自丨也」義證。○丨又通作俛。〔說文〕「丨，彊也」義證。○丨，俛之借字。〔墨子·非儒下〕「機服丨容」閒詁。○丨，魯、韓作亹。〔詩·棫樸〕「丨丨我王」集疏。

翦 丨謂之齊，齊謂之正。〔詩·閟宮〕「實始丨商」後箋引陳奐。○丨，斷也。〔同上〕朱傳。○丨，盡也。〔左傳成公二年〕「余姑丨滅此而朝食」洪詁。○煎、丨聲近義同。〔同上〕○丨與煎義亦相近，盡也。〔方言七〕「熬、煎，乾也」箋疏。○丨與煎聲近義同。〔廣雅·釋詁一〕「煎，盡也」疏證。○丨，戩也，齊也，殺也，勒也，俗作剪。〔廣韻·獮部〕○〔說文定聲·卷一四〕丨，言芟除洒埽之勤也。〔釋詁〕「丨，勤也」。○〔同上〕丨丨，後世所用戔戔也。〔莊子·在宥〕「佞人之心丨丨者」。○丨者，猶言前也，進也。〔釋詁〕「丨，勤也」郝疏。○丨俗作剪。〔釋言〕「丨，齊也」郝疏。○丨通作戩。〔同上〕○凡言丨滅者，皆戩字叚字。〔周禮·大司馬〕平議。○〔說文定聲·卷一四〕丨拂當為剪拂。〔廣絶交論〕「丨拂使其長鳴」。〔「煎」下〕○丨通作踐。〔釋言〕「丨，齊也」平議。○丨與踐古同音通用。〔詩·閟宮〕「實始丨商」通釋。○丨當作踐。〔釋詁〕「丨，勞也」邵正義。○丨當作箭。〔漢書·王尊傳〕「丨張禁」補注引宋祁。○〔說文定聲·卷一四〕丨假借為剃。〔釋言〕「丨，齊也」。○〔同上〕丨，假借為淺。〔儀禮·既夕〕「緇丨」。○〔同上〕丨，假借為殘。〔禮記·玉藻〕注「丨猶殺也」。○〔同上〕丨，借為諓。〔莊子·在宥〕「佞人之心丨丨者」。○丨當讀為濟，聲之誤也。〔管子·任法〕「不得丨其私」平議。○今本丨作剪。〔釋名·釋兵〕「丨刀，丨進也」疏證。○丨之，〔呂覽〕作殘之。〔左傳哀公一七年〕「丨之」洪詁。○〔說文繫傳〕引丨作揃。〔左傳成公二年〕「余姑丨滅此」疏證。

卷 丨，收也。〔論語·衛靈公〕「則可丨而懷之」朱注。○〔說文定聲·卷一四〕丨亦收也。〔漢書·劉向傳〕「冠武謂之丨」。○丨，引伸為凡曲之稱。〔說文〕「絭，纓丨也」段注。又〔說文〕「丨，厀曲也」段注。○丨，又引伸為舒丨。〔同上〕○丨，丨舒。〔廣韻·獮部〕○丨耳，即今藥中蒼耳子。

〔詩·卷耳〕「采采丨耳」集疏引陳啓源。○丨耳為蒼耳。〔同上〕後箋。○丨耳，即今丨菜。〔同上〕後箋引鄭夾漈。○丨耳，即今藥中蒼耳子也，異名最多，曰苓耳、曰葹、曰葈耳、曰胡葈、曰耳璫草、曰胡荽、曰爵耳、曰羊負來、曰常葈。〔説文〕「苓，丨耳也」義證引陳啓源。○丨耳即蒼耳子。〔同上〕句讀。○丨白波、鞍馬皆唐人酒令也。〔通雅·戲具〕○宰執升殿，尚書以次各隨其班，次第相踵，從上丨轉而出，謂之丨班。〔通雅·禮儀〕○丨當為倦。〔墨子·節用中〕「殁世而不丨」閒詁引蘇時學。○〔説文定聲·卷一四〕丨，假借為捲。〔詩·柏舟〕「不可丨也」。○〔同上〕丨，假借為衮。〔禮記·王制〕「三公，一命丨」。○〔同上〕丨，假借為絭。〔淮南·原道〕「短袂攘丨」。○丨，券之假字。〔墨子·節用中〕「殁世而不丨」閒詁。○丨，魯亦作卷。〔詩·卷耳〕「采采丨耳」集疏。

顯　丨，明。〔詩·湛露〕「丨允君子」朱傳。又〔清廟〕「肅雝丨相」朱傳。又〔敬之〕「天維丨思」朱傳。又〔大戴·子張問入官〕「民丨以佚之也」王詁。○丨，明也，著也，光也，覿也。〔廣韻·銑部〕○丨者，見之光也。〔釋詁〕「丨，光也」郝疏。○丨，首飾之光明也。〔説文定聲·卷一四〕○丨，引伸為凡明之稱。〔説文〕「丨，頭明飾也」段注。○經典所用之丨皆㬎之義。〔同上〕句讀。○丨，頭明飾也，㬎，衆明也。丨行而㬎廢。〔説文〕「㬎，丨也」段注。○丨，古作㬎。〔釋詁〕「丨，光也」郝疏。○丨當為㬎。〔説文〕「㬎，丨也」義證。○丨丨，名也。〔孟子·公孫丑上〕「晏子以其君丨」朱注。○丨民，言丨于民也。〔書·康誥〕「威威丨民」孫疏。○天丨，謂兄于天倫有代父之道。〔書·康誥〕「于弟弗念天丨」孫疏。○丨與耿同意。〔孟子·滕文公下〕「丕丨哉」述聞。○丨，通作憲。〔釋詁〕「丨，見也」郝疏。○丨者，通作憲。〔釋詁〕「丨，光也」郝疏。○〔説文定聲·卷一四〕丨即間也。〔釋詁〕「丨，代也」。○丨然，〔易林〕作歡然。〔呂覽·重言〕「丨然喜樂」校正。

餞　丨，酒食送人。〔廣韻·獮部〕○丨，進飲食之名也。〔釋詁〕「丨，進也」鄭注。○丨、踐通也。〔書·堯典〕「寅丨納日」孫疏。○踐、丨古字通，又與薦聲相近，而其義則皆為進也。〔釋詁〕「丨，進也」述聞。

踐　丨者，履也。〔説文〕「疃，禽獸所丨處也」段注。又〔説文〕「轢，車所丨也」段注。○丨猶履也。〔中庸〕「丨其位」朱注。○丨，履也，猶過。〔國策·西周策〕「丨韓而以攻梁」鮑注。○丨，蹋丨。〔廣韻·獮部〕○丨，行列貌。〔詩·東門之墠〕「有丨家室」朱傳。○丨，行列之貌。〔詩·伐柯〕「籩豆有丨」朱傳。○丨，陳列貌。〔詩·伐木〕「籩豆有丨」朱傳。○丨與纘古字通用。〔左傳文公元年〕「丨修舊好」疏證引俞樾。○丨當讀為纘。〔同上〕疏證引俞樾。又〔同上〕平議。○丨、翦古通用。〔釋詁〕「翦，勤也」邵正義。○丨與翦古通用，齊也。〔詩·東門之墠〕「有丨家室」通釋。○丨當讀為翦，刻齊。〔詩·伐柯〕「籩豆有丨」平議。○丨，讀如「籩豆有丨」之丨。〔墨子·節用上〕「以其蚤與其晚相丨」閒詁引戴望。○有丨猶丨丨也。〔詩·東門之墠〕「有丨家室」集疏。○丨同後，〔説文〕「後，迹也」段注。○〔説文定聲·卷一四〕丨假借為饌，實為巽。〔詩·伐柯〕「籩豆有丨」。○〔同上〕丨，假借為殘。〔禮記·玉藻〕「凡有血氣之類弗身丨也」。○〔同上〕丨，假借為剪。〔史記·孝文紀〕「服臨皆無丨」。○〔同上〕丨，假借為善。〔禮記·曲禮〕「行事則必丨之」。○〔同上〕丨，假借為淺。〔詩·東門之墠〕「有丨家室」。○〔同上〕丨，假借為棧。〔廣雅·釋室〕「丨，閣也」。○〔同上〕丨，假借為廛。〔方言三〕「廛或曰丨」。○丨，韓作靖。〔詩·東門之墠〕「有丨家室」集疏。又〔同上〕後箋。○〔通鑑〕丨作跣。〔漢書·文帝紀〕「皆無丨」補注。○丨，魯宓不齊字子賤，以賤為之。〔説文定聲·卷一四〕○丨當作淺。〔莊子·徐無鬼〕「足之於地也丨」平議。

眄　丨，斜視也。〔慧琳音義·卷一四〕引〔韻英〕。又〔廣韻·銑部〕。○丨，哀視也。〔慧琳音義·卷一五〕引〔考聲〕。○丨即盻。〔通雅·卷一〇〕○丨，恨視也，當作盻。〔國策〕「韓挾齊魏以丨楚」札記引吳氏。

喘　人之氣息謂之丨。〔慧琳音義·卷七八〕引〔桂苑珠叢〕。○丨，丨息。〔廣韻·獮部〕○丨為息之疾者，析言之。此云息者丨也，渾言之。〔説文〕「息，丨也」段注。○〔説文定聲·卷一四〕丨，暫而言也。〔荀子·臣道〕「丨而言」。○揣抗之轉為丨耎。〔廣雅·釋詁一〕「揣、抗，動也」疏證。○丨耎、端蝡、丨臑，古字通用，皆謂動貌。〔同上〕○丨丨累累，言其寔也。〔通雅·釋詁〕

輭　丨，柔也。〔廣韻·獮部〕又〔説文〕「楢，柔木也」義證引〔玉篇〕。○軟，丨之俗字。〔廣韻·獮部〕○耎、需、濡、軟、丨，並字異而義同。〔廣雅·釋詁一〕「耎，弱也」疏證。○官本、南監本丨作輀。〔漢書·王莽傳〕「竊言此似丨車」補注。

巘　丨，山峯。〔廣韻·獮部〕

蹇　丨，難也。〔慧琳音義·卷六九〕引〔考聲〕。○丨，跛也，屯難也。〔廣韻·獮部〕○褰、丨並與搴通。〔廣雅·釋詁一〕「搴，舉也」疏證。○攓、搴、摶、丨古通用。〔釋詁三〕「搴，拔也」疏證。○攓、搴、丨皆摶之或字。〔管子·四時〕「毋丨華絶芋」雜志。○磬、經、丨俱聲相轉。〔釋樂〕「徒鼓磬謂之丨」郝疏。○丨脩，媒之美稱。〔離騷〕戴注。○丨當讀為攓。〔荀子·賦篇〕「天下之咸丨也」集解引俞樾。○丨，字亦作謇，作寋。〔説文定聲·卷一四〕○丨，語詞。〔楚辭·九辯〕「丨淹留而無成」補注引五臣。○〔説文定聲·卷一四〕丨假借為摶。〔管子·四時〕「毋摶華絶芋」。○〔義府·卷上〕丨丨，〔晉書·王豹傳〕引作謇謇。〔易·蹇〕「王臣丨丨」。

謇　丨，吃又止言。〔廣韻·獮部〕○丨，吃，氣重言也。〔慧琳音義·卷四六〕○丨，詞無避也。〔卷八五〕引〔考聲〕。○丨，正直貌。〔楚辭·招魂〕「丨其有意些」補注引五臣。○丨又訓難易之難。〔離騷〕「丨吾法夫前脩兮」補注。○丨與讓同，通作蹇。〔方言一〇〕「謰，吃也」箋疏。○丨與蹇同，詞也。〔文選・離騷經〕「｜吾法夫前脩兮」集解。○｜作蹇，難也。〔同上〕補注引五臣。○｜，又作牣。〔說文〕「吃，言｜難也」義證。○｜，今作蹇，又作牣。〔慧琳音義・卷四六〕

演 ｜，水長流貌。〔廣韻・獮部〕○｜，長流也。〔說文・上說文書〕「｜贊其志」段注。○｜之言引也。〔說文〕「｜，長流也」段注。○｜，廣也。〔廣韻・獮部〕○凡推廣之曰｜。〔上說文書〕「｜贊其志」段注。○｜猶廣也。〔慧琳音義・卷五五〕引〔考聲〕。○｜、螾、引，古並同聲。〔廣雅・釋言〕「寅，｜也」疏證。○｜有通潤之義。〔儀禮・特牲饋食禮〕「尸至于階，祝延尸」胡正義。○｜當涎，謂涎流壞中心也。〔太素・陰陽雜說〕「上為｜壞」楊注。○〔說文定聲・卷一六〕｜假借為濱。〔國語・周語〕「夫水土｜而民用」。○〔同上〕｜，假借為引。〔左傳昭公二年〕「｜謂為其辭以｜說之」。

峴 ｜，峻嶺。〔廣韻・銑部〕

舛 ｜者，人足也。〔說文〕「䑞，鬼火也」繫傳。○｜，兩足左右也。〔說文繫傳・通論下〕○引伸之足與足相抵而臥亦曰｜。〔說文〕「｜，對臥也」段注。○｜，互也。〔慧琳音義・卷六四〕引〔字書〕。○｜，剌也。〔廣韻・獮部〕○｜，剌也，雜也。〔慧琳音義・卷三一〕引〔集訓〕。○｜，不齊也。〔同上〕引〔韻銓〕。○差｜，不齊也。〔卷七七〕引顧野王。○｜字亦作僢。〔說文〕「｜，對臥也」段注。○｜字或作僢。〔同上〕義證。○｜駁當作踳駁。〔莊子・天下〕「其道｜駁」集釋。

荈 ｜，茗草名。〔廣韻・獮部〕○｜，茶晚取者名｜。〔集韻・㺅部〕

扁 ｜，｜署，門户。〔廣韻・銑部〕○〔說文定聲・卷一六〕｜，户册者，署門户之文也。〔說文〕「｜，署也」。○｜，音辯，卑貌。〔詩・白華〕「有｜斯石」朱傳。○｜米栅，即今饊子。〔通雅・飲食〕○｜當訓平。〔荀子・脩身〕「｜善之度」集解引盧文弨。○｜讀為偏。〔同上〕集解引王念孫。○｜當為辯，辯訓平也治也。〔同上〕集解引郝懿行。○｜與褊同，鮮｜，言鮮明而褊斕。〔漢書・揚雄傳〕「鮮｜陸離」補注。○〔說文定聲・卷一六〕｜假借為徧。〔書・大傳〕「湯｜」。○〔同上〕｜，假借為辨。〔荀子・脩身〕「｜善之度」。○〔同上〕｜，假借為編。〔莊子・盜跖〕「｜虎須」。○〔同上〕｜，假借為偏。〔漢書・貨殖傳〕「迺乘｜舟」。○｜即㾫字之假借。〔說文〕「㾫，半枯也」段注。○史｜，〔法言・吾子〕作史篇。〔漢書・古今人表〕補注引梁玉繩。

臠 ｜，肉｜。〔廣韻・獮部〕○｜者，分割之名。〔廣雅・釋器〕「胾，｜也」疏證。○切肉之小片曰｜。〔慧琳音義・卷七九〕引顧野王。○｜者，小貌也。〔說文〕「臞，少肉也」繫傳。○｜之大者曰胾。〔說文定聲・卷一四〕○〔同上〕｜，字亦作癵，瘠之病也。〔釋詁〕「癵，病也」。○〔毛詩傳〕曰，欒欒，瘦瘠皃。蓋或三家詩有作｜，從正字，毛作欒，從假借字。〔說文〕「棘人｜｜」段注。

讞 ｜，議獄。〔廣韻・獮部〕○｜，議獄也。〔通鑑・漢紀一七〕「每季秋後請｜時」音注。○｜，評獄也。〔集韻・㺅部〕

闡 ｜，開也。〔通鑑・漢紀六〇〕「何待下之不｜乎」音注。○｜，大也。〔同上〕○｜，大開也。〔慧琳音義・卷一二〕引〔聲類〕。○｜，明也。〔通鑑・漢紀六〇〕「何待下之不｜乎」音注。○｜，大也，明也，開也。〔廣韻・獮部〕○｜與僤通。〔廣雅・釋詁四〕「僤，明也」疏證。○嘽、｜並與繟通。〔廣雅・釋詁二〕「繟，緩也」疏證。○〔說文定聲・卷一四〕｜假借為繟。〔廣雅・釋詁二〕「繟，緩也」。

兖 ｜，信也。〔說文〕「允，信也」義證引〔春秋元命苞〕。○｜之為言信也。〔說文〕「沇，水出河東東垣王屋山」義證引〔通典〕。○｜之為言端也。〔同上〕○｜即吮字。〔漢書・揚雄傳〕「｜鋋瘢耆」補注引梁章鉅。○｜即沇字。〔書・禹貢〕「濟、河惟｜州」孫疏。○史遷｜作沇。〔禹貢〕「惟｜州」孫疏。○〔字書〕無兖字，今俗以為兖州，字本作沇。〔漢書・揚雄傳〕補注引張佖。○㳇水上流，以台得名，後別製沇字專以命水，又以水名命州別作｜也。〔說文定聲・卷一五〕〔台〕下○〔天文志〕｜並作沇。〔漢書・地理志〕「㳇河惟｜州」補注。

孌 ｜，好貌。〔詩・泉水〕「｜彼諸姬」朱傳。又〔静女〕「静女其｜」朱傳。又〔猗嗟〕「猗嗟｜兮」朱傳。又〔候人〕「婉兮｜兮」朱傳。○｜，美貌。〔詩・車舝〕「思｜季女逝兮」朱傳。○｜，美好。〔廣韻・獮部〕○｜與姝同義。〔詩・静女〕「静女其｜」陳疏。○｜婉，順皃。〔慧琳音義・卷九六〕引〔字書〕。○｜、戀為古今字。〔說文〕「｜，慕也」段注。○｜，今作戀。〔同上〕句讀。○｜，或通作戀。〔同上〕義證。○｜，又通作孿。〔同上〕○〔說文定聲・卷一四〕｜，字亦作戀。〔說文〕「｜，慕也」。○｜字在籀文則訓順，在小篆則訓慕。〔說文〕「台，古文沇」段注。○〔說文定聲・卷一四〕｜，假借為𡢃。〔廣雅・釋言〕「｜，𡢃也」。○〔同上〕｜，又假借為媰。〔廣雅・釋詁一〕「｜，好也」。○｜，三家作媰。〔詩・甫田〕「婉兮｜兮」集疏。

跣 ｜，足親地也。〔國策・齊策五〕「｜行按兵於國」鮑注。○｜，｜足。〔廣韻・銑部〕○｜，露足也。〔慧琳音義・卷七六〕引〔考聲〕。○古者坐必脱屨，燕坐必褫韈，皆謂之｜。〔說文〕「｜，足親地也」段注。○不履而行曰｜。〔左傳襄公三年〕「公｜而出」疏證引〔讀本〕。○〔說文定聲・卷一五〕此謂脱屨之｜也。〔禮記・少儀〕注「祭不｜者主敬也」。○〔同上〕此謂解韈之｜也。〔禮記・少儀〕注「燕則有｜為歡也」。

腆 ｜，善也。〔禮記・郊特牲〕「辭無不｜」集解。○｜，美也。〔慧琳音義・卷七八〕引〔考聲〕。○｜，厚也，善也，忘也，至也。〔廣韻・銑部〕○小｜猶言小醜。〔義府・卷上〕○不｜之田謂不多也。〔說文〕「｜，設膳｜｜多也」繫傳。○｜與㥏同，𧄼也。〔義府・卷上〕○〔說文定聲・卷一五〕｜，以殄為之。〔詩・新臺〕「籧除不殄」。〇(同上)丨，假借為敷。〔書・大誥〕「殷小丨」。〇(同上)丨，假借為畛。〔方言一三〕「丨，忘也」。〇(同上)丨，假借為陳，實為塵。〔廣雅・釋詁三〕「丨，久也」。〇丨正字，殄古文假借字。〔儀禮・燕禮〕「寡君有不丨之酒」胡正義引胡承珙。

鮮　丨，少也。〔詩・新臺〕「籧篨不丨」朱傳。又〔北山〕「丨我方將」朱傳。又〔車舝〕「丨我覯爾」朱傳。又〔苕之華〕「丨可以飽」陳疏。〇丨，少也，俗作尠。〔廣韻・獮部〕〇丨者，尠也。〔說文定聲・卷三〕(「亯」下)〇丨謂丨少也。〔左傳昭公五年〕「葬丨者自西門」洪詁引張湛。〇丨，寡。〔詩・蓼莪〕「丨民之生」朱傳。〇丨者，與寡轉訓。〔書・臯陶謨〕「丨食」孫疏。〇丨少，可惜也。丨當作尠。〔說文〕「尠，一曰丨少也」段注。〇尠與丨同。〔易・繫上〕「君子之道丨矣」李疏。〇丨，古以此字音尠，借為眇小。〔說文〕「丨，鮑也」繫傳。〇丨又假為尠少字。〔說文〕「丨，丨魚也」段注。〇丨，盡也。〔詩・新臺〕「籧篨不丨」後箋。〇丨與殄同義。(同上)〇丨與斯亦聲近義同。〔廣雅・釋詁一〕「澌，盡也」疏證。〇丨當讀為斯。〔國語・晉語〕「丨有慢心」平議。〇不以壽終為丨。〔詩・新臺〕後箋引戴震。〇人死謂之丨。〔左傳昭公五年〕「葬丨者」平議。〇丨當讀為賜。〔書・無逸〕「惠丨鰥寡」平議。〇丨卑，衮帶頭也。〔楚辭・大招〕「若丨卑只」王注。〇犀毘，胡帶之鉤，亦曰丨卑。(同上)補注引師古。〇〔說文定聲・卷一四〕丨假借為尠。〔釋詁〕「丨，寡也」。〇(同上)丨，假借為巇，實為甗。〔詩・皇矣〕「度其丨原」。〇(同上)丨，假借為獻。〔禮記・月令〕「丨羔開冰」。〇丨者，甗之假借。〔說文〕「甗，甑也」段注。〇尠，或作尠，作丨，寡也。〔慧琳音義・卷三〕引〔集訓〕。

戩　丨，福祥也。〔廣韻・獮部〕〇丨，本兼福祿之義。〔詩・天保〕「俾爾丨穀」後箋。〇〔說文定聲・卷一六〕丨，除惡滅凶之義。〔說文〕「丨，滅也」。〇丨，盡也。〔詩・天保〕「俾爾丨穀」朱傳。〇丨與翦同。(同上)〇丨通作翦。〔說文〕「丨，滅也」義證。〇丨者，剃之假借。〔說文〕「丨，詩曰實始丨商」段注。〇〔說文定聲・卷一六〕丨假借為剪，毛本以翦為之。〔詩・閟宮〕「實始丨商」。

鉉　丨，鼎耳。〔廣韻・銑部〕〇丨，訓舉鼎也。〔字詁〕〇丨音關。〔說文〕「丨，舉鼎具也」義證引劉昌宗。〇丨亦作鼏。〔說文〕「鼏，以木橫貫鼎耳而舉之」義證引〔五音集韻〕。〇姚本丨作弦。〔國策・齊策五〕「鐶丨絕」補正。

吮　丨，口嗍也。〔慧琳音義・卷六九〕引〔集訓〕。〇丨，欶也。〔廣韻・獮部〕又〔說文〕「蠱，蠱食也」段注。〇丨，漱也。〔楚辭・疾世〕「丨玉液兮止渴」補注。〇丨，呧也。(同上)

辮　交絲為丨。〔說文〕「緶，交枲也」段注。〇〔說文定聲・卷一五〕織繩曰丨。〔說文〕「紉，禪繩也」。(「紉」下)〇丨，通作編。〔說文〕「丨，交也」義證。

璉　丨，瑚丨。〔廣韻・獮部〕〇夏曰瑚，商曰丨，周曰簠簋，皆宗廟盛黍稷之器而飾以玉，器之貴重而華美者也。〔論語・公冶長〕「瑚丨也」朱注。

愞　丨，丨弱。〔廣韻・獮部〕〇丨與偄音義皆同。〔說文〕「丨，駑弱也」段注。〇丨通作耎。(同上)〇丨亦或借蝡。(同上)〇丨或譌為懦，再譌為儒。(同上)〇懦與下丨、偄二字同。〔廣雅・釋詁一〕「懦，弱也」疏證。〇選丨，劣弱也，或作懦偄。〔集韻・獮部〕

蝡　丨，蟲動。〔廣韻・獮部〕〇蟲之動曰丨。〔說文〕「丨，動也」段注。〇丨與喘耎之耎一字也。〔廣雅・釋詁一〕「丨，動也」疏證。〇丨蠕與蠢義同。〔釋詁〕「惷，動也」郝疏。〇丨音耎，即軟字。〔通雅・卷一〇〕〇〔說文定聲・卷一四〕丨，字亦作蠕。〔通俗文〕「搖動蟲曰蠕」。〇北魏呼柔然為蠕蠕，即丨丨。〔通雅・釋詁〕

碝　丨石，次玉。〔廣韻・獮部〕〇丨，字或作礝、瓀、瑌。〔廣雅・釋地〕「丨，石之次玉」疏證。〇〔說文定聲・卷一四〕丨字亦作瓀。〔禮記・玉藻〕「士佩瓀玟」。〇(同上)丨字亦作礝。〔中山經〕「其上多礝石」。〇〔玉藻〕丨誤作瓀。〔說文〕「丨，石次玉者」段注。〇丨，〔山海經〕誤作礝。(同上)

撚　以二指相搓曰丨。〔慧琳音義・卷六〇〕〇今人猶以兩指緊物為丨。〔方言一一〕「丨，續也」箋疏。〇以指丨物。〔廣韻・銑部〕〇丨，捘也，以手捘丨令緊也。〔慧琳音義・卷三五〕引〔考聲〕。〇丨，續緊也。(同上)引〔正字辯惑〕。〇丨，謂相接續也。〔卷三九〕引顧野王。〇丨，引伸為凡持取之稱。〔說文〕「丨，執也」段注。〇跈與丨同。〔廣雅・釋詁一〕「跈，履也」疏證。〇丨枝，木也。〔楚辭・惜賢〕「采丨枝於中州」補注引郭璞。〇〔說文定聲・卷一四〕丨當作煣也。〔說文〕「丨，一曰蹂也」。〇(同上)丨假借為燃。〔方言一二〕「丨，續也」。〇(同上)丨假借為燃。〔楚辭・惜賢〕「采丨枝於中州」。

泫　丨，露光也。〔慧琳音義・卷七八〕引〔韻詮〕。〇丨，露光。〔廣韻・銑部〕〇丨，謂露光。〔慧琳音義・卷九九〕引〔文字典說〕。〇丨，草露水光也。〔三藏聖教序〕「丨其」音義引〔韻詮〕。〇丨，涕流貌。〔楚辭・昭世〕「橫垂涕兮丨流」補注。〇丨，丨然涕流皃。〔廣韻・銑部〕〇丨，流下貌。〔慧琳音義・卷四七〕引〔考聲〕。〇困丨，水貌也。〔卷一〕引〔考聲〕。〇舊校云，丨一作泣。〔呂覽・知士〕「靜郭君丨而曰」校正。

墠　除地曰丨。〔詩・東門之墠〕「東門之丨」集疏。〇除地曰丨，掃地即丨也。〔禮記・禮運〕「掃地而祭」集解。〇除地為丨。〔左傳宣公一八年〕「壇帷」疏證引焦循。〇凡委土而平築之謂之丨。〔周禮・司徒〕「設其社稷之壝」孫正義。〇丨，土地平一也。〔慧琳音義・卷八三〕〇〔韓詩〕訓丨為坦，亦平易之意也。〔詩・東門之墠〕「東門之丨」後箋。〇丨丨與坦坦同。〔通雅・卷九〕〇丨即場也。〔說文〕「壇，祭壇場也」段注。〇丨，音善，除地町町者。〔詩・東門之墠〕朱傳。〇〔說文定聲・卷一四〕掃除草薉曰丨。〔說文〕「丨，野土也」。〇(同上)丨，以坦為之。〔武梁碑〕「前設礑坦」。

鱓 丨者，魚之似蛇者也。〔説文〕「蠏，非它鮮之穴無所庇」段注。〇丨，今人所食丨魚，其形似蛇者名為蛇丨。〔説文〕「丨，魚名」義證。〇丨，滑魚也。〔慧琳音義・卷一四〕〇丨，今人所食之黃鱔也，黃質黑紋，似蛇。〔説文〕「丨，丨魚也」段注。〇丨，黃質黑紋，蘇俗謂之黃鱔。〔説文定聲・卷一四〕〇丨，魚名，死人髮化也。〔廣韻・獮部〕〇丨又作鱣，今作鱔。〔通雅・疑始〕〇俗有鱔魚，古無其字，故借丨轉音，或借鱣轉音。〔字詁〕〇〔説文定聲・卷一四〕丨，以鱣為之。〔後漢・楊震傳〕「鸛雀銜三鱣」。〇丨，亦作䱇。〔説文〕「丨，丨魚也」段注。〇丨又作䱇。〔説文〕「蠏，非它鮮之穴無所庇」段注。〇丨，字亦作䱇。〔説文定聲・卷一四〕〇丨，字亦作鱔。〔同上〕〇丨或作鱔。〔説文〕「蠏，有二敖八足，旁行」義證。〇丨，又作鱔、鮮二形。〔説文〕「蠏」段注。〇古多用丨為鼉。〔説文〕「鼉，水蟲」段注。〇丨通作鼉。〔説文〕「丨，魚名」義證。〇丨通作鮀。〔同上〕〇〔説文定聲・卷一四〕丨假借為鱣。〔淮南・齊俗〕「丨鮪入口」。〇〔同上〕丨，假借為鼉。〔説文〕「丨，丨魚」。〇丨，或假鱣為之，或假鮮為之。〔説文〕「丨，丨魚也」段注。

墠 白堊曰丨。〔説文〕「堊，白涂也」義證引〔玉篇〕。〇丨，白土，亦作䃭。〔廣韻・獮部〕〇丨，白土地，或从石。〔集韻・獮部〕

單 丨父，今曹州府丨縣。〔漢書・高帝紀〕「丨父人呂公」補注。〇丨父，複姓，聖其名。〔史記・高祖功臣侯者年表〕「共侯丨父聖」志疑。

畎 丨古文作甽。〔漢書・地理志〕「岱丨絲」補注。〇一耦之伐廣尺深尺謂之丨。〔説文〕「坺，坺土也」段注引〔考工記〕。〇六丨為畝者，猶云六尺為一畝。〔説文〕「丨，六丨為一畝」義證引程瑤田。〇丨之言穿也。〔廣雅・釋山〕「丨，谷也」疏證。〇丨字或作甽。〔同上〕〇丨作甽，甽即谷也。〔書・禹貢〕「岱丨絲」孫疏。

褊 丨，衣小也。〔慧琳音義・卷九四〕引〔考聲〕。〇丨，衣急。〔廣韻・獮部〕〇丨者，衣之急也。〔釋言〕「丨，急也」郝疏。〇丨，急也。〔楚辭・九辯〕「性愚陋以丨淺兮」補注。〇丨，狹也。〔同上〕〇丨小、丨陋，皆自衣旁推之。〔詩・葛屨〕「維是丨心」集疏。〇凡窄陋謂之丨。〔説文〕「急，丨也」段注。〇引伸為凡小之稱。〔説文〕「丨，衣小也」段注。〇丨，字亦作惼。〔説文定聲・卷一六〕

艑 丨，吳船。〔廣韻・銑部〕〇丨艖，舟也。〔集韻・銑部〕〇丨艖，此即今之淺船也，形扁，故呼為扁子。〔通雅・襍用〕

瑑 丨，璧上文也。〔廣韻・獮部〕〇丨，謂起為壟若篆文之形。〔説文〕「丨，圭璧上起兆丨也」繫傳。

蜓 丨，蝘丨，一名守宮。〔廣韻・銑部〕〇丨，或作蝬。〔説文〕「丨，蝘丨也」義證引〔五音集韻〕。

殄 丨，絶也。〔詩・新臺〕「籧除不丨」朱傳。又〔緜〕「肆不丨厥愠」朱傳。又〔同上〕陳疏。又〔桑柔〕「不丨心憂」朱傳。又〔雲漢〕「不丨禋祀」朱傳。又〔廣韻・銑部〕。〇丨猶絶也。〔大戴・曾子立事〕「不丨微也」王詁。〇丨亦病也。〔國語・魯語〕「民之丨病」述聞。〇丨、瘁，皆病也。〔詩・瞻卬〕「邦國丨瘁」述聞。〇丨之言瘨也，疹也。〔同上〕又〔國語・魯語〕「民之丨病」述聞。〇疹、丨、瘨，聲近而義同。〔詩・瞻卬〕「邦國丨瘁」述聞。又〔國語・魯語〕「民之丨病」述聞。〇丨、疹古通用。〔詩・小宛〕通釋。〇殘、丨聲相近。〔書・堯典下〕「讒説丨行」孫疏。〇丨行是行違也，違者邪也。〔同上〕〇丨，古文作㱙。〔説文〕「丨，盡也」義證引〔玉篇〕。〇古文假丨為腆。〔説文〕「丨，盡也」段注。〇古文以丨為腆。〔説文〕「腆，設膳腆腆多也」段注。〇〔説文定聲・卷一五〕丨假借為腆。〔詩・新臺〕「籧除不丨」。

靦 丨，謂不知慚也。〔慧琳音義・卷八八〕引〔考聲〕。〇丨，面慚。〔廣韻・銑部〕〇丨，慚顏也。〔通鑑・唐紀四八〕「自丨於天地之間耳」音注。〇丨，謂但有面相對，自覺可憎也。〔説文〕「丨，面見人也」段注。〇丨為人面目之貌。〔釋言〕「丨，姡也」述聞。〇丨，面見人之貌。〔詩・何人斯〕「有丨面目」朱傳。〇丨，〔字書〕作䩄。〔説文〕「丨，面見人也」段注。〇丨字亦作䩄。〔説文定聲・卷一四〕

甗 丨，器也，無底甑也。〔廣韻・獮部〕〇陶人為丨。〔説文〕「瓬，周家摶埴之工也」繫傳。〇丨與巘通。〔漢書・司馬相如傳〕「巖阤丨錡」補注。〇丨，山形上大下小也。〔説文〕「豣，獸足企也」繫傳。〇〔説文定聲・卷一四〕丨，以鮮為之。〔爾雅〕「小山別，大山鮮」。

蜆 丨，水殼蟲也，似蛤而小也。或作顯，小蝓也，一名縊女也。〔慧琳音義・卷六八〕引〔文字集略〕。〇丨，小蛤。〔廣韻・銑部〕〇〔説文定聲・卷一四〕丨，即今蘇俗所謂蓑衣蟲也，吐絲自裹，有時而懸，非真死。丨之言經也，經丨雙聲，故曰丨。〔説文〕「丨，縊女」。〇丨，似蛉而小也。〔慧琳音義・卷九八〕引〔文字集略〕。〇縊女猶言磬縊女。〔釋蟲〕「丨，縊女」述聞。〇丨，磬者，經死之名。〔同上〕〇丨，晛也，殼內光耀，如初出日采也。〔本草・卷四六〕〇以歟為丨斗。〔通雅・卷一九〕

贙 丨，獸名，似犬，多力，出西海。〔廣韻・獮部〕

俛 丨，低頭也，言閔默不已也。〔慧琳音義・卷四四〕〇丨，俯首也。〔通鑑・漢紀二〕「丨出袴下」音注。〇丨，俯丨。〔廣韻・獮部〕〇〔説文定聲・卷一五〕丨，低下也。〔荀子・非十二子〕注「當為丨」。（「冕」下）〇丨與俯同。〔方言一二〕注「言俯視之因名也」箋疏。〇丨仰猶升降也。〔大戴・曾子事父母〕「仰從命」王詁。〇丨與勉同音，故古假為勉字。〔説文〕「頫，低頭也」段注。〇丨字古通作免。〔管子・小問〕「茲免」雜志。〇此書丨、免通。〔國策・趙策四〕「接手丨首」補正。〇丨，元作免。〔同上〕鮑注。又〔韓策三〕「於一人之下」鮑注。〇丨焉，一作强焉。〔通雅〕〇丨，讀如本字。〔漢書・蔡義傳〕「行步丨僂」補注引劉敞。

緬 今之絡者别其絲最細者為丨。〔説文〕「丨，微絲也」義證引〔六書故〕。○丨，遠也。〔廣韻・獮部〕又〔通鑑・晉紀二三〕「丨成遐域」音注。又〔唐紀一六〕「丨鑒無辜」音注。○丨，引伸為凡緜邈之稱。〔説文〕「丨，敚絲也」段注。○丨，想也。〔慧琳音義・卷九三〕○〔説文定聲・卷一四〕丨，以緜為之。〔廣雅・釋詁二〕「緜，小也」。○〔同上〕丨，又假借為緜。〔穀梁傳莊公三年〕「舉下丨也」。

沔 丨水，一名沮水。〔漢書・地理志〕「逾于丨」補注。○丨，水流滿也。〔詩・沔水〕「丨彼流水」朱傳。○丨、瀰聲相近。〔同上〕陳疏。○丨、衍同義。〔同上〕通釋。○丨又作湎，躭酒也。〔慧琳音義・卷五七〕引〔考聲〕。○〔説文定聲・卷一六〕丨字亦作㴐。〔吳都賦〕注「滇㴐淼漫」。○〔同上〕丨，假借為瀰，丨瀰雙聲。〔詩・沔水〕「丨彼流水」。○丨為瀰之假借。〔説文〕「丨，丨水」段注。

湎 飲酒齊色曰丨。〔通鑑・唐紀六五〕「沈丨無度」音注。○丨，飲酒變色也。〔詩・蕩〕「天不丨爾以酒」朱傳。○丨，沈丨。〔廣韻・獮部〕○丨猶酗也。〔詩・蕩〕「天不丨爾以酒」通釋。○丨通作沔。〔説文〕「丨，沈於酒也」義證。○丨、泯聲相近，丨丨即泯泯。〔漢書・敘傳〕「丨丨紛紛」補注引錢大昕。○〔説文定聲・卷一四〕丨丨猶泯泯。〔漢書・敘傳〕「丨丨紛紛」。○沔者，丨之借字。〔説文〕「丨，沈於酒也」句讀。

趼 丨同皸，皮起。〔廣韻・銑部〕○〔説文定聲・卷一四〕丨，謂善舉踵而陞也。〔釋畜〕「騉蹄丨」。○〔同上〕丨，假借為蠒。〔莊子・天道〕「百舍重丨而不敢息」。○丨，又讀若繭。〔莊子・天道〕「百舍重丨」集釋。○〔賈子・勸學〕、〔宋策〕「百舍重繭」，皆假繭作丨也。〔同上〕

鍵 丨，管籥。〔廣韻・獮部〕○丨以鐵有所豎關，若門牡之屬也。〔説文〕「楗，限門也」義證引〔急就篇〕顏注。○丨，一名扃。〔説文定聲・卷一四〕○丨謂鼎扃也，以木橫關鼎耳而舉之，故謂之關丨。〔説文〕「丨，鉉也」段注。○丨，引申之為門户之丨閉。〔同上〕○〔説文定聲・卷一四〕丨，亦揵字之轉注。〔爾雅序〕「六藝之鈐丨」。○丨，字或作楗。〔廣雅・釋宮〕「丨，牡也」疏證。○諸經多借丨為楗。〔説文〕「楗，歫門也」段注。

⿰車𠬝 丨，轢也，車所踐轢也。〔慧琳音義・卷一八〕引〔韻銓〕。○丨，車轢物，或作碾。〔廣韻・獮部〕○丨，柔也。〔集韻・獮部〕○丨，即今俗書碾字。〔字詁〕○丨，又作驏。〔説文〕「丨，轢也」義證。○丨，又作蹍。〔同上〕○丨，或作輾。〔同上〕○丨，碾其俗字也。〔説文〕「丨，轢也」段注。○〔説文定聲・卷一四〕丨字亦作碾。〔通俗文〕「轢轂曰碾」。〔蒼頡篇〕「輾，車行處也」。

羂 丨者，丨索也。〔慧琳音義・卷八〕○丨，係取也。〔卷八〕引〔古今正字〕。○丨，以繩捕禽獸也。〔大般若經・卷三〕「丨取」音義引〔考聲〕。○丨，義亦與繯同。〔廣雅・釋器〕「繯，絡也」疏證。○丨，或借絹字為之。〔文選・上林賦〕「丨騕褭」集釋。○丨，〔説文〕作䍛，云网也，一曰綰也。〔同上〕○丨，〔史記〕省作罥。〔同上〕

獮 秋獵曰丨。丨，殺也。〔廣韻・獮部〕

襺 丨，纊著衣也。〔廣韻・銑部〕○丨，私褻之服。〔釋言〕「袍，丨也」郝疏。○丨或通作繭。〔説文〕「丨，袍衣也」義證。○丨讀為繭。〔廣雅・釋器〕「丨，謂絖也」疏證。○丨，今作繭。〔説文〕「丨，袍衣也」句讀。○〔説文定聲・卷一四〕丨，以繭為之。〔禮記・玉藻〕「纊為繭」。○丨，〔玉藻〕作繭者，字之假借也。〔説文〕「丨，袍衣也」段注。○丨省作繭。〔釋言〕「袍，丨也」郝疏。

蕆 丨，備也，一曰去貨。〔廣韻・獮部〕○丨、敕，一聲之轉。〔方言一二〕「丨，解也」箋疏。○丨、敕，語之轉耳。〔方言一三〕「丨敕，戒備也」箋疏。○丨亦展也。〔廣雅・釋詁〕「丨，解也」疏證。

輾 丨，轉。〔廣韻・獮部〕○丨者，轉之半。〔詩・關雎〕「丨轉反側」朱傳。○丨轉，猶婉轉。〔同上〕後箋。○〔説文定聲・卷一四〕丨轉猶言宛轉也。〔詩・關雎〕「丨轉反側」。〔⿰車𠬝〕下〕○丨，本亦作展。〔詩・關雎〕陳疏。○丨當作展。〔詩・澤陂〕「丨轉伏枕」陳疏。○丨，三家作展。〔詩・關雎〕「丨轉反側」集疏。○丨，魯、韓作展。〔詩・澤陂〕「丨轉伏枕」集疏。

⿱衍虫 丨，螾丨蟲。〔廣韻・獮部〕○衘同丨。〔同上〕○丨，亦作衘，蘇俗所謂香延蟲，多足。〔説文定聲・卷一四〕〔衘〕下〕

搴 丨，取也。〔廣韻・獮部〕○丨、攓、攑並通。〔廣雅・釋詁一〕「丨，取也」疏證。○丨、攓、蹇古通用。〔釋詁三〕「丨，拔也」疏證。

蜎 丨之言宛曲也。〔廣雅・釋蟲〕「孑孓，丨也」疏證。○丨也者，丨當為蠉。〔説文〕「丨，丨也」義證。○丨即肙之或體。〔説文定聲・卷一四〕

琄 丨，玉貌。〔廣韻・銑部〕

睍 丨，目出貌。〔説文〕「丨，出目也」義證引〔玉篇〕。○丨者，目出貌也。〔説文〕「睍，轂䡝等皃也」段注。○丨，小目貌。〔廣韻・銑部〕○丨睆，清和圓轉之意。〔詩・凱風〕「丨睆黃鳥」朱傳。○丨睆，〔毛詩〕古本當作睆睆，好貌。〔詩・凱風〕通釋。

垷 丨，塗泥。〔廣韻・銑部〕○丨謂泥堊牆屋也。〔説文定聲・卷一四〕○〔同上〕丨，字亦作挸。〔廣雅・釋詁二〕「挸，拭也」。○〔同上〕丨，字亦作峴。〔文選・從遊竹澗越嶺行詩〕「迢遞涉陘峴」。

愐 丨，思也。〔廣韻・獮部〕○丨，眩，或亂也，不明也。〔慧琳音義・卷二五〕引〔玉篇〕。○丨與勔同。〔方言一〕注「勔勔亦訓勉」箋疏。○〔説文定聲・卷一四〕丨，字亦作勔。〔釋詁〕「勔，勉也」。○丨為正字，而作勔作蜜作密作黽作僶，皆其別字也。〔説文〕「丨，勉也」段注。

勔 丨，勉也。〔廣韻・獮部〕○丨，俛猶不倦也。〔慧琳音義・卷八九〕引〔考聲〕。○丨者，愐之假音也。〔釋詁〕「丨，勉也」郝疏。

洗 丨讀如跣足之跣。〔説文〕「丨，洒足也」段注。○洒、丨、毨，義並相近。〔廣雅・釋詁四〕「洒，齊也」疏證。○丨，姑丨，律名。〔廣韻・銑部〕

鬋 丨，髮垂。〔廣韻・獮部〕○丨，女鬢垂貌。〔楚辭・招魂〕「盛丨不同制」補注。○丨，翦之假借字也。〔説文〕「丨，女鬢垂皃」段注。

戩 丨，長槍，又檮丨，八元名。〔廣韻・獮部〕○丨，或作鐼。〔説文〕「丨，長槍也」義證。又〔同上〕句讀。○〔漢書〕丨作敟。〔同上〕段注。

燹 丨，野火。〔集韻・獮部〕○丨，逆燒。〔廣韻・獮部〕○丨，逆燒也。〔説文〕「丨，火也」段注引〔字林〕。

癬 丨，丨疥。〔廣韻・獮部〕○丨，字或作⿸疒尟。〔説文〕「丨，乾瘍也」義證。

狷 丨，有所不為也，或作獧。〔集韻・銑部〕

燀 然火謂之丨。〔廣雅・釋言〕「丨，炊也」疏證。○丨，炊也，又然也。〔廣韻・獮部〕○〔説文定聲・卷一四〕丨假借為亶。〔呂覽・重己〕「衣不丨熱」。○〔同上〕丨，假借為蹇。〔方言六〕「齊魯曰丨」。

諓 丨，諂也。〔廣韻・獮部〕○丨謂能言。〔説文定聲・卷一四〕○丨，謂善為言辭者。〔説文〕「丨，善言也」段注。○丨丨，善言。〔集韻・獮部〕○丨丨，巧言也。〔楚辭・愍命〕「讒人丨丨」補注。○丨丨，讒言貌也。〔同上〕

錢 丨，丨銚，田器。〔廣韻・獮部〕

韅 在背曰丨。〔廣韻・銑部〕○在掖曰丨。〔説文〕「韅，箸掖鞥也」義證引〔急就篇〕顏注。

毨 丨，訓選也。〔説文〕「丨，仲秋鳥獸毛盛可選取以為器用」繫傳。○洒、洗、丨，義並相近。〔廣雅・釋詁四〕「洒，齊也」疏證。○丨，字與毪同。〔説文定聲・卷一五〕○丨，毛更生整理。〔廣韻・銑部〕

⿰犭戔 丨，鷙鳥擊勢也，又武也。〔廣韻・獮部〕○丨丨，武也。〔集韻・獮部〕

揃 丨，丨搣。〔廣韻・獮部〕○丨搣，謂鬄拔眉髮也，蓋去其不齊整者。〔説文〕「丨，搣也」義證引〔急就篇〕顏注。○丨搣，欲其妍靜也。〔通雅・釋詁〕○〔説文定聲・卷一四〕丨，蓋擊挲按摩之法，以休養理體者。〔莊子・外物〕「眥丨搣可以休老」。○丨搣者，道家修養之法。〔説文〕「丨，搣也」段注。○丨讀為翦。〔同上〕段注。○丨，借翦字。〔同上〕繫傳。○〔説文定聲・卷一四〕丨，假借為剪。〔字林〕「丨，搣也」。○〔同上〕假借為前。〔周禮・職金〕注「丨其數量」。○丨即前之俗字。〔周禮・泉府〕「物揭而書之」孫正義。○〔説文定聲・卷一四〕丨亦作翦。〔禮記・曲禮〕「不蚤丨」。

雋 丨，鳥肥也，俗作隽。〔廣韻・獮部〕○丨與俊同。〔方言二〕「孑，俊也」箋疏。○俊、丨通。〔左傳宣公一五年〕「有三丨才」疏證。○丨，通作俊。〔説文〕「丨，肥肉也」義證。○丨永者，味旨也。〔通雅・釋詁〕○丨與臇聲義相近。〔廣雅・釋器〕「臇，臛也」疏證。

歂 丨，口氣引皃。〔廣韻・獮部〕又〔集韻・獮部〕。○丨與喘同字。〔説文〕「丨，口氣引也」句讀。

繾 丨，丨綣，不相離皃。〔廣韻・獮部〕○鞬與丨同。〔左傳昭公二五年〕「丨綣從公」洪詁。○丨綣，疊韻兼雙聲字，急言之則為嬛，轉言之則為緊。〔方言一〕「嬛，續」箋疏。○丨綣，緊絭之別體。〔詩・民勞〕「以謹丨綣」通釋。○丨綣與展轉聲近義同。〔廣雅・釋訓〕「展轉，反側也」疏證。○丨綣字只當作遺卷。〔詩・民勞〕「以謹丨綣」後箋。

涊 丨，垢濁也。〔慧琳音義・卷一九〕引〔集訓〕。○丨，淟丨。〔廣韻・銑部〕○淟丨，垢濁。〔集韻・銑部〕

⿰忄典 丨之言腆也。〔方言六〕「丨，慙也」箋疏。○青徐謂慙曰丨。〔廣韻・銑部〕引〔説文〕。

嵃 丨，巇丨，山形。〔廣韻・獮部〕

幝 丨，車蔽。〔廣韻・獮部〕○丨為巾敝之名。〔詩・杕杜〕「檀車丨丨」後箋。○丨丨，敝貌。〔同上〕朱傳。○丨丨，敝之甚也。〔同上〕集疏引黄山。

撰 丨，定也。〔楚辭・東君〕「丨余轡兮高馳翔」補注。○丨，持也。〔同上〕○丨，述也，定也，持也。〔廣韻・獮部〕○丨者，理而總之也。〔屈賦・東君〕「丨余轡兮高馳翔」戴注。○丨通作譔，又作僎。〔公羊傳文公一二年〕注「淨猶丨也」陳疏。

剸 丨，細割。〔廣韻・獮部〕又〔通鑑・唐紀四四〕「為將丨咯之勢」音注。○丨，讀與專同。〔荀子・王制〕「而兵丨天下勁矣」集解。○〔史記〕丨作專。〔漢書・蕭何傳〕「丨屬任何關中事」補注。又〔司馬相如傳〕「丨諸之倫」補注。

耎 物之弱者曰丨。〔字詁〕○丨，柔也。〔太素・經脈標本〕「知虛實之堅丨者」楊注。○丨，柔弱也。〔説文〕「偄，弱也」義證引〔三蒼〕。○丨，退也。〔史記・天官書〕「是謂丨」志疑引晉灼。○丨同偄，弱也。〔説文〕「鞣，丨也」段注。○丨猶偄也，偄者弱也。〔説文〕「鍒，鐵之丨也」段注。○丨、需、濡、軟並字異而義同。〔廣雅・釋詁一〕「丨，弱也」疏證。○丨義與緛同。〔廣雅・釋詁四〕「緛，縮也」疏證。○丨即愞字。〔漢書・天文志〕「丨而伏」補注。○丨當為偄。〔説文〕「脃，小丨易斷也」義證。○丨輪，謂車輪外固抱之牙也。〔説文〕「楢，柔木也，工官以為丨輪」繫傳。○丨，字亦作輭，俗作軟。〔説文定聲・卷一四〕○丨亦借為偄。〔説文〕「丨，稍前大也」句讀。○丨乃反之借字。〔説文〕「鞣，丨也」句讀。○古假丨為偄。〔説文〕「偄，弱也」段注。○〔説文定聲・卷一四〕丨假借為蝡。〔莊子・胠篋〕「惴丨之蟲」。

諞｜，巧佞言也。〔廣韻·獮部〕○｜｜者，言之辯也。〔釋訓〕「便便，辯也」郝疏。○｜通作平，又通作便。〔同上〕○〔論語〕「友｜佞」今作便。〔說文〕「｜，便巧言也」段注。

匾｜㔸，薄皃也。〔慧琳音義·卷七九〕○｜㔸，薄也。〔廣韻·銑部〕○｜㔸，薄闊皃也。〔慧琳音義·卷六三〕引〔考聲〕。又〔卷八二〕引〔字統〕。○今俗呼廣薄為｜㔸。〔卷二七〕○｜㔸，匜，甓鬴。〔通雅·卷一八〕○｜㔸與椑㔸一聲之轉。〔廣雅·釋器〕「瓺，甂也」疏證。

譔｜，專教也。〔廣韻·獮部〕○｜，述也，或作篹，通作撰。〔集韻·獮部〕○｜或借巽字。〔說文〕「｜，專教也」義證。

宴｜，安也。〔廣韻·銑部〕○｜，謂｜安也。〔詩·氓〕「總角之｜」陳疏。○｜，樂也。〔詩·谷風〕「｜爾新昏」朱傳。○〔說文定聲·卷一四〕｜假借為安，為佞，為妟。〔詩·谷風〕「｜爾新昏」。

俴｜，淺也。〔詩·小戎〕「小戎｜收」朱傳。又〔廣韻·獮部〕。○｜通作踐，又通作翦。〔釋言〕「｜，淺也」郝疏。

淟｜，涊也。〔慧琳音義·卷一九〕引〔集訓〕。○｜，｜涊，熱風。〔廣韻·銑部〕○｜，垢濁也。〔太素·寒熱相移〕「鼻｜者」楊注。

錪｜，小釜。〔廣韻·銑部〕又〔廣雅·釋器〕疏證引〔玉篇〕。○｜之言腆也。〔釋詁三〕「｜，重也」疏證。○〔說文定聲·卷一五〕｜假借為腆。〔方言六〕「｜，重也，東齊之間曰｜」。○｜，本亦作腆。〔同上〕箋疏。

琠｜，玉名。〔廣韻·銑部〕

蕇｜，葶藶。〔廣韻·銑部〕○｜，音典，葉似芥，子似車前子，常用之藥。〔釋草〕「｜，亭歷」鄭注。○｜，此草形似蒿而小，多生麥田，故俗呼麥裏蒿。〔說文定聲·卷一四〕○丁、亭、｜俱雙聲字。〔釋草〕「｜，亭歷」郝疏。

蝘｜，｜蜓。〔廣韻·銑部〕○大而黃者曰｜蜓。〔釋魚〕「｜蜓」鄭注。○〔說文定聲·卷一四〕｜，以匽為之。〔夏小正〕「五月匽之興」。

䁙｜，視也。〔廣韻·銑部〕

跈｜，蹈也。〔廣韻·銑部〕○｜，止也。〔集韻·銑部〕○｜與撚同。〔廣雅·釋詁一〕「｜，履也」疏證。○｜義與抮同。〔莊子·外物〕「哽而不止則｜」集釋引王念孫。

栞｜，小束。〔廣韻·銑部〕○｜、幵聲義並同。〔廣雅·釋詁三〕「｜，束也」疏證。○今俗以鐙炷為一｜也。〔說文〕「｜，小束也」繫傳。

挸｜與攔同，拭面也。〔廣雅·釋詁二〕「｜，拭也」疏證。○｜即垷字之異者。〔說文〕「垷，涂也」段注。

臔｜，肉急。〔廣韻·銑部〕

哯今謂小兒吐乳曰｜。〔慧琳音義·卷五九〕○｜，小兒歐乳也，又不顧而吐。〔廣韻·銑部〕○在匈喉不作惡而已吐出者謂之｜。〔說文〕「｜，不歐而吐也」段注。○｜謂喉間不作惡而吐者，字亦作𠯎。〔說文定聲·卷一四〕

黰｜，黑皃。〔廣韻·銑部〕○｜，黑也。〔廣雅·釋器〕○｜，黑皴也。〔集韻·銑部〕○〔說文定聲·卷一四〕｜，以繭為之。〔墨子〕「百舍重繭」。○〔同上〕｜，以趼為之。〔莊子〕「百舍重趼」。

丏｜，不見也。〔廣韻·銑部〕○｜，左右擁蔽面不分也。〔說文〕「｜，不見也」繫傳。○乏與｜篆文相似，義取蔽矢。〔同上〕段注。○｜，或曰从乏而勾其畫，乏獲者所以蔽身也。〔說文定聲·卷一六〕○｜謂上下左右皆蔽也。〔說文〕「｜，不見也」句讀。

萹｜，｜茿草。〔廣韻·銑部〕○｜蓄，名｜辨，又名扁蔓。方士呼為粉節草。〔說文〕「｜，｜茿也」義證引〔本草〕。○｜蓄，人亦呼為｜竹。〔同上〕義證引〔本草〕陶注。○｜蓄，俗譌編豬也。〔同上〕義證。

埍｜，女牢也，亦作㘣。〔廣韻·銑部〕○｜，徒隸所居，一曰女牢，一曰亭部。〔集韻·銑部〕○土房曰｜。〔說文定聲·卷一四〕○｜謂鄉亭之獄也。〔同上〕

抮｜，引戾。〔廣韻·銑部〕○｜，捎也。〔集韻·銑部〕○｜，戾也。〔莊子·外物〕「哽而不止則跈」集釋。○跈與｜同。〔同上〕集釋引王念孫。

搷｜，塗也。〔廣韻·銑部〕○｜與塓同。〔左傳襄公三一年〕「圬人以時」洪詁。

繯｜，繫也。〔廣韻·銑部〕引韋昭。○｜，維也，一曰旗紒。〔集韻·獮部〕○｜與羂通。〔文選·羽獵賦〕「紅蜺為｜」集釋。○〔說文定聲·卷一四〕｜，字亦作綄。〔廣雅·釋器〕「｜，絡也」。○〔同上〕｜，字亦作鬟。〔說文新附〕「鬟，總髮也」。○〔同上〕｜，字亦以環為之。〔齊語〕「｜山於有牢」。○｜，環也。〔漢書·揚雄傳〕「紅蜺為｜」補注引〔玉篇〕。○｜與嬛聲義並相近。〔方言二〕「嬛，續也」箋疏。

𥌒｜，目童子。〔廣韻·銑部〕○｜，眼中黑子也。〔說文〕「｜，盧童子也」繫傳。○｜與瞯同。〔同上〕義證引〔玉篇〕。○｜，又作瞯，目童子黑。〔集韻·銑部〕○｜，蘇俗謂之眼仙人頭。〔說文定聲·卷一四〕○｜假借為縣。〔同上〕○〔同上〕｜，字亦誤作瞯。〔方言一二〕「驢瞳之子謂之瞯」。

鞙｜，韉｜，刀鞘也。〔廣韻·銑部〕○｜，大車縛軛靼也，或从玄。〔集韻·銑部〕○｜，束縛之意也。〔廣雅·釋器〕「｜謂之鞶」疏證。○｜｜，長貌。〔詩·大東〕「｜｜佩璲」朱傳。○｜亦作鞙。〔說文〕「｜，大車縛軛靼」段注。

齞｜，開口見齒。〔廣韻・銑部〕〇｜，齒露也。〔集韻・獮部〕

尟｜，寡也。〔廣韻・獮部〕〇正者少則｜也。〔說文〕「｜，是少也」繫傳。〇｜者，尠也。〔說文定聲・卷三〕（「亩」下）〇｜，亦作尠，寡也。〔易・繫下〕「｜不及矣」李疏。〇｜，俗作尠。〔廣韻・獮部〕〇〔說文定聲・卷一四〕｜，字亦作尠。〔西京賦〕「慘則尠於驩」。〇｜通作鮮。〔釋詁〕「鮮，罕也」郝疏。〇〔說文定聲・卷一四〕鮮、罕皆即此｜字。〔釋詁〕「鮮，罕也」。〇｜，經典借鮮字。〔說文〕「｜，是少也」義證。

尠｜者，尟之俗。〔說文〕「尟，是少也」段注。

㣤｜，跡也。〔廣韻・獮部〕

㠭｜，極巧視之。〔廣韻・獮部〕〇凡展布字當用此，展行而｜廢。〔說文〕「｜，極巧視之也」段注。〇｜，展視、展布字經傳皆以展為之。〔說文定聲・卷一四〕〇｜，字亦作搌。（同上）

⿱展虫｜，蟲名。〔廣韻・獮部〕

汱｜，又伏水也。〔廣韻・銑部〕〇｜，水落皃。〔集韻・銑部〕〇｜，字當為汏字之訛。〔釋詁〕「｜，墜也」郝疏。〇｜當作汏。（同上）邵正義。

⿰鹵扁｜，蜀人呼鹽。〔廣韻・銑部〕

縯｜，長也。〔廣韻・獮部〕

黃｜，土瓜。〔廣韻・獮部〕〇｜音演。〔釋艸〕「｜，菟瓜」鄭注。

搌｜，束縛。〔廣韻・獮部〕〇｜，｜⿰扌善。（同上）〇｜⿰扌善，展極也。〔集韻・獮部〕〇｜⿰扌善，醜長貌。〔廣雅・釋訓〕疏證引〔玉篇〕。

皽｜，皮寬。〔廣韻・獮部〕〇｜是離之義。〔廣雅・釋詁三〕「｜，離也」疏證。

⿰扇刂｜，以槌去牛勢。〔廣韻・獮部〕〇｜，裁也。〔集韻・獮部〕〇｜之言⿰金亶也。〔廣雅・釋獸〕「｜，犍也」疏證。〇今俗語謂去畜勢為扇，即｜聲之變轉。（同上）

樿｜，木名。〔廣韻・獮部〕〇｜木似檀。〔說文〕「｜，木也」繫傳。〇牆曰｜傍。〔通雅・卷三四〕

⿰目亶｜，視而不止也。〔廣韻・獮部〕〇｜，視而色變也。（同上）又〔集韻・獮部〕。〇｜，視而邅迴之貌。〔說文定聲・卷一四〕

⿰金亶｜，同劗，擊也。〔廣韻・獮部〕〇｜，字或作劗。〔說文〕「｜，伐擊也」義證。又（同上）句讀。

嫸｜謂不欲人語，而言他以枝格之也。〔說文〕「｜，好枝格人語也」段注。〇｜謂靳固也。〔說文〕「｜，一曰靳也」段注。〇｜，謂如〔左傳〕宋公靳之之靳，本字為听，笑也。〔說文定聲・卷一四〕〇｜，偏枝。〔廣韻・獮部〕

⿰禾亶｜猶纏也，語之轉耳。〔廣雅・釋詁三〕「｜，束也」疏證。〇｜，束也。〔廣韻・獮部〕

橏｜之言殄也。〔廣雅・釋木〕「｜，梀也」疏證。〇⿰扌善與｜同。（同上）〇｜，木瘤。〔廣韻・獮部〕

趁｜，自後及之也。〔說文〕「｜，⿺走亶也」繫傳。〇｜，踐也，亦作蹍。〔廣韻・獮部〕〇｜，字亦作跈作蹍。〔說文定聲・卷一六〕〇（同上）｜，假借為鎮。〔莊子・外物〕「哽而不跈」。〇（同上）｜，以屯為之。〔易〕「屯如亶如」。

㞋｜，柔弱。〔廣韻・獮部〕〇｜，弱也。（同上）〇耎與｜字同。〔廣雅・釋詁二〕「｜，弱也」疏證。〇｜，古文作尺。（同上）〇｜與耎音義同。〔說文〕「｜，柔皮也」段注。〇｜，或為耎。（同上）義證引〔玉篇〕。又〔說文〕「輭，耎也」義證引〔玉篇〕。

䵐｜，黃色。〔廣韻・獮部〕

繟｜，寬綽。〔廣韻・獮部〕〇｜通作嘽。〔說文〕「｜，帶緩也」義證。又（同上）句讀。〇｜之言緩也。（同上）段注。〇｜｜猶緩緩也。〔廣雅・釋訓〕「｜｜，緩也」疏證。〇｜然與坦然、嘽然互通。〔通雅・卷八〕〇｜當為禪。〔說文〕「紉，｜繩也」義證。

嘽｜，寬綽名也。〔廣韻・獮部〕〇｜，咺，迂緩皃。〔集韻・仙部〕〇｜音單，亦音善，緩也。〔通雅・釋詁〕〇｜，闡並與繟通。〔廣雅・釋詁二〕「繟，緩也」疏證。〇〔說文定聲・卷一四〕｜借為憚。〔禮記・樂記〕「｜諧慢易」。〇｜，齊作驒。〔詩・常武〕「王旅｜｜」集疏。

⿰糸羨｜，緩也。〔廣韻・獮部〕〇｜，偏緩也。（同上）〇｜通作羨。〔說文〕「｜，偏緩也」義證。〇｜又通作衍。（同上）

饘｜，乾麪餅也。〔廣韻・獮部〕〇｜捲猶繾綣。〔詩・民勞〕「以謹繾綣」後箋。又〔廣雅・釋詁三〕「｜，摶也」疏證。

⿱竹辟｜，簡｜，今人戶版籍也。〔廣韻・獮部〕〇簡｜，戶籍也。〔廣雅・釋器〕「簡｜，籍也」疏證引〔玉篇〕。

⿱臤牛｜，牛很不從引也。〔廣韻・獮部〕〇｜，賢，義並與賢同。〔廣雅・釋詁一〕「賢，大也」疏證。

蟺｜蛩，蚯蚓。〔廣韻・獮部〕〇｜乃嬗之借字。〔文選・鵩鳥賦〕「變化而｜」集釋。〇〔說文定聲・卷一四〕｜假借為蟬。〔鵩鳥賦〕「變化而｜」。〇｜謂曲折宛轉。〔說文定聲・卷一四〕〇｜同鱓。〔荀子・勸學〕「蛇｜之穴」集解。〇｜與蟮同。〔方言〕六注「[illegible]，蚰蜒也」箋疏。

僐｜，作姿也。〔廣韻・獮部〕〇｜，作姿態也。〔說文定聲・卷一四〕又〔集韻・獮部〕。

橪　丨，丨棗，木名。〔廣韻·獮部〕〇丨木，乃酸棗也。〔漢書·司馬相如傳〕「丨柹」補注。〇丨，段借為染。〔說文定聲·卷一四〕〇丨，借為偄。(同上)

熯　丨，乾皃。〔廣韻·獮部〕〇丨，蒸火也。〔說文定聲·卷一四〕引〔初學記二五〕。〇丨，竭也。〔詩·楚茨〕「我孔丨矣」朱傳。〇丨與暵同音同義。〔說文〕「丨，乾皃」段注。〇丨即戁之假借字也。〔說文〕「丨，詩曰我孔丨矣」段注。〇〔說文定聲·卷一四〕丨假借為戁。〔詩·楚茨〕「我孔丨矣」。

⿰糸虔　丨，丨縮。〔廣韻·獮部〕又〔集韻·𤣗部〕。〇褰與丨通。〔廣雅·釋詁三〕「丨，縮也」疏證。

帴　丨，狹也。〔廣韻·獮部〕〇丨，帬也，褋也，狹也。〔集韻·𤣗部〕〇丨乃淺之假借。〔考工記·鮑人〕「以博為丨」述聞。〇丨假借為淺。〔說文定聲·卷一四〕〇丨、翦聲近假借字。〔考工記·鮑人〕「以博為丨也」孫正義。〇丨者，淺之假借。〔說文〕「淺，不深也」段注。

⿰扌剪　丨，切也。〔廣韻·獮部〕

⿰亻然　丨，意脃也。〔廣韻·獮部〕〇丨，意急而懼也。〔說文〕「丨，意膬也」義證引〔玉篇〕。〇丨謂立意不堅。〔說文定聲·卷一四〕〇丨，段借為嘫。(同上)

摙　丨，擔運物也。〔廣韻·獮部〕〇丨，運也。〔慧琳音義·卷六四〕引〔考聲〕。又〔卷六七〕引〔考聲〕。〇丨，負擔也。〔集韻·𤣗部〕

⿺辶衍　丨，行皃。〔廣韻·獮部〕

件　丨，分次也。〔廣韻·獮部〕〇丨，按即伴字，从人半省聲，後世所用條丨、名丨字，皆借伴為半耳。〔說文定聲·卷一四〕

辡　丨，罪人相訟。〔廣韻·獮部〕〇丨，通作辯。〔說文〕「丨，辠人相與訟也」義證。〇丨又通作辨。(同上)〇丨，从二辛會意。〔說文定聲·卷一六〕

⿰革面　丨，勒靼名也。〔廣韻·獮部〕〇其革曰丨。〔說文〕「丨，勒靼也」繫傳。〇丨，正今之繮也。〔通雅·戎器〕〇丨，勒靼，丨系也。〔說文〕「丨，勒靼也」義證引〔玉篇〕。

偭　丨，背也。〔廣韻·獮部〕〇丨，一曰丨焉不顧皃。〔集韻·𤣗部〕〇丨跡者，隱居也。〔慧琳音義·卷八九〕

⿱辡心　丨，憂也，亦曰急也。〔廣韻·獮部〕〇丨，急也。(同上)〇辯與丨同。〔廣雅·釋詁一〕「丨，憂也」疏證。〇丨或作惼。〔說文〕「丨，一曰急也」義證。〇丨，又借卞字。(同上)

臇　丨，臛少汁也。〔廣韻·獮部〕又〔說文〕「丨，臛也」義證引〔玉篇〕。〇羹之稍乾者為臛，丨又乾于臛。〔說文定聲·卷一四〕〇乾于臛者曰丨。〔卷一五〕「臛」下〕〇雋與丨聲義相近。〔文選·名都篇〕「膾鯉丨胎鰕」集釋。

⿱雋䖵　丨，蟲食。〔廣韻·獮部〕〇丨之言吮也。〔說文〕「丨，蟲食也」段注。〇昆蟲曰丨。〔說文定聲·卷一四〕

⿰目睘　丨，蔽目。〔廣韻·獮部〕〇丨，小兒初生蔽目也。〔說文〕「丨，兒初生瞥者」義證引〔玉篇〕。〇丨，兒初生瞥目。〔集韻·𤣗部〕〇丨，生而目有翳者。〔說文定聲·卷一四〕〇丨，謂轉目視人也。〔說文〕「丨」繫傳。

⿸疒雋　丨，大痒。〔廣韻·獮部〕

沇　丨丨猶原原也，水流貌。〔通雅·地輿〕〇丨沛即兖濟。(同上)〇丨，俗作兖。〔漢書·地理志〕「丨水所出」補注。〇丨，俗通作兖。〔方言二〕「青齊兖冀」疏證。〇丨，字又作兖，蓋㕣、丨、兖本一字。〔說文定聲·卷一五〕〇(同上)丨，以衍為之。〔水經·濟水注〕「丨水東南流，俗謂之為衍水」。〇(同上)丨，假借為吮，猶言中矛也。〔漢書·揚雄傳〕「兖鋋瘢者」。〇(同上)丨，借為箭。〔漢書·揚雄傳如淳注〕「兖，括也」。

㕣　丨，山澗泥也。〔廣韻·獮部〕〇古文丨，即山間陷泥地也。〔說文定聲·卷一五〕(「沇」下)〇丨與𧮫同意。(同上)〇丨音兖。〔說文〕「兊，說也」繫傳。又〔說文〕「沿，緣水而下也」繫傳。〇古文作丨，小篆作沇，隸變作兖，此同義而古今異形也。〔說文〕「丨，古文沇如此」段注。〇丨字在古文則為沇水、沇州，在小篆則訓山間陷泥地。(同上)〇衮、兖皆從丨，俗書作公，與公厶之公不同。〔說文〕「衮，从衣公聲」義證引〔增韻〕。

⿰女衮　丨，從也。〔廣韻·獮部〕〇小篆之變為今戀字，訓慕。籀文之變為小篆之丨，訓順，形同義異。〔說文〕「丨，順也，孌，籀文丨」段注。

抁　丨同挠，動也。〔廣韻·獮部〕〇丨，揣也。〔集韻·𤣗部〕

⿱艹兖　丨，草名。〔廣韻·獮部〕〇丨，萸也。(同上)

腃　丨，割也。〔廣韻·獮部〕〇丨與臠同。〔呂覽·察今〕「嘗一丨肉」校正引盧文弨。〇丨，舊本作脟，訛。(同上)校正。

菤　丨耳，苓耳。〔廣韻·獮部〕〇丨，音捲，丨耳即卷菜，葉如錢，細蔓被地。〔釋艸〕「丨耳，苓耳」鄭注。

圈　丨，牢也。〔說文〕「丨，養畜之閑也」義證引〔玉篇〕。〇丨，字亦作圈。〔說文定聲·卷一四〕

⿱艹耎　丨，木耳。〔廣韻·獮部〕〇丨又作㮕。〔說文〕「丨，木耳也」義證。〇丨，字亦作㮕作檽，〔內則〕謂之栭。〔說文定聲·卷一四〕〇栭即丨字。〔說文〕「丨，木耳也」段注。

緛　丨，衣縫也。〔廣韻·獮部〕〇帛之縐曰丨。〔說文定聲·卷一四〕〇儒與丨同。〔廣雅·釋詁三〕「丨，縮也」疏證。〇丨與縮同義。〔管子〕「涅儒」

雜志。○偄與丨同。(同上)○丨、偄、耎古字通。(同上)○丨，引申之為凡戚之稱。〔說文〕「丨，衣戚也」段注。○丨短謂戚而短也。(同上)○〔說文定聲·卷一四〕丨，以耎為之，字又誤作需。〔考工記〕「弓薄其帑則需」。

膊 丨，切肉。〔廣韻·獮部〕○丨之言剸也。〔廣雅·釋器〕「丨，臠也」疏證。○丨，義亦與剸同。〔廣雅·釋詁一〕「剸，斷也」疏證。○丨與剸義近。〔說文〕「丨，切肉也」段注。○〔說文定聲·卷一四〕丨假借為腨。〔儀禮〕「丨骼謂腓腸也」。

腨 丨，丨腸。〔廣韻·獮部〕○丨，脚脛從腸也。〔說文〕「丨，腓腸也」繫傳。○丨，或作蹲。〔慧琳音義·卷二〕又〔說文〕「丨，腓腸也」義證。○丨或作蹲、踹、膞，脛之腹也。〔大般若經·卷一〕「兩丨」音義引〔文字集略〕。○丨，假肫、膞字為之。〔說文〕「膞，切肉也」段注。○禮經多作肫，或作膞，皆假借字。〔說文〕「丨，腓腸也」段注。○〔說文定聲·卷一四〕丨，以肫為之。〔儀禮〕「肫骼」。○(同上)丨，以膞為之。〔儀禮〕「膞骼」。

⿸厂專 丨，小卮有耳蓋者。〔說文定聲·卷一四〕

縳 丨為鮮支之白者。〔說文〕「丨，白鮮卮也」段注。○〔說文定聲·卷一四〕丨與纏略同。〔左傳昭公二六年〕注「丨，卷也」。

踹 丨，脚跟。〔廣韻·獮部〕○〔說文定聲·卷一四〕丨，今蘇俗曰跳脚。〔淮南·人間〕「追者至丨足而怒」。○〔通雅·卷八〕丨然，即揣然，言善揣度也。〔鶡冠子〕「丨然其為分等也」。○蹲、丨並與腨同。〔廣雅·釋親〕「腓，腨也」疏證。

⿰阝彖 丨，道邊埤也。〔廣韻·獮部〕○丨之言篆也，謂垣卑小裁有堳埒篆起。〔廣雅·釋宮〕「丨，垣也」疏證。○丨，謂垣庳才有堳埒如緣也。〔說文定聲·卷一四〕

剬 丨同剸，細割。〔廣韻·獮部〕○丨，斷齊也。〔集韻·獮部〕○斷與丨聲近而義同。〔廣雅·釋詁四〕「斷，齊也」疏證。○丨與剸聲亦相近。〔釋詁一〕「丨，斷也」疏證。○〔通雅·卷四〕丨義，以義斷制也。〔顓項記〕「依鬼神以丨義」。○〔說文定聲·卷一四〕丨假借為耎，字誤作⿰需刂。〔考工記·鮑人故書〕「腥脂之則⿰需刂」。

孨 丨，孤露可憐。〔廣韻·獮部〕○丨，謹也。〔集韻·獮部〕○丨，引申之義為弱小。〔說文〕「丨，謹也」段注。○丨或通作孱。(同上)義證。○丨，經典借孱為之。(同上)句讀。○丨，从三子會意，讀若翦。〔說文定聲·卷一五〕

鱄 丨，魚名，美也。〔廣韻·獮部〕○吾蘇城東南門曰葑門，古謂之丨門。〔說文定聲·卷一四〕○〔左傳〕「衛侯之弟丨，字子鮮」，〔公羊〕作縛，〔穀梁〕以專為之。(同上)

⿺辶專 丨，等也。〔廣韻·獮部〕○丨即揣。〔說文〕「揣，量也」段注。○揣蓋丨之假借字。〔說文〕「丨，等也」段注。

⿸厂耑 丨，小卮也。〔廣韻·獮部〕

⿱罒巽 丨，罟也。〔廣韻·獮部〕○丨，亦免网也。〔說文〕「丨，网也」繫傳。○丨者，羉獸足也。〔說文定聲·卷一四〕

僎 丨，具也，數也，持也。〔廣韻·獮部〕○丨，經典借撰、譔、選為之。〔說文〕「丨，具也」句讀。

⿰亻巺 丨與撰義相近。〔說文〕「丨，具也」繫傳。○丨，此字實即巺之或體。〔說文定聲·卷一四〕○(同上)丨謂借為詮。〔論語〕鄭本注「丨，讀曰詮，詮之言善也」。

蠉 凡蟲行曰丨。〔說文〕「丨，蟲行也」段注。○丨為疾行也。(同上)○丨之言回旋也。〔廣雅·釋蟲〕「孑孓，蜎也」疏證。○丨，假作肙字。〔說文〕「蜎，肙也」段注。○翾、蜎、丨並字異而義同。〔廣雅·釋詁三〕「翾，飛也」疏證。

鮸 丨，魚名。〔廣韻·獮部〕○丨，一名石首魚，首中有二石。〔說文〕「丨，丨魚也」段注。○丨，又名鮻，今江浙人所食海中黃花魚，乾之為白鯗，即此魚也。(同上)○丨，蘇俗謂之黃魚。〔說文定聲·卷一五〕○丨，今人音敏。〔說文〕「丨，魚也」繫傳。

㫃 丨，旌旗柱。〔廣韻·獮部〕

⿱屮虫 丨，伸行。〔廣韻·獮部〕○丨，蟲伸行。〔說文〕「丨，蟲曳行也」義證引〔玉篇〕。○⿰金⿱屮虫、丨、振並音恥輦反，其義同也。〔廣雅·釋詁二〕「⿰金⿱屮虫，長也」疏證。

匽 丨，霤下聚水處也。〔說文〕「丨，匿也」繫傳。○丨之言隱也。(同上)段注。○偃與丨通，即堰字也。〔荀子〕雜志。○梁與丨同義。(同上)○丨讀曰蝘。〔大戴·夏小正〕「唐蜩者，丨也」王詁。又〔夏小正〕「丨之興五日翕」王詁。○丨乃古偃字。〔史記·魯周公世家〕「子丨立」志疑。○〔說文定聲·卷一四〕丨即蝘蜓也。〔夏小正〕「丨之興」。〔「蝘」下〕○〔卷一四〕丨，假借為偃。〔方言九〕「三刃枝，南楚謂之丨戟」。○(同上)丨，假借為干。〔漢書·王吉傳〕「冬則為風寒之所丨薄」。○(同上)丨，假借為蝘。〔夏小正〕「丨之興」。

敟 凡典法、典守字皆當作丨。〔說文〕「丨，主也」段注。○丨，今作典。(同上)繫傳。○丨或借腆字。(同上)義證。○丨，經典借典字。(同上)○丨，經傳皆以典為之。〔說文定聲·卷一五〕○丨，經傳多作典，典行而丨廢。〔說文〕「丨，主也」段注。

⿰金⿱屮虫 丨，丨物令長。〔廣韻·獮部〕○丨亦挺也。〔廣雅·釋詁二〕「丨，長也」疏證。○丨、⿱屮虫、振並音恥輦反，其義同也。(同上)

洒 丨，深也，謂其下水深也。〔釋丘〕「夷上丨下」鄭注。○丨，濯也。〔說文〕「丨，滌也」義證引〔玉篇〕。○丨，今為洗。(同上)○丨與洗雙聲古通用，鮮也。〔詩・新臺〕「新臺有丨」通釋。〇丨，或作洗。〔慧琳音義・卷七九〕引〔韻英〕。〇丨、洗、毨，義並相近。〔廣雅・釋詁四〕「丨，齊也」疏證。〇丨，灑也。〔詩・東山〕「丨埽穹窒」陳疏。〇〔通雅・卷五〕丨㳻，治路也。〔漢律〕「及其門首丨㳻」。〇丨，高峻也。〔詩・新臺〕「新臺有丨」朱傳。〇丨者，峭也，言上陂陀而下峻峭也。〔釋丘〕「夷上丨下」述聞。〇丨者，峭也，語之轉耳。〔釋丘〕「望厓丨而高岸」述聞。〇丨，既陖之假借。〔詩・新臺〕「新臺有丨」陳疏。〇峻同陖，丨即陖之假借字，凡言陖峭者皆謂斗直不可上。(同上)後箋。〇丨，古有假丨為峻陗之峻者。〔說文〕「丨，滌也」段注。〇丨即陖之假借。〔說文〕「岸，水厓丨而高者」段注。又〔說文〕「陖，峭高也」段注。〇丨，經傳皆以洗為之。〔說文定聲・卷一五〕〇(同上)丨假借為陖。〔詩〕「新臺有丨」。〇(同上)丨，假借為灑，實為汛。〔詩・山有樞〕「弗丨弗掃」。〇〔說文定聲・卷一四〕丨者，陖之借字耳。〔釋丘〕「望厓丨而高岸」。(「岸」下)〇丨滌與光澤義近。〔釋器〕「絕澤謂之銑」郝疏。〇丨掃與光澤義近。(同上)

沴　丨，陵亂也。〔集韻・銑部〕〇气不利乃為丨。〔說文〕「丨，水不利也」繫傳。

𥈅　凡以目相戲曰丨。〔方言六〕「丨，視也」箋疏。〇丨，今〔詩〕作嬿。〔說文〕「丨，詩曰丨婉之求」繫傳。〇丨，今〔詩〕作燕。(同上)段注。〇丨，字亦作䁄。〔說文定聲・卷一四〕

閔　〔說文定聲・卷一四〕丨，字从戈，當如今武場弓馬之外舉大刀開四門，盤背面花以試力之類，民俗亦有鑿石為鎖形舉以比力者。〔說文〕「丨，試力士錘也」。

炫　丨，丨煌，光明盛皃也。〔慧琳音義・卷一〇〕〇丨，爓燿，謂光爓燿明也。〔說文〕「丨，爓燿也」段注。〇丨，〔封禪文〕假玄為之。(同上)

𠝣　丨，假借揃為之。〔說文〕「丨，齊斷也」段注。〇丨，又或為鬋，今字作剪，俗。(同上)段注。〇丨通作翦。(同上)義證。〇丨又通作鬋，又作揃，又作剗。(同上)〇丨，俗作剪。(同上)

剪　丨，剃之俗字。〔說文〕「剃，齊斷也」句讀。〇丨，截也。〔慧琳音義・卷一〇〕〇丨，經傳多以翦為之。〔說文定聲・卷一四〕

媆　丨，柔弱之貌。〔說文定聲・卷一四〕〇丨，謂柔耎之好也。〔說文〕「丨，好皃」段注。〇丨，俗作輭。(同上)〇丨，又改其字作嫩。(同上)〇丨，假借為耎，俗字又變作嫩。〔說文定聲・卷一四〕

㥹　丨，厲也。〔說文〕「丨，厲也」義證引〔玉篇〕。〇丨，蓋淬厲之意。(同上)段注。〇丨，或通作弭。〔說文〕「丨，一曰止也」義證。〇丨又借彌字。(同上)〇丨，經典省作弭。〔說文〕「丨，厲也」句讀。〇丨假借為弭，實為峙。〔說文定聲・卷五〕

𡳐　丨，蹍，蹎也。〔集韻・獮部〕〇丨，女展反，履也，字或作蹍。〔淮南・原道〕「則後者丨之」雜志。〇丨亦履也。〔淮南・兵略〕「涉血丨腸」雜志。〇丨同跈。〔說文〕「衛，牛踶衛也」段注。

腞　丨讀為團。〔廣雅・釋器〕「柳，車也」疏證。〇丨讀為輇。〔莊子・達生〕「死得於丨楯之上」集釋王念孫。

𢶍　丨，拔取也，亦通作搴。〔莊子・至樂〕「攓蓬而指之」集釋。〇丨、攓二字通。〔說文〕「丨，拔取也」段注。〇丨或作攓，又作搴。(同上)義證。〇搴、丨、攓並通。〔廣雅・釋詁一〕「嚓，取也」疏證。〇搴丨、攓、蹇古通用。〔廣雅・釋詁三〕「搴，拔也」疏證。〇丨，字或作搴。〔說文〕「丨，拔取也」句讀。〇丨、蹇並與攓通。〔方言一〕「攓，取也」箋疏。〇丨，字亦作搴，作攓，作擇，作搭。〔說文定聲・卷一四〕〇丨，假借為簡，為慢，為賤，實為憪。(同上)〇攓，丨之或體。〔釋言〕「芼，搴也」郝疏。

屧　丨即饡字。〔說文〕「饡，以羹澆飯也」段注。〇丨，本作屐，轉寫作丨耳。屐者，饡之古文。(同上)

帣　丨，斂衣裒也。〔集韻・獮部〕〇〔說文定聲・卷一四〕丨假借為絭。〔史記・滑稽傳〕「丨韝鞠䠊」。

偄　丨，敬也，亦弱也。〔廣韻・獮部〕〇懦與愞、丨二字同。〔廣雅・釋詁一〕「懦，弱也」疏證。

僆　丨，畜雙生子。〔廣韻・獮部〕

𠐋　丨，偃丨，傲也。〔廣韻・獮部〕

𠠎　丨，擊也。〔廣韻・獮部〕〇丨，伐擊也。〔說文〕「鏝，伐擊也」義證引〔玉篇〕。〇丨同鏝。〔廣韻・獮部〕

匰　丨，筲也。〔集韻・獮部〕〇丨，一曰竹盤，或作匜。(同上)〇丨，一曰溋米籔。(同上)

嘽　丨，大笑。〔廣韻・獮部〕

圢　丨，坦也。〔廣韻・銑部〕

𡋯　丨，耕土卷也。〔廣韻・獮部〕又〔集韻・獮部〕。〇丨，耕發土也。〔說文〕「瑑，圭璧上起兆瑑也」義證。

娗　丨，欺慢也，一曰偄劣。〔集韻・銑部〕

娩　丨，婉丨，美也。〔廣韻・獮部〕〇丨讀若問，丨澤，顏色潤澤也。〔荀子・禮論〕「說豫丨澤」集解引王念孫。

㜋　丨，丨奾，好皃。〔廣韻・獮部〕又〔集韻・獮部〕。

嫣 ｜，長皃。〔廣韻・獮部〕

嫹 ｜，女姿態。〔廣韻・獮部〕

嬿 ｜，｜婉。〔廣韻・銑部〕〇｜婉，安順皃。〔集韻・銑部〕

嵼 ｜，｜嵯，山屈曲皃。〔廣韻・獮部〕〇｜嵯，山皃。〔集韻・𤣗部〕

𢅏 ｜，幕。〔廣韻・獮部〕引〔玉篇〕。〇幕謂之｜。〔集韻・𤣗部〕

廯 ｜，屋廩。〔廣韻・獮部〕

惼 ｜，㥦｜，性狹。〔廣韻・銑部〕〇㥦｜，性狹。〔廣韻・銑部〕〇｜，狹意。〔集韻・𤣗部〕

㥦 ｜惼，性狹。〔集韻・銑部〕

㦖 ｜，意難。〔廣韻・銑部〕〇｜，意難也。〔集韻・銑部〕

𢪃 捵｜，手捻物。〔集韻・銑部〕

㧦 ｜，動也。〔廣韻・獮部〕〇抁同｜。〔同上〕

捲 ｜，｜衣。〔廣韻・獮部〕〇〔說文定聲・卷一四〕｜假借為劵。〔莊子・讓王〕「｜｜乎后之為人」。〇攉為｜之異體。〔詩・巧言〕「無拳無勇」後箋。

撍 ｜，｜振，醜長皃。〔廣韻・獮部〕〇｜，引也。〔集韻・𤣗部〕

敾 ｜，揣也。〔廣韻・獮部〕

晛 ｜，日出好皃。〔廣韻・銑部〕〇｜，日氣。〔集韻・銑部〕

㬎 ｜，衆明也，微妙也，从日中見絲，今作㬎。〔廣韻・銑部〕〇㬎，古文以為顯。〔左傳僖公二八年〕「韅、靷、鞅、靽」疏證引惠棟。

㮕 ｜，｜棗，又紅藍。〔廣韻・獮部〕〇｜棗，葉如柹，實似柹而小，味甘美。〔說文〕「｜，似柹而小也」義證引〔古今注〕。〇棗有牛頭、羊矢之名，羊矢即｜棗。〔同上〕義證引〔廣志〕。〇｜，木耳也。〔說文〕「䓴，木耳也」義證引〔類篇〕。〇木耳曰｜。〔同上〕義證引〔通志〕。〇｜同䓴。〔說文〕「宍，菌宍」段注。

檽 木生者為｜。〔本草・卷二八〕

𣯶 ｜，｜毯，毛領。〔廣韻・銑部〕〇｜毯，毛不理。〔集韻・銑部〕

弆 ｜，火種。〔說文〕「㑵，送也」義證引〔玉篇〕。

耎 ｜，柔也。〔大般若經・卷一〕「輕｜」音義引〔韻英〕。〇｜，弱也。〔同上〕音義引〔考聲〕。

燃 ｜，小然火也。〔廣韻・獮部〕〇小然謂之｜。〔集韻・𤣗部〕

琠 ｜，玉也，或从殿。〔集韻・銑部〕

瓛 ｜，馬口吻旁雙鐵。〔說文〕「桓，亭郵表」繫傳。

町 ｜，｜疃，鹿迹。〔廣韻・銑部〕〇畽同｜。〔同上〕

甽 ｜，壟中溝也。〔漢書・食貨志〕「田一晦三｜」補注引吳仁傑。〇｜，く之古文，水小流也。〔廣韻・銑部〕〇｜、畎古今字。〔說文〕「｜，古文く」段注。

𤱻 ｜，城下田也。〔廣韻・獮部〕

㾓 ｜，小痒。〔廣韻・獮部〕

痶 ｜，｜瘓，病也。〔廣韻・銑部〕又〔集韻・銑部〕。〇｜瘓，髮病也。〔慧琳音義・卷五六〕〇｜瘓，俗語，熱毒風髮落之狀也。〔卷六三〕

碥 ｜，乘車石也。〔廣韻・銑部〕〇｜，將登車履石也。〔說文〕「登，上車也」義證引〔玉篇〕。〇水疾崖傾曰｜。〔通雅・地輿〕

碾 ｜，俗字，車轢也。〔慧琳音義・卷六〇〕〇｜，輾俗字也。〔說文〕「報，轢也」段注。〇報，車轢物，或作｜。〔廣韻・獮部〕

禒 ｜，秋田祭也。〔說文〕「禰，親廟也」義證引〔玉篇〕。〇｜與獮同。〔同上〕又〔廣韻・獮部〕。

寳 ｜赧，笛聲緩也。〔集韻・𤣗部〕

筅 ｜，析木為帚，以洒洗也。〔通雅・諺原〕〇｜猶洗刷也。〔廣雅・釋器〕「箒謂之｜」疏證。

筧 ｜，以竹通水。〔廣韻・銑部〕〇｜，續竹通水也，古單作建，所謂建瓴也。〔通雅・諺原〕〇承霤謂之｜。〔通雅・宮室〕

箲 ｜，｜帚，飯具。〔廣韻・銑部〕〇筅同｜。〔同上〕〇｜，飯帚，或从先。〔集韻・銑部〕

𥲤 ｜，｜篺，户籍。〔廣韻・獮部〕〇｜篺，籍也。〔集韻・𤣗部〕

糄 ｜，燒稻作米。〔廣韻・銑部〕〇燒稻取米曰｜。〔集韻・銑部〕

紾　丨，轉繩也，又音軫。〔廣韻·獮部〕引〔玉篇〕。○丨，牛角理悗。〔集韻·玃部〕

繞　吳人謂丨絮曰縍襖，今北方呼裲衱。〔通雅·諺原〕

編　丨，丨綃，一曰次第也。〔廣韻·銑部〕

緶　丨，褰裳。〔廣韻·銑部〕○丨，褰衣，或从匾。〔集韻·銑部〕

罥　丨，挂也。〔廣韻·銑部〕○羂同丨。（同上）○丨，挂也，或作絹。〔集韻·銑部〕

⿰月扁　丨，脉隱起如辮繩。〔集韻·銑部〕

腝　丨，脚疾。〔廣韻·獮部〕

芇　丨，相當也。〔廣韻·銑部〕又〔集韻·銑部〕。

蕍　丨，王蔧，草名。〔廣韻·獮部〕

⿱艹渶　丨，草名，紅藍也。〔說文〕「萸，一曰蕍芘」義證引〔類篇〕。○丨即萸之俗體。（同上）

蘚　丨，苔丨。〔廣韻·獮部〕

虇　丨蕍，灌渝，其本字又當為彏揄，曲引之意也。〔說文定聲·卷一四〕〔「權」下〕○丨蕍即權輿。〔說文〕「夢，灌蕍」義證引孫星衍。

蚕　丨音腆，蚯蚓之名也。〔本草·卷三九〕○丨即蜸蟺也，江東呼為寒蚓。〔廣韻·銑部〕引〔爾雅〕注。

蜸　丨，丨蚕，蚯蚓。〔廣韻·銑部〕

衜　丨，蹈也。〔廣韻·獮部〕

覵　丨，視皃。〔廣韻·獮部〕又〔集韻·玃部〕。

詃　丨，誘也。〔廣韻·銑部〕○丨，亦誘也。〔慧琳音義·卷六二〕引〔文字典說〕。○丨，誘也，詐也。〔集韻·銑部〕

詪　丨，爭語。〔廣韻·銑部〕

誢　丨，諍語。〔集韻·銑部〕

⿰⻊典　丨，行跡。〔廣韻·銑部〕○丨，行皃，或从亶。〔集韻·銑部〕

⿰⻊亶　丨，行皃。〔廣韻·銑部〕

⿰⻊專　丨，腓腸也，或作腨。〔說文〕「腨，腓腸也」義證引〔急就篇〕顏注。○腓腸曰丨。〔通雅·身體〕○丨、踹並與腨同。〔廣雅·釋親〕「腓，腨也」疏證。

蹨　丨，蹂丨。〔廣韻·銑部〕○丨，踐也。〔集韻·獮部〕○丨，踐也，續也，執也，緊也。〔廣韻·獮部〕

躽　丨，身向前也。〔廣韻·銑部〕

⿰身亶　丨，裸形，無可蔽也。〔廣韻·獮部〕○丨，倮也，或从人。〔集韻·獮部〕

闢　丨，開閉門利。〔廣韻·獮部〕又〔集韻·獮部〕。

阭　丨，高也。〔集韻·獮部〕

⿰阝肙　丨，坑也。〔廣韻·銑部〕○丨與畎聲相近。〔廣雅·釋水〕「丨，坑也」疏證。○壑、阱、洫、丨、臽，皆虛之轉聲也。〔廣雅·釋水〕「阱，坑也」疏證。

⿰食昔　丨，黏也。〔廣韻·獮部〕

饘　丨，丨粥。〔廣韻·獮部〕○丨，糜也。〔集韻·獮部〕

⿰魚旦　〔通雅·卷二〕丨脯即鱓魚。〔南史·周顒傳〕「丨脯」。○丨鱓同。〔大戴·勸學〕「非虵丨之穴」王詁。

⿰麥善　大麥新熟作丨麵也。〔廣韻·獮部〕○丨麵，屑新麥為餌。〔集韻·獮部〕

⿰齒㐱　丨，齒露。〔廣韻·獮部〕

⿰歹免　丨，生子丨身。〔廣韻·獮部〕○丨，生子免娠也。〔集韻·獮部〕

⿰蘚皮　丨，皮起。〔廣韻·銑部〕○跰同丨。（同上）○丨，皮虛起如繭也。〔慧琳音義·卷八七〕引〔考聲〕。

續經籍籑詁卷第四十七　上聲

十七　篠

篠　－，細竹也。〔廣韻・篠部〕○－同筱。（同上）○－之為言猶小也。〔廣雅・釋草〕「簫，箭也」疏證。○簫，古－字。（同上）○〔說文定聲・卷六〕筱，字亦作－。〔爾雅〕「－，箭」。（「筱」下）○筱，字或作－。〔說文〕「筱，箭屬，小竹也」義證。○－當為筱。〔漢書・地理志〕「－簜既敷」補注。○〔說文定聲・卷六〕－叚借為匴。〔論語〕「以杖荷－」。○－簜作竹箭，今文異字。〔書・禹貢〕「－簜既敷」孫疏。

小　－，微也。〔廣韻・小部〕○－者，物之微也。〔大戴・千乘〕「散布於－」王詁。○－，始見也。〔說文〕「－，物之微也」繫傳。○－為精，即為細也。〔孟子・滕文公上〕「巨屨－屨同賈」焦正義。○－，少也。〔大戴・虞戴德〕「居－不約」王詁。○－之言少也。〔大戴・保傅〕「簡聞－誦」述聞。○－，幼－也。〔曾子事父母〕「不與－之自也」王詁。○遠言大，近言－。〔詩・大東〕「－東大東」集疏引惠周惕。○凡－與好義相近。〔廣雅・釋詁二〕「鈔，好也」疏證。○－謂一身也。〔易・繫〕「復－而辨于物」述聞。○－人，細民也。〔大戴・曾子立孝〕「盡力無則－人也」王詁。又〔少閒〕「及－人畜穀」王詁。又〔論語・陽貨〕「譬諸－人」朱注。○－人，謂細民。〔子路〕「－人哉，樊須也」朱注。又〔孟子・滕文公下〕「以迎其－人」朱注。○－人，下民也。〔詩・大東〕「－人所視」朱傳。○－人，貧窶之稱。〔國策・秦策二〕「儀固以－人」鮑注。○－子，門人也。〔論語・泰伯〕「吾知免夫，－子」朱注。○－子，弟子也。〔陽貨〕「－子何莫學夫詩」朱注。又〔孟子・離婁上〕「－子鳴鼓而攻之可也」朱注。○－子者，猶云少子。〔書・康誥〕「朕其弟－子封」孫疏。○－臣，舉其臣之微者。〔君奭〕「－臣屏侯甸」孫疏。○－妻，妾也。〔漢書・王莽傳〕「成帝下妻也」補注引洪頤煊。○漢世謂妾為－妻，亦稱傍妻。〔佞幸傳〕「為其－妻所毒薨」補注引蘇輿。○－物，謂用物之瑣屑者。〔說文〕「婓，婦人－物也」段注。○－國，諸列侯國也。〔漢書・王莽傳〕「－國無城郭者」補注。○－忠，謂以諫殺身而無益於國。〔京房傳〕「房可謂－忠」補注引胡注。○－誦，謂年－時所誦者。〔大戴・保傅〕「簡聞－誦」王詁。○〔通雅・卷一八〕－通，－使也，言人道也。〔韓詩外傳〕「男八歲而齠十六而精化，－通」。○－通，－謂其通於前，可以為人道也。〔義府・卷下〕○〔通雅・卷二八〕－見，燕見也。〔史記〕「漢法凡當四見，始到入－見」。○－極即－飤。〔通雅・卷七〕○－疋、肖雅即－雅。〔史記〕「始到入－見」。○〔義府・卷上〕－腆猶言－醜。〔書・大誥〕「殷－腆」。○－腸為受盛之府。〔說文〕「膽，連肝之府」義證引〔難經〕。○〔通雅・卷一八〕－遺，－溲也。〔漢書〕「東方朔－遺殿上」。○－車，謂田車、兵車、乘車。〔論語・為政〕「－車無軏」朱注。○－蟲，螫蟲也。〔大戴・夏小正〕「昆－蟲」王詁。○指房間曰－寢。〔通雅・宮室〕○〔通雅・卷三八〕－寢，或廂，或別寢。〔魯直詩〕「行樂在－寢」。○漢時呼為－腰，即今天平法馬也。〔通雅・襍用〕○餘分甚微，故曰－復。〔漢書・律歷志〕「而－復」補注引李銳。○－滿，四月中，言物長於此，－得盈滿也。〔律歷志〕「－滿」補注引錢大昭。○－暑，六月節。〔律歷志〕「－暑」補注引錢大昭。○－雪，十月中，以霜雨凝結而雪，十月猶－。〔律歷志〕「－雪」補注引錢大昭。○－寒，十二月節。〔律歷志〕「－寒」補注引錢大昭。○古字少、－通用。〔大戴・保傅〕「簡聞－誦」平議。○－或作少。〔漢書・義縱傳〕「臣居山東為－吏時」補注引宋祁。○力－，當从唐石經作「力少」。〔易・繫傳〕「力－而任重」述聞引〔養新録〕。○－字誤，當云水狗也。〔說文〕「獺，如－狗也」義證。○－為語詞。〔詩・民勞〕「汔可－康」通釋。

表　衣外曰－。〔說文定聲・卷五〕（「裏」下）○－謂衣領也。〔廣雅・釋器〕「帍裱，被巾也」疏證。○－裏，外內也。〔大戴・誥志〕「此謂－裏時合」王詁。○－，野外。〔國策・楚策一〕「身獲於－薄」鮑注。○－，顯異也。〔通鑑・漢紀二〕「－商客之閭」音注。○－，明也。〔大戴・千乘〕「規－衍沃」王詁。○－，明也，亦儀－。〔廣韻・小部〕○－、儀義同。〔墨子・非命上〕「故言必有三－」閒詁。○儀即－也。〔左傳文公六年〕「引之－儀」述聞。又〔漢書〕「連語」雜志。○－同標。〔說文〕「標，木杪末也」段注。○－，標準也。〔大戴・主言〕「上者，民之－也」王詁。又〔子張問入官〕「民之－也」王詁。○－綴者，謂以毛裘之物著於木上，以為望視標準者也。〔曾子制言中〕「行為－綴於天下」王詁。○古者樹臬以－位曰－。〔詩・長發〕「苞有三蘖」通釋。○亭郵立木為－。〔說文〕「桓，亭郵－」繫傳。○立木以示人謂之－，又謂之儀。〔左傳文公六年〕「引之－儀」述聞。○－者，使人望之以為歸。〔義府・卷上〕○－，如華－以別所舍。〔國策・燕策三〕「已植－」鮑注。○四－猶四裔也。〔書・堯典〕「光被四－」平議。○－，田間道路。〔禮記・郊特牲〕「郵－畷禽獸」集解。○〔通雅・卷二八〕－著，班位也。〔左傳〕「言必聞于－著之位」。○今以獨題名謚曰－。〔通雅・宮室〕○〔說文定聲・卷七〕－，字亦變作俵。〔堯廟碑〕「俵著燿名」。○（同上）－，假借為標。〔謝玄暉詩〕「林－吳岫微」。○（同上）－，假借為幖。〔禮記・表記〕「天下之－也」。○（同上）－，幖字之引申。〔管子・君臣〕「猶揭－而令之止也」。○－乃袠字之誤。〔墨子・旗幟〕「－以地形為度」平議。○袠同－。〔廣韻・小部〕○袠，俗作－。〔慧琳音義・卷五三〕

鳥　所謂能言－，即吉了也。〔漢書・武帝紀〕「能言－」補注引沈欽韓。○－謂朱雀，南方之宿。〔書・堯典〕「星－」孫疏。○〔說文定聲・卷六〕－，七星象－，昂首形向東。〔書・堯典〕「星－」。○古－舄通用。〔書・禹貢〕「陽－攸居」平議。○古舄字有通借作－者。〔漢書・揚雄傳〕「勃解之－」

補注引〔經義雜記〕。○｜浴氏又訛為路洛氏。〔史記・秦本紀〕「實｜俗氏」志疑引〔通志・氏族略〕。

了 手曰｜，足曰尥。〔說文定聲・卷六〕(「尥」下)○｜，旁無輔｜尥然也。〔說文〕「｜，尥也」繫傳。○｜猶交也，手之攣曰｜。〔說文定聲・卷六〕○(同上)｜猶言結。〔廣雅・釋詁四〕「｜，訖也」。○｜為明快之快。〔方言二〕「｜，快也」箋疏。○｜，慧也，訖也。〔廣韻・篠部〕○懸物皃曰｜佻，今北人謂屈戌曰｜ㄑ。〔說文定聲・卷六〕○｜戾，雙聲字。〔方言三〕注「相｜戾也」箋疏。○凡物二股或一股結糾紾縛不直伸者曰｜戾。〔說文〕「｜，尥也」段注。○凡物結糾紾縛不伸者｜戾。〔說文定聲・卷六〕○｜鳥，本縣物之貌。〔字詁〕○｜鳥即繚裊。〔字詁〕○｜蔦本作｜鳥，字書作顛頫。〔通雅・諺原〕○｜與憭同，皆精明快意之義。〔方言三〕箋疏。○｜與憭通。〔廣雅・釋詁一〕「憭，慧也」疏證。○｜通作憭。〔方言一〕注「謂慧｜」箋疏。○｜，假借為憭悟字。〔說文〕「｜，尥也」段注。○今字假｜為憭。〔說文〕「憭，慧也」段注。○〔說文定聲・卷六〕｜假借為憭。〔方言二〕「｜，快也」。○(同上)｜，假借為發聲之詞。〔廣雅・釋詁四〕「｜，訖也」。

曉 ｜者，明之也。〔說文・敘〕「｜學者達神恉」段注。○｜，開諭也。〔通鑑・漢紀二三〕「未｜大將軍」音注。○｜，曙也，明也，慧也，知也。〔廣韻・篠部〕○憭、｜皆明快之義。〔廣雅・釋詁二〕「憭，快也」疏證。○｜，引伸為凡明之稱。〔說文〕「｜，明也」段注。○〔說文定聲・卷七〕｜，假借為饒。〔方言一三〕「｜，過也」。○太白金星晨見東方，先日而出，蘇俗謂之｜星。〔說文定聲・卷一八〕(「庚」下)

少 ｜，不多也。〔廣韻・小部〕○｜猶薄也。〔大戴・文王官人〕「｜其所不足」王詁。又〔國策・趙策三〕「君安能｜趙人」鮑注。○｜猶稍也。〔漢書・王莽傳〕「｜氣困矣」補注。○〔通雅・卷四二〕｜辛，細辛也。〔山海經〕「浮戲之山多｜辛」。○｜以，猶言微以。〔漢書・張敞傳〕「｜昌田獵欲為名」補注引王文彬。○｜半猶劣弱也。〔通雅・貨賄〕○｜閒，須臾也。〔大戴・武王踐阼〕「｜閒弗忍」王詁。○〔通雅・卷二五〕｜從猶傔也。〔張騫傳〕「｜從進執」。○古｜、小通用。〔呂覽・音初〕「｜選發而視之」校正。○古｜、小互訓通用。〔說文〕「｜，不多也」段注。○｜，假借為小。〔說文定聲・卷七〕○｜音多｜之｜。〔通鑑・周紀一〕「而無以尹鐸為｜」音注。

擾 ｜，亂也。〔大戴・子張問入官〕「養之無｜於時」王詁。○｜，撓也。〔曾子立事〕「觀其不｜人也」王詁。○｜，亂也，順也。〔廣韻・小部〕○｜，搔也。〔通雅・疑始〕○｜，指爻繞也。(同上)○因此煩彼曰｜，縱欲之皃也。〔慧琳音義・卷一一〕引〔考聲〕。○｜、柔聲義並同。〔廣雅・釋詁四〕「擾，柔也」疏證。○懽、謹，擾、｜並通。(同上)○｜亦與猱通。〔廣雅・釋詁一〕「猱，雜也」疏證。○｜讀曰獿。〔大戴・武王踐阼〕「｜阻以泥之」王詁。○馴｜之｜當作擾。〔周禮・大宰〕「以｜萬民」孫正義。○〔說文定聲・卷六〕｜假借為擾。〔書・皋陶謨〕「｜而毅」。○｜應為獿字，蓋柔謹之意。〔漢書・地理志〕「畜宜六｜」補注引錢坫。○｜本作擾，一音柔也。〔左傳昭公二九年〕「乃｜畜龍」洪詁。○｜擾，〔賈誼傳〕作搶攘，〔莊子・在宥〕作傖囊，〔楚詞〕作恇攘，俗作劻勷，皆用叚借字耳。〔說文〕「孃，煩｜也」段注。○〔說文定聲・卷六〕｜字亦作譨。〔楚辭・怨上〕「羣司兮譨譨」。○｜，金陵本作擾。〔史記・始皇紀〕「鉏｜白梃」志疑。

繞 ｜者，纏也。〔說文〕「嬰，｜也」段注。○｜，纏｜。〔廣韻・小部〕○〔說文定聲・卷七〕｜，字亦作遶。〔字林〕「遶，圍也」。○(同上)｜又變作襓。〔禮記・少儀〕「加夫襓與劍焉」。○｜者，撓之叚字。〔春秋繁露・執贄〕「搔而不可從｜」平議。

遶 ｜，圍｜。〔廣韻・小部〕

嬈 ｜，亂也。〔廣韻・小部〕○｜，煩擾瑣屑之意。〔說文定聲・卷七〕○｜，謂煩擾戲弄也。〔慧琳音義・卷九〕○｜，苛酷也，又擾戲弄也。〔廣韻・篠部〕○｜亦惱也。〔慧琳音義・卷九〕又〔說文〕「｜，苛也」段注。○｜，此後人所用妖｜字。〔說文定聲・卷七〕○｜俗作嬲。〔慧琳音義・卷一〕又〔說文〕「｜，一曰擾，戲弄也」句讀。○〔說文定聲・卷七〕｜，俗字作嬲。嵇康〔與山巨源絕交書〕「足下若嬲之不置」。○(同上)｜，假借為橈。〔洞簫賦〕「優｜｜以婆娑」。○｜，假借為嬥。〔說文定聲・卷七〕

紹 ｜，繼也。〔孟子・滕文公下〕「｜我周王」朱注。又〔廣韻・小部〕。又〔漢書・敘傳〕「亦有｜土」補注引王念孫。又〔太素・經脈標本〕「能解經結絜｜於門戶」楊注。○｜者，繼也。〔國策・趙策三〕「勝請為｜介」補正。○｜，糾緊也。〔詩・常武〕「匪｜匪遊」朱傳。○｜亦舒也。(同上)述聞。○｜與舒緩同義。(同上)○｜介，相佑助也。〔國策・趙策〕「勝請為｜介」鮑注引郭璞。○〔說文定聲・卷七〕｜假借為弨。〔詩・常武〕「匪｜匪遊」。○(同上)｜，別義以招為之。〔孟子〕「又從而招之」。○｜作昭。〔書・文侯之命〕「汝克｜乃顯祖」孫疏。○詔即｜字。〔書・大誥〕「｜天明」孫疏。○｜當作詔。〔韓子・難三〕「不｜葉公之明」集解引孫詒讓。

杪 ｜，末也。〔楚辭・九辯〕「靚｜秋之遙夜兮」補注。○｜，梢也，木末也。〔廣韻・小部〕○｜，高遠之木枝曰｜。〔說文定聲・卷七〕○｜之言｜小也。〔說文〕「｜，木標末也」繫傳。○引伸之凡末皆曰｜。(同上)段注。○積以成餘者曰｜。〔說文〕「㬎，衆微｜也」義證引〔隋書〕。○｜，高也。〔說文定聲・卷七〕(「紗」下)○｜與朴略同。〔卷七〕○｜通作鈔。〔說文〕「｜，木標末也」義證。○〔說文定聲・卷七〕｜，假借為鈔，遮取也。〔西京賦〕「｜木末」。○(同上)｜假借為秒。〔方言一二〕「｜，小也」。

秒 ｜，禾芒。〔廣韻・小部〕又〔淮南・主術〕「夫寸生於標」雜志。○禾之作穗而成粟也，其粟不裸見，有芒尨茸焉以含之，是之謂｜。〔說文〕「｜，禾

芒也」義證引程瑶田。○｜字亦作穮。〔說文定聲・卷七〕○穮與｜同。〔淮南・主術〕「夫寸生於穮」雜志。○纖銳之禾芒曰｜。〔說文定聲・卷七〕〔「杪」下〕○禾芒曰｜，猶木末曰杪。〔說文〕「｜，禾芒也」段注。○｜與杪同義。〔廣雅・釋詁二〕「｜，小也」疏證。○｜之言妙也，微妙也。〔說文〕「｜，禾芒也」繫傳。○紗、｜並通。〔廣雅・釋詁四〕「紗，微也」疏證。

沼 ｜，池也。〔詩・采蘩〕「于｜于沚」朱傳。又〔正月〕「魚在于｜」朱傳。○｜，池｜。〔廣韻・小部〕○｜之言招也，招外水豬之。〔說文〕「｜，池也」段注。

眇 凡言｜者皆小之義也。〔方言一三〕「｜，小也」箋疏。○｜，微小也。〔慧琳音義・卷八五〕○｜，引申為凡小之偁。〔說文〕「｜，小目也」段注。○｜｜，微貌。〔楚辭・湘夫人〕「目｜｜兮愁予」補注。○〔說文定聲・卷七〕｜，高也。〔荀子・王制〕「仁｜天下，義｜天下，威｜天下」。○｜，高視也。〔莊子・德充符〕「｜乎小哉」集釋引司馬注。○｜漭，廣大也，亦深遠也。〔慧琳音義・卷四八〕○｜｜，遠也，亦深大也。〔慧琳音義・卷七一〕○｜｜，遠也。〔楚辭・悲回風〕「路｜｜之默默」補注。○｜｜，遠視貌。〔屈賦・湘夫人〕「目｜｜兮愁予」戴注。○｜者，高遠之稱。〔荀子・王制〕「仁｜天下」雜志。○｜｜猶邈邈耳。〔廣雅・釋訓〕「｜｜，遠也」疏證。○渺與｜同。(同上)○〔說文定聲・卷七〕｜，字亦變作渺。〔管子・內業〕「渺渺乎如窮無極」。○(同上)｜，高遠之義。〔鄭固碑〕「清｜冠乎羣倫」。○｜與藐同義。〔漢書・司馬相如傳〕「緜藐」雜志。○〔說文定聲・卷七〕｜即小莫能破之意。〔易・說卦〕王肅本「神也者｜萬物而為言者也」。○(同上)凡諦視者必｜其目。〔漢書・敘傳〕「離婁｜目於豪分」。○｜，成也。〔大戴・四代〕「君先｜而後善」王詁。○｜又引申為微妙之義。〔說文〕「｜，小目也」段注。○｜即妙也。(同上)○｜，今之妙字。〔說文〕「細，散也」段注。○｜者，今之妙字。〔說文・上說文書〕「次列微辭」段注。○｜，古妙字，古書皆以｜為妙。〔荀子・王制〕「仁｜天下」集解引郝懿行。○｜，本古妙字。〔漢書・律歷志〕「究其微｜」補注引錢大昭。○幼｜之｜，字與妙同。〔漢書・孝武李夫人傳〕「惟幼｜之相羊」補注。○幼｜，本字當作幺紗。〔義府・卷下〕○〔說文定聲・卷七〕｜假借為秒。〔方言一三〕「｜，小也」。○(同上)｜，假借為朴，為杪。〔楚辭・哀郢〕「｜不知其所蹠」。

矯 揉曲為｜。〔通鑑・晉紀三五〕「隨方｜正」音注。○｜，舉也。〔離騷〕「｜菌桂以紉蕙兮」補注引五臣注。○｜，强貌。〔中庸〕「强哉｜」朱注。○｜｜，武貌。〔詩・泮水〕「｜｜虎臣」朱傳。○｜，壯武皃。〔慧琳音義・卷三九〕○〔說文定聲・卷七〕｜｜猶赳赳也。〔廣雅・釋訓〕「｜｜，勇也」。○｜，詐也。〔大戴・曾子立事〕「非其事而居之，｜也」王詁。又〔慧琳音義・卷一九〕引〔集訓〕。又〔廣韻・小部〕。○｜，託也。〔公羊傳僖公三○年〕注「｜君命聘晉」陳疏。又〔通鑑・唐紀三九〕「陛下信其｜誣」音注。○使曲者更直為｜。〔易・說卦傳〕「為｜揉」李疏。○｜，正曲使直。〔說文定聲・卷七〕○｜，以矢之曲也。〔說文〕「｜，揉箭箝也」繫傳。○｜、揉者，正曲使之直也。〔說文〕「枉，衺曲」繫傳。○｜，揉箭箝也，故有變意。〔國策・齊策五〕「幣帛｜蠹而不服矣」鮑注。○｜者，引伸為｜拂之用。〔說文〕「弗，｜也」段注。○｜，拂也。〔管子・君臣上〕「謂之｜」雜志引〔淮南・俶真注〕。○凡揉材木並為｜。〔考工記〕孫正義。○｜，引申之為揉木角之稱。(同上)○｜，妄也。〔大般若經・卷四六〕「｜害」音義引〔考聲〕。○假稱謂之｜。〔慧琳音義・卷一九〕引顧野王。○｜，引伸之為凡｜枉之偁。〔說文〕「｜，揉箭箝也」段注。○｜，要也。〔慧琳音義・卷五〕引〔字書〕。○｜，通作撟。〔說文〕「｜，揉箭箝也」義證。○｜、撟同音，古率用撟，今皆用｜。(同上)句讀。○｜、撟，揉、輮並通。〔廣雅・釋詁三〕「｜、揉，直也」疏證。○〔說文定聲・卷七〕｜，以撟為之。〔平都相蔣君碑〕「光光撟撟」。○(同上)｜，假借為撟。〔楚辭・惜誦〕「｜茲媚以私處兮」。○｜則撟之借也。〔說文〕「敽，彊取也。周書曰敽攘｜虔」句讀。○｜通作蹻。〔釋訓〕「｜｜，勇也」郝疏。○｜｜、蹻蹻、蟜蟜，並字異而義同。〔廣雅・釋訓〕「｜｜，武也」疏證。○｜與趫亦聲近義同。〔廣雅・釋詁二〕「蹻，健也」疏證。○｜與翻通。〔方言一二〕「翻，飛也」箋疏。○｜與撓聲相近。〔書・呂刑〕鄭注「｜虔謂撓擾」孫疏。○〔說文定聲・卷七〕｜假借為撓。〔書・呂刑〕「奪攘｜虔」。○(同上)｜，假借為趫。〔禮記・中庸〕「强哉｜」。○(同上)｜，假借為翹。〔廣雅・釋詁三〕「｜，飛也」。○(同上)｜，假借為屩。〔淮南・脩務〕「敕｜跌」。○｜，〔晉語〕作蟜。〔左傳成公一七年〕「長魚｜」洪詁。○官本｜作僑。〔漢書・高帝紀〕「亡可蹻足待也」補注。○｜，各本作撟。〔說文〕「弗，｜也」段注。

蓼 ｜，辛菜也。〔詩・小毖〕「予又集于｜」集疏引洪興祖。又〔廣韻・篠部〕。又〔楚辭・怨世〕「｜蟲不知徙乎葵菜」補注。○菜之辛者謂之｜。〔說文〕「｜，辛菜」義證引〔述異記〕。○｜，辛苦之物也。〔詩・小毖〕「予又集于｜」朱傳。○｜，讀為瘳。(同上)陳疏。○｜，菜名。〔慧琳音義・卷八七〕○｜，水草。〔詩・良耜〕「以薅荼｜」朱傳。○｜，古人以和羹，今人以為麴。〔說文〕「｜，辛菜」義證引〔六書故〕。○｜類皆高揚，故字从翏，音料，高飛貌。〔本草・卷一六〕○〔說文定聲・卷六〕｜假借為鄝。〔左傳桓公一一年〕「州｜」。○｜為繚之借字。〔漢書・司馬相如傳〕「糾｜」補注。○六安，｜故國。〔左傳桓公一一年〕「隨絞州｜」疏證引沈欽韓。○｜縣，故城在光州固始縣東北，與穎州府霍邱縣接界，故｜國。(同上)疏證引〔一統志〕。

皦 ｜，珠玉白皃。〔廣韻・篠部〕又〔說文〕「｜，玉石之白也」義證引〔玉篇〕。○｜｜，玉石之白也。〔通鑑・漢紀四三〕「｜｜者易汙」音注。○｜，明

也。〔慧琳音義·卷八五〕引〔韻英〕。又〔論語·八佾〕「丨如也」朱注。○丨，白也。〔詩·大車〕「有如丨日」朱傳。○丨，明也，皎也。〔廣韻·篠部〕○丨，月光也。〔慧琳音義·卷五七〕引〔古今正字〕。○丨，光明皃也。〔同上〕引〔考聲〕。○皎、皎、較字並與丨通。〔方言一二〕「丨，明也」箋疏。○皎、皎、丨並通。〔廣雅·釋詁四〕「皎，明也」疏證。○叚丨為曉也。〔說文〕「丨，玉石之白也」段注。○〔說文定聲·卷七〕丨假借為曉。〔詩·大車〕「有如丨日」。○(同上)丨，假借為皎。三家〔詩〕「月出丨兮」。○丨，韓作皎。〔詩·大車〕「有如丨日」集疏。

皎 丨，月光也。〔詩·月出〕「月出丨兮」朱傳。又〔廣韻·篠部〕。○丨者，求以暴白於世。〔通鑑·魏紀一○〕「不為丨厲之事」音注。○丨丨，潔白也。〔詩·白駒〕「丨丨白駒」朱傳。○丨，或作皎。〔廣雅·釋器〕「丨，白也」疏證。○丨，字亦作皎。〔說文定聲·卷七〕○皎、丨、皦並通。〔廣雅·釋詁四〕「皎，明也」疏證。○丨、皎、較，字並與皦通。〔方言一二〕「皦，明也」箋疏。

瞭 丨，目明也。〔楚辭·哀郢〕「丨杳杳而薄天」補注。○丨，目睛明也。〔廣韻·篠部〕○丨，薄附也。〔楚辭·九辯〕「丨冥冥而薄天」補注。

朓 丨，月行疾出西方。〔廣韻·篠部〕○〔說文定聲·卷七〕丨，麻家布算小差，故月行似速而在日前早見也。〔說文〕「丨，晦而月見西方謂之丨」。○丨與佻亦聲義同。〔方言一二〕「佻，疾也」箋疏。

窱 丨，窈丨，深遠皃。〔廣韻·篠部〕○窕與丨通，合言之則曰窈丨。〔廣雅·釋詁三〕「丨，深也」疏證。

杳 日在木下為丨。〔說文定聲·卷七〕(「杲」下)○丨，引伸為凡不見之偁。〔說文〕「丨，冥也」段注。○丨，深也。〔楚辭·東君〕「丨冥冥兮以東行」補注。○丨，寬廣皃。〔續音義·卷一○〕引顧野王。○丨，冥也，深也，寬也。〔廣韻·篠部〕○丨丨，遠貌。〔楚辭·哀郢〕「瞭丨丨而薄天」補注。○丨丨，空遠也，深幽也。〔慧琳音義·卷一○○〕引〔韻詮〕。○丨渺又即窈冥。〔釋言〕「冥，幼也」郝疏。○窈、窅、丨並通。〔廣雅·釋詁三〕「窈，深也」疏證。○窈窈、丨丨、眑眑，字異而義同。〔廣雅·釋訓〕「窈窈，深也」疏證。○丨，本作沓。〔漢書·揚雄傳〕「天與地丨」補注。

窅 丨，深目皃。〔廣韻·篠部〕○丨，深目也。〔集韻·巧部〕○〔說文定聲·卷七〕丨，字變作坳。〔莊子·逍遙遊〕「覆杯水於坳堂之上」。○丨，通作眇。〔說文〕「丨，深目也」義證。○丨胅，即今坳突字。(同上)段注。○丨，字亦作眑，此即丨胅字，俗亦作凹凸。〔說文定聲·卷七〕○丨字亦作容突。(同上)○窈、丨、杳並通。〔廣雅·釋詁三〕「窈，深也」疏證。○杳窱、窈窕、丨窱，並字異而義同。(同上)○〔說文定聲·卷七〕丨假借為皀。謝玄暉〔敬亭山詩〕注「丨，遠望也」。○丨胅，〔倉頡篇〕作容胅。〔說文〕「胅，骨差也」段注。○丨胅，〔葛洪字苑〕作凹凸。(同上)

窈 丨，幽遠也。〔詩·月出〕「舒丨糾兮」朱傳。○丨，言婦德幽靜也。〔詩·關雎〕「丨窕淑女」陳疏。○丨丨，言山谷之深。〔屈賦·懷沙〕「眴兮丨丨」戴注。○丨窕，好貌。〔詩·關雎〕「丨窕淑女」集疏引魯說。○丨窕，幽閒之意。(同上)朱傳。○丨窕，容也。〔屈賦·山鬼〕「子慕予兮善丨窕」戴注。○丨窕，婦人貞淑之皃。〔慧琳音義·卷八五〕引〔考聲〕。○丨，丨窱，深也，靜也。〔廣韻·篠部〕○〔說文定聲·卷六〕與窱連文者義當作丨。〔後漢·班彪傳〕「又杳窱而不見陽」。○(同上)丨與冥連文者義當作杳。〔莊子·在宥〕「至道之精丨丨冥冥」。○丨窕，一作窅窱、窔窱、撓挑、杳窱，轉為窵窕、窵窅、窅窔。〔通雅·卷七〕○丨糾，猶丨窕，形容美好之詞。〔詩·月出〕「舒丨糾兮」通釋。○杳窱、丨窕、窅窱並字異而義同。〔廣雅·釋詁三〕「丨，深也」疏證。○丨丨、杳杳、眑眑，字異而義同。〔廣雅·釋訓〕「丨丨，深也」疏證。○丨讀為幽。〔淮南·道應〕「可以丨」平議。○丨與杳音義同。〔說文〕「冥，丨也」段注。○丨通作窅，又通作杳，又通作幼。〔釋言〕「冥，幼也」郝疏。○〔說文定聲·卷六〕丨即媄姚字。〔方言二〕「美心為丨，美狀為窕」。

嬲 丨，戲相擾。〔廣韻·篠部〕又〔集韻·筱部〕。○丨，嬈也。〔集韻·晧部〕○撓、丨，音義並與嬈同。〔廣雅·釋詁二〕「嫽，嬈也」疏證。○丨，嬈之俗字。〔說文〕「嬈，苛也」段注。○丨即嫋之艸書之譌。(同上)○嬲又作丨，惱之也。〔慧琳音義·卷九〕

嫋 丨，長弱皃。〔廣韻·篠部〕又〔楚辭·湘夫人〕「丨丨兮秋風」補注。○丨或作嬝。〔說文〕「丨，姌也」義證。○〔說文定聲·卷七〕丨，弱亦聲。〔說文〕「丨，姌也，从女从弱會意」。○丨，形聲中有會意。〔說文〕「丨，姌也」段注。

褭 丨，騕丨。〔廣韻·篠部〕○丨，騕丨，良馬。〔集韻·小部〕○要丨，古之駿馬也。〔說文〕「丨，以組帶馬也」段注。○丨，孩，亦曰茂盛也。〔慧琳音義·卷四九〕○丨，孩，柔弱也。(同上)○丨，字或作裊。〔說文〕「丨，以組帶馬也」義證。○〔說文定聲·卷七〕丨，或裊為之。〔漢書·百官公卿表〕「爵三級曰丨」。

裊 丨即褭字。〔說文定聲·卷七〕(「褭」下)○褭，字亦作丨。〔卷六〕(「褭」下)○(同上)丨，假借為褭。〔漢書·百官公卿表〕「爵三級曰簪丨」。

皛 丨，明也。〔廣韻·篠部〕○丨之言皎皎也。〔廣雅·釋器〕「丨，白也」疏證。○通白曰丨。〔說文〕「丨，顯也」段注。

窕 丨，美色曰丨。〔廣韻·篠部〕○丨，言婦容閒雅也。〔詩·關雎〕「窈丨淑女」陳疏。○丨，深也。〔楚辭·疾世〕「丨兮靡睹」補注。○丨者，深肆之閒也。〔釋言〕「丨，閒也」郝疏。○丨、肆皆謂深之極也。〔釋言〕「丨，肆也」述聞。○丨者，閒隙之稱。〔荀子〕「不丨」雜志。○丨，不滿也。〔墨子〕「丨橫」雜志。又〔管子〕「不究」雜志。○丨為不滿之寬。〔廣雅·釋詁三〕「丨，寬也」疏證。○丨，本為空虛不充滿之言，引申之凡虛假不實者通謂之丨。〔韓子·難二〕「謂之丨言」集解引孫詒讓。○丨為幽閒之閒，又為閒暇之閒。〔釋言〕「丨，閒也」述聞。○丨與佻通。〔廣雅·釋詁一〕

「挑，疾也」疏證。○〔説文定聲・卷七〕｜假借為佻。〔左傳昭公二一年〕「小者不｜」。○｜，正佻之假借字。〔説文〕「佻，愉也」段注。○｜與篠同。〔韓子・外儲説右上〕「所不｜也」集解。○｜與篠通。〔廣雅・釋詁三〕「篠，深也」疏證。○｜與姚同。〔方言一三〕「姚，好也」箋疏。○｜、佻、嬥、苕，並聲近義同。〔方言〕「｜，美也」箋疏。○〔説文定聲・卷七〕｜，假借為嬥。〔荀子・禮論〕「不至于｜冶」。○〔同上〕｜，假借為誂。〔七發〕「目｜心與」。○究當為｜，字之誤也。〔管子〕「不究」雜志。

挑 ｜，撩也。〔慧琳音義・卷四七〕引〔字書〕。○｜，輕弄也。〔説文〕「｜，撓也」義證引〔韻譜〕。○｜，擢撓也，撓敵求戰。〔國策・中山策〕「｜其軍戰」鮑注。○｜戰，亦弄也，輕也。〔廣韻・篠部〕○｜，謂旋擺手也。〔慧琳音義・卷六四〕引〔考聲〕。○誂、｜、嬥並通。〔廣雅・釋詁二〕「誂，嬈也」疏證。○〔説文定聲・卷七〕｜，輕薄皃。〔詩・子衿〕「｜兮達兮」。○〔同上〕｜，假借為趒。〔廣雅・釋詁一〕「｜，疾也」。○〔同上〕｜，假借為誂。〔秦策〕「楚人有两妻人｜其長者」。○〔同上〕｜，假借為佻。〔廣雅・釋詁二〕「｜，俠也」。

掉 ｜，搖尾又動。〔廣韻・篠部〕○搖捎猶｜捎。〔廣雅・釋詁一〕「｜捎，動也」疏證。○｜捎、跳踃、搖捎，並聲近而義同。〔同上〕

湫 ｜，｜隘。〔廣韻・篠部〕○｜，地下而隘也。〔慧琳音義・卷九七〕引〔考聲〕。○｜，聚也，謂不流水也。〔續音義・卷五〕引〔考聲〕。○〔説文定聲・卷六〕｜，假借為愁。〔左傳昭公一二年〕「｜乎攸乎」。○〔同上〕｜，假借為潐。〔廣雅・釋詁一〕「｜，盡也」。○〔同上〕｜，假借為揫。〔左傳昭公元年〕「勿使有所壅閉｜底」。○｜，吳、越两〔世家〕作椒。〔史記・伍子胥列傳〕「敗越於夫｜」志疑。

肇 〔説文定聲・卷七〕｜，擊。〔夏小正〕「狸子｜肆」。○｜，始也。〔詩・生民〕「以歸｜祀」朱傳。又〔維清〕「｜禋迄用有成」朱傳。又〔小毖〕「｜允彼桃蟲」朱傳。○｜之字曰始。〔説文〕「肁，始開也」義證引〔古今注〕。○｜，當言始也。〔説文〕「肇，上諱」繫傳。○｜，開也。〔詩・江漢〕「｜敏戎公」朱傳。又〔玄鳥〕「｜域彼四海」朱傳。○｜者，自此始分之。〔書・堯典〕「｜十有二州」孫疏。○｜，正也。〔詩・江漢〕「｜敏戎公」集疏引陳喬樅。○｜與敏同。〔周書〕「｜敏行成曰直」雜志。○｜為肇之重文。〔説文定聲・卷七〕○｜，俗肇字。〔説文〕「｜，擊也」義證引〔玉篇〕。○｜、兆古字通。〔釋詁〕「｜，謀也」平議。○｜，通作兆。〔周書〕「兆基」雜志。○｜作兆，蓋今文説。〔書・堯典〕「｜十有二州」孫疏。○凡經傳言｜始者，皆肁之假借。〔説文〕「肁，始開也」段注。○〔説文定聲・卷七〕｜，假借為肁。〔釋詁〕「｜，始也」。○〔同上〕｜，假借為兆，實為垗。〔虞書〕「｜十有二州」。○〔同上〕｜，假借為劭。〔釋言〕「｜，敏也」。○〔同上〕｜，假借為超。〔詩・江漢〕傳「｜，長也」。○〔同上〕｜，假借為矯。〔齊語〕「縛本｜末」。○｜，齊作兆。〔詩・生民〕「后稷｜祀」集疏。

肈 ｜當為肇之本字。〔説文定聲・卷七〕○｜，俗从文作肇。〔説文〕「｜，上諱」段注。○｜，擊也。〔説文〕「肇，擊也」義證引〔切韻〕。○｜，謀也。〔集韻・小部〕○｜，始也，正也，敏也，長也。〔廣韻・小部〕○讀｜為疆域之兆。〔詩・玄鳥〕「｜域彼四海」通釋。○｜之言猶趙也。〔釋言〕「｜，敏也」郝疏。○｜為肁之叚借。〔説文・叙〕「五曰轉注」段注。

旐 龜蛇曰｜。〔詩・出車〕「設此｜矣」朱傳。○｜，旗｜。〔廣韻・小部〕○｜，郊野所建，統人少。〔詩・無羊〕「｜維旟矣」朱傳。○｜用緇，長八尺，續｜又有旆，旆帛用絳，亦長八尺，故｜獨長也。〔説文定聲・卷七〕

駣 ｜，馬四歲。〔廣韻・小部〕○｜、跳並音徒晧反，其義同也。〔廣雅・釋詁四〕「跳，長也」疏證。

䍜 ｜，羊子。〔廣韻・小部〕○未足歲曰｜。〔本草・卷一五〕○｜之言肇，始生之名也。〔廣雅・釋嘼〕「吳羊牡一歲曰牡｜」疏證。

鮡 ｜，魚名，似鮎而大。〔廣韻・小部〕

慓 ｜，急也。〔廣雅・釋詁一〕又〔太素・營衛氣〕「此氣｜悍滑疾」楊注。○｜，急性。〔廣韻・小部〕○｜，卞急也。〔集韻・小部〕○〔史記・高祖紀〕僄悍，〔漢書〕作｜悍。〔廣雅・釋詁一〕「｜，急也」疏證。

摽 ｜，落也。〔詩・摽有梅〕「｜有梅」朱傳。○｜，拊心貌。〔詩・柏舟〕「寤辟有｜」朱傳。○｜，落也。又拊心也。〔廣韻・小部〕○｜，擊也。〔楚辭・思忠〕「寤辟｜兮永思」補注。○｜，本訓擊，謂此為擊而落之。〔詩・摽有梅〕「｜有梅」後箋引嚴粲。○自近分而屏於遠亦為｜。〔孟子・萬章下〕「｜使者出」焦正義。○｜季，猶叔末也。〔通雅・釋詁〕○｜、𠬪讀同。〔詩・摽有梅〕「｜有梅」陳疏。○｜者，𠬪之叚音也。〔釋詁〕「｜，落也」郝疏。○｜字正𠬪之假借。〔説文〕「𠬪，讀若詩｜有梅」段注。○〔説文定聲・卷七〕｜，假借為𠬪。〔釋詁〕「｜，落也」。○｜，魯、韓作莩，齊作蔈。〔詩・摽有梅〕「｜有梅」集疏。

縹 ｜，青黃色。〔廣韻・小部〕○月白曰｜。〔通雅・綵色〕○綠艾曰｜。〔同上〕○｜，帙也，青紅雜色也。〔慧琳音義・卷三二〕引〔考聲〕。○｜，長組之貌。〔屈賦・悲回風〕「｜綿綿之可紆」戴注。○〔史記〕｜作漂。〔漢書・賈誼傳〕「鳳｜｜其高逝兮」補注。

渺 ｜｜，淼水皃。〔廣韻・小部〕○｜漭，大皃。〔慧琳音義・卷一〇〇〕引〔古今正字〕。

訬 ｜，獿也，一曰｜獪。〔廣韻・小部〕○｜，經典並作狡。〔説文〕「㲋，狡兔也」義證。○｜，今俗語云炒鬧者當作此字。〔説文〕「｜，擾也」段注。○今蘇俗謂讙呶曰炒鬧，即此｜擾字。〔説文定聲・卷七〕○｜假借為狡。〔同上〕○〔説文定聲・卷七〕｜，假借為朴，為杪。〔西京賦〕「通天｜以竦」

峙」。〇(同上)丨，假借為秒。〔思玄賦〕「舒丨婧之纖腰兮」。

藐 丨，遠也。〔楚辭・悲回風〕「丨，蔓蔓之不可量兮」補注。〇丨，小也。〔左傳僖公九年〕「以是丨諸孤」疏證。又(同上)述聞引顧炎武。〇丨，輕之也。〔孟子・盡心下〕「則丨之」朱注。〇丨丨，深貌。〔詩・崧高〕「既成丨丨」朱傳。〇丨丨，高遠貌。〔詩・瞻卬〕「丨丨昊天」朱傳。〇丨丨，忽略貌。〔詩・抑〕「聽我丨丨」朱傳。〇疏遠亦謂之丨丨。(同上)通釋。〇丨丨，美盛之貌。〔釋詁〕「丨丨，美也」鄭注。〇貇與丨同。〔春秋名字解詁〕「魯公丨字若」述聞。〇丨者，貇之叚音也。〔釋詁〕「丨丨，美也」郝疏。〇丨通作邈。〔方言一三〕「丨，廣也」箋疏。〇眇與丨同義。〔漢書〕「緜丨」雜志。〇眇、丨古字通。〔左傳僖公九年〕「以是丨諸孤」洪詁。〇丨讀為秒。〔左傳僖公九年〕「以是丨諸孤」疏證引朱駿聲。〇藐，亦作丨。〔說文定聲・卷七〕〇(同上)丨，假借為秒。〔廣雅・釋詁二〕「丨，小也」。〇(同上)丨，假借為稍。〔方言一三〕「丨，漸也」。〇(同上)丨，假借為眊。〔詩・抑〕「聽我丨丨」。〇(同上)丨，假借為貇，為媌。〔西京賦〕「略丨流眄」。〇丨，齊作眊，魯、韓作邈。〔詩・抑〕「聽我丨丨」集疏。

淼 丨，大水。〔廣韻・小部〕〇丨，大水，作渺亦通。〔慧琳音義・卷九〇〕引〔韻英〕。〇丨，水廣大皃也。〔卷九〇〕引〔考聲〕。〇丨，水闊大皃也。〔卷六〇〕引〔考聲〕。

袑 丨，袴上。〔廣韻・小部〕〇丨，股所居處，蘇俗謂之褲當。〔說文定聲・卷七〕〇(同上)丨，字變作袑。〔廣雅・釋詁二〕「袑，短也」。〇丨，假借為禍。〔說文定聲・卷七〕

蟜 丨當亦蛤蠘之類耳。〔說文〕「丨，蟲也」段注。〇矯矯、蹻蹻、丨丨，並字異而義同。〔廣雅・釋訓〕「矯矯，武也」疏證。〇〔說文定聲・卷七〕丨，假借為矯。〔漢書・朱博傳〕「右將軍丨望」。〇丨，一作融。〔史記・惠景間侯者年表〕「侯丨」志疑。

撟 丨者，舉手也，引申為高舉之用。〔說文〕「弗，撟也」段注。〇引申之凡舉皆曰丨。〔說文〕「丨，舉手也」段注。〇丨，以火曲物也。〔集韻・晧部〕〇丨丨，柔也。〔屈賦・惜誦〕「擣木蘭以丨蕙兮」戴注。〇丨，妄也。〔慧琳音義・卷三〕引〔字書〕。〇丨，假也，詐也。〔卷二一〕引〔玉篇〕。〇丨，伸引手足。〔釋獸〕「人曰丨」鄭注。〇假稱謂之丨。〔慧琳音義・卷三〕引顧野王。又〔卷八七〕引顧野王。〇擅稱上命曰丨。〔卷四七〕〇非先王之法言曰丨。(同上)〇丨虔為撓擾。〔漢書・武帝紀〕「丨虔吏」補注引王念孫。〇矯、丨、揉、輮並通。〔廣雅・釋詁三〕「矯、揉，直也」疏證。〇丨，古多叚矯為之。〔說文〕「丨，舉手也」段注。〇丨假借為矯。〔說文定聲・卷七〕〇丨音矯。〔釋獸〕「人曰丨」鄭注。〇丨，字或作蟜，又作矯。〔廣雅・釋訓〕「偃蹇，夭丨也」疏證。〇丨、捎聲相轉。〔釋詁〕「柬，擇也」郝疏。〇〔說文定聲・卷七〕丨，假借為喬。〔甘泉賦〕「仰丨首以高視兮」。〇(同上)丨，假借為橋。〔史記・扁倉傳〕「舌丨然而不下」。

嬌 丨，女字。〔廣韻・小部〕

譑 丨，多言。〔廣韻・小部〕〇丨讀為撟，取也。〔荀子〕「糾丨」雜志。

蹻 丨，驕也。〔廣韻・小部〕〇丨，小人得志驕矜之皃。〔說文〕「丨，舉足行高也」繫傳。〇丨，幾小反，強勇皃也。〔太素・陰陽雜說〕「冬不按丨」楊注。〇丨，又九紹反，舉平也。〔知方地〕「故按丨亦從中央出」楊注。〇踽與丨同，丨足，舉足也。〔國策〕「踽足」雜志。〇丨丨，武貌。〔詩・酌〕「丨丨王之造」朱傳。〇丨丨，壯貌。〔詩・崧高〕「四牡丨丨」朱傳。〇丨丨，盛貌。〔詩・泮水〕「其馬丨丨」朱傳。〇矯矯、丨丨、蟜蟜，並字異而義同。〔廣雅・釋訓〕「矯矯，武也」疏證。〇〔說文定聲・卷七〕丨，假借為趫。〔廣雅・釋詁二〕「丨，健也」。〇丨，魯作矯。〔詩・板〕「小子丨丨」集疏。〇丨，〔史記〕作翹。〔漢書・高帝紀〕「亡可丨足待也」補注。

褾 丨，袖端。〔廣韻・小部〕又〔慧琳音義・卷三一〕引〔考聲〕。〇丨，袖耑。〔集韻・小部〕又〔通鑑・唐紀一〇〕音注。〇丨，卷端。〔通鑑・隋紀六〕「寶軸錦丨」音注。

標 丨，杪木末。〔廣韻・小部〕〇丨，杪也。〔楚辭・悲回風〕「處雌蜺之丨顛」補注。〇丨，通作剽。〔說文〕「丨，木杪末也」義證。〇丨與杪略同。〔說文定聲・卷七〕〇(同上)丨，字又作𡾰。〔江賦〕「捎雲冠其𡾰」。

𡾰 丨，峯頭。〔廣韻・小部〕〇丨，山顛。〔集韻・小部〕

殍 丨，餓死。〔廣韻・小部〕〇莩同丨。(同上)〇餓莩亦作餓丨，猶云餓落。〔孟子・梁惠王上〕「塗有餓莩」焦正義。〇丨，本音孚，後別為標。〔通雅・疑始〕〇〔孟子〕莩作丨。〔漢書・食貨志〕「野有餓莩而弗知發」補注引錢大昭。

鷕 丨，雌雉聲。〔詩・匏有苦葉〕「有丨雉鳴」朱傳。〇丨，雉聲。(同上)通釋。〇丨，雉鳴也。〔廣韻・小部〕〇〔說文定聲・卷八〕雌雉鳴曰丨。〔說文〕「雊，雄雉鳴也」。(「雊」下)〇〔卷一二〕丨者狀其聲也，古當用唯字，後人又加鳥耳。〔說文〕「丨，雌雉聲也」。〇有丨猶丨丨。〔詩・匏有苦葉〕「有丨雉鳴」集疏。

悄 丨，憂也。〔詩・月出〕「勞心丨兮」朱傳。〇丨，憂思低下也。〔說文〕「丨，憂也」繫傳。〇丨丨，憂貌。〔詩・柏舟〕「憂心丨丨」朱傳。又〔出車〕「憂心丨丨」朱傳。又〔廣韻・小部〕。〇丨、慘聲相轉。〔釋訓〕「丨丨，慍也」郝疏。

愀 ｜，容色變也。〔廣韻·小部〕○｜然，變動貌。〔大戴·主言〕「孔子｜然揚麋」王詁。○｜猶憂也。〔慧琳音義·卷九四〕引〔考聲〕。○｜，怒也。〔卷四九〕○｜然，不悅也。〔卷八三〕引〔文字典說〕。

鈔 ｜，好也，又浄。〔廣韻·小部〕○｜，利也。〔集韻·小部〕○｜猶小也。〔廣雅·釋詁一〕「｜，好也」疏證。○｜亦作俏。〔方言〕「｜，好也」疏證。

繚 ｜，繞也。〔春秋名字解詁〕「魯公伯｜字周」述聞。○｜，纏也。〔楚辭·湘夫人〕「｜之兮杜衡」補注。又〔悲回風〕「氣｜轉而自締」補注。○｜，｜繞。〔廣韻·小部〕○｜，｜繞，纏也。〔廣韻·篠部〕○｜，紐也。〔楚辭·招隱士〕「偃蹇連蜷兮枝相｜」補注。○｜，曲也，周，亦曲也。〔春秋名字解詁〕「魯公伯｜字周」述聞。○｜緩，不端直也。〔慧琳音義·卷一六〕○矜、糾、收、｜，皆急戾之意。〔廣雅·釋詁一〕「矜，急也」疏證。又〔荀子〕「矜糾收｜」雜志。○喬與蹻、｜與蹽並同義。〔廣雅·釋言〕「蹽，蹻也」疏證。○〔說文定聲·卷七〕｜，假借為撩。〔莊子·盜跖〕「｜意絕體而争此」。

僚 ｜，好貌。〔詩·月出〕「佼人｜兮」朱傳。○｜，朋也。〔廣韻·小部〕○嫽與｜同。〔廣雅·釋詁一〕「嫽，好也」疏證。○｜通作嫽。〔說文〕「｜，好皃」義證。○｜，本又作嫽。〔詩·月出〕「佼人｜兮」通釋。○｜，嫽之假借。〔同上〕後箋。○〔說文定聲·卷七〕｜，假借為嫽。〔詩·月出〕「佼人｜兮」。

蔍 ｜，草名，可為席。〔廣韻·小部〕○｜，蔽屬，可為席。〔說文〕「｜，一曰蔽屬」義證引〔玉篇〕。○｜，蔽屬，即為履者。〔同上〕義證引戴侗。○〔通雅·卷四二〕｜，苞也，蒯屬，可為履者。〔喪服傳〕「｜蒯之菲」。○｜，藿也。〔慧琳音義·卷六六〕引〔古今正字〕。○〔說文定聲·卷七〕｜，亦名蔨。〔爾雅〕「蔨，鹿藿」。○｜是正字，苞是叚借。〔說文〕「苞，艸也」段注。○｜，字多以苞為之。〔說文定聲·卷七〕

麃 ｜，鳥毛變色。〔廣韻·小部〕引〔蒼頡〕。○｜，本作皫，鳥變色。〔小部〕○〔說文定聲·卷七〕｜，假借為皫。〔禮記·內則〕「鳥｜色而沙鳴」。

夭 ｜，屈也。〔廣韻·小部〕○｜者，頭之曲。〔說文定聲·卷七〕○｜，矯其頭頸也。〔說文〕「｜，屈也」繫傳。○〔說文定聲·卷七〕｜，屈抑意。〔漢書·五行志〕注「用人不以次第為｜」。○〔同上〕｜，字亦作殀。〔禮記·王制〕「不殀」。○七十九死而謂之｜。〔漢書·龔勝龔舍傳〕「龔生竟｜天年」補注引周壽昌。○｜義與跃同。〔廣雅·釋詁四〕「跃，長也」疏證。○〔說文定聲·卷七〕｜，假借為遏。〔左傳宣公一二年〕注「水遇｜塞」。

佻 ｜與肇聲相近。〔釋言〕「肇，敏也」平議。○｜或作乁，又作紁，杓與乁聲義並同。〔方言七〕「佻，縣也」箋疏。○｜通作窕，亦作跳。〔方言一二〕「｜，疾也」箋疏。○｜與窕同。〔廣雅·釋詁〕「｜，寬也」疏證。

燎 ｜，爨也。〔詩·旱麓〕「民所｜矣」朱傳。○｜，輕燒也。〔大般若經·卷九〕「如｜」音義引〔考聲〕。○｜，燔柴祭天也。〔慧琳音義·卷四〕引〔集訓〕。○｜與獠同義。〔說文〕「｜，放火也」句讀。○｜，當為尞。〔說文〕「槱，積火｜之也」義證。○〔說文定聲·卷七〕｜，假借為獠。〔漢書·王莽傳〕「疑以火自｜」。○〔同上〕｜，假借為僚。〔詩·月出〕「佼人｜兮」。

趙 ｜，少也，久也。〔廣韻·小部〕○｜之為言超也。〔荀子·賦〕「尾｜繚」集解引郝懿行。○｜，刺也。〔詩·良耜〕「其鎛斯｜」朱傳。○｜字古又通銚。〔同上〕通釋。○｜，亦作挑。〔方言五〕「狣杠南楚之間謂之｜」疏證。○｜字亦作逍。〔說文定聲·卷七〕○｜當作兆，聲之轉也。〔方言一二〕「｜，小也」箋疏。○〔說文定聲·卷七〕｜字亦作踃。〔埤蒼〕「踃，跳也」。○〔同上〕｜，假借為鈔，或為擣。〔詩·良耜〕「其鎛斯｜」。○〔同上〕｜，假借為掉。〔荀子·賦〕「頭銛達而尾｜繚者邪」。○〔同上〕｜，假借為桃。〔方言五〕「狣杠南楚謂之｜」。○〔同上〕｜，假借為小。〔方言一二〕「｜，小也」。○｜，當作韓。〔韓子·存韓〕「非所以亡｜之心也」集解引顧廣圻。○｜，三家作[illegible]。〔詩·良耜〕「其鎛斯｜」集疏。

兆 十億曰｜。〔廣韻·小部〕○｜，始也。〔禮記·表記〕「后稷｜祀」集解。又〔周書〕「｜墓」雜志。又〔周書〕「｜壂」雜志。○｜，事之端也。〔孟子·萬章下〕「為之｜也」朱注。○｜，分之甚明也。〔說文〕「｜，分也」繫傳。○事先見者曰｜也。〔慧琳音義·卷七〇〕○｜者，猶機也，事先見者也。〔卷四六〕○龜所得曰｜。〔禮記·月令〕「占｜」集解。○｜，龜拆｜也。〔楚辭·離世〕「｜出名曰正則兮」補注。○灼龜拆處曰｜。〔國策·秦策一〕「襄主錯龜數策占｜」鮑注。○｜者，垗也，營域之象。〔說文〕「瑑，圭璧上起｜瑑也」段注。○｜謂壇之營域也。〔禮記·郊特牲〕「｜於南郊」集解。○壇城塋界皆曰｜。〔漢書·王莽傳〕「營相宅｜」補注引胡注。○｜與垗同。〔廣雅·釋邱〕「垗，葬地也」疏證。○｜者，垗之叚借也。〔釋言〕「｜，域也」郝疏。○｜通作肇。〔同上〕○｜蒙，即｜民。〔通雅·釋詁〕○｜即汾洮之洮，古通用。〔漢書·地理志〕「莽曰｜陽」補注引錢坫。○｜當讀為佻。〔左傳文公一八年〕「其器則姦｜也」平議。○｜瑑，當為垗瑑。〔說文〕「瑑，圭璧之起｜瑑也」義證。○｜，洮之省字。〔漢書·地理志〕「莽曰｜亭」補注。

誂 ｜，誘為善也，又小也。〔廣韻·篠部〕○謏同｜。〔同上〕

璬 ｜，佩玉。〔廣韻·篠部〕○｜之言皦也。〔說文〕「｜，玉佩」段注。

恔 ｜，｜憭，慧也。〔廣韻·篠部〕○｜，慧也。〔集韻·巧部〕○｜與佼同。〔廣雅·釋詁二〕「｜，快也」疏證。○佼與｜同。〔方言三〕「｜，快也」箋

疏。○｜與狡同。（同上）

䘨 ｜，小袴。〔廣韻·篠部〕○〔說文定聲·卷七〕｜⿰衤了，疊韻連語，作交了亦同。〔方言四〕「小袴謂之｜⿰衤了」。

憭 ｜，慧也。〔廣韻·小部〕○｜，照察。〔篠部〕○｜，曉皆明快之義。〔廣雅·釋詁二〕「｜，快也」疏證。○快即｜義之引申。〔說文〕「恔，｜也」段注。○｜，意精明也。〔說文〕「｜，慧也」義證引〔玉篇〕。○慧、｜，皆意精明也。〔廣雅·釋詁一〕「｜，慧也」疏證引〔方言〕注。○｜慄，心剝切也。〔楚辭·招隱士〕「｜兮栗」王注。○｜慄猶悽愴也。〔楚辭·九辯〕「｜慄兮若在遠行」補注引五臣。○｜即〔方言〕了字也。〔廣雅·釋詁二〕「｜，快也」疏證。○｜與了同。〔方言二〕「了，快也」箋疏。○了與｜通。〔廣雅·釋詁一〕「｜，慧也」疏證。○｜，或通作了。〔說文〕「｜，慧也」義證。又（同上）句讀。○〔說文定聲·卷六〕｜，以了為之。〔方言二〕「了，快也」。○（同上）｜，字變作瞭。〔孟子〕「則眸子瞭焉」。

鐃 ｜，鐵文。〔廣韻·篠部〕又〔集韻·筱部〕。○｜謂鐵之文理也。〔說文〕「｜，鐵文也」段注。又〔說文定聲·卷七〕。

蔦 ｜，寄生也。〔詩·頍弁〕「｜與女蘿」朱傳。○｜，樹上寄生。〔廣韻·篠部〕○桑寄生一名寓木，一名宛童，一名｜。〔說文〕「｜，寄生也」義證引〔本草〕。○｜，一名寓木，一名宛童。〔說文定聲·卷六〕

扚 ｜，擊。〔廣韻·篠部〕○｜，引也。〔說文〕「｜，疾擊也」段注引〔淮南〕許注。○〔說文定聲·卷七〕｜，以杓為之。〔史記·天官書〕「杓雲如繩」。

⿰禾勺 ｜，禾穗垂皃。〔廣韻·篠部〕又〔集韻·錫部〕。○｜，縣物也。〔說文〕「｜，禾危穗也」義證引〔玉篇〕。○穎之不垂者謂之｜。（同上）義證引程瑤田。○｜，亦懸物也。〔說文〕「｜，禾危采也」段注引〔玉篇〕。○孤存枝葉曰｜乾。〔說文〕「｜，禾危穗也」義證引趙宧光。○樹最高枝曰｜裹。（同上）

鄝 ｜通作鄝。〔說文〕「｜，地名」義證。○｜，經傳皆以蓼為之。〔說文定聲·卷六〕

皢 ｜，白也。〔廣韻·篠部〕○｜，日未出光生白也。〔說文〕「｜，日之白也」繫傳。○｜之言曉也。〔廣雅·釋器〕「｜，白也」疏證。○｜通作皎。〔說文〕「｜，日之白也」義證。○｜又通作皦。（同上）義證。○｜通作皦。（同上）句讀。

⿸㫃夭 ｜，旗類。〔廣韻·篠部〕○｜，旌旗皃。〔集韻·小部〕

皀 ｜，合也。〔廣韻·篠部〕○｜與杳字義略相近。〔說文〕「｜，望遠合也」段注。

⿱穴𦣞 ｜，遠也，隱也。〔廣韻·篠部〕○｜與窈略同。〔說文定聲·卷七〕○｜字亦作穾。（同上）○｜，冥者，窈也。〔說文〕「｜，冥也」段注。○｜假借為姣。〔說文定聲·卷七〕

宧 ｜，禮經及他書作窔，亦作穾。〔說文〕「｜，户樞聲也」段注。○｜，經典借窔字。（同上）義證。○｜又或作宎。（同上）○〔說文定聲·卷七〕｜，字亦作宎，〔釋宮〕以窔為之。〔說文〕「｜，户樞聲也」。

芀 ｜，鳧茈草。〔廣韻·篠部〕○｜，今人所食鳧茈也。〔說文〕「｜，鳧茈也」繫傳。○｜，俗呼地栗。（同上）義證。○｜，今謂之葧臍，即鳧茈轉語也。〔說文定聲·卷七〕

騕 ｜褭，神馬，日行千里。〔廣韻·篠部〕○｜褭，馬金喙赤色一日行萬里者。〔文選·上林賦〕「羂｜褭」注引張揖。○｜褭，馬之屬，有金喙。（同上）集釋引〔廣雅〕。○｜褭，古駿馬，赤喙玄身，日行一萬五千里。（同上）集釋引應劭。○｜，或作⿰馬夭，當從〔漢書〕作要。（同上）集釋。○｜，或作要。〔廣雅·釋嘼〕「金喙，｜褭」疏證。

鴢 ｜，似鳧，脚近尾，略不能行。〔廣韻·篠部〕引〔爾雅〕郭注。○｜，又音拗。〔廣韻·篠部〕

⿰爿兆 ｜，｜牀子。〔廣韻·篠部〕○｜，牀版。〔集韻·篠部〕○窕與｜同。〔廣雅·釋器〕「｜，版也」疏證。○桃與｜同。〔廣雅·釋器〕「｜，杠也」疏證。

誂 ｜，相呼誘也。〔國策·秦策一〕「人｜其長者」鮑注。○以言先試曰｜。〔慧琳音義·卷三五〕引〔考聲〕。○｜，弄也，俗作挑。〔廣韻·篠部〕○〔說文定聲·卷七〕〔廣雅·釋詁二〕「｜，訹𧦝也」疏證。〔說文〕「｜，相呼誘也」。○｜、挑、嬥並通。〔廣雅·釋詁二〕「｜，嬈也」疏證。○｜，後人多用挑字。〔說文〕「｜，相呼誘也」段注。○｜，今俗多以挑為之。〔說文定聲·卷七〕○｜或借挑字。〔說文〕「｜，相呼誘也」義證。○｜與佻同。〔呂覽·音初〕「流辟｜越慆濫之音出」校正。

嬥 ｜之言擢也。〔說文〕「｜，直好皃」段注。○｜與窈窕之窕聲相近也。〔廣雅·釋詁一〕「｜，好也」疏證。○誂、挑、｜並通。〔廣雅·釋詁二〕「誂，嬈也」疏證。○〔說文定聲·卷七〕｜假借為嬈。〔說文〕「｜，一曰嬈也」。○｜，細腰皃。〔說文定聲·卷七〕引〔聲類〕。○｜｜，往來皃。〔廣韻·篠部〕○｜｜猶言苕苕。〔廣雅·釋訓〕「｜｜，好也」疏證。○｜歌，巴人歌也。〔廣韻·篠部〕引〔韓詩〕。

剿 ｜，截也。〔廣韻·篠部〕○｜謂狡猾也。〔荀子〕「躁者」雜志。○｜與躁古字通。（同上）○｜，字亦作劋。〔說文〕「勦，勞也」段注。○｜通作樔。

朸 〔說文〕「―，絶也」義證。○―，字亦作勦，作剿。〔說文定聲·卷七〕○剿同―。〔說文〕「―，絶也」義證引〔玉篇〕。

杪 ―，木忽高也。〔廣韻·篠部〕又〔說文〕「―，相榴也」段注引〔玉篇〕。○―，相高也。〔集韻·筱部〕○―，木高也。〔集韻·小部〕○―者，言其杪末之高。〔說文〕「―，相榴也」段注。○―通作訬。〔說文〕「―，相高也」義證。○―與杪略同。〔說文定聲·卷七〕

肁 ―，開也。〔廣韻·小部〕○―，始開也。〔集韻·晧部〕○開户之始為―。〔說文定聲·卷五〕〔「始」下〕○―者，始開也，引申為凡始。〔說文〕「肇，上諱」段注。○―，引申為凡始之偁。〔說文〕「―，始開也」段注。○―通作肇。（同上）義證。○―，始也，經傳皆以肇為之。〔說文定聲·卷七〕

狣 ―，犬有力也。〔廣韻·小部〕

垗 ―，葬地。〔廣韻·小部〕○―，埒也。〔集韻·筱部〕○―，土竀也。〔慧琳音義·卷九三〕引〔文字典說〕。○―，畔也。〔說文〕「瑑，圭璧上起兆瑑也」義證。○―通作兆。〔釋言〕「兆，域也」郝疏。又〔說文〕「―，畔也」義證。○―，今〔周禮〕作兆，假借。〔說文〕「―，畔也」繫傳。○―，今〔周禮〕作兆。（同上）段注。○―又通作肇。（同上）義證。○―，古叚肇為之。（同上）段注。

𣃚 ―，灼龜坼。〔廣韻·小部〕引〔文字指歸〕。○―與古文卜字同意。〔說文定聲·卷七〕○―、朕、兆，皆縫也。（同上）○―，假借為垗。（同上）○―，假借為逃。（同上）○（同上）―，以晁為之。〔戚伯著碑〕「京晁府丞」。

邩 ―，地名。〔廣韻·小部〕引〔說文〕。○―，魯地名。〔說文〕「―，地名」義證引〔玉篇〕。

犪 ―，牛馴。〔廣韻·小部〕○訓馴之字依許作―，而古書多作擾。〔說文〕「擾，煩也」段注。○擾與―通。〔廣雅·釋詁一〕「―，善也」疏證。○―、擾並通。〔廣雅·釋詁四〕「―，柔也」疏證。○凡經典中馴擾字皆―之借也。〔說文〕「犪，牛柔謹也」句讀。

臕 ―，脅前。〔廣韻·小部〕○今謂馬肥為―肥也。〔說文〕「―，牛脅後髀前合革肉也」繫傳。○今俗謂牲肥者曰―壯，音如標。（同上）段注。○今用為―壯字，肥大也。〔說文定聲·卷七〕○魚胞，俗呼魚―。〔通雅·疑始〕○〔說文定聲·卷七〕―，字亦作髇。〔詩·車攻〕傳「自左―而射之」。○（同上）―，字亦作胇。〔素問·玉機真藏論〕注「胇者重脇之下，俠脊兩旁空軟處也」。

麨 ―，糗也。〔廣韻·小部〕○―同麨。（同上）○―、糗聲相近，猶今人言炒也。〔廣雅·釋器〕「麨麴謂之―」疏證。○―，熬米麥也。〔慧琳音義·卷三四〕引〔字林〕。○―，熬米麥也，俗作麨。〔卷八三〕引〔考聲〕。○―，或作麨，軍粮曰―。〔卷一三〕引〔桂苑珠叢〕。

瞟 ―，一目病。〔廣韻·小部〕引〔埤蒼〕。○―，微視之也。〔說文〕「―，瞭也」繫傳。○今江蘇俗謂以目伺察曰―，音如瓢上聲。（同上）段注。○―與眇略同，今俗語謂邪視曰―白眼。〔說文定聲·卷七〕○今常州人俗語有所省視曰――。（同上）○―與覭同。〔說文〕「―，瞭也」句讀。

篎 ―，笙管。〔廣韻·小部〕○―音眇。〔釋樂〕「小者謂之―」鄭注。

敿 ―，盾也。〔廣韻·小部〕○器有鏄拍而合之曰―。〔說文定聲·卷七〕

嬌 ―，竦身。〔廣韻·小部〕○―，竦身皃。〔說文〕「―，竦身也」義證引〔玉篇〕。○―與赳聲義並同。〔廣雅·釋詁四〕「―，材也」疏證。○僑、―、赳，一聲之轉。（同上）○〔說文定聲·卷六〕―，假借為赳。〔廣雅·釋詁四〕「―，材也」。○―，凡言夭嬌者當用此字。〔說文〕「―，竦身也」段注。○―，竦身取自申之意。（同上）

蔈 ―，草名。〔廣韻·小部〕

覭 ―，目有所察。〔廣韻·小部〕引〔字林〕。○―，目有察，省見也。〔集韻·小部〕○―，微察之也。〔說文〕「―，目有察省」繫傳。○―與瞟音義皆同。〔說文〕「―，目有所察省見也」段注。○―與瞟同。（同上）句讀。

𠬪 ―，物落皃。〔廣韻·小部〕○―，上下相扶持也。〔說文〕「―，物落，上下相付也」義證引〔九經字樣〕。○―字俗作莩。〔說文定聲·卷七〕○（同上）―，以摽為之。〔詩〕「摽有梅」。○―，字亦變作殍。〔說文定聲·卷七〕引〔鹽鐵論〕。○〔韓詩〕作―是正字，〔毛詩〕作摽是假借字。〔說文〕「―，讀若詩摽有梅」段注。○―乃本字，莩亦通用，摽、蔈俱叚音，莩、殍亦借聲也。〔釋詁〕「摽，落也」郝疏。○―，物落，上下相付也。一曰餓死曰―，从爪又，別作殍。〔漢書·食貨志〕「野有餓莩而弗知發」補注引〔復古編〕。

莩 ――草。〔廣韻·小部〕○―，零落也。（同上）又〔詩·摽有梅〕「―有梅」集疏引陳喬樅。

舀 ―，抒臼也，或作𣢕。〔慧琳音義·卷七六〕引〔考聲〕。○今蘇俗凡挹彼注茲曰―，音如要，―水其一耑也。〔說文定聲·卷六〕○今人凡酌彼注此皆曰―，其引伸之語也。〔說文〕「―，抒臼也」段注。○―，亦作揄。（同上）句讀。○〔說文定聲·卷六〕―，字亦作掏。〔廣雅·釋詁二〕「掏，抒也」。○（同上）―，毛本以揄為之。〔儀禮·有司徹注〕引作抌。〔詩·生民〕三家「或舂或―」。

欲 ―，歐吐。〔廣韻·小部〕○―，歐吐也。〔集韻·小部〕○蹙鼻為―，猶今俗人之言。〔說文〕「欨，咄欨無慙」繫傳。○―即歐之假借字。〔說文〕「―，蹴鼻也」段注。○―，蹴鼻，即縮鼻也。（同上）段注。○―或作喲。（同上）義證。○〔說文定聲·卷六〕―假借為歐，咎、區雙聲。〔廣雅·釋詁四〕「―，吐也」。

髇｜，脅骨，或从号。〔集韻·小部〕〇｜，脅骨，或作膘。〔同上〕〇｜，水膁也。〔集韻·筱部〕

髎｜，肩骨。〔廣韻·小部〕〇水膁曰｜。〔通雅·身體〕

灑｜，溞洒。〔廣韻·小部〕〇｜，溞也。〔集韻·筱部〕〇｜亦同瀝灑。〔說文〕「｜，釃酒也」段注。〇〔說文定聲·卷六〕｜，假借為潐。〔說文〕「｜，一曰浚也」。

蹽｜，｜蹻，長皃。〔廣韻·篠部〕〇喬與蹻、繚與｜並同義。〔廣雅·釋言〕「｜，蹻也」疏證。

爒｜，火炙。〔廣韻·篠部〕〇｜，｜炙也。〔廣韻·小部〕〇｜，炙也，或从巢。〔集韻·筱部〕〇｜與燎同。〔廣雅·釋詁二〕「燎，乾也」疏證。〇｜，今人作燎。〔說文〕「｜，炙也」繫傳。〇｜，或通作燎。〔同上〕義證。〇｜，其義同炙，其音同燎。〔同上〕段注。

嫽｜，｜，好皃。〔廣韻·小部〕〇｜與僚同。〔廣雅·釋詁二〕「｜，好也」疏證。〇｜，通作僚。〔方言二〕「｜，好也」箋疏。〇〔說文定聲·卷七〕｜，假借為憭。〔漢書·西域傳〕「｜者慧也」。

絩｜，五色縷。〔集韻·晧部〕〇｜，通作兆。〔說文〕「｜，綺絲之數也」義證。

墽｜，長垣。〔集韻·筱部〕〇｜，謂垣之圍帀者也。〔說文〕「｜，閲垣也」段注。〇｜通作繚。〔說文〕「｜，周垣也」義證。〇｜，以繚為之，今謂之圍墻。〔說文定聲·卷七〕

繰｜、喿同音，故字亦相通。〔墨子〕「蚤絫」雜志。〇〔說文定聲·卷四〕｜者，綃之借字。〔廣雅·釋器〕「｜謂之縑」。〔「縑」下〕〇｜，字或作縿。〔說文〕「｜，或曰深繒」義證。〇｜，〔禮記〕用為澡治字，他書用為繅絲字。〔說文〕「｜，帛如紺色」段注。

摷｜，叚為剿也。〔說文〕「｜，拘擊也」段注。〇｜，又謂即鈔之別體。〔同上〕〇〔說文定聲·卷七〕｜，叚借為剿。〔班婕好賦〕「命｜絶而不長」。

隉｜，耕休田。〔集韻·小部〕〇耕者用犂抒取地下黑剛土謂之｜。〔說文〕「｜，耕以臿浚出下壚土也」段注。〇｜謂爰田易耕者。〔說文〕「｜，一曰耕休田」段注。

蔈｜，艸之黃華。〔說文〕「｜，苕之黃華也」段注。〇｜，當訓艸末。〔說文〕「｜，一曰末也」段注。〇｜，落也，或作芆、叐、莩，通作摽。〔集韻·小部〕〇｜，一曰草盛。〔同上〕

鷍｜、懱、蒙，一聲之轉，皆小貌也。〔廣雅·釋鳥〕「鷦｜，工雀也」疏證。〇｜，眇，小也。〔說文〕「｜，从鳥，眇聲」段注。〇鷦｜，亦曰鷦鷯，皆疊韻連語，鳭鷯之合音為焦，單評曰鷦，絫評又曰焦眇，曰焦尞，今揚州人謂之柳串。〔說文定聲·卷七〕

闄｜，隔也。〔廣韻·小部〕又〔集韻·筱部〕。〇徼與｜聲相近。〔廣雅·釋詁二〕「｜、徼，遮也」疏證。

䁘｜眇，遠視，或作瞟。〔集韻·筱部〕〇眇瞟，即眇｜，目皃。〔廣韻·小部〕

䏚｜，胠空處也。〔太素·五藏命分〕「脾大則善｜而痛」楊注。〇〔通雅·卷一八〕｜中，俠季脅兩旁虛耎處也。｜當音渺。〔素問〕「冬脈不及，令人｜中清」。

仸｜，｜僑不伸，又尪弱皃。〔廣韻·小部〕〇尪弱謂之｜，一曰｜僑，不伸。〔集韻·小部〕

伄｜儅，不常。〔集韻·筱部〕

佋｜，｜介。〔廣韻·小部〕〇｜，介行也。〔集韻·小部〕

偠｜儴，好皃。〔廣韻·篠部〕〇｜儴，美皃，或从女。〔集韻·篠部〕

垗｜猶機也，事先見也，亦形兆也。〔慧琳音義·卷九〕

婹｜嬈，細弱。〔廣韻·篠部〕

尥｜，行脛相交也。〔說文〕「了，｜也」段注。〇牛行腳相交為｜。〔同上〕〇〔說文定聲·卷六〕脛之繫曰｜。〔說文〕「了，｜也」。〔「了」下〕

帎｜，絹布頭也。〔廣韻·篠部〕〇｜帑，繒頭也。〔集韻·筱部〕

帣〔通雅·卷三七〕｜韝，鉤袒也。〔淳于髡傳〕「｜韝」。

帤｜，凶首飾。〔廣韻·篠部〕〇｜，幧頭也。〔集韻·篠部〕〇｜，一曰凶首飾。〔同上〕

幑｜，纏｜也。〔續音義·卷六〕引〔切韻〕。〇｜，行縢，｜脛布也。〔廣韻·篠部〕〇行縢謂之｜，或从糸。〔集韻·筱部〕

㣿｜，垂心。〔廣韻·篠部〕

憍｜，小人得志也。〔集韻·小部〕

憿｜，｜憭，以誡告也。〔集韻·筱部〕

撩｜，抉也。〔廣韻·筱部〕

撨 丨,打也。〔廣韻·篠部〕

敼 丨或作摽,弃也。〔慧琳音義·卷四〕引〔集訓〕。

敹 丨,長皃。〔廣韻·小部〕

晈 丨,光明。〔廣韻·篠部〕

殀 丨,殁也。〔廣韻·小部〕又〔離騷〕「終然丨乎羽之野」補注。○不盡天年曰丨。〔慧琳音義·卷一三〕○丨壽,命之短長也。〔孟子·盡心上〕「丨壽不貳」朱注。○丨讀曰夭。〔大戴·用兵〕「丨替天道」王詁。

渼 浩丨,大水皃。〔廣韻·小部〕

滋 丨,腹中水氣。〔集韻·小部〕

漻 丨,水清,又小水也。〔廣韻·篠部〕○丨洌,水清。〔集韻·筱部〕○丨與蓼同,蓼,辛苦之菜也。〔詩·東山〕「烝在栗薪」集疏引〔韓詩〕。

烓 丨,又作燆,俗作炒,熬也。〔續音義·卷五〕引〔切韻〕。

幨 丨,拭也。〔廣韻·篠部〕又〔集韻·筱部〕。

璙 丨,好皃。〔廣韻·小部〕

眺 丨嘐,中穴。〔廣韻·篠部〕○丨,田界。〔集韻·筱部〕

鷯 丨,鳥變色也。〔廣韻·小部〕○丨,鳥毛變色。〔集韻·小部〕

眇 丨,目重瞼也。〔廣韻·小部〕○丨,眣也,一曰目重瞼。〔集韻·小部〕

昭 丨,弄人丨目也。〔廣韻·小部〕○以目玩人謂之丨。〔集韻·小部〕

眑 丨,幽静也,一曰視皃。〔集韻·筱部〕○窈窈、杳杳、丨丨,字異而義同。〔廣雅·釋訓〕「窈窈,深也」疏證。

瞐 眇丨,目皃。〔廣韻·小部〕

磽 丨,山田。〔廣韻·篠部〕○硃同丨。(同上)

磭 丨,黑砥石也。〔廣韻·篠部〕又〔集韻·筱部〕。

篠 丨,竹綠。〔廣韻·小部〕

篻 丨,實中竹名。〔廣韻·小部〕○丨,竹名,實中者。〔集韻·小部〕

勪 丨跡,長而不勁。〔廣韻·篠部〕又〔集韻·筱部〕。

蹻 丨,蹽丨,長皃。〔廣韻·小部〕○喬與丨、繚與蹽,並同義。〔廣雅·釋言〕「蹽,丨也」疏證。

膮 丨,豕羹。〔廣韻·篠部〕○丨,豕肉羹。〔集韻·筱部〕

芣 丨丨,草,遠志也。〔廣韻·小部〕

茒 丨,草長。〔廣韻·篠部〕

蓚 丨,丨子草。〔廣韻·小部〕

葽 丨繞,遠志也。〔釋艸〕「丨繞,蕀蒬」鄭注。

蔈 丨,草細。〔廣韻·小部〕○丨,艸細莖者。〔集韻·小部〕

衦 丨,袴也。〔廣韻·篠部〕

褊 丨,短衣。〔廣韻·篠部〕又〔集韻·筱部〕。

褾 幧頭、丨頭、綃頭、帩頭,並字異而義同。〔廣雅·釋器〕「帞頭,幧頭」疏證。

觿 丨,角長。〔廣韻·小部〕○丨,角高皃。〔集韻·小部〕

醥 丨,清酒。〔廣韻·小部〕○酒清謂之丨。〔集韻·小部〕

釕 丨鈌帶頭飾。〔廣韻·篠部〕引〔聲譜〕。

鐈 丨,温器,似鼎,高足。〔集韻·小部〕

闄 丨,喪之降殺。〔廣韻·篠部〕

霚 〔説文定聲·卷七〕丨即窕字,亦叠韻連語。〔淮南·原道〕「霄丨之野」。

顠 丨,髮白。〔廣韻·小部〕○丨,雜白也。〔楚辭·憫上〕「鬢髮蕚顇兮丨鬢白」王注。○丨,髮亂貌。(同上)補注。

麨　丨，糗也，同麵。〔廣韻・小部〕○丨以炒成，其臭香，故糗从臭，丨从炒省也。〔本草・卷二五〕

鰾　丨，魚丨，可作膠。〔廣韻・小部〕○丨即諸魚之白脬，其中空如泡，故曰丨。〔本草・卷四四〕

續經籍纂詁卷第四十八

上聲

十八　巧

巧　丨者，技也。〔說文〕「佞，丨讇高材也」段注。○丨，好。〔論語・學而〕「丨言令色」朱注。○丨，善也。〔大戴・曾子事父母〕「孝子惟丨變」王詁。○丨，好也，能也，善也。〔廣韻・巧部〕○丨猶詐也。〔國策・西周策〕「君為多丨」鮑注。○丨，謂姦僞也。〔通鑑・齊紀二〕「限人一日得數丨」音注。○丨言即靜言。〔書・皋陶謨〕「何畏乎丨言令色」孫疏引江聲。○丨敏謂便佞也。〔荀子〕「丨繁」雜志。○丨垂當作功垂。〔墨子・非儒下〕「丨垂作舟」平議。○丨當作夭，聲之誤也。〔大戴・易本命〕「食穀者智惠而丨」平議。○丨名本作竊名。〔大戴・文王官人〕「曰丨名者也」述聞。

飽　丨，食多也。〔廣韻・巧部〕○丨，充足也。〔孟子・告子上〕「既丨以德」朱注。○〔說文定聲・卷六〕丨，字亦作餜。〔說文〕「丨，猒也」。○丨當作肥。〔說文〕「駜，馬丨也」義證。

卯　丨，門兩扉開也。〔說文定聲・卷六〕○丨則茂茂然。〔說文〕「丨，冒也」段注引〔天文訓〕。○丨為春門，萬物已出。〔說文〕「丨，二月為天門」段注。○二月丨，丨，茂也，言陽氣生而孳茂。〔廣韻・巧部〕引〔晉書・樂志〕。○凡剡木相入，以虛受盈謂之丨。〔文選・典引〕集解引梁同書。○丨，辰名。〔廣韻・巧部〕○〔說文定聲・卷六〕丨，假借以紀六旬。〔說文〕「丨，冒也」。○丨，又以紀年紀月紀時。〔說文定聲・卷六〕○丨，又以命天體十二宮。〔同上〕○古大篆丨字讀為柳，古柳、丨同字。〔漢書・王莽傳〕「正月剛丨」補注引〔吳志〕注。

昴　丨，星名。〔廣韻・巧部〕○丨，胡星也。〔說文〕「丨，白虎宿星」義證引〔星贊〕。○丨，一曰旄頭。〔同上〕義證引〔星贊〕。○丨之為言留，言物成就繫留。〔同上〕義證引〔春秋元命苞〕。○〔說文定聲・卷六〕丨，西方宿六星，其形促聚，吾蘇農人謂之七簇星。〔說文〕「丨，白虎宿星」。

狡　丨，獸名，少狗也。〔說文〕「丨，少狗也」義證引〔玉篇〕。○丨，少犬也，謂狗之有縣蹄者也。〔說文〕「犬，狗之有縣蹄者也」義證引〔急就篇〕顏注。○丨犬，匈奴中大犬也。〔說文〕「丨，少狗也」義證引〔急就篇〕顏注。○丨，犬吠。〔集韻・巧部〕○丨與獪同義。〔方言一〇〕「凡小兒多詐而獪謂之央亡」箋疏。○丨，疾也。〔續音義・卷一〇〕引〔切韻〕。○丨謂丨詐。〔大戴・子張問入官〕「無丨民之辭」王詁。○丨，狂也，滑也，疾也，健也。〔廣韻・巧部〕○丨，引申為狂也，滑也，疾也，健也。〔說文〕「丨，少也」段注。○丨者，少壯之意。〔說文〕「㚖，丨兔」段注。○丨，丨好之丨。〔詩・

山有扶蘇〕「乃見一童」後箋。又〔狡童〕「彼一童兮」後箋引孫毓。○一童，一獪之小兒也。〔詩·山有扶蘇〕「乃見一童」朱傳。○一童猶狂童，謂其壯一而僮昏也。〔詩·狡童〕「彼一童兮」通釋。○一童，一好之幼童，少年通稱。(同上)後箋引孫毓。○一童，指小人。〔詩·山有扶蘇〕後箋引〔稽古篇〕。○一與佼同。〔呂覽·聽言〕「壯一」校正。○交、一古字通。〔左傳僖公一五年〕「亂氣一憤」洪詁。○一、佼、姣三字古通。〔詩·狡童〕後箋。○〔說文定聲·卷六〕一，假借為獿。〔廣雅·釋詁二〕「一，健也」。○(同上)一，假借為攪、為撓。〔左傳僖公一五年〕「亂氣一憤」。○(同上)一，假借為佼。〔詩·山有扶蘇〕「乃見一童」。○一當為訬。〔說文〕「㲋，一兔」義證。又「獪，一獪也」義證。○一今作狗。〔說文〕「一，少犬也」句讀。○一宜作交。〔左傳僖公一五年〕「亂氣一憤」疏證引沈欽韓。○一當讀為校。〔大戴·子張問入官〕「無一民之辭」平議。○一，〔月令〕作佼。〔呂覽·仲夏〕「養壯一」校正。

爪 一，手一。〔說文〕「印，執政所持信也」繫傳。○一，指甲也。〔說文〕「叉，手足甲也」義證引〔急就篇〕顏注。○一，謂人之一甲。〔太素·五節刺〕「刺節言去一」楊注。○俗謂一為手足甲。〔說文〕「蚤，齧人跳蟲也」段注。○一，古掌字。〔史記·封禪書〕志疑。○一為人手掌之稱。〔公羊傳定公八年〕注「以一刻其饋斂板」陳疏。○一，覆手也。〔說文〕「叉，物落上下相付也」繫傳。○覆手曰一。〔說文〕「擢，一持也」段注。○一，一以求物也。〔說文〕「孚，求也」繫傳。○一士，一牙之士也。〔詩·祈父〕「予王之一士」朱傳。○一士猶言虎士。(同上)通釋。○一牙，鳥獸所用以為威者也。(同上)朱傳。○一牙猶曰腹心耳。(同上)後箋。○今人織竹如勺以漉米謂之一籬，俗有笊籬字。〔說文〕「籭，竹器也」義證引〔六書故〕。○一，俗作抓。〔說文〕「一，丮也」句讀。又〔說文定聲·卷六〕。○一與瑵同。〔說文〕「瑵」句讀。○〔說文定聲·卷六〕一，假借為搔。〔廣雅·釋詁二〕「抓，搔也」。○(同上)一，假借為叉。〔素問·六節藏象論〕「其華在一」。

鮑 一，魚名。〔廣韻·巧部〕○一，漬魚也。〔說文〕「一，饐魚也」義證引〔玉篇〕。又〔漢書·巴寡婦傳〕「鯫一千鈞」補注引〔玉篇〕。○一，今謂裛魚。〔說文〕「一，饐魚也」義證引〔玉篇〕。○一，瘞魚也。(同上)義證引戴侗。○一，浥魚也，以鹽浥而暴藏之。(同上)○〔說文定聲·卷六〕一，如今淹魚淫者有臭氣。〔說文〕「一，饐魚」。○一亦海魚加之以鹽而不乾者也。〔說文〕「一，饐魚」義證引〔急就篇〕顏注。○一即今之乾魚也，魚之可包者，故字从包。〔本草·卷四四〕○乾魚亦為一。〔說文〕「一，饐魚也」義證。○一魚，俗人呼為淹魚。(同上)義證引〔本草〕。○〔說文定聲·卷六〕一，假借為鞄。〔考工記〕「函一」。○一即鞄字。〔漢書·地理志〕「合肥受南北湖皮革、一、木之輸」補注引錢坫。○一或作鞄。〔說文〕「鞄，柔革工也」繫傳。

撓 一，擾也。〔國策·魏策四〕「秦王色一」鮑注。○一，亂。〔廣韻·巧部〕○一，動亂也。〔通鑑·陳紀八〕「辭色不一」音注。○一，屈也。〔國策·魏策四〕「秦王色一」補正。又〔管子·版法解〕義證。○一，折也。〔國策·魏策一〕「棟一而不避者」鮑注。○一，以手幹旋物也。〔通雅·疑始〕○〔說文定聲·卷七〕一猶丩也。〔說文〕「一，擾也」。○一、擾、扰三字義同。〔說文〕「一，擾也，一曰挍也」段注。○一與嬈音義皆同。(同上)

攪 一，手動。〔廣韻·巧部〕○一，擾亂也。〔詩·何人斯〕「祇一我心」朱傳。○一，撓也。〔說文〕「一，亂也」義證引〔字書〕。○一，旋一抄翻也。〔通雅·疑始〕○〔說文定聲·卷六〕一字亦作捁。〔後漢·馬融傳〕「捁羽羣」。○(同上)一，亦以梏為之。〔孟子〕「有梏亡之矣」。

摎 一，亂也，或从覺。〔集韻·巧部〕

絞 一，急切也。〔論語·泰伯〕「直而無禮則一」朱注。○一，殺也。〔說文〕「經繆殺也」義證引〔玉篇〕。○一，縛也。〔廣韻·巧部〕○一即糾也。〔說文〕「一，縊也」義證引〔急就篇〕顏注。○一，紉也，縛也。〔慧琳音義·卷六二〕引〔考聲〕。○兩繩相交而緊謂之一。〔說文〕「一，縊也」段注。○一曰縊者，謂兩繩相交。(同上)○凡繩帛等物二股互交皆得曰一。〔說文〕「摎，縛殺也」段注。○一者，兩繩相交之名，引申為乖剌之義。〔論語·泰伯〕「直而無禮則一」劉正義。○一，亦索也。〔廣雅·釋器〕「筊，繩索也」疏證。○一謂繒黑黃間色。〔慧琳音義·卷三二〕引〔考聲〕。○〔說文定聲·卷七〕一，假借為駮。〔赭白馬賦〕「寶一星纏」。○鄖陽府治西北為一國地。〔左傳桓公一一年〕「隨一州蓼」疏證引〔大事表〕。

拗 一，手拉也。〔廣韻·巧部〕○一，拉也。〔慧琳音義·卷三七〕引〔字書〕。又〔卷九八〕引〔考聲〕。又〔集韻·巧部〕。○一，捩也。〔慧琳音義·卷五六〕○一，捩也，今以手摧折物者也。〔卷九四〕○一，手折物也。〔卷三七〕引〔集訓〕。○一，手有摧折也。〔卷八一〕引〔文字集略〕。○〔說文定聲·卷六〕一即抑字，抑、一一聲之轉，或曰即夭字，屈也。〔說文新附〕「一，手拉也」。

茆 一，鳧葵。〔廣韻·巧部〕又〔詩·泮水〕「薄采其一」朱傳。又〔文選·南都賦〕「藻一菱芡」李注。○一，草叢生也。〔集韻·晧部〕○一與萩通。〔廣雅·釋言〕「萩，葆也」疏證。○一與荇菜相似，江南人謂之蓴菜，或謂之水葵。〔文選·南都賦〕「藻一菱芡」集釋引〔詩正義〕陸疏。○一即茜也。〔說文〕「茆，鳧葵也」義證引惠棟。○〔說文定聲·卷六〕一，假借為勹。〔漢書·律歷志〕「冒一于卯」。○茆，俗一，音卯。〔說文〕「茆，鳧葵也」段注。○漢時有一、茆二字，經文作一，兩鄭皆易字為茆。(同上)

佼 〔說文定聲·卷七〕一，好也。〔說文〕「一，交也」。○一，庸人之敏。〔廣韻·巧部〕○一，女字。(同上)○一人，美人也。〔詩·月出〕「一人僚兮」朱傳。○一與姣同，好也。〔晏子春秋〕「不任」雜志。○〔說文定聲·卷七〕一與姣同字。〔說文〕「一，交也」。○一與交同。〔史記〕「上一」雜志。

又〔管子〕「烏鳥之丨」雜志。〇丨為姣之假借。〔詩・月出〕「丨人僚兮」通釋。〇丨為姣之借字。〔同上〕後箋。〇壯狡猶言壯健，作丨者假借字耳。〔禮記・月令〕「養壯丨」述聞。〇〔說文定聲・卷七〕丨，假借為交。〔廣雅・釋言〕「丨，交也」。〇〔同上〕丨，假借為撓，為攪。〔淮南・覽冥〕「而燕雀丨之」。〇〔同上〕丨，假借為狡。〔管子・七臣〕「七主好丨反而行私請」。〇〔同上〕丨，借為趫，為勢。〔禮記・月令〕「養壯丨」。〇狡作丨，古字假借耳。〔廣雅・釋詁二〕「狡，健也」疏證。〇丨，姣字假音。〔墨子・尚賢中〕「面目丨好則使之」閒詁引畢沅。

姣 丨，好也。〔孟子・告子上〕「莫不知其丨也」朱注。〇丨即好也。〔同上〕焦正義。〇丨即美。〔同上〕〇丨，妖媚。〔廣韻・巧部〕又〔楚辭・惜往日〕「丨而自好」補注。〇丨，謂妖媚不實也。〔慧琳音義・卷四六〕〇丨謂面從也。〔同上〕〇丨通作佼。〔廣雅・釋言〕「丨，侮也」疏證。〇〔說文定聲・卷七〕丨，此字實當為佼之或體，字亦作嬌。〔說文〕「丨，好也」。〇〔同上〕丨，假借為狡。〔廣雅・釋言〕「丨，侮也」。〇〔同上〕丨，假借為嬌。〔楚辭・惜誓〕「衆枉聚而嬌直」。〇〔同上〕丨，假借為皎。〔方言一〕注「言丨潔也」。

齩 丨，齧也。〔廣韻・巧部〕〇俗以鳥鳴之咬為丨齧。〔說文〕「丨，齧骨也」段注。〇丨與𪘲同。〔廣雅・釋詁三〕「𪘲，齧也」疏證。〇〔說文定聲・卷七〕丨，字亦作𪘲。〔廣雅・釋詁三〕「𪘲，齧也」。〇〔同上〕丨，亦作咬。〔東京賦〕「咸池不齊度于哇咬」。〇〔同上〕丨，假借為嗷。〔莊子・齊物論〕「宎者咬者」。

炒 𤏉、䰩、𩱦、煼、丨，並字異而義同。〔廣雅・釋詁二〕「𤏉，乾也」疏證。〇丨，古文䰩、𤎖、聚、𤏉四形，今作䰩。〔方言七〕注「即䰩字也」箋疏。〇丨同煼。〔廣韻・巧部〕

狕 丨，獸名。〔廣韻・巧部〕

媌 丨，好皃。〔廣韻・巧部〕

瑵 丨，玉名。〔廣韻・巧部〕〇丨、蚤、爪三字一也。〔說文〕「丨，車蓋玉丨」段注。〇丨，蓋轑末所飾玉也。〔說文定聲・卷六〕〇〔同上〕丨，假借為爪。〔漢書・王莽傳〕「金丨」注「丨讀曰爪」。

⿱臼水 丨，動水聲。〔廣韻・巧部〕

⿰犭翏 丨，事露。〔廣韻・巧部〕〇丨，擾亂。〔同上〕〇膠、摎並與丨聲近義同。〔廣雅・釋詁三〕「丨，擾也」疏證。〇獶、丨、擾，聲並相近。〔廣雅・釋詁四〕「獶、丨，擾也」疏證。

⿱翏皿 丨，温器。〔廣韻・巧部〕〇丨，濁也。〔同上〕

烄 丨，丨木然也。〔廣韻・巧部〕〇丨，架而燒之也。〔說文〕「丨，交木然也」繫傳。〇丨，交木然之以尞柴天也。〔說文〕「柴，燒柴焚燎以祭天神」義證引〔玉篇〕。又〔說文〕「丨，交木然也」段注引〔玉篇〕。〇〔說文定聲・卷七〕丨，交亦意。〔說文〕「丨，从火交聲」。

⿸疒丩 丨，腹中急也。〔廣韻・巧部〕〇丨，今人多言腹中絞結痛也。〔說文〕「丨，腹中急痛也」繫傳。〇今吳俗語云絞腸刮肚痛，其字當作丨也。〔同上〕段注。〇丨，丩亦意，今俗所謂絞腸痧也。〔說文定聲・卷六〕〇觓、丨並與糾聲近義同。〔廣雅・釋詁一〕「糾，急也」疏證。

㕚 丨，手足甲也。〔廣韻・巧部〕又〔說文〕「蚤，齧人跳蟲也」段注。〇丨者，手甲也，今字作爪。〔說文〕「桂，冊丨可以劃麥」段注。〇丨、爪，古今字。〔說文〕「丨，手足甲也」段注。〇丨，〔禮經〕假借作蚤。〔同上〕段注。〇丨，又借蚤字。〔同上〕義證。〇丨，經典借爪字。〔同上〕〇丨，又借搔字。〇〔同上〕〇〔說文定聲・卷六〕丨，或以爪為之。〔詩・祈父〕「予王之爪牙」。〇〔同上〕丨，或以蚤為之。〔禮記・曲禮〕「不蚤鬋」。

⿰⿱臼木包 丨，臿地。〔廣韻・巧部〕

⿰烄攵 丨同烄。〔廣韻・巧部〕〇丨與烄同。〔說文〕「⿰⿱交火攵，交灼木也」義證引〔玉篇〕。又〔同上〕句讀。

⿰⿱交火攵 丨，當為烄之古文。〔說文定聲・卷七〕

橚 蕭同丨。〔說文〕「丨，長木皃」段注。〇丨音蕭。〔同上〕義證引顧炎武。〇丨，〔上林賦〕作萷。〔同上〕

⿱艹⿰肴支 丨，草根，亦竹筍，或作茭。〔廣韻・巧部〕〇丨，江東呼藕根，亦作茭。〔同上〕引郭璞。〇茭與丨通。〔廣雅・釋草〕「丨，根也」疏證。〇蔌亦與丨通。〔同上〕

獿 丨，犬驚。〔廣韻・巧部〕〇〔說文定聲・卷六〕丨，犬吠聲。〔說文〕「丨，丨⿰犭翏也」。〇丨，雜也。〔說文〕「丨，丨⿰犭翏也」繫傳。〇〔說文定聲・卷六〕丨，字亦作獶。〔廣雅・釋詁四〕「丨，獪也」。〇〔同上〕丨，假借為擾。〔禮記・樂記〕「丨雜子女」。〇獶、⿰犭翏、擾，聲並相近。〔廣雅・釋詁四〕「獶，擾也」疏證。

𪘲 丨，又作齩，齧也。〔慧琳音義・卷七一〕〇齩與丨同，今俗語猶云齩骨。〔廣雅・釋詁三〕「丨，齧也」疏證。

⿱聚火 丨即䰩字，或作𤎖。〔說文〕「䰩，𤎖也」段注。〇丨亦作䰩，又作𤏉。〔方言七〕「丨，火乾也」疏證。

仯 丨，小也。〔集韻・巧部〕

吵 ｜，聲也。〔廣韻・巧部〕

⿰口卤 雕蓬即米茭，可作飯食，故謂之｜。〔本草・卷二三〕

孌 長姊謂之｜。〔集韻・巧部〕

⿰巾爪 ｜，｜頭。〔廣韻・巧部〕

⿰巾幼 ｜，靴韈，｜亦从革。〔廣韻・巧部〕

怉 ｜，悖也。〔集韻・巧部〕

⿰忄芻 ｜，心廹也。〔集韻・巧部〕

挍 ｜，｜接物也。〔廣韻・巧部〕〇｜，接物也。〔集韻・巧部〕〇｜，一曰戾也。〔同上〕

摎 ｜蓼，搜索也。〔集韻・巧部〕

⿰芻攴 ｜，擊也，一云攪也，亦作㪗。〔廣韻・巧部〕〇｜，擊也，或作消。〔集韻・巧部〕

煼 ｜，熬也。〔廣韻・巧部〕〇炒、⿱芻鬲、⿱芻火並同｜。〔同上〕〇｜，或作𪎰，亦作炒。〔慧琳音義・卷五七〕引〔古今正字〕。〇⿱芻火、⿱芻鬲、⿲弓芻弓、｜、炒並字異而義同。〔廣雅・釋詁二〕「⿱芻火，乾也」疏證。

⿰犭巢 ｜，西南夷種也。〔慧琳音義・卷八四〕引〔考聲〕。

見 ｜，深目。〔廣韻・巧部〕

窊 ｜，凹也，邪下也，枉也。〔慧琳音義・卷二七〕引〔玉篇〕。

笊 ｜，｜籬。〔廣韻・巧部〕〇｜籬即古之所謂籅也。〔通雅・雜用〕

篏 ｜，竹筍。〔廣韻・巧部〕〇｜，筍也，或作菽。〔集韻・巧部〕

緢 ｜，旄也，又絲名。〔廣韻・巧部〕

⿱艹爪 ｜，草也。〔廣韻・巧部〕

⿰衤爪 ｜，衵，小袴。〔集韻・巧部〕

謅 ｜，相弄。〔廣韻・巧部〕

鉸 ｜，｜刀。〔廣韻・巧部〕〇｜刀，即今剪刀也。〔慧琳音義・卷六二〕引〔韻英〕。

⿰豸爪 ｜，｜獠。〔廣韻・巧部〕

⿰豸尞 ｜，夷別名。〔廣韻・巧部〕〇｜同獠。〔同上〕

頝 ｜，薄媚。〔集韻・巧部〕

骲 ｜，骨鏃。〔廣韻・巧部〕

⿱芻鬲 ｜，乾也。〔廣韻・巧部〕〇｜、煼、炒並字異而義同。〔廣雅・釋詁二〕「⿱芻火，乾也」疏證。

⿲弓芻弓 ｜，謂熬米麥也。〔說文〕「｜，熬也」繫傳。〇｜，今俗作煼，為炒。〔同上〕〇｜、煼、炒並字異而義同。〔廣雅・釋詁二〕「⿱芻火，乾也」疏證。

⿱爫鳥 ｜，婦，鳥。〔廣韻・巧部〕〇｜，鵁鶄，鳥名，巧婦也。〔集韻・巧部〕

⿰虫鳥 ｜，頭鴉，似梟而腳近尾。〔廣韻・巧部〕

⿰鬼堯 ｜，黠也。〔廣韻・巧部〕

續經籍纂詁卷第四十九　上聲

十九　皓

皓　丨，俗字作皓。〔說文定聲·卷六〕○丨，光也。〔大戴·文王官人〕「質色丨然固以安」王詁。○丨，初見其光白也。〔說文〕「丨，日出皃」繫傳。○丨，謂光明之皃。〔同上〕段注。○丨，日晝皃也。〔同上〕義證引〔纂要〕。○丨丨，明也。〔廣雅·釋訓〕「皓皓，明也」疏證。○丨，光也，明也，日出皃也。〔廣韻·皓部〕○丨，字俗作皓。〔說文〕「丨，日出皃」句讀。○丨，俗字作皓。〔說文定聲·卷六〕○丨丨，潔白也。〔詩·揚之水〕「白石丨丨」後箋。○丨丨，潔白也。〔大戴·衛將軍文子〕「其橋大人也常以丨丨」王詁。○丨，引伸為凡白之偁。〔說文〕「丨，日出皃」段注。○顥顥、丨丨並與暤暤同。〔廣雅·釋訓〕「暤暤，白也」疏證。○丨旰謂絜白光明之皃。〔說文〕「暤，丨旰也」段注。○丨，又改其字从白作皓。〔說文〕「丨，日出皃」段注。○丨者，通作昦。〔釋詁〕「丨，光也」郝疏。○〔說文定聲·卷六〕丨，假借為浩。〔答賓戲〕「養丨然之氣」。○〔同上〕丨，假借為顥。〔李少卿與蘇武詩〕「丨首以為期」。○〔同上〕丨，假借為昦。〔荀子·賦〕「丨天不復」。○〔同上〕丨，字亦作澔。〔魯靈光殿賦〕「澔澔涆涆」。○丨，鍇本作暤。〔說文〕「暤，丨旰也」段注。○丨，字亦作皜。〔說文定聲·卷六〕

皓　○丨，白，喻貞潔。〔楚辭·漁父〕「安能以丨丨之白」補注引五臣。○丨，素也。〔慧琳音義·卷二〕引〔韻英〕。○丨旰，一作皓涆、澔汗、浩瀚。〔通雅·釋詁〕○丨天，元氣也。〔說文〕「昦，春為昦天」義證引〔物理論〕。○元氣浩大則稱丨天。〔同上〕○借丨為浩。〔文選·雪賦〕「縱心丨然」集釋。○丨星，姓也，亦作浩星。〔漢書·瑕丘江公傳〕「丨星公」補注引錢大昭。

皜　丨丨，潔白貌。〔孟子·滕文公上〕「丨丨乎不可尚已」朱注。○丨，古字作皓，與浩通。〔同上〕平議。

寶　丨，衆珍之總名也。〔續音義·卷三〕○丨，人所保也。〔說文〕「丨，珍也」繫傳。○丨與道同義。〔廣雅·釋詁三〕「丨，道也」疏證。○丨，珍丨，又瑞也，符也，道也。〔廣韻·皓部〕○丨，身也。〔論語·陽貨〕「懷其丨」劉正義。○保與丨同。〔廣雅·釋詁三〕「丨，道也」疏證。○丨與保通。〔孟子·盡心下〕「諸侯之丨三」焦正義。○〔說文定聲·卷六〕丨，以保為之。〔易〕孟喜本「聖人之大保曰位」。○〔同上〕丨，以葆為之。〔史記·留侯世家〕「取而葆祠之」。○丨，當作葆。〔商子·來民〕「冬陳其丨」平議。○丨，通作保，又作葆，又通作宲，亦作珤。〔釋言〕「琛，丨也」郝疏。○宲、保、丨並通。〔廣雅·釋詁四〕「宲，藏也」疏證。○〔說文定聲·卷六〕丨，假借為宲。〔書·顧命〕「陳丨」。○〔同上〕丨，假借為俘。〔公羊傳莊公六年〕「齊人來歸衛丨」。○丨，古文作珤。〔廣韻·皓部〕○〔史記〕丨作葆。〔漢書·張良傳〕「取而丨祠之」補注。

藻　丨，水草也。〔詩·魚藻〕「魚在在丨」朱傳。又〔大戴·用兵〕「魚在在丨」王詁。○丨者，水草。〔論語·公冶長〕「山節丨梲」劉正義。○丨，水草名。〔同上〕朱注。○丨則水中細草，今俗名瓜菜是也。〔說文〕「璪，玉飾如水丨之文」繫傳。○丨乃水草之有文者，洁净如澡浴，故謂之丨。〔本草·卷一九〕○丨，聚丨也。〔詩·采蘋〕「于以采丨」朱傳。○丨，文丨。〔廣韻·皓部〕○丨，文章。〔慧琳音義·卷八五〕引〔考聲〕。○丨，彩色也，文章也。〔卷一五〕引〔考聲〕。○丨為畫丨。〔左傳桓公二年〕「丨率」洪詁引服虔。○丨，雜采也。〔禮記·禮運〕「天子之冕朱綠丨」集解。○丨兼即丨廉，水木之精。〔通雅·姓名〕

棗　棘實曰丨。〔說文〕「棘，小丨叢生者」義證引〔古今注〕。○丨，果名。〔廣韻·皓部〕○羊丨，丨之名也。〔說文〕「丨，羊丨也」繫傳。○朿而相戴立生者曰丨。〔詩·凱風〕「吹彼棘心」後箋引陳粲。○獨立而高者為丨，故重朿為丨。〔本草·卷三六〕○〔說文定聲·卷五〕高而實者重朿為丨。〔說文〕「棘，小丨叢生者」。〔「棘」下〕○大曰丨，小曰棘。〔本草·卷二九〕引〔埤雅〕。○〔說文定聲·卷六〕丨，當訓丨木也。〔釋木〕「丨有十一名，羊丨其一也」。○丨，隸作棗。〔說文〕「叱，訶也」義證。○丨，隸變作棗。〔說文〕「丨，羊丨也」義證。○丨，字亦誤作棗。〔說文定聲·卷六〕引〔禮記·昏義〕釋文。

老　丨，者丨。〔廣韻·皓部〕○丨者，久也，舊也。〔說文〕「壽，久也」義證引〔漢官儀〕。又〔說文〕「龜，舊也」義證引〔漢官儀〕。○丨，久也，舊也。〔慧琳音義·卷三〕引〔考聲〕。○七十曰丨。〔公羊傳桓公五年〕「譏父丨，子代從政也」陳疏引孔廣森。○謂致仕為丨。〔同上〕○古者七十致仕，自稱曰丨夫。〔漢書·五行志〕「丨夫罪戾是懼」補注引周壽昌。○丨，成人。〔論語·憲問〕「孟公綽為趙魏丨」劉正義。○丨，家臣之長。〔同上〕朱注。○丨，謂傳家事於長婦也。〔禮記·內則〕「舅沒則姑丨」集解。○師久為丨。〔韓子·有度〕「荊軍丨而走」集解引舊注。○今吳下稱父多曰丨相。〔通雅·稱謂〕○先生，今京師或曰丨先，吳中曰丨生。〔同上〕○今以後日之後為丨外後日。〔通雅·諺原〕○丨，弱為輕侮之詞。〔書·盤庚〕「汝無丨侮成人，無弱孤有幼」孫疏引臧鏞。○丨作翕，今文也，翕侮猶言狎侮，假音字。〔同上〕孫疏。○丨子是號，生即皓然，故號丨子。〔史記·老子韓非列傳〕「名耳字伯陽」志疑。○丨子邑於苦之賴，賴乃萊也，故又曰丨萊子。〔老子韓非列傳〕「丨萊子亦楚人也」志疑引〔路史〕。○丨成子，〔釋文〕作考成子。〔漢書·藝文志〕補注引沈欽韓。○官本丨作孝。〔漢書·高惠高后文功

臣表〕「丨景七年」補注。○丨人，〔晉語九〕〔列子・說符〕及〔御覽〕皆作左人，〔淮南・道應〕作尤人。〔呂覽・慎大〕「勝丨人」校正。

好

〔說文定聲・卷六〕丨，媄也。〔說文〕「丨，美也」。○丨猶言美。〔詩・葛屨〕「丨人服之」通釋。○丨言，美言也。〔漢書・杜周傳〕「而為丨言於下」補注。○丨，引伸為凡美之偁。〔說文〕「丨，媄也」段注。○丨，善也。〔詩・車攻〕「田車既丨」朱傳。又〔何人斯〕「作此丨歌」朱傳。○丨，亦善也。〔詩・關雎〕「君子丨逑」朱傳。○丨，猶善也。〔論語・述而〕「丨謀而成」劉正義。○丨，善也，美也。〔廣韻・晧部〕○丨猶親也。〔義府・卷上〕○丨，宜也。〔通鑑・隋紀一〕「官丨住」音注。○丨猶宜也。〔詩・緇衣〕「緇衣之丨兮」朱傳。○丨，和合。〔詩・關雎〕「君子丨逑」集疏。○丨，从女，从子，蓋和合二姓以成配偶，所謂丨也。〔字詁〕○丨者，丨也，愛而不釋也。〔說文繫傳・通論下〕○丨，情丨也。〔詩・遵大路〕「不寁丨也」朱傳。○丨謂容丨也。〔詩・清人〕「中軍作丨」朱傳。○丨人，容丨之人。〔詩・葛屨〕「丨人服之」後箋。○丨丨，樂也。〔詩・巷伯〕「驕人丨丨」朱傳。○以為丨即以為樂之變文。〔漢書・梁懷王傳〕「殺人取材物㠯為丨」補注引周壽昌。○輮之言肉也。凡物邊為肉，中為丨。〔說文〕「輮，車罔也」段注。○上丨字乃惡字之誤。〔管子・侈靡〕「丨緣而丨駔」平議。○旭旭即丨丨之異文。〔詩・巷伯〕「驕人丨丨」陳疏。○丨丨，魯作旭。〔詩・巷伯〕「驕人丨丨」集疏。

道

丨，言之理也。〔大戴・曾子制言中〕「君子雖言不受必忠，曰丨」王詁。○丨，循理也。〔釋詁〕「丨，直也」鄭注。○循理守常曰丨。〔說文〕「權，黃華木」義證引〔新論・明權〕。○丨理者，宏達曰丨，旨奧曰理。〔字詁〕○丨與理同。〔墨子・大取〕「今人非丨無所行」閒詁。○丨與直同義。〔釋詁〕「丨，直也」述聞。○丨，理也，路也，直也。〔通鑑・漢紀五〇〕「名為導行費」音注。○丨，理也，路也，直也，衆妙皆丨也。〔廣韻・晧部〕○丨，經也。〔說文繫傳・通論上〕○丨與常義相近。〔左傳成公十八年〕疏證引王引之。○丨即順也。〔穀梁傳桓公九年〕「夫已多乎丨」平議。○丨猶順也。〔管子〕「百川丨」雜志。又〔國語・晉語〕「且觀丨逆者」述聞。○丨與循義亦相近。〔管子〕「循誤為脩」雜志。○一陰一陽之謂丨。〔孟子・離婁上〕「朝不信丨」焦正義。○丨是虛無之稱。〔易・繫上〕「一陰一陽謂之丨」李疏引孔疏。○形而上者謂之丨。〔禮記・禮器〕集解引方愨。○丨謂天丨。〔大戴・易本命〕「王者動必以丨」王詁。○丨者，先王之遺丨。〔大戴・勸學〕「神莫大於化丨」王詁。○丨謂祭喪之丨。〔左傳文公一五年〕「子無失丨」疏證。○丨義謂同事丨法之義友。〔義府・卷下〕○丨經，蓋古言丨之書。〔荀子・解蔽〕「丨經曰」集解引郝懿行。○丨子，言在丨家為弟子。〔義府・卷下〕○人行大丨號曰丨士。〔說文〕「士，事也」義證。○丨○丨，通也。〔書・禹貢〕「九河既丨」「濰淄其丨」「沱潛既丨」述聞。○丨猶通也。〔周書・命訓〕「通丨通天以正人」平議。○丨，達也。〔大戴・四代〕「丨天地以民輔之」王詁。又〔慧琳音義・卷七六〕。○丨謂通達。〔荀子・禮論〕「丨及士大夫」集解引郝懿行。○丨，由也。〔中庸〕「君子尊德性而丨問學」朱注。又〔大戴・勸學〕「防僻邪而丨中正」王詁。又〔漢書・賈誼傳〕「丨順而全安」補注。又〔韓子・揚權〕「丨陰見陽」集解引王先謙。又〔八姦〕「人臣之所丨成姦者」集解。又〔外儲說右上〕「何丨出」集解。又〔難一〕「丨為虞于穆公」集解。又〔晏子春秋〕「棄國」雜志。○丨者，由也。〔呂覽・貴因〕「孔子丨彌子瑕見釐夫人」平議。又〔晏子春秋〕「導裔款」雜志。又〔荀子〕「不丨」雜志。又〔韓子・十過〕「此丨奚出」集解引王念孫。○丨即由也。〔漢書・高帝紀〕「周勃丨太原入定代地」補注。又〔漢書〕「丨碭」雜志。○丨猶由。〔國策・韓策三〕「豈如丨韓及之哉」鮑注。○丨之言由也，人所由也。〔廣雅・釋宮〕「墿，丨也」疏證。○丨之言由也，從也。〔呂覽・壅塞〕「則過無丨聞」平議。○丨，丨所由也。〔國策・燕策二〕「丨南陽封冀」鮑注。○所丨猶言所由。〔呂覽・恃君〕「所丨甚難而無功」校正。○丨者，事物所由之路。〔禮記・表記〕「丨者左也」集解引吳澄。○丨，從也。〔韓子・十過〕「丨南方來」集解引舊注。又〔飾邪〕「民聚而不知所丨」集解引舊注。又〔國策〕「雖欲攻燕將丨何哉」雜志。又〔史記〕「何丨出」雜志。又〔史記〕「丨而北牂柯」雜志。○丨即從也。〔史記〕「丨從長安來」雜志。○丨猶從也。〔國策〕「丨涉山谷」雜志。○丨，從也。〔晏子春秋〕「導害」雜志。又〔墨子・號令〕「騎卒丨外來者」閒詁。○古謂從為丨。〔荀子〕「丨聖王」雜志。○丨，行也。〔荀子〕「丨之」雜志。又〔荀子・儒效〕「人之所以丨也」集解引王念孫。○丨猶行。〔國策・齊策五〕「小國丨此」鮑注。○丨猶行也。〔國策〕「丨涉山谷」雜志引〔史記索隱〕。又〔國策・魏策三〕「伐楚丨涉而谷」札記。○丨當訓為行。〔荀子・議兵〕「必丨吾所明」集解引王念孫。○丨猶行也者，謂行輩也。〔儀禮・喪服經傳〕「其夫屬乎子丨者妻皆婦丨也」胡正義。○丨兼言行之義。〔釋詁〕「迪，丨也」郝疏。○一達謂之丨。〔說文繫傳・通論上〕○丨者，蹈也。〔同上〕○丨之為言蹈也。〔釋詁〕「迪，丨也」郝疏。○丨、蹈通借。〔同上〕○丨，路也。〔大戴・主言〕「非丨邇也」王詁。又〔曾子制言中〕「負耜而行丨」王詁。又〔盛德〕「以取長丨」王詁。又〔千乘〕「丨無殣者」王詁。又〔孟子・滕文公下〕「獸蹄鳥跡之丨」朱注。○丨路，對文則別，散則通也。〔釋宮〕「一達謂之丨路」郝疏。○丨路、導引，古同作丨。〔說文〕「繇，隨從也」段注。○丨者，糧路也。〔說文〕「丨，所行丨也」義證引〔孫子〕注。○縣有蠻夷曰丨。〔漢書・儒林傳〕「郡國縣官」補注引齊召南。○丨，義理也。〔孟子・離婁上〕「上無丨揆也」朱注。○丨者，事物當然之理。〔論語・里仁〕「朝聞丨」朱注。○丨者，天理之自然。〔孟子・公孫丑上〕「配義與丨」朱注。○丨者，天地自然之理。〔大戴・本命〕「分於丨謂之命」王詁。○丨之引伸為丨理。〔說文〕「丨，所行丨也」段注。○丨，人倫日用之間所當行者。〔論語・述而〕「志於丨」朱注。○歸潔其身，丨也。〔論語・衛靈公〕「丨不同不相為謀」劉正義。○丨者，志之所趨舍。〔同上〕○丨者，率其為善。〔禮記・緇衣〕「君子丨人以言」集解。○丨即禮也。〔荀子・天論〕「足以為丨貫」集解引郝懿行。○丨猶禮也。〔禮記・鄉飲酒〕「聖人制

之以丨」集解。○丨即藝也。〔禮記・少儀〕「問丨藝」述聞。○丨謂丨藝。〔大戴・文王官人〕「有丨而自順用之」王詁。○丨術謂丨藝。〔大戴・哀公問五義〕「盡丨術」王詁。又〔保傅〕「有丨術者」王詁。○丨撿謂以丨撿心。〔慧琳音義・卷九〕○丨言，法術之言也。〔韓子・和氏〕「獨周乎丨言也」集解。○丨言謂丨聽塗說。〔大戴・曾子立事〕「丨言而飾其辭」王詁。○丨，今之導字。〔說文〕「迹，先丨也」段注。○丨即導也。〔左傳文公一八年〕「宋武氏之族導昭公子」疏證。○〔說文定聲・卷六〕丨當為導之古文。〔說文〕「丨，所行丨也」。○丨理之丨，導引之導，皆丨也。〔說文定聲・卷八〕〔「裕」下〕○丨，字亦作導。〔國語〕「為川者決之使導」述聞。○丨當為導。〔漢書・蕭望之傳〕「便丨之官」補注引沈欽韓。○丨，謁而導也。〔左傳成公二年〕「且丨之」疏證。○丨亦為引丨。〔說文〕「丨，所行丨也」段注。○丨，引也。〔大戴・文王官人〕「深丨以利而心不移」王詁。又〔論語・子張〕「丨之斯行」朱注。又〔韓子・八姦〕「凡人臣之所丨成姦者」集解引舊注。○丨猶引導，謂先之也。〔論語・為政〕「丨之以政」朱注。○經傳多假丨為導。〔說文〕「導，引也」段注。○丨，治也。〔論語・學而〕「丨千乘之國」朱注。○丨，治丨也。〔離騷〕「周論丨而莫差」補注。○丨猶制也。〔禮記・郊特牲〕「夏后氏之丨也」集解。○丨，言也。〔詩・牆有茨〕「不可丨也」朱傳。又〔公羊傳桓公二年〕注「重丨義形於色者」陳疏。又〔大戴・哀公問五義〕「口不能丨善言」王詁。又〔保傅〕「多聞而丨慎」王詁。又〔衛將軍文子〕「世丨者孝悌」王詁。又〔論語・憲問〕「夫子自丨也」朱注。又〔大學〕「丨得衆則得國」朱注。又〔孟子・滕文公上〕「孟子丨性善」朱注。又〔通鑑・晉紀二〕「復何丨邪」音注。又〔漢書・原涉傳〕「客有丨涉所知母病避疾在里宅者」補注。○丨猶言也。〔孟子・滕文公〕「儒者之丨」平議。○丨，約言之。〔詩・牆有茨〕「不可丨也」後箋。○丨，說也。〔同上〕集疏引魯說。○丨猶說也。〔論語・季氏〕「樂丨人之善」劉正義。○丨，稱丨也。〔漢書・張湯傳〕「然陽浮丨與之」補注。○丨，語也。〔孟子・告子下〕「笑而丨之」朱注。○丨，術也。〔荀子・議兵〕「設何丨何行而可」集解引王念孫。○丨者，術也。〔禮記・少儀〕「問丨藝」述聞。○丨與導同。〔淮南・道應〕「丨全為無用之事」平議。○丨與導同，謂引也。〔墨子・七患〕「從而丨之」閒詁引蘇時學。○丨、導、教同義。〔釋詁〕「詔，導也」郝疏。○丨讀曰導。〔漢書・張良傳〕「乃學丨」補注。又〔霍去病傳〕「使人先要丨邊」補注。又〔漢書〕「丨從醉卒直出」雜志。○丨音導。〔中庸〕「而丨自丨也」朱注。○丨讀為導。〔大戴・子張問入官〕「調悅者，情之丨也」述聞。又〔韓子・定法〕「利在故法前令則丨之」集解。○丨字古讀若首。〔管子〕「以靖為宗」雜志。○丨从首聲，故與首字通用。〔周書〕「稽丨謀告」雜志。○古人假丨為首。〔大戴・子張問入官〕「調悅者，情之丨也」平議。○古聲丨與首相近，故字亦相通。〔釋詁〕「丨，直也」述聞。○丨與諂同義。〔史記〕「導諛」雜志。○諛、諂與丨聲之轉，義同。〔莊子・天地〕「則不謂之丨諛之人」集釋。○丨諛即諂諛之聲轉。〔漢書・賈山傳〕「丨諛媮合苟容」補注引王念孫。○丨與稻同音相通。〔左傳襄公五年經〕「會吳于善丨」疏證引臧壽恭。○丨即導之省。〔同上〕○〔說文定聲・卷六〕丨，假借為導。〔廣雅・釋詁三〕「丨，治也」。○〔同上〕丨，假借為蹈。〔列子・黃帝〕「吾見子丨之」。○丨當為遁字之誤。〔荀子・儒效〕「遵丨則積」集解引王念孫。○丨及者，覃及也。〔荀子〕「丨及」雜志。○〔史記集解〕丨及作函及。〔荀子・禮論〕「丨及士大夫」集解引盧文弨。又〔大戴禮〕「丨作導」集解。○〔史・表〕安丨作安遙。〔漢書・王子侯表〕「安丨侯恢」補注。○丨，舊作廷。〔呂覽・高義〕「丨有殺人者」校正。○丨，〔周禮注〕引作本。〔左傳文公六年〕「生民之丨」洪詁。○〔荀子〕丨作鰌。〔漢書・刑法志〕「丨之目刑罰」補注。○官本丨作遺。〔漢書・禮樂志〕「析奚丨」補注。○丨，當依〔說苑〕作遼。〔韓子・十過〕「僻陋而丨遠」集解引顧廣圻。

稻 丨是稉穀。〔說文〕「秔，丨屬」義證引氾勝之〔種植書〕。○丨亦秔之總名也。〔同上〕義證引〔養生要集〕。○丨，秔丨。〔廣韻・晧部〕○丨，有芒穀也。〔慧琳音義・卷九〕○丨者，有芒之穀總名也。〔說文〕「丨，稌也」義證引〔急就篇〕顏注。○丨亦呼為秫。〔同上〕○沛國呼丨為稌。〔說文〕「稌，丨也」義證引〔增韻〕。○丨者，溉種之總名。〔說文〕「穀，續也」義證引〔物理論〕。○水田所種曰丨。〔釋艸〕「稌，丨」鄭注。○丨，苞苴也。〔說文〕「丨，稌也」義證引〔春秋說題辭〕宋均注。○丨稌者，粳糯之通稱。〔本草・卷二二〕○丨有粳、糯二種，古人謂糯為丨。〔說文〕「稬，沛國謂丨曰稬」義證引〔通志〕。○黏者為丨。〔說文〕「丨，稌也」義證。○古謂黏者為丨。〔同上〕段注。○丨，今俗概謂黏者不黏者。〔同上〕○未去糠曰丨。〔同上〕○〔說文定聲・卷六〕今蘇俗凡粘者不粘者統謂之丨，古則以粘者曰丨。〔說文〕「丨，稌也」。○蘇人凡未離稈去糠曰丨。〔說文定聲・卷六〕○古則穀米亦皆曰丨。〔同上〕○丨之為言藉也。〔說文〕「丨，稌也」義證引〔春秋說題辭〕。○〔說文定聲・卷六〕丨以蹈為訓。〔春秋說題辭〕「丨之言藉也」。○善丨，〔左傳〕作善道，古道、丨同音假借字。〔公羊傳襄公五年經〕「會吳于善丨」陳疏。○丨當作稃，字之誤也。〔國語・越語〕「載丨與脂」述聞。○〔年表〕丨作和。〔左傳宣公四年經〕「秦伯丨卒」疏證。

造 丨，作也。〔詩・大明〕「丨舟為梁」朱傳。又〔禮記・鄉飲酒〕「主人者丨之」集解。又〔大戴・武王踐阼〕「丨矛」王詁。○丨，丨作。〔廣韻・晧部〕○丨猶作也。〔公羊傳宣公一二年〕注「天子丨舟」陳疏。○丨，為也。〔詩・思齊〕「小子有丨」朱傳。又〔酌〕「蹻蹻王之丨」朱傳。又〔公劉〕「乃丨其曹」陳疏。○丨亦為也。〔詩・兔爰〕「我生之初尚無丨」朱傳。○丨，成也。〔閔予小子〕「遭家不丨」朱傳。○丨，始也。〔孟子・萬章上〕「天誅丨攻自牧宮」朱注。○丨猶比也。〔詩・公劉〕「乃丨其曹」平議。○丨之言曹也，相比次之名也。〔左傳昭公元年〕「丨舟于河」述聞。又〔廣雅・釋水〕「艁舟謂之浮梁」疏證。○丨同遭。〔書・文侯之命〕「丨天丕愆」孫疏。○丨者，遭也。〔書・大誥〕「予丨天役」孫疏。○丨次，亦疾意也。〔廣

雅・釋樂〕「鼖鼓，鼓名」疏證。○丨、次，一聲之轉。〔左傳昭公元年〕「丨舟于河」述聞。又〔廣雅・釋水〕「艁舟謂之浮梁」疏證。○丨與草聲近而義通。〔易屯上傳〕「天丨草昧」平議。○丨，愁貌也。〔韓子・忠孝〕「其容丨焉」集解引舊注。○丨亦為陳。〔儀禮・士喪禮〕「丨于而皆下」胡正義。○丨清，陳釀也。〔通雅・飲食〕○丨物謂道也。〔莊子・大宗師〕「且與丨物者為人」集釋引司馬云。○丨行謂所作所行。〔漢書・王吉傳〕「寡人丨行不能無惰」補注。○丨、即義同。〔周禮・肆師〕「類丨上帝封于大神」孫正義。○丨與蹙通。〔韓子・忠孝〕「其容丨焉」集解。○丨然即蹙然。〔廣雅・釋樂〕「鼖鼓，鼓名」疏證。○丨讀為蹵。〔韓子・難二〕「丨然變色」集解引顧廣圻。○〔說文定聲・卷六〕丨，假借為作。〔釋言〕「丨，為也」。○〔同上〕丨，假借為遭。〔書・大誥〕「予丨天役」。○〔同上〕丨，假借為俶，為埱。〔廣雅・釋詁一〕「丨，始也」。○丨，一作本。〔呂覽・大樂〕「丨於太一」校正。

腦 丨同𡿺。〔廣韻・晧部〕○丨根，言丨後玉枕也。〔慧琳音義・卷五二〕

惱 丨，懊丨。〔廣韻・晧部〕○嫐、丨，古今字。〔方言一二〕注「中宜為忡忡丨怖意也」。○丨，心内結恨也。〔慧琳音義・卷二九〕引〔文字集略〕。○丨，心内煩結也。〔大般若經・卷三〕「擾丨」音義引〔集訓〕。○丨，亂也。〔本草・卷一七〕

嫐 ○丨，恨痛。〔說文〕「丨，有所恨也」義證引〔韻譜〕。○丨，憂煩也。〔慧琳音義・卷四五〕引〔考聲〕。○丨，憂煩也，女人多煩恨也。〔卷六八〕引〔考聲〕。○丨，相丨亂也。〔廣韻・晧部〕○丨，俗作𡿺。〔說文〕「丨，有所恨痛也」段注。○丨，字亦作惱，作𡿺，懊𡿺，古樂府作懊儂，聲之轉也。〔說文定聲・卷七〕

島 海中山曰丨。〔說文〕「丨，海中往往有山可依止曰丨」義證引〔初學記〕。○蒲洲有山謂之丨嶼。〔同上〕義證引〔山居賦〕謝注。○丨亦作隝。〔說文〕「丨」句讀。○㠀，或作隝。〔同上〕義證。○丨又作隯。〔同上〕義證。○古丨字有借作鳥者。〔文選・解嘲〕「勃解之鳥」集釋引臧琳。○丨義與擣相近。〔廣雅・釋詁四〕「擣，依也」疏證。○丨、擣聲與蔦相近，義可相通也。〔方言二〕「餬、託，寄也」箋疏。

倒 丨，仆也。〔廣韻・晧部〕

禱 丨，請也。〔廣雅・釋言〕○丨，求助也。〔說文〕「丨，告事求福也」義證引〔急就篇〕顏注。○丨，告事求福也。〔大戴・千乘〕「丨民命」王詁。○〔說文定聲・卷六〕丨，求福祭也。〔說文〕「禂，丨牲馬祭也」。〔「禂」下〕○丨，請也，求福也。〔廣韻・晧部〕○丨，言以此求事秦。〔國策・韓策三〕「丨於秦也」鮑注。○丨者，悔過遷善以祈神之佑也。〔論語・述而〕「丘之丨久矣」朱注。○〔說文定聲・卷六〕禂、丨實一字。〔說文〕「丨，告事求福也」。○丨當讀為擣。〔呂覽・疑似〕「為高葆丨於王路」平議。○〔說文定聲・卷六〕丨，三家詩作禂。〔詩・吉日〕「既伯既丨」。

擣 丨，以手為椎而椎之。〔說文〕「丨，手椎也」段注。○丨，築也。〔說文〕「醳，丨榆醬也」段注。○丨，丨築，俗作搗。〔廣韻・晧部〕○丨，舂也。〔詩・小弁〕「惄焉如丨」朱傳。○丨，舂也，或作搗。〔慧琳音義・卷一四〕引〔考聲〕。○丨，手舂也。〔卷一〇〕引〔考聲〕。○丨又作搗。〔方言一三〕「丨，依也」箋疏。○〔說文定聲・卷六〕丨，今字又作搗。〔禮記・雜記〕注「所以搗鬱也」。○丨音搗。〔詩・小弁〕「惄焉如丨」朱傳。○丨者，疛之假借。〔同上〕陳疏。○丨，乃疛之假借。〔同上〕通釋。○丨為疛之假借，心疾也。〔同上〕後箋。○〔說文定聲・卷六〕丨，假借為疛。〔詩・小弁〕「惄焉如丨」。○〔同上〕丨，假借為幬。〔方言一三〕「丨，依也」。○〔同上〕丨，假借為稠。〔史記・龜策傳〕「上有丨者」。

抱 丨，持也。〔大戴・曾子疾病〕「曾華丨病」王詁。又〔廣韻・晧部〕。○丨，背義。〔漢書・天文志〕「重丨大破亡」補注。○日旁如半環向日為丨。〔漢書・天文志〕「丨珥蚩蜺」補注引〔晉志〕。○丨與保義通。〔莊子・庚桑楚〕「丨汝生」平議。○緥、褓、葆、丨、保，並字異而義同。〔廣雅・釋器〕「襁謂之緥」疏證。○丨子即孚子之假借，猶言生子也。〔詩・抑〕「亦既丨子」通釋。○丨虛，謂懷挾虛僞無實意也。〔漢書・李尋傳〕「丨虛求進」補注引蘇輿。○丨與伏，語之轉也。〔方言八〕「伏雞曰丨」箋疏。○丨當為裒。〔說文〕「攤，丨也」義證。○丨者，裒字借字。〔說文〕「擁，丨也」句讀。○後人用丨為褎裒字。〔說文〕「捊，引堅也」段注。○〔說文定聲・卷六〕裒，以丨為之。〔釋名〕「丨，保也」。〔「裒」下〕○丨乃捊之或體。〔方言二〕「丨，耦也」箋疏。○丨者，〔說文〕之或捊字也。〔說文〕「攤，裒也」段注。○〔通雅・卷四九〕抛，古通用摽丨。〔史記・褚先生傳〕「丨之江中」。○丨讀如拋。〔漢書・李廣傳〕「因丨兒鞭馬」補注引洪頤煊。

裦 衣前衿謂之丨。〔說文〕「裾，衣丨也」段注。○丨，通用抱。〔說文〕「攤，抱也」義證。○丨，經典借抱字。〔說文〕「丨，褱也」義證。○丨，通作苞。〔說文〕「褱，丨也」義證。○丨，各本作抱。〔說文〕「攤，丨也」段注。○〔說文定聲・卷六〕丨，以桴為之。〔呂覽・下賢〕「周公旦丨少主而成之」。

討 丨，治也，誅也。〔廣韻・晧部〕○丨，尋究也。〔論語・憲問〕「世叔丨論之」朱注。○凡言丨論、探丨，皆言理其不齊者而齊之也。〔說文〕「丨，治也」段注。○發其紛糾而治之曰丨。〔同上〕○丨，去也。〔禮記・禮器〕「有順而丨也」集解。○〔說文定聲・卷六〕丨，假借為賕。〔穀梁傳桓公二年〕「以是為丨之鼎也」。○〔同上〕丨，假借為翳。〔詩・小戎〕「蒙伐有苑」傳「蒙丨羽也」。○丨當為封。〔墨子・非攻下〕「始丨此睢山之閒」閒詁引畢沅。○丨字皆當作計。〔穀梁傳桓公二年〕「丨數日以賂」述聞。○丨乃糾字之誤。〔穀梁傳桓公二年〕「丨之鼎也」平議。○丨，〔漢碑〕多言治。〔說文〕「丨，治也」義證。○丨，舊校云，一作誅，〔御覽〕作誅。〔呂覽・古樂〕「以丨桀罪」校正。

考　丨者，人年五十以上之通稱。〔論語・公冶長〕「老者安之」劉正義。○丨，壽丨延年也。〔說文〕「丨，老也」義證引〔玉篇〕。○丨，校也。〔大戴・主言〕「如時丨之」王詁。又〔曾子疾病〕「日省而月丨之」王詁。○丨謂質覈之也。〔慧琳音義・卷七一〕○丨，稽也。〔詩・文王有聲〕「丨卜維王」朱傳。○丨，察也。〔大戴・文王官人〕「丨其陰陽」王詁。又〔楚辭・招魂〕「上無所丨此盛德兮」補注引五臣。○丨，問也。〔史記〕「遂丨」雜志。○丨，扣也。〔詩・考槃〕「丨槃在澗」朱傳引陳氏。○丨，按問也。〔漢書・江都易王傳〕「下廷尉丨」補注。○丨即驗也。〔孟子・公孫丑下〕「以其時丨之」焦正義。○丨，成也。〔詩・考槃〕「丨槃在澗」朱傳。又〔湛露〕「在宗載丨」朱傳。又〔江漢〕「作召公丨」朱傳。又〔文王有聲〕「丨卜維王」陳疏。又〔禮記・禮運〕「以丨其信」集解。又〔禮運〕「事行有丨」集解。又〔漢書・敘傳〕「為春秋丨紀」補注引劉奉世。○丨，引伸之為成也。〔說文〕「丨，老也」段注。○丨，校也，成也，引也，亦瑕釁。〔廣韻・晧部〕○丨，擊也。〔詩・山有樞〕「弗鼓弗丨」朱傳。又〔通鑑・陳紀九〕「丨掠不得過二百」音注。○丨字當訓擊。〔晏子春秋・問下〕「丨菲履」平議。○丨，苦也，又擊也。〔慧琳音義・卷五七〕引〔考聲〕。○明丨者，長老之成也。〔釋詁〕「丨，成也」郝疏。○丨死猶終命也。〔左傳宣公一五年〕「下臣獲丨死」疏證引沈欽韓。○〔說文定聲・卷六〕丨者，有子孫為後之偁。〔書・洪範〕「五曰丨終命」。○引申于丨祖以上之偁，又引申于父也。〔說文定聲・卷六〕○丨為父。〔屈賦・天問〕「遂成丨功」戴注。○父死曰丨。〔詩・雝〕「既右烈丨」集疏引魯說。○丨父即措父也。〔左傳隱公八年〕「蔡侯丨父卒」疏證。○丨，古通以妣，為生存之稱。〔通雅・稱謂〕○生存亦稱丨妣。〔釋親〕「父為丨，母為妣」郝疏。○宮廟初成祭之名為丨。〔左傳隱公五年〕「丨仲子之宮」洪詁引服虔。○〔說文定聲・卷六〕丨，來也。〔周語〕「丨神納賓」。○丨者，堯也。〔書・皋陶謨〕「祖丨來格」孫疏。○丨，是為瞽瞍已卒之稱。〔同上〕○丨與攷同。〔孟子・告子上〕「丨其善不善」焦正義。○丨與攷通。〔廣雅・釋詁三〕「攷，擊也」疏證。○丨讀為攷。〔詩・山有樞〕「弗鼓弗丨」陳疏。○丨通作攷。〔釋詁〕「丨，成也」郝疏。○丨者，攷之假借字。〔說文・上說文書〕「上丨度於天」段注。○凡言丨校、丨問，字皆為攷之假借。〔說文〕「丨，老也」段注。○丨、巧古字通。〔書・金縢〕「予仁若丨」述聞。○丨當讀為巧。〔國語・越語〕「上帝不丨」述聞。○〔說文定聲・卷六〕丨，假借為巧。〔考工記〕「巧者述之」。○〔同上〕丨，假借為攷或為搉。〔詩・山有樞〕「弗鼓弗丨」。○〔同上〕丨，假借為覈。丨覈一聲之轉。〔易・復〕「中以自丨也」。○〔同上〕丨，假借為造。〔詩・考槃〕「丨槃在澗」。○〔同上〕丨，假借為就。〔釋詁〕「丨，成也」。○〔同上〕丨，為俶字。〔禮記〕雜志「路寢成則丨之」。○〔同上〕丨，假借為告。〔詩・江漢〕「作召公丨」。○〔同上〕丨，假借為朽，實為珛。〔淮南・說林〕「白璧有丨」。○丨、勞聲相近，又與累聲相轉。〔書・大誥〕「丨我民」孫疏。○〔燕世家〕丨作孝。〔漢書・古今人表〕「燕丨公」補注。

燥　丨，乾丨。〔廣韻・晧部〕○丨猶爍。〔國策・趙策四〕「國丨於秦」鮑注。○〔說文定聲・卷七〕丨，字亦作鐰。〔廣雅・釋詁一〕「鐰，乾也」。○〔同上〕丨，字亦作灱。〔廣雅・釋詁二〕「灱，乾也」。○丨濕猶寒暄。〔義府・卷下〕○姚本丨一作爍。〔國策・趙策四〕「國丨於秦」補正。

埽　丨，丨除。〔廣韻・晧部〕○丨，拚也。〔詩・東山〕「洒丨穹窒」陳疏。○丨同掃。〔廣韻・晧部〕○丨又通作騷。〔說文〕「丨，棄也」義證。○騷與丨同。〔史記〕「竈上丨除」雜志。○〔說文定聲・卷六〕丨，字亦作掃。〔慧琳音義・卷二〕〔廣雅・釋詁三〕「丨，除也」。

掃　丨或作埽。〔慧琳音義・卷二〕○丨除曰擯除也。〔說文〕「帚，糞也」繫傳。

嫂　今男子亦通謂丨婦。〔釋親〕「女子謂兄之妻為丨，弟之妻為婦」鄭注。○丨是尊老之號。〔釋親〕「女子謂兄之妻為丨」郝疏。○丨本作㛮，晉帖作㛐。〔通雅・稱謂〕

㛮　丨，兄丨也，同嫂，俗作㛐。〔廣韻・晧部〕○丨猶叟也。〔說文〕「丨，兄妻也」段注。

槁　丨，木枯也。〔說文〕作稾。〔廣韻・晧部〕○丨，枯木也。〔通鑑・周紀四〕「攻之若振丨然」音注。○凡言丨勞者即木枯。〔周禮・地官序官〕「稾人奄八人」孫正義。○丨音考，乾枯也。〔通鑑・周紀三〕「早則苗丨矣」音注。○凡潤其枯稾曰稾。〔說文〕「稾，木枯也」段注。○稾而潤之亦曰稾。〔說文定聲・卷七〕○丨壤，乾土也。〔孟子・滕文公下〕「上食丨壤」朱注。○丨梧，夾膝几也。〔莊子・德充符〕「據丨梧而瞑」集釋引成疏。○稾本即稾茇。〔文選・上林賦〕「稾本射干」集釋。○〔說文定聲・卷七〕丨，俗字作犒。〔左傳僖公廿六年〕「公使展喜犒師」。○丨即毃。〔說文〕「毃，擊頭也」義證。○稾同毃。〔墨子・明鬼下〕「舉揖而稾之」閒詁引畢沅。○丨與敲同。〔通雅・釋詁〕○〔說文定聲・卷七〕丨，字亦作䯨。〔斥彰長田君碑〕「史見勞䯨」。○〔同上〕丨，假借為敲。〔潘岳詩〕「熲如丨石火」。○〔同上〕丨，假借為稾。〔後漢・馬援傳〕「稾葬而已」。○丨，字為撟之誤字。〔晏子春秋・外篇〕「臣何敢丨也」平議。○稾，當為橐。〔漢書・高惠高后文功臣表〕「稾祖侯陳鍇」補注引王念孫。○官本稾作藁。〔漢書・郊祀志〕「其席稾稭」補注。○稾，本藥。〔廣韻・晧部〕

潦　丨，雨水。〔廣韻・晧部〕又〔楚辭・九辯〕「收丨而水清」補注引五臣。○丨，雨水大貌。〔通鑑・晉紀六〕「復值秋丨」音注。○降注雨水謂之丨，又淫雨為丨。〔本草・卷五〕○丨，水流而聚焉。〔說文〕「丨，雨水也」段注。○丨，雨水，謂雨下之水也。〔同上〕○丨，俗借澇水字為之。〔同上〕○〔說文定聲・卷七〕丨，或以澇為之。〔說文〕「丨，雨水大皃」。○丨，義與明瞭同。〔墨子・親士〕「大水不丨丨」閒詁。○〔通雅・卷五〕丨倒，言頹落之態也。〔南史〕「此非醞藉丨倒士邪」。

保 ｜，安。〔書·多方〕「大不克明｜享」孫疏。又〔顧命〕「｜乂王家」孫疏。〇｜，安也。〔詩·天保〕「天｜定爾」朱傳。又〔同上〕陳疏。又〔南山有臺〕「｜艾爾後」朱傳。又〔楚茨〕「神｜是饗」朱傳。又〔訪落〕「｜明其身」朱傳。又〔續音義·卷一〇〕引〔切韻〕。又〔荀子〕「境內之聚也｜固」雜志。〇｜，安也，謂以道安人也。〔慧琳音義·卷四六〕〇｜亦安也。〔詩·江漢〕「匪安匪遊」述聞。又〔常武〕「王舒｜作」述聞。〇｜猶守也。〔詩·思齊〕「無射亦｜」朱傳。〇｜，任也，安也，守也。〔廣韻·晧部〕〇｜，守也，依也。〔詩·楚茨〕「神｜是饗」通釋。〇｜者，依也。〔漢書〕「踰城｜高祖」雜志。〇〔說文定聲·卷六〕｜猶倚也。〔書·君奭〕「有若｜衡」。〇｜，養也。〔大戴·主言〕「如｜子之見慈母也」王詁。〇｜即｜養也。〔說文〕「𠦂，相次也」繫傳。〇｜，愛護也。〔孟子·梁惠王上〕「｜民而王」朱注。〇｜，祐也。〔詩·烝民〕「｜茲天子」朱傳。〇｜居，謂相｜守。〔書·盤庚〕「謀人之｜居」孫疏。〇｜全、｜守，皆其引伸之義。〔說文〕「｜，養也」段注。〇｜，居有也。〔詩·山有樞〕「他人是｜」朱傳。〇｜，定也。〔大戴·虞戴德〕「猷德｜」王詁。〇｜，恃也。〔左傳僖公二三年〕「｜君父之命而享其生祿」洪詁引李奇。〇｜任，言可｜信也。〔慧琳音義·卷五〇〕〇｜者，當也。〔說文〕「勝，任也」段注。〇｜，蓋言任使。〔書·盤庚〕「惟民之承｜」孫疏。〇｜，相｜任也。〔說文〕「什，相什｜也」繫傳。〇｜，引伸為相｜任之義。〔周禮·大司徒〕「令五家為比使之相｜」孫正義。〇｜，近也。〔太素·知湯藥〕「形別不與衣相｜」楊注。〇｜即官有｜傅字。〔說文〕「𠦂，相次也」繫傳。〇｜謂小城也。〔漢書·百官公卿表〕「少｜」補注。〇師、｜、傅，三公官名也。〔左傳襄公八年〕「焚我郊｜」述聞。〇｜者，小城也。〔穀梁傳隱公七年〕「城為｜民為之也」平議。〇｜明猶明｜也。〔詩·訪落〕「｜明其身」集疏。〇｜、安義同。〔周禮·地官序官〕「｜氏下大夫一人」孫正義。〇｜與寶同。〔廣雅·釋詁三〕「寶，道也」疏證。〇｜、褒義同。〔釋詁〕「裒，聚也」郝疏。〇｜同緥。〔書·召誥〕「夫知｜抱攜」孫疏。〇〔說文定聲·卷六〕｜與孚同字，實孚義之轉注。〔說文〕「｜，養也」。〇阿、｜一也。〔書·君奭〕「有若｜衡」平議。又〔詩·楚茨〕「神｜是饗」平議。〇宲、｜、寶並通。〔廣雅·釋詁四〕「宲，藏也」疏證。〇緥、褓、葆、抱、｜，並字異而義同。〔廣雅·釋器〕「褅謂之褓」疏證。〇｜、堡古今字。〔說文〕「湳，西河美稷｜東北水」段注。〇｜，俗字作堡。〔說文〕「壔，｜也」段注。〇借｜為𠦂。〔說文〕「𠦂，相次也」句讀。〇｜者，𠦂之借字。〔說文〕「什，相什｜也」句讀。〇〔說文定聲·卷六〕｜，假借為褒。〔易·象下傳〕「順相｜也」。〇〔同上〕｜，假借為壔。〔禮記·月令〕「四鄙入｜」。〇〔同上〕｜，假借為緥。〔書·召誥〕「夫知｜抱攜」。〇〔同上〕｜，假借為寶。〔史記·周紀〕「展九鼎｜玉」。〇〔同上〕｜，兼以捊為訓。〔莊子·列禦寇〕注「｜者，聚守之謂也」。〇｜，〔說苑〕引作安，〔漢書〕引作信。〔左傳昭公八年〕「莫｜其性」洪詁。〇｜，〔史記〕〔文選〕作寶。〔漢書·賈誼傳〕「不目生故自｜」補注。〇｜，〔史記〕〔文選〕作褓。〔漢書·司馬相如傳〕「業隆於繈｜」補注。〇｜申，〔呂覽·直諫〕作葆申，〔淮南·說山〕作鮑申。〔漢書·古今人表〕「楚｜申」補注引梁玉繩。

葆 ｜，草盛皃。〔廣韻·晧部〕〇｜，廣也。〔集韻·豪部〕〇｜、本，一聲之轉，皆是叢生之名。〔廣雅·釋詁三〕「｜，本也」疏證。〇〔說文定聲·卷六〕｜，謂本字之轉注。〔史記·天官書正義〕「｜旅，野生之可食者也」。〇｜，五彩羽也。〔慧琳音義·卷九八〕引〔字書〕。〇合聚五彩羽名為｜。〔同上〕引顧野王。〇引伸為羽｜幢之｜。〔說文〕「｜，艸盛皃」段注。〇｜猶有也，謂有盛大之業。〔禮記·禮器〕「不樂｜大」集解。〇｜之言苞也。〔廣雅·釋言〕「菽，｜也」疏證。〇｜猶苞也。〔廣雅·釋詁三〕「｜，本也」疏證。〇苞、｜、茂，音義俱通。〔釋詁〕「苞，豐也」郝疏。〇〔說文定聲·卷六〕｜，假借為苞。〔廣雅·釋詁三〕「｜，本也」。〇｜，言包裹其髮。〔墨子·公孟〕「是猶命人｜」閒詁引畢沅。〇〔說文定聲·卷六〕｜，假借為包。〔莊子·齊物論〕「此之謂｜光」。〇｜、保同。〔國策·秦策四〕「得地｜地」鮑注。〇｜同保。〔墨子·明鬼下〕「田野｜士之欲」閒詁引孫星衍。又〔非命下〕「惟天民不而｜」閒詁引畢沅。〇｜、保通。〔墨子·魯問〕「｜昭王於隨」閒詁。〇｜、保字通。〔墨子·明鬼下〕「下土之｜」閒詁。〇｜與保通。〔墨子·備城門〕「｜離鄉老弱」閒詁。〇緥、褓、｜、抱、保，並字異而義同。〔廣雅·釋器〕「褅謂之褓」疏證。〇〔說文定聲·卷六〕｜，假借為保。〔管子·正世〕「窘則民失其所｜」。〇｜，字當作寶。〔春秋繁露·王道〕「恩衛｜」平議。〇｜義當為俘。〔同上〕〇〔通雅·卷八〕｜祠即寶祠。〔留侯傳〕「｜祠黃石」。〇〔同上〕｜就即保就。〔西南夷傳〕「弘令犍為自｜就」。〇〔史記〕多假｜為寶。〔說文〕「寶，珍也」段注。〇〔說文定聲·卷六〕｜，假借為翿。〔禮記·雜記〕「匠人執羽｜御柩」。〇〔同上〕｜，假借為緥。〔史記·魯世家〕「成王少，在强｜之中」。〇〔同上〕｜，假借為褒。〔禮記·禮器〕「不樂｜大」。〇〔御覽三三八〕｜作堡。〔呂覽·疑似〕「為高｜」校正。

堡 ｜，高土也。〔慧琳音義·卷八三〕引〔考聲〕。〇｜同堢。〔廣韻·晧部〕

堢 ｜，｜障，小城。〔廣韻·晧部〕〇｜，城也。〔說文〕「壔，保也」義證引〔九章算術〕。

褓 ｜，襁｜。〔廣韻·晧部〕〇｜，小兒被也，或作緥。〔慧琳音義·卷一四〕引〔聲類〕。〇｜，小兒被也。〔卷六〇〕引〔文字典說〕。〇｜，緥之俗字。〔說文〕「緥，小兒衣也」段注。〇｜，褅也。〔慧琳音義·卷六〇〕引〔古今正字〕。〇｜之言保也。〔廣雅·釋器〕「褅謂之｜」疏證。〇緥、｜、葆、抱、保，並字異而義同。〔同上〕

緥 ｜，今俗作褓。〔說文〕「｜，小兒衣也」繫傳。〇｜，字或作褓。〔同上〕義證。〇｜，又通作保。〔同上〕〇｜又通作葆。〔同上〕〇官本｜作褓。〔漢書·王吉傳〕「大將軍抱持幼君襁｜之中」補注。〇｜，古多云小兒被也。〔說文〕「｜，小兒衣也」段注。〇｜，小兒大藉。〔同上〕〇｜，一名繃，蘇俗

所謂抱被也。〔説文定聲・卷六〕

鴇 —，鳥名，亦作鳵、鴇、鴇。〔廣韻・晧部〕○—，鳥名，似雁而大，無後趾。〔詩・鴇羽〕「肅肅—羽」朱傳。○—，虎文無後趾大如雁。〔説文〕「—，鳥名」繫傳。○獨豹，—也。〔説文〕「—，鳥也」義證引〔西陽雜俎〕。○驪白雜毛曰—。〔詩・大叔于田〕「乘乘—」朱傳。○—行訓作行列。〔詩・鴇羽〕「肅肅—行」集疏。

稾 —，禾稈，又—本草刱之本，俗作藁。〔廣韻・晧部〕○—草謂書之不謹，若禾—之亂然。〔説文〕「—，稈也」繫傳。○—草，又文章之未脩治也。〔同上〕○麄書為本曰—。〔漢書・董仲舒傳〕「屮—未上」補注引〔書斷〕。○〔説文定聲・卷七〕—猶造也。〔史記・屈原傳〕「屈平屬草藁」。○斬芻之質謂之—砧。〔説文〕「鈇，斫莝刀也」段注。○秆、稭、—、稈，一聲之變轉也。〔廣雅・釋草〕「秆、稈、稭，—也」疏證。○〔説文定聲・卷七〕—，假借為犒，實為槁。〔周禮・地官〕「—人」。

草 —木，謂疏材之屬。〔大戴・五帝德〕「時播百穀—木」王詁。○—，今人書—木字。〔説文〕「—，斗櫟實」繫傳。○—，菜也。〔國策・齊策四〕「食以—具」補正。○—，造也。〔通鑑・唐紀二一〕「自文明—昧」音注。○—，—創物也。〔易・屯〕「天造—昧」李疏引虞注。○—者，言始制之，若—蕪雜也。〔論語・憲問〕「—創之」劉正義。○—，奏藁也。〔通鑑・晉紀七〕「退而削—」音注。○造與—聲近而義通。〔易・屯〕「天造—昧」平議。○—，略也。〔論語・憲問〕「—創之」朱注。○—猶麄也。〔漢書・董仲舒傳〕「屮稾未上」補注引〔書斷〕。○粗略之詞曰—。〔説文定聲・卷七〕○—，不精也。〔國策・齊策四〕「食以—具」鮑注。○生曰—。〔管子〕「苴—」雜志。○——，憂也。〔詩・巷伯〕「勞人——」朱傳。○—讀為慅。〔同上〕陳疏。○——即慅慅之異文。〔同上〕通釋。○—與慅同。〔廣雅・釋訓〕「慅慅，憂也」疏證。○——即慅慅。〔釋訓〕「慅慅，勞也」郝疏。○——、慅慅、懆懆亦通慘慘。〔通雅・釋詁〕○—止，茇舍也。〔通雅・禮儀〕○莠害苗為—竊。〔書・微子〕「好—竊姦宄」孫疏引江聲。○鈔、抄，聲俱與—相近。〔同上〕孫疏。○—莽猶—茅也。〔孟子・萬章下〕「在野曰—莽之臣」焦正義。○—蟲，蝗屬，奇音青色。〔詩・草蟲〕「喓喓—蟲」朱傳。○—蟲，為凡小蟲—生者之通稱。〔同上〕後箋引戴震。○〔説文定聲・卷一〕—蟲，今蘇俗謂之叫哥哥。〔詩・草蟲〕「喓喓—蟲」。〔「螽」下〕○〔卷六〕—馬，牝馬也，字或變作騲。〔魏志・杜畿傳〕「課民畜牸牛—馬」。○—螽，負蠜，即今之蟈蟈也。〔詩・草蟲〕「喓喓—蟲」集疏。○—即艸字假音。〔墨子・節葬下〕「辟—木」閒詁引畢沅。○〔説文定聲・卷六〕—，以早為之。〔周禮・大司徒〕「早物」。○〔同上〕—，字變作悼。〔洞簫賦〕「悼恅瀾漫」。○〔同上〕—，字變作嘷。〔埤蒼〕「嘷嘐寂靜也」。○—斗之字，俗作皁作皂。〔説文〕「—，—斗」段注。○—，俗作皁。〔同上〕義證。○—，字誤作皁作皂。〔説文定聲・卷六〕○〔同上〕—，假借為艸。〔周禮・地官序官〕「—人典枲麻—之物」。○〔同上〕—，假借為造，實為俶。〔廣雅・釋言〕「—，造也」。○〔同上〕—，假借為粗。〔史記・陳丞相世家〕「更以惡—具進楚使」。○〔同上〕—，假借為槽。〔方言五〕「櫪或謂之皁」。○—，魯作慅。〔詩・巷伯〕「勞人——」集疏。○生—，〔新序〕作生蒿。〔莊子・讓王〕「茨以生—」集釋。○

艸 —亦木也。〔説文定聲・卷八〕〔「木」下〕○—，引申為—稿、—具之—。〔説文〕「—，百卉也」段注。○—，經傳皆以草為之，〔漢書〕多以屮為之。〔説文定聲・卷六〕

皞 —，明也，旰也，曜也。〔廣韻・晧部〕又〔集韻・号部〕。○—，潔白光明之皃，俗字作皥。〔説文定聲・卷六〕○顥顥、晧晧並與——同。〔廣雅・釋訓〕「——，白也」疏證。○—，俗从白作皥。〔説文〕「—，晧旰也」段注。○—或通作晧。〔同上〕義證。○—，字又作滈。〔同上〕○〔説文定聲・卷六〕—，假借為昦。〔漢書・鄭崇傳〕「皥天罔極」。

皥 ○——，廣大自得之貌。〔孟子・盡心上〕「——如也」朱注。○—天，自然也。〔莊子・人間世〕「易之者—天不宜」集釋引向云。○浩、昊、皓、—，古字通。〔孟子・盡心上〕「——如也」焦正義。○—與昊通。〔左傳僖公二一年〕「實司太—與有濟之祀」疏證。○少—，〔初學記〕引作少昊氏。〔左傳昭公一七年〕「我高祖少—摯之立也」洪詁。○少—，〔史記・世家〕作少昊。〔左傳定公四年〕「封於少—之虛」洪詁。

昊 昦同—。〔廣韻・晧部〕○—，—天。〔詩・巷伯〕「投畀有—」朱傳。又〔廣韻・晧部〕。○昦，春天也。〔説文〕「昦，春為昦天」義證引〔九經字樣〕。○—，亦廣大之意。〔詩・雨無正〕「浩浩—天」朱傳。○昦，舒和廣大皃。〔説文〕「昦，春為昦天」繫傳。○昦，今字作—。〔説文定聲・卷六〕○昦同—。〔廣韻・晧部〕○〔説文定聲・卷六〕昦，以晧為之。〔荀子・賦〕「晧天不復憂無疆也」。○〔同上〕昦，以皞為之。〔莊子・人間世〕「皞天不宜」。○〔同上〕昦，以顥為之。〔童子逢盛碑〕「顥天不惠」。○〔同上〕昦，以浩為之。〔漢脩堯廟碑〕「恩如浩蒼」。○—、顥、晧皆同音通用字。〔文選・封禪文〕「自—穹兮生民」集釋。○—，魯作皞。〔詩・蓼莪〕「—天罔極」集疏。○官本—天作昦天。〔漢書・五行志〕「—天不弔」補注。

浩 —，—汗，大水皃。〔廣韻・晧部〕○—溔，大也。〔廣雅・釋詁一〕疏證。○—溔，水無際也。〔漢書・司馬相如傳〕「然後灝溔潢漾」補注引〔玉篇〕。○——，廣大也。〔詩・雨無正〕「——昊天」朱傳。○——，廣大貌。〔中庸〕「——其天」朱注。○—然，盛大流行之貌。〔孟子・公孫丑上〕「養吾—然之氣」朱注。○—蕩，漫散無檢柙也。〔離騷〕「怨靈脩之—蕩兮」戴注。○—蕩，法度壞貌。〔同上〕補注引五臣。○浤、—、沆同義。〔説文〕「—，澆也」段注。○〔説文定聲・卷六〕—，字亦作灝。〔廣雅・釋訓〕「灝灝，大也」。○〔同上〕—，假借為傲。〔家語・三恕〕「—倨者則不親」。○

丨讀曰闇。〔漢書・地理志〕「丨亹」補注引闞駰。〇丨丨，〔河渠書〕作皓皓。〔漢書・溝洫志〕補注。

顥　丨，頭白皃。〔説文定聲・卷七〕〇丨气，白气也。〔説文〕「丨，白皃」繫傳。〇丨，大也，又天邊氣。〔廣韻・皓部〕〇丨，天也。〔漢書・禮樂志〕「西丨沆碭」補注引王念孫。〇丨、皓古通。〔説文〕「丨，白皃」句讀。〇丨，今或作皓。〔廣韻・皓部〕〇丨，今本作皓，俗字也。〔釋名・釋天〕「其氣布散丨丨也」疏證。〇丨丨、皓皓並與皞皞同。〔廣雅・釋訓〕「皞皞，白也」疏證。〇〔説文定聲・卷七〕丨，以皓為之。李陵〔與蘇武詩〕「皓首以為期」。〇（同上）丨，假借為皓，為皞。〔呂覽・有始〕「西方曰丨天」。〇（同上）丨，假借為昊。〔漢書・司馬相如傳〕「肇自丨穹生民」。〇四丨，他書作四皓者通假字也。〔説文〕「南山四丨」段注。

鎬　丨，丨京。〔廣韻・皓部〕〇丨又通作滈。〔説文〕「丨，武王所都」義證。〇丨音浩。〔詩・六月〕「侵丨及方」朱傳。〇〔説文定聲・卷七〕丨，假借為鄗。〔詩・六月〕「侵丨及方」。

鄗　丨，光武立處邑名。〔廣韻・皓部〕〇丨假借為鎬，武王所都邑名。〔説文定聲・卷七〕〇丨，假借為蒿。（同上）〇丨，當依〔左傳〕作郊。〔史記・秦紀〕「取王官及丨」志疑。〇丨，〔穀梁〕作蒿，〔左氏〕作艾。〔公羊傳桓公一五年〕「公會齊侯于丨」陳疏。

懆　丨，憂心。〔廣韻・皓部〕〇丨丨，憂貌。〔詩・白華〕「念子丨丨」朱傳。〇丨丨，慅也。〔詩・抑〕「我心丨丨」集疏引魯説。〇慅同丨。〔廣韻・皓部〕〇丨、慘聲轉，古字通用。〔釋詁〕「慘，憂也」郝疏。〇丨通作慘，又通作慅，又通作懵。（同上）〇丨、悄雙聲疊韻。〔釋訓〕「慘慘，慅也」郝疏。〇〔説文定聲・卷七〕丨，以慅為之。〔廣雅・釋訓〕「慅慅，憂也」。〇（同上）丨，假借為嫪。〔廣雅・釋詁二〕「丨，貪也」。

滈　丨，水名，在京兆。〔廣韻・皓部〕〇丨，引伸為水皃。〔説文〕「丨，久雨也」段注。〇丨，借為京兆鎬水字。（同上）〇〔説文定聲・卷七〕丨，假借為鎬。〔荀子・議兵〕「湯以薄，武王以丨」。〇丨，字亦作濄。〔説文定聲・卷七〕〇丨，水神。〔史記・始皇紀〕「為吾遺丨池君」志疑引服虔。〇丨池君為武王。（同上）志疑引張晏。〇丨池君以為始皇。（同上）志疑引〔雍録〕。

繰　紺色曰丨。〔廣韻・皓部〕〇〔説文定聲・卷七〕丨，假借為藻。〔禮記・禮器〕「朱緑丨」。〇（同上）丨，假借為澡。〔禮記・雜記〕「緦冠丨纓」。〇丨，或假借為澡。〔説文〕「澡，洒手也」段注。〇丨纓又作慅纓。（同上）

璪　丨，玉名。〔廣韻・皓部〕〇丨，玉色如藻。〔説文〕「丨，玉飾」義證引〔五經文字〕。〇丨者，用五采絲為繩，垂之以為冕之旒也。〔禮記・郊特牲〕「戴冕丨十有二旒」集解。〇丨，諸書多借藻字。〔説文〕「丨，玉飾」義證。〇丨，此假借為藻。〔説文定聲・卷七〕〇禮經文采之訓，古文多用繅字，今文多用丨、藻字。〔説文〕「丨，玉飾，如水藻之水」段注。〇〔虞書〕丨字，衣之文也，當从衣，而从玉者假借也。〔説文〕「虞書曰丨火粉米」段注。

早　丨，晨也。〔廣韻・皓部〕〇〔説文定聲・卷六〕舉首見日為丨。〔説文〕「丨，晨也」。〇丨亦速也。〔詩・生民〕「載震載夙」後箋。〇今人謂及丨為即速。〔釋詁〕「朝，丨也」郝疏。〇丨，引伸為凡争先之偁。〔説文〕「丨，晨也」段注。〇〔説文定聲・卷六〕丨，假借為草。〔周禮・大司徒〕「其植物宜丨物」。〇（同上）丨，字誤作皁。〔詩・大田〕「既方既皁」。

皁　丨，古只作早。〔墨子・經説上〕「為，丨臺」閒詁引張惠言。〇實未堅者曰丨。〔詩・大田〕「既方既丨」朱傳。〇丨即草斗。（同上）陳疏。〇凡植物有孚甲者皆可稱丨。（同上）後箋。〇丨猶造也。〔説文〕「僕，給事者」繫傳。〇丨，丨隸，又槽屬，亦黑繒，俗作皂。〔廣韻・皓部〕〇丨與槽音義同也。〔説文〕「槽，嘼之食器」段注。〇丨，馬櫪也。〔通鑑・後唐紀五〕「衆駒争丨棧」音注。〇黝黑曰丨。〔通鑑・綵色〕〇丨即草字之俗。〔詩・大田〕「既方既丨」通釋。〇丨者，草之俗字。〔周官・大司徒〕「其植物宜丨物」平議。〇丨當作草。〔説文〕「栩，柔也，其實丨」義證。

襖　丨，袍丨。〔廣韻・皓部〕〇丨，複衣也，有綿夾大小之異。〔慧琳音義・卷六一〕

繅　丨，雜五綵文。〔廣韻・皓部〕〇〔説文定聲・卷七〕丨，假借為藻。〔周禮・弁師〕「五采丨十有二」。

⿱叉䖵　丨，齧人跳蟲。〔廣韻・皓部〕〇丨，字或作⿰虫造。〔説文〕「丨，齧人跳蟲」義證。

蚤　〇丨知，先見也。〔國策・燕策二〕「丨知之士」鮑注。〇丨，丨朝也。〔詩・七月〕「四之日其丨」朱傳。〇丨讀為爪。〔説文〕「揃，搣也」段注。〇丨、爪同。〔墨子・備高臨〕「丨尺五寸」閒詁。又〔備城門〕「丨長四寸」閒詁。〇爪、丨通用。〔莊子・秋水〕「鴟鵂夜撮丨」集釋。〇丨即爪假音。〔墨子・非樂上〕「因其蹄丨」閒詁引畢沅。〇〔説文定聲・卷六〕丨假借為爪。〔東京賦〕「葩瑵曲莖」。〇丨同⿱叉䖵，又古借為丨暮字。〔廣韻・皓部〕〇丨字同早。〔墨子・尚賢中〕「丨朝晏退」閒詁引畢沅。〇丨，古早字通。〔通鑑・周紀三〕「時尚丨」音注。〇丨，經傳多假為早字。〔説文〕「丨，⿱叉䖵或从虫」段注。〇丨，早借字。〔漢書・灌夫傳〕「將軍旦日丨臨」補注。〇丨當為早，借丨字。〔漢書・李廣傳〕「當户丨死」補注。〇〔説文定聲・卷六〕丨，假借為早。〔周語〕「若皆丨世猶可」。

澡　丨猶洗，令潔也。〔慧琳音義・卷八〕引顧野王。〇丨，丨洗。〔廣韻・皓部〕〇丨槃，浴盆也。〔通雅・雜用〕

薧　凡死而枯槁謂之丨。〔説文〕「丨，死人里也」段注。〇丨，乾魚。〔廣韻・皓部〕〇〔説文定聲・卷七〕丨，枯木之轉注。〔禮記・内則〕「兔丨」。〇（同上）丨，字亦作殦。〔廣雅・釋詁二〕「殦，乾也」。〇（同上）丨，假借為槁。〔周禮・庖人〕「死生鱻丨之物」。〇丨，字亦作槁。〔廣韻・皓部〕

○殦、丨、槀並通。〔廣雅·釋詁二〕「殦,乾也」疏證。

灝　丨,丨溔,水勢遠也。〔廣韻·晧部〕○丨,煮豆汁。〔集韻·晧部〕又〔說文〕「丨,豆汁也」義證引〔玉篇〕。

栲　丨,木名,山樗也。〔廣韻·晧部〕○丨,山樗也。〔詩·山有樞〕「山有丨」朱傳。又(同上)後箋引〔稽古編〕。又〔南山有臺〕「南山有丨」朱傳。○丨,臭椿也。〔通雅·木〕○丨、尻古今字。〔說文〕「柷,山樗也」義證。

藧　丨,乾梅。〔廣韻·晧部〕○凡乾果皆可曰丨。〔通雅·木〕○丨,今白梅也。〔說文〕「丨,乾梅之屬」繫傳。○蜀人名梅為丨。(同上)義證引〔蜀志〕。○蜀名梅為丨。(同上)引〔廣志〕。

媪　丨,女老稱。〔廣韻·晧部〕又〔國策·趙策四〕「丨之愛燕后」鮑注。○丨,長老尊偁也。〔說文〕「丨,母老偁也」段注引孟康。○幽州及漢中皆謂老嫗為丨。(同上)段注引文穎。○丨為母之異名,又為婦人長者之稱也。〔廣雅·釋親〕「丨,母也」疏證。○丨,母別名也。〔國策·趙策四〕「丨之愛燕后」札記引〔禮樂志〕。○丨亦當時女通稱。〔漢書·高祖薄姬傳〕「與故魏王宗女魏丨通」補注引周壽昌。○少亦稱丨也。〔漢書·衛青傳〕「季與主家僮衛丨通」補注。○嫗與丨並兼老少。(同上)補注引沈欽韓。○丨壻為阿耆。〔通雅·稱謂〕○丨、熅並與媪通。〔廣雅·釋詁四〕「媪,饒也」疏證。○丨當為熅字之誤。〔漢書·禮樂志〕「后土富丨」補注引吳仁傑。○丨神,字亦當作熅。〔漢書·禮樂志〕「丨神蕃釐」補注引吳仁傑。

䴠　丨,麛子。〔廣韻·晧部〕○丨,〔王制〕祇作夭。〔說文〕「麛,鹿子也」段注。

夭　〔說文定聲·卷七〕丨,字亦變作䴠。〔爾雅〕「麛子,䴠」。

杲　日在木上為丨。〔說文定聲·卷七〕〔「杳」下〕○丨,日出,又明白也。〔廣韻·晧部〕○丨,日出之皃。〔詩·伯兮〕「丨丨出日」陳疏。○日出謂之丨。(同上)通釋。○丨之言晈晈也。〔廣雅·釋詁四〕「丨,明也」疏證。○暠與丨同。〔廣雅·釋訓〕「丨丨,白也」疏證。

縞　丨,鮮色繒也。〔國策·齊策四〕「皆丨紵」鮑注。○丨,素也。〔廣韻·晧部〕○丨,白色。〔詩·出其東門〕「丨衣綦巾」朱傳。○丨,白色生絹。〔禮記·玉藻〕「丨冠素紕」集解。○丨,生絹。〔禮記·喪大記〕「大夫丨衾」集解。○生帛曰丨。〔說文〕「丨,鮮卮也」段注引任大椿。○丨,練也。〔楚辭·招魂〕「纂組綺丨」補注引五臣。○丨,工道反,白練。〔太素·證候之一〕「如以丨裹紅」楊注。○粗白曰丨。〔通雅·音義雜論〕○稍粗曰丨。〔通雅·布帛〕○白經赤緯曰丨。〔左傳襄公二九年〕「與之丨帶」洪詁。○丨者,鮮支也。〔說文〕「約,丨也」段注。○丨、素同物異名,惟粗細差別耳。〔漢書·司馬相如傳〕「揄紵丨」補注引王文彬。○丨之言皜皜然也。〔廣雅·釋器〕「丨,練也」疏證。○丨讀曰藃。〔大戴·夏小正〕「緹丨」王詁。○〔說文定聲·卷七〕丨,字亦作藃。〔夏小正〕「緹丨」。

暠　丨,明白也。〔廣韻·晧部〕○丨,明白皃。〔集韻·晧部〕○丨然,灼然明白者也。〔慧琳音義·卷一〕○丨與杲同,字又作皜。〔廣雅·釋訓〕「杲杲,白也」疏證。○丨、翯、皠並字異而義同。〔廣雅·釋器〕「翯,白也」疏證。○皜,義與杲相近。〔廣雅·釋詁四〕「杲,明也」疏證。

橑　丨,屋丨,簷前木,一曰蓋骨,一曰欄也。〔廣韻·晧部〕○丨,椽也。〔說文〕「丨,椽也」義證引〔玉篇〕。○丨者,落落分布之名。〔廣雅·釋宮〕「丨,椽也」疏證。○丨通作轑。〔說文〕「丨,椽也」義證。○〔說文定聲·卷七〕丨,假借為烄。〔管子·侈靡〕「雕丨然後爨之」。

轑　丨,車軸。〔廣韻·晧部〕○丨通作橑。〔說文〕「丨,蓋弓也」義證。○丨與橑同。〔廣雅·釋宮〕「橑,椽也」疏證。○丨,蓋弓之訓實為橑椽之轉注。〔說文定聲·卷六〕○(同上)丨,實橑字之引申。〔說文〕「丨,一曰輻也」。○(同上)丨,假借為橑。〔漢書·張敞傳〕「果得之殿屋重丨中」。○(同上)丨,假借為燎。〔漢書·杜欽傳〕「欲以重丨天下」。○(同上)丨,假借為撩。〔漢書·楚元王傳〕「丨釜」。○〔史·表〕丨作潦。〔漢書·景武昭宣元成功臣表〕「丨陽侯江喜」補注。○丨陽侯,〔史記補〕作潦陽侯。〔漢書·昭帝紀〕「太常丨陽侯」補注引錢大昭。

夰　丨,放也。〔集韻·晧部〕○丨者,大分之意。〔說文〕「丨,放也」段注。○丨,昦昦字从此,本音杲。〔廣韻·晧部〕

䆃　丨,禾一莖六穗也。〔廣韻·晧部〕引〔字林〕○丨,禾之名也。〔說文〕「丨,禾也」繫傳。○丨,擇也。〔說文〕「丨,米也」段注。○丨,引申亦有擇義。〔文選·封禪文〕集釋。○丨字从禾,嘉禾之名。(同上)

芺　丨,苦丨。〔廣韻·晧部〕○丨,苦丨也。〔說文〕「丨,艸也」繫傳。○凡物稗曰丨。〔本草·卷一五〕○〔說文定聲·卷一三〕丨即薊。〔說文〕「薊,丨也」〔「薊」下〕

蔢　丨,蔜丨草。〔廣韻·晧部〕○丨,艸名。〔集韻·晧部〕○丨,今繁縷草。〔說文〕「丨,艸也」繫傳。○丨即雞腸艸。(同上)句讀。

蓃　○丨,字亦誤作蒐。〔說文定聲·卷六〕○(同上)丨,叚借為獀。〔釋天〕「春獵為蒐」。○(同上)丨,叚借為搜。〔釋詁〕「蒐,聚也」。

菒　丨,乾草。〔廣韻·晧部〕

蓩　丨,毒草也。〔說文〕「丨,卷耳也」義證引〔玉篇〕。○丨,毒草,又地名。〔廣韻·晧部〕○茂與丨通。〔廣雅·釋訓〕「丨丨,茂也」疏證。○〔說文定聲·卷六〕丨,假借為蔢。〔後漢·劉聖公傳〕「戰于丨鄉」。○丨即菽之譌。〔說文〕「菽,細草叢生也」段注。

碯　丨,碼丨,寶石。〔廣韻·晧部〕

瑮 —,石次玉者。〔廣韻・晧部〕○〔通雅・卷四七〕—結即海鏡也。〔南越志〕「—結大者二三寸」。○〔說文定聲・卷七〕—,假借為璅。〔東京賦〕「既——焉」。

艁 ——舟,以舟為橋。〔廣韻・晧部〕○—者,謂並舟成梁。〔說文〕「—,古文造」段注。○—梁,浮橋也。〔通雅・宮室〕

媢 —,夫妬婦也。〔廣韻・晧部〕又〔集韻・晧部〕。

鰝 —,大鰕。〔廣韻・晧部〕

稽 —,網綴。〔廣韻・晧部〕○網飾謂之—。〔集韻・晧部〕○—,詘曲而後止也。〔說文〕「—,椒而止也」繫傳。○—,趾而止也。(同上)義證引〔玉篇〕。○—蓋與榕通。〔說文〕「榕,木也」句讀。○—,木名者,借為榕也。〔說文定聲・卷六〕

禂 —,牲馬祭也。〔廣韻・晧部〕○〔說文定聲・卷六〕—,吉日。〔說文〕「—,禱牲馬祭也」。○驕同—。〔廣韻・晧部〕○—,蓋即禱之古文。〔周官・甸祝〕「—牲—馬」平議。

壔 —,高土。〔廣韻・晧部〕○—謂以土擁木也。〔說文〕「壔,保也」義證引〔九章算術〕。○—是保衛之所。〔莊子・人間世〕「無門無毒」注「毒乃—之段借」集釋。○—,堡也。〔集韻・屋部〕○〔說文定聲・卷六〕—,字亦作堡。〔廣雅・釋宮〕「堡,隄也」。○(同上)—,以保為之。〔禮記・檀弓〕「遇負杖入保者」。

榕 —,木名。〔廣韻・晧部〕○—,膏物也。〔說文〕「—,木也」義證引戴侗。○—,亦名烏臼。(同上)○—字亦作槔。〔說文定聲・卷六〕○(同上)—,假借為橋。〔莊子・天地〕「其名曰槔」。

臭 —,大白澤也。〔廣韻・晧部〕○—,元氣—白者天也。〔慧琳音義・卷一九〕引〔考聲〕。○—,經典通作皋。〔說文〕「—,大白澤也」義證。○〔說文定聲・卷六〕—,假借為皋。〔說文〕「—,古文以為澤字」。○—茝即蘭茝。〔史記〕「—茝」雜志。○澤字古文作—。(同上)○〔說文定聲・卷六〕此篆說解當云—,大白也,从大从白,一曰澤也,古文以為臯字。〔說文〕「—,大白澤也」。○各本白下有澤字。〔說文〕「—,大白也」段注。

冃 —,重覆。〔廣韻・晧部〕○—,字亦以瑁為之,誤變作賵。〔說文定聲・卷六〕○(同上)—讀若茂也。〔說文〕「—,讀若艸莓之莓」。○(同上)—,蓋衣被之物,與襚同義。〔春秋隱公元年〕「惠公仲子之賵」。○—通作冒。〔說文〕「—,重覆也」義證。○—,下一覆也,上又加冂,是為重覆。(同上)段注。

蒿 —,—侯莎。〔廣韻・晧部〕○—即莎艸。〔釋艸〕「—,侯莎」鄭注。○—,莎草,一名莎侯。〔說文〕「莎,鎬侯也」義證。又〔漢書・司馬相如傳〕「薛莎」補注引〔玉篇〕。

嘐 —,嘷—,無人。〔廣韻・晧部〕

鄡 —,黃色。〔廣韻・晧部〕

䠷 —,𨇮—,長皃。〔廣韻・晧部〕又〔集韻・晧部〕。○—之言佻佻然也。〔廣雅・釋詁四〕「—,長也」疏證。○—、𨇮,堅為長短之長。(同上)

檮 —,斷木也。〔楚辭・惜誦〕「—木蘭以矯蕙兮」補注。○—杌,惡木也,主于記惡以為戒也。〔說文〕「—,斷木也」繫傳。○〔說文定聲・卷六〕—,假借為幬。〔廣雅・釋器〕「—,棺也」。

嘷 —,—嘐,無人。〔廣韻・晧部〕○—嘐,寂靜也。〔集韻・晧部〕

菽 —,細草叢生。〔廣韻・晧部〕○—與茂音義同。〔說文〕「—,細艸叢生也」段注。○—之言茂,葆之言苞也。〔廣雅・釋言〕「—,葆也」疏證。

宲 —,藏也。〔廣韻・晧部〕○—,所寶藏。〔說文〕「—,藏也」繫傳。○—,寶之正字。〔左傳莊公六年經〕疏證引沈欽韓。○〔說文定聲・卷六〕—,古文孚。〔說文〕「—,藏也」。○—又借寶字。〔說文〕「—,藏也」義證。○—或借保字。(同上)義證。○—與保音同義近。(同上)段注。○—、保、寶並通。〔廣雅・釋詁四〕「—,藏也」疏證。○—,今作寶。〔說文〕「—,周書曰陳—赤刀」段注。○—,今本〔顧命〕以寶為之。〔說文定聲・卷六〕

𠦍 —,相次也。〔廣韻・晧部〕○—,五家為—也,使之相次也。〔說文〕「—,相次也」繫傳。○—,比叙之則必有其次。(同上)段注。○—,比叙之有次弟。〔說文定聲・卷六〕○—通作保。〔說文〕「—,相次也」義證。

鴇 —,鳥名。〔廣韻・晧部〕

攷 —,古文。〔廣韻・晧部〕○—、考古今字。〔周禮・諸子〕「以—其藝」孫正義。○—,今通作考,假借字也。〔釋名・釋言語〕「巧,—也」疏證。○〔說文定聲・卷六〕—,經傳通以考為之。〔說文〕「—,敂也」。○—,俗字又作拷。〔說文定聲・卷六〕○—,經典借考字。〔說文〕「—,敂也」義證。○—,今〔周禮〕考功字如此。(同上)繫傳。○—,引伸之義為—課。〔周禮〕多作—,他經—擊、—課皆作考,假借也。(同上)段注。○—,亦考校之義。〔說文定聲・卷六〕

𨇮 —,—䠷,長也。〔廣韻・晧部〕又〔集韻・晧部〕。○—之言夭夭然也。〔廣雅・釋詁四〕「—,長也」疏證。

祰 丨，禱也。〔廣韻・晧部〕○丨，告祭也。〔同上〕引〔説文〕。○〔説文定聲・卷六〕丨，以告為之。〔禮記〕「必告于祖」。

丂 丨，氣欲舒皃。〔廣韻・晧部〕○丨猶稽丨之意也。〔説文〕「丨，气欲舒出」繫傳。○丨，气蹟閡。〔説文〕「丨，冐也」繫傳。○丨者，痛聲不舒揚也。〔説文〕「号，痛聲也」繫傳。○丨假借為于字。〔説文定聲・卷六〕○丨，假借為巧字。〔同上〕

杬 丨，木名。〔廣韻・屋部〕又〔集韻・屋部〕。○丨即栲也。〔説文〕「丨，山樗也」繫傳。○丨，字亦作栲。〔説文定聲・卷六〕○丨通作栲。〔釋木〕「栲，山樗」郝疏。○丨、栲古今字。〔説文〕「丨，山樗也」段注。又〔同上〕句讀。○丨假借為莱。〔説文定聲・卷六〕

匀 丨者，覆也，猶冒也。〔説文定聲・卷六〕〔「報」下〕○丨，今俗作抱，乃或捊字也。〔説文〕「丨，覆也」段注。○丨，此當為抱子、抱孫之正字。〔同上〕○丨或作葆。〔説文〕「丨，覆也」義證。

䁉 丨，細視。〔廣韻・屋部〕○丨，低視也。〔集韻・屋部〕○蓋古文以丨為冒也。〔説文〕「丨，周書曰武王惟丨」段注。○丨，蓋孔壁古文。〔書・君奭〕「武王惟冒」孫疏。○〔説文定聲・卷六〕丨，假借為冃。〔左傳隱公元年〕「惠公仲子之賵」。

冒 丨與懋聲相近，又通勖，勉也。〔書・君奭〕「武王惟丨」孫疏。○丨作䁉，古文假借字。〔同上〕

芼 丨，以菜和羹。〔集韻・晧部〕○丨，菜之烹於肉湆者也。〔説文〕「丨，艸覆蔓」段注引〔毛鄭詩考正〕。○流、采、丨皆取也。〔廣雅・釋言〕「摎，捊也」疏證。

頶 丨者，大頭也。〔廣雅・釋詁一〕「丨，大也」疏證引〔玉篇〕。○丨，丨頓，大頭。〔廣韻・晧部〕又〔集韻・晧部〕。

澔 丨汧，水大皃。〔集韻・晧部〕

號 丨，土釜，亦作鑪。〔廣韻・晧部〕○鑪即丨字，鍪金為之，丨則土為之。〔説文〕「丨，土鍪也」段注。○丨，各本譌作鑪。〔廣雅・釋器〕「丨，釜也」疏證。

顥 丨，廣大皃。〔廣雅・釋訓〕「丨丨，大也」疏證引〔玉篇〕。○丨丨猶浩浩也。〔同上〕疏證。○各本丨丨作灝灝。〔同上〕

殦 丨、薧、槀並通。〔廣雅・釋詁二〕「丨，乾也」疏證。

劋 丨，絕也。〔説文〕「丨，絕也」段注引〔玉篇〕。○〔説文〕用丨則孔壁古文也。〔書・甘誓〕「勦絕其命」孫疏。○〔説文定聲・卷七〕丨，字亦作勦作剿。〔説文〕「丨，絕也」。○衛包當日改丨為从刀之剿猶可説也，改為从力之勦則不可説矣。〔説文〕「丨，絕也」段注。○〔説文定聲・卷七〕丨，假借為狡。〔方言二〕「丨，獪也」。

䝚 丨，似狐，善睡。〔説文〕「貈，似狐，善睡獸」義證引〔玉篇〕。

曍 丨，春也。〔説文〕「春，擣粟也」義證引〔玉篇〕。○丨，擣之異文。〔同上〕義證。

𩫏 丨，重城也。〔説文〕「丨，度也，民所度居也」繫傳。○丨，城外亭也。〔同上〕○城丨字今作郭。〔同上〕段注。

僑 丨當為碻。〔墨子・天志中〕「丨明知之」閒詁引畢沅。

匘 丨，頭中實也，或作腦。〔慧琳音義・卷四〕引〔文字集略〕。○丨，俗作腦。〔説文〕「丨，頭髓也」段注。又〔同上〕義證。○丨，腦俗字。〔同上〕句讀。○𡿺，頭𡿺。〔廣韻・晧部〕○〔説文定聲・卷七〕丨，字變作碯。〔一切經音義二〕「字書馬腦作碼碯」。○丨，字亦作腦。〔説文定聲・卷七〕

套 丨，長也。〔廣韻・晧部〕

𢼊 丨，人姓。〔廣韻・晧部〕○〔尚書〕叚丨為好。〔説文〕「丨，人姓也，商書曰無有作丨」段注。○壁中古文叚丨為好。〔同上〕○今〔尚書・洪範〕丨作好。〔同上〕

𢗝 丨，丨正之皃。〔廣韻・晧部〕○丨，丨惱，悲从内結也，或作懊憹。〔慧琳音義・卷九九〕引〔文字集略〕。

恅 丨，愺丨，心亂。〔廣韻・晧部〕

悎 丨，懼也。〔廣韻・晧部〕

愺 丨，丨恅，心亂。〔廣韻・晧部〕又〔集韻・晧部〕。○〔通雅・卷六〕丨恅，一作嘈嘐。〔文賦〕「丨恅欄慢」。

懊 丨，丨惱。〔廣韻・晧部〕

懤 丨，憂也。〔廣韻・晧部〕又〔集韻・晧部〕。

扫 丨，持也。〔集韻・晧部〕

拷 丨，掠也，擊也。〔通鑑・晉紀一四〕「丨問安何在」音注。

敲 丨，擊虛聲。〔集韻・晧部〕

毃 丨，懸擊物。〔集韻・晧部〕

耆丨，白冤也。〔集韻·晧部〕〇今人痛甚則稱阿丨。〔釋訓〕「懪懪，悶也」郝疏。

栳丨，栲丨，柳器。〔廣韻·晧部〕

稻丨，山楸。〔廣韻·晧部〕

稾丨，丨本藥。〔廣韻·晧部〕

蕖丨，瑞木，一莖六穗。〔集韻·晧部〕

欙丨，木名。〔廣韻·晧部〕

洘丨，水乾。〔廣韻·晧部〕又〔集韻·晧部〕。

淏丨，清皃。〔集韻·晧部〕

潦丨，雨落所停水也。〔慧琳音義·卷一九〕引〔考聲〕。

烅丨，又作炒、煼，火乾也。〔慧琳音義·卷四四〕

熘丨，熱也。〔集韻·晧部〕

燠丨，甚熱，又音郁。〔廣韻·晧部〕

熝丨，火乾。〔廣韻·晧部〕

瑙丨，病也。〔集韻·晧部〕

獟丨，雌狢。〔廣韻·晧部〕〇貓同丨。〔同上〕

瘬丨，丨痁，疥病。〔集韻·晧部〕

癄丨，病也。〔廣韻·晧部〕又〔集韻·晧部〕。

碨丨，女丨，石似玉。〔廣韻·晧部〕

謟丨，語相侮也。〔集韻·晧部〕

償丨，有也。〔廣韻·晧部〕〇丨，和僨物者。〔集韻·晧部〕

箬丨筀，屈竹木為器，或从木通作栲。〔集韻·晧部〕〇屈竹為器，呼曰丨筀。或作栲栳，言其屈也，即古之箵，受盛器也。〔通雅·雜用〕

箵丨，受肉籠。〔集韻·晧部〕

翺丨，彩羽。〔廣韻·晧部〕〇丨，矢羽。〔集韻·晧部〕

腴丨，藏肉。〔廣韻·晧部〕

蕷丨，瓜蔓，苗頭。〔廣韻·晧部〕〇丨，瓜蔓。〔集韻·晧部〕

藻丨，水草也。〔廣韻·晧部〕〇丨，水中菜也。〔說文〕「丨，水艸也」義證引〔玉篇〕。〇〔禮經〕華采之字，古文用丨，今文用藻、璪。〔說文〕「丨，水艸也」段注。〇丨，假借為璪。〔說文定聲·卷七〕

藁丨飫即槁飫。〔通雅·釋詁〕〇丨本，莖葉根味與芎藭小別，以其根上苗下似禾稿，故名之。〔楚辭·怨思〕「漸丨本於洿瀆」補注引〔本草〕。〇丨為稾之俗字。〔廣韻·晧部〕

頟丨，顐丨，大頭。〔廣韻·晧部〕〇丨，大頭也。〔集韻·晧部〕

顥丨，廣大皃。〔廣韻·晧部〕

䮯丨，今烏驄。〔廣韻·晧部〕引郭璞。

駂丨，馬名。〔集韻·晧部〕

驊丨，牝馬。〔集韻·晧部〕〇牝馬曰丨。〔廣韻·晧部〕〇

髞丨，藏骨。〔廣韻·晧部〕〇丨，䯧骨，或作腴。〔集韻·晧部〕

鱢丨，魚名，似鯉，雞足。〔廣韻·晧部〕

續經籍籑詁卷第五十

上聲

二十哿

哿 ｜,可也。〔詩·正月〕「｜矣富人」朱傳。又〔雨無正〕「｜矣能言」朱傳。○｜,嘉也。〔慧琳音義·卷八五〕引〔考聲〕。又〔廣韻·哿部〕。○｜之為言猶嘉耳。〔詩·正月〕「｜矣富人」述聞。○｜、嘉俱以加為聲而其義相近。〔詩·雨無正〕「｜矣能言」述聞。○｜者,歡樂也。〔詩·正月〕「｜矣富人」述聞。○｜、可聲相近。〔廣雅·釋詁三〕「｜,可也」疏證。○｜與笳同。〔廣雅·釋器〕「笳,䈘也」疏證。

火 ｜,焜也。〔說文〕「焜,｜也」義證引〔玉篇〕。○｜之為言委隨也,故其字人散二者為｜也。〔說文〕「｜,燬也」義證引〔元命苞〕。○｜者讀如喜,又讀如毀。〔釋言〕「燬,｜也」郝疏。○｜者,陽之精也。〔說文〕「｜,燬也」義證引〔春秋考異郵〕。○｜,焚而射也。〔詩·大叔于田〕「｜烈具舉」朱傳。○｜者,烟也。〔說文〕「情,人之陰气有欲者」義證引楊慎。○｜,大｜,星心也。〔詩·七月〕「七月流｜」朱傳。○｜,熒惑也。〔漢書·天文志〕「｜犯守角」補注引錢大昭。○東方宿心三星,穹中一星大而色赤,故命之｜。〔說文定聲·卷三〕(「心」下)○(同上)｜,此謂南方柳宿八星曲如拳尾。〔左傳〕「咮為鶉｜」。○｜正,亦稱北正。〔漢書·律歷志〕「｜正黎司地」補注。○｜齊,珠名。〔說文〕「玫,｜齊,玫瑰也」義證引〔白帖〕。○｜齊,象珠,赤色,起之層層各異也。(同上)繫傳。○｜子,長｜也。〔通雅·官制〕○懸｜,懸鐙也。〔楚辭·招魂〕「懸｜延起兮」王注。○｜針者,〔素問〕所謂燔針、焠針也,張仲景謂之燒針,川蜀人謂之煨針。〔本草·卷六〕○本書災、｜二字義不分析。〔漢書·宣帝紀〕「丙申,太上皇廟｜。甲辰,孝文廟｜」補注。○〔公羊〕｜皆作災。〔左傳宣公一六年經〕「成周宣榭｜」洪詁。○｜,〔周禮疏〕引作災。〔左傳昭公六年〕「鄭其｜乎」洪詁。

笴 ｜,箭莖也。〔廣韻·哿部〕○｜,箭幹。〔集韻·哿部〕○幹、｜、柯,聲義並同也。〔廣雅·釋木〕「柯,莖也」疏證。

舸 〔廣韻·哿部〕楚以大船曰｜。

瑳 ｜,玉色鮮白。〔廣韻·哿部〕

哆 ｜,語聲。〔廣韻·哿部〕○｜,下脣垂皃。(同上)○｜者,張口也。〔說文〕「魠,｜口魚也」段注。○侈、誃、｜同。〔荀子〕「侈離」雜志。○頦、｜、朧、唴並通。〔廣雅·釋詁二〕「頦,醜也」疏證。

柁 ｜,正舟木也。〔廣韻·哿部〕

拕 ｜,引也。〔廣韻·哿部〕○｜、拖同。〔廣雅·釋詁一〕「｜,引也」疏證。○〔說文定聲·卷一○〕｜,字亦作拖作扡。〔說文〕「｜,曳也」。○｜,字亦作柁。〔說文定聲·卷一○〕

袉 ｜,裾也。〔廣韻·哿部〕○｜,長舒皃。(同上)○〔說文定聲·卷一○〕｜,謂衣前衿也。〔說文〕「｜,裾也」。○｜,字亦作袘。〔說文定聲·卷一○〕○｜,俗作袘。〔說文〕「｜,裾也」段注引〔玉篇〕。○假借｜為拕也。(同上)段注。○〔論語〕「｜紳」今本作拕、作拖。(同上)

我 ｜,己稱。〔廣韻·哿部〕○｜者,己也。〔說文繫傳·通論上〕○｜,私己也。〔論語·子罕〕「毋我」朱注。○｜者,對人之辭。〔公羊傳隱公八年〕注「自入邑不得言｜」陳疏。○今方俗語謂｜為俺。〔釋詁〕「卬,｜也」郝疏。○｜者俄也,定於俄頃也。〔說文繫傳·通論上〕○｜,或說則為傾側之俄。〔說文〕「｜,或說｜頃頓也」繫傳。○古文以｜為俄也。(同上)段注。○｜,君師也。〔孟子·梁惠王下〕「四方有罪無罪惟｜在」焦正義。○古｜、義字通。〔通雅·疑始〕○｜、何古音相近。〔詩·蜉蝣〕「於｜歸處」平議。○姎、卬、｜聲相轉。〔釋詁〕「卬,｜也」郝疏。○｜从手,手古垂字。(同上)○｜,假借為俄。〔說文定聲·卷一○〕○｜,假借為義。(同上)○｜,假借為發聲之詞。(同上)○(同上)｜,假借為餓。〔莊子·山木〕「吾無糧,｜無食」。○｜當為義。〔管子·侈靡〕「有雜禮｜而居之」平議。○｜字當是於字之誤。〔史記·周本紀〕「周公葬｜畢」志疑。

娜 〔廣韻·哿部〕｜,婀｜,美皃。

儺 〔集韻·哿部〕｜,行有節也。

荷 ｜,擔也。〔論語·憲問〕「有｜蕢而過孔氏之門者」朱注。○｜,負｜。〔廣韻·哿部〕○｜,古以擔負為義,故以受任為｜,受恩為｜,而感恩者亦曰｜。〔通鑑·梁紀一二〕「兼｜兄恩意甚多」音注。○｜蕢者,擔土墣者也。〔通雅·疑始〕○何與｜同。〔廣韻·哿部〕○〔說文定聲·卷一○〕｜,假借為何。〔小爾雅·廣言〕「｜,擔也」。○本作何,作｜者借字耳。〔漢書·王莽傳〕「父子兄弟負籠｜鍤」補注引王念孫。○｜當為何。〔說文〕「臾,古文蕢。論語曰有｜臾而過孔氏之門」義證。○〔史記〕｜作苛。〔漢書·酈食其傳〕「好｜禮」補注。

可 ｜是肎也。〔說文〕「｜,肎也」繫傳。○快、｜、肎俱一聲之轉。〔釋言〕「｜,肎也」郝疏。○｜,許｜。〔廣韻·哿部〕○〔說文定聲·卷一○〕｜,許詞也。〔說文〕「｜,肎也」。○｜者,僅辭。〔論語·子路〕「朞月而已｜也」朱注。○｜者,僅｜之詞。〔荀子·非相〕「目｜瞻馬」集解引盧文弨。○｜者,僅｜而有所未盡之辭。〔論語·雍也〕「｜也簡」朱注。○｜,兼意盡未盡二義。〔釋言〕「猷,｜也」郝疏。○意所善曰｜。(同上)○｜猶所

也。〔釋詞·卷五〕○丨十二猶言約十二。〔漢書·王章傳〕「章小女年丨十年」補注引宋祁。○丨使即今諺云此事使得。〔詩·雨無正〕「亦云丨使」集疏。○丨,豈丨。〔國策·韓策一〕「言丨必用」鮑注。○丨為不丨者,聲之緩急,俗字增為叵,即丨字也。〔書·堯典〕注「丨作不丨」孫疏。○凡从丨聲之字皆訓為大。〔方言一〕「馮,苛,怒也」箋疏。○丨染即銀也,言色丨染。〔慧琳音義·卷四八〕○突厥以皇后為丨敦。〔通雅·稱謂〕○丨乃古何字。〔左傳昭公七年〕「嗣吉何建」洪詁。○丨即何字也。〔左傳宣公二年〕「又丨以為京觀乎」述聞。又〔左傳襄公三一年〕「不丨以終」述聞。○丨字並與何同。〔齊策〕「丨往矣」述聞。又〔秦策〕「言丨必用」述聞。又〔石鼓文〕「其魚隹丨」述聞。○古丨、何字通用。〔詩·葛屨〕「丨以履霜」平議。○鄭蓋讀丨為阿。〔禮記·內則〕注「丨者,傅御之屬也」述聞。○丨者即阿。〔說文〕「娿,女師也」段注。○〔說文定聲·卷一○〕丨,假借為娿。〔禮記·內則〕「則擇於諸母與丨者」。○通行本丨作何。〔左傳宣公二年〕「又丨以為京觀乎」疏證。○官本丨作河。〔漢書·禮樂志〕「受丨間樂」補注。○舊校云,丨一作不。〔呂覽·務本〕「修身會計則丨恥」校正。○舊校云,丨一作於。〔呂覽·下賢〕「則近丨得之矣」校正。

輢 小車軸折,更治曰丨。〔慧琳音義·卷七六〕引〔聲類〕。○丨,轙丨。〔廣韻·哿部〕

左 丨者,以ナ助又。〔說文〕「助,丨也」段注。○丨者,从手,手之助也。〔釋詁〕「丨,勴也」郝疏。○丨,丨右也。〔廣韻·哿部〕○丨右,助也,音佐佑。〔通鑑·漢紀三六〕「丨右小子」音注。○丨右二字連文,其義亦同。〔釋詁〕「丨,勴也」郝疏。○丨右謂丨輔右弼也。〔韓子·揚權〕「丨右既立」集解引舊注。○丨右,勴也。〔詩·關雎〕「丨右流之」集疏引魯說。○丨右,旁側也。〔詩·文王〕「在帝丨右」朱傳。○丨右猶東西,羣臣列位處。〔釋宮〕「中庭之丨右謂之位」郝疏。○丨,東也。〔詩·有杕之杜〕「生于道丨」朱傳。○丨,路門外之東也。〔禮記·祭義〕「右社稷而丨宗廟」集解。○吉事尚丨,凶事尚右。〔漢書·諸侯王表〕「作丨官之律」補注引王鳴盛。○丨,差錯之義。〔說文〕「差,貳也」繫傳。○丨辟,即邪辟也。〔詩·葛屨〕「宛然丨辟」通釋。○丨側,猶今言丨近,即旁近之意。〔漢書·昌邑哀王傳〕「陛下丨側讒人衆多」補注。○丨袵,變服也。〔史記·趙世家〕「丨袵界乘」志疑引〔補正〕。○丨契,待合而已,右契,可以責取。〔國策·韓策三〕「操右契」鮑注。○丨尹,官名。〔漢書·高帝紀〕「丨尹項伯素善張良」補注引錢大昭。○丨伊,乃胡王之號。〔漢書·蘇建傳〕「丨伊秩訾曰」補注引胡注。○丨,今之佐字。〔說文〕「助,丨也」段注。○丨,亦作佐。〔說文〕「丨,手相丨助也」義證。又(同上)句讀。○丨者,通作佐。〔釋詁〕「丨,勴也」郝疏。○凡經傳中佐佑字皆作丨右。〔漢書〕「右與」雜志。○〔說文定聲·卷一○〕丨,假借為ナ。〔易·師〕「師丨次」。○丨股作丨般。〔通雅·釋詁〕○丨當作尹。〔漢書·郊祀志〕「大司農丨咸」補注引洪亮吉。○〔說文定聲·卷一三〕奇丨,蓋即奇肱國。〔山海經〕「吳回奇丨」。〔「子」下〕

果 木實曰丨。〔本草·卷二九〕又〔說文〕「蓏,在木曰丨」義證引〔急就篇〕顏注。○樹生曰丨。〔說文〕「丨,木實也」繫傳。○丨與實同義。〔法言·君子〕「甚矣傳書之不丨也」平議。○丨,決也。〔通鑑·魏紀六〕「連不克丨」音注。○丨猶決也。〔國策·東周策〕「天下丨弗必走」鮑注。○丨,有決斷。〔論語·雍也〕「由也丨」朱注。○丨,必行也。〔論語·子路〕「行必丨」朱注。○殺敵為丨。〔大戴·四代〕「昭丨毅以聽」王詁。○丨,丨敢,又勝也,定也,剋也,亦木實。〔廣韻·果部〕○丨,能也。〔廣雅·釋言〕○凡言丨能者即敢能,言不丨者即不敢,亦即不勝。〔釋言〕「丨,勝也」郝疏。○丨,成也。〔易·蒙象傳〕「丨行育德」述聞。○丨當訓成。〔國語·鄭語〕「味一無丨」平議。○丨,信也。〔廣雅·釋詁一〕「丨,各本譌作杲」疏證。又〔史記〕「不丨所言」雜志。○丨,引伸假借為誠實勇敢之稱。〔說文〕「丨,木實也」段注。○止所當止,其止也丨矣,是謂丨戾。〔國語·晉語〕「夫以丨戾順行民不犯也」平議。○丨,女侍也。〔孟子·盡心下〕「二女丨」朱注。○〔通雅·卷四四〕丨陏,猶言丨蓏也。〔貨殖傳〕「丨陏嬴蛤」。○丨嬴,栝樓也。〔詩·東山〕「丨嬴之實」朱傳。○丨、蜾同,土蜂也。〔方言一〕疏證。○丨者,惈之段音也。〔釋詁〕「丨,勝也」郝疏。○〔說文定聲·卷一○〕丨,字亦作惈。〔釋詁〕「惈,勝也」。○丨敢,〔爾雅〕〔倉頡篇〕皆作惈。〔說文〕「婐,婐妮也」段注。○祼丨聲類同。〔周禮·大宗伯〕「大賓客則攝而載丨」孫正義。○丨與祼同音。〔周書〕「足丨」雜志。○〔說文定聲·卷一○〕丨,假借為祼。〔周禮·小宗伯〕「以待丨將」。○丨、裹聲並同。〔周禮·龜人〕「東龜曰丨屬」孫正義。○〔說文定聲·卷一○〕丨,假借為裹。〔釋魚〕「前弇諸丨」。○過、丨通。〔釋詁〕「丨,勝也」郝疏。○〔說文定聲·卷一○〕丨,字亦作猓。〔吳都賦〕「狖鼯猓然」。○(同上)丨,假借為敢。〔論語〕「由也丨」。○(同上)丨,假借為甘。〔鄭語〕「味一無丨」。○(同上)丨,假借為干。〔漢書·五行志〕「黑蜺丨氣」。○(同上)丨,假借為婐。〔孟子〕「二女丨」。○丨,俗作菓。〔廣韻·果部〕

裹 丨,包也。〔說文〕「勹,丨也」義證引〔玉篇〕。○丨,苞也。〔慧琳音義·卷三〕引〔玉篇〕。○丨,苞丨,又纏也。〔廣韻·果部〕○丨與韏一聲之轉。〔廣雅·釋詁四〕「幓,韏也」疏證。

蜾 丨,丨蠃,蟲也。〔廣韻·果部〕○丨,蟲名,虒蝓也,通作蠃。〔集韻·果部〕○丨蠃,土蜂也。〔詩·小宛〕「丨蠃負之」朱傳。○稚蜂曰丨蠃。(同上)通釋。○丨蠃、蠮螉、蒲盧,皆螫蜂也。〔通雅·蟲〕○丨,三家作蜾。〔詩·小宛〕「丨蠃負之」集疏。

朵 丨,木垂皃。〔慧琳音義·卷三八〕引〔考聲〕。○丨同朵,木上垂也。〔廣韻·果部〕○丨,象樹木垂形。〔說文〕「丨,樹木垂丨丨也」義證引〔五經文

字」。○今謂花為一丨，亦取其下垂也。〔說文〕「丨，樹木垂丨丨也」繫傳。○丨，下垂而動之貌。〔易・頤〕「觀我丨頤」李疏。○丨頤，貪食之象。〔同上〕李疏。○〔通雅・卷三六〕丨子，首飾也。〔古今注〕「蘇丨子」。○丨覌，滇中巫人之稱。〔通雅・稱謂〕○〔說文定聲・卷一〇〕丨，字亦作桗。〔說文〕「丨，樹木垂丨丨也」。○丨，假借為垜，・後世有丨殿字，蓋垜之轉注。〔說文定聲・卷一〇〕

鎖　丨，鐵丨也，俗作鏁。〔廣韻・果部〕○丨，連環也。〔慧琳音義・卷一二〕引〔考聲〕。○丨，還束也。〔卷六七〕引〔字書〕。○丨，相鉤連也。〔卷一二〕引〔字書〕。○丨，連鐵環以拘身也。〔卷一八〕引〔文字集略〕。○丨，錄也。〔卷四九〕又〔卷一三〕引〔考聲〕。

瑣　丨亦連玉之聲。〔說文〕「丨，玉聲也」義證。○丨為玉聲之小者。〔說文〕「鋃，鋃鐺，丨也」段注。○彫玉為連環不絕謂之丨。〔同上〕○丨，連環也。〔慧琳音義・卷二〕引〔字書〕。○丨，聯也，環也。〔卷五〕引〔字林〕。○丨，門閣也。〔離騷〕「欲少留此靈丨兮」補注引五臣。○丨，琅當也，户邊青鏤為丨文謂之青丨。〔同上〕戴注。○丨，青丨。〔廣韻・果部〕○丨丨，細。〔詩・旄丘〕「丨兮尾兮」朱傳。○丨，小貌。〔廣韻・果部〕○丨者，小也。〔說文〕「鮚，蚌也」段注。○丨丨，小也。〔詩・節南山〕「丨丨姻亞」集疏引魯說。○丨丨，小貌。〔同上〕朱傳。○丨丨，細小也。〔通鑑・宋紀三〕「但恐諸將丨丨」音注。○丨尾二字同義，小也，好也。〔詩・旄丘〕「丨兮尾兮」通釋。○丨尾即尾丨，若今言猥丨。〔同上〕集疏。○〔說文定聲・卷一〇〕嵬丨，亦作猥丨。〔荀子・非十二子〕「嵬丨」。○丨、沙聲轉相通。〔左傳成公一二年經〕「公會晉侯于丨澤」疏證引臧壽恭。○骨丨，菩薩身骨也。〔大般若經・卷五三〕「骨丨」音義。○丨，古鎖字。〔漢書〕「陰末赴鎖琅當德」雜志。○丨，字亦作璅，作鏁。〔說文定聲・卷一〇〕○丨，俗字作鎖。〔同上〕○〔同上〕丨，假借為𧴪。〔後漢・劉梁傳〕注「丨，碎也」。

墮　丨，落也。〔廣韻・果部〕○丨，毀也。〔荀子・仲尼〕「丨之者衆」集解。○丨者，毀也。〔儀禮・士虞禮〕「祝命佐食丨祭」胡正義引惠士奇。又〔荀子・正論〕「直丨之耳」集解引郝懿行。○丨者，輸也。〔漢書〕「丨肝膽」雜志。○古謂輸為丨。〔漢書〕「丨肝膽」雜志。○丨當訓輸。〔漢書・鄒陽傳〕「丨肝膽」補注引王念孫。○墯與丨同，脱也。〔方言六〕「丨耳」箋疏。○丨與撱通。〔方言一二〕「撱，脱也」箋疏。○丨，倭丨，髻也。〔廣韻・果部〕○髻與丨聲近義同。〔廣雅・釋詁〕「髻，丨也」疏證。○〔通雅・卷七〕丨孅即惰孅。〔王丹傳〕「惰孅者皆厲」。○丨與隋通。〔史記〕「果隋」雜志。○丨與惰古字通。〔管子・弟子職〕「有丨伐燭」平議。○丨當讀為惰。〔管子・正世〕「丨倪」平議。○丨當作隋。〔韓子・解老〕「不以誹謗窮丨」集解。○丨與陊通。〔廣雅・釋詁一〕「陊，壞也」疏證。○丨與陸同。〔同上〕○丨字即陊字之俗。〔荀子・成相〕「丨賢良」集解引盧文弨。○丨，當為陊。〔說文〕「晢，珊瑚丨之」義證。○丨叚為陊。〔說文〕「陊，落也」段注。○丨者，隓之假借。〔釋山〕「巒，山丨」郝疏。○丨字當作隨，字之誤也。〔荀子・王制〕「非存亡安危之所丨也」平議。又〔王制〕集解引俞樾。○丨，〔月令〕作惰。〔呂覽・季春〕「無有敢丨」校正。

垜　丨謂堂前兩階耑也。〔說文〕「丨，堂塾也」繫傳。○今俗謂門兩邊伸出小牆曰丨頭。〔說文定聲・卷一〇〕○吳人以積土為丨，丨堅也。〔說文〕「埵，堅土也」義證引〔纂文〕。○丨，射丨。亦作垛。〔廣韻・果部〕○丨，小壘也。〔慧琳音義・卷六二〕引〔文字典說〕。○丨，高土也。〔卷六二〕

惰　丨，易也。〔說文〕「丨，憜或省自」義證引〔玉篇〕。○丨，怠也。〔同上〕○丨，懈怠也。〔論語・子罕〕「語之而不丨者」朱注。○丨當讀為媠。〔禮記・曲禮〕「言不丨」平議。○〔中論・審大臣篇〕引丨作墮。〔書・皐陶謨〕「股肱丨哉」孫疏。

妥　丨，安也。〔廣韻・果部〕○丨與安義同。〔釋詁〕「丨，止也」邵正義。○丨、安二字同義，故丨又訓為安。〔釋詁〕「丨、安，坐也」述聞。○丨，安坐也。〔詩・楚茨〕「以丨以侑」朱傳。○丨者，安坐也。〔釋詁〕「丨，坐也」鄭注。○丨、綏古同字。〔釋詁〕「綏，安也」郝疏。○丨與綏古字通，綏亦安也。〔釋詁〕「丨、安，坐也」述聞。○丨、綏古通用，並訓為安。〔漢書・燕剌王傳〕「北州已丨」補注。○丨通作綏。〔說文〕「綏，車中把也」義證。○丨者，綏之省。〔漢書・燕剌王傳〕「北州已丨」補注引李慈銘。○〔說文定聲・卷一〇〕丨，假借為朶。〔禮記・曲禮〕疏「綏讀為丨，下也」。○丨，假借為陊，即墮，後人謂花落曰丨。〔說文定聲・卷一〇〕

坐　以股就蹠則為丨。〔禮記・曲禮〕「授丨不立」集解。○丨有止義。〔釋詁〕「妥，止也」郝疏。○丨字當訓為止。〔左傳桓公一二年〕「楚人丨其北門」洪詁。又〔同上〕疏證引洪亮吉。○丨，本訓止，引申之凡丨地丨席並謂之丨。〔周禮・大司馬〕「以教丨作進退」孫正義。○丨者，核其輕重，減本人一等二等也。〔漢書・刑法志〕「使無罪之父母妻子同產丨之及收」補注引沈欽韓。○丨為丨作。〔左傳定公八年〕「士皆丨列」洪詁引惠棟。○丨當為挫。〔管子・小匡〕「無丨抑而訟獄者」平議。○丨當作立。〔荀子・儒效〕「負扆而丨」集解引盧文弨。○丨當為立。〔荀子・正論〕「負依而丨」集解引王念孫。

麼　丨，小也。〔慧琳音義・卷四六〕引〔字書〕。○丨，幺丨，細小。〔廣韻・果部〕

裸　丨，赤體。〔廣韻・果部〕○丨裎，露身也。〔孟子・公孫丑上〕「袒裼丨裎於我側」朱注。○丨、裎皆去衣之義。〔儀禮・士喪禮〕注「沐浴丨裎」胡正義。○丨之言灌謂啐之也。〔周禮・鬯人〕「凡丨事用概」孫正義。○丨謂無鱗甲毛羽。〔周書〕「足果」雜志。○躶、臝、嬴同丨。〔廣韻・果部〕○臝、丨、嬴、倮、躶，並字異而義同。〔廣雅・釋詁四〕「臝，袒也」疏證。

臝　丨，赤體也。〔楚辭・涉江〕「桑扈丨行」補注。○丨，虎豹淺毛之屬。〔說文〕「虡，鐘之柎也」繫傳。○丨，當為蓏，假借也。〔釋草〕「果丨之實」郝

疏。○丨，當正作羸。〔漢書・霍去病傳〕「單于遂乘六丨」補注。○丨，〔風俗通義〕作裸，鄭康成引作倮。〔左傳昭公三一年〕「趙簡子夢童子丨」洪詁。○丨，〔潛夫論〕引作倮。〔左傳哀公七年〕「丨以為飾」洪詁。

臝 丨之言露也。〔廣雅・釋詁四〕「丨，袒也」疏證。○丨，俗作羸。〔說文〕「丨，但也」段注。○丨，或借羸字。〔同上〕義證。○丨，群書多借羸。〔同上〕句讀。○〔說文定聲・卷一〇〕丨，字亦作倮，誤作羸。〔廣雅・釋詁四〕「丨，袒也」。

蠃 蜾丨，蒲盧。〔廣韻・果部〕○蜾丨，土蜂也。〔詩・小宛〕「蜾丨負之」朱傳。○丨，璧文也。〔淮南・覽冥〕「璧襲無丨」雜志。○丨从虫，羸省文，蓋虫之羸形者也。〔本草・卷四六〕○〔說文定聲・卷一〇〕丨，字與蝸同訓，後人別水生可食者為螺，陸生不可食者為蝸牛。〔說文〕「丨，蜾丨也」。○丨，經傳亦以蠡為之。〔說文定聲・卷一〇〕

蓏 丨，在地若瓜瓠之屬，今人或曰蔓生曰丨。〔說文〕「丨，在木曰果，在地曰丨」繫傳。○謂凡艸結實如瓜瓞下垂者統謂之丨。〔說文〕「丨，在艸曰丨」段注。○丨，艸實也，艸曰丨，瓜瓠之屬。〔說文定聲・卷一〇〕○丨，果丨，木實曰果，草實曰丨，有核曰果，無核曰丨。〔廣韻・果部〕○草實曰丨。〔本草・卷二九〕又〔說文〕「丨，在地曰丨」義證引〔急就篇〕顏注。○在蔓曰丨。〔同上〕義證引〔篇海〕。○〔易〕為果丨，京房本作果墮。〔史記〕省為陏，今本作陏。〔同上〕義證。○果丨，〔史記〕作果陏。〔漢書・地理志〕「果丨蠃蛤」補注引錢坫。

跛 丨，丨足。〔廣韻・果部〕○丨，足廢也。〔禮記・喪服〕「丨者不踊」集解。○丨，足偏廢也。〔說文〕「丨，行不正也」義證引〔增韻〕。○立而偏任一足曰丨。〔禮記・禮器〕「有司丨倚以臨祭」集解。○偏任為丨。〔說文〕「疒，倚也」義證引〔增韻〕。○〔通雅・卷一九〕丨擊，丨覡也。〔荀子〕「傴巫丨擊之事」。○〔說文定聲・卷一〇〕丨，當為彼之或體。〔說文〕「丨，行不正也」。○丨，〔說文〕作彼，蹇也。〔說文〕「壁，人不能行也」段注。

簸 丨，丨揚。〔廣韻・果部〕○丨，揚去糠也。〔詩・生民〕「或丨或蹂」朱傳。○丨，所以除糠秕也。〔說文〕「丨，揚米去糠也」義證引〔急就篇〕顏注。○丨與播、布之義相近。〔同上〕段注。

頗 丨者，略之少也。〔廣雅・釋詁三〕「丨，少也」疏證。○丨猶可也，皆語辭也。〔大般若經・卷四〕「丨能」音義引〔文字集略〕。○丨，語辭也，叵也。〔慧琳音義・卷一〇〕○丨，或作叵，不可也。〔大般若經・卷四〕「丨能」音義引〔考聲〕。○丨胘迦，梵語，寶名也，類水精。〔大般若經・卷三九二〕「丨胘迦」音義。

叵 丨，不可也。〔廣韻・果部〕又〔通鑑・漢紀五四〕「大耳兒最丨信」音注。○反可為丨。〔慧琳音義・卷九四〕引〔字統〕。○〔說文定聲・卷一〇〕丨，从反可。〔三蒼〕「丨，不可也」。○丨我，侮慢不敬之皃。〔慧琳音義・卷三〇〕○丨我，謂摇動不安也。〔卷七四〕○丨我，或作砈硪，作岠峨，謂傾側摇動不安也。〔放光般若經・卷一〕「丨我」音義。

禍 丨，害也。〔廣韻・果部〕○丨，烖害也。〔大戴・曾子立事〕「君子丨之為患」王詁。○丨，謂丨烖。〔大戴・武王踐阼〕「其丨將然」王詁。○丨，兵丨。〔國策・趙策一〕「秦丨安移於梁矣」鮑注。○丨讀為過。〔詩・殷武〕「勿予丨適」述聞。又〔廣雅・釋詁〕「過，責也」疏證。○丨與過古字通。〔詩・殷武〕「勿予丨適」述聞。○〔五行志〕丨作骪。〔左傳襄公九年〕「丨敗之釁」洪詁。○丨賊，當從〔史記〕作猾賊。〔漢書・高帝紀〕「項羽為人慓悍丨賊」補注引王念孫。

夥 丨，楚人云多也。〔廣韻・果部〕○丨字亦作𡖶，多也。〔方言一二〕注「謂勤劇僉丨也」箋疏。○𡖶即丨。〔漢書・陳勝傳〕「丨，涉之為王沈沈者」補注引周壽昌。○〔義府・卷下〕丨頤，甚辭也。〔史記・陳涉世家〕「丨頤，涉之為王沈沈者」。○今人問物幾許曰幾多，吳人曰幾丨，語之轉也。〔廣雅・釋詁三〕「丨，多也」疏證。○丨，多部作𡖶。〔說文〕「䯄，讀若楚人名多丨」句讀。

輠 丨，車脂角。〔廣韻・果部〕○丨，筩也，車盛膏器。〔集韻・果部〕○丨，或作楇，輠，過。〔同上〕○丨，當作楇。〔釋名・釋車〕「丨，裹也」疏證。

顆 丨，小頭。〔廣韻・果部〕○今言物一丨，猶一頭也。〔說文〕「丨，小頭也」繫傳。○〔說文定聲・卷一〇〕一丨猶一枚也。〔顏氏家訓〕「北土通呼物一由改為一丨」。○丨，引伸為凡小物一枚之偁。〔說文〕「丨，小頭也」段注。○丨即〔淮南書〕〔風賦〕之堁字。〔同上〕○〔說文定聲・卷一〇〕丨，字作堁。〔廣雅・釋詁三〕「堁，塵也」。○塊、丨雙聲，故塊亦為丨。〔漢書・賈山傳〕「曾不得蓬丨蔽冢而託葬焉」補注。○〔說文定聲・卷一〇〕丨，假借為塊，塊、丨一聲之轉。〔漢書・賈山傳〕「曾不得蓬丨蔽冢而託葬焉」。

砢 丨，磊丨，石皃。〔廣韻・哿部〕○丨，磊丨，眾小石皃。〔說文〕「丨，磊丨也」義證引〔玉篇〕。○磊丨，魁壘貌也。〔文選・上林賦〕「水玉磊丨」注引郭璞。○〔說文定聲・卷一〇〕丨，石魁礧之皃。〔說文〕「丨，磊丨也」。

鬌 丨，小兒翦髮為丨。〔說文〕「丨，髮隋也」義證引〔玉篇〕。又〔廣韻・果部〕○丨，剃餘髮。〔集韻・果部〕○丨，所留不剪之髮也。〔禮記・內則〕「擇日剪髮為丨」集解。○丨，本髮落之名，因以為存髮不翦者之名。〔說文〕「丨，髮墮也」段注。○丨，墮也。〔同上〕義證引〔六書故〕。○丨與墮聲近義同。〔廣雅・釋詁二〕「丨，墮也」疏證。○丨之言墮落也。〔釋詁三〕「丨，落也」疏證。○丨為落之盡也。〔方言一二〕「丨，盡也」箋疏。○丨亦作墮。〔方言一二〕「丨，尾梢盡也」疏證。又〔說文定聲・卷一〇〕

癉　丨，勞也。〔廣韻・哿部〕又〔集韻・哿部〕。○丨，怒也。〔廣韻・哿部〕○丨者，盛也。〔漢書〕「近夏丨熱」雜志。○丨通作憚。〔釋詁〕「丨，勞也」郝疏。○丨字通作僤，又作憚。〔漢書〕「近夏丨熱」雜志。○丨通作單。〔釋詁〕「丨，勞也」邵正義。○〔説文定聲・卷一四〕丨，假借為亶。〔周語〕「陽丨憤盈」。

堁　丨，堀丨，塵起也。〔廣韻・果部〕○〔説文定聲・卷一〇〕或曰丨者，壓字。〔廣雅・釋詁三〕「丨，塵也」。〔「顆」下〕

那　丨，俗言丨事，本音儺。〔廣韻・哿部〕

騀　丨，駊丨，馬搖頭兒。〔廣韻・哿部〕

㪃　丨，擊也。〔廣韻・哿部〕又〔集韻・哿部〕。○丨或作敤。〔同上〕

嫷　丨，美也。〔廣韻・果部〕○丨，或作媠。〔説文〕「丨，南楚之外謂好曰丨」義證。○〔説文定聲・卷一〇〕丨，古文媠當為此字之或體。〔説文〕「丨，南楚之外謂好曰丨」。○丨，字亦作孈。〔説文定聲・卷一〇〕

媠　丨即嫷之省。〔方言二〕「丨，美也」箋疏。○丨，好也。〔廣韻・果部〕

脞　叢丨，細碎無大略也。〔廣韻・果部〕引〔書傳〕。○丨説猶蕞談也。〔通雅・釋詁〕○丨當從〔説文〕為睉。〔書・臯陶謨〕「元首叢丨」孫疏。○〔説文定聲・卷一〇〕或曰丨者睉字。〔虞書〕「元首叢丨」。〔「莝」下〕○叢丨，雙聲連語，丨亦叢也。〔同上〕

䴹　丨，餅丨食。〔廣韻・果部〕○丨、𪌾亦聲之轉耳。〔方言一三〕注「小麥為麴即麲也」箋疏。○丨、麯，麥屑也。〔通雅・飲食〕

埵　丨，土丨。〔廣韻・果部〕○丨，小累也。〔慧琳音義・卷九〕○丨，高也。〔卷七四〕引〔考聲〕。○丨，确也。〔説文〕「丨，堅土也」段注引〔玉篇〕。○其胎中精自分聚五處，名之為丨，或名為疱，或作垛。〔慧琳音義・卷七五〕○丨，俗作垛。〔卷四〕○丨，或作垛。〔説文〕「丨，堅土也」義證。○丨，字又借垛。〔同上〕句讀。○〔説文定聲・卷一〇〕丨，段借為錘。〔淮南・齊俗〕注「丨，冶具也」。○〔同上〕丨，段借為發聲之詞。〔荀子・議兵〕「棨角鹿丨」。

爹　丨，北方人呼父。〔廣韻・哿部〕

惈　果敢作此丨。〔廣韻・果部〕引〔蒼頡篇〕。○丨，通作果。〔廣雅・釋詁二〕「丨，勇也」疏證。

婐　丨，丨姽，委皃也。〔説文〕「丨，姽也」義證引〔玉篇〕。○丨，丨姽，身弱好皃。〔廣韻・果部〕○丨姽與旖施音義皆同。〔説文〕「丨，丨姽也」段注。○丨姽，俗作婀娜。〔同上〕○〔説文定聲・卷一〇〕丨姽，疊韻連語，猶婀娜旖施也。〔説文〕「丨，丨姽也」。

橢　丨，器之狹長。〔廣韻・果部〕○〔説文定聲・卷一〇〕凡狹長之器皆得曰丨。〔説文〕「丨，車笭中丨丨器也」。○丨亦狹長也。〔廣雅・釋詁二〕「丨，長也」疏證。○圜長曰丨。〔屈賦・天問〕「南北順丨，其衍幾何」戴注。○丨丨當作隋隋，隋隋，狹長皃也。〔説文〕「丨，車笭中丨丨器也」段注。○丨，古多借隋為之。〔同上〕句讀。

陊　丨，下坂皃。〔廣韻・哿部〕○丨，落也。〔同上〕又〔慧琳音義・卷九四〕引〔古今正字〕。又〔説文〕「蘀，艸木凡皮葉落丨地為蘀」段注。○丨，小崩也。〔説文〕「丨，落也」義證引〔玉篇〕。○丨亦陀也，方俗語有輕重耳。〔廣雅・釋詁一〕「丨，壞也」疏證。○墮與丨通。〔同上〕○丨，通作墮。〔説文〕「丨，落也」義證。又〔釋詁〕「墜，落也」郝疏。○〔説文定聲・卷一〇〕丨與陁署同，當為墮之或體。〔説文〕「丨，落也」。○丨即墒。〔説文定聲・卷一〇〕〔「妥」下〕○鍇本丨作墮。〔説文〕「蘀，艸木凡皮葉落丨地為蘀」段注。

嶞　丨，山高。〔廣韻・果部〕○丨，山形狹長。〔釋山〕「巒，山丨」鄭注。○丨丨，狹長之皃。〔説文〕「丨，山之丨丨者」段注。○丨，義與橢同。〔廣雅・釋詁二〕「橢，長也」疏證。○〔説文定聲・卷一〇〕丨，當為隓之或體，凡隋方隋圓字當作此，亦以橢為之。〔説文〕「丨，山之丨丨者」。○丨，魯作墮。〔詩・般〕「丨山喬嶽」集疏。○隓、丨，蓋一字。〔説文〕「隓，山皃」段注。

隓　丨，山皃。〔廣韻・果部〕

妸　丨，好皃。〔廣韻・果部〕○〔説文定聲・卷一〇〕丨，假借為顆。〔太玄・曹〕「不宜癸且丨」。

閜　丨，門傾也。〔集韻・哿部〕○〔説文定聲・卷四〕大栝名丨。〔説文〕「䦎，小栝也」。〔「䦎」下〕○丨，引申為凡大之偁。〔説文〕「丨，大開也」段注。○丨砢，亦開廣累積之意，總言其高耳。〔漢書・司馬相如傳〕「坑衡丨砢」補注。○揭孽乃丨砢之義。〔同上〕○閜、丨雙聲，古字通用。〔司馬相如傳〕「谽丨」補注。○〔通雅・卷八〕丨砢，一作閜礰，言顆砢也。〔相如賦〕「抗衡丨砢」。○谽丨，空虛也。〔文選・上林賦〕「谽丨」集釋引司馬彪。○〔説文定聲・卷一〇〕丨，以奓為之。〔莊子・知北遊〕「日中奓户而入」。

鬌　丨，髮好皃也。〔廣韻・哿部〕○丨，字亦作鬖作跕。〔説文定聲・卷一〇〕○丨讀與兗冝同。〔釋詁〕「嗟，丨也」鄭注。○〔説文定聲・卷一〇〕丨，假借為嗟。〔太玄・樂〕「則哭泣之嗟資」。

朗　丨，相擊也，亦斫也。〔廣韻・哿部〕○剆同丨。〔同上〕

坷 —，坎—。〔廣韻·哿部〕○坎—，不通也。〔説文〕「—，坎—也」繫傳。○坎—，雙聲連語，不平之皃，亦作轗軻。〔説文定聲·卷一〇〕○—通作柯。〔説文〕「—，梁國寧陵有—亭」義證。

閜 —，—砢，欲傾皃。〔廣韻·哿部〕○〔説文定聲·卷一〇〕—砢，為叠韻連語。〔上林賦〕「阮衡—砢」。

𠂇 —，戾也。〔廣韻·哿部〕○—，經典借左字。〔説文〕「—，—手也」義證。○—，經傳皆以左為之。〔説文定聲·卷一〇〕

䅳 —，禾垂皃。〔廣韻·果部〕○—，穎之耑也。〔説文〕「—，禾垂皃」義證引程瑤田。○—，今與朵同音。〔同上〕義證。

溑 —，水名。〔廣韻·果部〕

𪍿 —，麤麥屑。〔説文〕「—，小麥屑之覈」義證引〔玉篇〕。○—，小麥屑之覈。〔廣韻·果部〕引〔説文〕。○〔説文定聲·卷一〇〕—，麪中粗屑如覈，蓋篩之未淨者。〔説文〕「—，小麥屑之覈」。○—之言瑣瑣也。〔廣雅·釋器〕「—，糒也」疏證。

𧴪 —，貝聲。〔廣韻·果部〕○—，象連貫小貝相叩之聲也。〔説文〕「—，貝聲」繫傳。○—，引伸為細碎之偁。〔説文〕「—，貝聲也」段注。○—，轉注為細碎之辭。〔説文定聲·卷一〇〕○—，經傳皆以瑣為之。〔同上〕○—，經典皆作瑣。〔説文〕「—，貝聲也」句讀。○—通作瑣。〔同上〕義證。○—，今俗瑣屑字當作此。〔同上〕段注。

𨪕 —，車轄頭。〔集韻·果部〕○〔説文定聲·卷一〇〕—，大犁也，一曰器。〔説文〕「—，鈐—也」。○—或作鐼。〔説文〕「鈐，鈐—，大犂也」義證。○—，〔玉篇〕作鐼。〔説文〕「—，鈐—」義證。○—與軑古聲同。〔方言九〕「軑，鍊—也」箋疏。

銪 ○—，車轄，又犁錧。〔廣韻·果部〕引〔玉篇〕。

隋 —，裂肉也。〔廣韻·果部〕○—，火裂肉。〔説文〕「—，裂肉也」義證引〔增韻〕。○—，謂尸所祭之殂餘。〔説文定聲·卷一〇〕○—者，方而長也。〔説文〕「匪，器似竹匧」段注。○凡圜而長者謂之—。〔説文〕「嶞，山之嶞嶞者」段注。○圜方而長者謂之—方，字或作橢。〔同上〕○—者，器長狹中廣而末殺也。〔説文〕「橢，器也」繫傳。○—，今文作綏，古文作挼，或作妥。〔説文〕「—，裂肉也」段注。○—讀如妥。〔説文〕「斯，斧也」段注。○—與橢通。〔廣雅·釋詁二〕「橢，長也」疏證。○—，通作墯。〔方言一三〕「—，易也」箋疏。○—即哆字。〔説文〕「隕，從高下也」段注。○—段為哆。〔説文〕「陊，落也」段注。○〔説文定聲·卷一〇〕—，假借為惰。〔方言一三〕「—，易也」。○〔同上〕—，假借為嫷。〔廣雅·釋詁二〕「—，好也」。

鰖 —，魚子已生。〔廣韻·果部〕○—謂已放散泊草渚者也。〔説文〕「—，魚子已生者也」繫傳。○—，謂魚卵生於水艸間、初孚有魚形者。〔同上〕段注。○—則已出於卵者也。〔同上〕

𡯁 —，—尪，行不正也。〔廣韻·果部〕○—之言偏頗也。〔廣雅·釋詁三〕「—，蹇也」疏證。○—尪，足偏廢。〔説文〕「尪，—尪，行不正」義證引〔增韻〕。○—尪，足橫皃。〔同上〕義證引〔五音集韻〕。○—、跛為一字。〔説文〕「—，蹇也」句讀。○—，字亦作跛。〔説文定聲·卷一〇〕○—，俗作跛。〔説文〕「—，蹇也」繫傳。又〔同上〕段注。○—，今為跛。〔同上〕義證引〔玉篇〕。○—，謂蹣跛也。〔説文定聲·卷一〇〕〔「離」下〕○—，或作骸。〔説文〕「—，蹇也」義證。○〔説文定聲·卷一〇〕—，字亦作彼。〔廣雅·釋詁二〕「彼，衺也」。

駊 —，—騀。〔廣韻·果部〕○—，—騀，馬惡行。〔同上〕○—騀，馬行皃。〔集韻·果部〕○—騀，馬搖頭也。〔説文〕「—，—騀也」義證引〔玉篇〕。又〔漢書·司馬相如傳〕補注引〔玉篇〕。○〔説文定聲·卷一〇〕—，馬搖頭皃。〔説文〕「—，—騀也」。○—，〔甘泉賦〕亦用為山高大皃。〔説文定聲·卷一〇〕○—騀於頗俄皆近。〔説文〕「—，—騀」段注。

旤 —與夥聲同義亦相近，多也。〔方言一〕箋疏。○—，禍字也。〔説文〕「萑，鴟屬也」繫傳。○—，假借為禍字。〔説文〕「—，屰惡驚詞也」段注。○〔説文定聲·卷一〇〕—，假借為禍。〔荀子·仲尼〕「猶恐及其—」。

敤 —，研理。〔廣韻·果部〕○—，擊也。〔集韻·果部〕○—，椎也，椎與擊同義。〔廣雅·釋詁三〕「—，擊也」疏證。○—，或借課字。〔説文〕「—，研治也」義證。○—，又音課。〔廣韻·果部〕

猗 —、阿古同音通用，為偏高不平之地。〔詩·節南山〕「有實其—」通釋。○—、那皆美盛之貌。〔詩·那〕「—與那與」通釋。○—那通作—儺。〔同上〕○—那通阿難。〔同上〕

奲 —，重而垂也。〔説文〕「—，富——皃」繫傳。又〔同上〕段注引小徐。○—為本字，那為假借字。〔説文〕「—，富——皃」段注。○—與朵同音。〔同上〕

厄 —，木節也。亦作厄。〔廣韻·果部〕○木有節者俗謂之—節。〔説文〕「—，科—，木節也」義證。○竹之卪曰節，木之卪曰科—。〔説文〕「—，科—」段注。○科—，肤起之皃。〔同上〕段注。又〔説文定聲·卷一〇〕○—，果也。〔説文〕「—，科—，木節也」義證引〔玉篇〕。○—，無肉骨也。〔同上〕○〔説文定聲·卷一〇〕—，以科為之。〔易·説卦〕「為科上槁」。○〔説文定聲·卷一〇〕—，段借為裹。〔説文〕「—，賈侍中説以為—裹

也」。○丨蓋，當為戹蓋。〔說文〕「丨，一曰丨蓋也」義證。

塺　丨，細土。〔集韻・果部〕○丨之言蒙也。〔說文〕「丨，塵也」段注。○〔說文定聲・卷一〇〕丨，字亦作堁。〔淮南・齊俗〕「物或堁之」。

腂　丨，膏臂。〔說文〕「丨，鬅也」義證引〔玉篇〕。○丨，理角也。（同上）繫傳。○解開猪羊頭為丨也。（同上）○〔說文定聲・卷一〇〕丨，髑也，膏肥皃。〔說文〕「丨，鬅也」。

椯　丨者，箠也。〔說文〕「鍪，羊箠也」段注。○丨，小戹也，上有蓋。〔說文〕「䏋，小戹有耳蓋者」義證引〔急就篇〕顏注。○丨即䏋也。〔說文〕「䏋，小戹也」段注引〔急就篇〕顏注。○丨、揣一字。〔說文〕「丨，箠也」句讀。○丨、敚並與揣同。〔方言一二〕「度高為揣」箋疏。○丨與揣音義略同。〔說文〕「丨，一曰度也」段注。○丨，叚借為揣。〔說文定聲・卷一二〕○（同上）丨，叚借為剟。〔說文〕「丨，一曰剟也」。

婐　丨，揣也。〔說文〕「丨，量也」義證引〔玉篇〕。○丨與揣音義並同。（同上）句讀。○丨與揣署同。〔說文定聲・卷一〇〕○（同上）丨，字亦作捰。〔廣雅・釋詁三〕「捰，量也」。○捰、丨、揣、捶並字異而義同。〔廣雅・釋詁三〕「捰，量也」疏證。○丨，北方人言揣丨。〔說文〕「丨，量也」義證。○丨，〔廣韻〕作捰，云稱量。（同上）段注。

瘰　〔說文定聲・卷一〇〕丨，相聚傳染之病。〔說文〕「丨，胃疫病也」。○（同上）丨以蠡為之。〔左傳桓公六年〕「謂其不疾瘯蠡也」。

𤻪　丨，瘰疾也。〔說文〕「丨，瘰中病也」義證引〔玉篇〕。

贏　〔說文定聲・卷一七〕丨，多肉獸也。〔說文〕「嬴，賈有餘利也，从貝丨聲」。（嬴下）

揣　丨，摇也。〔廣韻・果部〕○丨，一曰動也。〔集韻・果部〕○丨抌之轉為喘耎。〔廣雅・釋詁一〕「丨，抌，動也」疏證。○丨抌、喘耎、端蝡、喘臑，古字通用，皆謂動皃也。（同上）

頦　丨，醜皃。〔廣韻・哿部〕又〔集韻・哿部〕。○丨、哆、啗並通。〔廣雅・釋詁二〕「丨，醜也」疏證。

袳　丨，丨袲。〔廣韻・哿部〕○丨袲，衣好皃。（同上）○丨袲，衣皃。〔集韻・哿部〕○〔說文定聲・卷一〇〕丨，椼猗阿那。〔字書〕「丨椼，柔弱皃也，亦草木盛也」。

猓　丨，丨然，獸名。〔廣韻・果部〕○丨然，獸名，似猴，通作果。〔集韻・果部〕

鐹　丨，刈鉤。〔廣韻・果部〕○〔說文定聲・卷一〇〕丨，字亦作划。〔方言五〕「刈鉤，江淮陳楚之間或謂之丨」。○丨與划同。〔廣雅・釋器〕「划，鎌也」疏證。

粿　丨，淨米。〔廣韻・果部〕

捰　丨，稱量。〔廣韻・果部〕○丨、婐、揣、捶並字異而義同。〔廣雅・釋詁三〕「揣，量也」疏證。

綞　丨，子綾。〔廣韻・果部〕引〔字林〕。

篓　丨，竹名。〔廣韻・果部〕

惢　丨，心疑也。〔廣韻・果部〕又〔集韻・果部〕。

崣　丨，山長皃。〔廣韻・果部〕

扼　丨，丨摘。〔廣韻・果部〕○丨，趙魏之間謂摘為捰丨。〔集韻・果部〕

錗　丨，多也。〔廣韻・果部〕○丨之言委積也。〔廣雅・釋詁三〕「丨，多也」疏證。○丨與夥聲亦相近。（同上）○丨即夥之俗字。〔說文〕「夥，齊謂多為夥」句讀。

過　丨，過也，秦人呼過為丨也。〔廣韻・果部〕○丨，秦晉之間凡人語而過謂之丨。〔集韻・果部〕○丨之言過也，夥也。〔廣雅・釋言〕「僉，丨也」疏證。

爸　丨，父也。〔廣韻・果部〕○丨者，父聲之轉。〔廣雅・釋親〕「丨，父也」疏證。

𠐑　倮丨，義並與嬴同。〔廣雅・釋詁四〕「嬴，袒也」疏證。

𧸿　丨，毛漸落去之名。〔廣雅・釋詁一〕「丨，盡也」疏證引〔方言〕郭注。○髮亦作丨。〔方言一二〕「髮，尾梢盡也」疏證。

褙　丨，小者曰背子。〔說文〕「丨，無袂衣謂之丨」義證引趙宧光。○丨，半臂衣也，方俗謂之披襖。（同上）○丨，又作襌。〔方言四〕「無袂衣謂之丨」箋疏。

倭　丨，丨隋也。〔廣韻・果部〕

倮　丨，袒也。〔慧琳音義・卷二二〕引〔玉篇〕。○丨，或作躶，赤體也。〔卷一四〕○丨，或作躶，或為裸。〔卷五四〕引〔古今正字〕。○丨、𠐑，義並與嬴同。〔廣雅・釋詁四〕「嬴，袒也」疏證。○嬴、裸、贏、嬴、丨、躶，並字異而義同。（同上）○丨當作僇。〔管子・七臣七主〕「丨大衍」義證。

傞 ——，舞皃。〔集韻・哿部〕

划 —，—刈。〔廣韻・果部〕

剿 —，割也。〔集韻・果部〕

哆 —，—哆，脣垂皃。〔廣韻・哿部〕○—哆，垂皃。〔集韻・哿部〕

埵 —即垜之别體。〔說文〕「垜，堂塾也」義證。○—，本作墷，高皃也。〔說文〕「坫，屏也」段注。

妸 —，—娜，亦作婀。〔廣韻・哿部〕

娑 —，騀—，殿名。〔廣韻・哿部〕

龙 —，西國鹿惡毛也。〔慧琳音義・卷六三〕

尯 —，行左戾。〔說文〕「—，尯—，行不正」繫傳。○—，尯—。〔廣韻・哿部〕○尯—，行不正。〔集韻・哿部〕

巑 —，—峩，山皃。〔廣韻・果部〕又〔集韻・果部〕。

惰 —，嬾—也。〔廣韻・果部〕○惰同—。（同上）○—，今書皆作惰。〔說文〕「—，不敬也」段注。

懡 —，懡—，人慙。〔廣韻・果部〕○—，懡，慙也。〔集韻・果部〕

㦬 ——，—懡，慙也。〔廣韻・哿部〕○—，懡—，慙也，或从面。〔集韻・哿部〕

戨 —，繫舟杙。〔集韻・哿部〕

听 —，斫—，㨃也。〔說文〕「斫，柯擊也」義證引〔類篇〕。又〔集韻・哿部〕。

捼 —，挼也。〔集韻・果部〕○—之言墮也。〔廣雅・釋詁一〕「—，棄也」疏證。

損 —，動也。〔廣韻・果部〕○—，揣擊也。〔集韻・果部〕

敤 —，試也。〔廣韻・果部〕

旑 —，旖旗—皃。〔廣韻・哿部〕○—，旖，旖旗皃。〔集韻・哿部〕

睋 —，明也。〔集韻・果部〕

瞍 —，明也。〔集韻・哿部〕

桗 —，木聚生皃。〔集韻・果部〕

棵 —，棵，木盛皃。〔廣韻・哿部〕○—，古文裒，今作阿。—栘，草木盛皃。〔慧琳音義・卷五六〕

椏 —，椏，樹斜。〔廣韻・哿部〕

槜 —，狹長器也。〔慧琳音義・卷五二〕

欨 —，大笑。〔廣韻・哿部〕○嗬同—。（同上）

炨 —，燭餘，或从也。〔集韻・哿部〕

瓺 —，長沙呼甌也。〔廣韻・果部〕○—，甌也。〔集韻・果部〕

瘊 —，瘥病。〔集韻・果部〕

瘰 —瘥，筋結病也。〔續音義・卷五〕引〔考聲〕。○—，—瘥，病筋結也。〔廣韻・果部〕○癳同—。（同上）○瘰，俗字作—。〔說文定聲・卷一一〕（「瘰」下）○一曰—瘥，人筋結病也。（同上）

矖 —，色光明。〔廣韻・哿部〕引〔釋典〕。

砢 —，碎石。〔廣韻・果部〕

硪 —，砐—，山高皃。〔廣韻・哿部〕

碩 —，小石。〔廣韻・果部〕又〔集韻・果部〕。

綵 —，冕前垂也。〔廣韻・果部〕又〔集韻・果部〕。

縒 —，鮮潔皃。〔廣韻・哿部〕○采色鮮曰—。〔集韻・哿部〕

褍 —，衣正幅也。〔廣韻・果部〕○—，一曰衣正幅。〔集韻・果部〕

褨 —，衣長皃。〔廣韻・哿部〕又〔集韻・哿部〕。

躶 —，赤身也。〔通鑑・漢紀一〕「臣—身來」音注。○羸、裸、贏、臝、倮、—，並字異而義同。〔廣雅・釋詁四〕「羸，袒也」疏證。

鍺　—，車鐗。〔廣韻·果部〕

垛　—，小崖。〔廣韻·果部〕又〔集韻·果部〕。

隓　—之言虧也。〔廣雅·釋詁一〕「—，壞也」疏證。○墮與—同。〔同上〕○—與隋同。〔廣雅·釋言〕「輸，墮也」疏證。○—，篆文作嫷。〔方言一三〕「—，壞也」箋疏。○〔説文定聲·卷一〇〕—，假借為惰。〔大戴·子張問入官〕「怠墮者」。○〔同上〕—，假借為隨。〔淮南·氾論〕「而後墮谿壑」。

𡐦　—、墮與脱同義。〔方言一二〕「輸，挩也」箋疏。○—即隓。〔方言一三〕「隓，壞也」疏證。

躲　—，履跟緣也，或作躱。〔廣韻·果部〕○履緣謂之—。〔集韻·果部〕

頙　—，傾頭皃。〔廣韻·哿部〕○—，傾頭視皃。〔集韻·哿部〕

頦　—，側弁也。〔廣韻·哿部〕

鬖　—鬖，髮皃。〔集韻·果部〕○—鬌，本于婀娜，髻鬌鬆慢貌。〔通雅·身體〕

魺　—，鮓也，南越曰—。〔集韻·哿部〕

鱝　—，魚名。〔廣韻·果部〕

毑　—，母也。〔廣雅·釋親〕○—與下姐字同。〔廣雅·釋親〕「—、姐，母也」疏證。

𩎟　—，垂下皃。〔廣韻·哿部〕○—，垂皃也。〔慧琳音義·卷二四〕引〔考聲〕。○—，草木萎垂皃。〔卷一〇〇〕引〔韻詮〕。

續經籍籑詁卷第五十一

上聲

二十一馬

馬　—，武也。〔説文〕「—，怒也」繫傳。○—，武獸也。〔同上〕義證引〔玉篇〕。○—，亦罵也。〔廣雅·釋詁三〕「—，罵也」疏證。○地精為—。〔説文〕「—，怒也」義證引〔春秋説題辭〕。○六—者，謂種—、戎—、齊—、道—、田—、駑—。〔大戴·勸學〕「伯牙鼓琴而六—仰秣」王詁。○今人謂—父驢母者為—騾。〔説文〕「駃，—父贏子也」段注。○—髦，謂—鬣也。〔説文〕「緐，—髦飾也」段注。○—蟘，一名—陸。〔廣雅·釋蟲〕「—蟘，—蚿也」疏證。○—蠲亦名—蚿，亦名—蚈，亦名—蠸。〔説文〕「蠲，—蠲也」段注。○〔説文定聲·卷一〕—酒，取—乳汁挏治之，味酢可飲。〔説文〕「挏，推引也，漢有挏—官作—酒」。〔「挏」下〕○〔卷四〕—柱，為柳屋短柱。〔説文〕「欃，楔也」。〔「欃」下〕○〔説文定聲·卷九〕行—，今俗謂之擸衆。〔説文〕「柂，行—也」。○今雲南人編竹筐挂樹木上以飼—即—兜也。〔説文〕「篼，飲—器也」義證。○—芹即牛蘄也。〔通雅·艸〕○〔説文定聲·卷一六〕—辛即靡草之薺。〔廣雅·釋草〕「菥蓂，—辛也」。〔「辛」下〕○—先蒿，蒿氣如—矢，故名，—先乃—矢字訛。〔本草·卷一五〕○〔通雅·卷一九〕軍將謂之—容。〔隋鑑〕「摩阿—容刺叔陵」。○〔説文定聲·卷四〕凡言—皆大意。〔説文〕「堞，城上女垣也」。〔「堞」下〕○〔卷一五〕凡物之大者曰牛曰—。〔説文〕「莙，牛藻也」。〔「莙」下〕○〔説文定聲·卷一〕凡物之大者或稱—。〔説文〕「蒙，王女也」。〔「蒙」下〕○凡以—名者皆謂大也。〔説文〕「苺，—苺也」句讀。○俗稱物之大者為—也。〔本草·卷一四〕○凡草類之大者多曰牛曰—。〔説文〕「莙，牛藻也」段注。○—郎即負勞之遺語。〔釋蟲〕「虰蛵，負勞」郝疏。○—，古讀如姥。〔同上〕○〔説文定聲·卷九〕—，假借為罵。〔廣雅·釋詁三〕「—，罵也」。○—失、—迭即—逸。〔通雅·釋詁〕○—當作駕。〔韓子·外儲説右下〕「而駙—敗者」集解引顧廣圻。

下　—猶後也。〔公羊傳莊公九年〕「復讎者在—也」陳疏引孔廣森。○自上世數而—，故—有後義。〔詩·下武〕箋「—猶後也」後箋引戴震。○—，賤也，去也，後也，底也，降也。〔廣韻·馬部〕○—亦事也。〔國策·魏策二〕「必多割地以深—王」鮑注。○—國，宋公自斥其國也。〔詩·殷武〕「命于—國」集疏。○古者謂堂—為—。〔儀禮·士相見禮〕「執贄至—」述聞。○—者，堂—也。〔左傳成公一二年〕「金奏作于—」疏證引沈欽韓。○—女，侍女也。〔離騷〕「相—女之可詒」戴注。○—宫，後宫。〔國策·齊策四〕「—宫糅羅」鮑注。○—飾謂末也。〔説文〕「珌，佩刀—飾」繫傳。○—

車，遣車也。〔左傳襄公二五年〕「一車七乘」洪詁引服虔。○一節，按節也。〔楚辭·九辯〕「擥騑轡而一節兮」補注引五臣。○一服，減等也。〔書·呂刑〕「上刑適輕一服」孫疏。○一酒，謂曹床酒也。〔通雅·飲食〕○子男之地可食者四分之一，所謂一地也。〔周禮·大司徒〕孫正義。○〔通雅·卷三八〕一里，蒿里也。〔田延年傳〕「積貯諸一里物」。○一泉，泉一流者也。〔詩·下泉〕「冽彼一泉」朱傳。○一中者即〔人表〕第八等，謂一等之中也。〔漢書·李廣傳〕「蔡為人在一中」補注引李慈銘。○一不，〔史記·麻書〕作亦不。〔大戴·誥志〕「一不由人」述聞。○一陽，〔公〕〔穀〕皆作夏陽。〔左傳僖公二年經〕「滅一陽」洪詁。○一，當從〔秦策〕作上。〔韓子·初見秦〕「一不能盡其民力」集解引俞樾。○一邑乃卞邑之訛。〔史記·六國年表〕「頃公遷一邑」志疑。

者

一，語助。〔廣韻·馬部〕○凡文有一字者，所以為分別隔異也。〔說文〕「一，別事詞也」繫傳。○一，又為起下之詞。〔釋詞·卷九〕○凡俗語云一箇、一般、一回，皆取別事之意，不知何時以迎這之這代之。〔說文〕「一，別事詞也」段注。○〔說文定聲·卷九〕今一番、一回字俗以迎這字為之。〔說文〕「一，別事詞也」。○一、諸通。〔墨子·號令〕「主一門里」閒詁。○一，字或作諸。一、諸古字通用。〔韓子·顯學〕「不道仁義一」平議。○一，讀如諸。〔漢書·燕剌王傳〕「其一寡人之不及與」補注引錢大昕。○一猶也也。〔釋詞·卷九〕○一當作也。〔淮南·覽冥〕「而無源一」平議。○一當作而。〔管子·禁藏〕「先易一後難」義證引孫星衍。○一當作省。〔商子·弱民〕「治一國治」平議。○行一之一，官本作有。〔漢書·賈誼傳〕「行一雖死而相為一」補注。○舊一訛軍。〔莊子·說劍〕「以幣從一」集釋引盧文弨。

野

一，田一；壄，古文。〔廣韻·馬部〕○郊外曰一。〔周禮·冢宰〕「體國經一」孫正義。又〔國策·齊策〕「下則鄙一監門閭里」鮑注。○一者，郊外也。〔說文〕「墠，一土地」段注。○一，郊外都鄙之地也。〔孟子·滕文公上〕「請一九一而助」朱注。○牧外謂之一。〔詩·駉〕「在駉之一」朱傳。○一，鄙略也。〔大戴·勸學〕「一哉」王詁。○一謂鄙俗。〔論語·子路〕「一哉由也」朱注。○一與鄙同義。〔左傳定公五年〕「季平子行東一」平議。○飾其容而見于外曰一。〔易·繫辭上〕「一容悔淫」李疏引鄭注。○一人，謂郊外之民。〔論語·先進〕「先進於禮樂，一人也」朱注。○一，謂都鄙之人也。人，言鄙略也。〔論語·雍也〕「質勝文則一」朱注。○一，土也。〔孟子·滕文公上〕「所以別一人也」焦正義。○一土者，於一治地除草。〔說文〕「墠，一土也」段注。○〔通雅·卷三八〕一狐落即宮人斜。〔青藤路史〕「唐宮人葬處名一孤落」。○〔卷一一〕一馬，陽炎也，乃田一浮氣耳。韓偓詩云「窗裏日光飛一馬」。○一馬，猶陽炎也。〔慧琳音義·卷九〕○一牛即今水牛。〔說文〕「兕，如一牛」段注。○一雞者，一中之雞耳。〔漢書·郊祀志〕「一雞夜鳴」補注引顧炎武。○一雞為常畜之雞。（同上）補注引王引之。○一葛，一名黃藤，即鈎吻也，一名斷腸草，一名火把紅，言其紅也。〔通雅·艸〕○一讀曰墅。〔大戴·曾子制言上〕「在田無一」王詁。○古讀一如宇，故與宇通。〔墨子〕「遂一」雜志。○〔說文定聲·卷九〕一，假借為序。〔褚淵碑文〕「餐東一之祕寶」。○一作埜，即壄省文。〔書·禹貢〕注「一一作埜」孫疏。○〔隋志〕或作一或作星，義皆通。〔史記·天官書〕「東方之一」志疑。

埜

一與野字同，牧外曰一。〔慧琳音義·卷九五〕○壄亦作一。〔說文〕「壄，古文野」段注。○一、壄並野字。〔楚辭·九辯〕「泊莽莽與壄草同死」補注。○一與壄同字。〔慧琳音義·卷九五〕

壄

○一羊，今所謂山羊也。〔文選·上林賦〕「足一羊」集釋引顏注。○一羊，似羊而青。（同上）引張揖。

雅

一，正也。〔論語·陽貨〕「惡鄭聲之亂一樂也」朱注。又〔大戴·保傳〕「知文一之辭」王詁。又〔衛將軍文子〕「篤一其有禮節也」王詁。○一者正也。〔論語·子罕〕「一頌各得其所」劉正義。又〔荀子·富國〕「一文辯慧」集解引郝懿行。○一之言正也。〔漢書·藝文志〕「一琴趙氏七篇」補注引沈欽韓。○一，閑麗也。〔慧琳音義·卷六二〕引〔集訓〕。○一，嫺一也。〔說文〕「嫺，一也」義證引〔玉篇〕。○一，儀也。（同上）○一，正也，嫺一也。〔廣韻·馬部〕○一，素也。〔通鑑·秦紀二〕「一得幸於胡亥」音注。又〔秦紀三〕「一不欲屬沛公」音注。又〔唐紀四二〕「上一不之信」音注。○一，常也。〔論語·述而〕「子所一言」朱注。又〔漢書·張耳陳餘傳〕「耳一遊」補注。又〔燕王傳〕「一故」補注。又〔楚元王傳〕「一春於市」補注引周壽昌。又〔衡山王傳〕「一數與王計反」補注。○一記謂常記。〔方言一〕注「一，爾一也」疏證。○一，二一也。〔詩·鼓鐘〕「以一以南」朱傳。○〔通雅·卷九〕一故，一言訓故也。〔孟堅敘傳〕「函一故，通古今」。○相與一皆二樂器。〔通雅·釋詁〕○夏與一古字通。〔左傳襄公二八年〕「子一子尾怒」洪詁。○古者夏、一二字互通。〔荀子〕「君子安一」雜志。○一讀為夏，夏謂中國也。（同上）又〔荀子〕集解引王引之。○齊公孫竈字子一，一者，黑也。〔說文定聲·卷八〕（「竈」下）○一讀為竆，竆一古同聲。〔春秋名字解詁〕「齊公孫竈字子一」述聞。○一之訓亦云素也，正也，皆屬假借。〔說文〕「一，楚烏也」段注。○一之假借之義為素。〔說文〕「嫺，嫺一也」段注。○〔說文定聲·卷九〕一，假借為謂。〔毛詩序〕「一者，正也」。○（同上）一，假借為夏。〔荀子·榮辱〕「君子安一」。○（同上）一，假借為庌。〔左傳〕「公孫竈字子一」。○（同上）一，假借為素，亦為故。〔史記·荊燕世家〕「今呂氏一故」。○（同上）一，假借為舒，實為徐。〔陸雲詩〕「一步擢纖腰」。○一，酒閜也。〔說文〕「閜，大杯亦為閜」義證引〔東觀漢記〕注。○一，別作疋。（同上）○古文大小一、爾一字本作疋，今文皆作一。〔說文〕「疋，足也」義證引〔韻會〕。○一宜山舊名娜如，南朝張廷尉女曰一兒，死葬處，訛為一宜。〔通雅·地輿〕

瓦 —，夏時昆吾氏作—也。〔廣韻·馬部〕引〔古史考〕。○—者，土器已燒之總名。〔説文〕「坏，一曰—未燒」段注。○—象乙乙交相任受也。〔説文〕「—，土器已燒之總名」繫傳。○—，燒土為之以蓋屋或為瓶器。〔慧琳音義·卷五〕○—，紡塼也。〔詩·斯干〕「載弄之—」朱傳。○其背脊隆起者曰—。〔説文定聲·卷一一〕○—合，言不相附也。〔漢書·酈食其傳〕「足下起—合之卒」補注引王文彬。○—釜，喻庸下之人。〔楚辭·卜居〕「—釜雷鳴」補注引五臣。○—，古音讀如阿。〔説文〕「—，土器已燒之總名」段注。

寡 —，直謂少耳。〔釋詁〕「鮮，—也」鄭注。○—人、孤—、不穀，王侯之稱。〔國策·東周策〕「—人知嚴氏之為賊」鮑注。○—人，—德之人。〔詩·燕燕〕「以勖—人」朱傳。○—人，諸侯自稱，言—德之人也。〔孟子·梁惠王上〕「—人之於國也」朱注。○—命，謂—有之命。〔書·顧命〕「無壞我高祖—命」孫疏。○—即貧也。〔詩·小宛〕「哀我填—」通釋。○少財亦為—。（同上）○—，罕也。〔大戴·子張問入官〕「木不—短長」王詁。○鰥、—、孤，一聲之轉，皆與獨同義。〔廣雅·釋詁三〕「孤、—，獨也」疏證。○引伸之凡倮然、單獨皆曰—。〔説文〕「—，少也」段注。○—，鰥—。〔廣韻·馬部〕○老而無夫曰—。〔詩·鴻鴈〕「哀此鰥—」朱傳。○孀即—也。〔書·梓材〕「至于敬—」孫疏。○—，古音讀如鼓。〔漢書·大宛國傳〕「—首」補注引徐松。○—通作宣。〔釋詁〕「—，罕也」郝疏。○〔説文定聲·卷九〕—，假借為顧。〔禮記·緇衣〕「故君子—其言而行，以成其信」。○—，畫字假音。〔墨子·明鬼下〕「指—殺人」閒詁引畢沅。

社 —者，土地之主。〔説文〕「—，地主也」義證引〔五經異義〕並〔藝文類聚〕。○—者，—主。〔書·甘誓〕「戮于—」孫疏。○—，后土也。〔詩·甫田〕「以—以方」朱傳。○后土，—也。〔説文〕「—，地主也」義證引〔物理論〕。○—，土神。〔孟子·盡心下〕「—稷次之」朱注。○—者，境內之土神也。〔禮記·郊特牲〕「國主—」集解。○—者，五土之神也。〔説文〕「—，地主也」義證引〔禮記外傳〕。又〔漢書·郊祀志〕「已有官—」補注引沈欽韓。○—，指中央土神言之。〔詩·甫田〕傳「—為后土」後箋。○—，祭地。〔中庸〕「郊—之禮」朱注。○—，祭土神也。〔詩·雲漢〕「方—不莫」朱傳。○—者，祭五土之總神也。〔禮記·郊特牲〕「—祭土」集解。○—，—稷。〔廣韻·馬部〕○〔説文定聲·卷九〕天子之—封五色土為之，諸侯受封各割其方色土與之，上皆冒以黃土。〔公羊傳哀公四年〕「—者，封也」。○二十五家為—。〔漢書·郊祀志〕「民里—各自裁㠯祠」補注引沈欽韓。○—君，鼠也。〔通雅·獸〕○—字古音土。〔説文〕「—，地主也」義證引王念孫。○古讀—土同聲。〔説文〕「—，从示土聲」句讀。○—，一作杜。〔説文〕「蝍，一曰天—」段注。○—當作杜。〔史記·魏世家〕「與秦孝公會—平」志疑。○汪本、官本—作社。〔漢書·王子侯表〕「立敞子—為城陽王」補注。○官本—作射。〔漢書·韓延壽傳〕「春秋鄉—」補注。

寫 —，謂有憂思散—也。〔釋詁〕「—，憂也」鄭注。○—，除也。〔詩·泉水〕「以—我憂」朱傳。○凡傾吐曰—。〔説文〕「—，置物也」段注。○—，吐其所懷也。〔説文〕「吐，—也」義證引蔡興宗。○—猶宣。〔國策·趙策二〕「忠可以—意」鮑注。○—，讀如字，除也，盡也。〔通鑑·秦紀二〕「—蜀荆地材」音注。○—，憂也，除也，程也，盡也，又轉本曰—。〔廣韻·馬部〕○—，謂去此注彼也。〔説文〕「—，置物也」段注。○凡以此注彼皆曰—。〔説文定聲·卷九〕○傳此器之物置于他器謂之—，因借傳此本書書于他本亦謂之—。〔字詁〕○—猶書也。〔慧琳音義·卷八〇〕引〔考聲〕。○作字作畫皆曰—。〔説文〕「—，置物也」段注。○—，凡作字作畫皆是。〔説文定聲·卷九〕○—謂圖畫其象。〔墨子·經説上〕「圜，規—攴也」閒詁。○—，輸—也。〔詩·蓼蕭〕「我心—兮」朱傳。○—，引申為輸—之義。〔周禮·稻人〕「以澮—水」孫正義。○—之言瀉也。〔廣雅·釋詁三〕「—，除也」疏證。○—，俗作瀉。〔説文〕「—，置物也」義證。又（同上）句讀。○—俗物瀉者，—之俗字。（同上）段注。○—，俗字亦作瀉。〔説文定聲·卷九〕○—與卸音義同。〔詩·泉水〕「以—我憂」通釋。○貨物去舟車亦曰—。〔説文〕「卸，舍車解馬也」義證引顧炎武。○今人謂馬去鞍曰—。（同上）○—者，卸之假借字。（同上）段注。○—當讀為鼠，鼠，憂也。〔釋詁〕「—，憂也」述聞。○—者，瀉之假字。（同上）平議。

瀉 —與寫通。〔廣雅·釋言〕「吐，—也」疏證。○—，—水。〔廣韻·馬部〕○去水曰—。〔本草·卷一九〕○—，水行貌。〔慧琳音義·卷九四〕引〔文字集略〕。

夏 —，大也。〔詩·權輿〕「—屋渠渠」朱傳。又〔廣韻·馬部〕。又〔説文〕「丕，大也」義證。又〔漢書·禮樂記〕「—，大承二帝也」補注引〔元命苞〕。又〔通鑑·晉紀二三〕「函—蕭條」音注。○—，中國也。〔詩·時邁〕「肆于時—」朱傳。又〔國策·秦策四〕「稱—王」鮑注。又〔楚策一〕「—人也」鮑注。○—，本誼當訓大也，萬物寬假之時也，从頁久，象人當暑燕居手足表露之形，于六書為指事，春—秋冬四時並本字本誼。〔説文定聲·卷九〕○—，引伸之義為大也。〔説文〕「—，中國之人也」段注。○大—，其德能大諸—也。〔漢書·禮樂志〕「—，大承二帝也」補注引宋均。○大—，外國名，在西南。〔楚辭·惜誓〕「右大—之遺風」王注。○西北方曰大—。（同上）補注引〔淮南云〕。○〔通雅·卷二〇〕言—子者，禹湯也。〔徐樂傳〕「名何必—子」。○—雖為有天下之號，實即氏也。〔書·湯誓〕「—氏有罪」孫疏。○—代稱后，故云—后氏。〔史記·五帝紀〕「帝禹為—后」志疑。○—，大屋。〔楚辭·哀郢〕「曾不知—之為丘兮」補注。○—屋，屋兩下也。〔通雅·宮室〕○退而肄業曰—課。〔通雅·官制〕○—水為—肥水。〔漢書·地理志〕「合肥」補注。○—與雅通。〔墨子·天志下〕「先王之書大—」閒詁引俞樾。○—當讀為下。〔文選·離騷〕「—康娛以自縱」集解引戴震。○〔説文定聲·卷九〕—，假借為庌。〔詩·權輿〕「—屋渠渠」。○（同上）—，假借為華。〔周禮·染人〕「秋染—」。○（同上）—，假

借為櫝。〔禮記·樂記〕「丨楚二物」。○〔同上〕丨，假借為暇。〔詩·皇矣〕「不長丨以革」。○〔同上〕丨，假借為椵。〔呂覽·求人〕「丨海之窮」。○陽丨，丨音櫝。〔通雅·地輿〕○丨讀若櫝。〔說文〕「翟，山雉尾長者」義證引胡渭說。○丨罪為有罪者，今文異字。〔書·湯誓〕「丨罪」孫疏。○丨，〔公羊〕作蕫。〔左傳襄公二五年經〕「鄭公孫丨帥師伐陳」洪詁。○就全地言之，中國在西北一小隅，故陳公子少西字丨、鄭公孫丨字西。〔說文定聲·卷九〕

冶　丨，銷也。〔廣韻·馬部〕○丨者，銷也。〔說文〕「鎔，丨器法也」段注。○丨者，鑄也。〔同上〕○丨，鑄鐵也。〔國策·西周策〕「函丨氏為齊太公買良劍」鮑注。○鑪鑄曰丨。〔說文〕「丨，銷也」段注。○〔說文定聲·卷五〕鎔鑄金為丨。〔說文〕「鍛，小丨也」。○丨為釜鐵者。〔孟子·滕文公上〕「不為厲陶丨」朱注。○容貌豔者曰丨容。〔屈賦·惜往日〕「妒娃丨之芬芳兮」戴注。○丨，妖丨，女態。〔楚辭·惜往日〕補注。○丨，妖丨。〔廣韻·馬部〕○丨，女人變態也。〔慧琳音義·卷一五〕引〔考聲〕。○丨，婦人變態也。〔卷五七〕引〔考聲〕。○古丨字作蠱字。〔說文〕「蠱，腹中蟲也」義證。○丨與蠱古字通。〔荀子〕雜志。○丨即蠱惑之蠱也。〔同上〕○丨，蠱字假借也。〔說文〕「丨，銷也」段注。○〔說文定聲·卷五〕丨，假借為野。〔易·繫辭傳〕「丨容誨淫」。○今丨父山在廬江東北。〔左傳桓公一三年〕「羣帥囚於丨父」疏證引〔圖說〕。○丨父城在荊州府江陵縣東南。〔同上〕疏證引〔一統志〕。

也　丨，詞也。〔詩·定之方中〕「匪直丨人」集疏。○丨，語已辭也。〔字詁〕○丨，語之餘。〔說文〕「丨，女陰也」繫傳。○丨，象气出口而下斂而盡也。〔同上〕○丨，決辭。〔論語·泰伯〕「君子人丨」朱注。○丨，假借為助語之詞。〔說文定聲·卷一一〕○丨當即匜字。〔同上〕○丨，字从口，从倒口，蓋指生人所从出之穴耳。〔字詁〕○丨、殹通用。〔說文〕「丨，女陰也」段注。○丨，假借為語詞。〔同上〕○丨字後人又作語中之詞。〔字詁〕○丨，此字古人却用亦字。〔同上〕○丨字古人又作耶字用。〔同上〕○丨猶邪也。〔韓子·外儲說左下〕「非子之讎丨」集解引王先謙。又〔釋詞·卷四〕。○丨與邪同。〔左傳襄公一九年〕「其為未卒事於齊故丨乎」述聞。又〔史記〕「余不敢言之丨」雜志。又〔國語·晉語〕「其有勤丨」述聞。○丨，亦與邪同。〔左傳昭公七年〕「其或者未之祀丨乎」述聞。○丨、邪古通。〔墨子·非儒下〕「其所循皆小人道丨」閒詁。○古字丨、邪通。〔論語·八佾〕「是禮丨」平議。又〔孟子·公孫丑〕「寡人如就見者丨」平議。又〔大戴·本命〕「機其文之變丨」平議。又〔管子·九守〕「見姦僞丨」平議。○丨與邪古通用。〔呂覽·異用〕「今我非其主丨」校正。○丨當為邪。〔法言·淵騫〕「沒齒無愁丨」平議。○丨當作邪，乃詰問之詞。〔晏子春秋·諫上〕「禮丨」平議。○丨猶者也。〔釋詞·卷四〕○丨與者同。〔賈子·憂民〕「甚丨野無青草」平議。○丨與者同義。〔韓子·初見秦〕「卻走不能死丨」集解。○古者、丨二字通用。〔詩·定之方中〕「匪直丨人」平議。○丨猶矣也。〔釋詞·卷四〕○丨與矣同義。〔漢書·五行志〕「雷電未可㠯發丨」補注。○丨、矣二字古本通用。〔同上〕○丨猶焉也。〔釋詞·卷四〕○丨猶耳也。〔同上〕○丨猶歟也。〔同上〕○丨猶乎也。〔同上〕○丨，猶兮也。〔同上〕○丨與兮通用。〔說文定聲·卷一一〕○丨即古他字。〔墨子·備城門〕「及丨大城」閒詁。○丨與他同。〔史記〕「迺自以為丨」雜志。○丨當為之。〔墨子·耕柱〕「遠者近丨」閒詁。○丨當為世。〔墨子·耕柱〕「今丨善者不作」閒詁引蘇時學。○官本丨作邪。〔漢書·劉向傳〕「何丨」補注。○丨，韓作矣。〔詩·巷伯〕「慎爾言丨」集疏。○丨，齊作兮。〔詩·君子偕老〕「邦之媛丨」集疏。○丨，三家作兮。〔詩·君子偕老〕「玉之瑱丨」集疏。○丨係地之誤文。〔史記·天官書〕「秦之疆丨」志疑引〔正譌〕。

鮓　鮺、丨，字並與鯗同。〔廣雅·釋器〕「魿，鯗也」疏證。

把　丨，一手所握也。〔孟子·告子上〕「拱丨之桐梓」朱注。○丨，秉也，語之轉。〔屈賦·東皇太一〕「盍將丨兮瓊漿」戴注。○丨，持也，執也。〔廣韻·馬部〕○丨即爬也。〔說文〕「穌，丨取禾若也」句讀。

賈　丨、價同。〔墨子·號令〕「卒以丨予」閒詁引蘇時學。○丨，今之價字。〔說文〕「賤，丨少也」段注。○丨者，今之價字。〔說文〕「僞，引為丨也」段注。○丨，俗又別其字作價。〔說文〕「丨，市也」段注。○引申之凡賣者之所得，買者之所出皆曰丨。〔同上〕○丨者之丨讀曰價。〔漢書·趙敬肅王傳〕「為丨人榷會」補注。○丨屋即夏屋。〔漢書·地理志〕「丨屋山在北」補注引錢坫。○丨、夏古字通。〔春秋名字解詁〕「齊東郭丨字子方」述聞。○丨城在蒲城縣西南八十里。〔左傳桓公九年〕「丨伯」疏證引〔長安志〕。

假　丨，借也。〔大戴·勸學〕「丨車馬者」王詁。又〔漢書·禮樂志〕「丨清風軋忽」補注。又〔賈誼傳〕「丨賊兵」補注。○丨即借義。〔左傳成公二年〕「不可以丨人」疏證。○丨，貸也。〔漢書·梁懷王傳〕「毋得㠯金錢財物丨賜人」補注。○丨之為言詐也。〔釋詁〕「載，僞也」郝疏。○丨，且也，借也，非真也。〔廣韻·馬部〕○不脫衣冠而寐曰丨寐。〔詩·小弁〕「丨寐永歎」朱傳。○不脫冠帶而卧曰丨寐。〔同上〕集疏。○丨，至也。〔詩·雲漢〕「昭丨無贏」朱傳。又〔烝民〕「昭丨于下」陳疏。○丨，格也。〔詩·噫嘻〕「既昭丨爾」朱傳。○丨、格同。〔中庸〕「詩曰，奏丨無言」朱注。○丨與格同。〔詩·那〕「湯孫奏丨」朱傳。又〔玄鳥〕「四海來丨」朱傳。○丨與格通用，至也。〔詩·那〕「湯孫奏丨」通釋。○丨、格古通用。〔莊子·德充符〕「而登丨」集釋。○丨，通作佫，又通作格。〔釋言〕「格，來也」郝疏。○丨音格。〔釋詁〕「丨，陞也」鄭注。○丨，大也。〔詩·文王〕「丨哉天命」集疏引魯說。又〔思齊〕「烈丨不瑕」朱傳。又〔楚辭·大招〕「英華丨只」補注。○丨訓為大。〔易·豐〕「王丨之」述聞。○丨有寬大之義。〔易·家人〕

「王丨有家」述聞。○丨易猶寬縱也。〔左傳桓公一三年〕「天之不丨易也」疏證引王念孫。○貫通所至曰丨。〔詩·噫嘻〕「既昭丨爾」集疏。○凡神人來至曰丨。〔詩·那〕「湯孫奏丨」通釋。○祭者上致乎神亦曰丨。〔同上〕○重其官不遽以予人之意謂丨。〔漢書·項籍傳〕「會稽丨守通」補注引姚鼐。○丨，此猶後世之虛銜也。〔漢書·曹參傳〕「拜為丨左丞相」補注引周壽昌。○漢丨司馬之類，唐謂之借職。〔說文〕「丨，非真也」義證。○丨子，前妻之子也。〔漢書·王尊傳〕「告丨子不孝」補注引沈欽韓。○丨葬，即今之攢墳也。〔義府·卷下〕○丨版，班品之卑者。〔通雅·官制〕○丨兩，今之鞔胸兜也。〔通雅·衣服〕○丨讀為嘏。〔詩·思齊〕「烈丨不瑕」陳疏。○丨與嘏通。〔廣雅·釋言〕「夏，嘏也」疏證。又〔墨子·尚賢中〕「維丨於民」閒詁。○丨、嘏古同聲通用。〔詩·文王〕「丨哉天命」通釋。○丨亦與嘏通。〔儀禮·士冠禮〕「宜之于丨」述聞。○丨為嘏之假借字也。〔說文〕「丨，非真也」段注。○丨又為嘏之假借。〔詩·那〕「湯孫奏丨」通釋。○〔說文定聲·卷九〕丨，假借為嘏。〔釋詁〕「丨，大也」。○丨與遐通。〔公羊傳桓公一一年〕注「遼丨緩之」陳疏引孔廣森。○丨即遐也。〔漢書·揚雄傳〕「丨言周于天地」補注引劉敞。○〔說文定聲·卷九〕丨，假借為遐，實亦為嘏。〔列子·黄帝〕「而帝登丨」。○〔同上〕丨，假借為暇。〔詩·長髮〕「昭丨遲遲」。○古多借丨為暇。〔說文〕「暇，閒也」段注。○丨通作瑕。〔釋詁〕「丨，已也」郝疏。○丨讀為瑕。〔漢書〕「陷丨」雜志。○丨讀為假。〔詩·雲漢〕「昭丨無贏」陳疏。○丨與假同。〔說文〕「丨，非真也」句讀。○〔說文定聲·卷九〕丨，假借為假。〔說文〕「丨，一曰至也」。○丨即瘕之假借。〔詩·思齊〕「烈丨不瑕」通釋。又〔說文定聲·卷九〕。○丨當作叚。〔說文·敘〕「六曰丨借」段注。又〔說文〕「丨，非真也」義證。○丨音轉為何，又音轉為誐。〔釋詁〕「丨，嘉也」郝疏。○丨、誐，聲之轉。〔同上〕邵正義。○〔說文定聲·卷九〕丨，假借為嘉。〔詩·假樂〕「丨樂君子」。○〔同上〕丨，假借為固。〔詩·文王〕「丨哉天命」。○〔同上〕丨，假借為駕。〔淮南·主術〕「丨輿馬者」。○〔同上〕丨，假借為賈。〔莊子·山木〕「不聞丨人之亡與」。○丨當作加。〔左傳桓公元年〕「鄭伯以璧丨許田」疏證。○古文經丨作加。〔同上〕○丨，齊作嘉。〔詩·假樂〕「丨樂君子」集疏。○丨，韓作瘏。〔詩·小弁〕「丨寐永歎」集疏。○丨，齊作誐。〔詩·維天之命〕「丨以溢我」集疏。○丨密即高密也。〔漢書·曹參傳〕「擊龍且軍於上丨密」補注。又〔灌嬰傳〕「留公於丨密」補注。

捨　丨，釋也。〔廣韻·馬部〕○丨，此舍之分別文也，故經典用舍。〔說文〕「丨，釋也」句讀。○丨，經傳皆假舍為之。〔同上〕段注。○丨，經傳皆以舍為之，訓放、訓棄、訓止、訓去、訓除、訓縱。〔說文定聲·卷九〕○丨與赦聲義亦同。〔廣雅·釋詁四〕「丨，置也」疏證。○〔說文定聲·卷九〕丨，假借為舍，正字當作舍。〔左傳莊公三年〕注「丨宿不書」。

舍　丨，釋也。〔詩·行葦〕「丨矢既均」朱傳。○丨、釋字通。〔周禮·占夢〕「乃丨萌于四方」孫正義。○捨、丨、釋，聲義並通。〔周禮·樂師〕「春入學丨采合舞」孫正義。○丨、釋雙聲，古字通用。〔釋詁〕「廢，丨也」郝疏。○丨，置也。〔同上〕鄭注。○丨音捨，訓置。〔易·文言〕「見龍在田時丨也」李疏。○丨猶置也。〔周禮·川衡〕「以時丨其守」平議。又〔同上〕孫正義。○捨、丨通用。〔說文〕「縱，一曰捨也」段注。○丨音捨。〔詩·采苓〕「丨旃丨旃」朱傳。又〔駟鐵〕「丨拔則獲」朱傳。又〔車攻〕「丨矢如破」朱傳。又〔小弁〕「丨彼有罪」朱傳。又〔賓之初筵〕「丨其坐遷」朱傳。又〔孟子·盡心上〕「丨簞食豆羹」朱注。又〔盡心下〕「人病丨其田」朱注。○丨，予之假字。〔墨子·耕柱〕「丨余食」閒詁。○丨、予聲近字通。〔墨子·非攻中〕「施丨羣萌」閒詁。○〔說文定聲·卷九〕丨，假借為赦。〔左傳襄公二五年〕「丨之得民」。○〔同上〕丨，假借為釋。〔列子·天瑞〕「丨然而喜」。

赭　丨，赤土。〔廣韻·馬部〕○丨，即所謂華陰赤土也。〔通雅·金石〕○丨音者，赤也。〔通鑑·秦紀二〕「伐湘山樹使其丨」音注。○丨，赤色。〔詩·簡兮〕「赫如渥丨」朱傳。○丨，引申為凡赤。〔說文〕「丨，赤土也」段注。○丨，赬也，赬必面赤也。〔慧琳音義·卷八二〕引〔考聲〕。○丨之言明著也。〔廣雅·釋器〕「丨，赤也」疏證。○丨衣，囚服也，以赤土染之。〔通鑑·漢紀四〕「衣丨衣」音注。

斝　丨，爵也。〔詩·行葦〕「洗爵奠丨」朱傳。○丨，亦爵也。〔同上〕陳疏。○丨，玉爵。〔廣韻·馬部〕○丨與爵彝同意。〔說文定聲·卷九〕○丨，畫禾稼也。〔詩·行葦〕「洗爵奠丨」集疏引齊說。○〔說文定聲·卷九〕丨，假借為嘏。〔周禮·量人〕「受丨歷而皆飲之」。○〔同上〕丨，假借為稼。〔周禮·司尊彝〕「祼用丨彝」。

廈　丨，丨屋。〔廣韻·馬部〕○丨與夏同。〔方言一〕「夏，大也」箋疏。○丨當為厲。〔墨子·迎敵祠〕「尚夜自丨」閒詁引畢沅。

嘏　丨，福也。〔詩·賓之初筵〕「錫爾純丨」朱傳。又〔禮記·禮運〕「祝丨辭說」集解。○丨，大也，福也。〔廣韻·馬部〕○丨亦為大福。〔詩·卷阿〕「純丨爾常矣」通釋。○丨祇有大訓，引申之為大福耳。〔同上〕後箋。○〔說文定聲·卷九〕丨，遠也。〔說文〕「假，至也」。〔「假」下〕○丨，錫福也。〔詩·我將〕「伊丨文王」朱傳。○丨與假通。〔左傳昭公二〇年〕「鬷丨無言」洪詁。○丨通作格，又通作假。〔釋詁〕「丨，大也」郝疏。○丨讀〔雝篇〕「假哉皇考」之假。〔詩·我將〕「伊丨文王」述聞。○〔說文定聲·卷九〕丨，假借為助語之詞。〔詩·南山有臺〕「遐不眉壽」。

檟　丨，山楸。〔說文〕「丨，楸也」義證引〔玉篇〕。又〔廣韻·馬部〕。○楸小而散曰丨。〔說文〕「丨，楸也」繫傳。○楸細葉者為丨，大而散楸，小而散丨。〔左傳襄公四年〕「樹六丨於蒲圃」洪詁。○丨，梓也，美材也。〔孟子·告子上〕「舍其梧丨」朱注。○丨通作榎。〔說文〕「丨，楸也」義證。○〔說文定聲·卷九〕丨字作榎。〔爾雅〕「槄，山榎」。○丨通作夏。〔說文〕「丨，楸也」義證。又〔釋木〕「槄，山榎」郝疏。○〔史記〕丨作梓。〔左傳哀公一一年〕「樹吾墓丨」洪詁。

榎 葉小而早秀，故謂之丨。〔本草·卷三五〕○丨同檟。〔廣韻·馬部〕○丨者，檟之或字。〔説文〕「檟，楸也」段注。

惹 丨，亂也。〔廣韻·馬部〕

踝 丨，足骨也。〔廣韻·馬部〕○丨，脚脛下骨也。〔説文〕「㚇，擊丨也」繫傳。○丨者，人足左右骨隆然圜者也，在外者謂之外丨，在内者謂之内丨。〔説文〕「丨，足丨也」段注。○丨謂足左右隆然圜起者。〔説文定聲·卷一〇〕○丨，足之内外丨也。〔説文〕「丨，足丨也」義證引〔急就篇〕顔注。○丨，跟也。〔禮記·深衣〕「負繩及丨」集解。

姐 丨，羌人呼母，一曰慢也。〔廣韻·馬部〕○社與丨音近。〔説文〕「蜀人謂母曰丨，淮南謂之社」段注。○丨即媎之省。〔説文〕「媎，驕也」段注。○〔説文定聲·卷九〕丨，假借為鲝。〔琴賦〕「或怨丨而躊躇」。○〔同上〕丨，假借為媎。〔幽憤詩〕「恃愛肆丨」。

痖 丨，瘖也。〔大般若經·卷一〕「丨者」音義引〔古今正字〕。○瘖者，寂默而無聲；丨者，有聲而無説。〔慧琳音義·卷一二〕○丨，不能言也。〔大般若經·卷一〕「丨者」音義引〔考聲〕。○丨，謂不得言也。〔慧琳音義·卷七二〕引〔考聲〕。○〔晉語〕嚚瘖之嚚作丨。〔廣雅·釋訓〕「丨瘖」疏證。

啞 丨，不言也。〔廣韻·馬部〕○丨，俗訓為瘖。〔説文〕「丨，笑也」段注。○丨丨，笑聲也。〔説文定聲·卷九〕○丨，歎息之聲。〔韓子·難一〕「丨，是非君人者之言也」集解引舊注。○丨、嗄聲轉字異義同。〔方言一〕箋疏。○〔説文定聲·卷九〕丨，字亦作痖。〔埤蒼〕「痖，瘖也」。○上事官拜廳已，即與其屬揖而不聲喏，謂之丨揖。〔通雅·禮儀〕

灺 丨，燭夷。〔廣韻·馬部〕○丨，〔曲禮〕所謂燭跋，跋者，謂近手所餘。〔説文〕「丨，燭夷也」段注。○丨，〔弟子職〕所謂燭𡋯，𡋯者謂燒過之燼。〔同上〕○〔説文定聲·卷一一〕丨，〔曲禮〕謂之跋，跋者，夷之足也。〔説文〕「丨，燭夷也」。○丨，〔弟子職〕謂之𡋯，𡋯者，夷之灰也。〔説文定聲·卷一一〕

且 丨，將也。〔漢書·天文志〕「丨去益小」補注引王念孫。又〔韓子·外儲説左下〕「果丨伐之」集解。又〔呂覽·振亂〕「天下之民丨死者也」校正。○丨即將也。〔淮南·人間〕「孫叔敖病丨死」雜志。○丨，冥，將冥也。〔説文〕「莫，日丨冥也」義證。○丨，方然。〔墨子·經説下〕「丨猶是也」閒詁引張惠言。○丨，未然之辭。〔同上〕○丨，此。〔詩·載芟〕「匪丨有丨」朱傳。○丨為此，亦為今。〔同上〕後箋。○〔説文定聲·卷九〕丨，或曰有藉而加之之意。〔孟子〕注「復言也」。○丨，狀从者之盛。〔詩·有客〕「有萋有丨」通釋。○丨者，丨行不進也。〔釋天〕「六月為丨」郝疏。○丨，語辭。〔廣韻·馬部〕○丨，發語詞也。〔釋詞·卷八〕○丨，助語辭。〔詩·君子偕老〕「揚丨之皙」朱傳。○丨，語助也。〔詩·北風〕「既亟只丨」後箋。○丨，句中語助詞也。〔釋詞·卷八〕○丨猶尚也。〔同上〕○丨猶又也。〔同上〕○丨猶抑也。〔同上〕○丨，姑丨也。〔同上〕○丨猶若也。〔同上〕又〔公羊傳隱公三年〕「丨使子而可逐」陳疏。○丨猶夫也。〔釋詞·卷八〕○丨夫者，指事之詞，或言今夫。〔同上〕○丨，更端之詞也。〔同上〕○丨猶幾。〔國策·齊策三〕「取其地丨天下之半」鮑注。○丨猶與。〔國策·齊策一〕「丨不利者非此也」鮑注。○丨即苟丨之丨，重言為苟丨，單言為丨。〔莊子·庚桑楚〕「與物丨者」平議。○凡言丨者皆謂姑丨如此，即假借之意也。〔廣雅·釋詁二〕「丨，借也」疏證。○丨與借聲相近。〔同上〕○丨即徂也。〔釋詁〕「徂，存也」鄭注。○丨，字亦作徂。〔釋詞·卷八〕○丨當為粗。〔墨子·兼愛下〕「丨苴之屨」閒詁引畢沅。○丨當為曰。〔墨子·非命中〕「丨敬哉」閒詁引畢沅。○丨當為具。〔墨子·備城門〕「丨内弩以應之」閒詁引畢沅。○丨，當作臣。〔韓子·難二〕「丨嬰家貧」集解。○〔説文定聲·卷九〕丨，假借為取。〔老子〕「舍慈丨勇」。○〔同上〕丨，假借為此。〔詩·載芟〕「匪丨有丨」。○〔同上〕丨，假借為發聲之詞。〔穀梁傳文公五年〕「其曰丨志兼也」。○〔同上〕丨，假借為助語之詞。〔秦策〕「城丨拔矣」。○丨訛為宜。〔詩·小宛〕「宜岸宜獄」通釋。○丨，音苴。〔説文〕「沅，出牂柯故丨蘭」段注。

奼 丨，美女也。〔説文〕「丨，少女也」義證引〔玉篇〕。又〔廣韻·暮部〕。又〔漢書·韓安國傳〕「即以丨鄙小縣」補注引〔玉篇〕。○丨，嬌丨也。〔廣韻·馬部〕○〔説文定聲·卷九〕丨，字亦作姹。〔説文〕「丨，少女也」。○姹，〔文選〕本作丨，〔史記〕及五臣本並作詫。〔司馬相如傳〕「子虛過姹烏有先生」補注引錢大昭。

撦 丨，開也。〔廣雅·釋詁三〕「丨，開也」疏證引〔玉篇〕。○丨，裂開。〔廣韻·馬部〕○今俗語猶謂裂帛為丨矣。〔廣雅·釋詁三〕「丨，開也」疏證。○丨，裂也。〔集韻·馬部〕

疋 丨，正也，待也。〔廣韻·馬部〕○此謂古文假借丨為雅。〔説文〕「丨，古文以為詩大雅字」段注。○丨，今經傳皆以雅為之。〔説文定聲·卷九〕

閜 丨，大裂。〔廣韻·馬部〕○凡言丨者，皆大開之貌。〔廣雅·釋器〕「丨，杯也」疏證。○丨、嗎義並同也。〔同上〕○丨、嗎義相近。〔廣雅·釋詁三〕「丨，開也」疏證。○丨，又通作雅。〔説文〕「丨，大杯亦為丨」義證。○丨，字或作𥁰。〔同上〕

嗎 丨，大笑。〔廣韻·馬部〕又〔廣雅·釋詁一〕「丨，笑也」疏證引〔玉篇〕。○閜、丨，義並同也。〔廣雅·釋器〕「閜，杯也」疏證。○閜、丨義相近。〔廣雅·釋詁三〕「閜，開也」疏證。

髁 丨，髻骨。〔廣韻·馬部〕

庌 丨，廳也。〔廣韻·馬部〕○今河東人呼廳為丨也。〔慧琳音義·卷六六〕○〔說文定聲·卷九〕丨，字亦作廈。〔淮南·說林〕「大廈成而燕雀相賀」。

冎 丨，剔人肉置其骨，俗作剮。〔廣韻·馬部〕○丨，剔肉置骨也。〔說文〕「歺，列骨之殘也」繫傳。○丨，剔人肉至骨也。〔通鑑·唐紀二二〕「既乃丨其骨」音注。○丨，俗作剮。〔說文〕「丨，剔人肉置其骨也」段注。○丨，俗字作剮。〔說文定聲·卷一〇〕○丨，分也，俗字誤作昜。（同上）

叚 丨，凡云假借當作此字。〔說文〕「丨，借也」段注。○假當作丨。〔說文·敘〕「六曰假借」段注。○古多借瑕為丨。〔說文〕「丨，借也」段注。

椵 丨即朝生暮落花也。〔釋艸〕「丨，木槿」鄭注。○丨，白丨也，樹似白楊，其材耐溼。〔釋木〕「丨，柂也」鄭注。○丨，亦楸梓之屬。〔說文〕「丨，木可作牀几」繫傳。

竨 丨，短人立也。〔廣韻·馬部〕○丨丨，短皃。〔說文〕「丨，短人立丨丨皃」段注。○丨與矲同。（同上）句讀。○丨，或作矲。（同上）段注。○丨之字或作罷。（同上）○〔說文定聲·卷一二〕丨，字又作雉。〔說文〕「丨，短人立丨丨皃」。○丨，字亦作⿰矢卑。〔說文定聲·卷一二〕

稞 丨，淨穀。〔廣韻·馬部〕○丨，謂凡穀顆粒俱佳者。〔說文〕「丨，穀之善者」段注。○丨，顆粒精好。〔說文定聲·卷一〇〕○丨，此義當讀如裸。〔說文〕「丨，一曰無皮穀」段注。

黊 丨，鮮明黃色。〔廣韻·馬部〕○〔說文定聲·卷一二〕丨，假借為規。〔長笛賦〕「猶以二皇聖哲丨益」。○（同上）丨，或曰借為佳。〔淮南·主術〕注「讀如買丨益之丨」。

蘳 丨，黃華。〔廣韻·馬部〕引〔說文〕。○丨，謂草木之黃華者也。〔說文〕「丨，黃花」繫傳。○丨與黊同義。〔廣雅·釋器〕「黊，黃也」疏證。

觟 丨，牝牂羊生角者，又楚冠名。〔廣韻·馬部〕○丨，楚冠名。〔集韻·馬部〕

⿰魚果 丨，魚似鮎也。〔廣韻·馬部〕○〔說文定聲·卷一〇〕丨，一名鱯，今謂之回魚。〔說文〕「丨，鱧也」。○丨、鱯、鮎俱一聲之轉。〔釋魚〕「鮂，大鱯」郝疏。

䍀 丨，大口，又聲。〔廣韻·馬部〕○丨，亦謂相鬬也。〔說文〕「丨，擊踝也」繫傳。○〔說文定聲·卷一〇〕丨，字亦作㧉。〔廣雅·釋詁三〕「㧉，投也」。○（同上）丨，字亦作敤。〔廣雅·釋詁三〕「敤，擊也」。

𦍌 丨，羊角皃。〔廣韻·馬部〕○丨丨，兩角皃。〔說文〕「丨，羊角也」段注。

槎 丨，逆斫木。〔廣韻·馬部〕又〔通鑑·唐紀一四〕「鑿山丨木」音注。○差、丨古同聲，故通用。〔漢書〕「茬蘖」雜志。○丨與差聲義亦相近。〔廣雅·釋詁二〕「差，衺也」疏證。○丨或作柞。〔說文〕「丨，衺斫也」義證。○〔說文定聲·卷一〇〕丨，以茬為之。〔漢書·貨殖傳〕「山不茬蘖」。○丨蘖，一作茬蘖、由蘖。〔通雅·釋詁〕○〔通雅·卷三四〕障魚曰丨頭。〔杜詩〕「漫寄丨頭縮項編」。〔西京賦〕「柞木翦棘」。○（同上）丨，以

丯 丨，跨步。〔廣韻·馬部〕○丨，謂夸張其兩股。〔說文定聲·卷一〇〕

杷 丨，今之琵琶，古當作搾。〔說文〕「丨，搾擊也」段注。○丨，即今琵琶字，據〔搜神記〕謂琵琶如鼙婆，則語之轉。〔說文定聲·卷九〕

假 丨，至也。〔說文〕「丨，至也」段注引〔方言〕。○丨，字亦作徦。〔說文定聲·卷九〕○丨，又借格字。〔說文〕「丨，至也」義證。○〔說文定聲·卷九〕丨，以格為之。〔釋詁〕「格，至也」。○（同上）丨，以假為之。〔釋詁〕「假，陞也」。○（同上）丨，假借為嘏。〔漢書·禮樂志〕「丨狄合處」。○古文〔尚書〕作格，今文作假，亦丨之假借。〔說文〕「丨，至也」段注。

𨑜 丨，距也。〔集韻·馬部〕○〔說文定聲·卷九〕丨，謂𡷫岠也。〔說文〕「丨，距也」。○丨者，拓也。〔說文〕「丨，距也」段注。

䰼 丨，今俗作鮓。〔說文〕「丨，藏魚也」繫傳。○丨，俗作鮓。（同上）義證。又〔說文〕「丨，藏魚也」段注。○丨，通作差。〔說文〕「丨，藏魚也」義證。○丨，或作鮺。（同上）○丨，鹵魚也，越人以大者為丨，細者為鰲。〔說文〕「鮗，丨也」義證引戴侗。○丨，字亦作鮓，以鹽米釀魚為菹，耐久，即〔禮記·內則〕之魚膾聶而切之者也。〔說文定聲·卷一〇〕○丨、鮓字並與鯗同。〔廣雅·釋器〕「鯗，丨也」疏證。

輠 丨，轂頭轉皃。〔廣韻·馬部〕○丨鍋並與鍋同。〔方言九〕「車釭齊燕海岱之間謂之鍋」箋疏。

瓰 丨，酒器。〔廣韻·馬部〕○雅與丨通。〔廣雅·釋器〕「丨，杯也」疏證。○〔說文定聲·卷九〕丨，今字以雅為之。〔廣雅·釋器〕「丨，杯也」。

㛎 丨，好也。〔廣韻·馬部〕

檴 丨，案之別名。〔廣韻·馬部〕○丨之言寫也。〔廣雅·釋器〕「案謂之丨」疏證。

騇 丨，牝馬也。〔廣韻·馬部〕○丨與犌同。〔廣雅·釋獸〕「犌，雌也」疏證。

扭 丨，取也。〔廣韻·馬部〕又〔集韻·馬部〕。○摣、叡、丨並同。〔廣雅·釋詁一〕「丨，取也」疏證。○〔說文定聲·卷九〕丨，假借為叡。〔方言一〕「丨，取也」。

㝯 丨，青絲履，又繩履。〔廣韻·馬部〕

䙣 丨，寬大也。〔廣韻·馬部〕○丨，大寬也。〔廣雅·釋詁一〕「丨，大也」疏證引〔玉篇〕。

撦 丨，擊也。〔廣韻・馬部〕又〔集韻・馬部〕。○丨亦撦也，方俗語轉耳。〔廣雅・釋詁三〕「丨，擊也」疏證。○〔説文定聲・卷九〕丨，字亦作撦。〔廣雅・釋詁三〕「丨，擊也」。

襾 丨，覆也。〔廣韻・馬部〕引〔説文〕。又〔集韻・馬部〕。○丨，覆、覈、賈類皆從此。〔廣韻・馬部〕

乜 丨，蕃姓。〔廣韻・馬部〕○諸韻書丨、芊同意，皆訓羊出聲。〔説文〕「芊，羊鳴也」義證引焦氏。

侗 丨，倘丨，行皃。〔廣韻・馬部〕

傻 丨，丨俏，不仁。〔廣韻・馬部〕又〔集韻・馬部〕。○丨，輕慧皃。〔集韻・馬部〕○丨，當用酸，面醜也。〔義府・卷下〕

厊 丨，厏丨，不合。〔廣韻・馬部〕

厏 丨，丨厊，不合。〔廣韻・馬部〕○丨厊，不相合。〔集韻・馬部〕

鳫 丨，仄也。〔集韻・馬部〕

吤 丨，應聲也。〔廣韻・馬部〕

咵 丨，言戾也。〔集韻・馬部〕

嗄 丨，惡言。〔集韻・馬部〕

婭 丨，丨姹，作姿。〔集韻・馬部〕

奓 丨，夸丨，自大。〔集韻・馬部〕

帢 丨，丨衿，袍也。〔廣韻・馬部〕○小衫曰丨，或曰衸。〔集韻・馬部〕

𢅋 丨，帛衣。〔廣韻・馬部〕

𢇛 丨，屋也。〔集韻・馬部〕

忚 丨丨，心不欲。〔集韻・馬部〕

恗 丨，心悇也。〔集韻・馬部〕

朶 丨，老人拄杖。〔廣韻・馬部〕

楇 丨，橫擿杖。〔集韻・馬部〕

灑 丨，丨水也。〔廣韻・馬部〕○丨瑟，以聲轉為義。〔釋樂〕「大瑟謂之丨」郝疏。

羑 丨，束炭也。〔集韻・馬部〕

瑪 丨瑙，文石也。〔通雅・金石〕

痄 丨，丨瘡，不合。〔廣韻・馬部〕○丨疨，創不合也。〔集韻・馬部〕

硰 丨，好雌黃。〔廣韻・馬部〕

碼 丨，丨碯石，似玉。〔廣韻・馬部〕○丨碯，石寶之絕妙者，或有斑文玉之類。〔慧琳音義・卷一四〕○丨碯，似玉有黑文，亦云斑玉也。〔卷七八〕引〔考聲〕。○丨碯，通作馬腦。〔廣雅・釋地〕「丨碯，石之次玉」疏證。

窵 丨，穴丨，在燕野。〔廣韻・馬部〕

筒 丨，篋丨，收絲具。〔廣韻・馬部〕

篫 丨，炭籠也。〔廣韻・馬部〕○丨，炭籠，長沙語。〔集韻・馬部〕

縿 丨，丨絮，相著皃。〔廣韻・馬部〕○丨絮，絲絮相著皃。〔集韻・馬部〕

藞 丨䃎，泥不熟皃。〔廣韻・馬部〕引〔玉篇〕。○丨苴，泥不熟。〔集韻・馬部〕○丨蔖，不中皃。〔同上〕

䗫 丨，腹病。〔集韻・馬部〕

觰 丨，牛角橫。〔廣韻・馬部〕

𧤯 丨，觰丨，牛角開。〔廣韻・馬部〕○丨觰，牛角上張皃。〔集韻・馬部〕

詐 丨訝，言戾，或从虘。〔集韻・馬部〕○譃，丨訝，訶皃。〔廣韻・馬部〕

謏 丨，强事言語。〔廣韻・馬部〕○丨，强語。〔集韻・馬部〕

𧪒 丨，言以寫志。〔集韻・馬部〕

跁 丨跒，不前。〔集韻・馬部〕

跒｜，跁｜，行皃。〔廣韻・馬部〕

銙｜，帶飾。〔廣韻・馬部〕

飷｜，無食味也。〔廣韻・馬部〕○｜，食無味。〔集韻・馬部〕

䬦｜，餶飫。〔廣韻・馬部〕○餂同｜。(同上)○｜，饜也。〔集韻・馬部〕

骻｜，或作骰，作骬，亦作髁，並腰骨也。〔慧琳音義・卷七八〕引〔古今正字〕。○｜同跨，腰跨。〔廣韻・馬部〕

魏｜，醜｜。〔廣韻・馬部〕○魏，醜魏，惡也，或省。〔集韻・馬部〕

鰢｜，魚名。〔廣韻・馬部〕

鷌｜，異鳥。〔廣韻・馬部〕○｜，鳥名。〔集韻・馬部〕

䴹｜，麪名。〔廣韻・馬部〕

䵘｜，漫污也。〔廣韻・馬部〕引〔文字辨疑〕。

續經籍纂詁卷第五十二

上聲

二十二養

養｜與餘皆有長久之意。〔春秋名字解詁〕「晉梁｜字餘子」述聞。○｜與治義相成也。〔周禮・疾醫〕「以五味五穀五藥｜其病」孫正義。○｜生猶言治生。〔荀子・儒效〕「以｜生為己至道」集解引劉台拱。○｜，育也。〔廣韻・養部〕○｜，樂也。(同上)○｜，飾也。(同上)○｜、射皆教也。〔通說〕「｜，射」述聞。又〔廣雅・釋詁一〕「庠，｜也」疏證。○｜，謂涵育薰陶以成其德也。〔禮記・文王世子〕「立大傅少傅以｜之」集解。○｜，謂涵育薰陶，俟其自化也。〔孟子・離婁下〕「中也｜不中」朱注。○｜，取也。〔荀子・君子〕「知所｜矣」集解引陳奐。○｜，謂飲食供奉也。〔論語・為政〕「是謂能｜」朱注。○〔義府・卷上〕｜謂口體之奉。〔左傳昭公二○年〕「私欲｜求」。○｜謂糧長。〔墨子・號令〕「城上吏、卒、｜」閒詁。○｜猶事也。〔孟子・滕文公〕「同｜公田」平議。○｜，亦役使通稱。〔公羊傳宣公一二年〕注「炊亨者曰｜」陳疏。○｜即厮｜之｜。〔墨子・號令〕「城上吏、卒、｜」閒詁。○醫｜，謂知醫者及厮｜。〔漢書・烏孫國傳〕「副使季都別將醫｜視狂王」補注引徐松。○｜猶待也。〔論語・陽貨〕「唯女子與小人為難｜也」劉正義。○｜謂孕妊生｜之時。〔大戴・夏小正〕「鹿之｜也離」王詁。○享、｜，義相近也。〔廣雅・釋詁一〕「享，｜也」疏證。○｜，謂順而不害。〔孟子・盡心上〕「｜其性」朱注。○〔說文定聲・卷一八〕｜，毛意或為除，或為舉。〔詩・酌〕「遵｜時晦」。○｜之言陽陽也。〔廣雅・釋詁一〕「｜，樂也」疏證。○｜｜，恙恙也。〔詩・二子乘舟〕「中心｜｜」陳疏。○｜｜，憂不知所定之貌。(同上)朱傳。○｜｜，猶漾漾。(同上)朱傳。○〔說文定聲・卷一八〕｜，叚借為羕。〔夏小正〕「時有｜日」。○(同上)｜，叚借為襄。〔詩・酌〕「遵｜時晦」。○(同上)｜，叚借為漾。〔水經・汝水注〕「｜，水名也」。○(同上)｜，叚借為豫。〔廣雅・釋詁二〕「｜，飾也」。○(同上)｜，叚借為痒。〔荀子・正名〕「疾｜凔熱」。○｜，當為恙之假借。〔詩・二子乘舟〕「中心｜｜」通釋。○｜讀為恙。〔莊子・至樂〕「若果｜乎」集釋引俞樾。○｜，讀若中心｜｜，憂念也。〔大戴・曾子事父母〕「則｜之」王詁。○｜｜，魯作洋洋。〔詩・二子乘舟〕「中心｜｜」集疏。○｜，一作善。〔呂覽・數盡〕「因長而｜之」校正。○古書多以｜為漾。〔漢書〕「至武都」雜志。

痒｜，皮｜。〔廣韻・養部〕○｜與蛘通，亦通作養，俗作癢。〔廣雅・釋言〕「痒，蛘也」疏證。

癢 ｜，痒之正字，〔説文〕作蛘。〔説文〕「痒，瘍也」段注。○｜亦通作養。〔廣雅・釋言〕「痒，蛘也」疏證。○｜同痒。〔廣韻・養部〕

鞅 〔説文定聲・卷四〕｜者，頸靼也，亦夾持之意。〔廣雅・釋器〕「馬｜謂之脅」。〔「脅」下〕○在頸曰｜。〔説文〕「｜，頸靼也」義證引〔急就篇〕顏注。○｜，牛羈也。〔廣韻・養部〕○｜，謂扨牛頭木繩。〔慧琳音義・卷二三〕○｜，制牛馬首前也。〔卷六八〕引〔文字集略〕○｜，負荷捧持也。〔卷三三〕○｜，强也。〔續音義・卷一〕引〔玉篇〕。○｜｜，志不滿也。〔通鑑・漢紀三〕「居常｜｜」音注。○｜｜，本為怏怏。〔通雅・釋詁〕○｜掌，疊韻字，促遽失容。〔詩・北山〕「或王事｜掌」後箋。○〔説文定聲・卷一〕｜掌，謂愚惷無知之人也。〔莊子・庚桑楚〕「擁腫之與居，｜掌之為使」。〔「腫」下〕○〔卷一八〕｜罔即方言之央亡。〔廣雅・釋訓〕「｜罔，無賴也」。○｜、快古通用。〔方言一二〕「｜，强也」疏證。○快、｜並通。〔廣雅・釋言一〕「悖、快，强也」疏證。○〔説文定聲・卷一八〕｜，叚借為殃。〔無極山碑〕「為民來福除｜」。○〔同上〕｜，叚借為快。〔方言一二〕「｜，强也」。○｜罔與央亡同。〔方言一〇〕「央亡，獪也」箋疏。○｜當為決。〔韓子・説林下〕「羿執｜持扞」集解引王引之。

泱 ｜，謂水廣貌也。〔慧琳音義・卷九九〕引〔文字典説〕。○滃｜，水皃。〔廣韻・蕩部〕○〔説文定聲・卷一八〕｜｜，猶〔詩〕之英英白雲。〔射雉賦〕「天｜｜以垂雲」。○｜軋，一作坱圠，亦作軮軋，謂無涯際也。〔漢書・司馬相如傳〕「滂濞｜軋麗以林離」補注。

像 ｜，似也。〔廣韻・養部〕○象當作｜，｜者，似也。〔説文・敍〕「二曰象形」段注。○｜，或曰此實象之别字，大物莫過於象，顯而易見，故轉注為形｜，為想｜。〔説文定聲・卷一八〕○象、｜，聲義亦同。〔廣雅・釋詁三〕「象，效也」疏證。○几形｜、圖｜、想｜，字皆當從人，而學者多作象，象行而｜廢矣。〔説文〕「｜，似也」段注。○｜，字亦作樣，今云式樣是也。〔説文定聲・卷一八〕

象 ｜者，南越之大嘼也。〔説文・敍〕「二曰｜形」段注。○｜，｜骨也。〔詩・君子偕老〕「｜之揥也」朱傳。○｜，｜齒。〔離騷〕「雜瑶｜以為車」戴注。○｜，罔｜也。〔楚辭・遠遊〕「玄螭蟲｜並出進兮」補注。○水之怪龍罔｜。〔同上〕補注引〔國語〕。○｜，似也。〔大戴・勸學〕「各｜其德」王詁。又〔漢書・鄒陽傳〕「豈非｜新垣平等哉」補注。○似類亦｜也。〔漢書〕「西白虎」雜志。○圖寫似之為｜。〔説文〕「像，｜也」繫傳。○｜者，畫｜。〔書・堯典〕「｜以典刑」孫疏。○｜、像，聲義亦同。〔廣雅・釋詁三〕「｜，效也」疏證。○｜刑為畫｜也。〔書・皋陶謨〕「方施｜刑」孫疏。○凡書著文字通謂之｜。〔周禮・大宰〕「乃縣治｜之法于｜魏」孫正義。○通夷狄之言者曰｜。〔漢書・禮樂志〕「｜來致福」補注引〔秋官序〕注。○｜，縣書名也。〔説文〕「闕，門觀也」繫傳。○｜者，縣法｜之書也。〔説文〕「魏，高也」繫傳。○以其縣法謂之｜魏。〔説文〕「闕，門觀也」繫傳。○｜，法也。〔大戴・五帝德〕「履時以｜天」王詁。○｜者，法也。〔説文〕「巍，高也」義證引〔梁書・何胤傳〕。○唐都之法即所謂｜，如周保章氏所掌，今之占驗學也。〔書・堯典〕「曆｜日月星辰」孫疏。○｜服，即褘衣。〔詩・君子偕老〕「｜服是宜」集疏。○｜服，法度之服也。〔同上〕朱傳。○｜之言序也。〔國語・周語〕「文章比｜」述聞。○｜者，易｜也。〔書・益稷〕「予欲觀古人之｜」孫疏。○文王之樂，武｜也。〔左傳襄公九年〕「見舞｜箾南籥者」洪詁引賈逵。○｜，罇也。〔廣雅・釋器〕○｜載瑜，黑車也。〔漢書・禮樂志〕「｜載瑜」補注引劉攽。○｜載，則瑞應車也。〔漢書・禮樂志〕「｜載昭庭」補注引劉攽。○｜輿謂自然有形｜。〔文選・上林賦〕「｜輿婉僤於西清」集釋引〔晉宋書故〕。○｜輿，或即｜之駕車者。〔同上〕集釋。○｜弭，以｜骨飾弓弰也。〔詩・采薇〕「｜弭魚服」朱傳。○斯｜拂者，皆所以蒙茀棺上因以為飾也。〔荀子・禮論〕「斯｜拂」集解引郝懿行。○｜人即俑人也。〔韓子・顯學〕「｜人百萬」集解。○｜人，蓋楚優孟。〔漢書・禮樂志〕「常從｜人四人」補注引周壽昌。○｜物，即指雜帛之為物。〔左傳宣公一二年〕「百官｜物而動」疏證。○｜物，當謂用中秋治兵之旗物也。〔同上〕○｜魏，闕也。〔左傳哀公三年〕「命藏｜魏」洪詁引服虔。○｜巍謂之闕，或謂之巍闕。〔廣雅・釋宮〕「｜巍，闕也」疏證。○｜，古襐字。〔詩・君子偕老〕「｜服是宜」陳疏。○〔説文定聲・卷一八〕｜，叚借為像。〔易・繫辭〕「見乃謂之｜」。○〔同上〕｜，叚借為樣。〔周禮〕「掌染草」注「藍蒨｜斗之屬」。○｜即襐之假借，襐為盛飾。〔詩・君子偕老〕「｜服是宜」後箋。○｜為養之叚字。〔易・鼎〕「鼎｜也」平議。○古書多假｜為像。〔説文〕「｜，南越大獸」段注。○｜與襐同。〔廣雅・釋詁二〕「襐，飾也」疏證。○｜斗字俗作橡。〔説文〕「草，一曰｜斗」段注。○｜斗子者，〔玉篇〕引作樣斗。〔同上〕義證。○｜當作像。〔説文・敍〕「二曰｜形」段注。○｜當作蒙。〔韓子・存韓〕「因令｜武」集解引王渭。

橡 ｜，櫟實。〔廣韻・養部〕○杼實曰｜。〔説文〕「樣，｜實」義證引〔古今注〕。○｜樣栩櫟杼柤，一物。〔通雅・卷四三〕○｜、柔，聲之轉也。〔廣雅・釋木〕「｜，柔也」疏證。○｜為樣之俗體。〔説文〕「草，一曰｜斗子」義證。○｜即樣字。〔説文〕「柔，栩也」段注。

仰 ｜者，舉也。〔説文〕「陞，｜也」段注。○自下望上為｜。〔孟子・離婁下〕「｜而思之」焦正義。○自後觀前亦為｜。〔同上〕○｜，瞻望也。〔詩・車舝〕「高山｜止」朱傳。○有望於上則｜。〔國策・東周策〕「可令一｜西周」鮑注。○｜之義同於望。〔孟子・公孫丑上〕「｜之若父母矣」焦正義。○｜之義為向。〔同上〕○｜，偃｜也。〔廣韻・養部〕○〔説文定聲・卷一八〕｜，謂｜承上指也。〔北齊・昭帝紀〕「詔定三恪，禮儀禮式亦｜議之」。○〔同上〕｜者，怒狀，人馬略同。〔漢書・揚雄傳〕「激卬」。〔「駉」下〕○｜、卬，聲義並同。〔廣雅・釋詁一〕「｜、卬，舉也」疏證。○｜與卬音同義近，古卬｜多互用。〔説文〕「｜，與也」段注。○〔説文定聲・卷一八〕｜，叚借為䩕。〔釋名・釋衣服〕「｜角屐上施履之名也」。○｜，本作卬，古｜望字皆如此作。〔漢書〕「｜闕」雜志。○｜，本亦作卬。〔左傳襄公一四年〕「｜之如日月」洪詁。○｜即卬之分別文。〔説文〕「｜，舉也」句讀。○

丨，即卬之或體，〔漢書〕皆作卬。〔説文定聲・卷一八〕○丨，當作卬。〔詩・車舝〕「高山丨止」陳疏。○丨，當作御。〔墨子・非儒下〕「如丨嚴親」閒詁引俞樾。

朗　月之明為丨。〔説文〕「丨，明也」繫傳。○丨，明也。〔廣韻・蕩部〕○丨，虚明也。〔詩・既醉〕「高丨令終」朱傳。○丨，亦為高。〔同上〕通釋。○丨、暢義近。〔釋詁〕「妯，動也」郝疏。○丨晃，圓蛤也。〔通雅・卷四七〕○丨，古文作朖。〔説文〕「丨，明也」義證引〔玉篇〕。○丨，同朖、誏。〔廣韻・蕩部〕

獎　丨，勸也。〔廣韻・養部〕又〔通鑑・宋紀一三〕「更丨説蜀人」音注。○丨，助也。〔廣韻・養部〕○丨，譽也。〔同上〕○丨，厲也。〔同上〕○丨，成也。〔同上〕○〔説文定聲・卷一八〕丨，叚借為將。〔左傳僖公二八年〕「皆丨王室」。○〔同上〕丨，叚借為妝。〔廣雅・釋詁四〕「丨，譽也」。○丨、樬並與籅同。〔方言九〕「所以隱櫂謂之籅」箋疏。○丨與將古字通。〔廣雅・釋詁〕「慫慂，勸也」疏證。

槳　丨，檝屬。〔廣韻・養部〕○丨，同樬。〔同上〕

敞　丨，高也。〔廣韻・養部〕○丨，廓也。〔慧琳音義・卷八二〕引〔韻詮〕。○丨，開也。〔卷一三〕引〔考聲〕。○丨，明也。〔同上〕○丨，露也。〔同上〕○丨，高地以望也。〔卷九一〕引〔考聲〕。○後人乃謂高土可以遠望為丨，而味其本始矣。〔説文〕「丨，平治高土可以遠望也」段注。○〔説文定聲・卷一八〕丨罔，猶鞅掌。〔漢書・司馬相如傳〕「丨罔靡徙」。○丨罔，一作惝怳、敞惘，轉為愴怳、倉兄、敞兄。〔通雅・卷六〕○丨罔，即悵惘之借字。〔漢書・司馬相如傳〕「丨罔靡徙」補注引瞿鴻禨。○丨克，猶惝怳。〔漢書・孝武李夫人傳〕「淫丨克」補注。○丨、悵並與敞通。〔廣雅・釋詁四〕「敞，挨也」疏證。○〔史記〕丨怳作惝怳。〔漢書・司馬相如傳〕「聽丨怳而亡聞」補注。

昶　丨，明也。〔廣韻・養部〕又〔慧琳音義・卷九〇〕引〔韻英〕。○丨，通也。〔廣韻・養部〕○丨，舒也。〔同上〕○丨之言暢也，暢亦通也。〔廣雅・釋詁一〕「丨，通也」疏證。

氅　丨，鷩鳥毛也。〔廣韻・養部〕○丨毦，以羽飾于障也。〔通雅・卷三四〕

枉　丨，邪曲也。〔廣韻・養部〕○丨，屈也。〔孟子・滕文公下〕「丨尺而直尋」朱注。○丨，失理也。〔慧琳音義・卷二九〕引〔考聲〕。○丨，詘也。〔同上〕○丨，橈敗也。〔大戴・武王踐阼〕「凡事不彊則丨」王詁。○丨渚，以邪曲為義。〔文選・答張士然〕「通波激丨渚」補正引何焯。○沅水又東，歷小灣，謂之丨渚。〔楚辭・涉江〕「朝發丨渚兮」補注引〔水經〕。○俇攘、丨攘，並與俇躟同。〔廣雅・釋訓〕「俇躟，惶劇也」疏證。○丨，當為柱。〔墨子・襍守〕「厚簡為衡丨」閒詁。

迋　丨本訓往，而經傳叚借為誑。〔説文〕「丨，往也。春秋傳曰，子無我丨」段注。○丨，欺怨。〔廣韻・養部〕○丨與俇通。〔廣雅・釋訓〕「俇俇，劇也」疏證。○〔説文定聲・卷一八〕丨，叚借為恇。〔左傳昭公二一年〕「子無我丨」。○〔同上〕丨，叚借為誑。〔詩・揚之水〕「人實丨女」。○丨乃恇之叚借。〔左傳昭公二一年〕「子無我丨」述聞。○往、丨、俇，聲並相近。〔廣雅・釋詁二〕「丨，往也」疏證。○丨即往字也。〔廣雅・釋詁二〕「丨，歸也」疏證。

顙　丨，額也。〔孟子・滕文公上〕「其丨有泚」朱注。又〔告子上〕「可使過丨」朱注。又〔太素・陰陽合〕「結於丨大」楊注。○丨即額也。〔孟子・滕文公上〕「其丨有泚」焦正義。○丨，頟也。〔廣韻・蕩部〕○馬以丨為頂也，〔説文〕「顛，頂也」段注。○亦以丨釋顛。〔説文〕「頂，顛也」段注。○丨，面上也。〔慧琳音義・卷一〇〇〕引〔古今正字〕。○〔説文定聲・卷一八〕丨之言喪也，故此字施于凶禮為宜，稽首則通辭也。〔公羊傳昭公二五年〕「再拜丨」。

彊　丨者，弓有力也。〔説文〕「勍，丨也」段注。○丨引申為凡有力之稱。〔説文〕「丨，弓有力也」段注。○丨者，有力。〔説文〕「勥，迫也」段注。○丨訓競。〔説文定聲・卷二〕(「兢」下)○丨，勉也。〔大戴・曾子立事〕「丨其所不能」王詁。○丨，自丨也。〔大戴・武王踐阼〕「凡事不丨則枉」王詁。○丨曲即屈丨。〔説文〕「檠，丨曲毛，可以著起衣」義證。○丨屈猶屈丨也。〔廣雅・釋器〕「氅，毛也」疏證。○丨，暴也。〔大戴・曾子立事〕「丨而無憚」王詁。又〔曾子制言〕「衡道而丨立之」王詁。○丨禦，暴虐之臣也。〔詩・蕩〕「曾是丨禦」朱傳。○丨丨，剛也。〔詩・鶉之奔奔〕「鵲之丨丨」後箋。○丨音姜，丨丨，居有常匹，飛則相隨之貌。〔同上〕朱傳。○丨丨，通作姜姜。〔通雅・卷一〇〕○丨通作强。〔釋言〕「競，丨也」郝疏。○强、勥、丨，古多通用。〔廣雅・釋詁一〕「駇，强也」疏證。○丨，叚為勥迫之勥。〔説文〕「丨，弓有力也」段注。○丨，一作景，是景丨聲相近，景與丨通。〔史記〕「翟景」雜志。○荆、丨聲同而異字。〔漢書〕「楊」雜志。○丨、勍、競，古並同聲。〔廣雅・釋訓〕「勍勍，武也」疏證。○丨，諸本作疆。〔左傳襄公二五年〕「子木遽以右師先子丨」洪詁。○古本丨、疆二字同文。〔左傳襄公二四年〕「楚子使薳啓丨如齊聘」洪詁。○〔漢書・王莽傳〕引詩丨禦作强圉。〔左傳定公四年〕「不畏丨禦」洪詁。

强　丨羊，今江東人謂麥中小黑蟲為羊子者是也。〔説文〕「蚚，如蠶，丨羊也」段注。○丨、勥、彊，古多通用。〔廣雅・釋詁一〕「駇，丨也」疏證。○丨，叚借為彊弱之彊。〔説文〕「丨，蚚也」段注。

穰　一，豐一。〔廣韻·養部〕○膿、孃、壤、一並通。〔廣雅·釋詁二〕「膿，盛也」疏證。○〔説文定聲·卷一八〕一，段借為孃。〔李翊碑〕「時益都擾一」。○〔同上〕一，段借為禳。〔禮記·月令〕「九門磔一」。○今本禳誤一。〔史記·滑稽列傳〕「見道旁有一田者」志疑引〔史詮〕。

沆　一，大澤也。〔漢書〕「沈斥」雜志。○一，大澤也，其字或作⿰田亢。〔同上〕又〔漢書·刑法志〕「除山川沈斥」補注。○齊人謂湖曰一。〔漢書〕「沈斥」雜志引〔述征記〕。又〔説文〕「一，莽一，大水也」義證引〔續述征記〕。○一，又為鹽澤之名，其字或作⿰鹵亢，或作坑。〔廣雅·釋地〕「⿰田亢，池也」疏證。○停水東方，一名一也。〔説文〕「一，莽一，大水」繫傳。○停水東方曰都，一名一。〔説文〕「一，一曰大澤皃」義證引〔博物志〕。○一，莽一，廣皃。〔説文〕「一，莽一，大水也」義證引〔玉篇〕。○一者，莽也，言其平望莽莽無涯際也。〔漢書〕「沈斥」雜志。○一與莽聲相近，皆大澤之貌。〔同上〕又〔漢書·刑法志〕「除山川沈斥」補注引王念孫。○一與斥同類。〔同上〕○莽一，大水皃。〔説文〕「一，莽一，大水」繫傳。○一瀣，清露。〔楚辭·遠遊〕「餐六氣而飲一瀣兮」補注引五臣注。○一瀣，氣也。〔廣韻·蕩部〕○夜半為一瀣。〔楚辭·遠遊〕「餐六氣而飲一瀣兮」補注引李注。○一漑，猶言抗慨也。〔漢書·司馬相如傳〕「滂濞一漑」補注。○一、湖，一聲之轉。〔廣雅·釋地〕「⿰田亢，池也」疏證。○渾與一一聲之轉，渾渾一一，猶言茫茫一一耳。〔漢書〕「沈斥」雜志。○沄、浩、一同義而又雙聲。〔説文〕「浩，澆也」段注。○一，通作亢。〔説文〕「一，莽一，大水也」段注。○坑與一同。〔漢書〕「沈斥」雜志。○一瀣作一漑。〔史記〕「茂斯」雜志。○一瀣作伉漑。〔同上〕○莽一，或作漭一，倒言之則曰一漭。〔淮南内篇〕「茫茫沈沈」雜志。○一茫即一漭。〔同上〕○一，當為燕督亢地本字。〔説文定聲·卷一八〕

盪　凡貯水於器中搖蕩之去滓，或以磢垢瓦石和水吹瀞之，皆曰一。〔説文〕「一，滌器也」段注。○一，搖動貌。〔楚辭·九辯〕「心怵惕而震一兮」補注。○滌一，搖動皃。〔廣韻·蕩部〕○〔説文定聲·卷一八〕一，熱水去垢，故從湯。〔説文〕「一，滌器也」。○一，通作蕩。〔説文〕「一，滌器也」義證。○一又通作湯。〔同上〕○潒與蕩通，字亦作一。〔廣雅〕「潒，洒也」疏證。○〔説文定聲·卷一八〕一，段借為惕。〔漢書·丙吉傳〕「不得令晨夜去皇孫敖一」。○一亦借用蕩。〔説文〕「一，滌器也」句讀。○一與蕩同。〔漢書·藝文志〕「及一者為之」補注引周壽昌。○一即蕩也。〔釋訓〕「一一，僻也」鄭注。○一，字亦作⿱湯心。〔説文定聲·卷一八〕○一，字多以蕩為之。〔同上〕

蕩　一，動也。〔禮記·月令〕「諸生一」集解。○一佚者，動盪奔突而出。〔説文〕「洪，水所一浩也」段注。○一言自放肆。〔國策·齊策一〕「一而失水」鮑注。○〔説文定聲·卷一八〕一猶放也。〔廣雅·釋詁四〕「一，置也」。○一，大也。〔廣韻·蕩部〕○一，平易也。〔詩·南山〕「魯道有一」朱傳。○一一，寬廣貌。〔論語·述而〕「君子坦一一」朱注。○一一，廣大貌。〔詩·蕩〕「一一上帝」朱傳。○一一，廣大之貌。〔孟子·滕文公上〕「一一乎民無能名焉」朱注。○〔説文定聲·卷一八〕一，義取宕。〔荀子·非十二子〕「一一然」。○〔同上〕一，義取盪。〔書·堯典〕「一一懷山襄陵」。○惕，放也，今通作一。〔管子〕「惕而有大慮」雜志。○一即湯，古字通用。〔史記·秦本紀〕「遣兵伐一社」志疑。○潒與一通，字亦作盪。〔廣雅·釋詁二〕「潒，洒也」疏證。○〔説文定聲·卷一八〕一，段借為宕。〔左傳襄公二九年〕「美哉一乎」。○〔同上〕一，段借為場。〔詩·南山〕「魯道有一」。○〔同上〕一，段借為簜。〔周禮·掌節〕「以英一轉之」。○〔同上〕一，段借為盪。〔禮記·樂記〕「天地相一」。○〔同上〕一者，借為鐊。〔左傳襄公六年〕「宋樂轡字子一」。○一，假借為浩一字。〔説文〕「一，一水」段注。○一，或借湯字。〔説文〕「一，水出河内一陰」義證。○一即潒假借字。〔書·堯典〕「一一懷山襄陵」孫疏。○一一與潒潒同。〔廣雅·釋訓〕「潒潒，流也」疏證。○一陰即湯陰。〔通雅·地輿〕○一當讀為盪。〔周官·稻人〕「以溝一水」平議。○一，今以湯為之。〔説文定聲·卷一八〕○一，〔集韻〕〔類篇〕皆作簜。〔説文〕「桱，桯也，東方謂之一」段注。○一，〔史記〕作唐，唐、一音同。〔左傳成公一五年〕「攻一氏殺子山」洪詁。○一當為潒。〔説文〕「洪，水所一洪也」義證。

惘　一，惆悵也。〔慧琳音義·卷八八〕引〔考聲〕。○一然，失志皃。〔廣韻·養部〕

昉　一，微見也。〔集韻·養部〕○一，或作眪。〔同上〕

放　一，依也。〔禮記·禮器〕「為朝夕必一於日月」集解。又〔論語·里仁〕「一於利而行」劉正義。又〔莊子·齊物論〕「旁日月，挾宇宙」集釋。○一，效也。〔禮記·禮器〕「有一而文之」集解。○一，至也。〔屈賦·天問〕「九天之際安一安屬」戴注。○一，亦至也。〔禮記·祭義〕「一乎狻狩」述聞。○一之言極也。〔公羊傳隱公二年〕注「昉，適也」陳疏。○一迹猶言逸迹。〔屈賦·悲回風〕「見伯夷之一迹」戴注。○一、仿古通用。〔説文〕「孨，一也」段注。○〔説文定聲·卷一八〕一，段借為仿。〔廣雅·釋詁三〕「一，效也」。○〔同上〕一，段借為傍。〔廣雅·釋詁四〕「一，依也」。○〔同上〕一，段借為望，為向。〔莊子·天運〕「君子亦一風而動」。○〔同上〕一，段借為旁。〔書·堯典〕「曰一勳」。○〔同上〕一，段借為萌，字亦作昉，以晃為之。〔公羊石經〕「一于此乎」。○一，又通作傍。〔莊子·齊物論〕「旁日月，挾宇宙」集釋。○一，今〔公羊〕作昉。〔説文〕「旊，周家搏埴之工也」段注。

仿　一，不明也。〔説文〕「一，相似皃」繫傳。○一，或又作髣。〔説文〕「一，一佛，相似」段注。○一佛或作俩佛，或作髣髴，或作彷彿，或作放患，俗作彷佛。〔同上〕○一佛，〔嚴訢碑〕字又作彷彿。〔説文定聲·卷一八〕○〔同上〕一佛，字亦作髣髴。〔字林〕「一佛，見不審也」。○一，俗亦作倣，經傳放效字皆以放為之。〔説文定聲·卷一八〕○〔同上〕一，以傍為之。〔後漢·班彪傳〕注「彷佛，猶梗概也」。

俩　一如旦饑，言仿佛似朝饑。〔説文〕「一，籀文仿從丙」義證引〔易林〕。

倣 丨，學也。〔廣韻·養部〕○丨同放。〔同上〕○丨作放。〔史記索隱〕「異文」雜志。

髣 丨髴，髮亂皃。〔說文〕「髴，髴若似也」義證引〔類篇〕。○丨髴，亂也。〔慧琳音義·卷七八〕引〔韻英〕。○丨髴，形似也。〔楚辭·悲回風〕「存丨髴而不見兮」補注。○丨髴，見不審也。〔慧琳音義·卷七八〕引〔考聲〕。○丨髴，時欲至之詞也。〔卷七八〕引〔韻詮〕。○丨，丨髴，俗作彷彿。〔廣韻·養部〕○許無丨字，後人因髴制丨。〔說文〕「髴，若似也」段注。

駔 丨，牡馬。〔楚辭·憂苦〕「同駕贏與乘丨兮」補注。○丨，牡馬也。〔廣韻·蕩部〕○丨，駿馬也。〔說文〕「丨，牡馬也」義證引〔玉篇〕。○丨者，駿馬之名。〔漢書〕「乘旦」雜志。○丨謂今之馬行和市人也。〔慧琳音義·卷九八〕引〔考聲〕。○丨，會馬市人。〔廣韻·蕩部〕○〔說文定聲·卷九〕丨，如今牙行是也。〔後漢·郭泰傳〕注「丨，會也，謂合兩家之賣買」。○丨會，謂合兩家之買賣，如今之度市也。〔說文〕「丨，一曰丨會也」段注引〔郭太傳〕。○丨會，如今之牙行。〔同上〕○丨者，本平會買賣馬之儈，因為平會凡物之儈。〔同上〕○丨本大馬之儈，引申為凡大之儈。〔說文〕「丨，壯馬也」段注。○丨，大也。〔說文〕「丨，牡馬也」義證引〔五音集韻〕。○丨猶麤也。〔同上〕義證引〔玉篇〕。○丨與且字異而義同。〔漢書〕「乘旦」雜志。○〔說文定聲·卷九〕丨，借為怚。〔淮南·氾論〕「丨，驕怚」。○〔同上〕丨，叚借為粗。〔釋言〕「裝，丨也」。○〔同上〕丨，叚借為組。〔周禮·典瑞〕「丨圭璋璧琮琥璜之渠眉」。○〔同上〕丨，叚借為貯。〔後漢·郭太傳〕注引〔說文〕「一曰丨儈也」。○丨、阻字假音。〔墨子·非命上〕「下以丨百姓之從事」閒詁引畢沅。○且與丨同。〔漢志〕「乘旦」雜志。○丨與奘同。〔說文〕「丨，牡馬也」義證引〔五音集韻〕。○丨與怚、姐同。〔呂覽·審應〕「使人戰者嚴丨也」校正。○丨，〔左傳〕作鉏，同，蓋古人音轉字異。〔史記·齊太公世家〕「公子丨」志疑。

蠁 丨，禹蟲也。〔說文〕「禹，蟲也」義證引〔玉篇〕。○丨，禹蟲，知聲者。〔同上〕義證引〔洪武正韻〕。○丨，如蠶而大，出土中，丨之為言響也。〔說文定聲·卷一八〕○丨之言響也，知聲之名也。〔廣雅·釋蟲〕「土蛹，丨蟲也」疏證。○〔說文定聲·卷一八〕丨，叚借為響。〔羽獵賦〕「丨曶如神」。○晉羊舌肸，字叔丨，以向為之。〔說文定聲·卷一八〕

兩 二十四銖為丨，每丨古文六銖錢四箇，開元錢三箇，至趙宋廣科以開元錢十箇為丨。〔說文〕「丨，二十四銖為一丨」義證引陳無擇。○皆以古三丨為今一丨。〔同上〕義證引〔千金本草〕。○丨者，積雙网而成為一。〔同上〕繫傳。○丨者，丨丨排比之也。〔左傳宣公一二年〕「御下丨馬」平議。○丨說，當以縱橫解之。〔文選·擬古〕「丨說窮舌端」集釋引顏仲恭。○丨說，丨可之說也。〔同上〕集釋引李氏。○丨說，謂本末之說。〔同上〕集釋引五臣注。○丨髦者，剪髮夾囟，子事父母之飾，親死然後去之。〔詩·柏舟〕「髧彼丨髦」朱傳。○丨儀，謂乾坤也。〔漢書·律歷志〕「易丨儀之中也」補注引虞翻。○丨驂，左右騑驂。〔詩·大叔于田〕「丨驂雁行」集疏。○丨戒即丨界。〔通雅·天文〕○丨楹之間乃東西正中之地，賓席之前也。〔儀禮·鄉飲酒〕「授主人爵于丨楹之間」平議。○丨，二屨也。〔詩·南山〕「葛屨五丨」朱傳。○丨，一車也，一車丨輪，故謂之丨。〔詩·鵲巢〕「百丨御之」朱傳。○丨階者，堂之東西階也。〔釋宮〕「丨階間謂之鄉」郝疏。○丨之得九十八。〔漢書·律歷志〕「因以再扐丨之」補注引劉攽。○〔說文定聲·卷一八〕必言其丨者，欲得其配合之名。〔左傳閔公二年〕「重錦三十丨」。○〔同上〕丨，據〔說文〕則借為緉。〔詩·大叔于田〕「丨服上襄」。○〔同上〕丨，叚借為緉。〔左傳宣公一二年〕「御下丨馬」。○丨者，緉之省借，履丨枚也。〔詩·南山〕「葛屨五丨」通釋。○丨讀如丨政之丨。〔荀子·解蔽〕「丨疑則惑矣」平議。○丨讀如丨政之丨，與匹耦義同。〔同上〕集解引俞樾。○丨，古緉字。〔詩·南山〕「葛屨五丨」陳疏。○丨，本緉字，古文省。〔左傳宣公一二年〕「御下丨馬」疏證引惠棟。○丨，本緉字。〔左傳宣公一二年〕「丨馬掉鞅而還」洪詁。

緉 丨，雙履。〔廣韻·養部〕○〔說文定聲·卷一八〕丨，以兩為之。〔左傳宣公一二年〕「兩馬掉鞅而還」。○前當胸，後當背，故曰丨襠。〔本草·卷三八〕

帑 丨，金帛舍。〔廣韻·蕩部〕○丨，金布所藏之府。〔說文〕「丨，金幣所藏也」義證引〔玉篇〕。○丨，金帛所藏舍也。〔同上〕義證引〔字書〕。○古者謂子孫曰丨。〔詩·常棣〕「樂爾妻丨」集疏。○丨作孥。〔同上〕集疏引魯說。○丨，〔尚書〕、〔孟子〕作孥，俗字也。〔漢書·景帝紀〕「罪人不丨」補注引錢大昭。

讜 丨，直言。〔廣韻·蕩部〕○丨言，直言也。〔通鑑·梁紀一五〕「公車丨言」音注。○丨，直言也。〔慧琳音義·卷八八〕引顧野王。又〔管子〕「當言」雜志。○丨，直言當理也。〔慧琳音義·卷八〇〕引顧野王。○丨，直也。〔卷九五〕引〔古今正字〕。○丨，善言也，或作譡。〔集韻·蕩部〕又〔慧琳音義·卷九五〕。○丨言，善言也。〔通鑑·梁紀一五〕「公車丨言」音注。○丨，音黨，善言也。〔魏紀二〕「忠丨之言」音注。○黨、丨，昌聲近義同。〔廣雅·釋詁一〕「黨，善也」疏證。○昌、丨、黨、當，並聲近而義同。〔管子〕「當言」雜志。○丨，字亦作黨。〔同上〕

儻 丨，倜丨不羈。〔廣韻·蕩部〕○丨，倜丨卓異也。〔通鑑·周紀二〕「文通丨饒智略」音注。○一曰倜丨，卓異皃。〔集韻·蕩部〕○丨丨，猶儃儃也。〔通雅·卷一〇〕○丨，或然之詞也。〔說文·上說文書〕「丨昭所尤」段注。○丨，〔漢書〕叚黨為之。〔同上〕○丨蕩，一作丨蕩、惝蕩，轉為跌踼，一作迭逿、佚蕩。〔通雅·釋詁〕○丨，崔本作黨。〔莊子·繕性〕「物之丨來」集釋。○丨當作攩。〔說文〕「攩，朋羣也」段注。

曩 丨，久也。〔廣韻·蕩部〕○緩言之為丨者，急言之為乃者，其義則同耳。〔釋詁〕「丨，久也」郝疏。○丨聲轉為乃。〔釋言〕「丨，曏也」郝疏。○丨、

乃，聲轉字通。（同上）○丨猶攘也，相攘卻成故舊也。〔說文〕「丨，曏也」繫傳。

杖 丨，持也。〔大戴·武王踐阼〕「而曰我丨之乎」王詁。又〔曾子制言〕「則夫丨可因篤焉」王詁。○丨，持執也。〔國策·秦策一〕「迫則丨戟相撞」補正。○丨，憑也。〔通鑑·梁紀一五〕「丨任若己之半體」音注。○丨，馬撾。〔左傳襄公一八年〕「以丨數闔」洪詁。○丨者何，爵也。〔禮記·雜記〕「古者貴賤皆丨」集解。○丨，如丨劍。〔國策·秦策一〕「迫則丨戟相撞」鮑注。○古丨長六尺。〔說文定聲·卷一八〕○（同上）丨，字亦作仗。〔風俗通〕「仗，刀戟之總名也」。○丨，韋昭注〔周語〕引作仗。〔書·牧誓〕注「丨，一作仗」孫疏。○今本丨作帳。〔釋名·釋采帛〕「挂於丨」疏證。○丨，元作仗。〔國策·韓策一〕「常丨趙而畔楚」鮑注。○丨當為枝，謂堂持也。〔說文〕「棖，丨也」義證。○丨乃校字之誤。〔商子·境內〕「吏自操及丨以上」平議。○丨乃材字之誤。〔墨子·備城門〕「必以堅丨為夫」平議。○丨乃枝字之譌，枝與支通。〔大戴·武王踐阼〕「食自丨」平議。

掌 丨，手心也，謂指本也。〔說文〕「丨，手中也」義證引〔增韻〕。○手心為丨。〔說文定聲·卷六〕〔爪下〕○丨，手。〔廣韻·養部〕○今俗呼丨為巴丨。〔釋言〕「般，還也」郝疏。○張之為丨。〔說文定聲·卷一四〕〔拳下〕○凡〔周禮〕官名丨某者，皆捧持之義。〔說文〕「丨，手中也」段注。○凡言丨者主其事也。〔周禮·冢宰〕孫正義。○丨，專主也。〔孟子·滕文公下〕「我使丨與女乘」朱注。○丨舍者，丨王行道館舍之事。〔周禮·冢宰〕「丨舍下士四人」孫正義。○丨故，屬太常，主故事。〔漢書·兒寬傳〕「以射策為丨故」補注。○丨故，丨故事也。〔通雅·官制〕○〔說文定聲·卷一八〕丨，借為障。〔釋名·釋水〕「水泆出所為澤曰丨」。○丨，〔新序〕作尚。尚，主也。〔呂覽·驕恣〕「遽召丨書」校正。○丨當為稟。稟，古廩字也。〔荀子·議兵〕「丨窌之粟」集解引王引之。○丨當為黨字之譌。〔管子·侈靡〕「故君臣丨」平議。

響 丨，應聲也。〔慧琳音義·卷八一〕又〔說文〕「丨，聲也」段注引〔玉篇〕。○丨者，崖谷應聲也。〔慧琳音義·卷二二〕引〔考聲〕。○高崖大屋聲往迴應謂之丨。〔卷八九〕○丨，聲也。〔廣韻·養部〕○聲之外曰丨。〔說文繫傳·通論上〕○丨，猶應也。〔說文定聲·卷一八〕（「曏」下）○音鄉為丨。〔說文繫傳·通論上〕○丨猶香也，虛之謂也。（同上）○朴而浮者曰丨。（同上）○丨猶悅也。（同上）○丨搨謂以紙覆，就明窻映光摹之。〔通雅·碑帖〕○丨卜，一曰鏡聽，南楚曰街卜，以鏡置胸而出聽之。〔通雅·諺原〕○〔說文定聲·卷一八〕丨，以向為之。〔易·繫辭〕「其受命也如嚮」。○（同上）丨，以鄉為之。〔漢書·嚴助傳〕「揚聲鄉」。○丨，當為鄉。〔說文〕「鬭，門丨也」義證。

黨 五百家為丨。〔論語·雍也〕「以與爾里鄉丨乎」朱注。○五族為丨。〔釋名·釋州國〕「五百家為丨」疏證。○丨，類也。〔大戴·保傳〕「丨無不善」王詁。又〔論語·里仁〕「各於其丨」朱注。又〔通鑑·周紀四〕「歸於何丨矣」音注。○異丨，猶言異類也。〔漢書·京房傳〕「唯京氏為異丨」補注引惠棟。○丨，朋丨。〔離騷〕「惟此丨人其獨異」補注。○朋之朋謂之丨。〔說文〕「攩，朋羣也」義證引〔六韜〕。○丨與周皆朋輩相親密之義。〔春秋名字解詁〕「申丨字周」述聞。○友謂之朋，朋謂之丨。〔慧琳音義·卷三〕引〔六韜〕。○丨謂之比，亦謂之頻。〔廣雅·釋詁三〕「丨、頻，比也」疏證。○丨，助。〔論語·衛靈公〕「羣而不丨」劉正義。○相助匿非曰丨。〔論語·述而〕「吾聞君子不丨」朱注。○丨，宜訓朗。〔荀子·天論〕「怪星之丨見」集解引郝懿行。○丨，所也。〔禮記·玉藻〕「引而去君之丨」集解。又〔儀禮·鄉射禮〕「居侯丨之一，西五步」述聞。又〔禮記·禮器〕「父丨無容」述聞。○丨猶所也。〔儀禮·鄉射禮〕「居侯丨之一，西五步」平議。○侯丨，設侯之所也。（同上）述聞。○閭、族、丨皆聚居之義。〔廣雅·釋詁二〕「鄗，尻也」疏證。○丨，長也。〔廣韻·蕩部〕○丨，輩也，美也，累也。（同上）○丨，謂有所私附於下。〔禮記·月令〕「阿丨則罪」集解。○丨，曉了之意。〔荀子·非相〕「法先王，順禮義，丨學者」集解引郝懿行。○丨學者，猶言曉學者。（同上）集解引俞樾。○爣與丨義相近。〔廣雅·釋詁三〕「丨，䜿也」疏證。○丨與讜同，謂直言也。〔方言一〕箋疏。○丨猶鄉也。〔國策·齊策六〕「歸於何丨矣」鮑注。○丨，莽丨然。〔說文〕「丨，不鮮也」繫傳。○丨亦與也。〔荀子〕「比周而譽俞少」雜志。○〔說文定聲·卷一八〕丨，喻旁側也。〔禮記·玉藻〕「則必引而去君之丨」。○丨者，或然之詞也。〔莊子·繕性〕「物之儻來」集釋。○丨氏即仉氏也。〔左傳莊公三二年〕「臨丨氏」疏證引朱駿聲。○丨、讜、昌聲近義同。〔廣雅·釋詁一〕「丨，善也」疏證。○昌、讜、丨、當，並聲近而義同。〔管子〕「當言」雜志。○丨，古儻字。〔漢書·于定國傳〕「咎丨在是乎」補注引錢大昭。○丨，古儻字，儻者或然之詞。〔荀子·天論〕「怪星之儻見」集解引王念孫。○丨、曭，古今字。〔說文〕「丨，不鮮也」段注。又（同上）句讀。○丨、讜古今字，讜言即昌字，謂善言也。〔荀子·非相〕「博而丨正」集解引郝懿行。○〔說文定聲·卷一八〕丨，叚借為昌。〔荀子·非十二子〕「博而丨正」。○（同上）丨，叚借為尚。〔漢書·伍被傳〕「丨可以徼幸」。○（同上）丨，叚借為朗。〔方言一〕「丨，知也」。○（同上）丨，叚借為良。〔廣雅·釋詁一〕「丨，善也」。○（同上）丨，叚借為攩。〔周禮·大司徒〕「五族為丨」。○（同上）丨，叚借發聲之詞。〔公羊傳文公一三年〕「往丨反丨」。○本字當作爪，丨假借字也。〔左傳莊公三二年〕「臨丨氏」疏證引李貽德。○丨，儻借字。〔漢書·董仲舒傳〕「丨可得見乎」補注引錢大昭。○儻與丨同。〔史記·仲尼弟子列傳〕「申丨字周」志疑。○丨并與儻同。〔荀子〕「怪星之丨見」雜志。○丨同尚。〔說文〕「丨，不鮮也」段注。○丨或作曭。（同上）義證。○丨當為攩。〔說文〕「與，丨與也」義證。○〔論語〕闕丨當作此鄗。〔說文〕「鄗，地名」義證。○官本丨作儻。〔漢書·司馬相如傳〕「俶丨窮變」補注。○丨當作攩，攩，朋羣也。〔說文〕「與，丨與也」段注。

想 丨，思也。〔說文〕「丨，冀思也」義證引〔玉篇〕。○丨，希冀所思之。（同上）繫傳。○丨，思丨也。〔廣韻·養部〕○〔說文定聲·卷一八〕丨，叚借

為像。〔周禮·眡祲〕「十曰―」。

榜 ―,木片。〔廣韻·蕩部〕○―,木片也。〔通鑑·齊紀一〇〕「後堂儲數百具―」音注。○小楫謂之―。〔屈賦·涉江〕「齊吳―以擊汰」戴注。○―,使船也。〔慧琳音義·卷五七〕○―,所以輔弓弩也。〔考工記〕「攻木之工,輪、輿、弓、廬、匠、車、梓」孫正義。○―,音彭,笞擊也。〔通鑑·秦紀三〕「趙高治斯,―掠千餘」音注。○―,署也。〔慧琳音義·卷九七〕引〔桂苑珠叢〕。○棐、―、檄三字從木,其義一也。〔管子〕「棐檄」雜志。○棐、輔、―一聲之轉,其義一也。〔同上〕○舫、―聲相近,故舫人作―人。〔漢書·司馬相如傳〕「―人歌」補注引梁章鉅。○―,今俗作牓。〔說文〕「―,所以輔弓弩」句讀。

爽 ―,明也。〔禮記·內則〕「昧―而朝」集解。又〔廣韻·養部〕。○―為明也。〔書·牧誓〕「時甲子昧―」孫疏。○―為明,明亦勉也。〔書·康誥〕「―惟民迪吉康」孫疏。○―,明也,明都即孟諸,明孟通字,是明亦勉也。〔書·大誥〕「―作勉」孫疏。○―,差。〔詩·氓〕「女也不―」朱傳。○―,差也。〔詩·蓼蕭〕「其德不―」朱傳。又〔廣韻·養部〕。○―,引伸訓差也。〔說文〕「―,明也」段注。○―,乖也。〔通鑑·後梁紀一〕「朝興則未―稱臣」音注。○―,傷也。〔莊子·天地〕「使口厲―」集釋。○是―又訓為傷。〔周書〕「不二」雜志。○―,傷也,言上數為憂所傷也。〔漢書·賈誼傳〕「上數―其憂」補注。○―者,口病之名。〔老子·十二章〕「五味令人口―」平議。○―,烈也。〔廣韻·養部〕○―,猛也。〔同上〕○―有猛烈意,是甚之義。〔漢書·賈誼傳〕「上數―其憂」補注。○―訓為猛,故鷹謂之―鳩。〔廣雅·釋詁〕「―,猛也」疏證。○―塏,高顯皃也。〔慧琳音義·卷六一〕引〔考聲〕。○―塏,地高燥皃也。〔卷九八〕引〔考聲〕。○〔釋詞·卷八〕―,發聲也。〔書·康誥〕「―惟民迪吉康」。○〔說文定聲·卷一八〕―,叚借為喪。〔廣雅·釋言〕「―,忒」。○〔同上〕―,叚借為讓。〔廣雅·釋詁二〕「―,責也」。○〔同上〕―,叚借為鷞。〔方言二〕「―,猛也,齊晉曰―」。○〔新序〕―作暗。〔呂覽·尊師〕「其言不若―」校正。○―,貴也。〔廣韻·養部〕

廣 ―,大也。〔詩·六月〕「四牡脩―」朱傳。又〔廣韻·蕩部〕。○―,闊也。〔同上〕○―,推而大之也。〔詩·泮水〕「克―德心」朱傳。○〔說文定聲·卷一八〕覆以大屋曰―。〔說文〕「―,殿之大屋也」。○―,寬―也。〔國策·魏策一〕「―魏救趙」補正。○―謂―聞其事。〔漢書·司馬相如傳〕「―符瑞之富」補注引劉奉世。○―者,地之全體。〔荀子〕「天見其明,地見其光」雜志。○―,多也。〔大戴·文王官人〕「取接給而―中者」王詁。○―、盛、大俱與多義近。〔釋詁〕「洋,多也」郝疏。○光―皆衆盛之意。〔釋詁〕「庶,衆也」郝疏。○博亦―也。〔荀子〕「天見其明,地見其光」雜志。○凡對文則―與長異,散文則―亦長也。〔廣雅·釋詁二〕「尋,長也」疏證。○〔說文定聲·卷一八〕―,遠也。〔左傳莊公二八年〕「狄之―

漢」。○―猶心―體胖,云樂之也。〔國策·魏策一〕「―魏救趙」鮑注。○〔說文定聲·卷一八〕―為廣。〔史記·屈賈傳〕「乃為賦以自―」。○―、充義近。〔釋言〕「桄,充也」郝疏。○橫度曰―。〔國策·秦策二〕「―從六里」鮑注。○―與苹皆兵車之名。〔春秋名字解詁〕「齊田―字駢」述聞。○―者,初為大屋以藏甲,後因以表兵如庫藏兵車也。〔說文〕「―,殿之大屋也」義證。○〔說文定聲·卷一五〕―者,桄橫也。〔周禮·大司徒〕「―輪之數」。〔「輪」下〕○―揚,謂―闊揚起,顙額之際也。〔詩·猗嗟〕「抑若揚兮」集疏。○―莫,亦荒寒之義也。〔釋天〕「北風謂之涼風」郝疏。○―莫,猶―眇也。〔左傳莊公二八年〕「狄之―莫」疏證引王念孫。○恢恢然、――然,義并與曠同。〔漢書〕「實―虛」雜志。○―博言其濫。〔漢書·外戚恩澤侯表〕「寖―博矣」補注引何焯。○―虛猶言曠土耳。〔漢書〕「實―虛」雜志。○―昌縣屬代郡。〔漢書·五行志〕「先是發車騎材官屯―昌」補注引齊召南。○―陵之稱楊州,自隋始也。〔通雅·地輿〕○曠與―通。〔漢書〕「實―虛」雜志。○古字―與光通。〔釋名·釋形體〕「言其體短而橫―也」疏證。○―、曠古通用。〔國語·晉語〕「棄寵求―土而竄伏焉」平議。○光、―古通用。〔荀子〕「天見其明,地見其光」雜志。○〔說文定聲·卷一八〕―,叚借為橫。〔周髀算經〕「句―三」。○〔同上〕―,叚借為光。〔周語〕「熙,―也」。○〔同上〕―,叚借為壙。〔家語·困誓〕「自望其―」。○―者,曠之叚字。〔管子·大匡〕「不―間」平議。○―讀為曠。〔呂覽·不廣〕「其人事則不―」平議。○―讀為曠也。〔荀子·解蔽〕「睪睪――」集解引顧千里。○―、光聲同。〔釋言〕「桄,充也」郝疏。○―潒、曠瀁亦與潢洋聲相近。〔廣雅·釋訓〕「潢潒,浩瀁也」疏證。○〔說文定聲·卷五〕―亦光也。〔左傳襄公二九年〕「―哉熙熙乎」。〔「熙」下〕○―與曠同,曠,空也。〔漢書〕「實―虛」雜志。○―,高誘引作廉。〔左傳僖公二三年〕「晉公子―而儉」洪詁。○―字本作廗而譌為―也。〔漢書·郊祀志〕「鼎宜視宗彌―」補注引錢大昭。○―即度字之誤。〔法言·序〕「幽宏橫―」平議。

享 ―,獻。〔詩·我將〕「我將我―」朱傳。○―,獻也。〔詩·天保〕「是用孝―」朱傳。又〔楚茨〕「以―以祀」朱傳。又〔論語·鄉黨〕「―禮,有容色」朱注。又〔漢書·蕭望之傳〕「闕於朝―」補注。○―為獻。〔左傳昭公五年〕「―頫有璋」洪詁。○―,祭也。〔左傳莊公三二年〕「以其物―焉」疏證引馬融。○―,受也。〔史記〕「序往古之勳」雜志。○―,奉上也。〔孟子·告子下〕「書曰,―多儀」朱注。○〔說文定聲·卷一八〕所尊者以神道事之,故亦曰―。〔左傳昭公五年〕「―頫有璋」。○―,孝也。〔詩·旱麓〕「以―以祀」陳疏。○―、孝並與養同義,故―又訓為孝。〔釋詁〕「―,孝心」述聞。○―謂―其祿。〔書·呂刑上〕「配―在下」孫疏。○―作猶言作―。〔書·梓材〕「庶邦―作」孫疏。○―,當也,亦受也。〔慧琳音義·卷一六〕○―,當也。〔卷二二〕引〔玉篇〕。○―,亦當也。〔卷五八〕○―、養義相近也。〔廣雅·釋詁一〕「―,養也」疏證。○―通作饗。〔釋詁〕

「丨，獻也」郝疏。〇丨與饗通。〔左傳昭公二九年〕「夏后饗之」洪詁。〇〔說文定聲・卷一八〕丨，叚借為饗。〔左傳昭公四年〕「止而丨之」。〇凡饗燕字古文多借用丨字。〔左傳莊公四年〕「丨齊侯」疏證引臧壽恭。〇丨，即今之亨字也。〔墨子〕「為丨豚」雜志。〇今隸作丨、作亨，與饗別。丨神道也。〔說文定聲・卷一八〕〇丨與饗同。〔左傳成公一二年〕「丨以訓共儉」疏證引〔校勘記〕。〇丨即烹字。〔墨子・非儒下〕「子路為丨豚」閒詁引畢沅。〇官本丨作亨。〔漢書・郊祀志〕「皆嘗鬺丨上帝鬼神」補注。〇丨，〔公〕〔穀〕皆作饗。〔左傳莊公四年經〕「姜氏丨齊侯于祝丘」洪詁。〇〔熹平石經〕丨，亦俱作饗。〔書・無逸〕「中宗之丨國」孫疏。〇皇侃引丨作饗。〔左傳宣公一六年〕「公當丨」疏證。〇杜本丨作饗。〔左傳僖公二八年〕「己酉王丨醴」疏證。〇丨，〔史記〕作饗。〔左傳文公元年〕「丨江芊而勿敬也」洪詁。〇〔說文定聲・卷一八〕丨，以饗為之。〔儀禮〕「饗辭」。〇丨字乃厚字之誤。〔法言・孝至〕「不亦丨乎」平議。

亯 亨同丨，亦作享。〔廣韻・養部〕〇丨，獻也。〔同上〕〇丨，祀也。〔廣雅・釋言〕〇丨，祭也。〔廣韻・養部〕〇丨，臨也。〔同上〕〇丨，向也。〔同上〕〇丨，歆也。〔同上〕〇丨，薦神作亨，亦作享。〔說文〕「丨，獻也」段注。〇丨，飪物作亨，亦作烹。〔同上〕〇經傳用丨、用烹，乃鬺之假借字耳。〔說文〕「鬺，丨也」段注。〇丨與享同。〔廣雅・釋言〕「丨，祀也」疏證。

饗 丨者，謂鄉飲酒也。〔說文〕「泮，諸侯丨射之宮」段注。〇丨，鄉人飲酒也。〔國策・中山策〕「勞者相丨」鮑注。〇丨者，鄉人飲酒也，鄉人以狗，大夫加以羔羊。〔詩・七月〕「朋酒斯丨」後箋引段玉裁。〇大飲賓曰丨。〔詩・彤弓〕「一朝丨之」朱傳。〇丨，歆丨。〔廣韻・養部〕〇丨，受也。〔大戴・千乘〕「及民共丨其祿」王詁。〇丨，人道也。〔說文定聲・卷一八〕〔「享」下〕〇丨當讀為聘享之享。〔墨子・天志下〕「使人丨賀焉」閒詁。〇〔說文定聲・卷一八〕丨，叚借為享。〔禮記・月令〕「大丨帝」。〇〔同上〕上丨字借為享，兩鄉字借為向，下丨字本義之轉注。〔禮記・祭禮〕「丨者，鄉也，鄉之然後能丨焉」。〇丨當訓食也。凡大飲賓曰丨，故受食亦曰丨。〔左傳〕多借享為丨，〔禮記〕多借丨為享。〔說文定聲・卷一八〕〇丨，石經及宋本並作享。〔左傳僖公二二年〕「楚子入丨」洪詁。又〔同上〕疏證。〇丨，〔月令〕作臘。〔呂覽・孟冬〕「丨先祖五祀」校正。〇丨字一本作鄉。〔史記・高祖本紀〕「丨軍小修武南」志疑。

丈 丨，丨夫也。〔說文〕「夫，丨夫也」義證引〔玉篇〕。〇周制八寸為尺，十尺為丨。人長八尺，故曰丨夫。〔說文〕「尺，周制寸尺咫尋常仞諸度量皆以人之體為法」段注。〇成人曰丨夫。〔說文〕「夫，丨夫也」義證引〔御覽〕。〇〔說文定聲・卷一八〕丨之言長也，丨之義大也。〔釋器〕「男子謂之丨夫」。〇丨人為位尊者之稱。〔韓子・喻老〕「丨人之慎火也」集解。〇此以丨人為家長也。〔漢書・蘇建傳〕「漢天子，我丨人行也」補注引沈欽韓。〇丨則是尊長者之稱。〔通雅・稱謂〕〇〔說文定聲・卷一八〕丨，叚借為杖。〔禮記・曲禮〕「席間函丨」。〇丨當作女。〔左傳襄公九年〕「巡丨城」平議。

幌 丨，帷幔也。〔廣韻・蕩部〕〇丨即此櫎字。〔說文〕「櫎，所以几器」繫傳。

晃 丨，日光也。〔慧琳音義・卷四〕引〔考聲〕。〇丨，光也。〔廣韻・蕩部〕〇丨，日明也。〔慧琳音義・卷四〕引〔文字典說〕。〇丨，明也。〔廣韻・蕩部〕〇丨者，動之明也。〔說文〕「丨，明也」段注。〇丨，暉也。〔廣韻・蕩部〕〇丨與曠略同。〔說文定聲・卷一八〕〇丨，叚借為萌。〔同上〕〇〔同上〕丨，字亦作䊗。〔魏都賦〕「或䊗朗而拓落」。〇丨，字亦作昉。〔說文定聲・卷一八〕〇〔同上〕丨，字亦作爌。〔魯靈光殿賦〕「鴻爌炾以爣」。〇〔同上〕丨，字亦作熿。〔甘泉賦〕「北熿幽都」。〇丨，亦作晄。〔慧琳音義・卷四〕引〔考聲〕。又〔廣韻・蕩部〕。

莽 丨，南昌謂犬善逐菟艸中為丨。〔集韻・厚部〕〇丨，草深茂也。〔通鑑・唐紀一〇〕「灌丨極目」音注。〇丨又為草木衆盛之通稱。〔廣雅・釋草〕「丨，草也」疏證。〇丨，草丨。〔廣韻・蕩部〕〇丨，遠也。〔慧琳音義・卷八五〕〇丨之言丨丨也。〔廣雅・釋草〕「丨，草也」疏證。〇丨草，一名茵草。〔說文〕「茻，衆草也，讀與冈同」義證引〔本草〕。〇〔說文定聲・卷一八〕丨，如今馬鞭竹。〔釋草〕「丨數節」。〇丨即丨蒼。〔漢書・烏弋山離國傳〕「烏弋地暑熱丨平」補注引徐松。〇丨，引伸為鹵丨。〔說文〕「丨，南昌謂犬善逐兔艸中為丨」段注。〇丨，古亦讀如莫，聲之轉也。〔說文定聲・卷一八〕〇丨與茫古同聲。〔淮南・內篇〕「茫茫沈沈」雜志。〇〔說文定聲・卷一八〕丨，叚借為茻。〔小爾雅・廣言〕「丨，草也」。〇〔同上〕丨，叚借為幕，丨幕一聲之轉。〔漢書・禮樂志〕「丨若雲」。〇丨與丼同。〔廣雅・釋訓〕「丼丼，茂也」疏證。〇丨、漭同，言廣大之壄耳。〔漢書・司馬相如傳〕「過乎泱丨之壄」補注。〇丨，正作茻。〔說文〕「蔡，艸也」義證。〇丨沆，或作漭沆，倒言之則曰沆漭。〔淮南・內篇〕「茫茫沈沈」雜志。〇丨蕁當為苿蕁。〔說文〕「蕁，叢艸也」義證。

漭 丨，水大貌。〔楚辭・大招〕「丨洋洋只」補注。〇丨，丨沆，水大。〔廣韻・蕩部〕〇丨沆，水大皃。〔集韻・蕩部〕

繈 丨者，繩也。〔說文定聲・卷一八〕〇織縷為絡，以負之於背，其繩謂之丨。〔說文〕「丨，觕纇也」段注。〇凡繩軔者謂之丨。〔同上〕〇絲節粗長謂之丨。〔同上〕〇丨，絲有纇。〔廣韻・養部〕〇丨，引申為丨緥。〔說文〕「丨，觕纇也」段注。〇丨，錢貫也。〔通鑑・唐紀八〇〕「老幼丨屬月餘不絕」音注。〇一丨當為百錢也。〔漢書・食貨志〕「臧丨千萬」補注引王鳴盛。〇丨借字，繦正字。〔墨子・明鬼下〕「在荷丨之中」閒詁。〇〔說文定聲・卷一八〕丨，叚借為襁。〔後漢・清河孝王慶傳〕注「丨以繒帛為之，即今之小兒綳也」。〇〔同上〕丨，字亦作鏹。〔蜀都賦〕「臧鏹巨萬」。〇俗書丨為

鏹。〔漢書·兒寬傳〕「輸租丨屬不絶」補注。○〔大戴禮〕丨抱作襁褓。〔漢書·賈誼傳〕「昔者成王幼，在丨抱之中」補注。

鏹 繈，俗作丨。〔廣韻·養部〕

襁 丨，織縷為之，以約小兒於背者。〔論語·子路〕「則四方之民丨負其子而至矣」朱注。○丨者，蘇俗謂之被。〔説文定聲·卷一八〕〔「繈」下〕○負者以器曰丨。〔論語·子路〕「丨負其子而至」劉正義。○丨褓，負兒衣。〔廣韻·養部〕○以被裹孩子負之曰丨負也。〔慧琳音義·卷七九〕引〔集訓〕。○丨又或作繦。〔説文〕「丨，負兒衣」義證。○丨或借强字。〔同上〕

紡 丨者，丨絲也。〔説文〕「軖，丨車也」段注。○〔説文定聲·卷一八〕丨，俗字作綁。〔説文〕「丨，網絲也」。○著絲於筳，著筳於車，踏而轉之，所謂丨也。〔説文〕「維，著絲於箏車也」義證引〔六書故〕。○丨，績丨。〔廣韻·養部〕○糾絲令緊曰丨。〔慧琳音義·卷一三〕引〔考聲〕。又〔卷五一〕。○〔義府·卷上〕丨於庭槐，即綁縛之義。〔晉語〕「執而丨於庭槐」。○丨謂丨切麻絲之屬為纑縷也。〔説文〕「丨，網絲也」義證引〔急就篇〕顏注。○丨猶複也。〔呂覽·淫辭〕「昔吾所亡者丨緇也」平議。○〔義府·卷上〕丨當讀為綳。〔國語·晉語〕「執而丨於庭槐」。○丨，今俗綁字，即綳音之轉。〔義府·卷上〕○丨即方也。〔説文〕「縑，并絲繒也」段注。

蔣 丨，草名。〔韓子·十過〕「丨席頗緣」集解引舊注。○〔説文定聲·卷一八〕丨，叚借為獎。〔楊信碑〕「丨厲兵甲」。

攘 丨，物自來而取之也。〔孟子·滕文公下〕「今有人日丨其鄰之雞者」朱注。○有因而盜曰丨。〔論語·子路〕「其父丨羊」劉正義。○丨，擾丨。〔廣韻·養部〕○〔説文定聲·卷一八〕丨，叚借為党，為槍。〔周禮·禁殺戮〕「丨獄者」。○〔同上〕丨，叚借為饟。〔詩·甫田〕「丨其左右」。

盎 丨，盆也。〔廣韻·蕩部〕○醠醆，丨英，字異而義同。〔廣雅·釋器〕「英，酒也」疏證。

蜽 丨，蝄丨，蟲名。〔廣韻·養部〕○蝄丨，亦作魍魎。〔同上〕○丨，字又作魎。〔説文定聲·卷一八〕

坱 丨，塵也。〔集韻·蕩部〕○丨，塵埃也。〔廣韻·蕩部〕○丨軋，又作軮軋，遠相映貌。〔楚辭·招隱士〕「丨兮軋」補注引〔集韻〕。○〔通雅·卷六〕丨軋，本為丨圠。〔賈誼賦〕「槃物丨軋」。

欓 丨，木名。〔廣韻·蕩部〕○〔説文定聲·卷一八〕丨，字亦作⿱艹黨。〔廣雅·釋木〕「丨，茱萸也」。

潒 丨，水大之皃，又洗丨也。〔廣韻·蕩部〕○丨，丨遠。〔養部〕○丨與蕩通。〔廣雅·釋詁二〕「丨，洒也」疏證。○〔説文定聲·卷一八〕丨，叚借為盪。〔廣雅·釋詁二〕「丨，洒也」疏證。○蕩蕩與丨丨同。〔廣雅·釋訓〕「丨丨，流也」疏證。○〔説文定聲·卷一八〕丨瀁，亦疊韻連語，作象羊、蕩漾皆同。〔説文〕「丨，水丨瀁也」。○丨，今作蕩。〔説文〕「丨，水丨瀁也」義證引〔玉篇〕。○丨瀁，今字作蕩漾。〔同上〕段注。

髒 丨，骯丨，體盤。〔廣韻·蕩部〕

長 丨，大也。〔廣韻·養部〕又〔大戴·保傅〕「所以丨恩且明有仁也」王詁。○丨，老也。〔千乘〕「丨有禮」王詁。○丨即老也。〔孟子·告子上〕「不識丨馬之丨也」焦正義。○丨即老者也。〔告子下〕「徐行後丨者」焦正義。○丨，上也。〔大戴·小辨〕「庶人聽丨辨禁」王詁。○丨字當訓為上。〔管子·侈靡〕「君丨虎豹之皮」平議。○丨，雄丨之丨。〔國策·齊策一〕「君丨齊」鮑注。○丨，君也。〔大戴·四代〕「丨國治民恒幹」王詁。○〔説文定聲·卷一八〕丨，轉注為丨幼、君丨。〔廣雅·釋詁〕「丨，老也」。○丨謂達官之丨。〔大戴·千乘〕「以財投丨曰貸」王詁。○丨，丨官也。〔文王官人〕「官則任丨」王詁。○丨謂官丨。〔曾子制言下〕「則吾不丨」王詁。○令丨、丞尉，是為丨吏。〔漢書·文帝紀〕「丨吏閲視，丞若尉致」補注。○丨者，諸將自謂。〔漢書·陳平傳〕「使監護丨者」補注。○丨謂旁親屬尊者之服。〔禮記·大傳〕「五曰丨幼」集解。○丨子猶鉅子也。〔荀子·儒效〕「隨其丨子」集解引俞樾。○丨者，厚德之稱。〔漢書·張釋之傳〕「上復曰，丨者」補注引周壽昌。○丨者，賢者容之稱。〔國策·齊策三〕「君所以得為丨者」鮑注。○丨者，貴人也。〔漢書·陳平傳〕「然門外多丨者車徹」補注引周壽昌。○丨謂敬丨，非謂不丨厚也。〔荀子·法行〕「必不丨也」集解引郝懿行。○丨，生丨也。〔大戴·衛將軍文子〕「方丨不折」王詁。○丨為生丨之丨，非丨短之丨。〔夏小正〕「養，丨也」王詁。○〔説文定聲·卷一八〕丨，轉注為滋丨、增丨。〔齊語〕「不月丨」。○丨，益也。〔大戴·保傅〕「習與智丨」王詁。○丨，益之。〔國策·齊策五〕「事敗而好丨詐」鮑注。○丨謂相丨也。〔釋詁〕「有，丨也」邵正義。○丨，茂。〔漢書·鼂錯傳〕「種樹畜丨」補注。○丨驅，行不留也。〔國策·齊策四〕「丨驅到齊」鮑注。○丨猶典也。〔淮南·説山〕「鸜鵒能言，而不可使丨」平議。○丨上，丨直不番上也。〔通雅·卷二五〕○丨即為明。〔詩·斯干〕傳「正，丨也」通釋。○丨亦養。〔釋詁〕「育，養也」郝疏。○〔説文定聲·卷一八〕丨，與旅占同。〔儀禮·特牲禮〕「丨占」。○漢有丨水校尉，掌丨水胡騎。〔漢書·蘇建傳〕「會緱王與丨水虞常等謀反匈奴中」補注引胡注。○蓋萇、丨古通。〔史記·仲尼弟子列傳〕「公冶丨，齊人，字子丨」志疑。○丨通作丈。〔釋詁〕「育，丨也」郝疏。○〔説文定聲·卷一八〕丨，叚借為昌。〔廣雅·釋詁一〕「丨，善也」。○丨當音上聲。〔史記·始皇本紀〕「建設丨利」志疑。○丨亦作張路。〔史記·朝鮮列傳〕「左將軍使右渠子丨」志疑。○丨子，一作尚子。〔漢書·地理志〕「丨子」補注。○丨當作障。〔漢書·匈奴傳〕「行攻塞外亭丨」補注引錢大昭。

上 丨，登也。〔廣韻·養部〕○丨，升也。〔同上〕○丨猶前。〔國策·秦策二〕「而卒不丨」鮑注。○丨者，前也。〔詩·大叔于田〕「兩服丨襄」集疏引王

引之。○｜，謂遡流而｜也。〔楚辭・涉江〕「乘舲船余｜沅兮」補注。○｜為舭。〔説文〕「琫，佩刀｜飾」繫傳。○｜，君也。〔楚辭・招魂〕「｜無所考此盛德兮」補注引五臣。○｜，｜地。〔國策・燕策一〕「使燕毋去周室之｜」鮑注。○｜謂當其時。〔國策・魏策三〕「魏不以敗之｜割」鮑注。○｜國，中國也。〔同上〕洪詁引賈逵。○｜都，君｜所居。〔文選・西都賦〕「作我｜都」補正引李匡乂〔資暇録〕。○｜都，君主所居，人所都會。〔同上〕補正引李匡乂。○｜聞爵，即公乘爵第八級也。〔漢書・樊噲傳〕「賜｜聞爵」補注引錢大昭。○諸公之地可食者半，所謂｜地也。〔周禮・大司徒〕孫正義。○稱婢為｜清。〔通雅・稱謂〕○｜服，加等也。〔書・呂刑下〕「下刑適重｜服」孫疏。○｜邳，在今山東兗州府滕縣。〔説文定聲・卷一八〕〔邳下〕○｜，今〔書〕作爾尚二字。〔説文〕「朞，周書曰，｜不朞于凶德」段注。○｜與尚同。〔荀子・非十二子〕「｜功用，大儉約」集解引王念孫。○官本改｜作土。〔漢書・惠帝紀〕「視作斥｜者」補注。

網　｜者，羅罟之摠名也。〔慧琳音義・卷八〕引顧野王。○｜謂之羅落，亦謂之畢，義並相近也。〔廣雅・釋宮〕「欏落，杝也」疏證。○｜户，今之亮槅也。〔文選・招魂〕「｜户朱綴」集釋引程大昌。○｜户者，以木為門扉而刻為方目如｜狀。〔同上〕集釋引〔楚辭集注〕。

罔　｜，｜罟。〔廣韻・養部〕○｜者，羅罟之總名也。〔慧琳音義・卷六六〕引顧野王。○｜即周布之意。〔説文〕「罙，周也」繫傳。○｜，拘也。〔慧琳音義・卷七六〕引〔考聲〕。○｜猶蒙蔽也。〔説文定聲・卷一八〕○｜，亦謂之渠，俗作轊。〔説文〕「輮，車｜也」段注。○〔説文定聲・卷一八〕｜，叚借為悵。〔神女賦序〕「罔兮不樂」。○〔同上〕｜，叚借為妄。〔論語〕「學而不思則罔」。○〔同上〕｜，叚借為枉。〔論語〕「罔之生也幸而免」。○〔同上〕｜，叚借為無。〔廣雅・釋言〕「罔，無也」。○〔同上〕｜，叚借為盲。〔禮記・少儀〕「衣服在躬而不知其名曰｜」。○｜、罔，網一字。〔説文〕「熑，火煣車網絶也」句讀。○｜同網。〔廣韻・養部〕○｜，字亦作冈，今字从或體作網，作罔。〔説文定聲・卷一八〕

壤　｜，土。〔國策・齊策三〕「欲與秦｜界」鮑注。○｜，土也。〔廣韻・養部〕○無塊曰｜。〔説文〕「｜，柔土也」繫傳。○柔而無塊曰｜。〔本草・卷七〕○｜，謂｜地所生之物。〔書・顧命下〕「敢執｜奠」孫疏。○｜謂息土。〔説文〕「｜，柔土也」段注引〔九章算術〕劉徽注。又〔同上〕義證引〔九章算術〕注。○息土曰｜。〔説文定聲・卷一八〕○地之緩肥曰｜。〔説文〕「｜，柔土也」義證引〔玉篇〕。○｜即熟田也。〔周禮・大司徒〕「辨十有二｜之物」孫正義。○凡土三尺已上為｜。〔説文〕「｜，柔土也」義證引張華。○｜字從襄，蓋耕治之土也。〔説文〕「襄，漢令，解衣耕謂之襄」義證引楊慎。○｜東，｜鄉之東也。〔漢書・樊噲傳〕「從擊秦軍騎｜東」補注引齊召南。○｜，坦，猶言壇土也。〔墨子・非樂上〕「折｜坦而為之」閒詁。○擊｜，蓋以土為樂器，擊土｜以為節也。〔文選・初去郡〕「獲我擊｜聲」集釋。○｜子，謂出土分與諸子也。〔漢書・鄒陽傳〕「｜子王梁代」補注引沈欽韓。○｜，以木為之，前廣後狹。〔文選・初去郡〕「獲我擊｜聲」集釋引〔路史〕。○｜，以木為之，前廣後鋭，形如履。〔同上〕集釋引〔風土記〕。○｜亦傷也。〔呂覽・誠廉〕「不以人之｜自成也」校正。○今北方俗語謂弱為｜。〔説文定聲・卷一八〕○｜即南陽穰縣，穰、｜古通。〔史記・王子侯者年表〕「｜」志疑。○｜與場字異聲義並同。〔方言六〕「坻、坦，場也」箋疏。○䑋、孃、｜、穰並通。〔廣雅・釋詁一〕「䑋，盛也」疏證。○〔説文定聲・卷一八〕｜，叚借為䑋。〔莊子・庚桑楚〕「畏壘大｜」。○〔同上〕｜，叚借為蠰。〔淮南・道應〕「猶黄雀與｜蟲也」。○｜，蓋孃䑋之假借。〔文選・上書吳王〕「｜子王梁代」集釋。○穰與｜同。〔史記・仲尼弟子列傳〕「｜駟赤，字子徒」志疑。○｜即䑋、孃字。〔説文〕「孃，一曰肥大也」段注。○｜｜即穰穰。〔釋詁〕「洋，多也」郝疏。○朽｜，〔國語〕作朽壤，｜壤二字相近，故譌。〔左傳成公五年〕「山有｜朽」洪詁。

瀁　｜，混｜，水皃。〔廣韻・養部〕○｜｜，無涯際也。〔説文〕「潒，水潒｜也」義證引〔玉篇〕。○｜者，古文為漾水字。〔同上〕段注。○説文漾，古文作｜。〔漢書〕「至武都」雜志。

賞　｜，褒嘉也。〔通鑑・宋紀一〕「未能忘言於悟｜耳」音注。○｜，功也。〔左傳僖公二八年〕「欽至大｜」疏證。○｜，以償之也。〔説文〕「｜，賜有功也」繫傳。○｜，賜也。〔廣韻・養部〕○｜之言尚也，尚其功也。〔説文〕「｜，賜有功」繫傳。又〔同上〕段注。○｜猶勸也。〔國策・魏策二〕「｜韓王以近河外」鮑注。○〔説文定聲・卷一八〕｜，叚借為上。〔荀子・王霸〕「｜賢使能以次之」。○｜讀為償。〔韓子・飾邪〕「羣臣｜官於上，取｜於下」集解。又〔賈子・脩政語〕「學黄帝之道而｜之」平議。○舊校云，｜一作賓。〔呂覽・制樂〕「以｜羣臣」校正。○官本注｜作償。〔漢書・地理志〕「取之不足以更費」補注。○｜，官本作償。〔漢書・平帝紀〕「舉籍吏民」補注。○｜，當為亶，字之誤也，亶與單通。〔禮記・祭法〕「堯能｜均刑法以義終」述聞。○｜，當為嘗，嘗試也。〔墨子・尚賢下〕「我｜因而誘之矣」閒詁。○｜字當作償。〔漢書・匈奴傳〕「其報必大」補注。○｜當作刑。〔韓子・六反〕「凡人之取重｜罰」集解引王渭。○｜當作上，聲之誤也。〔商子・靳令〕「民死｜」、「民不死｜」平議。

往　｜，之也。〔廣韻・養部〕○｜，行也。〔同上〕○｜，去也。〔同上〕○｜，至也。〔同上〕○｜即至也。〔孟子・萬章上〕「舜｜于田」焦正義。○｜，已｜也，言｜事也。〔通鑑・陳紀一〇〕「沙鉢略｜雖與和」音注。○｜，古昔也。〔大戴・衛將軍文子〕「好從善而斆｜」王詁。○｜，謂｜日。〔書・洛誥〕「予｜已公功」孫疏。○｜，前日也。〔論語・述而〕「不保其｜也」朱注。○｜與曏義同。〔釋言〕「曩，曏也」郝疏。○｜｜即皪皪也。〔説文〕「璂，弁飾｜｜冒玉也」句讀。○｜｜猶歷歷也。〔説文〕「毒，害人之艸，｜｜而生」段注。○｜、迋、徃聲並相近。〔廣雅・釋詁一〕「迋，｜也」疏證。○〔説文定聲・卷一八〕｜，叚借為亡。〔管子・權修〕「無以蓄之，則｜而不可止也」。○〔同上〕｜，叚借為王。〔呂覽・順説〕「則難與｜也」。

○(同上)|，字亦作徃。〔廣雅·釋詁一〕「徃，|也」。○|，字亦作泩。〔說文定聲·卷一八〕○(同上)|，字亦作徨。〔小爾雅·廣言〕「徨，|也」。○|當為佳，佳古唯字也。〔荀子·成相〕「利|卬上」集解引王引之。○|乃從之誤。〔荀子·宥坐〕「百姓|矣」集解引盧文弨。○〔說文定聲·卷一八〕|，任之誤字。〔禮記·郊特牲〕「束帛加璧|德也」。

罔 |，罟。〔詩·瞻卬〕「天之降|」朱傳。○|，猶羅網。〔孟子·梁惠王上〕「是|民也」朱注。○|，謂|羅取之也。〔孟子·公孫丑下〕「以左右望而|市利」朱注。○|，無。〔詩·蓼莪〕「昊天|極」朱傳。○|，無也。〔書·立政〕「|後」孫疏。又〔禮記·表記〕「而|有擇言在躬」集解。又〔廣韻·養部〕。○|當訓為無。〔孟子·梁惠王〕「是|民也」平議。○〔釋詞·卷一〇〕|，猶得無也。〔楚辭·九章〕「君|謂女何之」。○(同上)|，猶不也。〔書·盤庚〕「|罪爾衆」。○|，欺也。〔詩·節南山〕「勿|君子」朱傳。○|，欺也。欺人以所無曰|。〔漢書·郊祀志〕「不可|以非類」補注引胡三省。○|，蒙敝也。〔孟子·萬章下〕「難|以非其道」朱注。○|謂，猶言得無謂也。〔屈賦·惜誦〕「君|謂女何之」戴注。○|沕，失志貌。〔楚辭·招隱士〕「|兮沕」補注引五臣。○|沕，精氣失也。(同上)補注。○|然，無知意也，亦惶遽之貌也。〔慧琳音義·卷七四〕○||，失志也，若有若無也。〔通鑑·宋紀一〇〕「精神為之||」音注。○|極，失其中正之心。〔詩·園有桃〕「謂我士也|極」集疏。○|兩，|象，言有夔龍之形而無實體。〔說文〕「蝄，蝄蜽」段注引〔國語〕賈注。○|古讀如莽。〔釋言〕「|，無也」郝疏。○|與亡，古同聲而通用。〔周書〕「之不綏于卹」雜志。○|無一聲之轉。〔管子·輕重乙〕「吾歲|」平議。○|同網、网。〔廣韻·養部〕○|，古網字。〔詩·瞻卬〕「天之降|」陳疏。又〔漢書·景帝紀〕「|密文峻」補注引錢大昭。○|與網同。〔孟子·梁惠王上〕「是|民也」焦正義。○|字本作网，隸省作冈，俗作内，與内字相似，因誤而為内矣。〔周書〕「昏行□顧」雜志。

輞 |即車輪外圍也。〔說文〕「桋，赤棟也」繫傳。○|，車|。〔廣韻·養部〕○|，亦同惘。(同上)

蝄 |，|蜽。〔廣韻·養部〕○|蜽又作罔兩。〔說文〕「|，|蜽」義證。○|蜽又作罔閬。(同上)○|蜽又作方良。(同上)○|蜽，今俗別作魍魎。〔說文〕「蜽，|蜽也」繫傳。○|蜽，〔周禮〕作方良，〔左傳〕作罔兩，〔孔子世家〕作罔閬，俗作魍魎。〔說文〕「|，|蜽」段注。○〔說文定聲·卷一八〕|、蜽二字皆後出，亦作魍魎，作罔閬，作方良，皆同。〔說文〕「|，|蜽，山川之精物也」。

怳 |，驚貌。〔楚辭·遠遊〕「怊惝|而乖懷」補注。○|，惝|。〔廣韻·養部〕○|，惝|也。〔楚辭·少司命〕「臨風|兮浩歌」補注。○|之言|忽也。〔廣雅·釋詁四〕「|，狂也」疏證。○|與謊通。〔釋言〕「謊，忽也」疏證。○〔說文定聲·卷一八〕|，叚借為兄。〔楚辭·憂苦〕「僕夫慌悴」。

○|忽，同慌忽，忘也。〔慧琳音義·卷六四〕○荒與|同。〔淮南·內篇〕「|忽」雜志。○|欻，亦作慌忽。〔說文〕「欻，讀若忽」義證。○|，亦作恍。〔說文定聲·卷一八〕○(同上)|，字亦作恍。〔廣雅·釋詁二〕「㤺，忽也」。○(同上)|，字亦作慌。〔廣雅·釋言〕「慌，㝱也」。

蟒 |，蛇最大者。〔廣韻·蕩部〕○|、螟一聲之轉，蝗也。〔方言一一〕「|，宋魏之間謂之蚮」箋疏。

慌 |，|㦗。〔廣韻·蕩部〕○|忽，神亂失志貌。〔慧琳音義·卷一二〕○|惚，又作怳惚，謂虛妄見也。〔卷九〕

㤺 |惚，昏亂也。〔慧琳音義·卷一〇〇〕引〔文字典說〕。

蛘 |，蟻名。〔廣韻·養部〕○今麥腐生小白蛾，粟生小黑甲蟲，即|子也。〔釋器〕「康謂之蠱」郝疏。○|，痛之微也。〔慧琳音義·卷一七〕引〔考聲〕。○疥癬之|內擾，蚊蚋之|外侵。〔說文定聲·卷一八〕○(同上)強|，疊韻連語，今蘇俗尚謂之羊子。〔爾雅〕「蛄蠪強|」。○|，亦通作養。〔廣雅·釋言〕「㾓，|也」疏證。○|與蛘字異音同。〔釋蟲〕「蚍蜉，大螘」郝疏。○〔說文定聲·卷一八〕|，字亦作癢。〔荀子·榮辱〕「寒暑疾癢」。○|，字亦作懩。〔說文定聲·卷一八〕○|，俗作癢。〔慧琳音義·卷五五〕又〔廣雅·釋言〕「㾓，|也」疏證。○|，俗多用痒、癢、養字。〔說文〕「|，騷|也」段注。○|，或作癢。〔慧琳音義·卷一七〕引〔考聲〕。○〔說文定聲·卷一八〕|，為蛘之誤字，今蘇俗尚呼蟻為馬半。〔廣雅〕「蛾，|螘也」。

慷 |，|慨，竭誠也。〔廣韻·蕩部〕○|慨，志氣激揚也。〔慧琳音義·卷八六〕○|慨，大息也。〔卷一〇〕○|慨，亦士不得志者也。(同上)○|慨，亦傷歎也。〔卷五五〕引〔考聲〕○|同忼。〔廣韻·蕩部〕

獷 |，犬惡不可附近也。〔慧琳音義·卷七四〕引〔集訓〕。○|，如犬，|惡不可近也。〔卷三〕引〔集訓〕。○||，不可附。〔通鑑·晉紀三二〕「佺期及兄廣，弟思平，從弟孜敬，皆粗|」音注。○|，縱恣悍厲之謂。〔說文定聲·卷一八〕

獚 |、獚，實一字也。〔說文〕「|，犬獷獷不可附也」句讀。

滉 |，|瀁，水皃。〔廣韻·蕩部〕○|瀁，水貌也。〔慧琳音義·卷九四〕○|瀁，水深廣貌。〔通鑑·魏紀四〕「加又洪流|瀁」音注。

榥 |，讀書牀也。〔廣韻·蕩部〕

蚢 |，貝大者如車輞。〔廣韻·蕩部〕○|，海貝也，或從魚。〔集韻·蕩部〕○|，音杭。〔釋蟲〕「|，蕭繭」鄭注。

饟 |，周人呼餉食。〔廣韻·養部〕○|，餉聲義同。〔釋詁〕「|，饋也」郝疏。○|借作攘。(同上)○|，齊作餉。〔詩·良耜〕「其|伊黍」集疏。

駚 一，一鷩，馬容。〔廣韻·蕩部〕○一牟，獸跳踏自撲也。〔集韻·養部〕

魍 一魎，水神也，亦邪鬼也。〔慧琳音義·卷七〕引〔考聲〕。○一魎同蝄蜽。〔廣韻·養部〕

瞵 一，無一睛。〔廣韻·蕩部〕○無一目曰一。〔集韻·蕩部〕

緉 一，屬中絞繩。〔廣韻·養部〕

嚮 一，謂一往。〔大戴·曾子制言下〕「則吾與之聚羣一爾」王詁。○一，兩階間謂之一。〔集韻·養部〕○一作鄉。〔史記索隱〕「異文」雜志。○一，〔周禮·司几筵〕注引此作鄉。〔書·顧命下〕「牖間南一」孫疏。○一，俗字。〔書·洛誥〕「一即有僚」孫疏。○一，俗字，當為饗。〔書·洪範〕「一用五福」孫疏。○一，俗字，當為向。〔書·多士〕「一于時」孫疏。○一，當為鄉，俗加向。〔書·顧命下〕「牖間南一」孫疏。

璗 一，玉名。〔廣韻·蕩部〕○一，金之美者，與玉同光。〔說文定聲·卷一八〕○〔同上〕一，以瑒為之。〔漢書·王莽傳〕「瑒琫瑒珌」。○一音蕩。〔釋器〕「黃金謂之一」鄭注。

瓬 一，瓶也。〔廣雅·釋器〕○〔說文定聲·卷一八〕瓬即一之俗誤字，一破猶曰妨破也。〔說文〕「一，周家摶埴之工也，從瓦，方聲，讀若瓬破之瓬」。

蒡 一，牛一也。〔釋草〕「一，隱葱」鄭注。○一，牛一菜。〔廣韻·蕩部〕○一之聲轉為葧，因並稱為一葧。〔廣雅·釋草〕「繁母，一葧也」疏證。

矘 一，一瞵，目無精。〔廣韻·蕩部〕○一，目無精直視也。〔慧琳音義·卷四二〕引〔字林〕。○一，亦失志皃也。〔同上〕○一，又通作愓。〔說文〕「一，目無精直視也」義證。○一字又作䁻。〔同上〕○〔說文定聲·卷一八〕一，字又作䁻。〔玉篇〕「䁻，直下視皃」。○〔同上〕一，字亦作愓。〔漢書·孝成趙皇后傳〕注「愓，直視皃」。

奘 一，大也。〔廣韻·蕩部〕○〔說文定聲·卷一八〕一，此為健壯。〔方言一〕「一，大也，秦晉之間，凡人之大謂之一」。○一，健也，疾也。〔慧琳音義·卷二〕引〔考聲〕。○一，多力也。〔同上〕○一，通作壯。〔方言一〕「一，大也」箋疏。○一與壯同。〔釋言〕「一，駔也」郝疏。○一，經典通作壯。〔說文〕「一，駔大也」義證。

蟓 一，桑上蠋。〔廣韻·養部〕

樣 一，首飾也。〔詩·君子偕老〕「象服是宜」後箋引〔玉篇〕。○一，未笄冠者之首飾也。〔廣韻·養部〕○〔說文定聲·卷一八〕一，一曰首飾，在兩耳後，刻鏤而為之。〔漢書·外戚傳〕「令孫建世子一飾將毉往問疾」。○一飾，盛服飾也。〔說文〕「一，飾也」義證引〔急就篇〕顏注。○一飾，盛服飾也。〔通雅·卷八〕○一通作象。〔說文〕「一，飾也」義證。

勨 一，動也。〔集韻·養部〕○一，言偒役緩也。〔說文〕「一，繇緩也」段注。○一，勉也。〔廣韻·養部〕又〔集韻·養部〕。○一之為言盪也。〔說文定聲·卷一八〕○盪與一字同。〔廣雅·釋詁一〕「盪、一，動也」疏證。○經傳一通作盪，又作蕩。〔同上〕

篬 一，剖竹未去節也。〔廣韻·養部〕○一，剖竹未去節。〔集韻·養部〕○一，席也。〔陽部〕○一，今以名櫂而改其字作槳。〔說文定聲·卷一八〕○一，通作蔣。〔廣雅·釋器〕「一，席也」疏證。○〔說文定聲·卷一八〕一，叚借為薦，一薦一聲之轉。〔廣雅·釋器〕「一，席也」。○〔同上〕一，字亦作槳。〔方言〕「所以隱櫂之槳」。

㒳 凡物有二，其字作一，不作兩，今字兩行而一廢矣。〔說文〕「一，再也」段注。○一通作兩。〔同上〕義證。○一，本為兩再之兩。〔同上〕繫傳。○一，經典皆作兩。〔同上〕句讀。○〔說文定聲·卷一八〕一，經傳皆以兩為之。〔說文定聲·卷一八〕

膆 一，膆一。〔廣韻·養部〕○一，膆一也。〔說文〕「一，膆肉也」義證引〔玉篇〕。

柍 一，中央也。〔文選·魏都賦〕「暉鑒一振」集釋。○一，木名。〔廣韻·養部〕○一，杏也。〔說文〕「一，梅也」義證引〔類篇〕。○一，一梅也。〔文選·南都賦〕「一柘檍檀」集釋引〔說文〕。○一，今之雀梅。〔說文〕「一，梅也」繫傳。○一，木實。〔同上〕義證引〔玉篇〕。○〔說文定聲·卷一八〕打穀之具，即枷也，多以一梅木為之，故謂之一。〔方言五〕「僉、齊、楚、江、淮之間謂之一」。○一之言抰也。〔廣雅·釋器〕「一，杖也」疏證。○〔通雅·卷三八〕屋極謂之一振。〔子雲賦〕「日月纔經于一振」。○古書言一振者，即棟宇也。〔文選·魏都賦〕「暉鑒一振」集釋。○〔說文定聲·卷一八〕一，叚借為央。〔漢書·揚雄傳〕「日月纔經于一振」。○一即央字。〔說文〕「宸，屋宇也」段注。○一或作楧。〔說文〕「一，梅也」義證。○一當作央，央振謂半檐也。〔漢書·揚雄傳〕「日月纔經于一振」補注引王念孫。

紻 纓之曲繞也，是為一。〔說文〕「一，纓卷也」段注。○一，冠纓。〔廣韻·養部〕○〔說文定聲·卷一八〕一，謂冠纓曲而繞。〔說文〕「一，纓卷也」。

弜 〔說文定聲·卷一八〕一，今武試技勇有緟弓並開者，所謂彊也。〔說文〕「一，彊也」。○一頭音奇，強貌。〔通雅·地輿〕○一，弓有力也。〔廣韻·養部〕○一、彊，一字也。〔說文〕「一，彊也」句讀。

滰 〔說文定聲·卷一八〕一，米已漬，抒而起之也。〔說文〕「一，浚乾漬米也」。○米不及淘抒而起之曰一。〔說文〕「一，浚乾漬米也」段注。○一者，漉淅米使乾。〔同上〕義證。○一之言竟，謂漉乾之也。〔廣雅·釋詁二〕「一，盝也」疏證。○一，乾米之皃。〔廣韻·養部〕

瓾 |，半瓦。〔廣韻·養部〕〇|，半瓦也。〔說文〕「|，磋垢瓦石」義證引〔玉篇〕。又〔集韻·養部〕。〇|、差、錯，一聲之轉。〔廣雅·釋詁三〕「|、差、錯，磨也」疏證。〇|同磢。〔廣韻·養部〕〇|，或作磢。〔說文〕「|，磋垢瓦石」義證。〇〔說文定聲·卷一八〕|，字亦作磢。〔海賦〕「飛澇相|」。

爪 |，反爪。〔廣韻·養部〕〇仰手丮物為|。〔說文定聲·卷一八〕〇|，梁州有仉啓，字變作仉。〔同上〕

漺 |，淨也。〔廣韻·養部〕又〔集韻·養部〕。〇|，冷兒。〔同上〕〇|、瓾、磢，聲義並同。〔方言一三〕「|，淨也」箋疏。〇瓾、磢、|並通。〔廣雅·釋詁三〕「甄瓾，磨也」疏證。〇|與磢同。〔說文〕「瓾，瑳垢瓦石也」段注。

⿰忄敞 |怳，驚兒。〔廣韻·養部〕又〔集韻·養部〕。又〔說文〕「怳，狂之兒」義證引〔玉篇〕。〇〔說文定聲·卷一八〕|，段借為敞。〔甘泉賦〕「正瀏濫以宏惝兮」。

⿰爽頁 |，醜兒。〔廣韻·養部〕〇傸與|同義。〔廣雅·釋詁二〕「|，醜也」疏證。〇傸、|，聲義亦同。〔廣雅·釋詁三〕「傸，惡也」疏證。

⿱尚足 |，踞也。〔廣韻·養部〕〇|，蹋也。〔集韻·養部〕〇|，歫也。〔同上〕〇|若艸木之根枝直旁柱其上也。〔說文〕「|，距也」繫傳。

⿰酉蘘 |菜為葅。〔廣韻·養部〕〇|之言釀也。〔廣雅·釋器〕「|，葅也」疏證。〇〔說文定聲·卷一八〕|，段借為釀。〔廣雅·釋器〕「|，葅也」。

⿰月襄 |，蜀人云肥。〔廣韻·養部〕〇|為肥盛。〔說文定聲·卷一八〕（「奘」下）〇盛肥曰|。〔說文〕「|，益州鄙言人盛諱其肥謂之|」義證引〔增韻〕。〇|、壤、孃、穰，聲義皆同。〔方言二〕「|，盛也」箋疏。〇|亦腬也，語之轉耳。〔廣雅·釋詁一〕「|，盛也」疏證。〇|壤古通用。〔方言二〕「|，盛也」疏證。〇|、孃、壤、穰並通。〔廣雅·釋詁二〕「|，盛也」疏證。〇|，假借作壤。〔說文〕「|，益州鄙言人盛諱其肥謂之|」段注。〇〔說文定聲·卷一八〕|，以壤為之。〔史記·鄒陽傳〕「壤子王梁代」。

饟 晝曰|。〔說文定聲·卷一八〕〇|，日西食。同餳。〔廣韻·養部〕〇今俗謂日西為晌午，頃刻為半晌，猶|之遺語也。〔說文〕「|，晝食也」段注。〇俗譌為日西食曰|。〔同上〕

鴋 |，鵜鶘鳥，俗呼為護澤。〔廣韻·養部〕〇|，涸澤鳥也。〔說文〕「|，澤虞也」繫傳。〇〔說文定聲·卷一八〕|字亦作鶭。〔爾雅〕「鶭，澤虞」。

菵 |，|草。〔廣韻·養部〕〇|草，莽草一名|草，毒而生於炎方。〔文選·苦熱行〕「|露夜沾衣」集釋。

⿰彳狂 ||，遑遽兒。〔廣韻·養部〕引〔楚詞注〕。〇|躟，惶劇也。〔廣雅·釋訓〕〇擾亂亦謂之|躟。〔廣雅·釋訓〕「|躟，惶劇也」疏證。〇|攘，憂懼貌。〔楚辭·九辯〕「逢此世之|攘」補注引五臣。〇|與迋義同也。〔說文〕「|，遠行也」繫傳。〇恇與|亦聲近義同。〔廣雅·釋訓〕「||，劇也」疏證。〇徍與|同。〔廣雅·釋詁一〕「徍，往也」疏證。〇|攘、枉攘並與|躟同。〔廣雅·釋訓〕「|躟，惶劇也」疏證。〇|攘，一作恇勷。〔楚辭·九辯〕「逢此世之|攘」補注。〇|攘，一作趪躟。〔同上〕

臩 |，驚走也，一曰往來兒。〔集韻·養部〕引〔說文〕。〇|，驚走兒。〔廣韻·梗部〕〇〔說文定聲·卷一八〕|，段借為囧。〔說文〕「|，古文以為囧字」。〇|，今文〔尚書〕作囧。〔說文〕「|，驚走也」繫傳。

⿱竹昜 |，大竹箭。〔廣韻·蕩部〕又〔集韻·蕩部〕。〇|，竹器也，可以盛酒。〔說文〕「|，大竹箭也」義證引〔玉篇〕。〇笙簫之屬而謂之|者，大之也。〔同上〕段注。

簜 以竹成器亦曰|。笙簫皆用小竹而云|者，大之也。〔說文〕「|，大竹也」段注。〇|音蕩。〔釋艸〕「|，竹」鄭注。

⿰忄象 |，放|。〔廣韻·蕩部〕〇|與愓聲義並同。〔方言一〇〕「愓，遊也」箋疏。〇|，以|為愓古文。〔詩·宛邱〕「子之湯兮」後箋引〔華嚴經音義〕。〇|，即愓字之或體。〔說文定聲·卷一八〕

傸 |，惡也。〔廣韻·養部〕又〔集韻·養部〕。〇|、⿰爽頁，聲義亦同。〔廣雅·釋詁二〕「⿰爽頁，醜也」疏證。〇|與⿰爽頁同義。〔廣雅·釋詁三〕「|，惡也」疏證。

愓 |，不憂。〔廣韻·蕩部〕〇|之言放蕩也。〔廣雅·釋詁三〕「|，戲也」疏證。〇偒與|聲異而義同。〔釋詁三〕「|，直也」疏證。〇|與⿰忄象通。〔廣雅·釋言〕「敖，⿰忄象也」疏證。〇|，經典多通作蕩。〔詩·宛丘〕「子之湯兮」後箋。〇|，古文或又借湯為之。〔同上〕〇〔說文定聲·卷一八〕|，段借為場。〔說文〕「|，一曰平也」。〇|，又借湯字。〔說文〕「|，放也」義證。〇|，或借蕩字。〔同上〕〇|，經典借蕩字。〔說文〕「|，一曰平也」句讀。〇|，經傳皆以蕩為之。〔說文定聲·卷一八〕

⿸㫃頁 莽|，直項兒。〔集韻·蕩部〕

暘 |，春也。〔集韻·蕩部〕〇|，舂也，持米精也。〔廣韻·蕩部〕

螗 |，峨山兒。〔廣韻·蕩部〕〇|，岨，山兒。〔集韻·蕩部〕

鼜 丨者，中空之名。〔廣雅·釋器〕「鼓⿰麥豈謂之柩」疏證。○丨同鼜。〔廣韻·蕩部〕

戃 丨慌，失意。〔楚辭·逢紛〕「心丨慌其不我與兮」補注。又〔集韻·蕩部〕。○丨，丨慌，失意皃。〔廣韻·蕩部〕○丨恍，虛曠皃。〔慧琳音義·卷八七〕引張戩。

曭 丨，日不明也。〔楚辭·遠遊〕「時曖曃其丨莽兮」補注。又〔廣韻·蕩部〕。○丨，日無光。〔集韻·蕩部〕○丨莽，不明皃。〔慧琳音義·卷九九〕引〔古今正字〕。

攩 丨，丨捤，搥打。〔廣韻·蕩部〕○丨捤，擊也。〔集韻·蕩部〕○揘與丨聲近義同。〔廣雅·釋詁三〕「丨，擊也」疏證。○丨，通作黨。〔說文〕「丨，朋羣也」義證。○〔說文定聲·卷一八〕丨，叚借為掌。〔方言一〇〕「搃、抌，推也，或曰丨。」○〔同上〕丨，叚借為尚，猶曾也，字亦以黨為之。〔莊子·繕性〕「物之丨來，寄也」。○丨，俗用黨者，叚借字也。〔說文〕「丨，朋羣也」段注。○丨，此鄉黨、黨與本字。〔同上〕○丨，字亦作儻。〔說文定聲·卷一八〕○丨，字亦作戃。〔同上〕○丨，經典皆以黨為之。〔同上〕○丨，經典皆作黨。〔說文〕「丨，朋羣也」句讀。

茻 丨，假借莽字也。〔說文〕「丨，衆草也」繫傳。○丨，經傳艸莽字當用此。〔同上〕段注。○經傳草丨字，皆以莽為之。〔說文定聲·卷一八〕○丨，經典借莽字。〔說文〕「丨，衆艸也」義證。

⿰尚阝 丨古通作黨。〔廣雅·釋詁二〕「丨，尻也」疏證。○〔說文定聲·卷一八〕丨，叚借為黨，實為欓。〔婁壽碑〕「鄉丨州鄰」。○丨，今俗以為鄉黨字。〔說文〕「丨」地名」段注。

醠 丨，濁酒。〔廣韻·蕩部〕○丨、⿰酉央、盎、英，字異而義同。〔廣雅·釋器〕「英，酒也」疏證。○丨，濁酒，或作⿰酉央，通作盎。〔集韻·蕩部〕

⿰金莽 丨，鈷丨。〔廣韻·蕩部〕

軮 丨軋，聲也。〔廣韻·蕩部〕○丨軋、丨圠、坱圠並與軮軋同，「氣不利也」。〔方言一〇〕注「軮軋，氣不利也」箋疏。

櫎 丨，所以支器。〔說文〕「丨，所以几器」義證引〔玉篇〕。○丨，兵欄。〔廣韻·蕩部〕○丨之言橫也。〔說文〕「丨，所以几器」繫傳。○〔說文定聲·卷一八〕丨，叚借為橫。〔廣韻〕「丨，兵欄也」。○丨，或作榥。〔說文〕「丨，一曰帷屏風之屬」義證。○丨，又作幌。〔同上〕義證。○丨，字又作榥、幌。〔同上〕句讀。○〔說文定聲·卷一八〕丨，字亦作幌。〔雪賦〕注引〔文字集略〕「幌，以帛明牕也」。○丨，字亦作榥。〔說文定聲·卷一八〕○丨之字一變為榥，再變為幌。〔說文〕「丨，一曰帷屏屬」段注。

爌 丨，明皃。〔集韻·蕩部〕○丨，丨朗，寬明也。〔廣韻·蕩部〕○晃、晄、皇、煌、熿、丨，並字異而義同。〔廣雅·釋詁四〕「晃，明也」疏證。○丨，或作黋、⿰光廣。〔集韻·蕩部〕

抰 丨與柍通。〔方言五〕「僉，齊楚江淮之間謂之柍」箋疏。

宆 丨，廣也。〔集韻·蕩部〕○丨丨，宧也。〔廣韻·蕩部〕

⿰田亢 丨，道也。〔廣雅·釋宮〕○〔說文定聲·卷一八〕丨，叚借為迒。〔廣雅·釋室〕「丨，道也」。○〔同上〕丨，叚借為潢。〔廣雅·釋地〕「丨，池也」。○丨、疆、竟，古聲並相近。〔廣雅·釋詁三〕「丨，竟也」疏證。○丨，其字本作沆。〔廣雅·釋地〕「丨，池也」疏證。○丨，或作坑、阬。〔同上〕○丨，又作亢。〔同上〕

惝 丨，驚貌。〔楚辭·哀時命〕「悵丨罔以永思兮」補注。○丨怳，耳不諦也。〔遠遊〕「聽丨怳而無聞」補注引師古。

⿱竹襄 丨，音義如瓜瓤之瓤。〔說文〕「丨，褱也」段注。○丨通作囊。〔同上〕義證。

晄 丨，光皃。〔集韻·蕩部〕○丨，或作熀。〔同上〕○晃、丨、皇、煌、熿、爌，並字異而義同。〔廣雅·釋詁四〕「晃，明也」疏證。

仉 丨即爪之異文。〔左傳莊公三二年〕疏證引李貽德。○丨者，爪字之俗。〔同上〕疏證引朱駿聲。

佒 丨當作訣。〔莊子·列禦寇〕「緣循偃丨困畏」集釋。

俍 丨，丨傷，長皃。〔廣韻·蕩部〕

偒 丨，長皃。〔廣韻·蕩部〕○丨，真也。〔集韻·蕩部〕○丨與愓聲異而義同。〔廣雅·釋詁三〕「愓，直也」疏證。

僘 丨，寬也。〔廣韻·養部〕

償 丨，載器也。〔廣韻·養部〕引〔埤蒼〕。又〔集韻·養部〕。

儣 丨，佷，不平。〔集韻·蕩部〕

冈 丨工，蟎蝫也。〔廣雅·釋蟲〕

⿰爽刂 丨，皮傷。〔廣韻·養部〕○丨，皮傷也。〔集韻·養部〕○丨，或作⿰月爽。〔同上〕

⿰冈力 丨，勥，力拒。〔廣韻·養部〕又〔集韻·養部〕。○丨，一曰體急也。〔同上〕

勥｜，追也，勉力也。〔廣韻·養部〕〇｜，迫也，或從彊。〔集韻·養部〕〇强、｜、彊古多通用。〔廣雅·釋詁一〕「駊，强也」疏證。

勸｜，勸力。〔集韻·養部〕

卬｜，望也。〔廣韻·養部〕〇｜，欲有所度。〔同上〕〇｜音仰。〔詩·瞻卬〕「瞻｜昊天」朱傳。

昉｜，如聞也。〔集韻·養部〕

咉｜｜，咽悲也。〔廣韻·蕩部〕

喤｜呷，衆也。〔集韻·蕩部〕

唴｜，啼哭聲也。〔慧琳音義·卷一九〕

𡍐｜基也。〔集韻·養部〕

塽｜，｜塏，高也。〔廣韻·養部〕〇｜，地高明處。〔集韻·養部〕〇｜，通作爽。〔同上〕

姎女人自稱｜我。〔廣韻·蕩部〕

婸｜，淫戲兒。〔廣韻·蕩部〕

㜲｜，婜也。〔集韻·蕩部〕〇｜，戲也。〔同上〕

㝩｜，｜宭，空虛。〔廣韻·養部〕〇｜宭，室虛。〔集韻·蕩部〕

宭｜，㝩｜，空虛。〔廣韻·蕩部〕〇㝩｜，屋虛。〔集韻·蕩部〕

岟｜，山足。〔廣韻·養部〕又〔集韻·養部〕。

峔｜，｜嵣，山兒。〔廣韻·蕩部〕

崀｜，嵻｜，山空。〔廣韻·蕩部〕

嵻｜，｜崀，山空。〔廣韻·蕩部〕〇｜崀，山虛。〔集韻·蕩部〕

廠｜，屋無壁也。〔集韻·養部〕〇屋之無壁曰｜。〔慧琳音義·卷六〇〕引〔考聲〕。

𢐆｜，弓曲。〔集韻·養部〕

徃｜，遠行也。〔集韻·養部〕〇往、迋、｜聲並相近。〔廣雅·釋詁一〕「迋，往也」疏證。〇｜與徃同。〔廣雅·釋詁一〕「｜，往也」疏證。

忼｜，即慷之。〔國策·燕策三〕「復為｜慨羽聲」札記。〇｜愾者，壯士不得志也，或作慷慨。〔慧琳音義·卷七五〕引〔集訓〕。〇｜慨，壯士不得志。〔楚辭·九辯〕「｜慨絶兮不得」補注。〇｜慨，謂憤壯之慨歎太息也。〔慧琳音義·卷六七〕引顧野王。〇｜慨，惋憤也。〔同上〕引〔文字典說〕。〇｜慷，壯士不得志也。〔國策·燕策三〕「復為｜慷羽聲」鮑注。〇｜慷，憤意。〔楚辭·哀郢〕「好夫人之｜慷」補注。〇｜，慢也。〔集韻·蕩部〕〇今易作亢為正字，許所據孟氏易作｜，叚借字也。〔說文〕「｜，｜慨也，一曰易｜龍有悔」段注。〇｜，字或作慷。〔說文〕「｜，｜慨也」義證。〇｜慨，一作慷慨、｜愾、感慨、感槩。〔通雅·卷六〕〇慷者｜之俗字。〔說文〕「｜，慨也」句讀。

怏｜，悵也。〔廣韻·養部〕〇｜與鞅同。〔方言一二〕「鞅，强也」箋疏。

恇｜，懼也。〔集韻·養部〕

恍｜，虛曠兒。〔慧琳音義·卷九九〕引〔考聲〕。〇｜，心迷昧也。〔續音義·卷八〕引〔考聲〕。〇｜惚，一作洸忽、慌惚、怳惚、荒忽，通作怳刻。〔通雅·卷六〕

悢｜｜，心有憂悒不暢，或云怏怏。〔慧琳音義·卷七九〕〇｜，懭悢，意不得兒。〔集韻·蕩部〕

慡｜，性明也。〔集韻·養部〕

懩｜，心所欲也。〔集韻·養部〕

掚｜，整飾也。〔集韻·養部〕

攁｜，發動也。〔集韻·養部〕

𢼊｜，曲侵也。〔集韻·養部〕〇｜，曲侵。〔廣韻·養部〕〇｜，經典借狂字。〔說文〕「｜，放也」義證。

昉｜，明也。〔廣韻·養部〕〇｜，日初明也。〔通雅·卷一一〕〇｜乃俗字，當從漢石經作放。〔公羊傳隱公二年〕「始滅｜於此乎」平議。〇｜，實即方始之方耳。〔列子·黃帝〕「衆｜同疑子華，｜令豫肉食衣帛之次」平議。

映｜，｜睓，不明。〔廣韻·蕩部〕

𣅜｜，日旱熱也。〔廣韻·蕩部〕

晌 又曰一一、曰半一，皆是曏字之俗。〔說文〕「曏，不久也」段注。

暀 一，光美也。〔集韻·養部〕〇一，光也。〔廣韻·養部〕〇一，德也。〔同上〕〇一，是也。〔同上〕〇一一即皇皇。〔釋詁〕「一一，美也」邵正義。

㬒 一，日無光。〔廣韻·蕩部〕

㭕 一，松脂。〔廣韻·養部〕〇一，松液。〔集韻·養部〕

𣛧 一，木名。〔廣韻·蕩部〕

様 今人用一為式一字，像之假借也。〔說文〕「一，栩實也」段注。〇唐人式一作樣。〔同上〕繫傳。〇一，橡正俗字。〔同上〕段注。〇一，今俗書作橡。〔說文〕「一，栩實」義證。

摤 一，木名。〔廣韻·養部〕

㱼 一，佞也。〔集韻·養部〕

氉 一，毛布也。〔慧琳音義·卷五三〕引〔考聲〕。

汒 一，忽遽皃。〔集韻·蕩部〕

涳 一，池下流。〔集韻·蕩部〕

瀇 一，水深廣皃。〔廣韻·蕩部〕又〔集韻·蕩部〕。〇狐祥、孤傷、一瀁、潢漾、洸洋、一洋並與潢洋同。〔廣雅·釋訓〕「潢潒，浩盪也」疏證。

灙 一漭，水皃。〔集韻·蕩部〕

炴 一一，火光。〔廣韻·養部〕〇一一，氣皃。〔集韻·蕩部〕

爙 一，火也。〔集韻·養部〕

爣 一一，朗，火光寬明。〔廣韻·蕩部〕〇一烺，火皃。〔集韻·蕩部〕〇一與黨義相近。〔廣雅·釋詁三〕「一，智也」疏證。

牓 一，題一。〔廣韻·蕩部〕〇一，標幟名也。〔慧琳音義·卷八九〕引〔古今正字〕。〇一，牌一也，謂摽一其善惡示人也。〔卷三二〕〇一，謂物標記也。〔卷五二〕

獎 一，引伸為凡勸勉之偁。〔說文〕「一，嗾犬厲之也」段注。〇一，古奘字。〔方言六〕「聳，一欲也」疏證。

𨱽 一，長皃。〔廣韻·蕩部〕〇一，大瓜名。〔同上〕又〔集韻·蕩部〕。

㼜 一，瓫也。〔集韻·養部〕

𤰝 一，鹵一。〔廣韻·蕩部〕

疚 一，病也。〔廣韻·養部〕又〔集韻·養部〕。〇一即痙。〔說文〕「痙，彊急也」段注。

𤻲 一，馬病。〔集韻·蕩部〕

𢿫 一，張大皃。〔集韻·蕩部〕

眏 一，目不明。〔集韻·蕩部〕〇一，恨視。〔集韻·養部〕

䀮 一，目不明也。〔集韻·蕩部〕

䁅 一，目明，或从良。〔集韻·蕩部〕

𥉦 一，目大皃。〔集韻·蕩部〕

磉 一，柱下石。〔集韻·蕩部〕〇一，柱下石也。〔廣韻·蕩部〕

磢 一，瓦石洗物。〔廣韻·養部〕〇一，磨滌也。〔集韻·養部〕〇甈、一、漺並通。〔廣雅·釋詁三〕「甈甈，磨也」疏證。〇一即甈。〔說文〕「甈，瑳垢瓦石也」段注。

𥗼 一，惡雌黃。〔廣韻·養部〕〇一，雌黃之惡者。〔集韻·養部〕

秧 一穰，禾稠也。〔廣韻·養部〕

𥢍 一，禾皃。〔集韻·養部〕

𥤿 一，㝗，空也。〔集韻·蕩部〕

𥯛 一，竹多其節稠。〔集韻·蕩部〕

𥴧 一蓋即篣字。其始以剖竹未去節為之，後乃以木為之，改其字作一，作槳。〔說文〕「篣，剖竹未去節謂之篣」段注。

纕 一一，絲紛也。〔集韻·養部〕

⿰耳罔　—，耳疾。〔廣韻·養部〕又〔集韻·養部〕。

朖　—者，明也。〔說文〕「清—也」段注。

⿰月荒　—，⿰月黨—，月不明皃。〔廣韻·蕩部〕

⿰月倉　—，傷也。〔集韻·養部〕

⿰月強　—，筋頭。〔廣韻·養部〕○—，筋强也。〔集韻·養部〕

⿰月養　——，欲吐。〔集韻·養部〕

⿰月黨　—，—⿰月莽，月不明也。〔廣韻·蕩部〕

⿰亞色　—，背也。〔集韻·養部〕

⿰包色　—，氣流皃。〔集韻·養部〕

⿰莽色　—，⿰尨色—，無色狀。〔廣韻·蕩部〕

⿰尨色　—，—⿰莽色，無色。〔廣韻·蕩部〕○—⿰莽色，色晴也。〔集韻·蕩部〕

茚　—，菖蒲別名。〔廣韻·養部〕

⿱艹仰　—，艸名，菖蒲也。〔集韻·養部〕

蒼　—，莽—。〔廣韻·蕩部〕

⿱艹象　—，草名。〔廣韻·養部〕

⿱艹黨　—，草名。〔廣韻·蕩部〕

螃　—，陸居蝦蟆。〔廣韻·蕩部〕

⿰虫養　—，蟲名。〔廣韻·養部〕

蠰　—，蟲名，似雞而小。〔廣韻·養部〕○—谿，蟲名，土螽也。〔集韻·養部〕○—，音攘有長角，斑黑色，帶甲，亦能飛，俗呼山羊，喜齧桑樹。〔釋蟲〕「—，齧桑」鄭注。○—，音箱。〔釋蟲〕「不過，蟷—」鄭注。

褬　—，⿰衤良—，衣敝。〔集韻·蕩部〕

⿰桑見　—，視物皃。〔集韻·蕩部〕

⿰言冈　—，以言欺誣人也。〔慧琳音義·卷八六〕引〔考聲〕。

誏　—，言之明也。〔集韻·蕩部〕

誷　—，—誣。〔廣韻·養部〕○—，以言欺誣也。〔慧琳音義·卷八八〕引〔考聲〕。

讜　—言，直言也。〔管子〕「當言」雜志。

⿰鼓桑　—，鼓材也。〔慧琳音義·卷三三〕引〔字書〕。○—，鼓匡也。〔卷三三〕引〔考聲〕。○—，鼓匡，木也。〔廣韻·蕩部〕○—同⿰鼓桑。（同上）○—，字或作⿰鼓桑。〔廣雅·釋器〕「鼓軖謂之枙」疏證。

眏　—，無資量謂無極限也。〔廣韻·養部〕○—，無貲也。〔集韻·養部〕

⿰足亢　—，伸足。〔集韻·蕩部〕○—，伸脛也。〔廣韻·蕩部〕○—，一曰擊踝。〔集韻·蕩部〕

⿰足尚　—，踞也。〔集韻·養部〕

踼　—，伸足伏卧。〔集韻·蕩部〕

躟　——，疾行。〔集韻·養部〕○——，行疾皃。〔廣韻·養部〕

輞　—，車輮也。〔慧琳音義·卷四〕引〔考聲〕。

⿰車亢　—，車—之名。〔廣韻·蕩部〕○—之言亢，上舉之意也。〔廣雅·釋詁三〕「—，軥也」疏證。○——，軥也。〔廣韻·蕩部〕

⿰車桑　—者，轂中之空受軸處也。〔說文〕「槡，車轂中空也」義證引〔急就篇〕顏注。○—，義與⿰鼓桑同。〔廣雅·釋器〕「鼓軖謂之枙」疏證。○—當作槡。〔說文〕「槡，車轂中空也」義證引王應麟。

迬　〔通雅·卷一〇〕——即往往，又作⿰氵往。〔子雲賦〕「——離宫般以相燭兮」。

逛　—，走皃。〔廣韻·養部〕

⿺辶象　—，行也。〔廣韻·養部〕又〔集韻·養部〕。

酐 丨，苦酒。〔廣韻·蕩部〕又〔集韻·蕩部〕。

鎲 丨，鈴聲。〔集韻·蕩部〕

鋹 丨，利也。〔廣韻·養部〕又〔集韻·養部〕。

鎟 丨，宜作磉，即柱礎也。〔慧琳音義·卷五二〕

鐌 丨鼻，器鈕。〔集韻·養部〕

霙 丨，白雲皃。〔集韻·蕩部〕

䬬 丨，飽皃。〔廣韻·養部〕

䭹 丨，馬怒驚丨也。〔廣韻·蕩部〕

駠 馬驚謂之丨，或作䭹、䮘。〔集韻·蕩部〕

䭾 丨，駚丨，馬容。〔廣韻·蕩部〕

骯 丨，丨髒，體盤。〔廣韻·蕩部〕○丨髒，體胖。〔集韻·蕩部〕

髈 丨，脅肉也。〔集韻·蕩部〕

髶 丨氉，亂毛。〔廣韻·蕩部〕○丨氉，髮亂。〔集韻·養部〕○丨鬃，髮亂。〔集韻·養部〕

鴦 丨鴹，鳥名。〔集韻·蕩部〕

鷩 丨，鷩羽。〔集韻·養部〕○丨，同鷩。〔廣韻·養部〕

鴋 丨，丨鳩。〔廣韻·養部〕

鸘 丨，丨鷞，鳳類。〔集韻·蕩部〕

鯗 丨，乾魚腊也。〔廣韻·養部〕○丨，魚腊。〔集韻·養部〕○鱶，乾曰丨。〔通雅·卷四七〕

鱌 丨，魚名，似魟，白鼻長也。〔廣韻·養部〕○丨，魚名，白魟也。〔集韻·養部〕

䴚 丨，鹽澤也。〔廣韻·蕩部〕○丨，為鹽澤之名，其字或作丨。〔漢書〕「沈斥」雜志。○䣑、䀛並同丨。〔廣韻·蕩部〕

宔 丨，誣也。〔集韻·養部〕○丨，或作誷。〔同上〕

𡕚 丨，直項之皃。〔廣韻·蕩部〕

㹰 丨，光皃。〔集韻·蕩部〕

獎 丨，犬也。〔集韻·蕩部〕○丨，通作駔。〔同上〕

𩴠 丨，彊仆也。〔集韻·養部〕

續經籍籑詁卷第五十三

上聲

二十三梗

梗 丨，丨直也。〔廣韻・梗部〕〇丨，强也。〔慧琳音義・卷一三〕引〔考聲〕。又〔卷九二〕。〇丨，猛也。〔同上〕引〔考聲〕。又〔廣雅・釋詁三〕。〇丨之言剛也。〔釋詁三〕「丨，猛也」疏證。又〔釋詁四〕「丨，覺也」疏證。〇丨為覺然正直之覺。〔同上〕〇丨即丨亮之丨。〔釋詁〕「丨，直也」鄭注。〇丨，病也。〔詩・桑柔〕「至今為丨」朱傳。〇丨，桔丨，藥名。〔廣韻・梗部〕〇丨，枝丨也。〔國策・齊策三〕「有土偶人與桃丨相與語」補正。〇丨引伸為凡柯莖骾刺之偁。〔說文〕「丨，山枌榆，有朿」段注。〇丨，亦刺之義也。〔廣雅・釋木〕「柘榆，丨榆也」疏證。〇丨槩，不纖密也。〔慧琳音義・卷一四〕引薛琮。〇丨，禱祭也。〔管子〕「弊丨」雜志。〇丨、鯁、骾義並相近。〔廣雅・釋詁二〕「丨，箴也」疏證。〇丨，此蓋枯木。〔國策・齊策三〕「有土偶人與桃丨相與語」補正。〇〔說文定聲・卷一八〕丨概，急言之，即曰丨耳。〔吳都賦〕「略舉其丨概」。〇丨、覺一聲之轉。〔廣雅・釋詁四〕「丨，覺也」疏證。〇丨概與辜榷一聲之轉。〔漢書・連語〕雜志。〇丨槩與辜較一聲之轉。〔廣雅・釋訓〕「嫴榷，都凡也」疏證。〇丨、覺、梏，並語之轉耳。〔方言一三〕「丨，覺也」箋疏。〇〔說文定聲・卷一八〕丨，叚借為抗。〔周禮・女祝〕「掌以時招丨禬禳之事」。〇〔同上〕丨，叚借為骾。〔管子・四時〕「謹禱幣丨」。〇〔同上〕丨，叚借為庚。〔風俗通・祀典〕「丨者，更也」。〇〔同上〕丨，叚借為剛。〔廣雅・釋詁四〕「丨，强也」。〇〔同上〕丨，叚借為浚。〔釋詁〕「丨，直也」。〇〔同上〕丨，叚借為憬。〔方言一三〕「丨，覺也」。〇〔同上〕丨，叚借為埂，言非高堂大屋也。〔莊子・田子方〕「吾所學者真土丨耳」。〇〔同上〕丨，叚借為病。〔廣雅・釋詁一〕「丨，病也」。〇〔同上〕丨，叚借為像。〔秦策〕「桃丨土偶」。〇丨，叚借為柄，後人以樹枝為丨，猶以樹枝為柯也。〔說文定聲・卷一八〕〇丨，三家亦作鯁。〔詩・桑柔〕「至今為丨」集疏。〇〔說文定聲・卷一八〕丨，誤作挭。〔廣雅・釋詁四〕「挭，强也」。

影 丨，形丨。〔廣韻・梗部〕〇丨當作景。〔荀子・臣道〕「刑下如丨」集解引郝懿行。

景 日光曰丨，日西落光反照於東謂之反丨，丨在上曰反丨，在下曰倒丨。〔說文〕「丨，光也」義證引〔纂要〕。〇星月之光通謂之丨。〔同上〕〇丨者，光也。〔說文〕「鏡，丨也」段注。〇丨，光也，明也。〔廣韻・梗部〕〇丨，炤也。〔同上〕〇丨，像也。〔同上〕〇丨，大也。〔同上〕〇介、丨，皆大也。〔詩・小明〕「介爾丨福」朱傳。〇丨，亦大也。〔詩・楚茨〕「以介丨福」朱傳。〇丨行，大道也。〔詩・車舝〕「丨行行止」朱傳。又〔說文・上說文書〕「竊卬丨行」段注。〇丨，考日丨以正四方也。〔詩・公劉〕「既丨迺岡」朱傳。〇丨，測丨以正方面也。〔詩・定之方中〕「丨山與京」朱傳。〇丨，物之陰影也。〔楚辭・悲回風〕「入丨響之無應兮」補注。〇丨謂丨象。〔漢書・兒寬傳〕「以俟丨至」補注引李楨。〇丨，慕也。〔詩・車舝〕「丨行行止」後箋。〇〔說文定聲・卷一八〕丨風丨猶曰光風也。〔廣雅・釋天〕「南方，丨風」。〇倒丨，謂電光倒在下耳。〔漢書・司馬相如傳〕「貫列缺之倒丨兮」補注。〇比丨，日中於頭上，丨在己下，故名之。〔文選・吳都賦〕「結根比丨之陰」集釋引如淳。〇比丨，影在己下，言為身所庇也。〔同上〕集釋引闞駰。〇丨員與幅員同義。〔詩・玄鳥〕「丨員維河」通釋。〇丨當讀為東西為廣之廣。〔同上〕〇丨字古讀若彊，聲與强相近，故翟强或作翟丨。〔史記〕「翟丨」雜志。〇丨古讀若彊。〔文選・過秦論〕「翟丨」集釋。〇丨，古音讀若廣，謂遠行貌。〔詩・二子乘舟〕「汎汎其丨」通釋。〇丨，讀如憬，遠行貌。〔同上〕後箋引〔述聞〕。又〔同上〕述聞。〇憬、丨古字通。〔詩・二子乘舟〕「汎汎其丨」述聞。〇丨與京通。〔詩・玄鳥〕「丨員維河」後箋。〇丨與彊通。〔文選・過秦論〕「翟丨」集釋。〇丨又與强通。〔同上〕〇丨與彊通，故又與强通也。〔史記〕「翟丨」雜志。〇〔說文定聲・卷一八〕丨，叚借為京。〔釋詁〕「丨，大也」。〇〔同上〕丨，叚借為障。〔文選詩〕「金駕映松山」。〇〔同上〕丨，叚借為勍。〔春秋考異郵〕「丨者，强也」。〇丨者，京之假借。〔詩・小明〕「介爾丨福」陳疏。〇丨即廣之假借。〔玄鳥〕「丨員維河」通釋。〇丨，古影字。〔二子乘舟〕「汎汎其丨」朱傳。〇古影字只作丨。〔墨子・魯問〕「是似丨也」閒詁引畢沅。〇丨作憬，是憬丨古字通。〔詩・二子乘舟〕「汎汎其丨」後箋引〔述聞〕。〇丨，影之正字。〔墨子・經下〕「臨鑑而立，丨到」閒詁引畢沅。〇丨本或作影。〔莊子・寓言〕「衆罔兩問於丨」集釋引釋文。〇〔說文定聲・卷一八〕丨，字亦作映。〔小爾雅・廣言〕「映，曬也」。〇〔同上〕丨，字亦作暎。〔陸機詩〕「雙情交暎」。〇丨吉即丙吉也。唐諱丙字，故丙丁皆為丨丁。〔漢書・霍光傳〕「臣吉」補注引錢大昭。〇丨科即丙科，唐時諱丙也。〔漢書・匡衡傳〕「衡射策甲科」補注引周壽昌。〇丨，山名，商所都。〔詩・玄鳥〕「丨員維河」集疏引黃山。〇丨聲與强近，故翟丨或作翟强。〔文選・過秦論〕「翟丨」集釋。

井 九夫為丨，四丨為邑。〔漢書・刑法志〕「提封十萬丨」補注引錢大昭。〇丨者，丨田也。〔說文・通論中〕繫傳。〇丨地，即丨田也。〔孟子・滕文公上〕「丨地不鈞」朱注。〇丨，所以汲也。〔說文〕「丨，八家為一丨」義證引〔急就篇〕顏注。〇丨壁者，謂用塼為丨垣也。〔說文〕「甃，丨壁也」段注。〇丨幹，殆指臺上之藻丨木縱橫如欄。〔文選・同謝諮議銅雀臺詩〕「繐帷飄丨幹」集釋。〇丨幹者，丨上木欄也。〔同上〕集釋引〔漢書〕師古注。〇丨幹，臺之通稱也。〔同上〕補正引司馬彪。〇丨幹又謂之銀牀，皆丨欄也。〔說文〕「韓，丨垣也」義證引王觀國。〇〔通雅・卷三八〕丨幹，言

闌干縱橫也，或謂之銀牀。〔揚子·重黎篇〕「或問茅焦歷丨幹之死」。○丨，法也。〔說文〕「辟，治也」繫傳。○丨者，法也。〔說文·通論中〕繫傳。○丨屏，即屏廁。〔墨子·備城門〕「五十步一丨屏」閒詁。○丨儀，謂四正具舉之儀也。〔通雅·卷二八〕○〔說文定聲·卷一八〕丨，叚借為形。〔廣雅·釋詁三〕「丨，見也」。○丨讀如阱。〔墨子·七患〕「隊其子於丨」閒詁引畢沅。○丨當讀為阱。〔易·井卦〕「舊丨無禽」述聞。○丨即姘。〔說文〕「姘，靜也」義證。○丨匽當作屏匽，屏匽者，屏廁也。〔周官·宮人〕「為其丨匽」平議。

嶺 丨，山坂也。〔廣韻·靜部〕○丨之言領也。〔廣雅·釋邱〕「丨，阪也」疏證。○丨作領。〔史記索隱〕「異文」雜志。

領 丨，項也。〔國策·秦策三〕「臣請絜丨」鮑注。○丨，頸。〔詩·桑扈〕「有鶯其丨」朱傳。○丨，頸也。〔詩·碩人〕「丨如蝤蠐」朱傳。又〔孟子·梁惠王上〕「則天下之民引丨而望之矣」朱注。○丨猶治也。〔禮記·仲尼燕居〕「丨惡而全好者」集解。又〔荀子·成相〕「五聽脩丨」集解引王念孫。又〔荀子〕「脩丨」雜志。○丨，理也。〔荀子·成相〕「五聽脩丨」集解引王念孫。又〔廣韻·靜部〕。又〔荀子〕「脩丨」雜志。○丨，錄也。〔廣韻·靜部〕○衣之曲袷謂之丨。〔說文〕「丨，項也」段注。○衣之曲衿曰丨。〔說文定聲·卷一六〕○丨，山嶺。〔釋獸〕「時善乘丨」鄭注。○〔說文定聲·卷一六〕丨，叚借為理，丨理雙聲。〔禮記·仲尼燕居〕「丨惡而全好者歟」。○(同上)丨，叚借為令，實為良。〔法言〕「君子純終丨聞」。○〔龜策傳〕用丨為蓮，異部假借。〔說文〕「丨，項也」段注。○丨、衿古今字。〔方言四〕「袓飾謂之直衿」箋疏。又〔方言四〕「繞衿謂之帬」箋疏。○〔說文定聲·卷一六〕丨，字亦作嶺。〔廣雅·釋邱〕「嶺，阪也」。○〔通雅·卷五〕丨聞，即令聞。〔揚子〕「君子純終丨聞」。○丨，〔莊子〕作蒼泠。〔呂覽·離俗〕「自投於蒼丨之淵」校正。○丨，官本作嶺。〔漢書·嚴助傳〕「輿轎而隃丨」補注。

境 丨，界也。〔慧琳音義·卷一〕引〔考聲〕。○丨，界首也。〔大戴·曾子制言下〕「入丨及郊」王詁。○疆、界、丨俱一聲之轉。〔釋詁〕「疆，垂也」郝疏。○丨當為竟。〔墨子·七患〕「邊國至丨」閒詁引畢沅。又〔說文〕「郵，丨上行書舍」義證。

竟 丨，樂曲盡為丨。〔說文〕「界，丨也」段注。○丨，引伸為凡邊丨之偁。(同上)段注。○〔說文定聲·卷一八〕丨，叚借為疆。〔禮記·曲禮〕「入丨而問禁」。○丨、境，正俗字。〔說文〕「畺，界也」段注。○丨，俗本作境。〔說文〕「界，丨也」段注。

警 丨，戒也。〔孟子·滕文公下〕「書曰，洚水丨余」朱注。又〔通鑑·陳紀八〕「卿何猜丨如是」音注。又〔廣韻·梗部〕。○丨者，丨戒也。〔說文〕「趩，止行也」義證引〔宋書·禮志〕。○丨，飭戒也。〔韓子·十過〕「乃丨公仲之行」集解引舊注。○丨，寤也。〔廣韻·梗部〕○丨，覺也。〔慧琳音義·卷八五〕引〔考聲〕。○車駕出則應稱丨。〔說文〕「趩，止行也」義證引〔宋書·禮志〕。○〔漢儀〕曰出稱丨。(同上)義證引〔宋書·禮志〕。○丨與恐懼義近。〔釋詁〕「驚，懼也」郝疏。○敬、丨、憼，聲近而義同。〔廣雅·釋詁一〕「憼，敬也」疏證。○丨、儆字通。〔左傳成公一六年〕「申宮、儆備、設守」疏證引李富孫。○〔說文定聲·卷一七〕丨，叚借為驚。〔歎逝賦〕「節循虛而丨立」。○(同上)丨，叚借為儆、為憼。〔廣雅·釋訓〕「丨丨，不安也」。○丨、趩與儆、蹕同。〔廣雅·釋詁三〕「趩，止也」疏證。○丨，高誘〔呂覽〕注引作儆。〔左傳昭公一七年〕「乃丨戎備」洪詁。○丨同儆。〔廣韻·梗部〕

請 丨，乞也。〔廣韻·靜部〕○丨，求也。(同上)○丨，問也。(同上)○丨，猶問也。〔大戴·曾子制言下〕「問禁丨命」王詁。○丨，謁也。〔廣韻·靜部〕又〔漢書·淮南厲王傳〕「迺往丨辟陽侯」補注。○丨謁，對文異，散文通。〔左傳隱公一一年〕「唯我鄭國之有丨謁焉」疏證。○丨，告也。〔韓子·十過〕「因為由余丨期」集解。○丨，奏丨也。〔漢書·伍被傳〕「可為丞相、御史丨書」補注。○丨寄，丨託也。〔通雅·卷二六〕○(同上)丨記，即丨託也。〔後漢·明帝紀〕「權門丨記」。○史漢多言丨寄，猶今言丨託。〔漢書·郅都傳〕「丨寄無所聽」補注引蘇輿。○國初襲唐宋士風，舉子見先達，先投刺，謂之丨見。〔通雅·卷三二〕引〔澠水燕談〕。○丨讀為情。情，實也。〔荀子·正名〕「質丨而喻」集解引王念孫。○丨讀為情。〔墨子·號令〕「以丨上報守」閒詁。又〔大取〕「因丨復」閒詁。又〔荀子〕「質丨而喻」雜志。又〔管子·侈靡〕「智以招丨」平議。○丨皆讀為情，墨子書通以情為丨。〔墨子〕「丨守」雜志。○丨當讀為情。〔墨子·尚同中〕「丨將欲富其國家」平議。○丨當讀為誠。〔墨子·明鬼下〕「丨惑聞之見之」閒詁。○丨讀如情。〔墨子·號令〕「言語之丨」閒詁引蘇時學。○古者情、丨同聲而通用。〔荀子〕「質丨而喻」雜志。○丨與誠聲相近，故字亦相通。〔晏子春秋〕「嬰誠革之」雜志。○丨古與情通。〔荀子·成相〕「明其丨」集解引盧文弨。○丨與誠通。〔墨子·尚同上〕「丨以治其民」閒詁。○丨、誠字通。〔墨子·非樂上〕「丨將欲求興天下之利」閒詁。○墨子書情、丨二字并與誠通。〔墨子〕「丨」雜志。○〔說文定聲·卷一七〕丨，叚借為情。〔荀子·成相〕「聽之經，明其丨」。○(同上)丨，叚借為靚。〔漢書·外戚傳上〕注「丨，召也」。○〔史記〕丨作觀。〔左傳襄公二九年〕「吾不敢丨已」洪詁。○丨，當為情。〔墨子·尚同中〕「唯其耳目之丨」閒詁引畢沅。○丨，當為諸。〔墨子·號令〕「丨有怨仇讐」閒詁。○丨，當作謂。〔墨子·經說下〕「下所丨上也」閒詁。○丨，當為詰。〔墨子·號令〕「正丨之」閒詁。○丨當為索。〔韓子·說林上〕「無故丨地，故弗予」集解。○丨乃詣字之誤。〔列子·湯問〕「同丨扁鵲求治」平議。

屏 丨，藏也。〔論語·鄉黨〕「丨氣似不息者」朱注。○丨，蔽也。〔通鑑·漢紀六〕「各隱丨而鑄作」音注。又〔唐紀四二〕「吾屬為國家西門之丨」音注。又〔廣韻·靜部〕。○匽與丨皆取隱蔽之義。〔廣雅·釋宮〕「圂、丨，廁也」疏證。○丨息，奉獻以掩鼻者。〔通雅·卷三六〕○丨，除也。〔論語·堯

曰」「ー四惡」劉正義。〇ー，去之也。〔詩・皇矣〕「作之ー之」朱傳。〇ー，猶卻也。〔漢書・王莽傳〕「周公ー成王而居攝」補注引劉敞。〇ー語，ー人私語。〔漢書・鄯善國傳〕「將其王ー語」補注。〇ー，此謂去之。〔國策・秦策三〕「秦王ー左右」鮑注。〇ー，私處絶人蹤跡也。〔漢書・食貨志〕「各隱ー而鑄作」補注引周壽昌。〇ー，僻宴之名也，ー廁、清溷，其實一耳。〔說文〕「屏，蔽也」義證引〔急就篇〕顏注。〇ー與屏通。〔同上〕段注。〇ー訓除，當為姘之叚借。〔詩・皇矣〕「作之ー之」通釋。〇〔說文定聲・卷一七〕ー，叚借為偋。〔禮記・曲禮〕「則左右ー而待」。〇〔同上〕ー，叚借為姘。〔詩・皇矣〕「作之ー之」。〇ー，同屏。〔書・金縢〕「我乃ー璧與珪」孫疏。

餅 ー，溲麫而蒸熟之則為ー。〔說文〕「ー，麫餈也」義證引〔急就篇〕顏注。〇ー，熬餈也。〔慧琳音義・卷七七〕引〔古今正字〕。〇ー，俗作䴵。〔同上〕〇ー，字亦作䴵。〔說文定聲・卷一七〕〇ー或為䴵。〔說文〕「鎜，ー鏑也」義證。

永 ー，長。〔詩・考槃〕「ー矢弗諼」朱傳。又〔文王〕「ー言配命」朱傳。〇ー，長也。〔詩・正月〕「終其ー懷」陳疏。又〔卷耳〕「維以不ー懷」朱傳。〇又〔漢廣〕「江之ー矣」朱傳。又〔大戴・盛德〕「故ー其世而豐其年」王詁。又〔孟子・公孫丑上〕「詩云，ー言配命」朱注。又〔廣韻・梗部〕。〇引申之，凡長皆曰ー。〔說文〕「ー，水長也」段注。〇ー與脩同義。〔釋詁〕「ー，遠也」郝疏。〇ー，遠也。〔廣韻・梗部〕〇ー，遐也。〔同上〕〇ー，引也。〔同上〕〇ー，久也。〔詩・白駒〕「以ー今朝」朱傳。〇ー望者，常得望見之。〔漢書・禮樂志〕「體招搖若ー望」補注。〇ー至者，神長至而ー享之也。〔禮樂志〕「奏ー至」補注。〇後宮稱ー巷。〔左傳襄公九年〕「令司宮巷伯儆宮」洪詁引王肅。〇ー巷，蓋諸姬往來之道。〔漢書・廣川惠王傳〕「主ー巷」補注。〇ー號，猶詠歎。〔詩・碩鼠〕「誰之ー號」通釋。〇ー安即㒹縣。〔漢書・地理志〕「晉水所出，東入汾」補注引汪遠孫。〇融、羕、ー、引、延，俱一聲之轉。〔釋詁〕「ー，長也」郝疏。〇ー、延亦一聲之轉。〔方言一〕「施於衆長謂之ー」箋疏。〇ー，古羕字。〔詩・漢廣〕「江之ー矣」陳疏。〇〔說文定聲・卷一八〕ー，叚借為詠。〔詩・碩鼠〕「誰之ー號」。〇ー者，詠之叚字。〔書・堯典〕「歌ー言」平議。〇ー嘆即咏嘆。〔詩・生民〕「而無ー嘆」通釋。〇ー，謂〔韓詩〕作漾，或齊魯詩作羕。〔詩・漢廣〕「江之ー矣」後箋引陳長發。〇ー，〔文選〕引〔韓詩〕作漾者，漾乃羕之譌耳。〔詩・漢廣〕「江之ー矣」後箋。〇〔毛詩〕作ー，三家詩作羕，師傳不同。〔同上〕〇ー至，〔漢紀〕作禮至。〔漢書・禮樂志〕「奏ー至」補注引王念孫。

騁 ー，馳騖也。〔通鑑・周紀四〕「黃金橫帶而ー乎淄、澠之間」音注。〇ー，馳ー，又走也。〔廣韻・靜部〕〇疾驅謂之ー，義與逞同。〔廣雅・釋詁一〕「逞、ー，疾也」疏證。又〔方言二〕「逞，疾也」箋疏。〇ー音逞。〔詩・節南山〕「蹙蹙靡所ー」朱傳。〇〔說文定聲・卷一七〕ー，叚借為坪。〔楚辭・湘夫人〕「登白蘋兮ー望」。〇〔同上〕ー，字亦省作駎。〔淮南・詮言〕「駎者不貪最先」。

逞 ー，快也。〔左傳成公一六年〕「若ー吾願」洪詁引賈逵。又〔慧琳音義・卷九〇〕引〔韻英〕。〇ー為快意之快，又為快急之快。〔方言二〕「ー，快也」箋疏。〇ー訓為快，又有急疾之意。〔廣雅・釋詁二〕「ー，快也」疏證。〇ー，疾也。〔廣韻・靜部〕〇ー，通也。〔同上〕又〔慧琳音義・卷九〇〕引〔韻英〕。〇ー，縱也。〔楚辭・哀時命〕「身至死而不得ー」補注。〇ー，放也。〔論語・鄉黨〕「ー顏色」朱注。〇ー，盡也。〔廣韻・靜部〕〇ー與盈古字通。〔左傳襄公二五年〕「不可億ー」述聞。〇億ー即億盈，盈與ー古同聲而通用。〔廣雅・釋詁〕「臆，滿也」疏證。〇ー與盈古同聲通用。〔方言二〕「ー，快也」箋疏。〇ー與鋌聲近義同。〔廣雅・釋詁一〕「鋌，盡也」疏證。〇ー與鋌聲近字通。〔方言三〕「鋌，盡也」箋疏。〇ー通作呈。〔方言一二〕「ー，解也」箋疏。〇盈、ー古字通。〔左傳昭公四年〕「欲ー其心」洪詁。〇盈與ー古字通。〔漢書〕「好惡積意」雜志。〇ー與盈通。〔廣雅・釋詁一〕「盈，滿也」疏證。〇〔說文定聲・卷一七〕ー，叚借為縕。〔方言一二〕「ー，解也」。〇〔同上〕ー，叚借為窒，實亦盈字。〔左傳襄公二五年〕「不可億ー」。〇〔同上〕ー，叚借為盈。〔方言二〕「ー，快也」。〇〔同上〕ー，或曰借為徎。〔方言二〕「ー，快也」。〇〔同上〕ー，或曰今俗謂疾為快，又暢遂曰通快。〔方言二〕「ー，快也」。〇ー與盈同。〔管子〕「涅儒」雜志。〇ー，本亦作呈。〔左傳僖公二三年〕「殺人以ー」洪詁引〔釋文〕。〇〔新序〕ー作盈。〔左傳昭公四年〕「欲ー其心」洪詁。〇〔公羊〕ー作隱，〔穀梁〕作盈。〔左傳昭公二三年經〕「胡子髡、沈子ー滅，獲陳夏齧」洪詁。〇ー，即〔左傳〕公子郢。〔漢書・古今人表〕「衛公子ー」補注引錢大昕。

潁 ー，或借洞字。〔說文〕「ー，水出ー川陽城乾山」義證。

穎 ー，謂禾穗之端也。〔說文〕「ー，禾末也」繫傳。〇ー，禾末也，穗也。〔廣韻・靜部〕〇ー，穗之垂者。〔詩・生民〕「實ー實栗」通釋。〇ー之言莖也，頸也。〔說文〕「ー，禾末也」段注。〇ー，今〔詩〕作禾役，役者，ー之叚借字。〔說文〕「ー，詩曰，禾ー穟穟」段注。〇ー者，鋭也。〔說文〕「ー，禾末也」繫傳。〇凡刀劒以手所執為上，刀謂之ー。〔說文〕「琫，佩刀上飾也」段注。〇錐之末為ー。〔說文〕「ー，禾末也」繫傳。〇〔說文定聲・卷一七〕ー，叚借為營。〔禮記・少儀〕「刀卻刃授ー」。〇〔同上〕ー，叚借為儌。〔禮記・少儀〕「枕几ー杖」。〇ー讀為絓。〔賈子・禮〕「不出ー羅」平議。

頃 ー，田百畝也，古作頔。〔廣韻・靜部〕〇ー，攲也。〔詩・卷耳〕「不盈ー筐」朱傳。〇攲與ー義相近。〔同上〕陳疏。〇ー，少選也。〔慧琳音義・卷三〕引〔考聲〕。〇ー，專為俄ー、ー畝之用。〔說文〕「ー，頭不正也」段注。〇〔說文定聲・卷一七〕ー，叚借為畸，畸、ー一聲之轉。〔呂覽・過理〕「築為ー宮」。〇〔同上〕ー，叚借為閒，ー、閒亦一聲之轉。〔秦策〕「莅政有ー」。〇〔同上〕ー，叚借為跬，當為踦，踦、ー一聲之轉。〔禮記・祭

義」「故君子丨步而弗敢忘孝也」。

整 丨，正。〔韓子·六反〕「丨穀之民也」集解引王先謙。〇丨，正也。〔慧琳音義·卷一二〕引〔考聲〕。又〔廣韻·靜部〕。〇丨，齊也。〔詩·六月〕「丨居焦穫」朱傳。又〔廣韻·靜部〕。〇丨即治也。〔詩·六月〕「丨居焦穫」集疏。〇丨，束之又小擊之使正。〔說文〕「丨，齊也」繫傳。〇丨，別也。〔慧琳音義·卷六二〕〇曰丨比，曰𨫼比，皆謂𨫼對排比而綴輯之也。〔通雅·卷三〕〇丨與正、定聲亦相近。〔管子〕「政定」雜志。〇丨亦同振，故振旅亦曰丨旅。〔左傳宣公一二年〕「收晉尸以為京觀」疏證。

靜 丨，安也。〔大戴·曾子制言中〕「退則能丨」王詁。又〔文王官人〕「丨安寡類」王詁。又〔廣韻·靜部〕。又〔慧琳音義·卷一二〕引〔玉篇〕。〇丨，息也。〔廣韻·靜部〕又〔慧琳音義·卷一二〕。又〔卷六六〕引顧野王。〇丨，和也。〔廣韻·靜部〕又〔慧琳音義·卷六六〕引顧野王。〇丨，默也。〔大戴·文王官人〕「憂悲之色纍然而丨」王詁。〇丨者，審也。〔說文〕「嫿，丨好也」段注。〇丨字宜用本義訓審。〔詩·柏舟〕「丨言思之」通釋。〇丨，丹青明審也。〔說文〕「丨，審也」繫傳。〇丨，思也。〔慧琳音義·卷一〕引〔玉篇〕。〇丨，謀也。〔廣韻·靜部〕〇人心宷度得宜，一言一事必求理義之必然，則雖緐勞之極而無紛亂，亦曰丨。〔說文〕「丨，宷也」段注。〇采色詳宷得其宜謂之丨。〔同上〕〇清丨，意林作清淨。〔呂覽·重言〕「湫然清丨者」校正。〇丨嘉，清潔而美也。〔詩·既醉〕「籩豆丨嘉」朱傳。〇丨，謂心不妄動。〔大學〕「定而後能丨」朱注。〇丨與善同義。〔廣雅〕「恬、安，丨也」疏證。〇丨亦嘉也。〔詩·既醉〕「籩豆丨嘉」平議。〇丨者，閒雅之意。〔詩·靜女〕「丨女其姝」朱傳。〇閑習與丨義亦相成。〔釋詁〕「頠，丨也」郝疏。〇丨言即巧言。〔漢書〕「丨言」雜志。〇丨言令色，即巧言令色。丨字或作竫，又作靖，並字異而義同。〔漢書·翟方進傳〕「兄宣丨言令色」補注引王念孫。〇謹莊與丨義近。〔釋詁〕「顗，丨也」郝疏。〇潛藏與安丨義近。〔釋詁〕「蟄，丨也」郝疏。〇丨，當讀為靖，善也。〔詩·靜女〕「丨女其姝」通釋。〇丨讀為靖。〔賈子·先醒〕「昔楚莊王即位，目丨三年」平議。〇丨，當讀為情。情者，誠也，實也。〔禮記·樂記〕「樂由中出故丨」述聞。〇丨與情古字通。〔大戴·文王官人〕「丨而寡類」述聞。〇丨與情古同聲而通用。〔廣雅·釋詁四〕「情，丨也」疏證。〇丨與姘通。〔廣雅·釋詁三〕「姘，潔也」疏證。〇丨與竫通。〔詩·柏舟〕「丨言思之」陳疏。〇丨與靖通。〔既醉〕「籩豆丨嘉」陳疏。〇竫、丨、靖並通。〔廣雅·釋詁一〕「竫，善也」疏證。〇古字丨與情通。〔禮記·表記〕注「丨或為情」述聞。〇〔說文定聲·卷一七〕丨，叚借為竫。〔詩·柏舟〕「丨言思之」。〇〔同上〕丨，叚借為瀞。〔史記·五帝紀〕「直哉惟丨絜」。〇〔同上〕丨，叚借為竫。〔禮記·儒行〕「丨而正之」。〇〔同上〕丨，叚借為情。〔禮記·表記〕「文而丨」。〇〔同上〕丨，叚借為宋。〔禮記·玉藻〕「聲容丨」。〇〔同上〕丨，叚借為穎。〔詩〕「丨女其姝」。〇〔同上〕丨，叚借為彰。

〔書·堯典〕「丨言庸違」。〇丨乃情之借字，情，實也。〔大戴·文王官人〕「誠丨必有可信之色」述聞。〇丨者，竫之叚音。〔釋詁〕「忥，丨也」郝疏。〇丨者，靖之假借，善也。〔詩·女曰雞鳴〕「莫不丨好」通釋。〇丨即靖之假借，亦善也。〔詩·既醉〕「籩豆丨嘉」通釋。〇丨與靖同。〔書·堯典〕「丨言庸違」孫疏。〇丨與精同，精與悍義相近。〔漢書·郭解傳〕「為人丨悍」補注引王念孫。〇靖與丨同。〔管子〕「建當立有以丨為宗」雜志。〇丨與精同。〔漢書〕「丨悍」雜志。〇丨，字或作竫，又作靖。〔漢書〕「丨」雜志。〇官本丨作靚，字同。〔漢書·古今人表〕「丨被王延」補注。〇丨，經傳皆以精為之。〔說文定聲·卷一七〕〇丨，蔡邕〔獨斷〕作靖。〔周書·謚法〕「柔德考衆曰丨」述聞。〇〔說文定聲·卷一七〕丨以靖為之。〔左傳〕「靖譖庸回」。〇安丨本字當從立部之竫。〔說文〕「丨，宷也」段注。〇丨當為靖。〔說文〕「安，丨也」義證。〇丨當為瀞。〔說文〕「宋，丨也」義證。〇丨當為瀞。〔說文〕「妌，丨也」義證。〇丨當作靖，通行丨字。〔說文〕「侐，丨也」義證。〇丨，當作諍，謂其善為諍語也。〔說文〕「訮，諍語訮訮也」義證。〇丨退當作虛丨。〔韓子·主道〕「丨退以為寶」集解。

省 丨，察也。〔大戴·主言〕「使有司日丨如時考之」王詁。又〔曾子疾病〕「吾不見日丨而月考之其友者矣」王詁。又〔通鑑·秦紀三〕「良為他人言，皆不丨」音注。又〔楚辭·悲回風〕「聞丨想而不可得」補注。又〔大戴·衛將軍文子〕「好學丨物」述聞。又〔廣韻·靜部〕。〇丨，考察也。〔史記·始皇本紀〕「飾丨宣義」志疑引補正。〇丨，審也。〔廣韻·靜部〕〇丨，視也。〔孟子·梁惠王下〕「春丨耕而補不足」朱注。〇丨眼，天官也。〔通雅·卷二三〕〇丨當讀為眚。〔左傳昭公元年〕「四姬有丨猶可」平議。〇古丨、眚通字。〔書·洪範〕注「史遷丨作眚」孫疏。〇丨通作眚。〔釋詁〕「丨，善也」平議。又〔釋詁〕「丨，察也」郝疏。〇丨與肖義相通。〔釋詁〕「丨，善也」平議。〇〔說文定聲·卷一七〕丨，叚借為靖。〔釋詁〕「丨，善也」。〇〔同上〕丨，叚借為媘。〔禮記·月令〕「丨囹圄」。〇〔同上〕丨，叚借為獮，獮丨雙聲。〔禮記·玉藻〕「唯君有黼裘以誓丨」。〇〔同上〕丨，叚借為眚。〔小爾雅·廣詁〕「丨，過也」。〇丨或作眚，與徐說作非字異義同。〔史記·始皇本紀〕「飾丨宣義」志疑引〔評林〕。〇眚亦丨也。〔書·洪範〕「曰王丨惟歲」孫疏。〇丨，〔周禮〕作誓。〔大戴·朝事〕「凡諸侯之適子丨於天子」王詁。〇丨，減也。〔大戴·千乘〕「地寶豐丨」王詁。又〔誥志〕「其可以丨怨遠災乎」王詁。〇丨，減丨也。〔大戴·衛將軍文子〕「好學丨物而不勤」王詁。〇丨者，減丨也。〔漢書·成帝紀〕「列侯近臣，各自丨改」補注引劉攽。〇丨，引伸為減丨字。〔說文〕「丨，視也」段注。〇少減曰丨。〔說文〕「媘，減也」義證引林罕。〇丨亦少也。〔漢書·王褒傳〕「則趨舍丨而功施普」補注。〇丨與少義通。〔管子·度地〕「可丨作者半事之」平議。〇丨，戶即禁門也。〔漢書·元后傳〕「二人頓首丨戶下」補注引顧炎武。〇丨，禁中也。〔通鑑·漢紀四〇〕「常入丨宿止」音注。〇今之丨中，專指給事，古之六部郎，皆丨中也。〔通雅·卷二三〕〇丨，丨署。

〔廣韻·梗部〕○漢制總群官而聽曰丨。〔說文〕「寺，廷也」義證引〔唐書·楊收傳〕○丨同瘠。〔說文〕「醮，面焦枯小也」段注。○丨同媘。〔說文·敘〕「或頗丨改」段注。○丨，亦作消。〔同上〕○丨，當作雀，字形相近而譌，雀即爵也。〔大戴·禮三本〕「利丨之不卒也」述聞。○今減丨之字當作消。〔說文〕「消，少減也」段注。

幸〔說文定聲·卷一七〕丨，寵也。〔呂覽·至忠〕「王必丨臣與臣之母」。○丨，親愛之。〔國策·燕策二〕「畜丨臣之理」鮑注。○丨，御所親愛也。〔說文〕「婞，很也」義證引〔玉篇〕。○丨臣，親近用事之臣。〔漢書·伍被傳〕「逮諸侯太子及丨臣」補注。○丨臣，猶愛臣也。〔韓子·問田〕「先王有丨臣之意」集解引俞樾。○丨，賴也。〔慧琳音義·卷二二〕引〔韻圃〕。○丨，冀也。〔漢書·張湯傳〕「丨得勿治」補注引王啓原。○丨，冀也，即徼丨之義。〔漢書·韓安國傳〕「丨得罷歸」補注。○丨，冀望也。〔慧琳音義·卷二七〕○丨，遇也，言人君所至皆被德澤曰丨也。〔卷四八〕○丨者，吉而免凶。〔釋詁〕「履，福也」郝疏。○丨，非望之福也。〔大戴·曾子本孝〕「不興險行以徼丨」王詁。○丨，從夭會意，夭死之事，故死謂之不丨。〔說文定聲·卷一七〕○丨，謂僥丨雲獄踰冬可減死。〔漢書·王嘉傳〕「丨雲踰冬」補注引胡注。○丨，言乃可從容遊豫耳。〔漢書·賈山傳〕「然後唯陛下所丨耳」補注。○婞通作丨。〔廣雅·釋詁三〕「婞，親也」疏證。○丨，或作婞。〔說文〕「婞，很也」義證引〔玉篇〕。○凡親丨、嬖丨當作婞。〔同上〕段注。○丨，今隸亦作倖。〔說文定聲·卷一七〕○〔新書〕丨作宰。〔漢書·賈誼傳〕「以丨天下」補注。○丨成即辛茂之訛。〔漢書·百官公卿表〕「中郎將丨成子淵為水衡都尉」補注。○〔說文定聲·卷一七〕丨，此辛之誤字。〔史記·仲尼弟子〕「魯顏丨字柳」。

㚔幸，〔說文〕作丨。〔楚辭·九辯〕「心尚丨其弗濟」補注。

眚〔說文定聲·卷一七〕丨，猶目病之為小疾也。〔左傳僖公三三年〕「不以一丨掩大德」。○丨，過也。〔左傳莊公二二年〕「肆大丨」疏證引某氏傳。又〔廣韻·梗部〕。○丨，引伸為過誤。〔說文〕「丨，目病生翳也」段注。○丨又為災丨。〔同上〕段注。○丨，災也。〔廣韻·梗部〕○丨，敗也。〔易·復〕「迷復凶，有災丨」李疏。○日月之食謂之丨。〔書·堯典下〕「丨災肆赦」孫疏。○凡丨瘦、省瘦字並有減少之義。〔周禮·大司馬〕「馮弱犯寡則丨之」孫正義。○丨、殺同為省減之義。〔周禮·大司徒〕「七曰丨禮」孫正義。○〔說文定聲·卷一六〕丨，叚借為媘。〔一切經音義〕「丨，瘦也」。○丨，又假為減省之省。〔說文〕「丨，目病生翳也」段注。○〔公羊〕丨作省。〔左傳莊公二二年經〕「正月，肆大丨」洪詁。

頸丨，項也。〔廣韻·靜部〕○丨，項也，丨在前，項在後。〔廣韻·清部〕○丨、項一也。〔漢書·高帝紀〕「上擊筑」補注。○丨，項前也。〔太素·經脈之二〕「從缺盆上丨貫頰」楊注。○丨，頭莖也。〔通鑑·周紀四〕「遂經其丨於樹枝」音注。○其前持衡曲而下謂之丨。〔說文定聲·卷六〕〔「軥」下〕○丨，字亦作頗。〔卷一七〕○丨當作領。〔說文〕「纍，丨連也」段注。

郢丨人，〔漢書音義〕作獿人。〔莊子·徐無鬼〕「丨人堊慢其鼻端」集釋引〔釋文〕。○南郡江陵縣，故楚丨都。〔楚辭·哀郢〕「發丨都而去閭兮」補注。○楚有二丨，都曰丨，別邑曰郊丨。〔漢書·地理志〕「丨，楚別邑，故丨」補注引段玉裁。○紀南城在荊州府北十里，即故丨城。〔左傳桓公一一年〕「君次於郊丨」疏證引〔方輿紀要〕。○丨鄢即荊襄。〔通雅·卷一三〕○丨當讀為程。〔義府·卷上〕○下丨之丨如程。古丨字有程音，故相通也。〔通雅·卷一四〕○徎、逞、丨古字通。〔春秋名字解詁〕「魯左人丨字行」述聞。○丨，叚借為程。〔說文定聲·卷一七〕○〔同上〕丨，叚借為徎、為逞。〔史記·弟子傳〕「魯左人丨字子行」。○丨者，程字之叚借也。〔說文〕「丨，故楚都」段注。○〔史·表〕丨作程，通用字。〔漢書·高惠高后文功臣表〕「義陵侯吳丨」補注。○〔公〕〔穀〕丨皆作楚。〔左傳定公四年經〕「吳入丨」洪詁。

猛丨，犬惡而健也。〔慧琳音義·卷一一〕○丨，惡也。〔廣韻·梗部〕○丨，勇丨。〔同上〕○丨，剛也。〔大戴·文王官人〕「取丨毅而度斷者」王詁。○丨，害也。〔廣韻·梗部〕○丨，嚴也。〔同上〕○丨，叚借為凡健之稱。〔說文〕「丨，健犬也」段注。○明、孟古通，故明一作丨。〔漢書·高惠高后文功臣表〕「詔賜商代後者丨友爵關內侯」補注引錢大昭。

炳丨，火明也。〔慧琳音義·卷一二〕引〔考聲〕。○丨著，謂明白顯示也。〔卷二六〕○丨，丨煥，明也。〔廣韻·梗部〕○丨，通作邴。〔說文〕「丨，明也」義證。又〔同上〕句讀。○昞與丨通。〔廣雅·釋訓〕「丨丨，明也」疏證。○〔說文定聲·卷一八〕丨，叚借為秉。〔與吳質書〕「古人思丨燭夜遊」。○丨與昞通。〔廣雅·釋詁四〕「昞，明也」疏證。○〔說文定聲·卷一八〕丨，字亦作昺。〔三蒼〕「昺、著，明也」。○丨，字或作昞。〔說文〕「丨，明也」義證。

癭丨，瘤也。〔廣韻·靜部〕○〔說文定聲·卷一七〕丨，叚借為瘖，瘖丨雙聲。〔呂覽·盡數〕「輕水所多禿與丨」。

杏丨，果名。〔廣韻·梗部〕○丨炙，今之丨酪也。〔通雅·卷三九〕○丨字篆形象子在木枝之形。〔本草·卷二九〕

丙丨，光也。〔廣韻·梗部〕○丨，明也。〔同上〕○丨者，言陽道著明。〔說文〕「丨，位南方」義證引〔律書〕。○丨，辰名。〔廣韻·梗部〕○丨，火也，剛日也。乙，木也，柔日也，名丨字乙者，取火生於木，又剛柔相濟也。〔春秋名字解詁〕「秦白丨字乙」述聞。○〔說文定聲·卷一八〕尾象丨字形，因以為名。〔釋魚〕「魚尾謂之丨」。○〔同上〕丨，猶甲第令甲，次第之稱也。〔後漢·桓帝紀〕「丨署」。○丨，與帝、旁同意。〔說文定聲·卷一八〕○丨，古用以紀旬，為十幹之一。又以配五行五方，又以紀年紀月。〔同上〕○丨，〔年表〕及〔衛世家〕作邴歇，〔水經·淄水〕注作邴戌。〔史記·齊太

公世家〕「與丨戎之父獵」志疑。

邴 〔通雅・卷一〇〕丨丨崔崔，言喜而不能止也。〔莊子・大宗師〕「丨丨乎其似喜也」。〇〔說文定聲・卷一八〕丨，謂借為炳。〔莊子・大宗師〕「丨丨乎其似喜乎」。〇丨，〔左傳〕〔穀梁〕皆作防，古方、丙聲字多通用。〔公羊傳隱公九年經〕「冬，公會齊侯于丨」陳疏。〇丨，〔左氏〕作祊，古方、丨同音。〔公羊傳隱公八年經〕「鄭伯使宛來歸丨」陳疏。〇丨，〔齊世家〕作丙戎。〔左傳文公一八年〕「與丨歜之父爭田」疏證。〇丨，〔史記〕作秉。〔左傳定公一三年〕「丨意茲」洪詁。〇官本丨作丙。〔漢書・宣帝紀〕「而丨吉為廷尉監」補注。〇丨吉，依本書當作丙。〔漢書・高帝紀〕「高起、王陵對曰」補注。

打 丨，擊也。〔廣韻・梗部〕〇凡起而作其事，皆謂之丨耳。〔字詁〕〇所經過處，閽吏以挺扣地警衆，謂丨杖子。〔通雅・卷二八〕〇宴饗一人執拍版，贊曰幹脱，執觴者和之，曰丨弼。〔同上〕引陶九成。〇今所謂丨船，連拱手是也。〔同上〕〇不揵而醉飽曰丨毦燥。〔同上〕〇唐敬宗自捕狐狸謂之丨夜狐。〇今民稱跳鬼為丨夜狐。〔通雅・卷四九〕〇朾與丨亦聲近義同。〔廣雅・釋詁三〕「丨，擊也」疏證。〇丨即朾之俗字。〔說文〕「朾，橦也」句讀。

哽 丨，語為人所忿礙也。〔說文〕「忿，忽也」義證引〔玉篇〕。〇丨，舌礙語。〔說文〕「丨，語為舌所介也」義證引〔韻譜〕。〇丨，氣塞哀極之爾。〔慧琳音義・卷五七〕引〔韻詮〕。〇丨，丨咽。〔廣韻・梗部〕〇丨、鯁，義並與梗同。〔方言三〕「草木刺人，自關而東或謂之梗」箋疏。〇丨、介雙聲。〔說文〕「丨，語為舌所介礙也」句讀。〇丨，或借鯁字。〔說文〕「丨，語為舌所介也」義證。

綆 丨，繘也。〔說文〕「丨，汲井丨也」義證引〔玉篇〕。〇丨，井索。〔廣韻・梗部〕〇丨者，汲水索也。〔說文〕「丨，汲井丨也」段注。〇丨，汲繩也。〔同上〕義證引〔玉篇〕。〇〔說文定聲・卷一八〕丨，段借為榜。〔考工記・輪人〕「眡其丨」。〇〔同上〕丨，字亦作絚。〔漢書・枚乘傳〕「單極之絚斷幹」。

絚 丨與綆同。〔方言五〕「繘，自關而東同洛韓魏之間謂之綆」箋疏。〇丨為綆俗字。〔文選・上書諫吳王〕集釋。

秉 丨，執。〔詩・小弁〕「君子丨心」朱傳。又〔烝民〕「民之丨彝」朱傳。〇丨，執也。〔詩・簡兮〕「右人丨翟」集疏。又〔定之方中〕「丨心塞淵」集疏引韓說。又〔淮南〕「丨具要歸之趣」雜志。〇丨，持也。〔禮記・禮運〕「故天丨陽」集解。〇丨，持之，謂持守之也。〔大戴・曾子立事〕「君子終身守此憚憚」王詁。〇丨，執持。〔廣韻・梗部〕〇手持一禾為丨。〔說文定聲・卷一八〕〇丨，把禾束也。〔慧琳音義・卷七〕引〔集訓〕。〇刈禾盈手為丨。〔說文〕「丨，禾束也」義證引李籍音義。〇丨，禾丨名。〔詩・大田〕「彼有遺丨」集疏。〇丨，操。〔定之方中〕「丨心塞淵」朱傳。〇丨，操也。〔蕩〕「而丨義類」陳疏。〇丨，把也。〔詩・大田〕「彼有遺丨」朱傳。〇丨即柄也。〔史記・絳侯世家〕「持國丨」志疑。〇古又以丨為柄。〔說文〕「柄，柯也」段注。〇丨，十六斛。〔論語・雍也〕「冉子之粟五丨」朱注。〇粟十六斗為一丨。〔國策・韓策二〕「特以為夫人麤糲之費」鮑注。〇十六斗曰藪，十藪曰丨。〔廣韻・梗部〕〇丨，順也。〔詩・烝民〕「民之丨彝」通釋。〇丨之言方也，方者，大也。〔廣雅・釋器〕「斛十曰丨」疏證。〇丨四曰筥。〔同上〕〇丨與卜雙聲，故丨可通作卜也。〔詩・大田〕「丨畀炎火」通釋。〇丨通作柄。〔釋詁〕「丨，執也」郝疏。〇經傳假丨為柄字。〔說文〕「丨，禾束也」段注。〇〔說文定聲・卷一八〕丨，段借為棅。〔左傳哀公七年〕「國子實執齊丨」。〇丨為柄之借字。〔史記〕「持國丨政」雜志。〇丨、邴以音同通借也。〔史記・齊太公世家〕「齊丨意茲」志疑。〇丨則病之假借也。〔儀禮・士冠禮〕胡正義引段玉裁。〇丨，韓作卜。〔詩・大田〕「丨畀炎火」集疏。〇丨，官本作稟。〔漢書・五行志〕「陰勝陽」補注。〇〔羣書治要〕丨作柄。〔管子・小匡〕「治國不失丨」義證引孫星衍。〇柄、枋、棅、丨，並字異而義同。〔廣雅・釋器〕「杘，柄也」疏證。

鯁 食魚骨刺留咽中曰丨。〔慧琳音義・卷八一〕引〔集訓〕。〇丨，刺在喉。〔廣韻・梗部〕〇丨，亦噎也。〔慧琳音義・卷八一〕〇梗、丨、骾，義並相近。〔廣雅・釋詁二〕「梗，箴也」疏證。〇丨與梗通。〔廣雅・釋詁四〕「梗，強也」疏證。〇〔說文定聲・卷一八〕丨，段借為骾。〔禮記・內則〕「魚去乙」注「食之丨人」。〇丨，又骨丨謇諤之臣。〔廣韻・梗部〕〇丨與梗同。〔方言二〕「梗，猛也」箋疏。〇官本丨作骾。〔漢書・陳平傳〕「彼項王骨丨之臣」補注。

耿 丨，又訓明。〔詩・柏舟〕「丨丨不寐」後箋。〇丨猶昭也。〔離騷〕「丨吾既得此中正」戴注。〇丨與炯略同。〔說文定聲・卷一七〕〇炯炯，猶丨丨。〔詩・柏舟〕「丨丨不寐」述聞。〇丨，專一也。〔慧琳音義・卷四七〕引〔纂韻〕。〇丨者謂專壹也。〔說文〕「丨，耳箸頰也」段注。〇丨，憂也，志不安也。〔慧琳音義・卷八二〕〇丨丨，不安。〔卷四七〕引〔韻英〕。〇丨丨，不安也。〔楚辭・遠遊〕「夜丨丨而不寐兮」補注。又〔廣韻・耿部〕。〇丨丨，警警不安也。〔說文〕「儆，戒也」義證。〇丨丨，醒而不寐之貌。〔詩・柏舟〕「丨丨不寐」通釋。〇丨丨，憂也。〔通鑑・晉紀一一〕「以為丨丨」音注。〇丨丨，指心憂之貌。〔詩・柏舟〕「丨丨不寐」通釋。〇丨丨，小明，憂之貌也。〔同上〕朱傳。〇丨，丨介也。〔廣韻・耿部〕〇丨，亦介也。〔慧琳音義・卷四七〕引〔考聲〕。〇丨之言黏也。〔說文〕「丨，耳箸頰也」段注。〇〔說文定聲・卷一七〕丨，乃丨黽也，即蝦蟆，俗云癩團也。〔釋蟲〕「螢蟆」。〇丨與烓聲近義同。〔方言一二〕「烓，明也」箋疏。〇〔說文定聲・卷一七〕丨，段借為骾。〔離騷〕「丨吾既得此中正」。〇丨丨，或作

炯炯也。〔詩・柏舟〕「｜｜不寐」陳疏。○｜，魯作炯。〔同上〕集疏。○｜，官本作隔。〔漢書・地理志〕「莽曰河平亭」補注。

璟 ｜，玉光也。〔集韻・梗部〕

憬 ｜，覺悟也。〔詩・泮水〕「｜彼淮夷」朱傳。○｜實獷之同音假借。〔詩・玄鳥〕「景員維河」通釋。○｜，魯、韓作獷。〔詩・泮水〕「｜彼淮夷」集疏。○〔說文定聲・卷一八〕｜，當以〔韓詩〕為正字，餘皆叚借。〔詩・泮水〕「｜彼淮夷」。○〔毛詩〕作廣，｜蓋出三家詩。〔說文〕「｜，詩曰，｜彼淮夷」段注。

荇 ｜，接余也，根生水底，莖如釵股，上青下白，葉紫赤，圓徑寸餘，浮在水面。〔詩・關雎〕「參差｜菜」朱傳。○葉似蓴而稍銳長者，｜也。〔同上〕集疏引李時珍。○｜，三家作䓷。〔同上〕集疏。○｜菜，俗名金蓮子，又得豬蓴之名，但非蓴菜耳。〔說文〕「莕，菨餘也」義證引〔爾雅翼〕。○｜同荇。〔廣韻・梗部〕

莕 ｜，｜菜。〔廣韻・梗部〕○｜，今之｜菜也。〔說文〕「｜，菨餘也」繫傳。○｜菜，今江浙池沼閒多有，葉不正圜，花黃六出。〔說文〕「菨，菨餘也」段注。○〔說文定聲・卷一八〕｜，字亦作荇。〔詩・關雎〕「參差荇菜」。○｜，今水荇也，蔓鋪水上。〔釋艸〕「｜，接余」鄭注。

獷 ｜，大也。〔廣韻・梗部〕○｜，猶猛也。〔慧琳音義・卷二八〕○｜，惡也。〔同上〕○｜，粗惡貌。〔通鑑・晉紀三〕「戎狄强｜」音注。○｜，引伸為凡麤惡皃之偁。〔說文〕「｜，犬｜｜不可附也」段注。○｜厲，惡性也。〔慧琳音義・卷九三〕○｜與礦通。〔廣雅・釋詁四〕「礦，强也」疏證。○〔說文定聲・卷一八〕｜，叚借為憬。〔韓詩・泮水〕章句「｜，覺悟之皃」。

併 ｜者，竝也。〔說文〕「姘，男女｜也」段注。○｜，合，和也。〔廣韻・靜部〕

皿 ｜，器｜。〔廣韻・梗部〕○｜，食器，盤盂之屬。〔說文〕「｜，飲食之用器也」義證引〔增韻〕。○｜，所以食也。〔說文〕「餔，日加申時食也」繫傳。○｜，所以覆器者。〔孟子・滕文公下〕「牲殺器｜衣服不備」朱注。○〔說文定聲・卷一八〕｜，借為幎，幎｜雙聲。〔孟子〕「牲殺器｜」。

冏 ｜，象窻牖開明也。〔慧琳音義・卷四四〕引〔考聲〕。○｜，光也。〔廣韻・梗部〕○｜亦明也，日之狀也。〔說文繫傳・通論上〕○｜，古文目也。〔同上〕○〔通雅・卷九〕｜即炯，又與耿通。｜｜即炯炯，炯炯即耿耿，小明也。〔退之詩〕「月吐牕｜｜」。

靚 〔說文定聲・卷一四〕｜，言竫也。〔詩・常武〕「緜緜，｜也」。〔「緜」下〕○〔卷一七〕｜，叚借為瀞、為晶。〔漢書・王莽傳〕「辛丑清｜無塵」。○〔同上〕｜，叚借為靜，實為竫。〔甘泉賦〕「稍暗暗而｜深」。○｜者，靜字之假借。〔說文〕「靜，審也」句讀。又〔同上〕段注。○｜同靜。〔漢書・司馬相如傳〕「｜莊刻飾」補注。

礦 ｜，金璞也。〔廣韻・梗部〕○｜，粗惡也，五金皆有粗石銜之，故名。〔本草・卷八〕○｜，西國藥名也，練木皮及膠煎成。〔慧琳音義・卷六〇〕○磺、｜、鑛，並字異而義同。〔廣雅・釋器〕「鐵朴謂之｜」疏證。○｜亦作鑛。〔廣韻・梗部〕○｜字本作磺。〔管子〕「｜石」雜志。○｜，或作磺，未經火煉曰｜。〔慧琳音義・卷八〕

磺 ｜，在石與銅鐵之間，可為銅鐵而未成者也。〔說文〕「｜，銅鐵樸石也」段注。○〔說文定聲・卷一八〕借卵為｜也，卵｜一聲之轉。〔周禮〕「卝人」。○〔同上〕｜，叚借為獷。〔廣雅・釋詁四〕「礦，强也」。○｜、礦、鑛並字異而義同。〔廣雅・釋器〕「鐵朴謂之礦」疏證。○｜，字亦作砿。〔說文定聲・卷一八〕○〔同上〕｜，字亦作鑛。〔四子講德論〕「精錬藏于鑛朴」。○〔同上〕｜，字亦作礦。〔周禮・卝人〕注「金玉未成器曰礦」。○｜又作鉚。〔說文〕「｜，銅鐵樸石也」義證。○｜又作鑛，俗作礦。〔同上〕

卝 ｜，金玉未成器也。〔廣韻・梗部〕○｜者，〔說文〕卵字也。〔說文〕「蒜，葷菜也」段注。○｜，古礦字。〔說文〕「絣，織絹」繫傳。○｜即磺之古文。〔周禮・司徒〕「｜人中士二人」孫正義。○｜，又假借為金玉樸之磺。〔說文〕「磺，銅鐵樸石也」段注。

𨥉 ｜，銅鐵等璞也。〔慧琳音義・卷四四〕引〔考聲〕。○｜，或作鑛、礦。〔同上〕引〔考聲〕。○｜，亦作礦。〔卷五一〕

鉚 ｜與礦同。〔本草・卷三九〕

鑛 磺、礦、｜並字異而義同。〔廣雅・釋器〕「鐵朴謂之礦」疏證。

蜢 ｜，蚱｜，蟲。〔廣韻・梗部〕

黽 ｜，蛙屬。〔廣韻・耿部〕○｜，兩旁象大腹形，蘇俗所謂田雞也，又有蝦蟆，小而黃色，在水中，尤怒鳴聒人耳，所謂耿｜者也，皆得謂之鼃。〔說文定聲・卷一八〕○〔同上〕｜，叚借為忞，忞｜雙聲。〔詩・谷風〕「｜勉同心」。○〔同上〕｜，叚借為鄳。〔楚策〕「塡｜塞之內，而投己乎｜塞之外」。○〔同上〕｜，字亦作僶，即〔論語〕之文莫，〔爾雅〕之蠠沒。〔詩・谷風〕「｜勉同心」

怲 ｜，憂也。〔廣韻・梗部〕○｜｜，憂盛滿也。〔詩・頍弁〕「憂心｜｜」朱傳。○｜｜，變也。〔同上〕集疏引魯說。○｜｜，古音讀同旁旁。〔同上〕通釋。○｜｜與彭彭古同聲。〔廣雅・釋訓〕「彭彭盛也」疏證。

窉 ｜者，寎字。〔說文定聲・卷一八〕〔「病」下〕○｜月即病月，三月為病。〔通雅・卷一二〕

骾 ｜，骨｜。〔廣韻·梗部〕○古有骨｜之臣，遇事敢刺｜不從俗也。〔說文〕「｜，食骨留咽中也」繫傳。○梗、鯁、｜，義並相近。〔廣雅·釋詁二〕「｜，箴也」疏證。○｜多叚鯁為之。〔說文〕「鯁，魚骨也」段注。○｜或作鯁。〔說文〕「｜，食骨留咽中也」義證。○｜又作哽。〔同上〕○｜，或以鯁為之。〔說文定聲·卷一八〕

箵 ｜，車笭也。〔說文〕「篚，車笭也」義證引〔類篇〕。○笭｜，車笭也。〔集韻·迥部〕

冷 ｜，寒也。〔廣韻·梗部〕又〔廣雅·釋詁四〕。○｜，小寒也。〔慧琳音義·卷四〕引〔字書〕。○｜、爛音相近，當為爛。〔墨子·非攻中〕「腑｜不反者」閒詁引畢沅。○｜，〔漢·表〕作冷，音零。〔史記·高祖功臣侯者年表〕「莊侯｜耳」志疑。

靖 ｜，立也。〔廣韻·靜部〕○｜，思也。〔同上〕○｜，審也。〔同上〕○｜，理也。〔同上〕○｜，治。〔詩·召旻〕「實｜夷我邦」朱傳。○｜，言自治者，義亦為潔也。〔書·微子〕「自｜」孫疏。○｜，安也。〔詩·昊天有成命〕「肆其｜之」朱傳。又〔大戴·勸學〕「｜居恭學」王詁。又〔左傳襄公七年〕「｜共爾位」洪詁。○｜，安也。〔詩·菀柳〕「俾予｜之」朱傳。○｜，善也。〔詩·東門之墠〕「有｜家室」集疏引韓說。又〔書·盤庚〕「自作弗｜」述聞。○｜與善同義。〔同上〕孫疏。○〔說文定聲·卷一七〕｜，表也。〔左傳昭公元年〕「請免之以｜能者」。○｜與賞意當相近。〔左傳昭公元年〕「｜其能」述聞。○｜與靜通。〔書·盤庚〕注「｜，安也」孫疏。○｜，通作竫。〔書·盤庚〕「自作弗｜」述聞。○｜又通作靜。〔同上〕又〔釋詁〕「｜，謀也」郝疏。○竫、靜、｜古字通。〔左傳襄公一〇年〕「單｜公為卿士以相王室」洪詁。○竫、靜、｜並通。〔廣雅·釋詁一〕「竫，善也」疏證。○靜、｜、竫三字通用。〔說文〕「｜，立竫也」句讀。○〔說文定聲·卷一七〕｜，段借為旌。〔左傳昭公元年〕「請免之以｜能者」。○〔同上〕｜，段借為彰。〔左傳文公一八年〕「｜譖庸回」。○〔同上〕｜，段借為精。〔說文〕「｜，一曰細皃」。○〔同上〕｜，段借為靜。〔字林〕「｜，審也」。○｜，或借婧字。〔說文〕「｜，立竫也」義證。○｜，當作竫，謂其善為竫語也。〔說文〕「訮，竫語訮訮也」義證。○｜讀為旌。〔呂覽·慎大〕「｜箕子之宮」平議。○｜與靜同。〔詩·小明〕「｜共爾位」朱傳。又〔管子〕「建當立有以｜為宗」雜志。○｜與靚同。〔方言一〕「｜，思也」疏證。○｜與竫略同。〔說文定聲·卷一七〕○｜即靜。〔義府·卷下〕○｜，字亦作清，即瀞之省。〔書·微子〕注「｜作清，潔也」孫疏。○韓｜共作靜恭。〔詩·小明〕「竫共爾位」集疏。○｜，傳作精，〔漢·表〕作清，形聲相近。〔史記·高祖功臣侯者年表〕「隋頃侯｜」志疑。○｜當讀為旌，旌，表也。〔左傳昭公元年〕「不｜其能」「以｜能者」述聞。

檠 〔說文定聲·卷一七〕｜，弛弓防損傷，以竹若木輔于裏，繩約之，亦曰弼、曰柲、曰閟。〔說文〕「｜，榜也」。○棐、榜、｜三字皆從木，其義一也。〔管子〕「棐｜」雜志。

睛 ｜，眳｜，不悅目皃。〔廣韻·靜部〕引〔字林〕。

裎 ｜，襌衣。〔廣韻·靜部〕○〔說文定聲·卷九〕｜衣，古謂之深衣，今蘇俗曰對襟，曰外套。〔方言四〕「無褎者謂之｜衣」。〔「裾」下〕○｜之言呈也，逞也。〔說文〕「｜，但也」段注。○｜與逞聲近義同。〔方言一二〕「逞，解也」箋疏。○〔說文定聲·卷一七〕｜，段借為絅。〔方言四〕「襌衣無褎者謂之｜衣」。○｜，亦作程。〔說文〕「｜，但也」段注。

挭 ｜，｜槩，大略。〔廣韻·梗部〕○搜，欖也，或作｜。〔集韻·梗部〕

埂 ｜，堤封。〔廣韻·梗部〕○｜亦坑也，方俗語有輕重耳。〔廣雅·釋水〕「｜，坑也」疏證。○秦謂阬塹曰｜。〔說文〕「｜，秦謂阬為埂」段注。○｜，今用為防字，堤｜、田｜皆是。〔說文定聲·卷一八〕

儆 ｜，戒備也，與警別。〔說文定聲·卷一七〕○｜猶戒。〔國策·韓策一〕「乃｜公仲之行」鮑注。○｜與警同。〔廣雅·釋訓〕「警警，不安也」疏證。○｜作警。〔左傳成公一六年〕「申宮｜備，設守而後行」洪詁引〔文選注〕。○｜同警。〔廣韻·梗部〕

璥 ｜，玉名。〔廣韻·梗部〕

憼 ｜，敬也。〔廣韻·梗部〕○｜者，敬之絫增字也。〔說文〕「｜，敬也」句讀。○｜，即儆之別體。〔說文定聲·卷一七〕

昞 ｜，亮也，亦作昺。〔廣韻·梗部〕○｜與炳通。〔廣雅·釋訓〕「炳炳，明也」疏證。

䭘 ｜，飽。〔廣韻·梗部〕又〔集韻·梗部〕。○｜，餌也。〔同上〕○｜，亦作餭。〔廣韻·梗部〕又〔方言一二〕「｜，飽也」箋疏。

摬 ｜，擊也。〔集韻·養部〕○｜，傷擊也。〔說文〕「｜，中擊也」義證引〔玉篇〕。○｜，中擊。〔廣韻·梗部〕

媘 ｜，減也。〔廣韻·梗部〕○｜、渻音義皆同。〔說文〕「渻，少減也」段注。又〔說文〕「｜，減也」段注。○｜，通作省。〔同上〕義證。○｜作省者，段借字也。〔同上〕段注。○｜，字與省同，皆省之分別文。〔同上〕句讀。○｜，經傳皆以省為之。〔說文定聲·卷一七〕

㼩 瓡｜，有耳瓶。〔廣韻·梗部〕

渻 ｜，｜丘，水出丘前。〔廣韻·靜部〕○｜、省，古今字也。〔說文〕「｜，少減也」段注。○｜，段借為媘。〔說文定聲·卷一七〕○｜與媘同。〔說文〕「｜，少減也」句讀。○｜丘亦為楮丘。〔同上〕段注。

⿱穴皿 —，—户，土穴。〔廣韻·梗部〕○—，字亦作⿱穴冋。〔説文定聲·卷一八〕

鄳 —，通作冥。〔説文〕「—，江夏縣」義證。○—，字亦作鄍，即〔左定四傳〕之冥阸也。〔説文定聲·卷一八〕○—塞，一作澠阸，亦作冥阸之塞。〔漢書·地理志〕「—」補注。○古之黽隘，〔燕策〕作—隘。〔國策〕「道涉山谷」雜志。

⿱艹耿 —，芋莖也。〔廣韻·耿部〕○—之為言猶莖也。〔廣雅·釋草〕「蘘，其莖謂之—」疏證。

鮩 —，蛤—。〔廣韻·耿部〕○蠯、⿸广黽並同—。〔同上〕○—，〔爾雅〕作⿸广黽。〔説文〕「—，蚌也」繫傳。

⿸广黽 —，蜯也。〔説文〕「—，陛也」段注引杜子春。○—，字作蚍、作蜌，卑、比雙聲。〔説文定聲·卷一八〕○—，字或作蜱。〔説文〕「—，階也」義證。○—或作蠯。〔説文〕「—，陛也」繫傳。○—，今俗作鮩。〔同上〕○—，俗作鮩，或作蠯。〔説文〕「—，陛也」句讀。○〔本草〕為蜌蛤，合音即—也。〔説文定聲·卷一八〕

⿰青彡 —，清飾。〔廣韻·靜部〕○—，飾説也。〔説文定聲·卷一七〕（「靖」下）○—與瀞義略同。〔説文〕「—，清飾也」段注。○—，又作靖、竫、靜，謂安定也。〔慧琳音義·卷七四〕○—，古皆以靚為之。〔説文定聲·卷一七〕

皏 —，白色薄也。〔太素·諸風狀論〕「色—然白」楊注。○—，—竭，薄皃。〔廣韻·耿部〕

姘 —，女人貞潔也。〔廣韻·靜部〕○—同婧。〔同上〕○—，叚借為瀞。〔説文定聲·卷一七〕

竫 —，停安。〔廣韻·靜部〕○—亦與靖通。〔説文〕「—，亭安也」句讀。○—，又與靖通。〔同上〕義證。○—，或與靜通。〔同上〕義證。○—通作靖。〔釋詁〕「—，靜也」郝疏。○—，古通作靖字。〔公羊傳文公十二年〕傳注「—猶撰也」陳疏引洪頤煊。○—通靜，亦通作靖，又通作靚。〔釋詁〕「密，靜也」郝疏。○—靖古通用。〔説文〕「靖，一曰細皃」段注。○—、靜、靖並通。〔廣雅·釋詁一〕「—，善也」疏證。○〔説文定聲·卷一七〕—，叚借為⿰青彡。〔公羊傳文公十二年〕「惟諓諓善—言」。○〔説文定聲·卷一七〕—，以靜為之，凡動—字，經傳皆以靜為之。〔韓詩〕「東門之栗，有靜家室」。○—，當作諍，謂其善為諍語也。〔説文〕「訮，諍語訮訮也」義證。○凡安靜字宜作—，靜其叚借字也。〔説文〕「—，亭安也」段注。

⿰革靜 —，驂具。〔廣韻·靜部〕

浧 —，泥也。〔廣韻·靜部〕○—，塗泥也。〔集韻·靜部〕○—與盈同。〔廣雅·釋詁〕「縕，縮也」疏證。

梬 —棗，即今之㮕棗也。〔文選·南都賦〕「—棗若榴」集釋引顏注。○—，—棗，似柿而小。〔廣韻·靜部〕○—，今之㮕棗也。〔漢書·司馬相如傳〕「楟梨—栗」補注引〔爾雅翼〕。○—，今之㮕棗也，結實似柿而極小。〔説文〕「—，棗也」義證引〔爾雅翼〕。○—，實亦如柿而小，形𢶷圓。〔説文定聲·卷一七〕○—即〔釋木〕之遵，羊棗也，今俗呼之為羊矢棗。〔説文〕「—，似柿而小，一曰㮕」段注。○—，小柿。〔説文〕「—，棗也」義證引趙宧光。○—，今人謂之丁香柿，又謂之牛乳柿。〔同上〕義證引〔爾雅翼〕。

痙 —，風强病也。〔廣韻·靜部〕又〔説文〕「—，彊急也」義證引〔玉篇〕。○—，中寒，體强急也。〔同上〕義證引王應麟。○—，即〔急就篇〕之疚。〔説文定聲·卷一七〕

縈 —，枲屬。〔廣韻·迥部〕又〔説文〕「褧，—也」繫傳。○—者，枲屬也。〔説文〕「紵，—屬」段注。○—，字亦作蕡，作䔰，似枲，亦可績而不堅韌，今所用為粗繩索者。〔説文定聲·卷一七〕○—，枲草，苘、蕡並同—。〔廣韻·靜部〕○—者，草名也。〔説文〕「—，枲屬」段注。○—麻，〔本草〕作茼麻。〔同上〕段注。○禪縏，—也。〔説文〕「褧，—也」義證。○—，今皆作褧。〔説文〕「—，詩曰，衣錦—衣」段注。○—、褧、苘、蕡字同，正此麻也。〔説文〕「—，枲屬」義證引陳啓源。○—，字亦作蕡。〔説文定聲·卷一七〕○〔同上〕—，以茼為之。〔本草〕「茼麻」。○〔同上〕—，以絅為之。〔禮記·中庸〕「衣錦尚絅」。○〔同上〕—，以景為之。〔儀禮·士昏禮〕「姆加景」。

廮 —，安也。〔廣韻·靜部〕

⿰木省 —，俎几名。〔廣韻·靜部〕○—，俎几。〔集韻·靜部〕○—，此器米既淅漉令乾者。〔説文定聲·卷一七〕○古—、渻字同。〔説文〕「渻，少減也」段注。

徎 —，徑也。〔集韻·靜部〕○—，雨後徑也。〔廣韻·靜部〕○—與逞同。〔説文〕「—，徑行也」段注。

埩 〔説文定聲·卷一七〕—謂治土。〔説文〕「—，治也」。○—，耕治也。〔集韻·耕部〕又〔説文〕「—，治也」義證引〔玉篇〕。○—，若今人言屏淨也。〔同上〕繫傳。○—，理也，治也。〔廣韻·耕部〕○—，魯城北門池也。〔同上〕○—，通作整。〔説文〕「—，治也」義證。○〔説文定聲·卷一七〕—，叚借為淨。〔廣韻〕「—，魯城北門池也」。

高 —，叚借為傾。〔説文定聲·卷一七〕

庰 —，此字從广，謂屋之隱蔽者也。〔説文〕「—，蔽也」段注。○—亦謂廁。〔同上〕段注。○—與屏通。〔廣雅·釋詁四〕「—，藏也」疏證。○—通作屏。〔説文〕「—，蔽也」句讀。○—，字與併略同，謂隱蔽無人之所也。〔説文定聲·卷一七〕○〔同上〕—，以屏為之。〔燕策〕「宋王鑄諸侯之

衆使侍屏匽」。

鉼　丨，釜也。〔廣雅・釋器〕○〔通雅・卷四○〕銀謂之丨，亦謂之笏，猶今之錠也。〔周禮・職金〕注「則供丨金」。○丨，丨金謂之鈑。〔廣韻・靜部〕○丨或作餠。〔說文〕「鈃，鍊丨黃金」義證。○丨當是鉼之譌也。〔說文〕「鈃，鍊丨黃金也」段注。

⿰扌頩　丨，竟也。〔廣韻・靜部〕又〔集韻・靜部〕。

⿰亻兵　丨，詐僞僞人也。〔廣韻・梗部〕○丨，詐僞。〔集韻・梗部〕

傡　丨，俱也。〔廣韻・耿部〕○丨，或作併，羅列也。〔同上〕

倖　丨，儌丨。〔廣韻・耿部〕○丨，徼也，為尊貴者所寵貴也，亦作婞。〔慧琳音義・卷八七〕引〔考聲〕。○官本丨作幸。〔漢書・五行志〕「萬福來求」補注。

偗　丨，直貌。〔集韻・梗部〕

儖　丨，海岱之人謂勇悍曰丨。〔集韻・梗部〕

⿰荓刂　丨，削也。〔集韻・梗部〕○丨，刺也。〔廣韻・梗部〕引〔玉篇〕。

⿰口省　丨，愼言也。〔集韻・梗部〕

浧　丨，通也。〔廣韻・靜部〕

⿱穴省　丨，禁署。或从門，通作省。〔集韻・梗部〕

峺　丨，礙也，或从石。〔集韻・梗部〕

⿸广兵　丨，廡也。〔集韻・梗部〕

悜　丨，愪丨，意不盡也。〔廣韻・靜部〕○丨，憂也。〔集韻・靜部〕

⿰忄更　丨，恨也。〔集韻・梗部〕

悻　丨，直也。〔通鑑・齊紀〕「多材藝而疏丨」音注。○丨，狠也。〔同上〕○〔通雅・卷一八〕丨盧，言愁鬱都盧之狀也。〔說宛〕「夢五大夫北面丨盧」。

慏　丨丨，悜，意不盡也。〔廣韻・靜部〕○丨悜，意不盡。〔集韻・靜部〕

⿱耿心　丨，憂也。〔集韻・耿部〕

懭　丨，悍也。〔集韻・梗部〕

掟　丨，張也。〔集韻・梗部〕

⿰日更　丨，日光。〔集韻・梗部〕

暻　丨，明也。〔廣韻・梗部〕○丨，悟也。〔同上〕

柃　丨，木名，可染。〔廣韻・靜部〕

棅　柄、枋、丨、秉並字異而義同。〔廣雅・釋器〕「柄，柄也」疏證。○丨，〔史記・天官書〕斗柄字多作此，或作秉。〔說文〕「柄，柯也」繫傳。

頴　丨，一曰錐柄。〔集韻・靜部〕○丨，一曰刀環。〔同上〕○丨，一曰警枕。〔同上〕

⿰嬰欠　丨丨，氣。〔廣韻・靜部〕○丨丨，怒氣。〔集韻・靜部〕

⿰荓毛　丨丨，毛車。〔廣韻・梗部〕

浻　丨丨，瀯，水回旋也。〔廣韻・梗部〕○丨瀯，水回漩皃。〔集韻・梗部〕

烱　丨，炎蒸也。〔集韻・梗部〕

⿰牜朁　丨，一曰牛鳴。〔集韻・梗部〕

⿸疒省　丨，瘦丨。〔廣韻・梗部〕○瘦謂之丨。或从骨。〔集韻・梗部〕

⿸疒更　丨，病也。〔集韻・梗部〕

⿰皮丁　丨，皮膚急皃。〔集韻・梗部〕

⿰目丙　丨，目明也。〔集韻・梗部〕

⿰目巠　丨，直視皃也。〔廣韻・迥部〕

睈　丨，視也。〔廣韻・靜部〕○丨，意不盡。〔同上〕○丨丨，照視也。〔集韻・靜部〕

瞌　—瞥,有餘視。〔集韻·梗部〕○—,一曰恚皃。(同上)

瞠　——,照視。〔廣韻·靜部〕

畀　—,目驚也。〔集韻·迥部〕○—然,舉目也。〔廣韻·梗部〕

睯　—,清潔。〔廣韻·梗部〕

瞥　—,—瞌,視皃。〔廣韻·耿部〕○—瞖,有餘視。〔集韻·耿部〕

䁅　—,—町,視皃。〔廣韻·梗部〕○—町,直視。〔集韻·耿部〕

穬　—之殼厚而粗穬也。〔本草·卷二三〕○—穀,即稻穀之最弱者。〔慧琳音義·卷七八〕○—,大麥也。〔卷六八〕引〔考聲〕。又〔卷七八〕引〔字書〕。○—,穀芒,又曰稻不熟。〔廣韻·梗部〕○—,字亦作麱。〔說文定聲·卷一八〕○官本—作鑛。〔漢書·地理志〕「獷平」補注。

箵　—篁,車蔽篖。〔集韻·靜部〕

箐　—,竹名,或从箐。〔集韻·靜部〕

綆　—之義為縫。〔儀禮·喪服經傳〕胡正義。

脝　—,足跟筋也。〔集韻·梗部〕

䏠　—,滯氣。〔廣韻·靜部〕

苘　—,一作蘔。〔本草·卷一五〕○—,又作菻。(同上)

苪　—,著也。〔廣韻·梗部〕

苀　—,小風。〔廣韻·梗部〕

蛃　—,蟲名。〔廣韻·梗部〕○—之為言猶白也。〔廣雅·釋蟲〕「白魚,—魚也」疏證。

蛍　—,木蟲名,似蛤。〔集韻·耿部〕

衿　—,衣—。〔廣韻·靜部〕○—,衣—也。〔說文〕「褸,黼領也」義證引〔玉篇〕。○—、領今古字。〔說文〕「帬,繞領也」段注。○—、領古通用。〔方言四〕「袒飾謂之直—」疏證。○—與領同。〔廣雅·釋器〕「繞領,帬也」疏證。○—即領之俗字。〔方言四〕「袒飾謂之直—」箋疏。

裶　—,急皃。〔廣韻·梗部〕

覫　—,視皃。〔集韻·梗部〕

覴　—,腳露也。〔廣韻·梗部〕

諍　—,言狠也。〔集韻·耿部〕○—,瞋語。(同上)

郉　〔通雅·卷一六〕—即耿。〔史記·殷本紀〕「祖乙遷于—」。

踁　—,長皃。〔集韻·梗部〕

闍　—,—府。〔廣韻·梗部〕○—,今為省字。(同上)

頙　—,仄也。〔集韻·靜部〕

霙　—,雲皃。〔集韻·梗部〕

颹　—,高風。〔廣韻·梗部〕○—,風高皃。〔集韻·梗部〕

馲　—,馬行疾皃。〔集韻·靜部〕

騳　—,為騁之古文。〔說文〕「驫,衆馬也」句讀。

鮩　—,鮊魚別名。〔廣韻·梗部〕

鼃　—,蛙屬。〔廣韻·梗部〕

麷　—,—麥。〔廣韻·梗部〕○—同麰。(同上)○—,大麥也,俗呼青稞。〔慧琳音義·卷三一〕引〔考聲〕。○麥之粗者曰—。〔本草·卷八〕○—,麥也,通作獷。〔集韻·梗部〕○—與穬通。〔廣雅·釋草〕「大麥,麰也」疏證。

奣　—,明也。〔慧琳音義·卷三四〕又〔集韻·梗部〕。○—,六合清朗。〔廣韻·梗部〕

辨　—,深池也。〔集韻·靜部〕

續經籍纂詁卷第五十四　上聲

二十四迥

迥　丨，遠也。〔廣韻·迥部〕〇丨，通作敻。〔釋詁〕「丨，遠也」邵正義。又〔同上〕郝疏。〇丨，通作洞。〔同上〕郝疏。〇丨，又通作洵。〔同上〕郝疏。〇丨、洞同。〔同上〕鄭注。〇〔說文定聲·卷一七〕丨，以洞為之。〔詩〕「洞酌」。

炯　丨，光也。〔廣韻·迥部〕〇丨，明也。又火明皃。〔同上〕〇丨丨，光也。〔廣雅·釋訓〕〇丨丨，明察也。〔說文〕「丨，光也」義證引〔玉篇〕。〇丨丨，目不眠。〔詩·柏舟〕「丨丨不寐」集疏引陳喬樅。〇烓、丨、熲並聲近而義同。〔廣雅·釋詁四〕「烓，明也」疏證。〇丨丨、扃扃、熲熲，並字異而義同。〔廣雅·釋訓〕「丨丨，光也」疏證。〇〔說文定聲·卷一七〕丨，叚借為骾。顏延年詩「丨介在明淑」。〇丨，或借扃字。〔說文〕「丨，光也」義證。

茗　丨，丨草。〔廣韻·迥部〕〇丨，茶之晚取者。〔通鑑·唐紀四一〕「黃丨二百斤」音注。〇丨艼即酩酊，後轉聲為懵懂。〔義府·卷下〕〇今俗之懵懂，即丨艼之轉也。〔義府·卷上〕

挺　丨，拔也。〔通鑑·漢紀一二〕「丨身間行」音注。又〔漢紀一四〕「丨身逃」音注。〇丨，拔也，拔於土中。〔國策·齊策三〕「丨子以為人」鮑注。〇丨，丨出。〔廣韻·迥部〕〇丨，直也。〔大戴·勸學〕「枯暴不復丨者」王詁。又〔通鑑·晉紀三五〕「裕倚大樹丨戰」音注。又〔慧琳音義·卷一二〕引〔考聲〕。〇丨、職皆有直義。〔儀禮·鄉飲酒禮〕「薦脯五丨」胡正義。〇丨，寬也。〔漢書·師丹傳〕「迺者以丨力田議改幣章示君」補注引錢大昭。〇丨，緩也。〔禮記·月令〕「丨重囚」集解。〇丨，特也。〔慧琳音義·卷八三〕引〔考聲〕。〇丨，抗也。〔卷一二〕引〔考聲〕。〇脯乾則直，因謂之丨，或謂之職。〔儀禮·鄉飲酒禮〕「薦脯五丨，橫祭于其上」胡正義。〇丨，猶言樴也。〔說文〕「朐，脯丨也」繫傳。〇丨之言莛也。〔禮記·月令〕「荔丨出」述聞。〇丨，有也。〔國策·齊策三〕「丨子以為人」補正。〇丨與逞亦聲近義同。〔廣雅·釋詁一〕「呈，解也」疏證。〇丨、逞、脡、侹，音義並同。〔左傳襄公五年〕「周道丨丨」洪詁。〇丨、脡古今字。〔說文〕「朐，脯丨也」義證。〇〔說文定聲·卷一七〕丨，叚借為莛，荔之用在莖，故名荔莛。〔禮記·月令〕「荔丨出」。〇〔同上〕丨，叚借為梃。〔考工記·弓人〕「於丨臂中有柎焉，故剽」。〇〔同上〕丨，叚借為縕。〔禮記·月令〕「丨重囚」。〇丨與筳通。〔方言六〕「筳，竟也」箋疏。〇丨即脡也。〔說文〕「朐，脯丨也」段注。〇侹、頲、丨、脡，並字異而義同。〔廣雅·釋詁三〕「侹，直也」疏證。〇丨，〔藝文類聚〕及晁本作埏。〔國策·齊策三〕「丨子以為人」補正。

梃　丨，木片。〔廣韻·迥部〕〇凡條直者曰丨，艇之言挺也。〔說文〕「丨，一枚也」段注。〇木曰丨。〔說文定聲·卷一七〕〇竹璞曰丨。〔說文〕「箇，竹枚也」繫傳。〇丨者，獨也。〔說文〕「丨，丨枝也」繫傳。〇丨然，勁直之皃也。〔同上〕繫傳。〇丨之言挺也。〔廣雅·釋器〕「丨，杖也」疏證。〇丨之言挺也，謂直也。〔說文〕「竿，竹丨也」段注。〇〔說文定聲·卷一七〕丨，叚借為珽。〔海內西經〕「丨木牙交」。〇〔同上〕丨，字別作脡。〔公羊傳昭公二五年〕「與四脡脯」。

艇　丨，小船。〔廣韻·迥部〕〇丨，小舟也，廣東人至今呼之。〔通雅·卷四九〕

鋌　丨，金丨。〔廣韻·迥部〕〇丨，金銀璞未成器也。〔慧琳音義·卷六〇〕〇丨，亦謂之鋇。〔說文〕「丨，銅鐵樸也」段注。又〔文選·四子講德論〕集釋。〇丨與璜同誼，亦曰鋇，曰鉿。〔說文定聲·卷一七〕〇丨與礦同義。〔文選·四子講德論〕集釋。〇丨，燭，蠟燭之屬也。〔慧琳音義·卷七八〕〇丨與礦義同音別。〔說文〕「丨，銅鐵樸也」段注。〇逞與丨聲近義同。〔廣雅·釋詁一〕「逞，疾也」疏證。〇丨與珽通。〔廣雅·釋訓〕「珽珽，盡也」疏證。〇丨與逞亦聲近義同。〔廣雅·釋詁一〕「丨，盡也」疏證。〇〔說文定聲·卷一七〕丨，叚借為莖。〔考工記·冶氏〕「丨十之」。〇〔同上〕丨，叚借為逞、為徎。〔左傳文公一七年〕「丨而走險」。〇〔同上〕丨，叚借為窒。〔方言三〕「丨，賜也」。〇丨，〔皇甫規傳〕引作挺。〔左傳文公一七年〕「丨而走險」疏證。〇〔說文定聲·卷一七〕丨，鋋之誤字。〔鹽鐵論〕「於越之丨不礪，匹夫賤之」。

町　丨，田畝。〔廣韻·迥部〕〇丨，田塸。〔同上〕〇丨丨，義為平坦，然亦可為踐處。〔詩·東山〕「丨疃鹿場」後箋。〇丨疃，舍旁隙地也。〔同上〕朱傳。〇丨丨，此言增之也。〔漢書·鄒陽傳〕「豈足為大王道哉」補注引王念孫。〇丨丨與珽珽同。〔廣雅·釋訓〕「珽珽，盡也」疏證。〇〔說文定聲·卷一七〕丨，叚借為坪，或曰平地為丨。〔西京賦〕「編丨成篁」。

頲　丨，直也。〔廣韻·迥部〕〇丨，不屈也。〔釋詁〕「丨，直也」鄭注。〇丨通作脡。〔同上〕郝疏。〇丨，又通作挺。〔同上〕〇丨，又通作侹。〔同上〕〇丨，假借為挺直之挺。〔說文〕「丨，狹頭丨也」段注。〇〔說文定聲·卷一七〕丨，叚借為梃。〔釋詁〕「丨，直也」。〇侹、丨、挺、脡，並字異而義同。〔廣雅·釋詁三〕「侹，直也」疏證。

醒　丨，醉歇也。〔廣韻·迥部〕

溟　｜涬，水皃。〔集韻·迥部〕

酊　｜，酩｜。〔廣韻·迥部〕

脡　｜，脯朐。〔廣韻·迥部〕○｜，脯朐也。〔說文〕「朐，脯挺也」義證引〔玉篇〕。○｜與挺同。〔儀禮·鄉射禮〕胡正義。○侹、頲、挺、｜，並字異而義同。〔廣雅·釋詁三〕「侹，直也」疏證。

謦　｜，欬也。〔廣韻·迥部〕○｜，喉中聲也。〔慧琳音義·卷九〇〕

褧　｜，襌也。〔詩·碩人〕「衣錦｜衣」朱傳。○｜，｜衣。〔廣韻·迥部〕○｜衣者，襌衣而織麻為之者也。〔說文〕「｜，檾也」義證引程瑤田。○｜衣者，以檾所績為之。〔說文〕「檾，枲屬」段注。○成衣曰｜。〔說文定聲·卷一七〕（「絅」下）○古以檾為衣曰｜。〔卷一七〕○（同上）｜，蓋以襌縠為之，則謂借為絅。〔詩·碩人〕「丰衣錦｜」箋「｜，襌也」。○｜與檾同也。〔詩·丰〕「衣錦｜衣」陳疏。○｜，〔禮經〕作熲，假借字也。〔說文〕「｜，檾衣也」段注。○｜，〔玉藻〕、〔中庸〕作絅，假借字也。（同上）○｜，魯、齊作絅。〔詩·丰〕「衣錦｜衣」集疏。

娗　｜，長好皃。〔廣韻·迥部〕○｜通作誔。〔方言一二〕「｜，僈也」箋疏。○｜與誔通。〔廣雅·釋言〕「誔，訑也」疏證。○〔說文定聲·卷一七〕｜，叚借為侹，為婬，殆謂即娉婷字。〔廣韻〕「｜，長好皃」。

庱　｜，亭名，在吳晉陵。〔廣韻·拯部〕

珽　｜，玉名。〔廣韻·迥部〕○天子之笏曰｜。〔禮記·玉藻〕「天子搢｜」集解引陳祥道。○天子笏曰｜，挺直無所屈也。〔說文〕「｜，大圭」義證引〔五經異義〕。○｜之制，三尺，自其中以上殺之，至首仍廣三寸而方之，如椎頭，其殺六分而去一。〔說文定聲·卷一七〕○｜之言挺然無所屈也。〔考工記〕孫正義。○｜，字亦作珵。〔說文定聲·卷一七〕○｜，王逸引〔相玉書〕作珵。〔說文〕「｜，大圭」段注。

剄　｜，斷首。〔廣韻·迥部〕○｜，斷首也。〔通鑑·周紀二〕「龐涓自知智窮兵敗，乃自｜曰」音注。○｜謂斷頭，刑之至重者也。〔說文〕「｜，刑也」段注。○｜，割也。〔韓子·內儲說上〕「是歲人有自｜死」集解引舊注。○〔說文定聲·卷一七〕｜，叚借為勁。〔廣雅·釋詁二〕「｜，强也」。

竝　｜，比也。〔廣韻·迥部〕○｜猶普也，徧也。〔荀子·君道〕「｜遇變態而不窮」集解引王念孫。○｜之言普也，徧也。〔書·立政〕「｜受此丕丕基」述聞。○｜，皆也。〔漢書〕「｜莫敢發言」雜志。○｜，古書多用為傍字者。〔說文〕「｜，併也」段注。○古文｜，今文多作併。（同上）○〔通雅·卷七〕｜河即傍河。〔始皇紀〕「｜河以東」。

並　｜同竝。〔廣韻·迥部〕○｜，併也。〔詩·車鄰〕「｜坐鼓瑟」集疏引魯說。○｜，亦俱也。〔漢書·趙充國傳〕「居民得｜田作」補注引劉奉世。○｜謂齊同。〔漢書·王莽傳〕「與周後｜」補注。○｜之言普也。〔左傳文公元年〕「卿出｜聘」疏證引王引之。○｜音步浪反，旁緣為姦也。〔漢書·張湯傳〕「姦吏｜侵漁」補注引劉奉世。○〔說文定聲·卷一八〕｜，叚借為傍。〔列子·天瑞〕「｜歌｜進」。○古聲｜、普相近。〔詩·賓之初筵〕「｜受其福」述聞。○｜與傍同，所謂因緣為姦也。〔漢書·鮑宣傳〕「貪吏｜公」補注。○｜即傍字。〔漢書·張騫傳〕「｜南山」補注。

併　｜，立竝。〔廣韻·迥部〕

并　〔說文定聲·卷一六〕賓假借為｜，｜者相從也。〔釋詁〕「賓、協，服也」。（「賓」下）

等　｜，齊也。〔大戴·保傳〕「兩者不｜」王詁。又〔廣韻·等部〕。又〔慧琳音義·卷二二〕。○｜，凡齊之稱。〔說文〕「輥，轂齊｜皃也」段注。○｜，引伸為凡齊之偁。〔說文〕「｜，齊簡也」段注。○｜者，齊｜也。〔說文〕「埒，庳垣也」段注。○｜，類也。〔廣韻·等部〕○｜，比也。（同上）○｜，輩也。（同上）○｜謂｜級。〔大戴·千乘〕「咸知有大功之必進｜也」王詁。○凡物齊之，則高下歷歷可見，故曰｜級。〔說文〕「｜，齊簡也」段注。○｜，階也。〔禮記·雜記〕「升降散｜」集解。○｜，級。〔墨子·備梯〕「堞高六尺而一｜」閒詁引畢沅。○｜，階之級也。〔論語·鄉黨〕「降一｜」朱注。又（同上）劉正義。○｜，引申為齊｜，又引申之凡階級差次亦稱為｜。〔周禮·司勳〕「以｜其功」孫正義。○｜，差也。〔大戴·盛德〕「所以｜貴賤」王詁。○｜猶差也。〔主言〕「是故聖人｜之以禮」王詁。○｜輩，猶｜夷。漢時稱同僚亦謂之｜輩。〔漢書·韋賢傳〕「｜輩數人皆削爵為關內侯」補注引蘇輿。○〔說文定聲·卷五〕｜，平也，以時為之。〔周禮·司儀〕「時揖異姓」。○｜者，齊簡也。〔說文〕「輥，轂齊｜皃也」段注。○京兆府考而升者為｜第。〔通雅·卷二二〕○｜杖，兵様也。〔通雅·卷二五〕○｜威，如僚臣僕、僕臣臺之類。〔左傳宣公一二年〕「賤有｜威」疏證引馬宗璉。○〔說文定聲·卷五〕｜趚，猶嬯趚。〔說文〕「趚，疑之｜趚而去也」。（「趚」下）○｜讀如｜級之｜，言凡罪之｜差。〔漢書·張釋之傳〕「且罪｜」補注引劉奉世。○｜讀如驉。｜趚，濡滯之皃。〔說文〕「趚，疑之｜趚而去也」段注。○｜即待，聲之轉也。〔釋詁〕「徯，待也」郝疏。○｜，叚借為待，今俗謂候俟為｜，此古之遺語也。〔說文定聲·卷五〕○（同上）｜，叚借為發聲之詞。〔後漢·禰衡傳〕「死公云｜道」。○｜亦乘也。〔管子〕「乘｜」雜志。

鼎　｜，三足兩耳，爨器也。〔說文〕「｜，三足兩耳」義證引〔急就篇〕顏注。○｜，烹飪調和之器。（同上）義證引王弼。○｜，所以和齊生物成新之器也。（同上）義證引韓康伯。○〔通雅·卷二四〕｜官，｜士也。〔東方朔傳〕「夏育為｜官」。○九｜者，一州一｜，凡有九也。〔史記·周本紀〕「秦

取九丨寶器」志疑。〇丨沸謂水微轉細涌也。〔說文〕「湁，湁湒」義證引〔玉篇〕。〇丨沸者，言水之流如爨丨沸也。〔同上〕段注引〔周成雜字〕。〇丨之言定也。〔方言九〕「維之謂之丨」箋疏。〇古叚丨為丁。〔說文〕「丨，三足兩耳」段注。〇〔說文定聲·卷一七〕丨，叚借為當。〔漢書·匡衡傳〕「無說詩，匡丨來」。〇〔同上〕丨，叚借為貞，〔說文〕篆文以丨為貞字。〔說文定聲·卷一七〕〇〔同上〕丨，叚借為定，或為朾。〔方言九〕「所以刺船謂之檣，維之謂之丨」。〇丨關字正作鼏，〔禮〕古文叚扃為之。〔說文〕「扃，外閉之關也」段注。

頂　丨，巔也。〔釋山〕「山丨冢崒者厜㕒」鄭注。〇丨，丨顛，頭上。〔廣韻·迥部〕〇丨、顛一聲之轉。〔方言六〕「顛、丨，上也」箋疏。〇顛、丨、頲，一聲之轉。〔釋言〕「頲，題也」郝疏。〇丨之假借字作定。〔說文〕「丨，顛也」段注。〇丨同顁。〔廣韻·迥部〕〇〔說文定聲·卷一七〕丨，字亦作頲。〔廣雅·釋言〕「頲，題也」。〇丨，或作顁、䪙。〔方言六〕「顛、丨，上也」箋疏。〇丨，籀文作䪙。〔廣韻·迥部〕〇〔說文定聲·卷一七〕丨，以定為之。〔詩〕「麟之定」。

泂　丨，遠也。〔詩·泂酌〕「丨酌彼行潦」朱傳。〇丨，滄也。〔集韻·梗部〕〇丨、迥音義同。〔釋詁〕「迥，遠也」邵正義。〇丨為迥之叚借也。〔說文〕「迥，遠也」段注。〇丨即迥之假借也。〔同上〕「丨，滄也」段注。〇〔說文定聲·卷一七〕丨，叚借為迥。〔詩·泂酌〕「丨酌彼行潦」。〇丨讀為迥。〔詩·泂酌〕「丨酌彼行潦」陳疏。〇丨，遠也，當作迥，借此字。〔說文〕「丨，滄也」繫傳。〇〔說文定聲·卷一七〕丨，字亦作洞。〔廣雅·釋詁四〕「洞，寒也」。〇丨，字或作洞。〔說文〕「丨，滄也」句讀。〔同上〕義證。〇丨，俗作洞。〔同上〕段注。

詗　丨，有所候伺也。〔通鑑·唐紀三一〕「常令其將劉駱谷留京師丨朝廷指趣」音注。〇丨，知處告言。〔集韻·迥部〕〇丨，明悟了知了。〔廣韻·迥部〕

婞　丨，很也。〔廣韻·迥部〕〇丨，一曰親也。〔說文〕「丨，很也」義證引〔類篇〕。〇丨通作幸。〔廣雅·釋詁三〕「丨，親也」疏證。

侹　丨，長也。〔廣韻·迥部〕〇丨，直也。〔同上〕〇丨，代也。〔同上〕〇丨，敬也。〔同上〕〇吾鄉謂倒地卧為丨。〔說文〕「丨，一曰箸地」義證。〇丨，與挺音義略同。〔說文〕「丨，長皃」段注。〇〔說文定聲·卷一七〕丨，叚借為勁。〔廣雅·釋詁二〕「丨，俠也」。〇〔同上〕丨，叚借為當，今頂冒字，以頂為之。〔說文〕「丨，一曰代也」。〇丨、頲、挺、脡，並字異而義同。〔廣雅·釋詁三〕「丨，直也」疏證。

脛　丨，腳丨。〔廣韻·迥部〕〇丨，胻骨也。〔說文〕「丨，胻也」義證引〔急就篇〕顏注。〇〔慧琳音義·卷一〕丨足䠊腸前大骨也。〔大般若經·卷一〕「兩丨」。〇其足制，故曰丨。〔說文定聲·卷一七〕〔「鑋」下〕〇〔通雅·卷九〕丨丨，亦言硜硜之狀。〔漢書·楊惲傳〕「丨丨者未必全」。

肯　丨，骨間肉丨丨著也。〔莊子·養生主〕「技經丨綮之未嘗」集釋。〇丨，可也。〔廣韻·等部〕〇今文丨為克也。〔書·大誥〕注「丨，一作克」孫疏。〇丨，魯作肎。〔詩·終風〕「惠然丨來」集疏。〇丨，江南本皆作宵字。〔史記·高祖本紀〕「田丨賀」志疑引〔顏氏家訓·書證篇〕。〇丨，本作肎，故誤為宵。〔漢書·高帝紀〕「田丨賀上曰」補注引王鳴盛。

肎　丨同肯。〔廣韻·等部〕〇丨之言可也，故心有所願曰丨，得其窾郤曰中丨。〔說文〕「丨，骨間肉丨丨箸也」段注。〇丨丨，附箸難解之皃。〔同上〕段注。〇〔說文定聲·卷二〕丨，叚借為可，丨可一聲之轉。〔詩·終風〕「惠然肯來」。〇快、可、丨，俱一聲之轉。〔釋言〕「丨，可也」郝疏。〇丨，一作用。〔呂覽·正明〕「丨以為臣乎」校正。〇丨字作受。〔呂覽·審為〕「事以珠玉而不丨」校正。〇丨，俗字誤作肯。〔說文定聲·卷二〕

熲　丨，光也。〔廣韻·迥部〕〇丨，輝也。〔同上〕〇丨，小明也。〔詩·無將大車〕「不出于丨」朱傳。〇謂之丨者，圜轉易醒，令人憬然。〔說文〕「檟，木枕也」段注。〇丨，古讀若入户奉扃之扃。〔釋言〕「丨，充也」述聞。〇丨、扃同聲，故字亦相通。〔同上〕〇烓、炯、丨，並聲近義同。〔廣雅·釋詁四〕「烓，明也」疏證。〇炯炯、扃扃、丨丨，並字異而義同。〔廣雅·釋訓〕「丨丨，光也」疏證。〇丨通作耿。〔釋言〕「丨，充也」邵正義。〇丨者，通作耿，又通作炯。〔釋詁〕「丨，光也」郝疏。〇丨與耿同。〔詩·無將大車〕「不出于丨」朱傳。〇丨即頮字。〔釋言〕「丨，充也」平議。

濘　丨，泥也。〔廣韻·迥部〕

拯　丨，上舉也。〔通鑑·周紀三〕「民以為將丨己於水火之中也」音注。〇丨，援也。〔同上〕〇丨，濟拔也。〔慧琳音義·卷一〕引〔韻英〕。〇丨，拼也。〔卷一〕引〔古今正字〕。〇丨，救也。〔孟子·梁惠王下〕「民以為將丨己於水火之中也」朱注。又〔通鑑·周紀三〕「民以為將丨己於水火之中也」音注。又〔廣韻·拯部〕。又〔慧琳音義·卷一〕引〔韻詮〕。〇丨，助也。〔通鑑·周紀三〕「民以為將丨己於水火之中也」音注。又〔廣韻·拯部〕。又〔慧琳音義·卷九〇〕引〔考聲〕。〇〔說文定聲·卷二〕借丨為掕。〔易·艮〕「不丨其隨」。〇丨與抍同。〔廣雅·釋詁一〕「抍，取也」疏證。

抍　丨，取也。〔莊子·達生〕「痀僂承蜩」集釋。〇丨之言升，皆上出之義也。〔廣雅·釋詁三〕「丨，拔也」疏證。〇丨，又通作承。〔說文〕「丨，上舉也」義證。〇拯與丨同。〔廣雅·釋詁一〕「丨，取也」疏證。〇丨、拯、捄、救字同。〔周禮·大司徒〕「三四振窮」劉正義。〇丨，並作丞、撜、拯，同。〔方言一三〕「丨，拔也」箋疏。〇丨、拯、撜、丞並字異而義同。〔廣雅·釋詁三〕「丨，拔也」疏證。〇丨、拯古今字。〔說文〕「拯，上舉也」段注。〇丨，字亦作拯。〔廣雅·釋詁三〕「丨，收也」疏證。〇丨又或作承。〔說文〕「丨，上舉也」義證。〇丨，各本訛作枡。〔廣雅·釋詁三〕「丨，拔也」疏證。

酩　丨，丨酊。〔廣韻·迥部〕〇丨酊，一作茗艼、茗仃。〔通雅·卷六〕

涬　瀴丨,大水皃。〔廣韻·迥部〕

炅　丨,光也。〔廣韻·迥部〕〇丨,當讀熱熒云,楚已有呼日如熱者矣。〔通雅·卷九〕〇丨,古又借為桂。〔說文〕「丨,見也」繫傳。〇丨,〔類篇〕作哭。〔同上〕義證。

洞　丨,冷也。〔說文〕「洞,滄也」義證引〔玉篇〕。〇丨,滄寒。〔廣韻·迥部〕〇丨,北燕謂襟曰丨。〔集韻·迥部〕

眳　丨丨,睛。〔廣韻·迥部〕〇丨,目小也。〔集韻·迥部〕〇丨睛,不悅也。〔同上〕〇丨,慎也。〔廣雅·釋言〕〇丨藐即䌛藐,皆好視貌也。〔廣雅·釋詁一〕「眊,好也」疏證。〇䌛藐、䌛邈、丨藐,并字異而義同。〔漢書〕〔䌛藐〕雜志。〇丨,古祇作名。〔文選·西京賦〕「丨藐流眄」集釋。

濎　丨瀅,小水也。〔慧琳音義·卷八〇〕引〔考聲〕。〇丨濘,水皃。〔廣韻·迥部〕又〔集韻·迥部〕。又〔慧琳音義·卷九九〕引〔考聲〕。〇丨,或作湏。〔集韻·迥部〕〇丨,或作湏。〔慧琳音義·卷九九〕引〔考聲〕。

靪　丨,補履。〔廣韻·迥部〕〇丨之言相丁著也。〔廣雅·釋詁四〕「丨,補也」疏證。

廮　丨,展也。〔廣韻·迥部〕〇丨,假為天地奠位之奠。〔說文〕「丨,徛也」段注。

訂　丨,平議。〔廣韻·迥部〕〇丨,平議也。〔慧琳音義·卷七一〕引〔字書〕。

壬　丨者,人在土上,故為厚也。〔說文〕「重,厚也」繫傳。〇丨,善也。〔廣韻·迥部〕〇丨,挺立也,與立同誼,堅、廷皆從此為義。〔說文定聲·卷一七〕

汫　丨,丨濙,小水皃。〔廣韻·迥部〕〇丨涏,小水皃。〔集韻·迥部〕

悜　丨,丨恨。〔廣韻·迥部〕〇丨,恨也。〔集韻·梗部〕〇丨即〔孟子〕悻字也。〔說文〕「丨,恨也」段注。

緈　丨,絲之直也。〔說文定聲·卷一七〕〇丨,絓丨。〔廣韻·迥部〕

鞞　丨,容刀之丨,今刀鞘也。〔詩·瞻彼洛矣〕「丨琫有珌」朱傳。〇丨,刀室。〔廣韻·迥部〕〇丨,漢人曰削。〔說文〕「琫,佩刀之飾也」段注。〇丨,亦曰削,俗曰鞘。〔說文定聲·卷一一〕〇丨之言裨也。〔說文〕「琫,佩刀上飾也」段注。〇丨,字亦作韠。〔說文定聲·卷一一〕〇丨,俗作鞘。〔說文〕「琫,佩刀上飾也」段注。

誔　丨,詭言。〔廣韻·迥部〕

罜　丨,丨䍂,小網。〔廣韻·迥部〕

濙　丨,汫丨。〔廣韻·迥部〕〇丨,蓋即滎。〔說文〕「滎,突池也」段注。〇丨即滎字。〔說文〕「滎,滎濘,絕小水也」段注。

䔑　丨,葶丨。〔廣韻·迥部〕

烓　丨,行竈。〔廣韻·迥部〕〇丨,行竈,非為飲食之竈,若今火鑪,僅可炤物,自古名之曰丨,亦名之曰煁。〔說文〕「煁,丨也」段注。〇〔說文定聲·卷一一〕坰、丨一聲之轉。三隅竈,如今火鑪。〔說文〕「丨,行竈也」。〇丨,小徐作炯。〔說文〕「耿,从耳,丨省聲」段注。

熲　丨黼者,蓋為無裏之領而刺黼於其上也。〔儀禮·士昏禮〕「纚笄被丨黼」胡正義。〇丨,禪也。〔廣韻·迥部〕

䔊　丨,濘地也。〔說文〕「丨,深池也」義證引〔玉篇〕。

漀　丨,出酒也。〔說文〕「丨,側出泉也」義證引〔玉篇〕。〇丨,側器,傾酒漿也。〔集韻·清部〕〇丨與厬同誼。〔說文定聲·卷一七〕〇丨者,厬之一名也。〔說文〕「丨,側出泉也」段注。

𨑘　丨與鋌通。〔廣雅·釋詁一〕「鋌,盡也」疏證。

絅　丨,衣。〔廣韻·迥部〕〇丨,禪也。〔集韻·迥部〕〇丨,叚借為褧字。〔說文〕「丨,急引也」段注。〇〔說文定聲·卷一七〕丨,叚借為褧。〔禮記·中庸〕「衣錦尚丨」。〇〔同上〕丨,叚借為檾。〔禮記·襍記〕「則既頴」。〇丨,字亦作頴。〔說文定聲·卷一七〕〇丨乃褧之異文。〔禮記·中庸〕「衣錦尚丨」平議。

䍂　丨,罜丨,小網。〔廣韻·迥部〕〇丨罜,小網。〔集韻·迥部〕

承　丨,讀為拯。〔說文〕作抍。〔莊子·達生〕「痀僂丨蜩」集釋。

丞　抍、拯、撜、丨,並字異而義同。〔廣雅·釋詁三〕「抍,拔也」疏證。〇烝與丨古字通。〔管子〕「理丨而屯泄」雜志。〇丨讀為烝。〔同上〕

侱　丨,役也。〔集韻·靜部〕

倗　丨,不肯也。〔廣韻·等部〕

冂　丨,坰也。〔說文·通論下〕繫傳。〇丨,空也。〔集韻·迥部〕〇丨音坰。〔說文〕「內,入也」繫傳。〇丨,古文又从口。〔說文定聲·卷一七〕

涬　丨冷,寒也。〔集韻·迥部〕

⿰口能 丨,多言也。〔集韻・等部〕

圢 丨,平也。〔廣韻・迥部〕

⿰土鼎 丨壇,蟻封。〔集韻・迥部〕

姳 丨,丨好。〔廣韻・迥部〕

嫇 丨,丨奵,自持也。〔廣韻・迥部〕〇丨奵,自持皃。〔集韻・迥部〕〇丨丨,一曰面平皃。〔同上〕

寗 丨宧,癡也。〔集韻・等部〕

巊 丨,丨溟,山水。〔廣韻・迥部〕〇丨嵲,山高皃。〔集韻・迥部〕

坙 丨,水脈也,或作巠。〔集韻・迥部〕

徎 丨,徑也。〔廣韻・迥部〕〇丨,俓也。〔集韻・迥部〕〇丨,或作侱。〔同上〕

悻 丨丨,怒意也。〔孟子・公孫丑下〕「丨丨然見於其面」朱注。〇丨當為婞。〔說文〕「婞,恨也」義證。

惺 丨,丨悟。〔廣韻・靜部〕〇丨,悟也。〔集韻・迥部〕

悀 丨悚,愚皃。〔集韻・拼部〕〇丨悚,遇皃。〔同上〕

慏 丨,意不盡也。〔集韻・迥部〕

扃 丨丨,明察也。〔集韻・迥部〕〇炯炯、丨丨,熲熲,並字異而義同。〔廣雅・釋訓〕「炯炯,光也」疏證。

眳 丨,日暗也。〔集韻・迥部〕

⿰木迥 丨,枰牀也。〔集韻・迥部〕

⿰止夌 丨,止也,或从足。〔集韻・拼部〕

涏 丨,涇寒。〔廣韻・迥部〕〇官本丨丨作涏涏。〔漢書・五行志〕「燕燕尾丨丨」補注。

瀅 丨,水不流也。〔慧琳音義・卷八〇〕引〔考聲〕。

瀴 丨涬,大水皃。〔廣韻・迥部〕〇丨同溟。〔同上〕〇丨涬,水皃。〔集韻・迥部〕

烴 丨,焦臭。〔廣韻・迥部〕〇丨,燋皃。〔集韻・迥部〕

狊 丨,目驚皃。〔廣韻・迥部〕

⿱目火 丨,火光。〔集韻・迥部〕又〔說文〕「炅,見也」義證引〔類篇〕。

琄 丨,即鞘也。〔釋訓〕「丨丨,刺素食也」鄭注。

町 丨,田器。〔廣韻・迥部〕

畻 丨,水田。〔集韻・等部〕

痙 丨,中寒體强急也。〔說文〕「丨,强急也」繫傳。

晶 丨,明也。〔集韻・迥部〕

瞪 丨,白也。〔集韻・等部〕

⿰目廷 丨,目出皃。〔集韻・迥部〕

⿰目幸 丨,瞑目皃。〔集韻・迥部〕

⿰犬夭 丨,小皃。〔廣韻・迥部〕

⿰犬幸 丨,小皃。〔集韻・迥部〕

⿱穴巠 丨,空也。〔集韻・迥部〕

⿱竹丁 丨,水函也。〔集韻・迥部〕

笭 丨,篝丨籠也。〔廣韻・迥部〕

絚 丨,一曰大索。〔集韻・等部〕

莛 丨,草莖。〔廣韻・迥部〕又〔集韻・迥部〕。〇丨、鼎聲相轉。〔釋草〕「蘋,鼎董」郝疏。

葶 丨,丨薴,毒草。〔廣韻・迥部〕〇丨薴,艸名,能毒魚,出熊耳山。〔集韻・迥部〕

蓂 丨莢,瑞艸。〔集韻・迥部〕

薡 一，草名。〔廣韻・迥部〕〇一董，艸名，似蒲而細。〔集韻・迥部〕

⿰虫向 一，一⿰虫寧，似蛙。〔廣韻・迥部〕又〔集韻・迥部〕。

⿰虫寧 一，似蛙。〔廣韻・迥部〕

誙 一一，趣死皃。〔集韻・迥部〕

⿱夆車 一，軺車後登也。〔集韻・拼部〕〇一或書作⿰車丞。〔同上〕〇一，軺車後登。〔廣韻・拯部〕引〔字林〕。

逈 一，草名。〔廣韻・迥部〕

鋞 一，似鐘而長。〔廣韻・迥部〕

鑏 吳俗謂刀柄入處為一。〔集韻・迥部〕

閞 一，門上關。〔廣韻・迥部〕

⿵鬥巠 一，門外啟謂之一。〔集韻・迥部〕

頩 一，斂容。〔廣韻・迥部〕

餇 一一，飽。〔廣韻・迥部〕〇一，飽也。〔集韻・迥部〕

⿺鬼巠 一，誙厭。〔廣韻・迥部〕

鮩 一，白魚名也。〔廣韻・迥部〕〇一，白魚。〔集韻・迥部〕

⿰鹿廷 一，鹿走皃。〔集韻・迥部〕

⿱口亍 一，空也。〔集韻・迥部〕

高 一，小堂也。〔集韻・迥部〕〇一，或作廎。〔同上〕

續經籍纂詁卷第五十五　上聲

二十五有

有 一一，一無。〔廣韻・有部〕〇一，取也。〔同上〕又〔詩・芣苢〕「薄言一之」集疏引魯韓説。〇一亦取也。〔同上〕述聞。〇一，為取也。〔詩・瞻卬〕「女反一之」述聞。〇一猶取。〔同上〕通釋。〇一猶專也。〔禮記・坊記〕「不敢一其室也」集解。〇一猶富也。〔論語・子路〕「富一」劉正義。〇一，多。〔詩・甫田〕「終善且一」朱傳。〇一，多也。〔詩・魚麗〕「旨且一」朱傳。〇一猶多也。〔詩・魚麗〕「旨且一」通釋。〇一亦多也。〔詩・公劉〕「爰衆爰一」通釋。〇一者，無一不備而多不足言。〔同上〕後箋引〔詩經通解〕。〇一，以一為備，仍與多同。〔同上〕後箋。〇一為一餘。〔書・皐陶謨〕「懋遷一無化居」孫疏。〇一，一年也。〔詩・有駜〕「歲其一」朱傳。〇一年，豐年也。〔詩・甫田〕「自古一年」朱傳。〇一，識一也。〔詩・葛藟〕「亦莫我一」朱傳。又〔四月〕「寧莫我一」朱傳。〇一、大義近。〔釋詁〕「幠，一也」郝疏。〇一與大意近。〔同上〕邵正義。〇一與大義相近。〔廣雅・釋詁一〕「方，一也」疏證。〇一，又也。〔詩・終風〕「不日一曀」朱傳。又〔廣韻・有部〕。〇一猶又。〔國策・秦策四〕「齊魏一何重於孤國也」鮑注。又〔趙策四〕「而君一終身不得陰」鮑注。〇〔釋詞・卷三〕一猶又也。〔禮記・玉藻〕「弗一盥矣」。〇一者，相保一也。〔荀子・大略〕「所以相一也」集解引郝懿行。〇〔釋詞・卷三〕一猶為也。〔國語・周語〕「胡一孑然其效戎狄也」。〇一言得其用。〔國策・韓策三〕「是王一向晉於周也」鮑注。〇一言欲得之。〔國策・齊策三〕「其欲一君也」鮑注。〇一猶欲也。〔國策・秦策三〕「而心不一欲教之者」鮑注。〇一謂收己也。〔國策・東周策〕「而已於齊」補正。〇古者謂相親曰一。〔廣雅・釋詁一〕「仁、龖、一也」疏證。〇一之謂親之也。〔書・秦誓〕「我尚一之」述聞。〇一謂相親一也。〔詩・葛藟〕「亦莫我一」述聞。〇古以一為相親愛之義。〔公羊傳・宣公一五年〕「狄人不一」陳疏。〇一與友同義。〔詩・葛藟〕「亦莫我一」通釋。〇〔説文定聲・卷一六〕一猶友也。〔廣雅・釋詁一〕「仁，一也」〔仁下〕〇一者，善之也。〔國策・趙策一〕「秦之一燕而伐趙」補正。〇一言善之。〔國策・東周策〕「齊重故一周」鮑注。〇一者，撫也。〔書・皐陶謨〕「予欲左右一民」孫疏。〇一謂之幠，亦謂之撫，亦謂之奄。〔廣雅・釋詁一〕「奄，大也」疏證。〇一與恤問義近。〔釋詁〕「徂，存也」郝疏。〇一，月能掩日，掩而一之之象也。〔説文〕「一，不宜一也」繫傳。〇一，實也。〔孟子・盡心上〕「惡知其非一也」朱注。〇一為常一。〔詩・魚麗〕「物其一矣」集疏。〇一，果也。〔廣韻・有部〕〇一，質也。〔同上〕〇一之

言囿。〔詩・玄鳥〕「奄｜九｜」通釋。〇｜水，停水也。〔釋山〕「夏｜水冬無水，澩」鄭注。〇｜，辭也。〔詩・烈祖〕「｜秩斯祜」述聞。〇｜，發聲。〔詩・常武〕「｜嚴天子」陳疏。〇｜，語助也。一字不成詞，則加｜字以配之。〔釋詞・卷三〕〇｜為語助之詞。〔詩・民勞〕「以敬｜德」集疏。〇｜，辭之助也。〔易・家人〕「王假｜家」述聞。〇｜為句中語助。〔詩・終風〕「不日｜曀」陳疏。〇｜，狀物之詞。〔詩・擊鼓〕「憂心｜忡」陳疏。〇｜，狀物之詞也。〔釋詞・卷三〕〇｜者，非常之辭。〔左傳文公一四年經〕「｜星孛入于北斗」疏證引顧炎武。〇古者多謂｜為云。〔荀子〕「云能」雜志。〇｜之言或也，古｜、或同聲，或或通作｜。〔易・既齊〕「繻｜衣袽」述聞。〇〔釋詞・卷三〕｜猶或也。〔書・多士〕「朕不敢｜後」。〇｜司，謂執事者。〔大戴・保傅〕「｜司參」王詁。〇凡事｜專主之者謂之｜司。〔儀禮・士冠禮〕「｜司如主人服」胡正義引胡樸齋。又〔周禮・宰夫〕「帥官｜司而治之」孫正義引胡匡衷。〇｜司有二義，一是事｜常職者，謂之｜司，一是事本無職者，行禮時特使人主其事，亦同為｜司也。〔同上〕〇｜司，衆職也。〔論語・子路〕「先｜司」朱注。〇出納之吝謂之｜司。〔說文〕「司，臣司事於外者」義證引〔增韻〕。〇｜秩，福之大貌。〔詩・烈祖〕「｜秩斯祜」通釋。〇〔通雅・卷二四〕｜秩，鄉吏之名號也。〔禮記・緇衣〕注「綸，今｜秩嗇夫所佩也」。〇｜虔，形容强武之貌。〔詩・長發〕「｜虔秉鉞」通釋。〇婦人懷孕曰｜身。〔通雅・卷四九〕〇｜國者，畿外諸侯。｜士者，畿內有采地之臣。〔書・呂刑〕「｜邦｜土」孫疏。〇｜與友古字通，故友訓為親，｜亦可訓為親，友訓為愛，｜亦可訓為愛。〔通說〕「｜｜」述聞。〇｜與友通。〔書・洛誥〕「嚮即｜僚」孫疏。〇｜、又二字古通用。〔國策・秦策四〕「齊魏｜何重於孤國也」補正。〇｜、又通。〔詩・文王〕「｜虞殷自天」朱傳。〇｜、又字通。〔墨子・明鬼下〕「｜恐後世子孫」閒詁。〇｜與又通。〔墨子・天志下〕「｜具其皮幣」閒詁。又〔大取〕「兼愛之｜相若」閒詁。〇｜與為古字通。〔禮記・檀弓〕「蟹｜匡」「蟬｜緌」平議。〇｜、域通用。〔詩・玄鳥〕「奄有九｜」通釋。〇古多叚｜為又字。〔說文〕「｜，不宜｜也」段注。〇〔說文定聲・卷五〕｜，叚借為或，即域。〔詩・烈祖〕「奄有九｜」。〇〔同上〕｜，叚借為友，為右，親愛俌助也。〔詩・葛藟〕「亦莫我｜」。〇｜讀為又，古字通用。〔孟子・滕文公下〕「邪說暴行｜作」朱注。〇｜讀為又，又以財請誅吏。〔漢書・高惠高后文功臣表〕「｜請賕吏，死」補注引沈欽韓。〇｜讀為又。〔墨子・尚同中〕「｜率其鄉萬民」閒詁。又〔正名〕「共則｜共」集解引王念孫。又〔韓子・內儲說下〕「公叔相韓而｜攻齊」集解引俞樾。〇上｜字讀為又。〔墨子・非儒下〕「｜强執｜命」閒詁。又〔韓子・飾邪〕「救燕｜｜名」集解引王渭。〇｜當讀為又。〔墨子・節用上〕「｜去大人之好聚珠玉」閒詁。又〔韓子・問田〕「然｜大傷臣之實」集解引俞樾。又〔義府・卷上〕。〇｜當讀為右，助也。〔墨子・非命下〕「天｜顯德」閒詁引莊述祖。〇｜當讀如相親｜之｜。〔詩・四月〕「寧莫我｜」通釋。〇｜，即域也。〔說文定聲・卷一五〕（「員」下）〇｜讀為域。域，居也。〔荀子・禮論〕「人｜是」集解引王念孫。〇｜讀曰又。〔墨子・經說下〕「｜智是吾所先舉」閒詁引張惠言。又〔呂覽・召類〕「｜必召寇」校正。〇｜讀曰又，所謂貳過也。〔荀子・成相〕「後必｜」集解引盧文弨。〇｜、右聲相近。〔書・皋陶謨中〕注「｜為助」孫疏。〇｜、畜聲相近。〔說文〕「珛，朽玉也」義證。〇｜字皆友之聲誤。〔墨子・兼愛下〕「不識於兼之｜是乎」閒詁引戴望。〇｜、域一聲之轉。〔墨子・非樂上〕「九｜以亡」閒詁。〇〔說文定聲・卷五〕｜，叚借為又，實為再。〔詩・終風〕「不日｜曀」。〇｜與又同。〔呂覽・忠廉〕「其患雖得之｜不智」校正。又〔易・恒象傳〕「終則｜始也」述聞。又〔墨子〕「慎無」雜志。又〔左傳成公一三年〕「君｜二心於狄」述聞。又〔國語・晉語〕「其｜勤也」述聞。〇古為、｜義通。〔莊子・大宗師〕「莫然｜閒」集釋。〇〔穀梁〕｜作友。〔左傳昭公一一年經〕「執蔡世子｜以歸，用之」洪詁。〇〔潛夫論〕引｜作其。〔左傳昭公二九年〕「｜裔子曰董父」洪詁。〇官本｜作又。〔漢書・百官公卿表〕「｜廱太宰、太祝令丞」補注。〇九｜，魯韓作九域。〔詩・長發〕「九｜有截」集疏。〇｜，三家作｜年。〔詩・有駜〕「歲其｜」集疏。〇｜夏，謂殷都中夏。〔書・君奭〕「文王尚克修和我｜夏」孫疏。〇｜扈，澆國名也。〔楚辭・天問〕「胡終弊于｜扈」補注。〇｜扈，夏啟之庶兄。〔同上〕補注。〇｜當為猶。〔管子・侈靡〕「｜雜禮我而居之」平議。〇｜當為猶。〔墨子・明鬼下〕「｜恐後世子孫」閒詁引畢沅。〇｜方當為酋矛。〔韓子・八說〕「不適｜方鐵銛」集解引孫詒讓。〇｜當作友。〔論語・學而〕「｜朋自遠方來」平議。〇｜當作右。〔漢書・百官公卿表〕「又｜都水」補注引劉攽。〇｜當作者。〔墨子・號令〕「傳令里中｜以羽」閒詁引蘇時學。〇｜當作為。〔韓子・難一〕「是繆留未｜善以知言也」集解。〇｜當為胥，字之誤也。〔荀子・正論〕「上下無以相｜也」集解。〇｜者，育字之誤，即賣之叚字。〔莊子・人間世〕「是以人惡｜其美也」平議。〇｜，育當為肴字之誤也。〔漢書・地理志〕「莽曰｜成」補注引王念孫。〇｜當為百，字之誤也。〔大戴・少閒〕「天子昭｜神」述聞。

酒 ｜者，水穀之精，熟穀之液也。〔說文〕「｜，就也」義證引〔靈樞經〕。〇｜，｜醴。〔廣韻・有部〕〇清者為｜，濁者為醴。〔說文〕「醴，｜一宿熟也」義證引〔西京雜記〕。〇今賣｜家汲｜於甕中之器名曰｜端。〔說文〕「欒，杼扁也」段注。〇｜母猶酢母也。〔說文〕「酴，｜母也」義證。〇｜，或呼青州從事，或呼顧建康。〔通雅・卷三九〕〇天文｜旗三星在南方柳宿上，與文昌對。〔說文定聲・卷六〕〇酉、｜、就，聲並相近。〔廣雅・釋詁三〕「酉，就也」疏證。〇古｜可用酉為之。〔說文〕「酉，就也，八月黍成，可為酎｜」段注。〇｜，即酉字之小篆，因酉為十二枝借義所專，又加水旁以別之。〔說文定聲・卷六〕〇｜當作爵。〔說文〕「釂，飲｜盡也」段注。〇｜漿當為水漿。〔荀子・禮論〕「菽藿｜漿」集解引王念孫。

首 ｜，頭也。〔廣韻・有部〕〇｜，始也。〔同上〕又〔說文繫傳・通論上〕。〇｜，亦始也。〔說文〕「元，始也」義證。〇｜，引申之義為始也，本也。〔說文〕「百，頭也」段注。〇人身之始為｜。〔說文定聲・卷五〕（「始」下）〇獸初生謂之｜。〔說文〕「皇，大也」義證。〇〔通雅・卷九〕｜｜，猶言頯頯

也。鬻子曰「其道丨丨然」。〇丨事猶言第一事也。〔國策·魏策三〕「此王之丨事也」補注。〇丨謂劍之標丨也。〔考工記〕「參分其臘廣去一以為丨廣而圍之」孫正義引金榜。〇丨謂苽中生臺者。〔說文〕「苽，雕苽」義證。〇直言丨謀藏匿罪人耳。〔漢書·宣帝紀〕「自今子丨匿父母」補注引周壽昌。〇丨言以兵向之。〔國策·韓策三〕「以秦之强丨之者」鮑注。〇丨當讀為道。〔荀子·宥坐〕「伊稽丨」集解引俞樾。〇丨當讀為道。〔左傳成公一六年〕「所以疏行丨」述聞。又〔左傳襄公二三年〕「問盟丨焉」述聞。又〔荀子·宥坐〕「伊稽丨不其有來乎」平議。〇丨當讀為道，古丨道字通用。〔易·明夷九三〕「明夷于南狩得其大丨」平議。〇古字丨與道通。〔史記·秦始皇紀〕「追丨高明」述聞。〇丨，此籀文百也。〔說文定聲·卷六〕〇丨、手古同音通用。〔說文〕「敤，舜女弟名敤丨」段注。〇古丨、手通。〔說文〕「敤，研治也」義證。〇丨、秀同音相假。〔左傳成公五年〕「荀丨」疏證引臧壽恭。〇丨，有本作守者。〔史記·始皇本紀〕「追丨高明」志疑。〇〔通典〕作守，〔通考〕於唐之封作守，宋之封作丨。〔史記·仲尼弟子列傳〕「公夏丨字乘」志疑。〇丨即道字也。〔管子〕「建當立有以靖為宗」雜志。〇丨，或為手。〔說文〕「苽，雕苽」義證。〇此丨字作道。〔史記·始皇本紀〕「追丨高明」志疑。〇丨鄉，在睢州東南。〔左傳桓公一八年〕「師于丨止」疏證引〔方輿紀要〕。

手

丨，五指之形。〔說文〕「丨，拳也」繫傳。〇及掌謂之丨。（同上）義證引〔急就篇〕顏注。〇舒之為丨。〔說文定聲·卷六〕〇丨，持也。〔通說〕「丨」述聞。〇丨搏，亦拳勇之類，今謂之貫跤。〔漢書·藝文志〕「丨搏六篇」補注引葉德輝。〇丨、足謂拍蹋殺之。〔漢書·司馬相如傳〕「丨熊羆，足壄羊」補注。〇丨，古首字。〔左傳襄公二五年〕「授丨于我」洪詁引惠棟。〇古文假借丨為首。〔說文〕「百，頭也」段注。〇〔說文定聲·卷六〕丨，假借為杽。〔法言〕「聖人以不丨為聖人」。〇〔史記·周紀〕丨作持。〔周書·克殷〕「武王乃丨大白以麾諸侯」述聞。〇古丨首通。〔公羊傳成公二年〕「公子丨何以書」陳疏。〇丨當為午。〔法言·問神〕「聖人以不丨為聖人」平議。〇丨當為毛之誤。〔韓子·外儲說右下〕「察丨吻文」集解。

口

丨者，言之門。〔說文〕「丨，人所以言食也」義證引〔白帖〕周生烈。〇丨，言也。〔說文〕「尋，繹理也」繫傳。〇丨，發號也。〔說文繫傳·通論上〕〇丨者，出令也。〔說文繫傳·通論中〕〇劍首或謂之丨。〔考工記〕孫正義引金榜。〇丨實，謂實于頤中也。〔易·彖上〕「自求丨實，觀其自養也」李疏。〇丨實，謂有所藉以為辭也。〔義府·卷上〕〇隱度其辭，丨以授人曰丨占。〔通雅·卷三〕引〔增韻〕。〇丨急，俗云牙關緊也。〔說文〕「唫，丨急也」句讀。〇丨急也者，俗言牙關緊也。（同上）義證。〇宋元皆曰供頓，近日曰丨糧。〔通雅·卷二六〕〇丨聖，謂柔順其丨，捷給為通，以言語餂取人意。〔大戴·曾子立事〕「足恭而丨聖」王詁。〇讀丨為叩，叩，發動也。〔公羊傳隱公四年〕注「丨猶丨語，相發動也」述聞。〇〔說文定聲·卷八〕丨，段借為訌。〔公羊傳隱公四年〕「吾為子丨隱矣」。〇丨啍當作丨鑱。鑱者鋭也。〔荀子·哀公〕「無取丨啍」集解引郝懿行。

母

丨，父丨。〔廣韻·厚部〕〇其婦人長老之稱，亦謂之丨。〔廣雅·釋親〕「媪，丨也」疏證。〇〔通雅·卷一九〕丨丨，亦尊尊之意。〔紫薇雜記〕「呂氏丨丨」。〇父丨者，謂天子也。〔書·泰誓〕「天將有立父丨」孫疏。〇丨量，即無慮之轉。〔廣雅·釋訓〕「無慮，都凡也」疏證。〇〔說文定聲·卷五〕丨、冒雙聲。〔釋名·釋親屬〕「丨，冒也，含生己也」。〇丨猴、獮猴、沐猴，一聲之轉。〔說文〕「蜼，如丨猴」段注。〇〔說文定聲·卷五〕丨，段借為拇。〔易〕荀本「咸其丨」。〇（同上）丨，段借為姆。〔公羊傳襄公三〇年〕「不見傅丨」。〇丨即姆也。〔說文〕「姆，女師也」段注。〇丨，注本作毋。〔漢書·天文志〕「東郡莊平男子侯丨辟兄弟五人羣黨為盜」補注引朱一新。〇官本丨作毋。〔漢書·宣曲任氏傳〕「唯丨鹽氏出捐千金貸」補注。〇丨常人行禮，官本作每當大行禮。〔漢書·禮樂志〕「養三老五更於辟廱」補注。〇丨當作毌。〔管子·輕重丁〕「丨至其本」平議。〇丨當作毋。〔史記·田完世家〕「取丨丘」志疑。〇丨當作侮。〔賈子·時變〕「民不為奸而貧為里丨也」平議。

後

丨，先丨。〔廣韻·厚部〕〇先丨，猶言始終。〔易·坤〕「先迷丨得主」述聞。〇丨，不急也。〔孟子·梁惠王上〕「未有義而丨其君者也」朱注。〇丨謂緩師。〔左傳成公八年〕「君丨諸侯」疏證。〇無丨謂失其國胙也。〔公羊傳桓公七年〕「貴者無丨待之如初也」平議。〇丨，謂所不見者。〔大戴·武王踐阼〕「慮爾丨」王詁。〇丨子，嗣子也。〔墨子·公孟〕「君與父、母、妻、丨子死」閒詁引畢沅。〇丨子即嗣子。〔墨子·天志下〕「為人丨子者」閒詁。〇丨子，嗣子適也。〔墨子·節葬下〕「妻與丨子死者」閒詁引畢沅。〇丨子者，為父丨之子，即長子也。（同上）閒詁引孔廣森。〇丨生，即弟子之稱。〔墨子·耕柱〕「丨生不敢死」閒詁。〇丨生，亦弟子也。〔墨子·非儒下〕「夫為弟子丨生」閒詁。〇丨進，猶言丨輩。〔論語·先進〕「丨進於禮樂」朱注。〇丨車，副車也。〔詩·緜蠻〕「命彼丨車」朱傳。〇丨王，謂文武也。〔荀子·非相〕「丨王是也」集解引劉台拱。〇丨王二字，指文武而言。（同上）集解引王念孫。〇〔御覽〕丨作欲。〔呂覽·任數〕「食潔而丨饋」校正。〇丨當為復。〔漢書·燕靈王傳〕「已丨聞齊與三國有謀」補注引王念孫。又〔師丹傳〕「丨從公卿議」補注引陳景雲。〇丨當作后也。〔書·顧命〕「在丨之侗」孫疏。〇丨當為復字之誤也，復與愎同。〔荀子·成相〕「恨丨遂過」集解引王念孫。〇丨字乃從字之誤。〔淮南·人間〕「是使晉國之武舍仁而丨佞」平議。〇逡古文丨。〔廣韻·厚部〕

柳

丨，木名。〔廣韻·有部〕〇丨，楊之下垂者。〔詩·東方未明〕「折丨樊圃」朱傳。〇丨，枝弱而垂流，故謂之丨。〔本草·卷三五〕〇丨亦訓聚。〔左傳宣公元年經〕「晉趙穿帥師侵崇」疏證引臧壽恭。〇丨，車也。〔廣雅·釋器〕〇〔說文定聲·卷五〕載柩之車飾曰丨。〔廣雅·釋器〕「輀，丨車

也」。〔「輀」下〕〇凡覆柩車者，上曰丨，下曰牆。〔周禮・縫人〕「衣翣丨之材」孫正義。〇丨轂，日色也。〔通雅・卷一二〕〇丨、蔞、縷、僂並通。〔廣雅・釋器〕「丨，車也」疏證。〇丨、僂、簍、縷，古字並通。〔方言九〕「車枸簍，宋魏陳楚之間謂之筱」箋疏。〇楊之細莖小葉者曰丨。〔説文〕「丨，少楊也」段注。〇〔説文定聲・卷六〕丨，亦曰朱楊，曰雨師，今蘇俗謂之西河丨。〔爾雅〕「檉，河丨」。〇〔同上〕丨亦曰水楊，曰青楊。〔爾雅〕「楊，蒲丨」。〇〔同上〕丨，亦曰欅丨、曰鬼丨、曰杞丨，可為栝棬，籔箕。〔爾雅〕「援，拒柳」。〇〔同上〕丨，如毛，尾下垂，亦曰垂絲丨。〔爾雅〕「旄，澤丨」。〇〔同上〕丨，猶轀輬安車，亦為喪車之名也。〔史記・季布欒布傳〕「置廣丨車中」。〇丨者，八星曲頭垂似丨。〔釋天〕「咮謂之丨」郝疏。〇〔説文定聲・卷六〕丨，南方朱鳥宿八星，曲而垂，形似丨枝，故名。〔爾雅・釋天〕「咮，謂之丨，丨，鶉火也」。〇〔同上〕丨，兼以僂為訓。〔釋名・釋喪制〕「丨，聚也，衆飾所聚，亦其形僂也」。〇〔同上〕丨，以栖為訓。〔漢書・季布傳〕「廣丨車」。〇古多假丨為酉。〔説文〕「丨，從木丣聲。丣，古文酉」段注。〇〔説文定聲・卷六〕丨，叚借為丣。〔孟子〕「子丨子思為臣」。〇〔同上〕丨，叚借為揂。〔書・大傳〕「度西曰丨穀」。〇〔同上〕丨，叚借為霤。〔周禮・縫人〕「衣翣丨之材哉」。〇丨，字亦作櫝。〔説文定聲・卷六〕〇〔同上〕丨，以蔞為之。〔禮記・檀弓〕「設蔞翣」。〇〔同上〕丨，以縷為之。〔荀子・禮論〕「帾絲蔮縷翣」。〇丨江，即古瀏水，後世譌其字耳。〔説文〕「瀏，瀏水」段注。

友

丨，二手相順。〔説文〕「丨，同志為丨」繫傳。〇同志曰丨。〔大戴・曾子制言上〕「朋丨之讎」王詁。又〔説文繫傳・通論中〕。〇丨，朋丨，同志為丨。〔廣韻・有部〕〇善兄弟曰丨。〔詩・六月〕「張仲孝丨」朱傳。又〔論語・為政〕「丨于兄弟」朱注。又〔説文繫傳・通論中〕。〇兄敬愛弟謂之丨。〔大戴・曾子制言上〕「少者丨焉」王詁。〇丨，親也。〔詩・關雎〕「琴瑟丨之」集疏引魯、韓説。〇丨者，親愛之意也。〔同上〕朱傳。〇丨，所敬也。〔孟子・萬章下〕「則丨之矣」朱注。〇丨，猶伴也。〔孟子・滕文公上〕「出入相丨」朱注。〇丨，右也，相佐佑也。〔説文繫傳・通論中〕〇獸三曰羣，二曰丨。〔詩・吉日〕「或羣或丨」朱傳。〇〔説文定聲・卷五〕丨，亦順也。〔禮記・內則〕「不丨無禮于介婦」。〇丨紀，猶言綱紀也。〔詩・雲漢〕「散無丨紀」朱傳。〇丨邦，史公作有國。〔書・牧誓〕注「史遷丨邦作有國」孫疏。〇丨作效者，丨與爻形相近，今文丨蓋作爻説。〔書・大誥〕「有丨伐厥子」孫疏引段玉裁。〇丨當讀為有。〔禮記・內則〕「不丨無禮於介婦」平議。〇丨當作支。〔韓子・説林上〕「公孫丨自刖」集解引盧文弨。〇丨俱讀為右。〔書・酒誥〕「太史丨內史丨」孫疏。〇丨即有之假借。〔詩・雲漢〕「散無丨紀」通釋。〇丨同有。〔書・召誥〕「越丨民」孫疏。

婦

丨，女帚為丨，執箕帚也。〔説文繫傳・通論中〕〇丨，服也。〔公羊傳隱公二年〕注「在塗見夫服從之辭」陳疏。又〔説文繫傳・通論中〕。〇丨為卑服之稱。〔釋親〕「女子謂弟之妻為丨」郝疏。〇丨者，服事舅姑之稱。〔説文〕「丨，服也」義證引〔急就篇〕顏注。〇對姑曰丨。〔説文繫傳・通論〕〇丨，今男子亦通謂嫂丨。〔釋親〕「女子謂兄之妻為嫂，弟之妻為丨」鄭注。〇丨好當與女好同，亦柔婉之意。〔荀子・樂論〕「琴丨好」集解引俞樾。〇負、丨二字，古皆讀如否泰之否。〔周書〕「淫佚」雜志。〇丨、負古字通。〔釋蟲〕「蟠，鼠負」郝疏。

斗

十升為丨。〔本草・卷一〕〇丨，量名，容十升。〔論語・子路〕「丨筲之人」朱注。〇〔通雅・卷四〇〕吳中市魚以丨計，一丨為二升半。〔松陵唱和詩〕「一丨霜鱗換濁醪」。〇丨食，祿日以丨為計。〔漢書・百官公卿表〕「百石以下有丨食」補注引〔續志〕劉注。〇丨回，取水之筌也。蓋唐人之方言，今則謂之兠籃，或曰花籃。〔通雅・襍用〕〇丨，料也。〔公羊傳宣公六年〕「公怒以丨摮而殺之」陳疏引孔廣森。〇丨之言斢也。〔廣雅・釋器〕「料，杓也」疏證。〇丨者，天之喉舌。〔漢書・天文志〕「北丨七星」補注引〔文耀鉤〕。〇歷謂冬至丨建曰丨分。〔通雅・卷三〕〇丨擊，厭勝之方位也。〔通雅・卷三〕〇〔通雅・卷一〕丨之于主，此可通者也。〔溝洫志〕「其泥數丨」。〇五帝廟，黃曰神丨。〔廣雅・釋宮〕〇古丨、料通用。〔説文〕「魁，羹丨也」段注。〇丨或借斢。〔説文〕「丨，十升也」義證。〇丨，叚借為丨陗之丨。〔説文〕「丨，十升也」段注。〇丨者，料之假借。〔詩・行葦〕「酌以大丨」陳疏。〇丨，料之叚借字。〔墨子・節用中〕「丨以酌」閒詁。〇丨者，皆料之假字。〔詩・大東〕「維北有丨」通釋。〇丨即料之借字。〔墨子・備城門〕「必以布麻丨」閒詁。〇〔説文定聲・卷八〕丨，叚借發聲之詞，俗字作陡。〔後漢・竇融傳〕注「丨，陗，峻絕也」。〇丨同料。〔説文〕「勺，料也」段注。〇丨擻、抖揀、丨漱並與抖藪同，與搜索義相近。〔方言六〕「鋪頒，索也，秦晉言抖藪也」箋疏。〇丨甬，舊本作升角。〔呂覽・仲秋〕「齊丨甬」校正。〇以丨為料也。〔説文〕「料，勺也」段注。〇丨，俗作陡。〔説文〕「陗，陵也」段注。

狗

丨，犬。〔廣韻・厚部〕〇丨，家畜，以吠守。〔説文〕「丨，孔子曰，丨，叩也」義證引〔玉篇〕。〇丨，叩也，吠聲有節，如叩物也。或云為物苟且，故謂之丨。〔本草・卷五〇〕〇丨，燕禮之牲也。〔禮記・鄉飲酒〕「亨丨於東方」集解。〇蛞、丨、蛒聲相轉。〔釋蟲〕「螜，天螻」郝疏。〇丨、獳、耨，聲正相近。〔廣雅・釋草〕「雞丨獳，哺公也」疏證。〇丨、枸同聲。〔廣雅・釋草〕「枸乳，苦杞也」疏證。〇丨於古則韓盧宋鵲。〔説文〕「猲，犬猲猲不附人也」義證引魏文帝。〇丨，字亦作狗。〔説文定聲・卷八〕

久

丨，長丨也。〔廣韻・有部〕〇丨，從人象後有迫而止者。〔説文定聲・卷五〕〇丨，本義訓從後歫之，引伸之則凡歫塞皆曰丨。〔説文〕「丨，從後灸之也」段注。〇丨，猶後。〔國策・魏策四〕「而丨不可知」鮑注。〇丨，又引伸為遲丨。〔説文〕「丨，從後灸之也」段注。〇丨立謂早立。〔漢書・高帝紀〕「丨立」補注。〇丨之言舊也。〔釋詁〕「曩，丨也」郝疏。〇丨要，舊約也。〔論語・憲問〕「丨要不忘平生之言」朱注。又〔通鑑・晉紀一三〕「君

不忘丨要」音注。○丨雨曰苦雨。〔説文〕「霏，丨雨也」義證引〔纂要〕。○丨雨亦曰愁霖。〔説文〕「霖，雨三日已往」義證引〔纂要〕。○丨灸皆取附箸相拒之意，凡附箸相拒曰丨，用火則曰丨。〔説文〕「灸，灼也」段注。○丨，今言灸，以艾注之也。〔説文〕「丨，從後灸之」繫傳。○丨長與終義近。○〔釋言〕「彌，終也」郝疏。○守與丨並義同。〔廣雅・釋詁三〕「守，丨也」疏證。○終與丨義相近。〔釋詁三〕「彌，丨也」疏證。○〔説文定聲・卷五〕丨，叚借為有。〔列子・天瑞〕「精神者，天之丨道，進乎本不丨」。○〔同上〕丨，叚借為灸。〔儀禮・士喪禮〕「冪用疏布丨之」。○丨當讀為宄。〔大戴・盛德〕「願富不丨妨於政」平議。○丨讀為舊。〔管子・度地〕「補弊丨，去苦惡」平議。○〔説文定聲・卷五〕丨，今本以灸為之。〔考工記・廬人〕「灸之牆以觀其橈也」。○丨當為夂。〔説文〕「徲，丨也」義證。○丨當作夕。〔韓子・内儲説下〕「與故人丨語」集解。

負

丨，背也。〔大戴・武王踐阼〕「丨屏而立」王詁。又〔國策・秦策四〕「東丨海」鮑注。○丨，亦背也。〔國策〕「梧而殺之」雜志。又〔釋邱〕「邱背有邱為丨邱」述聞。○丨言背。〔國策・燕策一〕「丨牀之孫」鮑注。○丨猶背。〔國策・齊策六〕「齊丨郭之民」鮑注。○丨之言背也。〔大戴・主言〕「退丨序而立」王詁。又〔夏小正〕「魚陟丨冰」王詁。又〔墨子〕「三畏」雜志。○丨，背丨也。〔詩・生民〕「是任是丨」朱傳。○丨謂丨於背。〔孟子・梁惠王上〕「頒白者不丨戴於道路矣」焦正義。○丨，在背。〔國策・楚策四〕「丨棘而不能上」補注。○丨，任在背。〔孟子・梁惠王下〕「頒白者不丨戴於道路矣」朱注。○丨，背立也。〔儀禮・士冠禮〕「擯者玄端丨東塾」胡正義。○丨牆、丨扆、丨劍，皆狀其背也。〔通雅・卷一八〕○丨，恃也。〔國策・東周策〕「公丨令秦與强齊戰」補正。又〔漢書・匈奴傳〕「丨前言，緣往辭」補注引胡注。又〔通鑑・漢紀二六〕「使有恨心，丨前言」音注。○丨猶恃。〔國策・秦策一〕「趙固丨其衆」鮑注。○丨，依也。〔孟子・盡心下〕「虎丨嵎」朱注。○丨，荷也。〔大戴・曾子制言上〕「行則為人丨」王詁。又〔廣韻・有部〕。○丨猶荷。〔國策・燕策一〕「而世丨其禍矣」鮑注。○丨，擔也。〔廣韻・有部〕○丨擔猶何也。〔左傳莊公二二年〕「弛於丨擔」疏證。○丨言荷罪在身。〔國策・燕策二〕「自丨以不肖之罪」鮑注。○丨，抱也。〔荀子・不苟〕「故懷丨石而赴河」集解引王念孫。○丨亦任也。〔荀子・宥坐篇〕「任丨車登焉」集解引王念孫。○丨亦任也。連言任丨者，古人自有複語耳。〔荀子〕「任丨車」雜志。○丨之言孚也。〔詩・小宛〕「蜾蠃丨之」通釋。○丨之即孚育之。〔同上〕通釋。○丨，所戴也。〔國策・楚策四〕「丨棘而不能上」鮑注。○背恩忘德曰丨。〔慧琳音義・卷八〕引顧野王。又〔廣韻・有部〕。○背恩惡德曰丨。〔卷一一〕引顧野王。○受貸不償曰丨。〔卷一一〕引〔韻詮〕。又〔廣韻・有部〕。○〔説文定聲・卷五〕丨子，不慈也。〔御覽〕引〔白虎通〕「諸侯疾稱丨子」。○暴殄天物以私饗幸，是謂丨天。〔漢書・鮑宣傳〕「天下可久丨」補注引胡注。○〔説文定聲・卷五〕丨，即〔方言三〕駡奴婢曰侮之侮也。〔史記・張儀傳〕「而厮徒丨養在其中矣」。○不勝為丨。〔通鑑・周紀一〕「臣何丨於魏成」音注。○丨猶失也。〔國策・東周策〕「公丨令秦與强齊戰」鮑注。○丨下，猶言所憑汙下。〔漢書・司馬遷傳〕「且丨下未易居」補注引郭嵩燾。○丨猶後世言陪也，陪俗作賠。〔韓子・説林下〕「丨其百金」集解引孫詒讓。○丨尾即陪尾。〔通雅・卷一六〕○丨版，抒邦國圖籍者。〔論語・鄉黨〕「式丨版者」朱注。○〔通雅・卷一八〕丨劍，言丨者以手無童子之肩背。〔禮〕「丨劍辟咡召之」。○丨舉者，即今所謂罪坐舉主也。〔漢書・薛宣傳〕「恐丨舉者」補注引洪頤煊。○丨丨，而又丨也。〔通雅・卷一〇〕○丨蚩，則又丨蚩也。〔卷四七〕○丨與背古同聲而字亦通。〔墨子〕「三畏」雜志。○丨與背古聲相近。〔廣雅・釋詁四〕「丨，背，後也」疏證。○丨、婦二字，古皆讀如否泰之否。〔周書〕「淫佚」雜志。○丨與服古同聲而通用。〔荀子〕「丨服矢」雜志。○丨、服古通用。〔管子・大匡〕「令一人為丨以車」平議。○丨與婦古字通用。〔廣雅・釋蟲〕「丨蠜，蝂也」疏證。○背、倍、丨三字，古同聲而通用。〔國策〕「梧而殺之」雜志。○丨、伏通。〔墨子・節葬下〕「譬猶使人丨劍」閒詁。○〔説文定聲・卷五〕凡違其初心曰丨。〔説文〕「丨，一曰受貸不償」。○〔同上〕丨，叚借為北。〔後漢・馮衍傳〕「丨義於時」。○〔同上〕丨，叚借為婦。〔漢書・高帝紀〕「常從媪武丨貰酒」。○〔同上〕丨，叚借為背，凡以背任物曰丨。〔易・繫辭〕「丨也者，小人之事也」。○〔同上〕丨，叚借為似。〔禮記・樂記〕「禮樂偩天地之情」。○〔同上〕丨，叚借為不。〔御覽〕引〔白虎通〕「諸侯疾稱丨子」。○阻、丨、介三字同義。〔史記〕「介江淮」雜志。○丨釜，一作丨金，鸛也。〔通雅・卷四五〕○丨扆，一作依，背依，倍衣。〔卷七〕○丨茲，一作丨子。〔同上〕○丨又作婦。〔説文〕「蟠，鼠婦也」段注。○丨，字或作偩。〔説文〕「丨，恃也」義證。○〔説文定聲・卷五〕丨，字亦變作蝜。〔釋蟲〕「草蟲丨蠜」。○丨，作偩，俗字也。〔説文〕「丨，恃也」段注。○丨，俗字亦作偩。〔説文定聲・卷五〕○〔同上〕丨，員之誤字。〔淮南・兵畧〕「便國不丨兵」。○丨下即霸下。〔通雅・卷三八〕

厚

丨謂地蓋丨。〔説文〕「丨，山陵之丨也」繫傳。○丨，重也。〔國策・趙策一〕「張孟談便丨以便名」鮑注。又〔廣韻・厚部〕。又〔史記〕「可以重制天下」雜志。又〔説文〕「重，丨也」義證引〔玉篇〕。○丨猶重。〔國策・東周策〕「丨寶也」鮑注。○丨猶重也。〔荀子・非十二子〕「以為仲尼、子游為茲丨於後世」集解引俞樾。又〔同上〕平議。○丨、重二字同義。〔史記〕「可以重致天下」雜志。○丨與重同義。〔廣雅・釋詁三〕「鈇，重也」疏證。又〔方言六〕「鈇，錘重也」箋疏。○丨言使之重。〔國策・秦策三〕「獨不足丨國家乎」鮑注。○丨，丨薄。〔廣韻・厚部〕○丨，廣也。〔同上〕○丨與大同義。〔廣雅・釋詁一〕「敦，大也」疏證。○丨猶大。〔國策・秦策二〕「非能丨勝之也」鮑注。○丨猶大也。〔大戴・盛德〕「其德誠丨」王詁。○丨，深也。〔同上〕王詁。○丨亦美也。〔廣雅・釋詁一〕「蒸，美也」疏證。○丨求諸己謂之丨。〔論語・衛靈公〕「躬自丨而薄責於人」劉正義。○丨

生，天德。〔左傳文公七年〕「正德、利用、—生謂之三事」洪詁引賈逵。○〔說文定聲・卷一五〕—夕，猶長夜也。〔說文〕「窀，窀穸，葬之—夕」。(「窀」下)○—與固義近。〔釋詁〕「篤，固也」郝疏。○—謂臣黨與衆勢位高也。〔韓子・揚權〕「—者虧之」集解引舊注。○〔說文〕垕，古文—。〔漢書・古今人表〕「—孛」補注引錢大昕。○—與后古字通。〔易・益象傳〕「下不—事也」平議。○—通作後，又通作后。〔釋詁〕「惇，—也」郝疏。○〔說文定聲・卷八〕—，叚借為昊。〔考工記・弓人〕「—其液而節其帤」。○(同上)—，叚借為郈。〔左傳襄公一四年〕「公使—成叔弔于衛」。○—，舊本作後。〔呂覽・驕恣〕「能—以理督責於其臣矣」校正。○—，〔內傳〕作郈，〔禮記〕又作后。〔左傳襄公一四年〕「公使—成叔弔于衛」洪詁。○—乃序之誤。〔漢書・食貨志〕「—布」補注引葉德輝。

垕

—即厚字。〔墨子・備穴〕「壘石外—」閒詁引畢沅。

叟

—，長老之稱。〔孟子・梁惠王上〕「—不遠千里而來」朱注。又〔說文〕「叜，老也」義證引劉熙。○翁、公、父、—，古或以為長老之稱。〔廣雅・釋親〕「翁、公、—，父也」疏證。○—，尊老之稱。〔通鑑・周紀二〕「—不遠千里而來」音注。○—，老人之偁也。〔說文〕「嫂，兄妻也」段注。○—、溞，聲之轉。〔釋訓〕「溞溞，淅也」邵正義。○—，同叜。〔廣韻・厚部〕○傁同—。(同上)

叜

—，老—。〔廣韻・厚部〕○—，即搜之古文，从又持火，屋下索物也，會意。〔說文定聲・卷六〕○—，今字作叟。〔說文〕「—，老也」段注。○—與溲通。〔廣雅・釋詁二〕「溞，洒也」疏證。

傁

—與叟同。〔左傳宣公一二年〕「趙—在後」洪詁引惠棟。○—同叟。〔廣韻・有部〕○—與叜同。〔廣雅・釋詁一〕「—，老也」疏證。又〔方言六〕「—、艾，長老也」箋疏。○—，本作叜，俗通作叟。(同上)疏證。

走

—，趨也。〔大戴・曾子制言〕「馬非馬不—」王詁。又〔廣韻・厚部〕。○行、步、趨、—，四者散文俱通。〔釋宮〕「中庭謂之—」郝疏。○—，趨之也。〔國策・東周策〕「天下果弗必—」鮑注。○—，疾趨也。〔國策・楚策一〕「秦王聞而—之」鮑注。○—，疾趨之也。〔通鑑・周紀一〕「襄子將出，曰吾何—乎」音注。又〔說文〕「—，趨也」義證引〔洪武正韻〕。○〔說文定聲・卷八〕—與奔同義。〔說文〕「—，趨也」。○—，去也。〔大戴・盛德〕「民心—」王詁。○—馬則舍駕而騎。〔漢書・張敞傳〕「過—馬章臺街」補注引沈欽韓。○—馬，即趣馬之假借。〔詩・緜〕「來朝—馬」通釋。○—作趨。(同上)集疏引韓說。

守

—猶待。〔國策・秦策四〕「—事於韓」鮑注。○—業謂安業而不遷。〔左傳成公一三年〕「篤在—業」疏證。○持不惑曰—。〔大戴・曾子制言〕「貴其能—也」王詁。○—猶敂也。〔漢書・車師後國傳〕「東—玉門關」補注引徐松。○—猶閉。〔國策・趙策一〕「今踰勾注禁常山而—」鮑注。○—者，權—也。〔漢書・哀帝紀〕「使執金吾任宏—大鴻臚」補注引〔通鑑〕胡注。○—，有官職在者。〔左傳宣公一五年〕「臣能承命為信」疏證引惠棟。○—即太—也。〔墨子・號令〕「城內—任」閒詁。○—，主—。〔廣韻・有部〕○—丞，郡邸—邸之丞也。〔漢書・丙吉傳〕「吉謂—丞誰如」補注引劉奉世。○—宮，今俗呼為辟宮，辟亦禦扞之義。〔方言八〕「—宮，或謂之蜥蜴」箋疏。○—宮，即人家屋壁中蝘蜓，俗呼蝎虎者也。〔漢書・東方朔傳〕「置—宮盂下」補注引劉敞。○蜥蜴，總曰螭，在屋曰—宮。〔通雅・卷四七〕○最小在牆間砌下者曰—宮。〔釋魚〕「—宮」鄭注。○謂之—龜者，蓋世—之龜也。〔國語・魯語〕「老請—龜卜室之族」述聞。○一—者，一道也。〔莊子・庚桑楚〕「孰知有無死生之一—者」平議。○二十日以上為—。〔漢書・天文志〕「合散犯—」補注引郗明。○—與久並同義。〔廣雅・釋詁三〕「—，久也」疏證。○—、狩通。〔左傳莊公二一年〕「王巡號—」疏證。○—即道字。〔莊子・知北遊〕「臣有—也」集釋引王念孫。○—作屏。〔詩・十月之交〕「俾—我王」集疏引魯說。○—，本或作狩。〔左傳莊公二一年〕「王巡號—」洪詁引〔釋文〕。○—當作得。〔淮南・精神〕「或—之於形骸之內而不見也」平議。○—當作止。〔韓子・內儲說上〕「是以麗水之金不—」集解。○罶—當作罶寺。〔漢書・蕭望之傳〕「之杜陵護視家事」補注引錢大昭。

右

—，尊。〔詩・時邁〕「實—序有周」朱傳。○—，尊也。〔詩・我將〕「維天其—之」朱傳。又〔雝〕「亦—文母」朱傳。○—者，人道所尊。〔國策・趙策三〕「多在君之—」鮑注。○—將軍者，以—尊故也。〔史記・封禪書〕「杜主，故周之—將軍」志疑。○以—為尊。〔漢書・高帝紀〕「漢廷臣無能出其—者」補注引吳仁傑。○—者，居則貴左，用兵則貴—。(同上)補注引劉攽。○職居諸吏之上為—職。〔漢書・尹翁歸傳〕「選用廉平疾姦吏以為—職」補注引胡注。○—，言不足以佐又手助之。〔說文〕「—，助也」繫傳。○—序猶言佐助。〔詩・時邁〕「實—序有周」通釋。○—言助之力。〔國策・魏策二〕「衍將—韓而左魏」鮑注。○—，以謀以力也。〔說文〕「—，手口相助也」繫傳。○—，路門外之西。〔禮記・祭義〕「—社稷而左宗廟」集解。○—，不相直而出其—也。〔詩・蒹葭〕「道阻且—」朱傳。○—契，可以責取。〔國策・韓策三〕「操—契」鮑注。○〔說文定聲・卷五〕—，叚借為又。〔易・豐〕「折其—肱」。○(同上)—，叚借為祐，祐、—實同字。〔易・大有〕「自天—之」。○(同上)—，叚借為姷。〔魏策〕「必—秦而左魏」。○—則侑之叚借。〔詩・彤弓〕「一朝—之」通釋。○凡經典中佐佑字皆作左—。〔漢書・孔光傳〕「天—與王者」補注引王念孫。○—又作祐。〔說文〕「—，助也」義證。○—，經典作佑。(同上)義證。

否

—，不也。〔大戴・少閒〕「五則—能」王詁。○非、—、不並同義。〔墨子〕「女何擇言人」雜志。○—，不盈，少也。〔墨子・經下〕「說在盈—知」閒詁

引張惠言。〇—引申為不通。〔説文〕「—，不也」段注。〇—者，説事之不然也。（同上）段注。〇〔釋詞・卷一〇〕—，非也。〔墨子・尚同〕「—用佚也」。〇—猶非也。〔墨子〕「用説」雜志。〇〔釋詞・卷一〇〕—，無也。〔書・堯典〕「—德忝帝位」。〇—，可—也。〔説文〕「—，不也」義證引〔玉篇〕。〇—為語詞。〔詩・何人斯〕「—難知也」通釋。〇—與不，古皆讀為鄙。〔説文〕「—，不也」義證引王念孫。〇—讀如易卦之—。〔書・君奭〕「殷喪大—」孫疏。〇—、弗、倗、粃、不，皆一聲之轉也。〔廣雅・釋詁四〕「—，不也」疏證。〇—、弗音同。〔墨子・尚同中〕「—用練折則刑」閒詁引畢沅。〇—與不古字通。〔墨子〕「女何擇言人」雜志。〇不、丕、—，古字通用。〔書・無逸〕「—則侮厥父母」平議。〇—即不字。〔墨子・尚同中〕「苗民—用練」閒詁引錢大昕。〇賢不即賢—也。〔讀淮南子書後〕「異貴賤、差賢不」雜志。〇—，經傳多以不為之。〔説文定聲・卷五〕〇—為不之分別文。〔説文〕「—，不也」句讀。

醜　—，類也。〔廣韻・有部〕〇—之言儔也。〔廣雅・釋詁三〕「—，類也」疏證。又〔釋詁四〕「—，同也」疏證。〇—，象也。〔詩・吉日〕「從其羣—」朱傳。又〔泮水〕「屈此羣—」朱傳。〇—，徒衆也。〔詩・出車〕「執訊獲—」朱傳。〇—，惡也。〔詩・牆有茨〕「言之—也」朱傳。又〔大戴・千乘〕「嬴—以齒者」王詁。又〔國策・魏策二〕「齊魏之交已—」鮑注。〇—，亦惡也。〔詩・民勞〕「以謹—厲」通釋。又〔書・商書序〕「既—有夏」孫疏。〇—者，可惡也。〔説文〕「娸，媿也」段注。又「斁，—也」段注。〇—言惡事也。〔國策・趙策二〕「無所見—」補正。〇—，恥也。〔呂覽・貴公〕「—不若黃帝」校正。又〔周書〕「武有六制」雜志。〇—猶恥也。〔墨子・親士〕「越王勾踐遇吳王之—」閒詁引蘇時學。〇—當訓恥。〔呂覽・達鬱〕「必使我—」校正。〇人貌陋者為—，男女所諱處亦謂之—，兼羞惡二義。〔字詁〕〇面—，當為面醜。〔説文〕「姡，面—也」義證。〇凡不善皆曰—。〔説文〕「亞，—也」義證引〔世本〕。〇—，不端嚴也。〔慧琳音義・卷一八〕〇—，竅也。〔廣韻・有部〕〇—與州聲近而義同。〔廣雅・釋親〕「州，臀也」疏證。〇—通作媿。〔釋詁〕「—，衆也」郝疏。〇〔説文定聲・卷六〕—，段借為畱。〔漢書・儒林傳〕「燕人周—字子家」。〇（同上）—，段借為尻。〔禮記・內則〕「鼈去—」。〇（同上）—，段借為儔，為疇。〔釋詁〕「—，衆也」。〇—類之—，其義即儔，古音近而借用。〔字詁〕〇凡云—類也者，皆謂—即疇之假借字。〔説文〕「—，可惡也」段注。〇—，或作恥。〔周書〕「武有六制」雜志。〇—，或作討。〔説文〕「討，治也」段注。〇—當為醜。〔説文〕「魗，古文以為—字」義證。

受　—，容納也。〔廣韻・有部〕又〔慧琳音義・卷二七〕。〇—，盛也。〔廣韻・有部〕〇凡言—者，即是容盛之義。〔廣雅・釋詁三〕「堪、—，盛也」疏證。〇—，承也。〔廣韻・有部〕〇—，得也。（同上）〇—，繼也。（同上）又〔慧琳音義・卷二七〕。〇—，取上下相受也。〔説文〕「—，相付也」繫傳。〇—亦含義。〔左傳宣公一五年〕疏證引惠棟。〇—，取也。〔孟子・離婁上〕「男女授—不親」朱注。〇相—猶相保也。〔周禮・族師〕「使之相保相—」平議。〇—與保義近。〔左傳昭公三一年〕「—其無咎」平議。〇—與保同義。〔周禮・大司徒〕「使之相保」平議。〇—者迎也。〔荀子・解蔽〕「所將—」集解引郝懿行。〇〔説文定聲・卷六〕—，舒之姿也。〔詩・月出〕「舒懮—兮」。〇帝乙子辛名—，作紂者借字。〔説文定聲・卷六〕〇凡今文俱作紂，古文或作—也。〔書・牧誓〕注「史遷商王—作殷王紂」孫疏。〇—，授之通借。〔國策・卷上〕「天子—籍」札記引補正。〇—，一作更，蓋古字通用。〔史記・夏本紀〕「—豕韋之後」志疑。〇—，當作授，字通借。〔國策・齊策四〕「天子—籍」補正。〇—，一作壽。〔史記・惠景閒侯者年表〕「敬侯齊—」志疑。〇〔説文定聲・卷六〕—，叜之誤字。〔周禮・巾車〕故書「歲時—續」。〇（同上）—，字亦誤作炙。〔唐扶頌〕「老炙茅土」。〇—乃愛字之誤。〔商子・來民〕「而王何為—爵而重復乎」平議。〇舊校云，—一作愛。〔呂覽・高義〕「而—其國」校正。〇〔月令〕—字作授。〔呂覽・季秋〕「與—車以級整設于屏外」校正。〇—，官本作文。〔漢書・地理志〕「莽曰—亭」補注。〇—福，〔史・表〕作壽福。〔漢書・王子侯表〕「榆丘侯—福」補注。

牖　在牆曰—。〔論語・雍也〕「自—執其手」劉正義。又〔説文定聲・卷六〕。〇正曰窓，旁曰—。〔慧琳音義・卷一二〕引〔韻詮〕。〇—，南—也。〔論語・雍也〕「自—執其手」朱注。〇—，室之南窗也。〔大戴・武王踐阼〕「於—為銘焉」王詁。〇—，巢之通氣處。〔詩・鴟鴞〕「綢繆—户」朱傳。〇—户，巢之通氣出入處也。〔孟子・公孫丑上〕「詩云，綢繆—户」朱注。〇—，字當從日從庯，日光閒見也。〔説文定聲・卷六〕〇—，明也。〔慧琳音義・卷八〕〇—，開明也。〔詩・板〕「天之—民」朱傳。〇—，向也。〔廣韻・有部〕又〔慧琳音義・卷二七〕引〔玉篇〕。〇—，道也。〔廣韻・有部〕又〔慧琳音義・卷二七〕引〔玉篇〕。〇—間，謂二—之間，正當北户以屏風也。〔書・顧命下〕「—間南嚮」孫疏。〇—下，室西南隅，所謂奥也。〔詩・采蘋〕「宗室—下」朱傳。〇—衷即徽衷義。〔左傳成公一三年〕「天—其衷」疏證。〇猷、裕、—，聲並相近。〔廣雅・釋詁三〕「—、裕，道也」疏證。〇〔説文定聲・卷六〕—，段借為迪，或為羑，即誘。〔廣雅・釋詁三〕「—，道也」。〇—者，誘之假借。〔詩・板〕「天之—民」陳疏。〇—、誘同字，古二字多通用。〔説文〕「羑，相訹呼也」段注。〇—即誘字。〔詩・板〕「天之—民」通釋。〇—，三家作誘。（同上）集疏。〇〔説文定聲・卷六〕—為墉之誤字。〔禮記・喪大禮〕「寢東首于北—下」。〇—即牑之誤。〔説文〕「楪，牑也」義證。

偶　—者，桐人也。〔説文〕「二，地之數也，從耦二」段注。〇—，相人也，比土為之。〔國策・齊策三〕「有土—人與桃梗相與語」鮑注。〇〔説文定聲・卷八〕—，相人者，像人也，一名俑。〔説文〕「—，相人也」。〇—，匹也。〔通鑑・周紀一〕「尊魏妃以—泄語」音注。又〔廣韻・厚部〕。〇—，對也。

〔通鑑·周紀一〕「尊魏妃以丨泄語」音注。又〔廣韻·厚部〕。○丨，二也。〔同上〕○丨，諧也。〔同上〕○丨者，寓也，寓於木之人也。〔說文〕「丨，桐人也」段注。○又俗言丨然者，當是俄字之聲誤。〔同上〕○丨與寓古同聲而通用，字或作耦。〔漢書·郅都傳〕「匈奴至為丨人象都」補注引王念孫。又〔漢書〕「丨人」雜志。○丨、遇聲同。〔釋言〕「遇，丨也」郝疏。○丨古通作禺。〔史記〕「丨人」雜志。○丨通作寓。〔說文〕「丨，桐人也」義證。○丨又通作禺。〔同上〕義證。○丨、禺古字通。〔漢書〕「相遇」雜志。○丨與寓通。〔淮南·覽冥〕「直丨於人形」平議。○丨與耦通。〔書·君奭〕「汝明勖丨王」孫疏。又〔方言一二〕「娌，耦也」箋疏。○丨亦借寓為之。〔說文〕「丨，桐人也」句讀。○〔說文定聲·卷八〕丨，叚借為隅。〔劉熊碑〕「惟德之丨」。○〔同上〕丨，叚借為耦。〔廣雅·釋詁〕「丨，合也」。○〔同上〕丨，叚借為遇。〔與山巨源絕交書〕「丨與足下相知耳」。○丨，叚借發聲之詞。〔說文定聲·卷八〕○丨即隅之假借。〔詩·抑〕「維德之隅」通釋。○丨讀為寓。〔晏子春秋·雜上〕「則依物而丨於政」平議。○丨、耦同。〔國策·楚策一〕「三人丨行」鮑注。又〔方言六〕「物無耦曰特」箋疏。○丨，一作寓，唐以來謂為寓車、寓馬。〔漢書·韓延壽傳〕「賣丨車馬下里偽物者」補注引周壽昌。○溫丨即溫禺也。〔漢書·匈奴傳〕「此溫丨駼王所居地也」補注引胡注。○丨，字亦作禺。〔說文〕「丨，桐人也」段注。○丨，合也。〔廣韻·厚部〕

耦 丨，耕也。〔廣韻·厚部〕○丨者，耕也。〔本草·卷三三〕○丨，並耕也。〔論語·微子〕「長沮、桀溺丨而耕」朱注。○丨，二人並耕也。〔詩·噫嘻〕「十千維丨」朱傳。○丨者，二人並耕之偁。〔說文〕「二，地之數也，從丨二」段注。○〔說文定聲·卷八〕丨，古者兩人兩枱並耕。〔廣雅·釋地〕「丨，耕也」。○兩人共耕曰丨。〔大戴·曾子制言下〕「昔者禹見耕者五丨而式」王詁。○古者共耕曰丨。〔左傳莊公二八年〕「謂之二五丨」疏證引顧炎武。○二人曰丨。〔國策·楚策一〕「三人丨行」鮑注。○丨，二耜也。〔說文〕「丨，耒廣五寸為伐，二伐為丨」義證引〔玉篇〕。○二耜為丨。〔說文〕「坺，一臿土謂之坺」段注引〔考工記〕。○丨，引伸為凡人丨之偁。〔說文〕「丨，耒廣五寸為伐，二伐為丨」段注。○凡相助曰丨。〔說文〕「媾，丨也」段注。○共射亦曰丨。〔左傳莊公二八年〕「謂之二五丨」疏證引顧炎武。○丨，亦諧也。〔慧琳音義·卷一九〕引〔博雅〕。○丨言相比為奸也。〔左傳莊公二八年〕「謂之二五丨」疏證引顧炎武。○凡飲不勝者，未升堂之前，三揖曰丨。〔儀禮·鄉射禮〕「射一丨，進揖如升」胡正義。○丨，妻也。〔漢書·敘傳〕「重醉行而自丨」補注。○丨之言偶也。〔廣雅·釋地〕「丨，耕也」疏證。○丨之言遇也。〔漢書·霍去病傳〕「然而諸宿將常留落不丨」補注引王念孫。又〔漢書〕「連語」雜志。○丨與偶通。〔釋詁〕「偶，合也」邵正義。○〔說文定聲·卷八〕丨，叚借為濡。〔呂覽·必己〕「遇盜于丨沙之中」。○丨當讀為寓。〔莊子·齊物論〕「荅然似喪其丨」集釋引俞樾。又〔同上〕平議。○奇丨字當作此，今作偶。〔說文〕「奇，一曰不丨」段注。○丨、偶，正俗字。〔左傳桓公六年〕「人各有丨」疏證。○丨，俗借偶。〔說文〕「丨，耕廣五寸為伐，二伐為丨」段注。○丨與偶同。〔釋言〕「遇，偶也」郝疏。○丨，各本作偶。〔說文〕「二，地之數也，从丨二」段注。

阜 丨，陵丨。〔廣韻·有部〕○積土高大曰丨。〔詩·天保〕「如山如丨」集疏引韓說。○丨，山庳而大者也。〔慧琳音義·卷二七〕○丨，丘類也。〔卷一二〕引〔考聲〕。○丨，大。〔周書〕「王丨良」雜志。○丨，肥也。〔詩·駟驖〕「駟驖孔丨」集疏引韓說。○丨，肥大也。〔同上〕朱傳。○丨，盛。〔詩·大叔于田〕「火烈具丨」朱傳。○丨，盛也。〔詩·頍弁〕「爾殽既丨」陳疏。○丨，盛大也。〔詩·車攻〕「四牡孔丨」朱傳。○丨，良，善也。〔周書〕「王丨良」雜志。○丨猶多也。〔詩·頍弁〕「爾殽既丨」朱傳。○丨、腹義同。〔釋詁〕「腹，厚也」郝疏。○〔說文定聲·卷六〕一生九十九子，故謂之丨，字亦變作阜。〔詩·草蟲〕「趯趯丨螽」。○丨、茂聲相近。〔廣雅·釋詁二〕「丨，盛也」疏證。○邱、丨、陵、京，對文則異，散文則通。〔廣雅·釋邱〕「四起曰丨」疏證。○丨，魯作阜。〔詩·草蟲〕「趯趯丨螽」集疏。○丨螽，蠜也。〔同上〕朱傳。

峊 丨，山高也。〔楚辭·憫上〕「山丨兮客客」補注引〔集韻〕。○丨即阜字。〔同上〕補注。○丨，本作𠂤，隸變作阜。〔廣雅·釋邱〕「無石曰丨」疏證。

𠂤 丨同阜。〔廣韻·有部〕○丨，引申為凡厚、凡大、凡多之稱。〔說文〕「丨，大陸也」段注。○丨，俗作埠，山無石也。〔慧琳音義·卷七六〕

九 丨，數也。〔廣韻·有部〕○丨者，數之究也。〔說文定聲·卷六〕○丨，數之極也。〔離騷〕「雖丨死其猶未悔」補注引五臣。○丨者，數之究極。〔詩·九罭〕「丨罭之魚」通釋。○丨，極陽數也。〔大戴·易本命〕「三三而丨」王詁。○丨亦究竟之意。〔說文〕「究，窮也」繫傳。○丨者，變之究也。〔廣雅·釋詁四〕「丨，究也」疏證。○丨者，氣變之究也。〔易·乾〕「初丨，潛龍勿用」李疏引〔易緯乾鑿度〕。○丨，聚也。〔說文〕「勼，聚也」義證引〔洪武正韻〕。○丨，督也。〔論語·憲問〕「桓公丨合諸侯」朱注。○丨罭，丨囊之網也。〔詩·九罭〕「丨罭之魚」朱傳。○丨罭，魚網也。〔同上〕集疏引韓說。○丨罭，取鰕芘也。〔同上〕集疏引魯說。○〔通雅·卷一九〕目痴為丨百。張平子賦「虞初事漢，號黃衣使者，亦號丨百」。○丨天，天有丨重也。〔離騷〕「指丨天以為正兮」戴注。○丨天，謂中央、八方也。〔文選·離騷經〕「指丨天以為正兮」李注。○丨蒼、丨重、丨闕、丨乾、丨靈、丨閡、丨陔、丨位，皆言丨天也。〔通雅·卷一一〕○丨闕即丨重也。〔同上〕○丨陽，日也。〔楚辭·遠遊〕「夕晞余身兮丨陽」補注引〔後漢注〕。○〔說文定聲·卷一八〕丨陽，丨重天也。〔楚辭·遭厄〕「踵丨陽兮戲蕩」。〔「陽」下〕○丨軏、丨紀，皆北斗丨星也。〔通雅·卷一一〕○丨族，高祖至玄孫之親。〔左傳桓公六年〕「親其丨族」疏證引顧炎武。○丨族者，從高祖至玄孫凡丨。〔同上〕洪詁引古〔尚書〕說。○丨族，今文為異姓，古文為同姓。〔書·堯典〕「以親丨族」孫疏。○丨奏，一作丨族。〔通雅·卷二九〕○丨德謂栗、立、恭、敬、毅、溫、廉、塞、義之德。〔書·皋陶謨〕「亦行有

丨德」孫疏。〇丨拜，以前三者為體，後六者為用。〔說文〕「頓，下首也」段注。〇丨招，猶丨奏也。〔通雅・卷二九〕〇丨頭烏、姑獲、渠逸，皆鬼車也。〔通雅・卷四五〕〇丨歌，〔周官・大司樂〕所謂丨德之歌。〔離騷〕「啟丨辯與丨歌兮」戴注。〇丨歌，享賓之樂也。〔楚辭・天問〕「丨辯丨歌」補注。〇丨辯，享賓之樂也。〔楚辭・天問〕「丨辯丨歌」補注。〇丨磬即丨韶也，一作丨招。〔通雅・卷二九〕〇丨州，即〔禹貢〕之冀、兖、青、徐、揚、荆、豫、梁、雍也。〔說文定聲・卷六〕〔「州」下〕〇丨圍，丨州也。〔詩・長發〕「帝命式于丨圍」朱傳。〇丨圍，丨州之界也。〔同上〕集疏引齊説。〇丨有，丨州也。〔詩・玄鳥〕「奄有丨有」朱傳。〇丨則，丨州土田上中下丨等也。〔楚辭・天問〕「地方丨則」補注引劉德云。〇丨山丨川，丨州之山川也。〔通雅・卷一四〕〇丨疑，在零陵營道縣。〔離騷〕「丨疑繽其並迎」補注引張揖。〇丨嶷，半在蒼梧，半在零陵。〔同上〕補注引文穎。〇丨疑，山有丨峰，其形相似。〔同上〕補注引顏師古。〇丨河，河之委。〔屈賦・河伯〕「與女遊兮丨河」戴注。〇丨江，洞庭也。〔通雅・卷一五〕〇丨澤，謂丨州之澤。〔書・禹貢下〕「丨澤既陂」孫疏。〇丨侯，謂丨服之諸侯也。〔楚辭・招魂〕「丨侯淑女」補注。〇丨侯即鬼侯，丨與鬼音近。〔史記・殷本紀〕「丨侯」志疑。〇〔說文定聲・卷六〕丨，叚借為勼。〔莊子・天下〕「丨裸天下之川」。〇丨與鳩同。〔說文〕「勼，聚也」義證引〔洪武正韻〕。〇官本丨作救。〔漢書・刑法志〕「道之以刑罰」補注。〇丨江，〔說苑〕作三江。〔呂覽・長攻〕「豈能踰五湖丨江越十七阸以有吳哉」校正。〇丨門，舊本作國門。〔呂覽・季春〕「無出丨門」校正。〇丨開，當為大開。〔周書〕「兆墓」雜志。〇丨乃人字之誤。〔管子・海王〕「正丨百萬也」平議。

后

丨，君也。〔書・商書序〕注「史遷徂丨者，言湯之法度也」孫疏。又〔禮記・月令〕「其神丨土」集解。又〔廣韻・厚部〕。〇〔說文定聲・卷八〕丨，从坐人，从口，與君同意。〔說文〕「丨，繼體君也」。〇丨帝，天帝也。〔楚辭・天問〕「而丨帝不若」補注。〇古稱天子曰皇丨。〔字詁〕〇丨，有爵土者皆可通稱。〔同上〕〇人主之配稱丨，始見戰國時。〔同上〕〇丨土，地也。〔楚辭・九辯〕「丨土何時而得漧」補注引五臣。〇地曰丨土，尊大之詞。〔字詁〕〇丨，姓也。〔國策・齊策六〕「君王丨」鮑注。〇丨之言後也。〔說文〕「丨，繼體君也」段注。〇丨之言後也，故經典借丨為後。〔同上〕句讀。〇丨與後字通。〔墨子・非攻中〕「喪其主丨」閒詁。〇〔說文定聲・卷八〕丨，叚借為項，丨項雙聲。〔逢盛碑〕「才亞丨橐」。〇丨，叚借為厚，魯公子鞏字丨。〔說文定聲・卷八〕〇〔同上〕丨，叚借為姤，實為遘。〔後漢・魯恭傳〕「案易五月丨用事」。〇丨經傳多借丨為後。〔儀禮・鄉射禮〕「上射既發，挾弓矢而丨下射」胡正義引胡承拱。〇經傳多假丨為後。〔說文〕「丨，繼體君也」段注。〇丨，與後同。〔大學〕「知止而丨有定」朱注。〇丨當作後。〔漢書・原涉傳〕「丨免官」補注引宋祁。〇丨當作石，即祏字省文。〔墨子・非攻中〕「喪其主丨」閒詁引洪頤煊。〇丨字當作居。〔書・堯典〕「女丨稷」平議。

咎

丨，過也。〔詩・伐木〕「微我有丨」朱傳。又〔廣韻・有部〕。〇丨猶罪過也。〔詩・北山〕「或慘慘畏丨」朱傳。〇過責于人亦曰丨。〔論語・八佾〕「既往不丨」劉正義。〇丨，愆也。〔廣韻・有部〕〇丨，惡也。〔同上〕〇丨，災也。〔同上〕又〔大戴・曾子立孝〕「丨故不生」王詁。〇丨，罪病也。〔釋詁〕「丨，病也」鄭注。〇丨通作皋。〔同上〕〇〔說文定聲・卷六〕丨，叚借為舅。〔荀子・臣道〕「晉之丨犯」。〇丨蓋疒之古文叚借字。〔說文〕「丨，腹中急痛也」段注。〇古丨與舅同。〔呂覽・義賞〕「召丨犯而問」校正。〇丨，古亦音皋陶字。〔說文〕「稽，稽㮋而止也」繫傳。〇丨，〔韓世家〕作臼。〔漢書・古今人表〕「屈宜丨」補注引梁玉繩。

藪

丨，丨澤。〔廣韻・厚部〕〇丨，澤也。〔詩・大叔于田〕「叔在丨」朱傳。〇丨，澤之別名也。〔左傳宣公一五年〕「山丨藏疾」疏證引李巡。〇丨為有水無水之通稱。〔廣雅・釋地〕「丨，池也」疏證。〇澤無水曰丨。〔說文〕「丨，大澤也」義證引蔡邕。〇有水謂之澤，無水則為丨。〔左傳宣公一五年〕「山丨藏疾」疏證引邵瑛。〇〔說文定聲・卷八〕丨，謂澤之地多水少草木所聚者。〔說文〕「丨，大澤也」。〇無水有草曰丨。〔慧琳音義・卷七〕引〔考聲〕。〇丨亦眾草叢生之地。〔說文〕「叢，艸叢生皃」義證。〇禽獸居之曰丨。〔詩・大叔于田〕「叔在丨」集疏引韓說。〇丨，炊䉛也。〔說文〕「籔，炊䉛也」義證引〔纂要〕。〇丨，義與籔亦相近。〔廣雅・釋器〕「筻，䉛也」疏證。〇〔說文定聲・卷八〕丨，叚借為匬。〔小爾雅〕「釜二有半謂之丨」。〇〔同上〕丨，叚借為婁。〔考工記・輪人〕「以其圍之防捎其丨」。〇〔同上〕丨，叚借為搜。〔廣雅・釋詁三〕「丨，求也」。〇丨亦作擻。〔方言六〕「鋪、頒，索也。秦晉言抖丨也」疏證。

帚

丨，糞也。〔國策・楚策一〕「為大王箕丨之妾」鮑注。〇丨，所以掃刷。〔說文〕「丨，糞也」義證引〔急就篇〕顏注。〇丨，埽除糞穢也。〔同上〕義證引〔玉篇〕。〇丨，篲也。〔通鑑・周紀三〕「使秦女得為大王箕丨之妾」音注。〇以巾者為丨，以萑芀黍列禾者為埽，因即名其器為丨，為埽丨。〔說文定聲・卷六〕〇丨亦謂之鬣。〔說文〕「丨，所以糞也」段注。〇丨，名莿。〔說文〕「莿，芀也」段注。〇少康作箕丨。〔廣韻・有部〕〇〔說文定聲・卷六〕凡箕丨字，蓋借丨為埽也。〔說文〕「丨，糞也」。

吼

丨，牛鳴。〔廣韻・厚部〕〇丨，牛鳴也。〔說文〕「噭，丨也」義證引〔玉篇〕。〇𤘘、呴、丨並同。〔廣雅・釋詁二〕「𤘘，鳴也」疏證。〇丨、吽、呴並同。〔廣韻・厚部〕

吽

丨，鳴之大也。〔慧琳音義・卷七六〕引〔考證〕。〇丨，俗作吼。〔同上〕〇丨，今作呴。〔卷四七〕〇丨同吼。〔廣韻・厚部〕

垢　一，塵一。〔廣韻・厚部〕〇一，污穢也。〔詩・桑柔〕「征以中一」朱傳。〇一，穢濁也。〔慧琳音義・卷六六〕引〔文字典説〕。〇一，不清潔也。〔卷三〕引顧野王。〇一，恥也。〔左傳宣公一五年〕「國君含一」疏證引〔御覽〕。〇一，當讀為詬。詬，恥辱也。〔詩・桑柔〕「征以中一」述聞。〇一、詬音同。〔左傳宣公一五年〕「國君含一」洪詁。〇一與冓通。〔詩・桑柔〕「征以中一」平議。〇〔説文定聲・卷八〕一，叚借為詬。〔左傳宣公一五年〕「國君含一」。〇〔意林〕引一作姤。〔管子・水地〕「愚疾而一」義證引孫星衍。

畝　步百為一。〔釋名・釋丘〕「一丘，丘體滿一一之地也」疏證引〔司馬法〕。又〔廣韻・厚部〕。〇古百步為一。〔説文〕「廛，一一半一家之居」繫傳。〇〔説文定聲・卷一五〕謂容六畝之地為一也。〔考工記・匠人〕「凡六人為一一」。〔「く」下〕〇一，壟也。〔詩・信南山〕「南東其一」朱傳。〇一丘，高地也。〔詩・巷伯〕「猗于一丘」朱傳。〇一，治其田疇也。〔詩・緜〕「迺宣迺一」朱傳。〇以一為苗，亦知一即母也。〔書・周書序〕注「一為苗」孫疏。〇經文作一，假借字。〔書・周書序〕「異一同穎」孫疏。

晦　六尺為步，步百為一。〔説文定聲・卷五〕〇〔同上〕一，叚借為母，猶異本也。〔書〕「異畝同穎」。〇一，古文畝。〔廣韻・厚部〕

舅　一，婦偁夫之父曰一。〔説文〕「一，母之兄弟為一」段注。〇一，夫之父也，亦母之兄弟。〔廣韻・有部〕〇一者，耆一之偁。〔説文〕「甥，謂我一者，吾謂之甥」段注。〇王母之兄弟得偁大一。〔説文定聲・卷六〕〇古婿亦稱甥，故岳亦稱一。〔通雅・卷一九〕〇謂之一者，亦以稱異姓之臣耳。〔史記・魯世家〕「王一」志疑引〔祭統〕。〇一，諸書多以咎為之。〔説文定聲・卷六〕

紐　一，結也。〔荀子・正名〕「名實玄一」集解引郝懿行。又〔廣韻・有部〕。〇一，系也。〔荀子・正名〕「名實玄一」集解引郝懿行。〇一謂結之鬢也。〔説文〕「鬢，屈髮也」義證引〔急就篇〕顔注。〇一，結而不可解也。〔慧琳音義・卷六二〕引〔考聲〕。〇一，所以關橐。〔説文〕「韇，橐一也」繫傳。

藕　一，蓮根也。〔慧琳音義・卷八〕引〔考聲〕。〇華葉常偶生，不偶不生，故根曰一。〔本草・卷三三〕〇一善耕泥，故字从耦。〔同上〕

蕅　一，今俗所謂藕者。〔説文〕「一，扶渠根」段注。〇一，字亦作藕。〔説文定聲・卷八〕〇一，字亦作蕅。〔同上〕

朽　一，腐也。〔廣韻・有部〕〇一玉，謂惡玉一敗也。〔説文〕「琄，一玉也」繫傳。〇一玉者，一敗之玉也。〔同上〕句讀。〇一玉也者，言治玉也。〔同上〕義證。〇〔説文定聲・卷六〕一，叚借為攷。〔列子・湯問〕「𣦼其肉而棄之」。〇一同𣦼。〔説文〕「庮，久屋一木」段注。〇一與𣦼同。〔廣雅・釋器〕「𣦼，臭也」疏證。

𣦼　一與朽通。〔廣雅・釋詁三〕「一，敗也」疏證。〇一同朽。〔廣韻・有部〕〇今字用朽而一廢。〔説文〕「一，腐也」段注。

臼　一，杵一。〔廣韻・有部〕〇一猶坑也。〔説文〕「臽，小阱也」段注。〇引伸凡凹者曰一。〔説文〕「一，舂一也」段注。〇一，掬人心也。〔説文繫傳・通論下〕〇〔説文定聲・卷六〕一，字或變作鴭。〔釋鳥〕注「江東名為鳥一」。

肘　一，臂一。〔廣韻・有部〕〇一，寸口手腕動脈處也。〔説文〕「一，臂節也」繫傳。〇一者，肱與臂相接處，吾蘇俗謂之臂撐子，其内曰擘，其外曰一。〔説文定聲・卷六〕〇一，今江蘇俗語曰手臂捙注。〔説文〕「一，臂節也」段注。〇一或作杻、肚，皆古字也。〔慧琳音義・卷二〕

韭　一，菜名。〔詩・七月〕「獻羔祭一」朱傳。〇一種而久生，故謂之一。〔本草・卷二六〕〇一者，久也，一種永生。〔説文〕「一，菜名」義證引〔埤雅〕。〇一之言久也，一種一生。〔同上〕義證引〔急就篇〕顔注。〇一，刈之復生也。〔説文〕「一，菜名也，一種而久生者也」繫傳。〇一者，懶人菜，以其不須歲種也。〔説文〕「一，菜名」義證引〔爾雅翼〕。〇一之莖名一白，根名一黃，華名一菁。〔本草・卷二六〕〇一菁，一華也。〔説文〕「婧，竦立也」段注。〇鬱幽其一而成之，故名一鬱。〔説文〕「䪢，鬱也」句讀。

剖　一，判也。〔廣韻・厚部〕又〔慧琳音義・卷四〕引〔韻詮〕。〇一，判也，中分為一。〔説文〕「一，判也」義證引〔玉篇〕。〇一，破也。〔廣韻・厚部〕〇一猶破也，中分為一也。〔慧琳音義・卷四六〕〇一猶破也。〔卷八三〕引顧野王。〇一猶分。〔國策・秦策三〕「一符於天下」鮑注。〇一符，言得專授人官與之一符也。〔韓子・孤憤〕「相室一符」集解引舊注。〇一與幅義得兩通。〔漢書〕「五一」雜志。又〔漢書・揚雄傳〕「四分五一」補注引王念孫。〇一、辟、片、胖、半，皆一聲之轉也。〔廣雅・釋詁四〕「一，半也」疏證。〇一通作部。〔説文〕「一，判也」義證。〇一又通作掊。〔同上〕

誘　一，導也。〔廣韻・有部〕〇一，道也。〔大戴・誥志〕「上一善而行罰」王詁。〇大化一，猶云大化道。〔書・大誥〕「肆予大化一」孫疏。〇一，引導也。〔儀禮・鄉射禮〕「一射」胡正義。又〔慧琳音義・卷一九〕。〇一，教也。〔廣韻・有部〕又〔大戴・千乘〕「一於軍旅」王詁。又〔慧琳音義・卷二九〕引〔考聲〕。〇一，亦有教之之意。〔儀禮・鄉射禮〕「一射」胡正義。〇一，亦教導也。〔慧琳音義・卷八六〕引〔考聲〕。〇一，漸教也。〔卷一九〕〇一，進也。〔大戴・主言〕「歲一賢焉」王詁。又〔廣韻・有部〕。又〔慧琳音義・卷八〕。〇一，引進也。〔論語・子罕〕「夫子循循然善一人」朱注。〇一，相勸也。〔慧琳音義・卷一九〕〇一，相勸動也。〔卷八〕〇一，訹也。〔同上〕引〔考聲〕。〇一道，一馬於道也。〔韓子・喻老〕「夫一道爭遠，非先則後也」集解。〇一，古文作羑。〔説文〕「羑，進善也」義證。

牡　一，獸之一者也。〔詩・駟驖〕「奉時辰一」朱傳。〇飛曰雌雄，走曰牝一。〔詩・匏有苦葉〕「雉鳴求其一」朱傳。〇鑰為牝、一所以封固關閉令不可開也。〔慧琳音義・卷六五〕〇一荆，曼荆也。〔廣雅・釋木〕〇一荆，黃荆也。〔通雅・卷四三〕〇一荆，此即作棰杖荆是也。〔説文〕「荆，楚木也」義

證引〔本草〕唐本注。〇丨荆、曼荆，一種而小異，稱名可以互通也。〔廣雅·釋木〕「丨荆，曼荆也」疏證。〇丨當為壯。〔文選·七發〕「乘丨駿之乘」集釋引〔讀書志餘〕。

缶　丨，瓦器。〔詩·宛丘〕「坎其擊丨」朱傳。又〔通鑑·周紀四〕「藺相如復請秦王擊丨」音注。〇丨，瓦器，鉢也。〔廣韻·有部〕〇丨者，瓦器，所以盛漿，鼓之以節歌。〔詩·宛丘〕「坎其擊丨」集疏。〇丨，瓦盆也。〔釋器〕「盎謂之丨」鄭注。〇丨象篆文丨之形，口微斂而腹大，正如今之汲水罐也。〔同上〕郝疏。〇丨即盎也，大腹而斂口。〔通雅·卷三四〕又〔說文〕「盎，盆也」義證引〔急就篇〕顏注。〇丨，量器。〔莊子·天地〕「以二丨鍾惑」集釋。〇丨字或作瓿。〔說文〕「瓿，甂也」義證引〔急就篇〕顏注。〇丨，俗作缻。〔說文〕「丨，瓦器，所以盛酒漿」段注。〇丨乃詘字之誤。〔韓子·難勢〕「勢位足以丨賢者也」集解引俞樾。又〔同上〕平議。〇丨，企字之誤。〔莊子·天地〕「以二丨鍾惑」平議。又〔同上〕集釋。

缻　丨似缶而高。〔說文定聲·卷六〕引〔字書〕。〇丨與缶同。〔方言五〕「缶謂之瓿甊」箋疏。〇丨作缶。〔史記索隱〕「異文」雜志。〇丨，當為缶之或體。〔說文定聲·卷六〕

酉　丨，老也。〔廣韻·有部〕〇丨，就也，飽也。〔同上〕〇丨亦順就。〔釋名·釋飲食〕「酒，丨也」疏證。〇丨，首也。〔廣韻·有部〕〇丨，又辰名。〔同上〕〇丨者，猶縮之義。〔說文〕「丨，就也」義證引〔通典〕。〇丨，酒也。〔說文〕「釁，血祭也」繫傳。〇丨，即酒字，象釀器形中有實。〔說文定聲·卷六〕〇丨、酒、就，聲並相近。〔廣雅·釋詁三〕「丨，就也」疏證。〇丨，本古酒字，廢丣而用丨，因加水而為酒。〔字詁〕〇丨乃古酒字也。〔說文〕「丨，就也」句讀。〇古文丨謂丣也。〔同上〕段注。〇丨，古以紀旬，為十二枝之一。〔說文定聲·卷六〕〇丨，通作酋。〔說文〕「丨，就也」義證。

丣　闔户為丨。〔說文定聲·卷六〕〇丨為秋門，萬物已入。〔卷六〕〔「酉」下〕〇辟丨猶辟門也。〔說文〕「丨，古文酉」義證引顧藹吉。〇丨讀如劉。〔說文〕「聊，从耳，丣聲」段注。〇丨字當謂為桺，古桺、丨同字。〔說文〕「酉，就也」段注。〇丨，古文酉。〔廣韻·有部〕〇丨為古文酉。〔說文〕「茆，鳧葵也」義證引惠棟。〇〔說文定聲·卷六〕丨，以酉為之。〔淮南·天文〕「酉為危」。〇丨，各本譌作卯。〔說文〕「聊，从耳，丣聲」段注。

扣　丨，擊也。〔廣韻·厚部〕〇丨者，牽持之也。〔廣雅·釋詁三〕「丨，持也」疏證。〇丨，拘也。〔慧琳音義·卷五〕引〔考聲〕。〇丨，馬勒也。〔同上〕〇丨者，反問之也。〔論語·子罕〕「叩其兩端」劉正義。〇敂、叩、丨並通。〔廣雅·釋詁三〕「敂，擊也」疏證。〇〔說文定聲·卷八〕丨，段借為跔。〔七命〕「丨跋幽叢」。〇〔同上〕丨，段借為敂。〔荀子·法行〕「丨之，其聲清揚而遠聞」。〇丨乃敂之借字。〔說文〕「訆，丨也」句讀。〇丨、叩，古今字。〔同上〕段注。〇丨與叩同。〔漢書·項籍傳〕「仰關而攻秦」補注。〇〔說文〕有敂無叩，此丨當作敂。〔說文〕「訆，丨也」段注。

敂　丨，扣打也。〔廣韻·厚部〕〇丨，擊也。〔集韻·厚部〕〇丨，通作扣。〔同上〕

歐　丨，吐也。〔漢書·嚴助傳〕「丨泄霍亂之病相隨屬也」補注引〔通鑑注〕。又〔廣韻·厚部〕。〇〔說文定聲·卷八〕丨，段借為毆。〔漢書·張良傳〕「欲丨之」。〇〔史記〕丨作毆。〔漢書·張良傳〕補注。〇丨，或作嘔。〔說文〕「丨，吐也」義證。〇〔通雅·卷一〕嘔吐亦作丨。〔漢書〕「丨泄霍亂」。〇〔說文定聲·卷八〕丨，以毆為之。〔鄭固碑〕「初受業于毆陽」。

毆　歐、毆，丨得互寫也。〔漢書·張歐傳〕「代韓安國為御史大夫」補注。〇官本丨作歐，字同。〔漢書·食貨志〕「今之民而歸之農」補注。又〔田叔傳〕「孟舒豈丨之哉」補注。〇官本丨並作毆。〔漢書·主父偃傳〕「夫匈奴行盜侵丨」補注。〇官本丨作歐。〔漢書·王商傳〕「發病丨血薨」補注。〇官本正文丨作歐，注作驅。〔漢書·陳湯傳〕「丨從烏孫衆兵」補注。

笱　丨，罟也。〔詩·敝笱〕「敝丨在梁」朱傳。〇曲竹捕魚曰丨。〔說文〕「蛟置丨水中即蛟去」段注。〇丨，以竹為器，而承梁之空以取魚者也。〔詩·谷風〕「毋發我丨」朱傳。

瓿　丨，甊。〔國策·東周策〕「非效壺醯醬丨耳」鮑注。〇丨，甀也。〔說文〕「丨，甂也」義證引〔增韻〕。〇丨，甂也，急言之即為缶。〔方言五〕「缶謂之丨甊」箋疏。〇丨，字亦作錇。〔廣雅·釋器〕「丨，瓶也」疏證。〇冢謂之堬，亦謂之蛒螻。罌謂之甂，亦謂之丨甊。北陵謂之堬，小山謂之部婁，義並相近也。〔廣雅·釋邱〕「培塿，冢也」疏證。〇丨甊，小甖。〔廣韻·厚部〕〇〔說文定聲·卷五〕丨甊，雙聲連語。〔方言五〕「缶謂之丨甊」。

黝　丨，黑也。〔廣韻·黝部〕〇丨，黑飾地也。〔釋宮〕「地謂之丨」鄭注。〇丨之言幽也。〔廣雅·釋器〕「丨，黑也」疏證。〇丨，古多段幽為之。〔說文〕「丨，微青黑色也」段注。〇丨，或借幼字。〔說文〕「丨，微青黑色」義證。〇丨聲借作幽。〔釋宮〕「地謂之丨」郝疏。

蔀　丨，丨菜，魚薺也。〔廣韻·厚部〕〇丨，小也。〔集韻·厚部〕〇丨，小席。〔廣韻·厚部〕〇丨，暗也。〔集韻·厚部〕

蹂　丨，踐也。〔廣韻·有部〕〇丨與厹同。〔廣雅·釋詁一〕「丨，履也」疏證。〇丨當為猱。〔說文〕「内，獸足丨地也」義證。

鈕　丨，印鼻。〔廣韻·有部〕〇〔說文定聲·卷六〕丨，以紐為之。〔淮南·說林〕「龜丨之璽」。〇丨之言樞紐也。〔廣雅·釋器〕「丨謂之鼻」疏證。〇紐與丨通。〔同上〕疏證。〇丨，字或作紐。〔說文〕「丨，印鼻也」義證。

狃　丨，習也。〔詩·大叔于田〕「叔無丨」朱傳。又〔國策·趙策一〕「彼丨」補正。又〔韓子·十過〕「彼丨」集解引舊注。〇丨、忕皆貫習之義。〔春秋名字解詁〕「魯公山不丨字子洩」述聞。〇丨，引申段借為凡忕習之偁。〔說文〕「丨，犬性忕也」段注。〇丨，忕前事復為也。〔左傳僖公一五年〕「一夫

不可｜」洪詁引孫兑。〇｜，驕忲也。〔通鑑・周紀一〕「彼｜於得地」音注。〇｜，尤性驕也。〔國策・趙策一〕「彼｜」鮑注。〇｜，相狎也。〔通鑑・周紀二〕「彼｜於得地」音注。又〔廣韻・有部〕。〇｜，亦廝也。〔左傳襄公三年〕疏證引俞樾。〇｜，指也。〔釋獸〕「闕洩多｜」鄭注。〇｜者厷也。〔說文定聲・卷一三〕〔「闕」下〕〇｜當讀為粗。〔國語・晉語〕「使臣｜中軍之司馬」平議。〇｜與徂音近而義同。〔詩・大叔于田〕「將叔无｜」通釋。〇｜者，徂之叚借也。〔釋言〕「｜，復也」郝疏。〇｜或作忸。〔說文〕「｜，犬性驕也」義證。〇〔說文定聲・卷六〕｜，字變作蚎。〔廣雅・釋蟲〕「蚎蚭，蚰蜒也」。

掊 ｜，擊也。〔廣韻・厚部〕〇〔說文定聲・卷五〕｜，叚借為剖。〔廣雅・釋詁二〕「｜，滅也」。

耇 ｜，老壽也。〔廣韻・厚部〕〇｜，老人面凍梨色如浮垢也。〔詩・南山有臺〕「遐不黃｜」朱傳。〇｜，當訓老人背傴僂也。〔說文定聲・卷八〕〇｜即痀之異文。〔釋詁〕「｜、老，壽也」平議。

莠 ｜，草也。〔廣韻・有部〕〇｜，似苗之草也。〔孟子・盡心下〕「惡｜」朱注。〇｜，草秀而不實，故字從秀。〔本草・卷一六〕〇｜，似禾而無實也。〔慧琳音義・卷六六〕引〔文字典說〕。〇｜，害苗之草也。〔詩・甫田〕「維｜驕驕」朱傳。〇｜者，狗尾草。〔說文定聲・卷二八〕〔「蓈」下〕〇｜，今狗尾也。〔國策・魏策一〕「幽｜之幼也」補注。〇｜，今之狗尾艸。〔說文〕「｜，禾粟下揚生｜也」段注。又〔說文定聲・卷六〕。〇禾粟之｜，生而不成者謂之｜。〔左傳襄公三〇年〕「其｜猶在乎」洪詁引〔釋文〕。〇｜，禾下生草。〔國策・魏策一〕「幽｜之幼也」鮑注。〇｜，醜也。〔詩・正月〕「｜言自口」朱傳。〇｜，讀若酉。〔同上〕通釋。〇〔說文定聲・卷六〕｜，叚借為醜。〔詩・正月〕「｜言自口」。〇｜，古書多借為秀字。〔說文〕「｜，从艸秀聲，讀若酉」段注。

丑 ｜，與冢同意。〔說文定聲・卷六〕〇｜，辰名。〔廣韻・有部〕〇〔說文定聲・卷六〕｜即扭字之古文。〔說文〕「杽，又者，从｜省」。〇｜者，紐也。〔說文〕「天，顛也」義證引戴侗。〇｜者，束縛也。〔說文〕「杽，積極也」繫傳。〇｜，手進也。〔說文〕「羞，進獻也」繫傳。〇味爽為｜。〔說文〕「｜，紐也」繫傳。〇｜，叚借以紀六旬，為十二枝之名，又以紀年紀月紀時。〔說文定聲・卷六〕〇〔同上〕｜，以杻為之。〔後漢・蔡邕傳論〕「抱鉗杻徒幽圄」。

苟 ｜，｜且。〔廣韻・厚部〕〇〔釋詞・卷五〕｜，且也。〔論語・子路〕「｜合矣」。又〔離騷〕「｜余情其姱以練要兮」補注引五臣。又〔涉江〕「｜余心其端直兮」補注引五臣。〇〔說文定聲・卷八〕｜，叚借發聲之詞，絫評曰｜且，單評曰｜。〔廣雅・釋詁三〕「｜，且也」。〇楛僈猶｜且也。〔荀子〕「君子安宴而血氣不惰」雜志。〇｜，聊｜粗畧之意。〔論語・子路〕「｜合矣」朱注。〇｜敬，有崇恩殺敬之義。〔儀禮・燕禮〕「賓為｜敬」述聞。〇｜，菜也。〔說文〕「｜，艸也」義證引〔玉篇〕。〇｜，急也。〔墨子〕「｜生、｜義」雜志。〇｜謂｜簡。〔大戴・子張問入官〕「｜以亂之」王詁。〇〔通雅・卷一六〕｜屚即勾漏。〔漢書・地理志〕「交址郡有｜屚縣」。〇｜，誠也。〔大戴・曾子立事〕「｜無失其所守」王詁。又〔衛將軍文子〕「｜於民利矣」王詁。又〔大學〕「｜日新」朱注。又〔釋詞・卷五〕。〇｜者，誠也。〔論語・子路〕「｜合矣」劉正義。〇｜，實也。〔儀禮・燕禮〕「賓為｜敬」述聞引敖繼公。〇｜者，信也。〔論語・子路〕「｜合矣」劉正義。〇〔釋詞・卷五〕｜猶尚也。〔詩・君子于役〕「｜無飢渴」。〇〔同上〕｜猶若也。〔易・繫辭傳〕「｜非其人，道不虛行」。〇〔同上〕｜猶但也。〔左傳桓公五年〕「｜自救也」。〇｜或皆語辭。〔易・繫上〕「｜錯諸地而可矣」李疏。〇｜，讀為亟其乘屋之亟。〔墨子〕「｜生、｜義」雜志。〇｜，通作亟。〔說文〕「｜，自急敕也」義證。〇｜與亟亦同。〔方言一〕「亟，愛也」箋疏。〇亟字又作｜。〔墨子〕「｜生、｜義」雜志。〇｜當作佝。〔韓子・姦劫弒臣〕「不｜於世俗之言」集解。〇｜即敬之壞字，敬讀為儆。〔墨子・親士〕「而支｜者詻詻」閒詁。

糗 ｜、糒，皆乾飯之名。〔公羊傳昭公二五年〕注「｜，糒也」陳疏。〇凡以米乾熬之謂之｜。〔周禮・漿人〕孫正義。〇｜、糒，皆乾也。〔廣雅・釋器〕「｜，糒也」疏證。〇｜，煼乾米麥也。〔說文〕「｜，熬米麥也」繫傳。〇｜，乾飯屑也。〔楚辭・惜誦〕「願春日以為｜芳」補注。又〔廣韻・有部〕。〇｜，糒也。〔屈賦・惜誦〕「願春日以為｜芳」戴注。〇｜，乾糒也。〔孟子・盡心下〕「舜之飯｜茹草也」朱注。〇｜者，引申為凡熬之偁。〔說文〕「穛，以火乾肉也」段注。〇〔說文定聲・卷六〕｜，蘇俗之炒米粉、炒麥麵。〔說文〕「｜，熬米麥也」。〇餌而傅以熬米曰｜餌。〔說文定聲・卷五〕〔「餌」下〕〇｜，一名麴。〔說文〕「｜，熬米麥也」義證引陳藏器。〇｜之言炒。〔廣雅・釋器〕「｜，糒也」疏證。〇｜，有擣粉者，有未擣粉者。〔同上〕引〔通藝録〕。〇麴、｜，聲相近，猶今人言炒也。〔廣雅・釋器〕「麧麴謂之麴」疏證。〇｜與焣聲義並同。〔方言七〕「焣，火乾也」箋疏。〇〔說文定聲・卷六〕｜，字亦作粡。〔廣韻〕引〔字林〕「粆粡，米粉餅也」。

某 ｜者，酸果也。〔說文〕「楳，或从｜」句讀。〇｜，蓋亦果之酸甘也。〔說文〕「｜，酸果」繫傳。〇未有的名而虛設之曰｜。〔慧琳音義・卷六四〕引〔桂苑珠叢〕。〇凡不知姓不言名者皆曰｜。〔同上〕引顧野王。〇〔說文定聲・卷五〕｜，叚借發聲之詞。〔廣雅・釋詁三〕「｜，名也」。〇｜者，未定之位宅也。〔說文〕「｜，酸果」繫傳。〇｜，詔前人之言也。〔廣韻・厚部〕〇稱｜，史家避諱。〔漢書・楚元王傳〕「｜非敢忘封之也」補注引錢大昭。〇侮、｜、無、亡，古俱聲同聲轉之字。〔釋言〕「憮，撫也」郝疏。〇｜，此正梅字也。〔說文〕「｜，酸果也」義證引李陽冰。〇｜，此是今梅子

正字。〔同上〕段注。○丨，通作梅。〔同上〕義證。○丨，今借梅。〔同上〕句讀。○古文丨為謀。〔說文〕「謀，慮難曰謀」段注。○古文〔禮〕丨作㫚也。〔同上〕○丨，經典相承以梅枏字為之。〔說文定聲·卷五〕○丨當為荒，隸書荒字或作茉，與丨相似。〔漢書·蘇建傳〕「言武等在丨澤中」補注引王念孫。

楳 丨，蓋某之緐增字。〔說文〕「丨，或從某」句讀。

玖 丨，玉名。〔廣韻·有部〕○丨，亦玉名也。〔詩·木瓜〕「報之以瓊丨」朱傳。○〔說文定聲·卷五〕丨，字亦作玘。〔玉篇〕「玘，玉名」。

拇 丨，大指。〔釋訓〕「敏，丨也」鄭注。○丨，大丨指也。〔廣韻·厚部〕○丨，手丨。〔說文〕「丨，將指也」義證引〔玉篇〕。○手足大指皆曰丨。〔說文定聲·卷五〕○丨，字亦作㧅，作踇。〔同上〕○丨，足大指也，古作母。〔說文〕「敏，疾也」段注。○足以大指為將指為丨。〔說文〕「丨，將指也」段注。○〔說文定聲·卷五〕丨，段借為毒。〔方言二〕「丨，愧也」。○〔同上〕丨，段借為謀。〔廣雅·釋詁二〕「丨，貪也」。○〔同上〕丨，以敏為之。〔詩·生民〕「履帝武敏」。○丨，苟作母。〔說文〕「丨，將指也」段注。

紂 丨，殷王号也。〔廣韻·有部〕○商王丨，古文〔尚書〕作受。〔說文〕「緧，馬丨也」段注。○絢與丨、緧古聲亦相近。〔廣雅·釋器〕「絢、丨，緧也」疏證。○〔說文定聲·卷六〕丨，段借為受。〔呂覽·功名〕「桀丨貴為天子」。○〔同上〕丨，段借為牖。〔秦策〕「以同言楚威王於側丨之間」。○今〔書·序〕丨作受。〔說文〕「坶，書曰武王與丨戰于坶野」段注。

糾 丨者，三合繩也。〔說文〕「一曰紹，緊丨也」段注。○丨謂三股繩。〔說文〕「丨，繩三合也」繫傳。○繩三合曰丨。〔說文定聲·卷一八〕〔「緪」下〕○三股曰丨，亦曰徽。〔卷六〕○合繩曰丨。〔卷一五〕〔「紉」下〕○凡繩帛等物二股互交皆得曰丨。〔說文〕「摎，縛殺也」段注。○凡交合之謂之丨。〔說文〕「丨，繩三合也」段注。○凡有所繩治並謂之丨。〔周禮·小宰〕「凡宮之丨禁」孫正義。○丨為纏繞之貌。〔詩·葛屨〕「丨丨葛屨」後箋。○瓜蔓接續生為丨也。〔說文〕「丩，相丨繚也」繫傳。○丨，引伸為丨合諸侯之丨。〔說文〕「丨，繩三合也」段注。○丨，收也。〔荀子〕「丨譑」雜志。○丨，愁結也。〔詩·月出〕「舒窈丨兮」朱傳。○丨，猶丨丨也。〔詩·良耜〕「其笠伊丨」陳疏。○丨丨，蓋繆結之狀。〔詩·葛屨〕「丨丨葛屨」通釋。○丨丨，繚戾寒涼之意。〔同上〕朱傳。○丨，督也。〔廣韻·黝部〕○丨，恭也。〔同上〕○丨，急也。〔同上〕○丨，戾也。〔同上〕○矜、丨、收、繚，皆急戾之意。〔荀子〕「矜丨收繚」雜志。又〔廣雅·釋詁一〕「矜，急也」疏證。○〔說文定聲·卷六〕丨者，賕也。〔穀梁傳桓公二年〕「以是為討之鼎也」釋文「或為丨」。〔「討」下〕○〔卷六〕丨，終也。〔魯語〕「丨虔天刑」。○丨，又為丨責之丨。〔說文〕「丨，繩三合也」段注。○斛、疛並與丨聲近義同。〔廣雅·釋詁一〕「丨，急也」疏證。○丨、收并從丩聲而義亦相同。〔荀子〕「矜收丨繚」雜志。○丨，作糺，俗字。〔左傳昭公二〇年〕「丨之以猛」洪詁引〔家語〕。○〔說文定聲·卷六〕丨，或曰借為丩。〔琴賦〕「蛩蟺相丨」。○〔同上〕丨，段借為督，丨督一聲之轉。〔周禮·大司寇〕「以五刑丨萬民」。○〔同上〕丨，段借為勼、為捄。〔左傳僖公二四年〕「丨合宗族於成周」。○〔同上〕丨，段借為究。丨，終也。〔魯語〕「丨虔天刑」。○〔同上〕丨，段借為赳。〔廣雅·釋詁四〕「丨，材也」。○〔同上〕丨，段借為絿。〔一切經音義二十三〕引〔廣雅〕「丨，急也」。○〔同上〕丨，段借為俅。〔詩·良耜〕「其笠伊丨」。

㖻 丨，使犬聲。〔廣韻·厚部〕○丨，嘔也。〔左傳宣公二年〕「公丨夫獒焉」洪詁引服虔。

卣 丨，中形罇。〔廣韻·有部〕○丨為中尊。〔釋器〕「丨，器也」鄭注。

溲 丨，小便也。〔說文〕「尿，人小便也」義證引〔玉篇〕。○丨，和也。〔慧琳音義·卷三八〕引〔考聲〕。○丨，麪，亦作溲。〔廣韻·有部〕○〔說文定聲·卷六〕丨，今蘇俗言丨粉丨麪皆是。〔說文〕「丨，浸沃也」。○丨器即釀酒之器。〔韓子·喻老〕「漆其首以為丨器」集解。○丨之為㴸也。〔釋訓〕「溞溞，淅也」郝疏。○淅米聲謂之丨。〔同上〕○叜與丨通。〔廣雅·釋詁二〕「溞，洒也」疏證。○〔說文定聲·卷六〕丨，字亦作溞。〔爾雅〕「溞溞，淅也」。

罶 丨，笱也。〔詩·苕之華〕「三星在丨」朱傳。○嫠婦之笱謂之丨。〔說文〕「丨，曲梁寡婦之笱魚所留也」繫傳。○嫠婦二字合聲為丨。〔釋器〕「嫠婦之笱謂之丨」郝疏。○丨，魚梁。〔廣韻·有部〕○凡曲者為丨。〔說文〕「丨，曲梁寡婦之笱魚所留也」繫傳。○丨，以曲簿為笱，而承梁之空者也。〔詩·魚麗〕「魚麗于丨」朱傳。○凡以簿為魚笱者為丨。〔說文〕「丨，曲梁寡婦之笱魚所留也」繫傳。○丨，曲梁也，凡以薄取魚為丨。〔釋訓〕「凡曲者為丨」鄭注。○以曲薄為梁令魚可入而不可出謂之丨。〔說文定聲·卷六〕○丨、罛、蔞並同。〔廣雅·釋器〕「曲梁謂之丨」疏證。

罛 丨，同罶。〔廣韻·有部〕○罶、丨、蔞並同。〔廣雅·釋器〕「曲梁謂之丨」疏證。

杻 丨，木名。〔廣韻·有部〕○丨，檍也。〔詩·南山有臺〕「北山有丨」朱傳。○丨，檍也，葉似杏而尖，白色，皮正赤，其理多曲少直。〔山有樞〕「隰有丨」朱傳。○丨，杽諧也。〔通雅·卷四三〕○丨，俗呼牛筋木，其材堅韌。〔釋木〕「丨，檍」鄭注。○丨，桎也，枷手曰丨。〔慧琳音義·卷一〇〕引〔考聲〕。○丨，桎也，在手曰丨。〔卷三八〕○丨，梏也，在手曰丨，在足曰械。〔卷一三〕○丨，桎梏也，在手曰丨。〔續音義·卷五〕○丨，丨械。〔廣韻·有部〕○〔說文定聲·卷六〕丨，段借為杽，實為丑。〔後漢·蔡邕傳論〕「抱鉗丨」。○丨與杽同。〔廣雅·釋宮〕「杽謂之梏」疏證。○丨，或作抒，在

手曰丨，在足曰械。〔慧琳音義・卷一八〕○丨，古人蓋借手械之杽字為之，後人始寫作丨。〔詩・山有樞〕「隰有丨」後箋。○丨形近杻，復誤為杻。〔文選・南都賦〕「檍、柏、丨、橿」集釋引〔說文校議〕。

瞍 無眸子曰丨。〔楚辭・懷沙〕「矇丨謂之不章」補注。○〔說文定聲・卷六〕丨，叚借為叜。〔孟子〕「瞽丨」。

槱 丨，積柴以燎。〔說文〕「丨，積火燎之也」義證引〔增韻〕。○丨，積木燎之。〔同上〕義證引〔五經文字〕。又〔集韻・有部〕。○丨，積木燎之以祭天也。〔說文〕「丨，積火燎之也」義證引〔玉篇〕。○丨，積木燎以祭天地也。〔廣韻・有部〕○丨，或作梄、禉，通作蕕。〔集韻・有部〕○〔周禮〕丨燎字當作禉尞。〔說文〕「尞，柴祭天也」段注。

楢 丨同槱。〔廣韻・有部〕

枸 丨丨，杞。〔廣韻・厚部〕○丨檵為古名，丨杞雖見〔本草經〕而為今名。〔說文〕「杞，丨杞也」段注。

瀏 丨丨，水清。〔廣韻・有部〕○〔說文定聲・卷六〕丨，叚借為罶。〔文選・笙賦〕注引〔埤蒼〕「懰宿罶也」。○丨，與滲略同。〔說文定聲・卷六〕○〔同上〕丨，字又作嬼。〔埤蒼〕「嬼，妖也」。○〔同上〕丨，字亦變作懰，目清貌。〔詩・月出〕「佼人懰兮」釋文「好貌」。

塿 丨，培丨。〔廣韻・厚部〕○丨之言婁婁也。〔廣雅・釋地〕「丨，土也」疏證。○丨，爬婁之使歷歷然。〔說文〕「丨，摩土也」繫傳。○歷、丨，一聲之轉。〔廣雅・釋地〕「丨，土也」疏證。○培、丨、堬，聲之轉。〔釋丘〕「培丨，冢也」疏證。

忸 丨，玩也。〔通鑑・宋紀六〕「皆丨志而貪權」音注。○丨，驕也。〔同上〕○丨，狃也。〔同上〕○丨怩，慙色也。〔孟子・萬章上〕「象曰，鬱陶思君爾丨怩」朱注。○丨怩，惄咨也。〔廣雅・釋訓〕○丨怩，惄咨，皆局縮不伸之貌也。〔廣雅・釋詁一〕「恧怩，慙也」疏證。○丨怩雙聲。〔方言一〇〕「丨丨，慙歰也」疏證。又〔同上〕箋疏。○衄、丨、朒，並音女六反，義相近也。〔廣雅・釋言〕「衄，縮也」疏證。○〔通雅・卷八〕丨忕與狃忕通。〔後漢・西羌傳〕「丨忕邊利」。○丨與恧同。〔廣雅・釋詁一〕「恧怩，慙也」疏證。○丨與狃同，串習也。〔通鑑・秦紀一〕「丨之以慶賞」音注。

恧 丨與忸同。〔方言一〇〕「忸怩，慙歰也」箋疏。

郈 丨通作厚。〔說文〕「丨，東平無鹽鄉」義證。○丨，字亦以厚為之。〔說文定聲・卷八〕○丨字皆當作后，后者，厚之借字也。〔左傳昭公二五年〕「季丨」「丨氏」「丨昭伯」「丨孫」述聞。

赳 丨，武皃。〔廣韻・黝部〕○丨丨，武也。〔詩・兔罝〕「丨丨武夫」集疏引魯說。○丨，材也。〔廣雅・釋詁四〕○嬦與丨聲義並同。〔廣雅〕「嬦，材也」疏證。○僑、嬦、丨，一聲之轉也。〔同上〕○丨，韓或作糾。〔詩・兔罝〕「丨丨武夫」集疏。

籔 丨者，籅也。〔說文〕「匴，淥米丨也」段注。○丨，漉米器也。〔廣韻・厚部〕○〔說文定聲・卷八〕丨，蘇俗謂之飯籮，字亦作箬，方言以縮為之。〔廣雅・釋器〕「篗，籅也」。○丨，本漉米具也。〔說文〕「丨，炊籅也」段注。○丨即今之溲箕也。〔同上〕○縮、丨、匴，一聲之轉。〔廣雅・釋器〕「篗，籅也」疏證。○縮、蓿、篗、丨四字古聲並相近。〔同上〕

茆 丨，蒐葵，水草。〔廣韻・有部〕○丨，絲蒓。〔說文〕「蓴，鳧葵也」義證。○丨，一名蓴。〔說文定聲・卷六〕○丨當作茆。〔詩・泮水〕「薄采其丨」後箋。

懰 丨，好也。〔廣韻・有部〕又〔集韻・有部〕。○丨慄，憂貌。〔楚辭・昭世〕「志懷逝兮心丨慄」補注。○丨即瀏，作丨者，字之誤也。〔詩・月出〕「佼人丨兮」平議。○丨，或作𡚾、劉。〔集韻・有部〕○丨，通作嬼。〔同上〕

培 丨塿，小阜。〔廣韻・厚部〕○冢謂之堬，亦謂之丨塿。〔廣雅・釋邱〕「丨塿、堬，冢也」疏證。○丨，又為丨塿。〔通雅・卷一〕○丨、塿、堬，聲之轉。〔廣雅・釋邱〕「丨塿，冢也」疏證。○丨塿通作部婁、附婁、抔摟。〔通雅・卷八〕○丨塿，一作部婁。〔通雅・卷一〕

滫 丨，溲也。〔集韻・有部〕○丨，溲麪。〔廣韻・有部〕○丨，久泔也。〔荀子・勸學〕「其漸之丨」集解引盧文弨。○丨，米泔也。〔說文〕「丨，久泔也」義證引〔玉篇〕。○今人謂飲食之酢氣為丨。〔同上〕義證引戴侗。○米泔水謂之丨。〔釋訓〕「溞溞，淅也」郝疏。○丨米猶淅米。〔說文〕「敽，一曰丨米器也」段注。○丨瀡與溞溲義同。〔周禮・醫師〕「調以滑甘」孫正義。○丨溲聲轉義近。〔釋訓〕「溞溞，淅也」郝疏。○〔說文定聲・卷六〕丨，溞溲，疊韻連語，緩言曰溞溲，急言曰丨也。〔禮記・內則〕注「溞溲亦傳異語也，溞讀與丨瀡之丨同」。○〔同上〕丨，此義古多以浚為之。〔荀子・勸學〕「其漸之丨」注「溺也」。○〔同上〕丨，叚借為浚。〔禮記・內則〕「堇荁枌榆免薧丨瀡以滑之」。○丨，或作溞。〔集韻・有部〕

㝅 丨，乳也。〔廣韻・厚部〕

甊 丨，瓿丨，甖。〔廣韻・厚部〕

醙 丨，白酒。〔廣韻・有部〕○酒白謂之丨。〔集韻・有部〕

㸸 丨，夔牛子也。〔廣韻・厚部〕○丨，犃丨。〔同上〕○〔說文定聲・卷八〕丨與㸡同，即吼吽呴，字與㖃同。〔廣雅・釋詁二〕「丨，鳴也」。○丨，特牛。〔廣韻・厚部〕

㸸　丨同𤘍。〔廣韻・厚部〕〇丨、呴、吼並同。〔廣雅・釋詁二〕「丨，鳴也」疏證。

釦　丨，金飾。〔廣韻・厚部〕〇以金飾器曰丨。〔通雅・卷三三〕〇丨，謂以金涂門限，蘇俗所謂鍍金也。〔說文定聲・卷八〕〇丨，今俗所謂鍍金也。〔說文〕「丨，金飾器口」段注。〇丨、㖃，義並與㸸通。〔廣雅・釋詁二〕「㸸，鳴也」疏證。〇〔說文定聲・卷八〕丨，叚借為㖃。〔吳語〕「三軍皆譁丨以振旅」。〇丨，當讀為㖃。字或作呴，俗作吼。〔國語・吳語〕「三軍皆譁丨」述聞。

茩　丨，薢丨。〔廣韻・厚部〕〇〔說文定聲・卷八〕丨，即蔆也，楚謂之芰，秦曰薢丨。〔說文〕「丨，薢丨也」。

掫　丨，持物相著。〔廣韻・有部〕〇〔說文定聲・卷八〕丨，叚借為聚。〔廣雅・釋詁三〕「丨，成也」。〇丨，當作挕，讀若專輒之輒。〔釋詁三〕「丨，持也」疏證。

莥　丨，鹿藿實。〔說文〕「丨，鹿藿之實名也」義證引〔玉篇〕。〇〔說文定聲・卷六〕丨，亦名野綠豆，蔨。〔爾雅〕「蔨鹿藿，其實丨」。〇丨，借作狃，犬狃也。〔集韻・有部〕

禸　丨，獸跡。〔廣韻・有部〕〇蹂與丨同。〔廣雅・釋詁一〕「蹂，履也」疏證。〇丨，舊本作夙。〔呂覽・權勳〕「中山之國有丨繇者」校正。

萯　丨，艸名。〔集韻・有部〕〇丨，玉丨草。〔廣韻・有部〕〇丨，小豆。〔說文〕「丨，王丨也」義證引〔玉篇〕。〇〔說文定聲・卷五〕丨，即〔禮記・月令〕之王瓜也，或曰即〔詩・七月〕之秀葽。〔夏小正〕「王丨秀」。〇〔同上〕丨，叚借為菩。〔穆天子傳二〕「茅丨」。〇丨字古讀若倍，聲與秠相近，故字亦相通。〔管子〕「大丨細丨」雜志。〇丨讀曰倍。〔文選・兩都賦〕集釋。〇丨，今菩字。〔漢書〕「行幸丨陽宮」補注引〔穆天子傳〕注。〇丨即秠也，丨之通作秠，猶丕之通作負。〔管子〕「大丨細丨」雜志。

黈　丨，冕前纊也。〔廣韻・厚部〕〇丨，士丨。〔廣雅・釋宮〕〇丨與䵚古同聲，故丨或作䵚。〔廣雅・釋器〕「䵚，黃也」疏證。〇丨，黃色，通作斢。

〔集韻・厚部〕〇丨與斢同。〔廣雅・釋器〕「斢，黃也」疏證。

斢　丨與黈同。〔廣雅・釋宮〕「丨黈」疏證。

綹　十絲為丨。〔廣韻・有部〕〇緯十縷曰丨。〔通雅・卷四〇〕〇丨，今蘇俗謂髮一條曰一丨。〔說文定聲・卷六〕

眑　丨，靜也。〔集韻・黝部〕〇丨，幽靜之皃。〔廣韻・黝部〕〇丨丨即窅窅，通作杳杳。〔通雅・卷九〕

庮　丨，久屋木也。〔廣韻・有部〕〇丨與𤵸通。〔廣雅・釋詁一〕「𤵸，病也」疏證。

鴝　丨，鳥名，似雉。〔廣韻・有部〕又〔集韻・有部〕。

趣　丨，丨馬。〔廣韻・厚部〕〇丨馬，掌馬之官。〔詩・雲漢〕「丨馬師氏」朱傳。〇丨馬，中士，掌王馬之政者也。〔詩・十月之交〕「蹶維丨馬」朱傳。〇〔說文定聲・卷八〕丨，叚借為騶。〔詩・十月之交〕「蹶維丨馬」。

枓　丨，柱上方木。〔廣韻・厚部〕〇丨，一曰勺也。〔集韻・厚部〕〇丨，斗有柄所以斟水。〔說文〕「丨，勺也」繫傳。〇丨與注聲轉義同。〔方言五〕「所以注斛，自關而西謂之注」箋疏。〇丨與斗同。〔儀禮・士喪禮〕胡正義。〇㪺水之器曰丨。〔儀禮・少牢饋食禮〕「有丨設篚于洗西、南肆」胡正義引〔禮經釋例〕。

羑　丨訓誘也。〔說文〕「羨，貪欲」繫傳。〇丨若言誘善也。〔說文〕「丨，進善也」繫傳。〇丨與善、義、蕎同意。〔說文定聲・卷五〕〇丨，或通作牖。〔說文〕「羨，貪欲也」義證。〇丨亦借牖。〔說文〕「丨，進善也」句讀。〇〔說文定聲・卷五〕丨，叚借為𦍌。〔說文〕「𦍌，古文與丨同」。〇丨同誘。〔說文〕「丨，進善也」句讀。〇丨，或作誘。〔同上〕義證。〇〔說文定聲・卷五〕丨，以牖為之。〔詩・板〕「天之牖民」。〇丨，以𦍌為之。〔說文定聲・卷五〕〇夏曰夏臺，殷曰丨里，周曰囹圄，皆圜土。〔漢書・地理志〕「有丨里城」補注。〇丨里，〔尚書大傳〕、〔史記〕作牖里。〔說文〕「丨，進善也」段注。〇殷名獄曰丨里。〔同上〕繫傳。

𦍌　〔說文定聲・卷五〕丨，叚借為羑。〔一切經音義一六〕引〔說文〕「丨，一曰導也」。〇〔同上〕丨，字亦作謏。〔廣雅・釋言〕「丨，致也」。〇今人以手相招而口言丨，正當作此字。〔說文〕「丨，相訹呼也」段注。〇丨，通作牖。〔同上〕義證。〇丨與誘同。〔廣雅・釋言〕「丨，致也」疏證。〇丨、牖、羑，古字并同，道也。〔方言三〕「裕、猷，道也」箋疏。

楺　丨，屈木。〔廣韻・有部〕

鯫　〔說文定聲・卷八〕丨，白小魚。〔說文〕「丨，白魚也」。〇丨是小魚之名。〔說文〕「丨，白魚也」段注。〇丨，魚名。〔廣韻・厚部〕〇丨通作鄹。〔說文〕「丨，白魚也」段注。〇丨，字或作鰷。〔同上〕義證。又〔同上〕句讀。

鰷　丨，白魚也。〔說文〕「鯫，白魚也」義證引〔玉篇〕。

玽　丨，石似玉。〔廣韻・厚部〕

壽　丨，丨考。〔廣韻・有部〕〇〔說文定聲・卷六〕久、丨雙聲。〔廣雅・釋詁三〕「丨，久也」。〇丨者，醻也。〔說文〕「丨，久也」義證引董仲舒。〇丨當

讀為竭。〔國語·楚語〕「臣能自丨之」平議。〇丨，〔三體石經〕作者。〔左傳僖公三二年〕「中丨」洪詁。

毆 丨，擊也。俗作毆。〔廣韻·厚部〕〇丨，以杖擊也。〔說文〕「丨，捶毄物也」繫傳。〇丨又借歐字。(同上)義證。〇丨即毆字，亦作毆，音驅，又通作歐。〔史記·高祖功臣諸侯者年表〕「壯侯召丨」志疑。〇丨，或借毆字。〔說文〕「丨，捶毄物也」義證。〇丨，此字即今經典之歐字。(同上)段注。

䂂 〔說文定聲·卷六〕丨，謂往來也。〔說文〕「丨，復也」。〇丨猶蹂也，往來蹂踐之也。〔說文〕「丨，復也」繫傳。〇丨，習也。〔集韻·有部〕又〔說文〕「丨，復也」段注引〔玉篇〕。又〔廣韻·有部〕。〇丨，忕也，或與狃同。〔說文〕「丨，復也」段注引〔玉篇〕。〇丨，此字引伸為狃忕之義。(同上)段注。〇丨，書史多借蹂字。(同上)義證。〇丨，又或作䂂。(同上)〇丨，字又作䡂。(同上)

肚 丨，食肉。〔廣韻·有部〕〇丨，肉善者。〔說文〕「丨，食肉也」義證引〔類篇〕。〇衄、忸、丨，並音女六反，義相近也。〔廣雅·釋言〕「衄，縮也」疏證。

杽 丨，義取木在乎手。〔說文〕「丨，械也」繫傳。〇丨之言紐也。〔廣雅·釋宮〕「丨謂之梏」疏證。〇丨、杻，古今字。〔說文〕「丨，械也」段注。〇丨，古文杻。〔廣韻·有部〕〇丨與杻同。〔說文〕「丨，械也」義證引〔玉篇〕。〇丨，即丑之或體，因丑為借義所專，乃製此字。〔說文定聲·卷六〕

疛 丨，心腹疾也。〔說文〕「丨，小腹病」段注引〔玉篇〕。又(同上)義證引〔玉篇〕。〇丨為心腹之病也。〔釋詁〕「逐，病也」述聞。〇丨，〔類篇〕引作小腸病。〔說文〕「丨，小腹病也」義證。〇丨、逐聲轉或古字通也。〔釋詁〕「逐，病也」郝疏。〇丨其正字，㿈其或體，擣其譌字也。〔說文〕「丨，小腹病」段注。〇丨，字亦作㿈。〔說文定聲·卷六〕

灸 丨，灼也。〔廣韻·有部〕〇丨有迫箸之義。〔儀禮·士喪禮〕「幂用疏布久之」胡正義。〇〔說文定聲·卷五〕丨，以久為之。〔儀禮·既夕〕「皆木桁久之」。〇丨，古文作久。〔說文〕「丨，灼也」段注。

百 丨，人頭象形。〔廣韻·有部〕〇丨，首也。〔說文繫傳·通論下〕〇丨者，頭也。〔說文〕「戛，戟也」段注。〇丨，𡿺髮髻也。〔說文〕「丨，頭也」繫傳。〇丨，自古文𩠐行而丨廢矣。(同上)段注。〇小篆丨，古文作𩠐，今隸則丨用古文而丨不行矣。〔說文〕「頁，頭也」段注。〇丨，即首字，頁字之小篆。〔說文定聲·卷六〕〇(同上)丨，此𦍃之誤字。〔釋畜〕「四蹄皆白首」。

𡡉 丨，妖美。〔廣韻·有部〕〇丨，婺婦也。(同上)

䕫 丨，瑞草也。〔廣韻·有部〕〇丨，瑞艸，菝葀也。〔集韻·有部〕〇丨，菝葀也。〔文選·甘泉賦〕「攢并閭與茇葀兮」集釋引〔玉篇〕。〇丨菱，菝葀也。(同上)集釋引〔廣雅〕。

愀 丨，變色也。〔廣韻·有部〕

炰 丨，蒸丨。〔廣韻·有部〕〇丨，火熟也。〔慧琳音義·卷八五〕引〔考聲〕。又〔說文〕「烰，烝也」義證引〔玉篇〕。又〔集韻·有部〕。〇丨之語如今言煨，俗語如烏。〔說文〕補「炮」段注。〇丨，今俗語或曰烏，或曰煨，或曰燜。〔說文〕「衰，炮炙也，以微火溫肉」段注。〇少汁煮曰丨。〔說文〕「鬻，䰞也」義證引〔字書〕。又〔慧琳音義·卷七四〕引〔字書〕。〇若羹而無汁曰丨。〔卷八五〕引〔考聲〕。〇丨䰞者，烝䰞也。〔說文〕「烰，烝也」義證。〇丨，或作炰。〔集韻·有部〕〇丨，亦書作炰。(同上)〇丨即烰之異文。〔說文〕「烰，烝也」義證。

炰 丨乃蒸煮之名，其異體作炰。〔說文〕補「炮」段注。〇丨、炰為古今字。〔說文〕「炮，毛炙肉也」段注。〇丨與炰同。〔廣雅·釋器〕「焷謂之炰」疏證。

殠 丨，物敗也。〔廣韻·有部〕

煣 丨，以火揉木。〔說文〕「丨，屈申木也」繫傳。〇丨，以火屈曲木。(同上)義證引〔玉篇〕。〇丨，通作揉。(同上)義證。〇〔說文定聲·卷六〕丨，段借為柔。〔詩·嵩高〕「揉此萬邦」。〇丨，即今揉字。〔卷一四〕〔「撚」下〕〇丨同楺。〔廣韻·有部〕〇〔說文定聲·卷六〕丨，字亦作揉。〔易·繫辭〕「揉木為耒」。〇丨，字亦作楺。〔說文定聲·卷六〕〇丨木，當為揉木。〔漢書·食貨志〕「丨木為耒」補注引宋祁。

䡅 丨，車輞。〔廣韻·有部〕〇丨，車网。〔考工記〕之牙也。〔說文〕「䡅，䡅木，可作大車丨」段注。〇丨，亦作轜。〔說文定聲·卷六〕〇丨，言其柔曲也，或謂之輮。〔說文〕「丨，車軔也」義證引〔急就篇〕顏注。〇丨之言肉也。〔說文〕「丨，車网也」段注。〇丨亦省作柔。(同上)句讀。

沑 丨，水皺也。〔說文定聲·卷六〕〇丨，泥也。〔說文〕「丨，水吏也」義證引〔玉篇〕。〇丨，別作溜。〔說文〕「丨，溫也」義證。

㑨 丨，怨咎而毀之也。〔說文〕「丨，毀也」繫傳。〇丨、慦與咎並聲義相同。〔方言一三〕「咎，謗也」箋疏。〇丨通作咎。〔說文〕「丨，毀也」義證。〇丨或作諮。(同上)義證。〇丨者，咎之分別文。(同上)句讀。

粈 丨，粽丨。〔廣韻·有部〕〇史多言漢丨之霸道也。〔說文〕「丨，雜飯也」繫傳。〇丨與鈕同。(同上)句讀。〇糅與丨同。〔廣雅·釋詁四〕「丨，廁也」疏證。〇丨，即鈕之或體。〔說文定聲·卷六〕

麔　麌其牡者曰丨。〔說文〕「丨，麌牝者」義證引〔急就篇〕顏注。

𦥺　丨，糗米。〔廣韻·有部〕○丨，舂糗也。〔集韻·有部〕○丨，如蘇俗炒米粉之類。〔說文定聲·卷六〕

㤹　丨，怨丨。〔廣韻·有部〕○丨與咎音同義別，古書多叚咎字為之。〔說文〕「丨，怨丨也」段注。○丨與咎同。〔說文〕「丨，怨仇也」句讀。

鮂　丨，魚名。〔廣韻·有部〕○丨亦名鰷，鰌之類也。〔說文〕「丨，丨魚也」段注。○丨，鯈魚也。〔說文〕「丨，魚名」義證引〔玉篇〕。

懮　丨，愁也。〔楚辭·抽思〕「傷余心之丨丨」補注引〔說文〕。○丨，痛貌。〔同上〕王注。○丨受，形容美好之詞。〔詩·月出〕「舒丨受兮」通釋。○丨受，狀其心體之寬安也。〔同上〕集疏。○丨受，舒遲皃。〔廣韻·有部〕

㖃　丨，厚怒聲。〔廣韻·厚部〕○丨，一曰怒聲。〔集韻·厚部〕○丨，欲吐。〔廣韻·厚部〕○丨，欲吐也。〔集韻·厚部〕○丨，謂詬病羞辱也。〔大戴·武王踐阼〕「口生丨」王詁。○鉤、丨，義並與㖃通。〔廣雅·釋詁二〕「㖃，鳴也」疏證。○丨，通作詬。〔說文〕「丨，厚怒聲」義證。○〔說文定聲·卷八〕丨，叚借為詬。〔大戴·武王踐阼〕「口生丨」。○〔同上〕丨，叚借為雊。〔夏小正〕「雉震呴」。○〔同上〕丨，字亦作呴。〔聲類〕「呴，嘷也」。○丨，俗作吼。〔說文〕「丨，厚怒聲」句讀。○〔說文定聲·卷八〕丨，俗作吼。〔聲類〕「吼，呼嘷也」。○丨，俗作吽，今釋氏書有吽字。〔說文定聲·卷八〕

部　丨，罯也。〔廣韻·厚部〕○丨婁、峿嶁、培塿並與瓿甊通，單言之則曰瓿曰甊。〔方言五〕「瓿甊，甖也」箋疏。○丨婁、峿嶁並與培塿同。〔方言一三〕「培塿，亦堆高之貌」箋疏。○章懷注〔後漢書·張衡傳〕丨引作鄉。〔呂覽·疑似〕「梁北有黎丘丨」校正。

䏽　丨，豕肉醬。〔廣韻·厚部〕又〔集韻·厚部〕。○丨者，豕肉醬也。〔說文〕「鮨，魚丨醬也」段注。○丨，引申為魚肉醬。〔同上〕段注。○魚肉醬亦偁丨。〔說文〕「丨，豕肉醬也」段注。○丨，與醢醬同。〔說文定聲·卷五〕○丨，通作涪。〔說文〕「鮨，魚丨醬也」義證。

篰　丨，牘也。〔廣韻·厚部〕○丨，竹牘也。〔說文〕「丨，蔀爰也」段注引〔玉篇〕。又〔同上〕義證引〔玉篇〕。○〔說文定聲·卷五〕丨，秦漢謂簡册曰蔀爰也，字亦作䈬。〔說文〕「丨，蔀爰也」。○丨，蓋即今之簿字也。〔說文〕「丨，蔀爰也」段注。○〔說文定聲·卷五〕丨，叚借為薄。〔廣雅·釋器〕「箇謂之簿」。○〔同上〕丨，今凡卷部字以部為之，章丨字以菩為之，簿書字則作簿。〔廣雅·釋器〕「䈬，版也」。

䳝　丨，水鳥名。〔集韻·厚部〕○丨，水鳥，黑色。〔廣韻·厚部〕又〔說文〕「丨，丨鳥也」段注。又〔說文定聲·卷八〕。

犃　丨，㸬偏高，又牛頭短。〔廣韻·厚部〕○〔說文定聲·卷五〕丨，即朴特之朴也。〔廣雅·釋獸〕「牡犕特丨雄也」。〔「特」下〕

薣　丨，好皃。〔廣韻·厚部〕○丨，木苗出。〔同上〕

䱏　丨，魚名。〔廣韻·厚部〕○丨，字亦作鮭。〔說文定聲·卷八〕

髃　丨，肩前丨也。〔廣韻·厚部〕○丨，髆前骨，今人曰肩頭。〔說文〕「丨，肩前也」義證引〔增韻〕。○凡肩後統於背前為丨，丨之言隅也，如物之有隅也。〔同上〕段注。○凡肩後統于背，其前曰丨。〔說文定聲·卷八〕○丨本謂人，亦假為獸骨之偁。〔說文〕「丨，肩前也」段注。○〔說文定聲·卷八〕丨，字亦作腢。〔儀禮·既夕禮〕「即牀而奠當腢」。○丨字或作腢。〔說文〕「丨，肩前也」義證。

腢　丨即髃字。〔說文〕「髃，肩前也」段注。

甌　丨，盎名。〔廣韻·厚部〕

𢭃　丨，衣上擊也。〔廣韻·厚部〕

𣲭　丨猶乳也。〔廣雅·釋器〕「丨，酒也」疏證。○丨，叚借為醹。〔說文定聲·卷八〕○丨，或以為酒醴維醹之醹。〔說文〕「丨，丨水也」段注。

蚼　丨，蚍蜉名也。〔廣韻·厚部〕

𦗟　丨，聽也。〔集韻·厚部〕○丨，或作䁥。〔同上〕

𧥺　丨，頻繁哀求之意也。〔說文〕「丨，扣也，如求婦先丨叕之」繫傳。○丨，問也。〔說文定聲·卷八〕○丨，聞也。〔卷八〕〔「狗」下〕○丨，小擊也。〔通雅·卷二〕○丨叕，猶言扣嗑之也。〔說文〕「丨，扣也，如求婦先丨叕之」繫傳。○〔說文定聲·卷八〕丨，叚借為欨。〔廣雅·釋詁一〕「丨，笑也」。○〔同上〕丨，今字以叩為之，又誤作叩。〔說文定聲·卷八〕○丨與叩同。〔說文〕「丨，扣也」義證引〔洪武正韻〕。

叩　〔說文定聲·卷八〕丨，叚借為敂。〔論語〕「以杖叩其脛」。○〔同上〕丨，叚借為訽，字誤作叩。〔論語〕「我叩其兩端而竭焉」。

竘　丨，健也。〔廣韻·厚部〕

鋀　丨，酒器也。或作鍮。〔廣韻·厚部〕

泑　丨，崑崙山下澤也。〔廣韻·黝部〕○〔說文定聲·卷六〕丨，即今西域之星宿海也。〔說文〕「丨，丨澤在昆侖下」。

鯦　〔說文定聲·卷六〕丨即今之鰳魚，當即山東登萊之何洛魚，皆丨類也。〔說文〕「丨，當互也」。

𠛎　丨，刀把。〔說文〕「丨，刀握也」繫傳。○〔說文定聲·卷六〕丨，以拊為之，付、缶雙聲。〔禮記·少儀〕「削授拊」。

剅 ｜，刀握也者，刀把也。〔説文〕「｜，刀握也」義證。〇刀把曰｜。〔少儀〕亦作拊。〔同上〕段注。〇｜，義與弓弣同。〔廣雅·釋器〕「弣，柄也」疏證。〇｜，通作拊。〔説文〕「｜，刀握也」義證。

餖 〔説文定聲·卷六〕｜，閒錯之意。〔廣雅·釋詁四〕「粗，厠也」。〇｜通作猱。〔説文〕「｜，雜飯也」義證。〇｜，字與粗同。〔同上〕句讀。〇〔説文定聲·卷六〕｜，字亦作糅。〔儀禮·鄉射禮〕「白羽與朱羽糅」。

㫗 ｜，各本作厚。〔説文〕「竺，｜也」段注。〇｜，經傳皆以厚為之。〔説文定聲·卷八〕〇厚薄字當作｜。〔説文〕「竺，｜也」段注。〇｜、厚，古今字。〔説文〕「筥，｜也」段注。〇經典｜薄字皆作厚。〔説文〕「｜，厚也」段注。

垕 ｜，古文厚字。〔廣韻·厚部〕

咅 ｜，相與語唾而不受。〔集韻·厚部〕

姆 ｜，女師。〔慧琳音義·卷七七〕〇｜，女師也。〔禮記·內則〕「使｜衣服而對」集解。〇娒，字或作｜。〔説文〕「娒，女師也」義證。

䬀 ｜，｜飀。〔廣韻·有部〕〇｜飀，風聲。〔黝部〕又〔集韻·黝部〕。〇｜，緒風。〔有部〕

蚴 ｜，｜蟉，龍皃。〔廣韻·黝部〕〇｜之言幼也，小也。〔方言一一〕「其小者或謂之｜蜕」箋疏。〇｜蟉之音義，若今俗字夭矯，｜蟉之與婉僤皆轉訓同義。〔漢書·司馬相如傳〕「青龍｜蟉於東箱」補注。〇⿰虫幽與｜同，⿰虫幽，虬龍皃。〔同上〕補注引〔玉篇〕。〇〔通雅·卷七〕｜蟉，本作窈糾、夭蟜，一作⿰虫幽蟉。〔上林賦〕「青龍｜蟉」。〇〔史記〕｜作⿰虫幽。〔漢書·司馬相如傳〕「驂赤螭青虬之｜蟉宛蜒」補注。

⿰卯刂 ｜，割也。〔集韻·有部〕

⿰后力 ｜，劶｜，用力皃。〔集韻·厚部〕

⿸厂叜 ｜，隈也，或从叟。〔集韻·厚部〕

厶 〔説文定聲·卷一二〕｜，不知其處而懸之，猶今之用某字也。〔穀梁傳桓公二年〕注「鄧，｜也」。〇｜，且字也，通作某。〔集韻·厚部〕

嘔 ｜，同歐。〔廣韻·厚部〕〇｜啗即歐欲字。〔説文〕「欲，蹴鼻也」段注。

嘍 ｜，連｜，煩皃。〔廣韻·厚部〕

⿰口告 ｜，同嗾。〔廣韻·厚部〕

姤 ｜，好皃也。〔廣韻·有部〕

婄 ｜，一曰不才。〔集韻·厚部〕〇｜，婦人皃。〔廣韻·厚部〕〇｜娝，婦人肥皃。〔集韻·厚部〕

娝 ｜，｜婷，女肥皃。〔廣韻·厚部〕

乳 ｜，小皃。〔廣韻·厚部〕

廋 ｜，隱也。〔集韻·厚部〕

戟 ｜，長盾。〔集韻·有部〕

抖 ｜，上舉也。〔續音義·卷九〕引〔考聲〕。〇｜藪者，振衣也。〔慧琳音義·卷一七〕引〔考聲〕。〇｜擻，舉皃。〔廣韻·厚部〕〇｜藪，梵語云頭陁，沙門釋子行遠，少欲知足苦行也。〔慧琳音義·卷一七〕〇｜捒、｜擻，振動衣物令去塵垢也。〔卷六〇〕引〔考聲〕。

⿰扌州 ｜，執也。〔集韻·有部〕

搝 ｜，揭，手舉。〔集韻·有部〕

搊 ｜，持也。〔集韻·有部〕〇｜，扇別名。〔廣韻·有部〕

擻 ｜，亦振也。〔續音義·卷九〕引〔考聲〕。〇抖｜，舉也。〔廣韻·厚部〕

敨 ｜，展也。〔集韻·厚部〕

⿰豆斗 ｜藪，煩惱也。〔慧琳音義·卷八八〕〇｜藪，少欲知足也。〔同上〕

⿰日帚 ｜，明也。〔集韻·有部〕〇｜，或作晭。〔同上〕

梄 ｜，柞｜木。〔廣韻·有部〕

橄 ｜，艸木子聚生。〔集韻·有部〕

⿰豆欠 ｜，一曰唾而不受。〔集韻·有部〕

欲 ｜，蹴鼻也。〔集韻·有部〕〇｜，一曰蹙鼻。〔同上〕〇〔説文定聲·卷六〕｜與歛同誼。〔説文〕「｜，蹴鼻也」。

⿰歹幼 ｜，｜殏，欲死。〔集韻·有部〕

殠　丨，臭也。〔廣韻・有部〕

漊　丨，溝也。〔集韻・厚部〕〇丨溝，通水丨也。〔廣韻・厚部〕

⿰火幼　丨，丨炄，欲乾。〔集韻・有部〕

⿰火阜　丨，丨熾。〔廣韻・有部〕〇丨，熾盛也。〔集韻・有部〕

⿰片壽　丨，棺也。〔集韻・有部〕

⿰牛壽　丨，牛無子。〔集韻・有部〕

⿰犭孔　丨，北方獸名，似犬，食人。〔集韻・厚部〕

⿰犭母　獲丨，獸名。〔廣韻・厚部〕

獀　丨，春獵名。〔集韻・有部〕

珋　丨，石之有光，璧丨也。〔廣韻・有部〕

瓿　丨，瓦器。〔集韻・有部〕

⿰日幼　丨，黑壞。〔集韻・黝部〕

⿸疒又　丨，顫丨，頭搖兒。〔集韻・有部〕

疛　丨，病也。〔廣韻・有部〕又〔集韻・有部〕

⿸疒咅　丨，病也。〔廣韻・有部〕又〔集韻・有部〕

⿰白缶　丨，白也。〔集韻・有部〕

⿱丑皿　丨，器也。〔廣韻・有部〕又〔集韻・有部〕〇丨，小甌。(同上)

⿰礻缶　丨，久祭。〔集韻・有部〕

⿰禾柔　丨，禾丨。〔廣韻・有部〕〇丨，𥝩禾也。〔集韻・有部〕

⿰禾婁　丨，耕畦。〔廣韻・厚部〕〇丨，耕畦謂之丨。〔集韻・厚部〕

箒　丨，掃糞具也。〔慧琳音義・卷一四〕〇丨，俗帚。〔廣韻・有部〕〇浙本丨作帚。〔漢書・賈誼傳〕「母取箕丨」補注引宋祁。

⿱竹紂　丨，竹易根而死也。〔廣韻・有部〕〇丨，竹易根而死。〔集韻・有部〕

⿱竹叟　丨之言縮也。〔廣韻・釋器〕「丨，籅也」疏證。〇縮、箱、丨、籔四字古聲並相近。(同上)〇丨，方言又作縮。(同上)

⿱竹罰　丨，篘簍也。〔集韻・厚部〕〇丨，一曰竹牘。(同上)〇丨，或作篰。(同上)

糺　丨，繩三合也。〔楚辭・悲回風〕「丨思心以為纕兮」補注。〇丨問即糾問。〔説文〕「丩，龍子有角者」義證。

紏　丨，絲黃色。〔集韻・厚部〕〇〔左傳〕丨作周，蓋音近相借。〔史記・宋微子世家〕「昭公文公孫丨」志疑。

⿱罒母　丨，罔也，或从毎从母。〔集韻・厚部〕

腬　丨，面色和柔兒，或从頁。〔集韻・有部〕

⿰月壽　丨，小腹痛。〔廣韻・有部〕〇丨，腿後。(同上)〇髀後曰丨。〔集韻・有部〕〇丨，一曰小腹病。(同上)

血　丨里即九里。〔漢書・地理志〕「至平王居之」補注。

艏　丨，舟也。〔集韻・有部〕

⿱艹忸　丨，菌實。亦作莥。〔廣韻・有部〕

⿱艹⿰犭酉　丨者，⿸疒酉也，朽木臭也。〔本草・卷六〕

菩　丨，香草。〔廣韻・有部〕〇丨即萯。〔説文〕「萯，王萯也」義證。

草　丨，香草。〔廣韻・有部〕〇丨鬱，香艸。〔集韻・有部〕

葇　丨，丨蘸。菜不切也。〔廣韻・有部〕

⿱艹紂　丨，艸苞物也。〔集韻・有部〕〇丨，裹也。〔廣韻・有部〕

蔞　丨，喪車飾也。〔集韻・有部〕〇丨，或作瘻、⿰車卯、⿰車留。(同上)〇丨，通作柳。(同上)

⿱艹漊　丨，白滓。〔集韻・有部〕

蘢　龍子有角曰丨。〔通雅・音義雜論〕引〔通志〕。〇古丨音虬，龍子也。(同上)引升菴。

蕍 丨，圓草褥也。〔廣韻·厚部〕

藰 丨，艸名，葦⿱艹陸也。〔集韻·有部〕

⿰虫寸 丨，海蟲名，似人肘。〔集韻·有部〕

⿰虫缶 丨，蠶卧。〔集韻·有部〕

蛗 丨，丨螽。〔廣韻·有部〕

⿰虫帚 丨，鼠丨。〔廣韻·有部〕

蝜 丨，蝂丨。〔廣韻·有部〕

⿰衤丑 丨，衣耎也。〔集韻·有部〕

⿰言斗 丨，誘也。〔集韻·厚部〕

⿰言咎 丨，毁也。〔廣韻·有部〕又〔説文〕「俗，毁也」義證引〔玉篇〕。

謱 丨，謰丨，小兒語。〔廣韻·厚部〕

豿 丨，熊虎之子。〔廣韻·厚部〕又〔集韻·厚部〕。〇丨，通作狗。（同上）

⿰豸周 丨，猛獸。〔廣韻·有部〕〇丨丨，獸名。〔集韻·有部〕

⿰虫母 丨，行皃。〔廣韻·厚部〕

踇 丨，行皃。〔集韻·厚部〕〇丨偶，山名。〔廣韻·厚部〕

⿰車卯 丨，載柩車也。〔廣韻·有部〕

鋀 丨，金曰鋈、曰鈕。丨一作鍍。〔通雅·卷三三〕

镹 丨，長也。〔集韻·有部〕〇丨，通作久。（同上）

閗 丨，門鬬也。〔集韻·有部〕

陡 丨，同阧。〔廣韻·有部〕

陖 丨，阬也。〔集韻·厚部〕

䤈 丨⿰酉臭，面醜。〔集韻·有部〕

⿰革芻 丨，同⿰革取。〔廣韻·有部〕

輮 丨，車軔。〔廣韻·有部〕

⿰首頁 丨，人初產子。〔廣韻·有部〕〇產而不諨謂之丨。〔集韻·有部〕

⿵風卯 丨，颵丨，風皃。〔廣韻·有部〕〇緒風謂之颵丨。〔集韻·有部〕

⿰馬臼 丨，馬八歲謂之丨。〔集韻·有部〕〇丨，通作齨。（同上）

⿰馬阜 丨，馬盛也。〔集韻·有部〕〇丨，一曰益也，或作隝。（同上）

魗 丨，棄也。〔廣韻·有部〕〇丨，惡也。（同上）

鮪 丨，魚名，似鱣，長鼻。〔集韻·有部〕

鯞 丨，鰍丨，魚名。〔廣韻·有部〕〇丨音帚。〔釋魚〕「鱎鮬，鰍丨」鄭注。

⿰臼鳥 丨，鳥名，似鳩，有冠。〔廣韻·有部〕

⿰言鳥 丨，雀名。〔廣韻·厚部〕〇丨鴝，鳥名。〔集韻·厚部〕

麔 丨，西方毛蟲金精也。〔説文〕「麒，仁獸也」義證引陳欽。

⿰麥主 丨，⿰麥音丨。〔廣韻·厚部〕〇丨，以牛乳和麵酥煮油餅也。〔慧琳音義·卷三五〕〇飳同丨。〔廣韻·厚部〕

齨 丨，齒丨，亦馬八歲。〔廣韻·有部〕〇丨，亦作駒。〔説文〕「丨，一曰馬八歲也」段注。

⿰隺龍 丨，兼有也。〔集韻·有部〕

⿰麥臭 丨，乾飯屑也。〔集韻·有部〕

⿰黍幼 丨⿰黍柔，輭也。〔集韻·有部〕

⿰婁多 丨，多也。〔集韻·厚部〕

旤 六畜謂之ㄧ，人謂之痾，異物生謂之眚，自外來謂之祥，氣相傷謂之沴。〔說文定聲・卷一三〕（「蠥」下）

𠁁 ㄧ，器也。〔說文〕「斵，斫也」段注引徐鉉。○ㄧ，水盥皃也。〔廣韻・厚部〕

續經籍籑詁卷第五十六

上聲

二十六寑

寑 ㄧ，室也。〔廣韻・寑部〕○ㄧ，引申為宫室之偁。〔說文〕「ㄧ，卧也」段注。○ㄧ，卧也。〔廣韻・寑部〕○在牀曰ㄧ。〔說文定聲・卷一二〕（「寐」下）○寢同ㄧ。〔廣韻・寑部〕○ㄧ，今通作寢。〔廣雅・釋詁四〕「ㄧ，藏也」疏證。○〔說文定聲・卷三〕ㄧ，段借為浸，猶漬也。〔廣雅・釋器〕「ㄧ，幽也」。○（同上）ㄧ，以寑為之。〔周禮・宫人〕「掌王之六寑之脩」。○ㄧ，今人皆作寢。〔說文〕「ㄧ，卧也」段注。

寢 小ㄧ，即君之燕ㄧ。〔公羊僖公三三年經〕「公薨于小ㄧ」陳疏。○ㄧ謂偃卧熟也。〔慧琳音義・卷一三〕引〔玉篇〕。○ㄧ者，平常卧息之所。〔公羊傳宣公一六年〕注「有室曰ㄧ」陳疏。○病寑曰ㄧ。〔說文定聲・卷一二〕（「寐」下）○事不行謂之ㄧ也。〔漢書・王莽傳〕「尚書因是為姦ㄧ事」補注引沈欽韓。○引伸之凡事止亦曰ㄧ。〔說文〕「寑，卧也」段注。○貌不揚曰ㄧ。〔通鑑・唐紀四三〕「陛下必以臣貌ㄧ」音注。○〔通雅・卷三八〕ㄧ廟，猶後世俗言廟朝廟堂也。〔左傳〕「鼠不穴于ㄧ廟」。○ㄧ廟，〔月令〕作郊廟。〔呂覽・季冬〕「以供ㄧ廟及百祀之薪燎」校正。○〔說文定聲・卷三〕ㄧ，段借為寑。〔釋宫〕「無東西廟有室曰ㄧ」。○（同上）ㄧ，字亦以侵為之。〔史記・魏其武安侯傳〕「武安者貌ㄧ」。○ㄧ，亦作寑。〔說文定聲・卷三〕

𡪢 ㄧ，ㄧ卧也。〔說文〕「ㄧ，病卧也」義證引〔玉篇〕。○寑疾當作此ㄧ，假借寢字為之也。（同上）繫傳。○ㄧ，今字作寑。（同上）段注。

帴 ㄧ，寑字省文。〔墨子・經說下〕「夾ㄧ者法也」閒詁引畢沅。

飲 ㄧ，啜也。〔離騷〕「朝ㄧ木蘭之墜露兮」補注。又〔遠遊〕「餐六氣而沆瀣兮」補注。○ㄧ，咽水也。〔說文〕「㱃，歠也」義證引〔玉篇〕。○〔通雅・卷一八〕ㄧ泣，猶吞聲也，凡聲之吞轉，皆可曰ㄧ。〔賈捐之傳〕「ㄧ泣巷哭」。○ㄧ即㱃之隸變。〔周禮・膳夫〕孫正義。○ㄧ蓋㱃字。〔漢書・朱家傳〕「然終不伐其能，ㄧ其德」補注引王念孫。○與人ㄧ之謂之ㄧ。〔說文〕「ㄧ，歠也」段注。○引伸之可ㄧ之物謂之ㄧ。（同上）○又消納無迹謂之ㄧ。（同上）○自ㄧ曰ㄧ，ㄧ人亦曰ㄧ，所ㄧ之物即曰ㄧ。〔說文定聲・卷三〕（「㱃」下）

㱃 〔說文定聲・卷三〕ㄧ，猶食言之食也。〔漢書・朱家傳〕「㱃其德」。○（同上）ㄧ，猶食舊德之食也。〔莊子・則陽〕「或不言而㱃人以和」。○（同上）

—，猶受也。〔趙策〕「漆其頭以為飲器」。○〔說文定聲・卷三〕—，叚借為邕。〔素問・刺志〕「脈小血多者，飲中熱也」。○—或作飲。〔說文〕「—，歠也」義證。○—，今隸作飲。〔說文定聲・卷三〕○—，隸作飲。〔說文〕「—，歠也」段注。又（同上）句讀。

歆 —，〔集韻〕作歈。〔楚辭・大招〕「清馨凍—」補注。

錦 —，織文也。〔漢書・高帝紀〕「賈人毋得衣—繡」補注引〔通鑑〕胡注。○—，織綵為文也。〔說文〕「—，襄色織文」義證引〔急就篇〕顏注。○—，染絲織之成文章也。〔說文定聲・卷三〕○—以五色絲織成文章，故字从帛从金諧聲，且貴之也。〔本草・卷三八〕○—，文衣也。〔詩・碩人〕「衣—褧衣」朱傳。

品 —，法也。〔慧琳音義・卷二七〕又〔廣韻・寑部〕。○—，式也。〔慧琳音義・卷二七〕又〔廣韻・寑部〕。○—，類也。（同上）○—，衆庶也。（同上）○—是衆物也。〔說文〕「區，踦區，藏匿也」義證引〔九經字樣〕。○—物即謂衆物。〔漢書・賈誼傳〕「—庶每生」補注。○—，同也。〔大戴・虞戴德〕「—奏五聲」王詁。○—，官—。〔廣韻・寑部〕○今人每言—地，言—格地位也。〔通雅・卷二六〕○—，利程也。〔慧琳音義・卷二七〕引〔玉篇〕。

枕 —，薦也。〔慧琳音義・卷六六〕引顧野王。○—，薦頭也。（同上）引〔文字典說〕。○—，支也。（同上）引〔考聲〕。○—，倚也。〔卷二六〕○—，卧頭所薦也。〔說文〕「—，卧所薦首」義證引〔玉篇〕。○—，所以支頭也。（同上）義證引〔急就篇〕顏注。○—，所以承頭也。〔慧琳音義・卷一〇〕引〔韻詮〕。○—，—席。〔廣韻・寑部〕○〔通雅・卷三四〕—杜者，—几也。〔後漢・鍾離意傳〕「—杜」。○—字當作次。〔漢書・王莽傳〕「不復就—矣」補注引宋祁。○—當為沈。〔易・坎〕「險且—」平議。

審 —，察也。〔大戴・本命〕「是故—倫而明其別，謂之知」王詁。○—，言聽之察。〔國策・魏策一〕「今君—於聲」鮑注。○—，悉也。〔大戴・盛德〕「百度不—」王詁。又〔曾子疾病〕「小者不—」王詁。又〔國策・秦策一〕「言不—亦當死」鮑注。○—，詳—。〔廣韻・寑部〕○—亦為詳。〔書・顧命上〕「茲予—訓命汝」孫疏。○—，明晰之義。〔釋訓〕「明明，察也」郝疏。○—猶定也。〔論語・堯曰〕「—法度」劉正義引〔弓人注〕。○—猶誠也。〔漢書・東平思王傳〕「王—樂道」補注引蘇輿。○—當為瀋。〔莊子・應帝王〕「鯢桓之—為淵」平議。○—與葴音之轉也。〔左傳襄公一三年經〕「九月，庚辰，楚子—卒」洪詁。

宷 —，審字也。〔說文〕「粵，亏也」繫傳。○—，古審字也。〔說文〕「奧，宛也，室之西南隅」繫傳。○—，讎校比覈之意。〔說文定聲・卷三〕○—，篆文作審，諦也。〔方言六〕「瘛，諦，審也」箋疏。○〔說文定聲・卷三〕—，叚借為瀋。〔莊子・應帝王〕「鯢桓之審為淵」。

甚 —，劇過也。〔廣韻・寑部〕○—，過也。〔晏子春秋〕「尤佚」雜志。○引伸凡殊尤皆曰—。〔說文〕「—，尤安樂也」段注。○—，从甘，甘者飲食，匹者男女，人之大欲存焉，故訓安樂之大。〔說文定聲・卷三〕○—雨，猶久雨也。〔左傳襄公一八年〕「—雨及之」洪詁。○—，古文湛字。（同上）洪詁引惠棟。○—質，今作椹質。〔說文〕「弓，周禮，弧弓以射甲革—質」段注。○—當為是。〔荀子・不苟〕「不敢以其所獨—」集解引王念孫。○—當作其。〔左傳僖公二四年〕「臣之罪—多矣」述聞。○—亦當作其。〔僖公二四年〕「行者—衆」「懼者—衆矣」述聞。○崔本—作湛，湛與淫同。〔莊子・天下〕「沐—雨，櫛疾風」集釋。○—，故書作報。〔說文〕「弓，周禮，弧弓以射甲革—質」段注。○〔史記〕作籍盛，—與盛意同。〔漢書・陸賈傳〕「名聲籍—」補注引周壽昌。○—，官本作日盛。〔漢書・劉向傳〕「而外家日—」補注。○〔新序・雜事〕—作其。〔呂覽・慎大〕「吾國之妖—大者」校正。

廩 —，倉—通稱也。〔孟子・萬章上〕「父母使舜完—」焦正義。○—猶倉也。〔左傳桓公一四年〕「御—災」疏證。○圜謂之囷，方謂之—。〔說文定聲・卷一五〕〔囷下〕○藏穀曰倉，藏米曰—。〔公羊傳桓公一四年〕注「—者釋治穀名」陳疏引孔廣森。○倉有屋曰—。〔廣韻・寑部〕○有屋曰—，無屋曰倉，皆官積也。〔本草・卷二五〕○—，給也。〔史記〕「粟予民」雜志。○—之言斂也。〔廣雅・釋宮〕「—，倉也」疏證。○—者，少也。〔公羊傳文公一三年〕「羣公—」平議。○—者，鮮少之名。〔釋言〕「—，𪍿也」述聞。○訓—為鮮，作𪍿者，因—字而誤加广耳。〔釋言〕「舍人本作鮮」述聞。○—者，稀少之名也。〔公羊傳文公一三年〕注「—者連新於陳上財令半相連爾」陳疏引臧庸。○—者，鮮少僅有之意。（同上）○—為鮮少希貴之意。（同上）○——者，漸近之意，即所謂庶幾也。〔漢書・循吏傳〕「此——庶幾德讓君子之遺風矣」補注引王念孫。又〔漢書〕「——」雜志。○—者，新陳相雜。〔公羊傳文公一三年〕注「—者，連新於陳上財令半相連爾」陳疏引孔廣森。○—與稟，古同聲而通用。〔史記〕「粟予民」雜志。○—林聲近而字通。〔漢書〕「雍人稟」雜志。○—，古作溓。〔公羊傳文公一三年〕注「—者連新於陳上財令半相連爾」陳疏。○稟、—古字通。〔左傳莊公八年〕「虐于雍—」疏證。又（同上）洪詁。○—與凜同，寒也。〔楚辭・九辯〕「竊獨悲此—秋」補注。○—作秝。〔說文〕「籞，雉射者所蔽者也」段注。○—辛，竹書、人表並作馮辛。〔史記・殷本紀〕「子帝—辛立」志疑。○—辛，世本作祖辛。（同上）

衽 —，衣襟也。〔禮記・玉藻〕「—當旁」集解。○—，衣衿也。〔論語・憲問〕「吾其被髮左—矣」朱注。○—，謂袂也。〔漢書・張良傳〕「楚必斂—而朝」補注引王念孫。○〔說文定聲・卷三〕凡—皆言兩傍衣際裳際正當手下垂之處，故轉而名袂焉。〔廣雅・釋器〕「—，袖也」。○—，裳際也。〔離騷〕

「跪敷｜以陳辭兮」補注引〔爾雅疏〕。〇〔説文定聲・卷三〕｜，此謂裳幅交接處。〔蒼頡解詁〕「｜，裳際所及交列者也」。〇〔同上〕｜，謂衣之兩傍掩裳際處。〔説文〕「｜，衣袷也」。〇衣之縫合處曰｜，以小要聯合棺與蓋之處故亦名｜。〔義府・卷上〕〇｜，此謂裳兩傍也。〔説文定聲・卷三〕〇｜，小要也，其形兩頭廣，中央小，似深衣之｜也。〔禮記・檀弓〕「棺束縮二衡三，｜束一」集解。〇｜，席也。〔中庸〕「｜金革」朱注。〇衣箱合處曰｜。〔通雅・卷三四〕〇棺與蓋合處亦曰｜。〔同上〕〇〔説文定聲・卷三〕｜，叚借為栠。〔淮南・銓言〕「筐牀｜席」。〇｜，假借為｜席。｜席者，今人所謂褥也。〔説文〕「｜，衣袷也」段注。

祍　｜，衣衿。〔國策・秦策一〕「出其父母懷｜之中」鮑注。〇｜，衣襟。〔通鑑・漢紀三八〕「承訓懷｜」音注。〇｜，亦卧席也。〔同上〕音注。

飪　｜，熟食也。〔廣韻・寑部〕〇｜，烹調生熟之節也。〔論語・鄉黨〕「失｜，不食」朱注。〇｜通作腍。〔釋言〕「饙，稔也」郝疏。〇｜，又通作稔。〔同上〕〇｜亦假稔為之。〔説文〕「｜，大孰也」段注。〇古書或借恁為｜。〔説文定聲・卷三〕〇｜恁並古文。〔方言七〕「胹、｜，熟也」箋疏。〇｜，古文作腍。〔同上〕箋疏。〇｜，古文作䏕。〔廣雅・釋詁〕「餁，熟也」疏證。〇｜，又作恁。〔同上〕疏證。〇｜、腍、稔並字異而義同。〔同上〕〇｜、䏕、餁、腍並字異而義同。〔方言七〕「｜，熟也」箋疏。〇｜，字又作餁。〔説文〕「｜，大熟也」段注。〇〔説文定聲・卷三〕｜，以稔為之。〔爾雅〕「饙、餾，稔也」。〇｜，俗作餁。〔説文〕「｜，大孰也」句讀。

餁　｜同飪。〔廣韻・寑部〕〇｜與飪同。〔方言七〕「｜，熟也」箋疏。

稔　〇穀熟曰｜。〔慧琳音義・卷一二〕引〔字統〕。〇〔説文定聲・卷三〕｜，禾一熟，故為一年。〔廣雅・釋詁一〕「｜，年也」。〇｜，年也。〔廣韻・寑部〕〇｜，亦歲熟。〔同上〕〇｜，䆷也。〔説文〕「｜，穀孰也」義證引〔太平御覽〕。〇｜之言飪也。〔同上〕段注。〇｜者，飪之叚音也。〔釋言〕「饙，｜也」郝疏。〇〔説文定聲・卷三〕｜，叚借為飪。〔釋言〕「饙、餾，｜也」。〇〔同上〕｜，叚借為戕。〔左傳昭公一八年〕「是昆吾｜之日也」。〇飪、腍、｜並字異而義同。〔廣雅・釋詁三〕「餁，熟也」疏證。

稟　｜，賜也。〔慧琳音義・卷六〇〕引〔考聲〕。〇｜，公｜賜之也。〔説文〕「｜，賜穀也」繫傳。〇｜，賜穀也。〔慧琳音義・卷七九〕引〔韻英〕。〇以米穀賜人曰｜。〔同上・卷六〕引〔桂苑珠叢〕。〇｜，與也。〔廣雅・釋詁三〕〇｜為受而又為與，義相反而實相因。〔釋詁三〕「｜，與也」疏證。〇｜予，猶給予也。〔史記〕「粟予民」雜志。〇｜，供穀，又與也。〔廣韻・寑部〕〇｜，給也。〔通鑑・漢紀一五〕「｜食不至」音注。〇｜食，縣官官給其食也。〔説文〕「｜，賜穀也」義證引〔急就篇〕顔注。〇｜乃官名，即周之廩人也。〔晏子春秋・諫上〕「命｜巡氓家有布縷之本而絶食者」平議。〇｜，承也。〔慧琳音義・卷六〇〕引〔文字典説〕。〇引伸之凡上所賦，下所受，皆曰｜。〔説文〕「｜，賜穀也」段注。〇｜，敬也。〔大戴・衛將軍文子〕「允德｜義」王詁。〇〔通雅・卷二六〕｜假猶今之預支也，假者，預借于官也。〔續漢志〕「諸將軍府有｜假」。〇｜當為廩給之義。〔漢書・大月氏傳〕「共｜漢使者」補注引王鳴盛。〇｜、廩古通用，亦作懔。〔方言六〕「｜，敬也」疏證。〇廩與｜，古同聲而通用。〔史記〕「粟予民」雜志。〇｜與懍通。〔廣雅・釋詁一〕「懍，敬也」疏證。〇〔説文定聲・卷三〕｜，叚借為懍。〔方言六〕「｜，敬也」。〇｜，古廩字，又作林，音近字通。〔漢書・古今人表〕「雍人｜」補注。〇｜，古廩字。〔漢書〕「雍人｜」雜志。又〔管子〕「一掌」雜志。又〔晏子春秋〕「公掌」雜志。〇｜，今廩膳生員字以廩為之。〔説文定聲・卷三〕〇今｜，曰字實謹凜之轉注。〔同上〕〇｜，今領受字以領為之。〔同上〕〇｜，今本多譌為廩。〔説文〕「｜，賜穀也」段注。〇官本｜作廩。〔漢書・貢禹傳〕「宜免為庶人，｜食」補注。〇｜，正作廩。〔慧琳音義・卷一二〕

㐭　｜，亦倉也。〔慧琳音義・卷四四〕引〔考聲〕。〇｜，通作稟。〔説文〕「｜，穀所振入」義證。又〔廣雅・釋宮〕「廩，倉也」疏證。〇〔説文定聲・卷三〕｜，叚借為稟。〔管子・五行〕「故使為廩者」。〇〔同上〕｜，叚借為兼，或為歉。〔釋言〕「廩，廯也」。〇〔同上〕｜，叚借為癛。〔左傳哀公一五年〕「無乃廩然隕大夫之尸」。〇〔同上〕｜，叚借為臨，或為理，廩理雙聲。〔廣雅・釋言〕「廩，治也」。〇｜，同廩。〔廣韻・寑部〕〇｜，或作廩。〔廣雅・釋宮〕「廩，倉也」疏證。〇｜而取之之｜，當作癛。〔説文〕「蒼黄｜而取之，故謂之｜」段注。

葚　｜，桑實也。〔詩・氓〕「無食桑｜」朱傳。〇｜通作黮。〔釋木〕「桑辨有｜，梔」郝疏。〇｜，字通作黮也。〔廣雅・釋器〕「黮，黑也」疏證。〇〔説文定聲・卷三〕｜，以黮為之。〔詩・泮水〕「食我桑黮」。〇黮同｜，俗又作椹。〔廣韻・寑部〕

沈　｜，〔禮記〕假為瀋。〔説文〕「瀋，汁也」段注。〇〔説文定聲・卷三〕｜，叚借為瀋。〔禮記・檀弓〕「為榆｜」。〇｜，又或借為瀋字。〔説文〕「｜，陵上滈水也」段注。〇｜浚潛測，俱聲相轉也。〔釋言〕「潛，浹也」郝疏。〇湛與｜同。〔史記〕「城不浸」雜志。〇｜鹿，今湖廣安陸府鍾祥縣東六十里有鹿湖池。〔左傳桓公八年〕「楚子合諸侯於｜鹿」疏證。〇｜，國名。古作邥。〔廣韻・寑部〕

邥　｜，古文沈。〔廣韻・寑部〕

凜　｜，寒｜。〔廣韻・寑部〕〇｜，寒狀。〔侵部〕〇｜即寒也。〔慧琳音義・卷八〇〕引〔考聲〕。〇｜、凓、凌俱一聲之轉。〔釋言〕「凌，慄也」郝疏。

懍　｜，敬也。〔廣韻・寑部〕〇｜，畏也。〔同上〕〇｜與稟同。〔方言六〕「稟，敬也」箋疏。

噤　｜，口閉也。〔慧琳音義・卷一八〕引〔韻英〕。〇｜，寒而口閉。〔廣韻・寑部〕又〔慧琳音義・卷七〕引〔字統〕。〇｜，口急不開也。〔卷一八〕引

〔韻詮〕。○丨齗，切齒怒也。〔通鑑・梁紀一四〕「丨齗良久」音注。又〔說文〕「齗，齒相切也」義證引〔玉篇〕。○丨與顜同。〔方言一三〕「顜，怒也」箋疏。○丨，亦作顜。〔說文〕「齗，齒相切也」段注。○丨，〔玉篇〕作瘂。〔說文〕「瘁，寒病也」義證。

瀋 丨，汁也。〔本草・卷二二〕又〔廣韻・寢部〕。○丨，猶汁也，言纖少也。〔說文定聲・卷三〕(「宷」下)○〔卷三〕丨、汁一聲之轉。〔說文〕「丨，汁也」。○(同上)丨，以沈為之。〔禮記〕「檀為榆沈」。○淮南王書注引此丨作潘。〔左傳哀公三年〕「猶拾丨也」洪詁。

諗 丨，告也。〔詩・四牡〕「將母來丨」朱傳。又〔通鑑・隋紀四〕「昔辛伯丨周桓公曰」音注。又〔廣韻・寢部〕。○丨，謀也。(同上)○丨，深諫也。〔通鑑・隋紀四〕「昔辛伯丨周桓公曰」音注。又〔廣韻・寢部〕。○〔說文定聲・卷三〕丨，段借為念。〔爾雅・釋言〕「丨，念也」。○(同上)丨，借為湛。〔家語・禮運〕「魚鮪不丨」。○丨與念亦聲相近。〔方言一二〕「念，思也」箋疏。○恁、丨、念聲近義同。〔廣雅・釋詁二〕「恁，思也」疏證。○丨，段借為閃，丨閃雙聲。〔說文定聲・卷三〕○〔左傳〕丨作諫。〔說文〕「丨，春秋傳曰辛伯丨周桓公」段注。

腍 丨，熟也。〔禮記・郊特牲〕「爓丨祭」集解。又〔集韻・寢部〕。○丨，味好。〔廣韻・寢部〕○飪、丨、稔，並字異而義同。〔廣雅・釋詁三〕「飪，熟也」疏證。

踸 丨踔，行無常皃。〔廣韻・寢部〕○丨踔，跛者行也。〔說文〕「逴，一曰蹇也」義證引〔玉篇〕。○非常亦謂之丨踔。〔廣雅・釋訓〕「𧿳踔，無常也」疏證。○丨踔與𧿳踔亦同。〔方言六〕注「跛者行𧿳踔也」箋疏。又〔廣雅・釋詁三〕「逴，蹇也」疏證。

𧿳 丨，或作踸。〔廣雅・釋訓〕「丨踔，無常也」疏證。○跉踔與丨踔同，亦作踸踔。〔釋詁三〕「逴，蹇也」疏證。

朕 丨，我也。〔離騷〕「丨皇考曰伯庸」補注引蔡邕。又〔廣韻・寢部〕。○丨即予也。〔釋詁〕「丨，我也」邵正義。○古人質與君同稱丨。〔離騷〕「丨皇考曰伯庸」補注引〔文選〕五臣注。○丨之為言審也。〔釋詁〕「丨，身也」郝疏。○〔說文定聲・卷二〕丨，段借發聲之詞。此與卬言為吾余之聲轉，方音不同，各稱其稱。〔釋詁〕「丨，我也」。○(同上)丨，段借為倂。〔釋詁〕「丨，予也」。○丨，當作訓。〔書・洛誥〕「弘丨恭」疏證引莊寶琛。

荏 丨，柔也。〔論語・陽貨〕「色厲而內丨」劉正義。○丨，柔弱也。(同上)朱注。○丨染，柔貌。〔詩・巧言〕「丨染柔木」朱傳。又〔抑〕「丨染柔木」朱傳。○丨即蘇也，亦呼為菩。〔通雅・卷四二〕○丨，東人呼為萵，以其似蘇字。〔說文〕「丨，桂丨，蘇」義證引〔本草〕陶注。○丨，白蘇也。(同上)繫傳。又(同上)義證引〔六書故〕。○丨，今之紫蘇。〔說文定聲・卷三〕○丨菽，大豆也。〔詩・生民〕「蓺之丨菽」朱傳。○大豆又名丨菽，聲轉而為戎菽。〔廣雅・釋草〕「大豆，尗也」疏證。○丨，柔木也。〔慧琳音義・卷一九〕○丨，草弱皃也。〔卷八〕引〔考聲〕。○丨苒，草色貌也。〔卷九二〕引〔韻略〕。○丨苒，若今之因循蹉跎之類是也。〔卷九二〕○丨苒，猶因循不覺盈時也。〔卷三五〕○丨苒者，漸次相因，經歷時日，謂之丨苒。〔卷四〕引〔考聲〕。○丨，大義。〔詩・生民〕「蓺之丨菽」通釋。○丨、戎聲相轉。〔釋草〕「戎叔謂之丨菽」郝疏。○〔說文定聲・卷三〕丨，段借為甚。〔詩・生民〕「蓺之丨菽」。○(同上)丨，段借為栠。〔論語〕「色厲而內丨」。○丨為栠之假借，柔也。〔詩・巧言〕「丨染柔木」後箋。○經典多假丨，而栠廢矣。〔說文〕「栠，弱皃」段注。○丨與栠通。〔廣雅・釋訓〕「栠栠，弱也」疏證。○恁、栠、丨並通。〔廣雅・釋詁一〕「恁、栠，弱也」疏證。○丨染即姌也。〔說文〕「姌，弱長皃」段注。○丨，又作栠。〔慧琳音義・卷一九〕○丨，韓作戎。〔詩・生民〕「蓺之丨菽」集疏。

恁 丨，念也。〔廣韻・寢部〕又〔說文〕「丨，下齎也」義證引〔玉篇〕。○〔說文定聲・卷三〕丨，段借為飪。〔說文〕「丨，古文飪」。○(同上)丨，段借為栠。〔廣雅・釋詁一〕「丨，弱也」。○丨、栠、荏並通。〔廣雅・釋詁一〕「丨、栠，弱也」疏證。○丨、諗、念聲近義同。〔釋詁二〕「丨，思也」疏證。○丨與下栠字同。〔釋詁一〕「丨、栠，弱也」疏證。

寑 丨，痛。〔廣韻・寢部〕○丨，又皃醜也。(同上)○丨，體陋也。〔集韻・寢部〕

唫 〔通雅・卷一八〕閉口為丨。〔素問〕「呿丨」。○〔說文定聲・卷三〕丨，段借為崟。〔穀梁傳僖公三三年〕「必于殽之巖丨之下」。○(同上)丨，段借為吟。〔漢書・息夫躬傳〕「秋風為我丨」。○(同上)丨，段借為噤。〔呂覽・重言〕「君呿而不丨」。○(同上)丨，段借為念。〔韓非・揚權〕「宗室憂丨」。○〔通雅・卷一八〕古噤丨吟隨用，丨與噤同。〔韓非・揚權〕「宗室憂丨」。○丨，〔說苑〕作吟。〔呂覽・重言〕「君呿而不丨」校正。

顜 丨，切齒怒也。〔廣韻・寢部〕○〔說文定聲・卷三〕丨，以噤為訓。〔廣韻〕「丨，切齒怒也」。○丨義與噤齗之噤同。〔廣雅・釋詁二〕「丨，怒也」疏證。

頕 丨，頭骨後。〔廣韻・寢部〕○丨，腦後骨心。〔慧琳音義・卷九六〕引〔考聲〕。○玉枕骨即偃卧箸枕之處，單評曰丨。〔說文〕「丨，玉枕也」段注引沈彤。○丨，垂頭之皃。〔說文定聲・卷三〕引〔蒼頡〕。○丨，項後承枕骨也。〔說文〕「丨，項枕也」繫傳。○丨，垂頭之皃。〔說文〕「丨，玉枕也」段注引〔玉篇〕。

梫 丨，木名，桂也。〔廣韻・寢部〕

蔓 丨，覆也。〔廣韻・寢部〕又〔集韻・寑部〕。

栚 丨，橫槌也。〔說文〕「丨，槌之橫者也」義證引〔玉篇〕。○〔說文定聲・卷二〕丨，蠶薄木，豎曰槌，橫曰丨。〔呂覽・季春〕「具丨曲篆筐」注。○(同上)丨，以滕為之。〔方言五〕「槌，其橫，關西謂之㮳」。○(同上)丨，又名校。〔廣雅・釋器〕「㮳椺校持样，槌也」。○丨讀若朕，架蠶薄之木也。

〔讀淮南子書後〕引〔時則篇〕「具一曲莒筐」雜志。〇丨、椺同。〔方言五〕「梎，其橫，關西曰椺」疏證。〇丨，或作椺。〔說文〕「丨，梎之橫者也」義證。

菻 丨，丨蒿。〔廣韻・寑部〕〇丨與藁同。〔廣雅・釋草〕「莪蒿，藁蒿也」疏證。〇〔說文定聲・卷三〕丨，字亦作藁，即〔爾雅〕之莪蘿。〔廣雅・釋草〕「莪蒿，藁蒿也」。〇丨，藁蒿字亦作此。〔說文〕「丨，蒿屬也」繫傳。

㷛 丨，侵火也。〔集韻・寑部〕〇丨，火貌。〔說文〕「丨，侵火也」義證引〔玉篇〕。〇丨，火舒。〔廣韻・寑部〕

伈 丨丨，恐兒。〔廣韻・寑部〕〇丨丨，懼也。〔廣雅・釋訓〕「戰戰，懼也」疏證。〇丨丨，與懍懍通。〔通雅・卷九〕

醰 丨，一曰歃酒。〔集韻・寑部〕〇丨，以脣少呷之也。〔說文〕「丨，歃酒」繫傳。〇〔說文定聲・卷三〕丨謂小歃。〔說文〕「丨，歃酒也」。〇丨，小甜也。〔廣韻・寑部〕〇膥、丨、嚼，義並相近。〔廣雅・釋詁一〕「膥、丨，美也」疏證。〇〔說文定聲・卷三〕丨，字亦作膥。〔廣雅・釋詁一〕「膥、丨，美也」。

羊 丨，稍甚。〔廣韻・寑部〕〇丨，人也，相聶也。〔說文〕「燮，和也」繫傳。丨者，刺也。〔說文定聲・卷一二〕〔「辠」下〕〇丨，犯之甚也。〔卷三〕〇

蕈 丨，草名。〔廣韻・寑部〕

趛 丨，低頭疾行。〔廣韻・寑部〕〇丨，以淦為之。〔說文定聲・卷三〕〇丨，字亦作趁。〔同上〕

炈 丨，深擊。〔廣韻・寑部〕〇丨，禁也。〔侵部〕〇〔說文定聲・卷三〕丨，叚借為禁。〔集韻〕引〔廣雅〕「丨，禁也」。〇丨、抌一字。〔說文〕「丨，下擊上也」句讀。

抌 丨，深擊也。〔讀淮南子書後〕引〔精神篇〕「在於批丨」雜志。〇〔說文定聲・卷三〕丨，叚借為羊。〔廣雅・釋詁一〕「丨，刺也」。〇丨通作揕。〔方言一〇〕「丨，椎也」箋疏。〇丨、煩一字。〔說文〕「丨，深擊也」句讀。〇揕即丨字。〔同上〕

顉 丨，頤醜兒。〔廣韻・寑部〕〇頤曲上曰丨，或从金。〔集韻・寑部〕〇〔說文定聲・卷四〕丨，叚借顙。〔蒼頡篇〕「丨，狹面鋭頤之丨」。

坅 丨，坎也。〔廣韻・寑部〕〇丨，穿坎之名。〔儀禮・既夕禮〕「甸人築丨坎」胡正義引胡承珙。〇丨亦掘也。〔同上〕胡正義。

顲 丨丨然，作色兒。〔廣韻・寑部〕〇作色謂之丨。〔集韻・寑部〕〇丨，一曰顣丨不飽。〔同上〕〇丨，一曰瘠也。〔同上〕

鍖 丨，丨鉽。〔廣韻・寑部〕〇丨鉽，聲不進兒。〔集韻・寑部〕〇丨鉽，聲弱而抑下。〔文選・洞簫賦〕「行丨鉽以龢囉」集釋。〇丨當為歁。〔晏子春秋・問下〕「丨然不滿」平議。

栠 丨，木弱兒。〔廣韻・寑部〕〇丨，柔木兒。〔說文定聲・卷三〕〇丨者，橈弱之意也。〔說文〕「丨，弱兒」繫傳。〇丨，通作荏。〔同上〕義證。〇荏與丨通。〔廣雅・釋訓〕「丨丨，弱也」疏證。〇恁、丨、荏並通。〔同上〕

棯 丨，果木名。〔廣韻・寑部〕

墋 丨，土也。〔廣韻・寑部〕〇丨，一曰不清澄，或从甚。〔集韻・寑部〕〇丨，猶甚也。〔慧琳音義・卷四一〕

侵 丨，短小也。〔漢書・田蚡傳〕「蚡為人貌丨」補注引〔通志・田蚡傳〕注。

僸 丨，仰頭也。〔集韻・寑部〕〇丨，或作㑤。〔同上〕

潹 丨丨，寒兒。〔集韻・寑部〕

㔋 丨，用力也。〔集韻・寑部〕

㬐 丨，敬身有所承也。〔說文〕「丨，謹身有所承也」義證引〔玉篇〕。

𡡞 丨，志下。〔廣韻・寑部〕〇丨，一曰志下。〔集韻・寑部〕〇丨，貪頑也。〔同上〕

濅 丨，漸也，漬也。〔廣韻・寑部〕〇丨淫，〔史記〕作浸潯。〔漢書・燕靈王傳〕「事濅淫聞於上」補注。

𡩧 丨，視兒。〔集韻・寑部〕

歁 丨，大喪囊也。〔廣韻・寑部〕〇丨，興也。〔集韻・寑部〕

廞 丨，大屋。〔集韻・寑部〕

戡 丨，小斫也。〔廣韻・寑部〕〇丨，刺也，或从手。〔集韻・寑部〕

扲 丨，持物。〔集韻・寑部〕

拰 丨，丨搦。〔集韻・寑部〕

㨆 丨、琳古通用。〔左傳成公七年〕疏證引戴震。又〔方言二〕「丨，殺也」疏證。

昑 丨，明也。〔集韻・寑部〕

栣 丨即禁也。〔春秋繁露・深察名號〕「丨眾惡於內」平議。

栚 橫者謂之一。〔說文〕「一，槌之橫者也」繫傳。

槮 一，木實名也。〔廣韻・寑部〕〇一，聚柴木於水中以棲魚。〔釋器〕「一謂之涔」鄭注。〇一，積柴木中以取魚，或作罧。〔集韻・寢部〕〇一乃罧之段音。〔釋器〕「一謂之涔」郝疏。〇一者，槮之誤字也。〔同上〕郝疏。

橝 一，屋梠前也。〔集韻・寑部〕

⿰氵灷 一，水流兒。〔集韻・寑部〕

潭 一濼，水動搖兒。〔廣韻・寑部〕

澟 一，淒清也。〔集韻・寑部〕

澿 一然，寒戰極也。〔慧琳音義・卷三〇〕

瀶 一，大水至。〔廣韻・寑部〕

⿰氵闖 一，一淪，水流漂疾。〔集韻・寑部〕

⿰瓜冘 〔集韻・寑部〕瓜青膚曰一。

瘁 一，寒病。〔廣韻・寑部〕又〔集韻・寢部〕。

⿸疒金 一，疾瘧惡寒振也。〔說文〕「痒，寒病也」義證引〔玉篇〕。

瘮 一，寒病也。〔說文〕「痒，寒病也」義證引〔玉篇〕。〇一，駭恐兒。〔集韻・寢部〕〇一同痒。〔廣韻・寑部〕

癛 一一，栗體。〔廣韻・寑部〕〇一一，寒也。〔說文〕「一，蒼黃亩而取之」段注。〇凡戒慎曰一一。〔同上〕〇一一，引申為敬畏之偁。〔說文〕「一，一一，寒也」段注。〇一一，〔漢書〕通作廩廩。〔說文〕「一，蒼黃亩而取之」段注。〇一一，亦作懍懍。〔說文〕「一，蒼黃亩而取之」段注。〇〔說文定聲・卷三〕一，以廩為之。〔漢書・食貨志〕「而直為此廩廩也」。〇一，俗作凜。〔說文〕「一，寒也」義證。〇一一，俗字作懍懍。〔說文〕「一，一一，寒也」段注。〇一，字亦作凜，又作懍。〔說文定聲・卷三〕

⿸疒朁 一，痛疾。〔集韻・寢部〕

眈 一，出頭視兒。〔集韻・寢部〕

眹 一，瞚也。〔廣韻・寑部〕〇一，視也。〔集韻・寢部〕

瞫 一，竊視。〔廣韻・寑部〕

磣 一，砂土圬也。〔慧琳音義・卷八〕引〔考聲〕。〇一，食有沙一。〔廣韻・寑部〕〇一毒者，妒害也，忍人也。〔慧琳音義・卷八〕〇一，又作墋，惡也。〔卷四八〕

⿰石戠 一，用石椓也。〔集韻・寢部〕

祲 一，妖氛。〔集韻・寢部〕

秹 一，禾弱也。〔集韻・寢部〕

⿱竹任 一，單席。〔集韻・寑部〕〇一，通作衽。〔同上〕

㬎 一，絮中小繭。〔集韻・寢部〕

罧 一，積柴取魚。〔廣韻・寑部〕

⿰月朁 一，脣病也。〔廣韻・寑部〕又〔集韻・寑部〕。〇一、醰、噆義並相近。〔廣雅・釋詁一〕「一、醰，美也」疏證。

⿰舟炎 一，古文朕。〔廣韻・寑部〕

蕈 一，菌生木上。〔廣韻・寑部〕〇一即桑耳，亦呼樹鷄，字亦作蕁，其生于地者曰菌。〔說文定聲・卷三〕

⿱艹稟 一蒿，一名莪蒿。〔說文〕「菻，蒿屬」義證引陳藏器。〇一同菻。〔同上〕段注。

⿰月審 一，一蛇。〔廣韻・寑部〕

訦 一，信也。〔廣韻・寑部〕〇一，言可信也。〔說文〕「一，燕代東齊謂信一也」繫傳。

謲 一，陰言譏也。〔集韻・寑部〕〇一，以言陰相譏毀也。〔慧琳音義・卷六〇〕引〔考聲〕。

趛 一，低首疾趨謂之一，或从今。〔集韻・寑部〕

醦 一，酢甚。〔廣韻・寑部〕

鋟 一，爪刻鏤版。〔廣韻・寑部〕〇一之言纖也。〔廣雅・釋器〕「一，錐也」疏證。

𩞀|，食有沙。〔集韻・寑部〕

顲|顪，醜皃。〔廣韻・寑部〕又〔集韻・寑部〕。

類|，醜皃。〔集韻・寑部〕○|，或作顲。〔同上〕

䫖|，|顪，自愞劣皃。〔廣韻・寑部〕○|顪，懦劣皃。〔集韻・寑部〕

顂|，懦弱皃。〔集韻・寑部〕

顃|，頭銳長也。〔廣韻・寑部〕○|，一曰頭銳而長也。〔集韻・寑部〕○|，頭長。〔同上〕○|，頭俯皃。〔同上〕○|，懦劣也。〔同上〕○|，通作顪。〔同上〕

䲋|，濕通上也。〔廣韻・寑部〕

騣|，馬聚也。〔集韻・寑部〕

䲚|，魚首骨。〔集韻・寑部〕

魿|，大魚。〔廣韻・寑部〕○|，小魚羮也，或从岑。一曰大魚為羮，小魚為|。〔集韻・寑部〕

魫|，魚子。〔廣韻・寑部〕

鮇|，大魚。〔廣韻・寑部〕

黮|，黑色。〔集韻・寑部〕

續經籍纂詁卷第五十七

上聲

二十七感

感|，動。〔詩・野有死麕〕「無|我帨兮」朱傳。○|，動也。〔廣韻・感部〕又〔説文〕「|，動人心也」繫傳。○|言動心。〔國策・韓策二〕「夫賢者以|忿睚眦之意」鮑注。○|，恨也。〔左傳襄公二九年〕「美哉猶有|」洪詁。○|概，即不快意之貌也。〔漢書〕「連語」雜志。○|讀為撼。〔荀子・解蔽〕「|忽之間」集解引郝懿行。○|讀如撼，|忽，摇疾之意。〔荀子・議兵〕「|忽悠闇」集解引郝懿行。○古無憾字，借|為之。〔史記〕「憾」雜志。○|，古憾字。〔左傳宣公一二年〕「二|往矣」疏證。○|、撼同聲同義。〔廣雅・釋詁〕「撼，動也」疏證。○|，即憾省文。〔漢書・張湯傳〕「何|而上書歸衛將軍富平侯印」補注。○諸本|作撼。〔左傳襄公二九年〕「美哉猶有|」洪詁。○通本|作憾。〔左傳宣公一二年〕「二|往矣」疏證。○通行本|作憾。〔左傳成公二年〕「大國朝夕釋|於敝邑之地」疏證。○|，三家作撼。〔詩・野有死麕〕「無|我帨兮」集疏。○|忽，〔新序〕又作奄忽。〔荀子・議兵〕「|忽悠闇」集解引盧文弨。○|當為伐。〔禮記・樂記〕「|條暢之氣」平議。○|當為成。〔説文〕「祲，精氣|祥」義證。

覽|，視也。〔廣韻・敢部〕○|，監臨也。〔説文〕「|，觀也」繫傳。○|，歷視周遍觀|也。〔慧琳音義・卷四〕○以我觀物曰|，引伸之使物觀我亦曰|。〔説文〕「|，觀也」段注。○|，猶示也。〔屈賦・抽思〕「|予以其修姱」戴注。○〔説文定聲・卷四〕|，以擥為之。〔蘭亭叙〕「後之攬者」。

擥|，持也。〔楚辭・九辯〕「|騑轡而下節兮」補注。○|，手取也。〔通鑑・漢紀五八〕「方當廣|英雄」音注。○|，手|取。〔廣韻・敢部〕○攬與|同。〔廣雅・釋詁一〕「攬，取也」疏證。○|，同攬。〔廣韻・敢部〕○|，字或作攬。〔説文〕「|，撮持也」義證。○|，俗作攬。〔説文〕「擥，撮持也」句讀。

膽|，肝|。〔廣韻・敢部〕○|為清淨之府。〔説文〕「|，連肝之府」義證引〔難經〕。○|，木之精氣也。〔説文〕「馬，怒也」義證引〔洪武正韻〕。○|礬、|土、石緑，皆銅英也。〔通雅・卷四八〕○〔説文定聲・卷四〕|，叚借為儳。〔禮記・内則〕「桃曰|之」。○〔同上〕|，叚借為憺。〔淮南・原

道〕「一兮其若深淵」。○(同上)一，叚借為澹。〔淮南·覽冥〕「川谷不一」。○一，俗字作胆。〔說文定聲·卷四〕

澹　一，一淡，水皃。〔廣韻·敢部〕○一，恬靜。(同上)○一、贍古義通。〔漢書·食貨志〕「猶未足以一其欲也」補注引葉德輝。○〔說文定聲·卷四〕一，叚借為贍，亦即憺字。〔荀子·王制〕「物不能一則必爭」。○倓、憺、一、惔、淡，並字異而義同。〔廣雅·釋詁一〕「倓，安也」疏證。○一林即襜褴。〔漢書·馮唐傳〕「破東胡，滅一林」補注引胡注。

憺　一，安緩。〔廣韻·敢部〕○一，神氣充足則安定，古皆以澹為之。〔說文定聲·卷四〕○一一，動也。〔通雅·卷一〇〕○一又借淡字。〔說文〕「一，安也」義證。○一，或借澹字。(同上)○一與倓略同。〔說文定聲·卷四〕○倓、一、澹、惔、淡，並字異而義同。〔廣雅·釋詁一〕「一，安也」疏證。○一、倓，音義皆同。〔說文〕「一，安也」段注。○一同惔。〔廣韻·敢部〕

噉　一，啖也。〔慧琳音義·卷七〕引〔考聲〕。○一，一食。〔廣韻·敢部〕○一同啗。(同上)○一，或作啖。(同上)又〔慧琳音義·卷一〕。

坎　一，險也。〔廣韻·感部〕又〔續音義·卷六〕引〔切韻〕。○一，陷也。〔廣韻·感部〕○一者，陷也。〔說文〕「陘，山絕一也」段注。○一為水，水所以取平。〔說文定聲·卷四〕○一坷謂不平也。〔說文〕「坷，一坷也」段注。○一壈，地不平也。〔慧琳音義·卷九二〕○一壈，契闊貌也。〔卷九二〕引〔考聲〕。○一廩，數遭禍患，身困極也。〔楚辭·九辯〕「一廩兮貧士失職」王注。○一廩，困窮也。(同上)補注引五臣。○一廩，失志，一曰不平。(同上)補注。○一一，小罍也，形似壺。〔續音義·卷六〕引〔切韻〕。又〔廣韻·感部〕。○一，壙也。〔禮記·檀弓〕「廣輪揜一」集解。○〔說文定聲·卷四〕一，殰也。〔太玄·內〕「一我西階」。○一一，擊鼓聲。〔詩·宛丘〕「一其擊鼓」朱傳。○一一，用力之聲。〔詩·伐檀〕「一一伐檀兮」朱傳。○一一，斫木聲。(同上)集疏引韓說。○一之為言考也。〔詩·宛丘〕「一其擊鼓」陳疏。○一者，竷之叚音。〔詩·伐木〕「一一鼓我」通釋。又〔釋訓〕「一一，喜也」郝疏。○〔說文定聲·卷四〕一，叚借為竷。〔詩·宛邱〕「一其擊缶」。○一一為竷竷之叚借字也。〔說文〕「一，陷也」段注。○〔說文定聲·卷四〕一，叚借為臽。〔楚辭·靈懷〕「哀僕夫之一毒兮」。○一一本作竷竷，通作欿欿。〔通雅·卷一〇〕○一，舞也。〔詩·宛邱〕「一其擊鼓」後箋。○一當讀為科。〔釋言〕「一，銓也」平議。○竷竷、一一、欿欿，並字異而義同。〔廣雅·釋訓〕「轞轞，聲也」疏證。○一，字亦作峪。〔說文定聲·卷四〕○一，字亦作埳。(同上)○一歌，即欿歌。〔通雅·卷四九〕○一，當為次字，形相似而誤。〔釋言〕「一，銓也」述聞。○一，魯作欿，齊作竷。〔詩·伐檀〕「一一伐檀兮」集疏。○一，〔史記〕〔文選〕作坻，坻一意同。〔漢書·賈誼傳〕「得一則止」補注。○一乃次字之誤。〔太玄·內〕「一我西階」平議。

慘　一，憂也。〔詩·月出〕「勞心一兮」朱傳。○一一，憂貌。〔詩·抑〕「我心一一」朱傳。○一，憂慼也。〔慧琳音義·卷一一〕引〔韻英〕。○一，一感也。〔廣韻·感部〕○一，毒也。〔慧琳音義·卷七八〕引〔古今正字〕。○一，惱恨也。〔卷一一〕引〔集訓〕。○〔說文定聲·卷三〕一，叚借為謲。〔釋訓〕「一一，慍也」。○(同上)一，叚借為嫪。〔廣雅·釋詁二〕「一，貪也」。○(同上)一，叚借為黲。〔通俗文〕「色暗曰一」。○(同上)一，叚借為朁。〔左傳昭公二〇年〕「一不畏明」。○(同上)一，叚借為憯、為懆，一懆雙聲。〔釋詁一〕「一，憂也」。○一者，懆之叚音也。〔釋詁〕「一，憂也」郝疏。○一，讀若懆。〔詩·月出〕「勞心一兮」通釋。○一憯聲同，一曾聲轉。〔釋言〕「憯，曾也」郝疏。○一與噆聲近義同。〔廣雅·釋詁一〕「噆，憂也」疏證。○一與㥞聲義相近。〔廣雅·釋詁三〕「㥞，賊也」疏證。○一、憯、𤸷，並字異而義同。〔廣雅·釋言〕「一，毒也」疏證。○一當為黲。〔說文〕「黲，深黑也」義證。○一當作懆。〔詩·月出〕「勞心一兮」朱傳。又〔正月〕「憂心一一」陳疏。○一一，當作懆懆。〔詩·抑〕「我心一一」陳疏。○一，詩本皆作憯。〔左傳昭公二〇年〕「一不畏明」洪詁。○一，魯作懆。〔詩·抑〕「我心一一」集疏。○一一當屬懆懆之訛。〔釋訓〕「一一，慍也」邵正義。

憯　一，痛也。〔廣韻·感部〕又〔集韻·忝部〕。○一者，痛之深者也。〔說文〕「悲，痛也」段注。○一一，痛毒之意。〔通鑑·梁紀二二〕「內外一一」音注。○一一，憂貌。〔詩·雨無正〕「一一日瘁」朱傳。○一，悽青。〔廣韻·忝部〕○一悽，悲痛貌。〔楚辭·九辯〕「一悽增欷兮」補注引五臣。○一悽，感寒之貌。〔文選·風賦〕「直一悽惏慄」集釋引〔讀書志餘〕。○一，曾。〔詩·節南山〕「一莫懲嗟」朱傳。又〔十月之交〕「胡一莫懲」朱傳。○一乃語詞。〔詩·民勞〕「一不畏明」平議。○一、速義同。〔墨子·明鬼下〕「若此之一遬也」閒詁。○一、疌聲轉義同。〔釋詁〕「疌，速也」郝疏。○一與朁通。〔墨子·明鬼下〕「若此之一遬也」閒詁。○一通作慘。〔釋言〕「一，曾也」郝疏。○〔說文定聲·卷三〕一，叚借為朁。〔釋言〕「一，曾也」。○(同上)一，叚借為[illegible]。〔淮南·主術〕注「一猶利也」。○一者，朁之叚音也。〔釋言〕「一，曾也」郝疏。○一即朁之假借。〔詩·節南山〕「一莫懲嗟」通釋。○一與慘同。〔莊子·庚桑楚〕「兵莫一於志」集釋。○一與𤸷亦聲近義同。〔廣雅·釋詁一〕「𤸷，疾也」疏證。○元紀一作慘，字同。〔漢書·翼奉傳〕「一怛於心」補注。○〔說文定聲·卷三〕一，字亦作𤸷。〔漢書·谷永傳〕「榜箠𤸷于炮烙」。○一，魯亦作慘，齊、韓作憯。〔詩·民勞〕「一不畏明」集疏。○慘、一、𤸷並字異而義同。〔廣雅·釋言〕「慘，毒也」疏證。

敢　一，犯也。〔廣韻·敢部〕又〔國語·吳語〕「不一左右」述聞。○一，勇也。〔廣韻·敢部〕○一，進也，相一，謂相競。〔慧琳音義·卷六五〕○一，猶言不一也。〔書·多士〕「予一求爾于天邑商」孫疏。○一為忓之假借。〔詩·大車〕「畏子不一」通釋。○〔說文定聲·卷四〕一，借果為一也，果、

|一聲之轉。〔論語〕「由也果」。○官本注|作噉。〔漢書・叔孫通傳〕「呂后與陛下共苦食淡」補注。○取與|形似而誤。〔淮南・原道〕「藏於不|」平議。○|乃般之形近誤字。〔漢書・古今人表〕「顔|」補注引錢大昕。

頷　|，頦也。〔慧琳音義・卷一〕○今則|訓為頤。〔說文〕「|，面黃也」段注。○〔說文定聲・卷三〕|，叚借為顄、為頷。〔公羊傳宣公六年〕「絕其|」。○〔同上〕|，叚借為顉。〔左傳襄公二六年〕「|之而已」。○〔離騷〕假借|為顑。〔說文〕「顑，顑頷」段注。○|當為顄。〔說文〕「顄，頤也」義證。○|當作顉。〔左傳襄公二六年〕「逆於門者|之而已」洪詁。○|皆顉之譌。〔說文〕「顉，低頭也」段注。

闇　|，冥也。〔大戴・曾子制言上〕「是以惑|」王詁。○|謂之陰。〔周書〕「陰羽」雜志。○晻、陪、|並通。〔廣雅・釋詁四〕「晻，冥也」疏證。○〔說文定聲・卷三〕|，叚借為暗。〔小爾雅・廣詁〕「|，冥也」。○〔同上〕|，叚借為奄。〔舞賦〕「|復輟已」。○〔同上〕|，叚借為掩。〔荀子・不苟〕「不下比以|上」。○〔同上〕|，叚借為黭。〔舞賦〕「|跳獨絕」。○暗與|同。〔荀子〕「幽暗」雜志。

禫　|，祭名也。〔禮記・間傳〕「中月而|」集解引〔士虞記注〕。○|，除服祭名。〔廣韻・感部〕○|服之為導服，皆聲轉而字異也。〔史記〕「導諛」雜志。○導與|通。〔史記〕「函及士大夫」雜志。○餤、啖、|、導，俱聲轉義同。〔釋詁〕「餤，進也」郝疏。○古文|作導。〔史記〕「函及士大夫」雜志。

窞　|，坎中復有坎也。〔說文〕「|，坎中小坎也」繫傳。○|，坎傍入也。〔廣韻・感部〕○|之言深也。〔廣雅・釋水〕「|，坑也」疏證。○欿、|、臽聲並相近。〔同上〕○〔說文定聲・卷四〕|，字亦作䆳。〔太玄〕「雷推欿䆳」。○|，或作䆳。〔說文〕「|，坎中小坎也」義證。

黮　|，黑甚也。〔集韻・琰部〕○|，雲黑。〔楚辭・九辯〕「尚黯|而有瑕」補注。○|，黲|，黑也。〔廣韻・感部〕○黲|，雲黑。〔同上〕○|，桑實也。〔詩・泮水〕「食我桑|」朱傳。○黲|，果實黑皃。〔集韻・謙部〕○|，類漆色也。〔慧琳音義・卷五〕引〔考聲〕。○|，黯黮，不明淨也。〔說文〕「|，桑葚之黑也」義證引〔玉篇〕。○|，一曰黲|，果實壞皃。〔集韻・寢部〕○||，亦作霮黮，蓋霮䨴之雲狀也。〔通雅・卷九〕○〔說文定聲・卷三〕|，叚借為葚。〔詩・泮水〕「食我桑|」。○|即葚之假借字也。〔說文〕「|，桑葚之黑也」段注。

萏　|，菡|，荷花未舒。〔廣韻・感部〕○蓞同|。〔同上〕○|即蓞之省。〔詩・澤陂〕「有蒲菡|」陳疏。

歜　|，昌蒲，葅。〔廣韻・感部〕○〔說文定聲・卷八〕|，〔玉篇〕以歜為之。〔左傳僖公三〇年〕「有昌|」。○|者，欿之誤字，借欿為蘫也。〔左傳僖公三〇年〕「饗有昌|」疏證引朱駿聲。

糂　|，羹|，或作糝。〔廣韻・感部〕○〔說文定聲・卷三〕|，今蘇俗謂皀曰飯米糝。〔說文〕「|，一曰粒也」。○〔同上〕|，叚借為粈。〔爾雅・釋器〕「糝謂之涔」。○|，〔齊民要術〕作糊。〔說文〕「|，以米和羹也」義證。○|，〔玉篇〕作餕。〔同上〕義證。○〔說文定聲・卷三〕|，變作洙，後世以角黍為粽，又變作粽，因變作糉。〔字林〕「洙，藏梨汁也」。

撼　|，|動也。〔廣韻・感部〕○|，令震驚也。〔慧琳音義・卷七九〕○|之言感也。〔廣雅・釋詁一〕「|，動也」疏證。○感、|同聲同義。〔同上〕○摵與|同。〔廣雅・釋言〕「摵，搖也」疏證。

菼　|，薍也，亦謂之荻。〔詩・碩人〕「葭|揭揭」朱傳。○|，亦一名鵻。〔說文〕「萑，隹也」段注。○|、薍、萑、荻、兼，一也。〔通雅・卷四二〕○其新生者曰|。〔說文〕「薍，萑之初生」義證引〔急就篇〕顏注。○|，蘆之始生也。〔詩・大車〕「毳衣如|」朱傳。○|別於蘆，析言之也，統言之則|亦偁蘆。〔說文〕「薍，萑之初生」段注。○|當作薍。〔詩・大車〕「毳衣如|」集疏。○|同薍。〔廣韻・敢部〕

紞　|，冕前垂也。〔廣韻・敢部〕○兩髦垂貌為|。〔詩・柏舟〕「|彼兩髦」集疏引齊、韓。○|，冕冠塞耳者。〔說文〕「髧，詩曰|彼兩髧」段注。○|，絛繩也。〔說文定聲・卷三〕○|為組下垂。〔卷三〕〔「耽」下〕○|，今蘇俗曰當頭。〔卷三〕○|，引伸之義為衾|。〔說文〕「|，冕冠塞耳者」段注。○以纊為之謂之|。〔大戴・子張問入官〕「統絖塞耳」王詁。○今〔詩〕|作髧。〔說文〕「詩曰|彼兩髧」段注。○|，字或作髧。〔說文〕「|，冕冠塞耳者」義證。○〔說文定聲・卷三〕|，字又誤作紞。揚雄〔蜀都賦〕「自造奇錦紞繏」。○〔同上〕|，字亦誤作紞。〔廣雅・釋器〕「|，絛也」。

晻　|，日無光也。〔楚辭・惜賢〕「日||而下頹」補注。○|之言暗也。〔廣雅・釋詁四〕「|，冥也」疏證。○|與暗音義略同。〔說文定聲・卷四〕○|藹，暗也，冥也。〔離騷〕「揚雲霓之|藹兮」補注。又〔廣韻・感部〕。○|藹，旌旗蔽日貌。〔離騷〕「揚雲霓之|藹兮」補注引五臣。○||，日無光。〔廣韻・琰部〕○|然，同貌也。〔荀子・儒效〕「|然若合符節」集解引王引之。又〔荀子〕「|然」雜志。○弇、奄、|並通。〔同上〕○|、陪、闇並通。〔廣雅・釋詁四〕「|，冥也」疏證。○曖、|、暗古通用。〔廣雅・釋詁二〕「|，障也」疏證。○借|為奄。〔漢書・禮樂志〕「|上馳」補注。○〔說文定聲・卷四〕|，叚借為渰。〔呂覽・務本〕「有|淒淒」。○|薆、奄藹、|曖、|藹、黤䨠，並字異而義同。〔廣雅・釋器〕「黤，香也」疏證。○|，古文陪，今作暗。〔慧琳音義・卷五五〕○〔通雅・卷六〕|溘，一作|靄、|薆、暗藹、奄藹、煙藹、菴藹。〔郊祀歌〕「晝|溘」。○〔說文定聲・卷四〕|，字亦作晻。〔離騷〕「望崦嵫而勿迫」。○〔同上〕|，字又變作晻、作黤。〔廣雅・釋器〕「黤，香也」。○|溘即|靄之變文，而訓為雲氣貌。

〔漢書・禮樂志〕「晝一濫」補注。〇〔文選〕一作晻。〔漢書・司馬相如傳〕「一蔓吣茀」補注。

槮 一，積柴水中，以聚魚而取之，俗至今曰一坑。〔通雅・卷四九〕〇〔說文定聲・卷三〕一，叚借為罧。〔小爾雅・廣獸〕「槮，一也，積柴水中而魚舍焉」。

菡 一，一萏。〔廣韻・感部〕〇一萏，荷華也。〔詩・澤陂〕「有蒲一萏」朱傳。〇一萏，函合未發之意。〔本草・卷三三〕〇一猶含也，未吐之意也。〔說文〕「一，一藺也」繫傳。〇〔說文定聲・卷四〕一，豐盛皃。〔景福殿賦〕「一萏艷翕」。

黕 一，黑也。〔廣韻・感部〕〇一，滓垢也。〔同上〕又〔續音義・卷九〕引〔字書〕。〇一，一點，垢濁。〔說文〕「一，滓垢也」義證引〔玉篇〕。〇一，污也。〔楚辭・九辯〕「或一點而汙之」補注。〇一，義與黮同。〔廣雅・釋器〕「黮，黑也」疏證。〇一、沈同音通用。〔說文〕「沈，一曰濁一也」段注。〇借一為黑皃，引申之義也。〔說文〕「一，滓垢也」段注。

喊 一，聲也。〔廣韻・敢部〕〇一同嚂。〔同上〕〇一者，諴之異文。〔法言・問神〕「狄牙能一」平議。

揜 一，覆也。〔國策・楚策四〕「襄王流一於成陽」鮑注。〇一，蓋也。〔孟子・萬章上〕「從而一之」朱注。〇一，覆取也。〔集韻・感部〕〇一，手一物也。〔廣韻・敢部〕〇一，取也。〔文選・子虛賦〕「一翡翠」集釋引〔方言〕。〇一群雅，網羅賢俊之意。〔漢書・司馬相如傳〕「一群雅」補注。〇一即困迫之名。〔易・困彖傳〕「困，剛一也」述聞。〇一者，困迫之意。〔禮記・表記〕「篤以不一」集解。〇一與掩通。〔方言六〕「掩、索，取也」箋疏。〇一亦與奄通。〔說文〕「一，一曰覆也」句讀。〇一與罨通。〔文選・子虛賦〕「一翡翠」集釋。〇一又與旝通。〔同上〕集釋。〇弇、奄、掩、一并通。〔荀子〕「出入相一」雜志。〇〔說文定聲・卷三〕一，叚借為閃。〔方言六〕「一，藏也，吳、揚曰一」。〇〔同上〕一，叚借為奄，為弇。〔說文〕「一，一曰覆也」。〇〔同上〕一，叚借為媕，不受人誣拏也。〔禮記・表記〕「篤以不一」。〇一，又借掩也。〔說文〕「一，一曰覆也」句讀。〇〔說文定聲・卷三〕一，謂借為厭，或曰借為險。〔禮記・表記〕「篤以不一」。〇一通作掩。〔說文〕「一，自關以東謂取曰一」義證。〇一與掩同。〔方言一二〕「掩，止也」箋疏。〇一亦與弇同。〔呂覽・仲夏〕「處必一」校正。〇一、弇同。〔釋言〕「弇，蓋也」鄭注。〇一、掩同。〔方言一三〕「翳，掩也」疏證。〇一為弇之絫增字。〔說文〕「一，一曰覆也」句讀。

黲 一，暗色。〔廣韻・感部〕〇一，日暗色。〔廣韻・敢部〕〇一紫，淺紫也。〔通雅・卷三七〕〇今謂物將敗時顏色一也。〔說文〕「一，淺青黑色也」段注引〔玉篇〕。又〔慧琳音義・卷八一〕引顧野王。〇一，今謂物將敗時顏色一一也。〔說文〕「一，淺青黑也」義證引〔玉篇〕。〇慘與一通。〔廣雅・釋器〕「一，黑也」疏證。〇〔說文定聲・卷三〕一，字亦作墋。〔漢高功臣頌〕「上墋下黷」。〇〔同上〕一，以慘為之。〔通俗文〕「色暗曰慘」。

澉 一，一醬，無味。〔廣韻・敢部〕〇一鑊，味淡。〔集韻・敢部〕

顉 一，俛其首也。〔說文定聲・卷三〕〔「頷」下〕〇一，點頭以應也。〔說文〕「一，低頭也」繫傳。〇一，猶搖頭也。〔左傳襄公二六年〕「頷之而已」洪詁引張湛。〇一，曲頤之皃。〔廣韻・寢部〕〇一，經典則皆以欽字為之。〔說文定聲・卷三〕〇一，一頷。〔廣韻・感部〕〇一與頷通。〔廣雅・釋詁一〕「一，動也」疏證。〇一，今〔左傳〕作頷，假借。〔說文〕「一，低頭也」繫傳。〇〔說文定聲・卷三〕一，今本以頷為之。〔說文〕「一，低頭也」。

䊤 凡羹以菜和之曰一。〔說文〕「一，糜和也」段注。〇〔說文定聲・卷三〕一，糜以菜盉之，蘇俗所謂菜粥。〔說文〕「一，糜和也」。〇糣一，滓也。〔廣韻・感部〕

輡 一轗，車行不平。〔廣韻・感部〕〇一轗，車行不平也。〔集韻・感部〕〇一，一曰不得志，或从感。〔同上〕

⿺辶寁 一，速也。〔廣韻・感部〕

監 一，一醓。亦作醓。〔廣韻・感部〕〇〔說文定聲・卷三〕一，叚借為肬。〔詩・行葦〕「一醓以薦」。〇一乃肬之絫增字。〔說文〕「一，血醓也」句讀。

嗿 一，衆聲。〔廣韻・感部〕又〔說文〕「一，聲也」義證引〔增韻〕。又〔說文定聲・卷三〕。〇一，冢飲食聲也。〔詩・載芟〕「有一其饁」朱傳。

髧 一，髮垂。〔廣韻・感部〕〇一，髮垂皃。〔詩・柏舟〕「一彼兩髦」朱傳。〇一，齊、韓作紞。〔同上〕集疏。

轗 一軻，多迍。〔廣韻・感部〕〇引申之多迍曰一軻。〔說文〕「軻，接車軸也」段注。〇一軻，一作一坷、埳坷。〔通雅・卷六〕〇一軻，不遇也。〔慧琳音義・卷三一〕

輱 一，車行不平也。〔慧琳音義・卷七六〕引〔考聲〕。〇一，車聲也。〔同上〕引〔埤蒼〕。〇一軻，不遇也。〔同上〕引〔楚辭〕王注。

顄 一，頤也。〔廣韻・感部〕又〔集韻・感部〕。〇〔說文定聲・卷四〕一，叚借為涵。〔長笛賦〕「一淡滂流」。〇一通作函。〔說文〕「一，頤也」義證。〇一或作⿰口函。〔同上〕

嵌 一，開張山皃。〔廣韻・敢部〕

緂 〔說文定聲・卷四〕丨，色在蒼白之間。〔說文〕「丨，帛騅色也」。〇丨，毛本作荗。〔說文定聲・卷四〕

醰 丨，酒味苦也。〔說文〕「丨，酒味淫也」義證引〔玉篇〕。〇丨，酒味淫也。〔廣韻・感部〕

蘔 丨，薏苡。〔廣韻・感部〕〇丨，字亦作撼。〔說文定聲・卷四〕〇丨，字亦作䕾。〔同上〕〇丨，或作𧄒。〔廣雅・釋草〕「丨，意以也」疏證。〇丨者，含也。〔說文〕「马，丨也，草木之華未發」繫傳。〇丨當為嘾。〔說文〕「㑫，丨也」義證。〇丨、嘾古今字。〔同上〕句讀。又〔同上〕段注。

嘾 丨，竹名。亦作篢。〔廣韻・感部〕

籟 〇丨，竹名，有毛。〔集韻・感部〕

鱤 丨，魚名。〔廣韻・感部〕〇丨，魚名，魠也。〔集韻・感部〕〇丨，一曰黃頰。〔同上〕〇丨，敢也。〔本草・卷四四〕

黭 丨，果實黑壞。〔集韻・琰部〕〇丨，丨䵘，果實黑壞。〔集韻・謙部〕〇丨䵘，果實壞皃。〔說文〕「丨，果實丨黯黑也」義證引〔五音集韻〕。又〔集韻・寢部〕。〇丨䵘，不明淨也。〔慧琳音義・卷七四〕引顧野王。〇〔說文定聲・卷四〕丨，叚借為䵘。〔荀子・彊國〕「丨然而雷擊之」。〇丨與奄同。奄然，猝乍之貌。〔荀子・彊國〕「丨然而雷擊之」集解引郝懿行。〇丨，俗作黤。〔慧琳音義・卷七四〕引顧野王。

罯 丨，魚網。〔廣韻・感部〕〇〔說文定聲・卷三〕丨，字亦作揞。〔方言六〕「揞，藏也」。〇〔同上〕丨，字亦作諳。〔廣雅・釋器〕「䍐謂之諳」。

瀾 丨，大水至。〔廣韻・感部〕

襑 丨，衣大。〔廣韻・感部〕〇丨，字亦作衫。〔說文定聲・卷三〕

肒 丨，內汁。〔廣韻・感部〕〇湆滓曰丨。〔通雅・卷三九〕〇丨，醓之古字也。〔說文〕「丨，肉汁滓也」句讀。〇丨，今字作醓。〔同上〕段注。〇〔說文定聲・卷三〕丨，以醢為之。〔儀禮・聘禮〕「其南醓醢」。

魿 丨，大魚。〔廣韻・感部〕〇丨，大魚為鮓，小魚為鯵。〔說文〕「丨，一曰大魚為煮，小魚為丨」義證引〔玉篇〕。〇丨，或作鯵。〔同上〕義證。〇〔說文定聲・卷三〕丨，字亦作鯵，魚鮓以鹽米釀之如葅熟而食之。〔廣雅・釋器〕「鯵，煮也」。

𣊟 丨，今作憯。〔說文〕「丨，詩曰，丨不畏明」段注。〇丨，字或作憯。〔釋詞・卷八〕〇丨，字或作慘。〔同上〕〇丨，字或作憯。〔同上〕

𡠓 丨，貪也。〔說文〕「丨，婪也」義證引〔韻譜〕。〇丨，婪丨也。〔同上〕義證引〔玉篇〕。〇丨與慘通。〔廣雅・釋詁二〕「慘，貪也」疏證。〇丨，或作慘。〔說文〕「丨，婪也」義證。〇〔說文定聲・卷三〕丨，以慘為之，慘丨雙聲。〔廣雅・釋詁二〕「慘，貪也」。

顑 丨頷，食不飽面黃貌。〔離騷〕「長丨頷亦何傷」補注。〇丨，丨顲，瘦也。〔廣韻・感部〕

顲 丨，食不飽。〔廣韻・感部〕〇丨，首動也。〔集韻・感部〕

揞 丨，手覆。〔廣韻・感部〕〇丨猶揜也，方俗語有侈斂耳。〔廣雅・釋詁四〕「丨、揜，藏也」疏證。

唵 丨，手進食也。〔廣韻・感部〕〇以掌進食曰丨。〔慧琳音義・卷四三〕

腌 丨，跛。〔廣韻・感部〕〇丨，蹇也。〔集韻・感部〕

腩 丨，煑肉。〔廣韻・感部〕

噆 丨，銜也。〔廣韻・感部〕〇噆、𩚬、丨義並相近。〔廣雅・釋詁一〕「噆，𩚬，美也」疏證。

𡝫 丨，含怒也。〔集韻・感部〕〇丨，含怒皃。〔廣韻・感部〕〇丨，重頤也。〔詩・澤陂〕「碩大且丨」集疏引韓說。〇丨，俗云雙頰巴。〔同上〕集疏。〇丨，今詩作儼，一作曮。〔說文〕「丨，詩曰碩大且丨」段注。〇丨，叚借為銜。〔說文定聲・卷三〕〇丨，叚借為奄。〔同上〕〇〔說文定聲・卷三〕丨，叚借為㷢。〔廣雅・釋詁一〕「丨，美也」。〇㷢、丨、儼並聲近而義同。〔廣雅・釋詁一〕「丨，美也」疏證。

㣴 丨，鋇丨。〔廣韻・感部〕

歁 丨，食未飽也。〔廣韻・感部〕〇丨，意不掩也。〔集韻・琰部〕〇丨、欿、脂並聲近而意同。〔廣雅・釋詁二〕「丨、欿，貪也」。〇丨，誼與歉與欿略同。〔說文定聲・卷三〕

惂 丨，憂困也。〔廣韻・感部〕〇丨，又恨也。〔同上〕〇欿、坎並與丨通。〔廣雅・釋詁〕「丨，憂也」疏證。〇丨，又作𢤞。〔說文〕「丨，憂困也」義證。〇丨俗作輡。〔同上〕義證。又〔同上〕句讀。

竷 丨，舞曲名。〔廣韻・感部〕〇丨，和悅之響也。〔說文〕「丨，繇也」義證引〔玉篇〕。〇丨，擊也。〔集韻・感部〕〇丨通作坎。〔說文〕「丨，繇也」義證。〇丨丨，今作坎坎，假借。〔同上〕繫傳。〇〔說文定聲・卷四〕丨，字作坎。〔爾雅・釋詁〕「坎坎，喜也」。〇丨，或作坎。〔集韻・感部〕

頷 丨之言合也。〔廣雅・釋親〕「頤，丨也」疏證。〇丨通作頷。〔說文〕「丨，顄也」義證。〇丨，實與顄同字，長言曰顄，短言曰丨。耳下曲骨，所謂輔車也。〔說文定聲・卷三〕

淊 丨，水和泥。〔廣韻・感部〕〇丨，丨泥也。〔說文〕「丨，泥水丨丨也」義證引〔玉篇〕。〇丨，潭丨，水滿。〔廣韻・琰部〕〇丨，或作涵。〔感部〕

蜭　｜，毛蠹。〔廣韻・感部〕引〔爾雅〕。○蛓蟲曰｜。〔説文〕「蛓，毛蟲也」義證引〔通志〕。○｜，字或作蛤。〔説文〕「｜，毛蠹也」義證。

马　｜，象莖峕蓓蕾之形也。〔説文定聲・卷四〕○｜，草木華未吐，若人之含物也。〔説文〕「｜，嘾也，草木之華未發」繫傳。

顑　｜，面黃。〔廣韻・感部〕○顑｜，通作顑頷。〔説文〕「｜，面顑｜兒」義證。

黵　｜，大污垢黑。〔廣韻・敢部〕○｜面，即黲。〔通雅・卷二七〕

淡　｜，醲之反也。〔説文〕「｜，薄味也」段注。○｜，澹｜，水兒。〔廣韻・琰部〕○｜，洎｜，水滿兒。〔廣韻・敢部〕○｜，又薄味也。（同上）○｜，通作啖。〔説文〕「｜，薄味也」義證。○倓、憺、澹、惔、｜並字異而義同。〔廣雅・釋詁一〕「倓，安也」疏證。

㯺　｜，堅土也。〔集韻・敢部〕○｜，或作壏。（同上）○｜，亦書作監。（同上）○｜，一作壏。〔説文〕「坩，堅土也」段注。○｜，當即檻之變體。〔周禮・草人〕「彊｜用蕡」孫正義。○｜，俗又作壏。（同上）孫正義。

右　｜，｜嘾，乳汁狀。〔廣韻・感部〕

涁　｜，藏梨汁也。〔廣韻・感部〕

衴　｜，緣也。〔集韻・感部〕

衴　｜，被緣也。〔廣韻・感部〕

瓬　｜，瓦屬。〔廣韻・感部〕

裧　｜，毳衣謂之｜。〔集韻・敢部〕○｜，古字本當作幨。〔儀禮・士昏禮〕「婦車亦如之有｜」平議。○｜即慊幨字。〔説文定聲・卷四〕（「幨」下）○｜亦即襜字。〔説文〕「襜，衣蔽前」段注。

槧　｜，削版牘。〔廣韻・敢部〕○｜，削牘版也。〔慧琳音義・卷九九〕引〔文字典説〕。○｜，以板為書記也。〔卷一〇〕引〔韻詮〕。○｜，削版而記事者也。（同上）引〔集訓〕。○〔説文定聲・卷四〕｜，謂未書之版，長三尺，其小者曰札，曰牒。〔説文〕「｜，牘樸也」。○｜，長板。〔説文〕「｜，牘樸也」義證引〔古文苑〕。○謂之｜者，言其脩長，漸漸然也。（同上）義證引〔急就篇〕顔注。○〔通雅・卷三一〕｜樸謂之｜。〔論衡〕「斷木為｜」。○｜，當為塹。〔墨子・襍守〕「｜再雜為縣梁」閒詁。

嚂　｜，食兒。〔國策・楚策四〕「｜口利璣」補注。

㑢　｜，仰首兒。〔集韻・敢部〕○｜，一曰好兒。（同上）

倓　｜，安也。〔廣韻・感部〕又〔集韻・敢部〕。

僋　｜，無檢也。〔集韻・感部〕

傪　｜，好兒。〔廣韻・感部〕

森　｜，愁兒。〔廣韻・感部〕○｜，悲愁兒。〔集韻・感部〕

顲　｜，蓋也。〔集韻・檻部〕

劗　｜，剕｜。〔廣韻・感部〕○｜，又割翦出也。（同上）○｜，刺也。〔集韻・感部〕

厰　｜，山險。〔集韻・敢部〕○｜，崄也。〔廣韻・敢部〕○｜，｜嶮，側穴。（同上）

啖　自食為｜。〔説文定聲・卷四〕（「啗」下）○｜，別作噉。〔説文〕「｜，一曰噉」義證引〔復古編〕。

喒　｜｜，味也。〔集韻・感部〕

啿　｜｜，豐厚兒。〔集韻・感部〕

喑　｜醷，聚氣兒。〔集韻・感部〕

欿　｜，不自滿足意。〔楚辭・哀時命〕「｜愁悴而委惰兮」補注。○｜然，不自滿之意。〔孟子・盡心〕「如其自視｜然」朱注。○｜然，不自滿足意。〔集韻・感部〕○｜，欲得。〔廣韻・感部〕○｜，一曰欲得也。〔集韻・感部〕○貪惏曰｜。〔説文〕「｜，欲得也」義證引〔玉篇〕。○｜｜，聲也。〔詩・伐檀〕「｜｜伐檀兮」集疏引魯説。○啖啖猶｜｜也。〔荀子〕「啖啖然」雜志。○康、坑、｜、科、渠，皆空之轉聲也。〔廣雅・釋水〕「阱，坑也」疏證。○｜與歁聲義並同。〔方言一〕「｜，南楚江湘之間謂之歁」箋疏。○歁、｜、脂並聲近而義同。〔廣雅・釋詁二〕「歁、｜，貪也」疏證。○｜與啖古字通。〔荀子〕「啖啖然」雜志。○｜與惂通。〔廣雅・釋詁一〕「惂，憂也」疏證。○歁與下｜字通。〔廣雅・釋詁二〕「歁、欿，貪也」疏證。○〔説文定聲・卷四〕｜，叚借為轗。〔廣雅・釋訓〕「｜｜，聲也」。○（同上）｜，叚借為惂。〔楚辭・哀帝命〕「｜愁悴而委惰兮」。○（同上）｜，叚借為坎。〔廣雅・釋水〕「｜，坑也」。○（同上）｜，叚借為歉。〔孟子〕「如其自視｜然」。○假｜為坎。〔説文〕「｜，欲得也」段注。○｜與坎同。〔楚辭・九辯〕「然｜傺而沈藏」補注。又〔廣雅・釋水〕「｜，坑也」疏證。

贑〔說文定聲·卷四〕丨，叚借為夌。〔海内經〕「南方有贑巨人」。○丨與贛同。〔廣雅·釋草〕「贛，䈥也」疏證。

埳丨，坎也。〔集韻·感部〕

埳丨，陷。〔廣韻·感部〕○丨、陷、欿並字異而義同。〔廣雅·釋詁四〕「丨，陷也」疏證。○古無丨字，當為坎。〔墨子·節葬下〕「滿丨無封」閒詁引畢沅。

壈丨，坎丨。〔廣韻·感部〕○丨，一曰失志也。〔集韻·感部〕

壏丨，土起。〔集韻·感部〕○丨坷，不平。〔集韻·感部〕

壍丨，丨土，地之堅也。〔廣韻·敢部〕

嵁丨，丨崿，山形。〔廣韻·感部〕又〔集韻·感部〕。

嵢丨，丨崿。〔廣韻·感部〕○丨，山皃。〔集韻·感部〕

㠒丨，瘂耳。〔廣韻·感部〕○丨，巾擁耳也，或从衣。〔集韻·感部〕

𣣺丨，繒未緶也。〔集韻·敢部〕

彁丨，弓張弦也。〔集韻·感部〕○丨，弓弦。〔廣韻·感部〕○丨，又作㨛。〔同上〕

參丨，憂，亦思也。〔春秋名字解詁〕「鄭國丨字子思」述聞。○丨，讀為慘。〔同上〕○丨，丨譚，衆多皃。〔集韻·感部〕

㥏丨忒，心不寧。〔集韻·感部〕

扰丨，刺也，擊也。〔廣韻·感部〕

揬丨，撼丨，摇動也。〔廣韻·感部〕

揇丨，丨搦。〔廣韻·感部〕○丨，搦也。〔集韻·感部〕

揞丨，手動。〔廣韻·感部〕○丨，毛動也。〔集韻·感部〕

擥丨同攬。〔漢書·揚雄傳〕「正瀏丨以弘惝兮」補注。○丨與擥同。〔廣雅·釋詁一〕「丨，取也」疏證。

攬丨，持也。〔離騷〕「又申之以丨茝」補注引五臣注。○丨，擸持也。〔通鑑·唐紀六七〕「丨得其髻」音注。又〔慧琳音義·卷七二〕引〔古今正字〕。○丨，取也。〔離騷〕「夕丨洲之宿莽」補注。

暜丨丨，滑也。〔通雅·卷一〇〕○丨，叚借為發聲之詞，今北方人稱我曰昝，即此字之誤聲亦轉也。〔說文定聲·卷三〕○〔同上〕丨，毛本以憯為之。〔說文〕「丨，曾也，詩曰丨不畏明」。

橚丨，木裂。〔集韻·感部〕

檻〔說文定聲·卷四〕丨，叚借為堅。〔周禮·草人〕「彊㯺用蕡」。○丨，字亦作㯺。〔說文定聲·卷四〕

㰹丨，氣盛也。〔集韻·感部〕

毯丨，方文者。〔說文〕「䋈，西胡毳布也」義證引〔玉篇〕。○丨，織毛為之，出西戎也。〔慧琳音義·卷六二〕引〔考聲〕。○毯，毛席。〔廣韻·敢部〕

涵丨，水入船。〔廣韻·感部〕○丨，水澤多也。〔集韻·感部〕

湷丨，地濕。〔集韻·感部〕

漤丨，鹽漬果。〔廣韻·感部〕○丨，汁也。〔集韻·感部〕

澉丨，濁也。〔集韻·感部〕

灠丨，漬果也。〔集韻·感部〕

潤丨，果決，勇也。〔廣韻·敢部〕

灝丨，豆汁。〔廣韻·感部〕

黲丨，色青白之間也。〔慧琳音義·卷六六〕引〔考聲〕。○丨，又作緂。〔同上〕○丨，又作㲯，織毛為之，出吐蕃中也。〔同上〕

燷丨，黃焦。〔廣韻·感部〕○丨，焦黃也。〔集韻·感部〕

畽丨，丨種田也，或从耒、从禾。〔集韻·感部〕

晻丨丨，蔭也。〔集韻·敢部〕

䃭丨，再舂。〔集韻·感部〕

磡丨，以石蓋也。〔集韻·感部〕○丨，一曰石篋。〔同上〕

窞丨，窒也。〔集韻·感部〕

笘丨，竹名，實中。〔廣韻·敢部〕○丨，大竹。〔集韻·㔰部〕

䈒丨，竹弱。〔廣韻·感部〕又〔集韻·感部〕。

𥰭丨，竹名。〔廣韻·敢部〕

䉞丨，箱屬。〔廣韻·感部〕○丨同篋。(同上)

粖丨，密藏木瓜。〔廣韻·感部〕○蜜漬瓜實曰丨。〔集韻·感部〕

糝丨，凡以米和菜通謂之丨。〔周禮·醢人〕「羞豆之實酏食丨食」孫正義。○丨有零星之義，故今之小菜古謂之丨，別製其字作粖。〔説文〕「糂，一曰粒也」段注。

糣丨，丨糟，滓也。〔廣韻·感部〕

緂丨，青黃色。〔廣韻·敢部〕○丨，同緂。(同上)

緘〔説文定聲·卷三〕丨，防禦收束之義，字變作城。〔淮南·主術〕「若發城決唐」。○(同上)丨，叚借為感。〔莊子·天運〕「其有機丨而不得已耶」。

縿丨，淺紺繒也。〔集韻·感部〕○丨，旌旗正幅游所屬者也，交龍鳥隼之屬皆畫于丨。〔説文定聲·卷三〕○(同上)丨，字亦作幓。〔漢書·司馬相如傳〕「垂旬始以為幓兮」。

罱丨，丨網。〔廣韻·敢部〕○丨，取魚具。〔集韻·感部〕○丨即囡之俗字。〔説文〕「囡，下取物縮臧之」段注。

翑丨，鳥翼下細毛。〔集韻·感部〕○丨，羽弱。〔廣韻·感部〕

䎗丨，飛皃。〔集韻·感部〕

耽丨，虎視。〔廣韻·感部〕

肣丨，牛腹。〔廣韻·感部〕○丨，牛腹也。〔集韻·感部〕

腅丨之言啖也。〔廣雅·釋器〕「丨，肉也」疏證。

腤丨腩，調飪也。〔集韻·感部〕

萏丨，花開。〔廣韻·感部〕○丨，開華也。〔集韻·感部〕○丨，或作蓞。(同上)

萳丨，草長弱皃。〔廣韻·感部〕又〔集韻·感部〕。

菡丨，花未開曰丨。〔慧琳音義·卷九九〕引〔考聲〕。

藺丨，扶渠。〔説文〕「丨，菡丨，扶渠華」段注。○〔説文定聲·卷四〕丨，亦豐盛皃也。〔景福殿賦〕「菡萏艶翕纖縟紛敷」。○丨，同萏。〔廣韻·感部〕○丨，字亦作蓞。〔説文定聲·卷四〕○丨，字亦作蕄。(同上)

虤丨，甝屬。〔廣韻·敢部〕又〔集韻·感部〕。○丨，白虎也，即〔爾雅〕之甝。〔説文定聲·卷九〕

覘丨，徐視。〔廣韻·感部〕○徐視謂之丨。〔集韻·感部〕○丨，或作耽。(同上)

諗丨，試，言不定。〔集韻·感部〕

譀丨，亦作喊。〔慧琳音義·卷七六〕

譚丨，大也。〔廣韻·感部〕

豃丨，溪谷皃。〔集韻·㔰部〕○丨，或作谸。(同上)

趻丨踔，行進退也。〔集韻·感部〕

轗丨，軻丨。〔廣韻·感部〕

邯丨淡，豐盛意。〔集韻·感部〕

𨡐丨，醲也。〔集韻·㔰部〕

醓丨，醢之多汁者也。〔詩·行葦〕「丨醢以薦」朱傳。○丨，瀋也。(同上)陳疏。○丨與監同。〔廣雅·釋器〕「丨，醬也」疏證。○〔禮經〕丨醢正字當作肬。〔説文〕「肬，肉汁滓也」段注。

醰丨，長味。〔廣韻·感部〕

錎丨，瑣連環也。〔廣韻·感部〕引〔字書〕。

鐕丨，綴物也。〔集韻·感部〕

鐔 —，劍口也。〔集韻・感部〕

⿱髟臽 —，髮短兒。〔集韻・感部〕

隌 —，闇。〔廣韻・感部〕○晻、—、闇並通。〔廣雅・釋詁四〕

⿱雨多 —，小雨也。〔集韻・感部〕

⿱雨奄 —，雲氣盛也。〔集韻・感部〕

霻 —䨴，雲兒。〔廣韻・感部〕○—，霮䨴，繁雲。〔集韻・感部〕○—，亦作黮。（同上）

⿰酉音 —醦，感容。〔集韻・感部〕

⿰金音 —，鍾病声。〔集韻・感部〕

煩 —，顩—，醜也。〔廣韻・感部〕

⿰參頁 —，顉—，搖頭。〔廣韻・感部〕

餡 —，吳人呼哺兒也。〔廣韻・敢部〕

⿱敢食 —，澉—。〔廣韻・敢部〕

⿱敢食 —，無味也。〔集韻・敢部〕

鶕 —，應福，鳥名。〔廣韻・敢部〕

馣 —與晻通。〔廣雅・釋器〕「—，香也」疏證。○晻薆、奄藹、晻曖、晻藹、—馤並字異而義同。（同上）

⿰鹵感 —，—味，或从酉。〔集韻・感部〕

⿰鹵敢 —醶，苦味。〔集韻・敢部〕

黤 —黲，不明也。〔慧琳音義・卷四五〕引〔考聲〕。○—，青黑色也。〔廣韻・感部〕○—，深黑色，或从音。〔集韻・感部〕

⿰黑感 —，釜底黑也。〔集韻・感部〕

丼 —，投物井中聲。〔集韻・感部〕

⿴囗舌 —，吐舌兒。〔集韻・感部〕

續經籍籑詁卷第五十八

上聲

二十八儉

儉丨，約也，少也。〔廣韻・琰部〕又〔慧琳音義・卷三〕。○丨，猶約也。〔禮記・表記〕「恭丨以求役仁」集解。○丨，卑謙也。〔大戴・文王官人〕「其色丨而不諂」王詁。○丨貌，卑謙之貌。〔文王官人〕「多稽而丨貌」王詁。○丨，謂省約。〔論語・子罕〕「今也純，丨」朱注。○丨，節制也。〔論語・學而〕「夫子溫良恭丨讓以得之」朱注。○丨為吝嗇。〔大戴・曾子立事〕「惠而不丨」王詁。○止節甘樂為丨。〔釋訓〕「休休，丨也」郝疏。○丨，止而不過之意也。〔孟子・告子下〕「而丨於百里」朱注。○丨，饑饉也。〔廣韻・琰部〕○丨，讀為險。〔大戴・曾子立事〕「惠而不丨」述聞。○丨與險古字通。〔荀子・富國〕注「丨當為險」述聞。又〔淮南・俶真篇〕「險作丨」述聞。○古檢、丨、險多通用。〔漢書・司馬遷傳〕「名家使人丨而善失真」補注引繆荃孫。○〔說文定聲・卷四〕丨，叚借為憸。〔荀子・富國〕「俗丨而百姓不一」。○〔同上〕丨，叚借為險。〔劉修碑〕「動乎丨中」。○丨，為檢之誤。〔史記・太史公自序傳〕「名家使人丨」志疑引董份。○丨乃斂字之誤。〔呂覽・問下〕「謹聽節丨」平議。

琰丨，玉名。〔楚辭・遠遊〕「懷琬丨之華英」補注。○丨亦美色之玉也。〔說文〕「丨，璧上起美色也」繫傳。○丨，丨圭。〔屈賦・遠遊〕「懷琬丨之英華」戴注引〔周官〕。○丨之言炎也，光炎起也。〔說文〕「丨，璧上起美色也」繫傳。○〔說文定聲・卷四〕琬丨，二大璧之名。〔書・顧命〕「宏璧琬丨」。○丨魔王，梵語，冥司鬼王名也，舊云閻羅王。〔慧琳音義・卷七〕○〔說文定聲・卷四〕丨，叚借為剡。〔考工記・玉人〕「丨圭九寸」。○丨與剡聲類同，蓋亦取銳利之義。〔周禮・典瑞〕「丨圭以易行以除慝心」孫正義。

燄丨，火行微也。〔集韻・琰部〕○丨丨，火初著也。〔廣韻・琰部〕○〔說文定聲・卷四〕丨，叚借為爓為炎。〔左傳莊公一四年〕「其氣丨以取之」。○丨，石經初刻作炎。〔左傳莊公一四年〕「其氣丨以取之」疏證。○〔雒誥〕火始丨丨，〔漢書〕作庸庸。〔說文〕「熊，熊獸」段注。又〔說文〕「丨，火行微丨丨也」段注。

斂丨，收也。〔廣韻・儉部〕○丨，收穫也。〔孟子・梁惠王下〕「秋省丨而助不給」朱注。○丨，取也。〔大戴・虞戴德〕「丨此三者而一舉之」王詁。○征、賦、丨，其義同。〔漢書〕「暴虐」雜志。○丨，録也。〔慧琳音義・卷二〕○丨猶還也。〔史記〕「度驗」雜志引〔周髀算經〕。○丨身即謹敬之意。〔漢書〕「鞠躬履方」雜志。○夏至後，日行北陸為丨。〔漢書・律歷志〕「名察發丨」補注引沈欽韓。○〔說文定聲・卷四〕丨，日道冬至後，自南而北謂之丨。〔周髀算經〕「日道發丨之所生也」。○丨、驗聲相近，故字亦相通。〔史記〕「度驗」雜志。○〔同上〕丨，叚借為儉。〔史記・趙世家〕「去長沙鉅鹿丨三百里」。○〔同上〕丨，叚借為險。〔呂覽・不屈〕「門中有丨陷」。○丨，當作撿。〔說文〕「拱，丨手也」義證。○丨當為歙字之誤也。〔荀子・非十二子〕「丨然聖王之王章具焉」集解。

險丨，阻也。〔說文〕「丨，阻難也」義證引〔玉篇〕。○丨，難也。〔同上〕○丨道者，傾危難測之道。〔大戴・曾子制言上〕「雖有丨道」王詁。○丨行，謂傾危之行。〔大戴・曾子本孝〕「不興丨行以徼幸」王詁。○丨之言丨巇，傾衺之義也。〔廣雅・釋詁二〕「丨，衺也」疏證。○國曰固，野曰丨，散文則丨固義通。〔周禮・大司馬〕「負固不服則侵之」孫正義。○山澤曰丨。〔禮記・月令〕「善相丘陵阪丨」集解。○〔說文定聲・卷四〕丨，少實也。〔考工記・弓人〕「疢疾丨中」。○丨易即吉凶。〔易・繫上〕「辭有丨易」李疏。○丨謂中心憂危之也。〔國語・周語〕「丨而不懟」述聞。○丨與陒同義。〔荀子〕「除陒」雜志。○丨戲一聲之轉。〔廣雅・釋詁二〕「戲，衺也」疏證。○丨，聲近憸。〔書・盤庚〕「起興丨膚」孫疏。○丨與慊通。〔國語・周語〕「丨而不懟」平議。○〔說文定聲・卷四〕丨，叚借為掩。〔周禮・典同〕「丨聲斂」。○〔同上〕丨，叚借為儉。〔廣雅・釋詁一〕「丨，襈也」。○〔同上〕丨，謂借為儉。〔爾雅・釋魚〕「蜬大而丨」注「謂汙薄」。○〔同上〕丨，叚借為嗛。〔集韻〕引〔字林〕「丨，山形似重甑」。○古假丨為儉。〔說文〕「儉，約也」段注。○丨乃儉借字。〔荀子・致士篇〕「山林丨則鳥獸去之」集解引王念孫。○諭、憸、思、丨並字異而義同。〔廣雅・釋言〕「諭，詖也」疏證。○丨，〔史記〕作儉。〔左傳襄公二九年〕「丨而易行」洪詁引惠棟。○丨當為儉，丨與儉古通用。〔荀子・致士篇〕「山林丨則鳥獸去之」集解引郝懿行。又〔同上〕雜志。

檢丨，式皆法也。〔荀子〕「丨式」雜志。又〔荀子・儒效篇〕「所以為羣臣寸尺尋文丨式也」集解引王念孫。○丨，制也。〔孟子・梁惠王上〕「狗彘食人食而不知丨」朱注。○丨，引伸為凡丨制、丨校之偁。〔說文〕「丨，書署也」段注。○丨之言禁也。〔說文〕「扁，署也」義證引〔急就篇〕顏注。○丨，猶拘也。〔說文定聲・卷四〕〔「掩」下〕○丨，括也。〔廣雅・釋言〕○丨之言斂也。〔說文定聲・卷四〕○丨，械也，藏之而標題之，謂之丨，今字作簽。〔同上〕○丨，書丨，印窠，封題也。〔廣韻・琰部〕○丨，丨校，俗作撿。〔同上〕○丨，狀如封匧，蓋以木為之，所用丨柙也。〔說文〕「丨，書署也」義證引〔六書故〕。○大約古之丨乃匣也，後借以指束卷帶頭之小褉，或曰躒，或曰籤，即簽也。〔通雅・器用〕○丨柙從木作也。〔說文〕「撿，拱也」繫傳。○以木曰丨。〔說文定聲・卷四〕〔「帖」下〕○丨，書函之蓋也。〔說文〕「丨，書署也」繫傳。○丨與斂聲近通用也。〔文選・琴賦〕「甯子丨手」

集釋。○丨與撿通。〔廣雅·釋詁四〕「撿，譣也」疏證。○〔說文定聲·卷四〕丨，叚借為兼。〔管子·山權數〕「此丨數百里之地也」。○〔同上〕丨，叚借為譣。〔漢書·食貨志〕「考丨厥實」。○〔同上〕丨，叚借為僉。〔爾雅·釋言〕「丨，同也」。○〔同上〕丨，叚借為斂。〔孟子〕「而不知丨」。○〔同上〕丨，叚借為撿。〔易·坎〕鄭本「丨且枕」。○丨即斂字也。〔釋言〕「丨，同也」郝疏。

染 丨，汙也。〔慧琳音義·卷五〕引〔考聲〕。○丨，污也。〔卷八〕引〔考聲〕。○丨，著也。〔卷五〕引〔考聲〕。○丨，丨色。〔廣韻·琰部〕○丨之數究于九，故從九。〔說文定聲·卷四〕引裴光遠。○丨與姌通。〔廣雅·釋訓〕「姌姌，弱也」疏證。○〔說文定聲·卷四〕丨，叚借為㮕。〔呂覽·當務〕「具丨而已」。○丨即冄之假借。〔說文〕「冄，毛冄冄也」段注。○丨者，冄之假借。〔詩·巧言〕「荏丨柔木」通釋。○丨即冄字之借，柔弱。〔同上〕後箋引何楷。○〔通雅·卷一〕丨與擩同。〔左傳〕「丨指于鼎」。○丨，小徐作柔。〔說文〕「橪，一曰丨也」段注。

掩 丨，覆也。〔孟子·盡心下〕「夷考其行而不丨焉者也」朱注。又〔慧琳音義·卷五〕引〔韻英〕。○丨，閉也。〔慧琳音義·卷二〕引〔字書〕。○丨，閉取也。〔廣韻·琰部〕○〔說文定聲·卷四〕丨，或曰蓋也，盡也，猶概也，則亦弇字之轉注。〔淮南·道應〕「大人之行不丨以繩」。○丨猶隱也。〔左傳文公一八年〕「丨義隱賊」疏證引俞樾。○丨猶蔽。〔國策·趙策二〕「豈丨於衆人之言」鮑注。○丨，止也。〔楚辭·悲回風〕補注。○丨，撫也。〔屈賦·悲回風〕「丨此哀而不去」戴注。又〔楚辭·悲回風〕「丨此哀而不去」補注。○丨涕，猶抆淚也。〔離騷〕「長太息以丨涕兮」補注。○丨襲也。〔慧琳音義·卷六〕引〔韻英〕。○丨，斂也。〔卷二〕引〔桂苑珠叢〕。○〔說文定聲·卷四〕自上而下者為弇為奄，自下而上者為丨。〔說文〕「丨，斂也，小上曰丨」。○丨、翳、愛、隱，一聲之轉。〔廣雅·釋詁二〕「翳，愛也」疏證。○丨、翳、薆亦一聲之轉。〔方言六〕「丨翳，薆也」箋疏。○丨與奄通。〔方言一〇〕「泄奄息也」箋疏。○丨與䤿通。〔廣雅·釋訓〕「䤿䤿，香也」疏證。○丨，通作弇。〔說文〕「丨，小上曰丨」義證。○丨、弇古字通。〔周書〕「翕其目」雜志。○丨、揜、奄、弇通借。〔說文〕「丨，斂也」句讀。○弇、奄、丨、揜並通。〔荀子〕「出入相揜」雜志。○〔說文定聲·卷四〕丨，叚借為䁙。〔嚴訢碑〕「丨忽摧臧」。○〔同上〕丨叚借為檢。〔淮南·道應〕「大人之行不丨以繩」。○〔同上〕丨，叚借為揜。〔方言六〕「丨，取也」。○〔同上〕丨，叚借為閃。〔淮南·俶真〕「其兄丨户而入覘之」。○〔同上〕丨，叚借為倓。〔方言一三〕「丨，止也」。○〔同上〕丨，叚借為夾。〔左傳文公一八年〕「丨賊為藏」。○〔同上〕丨，叚借為淹，實為瀸。〔禮記·祭義〕注「三盆手者三丨也」。○〔同上〕丨，叚借為奄、為弇。〔方言三〕「丨，同也」。○丨與奄同。〔漢書·敍傳〕「丨有東土」補注。又〔禮樂志〕「丨回轅」補注。○丨與揜同。〔方言一二〕「丨，止也」疏證。○丨、揜一字。〔字詁〕○丨、晻、菴，字異義同。〔方言六〕「丨翳，薆也」箋疏。○丨，〔五經異義〕作絶。〔書·盤庚〕「予不丨爾善」孫疏。○官本丨作揜。〔漢書·高惠高后文功臣表〕「坐丨奪公主馬」補注。○一本丨作淹。〔說文〕「荒，一曰艸丨地也」段注。○丨乃扶字之誤。〔淮南·道應〕「不丨以繩」平議。

點 丨，滅也。〔慧琳音義·卷四〕引〔考聲〕。○丨，以筆滅字也。〔釋器〕「滅謂之丨」鄭注。○小黑曰丨。〔說文定聲·卷四〕○丨，塗丨也。〔通鑑·陳紀八〕「不加治丨」音注。○丨，丨畫。〔廣韻·忝部〕○丨或作玷。〔說文〕「丨，小黑也」段注。○曾皙名丨，則同音叚借字也。〔說文〕「黷，古人名黷字皙」段注。○曾丨字子皙，〔史記〕作蒧，俗字。〔說文定聲·卷四〕

簟 丨，方文席也。〔詩·載驅〕「丨茀朱鞹」朱傳。○丨，竹蓆。〔廣韻·忝部〕○竹葦曰丨。〔詩·斯干〕「下莞上丨」朱傳。○丨第，以方文竹丨為車蔽也。〔詩·采芑〕「丨第魚服」朱傳。

貶 丨，損也。〔通鑑·梁紀二〇〕「而神貌怡然不丨平日」音注。又〔廣韻·琰部〕。○丨，引申為減省之義。〔周禮·朝士〕「則令邦國都家縣鄙慮刑丨」孫正義。○丨者，黜也。〔公羊傳隱公二年〕注「丨猶損也」陳疏。○丨，黜退也。〔慧琳音義·卷七〕○丨，或曰字從貝，匱乏之義，當為本訓。〔說文定聲·卷四〕○丨，黠也。〔續音義·卷一〇〕引〔考聲〕。○丨，通作廉。〔說文〕「丨，損也」義證。○丨，又通作辯。〔同上〕○丨又通作辨。〔同上〕○〔說文定聲·卷四〕丨，叚借為叏。〔詩·召旻〕「我位孔丨」。○〔同上〕丨，以叏為之。〔上林賦〕「而適足以叏君自損也」。○丨，經傳皆以乏為之。〔說文定聲·卷四〕

冉 丨丨，行貌。〔廣韻·琰部〕○丨丨，漸漸也。〔離騷〕「老丨丨其將至兮」戴注引吕向。又〔同上〕補注引五臣。○丨讀為聃，丨聃古字通。〔春秋名字解詁〕「秦丨字開」述聞。○丨當作冄，與冊同。〔史記·管蔡世家〕「次曰丨季載」志疑。○丨，〔古今人表〕作叔山舟。〔左傳成公一六年〕「叔山丨」洪詁。○古丨駹國，今四川茂州保縣雜谷廳皆其地。〔說文定聲·卷一〕(「駹」下)

陜 丨者，隘也。〔說文〕「戹，隘也」段注。○丨，狹也。〔釋宫〕「丨而修曲曰丨」鄭注。○丨輸，不定皃。〔說文〕「婁，不媚𠂔卻婁婁也」段注。又〔說文〕「歁，一曰輕傷人歁㚾也」段注。○〔說文定聲·卷四〕丨，叚借為婁。〔後漢·曹世叔妻傳〕「動靜輕脱視聽丨輸」。○丨應作陿。〔漢書·郊祀志〕「陿丨且百里」補注引周壽昌。○丨即郟字。〔史記·游俠列傳〕「丨韓孺」志疑。

諂 丨者，傾身自下也。〔大戴·曾子立事〕「遜而不丨」王詁。○丨，諛也，傾身似有下也。〔慧琳音義·卷二七〕引〔玉篇〕。○丨，求媚也。〔論語·為政〕「非其鬼而祭之，丨也」朱注。○丨，卑屈也。〔學而〕「貧而無丨」朱注。○希其意道其言謂之丨。〔慧琳音義·卷七〇〕○丨之言導也。〔荀子·

脩身〕「以不善先人者謂之－」雜志。○道與－同義。〔史記〕「導諛」雜志。○笑且言，－也。〔易・繫下〕「君子上交不－」李疏引虞注。○－笑者，强為媚悦之顔也。〔孟子・滕文公下〕「脅肩－笑」焦正義。○－者，陷也。〔説文・通論下〕繫傳。○－謂讒－也。〔釋詁〕「－，疑也」鄭注。○－，字作啗，義亦同。〔左傳哀公一六年〕「不為利－」洪詁。○－與道，聲之轉。〔史記〕「導諛」雜志。○－同諂。〔廣韻・琰部〕○－當為諂。〔説文〕「諛，－也」義證。

諂 －者，諛也。〔説文〕「佞，巧－高材也」段注。○－，謂橫求見容也。〔大戴・曾子制言下〕「則秉德之士不－矣」王詁。○－當讀為陷。〔禮記・表記〕「事君遠而諫則－也」平議。○－，經典通用諂字。〔説文〕「諛，諂也」義證。

奄 －謂－覆。〔釋言〕「蒙，－也」鄭注。○－，隱翳也。〔慧琳音義・卷九五〕引顧野王。○－亦匿也。（同上）○－，藏也。〔廣韻・琰部〕○－，止也。（同上）○－，取也。（同上）○－，忽也，遽也。（同上）又〔楚辭・九辯〕「－離披此梧楸」補注。又〔通鑑・晉紀七〕「－過百年」音注。○宦者皆謂之－。〔説文定聲・卷四〕（「閹」下）○單呼曰－，絫呼曰商－。〔説文〕「郁，周公所誅郁國，在魯」段注。○蓋器之小口大腹者，其下寬展而上斂束，故曰－。〔字詁〕○－、晻、庵，並字異義同，又通作閹。〔方言二〕「－，遽也」箋疏。○－與弇通，又通作掩。〔釋言〕「弇，同也」邵正義。○－通作揜，又通作弇，又通作掩。〔釋言〕「蒙，－也」郝疏。○掩與－通。〔廣雅・釋詁二〕「－，息也」疏證。○－掩古通用。〔方言一〇〕「－，息也」疏證。○弇、－、掩、揜并通。〔荀子〕「出入相揜」雜志。○弇、－、晻并通。〔荀子〕「晻然」雜志。○〔説文定聲・卷四〕－，叚借為佽。〔方言一〇〕「－，息也」。○（同上）－，叚借為閹。〔禮記・月令〕「命－尹申宮令審門閭」。○（同上）－，叚借為覢。〔方言二〕「－，遽也」。○－即閹之借字。〔周禮・冢宰〕「酒人－十人」孫正義。○－同離，羅也。〔楚辭・九辯〕「－離披此梧楸」補注引五臣。○－與掩同。〔方言三〕「掩，同也」箋疏。又〔卷一三〕「翳，掩也」箋疏。○－與俺同。〔詩・皇矣〕「－有四方」陳疏。○晻薆、－藹，晻曖、晻藹、黤靄，並字異而義同。〔釋器〕「黤，香也」疏證。○－人之－，一作閹，以司閽故。〔字詁〕○－忽，一作颮颮、霍䬙、颮颬。〔通雅・釋詁〕○〔史記〕－作掩。〔漢書・司馬相如傳〕「－薄水陼」補注。○－，〔史記〕〔文選〕作菴。〔漢書・司馬相如傳〕「－閭軒于」補注。○－，魯作弇。〔詩・閟宮〕「－有龜蒙」集疏。○－、弇即一字。〔字詁〕○〔説文定聲・卷四〕－，字亦變作崦，或曰正字當作晻。〔西山經〕「玉山」注「即崦嵫山」。○（同上）－，以晻為之。〔武班碑〕「晻忽徂逝」。○（同上）－，以淹為之。〔孟子〕「未嘗有所終三年淹也」。○－當作掩。〔方言一三〕「翳，掩也」疏證。○－－當作奢奢。〔漢書・東方朔傳〕「願陳泰階六符」補注引宋祁。

漸 －，次也。〔廣韻・琰部〕○－，進也。（同上）○－，事之端先覩之始也。（同上）○－，稍也。（同上）又〔廣雅・釋言〕。○－－，猶稍稍。〔慧琳音義・卷九〕○－，漬也。〔太素・五藏痿〕「有－於溼」楊注。○－亦詐也。〔荀子・正論篇〕「則下－詐矣」集解。又〔尚書・呂刑〕「民興胥－」述聞。○－猶詐也。〔書・呂刑上〕「民興胥－」孫疏。○詐謂之－。〔荀子・不苟〕「盜而－」述聞。又〔莊子・胠篋〕「知詐－毒」述聞。○－，詐欺也。〔荀子・不苟〕「知則攫盜而－」集解引王引之。又〔議兵〕「是－之也」集解。又〔荀子〕「攫盜而－」雜志。○－，治也。〔慧琳音義・卷八〇〕引顧野王。○－，受也。（同上）引〔考聲〕。○臨水之臺，皆名－臺。〔漢書・元后傳〕「起土山－臺」補注引沈欽韓。○－離，魚名也。〔文選・上林賦〕「鰅鰽－離」王注引司馬彪。○－讀為潛。〔荀子〕「知慮－深，則一之以易良」雜志。○－讀為潛，潛與－古音同字通。〔荀子・正篇〕「則下－詐矣」集解引郝懿行。○－讀－漬之－。〔漢書〕「－靡」雜志。○－與潛古字通。〔荀子・脩身〕「知慮－深」集解引郝懿行。○－，古文作戠，蔪包。〔漢書・地理志〕「草木－包」補注。○〔説文定聲・卷四〕－，叚借為蔪。〔書・禹貢〕「草木－包」。○（同上）－，叚借為趣。〔易・序卦〕傳「－者，進也」。○（同上）－，叚借為螹，以魚名取于物為假也。〔燕策〕「高－離」。○－與潛同。〔荀子・不苟〕「知則攫盜而－」集解引郝懿行。○－離，〔史記〕－作螹。〔文選・上林賦〕「鰅鰽－離」集釋。○－，〔史記〕作螹。〔漢書・司馬相如傳〕「鰅鰽－離」補注。○－江，即淛江也。〔通雅・地輿〕○－即浙江。〔史記・高祖功臣侯者年表〕「定豫章浙江都－」志疑。○－，依許當作趣，－行而趣廢矣。〔説文〕「稍，出物有－也」段注。

玷 －，玉瑕。〔廣韻・忝部〕○－，缺也。〔詩・抑〕「白圭之－」朱傳。又〔召旻〕「曾不知其－」朱傳。又〔慧琳音義・卷八六〕引〔文字典説〕。○－，言之失也。（同上）○－，當讀如點污之點。〔詩・召旻〕「曾不知其－」通釋。○－又通作點。〔詩・抑〕「白圭之－」通釋。○－捶，或作故掂，轉之則為故掇。〔廣雅・釋詁三〕「掂，量也」疏證。○－，俗刮字。〔詩・抑〕「白圭之－」陳疏。○－，韓作刮。（同上）集疏。

忝 －，辱也。〔詩・小宛〕「無－爾所生」朱傳。又〔禮記・文王世子〕「為－祖遠之也」集解。又〔廣韻・忝部〕。○－，蓋或悿之或體耳。〔説文〕「－，辱也」段注。

剡 －，削也。〔禮記・雜記下〕「期之喪如－」集解。又〔通鑑・唐紀三五〕「乃－篙為矢」音注。又〔廣韻・琰部〕。○－，利也。〔屈賦・橘頌〕「曾枝－棘，圜實摶兮」戴注。又〔廣韻・琰部〕。○－，削令上鋭也。〔説文〕「－，鋭利也」繫傳。○－其脛，謂起其脛。〔荀子・彊國〕「欲－其脛」集解引王念孫。○－－，起屨貌。〔禮記・玉藻〕「－－起屨」集解。○－－為起屨之貌。〔荀子〕「－其脛」雜志。○〔通雅・卷九〕－－，謂光在上也。〔楚辭〕「皇－－」。○－與覃通。〔釋詁〕「－，利也」郝疏。○－通作掞。〔説文〕「－，鋭利也」義證。○綊、－並與綱通。〔廣雅・釋詁二〕「綱，續也」疏

證。○｜、緂，古字並與撊通，續也。〔方言一〕「嬛、綢，續也」箋疏。○｜、掞、覃古通用。〔廣雅・釋詁二〕「｜，利也」疏證。○〔說文定聲・卷四〕｜，叚借為錟。〔晉語〕「大喪大亂之｜也」。○〔同上〕｜，叚借為炎。〔漢書・禮樂志〕「長麗前掞光耀明」。○〔同上〕｜，叚借為倓。〔荀子・彊國〕「｜然有苓而據松柏之塞」。○〔同上〕｜，叚借為檀。〔月令章句〕「鍵，關牡也，所以止扉，或謂之｜」。○｜，字亦作掞。〔說文定聲・卷四〕○｜，〔毛詩〕假借覃為之。〔說文〕「｜，銳利也」段注。○｜、覃、掞、錟，並字異而義同。〔廣雅・釋詁四〕「｜，銳也」疏證。○｜移、扊扅同，音琰夷，門關也。〔通雅・卷六〕

颭　｜，風吹落水。〔廣韻・琰部〕

瀲　｜，清也。〔慧琳音義・卷八一〕引〔古今正字〕。○｜｜，清也，淡水貌也。〔卷四七〕引〔考聲〕。○｜灩，水溢皃，或作澰。〔廣韻・琰部〕

芡　｜，雞頭實，一名鴈喙實，一名｜。〔說文〕「｜，雞頭也」義證引〔本草〕。又〔同上〕義證引〔古今注〕。○｜，水草實也。〔同上〕義證引〔東觀漢記〕。○｜，亦曰鴈頭。〔說文定聲・卷四〕○｜可濟儉歉，故謂之｜。〔本草・卷三三〕

閃　｜，出門皃。〔廣韻・琰部〕○凡言｜者，皆暫見之義也。〔廣雅・釋詁三〕「覢，見也」疏證。○〔說文定聲・卷四〕｜屍，猶婁輸也。〔海賦〕「蜩像暫曉而｜屍」。○｜，經傳多以掩為之。〔說文定聲・卷四〕

潤　｜，水動皃。〔廣韻・琰部〕

嗛　｜，不足也。〔荀子・大略〕「自｜其行」集解引郝懿行。○｜，不足也，與歉同。〔荀子・榮辱〕「彼臭之而無｜於鼻」集解引郝懿行。○｜，快也。〔同上〕集解引王念孫。○｜者，快也。〔晏子春秋〕「｜齊」雜志。又〔荀子〕「無｜」雜志。○｜，猶謙也，抑退之貌。〔荀子・非十二子〕「｜然而終日不言」集解引郝懿行。○〔通雅・卷一〇〕｜｜，猶慊慊也。〔晉語〕「｜｜之德，不足就也」。○｜，口有所啣也。〔國策・趙策四〕「膳啗之｜於口」補注。○｜，口有所銜也，言不善食。〔國策・魏策二〕「夜半不｜」鮑注。○｜者，頰裏也。〔說文〕「｜，口有所銜也」段注引孫叔然。○｜謂猨猴之屬，頰裏藏食。〔釋獸〕「寓鼠曰｜」鄭注。○｜，猿藏食處。〔廣韻・忝部〕○｜，通作慊。〔國策・趙策四〕「膳啗之｜於口」補正。○古多假｜為歉。〔說文〕「歉，歉食不滿也」段注。○｜，古或借謙、慊為之。〔墨子・經上〕「謂，作｜也」閒詁。○〔說文定聲・卷四〕｜，叚借為歉。〔穀梁傳襄公二四年〕「一穀不升謂之｜」。○〔同上〕｜，叚借為鎌。〔晉語〕「｜｜之德」。○〔同上〕｜，叚借為猒、為㥞。〔魏策〕「齊桓公夜半不｜」。○〔同上〕｜，叚借為嫌。〔漢書・佞幸傳〕「｜韓嫣」。○〔同上〕｜，叚借為險。〔魏都賦〕「抗旍則威｜秋霜」。○〔同上〕｜，叚借為謙。〔漢書・藝文志〕「易之｜｜」。○｜，叚借為銜字。〔說文〕「｜，口有所銜也」段注。○｜亦假借為謙字。〔同上〕○｜，亦假借為歉字。〔同上〕○｜讀曰鼸。〔大戴・夏小正〕「田鼠者，｜鼠也」王詁。○｜音琰。〔釋獸〕「寓鼠曰｜」鄭注。○古書言旁字與口旁字往往相通，故謙或為｜。〔漢書・藝文志〕「易之｜｜」補注引錢大昕。○｜與謙同。〔荀子・仲尼〕「謹慎而｜」雜志。○歉、｜、鼸並字異而義同。〔廣雅・釋詁四〕「歉，貧也」疏證。○歉、｜、鼸、慊、謙並字異而義同。〔釋詁三〕「歉，少也」疏證。○｜即慊。〔史記・孝文本紀〕「天下人民未有｜志」志疑。

歉　｜，食不飽。〔廣韻・忝部〕○｜，不滿也。〔說文定聲・卷三〕〔「亩」下〕○｜，引伸為凡未滿之稱。〔說文〕「｜，｜食不滿也」段注。○｜，氣餒也。〔通雅・卷一〕○｜，虛乏之名。〔廣雅・釋天〕「一穀不升曰｜」疏證。○｜款，言軗式也。〔通雅・卷四〕○今虧欠字，蓋即｜之轉注。〔說文定聲・卷四〕〔「欠」下〕○｜通作㥞。〔說文〕「｜，｜食不滿」義證。○｜通作嗛。〔同上〕○〔說文定聲・卷四〕｜，叚借為謙。〔荀子・仲尼〕「主信愛之，則謹慎而｜」。○｜、嗛、慊、謙、㥞、嫌，經傳多互用。〔通雅・卷一〕○｜、嗛、鼸並字異而義同。〔廣雅・釋詁四〕「｜，貧也」疏證。○｜、嗛、鼸、慊、謙，並字異而義同。〔釋詁三〕「｜，少也」疏證。

慊　｜，｜恨。〔廣韻・忝部〕○｜為｜恨。〔通雅・卷一〇〕○｜，恨也，少也。〔孟子・公孫丑下〕「吾何｜乎哉」朱注。○｜有不滿之義。〔禮記・坊記〕「貴不｜於上」集解。○｜，快也，足也。〔孟子・公孫丑上〕「行有不｜於心」朱注。○｜謂滿足。〔禮記・坊記〕「貴不｜於上」集解引輔廣。○〔說文定聲・卷四〕｜，叚借為溓、為儉。〔廣雅・釋詁四〕「｜，貧也」。○〔同上〕｜，叚借為歉。〔孟子〕「吾何｜乎哉」。○〔同上〕｜，叚借為嫌。〔淮南・齊俗〕「衣若縣衰而意不｜」。○〔同上〕｜，叚借為兼。〔易・文言〕鄭本「為其｜于陽也」。○｜，古嫌字。〔漢書・趙充國傳〕「媮得避｜之便」補注引錢大昭。○今字多作嫌，嫌疑字作｜為正，今則嫌行而｜廢。〔說文〕「｜，疑也」段注。○歉、嗛、鼸、｜、謙並字異而義同。〔廣雅・釋詁三〕「歉，少也」疏證。

溓　｜，薄冰。〔廣韻・忝部〕○｜，薄冰也。〔琰部〕○｜，味薄也。〔集韻・豏部〕○〔說文定聲・卷四〕｜，謂新陳相兼雜半也。〔公羊傳文公一三年〕「周公盛，魯公盛，群公｜」。○〔同上〕｜，叚借為兼。〔易・文言傳〕鄭本「為其慊于陽也」。○〔同上〕｜，叚借為黏。〔考工記・輪人〕「亦弗之｜也」。○〔同上〕｜，今本作廩。〔公羊傳文公一三年〕「周公盛，魯公盛，羣公｜」。

隒　｜，山形，似重甑。〔廣韻・琰部〕○｜，重崖也。〔慧琳音義・卷九一〕○｜，方崖如重甑也。〔同上〕引〔考聲〕。○高起者曰｜。〔說文〕「｜，崖也」段注。○水厓謂之｜，亦謂之氾，其義一也。〔廣雅・釋邱〕「氾，厓也」疏證。○〔說文定聲・卷四〕｜，堂廉如厓也。〔西京賦〕「設切厓｜」。○｜

之言廉也。〔廣雅・釋詁二〕「丨，方也」疏證。又〔釋邱〕「丨，厓也」疏證。〇丨之言廉，側邊。〔文選・西京賦〕「設切厓丨」集釋。〇〔說文定聲・卷四〕丨，叚借為廉。〔廣雅・釋詁二〕「丨，方也」。〇丨音儼。〔釋山〕「重甗丨」鄭注。〇今俗語謂邊曰丨。〔說文〕「丨，崖也」段注。

獫 丨，犬長喙也。〔廣韻・琰部〕〇丨，田犬名，長喙曰丨。〔詩・駟驖〕「載丨歇驕」朱傳。〇長喙者曰丨。〔說文定聲・卷七〕〔「猲」下〕〇黑犬黃頭曰丨。〔卷八〕〔「狂」下〕〇丨，犬之黑名也。〔慧琳音義・卷七七〕〇丨丨狁。〔廣韻・琰部〕〇丨，周曰丨狁，秦曰匈奴。〔說文定聲・卷四〕

玁 丨狁，北狄也。〔詩・采薇〕「丨狁之故」朱傳。〇丨同獫。〔廣韻・琰部〕

广 丨，因巖為屋。〔廣韻・琰部〕〇棟頭曰丨。〔說文〕「丨，因丨為屋」義證引〔洪武正韻〕。〇丨，謂屋高遠望聳起也。〔說文定聲・卷四〕〇古丨、疒多通。〔史記・商君列傳〕「魏人怨其欺公子卬而破魏師」志疑。〇丨即庵字，隸嫌其空，故加奄。〔說文〕「丨，因丨為屋」義證。〇〔說文定聲・卷四〕丨，字亦作㢈。〔廣雅・釋詁二〕「㢈，尻也」。

黶 丨，黑子。〔說文〕「丨，中黑也」義證引〔玉篇〕。〇丨，黑子也。〔慧琳音義・卷四〕引〔考聲〕。〇丨，面有黑子。〔廣韻・琰部〕〇〔說文定聲・卷四〕丨，叚借為敢。〔古今人表〕「狐丨」。〇（同上）丨，叚借為奄。〔禮記・大學〕「而後厭然」注「讀為丨，閉藏皃也」。〇丨、黮、黵一聲之轉。〔廣雅・釋器〕「丨，黑也」疏證。

檿 丨，山桑。〔廣韻・琰部〕〇丨，山桑也。〔詩・皇矣〕「其丨其柘」朱傳。〇丨，葉小于桑而多缺刻，性勁。〔說文定聲・卷四〕〇丨，義與黶同。〔廣雅・釋器〕「黶，黑也」疏證。〇丨作酓者，與〔地理志〕同，假音字。〔書・禹貢〕注「史遷丨作酓」孫疏。〇〔史記〕丨作酓，同音假借字也。〔說文〕「丨，山桑也」段注。

魘 丨，睡中丨也。〔廣韻・琰部〕〇楚人謂厭為眯，厭即今丨字。〔讀淮南子書後〕引〔精神篇〕「故覺而若眯」雜志。

儼 丨，矜莊貌。〔詩・澤陂〕「碩大且丨」朱傳。〇丨然者，貌之莊。〔論語・子張〕「望之丨然」朱注。〇丨，敬也。〔廣韻・儼部〕〇丨，亦好也。〔詩・澤陂〕「碩大且丨」通釋。〇丨，一曰好皃。〔廣韻・儼部〕〇丨，〔韓詩〕作嬌，美也。〔詩・澤陂〕「碩大且丨」後箋。〇丨者，飾之皃。〔說文定聲・卷一八〕〔「莊」下〕〇〔說文定聲・卷四〕刻丨，精整之皃。〔淮南・本經〕「盤紆刻丨」。〇（同上）丨然，教命急也。〔秦策〕「今先生丨然不遠千里而庭教之」。〇丨通作嚴。〔說文〕「丨，昂頭也」義證。〇丨嚴聲義同。〔釋詁〕「丨，敬也」郝疏。〇〔說文定聲・卷四〕丨，叚借為嚴。〔秦策〕「今生丨然不遠千里而庭教之」。〇（同上）丨，叚借為嬌。〔詩・澤陂〕「碩大且丨」。〇丨，古假嚴為之。〔說文〕「丨，昂頭也」段注。〇〔說文定聲・卷四〕丨，毛傳訓矜莊，則以為本字。〔詩・澤陂〕「碩大且丨」。〇丨，韓作嬌。〔詩・澤陂〕「碩大且丨」集疏。〇儼、嬌、丨並聲近義同。〔廣雅・釋詁一〕「嬌，美也」疏證。〇〔說文定聲・卷四〕丨，以嚴為之。〔漢書・匡衡傳〕「正躬嚴恪」。〇丨，當作孅，女好貌。〔詩・澤陂〕「碩大且丨」後箋。

棪 丨，木名，實似柰，可食。〔廣韻・琰部〕〇丨，實似柰，可食。〔說文〕「丨，遬其也」繫傳。〇丨音琰。〔釋木〕「丨，棫其」鄭注。〇丨，或作棯。〔說文〕「丨，遬其也」義證。

撿 丨，範模也，所出必同。〔釋言〕「丨，同也」鄭注。〇丨，法度也。〔慧琳音義・卷二六〕引〔玉篇〕。〇丨，括也，括猶索縛也。〔卷六五〕〇丨，束也。〔集韻・琰部〕〇丨，押也。〔慧琳音義・卷五二〕〇丨撓，治箭之稱也。〔卷五二〕〇丨，通用歛字。〔說文〕「拱，歛手也」義證。〇〔說文定聲・卷四〕丨，叚借為譣。〔廣雅・釋詁四〕「丨，譣也」。〇（同上）丨，叚借為檢。〔演連珠〕「臣聞動循定丨」。〇丨，或作撿。〔集韻・琰部〕〇丨，今人以此為檢字。〔說文〕「丨，拱也」繫傳。〇丨亦譣也。〔廣雅・釋詁四〕「丨，譣也」疏證。〇官本丨作檢。〔漢書・黃霸傳〕「郡事皆以義法令丨式」補注。

蘞 丨，白丨，藥名。〔廣韻・琰部〕〇〔說文定聲・卷四〕丨有赤、白、黑三種。〔說文〕「丨，白丨也」。〇丨同蘝。〔廣韻・琰部〕

鎌 〔說文定聲・卷四〕丨，叚借為歉。〔韓詩外傳〕「一穀不升謂之丨」。〇歉、嗛、丨並字異義同。〔廣雅・釋詁四〕「歉，貧也」疏證。〇歉、嗛、丨、慊、謙，並字異而義同。〔廣雅・釋詁三〕「歉，少也」疏證。

譣 丨，一詖。〔廣韻・琰部〕〇丨、憸、思、險，並字異而義同。〔廣雅・釋言〕「丨，詖也」疏證。〇丨者，許之驗字也。〔說文〕「婪，杜林說，丨者攙相詐丨為婪」段注。

㝅 丨，叚借為貶。〔說文定聲・卷四〕〇丨，叚借為譣，字誤作帛。（同上）

㡾 丨，丨㢆，户壯所以止扉。〔廣韻・琰部〕〇丨，關謂之丨㢆。〔集韻・琰部〕

繝 丨，續也。〔廣韻・琰部〕

蘝 丨，草名，似括樓，葉盛而細。〔詩・葛生〕「丨蔓于野」朱傳。

羷 丨，羊角，三觠丨也。〔廣韻・琰部〕〇丨音險。〔釋畜〕「角三觠，丨」鄭注。

綸 丨，槌紐也。〔集韻・琰部〕又〔說文〕「栚，槌之横者也」義證引〔類篇〕。〇丨，懸蠶簿也。〔廣韻・琰部〕〇丨，縣蠶薄横也。〔說文〕「栚，槌之横者也」義證引〔玉篇〕。

顩 —，䫲—。〔廣韻・琰部〕○—顩，面不平。〔集韻・儼部〕○—，齒參差見于脣也。〔説文定聲・卷四〕○〔文選〕—頤，乃假—為顲也。〔説文〕「—，⿰齒兼皃也」段注。○〔蒼頡〕皆以—為顲也。〔説文〕「顲，頭頰長也」段注。

瞼 —，眼—。〔廣韻・琰部〕○—，眼—也。〔集韻・琰部〕

厭 —，笮也，所以鎮大車後者。〔説文〕「輓，大車後壓也」段注。○—，—魅也。〔廣韻・琰部〕○〔説文定聲・卷四〕—，迫迮也，與⿸厂夾、陝同誼。〔説文〕「—，笮也」。○〔同上〕—，叚借為晻，實為覢。〔漢書・李尋傳〕「——如滅」。○—，鄭氏讀為黶。〔大學〕「見君子而后—然」朱注。○—，今字作壓。〔説文〕「—，笮也」句讀。○—，諸本作饜。〔左傳昭公一六年〕「何—之有」洪詁。○〔釋文〕—本亦作饜。〔左傳昭公一四年〕「而求無—」洪詁。○—，俗作魘。〔説文〕「寐，寐而—也」句讀。

姌 —，纖細也。〔集韻・忝部〕○凡言—皆謂弱。〔説文〕「冄，毛冄冄也」段注。○〔説文定聲・卷四〕—，猶耎弱也。〔舞賦〕「蜲蛇—弱」。○〔同上〕—，字亦作娜。〔通俗文〕「肥骨柔弱曰姎嫋」。○—，俗作娜。〔説文〕「—，弱長皃」義證。

⿱雨染 —，濡也。〔廣韻・琰部〕○—，今霑—字，以染為之。〔説文定聲・卷四〕○—，通作染。〔説文〕「—，濡也」義證。○—，亦省作染。〔同上〕句讀。

⿱舌甘 —，醬也。〔説文〕「—」義證引〔類篇〕。○—，醰—，味醲。〔同上〕○—，醰—，味薄。〔廣韻・琰部〕○—，與醰略同。〔説文定聲・卷三〕

媣 —，媞也，姸黠之意，又安詳之皃。〔説文定聲・卷四〕

姌 —，纖細。〔廣韻・忝部〕○—，嫋長也。〔説文〕「嫋，姌也」義證引〔玉篇〕。○—，長好皃。〔廣韻・琰部〕○—當作姌。後人書姌為娜，遂以姌嫋為嫋娜矣。〔漢書・司馬相如傳〕「嫵媚孅弱」補注。

睒 —，暫見。〔廣韻・琰部〕○—，暫視也。〔慧琳音義・卷九一〕引〔古今正字〕。○—睗，暫窺視不定皃。〔卷七四〕○—，目不定也。〔卷九六〕引〔考聲〕。○古—睗聯用，雙聲字也。〔説文〕「睗，目疾視也」段注。○—與覢同。〔説文〕「—，暫視皃」句讀。○—，當為覢之或體。〔説文定聲・卷四〕

覢 —，暫—也。〔説文〕「—，暫見也」義證引〔玉篇〕。○—之言閃也。〔廣雅・釋詁三〕「—，見也」疏證。○—，與目部之睒音義皆同。〔説文〕「—，暫見也」段注。○〔通雅・卷九〕——，視皃，亦作睒。〔蒼頡篇〕「——」。○—，又作睒。〔慧琳音義・卷五六〕○—，又作閃。〔同上〕

夾 —，盜竊懷物。〔廣韻・琰部〕○—者，公然持人。〔説文定聲・卷四〕○—者，私有懷物。〔同上〕○—，俗謂蔽人俾—。〔同上〕○—亦通俠。〔左傳僖公四年〕「以—輔周室」疏證引沈欽韓。○俾—當為俾挾。〔説文〕「—，俗謂蔽人俾—是也」義證。

⿰女陝 —，不媚。〔廣韻・琰部〕○—，乍進乍退無姿製也。〔説文〕「—，不媚前卻——」繫傳。○—，女子態。〔同上〕義證引〔玉篇〕。○—，通作陝。〔同上〕義證。○〔説文定聲・卷四〕—，以陝為之。班昭〔女誡〕「視聽陝輸」。○—，〔玉篇〕作⿰女陜。〔説文〕「—，不媚前卻——也」義證。

⿰奄阝 奄、—二字周時並行，今則奄行而—廢。〔説文〕「—，周公所誅—國，在魯」段注。○—，〔尚書〕〔左傳〕皆作奄。〔同上〕繫傳。

⿰木奄 —，—柰。〔廣韻・琰部〕○—，—柰也。〔説文〕「棪，遬其也」義證引〔玉篇〕。○—之言奄也。〔廣雅・釋木〕「—，棯也」疏證。

⿸㫃奄 —，覆車。〔集韻・琰部〕○罨、掩、揜並與—通。〔廣雅・釋器〕「—，率也」疏證。○—，亦罔也。〔同上〕疏證。

渰 —，雲雨皃。〔廣韻・琰部〕○—，雲興貌。〔詩・大田〕「有—萋萋」朱傳。○—，雨雲皃。〔同上〕後箋引段玉裁。○—，雲陰皃。〔説文〕「—，雲雨皃」義證引〔初學記〕。○—，陰雲興貌。〔詩・大田〕「有—萋萋」後箋引段玉裁。○雨雲曰—雲，亦曰油雲。〔説文〕「—，雲雨皃」義證引〔纂要〕。○黤、晻皆—之借字也。〔説文〕「淒，詩曰有—淒淒」句讀。○—，齊作黤，魯作晻，韓作弇。〔詩・大田〕「有—淒淒」集疏。○—，〔漢書〕作黤。〔説文〕「—，雨雲皃」段注。

媕 —，女有心——也。〔廣韻・琰部〕又〔集韻・琰部〕。○—，眉語目成之意。〔説文定聲・卷四〕○—婯，〔韻會〕作陰阿，李壽本作陰婯。〔説文〕「婯，—婯也」段注。

蔪 —，刈也。〔集韻・豏部〕○—，相入也。〔説文〕「—，艸相—包」繫傳。○—苞，即今〔禹貢〕之漸包。〔説文〕「—，艸相—苞也」段注。○〔説文定聲・卷四〕—，今本以漸為之。〔書・禹貢〕「艸木—苞」。○〔同上〕—，叚借為芟。〔漢書・賈誼傳〕「故—去不義諸侯」。

螹 —螭，魚名。〔説文〕「—，—螭也」段注引司馬彪。○〔説文定聲・卷四〕—，以漸為之。〔燕策〕「高—離」。○—，通作漸。〔説文〕「—，—螭也」義證。○—，〔漢書〕作漸。〔同上〕段注。

⿰酉韱 —，醋味。〔廣韻・琰部〕○—，——然酸。〔説文〕「—，酢也」繫傳。○—，與醶略同。〔説文定聲・卷四〕○〔同上〕—，字亦作醶，參韱雙聲。〔廣雅・釋器〕「醦—醶，酢也」。

⿰女覃 —，婦人細長皃。〔集韻・忝部〕○—，弱也。〔廣韻・忝部〕

鼸 —，鼠名。〔廣韻・忝部〕○—，田鼠也。〔説文〕「—，𪕹也」義證引〔玉篇〕。○〔説文定聲・卷四〕—，即〔爾雅〕之寓鼠曰嗛也。〔埤蒼〕「—，鼠皃」。○—，今謂之香鼠。〔説文定聲・卷四〕○—，鼠以頰內藏物也。〔説文〕「—，𪕹也」繫傳。○—之言嗛也。〔廣雅・釋獸〕「𪕹鼠」疏證。○〔説文定聲・

卷四〕丨，叚借為嗛，鼠以嗛得名。〔釋名·釋形體〕「頤或曰丨車，丨鼠之食積于頰，人食似之，故取名也」。〇（同上）齡、丨聲義俱同。〔說文〕「丨，齡也」。〇〔爾雅〕丨鼠，古本亦作嗛。〔說文〕「嗛，口有所銜也」段注。〇丨，田鼠者，嗛鼠也。嗛丨字通。〔墨子·非儒下〕「丨鼠藏」閒詁。

妥 丨，腦蓋也，俗作㚣。〔廣韻·忝部〕〇丨，腦蓋也，或作㚣。〔集韻·忝部〕〇丨，或作鋄。〔說文〕「丨，𡓳蓋也」義證。〇〔說文定聲·卷四〕丨，字本作鋄。江文通詩「金鋄映秋山」。〇丨，字又譌作㚣。〔說文〕「丨，𡓳蓋也」義證。〇丨，又譌作鋄。（同上）義證。

絬 丨，火光。〔集韻·忝部〕〇丨，與炎、燄略同。〔說文定聲·卷四〕

焱 丨，火華也。〔楚辭·遠遊〕「陽丨丨而復顧」補注。〇丨與炎同。〔說文〕「丨，火華也」句讀。〇丨與炎略同。〔說文定聲·卷四〕〇當從三犬，不從火。猋風即飆風也。〔漢書·天文志〕「狀如丨風亂鬐」補注。〇古書丨與猋二字多互譌。〔說文〕「丨，火華也」段注。

者 丨，老人面黑子。〔廣韻·忝部〕

橝 丨，屋梠名。〔廣韻·忝部〕〇丨，通俗文作弗，訓門楗也。〔說文定聲·卷三〕

驔 丨，驪馬黄脊。〔廣韻·忝部〕〇丨、驔必一字。〔說文〕「丨，驪馬黄脊」段注。

瓤 丨，瓜名。〔廣韻·忝部〕

广 丨，掩丨，癡。〔廣韻·儼部〕〇俺丨，癡也。〔集韻·儼部〕〇丨，或作㑌。（同上）

溓 丨，薄冰。〔集韻·忝部〕

刮 丨，斫。〔廣韻·忝部〕〇丨，刀缺。〔集韻·忝部〕〇丨，一曰斫也。（同上）〇〔說文定聲·卷四〕丨，字亦作玷。〔詩·抑〕「白圭之丨」。

㢘 丨，厓岸危也。〔集韻·儼部〕

厃 丨，張口。〔廣韻·忝部〕

唊 丨，猴頰藏食曰丨。〔集韻·琰部〕

喊 丨丨，喁，魚口上下兒。〔廣韻·琰部〕

嚵 丨，小食。〔廣韻·琰部〕

埯 丨，土覆。〔廣韻·儼部〕〇坑，今之窊丨。〔廣韻·敢部〕

奈 丨，上大下小。〔廣韻·琰部〕〇丨，本廣末狹謂之丨。〔集韻·琰部〕

妒 丨，婦人齊整兒。〔集韻·儼部〕〇丨，通作嬐。（同上）

姝 丨，諟也。〔廣韻·琰部〕

姎 丨，丨姱，性不端良。〔廣韻·琰部〕〇丨，性不端良謂之丨姱。〔集韻·琰部〕

婘 丨，誣拏也。〔集韻·琰部〕

嬸 丨，含怒也。〔集韻·儼部〕

嬐 丨，丨然，齊也。〔廣韻·琰部〕〇丨，敏疾也。〔集韻·儼部〕

嬚 丨，廉也。〔廣韻·琰部〕〇丨，又小食也。（同上）

㜸 丨，竦身兒。〔廣韻·忝部〕又〔集韻·忝部〕。

嶮 丨嵫山，日没處。〔廣韻·琰部〕

嵰 丨，山高。〔廣韻·琰部〕

嶃 丨，丨巉，山高兒。〔集韻·琰部〕〇丨，或書作嶄。（同上）〇丨，俗字也，當作漸。〔釋名·釋山〕「岑，丨也」疏證。

嶮 丨，丨巇。〔廣韻·琰部〕〇嵰丨，山不平。（同上）〇丨者，小不平也，坎也。〔慧琳音義·卷一二〕

弇 丨，蓋也。〔廣韻·琰部〕〇丨，當作掩，今作丨，叚借字也。〔釋器〕「圜丨上謂之鼐」郝疏。

忝 丨，丨弱。〔廣韻·忝部〕〇丨，弱也。〔集韻·忝部〕

惔 丨，恨也。〔集韻·琰部〕

憸 丨，丨詖。〔廣韻·琰部〕〇丨，詖也。〔集韻·琰部〕〇丨，或作㥶。（同上）〇譣、丨、㥶、險並字異而義同。〔廣雅·釋言〕「譣，詖也」疏證。

扂 丨，閉户。〔廣韻·忝部〕〇丨，閉户也。〔續音義·卷五〕引〔切韻〕。〇丨，今之門丨也。〔慧琳音義·卷七〕引〔考聲〕。〇丨，户牡。〔集韻·忝部〕〇丨，户牡也。〔說文〕「檅，楔也」義證引〔類篇〕。〇丨，門之小關也。〔慧琳音義·卷六〇〕〇丨，所以止扉也，小關也。（同上）引〔韻英〕。〇丨，礙門扇令不開也，古文作㞼。（同上）〇丨與㞼通。〔通雅·卷六〕引顔之推。〇今俗用丨楔。〔說文〕「檅，楔也」義證引戴侗。

掞　剡、覃、｜、錟，並字異而義同。〔廣雅·釋詁四〕「｜，鋭也」疏證。

撊　｜，疾動皃。〔集韻·琰部〕

敹　斂｜，舉手皃。〔集韻·琰部〕

𣃔　｜｜，翳。〔廣韻·儼部〕

旃　｜，掩也。〔廣韻·琰部〕

曮　｜，日行。〔廣韻·儼部〕○日躔謂之｜。〔集韻·儼部〕

㮇　｜，木杖也。〔集韻·忝部〕

潭　｜，｜淊，水滿。〔廣韻·忝部〕｜灎，水滿也。〔集韻·忝部〕

腌　｜，屋｜，雀也。〔廣韻·琰部〕○｜，屋檐耑版也。〔集韻·琰部〕

睒　｜，味甘也。〔集韻·琰部〕

疺　｜，病也。〔集韻·儼部〕

㾫　｜，傷也。〔集韻·琰部〕

㾾　｜，眼內不祥也。〔慧琳音義·卷七一〕引〔字苑〕。

厴　｜，殤痂也。〔集韻·琰部〕

晻　｜，目無光也。〔集韻·琰部〕

𥌐　｜，笑皃。〔集韻·琰部〕

硽　｜，山巖也。〔集韻·琰部〕

𧝟　｜，｜襛。〔廣韻·琰部〕○｜，襛也。〔慧琳音義·卷三六〕引〔考聲〕。○｜，襛也。〔卷六四〕引〔考聲〕。○｜，亦禱也。〔卷三六〕

䅖　｜，禾不實。〔集韻·琰部〕

稴　｜，禾稀。〔廣韻·忝部〕

窆　下棺曰｜，聚土曰封。〔周禮·鄉師〕「及｜，執斧以涖匠師」孫正義。

笐　｜，小竹。〔廣韻·儼部〕

䈀　｜，竹弱。〔集韻·琰部〕○｜，竹弱之皃。〔廣韻·琰部〕

籢　｜，斂也，所以收斂也。〔說文〕「｜，鏡｜也」繫傳。○｜即鏡匣也。〔說文〕「核，蠻夷以木皮為篋，狀如｜樽之形也」繫傳。○｜，今俗作匳。〔說文〕「｜，鏡｜也」繫傳。

鉆　｜，器缺。〔集韻·忝部〕

罨　鳥｜，鳥網。〔廣韻·琰部〕○｜，罕也，所以罔魚。〔集韻·琰部〕

䎃　｜，弱羽也。〔廣韻·琰部〕○｜，羽皃。〔集韻·琰部〕

䎦　｜，｜耜。〔廣韻·琰部〕○｜，利耜也。〔集韻·琰部〕○｜，或作覃。〔同上〕

脥　｜，腹下。〔廣韻·琰部〕

膁　｜，腰左右虛肉處。〔廣韻·忝部〕○｜，馬腹旁。〔集韻·忝部〕

苒　｜，荏｜，猶展轉也。〔廣韻·琰部〕○｜，草盛皃。〔同上〕又〔集韻·琰部〕。

蔪　｜，麥秀皃。〔集韻·琰部〕

裺　｜，衣縫緣也。〔廣韻·琰部〕○｜，襜也。〔集韻·琰部〕

䟅　｜，走進也。〔集韻·琰部〕○｜，或書作趝。〔同上〕

𧽦　｜，前趨皃。〔集韻·琰部〕○｜｜，疾趨。〔同上〕

𨁊　｜，疾行。〔廣韻·琰部〕又〔集韻·琰部〕。

𨘿　｜｜，欲近皃。〔集韻·琰部〕

酓　｜，酒味苦也。〔廣韻·琰部〕

醶　｜，消也。〔集韻·忝部〕

銛 丨,取也。〔廣韻・忝部〕○丨,又銛屬。(同上)

⿰金冄 丨,鐵也。〔集韻・琰部〕

鏩 丨丨,鋭進皃。〔集韻・琰部〕

鏨 丨,鏨也。〔廣韻・敢部〕○丨,小鏨名。〔廣韻・琰部〕

閹 丨,閉門人也。〔慧琳音義・卷三三〕○丨閹,宫中守門者。〔集韻・琰部〕○丨,丨閹。〔廣韻・琰部〕○丨,通作奄。〔集韻・琰部〕又〔廣雅・釋言〕「鼏、幔、丨也」疏證。○丨音掩。〔釋天〕「在戍曰丨」鄭注。

⿱雨奄 丨,雲狀。〔廣韻・琰部〕

黶 丨,黑面子。〔集韻・琰部〕○丨,身上黑子,赤如朱點,貴相也。〔慧琳音義・卷六一〕引〔韻英〕。

⿰韋僉 丨,胡被。〔廣韻・琰部〕○丨,胡被謂之丨。〔集韻・琰部〕

⿰冄頁 丨,丨頷,不平。〔廣韻・琰部〕

頣 丨,丨醜。〔廣韻・儼部〕○丨顩,醜也。〔集韻・儼部〕

餂 丨,取也。〔集韻・忝部〕○丨,探取之也。〔孟子・盡心下〕「是以言丨之也」朱注。

⿱冄食 丨,食薄味也。〔廣韻・琰部〕

⿰魚僉 丨,丨鰢,魚名,出樂浪。〔廣韻・琰部〕

冄 凡言丨皆謂弱。〔説文〕「丨,毛丨丨也」段注。○丨,弱也。(同上)繫傳。○丨丨者,柔弱下垂之皃。(同上)段注。○丨,龜甲緣也。〔説文〕「䶇,天子巨䶇尺有二寸」段注引孟康。○丨,今作冉。〔説文〕「丨,毛丨丨也」句讀。○〔説文定聲・卷四〕丨,叚借為䶇。〔漢書・食貨志〕「元龜岠冉長尺二寸」。○丨,䶇叚借字也。〔説文〕「䶇,天子巨䶇尺有二寸」段注。○借丨丨為冘冘。〔説文〕「丨,毛丨丨也」段注。○〔説文定聲・卷四〕丨,字亦作䎅。〔廣雅・釋器〕「䎅,羽也」。○(同上)丨字又變作苒。〔悼亡詩〕「荏苒冬春謝」。○丨,今字誤作冉。〔説文定聲・卷四〕

丙 丨,無光也。〔集韻・忝部〕

⿰舟占 丨,劣也。〔集韻・忝部〕

⿰彳奄 丨,跛也,或从足。〔集韻・琰部〕

⿺走建 丨,功勤之稱。〔廣韻・琰部〕

⿺走堇 丨,善美之名。〔廣韻・琰部〕

厴 丨,蟹腹下丨。〔廣韻・琰部〕○丨,蟹腹下甲。〔集韻・琰部〕○丨,閉藏之貌。〔本草・卷四六〕

續經籍籑詁卷第五十九

上聲

二十九豏

豏一，豆半生也。〔廣韻·豏部〕

檻一，闌也。〔廣韻·檻部〕〇一，大匱也。〔慧琳音義·卷七九〕〇一，牢也。（同上）〇〔說文定聲·卷四〕一，所以囚罪人之牢也，故囚車曰一車。〔說文〕「一，櫳也」。〇罪極重者囚在匱一之中，令出頭，名曰一車。〔慧琳音義·卷七九〕〇一，所以閑獸。〔說文定聲·卷四〕〇一塞，猶遮塞，若今云搪塞。〔漢書·谷永傳〕「一塞大異」補注引蘇輿。〇一一，車行聲也。〔詩·大車〕「大車一一」朱傳。〇一泉，正出也。〔詩·采菽〕「觱沸一泉」朱傳。〇一泉，泉正出者。〔詩·瞻卬〕「觱沸一泉」朱傳。〇一，今監獄字，以監為之。〔說文定聲·卷四〕〇一，當為檻。〔墨子·經下〕「以一為摶」閒詁。〇一與轞通。〔廣雅·釋訓〕「轞轞，聲也」疏證。〇〔說文定聲·卷四〕一，段借為濫。〔詩·瞻卬〕「觱沸一泉」。〇（同上）一，段借為臽，為陷。〔後漢·法雄傳〕「毀壞一穽」。〇一，假借為凡闌一字。〔說文〕「一，櫳也」段注。〇一，濫之假借字。〔說文〕「沸，畢沸，濫泉也」段注。〇〔說文定聲·卷四〕一，字亦變作轞。〔廣雅·釋訓〕「轞轞，聲也」。〇（同上）一，字亦變作壏。〔管子·地員〕「五杰之狀，壈焉如壏」。

範一，法也。〔慧琳音義·卷六五〕又〔廣韻·范部〕。〇一，法度也。〔孟子·滕文公下〕「吾為之一我馳驅」朱注。〇一，常也。〔慧琳音義·卷六五〕又〔廣韻·范部〕。〇一，則也。〔慧琳音義·卷四〕又〔卷五四〕。〇一，模也。〔慧琳音義·卷四〕〇一，鑄金器之模樣也。〔慧琳音義·卷二〕〇一，軷祖道之祭也。〔說文定聲·卷四〕〇（同上）一，段借為笵。〔釋詁〕「一，法也」。〇（同上）一，段借為逢。〔淮南·俶真〕「一一人之形而猶喜」。〇一即犯之段字。〔淮南·俶真〕「一一人之形而猶喜」平議。〇一者，笵之段音也。〔釋詁〕「一，法也」郝疏。〇一軷當為犯軷。〔說文〕「一，一軷也」義證。〇一，或作笵。〔慧琳音義·卷四〕〇一，式也，前也。〔廣韻·范部〕

減一，損也。〔廣韻·豏部〕〇損之令小曰一。〔慧琳音義·卷二〕〇一，少也。〔詩·巧言〕「僭始既一」集疏。〇一，日省也。〔左傳文公一七年〕「克一侯宣多」洪詁引〔太玄經〕。〇一，一耗。〔廣韻·豏部〕〇自耗欠下曰一。〔慧琳音義·卷五〕〇〔說文定聲·卷三〕一，殺也。〔史記·趙世家〕「一二卿」。〇一謂滅絶也。〔左傳文公一七年〕「克一侯宣多」疏證引王引之。又（同上）述聞。〇〔通雅·卷七〕一溜即涵流，涵流猶言涵泳同流。〔管子〕「一溜大成」。〇〔說文定聲·卷三〕一，段借為戕，殺也。〔左傳文公一七年〕「克一侯宣多」。〇一溠當為泧溠。〔說文〕「溠，拭滅皃」義證。〇一，一音湛。〔釋畜〕「在肘後一陽」鄭注。〇〔月令〕一作咸，古通用。〔呂覽·仲冬〕「水泉一竭」校正。〇一與咸古字通。〔周書·君奭〕「咸劉厥敵」述聞。〇一咸古字通。〔左傳昭公一四年〕「不為末一」洪詁。

艦一，禦敵船，四方施板，以禦矢知牢。〔廣韻·檻部〕〇一之言檻，謂船之有屋者也。〔廣雅·釋水〕「一，舟也」疏證。〇檻與一通。（同上）

犯一，干也。〔大戴·曾子制言上〕「一其上」王詁。又〔廣韻·范部〕。〇干，一也。〔荀子〕「白刃扞乎胸」雜志。又〔漢書〕「扞日」雜志。〇一，侵也。〔廣韻·范部〕〇一，陵也。〔大戴·子張問入官〕「勝之無一民之言」王詁。〇一，勝也。〔韓子·解老〕「不衣則不一寒」集解。〇勝與陵一同義。〔釋詁〕「一，勝也」述聞。〇一，言不順於民之心也。〔禮記·坊記〕「則一也」集解。〇直諫謂之一。〔檀弓〕「事親有隱而無一」集解。〇一，僭也。〔廣韻·范部〕〇五星入度，經過宿，星光耀一之為一。在上一，下為陵。〔漢書·天文志〕補注引石氏。〇一與求，其義相反而相近。〔釋言〕「干，求也」義疏。〇字本言犬一人，轉注為凡干陵違逆之偁。〔說文定聲·卷四〕〇（同上）一，段借為笵。〔易·繫辭〕張璠本「一違天地而不過」。〇（同上）一，段借為含。〔列子·湯問〕「周一三萬里」。〇範作一，段借字。〔呂覽·長見〕「一我以義」平議。〇一，勝也。〔廣韻·范部〕

湛一之為義言隱没也。〔文選·獄中上書自明〕「荊軻一七族」集釋引〔野客叢書〕。〇一，没也。〔廣韻·豏部〕〇一，安也。（同上）〇一，水澄貌也。〔慧琳音義·卷八八〕〇一，水貌。〔廣韻·豏部〕〇一一，露盛貌。〔詩·湛露〕「一一露斯」朱傳。〇一猶清也。〔慧琳音義·卷八八〕〇一，漬也。〔墨子〕「必擇所堪」雜志。〇一，亦漬也。〔禮記·內則〕「一諸美酒」集解。又〔墨子〕「必擇所堪」雜志。〇一亦浸漬之義。〔儀禮·既夕禮〕胡正義。〇一與漸同。〔墨子〕「必擇所堪」雜志。〇一與漸漬之漸同。（同上）〇一、漬皆染也。（同上）〇〔說文定聲·卷三〕一，段借為沈。〔蒼頡篇〕「一，水不流也」。〇（同上）一，段借為允。〔太元·元吉〕「月遄而日一」。〇（同上）一，段借為潡。謝琨詩「水木一清華」。〇（同上）一，讀如瀋也。〔淮南·時則〕「一熺必潔」。

斬一謂斷物也。〔說文〕「斬，一取也」段注。〇一者，截也。〔說文〕「斷，截也」段注。〇一，絶。〔詩·節南山〕「國既卒一」朱傳。〇一，絶也。〔孟子·離婁下〕「君子之澤，五世而一」朱注。〇一謂絶之。〔國策·秦策三〕「一范中行之途」鮑注。〇一，引伸為凡絶之偁。〔說文〕「一，截也」段注。〇因古車裂之法而制一，故從車。〔說文定聲·卷四〕〇一者，軍法。〔春秋傳〕謂之轘。〔書·泰誓〕「後至者一」孫疏。〇一截布斷之，斷之而不緝為一。〔儀禮·喪服經傳〕「一衰裳」胡正義。〇一當為塹。〔呂覽·權勳〕「將一岸堙以迎鐘」平議。〇〔說文定聲·卷四〕一，段借為踐，一踐雙聲。

〔史記・始皇紀〕「然後丨華為城」。〇丨讀為摲。〔管子・大匡〕「丨孤竹」平議。〇丨，讀為慙。慙馬者，哀痛憂傷之貌。〔左傳昭公一〇年〕述聞。〇丨當讀為塹。〔管子・形勢解〕「丨高橋下」平議。又〔管子・輕重己〕「毋丨大山」平議。〇丨讀如儳。〔荀子・榮辱篇〕「丨而齊」集解引劉台拱。〇丨，壍之省。〔墨子・備蛾傳〕「丨城為基」閒詁。〇丨，壍之省。〔同上〕閒詁。又〔備穴〕「丨亓穴」閒詁。〇丨鼲，或作獑胡。〔說文〕「鼲，斬鼲鼠」義證。

黯 丨，亦黑也。〔春秋名字解詁〕「晉蔡丨字墨」述聞。〇丨，暗也。〔同上〕〇丨，義與暗亦相近。〔廣雅・釋詁〕「幽，深也」疏證。〇丨之言闇也。〔廣雅・釋器〕「丨，黑也」疏證。〇丨，丨然，傷別貌。〔廣韻・豏部〕〇丨黶音同。〔左傳哀公二〇年〕「史丨何以得為君子」洪詁。

范 丨與笵同，鑄作器物之法也。〔荀子・彊國〕「刑丨正」集解引郝懿行。〇丨，景祐本作笵，此古字之僅存者。〔漢書・地理志〕「丨」補注引王念孫。〇〔說文定聲・卷四〕丨，叚借為軓。〔禮記・少儀〕「祭左右軓丨乃飲」。〇〔同上〕丨，叚借為笵。〔禮記・禮運〕「丨金合土」。〇〔同上〕丨，叚借為蜂。〔禮記・檀弓〕「丨則冠而蟬有緌」。〇〔同上〕丨，字亦變作𧍞。〔藝文類聚〕引〔廣雅〕「𧍞，蜂也」。

軓 丨，車前掩輿之版。〔說文定聲・卷三〕〇式前曰丨，揜輿版也。〔說文〕「丨，車軾前也」段注引戴震。〇丨以揜式前，故漢人亦呼曰揜丨。〔同上〕段注。〇丨，古文作軋。〔同上〕〇丨，叚借作笵。〔同上〕〇丨，讀如范。〔說文〕「軓，車徹也」義證引載震。〇〔說文定聲・卷三〕丨，以范為之。〔禮記・少儀〕「祭左右軓范」。

摻 丨，擥。〔詩・遵大路〕「丨執子之袪」朱傳。〇丨，擥也。〔廣韻・豏部〕〇丨，反執袂也。〔說文〕「丨」義證引〔玉篇〕。〇丨之言纖也。〔廣雅・釋詁二〕「丨，小也」疏證。〇〔說文定聲・卷三〕丨，叚借為纖。〔方言二〕「丨，細也」。〇丨即操異文。〔墨子・號令〕「丨太守之節」閒詁引畢沅。又〔耕柱〕「丨火將益之」閒詁引畢沅。

闞 丨，虎聲。〔廣韻・頭部〕〇丨止作監止。〔史記索隱〕「異文」雜志。

喊 丨，丨聲。〔廣韻・豏部〕

鋄 以金銀鏤銅鐵曰丨。〔通雅・卷三三〕〇丨，馬首飾。〔廣韻・范部〕

淰 丨，水無波也。〔廣韻・豏部〕又〔集韻・豏部〕。〇江南謂水不流為丨。〔慧琳音義・卷六五〕〇丨丨，言其凝滯。〔說文〕「丨，濁也」段注。〇丨，亭水不波多濁。〔說文定聲・卷三〕〇丨，水流貌。〔廣韻・忝部〕〇丨，潤水動也。〔廣韻・寑部〕〇丨，魚駭貌。〔集韻・寑部〕〇〔說文定聲・卷三〕丨，俗字亦作淰。〔射雉賦〕「意淰躍以振踊」。

㺌 丨，犬吠。〔廣韻・忝部〕〇丨，犬吠不止。〔豏部〕〇丨，犬吠不出。〔說文〕「丨，犬吠不止也」義證引〔玉篇〕。〇丨與獫意同。〔同上〕義證。

㺑 丨言犬進狹處。〔說文〕「丨，犬容頭進也」繫傳。〇丨獫，犬吠。〔廣韻・豏部〕〇丨與慘聲義相近。〔方言一〕「慘，殺也」箋疏。〇丨與慘聲義相近。〔廣雅・釋詁三〕「丨，賊也」疏證。〇〔說文定聲・卷三〕丨，叚借為慘。〔說文〕「丨，一曰賊疾也」。

笵 丨，楷式也。〔說文〕「丨，法也」義證引〔玉篇〕。〇水曰灋，木曰模，竹曰丨，土曰型，金曰鎔，經傳以範為之。〔說文定聲・卷四〕〇古銅印丨姓皆從竹，今從艸。〔說文〕「丨，法也」義證。〇景祐本范作丨，此古字之僅存者。〔漢書〕「范」雜志。〇丨通作范。〔說文〕「丨，法也」義證。〇丨又通作範。〔同上〕〇丨通作範，又通作范。〔釋詁〕「範，法也」郝疏。

𧍞 丨，蜂也。〔廣韻・范部〕

轞 丨，大鐵櫃也，鎖罪人以治之。〔慧琳音義・卷二七〕引〔考聲〕。〇丨，車聲，通作檻。〔集韻・檻部〕〇檻與丨通，字亦作轚。〔廣雅・釋訓〕「丨丨，聲也」疏證。

濫 丨，泉正出也。〔廣韻・檻部〕〇〔通雅・卷五〕丨耳，丨口，皆謂丨說也。〔戰國策〕「橫人丨口利機」。〇丨，劉本作壺鑑。〔呂覽・節喪〕「鍾鼎壺丨」校正。〇〔說文定聲・卷四〕丨，〔毛詩〕以檻為之。〔釋水〕「丨泉正出。正出，涌出也」。〇丨與藍同。〔廣雅・釋樂〕「藍脅，瑟名」疏證。

黤 丨，青黑色。〔廣韻・檻部〕〇丨，青黑兒。〔集韻・豏部〕

瀺 丨，丨灂。〔廣韻・豏部〕〇〔說文定聲・卷四〕丨灂，雙聲連語，猶嚵嚼。〔閒居賦〕「游鱗丨灂」。〇〔同上〕丨，叚借為暫。〔長笛賦〕「碓投丨穴」。

槏 丨，窗也。〔說文定聲・卷四〕引〔字書〕。〇丨，牖傍柱也。〔廣韻・頭部〕〇丨通作簾。〔說文〕「丨，戶也」義證。〇丨即簾襲之簾之正字。〔同上〕句讀。〇〔說文定聲・卷四〕丨，字亦作床。〔通俗文〕「小戶曰床」。

㛾 丨，健兒。〔廣韻・豏部〕

椷 丨，塗也。〔廣韻・豏部〕

床 丨，窓也。〔慧琳音義・卷六五〕引〔字書〕。〇丨，牖也，一曰小戶。〔廣韻・豏部〕

醶 丨，酢漿。〔廣韻・檻部〕〇丨醎，酢味。〔集韻・豏部〕〇丨醎，醋味。〔廣韻・豏部〕〇丨，醶漿也。〔說文〕「丨，酢漿也」義證引〔廣志〕。〇丨與醶

略同。〔說文定聲·卷四〕〇丨，亦曰截。（同上）〇丨，字亦作釃。（同上）〇丨，字或作釃。〔說文〕「丨，酢漿也」義證。

醶 丨，酢味。〔廣韻·豏部〕

醦 丨，酢味。〔廣韻·豏部〕

壏 丨，堅土。〔廣韻·檻部〕〇丨，堅土也，或作槧。〔集韻·檻部〕

槧 丨，糟也。〔廣韻·檻部〕

摲 丨，斬取。〔廣韻·檻部〕〇丨之言漸也，字亦作摲。〔廣雅·釋詁三〕「丨，次也」疏證。〇〔說文定聲·卷四〕丨，叚借為芟。〔禮記·禮器〕「有摲而播也」。〇（同上）丨，字亦作摲。〔長楊賦〕「所遇麾城摲邑」。

𪑇 丨，忘也。〔集韻·豏部〕〇丨，忘而息，宋人所謂黑甜也。〔說文〕「丨，丨者，忘而息也」段注。〇丨丨然忘也。（同上）義證引〔玉篇〕。〇丨，今人所用憨字，即此字之變也。（同上）段注。〇丨，或曰即譀之誤體。〔說文定聲·卷四〕

凵 丨，張口兒。〔廣韻·范部〕〇丨即飯器也。〔說文〕「去，人相違也」繫傳。〇丨，一說坎也，塹也，象地穿。〔說文定聲·卷四〕

摲 丨，芟也。〔集韻·豏部〕〇摲之言漸也，字亦作丨。〔廣雅·釋詁〕「摲，次也」疏證。

𢕍 丨，開貌。〔集韻·檻部〕〇丨，開險兒。〔廣韻·檻部〕

偡 丨，丨然，齊整。〔廣韻·豏部〕〇丨，一曰丨丨，齊整也。〔集韻·豏部〕〇齊進謂之丨。（同上）

僴 丨，癡也。〔廣韻·豏部〕又〔集韻·豏部〕

𠐩 丨，丨行。〔廣韻·范部〕

𪑆 丨，利也。〔廣韻·檻部〕又〔集韻·檻部〕

劖 丨，斷也。〔集韻·豏部〕

喊 丨，恕聲或省作喊。〔集韻·豏部〕

嚵 丨，小飲。〔集韻·豏部〕

区 丨，縮取物也。〔集韻·豏部〕

塹 丨、檻與堅亦一聲之轉。〔周禮·草人〕「强檕用蕡」孫正義。

嵁 丨，丨絶，山兒。〔廣韻·豏部〕

嶄 丨巖、巉巗、嶃碞、巉巖、嶃巖，並字異而義同。〔廣雅·釋詁四〕「巉，巗，高也」疏證。

嶃 丨，高峻。〔廣韻·豏部〕〇丨，高峻兒，或從㲋，亦作礹。〔集韻·豏部〕

巉 丨，峻丨兒。〔廣韻·檻部〕

㢟 丨，峻也。〔集韻·儼部〕〇丨，陖丨。〔廣韻·儼部〕

㤿 丨，意不安也，或從人。〔集韻·豏部〕〇丨丨，意不安也。〔廣韻·豏部〕

懢 丨，健也。〔集韻·檻部〕

鍼 丨，刃也。〔廣韻·范部〕又〔集韻·范部〕

扎 丨，以手丨物。〔廣韻·范部〕〇丨，取也。〔集韻·范部〕

撖 丨，挂也。〔集韻·豏部〕〇丨，危也。〔廣韻·豏部〕〇丨，丨危。〔集韻·豏部〕

𢽼 丨，棄也。〔集韻·豏部〕

昷 丨，日光照也。〔廣韻·豏部〕

椷 丨，撓之而曲也。〔通雅·卷一〕

槏 丨，不安。〔廣韻·豏部〕

桅 丨即笵。〔說文定聲·卷一二〕〔桅〕下

毅 丨，擊也。〔集韻·豏部〕

氾 丨，當為犯，㝕字之假音也。〔墨子·節葬下〕「既丨而后哭」閒詁引畢沅。

灠 丨，懸水兒。〔集韻·檻部〕

𤢕 丨，丨小犬吠。〔廣韻·檻部〕〇丨丨，小犬吠也。〔集韻·頭部〕

⿰犭監 ─，惡犬吠不止也。〔廣韻・檻部〕○─，犬齧物聲。〔豏部〕○犬獟謂之─。〔集韻・檻部〕

⿰甚瓦 ─，瓦屋。〔廣韻・豏部〕○─，乾瓦屋也。〔集韻・豏部〕

⿱竹減 ─，竹名，或省作箴。〔集韻・豏部〕

⿱艹斬 ─，芰林木也。〔廣韻・豏部〕

⿱監虫 ─，蜂有禮範，故謂之─。〔本草・卷三九〕

⿵冂図 ─，捕魚網也。〔廣韻・豏部〕○─，魚網，或從銜。〔集韻・豏部〕○夾魚小網曰─，一作罱，音覽。〔通雅・諺原〕○─與図聲義相近。〔廣雅・釋器〕「図，牢也」疏證。

⿰月夌 ─，今河東謂淫腫為─。〔廣韻・范部〕○─，河東謂腫為─。〔集韻・范部〕

臉 ─，─臟，羹屬也。〔廣韻・豏部〕又〔集韻・豏部〕。

⿰舟咸 ─，船名。〔集韻・豏部〕

⿱艹囚 ─，艸名。〔集韻・豏部〕

趻 ─踔，行不進皃，或作踸。〔集韻・豏部〕

⿰足乏 ─，候也。〔集韻・范部〕

⿰足闇 ─，跧足望。〔廣韻・范部〕

⿰足閣 ─，跧足，望也。〔集韻・范部〕

⿱監車 ─，網車。〔廣韻・檻部〕○─，載囚車，通作檻。〔集韻・檻部〕○檻與轞通，字亦作─。〔廣雅・釋訓〕「轞轞，聲也」疏證。○──、坎坎、欿欿，並字異而義同。〔同上〕疏證。

⿰金乏 〔字書〕─字，當作砭。〔說文〕「砭，以石刺病也」義證引〔新唐書〕。

⿰酉音 ─，黲，戚容。〔集韻・豏部〕

⿰兼頁 ─，面長。〔廣韻・豏部〕

⿰馬監 ─，馬走皃。〔集韻・檻部〕

鹼 ─，鹹也，或從兼，亦作䶟。〔集韻・豏部〕

鹻 ─，鹹也。〔廣韻・豏部〕○─，俗字，正體作鹼，鹹也。〔慧琳音義・卷六一〕引〔文字典說〕。

黬 ─，直聚氣也。〔集韻・豏部〕

續經籍纂詁卷第六十

去聲

一　送

送　丨，遣也。〔廣韻・送部〕〇丨，以致為義。〔釋言〕「媵，丨也」郝疏。〇丨猶致也。〔詩・丰〕「悔予不丨兮」後箋。〇不丨，即不至。壻親迎，婦隨至，有似於丨，故不至以為不丨也。〔同上〕集疏。〇丨即持遺之義。〔釋言〕「將，資也」郝疏。〇丨，丨箭也。〔詩・大叔于田〕「抑縱丨忌」後箋引嚴緝。〇丨即縱也，言騁馬也。〔同上〕平議。〇舍拔曰縱，覆簫曰丨。〔同上〕朱傳。〇丨猶畢也。〔漢書・禮樂志〕「粥粥音丨」補注引〔月令〕注。〇〔公〕、〔穀〕丨皆作逆。〔左傳莊公元年經〕「單伯丨王姬」洪詁。

夢　丨之本義為夜不明。〔管子・參患〕「用日維丨」平議。〇本所謂之丨者，困不了察之稱，而懵懵冒名也。〔說文〕「㝱，寐而有覺也」義證引〔潛夫論〕。〇丨丨，不明。〔詩・抑〕「視爾丨丨」朱傳。〇丨丨，音轉字變作芒芒。〔釋訓〕「丨丨，亂也」郝疏。〇丨者，告也，告其形也。魂出游，身獨在，心所思念忘身也。〔說文〕「㝱，寐而有覺也」義證引〔夢書〕。〇丨者，像也，精氣動也，魂魄離身神來往也。〔同上〕〇丨，心動之驗。〔荀子・解蔽〕「心卧則丨」集解。〇丨，草中也。〔楚辭・招魂〕「與王趨丨兮」補注。〇楚謂草澤曰丨。〔同上〕〇丨中，雲丨澤也。〔左傳宣公四年〕「棄諸丨中」疏證。〇丨，〔周禮〕作瞢。〔說文〕「荆州雲丨」段注。〇丨中，〔漢書・序傳〕作瞢中。〔左傳宣公四年〕「棄諸丨中」疏證。又〔同上〕洪詁。〇丨之本義為不明，今字叚為㝱寐字。〔說文〕「丨，不明也」段注。〇丨，經典通叚為㝱。〔墨子・經上〕「丨，卧而以為然也」閒詁。〇丨即㝱字。〔說文〕「詠，丨言也」句讀。〇〔慧琳音義・卷一〕丨，正作㝱。〔大般若經・卷一一〕「丨境」。〇丨，讀為〔洛誥〕「女乃是不蘉」之蘉。〔管子・參患〕「用日維丨」義證引孫星衍。〇丨同㝱。〔廣韻・送部〕〇丨，古音莫騰反，一言為乘，二言為壽丨，非號也。〔史記・十二諸侯年表〕「吳壽丨元年」志疑引〔左傳杜解補正〕。

㝱　丨者，人精神所寤。〔說文〕「丨，寐而有覺也」義證引〔玉篇〕。〇丨，寐中神游。〔廣韻・送部〕〇丨之言蒙也，不明之皃。〔說文〕「丨，寐而覺者也」繫傳。〇丨，經典通用夢字。〔說文〕「丨，寐而有覺也」義證。〇丨又通作瞢。〔同上〕〇丨，今字叚夢為之，夢行而丨廢矣。〔說文〕「丨，寐而覺者也」段注。〇〔說文定聲・卷二〕丨，今本皆以夢為之。〔周禮〕「以日月星辰占六丨之吉凶」。

鳳　丨，靈鳥。〔論語・子罕〕「丨鳥不至」朱注。〇丨凰，靈鳥也，雄曰丨，雌曰凰。〔詩・卷阿〕「丨凰于飛」朱傳。〇丨凰，羽蟲之長。〔孟子・公孫丑上〕「丨凰之於飛鳥」朱注。〇羽蟲三百六十，丨為之長，故从鳥从凡。凡，總也。〔本草・卷四九〕

洞　丨者，疾流也。〔說文〕「瀆，通溝」段注。〇丨，大貢反，疾流也。〔太素・調陰陽〕「乃為丨洩」楊注。〇丨，疾流洩也。〔太素・順養〕「心氣內丨」楊注。〇丨，達也。〔慧琳音義・卷二一〕〇丨，引伸為丨達，丨壑。〔說文〕「丨，疾流也」段注。〇丨，明也。〔漢書・敘傳〕「丨參差其紛錯兮」補注。〇丨，貫也。〔通鑑・晉紀七〕「射而丨之」音注。〇丨，深也。〔楚辭・招魂〕「緪丨房些」補注引五臣。〇丨然，深邃之皃也。〔慧琳音義・卷九〕〇丨，空也。〔廣韻・送部〕〇丨屋，謂通迵之屋，四圍無障蔽也。〔說文〕「宕，一曰丨屋」段注。〇凡道家言丨天者，謂無所不通。〔同上〕〇丨，一曰洚丨，水無厓皃。〔集韻・東部〕〇反裙覆頂者，所謂丨賓巾也。〔通雅・衣服〕〇丨子，今之木牛也。〔通雅・車類〕〇〔通雅・卷三三〕丨案，氈案之遺也。〔宋祁筆記〕「正仗設丨案于兩螭間」。〇〔說文定聲・卷二〕丨叚借為迵。〔淮南・原道〕「遂兮丨兮」。〇丨同迵。迵者，達也。〔說文・敘〕「究丨聖人之微恉」段注。〇丨與迵、駧音義同。〔說文〕「丨，疾流也」段注。〇丨當作迵。〔說文〕「琴，禁也」丨越」段注。〇〔說文定聲・卷一〕丨叚借為筩。〔三禮舊圖〕「無底者謂之丨簫」。〇丨是恫之誤。〔史記・太史公自序傳〕「大臣丨疑」志疑引董份。

衆　丨，多也。〔廣韻・送部〕又〔大戴・四代〕「貌色聲丨有美焉」王詁。〇丨，猶多也。〔漢書・司馬遷傳〕「大詳而丨忌諱」補注。〇三人為丨。〔廣韻・送部〕〇人三為丨。〔說文〕「丨，多也」繫傳。〇丨謂民丨。〔大戴・四代〕「幼勿與丨」王詁。〇丨謂三軍之士也。〔左傳宣公一二年〕「丨誰適從」疏證。〇丨多即侈泰。〔釋言〕「庶，侈也」郝疏。〇丨殖，猶言繁育。〔漢書・王莽傳〕「丨殖鳥獸」補注。〇丨事猶共事。〔國策・齊策五〕「丨事而不反」鮑注。〇丨亦散亂意。〔說文〕「茻，丨草也」義證。〇丨，黏粟也，本名粱。〔釋艸〕「丨，稷」鄭注。〇〔說文定聲・卷一〕丨謂稷之黏者，今釀為高粱酒。〔釋草〕「丨，秫」。〇丨、終古通用。〔漢書・景武昭宣元成功臣表〕「丨利侯郝賢」補注。〇丨利，〔衛青傳〕作終利，古字通。〔史記・建元以來侯者年表〕「丨」利志疑。〇丨，通作終。〔釋詁〕「黎，丨也」郝疏。〇〔釋詞・卷九〕丨讀為終，既也。〔詩・載馳〕「丨穉且狂」。〇丨與終一字也。〔史記〕「丨終莫能救」雜志。〇丨當作稟。〔管子・輕重己〕「皆就官而丨」平議。〇丨當作罪。〔韓子・姦劫弒臣〕「民疾怨而丨過日聞」集解。〇〔說文定聲・卷一〕丨叚借為螽，即螽。〔詩・無羊〕「丨維魚矣」。〇丨當作螽之省借，蝗也。〔詩・無羊〕「丨維魚矣」通釋。〇〔詩・無羊〕丨乃螽字之省。〔說文〕「螽，螽或從虫丨聲」義證引丁希曾。

甕　丨，瓮類。〔集韻・腫部〕〇丨，瓦器大者也。〔慧琳音義・卷六〇〕〇丨謂盛酒漿米粟之丨也。〔說文〕「瓮，罌也」義證引〔急就篇〕顏注。〇丨與瓮

通。〔方言五〕「瓮，罌也」箋疏。○—同瓮。〔廣韻・送部〕

罋 —，汲缾也。〔説文〕「罋，汲缾也」義證引〔急就篇〕顔注。○—，汲器。〔廣韻・鍾部〕○〔説文定聲・卷一〕—段借為瓮。〔儀禮・既夕〕「—三」。○〔同上〕—，字亦作甕。〔易・井〕「甕敝漏」。○—同罋。〔廣韻・送部〕

罋 —，瓶也。〔廣韻・送部〕○—，俗作甕。〔説文〕「—，汲缾也」段注。○—或作甕。〔同上〕義證。

罋 —，即罋，亦作甕。〔方言五〕「—謂之甀」疏證。○—，通作甕，又通作罋。〔同上〕箋疏。○—，字亦作罋，通作甕。〔廣雅・釋器〕「—，瓶也」疏證。

弄 —田者，燕遊之田，天子所戲—耳。〔漢書・昭帝紀〕「上耕于鉤盾—田」補注。又〔説文〕「—，玩也」義證引〔三輔黃圖〕。○—馬，蓋舞馬。〔漢書・韓延壽傳〕「又使騎士戲車—馬盜驂」補注引〔通典〕。○—棟，〔後漢〕作梇棟。〔漢書・地理志〕「—棟」補注。○—，珁也。〔慧琳音義・卷六四〕引〔考聲〕。○—，巷也。南方曰—，北曰衖衕。〔説文〕「衕，通街也」義證。○〔十七史〕言—者，皆即巷字，今江蘇俗尚云—。〔説文〕「䢐，里中道也」段注。○〔説文定聲・卷一〕—段借為巷。〔漢書・昭帝紀〕「上耕于鉤盾—田」。

貢 —，獻也，薦也。〔廣韻・送部〕○—，薦也。〔慧琳音義・卷七〇〕○—，公獻之也。〔説文〕「—，獻也」繫傳。○—，下與上也。〔釋詁〕「—，賜也」鄭注。○—謂陳見也。〔韓子・揚權〕「下乃—情」集解引舊注。○—、功通用。〔説文〕「—，獻功也」句讀。○—，〔荀〕作功，〔爾雅〕作—，皆借字。〔易・繫辭〕「六爻之義易以—」述聞。○古以—當稅，即經所言賦。〔書・禹貢上〕「禹—」孫疏。○稅夫之法即—也。〔同上〕○—，潰也。〔説文〕「憒，亂也」義證引曹大家。○〔幽通賦〕—憒，當為憒憒。〔同上〕義證。○今有自高陵物，欲人賓伏者則亦謂之—高。〔慧琳音義・卷二二〕○慢前為—，心舉曰高。〔慧琳音義・卷二五〕引〔玉篇〕。○—者，贛之段音，今經典贛字多借作—矣。〔釋詁〕「—，賜也」郝疏。○—，〔説文〕作贛，今通作—。〔釋詁〕「—，賜也」述聞。○〔説文定聲・卷一〕—段借為坎。〔書・顧命〕「爾無以釗冒—于非幾」。○〔同上〕—段借為訌。〔幽通賦〕「周賈盪而—憒兮」。○〔同上〕—段借為告。〔易・繫辭〕「六爻之義易以—」。○衛—，〔史記〕作衛氏。〔左傳定公一三年〕「歸我衛—五百家」洪詁。

凍 —，冰—。〔廣韻・送部〕○—，凌也。〔集韻・東部〕○初凝曰仌，仌壯曰—，又於水曰冰，於他物曰—。〔説文〕「—，仌也」段注。○—飲，乃酒之製為—者。〔文選・招魂〕「挫糟—飲」集釋引〔梁四公子記〕。○—塗，謂地—釋如塗泥也。〔大戴・夏小正〕「寒日滌—塗」王詁。○—當讀為涷。〔禮記・月令〕「雹—傷穀」平議。○—，或作涷。〔廣雅・釋草〕「苦萃，款—也」疏證。○〔説文定聲・卷一〕—段借為涷。〔文選・思玄賦〕「—雨沛其灑塗」。○〔同上〕—段借為動。〔周書・大武〕「冬—其葆」。

痛 —，病也。〔廣韻・送部〕○—，傷也。〔同上〕○—，癢疼也。〔説文〕「—，病也」義證引〔雜字〕。○—，切也。〔漢書・王嘉傳〕「為害—矣」補注。○—，甚也。〔同上〕引胡注。又〔通鑑・漢紀二七〕「為害—矣」音注。○—言攻伐之酷。〔國策・秦策四〕「不待—而服矣」鮑注。○—字當讀作通。〔周書・文儆〕「利惟生—」平議。○〔説文定聲・卷一〕—段借為恫。〔廣雅・釋詁二〕「—，慯也」。○恫、桐、—，聲義並相同。〔廣雅・釋詁二〕「桐，—也」疏證。

棟 —，屋—。〔廣韻・送部〕○—者，極也，屋之高處也。〔説文〕「甍，屋—也」段注。○—，屋極也。〔説文〕「—，極也」義證引〔玉篇〕。○—，屋內至中至高之處，亦曰阿，俗謂之正梁。〔説文定聲・卷一〕○今俗語皆呼—為梁也。〔説文〕「極，—也」段注。○屋大材東西者曰—。〔説文定聲・卷一〕○自極而南至于當楹，總謂之—。〔同上〕引程瑤田。○—，一名望。〔釋宮〕「杗廇謂之梁」郝疏。○—，曲折也。〔易・大過〕「大過，—橈」李疏。

仲 —，中也。〔廣韻・送部〕○—者，中也。〔論語・微子〕「—忽，叔夜」劉正義。○—，中也，言位在中也。〔詩・燕燕〕「—氏任只」集疏引韓説。○—者，中也。尼者，和也。孔子有中和之德，故曰—尼。〔説文〕「屔，反頂受水丘也」段注引張禹。○—，齊作中。〔詩・出車〕「王命南—」集疏。○經文—作中。〔説文〕「箙，—秋獻矢箙」段注。○—，〔古今人表〕作中。〔左傳成公二年〕「—叔于奚」洪詁。○—，〔殷紀〕作中。〔漢書・古今人表〕「—虺」補注。○—允，齊作中術。〔詩・十月之交〕「—允膳夫」集疏。○—，中女也。〔詩・大明〕「摯—氏任」朱傳。○—、中二字古互通。〔説文〕「—，中也」句讀。○〔説文定聲・卷一〕—段借為中。〔書・堯典〕「以殷—春」。○〔昭紀〕—作种，〔霍光傳〕亦作种。〔漢書・百官公卿表〕「司隸校尉雒陽李—季主為廷尉」補注。○〔説文定聲・卷一〕—，字亦作筗。〔釋樂〕「大籥謂之産，其中謂之—」。○—乃微子之子，非弟也。〔史記・宋微子世家〕「微子開卒，立其弟衍，是謂微—」志疑。○—熊，〔人表〕作季熊。〔左傳文公一八年〕「—熊」洪詁。

中 —，當也。〔廣韻・送部〕又〔大戴・衛將軍文子〕「未知—否」王詁。○—，當也，假借字也。〔慧琳音義・卷三〕引〔韻英〕。○—，適也。〔大戴・保傳〕「故—道若性」王詁。○—，合也。〔大戴・勸學〕「木直而—繩」王詁。○—事，合於事也。〔韓子・有度〕「上智捷舉—事」集解。○不—貲者，言其貲少，不合數也。〔漢書・郭解傳〕「不—貲」補注引蘇輿。○—，傷也。〔韓子・內儲説上〕「以兵—之」集解引舊注。○—，傷也。〔通鑑・漢紀五〇〕「讓由是以事—允」音注。○—，得也。〔大戴・衛將軍文子〕「夫也—之矣」王詁。○—、得，聲相近義相同。〔周禮・師氏〕「掌國—失之事」述聞。○—率，—首虜率也。〔漢書・李廣傳〕「有功—率」補注引錢大昭。○—子，長曰伯，末曰季，居中者皆為—子，非必次二也。〔漢書・武帝紀〕

「景帝丨子也」補注。○丨，音訓并如「從容丨道」之丨。〔漢書・賈誼傳〕「丨道若性」補注引孔廣森。○丨當讀若「從容丨道」之丨。〔孟子・離婁〕「丨也養不丨」平議。○〔說文定聲・卷一〕丨假借為充。〔漢書・郭解傳〕「解貧不丨貲」。○丨，讀如丨酒之丨。〔說文〕「灒，一曰水丨人」義證。○丨蕮即仲虺也。〔荀子・堯問〕「丨蕮之言」集解引郝懿行。

糉 丨，蘆葉裹米。〔廣韻・送部〕

粽 丨，俗糉。〔廣韻・送部〕

諷 丨，背文曰丨。〔說文〕「丨，誦也」繫傳。○丨謂詠讀也，又以聲節之曰丨。〔慧琳音義・卷七〇〕○丨誦，謂習詩書六蓺之文。〔大戴・曾子立事〕「其少不丨誦」王詁。○丨，一曰告也。〔集韻・東部〕○丨，諫也。〔韓子・八經〕「丨定而怒」集解。○丨，丨刺。〔廣韻・送部〕○〔說文定聲・卷三〕丨段借為風。〔廣雅・釋詁四〕「丨，諫也」。○丨與風通。〔廣雅・釋詁三〕「風，告也」疏證。

慟 丨，哭哀過也。〔廣韻・送部〕○〔說文定聲・卷一〕丨即動字。〔論語・先進〕「子哭之丨」鄭注「變動容貌」。（「恫」下）

鞚 丨，馬丨。〔廣韻・送部〕○馬轡頭人所執者曰丨。〔慧琳音義・卷八五〕○丨鞚，駕馬遽也。〔集韻・送部〕

空 丨，丨缺。〔廣韻・送部〕○凡貧窮無財者亦謂之丨。〔論語・先進〕「屢丨」劉正義。○〔通雅・卷五〕丨外，猶單外也。〔杜詩〕「用盡閨中力，君聽丨外音」。○〔說文定聲・卷一〕丨段借為窮。〔詩・節南山〕「不宜丨我師」。

控 丨，引也。〔廣韻・送部〕○丨弦，引弓也。〔通鑑・漢紀三〕「丨弦之士」音注。○〔說文定聲・卷一〕丨猶援也。〔詩・戴馳〕「丨于大邦」。○〔慧琳音義・卷一〕丨，持也。〔三藏聖教序〕「丨寂」。○丨，接也。〔慧琳音義・卷六二〕引〔考聲〕。○丨，持而告之也。〔詩・載馳〕「丨于大邦」朱傳。○丨，赴也。〔同上〕通釋引〔一切經音義〕。○丨，投也。〔同上〕後箋。○丨，打也。〔廣韻・江部〕又〔集韻・江部〕。○丨，告也。〔廣韻・送部〕○丨告，投告。〔詩・載馳〕「丨于大邦」後箋。○丨，除也。〔集韻・東部〕○止馬曰丨。〔詩・大叔于田〕「抑磬丨忌」朱傳。○丨總，猶馳騖也。〔慧琳音義・卷八一〕○丨猴即丨侯。〔通雅・樂器〕○丨、椌義並與空相近。〔方言一三〕「空，待也」箋疏。○〔說文定聲・卷一〕丨段借為敂。〔管子・度地〕「地下則平行，地高則丨」。

湩 丨，乳汁。〔廣韻・送部〕○丨借為鼕也。〔說文〕「丨，乳汁也」段注。○〔說文定聲・卷一〕丨然，猶鼕然也。〔管子・輕重〕「丨然擊鼓士憤怒」。○丨，或借重字為之。〔說文〕「丨，乳汁也」段注。○〔說文定聲・卷一〕丨容，猶童容，車帷也。〔周禮・巾車〕注「丨容」。

鬨 丨，鬭聲也。〔孟子・梁惠王下〕「鄒與魯丨」朱注。○丨，兵鬭。〔廣韻・送部〕○丨，字亦作閧。〔廣雅・釋言〕「丨，鬭也」疏證。

恫 丨亦恐也。〔史記〕「丨恐」雜志。○丨疑，恐懼也。〔同上〕○丨恐即丨疑也。〔同上〕○丨，〔玉篇〕作挏。〔呂覽・審分〕「百官丨擾」校正。○丨，亦作慟。〔說文定聲・卷一〕○惚丨，不得志。〔廣韻・送部〕

贛 丨，賜也。〔廣韻・送部〕○薏苡，一名丨米。〔說文〕「丨，艸也」繫傳。○〔說文定聲・卷四〕丨段借為夋。〔海內經〕「南方有贛巨人」。○〔同上〕丨段借為臽。〔書・顧命〕「爾無以釗冒丨于非幾」。○丨，經傳皆以貢為之，貢丨雙聲。〔說文定聲・卷四〕○〔同上〕丨，字亦誤作贑。〔淮南・精神〕「今丨人敖倉」。

賵 丨，覆也。〔左傳隱公元年經〕「天王使宰咺來歸惠公仲子之丨」洪詁引服虔。○丨之為言覆也。〔廣雅・釋詁〕「丨，覆也」「丨，送也」疏證引〔春秋說題辭〕。○以車馬送死曰丨。〔慧琳音義・卷九三〕引〔韻英〕。○丨，助哀之物也。〔慧琳音義・卷五三〕○冒、丨、覆，古聲並相近。〔廣雅・釋詁〕「冒，覆也」疏證。○丨，丨賻。〔廣韻・送部〕

霿 丨，天氣下地不應。〔廣韻・送部〕○在天為丨，在人為霚，日月不見為丨，前後人不相見為霚，霚下丨上，霚溼丨乾。〔說文定聲・卷六〕

衷 丨，折丨，平也。〔集韻・送部〕

玒 丨，飛至也。〔集韻・送部〕○丨，至也。〔廣韻・送部〕

瞢 丨當訓懵。〔左傳襄公一四年〕「亦無丨焉」洪詁。

詷 丨，言氣俱急皃也。〔慧琳音義・卷一三〕引〔考聲〕。○詻丨，急也。〔同上〕引〔纂文〕。○謥丨，言急。〔廣韻・送部〕○謥丨，急言。〔集韻・送部〕○丨，一曰同也。〔同上〕

涷 丨，瀑雨。〔廣韻・送部〕○〔說文定聲・卷一〕丨段借為凍。〔隸釋・張納功德碑敘〕「郵瀆丨餒」。

緵 布八十縷為丨，總與丨通，又與鬷通。〔通雅・算數〕○丨，小魚罟也。〔廣韻・送部〕○丨罟，小魚之網也。〔詩・羔羊〕「素絲五總」後箋引段玉裁。

㚇 丨，鳥斂足也，或从羽。〔集韻・送部〕○丨，斂足。〔廣韻・送部〕

𠥜 丨，小杯名。〔廣韻・送部〕○丨，音貢，小桮之別名也。〔說文〕「桮，丨也」繫傳。○丨與椷古同聲。〔方言五〕「椷，桮也」箋疏。又〔廣雅・釋器〕「丨，杯也」疏證。○丨，〔方言〕以椷為之。〔說文定聲・卷四〕○〔同上〕丨，字亦作溫。〔方言五〕「溫，杯也」。○〔同上〕丨，字亦作杈。〔韓勑碑〕

「遵柉禁壺」。〇丨，又音感。〔說文〕「丨，小桮也」義證引〔五音集韻〕。

蘱 丨，薏苡別名。〔廣韻·送部〕〇薏苡仁，一名丨。〔說文〕「丨，一曰蓄苢」義證引〔本草〕。〇丨，出交阯，有子最大，彼土呼為蕐珠。（同上）義證引陶宏景。〇〔說文定聲·卷四〕丨，生交趾者子最大，彼土呼為蕐珠，實重累者良。〔廣雅·釋草〕「丨，蓄苢也」。

箻 丨，杯笿名。〔廣韻·送部〕〇丨籆與梥雙同。〔廣雅·釋器〕「丨籆謂之笶」疏證。〇丨籆，酒篘也。〔說文〕「梥，梥雙也」義證。〇丨籆，帆也。〔說文〕「笶，梥雙也」繫傳。〇丨，字或作欉。〔說文〕「丨，桮笿也」義證。

梇 〔前志〕字作弄，〔後志〕作丨。〔說文〕「益州有丨棟縣」段注。〇丨棟，古縣名，在益州。〔廣韻·送部〕

瓮 丨者，罌之大口者也。〔說文〕「丨，罌也」段注。〇丨，大口，容一斛，經傳皆以甕為之。〔說文定聲·卷一〕〇丨，通作甕。〔說文〕「丨，罌也」義證。〇〔說文定聲·卷一〕丨段借為甕。〔廣雅·釋器〕「丨，瓶也」。〇丨，當為兇。〔墨子·備城門〕「丨亓端」閒詁。

眮 丨，轉目。〔廣韻·送部〕

筒 丨，無底之竹，所謂洞簫。〔說文定聲·卷一〕〇丨，簫達。〔廣韻·送部〕

駧 丨，馬急走也。〔廣韻·送部〕〇丨，馬疾走。〔說文〕「丨，馳馬洞去也」義證引〔玉篇〕。

衕 丨，通街。〔廣韻·送部〕〇〔說文定聲·卷一〕丨段借為洞。〔北山經〕「囂，其音如鵲，食之可以止丨」。

瓬 丨，丨甀。〔廣韻·送部〕

齈 丨，鼻塞。〔廣韻·送部〕〇丨，鼻病也。〔集韻·送部〕引〔埤倉〕。

迵 丨，通達也。〔說文〕「丨，迭也」段注引〔玉篇〕。〇丨，過也。〔廣韻·送部〕又〔說文〕「丨，迭也」義證引〔玉篇〕。又（同上）義證引〔韻譜〕。〇丨或借洞字。（同上）義證。〇丨、洞義相同。（同上）段注。〇丨、駧義相同。（同上）

嗊 丨，大歌聲。〔廣韻·送部〕〇丨，大聲。〔廣韻·宋部〕〇丨之言洪大也。〔廣雅·釋樂〕「丨，歌也」疏證。

趮 丨，蕫丨。〔廣韻·送部〕〇丨，字亦作踜。〔說文定聲·卷六〕

銃 丨，銎也。〔廣韻·送部〕又〔集韻·屋部〕。

蝀 螮丨，虹也。〔廣韻·董部〕〇螮丨者，雨與太陽相薄而成，俗亦呼青絳采。〔說文定聲·卷一〕〇螮丨，雙聲連語，短言之曰丨，長言之曰螮丨。

（同上）

焪 丨，火乾物也。〔廣韻·送部〕〇丨與鞏聲近義通。〔方言七〕「鞏，火乾也」箋疏。〇丨之言窮也。〔廣雅·釋詁〕「丨，盡也」疏證。

躳 丨，曲躬也，一曰使役。〔集韻·送部〕〇丨，使役也。亦作傰。〔廣韻·送部〕

戇 悙丨，愚皃，或作倲。〔集韻·送部〕〇悙丨，愚人。〔廣韻·送部〕〇丨猶椿也。〔說文繫傳·通論下〕

倥 丨傯，困皃。〔廣韻·送部〕

傸 丨，聚也。〔廣韻·送部〕

㔙 丨，勸厲也。〔集韻·送部〕

洞 丨，冷也。〔廣韻·送部〕〇丨，又作迵，猶通徹也。〔慧琳音義·卷二二〕引〔玉篇〕。

哃 丨，鞫訊也，通作誇。〔集韻·送部〕

峒 丨，山嵾嵳不齊也。〔集韻·送部〕〇丨，一曰山穴，通作洞。（同上）〇丨，硐深。〔廣韻·送部〕

㢠 丨，丨屏。〔廣韻·送部〕〇丨，廈也，屏也。〔集韻·送部〕

悙 丨戇，愚也。〔廣韻·送部〕〇丨戇，愚也，或从人。〔集韻·送部〕

愡 丨，丨恫，不得志。〔廣韻·送部〕

憹 丨，悏，性恨。〔集韻·送部〕

椌 穿垣謂之丨。〔集韻·送部〕

戇 敪丨，不迎自來。〔廣韻·送部〕

暡 丨，日乾物。〔集韻·送部〕

䑳 丨，船纜所繫。〔廣韻·送部〕

湇 丨，水急皃。〔集韻·送部〕

溕 丨，微雨也。〔集韻·送部〕

檟|，格木。〔廣韻·送部〕○|即匵。〔通雅·褋用〕○|或作僨。〔説文〕「盪，|盪，負戴器也」義證。

宊||，空皃。〔集韻·送部〕

穽|，穴也，或从山，从石，从土。〔集韻·送部〕

篊|，竹器，所以熯物者。〔集韻·送部〕

絧|，相通之皃。〔廣韻·送部〕○鴻|，深遠。〔集韻·送部〕○|，一曰相連次皃。（同上）

葓|，茂也，或作蕻。〔集韻·送部〕○|，草萊，心長。〔廣韻·送部〕

蚛蟲食曰|。〔通鑑·唐紀一二〕「侯君集馬病|顙」音注。

謥|，詷，言過謂之|詷。〔慧琳音義·卷一三〕○|詷，怱也。〔卷一六〕引〔纂文〕。

䛪|，明也。〔續音義·卷一〕引〔考聲〕。○|，理也。（同上）引〔字書〕。

𧩽|，多言。〔集韻·送部〕○|，多言也。〔廣韻·送部〕○|，詾問也。（同上）

𨂮|，跳皃。〔廣韻·送部〕

𧾩|趨，疲行皃。〔廣韻·送部〕○|趨，極行也，一曰疲也。〔集韻·送部〕

䪦|，鐘聲。〔廣韻·送部〕又〔集韻·送部〕。

鬞|鬆，髮皃。〔廣韻·送部〕○|鬆，髮亂皃。〔集韻·送部〕

𪀚|，鳥名。〔廣韻·送部〕

齈|，多涕，鼻疾。〔廣韻·送部〕

續經籍籑詁卷第六十一

去聲

二　宋

宋|，室居也。〔説文〕「|，居也」繫傳。○|，州也。〔廣韻·宋部〕○|，殷之後。〔禮記·禮運〕「是故之|」集解。○|胡，金陵本作宗胡，邑名，胡姓之宗，因以名邑。〔史記·越句踐世家〕「|胡之地」志疑。○|，當作衛。〔莊子·秋水〕「|人圍之數帀」集釋引司馬彪。○|，當為鄭。〔説文〕「郱，|下邑」義證。

重|，厚也。〔史記〕「可以|致天下」雜志。○厚|，二字同義。（同上）○|謂厚|。〔漢書〕「歷大白石」雜志。○|，猶任也。〔左傳昭公五年〕「誰其|此」平議。○|，念也。〔楚辭·九辯〕「|無怨而生離兮」補注引五臣。○|人，御|車者。〔左傳成公五年〕「|人曰」疏證引讀本。○車|，猶言車輜也。〔漢書·霍去病傳〕「去病騎兵車|與大將軍等」補注。○|將，主輜|也。〔通雅·官制〕○|紫，今之青蓮色也。〔通雅·綵色〕○|耳，古|較也。〔説文〕「較，車騎上曲銅也」義證引〔古今注〕。○|耳即垂耳之義。（同上）義證引王引之。○|，更為也。〔廣韻·用部〕○|，難也。〔通鑑·周紀三〕「楚王已得張儀而|出黔中地」音注。又〔晏子春秋〕「從|」雜志。○|之言腫也。〔詩·無將大車〕「祇自|兮」通釋。○〔説文定聲·卷二〕|，叚借為種。〔詩·七月〕「黍稷|穋」。○|，音輕|之|。〔通鑑·周紀四〕「而恐其因愛|以壅己也」音注。

用|者，可施行也。〔説文〕「㠯，|也」段注。○事可施行謂之|。〔説文定聲·卷二〕（庸下）○|者，施行也。〔易·乾卦〕「潛龍勿|」述聞。○|，使也。〔廣韻·宋部〕○|，謂役|之也。〔大戴·子張問入官〕「故不|衆而譽至也」王詁。○|心即盡心。〔孟子·梁惠王上〕「無如寡人之|心者」焦正義。○|，庸也。〔廣韻·宋部〕○|通作庸。〔釋言〕「試，|也」郝疏。○|，通也。〔廣韻·宋部〕○|，貨也。（同上）○|，貨賄也。〔大戴·主言〕「|利不施而親」王詁。○|，財費也。〔國策·趙策一〕「吾請資先生厚|」補注。○|，所資也。〔魏策四〕「吾|多」鮑注。○|，以也。〔詩·節南山〕「何|不監」陳疏。又〔書·梓材〕「|和懌先後迷民」述聞。又〔孟子·公孫丑下〕「王由足|為善」焦正義。又〔廣韻·宋部〕。○|猶以也。〔左傳昭公二四年〕「王子朝|成周之寶珪于河」述聞。又〔漢書·朱博傳〕「部掾㠯下亦可|」補注。又〔漢書〕「肉食」雜志。○|亦以也。〔史記〕「|之富」雜志。又〔漢書〕「灌夫|一時決策而名顯」雜志。又〔漢書·魏相傳〕「必㠯為我|丞相死不能遇其子」補注。○㠯、|同。〔漢

書·鮑宣傳〕「彊可一獨立」補注引蘇輿。○以、一同義。〔荀子·正論〕「魯人以榶，衛人一柯」集解。○一次，猶以次。〔漢書·文翁傳〕「一次察舉」補注。○古以、一二字通。〔論語·學而〕「禮之一和為貴」平議。○一讀為以。〔易·剥象傳〕「終不可一也」述聞。○一，由也。〔孟子·盡心下〕「介然一之而成路」朱注。○一亦由也，故又為行。〔方言六〕「一，行也」疏證。○〔釋詞·卷一〕一，詞之由也。〔禮記·禮運〕「故謀一是作」。○（同上）一，詞之為也。〔詩·雄雉〕「何一不臧」。○（同上）一，詞之以也。〔書·臯陶〕「書一識哉」。○一當作周。〔韓子·存韓〕「左右計之者不一」集解引顧廣圻。○一當為周字之誤也。〔荀子·王霸〕「以是一挾於萬物」集解引王念孫。

頌 一者，容也。〔論語·子罕〕「雅一各得其所」劉正義。○面之神氣曰一，面之形狀曰皃。〔説文定聲·卷七〕（「皃」下）○一，容儀字。〔説文〕「一，皃也」繫傳。○一者，今之容字。〔説文〕「皃，一儀也」段注。○一，形一。〔廣韻·鍾部〕○一，形容也。〔説文〕「一，皃也」義證引〔玉篇〕。○一字亦音容。（同上）義證引〔字書〕。○一通作容。（同上）義證。○假一為寬容字也。（同上）段注。○一，古誦字。〔左傳僖公二八年〕「聽輿人之誦曰」疏證。○一、誦通。〔孟子·萬章下〕「一其詩」朱注。又（同上）焦正義。○〔説文定聲·卷二〕一，叚借為誦。〔周禮·大師〕「曰一」。○一，歌也。〔廣韻·用部〕○一，語，猶美語也。〔韓子·六反〕「今學者皆道書筴之一語」集解。○歌一者，美盛德之形容也。〔説文〕「一，皃也」繫傳。○一，讀如〔尚書〕自訟之訟。〔漢書·蓋寬饒傳〕「上書一寬饒」補注引劉奉世。○一，古容字。〔説文〕「皃，一儀」繫傳。○一亦作額，有形容之義。〔説文〕「一，皃也」義證引王觀國。○一亦或作訟。（同上）繫傳。○〔説文定聲·卷一〕一，叚借為容。〔漢書·刑法志〕「常鞠繫者一繫之」。○（同上）一，叚借為公。〔漢書·吴王濞傳〕「一共禁不與」。○（同上）一，叚借為鏞。〔儀禮·大射儀〕「一磬東面」。○一繫，亦作容繫。〔漢書·惠帝紀〕「皆一繫」補注引沈欽韓。○一乃古容字，借為雅一之一，借義奪正義，故一皃反借用容内之容。〔通雅·禮儀〕○〔説文定聲·卷一〕此以一釋誦。〔詩·關雎序〕「一者，美盛德之形容」。

誦 一，讀一。〔廣韻·用部〕○通而聲之曰一。〔通雅·釋詁〕○一，暗一也。〔説文〕「一，諷也」繫傳。○臨文為一。（同上）○一可訓諷，亦可訓言。〔孟子·公孫丑下〕「為王一之」焦正義。○一，一説舊事。〔韓子·難言〕「見以為一」集解引舊注。○一者，言前事之稱。〔屈賦·惜誦〕「惜一以致愍兮」戴注。○一者，可歌之名。〔詩·崧高〕「吉甫作一」後箋。○一，工師所一之辭也。（同上）朱傳。○歌盛德之詩，讚美形容曰一。〔慧琳音義·卷一二〕○一讀曰頌。〔大戴·保傳〕「宴樂雅一迭樂序」王詁。○〔史記〕一作訟。〔漢書·高后紀〕「未敢一言誅之」補注引錢大昕。○〔説文定聲·卷一〕一，叚借為訟，實為公。〔漢書·高后紀〕「未敢一言誅之」。○（同上）

一，叚借為融。〔武梁祠堂畫像〕「祝一氏無所造為」。○（同上）一，叚借為松。〔淮南·齊俗〕「王喬赤一子」。○（同上）此以容釋一。〔周頌·譜〕「頌之言容，天子之德，光被四表，格于上下，無不覆燾，無不持載，此之謂容」。（「頌」下）○一，詩二雅三頌，以頌為之。〔説文定聲·卷二〕

統 一，紀也。〔大戴·誥志〕「而順至正之一也」王詁。又〔漢書·董仲舒傳〕「永惟萬事之一」補注引何焯。又〔慧琳音義·卷六〕引〔古今正字〕。又〔廣韻·宋部〕。○一，緒也。〔孟子·梁惠王下〕「君子創業垂一」朱注。○一，引伸為綱紀之稱。〔説文〕「一，紀也」段注。○一謂紀綱也。〔大戴·四代〕「廢一曰失一」王詁。○一，理也。〔哀公問五義〕「取舍與民同一」王詁。○衆絲皆得其首是為一。〔説文〕「紀，別絲也」段注。○一，總也。〔漢書·董仲舒傳〕「永惟萬事之一」補注引何焯。○一，揔也。〔廣韻·宋部〕○一猶總覽也。〔公羊傳隱公元年〕注「一者，始也，總繫之辭」陳疏引〔漢書〕臣瓚注。○一猶言總要也。〔荀子·君道〕「四一者亡」集解。○一，領也。〔慧琳音義·卷二〕引〔考聲〕。○一，猶本也。〔禮記·祭統〕「祭一」集解。○一有繼義。〔易·彖上傳〕「乃一天」李疏。○以紞貫瑱，縣之於耳，謂之一耳。〔大戴·子張問入官〕「一紞塞耳」王詁。○一，絶也。〔國策·秦策三〕「天下繼其一」鮑注。○太初法，至朔同日為章，交蝕一終為會，分盡日首為一。〔漢書·律歷志〕「目閏法乘日法，得一法」補注引李光地。○一中，一一之中數也。〔律歷志〕「以日法乘章中，得一中」補注引錢大昕。○一首日，即甲子、甲辰、甲申。〔律歷志〕「各以其一首日為紀」補注引李鋭。○千五百三十九為一歲。〔律歷志〕「是為一歲」補注引李鋭。○一，〔玉篇〕作繚。〔大戴·子張問入官〕「一紞塞耳」王詁。

縱 一，放也。〔説文〕「遣，一也」義證引〔玉篇〕。○一，放一。〔廣韻·用部〕○一，恣也。〔説文〕「恣，一也」義證引〔玉篇〕。○一猶肆也。〔論語·子罕〕「固天一之將聖」朱注。○一臾即慫慂。〔漢書·衡山王傳〕「日夜一臾王謀反事」補注引沈欽韓。○一，放箭也。〔詩·大叔于田〕「抑一送忌」後箋引嚴緝。○舍拨曰一，覆鏃曰送。（同上）朱傳。○〔説文定聲·卷二〕一猶隨也。〔西京賦〕「紛一體而迅赴」。○（同上）一，叚借為從。〔禮記·内則〕「姑一之而寧數休之」。○一送，馳逐之貌。〔詩·大叔于田〕「抑一送忌」通釋。○一，擊之也。〔漢書·李廣傳〕「聞鼓聲而一」補注。○一謂一兵擊之。〔匈奴傳〕「漢兵約單于入馬邑而一兵」補注引王念孫。○一，亂也。〔慧琳音義·卷一八〕引〔考聲〕。○一、雜皆亂也。〔大戴·保傳〕「一上下雜采」述聞。○〔説文定聲·卷二〕一，凡絲持則緊，舍則緩，緊則理，緩則亂，一意之引申也。〔釋詁〕「一，亂也」。○一，詰詞也。〔慧琳音義·卷一四〕○〔説文定聲·卷二〕一，叚借為从。〔左傳文公七年〕「此諺所謂庇焉而一尋斧焉者也」。○一通作從，又通作總。〔釋詁〕「一，亂也」郝疏。○一，棄，猶放棄也。〔墨子〕「一之棄」雜志。

訟 一者，爭也。〔説文繫傳·通論中〕○〔説文定聲·卷一〕一，爭也，以手曰爭，以言曰一。〔易·雜卦〕「一不親也」。○一謂爭一。〔周禮·樂師〕「聽

其治丨」孫正義。○丨謂以財貨相告者。〔大戴・千乘〕「以聽獄丨」王詁。○爭罪曰獄，爭財曰丨。〔廣韻・用部〕○丨，爭獄。〔廣韻・鍾部〕○小罪曰丨，大罪曰獄。〔義府・卷上〕○丨，説也。〔韓子・孤憤〕「敵國為之丨」集解引舊注。○丨，古通誦。〔孤憤〕「旦暮獨丨於前」集解。○丨讀為誦。〔問辯〕「智者無以丨」集解。○〔説文定聲・卷一〕丨借為誦。〔史記・呂后紀〕「未敢丨言誅之」。○丨，古通作誦。〔漢書〕「又丨淮南無大罪」雜志。○丨猶辯也。〔韓子・八説〕「法省而民丨簡」集解引顧廣圻。○丨者，亂也。〔説文繫傳・通論中〕○丨、頌古今字。〔説文〕「丨，一曰歌丨」段注。○丨之為言猶公也。〔釋言〕「訩，丨也」郝疏。○〔説文定聲・卷一〕丨，叚借為公。〔史記・呂后紀〕「未敢丨言誅之」。○〔同上〕丨，叚借為凶。〔書・堯典〕「嚚丨可乎」。○〔同上〕丨，叚借為訩。〔楚辭・怨世〕「丨謂閭娵為醜惡」。○〔同上〕丨，叚借為容。〔淮南・泰族〕「丨繆胸中」。

種　丨，藝也。〔説文〕「種，埶也」義證引〔急就篇〕顏注。○〔説文定聲・卷一〕丨猶蓺也。〔詩・生民〕「丨之黃茂」。○丨，布之也。〔詩・生民〕「丨之黃茂」朱傳。○丨，丨植也。〔廣韻・用部〕○丨當為種。〔説文〕「埶，丨也」義證。○丨，或借重字。〔説文〕「丨，先種後孰也」義證。○丨讀為雝。〔春秋名字解詁〕「越文丨字禽」述聞。○丨當作重。〔漢書・藝文志〕「右兵權謀十三家，二百五十九篇」補注引劉奉世。

綜　丨，機縷也。〔楚辭・悼亂〕「茅絲兮同丨」補注。○丨謂機縷持絲交者也。〔説文〕「丨，機縷也」段注。○丨，合絲為縷機所用提經也。〔同上〕義證引〔六書故〕。○丨，機縷也，所以持經而旋緯，使不失其條理者也。〔同上〕義證引楊慎。又〔通鑑・晉紀一〇〕「使之內丨心膂」音注。○〔説文定聲・卷一〕丨謂機縷持絲者，屈繩制經令得開合。〔列女傳〕「母儀，推而往引而來者，丨也」。○丨，機縷絲也。〔慧琳音義・卷八五〕引〔考聲〕。○丨，機上織具也，丨理絲縷使不相亂者名丨。〔慧琳音義・卷一〕○丨，織縷。〔廣韻・宋部〕○理絲縷使不相亂曰丨。〔慧琳音義・卷二九〕○丨，理經也。〔説文〕「丨，機縷也」義證引〔三蒼解詁〕。又〔同上〕段注。○丨，習也。〔慧琳音義・卷二〇〕○丨，兼也。〔卷八五〕引〔考聲〕。○丨，引申為兼丨、錯丨。〔説文〕「丨，機縷也」段注。

俸　丨，丨秩。〔廣韻・用部〕○丨，與也，膏米賜錢皆曰丨。〔慧琳音義・卷六五〕

共　丨，同也，皆也。〔廣韻・用部〕○丨者，非一人之辭也。〔説文〕「舉，對舉也」段注。○丨讀如字。〔漢書・鮑宣傳〕「陛下欲與此丨承天地」補注引劉奉世。○丨字讀如本音。〔韋賢傳〕「令疏遠卑賤丨承尊祀」補注引周壽昌。○丨與供通。〔釋詁〕「丨，具也」邵正義。○丨讀如供。〔墨子・迎敵祠〕「百官丨財」閒詁引蘇時學。○丨讀曰供。〔漢書・蓋寬饒傳〕「願復留丨更一年」補注。○丨字當讀去聲，丨億猶今人言相安也。〔左傳隱公一一年〕「不能丨億」述聞。○丨，魯、韓作拱。〔詩・抑〕「克丨明刑」集疏。○〔説文定聲・卷一〕丨，叚借為拱。〔儀禮・鄉飲禮〕「退丨」。○丨者，襲之叚借也。〔釋詁〕「丨，具也」郝疏。○丨當作宮。〔荀子・正論〕「丨艾畢」集解引劉台拱。

供　丨，設也。〔廣韻・用部〕○〔通雅・卷四〕丨張，丨具張設也。〔黥布傳〕「丨張如王者居」。○丨與拱音同字通。〔荀子・脩身〕「行而丨冀」集解引郝懿行。○官本丨作拱。〔漢書・鮑宣傳〕「以丨默尸祿為智」補注。

從　丨，隨行也。〔廣韻・用部〕○丨，古縱字。〔左傳僖公二三年〕「無丨亡人」疏證引劉壽曾。○丨之言縱，亦有自由自便之意。〔詩・南山〕「曷又丨止」通釋。○丨訓逐。〔左傳成公一六年〕「余丨之乘」疏證。○丨猶逐也。〔左傳宣公一二年〕「以丨上軍」疏證。○丨臣，家臣也。〔左傳文公六年〕「衆隸賴之」疏證。

葑　丨，蔓菁也。〔詩・桑中〕「爰采丨矣」朱傳。又〔禮記・坊記〕「采丨采菲」集解。○丨，菰根也。〔廣韻・用部〕○丨之言從也。〔詩・采苓〕「采丨采丨」平議。○丨亦謂之從也，江東呼為蕪菁。〔詩・谷風〕「采丨采菲」後箋引〔正義〕。○丨，湖邊田，今呼為丨。〔通雅・地輿〕

壅　丨，加土丨田。〔廣韻・用部〕

雍　丨，諸本皆作壅。〔左傳成公一二年〕「道路無丨」洪詁。○丨沮，〔五行傳〕作壅沮。〔漢書・天文志〕「與水合為丨沮」補注。○丨者，擁之叚借字。〔説文〕「攤，裒也」段注。○丨，九州名，丨，擁也。〔廣韻・用部〕

瘲　丨，病也。〔廣韻・用部〕○丨，瘛丨，小兒病。〔説文〕「丨，病也」義證引〔玉篇〕。○瘛丨，風病。〔集韻・用部〕○丨之言縱也。〔説文〕「瘛，小兒瘛丨病也」段注。又〔廣雅・釋言〕「瘛，丨也」疏證。○瘛丨者，熱極生風也。〔漢書・藝文志〕「金創丨瘛方三十卷」補注引沈欽韓。

⿰黃充　丨，黃色。〔廣韻・宋部〕

⿰革茸　丨，毳飾。〔廣韻・用部〕

⿰革毛　丨，同⿰革茸。〔廣韻・用部〕

吅　丨，爭言也。〔説文〕「讙，譁也」義證引〔文字音義〕。又〔廣韻・用部〕。

堹　丨，池塘塍堹。〔廣韻・用部〕

⿰巾逢　丨，歆書。〔廣韻・用部〕又〔集韻・用部〕。

⿸疒龍　⿸疒嬴丨，病也。〔集韻・用部〕

碚 ｜，石聲。〔廣韻·宋部〕

甀 ｜，甕屬。〔廣韻·用部〕

盅 ｜，大罌，或作甁。〔集韻·宋部〕

蕹 ｜與甕同。此菜惟以甕成，故謂之甕。〔本草·卷二七〕

襱 ｜，緟，衣寬皃。〔集韻·用部〕

緟 ｜，繒縷。〔廣韻·用部〕

縫 ｜，衣｜。〔廣韻·用部〕

灉 河水決出還入為｜。〔廣韻·用部〕

⿰豕宗 ｜，牡豕。〔廣韻·宋部〕○六月曰｜。〔本草·卷五〇〕

⿰身重 ｜，婦人娠也。〔廣韻·用部〕

諥 ｜，言相觸也。〔廣韻·用部〕

惷 ｜，愚也。〔廣韻·用部〕○｜，小兒愚也。〔慧琳音義·卷一六〕引〔考聲〕。

⿰貝龍 ｜，貧也。〔廣韻·用部〕

⿺走重 ｜拼｜，邪行。〔集韻·用部〕

蹱 躘｜，行不正也。〔廣韻·用部〕

躘 ｜踵，不能行皃。〔集韻·用部〕○｜，一曰不強舉，或从人。〔同上〕○｜，｜踵。〔廣韻·用部〕

錝 ｜，金毛。〔廣韻·宋部〕

⿰革重 ｜，鞾鞫，或从邕。〔集韻·用部〕

⿰魚農 ｜，鮐魚。〔廣韻·用部〕

續經籍纂詁卷第六十二

三 絳

絳 大赤曰｜。〔通雅·綵色〕○｜，赤色。〔廣韻·絳部〕○｜即纁也，今所謂大紅。〔説文定聲·卷一〕○｜，赤色也，古謂之纁。〔説文〕「纁，淺｜也」義證引〔急就篇〕顔注。○｜與紅聲義相近。〔廣雅·釋器〕「｜，赤也」疏證。○〔説文定聲·卷一〕｜，叚借為縫。〔廣雅·釋詁四〕「｜，會也」。○｜陽，蓋在｜澮之陽也。〔史記·高祖功臣侯者年表〕「｜陽」志疑。

降 ｜，下。〔書·多方〕「帝｜格于夏」孫疏。○｜，下也。〔詩·旱麓〕「福禄攸｜」朱傳。又〔出車〕「我心則｜」陳疏。又〔廣韻·絳部〕。○｜，下也。〔離騷〕「惟庚寅吾以｜」補注。○｜，下也，服也。〔通鑑·周紀一〕「人馬相食，城｜有日」音注。○｜，落也。〔廣韻·絳部〕○｜猶減也，退也。〔國語·魯語〕「大寒｜」述聞。○減謂之｜。〔左傳桓公二年〕「登｜有數」述聞。○｜，貶損之也。〔國策·秦策三〕「｜其主父沙丘而臣之」鮑注。○｜，大雨自上下也。〔國策·齊策三〕「｜雨下」鮑注。○｜，歸也。〔大戴·誥志〕「莫不｜仁」王詁。又〔廣韻·絳部〕。又〔續音義·卷八〕引〔玉篇〕。○｜猶生也。〔詩·長發〕「湯｜不遲」朱傳。○｜，又音釭，伏也。〔廣韻·絳部〕○｜通作共。〔左傳哀公二六年〕「六卿三族｜聽政」平議。○〔説文定聲·卷一〕｜，叚借為洚。〔水經·河水注〕「不遵其道曰｜，亦曰潰」。○官本注｜作洚，南監本作洚，〔郡國志〕亦云絳。〔漢書·地理志〕「北過｜水」補注。○洪與｜古同聲。〔左傳文公一八年〕「龙｜」疏證引王念孫。○古多叚｜為夅。〔説文〕「｜，下也」段注。○｜當作瘁。〔莊子·外物〕「日夜無｜」平議。○｜當讀為閧。〔國語·魯語〕「始入而報德不｜」平議。○｜與隆通。〔墨子〕「隆」雜志。

⿸尸降 ｜同降。〔廣韻·用部〕○｜通作降。〔廣雅·釋詁二〕「｜，減也」疏證。○｜與降通。〔釋詁四〕「｜，差也」疏證。

夅 ｜猶降也。〔説文〕「⿰韋夅，繇也，舞也」繫傳。○｜通作降。〔説文〕「｜，服也」義證。○｜，經典皆借降。〔説文〕「｜，服也」句讀。

巷 ｜，里中道也。〔離騷〕「五子用失乎家｜」補注。○里中之道曰｜，古文作𨛜。〔説文〕「𨛜，里中道也」段注。○｜，舍間道也。〔左傳襄公九年〕「令司宮｜伯儆宮」洪詁引孫炎。○｜，里塗也。〔詩·叔于田〕「｜無居人」朱傳。○里中道謂之｜。〔周禮·保氏〕孫正義。又〔論語·雍也〕「在陋｜」劉正義。○｜，宮内道名，秦漢所謂永｜是也。〔詩·巷伯〕朱傳。○｜，〔爾雅〕宮中衖謂之壼，所謂永｜也。〔説文定聲·卷一〕（「弄」下）○｜，猶

閭也。〔禮記・祭義〕「達乎州丨」集解。○丨，門外也。〔詩・丰〕「俟我乎丨兮」朱傳。○丨即門外之里涂。〔同上〕集疏。○丨，街丨。〔廣韻・絳部〕○丨謂街丨，空穴之處也。〔太素・病府合輸〕「鍼遊於丨」楊注。○今京師評丨曰胡同，胡同合音為丨也。〔說文定聲・卷一〕〔「衖」下〕○衖、丨古字通。〔述聞・通說〕○古之丨，今之街。〔左傳宣公一二年〕「且丨出車」疏證引李貽德。○丨，小街也，或作衖。〔慧琳音義・卷四〕引〔韻英〕。○丨與衖同。〔周禮・保氏〕孫正義。○丨為居室。〔詩・丰〕「俟我乎丨兮」通釋。○陋丨謂隘陝之居。〔述聞・通說〕○古謂里中道為丨，亦謂所居之宅為丨。〔同上〕○引伸之，凡夾而長者皆曰丨。〔說文〕「𨛜，里中道也」段注。○〔說文定聲・卷一〕丨，字亦作港。〔說文新附〕「港，水派也」。○丨，讀〔孟子〕「鄒與魯鬨」之鬨。〔文選・離騷經〕「五子用失乎家丨」集釋引戴震。○降與丨古同聲通用。〔同上〕

衖　丨，同巷。〔廣韻・絳部〕○丨與巷同。〔廣雅・釋宮〕「丨，道也」疏證。又〔釋宮〕「閣謂之丨」疏證。○丨，里中別道也。〔說文〕「𨛜，里中道」義證引〔三蒼〕。○丨之言共也。〔廣雅・釋宮〕「丨，道也」疏證。

戇　丨，愚也。〔廣韻・絳部〕○丨者，愚也。〔說文〕「嫷，愚丨多態也」段注。○丨，愚丨。〔說文〕「丨，愚也」義證引〔玉篇〕。○丨，精神不爽也。〔慧琳音義・卷一七〕引〔考聲〕。○〔說文定聲・卷四〕丨，字亦作憨。〔釋鳥〕注「為鳥憨急羣飛」。○丨有淦音。〔說文〕「丨，愚也」義證。

憧　丨，戇丨，兇頑兒。〔廣韻・絳部〕

洚　丨，水流不遵道。〔廣韻・絳部〕○丨水，丨洞無涯之水也。〔孟子・滕文公下〕「丨水警余」朱注。○丨與洪音義同。〔釋詁〕「洪，大也」郝疏。

𨛜　丨，二邑為鄰也。〔說文〕「丨，鄰道也」繫傳。

胖　丨，脹臭兒。〔廣韻・絳部〕

戅　丨，精神不爽兒也。〔慧琳音義・卷一三〕引〔考聲〕。○無知專愚曰丨。〔同上〕引〔音訓〕。

𢧵　丨，捍船木也。〔廣韻・絳部〕又〔集韻・絳部〕。

槓　直捏其橫者呼為丨。〔通雅・宮室〕

漴　丨，水所衝也。〔廣韻・絳部〕○丨，水所衝也，通作淙。〔集韻・絳部〕

淙　丨，水出兒。〔廣韻・絳部〕

䂢　丨，直視。〔廣韻・絳部〕

艟　丨，短船名。〔廣韻・絳部〕

幢　丨，后妃車幰。〔廣韻・絳部〕

撞　丨，丨鐘。〔廣韻・絳部〕

續經籍纂詁卷第六十三

去聲

四　寘

寘　｜，置也。〔左傳隱公元年〕「遂｜姜氏于城潁」洪詁引虞翻。又〔廣韻・寘部〕。○｜、置古字通。〔左傳文公七年〕「將焉｜此」疏證。○｜與置同。〔詩・伐檀〕「｜之河之干兮」朱傳。○｜，止也，廢也。〔廣韻・寘部〕○｜，塞穴也。〔說文〕「｜，塞也」繫傳。○｜謂人首相從填渠也。〔漢書・燕剌王傳〕「髮紛紛兮｜渠」補注引李慈銘。○｜，舍也。〔詩・卷耳〕「｜彼周行」朱傳。○｜當作寘。〔漢書・元后傳〕「必｜溝壑」補注。○許有寘無｜。○｜者，寘之誤。〔說文〕「泄，讀若｜」段注。○｜音闐。〔漢書・燕剌王傳〕「髮紛紛兮｜渠」補注引周壽昌。

置　｜之本義為貰遺，轉之為建立。〔說文〕「｜，赦也」段注。○｜，立也。〔大戴・文王官人〕「｜義而不可遷」王詁。又〔通鑑・漢紀四三〕「簡所｜乎」音注。○｜猶立。〔國策・西周策〕「何欲｜」鮑注。○｜謂直而立之。〔禮記・祭義〕「｜之而塞乎天地」集解引方慤。○｜，設也。〔大戴・虞戴德〕「｜離」王詁。又〔廣韻・志部〕。○｜即樹也。〔周禮・司常〕「｜旌門」孫正義。○｜，陳也。〔詩・那〕「｜我鞉鼓」朱傳。○｜，安｜也。〔廣韻・志部〕○｜，廄｜。〔漢書・文帝紀〕「餘皆目給傳｜」補注引宋祁。○｜，安也，又委也。〔續音義・卷六〕引〔玉篇〕。○｜，措也。〔墨子・明鬼下〕「｜以為宗廟」閒詁引劉逢祿。○｜，錯｜也。〔大戴・禮察〕「今人之｜器」王詁。○｜，錯義與委通。〔左傳僖公二三年〕「策名委質」疏證。○｜者，赦也。〔說文〕「措，｜也」段注。○｜猶舍也，又赦也。〔通鑑・漢紀四〕「上曰：｜之」音注。○｜，止也，廢也。〔周紀五〕「毋｜之」音注。○｜，不立也。〔國策・韓策二〕「楚欲｜公子咎」鮑注。○｜，驛也。〔孟子・公孫丑上〕「速於｜郵而傳命」朱注。又〔廣韻・志部〕。○馬傳曰｜，步傳曰郵。〔說文〕「郵，境上行書舍」義證引〔增韻〕。○｜騎，猶〔孟子〕｜郵，俗用駱驛。〔說文〕「驛，｜騎也」段注。○｜，頓止之次名也。〔漢書・張耳陳餘傳〕「要之｜廁」補注引劉攽。○〔說文定聲・卷五〕｜，叚借為馹。〔孟子〕「速於｜郵而傳命」。○｜與植通。〔墨子・脩身〕「｜本不安者」閒詁。○古字植與｜通。〔禮記・祭義〕「｜之而塞乎天地」述聞。○｜，讀為植，植，立也。（同上）○｜，古借為植字。〔說文〕「｜，赦也」段注。○〔說文定聲・卷五〕｜，叚借為植。〔廣雅・釋詁四〕「｜，立也」。○〔史記〕｜作致，｜、致字古通。〔漢書・淮南厲王傳〕「朕不忍｜法於王」補注。○〔史記〕｜作開。〔左傳僖公二四年〕「天實｜之」洪詁。○｜讀為德。〔荀子〕「私｜」雜志。○德、｜古字通。〔大戴・文王官人〕「有施而不｜」述聞。又〔周書〕「｜作德」述聞。○｜當讀為德。〔大戴・哀公問五義〕「而心不｜」述聞。○｜當為德。〔文王官人〕「有施而不｜」王詁。○〔說文定聲・卷五〕｜叚借為直。〔易・繫辭〕鄭本「有功而不｜」。○（同上）｜，叚借為寘，即寔字，直、是雙聲。〔華嚴經音義〕引〔廣雅〕「｜，著也」。○（同上）｜，叚借為值。〔禮記・祭義〕「夫孝｜之而塞乎天地」。○殖、蒔、｜聲近而義同。〔廣雅・釋詁四〕「殖蒔｜，立也」疏證。○｜與罷同意。〔說文定聲・卷五〕○｜者，即櫂之省借。〔詩・那〕「｜我鞉鼓」通釋。

事　｜，業也。〔大戴・曾子立事〕「庶人日旦思其｜」王詁。○｜，職也。〔書・酒誥〕「正｜之臣」述聞。又〔康誥〕「外｜」述聞。○咸｜者，皆任職。〔書・皋陶謨上〕「九德咸｜」孫疏。○任職謂之｜。〔甘誓〕「六｜之人」述聞。○官之職謂之｜。（同上）○立｜，謂建立羣職也。〔立政〕「我其立政、立｜、準人，牧夫」述聞。○｜，守，猶言職守。〔禮記・禮運〕「是天子之｜守也」平議。○｜，戎｜。〔國策・中山策〕「中山有｜」鮑注。○｜皆謂戰。〔秦策二〕「中國為有｜於秦」鮑注。○｜，使｜。〔齊策二〕「齊楚之｜已畢」鮑注。○｜，祭｜也。〔詩・采蘩〕「公侯之｜」朱傳。○｜，家｜。〔論語・子路〕「其｜也」朱注。○｜，征伐也。〔國策・秦策三〕「｜臣之主」鮑注。○｜謂財賦警備之｜。〔齊策五〕「莫不正｜而奉王」鮑注。○上｜謂上封｜。〔漢書・張敞傳〕「以數上｜有忠心」補注。○｜，使也。〔廣韻・志部〕○｜與使同。〔墨子・尚賢中〕「此謂｜能」閒詁。○自上謂之使，自下謂之｜，而語可通訓。〔漢書・溝洫志〕「亦可以｜諸浮食無產業民」補注引周壽昌。○｜猶為。〔國策・秦策五〕「願往｜之」鮑注。○｜謂｜為也。〔孟子・公孫丑上〕「害於其｜」焦正義。○｜，行也。〔禮記・仲尼燕居〕「雖在畎畝之中｜之」集解。○｜與行義相近。〔廣雅・釋詁一〕「貫，行也」疏證。○行、｜、為三字義同。〔孟子・萬章下〕「非｜道與」焦正義。○｜謂奉｜，任其役使也。〔大戴・曾子制言下〕「則吾不｜」王詁。○｜，奉承而不違也。〔孟子・盡心上〕「所以｜天也」朱注。○大｜曰｜，小｜曰曲。〔漢書〕「｜為之制，曲為之防」雜志。○｜猶聽從。〔國策・秦策二〕「是以敝邑之王不得｜令」鮑注。○｜，治也。〔晏子春秋〕「歲｜」雜志。○｜者，治也。〔韓子・初見秦〕「有功無功相｜也」平議。○｜猶治。〔國策・秦策四〕「而詳｜不吏」鮑注。○｜，立也。〔廣韻・志部〕○｜猶立也。〔左傳文公六年〕「｜長則順」疏證引俞樾。○｜猶任也。〔書・立政〕「宅乃｜」述聞。○常｜即常任，言建立此常任之官。〔書・立政〕「乃克立茲常｜司牧人」述聞。○｜與勞義通。〔論語・顏淵〕「先｜後得」平議。又〔管子・任法〕「不｜心」平議。○｜者，勤也。〔論語・顏淵〕「先｜後得」劉正義。○｜，捋取，亦勤｜之義。〔釋詁〕「績，｜也」郝疏。○｜，由也。〔廣韻・志部〕○｜猶分。〔國策・趙策一〕「是故吾｜也」鮑注。○｜，立功者也。〔大戴・盛德〕「｜治而功成」王詁。○｜酒，謂繹酒。〔說文〕「酋，繹酒也」段注。○｜酒，新成之酒，水暫益且止未減也。〔說文定聲・卷五〕○｜酒，謂臨｜而釀者也。〔周禮・酒正〕「一曰｜酒」平議。

○〔通雅·卷一九〕丨力，猶黄回之快手也。〔宋書〕「丨力二三百人」。○從丨，誅斬也。〔漢書·王莽傳〕「以軍興法從丨」補注引胡注。○丨亦取於正也。〔説文〕「丨，職也」繫傳。○習與丨義亦近。〔釋詁〕「績，丨也」郝疏。○丨，有所丨也。〔釋詁〕「丨，勞也」鄭注。○凡所營為作治建立俱謂之丨。〔釋詁〕「績，丨也」郝疏。○丨，則也。〔韓子·二柄〕「言與丨也」集解引舊注。○宦與官同，官亦丨也。〔釋詁〕「貫，丨也」郝疏。○丨當作定。〔韓子·揚權〕「使自丨之」集解。○丨當作視。〔漢書·翟方進傳〕「共遺掾行丨」補注引錢大昭。○丨、士、載，聲並相近。〔廣雅·釋詁三〕「士，丨也」疏證。○丨當作士。〔漢書·朱邑傳〕「故丨各達其時之英後」補注引宋祁。又〔韓子·八説〕「是無術之丨也」集解。○丨通作士，又通作仕。〔釋詁〕「丨，勤也」郝疏。○丨當作仕。〔漢書·司馬相如傳〕「故其丨宦」補注引劉奉世。○古丨、士、仕通用。〔説文〕「宦，仕也」段注。○丨，丨刃，又作剚、傳。〔廣韻·志部〕○丨字亦作傳。〔商子·壹言〕「丨本不可不搏也」平議。○丨與傳聲義亦同。〔周禮·大宰〕「六曰丨典，以任百官」孫正義。○丨，通作傳。〔詩·大田〕「既備乃丨」通釋。○〔説文定聲·卷五〕丨，段借為數。〔漢書·蒯通傳〕「不敢丨刃于公之腹者」。○(同上)丨，段借為祀。〔周禮·宮正〕「凡邦之丨蹕」。○(同上)丨，段借為植。〔禮記·郊特牲〕「信丨人也」。○(同上)丨段借為洔。〔周禮·酒正〕「一曰丨酒」。○丨與插同義。〔漢書〕「接刃」雜志。○丨、使篆文相近。〔書·君奭〕注「丨，一作使」孫正義。

地 丨，土丨。〔廣韻·至部〕○丨者，底也。〔説文〕「祇，丨祇，提出萬物者也」義證引〔物理論〕。○丨亦名后土。〔説文〕「社，丨主也」義證引〔物理論〕。○錦繡之質曰丨。〔通雅·布帛〕○丨寶，謂五丨之物生。〔大戴·千乘〕「丨寶豐省」王詁。○〔通雅·卷一七〕丨重，言其丨貴重也。〔貨殖傳〕「汧雍丨重」。○丨筋，以根得名。〔廣雅·釋草〕「丨筋，枸杞」疏證。○丨衣者，車前實也。〔説文〕「苢，芣苢」義證引〔神仙服食經〕。○丨蛇者，山田茶種也。〔莊子·列禦寇〕「呻吟裘氏之丨」集釋引崔本。○〔通雅·卷二六〕丨著，猶土著也。〔前食貨志〕「丨著為本」。○丨著，劉宋時謂之土著。〔漢書·食貨志〕「丨著為本」補注引周壽昌。○效法之謂丨。〔禮記·禮運〕「殺於丨」集解。○丨之為言施也，承天行其義也。〔説文〕「丨，元气初分，輕清陽為天，重濁陰為丨」義證引〔春秋説題辭〕。○丨者，迆也。〔説文繫傳·通論中〕○丨當為杝，杝即迆之段字。〔墨子·經下〕「説在丨缶遠近」閒詁。○〔説文定聲·卷一一〕丨，段借為杝。〔廣雅·釋室〕「丨，籬也」。○(同上)丨，段借為啻。亦發聲之詞，與用第、特、徒等字皆同。〔漢書·丙吉傳〕「西曹丨忍之」。○(同上)丨，段借為諦。〔廣雅·釋詁三〕「丨，諟也」。○丨，官本作墬。〔漢書·郊祀志〕「天丨之祠五徒焉」補注。○丨，元作埊。〔國策·趙策四〕「不如盡歸中山之新丨」鮑注。○〔説文定聲·卷一一〕丨字蓋城字誤。〔説文〕「邛地，在濟陰縣」。(「邛」下)○天丨，天氣之誤。〔春秋繁露·循天之道〕「天丨先盛牡而後施精」平議。

意 丨者，心之所發也。〔大學〕「先誠其丨」朱注。○見之於外曰丨。〔説文繫傳·通論下〕○心之所存謂之丨。〔説文〕「識，常也」段注。○心所蓄藏謂之丨思。〔釋詁〕「悠，思也」郝疏。○丨者，文字之義也。〔説文〕「詞，丨内而言外也」段注。○音、丨聲相近，故丨字或通作音。〔管子〕「可迎以丨」雜志。○丨烏，〔史記〕作暗噁。〔漢書·韓信傳〕「項王丨烏猝嗟」補注引〔官本考證〕。○丨，志也。〔廣雅·釋詁三〕「志，丨也」疏證。又〔廣韻·志部〕。○丨者，志也。〔説文〕「目，用也」段注。○丨與志古通用。〔説文〕「識，常也」段注。○「詩言志」，此獨作丨。〔史記·五帝紀〕「詩言丨」志疑引〔義門讀書記〕。○丨，私丨也。〔論語·子罕〕「毋丨」朱注。○諳、噫、丨，古字通。〔廣雅·釋言〕「噫，諳也」疏證。○丨亦隱也。〔釋言〕「隱，占也」郝疏。○丨之言隱也。〔詩·正月〕「曾是不丨」通釋。○〔漢紀〕丨作隱，丨隱古通。〔漢書·文帝紀〕「故楚相蘇丨為將軍屯句注」補注引錢大昭。○丨，疑也。〔漢書·陳平傳〕「項王為人丨忌信讒」補注。○丨者，疑也。〔史記〕「丨忌」雜志。又〔史記〕「丨疑孟嘗君」雜志。○丨猶揣也。〔漢書·朱博傳〕「得諸君覆丨之」補注。○丨，度也，與億同。〔莊子·胠篋〕「妄丨室中之藏」集釋。○丨者，度也。〔荀子〕「測丨之」雜志。○丨猶度。〔國策·魏策三〕「臣願以鄙心丨公」鮑注。○丨訓為度。〔商子·脩權〕「廢尺寸而丨長短」述聞。又〔韓子·外儲説〕「人且丨女」述聞。○丨，度其然。〔國策·燕策三〕「丨君曰」鮑注。○丨，料度也。〔通鑑·魏紀一〕「丨自隨人耳」音注。○丨謂測度。〔詩·正月〕「曾是不丨」通釋。○丨之訓為測度，其字俗作億。〔説文〕「丨，志也」段注。○丨，疑也，億度也，料也。〔通鑑·漢紀一三〕「左將軍心丨樓船前有失軍罪」音注。○丨之言億也。〔荀子〕「測丨之」雜志。○丨，經典皆借億字。〔説文〕「丨，一曰十萬曰丨」句讀。○丨讀為億，即度也。〔管子〕「善丨」雜志。○億、臆並與丨同。〔漢書〕「好惡積丨」雜志。○丨，〔史記〕〔文選〕作臆。〔漢書·賈誼傳〕「請對以丨」補注。○丨，或借臆字。〔説文〕「丨，滿也」句讀。○丨讀為億萬年之億，〔説文〕本作丨。〔漢書〕「丨變」雜志。○丨者，滿也。(同上)○丨，儗也。〔漢書·鼂錯傳〕「臣竊丨其冬來南也」補注引〔通鑑〕胡注。○丨之訓記者，如今人云記憶是也，其字俗作憶。〔説文〕「丨，志也」段注。○丨，俗字作憶。〔説文定聲·卷五〕○丨與抑同。〔墨子·非命中〕「丨亡昔三代之暴不肖人也」閒詁。又〔漢書·吳王傳〕「丨亦可乎」補注。○丨猶抑也。〔説文繫傳·通論下〕○丨通作抑。〔墨子·非樂上〕「丨舍此」平議。○丨讀與抑同。〔漢書·郊祀志〕「丨舊臧與」補注引錢大昭。○丨，語詞也，讀若抑，抑丨古通。〔莊子·盜跖〕「丨知其力不能行邪」集釋。○丨讀如抑。〔墨子·兼愛下〕「丨欲人之惡賊其親與」閒詁引蘇時學。○丨錢，即今之猜枚。〔義府·卷下〕○丨錢，一曰詭億，曰射丨，曰射數，曰持掩，皆攤錢也。〔通雅·戲具〕○丨或借薏字。〔説文〕「丨，一曰十萬曰丨」句讀。○〔説文定聲·卷五〕丨，段借為億，實為薏。〔孔宙碑〕「丨載揚聲」。○(同上)丨，段借為懿，懿丨雙聲。〔漢書·高帝紀〕「其有丨稱明德者」。○丨，〔文選〕作懿。〔漢書·高帝紀〕「其有丨稱明德者」。

補注引吳仁傑。○古文懿與丨通。〔同上〕○〔說文定聲·卷五〕丨，字變作鷾。〔莊子·山木〕「鳥莫知于鷾鴯」。○丨當作悳，悳古德字，與丨形相似而誤。〔漢書·王子侯表〕「思侯安丨嗣」補注引王念孫。○丨亡，語詞。〔墨子·非命中〕「丨亡昔三代之暴不肖人也」閒詁。○丨者，猶言或者。〔廣雅·釋言〕「丨，疑也」疏證。○丨者，設疑之辭。〔國策·齊策四〕「丨者」鮑注。○〔說文定聲·卷五〕丨，叚借助語之詞。〔莊子·駢拇〕「丨仁義其非人情乎」。○〔同上〕丨，假借發聲之詞。〔莊子·在宥〕「丨治人之過也」。○丨、噫，聲轉字異義同，嘶也。〔方言一〕「咺、唏、怛，痛也」箋疏。○丨亦者，抑亦也。〔史記〕「亡其」雜志。○或言丨，或言丨亦，或言丨亡，或言無丨，或言亡丨亦，皆轉語詞也。〔同上〕○丨之為音，借字耳。〔管子〕「可迎以丨」雜志。○丨，南本、浙本並作息。〔漢書·杜周傳〕「夫欲天下治安變異之丨」補注引宋祁。

志

丨者，心之所之也。〔論語·里仁〕「丨於仁」朱注。又〔孟子·盡心上〕「尚丨」朱注。○丨者，心之所之之謂。〔論語·述而〕「丨於道」朱注。○心有所之為丨。〔說文繫傳·通論下〕○丨者，心之所主也。〔通鑑·周紀四〕「舉義丨也」音注。○著於心成己之性曰丨。〔說文繫傳·通論下〕○丨即所謂誠信忠敬也。〔禮記·祭統〕「增君子之丨」集解。○丨，氣之師也。〔說文〕「恿，古文勇從心」段注引〔孟子〕。○丨，腎神氣也。〔太素·虛實補寫〕「丨有餘則腹脹飧泄」楊注。○丨者，記也，腎之神也。〔太素·熱病說〕「失丨者死」楊注。○丨與意同。〔書·皋陶謨中〕注「史遷丨為清意」孫疏。○丨，意也。〔大戴·曾子疾病〕「在加之丨而已矣」王詁。又〔衛將軍文子〕「博聞而時出其丨」王詁。又〔漢書·賈誼傳〕「比物此丨也」補注。○丨，私意也。〔大戴·哀公問五義〕「而不害不丨」王詁。○丨，念也。〔武王踐阼〕「無懃弗丨」王詁。○丨猶知也。〔禮記·緇衣〕「可述而丨也」集解。○丨亦知也。〔墨子〕「不丨昔」述聞。○丨，願也。〔太素·順養〕「皆欲順其丨也」楊注。○丨之言識也。〔禮記·緇衣〕「為下可述而丨也」述聞。○丨者，識也。〔說文·上說文書〕「演贊其丨」段注。○丨即識字。〔墨子·非命中〕「不丨昔也三代之聖善人與」閒詁引畢沅。○丨，古識字。〔漢書·劉歆傳〕「博見彊丨」補注引錢大昕。○丨即識字之古文。〔說文定聲·卷五〕○丨與識古通用。〔說文〕「識，常也」段注。○聞丨之丨讀曰識。〔大戴·哀公問五義〕「聞丨廣博」王詁。○幟織識丨並通。〔廣雅·釋器〕「幟，幡也」疏證。○丨與知同義，丨謂知識之知，又為血氣心知之知〔音智〕。〔左傳哀公一六年〕「失丨為昏」述聞。○丨猶知也。〔荀子·天論〕「所丨於天者」集解引俞樾。○丨讀為知識之識。〔荀子·榮辱〕「怨天者無丨」集解引王念孫。○丨當讀為智。〔商子·外內〕「為辯丨者不貴」平議。○丨，慕也。〔大戴·哀公問五義〕「丨古之道」王詁。又〔論語·述而〕「丨於道」劉正義。○丨，意慕也。〔廣韻·志部〕○丨猶期也。〔孟子·告子上〕「必丨於彀」朱注。○丨謂記也。〔左傳文公二年〕「周丨有之」洪詁引鄭司農。○丨猶記也。〔禮記·經解〕「丨之心也」集解。○丨者，記也。〔漢書〕「詩大澤之博」雜志。○丨者，擬也。〔書·盤庚〕「若射之有丨」孫疏。○丨者，微也。〔儀禮·聘禮〕「將授丨趨」述聞。○古人謂微小為丨也。〔同上〕○古字丨與職通。〔同上〕○丨當讀為職。〔禮記·大傳〕「財用足故百丨成」平議。○丨、幟同。〔漢書·百官公卿表〕「職丨周昌為中尉」補注。○丨與幟同，謂幖題也，如今學僮課讀用紙為號記也。〔荀子·勸學〕「丨順詩書」集解引郝懿行。○又旗幟亦可用丨識字。〔說文〕「丨，意也」段注。○〔說文定聲·卷五〕丨，叚借為嫉。〔大戴·帝繫〕「女丨」。○〔同上〕丨，叚借為峕。〔釋器〕「骨鏃不剪羽謂之丨」。○今人分丨向一字，識記一字，知識一字，古祇有一字一音。〔說文〕「丨，意也」段注。○丨當作者。〔墨子·經說上〕「義丨以天下為芬」平議。○丨，〔晏子·雜上〕作意。〔呂覽·觀世〕「今也見客之丨」校正。

治

丨，理也。〔廣韻·至部〕○丨者，理也。〔說文〕「辯，丨也」段注。○丨猶理也。〔孟子·梁惠王上〕「奚暇丨禮義哉」焦正義。○丨，今字訓理，蓋由借丨為理。〔說文〕「丨，从水，台聲」段注。○丨有理正分別之義。〔釋訓〕「諸諸，辯也」郝疏。○丨，丨職也。〔大戴·曾子立孝〕「未有丨而能仕可知者」王詁。○舊校云，丨一作為，為亦丨也。〔呂覽·別類〕「我固能丨偏枯」校正。○丨，修改也。〔通鑑·陳紀八〕「不加丨點」音注。○丨，修故也。〔慧琳音義·卷八〕引〔考聲〕。○丨，修法辟以制奸邪。〔卷四七〕引〔字書〕。○古者多謂討為丨。〔穀梁傳桓公元年〕「所以丨桓也」述聞。又〔宣公四年傳〕「莒人辭不受丨也」述聞。○丨謂陳請。〔周禮·樂師〕「聽其丨訟」孫正義。○丨亦訟也。〔管子·立政〕「孤寡無隱丨」平議。○丨者甄也。〔晏子春秋〕「搏丨」雜志。○丨法義近。〔釋言〕「辟，歷也」郝疏。○漢人以笞掠為丨，丨即笞耳。〔漢書·曹參傳〕「與窋胡丨乎」補注引陳景雲。○與窋胡丨，猶言胡與窋笞也。〔漢書·曹參傳〕「與窋胡丨乎」補注引錢大昕。○丨，不亂也。〔大戴·虞戴德〕「居大則丨」王詁。○丨謂除埽之也。〔說文〕「黐，丨黍禾豆下潰葉也」繫傳。○凡人病未昏、酒未醉，皆曰丨。〔左傳宣公一五年〕「吾從其丨也」疏證引顧炎武。○丨謂病閒之時。〔同上〕○丨讀為始。〔釋詁〕「丨、肆、古，故也」述聞。○〔說文定聲·卷五〕丨，叚借為始。〔釋詁〕「丨，故也」。○丨，曾本作始。〔國策·齊策六〕「民人之丨」補正。○本丨，官本作本始。〔漢書·高惠高后文功臣表〕「以本丨子舉兵佐軍」補注。○丨當為始。〔釋詁〕「丨，故也」邵正義。○丨當作始。〔韓子·心度〕「恃外不亂而丨立者削」集解引顧廣圻。○丨乃始字之誤。〔墨子·尚同下〕「胡不審稽古之丨為政之說乎」平議。又〔春秋繁露·天地陰陽〕「受其丨者」平議。○丨通作殆，又通作理。〔釋詁〕「丨，故也」郝疏。○丨讀為殆。〔荀子〕「丨鄰敵」雜志。○丨蓋殆字之誤。〔晏子春秋·問下〕「國之所以丨也」平議。○〔說文定聲·卷五〕丨，叚借為值。〔漢書·韓安國傳〕「公等足與丨乎」。○〔同上〕丨，叚借為瓵。〔廣雅·釋室〕「丨，甄也」。○丨當為冶字之誤也。〔荀子·正名〕「不丨觀者之耳目」集解引王念孫。○丨字亦有飴音。〔漢書〕「沂」雜志。○丨疑為始。〔釋詁〕「丨，故也」鄭注。○丨，〔周禮〕〔後漢〕並作持。〔左傳哀公七年〕「以丨周禮」洪詁。○丨為法字之誤。〔春秋繁露·五行五事〕「丨則

不可以不明」平議。○丨兵，〔公羊〕作祠兵。〔左傳莊公八年〕「丨兵于廟」洪詁。○丨世作理代，此避太宗、高宗諱。〔管子〕「含愁」雜志。

淚 丨，涕丨。〔廣韻・至部〕

思 丨，念也。〔廣韻・志部〕○志有所牽曰丨。〔說文繫傳・通論下〕○丨，絲也。〔同上〕○丨塞聲相近，塞即寋假借字也。〔書・堯典〕注「丨一作塞」孫疏。○文丨，〔後漢・馮衍傳〕〔第五倫〕〔陳寵傳〕注引俱作文塞。〔書・堯典〕「文丨安定」孫疏。

吏 丨，羣丨治人者也。〔大戴・盛德〕「論丨公行之」王詁。○丨，奉法者也。〔盛德〕「故論丨而法行」王詁。○丨謂將命行人。〔左傳成公一三年〕「受命於丨」疏證。○丨家，仕宦之家。〔漢書・鼂錯傳〕「所侵者富人丨家也」補注。○丨同使。〔說文〕「使，令也」段注。○丨之義通於使。〔孟子・公孫丑上〕「無敵於天下者，天丨也」焦正義。○古丨使二字亦或通用。〔同上〕平議。○丨當作使。〔墨子・備城門〕「丨人各得亓任」閒詁引蘇時學。○丨即將也。〔漢書・天文志〕「主人丨死」補注。○丨多以理為之。〔說文定聲・卷五〕○丨當作史。〔漢書・燕靈王傳〕「高后令章為酒丨」補注引沈欽韓。又〔張湯傳〕「予監丨輕平者」補注引劉攽。又〔黃霸傳〕「長丨守丞對時」補注引宋祁。○〔御覽〕丨作史。〔呂覽・制樂〕「其丨請卜其故」校正。○丨，官本作更。〔漢書・高帝紀〕「此大事，願丨擇可者」補注。○丨，南監本、閩本並作更。〔同上〕引錢大昭。○水丨謂水駛也。〔說文〕「沑，水丨也」段注。○丨當作文。〔同上〕段注引錢大昕。○丨、利俗讀相亂，故丨譌作利。〔墨子〕「欲為利」雜志。○丨重，官本作利重。〔漢書・武帝紀〕「初算緡錢」補注。

賜 丨，惠也。〔論語・鄉黨〕「君丨食」劉正義引〔初學記〕。又〔廣韻・寘部〕○丨猶惠。〔左傳文公七年〕「吾受子之丨」疏證引服虔。○丨猶惠也。〔呂覽・去私〕「王雖為之丨」校正。○丨、惠義相輔也。〔左傳文公七年〕「吾受子之丨」疏證。○〔通雅・卷二六〕丨告，恩也。〔高紀〕注「漢律吏二千石有予告，有丨告」。○丨，予也。〔說文〕「与，丨予也」段注。○丨猶予也。〔禮記・曲禮上〕「三丨不及車馬」述聞。○丨之言易也，有放而與之也。〔說文〕「丨，予也」繫傳。○丨，與也。〔廣韻・寘部〕○丨與悉同。〔釋詁〕「悉，盡也」郝疏。○益與丨義近。〔釋詁〕「貺，丨也」郝疏。○丨，監本作丨。〔春秋文公元年〕「天王使毛伯來丨公命」疏證。○丨，〔公〕〔穀〕皆作丨。〔左傳成公八年經〕「天子使召伯來丨公命」洪詁。○丨，正字，錫，假借字。〔儀禮・燕禮〕「賓所執脯以丨鍾人于門內霤」胡正義引胡承珙。○澌、斯、丨並通。〔廣雅・釋詁〕「澌，盡也」疏證。○丨者，澌之假借，亦作儩。〔說文〕「澌，水索也」段注。○〔說文定聲・卷一一〕丨，叚借為澌。〔西征賦〕「若循環之無丨」。

字 人生子曰丨，鳥曰孚，獸曰犊。〔說文定聲・卷五〕○〔同上〕丨牝，孕丨之牝也。〔史記・平準書〕「乘丨牝者」。○丨猶養也。〔墨子・節用上〕「若純三年而丨」閒詁引蘇時學。○丨，引申之為撫丨。〔說文〕「丨，乳也」段注。○丨，愛。〔詩・生民〕「牛羊腓丨之」朱注。○丨者，愛也。〔書・康誥〕「于父不能丨厥子」孫疏。○丨微即孳尾。〔通雅・釋詁〕○丨亦引申之為文丨。〔說文〕「丨，乳也」段注。○丨，古曰文。〔說文・上說文書〕「作說文解丨」段注。○指事象形者曰文，會意諧聲者曰丨。〔說文定聲・卷五〕○〔同上〕名者聲也，丨者形也。〔周禮・外史〕注「古曰名，今曰丨」。○形聲相益謂之丨。〔說文〕「書，箸也」義證引〔玉篇〕。○丨者，飾也。〔廣韻・志部〕引〔春秋說題辭〕。○古子、丨聲同通用。〔漢書・地理志〕「丨」補注引錢坫。○丨絲，〔漢書・敘傳〕稱子絲。〔史記・袁盎傳〕「丨絲」志疑。○〔說文定聲・卷五〕丨，叚借為慈。〔說文〕「丨，乳也，愛也」。○丨，或作牸。〔說文〕「丨，乳也」義證。

義 丨，威儀也。〔大戴・朝事〕「古者聖王明丨」王詁。○有儀而可象謂之丨。〔說文〕「丨，己之威丨也」段注引北宮文子。○丨、儀同。〔墨子・非命中〕「先立丨法」閒詁引畢沅。○丨，古儀字。〔漢書・谷永傳〕「絕郤不享之丨」補注引錢大昕。○丨即古儀字。〔大戴・朝事〕「所以明別丨也」述聞。又〔莊子・馬蹄〕「雖有丨臺路寢」平議。○丨為儀之假借字也。〔說文〕「儀，度也」段注。○〔說文定聲・卷一〇〕丨，經傳多以儀為之。〔周語〕「丨，文之制也」。○丨讀曰儀。〔大戴・千乘〕「上有丨」王詁。○丨讀為儀。〔左傳莊公二三年〕「正班爵之丨」述聞。又〔荀子・成相〕「尊主安國尚賢丨」平議。○丨讀為儀，度也。〔左傳襄公三〇年〕「婦丨事也」述聞。○禮儀字本作丨。〔晏子春秋〕「畏禮丨」雜志。○丨當讀為儀。〔左傳隱公二年〕「君丨臣行」平議。又〔國語・晉語〕「君比丨焉」述聞。○丨臺，猶儀門。〔通雅・宮室〕○丨民者猶民儀，謂賢者。〔書・多方〕「爾多方之丨民」孫疏引江聲。○〔說文定聲・卷一〇〕丨猶貌也。〔孟子〕「非丨襲而取之也」。○丨者，我也。〔說文〕「丨，从我从羊」段注引董子。○丨當為羛。〔墨子・脩身〕「富則見丨」閒詁引畢沅。○丨，仁丨。〔廣韻・寘部〕○丨即誼也。〔大戴・朝事〕「不服于丨」述聞。○丨，〔刑法志〕作誼。〔左傳昭公六年〕「閑之以丨」洪詁。○古書仁丨字本作誼，禮儀字本作義。〔晏子春秋〕「畏禮丨」雜志。○今時所謂丨，古書為誼。〔說文〕「儀，度也」段注。○〔漢書〕仁丨作誼，威儀作丨。〔漢書・敘傳〕「禮丨是創」補注引錢大昭。○丨者，誼之叚借字。〔說文・敘〕「比類合誼」段注引鄭衆。○〔說文定聲・卷一〇〕丨，叚借為誼。〔書・洪範〕「遵王之丨」。○丨，道也。〔易・明夷象傳〕「丨不食也」述聞。○丨者，理也，道也。〔易・解象傳〕「丨无咎也」述聞。○言丨理者，處事為丨，論事為理。〔字詁〕○丨者，禮之權度。〔禮記・禮運〕「丨之實」集解引陳澔。○丨者，天下之制也。〔論語・學而〕「信近於丨」劉正義引〔表記〕。○丨謂所守之正。〔孟子・盡心上〕「尊德樂丨」朱注。○地靜而理曰丨。〔易・繫辭下傳〕「精丨入神」李疏引〔乾鑿度〕。○丨髻即假紒，今曰丫髻。〔通雅・衣服〕○舊所治官府，素非所蒞，則曰丨士丨民。〔通雅・稱謂〕○丨錢者，長史聽百姓謫罰者，輸贖者

也，即今之罪贖。〔通雅・貨賄〕○｜，宜也。〔大戴・曾子制言上〕「立之則｜也」王詁。又〔左傳襄公一四年〕「君｜嗣也」洪詁。又〔國策・秦策三〕「則不｜矣」鮑注。○｜者，宜也。〔論語・衛靈公〕「君子｜以為質」劉正義。又〔孟子・離婁下〕「其｜則立竊取之矣」焦正義。又〔春秋繁露・盟會要〕「論賢才之｜」平議。○｜者，事之宜也。〔大戴・主言〕「立之以｜」王詁。又〔論語・學而〕「信近於｜」朱注。又〔說文〕「儀，度也」繫傳。○｜嗣，言宜嗣德也。〔書・顧命下〕「王｜嗣德答科」孫疏。○｜謂所宜行。〔禮記・祭義〕「以｜死之」集解。○｜也者，宜此者也。〔說文〕「誼，人所宜也」義證引〔申覽・政體〕。○｜之，謂制其宜也。〔國策・楚策四〕「智者官之」補正。○｜當讀為宜。〔墨子・節葬下〕「便其習而｜其俗」閒詁。○｜，善。〔詩・蕩〕「而秉｜類」朱傳。○｜，善也。〔書・皋陶謨〕「彊而｜」述聞。又〔詩・文王〕「宣昭｜問」朱傳。○｜猶善也。〔墨子・節葬下〕「便其習而｜其俗」平議。○｜與善同意。〔說文定聲・卷一〇〕○｜問猶言令問。〔詩・文王〕「宣昭｜問」通釋。○｜問，猶言嘉問。（同上）○｜者，明也。〔說文繫傳・通論上〕○｜類猶言邪曲也。〔詩・蕩〕「而秉｜類」平議。○古書｜字有作㚇邪解者。〔左傳文公一八年〕「掩｜隱賊」疏證引俞樾。○古者俄｜同聲，故俄或同作｜，｜者，傾衺反側也。〔書・呂刑〕「鴟｜姦宄」述聞。○｜為俄之叚字。〔多方〕「以爾多方之｜民」平議。○｜，古音俄。〔呂覽・貴公〕「遵王之｜」校正。○｜，當讀為峨。〔莊子・大宗師〕「其狀｜而不朋」平議。○｜然，峨然也。〔莊子・天道〕「而狀｜然」集釋。○｜猶賊也。〔左傳文公一八年〕「掩｜隱賊」平議。○｜亦利也，古訓｜、利通。〔左傳昭公三一年〕「行則思｜」洪詁。○｜與比意相近，比｜者比之度之也。〔國語・晉語〕「君比｜焉」述聞。○｜讀為議。〔荀子〕「正｜直指」雜志。又〔韓子・揚權〕「上不與｜之」集解。○｜當作犧。〔管子・大匡〕「費｜數而不當」義證。○〔說文定聲・卷一〇〕｜，借為儷。〔書・文侯之命〕「父｜和」。○｜陵縣屬武陵。〔史記・高祖功臣侯者年表〕「｜陵」志疑。○此侯名山，至進封常山王始改名｜。〔史記・惠景間侯者年表〕「侯｜」志疑。○〔地理志〕「雒陽，莽曰宜陽」，即此｜陽也。〔漢書・王莽傳〕「｜陽東都曰六州」補注引錢大昕。○｜，〔史記〕作冒。〔左傳僖公二四年〕「下｜其罪」洪詁。○｜當作羑，字之誤也。〔晏子春秋・問上〕「積豐｜之養」平議。

利

｜者，銛也。〔說文〕「或，｜也」段注。○｜有中和之義。〔易・文言〕「｜者，義之和也」李疏。○｜者，義之和。〔孟子・離婁下〕「故者以｜為本」焦正義。○｜，吉也。〔廣韻・至部〕○｜猶順也。〔孟子・離婁下〕「故者以｜為本」朱注。○｜之義為順。（同上）焦正義。○｜即贏也。〔說文〕「賴，贏也」繫傳。○｜，宜也。〔屈賦・天問〕「厥｜惟何」戴注。○｜，爵賞也。〔大戴・主言〕「用｜不施而親」王詁。○｜謂臣所建白之效也。〔禮記・表記〕「大言入則望大｜」集解。○｜與善義亦相近。〔廣雅・釋詁〕「戾，善也」疏證。○｜口，捷給。〔論語・陽貨〕「惡｜口之覆邦家者」朱注。○｜猶達。〔國策・秦策三〕「則行而益｜」鮑注。○｜，貪也。〔大戴・曾子立事〕「智者｜道」王詁。○｜猶貪也。〔禮記・表記〕「則｜祿也」集解。○｜猶貪也，蓋深知篤好而必欲得之也。〔論語・里仁〕「智者｜仁」朱注。○｜，養也。〔大戴・五帝德〕「撫教萬民而｜誨之」王詁。○｜辭，變亂邪正之類。〔千乘〕「｜辭以亂屬曰讒」王詁。○｜即厲。〔左傳文公七年〕「訓卒｜兵」疏證。○｜與厲同。（同上）疏證引惠棟。○古｜、厲通用。（同上）疏證引陳樹華。○｜者，謂佐食也。〔荀子・禮論〕「｜爵之不醮」集解引俞樾。○｜，下泄也。〔通鑑・晉紀一八〕「或卧自便｜」音注。○〔說文定聲・卷一二〕｜，叚借為賴。〔周禮・太宰〕「六曰主以｜得民」。○｜之言賴也。〔周官・太宰〕「以｜得民」平議。○兵革堅｜之｜是本字，古讀如離，上思｜民之｜是借字，當讀為賴，｜賴一聲之轉。〔說文定聲・卷一二〕○｜，姓也。楚公子食采於｜，後以為氏。〔漢書・高帝紀〕「｜幾者，項羽將」補注。○｜當作安。〔韓子・姦劫弑臣〕「正直之道，可以得｜」集解。○樂｜當為樂樂。〔荀子・臣道〕「君子安禮樂｜」集解引王念孫。○｜為和字之譌，樂｜當為和樂。（同上）集解引俞樾。○｜當為相字之誤也。〔荀子・成相〕「｜惡忌」集解引王念孫。○｜民，謂奪民所有以為｜。〔漢書・蕭何傳〕「今相國迺｜民」補注。○｜跂者，便於走趨。〔荀子・非十二子〕「綦谿｜跂」集解引郝懿行。○荀｜，一作荀且。〔呂覽・明理〕「長邪荀｜」校正。

器

｜，｜皿。〔廣韻・至部〕○物之有用者謂之｜。〔通鑑・漢紀五七〕「備｜之」音注。○｜謂璧。〔說文〕「珣，一曰玉｜」義證。○｜引申為凡禮神玉｜之稱。〔周禮・大宗伯〕「以玉作六｜」孫正義。○｜者，各適其用而不能相通。〔論語・為政〕「君子不｜」朱注。○形而下者謂之｜。〔禮記・禮器〕集解引方愨。○｜謂｜識。〔大戴・四代〕「君何為不觀｜視才」王詁。○｜謂兵｜也。〔漢書・大宛國傳〕「不知鑄鐵｜」補注引吳仁傑。○五｜者，五兵也。〔書・堯典〕「如五｜」平議。○｜械者，機關攻守之總名。〔說文〕「械，桎梏也」義證引〔孫子注〕。○凡有所盛曰｜，無所盛曰械。〔說文定聲・卷一二〕○｜，字或作噐，从工。（同上）

位

凡朝內君臣所立之處謂之｜，或謂之宁，宁字亦作著。〔國語・楚語〕「｜宁有官師之典」述聞。又〔周語〕「大夫士日恪｜著」述聞。○｜為君｜。〔左傳僖公七年〕「記姦之｜」疏證。○中庭之左右謂之｜。〔廣韻・至部〕○引伸之，凡人所處皆曰｜。〔說文〕「｜，列中庭之左右謂之｜」段注。○｜，爵｜也。〔大戴・四代〕「德以監｜」王詁。○｜，爵次也。〔衛將軍文子〕「每｜改變」王詁。○｜，所祭之兆也。〔禮記・祭義〕「以端其｜」集解。○｜者，安其所也。〔中庸〕「天地｜焉」朱注。○｜，正也，列也，莅也。〔廣韻・至部〕○｜，各就其列也。〔漢書・禮樂志〕「靈輿｜」補注。○｜者，立也。〔大戴・曾子立事〕「而無常｜者」王詁。○古鼎銘｜皆作立。〔左傳桓公元年經〕「公即｜」疏證引惠棟。○春秋古經｜作立。（同

上)疏證引臧壽恭。○古丨立同字。(同上)洪詁。又〔公羊傳桓公元年經〕「公即丨」陳疏。○古丨立字通。〔墨子·經下〕「鑑丨」閒詁引畢沅。○丨與涖義同而聲相近，故字亦相通。〔國策〕「丨正」雜志。○丨涖古字通。〔韓子·外儲說左上〕「而以躬親丨下」集解。○古者丨莅立三字同聲而通用。〔廣雅·釋言〕「丨，莅也」疏證。○丨乃任之誤也。〔管子·侈靡〕「丨不能使之」平議。○丨當作正，字之誤也。〔春秋繁露·精華〕「故去其丨辭」平議。

戲

丨者，兵也。〔左傳昭公二八年〕「請與君之士丨」疏證引朱國楨。○丨，一說兵械之名也。〔說文〕「丨，一曰兵也」段注。○丨，引申之為丨豫、丨謔。(同上)○丨者，三軍之偏也，一曰兵也，嬉丨則其餘義也。〔說文〕「娭，丨也」段注。○丨，謔也。〔廣韻·寘部〕○〔說文定聲·卷九〕丨，叚借為謔。丨謔一聲之轉。〔太平御覽〕引〔說文〕「一曰相弄也」。○丨，丨弄也。〔廣韻·寘部〕○丨為丨弄之丨。〔漢書·東方朔傳〕「設丨車」補注引周壽昌。○丨與媢亦同義。〔廣雅·釋詁一〕「媢，婬也」疏證。○丨，角力也。〔左傳僖公二八年〕「請與君之士丨」述聞。○丨即鬭，鬭即角力也。〔晉語〕「丨不過」述聞。○丨猶言劇鬥也。〔說文定聲·卷九〕○丨當讀為赫丨之丨。〔廣雅·釋詁二〕「丨，怒也」疏證。○丨，施也。〔廣韻·寘部〕○丨，歇也。(同上)○丨歇，一聲之轉。〔方言一○〕「丨、泄，歇也」疏證。○丨泄，聲之轉。(同上)箋疏。○丨、歇、休俱一聲之轉。〔釋詁〕「休，息也」郝疏。○休息轉為丨泄，又轉為歇泄。〔釋詁〕「歇，竭也」郝疏。○丨叚借為歇，丨歇一聲之轉。〔說文定聲·卷九〕○丨與我、戠同意，其器失傳無考。(同上)○丨遊與傲慢義近。〔釋言〕「敖，傲也」郝疏。○〔說文定聲·卷九〕丨叚借為虡。〔左傳〕「請與君之士丨」。

至

丨，到也。〔廣韻·至部〕○丨即詣也。〔漢書·申屠嘉傳〕「通丨詣丞相府」補注。○丨猶來也。〔孟子·公孫丑上〕「惡聲丨」焦正義。○丨，行也。〔大戴·誥志〕「而順丨正之統也」王詁。○丨與止義相近。〔方言二〕「假、洛，丨也」箋疏。○止之與丨並聲相轉也。〔釋詁〕「迄，丨也」郝疏。○丨同致。〔墨子·明鬼下〕「使湯丨明罰焉」閒詁引畢沅。○丨與致通。〔廣雅·釋言〕「薄，致也」疏證。○丨致，聲同字通。〔釋言〕「畛，致也」郝疏。○丨當作致。〔史記·晉世家〕「卒丨晉君言」志疑。○丨與致通。〔孟子·滕文公下〕「而禽獸丨」焦正義。○丨與郅通。〔漢書〕「丨它」雜志。○丨與郅通，丨它，人姓名。〔漢書·韓安國傳〕「於梁舉壺遂、臧固、丨它」補注引王念孫。○丨與挃通。〔廣雅·釋詁一〕「挃，刺也」疏證。○荀書丨志通借。〔荀子·儒效〕「行法丨堅」集解。○丨當為志。〔穀梁傳宣公一六年〕疏「徐本周災丨」述聞。○丨猶善也。〔左傳成公七年〕「詩曰不弔昊天」疏證。○丨，大也。〔大戴·禮三本〕「故丨備」王詁。○丨亦大也。〔易·坤彖傳〕「丨哉坤元」述聞。○丨，極也。〔論語·雍也〕「其丨矣乎」朱注。又〔孟子·離婁上〕「丨誠而不動者」朱注。又〔太素·氣穴〕「腎者丨陰也」楊注。又〔通鑑·周紀四〕「臣聞物丨則反」音注。○丨猶極。〔國策·秦策一〕「法令丨行」鮑注。又〔荀子·正論〕「丨天下之善禁令者也」集解。○丨引申為怒丨，為極丨。〔說文〕「丨，鳥飛從高下丨地也」段注。○丨猶直也。〔漢書·梅福傳〕「說丨言」補注。○丨言即直言之謂，丨之為言極也。〔漢書·賈山傳〕「名曰丨言」補注。○丨，誠直也。〔梁孝王傳〕「雖知非丨言」補注。○丨，切丨也。〔大戴·文王官人〕「辭不丨」王詁。○丨日者，舉冬丨為例也。〔漢書·律歷志〕「推丨日」補注引李銳。○丨亦近箸之意。〔釋詁〕「歷，傅也」郝疏。○丨，實也。〔國策〕「不察其丨實」雜志引顏師古。○丨，實也，與質同。〔莊子·天道〕「而道德之丨」集釋。○丨，言可服乘之時。〔國策·楚策四〕「夫驥之齒丨矣」鮑注。○〔說文定聲·卷一二〕丨，叚借為摯。〔釋蟲〕「蛭蝚丨掌」。○丨通作致，又通作砥。〔釋詁〕「迄，丨也」郝疏。○丨當作宜。〔淮南·主術〕「事有所丨」平議。○丨當為制。〔荀子·正論〕「是王者之丨也」集解引王念孫。○丨猶及也。〔國策·趙策三〕「單不丨也」鮑注。○丨當作止。〔商子·說民〕「重者無從丨矣」平議。○丨當作會。〔漢書·地理志〕「又東丨于涇」補注。○不丨乃不生之誤。〔商子·靳令〕「經者不丨」平議。

次

凡官吏治事處通謂之丨。〔周禮·司市〕「以丨敘分地而經市」孫正義。○凡於內外以帷簟別為舍息之處並謂之丨。〔冢宰〕「掌丨下士四人」孫正義。○凡丨亦脩正莊飾之所也。(同上)○丨所即近旁也。〔史記·陳涉世家〕「又閒令吳廣之丨所旁叢祠中」志疑引盧學士。○丨所，謂戍卒止丨之所也。(同上)雜志。○丨所，戍人所止處也。〔漢書〕「丨所」雜志引張晏。○丨即肆也。〔大戴·曾子疾病〕「如入鮑魚之丨」述聞。○丨，若今市亭然。(同上)王詁。○丨謂二十肆之介丨也。〔周禮·胥師〕「胥師各掌其丨之政令」孫正義。○周天三百六十五度四分，度之一分為十二丨。〔漢書·律歷志〕「凡十二丨」補注引〔月令章句〕。○丨，行列也。〔荀子·富國〕「尚賢使能以丨之」集解。○丨，止也。〔公羊傳襄公二三年〕注「惡其不遂君命而專止丨」陳疏引孔廣森。○丨，舍止也。〔離騷〕「夕歸丨于窮石兮」戴注。○丨，言舍止也。〔孟子·公孫丑上〕「氣丨焉」焦正義。○宿、丨、低，為舍止之舍。〔廣雅·釋詁〕「宿、丨、低，舍也」疏證。○丨猶敘也。〔說文·上說文書〕「丨列微辭」段注。○丨者，序也。〔禮記·雜記〕「其丨如此也」述聞。○丨，丨第也，亦三宿曰丨。〔廣韻·至部〕○〔說文定聲·卷一六〕丨有丨第可數，尤不一宿也。〔左傳莊公三年〕「凡師一宿為舍，再宿為信，過信為丨」。(「信」下)○再宿為信，過信為丨。〔楚辭·思美人〕「遷逡丨而勿驅兮」補注。○屯與丨異，屯有分地，丨備調發也。〔漢書·文帝紀〕「丨細柳」補注引何焯。○丨謂世丨。〔漢書·公孫弘傳〕「其賜弘後子孫之丨見為適者」補注。○丨，依廬也。〔禮記·奔喪〕「相者告就丨」集解。○丨與佽通。〔廣雅·釋詁三〕「佽，代也」疏證。○丨，恣字省文。〔墨子·天志上〕「未得丨己而為政」閒詁引畢沅。○丨讀為恣。〔節用上〕「于民丨也」閒詁。又〔天志下〕「庶人不得丨己」閒詁。○丨，丨且，不前也。〔屈賦·思美人〕「遷逡丨而勿驅兮」戴注。○〔通雅·卷六〕

丨且，一作趑趄，趦趄、迏𨅬、欧跙、恣睢。〔易〕「其行丨且」。〇丨者，趑之假借字。〔說文〕「趑，倉卒也」段注。〇造、丨，一聲之轉。〔廣雅・釋水〕「艁舟謂之浮梁」疏證。〇丨、即，聲相近而字亦相通。〔墨子〕「丨」雜志。〇丨猶即也。〔同上〕〇丨，〔荀子〕為即者，即丨聲之緩急，義皆得為就也。〔書・康誥〕注「丨，一作即」孫疏。〇丨非，〔漢書・宣帝紀〕注引作茲非，〔後漢〕馬融蔡邕等作佽飛。〔呂覽・知分〕「荆有丨非者」校正。〇丨與比本互相轉注。〔詩・杕杜〕「胡不佽焉」後箋。〇〔說文定聲・卷一二〕造丨，或謂借為蓍資字。〔論語〕「造丨必於是」。〇〔同上〕丨，或謂借為趑。〔論語〕「造丨必於是」。〇禮飾曰丨。〔說文定聲・卷一二〕〔「髮」下〕〇丨，疑本為茨之古文，象茅蓋屋丨弟之形。〔卷一二〕

累

丨，積也。〔大戴・禮察〕「丨子孫十餘世」王詁。〇丨謂循年資平進也。〔漢書・司馬遷傳〕「不能丨日積勞」補注。〇丨，古文作絫，連及也。〔慧琳音義・卷三〕引〔字書〕。〇丨，事相緣及也。〔通鑑・周紀四〕「大丨也」音注。〇丨者，事相連及，猶誤也。〔國策・東周策〕「如丨王之交於天下」鮑注。〇丨猶誘。〔齊策三〕「皆以國事丨君」鮑注。〇此丨猶患。〔東周策〕「則王亦無齊之丨也」鮑注。〇丨，緣坐也。〔廣韻・寘部〕〇丨，罪相及也。〔慧琳音義・卷三〕引〔韻詮〕。〇丨，連及罪也，屬也。〔慧琳音義・卷二九〕引〔考聲〕。〇丨之，猶解之也。〔禮記・曲禮〕「為大夫丨之」平議。〇丨，重也。〔通鑑・魏紀一〇〕「丨騎而還」音注。〇〔通雅・卷一九〕丨重，謂家屬也。〔西域傳〕「有丨重敢從者詣田所」。〇〔通典〕引丨作繫。〔管子・國蓄〕「故民無不丨於上也」義證引孫星衍。〇丨者，俗絫字。〔說文〕「濕，从水，㬎聲」段注。〇丨、纍同。〔國策・趙策二〕「係丨吾民」鮑注。〇丨與螺一也。〔荀子・富國〕「則和調丨解」平議。〇丨當為儽。〔說文〕「諈，諈諉丨也」義證。

絫

丨字俗作累。〔說文定聲・卷一二〕

偽

人為為丨。〔說文繫傳・通論上〕〇丨者，人為之，非天真也。〔說文〕「丨，詐也」段注。〇丨者，飾也。〔說文繫傳・通論上〕〇丨，作也，經傳皆以為為之。〔說文定聲・卷九〕〔「謨」下〕〇事涉於作為則曰丨。〔左傳成公九年〕「丨將改立君者」疏證。〇丨與為同，謂作為也。〔荀子・正論〕「不能以丨飾性」集解。〇〔荀子〕書言丨者，義皆作為。〔荀子・儒效〕「其衣冠行丨」集解引劉台拱。〇為、丨古同聲同義。〔廣雅・釋詁三〕「丨，為也」疏證。〇丨，欺也，詐也。〔廣韻・寘部〕〇丨，矯詐也，欺也，或作譌。〔慧琳音義・卷八〕引〔考聲〕。〇丨，詐妄也，不實也。〔同上〕引〔韻英〕。〇丨，義亦與譌同。〔廣雅・釋詁三〕「蔿，匕也」疏證。〇丨，叚借為譌。〔說文定聲・卷一〇〕〇丨、蔿、譌又訓為化，字並與嬀通。〔方言一二〕「嬀，僞也」箋疏。〇丨，假也。〔廣韻・寘部〕〇丨者，假也。〔說文繫傳・通論上〕〇丨字古亦省作為。〔漢書・王莽傳〕「以勸南丨」補注引錢大昭。〇丨即譌。〔說文〕「譌，譌言也」義證。〇訛、吪、為、丨，並與譌通。〔廣雅・釋詁三〕「蔿，匕也」疏證。〇〔說文定聲・卷一〇〕丨，叚借為化。〔楚辭・離世〕「若青蠅之丨質兮」。〇〔同上〕丨，叚借為帷，丨帷一聲之轉。〔禮記・喪大記〕「加丨荒」。〇丨當作過。〔韓子・外儲說左上〕「惠嗣公使人丨關市」集解。〇丨，亦當作毀。〔史記・周本紀〕「子毀隃立」志疑。〇丨當作傌，字之誤也。〔廣雅・釋言〕「丨，引也」疏證。

寺

丨，官舍也。〔說文〕「丨，廷也」義證引〔三蒼〕。又〔廣雅・釋宮〕「丨，官也」疏證。〇自秦以宦者任外廷之職，而官舍通謂之丨。〔說文〕「丨，廷也」義證引顧炎武。〇漢制諸官府所止皆曰丨。〔同上〕義證引〔唐書・楊收傳〕。〇漢以來九卿官府皆名曰丨。〔同上〕義證引〔石林燕語〕。〇丨，朝中官曹所止理事之處。〔說文定聲・卷五〕〇丨者，司也，官之所止有九丨。〔廣韻・志部〕〇丨，守丨也。〔說文〕「丨，廷也，有法度者也」繫傳。〇漢制分務而專治曰丨。〔說文〕「丨，廷也」義證引〔唐書・楊收傳〕。〇明帝後僧居稱丨。〔同上〕義證引〔石林燕語〕。〇丨者，簡册雜積之地。〔說文定聲・卷五〕〔「等」下〕〇丨、侍聲類同。〔周禮・冢宰〕「丨人王之正內五人」孫正義。〇〔說文定聲・卷五〕丨，叚借為侍。〔易・說卦〕「艮為閽丨」。〇經典假丨為侍。〔說文〕「丨，廷也」段注。〇丨、侍古字通。〔詩・車鄰〕「丨人之令」集疏。〇丨、侍並訓近，丨人者猶言近侍之人也。〔周禮・冢宰〕「丨人王之正內五人」孫正義。〇丨，奄人也。〔詩・瞻卬〕「時維婦丨」朱傳。〇丨人，內小臣。〔巷伯〕「丨人孟子」朱傳。〇三代以上，凡言丨者皆奄豎之名。〔說文〕「丨，廷也」義證引顧炎武。

瑞

丨謂玉也。〔左傳文公一二年〕「以為丨節」疏議。〇丨是玉之通稱。〔左傳僖公一一年〕「而惰於受丨」疏證引沈欽韓。〇丨為圭璧璋琮之總稱。〔說文〕「丨，以玉為信也」段注。〇丨，信也。〔同上〕繫傳。〇丨節，信應也。〔慧琳音義・卷八五〕〇典丨者，若今之符寶印也。〔慧琳音義・卷六〕〇丨引伸為祥丨者，亦謂感召若符節也。〔說文〕「丨，以玉為信也」段注。〇丨，符也，應也。〔廣韻・寘部〕〇禮神之器亦丨也。〔說文〕「丨，以玉為信也」段注。〇丨麻即麻象也，象謂璿璣玉衡，神其器故言丨。〔荀子・天論〕「日月星辰丨麻」集解引郝懿行。〇丨，祥丨也。〔廣韻・寘部〕〇〔說文定聲・卷一二〕丨，字亦作璲。〔詩・大東〕「鞙鞙佩璲」。〇丨字亦作繸。〔說文定聲・卷一二〕

智

丨，知也。〔廣韻・寘部〕〇丨者，知也。〔說文繫傳・通論上〕〇丨即知字。〔墨子・經說下〕「故有丨焉」閒詁引顧千里。〇丨，知也，獨知事理不惑利害也。〔大戴・曾子制言中〕「雖諫不受必忠曰丨」王詁。〇丨同知。〔墨子・耕柱〕「丨槁木也」閒詁引畢沅。〇丨與知同。〔管子〕「其丨多誨」雜志。又〔墨子・經說下〕「使丨學之無益也」閒詁。〇古知、丨同聲同義。〔廣雅・釋詁三〕「鞮，智也」疏證。〇古丨、知通用。〔說文〕「哲，知也」段注。〇丨讀曰知。〔漢書〕「丨誼之指」雜志。又〔墨子・經說下〕「丨論之」閒詁引張惠言。〇丨即性之神明也。〔孟子・告子上〕「為是其

丨弗若與」焦正義。○丨者，知之所及。〔孟子·萬章下〕「丨之事也」朱注。○自知為丨。〔說文繫傳·通論上〕○丨字古有二音二義，一為丨慧之丨，一為知識之知。〔管子〕「不丨」雜志。○丨者謂丨謀之士也。〔韓子·孤憤〕「其丨士且以治辯進業」集解引舊注。○丨、哲聲相轉。〔釋言〕「哲，丨也」

郝疏。

𣉻 丨，古文智。〔廣韻·寘部〕○丨字今作智。〔說文〕「丨，識詞也」句讀。

𥏼 丨與知音義皆同。〔說文〕「丨，識詞也」段注。○〔說文定聲·卷一一〕丨，字亦作智。〔荀子〕注「然後智生于憂患」。

記 丨猶識也。〔說文〕「職，丨散也」段注。○丨，志也。〔廣韻·志部〕○丨為書也。〔書·洛誥〕「曰丨功宗」孫疏。○官本丨作紀。〔漢書·律歷志〕「時所以丨啟閉也」補注。○丨當讀為紀。〔禮記·文王世子〕「聖人之丨事也」平議。○丨，疏也。〔國策·齊策四〕「後孟嘗君出丨」鮑注。○丨謂傳丨。〔大戴·五帝德〕「五帝用丨」王詁。○受丨，受太守誥誡也。〔漢書·趙廣漢傳〕「厲使其中可用者受丨」補注引朱一新。○丨室，賓佐也。〔通雅·稱謂〕○丨，叚借助語之詞，與用其、己、忌同。〔說文定聲·卷五〕○丨當作訖。〔漢書·揚雄傳〕「歷楚漢，丨麟止」補注引錢大昭。

異 丨，非常也。〔論語·先進〕「吾以子為丨之問」朱注。○非常曰丨。〔左傳·隱公元年〕「有蜚，不為災」疏證。○丨志猶奇志，謂其丨於常人也。〔漢書·蓋諸葛劉鄭孫毋將何傳贊〕「有丨志焉」補注引李慈銘。○丨，奇也。〔廣韻·志部〕○丨，出類。〔國策·趙策二〕「丨敏技藝之所試也」鮑注。○丨，優待也。〔漢書·趙堯〕「君必丨之」補注。○丨猶他。〔國策·魏策三〕「丨日者」鮑注。○丨故，猶它故。〔韓子·初見秦〕「此無丨故」集解。○丨慮者，逐物而遷，不與心謀也。〔大戴·曾子立事〕「喜怒丨慮，惑也」王詁。○丨，丨俗。〔國策·趙策二〕「窮鄉多丨」鮑注。○丨，將欲予物先分丨之也。〔說文〕「丨，分也」繫傳。○此所謂丨姓，乃〔周官〕所謂庶姓耳。〔漢書·何武傳〕「不宜令丨姓大臣持權」補注引王念孫。○丨物猶言丨事。〔墨子·尚同中〕「無他故丨物焉」閒詁。○丨同翼。〔墨子·耕柱〕「三棘六丨」閒詁引宋翔鳳。○丨，韓作瘱。〔詩·靜女〕「洵美且丨」集疏。○丨者，瘱之假借。〔同上〕陳疏。○丨過譌作丨。〔荀子·性惡〕「其不丨於衆者性也」平議。○丨，〔孔叢〕作居。〔呂覽·觀表〕「隔宅而丨之」校正。

致 丨，送也。〔國策·西周策〕「丨溫囿於周君」鮑注。○丨，送至也。〔通鑑·周紀一〕「使使者丨萬家之邑於智伯」音注。○丨，送詣也。〔說文〕「緻，丨繒也」段注。○祭祀歸胙曰丨福。〔漢書·禮樂志〕「象來丨福」補注。○丨，至也。〔大戴·文王官人〕「罪丨不赦」王詁。又〔廣韻·至部〕。○丨與至通。〔管子·大匡〕「先丨緣陵」平議。○〔說文定聲·卷一二〕丨叚借為至。〔禮記·大學〕「先丨其知」。○丨當讀為至。〔春秋繁露·爵國〕「未丨豫備之則美之」平議。○丨，送丨之也。〔說文〕「丨，送詣也」繫傳。○丨，引伸為召丨之丨。〔說文〕「丨，送詣也」段注。○丨者，使之丨也。〔通鑑·周紀三〕「代相趙固主胡，丨其兵」音注。○丨，丨之使至。〔國策·秦策二〕「義渠君丨群臣而謀」鮑注。○丨，推丨也。〔中庸〕「其次丨曲」朱注。○丨，推極也。〔大學〕「先丨其知」朱注。○丨，推而極之也。〔中庸〕「丨中和」朱注。○丨，盡也。〔大戴·勸學〕「脩身丨志」王詁。○丨者，盡也。〔論語·子張〕「學以丨其道」劉正義。○丨與盡義近。〔釋言〕「畛，殄也」郝疏。○丨，盡其極也。〔論語·子張〕「人未有自丨者也」朱注。○丨，極也。〔大戴·用兵〕「猶威丨王」王詁。又〔禮記·檀弓〕「丨喪三年」集解。又〔論語·子張〕「君子學以丨其道」朱注。又〔孟子·告子上〕「專心丨志」朱注。又〔漢書·王嘉傳〕「往者丨選賢材」補注引胡注。又〔荀子·富國〕「丨忠信」集解引王念孫。○丨猶極也。〔漢書·郅都傳〕「丨行法不避貴戚」補注。○丨亦極也。〔通鑑·周紀四〕「丨至則危」音注。○丨猶盡也，極也。〔漢書·李尋傳〕「何況丨大改之」補注引〔後漢·荀爽傳〕李注。○丨之言極也。〔禮記·內則〕「食棗桃李弗丨于核」平議。○丨言極力。〔國策·秦策一〕「大王又并軍丨與戰」鮑注。○丨猶取也。〔左傳宣公一二年〕疏證。○丨猶委也。〔論語·學而〕「事君能丨其身」朱注。○丨，置也。〔漢書·趙廣漢傳〕「於是收案丨法」補注引王文彬。○丨猶置也。〔高帝紀〕「其有功者上丨之王」補注引周壽昌。○丨言取物置之物上。〔國策·秦策四〕「丨至而危」鮑注。○丨猶還也。〔孟子·公孫丑下〕「丨為臣而去」朱注。○丨有歸還之義。〔公羊傳宣公元年〕「退而丨仕」陳疏。○丨命，猶言授命也。〔論語·子張〕「士見危丨命」朱注。○丨是細密，細密即是精。〔孟子·告子上〕「專心丨志」焦正義。○丨又為精丨之丨。〔說文〕「丨，送詣也」段注。○丨亦密也。〔說文〕「覷，拘覷未丨密也」繫傳。○丨與緻同。〔漢書·尹賞傳〕「丨令辟為郭」補注。又〔釋言〕「苞，稹也」郝疏。○丨者，今之緻字。〔說文〕「素，白丨繒也」段注。○丨緻，古今字。〔荀子·非相〕「文而丨實」集解引郝懿行。○丨當讀為緻。〔左傳桓公二年〕「大羹不丨」平議。○丨、告義相成。〔釋言〕「畛，丨也」郝疏。○祗厎丨三字以音相近為義也。〔釋言〕「厎，丨也」邵正義。○丨者，丨日。〔書·堯典〕「敬丨」孫疏引江聲。○丨期，刻期也。〔論語·堯曰〕「慢令丨期謂之賊」朱注。○丨讀為質，質，信也，謂信實也。〔荀子·非相〕「文而丨實」集解引王念孫。○〔說文定聲·卷一二〕丨，叚借為質，實為札。〔禮記·曲禮〕「獻田宅者操書丨」。○不丨，〔淮南王書〕作不和。〔左傳桓公二年〕「大羹不丨」洪詁。

備 丨，慎也。〔廣韻·至部〕○丨，其也。〔同上〕○丨，諸戰守之具也。〔漢書·膠東康王傳〕「戰守丨」補注。○丨，丨受也。〔屈賦·惜往日〕「身幽隱而丨之」戴注。○丨，防也。〔廣韻·至部〕○丨，正體俻字，防慎也。〔慧琳音義·卷八〇〕○丨者，未至而設之，所以逆杜其邪心也。〔韓子·愛臣〕「質之以丨」集解引王先謙。○丨，咸也，皆也。〔廣韻·至部〕○丨，具也，皆也，物皆饒多夙具，故謂富家為丨家。〔荀子·禮論〕「雖丨家」集

解引郝懿行。○—物，國之職物之—也。〔左傳定公四年〕「—物典策」洪詁引服虔。○便—用，猶言便械用耳。〔荀子·王制〕「便—用」集解。○—，成也。〔廣韻·至部〕○—，謹待之。〔國策·東周策〕「不如—兩周辯智之士」鮑注。○—，儧也。〔通鑑·陳紀二〕「徵—如法」音注。○—，陪儧也，今人多云陪—。〔宋紀四〕「盜官物，一—五；私物，一—十」音注。○—者，百順之名也，無所不順者之謂—。〔說文〕「福，—也」段注。○—，義為度。〔釋言〕「虞，度也」郝疏。○—、偏聲相轉。〔釋言〕「宣，徧也」郝疏。○—、被義同。〔韓子·解老〕「故曰入軍不—甲兵」集解。○張凌本—作被。（同上）引盧文弨。○〔說文定聲·卷五〕—，叚借為葡。〔廣雅·釋詁三〕「—，具也」。○—者，葡之叚借。〔詩·楚茨〕「禮儀既—」通釋。○服與—古字通。〔趙策〕「騎射之服」，〔史記·趙世家〕作「騎射之—」述聞。○—物即服物也。〔左傳定公四年〕「—物典策」述聞。○—叚借為服。〔說文定聲·卷五〕○—者，服之叚借。〔詩·大田〕「既—乃事」通釋。○服、伏、—三字，古皆讀如匍匐之匐，故字亦相通。〔漢書〕「盡—厥辜」雜志。○福、富、—古聲義並同。〔廣雅·釋詁二〕「福，—也」疏證。○—、福、富古聲義並同。〔方言一二〕「該，咸也」箋疏。○—，副也。〔廣韻·至部〕○〔說文定聲·卷五〕—，叚借為副。〔左傳哀公一五年〕「寡君使蓋—使」。○—當作僃。〔說文〕「侔，—詞也」義證。○〔說文定聲·卷五〕—，叚借為僃。〔易·既濟〕陸績本「三年克之—也」。○（同上）—，叚借為培。〔淮南·齊俗〕「抽箕踰—之姦」。○（同上）—，叚借為掊。〔周禮·冥氏〕「則獻其皮革齒須—」。○—當作彼。〔韓子·揚權〕「—將代之」集解引顧廣圻。○—當為滿字之誤也。〔荀子·王制〕「塞—天地之間」集解引王引之。

俻 —，俗備。〔廣韻·至部〕

葡 —與備同。〔方言一二〕「—，咸也」箋疏。○—，經典通作備。〔說文〕「—，具也」義證。○防備字當作備，全具字當作—，義同而略有區別，今則專用備而—廢。〔說文〕「—，具也」段注。○〔說文定聲·卷五〕—，以備為之。〔論語〕「無求備于一人」。○（同上）—，以祔為之。〔禮記·曾子問〕「喪不祔祭」。○—，古文葡。〔廣韻·至部〕

肆 —，陳。〔詩·雝〕「相予—祀」朱傳。○—，陳也。〔行葦〕「或—之筵」朱傳。又〔韓子·說難〕「盧事廣—」集解引舊注。又〔廣韻·至部〕。又〔慧琳音義·卷二三〕引〔古今注〕。○—，陳之也。〔詩·楚茨〕「或—或將」朱傳。○—者，陳之故也。〔釋詁〕「—，故也」郝疏。○—，陳尸也。〔論語·憲問〕「能—諸市朝」朱注。又（同上）劉正義。○—即列也。〔漢書〕「市列」雜志。○—謂坐市行列也。〔說文〕「賈，一曰坐賣售也」義證引〔急就篇〕顏注。○市列曰—。〔屈賦·天問〕「師望在—昌何識」戴注。○—為市—。〔漢書·劉向傳〕「不改其列」補注引沈欽韓。○—，陳也，所以陳貨鬻之物於邸也。〔慧琳音義·卷四八〕○—，列也，謂列其貨賄於市也。（同上）○—謂行列。〔周禮·司徒〕「胥師二十—」孫正義。○—謂官府造作之處。〔論語·子張〕「百工居—」朱注。○—，居舍也。〔慧琳音義·卷一四〕引〔字書〕。○—，恣也，放也。〔廣韻·至部〕○—謂不拘小節。〔論語·陽貨〕「古之狂也—」朱注。○—，緩也。〔書·多士〕「予惟率—矜爾」述聞。又〔左傳莊公二二年經〕「—大眚」疏證。○—，極也。〔廣韻·至部〕○—，極意。〔詩·雲漢〕「其風—好」通釋。○—，極意敢言。〔論語·陽貨〕「古之狂也—」劉正義。○—之為疾，即—之為力也。〔詩·大明〕「—伐大商」後箋。○窕、—皆謂深之極也。〔釋言〕「窕，—也」述聞。○—者，長也。〔左傳襄公二五年〕「慶氏不義，不可—也」平議。○—，縱兵也。〔詩·大明〕「—伐大商」朱傳。○—，〔釋文〕本作佚，謂縱佚之也。〔書·堯典下〕「眚災—赦」孫疏。○—，勦也。〔禮記·郊特牲〕「腥—爓腍祭」集解。○以—為勦，假借。〔說文〕「—，極陳也」段注。○—為祭先祖也。〔書·牧誓〕「昏棄厥—祀」孫疏。○—者，為凡解牲體之通名。〔周禮·大司徒〕「祀五帝牛牲羞其—」孫正義。○—解，即割裂牲體骨肉之通名。〔周禮·內饔〕孫正義。○—者，解牲體而陳之。〔說文〕「—，極陳也」義證引王觀國。○—，安然而長往也。〔漢書·司馬相如傳〕「—乎永歸」補注。○—，故。〔書·大誥〕「—朕誕以爾東征」孫疏。○—，〔漢書〕作故。〔書·大誥〕「—予告我友邦君」孫疏。○—當訓故。〔漢書·翟方進傳〕「—予告我諸侯王公列侯卿大夫御事」補注。○—，故也。〔周書〕「不道」雜志。○—古之聲變為是故。〔釋詁〕「—，今也」郝疏。○—今猶—古也。（同上）○—、故皆訓為今也。〔釋詁〕「—、故，今也」述聞。○—予之—，當為今。〔書·大誥〕「—予大化」孫疏。○—，故今也。〔詩·思齊〕「—戎疾不殄」朱傳。○—，語詞。〔詩·緜〕「—不殄厥慍」通釋。○—，發語辭。〔孟子·盡心下〕「—不殄厥慍」朱注。○—亦語詞。〔書·洛誥〕「予唯率—矜爾」平議。○—為承接之詞，猶言自昔至今也。〔詩·緜〕「—不殄厥慍」集疏。○〔釋詞·卷八〕—，遂也。〔書·堯典〕「—類于上帝」。又〔詩·崧高〕「其風—好」朱傳。○以—為遂，假借。〔說文〕「—，極陳也」段注。○—與肄同。〔釋言〕「—，力也」述聞。○—、肄聲義俱近，經典多通。〔釋詁〕「勩，勞也」郝疏。○鐘一堵磬一堵謂之—。〔左傳襄公一一年〕「歌鐘二—」洪詁引〔五經要義〕。○—，逮之叚字。〔墨子·尚賢中〕「曰皋后之—在下」閒詁。○—，彗一聲之轉。〔釋詁〕「彗，勤也」郝疏。○—今之聲變為斯今。〔釋詁一〕「—，今也」郝疏。○—即肆之譌。〔說文〕「欙，山行所乘者」義證。○—，魯作肆。〔詩·大明〕「—伐大商」集疏。

⿱髟聿 —同肆。〔廣韻·至部〕

翠 —，青羽雀。〔楚辭·招魂〕「翡—珠被」補注。○鳥形如燕，赤而雄曰翡，青而雌曰—。（同上）補注引〔異物志〕。○—為大翮，毛長寸餘，色青綠。〔慧琳音義·卷四〕引〔南洲記〕。○—，翦也。〔說文〕「—，青羽雀也」繫傳。○—，碧色之明也。〔慧琳音義·卷一三〕引〔考聲〕。○—，粲，鮮明之

貌。〔文選·琴賦〕「新衣—粲」補正引〔丹鉛錄〕。○〔說文定聲·卷一二〕—微，山氣輕青之狀。〔釋山〕「未及上—微」。○—，翡—也，其羽可以飾器物。〔釋鳥〕「—，鷸也」鄭注。○—，翳古字。〔墨子·非儒下〕「因人之家—」閒詁引畢沅。○—通作翳。〔文選·七啟〕「珠—之珍」集釋。○〔說文定聲·卷一二〕—，字亦作翳。〔廣雅·釋親〕「翳，瞖也」。○〔同上〕—，叚借為翳。〔禮記·內則〕「舒鴈—」。○—黃，即訾黃，疑訾、—以雙聲借字。〔漢書·司馬相如傳〕「招—黃乘龍於沼」補注。

騎　凡出使用車者曰乘傳，用馬者曰—驛。〔漢書·渠犁傳〕「因—置以聞」補注引徐松。○—，士之便馬者。〔國策·秦策一〕「車—之用」鮑注。○—謂單—。〔墨子·旗幟〕「—為鳥旗」閒詁。○—，—乘。〔廣韻·寘部〕

使　—，謂奉命而出也。〔大戴·曾子本孝〕「出門而—不以」王詁。○—當為吏。〔墨子·號令〕「城禁：—、卒、民」閒詁。

試　—，用也。〔詩·大東〕「百僚是—」朱傳。又〔廣韻·志部〕。○—，肄習也。〔詩·采芑〕「師干之—」朱傳。○—猶式，比也。〔閟宮〕「壽胥與—」通釋。○—謂—其端。〔漢書·五行志〕「受命之臣專征云—」補注引朱一新。○—亦課也。〔管子〕「不官」雜志。○帖經以—曰—帖。〔通雅·書札〕○—之言伺也。〔釋言〕「挨，—也」郝疏。○—與弒古通用。〔同上〕○〔說文定聲·卷五〕—，叚借為弒。〔漢書·五行志〕「受命之臣專征云—」。○—，古本作庶。〔左傳僖公二七年〕「明—以功」洪詁。

類　—，種也。〔周書〕「無—於冀州」雜志。又〔廣韻·至部〕。○—，種—也。〔說文〕「—，種—相似」義證引〔玉篇〕。○—謂種—。〔大戴·夏小正〕「非其—也」王詁。○—，族—。〔國策·齊策一〕「刻而—破吾家」鮑注。○—，似也。〔大戴·文王官人〕「言行不—」王詁。又〔韓子·孤憤〕「智不—越，而不智不—其國」集解。○—猶似。〔國策·東周策〕「王—欲令若為之」鮑注。○—，本謂犬相似，引伸叚借為凡相似之稱。〔說文〕「—，種—相似，唯犬為甚」段注。○—猶肖也。〔詩·生民〕「永錫爾—」平議。○〔說文定聲·卷一二〕—者，肖也，故又轉為善。〔釋詁〕「—，善也」。○—猶象也。〔大戴·易本命〕「晝生者—父」王詁。○—，同也。〔文王官人〕「靜安寡—」王詁。○—，本作頪，頪與貌同。〔文王官人〕「靜而寡—」述聞。○—，例也。〔荀子·君道〕「—不能自行」集解。○—之言比—也，猶今言比例也。〔孟子·告子〕「此之謂不知—也」平議。○古所謂—，即今所謂例。〔荀子·大略〕「無法者以—舉」平議。○—謂事—。〔大戴·文王官人〕「規諫而不—」王詁。○—，比—也。〔易·象傳〕「—族辨物」述聞。○各如其—以比—之，則謂之—族。〔同上〕○—族，猶言辨物。〔同上〕○傍求則名—隔。〔通雅·小學大略〕○—，法也。〔屈賦·懷沙〕「吾將以為—兮」戴注。又〔荀子·王制〕「聽斷以—」集解。又〔廣韻·至部〕。○—之言律也，律亦法也，—與律聲義同。〔廣雅·釋詁一〕「—，法也」疏證。○—為法。〔詩·既醉〕「永錫爾—」通釋。○—，善也。〔既醉〕「永錫爾—」朱傳。又〔廣韻·至部〕。○—當訓善。〔既醉〕「永錫爾—」後箋。○—之言率也，率，循也。〔國語·楚語〕「心—德音」述聞。○—，將出師祭上帝也。〔詩·皇矣〕「是—是禡」朱傳。○—亦祭名。〔爾雅〕—作禷。〔漢書·郊祀志〕「先—祠泰一」補注引周壽昌。○〔羽獵賦〕破—，當即此頪。〔說文〕「頪，鼻莖也」義證。○兩—字當作賴，賴，利也。〔韓子·孤憤〕「智不—越，而不智不—其國」集解引顧廣圻。○賴、戾、—，一聲之轉。〔釋詁〕「—，善也」郝疏。○—乃語詞。〔賈子·益壤〕「其欲有卒也—良有」平議。○—，纇之假借字。〔說文〕「纇，頭不正也」句讀。又〔同上〕段注。○纇、—古字通。〔管子〕「不—」雜志。○〔說文定聲·卷一二〕—，叚借為纇。〔史記·周本紀〕「公叔祖—」。○—當作纇。〔左傳昭公一六年〕「刑之頗—」洪詁引顧炎武。○〔說文定聲·卷一二〕—，叚借為禷。〔周禮·大祝〕「一曰—」。○〔說文定聲·卷一二〕—，叚借為盭。〔周書〕「愎—無親」。○—本作纇，或作顪，並讀如聾聵之聵。〔漢書·任敖傳〕「傳子至孫—」補注引王念孫。○〔說文定聲·卷一二〕—作靁亦同。〔釋魚〕「龜左倪不—」。

棄　—，絕也。〔孟子·梁惠王下〕「—之」朱注。○—謂絕去之也。〔論語·子路〕「是謂—之」劉正義。○—謂除去也。〔儀禮·士冠禮〕「—爾幼志」胡正義。○—與廢義亦相近。〔方言一三〕「緣，廢也」箋疏。○—與死同義。〔詩·陟岵〕「猶來無—」通釋。

弃　—與棄同。〔方言一○〕「拌，—也」箋疏。○—疾，〔史記〕作棄疾。〔左傳昭公一三年〕「—疾使周走而呼」洪詁。○—，古文棄。〔廣韻·至部〕○—，一作失。〔左傳莊公一四年〕「人—常則妖興」洪詁。

餌　—，食也。〔大戴·曾子疾病〕「—也」王詁。又〔廣韻·志部〕。○—謂飤之也。〔廣雅·釋詁三〕「—，食也」疏證。○凡所食之物皆曰—。〔慧琳音義·卷四六〕○合蒸曰—，餅屬也。〔慧琳音義·卷六二〕引〔韻詮〕。○溲米而烝之則為—。—之言而也，相黏而也。〔說文〕「鬻，粉餅也」義證引〔急就篇〕顏注。○—之言珥也，欲其堅潔而淨，若玉珥然也。〔同上〕繫傳。○—，字亦作咡。〔說文定聲·卷五〕○〔同上〕—，字亦變作誀。〔廣雅·釋詁二〕「誀，誘也」。○〔同上〕—，叚借為耳。〔禮記·曲禮〕「負劍辟咡詔之」。○〔同上〕—，叚借為膩。〔禮記·內則〕「捶反側之去其—」。

鬻　—同餌。〔廣韻·志部〕

媚　—，愛也。〔詩·思齊〕「思—周姜」朱傳。○—，順。〔載芟〕「思—其婦」朱傳。○—，順也。〔思齊〕「思—周姜」集疏。○—，順愛也。〔卷阿〕「—于天子」朱傳。○—，親順也。〔論語·八佾〕「與其—於奧」朱注。○—，嫵—。〔廣韻·至部〕○—，求悅於人也。〔孟子·盡心下〕「闇然—於世也者」朱注。○—，官本作娟。〔漢書·五行志〕「而桓有妬—之心」補注。○—當為娟。〔孝成趙皇后傳〕「成結寵妾妒—之誅」補注引王念孫。○或曰

丨當作媢。〔說文〕「媢，丨也」義證。○〔說文定聲・卷一二〕丨，叚借為魅。〔列子・力命〕「鬼丨不能欺」。○丨子，疑為嬪妾之稱。〔詩・駟驖〕「公之丨子」集疏引陳喬樅。

鼻 丨，所以引氣也。〔說文〕「丨，引气自畀也」義證引〔急就篇〕顏注。○丨者，心之門。〔同上〕義證引〔養生經〕。○丨猶初也。〔說文〕「鐔，劍丨也」段注。○丨者，始也。〔說文〕「皇，大也」義證引〔洪武正韻〕。○始祖為丨。〔同上〕義證。○人初生謂之丨。〔同上〕義證。○丨之言自也。〔廣雅・釋詁一〕「丨，始也」疏證。○劍首或謂之丨。〔周禮・考工記〕孫正義引金榜。

易 丨，治。〔詩・甫田〕「禾丨長畝」朱傳。○丨，治也。〔論語・八佾〕「與其丨也」朱注。又〔微子〕「誰以丨之」劉正義。又〔孟子・梁惠王上〕「深耕丨耨」朱注。○丨，移與之。〔國策・齊策六〕「不如丨餘糧於宋」鮑注。○丨與更同義。〔考工記〕「眂其裏而丨則材更也」孫正義引俞樾。○凡田或種穀或休生艸更迭變丨，故謂之丨。〔周禮・大司徒〕「不丨之地家百晦」孫正義。○丨為變丨之丨。〔左傳襄公二六年〕「欒、范丨行以誘之」洪詁。○丨當為移之假借。〔詩・甫田〕「禾丨長畝」通釋。○丨者，疾也，速也。〔左傳昭公二九年〕「丨之亡也」述聞。○丨，疾過也。〔漢書・天文志〕「出而丨」補注。○疾行而過謂之丨。〔史記〕「丨」雜志。○丨成猶速成也。〔周書・王佩〕「應事則丨成」平議。○丨耨，亦謂疾耨也。〔孟子・梁惠王〕「深耕丨耨」述聞。○丨、良同義。〔荀子・樂論〕「瑟丨良」集解。○丨謂平丨，不險難也。〔大戴・文王官人〕「信氣中丨」王詁。○丨，平丨也。〔衛將軍文子〕「丨行以俟天命」王詁。○丨，事之稍平者。〔漢書・陳湯傳〕「以所犯劇丨為罪」補注引周壽昌。○丨，平地也。〔中庸〕「故君子居丨以俟命」朱注。○丨，說。〔詩・何人斯〕「我心丨也」朱傳。○丨，和悅也。〔禮記・郊特牲〕「示丨以敬也」集解。○丨，輕。〔詩・抑〕「無丨由言」朱傳。○丨，輕也。〔公羊傳宣公一二年〕注「交丨猶往來也」陳疏引洪頤煊。又〔通鑑・周紀五〕「兵，死地也，而括丨言之」音注。又〔墨子・經說下〕「刀重則羅不丨」閒詁引張惠言。○丨，輕也，忽也。〔通鑑・漢紀二四〕「姦生所丨」音注。○丨猶慢丨也。〔釋詁〕「弛，丨也」鄭注。○丨訓輕，讀為〔禮・樂記〕慢丨之丨。〔漢書・王子侯表〕「病狂丨」補注引蘇輿。○丨當讀慢丨之丨，丨者輕也。〔國語・周語〕「監農不丨」述聞。○丨者，謂輕於喜怒也。〔左傳宣公一七年〕「丨者實多」疏證。○丨，輕丨也。〔韓子・外儲說左下〕「客以為厭丨己」集解。○丨，輕率也。〔漢書・竇嬰傳〕「魏其沾沾自喜，多丨」補注。○丨，簡也，謂苟簡。〔大戴・保傅〕「天子宴私，安如丨」王詁。○丨，簡丨也。〔廣韻・寘部〕○丨，難也。〔同上〕○丨，衺也。〔墨子・經下〕「景一小而丨」閒詁引張惠言。○丨與施古字通，施者邪也。〔同上〕平議。○丨當讀為施。〔荀子・君子〕「化丨如神」集解引俞樾。○丨者，延也，謂惡之蔓延也。〔左傳隱公六年〕「惡之丨也」述聞。○丨當訓為延，猶俗所謂傳染也。〔同上〕疏證。○丨與敡通。〔廣雅・釋詁三〕「移，敡也」疏證。○〔說文定聲・卷一一〕丨，叚借為敡。〔書・盤庚〕「今予告汝不丨」。○簡丨之字借為敡，侮敡即無難之辭也。〔說文定聲・卷一一〕○陽見于外故稱丨。〔易・繫辭上傳〕「乾以丨知」李疏。○經典多以丨代傷。〔說文〕「傷，輕也」句讀。○丨當為傷。〔說文〕「貿，丨財也」義證。○古疆場字多作丨。〔易・大壯〕「喪羊于丨」述聞。○〔說文定聲・卷一一〕丨，叚借為鬄。〔詩・甫田〕「禾丨長畝」。○〔同上〕丨，叚借為傷。〔論語〕「與其丨也寧戚」。○〔同上〕丨，叚借為徙。〔易・繫辭傳〕「丨者使傾」。○〔同上〕丨，叚借發聲之辭。〔廣雅・釋言〕「丨，如也」。○丨當讀為阤。〔左傳襄公二六年〕「欒范丨行以誘之」平議。○逿省作丨。〔釋詁〕「逿，遠也」郝疏。○丨，易之誤字。〔說文定聲・卷六〕〔「周」下〕○舊校云，丨一作為。〔呂覽・樂成〕「凡舉無丨之事」校正。

轡 丨，馬丨。〔廣韻・至部〕○丨，御者所執。〔大戴・盛德〕「吏者丨也」王詁。○丨，御者所執以御馬之索也。〔儀禮・既夕禮〕「約綏約丨」胡正義。○丨，馬縻也，所以制收車馬也。〔慧琳音義・卷四六〕引〔字書〕。○在首曰丨，亦謂勒。〔說文〕「勒，馬頭絡銜也」義證引〔急就篇〕顏注。○石虎諱勒，呼馬勒曰丨。〔同上〕義證引〔鄴中記〕。○丨，今之韁也。〔詩・簡兮〕「執丨如組」朱傳。○丨與連同義。〔說文定聲・卷一二〕

䜌 丨，各本篆文作轡。〔說文〕「丨，馬丨也」段注。

墜 丨，落也。〔廣韻・至部〕○丨，失也。〔荀子〕「小事殆乎遂」雜志。○丨與弛義相近。〔同上〕○丨者，隊之或體也。〔釋詁〕「丨，落也」郝疏。○隊，正字，丨，俗也。〔公羊傳文公三年〕注「丨，隋地也」陳疏。○丨，俗字，當為隊。〔書・酒誥〕「今惟殷丨厥命」孫疏。○丨或作礈。〔慧琳音義・卷一〕○丨即地字。〔楚辭・天問〕「何感天抑丨」補注。

醉 丨，卒也，卒，度也，度其量不至於亂也。〔說文〕「丨，卒也」義證引〔玉篇〕。○丨，卒其量也。〔大戴・保傅〕「飲酒而丨」王詁。○滿其量謂之丨。〔說文定聲・卷一二〕○〔同上〕丨，叚借為悴。〔大戴・文王官人〕「乞言勞丨」。○丨當為瘁。〔文王官人〕「乞言勞丨」王詁。

議 丨，謀也。〔廣韻・寘部〕○丨，圖也，詳論曰丨。〔慧琳音義・卷七一〕○丨者，圖丨國政。〔論語・季氏〕「庶人不丨」劉正義引方觀旭。○丨，擇也，評也，語也。〔廣韻・寘部〕○丨謂譖短之。〔國策・宋衛策〕「丨其事」鮑注。○丨猶意。〔國策・趙策一〕「丨秦以謀計」鮑注。○丨者，誼也。〔說文〕「丨，語也」段注。○丨，定事之宜也。〔同上〕繫傳。○得其宜之謂丨。〔同上〕段注。○丨謂論事之宜。〔說文定聲・卷一〇〕○丨當作義，義者事之宜也。〔韓子・愛臣〕「丨之而得之矣」集解。○丨與義同。〔漢書〕「天下之功」雜志。○丨當為義。〔漢書・周陽由傳〕「丨不受刑」補注。○〔史記〕丨作義。〔漢書・司馬相如傳〕「丨不反顧」補注。○丨讀為儀。儀，度也。〔左傳昭公六年〕「丨事以制」述聞。○儀度之儀，古通作丨也，

字又通作義。〔左傳宣公二年〕「一遠邇」述聞。○〔説文定聲・卷一〇〕一叚借為儀。〔易・繫辭傳〕「一之而後言」。○一當讀為儀。〔淮南・主術〕「喜憎一而治亂分矣」平議。○一當讀為俄。〔管子・法禁〕「法制不一則民不相私」平議。○一讀為俄。〔幼官〕「立四義而毋一者」平議。○一與擬皆度也，作一者假借字耳。〔易・繫辭〕「擬之而後言，一之而後動」述聞。

翅　一與𢧛同，或作翄，〔周官〕作翨，並字異而義同。〔廣雅・釋器〕「翄，翼也」疏證。○一，鳥翼。〔廣韻・寘部〕○一，强羽。〔國策・楚策四〕「鼓一奮翼」鮑注。○一同啻。〔説文〕「疧，病不一也」段注。○一者，啻之借字。〔同上〕句讀。○不一即不啻。〔説文〕「疧，病也」義證。○不一猶言不止。〔同上〕義證引〔洪武正韻〕。○𢧛，同一。〔廣韻・寘部〕○𢧛，或作翨，又作翄，今作一。〔慧琳音義・卷六六〕○𢧛，叚借為啻。〔説文定聲・卷一一〕○𢧛𢧛，飛皃。〔廣韻・支部〕

避　一，違也，迴也。〔廣韻・寘部〕○一猶退。〔國策・楚策一〕「寵臣不一軒」鮑注。○一本一作辟，當音闢。〔國策・韓策三〕「則可以一其兵」補注。○〔説文定聲・卷一二〕一，叚借為僻。〔儀禮・士相見禮〕「隱辟而後屨」。○一，本作壁，謂築壘壁而守之。〔漢書・荊王傳〕「賈輒一不肯與戰」補注引王念孫。○不一，言不讓也。〔漢書・食貨志〕「土地人民之衆不一湯禹」補注引宋祁。

辟　腓、葩、避，一並通。〔廣雅・釋詁三〕「腓，避也」疏證。○一猶屏闢去之。〔國策・韓策二〕「嚴仲子一人」鮑注。○一，避其所惡。〔國策・齊策四〕「不使左右便一」鮑注。○一人，即一除人，謂屏人使避之。〔孟子・離婁下〕「行一人可也」焦正義。○一音避。〔詩・葛屨〕「宛然左一」朱傳。○一同避。〔墨子・號令〕「自賊傷以一事」閒詁引畢沅。○一與避同。〔荀子〕「違其惡」雜志。○一，拓地也。〔國策・秦策三〕「再一千里」鮑注。○避，經傳皆以一為之。〔説文定聲・卷一一〕〔避〕下

笥　一，竹器。〔集韻・止部〕○一，篋也，圓曰簞，方曰一，竹器也。〔廣韻・志部〕○竹器之方而有蓋者皆曰一。〔説文定聲・卷五〕○一，貯衣裳也。〔説文〕「一，飯及衣之器也」義證引〔古文苑〕。

幟　一，旗一。〔廣韻・志部〕○一，旗也，或从志，通作織。〔集韻・志部〕○一猶記也。〔慧琳音義・卷六六〕引〔考聲〕。○一，頭上記也。〔慧琳音義・卷一三〕引〔考聲〕。○一當作識。〔説文〕「幡，幡一也」義證。○一，識之俗字，古有識無一。〔同上〕段注。○一，俗字古止作職。〔漢書・叔孫通傳〕「百官執戟傳警」補注引李慈銘。○一音熾。〔漢書・高帝紀〕「一皆赤」補注引蕭該〔音義〕。

粹　一本是精米之偁，引伸為凡純美之偁。〔説文〕「一，不襍也」段注。○一，精米不雜也，米不襍曰一。〔説文定聲・卷一二〕○不雜曰一。〔楚辭・遠遊〕「精醇一而始壯」補注引班固。○一即不息。〔易・文言〕「剛健中正，純一精也」李疏。○一之言萃也。〔廣雅・釋詁四〕「一，同也」疏證。○一與萃同，聚也。〔荀子・性惡〕「析速一孰」集解引郝懿行。○此借一為萃。〔漢書・賈誼傳〕「所託財器職業者一於羣下也」補注。○〔説文定聲・卷一二〕一，叚借為萃。〔荀子・正名〕「所欲未嘗一而來也」。○〔説文定聲・卷一二〕一，叚借為碎。〔荀子・儒效〕「舍一折無適也」。○辭、綷、一並通。〔廣雅・釋詁四〕「一，同也」疏證。○一，字亦作睟。〔説文定聲・卷一二〕○〔同上〕一，字亦作睟。〔法言・君子〕「牛元騂白睟而角」。

侍　一，承也。〔廣韻・志部〕○一，承其不及也。〔説文〕「一，承也」繫傳。○凡言一者皆敬恭承奉之義。〔同上〕段注。○一，近也，從也。〔廣韻・志部〕○一，候問也。〔漢書・淮南厲王傳〕「傳淮南王不發封餽一者」補注。○以其在殿柱之間，亦謂之柱下史，秦改為一御史。〔漢書・百官公卿表〕「内領一御史員十五人」補注引齊召南。○一御曰端公。〔通雅・稱謂〕○一人，奄人也。〔孟子・萬章上〕「於齊主一人瘠環」朱注。○晉以後之一中乃宰相，非秦漢之一中也。〔通雅・官制〕○一，元作持。〔國策・燕策一〕「質子於齊」鮑注。○一當作持。〔墨子・兼愛下〕「疾病不一養」平議。○〔説文定聲・卷五〕一，叚借為恃。〔老子〕河上本「為而不一」。○古讀恃、待皆同聲。〔釋詁〕「頒，待也」郝疏。○一，舊作待。〔呂覽・報更〕「文無以復一矣」校正。○〔説文定聲・卷五〕一，叚借為待。〔儀禮・士昏禮〕「媵一于户外」。○〔同上〕一，叚借為司察之司。〔禮記・喪大記〕「大胥一之」。○一，經傳多以寺為之。〔説文定聲・卷五〕○一，當為倚。〔墨子・襍守〕「令一殺」閒詁。○一，〔史記〕作持。〔漢書・梁懷王傳〕「又不一喪」補注。○一當作特。〔墨子・襍守〕「令一殺」閒詁引蘇時學。○一，官本作時。〔漢書・宣帝紀〕「詔内郡國舉文學高第」補注。

誼　一者，人所宜也。〔説文・敘〕「比類合一」段注。又〔廣韻・寘部〕。○一，人之所宜也。〔慧琳音義・卷一二〕引〔考聲〕。○一，亦善也，理也。〔慧琳音義・卷九〕○一，善也，善義理也。〔慧琳音義・卷五五〕○一、義古今字，周時作一，漢時作義，皆今之仁義字。〔説文〕「一，人所宜也」段注。○一，此仁義之古字。〔同上〕句讀。○一、義古字通用。〔漢書・地理志〕「小有勇而亡一則為盜」補注引錢坫。○古書仁義字本作一，禮儀字本作義。〔晏子春秋〕「畏禮義」雜志。○一，此古仁義字，經傳皆以義為之，今別用一為思一字。〔説文定聲・卷一〇〕○一與義同。〔楚辭・惜誦〕「吾一先君而後身兮」補注。

諠　一同誼。〔廣韻・寘部〕

帥　一，將一也。〔廣韻・至部〕○一，或作衛，軍將也。〔慧琳音義・卷三〕引〔集訓〕。○一，統領也。〔同上〕引〔考聲〕。○〔説文定聲・卷一二〕一，叚借為衛。〔周禮・大司馬〕「一以門名」。○一讀曰率。〔通鑑・周紀二〕「秦張儀一師伐魏」音注。○一是率先之意。〔漢書・循吏傳〕「以寬厚清

靜為天下—」補注引齊召南。○—與率同，—爾即率爾，猶言倏爾也。〔漢書·揚雄傳〕「—爾陰閉」補注。○—當為率。〔説文〕「將，—也」義證。○—，〔史記〕作率。〔左傳昭公一三年〕「獲其五—」洪詁。○—舉，猶言悉舉。〔漢書·谷永傳〕「—舉直言」補注引蘇輿。○—、率、悉三字聲義得相通。（同上）○—、率字通，本書或言—意，或言率意，或言悉意，或言盡意，義並相近。〔漢書·元帝紀〕「其—意毋怠」補注。○—，佩巾也。〔廣韻·至部〕引〔文字指歸〕。○—，〔公羊〕作率。〔左傳成公三年經〕「鄭公子去疾—師伐許」洪詁。○諸本—誤作師。〔左傳成公二年〕「輿—」洪詁。○—乃師字之誤。〔史記·田完世家〕「孫子為—」志疑。○此—係師，字形相近而譌。〔漢書·古今人表〕「—味」補注引錢大昕。

廁

—，溷—也。〔説文〕「—，清也」繫傳。○—，行清也，亦曰圊，曰庰，曰匽，曰溷。〔説文定聲·卷五〕○凡兩夾之間曰—，溷—其一名也。〔通雅·宮室〕○—者，匿避人之處也。〔説文定聲·卷一四〕（「匽」下）○〔通雅·卷三四〕—腧，穢器也。〔史記〕「取親中帬—腧」。○〔説文定聲·卷五〕—謂—中受穢之窬。〔漢書·石奮傳〕「取親中裙—腧」。○—之言側也。〔説文〕「—，清也」義證引〔急就篇〕顏注。○—，亦謂僻側也。（同上）○—與側通。〔漢書〕「外臨—」雜志。○—訓為側。〔漢書·石奮傳〕「取親中帬—腧」補注。○—與側同。〔漢書·張耳陳餘傳〕「要之置—」補注引錢大昕。○—當讀為側。〔左傳哀公一五年〕「迫孔悝於—」平議。○〔説文定聲·卷五〕—，叚借為側。〔漢書·汲黯傳〕「上踞—視之」。○—，閒也。〔續音義·卷三〕引〔切韻〕。○—猶置也。〔説文·敘〕「不相雜—也」段注。○—、側與危之義同。〔釋詁〕「栽，危也」郝疏。○—與厓義近，聲亦相轉。〔釋丘〕「涘為厓」郝疏。○〔説文定聲·卷五〕—，叚借為次，或為雜。〔廣雅·釋言〕「—，閒也」。○（同上）—叚借為仄。〔史記·張耳傳〕「要之置—」。○—亦誤作厠。（同上）○—，今人作圊。〔説文〕「—，清也」義證引〔六書故〕。

寄

—，—附。〔廣韻·寘部〕○—者，寓也。〔禮記·王制〕「東方曰—」集解引周謂。○人生天地之間，—也；—者，同歸也。〔漢書·藝文志〕「老萊子十六篇」補注引〔老萊子〕。○—猶假也。〔國策·齊策五〕「微用兵而—於義」鮑注。○—言假手於人不為主也。〔齊策五〕「—怨而誅不直」鮑注。○—猶委也。〔燕策一〕「不—質於齊」鮑注。○—，一説如質子—寓。（同上）○無字則點窠以足之，謂之—聲。〔通雅·小學大略〕○韻闕則引鄰以寓之，謂之—韻。（同上）○黄冠有妻拏者曰—褐。〔通雅·稱謂〕○—祿官，猶今之勛階也。〔通雅·官制〕○〔説文定聲·卷一〇〕—，叚借為羈。〔禮記·王制〕「東方曰—」。○經傳—廬字以羈旅為之，字亦作羇。〔説文定聲·卷一〇〕

睡

—，坐寐也。〔慧琳音義·卷三〕引〔集訓〕。○坐寐曰—。〔説文定聲·卷一二〕（「寐」下）○—，眠—。〔廣韻·寘部〕○—，熟也。〔慧琳音義·卷三〕引〔字書〕。○—，目垂者，目瞼垂而下坐則爾。〔説文〕「—，坐寐也，从目垂」段注。

忌

—，憎惡也。〔廣韻·志部〕○〔説文定聲·卷五〕惡其日之不祥，故曰—。〔禮記·祭義〕「—日之謂也」。○—，—諱。〔廣韻·志部〕○—，畏也。（同上）○—猶憚也。〔詩·桑柔〕「胡斯畏—」陳疏。○—，戒也。〔禮記·表記〕「敬—」集解。○—，敬也。〔廣韻·志部〕○—，止也。（同上）○〔説文定聲·卷五〕—，告誡也。〔淮南·天文〕「虹蜺彗星者，天之—也」。○（同上）—，叚借為諆，實為戒。〔廣雅·釋詁四〕「—，恐也」。○—當為諆。〔説文〕「禁，吉凶之—也」義證。○—讀如極。〔荀子〕「億—」雜志。○—，語助辭。〔詩·大叔于田〕「叔善射—」朱傳。○—，字變作鳮。〔説文定聲·卷五〕○〔説文〕引—作惎。〔書·秦誓〕「未就予—」述聞。又（同上）孫疏。○—、惎聲相近。（同上）○—，古亦讀如記也。〔説文〕「禁，吉凶之—也」段注。○己—古同聲。〔史記〕「無—」雜志。○〔説文定聲·卷五〕—，叚借為意。〔書·秦誓〕「未就予—」。○—當作誠。〔韓子·説疑〕「—怒」集解。○無極之為無—，蓋以北音相近而異。〔史記·十二諸侯年表〕「誅無—」志疑。○—，一作忘。〔呂覽·去尤〕「公息—謂郱君曰」校正。

貳

—，副也。〔廣韻·至部〕○周人言—，漢人言副，古今語也。〔説文〕「副，判也」段注。○凡有正書而寫其副本曰—。〔易·繫辭傳〕「因—以濟民行」平議。○朝祀之副曰—，戎獵之副曰佐。〔漢書〕「侯意」雜志。○—車，副車也。〔大戴·朝事〕「—車十有二乘」王詁。○—車、倅車、遣車，皆謂副車也。〔廣雅·釋詁一〕「—，盈也」疏證。○—室，副宮也。〔孟子·萬章下〕「帝館甥于—室」朱注。○副—者，相裨益也。〔説文〕「—，副益也」繫傳。○—，益也。〔禮記·曲禮〕「雖—不辭」集解。○—猶輔也。〔説文〕「差，—也」繫傳。○二人相副謂之—。〔説文〕「伍，相參伍」繫傳。○—，敵也。〔廣韻·至部〕○—，敵也，並也。〔穀梁傳隱公元年〕「不—之也」述聞。○—者，並也，耦也。〔禮記·郊特牲〕「不敢—君也」述聞。○—，疑也。〔大戴·四代〕「執事無—」王詁。又〔詩·大明〕「無—爾心」朱傳。又〔孟子·盡心上〕「殀壽不—」朱注。又〔廣韻·至部〕。○—，亦疑也。〔慧琳音義·卷一八〕引〔考聲〕。○—猶疑。〔國策·趙策一〕「故微伐韓以—之」鮑注。○—，魯作忒，三家皆當作忒。〔詩·氓〕「士—其行」集疏引陳喬樅。○—，差忒也。〔禮記·緇衣〕「衣服不—」集解。○—讀如忒。〔詩·閟宮〕「無—無虞」通釋。○—通作忒，又通作貸。〔釋詁〕「—，疑也」郝疏。○—當作貳，貳音他得切，即忒字也。〔國語·周語〕「平民無—」述聞。○—當為貳，字之誤也。〔荀子〕「脩道而不—」雜志。○—者，貳之譌。〔詩·大明〕「無—爾心」通釋。○〔周禮〕—作慝。〔大戴·朝事〕「殷眺以成邦國之—」王詁。○—讀為二。〔詩·大明〕「無—爾心」陳疏。○—，二心。〔左傳僖公二三年〕「—乃辟也」疏證引〔御覽〕。○—，心不一也。〔釋詁〕「—，疑也」鄭注。○—，攜—也。〔廣韻·至部〕○—，變異也。（同上）○—，欲兼任兩用之文。〔左傳隱公三年〕「王—于虢」疏證引〔癸巳類稿〕。○—，復也。〔論語·雍也〕「不—過」朱注。○—謂—之也。〔荀子·解蔽〕「不可以—周行」集解引郝懿行。○—當作膩。〔廣雅·釋言〕「—，汙也」疏證。○—當讀為膩。〔公羊傳莊公二三年〕「何危

爾我｜也」平議。〇｜當作埶。〔荀子・大略〕「六｜之博」集解引盧文弨。〇｜，匽姓，在隨州南。〔左傳桓公二年〕「將盟｜、軫」疏證引〔國名記〕。〇｜亦訓次。〔文選・報任少卿書〕「｜之又不能拾遺補闕」集釋。〇｜當為戒字之誤也。〔荀子・賦〕「憼革｜兵」集解引王念孫。

萃 ｜，艸聚皃。〔説文定聲・卷一二〕〇｜，聚也。〔通鑑・唐紀五〇〕「以招｜逋逃為理化」音注。〇｜，集。〔詩・墓門〕「有鴞｜止」朱傳。〇｜，聚也，集也。〔慧琳音義・卷一二〕引〔集訓〕。〇｜，集也，聚也。〔廣韻・至部〕〇〔説文定聲・卷一二〕｜，字亦作稡。〔爾雅・序〕「會稡舊説」。〇〔同上〕｜，以崒為之。〔子虛賦〕「萬端鱗崒」。〇｜蔡、翠粲、璀粲，字雖不同，其義也。〔文選・子虛賦〕「翕呷｜蔡」集釋。〇｜蔡即綷縩，衣聲也。〔同上〕〇｜蔡亦作綷縩，又作綷䌨，亦作翠粲。〔漢書・司馬相如傳〕「翕呷｜蔡」補注。〇｜與崒同音相通。〔文選・鵩鳥賦〕「異物來｜」集釋。〇｜與崪通。〔廣雅・釋詁二〕「崪，待也」疏證。〇｜通作崪。〔方言一二〕「｜，時也」箋疏。〇｜亦作崪。〔方言一二〕「｜離，待也」疏證。〇｜與倅通。〔文選・曲水詩序〕「七｜連鑣」集釋。〇卒、｜並與倅同。〔廣雅・釋詁一〕「倅，盈也」疏證。〇｜讀若瘁，瘁即顇字，顦顇也。〔韓子・説疑〕「有｜辱之名」集解。〇〔説文定聲・卷一二〕｜，段借為顇。〔荀子・富國〕「勞苦頓｜」。〇｜當讀為猝。〔管子・中匡〕「三王失之也，非一朝之｜」平議。〇〔説文定聲・卷一二〕｜，字亦作倅，或以卒為之。〔周禮・車僕〕「掌戎車之｜」。〇｜，官本作倅。〔漢書・王莽傳〕「邦國殄顇」補注。

穗 ｜，禾名。〔詩・大田〕「此有滯｜」集疏。〇｜，秀也。〔黍離〕「彼稷之｜」朱傳。〇｜采同字。〔同上〕陳疏。〇｜，同采。〔廣韻・至部〕

采 ｜，禾稷成皃。〔廣韻・至部〕〇｜與采同意。〔説文定聲・卷一二〕

二 ｜，數之少也。〔説文〕「匀，少也」繫傳。〇｜者，一之對也。〔論語・公冶長〕「聞一以知｜」朱注。〇｜，不一也。〔説文〕「羊，摋也」繫傳。〇｜，天地也。〔説文〕「五，五行也」繫傳。〇｜后，指夏商也。〔文選・封禪文〕「而崇冠於｜后」集釋。〇｜后猶並后也。〔韓子・難三〕「貴妾不使｜后」集解。〇｜八，｜列，大夫有｜列之樂。〔左傳襄公一一年〕「女樂｜八」洪詁。〇唐稱｜中尉曰｜廣。〔通雅・卷一九〕〇｜府，亦稱兩府，亦稱大府。〔漢書・劉向傳〕「今｜府奏佞讇不當在位」補注引王鳴盛。〇夏與漢之｜月，皆建卯之月也。〔賈山傳〕「以夏歲｜月」補注引王引之。〇對耦之詞曰｜。〔説文定聲・卷五〕（「再」下）〇｜讀為王貳于虢之貳。〔左傳閔公二年〕「外寵｜政」疏證引惠棟。〇｜當為貳。〔管子・大匡〕「今彭生｜於君」平議。〇〔説文定聲・卷一二〕｜，段借為貳。〔禮記・坊記〕「唯卜之日稱｜君」。〇｜，猶分也。〔説文定聲・卷一六〕（「匀」下）〇｜者，佴也。〔説文繫傳・通論上〕〇｜，古上也。〔同上〕〇｜命，當作上命。〔國語・晉語〕「若干｜命以求殺予」平議。〇｜當為上。〔墨子・大取〕

「愛｜世有厚薄」閒詁。〇｜，此本作弍。〔周書・謚法〕「純行不｜曰定」平議。

帔 ｜之言披也。〔廣雅・釋器〕「｜，帬也」疏證。〇｜，衣｜。〔廣韻・寘部〕〇〔説文定聲・卷一〇〕｜，字亦作襬，今男子之披肩，婦人之壓領，其遺意也。〔方言四〕「帬，自關而東謂之襬」。

臂 ｜，肱也。〔廣韻・寘部〕〇｜，肱腕。〔説文〕「｜，手上也」義證引〔增韻〕。〇肩下謂之｜。〔左傳宣公一六年〕疏證引凌廷堪。

嗣 ｜，繼也。〔大戴・誥志〕「是故聖人｜則治」王詁。又〔廣韻・志部〕。〇｜，續也。〔詩・杕杜〕「繼｜我日」朱傳。〇｜者，續也。〔荀子・哀公〕「若天之｜」集解引郝懿行。〇｜音，繼續其聲問也。〔詩・子衿〕「子寧不｜音」朱傳。〇｜，引伸為凡繼｜之偁。〔説文〕「｜，諸侯｜國也」段注。〇｜者，續之無已也。〔詩・杕杜〕「繼｜我日」後箋引〔田閒詩學〕。〇｜即後也。〔詩・下武〕「昭哉｜服」通釋。〇｜與息皆謂子也。〔春秋名字解詁〕「齊慶｜字子息」述聞。〇｜歲，當指明年。〔詩・生民〕「以興｜歲」通釋。〇｜服，猶云纘緒也。〔詩・下武〕「昭哉｜服」陳疏。〇傳訓｜為習者，習與襲同，皆有因繼之義。〔子衿〕「子寧不｜音」後箋。〇｜，魯、韓作詒。〔韓詩〕作詒，寄也，曾不寄問也。〔同上〕後箋。〇｜，魯、韓作詒。〔同上〕集疏。〇「不｜」之為「不怡」，「｜音」之為「詒音」，皆以聲相近而通。〔書・舜典〕「舜讓于德弗｜」述聞。〇｜字當從今文作怡。〔堯典〕「弗｜」平議。〇今文作怡，古文作｜。〔同上〕孫疏。〇｜讀為司，司｜古字通。〔荀子〕「若天之｜」雜志。〇｜讀為司。〔管子・版法〕「遠近高下，各得其｜」平議。〇｜通作似。〔釋詁〕「｜，繼也」郝疏。〇古辭、｜義通，｜當讀為辭。〔書・顧命〕「恐不獲誓言｜」平議

孠 ｜，古文嗣。〔廣韻・志部〕

吹 ｜，鼓｜也。〔廣韻・寘部〕〇〔説文定聲・卷一〇〕｜，段借為龡。蔡邕〔月令章句〕「｜者，所以通氣也，管簫竽笙塤篪皆以鳴｜者也」。〇〔同上〕｜，段借為炊。〔海賦〕「｜烔九泉」。

龡 ｜，古文吹。〔廣韻・寘部〕

遂 ｜，草木生長之稱。〔詩・長發〕「莫｜莫達」集疏。又〔同上〕通釋。〇｜，成也。〔詩・氓〕「靡室勞矣」通釋。又〔大戴・曾子立事〕「行而不能｜」王詁。又〔禮記・緇衣〕「百姓以仁｜焉」集解。又〔漢書・谷永傳〕「無攸｜」補注引王文彬。又〔廣韻・至部〕。〇｜猶成。〔國策・楚策一〕「得無｜乎」鮑注。〇｜，有成就之義。〔詩・雨無正〕「飢成不｜」陳疏。〇｜亦有成義。〔公羊傳昭公一三年〕注「楚亂｜成」陳疏。〇｜，進也。〔詩・雨無正〕「饑成不｜」朱傳。又〔禮記・月令〕「｜賢良」集解。又〔廣韻・至部〕。〇｜即進也。〔左傳哀公二年〕「庶人工商｜」平議。〇｜，通也。〔韓子・

有度」「嚴刑，所以丨令懲下也」集解引舊注。〇丨，達也。〔廣雅・釋宮〕「隊，道也」疏證。又〔廣韻・至部〕。〇丨猶達。〔國策・齊策四〕「非不得尊丨也」鮑注。〇丨，達也，丨成謂身達而名成。〔漢書・賈誼傳〕「斯遊丨成」補注。〇丨、達二字義同，猶言貴顯。〔漢書・敘傳〕「張湯丨達」補注。〇丨丨，思之達於外也。〔禮記・祭義〕「陶陶丨丨」集解。〇〔說文定聲・卷一二〕丨，進往通達之誼。〔廣雅・釋詁一〕「丨，往也」。〇丨，往也。〔廣韻・至部〕〇丨，止也。〔同上〕〇丨，竟也。〔大戴・文王官人〕「錯辭而不丨」王詁。又〔漢書・五行志〕「丨不改寤」補注。〇丨猶竟也。〔漢書・王貢兩龔鮑傳〕「子真丨不詘而終」補注。〇丨，竟也，謂終曲。〔韓子・十過〕「此亡國之聲，不可丨也」集解引王先謙。〇丨本訓終訓竟，皆有久意。〔詩・氓〕「言既丨矣」後箋。〇丨，稱。〔詩・候人〕「不丨其媾」朱傳。〇丨為稱意。〔說文〕「㒸，從意也」義證。〇丨，從志也。〔廣韻・至部〕〇丨，安也。〔同上〕〇丨字亦可訓為安。〔詩・氓〕「言既丨矣」陳疏。〇丨，順也。〔大戴・千乘〕「此國家之所以大丨也」王詁。〇丨，就也，亦從也。〔慧琳音義・卷五〇〕〇丨，道也，與術略同。〔說文定聲・卷一二〕〇丨同術。〔墨子・號令〕「當丨材木」閒詁引畢沅。〇丨，正字，術，借字。〔公羊傳文公一二年經〕「秦伯使丨來聘」陳疏。〇術、丨古字通。〔漢書・五行志〕「秦伯使丨來聘」補注引錢大昕。〇丨即述也。〔墨子・小取〕「率丨同」閒詁。〇述與丨古字通。〔左傳僖公二六年經〕「公子丨如楚乞師」疏證引惠棟。〇丨亦與隧通。〔廣雅・釋宮〕「隊，道也」疏證。〇丨與隊通，俗作墜，義同。〔墨子・法儀〕「使丨失其國家」閒詁。〇丨讀為墜。〔荀子〕「小事殆乎丨」雜志。又〔正論〕「廢易丨亡」集解。〇〔說文定聲・卷一二〕丨，垂也。〔詩・芄蘭〕「容兮丨兮」。〇〔同上〕丨，遠也。〔楚辭・天問〕「丨古之初」。〇丨有緩義，亦有急義，緩義為故，急義為今也。〔釋詁〕「肆，今也」郝疏。〇丨，語詞，猶言內也。〔國語・齊語〕「丨滋民」述聞。〇丨者，因事之詞，亦專詞。〔說文〕「欥，詮詞也」段注。〇率、丨聲近義同。〔墨子・小取〕「率丨同」閒詁。〇丨哀，謂哀而不止也。〔晏子春秋〕「脩哀」雜志。〇〔說文定聲・卷一二〕丨，段借為豙。〔聲類〕「丨，從意也」。〇〔同上〕丨段借為檖。〔禮記・月令〕「百事乃丨」。〇〔同上〕丨，段借為鐩。〔考工記・梟氏〕「為丨六分其厚」。〇〔同上〕丨，段借為邃。〔輿人〕「去一以為隧」。〇〔同上〕丨，段借為燧。〔漢書・西域傳〕「欲起亭隧」。〇〔同上〕丨，段借為綏。〔詩・雨無正〕「飢成不丨」。〇〔同上〕丨段借為揣。〔吳語〕「以能丨疑計惡」。〇〔同上〕丨，段借為刄，遲也。〔詩・候人〕「不丨其媾」。〇丨當為蘧。〔漢書・刑法志〕「丨走吳師」補注。〇肆、丨、是、所，一聲之轉也。〔釋詁〕「肆，故也」郝疏。〇丨，段借發聲之詞。〔說文定聲・卷一二〕(「隸」下)〇丨，世本作述。〔左傳僖公二六年經〕「公子丨如楚」疏證。〇丨，官本作朕，〔史記〕亦作朕。〔漢書・文帝紀〕「其為丨率列侯之國」補注。

恣　丨，縱也。〔廣韻・至部〕〇〔說文定聲・卷一二〕丨為放，故又為置也。〔廣雅・釋詁四〕「丨，置也」。〇丨睢，謂肆情放縱也。〔通鑑・秦紀三〕「有天下而不丨睢」音注。〇丨睢，自得貌。〔楚辭・遠遊〕「意丨睢以担撟」補注。〇丨睢，暴戾也。〔國策・燕策一〕「若丨睢奮擊」補正。〇〔說文定聲・卷一二〕丨，段借為次，為佽。〔方言三〕「丨，代也」。〇丨、佽、次，古字並通。〔方言三〕「丨，代也」箋疏。

四　丨表為丨海者，據德所被言之。〔書・堯典〕「光被丨表」孫疏。〇丨封，謂丨境，起土為界也。〔曾子立事〕「諸侯日旦思其丨封之內」王詁。〇丨時，丨帝，總謂上帝祠。〔漢書・郊祀志〕「唯雍丨時上帝為尊」補注。〇丨象，丨時也。〔漢書・律歷志〕「易丨象之節也」補注引虞翻。〇此言丨門，特約舉之詞。〔漢書・李尋傳〕「太微丨門」補注。〇丨市人，猶言諸市人耳，丨者，廣博之詞。〔漢書・劉屈氂傳〕「毆丨市人」補注。〇丨分，以九百丨十為日法，九百丨十之七百五，正丨分之三也，則壽王術日法亦同丨分矣。〔漢書・律歷志〕「又妄言太初歷虧丨分日之三，去小餘七百五分」補注引錢大昕。〇丨分者，玄首丨重也。〔漢書・揚雄傳〕「參摹而丨分之」補注引劉敞。〇丨據，手及足據地也。〔漢書・江都易王傳〕「彊令宮人贏而丨據」補注。〇丨少，少師、少傅、少阿、少保。〔漢書・王莽傳〕「又置丨少」補注引胡注。〇丨克，謂丨征而克之。〔漢書・敘傳〕「是庸丨克」補注。〇丨上，謂聲之上者有丨。〔楚辭・大招〕「丨上競氣」補注。〇丨方謂臣民。〔韓子・揚權〕「事在丨方」集解引舊注。〇丨海，丨方也。〔揚權〕「丨海既藏」集解引舊注。〇丨植，猶言丨楹也。〔墨子・備城門〕「樓丨植」閒詁。〇丨累，即指層累而上凡丨等。〔呂覽・順說〕「居丨累之上」校正。〇丨會，上壽曲也。〔通雅・樂曲〕〇丨，〔地理志〕引作駟。〔左傳定公一〇年〕「有白馬丨」洪詁。〇丨與駟通，謂駟乘也。〔韓子・愛臣〕「是故不得丨從」集解引孫詒讓。〇今〔詩〕丨作駟。〔說文〕「驖，詩曰丨驖孔阜」段注。〇丨上，疑當作四士。〔呂覽・知分〕「丨上之志」平議。

驥　丨，善馬之名。〔論語・憲問〕「丨不稱其力」朱注。〇丨，騏丨。〔廣韻・至部〕〇丨，史皆作冀，不作丨。〔說文〕「天水有丨縣」段注。

⿰馬豈　丨同驥。〔廣韻・至部〕〇丨，字或作冀，又作覬，並同。〔廣雅・釋言〕「丨，企也」疏證。

季　丨，昆丨也。〔廣韻・至部〕〇丨乃是行，高祖長兄伯，次兄仲，亦行也。〔史記・高祖本紀〕「字丨」志疑。〇丨，少也。〔詩・采蘋〕「有齊丨女」朱傳。〇丨，少也，小稱也。〔廣韻・至部〕〇丨者，幼也。〔論語・微子〕「丨隨丨騧」劉正義。〇丨，少子也。〔詩・陟岵〕「母曰嗟予丨」朱傳。〇丨者，少子也。〔史記・殷本紀〕「天下謂之紂」志疑。〇丨者，少長之稱。〔論語・公冶長〕「顏淵丨路侍」劉正義。〇丨女，亦指將嫁者。〔詩・采蘋〕「有齊丨女」後箋。〇〔通雅・卷一八〕小指為丨指。〔儀禮・少牢饋食禮〕「掛于丨指」。〇丑未辰戌為四丨，故甲辰為丨統。〔漢書・律歷志〕「孟仲丨迭用事為統首」補注引錢大昕。〇丨當作李。〔漢書・高惠高后文功臣表〕「戚圉侯丨必」補注。

刺　丨者，直傷也。〔說文〕「撽，丨也」段注。〇丨，又作刾，直傷也。〔慧琳音義・卷五一〕〇丨，殺也。〔禮記・王制〕「必三丨」集解。又〔左傳僖公二

八年經」「公子買戍衛不卒戍—之」洪詁。又〔孟子·公孫丑上〕「視—萬乘之君」朱注。○—為斫—之—。〔說文〕「莿，茦也」繫傳。○—，探也。〔通鑑·漢紀一五〕「陰—候朝廷事」音注。○—探猶伺探也。〔釋言〕「探，試也」郝疏。○—者，探取之義。〔荀子·正論〕「盜不竊賊不—」平議。○—，責。〔詩·瞻卬〕「天何以—」朱傳。○葉如楓而—者曰—桐。〔通雅·卷四三〕○—亦曰謁。〔通雅·書札〕○書姓名于奏白曰—，或曰名紙，唐曰門狀。〔同上〕○莿、朿、—，並字異而義同。〔廣雅·釋詁二〕「茦，箴也」疏證。○—、蛆、怛聲並相近，其義一也。〔方言二〕「—，痛也」箋疏。○—，針—。〔廣韻·寘部〕○〔說文定聲·卷一一〕—，叚借為茦。〔方言一三〕「凡草木—人，自關而西謂之—」。○〔同上〕—，叚借為責。〔詩·瞻卬〕「天何以—」。○〔同上〕—，叚借為誎。〔廣雅·釋詁二〕「—，箴也」。○〔同上〕—，叚借為斯。〔荀子·富國〕「—中殖穀」。○〔說文定聲·卷一一〕—，字亦作庛。〔儀禮·士相見禮〕「庶人則曰—草之臣」。

刺　—同刺。〔廣韻·寘部〕

駟　—，四馬也。〔論語·季氏〕「有馬千—」朱注。又〔說文〕「—，乘也」繫傳。○四馬曰—。〔國策·楚策一〕「結—千乘」補正。○—，四匹也。〔孟子·萬章下〕「繫馬千—」朱傳。○馬四匹為—。〔國策·魏策三〕「文馬二—」鮑注。○—，一乘也。〔漢書·司馬相如傳〕「楚王迺駕馴駮之—」補注。○—，一乘四馬也。〔離騷〕「—玉虬以椉鷖兮」補注。又〔廣韻·至部〕○—，四馬一乘也。〔說文〕「—，一乘也」義證引〔玉篇〕。○—介，四馬被甲也。〔詩·清人〕「—介旁旁」集疏。○—介，—馬被甲也。〔左傳僖公二八年〕「—介百乘」洪詁引服虔。○—即馬祖也。〔釋天〕「天—，房星也」郝疏。○〔說文定聲·卷一二〕天—，東方宿也。〔爾雅〕「天—，房星也」。○石經—作四。〔左傳襄公三〇年〕「—帶追之」洪詁。○—，齊亦作四。〔詩·大明〕「—騵彭彭」集疏。○—，三家作四。〔詩·駟驖〕「—驖孔阜」集疏。○〔說文定聲·卷一二〕—，叚借為四。〔禮記·樂記〕「天子夾振之而—伐」。○—蓋馳字之誤。〔廣雅·釋詁三〕「—，逐也」疏證。

柶　—即匕也。〔說文〕「皀，匕所以扱之」段注。○〔士冠禮〕有角—，—即觛也。〔說文〕「觛，角匕也」段注。○—，角匕，大喪用之。〔廣韻·至部〕○—，所以楔齒也。〔說文〕「—，匕也」繫傳。○凡扱醴扱羹之器皆曰—。〔儀禮·士冠禮〕胡正義引〔禮經釋例〕。

泗　—為鼻液也。〔詩·澤陂〕「涕—滂沱」通釋。○自鼻曰—。〔同上〕朱傳。○—即洟之假借字也。〔說文〕「洟，鼻液也」段注。○〔說文定聲·卷一二〕—，叚借為洟。〔詩·澤陂〕「涕—滂沱」。○—，涕—。〔廣韻·至部〕

識　—，記也。〔詩·賓之初筵〕「三爵不—」朱傳。又〔禮記·曲禮〕「博聞强—」集解。又〔左傳成公十六年〕「不亦—乎」疏證引邵寶。又〔論語·述而〕「默而—之」朱注。又〔通鑑·周紀一〕「謹—之」音注。○—，標—也。〔廣韻·志部〕○志與—聲義並同。〔廣雅·釋詁二〕「志，—也」疏證。○—，今作幟。〔管子〕「女勤于纖微而織—」雜志。○—，或作織。〔同上〕○—當為適。〔左傳成公一六年〕「—見不穀而趨」疏證引惠棟。○—，各本作幟，俗字也。〔說文〕「綮，一曰徽—信也」段注。○—，古文作志。〔說文定聲·卷五〕○〔同上〕—，字亦變作誌。〔說文新附〕「誌，記誌也」。○〔同上〕—，字亦作幟。〔通俗文〕「私記曰幟」。○〔同上〕—，字又變作痣。〔史記·高帝紀〕「左股有七十二黑子」正義「痣，吳楚謂之誌」。

痣　—，黑子。〔廣韻·志部〕

誌　—，記—。〔廣韻·志部〕

寐　—，卧也。〔詩·氓〕「夙興夜—」集疏。又〔廣韻·至部〕。○—，俗所謂睡著也。〔說文〕「—，卧也」段注。○—，寢也。〔廣韻·至部〕○—，息也。〔詩·關雎〕「寤—求之」集疏。又〔廣韻·至部〕。○—猶昧，訓寢。〔關雎〕「寤—求之」陳疏。○假—者，具衣冠坐而眠熟也。〔慧琳音義·卷一一〕引顧野王。○不脫冠帶而眠曰假—。〔說文定聲·卷一二〕○—，眠熟也。〔慧琳音義·卷五〕引顧野王。○—之言迷也，不明之意也。〔說文〕「—，從㝱省未聲」繫傳。○眠而無知曰—。〔說文定聲·卷一二〕○—，安也。〔慧琳音義·卷五〕引〔考聲〕。○—讀為沬，無—猶無已也。〔詩·陟岵〕「行役夙夜無—」述聞。

魅　—，魑—。〔廣韻·至部〕○—，老物精也。〔慧琳音義·卷一〇〕○—，神鬼為怪也。〔慧琳音義·卷三〕引〔考聲〕。○—當作鬽。〔左傳文公一八年〕「以禦螭—」疏證。○—，或作鬽，古作祙。〔慧琳音義·卷三〕

鬽　—同魅。〔廣韻·至部〕○—，俗作魅，魑—也。〔慧琳音義·卷二二〕○—亦忽見意。〔說文定聲·卷一二〕〔「䰡」下〕

邃　—，深也，遠也。〔廣韻·至部〕○〔說文定聲·卷一二〕—，以遂為之。〔典引〕「伊考自遂古」。

燧　—，取火之木也。〔論語·陽貨〕「鑽—改火」朱注。○—，鑒也。〔國策·齊策三〕「取火於—」鮑注。○載—，載火炬以照夜。〔左傳文公一〇年〕「命夙駕載—」疏證。○—謂鏡中取火也。〔慧琳音義·卷二一〕○—謂邊塞之上守望逯火之亭。〔說文〕「—，塞上亭」段注。○—，晝舉逯，夜燔—。〔說文定聲·卷一二〕○〔同上〕—，叚借為鐩。〔考工記·輈人〕「謂之鑒—之齊」。

隧　—，道。〔詩·桑柔〕「大風有—」朱傳。○—，道也。〔太素·虛實補寫〕「寫其經—」楊注。○闕地通路曰—。〔左傳襄公一八年〕「連大車以塞—而殿」洪詁引〔國語〕賈注。○—即山脅道。〔說文〕「阪，一曰山脅也」義證。○—，埏—，墓道也，俗作墜。〔廣韻·至部〕○—之言疾也。〔詩·桑

柔〕「大風有｜」述聞。○｜與遺古同聲而通用。〔漢書〕「逐遺風」雜志。○｜風，疾風也。（同上）○古謂衝風為｜風。〔詩·桑柔〕「大風有｜」述聞。○｜，韓作隊，魯作遂。（同上）集疏。○隊、｜同。〔左傳襄公一八年〕「連大車以塞｜而殿」洪詁。○｜、遂同字。〔國策·卷下〕「求武｜」札記引丕烈。○｜與隊同，隊墜古今字。〔荀子·非相〕「莫肯下｜」集解引郝懿行。○｜，墜借字。〔漢書·敘傳〕「春峻谷曰勿｜」補注。○｜、奪聲相近，或為兑。〔晏子春秋〕「茲於兑」雜志。○｜又作術。〔廣雅·釋水〕「漾，坑也」疏證。○｜風即遺風也。〔詩·桑柔〕「大風郁遂」述聞。○古謂疾風為｜風。〔漢書〕「逐遺風」雜志。

穟 ｜，禾秀。〔廣韻·至部〕○｜者，禾穗成秀也，故轉注為生成長育之誼。〔説文定聲·卷一二〕〔「遂」下〕○｜，禾黍盛貌。〔慧琳音義·卷一九〕引〔字説〕。○｜｜，苗美好之貌也。〔詩·生民〕「禾役｜｜」朱傳。○｜，禾穎也，或作穗。〔慧琳音義·卷一五〕引〔韻英〕。○｜，禾垂貌。〔説文〕「｜，禾采之皃」義證引〔五經文字〕。

遂 ｜同穟。〔廣韻·至部〕

襚 衣衾曰｜。〔儀禮·士喪禮〕「君使人｜徹帷」胡正義引劉向。○衣被曰｜。〔説文〕「｜，衣死人也」義證引〔春秋説題辭〕。○｜，遺也。（同上）○｜猶遺也。〔儀禮·既夕禮〕胡正義。○｜之為言遺也。〔廣雅·釋詁三〕「｜，遺也」疏證。○歸、饋、遺、｜，聲並相近。（同上）疏證。○〔説文定聲·卷一二〕｜，以饋為訓。〔白虎通〕「｜之為言遺也」。○｜，贈｜。〔廣韻·至部〕○｜為衣死人衣。〔左傳文公九年經〕「秦人來歸僖公成風之｜」疏證。○｜，死人衣也。〔説文〕「｜，衣死人也」義證引〔玉篇〕。○｜與裞同。〔廣雅·釋詁三〕「｜，遺也」疏證。○〔説文定聲·卷一二〕｜，以諧以綏為訓。〔禮記·少儀〕疏「｜者，遂彼生時之意也」。

璲 ｜，瑞也。〔詩·大東〕「鞙鞙佩｜」朱傳。○｜、瑞聲近。〔釋器〕「｜，瑞也」郝疏。○｜，玉也。〔廣韻·至部〕○佩玉之綏亦曰｜。〔説文定聲·卷六〕〔「綏」下〕○古者佩玉之系謂之｜，俗字為繸，又謂之綏。〔説文〕「綏，韍維也」段注。

檖 ｜，赤羅也。〔詩·晨風〕「隰有樹｜」朱傳。○｜，陽｜，木名，一曰赤羅子。〔廣韻·至部〕○｜，山梨也。〔釋木〕「｜，蘿」鄭注。○｜，今〔詩〕〔爾雅〕作檖。〔説文〕「檖，詩曰隰有樹｜」段注。○｜同檖。

樣 〔廣韻·至部〕○〔説文定聲·卷一二〕｜，字亦作檖。〔爾雅〕「檖羅」。○（同上）｜，叚借為邃。〔荀子·禮論〕「疏房檖貌」。○（同上）｜，叚借為檖。〔廣雅·釋詁三〕「檖，遺也」。

緣 ｜，佩玉緣也。〔廣韻·至部〕

睟 ｜，視皃。〔廣韻·至部〕○｜，視正皃。〔集韻·至部〕○｜，視正皃也。〔慧琳音義·卷一六〕引〔考聲〕。○｜，深視也。〔續音義·卷七〕引〔玉篇〕。○｜，潤澤皃。〔廣韻·至部〕又〔集韻·至部〕。○｜，潤澤之皃。〔慧琳音義·卷一〇〇〕引顧野王。○｜然，潤澤之皃也。〔卷二一〕引〔玉篇〕。○｜然，清和潤澤之貌。〔孟子·盡心上〕「｜然見於面」朱注。

顇 ｜，顦｜。〔廣韻·至部〕○｜，顦顇也。〔楚辭·惘上〕「鬚髮薴｜兮」補注。○｜者，面容枯槁。〔説文定聲·卷一二〕〔「悴」下〕○｜，勞苦見於面。〔説文〕「｜，顦｜也」繫傳。○｜，或作悴，枯｜，瘦惡貌。〔慧琳音義·卷二〕引〔字書〕。○｜，今人多用憔悴字。〔説文〕「｜，顦｜也」段注。○｜通作瘁。〔釋詁〕「｜，病也」邵正義。○｜，通作瘁，又通作萃。（同上）郝疏。○〔説文定聲·卷一二〕｜，字又作顇。〔大戴·用兵〕「六畜顇胔」。○（同上）｜，叚借為悴。〔太玄·劇〕「貞｜」。

謚 ｜者號也，不作｜法解，猶之以氏為姓，並秦漢時人語。〔史記·孟嘗君列傳〕「文卒，｜為孟嘗君」志疑。○｜者，行之迹也。〔禮記·表記〕「先王｜以尊名」集解。又〔集韻·寘部〕。○｜，以行易其名也。〔説文〕「｜，行之迹也」繫傳。○｜、誄，死者所用，策則初封及之國者所用。〔漢書·景帝紀〕「大鴻臚奏｜、誄、策」補注引錢大昕。○｜乃謚之俗體。〔釋詁〕「謚，靜也」郝疏。○｜者，謚之誤字。〔説文定聲·卷一二〕

謐 ｜叚借為氏。〔説文定聲·卷一二〕○（同上）｜叚借為謚，蓋形之譌。〔釋詁〕「｜，靜也」。

牸 ｜，母牛也。〔慧琳音義·卷三六〕○｜，牝牛。〔廣韻·志部〕○牛牝曰｜。〔續音義·卷五〕引〔切韻〕。○牛之牝者曰｜。〔本草·卷五〇〕○凡牛羊之雌者曰｜。〔慧琳音義·卷五三〕引〔文字釋要〕。○字、｜義同，即謂牝馬之乳子者。〔漢書·食貨志〕「乘｜牝者擯而不得會聚」補注。○｜，或通作字。〔廣雅·釋獸〕「｜，雌也」疏證。○〔平準書〕｜作字。〔漢書·食貨志〕「｜牝」補注。

植 ｜，立也。〔論語·微子〕「｜其杖而芸」劉正義。又〔通鑑·唐紀四五〕「人之所歸則｜」音注。○｜，立之也。〔論語·微子〕「｜其杖而芸」朱注。○｜，倚也。（同上）劉正義。○｜，引伸為凡｜物、｜立之｜。〔説文〕「｜，户｜也」段注。○｜鼓謂之建鼓，亦曰縣鼓。〔通雅·樂器〕○持、｜之為言皆直也。〔廣雅·釋器〕「持、｜，槌也」疏證。○｜，古置字。〔管子·七臣七主〕「緩急俱｜」義證。○｜與置古字通。〔文選·弔屈原文〕「方正倒｜」補正。○〔説文定聲·卷五〕｜，叚借為置。〔論語〕「｜其杖而芸」。○｜，種也。〔廣韻·志部〕○〔説文定聲·卷五〕｜，叚借為蒔。〔廣雅·釋地〕「｜，種也」。○｜，將主也。〔莊子·田子方〕「則列士壞｜散群」平議。

熾 ｜，盛。〔詩·六月〕「玁狁孔｜」朱傳。又〔廣韻·志部〕。○｜，猛火也。〔慧琳音義·卷五一〕引顧野王。○｜，赤皃也。〔説文〕「埴，黏土也」段

注。〇—，赤色也。〔慧琳音義·卷五一〕引〔考聲〕。〇—，必潔也。〔同上〕引顧野王。〇官本注—作幟。〔漢書·食貨志〕「旗織加其上」補注。〇〔說文定聲·卷五〕—叚借為饎。〔禮記·月令〕「湛—必潔」。〇〔同上〕—，叚借為植。〔詩·載芟〕「俶載南畝」箋「俶載當作—菑」。

織　—文，錦綺屬。〔廣韻·志部〕〇—、幟字同。〔詩·六月〕「—文鳥章」朱傳。〇—，或通作幟。〔同上〕通釋。〇識為正字，今作—者，叚借字。〔同上〕通釋。〇—當作識。〔同上〕陳疏。

食　—，飯也。〔論語·鄉黨〕「—不厭精」朱注。又〔孟子·梁惠王下〕「簞—壺漿」朱注。〇六穀之飯曰—。〔說文定聲·卷五〕〇引伸之，人用供口腹亦謂之—。〔說文〕「食，亼米也」段注。〇〔說文定聲·卷五〕糧者—字之訓，古書或借飤為—耳。〔說文〕「飤，糧也」。〔「飤」下〕〇—事，謂—與事也。〔楚辭·九辯〕「心煩憺兮忘—事」補注。〇—謂享—其賦稅物產。〔墨子·天志下〕「以兼而—之也」閒詁。〇—亦飲也。〔易·井〕「井洌寒泉—」李疏。〇—指者，—所偏用。〔左傳宣公四年〕「子公之—指動」疏證。〇—，—封户也。〔國策·趙策一〕「賣主之地而—之」鮑注。〇古通謂僞言為—言。〔左傳僖公一五年〕「我—吾言」疏證。〇—者，行棊。〔國策·魏策三〕「欲握則握」鮑注。〇—字本作蝕。〔詩·十月之交〕「日有—之」通釋。〇—讀曰飤。〔漢書·王嘉傳〕「道中過者皆飲—」補注引胡注。〇—，字本作飤。〔廣雅·釋詁三〕「餅，食也」疏證。〇〔說文定聲·卷五〕—，叚借為飤。〔左傳文公一八年〕「功以—民」。〇—音嗣。〔詩·七月〕「—我農夫」朱傳。

積　—，委—也。〔廣韻·寘部〕〇少曰委，多曰—。〔大戴·朝事〕「委—之以其牢禮之數」王詁。〇—謂芻米禾薪。〔大戴·主言〕「乃為畜—衣裘焉」王詁。〇—，今人言稻—是也。〔說文〕「—，聚也」繫傳。〇—讀為漬，漬死，病死也。〔漢書〕「—死」雜志。〇殰、漬、—、瘠，並字異而義同。〔同上〕〇〔說文定聲·卷一一〕—，字亦作積。〔埤蒼〕「積，—也」。

忮　—，害。〔詩·雄雉〕「不—不求」朱傳。〇—，害也。〔說文〕「玉，石之美有五德」繫傳。又〔集韻·支部〕〇懻—，害心。〔廣韻·寘部〕〇—，報復私怨。〔詩·雄雉〕「不—不求」後箋引嚴粲。〇—，不媚，勁很。〔說文〕「—，很也」義證引〔玉篇〕。〇—，恨也。〔漢書·匡衡傳〕「或—害好陷人於罪」補注引宋祁。〇—，狠也。〔通鑑·宋紀六〕「風俗豪—」音注。〇—，三家作伎。〔詩·瞻卬〕「鞫人—忒」集疏。〇—，或叚伎為之。〔說文〕「—，很也」段注。〇—當作枝。〔說文〕「扞，—也」段注。

被　—，—服也。〔廣韻·寘部〕〇—猶服也。〔楚辭·涉江〕「—明月兮珮寶璐」補注引五臣。〇〔說文定聲·卷一〇〕卧衣曰—，大—曰衾。〔說文〕「—，寢衣也」。〇—具，士卒所服用之具。〔國策·東周策〕「械器—具」鮑注。〇—，覆也。〔大戴·曾子制言中〕「四支不—」王詁。又〔廣韻·寘部〕。〇—猶及也。〔大戴·禮察〕「廣育—蠻貊四夷」王詁。〇〔史·表〕—作披。〔漢書·王子侯表〕「—陽敬侯燕」補注。〇—服者，言以儒術衣—其身。〔漢書·河閒獻王傳〕「—服儒術」補注引胡注。〇〔史·表〕—作披。〔漢書·地理志〕「—陽，侯國」補注。〇〔說文定聲·卷一〇〕—，叚借為披。〔考工記·廬人〕「以其一為之—而圍之」。〇—，蒙也。〔漢書·張湯傳〕「—惡言而死」補注。〇〔說文定聲·卷一〇〕—猶受也。〔禮記·禮運〕「食味別聲—色」。〇—頭謂之—識。〔通雅·衣服〕〇—即髲鬄，同物而異名耳。〔詩·采蘩〕「—之祁祁」集疏。〇髮、—古字通用。〔采蘩〕「—之僮僮」後箋引戴震。〇〔說文定聲·卷一〇〕—，此義實借為彼。〔管子·立政〕「俗之所—」。〇〔同上〕—，叚借為彼，實助語之詞。〔荀子·宥坐〕「復瞻—九蓋皆繼」。〇〔同上〕—，叚借為帔髮。〔方言四〕「帍裱謂之—巾」。〇〔同上〕—，叚借為髲。〔儀禮·少牢禮〕「主婦—錫」。〇〔同上〕—，叚借為柀。〔論語〕「吾其—髮左衽矣」。〇—當讀為披。〔左傳桓公六年〕「我張我三軍而—吾甲兵」平議。

芰　—，蔆也。〔廣韻·寘部〕〇—，水草。〔楚辭·招魂〕「雜—荷些」補注引五臣。〇—生水中，葉浮水上，花黃白色。〔離騷〕「製—荷以為衣兮」補注。〇—，其葉支散，故字从支。〔本草·卷三三〕〇〔說文定聲·卷一一〕〔「蔆」下〕〇—，一名水栗，一名薢茩。〔說文〕「蔆，—也」義證引〔酉陽雜俎〕。〇—即蔆英光，即草決明，古皆有薢茩之稱。〔說文定聲·卷一一〕言其葉之岐起曰—，楚謂之—，秦謂之薢茩。〔廣雅·釋草〕「蔆、—，薢茩也」。

懿　—，美也。〔詩·瞻卬〕「—厥哲婦」朱傳。又〔孟子·告子上〕「詩曰故好是—德」朱注。又〔廣韻·至部〕〇—，溫柔聖克也。〔同上〕〇—，深美也。〔詩·七月〕「女執—筐」朱傳。〇—，專久而美也。〔通鑑·陳紀八〕「—戚重臣」音注。〇—，大也。〔同上〕又〔廣韻·至部〕。〇—，深也。〔詩·七月〕「女執—筐」通釋。〇—作有者，言信有之也。〔書·金縢〕注「史遷—作有」孫疏。〇〔說文定聲·卷一二〕—，歎聲也。〔詩·瞻卬〕「—厥哲婦」。〇〔同上〕—，叚借為噫，實發聲之詞。〔書·金縢〕「對曰信—」馬注「猶億也」。〇—同抑。〔說文〕「归，按也」段注。〇—、抑通借。〔詩·瞻卬〕「—厥哲婦」集疏。〇〔說文定聲·卷一二〕—，叚借為抑，實重言形況字，即抑抑，威儀之詩也。〔楚語〕「於是乎作—戒」。〇〔同上〕—，字亦作禕。〔釋詁〕「禕，美也」。〇〔同上〕—，叚借為医，按長也。〔小爾雅·廣詁〕「—，深也」。

譩　—，俗作懿，哀痛聲也，又發歎詞也。〔續音義·卷五〕引〔考聲〕。

悸　—，心動也。〔廣韻·至部〕〇—，心驚也。〔慧琳音義·卷七八〕引〔考聲〕。〇—，怒也。〔同上〕〇心中喘息曰—。〔漢書〕「病—」雜志引韋昭。〇凡物之動皆可以—言之。〔詩·芄蘭〕「垂帶—兮」平議。〇—，帶下垂之貌。〔同上〕朱傳。〇—為紟字之假借，垂也。〔同上〕通釋。〇—即萃之假借，垂貌。〔同上〕後箋。〇—，古文痵。〔方言一二〕「惵，—也」箋疏。〇—與痵通。〔廣雅·釋詁一〕「痵，病也」疏證。〇〔說文定聲·卷一

二〕丨，叚借為痵。〔漢書·田延年傳〕「使我至今病丨」。〇丨，或借痵字。〔説文〕「丨，心動也」義證。

覬 丨，覦也。〔左傳桓公二年〕「而下無丨覦」疏證引王念孫。〇丨覦，希望。〔廣韻·至部〕〇丨亦通闓。〔左傳桓公二年〕「下無丨覦」疏證。〇丨作窺，窺謂舉足而視也。（同上）洪詁引服虔。〇丨、闓、覦、欲，聲相近。〔廣雅·釋詁二〕「闓，欲也」疏證。〇丨，漢人或作驥。〔説文〕「丨，欿㚷也」段注。〇丨，通作驥。（同上）義證。〇丨，古多作幾。（同上）段注。〇丨亦作冀。（同上）〇丨，經傳多以冀為之，丨冀雙聲。〔説文定聲·卷一二〕〇丨，服本作窺。〔左傳桓公二年〕「下無丨覦」疏證引洪氏。

冀 丨，望也。〔大戴·曾子立事〕「見其一，丨其二」王詁。〇丨，叚借為望也，幸也，蓋以丨同覬也。〔説文〕「丨，北方州也」段注。〇丨與覬音同字通，俱訓望也。〔荀子·脩身〕「行而供丨」集解引郝懿行。〇〔説文定聲·卷五〕丨，叚借為覬。〔珠叢〕「丨謂心有所希求也」。〇丨，北方也。〔説文〕「丨，北方州也」義證引〔增韻〕。〇丨，九州中，謂今四海之內。〔楚辭·雲中君〕「覽丨州兮有餘」補注引〔淮南子〕注。〇丨亦作驥。〔漢書·地理志〕「丨」補注。〇〔説文定聲·卷五〕丨，叚借為翼。〔荀子·修身〕「行而供丨」。〇（同上）丨，叚借為記。〔史記·秦本紀〕「築丨闕」。〇（同上）丨，叚借為隸。〔禮記·文王世子〕釋文「丨，及也」。〇丨、近同聲而異字。〔漢書〕「揚」雜志。

暨 丨者，乍出微見也。〔説文定聲·卷一二〕〇丨，日頗見者，見而不全也。〔説文〕「丨，日頗見也」段注。〇丨，至也。〔廣韻·至部〕〇丨，及也。（同上）〇丨丨，猶幾幾。〔説文〕「丨，日頗見也」段注。〇丨，極也。〔慧琳音義·卷二〇〕引〔考聲〕。〇丨，与也。〔廣韻·至部〕〇訓丨為與也，與讀為豫。〔書·禹貢下〕「南丨聲教」孫疏。〇臮之叚借多作洎，作丨。〔説文〕「丨，日頗見也」段注。〇〔説文定聲·卷一二〕丨，叚借為臮。〔爾雅·釋詁〕「丨，與也」。〇（同上）丨，叚借為訖。〔小爾雅·廣言〕「丨，及也」。〇丨丨與仡仡古聲亦相近。〔廣雅·釋訓〕「丨丨，武也」疏證。〇〔説文定聲·卷一二〕丨，叚借為塈。〔禮記·喪大記〕「塗不丨于棺」。〇丨，〔左氏〕作蔇，蔇丨通假字。〔公羊傳莊公九年經〕「公及齊大夫盟于丨」陳疏。〇丨至，亦詞也。〔慧琳音義·卷一四〕

懻 丨，强力皃。〔廣韻·至部〕〇丨即冀字別也。〔漢書·地理志〕「民俗丨忮」補注引錢坫。

惎 丨，毒。〔左傳定公四年〕「丨間王室」洪詁引賈逵。〇丨，毒也。〔集韻·之部〕〇丨當訓為毒。〔左傳哀公元年〕「少康丨澆」洪詁。〇〔説文定聲·卷五〕丨，憎惡也。〔左傳哀公二七年〕「由是丨智伯」。〇丨當訓為忌。〔左傳哀公二七年〕「趙襄子丨知伯」洪詁。〇丨、忌音同義相近。〔説文〕「丨，周書曰來就丨丨」段注。〇丨，教也。〔廣韻·志部〕〇丨當訓為教。〔左傳定公四年〕「丨間王室」洪詁引惠棟。〇丨，一曰謀也。〔廣韻·志部〕〇丨之言基，基，謀也。〔左傳定公四年〕「丨間王室」述聞。〇諆、丨、基，並字異而義同。〔爾雅〕「基，謀也」述聞。又〔玉篇〕「諆，謀也」述聞。又〔廣韻〕「丨，教也，一曰謀也」述聞。〇丨，意也。〔集韻·之部〕〇〔説文定聲·卷五〕丨，叚借為忌。〔小爾雅·廣言〕「丨，忌也」。〇此叚丨為誋也。〔説文〕「丨，毒也」段注。〇〔説文定聲·卷五〕丨叚借為誋。〔小爾雅·廣言〕「丨，教也」。〇丨讀為誋。〔左傳宣公一二年〕「楚人丨之」疏證引朱駿聲。〇〔説文定聲·卷五〕丨，叚借為意。〔廣雅·釋詁三〕「丨，意也」。〇丨，當依〔説文〕作畀。〔左傳宣公一二年〕「楚人丨之」洪詁。

洎 丨，肉汁。〔廣韻·至部〕〇肉汁為丨。〔説文〕「丨，灌釜也」段注。〇丨謂以水添釜。〔説文定聲·卷一二〕〇丨，至也。〔慧琳音義·卷一〇〕引晉灼。〇丨，及也。〔廣韻·至部〕〇丨，潤也。（同上）〇〔説文定聲·卷一二〕丨，叚借為臮。〔書·無逸〕鄭本「爰丨小人」。

穊 禾多曰丨。〔説文定聲·卷一二〕（「蔇」下）〇丨，稠也。〔廣韻·至部〕〇丨，引伸為凡稠之偁。〔説文〕「丨，稠也」段注。〇丨，密也。〔説文〕「稹，種丨也」繫傳。

蔇 丨，猶密也。〔説文〕「丨，艸多皃」繫傳。〇丨，公、穀皆作暨。〔左傳莊公九年經〕「公及齊大夫盟于丨」洪詁。〇丨、概同。（同上）洪詁。〇丨、暨通。（同上）疏證。

媿 丨與愧同。〔方言二〕「赧，愧也」箋疏。〇丨，慙丨。〔廣韻·至部〕〇丨即醜字。〔國策·卷上〕「欲丨之以辭」札記引丕烈。〇丨與傀同。〔楚辭·思美人〕「丨易初而屈志」補注。〇不丨與不攘同義。〔漢書·賈誼傳〕「切而不丨」補注。

愧 丨、媿古通用。〔方言二〕疏證。〇丨、聭、謉並同媿。〔廣韻·至部〕〇丨當為醜字。〔漢書·賈誼傳〕「終不知反廉丨之節」補注引王念孫。

匱 丨，俗作櫃。〔説文〕「丨，匣也」段注。〇丨，引伸為竭，為乏。（同上）〇丨，竭。〔詩·既醉〕「孝子不丨」朱傳。〇丨，竭也。〔廣韻·至部〕〇丨，乏也。〔慧琳音義·卷四〕引〔字書〕。又〔廣韻·至部〕。〇乏財曰丨。〔慧琳音義·卷四七〕〇訓丨為空。〔左傳成公二年〕「丨盟也」疏證引沈欽韓。〇丨，窮也。〔慧琳音義·卷一二〕引〔考聲〕。〇〔慧琳音義·卷二二〕丨者，慳法，法入身心，藏而祕之，猶如丨匣，名為丨法。〔大般若經·卷一八一〕「丨正法」。〇丨，譎詭權詐之意。〔左傳成公二年〕「丨盟也」疏證引朱駿聲。〇言而不實謂之丨。〔國語·晉語〕「其言丨」平議。〇丨，本作遺。遺，棄也。〔大戴·保傳〕「聖智在位而功不丨」述聞。〇〔説文定聲·卷一二〕丨，叚借為遺，實為饋。〔廣雅·釋詁二〕「丨，加也」。〇（同上）丨，叚借為潰。〔禮記·月令〕「則財不丨」。〇丨讀為讀。〔左傳成公二年〕「丨盟也」疏證。〇丨，字亦作鐀，俗作櫃。〔説文定聲·卷一二〕〇丨，官本作匱，丨匱古通用。〔漢書·梁懷王傳〕「玉毀於丨中」補注。

饋　｜，餉也。〔廣韻·至部〕○｜，或作餽，餉也。〔慧琳音義·卷一九〕引〔韻英〕。○｜者，遺以食也。〔釋詁〕「饁，｜也」鄭注。○進物於尊者亦曰｜。〔慧琳音義·卷六五〕○｜、餽同。〔國策·趙策三〕「孝成王方｜不墮食」鮑注。○｜、餽古文通用。〔方言一二〕「鐫，餽也」箋疏。○｜，經傳多以餽、以歸、以遺為之。〔說文定聲·卷一二〕○｜通作餽，又通作歸。〔釋詁〕「饁，｜也」郝疏。○｜之言歸也，故｜多假歸為之。〔說文〕「｜，餉也」段注。○｜之言歸也，與餽義各別，作｜者假借字耳。〔方言一二〕「餟，餽也」箋疏。○｜通作歸。〔說文〕「｜，餉也」義證。○歸｜遺禭，聲並相近。〔廣雅·釋詁三〕「禭，遺也」疏證。○｜亦祭名也。〔慧琳音義·卷六五〕○｜與匱通。〔墨子〕「食不可不務」雜志。

餽　｜同饋。〔廣韻·至部〕○｜即｜餉也。〔國策·中山策〕「飲食餔｜」補注。○以物與人曰｜，以言語餉人亦曰｜。〔莊子·庚桑楚〕「夫復謵不｜而忘人」集釋。○今字以｜為饋，此乃假借。〔說文〕「饋，餉也」段注。○借｜為饋。〔同上〕句讀。○｜與匱通。〔墨子·七患〕「四穀不收謂之｜」閒詁引邵晉涵。又〔廣雅·釋詁三〕「匱，少也」疏證。○〔說文定聲·卷一二〕｜，叚借為媿。〔莊子·庚桑楚〕「夫復謵不｜而忘人」。○｜通作歸。〔說文〕「｜，吳人謂祭曰｜」義證。○〔說文定聲·卷一二〕｜，叚借為匱，實為潰。〔墨子·七患〕「四穀不收謂之｜」。

簣　｜，土籠。〔廣韻·至部〕

蕢　｜，草也。〔禮記·禮運〕「｜桴而土鼓」集解引胡銓。○｜，草器也。〔論語·憲問〕「荷｜而過孔氏之門」劉正義。又〔國策·齊策六〕「坐而織｜」鮑注。又〔通鑑·周紀四〕「坐則織｜」音注。又〔廣韻·至部〕。○｜，土籠也，亦作簣。〔慧琳音義·卷七五〕○｜者，赤色也。〔釋草〕「｜，赤莧」述聞。○｜，或借匱字。〔說文〕「｜，艸器」義證。○｜字乃藉字之誤。〔墨子·非命下〕「｜若信有命而致行之」平議。○｜，藉字之誤，藉若猶言假如也。〔非命下〕「｜若信有命」閒詁引俞樾。○｜當為蕢字之誤。〔漢書·王子侯表〕「｜侯方」補注引王念孫。

臾　｜同蕢。〔廣韻·至部〕○〔說文定聲·卷一二〕｜，叚借為塊，讀為蒯，謂束茅莖以擊也。〔禮記·禮運〕「蕢桴而土鼓」。○〔同上〕｜，叚借為殨。〔呂覽·達鬱篇〕「草鬱則為蕢」。

恚　｜通作哇，恨也。〔方言六〕「爰、嗳，｜也」箋疏。○｜，恨怒也。〔說文〕「｜，恨也」義證引〔玉篇〕。又〔通鑑·晉紀一七〕「虎｜曰」音注。○｜，怒恨也。〔廣韻·寘部〕○｜，忿之深切也。〔說文〕「｜，恨也」繫傳。○｜，恨也。〔國策·齊策六〕「故去忿｜之心」鮑注。

比　｜，密也。〔楚辭·招魂〕「容態好｜」補注引五臣。又〔說文〕「畁，｜田也」段注。○｜之言密也。〔說文〕「髮，用梳｜也」段注。○｜，其本義謂相親密也。〔說文〕「｜，密也」段注。○｜，相與周密也。〔同上〕繫傳。○｜，親也。〔楚辭·招魂〕「容態好｜」王注。○親密之密，即｜字之叚借。〔說文定聲·卷一二〕○｜，稠也。〔慧琳音義·卷八五〕○｜，頻也。〔通鑑·宋紀六〕「｜表求還」音注。○｜猶頻也。〔公羊傳莊公一九年〕注「公｜不至」陳疏。○｜，近也。〔論語·先進〕「｜及三年」劉正義。又〔漢書·石奮傳〕「切｜閭里」補注引劉奉世。又〔楚辭·橘頌〕「行｜伯夷」補注。又〔廣韻·至部〕。○｜，字當訓為近。〔孟子·梁惠王〕「願｜死者一洒之」平議。○｜田者，兩田密近也。〔說文〕「畁，｜田也」段注。○五家為｜。〔詩·良耜〕「其｜如櫛」朱傳。○｜與順同義。〔易·比彖傳〕「｜，吉也」述聞。○｜與從同義。〔同上〕○｜，從也。〔論語·里仁〕「義之與｜」朱注。○｜，連也。〔孟子·萬章下〕「將｜今之諸侯而誅之乎」朱注。○｜，連也，以虎皮連合縫之，故謂之皋｜。〔義府·卷上〕○｜，及也。〔禮記·喪大記〕「｜出宮」集解。又〔孟子·梁惠王下〕「｜其反也」朱注。又〔通鑑·漢紀一三〕「｜至郁成」音注。○｜猶至也。〔孟子·公孫丑下〕「且｜化者」焦正義。○｜，併也。〔廣韻·至部〕○｜，並也。〔本草·卷四四〕○凡｜附之義，皆合并之轉注，｜校皆叙次之轉注。〔說文定聲·卷一二〕○｜，合也。〔禮記·月令〕「必｜類」集解。又〔楚辭·悲回風〕「芳以歇而不｜」補注。○｜猶合也，謂合之而為耦也。〔儀禮·鄉射禮〕「遂以｜三耦于堂西」胡正義。○以利合者，｜也。〔論語·為政〕「｜而不周」劉正義引王引之。○｜，阿黨也。〔孟子·滕文公下〕「御者且羞與射者｜」朱注。又〔廣韻·至部〕。○阿黨為｜。〔論語·為政〕「周而不｜」劉正義。又〔通鑑·周紀一〕「豈將｜周以求大官哉」音注。○｜，偏黨也。〔論語〕「周而不｜」朱注。○｜之義為方，｜方猶言譬如。〔孟子·梁惠王下〕「｜其反也」焦正義。○｜猶為也。〔孟子·梁惠王上〕「願｜死者一洒之」朱注。○敦、｜，皆治也。〔荀子〕「敦｜其事業」雜志。○｜，今作篦。〔說文〕「髮，用梳｜也」句讀。○｜、篦古今字，｜，密也，引伸為櫛髮｜。〔說文〕「笸，取蟣｜也」段注。○櫛之小而細所以去蟣蝨者謂之｜，言其齒密｜也。〔說文〕「梳，理髮也」義證引〔急就篇〕顏注。○｜即櫛，音鼻。〔史記·匈奴列傳〕「｜余一」志疑。○｜讀若毗。〔說文〕「櫛，梳｜之總名也」段注。○｜｜，猶即即也，｜｜猶櫛｜之｜。〔通雅·釋詁〕○｜音毗，不｜言不和也。〔通鑑·周紀二〕「鍾聲不｜乎」音注。○｜，次也。〔孟子·滕文公上〕「子｜而同之」朱注。○〔說文定聲·卷一二〕｜又作笓。〔廣雅·釋詁三〕「笓，次也」。○〔同上〕｜，叚借為坒。〔漢書·諸侯王表〕「諸侯｜境」。○坒、笓、｜並通。〔廣雅·釋詁三〕「坒、笓，次也」疏證。○助與｜義相近。〔廣雅·釋詁三〕「右，｜也」疏證。○〔說文定聲·卷一二〕｜，叚借為庇。〔莊子·人間世〕「隱將｜其所藾」。○庇與｜通。〔荀子〕「敦｜其事業」雜志。○｜猶皆也。〔國策〕「俱止於棲」雜志。○｜，〔宋志〕作芘。〔漢書·地理志〕「｜蘇」補注。○作｜者正字，作沘者或字，｜、泌一聲之轉。〔地理志〕「｜陽」補注引王念孫。

庇　｜者，蔭也。〔說文〕「蠏，有二敖八足，非它鮮之穴無所｜」段注。○｜，｜廕。〔廣韻·至部〕○｜，覆廕也。〔說文〕「｜，蔭也」義證引〔玉篇〕。○

丨，引伸之為凡覆丨之偁。〔同上〕段注。○丨，字或作庀。〔同上〕義證。○丨，或省作庀。〔同上〕句讀。○丨通作芘，又通作庀。〔釋言〕「丨，蔭也」郝疏。○丨當讀為裨。〔國語·魯語〕「周恭王能丨昭穆之闕而為恭」平議。○〔說文定聲·卷一二〕丨叚借為比。〔小爾雅·廣詁〕「庀，具也」。○疪、丨並比聲。〔漢書·霍去病傳〕「雁疪為煇渠侯」補注。

畀 丨，與也。〔詩·干旄〕「何以丨之」朱傳。又〔說文〕「鼻，引气自丨也」繫傳。○丨，与也。〔廣韻·至部〕○丨之為言與也，能以其餘丨其下者也。〔說文〕「丨，相付与之約在閣上也」段注。○丨，付與也。〔釋詁〕「丨，賜也」鄭注。○丨，予。〔詩·豐年〕「烝丨祖妣」朱傳。○丨，助也。〔說文〕「鼻，引气自丨也」繫傳。○丨謂頒胙及之也。〔禮記·祭統〕「以其餘丨其下」集解。○俾與丨聲相近。〔書·洪範上〕注「史遷丨作從」孫疏。○卑丨二字音同字近。〔左傳襄公二三年經〕「邾丨我來奔」洪詁。○今傳丨作畁。〔說文〕「丨，春秋傳曰楚人丨之」段注。

畁 丨，舉也。〔廣韻·志部〕○丨，各本作畀。〔說文〕「綥，帛蒼艾色也」段注。

痹 風寒溼三氣襍至，合而為丨也。〔說文〕「丨，溼病也」段注引岐伯。○丨，風溼不仁也。〔說文〕「痿，丨也」義證引〔急就篇〕顏注。○丨，濕病也。〔通鑑·漢紀五七〕「懿辭以風丨」音注。○丨，腳冷濕病。〔廣韻·至部〕○丨，足痿無力也。〔慧琳音義·卷五四〕引〔考聲〕。○丨，溼則營衛气不至而頑丨也。〔說文〕「丨，溼病」繫傳。○痱丨，暴厲之疾。〔慧琳音義·卷四二〕○丨讀曰卑。〔大戴·勸學〕「其流行丨下倨句」王詁。○丨讀曰庳，下也。〔大戴·曾子本孝〕「丨亦弗憑」王詁。○〔通雅·卷三〇〕丨者，猶今俗云敝聲也。〔琴賦〕「閒遼故音丨」。○丨，猶如俗云敝聲也。兩手之閒遠則有敝，故曰閒遼音丨。〔文選·琴賦〕「閒遼故音丨」補正引〔東坡志林〕。

奰 丨，怒也，一曰迫也。〔廣韻·至部〕○丨眉，與⿰月鼻呬通。〔廣雅·釋詁二〕「⿰月鼻，盛也」疏證。

𡘋 丨同奰。〔廣韻·至部〕○丨，怒。〔詩·蕩〕「內丨于中國」朱傳。○丨，魯作奰。〔同上〕集疏。

詖 丨，辯而不正也。〔慧琳音義·卷九一〕引〔考聲〕。○丨，險薄也。〔同上〕○丨，偏陂也。〔孟子·公孫丑上〕「丨辭知其所蔽」朱注。○丨同頗，古文以丨為頗也。〔說文〕「憸，憸頗也」段注。○丨，諭丨。〔廣韻·寘部〕○丨，佞也。〔同上〕又〔續音義·卷七〕引〔切韻〕。○丨，佞而有慧也。〔慧琳音義·卷九一〕引〔考聲〕。○丨，慧也。〔廣韻·寘部〕○〔說文定聲·卷一〇〕丨，叚借為頗。〔說文〕「丨，古文以為頗字」。○佊、彼、陂、丨，並字異而義同。〔廣雅·釋詁二〕「佊，衺也」疏證。○丨，或借陂字。〔說文〕「憸，憸丨也」義證。

毖 丨，慎。〔詩·小毖〕「而丨後患」朱傳。○丨，慎也。〔廣韻·至部〕○丨，告也。〔書·酒誥〕「女典聽朕丨」述聞。又〔廣韻·至部〕。○此丨當釋為敕。〔書·酒誥〕「厥誥丨庶邦」孫疏引王念孫。○丨，泉始出之貌。〔詩·泉水〕「丨彼泉水」朱傳。○丨流者，輕快之流，丨即泌之假借字。〔說文〕「泌，俠流也」段注。○〔說文定聲·卷一二〕丨，叚借為泌。〔廣雅·釋言〕「丨，流也」。○丨讀為泌。〔詩·泉水〕「丨彼泉水」陳疏。○丨者，泌之假借，蓋疾流之義。〔同上〕通釋。○丨與祕同，故為勞。〔書·大誥〕「勤丨我民」孫疏。○丨通作閟，又通作秘。〔釋詁〕「丨，慎也」郝疏。○丨、祕、眡古通字。〔方言六〕「眡，趙魏之閒謂之眡」箋疏。○丨、祕、眡、泌並字異而義同。〔廣雅·釋言〕「丨，流也」疏證。○丨同必。〔書·酒誥〕「厥誥丨庶邦」孫疏。○丨，一曰遠也。〔廣韻·至部〕○〔說文定聲·卷一二〕丨，叚借為坒。〔廣雅·釋詁一〕「丨，遠也」。

閟 丨，閉也。〔詩·載馳〕「我思不丨」朱傳。又〔慧琳音義·卷八二〕引〔韻英〕。○丨與閉略同。〔說文定聲·卷一二〕○丨，引伸為凡閉之稱。〔說文〕「丨，閉門也」段注。○丨，閉。〔廣韻·至部〕○丨，深閉也。〔詩·閟宮〕「丨宮有侐」朱傳。○丨，止也。〔載馳〕「我思不丨」朱傳。○丨，遏抑。〔同上〕後箋。○丨宮，毖祀之宮也。〔閟宮〕「丨宮有侐」集疏引魯說。○丨與祕同，密也。〔載馳〕「我思不丨」集疏。○丨與祕音義同。〔同上〕通釋。○假借丨為祕也。〔說文〕「祕，神也」段注。○丨同毖。〔書·大誥〕「天丨毖我成功所」孫疏。○〔說文定聲·卷一二〕丨，叚借為毖。〔書·大誥〕「天丨毖我成功所」。○〔同上〕丨借為宓。〔孟子〕丁音「丨宮，清淨之宮」。○丨當讀為畢。〔左傳閔公二年〕「丨其事也」平議。

泌 丨，泉皃。〔廣韻·至部〕○〔說文定聲·卷一二〕丨，輕快之皃。〔說文〕「丨，俠流也」。○今〔詩〕作毖，丨之假借也。〔說文〕「眡，讀若詩云丨彼泉水」段注。○丨，或借毖字。〔說文〕「丨，俠流也」義證。○毖與丨通。〔詩·衡門〕「丨之洋洋」陳疏。○毖、祕、眡、丨，並字異而義同。〔廣雅·釋言〕「毖，流也」疏證。

祕 丨，神也，俗作秘。〔廣韻·至部〕○丨，密也。〔廣雅·釋言〕又〔廣韻·至部〕。○丨，藏也。〔廣雅·釋言〕○丨之言閉也。〔說文〕「丨，神也」繫傳。○丨，勞也。〔廣韻·至部〕○丨，視也。〔同上〕○丨與毖通。〔廣雅·釋詁三〕「毖，比也」疏證。○〔說文定聲·卷一二〕丨，叚借為毖。〔廣雅·釋詁一〕「丨，勞也」。○〔同上〕丨，叚借為泌。〔韓詩·泉水〕「丨彼泉水」。○〔同上〕丨，叚借為庇。〔考工記·輪人〕故書「謂之丨軹」。○〔同上〕丨，叚借為閟。〔太玄·眾〕「豹騰其丨」。○毖、丨、眡、泌，並字異而義同。〔廣雅·釋言〕「毖，流也」。○丨書謂緯書。〔說文〕「易，丨書說日月為易」段注。○漢人左右六經之書謂之丨緯。〔說文〕「緯，織衡絲也」段注。

鷙 丨，擊鳥。〔國策·韓策一〕「虎丨之士」鮑注。又〔廣韻·至部〕。○丨鳥，擊鳥也。〔離騷〕「丨鳥之不羣兮」補注。○丨，殺鳥也。喻其殘忍。〔國策·趙策一〕「好利而丨」鮑注。○丨亦悍也。〔廣雅·釋詁三〕「悍，很也」疏證。○丨、摯通。〔國策·韓策一〕「虎丨之士」補注。○丨，或叚摯為

之。〔説文〕「摯，握持也」段注。○丨猶縶也。〔説文〕「樊，丨不行也」繫傳。○丨亦借字，當作縶。〔説文〕「樊，丨不行也」義證。○〔説文定聲・卷一三〕丨，叚借為折。〔莊子〕「丨曼詭銜」。○丨，元作摯。〔國策・韓策一〕「虎丨之士」鮑注。○愎、丨皆很也。〔管子〕「上彌殘苟」雜志。

贄　丨，禮也。〔左傳成公一二年〕「交丨往來」洪詁引薛綜。○丨即摯之俗。〔周禮・大宗伯〕孫正義。○丨，俗字，後人所改，當為摯。〔書・堯典〕「二生一死丨」孫疏。○丨，執丨也。〔廣韻・至部〕○丨，摯之通借。〔釋詁〕「摯，臻也」郝疏。○丨，〔新序〕作執。〔呂覽・尊師〕「禹師大成丨」校正。○丨，不動皃。〔集韻・薛部〕

摯　丨，持也。〔廣韻・至部〕○丨，執也，所以表至也。〔釋詁〕「丨，臻也」鄭注。○丨音至，又音貞二反，握持也。〔廣雅・釋詁〕「丨，解也」疏證。○丨，引伸為人所執丨之稱。〔周禮・大宗伯〕「以禽作六丨以等諸臣」孫正義。○丨，與至聲近義同。〔詩・關雎〕「雎鳩」後箋。○臨其丨，猶言及其至。〔漢書・竇田灌韓傳贊〕「臨其丨而顛墜」補注引王先慎。○丨、執、至、致，聲義並相近。〔周禮・大宗伯〕「以禽作六丨」孫正義。○〔説文定聲・卷一三〕丨，叚借為致。〔考工記・弓人〕「斲丨必中」。○丨猶進。〔國策・魏策四〕「其丨諂也固矣」鮑注。○凡鳥之勇獸之猛皆曰丨。〔國策・韓策一〕「虎鷙之士」補正。○丨讀曰鷙。〔大戴・夏小正〕「鷹始丨」王詁。○丨，〔左傳〕〔世表〕作鷙。〔漢書・古今人表〕「楚熊丨」補注。○〔説文定聲・卷一三〕丨，叚借為鷙。〔廣雅・釋詁三〕「丨，佷也」。○古字多假丨為鷙。〔説文〕「鷙，擊殺鳥也」段注。○丨，義亦與鷙同。〔廣雅・釋言〕「鷙，執也」疏證。○〔説文定聲・卷一三〕丨以質為之。〔孟子〕「出疆必載質，庶人不傳質為臣」。○質、丨古通。〔史記・五帝紀〕「帝丨立」志疑。○丨、贄、質、鷙通用。〔通雅・釋詁〕○丨與瘛同義。〔方言一二〕「瘛，解也」箋疏。○丨謂親迎所奠之鴈也。〔禮記・郊特牲〕「執丨以相見」集解。○丨，國名。〔詩・大明〕「丨仲氏任」朱傳。○丨者，贄之叚音也。〔釋詁〕「丨，臻也」郝疏。○〔説文定聲・卷一三〕丨，叚借為贄。〔釋詁〕「丨，臻也」。○〔同上〕丨，叚借為輊。〔考工記・輈人〕「大車之轅丨」。○〔同上〕丨，叚借為槷。〔考工記・輪人〕「大而短則丨」。○〔同上〕丨，叚借為折。〔禮記・月令〕「雪霜大丨」。○〔同上〕丨，叚借為瘵。〔廣雅・釋詁一〕「丨，引也」。

觶　丨，爵受四升，或作觗觝。〔廣韻・寘部〕○丨，古文本作觗。〔説文〕「丨，鄉飲酒丨」段注。○〔説文定聲・卷一四〕丨，字亦作觝。〔考工記・梓人〕疏引〔鄭駁異義〕「丨字角旁支」。

胾　丨，切肉也。〔詩・閟宮〕「毛炰丨羹」朱傳。○純肉切之曰丨。〔説文定聲・卷五〕〔弇下〕○〔卷五〕丨無骨而方正切之。〔管子・弟子職〕「羹丨中別」注「謂肉而細切」。○丨，大臠也。〔廣韻・志部〕○丨，臠肉為之。〔通鑑・後晉紀三〕「某曰市肉為丨」音注。○丨之言裁也。〔廣雅・釋器〕「丨，臠也」疏證。

躓　丨，礙之也。〔説文〕「桎，足械也」繫傳。○丨礙，不進也。〔慧琳音義・卷五四〕引〔考聲〕。○丨，不利也，礙也。〔慧琳音義・卷七四〕○丨，謂桎辱也，足蹋也。〔慧琳音義・卷九〕○丨，礙也，頓也。〔廣韻・至部〕○丨猶頓也。〔慧琳音義・卷七七〕引顧野王。○丨，跲也。〔集韻・質部〕又〔國策・燕策一〕「寧佯丨而覆之」鮑注。又〔通鑑・晉紀一六〕「馬丨」音注。○丨，通作疐。〔釋言〕「疐，跲也」郝疏。○丨與疐通。〔廣雅・釋言〕「躓，疐也」疏證。○〔説文定聲・卷一二〕楚人讀丨為蹪。〔淮南・説山〕「萬人之蹪」。

漬　丨謂浸丨也。〔説文〕「丨，漚也」段注。○丨，浸潤，又漚也。〔廣韻・寘部〕○自其方漚未淘言之曰丨。〔説文〕「滰，浚乾丨米也」段注。○丨字音義同骴。〔説文〕「骴，鳥獸殘骨曰骴」段注。○〔説文定聲・卷一二〕丨叚借為骴。〔禮記・曲禮〕「四足曰丨」。○丨又作殰。〔説文〕「骴，鳥獸殘骨曰骴」段注。○瓷與茨，丨與積，義亦相近。〔廣雅・釋詁一〕「茨，積也」疏證。○丨亦染也。〔墨子〕「必擇所堪」雜志引〔考工記〕注。○湛、丨皆染也。〔同上〕○丨死，病死也。〔漢書〕「積死」雜志。○〔説文定聲・卷一一〕丨叚借為膌。〔呂覽・順民〕「以視孤寡老弱之丨病」。○丨、積、瘠、殲，俱一聲之轉。〔釋詁〕「殲，盡也」郝疏。○殰、丨、積、瘠並通。〔廣雅・釋詁一〕「殰，病」疏證。○丨亦借漸。〔説文〕「瀸，丨也」句讀。○丨當為漬。〔説文〕「釋，丨米也」義證。○或者曰丨當為積。〔説文〕「涔，丨也」義證。

稺　丨，幼禾也。〔詩・大田〕「無害我田丨」朱傳。○丨謂禾之初生而未壯實者。〔大田〕「彼有不穫丨」後箋。○丨，引伸為凡幼之偁。〔説文〕「丨，幼禾也」段注。○丨義本為幼禾，引申之凡幼小通謂之丨。〔考工記〕「丨牛之角直而澤」孫正義。○丨，幼小，不能見事理之大。〔詩・載馳〕「衆丨且狂」集疏。○丨亦遲也。〔廣雅・釋詁三〕「遲，晚也」疏證。○遲、丨又同訓為晚。〔墨子〕「遲者」雜志。○丨，晚禾。〔廣韻・至部〕○丨，禾名。〔詩・大田〕「彼有不穫丨」集疏。○後種曰丨。〔閟宮〕「稙丨菽麥」朱傳。○〔説文定聲・卷一二〕丨，復種者禾小。〔閟宮〕傳「復種曰丨」。○丨者，驕也。〔載馳〕「衆丨且狂」述聞。○〔説文定聲・卷一二〕丨，叚借為擠。〔管子・重令〕「工以雕文刻鏤相丨也，謂之逆」。○丨，今字作稚。〔説文〕「丨，幼禾也」段注。○丨、養義近。〔釋言〕「鞠，生也」郝疏。

穉　丨即稺之俗。〔周禮・土方氏〕孫正義。○丨謂晚種後孰者也。〔詩・大田〕「彼有不穫丨」通釋。○丨亦驕也。〔莊子・列禦寇〕「以其十乘驕丨莊子」集釋。○丨，一曰自驕矜皃。〔集韻・脂部〕

稚　丨當作稺，稺、丨為古今字。〔説文〕「稙，詩曰稙丨尗麥」段注。○丨，幼丨，亦小也，晚也。〔廣韻・至部〕○丨，幼子也。〔孟子・滕文公上〕「使老

丨轉乎溝壑」朱注。〇丨季者，叔幼也。〔說文〕「季，少偁也」義證引〔急就篇〕顔注。〇丨者，當養以正。〔說文〕「育，養子使作善也」段注。

遲　丨，待也。〔通鑑·晉紀一四〕「丨得見公」音注。又〔廣韻·至部〕。〇丨，去聲，待也。〔文選·南樓中望所遲客〕「臨江丨來客」補正。〇丨，或作迡，待也。〔慧琳音義·卷五九〕〇丨猶望也。〔卷一六〕〇丨，欲其疾也。〔同上〕〇丨、犁二字並與比同義。〔廣雅·釋詁〕「邌，丨也」疏證。〇〔說文定聲·卷一二〕丨，段借為直。〔西征賦〕「賓旅竦而丨御」。

埴　丨，黏土。〔廣韻·志部〕〇丨，黏土也。〔說文〕「瓬，周家摶丨之工也」繫傳。〇丨，訓黏土堅牢之意。〔墨子·尚賢中〕「丨固」閒詁引畢沅。

祟　丨，神禍也。〔國策·東周策〕「周之祭地為丨」鮑注。又〔說文〕「𣪠，楚人謂卜問吉凶曰𣪠」繫傳。〇丨，神禍也，鬼厲也。〔通鑑·漢紀五〕「趙王如意為丨」音注。〇丨，神鬼為害也。〔慧琳音義·卷四三〕引〔字書〕。〇丨者，神自出之以警人者。〔說文〕「丨，神禍也」繫傳。〇丨，禍丨。〔廣韻·至部〕

豉　丨，鹽丨。〔廣韻·寘部〕〇丨者，幽豆而為之也。〔說文〕「敊，配鹽幽尗也」義證引〔急就篇〕顔注。〇官本丨作跂。〔漢書·禮樂志〕「灑路陂」補注。

敊　丨，本豆也，以鹽配之，幽閉於甕盎中所成，故曰幽尗。〔說文〕「丨，配鹽幽尗」義證引楊慎。〇丨同豉。〔廣韻·寘部〕

珥　丨，耳飾。〔廣韻·志部〕〇〔說文定聲·卷五〕丨，玉之似珠圓者。〔蒼頡篇〕「丨，珠在耳也，耳璫垂珠者曰丨」。〇〔同上〕丨筆，吮筆也。〔文選·求通親表〕「執鞭丨筆」。〇青赤氣員而小，在日左右為丨。〔漢書·天文志〕「抱丨蚉蜺」補注引〔晉志〕。〇氣青赤，曲向外，中有一横狀如帶鉤，名為丨。〔漢書·李尋傳〕「邪氣丨蜺數作」補注引〔開元占經〕。〇劍首或謂之丨。〔考工記〕孫正義引金榜。〇丨、餌聲類相同。〔周禮·肆師〕「以歲時序其祭祀及其祈丨」孫正義。〇丨、衈義相近。〔廣雅·釋詁一〕「珥，斷也」疏證。

衈　耳血曰丨。〔本草·卷三〕〇丨，開刑書殺雞血祭名。〔廣韻·志部〕〇羽牲謂之丨。〔禮記·雜記下〕「釁」集解。〇珥、丨義相近。〔廣雅·釋詁一〕「珥，斷也」疏證。

咡　丨，口吻。〔廣韻·志部〕〇丨當作餌。〔管子·侈靡〕「不食丨者」義證引孫星衍。

刵　丨，截耳。〔廣韻·志部〕〇丨，斷耳也，字亦作衈，作聑。〔說文定聲·卷五〕〇丨，刲割之引申。〔卷五〕（「珥」下）〇丨當作刖，字形相似而誤也。〔書·康誥〕「劓丨人」述聞。

示　丨者，視也。〔說文〕「祘，明視以筭之」繫傳。〇丨與視同。〔中庸〕「治國其如丨諸掌乎」朱注。又〔論語·八佾〕「其如丨諸斯乎」朱注。〇丨讀曰視。〔大戴·虞戴德〕「變民丨也」王詁。〇丨通作視，又通作寘。〔釋言〕「觀，丨也」郝疏。〇丨，魯作視。〔詩·敬之〕「丨我顯德行」集疏。〇〔說文定聲·卷一二〕丨，段借為視。〔莊子·徐無鬼〕「中之質若丨日」。〇丨，垂丨。〔廣韻·至部〕〇丨，明也。〔說文繫傳·通論下〕〇丨者，明丨之也。〔說文繫傳·通論上〕〇丨者，丨日月星也。〔同上〕〇丨者，顯取之之意。〔國策·魏策四〕「是丨天下要斷山東之脊也」補正。〇丨，本作施。〔荀子·賦〕「以丨下民」集解引王念孫。〇丨當為亓，古其字也。〔周書·文政〕「丨有危傾」平議。〇〔說文定聲·卷一二〕丨，段借為寘，實為寔。〔周禮·朝士〕注「丨于叢棘」。〇丨，古祇字也。〔說文〕「宗，尊祖廟也」繫傳。〇丨與眡通。〔廣雅·釋詁一〕「眡，語也」疏證。

伺　丨，窺也。〔國策·韓策三〕「必丨韓秦」鮑注。〇丨與覗同，竊視之意。〔釋言〕「挨，試也」郝疏。〇丨，候也，察也。〔廣韻·志部〕〇丨，候也。〔大般若經·卷四〕「丨求」音義引顧野王。〇丨，候也，謂其得失也。〔慧琳音義·卷五〕引〔韻英〕。〇丨亦圖也。〔國策·韓策三〕「必丨韓秦」鮑注。〇丨、覗古同字。〔方言一〇〕「丨，視也」箋疏。〇丨與覗同，亦通作司。〔廣雅·釋詁三〕「覘，覗也」疏證。〇覘、時、覗、丨並通。〔廣雅·釋言〕「時，丨也」疏證。

嗜　丨，丨慾。〔廣韻·至部〕〇丨，好也。〔大戴·保傅〕「擇其所丨」王詁。〇丨，欲也，或作䣛、𩝐。〔慧琳音義·卷七六〕〇丨，甘也。〔孟子·梁惠王上〕「不丨殺人者」朱注。〇丨，子史亦多以耆為之。〔說文定聲·卷一二〕

耆　丨與嗜同。〔孟子·告子上〕「有同丨也」朱注。〇〔說文定聲·卷一二〕丨，段借為嗜。〔荀子·非十二子〕「無廉恥而丨飲食」。

𩝐　丨、䣛並同嗜。〔廣韻·至部〕

自　丨，鼻也。〔說文〕「臭，禽走臭而知其迹者，犬也」繫傳。〇丨，古鼻字。〔說文〕「臭，從犬從丨」句讀。〇丨與鼻古同聲。〔方言一三〕「鼻，始也」箋疏。〇丨又鼻之聲然。〔說文〕「丨，鼻也」繫傳。〇丨，始也。〔說文繫傳·通論上〕〇丨者，始也。〔說文定聲·卷六〕（「由」下）〇丨亦始也。始亦丨也。〔釋詁〕「遹，丨也」郝疏。〇〔說文定聲·卷一二〕丨，己也。〔禮記·大學〕「毋丨欺也」。〇丨猶己也。〔荀子·君子〕「一丨善也」集解。〇丨，本訓鼻，引伸為丨家。〔說文〕「鼻，所以引气丨畀也」段注。〇丨然，謂丨成也。〔莊子·繕性〕「莫之為而常丨然」集釋。〇丨進，謂己之進身也。〔韓子·孤憤〕「固其所丨進」集解。〇丨安猶處也。〔左傳文公一一年〕「朱儒丨安於夫鍾」洪詁引服虔。〇丨，從。〔詩·緜〕「丨土沮漆」朱傳。〇丨，從也。〔論語·憲問〕「奚丨」朱注。又〔說文〕「皇，大也」繫傳。又〔廣韻·至部〕。〇丨亦訓從。〔孟子·公孫丑上〕「丨西丨東」焦正義。

○丨亦為從。〔書・臯陶謨上〕「丨我民聰明」孫疏。○丨，由也。〔大戴・曾子事父母〕「不與小之丨也」王詁。又〔中庸〕「丨誠明」朱注。又〔韓子・難二〕「伊尹丨以為宰干湯」集解引俞樾。又〔廣韻・至部〕。○丨訓由。〔孟子・公孫丑上〕「丨西丨東」焦正義。○以、丨皆由也。〔漢書・周昌傳〕「於是苛、昌丨卒史從沛公」補注引王念孫。○丨之訓由，由通猶，猶即猷。〔孟子・萬章上〕「朕載丨亳」焦正義。○丨、由皆以也。〔漢書〕「丨卒史」雜志。○〔釋詞・卷八〕丨，詞之用也。〔書・康誥〕「凡民丨得罪」。又〔詩・羔裘〕「丨我人居居」後箋。○行、用與丨義亦近。〔釋詁〕「由，丨也」郝疏。○丨，用也。〔廣韻・至部〕○〔釋詞・卷八〕丨猶苟也。〔左傳成公一六年〕「丨非聖人」。○丨猶白也。〔國策・韓策三〕「而無丨左右也」鮑注。○丨與循轉相訓。〔書・臯陶謨上〕「丨我五禮有庸哉」孫疏。○丨，率也。〔廣韻・至部〕○丨當為且。〔墨子・明鬼下〕「丨夫費之」閒詁。○〔說文定聲・卷一二〕丨，段借發聲之詞。〔廣雅・釋詁一〕「丨，從也」。○(同上)丨借為詯。〔方言一二〕「憤、丨，盈也」。○(同上)丨，段借為嗜，嗜正字。〔書・酒誥〕「庶羣丨酒」。○丨當為㐫。〔漢書・田延年傳〕「今縣官出三千萬丨乞之何哉」補注引王念孫。

眥　丨，目丨。〔廣韻・寘部〕○丨，目際也。〔通鑑・漢紀五三〕「今爭睚丨之隙」音注。○丨㳙，即眥㳙之段借字。〔說文〕「㳙，眥也」段注。○〔說文定聲・卷一二〕丨，段借為眥。〔莊子・外物〕「丨㓕可以休老」。○(同上)丨，段借為漬。〔周禮・羊人〕故書「凡沈辜侯禳釁眦」。○(同上)丨，段借為眡。〔素問・解精微論〕「一水不勝五火，故目丨盲」。

眦　丨或作眥。〔晏子春秋〕「隅眦之削」雜志。

骴　肉腐曰丨。〔通雅・身體〕○丨，鳥鼠殘骨。〔廣韻・寘部〕○丨，或通作胔。〔說文〕「丨，鳥獸殘骨曰丨」義證。○丨又通作瘠。(同上)○〔說文定聲・卷一二〕丨，段借為膌。〔廣雅・釋詁一〕「殨，病也」。○丨、漬、胔、瘠，古同音通用，丨為正字也。〔說文〕「漬，漚也」段注。○丨，字又作髊。

胔　丨見〔周禮〕〔禮記〕釋文，骴或字也。〔說文〕「骴，鳥獸殘骨曰骴」段注。○丨同骴，又骨有肉也。〔廣韻・寘部〕○丨，獸死，或从骨。〔集韻・卦部〕〔說文〕「丨，鳥獸殘骨曰丨」義證。○丨，通用胔字。(同上)

詈　丨，罵也。〔國策・秦策一〕「長者丨之」鮑注。○丨，罵丨。〔大戴・保傅〕「雖怒而不丨」王詁。又〔廣韻・寘部〕。○丨，言之觸辠网者也。〔說文定聲・卷一〇〕

莅　丨，臨也。〔大戴・曾子大孝〕「丨官不敬」王詁。又〔國策・秦策一〕「丨政有頃」鮑注。又〔廣韻・至部〕。○丨即涖。〔孟子・梁惠王上〕「丨中國」焦正義。○丨亦作涖。〔廣韻・至部〕又〔儀禮・士冠禮〕「吾子將丨之」胡正義。○經典丨字或作涖，注家皆曰臨也。〔說文〕「竦，臨也」段注。○古者位、丨、立三字同聲而通用。〔廣雅・釋言〕「位，丨也」疏證。○〔左氏〕丨作涖，並俗，當作竦。〔公羊傳昭公七年經〕「叔孫舍如齊丨盟」陳疏。

涖　莅或作丨。〔廣雅・釋言〕「位，莅也」疏證。○立、丨，同聲段借字。〔周禮・鄉師〕「及窆執斧以丨匠師」孫正義。○丨丨，水聲。〔廣韻・至部〕

緻　丨，繒帛密也。〔慧琳音義・卷一九〕引〔考聲〕。○丨，密也。〔廣韻・至部〕○丨，縫納衣也。〔慧琳音義・卷四〕引〔集訓〕。○丨即紩字。〔說文〕「紩，紩衣也」段注。○丨與紩同。〔釋言〕「黹，紩也」郝疏。○丨即紩字之或體。〔說文定聲・卷一二〕○丨，古作致。〔說文〕「素，白丨繒也」義證。

輊　丨，車之覆而前也。〔詩・六月〕「如丨如軒」朱傳。○後重曰丨，前高曰軒。〔說文定聲・卷一四〕(「軒」下)○〔說文定聲・卷六〕丨言重而下。〔詩〕「如丨如軒」。(「輖」下)○丨與蟄字異音義同。〔儀禮・既夕禮〕「志矢一乘，軒輖中亦短衛」胡正義引章平。○丨、蟄、蟄、摯並通。〔廣雅・釋詁四〕「蟄，低也」疏證。○丨，同蟄，車前重也。〔廣韻・至部〕

譬　丨，喻也。〔論語・雍也〕「能近取丨」朱注。○丨者，喻也。〔雍也〕「已欲達而達人」劉正義。○丨者，諭也。〔說文・敘〕「取丨相成」段注。○丨謂巧為丨諭，以喻也，比類以相曉。〔慧琳音義・卷二七〕引〔玉篇〕。○丨喻者，生於求容媚。〔墨子・尚同中〕「政以為便丨」閒詁引洪頤煊。○丨喻，直告之不明，故假物之然否以彰之。〔說文〕「丨，諭也」義證引〔潛夫論・夢列〕。○丨猶匹也，匹而諭之也。〔說文〕「丨，諭也」繫傳。○丨讀如僻。〔墨子・尚同中〕「政以為便丨」閒詁引畢沅。○〔說文定聲・卷一一〕丨，段借為僻。〔禮記・大學〕「人之其所新愛而辟焉」。○(同上)丨，段借為譬。〔禮記・學記〕「燕辟廢其學」。○丨，魯作辟。〔詩・抑〕「取丨不遠」集疏。

彗　凡丨，柔者用莇，剛者用竹。〔說文定聲・卷一二〕○丨有除舊布新之義。〔漢書・五行志〕「除於妃后之域」補注。○丨，妖星也。〔慧琳音義・卷一〕○〕○丨星，或謂之埽星，妖星也。〔屈賦・少司命〕「登九天兮撫丨星」戴注。○丨，帚也，一曰妖星。〔廣韻・至部〕

篲　丨，王丨草。〔廣韻・至部〕○凡帚，柔者用莇，施於淨處；剛者用竹，施於叢處。〔說文〕「丨，彗或从竹」段注。○丨音遂。〔釋草〕「葥，王丨」鄭注。

肄　丨，習也。〔廣韻・至部〕○丨，亦習也。〔通鑑・漢紀三〕「乃令羣臣習丨」音注。○丨、隸二字古通作也。〔漢書・叔孫通傳〕「乃令羣臣習丨」補注。○丨與隸，古同聲而通用。〔廣雅・釋天〕「隸，兵」疏證。○作隸者本字，作丨者借字也。〔左傳昭公三〇年〕釋文「丨，本又作隸」述聞。○丨，勞。〔詩・谷風〕「既詒我丨」朱傳。○丨讀為勩。(同上)陳疏。○丨者，勩之同音假借，勞也。(同上)通釋。○丨，〔詩〕小雅作勩。〔左傳昭公一六年〕「莫知我丨」洪詁。○丨與勩通。〔廣雅・釋詁四〕「勩，苦也」疏證。○丨，嫩條也。〔廣韻・至部〕○斬而復生曰丨。〔詩・汝墳〕「伐其條丨」朱傳。又〔左傳襄公二九年〕「夏丨是屏」洪詁引鄭玄。○長枝為條，小栽為丨也。〔詩・汝墳〕「伐其條丨」集疏。○丨，枿也。(同上)集疏引魯說。○丨者，

櫱之假借字也。〔說文〕「欁，伐木餘也」段注。〇丨者，櫱枿之假借字。〔汝墳〕「伐其條丨」陳疏。〇丨、餘，語之轉。〔方言一〕「烈，餘也，秦晉之間曰丨」疏證。〇〔說文定聲·卷一二〕丨，叚借為欁。〔汝墳〕「伐其條丨」。

眙 丨，直視。〔廣韻·志部〕〇丨，直視也。〔楚辭·思美人〕「擥涕而竚丨」補注。〇丨，視不移也。〔說文〕「丨，直視也」繫傳。〇丨，俗書作瞪。〔方言七〕〔同上〕義證。〇丨、瞪古今字。〔同上〕段注。〇丨與傺一聲之轉。〔方言七〕「傺、丨，逗也」箋疏。〇丨、佁並音丑吏切，義亦相近也。〔廣雅·釋詁二〕「丨，逗也」疏證。〇〔說文定聲·卷五〕丨，叚借為誒。〔方言七〕「丨，逗也，西秦謂之丨」。〇丨，又作瞠。〔說文〕「丨，直視也」義證。

惴 丨，憂心也。〔廣韻·寘部〕〇丨，憂懼貌。〔通鑑·唐紀三六〕「為上者常丨丨焉畏其下」音注。〇丨，恐懼之也。〔孟子·公孫丑上〕「吾不丨焉」朱注。〇丨，危恐之貌。〔通鑑·周紀四〕「安平君以丨丨即墨」音注。〇丨丨，懼貌。〔詩·黃鳥〕「丨丨其慄」朱傳。〇丨丨，憂懼也。〔國策·齊策六〕「安平君以丨丨之即墨」鮑注。〇輲輲、丨丨、慱慱，並與耑聲近義同。〔廣雅·釋詁二〕「耑，小也」疏證。〇〔說文定聲·卷一二〕丨，叚借為遄。〔孟子〕「吾不丨焉」。

儗 丨，不前也。〔集韻·志部〕〇丨，佁丨不前。〔廣韻·志部〕〇〔通雅·卷八〕丨佁即疑作。〔荀子·儒效〕「無所丨佁」。〇〔說文定聲·卷五〕丨，叚借為妃。〔儒效〕「無所丨佁」。

懟 丨，怨也。〔詩·蕩〕「彊禦多丨」朱傳。又〔廣韻·至部〕。〇丨為怨。〔說文定聲·卷一五〕〔憝下〕〇丨，讎怨也。〔孟子·萬章上〕「以丨父母」朱注。〇丨，銜怨也。〔說文〕「丨，怨也」繫傳。〇惡而且忿曰丨。〔慧琳音義·卷一三〕引〔考聲〕。〇〔慧琳音義·卷一二〕丨，脫去心也。〔大寶積經·卷三三〕「丨恨」。〇丨，今與憝音義皆同，謂為一字。〔說文〕「丨，怨也」段注。

縊 丨，自經死也。〔廣韻·寘部〕〇凡縣死者曰丨，亦曰雉經。〔說文〕「摎，縛殺也」段注。

贔 丨，丨屓，壯士作力皃。〔廣韻·至部〕〇丨，古文作奰。〔說文〕「奰，壯大也」句讀。

餧 丨，丨飯也。〔廣韻·寘部〕〇丨，與食也。〔慧琳音義·卷一五〕引〔考聲〕。〇丨，以物散與鳥食也。〔慧琳音義·卷三四〕引顧野王。〇丨，飲牛也。〔慧琳音義·卷一五〕引〔韻英〕。〇〔說文定聲·卷一二〕丨，叚借為萎。〔漢書·陳餘傳〕「如以肉丨虎」。

劓 截鼻曰丨。〔國策·秦策一〕「黥丨其傅」鮑注。〇丨，割鼻。〔廣韻·至部〕〇丨，割鼻也。〔通鑑·周紀四〕「吾唯懼燕軍之丨所得齊卒」音注。〇丨乃斷割之通稱。〔書·盤庚〕「我乃丨殄滅之」述聞。〇丨殄猶刑殄。〔同上〕〇丨當讀為劊。〔左傳昭公一三年〕「後者丨」平議。

啻 丨，過多之辭也。〔慧琳音義·卷九七〕引〔文字典說〕。〇丨猶過分也。〔同上〕引〔考聲〕。〇丨，不丨。〔廣韻·寘部〕〇不丨者，多之詞也。〔說文〕「丨，語時不丨也」段注。〇不丨，如楚人言夥頤。〔同上〕〇丨者，但也。〔書·多士〕「爾不丨不有爾土」孫疏。〇丨諟，猶諦視也。〔通雅·釋詁〕〇〔說文定聲·卷一二〕丨，叚借為諦。〔說文〕「丨，一曰諟也」。〇丨又借適字。〔說文〕「丨，語時不丨也」義證。〇相敵之詞曰丨，不丨猶言不但。〔說文定聲·卷一二〕〇丨亦作翅。〔說文〕「丨，語時不丨也」段注。〇翅與丨聲相近。〔書·多士〕注「丨一作翅」孫疏。〇丨，或借翅字。〔說文〕「丨，語時不丨也」義證。〇〔說文定聲·卷一二〕丨，以禔為之。〔詩〕「祇攪我心」。

饎 丨，酒食也。〔詩·泂酌〕「可以餴丨」朱傳。又〔天保〕「吉圭惟丨」集疏引魯說。又〔集韻·之部〕。〇丨本酒食之通稱。〔詩·玄鳥〕「大糦是承」通釋。〇丨通作喜。〔釋訓〕「丨，酒食也」邵正義。又〔說文〕「丨，酒食也」義證。〇〔說文定聲·卷五〕丨，〔淮南·時則〕以熹為之。〔呂覽·仲冬〕「湛丨必潔」。〇丨、⿰食熙、糦並同。〔廣雅·釋詁三〕「丨，熟也」疏證。〇古文丨作糦。〔方言七〕「丨，熟也」箋疏。〇〔說文定聲·卷五〕丨，〔禮記·月令〕以熾為之。〔呂覽·仲冬〕「湛丨必潔」。

糦 丨為饎之或體。〔詩·玄鳥〕「大丨是承」通釋。〇丨，韓作饎。〔同上〕集疏。〇丨亦作饎。〔方言七〕「丨，熟也」疏證。〇丨，大祭，亦稷也。〔廣韻·志部〕

企 丨，舉踵也。〔通鑑·漢紀五五〕「皆丨望思歸」音注。〇丨，望也。〔廣韻·寘部〕〇丨、⿱人足、跂並同字。〔廣雅·釋詁四〕「⿱人足，立也」疏證。〇丨，古文作⿱人足。〔方言七〕「丨，立也」箋疏。〇丨與跂同。〔方言一〕「跂，登也」箋疏。

⿱人足 丨即古文企字。〔方言七〕「企，立也」疏證。〇丨、跂並與企同。〔同上〕箋疏。

曬 丨，暴也。〔廣韻·寘部〕〇丨，舒也。〔集韻·支部〕〇〔說文定聲·卷一〇〕丨，叚借為攡。〔漢書·中山靖王勝傳〕「白日丨光，幽暗皆照」。

勩 丨，勞也。〔詩·雨無正〕「莫知我丨」朱傳。又〔廣韻·至部〕。〇物消磨曰丨。〔說文〕「丨，勞也」段注。〇凡物久用而勞敝曰丨。〔同上〕〇蘇州謂衣久箸曰丨箸。〔同上〕

毦 丨，氅丨，羽毛飾也。〔廣韻·志部〕〇丨，古書毳字多作此。〔說文〕「丨，目少精也」繫傳。

膇 丨，重丨病，或作瘇。〔廣韻·寘部〕〇丨，〔埤蒼〕引作瘇，云與丨同。〔左傳成公六年〕「有沈溺重丨之疾」洪詁。〇丨、槌義與縋並相近。〔廣雅·釋器〕「縋，繩索也」疏證。

為 ｜，助也。〔漢書・賈誼傳〕「行者雖死而不相｜者」補注引王文彬。又〔廣韻・寘部〕。○｜猶助也。〔大戴・夏小正〕「善羔之｜生也而記之」王詁。又〔詩・鳧鷖〕「福祿來｜」朱傳。○〔釋詞・卷二〕｜猶謂也。〔穀梁傳宣公二年〕「孰｜盾忍弒其君乎」。○｜與謂同。〔漢書・李延年傳〕「｜之新聲曲」補注。○｜、謂字通。〔墨子・經說下〕「其｜仁內也」閒詁。又〔韓子・內儲說下〕「乃｜其傅潘崇曰」集解。○｜當作謂。〔墨子・小取〕「則｜之馬盼」閒詁引畢沅。又〔釋丘〕「絕高｜之京」鄭注。○｜、偽古同聲同義。〔廣雅・釋詁三〕「偽，｜也」疏證。○｜與偽古通用。〔詩・兔爰〕「尚無｜」通釋。○｜讀曰偽。〔漢書・公孫弘傳〕「始｜與臣等建此議」補注。○｜，當讀為偽。〔詩・采苓〕「人之｜言」通釋。○訛、吪、｜、偽並與譌通。〔廣雅・釋詁三〕「蔿，匕也」疏證。○〔釋詞・卷二〕｜猶與也。〔孟子・公孫丑〕「得之｜有財」。○女｜與女翼同義。〔書・皋陶謨〕「女翼，予欲宣力四方，女｜」述聞。

賁 五色不成謂之｜。〔說文〕「｜，飾也」義證引〔京房易傳〕。○｜，文章也。〔說文〕「黂，葩或从麻｜」義證。○｜，飾也。〔廣韻・寘部〕○｜，讀如〔易・賁卦〕之｜，美也。〔書・盤庚〕「用宏茲｜」述聞。

糒 ｜，音備，乾飯也。〔通鑑・漢紀二九〕「用｜十八斛」音注。○｜，乾餱。〔集韻・怪部〕○｜，糗也。〔廣韻・至部〕○糗、｜，皆乾也。〔廣雅・釋器〕「糗，｜也」疏證。○｜之言僃也。（同上）○｜，字或作餔。〔說文〕「｜，乾也」義證。

膩 ｜，滑也。〔說文〕「｜，上肥也」段注。○｜，肥｜。〔廣韻・至部〕○｜，垢｜。〔說文〕「｜，上肥也」義證引〔玉篇〕。○｜，肥也，脂垢也。〔慧琳音義・卷八〕引〔考聲〕。○｜，有脂垢也。〔卷七二〕引〔考聲〕。○｜，皮膚之垢，其肥滑者為｜。〔通鑑・晉紀八〕「與猶｜也」音注。

施 ｜，旗之逶迤也。〔說文〕「｜，旗皃」繫傳。○｜｜，逶迤漸進之皃。〔說文〕「暆，日行暆暆」繫傳。○｜，移也。〔詩・葛覃〕「｜于中谷」朱傳。○｜，延也。〔詩・東山〕「亦｜于宇」朱傳。○｜乃延易之義。〔葛覃〕「｜于中谷」後箋。○｜，延之假借。（同上）通釋。又〔說文〕「｜，旗旖｜也」段注。○｜當讀如「｜于中谷」之｜。〔廣雅・釋詁三〕「｜，敭也」疏證。○〔毛詩〕「｜于中谷」、「｜于孫子」，皆當作貤。〔說文〕「貤，重次弟物也」段注。○｜，義與貤同。〔廣雅・釋詁一〕「貤，益也」疏證。○｜與迤通。〔孟子・離婁下〕「｜從良人之所之」焦正義。○〔說文定聲・卷一〇〕｜，叚借為迤。〔詩・葛覃〕「｜于中谷」。○｜，緩也。〔太素・調陰陽〕「小筋｜長」楊注。○弛、｜古字通。〔論語・微子〕「君子不｜其親」平議。○｜皆讀為弛。弛，解也。〔漢書・五行志〕「劉歆以為上陽｜不下通，下陰｜不上達」補注引王念孫。○｜、弛古通用，皆延之假借。〔詩・葛覃〕「｜于中谷」通釋。○｜當讀為易。〔大戴・主言〕「上樂｜則下益諒」平議。○〔說文定聲・卷一〇〕｜，叚借為敭。〔廣雅・釋詁三〕「｜，敭也」。○｜，予也。〔大戴・主言〕「用利不｜而親」王詁。○｜讀｜捨之｜。〔說文〕「我，｜身自謂也」段注。○｜同阤。〔漢書・司馬相如傳〕「登降｜靡」補注。○｜當讀為惕。〔墨子・三辯〕「莫不敬懼而｜」平議。○｜當為歧。〔說文〕「櫑，龜目酒尊，刻木作雲雷象，象｜不窮也」義證。○｜，古斜字。〔孟子・離婁下〕「｜從良人之所之」焦正義引錢大昕。

遺 ｜，贈也。〔廣韻・至部〕○｜，與也。〔楚辭・招魂〕「恐自｜災些」補注。○｜，相惠也。〔慧琳音義・卷九三〕引〔考聲〕。○｜，加。〔詩・北門〕「政事一埤｜我」朱傳。○｜猶廣也，亦加也。〔慧琳音義・卷九〕○｜，問也。〔詩・雲漢〕「則不我｜」陳疏。○｜、問，語之轉耳。〔廣雅・釋詁三〕「問，｜也」疏證。○歸、饋、｜、襚，聲並相近。〔廣雅・釋詁三〕「襚，｜也」疏證。○｜讀曰隧，隧風，疾風也。隧與｜古同聲而通用，凡從㒸從貴之字聲義多相近。〔漢書・王褒傳〕「逐｜風」補注引王念孫。○〔說文定聲・卷一二〕｜，叚借為饋。〔廣雅・釋詁三〕「｜，予也」。○〔通雅・卷五〕｜苞，言苞苴也。〔孔叢子〕「見苞苴之禮」。

跂 ｜，企，舉踵也。企正字，｜同音假借字。〔詩・河廣〕「｜予望之」後箋。○｜，足多指也。（同上）○｜，垂足坐，又舉足望也。〔廣韻・寘部〕○｜為俗企字。〔詩・大東〕「｜彼織女」通釋。○企、𧿒、｜並同字。〔廣雅・釋詁四〕「𧿒，立也」疏證。○｜音讀為企。〔荀子・非十二子〕「綦谿利｜」集解引郝懿行。○｜，企字假音。〔墨子・公孟〕「譬猶｜以為長」閒詁引畢沅。○〔說文定聲・卷一一〕｜，叚借為企。〔方言一〕「｜，登也」。○｜，隅貌。〔詩・大東〕「｜彼織女」朱傳。○｜者，伎字之同音叚借。（同上）通釋。○｜，義與敧同。〔廣雅・釋器〕「敧，釜也」疏證。

槌 ｜，蠶｜也。〔說文〕「｜，關東謂之｜」義證引〔玉篇〕。○｜，架蠶薄之木也。（同上）繫傳。○｜，蠶｜。〔廣韻・寘部〕○其立者謂之｜。〔說文〕「栚，｜之橫者也」繫傳。○｜之言縋也。〔方言五〕「｜，江淮之間謂之植」箋疏。○膇、｜，義與縋並相近。〔廣雅・釋器〕「縋，繩索也」疏證。○｜胸者，心懷悲恨，自毀其身也。〔慧琳音義・卷四〕引〔字書〕。

旞 ｜，羽繫旌上。〔廣韻・至部〕○竿首飾有犛牛毛曰旄，復以五采全羽注于上者曰｜，其析羽者曰旌。〔說文定聲・卷一二〕

柲 ｜，欑也，謂積竹之杖也。〔說文〕「｜，欑也」義證引〔急就篇〕顏注。○｜者，總言矛戟之把也。（同上）○｜，戟柄。〔廣韻・至部〕○升菴以｜為今之欑竹，漢時曰積竹。〔通雅・疑始〕○凡木柄不欑者亦謂之｜。〔考工記〕「戈｜六尺有六寸」孫正義。○〔通雅・卷一〕｜，柄也。〔考工記〕「戈｜六尺有六寸」。○｜與杖同，柄也。〔方言九〕「矜謂之杖」箋疏。○｜之引伸為凡柄之偁。〔說文〕「｜，欑也」段注。○〔說文定聲・卷一二〕｜，叚借為弼。〔儀禮・既夕記〕「有｜」。○｜亦作㧙。〔方言一二〕「｜，刺也」疏證。○｜、㧙、畢、撣、鉍，並字異義同。（同上）箋疏。○｜，戈柄也。

〔集韻・質部〕

鉍 ｜同柲。〔廣韻・至部〕

邲 ｜，蓋謂主宰之也。〔説文〕「｜，宰之也」段注。○〔説文定聲・卷一二〕｜，叚借為斐。〔韓詩・淇奧〕「有｜君子」。

僿 ｜，無悃誠皃。〔集韻・志部〕

杘 ｜，篗柄也。〔廣韻・至部〕○｜嘿，多詐。〔同上〕○〔説文定聲・卷一二〕｜，叚借發聲之詞。〔方言一〇〕「嘿｜，獪也」。

⿸尸杲 ｜同杘。〔廣韻・至部〕

鴜 ｜，鳥名，似梟，人面，山居。〔廣韻・至部〕

誋 ｜，今人言誡｜是也。〔説文〕「｜，誡也」繫傳。○｜、誡聲義皆略同。〔説文定聲・卷五〕○｜，禁也。〔説文〕「禁，吉凶之忌也」義證引〔玉篇〕。○｜，告也。〔廣韻・志部〕○｜，信也。〔同上〕○｜，經典省作忌。〔説文〕「｜，誡也」義證。又〔同上〕句讀。

⿱㡭虫 蚌｜，蟲名。〔廣韻・至部〕

詒 ｜，遺。〔詩・天保〕「｜爾多福」朱傳。○｜，遺也。〔文王有聲〕「｜厥孫謀」陳疏。○｜，遺也，｜我德音。〔子衿〕「子寧不｜音」集疏引魯説。○｜，贈言也。〔楚辭・惜誦〕「固煩言不可結｜兮」補注。○｜作貽，俗字也。〔説文〕「來，詩曰｜我來麰」段注。○｜，通作貽。〔離騷〕「相下女之可｜」補注。○｜，或借貽字。〔説文〕「｜，一曰遺也」義證。○〔説文定聲・卷五〕｜，叚借為遺，實為饋，｜亦饋也，｜、遺一聲之轉。〔説文〕「｜，一曰遺也」。○〔同上〕｜，借為貽。〔莊子・達生〕「公反誒｜為病」。○｜為正體，貽別體。〔釋言〕「貽，遺也」郝疏。

值 ｜者，持也。〔説文〕「當，田相｜也」段注。○〔説文定聲・卷五〕｜，叚借為持。〔詩・宛邱〕「｜其鷺羽」。○凡彼此相遇相當曰｜，亦持之意也。〔説文〕「｜，持也」段注。○｜，引伸為當也。〔同上〕○｜，當也。〔廣韻・志部〕○｜，適當也。〔國策・齊策二〕「｜所以為國者不同耳」鮑注。○或曰｜者，人相當也。〔説文定聲・卷五〕○｜為遭遇，謂是百姓厭苦之言。〔詩・宛邱〕「｜其鷺羽」後箋引王安石。○｜，立。〔同上〕集疏引顏師古。○｜，植也。〔同上〕朱傳。○〔説文定聲・卷五〕｜借為植。〔漢書・地理志〕注「植，立之」。○〔同上〕｜，經傳皆以置為之。〔説文〕「｜，措也」。○｜，措也，捨也。〔廣韻・志部〕○｜與直同。〔荀子・君道〕「安｜將卑埶出勞」集解。○〔説文定聲・卷五〕｜，叚借為直。〔文選・皇太子釋奠會詩〕「規周矩｜」。○〔同上〕｜，叚借發聲之詞，用直用特同。〔張平子碑〕「豈｜取足于身中」。○遲｜，雙聲。〔説文

定聲・卷五〕

柴 ｜，〔説文〕作柴，謂積禽也。〔詩・車攻〕「助我舉｜」朱傳。○〔車攻〕假｜為積字。〔説文〕「｜，小木散材」段注。○｜又通胔。〔車攻〕「助我舉｜」通釋。○｜，魯作胔，齊、韓作柴。〔同上〕集疏。○〔説文定聲・卷一二〕｜，叚借為柴。〔車攻〕「助我舉｜」。

樲 ｜，酸棗。〔廣韻・至部〕○｜為酸棗。〔孟子・告子上〕「養其｜棘」焦正義引錢大昕。○｜棘，小棗。〔同上〕朱注。○｜，以木柜輪也。〔集韻・至部〕○｜即樲也。〔説文定聲・卷一二〕

髲 ｜，頭髮也。〔廣韻・寘部〕○｜，聚他人梢墮之髮以益己髮，〔周禮〕謂之次，後世亦曰義髻。〔説文定聲・卷一〇〕○｜髢，與貱貤聲相近，皆附益之意也。〔廣雅・釋詁一〕「貱貤，益也」疏證。○古無｜字，借用被也。〔説文〕「｜，鬄也」句讀。○｜字不見於經傳，假被字為之。〔説文〕「｜，益髮也」段注。○〔説文定聲・卷一〇〕｜，以被為之。〔儀禮・少牢禮〕「主婦被錫」。

萎 ｜，｜牛。〔廣韻・寘部〕○｜，今字作餧。〔説文〕「｜，食牛也」段注。○｜字或作餧。〔同上〕義證。○｜，或借委字。〔同上〕○｜讀為痿，病也。〔詩・谷風〕「無木不｜」集疏。○〔説文定聲・卷一二〕｜，叚借為痿。〔字林〕「｜，痺也」。

輢 ｜，車旁也。〔國策・趙策三〕「臣恐秦折王之｜也」鮑注。○｜謂車兩旁，式之後、較之下也。〔説文〕「｜，車旁也」段注。○｜者，言人所倚也。〔同上〕○｜，枕｜。〔廣韻・寘部〕○〔説文定聲・卷一〇〕｜，叚借為倚。〔蜀都賦〕「枕｜交趾」。

⿰多支 ｜，多也。〔廣韻・寘部〕

蚑 ｜，蟲行。〔廣韻・寘部〕○凡蟲行曰｜。〔説文〕「｜，徐行也，凡生之類，行皆曰｜」段注。○｜，通作跂。〔説文〕「｜，行也」義證。○｜又或作歧。〔同上〕○｜亦作蜞。〔説文〕「蟣，一曰齊謂蛭曰蟣」義證引〔六書故〕。

翨 ｜，鳥翮。〔廣韻・寘部〕○｜與翮略同。〔説文定聲・卷一一〕○翅與翄同，或作⿰犭氏，〔周官〕作｜，並字異而義同。〔廣雅・釋器〕「⿰犭氏，翼也」疏證。○｜，義與馶同。〔廣雅・釋詁二〕「馶，强也」疏證。

鍦 ｜，短矛。〔廣韻・寘部〕

婑 ｜，痿也。〔説文〕「｜，病也」繫傳。○｜通作萎。〔説文〕「｜，病也」句讀。○｜、萎古今字。〔説文〕「｜，病也」段注。○｜，字亦作萎。〔廣雅・釋詁一〕「｜，病也」疏證。

眦　丨,直視也。〔廣韻·至部〕○誋、祕、丨、泌,並字異而義同。〔廣雅·釋言〕「誋,流也」疏證。

樻　丨,丨梧木,腫節可為杖。〔廣韻·至部〕○丨音喟。〔釋木〕「椐,丨」鄭注。

縋　丨,繩懸也。〔廣韻·寘部〕○以繩系物垂之是為丨。〔説文〕「丨,以繩有所縣也」段注。○丨之言垂也。(同上)○丨,又作硾,縣重曰丨。〔慧琳音義·卷六五〕○丨之言重膇也。〔廣雅·釋器〕「丨,繩索也」疏證。○膇、槌,義與丨並相近。(同上)○〔説文定聲·卷一二〕丨,今稱鏈。〔通俗文〕「縣鎮曰丨」。

蜼　丨,獸如母猴,其鼻向上,雨即自縣樹,以尾塞鼻,尾長數尺。〔説文定聲·卷一二〕○丨,或曰一名狖,即許書之貁。(同上)○(同上)丨,叚借為雖,讀為隼。〔周禮·司尊彝〕「裸用虎彝丨彝」。○丨,讀如贈遺之遺。〔説文〕「貁,鼠屬」義證引〔爾雅翼〕。

蚝　丨、蠀,蛓,並同蛓。〔廣韻·志部〕

蛓　丨,毛蟲,有毒。〔廣韻·志部〕○丨,蘇俗謂之刺毛。〔説文定聲·卷五〕○丨,今俗云刺毛者是也。〔説文〕「丨,毛蟲也」段注。

貤　物之重次弟為丨也。〔説文〕「丨,重次弟物也」繫傳。○丨,重次弟者,既次弟之又因而重之也。(同上)段注。○丨,重物次弟。〔廣韻·至部〕○今言丨贈,即迻予。〔説文〕「貤,迻予也」義證。○丨,貤也。(同上)義證引〔玉篇〕。○後人通丨為貤。〔漢書·武帝紀〕「無所流丨」補注引沈欽韓。○丨封,迻予也。〔通雅·事制〕○借丨為迻。〔説文〕「貤,迻予也」句讀。○丨之言移也,移此以益彼也。〔廣雅·釋詁一〕「丨,益也」疏證。○丨亦延之叚借。〔説文〕「施,旗旖施也」段注。○〔説文定聲·卷一一〕丨,延也,猶流也。〔禮記·孔子閒居〕注「弛,丨也」。(「弛」下)○丨、貤並與迻通。〔廣雅·釋詁四〕「迻,重也」疏證。○移、丨,聲義並同。〔廣雅·釋言〕「移,遺也」疏證。○施與丨通。〔廣雅·釋詁〕「丨,益也」疏證。○丨又為饒益之益。(同上)○丨,讀與「施於中谷」之施同。〔漢書〕「連語」雜志。○〔説文定聲·卷一一〕丨,俗作貤。〔廣雅·釋詁一〕「丨,益也」。○丨,或作貤。〔説文〕「丨,重次弟物也」義證。

貤　丨,物重數。〔集韻·寘部〕○丨作貤。〔史記索隱〕「異文」雜志。

貤　物重有次謂之丨。〔集韻·至部〕

纍　丨,係也。〔廣韻·至部〕○〔説文定聲·卷一二〕丨,叚借為纇。〔秦策〕「此國累也」。○(同上)丨,叚借為雷。〔史記·老莊申韓傳〕「蓬累而行」。

毕　地相次丨也。〔廣韻·至部〕○丨,鄰比,若今人言毗田也。〔説文〕「丨,地相次丨也」繫傳。○丨、笓、比並通。〔廣雅·釋詁三〕「丨、笓,次也」疏證。○丨、笓一字也,字亦作比。(同上)

殔　丨,埋棺坎下。〔廣韻·至部〕○丨者,所以殯。〔説文〕「殔,瘞也」段注。

憙　丨,好也。〔慧琳音義·卷二〕引〔纂韻〕。又〔廣韻·志部〕。○心喜者為丨。〔説文〕「丨,説也」義證引〔春秋元命苞〕。○丨,好也,心所悦也。〔慧琳音義·卷六七〕引〔考聲〕。○丨,好也,景祐本作喜者,借字耳。〔漢書·郊祀志〕「天子心獨丨」補注引王念孫。○王仲弓謂丨字宜曰喜,讀為喜。〔漢書·賈誼傳〕「故羣臣自丨」補注引宋祁。○〔説文定聲·卷五〕丨,叚借為喜。〔水經·溵水注〕「邑豐民安故曰安丨」。○喜者無所箸之詞,丨者有所箸之詞。〔説文定聲·卷五〕○丨與嗜同。〔説文〕「丨,説也」段注。

憘　丨,好也,或作憙。〔慧琳音義·卷一四〕引〔韻英〕。○丨,與好也。〔慧琳音義·卷五一〕引〔字書〕。

其　丨,語助也,或作記,或作忌,或作己,或作近,義竝同也。〔釋詞·卷五〕○丨,語助辭。〔詩·羔裘〕「彼丨之子」朱傳。○丨,韓作己。〔候人〕「彼丨之子」集疏。○〔説文定聲·卷五〕丨,叚借發聲之詞,或作記作己皆同。〔禮記·中庸〕「踐丨位」。○丨,音記。〔詩·候人〕「彼丨之子」朱傳。

异　丨哉,歎也,退也,舉也。〔廣韻·志部〕○〔説文定聲·卷五〕丨猶用也。〔虞書〕「岳曰丨哉」。○(同上)丨,叚借為異。〔列子·楊朱〕「何以丨哉」。○丨為異之假借也。〔説文〕「丨,舉也」段注。

誶　丨,言也。〔廣韻·至部〕○丨,今〔詩〕作訊,告也。〔離騷〕「謇朝丨而夕替」補注。○古丨、訊通用,竝有告讓之義。〔漢書·賈誼傳〕「母取箕箒,立而丨語」補注。○丨即訊也,音讀訊為丨。〔賈誼傳〕「丨曰」補注。○訊字古讀若丨,丨、訊二字聲相轉,古多通也。〔釋詁〕「丨,告也」郝疏。○〔墨子·非命上〕「百姓之丨也」平議。○丨音碎。〔説文〕「丨,讓也」義證引戴故經傳多以二字通用。〔廣雅·釋詁〕「丨,諫也」疏證。○丨讀為悴。震。○丨,讓也。〔廣韻·術部〕又〔集韻·術部〕。

鏠　丨,稱丨,或作鎚。〔廣韻·寘部〕○丨之言垂也。〔廣雅·釋詁三〕「丨,重也」疏證。○丨,〔地志〕作腄。〔漢書·郊祀志〕「使黃丨史寬舒受其方」補注引周壽昌。

鎚　丨,銅半熟。〔集韻·寘部〕○丨,好銅半熟。〔廣韻·至部〕

佽　丨,利也。〔廣韻·至部〕○丨,便利也。〔集韻·至部〕○丨,丨利,疊韻為訓,利者,便利之謂。〔詩·車攻〕「決拾既丨」後箋。○丨,助也。〔詩·杕杜〕「胡不丨焉」朱傳。又〔廣韻·至部〕。○丨音次,亦助也。〔通鑑·唐紀六九〕「無所丨助」音注。○丨,古次字,欲使相推以次第助之耳。〔詩·

杕杜」「胡不丨焉」後箋引〔詩正義〕。〇丨，代也，遞也。〔廣韻·至部〕〇丨，此與次音義同。〔說文〕「丨，一曰遞也」段注。〇丨，魯作次。〔詩·車攻〕「決拾既丨」集疏。〇丨，比也。（同上）朱傳。〇丨，及也。〔廣韻·至部〕〇〔說文定聲·卷一二〕丨，〔方言〕以恣為之。〔廣雅·釋詁三〕「丨，代也」。〇丨通作恣。〔說文〕「丨，一曰遞也」義證。〇丨飛，漢武官名。〔廣韻·至部〕〇丨飛，屬少府。〔漢書·元帝紀〕「少府丨飛外池」補注。

庳　丨與倪皆衺也。〔廣雅·釋詁二〕「頓倪，衺也」疏證。〇〔慧琳音義·卷八〕丨鉢羅樹，即菩提樹。〔大般若經·卷五七〇〕「丨鉢羅樹」。〇〔說文定聲·卷一二〕丨，鄭謂借為比。〔周禮·司弓矢〕「恒矢丨矢」。

騺　馬重曰丨。〔說文〕「丨，馬重皃也」段注。〇丨，馬腳屈也。〔廣韻·至部〕〇〔說文定聲·卷一三〕丨，段借為折。〔莊子·馬蹄〕「介倪闉扼丨曼詭銜竊轡」。〇丨，字或作駤。〔管子〕「丨距」雜志。〇丨距皆止也。（同上）

孳　丨義為生。〔書·堯典上〕「鳥獸丨尾」孫疏。〇丨者，汲汲生也。〔說文·敘〕「字者，言丨乳而寖多也」段注。〇丨，息也。〔說文繫傳·通論中〕〇字、丨聲相近。〔書·堯典上〕注「史遷丨尾為字微」孫疏。〇〔書〕「鳥獸丨尾」，〔史記〕作字微。〔說文〕「字，乳也」義證。〇丨尾，乳化曰丨，交接曰尾。〔廣韻·志部〕〇滋、丨義同。〔漢書·律歷志〕「故丨萌於子」補注。〇丨，或通作滋。〔說文〕「丨，汲汲生也」義證。〇滋與丨通。〔釋名·釋天〕「子，丨也」疏證。〇丨，恤下之稱也。〔說文〕「子，十一月易气動，萬物丨，人以為偁」義證引〔環濟要畧〕。〇丨與孜同。〔廣雅·釋親〕「子，孜也」疏證。〇孜丨二字古多通用。〔說文〕「丨丨，彶彶生也」段注。又〔孟子·盡心上〕「而日丨丨也」焦正義。〇丨丨，勤勉之意。〔孟子·盡心上〕「丨丨為利者」朱注。〇〔說文定聲·卷五〕丨，段借為兹，為蒔。〔穆天子傳二〕「天子於是取丨木華之實」。〇丨亦作孖。〔方言三〕「陳楚之間凡人獸乳而雙產謂之釐丨」疏證。

懫　丨，止也。〔廣韻·至部〕又〔集韻·至部〕。〇丨，忿也。〔集韻·至部〕

司　丨，伺也。〔漢書·霍光傳〕「候丨光出沐日奏之」補注引胡注。〇丨之言伺也。〔說文〕「說，言相說丨也」段注。〇丨讀曰伺。〔漢書·天文志〕「故候書者亡不丨」補注。〇丨，今之伺字。〔說文〕「伏，丨也」段注。又〔說文〕「䚕，丨空也」句讀。〇〔說文定聲·卷五〕丨，字亦作伺。〔說文新附〕「伺，候望也」。〇丨，伺察之所。〔說文定聲·卷五〕（「思」下）

覗　丨，丨覘也。〔廣韻·志部〕

諉　丨，諈丨也。〔廣韻·寘部〕又〔說文〕「丨，諈丨也」段注。〇丨，累也。〔廣韻·寘部〕又〔說文定聲·卷一二〕。

臮　丨，衆與詞也。〔廣韻·至部〕〇丨，辭所及也。〔慧琳音義·卷五一〕引〔考聲〕。〇丨，古暨字也。〔管子〕「下丨於地之下」雜志。又〔漢書·地理志〕「淮夷蠙珠丨魚」補注。〇丨通作暨。〔釋詁〕「暨，與也」郝疏。〇丨之段借多作洎作暨。〔說文〕「暨，日頗見也」段注。

陂　丨者，旁其邊之謂也。〔說文〕「丨，從旁持曰丨」段注。〇丨，破河反，偏也。〔文選·離騷經〕「偭繩墨而不丨」集釋引〔釋文〕。〇丨，傾也。〔廣韻·寘部〕〇〔說文定聲·卷一〇〕丨之言頗也，傾倚之處也。〔說文〕「丨，阪也」。〇丨與頗音義可通。〔文選·離騷經〕「偭繩墨而不丨」集釋。〇古借丨為頗。〔說文〕「頗，頭偏也」段注。〇丨為頗者，經文本作頗。〔書·洪範下〕注「史遷丨作頗」孫疏。〇丨陁，衺也。〔廣雅·釋詁二〕「佊，衺也」疏證。〇佊、彼、丨、詖，並字異而義同。（同上）

塈　丨，息也。〔詩·假樂〕「民之攸丨」朱傳。〇丨乃呬之段借，息也。〔說文〕「㤅，惠也」段注。〇丨，魯作呬。〔詩·假樂〕「民之攸丨」集疏。〇丨，呬之段音。〔釋詁〕「呬，息也」郝疏。〇丨，仰塗也。〔詩·谷風〕「伊余來丨」後箋引惠棟。又〔廣韻·至部〕。〇丨訓仰塗，遂解為取之於地而霑溼。〔詩·摽有梅〕「傾筐丨之」後箋引嚴粲。〇丨與忥通。〔廣雅·釋詁二〕「忥，息也」疏證。〇凡字之從氣從既者，往往通用。〔詩·谷風〕「伊余來丨」述聞。〇丨讀為愾，怒也。（同上）述聞。〇丨，猶愒也。（同上）陳疏。〇丨即摡之借，取也。〔摽有梅〕「傾筐丨之」後箋。〇丨，〔說文〕作肆，〔詩〕作丨，乃借也。〔說文〕「肆，卧息也」義證引陳啟源。

墍　丨與塈同。〔廣雅·釋宮〕「塈，塗也」疏證。〇〔說文定聲·卷一二〕丨，段借為摡。〔詩·摽有梅〕「頃筐丨之」。〇（同上）丨，段借為呬。〔谷風〕「伊余來丨」。

甀　丨，小口甖。〔廣韻·寘部〕〇丨缶，小口罌也。〔通雅·褋用〕

䍋　丨者，小口罌也。〔說文〕「甗，丨也」段注。〇小口者曰丨。〔說文定聲·卷一二〕（「瓮」下）〇丨，通作甀。〔說文〕「丨，小口罌也」義證。〇丨與甀同，字亦作垂。〔廣雅·釋器〕「甀，瓶也」疏證。

䭬　丨，列也。〔廣韻·志部〕〇丨，羅列意。〔說文〕「丨，列也」繫傳。〇丨謂酒氣酷烈。（同上）段注。〇丨，香氣酷烈也。〔說文定聲·卷五〕〇丨，烈也。〔說文〕「丨，列也」義證引〔玉篇〕。〇丨猶纚也。（同上）繫傳。〇丨，引伸為迅疾之義，今俗用駛疾字當作此。（同上）段注。

豷　丨，豕息也。〔廣韻·至部〕〇豕息謂之丨。〔集韻·霽部〕〇息者，喘也，與眉、呬、齂音義皆同，而有人豕之別。〔說文〕「丨，豕息也」段注。

咥　丨，當為笑聲，與唏略同。〔說文定聲·卷一二〕〇（同上）丨，段借為齛。〔易·履〕「不丨人」馬注「齕也」。

幾 ｜讀曰冀。〔漢書・鄒陽傳〕「此皆國家之不｜者也」補注引劉攽。○｜通作畿，又通作冀。〔釋詁〕「｜，近也」郝疏。○〔說文定聲・卷一二〕｜，叚借為覬。〔左傳宣公一二年〕「庸可｜乎」。

近 ｜，幾也。〔公羊傳桓公一〇年〕「｜乎圍也」陳疏引孔廣森。○｜事，亦往事也。〔漢書〕「行事」雜志。○｜，辭也。〔詩・崧高〕「往｜王舅」朱傳。○｜乃迈字形近之譌。〔同上〕後箋引臧氏〔經義雜記〕。

術 ｜與遂古同音通用。〔說文〕「旞，導車所載，全羽以為允」段注。○｜與遂古字通，遂有安樂之義。〔春秋名字解詁〕「宋公子｜字樂甫」述聞。○｜讀為遂。〔春秋名字解詁〕「秦西｜字乞」述聞。又〔呂覽・辨士〕「縱行必｜」平議。○〔說文定聲・卷一二〕｜，叚借為遂。〔禮記・樂記〕「｜有序」。○〔公羊〕｜作遂，古字通。〔左傳文公一二年經〕「秦伯使｜來聘」洪詁。

德 ｜，恩惠也。〔詩・既醉〕「既飽以｜」朱傳。○｜，歸恩也。〔碩鼠〕「莫我肯｜」朱傳。○｜音，美譽也。〔谷風〕「｜音莫違」朱傳。○〔說文定聲・卷五〕｜，借為悳。〔書・洪範〕「六三｜正直剛克柔克也」。○〔同上〕｜，叚借為植。〔禮記・玉藻〕「立容｜」。

離 ｜，去也。〔廣韻・寘部〕○｜居，猶言散處也。〔左傳文公一六年〕「百濮｜居」疏證。

䊓 ｜，黏兒。〔廣韻・寘部〕○〔說文定聲・卷一二〕｜與黐同字。〔集韻〕引〔廣雅〕「｜，粘也」。

㰣 ｜，歐也。〔廣韻・寘部〕又〔集韻・寘部〕。○｜，嗟也。〔同上〕○｜，嘎也。〔說文〕「｜，歐也」義證引〔玉篇〕。

䍧 ｜，羊相䍴｜。〔廣韻・寘部〕○｜，羊相䍴也。〔說文定聲・卷一二〕

𧃌 ｜，草名。〔廣韻・寘部〕

積 ｜，草名。〔廣韻・寘部〕

杫 ｜，肉机。〔廣韻・寘部〕

䝐 ｜，賭也。〔廣韻・寘部〕○｜，古文作賠，賭物為｜也。〔慧琳音義・卷六五〕○以身賭而爭勝曰｜。〔卷八四〕引〔考聲〕。○｜亦作譌。〔說文〕「｜，資也」義證。○｜，古文貨字也，或作賠。〔慧琳音義・卷六二〕

貱 ｜，益也。〔廣韻・寘部〕○｜之言被也，以物相被及也。〔廣雅・釋詁二〕「｜，益也」疏證。○髲髢與｜貤聲相近，皆附益之意也。〔同上〕○凡物之有次第者，亦謂之｜貤也。〔同上〕○｜貤，次第也。〔集韻・寘部〕○｜，遂予也。〔同上〕

鞁 ｜，裝束｜馬。〔廣韻・寘部〕○｜猶今人言｜馬也。〔說文〕「｜，車駕具也」繫傳。○〔通雅・卷三五〕｜具，猶駕具也，｜通作犕。〔國語〕「兩｜將絕」。○〔說文定聲・卷一〇〕｜，以被為之。〔史記・封禪書〕「駕被具」。

鬾 ｜，鬼服。〔廣韻・寘部〕○〔說文定聲・卷一二〕｜服，褻衣厥衣之屬。〔韓詩・漢廣〕傳「鄭交甫逢二女｜服」。○射｜，神獸名也，言能射去｜鬼。〔說文〕「｜，一曰小兒鬼」義證引〔急就篇〕顏注。

朿 ｜，木芒。〔廣韻・寘部〕○｜，音刺，木芒刺也。〔詩・凱風〕「吹彼棘心」後箋引嚴粲。○｜者刺也。〔說文繫傳・通論上〕○｜者，審諦之物也。〔同上〕○｜即刺字。〔本草・卷三六〕○｜，今字作刺，刺行而｜廢矣。〔說文〕「｜，木芒也」段注。○莿、｜、刺並字異而義同。〔廣雅・釋詁二〕「莿，箴也」疏證。○｜、刺、㯽、茦、莿、涑、趚、柴，聲並近，皆銳小之義也。〔方言二〕「私、策、稺，小也」箋疏。○｜，字亦作蝀，作蛓，作蠤。〔說文定聲・卷一二〕

庛 偏｜，舍也。〔廣韻・寘部〕

誎 ｜，數諫也。〔廣韻・寘部〕○｜謂數其失以諫，經傳皆以刺為之。〔說文〕「｜，數諫也」繫傳。○｜謂數其失而諫之，凡譏刺字當用此。〔說文〕「｜，數諫也」段注。○｜通作刺。〔廣雅・釋詁四〕「｜，書也」疏證。○〔說文定聲・卷一二〕｜，叚借為冊。〔廣雅・釋詁四〕「｜，書也」。

莿 ｜，芒也。〔說文〕「｜，茦也」義證引〔玉篇〕。○｜，草木針也。〔同上〕○｜，草木刺也。〔廣韻・寘部〕○｜為草木之｜。〔說文〕「｜，茦也」繫傳。○｜、朿、刺，並字異而義同。〔廣雅・釋詁二〕「莿，箴也」疏證。○｜當為茦之或體。〔說文定聲・卷一二〕

傷 ｜者，輕也。〔說文〕「歘，一曰輕｜人歘姁也」段注。○｜，人所為輕易也。〔說文〕「｜，輕也」繫傳。○｜，相輕慢也。〔廣韻・寘部〕○｜，遞也。〔說文定聲・卷一二〕（〔易〕下）○｜，經傳皆以易為之。〔說文定聲・卷一二〕○｜，通作易。〔說文〕「｜，輕也」義證。又〔釋詁〕「平，｜也」郝疏。○｜與敡同。〔說文〕「｜，輕也」句讀。○｜，通作敡。〔說文〕「｜，一曰交｜」義證。○〔說文定聲・卷一二〕｜，叚借為敡。〔說文〕「｜，輕也」。○｜，或作[illegible]。〔說文〕「｜，一曰交｜」義證。○〔說文定聲・卷一二〕｜，叚借為徙。〔蒼頡篇〕「平也」。

伿 ｜，惰也。〔廣韻・寘部〕○｜，字亦作倲。〔說文定聲・卷一二〕○｜，醫經「解㑊」之㑊，當作此字。〔說文〕「｜，惰也」段注。

敡 輕簡為｜。〔廣韻・寘部〕○｜與傷義略同。〔說文〕「｜，侮也」段注。○｜通作易。〔廣雅・釋詁四〕「｜，轉也」疏證。○｜或借易字。〔說文〕

「丨，侮也」義證。

駛　丨與傷同字。〔說文〕「丨，侮也」句讀。○丨，經傳皆以易為之。〔說文定聲・卷一一〕○丨，輕易之也。〔說文〕「丨，侮也」繫傳。

眥　丨，積也。〔廣韻・寘部〕又〔集韻・寘部〕。○〔說文定聲・卷一二〕丨，毛本以柴為之。〔說文〕「丨，積也」。○（同上）或曰〔詩〕實借丨為骴也。〔詩・車攻〕「助我舉丨」。○丨，一曰搣頰旁也，或作柴。〔集韻・寘部〕○丨與批通。〔說文〕「丨，一曰搣頰旁也」句讀。○丨作眥，段借字。（同上）段注。○〔說文定聲・卷一二〕丨，以眥為之。〔莊子・外物〕「丨搣可以休老」。○丨字音義同骴。〔說文〕「骴，鳥獸殘骨曰骴」段注。○〔說文定聲・卷一二〕丨，以胔為之。〔西京賦〕「收禽舉胔」。

攱　丨，傾也。〔廣韻・寘部〕○丨者，頭不正。〔說文〕「丨，傾也」繫傳。○丨與頃卬同意，攲側字當作此。〔說文定聲・卷一一〕○（同上）丨，以攲為之。〔荀子・宥坐〕「有攲器焉」。○（同上）丨，段借為企。〔說文〕引〔詩・大東〕「丨，彼織女」。

觙　丨，有大度也。〔集韻・寘部〕○丨，有大慶也。〔廣韻・寘部〕○丨，有大慶也，大慶謂大可賀之事也。〔說文〕「丨，有大慶也」段注。

灑　丨，丨埽。〔廣韻・寘部〕○以水撿塵曰丨。〔說文定聲・卷一〇〕引〔通俗文〕。○丨，經傳多以洒為之。〔卷一〇〕

觖　丨，望也。〔廣韻・寘部〕

羠　丨，羊相丨積也。〔說文〕「丨，羊相積也」義證引〔玉篇〕。又〔廣韻・寘部〕。○〔說文定聲・卷一二〕丨，字亦作羵。〔夏小正〕「三月羵羊」。

娡　丨者，恚之絫增字。〔說文〕「丨，不說皃也」句讀。○丨，與恚略同。〔說文定聲・卷一一〕

雖　〔說文定聲・卷一〇〕丨，俗謂之鷂鷹。〔說文〕「丨，雖也」。○丨，雅鳥別名。〔廣韻・寘部〕○子丨，巂也。〔說文〕「巂，周燕也」義證引〔玉篇〕。

娷　丨與諉音義皆同。〔說文〕「丨，諉也」段注。○丨，字與諈同。（同上）句讀。○丨當為諈之或體。〔說文定聲・卷一〇〕○丨，飢聲。〔廣韻・寘部〕

殨　丨，骨也，又獸死。〔廣韻・寘部〕○丨、漬、積、胔，並字異而義同。〔漢書〕「積死」雜志。

�

达　丨，避也。〔廣韻・寘部〕

胣　丨，几也。〔廣韻・寘部〕○丨即椸。〔方言五〕「俎，几也。趙魏之間謂之椸」疏證。○丨、移並與椸通。（同上）箋疏。○丨即〔方言〕椸字。〔廣雅・釋器〕「丨，几也」疏證。

穊　丨，小積。〔廣韻・寘部〕

諈　丨，丨諉，累也。〔廣韻・寘部〕○丨謂不能自決而以屬累於人也。〔說文〕「丨，丨諉，累也」繫傳。○丨，字亦作穊。〔說文定聲・卷一〇〕

睍　丨，視皃。〔廣韻・至部〕○丨，一曰眇視。〔集韻・支部〕○丨與規同，細小貌。〔方言二〕「嫢，細也」箋疏。○丨與窺聲義相近也。〔荀子・非十二子〕「丨丨然」集解。○丨丨者，鄙細之容。（同上）集解引郝懿行。○丨丨猶睽睽也，或作瞲瞲，轉作睆睆暉暉。〔通雅・卷一〇〕○丨丨，自得皃。〔集韻・支部〕

甃　丨，田器。〔廣韻・至部〕○丨，田器，以治苗殺艸，東夷謂甃為丨。〔集韻・至部〕

鞊　丨，杠絲名，亦作鞋。〔廣韻・至部〕○丨，蓋杠，〔考工記〕謂之桯。桯讀如楹。〔說文〕「丨，蓋杠系也」段注。

摯　丨，至也。〔廣韻・至部〕○丨，經典通用摯字。〔說文〕「丨，至也」義證。○丨即今贄字。（同上）段注。

篧　丨，笋冬生名。〔廣韻・至部〕

鐩　丨，陽鐆，可取火於日中。〔廣韻・至部〕○丨，通作燧。〔說文〕「丨，陽丨也」義證。○丨，又通作遂。（同上）義證。○丨，字或作燧。（同上）句讀。○丨，經傳皆以遂以燧為之。〔說文定聲・卷一二〕

㒸　丨，從意也。〔廣韻・至部〕○丨者，聽从之意。〔說文〕「丨，從意也」段注。○丨多借遂字。（同上）義證。○丨，經傳皆以遂為之。〔說文定聲・卷一二〕

憜　丨，意思深也。〔說文〕「丨，深也」義證引〔玉篇〕。○〔說文定聲・卷一二〕丨，心思深遠也。〔廣雅・釋詁三〕「丨，智也」。○丨與邃音義皆同。〔說文〕「丨，深也」段注。○丨之言邃也。〔廣雅・釋詁三〕「丨，智也」疏證。

蘈　丨亦萑蔽之屬，今俗名丨絲蓮。〔釋草〕「丨，鼎董」郝疏。○丨草，一名鼎童，似烏尾，可食。〔廣雅・釋草〕「丨，蔽也」疏證引〔龍龕手鑑〕。

竦　丨，臨也。〔廣韻・至部〕○丨，臨也，或作莅。〔集韻・至部〕○丨，通作涖，又通作莅，又通作位，又通作立。〔釋詁〕「涖，視也」郝疏。○丨，或作莅。〔說文〕「丨，臨也」句讀。○（同上）丨，段借為汔。〔廣雅・釋詁一〕「涖，盡也」。○〔說文定聲・卷一二〕丨字亦作涖。〔釋詁〕「涖，視也」。

繣　丨，絃中絕也。〔廣韻・寘部〕又〔集韻・寘部〕。

嫛　丨，丨婗也。〔廣韻・寘部〕○丨，益也。〔集韻・寘部〕

懥　丨，怒也。〔廣韻・至部〕又〔集韻・至部〕。○丨，恨也。〔廣韻・至部〕

⿰革巿　｜，禮巾。〔廣韻・至部〕

嚜　｜屎，欺也。〔廣雅・釋詁二〕「｜，欺也」疏證。○｜屎，小兒多詐獪。〔廣韻・至部〕

煝　｜，焅熱。〔廣韻・至部〕

娓　｜順者，理也，尾主於順，故其字從尾。〔說文〕「｜，順也」段注。○｜，從也。〔廣韻・至部〕

禷　｜，祭名。〔廣韻・至部〕○非常而祭以事類告皆曰｜。〔說文定聲・卷一二〕○凡經傳言｜者皆謂因事為兆，依郊禮而為之。〔說文〕「｜，以事類祭天神」段注。○｜，經傳多以類為之。〔說文定聲・卷一二〕

粊　｜，惡米。〔廣韻・至部〕○｜，〔玉篇〕作棐，作粺，作棐，皆云惡米，而皆｜之誤。〔說文〕「｜，惡米也」段注。○｜，〔周書〕篇名，今文作費。〔同上〕義證引〔五經文字〕。○〔周書〕有棐誓，今本作費誓。〔說文定聲・卷一二〕○〔同上〕｜，字亦作鄪。〔史記・周公世家〕「以汶陽鄪封季友」。○〔同上〕｜，叚借為秕。〔呂覽・辨士〕「後生者為粃」。○〔同上〕｜，叚借發聲之詞。〔方言一〇〕「粃，不知也」。

⿱北米　｜同粊。〔廣韻・至部〕

鞼　｜，繡韋也，盾⿰革叕革也。〔廣韻・至部〕○｜即繢之借字。〔墨子・節用中〕「輪車｜匏」閒詁。○〔說文定聲・卷一二〕｜，叚借為劌。〔淮南・原道〕「堅强而不｜」。○〔同上〕｜，叚借為勃。〔廣雅・釋詁一〕「｜，强也」。

濞　｜，水聲。〔廣韻・至部〕

⿸疒奰　｜，氣滿也。〔說文〕「奰，壯大也」義證引〔玉篇〕。又〔廣韻・至部〕。○｜，肝氣張滿之病。〔說文定聲・卷一二〕○｜奰奰，義並與⿰月鼻相近。〔方言二〕「⿰月鼻，盛也」箋疏。

淠　｜，水名，在汝南。〔廣韻・至部〕○｜，舟行貌。〔詩・棫樸〕「｜彼涇舟」朱傳。○｜｜，衆也。〔小弁〕「萑葦｜｜」朱傳。○｜即泚字。〔說文〕「泚，泚水」段注。

嚊　｜，喘聲。〔廣韻・至部〕○｜，〔史記〕作濞。〔漢書・律歷志〕「｜慎公」補注引錢大昕。

⿰月鼻　｜，盛肥。〔廣韻・至部〕○｜，壯大。〔同上〕○｜，盛也。〔同上〕○｜呬、奰眉、贔眉，並同。〔方言二〕「｜、濞、充，壯也」箋疏。○奰眉與｜呬通。〔廣雅・釋詁二〕「｜，盛也」疏證。

犕　｜，牛具齒也。〔說文〕「｜，易曰｜牛乘馬」義證引〔初學記〕。又〔廣韻・至部〕。○六歲曰｜。〔本草・卷五〇〕○｜，牛八歲也。〔說文〕「｜，易曰｜牛乘馬」義證引〔玉篇〕。○｜，此蓋與革部之鞁同義，鞁，車駕具也。〔同上〕段注。○｜，服也，以鞍裝馬也。〔同上〕段注引〔玉篇〕。○以車駕牛馬之字當作｜，作服者假借耳。〔同上〕段注。○〔說文定聲・卷五〕許所見易本當是借｜為服。〔說文〕「｜，易曰｜牛乘馬」。

騩　｜，馬色淺黑。〔廣韻・至部〕

⿰骨貴　｜，膝加地也。〔廣韻・至部〕○｜或通作跪。〔說文〕「｜，厀脛閒骨也」義證。

⿱髟貴　｜者，髻短髮之偁。〔說文〕「｜，屈髮也」段注。○盘其髮曰｜。〔說文定聲・卷一二〕○｜，髻屈髮也。〔廣韻・至部〕○｜帶謂帞頭帶於髻上也。〔說文〕「｜，屈髮也」段注。○｜與⿱髟介略同。〔說文定聲・卷一二〕

腃　｜，筋節急也。〔廣韻・至部〕○｜，吻也。〔集韻・至部〕

視　｜，看｜。〔廣韻・至部〕○｜不必皆臨，則瞻與｜小別矣，混言不別也。〔說文〕「｜，瞻也」段注。○｜者，示也，經典多借｜為示。〔說文〕「示，明｜以算之」句讀。○｜與示通。〔墨子・經說下〕「是以實｜人也」閒詁。○｜，通作眡，又通作示。〔釋詁〕「監，｜也」郝疏。○｜，蒙亦重矣。〔釋言〕「眕，重也」郝疏。○｜，三家作示。〔詩・鹿鳴〕「｜民不恌」集疏。○｜當作示。〔韓子・姦劫弒臣〕「因自傷其身以｜君」集解。○古作｜，漢人作示。〔說文〕「｜，瞻也」段注。○｜乃正字，今文作示。〔同上〕句讀。○｜乃親之誤。〔賈子・春秋〕「天之｜聽」平議。

眎　眡、｜並古文視。〔廣韻・至部〕○｜，呈也。〔同上〕

疐　｜，礙不行也，又頓也。〔廣韻・至部〕○｜與牽同意。〔說文〕「牽，引前也」義證引趙宧光。○｜，跲也。〔詩・狼跋〕「載｜其尾」朱傳。又〔集韻・至部〕。○｜，義與駤同。〔廣雅・釋詁三〕「駤，止也」疏證。○｜即躓字，音義皆同。〔說文〕「｜，礙不行也」段注。○｜與躓通。〔廣雅・釋言〕「躓，頓也」疏證。○｜與躓聲義同。〔釋言〕「｜，仆也」郝疏。○〔說文定聲・卷一二〕｜，字又作駤。〔廣雅・釋詁三〕「駤，止也」。○｜，字亦作懥。〔說文定聲・卷一二〕

⿰扌疐　⿰足疐、｜，俗疐。〔廣韻・至部〕

⿰酉耳　｜，酘酒也。〔集韻・志部〕○｜，重釀也。〔說文〕「⿰酉耳，酒也」義證引〔玉篇〕。○｜，重釀酒也。〔廣韻・至部〕○｜，一曰次釀。〔集韻・志部〕○｜，各本作⿰酉茸。〔說文〕「｜，重釀酒也」段注。

䊩 一，失氣。〔廣韻・未部〕〇一，食失氣者。〔集韻・未部〕〇一，氣下洩也，或為屁字。〔慧琳音義・卷七五〕引〔考聲〕。〇一，同屁。〔廣韻・至部〕

𨏔 一，車前重也。〔廣韻・至部〕又〔集韻・質部〕。〇輊、一、蟄、摯並通。〔廣雅・釋詁四〕「一，低也」疏證。

𨎮 車之前重曰一，馬重曰鷙，其音義一也。〔說文〕「鷙，馬重皃也」段注。〇前頓曰一。〔說文〕「一，抵也」義證引〔玉篇〕。〇一與輊同。〔同上〕〇〔說文定聲・卷一三〕車抵於是而不遇，是曰一。〔說文〕「一，抵也」段注。〇一，字亦作輊。〔詩・六月〕「如輊如軒」。〇一，通作摰。〔說文〕「一，抵也」義證。〇〔說文定聲・卷一三〕一以摯為之。〔考工記・輈人〕「大軍之轅摯」。〇一，字或作轋。〔說文〕「一，抵也」義證。

𢵧 一，刺也。〔廣韻・至部〕〇一，劫財也。〔同上〕〇一之言梱致也。〔廣雅・釋詁三〕「一，搏也」疏證。〇挃與一亦聲近義同。〔廣雅・釋詁二〕「一，刺也」疏證。〇一、䟽並音豬几反，其義同也。〔同上〕

䮹 一即鷙。〔說文〕「鷙，馬重皃也」段注。〇一，䮹一。〔廣韻・至部〕

𡖈 一，多也。〔集韻・質部〕〇一，一多。〔廣韻・至部〕

𠐬 一與撴聲同義亦相近，會也。〔方言一三〕「撴，到也」箋疏。〇一，會物。〔廣韻・至部〕〇一與致通。〔廣雅・釋詁一〕「悃，至也」疏證。

𧒎 一蝨，蟲名。〔廣韻・至部〕〇〔說文定聲・卷一二〕一即斯蝨之細小者，俗呼哈答板。〔釋蟲〕「一蝨，螇蚸」。

𡱁 一，身欹坐，一曰尻。〔廣韻・至部〕

𢷋 一，當也，對也。〔廣韻・至部〕〇一，相當也。〔集韻・至部〕〇一，亦作值。〔說文〕「一，當也」義證引〔玉篇〕。

𢟐 一，忿戾。〔廣韻・志部〕〇一，忿戾也，或作鏊。〔集韻・志部〕〇一，今〔尚書〕作懫，借也。〔說文〕「一，忿戾也」繫傳。〇一，叨一也。〔廣韻・至部〕〇一，字或作跮。〔說文〕「一，忿戾也」義證。〇〔說文定聲・卷一二〕一，字亦作懥。〔禮記・大學〕「有所忿懥」。

垍 一，堅土。〔廣韻・至部〕〇一，〔周禮〕所謂彊檃〔管子〕所謂五墄也。〔說文定聲・卷一二〕

痵 一，心動也。〔說文〕「一，气不定也」義證引〔玉篇〕。〇一，病中恐也。〔廣韻・至部〕〇一悸二字同。〔說文〕「一，气不定也」句讀。〇一亦作悸。〔同上〕段注。又〔同上〕義證引〔玉篇〕。

𣨏 死而復生為一。〔集韻・至部〕〇〔說文定聲・卷一二〕一，字亦作肭。〔通俗文〕「肭，再生也」。〇〔同上〕一，以蘇為之，蘇、一雙聲。〔左傳〕「六日而蘇」。

𩋜 一，履一底也。〔廣韻・至部〕〇〔說文定聲・卷一二〕一，今皮匠所用一鑽當作此。〔字林〕「一，棘履底也」。

𨨴 一，同鞍。〔廣韻・至部〕〇一，刺履底也，或從革从角。〔集韻・至部〕引〔字林〕。

𩸁 一，魚名，鼻在額上。〔廣韻・至部〕

𤠷 一，壯勇皃。〔廣韻・至部〕

𠎫 一，左右兩視也。〔廣韻・至部〕〇一，左右視也。〔集韻・脂部〕〇一，蘇俗謂之鬥雞眼。〔說文定聲・卷一二〕〇一即睽。〔說文〕「睽，目不相聽也」段注。〇一與睽通。〔說文〕「一，左右兩視」句讀。〇一，通作睽。〔同上〕義證。

臎 一，鳥尾上肉。〔廣韻・至部〕〇一者，翠之俗。〔說文〕「䐁，屍骨也」段注。

絘 一，績所未緝者。〔廣韻・至部〕〇未撚接之前，豫林纖微諸縷以儲待之，是為一。〔說文〕「一，績所未緝也」段注。〇一，當為林所緝也，次弟林之以待績也。〔說文定聲・卷一二〕〇〔同上〕一，段借為次。〔周禮・廛人〕「一布總布」。

𥿋 一，理絲也。〔集韻・至部〕

𩭡 一，髮也。〔廣韻・至部〕〇首飾為一。〔說文〕「一，用梳比也」義證引〔玉篇〕。〇用梳比謂之一者，次第施之也。〔同上〕段注。〇一，通作次。〔同上〕義證。

饐 一，飯傷熱濕也。〔論語・鄉黨〕「食一而餲」朱注。〇一，食傷熱也。〔廣韻・至部〕〇一，餿臭。〔說文〕「一，飯傷溼也」義證引〔字苑〕。〇一，敗臭也。〔釋器〕「食一謂之餲」鄭注。〇一，陳臭也。〔說文〕「鮑，一魚也」繫傳。〇經久而味惡曰餲，傷熱而餿臭曰饖，傷溼而腐臭曰一。〔說文定聲・卷一二〕〇一，飯餿臭也。〔說文〕「一，飯傷溼也」段注引葛洪。〇引伸之，凡淹漬皆曰一。〔同上〕段注。〇饖、餲、一，一聲之轉。〔廣雅・釋器〕「饖，臭也」疏證。〇一，字亦作饐。〔說文定聲・卷一二〕

𣣟 噫一，歎也。〔廣韻・至部〕〇〔說文定聲・卷一六〕一與噎謈同，謂氣逆不得息。〔說文〕「一，嚘也」。〇一嚘為雙聲。〔說文〕「一，嚘也」段注。

𩣘 一，盧鷀也，即鷀鸕。〔說文〕「一，䳢也」繫傳。〇一，鸕鷀鳥。〔廣韻・至部〕〇一，蘇俗謂之水老鴉，畜之以捕魚。〔說文定聲・卷一二〕

撎 一，拜舉手。〔廣韻・至部〕〇一，俯手拜也。〔集韻・寘部〕〇一，揖也。〔慧琳音義・卷九九〕引〔考聲〕。〇司農所謂一，正如今所謂長揖。〔通雅・禮儀〕〇一，通作揖。〔說文〕「一，舉手下手也」義證。〇一，謂下手不俯首。〔說文定聲・卷一二〕

𧶘 丨，貪也。〔廣韻·至部〕○〔通雅·卷四〕丨費，猶出納之吝也。〔吴都賦〕「丨簡其華質，則丨費錦繢」。○丨費，當與軋忽義通。〔文選·吴都賦〕「丨費錦繢」集釋。

牭 丨，牛四歲。〔廣韻·至部〕○四歲曰丨。〔本草·卷五〇〕

𧳒 丨，鼠名，俗作隸。〔廣韻·至部〕

𧳓 丨為古肆，陳牲也。〔通雅·卷四〕○丨，古文〔尚書〕皆作肆，太史公〔史記〕作遂。〔説文〕「丨，虞書曰丨類于上帝」段注。○〔説文定聲·卷一三〕丨，叚借為肆。〔虞書〕「丨類于上帝」。

𧳜 丨，狸子也。〔廣韻·志部〕○丨音四。〔釋獸〕「丨，脩毫」鄭注。

蕼 丨，堇也。〔説文〕「茇，堇艸也」義證引〔玉篇〕。又〔廣韻·至部〕。○莅字當為丨字之或體。〔説文定聲·卷一二〕○丨，經傳借為𨽿也。(同上)

枇 丨，細櫛。〔廣韻·至部〕

𤸨 丨，足氣不至，轉筋也。〔説文〕「丨，足气不至也」義證引〔玉篇〕。○丨，今俗所謂轉筋。〔説文定聲·卷一二〕○丨，足气不至病。〔集韻·至部〕○丨，足氣不生。〔廣韻·至部〕。

悴 丨丨，憔丨憂愁。〔廣韻·至部〕○丨者，心里勞愁。〔説文定聲·卷一二〕○丨，古文顇，傷也，憂也。〔慧琳音義·卷五二〕○丨與顇略同。〔説文定聲·卷一二〕○丨，憂也。〔集韻·術部〕

𥜥 丨，一曰無裥之袴為丨。〔集韻·至部〕

崪 丨者，止也。〔漢書〕「來丨」雜志。○丨，止丨。〔廣韻·至部〕

𪖙 丨，鼻息也。〔廣韻·至部〕○丨與眉音義並同。〔説文〕「丨，卧息也」段注。○丨，讀若虺，聲義亦與喙近。〔方言二〕「喙，息也」箋疏。

呬 丨，氣息也。〔釋詁〕「丨，息也」鄭注。○丨，息也。〔廣韻·至部〕○丨，眾聲也。〔集韻·青部〕○丨堅眉，並音。虚器切，聲義並同。〔方言二〕「丨，息也」箋疏。○丨，隂知也。〔廣韻·至部〕○丨者，通作氖，又通作塈。〔釋詁〕「丨，息也」郝疏。○丨與塈通。(同上)邵正義。

霼 丨，雨止皃。〔集韻·微部〕○見雨而止息曰丨。〔集韻·山部〕

𧰲 〔説文定聲·卷一三〕丨，此謂即豪豬。〔説文〕「丨，一曰河内名豕也」。○當是河内俑豕曰丨也。(同上)義證引趙宧光。○丨，〔爾雅〕作貄。〔説文〕「丨，修豪獸，一曰河内名豕也」繫傳。○〔説文定聲·卷一三〕丨，字亦作貄。〔釋獸〕「貄，修毫」。○丨者正字，貄者俗字，或作肆者，叚借字也。〔説文〕「丨，修毫獸」段注。○丨，字或作貄。(同上)義證。

輢 丨，車横軫。〔廣韻·至部〕○丨，謂車闌也。〔説文〕「丨，車横軨也」段注。○丨，輿前揜板謂之軓，軓内縱横小木以縮板者也。〔説文定聲·卷一二〕

殔 丨，字或作殔，埋棺坎下也。〔説文〕「丨，瘞也」義證。○假葬於道曰丨。〔廣韻·至部〕引〔釋名〕。

𦁏 丨，重多。〔廣韻·至部〕○縻、丨、靡，並字異而義同。〔廣雅·釋器〕「靡，繩索也」疏證。

𢟪 丨，忘也。〔集韻·至部〕○丨之言遺，忘也。〔廣雅·釋詁二〕「丨，忘也」疏證。

痓 丨，惡也。〔廣韻·至部〕○丨，義與恎亦相近。〔廣雅·釋詁三〕「恎，很也」疏證。○醫書丨乃痙之譌，當定為痙。〔説文〕「痙，彊急也」義證引〔六書故〕。○丨與恎通。〔方言一〇〕注「痎恎，惡腹也」箋疏。

飤 丨，本訓以食食人也。〔説文定聲·卷五〕○丨為養人之名，引而伸之，則凡養皆謂之丨也。〔方言一二〕「牧，丨也」箋疏。○丨，哺也，俗作飼。〔慧琳音義·卷二六〕引〔玉篇〕。○丨，食也。〔説文〕「飵，敗創也」義證引〔玉篇〕。又〔廣韻·志部〕。○丨，餧也。〔説文〕「茹，丨馬也」繫傳。○丨，糧也。〔楚辭·怨思〕「子推自割而丨君兮」補注。○丨，古飼字。〔方言五〕「丨馬橐，自關而西謂之裺囊」箋疏。○丨即古飼字。(同上)疏證。○丨，字本作食，俗作丨，或作飼。〔説文〕「丨，糧也」段注。

弑 丨，下殺上也。〔孟子·梁惠王上〕「丨其君者」朱注。○丨之言試也。〔公羊傳隱公四年經〕「衛州吁丨其君完」陳疏引段玉裁。○丨，大逆，亦作殺。〔廣韻·志部〕○述其實則曰殺君，正其名則曰丨者。〔説文〕「丨，臣殺君也」段注。○丨、殺古字通用。〔管子·法法〕「臣有丨其君」義證。○别本丨作殺。〔左傳莊公八年經〕「齊無知丨其君諸兒」洪詁。○丨，毛本作殺。〔左傳隱公一一年〕「羽父使賊丨公於寫氏」疏證。

芓 丨，苴麻也，以為布，喪服所用，俗謂黄麻。〔釋艸〕「丨，麻母」鄭注。○有實者偁芓，無實者偁枲。〔説文〕「芓，麻母也」段注。○丨與芓同。(同上)義證引〔玉篇〕。○丨音字。〔釋艸〕「丨，麻母」鄭注。○芓同丨。〔廣韻·志部〕

佁 丨之言待也，止也，故不前之丨，不動亦謂之丨。〔廣雅·釋詁二〕「眙，逗也」疏證。○丨，丨儗不前。〔廣韻·志部〕○丨訓至。〔文選·七發〕集釋。○眙丨並音丑吏切，義亦相近也。〔廣雅·釋詁二〕「眙，逗也」疏證。○丨𪑞謂痿𪑞不能行也。(同上)○怠疑與丨儗義相近。(同上)

魅 丨，癘鬼。〔廣韻·志部〕〇丨，魑魅之類也。〔說文〕「丨，厲鬼也」義證引〔玉篇〕。〇魄即此丨字。（同上）段注。〇丨，厲鬼，或从夕。〔集韻·質部〕〇丨，字亦作殀。〔說文定聲·卷一二〕

憗 丨，憂也。〔廣韻·志部〕

芓 丨者，母麻。一曰丨即枲也。〔說文〕「枲，麻也」段注。〇統言則皆偁枲，析言則有實者偁丨，無實者偁枲。〔說文〕「丨，麻母也」段注。〇丨，俗謂之子麻，有實者曰丨，無實者曰枲。〔說文定聲·卷五〕〇丨即秄甲。〔說文〕「丨，麻母也」義證。〇丨，附根也。〔詩·甫田〕「或芸或丨」集疏引齊說。〇〔說文定聲·卷五〕丨，叚借為秄。〔漢書·食貨志〕「或芸或丨」。〇（同上）丨，叚借為阯。〔廣雅·釋室〕「丨，隄也」。〇丨，今〔爾雅〕作茡。〔說文〕「丨，麻母也」段注。

佴 丨，次也。〔說文繫傳·通論上〕又〔廣韻·志部〕。〇丨者，次比之義，言不疏曠也。〔墨子·節葬下〕「丨乎祭祀」閒詁。〇丨，佽也，使便利。（同上）閒詁。〇丨之為言猶亞也。〔釋言〕「丨，貳也」郝疏。〇丨之言貳。〔墨子·經上〕「丨，所然也」閒詁引畢沅。〇丨為佽字假音。（同上）〇〔說文定聲·卷五〕丨，亦作茸，或讀為搑，謂推致也。〔文選·報任少卿書〕「而僕又丨之蠶室」。

⿰女耳 丨，女字。〔廣韻·志部〕

誀 丨，誘也。〔廣韻·志部〕〇丨，古通作餌。〔廣雅·釋詁一〕「丨，誘也」疏證。〇丨，古恥字也。〔慧琳音義·卷八〕引衛宏。

⿰耳申 以牲告神，神欲聽曰丨也。〔廣韻·志部〕

蘎 丨，連翹草。〔說文〕「丨，芓也」義證引〔玉篇〕。〇丨，連翹草名。〔廣韻·志部〕〇丨即芓之或體。〔說文定聲·卷五〕

⿰豸吏 丨，⿰豸夬丨也。〔說文〕「臭，獸也」義證引〔玉篇〕。

蒔 丨，更種也。〔通鑑·唐紀五五〕「其丨也若子」音注。〇更種曰丨也。〔慧琳音義·卷四八〕〇今江蘇人移秧插田中曰丨秧。〔說文〕「丨，更別種」段注。〇分秧勻插為丨。〔說文定聲·卷五〕〇丨，種丨。〔廣韻·志部〕〇丨若秧稻也。〔說文〕「丨，更別種」繫傳。〇丨植與樹植同。〔方言七〕「凡言置立者謂之樹植」箋疏。〇古無丨字，故借時為之。〔荀子〕「時舉而代御」雜志。〇丨通作時。〔方言一二〕「丨，立也」箋疏。〇〔說文定聲·卷五〕丨，以時為之。〔虞書〕「播時百穀」。〇（同上）丨，以載為之。〔詩·載芟〕「俶載南畝」。〇（同上）丨，以菑為之。〔考工記·輪人〕「察菑蚤」。〇殖，丨、置，聲近而義同。〔廣雅·釋詁四〕「殖、丨、置，立也」疏證。〇丨，丨蘿子。〔廣韻·之部〕

諅 丨，忌也。〔集韻·之部〕〇丨，畏忌之也。〔說文〕「丨，忌也」繫傳。〇丨，今〔書〕作忌。〔說文〕「丨，周書曰上不丨于凶德」段注。〇丨，志也。〔廣韻·志部〕〇丨，謀也。〔之部〕

⿰黑乚 丨，黑也。〔集韻·黠部〕〇丨，深黑。〔廣韻·志部〕〇丨，深黑也。〔集韻·未部〕

亟 丨，數也。〔說文〕「丨，敏疾也」段注。又〔太素·知湯藥〕「此四丨急而動中」楊注。又〔慧琳音義·卷一三〕引〔考聲〕。〇丨，頻也，數也。〔通鑑·唐紀七七〕「丨為之言」音注。〇丨，數也，遽也。〔廣韻·志部〕〇丨，急也。〔太素·調陰陽〕「不丨正治」楊注。又〔通鑑·後梁紀二〕「丨歸語而主」音注。〇丨，急疾也。〔大戴·保傅〕「秦世所以丨絕者」王詁。〇丨，數數也。〔通鑑·梁紀六〕「與卿先君丨連職事」音注。〇丨，敬也。〔慧琳音義·卷一三〕引〔考聲〕。〇丨亦作㥛。〔方言一二〕「丨，愛也」疏證。

皕 丨，二百。〔廣韻·職部〕〇丨，即形為義。〔說文〕「丨，讀若逼」段注。〇丨，讀若稫也。〔說文定聲·卷五〕

⿰頁桼 丨，小頭丨丨也，或書作⿰木頁。〔集韻·支部〕〇丨之言嫢也。〔說文〕「丨，小頭丨丨也」段注。〇丨丨謂小而圜也。（同上）義證。〇丨，與頍略同。〔說文定聲·卷一二〕〇（同上）丨，叚借為規。〔廣雅·釋詁三〕「⿰尒頁，圓也」。〇丨，亦作⿰木頁。〔說文〕「丨，小頭丨丨也」段注。〇丨亦作⿰尒頁。（同上）

⿰尒頁 丨，猶規小皃。〔說文〕「丨，小頭丨丨也」繫傳。

⿰木頁 丨，小頭皃，或書作⿰尒頁。〔集韻·支部〕

錗 丨即今之歪字，唐人曰夭邪。〔說文〕「丨，側意」段注。〇〔說文定聲·卷一二〕丨、咼一聲之轉。〔說文〕「丨，側意」。〇丨與錘通。〔說文〕「丨，側意」義證。

隓 丨，猶墮也。〔說文〕「丨，相毀也」繫傳。〇丨，省作隋。（同上）義證引〔五音集韻〕。

⿱艹致 丨本菿字。〔說文〕「丨，草大也」義證。〇丨即菿字之誤文。〔說文定聲·卷一二〕

箅 丨，蔽甑底者也。〔說文〕「丨，蔽也」義證引〔急就篇〕顏注。〇丨，甑丨也。（同上）義證引〔玉篇〕。〇丨，博計反，竹丨，所以蔽甑底也。〔讀淮南書後〕引〔齊俗篇〕「不如竹丨」雜志。〇〔說文定聲·卷一二〕舊丨能淡鹽味。〔哀江南賦〕「敝丨不能救鹽池之鹹」。〇丨通作箄。〔說文〕「丨，蔽也」義證。

菑 植物地中謂之丨，或作傳、事。〔集韻·志部〕〇凡立物皆謂之丨。〔公羊傳昭公二五年〕「以人為丨」陳疏。〇凡入之深而植立者皆曰丨。〔說文〕

「丨，不耕田也」段注。〇丨，木立死者也。〔詩・皇矣〕「其丨其翳」朱傳。〇丨讀如〔詩箋〕熾丨之丨。〔漢書・溝洫志〕「隤林竹兮揵石丨」補注引沈欽韓。〇丨，假為裁害字。〔說文〕「丨，不耕田也」段注。

紀　丨鍼即綦鍼也。〔說文〕「鉥，綦鍼也」義證。〇丨，連針。〔廣韻・志部〕〇丨，所以聯綴簪記之也。〔慧琳音義・卷五八〕

鵋　〔說文定聲・卷五〕丨即舊也。〔釋鳥〕「鵅，丨䳢」。（「忌」下）〇丨䳢，鵂鶹鳥，今之角鴟。〔廣韻・志部〕〇丨音忌。〔釋鳥〕「丨，丨䳢」鄭注。

鷾　丨，丨鳾，玄鳥也。〔廣韻・志部〕

𩴾　丨，恐也。〔廣韻・志部〕〇丨、懝、疑三字聲近義同。〔廣雅・釋詁四〕「丨，恐也」疏證。〇魌，恐也，或書作丨。〔集韻・未部〕

譺　丨為調欺之隸調。〔廣雅・釋詁四〕「丨，調也」疏證。〇丨，啁丨。〔廣韻・志部〕

𩯂　丨，大髻。〔廣韻・志部〕

幆　丨，飾也。〔集韻・至部〕

肆　丨，本訓長。〔說文定聲・卷一二〕〇丨，極陳之則其勢必長，此字之所以从長也。〔說文〕「丨，極陳也，从長，隶聲」段注。〇〔說文定聲・卷一二〕丨，習也。〔周禮・春官〕「肆師之職」。〇丨讀為肄，肄，習也。〔廣雅・釋天〕「丨兵」疏證。〇丨，習也。〔漢書・匈奴傳〕「易丨以惡」補注引胡注。〇丨與㥻通。〔漢書〕「平不丨險」雜志。〇丨亦忘也。（同上）〇丨亦忘也，丨讀曰㥻，丨與㥻同。〔漢書・揚雄傳〕「故平不丨險」補注引王念孫。〇丨，字作肆。〔說文〕「丨，極陳也」句讀。〇丨，義與倨相近。〔廣雅・釋詁三〕「丨，踞也」疏證。〇〔說文定聲・卷一二〕丨，今也，遂也，信也，皆發聲之詞。〔法言・五百〕「肆筆而成書」。〇（同上）丨，叚借為肆。〔釋詁〕「治、肆、古，故也」。〇（同上）丨，叚借為遂，實為家。〔釋詁〕「肆、故，今也」。〇丨，叚借為四，今官書數目四作肆，所以防奸易也。〔說文定聲・卷一二〕〇（同上）丨，叚借為次。〔廣雅・釋詁二〕「丨，陳也」。〇（同上）丨，叚借為㥻。〔小爾雅・廣言〕「肆，緩也」。〇（同上）丨謂借為柟。〔禮記・玉藻〕「肆束及帶」。〇（同上）丨，叚借為恣。〔小爾雅・廣言〕「肆，極也」。〇（同上）丨叚借為尸，實為申。〔廣雅・釋詁四〕「肆，伸也」。〇（同上）丨，叚借為屍。〔周禮・掌戮〕「肆之三日」。〇（同上）丨，叚借為鬄。〔周禮・大宗伯〕「以肆獻祼享先王」。〇丨，經典作肆。〔說文〕「丨，極陳也」義證。〇〔說文定聲・卷一二〕丨，以彝為之。〔書・洪範〕「彝倫」。

㴛　丨，通作遂。〔廣雅・釋水〕「丨，坑也」疏證。〇丨，遂或字。〔集韻・至部〕

遂　丨，田間小溝。〔廣韻・至部〕

𨏈　丨，車重也。〔集韻・至部〕〇丨即摯字，摯之或體也。〔說文〕「鷙，擊殺鳥也」段注。〇輊、䡹、丨、摯並通。〔廣雅・釋詁四〕「䡹，低也」疏證。

媲　丨，匹也。〔慧琳音義・卷八一〕引〔韻詮〕。〇丨，配也。（同上）引〔集訓〕。

㣼　丨與呬通，息也。〔文選・思元賦〕「丨河林之蓁蓁兮」補正引許慶宗。

佊　丨，衰也。〔廣韻・寘部〕

倚　丨，侍也，因也，加也。〔廣韻・寘部〕

倳　丨，有立義。〔周禮・大宰〕「以任百官」孫正義。〇丨，插也。〔慧琳音義・卷八二〕引〔韻英〕。〇丨，立也。〔莊子・天地〕「韜乎其事心之大也」集釋。〇〔說文定聲・卷五〕丨者，敳字。〔釋名・釋言語〕「事，丨也」。（「事」下）〇丨與事同。〔漢書〕「事刃」雜志。〇丨，置也。〔廣韻・志部〕〇丨同事、剚。（同上）

剚　丨，插刀也，或从金。〔集韻・志部〕〇官本注丨作臿。〔漢書・溝洫志〕「隤林竹兮揵石菑」補注。〇丨、傳同事。〔廣韻・志部〕

劓　〔說文定聲・卷一三〕丨，刑鼻也，从刀臬聲，或从刀鼻。〔易・睽〕「其人天且丨」。〇丨、刖一聲之轉，斷鼻為丨，斷足為刖，名異而實同也。〔廣雅・釋詁一〕「丨，斷也」疏證。〇〔說文定聲・卷一三〕丨，借為刈。〔書・盤庚〕「我乃劓殄滅之」。

𡲼　丨𦐇，面衣。〔廣韻・寘部〕

咇　丨丨，哀鳴。〔集韻・至部〕

㕧　丨，呻也。〔廣韻・至部〕〇丨，呻也，或作脲。〔集韻・至部〕

吱　丨，行喘息皃。〔廣韻・寘部〕

哆　丨，丨聲。〔廣韻・志部〕

唭　丨嶷，無聞見也。〔廣韻・志部〕

喟　丨，大息也。〔廣韻・至部〕〇嘳同丨。（同上）

嚱　丨，聲也。〔廣韻・寘部〕

垝　〔說文定聲・卷一二〕凡絫土為之者皆得以坫名，即皆得以丨名。〔釋宮〕「丨謂之坫」。〇丨、坫，堂隅可致物。〔廣韻・寘部〕

壝丨，陰兒。〔廣韻·至部〕

娞丨，女子。〔廣韻·至部〕

媢丨，夫妬婦。〔廣韻·至部〕

嫉丨，妬也。〔廣韻·至部〕

嬉可丨，美姿顏也。〔廣韻·志部〕

媯丨，一曰健狡也，或从人。〔集韻·寘部〕

嫣丨，過也。〔廣韻·寘部〕

孖丨，雙生子。〔廣韻·志部〕

𡧗丨，毀也，或作庪，通作垝。〔集韻·寘部〕

寱丨，熟寐也。〔廣韻·至部〕

㞆丨，跛也。〔廣韻·寘部〕

𡲰丨屓，足前却也。〔廣韻·寘部〕

屍丨，似皺兒也。〔廣韻·至部〕

屓丨，卧息也。〔集韻·至部〕○贔丨，壯士用力貌。〔廣韻·至部〕

屣丨，履不躡跟。〔廣韻·寘部〕

𡳐丨，分蠶。〔廣韻·至部〕○蠶析曰丨，或从攴。〔集韻·至部〕

已丨，過事語辭，又去也，弃也，成也。〔廣韻·志部〕

帺丨，繫也。〔廣韻·志部〕又〔集韻·志部〕。○丨，巾也，或作褀、䘳。〔同上〕

庡丨，人相依丨。〔廣韻·寘部〕○丨，相依也。〔集韻·寘部〕

庪丨，毀也。〔廣韻·寘部〕

庾丨，倉也。〔廣韻·至部〕

廙丨，恭也，敬也。〔廣韻·志部〕又〔集韻·至部〕。○丨，一曰行屋下聲。〔同上〕

𢐁丨，丨弓。〔廣韻·寘部〕

𢐤丨𢐁，弓兒。〔廣韻·寘部〕○𢐁丨，張弓兒，或从垂。〔集韻·寘部〕

𢐡丨者，遙擊之名。〔廣雅·釋器〕「丨謂之彈」疏證。○青州謂彈曰丨。〔同上〕疏證引〔玉篇〕。

𢐗丨，以筋帖弓。〔廣韻·至部〕○丨，以絲被弓也。〔集韻·至部〕

㥨丨，思也，或从委。〔集韻·寘部〕

惈丨，惰也。〔集韻·至部〕

𢚩丨，即智字。〔墨子·經上〕「丨，明也」閒詁引顧千里。○丨即智字誤耳。〔經說上〕「𩞄脯而非丨也」閒詁引張惠言。

戠丨同埴，黏土也。〔易·豫〕「朋盍丨」李疏。○丨，舊讀作撍，聚會也。〔同上〕李疏引虞注。○撍臧宗丨，俱一聲之轉。〔釋詁〕「寁，速也」郝疏。

㨁丨，丨投。〔廣韻·志部〕

抐丨，内也。〔廣韻·寘部〕

揓丨，把也，或作㨶。〔集韻·寘部〕

㩔丨，持物使相當也。〔集韻·至部〕

𥩟丨，戴物。〔廣韻·寘部〕○丨，擎起物也，或作庋庪。〔集韻·寘部〕

䬪丨，瘦極。〔廣韻·寘部〕○丨，疲極也，或作㚏。〔集韻·寘部〕

𢿵丨，一曰召使疾行也。〔集韻·至部〕

𣄽丨字又作旞。〔說文〕「丨，旞或從遺」義證。

曀丨，陰而風曰丨。〔集韻·至部〕

楒丨，丨柎。〔廣韻·志部〕○丨跌，定綆紐之物。〔集韻·志部〕

構　丨，木名，出蜀，其穗可食。〔廣韻·至部〕

[illegible]　丨，吳俗斷木為軸以申物。〔集韻·至部〕

櫃　丨，丨篋。〔廣韻·至部〕

款　丨，今人言誠款也。〔說文〕「丨，意有所欲」繫傳。〇丨，隸書出字或省作士，故丨字省作款，歘字省作敹賫字省作賣。〔史記〕「士出死要節」雜志。

𣦾　丨，春祭以除病。〔集韻·志部〕

𣩘　丨，物凋也。〔廣韻·寘部〕〇丨，脚手小病。〔同上〕〇丨，物凋死。〔集韻·寘部〕

毀　丨，男八歲女七歲而丨齒。〔廣韻·寘部〕

𧰲　丨，獸似貍。〔說文〕「丨，獸也」義證引〔玉篇〕。

𨁈　丨，赴也。〔廣韻·至部〕〇丨，趴也。〔集韻·至部〕

汥　丨，水戾。〔廣韻·寘部〕

𣿫　丨，溼也。〔集韻·至部〕

澌　丨，盡也。〔廣韻·寘部〕

𣩠　丨同澌。〔廣韻·寘部〕〇丨，死也。〔說文〕「死，澌也」義證引〔玉篇〕。〇丨，死也，通作澌。〔集韻·寘部〕

儩　丨同澌。〔廣韻·寘部〕〇丨，又作澌，物空盡曰丨。〔慧琳音義·卷五七〕〇丨段借為澌，俗字作丨。〔說文定聲·卷一一〕〔「賜」下〕

瀡　丨，滑也。〔廣韻·寘部〕

㷼　丨，火乾也。〔集韻·至部〕

𤗪　丨，牑模。〔廣韻·至部〕〇丨，牑之橫者也。〔說文〕「牑，牀版也」義證。

𤠔　〔通雅·卷九〕丨丨，葸也。〔魯靈光賦〕「心丨丨以發悸」。

率　丨，鳥網。〔廣韻·至部〕〇丨，與帥同。〔儀禮·覲禮〕「天子使大夫戒曰某日伯父帥乃初事」胡正義。〇丨讀如將帥之帥。〔漢書·匈奴傳〕「遣五威將王駿丨甄阜六人」補注引錢大昭。〇丨讀為將丨之丨。〔墨子·非攻下〕「丨不利和」閒詁引俞樾。〇丨通作帥。〔釋詁〕「丨，循也」郝疏。〇丨者循也。〔荀子·禮論〕「相丨而致隆之」集解引郝懿行。

𧗿　丨，將也，通作帥、率。〔集韻·至部〕

竭　急戾是曰丨。〔說文〕「丨，不成遂急戾也」段注。

珕　丨，刀飾也。〔廣韻·寘部〕

璣　丨，珠不圓者。〔集韻·至部〕

瓃　丨，玉器。〔廣韻·至部〕

瓗　丨，玉名。〔集韻·支部〕

瓗　丨，玉名。〔廣韻·寘部〕

瘁　丨，病也。〔詩·蓼莪〕「生我勞丨」朱傳。又〔廣韻·至部〕。〇丨為病。〔詩·出車〕「僕夫況丨」通釋。〇丨與悴通。〔方言·一二〕「悴，傷也」箋疏。又〔廣雅·釋詁二〕「悴，傷也」疏證。〇丨與悴古字通。〔左傳·襄公二八年〕「車甚澤，人必丨」洪詁。〇丨，魯作顇。〔詩·北山〕「或盡丨事國」集疏。〇丨即悴之或體。〔雨無正〕「維躬是丨」通釋。

痢　丨，病也。〔廣韻·至部〕

疢　丨，病兒。〔廣韻·至部〕

𤿕　丨，粟體。〔廣韻·至部〕

𤿎　丨，皮不展也。〔集韻·寘部〕〇丨皺，皮不展也。〔廣韻·寘部〕〇丨，丨𧟎。〔同上〕

𧳮　丨，居，獸名，似蝟而赤尾。〔廣韻·志部〕

眲　丨，耳目不相信也。〔廣韻·志部〕

䁛　丨，大視。〔廣韻·至部〕

睧　丨，目深兒。〔廣韻·至部〕又〔集韻·至部〕。〇〔說文定聲·卷一三〕「丨，段借為昏」。〔廣雅·釋詁三〕「丨，塞也」。

瞝　丨，恚視也。〔廣韻·至部〕

瞶 —，目疾。〔廣韻・至部〕

磧 —，柱下石。〔廣韻・至部〕又〔集韻・至部〕。

祉 —，以豚祠司命也。〔廣韻・至部〕

祱 —亦同䬇。〔說文〕「䬇，小餟也」段注。

秈 —，䄲糴。〔廣韻・寘部〕

䄲 —，內也。〔廣韻・寘部〕

秧 —鴂，鶗鴂。〔通雅・鳥〕

積 —，多小意而止。〔集韻・寘部〕

穦 —，積禾也，或从齊。〔集韻・寘部〕〇—、積、秩、栗，皆聲之轉，字異義同。〔釋訓〕「挃挃，穫也」邵正義。

𥢸 —，稻禾黏也。〔廣韻・至部〕

家 —，深也，或作—。〔集韻・至部〕

宊 —，穴也。〔廣韻・志部〕又〔集韻・志部〕。

笫 牀格謂之—。〔集韻・寘部〕

𥳽 —，竹名。〔廣韻・志部〕

篨 —，籧篨。〔廣韻・至部〕

蒢 —，籧篨。〔集韻・至部〕〇—或作篨。〔同上〕

篺 —，射馬具。〔集韻・寘部〕

紕 —，飾也，理也。〔集韻・至部〕

紴 —，裝束皃。〔集韻・寘部〕

綦 —，屨飾，或書作綨。〔集韻・志部〕

綶 —，結固也。〔集韻・至部〕

𦄘 —，卷絲為緯也。〔集韻・至部〕

𦃄 —，紩也，或从遲，亦通作緻。〔集韻・至部〕〇刺—，針縫也。〔廣韻・至部〕

纃 —，織餘。〔廣韻・至部〕〇—，織餘也，或从貴。〔集韻・至部〕〇—，或作繢。縷—者，織餘也。〔慧琳音義・卷六〇〕

羜 牝羊曰—，曰牂。〔本草・卷五〇〕

𦐇 —，羽盛皃，或从志。〔集韻・志部〕

聟 —，聽不相當。〔集韻・寘部〕

𦔵 —，使也。〔集韻・至部〕

䎙 —，聽音不敢言也。〔廣韻・志部〕

䏔 —，筋健。〔廣韻・志部〕

䐀 肉四—。〔廣韻・寘部〕

脺 —，顏面澤也。〔集韻・至部〕〇—，一曰腦也。〔同上〕

𦙶 —，血祭肉。〔集韻・至部〕〇—，血祭。〔廣韻・至部〕〇—，一曰師祭。〔集韻・至部〕

𦛭 —，腦蓋。〔廣韻・至部〕

𦝫 —，肥也。〔集韻・至部〕

𩷕 —，敗皃，又魚名。〔廣韻・至部〕

睡 —，杵擊。〔廣韻・寘部〕〇—，杵擊也。〔集韻・寘部〕

喘 —，同睡。〔廣韻・寘部〕

鼓 —，行喘息或从口。〔集韻・寘部〕

芘 —，草名。〔廣韻・至部〕〇—當為比，言細相比也。〔詩・九罭〕韓說「九罭，取鰕—也」集疏。〇〔說文定聲・卷一二〕—，叚借為庇。〔莊子・人間

世」「隱將ㄧ其所藾ㄧ」。

荔 ㄧ支，樹名，葉緑實赤味甘，高五六丈，子似石榴。〔廣韻・寘部〕

⿱艹志 ㄧ，遠ㄧ。〔廣韻・志部〕

蒠 ㄧ，豆稭也。〔說文〕「萁，豆莖也」義證引〔孫子〕曹操注。○ㄧ即萁字。〔同上〕段注。○ㄧ同萁。〔漢書・趙充國傳〕「茭藁二十五萬二百八十六石」補注引沈欽韓。

⿸广萆 ㄧ，鼠莞，可為席。〔廣韻・至部〕

蔐 ㄧ，一曰蓮的中，或作薏。〔集韻・志部〕

蘢 ㄧ，草名。〔廣韻・寘部〕○ㄧ，旄牛尾，舞者所執。〔同上〕○ㄧ，旄也。謂箕虡飾。〔集韻・寘部〕

⿱次虫 ㄧ，蟲似蜘蛛。〔廣韻・至部〕

蝞 ㄧ似蝦，寄生龜殼中，食之益人顔色。〔廣韻・至部〕

螠 ㄧ，ㄧ女，蟲。〔廣韻・寘部〕

⿱疐虫 ㄧ之言懥也。〔廣雅・釋蟲〕「ㄧ，蠮也」疏證。

蟦 ㄧ，蟹ㄧ。〔廣韻・至部〕

䙽 ㄧ，以血涂祭。〔集韻・至部〕

䘮 ㄧ，衣不展也。〔廣韻・寘部〕○ㄧ，衣不帶，通作披。〔集韻・寘部〕

䙰 ㄧ，衣也。〔廣韻・寘部〕

䙴 褷ㄧ，毛羽衣皃。〔廣韻・寘部〕

覕 ㄧ，暫見也。〔集韻・至部〕

⿰朿見 ㄧ，盜視皃也。〔說文〕「ㄧ，ㄧ覰，闚觀也」義證引〔玉篇〕。

覟 ㄧ審視也。〔集韻・志部〕

⿰癸見 ㄧ，視也，亦作䁌。〔集韻・至部〕

⿱⿰𠂤帚貝 ㄧ，視皃。〔集韻・至部〕

⿰麗見 ㄧ，視也，或作𥉻。〔集韻・寘部〕○ㄧ，求也。〔廣韻・至部〕○ㄧ，求視也。

⿰言支 ㄧ，快也。〔廣韻・寘部〕○ㄧ，不知也。〔集韻・寘部〕

誡 ㄧ謀也。〔廣韻・寘部〕又〔集韻・寘部〕。

⿰言矢 ㄧ，ㄧ志。〔廣韻・志部〕

⿰言四 ㄧ，陰知。亦作呬。〔廣韻・至部〕

詄 ㄧ，忘也，誤也。〔集韻・至部〕

⿰言事 ㄧ，言人也。〔集韻・志部〕

誺 ㄧ，不知。〔廣韻・至部〕

謘 ㄧ，語ㄧ。〔廣韻・至部〕○ㄧ，語諄也。〔集韻・至部〕

⿰言致 ㄧ，笑也。〔廣韻・至部〕○ㄧ，笑也，或从口。〔集韻・至部〕

⿱殹言 ㄧ，言無次也。〔集韻・至部〕

譢 ㄧ，告也。〔廣韻・至部〕又〔集韻・至部〕。○ㄧ，問也。〔同上〕○ㄧ，諫也。〔廣韻・至部〕○ㄧ，讓也。〔同上〕○ㄧ，或作訊，通作誶。〔集韻・至部〕

⿰言恚 ㄧ與恚聲並近。〔方言六〕「爰，恚也」箋疏。

⿰言耆 ㄧ，ㄧ恨也。〔廣韻・寘部〕○ㄧ，一曰恨言。〔集韻・寘部〕○婎ㄧ，女官。〔同上〕

⿰貝取 ㄧ，賑也，貝也。〔廣韻・至部〕又〔集韻・至部〕。

賥 ㄧ，音粹，貨也。〔韓子・說疑〕「破家殘ㄧ」集解引趙用賢。○ㄧ，貨也。〔廣韻・至部〕

質 ㄧ，交ㄧ。〔廣韻・至部〕○ㄧ，物相贅。〔同上〕○ㄧ，物相贅也，或作劕。〔集韻・至部〕

⿰貝支 ㄧ，ㄧ貝，四向用也。〔廣韻・寘部〕○ㄧ，一曰器用。〔集韻・寘部〕

跛　｜，偏任。〔廣韻·寘部〕

跮　｜踱，乍前乍卻。〔廣韻·至部〕

䡵　暢｜，車也。〔廣韻·至部〕

𨑥　｜，假借為語詞也。〔說文〕「｜，讀與記同」段注。○〔說文定聲·卷五〕｜，段借為助語之詞，今作近，蓋｜之誤字。〔詩·崧高〕「往近王舅」。○｜，舊作近。〔崧高〕「往｜王舅」集疏。

⿺辶朿　｜，前頓也。〔集韻·至部〕

⿺辶叟　｜，古文廁。〔說文〕「廁，清也」義證引〔玉篇〕。

⿰食咠　｜，山阜突也。〔廣韻·志部〕○｜，阜也。〔集韻·志部〕

隶　｜，本也，及也。〔廣韻·至部〕

⿱龷曰　｜，鳥如梟。〔廣韻·至部〕

⿰面比　｜⿰面宜，面皃。〔廣韻·寘部〕

⿰革走　｜，靴屬。〔廣韻·寘部〕

⿰革必　車革曰｜。〔集韻·至部〕

⿰韋鬼　｜，馬韁。〔廣韻·至部〕

⿰韋必　｜，弓紲。〔廣韻·至部〕又〔說文〕「⿰革必，車束也」義證引〔玉篇〕。○｜，弓泄。〔集韻·至部〕○｜、⿰革必同。〔說文〕「⿰革必，車束也」義證。○閉與柲、｜同。〔荀子〕「故君子之度已則繩，接人則用抴」雜志。

韛　｜，韋橐也，可以吹火令熾。〔說文〕「砱，治橐榦也」義證引〔玉篇〕。○｜，亦作橐。（同上）

⿰韋彗　｜，囊組名。或作韢。〔廣韻·至部〕○囊組謂之｜。〔集韻·至部〕

韢　｜，橐細也。〔集韻·至部〕○｜，一曰盛虎頭囊，或从彗。（同上）

頤　｜，首也。〔廣韻·至部〕

頧　｜，首傾也。〔集韻·至部〕

颲　｜，烈風。〔廣韻·至部〕○｜，暴風。〔集韻·至部〕

⿰骨垂　｜，桼器，先以屑垸之也。〔集韻·寘部〕

⿰骨辟　弭與｜，聲近而義同。〔廣雅·釋器〕「韝、彊，｜也」疏證。

⿱髟卑　｜，髮飾。〔廣韻·至部〕

⿱髟桼　｜，以漆塗器。〔廣韻·至部〕○｜，以漆塗器，或作髹綵漆。〔集韻·至部〕

鯷　｜，魚名。〔廣韻·寘部〕

⿰魚致　｜，魚名。〔廣韻·至部〕

⿱埶魚　｜，魚名。〔廣韻·至部〕

⿰乜鳥　｜，鳥名。〔廣韻·至部〕

⿰自鳥　｜，雀鷙。〔廣韻·至部〕

鶅　｜，東方雉名。〔廣韻·志部〕

麾　以旌旗示之曰｜。〔集韻·寘部〕

續經籍籑詁卷第六十四

去聲

五　未

未　|，草重葉有滋味也。〔說文〕「㪿，坼也」繫傳。○|，木老枝葉重也。〔說文定聲・卷一二〕○|，辰名。〔廣韻・未部〕○|，或說即沬字之古文。〔說文定聲・卷一二〕○|，叚借以紀旬，後又以紀年紀月紀時，又以命天體十二宮。〔同上〕○〔說文定聲・卷一二〕|，叚借為尾。〔方言一二〕「|，續也」。○〔同上〕|，叚借為助語之詞，與非、弗同意。〔儀禮・鄉射禮〕「衆賓|拾取矢」。○|央者，久也。〔太素・順養〕「乃道相失則|央絕滅」楊注。○|及，則猶有間斷。〔方言一二〕「|，續也，或曰|及也」疏證。○諸書或言|央，或言|遽，或言|遽央，其義一也。〔廣雅・釋言〕「腒，央也」疏證。○西蕃呼贊普之妻曰|蒙。〔通雅・稱謂〕引李肇〔國史補〕。○|字當為末。〔荀子・禮論〕「大路之素|集也」集解引俞樾。○|與末形相似，此|字本作末，末訓為隨，亦訓為續。〔方言一二〕「|，續也」箋疏。○|、來形相近。〔書・秦誓〕「|就予忌」孫疏。

味　〔說文定聲・卷一二〕|，滋|也。〔周禮・疾醫〕「以五|五穀五藥養其病」。○五|，酸鹹甘苦辛。〔廣韻・未部〕○〔說文定聲・卷一二〕|叚借為沬。〔禮記・檀弓〕「瓦不成|」。

氣　|，餼客之芻米也，相承以|為气，因又加食傍，此後出字。〔說文定聲・卷一二〕○|，|息。〔廣韻・未部〕○|，聲|也。〔論語・泰伯〕「出辭|」朱注。○|謂血|。〔大戴・曾子立事〕「君子慮勝|」王詁。○|，歌|也。〔左傳昭公二〇年〕「一|二體」洪詁引服虔。○五|謂五行之|。〔大戴・五帝德〕「治|以教民」王詁。○五|謂五行之|。〔五帝德〕「治五|」王詁。○天見神物，是以瑞|相應，故曰|應。〔漢書・石奮傳〕「朕方答|應」補注。○古|字作气。〔左傳桓公一〇年〕「齊人餼諸侯」疏證引惠棟。○|即气字。〔說文〕「鎎，怒戰也」段注。○|與气同。〔釋言〕「鬱，|也」郝疏。○|當作气。〔釋名・釋天〕「|，愾也」疏證。○〔說文定聲・卷一二〕|，叚借為气。〔禮記・月令〕「以達秋|」。○|者，气之叚借字也。〔說文〕「鎎，怒戰也」段注。○今字叚|為雲|字，而餼饟乃無作|者。〔說文〕「|，饋客之芻米也」段注。○〔說文定聲・卷一二〕|謂殺而未熟。〔儀禮・聘禮〕「餼之以其禮」注「凡賜人以牲，生曰餼」。○|讀曰餼。〔大戴・千乘〕「此以|食得節」王詁。○|、既一字。〔說文〕「槩，|或從既」句讀。○|，古餼字。〔說文〕「既，小食也」句讀。○〔說文定聲・卷一二〕|叚借為既。〔方言一二〕「餼，飽也」。○|當作器，器|聲近義通。〔淮南・說山〕「歎不可以虛|召也」平議。○|，一本作器，|器古通，|，正字。器，借字也。〔莊子・人間世〕「|息茀然」集釋。○〔說文定聲・卷一二〕|，叚借為器。〔禮記・樂記〕「然後樂|從之」。○|即金石絲竹樂之器。〔說文定聲・卷一二〕引王引之。○|當讀為鎎。〔左傳僖公二二年〕「金鼓以聲|也」平議。

貴　|，重也。〔論語・泰伯〕「君子所|乎道者三」朱注。○|，尊也，高也。〔廣韻・未部〕○|，爵位也。〔大戴・四代〕「慕寵假|」王詁。○有爵祿者為|。〔論語・里仁〕「富與|」劉正義。○|者，謂公卿大夫。〔大戴・曾子制言上〕「|者敬焉」王詁。○|，言立之為君。〔國策・韓策三〕「役且共|公子」鮑注。○獨有之人，是之謂至|。〔楚辭・遠遊〕「聞至|而遂徂兮」補注。○〔通雅・卷八〕|居即|倨，居讀倨。〔郅都傳〕「條侯至|居也」。○|猶欲。〔國策・東周策〕「|合於秦以伐齊」鮑注。○稱|人者，雖無位號，猶異凡庶也。〔漢書・成帝紀〕「廷尉孔光使持節賜|人許氏藥」補注引沈欽韓。

𢍰　|，古貴字也。〔說文繫傳・通論中〕

費　|，財散出如湯沸然。〔說文〕「|，散財用也」繫傳。○|，耗也。〔大戴・主言〕「外行三至而財不|」王詁。又〔楚辭・招魂〕「|白日些」補注。又〔慧琳音義・卷五一〕引〔考聲〕。又〔廣韻・未部〕○|，惠也。〔廣韻・未部〕○|是國名。〔史記・秦本紀〕「咨爾|」志疑。○|乃魯季氏之僭以邑為國號也。〔楚世家〕「鄒、|、郯、邳者」志疑。○|即故季氏邑也，|字當音彼。〔漢書〕「|侯」雜志。○|縣，音秘音蜚，後為姓。〔通雅・地輿〕○|即悖也。悖，逆也，煩擾也，亂也。〔墨子・魯問〕「豈不|哉」述聞。○|當讀為悖。〔禮記・緇衣〕「口|而煩」述聞。○|，或本作悖者正字也，作|者字之假借也。〔緇衣〕注「|或為悖」述聞。○|與拂同。〔墨子・魯問〕「豈不|哉」閒詁引顧千里。○|當讀為拂。〔禮記・表記〕「恥|輕實」平議。○〔說文定聲・卷一二〕|，叚借為拂，實為弗。〔禮記・中庸〕「|而隱」。○茀與|古字通。〔左傳莊公八年〕「誅屨于徒人|」疏證。○茀、|通假。〔同上〕洪詁。○|、茀古通。〔史記・齊太公世家〕「反而鞭主屨者茀三百」志疑。○〔說文定聲・卷一二〕|，叚借為怫。〔楚辭・招魂〕「|白日些」。○|，〔史記〕作鄪。〔左傳昭公二五年〕「請囚於|」洪詁。○|作弗。〔史記索隱〕「異文」雜志。

潰　|渭，水溢。〔廣韻・未部〕○|乃費之譌，而費與茀又通用，故齊有徒人費而世家作茀也。〔史記・魯周公世家〕「幽公弟|殺幽公而自立」志疑。

沸　|，出。〔詩・十月之交〕「百川|騰」朱傳。○〔說文定聲・卷一二〕|，涌出之皃，字亦作濆。〔詩・采菽〕「觱|檻泉」。○|，波涌也，若湯之|也。〔慧琳音義・卷六三〕引顧野王。○|謂水波涌若湯之|也。〔卷二〇〕引顧野王。○|、濆，一聲之轉。〔廣雅・釋水〕「濆泉，涌泉也」疏證。○|

流即轉流。〔釋言〕「沄，沆也」郝疏。○今俗以丨為瀵字。〔説文〕「丨，畢丨，濫泉也」段注。○丨涌字作瀵。（同上）繫傳。○丨當作瀵。〔漢書·司馬相如傳〕「湁潗鼎丨」補注。○丨當為瀵。〔説文〕「湒，一曰丨涌皃」義證。○丨渭，猶薈蔚。〔漢書·揚雄傳〕「汾沄丨渭」補注。○弗鬱，謂為丨渭，丨渭猶汾沄。〔漢書〕「弗鬱」雜志。○〔通雅·卷九〕丨丨湯湯猶涫涫也，涫涫猶滚滚也，滚滚即混混、渾渾也，蓋言滚丨之聲狀也。〔西山經〕「其源丨丨湯湯」。○丨音弗。〔詩·采菽〕「觱丨檻泉」朱傳。○丨或借弗。〔説文〕「丨，畢丨，濫泉」義證。

尉 丨與慰同，安也。〔通鑑·漢紀二五〕「有以丨復師傅之臣」音注。○丨亦慰也。〔説文〕「尉，從上案下也」義證引歐陽詹。○丨、慰字通，是丨亦有平意。〔漢書·杜周傳〕「不以丨示天下」補注引郭嵩燾。○慰訓心安，此慰為正字，丨乃借字耳。〔韓安國傳〕「以丨士大夫心」補注。○丨薦，猶慰藉。〔韓延壽傳〕「引見丨薦」補注。○丨薦即丨藉。〔趙廣漢傳〕「其丨薦待遇吏」補注引錢大昭。○丨，候也。〔廣韻·未部〕○丨，畏也。〔説文〕「尉，從上案下也」義證引歐陽詹。○丨，秦官。〔史記·平津侯主父列傳〕「又使丨佗屠睢將樓船之士南攻百越」志疑。○丨氏，古獄官也。〔通雅·官制〕○古者兵獄官皆以丨為稱，丨，罻也，言兵獄羅罻奸非。〔説文〕「罻，捕鳥网也」義證引〔魚豢典略〕。○〔説文定聲·卷一二〕尉，叚借為罻。〔荀子·禮論〕「菲帷幬丨」。〔「尉」下〕○丨，俗作熨。〔説文〕「尉，從上案下也」義證。

尉 丨，申帛也。〔説文〕「丨，從上案下也」義證引〔玉篇〕。

熨 丨，俗尉。〔廣韻·未部〕

畏 丨猶惡也。〔國策·西周策〕「而聲丨天下」補正。○丨諠，即憎惡之義也。〔釋訓〕「居居，惡也」郝疏。○丨，懼也。〔大戴·衛將軍文子〕「不丨强禦」王詁。○丨，丨懼。〔廣韻·未部〕○丨者，嚴憚之意也。〔論語·季氏〕「君子有三丨」朱注。○丨者，有戒心之謂。〔子罕〕「子丨於匡」朱注。○丨，忌也。〔孟子·梁惠王下〕「天下固丨齊之彊也」朱注。○丨，敬也。〔大戴·曾子制言中〕「丨之見逐」王詁。又〔曾子立事〕「祭祀而不丨」王詁。○丨，亦敬也。〔衛將軍文子〕「丨天而敬人」王詁。○丨，心服也。〔五帝德〕「死而民丨其神百年」王詁。○丨，心所伏也。〔慧琳音義·卷七〕引〔考聲〕。○丨為拘囚之名。〔論語·子罕〕「子丨于匡」平議。○丨佳，山阜貌。〔莊子·齊物論〕「山林之丨佳」集釋引李頤。○丨佳，扇動之貌。（同上）集釋引成疏。○丨讀為椳，舟上柱也。〔春秋名字解詁〕「楚文之無丨字子舟」述聞。○鍡鑸、碨礧、丨壘、崼壘、猥壘、猥纍、丨累、堁壘、嵬嵔、碨磊，並字異而義同。〔廣雅·釋訓〕「鍡鑸不平也」疏證。○丨同威。〔書·多士〕「惟天明丨」孫疏。○威與丨通。〔廣雅·釋詁〕「丨，敬也」疏證。○威丨古同聲而通用。〔釋言〕「丨，威也」疏證。○丨丨當為丨威。〔書·微子〕「乃罔丨丨」孫疏。○〔義府·卷上〕丨即古威字，今文作威。〔書·皋陶謨〕「天明丨，自我民明丨」。○〔説文定聲·卷一二〕丨，叚借為隈。〔考工記·弓人〕「恒當弓之丨」。

慰 丨，安也。〔詩·車〕「以丨我心」朱傳。○丨，安丨。〔廣韻·未部〕○〔説文定聲·卷一二〕丨，恚怒也，或曰借為鬱。〔詩·車〕「以丨我心」。○丨，主也。〔説文〕「尉，從上案下也」義證引歐陽詹。○丨亦止也。〔詩·緜〕「迺丨迺止」通釋。○〔説文定聲·卷一二〕丨，叚借為尉。〔説文〕「丨，安也」。○丨，當作尉。〔漢書·谷永傳〕「丨釋皇太后之憂慍」補注引蘇輿。○丨讀為蔚。〔淮南·內篇〕「怨懟」雜志。○丨當為懟。〔説文〕「詇，丨也」義證。○丨當與蔚通，病也。〔莊子·盜跖〕「貪財而取丨」集釋。○苑、丨皆病也。〔淮南·原道〕「不為愁悴苑丨」雜志。○〔説文定聲·卷一二〕丨，叚借為闈。〔方言三〕「丨，尻也」。

蔚 丨，一名馬新蒿，三月始生，空角無實，故以牡名。〔詩·蓼莪〕「匪莪伊丨」集疏。○〔説文定聲·卷一二〕丨，藁本之別名。〔廣雅·釋草〕「丨，香藁也」。○丨，茺丨。〔廣韻·未部〕○〔説文定聲·卷一二〕丨，叚借為鬱。〔蒼頡篇〕「丨，草木盛皃也」。○（同上）丨，叚借為痿。〔淮南·俶真〕「五藏無丨氣」。○丨，病也。〔莊子·盜跖〕「貪財而取丨」集釋。

魏 丨者，當塗而高大貌也。〔説文〕「巍，高也」義證引〔梁書·何胥傳〕。○丨者，言高巍巍然也。〔説文〕「丨，高也」繫傳。○丨丨即巍巍。〔孟子·盡心下〕「勿視其丨丨然」焦正義。○古丨字作巍。〔説文〕「巍，高也」義證引楊慎。○古書多用丨字作微。〔史記·三代世家〕「魯、丨公」志疑引小司馬。○丨，丨闕。〔廣韻·未部〕○丨當作衛。〔韓子·有度〕「攻盡陶丨之地」集解引顧廣圻。

緯 丨，抒所持絲也。〔説文〕「丨，織橫絲也」義證引〔六書故〕。○丨，經丨。〔廣韻·未部〕○丨，橫也。〔大戴·易本命〕「凡地東西為丨」王詁。○丨，織也。〔莊子·列禦寇〕「恃丨蕭而食」集釋引司馬彪。○丨，束也。〔墨子·迎敵祠〕「擊丨」閒詁引蘇時學。○土木火金水五星為丨。〔説文定聲·卷一七〕（「經」下）○丨繣，義與敦憺同。〔廣雅·釋訓〕「敦憺，乖剌也」疏證。○丨繣，結礙也。〔離騷〕「忽丨繣其難遷」戴注。○丨，敦之假借也。〔説文〕「敦，戾也」段注。○徽與丨聲亦相近。〔廣雅·釋詁〕「徽，束也」疏證。

胃 丨者，水穀之海。〔説文〕「丨，穀府也」義證引〔難經〕。○丨者，穀之委。（同上）義證引〔春秋元命苞〕。○丨，腸丨。〔廣韻·未部〕○丨者，西方白虎之第三宿。〔禮記·月令〕「日在丨」集解。○丨，字亦作[illegible]。〔説文定聲·卷一二〕

渭 丨，水名。〔詩·渭陽〕「曰至丨陽」朱注。○丨之為言布也。〔説文〕「丨水出隴西首陽丨首亭南谷」義證引〔春秋説題辭〕。○丨丨，流行貌。（同上）○丨，〔韓非子〕作惠。〔左傳僖公二四年〕「以田丨濱」洪詁。

彙　丨，類也。〔廣韻・未部〕○丨，丨蟲，似豪豬而小，字亦作猬。〔說文定聲・卷一二〕○（同上）丨，叚借為賁。〔易・泰〕「以其丨」。○（同上）丨，叚借為偉。〔吳都賦〕「薑丨非一」。

𢑚　丨，字俗作猬。〔說文〕「丨，蟲似豪豬者」義證。○丨，又作彚。（同上）

彚　丨其字俗作蝟，作猬。〔說文〕「丨，丨蟲也」段注。○古叚丨為喙。〔說文〕「易曰為黔喙」段注。○丨，以為謂之叚借也。〔說文〕「丨，丨蟲也」段注。○丨，以為會之叚借也。（同上）

蝟　刺端分兩岐者，丨。〔說文〕「𢑚，蟲似豪豬者」義證引〔炙轂子〕。○丨同彙。〔廣韻・未部〕引〔說文〕。○丨皮治胃逆，開胃氣有功。〔本草・卷五一〕

謂　丨，告。〔詩・賓之初筵〕「式勿從丨」朱傳。○丨，告也。〔說文〕「丨，報也」義證引〔洪武正韻〕。又〔廣韻・未部〕。○丨猶告也。〔詩・隰桑〕「遐不丨矣」朱傳。又（同上）陳疏。○丨，告語也。〔通鑑・漢紀五〕「欲丨太尉絳侯」音注。○丨，言也。〔廣韻・未部〕○丨猶言也。〔荀子・哀公〕「審其所丨」集解引郝懿行。○丨，與之言也。〔說文〕「丨，報也」義證引〔洪武正韻〕。○丨者，所以發言之指趣也。〔大戴・哀公問五義〕「審其所丨」王詁。○事有可稱曰丨。〔說文〕「丨，報也」義證引〔洪武正韻〕。○指事而言亦曰丨。（同上）○稱其言亦曰丨。（同上）○非與之言而稱其人亦曰丨。〔論語〕「子丨子產」是也。（同上）○丨者，論人論事得其實也。〔說文〕「丨，報也」段注。○失于事宜，不可名言曰亡丨。（同上）義證引〔洪武正韻〕。○丨猶記也。〔大戴・夏小正〕「何以丨之」王詁。○丨亦有訓為勤者。〔說文〕「丨，報也」段注。○來丨即來勤也。〔詩・隰桑〕「遐不丨矣」通釋。○丨通作彙。〔釋詁〕「丨，勤也」郝疏。○〔說文定聲・卷一二〕丨叚借為彙，實為賁。〔釋木〕「樸抱者丨」。○丨，當從舍人本作彚。〔釋木〕「樸抱者丨」述聞引錢氏。○〔釋詞・卷二〕丨猶與也。〔史記・鄭世家〕「不敢丨叔詹言」。○（同上）丨猶如也，奈也。〔國策・齊策〕「吾獨丨先生何乎」。○丨猶如也。〔史記〕「丨天下何」雜志。○丨猶奈也。〔詩・北門〕「丨之奈何」通釋。○〔釋詞・卷二〕丨猶為也。〔詩・賓之初筵〕「是丨伐德」。○古書丨、為字多通。〔賈子・壹通〕「所丨禁游宦諸侯」平議。○丨與為同。〔漢書・王嘉傳〕「何丨咀藥而死」補注。○丨讀為為。〔韓子・姦劫弒臣〕「此丨劫殺死亡之主言也」集解。○古丨、為同字。〔漢書・文帝紀〕「是丨本末者無以異也」補注。○丨當作為。〔大戴・四代〕「伯夷丨此二帝之眇」王詁。又〔列子・天瑞〕「丨之生化形色智力消息者非也」平議。○丨，亦有借為曰字者。〔說文〕「丨，報也」段注。○〔說文定聲・卷一二〕丨，叚借為勤。〔釋詁〕「丨，勤也」。○丨當為謂。〔商子・賞刑〕「知而丨之」平議。○〔熹平石經〕丨作惠。〔書・盤庚〕注「丨，一作惠」孫疏。○丨，疑畏之假借。〔詩・行露〕「丨行多露」通釋。

諱　丨猶避也。〔國策・秦策一〕「罰不丨强大」鮑注。○丨讀為違。〔莊子・在宥〕「應於禮而不丨」平議。○丨當讀為違，同聲假借字。〔墨子・非命上〕「而禍不可丨」閒詁。○丨、違皆從韋聲而皆訓為避。〔荀子〕「違其惡」雜志。○丨亦當作瑋。〔說文〕「𦡀，益州鄙言人盛丨其肥，謂之𦡀」段注。○丨謂誡而不道者。〔說文定聲・卷一二〕

卉　丨，草揔名。〔廣韻・未部〕○〔說文定聲・卷一三〕丨，叚借為㚔。〔上林賦〕「芔然興道而遷義」。

芔　丨，古文卉。〔廣韻・未部〕

毅　丨，敢也。〔大戴・四代〕「剛丨犯神」王詁。○丨，果敢也。〔廣韻・未部〕○丨，强忍也。〔論語・泰伯〕「士不可以不弘丨」朱注。○丨，威嚴不可犯也。〔慧琳音義・卷八二〕引〔考聲〕。○丨，果也。〔大戴・文王官人〕「取猛丨而度斷者」王詁。○丨與果同，但義有深淺耳。〔釋詁〕「丨，勝也」郝疏。○殺敵為果致，果為丨。〔大戴・四代〕「昭果丨以聽」王詁。○致果為丨也。〔慧琳音義・卷四八〕○丨，酷也。〔韓子・內儲說上〕「古人何太丨也」集解引舊注。○〔通雅・卷一〇〕丨丨，言佶立也。〔漢書〕「淮陰丨丨，仗劍周章」。○〔說文定聲・卷一二〕丨，亂妄所以致困。〔廣雅・釋言〕「丨，困也」。

既　丨，盡也。〔廣韻・未部〕又〔詩・無羊〕「畢來丨升」朱傳。又〔禮記・鄉飲酒〕「拜丨」集解。又〔釋言〕「卒，丨也」鄭注。又〔通鑑・周紀一〕「日有食之丨」音注。○丨猶盡也。〔左傳僖公二二年〕「楚人未丨濟」疏證。又〔孟子・告子下〕「予丨已知之矣」焦正義。○丨亦盡也。〔國策・魏策二〕「丨以與人」鮑注。○丨之言盡也。〔左傳宣公一二年〕「丨免」疏證引焦循。○丨，已也。〔廣韻・未部〕○丨，引申之義為盡也，已也。〔說文〕「丨，小食也」段注。○丨猶已也，已為語終詞。〔公羊傳宣公一二年〕「丨則晉師之救鄭者至」陳疏。○丨即已也。〔孟子・梁惠王上〕「兵刃丨接」焦正義。○丨望，是十六日。〔書・召誥〕「惟二月丨望」孫疏。○丨喪為終喪也，丨與終語之轉。〔書・金縢〕「武王丨喪」孫疏。○丨，終也。〔論語・憲問〕「丨而曰」劉正義。○丨，卒也。（同上）○丨猶丨而也。〔國語・魯語〕「丨其葬也焚」述聞。○丨猶暨也。（同上）平議。○丨當讀為暨。〔禮記・曾子問〕「丨明反而後行」平議。○丨且，為暨字之譌，息也。〔詩・溱洧〕「士日丨且」通釋。○丨當訓取。〔左傳宣公一二年〕「可勝丨乎」疏證。○暨、丨古字同。（同上）洪詁。○丨亦與摡通。〔廣雅・釋詁一〕「摡，取也」疏證。○官本丨作即。〔漢書・食貨志〕「聽民自相與市」補注。○丨與嘰音義皆同。〔說文〕「丨，小食也」段注。○丨與嘰略同。〔說文定聲・卷一二〕○丨與嘰古亦同聲。〔廣雅・釋詁二〕「嘰，食也」疏證。○丨讀曰餼。

〔中庸〕「一稟稱事」朱注。○〔說文定聲・卷一二〕一，叚借為餼。〔禮記・中庸〕「一廩稱事」。○一當作餼。〔詩・大東〕「一往一來」平議。○〔說文定聲・卷一二〕一，叚借為旡。〔方言六〕「台、一，失也」。○〔同上〕一，叚借為汔。〔儀禮・鄉飲酒禮〕「不拜一爵」。○〔同上〕一，叚借為發語之詞。〔易・小畜〕「一雨一處」。○一作禨，假借字也。〔說文〕「一，小食也」段注。○古書一與其每通用。〔書・西伯戡黎〕「天一訖我殷命」平議。○一，盡食之也。〔說文〕「一，小食也」繫傳。

禨 一，福祥。〔廣韻・未部〕又〔集韻・未部〕。

暨 一，及也，至也，与也。〔廣韻・至部〕○一，諸一縣。〔廣韻・未部〕○一一，果毅皃。〔說文定聲・卷一二〕○一，叚借為塈。〔同上〕○一，叚借為訖。〔同上〕

⿰气欠 一與覬同。〔說文〕「一，⿱屰夭也」句讀。○以一說覬，謂其同字也。〔說文〕「覬，一⿱屰夭也」句讀。○一通作冀。〔說文〕「一，⿱屰夭也」義證。○一，口不便也。〔說文〕「一，一曰口不便言」義證引〔玉篇〕。○一亦作吃。〔同上〕○一，气也，通作氣。〔集韻・未部〕

⿰乞欠 一與覬音義皆同，今字作冀。〔說文〕「一，⿱屰夭也」段注。○一，⿱屰夭也，與覬略同。〔說文定聲・卷一二〕○一⿱屰夭即冀幸。〔通雅・釋詁〕○一，幸也。〔廣韻・未部〕○一，不便言也。〔同上〕○一，此謂與吃同也。〔說文〕「一，一曰口不便言」段注。○〔說文定聲・卷一二〕一，叚借為吃。〔說文〕「一，一曰口不便言」。○一與乞聲相近，故亦訓為與。〔廣雅・釋詁三〕「一，與也」疏證。○〔說文定聲・卷一二〕一，叚借為匄。〔廣雅・釋詁三〕「一，予也」。

旡 一，飲食逆氣不得息也。〔廣韻・未部〕○飲食气屰不得息曰一。〔說文定聲・卷一二〕○一通作僾。〔說文〕「一，歓食气屰不得息曰一」義證。○一乃正字，僾乃假借字。〔同上〕段注。

蔇 一，至也。〔集韻・未部〕○古一既字通。〔左傳隱公六年〕「猶懼不一」洪詁。○〔說文定聲・卷一二〕一，叚借為訖。〔左傳隱公六年〕「猶懼不一」。

衣 一者，人所倚以蔽體者也。〔說文〕「一，依也」段注。○一，一著。〔廣韻・未部〕○一，服之也。〔論語・公冶長〕「一輕裘」朱注。○一，讀一敝緼袍之一，謂著之也。〔易・既濟〕「繻有一袽」述聞。○愛作一，古字通也。〔老子・三十四章〕「一養萬物而不為主」平議。○〔說文定聲・卷一二〕一，叚借為愛。〔老子〕「一養萬物而不為主」。○〔同上〕一，叚借為殷。〔禮記・中庸〕「壹戎一」。

餼 一兼饋食芻米言。〔左傳桓公一四年〕「曹人致一」疏證。○一即秣馬之芻禾。〔詩・漢廣〕「言秣其馬」後箋。○一，餉也。〔慧琳音義・卷九二〕引〔字書〕。○一稟，稍食也。〔中庸〕「既稟稱事」朱注。○一，生牲也。〔論語・八佾〕「子貢欲去告朔之一羊」朱注。○死曰一。〔左傳僖公三三年〕「脯資一牽竭矣」洪詁引服虔。○一即氣之或體字。〔方言一二〕「一，飽也」箋疏。○一之為氣，古文也。〔左傳桓公六年〕「齊人饋之一」洪詁。○一之為氣，槩之為既，皆古文也。〔同上〕疏證引陳樹華。○一同氣。〔廣韻・未部〕

熂 一，燹火。〔廣韻・未部〕

黖 一，菲，黑也。〔廣韻・未部〕

愾 一，大息也。〔廣韻・未部〕○一，歎息之聲也。〔詩・下泉〕「一我寤嘆」朱傳。○气同一。〔說文〕「一，大息也」句讀。○〔說文定聲・卷一二〕一叚借為訖。〔禮記・哀公問〕「則一乎天下矣」。○一與餼通，聲並相近，餯餼其即饐餲之異文。〔方言一二〕「飵，食也，河陰之間曰饐餲」箋疏。○一，魯作慨，韓作嘅。〔詩・下泉〕「一我寤嘆」集疏。

⿹气乞 一，靜也。〔廣韻・未部〕○一猶仡也。〔釋詁〕「一，靜也」平議。○一，癡皃。〔集韻・迄部〕○一，字亦作疙。〔說文〕「一，癡皃」句讀。○一或作疙。〔同上〕義證。○一與疙聲近義同。〔廣雅・釋詁三〕「疙，癡也」疏證。○一與忔同。〔廣雅・釋詁一〕「忔，喜也」疏證。○一、呬之叚音。〔釋詁〕「呬，息也」郝疏。

忔 一，字亦作⿹气乞。〔說文定聲・卷一二〕○〔同上〕一，字亦作疙。〔廣雅・釋詁三〕「疙，癡也」。○〔同上〕一，叚借為呬。〔釋詁〕「⿹气乞，靜也」。○一與⿹气乞同。〔廣雅・釋訓〕「⿹气乞⿹气乞，喜也」疏證。

欷 一，歔一。〔廣韻・未部〕○一、唏、悕並通。〔廣雅・釋詁三〕「一，悲也」疏證。

塈 一，仰塗。〔廣韻・未部〕○一，取也。〔詩・摽有梅〕「頃筐一之」朱傳。○一，韓作摡。〔同上〕集疏。

摡 一，取也。〔詩・摽有梅〕「頃筐一之」集疏引韓說。○既亦與一通。〔廣雅・釋詁一〕「一，取也」疏證。○〔說文定聲・卷一二〕一，毛本以塈為之。〔詩・摽有梅〕「傾筐一之」。○一，拭也。〔廣韻・未部〕○一，今作溉。〔說文〕「一，滌也」句讀。

⿱弗日 一，目不明。〔廣韻・未部〕○一，目不明也，或書作昲。〔集韻・未部〕○一，與昧、眛字皆同。〔說文定聲・卷一二〕○一，小貌。〔釋言〕「一，芾市小也」鄭注。又〔廣韻・泰部〕。○蔽一，小貌。〔廣韻・未部〕引毛傳。○一，冕服之韠也。〔詩・候人〕「三百赤一」朱傳。○一者，市之或體。〔說文〕「市，韠也」句讀。○一即市字。〔釋言〕「一，小也」郝疏。○一通作茀。〔同上〕邵正義。○一、茀同字。〔說文〕「蔽，蔽蔽，小艸也」段注。

○丨，韓作茀。〔詩·甘棠〕「蔽丨甘棠」集疏。○丨與茀同。〔同上〕陳疏。○丨，魯作紼。〔詩·采菽〕「赤丨在股」集疏。○丨，韓作紱。〔候人〕「三百赤丨」集疏。○丨音弗。〔采芑〕「朱丨斯皇」朱傳。○丨音沸。〔我行其野〕「蔽丨其樗」朱傳。○丨音廢。〔甘棠〕「蔽丨甘棠」朱傳。

茀　丨同芾。〔廣韻·未部〕

疿　丨，熱生小瘡。〔廣韻·未部〕○丨，熱生細瘡也。〔續音義·卷九〕引〔切韻〕。○今俗通以觸熱，膚生細疹曰丨子。〔通雅·諺原〕

⿱弗鬲　丨，獸名。〔廣韻·未部〕○丨字或作狒。〔說文〕「丨」義證。

狒　丨同⿱弗鬲。〔廣韻·未部〕○丨丨，或作費費、⿱弗鬲⿱弗鬲，一曰贛，梟陽，梟羊，山都，吐嘍，土螻。〔通雅·獸〕

屝　丨，草履也。〔說文〕「丨，履屬」繫傳。○丨，草屩也。〔說文〕「丨，履也」義證引〔玉篇〕。○丨，草屩。〔廣韻·未部〕○草曰丨。〔說文〕「丨，履也」義證引〔字書〕。又〔左傳僖公四年〕「共其資糧丨屨」疏證引孫緬。○丨為屨之粗者。〔管子〕「踦⿰足非」雜志。○菲與丨通。〔廣雅·釋器〕「丨，履也」疏證。○丨字亦作菲。〔管子〕「踦⿰足非」雜志。○〔說文定聲·卷一二〕丨，以菲為之。〔儀禮·喪服傳〕「菅，菲也」。○丨亦借菲為之。〔說文〕「丨，履屬也」句讀。○丨，或借菲字。〔說文〕「丨，履也」義證。○〔說文定聲·卷一二〕丨，段借為厞。〔禮記·喪大記〕「西北丨」。

⿰足非　丨，刖足。〔廣韻·未部〕○〔說文定聲·卷一二〕丨，古臏刑，去膝骨，周改為刖，斬足。〔說文〕「丨，跀也」。○丨，剕也。〔說文〕「丨，跀也」繫傳。○丨通作剕。〔釋言〕「丨，刖也」郝疏。○丨，字亦作剕。〔說文〕「丨，跀也」段注。○丨，經典作剕。〔同上〕義證。○丨，亦作剕。〔廣韻·未部〕

剕　今文稱臏，實即古文之丨也。〔書·呂刑下〕「丨辟疑赦」孫疏。○丨當作⿰足非。〔呂刑下〕注「史遷丨作臏」孫疏。

蜚　丨盧，蟲也，一名蜰，即負盤臭蟲也。〔廣韻·未部〕○丨蠊，味辛辣而臭，漢中人食之，一名蠦蜰。〔說文〕「蜰，盧蜰也」段注引〔唐本草〕。○丨征，謂飛禽走獸也。〔大戴·千乘〕「禱民命及畜穀、丨征」王詁。○丨征，謂禽獸昆蟲。〔四代〕「丨征作」王詁。○丨鴻，乃飛蝗之誤。〔史記·周本紀〕「丨鴻滿野」志疑。○丨，獸名。〔廣韻·未部〕

⿱非䖵　丨同蜚。〔廣韻·未部〕○急言曰蜚，緩言曰蠦蜰耳。〔說文定聲·卷一二〕

翡　丨，赤羽雀。〔楚辭·招魂〕「丨翠珠被」補注。○丨，赤羽雀也。〔廣韻·未部〕○丨，大於鷸，小於鳥，赤也。〔慧琳音義·卷四〕引〔南洲志〕。○翠鳥形如燕赤而雄曰丨。〔楚辭·招魂〕「翠珠被」補注引〔異物志〕。○丨，赤羽雀也，出鬱林，雄赤曰丨，雌青曰翠。〔說文定聲·卷一二〕

緭　丨，丨繒也。〔廣韻·未部〕

气　丨，古乞字。〔漢書·古今人表〕「西丨術」補注引錢大昭。○求之曰丨匄。〔說文〕「匄，丨也」段注。○丨，段借為丨求、丨與字。〔同上〕○丨，借為丨假於人之丨。〔說文〕「丨，雲丨也」段注。○丨，与人物也。〔廣韻·未部〕○與之亦曰丨匄也。〔說文〕「匄，丨也」段注。○丨，猶性也。〔論語·鄉黨〕「不使勝食丨」劉正義。○丨，雲丨也。〔說文〕「勇，丨也」段注。○古雲丨字直丨而已。〔說文〕「氣，饋客之芻米」繫傳。○丨，古文又作⿰日乞、気。〔說文〕「丨，雲丨也」繫傳。○丨，古氣字。〔方言一二〕「歇，泄丨」箋疏。○丨為古餼字。〔左傳桓公一〇年〕「齊人餼諸侯」疏證引惠棟。○今隸作乞，經傳皆以廩氣字為之。〔說文定聲·卷一二〕○丨，引伸為凡丨之偁。〔說文〕「丨，雲丨也」段注。○丨，引伸為人充體之丨之偁。〔說文〕「勇，丨也」段注。○丨、氣古今字。〔說文〕「丨，雲丨也」段注。○丨，古文又作⿰日乞、気。〔說文〕「丨，雲丨也」繫傳。

罻　丨，小罔也。〔屈賦·惜誦〕「丨羅張而在下」戴注。○丨，丨網。〔廣韻·未部〕○丨，網也。〔集韻·迄部〕

⿰忄胃　丨之言喟然也。〔廣雅·釋訓〕「丨怫，忼慨也」疏證。○怫丨，不安也。〔廣韻·未部〕

蘱　〔說文定聲·卷一二〕丨即〔本草〕之吳茱萸，其實本名藙，煎之亦即稱丨耳。〔禮記·內則〕「三牲用藙」。

藙　丨，煎茱萸者，今稱茱萸醬。〔說文〕「丨，煎茱萸」義證引趙宦光。○丨，調食使茱萸也。〔同上〕繫傳。

藙　吳茱萸一名丨。〔說文〕「榝，似茱萸」義證引〔本草〕。○丨，一作艾。〔說文〕「藙，煎茱萸」義證引楊慎。

菋　丨，五味子也。〔釋草〕「丨，荎藸」郭注。○丨，五味子，藥名，五行之精。〔廣韻·未部〕

𣎵　丨，草木四舒丨孛之皃。〔說文〕「丨，草木丨孛之皃」義證引顧野王。○丨孛，盛四散之皃。〔同上〕○〔說文定聲·卷一二〕丨，字亦作胃。〔易·泰〕古文「以其胃」。〔廣韻·未部〕○胃即丨字之異者，彙則假借字也。〔說文〕「丨，草木丨孛之皃」段注。○丨，今俗作彙，又作彙。〔同上〕義證引顧野王。

⿰氵⿱弗鬲　丨，沸也。〔說文〕「丨，涫也」繫傳。○丨，湯丨。〔廣韻·未部〕○丨、沸古今字。〔說文〕「丨，滜也」段注。○丨即沸字。〔通雅·釋詁〕○丨與沸同。〔楚辭·哀時命〕「氣涫丨其若波」補注。○丨，經典借沸字。〔說文〕「丨，涫也」義證。

⿰米尾　丨，饋也。〔廣韻·未部〕

⿰目胃　丨，極視。〔廣韻·未部〕

媦　丨，楚人呼妹。〔說文〕「丨，楚人謂女弟曰丨」義證引〔玉篇〕。○河南人云妹，丨也。〔同上〕義證引〔纂文〕。○楚人謂妹曰丨，今人以丨比考妣嬪。

〔通雅·稱謂〕

熶 丨，火光。〔廣韻·未部〕

颵 丨，大風。〔廣韻·未部〕

犻 丨，覆耕。〔廣韻·未部〕

昲 丨，日光。〔廣韻·未部〕〇丨，日光皃。〔集韻·未部〕〇丨，物乾也。〔廣韻·未部〕〇丨，一曰乾也。〔集韻·未部〕

𣊺 丨與昲同。〔方言一〇〕「昲，乾物也」箋疏。又〔廣雅·釋詁二〕「丨，曝也」疏證。

韎 丨，其色即縓也、緼也、小蒨也，赤黄之閒色。〔説文定聲·卷一二〕〇丨音味，茅蒐所染色也。〔詩·瞻彼洛矣〕「丨韐有奭」朱傳。

犚 丨，牛也。〔廣韻·未部〕〇丨音尉。〔釋畜〕「黑耳、丨，牛屬」鄭注。

螱 丨，飛蟻。〔廣韻·未部〕

蠶 丨，飛螘，或从虫。〔集韻·未部〕〇丨，同螱。〔廣韻·未部〕〇丨音尉。〔釋蟲〕「丨，飛螘」鄭注。

褽 丨，衣衽也。〔廣韻·未部〕〇丨之言蘊積也。〔廣雅·釋器〕「丨，帄也」疏證。〇〔説文定聲·卷一二〕丨，叚借為委。〔廣雅·釋器〕「丨，帄也」。

厞 丨，蔽也。〔禮記·喪大記〕「徹廟之西北丨薪」集解。〇〔説文定聲·卷一二〕丨，叚借為悲。〔楚辭·湘君〕「隱思君兮陫側」。〇丨通作陫，又通作茀。〔釋言〕「丨，隱也」郝疏。

𧊱 丨，塵也。〔廣韻·未部〕〇丨，壓也。〔説文〕「丨，塵也」義證引〔玉篇〕。

穊 丨即今紫華稻。〔説文〕「丨，稻紫莖不黏也」繫傳。〇丨，俗作穖。〔同上〕義證。

穖 丨，稻不黏也。〔廣韻·未部〕〇丨，譌作穖。〔説文〕「穊，稻紫莖不黏也」義證。

忍 丨，怒也。〔廣韻·未部〕〇丨即忉也。〔説文〕「丨，怒也」句讀。

豙 丨，豕怒毛豎。〔集韻·志部〕〇丨，一曰殘艾也。〔同上〕

豪 丨，豕怒毛豎也。〔廣韻·未部〕〇丨，叚借為毅。〔説文定聲·卷一二〕

咥 丨，笑貌。〔詩·氓〕「丨其笑矣」朱傳。

气 丨，謂春米不潰散。〔説文定聲·卷一二〕〇丨，字亦作粚。〔説文〕「丨，䅯也」句讀。

喟 丨，太息也。〔國策·秦策一〕「丨然歎曰」鮑注。〇丨與颵通。〔廣雅·釋詁四〕「颵，風也」疏證。

萉 〔説文定聲·卷一二〕麻實曰丨，亦曰蘊，又曰苴。〔説文〕「丨，枲實也」。〇丨，麻子也。〔説文〕「丨，枲實也」繫傳。〇丨為麻子。〔同上〕義證。〇麻實名丨，因之麻亦名丨。〔同上〕段注。〇丨，枲屬。〔廣韻·未部〕〇丨者，蕡字本字。〔説文〕「枲，麻也」段注。〇丨，〔釋草〕作黂，〔周禮〕作蕡。〔説文〕「丨，枲實也」段注。〇〔説文定聲·卷一二〕丨，以蕡為之。〔儀禮·喪服〕傳「苴絰者，麻之有蕡者也」。〇丨，避也。〔集韻·微部〕〇腓、丨、避、辟並通。〔廣雅·釋詁三〕「腓，避也」疏證。〇丨，假借腓，避也。〔文選·幽通賦〕「安慆慆而不丨兮」集釋。〇〔説文定聲·卷一二〕丨，叚借為厞。〔幽通賦〕「安慆慆而不丨兮」。〇丨即葩字誤也。〔釋艸〕「葖，蘆丨」鄭注。

㔩 丨，壯勇之皃。〔廣韻·未部〕〇丨，多力皃，一曰迫也。〔集韻·未部〕

蟦 丨，蠐螬，蟲也。〔廣韻·未部〕又〔集韻·微部〕。〇蝎在糞土中者名丨蠐，又名蠐螬。〔釋蟲〕「丨蠐，螬」郝疏。〇丨蠐，一名蛪齊，一名教齊。〔廣雅·釋蟲〕「丨蠐螬」疏證引〔名醫別録〕。〇丨，蟲名，出北海水上，狀如凝脂。〔集韻·微部〕〇丨，一曰水母也。〔同上〕

伂 〔通雅·卷四〕丨德，猶偝德也。〔史記·三王世家〕「毋丨德」。〇丨，薄也。〔集韻·尾部〕〇丨，敗也。〔史記〕「丨」雜志。

茾 丨，丨隱。〔廣韻·未部〕

扉 丨，隱也，陋也。〔廣韻·未部〕

幾 丨，未已。〔廣韻·未部〕

怫 丨，丨惘，心不安也。〔集韻·未部〕〇丨，丨惘。〔廣韻·未部〕

嘅 丨，忌也，亦通作塈，亦書作慨。〔集韻·御部〕〇丨，息也。〔廣韻·未部〕

㦬 丨，用力極也，或从手。〔集韻·未部〕

韭 丨，覆手也。〔集韻·未部〕

犩 丨，以手布物也。〔集韻·未部〕

攢 相丨，南人謂相撲為相丨也。〔慧琳音義·卷七〇〕

[口氣]丨，日氣也，古作吪。〔集韻·未部〕

泋丨丨，水波汶也。〔廣韻·未部〕

漑丨，丨灌。〔廣韻·未部〕

[牛氣]丨，牛病。〔廣韻·未部〕〇牛犨謂之丨，一曰牛餉。〔集韻·未部〕

犩丨，犪牛，肉數千斤。〔廣韻·未部〕

喡丨，小兒啼聲。〔集韻·未部〕

[疒賣]丨瘠，熱悶，一曰腫盛皃。〔集韻·未部〕

[目惠]丨目，小怒皃。〔集韻·賓部〕

[竹毅]丨，竹名。〔廣韻·未部〕

[毀米]丨，細米。〔廣韻·未部〕

[舟胃]丨，運船。〔廣韻·未部〕〇丨，運舟也。〔集韻·未部〕

[艹胃]丨，草名。〔廣韻·未部〕

[罒虫]丨蠹，神蛇也。〔集韻·未部〕

[衤貴]丨，丨細。〔廣韻·未部〕〇丨，細也，或作[毀衣]。〔集韻·未部〕

[毀衣]丨，俗[衤貴]。〔廣韻·未部〕

[言弗]丨，言急。〔廣韻·未部〕

[豕氣]丨，豕息。〔廣韻·未部〕

跊丨，行疾。〔廣韻·未部〕

[酉幾]丨，秫酒名。〔廣韻·未部〕

[橐未]丨，獸似鼠。〔廣韻·未部〕

頛丨，面前。〔廣韻·未部〕〇丨，面俯前也。〔集韻·未部〕

顡丨，頭不聽也。〔集韻·未部〕〇丨，音毅，又音聵。〔漢書·任敖傳〕「傳子至孫丨」補注引〔玉篇〕。

[羽鬲]丨，上烝氣也。〔集韻·未部〕

[馬希]丨，馬走。〔廣韻·未部〕

鮇丨，魚名。〔廣韻·未部〕〇丨魚，嘉魚也。〔通雅·魚〕

鯡丨，魚子。〔廣韻·未部〕

[魚胃]丨，魚名。〔廣韻·未部〕〇丨魚似蛇而四足。〔同上〕引〔山海經〕。

鳚丨，魚名。〔廣韻·未部〕

芾丨，小貌。〔釋言〕「丨，小也」鄭注。〇蔽丨，小貌。〔廣韻·未部〕〇丨，冕服之韠也。〔詩·候人〕「三百赤丨」朱傳。〇丨即市字。〔釋言〕「丨，小也」郝疏。〇丨通作茀。〔同上〕邵正義。〇丨，韓作茀。〔詩·甘棠〕「蔽丨甘棠」集疏。〇丨，魯作紼。〔采菽〕「赤丨在股」集疏。〇丨，韓作紱。〔候人〕「三百赤丨」集疏。〇丨音弗。〔采芑〕「朱丨斯皇」朱傳。〇丨音廢。〔甘棠〕朱傳。

續經籍籑詁卷第六十五

去聲

六 御

御 —謂駕馬使行也。〔易·文言〕「時乘六龍,以—天也」李疏。○—,車—也。〔詩·車攻〕「徒—不驚」朱傳。○人之輓車亦曰—。(同上)通釋。○—,乘車者。〔詩·黍苗〕「我徒我—」朱傳。○—亦引也。〔詩·車攻〕「徒—不驚」通釋。○—,進。〔詩·六月〕「飲—諸友」朱傳。○—者,進也。〔左傳襄公二六年〕「朱也當—」洪詁引〔獨斷〕。○—,進也。〔詩·吉日〕「以—賓客」朱傳。又〔行葦〕「授几有緝—」陳疏。又〔儀禮·鄉射禮〕「命上射曰某—于子」胡正義引張爾岐。又〔廣韻·御部〕。○—,侍也。〔廣韻·御部〕又〔詩·鵲巢〕「百兩—之」集疏引三家説。又〔儀禮·鄉射禮〕「命上射曰某—于子」胡正義引張爾岐。又〔漢書〕「入在—旁」雜志。又〔楚辭·遠遊〕「二女—九韶歌」補注。○—,侍也,—士蓋侍從之臣。〔左傳襄公二三年〕「為王—士」述聞。○—猶侍也。〔儀禮·既夕禮〕「其母之喪則内—者浴鬠」胡正義。○—即侍也。〔左傳莊公八年〕「我奚—哉」疏證。○—猶制也。〔國策·秦策二〕「韓楚必相—也」鮑注。○—,言為諸侯所制。〔秦策三〕「—於諸侯」鮑注。○—,用也。〔墨子·貴義〕「使三者代—」閒詁引俞樾。○—,當也。〔詩·谷風〕「亦以—冬」朱傳。○—,使也。〔廣韻·御部〕○凡有所敺使皆曰—。〔周禮·大宰〕孫正義。○—,待也。〔屈賦·惜誦〕「俾山川以備—兮」戴注。○—猶待也。〔大戴·保傳〕「太師持銅而—户左」王詁。○—,理也。〔盛德〕「所以—民之嗜欲好惡」王詁。又〔廣韻·御部〕。○—,治也。〔禮記·禮運〕「官有—」集解。○—事謂治事。〔書·牧誓〕「—事」孫疏。○—事,凡朝臣皆—治事者。〔酒誥〕「越少正—事」孫疏。○—事,主事之官。〔文侯之命〕「即我—事」孫疏。○—,止也。〔大戴·盛德〕「急疾可以—」王詁。○尊者謂之—。〔虞戴德〕「諸侯—荼」王詁。○—器,服用之器,尊者謂之—。〔保傳〕「—器在側」王詁。○凡進於尊者服食所須皆謂—。〔公羊傳桓公一四年〕注「—者謂—用于宗廟」陳疏。○凡衣服加於身,飲食入於口,妃妾接於寢皆曰—。〔周禮·冢宰〕「女—」孫正義。○—,當為左右親近之臣。〔詩·雨無正〕「曾我暬—」後箋。○—,迎也。〔詩·鵲巢〕「百兩—之」朱傳。又〔甫田〕「以—田祖」朱傳。○〔説文定聲·卷九〕—亦迎也。〔左傳襄公二六年〕「朱也當—」。○迎、逆、—,古聲並相近。〔史記〕「迎河」雜志。○—逆迎俱一聲之轉。〔釋詁〕「迓,迎也」郝疏。○—與迓通。〔左傳僖公二一年〕疏證引惠棟。○訝本字,—假借字。〔左傳僖公一九年〕「以—于家邦」疏證。○—通作訝。〔孟子·梁惠王〕「以—於家邦」平議。○—與訝通,訝之言迎,迎則向也。〔書·顧命〕注「—猶嚮也」孫疏。○〔説文定聲·卷九〕—,叚借為訝。〔禮記·曲禮〕「大夫士必自—之」。○—音迓。〔詩·鵲巢〕「百兩—之」朱傳。○—、禦古今字。〔詩·谷風〕「亦以—冬」陳疏。○—、禦同。〔漢書·匈奴傳〕「單于自以保塞守—」補注。○—,諸本作禦。〔左傳襄公一一年〕「士魴—之」洪詁。又〔左傳昭公元年〕「主不能—」洪詁。○—,石經及諸刊本作禦。〔左傳哀公一七年〕「吳子—之」洪詁。○〔公〕、〔穀〕、〔釋文〕—皆作禦。〔左傳莊公二二年〕「陳人殺其大子—寇」洪詁。○〔史記〕—作禦。〔左傳莊公一一年〕「公子—説之辭也」洪詁。○〔説文定聲·卷九〕—字亦以禦為之。〔左傳襄公四年〕「季孫不—」。○〔封禪書〕—作禦。〔漢書·郊祀志〕「興兵守—」補注。○〔河渠書〕—作禦,義同。〔漢書·溝洫志〕「燒蕭條兮噫乎何以—水」補注。○—與圉通。〔詩·行葦〕「授几有緝—」後箋。○—、圉字同。〔左傳昭公二九年〕「有—龍氏」洪詁。○—當讀為圉。〔左傳昭公二三年〕「士伯—叔孫」平議。○敵、禦、圉並通,亦通作—。〔廣雅·釋詁四〕「敵,禁也」疏證。○—當讀為語。〔國語·楚語〕「以順—之」平議。○—讀為悟。〔賈子·耳痺〕「天下服而無—」平議。

處 —,—所也。〔廣韻·御部〕○—,韓作熾。〔詩·十月之交〕「艷妻煽方—」集疏。○—乃虚字之誤。〔春秋繁露·五行對〕「置之空—也」平議。

去 —,離也。〔廣韻·御部〕○—者,離也。〔説文〕「支,—竹之枝也」句讀。○—猶言相離。〔墨子·經下〕「偏—莫加少」閒詁。○彼此相背為—。〔墨子·經説上〕「—就也」閒詁。○—就,謂舍生就義。〔漢書·司馬遷傳〕「亦頗識—就之分矣」補注。○—,猶算法所謂除也。〔左傳僖公一五年〕「千乘三—」疏證引邵寶。○—謂叛—。〔漢書·文帝紀〕「與王興居—來者」補注。○—、至義相成。〔釋地〕「岠齊州以南,戴日為丹穴」郝疏。○—即弆字。〔漢書·陳遵傳〕「主皆藏—以為榮」補注。又〔蘇建傳〕「掘野鼠—屮實而食之」補注引周壽昌。○古人謂藏為—,音舉,字或作弆。〔漢書〕「而—之」雜志。○訓—為藏,本反言以見意,猶治之言亂,香之言臭也。〔漢書·蘇建傳〕「掘野鼠—屮實而食之」補注引王文彬。○—為遮扞義。〔左傳僖公一五年〕「千乘三—」疏證引惠士奇。○〔説文定聲·卷九〕—,字亦作弆。〔通俗文〕「密藏曰弆」。○(同上)—,叚借為驅。〔左傳〕「千乘三—」。○(同上)—,或叚借為胠。〔左傳昭公一九年〕「紡焉以度而—之」。○婼羌國王號—胡來王。〔漢書·車師後國傳〕「又—胡來王唐兜」補注引錢大昭。○—發,當為太子發。〔墨子·非命下〕「太誓之言也於—發曰」閒詁引莊述祖。○—乃士字之誤。〔墨子·號令〕「凡有司不使—卒吏民聞誓令」平議。○—乃法字之誤。〔管子·法禁〕「—非其人」平議。○—字乃者字之誤。〔揆度〕「重門擊柝不能—」平議。○—當為走字之誤也。〔漢書·李廣傳〕「今解鞍以示不—」補注引王念孫。○此—即法之壞字。〔韓子·制分〕「然則—微姦之奈何」集解引孫詒讓。

慮　一,謀也。〔大戴·曾子制言下〕「則吾與一」王詁。又〔韓子·内儲説上〕「越王一伐吳」集解引舊注。○一,思也。〔大戴·曾子立事〕「喜怒異一,惑也」王詁。又〔廣韻·御部〕。○一,謀思也。〔大戴·保傅〕「是以一無失計」王詁。○一,思一也。〔論語·微子〕「行中一」朱注。○一,心謀也。〔大戴·四代〕「刑出一」王詁。○一,籌度也。〔左傳宣公一一年〕「使封人一事」疏證引顧炎武。○一,圖也。〔禮記·文王世子〕「一之以大」集解。○謀、一、圖三篆義同。〔説文〕「一,謀思也」段注。○思有所圖曰一。〔説文繫傳·通論下〕○一久,熟一也。〔國策·魏策四〕「一久以天下為可一者」鮑注。○一猶疑也。〔國策·楚策一〕「此謂一賢也」鮑注。○〔慧琳音義·卷二〕一,疑而思之也。〔三藏聖教序〕「栖一」。○一謂處事精詳。〔大學〕「安而後能一」朱注。○一,大計也。〔漢書·賈誼傳〕「借父耰鉏,一有德色」補注。○一與無一同,猶大氐也。〔賈子·匈奴〕「一出其單于或」平議。○一猶無一也。〔賈子·俗激〕「一非顧行也」平議。○一,大氐也。〔荀子·議兵〕「一敵之者削」集解。○一為大氐之稱。〔漢書〕「一殫為河」雜志。○一,大率也。〔漢書·賈誼傳〕「一不動於耳目」補注。○一猶縷也。〔説文繫傳·通論下〕○一與閭古同聲而通用。〔漢書〕「一殫為河」雜志。○〔説文定聲·卷九〕一,叚借為録,實為彔。〔漢書·雋不疑傳〕注「今云一囚本録聲之去者而」。○一事,録事也。〔通雅·事制〕○一囚,録囚也。〔同上〕○〔説文定聲·卷九〕一,叚借為虚也。〔呂覽·長利〕「無一吾農事」。○〔漢書〕盧作一,一有盧音。〔漢書·地理志〕「一」補注引全祖望。○一當為虜。〔漢書·周昌傳〕「今為一矣」補注引錢大昭。○一傂,〔續志〕作驢夷,字變音同。〔漢書·地理志〕「一虒」補注引錢坫。○一憲二字同義。〔禮記·學記〕「發一憲」平議。○一,〔莊子〕作落。〔呂覽·長利〕「無一吾農事」校正。

譽　一,善聲也。〔詩·蓼蕭〕「是以有一處兮」朱傳。○一,聲美也。〔大戴·曾子制言上〕「富以苟不如貧以一」王詁。○一,稱美也。〔説文〕「一,稱也」段注。又〔廣韻·御部〕。○一者,揚人之善而過其實。〔論語·衛靈公〕「誰毀誰一」朱注。○一,安也。〔詩·車舝〕「式燕且一」集疏。○一,樂也。〔大戴·曾子制言中〕「能益上之一」王詁。又〔詩·韓奕〕「韓姞燕一」朱傳。○一處,安處也。〔詩·棠棠者華〕「一處」述聞。○一處,喜樂安處。〔詩·蓼蕭〕「是以有一處兮」集疏。○一處,當言有此安樂處耳。〔同上〕後箋。○一,字本作豫。〔左傳昭公二一年〕「宣子一之」洪詁。○一、豫通。〔詩·蓼蕭〕「是以有一處兮」朱傳引蘇氏。○一、豫通,言安樂也。〔詩·韓奕〕「韓姞燕一」集疏。○一、豫古通用。〔詩·思齊〕「古之人無斁一髦斯士」通釋。○一即與字。〔荀子·臣道〕「推類接一」集解。○與、一古字通。〔荀子〕「比周而一俞少」雜志。○一,或作與,古通用字。〔漢書·古今人表〕「柏一」補注。○一當為舉。〔漢書·匡衡傳〕「列士不一」補注引王念孫。○一當作舉。〔墨子·號令〕「客射以書無得一」平議。○一即一敵也。〔號令〕「無得一」閒詁引蘇時學。○一音余。〔通鑑·周紀一〕「以求一也」音注。

署　一,廨一,部一也。〔廣韻·御部〕○一,置也。〔楚辭·遠遊〕「選一衆神以並轂」補注。○一猶置也。〔慧琳音義·卷五三〕○一置之,言羅絡之若罘网也。〔説文〕「一,部一也,各有所网屬也」繫傳。○一,位也。〔慧琳音義·卷二〇〕○一,位一也,謂一置之虔敬也。〔慧琳音義·卷九〕○治事府寺曰一。〔慧琳音義·卷五三〕○一,書也。〔國策·齊策四〕「馮煖一曰能」鮑注。又〔廣韻·御部〕。○書文書檢曰一,一,予也,題所予者官號也。〔周禮·典婦功〕「物書而楬之」孫正義。○一謂題書其檢上也。〔説文〕「扁,一也」義證引〔急就篇〕顔注。○一、著,聲近義同。〔左傳昭公一一年〕「朝有著」洪詁。○曙、一、著三字聲相近,皆明著之意。〔廣雅·釋詁四〕「曙,明也」疏證。○〔説文定聲·卷九〕一,今著述字以箸為之,或曰借為書,亦通。〔國策·齊策四〕「馮煖一曰能」。○一一,書也。〔漢書·高帝紀〕「一行、義、年」補注。○一書者,户册也。〔通雅·器用〕○一預,猶藷萸耳。〔廣雅·釋草〕「藷萸,一預也」疏證。

據　一,依。〔詩·柏舟〕「不可以一」朱傳。○一,依也。〔左傳僖公五年〕「神必一我」述聞。又〔大戴·曾子制言上〕「行無一旅」王詁。又〔廣韻·御部〕。○一猶依。〔國策·趙策二〕「一俗而動者」鮑注。○一,依一也。〔通鑑·周紀五〕「以按一上黨民」音注。○一,憑也。〔慧琳音義·卷四〕引〔考聲〕。○一,持也。〔廣韻·御部〕○一,依持也,猶言為之。〔國策·東周策〕「一故主」鮑注。○一,相持也。〔國策·齊策六〕「與聊城共一朞年之敝」鮑注。○一亦借据。〔説文〕「一,杖持也」句讀。○一,案也。〔廣韻·御部〕○一,按也。〔慧琳音義·卷一四〕引〔韻英〕。○一,安也,所依也。〔慧琳音義·卷一四〕引〔考聲〕。○一,引也。〔廣韻·御部〕○一,引援也。〔通鑑·周紀五〕「以按一上黨民」音注。○一,定也。〔穀梁傳襄公九年〕「恥不能一鄭也」述聞。又〔大戴·五帝德〕「一四海」王詁。○一,言不移。〔國策·楚策四〕「一本議制斷君命」鮑注。○一者,執守之意。〔論語·述而〕「一於德」朱注。○一,拒守也。〔通鑑·周紀五〕「以按一上黨民」音注。○一猶處。〔國策·齊策三〕「一水則不若魚鼈」鮑注。○一猶臨之。〔國策·趙策四〕「以一魏而求安邑」鮑注。○一猶任。〔趙策一〕「以趙之弱而一之」鮑注。○一魯者,以魯為一也。〔史記·孔子世家〕「一魯,親周」志疑引〔史詮〕。○一讀為遽,猶讀為輶,遽也,輶也,皆車之輕且速者也。〔春秋名字解詁〕「齊梁邱一字子猶」述聞。○〔説文定聲·卷九〕一梁,猶杖梁也。〔莊子·大宗師〕「一梁之失其力」。○一旅,猶旅距也。〔大戴·曾子制言〕「行無一旅」平議。○一,或作据。〔説文〕「一,杖持也」段注。○一,叚借為拮一字。〔同上〕○一作豦,叚字耳。〔老子·五十五章〕「猛獸不一」平議。○〔説文定聲·卷九〕一,叚借為豦。〔左傳昭公二〇年〕「梁邱一字子猶」。○一音戟。〔史記·呂后本紀〕「見物如蒼犬,一高后掖」志疑。

馭　一,駕也。〔廣雅·釋言〕引〔華嚴經音義〕。○一,使馬也。〔廣韻·御部〕○裝轅為駕,牽控為一。〔慧琳音義·卷二二〕

曙 丨，曉也。〔廣韻·御部〕又〔續音義·卷九〕引〔切韻〕。○丨，東方明也。〔説文〕「丨，旦明也」義證引〔玉篇〕。○丨之言明著也。〔廣雅·釋詁四〕「丨，明也」疏證。○丨、署、著三字聲相近，皆明著之意。（同上）

助 丨，佐也。〔廣韻·御部〕○丨猶佐丨也。〔大戴·夏小正〕「丨厥母粥」王詁。○丨，益也。〔廣韻·御部〕又〔大戴·曾子本孝〕「又能率朋友以丨敬也」王詁。○丨，勸勉，亦相丨也。〔釋詁〕「右，勴也」郝疏。○丨與比義相近。〔廣雅·釋詁三〕「右，比也」疏證。○丨猶虞也。〔廣雅·釋詁二〕「虞，有也」疏證。又〔詩·雲漢〕「則不我丨」述聞。○丨與藉古同聲。〔廣雅·釋詁二〕「耡，税也」疏證。○耡，字亦作莇，又作丨。（同上）○〔説文定聲·卷九〕丨，叚借為鉏，猶去也。〔莊子·徐無鬼〕「顔不疑歸而師董梧以丨其色」。

絮 蠶絲曰丨。〔説文〕「袍，襺也」繫傳。○丨、綿皆繭之通稱。〔左傳宣公一二年〕疏證。○漬繭擘之麤者為丨。〔説文〕「丨，敝緜也」義證引〔急就篇〕顔注。○甚粗曰丨，今謂故者曰丨。〔通雅·布帛〕○好者為緜，惡者為丨。〔説文定聲·卷九〕○敝緜曰丨，故裝緜即曰丨。〔卷九〕〔「褚」下〕○丨，字或作衵、茹、絮、帤。〔廣雅·釋詁三〕「絮，塞也」疏證。○丨與帤通，帤亦巾也。〔周禮·玉府〕注「巾丨寢衣」述聞。○〔説文定聲·卷九〕丨，叚借為絮。〔廣雅·釋詁三〕「丨，塞也」。○（同上）丨，叚借為挐，紛挐攪和之意。〔禮記·曲禮〕「毋丨羹」。○丨，和調食也。〔廣韻·御部〕○今則謂新者為緜，故者為丨。〔説文〕「丨，敝緜也」義證引〔急就篇〕顔注。

著 丨，明也。〔大戴·曾子立孝〕「丨心於此」王詁。又〔儀禮·士冠禮〕「適子冠于阼以丨代也」胡正義引敖氏繼公。又〔禮記·郊特牲〕「以丨代也」集解。又〔漢書·谷永傳〕「咎徵丨郵」補注。又〔廣韻·御部〕。又〔楚辭·九辯〕「惟丨意而得之」補注。○曙、署、丨三字聲相近，皆明丨之意。〔廣雅·釋詁四〕「曙、丨，明也」疏證。○丨者，顯丨於時。〔通鑑·周紀三〕「而儀、秦、衍最丨」音注。○丨者，書此語也。〔國策·楚策四〕「召門吏為汗先生丨客籍」鮑注。○丨，言附其城。〔國策·趙策一〕「兵丨晉陽三年矣」鮑注。○丨籍，猶言通籍。〔漢書·梁孝王傳〕「丨引籍出入天子殿門」補注。○丨者，知之明。〔孟子·盡心上〕「行之而不丨焉」朱注。○丨、察、知三字義同。〔孟子·盡心上〕「行之而不丨焉」焦正義。○丨，立也。〔廣韻·御部〕又〔楚辭·悲回風〕「刻丨志之無適」補注。又〔九辯〕「惟丨意而得之」補注。○丨，定也。（同上）○丨，成也。〔禮記·郊特牲〕「絜丨此水」集解。又〔廣韻·御部〕。○丨者，居也。〔漢書〕「丨於其中」雜志。○丨者，居也，居中以助陽也。〔漢書·律歷志〕「丨於其中」補注引王念孫。○丨與貯皆居也。〔漢書〕「丨於其中」雜志。○丨，處也。〔廣韻·御部〕○丨，補也。（同上）○丨，門屏之間也。〔詩·著〕「俟我於丨乎而」朱傳。○丨與宁通，正門內兩塾之門。（同上）通釋。○丨通作宁，門屏之間也。〔漢書·五行志〕「朝有丨定」補注引錢大昭。○丨當作箸。〔釋名·釋言語〕「使相薄丨也」疏證。○丨與注同。〔漢書·藝文志〕「漢丨記百九十卷」補注引沈欽韓。○丨節，本作苦節。〔漢書·蘇建傳〕「以武丨節老臣」補注引王念孫。

豫 象之大者，此丨之本義。〔説文〕「丨，象之大者」段注。○引伸之凡大皆偁丨。（同上）○丨，備也。〔大戴·衛將軍文子〕「欲給則丨」王詁。又〔慧琳音義·卷二七〕。又〔續音義·卷八〕引〔韻集〕。○丨，素備也。〔釋言〕「丨，叙也」鄭注。○丨，備先也。〔廣韻·御部〕○丨，素定也。〔中庸〕「凡事丨則立」朱注。○丨，辨也。〔廣韻·御部〕○丨，亦為預，先辨也。〔慧琳音義·卷二七〕○丨，早也。（同上）又〔廣韻·御部〕。○丨，先也。〔續音義·卷八〕○先事而圖之曰丨。〔通鑑·漢紀四六〕「丨藏匿變」音注。○先事而備謂之丨，寬裕之意也。〔説文〕「丨，象之大者」段注。○丨，悦也。〔孟子·公孫丑下〕「夫子若有不丨色然」朱注。○丨，樂也。〔梁惠王下〕「吾王不丨」朱注。○丨，悦樂也。〔離婁上〕「瞽瞍厎丨」朱注。○丨亦戲也。〔詩·民勞〕「無敢戲丨」通釋。○〔説文定聲·卷九〕丨，叚借為悆，為娛。〔釋詁〕「丨，樂也」。○丨，亦舒也。〔廣雅·釋詁四〕「奮，舒也」疏證。○丨亦借為舒字。〔説文〕「丨，象之大者」段注。○丨，安也。〔廣韻·御部〕○丨者，古以為舒字，安也，亦綏也。〔説文〕「猒，飽也」段注。○弗丨，謂弗安也。〔釋詁〕「丨，安也」述聞。○丨，逸也。〔廣韻·御部〕○丨謂逸丨。〔大戴·五帝德〕「貴而不丨」王詁。○丨，猒也。〔廣韻·御部〕○丨，怠也。〔釋詁〕「丨，猒也」鄭注。○丨，順也。〔通鑑·漢紀五〕「將相和調，則士丨附」音注。○丨猶誑也。〔晏子春秋〕「不丨」雜志。又〔荀子·儒效〕「魯之粥牛馬者不丨賈」集解引王引之。○不丨，謂不相誑也。〔晏子·問篇〕「公市不丨」述聞。○詐説惑人謂之猶，亦謂之丨。〔荀子〕「丨賈」雜志。○丨謂猶丨。〔屈賦·惜誦〕「壹心而不丨兮」戴注。○丨，姓也。〔通鑑·周紀一〕「智伯之臣丨讓」音注。○丨猶儲也。〔墨子·非儒下〕「隱知丨力恬漠」平議。○〔説文定聲·卷九〕丨，叚借為宁，為儲。〔禮記·學記〕「禁于未發之謂丨」。○（同上）丨假借為與。〔漢書·薛宣傳〕注「丨，干也」。○丨亦假為與。〔説文〕「丨，象之大者」段注。○丨，或借為與字。（同上）義證。○丨、譽古字通。〔釋詁〕「丨，安也」郝疏。又〔左傳昭公二年〕「宣子譽之」洪詁引李善。○丨，叙也。〔廣韻·御部〕○丨，通作序。〔釋詁〕「丨，猒也」郝疏。○丨與序同，古字通用。〔荀子·儒效〕「不丨賈」集解引郝懿行。○丨通作序，又通作舒。〔釋言〕「丨，叙也」郝疏。○〔説文定聲·卷九〕丨，叚借為叙。〔釋言〕「丨，叙也」。○序、丨、射俱字異而音同。〔釋詁〕「丨，猒也」郝疏。○〔説文定聲·卷九〕丨，叚借為紓。〔書·洪範〕「曰丨恒燠若」。○（同上）丨，叚借為素。〔漢書·陸賈傳〕注「丨，素也」。○（同上）丨，叚借為謝。〔儀禮·鄉射禮〕「丨則鉤楹內」。○（同上）丨，叚借為謣。〔周禮·司市〕注「防誑丨也」。○丨當為舍之叚字。〔墨子·非儒下〕「隱知丨力」閒詁。○丨與預同。〔左傳隱公元年〕「丨凶

事，非禮也」疏證。○〔說文定聲·卷九〕丨，俗字亦作預。〔珠叢〕「凡事相及為丨」。○丨通作預，又通作與，又通作譽。〔釋詁〕「丨，樂也」郝疏。○丨章，漢高六年分淮南國置丨章郡，為今江西南昌府。〔說文定聲·卷一八〕（「章」下）○章水即丨章水。〔漢書·地理志〕「丨章水出西國」補注。○丨又作儲。〔荀子〕「丨賈」雜志。

翥　丨，舉也，楚謂之丨。〔楚辭·遠遊〕「鸞鳥軒丨而翔飛」補注引〔方言〕。○丨，謂直飛而疾往也。〔慧琳音義·卷九〇〕引〔集訓〕。○丨同翥，飛舉也。〔廣韻·御部〕○丨本作蠹。〔說文〕「胆，蠅乳肉中也」段注。○丨即蛀字借用耳。〔釋蟲〕「丨醜，䖳」鄭注。

箸　丨，筴也，飯具也。〔說文〕「丨，飯攲也」義證引〔玉篇〕。○丨，一名梜，所以夾食也。（同上）義證引〔急就篇〕顏注。○丨，或作櫡，作筯，筴食也。〔慧琳音義·卷三五〕引〔文字集略〕。○丨，匕丨也。〔說文〕「筲，陳留謂飯帚曰筲」繫傳。○丨，匙丨。〔廣韻·御部〕○丨，各本作著，此字古衹作者。〔說文·敘〕「丨於竹帛謂之書」段注。○丨，假借為丨落，為丨明。〔說文〕「丨，飯攲也」段注。○官本、南監本丨作著。〔漢書·王莽傳〕「漢氏高皇帝比丨戒云」補注。○丨同褚，裝衣也。〔說文〕「褩，彊曲毛也，可以丨起衣」段注。○丨，者，以緜裝衣之謂。〔說文〕「褩，彊曲毛可以丨起衣」義證引〔九經明音〕。○丨，讀〔既夕禮〕「茵丨用茶」之丨。（同上）義證。○丨，言處也，亦云立也。〔慧琳音義·卷二五〕○丨，謂丨於馬兩亦之革也。〔左傳僖公二八年〕疏證引王念孫。○丨雍當為祝黎。〔釋天〕「在戊曰丨雍」述聞。○丨、宁通。〔釋宮〕「門屏之閒謂之宁」郝疏。○借丨為籌。〔說文〕「策，馬箠也」段注。○丨同著。〔廣韻·御部〕○丨，俗字亦作着。〔說文定聲·卷九〕

筯　丨同箸。〔廣韻·御部〕

恕　丨，仁丨。〔廣韻·御部〕○推己之謂丨。〔論語·里仁〕「忠丨而已矣」朱注。○丨，推己以及人也。〔孟子·盡心上〕「強丨而行」朱注。○以己量人謂之丨。〔論語·里仁〕「忠丨而已矣」劉正義引〔賈子·道術〕。○〔說文定聲·卷九〕丨，字亦作伽，順施之意。〔詩·民勞〕箋「能猶伽也」。○丨當作恕，與知通。〔墨子·經說上〕「丨有無也」閒詁。○丨當為帤字之誤。〔大戴·誥志〕「如丨在家」平議。

與　丨，參丨也。〔廣韻·御部〕○丨，許也。〔詩·采苓〕「苟亦無丨」朱傳。又〔論語·公冶長〕「吾丨女，弗如也」朱注。又〔大戴·曾子立事〕「朝有過夕改則丨之」王詁。○丨，猶待也。〔漢書·高帝紀〕「吾知丨之矣」補注引劉攽。○丨，言丨之爭。〔國策·秦策一〕「以此丨天下」鮑注。○不丨者，不丨其事也。〔漢書·任敖傳〕「後坐事免」補注。○丨，讀丨共之丨。〔周禮·小宗伯〕「丨祭有司將事」述聞。○丨讀曰預。〔通鑑·周紀二〕「國被秦患而不丨其憂」音注。○丨音預。〔周紀五〕「秦中更胡傷攻趙閼丨」音注。○丨讀為預。〔管子·中匡〕「公丨管仲父而將欲之」平議。又〔孟子·告子上〕「此又丨於不仁之甚者也」焦正義。○兩丨字作預。〔漢書·賈誼傳〕「天不可丨慮，道不可丨謀」補注。○丨即預。〔漢書·揚雄傳〕「窮允閼丨」補注引沈欽韓。○丨、豫字通，丨，未定也。（同上）補注引吳仁傑。○丨，瘵也。〔太素·經脈皮部〕「不丨而生犬病」楊注。○丨，黨丨也，古文作与。〔方言六〕「誣、淹，与也」箋疏。○丨，〔史記〕作予。〔左傳定公四年〕「以我丨之」洪詁。○丨讀曰歟。〔通鑑·周紀三〕「周公知其將畔而使之丨」音注。○丨，去聲。〔韓子·外儲說左上〕「魏昭王欲丨官事」集解引王先謙。

遽　丨，急也，疾也，卒也，亦戰慄也。〔廣韻·御部〕○丨者，急促也。〔通鑑·漢紀四〕「何丨不若漢」音注。○丨之為言急也。〔釋言〕「丨，傳也」郝疏。○秦漢以後凡急事速行曰傳曰馹，乘馬曰丨曰驛。〔周禮·行夫〕「行夫掌邦國傳丨之小事」孫正義。○丨，讀為勮。〔淮南·詮言〕「智丨於事」平議。○丨，窘也。〔廣韻·御部〕又〔續音義·卷九〕引〔字書〕。○丨又為窘迫也。〔說文〕「丨，傳也」繫傳。○丨亦何也。〔漢書〕「何丨不若漢」雜志。○丨為語詞。（同上）○丨字或作詎、距、鉅、巨，又作渠。（同上）○丨亦何也，連言何丨者，古人自有複語耳。〔漢書·陸賈傳〕「何丨不若漢」補注引王念孫。○飛丨，天上神獸也。〔文選·上林賦〕「櫟蜚丨」注引張揖。○蜚丨，〔史記〕作蜚虡。（同上）集釋。○稱蜚丨者，與蜚廉相類，一為獸，一為禽。（同上）○超丨，猶超距。〔公羊傳宣公六年〕注「躇猶超丨」陳疏。○虡、簴、鐻義同，丨乃誤字。〔漢書·司馬相如傳〕「櫟蜚丨」補注。○丨、懅同。〔方言一〇〕「遑，丨也」疏證。○〔說文定聲·卷九〕丨，字亦作懅。〔後漢·徐登傳〕「主人見之驚懅」。○丨與勮通。〔廣雅·釋詁一〕「勮，疾也」疏證。○〔說文定聲·卷九〕丨，叚借為處。〔莊子·天地〕「則其自為丨危其觀臺」。

疏　丨，記也。〔通鑑·宋紀一一〕「主帥密丨官過失」音注。○丨，分列也。〔後梁紀三〕「太子元膺廷丨道襲過惡」音注。○丨謂一一分別記之也。〔說文〕「記，丨也」繫傳。○丨即麤也。〔說文〕「粗，丨也」繫傳。○丨當為疋。〔說文〕「記，丨也」義證。

庶　丨，衆。〔詩·小明〕「我事孔丨」朱傳。又〔抑〕「丨人之愚」朱傳。又〔論語·子路〕「丨矣哉」劉正義。○丨，衆也。〔書·呂刑下〕「報以丨尤」孫疏。又〔詩·天保〕「以莫不丨」朱傳。又〔大戴·禮三本〕「而飽乎丨羞」王詁。又〔禮記·燕義〕「士之丨子卒」集解。又〔孟子·離婁下〕「丨民去之」朱注。又〔說文繫傳·通論中〕。又〔廣韻·御部〕。○丨殷者，謂衆殷民。〔書·召誥〕「乃以丨殷攻位」孫疏。○丨明，謂衆貴戚。〔書·皋陶謨上〕「丨明勵翼」孫疏。○丨明，猶言丨民矣。（同上）平議。○丨虞，謂山澤林麓。〔大戴·四代〕「以興丨虞」王詁。○丨虞，謂山林川澤之官也。〔千乘〕「丨虞藏」王詁。○丨虞草，謂山虞澤虞所掌之山澤林麓。〔千乘〕「禱民命及畜穀、蜚征、丨虞草」王詁。○丨可讀如諸。〔禮記·燕義〕「有丨子官」平議。○諸即丨也。〔書·皋陶謨中〕注「史遷丨頑作諸衆」孫疏。○丨母猶言諸母。〔釋親〕「父之妾為丨母」郝疏。○丨正，衆官之長也。

〔詩·雲漢〕「鞫哉丨正」朱傳。○凡諸官下士或謂之丨士。〔周禮·冢宰〕「旅下士三十有二人」孫正義。○丨士者,士之言事,總謂朝臣。〔書·酒誥〕「丨邦丨士」孫疏。○丨氏猶他氏。〔義府·卷上〕○丨雄,丨人之雄。〔漢書·李尋傳〕「丨雄為桀」補注。○丨人,未仕之臣。〔孟子·萬章下〕「丨人以旃」朱注。○丨人,專指在官者言,不兼民言。〔儀禮·喪服〕「丨人為國君」平議。○丨人,〔史記〕作家人,義同。〔漢書·魏豹傳〕「為丨人」補注。○丨,多也。〔詩·楚茨〕「為豆孔丨」朱傳。○〔說文定聲·卷九〕丨風,猶曰光風也。〔春秋考異郵〕「明丨風至」。○丨,幸也。〔詩·素冠〕「丨見素冠兮」朱傳。又〔江漢〕「王國丨定」朱傳。又〔抑〕「丨無大悔」朱傳。又〔廣韻·御部〕。○丨,近。〔詩·生民〕「丨無罪悔」朱傳。又〔論語·先進〕「其丨乎」朱注。○丨者,丨幾。〔書·洛誥〕「丨有事」孫疏。又〔廣韻·御部〕。○丨幾,近辭也。〔孟子·梁惠王下〕「齊國其丨幾乎」朱注。○丨幾為近幸之義。〔釋言〕「丨幾,尚也」郝疏。○丨幾者,幸覬之意也。(同上)邵正義。○〔說文定聲·卷九〕丨幾猶覬覬也。〔禮記·檀弓〕「其丨幾乎」。○丨,當作幾。幾亦丨也。〔漢書·韋賢傳〕「厲其丨而」補注引王念孫。○丨,冀也。〔廣韻·御部〕又〔說文·上說文書〕「丨有達者」段注。○丨猶冀也,望得也。〔慧琳音義·卷四七〕○丨,侈也。〔廣韻·御部〕○丨者,恕也。〔說文繫傳·通論中〕○丨訦即丨獄。〔通雅·釋詁〕○〔說文定聲·卷九〕丨,字亦作鷓。〔吳都賦〕注「鷓鴣如雞」。○(同上)丨,段借為蠱。〔周禮·庶氏〕注「丨讀如藥煮之煮,驅除毒蠱之言」。○(同上)丨段借為袪。〔周禮·翦氏〕「凡丨蠱之事」。○(同上)丨,段借為度,為慮,為覰。〔釋言〕「丨,幸也」。○丨當為度。〔說文〕「卬,望,欲有所丨及也」義證。○丨作小者,異文。〔書·無逸〕注「史遷丨作小」孫疏。

詛 丨,呪丨。〔廣韻·御部〕○丨謂呪之使敗也。〔慧琳音義·卷一四〕○丨亦祝也。〔史記〕「懲違」雜志。○丨,〔太玄〕作誎。〔說文〕「誎,聚謀也」段注。○今文假丨為諏。(同上)○丨,專言凶。〔說文定聲·卷九〕○丨,當讀為作。〔春秋繁露·王道〕「知無輔自丨之敗」平議。

預 逆為之具故曰丨也。〔慧琳音義·卷五〇〕○丨,古文忬,先辦也。(同上)○丨,先也。〔廣韻·御部〕○丨,廁也。(同上)○凡事相及為丨也。〔慧琳音義·卷二二〕引〔珠叢〕。○凡事相及曰丨,古作與。〔卷二二〕○丨,安也。〔廣韻·御部〕○丨,樂也,佚也。(同上)○丨,猒也,怠也。(同上)

倨 丨,傲也。〔大戴·曾子立事〕「與其丨也」王詁。○丨,丨傲也。〔廣韻·御部〕○丨,慢也。〔大戴·保傅〕「獨處而不丨」王詁。○丨,不順也。〔說文〕「丨,不遜也」繫傳。○丨,不避也。〔國策·秦策一〕「前丨而後卑」鮑注。○〔小戴〕丨作倨。〔大戴·投壺〕「無丨立」王詁。○丨當作倍,字之誤也。(同上)述聞。○引伸之凡侈曰丨。〔說文〕「丨,不遜也」段注。○凡言侈斂之度謂之丨句。(同上)○凡侈曰丨,斂曰句。〔說文定聲·卷九〕○丨,直也。〔大戴·勸學〕「其流行痺下丨句」王詁。○丨通作居。〔說文〕「丨,不遜也」義證。○牀邊曰丨。〔通鑑·秦紀三〕「沛公方丨床」音注。○丨當讀為踞。〔禮記·曲禮〕「遊毋丨」平議。○丨與踞通。〔廣雅·釋詁三〕「蹲,踞也」疏證。○〔說文定聲·卷九〕丨,段借為踞。〔史記·酈陸傳〕「方丨牀」。○(同上)丨,以裾為之。〔荀子·宥坐〕「其流也埤下裾拘必循其理」。○丨即鋸也。〔釋畜〕「駮如馬丨牙食虎豹」鄭注。

茹 丨,菜丨也。〔廣韻·御部〕○其根牽連,故謂之丨。〔本草·卷一三〕○丨,柔也。〔離騷〕「掔丨蕙以掩涕兮」戴注。○丨,度。〔詩·六月〕「玁狁匪丨」朱傳。○丨,如之段借,謀也。〔詩·柏舟〕「不可以丨」通釋。○丨,飯牛。〔廣韻·御部〕

語 丨,告也。〔論語·雍也〕「可以丨上也」朱注。又〔孟子·梁惠王上〕「丨人曰」朱注。又〔廣韻·御部〕。○丨亦告也。〔廣雅·釋詁三〕「諛,告也」疏證。○丨,說也。〔廣韻·御部〕○丨兒亭,當為禦兒。〔通雅·地輿〕

踞 凡今人蹲丨字,古衹作居。〔說文〕「居,蹲也」段注。○丨,居之俗字。〔說文定聲·卷九〕○丨,蹲。〔廣韻·御部〕○脾著席而伸其腳於前,是曰箕丨,箕丨為大不敬。〔說文〕「居,蹲也」段注。○丨,踑丨,大坐。〔廣韻·御部〕○居、丨、跽、曩、啟、跪,一聲之轉,其義並相近也。〔廣雅·釋詁三〕「啟,丨也」疏證。○丨,或作跽。〔說文〕「跽,長跪也」義證。○丨,〔玉篇〕作跪。(同上)○丨,〔史記〕作倨。〔漢書·酈食其傳〕「不宜丨見長者」補注。○倨與丨通。〔廣雅·釋詁三〕「蹲,丨也」疏證。○丨,〔類篇〕作⿸尸足。〔說文〕「居,蹲也,俗居從足」義證。○丨,〔汗簡〕、〔玉篇〕引〔說文〕又作⿸尸豆。〔說文定聲·卷九〕○丨,字亦作蹻。(同上)

鋸 丨,解截也。〔說文〕「丨,槍唐也」義證引〔玉篇〕。○丨,刀丨。〔廣韻·御部〕

狙 丨,玃屬而狡黠。〔國策·趙策三〕「兵固天下之丨喜也」鮑注。○丨,犬不絜也。〔說文〕「丨,一曰犬不齧人也」義證引〔玉篇〕。○丨與覷同。〔廣雅·釋詁一〕「覰,視也」疏證。○丨司即覷伺也。〔說文〕「覷,覰覷也」段注。又「蜡,蠅胆也」段注。○丨,自段借為覷字而後讀去聲。〔說文〕「丨,玃屬」段注。○丨猶猲,樵所謂丨詐也。〔國策·趙策三〕「兵固天下之丨喜也」補正。○丨、詐疊韻字,丨亦詐也。〔漢書·諸侯王表〕「騁丨詐之兵」補注引王念孫。○丨,字又作狚。〔說文〕「丨,玃屬」句讀。○丨,借且字。(同上)義證。○〔說文定聲·卷九〕丨,段借為覷。〔史記·留侯世家〕「良與客丨擊秦皇帝」。

沮 丨,溼也,漬也。〔慧琳音義·卷一五〕引〔字書〕。○丨,漸也。〔說文〕「溼,漸溼也」義證引〔三蒼〕。○丨猶濇也。〔說文〕「溼,漸溼也」段注。

○水草漸洳者為—。〔同上〕義證引〔孫子·軍爭〕注。○下漸之地曰—。〔通鑑·晉紀二六〕「遠幸—澤乎」音注。○—澤，但言潮濕之地。〔國策·齊策三〕「今求桔梗於—澤」鮑注。○—洳，水浸處下濕之地。〔詩·汾沮洳〕「彼汾—洳」朱傳。○—洳，漸濕。〔廣韻·御部〕○—洳，漸濕也。〔通鑑·唐紀五一〕「士卒久屯—洳之地」音注。○〔說文定聲·卷九〕—滓，疊韻連語，單言曰洳，絫言曰—洳，—即滓也。〔詩〕「彼汾—洳」。○—，低散也。〔說文〕「漸，土得水—也」繫傳。○〔說文定聲·卷九〕—，叚借為徂。〔詩·緜〕「自土—漆」。○〔同上〕—，叚借為阻。〔詩·巧言〕「亂庶遄—」。

勴　—，勤務也。〔廣韻·御部〕○〔說文定聲·卷九〕—謂用力之甚。〔說文〕「—，務也」。○—亦過甚之意。〔廣雅·釋言〕「劍，過也」疏證。○—，俗作劇。〔說文〕「—，務也」句讀。○—、劇古今字。〔方言一二〕「劍，劇也」箋疏。○—，懼也。〔廣韻·御部〕○—，疾也。〔同上〕○—，難也。〔史記〕「—易處」雜志。○—與遽亦同。〔方言一〇〕「遑，遽也」箋疏。○—與遽通。〔廣雅·釋訓〕「孜孜，—也」疏證。○—亦與御同。〔廣雅·釋詁一〕「御，極也」疏證。

洳　—、滓同字。〔說文〕「滓，漸溼也」段注。○滓即—字。〔詩·汾沮洳〕「彼汾沮—」通釋。○—，沮—。〔廣韻·御部〕○—，水名，在南郡。〔廣韻·魚部〕

飫　—，饜。〔詩·常棣〕「飲酒之—」朱傳。○—，厭也。〔廣韻·御部〕○—通作沃。〔說文〕「𩛥，燕食也」義證。○—又通作淤。〔同上〕○—，韓作醧。〔詩·常棣〕「飲酒之—」集疏。○叚—為醧。〔同上〕通釋。○—乃醧之假借，私宴飲也。〔同上〕後箋引段玉裁。○—，飽也。〔廣韻·御部〕○—，賜也。〔同上〕○周之—歌謂立飲也。〔通雅·卷三九〕○凡飲酒之禮立成于堂者曰—，跣而上坐者曰宴，夜飲，能者飲不能者已曰醧。〔說文定聲·卷七〕

𩛥　不脫屨升堂而饗謂之—，禮之立成者也，今字作飫。〔說文定聲·卷七〕○—，猒也。〔慧琳音義·卷九一〕引〔文字典說〕。○—，經典作飫。〔說文〕「—，燕食也」義證。○—，〔韓詩〕作醧，〔毛詩〕假—為醧。〔說文〕「—，詩曰歓酒之—」段注。○〔說文定聲·卷七〕—，叚借為醧。〔釋言〕「飫，私也」。

[食於]　—同飫。〔廣韻·御部〕

淤　—，濁也。〔說文〕「—，澱滓濁泥」義證引〔玉篇〕。○—，水中泥草。〔同上〕○—，濁水中泥也。〔廣韻·御部〕○—，水中青泥也。〔慧琳音義·卷八〕引〔字書〕。○水中泥草為—，—臭泥也。〔慧琳音義·卷八〕引〔玉篇〕。

胠　—與袪同。〔方言六〕「袪，摸去也」箋疏。○〔說文定聲·卷九〕—，叚借為袪，或為去。〔荀子·榮辱〕「—于沙而思水」。○〔同上〕—，字亦作呿。〔莊子·秋水〕「口呿而不合」。○—，脅也。〔廣韻·御部〕○—者，夾藏之意。〔說文定聲·卷九〕〔「厶」下〕

醵　—，斂錢飲酒。〔廣韻·御部〕○—，合錢飲酒也。〔通鑑·唐紀二六〕「合—為歡」音注。○合錢飲酒曰—，或从巨。〔集韻·御部〕○合錢飲酒曰—。〔說文〕「—，會飲酒也」段注。○—，合錢沽酒—會也。〔同上〕義證引〔玉篇〕。○今蘇俗尚有扛—之語。〔說文定聲·卷九〕

除　—，去也。〔詩·蟋蟀〕「日月其—」朱傳。又〔廣韻·御部〕。○—，亦去也。〔斯干〕「風雨攸—」陳疏。○—之謂—去之。〔漢書·律歷志〕「盈元法—之」補注引李銳。○—，去穢也。〔國策·西周策〕「—道，屬之於河」鮑注。○—者，開而與之也。〔詩·天保〕「何福不—」後箋引〔詩緝〕。○—，—舊生新也。〔小明〕「日月方—」朱傳。○凡去舊更新皆曰—。〔說文〕「—，殿陛也」段注。○—鏟，謂—六情飢斷貪欲染也，以善法葺修。〔慧琳音義·卷一六〕○—，謂卒哭變麻服葛，—及於主人之練而釋服也。〔禮記·雜記〕「—喪之服」集解。○—與舍聲義相近。〔詩·蟋蟀〕「日月其—」陳疏。○—、余古通用。〔天保〕「何福不—」通釋。○—，殿陛也。〔通鑑·晉紀一四〕「見帝於太極東—」音注。○—，脩。〔易·象下傳〕「—戎器」纂疏。○—猶脩治也。〔大戴·夏小正〕「始—田也」王詁。○—，解免也。〔國策·秦策三〕「—宋罪」鮑注。○開通道路謂之—。〔詩·天保〕「何福不—」後箋。

鐻　—，樂器，形似夾鐘，削木為之。〔廣韻·御部〕

瘀　—，血—。〔廣韻·御部〕○—，血—也。〔楚辭·九辯〕「形銷鑠而—傷」補注。○—，積血之病也。〔說文〕「—，積血也」義證引〔急就篇〕顏注。○—，皮肉中凝惡血也。〔慧琳音義·卷六六〕○—，病。〔楚辭·九辯〕「形銷鑠而—傷」補注引五臣。○—與菸同。〔廣雅·釋詁四〕「菸，葾也」疏證。

覰　—，伺視也。〔廣韻·御部〕○—謂相候視也。〔慧琳音義·卷四〇〕引顧野王。○—，古多假狙為之。—狙古今字。〔說文〕「—，䚕—也」段注。○〔說文定聲·卷九〕—，以狙為之。〔史記·留侯世家〕「狙擊秦皇帝」。○—，字亦作覻，又誤作覷。〔說文定聲·卷九〕

鑢　—，錯也。〔廣韻·御部〕○—與鋁同，磨也。〔方言七〕「燕齊摩鋁謂之希」箋疏。○—，字或作鋁。〔說文〕「—，錯銅鐵也」義證。○—與鋁同。〔同上〕義證引〔玉篇〕。○—，字又作鐧。〔同上〕義證。○—、鐧、鋁並同。〔廣雅·釋詁三〕「—，磨也」疏證。○—，一作鑪，盧、慮古通。〔漢書·古今人表〕「—金」補注。

呿 ｜，邱庶反，張口也。〔太素·本輸〕「欠不能｜」楊注。○｜音去，即露齒出氣。〔太素·知鍼石〕「｜吟至微」楊注。○｜，卧聲。〔廣韻·御部〕

瘀 痴｜，不達。〔廣韻·御部〕○痴｜，不達也。〔集韻·御部〕

怚 ｜，憍也。〔廣韻·御部〕○｜，此與𡡉音義同。〔說文〕「｜，驕也」段注。○｜、𡡉、駔、姐，並字異而義同。〔廣雅·釋詁三〕「｜，傷也」疏證。又〔方言一二〕「｜，劇也」箋疏。○〔說文定聲·卷九〕｜，叚借為阻。〔方言一二〕「僉、｜，劇也」。

悆 ｜，悅也。〔廣韻·御部〕○｜，和悅也。〔慧琳音義·卷六〕引〔韻英〕。○｜又作愉。〔說文〕「｜，喜也」義證。○｜、豫並與愉通。〔方言一二〕「愉，悅也」箋疏。○｜變為忬。〔說文〕「｜，忘也」句讀。○｜，字亦作悇。〔說文定聲·卷九〕○｜悇，古今字。〔說文〕「｜，忘也」段注。○不｜，今本作弗豫。〔說文〕「｜，周書曰有疾不｜」段注。○｜，俗又作預。〔說文〕「｜，喜也」義證。○｜，安也。〔慧琳音義·卷六〕引〔考聲〕。○天子疾曰不｜。（同上）引〔韻集〕

礜 ｜，陽石也，生山谷水中。〔說文〕「｜，毒石也」義證引〔庚辛玉册〕。○｜，｜石也。（同上）義證引〔急就篇〕顏注。○｜，｜石，藥名，蠶食之肥，鼠食之死。〔廣韻·御部〕

鸒 ｜，｜斯，鵯鶋也，亦名鵯烏。〔說文〕「鸒，卑居也」義證引〔玉篇〕。○｜，雅烏也。〔詩·小弁〕「弁彼｜斯」朱傳。○｜，卑居。（同上）集疏引魯說。

悇 憛｜，愛也。〔廣韻·御部〕○｜憛猶憛｜也。〔說文〕「悆，嘾也」段注。○憛｜，貪欲也。（同上）段注引〔淮南·修務訓〕高注。○｜，憂懼。〔廣韻·御部〕○忬，｜俗字。予、余通借，故｜變為忬。〔說文〕「悆，喜也」義證。

椐 ｜，靈壽木名。〔廣韻·御部〕

麆 〔說文定聲·卷九〕｜，字亦作麔。〔釋獸〕「麕，其子｜」。○（同上）｜叚借為麤。〔釋草〕注「當歸，似蘄而｜大」。○鹿子曰｜。〔集韻·魚部〕○一曰關中謂小兒為｜子。（同上）

女 ｜，以｜與人也。〔孟子·離婁上〕「涕出而｜於吳」朱注。○｜，以｜妻人也。〔廣韻·御部〕○｜者如也。〔說文繫傳·通論中〕

麮 ｜，麥汁。〔廣韻·御部〕

勴 ｜，助也，導也。〔廣韻·御部〕○｜或作勵。〔說文〕「｜，助也」義證。○｜，字亦作勵。〔說文定聲·卷九〕

濾 ｜，乾水。〔廣韻·御部〕○｜，乾｜。（同上）

豦 ｜，獸大如狗，似猴，多鬣，好奮迅其頭，能投石擲人，出建平山。〔廣韻·御部〕○｜音據。〔釋獸〕鄭注。

坥 ｜，螾場。〔廣韻·御部〕○｜，醫書謂之蚓樓，今土面虛起者是也。〔說文〕「｜，益州部謂螾場曰｜」段注。

鼁 ｜鼀似蝦蟆，居陸地。〔廣韻·御部〕○｜鼀即蝌鼀。〔說文〕「蝌，蝌鼀，詹諸」段注。○｜音去。〔釋魚〕「｜鼀」鄭注。

𡱈 ｜，閉也。〔廣韻·御部〕○｜，有褰義。〔儀禮·士喪禮〕胡正義。○｜為褰舉之義。〔說文〕「｜，閉也」段注。

醧 ｜，私醼。〔廣韻·御部〕○｜，宴私之飲。〔說文定聲·卷八〕○能者飲，不能者已謂之｜。〔說文〕「｜，宴厶飲也」段注引〔韓詩〕。○夜飲曰｜。〔說文定聲·卷八〕○｜通作飫。〔釋言〕「飫，私也」郝疏。○〔毛詩·常棣〕｜作飫，為音近叚借字。〔說文〕「｜，宴厶也」段注。○｜猶饇也。〔說文〕「｜，私宴飲也」繫傳。

寠 ｜，假寐也。〔廣韻·御部〕○｜猶𪎭也，𪎭，黏也。〔說文〕「｜，楚人謂寐曰｜」段注。

耡 ｜，耤稅者，借民力以食稅也。〔說文〕「｜，耤稅也」段注。○｜，字亦作莇，又作助。〔廣雅·釋詁二〕「｜，稅也」疏證。

麢 ｜，大鹿。〔廣韻·御部〕

懅 ｜，又作遽，畏懼也。〔慧琳音義·卷九〕○｜與遽亦同。〔方言一〇〕「遑，遽也」箋疏。

𡡉 ｜與怚同。〔說文〕「｜，驕也」句讀。○｜與怚音義皆同。（同上）段注。○怚、｜、駔、姐，並字異而義同。〔廣雅·釋詁三〕「怚，傷也」疏證。○｜，借姐字也。〔說文〕「｜，驕也」繫傳。○〔說文定聲·卷九〕｜，以姐為之。〔幽憤詩〕「恃愛肆姐」。○（同上）｜，叚借為奢。〔琴賦〕「或怨｜而躊躇」。

𣹢 ｜與洳同。〔廣雅·釋詁一〕「洳，溼也」疏證。又〔說文〕「｜，漸溼也」義證引〔玉篇〕。○〔說文定聲·卷九〕｜，字亦作洳。〔詩〕「彼汾沮洳」。

菸 ｜，臭草。〔廣韻·御部〕○｜，臭草也。〔楚辭·九辯〕「葉｜邑而無色兮」補注。○｜邑，傷壞也。（同上）補注引五臣。○蔫｜矮葾，皆一聲之轉也。〔廣雅·釋詁四〕「蔫、｜、矮，葾也」疏證。

櫲 ｜樟當作豫章。〔文選·吳都賦〕「木則楓柙｜樟」集釋。

儊 ｜，不滑也。〔廣韻·御部〕

刞 ｜，耕土起，亦作粗。〔廣韻·御部〕

勴|音慮，助也。〔廣韻·御部〕

冊|與庶意同。〔釋詁〕「庶，衆也」郝疏。

嗻|，語不要也。〔集韻·御部〕

嘘|，吹|。〔廣韻·御部〕

𡋯|，高平。〔廣韻·御部〕〇|，高平陸也。〔集韻·御部〕

姐怚、慮、駔、|，並字異而義同。〔廣雅·釋詁三〕「怚，傷也」疏證。

屖|，履屬。〔廣韻·御部〕

屐|，履屬。〔廣韻·御部〕

屩屦|，行前却也。〔集韻·御部〕

𡾏|，番山。〔廣韻·御部〕

忬|，安也。〔廣韻·御部〕〇|，安也。〔說文〕「悆，喜也」義證引〔玉篇〕。〇|，悆俗字。（同上）義證。

𣇃|，明也。〔廣韻·御部〕

挐|，拘|不展。〔集韻·御部〕

捒|，裝|。〔廣韻·御部〕

扵|，|擊。〔廣韻·御部〕

楚|，|利，又木名，出歷山。〔廣韻·御部〕

棜|，無足樽也。〔廣韻·御部〕

樜|，木名。〔廣韻·御部〕

𣛻|，舁食者。或作轝。〔廣韻·御部〕〇|，食輿也。〔集韻·御部〕

櫡|，鉏名。〔釋器〕「斫謂之鐯」郝疏。

鐯|者，櫡之或體也。〔釋器〕「斫謂之|」郝疏。

櫖林|，山林，又山櫐也。〔廣韻·御部〕

𣢾|，欠|。〔廣韻·御部〕〇欠|，張口也。〔說文〕「欠，張口氣悟也」義證。〇欠|，引氣張口也。〔慧琳音義·卷六三〕引顧野王。〇引氣而張口曰欠|。〔卷七九〕引〔桂苑珠叢〕。

歟|，歎也。〔廣韻·御部〕〇|，今用為語末之詞，亦取安舒之意，通作與。〔說文〕「|，安气也」段注。

澦灩|，水名。〔廣韻·御部〕

濾|，洗也，澄也。〔集韻·御部〕〇|猶洗也。〔慧琳音義·卷八〇〕引〔韻詮〕。〇|，以絹為羅，疏理水中蟲穢，取其潔也。（同上）〇|漉，一聲之轉。〔廣雅·釋詁二〕「麗，盝也」疏證。

𣂼|，斫也。〔廣韻·御部〕

畬|，治田也，或書作畭。〔集韻·御部〕

𡾏|，畬也。〔廣韻·御部〕〇|之言貯也，所以貯米也。〔廣雅·釋器〕「|，畬也」疏證。

䲀|，笸|。〔廣韻·御部〕

𥙡|，亦作詛。〔說文〕「|，祝也」義證引〔玉篇〕。〇|，古文，今作詛。〔慧琳音義·卷五九〕

禦|，禁也。〔詩·常棣〕「外|其務」朱傳。〇|，正也，或作衙。〔集韻·御部〕〇武臣折衝曰|侮。〔詩·緜〕「予曰有|侮」朱傳。〇|侮，謂為驃騎。〔文選·為齊明帝讓宣城郡公第一表〕「委成|侮」補正引呂延濟。〇|、御通用。〔漢書·古今人表〕「魯|孫」補注。〇|，通作御，又通作敔，又通作衙。〔釋言〕「|，禁也」郝疏。〇|、圉古字通。〔釋言〕「|，禁也」邵正義。〇敔、|、圉並通，亦通作御。〔廣雅·釋詁四〕「敔，禁也」疏證。〇|與籞同。〔釋言〕「|，禁也」郝疏。〇|當作籞。〔漢書·揚雄傳〕「禁|所營」補注引宋祁。

穥|，禾稼謂之|。〔集韻·御部〕〇||，黍稷美也。〔廣韻·御部〕

𦊺|，網|。〔廣韻·御部〕

𧖗|，蟲名。〔廣韻·御部〕

芸 |，草名。〔廣韻·御部〕

薯 |，|蕷。〔廣韻·御部〕○|蕷，山藥與藷也。〔通雅·艸〕

蕷 |，薯|。〔廣韻·御部〕○|，通作預。〔通雅·艸〕

蕍 |，藷|。〔廣韻·御部〕

藷 |，|蕍。〔廣韻·御部〕

謶 |，冀也，通作庶。〔集韻·御部〕

𧸖 |，質錢也。〔集韻·御部〕

輿 |，舁車也，或作轝。〔集韻·御部〕○|，車|。〔廣韻·御部〕○|，方|。（同上）

轝 |、轝、舁，並字異而義同。〔廣雅·釋詁二〕「|，舉也」疏證。

艍 |，角似雞距。〔廣韻·御部〕

鋁 鑢、鐧、|並同。〔廣雅·釋詁三〕「鑢，磨也」疏證。

鐧 今俗謂|為剉，乃錯之聲誤耳。〔説文〕「剉，折傷也」段注。○|亦同鋁。〔方言七〕「燕齊摩鋁謂之希」箋疏。○鑢|鋁並同。〔廣雅·釋詁三〕「鑢，磨也」疏證。

𨭖 鈕謂之|。〔集韻·御部〕

阻 |，馬|蹄。〔廣韻·御部〕

䭵 |，犬饜，又豕食。〔廣韻·御部〕

𩣡 |，傳馬。〔廣韻·御部〕

𩦞 |，馬疾行皃。〔廣韻·御部〕

魰 |，捕魚也，或从水。〔集韻·御部〕

䱟 |，魚名。〔廣韻·御部〕

鸒 |，鳥名。〔廣韻·御部〕

續經籍纂詁卷第六十六　去聲

七　遇

遇｜猶會。〔國策・秦策四〕「王何不與寡人｜」鮑注。○｜，不期而會。〔廣韻・遇部〕○諸侯冬見天子曰｜。〔說文〕「｜，逢也」繫傳。○｜、偶聲義同。〔釋言〕「｜，偶也」郝疏。○｜之言相偶也。〔說文〕「｜，逢也」繫傳。○｜，對偶之義。〔漢書・高帝紀〕「夢與神｜」補注引錢大昭。○｜，道路相逢也。〔說文〕「｜，逢也」義證引〔玉篇〕。○｜，合也。〔孟子・離婁下〕「子父責善而不相｜也」朱注。又〔告子下〕「二王我將有所｜焉」朱注。○｜，待也。〔漢書〕「客｜之」雜志。○｜謂待｜。〔漢書・魏相傳〕「必以為我用丞相死不能｜其子」補注。○｜者，相好也。〔國策・魏策一〕「且以｜卜王」鮑注。○｜，音近齵，義亦為不正。〔書・盤庚〕「暫｜姦宄」孫疏。○｜，讀隅，瑳智故謂之隅，字或作偶。〔同上〕述聞。○｜、偶與僥倖義近。〔釋言〕「庶，幸也」郝疏。○｜，本作禺，禺讀為偶，謂兩氣相敵偶也，偶、禺古字通。〔漢書・天文志〕「氣相｜者」補注引王念孫。○｜與愚同。〔墨子〕「遲樸」雜志。○｜讀為愚。〔管子・任法〕「以｜其主矣」平議。○〔說文定聲・卷八〕｜，叚借為愚。〔詩・巧言〕「｜犬獲之」。○｜與愚通。〔墨子・非儒下〕「盛為聲樂以淫｜民」閒詁。○｜、愚古字通。〔書・盤庚〕「暫｜姦宄」述聞。○｜、愚二字古通用。〔詩・巧言〕「｜犬獲之」通釋。○｜當為愚，同聲叚借字。〔墨子・兼愛下〕「孝子為｜」閒詁。○｜合，偶合。〔史記・佞幸傳〕「善仕不如｜合」志疑引劉辰翁。○｜當作遏。〔韓子・外儲說右上〕「故季孫讓仲尼以｜勢」集解引顧廣圻。○｜當是禍字。〔漢書・公孫弘傳〕「遭｜右武」補注。○｜當作與。〔韓子・內儲說上〕「臣請使王｜之｜」平議。

路｜亦塗也。〔孟子・公孫丑下〕「充虞｜問曰」焦正義。○｜，大｜也。〔盡心下〕「介然用之而成｜」朱注。○｜，大道也。〔離騷〕「既遵道而得｜」補注。○｜，正是道｜之｜。〔國策・齊策五〕「則是｜君之道也」補正。○｜，道｜，亦大也。〔廣韻・暮部〕○道｜，對文則別，散則通也。〔釋宮〕「｜達謂之道｜」郝疏。○｜者，正也，人君之正車也。〔慧琳音義・卷四八〕○｜，車也。〔大戴・哀公問五義〕「今夫端衣玄裳冕而乘｜者」王詁。○｜，戎車也。〔詩・采薇〕「彼｜斯何」朱傳。○王與后之車皆稱｜。〔儀禮・覲禮〕「｜先設西上」胡正義。○｜只泛言車之大貌。〔詩・采薇〕「彼｜斯何」通釋引胡承珙。○名車為｜者，言所以步之於｜也。〔慧琳音義・卷四八〕引〔白虎通〕。○｜車，戎車也。〔詩・采芑〕「｜車有奭」朱傳。○｜，敗也。〔晏子春秋〕「｜世之政，單事之教」雜志。○｜，羸也。〔國策・卷中〕「則是｜君之道也」札記。○｜為羸憊。〔荀子〕「｜亶」雜志。○｜寢，正寢也。〔詩・閟宮〕「｜寢孔碩」朱傳。○或言｜亶，或言｜單，或言落單，其義一而已矣。〔荀子〕「｜亶」雜志。○古｜與露同。〔詩・皇矣〕「串夷載｜」通釋。○｜亦與露同。〔管子〕「振罷露」雜志。○｜、潞並與露同。〔方言三〕「露，敗也」箋疏。○｜讀為露。〔管子〕「握｜家」雜志。○｜、露古字通。〔晏子春秋〕「｜世之政」雜志。○｜、露古字通用。〔管子・戒〕「握｜家五十室」義證。○｜與露古通用，羸｜謂瘦瘠暴露也。〔孟子・滕文公上〕「是率天下而｜也」焦正義引阮元。○｜、露、潞並通。〔荀子〕「｜亶」雜志。○｜，〔世家〕作露，亦古通。〔史記・十二諸侯年表〕「曹靖公｜元年」志疑。○｜、露、潞並通，羸憊也。｜亶、｜單、落單，其義一而已矣。〔荀子・議兵〕「｜亶者也」集解引王念孫。○輅、｜通。〔釋詁〕「｜，大也」郝疏。○｜、輅字通。〔韓子・十過〕「作為大｜而建九旒」集解。○〔說文定聲・卷九〕｜，叚借為羸。〔孟子〕「是率天下而｜也」。○〔同上〕｜，叚借為裸。〔荀子・議兵〕「｜襢者也」。○〔同上〕｜，叚借為客。〔管子・四時〕「國家乃｜」。○〔同上〕｜，叚借為杌。〔周禮・鼓人〕「以｜鼓鼓鬼享」。○〔同上〕｜，叚借為奕，或為碩。〔釋詁〕「｜，大也」。○｜陵，〔史・表〕作洛陵。〔漢書・王子侯表〕「｜陵侯童」補注。○｜，〔後漢〕因〔續志〕作潞。〔地理志〕「｜，莽曰通｜亭」補注。○〔說苑・正諫〕「宛｜作箘簬。〔呂覽・直諫〕「宛｜之矰」校正。○｜亶，〔新序〕作落單，蓋離落單薄之意。〔荀子・議兵〕「｜亶者也」集解引郝懿行。○｜字當作道。〔詩・遵大路〕「遵大｜兮」述聞。○｜當為務。〔墨子・脩身〕「反其｜者也」閒詁。○〔史・表〕｜作疏。〔漢書・高惠高后文功臣表〕「以塞｜入漢」補注。○〔天官書〕｜踵作跰踵。〔天文志〕「石氏曰名｜踵」補注引王念孫。○｜寢，〔史記〕作柏寢。〔左傳昭公二六年〕「晏子坐于｜寢」洪詁。

潞｜即露耳。〔國策・秦策一〕「士民｜病於內」鮑注。○｜與露同。〔呂覽・不屈〕「士民罷｜」校正。○路、露、｜並通。〔荀子〕「路亶」雜志。○露、｜、路並通。〔廣雅・釋詁三〕「露，敗也」疏證。○｜病與路亶亦同義。〔荀子〕「路亶」雜志。○〔說文定聲・卷九〕｜叚借為骼。〔呂覽・不屈〕「士民罷｜」。○｜，〔漢書〕作路，〔劉寬碑陰〕同。〔左傳宣公一五年經〕「晉師滅赤狄｜氏以｜子嬰兒歸」洪詁。○｜，韓作疲。〔國策・秦策一〕「士民｜病于內」補正。

輅｜，車｜。〔廣韻・暮部〕○｜者，大車之名。〔論語・衛靈公〕「乘殷之｜」朱注。○｜車者，路車也。〔國語・晉語〕「｜車十五乘」述聞。○〔說文定聲・卷九〕｜，挽也。〔管子・小匡〕「服牛｜馬」。○｜、輪一聲之轉。〔方言九〕「車｜也」箋疏。○〔說文定聲・卷九〕｜，以路為之。〔韻集〕「輈前橫木曰路」。○〔同上〕｜，叚借為路。〔廣雅・釋器〕「｜，車也」。○舊讀｜為迓。〔左傳成公一六年〕「諜｜之」疏證。○｜讀為以迓田祖之迓。

〔左傳宣公二年〕「狂狡丨鄭人」疏證述服虔。○〔說文定聲・卷九〕丨，叚借為訝。〔左傳僖公一五年〕「丨秦伯」。○〔後漢・袁紹傳〕丨引作路，丨乃俗字耳。〔左傳僖公二八年〕「賜之大丨之服」疏證引校勘記。○丨，謁字，官本作路。〔漢書・蘇建傳〕「因厚丨單于」補注。○丨當為簵。〔說文〕「枯，槁也，夏書曰唯箘丨枯」義證。○丨，字或作輅。〔說文〕「丨，車軨前橫木也」義證。

賂 丨，遺丨也。〔廣韻・暮部〕○丨，以財相請謁也。〔慧琳音義・卷五七〕引顧野王。○丨，貨也。〔大戴・曾子立事〕「就之不丨」王詁。○丨，遺也。〔詩・泮水〕「大丨南金」朱傳。○丨猶輅。〔同上〕通釋。○丨當讀為璐。〔同上〕平議。○丨當作路。〔漢書・賈捐之傳〕「奇麗之丨塞」補注引宋祁。

璐 丨，玉名。〔廣韻・暮部〕

露 丨者，陰之液也。〔說文〕「丨，潤澤也」段注引蔡邕。○丨者，陰氣之液也，夜氣著物而潤澤于道傍也。〔本草・卷五〕○和氣津凝為丨。〔說文〕「丨，潤澤也」段注引〔五經通義〕。○和氣津液凝為丨，丨從地出。〔同上〕義證引〔五經通義〕。○丨，天之津液，下所潤萬物也。〔同上〕義證引〔玉篇〕。○丨，見也。〔方言三〕「丨，敗也」疏證。○在野曰丨。〔國策・秦策三〕「諸侯見齊之罷丨」鮑注。○凡陳列表見於外曰丨。〔說文〕「丨，潤澤也」段注。○野宿無廬舍謂之丨次。〔通鑑・漢紀五三〕「乃丨次於道南」音注。○丨猶覆也。〔詩・白華〕「丨彼菅茅」通釋。○丨與覆同義。〔國語・晉語〕「是先主覆丨子也」述聞。○〔說文定聲・卷九〕丨謂覆廣物。〔釋名・釋天〕「丨，慮也，覆慮物也」。○丨彼菅茅，言英英白雲覆慮此菅茅也。〔詩・白華〕「丨彼菅茅」平議。○丨即羸也。〔列子・湯問〕「形甚丨」述聞。○丨之言羸也。〔管子〕「振罷丨」雜志。○丨、羸，一聲之轉。〔左傳昭公元年〕「體羸丨」述聞。○丨，敗也。〔管子〕「振罷丨」雜志。又〔莊子・漁父〕「故田荒室丨」集釋。○丨謂敗也。〔周書〕「自丨厥家」雜志。○丨者，敗也。〔荀子〕「都邑丨」雜志。○丨猶疲也，憊也。〔左傳昭公元年〕「以丨其體」述聞。○丨為疲憊之義。〔管子・五輔〕「振罷丨」述聞。○丨家，窮困之家也。〔管子〕「握路家」雜志。○〔通雅・卷三二〕丨布，丨封也。〔李雲傳〕「乃丨布上，移副三府」。○丨，邑名，中丨猶泥中也，連中字仍為邑名。〔詩・式微〕「胡為乎中丨」後箋。○丨之言落也。〔廣雅・釋詁三〕「丨，敗也」疏證。○〔說文定聲・卷九〕丨，借為路。〔列女傳〕「作中路」。○丨、路古通用。〔詩・式微〕「胡為乎中丨」通釋。又〔周書・職方〕「其川涇納」平議。○丨亦假路為之。〔說文〕「丨，潤澤也」段注。○丨字亦作潞。〔管子〕「握路家」雜志。○丨、潞、路並通。〔廣雅・釋詁三〕「丨，敗也」疏證。○路、潞皆與丨通也。〔孟子・滕文公〕「率天下而路」、〔呂覽・不屈〕「士民罷潞」述聞。○丨，字或作路，又作潞。〔管子〕「振罷丨」雜志。○〔說文定聲・卷九〕丨，叚借為羸。〔左傳昭公元年〕「以丨其體」。○〔同上〕丨，叚借為簬。〔淮南・本經〕「是日松柏箘丨夏槁」。○〔同上〕丨，叚借為裸。〔長楊賦〕「今樂遠出以丨威靈」。○丨祖，一作路亶、路單。〔通雅・釋詁〕○丨，魯作路。〔詩・式微〕「胡為乎中丨」集疏。○丨當作潞，羸也。〔韓子・亡徵〕「罷丨百姓」集解。○丨當作靈。〔初見秦〕「暴丨於外」集解。

鷺 丨，春鉏，今丨鷥。〔詩・宛丘〕「值其丨羽」朱傳。○丨，白丨也，亦曰丨鷥。〔釋鳥〕「丨，春鉏」鄭注。○丨，白鳥。〔詩・振鷺〕「振丨于飛」朱傳。○丨，絜白之鳥。〔同上〕集疏。○丨羽，蓋即羽舞。〔詩・宛丘〕「值其丨羽」通釋。

樹 丨，木總名也，立也。〔廣韻・遇部〕○丨，嫁，木介也。〔通雅・天文〕○丨、藝、種、植四字義通。〔孟子・滕文公上〕「丨藝五穀」焦正義。○丨與豎音義並同。〔儀禮・鄉射禮〕「君國中射則皮丨中」胡正義引胡承珙。○屏謂之丨。〔論語・八佾〕「邦君丨塞門」朱注。○丨者，其主名。〔國語・周語〕「犬戎丨」述聞。○〔說文定聲・卷八〕丨，叚借為柱。〔方言五〕「牀，其杠謂之丨」。○〔同上〕丨，叚借為尌，立也。〔左傳成公二年〕「丨德而濟同欲焉」。○丨，假借為尌、豎字。〔說文〕「丨，木生植之總名也」段注。○丨，一作豎。〔說文〕「柵，編丨木也」句讀。○丨當為尌。〔說文〕「侸，立也，讀若丨」義證。○丨當作特。〔說文〕「杕，丨皃」段注。

度 丨，法也。〔大戴・文王官人〕「取猛毅而丨斷者」王詁。○丨即法也。〔孟子・離婁上〕「工不信丨」朱注。○丨，法丨。〔廣韻・暮部〕又〔國策・魏策二〕「王者得丨」鮑注。○丨，法丨也。〔說文〕「儀，丨也」繫傳。又〔詩・楚茨〕「禮儀卒丨」朱傳。○丨謂法丨也。〔韓子・難一〕「非有丨者之言也」集解。○丨，程也。〔荀子・議兵〕「以丨取之」集解引汪中。○法丨，法則也。〔書・盤庚〕「正法丨」孫疏。○丨，品制。〔中庸〕「不制丨」朱注。○丨者，蓋謂喪儀。〔書・顧命上〕「命作冊丨」孫疏。○節、丨義同。〔墨子・尚賢中〕「居處無節，出入無丨」閒詁。○丨與劇同。〔左傳隱公一一年〕「工則丨之」疏證引邵二雲。○無丨猶無數。〔詩・汾沮洳〕「美無丨」平議。○丨，數也。〔大戴・千乘〕「小大尊卑中丨」王詁。○丨，數丨也。〔大戴・盛德〕「禮丨」王詁。○丨者，數也。〔漢書・賈誼傳〕「讖言其丨」補注引王先慎。○五丨，分、寸、尺、丈、引也。〔說文定聲・卷九〕○丨，厚薄尺寸也。〔孟子・公孫丑下〕「古者棺椁無丨」朱注。○古人謂殳為丨，以打得名。〔周禮・司市〕「胥執鞭丨守門」述聞。○丨、打一聲之轉。〔方言五〕「今江東呼打為丨」箋疏。○丨、打一聲之轉，丨，杖也。〔同上〕疏證。○丨亦處也。〔晏子春秋〕「家邦而丨」雜志。○丨讀為宅。〔同上〕○丨之言宅也。〔晏子春秋〕「丨其義」雜志。○古文宅、丨同。〔同上〕○丨與宅同，居也。〔詩・緜〕「丨之薨薨」後箋。○丨、居聲近。〔釋言〕「宅，居也」郝疏。○宅、丨古字通。〔晏子春秋〕「安邦而丨家」雜志。○丨，越也。〔漢書・孫寶傳〕「即丨稱季而譴它事」補注引周壽昌。○丨亦過也。〔匡衡傳〕「宜遂減宮室之丨」補注。○丨謂渡去也。〔墨子・耕柱〕「丨其所惡」閒詁引畢沅。○丨世謂僊去也。〔楚辭・遠遊〕「欲丨世以忘歸兮」補

注。〇丨與渡通。〔廣雅・釋詁二〕「渡，去也」疏證。〇〔說文定聲・卷九〕丨，叚借為渡。〔楚辭・惜賢〕「年忽忽而日丨」。〇丨作渡，義同。〔方言七〕「過丨謂之涉濟」疏證。〇敷、剫、丨、杜，字並與坡通。〔廣雅・釋詁三〕「坡，塞也」疏證。〇句丨，丨即讀，所謂句心也。〔通雅・卷三〕〇丨，〔說文〕作敷，云閉也，此省文。〔書・盤庚〕「丨乃口」孫疏。〇熹平石經丨作亮。〔書・無逸〕「天命自丨」孫疏。〇官本丨作渡。〔漢書・貨食志〕「又數萬人丨河」補注。又〔韓信傳〕「引兵半丨」補注。

渡

丨，濟也，過也，去也。〔廣韻・暮部〕〇丨以過去為義。〔釋言〕「濟，丨也」郝疏。〇丨，或借度字。〔說文〕「丨，濟也」義證。〇丨，假借多作度。〔同上〕段注。〇丨與度通，本亦作丨。〔方言七〕「過度謂之涉濟」箋疏。〇丨，省作度。〔釋言〕「濟，丨也」郝疏。〇丨亦省作度。〔說文〕「丨，濟也」句讀。〇丨，子史皆以度為之。〔說文定聲・卷九〕〇官本丨作度。〔漢書・五行志〕「先是五將軍衆二十萬征匈奴」補注。

賦

丨，布也。〔詩・烝民〕「明命使丨」朱傳。〇丨，布也，與也。〔漢書・王莽傳〕「丨吏祿皆如制度」補注引胡注。又〔通鑑・漢紀三〇〕「丨吏祿」音注。〇凡言以物班布與人曰丨。〔說文〕「丨，斂也」段注。〇丨，古本作敷。〔左傳僖公二七年〕「丨納以言」洪詁。〇敷布其義謂之丨。〔楚辭・招魂〕「同心丨些」補注引〔釋名〕。〇丨、布、敷、鋪並聲近而義同。〔廣雅・釋詁三〕「丨，布也」疏證。〇丨，丨頌。〔廣韻・遇部〕〇丨，又斂也，量也，班也，稅也。〔同上〕〇丨，分界也。〔通鑑・齊紀二〕「或親為衆僧丨食，行水」音注。〇丨者，分也，分取之分也。〔說文〕「丨，斂也」繫傳。〇丨與，猶賜予也。〔大戴・保傳〕「丨與集讓不以節」王詁。〇丨猶取也。〔孟子・離婁上〕「而丨粟倍他日」朱注。〇丨，征取。〔國策・魏策三〕「出入者丨之」鮑注。〇丨，斂財也。〔說文定聲・卷九〕〇斂財曰丨。〔說文〕「丨，斂也」義證引〔急就篇〕顏注。〇以田丨出兵，故謂之丨。〔左傳隱公四年〕「君為主敝邑以丨」洪詁引服虔。〇凡征斂通謂之丨。〔周禮・大宰〕「以九丨斂財賄」孫正義。〇丨者，徵取財物之總者。〔公羊傳哀公一二年〕「丨者，斂取其財物也」陳疏。〇征、丨、斂，其義同。〔漢書〕「暴虐」雜志。〇丨，聚也。〔楚辭・招魂〕「同心丨些」補注引五臣。〇丨，兵也。〔論語・公冶長〕「可使治其丨也」朱注。〇〔說文定聲・卷九〕丨，叚借為敷。〔小爾雅・廣詁〕「丨，布也」。〇〔同上〕丨，叚借為捬。〔方言一二〕「丨，操也」。〇丨當作賦。〔墨子・節葬下〕「為多埋丨之財者也」平議。

布

丨，字从手从巾，會意也。〔本草・卷三八〕〇丨，敷也。〔大戴・主言〕「然後丨指知寸」王詁。〇〔說文定聲・卷九〕丨，此謂敷也。〔釋名・釋采帛〕「丨，丨列衆縷為經以緯橫成之也」。〇丨猶敷也。〔釋言〕「班，賦也」郝疏。又〔左傳文公一八年〕「使丨五教于四方」疏證。〇古文作丨，今文作敷。〔左傳成公二年〕「丨政優優」疏證。〇〔說文定聲・卷九〕丨以敷、溥為訓也。〔周禮・外府〕注「其行曰丨，取名于水泉，其流行無不徧」。〇丨猶鋪也。〔釋言〕「班，賦也」郝疏。〇丨，陳也。〔廣韻・暮部〕〇丨，散也。〔大戴・主言〕「七者丨諸天下而不窕」王詁。〇丨，言聲響四丨也。〔漢書・司馬相如傳〕「肸蠁丨寫」補注。〇丨與張亦同義。〔荀子〕「施」雜志。〇賦、丨、敷、鋪並聲近而義同。〔廣雅・釋詁三〕「賦，丨也」疏證。〇丨濩，多皃也。〔慧琳音義・卷二〇〕引〔考聲〕。又〔慧琳音義・卷二四〕。〇〔通雅・卷八〕丨濩即丨護。〔相如賦〕「丨濩閎澤」。〇丨，丨擭，分解也。〔集韻・莫部〕〇丨擭即今之丨濩也。〔說文〕「擭，擘擭也」段注。〇丨，丨帛也。〔廣韻・暮部〕〇錢、丨自是二品。〔漢書・食貨志〕「自小丨以上」補注引顧炎武。〇古亦呼丨為麻。〔說文〕「緆，細丨也」段注。〇丨者，麻縷所成。〔說文〕「織，作丨帛之總名也」段注。〇丨字，枲織為本義。〔周禮・外府〕「掌邦丨之入出」孫正義。〇丨母縛，小衣也，猶犢鼻耳。〔通雅・衣服〕引黃山谷。〇丨，幣。〔詩・氓〕「抱丨貿絲」朱傳。〇丨，幣也，此幣即錢幣之幣。〔同上〕後箋。〇丨，緡，即錢也。〔同上〕集疏。〇古以丨為幣，後製貨泉，即以名之。〔說文定聲・卷九〕〇丨穀，尸鳩之異名也。〔方言八〕「自關而西或謂之丨穀」箋疏。〇丨穀、鋪鼓、夫不，一鳥也。〔通雅・疑始〕〇丨穀、穫穀、搏穀，聲亦相近。〔詩・鵲巢〕後箋。〇丨穀，江東呼郭公，北人云撥穀，撥穀亦丨穀之轉聲也。〔同上〕〇丨穀，鳲鳩也，江東呼為獲穀，亦曰郭公。〔本草・卷四九〕〇丨穀，轉而為搏穀、撥穀、勃姑、步姑。〔方言八〕箋疏。〇〔說文定聲・卷九〕丨，此謂甫，實為父。〔釋名・釋采帛〕「太古衣皮，女工之始，始于是。施丨其法，使民盡用之也」。〇丨即班聲之轉。〔釋言〕「班，賦」郝疏。〇丨與黼聲相近。〔書・顧命下〕注「丨乘一作黼黻」孫疏。〇〔說文定聲・卷九〕丨，以搏為之。〔禮記・月令〕注「鳩，搏穀也」。〇〔同上〕丨，叚借為敷。〔周書・謚法〕「丨，施也」。〇〔同上〕丨，叚借為溥。〔漢書・司馬相如傳〕「汜溥護之」注「遍，丨也」。〇〔同上〕丨，或曰借為賦。〔莊子・山木〕「為其丨賦，赤子之丨寡矣」。〇丨當為象。〔漢書・西域傳贊〕「故能睹犀丨」補注引王念孫。〇舊本丨作出。〔呂覽・審應〕「王縞素丨總」校正。〇〔史記〕丨作專。〔漢書・司馬相如傳〕「丨結縷」補注。〇下丨字當作市，言用一丨市物也。〔墨子・貴義〕「商人用一丨」閒詁。〇今文丨乘作黼黻。〔書・顧命下〕「丨乘黃朱」孫疏。

步

以兩足丨之曰丨。〔通雅・算數〕〇丨，闊丨也。〔說文〕「𡕒，跨丨也」繫傳。〇丨，行也。〔詩・白華〕「天丨艱難」朱傳。〇丨，行丨。〔廣韻・暮部〕〇舉足謂之丨。〔詩・白華〕「天丨艱難」集疏。〇行、丨、趨、走四者散文俱通。〔釋宮〕「堂下謂之丨」郝疏。〇丨者，車緩行也。〔大戴・諸侯遷廟〕「奉衣服車升車，乃丨」王詁。〇丨，今俗謂之溜馬，亦曰壓馬。〔漢書・貢禹傳〕「迺日丨作之」補注引沈欽韓。〇丨猶運也。〔詩・桑柔〕「國丨斯頻」朱傳。〇〔通雅・卷三九〕丨爵，猶行酒也。〔大傳〕「未丨爵」。〇〔卷一八〕丨引，道引也。〔漢志〕「黃帝雜子丨引十二卷」。〇丨搖即仙園。〔通雅・衣服〕〇丨搖，冠名，其后音訛，遂為慕容。〔漢書・江充傳〕「冠禪纚丨搖冠」補注。〇丨當作坐。〔墨子・褋守〕「斥丨鼓整旗」閒詁引

蘇時學。〇丨馬，〔廣韻〕引作駁馬，云習馬。〔左傳襄公二六年〕「左師見夫人之丨馬者」洪詁。〇俗讀部、丨聲相亂，故部譌作丨。〔墨子〕「丨界」雜志。〇官本丨作部，丨廣，地名。〔漢書·地理志〕「中部都尉治丨廣候官」補注。

固

丨猶故也。〔韓子·八經〕「陳過以明其丨」集解。〇丨實，即故實。〔通雅·釋詁〕〇丨籍即故籍。（同上）〇丨即古字。〔漢書·古今人表〕「晉船人丨來」補注。〇丨，久也。〔左傳襄公二六年〕「丨聞之」洪詁引服虔。又〔廣雅·釋詁一〕「字，生也」疏證。〇丨猶久。〔國策·魏策二〕「是三人不以太子為非丨相也」鮑注。〇丨，常也。〔大戴·文王官人〕「辯言而不丨行」王詁。〇丨之義為帝。〔孟子·萬章上〕「仁人丨如是乎」焦正義。〇丨之義為嘗。（同上）〇丨之義為當。（同上）〇丨，堅。〔詩·天保〕「亦孔之丨」朱傳。〇丨，堅也。〔論語·學而〕「學則不丨」劉正義。〇丨言輔之堅。〔國策·中山策〕「丨輔中山而成其王」鮑注。〇丨，堅也，一也，常也，故也，四塞也。〔廣韻·暮部〕〇丨，堅丨也。〔論語·學而〕「學則不丨」朱注。〇丨謂城郭完丨。〔論語·季氏〕「丨而近於費」朱注。〇國曰丨，野曰險，散文則險丨義通。〔周禮·大司馬〕「負丨不服則侵之」孫正義。〇丨，障丨也。〔通鑑·漢紀四七〕「丨天下良田美業」音注。〇丨、厚義近。〔釋詁〕「篤，厚也」郝疏。〇敬、丨義近。〔釋詁〕「虔，丨也」郝疏。〇丨，言取之力也。〔禮記·經解〕「丨民是盡」集解。〇丨言不變。〔國策·趙策一二〕「國有丨籍」鮑注。〇丨者，不移易之謂。〔荀子·君道〕「人習其事而丨」集解。〇丨，定也。〔大戴·文王官人〕「質色皓然丨以要」王詁。〇丨，必也。〔大戴·保傅〕「丨舉之禮」王詁。〇丨猶必。〔國策·趙策三〕「彼天子丨然」鮑注。〇丨猶必也。〔釋詞·卷五〕又〔左傳哀公一二年〕「從之丨也」平議。〇丨，古文作叀，必也。〔慧琳音義·卷七〇〕〇丨猶信。〔國策·齊策六〕「齊丨弱」鮑注。〇丨猶實也。〔中庸〕「苟不丨聰明聖知達天德者」朱注。〇堅守一說而不能通，是為丨也。〔孟子·告子下〕「丨哉高叟之為詩也」焦正義。〇丨，言其不通。〔國策·齊策三〕「荆甚丨」鮑注。〇執與丨義相近。〔廣雅·釋詁二〕「拱，丨也」疏證。〇丨，執滯也。〔論語·子罕〕「毋丨」朱注。〇丨謂執滯不通也。〔孟子·告子下〕「丨哉」朱注。〇丨，執一而不通也。〔論語·憲問〕「疾丨也」朱注。〇丨，陋也。〔大戴·文王官人〕「其貌丨嘔」王詁。又〔論語·述而〕「與其不孫也，寧丨」朱注。又〔國策·楚策四〕「明願有問君而恐丨」鮑注。〇丨，野陋也。〔禮記·曲禮〕「君子謂之丨」集解引呂大臨。〇丨猶倨也。〔禮記·祭義〕「立而不詘，丨也」述聞。〇丨與倨同義。〔荀子〕「夷丨」雜志。〇丨亦謂倨傲也。〔大戴·曾子立事〕「弗知而不問焉，丨也」述聞。〇夷丨猶夷倨也。〔荀子·脩身〕「夷丨僻違」述聞。〇丨猶乃也。〔釋詞·卷五〕〇丨讀為胡。〔莊子·天地〕「汝將丨驚耶」平議。〇丨與顧同。〔漢書〕「因恬而不知怪」雜志。〇丨讀為婟。〔周書〕「大開方封于下土」雜志。〇丨之言黏也。〔釋言〕「剢，膠也」郝疏。〇丨、管、鞏，一聲之轉。〔釋言〕「劼，丨也」郝疏。〇丨猶錮。〔說文〕「癈，丨病也」段注。〇丨即錮也。〔漢書·云敞傳〕「皆當禁丨」補注引周壽昌。〇〔說文定聲·卷九〕丨，叚借為錮。〔論語〕「學則不丨」。〇丨當讀為故。〔論語·子罕〕「毋丨」平議。〇丨，故通。〔國策·趙策二〕「國有丨籍」補正。又〔國策·齊策一〕「臣丨願大王之少留計」補正。〇〔說文定聲·卷九〕丨叚借為故。〔易·繫辭〕「恒德之丨也」。〇丨、故聲近義通。〔論語·衛靈公〕「君子丨窮」平議。〇丨與故通用，劉本作見字。〔呂覽·知接〕「卻其忠信」校正。〇又事之已然者曰丨，即故之假借字也。〔說文〕「丨，四塞也」段注。〇丨通作故，又通作錮，又通作假。〔釋詁〕「劼，丨也」郝疏。〇丨，或作故。〔釋詞·卷五〕〇丨又作顧。（同上）〇下丨當作下圈。〔漢書·轅固傳〕「下丨刺彘正中其心」補注引王念孫。〇徐廣丨作故，二字本通。〔史記·魯周公世家〕「而咨於丨實」志疑。〇官本丨陰作涸陰。〔漢書·郊祀志〕「秋涸凍」補注。〇〔新序·雜事〕作丨桑，〔說苑·尊賢〕作古乘，〔韓詩外傳〕作盎胥，〔文選〕注引作蓋胥，蓋、盎皆古合切，與丨聲近。〔漢書·古今人表〕「晉船人丨來」補注引錢大昕。

痼

丨，久病。〔廣韻·暮部〕〇丨，久病也。〔說文〕「痁，久病也」義證引〔玉篇〕。又〔慧琳音義·卷七〇〕。〇丨，多假固為之。〔說文〕「丨，久病也」段注。〇丨又通作固。〔說文〕「丨，久也」義證。〇丨又通作錮。（同上）

錮

丨，鑄，又禁丨也，亦鑄塞也。〔廣韻·暮部〕〇丨者，鑄而補塞之令其堅固也。〔說文〕「丨，鑄塞也」義證引〔急就篇〕顏注。〇丨謂銷鐵以窒穿穴。〔說文定聲·卷九〕〇凡銷鐵以窒穿穴謂之丨。〔說文〕「丨，鑄塞也」段注。〇丨，塞也。〔通鑑·漢紀二七〕「與女弟昭儀專寵丨寢」音注。〇丨子，粘果油燋物。〔通雅·飲食〕〇丨之，不行其說。〔國策·韓一〕「諸侯丨之」鮑注。〇丨讀曰固。〔大戴·文王官人〕「存志不能守丨」王詁。〇丨與固通。〔方言一二〕「鈵，丨也」箋疏。〇〔說文定聲·卷九〕丨，以固為之。〔求通親表〕「禁固明時」。〇〔通雅·卷八〕丨辭，當是固辭。〔跋後漢鄭固碑〕「以疾丨辭」。

素

丨，白繒也。〔說文〕「丨，白緻繒也」義證引〔九經字樣〕。〇丨，繒之白而細者也。（同上）段注。〇丨謂絹之精白者，即所用寫書之丨也。（同上）義證引〔急就篇〕顏注。〇丨者，粗細絹之大名。〔說文定聲·卷一四〕（紈下）〇生帛謂之丨。〔屈賦·惜往日〕「因縞丨而哭之」戴注。〇生帛曰丨。〔說文定聲·卷九〕〇丨乃絲之未染者。〔義府·卷上〕〇丨者，質也。〔說文〕「湅，灡也」段注。〇凡物之質曰丨。〔說文〕「丨，白致繒也」段注。〇丨，粉地畫之質也。〔論語·八佾〕「丨以為絢兮」朱注。〇丨謂物之質如土坏也，今人用腔字，〔說文〕多作空。〔說文〕「殸，一曰丨也」段注。〇丨為質始，推言之，凡物之不加雕飾者皆謂之丨。此所謂丨，亦謂心之本然也。〔漢書·鄒陽傳〕「披心腹，見情丨」補注引王文彬。〇丨者質也，人但有質朴而無治民之材，名曰丨餐。〔詩·伐檀〕「不丨餐兮」集疏引韓說。〇丨猶俗云本色、本分之謂。〔義府·卷上〕〇丨，白也。〔詩·羔羊〕

「－絲五紽」朱傳。○－喻絜白。〔同上〕集疏引韓說。○－，凡白之偁。〔說文〕「－，白緻繒也」段注。○－，本為白繒，引申之凡布帛之白者通謂之－。〔周禮・司服〕「大札大荒大裁－服」孫正義。○－有白義，白者，空有質而無色，故事之有其名而無其實，與有實而無其名者皆曰－。〔義府・卷上〕○－，未畫也。〔韓子・外儲說左上〕「其用與－髹莢同」集解。○－韠，白韋。〔儀禮・士冠禮〕「緇帶－韠」胡正義。○－毳，乃白疊艸也。〔文選・曲水詩序〕「頳莖－毳」集釋引〔通雅〕。○情－，猶情實也。〔漢書・鄒陽傳〕「披心腹，見情－」補注引王念孫。○－猶常也。〔國策・齊五〕「－用強兵而弱之」鮑注。○－、經皆常也，法也。〔廣雅・釋言〕「傃經也」疏證。○－，先也。〔太素・痹論〕「－腎氣勝」楊注。又〔陽明脈解〕「非其－時所能也」楊注。又〔三瘧〕「肺之－有熱氣盛於身」楊注。○－猶始也。〔大戴・保傅〕「－誠繁成」王詁。○－有始義，蓋－者，色之始也。〔義府・卷上〕○－，空。〔詩・伐檀〕「不－餐兮」朱傳。○－，空也。〔大戴・文王官人〕「－動人以言」王詁。又〔孟子・盡心上〕「詩曰不－餐兮」朱注。又〔釋鳥〕「其粻嗉」郝疏。又〔通鑑・周紀五〕「是尸利－餐」音注。○－，不空食祿而曠官也。〔楚辭・九辯〕「願託志乎－餐」補注。○－者空也，空虛無德，餐人之祿，故曰－餐。〔詩・伐檀〕「不－餐兮」集疏引魯說。○－王謂空王，指在下者而言。〔漢書・董仲舒傳〕「見－王之文焉」補注引王先慎。○－，空也，故也，帛也。〔廣韻・暮部〕○－食謂食草木。〔墨子・辭過〕「－食而分處」閒詁。○－食，蓋葬前裁令毋絕粒餓死而已。〔漢書・霍光傳〕「居道上不－食」補注引沈欽韓。○－成猶言始終，謂有始必有終也。〔大戴・保傅〕「故曰－成」王詁。○－猶見在也。〔中庸〕「君子－其位而行」朱注。○－、傃同。〔左傳宣公一一年〕「不愆于－」洪詁。○－讀為攻城攻其所傃之傃。〔說文〕「泝，㴑向也」段注。○－與索亦聲近義同。〔廣雅・釋詁一〕「索，盡也」疏證。○－，古通作索字。〔管子・禁藏〕「果蓏－食當十石」義證。○－讀為疏，字或作蔬。〔管子〕「－食」雜志。○－，疏之叚字，俗作蔬。〔墨子・辭過〕「－食而分處」閒詁。○〔說文定聲・卷九〕－，叚借為噣、為咮。〔史記・天官書〕「張－為廚主觴客」。○－當作索。〔說文〕「䋛，素屬」段注。○－當作數。〔墨子・備蛾傳〕「因－出兵將」閒詁引蘇時學。

素　－者，白致繒也。〔說文〕「紈，－也」段注。

具　－，俱。〔詩・節南山〕「民－爾瞻」朱傳。又〔小旻〕「則－是違」朱傳。○－，俱也。〔詩・大叔于田〕「火烈－舉」朱傳。又〔常棣〕「兄弟既－」朱傳。又〔正月〕「－曰予聖」朱傳。又〔桑柔〕「－禍以燼」朱傳。○－謂供－。〔墨子・號令〕「吏上數選－之」閒詁引蘇時學。○－者，供置也。〔說文〕「閱，－數於門中也」段注。○－，饌－也。〔國策・齊策四〕「食以草－」鮑注。○凡饌－皆曰－。〔說文〕「膳，－食也」義證引〔六書故〕。○－謂僎－而進之也。〔說文〕「𢍉，－也」繫傳。○－置猶供－也。〔漢書・燕王傳〕「見田生帷帳－置如列侯」補注。○－，備也。〔大戴・本命〕「人生而不－者五」王詁。○－，備也，辦也。〔廣韻・遇部〕○－者，備數也。〔說文定聲・卷一四〕〔「算」下〕○－食者，言－備此食也。〔說文〕「膳，－食也」繫傳。○〔通雅・卷一〇〕－，言－其所－也。〔荀子〕「－而王，－－而霸」。○－獄，其意直謂成按耳。〔漢書・張湯傳〕「－獄磔堂下」補注引宋祁。○－作其事，謂最舉其事。〔張湯傳〕「－作其事」補注引郭嵩燾。○－，祭饌也。〔禮記・祭統〕「官備則－備」集解。○〔說文定聲・卷八〕－然，猶居然也。〔荀子・宥坐〕「則－然欲為人師」。○－、給聲轉。〔釋詁〕「供，－也」郝疏。○－與俱通。〔墨子・備梯〕「郎－發之」閒詁。○〔說文定聲・卷八〕－，叚借為俱。〔詩・節南山〕「民－爾瞻」。○〔詩〕有假－為俱者。〔說文〕「俱，皆也」段注。○－，韓作俱。〔詩・四月〕「百卉－腓」集疏。○－當為俱。〔墨子・大取〕「重同－同」閒詁。○－當作貝。〔漢書・匈奴傳〕「黃金飭－帶一」補注引沈欽韓。○－當作見。〔墨子・備高臨〕「遂－寇」閒詁。○－當為共，字之誤也。〔荀子・性惡〕「孝－敬父」集解引王念孫。○－正徒，〔漢書〕引作儲正徒。〔左傳襄公九年〕「使華臣－正徒」洪詁。

數　－，筭－。〔廣韻・遇部〕○－，筭也，謂占易者必以是計筭也。〔說文〕「蓍，易以為－」段注。○－為算法。〔書・洪範上〕「五曰曆－」孫疏。○疆潦之地，九夫為－，五－而當一井。〔左傳襄公二五年〕「－疆潦」洪詁。○－，頻－也。〔漢書・孝成許皇后傳〕「來－益甚」補注。○－責，－其罪而責之。〔楚元王傳〕「德－責以公主起居無狀」補注引周壽昌。○－，秩－也。〔通鑑・漢紀一一〕「王后太子皆不以為子、兄－」音注。○－，品式也。〔大戴・保傅〕「不閑於威儀之－」王詁。○－猶道也。〔荀子・正論〕「是不容妻子之－也」集解。○－，理也。〔韓子・孤憤〕「其－不勝也」集解引舊注。又〔太素・色脈診〕「請言道之至－」楊注。又〔量絡刺〕「地無失－」楊注。○－，法也。〔大素・量繆刺〕「此繆刺之－也」楊注。○－，術－也。〔通鑑・漢紀三六〕「應對入其－」音注。○－為術－。〔韓子・說疑〕「無－以度其臣」集解。○－謂治天下之道術。〔漢書・賈誼傳〕「大－既得」補注。○－蓋，猶言－區也。〔荀子・哀公〕「必有－蓋焉」集解引盧文弨。○－音朔。〔釋艸〕「莽，－節」鄭註。○－當作記。〔漢書・東方朔傳〕「不可勝－」補注引宋祁。

怒　－，恚也。〔廣韻・暮部〕○－者，恚也。〔說文繫傳・通論下〕○－，瞋目皃。〔續音義・卷三〕引〔切韻〕。○－即彊也。〔史記〕「彊－」雜志。○－者，武也。〔說文繫傳・通論下〕○－又努也。〔同上〕○－即過。〔荀子〕「不－罪」雜志。○古者謂過為－。〔荀子・君子〕「刑罰不－罪」述聞。○－、踰皆過也。〔荀子〕「不－罰」雜志。○－之言努，太過之謂也。〔公羊傳莊公四年〕「此非－與」述聞。○－蓋盈溢之意，與踰義近。〔荀子・君子〕「刑罰不－罪」集解引郝懿行。○－讀為努。〔管子・輕重甲〕「是君朝令一－」平議。○－、妒聲義俱近。〔釋言〕「苛，妎也」郝疏。○〔說文定

聲・卷九〕｜，叚借為奴。〔漢書・天文志〕「其｜青黑色」。○｜，日抄引作弩激之弩。〔呂覽・至忠〕「非｜王則疾不可治」校正。○〔天官書〕作｜當音帑，汲古本作｜當作帑，義並通。〔漢書・天文志〕「其｜，青黑色」補注。○｜當為怨。〔說文〕「敦，｜也」義證。○｜當作攻。〔春秋繁露・玉英〕「或請焉或｜焉者何」平議。○熹平石經｜作怨。〔書・盤庚〕「自｜曷瘳」孫疏。

務 ｜，專力也。〔國策・秦策一〕「｜廣其地」補正。又〔論語・學而〕「君子｜本」朱注。○｜者，用力尤甚者。〔說文〕「勮，｜也」段注。○｜，趣也。〔國策・秦策二〕「｜廣其地」鮑注。又〔齊策二〕「且夫救趙之｜」鮑注。○｜言趣赴此事也。〔說文〕「｜，趣也」繫傳。○｜者，言其促疾於事也。〔同上〕段注。○｜謂敏于事。〔說文定聲・卷六〕○｜，事也。〔國策・齊策二〕「且夫救趙之｜」鮑注。又〔大戴・哀公問五義〕「動行不知所｜」王詁。又〔曾子疾病〕「然而君子之｜」王詁。○｜猶事也。〔論語・雍也〕「｜民之義」劉正義。○｜，事｜也。〔廣韻・遇部〕○｜，又强也，遽也，趣也。〔同上〕○｜，勉也。〔大戴・文王官人〕「｜其小徵」王詁。○｜、勉聲轉。〔釋詁〕「｜，强也」郝疏。○｜亦為也。〔春秋名字解詁〕「魯公子｜字為」述聞。○作｜，作業，工技之流。〔漢書・尹賞傳〕「無市籍商販作｜」補注引周壽昌。○｜求與蝥蛈同。〔廣雅・釋蟲〕「蛈螋，蝥蛈也」疏證。○｜音侮。〔詩・常棣〕「外禦其｜」朱傳。○｜音同侮。〔墨子・天志中〕「無廖僔｜」閒詁引畢沅。○｜者，侮之叚音也。〔釋言〕「｜，侮也」郝疏。○｜即侮之假借。〔詩・常棣〕「外禦其｜」通釋。○｜與牟古音同。〔左傳襄公一四年〕「吳人執莒公子｜婁」洪詁。○古讀｜如冒，聲轉為勮。〔釋詁〕「｜，强也」郝疏。○｜讀如瞀。〔說文〕「婁，一曰婁｜」段注。○｜與雺聲相近。〔書・顧命下〕「不｜咎」孫疏。○｜亦得讀若蒙。〔詩・常棣〕「外禦其｜」通釋。○｜、鶩字通。〔墨子・非攻中〕「魚水不｜」閒詁。○〔說文定聲・卷六〕｜，叚借為敄。〔詩・常棣〕「外禦其｜」。○〔同上〕｜，叚借為懋。〔公羊傳定公二年〕「不｜于公室也」。○〔同上〕｜，叚借為冃。〔荀子・哀公〕「古之王者有｜而拘領者矣」。○〔同上〕｜，叚借為禹，禹、｜雙聲。〔左傳襄公一一年〕「公叔｜人」。○禹、｜聲相近，聲轉字異也。〔左傳哀公一一年〕「公叔｜人見保者而泣」洪詁。○〔文子・積誠〕名可强立，〔淮南・脩務訓〕作名可｜立。〔說文〕「敄，彊也」義證。○｜光，〔莊子〕作瞀光，〔荀子〕作牟光。〔呂覽・離俗〕「湯又因｜光而謀」校正。○〔平準書〕｜作鶩。〔漢書・食貨志〕「稍｜於功利矣」補注。

霧 ｜，陰陽之氣也。〔說文〕「霚，地氣發天不應曰霚」義證引〔春秋元命包〕。○陰陽亂為｜。〔同上〕段注引〔春秋元命包〕。又〔廣韻・遇部〕。○陰亂則為｜。｜從地升也。〔說文〕「霚，地氣發」義證引〔五經通義〕。○亂而為｜，氣蒙冒覆地之物也。〔同上〕義證引〔元命包〕。○氣下薄為｜。〔說文〕「雹，陰陽激燿也」義證引董仲舒。○古讀｜如慕。〔釋天〕「地氣發，天不應曰｜」郝疏。○｜雺二字音轉字通。〔同上〕○｜與霿同。〔說文〕「霚，地氣發」義證引〔玉篇〕。又〔漢書・揚雄傳〕「｜集蒙合兮」補注。○｜，本亦作霿。〔文選・甘泉賦〕「｜集而蒙合」集釋引〔釋天〕。

霚 ｜，俗作霧。〔說文〕「｜，地氣發」義證。又〔同上〕句讀。○｜，今俗作霧。〔同上〕繫傳。○｜，今之霧字。〔同上〕段注。○｜、雺、霧三同，上，說文，中，籀文，下，經典相承隸變。〔同上〕義證引〔五經文字〕。○｜，淫氣所蒸，百邪之氣也，故感之致病。〔說文定聲・卷六〕○〔同上〕｜，叚借為霧。〔爾雅〕「霧謂之晦」。

鶩 ｜，舒鳧。〔國策・齊策四〕「而君鵝｜有餘食」鮑注。○｜，飛行舒遲，馴擾不畏人，今之家鴨也。〔說文定聲・卷六〕○對文則鳧與｜異，散文則｜亦謂之鳧。〔晏子春秋〕「鳧雁」雜志。○〔說文定聲・卷六〕｜，叚借為騖。〔淮南・主術〕「魚得水而｜」。

騖 ｜，馬疾行也。〔慧琳音義・卷六〇〕○｜，馳也。〔卷八三〕引顧野王。○｜，疾馳也。〔卷五一〕引顧野王。又〔卷八七〕引顧野王。○｜，亂馳也。〔離騷〕「忽馳｜以追逐兮」補注。又〔國策・齊策五〕「邯鄲之中｜」鮑注。○｜，馳也，奔也，驅也。〔廣韻・遇部〕○疾趣與馳｜同意。〔釋詁〕「｜，强也」郝疏。○騖疾亦馳｜之意也。〔同上〕郝疏。○｜、務聲近義同。〔同上〕邵正義。○〔說文定聲・卷六〕｜，叚借為敄。〔釋詁〕「｜，强也」。○｜者，敄之叚也。〔釋詁〕「｜，强也」郝疏。

附 ｜，著。〔詩・角弓〕「如塗塗｜」朱傳。○｜，寄也。〔續音義・卷八〕引〔切韻〕。○｜，寄｜。〔廣韻・遇部〕○｜亦依也。〔漢書・高帝紀〕「蕭、曹恐，踰城保高祖」補注引司馬彪。又〔漢書〕「踰城保高祖」雜志。○｜，歸｜也。〔大戴・朝事〕「是故諸侯｜於德」王詁。○｜，使之來｜也。〔詩・皇矣〕「是致是｜」朱傳。○｜，｜益之也。〔漢書・司馬相如傳〕「今割齊民以｜夷狄」補注引何焯。○｜疏即疏｜之義。〔梁懷王傳〕「以廣公族｜疏之德」補注引王文彬。○不成國者謂之｜城，猶今言支郡為屬城也。〔王莽傳〕「當賜爵關內侯者更名曰｜城」補注引項說。○肺、｜皆謂木皮也。〔漢書〕「肺｜」雜志。○肺、｜皆謂木皮也，桴、｜、朴聲並相近，肺、｜語之轉耳，言如木皮之託於木也。〔漢書・劉向傳〕「臣幸得託肺｜」補注引王念孫。○｜讀為祔。〔詩・皇矣〕「是致是｜」陳疏。○〔說文定聲・卷八〕｜，叚借為祔。〔禮記・襍記〕「朋友虞｜而退」。○〔同上〕｜，叚借為坿。〔廣雅・釋詁一〕「｜，益也」。○〔同上〕｜，叚借為駙。〔小爾雅・廣詁〕「｜，因也」。○〔同上〕｜，叚借為腐。〔易・說卦傳〕「兌為｜決」。○｜當讀如拊循之拊。〔詩・皇矣〕「是致是｜」通釋。○｜亦通作撫。〔同上〕○｜婁、培塿，聲之轉。〔方言一三〕注「培塿亦堆高之貌」箋疏。○屬｜即歷傳，皆聲之通借也。〔釋詁〕郝疏。○｜，今〔左傳〕作培，假借。〔說文〕「｜，｜婁，小土山也」繫傳。○｜當為駙。〔說文〕「近，｜也」義證。○｜當作駙。〔說文〕「瀕，水厓，人所賓｜也」段注。○｜近字，今人作｜，或作傳，依此當作駙。〔說文〕「駙，一曰近也」段注。○｜當是

木作坿。〔說文〕「隸，一箸也」段注。○〔文選〕一作掮，即拊也。〔漢書·揚雄傳〕「一其背而奪其位」補注。○一當作拊。（同上）補注引宋祁。

免 一，獸名。〔廣韻·暮部〕○一，毛可為筆。〔說文〕「一，獸名」義證引〔玉篇〕。○〔說文定聲·卷九〕一，馬名也。〔新序·雜事〕「昔者齊有良一曰東郭㕙」。○一絲，一名女蘿。〔文選·古詩十九首〕「一絲」集釋引〔呂覽〕高誘注。○在草曰一絲，在木曰松蘿。（同上）集釋引〔釋文〕。○一絲草，蔓聯草上，黃赤如金，與松蘿異。（同上）集釋引〔詩草木疏〕。○菟絲，一名菟蘆、菟縷、唐蒙、王女。（同上）集釋引〔神農本草〕。○一，俗作菟。〔說文〕「一，一獸也」段注。○一，〔釋草〕作菟，俗字。〔說文〕「黃，一瓜也」句讀。○一、免當是一字，漢人作隸，誤分之。〔說文〕「免，一逸也」段注引錢大昕。

故 一，一使之也。〔說文〕「一，使為之也」繫傳。○〔說文定聲·卷一二〕一者，使為之也。〔釋詁〕「治、肆、古，一也」。〔「肆」下〕○凡為之必有使之者，使之而為之則成一事矣。〔說文〕「一，使為之也」段注。○一，事也。〔廣韻·暮部〕又〔易·雜卦傳〕「隨無一也」述聞。又〔蹇卦〕「匪躬之一」述聞。又〔漢書·李尋傳〕「治國一不可以戚戚」補注引王念孫。又〔王莽傳〕「宇與師吳章及婦兄呂寬議其一」補注引王先慎。○一亦事也。〔大戴·文王官人〕「以名一不生焉」王詁。○一猶事也。〔墨子·號令〕「謹密為一」平議。○一，事也，因也。〔通鑑·漢紀三七〕「咸共言妖惡大一」音注。○蠱、一同聲，一皆訓為事也。〔廣雅·釋詁三〕「蠱，一也」疏證。○一，事變也。〔大戴·曾子立孝〕「咎一不生」王詁。○一，古也。〔論語·為政〕「溫一而知新」劉正義引劉逢祿。○一、古字同。〔漢書·地理志〕「一秦地」補注。○一，舊也。〔詩·遵大路〕「不寁一也」朱傳。又〔國策·秦策三〕「親習之一」鮑注。又〔韓子·解老〕「思慮靜一德不去」集解。○一猶舊也。〔國策·東周策〕「齊重一有周」鮑注。又〔漢書·溝洫志〕「一盡河壖棄地」補注。○一者，舊也。〔國策·卷上〕「一三國欲與秦壤界」札記。○一，事也，古也，今也。〔大戴·文王官人〕「以一自說」王詁。○一，舊也，常也。〔廣韻·暮部〕○一，一舊也。〔詩·遵大路〕「不寁一也」後箋引〔詩緝〕。○一，引伸之為一舊。〔說文〕「一，使為之也」段注。○一言有舊。〔國策·秦策二〕「寡人與子一也」鮑注。○一有久舊之義。〔釋言〕「振，古也」郝疏。○一，今俗云原一是也。〔說文〕「一，使為之也」段注。○一謂已往之事。〔孟子·離婁下〕「一者以利為本」焦正義。○一者，其已然之迹。〔離婁下〕「則一而已矣」朱注。○一者，咨於一實之一，謂其持論之有本也。〔荀子·非十二子篇〕「然而其持之有一」集解引郝懿行。○一，本然之詞也。〔釋詞·卷五〕○一，〔六書故〕據唐本〔說文〕以久古聲，則舊之訓為本字本義。〔說文定聲·卷九〕○一謂所以然也。〔荀子·正名〕「不可與共一」集解引郝懿行。○〔說文定聲·卷九〕一，所謂今之舊人也。〔秦策〕「寡人與子一也」。○一，舊典也。〔大戴·朝事〕「治其事一」王詁。○凡前古所傳曰一言。〔說文〕「六藝羣書之詁」段注。○一謂舊所傳法式。〔墨子·經上〕「巧轉則求其一」閒詁。○一，特掌接遇歷久者。〔漢書·刑法志〕「二曰議一」補注引沈欽韓。○舊一，舊事也。〔禮記·少儀〕「不道舊一」述聞。○一老，舊臣也。〔詩·正月〕「召彼一老」朱傳。○一家，舊臣之家也。〔孟子·公孫丑上〕「其一家遺俗」朱注。○一家，勳舊世家，謂臣也。（同上）焦正義。○舊所治官府，其掾屬則曰一吏。〔通雅·卷一九〕○舊所治官府，占籍者則曰民。（同上）○一俗謂一時之俗。〔方言一〕「雅記一俗」疏證。○一，謂制度及所用采色之成法也。〔禮記·月令〕「必循其一」集解。○肆、一皆訓為今也，一訓為今，今亦可訓為一。〔釋詁〕「肆一，今也」述聞。○一今即肆今也。〔釋詁〕「肆，今也」郝疏。○一，由今言以通古義。〔釋詁〕邵正義。○一猶難也。〔詩·狡童〕「維子之一」通釋。○古者以患難為一。〔詩·式微〕「微君之一」通釋。○一猶好也。〔詩·羔裘〕「維子之一」通釋。○一者變也。〔穀梁傳隱公三年〕「曰葬一也」平議。○一者，作而致其情也。〔荀子·正名〕「說一喜怒」集解。○一者，通其指義也。〔說文〕「古，一也」義證引〔容齋五筆〕。○一者，一成之意見也。〔易·雜卦傳〕「隨無一也」李疏。○一謂設事以探己意。〔國策·楚策一〕「公何為以一與奚恤」鮑注。○一者，非性所生，得人為乃成。〔墨子·經上〕「一所得而後成也」閒詁引張惠言。○一，詐也。〔大戴·文王官人〕「以一自說」述聞。又〔莊子·刻意〕「去知弓一」集釋。○一亦詐也。〔荀子·王霸〕「好詐一」集解引王念孫。又〔王制〕「則舉幽險詐一」集解。又〔荀子〕「天下之人百姓」雜志。○一與詐同義。〔荀子〕「詐一」雜志。○一，皆謂詐也。〔大戴·文王官人〕「一其行」、「一知以動人」、「以一取利」述聞。○古謂詐為一，今俗語猶云一意。〔文選·景福殿賦〕注「一，謀也」述聞。又〔呂覽·論人〕注「巧一，偽詐也」述聞。又〔淮南·主術〕注「一，巧也」述聞。○一與巧同義。〔呂覽·論人〕「釋智謀，去巧一」述聞。又〔淮南·俶真〕「巧一萌生」述聞。○工一猶工巧。〔大戴·文王官人〕「進退工一」述聞。○有一即有怨。〔漢書·張良傳〕「雍齒與我有一怨」雜志。○一處即一陵也。〔漢書·成帝紀〕「其罷昌陵，及一陵」補注引陳景雲。○一字乃總冒下文之詞。〔荀子·不苟〕「一懷負石」雜志。○凡〔漢書〕中一事二字絕句者，皆總目下文之詞。〔漢書〕「行事」雜志。○一，語詞也。〔荀子·解蔽〕「一為蔽」集解引郝懿行。○一猶則也。〔釋詞·卷五〕○然一即然則也。〔韓子·難三〕「即一忠臣盡忠於公」集解。○凡言是一者，承上之辭也。〔易·繫辭上傳〕「是一聖人以通天下之志」李疏引九家注。○一者，因上接下之詞，非可用為發語。〔史記·律書〕「一旋璣玉衡以齊七政」志疑。○一讀為胡。〔呂覽·淫辭〕「一為不畏」平議。○一與胡同。〔墨子·尚賢中〕「一不察尚賢為政之本也」閒詁。○一猶胡也。〔荀子·解蔽〕「一為蔽」平議。○〔說文定聲·卷九〕一，叚借發語之詞。〔禮記·曲禮〕「一君子戒慎」。○（同上）一，叚借為古。〔釋詁〕「古，一也」。○（同上）一，叚借為雇，實為賈。〔史記·張釋之馮唐傳〕注「一彼不行」。○一、詁字同。〔漢書·丁寬傳〕「訓一舉大誼而已」補注。又〔藝文志〕「大、小夏侯解一二十九篇」補注。○一即詁字。〔國語·周

語〕「吾聞之大誓|曰」平議。○|即詁也。〔說文〕「詁，訓|言也」段注。○〔說文定聲·卷九〕|，叚借為詁。〔漢書·劉歆傳〕「學者傳訓|而已」。○|讀為固。〔墨子·明鬼下〕「|必先鬼神」閒詁。○|當讀為固。〔公羊傳僖公二三年〕「重|也」平議。○|讀當為固，固者，必也。〔公羊傳桓公一一年〕「則突可|出而忽可|反」述聞。○|與固同。〔管子〕「|臣且謁之」雜志。○|或與固同。〔墨子·經上〕「|所得而後成也」閒詁引畢沅。○|、固通。〔國策·趙策一〕「臣|伏誅」補正。又〔趙策三〕「臣|意大王不好也」補正。又〔魏策三〕「齊王|欲伐楚」補正。又〔墨子·非命下〕「|以為其力也」閒詁。○固與|通。〔列子·周穆王〕「|世莫傳焉」平議。○|與固通。〔大戴·文王官人〕「雖欲|之中」平議。○古字|與固通。〔周語〕「咨於|實」述聞。又〔論語〕「固天縱之將聖」述聞。又〔論語·知實〕「固作|」述聞。○|或作固。〔釋詞·卷五〕○〔說苑·政理〕|字作固，古通用。〔呂覽·察賢〕「任人者|逸」校正。○|、固古亦通用。〔呂覽·蕩兵〕「黃炎|用水火矣」校正。○官本|作固。〔漢書·項籍傳〕「至|陵」補注。○|，元作固。〔國策·齊一〕「臣|願大王之少留計」鮑注。○|又作顧。〔釋詞·卷五〕○|當作顧。〔漢書·韓信傳〕「|恐臣計未足用」補注。○|當為古。〔墨子·明鬼下〕「|聖王其賞也」閒詁。○官本|作古。〔漢書·韓安國傳〕「以尉士大夫心」補注。○|，〔史記〕作辜。〔賈誼傳〕「亦夫子之|也」補注引何焯。○|當為曰。〔荀子·王霸〕「|道王者之法」集解引王引之。○|，〔史記〕作夫。〔漢書·韓信傳〕「|成安君有百戰百勝之計」補注引王先慎。○〔群書治要〕|作後。〔荀子·大略〕「然|民不困財」集解。○|當為欲，謂不欲生之也。〔禮記·王制〕「亦弗|生也」述聞。○|，或今天作廸。〔書·君奭〕「|一人有事于四方」孫疏。○|市，河南縣名也，〔漢·表〕誤作敬市。〔史記·高祖功臣侯者年表〕「|市」志疑。

顧

回首曰|。〔大戴·千乘〕「入也弗之|矣」王詁。○迴首曰|。〔左傳文公七年〕疏證引李貽德。○|，反視。〔國策·燕策二〕「去而|之」鮑注。○|，反視也。〔通鑑·漢紀四〕「|力不能耳」音注。○|，反|也。〔左傳宣公一二年〕「射一麋以|獻」疏證。○|，還視也。〔國策·秦策二〕「|爭於戎狄」鮑注。○|，旋視也。〔詩·蓼莪〕「|我復我」朱傳。○|，迴視也，眷也。〔廣韻·暮部〕○|，視也。〔韓子·外儲說左上〕「則|白馬之賦」集解。又〔漢書·霍去病傳〕「|方略何知耳」補注。○|，望也。〔詩·雲漢〕「靡瞻靡|」朱傳。又〔孟子·離婁下〕「又|而之他」朱注。○|謂常目在之也。〔大學〕「大甲曰，|諟天之明命」朱注。○|，析言之為凡視之偁。〔說文〕「|，還視也」段注。○|反，回|而反，言其速。〔國策·燕策二〕「|反命」鮑注。○|，念。〔詩·桑柔〕「是|是復」朱傳。又〔碩鼠〕「莫我肯|」朱傳。○|，念也。〔詩·伐木〕「微我弗|」朱傳。又〔大戴·文王官人〕「|小物而不知大論」王詁。○|猶念也。〔漢書·季布傳〕「辯士曹丘生數招權|金錢」補注引劉攽。○|，眷|也。〔義府·卷上〕○|謂眷|。〔書·召誥〕「今休王不敢後用|」孫疏。○|，反也。〔漢書〕「因恬而不知怪」雜志。又〔通鑑·周紀三〕「不聽政，|為臣」音注。○|與固同。〔漢書〕「因恬而不知怪」雜志。○|，旋也。〔史記〕「|反」雜志。○|，還也。〔同上〕○|反者，還反也。〔史記〕「|反」雜志。○引申為臨終之命曰|命。〔說文〕「|，還視也」段注。○出錢亦名|山，義同也。〔漢書·平帝紀〕「|山錢月三百」補注引沈欽韓。○|手勞，酬勞之語。〔通雅·諺原〕○|即鼓也。〔漢書·地理志〕「靈壽，中山桓公居此」補注引錢坫。○|猶但也。〔釋詞·卷五〕又〔漢書·揚雄傳贊〕「|君與譚不及見也」補注引蘇輿。○|猶特也。〔漢書〕「分當相直」雜志。又〔漢書·王尊傳〕「|但負貴」補注引蘇輿。○凡〔漢書〕中|字在句首者，皆當訓為特。〔孫寶傳〕「|受將命」補注引王念孫。○|，又引伸為語將轉之詞。〔說文〕「|，還視也」段注。○〔說文定聲·卷九〕|，叚借助語之詞。〔秦策〕「|爭于戎狄」。○〔同上〕|，叚借為賈。〔漢書·食貨志〕「公得|租」。○|當作雖。〔漢書·敘傳〕「|覆醢其何補」補注引王先慎。○|，齊一作鼓。〔詩·長發〕「韋|既伐」集疏。

頋

|，俗顧。〔廣韻·暮部〕

雇

|，俗字作僱。〔說文定聲·卷九〕○|，九|鳥也，相承借為|賃字。〔廣韻·暮部〕○|，與也。〔慧琳音義·卷五五〕○〔通雅·卷二七〕|山，言|人給薪也。〔哀帝紀〕「復|山錢」。○〔說文定聲·卷九〕|，叚借為賈。〔後漢·桓帝紀〕注「|猶酬也」。

句

|，章|。〔廣韻·遇部〕○凡章|之|，亦取稽留可鉤乙之意。〔說文〕「|，曲也」段注。○之，亦當訓為止，|訓為止。〔春秋名字解詁〕「公祖|茲字子之」述聞。○|度者，|讀也。〔通雅·釋詁〕○|度，度即讀，所讀|心也。〔同上〕○|瀆之合音為穀。〔左傳桓公一二年〕「盟于|瀆之丘」疏證引朱駿聲。○|、臣，音轉字變。〔漢書·地理志〕「南至安市入海」補注。○|與拘通。〔春秋名字解詁〕「公祖|茲字子之」述聞。

墓

|，墳|。〔廣韻·暮部〕○|，壙穴也。〔說文〕「|，邱也」義證引〔急就篇〕顏注。○|為平處。〔說文〕「墳，|也」段注。○謂之|者，言其幽暗當昏暮也。〔說文〕「|，邱也」義證引〔急就篇〕顏注。

暮

|作莫。〔史記索隱〕「異文」雜志。○|者，古字作莫。〔釋言〕「幕，|也」郝疏。○|之言冥漠也，字本作莫。〔廣雅·釋詁四〕「|，夜也」疏證。○|，晚也。〔論語·先進〕「莫春者」劉正義。○|，日晚也，冥也。〔廣韻·暮部〕

慕

|，思|。〔廣韻·暮部〕○|，思|也。〔大戴·虞戴德〕「黃帝|脩之」王詁。○|亦忞也。〔說文繫傳·通論下〕○|，向也，心悅誠服之謂也。〔孟子·離婁上〕「巨室之所|」朱注。○|，習也。〔說文繫傳·通論下〕○敦、|皆勉也。〔荀子〕「敦|焉」雜志。○刊木而作之謂之|。〔說文〕

「簒，屰而奪取曰簒」義證引謝靈運。○丨猶模也。〔說文繫傳・通論下〕○丨附與樂附意同。〔漢書・陸賈傳〕「將相和，則士豫附」補注引王文彬。○莫與丨亦聲近而義同。〔荀子〕「敦丨焉」雜志。○〔說文定聲・卷九〕丨，叚借為慔。〔說文〕「丨，習也」。○丨當為冪。〔墨子・備城門〕「而合丨之」閒詁。又〔同上〕「堅丨貍之」閒詁。○丨乃纂字之誤。〔管子・心術下〕「丨選者所以等事也」平議。

募 丨，求也。〔慧琳音義・卷五三〕引〔考聲〕。○丨，廣求也。〔卷一四〕引〔考聲〕。○丨，召也。〔廣韻・暮部〕○丨，招也。〔漢書・蘇建傳〕「單于丨降者赦罪」補注。○〔通雅・卷一八〕丨俞，胸與背也。〔內經〕曰「治之膽丨俞」。○丨，或借摹字。〔說文〕「丨，廣求也」義證。○〔說文定聲・卷九〕丨，叚借為膜。〔素問・奇病論〕「治之以膽丨」。○丨當為慕。〔漢書・鼂錯傳〕「則貧民相丨而勸往矣」補注引王念孫。○丨水，〔莊子〕作廬水，司馬本作盧水，〔呂覽・離俗〕「負石而沉於丨水」校正。○丨乃纂字之譌。〔荀子・王制〕「丨選閱材技之士」平議。○丨乃纂字之誤，纂、選皆具也。〔荀子・議兵〕「故招近丨選」集解引俞樾。

注 丨，古音如書。〔說文〕「丨，灌也」段注。○丨者，灌也。〔說文〕「五曰轉丨」段注。○丨，灌丨也，又丨記也。〔廣韻・遇部〕○丨之云者，引之有所適也。〔說文〕「丨，灌也」段注。○丨猶引導也，亦猶疏通也，亦猶置寫也。〔說文定聲・卷八〕○丨，屬也，四丨謂四周相屬而下垂也。〔漢書・司馬相如傳〕「高廊四丨」補注。○丨猶屬。〔國策・秦策四〕「丨地於楚」鮑注。○釋經以明其義曰丨。〔說文〕「丨，灌也」段注。○丨者，解經之名。〔儀禮・士冠禮〕胡正義。○丨，引申為傳丨。〔說文〕「丨，灌也」段注。○丨，引申為六書轉丨。〔同上〕○丨者，丨易之病，一人死一人复得氣相貫丨也。〔說文〕「瘺，一曰惡氣箸身也」義證引〔急就篇〕顏注。○丨為置也。〔廣雅・釋詁四〕「鉒，置也」疏證。○丨、錯二字同義，同訓為置。〔荀子〕「丨錯」雜志。○丨，繫也。〔釋天〕「丨旄首曰旌」鄭注。○〔說文定聲・卷八〕丨亦聯合之意。〔廣雅・釋言〕「丨，媒也」。○丨即柳也。〔漢書・天文志〕「有星孛於丨、張」補注引錢大昭。○丨色，丨其履歷也。〔通雅・事制〕○丨擬，選册也。〔通雅・官制〕○〔說文定聲・卷八〕丨，叚借為屬。〔左傳襄公二三年〕「又丨」。○丨與鉒通。〔廣雅・釋詁四〕「鉒，置也」疏證。○丨與疰通。〔廣雅・釋詁一〕「疰，病也」疏證。○丨、咮古字通。〔漢書〕「鳥啄」雜志。○祝之通作柱，猶丨之通作祝。〔荀子〕「强自取柱」雜志。○〔說文定聲・卷八〕丨，叚借為咮。〔史記・律書〕「西至于丨」。○丨者，咮之叚借。〔說文〕「咃，以丨鳴者」段注。○有假丨為咮者。〔說文〕「丨，灌也」段注。○咮、噣、丨、啄，古同聲而通用。〔漢書〕「鳥喙」雜志。○〔說文定聲・卷八〕丨，叚借為投。〔莊子・達生〕「以瓦丨者巧」。○〔同上〕丨字亦作疰。〔釋名〕「丨，病一人死一人復得氣相灌丨也」。○〔同上〕丨字亦作紸。〔荀子・禮論〕「丨纊聽息之時」。○丨，里俗作註字。〔說文〕「五曰轉丨」段注。○〔淮南〕丨作徑。〔呂覽・有始〕「陸丨三千」校正。○官本丨作主。〔漢書・郊祀志〕「四瀆視諸侯」補注。○丨當為詳。〔穀梁傳昭公一一年〕「一事丨乎志」述聞。

註 丨，解也。〔廣韻・遇部〕○晉、唐人作丨記字，丨從言不從水，不與傳注字同。〔說文〕「記，疋也」段注。

澍 丨，時雨。〔廣韻・遇部〕○〔通雅・卷一二〕時雨曰丨。〔易林〕曰「沾洽時丨」。○丨，時雨也。〔通鑑・漢紀四一〕「丨雨大降」音注。○丨，時雨也，謂潤生百穀者也。〔慧琳音義・卷二〇〕○丨，時雨，丨生萬物。〔集韻・遇部〕○〔說文定聲・卷八〕丨，叚借為注。〔洞簫賦〕「聲磕磕而丨淵」。

駐 丨，止馬。〔廣韻・遇部〕○丨，馬立也。〔說文〕「尌，讀若丨」句讀。○丨，古文住、尌、侸、逗四形同，地獄受罪之名也。〔慧琳音義・卷七〇〕○南監本、閩本丨作騅。〔漢書・古今人表〕「丨甥」補注引錢大昭。

胙 丨，祭餘。〔廣韻・暮部〕○丨言為神所饗，為神所被也。〔說文〕「丨，祭福肉也」繫傳。○引伸之凡福皆言丨。〔同上〕段注。○丨，報也。〔左傳隱公八年〕「丨之土」洪詁引薛綜。○丨同祚。〔漢書・敘傳〕「非丨惟殃」補注。○丨者，祚之俗。〔左傳隱公八年〕「丨之土而命之氏」疏證。○〔說文定聲・卷九〕丨，叚借為阼。〔荀子・哀公〕「登自丨階」。○歸丨，〔史記〕作歸釐。〔左傳僖公四年〕「歸丨于公」洪詁。○丨當作伯。〔史記・商君傳〕「天子致丨於孝公」志疑。

祚 丨，古作胙。〔說文〕「世丨遺靈」段注。○丨，福也，祥也。〔慧琳音義・卷一七〕○丨，禄也。〔同上〕○丨，福祥也。〔詩・既醉〕「永錫丨胤」朱傳。○丨，報也，亦禄也。〔慧琳音義・卷二八〕○丨，位也。〔卷二三〕引〔玉篇〕。又〔卷七〇〕。○丨，福也，禄也，位也。〔廣韻・暮部〕○丨，俗字，當作胙。〔釋名・釋親屬〕「祖，丨也」疏證。○丨當作胙。〔左傳昭公一一年〕「非胙之也」洪詁。○丨字當作胙，古字尚可通。〔左傳閔公元年〕「天若胙大子」洪詁。○以胙為丨，傳寫失之。〔漢書・五行志〕「周致德丨於秦」補注引陳景云。○官本丨作胙。〔元后傳〕「令宰衡安漢公莽踐丨居攝」補注。○自後人肊造丨字以改經傳，由是胙、丨錯出矣。〔說文〕「胙，祭福肉也」段注。

阼 丨，丨階也。〔禮記・冠義〕「故冠於丨」集解。○丨，主階。〔集韻・模部〕○丨階，東階也。〔論語・鄉黨〕「朝服而立於丨階」朱注。○丨，丨階，東階。〔廣韻・暮部〕○天子踐丨臨祭祀，故國運曰丨，丨，位也。〔說文定聲・卷九〕○古者天子踐丨臨祭祀，故國運曰丨。〔說文〕「丨，主階也」段注。○凡經單言丨不言丨階者，皆謂東序。〔禮記・孔子問君〕「目巧之室則有奧丨」平議。○丨猶酢也。〔論語・鄉黨〕「立於丨階」劉正義。○〔說文定聲・卷九〕丨，叚借為胙。〔儀禮・特牲〕「祝命徹丨俎」。○丨，今字作祚。〔說文定聲・卷九〕

裕 丨，饒。〔詩・角弓〕「綽綽有丨」朱傳。○丨，寬也。〔大戴・文王官人〕「煩亂之而志不丨」王詁。又〔孟子・公孫丑下〕「豈不綽綽然有餘丨哉」焦

正義。〇丨，寬意也。（同上）朱注。〇丨，饒也，寬也。〔廣韻・遇部〕〇丨，容也。（同上）〇丨為寬容之容。〔廣雅・釋詁四〕「丨，容也」疏證。〇丨，引伸為凡寬足之偁。〔説文〕「丨，衣物饒也」段注。〇丨，緩也。〔慧琳音義・卷四九〕〇丨、猷，一聲之轉。〔方言三〕「丨，道也」箋疏。〇猷、丨、牖，聲並相近。〔廣雅・釋詁三〕「牖、丨，道也」疏證。〇丨，道也。〔廣韻・遇部〕〇丨溪，濡須之音變也。〔漢書・地理志〕「居巢」補注。〇〔説文定聲・卷八〕丨叚借為繇。〔方言三〕「丨、猷，道也」。〇容、丨古字通。〔荀子〕「容」雜志。〇丨當作治。〔周書〕作治。〔大戴・文王官人〕「煩亂之而志不丨」述聞。〇丨亦作衮。〔説文〕「丨，衣物饒也」段注。

誤 丨，謬丨。〔廣韻・暮部〕〇丨亦欺也。〔廣雅・釋詁二〕「註，欺也」疏證。〇虞與註丨之丨古聲義並同。〔釋詁二〕「虞，欺也」疏證。〇悟同丨。〔廣韻・暮部〕

悟 丨者，吾心也。〔通雅・疑始〕〇丨，心解也。〔説文〕「丨，覺也」義證引〔玉篇〕。〇丨，心了。〔廣韻・暮部〕〇丨，覺丨也。〔説文〕「丨，覺也」義證引〔玉篇〕。〇丨，開覺也。〔通鑑・宋紀一〕「未能忘言於丨賞耳」音注。〇丨，解也，气擁滯欠故而解也。〔説文〕「欠，張口气丨也」繫傳。〇丨，引伸為解散之意。（同上）段注。〇丨與寤同，他本多作寤。〔史記・十二諸侯年表〕「鄭武公十四，生莊公丨生」志疑。〇〔説文定聲・卷九〕丨，叚借為寤。〔寡婦賦〕「怛驚丨兮無聞」。〇丨，或借寤字。〔説文〕「丨，覺也」義證。〇丨與寤通。〔詩傳〕云覺也，覺猶知。〔書・顧命上〕「弗興弗丨」孫疏。〇丨與牾通。〔方言一三〕「適，牾也」箋疏。〇丨與忤通。〔韓子・説難〕「大意無所拂丨」集解引盧文弨。〇丨與忤、牾並通用。〔呂覽・蕩兵〕「百姓之丨相侵也立見」校正。〇丨又借晤字。〔説文〕「丨，覺也」義證。〇〔説文定聲・卷九〕丨，叚借為遻。〔文選・泛湖歸出樓中翫月詩〕「丨言不知罷」。〇丨，古字多用寤為之。〔説文〕「丨，覺也」段注。〇〔羣書治要〕引丨作寤。〔管子・明法解〕「主無丨」義證引孫星衍。〇官本注丨作吾。〔漢書・項籍傳〕「莫敢枝梧」補注。〇難丨，〔釋文〕作難語。〔莊子・漁父〕「子之難丨也」集釋引盧文弨。

寤 丨，覺丨。〔廣韻・暮部〕〇丨猶晤，訓覺。〔詩・關雎〕「丨寐求之」陳疏。〇丨、晤義同。〔釋名・釋姿容〕「丨，忤也」疏證。〇丨與晤義相通。〔説文〕「丨，一曰晝見而夜㝱也」段注。〇丨寐中有所見覺而信也。〔慧琳音義・卷五〕引〔考聲〕。〇丨，寐也。〔説文〕「寤，丨也」繫傳。〇〔説文定聲・卷九〕丨謂相接遻也。〔釋名・釋姿容〕「丨，忤也，能與物相接忤也」。〇丨猶遻也。〔離騷〕「哲王又不丨」戴注。〇丨生，始生即開目者，又以易生為丨生。〔左傳隱公元年〕「莊公丨生」洪詁。〇丨生，是逆生也。〔義府・卷上〕〇丨生，猶遻生也。〔通雅・釋詁〕〇丨生為難產也。〔左傳隱公元年〕「莊公丨生」疏證。〇丨寐，猶言不寐。〔詩・澤陂〕「丨寐無為」集疏。〔關雎〕「丨寐求之」集疏。〇丨寐猶夢寐也。〔詩・關雎〕「丨寐思服」通釋。〇丨夢者，丨而夢也，謂不寐而夢也。〔周禮・占夢〕「四曰丨夢」平議。〇丨之言悟。〔釋言〕「逜，丨也」郝疏。〇丨者，悟也。〔慧琳音義・卷一一〕〇〔通雅・釋詁〕古丨即悟。「子思曰，吾嘗深有思而莫之得也，于學則丨焉」。〇〔説文定聲・卷九〕丨，叚借為悟。〔後漢・班彪傳〕注「丨猶曉也」。〇古書多叚丨為悟。〔説文〕「丨，寐覺而有言曰丨」段注。〇丨與晤通。〔廣雅・釋詁四〕「晤，明也」疏證。〇丨通作晤，明也。〔詩・柏舟〕「丨辟有摽」通釋。〇古晤、丨字通，丨亦與遻通。〔漢書・敍傳〕「幼丨聖君」補注引宋翔鳳。〇〔説文定聲・卷九〕丨，叚借為牾，足先見，逆生也。〔左傳隱公元年〕「莊公丨生」。〇丨當與牾通，牾，逆也。〔義府・卷上〕〇〔説文定聲・卷九〕丨，叚借發聲之詞。〔蒼頡篇〕「楚人呼竈曰丨」。〇丨當作逜，逆也。〔史記・鄭世家〕「生太子丨生」志疑引〔筆乘〕。〇丨，魯、齊作晤。〔詩・柏舟〕「丨辟有摽」集疏。

晤 丨，明也。〔詩・柏舟〕「丨辟有摽」集疏引魯齊説。〇丨，明也，朗也。〔廣韻・暮部〕〇丨之言寤也。〔廣雅・釋詁四〕「丨，明也」疏證。〇丨之義為接丨。〔釋名・釋姿容〕「寤，忤也」疏證。〇丨音悞，丨猶解也。〔詩・東門之池〕「可與丨歌」朱傳。〇丨者，遻之假借。（同上）陳疏。〇〔説文定聲・卷九〕丨，叚借為遻。〔詩・東門之池〕「可與丨歌」。〇（同上）丨，叚借為寤。〔詩・柏舟〕「丨辟有摽」。〇今〔詩〕作寤，訓覺，丨其叚借之字也。〔説文〕「詩曰丨辟有摽」段注。

住 丨，止也。〔廣韻・遇部〕又〔通鑑・隋紀一〕「官好丨」音注。〇丨與逗同。〔方言七〕注「逗即今丨字也」箋疏。〇丨，停手。〔廣韻・遇部〕〇〔通雅・卷二九〕丨，言停聲待節奏也。〔補筆談〕「有三聲，曰敦，曰掣，曰丨」。〇丨當作侸，丨即侸之俗也。〔説文〕「邁，讀若丨」段注。〇丨當為尌。〔説文〕「蹢，丨足也」義證。〇丨當為往。〔漢書・溝洫志〕「丨十餘歲更起隄」補注引王念孫。〇丨當作任。〔元帝紀〕「奈何純丨德教」補注引錢大昭。

戍 丨，古音讀如獸。〔詩・揚之水〕「不與我丨申」陳疏。又〔説文〕「丨，守邊也」段注。〇丨，守邊也。〔國策・西周策〕「今王許丨三萬人」鮑注。〇丨訓守邊。〔史記〕「河丨」雜志。〇丨訓守邊，故南丨為越門，北丨為胡門。〔漢書・天文志〕「元封中，星孛于河丨」補注引王引之。〇丨，從人荷戈也。〔廣韻・遇部〕〇丨，屯兵以守也。〔詩・揚之水〕「不與我丨申」朱傳。〇丨，征丨也。〔通鑑・秦紀三〕「皆以丨、漕、轉、作事苦」音注。〇丨，遏也，舍也。〔廣韻・遇部〕〇丨削，狀行時裳緣之整齊。〔漢書・司馬相如傳〕「揚衪丨削」補注。〇丨達羅，梵語也。古云首陀羅，或云首陀，即農夫耕墾之儔也。〔慧琳音義・卷二〕〇丨達羅，古曰首陀，此姓之徒務於田業，寡於學識，四姓之中此居下等也。〔卷三〕

庫 丨，兵車藏。〔國策・秦一〕「府丨不盈」鮑注。〇丨，貯物舍也。〔廣韻・暮部〕〇丨，藏財物者。〔禮記・曲禮〕「厩丨為次」集解。〇引伸之凡貯物舍皆曰丨。〔説文〕「丨，兵車臧也」段注。〇丨門即臯門。〔説文定聲・卷六〕（「朝」下）〇今呼書格曰丨露格，即方言之鹿觡，今謂鹿角。〔通雅・雜

用〕○五車一名｜。〔説文〕「｜，兵車藏也」義證引〔荆州星占〕。○｜婁十星，六大星為｜，南四星為樓。〔楚辭·思忠〕「抽｜婁兮酌醴」義證引〔晉書·天文志〕。○｜婁，形似酌酒之器。〔同上〕補注。○｜當作庫。〔墨子·經説上〕「｜，區穴若」閒詁。

護　｜者，救也。〔公羊傳隱公五年〕注「殷曰大｜」陳疏引〔春秋元命包〕。○｜，救也，助也。〔廣韻·遇部〕○虞、｜聲相近，故皆為助也。〔廣雅·釋詁二〕「虞、｜，助也」疏證。○｜與濩同。〔荀子·儒效〕「而韶｜廢矣」集解引盧文弨。○｜與頀通。〔廣雅·釋詁四〕「頀，｜也」疏證。○｜、濩字通。〔墨子·三辯〕「命曰｜」閒詁。○官本｜作獲。〔漢書·諸侯王表〕「哀王｜嗣」補注。

頀　｜，大｜，湯樂。〔廣韻·暮部〕○｜與濩同。〔廣雅·釋樂〕「大｜，樂名」疏證。○｜、護古字本通。〔同上〕○汪本作大護，與｜並通。〔呂覽·仲春〕「習樂」校正。

濩　｜，布｜。〔廣韻·暮部〕○｜，普偏之意，此言草普偏布散於大澤之中。〔漢書·司馬相如傳〕「布｜閎澤」補注。○樂名大｜。〔漢書·禮樂志〕「｜，言救民也」補注。○｜，煑之也。〔詩·葛覃〕「是刈是｜」通釋引毛傳。○蠖與｜義亦相近。〔廣雅·釋詁三〕「｜，污也」疏證。○｜，鑊之假借。〔詩·葛覃〕「是刈是｜」通釋。○〔説文定聲·卷九〕｜，叚借為鑊。〔詩·葛覃〕「是刈是｜」。○〔同上〕｜，叚借為護。〔風俗通·聲音〕「｜言救民｜」。○〔史記〕｜作護。〔左傳襄公二九年〕「見舞韶｜者」洪詁。

屨　｜，本亦作履。〔左傳宣公一四年〕「｜及於窒皇」疏證。○〔説文定聲·卷八〕｜字亦作鞻。〔周禮〕「鞮鞻氏」注「四夷舞者所屝也」。○｜，履屬。〔廣韻·遇部〕○｜亦履也。〔史記·季布欒布傳〕「身｜典軍搴旗者數矣」志疑。○麻曰｜。〔説文〕「屝，履也」義證引〔字書〕。又〔左傳僖公四年〕「共其資糧屝｜」疏證引孫緬。○｜，履屬，麻作謂之｜也。〔説文〕「｜，履也」義證引〔玉篇〕。○漢以前禪底曰｜。〔説文定聲·卷八〕○｜亦曰純。〔説文定聲·卷一四〕〔「緣」下〕○｜與屝對文，蓋以絲作之者。〔管子〕「踦腓」雜志。○｜校，貫械也。〔易·噬嗑〕「｜校滅趾」李疏引干寶。○｜與藪同。〔廣雅·釋草〕「藪，蔽也」疏證。○｜縷乃窶數之叚字。〔管子·輕重甲〕「北郭者盡｜縷之甿也」平議。○〔説文定聲·卷八〕｜，叚借為屢，實為數，為速。〔禮記·樂記〕「臨事而｜斷」。○｜，一作屢，一作覆。〔史記·季布欒布傳〕「身｜典軍搴旗者數矣」志疑引徐廣。

訴　｜、愬同。〔左傳成公一六年〕「｜公于晉侯」洪詁。○｜，或作謭，又作愬，告也。〔方言一〇〕「諑愬也」箋疏。○｜，告宛枉也。〔慧琳音義·卷一三〕引〔玉篇〕。○｜，告｜宛枉也。〔説文〕「訴，告也」義證引〔玉篇〕。○｜，訟也。〔同上〕○｜，訟也，毀也。〔廣韻·暮部〕

愬　｜與訴同。〔孟子·梁惠王上〕「天下之欲疾其君者皆欲赴｜於王」朱注。○｜，告也。〔詩·柏舟〕「薄言往｜」朱傳。○｜，｜己之冤也。〔論語·顏淵〕「膚受之｜」朱注。○｜，譖也。〔廣韻·暮部〕

蠹　｜，食木蟲也。〔廣韻·暮部〕○｜，木中蟲也，言為國害。〔國策·秦策一〕「有漢中｜」鮑注。○｜，害物之蟲。〔大戴·勸學〕「魚枯生｜」王詁。○｜者，病其中也。〔國策·秦策一〕「｜魏」鮑注。○桂｜，以喻食禄之臣也。〔楚辭·怨世〕「桂｜不知所淹留兮」補注。○｜猶蝕。〔國策·齊策五〕「幣帛矯｜而不服矣」鮑注。

螙　｜，今字作蠹，俗曰蛀蟲。〔説文定聲·卷九〕○｜，在木中食木者也，今俗謂之蛀。〔説文〕「｜，木中蟲」段注。

妒　｜，又作媢。〔説文〕「｜，婦｜夫也」義證。○｜，｜忌。〔廣韻·暮部〕○害色謂之｜。〔説文〕「｜，婦｜夫也」義證引〔白帖〕。○｜，爭色也。〔同上〕義證。○害善為｜。〔大戴·本命〕「｜去」王詁。○隱良謂之｜。〔文王官人〕「曰始｜誣者也」王詁。○｜當作詬。〔漢書·王尊傳〕「｜笞我」補注引宋祁。

妬　｜同妒。〔廣韻·暮部〕○｜，嫉賢也。〔國策·趙策二〕「大王不得任事」鮑注。

媀　｜，｜妬也，女子妬男子。〔廣韻·遇部〕

懼　｜，怖｜。〔廣韻·遇部〕○｜者，怯也。〔荀子·脩身〕「其避辱也｜」集解引王引之。又〔荀子〕雜志。○使人恐亦謂之｜。〔史記〕「目攝之」雜志。○｜，憂也。〔慧琳音義·卷八〕引〔考聲〕。○｜為病也。〔左傳襄公二五年〕「一與一，誰能｜我」述聞。○｜然，驚兒也。〔漢書〕「｜然」雜志。○｜然，驚｜貌也。〔同上〕○｜焉即瞿然。〔晏子春秋〕「矍然」雜志。○｜然即瞿然也。〔同上〕○｜然即瞿然，視人瞿瞿之意。〔通雅·釋詁〕○｜然，驚｜兒也，與瞿然同。〔漢書·惠帝紀〕「聞叔孫通之諫則｜然」補注引王念孫。○｜、瞿、劬並聲義同。〔釋詁〕「劬，病也」郝疏。○｜通作懼。〔釋詁〕「戰，｜也」郝疏。○〔説文定聲·卷九〕｜，叚借為界。〔方言一三〕「｜，驚也」。○〔説文〕界，經傳通作瞿，又通作｜。〔晏子春秋〕「矍然」雜志。○｜當作瞿，故有病、驚二義。〔方言一三〕「｜，病也。｜，驚也」疏證。○｜，姚本作懼。〔國策·魏策三〕「秦王｜然曰」補正。○｜，〔漢書·刑法志〕引懼。〔左傳昭公六年〕「｜其末也」洪詁。○｜當作懽。〔韓子·説林上〕「｜以失日」集解引顧廣圻。○｜當為攫字之誤也。〔荀子·解蔽〕「謂之｜」集解引王引之。

趣　｜，字亦作趍。〔説文定聲·卷八〕○｜即趨。〔國策·齊策一〕「此齊貌辨之所以外生樂患｜難者也」補正。○｜，疾行也。〔墨子·雜守〕「令行者｜其外」閒詁引蘇時學。○｜，疾走也。〔説文〕「以｜約易」段注。○｜者，疾走也。〔説文〕「務，｜也」段注。○｜，疾也，督使疾戰。〔國策·東

周策〕「—我攻西周」鮑注。〇—，—向。〔廣韻·遇部〕〇—與趨又皆為向義。〔文選·歸去來辭〕「園日涉以成—」集釋。〇—謂催速之也。〔說文〕「—，疾也」義證引〔急就篇〕顏注。〇—同促。〔墨子·備穴〕「—伏此井中」閒詁引畢沅。〇—讀促。〔墨子·非儒下〕「—之為亂」閒詁引畢沅。〇—讀曰促。〔通鑑·漢紀五〕「且—產急入宮」音注。〇—讀為促。〔管子〕「唯—人詔」雜志。〇—讀曰促，催也。〔通鑑·秦紀一〕「信陵君色變，—駕還魏」音注。〇—與趨通。〔文選·歸去來辭〕「園日涉以成—」集釋。〇—、〇〔說文定聲·卷八〕—，叚借為趨。〔列子·湯問〕「汝先觀吾—」。〇—、趨聲近，經典亦多通用，經例凡趨走字作趨，催促字作—。〔周禮·縣正〕「趨其稼事而賞罰之」孫正義。〇〔說文定聲·卷八〕—，叚借為取。〔莊子·齊物論〕「—舍不同」。〇—出，〔說苑〕作趨出。〔呂覽·直諫〕「葆申—出」校正。〇—，一作赴。〔呂覽·為欲〕「—水火」校正。

娶　—，字亦作娵。〔說文定聲·卷八〕〇—，取婦也。〔詩·南山〕「—妻如之何」集疏引韓說。〇—，取彼之女為我之婦也。〔說文〕「—，取婦也」段注。〇—為取之分別文。〔同上〕句讀。〇〔說文定聲·卷八〕—，叚借為婁。〔漢書·揚雄傳〕注「梁王魏嬰之美人閭娵」。

鑄　—，鎔—。〔廣韻·遇部〕〇—，鎔寫也。〔慧琳音義·卷一二〕引〔考聲〕。〇凡金鐵銷冶而成者謂之—。〔說文〕「—，銷金也」義證引〔急就篇〕顏注。〇祝、—古音通，故或作—，或作祝。〔左傳襄公二三年〕「臧宣叔娶于—」洪詁。〇〔樂記〕云，封帝堯之後於祝。〔呂覽·慎大〕「命封黃帝之後於—」校正。

絝　—，或作袴。〔廣雅·釋器〕「襱謂之—」疏證。〇—即袴正文。〔墨子·非樂上〕「以為—屨」閒詁引畢沅。〇古之所謂—，亦謂之褰，亦謂之襗。〔說文〕「—，脛衣也」段注。〇—，今所謂套—也，左右各一，分衣兩脛。〔同上〕〇今之套褲，古之—也。〔說文〕「幝，幒也」段注。〇—，今蘇俗謂之套褲，古又名襗。〔說文定聲·卷九〕〇古之—，今之套褲也。〔卷一五〕〔「幝」下〕

袴　—即絝之俗體。〔說文〕「襗，絝也」句讀。〇—同絝。〔廣韻·暮部〕〇—字亦作絝。〔方言四〕「—，齊魯之間謂之䙆」箋疏。〇—，脛衣也。〔通鑑·周紀二〕「昭侯有弊—」音注。〇—即後世之—褶也。〔漢書·廣川惠王傳〕「短衣大—長劍」補注引沈欽韓。〇舊校云，—一作䘸。〔呂覽·離謂〕「小獄襦—」校正。

胯　—，股—。〔廣韻·暮部〕〇〔說文定聲·卷九〕—，兩股之間也。〔說文〕「—，股也」。〇—通作跨，又通作袴。〔說文〕「—，股也」義證。

傅　—與敷同。〔說文〕「薄，華葉布」義證。〇—，著也。〔左傳隱公一一年〕「—于許」洪詁引晉灼。〇—，著於版籍也。〔漢書·景帝紀〕「令天下男子年二十始—」補注引沈欽韓。〇—讀曰附，—著之—。〔通鑑·周紀二〕「—國都而止」音注。〇—音附。〔詩·菀柳〕「亦—于天」朱傳。又〔通鑑·周紀四〕「使其宗人皆以鐵籠—車轊」音注。〇—即附。〔墨子·備蛾傳〕「子問蛾—之守邪」閒詁引洪頤煊。〇—、附同。〔國策·趙策二〕「—之國都而止矣」鮑注。〇—，附也。〔國策〕「—衛國城割平」雜志。又〔太素·腸度〕「小腸後—脊」楊注。〇—，附也，相附近也。〔慧琳音義·卷一三〕引顧野王。〇—，亦為今之附近字。〔說文〕「—，相也」段注。〇—，近也。〔釋詁〕「歷，—也」鄭注。〇—、臻皆至也。〔詩·菀柳〕「亦—于天」朱傳。〇—，相也。〔廣韻·遇部〕〇—，太—、太保相天子也。〔說文〕「—，相也」義證引〔玉篇〕。〇—，教也。〔孟子·滕文公下〕「則使齊人—諸」朱注。〇審父子君臣之道以示之曰—。〔慧琳音義·卷一三〕〇—即塗也。〔墨子·備城門〕「密—之」閒詁引蘇時學。〇—謂塗附也。〔慧琳音義·卷七一〕〇—猶塗附也。〔卷九〕〇—，附也，謂塗附也。〔卷六五〕〇—猶於附，如以脂粉塗附於面也。〔卷二三〕〇—、附同，比也。〔國策·趙策二〕「—命僕官」鮑注。〇—，肉薄圍之也。〔左傳宣公一二年〕疏證引沈欽韓。〇—者，—之以德義，因以為官名。〔通鑑·周紀一〕「君之子無—」音注。〇周公為—，召公為保，太公為師，師、保、—三公，官名也。〔漢書·百官公卿表〕「少師、少—、少保，是為孤卿」補注。〇—險，—說所隱窟也。〔通雅·地輿〕〇尾宿之上有星名—說。〔屈賦·遠遊〕「奇—說之託辰星兮」戴注。〇—與俌略同。〔說文定聲·卷九〕〇〔同上〕—，叚借為敷。〔詩·長發〕「—奏其勇」。〇—，古假為敷字。〔說文〕「—，相也」段注。〇—、敷古通用。〔漢書·宣帝紀〕「以—奏其言」補注。〇—、敷古通聲而通用。〔廣雅·釋言〕「—，敷也」疏證。〇〔說文定聲·卷九〕—，叚借為付。〔考工記·匠人〕「為溝洫里為式然後可—衆力」。〇—與付通。〔呂覽·情欲〕「盡—其境內之勞與諸侯之憂於孫叔敖」校正。〇〔說文定聲·卷九〕—，叚借為附，實為輔，為迫。〔晉語〕「未—而鼓降」。〇〔同上〕—，叚借為副。〔詩·嵩高〕「王命—御」。〇〔同上〕—，叚借為符。〔周禮·小宰〕「聽稱責以—別」。〇〔同上〕—，字亦作䞜。〔禮記·曲禮〕「弔喪弗能䞜」。〇〔同上〕—，叚借為駙，為迫。〔考工記·廬人〕「重欲—人」。〇〔同上〕—，叚借為敀。〔莊子·天運〕「魚—沫」。〇—與賦古字通。〔漢書〕「離騷傳」雜志。〇—、偪聲近字通，〔人表〕作福陽。〔漢書·地理志〕「—陽，故偪陽國」補注。〇—、專皆與團音相近，故假借用之。〔史記·十二諸侯年表〕「石—逐起出」志疑。〇—當為孺。〔墨子·非攻下〕「譬若—子之為馬然」閒詁。〇—當是倀之譌。〔同上〕閒詁引洪頤煊。〇—當為傳。〔韓子·說疑〕「若夫轉身法易位全衆—國」平議。〇—與傳皆博之譌也。〔大戴·保傅〕「不—不習」述聞。〇〔意林〕引—作搏。〔管子·小問〕「先—曲木」義證引孫星衍。〇—，南監本作博。〔漢書·地理志〕「東至—昌入泲」補注引王鳴盛。〇今〔禹貢〕作敷，〔志〕作—者，今古文之異。〔地理志〕「—易川在南」補注。〇石—，他本均作石專，蓋專字之譌，與敷同。〔史記·十二諸侯年表〕「石—逐起出」志疑。

䏥　—即傅字。〔墨子·備蛾傳〕「轉—城上」閒詁引畢沅。

付 丨，与也。〔廣韻・遇部〕又〔説文〕「丨，與也」義證引〔玉篇〕。〇丨，與也。〔説文〕「輎，反推車令有所丨也」段注。又〔廣雅・釋詁三〕疏證。〇丨，傅也。〔禮記・内則〕「以丨豚煎諸膏」集解。〇丨之為求，猶匃之為與，義相因。〔説文定聲・卷八〕〔「拊」下〕〇丨與附同。〔説文〕「粐、稃或從米丨聲」句讀。〇丨、附通。〔書・梓材〕注「丨作附」孫疏。〇〔説文定聲・卷八〕丨，段借為祔。〔周禮・大祝〕「丨練祥」。〇丨通作孚。〔説文〕「丨，與也」義證。〇丨當作附，古字通用。〔管子・正〕「其民丨而不爭」平議。

諭 丨同喻。〔漢書・司馬相如傳〕「可以丨大」補注引周壽昌。〇丨，或作喻。〔説文〕「丨，告也」段注。〇丨，曉也。〔同上〕義證引〔類篇〕。又〔國策・魏策四〕「寡人丨矣」鮑注。〇丨猶曉也。〔禮記・祭義〕「丨父母於道」集解。〇曉之曰丨，其人因言而曉亦曰丨。〔説文〕「丨，告也」段注。〇丨，及其未悟告之使曉。〔同上〕義證引〔韻會〕。〇丨者，不言而喻也。〔大戴・曾子大孝〕「丨父母以道」王詁。〇丨，告也。〔説文・叙〕「爰明以丨」段注。〇丨者，告也。〔説文・叙〕「取譬相成」段注。〇丨，譬諫也。〔慧琳音義・卷一二〕引〔集訓〕。〇丨，譬丨也，諫也。〔廣韻・遇部〕〇丨，明也。〔荀子〕「論」雜志。〇丨，或通作喻。〔説文〕「丨，告也」義證。〇〔説文定聲・卷八〕丨，段借為愉。〔莊子・齊物論〕「自喻適志也」。〇丨，一作論。〔吕覽・舉難〕「孔子欲丨術則見外」校正。〇丨當為論字之誤也，論，選也，舉與論義相近，故以論舉連文。〔漢書・武帝紀〕「喻三老孝弟以為民師」補注引王念孫。

喻 丨同諭。〔廣韻・遇部〕〇丨、諭同，告也。〔國策・秦策一〕「往丨意焉」鮑注。〇丨，曉也。〔禮記・文王世子〕「是以教丨」集解。又〔大學〕「而能丨諸人者」朱注。又〔盡心上〕「四體不言而丨」朱注。〇丨猶曉也。〔論語・里仁〕「君子丨於義」朱注。〇丨，或諭，曉也，譬諫也。〔慧琳音義・卷二七〕引〔玉篇〕。〇丨丨、俞俞、愉愉，並字異而義同。〔廣雅・釋訓〕「丨丨，喜也」疏證。〇〔周禮〕丨作諭。〔大戴・朝事〕「丨言語」王詁。

嫗 丨，母也。〔國策・秦策三〕「守閭丨曰」鮑注。〇丨，老丨也。〔廣韻・遇部〕〇婦人之老者曰丨。〔説文〕「敺，一曰老丨也」段注。〇丨謂傴伏使温也。〔慧琳音義・卷九六〕引顧野王。〇嘔、丨、傴古通用。〔廣雅・釋詁二〕「嘔㖃，色也」疏證。〇丨、嘔、傴並通。〔方言一三〕「丨，色也」箋疏。〇丨煦、嘔喻、姁媮，並疊韻之轉耳。〔廣雅・釋詁二〕「丨㖃，色也」疏證。〇丨亦作嘔。〔方言一三〕「丨，色也」疏證。

芋 丨，一名蹲鴟。〔廣韻・遇部〕〇〔説文定聲・卷九〕丨，蹲鴟也，亦曰丨渠。〔説文〕「丨，大葉實根駭人，故謂之丨也」。〇丨，別名蹲鴟，一作踆鴟，大者曰丨魁，亦作丨渠。〔通雅・艸〕〇丨，蹲鴟草也。〔慧琳音義・卷八〕引〔韻英〕。〇〔説文定聲・卷九〕水丨，今俗謂之茨菰。〔廣雅・釋草〕「水丨，鳥丨也」。〇芊尹乃丨尹之訛。〔史記・十二諸侯年表〕「楚靈王六，執芊尹」志疑。〇〔漢書〕丨是半也。〔史記・項羽本紀〕「士卒食丨菽」志疑。

捕 丨，捉也。〔廣韻・暮部〕〇丨，取也。〔國策・齊一〕「因令人丨為人卜者」鮑注。〇丨，收掩也。〔説文〕「丨，取也」義證引〔急就篇〕顔注。〇古丨盜字作搏。〔説文〕「搏，索，持也」段注。〇丨當作搏，今人用丨字，漢人多用搏字。〔説文〕「鮪，鮪魚也，神爵四年初丨收輸考工」段注。〇丨搏當為蒲博。〔漢書・朱博傳〕「丨搏敢行」補注引錢大昕。

哺 丨，醫書有㕮咀，字亦作㕮。〔説文定聲・卷九〕〇丨，食在口中。〔廣韻・暮部〕〇食在口中曰丨。〔慧琳音義・卷五四〕引〔韻英〕。〇丨，食在口含咀也。〔卷一五〕引〔考聲〕。〇凡含物以飼曰丨。〔説文〕「丨，丨咀也」段注。〇丨公、蒲公，聲亦相近。〔廣雅・釋草〕「雞狗獳，丨公也」疏證。〇丨咀，當為嚼咀。〔説文〕「丨，丨咀也」義證。

污 丨通作圬。〔説文〕「窊，丨衺，下也」義證。〇〔説文定聲・卷九〕丨，段借為杇。〔説文〕「丨，一曰涂也」。

忤 丨，逆也。〔廣韻・暮部〕又〔漢書・劉向傳〕「丨恨者誅傷」補注引王念孫。又〔通鑑・漢紀一四〕「日不丨視者數十年」音注。又〔漢書〕「不可勝原」雜志。

汙 丨，染也。〔廣韻・暮部〕

啎 丨，字或作[吾+午]。〔説文〕「丨，逆也」義證。〇丨，俗作牾。〔同上〕句讀。〇丨，或作悟。〔同上〕義證。〇丨又作悟。〔同上〕〇丨同忤。〔廣韻・暮部〕〇丨又或作忤。〔説文〕「丨，逆也」義證。〇仵、忤皆丨之俗體，逆也。〔同上〕句讀。〇丨，逆也。〔説文〕「夆，丨也」句讀。又〔説文〕「嘰，气丨也」段注。〇丨，遻也。〔説文〕「丨，屰也」段注。〇丨，迎也。〔同上〕〇丨、梧、迕、逜并字異而義同。〔管子〕「位逜」雜志。〇丨、忤通。〔國策・燕策三〕「人不敢丨視」補正。〇〔説文定聲・卷九〕丨，段借為伍。〔管子・七臣七主〕「不[吾+午]則國失勢」。〇丨通作迕又通作悟。〔釋言〕「逜，寤也」郝疏。〇丨又通作遻。〔説文〕「丨，逆也」義證。〇丨又作俉。〔同上〕〇丨又作梧。〔同上〕〇丨又或作逜。〔同上〕〇丨又或作迕。〔同上〕〇丨又或作蘁。〔同上〕〇〔説文定聲・卷九〕丨，字亦作捂。〔儀禮・既夕〕疏「捂即逆也」。〇丨，字亦作忤、作仵、作捂。〔説文定聲・卷九〕〇丨，官本作牾，南監本作悟。〔漢書・王莽傳〕「亡所丨意」補注。〇丨，屰，各本作午逆。〔説文〕「午，丨也」段注。

[吾+午] 丨，啎之或體也。〔説文〕「啎，屰也」段注。〇丨與啎同。〔方言一三〕「適，丨也」箋疏。〇丨即啎字。〔管子・七臣七主〕「不丨則國失勢」義證引孫星衍。〇丨與寤通用。〔同上〕義證引孫星衍。〇丨乃啎之段字。〔同上〕平議。

牾 丨，逆也。〔國策・燕策三〕「人不敢丨視」鮑注。又〔通鑑・漢紀三七〕「無敢丨陛下言者」音注。〇丨，元作忤。〔國策・燕策三〕「人不敢丨視」鮑

注。○一,姚作忤。〔同上〕補正。○一,相當也。〔說文〕「唔,明也」繫傳。○一,蓋〔詩〕假借唔字。〔同上〕

厝

一字或作䃉。〔說文〕「一,厲石也」義證。○一又作磋。〔同上〕義證。○一石,如今之金剛鑽之類,非厲石也。〔說文〕「一,一石也」段注。○一,厲石也,如今金剛鑽之類。〔說文定聲·卷九〕○一,置也。〔廣韻·暮部〕又〔慧琳音義·卷八一〕引〔韻詮〕。○一、措同。〔國策·魏策二〕「王一需於側以稽之」鮑注。○〔說文定聲·卷九〕一,叚借為措。〔漢書·賈誼傳〕「抱火一積薪之下」。○假一為措也。〔說文〕「一,一石也」段注。○一,〔孝經〕借此為措字。〔說文〕「一,厲石也」繫傳。○許書一與措義皆別,而古多通用。〔說文〕「一,一石也」段注。○一,今〔詩〕借錯。〔說文〕「一,厲石也」繫傳。○一石,各本作厲石。〔說文〕「一,一石也」段注。

措

一,舉也,投也。〔廣韻·暮部〕○一,置也。〔禮記·月令〕「一之于參保介之御間」集解。又〔太素·五藏命分〕「好高舉一」楊注。○一,棄置也。〔大戴·少閒〕「有一扶焉」王詁。○一,安也。〔慧琳音義·卷五二〕○一者,迫也。〔史記〕「北迫」雜志。○一亦迫也。〔同上〕○一字以昔為聲。〔墨子〕「籍斂」雜志。○一斂亦與籍斂同。〔同上〕○〔說文定聲·卷五〕一為置之轉注。〔說文〕「值,一也」。〔「值」下〕○〔說文定聲·卷九〕一,以錯為之。〔書·微子序〕「殷既一天命」。○一通作錯。〔說文〕「一,置也」句讀。○〔說文定聲·卷九〕一,叚借為籍。〔淮南·繆稱〕「猨狖之捷來一」。○一,經傳多叚錯為之。〔說文〕「一,置也」段注。○一,〔賈誼傳〕叚厝為之。〔同上〕○一,籍字或省,作笮者義亦通,乍即笮之省。〔漢書·梁懷王傳〕「李太后與爭門,一指」補注引沈欽韓。○一當作錯。〔馮奉世傳〕「不知所從則百姓無所一手足」補注。○一當為〔論語〕錯諸枉之錯。〔韓子·有度〕「舉一而已矣」集解。

錯

一,金塗。〔廣韻·暮部〕○一,鑢也。〔說文〕「鑢,一銅鐵也」義證引〔玉篇〕。○一,交一也。〔荀子〕「三者一」雜志。○一者,畫文之名。〔釋天〕「一革鳥」述聞。○一革鳥者,一其文為鳥隼之狀。〔同上〕○畫文謂之一,繡文亦謂之一。〔國語·晉語〕「文一其服」述聞。○文一猶文繡也。〔同上〕○一,置也。〔大戴·文王官人〕「一身立方而能遂」王詁。又〔曾子制言下〕「是故君子一在高山之上」王詁。又〔儀禮·士虞禮〕「匜水一于槃中」胡正義。又〔國策·魏策四〕「故不一意也」補正。又〔荀子〕「威厲而不試,刑一而不用」雜志。又〔楚辭·天問〕「九州安一」補注。○一,置也,置,設也。〔荀子·議兵〕「刑一而不用」集解引王念孫。○注、一二字同義,同訓為置。〔荀子〕「注一」雜志。○一,捨置也。〔論語·為政〕「舉直一諸枉」朱注。○一,舍置也。〔國策·齊策三〕「一木據水」補正。○一守,猶言置守。〔墨子·備城門〕「而一守焉」閒詁。○一,安也。〔易·繫辭上傳〕「苟一諸地而可矣」李疏。○一,施行也。〔韓子·八說〕「一法以道民也」集解。○一猶委。〔國策·趙策二〕「一質務明主之長」鮑注。○一與廢義同。〔墨子·非命上〕「不亦可一乎」閒詁。○一讀如舉措。〔墨子·尚同中〕「富貴佚而一之也」閒詁引畢沅。○一、措同也。〔國策·齊策三〕「其一之」鮑注。○一、措同,置也。〔秦策一〕「襄主一龜數策占兆」鮑注。○〔說文定聲·卷九〕一,叚借為措。〔方言六〕「一,藏也」。○一、措古通用。〔漢書·司馬相如傳〕「以展采一事」補注。○一,或借為措字。〔說文〕「一,金涂也」段注。○一,或借為摩厝字。〔同上〕○〔說文定聲·卷九〕一,叚借為諎。〔後漢·寒朗傳〕「二人一愕不能對」。○一當作鏤。〔廣雅·釋器〕「鏤謂之一」疏證。

醋

一,醬一。〔廣韻·暮部〕○今人以一為酒酢。〔說文〕「酢,醶也」繫傳。○凡進酒于客曰獻,客答主人曰一。〔說文定聲·卷九〕又〔說文〕「一,客酌主人也」義證引〔玉篇〕。○賓還酌主人曰一。〔說文定聲·卷六〕〔「酬」下〕○一,報也。〔說文〕「一,客酌主人也」義證引〔玉篇〕。○〔說文定聲·卷九〕一,以酢為之。〔儀禮·鄉射禮〕「東南面酢主人」。○一,今以為酢醶字,一、酢二字互譌。〔說文定聲·卷九〕○一通作酢。〔說文〕「一,客酌主人也」義證。又〔釋詁〕「酢,報也」郝疏。○古文一作酢。〔說文〕「一,客酌主人也」句讀。

鮒

一,小魚也。〔說文〕「一,魚也」繫傳。○一,魚之小者。〔國策·宋衛策〕「宋所謂無雉兔一魚者也」鮑注。○一,魚名。〔廣韻·遇部〕○一,鰿也。〔通雅·魚〕○一,鰿魚。〔說文〕「一,魚名」義證引〔玉篇〕。○一,今之鯽魚。〔釋魚〕「鱊鮬鱖鯞」郝疏。○一,鰿也,今作鯽。〔國策·宋衛策〕「宋所謂無雉兔一魚者也」補正。○一,今之鰿魚。〔說文定聲·卷八〕○一,今之鰿魚也。〔說文〕「一,魚名」義證引〔急就篇〕顏注。○一亦呼為鯽。〔同上〕○一,今人謂之鯽魚。〔春秋名字解詁〕「晉羊舌一字叔魚」述聞。○一、附通。〔墨子·大取〕「丘同,一同」閒詁。○徐廣一作鮒,古通假。〔史記·宋微子世家〕「湣公子一祀」志疑。○〔說苑〕一作附。〔漢書·古今人表〕「屈侯一」補注引梁玉繩。○〔荀子·宥坐〕作付里乙,即此一里乙,〔說苑·貴德〕作符里。〔漢書·古今人表〕「一里乙」補注引錢大昕。

祔

一,卒哭之明日祭名。〔左傳僖公三三年〕「卒哭而一」疏證引沈欽韓。○一,祭名,亦合葬也。〔廣韻·遇部〕○一,祖也。〔說文〕「祪,一祪祖也」繫傳。○新廟曰一。〔說文定聲·卷一二〕〔「祪」下〕○一謂附後死者合食於先祖。〔釋詁〕「一,祖也」鄭注。○一,附也,不一祭,言不得附于宗廟四時之祭也。〔禮記·曾子問〕「不一祭」集解。○〔說文定聲·卷八〕一,以附為之。〔禮記·襍記〕「大夫附于士」。○一通作付,又通作附。〔釋詁〕「一,祖也」郝疏。○〔說文定聲·卷八〕一,叚借為備,一、備雙聲。〔禮記·曾子問〕「殤不一祭」。

仆

一,頓也。〔通鑑·唐紀四七〕「一用誠於地」音注。○一,踣也。〔太素·經絡別異〕「悗甚則一」楊注。○一,顛一也。〔說文〕「槙,木也」繫傳。○一,僵一。〔廣韻·遇部〕○僵、一皆顛頓之名。〔釋言〕「僨,僵也」郝疏。○一,倒也。〔國策·秦策四〕「頭顱僵一」鮑注。○一,傾倒貌。〔說文〕

「丨，頓也」義證引〔玉篇〕。〇丨是前覆。〔廣雅・釋詁四〕「丨，偃也」疏證。又〔左傳定公八年〕「偃且射」洪詁。〇前覆曰丨，後仰曰偃。〔說文定聲・卷八〕〇丨，古文踣同，謂前覆者也。〔慧琳音義・卷一〇〕〇迎風則偃，背風則丨。〔左傳定公八年〕「偃且射」洪詁引〔吳越春秋〕。〇丨、踣古字通。〔釋言〕「弊，踣也」郝疏。〇丨、踣、部古字通。〔墨子〕「輒部職如進數」雜志。

賻 丨，贈死也，助也。〔廣韻・遇部〕〇丨，助也，所以贈終布帛曰丨。〔集韻・遇部〕〇以財帛助喪家不足曰丨。〔慧琳音義・卷九三〕引〔韻詮〕。〇歸死者曰賵，歸生者曰丨。〔卷九三〕〇丨之為言助也。〔廣雅・釋詁二〕「丨，助也」疏證。又〔釋詁四〕「丨，送也」疏證引〔御覽〕。

赴 丨，奔丨。〔廣韻・遇部〕〇丨，趨也。〔大戴・勸學〕「其丨百仞之谿」王詁。〇丨，一心趨向之也。〔說文〕「丨，趨也」繫傳。〇丨，或作訃。〔說文〕「丨，趨也」義證。〇〔說文定聲・卷八〕丨，叚借為仆。〔帝堯碑〕「若不虔恪輒丨擯」。〇丨者通作訃聲又與傳近。〔釋詁〕「丨，至也」郝疏。〇䞓、丨、毚、報並通。〔廣雅・釋詁一〕「䞓，行也」疏證。〇丨當作仆。〔左傳僖公二五年〕「掖以丨外」疏證引段玉裁。〇丨當為仆。〔漢書・淮南厲王傳〕「赦大王，甚厚」補注引沈欽韓。

酺 丨，音步。〔說文〕「丨，王悳布大歓酒也」段注引文穎。〇丨，大飲也。〔國策・齊策五〕「完者內丨而華樂」鮑注。〇丨，南本、浙本並作餔。〔漢書・文帝紀〕「丨五日」補注引宋祁。

惡 丨，憎丨也。〔廣韻・暮部〕〇丨，憎，人之不善也。〔孟子・公孫丑上〕「無羞丨之心」朱注。〇丨，猶憚。〔國策・魏策二〕「其畏丨嚴尊秦也明矣」鮑注。〇丨，猶害也。〔趙策一〕「安能以無功丨秦哉」鮑注。〇丨，心不安也。〔趙策一〕「而賢主丨之」鮑注。〇相毀為丨。〔書・秦誓〕「冒疾以丨之」述聞。〇丨之，謂譏毀之也。〔左傳襄公二六年〕「合左師畏而丨之」述聞。〇丨，露，洩漏無覆蓋也。〔慧琳音義・卷七五〕引〔玉篇〕。〇丨與污通，凡不潔之物皆污蔑可憎丨也，今江浙方音尚如是。〔漢書・昌邑哀王傳〕「如是青蠅丨矣」補注引李慈銘。〇丨當讀為詛。〔書・秦誓〕「冒疾以丨之」述聞。〇丨與詛同，見譏丨即見譏毀。〔漢書・枚乘傳〕「見譏丨遇罪」補注引王念孫。〇叚丨為詛。〔論語・陽貨〕「年四十而見丨焉」平議。〇詛、丨古字通。〔書・秦誓〕「冒疾以丨之」述聞。〇丨當為諲。〔說文〕「忌，憎丨也」義證。又〔說文〕「憎，丨也」義證。〇丨，〔說苑〕作害。〔左傳成公一五年〕「民丨其上」洪詁。〇丨乎，〔淮南〕作怨乎。〔呂覽・審為〕「神無丨乎」校正。

互 丨，差丨。〔廣韻・暮部〕〇丨，差也。〔通鑑・梁紀四〕「無敢乖丨」音注。〇丨，紐繩器也。〔說文〕「笠，可以收繩也」義證引〔輟耕録〕。〇丨，對，即兩甲相當之義。〔周禮・鱉人〕「鱉人掌取丨物」孫正義。〇丨，俗作鮔。〔說文〕「鯌，當丨也」段注。〇丨當是罝之省。〔同上〕〇丨當為牙。〔說文〕「迦，迦丨，不得行也」義證。

孺 丨，猶屬也。〔慧琳音義・卷九二〕引〔字書〕。〇丨，猶乳也。〔廣雅・釋詁一〕「丨，生也」疏證。〇丨子，乳也，婦之嘗乳者。〔國策・秦策三〕「某丨子內某士貴妻已去」鮑注。〇丨，小兒之慕父母也。〔詩・常棣〕「和樂且丨」朱傳。〇丨，稚也。〔廣韻・遇部〕〇丨，少也。〔說文〕「丨，一曰輸也，輸尚小也」義證引〔玉篇〕。〇丨猶言小童也。〔同上〕繫傳。〇凡幼者曰丨子。〔說文〕「丨，乳子也」段注。〇天子以下嫡長為後者乃得稱丨子。〔公羊傳僖公一〇年〕注「丨子，小子也」陳疏引錢大昕。〇通稱貴妾為丨子。〔漢書・衛太子史良娣傳〕「太子有妃，有良娣，有丨子」補注引沈欽韓。〇丨子亦婦人之美稱。〔國策・秦策三〕「某丨子內某士貴妻已去」鮑注。〇〔說文定聲・卷八〕丨，妻與孥類也。〔禮記・曲禮〕「大夫曰丨人」。〇〔同上〕丨，叚借為乳。〔莊子・天運〕「烏鵲丨」。〇丨當讀為愉。〔詩・常棣〕「和樂且丨」平議。〇〔說文定聲・卷八〕丨，叚借為愉。〔詩・常棣〕「和樂且丨」。〇丨與濡通。〔春秋名字解詁〕「魯冉丨字子魯」述聞。〇丨讀為需，正當為止。〔春秋名字解詁〕「陳公良丨字子正」述聞。

怖 丨，與悑同。〔廣雅・釋詁二〕「丨，懼也」疏證。〇丨，惶懼也。〔廣韻・暮部〕

煦 丨，同昫。〔廣韻・遇部〕〇丨，烝也。〔說文定聲・卷八〕〇丨，暖也。〔詩・匏有苦葉〕「旭日始旦」集疏引韓說。〇丨、昫義相近。〔廣雅・釋詁二〕「丨，爇也」疏證。〇〔說文定聲・卷八〕丨，叚借為昫。〔說文〕「丨，一曰赤皃，一曰溫潤也」。〇〔同上〕丨，叚借為敂。〔禮記・樂記〕「丨嫗覆育萬物」。〇〔同上〕丨，叚借為眗。〔家語・本命〕「及生三月而微丨」。〇〔同上〕丨，以休為之，休、丨雙聲。〔考工記・弓人〕「休于氣」。

寓 丨，或作庽。〔方言二〕「丨，寄也」箋疏。〇丨，寄也。〔廣韻・遇部〕〇丨木，樹上寄生木也，有二種，一種葉圓名蔦，一種似麻黃，名女蘿。〔釋木〕「丨木，宛童」鄭註。〇丨亦省作禺。〔說文〕「丨，寄也」句讀。〇丨即〔說文〕之禺。〔說文〕「禺，母猴屬」義證引戴侗。〇丨作偶。〔史記〕〔異文〕雜志。〇丨即偶也。〔漢書〕「偶人」雜志。又〔通雅・卷七〕〇古文偶、丨通用，木丨，木偶也。〔漢書・郊祀志〕「木丨龍一駟」補注引顧炎武。〇偶與丨古同聲而通用，字或作耦。〔漢書〕「偶人」雜志。〇〔封禪書〕丨作禺，是與偶同矣。〔漢書・郊祀志〕「木丨龍一駟」補注引王鳴盛。〇〔說文定聲・卷八〕丨，叚借為愚。〔北山經〕「馬成之山有鳥焉，名鶌，可以已丨」。〇丨當為寓，外寓猶下文言外區也。〔漢書・敘傳〕「攸攸外丨」補注引王念孫。

庽 丨，同寓。〔廣韻・遇部〕

冱 丨，寒凝。〔廣韻・暮部〕〇丨，〔釋文〕作沍。〔左傳昭公四年〕「固陰丨寒」洪詁引小顏。

沍丨，水漫也。〔集韻·莫部〕

酟丨，賣也。〔廣韻·暮部〕○沽同丨。（同上）

瓠丨，匏也。〔廣韻·暮部〕○丨，壺蘆也。〔說文〕「丨，匏也」義證引〔古今注〕。○丨即壺盧之合音。〔說文定聲·卷九〕○丨之疊韻為丨臚。〔廣雅·釋草〕「匏，丨也」疏證。○瓢謂丨蠡也。〔墨子〕「脫文」雜志。○丨蠡、奚蠡，一聲之轉。（同上）○丨犀，丨中之子，方正潔白。〔詩·碩人〕「齒如丨犀」朱傳。○丨，壺也。〔釋器〕「康丨謂之甈」鄭注。○丨通作壺。〔廣雅·釋草〕「匏，丨也」疏證。○〔說文定聲·卷九〕丨，叚借為壺。〔釋器〕「康丨謂之甈」。○丨通作壺，又通作華。〔釋草〕「丨棲，瓣」郝疏。○華當讀為丨，丨、華古同聲。〔廣雅·釋草〕「匏，丨也」疏證。○丨子，隄名。〔廣韻·暮部〕

謼丨當為評之或體。〔說文定聲·卷九〕○丨，號丨，亦作呼。〔廣韻·暮部〕○丨，大叫也。〔說文〕「丨，評丨也」義證引〔玉篇〕。○丨，咄啐之貌。〔孟子·告子上〕「丨爾而與之」朱注。○呼暑即丨服也。〔漢書·灌夫傳〕「丨服謝罪」補注引錢大昕。○丨、呼、嘑音義同。〔釋言〕「號，丨也」邵正義。○丨，或借嘑字。〔說文〕「丨，評丨也」義證。○〔說文定聲·卷九〕丨，叚借為嘑。〔漢書·賈山傳〕「一夫大丨」。○丨與嘑異義而通用。〔說文〕「丨，評也」段注。○丨通作嘑，又通作虖，又通作呼。〔釋言〕「號，丨也」郝疏。○虖、嘑、丨、評並通，亦通作呼。〔廣雅·釋詁二〕「評，鳴也」疏證。○〔史·表〕丨作呼。〔漢書·景武昭宣元成功臣表〕「下摩侯丨毒尼」補注。

泝丨與遡同。〔廣雅·釋詁一〕「遡，行也」疏證。○丨，正作𣵽。〔說文〕「滻，水出京兆藍田谷」義證。○丨，正字當作𣵽，今作溯。〔漢書·李廣利傳〕「從丨河山」補注引李慈銘。○丨，逆流而上。〔廣韻·暮部〕○丨，向也，水欲下，違之而上也。〔楚辭·抽思〕「丨江潭兮」補注。○水逆流曰丨，謂邪氣也，邪氣入於腠理時，如水逆流於洫也。〔太素·虛實補寫〕「洫丨起于毫毛」楊注。○順流而下曰丨游。〔說文定聲·卷九〕○（同上）丨字亦作傃。〔中庸〕「素隱行怪」注「傃猶鄉也」。○（同上）丨，以蘇為之。〔荀子·議兵〕「蘇刃者死」。

𣲖丨、泝，上〔字林〕下經典，相承隸省。〔說文〕「訴，告也」義證引〔五經文字〕。

𣵽丨，俗作泝。〔說文〕「丨，逆流而上曰丨洄」義證。○丨，或作遡。〔方言一二〕「遡，行也」箋疏。○逆流而上曰丨洄。〔詩·蒹葭〕「丨洄從之」集疏引魯說。○順流而下曰丨游。〔蒹葭〕「丨游從之」集疏引魯說。

遡泝與丨同。〔廣雅·釋詁一〕「丨，行也」疏證。○丨、愬同。〔國策·齊策五〕「衛君跣行告丨於魏」鮑注。○丨，鄉。〔詩·桑柔〕「如彼丨風」朱傳。○丨，鄉也。〔詩·公劉〕「丨其過澗」朱傳。○丨音素，丨洄，逆流而上也。〔詩·蒹葭〕「丨洄從之」朱傳。○丨游，順流而下也。（同上）○丨，魯作𣵽。〔蒹葭〕「丨洄從之」集疏。

屢丨，數。〔詩·正月〕「丨顧爾僕」朱傳。○丨，數也。〔詩·賓之初筵〕「丨舞僊僊」朱傳。又〔巧言〕「君子丨盟」朱傳。○丨，數也，疾也。〔廣韻·遇部〕○丨，疾也。〔續音義·卷一〇〕引〔考聲〕。○丨，數有迫促之意。〔釋詁〕「數，疾也」郝疏。○丨，本作婁，亟也。〔書·皋陶謨下〕「丨省乃成」孫疏。○丨當作婁，婁者，亟也，數也。〔荀子·非相〕「式居丨驕」集解引郝懿行。○丨，古作婁，空也。〔詩·緜〕「削丨馮馮」後箋引〔詩小學〕。○丨、婁字同。〔釋言〕「丨，亟也」郝疏。○丨即婁字之俗。〔詩·緜〕「削丨馮馮」通釋。○丨者，婁之俗體。〔釋詁〕「丨，疾也」郝疏。○丨，俗字，當為婁。〔書·多方〕「爾乃迪丨不靜」孫疏。○丨當作婁。〔詩·巧言〕「君子丨盟」陳疏。又〔左傳宣公一二年〕「丨豐年」疏證引惠棟。○〔漢書〕凡丨字俱作婁。〔左傳桓公一二年〕「君子丨盟」疏證。○丨，〔漢書〕皆作婁。〔漢書·宣帝紀〕「丨獲天福」補注引錢大昭。○丨蓋屢省文，當為婁。〔書·皋陶謨下〕「丨省乃成」孫疏。○丨，屨字省文，訓數。〔墨子·尚賢中〕「所憎丨至」閒詁引畢沅。○丨通作數。〔釋言〕「丨，亟也」郝疏。○丨當讀同傴僂之僂。〔詩·緜〕「削丨馮馮」通釋。

嗉丨，鳥丨。〔廣韻·暮部〕○鳥曰丨。〔說文定聲·卷一四〕（「蠱」下）○丨，咽中包食處。〔釋獸〕「鳥曰丨」鄭註。○丨，粻食也。〔釋鳥〕「亢鳥嚨其粻丨」鄭註。○丨之為言猶素也。素，空也，謂空其中以受食。（同上）郝疏。○丨通作素。〔廣雅·釋天〕「張謂之鶉尾」疏證。

膆丨同嗉。〔廣韻·暮部〕

跗丨，闌足也。〔說文〕「且，所以薦也」段注。又〔說文〕「鐙，錠也」段注。○丨音夫，足趾也。〔通鑑·周紀一〕「康子履桓子之丨」音注。○丨，足也。〔廣雅·釋器〕「蹄，柎也」疏證。○不、丨古字通。〔左傳成公一六年〕「有韎韋之丨注」洪詁引惠棟。○丨，〔左氏〕正文必作不。（同上）疏證引臧玉琳。

斁丨同殬。〔廣韻·暮部〕○丨，厭也。〔詩·葛覃〕「服之無丨」朱傳。又〔駉〕「思無丨」朱傳。又〔禮記·大傳〕「無丨於人斯」集解。○丨，猒也，一曰終也。〔廣韻·暮部〕○丨，塗也，墍也。〔集韻·莫部〕○丨，敗。〔詩·雲漢〕「耗丨下土」朱傳。○丨，敗也。〔通鑑·梁紀七〕「我彝倫丨」音注。○經假丨為殬。〔說文〕「殬，敗也」段注。○〔說文定聲·卷九〕丨，叚借為度，此當訓厭，為本字。〔後漢·張衡傳〕「惟盤逸之無丨兮」。○丨與繹通。〔廣雅·釋詁四〕「繹，窮也」疏證。○射與丨通。〔詩·振鷺〕「在此無丨」陳疏。○丨作射，丨本字，射同部假借。〔詩·葛覃〕「服之無丨」後箋

引段玉裁。○｜，魯、齊作射。（同上）集疏。

殬　｜，敗也。〔廣韻·暮部〕○〔說文定聲·卷九〕｜，以射為之。〔春秋繁露·郊祀〕「耗射下土」。○｜，經典借斁為之。〔說文〕「｜，敗也」句讀。○｜，今作斁者，葢漢人以今字改之。〔說文〕「｜，敗也，商書曰彝倫攸｜」段注。

牾　｜訓為逆。〔說文〕「啎，逆也」義證引惠棟。○〔說文定聲·卷九〕｜，叚借為啎。〔儀禮·既夕〕「｜受」。○（同上）｜，叚借為俁。〔史記·畱侯世家贊〕「計魁｜奇偉」。○｜，本作啎。〔說文〕「啎，逆也」義證引惠棟。

捂　｜，斜柱也，又枝｜也。〔廣韻·暮部〕○｜｜即嚄嚄也。〔通雅·卷九〕

簬　｜即簵。〔國策·趙策一〕「則箘｜之勁」鮑注。○｜，竹名。〔廣韻·暮部〕○｜，竹名，為矢笴良。〔說文定聲·卷九〕

簵　｜同簬。〔廣韻·暮部〕

呴　｜者，欨字。〔說文定聲·卷八〕（「雊」下）○｜，呵。〔國策·燕策一〕「｜藉叱咄」鮑注。○｜，吐沫。〔廣韻·遇部〕○｜噓呼吸，數息服氣。〔漢書·王褒傳〕「｜噓呼吸如僑、松」補注引沈欽韓。○｜，獸聲也。〔慧琳音義·卷九六〕引顧野王。○｜，古今正字作物，義同，亦作吽。〔卷九六〕○物｜吼並同。〔廣雅·釋詁二〕「物，鳴也」疏證。○嘔喻、｜喻、怤愉，皆語之轉耳。〔廣雅·釋詁一〕「怤愉，喜也」疏證。○｜藉，當是跔藉。〔國策·燕策一〕「｜藉叱咄」補正。

瞿　｜，視皃。〔廣韻·遇部〕○｜，驚視也。〔說文〕「｜，鷹隼之視也」繫傳。○｜，驚視貌。〔通鑑·唐紀一八〕「上｜然曰」音注。○｜，驚懼之皃也。〔慧琳音義·卷八七〕引顧野王。○｜有驚遽之意。〔釋詁〕「戰，懼也」郝疏。○｜者，｜｜然驚貌。〔禮記·雜記〕「聞名心｜」集解。○｜然，失其常度之貌。〔通鑑·唐紀六四〕「上｜然曰」音注。○｜然，即駭皃也。〔漢書〕「懼然」雜志。○經傳中凡言｜然者，皆是驚貌。〔周書〕「｜然以靜」雜志。○｜然與〔庚桑楚篇〕之懼然皆驚駭之貌。〔莊子·徐無鬼〕「子綦｜然喜」集釋。○｜｜，驚顧之貌。〔詩·東方未明〕「狂夫｜｜」朱傳。○｜｜，音句，｜｜，卻顧之貌。〔詩·蟋蟀〕「良士｜｜」朱傳。○｜｜，居喪視不審皃。〔集韻·職部〕○｜｜者，左右顧之容。〔荀子·非十三子〕「｜｜然」集解引郝懿行。○凡物旁生謂之｜。〔本草·卷二七〕○｜｜，儉也。〔詩·蟋蟀〕「良士｜｜」集疏引魯說。○｜本𥄎字。〔說文〕「𥄎，舉目驚𥄎然也」繫傳。○懼、｜、劬並聲義同。〔釋詁〕「劬，病也」郝疏。○〔說文定聲·卷九〕｜，叚借為𥄎。〔禮記·襍記〕「見似目｜，聞名心｜」。○（同上）｜，以懼為之。〔漢書·東方朔傳〕「吳王懼然易容」。○〔說文〕𥄎，經傳通作｜，又通作懼。〔晏子春秋〕「矍然」雜志。○｜｜，各本作矍矍。

〔說文〕「矍，持之｜｜也」段注。

訃　｜，告喪也，又至也。〔廣韻·遇部〕

菟　｜，｜絲，草名。〔廣韻·暮部〕○｜音兔。〔釋艸〕「蕫，｜荄」鄭註。○｜與兔同。〔楚辭·天問〕「而顧｜在腹」補注。○於｜，虎文貌。〔春秋名字解詁〕「楚鬭穀於｜字子文」述聞。○官本注｜作兔。〔漢書·五行志〕「開三郡」補注。

馵　｜，馬後左足白。〔廣韻·遇部〕又〔集韻·燭部〕○｜音注，馬左足白曰｜。〔詩·小戎〕「駕我騏｜」朱傳。

⿱馬冂　馬膝以上皆白曰｜。〔集韻·遇部〕

婺　｜，女皃。〔集韻·侯部〕○｜，｜女，星名。〔廣韻·遇部〕○北方黑帝其精為玄武七宿，｜女其一女。〔漢書·李尋傳〕「其星玄武｜女」補注。○｜女作務女。〔史記索隱〕「異文」雜志。○｜，舊並從務。〔呂覽·季冬〕「日在｜女」校正。

⿰舟尃　｜，艇船。〔廣韻·暮部〕

鉒　｜，置也，又送死人物也。〔廣韻·遇部〕○｜與注通。〔廣雅·釋詁〕「｜，置也」疏證。○｜，疑鈺字之誤。〔管子·地數〕「其下有｜銀」平議。

姁　｜，｜嫗。〔廣韻·遇部〕

枑　漢魏三公門施行馬｜者，交互其木也。〔說文〕「｜，行馬也」繫傳。○｜，蓋以木作之，交互以為遮閒也。〔說文〕「⿱竹互，可以收繩也」繫傳。○｜，門外行馬。〔廣韻·暮部〕○｜又通作互。〔說文〕「｜，行馬也」義證。

籲　｜，和者，龢字當為本訓。〔說文定聲·卷九〕○〔商書〕率｜衆戚，蓋謂｜同龠，龠以和衆聲也。〔說文〕「｜，呼也」段注。○〔說文定聲·卷七〕｜，叚借為嗷。〔書·立政〕「｜俊尊上帝」。○（同上）｜，叚借為謷。〔書·召誥〕「以哀｜天」。

屬　｜，附也。〔詩·角弓〕「小人與｜」朱傳。○｜猶附。〔國策·秦策一〕「蜀既｜」鮑注。○｜猶付與。〔國策·燕策一〕「困舉國｜子之」鮑注。○｜，連。〔楚策一〕「大夫悉｜」鮑注。○｜，連也。〔詩·小弁〕「不｜于毛」朱傳。○｜，連也，猶結。〔國策·西周策〕「｜怒於周」鮑注。○〔說文定聲·卷八〕｜，連續之意，當如字讀。〔考工記·函人〕「犀甲七｜」。○｜，朝會也。〔說文〕「侯，春饗所躲侯也」繫傳。○｜、囑同。〔國策·齊策四〕「使人｜孟嘗君」鮑注。又〔西周策〕「而｜其子曰」鮑注。○｜讀為注。〔詩·干旄〕「素絲祝之」後箋。○〔說文定聲·卷八〕｜，叚借為注。〔考工記·匠人〕「水｜不理」。

嫭 丨與嫮同。〔廣雅·釋言〕「嫮，嫪也」疏證。○婟與丨同。〔廣雅·釋詁一〕「丨，妬也」疏證。○丨，妒也。〔集韻·莫部〕○丨，美好。〔廣韻·暮部〕○丨，好貌也。〔楚辭·大招〕「丨以姱只」補注。○丨，婦人美皃。〔集韻·模部〕○丨，一曰好皃，或从雩，亦作妬。〔集韻·莫部〕

嫮 丨與嫭同。〔廣雅·釋詁一〕「丨，好也」疏證。○丨，眄瞻貌。〔楚辭·大招〕「丨且宜笑」補注。○丨音護，〔集韻〕同嫭，美好也，是妬乃姱之正文，丨又假借字耳。〔漢書·韓安國傳〕「即以丨鄙小縣」補注。

酗 丨，醉怒。亦作酌。〔廣韻·遇部〕○以酒為凶曰丨。〔說文〕「酌，酒醟也」段注。○以酒為凶謂丨。〔慧琳音義·卷五二〕○丨當為酌。〔書·微子〕「沈丨于酒」孫疏。又〔無逸〕「丨于酒德」孫疏。○今文丨作湎。〔書·微子〕孫疏。

酌 丨字或作酗。〔說文〕「丨，醉醟也」義證。○丨，醉怒也。〔通鑑·隋紀五〕「好酒而丨」音注。○兇酒曰丨醟。〔說文〕「丨，醉醟也」義證引〔玉篇〕。○溢其量謂之丨，丨者潰。〔說文定聲·卷一二〕(「醉」下)

坿 丨，白丨。〔廣韻·遇部〕○丨，白石英也。〔廣韻·虞部〕○丨，藥石，白石英也。〔集韻·虞部〕○今多用附而丨廢矣。〔說文〕「丨，益也」段注。○丨，經傳多以附為之。〔說文定聲·卷八〕○丨通作附。〔說文〕「丨，益也」義證。○丨又通作坏。〔同上〕○丨，〔月令〕作坏。〔呂覽·孟冬〕「丨城郭」校正。

秅 丨，禾束。〔廣韻·暮部〕○丨，禾束，或作秺。〔集韻·莫部〕○丨之言都也。〔廣雅·釋器〕「稌之言都也」疏證。

秺 丨同秅。〔廣韻·暮部〕○丨侯，金賞也。〔漢書·楊敞傳〕「丨侯御」補注。○濟陰有秺縣，此作丨誤。〔漢書·地理志〕「丨」補注引王鳴盛。

凅 丨，凝也，閉也。〔廣韻·暮部〕

涸 〔說文定聲·卷九〕丨，字又作涸。〔漢書·五行志〕「金鐵冰滯涸堅」。○〔同上〕丨字又作沍。〔左傳昭公四年〕「固陰沍寒」。

傃 丨，向也。〔廣韻·暮部〕又〔通鑑·唐紀四五〕「乃度梯之所丨」音注。○丨，猶鄉也。〔說文〕「泝，溯向也」段注。○丨與素通。〔廣雅·釋言〕「丨，經也」疏證。

戽 丨與[氵+戽]同。〔廣雅·釋器〕「[氵+戽]斗謂之柩」疏證。○丨，抒也。〔廣韻·姥部〕○丨，丨斗，舟中渫水器。又音户。〔同上〕○丨，丨斗，飲水器也。〔廣韻·暮部〕

[氵+戽] 丨，與戽同。〔廣雅·釋詁二〕「戽，抒也」疏證。

饇 丨乃飫之別體，飽也。〔詩·角弓〕「如食宜丨」後箋。○丨，飽也。〔集韻·厚部〕○丨，飽丨。〔廣韻·遇部〕○丨音飫，飽。〔詩·角弓〕「如食宜丨」朱傳。○古丨、飫通用。〔詩·角弓〕「如食宜飫」陳疏。

駙 丨，副也。〔續音義·卷九〕引〔字書〕。○丨，丨馬，都尉官名。〔廣韻·遇部〕○丨，近也，疾也。〔同上〕○〔說文定聲·卷八〕丨，御乘輿副馬者。〔後漢·明帝紀〕注「掌天子之副馬」。○丨，俗作附。〔說文〕「近，附也」義證。○丨與拊聲近義同。〔方言一二〕「拊，疾也」箋疏。○丨與拊亦聲近義同。〔廣雅·釋詁一〕「拊，疾也」疏證。○丨與赴音義皆相近。〔說文〕「丨，一曰疾也」段注。○〔說文定聲·卷八〕丨，經傳皆以附字、傳字為之。〔說文〕「丨，一曰近也」。○〔同上〕丨，叚借為赴、為趴。〔說文〕「丨，一曰疾也」。○〔同上〕丨，叚借為輔。〔史記·司馬穰苴傳〕「車之左丨」。

足 丨，添物也。〔廣韻·遇部〕○丨，成也，益也。〔慧琳音義·卷二五〕引〔玉篇〕。○丨義與止同。〔說文〕「企，舉踵也」繫傳。○丨恭，謂便辟其丨，前郤為恭，以形體順從於人。〔大戴·曾子立事〕「丨恭而口聖」王詁。○丨，過也。〔論語·公冶長〕「巧言令色，丨恭」朱注。○〔說文定聲·卷八〕丨恭，即〔論語〕之巧言令色丨恭，次且盤辟之意。〔大戴記〕「丨恭而口聖」。○〔同上〕丨，叚借為浞。〔詩·信南山〕「既霑既丨」。

抪 丨，丨持。〔廣韻·暮部〕○〔義府·卷下〕丨摢即跋扈耳。〔隸釋〕「夷粵丨摢」。

餔 丨亦作哺，口中嚼食與小兒也。〔慧琳音義·卷一四〕○丨，食也。〔楚辭·漁父〕「何不丨其糟」補注引五臣。○丨，餹丨。〔廣韻·暮部〕○如餳而濁者曰丨。〔本草·卷二五〕○丨，米翻也。〔慧琳音義·卷一四〕引〔考聲〕。○〔說文定聲·卷九〕丨，此以鳥聲為名。〔爾雅〕「鳺，丨鼓」。○〔同上〕丨，叚借為酺。〔漢書·文帝紀〕「丨五日」。

蚹 丨，蚹蛇，腹下橫鱗可行者。〔廣韻·遇部〕○丨，蛇腹下齟齬也。〔集韻·虞部〕○〔說文定聲·卷八〕丨即蝸牛也。〔釋魚〕「丨蠃，螔蝓」。(「柎」下)○丨音附。〔釋魚〕「丨蠃，螔蝓」鄭註。○丨蠃與蒲盧聲相轉。〔同上〕郝疏。○丨蠃轉為僕纍，又轉為薄蠃，又轉為陸蠡。〔同上〕

蒟 丨，丨醬。〔廣韻·遇部〕

擭 丨，布丨，猶分解也。〔廣韻·暮部〕○丨，機檻也。〔中庸〕「驅而納諸罟丨陷阱之中」朱注。○丨與蒦通。〔廣雅·釋詁三〕「蒦，持也」疏證。

禺 丨，獸名，母猴屬。〔廣韻·遇部〕○丨，獸似獼猴也，目赤尾長。〔說文〕「丨，母猴屬」義證引〔玉篇〕。○丨，一名為，一名夒，似獼猴而大，赤目長尾，亦曰沐猴，即母猴之轉語。〔說文定聲·卷八〕○春秋魯公為，即〔禮記·檀弓〕公叔丨人，〔左傳〕作務人，禺、務一聲之轉。〔同上〕○丨讀為偶。〔漢書〕「偶人」雜志。○偶、丨古字通。〔漢書〕「相遇」雜志。○官本注丨作愚。〔漢書·武帝紀〕「咸會番丨」補注。

𦒱　丨，老人行遲，步小，足才相及。〔說文定聲・卷八〕○丨，行遲多駐也。〔說文〕「丨，老人行才相逮」繫傳。○丨與駐聲義略同。（同上）段注。

⿱耂易　丨，老人行兒。〔廣韻・遇部〕

尌　丨，立也。〔廣韻・遇部〕又〔說文〕「軷，丨茅以依神為軷」段注。○丨，今凡主持、主掌字，以主為之，樹立字以樹為之。〔說文定聲・卷八〕○丨音豎。〔說文〕「尌，時雨尌生萬物」繫傳。○丨，樹鼓字。〔說文〕「丨，立也」繫傳。○丨與侸音義，今字通用樹為之，樹行而丨廢矣。（同上）段注。○丨通作樹。（同上）義證。

⿰亻壴　丨同尌。〔廣韻・遇部〕

侸　丨字亦作⿰亻壴，今作樹。〔說文定聲・卷八〕○丨，〔玉篇〕作⿰亻壴。〔說文〕「丨，立也」義證。○丨作⿰亻壴，今作樹。（同上）段注引〔玉篇〕。○人立曰丨，俗作住。〔說文〕「駐，馬立也」段注。○丨，俗作住，今主客字，以主為之。〔說文定聲・卷八〕○丨，今作住，經傳皆以主為之。〔卷九〕〔「客」下〕○丨，立也。〔集韻・遇部〕○丨，人相樹立也。〔說文〕「丨，立也」繫傳。○丨，佔丨輕薄也。（同上）義證引〔玉篇〕。○丨與尌、豎音義同。（同上）段注。○〔說文定聲・卷八〕丨，叚借為數。〔列子・黃帝〕「百住而不止」。

⿰犭主　丨，黃犬黑頭。〔廣韻・遇部〕○丨，犬名，黃色黑身。〔集韻・厚部〕

⿱䀠丌　〔說文定聲・卷九〕丨字亦作矆。〔魏都賦〕「矆焉相顧」。○（同上）丨，以矍為之。〔漢書・吳王濞傳〕「膠西王瞿然駭曰」。○丨，經典借瞿字。〔說文〕「丨，舉目驚丨然也」義證。○丨，經典借瞿字。（同上）句讀。○〔說文〕丨，經傳通作瞿，又通作懼。〔晏子春秋〕「矍然」雜志。○丨又借矍字。〔說文〕「丨，舉目驚丨然也」義證。○丨或作矆。（同上）義證。○〔說文定聲・卷九〕丨，以懼為之。〔漢書・惠帝紀〕「聞叔孫通之諫則懼然」。

眗　丨，左右視也，或作昫。〔集韻・虞部〕○丨，左右視也。〔廣韻・遇部〕

昫　丨或作煴。〔說文〕「丨，日出溫也」義證。○丨，日光。〔廣韻・遇部〕○日溫曰丨。〔說文〕「丨，日出溫也」義證引〔纂要〕。○丨，暖也。（同上）義證引〔玉篇〕。○古丨、煦通用。〔說文〕「煦，烝也」句讀。○丨，或通作煦。〔說文〕「丨，日出溫也」義證。○丨當為俱。〔墨子・經說上〕「偎丨民也」閒詁。

隃　丨，鴈門。〔廣韻・遇部〕○丨音戍。〔釋地〕「北陵西丨」鄭註。○丨通作俞。〔說文〕「丨，北陵西丨鴈門是也」義證。

⿱兔⿰兔兔　丨，今讀如赴，俗作⿺走孚。〔說文定聲・卷九〕○丨，今作⿺走孚。〔說文〕「丨，疾也」義證引〔玉篇〕。又（同上）句讀。○丨，今亦作赴。（同上）○丨，疾也。〔廣韻・陌部〕○丨，急疾也。〔說文〕「丨，疾也」義證引〔玉篇〕。又〔廣韻・遇部〕。○⿺走孚、赴、丨、報並通。〔廣雅・釋詁一〕「⿺走孚，行也」疏證。

⿺走孚　丨同⿱兔⿰兔兔。〔廣韻・遇部〕○丨亦作赴。〔說文〕「⿱兔⿰兔兔，疾也」義證。

⿰⻊卜　丨，急疾之意。〔說文定聲・卷八〕〔「朴」下〕○丨與赴同。〔說文〕「丨，趨越兒」句讀。○丨與赴略同。〔說文定聲・卷八〕○丨與赴音義略同。〔說文〕「丨，趨越兒」段注。

嵍　〔說文定聲・卷六〕丨，字亦作堥。〔字林〕「前高後下曰丨邱」。○丨，依諸字書，即旄丘之旄也。〔說文定聲・卷六〕○丨，丘也。〔廣韻・遇部〕○丨，邱也。〔說文〕「丨，山名」義證引〔玉篇〕。○依〔字林〕丨丘即旄丘，乃丘名。（同上）段注。

⿱敄羊　丨，六月生羔。〔廣韻・遇部〕○丨，六月羔。〔集韻・厚部〕○六月曰丨。〔本草・卷五〇〕

敄　北燕之外相勉努力謂之丨。〔說文〕「丨，彊也」義證引〔復古編〕。○丨通作務。〔釋詁〕「務，强也」邵正義。○丨與務古字通。〔荀子〕「敬節」雜志。○〔說文定聲・卷六〕丨字亦作劺。〔廣雅・釋詁一〕「劺，强也」。

⿱取土　丨，桒也。〔廣韻・遇部〕○丨義同聚。〔說文〕「捊，引丨也」段注。○丨，引申為凡聚之偁。〔說文〕「丨，積土也」段注。○丨，各書多借為聚字。（同上）○古亦叚丨為聚。〔說文〕「聚，會也」段注。○丨，今〔爾雅〕注書聚字多如此。〔說文〕「丨，土積也」繫傳。○丨，各本作取。〔說文〕「捊，引丨也」段注。

聚　小鄉曰丨。〔慧琳音義・卷五九〕○古以丨物之丨為冣。〔漢書〕「為將」雜志。○丨與取古字通。〔史記〕「羨門子高」雜志。○驟、丨、冣三字古聲並相近，故驟亦通作冣。〔史記〕「最勝」雜志。○丨與陬古文通。〔史記〕「月名畢丨」雜志。○丨、就一聲之轉。〔漢書〕「保就」雜志。

⿸疒禺　丨，疣病。〔廣韻・遇部〕

⿱敄隹　丨，雞雛。〔廣韻・遇部〕

⿱竹互　丨，所以收絲。〔廣韻・暮部〕○丨，形類糾繩具，故名。〔說文定聲・卷九〕○（同上）丨，叚借為互。〔周禮・鱉人〕「掌取互物」。○丨，叚借為枑。〔說文定聲・卷九〕

陚　丨，丘名。〔廣韻・遇部〕○丨通作梧。〔說文〕「丨，邱名」義證。

⿺辶馬—，不行。〔廣韻·遇部〕〇—，或曰馬不行也。〔說文定聲·卷一〇〕

壴—，陳樂也。〔說文〕「鼓，擊鼓也」繫傳。〇〔說文定聲·卷八〕—，高高在上，遠而可望，所謂崇牙是也。〔說文〕「—，陳樂立而上見也」。〇為人所崇仰者皆曰—，古以主為之。〔說文定聲·卷八〕〇—音駐。〔說文〕「恄，小怒也」繫傳。

⿰豆攵—，—勇。〔廣韻·遇部〕

⿱艹酤—，醋菹。〔廣韻·暮部〕〇—，治韭之名也。〔說文〕「—，韭鬱也」繫傳。〇—，韭鬱也者，韭菹也。（同上）義證。

飵—，相謁食也。〔廣韻·暮部〕〇—與酢通。〔方言五〕「甑，或謂之酢餾」箋疏。

⿰氵昔—，壅水。〔廣韻·暮部〕〇—之言迫迮也。〔廣雅·釋宮〕「—，隁也」疏證。〇柤、—聲相近。〔釋宮〕「柤，隁也」疏證。

⿸疒慮—，⿸疒尃—，痞病。〔廣韻·暮部〕

⿸疒盧—同⿸疒慮。〔廣韻·暮部〕

⿱髟付—，髻也。〔說文〕「—，結也」義證引〔玉篇〕。〇—，露髻。〔集韻·虞部〕又〔廣韻·遇部〕。〇—，髻本也。〔廣韻·虞部〕〇—通作副。〔說文〕「—，結也」義證。

⿸疒尃—，—⿸疒慮，痞病。〔廣韻·暮部〕〇—，痞病，或作痛、痡。〔集韻·莫部〕

⿱癶足—，長跪又拜。〔廣韻·遇部〕〇—，一曰跽—跪拜。〔集韻·遇部〕

疰—，—病。〔廣韻·遇部〕〇注與—通。〔廣雅·釋詁二〕「—，病也」疏證。

慔—，勉也。〔廣韻·暮部〕〇—，自勉强也。〔說文〕「—，勉也」繫傳。〇—，字亦作莫。〔釋訓〕「——，勉也」述聞。〇——，猶莫莫也，通作没没，言靜也，借為禁止何碍。〔通雅·釋詁〕〇莫莫與——同，猶言勉勉也。〔釋訓〕「——，勉也」述聞。

詫—，奠酒爵也。〔廣韻·暮部〕〇—謂酌者實三爵于王，王三進爵三祭酒三奠爵也。〔說文定聲·卷九〕

棝—，射鼠斗也。〔廣韻·暮部〕〇—即今人鑿木為斗，上施柄安弓為機以射鼠。〔說文〕「—，—斗，可射鼠」繫傳。〇—之言錮也。（同上）〇—之言護也。（同上）

遻—同迕。〔廣韻·暮部〕〇—，遇也，或从於，亦書作俉。〔集韻·莫部〕〇—音悟，觸也。〔釋詁〕「遘，—也」鄭註。〇—通作愕。（同上）郝疏。〇—者，牾之假借字。〔說文〕「夆，牾也」句讀。〇—通作寤，又通作迕。〔釋詁〕「—，見也」邵正義。〇—通作遻，又通作晤，又通作逜，又通作寤，又通作午。〔釋詁〕「遘，—也」郝疏。

迕—，遇也。〔廣韻·暮部〕〇—，迎也。〔通鑑·宋紀一二〕「始終無—」音注。〇牾、梧、—、赶並字異而義同。〔管子〕「位—」雜志。〇—，古文作牾。〔漢書·灌夫傳〕「與太后家—」補注引錢大昭。

遻—，叚借為牾。〔說文定聲·卷九〕〇遻、—當作遻，與迕同。〔楚辭·懷沙〕「重華不可—兮」補注。

逜—，干—。〔廣韻·暮部〕〇—者，當作午。〔釋言〕「—，寤也」郝疏。

鵵—，木—鳥，有毛角。〔廣韻·暮部〕〇—軌即—鴟。〔釋鳥〕「鶹，—軌」平議。〇—音兔。（同上）鄭注。〇—與兔通。〔廣雅·釋鳥〕「肥鵵，怪鴟也」疏證。

鱯—，魚名。〔廣韻·暮部〕〇鰈、—、鮪俱一聲之轉。〔釋魚〕「魾，大—」郝疏。

婟—，—嫪，戀惜也。〔廣韻·暮部〕〇今俗為婦人所私之為—嫪，乃古語也。〔說文〕「毒，世罵婬曰嫪毒」段注。〇今俗謂倡女所私人曰—嫪。〔說文定聲·卷五〕〔「毒」下〕〇—，今俗謂女所私之人曰孤老，其遺語也。〔卷九〕〇—，戀也。〔說文〕「—，嫪也」義證引〔玉篇〕。〇—，字亦作嫭。〔說文定聲·卷九〕〇—與嫭同。〔廣雅·釋詁一〕「嫭，妬也」疏證。〇—，〔字書〕作嫭，同。〔說文〕「—，嫪也」義證。〇—與嫉妬同義。〔周書〕「固」雜志。〇—之通作固，猶嫉之通作疾。（同上）〇〔說文定聲·卷九〕—，以姱為之。〔楚辭·大招〕「嫭以姱只」。

⿱罒互—，兔網。〔廣韻·暮部〕〇—，兔罟也。〔說文〕「⿱⺮互，可以收繩也」義證引〔輟耕錄〕。〇—，謂取龜鱉蚌蛤之—。〔說文定聲·卷九〕〇（同上）—，以互為之。〔周禮〕「互物」。

⿰虘且—，往也。〔廣韻·暮部〕

⿱⺮效—，盛鳥籠也。〔廣韻·暮部〕

荹—，亂草。〔廣韻·暮部〕〇—，牛馬草，亂藁也。〔說文〕「—，亂艸也」義證引〔玉篇〕。〇—，部斂之也。〔說文〕「—，亂艸」繫傳。

⿰魚瞿—，魚名。〔集韻·虞部〕

⿰亻⿱艹尃—，當是讀若專。〔說文〕「—，讀若傳」義證。〇—與專字義通。〔說文〕「薄，華葉布也」段注。〇—與敷字義通。（同上）〇〔說文定聲·卷九〕—，

以敷為之。〔書·禹貢〕「篠簜既敷」。

䩉 其内上下持牙之骨曰丨車，亦曰頰車。〔説文定聲·卷九〕○自外言曰丨、曰頰、曰靨丨，自裏言則上下持牙之骨謂之丨車，亦謂牙車，亦謂頷車，亦謂頰車，亦謂鹻車，亦謂之丨，亦謂之頰。〔説文〕「丨，頰也」段注。○丨與輔義相近。〔同上〕繫傳。○丨，經傳皆以輔為之。〔説文定聲·卷九〕○丨通作輔。〔説文〕「丨，頰也」義證。

覰 丨，字亦作覻。〔説文定聲·卷九〕

覻 丨，伺視也。〔通鑑·唐紀四四〕「黠虜丨邊」音注。

⿸疒乇 丨，乳病。〔廣韻·暮部〕

䙠 丨即裋。〔方言四〕「複襦江湘之間謂之丨」疏證。○裋，豎並與丨同。〔廣雅·釋器〕「複襦謂之丨」疏證。

婁 〔説文定聲·卷八〕丨，字亦作屢。〔書·益稷〕「屢省乃成」。○丨為亟數之亟，暱為相親愛之亟。〔釋言〕「丨、暱，亟也」述聞。○丨，數也。〔詩·桓〕「丨豐年」陳疏。○丨實丨虛，層見疊出曰丨。〔説文〕「丨，空也」段注。○丨即屢，與驟通。〔説文〕「僂，厄也」段注。○〔説文定聲·卷八〕丨，段借為數。〔漢書·宣帝紀〕「丨蒙嘉瑞」。○丨，舊作屢。〔説文〕「娄，詩曰丨舞娄娄」段注。

⿺走午 悟、梧、迕、丨，并字異而義同。〔管子〕「位丨」雜志。

檽 木生者為丨，地生者為菌。〔説文〕「菌，地蕈也」義證引〔名醫別録〕。○丨棗，俗作軟棗，一名牛妳柹，一名丁香柹。〔説文〕「梬，似柹而小也」義證引楊慎。

蓩 丨，毒草。〔廣韻·屋部〕

⿱豭女 丨，求子家也，或省。〔集韻·遇部〕

⿱宀吾 丨當為寤之或字。〔説文定聲·卷九〕○丨與寤同，亦通作悟。〔廣雅·釋詁四〕「丨，覺也」疏證。○丨通作寤。〔釋言〕「穌，丨也」疏證。○丨為覺悟之悟。〔釋詁四〕「丨，覺也」疏證。

冣 〔説文定聲·卷八〕丨，字亦作寂。〔顏氏家訓·書證〕「寂木之寂高長者」。○丨，字亦作㝡。〔説文定聲·卷八〕○丨者，積也。〔説文〕「凡，丨括而言也」段注。○古之人以聚物之聚為丨。〔説文〕「丨，積也」繫傳。又〔漢書〕「為將」雜志。○凡言丨目者，猶今言摠目也。〔説文〕「丨，積也」段注。○丨括者，都數也。〔説文·叙〕「凡五千三百四十字」段注。○凡丨目、丨括者，總聚而絜束之也。〔説文〕「凡，丨括而言也」段注。○丨括，殿丨字皆當作此，六朝以後皆譌作最。〔説文定聲·卷八〕○軍功上曰丨。〔説文〕「最，犯取」繫傳。○丨，古聚字。〔史記〕「最勝」雜志。○丨與聚音義皆同。〔説文〕「丨，積也」段注。○聚、丨、叢聲轉義同。〔釋詁〕「揫，聚也」郝疏。○丨與聚通。〔墨子〕「三最」雜志。○丨，經典通作聚。〔説文〕「丨，積也」義證。○丨、聚古通用。〔説文〕「儹，丨也」段注。○聚與丨古字通。〔史記〕「羨門子高」雜志。○丨與驟同。〔史記〕「最勝」雜志。○驟、聚、丨三字古聲並相近，故驟亦通作丨。〔同上〕○丨，本作最。〔説文〕「人，天地之性丨貴者也」段注。○丨通作最。〔説文〕「丨，積也」義證。○丨與最音義皆別，至乎南北朝丨、最不分。〔同上〕段注。○丨，各本作最。〔説文〕「凡，丨括而言也」段注。

裋 丨，字亦作襡。〔説文定聲·卷八〕○丨與襡同。〔説文〕「丨，豎使布長襦」義證引〔玉篇〕。○丨，褕也。〔同上〕○丨、豎並與襡同。〔廣雅·釋器〕「複襦謂之襡」疏證。

佈 丨，丨偏。〔廣韻·暮部〕

制 丨，截也。〔集韻·莫部〕○丨，一曰裁刀。〔同上〕○丨，裁刀。〔廣韻·暮部〕

噁 丨，懷怒氣也。〔通鑑·漢紀一〕「項王暗丨叱咤」音注。○丨，暗丨，怒兒。〔廣韻·暮部〕又〔集韻·莫部〕。○丨即欸之或字也。〔説文〕「欸，心有所惡若吐也」段注。

嚄 丨，丨丨，吳人呼狗，方言也。〔廣韻·遇部〕

圑 樹蔬曰丨。〔集韻·遇部〕

埠 丨頭，水瀕。今積販泊商之所曰丨頭，刻曰交布，北方曰集，南方曰墟。〔通雅·地輿〕

埧 丨，堤塘。〔廣韻·遇部〕

塢 丨，壁壘也。〔通鑑·陳紀一〇〕「而俗不設村丨」音注。○丨，野聚也。〔集韻·莫部〕

嬳 丨，惜也。〔集韻·莫部〕

怐 丨，恐丨。〔廣韻·遇部〕○〔説文定聲·卷八〕丨即佝字。〔荀子·非十二字〕「世俗之丨猶瞀儒」。〔溝」下〕

捒 丨，裝丨。〔廣韻·遇部〕

捬　｜，｜擻，振也。〔集韻・厚部〕

搸　｜，暗取物也。〔廣韻・暮部〕又〔集韻・莫部〕。

摢　｜，擁障也。〔集韻・莫部〕

攄　｜，抙｜，收斂也。〔集韻・莫部〕

冪　｜，面衣。〔廣韻・遇部〕

柱　｜，當讀為祝。〔荀子〕「强自取｜」雜志。

枵　｜，栗菉坼也。〔集韻・莫部〕

楀　｜，豫人，或作偶。〔集韻・遇部〕

毹　｜｜，毛。〔廣韻・遇部〕

洿　｜，濁溽也。〔國策・楚策四〕「沉｜鄙俗之日久矣」鮑注。

炷　｜，燈也。〔通鑑・漢紀五二〕「守尸吏為大｜」音注。〇｜，燈｜。〔廣韻・遇部〕〇｜，燈心也，此字近代出。〔慧琳音義・卷五一〕引〔考聲〕。〇｜者，燈焰。〔卷五〕

熾　｜，火行謂之｜，或書作爇。〔集韻・遇部〕

犞　｜，牛名。〔廣韻・遇部〕

㹘　｜，牛莖。〔廣韻・遇部〕

豵　｜，牲白也，亦作素。〔廣韻・暮部〕

𤤔　｜，玉名。〔廣韻・暮部〕

𤵸　｜，小兒口瘡。〔廣韻・暮部〕〇痼，久病也，｜同上。〔說文〕「｜，久病也」義證引〔玉篇〕。〇〔說文定聲・卷九〕｜，以錮為之。〔漢書・賈誼傳〕「必為錮疾」。

痡　江淮謂治病為｜。〔集韻・莫部〕

椇　｜當為俱，聲之誤。〔墨子・經上〕「俱｜秖」閒詁。

稒　｜陽音固。〔通雅・地輿〕〇｜陽，戰國魏地，作固陽。〔漢書・地理志〕「｜陽」補注。

窹　｜謂之竈。〔廣雅・釋宮〕疏證。

𥱖　｜，蠶｜。〔廣韻・暮部〕

簿　｜，竹筥。〔廣韻・暮部〕

笱　｜，竹名。〔廣韻・遇部〕〇｜，織具。〔集韻・遇部〕

紨　｜，篋也。〔集韻・遇部〕

䌈　｜音護。〔說文〕「笠，可以收繩也」義證引〔輟耕録〕。〇｜，絲繩也。〔同上〕

纑　｜，纙淹餘也。〔廣韻・遇部〕〇｜，纙絲餘也。〔集韻・遇部〕

𦊓　｜，䍡｜，取魚具也。〔廣韻・暮部〕〇｜，䍡｜，取魚具。〔集韻・莫部〕

䍡　｜，｜𦊓，取魚具也。〔廣韻・暮部〕

𦐊　｜，緝羽也，雩祭所執。〔集韻・遇部〕

䎔　｜，田器也。〔說文〕「鏄，一曰田器」義證引〔玉篇〕。

䏑　｜，｜額。〔廣韻・遇部〕〇｜，額也，呼也。〔集韻・遇部〕

聕　｜，聽也。〔廣韻・暮部〕

胍　｜，肐｜，大皃。〔集韻・莫部〕

膜　｜，膳也。〔廣韻・遇部〕〇｜，膳也，或作膍。〔集韻・遇部〕

腧　｜，五藏｜也。〔廣韻・遇部〕〇｜，五臟｜穴，通作俞。〔集韻・遇部〕

芏　｜，草名。〔廣韻・暮部〕

菆　｜，鳥窠。〔廣韻・遇部〕

蒩 丨，魚醬，或作蘆。〔集韻·莫部〕

蘆 丨，魚醬。〔廣韻·暮部〕

虂 丨，蔠葵蘩丨。〔廣韻·暮部〕

蛀 丨，丨蟲。〔廣韻·遇部〕

𧊅 丨，丨蝜，蟲也。〔廣韻·暮部〕

蝥 丨，蠹名。〔廣韻·遇部〕

蝹 丨，蠶眠也。〔集韻·候部〕

𧖴 丨，血污也。〔集韻·莫部〕

𧠟 丨音雇。〔釋詁〕「丨，相也」鄭註。○丨，邢視也，有相規之義。（同上）

覤 丨，覻丨。〔廣韻·遇部〕

䛕 丨，誌也，認也。〔廣韻·暮部〕

詂 丨，言有所依也，或从附。〔集韻·遇部〕

諬 丨，諳丨。〔廣韻·暮部〕

謝 丨，向也。〔廣韻·暮部〕

謼 丨，相毀。〔廣韻·暮部〕

豎 裋、丨並與襡同。〔廣雅·釋器〕「複襦謂之襡」疏證。

趍 丨，馬丨前也。〔廣韻·遇部〕

躹 丨輸，著衣也。〔廣韻·遇部〕○丨，丨輸，服稱也。〔集韻·遇部〕

𨈆 丨，躹丨。〔廣韻·遇部〕○丨，躹丨，服稱也，或作袝。〔集韻·遇部〕

軴 丨，車丨。〔廣韻·遇部〕

郶 丨，亭名。〔廣韻·暮部〕

鍍 丨，金飾物也。〔廣韻·暮部〕

𨨏 丨，金塗謂之丨，亦姓，或省作錯。〔集韻·莫部〕

閨 丨，直開也。〔廣韻·遇部〕

庢 丨同閨。〔廣韻·遇部〕

霔 丨，霖丨。〔廣韻·遇部〕○丨，時雨所灌，普生萬物。或作澍。〔慧琳音義·卷一二〕引〔集訓〕。

霚 丨，當為霧。〔説文〕「霚，天气下地不應曰霚」義證。

韍 丨，皮袴。〔廣韻·遇部〕○丨，一曰韋袴。〔集韻·遇部〕○丨，戎服，蔽膝也。（同上）

颶 春夏夏秋之交，見斷虹狀，名曰丨母。〔通雅·天文〕

馵 丨，馬名。〔廣韻·暮部〕

騖 丨，丨馬，習馬。〔廣韻·暮部〕○丨，習馬也，通作步。〔集韻·莫部〕

魱 丨魚，似鯿而大，又謂時魚。〔説文〕「鮥，當互也」義證引戴侗。

鮰 丨，魚肚中腸。〔廣韻·暮部〕○魚腸肥曰丨。〔本草·卷四四〕

鵐 丨，不飛也。〔集韻·遇部〕

鷜 丨，丨鼠，鳥名。〔廣韻·遇部〕

續經籍纂詁卷第六十七

去聲

八　霽

霽　丨，雨止也。〔廣韻·霽部〕○雨晴曰丨。〔説文〕「丨，雨止也」義證引〔初學記〕。○丨，晴明也。〔慧琳音義·卷七八〕引〔考聲〕。○丨之為濟，字義並通。〔史記·宋微子世家〕「曰涕曰霧」志疑。

制　丨，以刀斷木。〔説文定聲·卷一三〕○丨，斷也。〔廣韻·祭部〕又〔大戴·五帝德〕「依鬼神以丨義」王詁。又〔本命〕「是故無專丨之義」王詁。又〔左傳昭公六年〕「議事以丨」述聞。○丨，斷之也。〔慧琳音義·卷七一〕○丨，裁斷之。〔國策·齊策四〕「丨則破焉」鮑注。○丨，裁丨也。〔大戴·千乘〕「陳刑丨辟」王詁。○丨，折也。〔保傅〕「不中於丨獄」王詁。○折、丨古同聲，故丨有折義。〔廣雅·釋詁一〕「丨，折也」疏證。○丨，克也。〔大戴·千乘〕「丨剛柔」王詁。○丨，禁丨也，止也，勝也。〔廣韻·祭部〕○丨謂主之。〔國策·秦策二〕「而不使魏丨和」鮑注。○挾與丨義亦相近。〔史記〕「折韓」雜志。○丨斷，矯也。〔國策·楚策四〕「據本議丨斷君命」鮑注。○丨言聽否由之。〔趙策三〕「而丨講者在秦」鮑注。○丨，法也。〔大戴·虞戴德〕「君問已參黄帝之丨丨之大禮也」王詁。又〔用兵〕「麻失丨」王詁。又〔少閒〕「大哉子之教我丨也」王詁。○丨度，法度也。〔千乘〕「以丨度丨地事」王詁。○丨多，或云丨底，或云支提，皆梵語，即寺宇，廟。〔慧琳音義·卷二〕○丨讀為製。〔春秋名字解詁〕「鄭石丨字子服」述聞。○丨，古製字。〔詩·東山〕「丨彼裳衣」陳疏。○古聲丨與哲同。〔論語·顔淵〕鄭注「魯讀折為丨」述聞。又〔墨子·尚同〕「丨作折」述聞。○丨讀當為哲。〔大戴·誥志〕「此古之明丨之治天下也」述聞。○丨、折亦聲相近。〔書·呂刑上〕「丨以刑」孫疏。○丨讀為折，丨與折通。〔管子〕「伐丨」雜志。○丨、折古字通。〔史記〕「折韓」雜志。○丨，折也，折與丨古通用。〔莊子·庚桑楚〕「而鯢鰌為之丨」集釋。○〔説文定聲·卷一三〕丨，叚借為浙。〔莊子·外物〕「自丨河以東」。○丨當為裁。〔荀子·天論〕「物畜而丨之」集解引王念孫。○丨、衣二字當合為製。〔説文〕「裁，丨衣也」義證。○丨乃剬字之誤。〔管子·小匡〕「丨冷支」平議。○丨疑，刷字之誤。〔淮南·説山〕「孫叔敖丨冠浣衣」平議。○丨從，當為從丨，謂莫不從其節丨也。〔漢書·賈誼傳〕「莫不丨從」補注引王念孫。

刺　丨同制。〔廣韻·祭部〕○丨，〔玉篇〕作制。〔説文〕「丨，裁也」義證。

一〇七〇

剬　丨、制字同。〔韓子·詭使〕「所以善丨下也」集解引顧廣圻。

計　丨猶謀。〔國策·東周策〕「丨與秦」鮑注。○丨事，猶謀事。〔秦策五〕「今子聽吾丨事」補正引劉辰翁。○丨，策也。〔離騷〕「相觀民之丨極」補注。○丨，籌丨。〔廣韻·霽部〕○丨亦算也。〔漢書·敘傳〕「造丨秒忽」補注。○零星算之為丨。〔孟子·萬章下〕「會丨當而已矣」焦正義。○丨者，會也，筭也。〔説文〕「閲，具數於門中也」段注。○丨者，九數。〔漢書·食貨志〕「學六甲五方書丨之事」補注引顧炎武。○丨亦謂大丨也。〔漢書〕「慮殫為何」雜志。○定丨，以定數丨算也。〔漢書·趙充國傳〕「定丨遺脱與煎鞏、黄羝俱亡者不過四千人」補注引胡注。○丨會，會總合也。〔國策·齊策四〕「誰習丨會」鮑注。○丨相，主丨也。〔通雅·官制〕○丨與度同義，故丨亦謂之原。〔漢書〕「不可勝原」雜志。○丨與繼同聲。〔管子〕「繼」雜志。○憩、意皆丨之同音變字。〔漢書·地理志〕「莽曰南平亭」補注。○丨、基，雙聲轉變。〔地理志〕「丨斤」補注。○丨本算數之丨，借為丨事之丨。〔字詁〕○丨當為汁。〔大戴·朝事〕「丨辭令」述聞。○丨，經典用稽字。〔説文〕「丨，會也」義證。○丨過，〔列女傳〕作討過。〔國語·魯語〕「夜而丨過」述聞。

勢　丨字古作埶。〔説文〕「埶，種也」句讀。○丨，形丨。〔廣韻·祭部〕○以形臨之謂之丨。〔通鑑·唐紀四七〕「此亦一丨也」音注。○〔説文定聲·卷一三〕丨亦力也。〔孟子〕「不如乘丨」。（「埶」下）○丨峯謂陰莖也，舊言馬陰藏相是也。〔慧琳音義·卷四八〕○丨當作設。〔韓子·難勢〕「謂人之所得丨也而已矣」集解引俞樾。○丨當作埶，埶，近也。〔韓子·有度〕「丨在郎中」集解引俞樾。○丨者，位也，所居曰丨，所執曰業。〔荀子·王霸〕「不肯與天子易埶業」集解引王念孫。

埶　丨字又作勢。〔説文定聲·卷一三〕○丨者，位也。〔荀子·儒效〕「丨在本朝而宜」集解引王念孫。○丨與位同義。〔荀子〕「丨在本朝」雜志。○丨，丨位也。〔荀子〕「丨籍」雜志。○諸丨謂諸勢豪也。〔漢書·灌夫傳〕「貴戚諸丨在己之右」補注。○丨列，班列也，此丨字同意，言何不取富貴班列名卿之位。〔王貢兩龔鮑傳〕「盍丨諸名卿可幾」補注引蘇輿。○丨謂地丨也。〔鼂錯傳〕「且夫起兵而不知其丨」補注引王念孫。○丨本穜丨字，引伸為勢力字。〔説文〕「傑，丨也」段注。○丨，轉注為氣勢之勢，丨植用力最勢。〔説文定聲·卷一三〕

世　三十年為一丨。〔孟子·離婁下〕「君子之澤，五丨而斬」朱注。○丨，代也。〔廣韻·祭部〕○丨猶歲也。〔漢書〕「丨之有飢穰」雜志。○丨與歲同義。〔同上〕○丨，後丨。〔國策·秦策五〕「澤可以遺丨」鮑注。○王者易姓受命為一丨。〔論語·為政〕「十丨可知也」朱注。○〔説文定聲·卷一三〕父子相繼為丨。〔周禮·大行人〕「丨相朝也」。○父子相繼曰丨。〔説文〕「丨，三十年為一丨」段注。○父子相繼為一丨。〔孟子·離婁下〕「君

子之澤五｜而斬」朱注。○｜子，太子也。〔滕文公上〕「滕文公為｜子」朱注。○稱｜子，周制也。〔漢書・五行志〕「廢｜子」補注引周壽昌。○｜家，｜卿之家。〔孟子・滕文公下〕「齊之｜家也」朱注。○｜祚猶｜祿也。〔說文〕「｜祚遺靈」段注。○｜輕謂平｜，｜重謂亂｜。〔書・呂刑下〕「刑罰｜輕｜重」孫疏。○｜亦與揲同。〔廣雅・釋詁〕「揲，數也」疏證。○｜即泄也。〔史記・夏紀〕「帝泄」志疑引錢竹汀。○｜與大同義。〔公羊傳文公一三年〕「｜室屋壞」陳疏引惠棟。○大、｜古音義同。〔莊子・大宗師〕「厲乎其似｜也」集釋。○｜與大通。〔禮記・曲禮〕「大夫不名｜臣姪娣」平議。○｜、大古通用。〔考工記〕「夏后氏｜室」平議。○古字｜、大通用。〔荀子〕「橋泄者人之殃也」雜志。○古｜之與大義通也。〔左傳桓公九年〕「使其｜子」疏證。○古者，｜之與大字義通也。〔易・文言〕「善｜而不伐」平議。○｜乃泰之叚字。〔莊子・大宗師〕「厲乎其似｜乎」平議。○〔說文定聲・卷一三〕｜，叚借為歲。〔禮記・曲禮〕「去國三｜」。○官本｜作時。〔漢書・武帝紀〕「徵吏民有明當｜之務」補注。○｜字當作舉。〔荀子・非相〕「近｜則病傭」平議。○〔穀梁〕｜叔作大叔。〔左傳昭公三二年經〕「衞｜叔」洪詁。○〔續志注〕｜作猶。〔呂覽・安死〕「而｜皆爭為之」校正。○〔公羊〕疏云，宋樂｜心者，｜字亦作泄。〔左傳定公一○年經〕「宋樂大心出奔曹」洪詁。○｜，〔漢・表〕作臣，即〔項羽紀〕之呂臣也。〔史記・高祖功臣侯者年表〕「頃侯｜」志疑。

麗

｜、都皆美稱。〔國策・齊策四〕「妻子衣服｜都」鮑注。○｜，美也，著也。〔廣韻・霽部〕○｜，言容貌俊偉而光明也。〔漢書・車千秋傳〕「體貌甚｜」補注引周壽昌。○｜爾，歷歷然希疎點綴見明也。〔說文〕「爾，｜爾猶靡｜也」繫傳。○｜，其字本作丽，旅行之象也，後乃加鹿耳。〔說文〕「｜，旅行也」段注。○｜即駢也。〔說文〕「駢，駕二馬也」義證。○兩相附則為｜。〔說文〕「｜，旅行也」段注。○兩而介其間亦曰｜。〔同上〕○晉〔輿服志〕大駕有但分左右道者，此｜駕也。〔漢書・揚雄傳〕「參｜之駕」補注引沈欽韓。○｜，繫也。〔禮記・祭義〕「｜于碑」集解。○｜，附｜也。〔易・彖上傳〕「離，｜也」李疏。○｜者，施也。〔荀子・宥坐〕「因｜節文」集解引王念孫。○｜，數也。〔詩・文王〕「其｜不億」朱傳。○小舟謂之｜。〔廣雅・釋水〕「艛，舟也」疏證。○｜，所謂儔儷。〔說文〕「｜，旅行也」繫傳。○｜，儷廔，非美｜。〔說文〕「囧，窗牖｜廔闓明」義證。○｜廔，讀如離婁二音，〔長門賦〕〔靈光殿賦〕皆作離樓，謂在屋在牆囱牖穿通之皃，〔玉篇〕作蠡廔。〔說文〕「廔，屋｜廔也」段注。○｜譙，樓名，謂華｜而嶕嶢也。〔莊子・徐無鬼〕「列于｜譙之閒」集釋。○｜即籭。〔說文〕「灑，浚也」義證。○｜，凡經傳附著之訓，則皆丽字也。〔說文定聲・卷一○〕○｜與儷同。〔文選・兩都賦〕「鳳蓋棽｜」集釋。○｜、儷、離、儺、鸝，聲並與娌相近。〔方言一二〕「俚，耦也」箋疏。○｜、連一聲之轉。〔儀禮・士喪禮〕「｜于掔」胡正義引胡承珙。○｜讀為歠。〔詩・文王〕「其｜不億」陳疏。○｜與歠通。〔廣雅・釋詁四〕「歠，數也」疏證。○｜者，歠之省借。〔詩・文王〕「其｜不億」通釋。○〔說文定聲・卷一○〕｜，叚借為歠，亦即丽字。〔小爾雅・廣言〕「｜，數也」。○欐、｜古字通。〔廣雅・釋水〕「艛，舟也」疏證。○離與｜古同聲而通用。〔廣雅・釋言〕「離，｜也」疏證。○〔說文定聲・卷一○〕｜，叚借為麤。〔小爾雅・廣言〕「｜，兩也」。○〔同上〕｜，叚借為麓。〔衞策〕「食高｜也」。○〔同上〕｜，叚借為阿。〔莊子・人閒世〕「求高名之｜者」。○〔同上〕｜，叚借為慮，｜、慮雙聲。〔小爾雅・廣言〕「｜，思也」。○｜當為儷。〔說文〕「囧，窗牖｜廔闓明」義證。○儔儷作｜。〔說文〕「儷，棽儷也」繫傳。○｜，經典作儷。〔說文〕「｜，旅行也」義證。○魚｜，古本作魚儷。〔左傳桓公五年〕「為魚｜之陳」疏證。○魚｜，〔後漢・劉表傳〕注引傳文作魚儷。〔同上〕○〔說文定聲・卷一○〕｜亦作欐。〔列子・力命〕「居則連欐」。○〔史記〕｜作灑。〔漢書・司馬相如傳〕「滂濞泱軋｜㠯林離」補注。○劉敞曰「｜，茲也」，茲字當作並。〔漢書・揚雄傳〕「參｜之駕」補注引宋祁。

丽

｜，本也，又鹿皮。〔廣韻・霽部〕○〔說文定聲・卷一○〕｜字亦作娌，｜、里雙聲。〔方言一二〕「娌，耦也」。

歲

｜以紀天步，故始于仲冬。〔通雅・天文〕○｜差，黃道積差也。〔同上〕○｜星，｜數也。〔漢書・律歷志〕「盈｜數，除去之」補注引李銳。○｜陰、太陰、青龍、天一皆太｜之異名。〔天文志〕「｜星」補注引吳仁傑。○｜中者，一｜之中氣也。〔律歷志〕「｜中十二」補注引錢大昕。○恒星每｜東行五十一秒是謂｜差，凡三百六十五日四分日之一為｜實，｜實內減｜閏凡三百五十四日三分日之一有奇為｜策。〔說文定聲・卷一三〕○年謂之｜。〔說文〕「｜，木星也」義證引〔增韻〕。○｜謂｜之豐凶也。〔孟子・梁惠王上〕「非我也，｜也」朱注。○｜，一蒔也。〔說文定聲・卷五〕〔「載」下〕○〔史・表〕｜作穖。〔漢書・王子侯表〕「沈猷夷侯｜」補注。○九｜，本作九載。〔史記・五帝本紀〕「九｜，功用不成」志疑。○｜乃威字之誤。〔賈子・解縣〕「中國乘其｜而富彊」平議。

衞

｜，護也，垂也，加也。〔廣韻・祭部〕○凡武備皆謂之｜。〔易・大畜〕「日閑輿｜」李疏。○｜，行列為護也。〔國策・西周策〕「名曰｜疾」鮑注。○周人上輿有六等之數，皆以｜名。〔易・大畜〕「日閑輿｜」李疏引〔考工記〕。○｜者，周之｜服，義取藩｜。〔書・禹貢下〕「二百里奮武｜」孫疏。○｜官，謂｜尉官舍。〔漢書・蓋寬饒傳〕「常為｜官繇使市買」補注引王文彬。○｜尉，秦官，景帝初更名中大夫令，後元年復為｜尉。〔史記・孝景本紀〕「更命中大夫為｜尉」志疑。○｜本觀國，姚姓。〔夏本紀〕「帝太康失國」志疑引〔續漢書・郡國志〕。○今時俗訝其物則曰｜。〔釋詁〕「｜，嘉也」鄭註。○｜與蹶不相遠，但方俗語有差耳。〔同上〕○｜之言聽也。〔廣雅・釋草〕「鬼箭，神箭也」疏證。○｜之言猶裔也。〔釋詁〕「｜，垂也」郝疏。○｜、裔、圻並聲近義同。〔同上〕○委、禕、｜俱聲義同。〔釋詁〕「｜，嘉也」郝疏。○羽、｜，聲之轉。〔廣雅・釋草〕「鬼箭，神箭也」疏

證。○丨通作偉。〔釋詁〕「丨，嘉也」邵正義。○丨者，褘之叚音也。〔同上〕郝疏。○丨者，圍之叚字。〔釋詁〕「丨，垂也」平議。○〔說文定聲・卷一三〕丨，叚借為韙。〔釋詁〕「丨，嘉也」。○〔同上〕丨，叚借為璣。〔漢書・匈奴傳〕注「丨，劍鼻也」。○丨當為衛。〔說文〕「衛，丨也」義證。○丨當作衛。〔呂覽・士容論〕「而羞用巧丨」平議。○丨趙陽，〔公〕〔穀〕皆作晉趙陽。〔左傳定公一四年經〕「丨趙陽出奔宋」洪詁。○毛本丨誤作魏。〔左傳昭公三二年〕「丨彪傒曰」洪詁。

濟

丨，渡也。〔詩・載馳〕「不能旋丨」朱傳。又〔同上〕集疏。又〔廣韻・霽部〕。又〔大戴・曾子制言上〕「相丨達也」王詁。○丨，今字以為丨渡字。〔說文〕「丨，丨水」段注。○丨，渡處也。〔詩・匏有苦葉〕「丨有深涉」朱傳。○渡水謂之丨，因而所從渡處亦謂之丨。〔同上〕後箋。○丨，定也。〔續音義・卷四〕引〔切韻〕。○丨，定也，又卦名既丨。〔廣韻・霽部〕○丨，成也。〔大戴・曾子立事〕「鮮不丨矣」王詁。又〔曾子立孝〕「丨其志也」王詁。又〔曾子制言上〕「人非人不丨」王詁。又〔禮記・祭統〕「義者所以丨志」集解。○丨，止也。〔墨子・魯問〕「將以丨驕」閒詁引畢沅。又〔廣韻・霽部〕。○丨，惠也。〔續音義・卷四〕引〔切韻〕。○丨丨，齊一貌。〔禮記・曲禮〕「大夫丨丨」集解。○齊與丨聲近義同。〔廣雅・釋訓〕「丨丨，敬也」疏證。○丨與懠聲近而義同。〔廣雅・釋詁四〕「懠，愁也」疏證。○丨讀同霽。〔詩・載馳〕「不能旋丨」陳疏。○丨與霽同。〔說文〕「⿱齊日，星無雲也」義證。○丨與霽音義同。〔釋天〕「丨謂之霽」郝疏。○丨、霽通。〔同上〕○丨、霽古通，訓為止。〔詩・載馳〕「不能旋丨」後箋。○丨當為齊。〔國語・晉語〕「今陽子之貌丨」平議。○官本丨作躋，〔通鑑〕同。〔漢書・王吉傳〕「毆一世之民丨之仁壽之域」補注。○〔書・洪範〕曰霽，〔史記〕作丨。〔說文〕「⿱齊日，星無雲也」義證。

⿰氵⿱厸二

丨，古濟字也。〔慧琳音義・卷八〇〕

⿰氵⿱厸皿

丨亦渡也。〔楚辭・離世〕「丨湘流而南極」補注。

第

丨即弟之或體。〔說文定聲・卷一二〕○丨，次也。〔慧琳音義・卷二七〕引〔玉篇〕。○丨，次丨。〔廣韻・霽部〕○丨用為書冊次弟字，故又加竹。〔說文定聲・卷一二〕○有甲乙次丨，故曰丨。〔漢書・司馬相如傳〕「居列東丨」補注。○丨，但也。〔通鑑・秦紀三〕「丨言之」音注。○〔說文定聲・卷一二〕丨，叚借發聲之詞。〔史記・司馬相如傳〕「丨俱如臨邛」。○丨作弟。〔史記索隱〕〔異文〕雜志。

弟

丨同第，今為兄丨字。〔廣韻・霽部〕○〔說文定聲・卷一二〕丨，古文實从韋省，曳省，會意。〔說文〕「丨，韋束之次丨也，古文丨从古文韋省聲」。○丨同第。〔漢書・杜周傳〕「在九卿高丨」補注。○丨與第同。〔劉向傳〕「皆罢令就丨」補注。○丨，〔史記〕作第。〔漢書・司馬相如傳〕「丨俱如臨邛」補注。○丨，本一作第，乃古第字。〔呂覽・原亂〕「亂必有丨」校正。○丨，官本作第。〔漢書・郊祀志〕「天子親如五利之丨」補注。又〔陳平傳〕「陛下丨出」補注。又〔張禹傳〕「迺車駕至禹丨」補注。又〔孔光傳〕「及還所賜一丨」補注。

藝

丨，古只作埶。〔墨子・辭過〕「男耕稼樹丨」閒詁引畢沅。○丨，古當只作埶。〔說文〕「經丨之本」段注。○周時六丨字蓋亦作埶。〔說文〕「丨，種也」段注。○丨即埶之俗。〔墨子・節葬下〕「耕稼樹丨」閒詁。○丨，〔地理志〕作蓺，此加云，俗字。〔書・禹貢上〕注「丨一作蓺」孫疏。○丨，〔史記〕〔漢書〕皆作蓺，加云，俗字。〔書・禹貢中〕孫疏。○丨，殖也。〔孟子・滕文公上〕「樹丨五穀」朱注。○树、丨、種、殖四字義通。〔同上〕焦正義。○丨、極，一也。〔左傳文公六年〕「陳之丨極」平議。○丨同臬。〔說文〕「埻，墫的」段注。○丨即臬竊。〔說文〕「埻，射臬也」義證。○丨與臬古聲義並同。〔廣雅・釋詁一〕「臬，法也」疏證。○丨之言臬，臬，極也，法也，準也。〔禮記・禮運〕「故功有丨也」述聞。○丨，準也。〔廣韻・祭部〕○丨、文同義。〔書・堯典下〕注「丨祖，文祖」孫疏。○丨即禰也，丨與禰聲相近。〔堯典下〕「格于丨祖」孫疏。○丨亦是術。〔禮記・少儀〕「問道丨」述聞。○丨猶材也。〔慧琳音義・卷三〕引顧野王。○丨，能也。〔續音義・卷八〕引〔切韻〕。又〔慧琳音義・卷三〕引〔字書〕。○丨，才能也，靜也。〔廣韻・祭部〕○丨，常也。〔同上〕○丨，多才能。〔論語・雍也〕「求也丨」朱注。○六丨，六經。〔文選・西都賦〕「講論乎六丨」補正。○丨謂事之分限。〔禮記・禮運〕「故攻有丨也」集解。○所射準的為丨。○〔左傳文公六年〕「陳之丨極」洪詁引文穎。○丨當讀為暬。〔書・堯典〕「歸格于丨祖」平議。又〔立政〕「丨人」平議。○丨，或作囈。〔說文〕「埻，射臬也」義證。○丨，〔六經正誤〕引傳文作蓺。〔左傳文公六年〕「陳之蓺極」洪詁。

蓺

丨音藝。〔詩・楚茨〕「我丨黍稷」朱傳。○丨，種也。〔說文〕「丨，屮木不生也」義證引〔洪武正韻〕。○丨，種蒔也。〔同上〕義證引〔玉篇〕。○丨，樹。〔詩・南山〕「丨麻如之何」朱傳。又〔鴇羽〕「不能丨稷黍」朱傳。○丨謂道丨也。〔大戴・曾子立事〕「三十四十之閒而無丨」王詁。○丨與臬通。〔左傳文公六年〕疏證引王念孫。○丨當為蓺。〔國語・周語〕「貇田若丨」述聞。○丨，當為槷，元謂槷古文，臬叚借字。〔漢書・司馬相如傳〕「丨殪仆」補注。

埶

丨，今藝字也。〔說文〕「怪舊丨而善野言」段注。○丨，今俗作藝。〔說文〕「丨，種也」繫傳。○蓺種之蓺，即丨字。〔說文定聲・卷三〕〔「蓺」下〕○唐人六丨字作藝。〔說文〕「丨，穜也」段注。○唐人樹丨字作蓺。〔同上〕○丨，穜也。〔說文・敍〕「經藝之本」段注。○〔說文定聲・卷一三〕丨又為道藝之藝，樹丨則成材。〔周禮・大司徒〕「六藝，禮、樂、射、御、書、數」。○〔說文〕無勢字，蓋古用丨為之。〔說文〕「丨，穜也」段注。○〔說文定

聲·卷一三〕—，叚借為臬。〔漢書·司馬相如傳〕「藝殪仆」。○〔同上〕—，叚借為禰，實為邇。〔虞書〕「歸格于藝祖」。○〔同上〕—謂借為彝。〔左傳昭公一三年〕「貢之無藝」。

惠 〔說文定聲·卷一二〕—，字亦作憓。〔史記·司馬相如傳〕「義征不憓」。○—，愛。〔詩·北風〕「—而好我」朱傳。又〔小弁〕「君子不—」朱傳。○—，愛也。〔詩·雲漢〕「曷—其寧」陳疏。又〔褰裳〕「子—思我」朱傳。又〔大戴·保傅〕「不—於庶民」王詁。又〔子張問入官〕「故—者」王詁。又〔論語·憲問〕「—人也」劉正義。○—，愛利也。〔論語·公冶長〕「其養民也—」朱注。○—，順。〔詩·燕燕〕「終溫且—」朱傳。又〔板〕「曾莫—我師」朱傳。○—，順也。〔周易·益卦〕「有孚—心、有孚—我德」述聞。又〔詩·桑柔〕「維此—君」陳疏。又〔終風〕「—然肯來」朱傳。又〔思齊〕「—于宗公」朱傳。又〔維天之命〕「駿—我文王」朱傳。又〔楚辭·天問〕「—氣安在」補注。○—者，順也。〔荀子·王制〕「莫若—之」集解引郝懿行。○—猶善也。〔禮記·表記〕「節以壹—」集解。○—猶慈。〔國策·趙策二〕「—主不臣也」鮑注。○—者，仁也。〔論語·公冶長〕「養民也—」劉正義。又〔陽貨〕「恭、寬、信、敏、—」劉正義。○—謂恩—。〔大戴·曾子制言上〕「賤者—焉」王詁。○—，仁也，亦—然順也。〔廣韻·霽部〕○凡以財物與人並謂之—。〔周禮·司救〕「而以王命施—」孫正義。○—與慧同。〔大戴·曾子立事〕「—而不儉」述聞。○—與慧通。〔書·君奭〕「予不—」孫疏。又〔管子·宙合〕「—者，知其不可兩守」義證引孫星衍。○—、慧古通。〔漢書·昌邑哀王傳〕「清狂不—」補注。○—、慧古通用。〔荀子·君道〕「其知—足使規物」集解引盧文弨。○—與慧古字通用。〔方言一二〕注「謂—黠也」箋疏。○經傳或假—為慧。〔說文〕「—，仁也」段注。○辯、辨、慧、—並通。〔廣雅·釋詁一〕「辯，慧也」疏證。○〔說文定聲·卷一二〕—，叚借發聲之詞。〔左傳襄公二六年〕「寺人—牆伊戾」。○〔同上〕—，字亦作蕙。〔廣雅·釋草〕「薰草，蕙草也」。○〔同上〕—，字亦作蕙，木名。〔西山經〕「中皇之山多蕙棠」。○官本—作蕙。〔漢書·揚雄傳〕「蹂—圃」補注。○—當作衛。〔韓子·外儲說左上〕「—嗣公使人僞關市」集解。○—當為急字之誤也。〔荀子·非十二子〕「甚察而不—」集解引王念孫。○—后者，孟姚也，因其為—文王之生母，故稱—后。〔史記·趙世家〕「—后卒」志疑。

慧 —，解也。〔廣韻·霽部〕○—，悟也。〔慧琳音義·卷二〕引〔韻英〕。○—，妍黠也。〔說文〕「妍，一曰惠也」義證引〔增韻〕。○—者，儇敏也。〔國策·楚策三〕「無黠於麋」補正。○—，察也。〔慧琳音義·卷二〕引〔考聲〕。○—，所謂謏訑也。〔說文〕「訑，沇州謂欺曰訑」義證引〔佛遺日摩尼經〕。○—、惠同。〔韓子·說林上〕「—子曰」集解。○—通作惠。〔荀子〕「言無用而辯」雜志。○—、惠古通用。〔周書·謚法〕「柔質受諫曰—」平議。○—與惠古通。〔史記·漢諸侯王年表〕「—王武元年」志疑。○—多與惠通。〔方言一三〕「伯松與雄獨何德—」疏證。又〔同上〕箋疏。○亦借惠為—。〔說文〕「—，儇也」句讀。○—，亦借惠字。〔同上〕義證。○—，古多叚惠為之。〔同上〕段注。○—讀為惠，古字通用。〔周書·度訓〕「知哀以知—」平議。○〔說文定聲·卷一二〕—，叚借為熭。〔廣雅·釋詁二〕「—，乾也」。○辯、辨、—、惠並通。〔廣雅·釋詁一〕「辯，—也」疏證。○〔史記〕—作徇。〔大戴·五帝德〕「幼而—齊」王詁。○—應作惠，音近致譌。〔漢書·王子侯表〕「城陽—王子」補注引齊召南。○—字，疑不息二字之誤。〔淮南·地形〕「食士者無心而—」平議。

幣 —，帛也。〔大戴·諸侯遷廟〕「祝奉—從在左」王詁。又〔孟子·梁惠王下〕「事之以皮—」朱注。○—，—帛。〔廣韻·祭部〕○此—為凡貨之偁，布帛、金錢皆是也。〔說文〕「布，枲織也」段注。○—，餘也。〔周禮·職幣〕「凡用邦財者之—」述聞。○餘財謂之—。〔周禮·大宰〕「九曰—餘之賦」孫正義。又〔大宰〕「—餘之賦」述聞。○—，所以禮神告殺者。〔禮記·禮器〕「贊—而從」集解。○—馬，謂以馬為—。〔周禮·校人〕「飾校人」述聞。○敝、—、弊，字異而義同。〔國策〕「馬服之子」雜志。○—當讀為敝。〔周禮·大宰〕「—餘之賦」述聞。○—為敝之假借。〔同上〕○〔說文定聲·卷一二〕—，叚借敝。〔孔宙碑〕「彫—」。○古敝字多通作—。〔魯語〕「先君之—器」述聞。○帗—即帗敝。〔皇象碑〕「帗—」述聞。○彫—即彫敝也。〔孔宙碑〕「彫—」述聞。○靡—即靡敝也。〔管子·輕重甲〕「靡—之川」述聞。又〔輕重乙〕「器以時靡—」述聞。○—字或作弊。〔管子·小匡〕「戎車待游車之弊」述聞。又〔趙策〕「收破軍之弊」述聞。○古字多以弊為—。〔史記〕「—」雜志。○—，古文作贅，財所以資生者也。〔慧琳音義·卷五四〕○—乃敝字之誤。〔荀子·大略〕「家卿不脩—」平議。○布—，〔風俗通〕引〔傳〕作布帛。〔左傳襄公二九年〕「祓殯而襚則布—也」洪詁。

桂 —，木名。〔廣韻·霽部〕○凡木葉心皆一縱理，獨—有兩道如圭形，故字从圭。〔本草·卷三四〕引〔桂海志〕。○—，白華，冬常青。〔楚辭·招隱士〕「—樹叢生兮山之幽」補注引郭璞。○—謂菌—、牡—之屬，百藥之長也。〔說文〕「—，江南木」義證引〔急就篇〕顏注。○—有菌、牡二種，並出交廣州及—林山。〔慧琳音義·卷一〕引〔本草〕。○自唐以來，木犀謂之—花，亦因芳而被以—名。〔說文定聲·卷一一〕○〔同上〕—欄，即〔離騷〕之木蘭也，亦芳木。〔廣雅·釋木〕「木欄，—欄也」。○—荏，今之紫蘇。〔說文〕「蘇，—荏也」段注。○蘇乃荏類，而味更辛如—，故〔爾雅〕謂之—荏。〔本草·卷一四〕○—枻，謂以—為檝。〔漢書〕「楊旌枻」雜志。○今所謂—竹，古之筀竹也。〔通雅·竹〕○—竹有二種，一高四五丈，大者二尺圍，闊節大葉，狀如甘竹而皮赤。〔文選·吳都賦〕「—箭射筒」集釋引〔竹譜〕。○—竹，生於始興小—縣，大者圍二尺、長四五丈。〔同上〕集釋引劉注。○—、蹶聲同。〔釋木〕「蹶泄，苦棗」郝疏。○—夕即蹶洩。〔同上〕○嶲、灌聲轉，嶲水即灌水，亦即—水。〔漢書·地理志〕「—陽」補注。

○筆當為丨，丨陽所生，因以為名也。〔文選・吳都賦〕「丨箭射筒」集釋引〔山海經箋疏〕。○官本丨作挂。〔漢書・地理志〕「編諸侯之後宮」補注。

滯 丨，疑也。〔通鑑・宋紀三〕「志之所丨」音注。○丨，凝也，久也。〔廣韻・祭部〕○丨者，冰也。〔說文〕「堤，丨也」段注。○丨，積也。〔通鑑・宋紀三〕「志之所丨」音注。○底、丨、凝、竭皆止也。〔淮南・内篇〕「凝竭」雜志。○丨，沉也，止也。〔慧琳音義・卷一八〕引〔考聲〕。○丨，廢也，止也。〔廣韻・祭部〕○丨，亦遺棄之意也。〔詩・大田〕「此有丨穗」朱傳。○丨與稽義同。〔孟子・公孫丑下〕「是何濡丨也」焦正義。○丨，或作墆。〔說文〕「堤，丨也」義證。

際 丨，邊也。〔廣韻・祭部〕又〔楚辭・天問〕「九天之丨」補注。○丨、邊同義。〔莊子・天下〕「天下多得一察焉以自好」集釋。○丨，畔也。〔續音義・卷三〕引〔切韻〕。○丨，畔也，界也。〔慧琳音義・卷一二〕引〔考聲〕。○丨，會也。〔大戴・曾子天圓〕「此皆陰陽之丨也」王詁。又〔廣韻・祭部〕。○丨，畔也。〔廣韻・祭部〕○丨，兩牆相合之縫也。〔說文〕「丨，壁會也」段注。○〔說文定聲・卷一三〕凡兩牆相合之縫曰丨。〔釋詁〕「丨，捷也」。○丨者，壁會也，壁會者，隙也。〔說文〕「𡭴，丨見之白也」段注。○引申之，凡兩合皆曰丨。〔說文〕「丨，壁會也」段注。○丨亦交也。〔孟子・萬章下〕「敢問交丨何心也」焦正義。○丨，接也。〔禮記・祭統〕「上下之丨」集解。又〔孟子・萬章下〕「敢問交丨何心也」朱注。○丨，交會之間。〔論語・泰伯〕「唐虞之丨」朱注。○貴丨，謂相與交丨。〔莊子・徐無鬼〕「仁義之士貴丨」集釋。○丨可，接遇以禮也。〔孟子・萬章下〕「有丨可之仕」朱注。○丨猶降也。〔易・象下傳〕「天丨祥也」李疏。○亥為革命，一丨也，辰又為天門出入候聽，二丨也，卯為陰陽交丨，三丨也，午為陽謝陰興，四丨也，酉為陰盛陽微，五丨也。〔漢書・翼奉傳〕「聞五丨之要十月之交篇」補注引沈欽韓。○丨與察古亦同聲。〔廣雅・釋詁一〕「察，至也」疏證。○丨與察古同聲而通用。〔史記〕「以身得察」雜志。○〔說文定聲・卷一三〕丨，以瘵為之。〔詩・菀柳〕「無自瘵焉」。○（同上）丨，叚借為瘵。〔易・豐〕「天丨翔也」。○丨通作瘵。〔釋詁〕「丨，捷也」邵正義。○丨通作瘵，又通作戢。（同上）郝疏。

厲 丨，水厓也。〔詩・有狐〕「在彼淇丨」述聞。○丨謂水厓也。〔廣雅・釋詁一〕「丨，方也」疏證。○水旁謂之側，亦謂之丨，水厓謂之丨，亦謂之側。〔詩・有狐〕箋「二章言淇丨，三章言淇側」述聞。○淇丨為淇水之厓也。〔詩・有狐〕「在彼淇丨」述聞。○淇丨與淇側同義。（同上）○水絕石曰丨。（同上）集疏引韓說。○丨亦作礪。〔方言一二〕「丨，熟也」疏證。○丨，字亦作礪。〔說文定聲・卷一三〕○丨，或作礪。〔說文〕「丨，旱石也」義證。○〔夏紀〕丨作礪，俗字。〔漢書・地理志〕「杶、幹、栝、柏、丨、砥、砮、丹」補注。○丨即礪。〔國策・秦策一〕「綴甲丨兵」補正。○丨與礪同。〔詩・公劉〕「取丨取鍛」陳疏。○丨、礪同，礲也。〔國策・秦策五〕「非所以丨群臣也」鮑注。○丨，砥。〔詩・公劉〕「取丨取鍛」朱傳。○精者曰砥，粗者曰丨。〔說文定聲・卷一三〕○黑石曰丨。〔說文〕「丨，旱石也」義證引〔急就篇〕顔注。○黑石曰丨，即此所謂玄丨矣。〔漢書・司馬相如傳〕「瑊玏玄丨」補注。○丨，即履石渡水之砅。〔司馬相如傳〕「越壑丨水」補注引錢大昭。○丨者，磨錯垢故以就新。〔通鑑・漢紀二八〕音注。○丨讀為利。〔管子・揆度〕「臣之能謀丨國定名者」平議。○丨兵猶利兵也。〔左傳文公七年〕疏證引梁履繩。○丨，惡也。〔廣韻・祭部〕又〔詩・民勞〕「以謹醜丨」朱傳。○丨，病也。〔孟子・滕文公上〕「則是丨民而以自養也」朱注。又〔莊子・天地〕「使口丨爽」集釋。○丨猶病也。〔論語・子張〕「未信則以為丨己也」朱注。○丨，疾病也。（同上）劉正義。○丨者，病也。〔穀梁傳隱公五年〕「始丨樂矣」平議。○丨，危也。〔通鑑・漢紀三八〕「故日夜惕丨」音注。○丨，危行也。〔魏紀一〇〕「不為皎丨之事」音注。○丨，危也，嚴也。〔慧琳音義・卷一一〕○上行亦謂之丨。〔楚辭・遠游〕「徐弭節而高丨」述聞。又〔大人賦〕「紛鴻溶而上丨」述聞。○丨天，猶俗云摩天。〔詩・小宛〕「翰飛戾天」通釋。○丨，激昂也。〔國策・齊策六〕「乃丨氣循城」鮑注。○丨，疾也，重言之曰丨丨。〔荀子・王制〕「彼將丨丨焉日日相離疾也」集解。○丨，猛也。〔荀子〕「威丨而不試」雜志。○丨之言烈也。〔方言一二〕「丨，熟也」箋疏。○丨，烈也，猛也，亦嚴整也。〔廣韻・祭部〕○丨，怨。〔詩・桑柔〕「誰生丨階」朱傳。○丨，虐也。〔說文〕「魅，丨鬼也」義證引〔玉篇〕。○丨，虐，惡謚也。〔孟子・離婁上〕「名之曰幽丨」朱注。○丨，暴惡也。〔詩・正月〕「胡然丨矣」朱傳。○剛暴繆盭之君為丨。〔說文定聲・卷一七〕（「靈」下）○丨，癘氣也。〔說文〕「媊，太白號上公，妻曰女媊，居南斗食丨」繫傳引〔甘氏星經〕。○丨音賴，惡疾也。〔國策・秦策三〕「漆身而為丨」鮑注。○丨蠱，喻惡疾害人。〔詩・思齊〕「丨蠱不瑕」集疏。○丨，犯正而為惡也。〔慧琳音義・卷一一〕引〔考聲〕。○丨，氣不和也。（同上）○丨，亂。〔詩・瞻卬〕「降此大丨」朱傳。○無主之鬼曰丨。〔屈賦・惜誦〕「吾使丨神占之兮」戴注。○丨殃，謂丨鬼凶害。〔說文〕「禳，磔禳祀除丨殃也」段注。○死而無後曰丨。〔左傳成公一〇〕「晉侯夢大丨」疏證引李頤。○丨與連聲相近，故得訓為合。〔廣雅・釋詁二下〕「丨，合也」疏證。○丨訓方，旁也。〔詩・有狐〕「在彼淇丨」通釋。○丨之言浮也。〔廣雅・釋詁一〕「丨，方也」疏證。○丨與浮聲近義同。（同上）○俶、丨為作為之作，又為動作之作。〔釋詁〕「俶、丨，作也」述聞。○丨，勉也。〔荀子〕「勸屬」雜志。○丨之言陵丨也，陵水而渡，故謂之丨。〔詩・匏有苦葉〕「深則丨」述聞。○丨，颯丨也。〔通鑑・漢紀二八〕「欲以内丨天子而外塞百姓之議」音注。○丨，嚴丨也，勉丨也，奮丨也，振丨也。〔通鑑・周紀四〕「乃丨氣循城」音注。○丨，威嚴也。〔論語・陽貨〕「色丨而内荏」朱注。○丨，嚴肅也。〔述而〕「子温而丨」朱注。○丨者，辭之確。〔子張〕「聽其言也丨」朱注。○丨，大帶之垂者。〔詩・都人士〕「垂帶而丨」後箋。○丨與䂮亦同義，謂垂帶之餘以為飾。〔廣雅・釋詁三〕「䂮，餘也」疏證。○丨，垂帶之貌。〔詩・都人士〕「垂帶而丨」朱傳。○以衣而涉曰丨。〔詩・匏有苦葉〕「深則丨」朱傳。○

以衣涉水曰|。〔論語・憲問〕「深則|」朱注。○以衣涉水為|。〔同上〕劉正義。○以衣涉水為|，繇帶以上為|。〔詩・匏有苦葉〕「深則|」集疏引魯説。○|，由膝以上為涉之正限，深於此而上於帶則為|，淺於此而褰衣則為揭耳。〔同上〕後箋。○至心曰|。〔同上〕集疏引韓説。○|，深水可涉處也。〔詩・有狐〕「在彼淇|」朱傳。○|，渡也。〔楚辭・遠游〕「徐弭節而高|」補注。又〔屈賦・遠游〕戴注。○|者，涉也。〔詩・有狐〕「在彼淇|」陳疏。○|為涉水之名。〔詩・匏有苦葉〕「深則|」述聞。○|，徒涉水之名。〔同上〕通釋。○|謂陵水而渡也。〔釋水〕「以衣涉水為|」述聞。○|者，横渡之名。〔大人賦〕「横|飛泉」述聞。○横行亦謂之|。〔漢書・陳湯傳〕「横|烏孫」述聞。○|固梁之屬也，橋名。〔詩・有狐〕「在彼淇|」後箋引〔詩考正〕。○|，或為橋梁之屬。〔文選・上林賦〕「越壑|水」集釋。○|、烈古聲同。〔方言一〕「烈，餘也」箋疏。○古|、裂同聲。〔穀梁傳隱公五年〕「始|樂矣」述聞。○|之言裂也。〔同上〕○〔説文定聲・卷一三〕|，叚借為裂。〔詩・都人士〕「垂帶而|」。○|通作礪。〔方言一二〕「|，熟也」箋疏。○〔説文定聲・卷一三〕|，叚借為砅。〔釋水〕「以衣涉水為|」。○|與鴷通，|亦疾意也。〔廣雅・釋宮〕「鴷，犇也」疏證。○|與勵通。〔廣雅・釋詁一〕「勵，勸也」疏證。○〔説文定聲・卷一三〕|，叚借為勱。〔漢書・儒林傳〕「以|賢材」。○〔同上〕|，叚借為癘。〔詩・民勞〕「以謹醜|」。○古多借|為癘。〔説文〕「癘，惡疾也」段注。○凡經傳有|訓為惡、訓為病、訓為鬼者，謂|即癘之假借也。〔説文〕「厲，旱石也」段注。○[illegible]、瘌、癘、|並通。〔廣雅・釋詁一〕「[illegible]，病也」疏證。○|、癩聲近假借。〔國策・趙策一〕「又漆身為|」鮑注。○|當讀為濿。〔詩・匏有苦葉〕「深則|」陳疏。○|有訓為涉水者，謂|即濿之假借。〔説文〕「厲，旱石也」段注。○|讀為烈。〔釋天〕「在戊曰|」郝疏。○〔説文定聲・卷一三〕|，叚借為烈。〔禮記・樂記〕「發揚蹈|之已蚤」。○|即烈之假借也。〔説文〕「厲，旱石也」段注。○〔説文定聲・卷一三〕|，叚借為迾。〔周禮・司隸〕「守王宮與野舍之|禁」。○|與迾古亦通用。〔廣雅・釋詁二〕「迣，遮也」疏證。○|訓為遮列者，謂|即迾之假借也。〔説文〕「厲，旱石也」段注。○|，史音賴。〔國策・燕策二〕「被髮自漆為|」補正。○|轉為賴。〔左傳僖公一五年經〕「齊師曹師伐|」疏證引沈欽韓。○〔説文定聲・卷一三〕|，叚借為賴。〔論語〕「則以為|己也」。○|與賴古音通。〔左傳僖公一五年經〕「齊師曹師伐|」疏證引惠棟。○|、賴古多通用。〔方言二〕「賴，讎也」疏證。○|、賴聲近古多借。〔國策・秦策三〕「漆身而為|」補正。○|、賴同聲，古字通。〔左傳僖公一五年經〕「齊師曹師伐|」洪詁。○古書|與賴通，祖、嗟聲亦相近。〔漢書・武帝紀〕「西臨祖|河而還」補注引錢大昕。○|者，瀨之叚字。〔詩・有狐〕「在彼淇|」平議。○|，當為瀨之借字，水流沙石閒，當在由深而淺之處。〔同上〕後箋。○|與巁通。〔廣雅・釋詁一〕「|，上也」疏證。又〔釋詁四〕「|，高也」疏證。○〔説文定聲・卷一三〕|，叚借為巁。〔禮記・月令〕「征鳥|疾」。○|亦廉也，語之轉耳。〔廣雅・釋詁一〕「|，方也」疏證。○古利、|通用。〔史記・陳杞世家〕「是為|公」志疑。○〔説文定聲・卷一三〕|，叚借為洌。〔長笛賦〕「激朗清|」。○〔同上〕|，叚借為凓、為冽。〔易・乾〕「夕惕若|」。○〔同上〕|，叚借為連，連、|雙聲。〔廣雅・釋詁二〕「|，合也」。○〔同上〕|，叚借為隸。〔韓詩・旱麓〕「翰飛|天」。○〔同上〕|，叚借為[illegible]。〔方言一二〕「羞、|，熟也」。○〔同上〕|，叚借為盭。〔禮記・檀弓〕「斬祀殺|」。○|、戾古義通。〔莊子・養生主〕「國為虛|」集釋。○|，或作礪。〔説文〕「魅，|鬼也」義證。○|字當作裂。〔左傳桓公二年〕「鞶|游纓」疏證。○|，三家作砅，又作濿。〔詩・匏有苦葉〕「深則|」集疏。○|今書作勵。〔文選・夏侯常侍誄〕「弱冠|翼」集釋。○|當作廣。〔説文〕「濁水，出齊郡|嬀山」義證。○|舊作屬。〔呂覽・遇合〕「|女德而弗忘」校正。○|風，〔淮南〕作麗風。〔呂覽・有始〕「西北曰|風」校正。

濿 |與厲同。〔楚辭・疾世〕「|滄海兮東遊」補注。○|，或砅字也。〔説文〕「𣻡，徒行|水也」段注。○|，通作厲。〔同上〕義證。○|，字多作厲。〔説文〕「|，砅或从厲」段注。○|，引申之為凡渡水之稱。〔同上〕○|，以衣渡水由膝已上。〔廣韻・祭部〕○|，履石渡水，通作厲。〔楚辭・離世〕「櫂舟杭以横|兮」補注。

涕 |，字亦作洟，篆體夷、弟偏旁易于相亂，故别製洟以當之。〔説文定聲・卷一二〕○|，|洟。〔廣韻・霽部〕

契 |、栔一字。〔説文〕「|，大約也」句讀。○大曰券，小曰|。〔慧琳音義・卷七〕引〔考聲〕。○|，|約。〔廣韻・霽部〕○|，約也。〔國策・西周策〕「獨知之|也」鮑注。○|，要也，約也。〔慧琳音義・卷七〕引〔韻英〕。○|，言以國為約。〔國策・秦策三〕「載主|國」鮑注。○凡相約束皆曰|。〔慧琳音義・卷九九〕引顧野王。○|，信文也。〔卷六一〕○今人但於買賣曰文|。〔説文〕「|，大約也」段注。○〔説文定聲・卷一三〕凡質劑之書券今言合同，簿書之冣目今言總帳，獄訟之要辭今言案卷、言結，皆曰|。〔説文〕「|，大約也」。○〔説文定聲・卷一五〕楚焞謂之|，如今之麻骨，以荆為之。〔周禮・箠氏〕「遂龡其焌|」。〔「焌」下〕○|，合也。〔義府・卷上〕○|猶摞也。〔廣雅・釋詁三〕「摞，束也」疏證。○|即挈，挈囊，言可挈之以行也。〔漢書・趙充國傳〕「印家將軍以為安世本持橐簪筆」補注引周壽昌。○|音器，||，憂苦也。〔詩・大東〕「||寤歎」朱傳。○||，猶眉眉也。〔通雅・釋詁〕○〔通雅・卷一〇〕||、啜啜，歎也。梁鴻〔適吳詩〕「咸先佞兮啜啜」。○|闊，勤苦也。〔通鑑・漢紀五四〕「死生|闊」音注。○今人謂久别曰|闊。〔義府・卷上〕○|闊，隔遠之意。〔詩・擊鼓〕「死生|闊」朱傳。○|闊為間別之意。〔同上〕後箋。○|闊，猶云合離聚散。〔同上〕通釋。○|闊，〔韓詩〕作|括，|當作絜，絜括為約束之義。〔同上〕後箋。○|需即怯懦。〔通雅・釋詁〕○|音器，所以然火而灼龜者也。〔詩・緜〕「爰|我龜」朱傳。○|，以刀刻龜甲欲鑽之處也。〔同上〕○刀判缺之故曰|。〔説文〕「|，大約也」繫傳。○

丨，別書之以刀判其旁。〔國策・齊策四〕「載券丨而行」鮑注。○丨謂以刀分之有相入之齒縫也。〔說文〕「丨，大約也」繫傳。○丨者，類之省形存聲字。〔說文〕「類，司人也」句讀。○丨與挈同。〔漢書・毋將隆傳〕「丨國威器共其家備」補注引錢大昕。○栔、挈、丨、鍥並字異而義同。〔國策〕「挈領」雜志。○丨讀為挈。〔詩・緜〕「爰丨我龜」陳疏。○丨，又叚為挈字。〔說文〕「丨，大約也」段注。○丨乃挈之假借。〔詩・擊鼓〕「死生丨闊」陳疏。○〔說文定聲・卷一三〕丨，叚借為挈。〔漢書・毋將隆傳〕「丨國威器」。○丨、挈同聲叚借字，挈與提義同。〔墨子・經下〕「丨與枝板」閒詁。○〔說文定聲・卷一三〕丨，叚借為栔。〔詩・緜〕「爰丨我龜」。○經傳或叚丨為栔。〔說文〕「丨，大約也」段注。○〔說文定聲・卷一三〕丨，叚借為割。〔釋詁〕「丨，絶也」。○〔同上〕丨，叚借為觢。〔易・睽〕「丨，一角仰也」。○丨，字又作挈。〔國策〕「挈領」雜志。○丨當作恝。〔說文〕「忍，怒也」義證。○丨，一作刻。〔呂覽・察今〕「遽丨其舟」校正。○丨當為挈。〔墨子・經下〕「丨與枝板」閒詁引張惠言。○丨，齊作挈。〔詩・緜〕「爰丨我龜」集疏。○丨，三家作挈。〔詩・大東〕「丨丨寤歎」集疏引陳喬樅。

獘 丨、殪皆踣也。〔釋木〕「蔽者，翳」述聞。○丨，困也，惡也。〔廣韻・祭部〕○丨者，勞師旅、丨兵革之謂。〔屈賦・天問〕「胡終丨于有扈」戴注。○〔通雅・卷五〕丨梗，丨敗梗塞也。〔管子・四時〕「謹禱丨梗」。○丨亦餘也。〔周禮・大宰〕「幣餘之賦」述聞。○敝字或作丨，丨亦餘也，合言之則曰丨餘。〔大宰〕「九曰幣餘之」孫正義。○〔說文定聲・卷一二〕丨猶化也。〔禮記・祭義〕「骨肉斃于下」。○丨與幣同。〔管子〕「丨梗」雜志。○丨字并與幣同。〔史記〕「幣」雜志。○敝、幣、丨字異而義同。〔國策〕「馬服之子」雜志。○丨與憋聲義亦同。〔廣雅・釋詁三〕「憋，惡也」疏證。○丨，俗又引申為利弊字，遂改其字作弊。〔說文〕「丨，頓仆也」段注。○丨，叚借為凡仆之偁。〔同上〕○〔說文定聲・卷一二〕丨，叚借為敝。〔晉語〕「今吾司寇之刀鋸日弊」。○〔同上〕丨，叚借為蔽。〔秦策〕「南陽之弊幽」。○〔同上〕丨，叚借為幣，搏弊者，敷弊也。〔莊子・則陽〕「史鰌奉御而進所搏弊而扶翼」。○〔同上〕丨，叚借為擊，或為制。〔周禮・大宰〕「以弊邦治」。○〔同上〕丨，叚借為疲。〔管子・侈靡〕「澤不弊而養足」。○〔同上〕丨，叚借為戰。〔周禮・大司馬〕「火弊羅弊車弊徒乃弊」。○丨，今作斃。〔說文〕「丨，頓仆也」句讀。

弊 丨，劣也。〔慧琳音義・卷五〕引〔考聲〕。○丨，惡也。〔同上〕引〔韻詮〕。○丨，盡也，盡以招士。〔韓子・存韓〕「以金石相丨」集解引舊注。○與金石相丨，謂與金石齊壽也。〔同上〕集解引王先謙。○丨當讀為蔽。〔韓子・孤憤〕「故人主愈丨」集解引顧廣圻。○丨讀為蔽。〔韓子・難一〕「賞罰不丨於後」集解引顧廣圻。又〔韓子・姦劫弒臣〕「為姦利以丨其上」集解。○丨讀為敝。〔荀子・正論〕「金舌幣口」平議。○敝正字，丨者獘之俗，叚借字也。〔周禮・巾車〕「歲時更續共其丨車」孫正義。○丨，古通作幣字。〔管子・四時〕「謹禱丨梗」義證。○官本丨作敝。〔漢書・宣帝紀〕「推亡固存」補注。○丨，官本作敝，〔史記〕同。〔漢書・司馬遷傳〕「補丨起廢」補注。

斃 丨，死也。〔廣韻・祭部〕○丨、敝通借。〔漢書・嚴延年傳〕「二周餘丨」補注引周壽昌。○丨當作弊，古字通。〔左傳襄公二七年〕「不可單丨其死」洪詁。○丨當作弊。〔左傳僖公四年〕「小臣亦丨」疏證。○丨，〔五行志〕作敝。〔左傳襄公二九年〕「侈將以其力丨」洪詁。○丨，〔御覽〕引作敝。〔左傳宣公一五年〕「有以國丨」疏證。

帝 丨者，諦也。〔說文繫傳・通論上〕○丨者，天下之適也。〔說文〕「王，天下所歸往也」義證引〔文子〕。○德配天地不私公位稱之曰丨。〔說文〕「丨，諦也」義證引〔初學記〕。○丨者，主也。〔莊子・徐無鬼〕「是時為丨者也」集釋。○此丨指天子耳。〔漢書・禮樂志〕「丨臨中壇」補注引劉攽。○丨，上丨也。〔詩・玄鳥〕「古丨命武湯」朱傳。○丨，天也。〔詩・長發〕「丨命不違」陳疏。○丨亦天也。〔書・多士〕「惟丨不畀」孫疏。○丨本訓上天也。〔說文定聲・卷一二〕○丨，天丨也。〔詩・長發〕「丨命不違」集疏引齊說。○丨即天神丨也。〔漢書・地理志〕「有五龍山、丨」補注引錢大昕。○正氣為丨。〔說文〕「人，天地之性最貴者也」義證引〔春秋演孔圖〕。○二束為丨。〔說文繫傳・通論上〕○丨服，謂所服皆丨者之飾。〔屈賦・雲中君〕「龍駕兮丨服」戴注。○丨予即丨杍。〔通雅・姓名〕○〔說文定聲・卷一二〕丨，叚借為定，丨、定一聲之轉。〔周禮・瞽矇〕「世丨繫」。○〔同上〕丨，叚借為諦。〔廣雅・釋詁三〕「丨，諟也」。○〔同上〕丨，叚借為臺，此形近而誤。〔呂覽・過理〕「宋王築為蘖丨」。○丨，本作常。〔荀子・賦〕「丨不齊均」集解引王念孫。○丨當作商。〔史記・周本紀〕「丨紂聞武王來」志疑。○三丨字皆當作商。〔周本紀〕「以告丨紂，丨紂聞武王來，以大卒馳丨紂師」志疑引〔史詮〕。○丨當為放勳二字。〔書・堯典〕注「丨一作放勛」孫疏。○丨，魯作天。〔詩・菀柳〕「上丨甚蹈」集疏。○〔論衡〕丨賜作而錫。〔左傳昭公二九年〕「丨賜之姓」洪詁。○丨誥是逸書篇名。〔史記・殷本紀〕「作丨誥」志疑。○後世僭稱王者自徐偃始，僭稱丨者自秦昭、齊閔始，合稱皇丨則自秦始。〔史記・殷本紀〕「其後世貶丨號為王」志疑。

蔽 〔說文定聲・卷一二〕丨丨，蓋謂小草之皃。〔說文〕「丨丨，小草也」。○丨猶茀也。〔釋器〕「後謂之丨」郝疏。○丨，掩也。〔廣韻・祭部〕又〔慧琳音義・卷一二〕引〔考聲〕。○丨亦弇也。〔周書〕「翕其目」雜志。○丨，遮掩也。〔論語・陽貨〕「女聞六言六丨矣乎」朱注。○丨猶蓋也。〔為政〕「一言以丨之」朱注。○丨，本訓蓋覆也。〔說文定聲・卷一二〕○丨，屏也。〔說文〕「屏，丨也」繫傳。○丨，遮隔也。〔孟子・公孫丑上〕「詖辭知其所丨」朱注。○丨，隱也。〔離騷〕「好丨美而嫉妒」補注引五臣。○丨，全隱也。〔漢書・司馬相如傳〕「日月丨虧」補注引王文彬。○丨猶伏。〔國策・趙策二〕「君無丨言」鮑注。○丨，暗不明也。〔慧琳音義・卷四〕引〔玉篇〕。○丨，或謂之箭裏，或謂之棊。〔楚辭・招魂〕「菎丨象棊」補注。

○丨膝，韠也。〔通雅·衣服〕○丨膝者，於衣裳上著之以丨前也，一名韍，又曰韠，亦謂之襜。〔説文〕「市，韠也」義證引〔急就篇〕顔注。○丨芾，盛貌。〔詩·甘棠〕「丨芾甘棠」朱傳。○敝與丨同。〔廣雅·釋詁一〕「丨，極也」疏證。○丨與㡀聲近義同。〔廣雅·釋詁二〕「㡀，小也」疏證。○丨，撆之異體。〔説文〕「撆，飾也」段注。○〔説文定聲·卷一二〕丨，叚借為撆，今蘇俗言人明決曰有撇斷。〔小爾雅·廣言〕「丨，斷也」。○（同上）丨，叚借為弊。〔楊君石門頌〕「惡蟲丨狩」。○丨與弊通。〔左傳襄公二七年〕「以誣道丨諸侯」洪詁引惠棟。○丨乃敝之叚字。〔老子十五章〕「故能丨不新成」平議。○〔説文定聲·卷一二〕丨，或曰此誼借為閉。〔史記·淮陰侯傳〕「閒道萆山」索隱「丨者，蓋覆也」。○（同上）丨，或曰借為制。〔晉語〕「及丨獄之日」。○（同上）丨，叚借為箳。〔方言五〕「箳謂之丨」。○獘、斃並與丨通。〔釋木〕「丨者，翳」述聞。○丨通作萆，又通作斃。〔釋詁〕「丨，微也」郝疏。○丨當作斃，丨叚借字。〔釋木〕「丨者，翳」郝疏。○丨當為潎。〔説文〕「箔，丨絮簀也」義證。○丨當作被。〔韓子·用人〕「道丨天地」集解。○丨罪，〔家語〕引作弊罪。〔左傳昭公一四年〕「丨罪邢侯」洪詁。

敝

〔説文定聲·卷一二〕丨，帗也。〔禮記·緇衣〕「苟有衣必見其丨」。○丨者，帗也。〔論語·公冶長〕「丨之而無憾」劉正義。○丨音布蔑反，謂衣袂也。〔禮記·緇衣〕「苟有衣必見其丨」述聞。○丨者，敗衣也，因以為孰之偁。〔説文〕「絮，丨緜也」段注。○丨為衣敗殘之名。〔周禮·大宰〕「九曰幣餘之」孫正義。又〔大宰〕「幣餘之賦」述聞。○丨絮謂孰緜也。〔説文〕「絮，一曰丨絮」段注。○丨，敗也。〔禮記·緇衣〕「行必稽其所丨」集解。又〔左傳僖公一〇年〕「丨于韓」洪詁引賈逵。○丨猶敗，無成事也。〔國策·燕策二〕「丨而不售」鮑注。○丨，引申為凡敗之偁。〔説文〕「丨，一曰敗衣」段注。○丨，敗惡也。〔通鑑·周紀三〕「今秦有丨甲凋兵軍於澠池」音注。○丨，壞。〔詩·敝笱〕「丨笱在梁」朱傳。○丨，壞也。〔禮記·郊特牲〕「冠而丨之」集解。又〔論語·子罕〕「衣丨緼袍」朱注。又〔公冶長〕「丨之而無憾」朱注。○引伸之，凡物敗壞並謂之丨。〔考工記〕「輪丨之材不失職謂之完」孫正義。○凡故丨、靡丨、丨惡通謂之丨。〔周禮·巾車〕「歲時更續共其弊車」孫正義。○凡物之殘者，皆謂之丨餘。〔大宰〕「九曰幣餘之」孫正義。○丨，困。〔國策·秦策五〕「南陽之丨幽」鮑注。○丨亦餘也。〔國策〕「馬服之子」雜志。○丨與終同義。〔緇衣〕「故言必慮其所終，而行必稽其所丨」述聞。○丨猶終也。〔左傳襄公三〇年〕「誰知所丨」述聞。○丨，謂其後世政教之失也。〔禮記·表記〕「其民之丨」集解。○丨當讀為蹩。〔禮記·禮運〕「而弗丨也」平議。○丨讀曰蔽。〔墨子·經説下〕「足丨下光」閒詁引張惠言。○丨與蔽同。〔廣雅·釋詁一〕「蔽，極也」疏證。○丨、幣、獘字異而義同。〔國策〕「馬服之子」雜志。○丨與獘通。〔方言三〕「器物獘亦謂之挾斯」箋疏。○丨與蔽通。〔方言四〕「大巾自關東西謂之蔽厀」箋疏。○〔説文定聲·卷一二〕丨，叚借為蔽。〔考工記·弓人〕「長其畏而薄其丨」。○（同上）丨，叚借為㡀。〔禮記·郊特牲〕「冠而丨之」。○丨作獘。〔史記索隱〕「異文」雜志。○丨，〔史記〕作弊。〔左傳僖公一〇年〕「丨於韓」洪詁。○丨當作蔽。〔漢書·東方朔傳〕「主自執宰丨膝」補注。○官本丨作弊。〔漢書·五行志〕「夫天子省風以作樂」補注。○丨，〔論衡〕引作弊。〔左傳襄公二一年〕「女丨族也」洪詁。○丨，〔左傳〕作斃。〔漢書·五行志〕「專則人實丨之」補注引葉德輝。

髺

丨與髻同字。〔詩·君子于役〕「曷其有佸」後箋。○丨，綰髮。〔廣韻·霽部〕○丨與結同。〔方言四〕注「髮亦結也」箋疏。○丨，竈神名。〔集韻·屑部〕○丨，竈神名，著赤衣，狀如美女。〔集韻·質部〕○丨、結、紒並通。〔廣雅·釋器〕「假結謂之鬠」疏證。○丨鬠，本作結括。〔通雅·身體〕

鋭

丨之籒文㓹，從剡。〔説文〕「剡，丨」句讀。○丨，矛也。〔廣韻·泰部〕○丨，銛也。〔慧琳音義·卷六〕引〔博雅〕。○丨，兵也。〔國策·楚策一〕「被堅執丨」鮑注。○丨，利也。〔廣韻·祭部〕○丨，耑細丨也。〔説文〕「玉，石之美，有五德」繫傳。○凡物之丨者，皆與小同義也。〔廣雅·釋詁二〕「莌，小也」疏證。○丨、兑古通用。〔廣雅·釋詁四〕「攙，丨也」疏證。○兑、丨字通。〔漢書·天文志〕「隨北耑丨」補注。○〔説文定聲·卷一三〕丨，叚借為駾。〔孟子〕「其進丨者，其退速」。○（同上）丨字亦作莌。〔方言二〕「莌，小也」。○亦省丨為兑。〔説文〕「丨，芒也」句讀。○丨當作鈗。〔左傳成公二年〕「丨司徒免乎」疏證引孫星衍。

戾

丨，犬善出卑户也。〔説文〕「丨，曲也」繫傳。○丨謂犬出户下而身曲。○〔説文〕「盭，弼丨也」段注。○丨，乖。〔詩·節南山〕「降此大丨」朱傳。○丨，乖丨也。〔大戴·文王官人〕「心氣鄙丨者」王詁。○丨，反也。〔詩·抑〕「亦維斯丨」朱傳。○丨之言反也。〔禮記·祭義〕「風丨以食之」平議。○丨，曲也。〔楚辭·逢紛〕「繚丨宛轉」補注。又〔思古〕「雲吸吸以湫丨」補注。又〔慧琳音義·卷一〇〕。○丨者，曲也。〔説文〕「輙，車丨也」段注。○丨，曲也。〔廣韻·屑部〕○丨者，身曲也，蓋言身受曲丨不能自伸。〔漢書·宣帝紀〕「武帝曾孫，丨太子孫也」補注引周壽昌。○狼與丨同義。〔漢書〕「連語」雜志。○丨猶暴。〔國策·秦策二〕「虎者，丨蟲」鮑注。○丨即厲也。〔國策·趙策二〕「而齊為虚丨」札記。○此丨即厲也。（同上）補正。○丨，罪也。〔廣韻·屑部〕○罪、丨通名。〔釋詁〕「丨，辠也」郝疏。○丨，忿丨也。〔大戴·文王官人〕「廉絜而不丨」王詁。○丨，曲也，至也，無其功有其意謂之罪，有其功無其意謂之丨。〔集韻·屑部〕○丨，至。〔詩·采芑〕「其飛丨天」朱傳。○丨，至也。〔詩·小宛〕「翰飛丨天」朱傳。又〔采菽〕「亦是丨矣」朱傳。又〔泮水〕「魯侯丨止」朱傳。又〔中庸〕「詩云，鳶飛丨天」朱注。○丨亦至也。〔詩·泮水〕「思樂泮水」陳疏。○丨者，止之待也。〔釋詁〕「丨，待也」郝疏。○丨，安止於是。〔詩·采菽〕「亦是丨矣」後箋。○丨，定也。〔詩·雨無正〕「靡所止丨」朱傳。又〔桑柔〕「民之未丨」朱傳。○丨亦當訓定。〔詩·采菽〕「亦是丨矣」通釋。○丨，乖也，罪也。〔廣韻·霽部〕○丨，待也，利也，立也，來也，至也，定也。（同上）又

很丨。(同上)〇丨，疾也。〔國策・趙策二〕「而齊為虛丨」鮑注。〇丨，乾也。〔禮記・祭義〕「風丨以食之」集解。〇丨當訓善。〔詩・抑〕「哲人之愚」通釋。〇丨與善同義。〔廣雅・釋詁一〕「丨，善也」疏證。〇丨莎，莎名也。〔文選・上林賦〕「攢丨莎」集釋引司馬彪。〇丨即莀之省，當是莀草，亦名丨莎。(同上)集釋。〇丨莎，猶言綠莎也。〔漢書・司馬相如傳〕「攢丨莎」補注。〇丨，聲轉為吝。〔釋詁〕「丨，待也」郝疏。〇丨、賴，語之轉耳。〔廣雅・釋詁一〕「丨，善也」疏證。〇狼、丨，語之轉。〔廣雅・釋詁四〕「狼，盭也」疏證。〇丨、癘一聲之轉。〔墨子・尚同中〕「疾菑丨疫」閒詁。〇〔說文定聲・卷一二〕丨，或曰罪義，借為律。〔周書・大匡〕「刑罰之丨」。〇丨、厲字通。〔墨子・天志中〕「丨疫凶饑」閒詁。〇丨者，厲之假借，附也。〔詩・小宛〕「翰飛丨天」通釋。〇丨，沴字之假音。〔墨子・尚同中〕「疾菑丨疫」閒詁引畢沅。〇〔說文定聲・卷一二〕丨，段借為利。〔禮記・大學〕「一人貪丨」。〇(同上)丨，段借為盭。〔詩・節南山〕「降此大丨」。〇(同上)丨，段借為逮。〔釋詁〕「丨，至也」。〇(同上)丨，段借為颲。〔禮記・祭義〕「風丨以食之」。〇(同上)丨，段借為賴，實為類。〔廣雅・釋詁一〕「丨，善也」。〇(同上)丨，段借為裂。〔淮南・主術〕「曲得其宜，無所擊丨」。〇(同上)丨，段借為勵。〔晉語〕「夫以果丨順行」。〇(同上)丨，段借為莀。〔史記・司馬相如傳〕「攢丨莎」。〇丨亦作盭。〔方言三〕「軫，丨也」疏證。〇丨字或作盭。〔漢書〕「連語」雜志。〇丨當為盭。〔說文〕「詪，很丨也」義證。〇丨當為莀。〔說文〕「綟，帛丨艸染色」義證。〇〔說文定聲・卷一二〕丨，或作吝。〔禮記・大學〕「一人貪丨」。〇丨，韓作厲。〔詩・小宛〕「翰飛丨天」集疏。

裔 丨字亦以緆為之。〔說文定聲・卷一二〕〇丨，邊也。〔廣韻・祭部〕又〔楚辭・湘夫人〕「蛟何為兮水丨」補注。又〔屈賦・湘夫人〕戴注。又〔通鑑・漢紀四八〕「虔之四丨」音注。〇丨，苗丨也，又容丨也。〔廣韻・祭部〕〇丨，後末也。〔慧琳音義・卷五四〕引〔集訓〕。〇丨丨，流行貌。〔漢書・司馬相如傳〕「般乎丨丨」補注。〇〔通雅・卷九〕丨丨，亦謂行旋容容也。〔郊祀詩〕「神哉沛般丨丨」。〇(同上)丨丨，亦通泄泄，一作洩洩，羣行兒，本衣邊。相如賦「淫淫乎丨丨」。〇丨、怈、忕聲義並同。〔方言一二〕「丨，習也」箋疏。〇怈、洩、忕、丨並字異而義同。〔廣雅・釋詁二〕「丨，習也」疏證。〇衛、丨、圻並聲近義同。〔釋詁〕「衛，垂也」郝疏。〇丨與邀聲相近，義相近也。〔廣雅・釋詁一〕「丨，遠也」疏證。〇丨、艾，聲之轉。〔釋詁〕「艾，相也」邵正義。〇丨、艾，聲之轉也。〔方言一三〕「丨，歴，相也」箋疏。〇〔說文定聲・卷一二〕丨，段借為怈。〔方言一二〕「丨，習也」。〇(同上)丨，段借為睇。〔方言一三〕「丨，相也」。〇〔史記〕丨作裒。〔左傳昭公元年〕「金天氏有丨子曰昧」洪詁。〇丨作裒。〔史記・高祖功臣侯者年表〕「爰及苗丨」志疑引〔班馬類字〕。

裒 丨即裔字。〔管子・法禁〕義證引孫星衍。

袂 丨亦作褹。〔方言四〕「無丨衣謂之褙」箋疏。〇丨，字亦作襼、作褹。〔說文定聲・卷一三〕〇丨，袖也。〔國策・齊策一〕「舉丨成幕」鮑注。又〔廣韻・祭部〕。〇丨，衣袖也。〔說文〕「丨，袖也」義證引〔字苑〕。〇袖謂之丨。〔屈賦・湘夫人〕「捐予丨兮江中」戴注。〇析言之，則袖曰丨。〔說文定聲・卷九〕〔「袪」下〕〇丨，褾也。〔說文〕「丨，袖也」義證引〔字苑〕。〇丨，褾也，衣袖也。〔慧琳音義・卷四九〕引〔字苑〕。〇丨，俚言袖繳。〔說文〕「袪，衣丨」繫傳。〇丨即今衣之袖口。(同上)〇析言之則丨口曰袪，統言之則袪亦曰丨也。〔說文定聲・卷一三〕〇丨猶決也，決者行也。〔易・歸妹〕「其君之丨不如其娣之丨良」平議。

繫 丨，縛丨。〔廣韻・霽部〕〇丨，聯綴也。〔大戴・夏小正〕「辰丨于日」王詁。〇丨，連綴也，繼也。〔慧琳音義・卷三〕〇丨，拘束也。(同上)引〔玉篇〕。〇丨連，所以引轡而汲也。〔墨子・備城門〕「以木為丨連」閒詁引蘇時學。〇丨，〔易〕之丨辭。〔廣韻・霽部〕〇丨辭者，謂文王所作彖辭、象辭也。〔易・繫辭上傳〕「丨辭焉所以告也」李疏。〇四丨者，慾有無明見，是焉四也。〔慧琳音義・卷一〕〇丨與絓略同，丨縹之轉語為牽離。〔說文定聲・卷一二〕〇赫蹏、擊蹏、丨縹並與幱㡑同。〔廣雅・釋器〕「幱㡑謂之帗」疏證。〇丨縹，讀如谿黎，音轉為縴縹。〔說文〕「丨，丨縹也」段注。〇丨與係同。〔詩・白駒〕「縶之維之」陳疏。〇系與係同，亦作丨。〔廣雅・釋詁二〕「紲，係也」疏證。〇丨段為系。〔說文〕「丨，丨縹也」段注。〇丨，系之段借。〔說文〕「系，縣也」段注。〇〔說文定聲・卷一二〕丨，段借為系。〔周禮・大宰〕「以九兩丨邦國之民」。〇丨縻者，謂無縛束也。〔韓子・說難〕「辭言無所丨縻」集解。〇丨當作系。〔說文〕「覞，丨牛脛也」段注。又〔說文〕「敵，丨連也」段注。〇官本丨作係。〔漢書・董仲舒傳〕「春秋大一統者」補注。〇丨當為擊字。〔漢書・杜周傳〕「捕丨豪强」補注引劉奉世。〇丨戾，當為擊戾，猶拂戾也。〔淮南・泰族〕「無所丨戾」平議。〇〔史記〕丨作擊。〔漢書・衡山王傳〕「王以故數丨笞太子」補注。

祭 丨讀曰察。〔大戴・夏小正〕「初歲丨耒」王詁。〇丨，胙丨。〔左傳隱公元年經〕「冬十有二月丨伯來」洪詁。〇統言則丨祀不別也。〔說文〕「丨，丨祀也」段注。〇丨，薦也。(同上)義證引〔玉篇〕。〇丨，進也。〔說文〕「奠，置丨也」繫傳。〇丨，享也，祀也，薦也。〔廣韻・祭部〕〇丨，察也。(同上)〇丨，謂虞祔練祥也。〔禮記・曾子問〕「小功可與於丨乎」集解。〇丨歲者，謂歲朝朝享也。〔書・洛誥〕「丨歲」孫疏。〇丨地，所丨之地也。〔說文〕「時，天地五帝所基止丨地也」繫傳。〇丨主，長子主丨器，故以為丨主也。〔易・彖下傳〕「以為丨主也」李疏引虞注。〇丨，至也。〔廣韻・祭部〕〇丨，青，今之蜜青梅類也。〔通雅・飲食〕〇丨城，在鄭州城東北一十五里，周公第五子所封。〔左傳桓公八年〕「丨公來」疏證引〔圖經〕。〇丨當為詧。〔說文〕「丨，丨祀也」義證。〇丨，齊字之誤。〔法言・孝至〕「是以丨不賓」平議。

隸　—字亦作𩡧，作隸。〔說文定聲·卷一二〕○—，僕—。〔廣韻·霽部〕○—與僕義同。〔說文〕「—，附箸也」段注。○—，附著之義也。〔同上〕義證引〔急就篇〕顏注。○—，徒—，賤稱。〔國策·秦策三〕「富擅越—」補正。○—，賤也。〔通鑑·漢紀一四〕「閭閻之—臣耳」音注。○—人，罪人也。〔儀禮·既夕禮〕「—人涅廁」胡正義。○—猶〔禮〕之肆—，征伐所獲之民也。〔國策·秦策三〕「富擅越—」鮑注。○—書者，秦下邽人程邈所作也，為—人佐書，故以—書。〔漢書·藝文志〕「是時始造—書矣」補注引葉德輝。○—、肄古通。〔楊敞傳〕「長樂嘗使行事—宗廟」補注。○〔說文定聲·卷一二〕—，叚借為肄。〔史記·劉敬叔孫通傳〕「羣臣習—」。○—，僕也。〔集韻·屑部〕

𩡧　—，經典相承作隸。〔說文〕「隸，篆文隸」義證引〔九經字樣〕。

隷　—者，賤臣也，正體作隸。〔慧琳音義·卷六〕○—，賤屬也，僕也。〔同上〕引〔考聲〕。

𨽻　—通轉作確。〔釋言〕「硈，鞏也」邵正義。

閉　—，掩—。〔廣韻·霽部〕○—，闔也。〔楚辭·橘頌〕「—心自慎」補注。○—，塞也。〔大戴·誥志〕「於時龍至不—」王詁。○—，掩也，因也。〔慧琳音義·卷二六〕引〔考聲〕。○—與柲、䪐同。〔荀子〕「接人則用抴」雜志。○〔說文定聲·卷一四〕豎木為—。〔說文〕「關，以木橫持門戶也」。〔「關」下〕○—猶欑也，積竹杖。〔詩·小戎〕「竹—緄縢」後箋。○—，弓檠也。〔同上〕朱傳。○—，—匿不來朝。〔漢書·吳王傳〕「愈益—」補注。○—內扃，謂—心以察臣也。〔韓子·揚權〕「上因—內扃」集解引舊注。○—為關牝。〔左傳僖公二〇年〕服注「鍵—所以塞」疏證引李貽德。○〔漢書〕—為比，比與—聲相近。〔書·大誥〕「予不敢—」孫疏。○—亦為紲。〔詩·小戎〕「竹—緄縢」陳疏。○—亦作柲。〔同上〕陳疏。○—，齊作柲，魯作䪐。〔同上〕集疏。○諸本—作閤。

閇　—，俗閉。〔廣韻·霽部〕

閈　—即今閉也。〔說文〕「閉，闔也」段注。

逝　—，往。〔詩·東門之枌〕「穀旦于—」朱傳。又〔杕杜〕「期—不至」朱傳。○—，往也。〔詩·十畝之閒〕「行與子—兮」陳疏。又〔谷風〕「毋—我梁」陳疏。又〔二子乘舟〕「汎汎其—」朱傳。又〔碩鼠〕「—將去女」朱傳。又〔廣韻·祭部〕。○—，往也，言往進也。〔論語·子罕〕「—者如斯夫」劉正義。○—，往也，謂往嫁之也。〔詩·車舝〕「思變季女—兮」陳疏。○—者，猶言過此以往也。〔詩·車鄰〕「—者其耋」平議。○—，秦、晉語也。〔釋詁〕「—，往也」鄭注。○—，之也。〔詩·谷風〕「毋—我梁」朱傳。○—亦行也。〔廣雅·釋詁一〕「—、帶，行也」疏證。○—，去。〔詩·抑〕「言不可—」朱傳。○—，行也，去也。〔廣韻·祭部〕○—，逮也。〔詩·碩鼠〕「—將去女」陳疏。○言不可—，猶言不可及。〔詩·抑〕「言不可—矣」平議。○—不，不及也。〔詩·日月〕「—不古處」陳疏。○—，發語辭。〔同上〕朱傳。○—，發聲也。〔釋詞·卷九〕○—，語詞。〔詩·日月〕「—不古處」通釋。○—為語詞。〔詩·桑柔〕「誰能執熱，—不以濯」通釋。○—，語辭也。〔孟子·離婁上〕「詩云，—不以濯」朱注。○—、遾並與噬同。〔方言七〕「噬，逮也」箋疏。○帶、遰、—，古聲並相近。〔廣雅·釋詁一〕「—、帶，行也」疏證。○—當讀為折。〔論語·雍也〕「君子可—也」平議。○—當讀為澨。〔墨子·親士〕「—淺者速竭」平議。○—、遾、噬並通。〔廣雅·釋言〕「隸，噬也」疏證。○—與遾通。〔詩·日月〕「—不古處」陳疏。○—、遰通。〔釋詁〕「—，往也」郝疏。○—通作噬。〔釋言〕「遾，逮也」邵正義。○〔說文定聲·卷一三〕—，叚借為誓。〔詩·碩鼠〕「—將去女」。○〔史記〕—作遰。〔漢書·賈誼傳〕「鳳縹縹其高—兮」補注。○—，齊作誓。〔詩·杕杜〕「期—不至」集疏。○—字或作噬。〔釋詞·卷九〕

綴　—之為言箸也。〔詩·長發〕「為下國—旒」後箋引陳奐補。○—者，合箸也。〔說文〕「㡭，—得理也」段注。○—，連—。〔廣韻·祭部〕○—，合也。〔大戴·虞戴德〕「—以德行」王詁。○—與表同義。〔詩·長發〕「為下國—旒」後箋引陳奐補。○—衣是主衣服之官。〔書·立政〕「—衣、虎賁」孫疏。○—純者，其績純。〔書·顧命下〕「—純」孫疏引江聲。○—祭曰醊食。〔通雅·禮儀〕○古多叚—為贅。〔說文〕「—，合著也」段注。○—旒，齊作畷，一作畷郵、贅瘤。〔通雅·釋詁〕○—旒，齊作畷郵。〔詩·長發〕「為下國—旒」集疏引陳喬樅。

翳　—，羽葢也，漢人謂之華葢。〔說文〕「—，華葢也」義證引戴侗。○—，華葢也，故有隱義。〔國策·齊策五〕「君—釀」鮑注。○〔說文定聲·卷一二〕—，君之乘輿，以羽覆車葢，所謂羽葆幢也。〔說文〕「—，華葢也」。○—謂凡鳥羽之可隱—者也，舞者所持羽翿以自隱—。〔說文〕「羽王，樂舞以羽—自—其首」義證引〔急就篇〕顏注。○—，隱也。〔慧琳音義·卷三四〕引〔文字典說〕。又〔廣韻·霽部〕。○—，隱蔽也。〔說文〕「僞，—也」義證引〔玉篇〕。○—，奄也，障也。〔廣韻·霽部〕○—，蔽也。〔廣韻·齊部〕○—，蔽也。〔慧琳音義·卷一〕引〔韻英〕。○—者，蔽也。〔韓子·八經〕「—曰詭」集解引俞樾。○—猶蔽—也。〔說文定聲·卷六〕〔「檮」下〕○—之言蔽也，引申為凡蔽之偁。〔說文〕「—，華葢也」段注。○—者，已踣而枝幹蔽地也。〔詩·皇矣〕「其菑其—」集疏。○蔽者—。〔同上〕集疏引魯說。○—音意，自斃者也。〔同上〕朱傳。○—蠮者，地穴中蜘蛛蝖蠮蟲也。〔慧琳音義·卷九七〕○有五采之鳥名曰—。〔說文〕「—，華葢也」繫傳。○九疑之山有五采之鳥名曰—鳥。〔文選·上林賦〕「拂—鳥」補正引張揖。○—，鳳皇別名也。〔同上〕集釋引〔離騷〕注。○—，羽葆也，又鳥名似鳳。〔廣韻·霽部〕○—桑，當是地名。〔左傳宣公二年〕「舍于—桑」、「—桑之餓人也」述聞。○掩、—、愛、隱，一聲之轉。〔廣雅·釋詁二〕「—，愛也」疏證。○—與殹同聲通。〔方言一二〕「殹，幕也」箋疏。○—讀為

殪。〔釋木〕「蔽者，丨」述聞。○丨即殪之借字。〔詩・皇矣〕「其菑其丨」通釋。○丨即殪之假借字。〔同上〕陳疏。○丨與殪聲近義通。〔國語・周語〕「是去其藏而丨其人也」平議。○〔說文定聲・卷一二〕丨，叚借為殪，或柛、或榴，凡斃皆曰丨。〔釋木〕「蔽者，丨」。○〔同上〕丨，借為医字。〔管子・小匡〕「兵不解丨」。○〔同上〕丨字變作翳。〔江賦〕「標之以翠翳」。○〔同上〕丨字變作瞖。〔韻集〕「瞖，目病也」。○丨，〔史記〕作鷖。〔文選・上林賦〕「拂丨鳥」集釋。○鷖鳥即丨鳥，丨亦從鳥作鷖，則與鷖形聲俱相近。〔同上〕

製 丨，裁作衣裳也。〔慧琳音義・卷六〕引〔韻英〕。○丨，丨作，又裁也。〔廣韻・祭部〕○丨乃衣服之通稱也。〔春秋名字解詁〕「鄭石制字子服」述聞。○丨通作制。〔說文〕「丨，裁也」義證。○丨當為裝。〔說文〕「褚，一曰丨衣」義證。

替 丨，廢也。〔詩・召旻〕「胡不自丨」朱傳。又〔通鑑・晉紀二六〕「或政教倫丨」音注。○丨，廢也，滅也。〔廣韻・霽部〕○丨，滅也，謂絕也。〔慧琳音義・卷七〇〕○不丨，〔文選注〕引作不廢。〔左傳僖公三三年〕「不丨孟明孤之過也」洪詁。○丨，代也。〔廣韻・霽部〕○作僭者今文，丨，古文也。〔書・大誥〕「不敢丨上帝命」孫疏。○丨，顏以為古僭字，則字當作朁。〔漢書・王子侯表〕「或丨差失軌」補注引錢大昭。

暜 丨與替同。〔管子〕「亂普而德」雜志。○丨，俗字作替。〔說文定聲・卷一二〕○丨，經典皆作替。〔說文〕「丨，廢，一偏下也」義證。○丨，廢也。〔離騷〕「謇朝誶而夕丨」戴注。○丨，並立而一下也。〔說文〕「丨，廢，一偏下也」繫傳。○丨隸變作替，又通作秩或作戴。〔釋詁〕「丨，待也」郝疏。○〔說文定聲・卷一二〕丨，叚借為逮。〔廣雅・釋詁一〕「朁，往也」。

砌 丨，階丨也。〔廣韻・霽部〕○丨，亦階也。〔慧琳音義・卷一二〕○丨，壘也。〔同上〕引〔考聲〕。○丨古通作切。〔廣雅・釋宮〕「柣、戺、橉，丨也」疏證。

細 丨者，微也。〔說文〕「系，丨絲也」段注。○丨者，散也。〔說文〕「纖，丨也」段注。○總、紗、糸、紉，丨皆絲之微也。〔廣雅・釋詁四〕「丨，微也」疏證。○丨，今讀如壻者，聲之轉，丨者，絲之散也。〔說文定聲・卷一六〕○丨，小也。〔大戴・易本命〕「沙土之人丨」王詁。又〔廣韻・霽部〕。○丨，微也，纖也，小也，丨人，言纖微小人也。〔通鑑・宋紀一四〕「盡用左右丨人」音注。○丨人，王自稱。〔國策・齊策四〕「乃今聞丨人之行」鮑注。○丨人，前所謂無實德不貴士者。〔同上〕補正。○丨要，今則子也。〔通雅・裸用〕○〔通雅・卷三四〕昔席、丨席，皆謂平日之講席也。〔荀子〕「不忘丨席之言」。○丨席者，細席也。〔荀子・大略〕「臨患難而不忘丨席之言」平議。○丨席者，其原文是絪席也。〔同上〕集解引俞樾。○〔說文定聲・卷一六〕丨，叚借為昔，丨、昔雙聲。〔荀子・大畧〕「臨患難而不忘丨席之言」。○丨席，茵席之形譌。〔同上〕集解引郝懿行。

䌌 丨，古文細。〔廣韻・霽部〕○丨即細。〔慧琳音義・卷一〕

税 〔周禮〕凡丨通言賦，〔漢・志〕以田宅所征為丨。〔說文定聲・卷一三〕○斂穀曰丨。〔說文〕「租，田賦也」義證引〔急就篇〕顏注。○丨有三，田丨也，丁丨也，宅丨也。〔說文定聲・卷一三〕○後世有關丨、牙丨、契丨及鹽課茶課礦課之類，亦丨也。〔同上〕○丨，斂也，舍也。〔廣韻・祭部〕○丨者，車之舍也。〔釋詁〕「丨，舍也」郝疏。○丨，謂以財物助人喪事，即所謂賻也。〔禮記・檀弓〕「未仕者不敢丨人」集解。○丨，變易也。〔禮記・服問〕「無卒哭之丨」集解。○丨之言遂也。〔禮記・喪服小記〕「而父丨喪」平議。○丨，止息也。〔漢書・義縱傳〕「闌吏丨肆郡國出入關者」補注。○丨猶丨駕也。〔釋詁〕「丨，舍也」鄭注。○丨晦，所謂二也。〔漢書・食貨志〕「故魯宣公初丨晦」補注引劉攽。○衰麻已除，日月已過，乃聞喪而服，是為丨服。〔左傳襄公二七年〕「公喪之如丨服終身」洪詁引服虔。○〔說文定聲・卷一三〕丨衣，即〔儀禮〕之禒衣。〔禮記・喪大記〕「士妻以丨衣」。○丨義亦與襚同。〔廣雅・釋詁三〕「襚，遺也」疏證。○丨通作說。〔釋詁〕「丨，舍也」郝疏。又〔同上〕邵正義。○丨亦通用說。〔方言七〕「發、丨，舍車也」疏證。○丨、說、脫，古字並通。〔方言七〕注「丨猶脫也」箋疏。○丨與稅古字通。〔左傳襄公二七年〕「公喪之如丨服終身」洪詁。○〔說文定聲・卷一三〕丨，叚借為稅。〔禮記・檀弓〕「未仕者不敢丨人」。○〔同上〕丨，叚借為挩。〔釋詁〕「丨，舍也」。○〔同上〕丨，叚借為閱。〔禮記・喪服小記〕「而父丨喪已則否」。○〔同上〕丨，叚借為遂。〔禮記・襍記〕「繭衣裳與丨衣纁衻為一」。○〔同上〕丨，叚借為繐。〔左傳襄公二七年〕「如丨服終身」。

壻 俗丨字作聟。〔方言三〕「東齊之間聟謂之倩」箋疏。○丨，女夫。〔廣韻・霽部〕○漢呼女夫為丨。〔漢書・孝昭上官皇后傳〕「與我丨飲」補注引周壽昌。○丨者，女之長也。〔說文繫傳・通論中〕○丨為男子之美稱，因以為女夫之稱。〔說文〕「丨，夫也」段注。○士胥為丨。〔說文繫傳・通論中〕○丨亦可謂之甥。〔釋親〕「妻之父為外舅」鄭注。○丨者，胥也。〔說文繫傳・通論中〕○丨、倩皆有才知之稱也，丨之言胥也。〔廣雅・釋親〕「丨謂之倩」疏證。○丨、倩，聲之轉耳。〔方言三〕「東齊之間聟謂之倩」箋疏。○〔封禪書〕丨作婿。〔漢書・郊祀志〕「嶽丨山之屬」補注引周壽昌。

聓 丨，本作聟，乃俗壻字。〔方言三〕「東齊之間聟謂之倩」箋疏。○〔通雅・卷一九〕丨即壻，一曰卒便。〔風俗通〕「怪神女新從丨家來」。

例 丨，分別比丨之義，古只作列，此字後出。〔說文定聲・卷一三〕○丨，比也，皆也。〔廣韻・祭部〕○丨，類丨也。〔說文〕「丨，比也」義證引〔玉篇〕。○〔說文定聲・卷一三〕丨，叚借為迾。〔周禮・司隸〕「厲禁」注「厲，遮丨也」。

誓 丨，要約之辭。〔說文定聲・卷一三〕〔「逝」下〕○丨，丨約。〔廣韻・祭部〕○丨，與之為約丨也。〔說文〕「丨，約束也」繫傳。○戎事曰丨。〔同上〕義

證引〔曲引〕注。○丨，或言謹，或言戒，或言約束，其義一也。〔釋言〕「丨，謹也」述聞。○凡自表不食言之辭皆曰丨。〔說文〕「丨，約束也」段注。○以言語相要結謂之丨。〔禮記・曲禮〕「約信曰丨」集解。○丨、誥義同。〔釋言〕「丨，謹也」郝疏。○丨，戒飭也。〔禮記・文王世子〕「曲藝皆丨之」集解。○大事曰盟，小事曰丨。〔慧琳音義・卷九〕○丨，制也。〔廣雅・釋言〕「丨，制也」疏證。○〔說文定聲・卷一三〕丨，以矢為之。〔論語〕「夫子矢之」。○丨與矢古通用。〔書・顧命〕「恐不獲丨言嗣」平議。○〔說文定聲・卷一三〕丨，叚借為悊。〔釋言〕「丨，謹也」。○丨、亹、遰、迣、跇並與逝通。〔方言一〕「逝，往也」箋疏。

斷 丨，古文誓。〔廣韻・祭部〕

筮 著曰丨。〔詩・氓〕「爾卜爾丨」朱傳。○龜曰卜，著曰丨，巫咸作丨，丨，決也。〔廣韻・祭部〕○丨即澨字也。〔漢書〕「北丨山」雜志。○丨即澨字也，此當為北丨聚。〔漢書・地理志〕「南有北丨山」補注引王念孫。○丨當從策作數筴。〔韓子・初見秦〕「鑽龜丨占兆」集解引顧廣圻。

蕙 丨則薰也。〔通雅・艸〕○丨，香草，蘭屬。〔廣韻・霽部〕○一榦五七花而香不足者丨。〔文選・離騷〕「樹丨之百畝」集釋引山谷云。○薰草，一名丨草，生下濕地。〔離騷〕「豈惟紉夫丨茝」補注引〔本草〕。○丨，名燕草。（同上）補注引〔南越志〕。○丨，俗人呼鷰草，狀如茅而香，為薰草。（同上）補注引陶隱居。○丨即是零陵香，生零陵山谷。（同上）補注引陳藏器。○丨者，和也。〔本草・卷一四〕

偈 丨，丨句。〔廣韻・祭部〕○丨音挈，疾驅貌。〔詩・匪風〕「匪車丨兮」朱傳。○丨，梵語，頌美歌也。〔慧琳音義・卷二七〕

詣 丨，至也。〔廣韻・霽部〕○丨，徑候而丨之也。〔說文〕「丨，候至也」繫傳。○丨部即就部。〔漢書・李廣傳〕「急丨部」補注。○凡謹畏精微深造以道而至曰丨。〔說文〕「丨，候至也」段注。○丨，送致也。〔說文・敘〕「遣臣齎丨闕」段注。○〔說文定聲・卷一二〕丨，俗字作脂。〔西都賦〕「枍丨承光殿名」。○丨當作指。〔漢書・司馬相如傳〕「且因宣其使丨」補注引錢大昭。○叔丨，〔公〕、〔穀〕皆作叔倪。〔左傳昭公二五年經〕「叔丨會晉趙鞅宋樂大心」洪詁。

礪 丨作厲。〔史記索隱〕「異文」雜志。○丨，砥石。〔廣韻・祭部〕○丨言粗惡之石。〔書・禹貢中〕注康成「丨，磨刀石也」孫疏。○丨之言粗厲也。〔廣雅・釋器〕「礱，丨也」疏證。○丨當為厲。〔墨子・節葬下〕「砥丨其卒伍」閒詁引畢沅。○丨，俗字，當為厲。〔書・費誓〕「丨乃鋒刃」孫疏。○丨，俗字，〔地理志〕作厲。〔書・禹貢中〕注「丨一作厲」孫疏。

勵 丨即厲之俗書。〔荀子〕「勸厲」雜志。○丨，勸勉。〔廣韻・祭部〕○丨，勸勉也。〔慧琳音義・卷二〕引〔韻英〕。○祗丨，本作祗厲。〔大戴・五帝德〕「莫不祗丨」述聞。○祗丨，〔史記〕作砥厲，〔家語〕作底厲。（同上）

勱 丨，字亦作勵。〔說文定聲・卷一三〕

瘞 丨，埋也。〔禮記・禮運〕「丨繒」集解。又〔慧琳音義・卷八二〕引〔考聲〕。又〔廣韻・祭部〕。○丨，幽隱也，或作陸。〔集韻・霽部〕○丨，幽藏也，古文作陸，或作圵。〔慧琳音義・卷八二〕引〔韻英〕。○丨，閉藏也。〔說文定聲・卷四〕（「瘱」下）○丨與翳聲同。〔釋詁〕「丨，微也」郝疏。○丨、瘱二篆為轉注。〔說文〕「丨，幽薶也」段注。○丨通作殪。〔釋詁〕「丨，微也」郝疏。○〔說文定聲・卷四〕丨，叚借為瘱。〔詩・燕燕〕傳「塞，丨也」。○丨乃瘱之叚借。〔詩・燕燕〕傳「塞，丨也」後箋。○官本丨作瘞。〔漢書・五行志〕「華合比奔衛」補注。

噬 丨，啗也。〔國策・齊策六〕「猶將攫公孫子之腓而丨之也」鮑注。○丨，齧也。（同上）補正。又〔屈賦・天問〕「兕有丨犬」戴注。○丨，齧丨。〔廣韻・祭部〕○丨謂嚼唾也。〔太素・四時脈形〕「上見丨唾」楊注。○丨音逝，發語辭。〔詩・有杕之杜〕「丨肯適我」朱傳。○〔說文定聲・卷一三〕丨，以筮為之。〔考工・梓人〕「欔殺援簭」。○（同上）丨，叚借為逝。〔方言七〕「蝎、丨，逮也」。○丨，訓丨為逮，蓋以丨為逝之假借，及也。〔詩・有杕之杜〕「丨肯適我」後箋。○逝、遾、丨並通。〔廣雅・釋言〕「隸，丨也」疏證。○〔說文定聲・卷一三〕丨，叚借為制，謂喪有四制。〔方言一二〕「丨，憂也」。○丨為逮之假借也。〔說文〕「簭，啗也，喙也」段注。○丨齊即遾逮矣。〔釋言〕「遾，逮也」郝疏。○蝎丨與遏遾並字之假音也。（同上）○丨嗑，倒轉即遏遾矣。（同上）○蝎丨，亦作遏遾。〔方言七〕「蝎、蠀，逮也」疏證。○丨，魯作遾，韓作逝。〔詩・有杕之杜〕「丨肯適我」集疏。

繼 丨，紹丨。〔廣韻・霽部〕○丨者，續有餘。〔論語・雍也〕「君子周急不丨富」朱注。○丨之言繫也。〔釋詁〕「紹，丨也」郝疏。○丨當讀為繫。〔公羊傳宣公元年〕「見丨重在遂」陳疏。○計與丨同聲。〔管子〕「丨」雜志。○丨從與當對義近。〔釋言〕「對，遂也」郝疏。○〔說文定聲・卷一二〕丨，叚借為係。〔後漢・李固傳〕「羣下丨望」。○（同上）丨，叚借為胥。〔大荒北經〕「有無腸之國，無丨子」。○丨當作綏。〔書・洛誥〕「丨爾居」平議。○丨乃彊字之誤。〔管子・霸言〕「丨最一世」平議。○丨當為𢇍，字之誤也，𢇍為古文絕。〔荀子・宥坐〕「九蓋皆丨」集解引王念孫。

㡭 丨當為繼之古文。〔說文定聲・卷一二〕○此丨乃繼字。〔莊子・至樂〕「得水則為丨」集釋引盧文弨。○丨，本又作續斷。（同上）集釋引世父說。

脃 丨即膬之俗字。〔說文〕「丨，小耎易斷也」句讀。○〔說文定聲・卷一三〕丨即膬字之古文，字亦作脺，俗誤作脆。〔廣雅・釋詁一〕「脆，弱也」。○丨，俗作脆。〔廣韻・祭部〕○丨，多作脆，嫩也。〔續音義・卷七〕引〔考聲〕。○丨、膬、毳並通。〔廣雅・釋詁一〕「丨，弱也」疏證。

脆 丨，愞也，或作膬。〔慧琳音義・卷三〕引〔玉篇〕。○丨，肉肥也。〔卷五〕引〔考聲〕。○丨猶耎也。〔卷三〇〕引顧野王。○丨，肉耎易斷也。〔卷

六二〕引〔字統〕。

膬 —，字或以毳為之。〔說文定聲·卷一三〕○脃、—、毳並通。〔廣雅·釋詁一〕「脃，弱也」疏證。

諦 〔說文定聲·卷一一〕—字亦作謕。〔方言六〕「謕，審也」。○—，審也。〔廣韻·霽部〕又〔通鑑·唐紀六〇〕「—聽忘倦」音注。又〔通鑑·魏紀六〕「君—視之」音注。○—與諟同。〔廣雅·釋詁三〕「帝，諟也」疏證。○—，〔玉篇〕引作諟。〔說文〕「宷，悉也」義證。○—，〔廣韻〕引作諟，古同部假借也。〔同上〕段注。○古多假—為嗁。〔說文〕「嗁，号也」段注。○〔說文定聲·卷一一〕—，叚借為嗁。〔荀子·禮論〕「哭泣—號」。

系 —，緒也。〔廣韻·霽部〕又〔續音義·卷一〇〕引〔切韻〕。○—者，係也。〔說文〕「繆，冠—也」段注。○—，繼也。〔說文繫傳·通論中〕○—者，縣也。〔說文〕「共理相貫」段注。○—者，垂統於上而承於下也。〔說文〕「—，縣也」段注。○垂統於上而連屬于下謂之—，猶聯綴也，經傳多以繫為之。〔說文定聲·卷一二〕○—璧謂飾玉—也。〔說文〕「玤，石之次玉者，以為—璧」繫傳。○—璧，蓋為小璧—帶間，縣左右佩物也。〔同上〕段注。○—，本也。〔漢書·敘傳〕「—高頊之玄胄兮」補注引王先慎。○—，引申為世—。〔說文〕「—，縣也」段注。○—與係同，亦作繫。〔廣雅·釋詁二〕「紲，係也」疏證。○凡連綴字當作—，經通假繫為之。〔周禮·大宰〕「以九兩繫邦國之民」孫正義。○—與係通。〔釋詁〕「係，繼也」邵正義。○—通作係。〔說文〕「—，繫也」義證。○—與係可通用。〔說文〕「—，縣也」段注。○—通作係，又通作繫，亦通作繼。〔釋詁〕「係，繼也」郝疏。

𦃃 —，籀文系。〔廣韻·霽部〕

叡 —，聖也。〔大戴·五帝德〕「—明通知」王詁。又〔廣韻·祭部〕。又〔慧琳音義·卷一一〕引〔集訓〕。○—，明也，聰也。〔卷四七〕引〔考聲〕。○—，深明也。〔說文〕「濬，古文容」段注。○—，通也。〔同上〕○—可訓為通。〔周書〕「—圉」雜志。○—，通於微也。〔慧琳音義·卷三〕○—，知也，惠也。〔卷一三〕引〔集訓〕。○佝、佝、—、濬並聲近而義同。〔廣雅·釋詁一〕「佝，疾也」疏證。○〔說文定聲·卷一三〕—，容之誤字。〔書·洪範〕「思曰睿」。

睿 —同叡。〔廣韻·祭部〕○—，古文叡也。〔說文〕「濬，睿或从水」段注。○—，知識也，深明曰—。〔慧琳音義·卷七一〕○睿、—，聲義並同。〔漢書〕「五曰思」雜志。○古文〔尚書〕—作聖。〔說文〕「叡，突明也」段注。○—，官本作睿。〔漢書·五行志〕「思心之不—」補注。○—，今文〔尚書〕作容。〔書·洪範上〕「思曰—」孫疏。

容 —與叡、睿音義皆相近。〔說文〕「—，深通川也」段注。○—為包容之容，容與恭、從、聽為韻。〔漢書·五行志〕「思曰—」補注引錢大昕。

毳 —，細毛也。〔廣韻·祭部〕○—者，獸細毛也。〔說文〕「䍁，西胡—布也」段注。○〔說文定聲·卷一三〕—，今蘇俗謂之底絨。〔說文〕「—，獸細毛也」。○〔同上〕—為本字。〔周禮·司服〕「祀四望山川則—冕」。○—衣，天子、大夫之服。〔詩·大車〕「—衣如菼」朱傳。○—幔，蕃戎之氊廬毛帳之屬。〔慧琳音義·卷八七〕○—、橇字同。〔漢書·溝洫志〕「泥行乘—」補注。○脃、膬、—並通。〔廣雅·釋詁一〕「脃，弱也」疏證。○〔說文定聲·卷一三〕—謂借為芮。〔釋名〕「—冕，芮也，畫藻文于衣，象水草之芮」。○〔同上〕—，叚借為蜼。〔周禮·司服〕「祀四望山川則—冕」。○〔同上〕—，叚借為蕝。〔漢書·溝洫志〕「泥行乘—」。○〔同上〕—，叚借為膬，為脃。〔漢書·丙吉傳〕「數奏甘—食物」。

劑 —者，齊也。〔說文〕「斲，—斷也」段注。○—亦分也。〔說文〕「契，大約也」繫傳。○—，分段也。〔慧琳音義·卷一〕引〔考聲〕。○—，分—。〔廣韻·霽部〕○—，分—也。〔慧琳音義·卷一〕引〔韻英〕。○—，今人藥—字，乃〔周禮〕之齊字也。〔說文〕「—，齊也」段注。○—、翦聲轉。〔釋言〕「翦，齊也」郝疏。○〔說文定聲·卷一二〕—，叚借為齊，今俗書以—為之。〔漢書·郊祀志〕「而事化丹沙諸藥齊為黃金矣」。

曳 —，字亦作拽。〔說文定聲·卷一二〕○—，臾—也，束縛捽抴為臾—。〔易·睽〕「見輿—，其牛掣」李疏引〔說文〕。○〔說文定聲·卷一二〕—，臾—，束縛捽抴之意，實與抴同。〔說文〕「—，臾—也」。○—者，左抴。〔說文定聲·卷八〕(「臾」下)○—之義略同抴，一說—本作抴。〔說文〕「抱，—也」段注。○—，引也。〔管子〕「絏繑」雜志。○—，牽也，引也。〔楚辭·天問〕「鴟龜—銜」補注。又〔廣韻·祭部〕。○—，牽也。〔說文〕「—，臾—也」義證引〔玉篇〕。○—與牽義相近。〔詩·山有樞〕「弗—弗婁」陳疏。○—即牽引之意。〔同上〕後箋。○—，拖也。〔孟子·梁惠王上〕「棄甲—兵而走」焦正義。○水摩地而行曰—。〔易·既濟〕「—其輪」李疏。○謂水迫地而行為—。〔易·說卦傳〕「為—」李疏。○衣長曰—地。〔說文〕「—，臾—也」段注。○—，申也。〔同上〕義證引〔玉篇〕。○—、厂、曳、抴，並字異而義同。〔廣雅·釋詁一〕「—，引也」疏證。○〔說文定聲·卷一二〕—，叚借為跇。〔洞簫賦〕「超騰踰—」。○〔史記〕—作抴。〔漢書·司馬相如傳〕「—彗星而為髾」補注。

蔕 —，俗字作蒂。〔說文定聲·卷一三〕○—，草木綴實。〔廣韻·霽部〕○—，果蓏綴當也。〔說文〕「—，瓜當也」義證引〔洪武正韻〕。○—，果鼻也。〔慧琳音義·卷三五〕引〔聲類〕。○—，瓜當謂之—，瓜之繫蔓處也。〔說文〕「—，瓜當也」義證引〔埤雅〕。○—，謂果子及葉所系也。〔慧琳音義·卷九八〕引〔考聲〕。○—，假借為柢字。〔說文〕「—，瓜當也」段注。○〔說文定聲·卷一三〕—，以疐為之。〔禮記·曲禮〕「士疐之」。○—蓋後起之專字，古蓋借疐字。〔說文〕「—，瓜當也」句讀。○—字通作疐，又作柢。〔廣雅·釋草〕「蔕，—也」疏證。○—芥，〔史記〕作蔕薊，㲉薊與—芥古通

字。〔漢書·賈誼傳〕「細故—芥」補注。

蔕　華葉之根曰—。〔説文〕「柢，木根」繫傳。○—當為柢之假借。〔文選·西京賦〕「—倒茄于藻井」集釋。

睇　—，—視。〔廣韻·霽部〕○—，傾視也。〔説文〕「—，目小視也」義證引〔玉篇〕。又〔慧琳音義·卷九一〕引〔古今正字〕。○—，亦傾視也。〔卷七二〕○傾視曰—。〔説文〕「—，目小視也」義證引〔纂文〕。○—，傾首暫視也。〔慧琳音義·卷九〕引〔古今正字〕。○—，目小視也。〔通鑑·唐紀七一〕「凝—東南」音注。○顧視曰—。〔慧琳音義·卷七一〕引〔纂文〕。

憩　—者，愒之俗體。〔説文〕「愒，息也」段注。○—者，愒之或體也。〔釋詁〕「—，息也」郝疏。○愒之俗作—。〔詩·甘棠〕「召伯所—」陳疏。○—，息也。〔同上〕朱傳。又〔廣韻·祭部〕。○—，恬息也。〔釋詁〕「—，息也」鄭註。

⿸尸既　—同憩。〔廣韻·祭部〕○—，息也。〔説文〕「愒，息也」義證引〔玉篇〕。

彗　—或作篲。〔漢書〕「—汜」雜志。○竹帚曰—。〔本草·卷三八〕○—者，埽也。〔漢書〕「—汜」雜志。○—，或作篲。〔漢書·王襃傳〕「忽若—汜畫塗」補注。○—，箭草也。〔慧琳音義·卷一〇〕引〔考聲〕。○—，星名。〔廣韻·祭部〕○日中必—。〔同上〕○—亦即是孛。〔史記·十二諸侯年表〕「魯文公十四—星入北斗」志疑。○孛、欃、槍、棓與—同也。〔公羊傳文公一四年〕「孛者何，—星也」陳疏。○—亦作孛。〔史記·十二諸侯年表〕「—星見辰」志疑。

睨　—，睥—。〔廣韻·霽部〕○—，邪視也。〔孟子·滕文公上〕「—而不視」朱注。又〔中庸〕「—而視之」朱注。又〔通鑑·陳紀二〕「帝不—之」音注。○—眥，怒目視人也。〔慧琳音義·卷七九〕○日斜亦謂之—也。〔廣雅·釋詁二〕「頓倪，衺也」疏證。○〔説文定聲·卷一二〕睥—，亦以俾倪為之。〔釋名〕「城上垣曰睥—，言于其孔中睥—非常也」。○—又作倪。〔説文〕「—，衺視也」義證。○辟—，〔史記〕作辟倪。〔漢書·灌夫傳〕「辟—兩宮間」補注。

堄　埤—，城上垣。〔集韻·霽部〕

倪　〔説文定聲·卷一二〕—，字亦作堄。〔蒼頡篇〕「堄，城上小垣也」。

⿰糸罽　—又作罽。〔説文〕「—，西胡毳布也」義證。○—又作⿰毛罽。〔同上〕○—，氈類，織毛為之。〔廣韻·祭部〕○毳者，獸細毛也，用織為布，是曰—。〔説文〕「—，西胡毳布也」段注。○—通作罽。〔釋言〕「氂，罽也」郝疏。○—亦段罽為之。〔説文〕「—，西胡毳布也」段注。○—，〔漢書〕皆以罽為之。〔説文定聲·卷一三〕○—，羣書皆省作罽。〔説文〕「—，西胡毳布也」句讀。

⿱罒剡　—當作⿰糸罽。〔漢書·高帝紀〕「賈人毋得衣錦繡綺縠絺紵—」補注引錢大昭。

醊　—，祭也。〔廣韻·祭部〕○—，酹酒也。〔通鑑·漢紀四六〕「—酒畢」音注。○—、醊並與餟同。〔方言一二〕「餟，餽也」箋疏。

貰　—，賒也。〔廣雅·釋言〕疏證。又〔慧琳音義·卷八四〕引顧野王。○—，賒也，貸也。〔廣韻·祭部〕○—貸，貸錢以取息者。〔義府·卷下〕○—音世，鉅鹿縣名。〔史記·高祖功臣侯者年表〕「—」志疑。○臨淮有射陽縣，射亦作—。〔漢書·王子侯表〕「—鄉侯平」補注引錢大昭。○—、貫字相似。〔左傳僖公二年經〕「齊侯宋公江人黃人盟于—」洪詁。○—，〔公羊〕作貫澤，〔新序〕亦引作貫澤。〔同上〕

疐　—，仆也。〔詩·狼跋〕「載—其尾」通釋。○—，—柢也。〔廣韻·霽部〕○〔説文定聲·卷一二〕—，段借為柢。〔釋木〕「棗李曰—之」。○—、躓同字。〔説文〕「躓，跲也」句讀。○—者，躓之段借字。〔同上〕段注。○〔説文定聲·卷一二〕—，段借為躓。〔釋言〕「—，仆也」。○—者，蔕之假借字。〔説文〕「蔕，瓜當也」段注。○—，韓作嚏。〔詩·終風〕「願言則—」集疏。○—，齊作躂，韓作躓。〔詩·狼跋〕「載—其尾」集疏。

穧　—，穫也。〔廣韻·霽部〕○今以穫禾為—。〔説文〕「—，穫刈也」繫傳。○既刈之禾曰—。〔説文定聲·卷一二〕○—，束。〔詩·大田〕「此有不斂—」朱傳。○—，刈禾把數。〔廣韻·霽部〕○—，穫禾謂之—，聚禾成把亦謂之—。〔詩·大田〕「此有不斂—」通釋。○—，禾秉名。〔同上〕集疏。○〔説文定聲·卷一二〕—，謂量名，圭撮之撮。〔説文〕「—，一曰撮也」。○—通作齊。〔釋詁〕「—，獲也」郝疏。

齌　—即齊盛字，其米為—，在器曰盛。〔説文〕「—，稷」繫傳。○—，今經典亦通借齊字為之。〔同上〕

柢　—，木根—也。〔廣韻·霽部〕○〔説文定聲·卷一二〕—，段借為胝。〔儀禮·士虞禮記〕「載猶進—」。

沴　—，—汈，濕相箸也。〔集韻·軫部〕○氣相傷謂之—。〔説文〕「蠥，禽獸蟲蝗之怪謂之蠥」段注。○—，妖氣。〔廣韻·霽部〕○—不當音戾，其義則戾也，妖氣也。〔通雅·疑始〕○〔説文定聲·卷一六〕—，拂戾之氣也。〔五行傳〕「若其—作」。○—者，相違之義也。〔説文〕「—，水不利也」義證引王觀國。○—猶臨莅不和意也。〔説文〕「蠥，禽獸蟲蝗之怪謂之蠥」段注。○坻與—同字，從氐之字亦與從㐱之字相通，然則—古讀若坻。〔漢書·楊雄傳〕「爪華蹈衰」補注引王念孫。○〔説文定聲·卷一六〕—，段借為紾。〔漢書·五行志〕「氣相傷謂之—」，—猶臨莅不和意也。

枻　—，檝—。〔廣韻·祭部〕○—，楫謂之—，一曰柂也。〔楚辭·湘君〕「桂櫂兮蘭—」補注。○舷謂之—。〔屈賦·湘君〕戴注。○—與紲同。〔荀子〕「接人則用抴」雜志。○〔史記注〕—作抴，本書從手從木字皆通作。〔漢書·司馬相如傳〕「曳彗星而為髾」補注。

逮 —或作迨。〔説文〕「—，唐—，及也」義證。〇—，及也。〔禮記·禮運〕「丘未之—也」集解。又〔禮器〕「—闇而祭」集解。又〔漢書〕「大白還之」雜志。又〔墨子〕「還至」雜志。〇—，—及也。〔廣韻·霽部〕〇—，行及前也。〔慧琳音義·卷一七〕引〔考聲〕。〇—，捕也。〔史記〕「遂考」雜志。又〔漢書〕「建治」雜志。〇—、迨、隶、隸，字異聲義並同，及也。〔方言七〕「蝎噬—也」箋疏。〇〔通雅·卷一〇〕——與棣棣通。〔禮記〕注引詩「威儀——」。

禘 —者，諦也。〔論語·八佾〕「—，自既灌而往者」劉正義。〇—，大祭，五年一—。〔廣韻·霽部〕〇—，王者之大祭也。〔論語·八佾〕「—自既灌而往者」朱注引趙伯循。〇—，宗廟五年祭之名。〔禮記·喪服〕「禮不王不—」集解。〇—，天子宗廟之大祭。〔中庸〕「明乎郊社之禮—嘗之義」朱注。〇—，王者宗廟之大祭。〔禮記·禮運〕「魯之郊—」集解。〇—者，帝王既立始祖之廟，猶謂未盡其追遠尊先之意。〔禮記·大傳〕「禮不王不—」集解引趙匡。〇—祭，所以審昭穆。〔説文〕「—，—祭也」繫傳。〇—祫謂之殷祭，祫大而—小。〔説文〕「祫，大合祭先祖親疏遠近也」義證引〔禮記外傳〕。〇—祫，大祭也。祫以昭穆合食於太祖，而—以審諦其尊卑，此—祫之義。〔通鑑·唐紀一八〕「—後三年而祫，祫後三年而—」音注引歐陽修。〇經傳凡—郊連文者，言祭天之—，—祫連文者，言殷祭之—，—嘗連文者，言時祭之—。〔説文定聲·卷一一〕〇—者，遞也。〔左傳閔公二年經〕「—于莊公」洪詁引賈逵。〇—，第也。〔論語·八佾〕「—，自既灌而往者」劉正義。〇〔説文定聲·卷一一〕—，叚借為諦。〔廣雅·釋詁三〕「—，諟也」。〇—當作禴，諸侯春祭之名也。〔禮記·祭義〕「春—秋嘗」集解。

芮 —，草生狀。〔廣韻·祭部〕〇〔通雅·卷三七〕—温，絮纊也。〔呂覽·必己篇〕「不衣—温」。〇——，細貌。〔本草·卷一七〕〇——，細皃，若言蚊蚋也。〔説文〕「—，——艸生皃」繫傳。〇——與茙茙雙聲，柔細之狀。〔同上〕段注。〇〔通雅·卷一〇〕茹茹、——即蠕蠕。〔唐褚遂良傳〕「——興，突厥亡」。〇內曲為—。〔詩·生民〕「—鞫之即」通釋。〇—鞫即澳鞫。〔同上〕〇—，水名。〔詩·公劉〕「—鞫之即」朱傳。〇—即汭也。〔漢書·地理志〕「川曰涇、汭」補注。〇—城，在同州朝邑縣南。〔左傳桓公三年〕「—伯萬之母—姜」疏證引〔一統志〕。〇古—城在縣西三十里，今名鄭邨。〔同上〕疏證引〔方輿紀要〕。〇—、汭聲義並同。〔方言一〕注「汭，水口也」箋疏。〇—與焫聲近義同。〔廣雅·釋詁三〕「焫，爇也」疏證。〇—讀為納，公讀為宏，取容納之義也。〔春秋名字解詁〕「晉郤—字子公」述聞。〇〔説文定聲·卷一二〕—，叚借為納。〔呂覽·必己〕「不衣—温」。〇〔同上〕—，叚借為蜹。〔莊子·至樂〕「瞀—生乎腐蠸」。〇〔同上〕—，叚借為繘。〔史記·蘇秦傳〕「吰—」。〇〔同上〕—，叚借為汭。〔詩·公劉〕「—鞫之即」。〇—即汭之假借。〔詩·公劉〕「—鞫之即」通釋。〇茶母姒姓，作—子非。〔史記·田完世家〕「—子」志疑。

掣 —，曳也。〔慧琳音義·卷五〕引〔韻英〕。〇—，—曳。〔廣韻·祭部〕〇—，皺也，曳也。〔慧琳音義·卷一八〕引〔字鏡〕。〇—，頓拽也，又作摯。〔卷七二〕引〔考聲〕。〇—，引也。〔太素·陰陽〕「氣虛宜—引之」楊注。〇—亦引也。〔荀子〕「頓之」雜志。〇—，引而縱之，或作摩。〔慧琳音義·卷二七〕引〔玉篇〕。〇瘛瘲、瘈瘲、—縱並字異而義同。〔廣雅·釋言〕「瘛，瘲也」疏證。〇—縱曰瘈瘲，手足—縱即筋惕肉眴也，瘲音縱。亦謂—縱，反戾也。〔通雅·身體〕

偨 —，佗—。〔廣韻·祭部〕〇—，止也。〔楚辭·九辯〕「然飲—而沈藏」補注引五臣。〇—即際字。〔墨子·非攻下〕「粮食不繼—食飲之時」平議。〇〔説文定聲·卷一三〕—，叚借為際。〔張遷碑〕「臈正之—」。

薊 —，草名。〔廣韻·霽部〕〇—，芺之屬，即今刺—是。〔説文〕「—，芺也」繫傳。〇小—俗名青刺—，北人呼為千針草。〔同上〕義證引〔圖經〕。〇—猶髻也，其華如髻也。〔本草·卷一五〕〇—，其實曰荂。〔説文定聲·卷一三〕〇—音計。〔釋艸〕「术，山—」鄭註。〇鄭即—也。〔漢書·地理志〕「—」補注。〇〔説文定聲·卷一三〕—，叚借鄭。〔禮記·樂記〕「封黄帝之後于—」。〇此言攻—，明是荆字之譌。〔史記·始皇本紀〕「王賁攻—」志疑。〇—為黄帝後，黎與—以音近致譌。〔周本紀〕「帝堯之後於—」志疑。

穄 —即稷。〔通雅·穀蔬〕〇南人承北音，呼稷為—，謂其米可供祭也。〔本草·卷二三〕〇—，黍—。〔廣韻·祭部〕〇—，糜也，今南人呼黍為—。〔通鑑·晉紀二三〕「犯其—田」音注。〇—，關西曰糜，似黍不黏。〔説文〕「—，糜也」義證引〔玉篇〕。〇—，黍之不粘者，色黄，飯用之。粘者釀酒及為餌餈，酏粥專名黍。〔説文定聲·卷一三〕

妻 —，以女—人。〔廣韻·霽部〕〇謂以女—人曰—。〔慧琳音義·卷四六〕〇以女為人—曰—。〔孟子·萬章上〕「帝亦知告焉則不得—也」朱注。〇—，為之—也。〔論語·公冶長〕「可—也」朱注。

擠 —，排也，推也。〔漢書·賈捐子傳〕「欲驅士衆—之大海之中」補注引胡注。〇—謂推排而去之。〔杜周傳〕「上所欲—者」補注。〇—，排盪。〔廣韻·霽部〕〇—與濟同。〔方言一三〕「濟，滅也」箋疏。

眥 —，目際。〔廣韻·霽部〕〇—，目厓也。〔莊子·外物〕「—搣可以休老」集釋引世父説。〇—者，睛外之眼角也。〔説文〕「—，目匡也」義證引〔靈樞經〕注。

禊 —，除惡祭。〔集韻·霽部〕〇—，祓除不祥也，又—飲。〔廣韻·霽部〕〇絜與—通。〔廣雅·釋天〕「—，祭天」疏證。

弟　|，易也。〔詩·蓼蕭〕「孔燕豈|」朱傳。〇|，順也。〔國策·趙策二〕「窮有|長辭讓之節」鮑注。〇〔大雅·旱麓〕豈|，|為易。〔釋詁〕「|，易也」述聞。〇|，韓作悌。〔詩·旱麓〕「豈|君子」集疏。

悌　|，孝|。〔廣韻·霽部〕

墆　|翳，蔽隱貌。〔楚辭·遠逝〕「舉霓旌之|翳兮」王注。〇|，|翳，隱蔽皃。〔說文〕「坫，屏也」義證引〔玉篇〕。又〔廣韻·霽部〕。〇|，貯也。〔同上〕〇〔說文定聲·卷一三〕|，叚借為滯。〔管子·法法〕「財無砥|」。〇官本|並作滯，〔平準書〕作蹛，|、滯、蹛字不同，其義一也。〔漢書·食貨志〕「或|財役貧」補注。

暳　|，小星。〔廣韻·霽部〕〇小星謂之|。〔集韻·霽部〕〇|從日，以光芒言。〔詩·小星〕「嘒彼小星」集疏。

遾　|，逮也。〔詩·有杕之杜〕「|肯適我」集疏引魯說。又〔廣韻·祭部〕。〇裔與|聲相近，義相近也。〔廣雅·釋詁一〕「裔，遠也」疏證。〇逝、|、噬並通。〔廣雅·釋言〕「肆，噬也」疏證。〇|通作逝。〔釋言〕「|，逮也」郝疏。〇|本作逝。〔同上〕邵正義。

釱　|，鉗也。〔廣韻·泰部〕〇|，以鎖加足。〔廣韻·霽部〕〇刑在足曰|。〔通雅·刑法〕〇|，踏腳鉗也，狀如跟衣，箸足下，重六斤，以代刖。〔說文〕「|，鐵鉗也」段注。〇|字從大，不從犬，此譌刻。〔史記·平準書〕「釱左趾」志疑。

达　|，足滑。〔廣韻·霽部〕

鷩　衣有鳥文曰|。〔通雅·衣服〕〇|，一名鵕鸃，即〔虞書〕之華蟲，〔左傳昭公一七年〕之丹鳥也。〔說文定聲·卷一二〕

璏　|，劍鼻。〔廣韻·祭部〕〇劍鼻謂之|。〔說文〕「|，劍鼻玉也」義證引〔初學記〕。〇|，劍鼻玉，或省亦从彗。〔集韻·祭部〕

蹛　|即躛字。〔說文〕「|，踶也」段注。〇|，|林。〔廣韻·祭部〕〇〔說文定聲·卷一三〕|，叚借為滯。〔史記·平準書〕「|財役貧」。〇〔同上〕|，叚借為遰。〔春秋運斗樞〕「躛入水而前去」。

槸　〔說文定聲·卷一三〕|字亦作槷。〔考工記·輪人〕「大而短則槷」。〇|，樹枝相摩。〔廣韻·祭部〕〇|音勢。〔釋木〕「木相磨，|」鄭註。〇〔說文定聲·卷一三〕|，當訓危槷為長。〔考工記·輪人〕「牙得則無槷而固」。〇〔同上〕|，叚借為臬。〔小爾雅·廣器〕「正中者謂之槷，槷方六寸」。〇〔同上〕|，叚借為闑。〔儀禮·士冠禮〕古文「布席于門中槷西」。

槷　|即是槸。〔說文〕「槸，木相摩也」句讀。〇|刖即劓刖之異文，不安貌。〔文選·長笛賦〕「巔根跱之|刖兮」補正。〇|，又匠人以為臬字。〔說文〕「槸，木相摩也」段注。〇|，〔考工記·輪人〕以為|槸字。〔同上〕〇|，又〔輪人注〕以為危隉字。〔同上〕

呭　|與詍同。〔說文〕「|，多言也」句讀。〇|，|樂。〔廣韻·祭部〕〇||，〔大雅〕今作泄泄。〔說文〕「詩曰無然||」段注。

詍　|即呭之或體。〔說文定聲·卷一三〕〇|，多言。〔廣韻·祭部〕〇|與呭音義皆同。〔說文〕「|，多言也」段注。〇|，多言也，或作詍。〔集韻·薛部〕

寱　|，睡中語也。〔慧琳音義·卷一三〕引〔考聲〕。〇夢語謂之|。〔莊子·應帝王〕「汝又何帛以治天下」集釋。〇今人謂寐中有言曰|語也。〔說文〕「|，瞑言也」繫傳。〇|，瞑言也。〔集韻·祭部〕〇|，睡中不覺妄言也。〔慧琳音義·卷一四〕引〔聲類〕。〇|，衞也，驚也。〔集韻·霽部〕〇|，詤言也。〔說文〕「詤，夢言也」義證引〔三蒼〕。又〔說文〕「|，瞑言也」義證。〇|，謊言也。〔莊子·應帝王〕「汝又何帛以治天下」集釋。〇眠、瞑、|、囈並同。〔廣雅·釋言〕「衞，|也」疏證。〇|，俗作囈。〔同上〕段注。又〔同上〕句讀。〇|，字亦作囈。〔說文定聲·卷一三〕

栔　|字亦作㓞。〔說文定聲·卷一三〕〇〔晉·虞溥傳〕|作㓞，俗字也。〔說文〕「|，刻也」段注。〇|實與韧同字，字亦作㓞。〔說文定聲·卷一三〕〇|，刻也。〔廣韻·霽部〕又〔說文〕「絬，樂浪挈令」段注。〇|，斷也。〔國策〕「挈領」雜志。〇|、挈、契、鍥並字異而義同。〔同上〕〇|與闕聲近義同。〔廣雅·釋詁三〕「闕，空也」疏證。〇〔說文定聲·卷一三〕|，以楔為之。〔大戴〕「楔而舍之」。〇〔說文定聲·卷一三〕|，以鍥為之。〔荀子·勸學〕「鍥而舍之」。〇〔同上〕|，以挈為之。〔史記·司馬相如傳〕「挈三辰之驩」。〇〔同上〕|，以契為之。〔詩〕「爰契我龜」。〇|，或通作契。〔說文〕「|，刻也」義證。〇|，古經多作契，假借字也。〔同上〕段注。〇鍥、|與契通。〔釋詁〕「契，絕也」邵正義。〇|與鍥通，又作契。〔方言五〕「刈鉤，或謂之鍥」箋疏。〇|又或作挈。〔說文〕「|，刻也」義證。〇|又作鍥。〔同上〕義證。〇|又作鍥。〔同上〕義證。〇|，今〔左傳〕〔荀子〕作鍥。〔同上〕段注。〇|，〔漢書注〕引〔綿〕詩作挈。〔同上〕

砅　|同濿。〔廣韻·祭部〕〇|，古文礪。〔說文〕「|，履石渡水也」段注引〔汗簡〕。〇|，若今有水汪，甃甎石而過。〔同上〕段注。〇|，引伸為凡渡水之偁。〔說文〕「𣿄，徒行濿水也」段注。〇〔說文定聲·卷一三〕|，毛本以厲為之。〔詩·匏有苦葉〕「深則|」。〇古假|為厲。〔說文〕「|，履石渡水也」段注。〇|，經典通作厲。〔同上〕義證。〇|，今〔詩〕文作厲。〔同上〕繫傳。

蠇　|字或作蛚。〔說文〕「|，蚌屬」義證。〇|同蠣。〔廣韻·祭部〕〇|，字亦作蠣。〔說文定聲·卷一三〕〇蛪、蠆其實一字。〔莊子·天運〕「其

知憯於蠇蠆之尾」集釋引王引之。○〔説文定聲・卷一三〕—，段借為蠆。〔莊子・天運〕「其知憯于厲蠆之尾」。

題 —，視也。〔詩・小宛〕「—彼脊令」朱傳。○—者，睼之假借。〔説文〕「睼，迎視也」段注。○〔説文定聲・卷一二〕—，段借為睼。〔小爾雅・廣言〕「—，視也」。○—即眂之叚借。〔説文〕「坺，坺土也」段注。○—者，題之假借字。〔説文〕「題，顯也」段注。○—為題字之假借，視也。〔詩・小宛〕「—彼脊令」通釋。○題、睼、—並通。〔廣雅・釋詁一〕「題，視也」疏證。○—，魯作相。〔詩・小宛〕「—彼脊令」集疏。

[illegible] —，靜也，安也，恭也。〔廣韻・霽部〕

瘱 —，悅也。〔詩・靜女〕「洵美且—」集疏引韓説。○—、嫕、㥷並字異而義同。〔廣雅・釋言〕「—，審也」疏證。○—與㥷音義並同。〔説文〕「—，靜也」句讀。○〔説文定聲・卷四〕—，段借為瘞，為㾝。〔太玄・廓〕「陰氣—而念之」。○〔同上〕—謂借為協。〔太玄・廓〕注「—猶協也」。○〔同上〕—，段借為怯。〔太玄・睟〕「測冥駁冒睟中自—也」。○—通作嫕、㥷，靜也。〔方言六〕「—，審也」箋疏。○此—字誤，當為嫕。〔説文〕「—，靜也」義證。

潎 澼即—之異文。〔説文〕「—，於水中擊絮也」句讀。○〔説文定聲・卷一二〕—字亦作澼。〔莊子〕「洴澼絖」。○—，今蘇俗謂之漂。〔説文定聲・卷一二〕○—，漂—也。〔説文〕「—，於水中擊絮也」義證引〔玉篇〕。○—，魚游水也。〔廣韻・祭部〕○撆、—並音芳滅反，其義同也。〔廣雅・釋詁三〕「撆，擊也」疏證。

䬅 —，急風。〔説文〕「劦，同力也」義證引〔玉篇〕。○—，急風。〔集韻・霽部〕

[illegible] —，急風。〔廣韻・霽部〕

瞖 —，目—。〔廣韻・霽部〕○—，目翳病也。〔説文〕「眚，目病生翳也」義證引〔三蒼解詁〕。○—，目中—也。〔慧琳音義・卷二〕引〔考聲〕。○—，目障也。〔卷三〕引〔韻略〕。○—，目障瞙也。〔卷八〕引〔字書〕。

睥 —，—睨。〔廣韻・霽部〕○—睨，邪視。〔説文〕「睨，衺視也」義證引〔增韻〕。○—睨，不正視也。〔通鑑・周紀五〕「—睨，故久立」音注。○—睨，城上短垣謂之—睨。〔通鑑・後梁紀五〕「設—睨、戰格如城狀」音注。○—睨與俾倪同，明也。〔方言一三〕「睨，—倪」箋疏。

[illegible] —，竹名。〔廣韻・祭部〕○—，字通作衛。〔廣雅・釋草〕「—，箭也」疏證。

嚏 —，鼻氣也。〔廣韻・霽部〕○—，噴鼻也。〔詩・終風〕「願言則—」後箋引〔玉篇〕。○—，鼽—也。〔同上〕朱傳。○—謂鼻有所觸逆而歕氣。〔説文定聲・卷一二〕○—，悟解氣噴鼻也，鬩通則—。〔説文〕「—，悟解氣也」義證引〔增韻〕。○許意—與欠異音同義。〔同上〕段注。○〔説文定聲・卷一二〕—，以疐為之。〔詩・終風〕「願言則疐」。○—，當從王肅本作疐，訓為跲，蓋躓礙難言之貌。〔詩・終風〕「願言則—」通釋。○—，〔釋文〕疐本又作嚔，又作疐。〔同上〕後箋。○—解當改云歕鼻也，口與鼻同時氣出。〔説文〕「—，悟解氣也」段注。

嚔 —，俗嚏。〔廣韻・霽部〕

盭 —，戾也。〔説文〕「很，不聽從也」繫傳。○—即戾字。〔呂覽・遇合〕「長肘而—」校正。○—與戾同。〔廣雅・釋詁三〕「狼、戾，很也」疏證。○—，乖戾正字。〔説文〕「—，弼戾也」段注。○—，弼戾也。〔説文〕「很，一曰—也」段注。○—，亦違也。〔漢書〕「忤恨」雜志。○—者，山曲也，經傳多以戾為之。〔説文定聲・卷一二〕○—與戾通。〔廣雅・釋詁一〕「—，曲也」疏證。○〔説文定聲・卷一二〕—，段借為戾。〔廣雅・釋詁一〕「—，曲也」。○〔同上〕—，段借為莨。〔漢書・百官表〕「金璽—綬」。○—，經典用戾字。〔説文〕「莨，戾也」義證。○戾字或作—。〔漢書〕「連語」雜志。○—，〔漢書〕用此為戾字。〔説文〕「—，弼戾也」繫傳。○—通作戾。〔漢書〕「忤恨」雜志。

盭 —，綠色，又綬名，或作綟。〔廣韻・霽部〕○—，又云弼也。〔同上〕○—當從〔説文〕作盭。〔説文〕「𨂂，一曰曲脛也」義證引錢大昕。

盩 —當作盭。〔漢書・賈誼傳〕「上不使人頸—而加也」補注。○—亦當〔説文〕作盭，弼戾也。〔漢書・賈誼傳〕「又苦𨂂—」補注引錢大昕。

竁 —，葬穿壙也。〔廣韻・祭部〕○—，穿地也。〔集韻・祭部〕○今南陽名穿地為—，聲如腐脃之脃。〔廣雅・釋詁三〕「—，穿也」疏證。○〔説文定聲・卷一三〕—，當作鼠小穴。〔説文〕「—，一曰小鼠穴」。

枘 —，柄—。〔廣韻・祭部〕

篲 —，埽帚。〔廣韻・祭部〕○肆、—，一聲之轉。〔釋詁〕「—，勤也」郝疏。○—者，通作肆。〔同上〕

遞 〔説文定聲・卷一二〕—，此字本訓當為遽也，如今言驛—，—必按程更替，故轉注為迭代之誼。〔説文〕「—，更易也」。○—，更—。〔廣韻・霽部〕○—奏者，更奏也。〔漢書・司馬相如傳〕「族居—奏」補注引王念孫。○—，言其更相代。〔國策・齊策一〕「六國之—甚也」鮑注。○次第相易謂之—代。〔説文〕「代，叓也」段注。○—，代也，或作遆。〔慧琳音義・卷一八〕引〔考聲〕。○—，元文作號，轉寫者誤號為鯱，又改鯱為篪而為遞，或並誤篪字之竹而成—。〔漢書・王襃傳〕「雖伯牙操—鍾」補注。

遰 —，更易也，本作遞。〔楚辭・九辯〕「四時—來而卒歲兮」補注。

遰　丨，字亦作遞。〔説文定聲·卷一三〕○丨，迢丨，又去也，避也。〔廣韻·霽部〕○丨與斳同。〔廣雅·釋器〕「鞢斳，刀削也」疏證。○帶、丨、逝，古聲並相近。〔廣雅·釋詁一〕「帶，行也」疏證。○〔説文定聲·卷一三〕丨，叚借為哲。〔易·大有〕「明辨，丨也」。○〔同上〕丨，叚借為蔕。〔禮記·内則〕「右佩玦捍管丨」。○〔同上〕丨，叚借為滯。〔石門頌〕「遰导弗前」。○丨，或曰借為揥，即擿。〔説文定聲·卷一三〕

愒　憩，本或作丨。〔説文〕「丨，息也」句讀。○丨，息也，或作憩。〔集韻·薛部〕○丨猶憩。〔説文〕「丨，息也」繫傳。○丨，息。〔詩·菀柳〕「不尚丨焉」朱傳。又〔民勞〕「汔可小丨」朱傳。○丨，息也。〔廣韻·薛部〕○丨，此休息之息。〔説文〕「丨，息也」段注。○丨與㵣古字通。〔釋言〕「丨，貪也」郝疏。○丨乃㵣之叚借。〔説文〕「丨，息也」段注。○〔説文定聲·卷一三〕丨，叚借為㵣。〔釋言〕「丨，貪也」。○〔同上〕丨，叚借為趨。〔集韻〕引〔廣雅〕「偈，疾也」。○丨，或借塈字。〔説文〕「丨，息也」義證。○丨通作揭，又通作偈，又通作憩。〔釋詁〕「憩，息也」郝疏。○丨字又作偈。〔説文〕「丨，息也」義證。

猘　丨，狂犬，或作㹲。〔集韻·霽部〕○丨，狂犬。〔廣韻·祭部〕○丨，狂犬也。〔説文〕「㹲，狾犬也」義證引〔纂文〕。又〔慧琳音義·卷五二〕引〔纂文〕。○犬强為丨。〔通鑑·後唐紀五〕「丨子漸大」音注。○丨犬，狂犬也。〔説文〕「㹲，狾犬也」義證引〔本草拾遺〕。○㹲、瘈、丨、㿃、瘛，並字異而義同。〔廣雅·釋詁四〕「㹲，狂也」疏證。

鱖　丨，魚名，大口細鱗有班文。一曰婢魚也。〔廣韻·祭部〕○丨婦，即今俗謂之鬼婆子。〔説文〕「丨，丨魚也」段注。○丨，蹶也，其體不能屈曲如僵蹶也。〔本草·卷四四〕

糲　丨，麤也。〔廣韻·祭部〕○丨，麤丨也。〔説文〕「糲，粟重一秙，為十六斗太半斗」義證引〔玉篇〕。○丨，米之不精者。〔集韻·祭部〕○粱精而丨粗。〔史記〕「丨粱」雜志。○粢與丨皆食之粗者。〔同上〕○丨，脱粟米也。〔慧琳音義·卷一〇〇〕引〔韻詮〕。○舂米一斛曰丨。〔國策·韓策二〕「特以為夫人麤丨之費」鮑注。

糲　丨，或作糲。〔廣雅·釋詁二〕「稗，小也」疏證。○丨、䊪、毇穅，皆舂數也。〔通雅·算數〕○丨，俗作糲。〔説文〕「丨，粟重一秙，為十六斗太半斗」義證。

癘　丨，〔公羊傳〕作痢。〔説文〕「丨，惡疾也」段注。○丨又作癩。〔同上〕義證。○丨，俗作癩。〔同上〕句讀。○丨，癩也。〔國策·楚策四〕「丨人憐王」補正。○丨，疫丨。〔廣韻·祭部〕○丨，人體著漆多生瘡也。〔説文〕「丨，惡瘡疾也」繫傳。○丨，祟也。〔説文〕「祟，神禍也」繫傳。○丨又與瘷通。〔説文〕「丨，惡疾也」義證。○殛、㓟、丨、厲並通。〔廣雅·釋詁二〕「殛，病也」疏證。○〔説文定聲·卷一三〕丨，叚借為列。〔管子·五行〕「不丨雛𪉅」。○〔同上〕丨，叚借為蠡。〔左傳哀公元年〕「天有菑丨」。○丨，經傳亦以厲為之。〔説文定聲·卷一三〕○丨當作厲，謂厲鬼也。〔説文〕「除丨殃也」句讀。○丨，或作厲字。〔説文〕「丨，惡疾也」義證。○官本丨作厲。〔漢書·刑法志〕「鬻棺者欲歲之疫」補注。

痢　丨同癘。〔廣韻·祭部〕○丨即癘字，古厲、列通。〔公羊傳莊公二〇年〕注「丨者，民疾疫也」陳疏引惠棟。

嬖　丨，愛也，卑也，妾也。〔廣韻·霽部〕○丨，賤而幸者。〔國策·楚策一〕「丨色不敝席」鮑注。○賤而得幸曰丨。〔楚辭·愍命〕「斥讒夫與便丨」補注。○褻而得幸曰丨。〔禮記·緇衣〕「毋以丨御人疾莊后」集解。○丨妾即妲己。〔史記·周本紀〕「已而至紂之丨妾二女」志疑。○丨同僻。〔墨子·魯問〕「濟驕而正丨」閒詁引畢沅。○丨通作僻。〔説文〕「丨，便丨，愛也」義證。○丨僮，〔禮記〕作鄰童。〔左傳哀公一一年〕「公為與其丨僮汪錡乘」洪詁。

蹶　丨，行急遽皃。〔廣韻·祭部〕○丨然，急遽而起之貌。〔通鑑·魏紀八〕「師丨然起曰」音注。○丨，跳也。〔國策·韓策一〕「探前丨後」鮑注。○丨謂跳起皃也，或作蹷。〔慧琳音義·卷九七〕引〔考聲〕。○丨，動也。〔詩·板〕「天之方丨」朱傳。○丨，動而疾也。〔詩·緜〕「文王丨厥生」朱傳引或説。○丨丨，動而敏於事也。〔詩·蟋蟀〕「良士丨丨」朱傳。○丨之言蹷。〔詩·緜〕「文王丨厥生」通釋。○〔説文定聲·卷一三〕丨，叚借為趣。〔説文〕「丨，一曰跳也」。○〔同上〕丨，叚借為价。〔釋詁〕「丨，嘉也」。

蹷　丨與蹶同。〔方言一三〕注「丨䠊，短小貌」箋疏。○丨，僵也。〔國策·秦策三〕「天下見臣盡忠而身丨也」鮑注。○丨讀曰掘。〔大戴·曾子疾病〕「而丨穴其中」王詁。○丨者，穿也。〔同上〕述聞。○丨音厥，傾竭也。〔通鑑·漢紀五〕「天下財産何得不丨」音注。○丨者，鱖之假借。〔説文〕「鱖，角有所觸發也」段注。○欮、闕、丨並通。〔吴語〕注「闕，穿也」述聞。○丨穴，〔説苑·敬慎〕〔潛夫論·貴忠〕並作穿穴。〔大戴·曾子疾病〕「丨穴其中」述聞。

齊　丨，火丨，似雲母重沓而開，色黄赤似金，出日南。〔廣韻·霽部〕○黍稷曰丨。〔大戴·誥志〕「丨盛必潔」王詁。○丨，指同牢也。〔左傳隱公八年〕賈注「禮，丨而未配」疏證。○丨有度量之義。〔管子·正世〕「治莫貴於得丨」平議。○丨當讀如幼而徇丨之丨。〔詩·思齊〕「思丨大任」通釋。○丨、劑古通，火丨湯治腸胃病。〔韓子·喻老〕「在腸胃，火丨之所及也」集解。○〔説文定聲·卷一二〕丨，叚借為齋。〔詩·甫田〕「以我丨明」。○〔同上〕丨，叚借為嚌。〔禮記·祭統〕「君執鸞刀羞丨」。

棣〔說文定聲・卷一二〕|字亦作棣。〔魯峻碑〕「棣真子然」。○|，唐|也。〔詩・晨風〕「山有苞|」朱傳。○|乃常|也。〔漢書・司馬相如傳〕「隱夫薁|」補注。○|，車下木，又常|子，似櫻桃可食。〔廣韻・霽部〕○|，常|也，其子熟時正赤色，可啗，俗呼為山櫻桃，隴西人謂之|子是也。〔說文〕「|，白|也」義證引〔急就篇〕顔注。○|，郁李，一名雀李，一名車下李，一名|。〔說文〕「棣，木也」義證引〔本草〕。○〔說文定聲・卷一二〕|即奥李、郁李、山李、爵梅雀李、車下李，因實如李，故稱李。〔詩・七月〕傳「鬱，|屬」。○常|，唐|，皆即棠|，因子如甘棠，故稱棠。〔說文定聲・卷一二〕○唐|，許書作棠|，當為大名，其白花者|，赤花者移也。〔同上〕○|、杕聲同而異。〔漢書・王莽傳〕「同風侯逯並為大司馬」補注引沈欽韓。○||，富也。〔詩・柏舟〕「威儀||」集疏引魯說。○||，猶優優。〔同上〕集疏。○||，富而閑習之貌。〔同上〕朱傳。○|通，陽氣上下相及，逮而通之也。〔漢書・律歷志〕「萬物|通」補注引宋祁。○|即隶，亦作逮，及也。〔同上〕補注引周壽昌。○〔說文定聲・卷一二〕|，叚借為逮。〔漢書・律歷志〕「萬物|通」。○|，或本作逮。〔詩・柏舟〕「威儀||」集疏。

說|，|誘。〔廣韻・祭部〕○|，說之亦使悅懌也。〔說文〕「|，|釋也」繫傳。○|，舍也。〔詩・甘棠〕「召伯所|」朱傳。又〔碩人〕「|于農郊」朱傳。又〔株林〕「|于株野」朱傳。○|，舍止也。〔詩・定之方中〕「|于桑田」朱傳。○|音稅。〔詩・甘棠〕「召伯所|」朱傳。又〔定之方中〕「|于桑田」朱傳。又〔孟子・萬章上〕「故就湯而|之以伐夏救民」朱注。○讀|如稅。〔詩・碩人〕「|于農郊」通釋。○〔說文定聲・卷一三〕|，字亦以脫、以稅為之。〔左傳宣公二年〕「日中而|」。○〔同上〕|，叚借為說。〔禮記・郊特牲〕「明水|齊」。○〔同上〕|，叚借為捝。〔易・睽〕「後|之壺」。○|當作施銳音。〔漢書・匈奴傳〕「於是|教單于左右疏記」補注引劉攽。○〔初學記〕|引作赦。〔左傳襄公二八年〕「|其罪戾」洪詁。

彘|，豕也。〔廣韻・祭部〕○牝曰|，曰豝，曰貕。〔本草・卷五〇〕○|之言滯也。〔說文〕「|，豕也，後蹏廢謂之|」段注。○|者，徹也。〔漢書・孝景王皇后傳〕「此貴徵也」補注引〔御覽〕。○豕、|、豨俱聲近。〔釋獸〕「豕子，豬」郝疏。○|當作璏，古銅劍常有之，以玉為劍鼻，故從玉。〔漢書・匈奴傳〕「玉具劍」補注。

曀|，陰風。〔廣韻・霽部〕○|，陰風也。〔楚辭・九辯〕「然霒|而莫達」補注。○陰而風為|。〔詩・終風〕「終風且|」集疏引魯說。○陰而風曰|。〔同上〕朱傳。○|，風晦也。〔集韻・屑部〕○|，闇昧也。〔詩・終風〕「不日有|」集疏。○||，陰貌。〔終風〕「||其陰」朱傳。○||猶晻晻也。〔同上〕陳疏。○|、壇，聲義皆近。〔同上〕陳疏。○|當讀〔爾雅〕薆隱之薆，翳也。〔同上〕通釋。○|通曖。〔同上〕○|，〔意林〕引作霾。〔同上〕○|，〔韓詩〕作壇，天陰塵起有風。〔詩・終風〕「終風且|」後箋。

離|黃即楚雀，又名商庚。〔說文〕「|黃，倉庚也」繫傳。○|邑，別邑也，大夫所封。〔說文〕「鄉，國|邑，民所封鄉也」繫傳。○〔通雅・卷四三〕|支，荔枝也。〔上林賦〕「荅遝|支」。○|，麗也，為附麗之麗。〔廣雅・釋言〕「|，麗也」疏證。○|讀為麗。〔儀禮・大射禮〕「中|維綱」平議。○|與麗古同聲而通用。〔廣雅・釋言〕「|，麗也」疏證。○|讀為儷。〔管子・問〕「不養而出|者」平議。

荔|，薜|，香草。〔廣韻・霽部〕○|，江東人呼旱蒲。〔說文〕「|，艸也」義證引〔圖經〕。○|，土人呼為馬蓮，亦呼馬蘭，又有馬䪥之名。〔同上〕義證引程瑤田。○|，二三月間見，草似幽蘭，叢生，長者二尺許，開花，藕褐色，土人呼馬蓮。〔漢書・司馬相如傳〕「其高燥則生葴析苞|」補注引程瑤田。○|枝，此木結實時，枝弱而蔕牢，必以刀斧劙取其枝，故以為名。〔本草・卷三一〕引〔扶南記〕。○|，今北地束以刷鍋。〔說文定聲・卷四〕○|，今北方束其根以刮鍋。〔說文〕「|，艸也」段注引程瑤田。○|、瀨雙聲字。〔漢書・地理志〕「|浦」補注。○〔說文定聲・卷四〕|，叚借為離，實為茘。〔三輔黃圖〕「漢武破南越，于上林苑中起扶|宮，植所得龍眼、|枝」。○|枝作離支。〔史記〕「葴斯」雜志。

汭|，小水入大水也。〔說文〕「|，水相入也」義證引〔五音集韻〕。又〔集韻・寘部〕。○|是相入處也。〔說文〕「|，水相入也」繫傳。○凡水相入之處皆曰|。〔詩・公劉〕「芮鞫之即」後箋。○水北曰|。〔慧琳音義・卷八三〕○|，水曲。〔廣韻・祭部〕○|與枘同意。〔說文〕「|，水相入皃也」段注。○〔周禮・職方〕之|，即〔漢・志〕右扶風汧縣之芮，水名也。〔同上〕○|、隊，字別義通。〔左傳閔公二年〕「敗犬戎于渭|」疏證引李貽德。

泥|，滯陷不通。〔廣韻・霽部〕○|，不通也。〔論語・子張〕「致遠恐|」朱注。○||，蓋猶乙乙，初生難出之貌。〔詩・行葦〕「維葉||」後箋。○||、柅柅並與苨苨同。〔廣雅・釋訓〕「苨苨，茂也」疏證。○〔說文定聲・卷一二〕|，叚借為闟。〔釋獸〕「威夷長脊而|」。

埿|，俗泥。〔廣韻・霽部〕

蛻|，|皮。〔廣韻・祭部〕○|之言脫也。〔廣雅・釋蟲〕「蝮蛸，|也」疏證。○|之言娧也，娧，小也。〔方言一一〕「其小者或謂之蚴|」箋疏。

贅〔說文定聲・卷一三〕|，以物得錢。〔廣雅・釋詁三〕「|，得也」。○|，若今人之抵押也。〔說文〕「|，以物質錢」段注。○|者，猶放貝當復取之。〔漢書・嚴助傳〕「民待賣爵|子以接衣食」補注引沈欽韓。○|亦疣也。〔慧琳音義・卷四〕引〔博雅〕。○|，風結病也。〔同上〕引〔字書〕。○|，|肉也，又聚也。〔廣韻・祭部〕○|，屬也。〔詩・桑柔〕「具|卒荒」朱傳。○凡繫屬之物皆名|。〔公羊傳襄公一六年〕注「|，繫屬之辭」

陳疏。〇丨，綴連也。〔韓子·存韓〕「欲丨天下之兵」集解引舊注。〇丨同綴。〔說文〕「肬，丨肬也」段注。〇丨，最也。〔廣韻·祭部〕又〔說文〕「丨，以物質錢」義證引〔玉篇〕。〇最、丨、萃，聲同一義也。〔漢書·武帝紀〕「縣鄉即賜，毋丨聚」補注引沈欽韓。〇居婦家之壻為丨也。〔慧琳音義·卷八〇〕引顧野王。〇男無娉財以身自質於妻家為丨壻。〔說文〕「丨，以物質錢也」繫傳。〇〔說文定聲·卷一三〕丨而不贖，主家配以女則謂之丨壻。〔漢書·嚴助傳〕如淳注「淮南俗，賣子與人作奴婢名曰丨子，三年不能贖，遂為奴婢」。〇丨子，猶今之典身立有年限取贖者，其丨而不贖，主家以女匹之，則謂之丨壻。〔漢書·賈誼傳〕「家貧子壯則出丨」補注引錢大昕。〇丨，獨出也。〔說文〕「丨，以物質錢也」繫傳。〇丨，獨惡也。〔史記·商君列傳〕「有獨知之慮者，必見敖於民」志疑引李賢。〇丨為綴之假借也。〔說文〕「丨，以物質錢」段注。〇〔說文定聲·卷一三〕丨，叚借為綴。〔小爾雅·廣言〕「丨，屬也」。〇丨讀如虎賁綴衣之綴。綴、丨通用。〔漢書·王莽傳〕「又置大丨官」補注引劉奉世。〇丨旒，〔釋文〕作綴流，綴，正字，丨，叚借也。〔公羊傳襄公一四年經〕注「君若丨旒然」陳疏。〇〔說文定聲·卷一三〕丨，叚借為最，實為冣。〔廣雅·釋詁三〕「丨，聚也」。〇丨衣，官名也。〔廣韻·祭部〕

儷　丨，伉丨。〔廣韻·霽部〕〇丨，並也。〔通鑑·晉紀三〇〕「不伉丨於先帝」音注。〇丨亦宏壯也。〔續音義·卷三〕引〔字統〕。〇丨與麗同。〔廣雅·釋言〕「離，麗也」疏證。〇丨字通作麗，又作離。〔廣雅·釋詁四〕「丨，耦也」疏證。〇丨即麗之俗。〔說文〕「麗，禮麗皮納聘，蓋鹿皮也」段注。

揭　褰衣而涉曰丨。〔詩·匏有苦葉〕「淺則丨」朱傳。〇攝衣涉水曰丨。〔論語·憲問〕「淺則丨」朱注。〇丨，徒涉水之名。〔詩·匏有苦葉〕「淺則丨」通釋。〇丨，褰衣渡水由膝已下。〔廣韻·祭部〕〇丨，丨衣也。〔詩·匏有苦葉〕「淺則丨」集疏引魯說。〇丨，由膝以上為涉之正限，深於此而上於帶則為厲，淺於此而褰衣則為丨耳。〔同上〕後箋。〇丨，高舉也。〔詩·大東〕「西柄之丨」陳疏。〇丨猶反。〔國策·韓策二〕「唇丨者，其齒寒」鮑注。〇丨，蹶也。〔晏子春秋〕「孤其根丨」雜志。〇丨、竭古字通。〔荀子〕「竭」雜志。

帨　丨即帥。〔說文定聲·卷一三〕（「涗」下）〇帥、丨一字也。〔廣雅·釋器〕「帥、丨，巾也」疏證。〇丨與帥同字。〔說文〕「刷，禮有刷巾」段注。〇丨，巾。〔詩·野有死麕〕「無感我丨兮」朱傳。〇丨，佩也。〔集韻·薛部〕〇丨，佩巾。〔廣韻·祭部〕〇丨，佩巾，或作帥。〔集韻·祭部〕

唳　丨，鶴鳴。〔廣韻·霽部〕

薙　丨，除草。〔廣韻·霽部〕〇丨，除草也。〔通鑑·唐紀七九〕「朱全忠遣人丨城外草以困城中」音注。〇丨，芟艸也。〔集韻·旨部〕〇丨，除也。〔慧琳音義·卷九九〕引〔文字典說〕。〇丨，耘除也。〔通鑑·唐紀一二〕「吾已敕思摩燒丨秋草」音注。〇丨，義亦與剃同。〔廣雅·釋詁一〕「剃，剔也」疏證。

泄　丨，舒散皃也。〔慧琳音義·卷六六〕引〔文字典說〕。〇丨丨，飛之緩也。〔詩·雄雉〕「丨丨其羽」朱傳。〇丨丨，怠緩悅從之貌。〔孟子·離婁上〕「無然丨丨」朱注。〇丨丨猶閑閑也。〔詩·十畝之閒〕「桑者丨丨兮」朱傳。〇丨丨猶沓沓也。〔詩·板〕「無然丨丨」朱傳。〇〔義府·卷上〕丨丨、沓沓，皆多言之意。〔孟子〕「丨丨猶沓沓」。〇丨丨者，每有眾多之意。〔詩·板〕「無然丨丨」述聞。〇丨丨，謂多言妄發。〔同上〕通釋。〇多言謂之丨丨。〔詩·十畝之閒〕「桑者丨丨兮」述聞。〇丨丨為多人之貌。〔詩·陟岵〕後箋。〇丨丨為多言之貌，多言由於多人，故此傳又以丨丨為多人也。〔同上〕〇丨，去。〔詩·民勞〕「俾民憂丨」朱傳。〇丨，發也。〔廣雅·釋言〕疏證補。〇丨，發也，溢也。〔慧琳音義·卷五二〕〇丨言已白之。〔國策·趙策三〕「勝已丨之矣」鮑注。〇丨，姓也，與洩同。〔通鑑·周紀四〕「又愛丨姬，重如耳」音注。〇丨猶呭、詍。〔詩·十畝之閒〕「桑者丨丨兮」陳疏。〇丨當讀為抴。〔莊子·人間世〕「小枝丨」集釋引俞樾。〇丨與翐通。〔廣雅·釋訓〕「翐翐，飛也」疏證。〇丨，假借為詍也。〔說文〕「丨，丨水」段注。〇〔說文定聲·卷一三〕丨，假借為歇。〔詩·民勞〕「俾民憂丨」。〇〔左傳〕丨作洩。〔漢書·古今人表〕「左公子丨」補注引錢大昕。〇丨，三家作詍，一作呭。〔詩·十畝之閒〕「桑者丨丨兮」集疏。〇丨，世紀作世，蓋傳寫脫水旁。〔史記·夏本紀〕「子帝丨立」志疑。

洩　丨丨，舒散皃。〔世子〕改為曳，唐避諱也。〔通雅·卷九〕〇怈、丨、怢、裔，並字異而義同。〔廣雅·釋詁二〕「裔，習也」疏證。〇丨、裔，聲之轉。〔方言一二〕「裔，習也」箋疏。〇丨，借字，當作怈。〔說文〕「怈，習也」義證。〇魯孟武伯名彘，字子丨，以泄為紲也。〔說文定聲·卷一二〕（「彘」下）

殪　丨，丨死。〔廣韻·霽部〕〇丨，死也。〔國策·齊策一〕「其良士選卒必丨」鮑注。〇一矢而死曰丨。〔詩·吉日〕「丨此大兕」朱傳。〇丨，殺也。〔左傳宣公六年〕「將可丨也」疏證引顧炎武。〇丨、翳通也。〔釋名·釋喪服〕「丨，翳也」疏證。

娣　丨，妹也。〔廣雅·釋親〕「丨姒，先後也」疏證。〇丨，丨姒。〔廣韻·霽部〕〇古之稱丨姒者，猶今人稱妯娌也，析言之則兄妻為姒，弟妻為丨，合言之則昆弟之妻統稱為丨姒，約言之則但稱為姒。〔廣雅·釋親〕「丨姒，先後也」疏證。

澨　丨者，水側之濆。〔漢書〕「北筮山」雜志。〇丨猶涘也。〔左傳宣公四年〕「師于漳丨」疏證。〇睢丨，睢則睢水，丨則其防也。〔左傳成公一五年〕「則決睢丨」疏證引胡渭。

嚌　丨，嘗也。〔儀禮·特牲饋食禮〕「設大羹湆于醢北」胡正義。〇丨，嘗至齒也。〔大戴·禮三本〕「祭丨大羹而飽乎庶羞」王詁。又〔廣韻·霽部〕。〇

丨，飲沾脣至齒也。〔通雅·疑始〕○丨謂俎實也。〔禮記·祭統〕「差丨」集解。

劌 〔說文定聲·卷一三〕丨，字亦作劊，算、歲雙聲。〔廣雅·釋詁四〕「劊，截也」。○丨，傷也，割也。〔廣韻·祭部〕○丨，利傷也。〔國策·齊策五〕「則不能割丨矣」鮑注。○〔說文定聲·卷一三〕丨，叚借為會。〔太玄·元告〕「日月相丨」。○〔意林〕丨作訥。〔韓子·難言〕「丨而不辯」集解。

薜 丨，水艸名。〔集韻·怪部〕○丨，丨荔。〔廣韻·霽部〕○丨荔，香草也。〔文選·南都賦〕「其香則有丨荔蕙若」補正引〔楚辭〕注。○〔西山經〕小華之山其草有萆荔，狀如烏韭，即丨荔也。（同上）集釋。○〔說文定聲·卷一二〕丨，叚借為劈。〔考工記·旅人〕「髻墾丨暴不入市」。○丨，僻借字。〔漢書·揚雄傳〕「陋三王之陒丨」補注。

懘 丨，怗丨，音不和也。〔廣韻·祭部〕○〔樂記〕怗丨之音，丨即慸之譌。〔說文〕「慸，一曰困劣也」段注。

轊 丨同軎。〔廣韻·祭部〕○丨，車軸頭，或作軎。〔集韻·祭部〕○丨，或作轊。〔說文〕「軎，或從彗」義證。○丨，又作轊，車軸耑也。（同上）句讀。○丨音衛，車軸頭謂之丨。〔通鑑·周紀四〕「皆以鐵籠傅車丨」音注。○丨櫝，小棺也。〔說文〕「櫘，棺櫝也」義證引〔白帖〕。○丨之為言銳也。〔廣雅·釋器〕「轊，丨也」疏證。○嘒、鏏、櫘、繐、䎮，丨，義並同也。（同上）

⿰車慧 丨，車軸頭，或從惠。〔集韻·齊部〕

⿰車惠 丨作轊。〔史記索隱〕「異文」雜志。○丨，〔文選〕作轊。〔史記〕作轊。〔漢書·司馬相如傳〕「丨白鹿」補注。○丨，〔說文〕作軎，或作轊，俗作⿰車慧。（同上）「丨騊駼」補注。○丨讀為衛，衛，蹋也。〔漢書〕「丨」雜志。○衛、丨二字並音衛，故字亦相通。〔漢書〕「軼、丨」雜志。

軎 丨，今字作轊。〔說文〕「舝，車軸耑鍵也」段注。○〔說文定聲·卷一二〕丨，字亦作轊。〔廣雅·釋器〕「轊，輨也」。○丨，車軸頭也。〔廣韻·祭部〕○丨又謂之軌，謂轊頭也。〔文選·廣絕交論〕集釋。○丨亦謂之軹。（同上）○丨又謂之轊。〔說文〕「丨，車軸耑也」義證。○丨，口象小穿，受舝者即軝也。〔說文定聲·卷一二〕○車軸之末見於轂外者曰丨。〔說文〕「丨，車軸耑也」段注。○丨之言遂也，出也。（同上）○丨，〔五經文字〕作軎。（同上）

㬅 丨，暴也。〔集韻·月部〕○丨，暴乾。〔廣韻·月部〕○丨，曝乾也。〔說文〕「丨，暴乾火也」義證引〔玉篇〕。又〔漢書·賈誼傳〕「日中必㬅」補注引〔玉篇〕。○丨，曬乾。〔廣韻·祭部〕○丨，字亦作㬅。〔說文定聲·卷一二〕

懠 丨，怒。〔詩·板〕「天之方丨」朱傳。○丨，怒也。〔廣韻·霽部〕○丨與濟聲近義同。〔廣雅·釋詁一〕「濟，憂也」疏證。

袣 〔說文定聲·卷一三〕丨即裔。〔埤蒼〕「丨，衣長皃」。○丨，衣長皃。〔集韻·祭部〕○丨，長被，又衣長皃。〔廣韻·祭部〕○丨，一曰袖也，或从曳，亦作絏。〔集韻·祭部〕○丨，〔史記〕作袘，〔文選〕作絏。〔漢書·司馬相如傳〕「曳獨繭之褕丨」補注。

囈 丨、讏、寱同衞。〔廣韻·祭部〕○丨，睡語。〔說文〕「寱，瞑言也」義證引〔玉篇〕。○丨，寐語，謂語不成句也。〔通雅·釋詁〕○丨即臬寱。〔說文〕「㙞，射臬也」義證。○眠、瞑、寱、丨並同。〔廣雅·釋言〕「衞，寱也」疏證。

濞 丨，水名。〔廣韻·霽部〕

蠣 丨，牡丨，蚌屬。〔廣韻·祭部〕○蠆、蠇，其實一字。〔莊子·天運〕「其知憯於蠆蔓之尾」集釋引王引之。

羿 丨，羿省文。〔墨子·非儒下〕「古者丨作弓」閒詁引畢沅。○丨，帝嚳射官也，夏少康滅之。〔離騷〕「丨淫遊以佚畋兮」補注引〔說文〕。○帝嚳時有丨，堯時亦有丨，丨是善射之號。（同上）補注引賈逵。

羿 丨，俗作羿。〔說文〕「丨，羽之丨風」段注。○丨，羽箭也。（同上）義證引〔洪武正韻〕。○丨猶翳也。（同上）繫傳。○古有窮之君名丨，一曰帝嚳射官。（同上）○〔說文定聲·卷一二〕丨，叚借為羿。〔左傳襄公四年〕「有窮后羿」。○丨，字亦誤作羿。〔說文定聲·卷一二〕○丨當為幵，平也，羽之幵風謂摶扶搖而上之狀。〔說文〕「丨，羽之丨風」段注。

髢 丨，髮也。〔廣韻·霽部〕○丨音第，髮丨也，人少髮，則以丨益之。〔詩·君子偕老〕「不屑丨也」朱傳。○常飾曰丨。〔說文定聲·卷一二〕〔「鬄」下〕○三家丨作鬄。〔詩·君子偕老〕「不屑丨也」集疏。

鬄 丨、髢同字，訓髮。〔說文〕「鬄，鬀髮也」段注。

謎 丨，隱言也。〔廣韻·霽部〕○丨，隱語也。〔慧琳音義·卷三六〕引〔韻略〕。

軑 〔說文定聲·卷一三〕丨之言鉗制，轄所以制轂，輨所以固轂，似訓輨為長。〔說文〕「丨，車輨也」。○丨，或作釱。〔說文〕「丨，車輨也」義證。

杕 丨，木盛皃。〔廣韻·霽部〕又〔說文〕「丨，樹皃」義證引〔玉篇〕。○丨，特也。〔詩·杕杜〕「有丨之杜」朱傳。○丨，樹特生皃。〔說文〕「丨，樹皃」繫傳。○丨，引伸為舟舵。（同上）段注。○〔說文定聲·卷一三〕丨，以汏為之。〔楚辭·涉江〕「齊吳榜以擊汏」。○丨字今作柁、作舵。〔說文定聲·卷一三〕○丨杜之丨，俗作杕也。〔漢書·武帝紀〕「怵於邪說」補注。

䓞 丨，紫草。〔廣韻·霽部〕○丨草即藎草。〔釋草〕「菉，王芻」郝疏。○〔詩〕采綠即〔本草〕之藎草，〔說文〕謂之丨草。〔說文〕「丨，艸也」義證引陳啓

源。○丨草似艾，所染色黧黑而黃，近綠。〔說文定聲·卷一二〕○丨、菉，一聲之轉。〔釋草〕「菉，王芻」郝疏。○〔說文定聲·卷一二〕丨，以莂為之，是染紫之草，亦得丨名，蘇俗所謂紫草子也。〔周禮〕「掌染草」注「紫莂之屬」。○〔同上〕丨，以盭為之。〔漢書·匈奴傳〕「黃金璽盭綬」。○丨與盭通。〔廣雅·釋草〕「茈丨，茈草也」疏證。○丨、盭，同音段借字也。〔說文〕「丨，艸也」段注。○丨與戾、莂通。〔廣雅·釋器〕「紫綟，綵也」疏證。○丨，各本譌戾。〔說文〕「綟，帛丨艸染色也」段注。

蘻　丨與蘮同字。〔說文定聲·卷一二〕○丨，狗毒草也。〔廣韻·霽部〕○丨音計。〔釋艸〕「丨，狗毒」鄭註。○丨，薊也，俗呼雞項，似芥而多刺。〔同上〕

憓　丨，愛也。〔廣韻·霽部〕○丨，愛也，順也，通作惠、譓。〔集韻·霽部〕○丨，義與惠字訓用同。〔慧琳音義·卷九〇〕

蜧　丨，大蝦蟆也。〔廣韻·霽部〕

欐　丨，屋棟也。〔集韻·支部〕○丨，梁棟之名也。〔廣韻·霽部〕○丨，一曰木名，一曰小船。〔集韻·支部〕

瘌　瘛，癡也，丨同上。〔說文〕「癡，不慧也」義證引〔玉篇〕。○丨，丨瘲，病也，或从瘛、瘳。〔集韻·薛部〕○狾、瘈、猘、瘳、丨，並字異而義同。〔廣雅·釋詁四〕「狾，狂也」疏證。

瘈　丨，牽縱也。〔太素·五藏命分〕「脾偏傾則喜丨喜脹」楊注。○瘛瘲、丨瘲、掣縱，並字異而義同。〔廣雅·釋言〕「瘛，瘲也」疏證。○〔左傳〕國狗之丨，許所見作狾。〔說文〕「狾，狂犬也」段注。

綟　丨，蒼艾色也。〔說文〕「丨，帛戾艸染色」義證引〔急就篇〕顏注。○丨，草色衣也。〔廣韻·霽部〕○丨木，木文側戾，故曰丨木。〔本草·卷三五〕○丨，小結也。〔續音義·卷四〕引〔切韻〕。○丨猶結紐也。〔慧琳音義·卷五五〕引〔考聲〕。○繚丨，紛糺皃也。〔卷五五〕○丨與捩義同。〔續音義·卷四〕引〔字書〕。○〔說文定聲·卷一二〕丨，以盭為之。〔漢書·百官表〕「諸侯王金璽盭綬」。○丨通作盭。〔廣雅·釋器〕「綠丨，綵也」疏證。

繽　丨，綠也。〔說文〕「綟，帛戾艸染色」義證引〔玉篇〕。

壇　〔說文定聲·卷一二〕丨與霾意略同。〔說文〕「丨，天陰塵也」。○丨，今〔詩〕作曀。〔說文〕「丨，詩曰丨丨其侌」段注。

箅　丨，甑丨也。〔廣韻·霽部〕

箄　丨，甑蔽。〔集韻·霽部〕○〔說文定聲·卷一一〕丨，段借為劈。〔方言一三〕「丨，析也」。

締　丨，結也。〔廣韻·霽部〕○結而不可解者曰丨。〔說文〕「丨，結不解也」段注。○丨，結而不可解曰丨。〔說文定聲·卷六〕〔「紐」下〕

甈　〔說文定聲·卷一三〕丨，康瓠，猶言空壺也。〔說文〕「丨，康瓠也」。○丨為破裂之名。〔方言五〕「甇丨謂之盎」箋疏。○丨、臬、闑、槷，字異聲義並同，臬又通作藝。〔同上〕

𤭛　丨，康瓠也，或作甈。〔集韻·祭部〕

䁥　丨，視也。〔廣韻·霽部〕○丨，視丨。〔廣韻·黠部〕○丨之言察也。〔廣雅·釋詁一〕「丨，視也」疏證。○丨與聜通。〔廣雅·釋詁四〕「聜，聽也」疏證。

涖　莅與丨同。〔左傳僖公三年經〕「公子友如齊丨盟」洪詁引〔玉篇〕。○丨，臨也。〔詩·采芑〕「方叔丨止」朱傳。又〔同上〕劉正義。○丨，汔也。〔廣韻·霽部〕○隸書變隸作丨。〔左傳僖公三年經〕「公子友如齊丨盟」疏證引臧壽恭。○〔公〕、〔穀〕丨皆作莅。〔同上〕洪詁。○丨，〔釋文〕作蒞，〔漢書〕引作莅。〔左傳昭公六年〕「丨之以彊」洪詁。○丨丨，〔史記〕作莅莅。〔漢書·司馬相如傳〕「丨丨下瀨」補注。

蜹　丨，蚊丨。〔廣韻·祭部〕○丨，即蟁丨也。〔說文定聲·卷一二〕〔「芮」下〕○丨，毒蟲。〔廣韻·祭部〕

蚋　丨，蚊屬。〔孟子·滕文公上〕「蠅丨姑嘬之」朱注。○丨，蚊也。〔大戴·勸學〕「醯酸而丨聚焉」王詁。○小蚊曰丨。〔慧琳音義·卷九〕○丨，一作蟈，或云蟈姑即螻蛄也。〔說文〕「蛄，螻蛄也」段注。

嘒　〔說文定聲·卷一二〕丨字亦作嚖。〔廣雅·釋訓〕「嚖嚖，鳴也」。○丨，聲急。〔廣韻·霽部〕○丨丨，聲也。〔詩·采菽〕「鸞聲丨丨」朱傳。又〔小弁〕「鳴蜩丨丨」朱傳。○丨丨，小聲也。〔同上〕集疏引韓說。○丨丨，猶噦噦。〔詩·采菽〕「鸞聲丨丨」陳疏。○丨丨，清亮也。〔詩·那〕「丨丨管聲」朱傳。○丨，明貌。〔詩·雲漢〕「有丨其星」朱傳。○丨，蓋狀星之明貌。〔詩·小星〕「丨彼小星」通釋。○丨音噦，微貌。〔同上〕朱傳。○丨，引申之則亦可通為小貌。〔同上〕後箋。○丨、鏏、槥、繐、韢、轊，義並同也。〔廣雅·釋器〕「轊，轄也」疏證。○丨，〔廣韻〕作暳，注云小星。〔詩·小星〕「丨彼小星」後箋。○丨，韓作暳。〔同上〕集疏。○丨，三家作譓。〔詩·雲漢〕「有丨其星」集疏。○丨字亦誤作暳。〔說文定聲·卷一二〕

嚖　丨同嘒。〔廣韻·霽部〕○丨丨與嘒嘒同。〔廣雅·釋訓〕「嚖嚖，鳴也」疏證。

嫕　婉丨，柔順皃。〔廣韻·霽部〕○丨，婉丨，順從也，或作嫛。〔集韻·霽部〕○瘱、丨、悘並字異而義同。〔廣雅·釋言〕「瘱，審也」疏證。○丨，深邃

也。〔說文〕「瘱，靜也」義證引〔列女傳〕。

哲 |、晣一字。〔詩・東門之楊〕「明星||」陳疏。○|與晣同字，明也。〔同上〕通釋。○|，星光也。〔廣韻・祭部〕○|又音制。〔說文〕「|，昭|，明也」義證引顧炎武。

晣 |音制，||，小明也。〔詩・庭燎〕「庭燎||」朱傳。○|、哲、悊、折、晰，並字異而義同。〔廣雅・釋詁四〕「|，明也」疏證。○|明，今〔禮記〕作質明，假借。〔說文〕「|，昭|，明也」繫傳。○〔通雅・卷九〕|音浙，又作晰。〔小雅〕「庭燎||」。

漈 |，溶|，水皃。〔廣韻・祭部〕又〔集韻・祭部〕。

㸷 |，牛角豎也。〔廣韻・祭部〕○|，一角仰也。〔集韻・祭部〕○一曰牛角立謂之|，或作掣、挈。〔同上〕○|音誓。〔釋畜〕「皆踊|」鄭註。○〔說文定聲・卷一三〕|，〔子夏傳〕以契為之。〔易・睽〕「其牛|」。

揥 |，指也。〔集韻・齊部〕又〔廣韻・齊部〕。○|，佩飾。〔廣韻・祭部〕○|，整髮釵也。〔詩・君子偕老〕「象之|也」後箋引何元子。○|，所以摘髮也。〔同上〕朱傳。○|，以象骨搔首，因以為飾，名之曰|。〔說文〕「擿，搔也」段注。○|者，搔頭之簪。〔詩・君子偕老〕「象之|也」通釋。○|，撮取也。〔說文〕「摕，撮取也」義證引〔玉篇〕。○|，嬈也。〔廣雅・釋詁二〕「擿，搔也」疏證。○擿、摘，|聲近義同。〔同上〕○摘、擿、|並與䚦同義。〔廣雅・釋器〕「䚦，鬄也」疏證。○|讀為擿。〔廣雅・釋詁二〕「|，嬈也」疏證。○|亦通作摘。〔同上〕

淠 ||，動貌。〔詩・采菽〕「其旂||」朱傳。○||，茂也。〔廣雅・釋訓〕疏證。又〔詩・小弁〕「莞葦||」集疏引魯說。○||猶茷茷。〔小弁〕「萑葦||」通釋。○芾芾，義與||同。〔同上〕通釋。○|字亦誤作渒。〔說文定聲・卷一二〕

忕 |，|習。〔廣韻・祭部〕○|，慣習也。〔說文〕「狃，犬性|也」繫傳。○怈、洩、|、裔，並字異而義同。〔廣雅・釋詁二〕「裔，習也」疏證。○|字亦作怈。〔說文定聲・卷一三〕○|，〔字林〕變作怈，實一字。〔說文〕「|，習也」段注。○|，此篆各本作怈，解云曳聲。〔同上〕○今書傳中狃|字多作忕，猶杕杜之杕俗作杕也。〔漢書・武帝紀〕「忕於邪說」補注。

切 |，衆也。〔廣韻・霽部〕○〔通雅・卷三八〕門限曰|，一曰門楣。〔漢趙后傳〕「|皆銅沓冒」。○|齒，言之力也。〔國策・魏策一〕「莫不日夜搤腕瞋目|齒」鮑注。○〔說文定聲・卷一二〕一|，權時也。〔史記・李斯傳〕「請一|逐客」。○〔同上〕|，段借為楣。〔西京賦〕「設|厓隒」。

踶 蹏與|同。〔漢書〕「連語」雜志。○|字亦作蹏，又作蹄。〔廣雅・釋言〕「蹶，|也」疏證。○|，蹋。〔廣韻・霽部〕○|，蹋也。〔集韻・脂部〕又〔說文〕「赽，|也」段注。又〔說文〕「|，躛也」義證引〔玉篇〕。又〔漢書〕「題侯」雜志引李頤。○|猶蹋也。〔說文〕「赽，|也」繫傳。○|亦當蹋意也。〔說文〕「踔，|也」繫傳。○蹶、|皆謂蹋也。〔廣雅・釋言〕「蹶，|也」疏證。○|，躛也。〔莊子・馬蹄〕「|跂為義」集釋。○|者，躛也。〔說文〕「縮，一曰蹴也」段注。○|躛，猶踐蹋也。〔說文〕「躛，牛|躛也」段注。○|者，馬以足擊人也。〔說文〕「駃，|也」句讀。○馬怒則分背相|。〔漢書〕「題侯」雜志引〔莊子・馬蹄〕。○凡足掌迫地不遽起曰|。〔說文〕「縮，一曰蹴也」段注。○|之言馳。〔漢書〕「連語」雜志。○疾行謂之|。〔同上〕○|亦奔也。〔同上〕○|亦奔也，奔|猶奔馳耳，蹏與|同，是疾行謂之|也。〔漢書・武帝紀〕「故馬或奔|而致千里」補注引王念孫。○蹏、蹄並與|通。〔廣雅・釋詁二〕「|，蹋也」疏證。○〔通雅・卷八〕|跂與忮懻通。〔馬蹄〕「|跂為義」。

螮 |，|蝀。〔廣韻・霽部〕○|蝀，虹也。〔詩・蝃蝀〕「|蝀在東」集疏引魯說。○|，蛇也。〔慧琳音義・卷九九〕引〔考聲〕。○|蝀作綴蝀，假借字也。〔釋天〕「|蝀謂之雩」郝疏。○|，今〔詩〕作蝃。〔說文〕「|，|蝀，虹也」段注。

蝃 |，魯作螮。〔詩・蝃蝀〕「螮蝀在東」集疏。

蟪 |，|蛄。〔廣韻・霽部〕○|蛄，夏蟬。〔楚辭・招隱士〕「|蛄鳴兮啾啾」補注引五臣。○|蛄，寒蟬也。〔同上〕補注。○|蛄，蛁蟧，即〔楚辭〕所云寒螿者也。〔同上〕補注引〔廣雅〕。○|，山蟬，秋鳴者不及春，春鳴者不及秋。〔同上〕補注。○|，一名蝭蟧，春生夏死，夏生秋死。〔同上〕補注。○|亦通用惠。〔方言一一〕「楚謂之|蛄」疏證。

医 弓矢衣為|。〔說文定聲・卷一二〕〔「緊」下〕○|，藏弓弩矢器。〔廣韻・霽部〕○|，所以蔽矢也。〔說文〕「|，盛弓弩矢器也」義證引〔玉篇〕。○|之言蔽翳。〔廣雅・釋器〕「|，藏也」疏證。○如匣曰|。〔通雅・戎器〕○|，長也。〔說文定聲・卷一二〕〔「懿」下〕○〔卷一二〕|，今本以翳為之。〔齊語〕「兵不解|」。○|，今〔國語〕作翳，段借字。〔說文〕「|，春秋國語曰兵不解|」段注。

槥 |，重擣。〔廣韻・祭部〕

鯯 |，魚名。〔廣韻・祭部〕

褹 |，複襦。〔集韻・黠部〕

襼 |與褹同。〔方言四〕「複襦，江湘之間或謂之箭褹」箋疏。

槥　一，小棺。〔廣韻・祭部〕〇一者，小貌也。〔廣雅・釋器〕「一，棺也」疏證。〇一通作轊。〔說文〕「槥，棺櫝也」義證。〇嘒、鏏、一、縳、䎮、轊，義並同也。〔廣雅・釋器〕「轊，轊也」疏證。〇一

櫘　一，小棺。〔廣韻・祭部〕

揥　一，字亦作揥。〔說文定聲・卷一三〕〇古文摕為一。〔說文〕「一，撮取也」段注。〇一，撮取。〔廣韻・霽部〕〇〔說文定聲・卷一三〕一，叚借為遰。〔文賦〕「意徘徊而不能揥」。〇〔同上〕一，今本作摭，或作揲。〔儀禮・有司徹〕「乃一于魚腊俎」。

䵂　一，撮取也。〔說文〕「揥，撮取也」義證引〔玉篇〕。〇一，兩手急持人也。〔廣韻・霽部〕

跐　一，蹋也。〔廣韻・霽部〕〇〔說文定聲・卷一一〕一，叚借為踶。〔廣雅・釋詁二〕「一，蹋也」。

䶒　一，鹹也。〔廣韻・霽部〕

癠　一，炊鋪疾也。〔廣韻・霽部〕又〔集韻・模部〕。〇一，引申為凡疾之用。〔說文〕「一，炊鋪疾也」段注。〇〔說文定聲・卷一二〕一，叚借為悽。〔釋詁四〕「懠，愁也」。〇〔同上〕一，字亦作懠。〔釋言〕「懠，怒也」。

鬀　一同髢。〔廣韻・霽部〕〇一或作剃。〔說文〕「一，鬍髮也」義證。〇一，俗作剃。〔同上〕段注。〇一，削髮也。〔慧琳音義・卷六〕引〔考聲〕。

剃　一與鬀同。〔廣雅・釋詁一〕「一，剔也」疏證。〇一當作梯，聲之誤。〔墨子・經下〕「倚者不可正，說在一」閒詁。

洟　一，字又作鮷。〔說文〕「一，鼻液也」義證。〇一，正體作鮷，或作啼，鼻液也。〔慧琳音義・卷一三〕引〔韻英〕。〇〔說文定聲・卷一二〕一，以泗為之。〔詩〕「涕泗滂沱」。

穧　一，種也，或从啻。〔集韻・霽部〕〇一，不耕而種。〔廣韻・霽部〕〇一之言離遏也。〔廣雅・釋地〕「一，種也」疏證。

殢　一亦即懘之俗。〔說文〕「懘，一曰困劣也」段注。〇一，極也。〔通鑑・唐紀六五〕「鄭光一我不置」音注附録。〇一，極困。〔廣韻・霽部〕〇一，極困也。〔說文〕「懘，一曰極也」義證引〔玉篇〕。〇殢，極困皃。〔集韻・霽部〕〇殀與一聲義同也。〔廣雅・釋詁一〕「殀，極也」疏證。

殀　一與殢聲義同也。〔廣雅・釋詁一〕「一，極也」疏證。〇一，一殃。〔廣韻・霽部〕

諦　一亦作諦。〔方言六〕「一，審也」疏證。〇一與諟、諦聲義並同。〔同上〕箋疏。〇一，一審。〔廣韻・霽部〕〇一，讀一，審諦也。〔集韻・霽部〕

懘　一，或作殢。〔說文〕「一，一曰極也」義證。〇一，俗用殢字。〔說文〕「一，一曰困劣也」段注。〇〔說文定聲・卷一三〕一，字亦作殢。〔廣雅・釋詁一〕「殢，極也」。〇一又作𢢎。〔說文〕「一，一曰困劣也」義證。〇一，極也。〔廣韻・霽部〕〇一，困劣。〔廣韻・祭部〕〇一或借滯字。〔說文〕「一，一曰困劣也」義證。〇一亦借滯字。〔同上〕句讀。〇一，或借帶字。〔說文〕「一，高也」義證。〇〔說文定聲・卷一三〕一字亦作㦅。〔禮記・樂記〕「則無怗懘之音矣」。

鯷　一，鮎魚別名。〔廣韻・霽部〕〇一，大鮎，以其皮為冠。〔國策・趙策二〕「一冠秫縫」鮑注。〇一，今人皆呼慈音。〔說文〕「鮷，大鮎也」義證引〔本草〕。

摕　一，挑取。〔廣韻・霽部〕〇一，挑取也。〔集韻・霽部〕

汭　一、細古今字。〔說文〕「一，一水」段注。〇一，或借細字。〔說文〕「一，水出汝南新鄴」義證。

羿　一，俗作羿。〔慧琳音義・卷八七〕〇一，今經傳皆以羿為之，帝嚳射官者。〔說文定聲・卷一二〕

睨　一，今為睨。〔說文〕「一，內視」繫傳。〇一當為睨之或體。〔說文定聲・卷一一〕〇一、睨音義皆同。〔說文〕「一，旁視也」段注。〇一，傍視。〔廣韻・霽部〕〇一，內視，自視也。〔說文〕「一，內視」繫傳。

係　〔說文定聲・卷一二〕一字亦作傒。〔淮南・本經〕「傒人之子女」。〇一，繼也。〔文選・歸田賦〕「一以望舒」補正。〇一與結略同。〔說文定聲・卷一二〕〇一者，絜束也。〔說文定聲・卷一四〕〔「袢」下〕〇一者，結束也。〔說文〕「紐，系也」段注。〇一，連一。〔廣韻・霽部〕〇一，古文繫、繼二形同，綴也，嗣也。〔慧琳音義・卷五二〕〇一，屬也。〔管子〕「博出入」雜志。〇一累，縶縛也。〔孟子・梁惠王下〕「一累其子弟」朱注。〇一謂思在心不忘也。〔慧琳音義・卷三三〕引〔考聲〕。〇一，俗通用繫。〔說文〕「一，絜束也」段注。〇一通作繫。〔釋詁〕「一，繼也」邵正義。〇一，經傳多以繫為之。〔說文定聲・卷一二〕〇古一縛字，亦多叚毄為之。〔說文〕「𣪠，系或从毄處」段注。〇凡繫縛字，正字當作一，毄、繫並聲近叚借字。〔周禮・司門〕「祭祀之中牲繫焉」孫正義。〇〔說文定聲・卷一二〕一，叚借為系。〔釋詁〕「一，繼也」。〇一者，系之叚借也。〔釋詁〕「一，繼也」郝疏。〇一與系同，亦作繫。〔方言九〕注「繫船為維」箋疏。〇一為系之絫增字。〔說文〕「一，絜束也」句讀。〇官本一作繫。〔漢書・高帝紀〕「一頸曰組」補注。〇官本作一音系。〔食貨志〕「其後番一欲省底柱之漕」補注。〇一當作嘉。〔景帝紀〕「封故相國蕭何孫一為列侯」補注引錢大昭。〇一、繫二字不當連用，〔史記〕、〔文選〕一作拘。〔鄒陽傳〕「此二國一於俗，牽於世」補注。

鄈　一、薊，古今字也，薊行而一廢。〔說文〕「一，周封黃帝之後於一也」段注。〇一，今諸書多作薊。〔同上〕繫傳。〇〔說文定聲・卷一三〕一，以薊為

之。〔禮記・樂記〕「封黃帝之後于薊」。

槷 —音計。〔釋木〕「朹，—梅」鄭註。○—，木名。〔集韻・齊部〕○〔說文定聲・卷一二〕—，汲綆下繫甕，上耑有木以為磑。〔說文〕「—，繘耑木也」。○(同上)—即榽醯也。〔詩・將仲子〕陸疏「—迷，一名挈榓」。○朹—梅，即山樝之小者。〔說文定聲・卷一二〕

檵 —音計。〔釋木〕「杞，枸—」鄭註。○—，枸杞。〔廣韻・霽部〕

盻 —，恨視。〔廣韻・霽部〕○—，恨視也。〔國策・韓策二〕「韓挾齊魏以—楚」補正。○—，睥睨也。(同上)鮑注。○——，恨視也。〔通鑑・唐紀五七〕「上下——」音注。○恨視曰——。〔通雅・釋詁〕○〔說文定聲・卷一二〕——，猶屑屑也。〔孟子〕「使民——然」。

閉 —，門扇。〔廣韻・霽部〕○—，扇扉也。〔集韻・霽部〕○—之言介也，亦夾輔之名也。〔廣雅・釋宮〕「—，扉也」疏證。

罊 —與罄略同。〔說文定聲・卷一二〕

蟿 —音契。〔釋蟲〕「—螽，螇蚸」鄭註。○—，—螽，螇蚸。〔廣韻・霽部〕

𦪇 —，舟名。〔廣韻・霽部〕

𢡱 —，劇也，又怖也。〔廣韻・霽部〕○—，極也。〔說文〕「忦，極也」義證引〔玉篇〕。○—通作㦬。〔說文〕「—，惝也」義證。

䁈 —，省視。〔廣韻・霽部〕○—謂省視也。〔說文定聲・卷一二〕(「啟」下)

窫 —，靜也。〔廣韻・屑部〕又〔集韻・屑部〕。○—，深靜也。〔說文〕「—，靜也」繫傳。○—，安也，靜也。〔廣韻・霽部〕○〔說文定聲・卷一三〕—謂竫也，亭安之意。〔說文〕「—，靜也」。○—，段借為絜。〔說文定聲・卷一三〕

蘙 —，—薈。〔廣韻・霽部〕

殹 —，擊中聲也。〔廣韻・霽部〕○—蓋瘱之省。〔說文〕「瘱，劇聲也」段注。○—與翳聲義並相近。〔方言六〕「翳，薆也」箋疏。○—，蓋與兮同，兮、也古通。〔說文〕「也，女侌也」段注。○—、〔詩〕之兮字，偁詩者或用也為之，三字通用也。〔說文〕「—，擊中聲也」段注。○—，段借為瘱，一曰病聲也。〔說文定聲・卷一二〕

劓 —，去鼻也。〔廣韻・祭部〕○—、刖，一聲之轉，皆謂割斷也。〔廣雅・釋詁一〕「—，斷也」疏證。○—當為刖。〔說文〕「𡴘，槷𡴘不安也」義證。

瘛 —字或作瘈。〔說文〕「—，小兒—瘲病也」義證。○〔說文定聲・卷一三〕—字亦作瘈、作瘛，今謂之驚風。〔說文〕「—，小兒—瘲病也」。○—，癡也。〔說文〕「癡，不慧也」義證引〔玉篇〕。○—，小兒病。〔廣韻・霽部〕○—，小兒驚。〔廣韻・祭部〕○—，今小兒驚病也。〔說文〕「—，小兒—瘲病也」段注。○—謂小兒風驚乍掣乍縱也。(同上)義證引戴侗。○—瘲，小兒之疾，即今癇病也。(同上)義證引〔急就篇〕顏注。○—之言掣也。(同上)段注。○—之言掣，瘲之言縱也。〔廣雅・釋言〕「—，瘲也」疏證。○—瘲、瘈瘲、掣縱，並字異而義同。(同上)○—通作瘳。〔方言一二〕「—，解也」箋疏。○〔說文定聲・卷一三〕—，段借為割。〔方言一二〕「—，解也」。○〔方言〕—，解也。—必廌之誤字。〔說文〕「廌，解廌獸也」段注。

亞 兩壻相謂曰—。〔詩・節南山〕「瑣瑣姻—」朱傳。

栵 —，栭栗。〔廣韻・祭部〕○—，—栭，小栗樹也，一曰機。〔通雅・木〕○—，行生者也。〔詩・皇矣〕「其灌其—」朱傳。○—讀為烈，斬而復生者也。(同上)述聞。

𥝧 —即栵字。〔廣雅・釋草〕「黍穰謂之𥝧」疏證。

骶 —，背也。〔廣韻・霽部〕○—之言邸也，邸者後也。〔廣雅・釋親〕「背謂之—」疏證。

涚 —，溫水，又清也。〔廣韻・祭部〕○—，猶清也。〔禮記・郊特牲〕「明水—齊」集解。○〔說文定聲・卷一三〕—水，謂盎之。〔禮記・祭統〕「夫人薦—水」。○—，拭勺以酌酒。〔集韻・薛部〕○—，一曰泲和。(同上)○—，即盎也。〔禮記・祭統〕「夫人薦—水」集解。○〔說文定聲・卷一三〕—，段借為帨。〔周禮・司尊彝〕「—酌」。○(同上)—，借為脫。〔禮記・郊特牲〕「醆酒—于清」。

覼 —亦作矖。〔說文〕「—，求視也」段注。○〔說文定聲・卷一〇〕—字亦作矖。〔後漢・馬融傳〕注「矖，視也」。○(同上)—字亦作瞝。〔史記・屈賈傳〕「瞝九州而相君兮」。○—，求視。〔廣韻・霽部〕○—，索視之皃。〔說文〕「—，求也」義證引〔玉篇〕。○—，察視也。〔集韻・支部〕○—通作麗。〔說文〕「—，求也」義證。

翽 —，羽—。〔廣韻・霽部〕○—，翮末也。〔集韻・祭部〕○—，鳳六翮。〔廣韻・祭部〕

䎚 —與翽同，—者微末之名。〔廣雅・釋器〕「—，羽也」疏證。

韢 嘒、鏏、槥、繐、—、轊，義並同也。〔廣雅・釋器〕「韢，轊也」疏證。

炅 —音桂，熱也。〔太素・九氣〕「—則腠理開，氣洩」楊注。

炔 〔說文定聲・卷一三〕—字亦作炅。〔廣雅・釋詁三〕「炅，見也」。○—與焆同。〔說文〕「焆，焆焆，煙皃」義證引〔篇海〕。又〔說文〕「炔，鼻目閒皃」

義證。○丨，〔字詁〕曰今炅姓也。〔漢書·周堪傳〕「齊丨欽幼卿為文學」補注引宋祁。○丨，〔王莽傳〕、〔漢紀〕並作快。〔漢書·王子侯表〕「徐鄉侯丨」補注引錢大昭。

⿰目夬 丨，丨睽。〔廣韻·霽部〕

⿰歹夬 丨丨，殈殀也，死皃也。〔廣韻·霽部〕

媲 丨，配也。〔廣韻·霽部〕○丨，比偶也。〔釋詁〕「妃，丨也」鄭注。

⿰酉畢 丨與醓同。〔廣雅·釋器〕「醓，醬也」疏證。○丨字或作醓。〔說文〕「丨，擣榆醬也」義證。○丨，醬也。〔廣韻·霽部〕○丨即醬醬也。〔說文定聲·卷一二〕○擣而為之謂之丨。〔說文〕「丨，擣榆醬也」段注。○〔說文定聲·卷一二〕丨，以醓為之。〔廣雅〕「醓，醬也」。

劙 丨，割破。〔廣韻·霽部〕

⿰麗刂 丨同劙。〔廣韻·霽部〕

⿰氵隶 丨與泣同聲，皆涸竭之意也。〔廣雅·釋詁一〕「泣，盡也」疏證。○丨，涕丨，泣皃，一曰漉也。〔集韻·霽部〕

⿱竹⿰示隶 丨，篤也。〔說文〕「笞，折竹箠也」義證引〔玉篇〕。○丨，篤丨。〔廣韻·寘部〕

⿱竹⿰示隶 丨，札也。〔廣韻·霽部〕

悷 丨，一作悧，憂也。〔楚辭·九辯〕「心繚丨而有哀」補注。○丨，慲丨，多惡，又懍丨，悲吟也。〔廣韻·霽部〕

珕 丨、⿰王麗，古今字。〔說文〕「丨，蜃屬」義證引〔玉篇〕。○丨，刀飾。〔廣韻·霽部〕○丨，蓋今牡蠣之屬。〔說文〕「丨，蜃屬」繫傳。

⿸疒麗 丨，瘦黑。〔廣韻·寘部〕○丨，黧瘦也。〔集韻·支部〕○丨通作黧。〔說文〕「丨，一曰瘦黑」義證。○丨又通作犂。〔同上〕○丨又通作黎。〔同上〕

棣 丨，木名。〔廣韻·霽部〕

譓 丨，多謀智也。〔廣韻·霽部〕○〔史記〕丨作憓。〔漢書·司馬相如傳〕「義征不丨」補注。

⿰言彗 丨，辨察也，或作譓。〔集韻·霽部〕

鰶 丨，魚名。〔廣韻·祭部〕

⿱髟截 丨，露髫。〔廣韻·祭部〕○露髫曰丨。〔集韻·霽部〕

⿱髟截 丨，婦人束小髻也。〔廣韻·霽部〕

⿰舟氏 〔說文定聲·卷一二〕丨謂抵當敵人也。〔字林〕「丨，艗水戰船」。

⿰齒齊 丨，丨齝。〔廣韻·霽部〕○丨，丨齝，齧也。〔集韻·霽部〕○丨，正合作齺，謂沒齒齕也。〔慧琳音義·卷七六〕

⿱艹俛 丨，草生狀。〔廣韻·祭部〕○丨，小也，凡草初達謂之丨，謂鋒萌始出也。〔慧琳音義·卷九八〕引〔古今正字〕。○丨，草木盛貌也。〔慧琳音義·卷二四〕引〔考聲〕。

⿱大日 丨，肥大。〔廣韻·霽部〕○丨，肥狀。〔廣韻·屑部〕○丨丨，肥也。〔集韻·屑部〕

繐 布細湅為丨。〔說文〕「丨，細疏布也」義證引〔類篇〕。○〔通雅·卷三七〕凡布細而疏者謂之丨。〔儀禮〕注「今南陽有鄧丨」。○丨又作縳，凡布細而疏者謂之丨。〔慧琳音義·卷一九〕○丨，一曰布縷細也。〔說文〕「丨，細疏布也」義證引〔增韻〕。○〔說文定聲·卷一二〕丨，布二尺二寸之廣，用縷三百六十，其縷細，以恩輕也，其布疏，以服至尊也。〔荀子·禮論〕「菲丨」。○丨，丨帳。〔廣韻·霽部〕○後凡喪帳曰丨帳。〔通雅·布帛〕○丨同縳。〔廣韻·祭部〕

⿱艹彘 丨，豚屬。〔廣韻·祭部〕

⿱艹蠡 丨同⿱艹彘。〔廣韻·祭部〕

⿲彳惠亍 丨，俗作衞。〔說文〕「嚖，高气多言也」義證。○丨，寐言。〔廣韻·祭部〕○丨，夢言不慧也。〔集韻·祭部〕○丨與寱暑同。〔說文定聲·卷一三〕○丨，〔左傳〕作衛，是叚借字。〔說文〕「丨，寱言不慧也」段注。

衛 丨，牛蹄。〔廣韻·祭部〕○丨，牛蹄。〔說文〕「蹏，踶也」義證引〔玉篇〕。○丨，踶丨，牛展足。〔廣韻·祭部〕○蹄肉曰丨。〔本草·卷五〇〕○丨、衛一字。〔說文〕「丨，牛踶丨也」句讀。

⿰祟又 丨，卜問也。〔集韻·綫部〕○丨，卜問吉凶。〔廣韻·祭部〕○〔說文定聲·卷一二〕丨从又者，握粟出卜之意。〔說文〕「丨，楚人謂卜問吉凶曰丨，从又持祟」。

⿰口率 丨，小歠也。〔廣韻·祭部〕○丨，經典借啐字。〔說文〕「丨，小歙也」義證。

⿱⺮斤 丨，斷也。〔廣韻·祭部〕○丨，丨斷。〔同上〕

𠟼 丨，斷也，或作劕。〔集韻·祭部〕

劂 丨，小劕。〔廣韻·祭部〕〇丨者，鋭傷也。〔廣雅·釋詁四〕「丨，傷也」疏證。

䥇 丨，銅生五色。〔廣韻·祭部〕〇丨，車樘結。〔同上〕〇〔説文定聲·卷一三〕丨，車樘者，在車兩旁，寋憲使不得進卻者，此謂系幰于樘之結。〔説文〕「丨，車樘結也」。

笍 丨，竹名。〔廣韻·祭部〕〇丨，小車具也。〔同上〕又〔説文〕「丨，羊車騶箠也」義證引〔玉篇〕。〇丨，羊箠，耑有鐵。〔集韻·薛部〕〇〔説文定聲·卷一二〕丨羊車者，美飾之車，駕以犢，馳驟不揮鞭策，以丨椓剌以促之。〔説文〕「丨，羊車騶箠也，箸鍼，其耑長半分」。

裞 丨，襚之或字。〔説文〕「丨，贈終者衣被曰丨」段注。〇丨當為襚之重文。〔説文定聲·卷一二〕〇丨，送死衣。〔集韻·夳部〕〇丨，送死衣也。〔廣韻·泰部〕〇丨，衣送死也。〔廣韻·祭部〕〇丨，門祭謂之祱，通作餟。〔集韻·太部〕

㤔 丨，習也。〔廣韻·祭部〕〇丨，明也，一曰習也。〔同上〕〇丨、洩、忕、裔，並字異而義同。〔廣雅·釋詁二〕「裔，習也」疏證。〇丨與忕略同。〔説文定聲·卷一二〕〇（同上）丨，叚借為闓。〔蒼頡篇〕「丨，明也」。〇丨，或借裔字。〔説文〕「丨，習也」義證。〇丨，或作忕。〔同上〕〇丨即忕之譌也。〔説文〕「狃，犬性忕也」段注。〇丨蓋本作怈，唐人避諱，於偏旁世字多改為丨。〔説文〕「忕，習也」段注。

餲 丨與饖同字，飯傷熱也，今蘇俗謂之餿。〔説文定聲·卷一三〕〇丨與鶡聲近義同。〔廣雅·釋器〕「鶡，臭也」疏證。〇饖、丨、饐一聲之轉。〔釋器〕「饖，臭也」疏證。〇〔説文定聲·卷一三〕丨，叚借為肊，乙、曷雙聲。〔淮南·精神〕「腸下迫頤」。

腸 丨，丨臆。〔廣韻·祭部〕

𤺋 丨，赤白痢。〔廣韻·祭部〕〇丨，痢病也。〔慧琳音義·卷六六〕引〔文字典説〕。

瘵 丨，音債。〔詩·菀柳〕「無自丨焉」朱傳。〇叚丨為際。〔説文〕「際，壁會也」段注。

撎 丨，即厭也。〔説文〕「丨，舉首下手也」義證。〇〔説文定聲·卷一二〕丨，謂下手不俯首，在婦人曰肅拜，婦人以肅拜當男子之空首，古婦人亦跪，至唐武后欲尊婦人始不跪也。〔説文〕「丨，拜舉首下手也」。

掜 丨，捉也，寄也。〔集韻·霽部〕〇丨之言儀象也。〔廣雅·釋詁四〕「丨，擬也」疏證。

䝤 丨，視竊也。〔廣韻·霽部〕〇丨、睎，語之轉。〔廣雅·釋詁一〕「睎，視也」疏證。

𧗪 丨，刻也。〔集韻·祭部〕〇丨，丨侅。〔廣韻·祭部〕〇丨，合板丨縫。〔同上〕〇丨亦作筮。〔方言一三〕「丨，刻也」箋疏。

憏 丨他，欺謾也。〔集韻·霽部〕

䛙 丨，丨諦。〔廣韻·霽部〕〇丨與瘵聲義並同。〔方言六〕「瘵，審也」箋疏。〇丨與抑聲近而義同。〔廣雅·釋詁一〕「抑，安也」疏證。又〔方言一二〕「抑，安也」箋疏。

𢅥 丨與帥署同。〔説文定聲·卷一三〕

㡀 丨與敝同，敗也。〔廣雅·釋詁三〕「丨，敗也」疏證。〇丨，衣敗零落也。〔説文〕「丨，敗衣也」繫傳。〇丨，此敗衣正字，自敝專行而丨廢。〔同上〕段注。〇丨者，一幅巾也，廣二尺二寸，列五采繒為之。〔説文定聲·卷一二〕（「敝」下）〇〔卷一二〕丨，謂破痕也，本訓為敗巾，轉注為敗衣，又為凡敗之稱。〔説文〕「丨，敗衣也」。〇丨之言蔽也。〔廣雅·釋詁二〕「丨，小也」疏證。〇〔説文定聲·卷一二〕丨，叚借為蔽。〔廣雅·釋詁二〕「丨，小也」。

𩛥 丨，小餟也。〔廣韻·祭部〕〇丨，門祭。〔廣韻·泰部〕〇丨、餟、酹，聲並相近。〔廣雅·釋天〕「餟，祭也」疏證。〇丨與莌亦聲近義同。〔廣雅·釋詁二〕「莌，小也」疏證。〇丨、鋭、劂、芮、蚋與莌並聲近義同。〔方言二〕「莌，小也」箋疏。〇丨字亦作祱。〔説文定聲·卷一三〕〇丨，或作祱。〔説文〕「丨，小餟也」義證。〇丨字亦作鐫。〔説文定聲·卷一三〕

鐫 丨同𩛥。〔廣韻·祭部〕

鏏 丨，太鼎。〔廣韻·祭部〕〇嘒、丨、槥、繐、䡺、轊，義並同也。〔廣雅·釋器〕「䡺，轊也」疏證。〇丨讀若彗。〔淮南子〕「丨鼎日用而不足貴」雜志。〇丨，或作𪔂。〔説文〕「丨，鼎也」義證。

𪔂 丨，小鼎。〔廣韻·祭部〕〇丨，小鼎也。〔集韻·祭部〕

營 丨水，即今之湘江。〔漢書·地理志〕「不狼山，丨水所出」補注引洪亮吉。

𢅩 〔説文定聲·卷一三〕丨字亦作繌。〔淮南·要畧〕「箴縷繌緻之間」。〇丨，殘帛。〔廣韻·祭部〕〇〔説文定聲·卷一三〕丨，蓋如今剪繒為花。〔廣韻〕「丨，縷桃花」。〇丨與碎音義略相近。〔説文〕「丨，殘帛也」段注。

𢴲 丨，今作掣。〔説文〕「丨，引縱曰丨」繫傳。〇丨，俗作掣。〔同上〕段注。又〔説文定聲·卷一三〕。〇摯、掣並同丨。〔説文〕「丨，引縱曰丨」義證引

〔玉篇〕。○—，牽也。〔同上〕○—猶牽也，俗作掣。〔慧琳音義·卷一四〕引顧野王。○〔説文定聲·卷一三〕—，叚借為挈。〔詩·板〕箋「女攜摩民」。○〔同上〕—，叚借為觢。〔易·睽〕「其牛掣」。○—，俗字作撦、作扯。〔説文〕「—，引縱曰—」段注。

𢡃　𢙐、—、㤲三字同。〔説文〕「—，小怒也」段注。○—字亦作𢙐。〔説文定聲·卷八〕○—，小怒也，或从音。〔集韻·有部〕○〔説文定聲·卷八〕—字亦作鼓。〔廣雅·釋詁二〕「鼓，勇也」。

靳　—，刀鞞。〔廣韻·祭部〕

餥　—，臭也。〔集韻·薛部〕○—，臭敗之味。〔廣韻·祭部〕

迣　—，迾也，度也。〔廣韻·祭部〕○趍、—、跇、紲並與跅同。〔廣雅·釋詁二〕「跅，跳也」疏證。○—當讀如遰。鴻雁之帶，言去之遠也。〔漢書·禮樂志〕「—萬里」補注引錢大昕。○—、迾聲相近，故古或通用。〔廣雅·釋詁二〕「—，遮也」疏證。○〔漢書〕假—為之迾。〔説文〕「迾，遮也」段注。○〔説文定聲·卷一三〕—，叚借為跇。〔漢書·禮樂志〕「—萬里」。

玴　—，石之次玉也。〔廣韻·祭部〕○古名—，後名瑰，—乃長言短言之別。〔説文〕「—，從玉曳聲」句讀。

勩　—，勞也。〔廣韻·祭部〕○今蘇俗謂物消磨曰—，謂衣可耐久曰—着。〔説文定聲·卷一三〕○〔同上〕—，以肄為之。〔詩·谷風〕「既詒我肄」。○—通作肄，又通作肆。〔釋詁〕「—，勞也」郝疏。

𦐿　—，鳥飛。〔廣韻·祭部〕○—，飛也，或从世。〔集韻·祭部〕

𦐔　泄與—通。〔廣雅·釋訓〕「——，飛也」疏證。

𢿢　—亦省作麗。〔説文〕「—，數也」句讀。○〔説文定聲·卷一〇〕—，以麗為之。〔詩·文王〕「其麗不億」。○—，今〔詩〕借麗字。〔説文〕「—，數也」繫傳。

跅　—，躍兒。〔廣韻·祭部〕○—、趍、遰、迣、跇、紲，義同聲並相近。〔方言一〕「跳，楚曰—」箋疏。○跇，或作—。〔廣雅·釋詁二〕「跇，渡也」疏證。

抴　—，亦作拽，拕也。〔廣韻·薛部〕○—，捈也，或作拽。〔集韻·薛部〕○—，捈也。〔説文〕「臾，束縛捽—為臾」段注。○—，數也。〔廣雅·釋詁四〕疏證。又〔廣韻·祭部〕。○—與曳略同，俗作拽。〔説文定聲·卷一三〕○—，牽引也。〔莊子·人間世〕「小枝泄」集釋。○—，臥引。〔説文〕「—，捈也」義證引〔韻譜〕。○—，臥引物也，或作拽。〔慧琳音義·卷一五〕引〔韻詮〕。○曳、厂、臾、—，並字異而義同。〔廣雅·釋詁一〕

「曳，引也」疏證。○〔説文定聲·卷一三〕舟—之而後行，故所—之具即名—。〔楚辭·湘君〕「桂櫂兮蘭—」。○—讀為楪著之楪。〔廣雅·釋詁四〕「—，數也」疏證。○〔説文定聲·卷一三〕—，叚借為紲。〔荀子·非相〕注「枻者，檠枻也」。○〔同上〕—，叚借為歌。〔釋名·釋言語〕「—，泄也，發泄出之也」。○—即枻字。〔荀子·非相〕「接人則用—」集解引郝懿行。○—字又作枻。〔説文定聲·卷一三〕○〔同上〕—字又作栧。〔西京賦〕「齊栧女」。

瀱　—，音計。〔釋水〕「井一有水，一無水為—汋」鄭注。○—，泉出兒。〔廣韻·祭部〕

跇　—，超踰。〔廣韻·祭部〕○—，超踰也。〔説文〕「—，述也」義證引〔玉篇〕。○—，跳也，踰也。〔廣韻·祭部〕○—，行也。〔説文〕「—，述也」繫傳。○趍、迣、—、紲，並與跅同。〔廣雅·釋詁二〕「跅，跳也」疏證。○〔説文定聲·卷一三〕—，以曳為之。〔洞簫賦〕「超騰踰曳」。○—，一作世。〔説文〕「—，述也」段注引鄒誕生。

厂　—，施明也。〔説文〕「—，明也」義證引〔五音集韻〕。○—，施明也，又身兒。〔廣韻·祭部〕○—與曳、抴略同。〔説文定聲·卷一二〕○曳、—、臾、抴並字異而義同。〔廣雅·釋詁一〕「曳，引也」疏證。○—，垂衣之象，旁達之形。〔説文繫傳·通論上〕

茜　—，補也。〔廣雅·釋詁四〕○—，草補缺。〔廣韻·祭部〕

𩣡　駉同驪。〔廣韻·祭部〕○厲與—通。〔廣雅·釋宮〕「—，犇也」疏證。

驪　—，馬馳。〔廣韻·祭部〕

𥞘　—，黍穰。〔廣韻·祭部〕○黍穰謂之—，或从厲。〔集韻·祭部〕○黍穰別有䅻字。〔説文〕「荔，芳也」義證。○—通作荔。〔廣雅·釋草〕「黍穰通作—」疏證。

䅻　—，同𥞘。〔廣韻·祭部〕

巁　—，字亦作巁。〔説文定聲·卷一三〕○厲與—通。〔廣雅·釋詁四〕「厲，高也」疏證。○—，〔玉篇〕、〔廣韻〕作巁。〔説文〕「嵑，巍高也」段注。

巁　—，巍也。〔廣韻·祭部〕又〔説文〕「嵑，巍高也」義證引〔玉篇〕。

嵑　—，〔玉篇〕作巁。〔説文〕「—，巍高也」義證。

𢂕　裂與𥜤同。〔文選·魏都賦〕「秦餘徙𥜤」集釋。○—，帛餘，亦作𥜤。〔廣韻·祭部〕○𥜤，帛餘也。〔文選·魏都賦〕「秦餘徙𥜤」集釋引〔廣雅疏

證〕。○丨，帛餘也，或作裂。〔集韻・祭部〕○䊛，繒餘也。〔文選・魏都賦〕「秦餘徙䊛」集釋引〔說文〕。○䊛，殘也。〔同上〕集釋引〔齊語〕「戎車待游車之䊛」注。

裂 丨與䊛同。〔廣雅・釋詁三〕「䊛，餘也」疏證。

罽 今謂織皮為丨。〔說文〕「丨，魚网」繫傳。○外國織皮毛為丨。〔說文〕「𣯽，以毳為丨」繫傳。○丨者，織毛為之，若今之毛氍毹，以衣馬之帶鞅也。〔釋言〕「氂，丨也」鄭註。○丨訓竭。〔說文〕「瀱，井一有水，一無水謂之瀱汋」段注。○〔說文定聲・卷一三〕丨，叚借為𦋺。〔釋言〕「氂，丨也」。○丨者，𦋺之叚借也。〔釋言〕「氂，丨也」郝疏。○丨當作𦋺。〔漢書・罽賓國傳〕「織丨」補注引徐松。○丨當為罽。〔說文〕「彑，讀若丨」義證。○罽或作𦋺，織毛為席也。〔慧琳音義・卷七八〕

蘮 丨音計。〔釋艸〕「丨蒘，竊衣」鄭註。○丨，丨蒘，似芹。〔廣韻・祭部〕○丨蒘，似芹，可食。〔楚辭・憫上〕「丨蒘兮青葱」補注。○〔說文定聲・卷一三〕丨蒘，此草狀如瞿麥，黃蘂蓬茸，其下有芒刺，黏箸人衣不能挩，故曰竊衣。〔釋草〕「丨蒘，竊衣」。

紲 ⿺走世、迣、跇、丨，並與⿰足斯同。〔廣雅・釋詁二〕「⿰足斯，跳也」疏證。○三家丨作褻。〔詩・君子偕老〕「是丨袢也」集疏。

⿺走世 丨同跇。〔廣韻・祭部〕○丨與跇音義同。〔說文〕「丨，超特也」段注。○丨猶踥也。〔同上〕繫傳。○丨、迣、跇、紲，並與⿰足斯同。〔廣雅・釋詁二〕「⿰足斯，跳也」疏證。

⿰扌彗 丨，裂也。〔廣韻・祭部〕○丨，裂也，挂也，或从惠。〔集韻・霽部〕○丨，掃也，掛也，或从篲。〔慧琳音義・卷六〇〕引〔考聲〕。

⿰扌惠 丨，裂也，或省⿰扌彗。〔集韻・祭部〕○丨，丨裂。〔廣韻・霽部〕

⿰亻惠 〔說文定聲・卷一二〕丨即哲。〔廣雅・釋訓〕「丨丨，憭也」。

⿰衤啻 丨，俗作褅。〔說文〕「丨，綵也」義證。○〔說文定聲・卷一一〕丨，〔韓詩〕作褅，〔毛詩〕以裼為之。〔說文〕「丨，綵也」。

褅 褅、裼，丨並字異而義同。〔廣雅・釋器〕「褅謂之褓」疏證。

睼 〔說文定聲・卷一一〕丨，以題為之。〔詩・小宛〕「題彼脊令」。

⿰契頁 丨，伺人也，一曰恐也。〔集韻・霽部〕○丨，恐也。〔廣韻・霽部〕○丨通作契。〔說文〕「丨，一曰恐也」義證。

⿰革惠 丨，或作韢。〔說文〕「丨，囊紐也」義證。○今以衣紐之牝環為丨。〔同上〕義證引〔六書故〕。○丨，囊屬，以盛賊頭，又音遂。〔廣韻・祭部〕

韢 丨，蓋繐之異文。〔說文〕「繐，囊紐也」句讀。○丨，囊紐名。〔說文〕「繐，囊紐也」義證引〔玉篇〕。

⿰皃攴 丨，敱丨，皃。〔廣韻・齊部〕○〔說文定聲・卷一二〕丨，輆丨，毀也，亦疊韻連語。〔說文〕「丨，輆也」。

槵 丨，木名。〔廣韻・霽部〕

⿱毳示 丨，重祭也。〔說文〕「丨，數祭也」義證引〔玉篇〕。

⿰糸彗 丨，布縷細也。〔廣韻・祭部〕○嘒、錯、槥、丨、䡎、轊，義並同也。〔廣雅・釋器〕「䡎，轊也」疏證。

⿰犭彗 狾、瘈、猘、丨、瘛，並字異而義同。〔廣雅・釋詁四〕「狾，狂也」疏證。

隮 丨同躋。〔廣韻・齊部〕○丨即躋字。〔書・顧命下〕「由賓階丨」孫疏。○丨者，躋之俗。〔說文〕「擠，排也」段注。○丨，升也。〔詩・蝃蝀〕「朝丨于西」朱傳。又〔廣韻・霽部〕○丨，陞也。〔集韻・脂部〕○丨，升雲也。〔詩・蝃蝀〕「朝丨于西」後箋引範處義。○躋、丨與擠俱聲相近，顛躋言顛仆不得升也。〔書・微子〕「顛丨若之何其」孫疏。○丨，俗字，當為躋。〔書・顧命下〕「由賓階丨」孫疏。○丨當作躋。〔詩・候人〕「南山朝丨」陳疏。○丨當為躋。〔書・微子〕注「丨作躋」孫疏。又〔詩・候人〕「南山朝丨」集疏。○丨，齊作躋。〔詩・蝃蝀〕「朝丨于西」集疏。

躋 丨同隮。〔廣韻・霽部〕○丨登又為墜，如亂之訓治，徂之訓存也。〔書・微子〕注「丨猶墜也」孫疏。

蠮 丨、螉雙聲，以其聲言之。〔方言一一〕「蠭，其小者謂之丨螉」箋疏。

蠮 丨螉，雙聲連語，狀其聲。〔說文定聲・卷一二〕

蠡 丨，瓢也。〔楚辭・愍命〕「瓟丨蠹於筐簏」補注。○丨，陳、楚、宋、魏之間或謂之瓢。〔同上〕補注引〔方言〕。○丨、蠡、蠡並通。〔廣雅・釋器〕「蠡，瓢也」疏證。

蠡 〔說文定聲・卷一二〕丨字亦作蠡。〔方言五〕注「蠡，瓠勺也」。

⿱竹斤 丨之言曲折也。〔廣雅・釋器〕「丨，席也」疏證。

⿰糸曷 丨，急也，一曰不成也。〔廣韻・祭部〕

褐 丨字亦作⿰糸曷。〔說文定聲・卷一三〕○丨，紗丨不成絇而急。〔說文〕「丨，不成遂急戾也」義證引〔五音集韻〕。

⿰巾曷 丨，直衿謂之丨。〔集韻・祭部〕○丨，非時而葬謂之丨。〔集韻・夳部〕

菞　丨，束茅表位。〔廣韻·祭部〕

蕞　丨即菞也。〔說文〕「禜，設緜蕝為營」段注。

姴　丨、𤸷、癘、厲並通。〔廣雅·釋詁一〕「丨，病也」疏證。

𤸷　丨即𣧂字也，讀若厲。〔廣雅·釋詁一〕「姴，病也」疏證。

渿　丨、渫、洩並與泄同。〔方言一〇〕「泄，歇也」箋疏。

𢙣　丨，寧丨，心安。〔廣韻·霽部〕〇丨，寧丨，心安也。〔集韻·霽部〕引〔字林〕。〇〔說文定聲·卷一三〕丨字當作悏，即寊。〔字林〕「寧丨，心安也」。

𠑹　丨，偶也，通作離。〔集韻·支部〕〇丨與儷同。〔說文〕「㚘，並行也」義證引〔玉篇〕。

嫛　〔說文定聲·卷一二〕丨、婗皆小兒學語聲。〔釋名·釋長幼〕「丨，是也」。

𠫁　丨，迫迮也。〔集韻·霽部〕

㑦　丨，很丨。〔廣韻·霽部〕〇戾與丨通。〔廣雅·釋詁二〕「丨，怒也」疏證。

偙　丨，丨儶。〔廣韻·霽部〕〇丨，丨儶，困劣皃，或作僀。〔集韻·霽部〕

僀　丨，俊也。〔廣韻·霽部〕

儶　丨，偙丨。〔廣韻·霽部〕〇偙丨，困劣皃。〔集韻·霽部〕

剸　丨，割也，或作劕。〔集韻·霽部〕

劕　丨，丨斫。〔廣韻·霽部〕

劂　丨，剞丨，刀也，或作𠞭。〔集韻·祭部〕

壀　丨，堄，城上垣，或作埤。〔集韻·霽部〕

㛃　丨，兇恣也。〔集韻·祭部〕

婯　丨，婦人病胎。〔廣韻·祭部〕〇病子在娠謂之丨。〔集韻·祭部〕

婜　丨，難也。〔廣韻·霽部〕

狾　丨，蝗子。〔廣韻·祭部〕

屉　凡履中薦、袜下毡皆曰丨，可以代替也。〔本草·卷三八〕

屜　今籢匱有抽丨，本即屟字。〔說文〕「屟，履之薦也」段注。

屟　丨，履中薦，或作屜、屧。〔集韻·霽部〕

屧　丨，履中薦也，亦作屟。〔廣韻·霽部〕

帠　丨乃臬之誤，虞當讀為寱。〔莊子·應帝王〕「汝何又丨以治天下」集釋引俞樾。

㡓　丨，裂也。〔廣韻·祭部〕

𢅟　丨，緝也。〔集韻·霽部〕〇丨，緝，麻紵名。〔廣韻·霽部〕

𢅤　丨，布巾。〔廣韻·祭部〕

彆　丨，弓丨。〔廣韻·祭部〕〇丨，弓戾也，或作㢸。〔集韻·祭部〕〇㢸亦作彆。〔說文〕「丨，弓戾也」義證引〔玉篇〕。

恝　丨，心有事也。〔集韻·霽部〕

㥦　丨，恭也，靜也。〔集韻·霽部〕〇瘱、嫕、丨並字異而義同。〔廣雅·釋言〕「瘱，審也」疏證。

㤼　丨，婦孕病皃。〔廣韻·祭部〕

㥏　丨，恨也。〔說文〕「悷，怨恨也」義證引〔類篇〕。〇丨，恨足。〔廣韻·霽部〕

㦭　丨，恐人。〔廣韻·祭部〕

㦜　丨，丨忚，音慢，又相丨摩也。〔廣韻·霽部〕

捩　丨，琵琶撥也。〔廣韻·霽部〕〇丨，絞也，亦作綟，紐也。〔慧琳音義·卷六二〕引〔考聲〕。

㨙　丨，丨換。〔廣韻·霽部〕〇杭越之間謂換曰丨，或从系。〔集韻·霽部〕

𣪠　丨，敓，毀也。〔集韻·霽部〕又〔廣韻·霽部〕。

𣋀　丨，日光盛。〔集韻·祭部〕

枍　｜，｜楷。〔廣韻·霽部〕

栛　｜，小棟，木名。〔廣韻·霽部〕

栺　｜，枍｜，殿名。〔廣韻·霽部〕

栔　｜，持止也。〔集韻·緝部〕〇兩指急持謂之｜。〔集韻·霽部〕

㮈　｜，木立死。〔集韻·霽部〕〇｜之言歺也。〔廣雅·釋木〕「槥，｜也」疏證。

楴　｜，｜枝，整髮釵也。〔廣韻·霽部〕

⿰木閉　｜，木名。〔廣韻·霽部〕

⿰夷束　｜，蠶易曲也，或从弟。〔集韻·霽部〕

櫔　｜，木名。〔廣韻·祭部〕

檅　｜，小棺，或作槥。〔集韻·祭部〕

櫗　｜楔，細小皃。〔集韻·祭部〕〇木不方正曰｜楔。〔通雅·諺原〕

⿰世欠　｜，氣越名。〔廣韻·霽部〕〇｜欨，笑也。〔集韻·霽部〕

⿰害殳　｜，係也，盡也。〔廣韻·霽部〕

洌　｜，清水。〔廣韻·祭部〕

浰　凄｜，疾皃。〔集韻·霽部〕

⿰氵毘　｜，水聲。〔廣韻·霽部〕

瀎　｜，飲也。〔廣韻·祭部〕

⿳𦥑冖大　｜，土輕脃也。〔集韻·祭部〕

⿰豸隶　｜音曳。〔釋獸〕「貍子｜」鄭註。

⿰犭曳　｜，狸子。〔廣韻·祭部〕

狾　｜，狂犬。〔廣韻·祭部〕〇｜、瘈、猘、⿱制犬、⿸疒制，並字異而義同。〔廣雅·釋詁四〕「｜，狂也」疏證。〇｜，〔字書〕作狛、又作猘，狂犬也。〔慧琳音義·卷七五〕〇｜，或作猘。〔說文〕「｜，⿰犭㞷犬也」義證。〇｜字亦作⿸疒制。〔說文定聲·卷一三〕〇〔同上〕｜字亦作⿱制犬。〔後漢·馬融傳〕注「⿱制犬亦狂也」。〇｜字又作⿱制犬。〔說文〕「｜，⿰犭㞷犬也」義證。〇｜又作猘。〔同上〕〇｜狗，今〔左傳〕作猰狗。〔說文〕無猰字，當依此作｜。〔漢書·五行志〕「宋國人逐｜狗」補注引錢大昭。〇〔說文定聲·卷一三〕｜，以瘛為之。〔漢書·五行志〕「宋國人逐｜狗」。

⿰氏瓦　｜，｜甇，大瓮。〔廣韻·霽部〕又〔集韻·霽部〕。

疶　｜，病也，或作痸。〔集韻·祭部〕

⿸疒曳　｜，病也。〔廣韻·祭部〕

⿸疒贅　｜，瘤腫，通作贅。〔集韻·祭部〕

⿸疒罰　｜，一曰傷肢也。〔集韻·祭部〕

癠　｜，病也。〔廣韻·霽部〕

帠　｜，布帛幅邊。〔集韻·祭部〕

⿰目切　｜，目｜。〔廣韻·霽部〕

眱　｜，亦睇字也。〔說文〕「睇，小衺視也」段注。

晢　｜，目光也。〔廣韻·祭部〕〇｜，瞥也。〔同上〕

⿰矛折　｜，矛也。〔廣韻·祭部〕

⿰石兑　｜，磨使消也。〔集韻·祭部〕

⿰礻叕　｜，重祭。〔廣韻·祭部〕〇｜，繹祭謂之｜。〔集韻·祭部〕

禲　｜，無後鬼也。〔廣韻·祭部〕〇｜，小神也，居人間司察小過作譴告者，｜主殺伐之。或作痢。〔慧琳音義·卷六一〕引顧野王。

⿰禾曳　｜，白｜，稻名。〔廣韻·祭部〕

稧　｜，｜事，換秧。〔廣韻·霽部〕

穖　丨，穖也，或从齊。〔集韻·祭部〕

笶　丨，車節也。〔廣韻·霽部〕〇丨，車傘竹也。〔集韻·霽部〕

篾　丨，長也。〔廣韻·祭部〕

笛　丨，以竹補缺。〔說文〕「茵，以艸補缺」義證引〔玉篇〕。

筀　丨，竹名。〔廣韻·霽部〕

篴　丨，胡竹名也，杖也。〔廣韻·霽部〕

簭　丨，各本作噬，今正。〔說文〕「丨，啗也、喙也」段注。〇〔周禮〕卜筮字皆作丨。（同上）

箅　丨，弋鳥具也。〔廣韻·霽部〕

篦　丨，竹名。〔廣韻·霽部〕

渠　丨，糟濃者。〔集韻·霽部〕

紒　丨，束髮也，或作髻、結。〔集韻·霽部〕〇露髮為丨也，凶時謂之髽，吉時謂之丨。〔儀禮·士冠禮〕「將冠者采衣丨」胡正義引敖繼公。〇髻、結、丨並通。〔廣雅·釋器〕「假結謂之髻」疏證。〇結與髻通，字或作髤，又作丨。〔廣雅·釋詁四〕「髤，髻也」疏證。

綮　丨，結也，肯丨。〔集韻·霽部〕

緊　丨，是也。〔廣韻·霽部〕

聀　丨，耳聭。〔廣韻·霽部〕

聯　丨，聞也，或作聮。〔集韻·祭部〕〇丨，入意，一曰聞也。〔廣韻·祭部〕

聯　丨，聰也，或从切。〔集韻·霽部〕〇丨，耳聽。〔廣韻·霽部〕〇丨為視聽之聽。〔廣雅·釋詁四〕「丨，聽也」疏證。〇丨之言察也。（同上）

膂　丨，腨腸也。〔集韻·霽部〕

膞　丨，魚醬。〔廣韻·祭部〕

㓱　丨，剸肉。〔廣韻·祭部〕

脾　丨，盛肥也。〔集韻·霽部〕

腣　丨，胅腹兒。〔廣韻·霽部〕〇丨胿，胅腹，或从帶。〔廣韻·霽部〕

膠　丨，喉脈。〔廣韻·霽部〕〇丨，喉脉也。〔集韻·霽部〕〇丨，一曰腹也，或从契。（同上）

腴　丨同膠。〔廣韻·霽部〕

菒　丨，𦿆丨。〔廣韻·霽部〕

蒵　丨，丨車草。〔廣韻·祭部〕

藻　丨，烝葱，或省渫。〔集韻·祭部〕〇丨，蒸也，又葱丨也。〔廣韻·祭部〕

蔕　丨，草名。〔廣韻·祭部〕

蛈　丨，音經。〔釋蟲〕「王，丨蝪」鄭註。

蛶　丨，神蛇。〔廣韻·霽部〕〇丨，神蛇，或从戾。〔集韻·霽部〕

蝭　丨，寒蟬。〔廣韻·霽部〕

袞　丨當作褻。〔管子·法禁〕「受之者丨」義證引孫星衍。

裝　丨，衣交衿。〔集韻·霽部〕

褉　分裾曰丨。〔通雅·衣服〕

袟　丨，補也。〔廣韻·霽部〕

觖　丨，舌頭語也。〔集韻·霽部〕

觫　丨，觳也。〔廣韻·祭部〕

豥　丨，豕豴也。〔集韻·祭部〕

贎　丨，丨貨。〔廣韻·祭部〕〇丨，貨也，或省作贎。〔集韻·祭部〕

趆　丨，趍走兒。〔廣韻·霽部〕

⿺走世丨，踰也。〔廣韻・祭部〕〇丨，超踰也，或作跩、跇、迣，通作迣。〔集韻・祭部〕

⿰足契丨，渡也。〔廣韻・祭部〕〇丨，或作跡。〔廣雅・釋詁四〕「丨，渡也」疏證。

⿰車欠丨，唾聲。〔集韻・霽部〕

⿱殸舟丨，舟中互序而行也。〔廣韻・霽部〕

迡丨，近也。〔廣韻・霽部〕

⿺辶氐丨，驚不進也。〔集韻・霽部〕

迾丨，一曰車駕清道，古作迣。〔集韻・祭部〕〇丨道，謂駕前清路也。〔慧琳音義・卷八三〕引〔考聲〕。

⿱髟兑丨，獸狠不動皃。〔集韻・霽部〕

鈉丨，鋭丨。〔廣韻・祭部〕

⿱列金丨，除利也。〔廣韻・祭部〕〇丨，除利器也。〔集韻・祭部〕

鏸丨，鋭也。〔廣韻・霽部〕

鏑丨，曲刀也，削竹也。〔廣韻・祭部〕

㸚丨，止也，系也。〔廣韻・霽部〕

⿰革氐丨，補履下也。〔廣韻・霽部〕

靾丨，以馬鞍贈亡人。〔廣韻・祭部〕〇丨，被具，所以送死，或从曳，亦書作韃。〔集韻・祭部〕

⿰革曳車馬贈亡謂丨，或从車。〔集韻・祭部〕

⿰革夬丨，馬鞁具。〔集韻・霽部〕

⿰夬頁丨，傾頭皃。〔集韻・霽部〕

⿱列魚丨音列。〔釋魚〕「丨，鱴刀」鄭註。〇丨，魚名。〔廣韻・祭部〕

鱥丨，魚名。〔廣韻・祭部〕

⿰虫鳥丨，鳥名。〔廣韻・祭部〕

⿰鼻至丨，鼻疾，太玄決其鼻丨。或作⿰鼻蔑，亦書作⿰歹鼻。〔集韻・霽部〕

齛丨，羊棖也，或从曳。〔集韻・祭部〕

續經籍纂詁卷第六十八

去聲

九　泰

泰　丨，大也。〔大戴·投壺〕「今日丨射」王詁。又〔説文定聲·卷一三〕。○丨，大也，通也，古作太。〔廣韻·泰部〕○丨，通也。〔慧琳音義·卷二三〕引〔珠叢〕。○丨者，通也。〔論語·子路〕「丨而不驕」劉正義。○丨者，大之極也。〔八佾〕「旅於丨山」劉正義。又〔史記·周本紀〕「武王乃作丨誓」志疑引顧彪。○丨，甚也。〔詩·巧言〕「昊天丨憮」朱傳。○丨猶言過也。〔漢書·揚雄傳〕「尚丨奢麗誇詡」補注。○丨亦奢也。〔孟子·滕文公下〕「不以丨乎」焦正義。○丨，侈也。〔同上〕朱注。○丨，引伸為縱丨。〔説文〕「丨，滑也」段注。○丨，又引伸為丨侈。〔同上〕○丨，驕慢也。〔論語·子罕〕「今拜乎上，丨也」朱注。○丨皇即人皇。〔史記·五帝紀〕「黄帝者」志疑。○丨帝即黄帝也。〔漢書·郊祀志〕「聞昔丨帝興神鼎一」補注。○丨壹，星名，即太一也。〔藝文志〕「丨壹雜子星二十八卷」補注。○是丨元即丨一也。〔郊祀志〕「天增授皇帝丨元神策」補注。○丨元者，丨一也，丨一與天地並，而非天也。〔禮樂志〕「惟丨元尊」補注引吳仁傑。○招搖與丨陰，猶云天矛與天駟耳。〔揚雄傳〕「詔招搖與丨陰兮」補注。○丨丘，宋地。〔釋丘〕「右陵丨丘」鄭注。○丨卷即大坰。〔史記·殷本紀〕「湯歸至於丨卷陶」志疑。○丨坰即太行。〔同上〕志疑引楊慎。○丨坰即太行山。〔通雅·地輿〕○〔説文定聲·卷一三〕丨，大字之轉注。〔廣雅·釋山〕「岱宗謂之丨山」。○〔同上〕丨，叚借為大。〔詩·巧言〕「昊天丨憮」。○丨、大通用。〔漢書·地理志〕「藪曰丨壄」補注。○古大、丨、太三字音義並通，俱可通寫。〔史記·周本紀〕「武王乃作丨誓」志疑。○大誓與大誥同，衛包改定今文，始作丨。〔同上〕志疑引〔困學紀聞〕。○丨與達聲相近。〔廣雅·釋詁〕「丨，通也」疏證。○丨，後世安康之訓古者无之，疑借為達。〔説文定聲·卷一三〕○丨，字亦作澾。〔同上〕○丨誓當為大誓。〔書·泰誓〕孫疏。○〔封禪書〕丨作太。〔漢書·郊祀志〕「亳人謬忌奏祠丨一方」補注。○丨常，并當為奉常，本書太常字皆不通作丨。〔爰盎傳〕「上拜盎為丨常」補注。

會　佮省亻為合，合省口為丨。〔釋詁〕「丨，合也」郝疏。○丨，合也。〔大戴·誥志〕「以丨民議」王詁。又〔詩·杕杜〕「丨言近止」朱傳。又〔廣韻·泰部〕。又〔管子〕「適勝」雜志。又〔通鑑·唐紀四六〕「丨歸上都」音注。○丨猶合也。〔禮記·月令〕「以丨天地之藏」集解。○丨者，合也。〔説文·敘〕「四曰丨意」段注。○丨，總合也，古作岕。〔集韻·夳部〕○丨謂金石絲竹匏土革木總合之也。〔説文〕「音，聲也」義證引〔急就篇〕顔注。○總合算之為丨。〔孟子·萬章下〕「丨計當而已矣」焦正義。○丨為每年之歲計。〔周禮·天官大宰〕「歲終則令百官府各正其治，受其丨」孫正義。○丨，計也，總計買人財物而征榷之，故曰榷丨。〔漢書·趙敬肅王傳〕「使使即縣為賈人榷丨」補注。○丨計，丨所上之計也。〔通雅·事制〕○丨謂合兵也。〔孟子·公孫丑上〕「慮勝而後丨」焦正義。○丨，合戰也。〔同上〕朱注。○丨謂丨合諸侯。〔書·文侯之命〕「用丨紹乃辟」孫疏。○丨舞猶合舞也。〔楚辭·東君〕「展詩兮丨舞」補注。○丨意者，合誼之謂也。〔説文·敘〕「丨意者，比類合誼」段注。○丨、最、聚並同義。〔廣雅·釋詁〕「贅，聚也」疏證。○丨，值也。〔詩·生民〕「丨伐平林」朱傳。○丨，縫也。〔淇奧〕「丨弁如星」朱傳。○凡兩縫相合處為丨。〔同上〕通釋。○弁縫謂之丨。〔同上〕○丨者，其中階相向處。〔説文〕「廇，屋階中丨也」繫傳。○丨即比及之義。〔詩·大明〕「丨朝清明」通釋。又〔廣雅·釋詁〕「邌，遲也」疏證。○丨亦比及之意。〔漢書〕「遲明」雜志。○丨，至也。〔大戴·千乘〕「丨時必節」王詁。○丨亦至也。〔廣雅·釋詁〕「丨，至也」疏證。○時見曰丨。〔詩·車攻〕「丨同有繹」朱傳。○諸侯時見曰丨。〔論語·先進〕「宗廟之事，如丨同」朱注。○丨，朝也。〔詩·雞鳴〕「丨且歸矣」朱傳。○丨十月，謂令羣臣習肄以十月朝丨也。〔漢書·叔孫通傳〕「丨十月」補注。○丨正即朝正也。〔左傳文公四年〕「曹伯如晉丨正」疏證引顧炎武。○丨朝，為天比明尚未大明之際。〔詩·大明〕「丨朝清明」通釋。○丨，期也。〔大戴·誥志〕「丨時必節」王詁。○〔説文定聲·卷一三〕丨猶期也。〔詩·大明〕「丨朝清明」。○丨期，言再赴期。〔漢書·景武昭宣元成功臣表〕「得重丨期」補注。○丨，甲也。〔楚辭·天問〕「丨鼂爭盟」補注引〔詩·大明〕傳。○丨，要也。〔通鑑·唐紀四六〕「丨歸上都」音注。○丨即敦之蓋也。〔儀禮·士喪禮〕「敦啟丨」胡正義。○丨讀如檜，物之蓋也。〔説文〕「甲，東方之孟，昜气萌動」段注。○丨，項椎也，向秀讀。〔集韻·末部〕○丨者，所以丨髮也。〔詩·淇奧〕「丨弁如星」後箋。○丨，以五采組束髮。〔同上〕○丨撮，訓髻。〔莊子·人間世〕「丨撮指天」集釋引司馬訓。○丨撮，高髻貌。〔同上〕集釋引疏。○丨撮，項椎也。〔同上〕集釋引崔云。○括、佸、丨，古聲義並同。〔廣雅·釋詁〕「括，至也」疏證。○丨即鄶也，妘姓之國，〔詩〕作檜。〔漢書·地理志〕「虢丨為大」補注引錢坫。○丨與噲同，不言之意。〔墨子·非儒下〕「丨噎為深」閒詁引畢沅。○丨為古繪字。〔左傳桓公二年〕「〔書·益稷〕日月星辰山龍華蟲作丨」疏證。○丨讀若儈。〔説文〕「計，丨也」義證。○丨，或作儈。〔廣雅·釋言〕「駔，丨也」疏證。○丨，俗作儈。〔説文〕「駔，一曰駔丨也」段注。○〔通雅·卷二七〕丨與儈同。〔趙王彭祖傳〕「使使即縣為賈人榷丨」。○〔説文定聲·卷一三〕丨，叚借為薈，薈萃，襍聚之意。〔爾雅·序〕「丨稡舊説」。○〔同上〕丨，叚借為旝。〔詩·大明〕「其丨如林」。○〔同上〕丨，叚借為鬠。〔莊子·人間世〕「丨撮指天」。○丨即鬠之假借。〔詩·淇奧〕「丨弁如星」陳疏。○丨與髻通，丨與鬠亦通。〔莊子·人間世〕「丨撮指天」集釋引李楨。○丨稡，薈蕞，其語本於丨最，轉為丨撮。〔通雅·釋詁〕○〔周禮〕丨作禬。

〔大戴・朝事〕「致丨以補諸侯之災」王詁。○丨，齊、韓作旝。〔詩・大明〕「其丨如林」集疏。○丨，魯作冠，韓作膾。〔詩・淇奧〕「丨弁如星」集疏。○〔史記〕「遲明」，一作黎明，〔漢書〕作丨明。〔漢書〕「遲明」雜志。○塗山亦有丨稽之名。〔史記・夏本紀〕「至于丨稽而崩」志疑引〔路史・後紀〕注。○塗山有四，一丨稽，二渝州，三濠州，四當塗。(同上)志疑引〔演義〕。

帶 丨，衣丨。〔廣韻・泰部〕○丨，申束衣者。〔大戴・武王踐阼〕「於丨為銘焉」王詁。○丨，所以申束衣也。〔詩・有狐〕「之子無丨」朱傳。○〔說文定聲・卷六〕丨，圍匝其要者。〔詩・公劉〕「何以舟之」傳「丨也」。〔「舟」下〕○古者革丨所以繫佩韍，而後加之大丨。〔說文定聲・卷一三〕○丨有二，大丨以束衣，用素若絲，革丨以佩玉，用韋。〔說文定聲・卷一四〕〔「鞶」下〕○丨，飾之備也，猶具劍。〔國策・趙策二〕「具丨黃金師比」鮑注。○丨與紳同義。〔廣雅・釋詁三〕「丨，束也」疏證。○丨，束也。〔慧琳音義・卷八〕引〔考聲〕。○丨，繫也。(同上)引〔字書〕。○丨茭，即茭丨。〔墨子・辭過〕「衣皮丨茭」閒詁。○丨與殢同。〔廣雅・釋詁一〕「殢，極也」疏證。○丨當讀為遰。(同上)○丨、遰、逝，古聲並相近。(同上)又〔方言一三〕「丨，行也」箋疏。○〔說文定聲・卷一三〕丨，段借為遰。〔方言一三〕「丨，行也」。○丨讀為嵽，〔說文〕云高也，高亦上也。〔春秋名字解詁〕「鄭駟丨，字子上」述聞。○今俗語云捎丨者當作摕。〔說文〕「摕，撮取也」段注。○丨當為席，席高即因高，隸書席字或作㡗，俗作𢊁，又脱其广而為丨矣。〔漢書・王莽傳〕「丨高增下」補注引王念孫。○官本丨作滯。〔漢書・王莽傳〕「依諸將之遰」補注。

蔕 丨介，通作蒂芥、丨葪、薑芥、蔕介、蒂芥。〔通雅・釋詁〕

外 丨，表也，遠也。〔廣韻・泰部〕○〔說文定聲・卷一三〕筮畫從下始，故近為內卦，遠為丨卦。〔易・繫辭〕「吉凶見乎丨」。○气出為丨。〔說文〕「呼，丨息」繫傳。○丨猶後也。〔國策・韓策二〕「是公之所以丨者儀而已」鮑注。○後三日為丨後日。〔通雅・諺原〕引〔老學菴〕。○丨，疏之也。〔國策・趙策二〕「是以丨賓客」鮑注。○丨，餘也。〔詩・蟋蟀〕「職思其丨」朱傳。○丨內皆謂禮也。〔荀子・天論〕「丨內異表」集解引郝懿行。○丨，以生為丨物，無所愛也。〔國策・齊策一〕「此齊貌辨之所以丨生樂患趣難者也」鮑注。○丨謂百官也。〔韓子・孤憤〕「則丨內為之用矣」集解引舊注。○丨謂百官之政也。〔楊權〕「欲治其丨」集解引舊注。○丨謂家臣。〔左傳襄公四年〕「而施賂於丨」疏證。○丨，男色也。〔說文定聲・卷一三〕(「艾」下)○京師為內，讀夏為丨。〔詩・長發〕「丨大國是疆」集疏。○夷狄為丨。〔漢書・司馬相如傳〕「丨之則邪行橫作」補注。○丨指敵國。〔韓子・孤憤〕「則丨內為之用矣」集解。○丨謂敵國。〔八經〕「丨曰畏」集解。○士于大夫曰丨私。〔通雅・稱謂〕○丨人，邦人也。〔大戴・曾子立事〕「雖丨人亦不能立也」王詁。○丨官，官於丨而捍邊境也。〔漢書・終軍傳〕「孤於丨官」補注。○丨史亦周官，夏官丨史掌書丨令。〔平帝紀〕「丨史、閭帥，秩六百石」補注引蘇輿。○丨婦與丨昏、丨妻同義。〔齊悼惠王傳〕「其母高祖微時丨婦也」補注引沈欽韓。○丨親謂母黨也。〔劉向傳〕「乃使其丨親上變事」補注引胡注。○丨姻，謂母妻之黨。〔公羊傳隱公三年〕「丨姻至」陳疏。○〔通雅・卷一九〕丨甥亦曰丨生，然晉時多通稱，自古借字也。〔世說〕「桓豹奴是王丹陽丨生，形似其舅」。○男子偁妻之父曰丨舅。〔說文〕「舅，母之兄弟為舅」段注。○母之父為丨王父。(同上)○母之母為丨王母。(同上)○姑之子為丨兄弟。〔說文〕「甥，謂我舅者吾謂之甥」段注。○丨嬖者，即胥童、夷陽五之屬，非婦人也。〔史記・晉世家〕「厲公多丨嬖姬」志疑。○漢律踐更，過更謂之繇戍，丨繇正謂出繇戍錢者。〔漢書・卜式傳〕「乃賜式丨繇四百人」補注引郭嵩燾。○丨臨廁，當作北臨廁。〔張釋之傳〕「上居丨臨廁」補注引王念孫。○丨援，〔文選注〕引作大援。〔左傳文公元年〕「要結丨援」洪詁。○舊校云，丨心一作異心。〔呂覽・遇合〕「為我婦而有丨心」校正。○丨當作惠，聲之誤也。〔國語・晉語〕「今吾刑丨乎大人而忍於小民」平議。

蓋 丨者，苦也。〔荀子・哀公〕「必有數丨焉」集解引郝懿行。○丨，覆蓋之。〔左傳襄公一七年〕「不如丨之」洪詁引服虔。○丨，覆也。〔大戴・明堂〕「以茅丨屋」王詁。又〔說文〕「覆，覂也」繫傳。○丨，覆也，掩也，俗作盖。〔廣韻・泰部〕○丨，覆丨屋居也。〔說文〕「構，丨也」繫傳。○丨，掩也。〔楚辭・悲回風〕「萬變其情豈可丨兮」補注。○丨為揜，即為覆也。〔孟子・萬章上〕「謨丨都君」焦正義。○丨，所以覆冒車上也。〔通鑑・周紀二〕「暑不張丨」音注。○丨，車丨也。〔說文〕「鞈，丨杠絲也」繫傳。○丨者，雲如車丨，當上屬為義。〔漢書・郊祀志〕「丨若獸為符」補注。○華丨七星，其柢九星，合十六星，如丨狀。〔楚辭・思忠〕「登華丨兮乘陽」補注引〔大象賦〕注。○丨猶皆也。〔公羊傳宣公元年〕「孔子丨善之也」陳疏。○丨，發語辭。〔孟子・梁惠王上〕「丨亦反其本矣」朱注。○丨，疑辭。〔論語・里仁〕「丨有之矣」朱注。○丨，曷也。〔詩・黍苗〕「丨云歸哉」集疏。○丨當訓為害也。〔孟子・萬章上〕「謨丨都君」焦正義引阮元。○丨當讀為害，丨、害古字通。〔莊子・則陽〕「陰陽相照相丨相治」平議。又(同上)集釋引俞樾。○丨與盍古通。〔孟子・梁惠王上〕「丨亦反其本矣」焦正義。○丨者，盍之段借。〔詩・黍苗〕「丨云歸哉」通釋。○丨餘，〔左傳〕作掩餘，以義同通用。〔史記・吳太伯世家〕「使公子丨餘、燭庸」志疑。○丨當為益字。〔墨子・備城門〕「丨求齊鐵夫」閒詁。○丨在泰山，非勃海也。〔史記・惠景間侯者年表〕「丨」志疑。

盇 丨，又曰覆也。〔說文〕「丨，苦也」義證引〔九經字樣〕。○丨，言不欲丨衆人之長也。〔漢書・鄒陽傳〕「以為衆不可丨」補注引周壽昌。○綏與丨對文，皆靈車所有也，其丨弓金華黃色，故云黃華丨。〔漢書・禮樂志〕「黃華丨」補注。○丨與茨義畧同。〔說文定聲・卷一三〕○丨，所以合物。〔卷一三〕(「會」下)○商丨即商奄。〔釋言〕「弇，丨也」郝疏。○丨，引伸之為發端語詞。〔說文〕「丨，苦也」段注。○丨者，疑詞。〔漢書・天文志〕

「丨五車之三柱也」補注。○丨與盇同。〔詩・園有桃〕「丨亦勿思」陳疏。○又〔墨子〕「益丨」雜志。○丨，舊音如割。〔說文・敘〕「丨闕如也」段注。○丨、割、害三字以聲為義也。〔釋言〕「丨，裂也」郝疏。○〔釋文〕丨，舍人本作害，害與丨字相通。〔釋言〕「丨、割，裂也」述聞。○割之為丨，猶害之為丨也，害、割、丨三字聲義並相通。(同上)○〔說文定聲・卷一三〕丨，叚借發聲之詞。〔詩・黍苗〕「丨云歸哉」。○(同上)丨，叚借為盇。〔荀子・大畧〕「言之信者在乎區丨之閒」。○(同上)丨，叚借為害。〔書・呂刑〕「鰥寡無丨」。○(同上)丨，叚借為割，丨亦割字之借。〔釋言〕「丨、割，裂也」。○(同上)丨，叚借為黔。〔廣雅・釋言〕「丨，黨也」。○(同上)丨，叚借為价。〔莊子・天地〕「於乎以丨衆」。○(同上)丨，叚借為閉。〔荀子・宥坐〕「復瞻彼九丨皆繼」。○(同上)丨，叚借為鄱。〔孟子〕「丨大夫王驩」。○丨乃盇字之誤。〔晏子春秋・諫下〕「皆有丨廬」平議。

大

丨，人也。〔說文〕「夰，放也」繫傳。○丨象人也。〔說文〕「去，人相違也」繫傳。○凡丨字皆象人之正立也。〔說文〕「央，中央也」繫傳。○〔說文定聲・卷九〕丨猶人也。〔說文〕「奭，目衺也，从眀从丨」。(「奭」下)○丨，小丨也。〔廣韻・泰部〕○丨丨人，汪芒氏之國也。〔史記志疑・瞥記〕「丨教」引〔補注〕。○〔說文定聲・卷一三〕太，皆丨字本誼也。〔禮記・中庸〕「追王太王王季」。○丨，張丨皃也。〔說文〕「奞，鳥張毛羽自奮」繫傳。○丨者，丨其為將軍耳。〔漢書・李廣利傳〕「桀令四騎士縛守詣丨將軍」補注。○丨謂年長者。〔大戴・曾子事父母〕「丨之由也」王詁。○丨者，天之全体。〔荀子〕「天見其明」雜志。○丨者，極至之名。〔禮記・禮運〕「禮必本於丨一」集解。○丨言全勝也。〔國策・秦策三〕「或欲丨投」鮑注。○丨謂富之廣也。〔大戴・虞戴德〕「居丨則治」王詁。○有足丨者，猶言有足多者。〔漢書・張敞傳〕「有足丨者」補注引蘇輿。○丨，盛也。〔董仲舒傳〕「是故陽常居丨夏」補注。○丨亦尚也。〔荀子〕「丨儉約」雜志。○丨言其高義。〔國策・楚策三〕「竊慕丨君之義」鮑注。○毋動為丨，猶言毋動為上也。〔漢書・賈誼傳〕「然而獻計者曰毋動為丨耳」補注。○光、充皆丨之通訓。〔漢書・王莽傳〕「名曰橫搜」補注引沈欽韓。○丨與迂同義。〔莊子・逍遙遊〕「丨而無用」集釋。又〔漢書〕「丨笑之」雜志。○丨而笑之，猶言迂而笑之也。〔漢書・酷吏傳〕「下士聞道丨笑之」補注引王念孫。○遠言丨，近言小，小東丨東，言東國之遠近也。〔詩・大東〕「小東丨東」集疏引惠周惕。○丨猶過。〔國策・秦策二〕「無丨丨王」鮑注。○丨，善也。〔禮記・文王世子〕「一有元良」集解。○丨，掩之也。〔說文〕「壺，昆吾圜器也」繫傳。○丨，奄有之義也。〔說文〕「夲，進趣也」繫傳。○丨謂之幠，亦謂之奄，義並相因也。〔廣雅・釋詁一〕「奄，丨也」疏證。○丨謂之介，亦謂之蜀，義相因也。〔廣雅・釋詁一〕「蜀，弌也」疏證。○丨、小謂國。〔國策・宋衛策〕「治無小，亂無丨」鮑注。○楊葉之丨，言其至小也。〔漢書・枚乘傳〕「楊葉之丨」補注。○丨息謂嘆聲也。〔說文〕「喟，丨息也」句讀。○丨乃語詞，無義。〔書・酒誥〕「爾丨克羞耇惟君」平議引朱彬。○丨氏即丨抵，言丨約也。〔通雅・釋詁〕○丨氏猶丨都也。〔說文〕「氏，至也」段注。○丨抵猶丨況也。〔慧琳音義・卷九一〕○丨方即丨較也。〔墨子・非命上〕「丨方論數」閒詁。○丨較猶丨略耳。〔漢書〕「連語」雜志。○〔通雅・卷八〕丨較猶丨略也。〔延篤傳〕「闇於丨較」。○丨率者，不盡之詞。〔漢書・西域傳〕「西域諸國丨率土著」補注引徐松。○丨揚搉猶言丨略。〔廣雅・釋訓〕「揚搉，都凡也」疏證。○揚搉者，丨數之名，故或言丨搉。(同上)○丨東，極東也。〔詩・閟宮〕「遂荒丨東」朱傳。○〔通雅・卷一七〕丨湊，為四方所輻輳也。〔作雒篇〕「以為天下之丨湊」。○丨道，謂天地人三才之道也。〔大戴・哀公問五義〕「知通乎丨道」王詁。○丨道，天道也。〔四代〕「歷丨道以時地性」王詁。○丨忠，謂諫行言聽而身與國同休也。〔漢書・京房傳〕「未可謂丨忠也」補注引胡注。○丨害謂秦。〔鼂錯傳〕「高皇帝親除丨害」補注引劉奉世。○丨邦猶言中國也。〔詩・采芑〕「丨邦為讎」朱傳。○〔通雅・卷一八〕丨宅，面王也。〔七發〕「滿于丨宅」。○丨晨，丨殿也。〔左傳襄公二三年〕「丨殿，商子游御夏之御寇」洪詁。○漢魏諸儒多以丨麓為禪位之處。〔書・堯典下〕「納于丨麓」孫疏。○丨事者，戎事也。〔書・大誥〕「我有丨事」孫疏。○丨室，明堂也。〔書・洛誥〕「王入丨室」孫疏。○丨家，如言巨室也。〔書・梓材〕「厥臣達丨家」孫疏。○丨室者，明堂中央室，亦曰丨廟。〔書・洛誥〕「王入丨室裸」孫疏。○丨享，謂禘祭于明堂。〔書・盤庚〕「丨享于先王」孫疏。○丨享即〔禮記〕丨饗也。(同上)○丨葬，謂君臣禮葬。〔論語・子罕〕「且予縱不得丨葬」朱注。○丨故謂惡逆。〔論語・微子〕「故舊無丨故」朱注。○丨故，丨喪也。〔孟子・滕文公上〕「今也不幸至於丨故」朱注。○丨饎，丨祭也。〔詩・玄鳥〕「丨饎是承」集疏引韓說。○丨雩，夏祭天名。〔左傳桓公五年經〕「丨雩」疏證引服虔。○丨老，言非常人之老者。〔孟子・離婁上〕「天下之丨老也」朱注。○丨君，圣人也。〔易・師〕「丨君有命」李疏引干寶注。○丨君者，君人之盛者也。(同上)李疏引〔易緯乾鑿度〕。○丨君者，興盛行異者也。(同上)李疏引孟喜注。○聖人在位，謂之丨人。〔漢書・司馬相如傳〕「世有丨人兮」補注引向秀。○丨人者，聖人德備也。〔易・乾〕「利見丨人」李疏引孟喜注。○丨人者，聖明德備也。(同上)李疏引〔乾鑿度〕。○丨人，謂君之貴幸者。〔楚辭・卜居〕「將游丨人」補注引五臣。○丨人，丨卜之屬。〔詩・斯干〕「丨人占之」朱傳。○子稱父母，古皆謂之丨人。〔通雅・稱謂〕○丨夫，民爵第五級。〔漢書・淮南厲王傳〕「丨夫但」補注引錢大昭。○凡丨人、丨夫、太子、太君皆尊詞。〔說文定聲・卷一三〕○文帝行非第一，而稱丨者，蓋丨乃天子之謂也。〔史記・淮南衡山傳〕「常謂上丨兄」志疑。○丨官，猶言高爵。〔漢書・賈誼傳〕「丨官而有徒隸亡恥之心」補注。○丨主，若後世稱丨長公主。〔郊祀志〕「自丨主將相以下」補注引周壽昌。○丨生，猶言高弟。〔孔光傳〕「時會門下丨生講問疑難」補注引蘇輿。○丨奴，謂羣奴之長也。〔昌邑哀王傳〕「使丨奴善以衣車載女子」補注引周壽昌。○〔通雅・卷一九〕唐稱長子為丨枒。〔唐紀叙〕「但從丨枒」。○父之舅曰丨舅。〔說文〕「舅，母之兄弟為舅」段注。○丨匠，工師也。〔孟子・告子上〕「丨匠誨人」

朱注。○丨庖，君庖也。〔詩·車攻〕「丨庖不盈」朱傳。○〔通雅·卷二○〕丨佘即丨禹。〔山海經〕「舜稱帝俊，禹稱佘」。○丨均，祭酒也。〔通雅·官制〕○丨均即成均也。〔同上〕引胡廣。○丨棘，廷尉也。〔同上〕○丨蓬，言其仙也。〔同上〕○丨官主膳食。〔漢書·谷永傳〕「益減丨官」補注。○丨農即丨農令。〔史記·孝景本紀〕「治粟內史為丨農」志疑。○丨農令，秦之治粟內史也。〔通雅·官制〕○丨司寇者，別于小司寇之下丨夫也。〔史記·孔子世家〕「由司空為丨司寇」志疑。○丨行丞，即丨行治禮丞。〔漢書·蕭望之傳〕「察廉為丨行治禮丞」補注。○丨上造，即〔史記〕之丨良造。〔百官公卿表〕「十六丨上造」補注引沈欽韓。○〔說文定聲·卷一七〕丨庭氏，炎帝、神農氏也。〔東京賦〕「丨庭氏何以尚茲」。〔「庭」下〕○丨飲光，即丨迦葉波之美稱也。上古有仙人，能攝諸光，皆令不現，故號飲光。〔慧琳音義·卷一〕○丨方之家，法家也。〔說文定聲·卷一八〕〔「方」下〕○丨螫者，丨行毒也。〔說文〕「蠚，虫也，一曰丨螫也」段注。○丨帶，所以申束衣。〔大戴·五帝德〕「丨帶」王詁。○丨車，牛車也。〔說文〕「楲，楲木，可作丨車輮」段注。○丨車，謂平地任載之車。〔論語·為政〕「丨車無輗」朱注。○丨車，平地任載之車，駕牛者也。〔詩·無將大車〕「無將丨車」朱傳。○丨閱為簡車。〔公羊傳桓公六年〕「丨閱者何」述聞。○丨路，祀天車也。〔左傳桓公二年〕「丨路越席」洪詁引服虔。○卿以上所乘車皆曰丨路。〔左傳襄公一九年〕「王追賜之丨路」洪詁。○丨輅，金輅。〔左傳僖公二八年〕「賜之丨輅之服」洪詁引賈逵。○丨腸，為行道之府。〔說文〕「膽，連肝之府」義證引〔難經〕。○丨屈，弓名。〔左傳昭公七年〕「好以丨屈」洪詁引服虔。○丨屈，寶金，可以為劍。〔同上〕洪詁引賈逵。○丨房，半體之俎，足下有跗如堂房也。〔詩·閟宮〕「籩豆丨房」朱傳。○丨腰，龜鼈之類也。〔說文〕「龜鼈之類，目它為雄」段注引〔列子〕張注。○丨龜者，元龜。〔書·禹貢中〕「九江納錫丨龜」孫疏。○丨沈从湫，河神也。〔通雅·姓名〕○丨苦，黃藥也。〔通雅·艸〕○丨諾，批荅也。〔通雅·書札〕○〔通雅·卷三五〕丨黃，黃門之丨者。〔李廣傳〕「以丨黃射其裨將」。○三山亦呼茨菰葉為丨蘇。〔通雅·艸〕引〔游宦紀聞〕。○丨巢，幽州謂之苕摇。〔說文〕「薇，菜也」義證引〔本草拾遺〕。○丨巢，即〔釋草〕柱夫、摇車。〔同上〕義證。○蜀人菜豌豆謂之丨巢。〔同上〕義證引項安世。○丨糦，黍稷也。〔詩·玄鳥〕「丨糦是承」朱傳。○丨椿，木槿也，一名蕣椿。〔莊子·逍遥遊〕「上古有丨椿者」集釋引〔齊民要術〕。○丨山即太山。〔墨子·非攻中〕「大敗齊人而葆之丨山」閒詁引蘇時學。○丨山，禹貢太嶽山也，因周官云山曰霍，故〔志〕加霍字以應。〔漢書·地理志〕「霍丨山在東」補注。○丨湖，指關中巨澤，凡巨澤、瀦水俱可稱丨湖。〔司馬相如傳〕「東注丨湖」補注引齊召南。○丨河者，禹之故河也。〔地理志〕「故丨河在東北入海」補注引閻若濂。○渤海之東有丨壑焉，實惟無底之谷，名曰歸墟。〔楚辭·遠遊〕「降望丨壑」補注引〔列子〕。○丨業者，地也。〔易·繫辭上傳〕「盛德丨業」李疏引荀爽注。○丨夏，禹樂也。〔廣雅·釋樂〕「丨夏，樂名」疏證。○丨夏，夏禹之樂。〔左傳襄公二九年〕「見舞丨夏者」洪詁。○丨武，周公所作武王樂。〔左傳襄公二九年〕「見舞丨武者」洪詁。○丨呂，鐘名。〔左傳定公四年〕「丨呂」洪詁引賈逵。○丨呂者，旅也，言陰丨旅助黃鐘，宣氣而牙物也。〔史記·律書〕「丨呂者，其於十二子為丑」志疑引〔史詮〕。○丨屈即丨曲也。〔左傳昭公七年〕「好以丨屈」洪詁。○丨師，樂官名。〔論語·八佾〕「子語魯丨師樂」朱注。○丨師，樂官也。〔孟子·梁惠王下〕「召丨師曰」朱注。○丨師，魯樂官之長。〔論語·微子〕「丨師摯適齊」朱注。○丨遍，猶古之滿曲也。〔通雅·樂曲〕○丨鈞，魏樂也。〔同上〕○丨予，漢樂名，因以名官。〔同上〕○丨鼜、晨戒、發昫皆嚴鼓也。〔通雅·樂器〕○丨昕，日將出也。〔通雅·天文〕○〔通雅·卷一二〕丨月、良月皆十月也。〔呂覽·任地篇〕「草諯丨月」。○丨期乃十月之期，不作十二月解。〔史記·呂不韋傳〕「至丨期時，生子政」志疑。○〔通雅·卷二〕丨鷙即丨至也。〔呂覽·月令〕「霜雪丨鷙」。○丨火，一名閼伯之虛。〔漢書·律歷志〕「歲在丨棣之東井二十二度」補注引全祖望。○丨棣之名不見於十二分野，丨棣即壽星之垣。〔同上〕○丨暑，六月中，就極熱之中分為丨小，月初為小，月半為丨也。〔律歷志〕「丨暑」補注引錢大昭。○丨寒，十二月中，十二月極寒之時，相對為丨小，月初寒為小，月半寒為丨。〔律歷志〕「丨寒」補注。○丨雪，十一月節也，時日在斗十二度。〔律歷志〕「初斗十二度，丨雪」補注。○丨火，房心尾也。〔楚辭·怨上〕「丨火兮西睨」補注。○丨微，太微宮垣，十星，在翼軫北。〔楚辭·遠遊〕「問丨微之所居」補注引〔大象賦〕注。○丨歲，一名丨陰。〔漢書〕「丨陰建于甲戌」雜志。○房心尾三座合成人跪形，俗所稱丨人星。〔說文定聲·卷三〕〔「心」下〕○丨荒落作丨芒落。〔史記索隱〕「異文」雜志。○丨丨猶夫夫，乃古篆借用也。〔通雅·釋詁〕○丨音泰。〔詩·蟋蟀〕「無已丨康」朱傳。又〔六月〕「至于丨原」朱傳。又〔斯干〕「丨人占之」朱傳。又〔小明〕「其毒丨苦」朱傳。又〔皇矣〕「自丨伯王季」朱傳。又〔論語·八佾〕「子入丨廟」朱注。又〔八佾〕「子語魯丨師樂」朱注。○丨當音泰。〔左傳僖公二八年〕「士榮為丨士」疏證。○丨當讀泰。〔墨子·魯問〕「子墨子見齊丨王」閒詁引蘇時學。○丨息之丨音泰。〔漢書·高帝紀〕「喟然丨息」補注引周壽昌。○丨豆當讀泰。〔呂覽·聽言〕「造父始習丨豆」校正。○〔說文定聲·卷一三〕丨，叚借為泰。〔荀子·富國〕「儒術誠行則天下丨而富使有功」。○丨與太同。〔漢書·路温舒傳〕「而孝文為丨宗」補注。○丨者，今太字。〔說文〕「舅，母之兄弟為舅」段注。○丨讀曰太。〔漢書·蘇建傳〕「丨夫人已不幸」補注。○丨讀為太。〔墨子·耕柱〕「我將上丨行」閒詁引蘇時學。○古無泰字，其字作丨。〔莊子·大宗師〕「厲乎其似世乎」集釋。○丨讀為汰。〔荀子·非十二子〕「淫丨而用之」平議。○古書丨字，俗或讀他蓋切，改為太，又改為泰。〔說文〕「嶽，東岱、南霍、西嵾、北恒、中丨室」段注。○古字世、丨通用。〔荀子〕「橋泄者，人之殃也」雜志。○世、丨聲相近。丨，正字也，世借字也。〔春秋名字解詁〕「鄭游吉字丨叔」述聞。○丨逆訓誕鄰也，誕鄰即丨難也。〔漢書·翟方進傳〕「惟丨難人翟義、劉信丨逆」補注。○丨舊作太。〔呂

覽·驕恣」「齊宣王為|室」校正。○|當為太。〔漢書·外戚恩澤侯表〕「昌平侯|」補注。○官本|作太，南監本同。〔漢書·地理志〕「至于|嶽」補注。○官本上|作太。〔地理志〕「以其郡||」補注。○|字當作太音。〔左傳昭公一八年〕「壬午|甚」洪詁。○|讀曰太，官本作太。〔漢書·宣帝紀〕「|夫人八十四」補注。○|與，〔史·表〕作太尉。〔高惠高后文功臣表〕「以代|與漢王三年降」補注。○官本|陰、|陽，|作太。〔律歷志〕「|陽者，南方」補注。○|幠，魯、韓作太幠。〔詩·巧言〕「昊天|幠」集疏。○|汾，〔淮南〕作太汾。〔呂覽·有始〕「何謂九塞|汾」校正。○|，魯作泰。〔詩·桑柔〕「|風有隧」集疏。○古書泰皆作|。〔墨子·尚同下〕「|誓之言然」閒詁。○〔說文定聲·卷一三〕|，字亦作忕，經傳又多以泰、以太為之。〔後漢·南蠻西南夷傳〕注「忕，奢侈也」。○代王謁|者，北音相誤也。〔史記·韓信盧綰傳〕「自立為|王」志疑引〔測議〕。○|字乃木之譌。〔天官書〕「|饑」志疑。○|當為本，始亦本也。〔漢書·董仲舒傳〕「元者辭之所謂|也」補注引王念孫。○|當作天。〔霍光傳〕「|子所以永保宗廟總壹海內者」補注引錢大昭。○|字當作天。〔史記·天官書〕「最近|人之符」志疑引〔正譌〕。○|當作右。〔漢書·魏相傳〕「子復為|將軍」補注引何焯。○今本|字亦誤作九。〔管子〕「|暑乃至」雜志。○|字乃而字之譌。〔荀子·正論〕「|自以為有知也」平議。○〔新序〕|作翔，〔韓詩外傳〕作仭邑。〔呂覽·勿躬〕「墾田|邑」校正。○|，久之訛，世曼壽者久也。〔漢書·禮樂志〕「治本約，澤弘||」補注引李光地。○後人不知以為已之借字，故改以熱為|熱耳。〔丙吉傳〕「未可|熱」補注引王念孫。○〔外傳〕|作世。〔左傳僖公一〇年〕「晉侯改葬共|子」洪詁。○樂|心，〔公羊〕作樂世心。〔左傳定公一〇年〕「宋樂|心出奔曹」洪詁。○〔說文定聲·卷九〕|言，疑矢言之譌，謂反側之言也。〔說文〕「吳，姓也，一曰|言也」。〔「吳」下〕○|薺，當是葶藶，非菥蓂。〔說文〕「蓂，析蓂，|薺也」義證引陳藏器。

旆 |，旗也，繫旐曰|。〔廣韻·泰部〕○|為旗幟之總名。〔說文〕「|，繼旐之旗也」段注。○〔說文定聲·卷一三〕繼旐末如燕尾，旐用繼帛，|仍用絳帛，旐長八尺，|亦長八尺。〔說文〕「|，繼旐之帛也」。○||，枝旗揚起也。〔詩·生民〕「荏菽||」朱傳。○||，飛揚之貌。〔詩·出車〕「胡不||」朱傳。○市市、肺肺、||，義並與芾芾同。〔廣雅·釋訓〕「芾芾，茂也」疏證。○〔說文定聲·卷一三〕|，以沛為之。〔易〕「豐其沛」。○〔同上〕|，以茷為之。〔左傳定公四年〕「綪茷」。○|為伐叚借字。〔詩·長發〕「武王載|」平議。○|當作伐。〔同上〕後箋。○|，本作發，發謂興師伐桀也，〔毛詩〕作|者借字耳。〔漢書·刑法志〕「武王載|」補注引王念孫。○發，正字也，|、坺皆借字也。〔詩·長發〕「武王載|」述聞。○|，本作發，今作|者，後人依〔毛詩〕改之也。〔漢書〕「載|」雜志。○|，魯、韓作發。〔詩·長發〕「武王載|」集疏。○|，〔說文〕引作武王載坺。〔同上〕述聞。

瀨 |，湍|。〔廣韻·泰部〕○|，水流沙上也。〔說文〕「湍，疾|也」段注。又〔慧琳音義·卷七二〕引〔古今正字〕。○|之言瀨也，水在沙上，滯瀨而下滲也。〔說文〕「|，水流沙上也」段注。○|，淺水也。〔慧琳音義·卷四三〕○吳越謂之|，中國謂之磧。〔文選·湘君〕「石|兮淺淺」集釋引臣瓚注。○|之言厲也，厲，疾也。〔廣雅·釋水〕「湍，|也」疏證。○〔說文定聲·卷一三〕|，以厲為之。〔史記·南越傳〕「為戈船下厲將軍」。○瀧涿，|滯、瀧涷、鹿埵、隴種、東籠，皆語之轉也。〔廣雅·釋詁二下〕「瀧涿，漬也」疏證。○〔史記〕|作厲，字同。〔漢書·南粵傳〕「故歸義粵侯二人為戈船、下|將軍」補注。○|鄉亦作厲鄉。〔通雅·疑始〕

賴 |，藉也。〔孟子·告子上〕「子弟多|」朱注。○|，猶利。〔國策·宋衛策〕「為秦則不|矣」鮑注。○|，蒙也，利也，善也，幸也，恃也。〔廣韻·泰部〕○|，取也。〔大戴·文王官人〕「以|於物」王詁。○|與予同義。〔方言二〕「|、予，讎也」箋疏。○今人謂以罪誣人曰|，即讕之轉也。〔廣雅·釋詁二〕「閒，加也」疏證。○|利與僥倖義近。〔釋言〕「庶，幸也」郝疏。○|蒿蓋即藾蕭。〔說文〕「薛，艸也」段注。○|即嬾。〔孟子·告子上〕「富歲子弟多|」焦正義引阮元。○〔說文定聲·卷一三〕|，當讀為嬾。〔廣雅·釋詁一〕「|，善也」。○〔同上〕|，叚借為嬾，即沃土之民不材意。〔孟子〕「富歲子弟多|」。○|通作厲，|、厲語之轉耳。〔方言一二〕「|，讎也」箋疏。○|鄉，即〔史記〕厲鄉，厲、|古通。〔漢書·地理志〕「莽曰|陵」補注。○〔說文定聲·卷一三〕|，叚借為癘。〔史記·刺客傳〕「漆身為|」。○〔同上〕|，叚借為剌。〔方言二〕「|，讎也，南楚之外曰|」。○|，在今隨州北。〔左傳桓公一三年〕「|人追之」疏證。○汝南郡褒信有|亭，故|國。〔同上〕疏證引〔郡國志〕。

籟 |，籥三孔也。〔廣韻·泰部〕○〔說文定聲·卷一三〕|，三者器相類，古亦通名。〔說文〕「|，三孔籥也，大者謂之產，其中謂之|，小者謂之箹」。○|之言厲也，聲清厲也。〔廣雅·釋樂〕「|謂之簫」疏證。

蔡 |，艸也。〔楚辭·尊嘉〕「繼以兮微|」補注。○|，草芥也。〔說文〕「|，艸也」義證引〔玉篇〕。○|，龜也。〔廣韻·泰部〕○〔說文定聲·卷一三〕|即左氏所稱僂句。〔漢書·食貨志〕「元龜為|」。○|，言置之于法，不令殊死。〔書·禹貢下〕「二百里|」孫疏。○|聲近殺。〔同上〕○|亦散意。〔說文〕「𥻦，䊛𥻦，散之也」義證。○|，苴機，兩頭鹿也。〔通雅·獸〕○|，古書多以丰、以芥為之。〔說文定聲·卷一三〕○〔同上〕|謂借為衰或為差。〔左傳昭公元年〕「周公殺管叔而||叔」。○|當讀為𣪠。〔論語·公冶長〕「臧文仲居|」平議。○借|為𥻦，亦散意。〔說文〕「|，艸也」義證。○〔說文定聲·卷一三〕|，叚借為𥻦，實為𣪠。〔左傳昭公元年〕「周公殺管叔而||叔」。○|讀為祭公謀父之祭。〔國語·晉語〕「諏於|原」述聞。○祭與|古字通。〔同上〕○汪本|作祭，古祭、|同。〔漢書·藝文志〕「|癸一篇」補注引朱一新。○〔說文定聲·卷一三〕|字亦

作蔱。〔淮南・齊俗〕「壤土草蔱而已」。○丨當從〔說文〕作𣏂。〔左傳定公四年〕「王於是乎殺管叔而丨丨叔」洪詁。

[illegible] 丨，古文蔡。〔說文〕「蔡，丰也」義證引〔玉篇〕。又〔廣韻・泰部〕

害 丨與割同。〔釋言〕「蓋，裂也」郝疏。○丨，傷也。〔廣韻・泰部〕○丨者，傷也。〔說文〕「㤅，丨也」段注。○丨亦傷也。〔大戴・哀公問五義〕「言足法於天下而不丨於其身」王詁。○持法者或以己意私怨陷人，謂之丨。〔漢書・蕭何傳〕「以文毋丨為沛主吏掾」補注。○〔漢書〕凡言坐矯詔罪者，皆有丨不丨之分。〔灌夫傳〕「迺劾嬰矯先帝詔丨」補注引王念孫。○丨，妨也。〔慧琳音義・卷七〕引〔考聲〕。○丨者，患也。〔大戴・哀公問五義〕「而不丨不志」述聞。○古人謂患為丨。〔左傳成公一五年〕「晉三郤丨伯宗」述聞。又〔左傳襄公二一年〕「齊子尾丨閭邱嬰」述聞。又〔左傳哀公一五年〕「莊公丨故政」述聞。又〔楚策〕「秦之所丨」述聞。○患、丨一聲之轉，故患可訓丨，丨亦可訓患。〔呂覽・重己〕注「患，丨也」述聞。○今人猶謂患病為丨病。〔大戴・哀公問五義〕「而不丨不知」述聞。○丨，忌也，患與忌意同。〔漢書・賈誼傳〕「絳、灌、東陽侯、馮敬之屬盡丨之」補注引周壽昌。○丨，忮也，謂忮人也。〔大戴・哀公問五義〕「而不丨不志」王詁。○借地當敵衝者，謂之要丨。〔義府・卷下〕○丨，何也。〔詩・葛覃〕「丨澣丨否」朱傳。又〔孟子・梁惠王上〕「時日丨喪」朱注。○詩書多假丨為曷。〔說文〕「丨，傷也」段注。○丨者，曷之假借字，詩書多以丨為曷。〔說文〕「曷，何也」段注。○丨當讀為割。〔周書・程典〕「土勸不及美美不丨用」平議。○丨、割古同聲而通用。〔廣雅・釋言〕「丨，割也」疏證。○丨、蓋通。〔釋言〕「蓋，裂也」郝疏。○蓋、割、丨三字以聲為義也。〔釋言〕「割，裂也」郝疏。○丨、曷、盍俱一聲之轉。〔釋言〕「曷，盍也」郝疏。○丨當作容。〔淮南・主術〕「而明有不丨」平議。○丨乃容字之誤。〔淮南・原道〕「性之丨也」平議。○丨蓋容字之誤。〔淮南・主術〕「而郢人無所丨其鋒」平議。○丨當為圄，圄與圉、禦字同。〔墨子・褉守〕「遠攻則遠丨」閒詁。

最 丨，俗作㝡，六朝如此作。〔說文〕「丨，犯取也」段注。○丨，聚也。〔管子・霸言〕「方而不丨」義證引孫星衍。○古以聚物之聚為丨。〔莊子・德充符〕「物何為丨之哉」集釋。○丨者，會聚之意。〔說文〕「贅，一曰丨」句讀。○丨，總聚擊匈奴之數。〔漢書・霍去病傳〕「丨大將軍青凡七出擊匈奴」補注引沈欽韓。○會丨、聚並同義。〔廣雅・釋詁三〕「贅，聚也」疏證。○丨，犯而取也。〔說文〕「丨，犯取」繫傳。○丨者，犯而取也。〔說文〕「凡，㝡括而言也」段注。○丨猶撮也，謂撮舉其數，丨凡猶都凡耳。〔漢書・車師後國傳〕「丨凡國五十」補注。○丨凡，諸凡之丨目也。〔通雅・釋詁〕○丨目猶凡目，總目。〔周禮・小宰〕孫正義。○丨庸即凡庸。〔說文〕「凡，丨括也」義證。○丨，極也。〔廣韻・泰部〕○丨，甚也。〔慧琳音義・卷一〇〕引〔韻詮〕。○丨，勝也，要也。〔卷二九〕引〔考聲〕。○丨者，出也。〔說文〕「贅，以物質錢也」繫傳。○經典中往往借丨為㝡。〔說文〕「㝡，積也」句讀。○丨，依〔字書〕應作㝡，音才句切，即古聚之假借字也。〔荀子・彊國〕「執拘則丨」集解引郝懿行。○丨通作撮。〔說文〕「丨，犯而取也」義證。○〔說文定聲・卷一三〕丨，叚借為絕。〔管子・水地〕「秦之水泔丨而稽」。○丨字皆當作㝡，㝡與聚聲義皆同。〔公羊傳隱公元年〕「會猶丨也」注「丨，聚也」述聞。○丨當作㝡。〔說文〕「凡，丨括也」義證。○丨，或作撮。〔同上〕○丨又作蕞。〔同上〕○新本丨作聚。〔漢書・郊祀志〕「丨居齊東北陽」補注引宋祁。○周丨，顏丨，並寫為聚，〔殷紀〕大丨樂，一作聚。〔史記・高祖功臣侯者年表〕「侯孔蘩」志疑。○㝡譌作丨。〔荀子・彊國〕「執拘則丨」集解引王引之。○丨，〔史〕作聚。〔國策・西周策〕「左尚以此得事」補正。○〔說文定聲・卷一三〕丨，㝡之誤字。〔公羊傳隱公元年〕「會猶丨也」。

貝 丨，水中介蟲也，有文彩似錦。〔詩・巷伯〕「成是丨錦」朱傳。○丨，海介蟲也，居陸名猋，在水名蜬。〔說文〕「魧，大丨也」段注。○丨者，螺丨也。〔慧琳音義・卷二〕○丨，貨也。〔說文〕「敗，毀也」繫傳。○丨者，貨也。〔說文繫傳・通論下〕○丨玉古以代刀布。〔書・盤庚〕「具乃丨玉」孫疏。○玉帛雉羔雁之屬皆丨類，丨者，佐見之具。〔說文定聲・卷一四〕〔「贊」下〕○丨錦，〔禹貢〕謂之織丨。〔詩・巷伯〕「成是丨錦」集疏。○緝丨為布，如厚繒。○丨，木名也。〔漢書・地理志〕「厥棐織丨」補注引劉敞。○丨，齒珠也。〔慧琳音義・卷二〕○古五丨為一朋。〔說文定聲・卷一三〕○丨父即丨母也。〔廣雅・釋草〕「丨父，藥實也」疏證。又〔說文定聲・卷一三〕。○丨母，形似聚丨子，故名丨母。〔本草・卷一三〕○丨母，味辛，一名空草，一名藥實，一名苦花，一名苦菜，一名𦭘草，一名勤母。〔說文〕「莔，丨母也」義證引〔本草〕。○二丨字小徐皆作貞。〔說文〕「鼎，古文以丨為鼎，籀文以鼎為丨」段注。○丨，〔史記〕作算，〔管子〕作貨，作算、貨者皆贅之壞脫。〔漢書・鄭當時傳〕「不過丨器食」補注引沈欽韓。○丨丘作浿丘。〔地理志〕「丨丘，都尉治」補注。○丨丘，在益都府博興縣南五里。〔左傳莊公八年〕「遂田于丨丘」疏證引齊乘。

靄 丨，雲狀。〔廣韻・泰部〕○丨，雲皃，或省。〔集韻・夳部〕

藹 丨，晻丨，樹繁茂。〔廣韻・泰部〕○丨猶茂也。〔釋木〕「蕡，丨」鄭註。○丨，繁茂也。〔楚辭・九辯〕「離芳丨之方壯兮」補注。○丨丨，冢多也。〔詩・卷阿〕「丨丨王多吉士」朱傳。○丨丨，盛多貌也。〔同上〕集疏引王逸。○丨丨，止也。〔同上〕集疏引魯說。○丨，容止皃也。〔慧琳音義・卷八七〕引〔考聲〕。○丨，臣盡忠也。〔同上〕○丨丨，萋萋，臣盡力也。〔詩・卷阿〕「菶菶萋萋」集疏引魯說。○丨醬，枸椹醬。〔說文〕「枸，木也」義證引〔古文苑〕注。○丨，或曰當訓言之美也。〔說文定聲・卷一三〕○〔同上〕丨，借為藹。陸士衡〔挽歌詩〕「傾雲結流丨」。○官本丨作靄。〔漢書・禮樂志〕「晝晻濭」補注。

沛　｜字亦作霈。〔説文定聲・卷一三〕○｜為澤名，亦為澤之通稱。〔廣雅・釋地〕「｜、澤，池」疏證。○｜，滂｜也。〔易・豐〕「豐其｜」李疏引姚信注。○｜，流貌。〔楚辭・遠遊〕「｜罔象而自浮」補注。○｜，流皃，亦滂｜。〔廣韻・泰部〕○｜蓋流行意。〔漢書・禮樂志〕「神哉｜」補注。○｜然，雨盛貌。〔孟子・梁惠王上〕「｜然下雨」朱注。又〔通鑑・周紀三〕「天油然作雲，｜然下雨」音注。○｜然，盛大流行之貌。〔孟子・離婁上〕「故｜然德教溢乎四海」朱注。○｜，草木之所生也。〔滕文公下〕「園囿汙池｜澤多而禽獸至」朱注。○｜｜猶怖怖也。〔通雅・釋詁〕○｜讀為跋。〔詩・蕩〕「顛｜之揭」陳疏。○｜，今字為顛｜，跋之假借也。〔説文〕「｜，｜水」段注。○〔説文定聲・卷一三〕｜，叚借為怖。〔公羊傳宣公一二年〕「使君王｜焉」。○〔同上〕｜，叚借為旆。〔易〕「豐其｜」。○〔同上〕｜，叚借為蔽。〔易〕「豐其｜」九家注「大暗謂之｜」。○郝，正字，｜，借字。〔漢書・地理志〕「｜郡」補注引錢坫。○〔左傳〕｜作貝，即〔楚語〕貝水是，古以音近通借，〔呂覽〕市丘即｜之省。〔史記・齊太公世家〕「遂獵｜丘」志疑。○｜當為沛。〔説文〕「郝，｜郡」義證引盛百二。○｜當作沛。〔漢書・地理志〕「右雒左｜」補注引朱一新。○入｜當為入沛渠。〔地理志〕「泗水西南至方與入｜」補注引王念孫。○｜、豐，漢縣，並屬｜郡，｜在今徐州府｜縣東。〔高帝紀〕「｜豐邑中陽里人也」補注。

艾　｜即今灸｜也。〔説文〕「｜，冰臺也」繫傳。○｜，草名，一名冰臺。〔廣韻・泰部〕○｜，草名，所以灸者。〔孟子・離婁上〕「猶七年之病求三年之｜也」朱注。○｜，蒿屬。〔詩・采葛〕「彼采｜兮」朱傳。○｜，今｜蒿。〔釋艸〕「｜，冰臺」鄭註。○｜者，夂臺也。〔説文〕「綼，帛蒼｜色也」段注。○〔説文定聲・卷一三〕｜為灸草，灸之為言久也，故轉訓老。〔釋詁〕「｜，長也」。○｜葉，一名冰臺。〔説文〕「｜，冰臺也」義證引〔本草〕。○｜，子，茱萸類也。〔説文〕「藙，煎茱萸」義證引范石湖〔成都古今記〕。○｜，老也。〔大戴・曾子疾病〕「年既耆｜」王詁。又〔詩・鴛鴦〕「福禄｜之」朱傳引蘇氏説。○｜本老稱。〔義府・卷上〕○｜，又老也，長也。〔廣韻・泰部〕○｜，以｜為久者，久之為究也，亦有終義。〔詩・庭燎〕「夜未｜」後箋。○｜，止也。〔同上〕通釋。○｜，盡也。〔同上〕朱傳。○｜訓為絶。〔同上〕通釋引杜預。○｜亦已也。〔同上〕述聞。○歇、息、｜皆已也。〔同上〕○〔説文定聲・卷一三〕｜猶歷也。〔詩・訪落〕「朕未有｜」。○｜，養也。〔詩・鴛鴦〕「福禄｜之」朱傳。又〔詩・南山有臺〕「保｜爾後」朱傳。又〔廣韻・泰部〕。○｜當訓養。〔國語・周語〕「樹於有禮，｜人必豐」平議。○｜，美好。〔國策・趙策三〕「乃與幼｜」鮑注引趙岐。○｜，美好也。〔文選・少司命〕「竦長劍兮擁幼｜」補正引集注。○孺子謂幼｜，美女也。〔楚辭・少司命〕「竦長劍兮擁幼｜」補注引〔國策〕「齊王有七孺子」注。○｜可乂疾，久而弥善，故字从乂。〔本草・卷一五〕○｜，穫也。〔詩・臣工〕「奄觀銍｜」朱傳。○｜，治也。〔詩・小旻〕「或肅或｜」朱傳。又〔孟子・萬章上〕「自怨自｜」朱注。又〔盡心上〕「有私淑｜者」朱注。○｜，訓治。〔釋名・釋長幼〕「｜，乂也」疏證。○｜，乂也，乂，治也。〔方言六〕注「禮曰五十為｜」箋疏。○｜，已所懲創。〔國策・楚策四〕「無所懲創」鮑注。○｜即藙字。〔説文〕「藙，煎茱萸」段注。○〔説文定聲・卷一三〕｜是俗字。〔廣雅・釋獸〕「豥，豭也」。○｜與乂同。〔詩・小旻〕「或肅或｜」朱傳。○｜、乂古字同。〔左傳哀公一六年〕「是得｜也」洪詁。○｜即乂也，有相規之義。〔釋詁〕「｜，相也」鄭註。○｜與乂同，乂為輔相之相。〔同上〕述聞。○｜与乂、刈同。〔墨子〕「親親有術」雜志。○｜當為乂，｜即衰減之義。〔孟子・萬章上〕「知好色則慕少｜」焦正義引翟灝。○｜通作乂。〔釋詁〕「｜，養也」郝疏。○｜、乂古通用。〔詩・南山有臺〕「保｜爾後」通釋。○｜，古多借為乂字。〔説文〕「｜，冰臺也」段注。○｜古通乂，乂為芟艸，故義亦為絶。〔孟子・萬章上〕「知好色則慕少｜」焦正義。○｜作乂，古通。〔史記・楚世家〕「熊繹生熊｜」志疑。○｜讀曰刈。〔大戴・四代〕「如｜而夷之」王詁。○｜，讀當與刈同。〔荀子・正論〕「共｜畢」集解引郝懿行。○｜即刈。〔國策・楚策四〕「無所寇｜」補正。○〔説文定聲・卷一三〕｜叚借為刈。〔左傳昭公元年〕「國未｜也」。○｜，刈之借字。〔墨子・備城門〕「一斧一｜」閒詁。○｜亦通刈。〔孟子・萬章上〕「知好色則慕少｜」焦正義。○｜即鴱也。〔釋鳥〕「鷚，鹵｜」鄭註。○｜讀為弋，｜獵即弋獵也，古聲｜與弋通。〔春秋名字解詁〕「楚蔿｜獵字叔敖」述聞。○｜者，嬖之假借。〔詩・小旻〕「或肅或｜」通釋。○〔説文定聲・卷一三〕｜，叚借為執。〔釋詁〕「｜，養也」。○〔同上〕｜，叚借為莢。〔荀子・正論〕「共｜畢」。○〔同上〕｜，叚借為蓺。〔廣雅・釋詁一〕「｜，至也」。○〔同上〕｜，叚借為外，｜即内嬖外嬖之外，男色也。〔孟子〕「則慕少｜」。○｜當為豥。〔説文〕「豥，一曰殘｜也」義證。○｜，〔史記〕作刈。〔漢書・項籍傳〕「｜旗，迺後死」補注。

兌　｜，説也。〔説文繫傳・通論下〕○｜，古悦字。〔義府・卷上〕○｜，悦也，巫所以悦神也。〔説文〕「祝，祭主贊詞者」繫傳。○｜者，悦也。〔説文〕「孅，｜細也」段注。○｜，悦也，見也。〔慧琳音義・卷五四〕○｜，決也。〔説文繫傳・通論下〕○｜，通也。〔詩・緜〕「行道｜矣」朱傳。○｜，突也，又卦名。〔廣韻・泰部〕○〔義府・卷上〕｜即茂盛之意。〔詩・皇矣〕「松柏斯｜」。○｜，猶｜｜也。〔詩・皇矣〕「松柏斯｜」陳疏。○｜與丸古蓋音同而義同矣。〔説文〕「丸，圜也」段注。○｜讀為鋭。〔荀子・議兵〕「｜則若莫邪之利鋒」集解引盧文弨。○｜同鋭。〔墨子・備蛾傳〕「｜其上」閒詁引蘇時學。又〔備城門〕「｜亓兩末」閒詁引畢沅。○｜與鋭同。〔史記〕「前方而後高｜而卑」雜志。○｜與鋭同，謂捷利也。〔荀子・不苟〕「見由則｜而倨」集解。○｜讀為鋭，謂直擣，則其鋒利，當之者潰也。〔荀子〕「｜」雜志。○｜與鋭同字，侫｜即侫鋭也。〔荀子・脩身〕「侫｜而不曲」集解。○〔説文定聲・卷一三〕｜，叚借為鋭。〔史記・天官書〕「隋北端｜」。○鋭、｜古通用。〔廣雅・釋詁四〕「攙，鋭也」疏證。○｜即悦

之省文。〔説文〕「師，佩巾也」義證。○丨即閲之省。〔説文〕「閲，具數於門中也」段注。○丨借為閲字。〔説文〕「丨，説也」段注。○〔説文定聲·卷一三〕丨，叚借為閲，實為穴。〔老子〕「塞其丨」。○丨當讀為穴。〔老子〕「塞其穴」平議。○丨讀為隧。〔晏子春秋〕「藜藿」雜志。○隧、奪聲相近，或為丨。〔晏子春秋〕「兹於丨」雜志。○丨者，遂之假借字。〔詩·緜〕「行道丨矣」陳疏。○〔説文定聲·卷一三〕丨，叚借為説。〔老子〕簡文注「丨，言也」。○丨从谷聲，與説相轉，古通用。〔釋詁〕「悦，樂也」郝疏。○〔説文定聲·卷一三〕丨，叚借為涚。〔釋名·釋飲食〕「生瀹葱薤曰丨，言其柔滑，丨丨然也」。○〔同上〕丨，叚借為敓。〔孟子〕「不得不可以為悦」。○〔同上〕丨，叚借為杕。〔詩·皇矣〕「松柏斯丨」。○〔同上〕丨，叚借為達。〔詩·緜〕「行道丨矣」。○丨，叚借為⿰亻對，今俗書彈丨，丨換字。〔説文定聲·卷一三〕○〔同上〕丨，字亦變作莌。〔爾雅·釋草〕「離南，活莌」。○丨，字亦變作蒑。〔説文定聲·卷一三〕○丨，今字作悦。〔同上〕

匄　丨，俗作丐。〔説文〕「丨，气也」段注。○丨，乞也。〔廣韻·泰部〕又〔集韻·未部〕。○丨，求也。〔續音義·卷三〕引〔考聲〕。○求願曰丨。〔慧琳音義·卷九〕引通行文。○乞人之物曰丨，借人之物曰假。〔春秋名字解詁〕「晉士丨字伯瑕，楚陽丨字子瑕」述聞。○丨，與也。〔通鑑·漢紀四七〕「悉散與太學諸生及丨施貧民」音注。○乞、丨為求而又為與，義相反而實相因。〔廣雅·釋詁三〕「丨，與也」疏證。○人亡財則丨也。〔續音義·卷三〕引〔古今正字〕。○丨貸猶假貸也。〔通雅·釋詁〕○丨，晉宋古本及釋例皆作丏。〔左傳襄公三一年〕「寡君使丨請命」洪詁。○丨，經傳多以乞為之。〔説文定聲·卷一三〕

丏　丨同匄。〔廣韻·泰部〕

柰　丨，俗作奈。〔説文〕「丨，果也」句讀。○丨，榛俗字。〔漢書·司馬相如傳〕「亭丨厚朴」補注。○丨，果木名。〔廣韻·泰部〕○篆文丨字，象子綴于木之形。〔本草·卷三〇〕○丨，隸亦正文從丨聲。古謂丨何為如台。〔漢書〕「如台不臣」雜志。○〔説文定聲·卷一二〕丨，叚借發聲之詞。〔書·召誥〕「曷其丨何弗敬」。○丨借為丨何。〔説文〕「丨，果也」句讀。○丨亦假借為丨何也。〔同上〕繫傳。○丨，諸本作奈。〔左傳宣公一二年〕「河魚腹疾丨何」洪詁。○丨字亦誤作奈。〔説文定聲·卷一二〕

奈　丨，如也。〔釋詞·卷六〕○丨亦如也。〔史記〕「謂天下何」雜志。○丨，如也，遇也，那也，本亦作柰。〔廣韻·泰部〕○丨何二字，單言之則曰丨。〔廣雅·釋言〕「丨，那也」疏證。○丨何，或但謂之丨。〔釋詞·卷六〕○丨何，如何也。〔同上〕又〔公羊傳隱公四年〕「其與弑公丨何」陳疏。○〔晉語〕都人簪丨花，即今茉莉也。〔通雅·艸〕引〔丹鉛録〕。○丨，石經作柰。〔左傳宣公一二年〕「河魚腹疾丨何」疏證。

繪　丨與繡同訓。〔説文定聲·卷一三〕○丨，五彩繡。〔説文〕「繢，一曰畫也」段注。○凡會五采繡作丨，會五采畫只宜作會。〔説文定聲·卷一三〕○丨，〔周禮〕皆以織餘之繢為之。〔同上〕○丨，五采畫也。〔説文〕「丨，會五采繡也」義證引〔玉篇〕。○丨，五采也。〔廣韻·泰部〕○丨，五采束髮。〔集韻·夳部〕○丨，雜色也。〔慧琳音義·卷四八〕○丨與⿰黑會聲近義同。〔廣雅·釋器〕「⿰黑會，黑也」疏證。○〔説文定聲·卷一三〕丨，叚借為會。〔虞書〕「山龍華蟲作丨」。○丨字又作繢。〔説文〕「丨，會五采繡也」義證。○丨字又作櫝。〔同上〕

檜　丨，木名。〔集韻·夳部〕○丨，木名，似柏。〔詩·竹竿〕「丨楫松舟」朱傳。○丨，木名，古作栝。〔集韻·末部〕○丨，栢葉松身。〔廣韻·泰部〕○丨似柏而茂，人多植庭院。〔釋木〕「丨，柏葉松身」鄭註。○栝、丨一也。〔説文〕「丨，柏葉松身」義證引〔澠水燕談録〕。○〔説文定聲·卷一三〕丨，以栝為之。〔書·禹貢〕「杶榦栝柏」。○丨，一曰柩飾。〔集韻·夳部〕○丨者，古高辛氏火正祝融之墟。〔説文〕「鄶，祝融之後妘姓所封溍洧之閒，鄭滅之」義證引〔詩譜〕。○〔説文定聲·卷一三〕丨，叚借為鄶。〔詩·檜風·序〕釋文丨本作鄶。○〔同上〕丨，叚借為旝。〔左傳成公二年〕「棺有翰丨」。○丨，或作栝。〔説文〕「丨，柏葉松身」義證。又〔説文〕「話，合會善言也」義證。○丨，〔禹貢〕作栝。〔説文〕「丨，柏葉松身」段注。○丨亦作栝。〔説文〕「話，會合善言也」段注。○丨讀與䯤同。〔説文〕「䯤，骨擿之可會髮者」段注。○丨，傳文舊作會。〔左傳成公二年〕「棺有翰丨」疏證。

膾　丨字或作鱠。〔説文〕「丨，細切肉也」義證。○丨，細切生肉也。〔同上〕義證引〔急就篇〕顔注。又〔慧琳音義·卷一三〕引〔字統〕。○肉細切者為丨。〔説文〕「丨，細切肉也」義證引〔玉篇〕。○肉聶而切之為丨。〔孟子·盡心下〕「丨炙與羊棗孰美」朱注。○牛羊與魚之腥，聶而切之為丨。〔論語·鄉黨〕「丨不厭細」朱注。○丨，魚丨。〔廣韻·泰部〕○丨義與劊同也。〔廣雅·釋詁一〕「劊，斷也」疏證。○宗、丨、胥敖，是堯時小蕃三國號也。崔云，宗一也，丨二也，胥敖三也。〔莊子·齊物論〕「我欲伐宗丨胥敖」集釋。

鱠　丨同膾。〔廣韻·泰部〕

澮　丨，田間水道也。〔孟子·離婁下〕「溝丨皆盈」朱注。○丨，山水出溝也。〔慧琳音義·卷五二〕○丨，雨水合也。〔集韻·黠部〕○丨，會也。〔孟子·離婁下〕「溝丨皆盈」焦正義。○〔説文定聲·卷一三〕丨，叚借為巜。〔釋水〕注「溝曰丨」。○丨丨當作涽涽。〔説文〕「巜，水流丨丨也」段注。○丨丨即活活。〔説文〕「丨，从水會聲」段注。

獪　丨，本訓當謂犬黠，移以言人與狂、默等字皆同。〔説文定聲·卷一三〕○丨，狡丨，小兒戲。〔廣韻·泰部〕○丨，戲也。〔集韻·夳部〕○丨，多所會

合也。〔説文〕「丨，狡丨也」繫傳。〇丨丨、婚聲轉。〔釋言〕「覞，姡也」郝疏。

儈　丨，合市也。〔廣韻·泰部〕〇〔説文定聲·卷一三〕丨，如今之牙行主人，謂平會兩家買賣之價。〔聲類〕云「合市人也」。〇會，或作丨。〔廣雅·釋言〕「駔，會也」疏證。

襘　丨，即袷。〔説文〕「丨，帶所結也」段注。〇〔説文定聲·卷一三〕丨，以袷為之。〔禮記·曲禮〕「天子視，不上于袷，不下于帶」。〇丨，衣綏帶。〔集韻·夳部〕

旝　丨，字从㫃，當為旃旗之名。〔説文定聲·卷一三〕〇丨，木置石投敵也。〔廣韻·泰部〕〇丨，今〔毛詩〕作會。〔説文〕「詩曰其丨如林」段注。

鄶　〔説文定聲·卷一三〕丨，以會為之。〔漢書·地理志〕「子男之國號會為大」。〇丨，〔詩·國風〕以檜為之。〔説文定聲·卷一三〕〇丨通作會。〔説文〕「丨，祝融之後妘姓所封潧洧之閒」義證。〇丨又通作檜。〔同上〕義證。又〔同上〕句讀。〇丨，〔詩〕疏引作檜。〔左傳襄公二九年〕「自丨以下無譏焉」洪詁。

禬　丨，福祭。〔廣韻·泰部〕〇丨，除殃祭也。〔同上〕〇除殃之祭曰丨。〔集韻·夳部〕〇丨，除殃之祭。〔説文〕「丨，會福祭也」義證引〔類篇〕。〇丨，除惡之祭。〔同上〕義證引〔藝文類聚〕。〇丨，除災害也。〔同上〕義證引〔玉篇〕。〇丨即劊字。〔周禮·神仕〕「凡以神仕者」、「以丨國之凶荒」平議。〇丨禮，原文本作會禮。〔周官·大宗伯〕「以丨禮哀圍敗」平議。

廥　丨，芻稾藏也。〔廣韻·泰部〕〇丨，芻藁之藏也。〔通鑑·漢紀一二〕「虛郡國倉丨以振貧民」音注。〇丨，芻稾所居也。〔説文〕「丨，芻稾之藏」義證引〔急就篇〕顔注。〇丨之言會也。〔廣雅·釋宮〕「丨，倉也」疏證。〇丨疑與儈通。〔呂覽·尊師〕「段干木晉國之大駔也」校正。〇〔説文定聲·卷一三〕丨即芻稾六星，在天苑之西。〔漢書·天文志〕「其南眾星曰丨積」。

薈　丨，草盛。〔廣韻·泰部〕〇丨，草盛貌。〔詩·候人〕「丨兮蔚兮」集疏引韓説。〇丨，草木鬱盛。〔同上〕後箋。〇丨蔚，草木盛多之貌。〔同上〕〇丨，引伸為凡物會萃之義。〔説文〕「丨，艸多皃」段注。〇丨蕞，其語本於會最，轉為會撮。〔通雅·釋詁〕〇丨音穢。〔詩·候人〕「丨兮蔚兮」朱傳。〇丨音會。〔釋艸〕「䕡，鴻丨」鄭註。〇丨，魯作嬒。〔詩·候人〕「丨兮蔚兮」集疏。

磕　丨，俗作礚。〔説文〕「丨，石聲」義證。〇丨與礚同。〔廣雅·釋詁四〕「礚，聲也」疏證。〇丨，硠丨，石聲。〔廣韻·泰部〕〇丨，今俗用為丨破、丨瞌字。〔説文〕「丨，石聲也」段注。〇〔通雅·卷九〕丨丨即礚礚。〔相如賦〕「浪浪丨丨」。

礚　丨，石聲。〔楚辭·悲回風〕「憚涌湍之丨丨兮」補注。又〔尊嘉〕「東注兮丨丨」補注。又〔逢紛〕「紛揚丨兮」補注。〇礚、磕聲並與夼相近，義亦大也。〔方言一〕箋疏。

壒　丨，塵也。〔廣韻·泰部〕〇丨，塵也，通作堨。〔集韻·夳部〕

太　丨，甚也，大也，通也。〔廣韻·泰部〕〇丨上，謂等之最居上者。〔墨子·親士〕「丨上無敗」閒詁。〇天子尊，無二上，故稱丨上。〔漢書·淮南厲王傳〕「而欲以親戚之意望於丨上」補注。〇丨上者，無上也；皇者，德大於帝。〔漢書·高帝紀〕「今上尊丨公曰丨上皇」補注。〇受命之王曰丨祖。〔公羊傳隱公元年〕注「文王，周始受命之王」陳疏引莊存與。〇祖為王父，亦稱丨翁，齊廢帝稱高祖為丨翁。〔通雅·稱謂〕〇丨翁，船長之稱也。〔同上〕〇丨公乃長老之稱，當時以其年高德劭，故以丨公號之。〔史記·齊太公世家〕「自吾先君丨公曰」志疑。〇丨公，其名望，尚是尊稱，而其字曰子牙，或單呼牙。〔史記·齊太公世家〕「丨公望呂尚者」志疑。〇丨伯，尊之之辭。〔漢書·車師後國傳〕「聞甄公為西域丨伯」補注引錢大昭。〇丨孫猶丨子之稱。〔漢書·成帝紀〕「字曰丨孫」補注引周壽昌。〇後世遂目世嫡皇孫曰丨孫也。〔同上〕補注引何焯。〇丨子，所稱為少帝者也。〔史記·呂后本紀〕「丨子即位為帝」志疑。〇丨皞，宓戲氏。〔屈賦·遠遊〕「歷丨皞以右轉兮」戴注。〇漢之丨史，正當周之保氏。〔漢書·律歷志〕「職在丨史」補注引葉德輝。〇丨史公是官名。〔史記·五帝紀〕「丨史公曰」志疑。〇丨史公者，仁德之正號，不必三事大夫。〔同上〕志疑引〔後漢·鄭康成傳〕。〇丨史公，武帝置，位在丞相上，遷死後，宣帝以其官為令，行文書而已。〔同上〕志疑引〔漢儀注〕。〇丨史公，朝會立處，在人主左右，以記言動，如唐宋螭頭記注之制，非爵秩之位，乃朝著之位。〔同上〕志疑引〔讀史漫録〕。〇丨史公，自是當時官府通稱。〔漢書·司馬遷傳〕「談為丨史公」補注引李慈銘。〇丨息，長出氣也。〔國策·齊策一〕「宣王丨息」鮑注。〇丨初者，氣之始也。〔楚辭·遠遊〕「與泰初而為鄰」補注引〔列子〕。〇丨古，謂唐虞以上。〔大戴·千乘〕「丨古食壯之食」王詁。〇丨原，猶言廣原。〔漢書·司馬相如傳〕「延曼丨原」補注。〇丨室，丨廟之上屋也。〔左傳文公一三年〕「丨室之屋壞」疏證引服虔。〇丨廟，明堂也。〔大戴·朝事〕「率而享祀於丨廟」王詁。〇丨僕之官，其係於國政最重，丨僕得其人而國以永寧也。〔史記·周本紀〕「乃命伯臩申誡丨僕國之政」志疑。〇丨官，屬少府，主膳食。〔漢書·陳湯傳〕「得丨官獻食丞」補注引錢大昭。〇丨常，掌諸陵邑，故亦有公田及苑。〔元帝紀〕「以三輔、丨常郡國公田及苑可省者」補注引胡注。〇牛羊豕具為丨牢，有羊豕而無牛則為少牢。〔蘇建傳〕「詔武奉一丨牢謁武帝園廟」補注引胡注。〇丨府，漢丞相府也。〔通雅·官制〕〇丨學，謂成周當代之學，曰辟雍，亦曰成均者也。〔大戴·保傳〕「帝入丨學」王詁。〇丨學者，辟雍之中室也。〔漢書·賈誼傳〕「則貴賤有等而下不隃矣」補注引孔廣森。〇丨儀，天帝之庭，習威儀

之處也。〔楚辭·遠遊〕「朝發軔於—儀兮」補注。Ｏ—恖,秋祀也,—恖乃—昊也。〔通雅·天文〕Ｏ—白,晨出東方為啓明,昏見西方為長庚。〔詩·大東〕「東有啓明,西有長庚」集疏引韓説。Ｏ—陽指日也。〔漢書·京房傳〕「—陽侵色」補注引劉攽。Ｏ—歲日者,如—初元年,—歲在丙子,則其年丙子日為—歲日。〔律歷志〕「則—歲日也」補注引李鋭。Ｏ—陰歲數,即辰星歲數九千二百一十六也。〔律歷志〕「合—陰—陽之歲數而中分之」補注引李鋭。Ｏ三者,—初、—始、—素也,易變而為一。一者,—極也。〔律歷志〕「—極中央元氣」補注引錢大昕。Ｏ—極謂北辰也。〔易·繫辭上傳〕「易有—極」李疏引馬注。Ｏ—微為衡,值翼軫北,内五星曰五帝坐。〔屈賦·遠遊〕「問—微之所居」戴注。Ｏ中宫天極星,其一明者,—一常居也。〔屈賦·東君太一〕「東皇—一」戴注引〔天官書〕。Ｏ—一餘糧,即—一禹餘糧,一名石腦。〔文選·南都賦〕「—一餘糧」集釋引〔本草經〕。Ｏ—一餘糧、禹餘糧一物,而以精粗為名,總呼之則曰—一禹餘糧。〔同上〕集釋引蘇氏恭。Ｏ—行,山名。〔書·禹貢下〕「至于王屋、—行」孫疏。Ｏ—原郡,屬趙地,漢滅趙王歇始置。〔史記·高祖本紀〕「遂定魏地,置三郡,曰河東、—原、上黨」志疑。Ｏ觀屜字从世,便得世、—轉音之義。〔字詁〕Ｏ—,古音替,故或作世,如—叔為世叔,—室為世室。〔同上〕Ｏ—,經典本作大。〔廣韻·泰部〕Ｏ大尚即—常也。〔漢書·百官公卿表〕「景帝中六年更名—常」補注引周壽昌。Ｏ官本—作大。〔元帝紀〕「其令—官毋日殺」補注。又〔漢書·律歷志〕「乾知—始」補注。又〔高惠高后文功臣表〕「詔賜胡害為後者爵—上造」補注。Ｏ—字誤,當作大。〔史記·惠景間侯者年表〕「侯—元年—為呂王」志疑。Ｏ大華作—者非,古有大無—,—出於後。〔地理志〕「—華山在南」補注引段玉裁。Ｏ—鉅,〔御覽〕作大鉅。〔呂覽·適音〕「—鉅則志蕩」校正。Ｏ—宗當為大宗。〔漢書·霍光傳〕「—宗亡嗣」補注引王念孫。Ｏ—常當作奉常,時尚未改也。〔鼂錯傳〕「迺詔—常」補注引錢大昭。Ｏ—宗,〔文選〕作—尊,謂高祖也。〔揚雄傳〕「亦所以奉—宗之烈」補注引齊召南。Ｏ〔王莽傳〕改郡—守曰大尹。〔百官公卿表〕「景帝中二年更名—守」補注。Ｏ官本—作泰。〔枚乘傳〕「安於—山」補注。Ｏ—丁,〔竹書〕、〔世紀〕作文丁。〔史記·殷本紀〕「子帝—丁立」志疑。Ｏ—庚,〔竹書〕作小庚。〔殷本紀〕「弟—庚立」志疑。Ｏ—一乃天子二字之誤。〔淮南·天文〕「—微者—一之庭也」平議。

忲 —,侈也。〔通雅·漢紀五五〕「衆實疲敝,而主驕將—」音注。

忕 —,奢也。〔廣韻·泰部〕Ｏ—,奢—。〔同上〕

汰 —,太過也。〔廣韻·泰部〕Ｏ—,浪淘沙土也。〔屈賦·涉江〕「齊吴榜以擊—」戴注。Ｏ—,濤湅也。〔慧琳音義·卷九九〕引〔考聲〕。Ｏ—,濤湅皃也。〔卷八一〕引〔考聲〕。

汏 —,濤—。〔廣韻·泰部〕Ｏ—,今沙汰、淘汰字亦作汏。〔説文定聲·卷一三〕Ｏ濤、—,一聲之轉。〔廣雅·釋水〕「濤、—,波也」疏證。Ｏ—,過也。〔集韻·曷部〕Ｏ—,—過。〔廣韻·曷部〕Ｏ—,聲轉為隤。〔釋詁〕「—,墜也」郝疏。Ｏ忕、—古字通。〔左傳襄公一三年〕「讓欒黶為—」洪詁。Ｏ〔説文定聲·卷一三〕—,叚借為大。〔左傳昭公三年〕「伯石之—也」。Ｏ〔同上〕—,叚借為泰。〔左傳宣公四年〕「伯棼射王—輈」。Ｏ—,泰字之假借。〔説文〕「—,淅瀟也」段注。Ｏ〔説文定聲·卷一三〕—,叚借為杕。〔楚辭·九章〕「齊吴榜以擊—」。Ｏ—,諸刊本作汰。〔左傳襄公三〇年〕「伯有—侈」洪詁。

鈦 〔説文定聲·卷一三〕—,狀如跟衣箸足下,重六斤,以代刖。〔管子·幼官〕「刑則交寒害—」。Ｏ—與軑同。〔廣雅·釋器〕「—,錧也」疏證。又〔方言九〕「—,鍊鐫也」箋疏。Ｏ〔説文定聲·卷一三〕—,叚借為軑。〔漢書·揚雄傳〕「肆玉—而下馳」。

軑 —亦作鈦。〔方言九〕「輪,韓楚之間謂之—」疏證。Ｏ鈦與—同,—之言鈐制也。〔廣雅·釋器〕「鈦,錧也」疏證。Ｏ—,車轄。〔廣韻·泰部〕Ｏ輨—為約轂外端者。〔文選·甘泉賦〕「肆玉—而下馳」集釋引戴震。Ｏ玉—,古車轂中輨以金為之,至周末以後乃有以玉為之者,故曰玉—。〔同上〕集釋引阮宫保。Ｏ—,音大。〔説文〕「輨,轂耑錔也」段注。Ｏ—、錔,一聲之轉。〔廣雅·釋器〕「鈦,錧也」疏證。

癩 —,疾也。〔廣韻·泰部〕Ｏ—,惡疾也。〔通鑑·周紀一〕「豫讓又漆身為—」音注。Ｏ—,惡病也。〔慧琳音義·卷六四〕引〔字統〕。Ｏ—,癘疾也。〔説文〕「癘,惡疾也」義證引〔古文苑〕注。Ｏ—,惡病也,或作癘。〔慧琳音義·卷三〇〕引〔文字集略〕。Ｏ—,大風疾也,或作癘。〔卷一二〕引〔考聲〕。

糲 —,麤米。〔廣韻·泰部〕

䊪 —,俗作糲。〔説文〕「—,粟重一秙」義證。Ｏ官本—作糲,—是糲之俗省。〔漢書·司馬遷傳〕「—粱之食」補注。

霈 —,大雨也。〔慧琳音義·卷九二〕引〔文字集略〕。Ｏ—,雨多皃也。〔卷四〇〕引〔考聲〕。Ｏ—,霶—。〔廣韻·泰部〕Ｏ霶—,雨多貌也。〔慧琳音義·卷二四〕引〔考聲〕。Ｏ—與沛同。〔廣雅·釋訓〕「沛沛,流也」疏證。

蛻 —,蛇易皮。〔廣韻·泰部〕Ｏ—之言脱也。〔廣雅·釋詁一〕「—,解也」疏證。Ｏ毻、毤、—並同義。〔同上〕「毻,解也」疏證。

濊 —,汪—,深廣。〔廣韻·泰部〕Ｏ—,汪—,深廣也,或作澮。〔集韻·夳部〕Ｏ—又訓多水貌。〔説文〕「—,礙流也」段注。Ｏ—與薉、穢同。〔史記〕「賈滅朝鮮」雜志。Ｏ〔説文定聲·卷一三〕—,叚借為薉。〔廣雅·釋詁三〕「—,濁也」。

翽　—，飛聲也。〔集韻·夳部〕○—，鳥飛聲。〔廣韻·泰部〕○——，羽聲也。〔詩·卷阿〕「——其羽」朱傳。○——，羽聲衆貌。〔説文〕「—，飛聲也」義證引〔玉篇〕。○曹—，〔左傳〕作曹劌，〔公羊〕〔國策〕並作曹沫。〔呂覽·貴信〕「曹—謂魯莊公曰」校正。

噦　—，鳥聲。〔廣韻·泰部〕○——，和也。〔詩·泮水〕「鸞聲——」朱傳。○——，近而聞其徐行聲有節也。〔詩·庭燎〕「鸞聲——」朱傳。○嘒與—義同，言其聲也。（同上）後箋。○—，逆氣也。〔説文〕「—，气啎也」義證引〔玉篇〕。○—，氣逆聲。〔禮記·內則〕「不敢—噫」集解。○—音嚖，——，深廣之貌。〔詩·斯干〕「——其冥」朱傳。○——猶昧昧。（同上）通釋。○——義與鐬鐬同。〔廣雅·釋訓〕「鐬鐬，盛也」疏證。○—、噲并與喙通。〔漢書〕「跂行喙息」雜志。○喙、—、噲古通用。〔廣雅·釋詁二〕「喙，息也」疏證。○〔説文定聲·卷一三〕—，叚借為⿰言歲。〔詩·庭燎〕「鸞聲——」。○——，齊、韓作鉞，亦作鐬。〔詩·泮水〕「鸞聲——」集疏。○——當作鉞鉞。〔詩·庭燎〕陳疏。

⿰言歲　—，此字恐即噦之或體。〔説文定聲·卷一三〕○—，衆聲。〔廣韻·泰部〕○—，經典借嘒字。〔説文〕「—，聲也」義證。

酹　—，以酒沃地。〔廣韻·泰部〕○〔説文定聲·卷一三〕以食曰餟，以酒曰—。〔説文〕「—，餟祭也」。○餟、—聲並相近。〔廣雅·釋天〕「餟，祭也」疏證。

懀　—，惡也。〔廣韻·泰部〕○—，懶，嫌惡也。〔集韻·夳部〕○—，一曰悶也。（同上）○—、嬒，聲義亦同。〔廣雅·釋詁三〕「—，惡也」疏證。

狽　—，狼—。〔廣韻·泰部〕

茷　—，草木葉多。〔廣韻·泰部〕○—，本言艸葉之多，而引伸之狀旌旗也。〔説文〕「—，艸葉多」段注。○—，即旆也。〔説文〕「綪，赤繒也」段注。○—與旆古今字。〔左傳定公四年〕「綪—旃旌」洪詁。○〔説文定聲·卷一三〕—，叚借為旆。〔詩·六月〕「白—央央」。○假—為旆。〔説文〕「—，繼旐之旗也」段注。○——，旆旆之假借，旆之垂貌。〔詩·泮水〕「其旂——」通釋。

祋　—，殳也。〔詩·候人〕「何戈與—」朱傳。○—，从殳，—之為殳，其本義也。（同上）後箋。○—與咄義同。〔説文〕「—，暫下以驚牛馬曰—」段注。○—，有表綴之義。〔詩·候人〕後箋。○〔説文定聲·卷一二〕縣羊皮之竿為—。〔説文〕「—，殳也。或説城郭市里高縣羊皮有不當入而欲入者，暫下以驚牛馬曰—」。○官本—祤作祋祤。〔漢書·郊祀志〕「鳳皇集—祤」補注。○—，齊作綴。〔詩·候人〕「何戈與—」集疏。

藾　—，蒿。〔廣韻·泰部〕○—，蒿屬也。〔慧琳音義·卷八八〕引〔玉篇〕。

莿　—，同藾。〔廣韻·泰部〕

愒　—，貪也。〔廣韻·泰部〕○—，貪也，或从欠从水。〔集韻·夳部〕○〔説文定聲·卷一三〕—，遲待之意。〔詩·雲漢〕箋「時旱—雨」。

馤　—，香也。〔廣韻·泰部〕○—與薆通。〔廣雅·釋器〕「馣，香也」疏證。

娧　—，好皃。〔廣韻·泰部〕○—，姚—，美好。〔廣韻·薛部〕○〔説文定聲·卷一三〕—，叚借為挩。〔淮南·本經〕「其行悅而順情」。

⿱艹渴　—，清也。〔廣韻·祭部〕○—，覆也，清也，微也。〔泰部〕○—，盇也。〔慧琳音義·卷九一〕引〔文字典説〕。○—，今人靄字當用此。〔説文〕「—，盇也」段注。○—，或借闇字。〔説文〕「—，蓋也」義證。○〔説文定聲·卷一三〕—，今字作靄，作靄。〔雪賦〕「連氣累靄」注「靄，雲狀」。

渿　—，流清皃。〔説文〕「—，—沛也」繫傳。○——沛，水波皃。（同上）義證引〔玉篇〕。

夆　—，相遮也。〔廣韻·泰部〕○—，相遮害虔，一曰亭名。〔集韻·夳部〕○—，或作呰。〔説文〕「—，相遮要害也」義證。○—又作柴。（同上）

妎　—，心不了也。〔廣韻·霽部〕○—與齘同。〔廣雅·釋詁二〕「齘，怒也」疏證。又〔方言·卷二〕「齘，怒也」箋疏。○苛、—皆怒也，苛、—一聲之轉。〔廣雅·釋詁二〕「齘，怒也」疏證。○—當讀為扴。〔國語·楚語〕「—其讒慝」平議。○—，叚借為扴。〔説文定聲·卷一三〕

蹛　—，胡語名林木為—也。〔漢書·匈奴傳〕「大會—林」補注引沈欽韓。○—與躛誼同。〔説文定聲·卷一三〕

犻　—，牛二歲也。〔廣韻·泰部〕

⿰牛貝　生二歲曰—。〔本草·卷五〇〕

⿰巿阝　—，今江蘇徐州府地，漢沛郡也，字亦以沛為之。〔説文定聲·卷一三〕○—、沛，古今字。〔説文〕「—，沛國也」段注。○—為專字，沛為通借字。（同上）句讀。○—沛本作此，沛假借也。〔説文〕「邟，沛國縣」繫傳。○〔説文定聲·卷一三〕—，叚借為郭。〔玉篇〕「—，郭海郡也」。

魳　—，魚名，食之殺人。〔廣韻·泰部〕

䟺　—，步行躐䟺也。〔廣韻·泰部〕○—，躐䟺也。〔説文〕「—，步行獵䟺也」義證引〔玉篇〕。○—，蹶—，行不正。〔集韻·夳部〕又〔廣韻·泰部〕。○—，俗字亦作狽。〔説文定聲·卷一三〕

達　—，無違也。〔集韻·夳部〕

巜　—音澮。〔説文〕「俞，空中木為舟」繫傳。○—，今人作澮。〔説文〕「—，水流澮澮也」繫傳。○—，經傳皆以澮為之。〔説文定聲·卷一三〕

⿰骨會　—，骨擿之可會髮者。〔詩·淇奧〕「—弁如星」後箋引段玉裁。○—，可掠髮也。〔説文〕「—，骨擿之可會髮者」繫傳。○—，五綵束髮。〔廣韻·泰部〕

部〕〇|與揥一物而少異。〔說文〕「|，骨擿之可會髮者」段注。〇擿、|、髻並通。〔廣雅・釋詁三〕「擿，收也」疏證。〇〔說文定聲・卷一三〕|字亦作髻。〔詩・淇奧〕「|弁如星」。〇|弁，今作會弁。〔說文〕「詩曰|弁如星」段注。

眛 |與从末之眛同字。〔說文定聲・卷一二〕〇|，眛|，目不明也。〔廣韻・泰部〕〇〔說文定聲・卷一二〕|，叚借為寐。〔淮南・精神〕「故覺而若|」。

豥 |，|猳，豕。〔廣韻・泰部〕〇|，老豬也。〔說文〕「豬，豕而三毛叢居者」義證引〔玉篇〕。〇|，一曰豕老謂之|，通作艾。〔集韻・夳部〕〇|通作艾。〔廣雅・釋獸〕「|，猳也」疏證。

鴱 |，巧婦別名。〔廣韻・泰部〕〇|音艾。〔釋鳥〕「其雌|」鄭註

餀 |，食臭。〔廣韻・泰部〕〇|，凡食物臭之總名。〔說文定聲・卷一三〕〇|，物臭也。〔集韻・夳部〕

𦤀 |同餀。〔廣韻・泰部〕〇|，臭也，或作餲。〔集韻・夳部〕

𤺋 |，下病也。〔廣韻・泰部〕

艜 |，艇船。〔廣韻・泰部〕

𣝓 |，槌也。〔廣韻・泰部〕〇蠶薄上橫者謂之|。〔說文定聲・卷一四〕〔「緩」下〕

黵 |，淺黑色。〔廣韻・泰部〕〇|，淺黑也。〔說文〕「|，沃黑色」義證引〔玉篇〕。〇〔說文定聲・卷一三〕以繪為|。〔尚書大傳〕「作繪，黑也」。

鐬 |，鈴聲。〔廣韻・泰部〕〇||，盛也，謂聲之盛。〔詩・庭燎〕「鸞聲噦噦」後箋。

怖 |，恨怒。〔廣韻・泰部〕

綐 |，細紬。〔廣韻・泰部〕

𤼖 |，疫病。〔廣韻・泰部〕〇|，癘也。〔集韻・夳部〕〇|，一曰畜病。（同上）〇|之言羸也。〔廣雅・釋詁一〕「|，病也」疏證。

頪 |，鮮白也。〔集韻・夳部〕〇|，一曰難曉。（同上）〇〔說文定聲・卷一二〕|，叚借為敏，米、每一聲之轉。〔廣雅・釋詁一〕「|，疾也」。

劊 |，斷也。〔廣韻・末部〕〇|，今大辟刑人之隸，俗語謂之|子手。〔說文定聲・卷一三〕〇〔說文〕|與刖義同。〔說文〕「刖，絕也」段注。〇|與膾通。〔廣雅・釋言〕「切，膾也」疏證。

蝨 |，蟲名。〔廣韻・祭部〕

蚤 |，蟲也。〔廣韻・泰部〕

𥡝 〔說文定聲・卷一三〕裹米之皮曰|，既脫于米曰糠，蘇俗謂之礱穭。〔說文〕「|，穅也」。〇|，麤糠。〔廣韻・泰部〕〇|，粗糠也。〔慧琳音義・卷一〕引〔字統〕。〇|，穀皮也。〔卷一四〕引〔字統〕。

嬒 |，女黑色。〔集韻・夳部〕〇|，婦人名也。〔廣韻・泰部〕〇|與黵同。〔廣雅・釋器〕「黵，黑也」疏證。〇獪、|聲義亦同。〔廣雅・釋詁三〕「獪，惡也」疏證。〇〔說文定聲・卷一三〕|，叚借為獪。〔通俗文〕「可惡曰|」。〇（同上）|，叚借為薈。〔詩・候人〕「|兮蔚兮」。〇|，今〔詩〕作薈。〔說文〕「詩曰|兮蔚兮」段注。

蕞 |，小兒。〔廣韻・泰部〕〇|，小貌。〔通鑑・魏紀一〕「則|爾之國」音注。〇|，小劣兒也。〔慧琳音義・卷九五〕引〔考聲〕。〇|當作撮。〔左傳昭公七年〕「|爾國」洪詁。

竁 |，塞外道也。〔說文〕「|，塞也」義證引陸贄〔關中事宜狀〕注。又〔通雅・卷一七〕。〇〔說文定聲・卷一二〕邊塞曰塞，竄人于邊塞曰|，猶穿也。〔說文〕「|，塞也，讀若虞書曰|三苗之|」。〇|，投諸邊塞也。〔說文定聲・卷一三〕〔「蔡」下〕〇|，逐之邊土也。〔卷一三〕〔「竄」下〕〇|，今〔尚書〕作竄。〔說文〕「|，塞也」繫傳。〇|三苗，當是繠三苗。（同上）義證。

䆴 |，塞外道也。〔廣韻・泰部〕

䅮 |，矛屬。〔廣韻・泰部〕

敪 |，擊也。〔廣雅・釋詁三〕疏證補。〇|，伐也，擊也。〔廣韻・泰部〕

犡 |，牛名。〔廣韻・泰部〕〇|，牛白脊。〔廣韻・祭部〕又〔集韻・祭部〕。

鱱 |，魚名。〔廣韻・泰部〕〇|通作賴。〔說文〕「|，魚名」義證。

禲 |，墮壞。〔廣韻・泰部〕〇|，祩|，祝詛。〔集韻・夳部〕

襰 |與懶同。〔方言一三〕「懶，壞也」箋疏。

毤 |，鳥易毛。〔廣韻・泰部〕〇|亦蛻也。〔廣雅・釋詁〕「|，解也」疏證。〇|字，與鬌義相近。〔說文〕「鬌，髮墮也」段注。〇|、毻、蛻並同義。

〔廣雅·釋詁一〕「丨，解也」疏證。○隋、撱義亦與丨同。（同上）○撱、墮義並與丨相近。（同上）

鞔 丨，補丨。〔廣韻·泰部〕

柭 丨，木名。〔廣韻·泰部〕

跢 丨，倒也。〔說文〕「誃，離別也」義證引〔玉篇〕。○丨，一曰倒也。〔集韻·夳部〕○丨，倒丨。〔廣韻·泰部〕○丨，小兒行皃。〔集韻·夳部〕○丨即趍。〔說文〕「趍，趍趙，久也」義證。

鬠 丨同髻。〔廣韻·泰部〕○丨，骨擿之可會髮者。〔集韻·夳部〕○以髻為丨，取以髮會聚之意。〔莊子·人間世〕「會撮指天」集釋。○擓、髻、丨並通。〔廣雅·釋詁三〕「擓，收也」疏證。○丨即髻字之異者。〔說文〕「髻，絜髮也」段注。

擓 丨，收也。〔集韻·夳部〕又〔廣韻·泰部〕。○丨之言會也。〔廣雅·釋詁三〕「丨，收也」疏證。○丨、髻、鬠並通。（同上）

駾 丨音隊，突。〔詩·緜〕「混夷丨矣」朱傳。○丨，奔突也。〔廣韻·泰部〕○丨，猶疾也。〔說文定聲·卷一三〕（「銳」下）○丨，三家作突。〔詩·緜〕「混夷丨矣」集疏。

㦿 丨，輜車。〔廣韻·霽部〕○丨，凡衣車前後有蔽，旁有開闔户。〔說文定聲·卷一三〕○丨謂車中狹不容轉扉，傍壁為扉推而開閉也。〔說文〕「丨，輜車旁推户也」繫傳。○丨，轉注為車旁户。〔說文定聲·卷一三〕

賚 丨，慰勞也，亦賜也。〔慧琳音義·卷七九〕○丨，天下罔不欣賴也。〔說文〕「丨，賜也」繫傳。○〔說文定聲·卷五〕丨，以釐為之。〔詩·江漢〕「釐爾圭瓚」。

瀨 〔說文定聲·卷一三〕丨，叚借為颲。〔長笛賦〕「瀏溧以風冽」。○丨，經傳皆作冽。〔說文定聲·卷一三〕

脫 丨，或也。〔通鑑·齊紀一○〕「丨距王師」音注。○丨者，未可必之辭。（同上）○丨、侻並與娧同。〔方言一三〕「娧，好也」箋疏。○〔說文定聲·卷一三〕丨，或曰借為娧。〔詩·野有死麕〕「舒而丨丨兮」。○丨即娧之叚借，謂舒徐之好也。〔說文〕「娧，好也」段注。○娧娧為本字，丨丨為假借字。〔詩·野有死麕〕「舒而丨丨兮」陳疏。○丨丨即娧娧之叚借，好貌。（同上）通釋。

嘅 丨，歎聲。〔詩·中谷有蓷〕「丨其嘆矣」朱傳。○丨，意气有所鬱丨然也。〔說文〕「丨，嘆也」繫傳。○丨，滿也。〔詩·下泉〕「丨我寤嘆」集疏引韓說。○丨，經典借慨字。〔說文〕「丨，嘆也」義證。○丨，經典多借慨。（同上）句讀。○丨、愾並與餼通。〔方言一二〕「餼，飽也」箋疏。

鉞 〔說文定聲·卷一三〕丨，字亦作鐬。〔廣雅·釋訓〕「鐬鐬，盛也」。○（同上）丨，毛本作噦，丨、噦皆同。〔說文〕「丨，車鑾聲也，詩曰鑾聲丨丨」。

刉 丨，劃也。〔說文〕「丨，一曰斷也」義證引〔五音集韻〕。○丨與栔、杚、剴音義略同。〔說文〕「丨，一曰刀不利，於瓦石上丨之」段注。○丨通作扢。〔說文〕「丨，劃傷也」義證。○〔說文定聲·卷一二〕丨，叚借為杚。〔說文〕「丨，一曰刀不利，於瓦石上丨之」。

欬 氣逆之聲丨。〔春秋名字解詁〕「欒丨字子聲」述聞。○丨，逆氣病也，俗作咳。〔慧琳音義·卷一六〕引〔博雅〕。

綷 丨者，或辭字。〔說文〕「辭，會五采繒也」段注。○丨，五色雜。〔集韻·灰部〕○丨，周也，宋衛語。〔集韻·術部〕○辭、丨、粹並通。〔廣雅·釋詁四〕「粹，同也」疏證。○丨、琗、粹、辭、萃，古字並通。〔方言三〕「丨，同也」箋疏。

瘃 丨、㱇並與喙同。〔方言二〕「喙，息也」箋疏。○丨亦作喙。〔方言一三〕「丨，極也」疏證。

鋇 丨，丨柔，鋌也。〔廣韻·泰部〕

伂 丨，顛丨，本亦作沛。〔廣韻·泰部〕

噭 丨，聲也，或作喝。〔集韻·夳部〕

噧 聲丨。〔廣韻·泰部〕○丨，聲也，或从賴。〔集韻·夳部〕

默 丨，黑跡。〔廣韻·泰部〕

𡾊 峗丨，山皃。〔集韻·夳部〕

崪 丨，五色采也。〔廣韻·泰部〕

儈 丨丨，屋宇高明也。〔集韻·夳部〕

柿 丨，行皃。〔廣韻·泰部〕

㤟 丨，快也。〔廣韻·泰部〕

㦗 丨，謹也。〔集韻·夳部〕○丨丨，清謹。〔廣韻·泰部〕

枝 丨，物衺舛也。〔集韻·夳部〕

嗑 丨，日色。〔廣韻·泰部〕又〔集韻·夳部〕。

⿰歹最 |，瘦病。〔廣韻·泰部〕

⿱艹⿰歹會 |，死也。〔廣韻·泰部〕

⿰毛大 |，|⿰毛泰，多毛。〔廣韻·泰部〕又〔集韻·夳部〕。

⿰毛太 |，馬色班也。〔廣韻·泰部〕

⿰毛泰 |，⿰毛大|，多毛。〔廣韻·泰部〕〇|，獸毛密曰|。〔集韻·夳部〕

浿 |水，在樂浪。〔廣韻·泰部〕〇|水，出樂浪。〔集韻·夳部〕〇〔後漢〕因續志|誤浿。〔漢書·地理志〕「|水」補注。

頛 官本|作頪。〔漢書·淮南厲王傳〕「沬風雨」補注。

溙 |，水兒，通作汰。〔集韻·夳部〕

溘 |，船著沙也。〔廣韻·泰部〕

濭 |，晻|，鬱陰也。〔集韻·夳部〕

⿰火賴 |，火之毒兒。〔廣韻·泰部〕〇火之炎毒曰|。〔集韻·夳部〕

璯 |，玉飾冠縫。〔集韻·夳部〕

⿸疒大 |，|病。〔廣韻·泰部〕

癐 |，病甚也，通作殨。〔莊子·讓王〕「顏色腫噲」集釋。

⿰目巿 |，目不明兒，又音霈。〔廣韻·泰部〕〇|，|昧，目不明也。〔同上〕〇|，不明也，或从日。〔集韻·夳部〕

⿰目最 |，流眄。〔廣韻·泰部〕

瞺 |，眉目之閒。〔廣韻·泰部〕又〔集韻·夳部〕。

瞹 |，|隱。〔廣韻·泰部〕

⿱亠⿱口大 |，擊也。〔廣韻·泰部〕

⿰石最 |，小石。〔廣韻·泰部〕

⿱竹大 |，海隅謂籃，淺而長曰|。〔集韻·夳部〕

⿱竹最 |，|篦。〔廣韻·泰部〕

⿰日最 |，小春也。〔廣韻·泰部〕

⿰糸蔡 綷|，紈素聲。〔集韻·夳部〕

⿰衤最 |，衣游縫也。〔廣韻·泰部〕〇|，緇布冠也，一曰衣縫。〔集韻·夳部〕

⿰衤貴 |通作潰。〔釋訓〕「洄洄，惛也」邵正義。〇||即憒憒之聲借也。〔同上〕郝疏。

譮 |，悟也。〔集韻·夳部〕

⿰⻊最 |，行|。〔廣韻·泰部〕

⿰⻊厲 |，跛|，行兒。〔廣韻·泰部〕

轄 |，車聲。〔廣韻·泰部〕又〔集韻·夳部〕。〇|，車聲，或从蓋。〔同上〕

⿱辰會 |，日月合宿。〔集韻·夳部〕〇〔說文定聲·卷一五〕|，即〔左傳昭公七年〕日月之會，是謂辰會字，日行黃道所躔之次也，經傳星辰皆以辰為之。〔說文〕「|，日月合宿為|」。

⿱雨會 |，雨也。〔集韻·夳部〕〇小雲謂之|。〔同上〕

⿰盍頁 |，頭骨兒，或从蓋。〔集韻·夳部〕

⿰食會 |，食也。〔集韻·夳部〕

⿱艹⿰香盍 |，馣馤，香氣也。〔集韻·夳部〕

⿰魚奈 |，魚名。〔廣韻·泰部〕

⿰魚曷 |，魚名。〔廣韻·泰部〕

馱 |，鳥也。〔廣韻·泰部〕

⿰貝鳥 |鳥名。〔廣韻·泰部〕

鷾 |，|鳩，鳥。〔廣韻·泰部〕

𪕰 |，𪖃|，小鼠相銜而行。〔廣韻·泰部〕○𪖃|，小鼠相銜尾而行。〔集韻·夳部〕

𪖙 |，鼻息。〔集韻·夳部〕○|，息也。〔廣韻·泰部〕

續經籍籑詁卷第六十九　去聲

十卦

卦 筮所得曰|。〔禮記·月令〕「審|」集解。○|，所以筮也。〔說文定聲·卷一二〕○|、化，古聲亦相近，故|有化義。〔廣雅·釋詁三〕「|，匕也」疏證。○|當作卜。〔漢書·渠犁傳〕「|諸將，貳師最吉」補注引王念孫。

挂 |，止也，或作絓。〔慧琳音義·卷一五〕引〔考聲〕。○|，懸|。〔廣韻·卦部〕○剛|，弩矢鏃名。〔同上〕○|乞即封刉。〔說文〕「刉，劃傷也」義證。○〔說文定聲·卷一二〕|，段借為絓，實為纗。〔楚辭·招魂〕「|曲瓊些」。○〔同上〕|，字亦作罣、作罫。阮孝緒〔字略〕「罣，網，礙也」。○|讀為絓。〔漢書·武五子傳〕「秦禍北構於胡，南|於越」雜志。○|讀為絓。絓，結也，言禍結於越也。〔漢書·嚴安傳〕「南|於越」補注。

懈 |，懶也，怠也。〔廣韻·卦部〕○|，怠也。〔通鑑·周紀二〕「而|於攻趙氏也」音注。○|、解古字通。〔釋言〕「|，怠也」郝疏。○|，古多段解為之。〔說文〕「|，怠也」段注。○|，經典借解字。〔同上〕義證。○|，經傳多以解為之。〔說文定聲·卷一二〕○〔同上〕|亦作𢥌。〔張納功德碑敘〕「匪𢥌於職」。○渝解，猶|怠也。〔淮南子·道應篇〕「敖幼而好游，至長不渝解」雜志。○|怠與宣緩義同。〔釋言〕「|，怠也」郝疏。○|怠與賣苔義近。〔同上〕

廨 |，公|。〔廣韻·卦部〕○|，公舍。〔集韻·卦部〕○|，公宇也。〔通鑑·梁紀一二〕「以雍州|舍為宮」音注。

隘 |，狹也。〔詩·生民〕「誕寘之|巷」朱傳。又〔離騷〕「路幽昧以險|」補注。○|，狹窄也。〔孟子·公孫丑上〕「|與不恭」朱注。○|，陝也，陋也。〔廣韻·卦部〕○|，險也。〔國策·齊策三〕「若自在|窘之中」鮑注。○|謂隔絕之。〔東周策〕「三國|秦」鮑注。○|亦不通也。〔中山策〕「是以|之」鮑注。○|猶阻。〔楚策二〕「齊王|之」鮑注。○|者，陋也。〔說文〕「戹，|也」段注。○|、阨字通。〔國策·東周策〕「三國|秦」補正。○|與阨同。〔管子·立政〕「溝瀆不遂於|」雜志。○|窮即阨窮。〔荀子·大略〕「君子|窮」集解引盧文弨。○|，當讀作阨。〔國策·中山策〕「是以|之」補正。○|，賈氏本作阨。〔左傳成公六年〕「民愁則墊|」疏證。

賣 以國情輸之曰|。〔國策·東周策〕「則|宋於三國」鮑注。○此|猶欺。〔東周策〕「欲秦趙之相|乎」鮑注。○|，莫邂反，字本作𧶠，從出、買聲。

〔晏子春秋·内篇雜下〕「猶縣牛首於門而丨馬肉於内也」雜志。○今登萊人謂懈惰為丨苔。〔釋言〕「懈，怠也」郝疏。○官本丨作買。〔漢書·惠帝紀〕「令民得丨爵」補注。○丨，元作資。〔國策·宋衛策〕「以明宋之丨楚重於齊也」鮑注。

畫 丨槩，丨一也。〔通雅·器用〕○丨，計策也。〔楚辭·思美人〕「廣遂前丨兮」補注。○丨，止也，若夜至晝而止也。〔説文〕「晝，日之出入與夜為界」繫傳。○丨，若筆丨之也。〔説文〕「丨，界也」繫傳。○丨當讀為劃。〔孟子·滕文公〕「毀瓦丨墁」平議。○丨為澅之省文，因澅水得名。〔史記·田單列傳〕「聞丨邑人王蠋賢」志疑。○丨室，當是殿前西閣之室。〔漢書·霍光傳〕「止丨室中不入」補注。○〔通雅·卷二七〕丨象者，刑人之服也。〔白虎通〕「五帝丨象者，其服象五刑也」。

差 丨，病瘳也。〔通鑑·魏紀七〕「病丨，當還」音注。○丨，疾瘳也。〔通鑑·晉紀一九〕「後漸丨」音注。○丨，病除也。〔廣韻·卦部〕

瘥 丨，同差。〔廣韻·卦部〕○丨，今人病差字。〔説文〕「丨，瘉也」繫傳。○丨，通作差，凡等差字皆引伸於丨。(同上)段注。

派 丨，分流也。〔廣韻·卦部〕○別水曰丨。〔説文〕「紙，椒絲也」段注。○丨即𠂢之絫增字。〔説文〕「丨，別水也」句讀。○丨即𠂢字之或體。〔説文定聲·卷一二〕

債 丨，徵財。〔廣韻·卦部〕○丨，負財也。〔慧琳音義·卷六〕引〔韻英〕。○丨，徵財也。〔續音義·卷四〕引〔切韻〕。

怪 丨，異也。〔大戴·四代〕「丨物格命不改志」王詁。又〔廣韻·怪部〕。○丨者，異也。〔説文〕「蠥，衣服歌謠草木之丨謂之祥，禽獸蟲蝗之丨謂之蠥」段注。○凡奇異非常皆曰丨。〔慧琳音義·卷九四〕引顧野王。○丨命者，若後世符瑞之流。〔大戴·四代〕「丨物格命不改志」王詁。○丨鴟即梟鴟。〔説文定聲·卷七〕(「梟」下)○丨迂猶詭丨也。〔漢書·郊祀志〕「然則丨迂阿諛苟合之徒自此興」雜志。○丨譎，猶丨誕耳。〔史記·佞幸傳〕「夫卜者多言誇嚴以得人情」雜志。

壞 丨，敗也。〔大戴·虞戴德〕「禮失則丨」王詁。○丨與敗同義。〔廣雅·釋詁〕「殆，敗也」疏證。○丨，其義為成丨之丨，讀如字。〔通鑑·周紀二〕「君臣之禮既丨矣」音注。○丨，毀也，或從手從攴，古作敦。〔集韻·怪部〕○自毀曰丨。〔釋詁〕「丨，毀也」鄭注。○丨，自破也。〔廣韻·怪部〕○自破曰丨。〔慧琳音義·卷五〕引〔韻詮〕。○丨音怪，人毀之也。〔通鑑·周紀一〕「乃天子自丨之也」音注。○他毀曰丨，音怪。〔釋詁〕「丨，毀也」鄭注。○丨，傷病也。〔詩·小弁〕「譬彼丨木」朱傳。○丨與病義近。〔釋詁〕「瘏，病也」郝疏。○丨，崩摧也。〔慧琳音義·卷三〕引〔考聲〕。○丨，崩摧也，古作敦。〔卷五〕引〔考聲〕。○〔説文定聲·卷一二〕丨，當訓毀也。〔説文〕「丨，敗也」。○丨，同敷。〔廣韻·怪部〕○丨為瘣之假借，傷病也。〔詩·小弁〕「譬彼丨木」後箋。○丨為瘣之假借。(同上)通釋。○〔説文定聲·卷一二〕丨，假借為瘣。〔詩·小弁〕「譬彼丨木」。○丨，魯作瘣。〔詩·小弁〕「譬彼丨木」集疏。○丨，通作瘣。〔釋詁〕「丨，毀也」郝疏。○丨音瘣。〔詩·小弁〕「譬彼丨木」朱傳。○〔説文定聲·卷一二〕丨，叚借為褱。〔左傳襄公一四年〕「王室之不丨」。○丨，宋邦乂本作壞。〔呂覽·誠廉〕「不以人之丨自成也」校正。○丨、懷古字通。〔荀子·王制〕「諸侯莫不懷交接」雜志。○丨字，懷字之誤。〔淮南·主術〕「中世守德而弗丨也」平議。

𡐦 丨，古文壞。〔廣韻·怪部〕

敷 丨，毀也。〔廣韻·怪部〕○丨，謂退壞而出也。〔説文〕「退，丨也」繫傳。○丨，人毀之也。〔説文〕「丨，毀也」繫傳。○丨、壞一字。〔説文〕「退，丨也」句讀。

誡 丨，警也。〔大戴·保傅〕「不丨於戎事」王詁。○丨言警也。〔廣韻·怪部〕○丨與諽略同。〔説文定聲·卷五〕○戒、丨古通用。〔廣雅·釋詁二〕「戒，備也」疏證。○屆，今作丨者，俗音亂之也。〔晏子春秋·内篇諫上〕「君子所丨」雜志。○丨與戒同。戒，警悚也。〔通鑑·周紀四〕「而王不知丨焉」音注。○丨字則以戒為聲。〔晏子春秋·諫上〕「君子所丨」雜志。○丨，經傳皆以戒為之。〔説文定聲·卷五〕○(同上)丨字亦作諴。〔韻集〕「諴，訶也」。○丨、謹一聲之轉。〔釋言〕「誥，謹也」郝疏。○丨當讀為駭。〔易·比九五〕「邑人不丨」平議。

戒 丨之本義訓警。〔儀禮·士冠禮〕「主人丨賓」胡正義。○丨，警。〔詩·采薇〕「豈不日丨」朱傳。○丨，警也。〔説文繫傳·通論下〕○丨，謂警勑以膺天命也。〔屈賦·天問〕「皇天集命，惟何丨之」戴注。○丨，慎也，具也，備也，警也。〔廣韻·怪部〕○防患曰丨。〔大戴·四代〕「無廢甲胄之丨」王詁。又〔説文繫傳·通論下〕。又〔廣韻·怪部〕。○丨亦備也。〔詩·楚茨〕「鐘鼓既丨」陳疏。○丨當訓備。〔詩·烈祖〕「既丨既平」通釋。○丨即擊鼓之名。〔穀梁傳莊公二五年〕「既戒鼓而駭眾」平議。○丨，飭其具也。〔詩·大田〕「既種既丨」朱傳。○丨亦禁也。〔廣雅·釋器〕「其紟謂之綦」疏證。○丨，止之義也。〔釋言〕「禦，禁也」郝疏。○丨，告也。〔詩·楚茨〕「鐘鼓既丨」朱傳。又〔論語·堯曰〕「不丨視成」劉正義。○丨猶告也。〔禮記·喪大記〕「使人丨之」集解。○丨，告命也。〔孟子·梁惠王下〕「大丨於國」朱注。○丨，亦律之別義也。〔慧琳音義·卷五九〕○丨，謂散齊也。〔禮記·坊記〕「七日丨」集解。○〔説文定聲·卷五〕丨，叚借為誡。〔儀禮·士冠禮〕「主人丨賓」。○丨、誡古通用。〔左傳文公一七年〕疏證引王念孫。又〔廣雅·釋詁二〕「丨，備也」疏證。○丨通作誡，敕也。〔方言一三〕「丨，備也」箋疏。○古音悈丨棘革極急通用。〔釋言〕「悈，急也」邵正義。○丨即屆。〔釋言〕「屆，極也」郝疏。○〔説文定聲·卷五〕丨，叚借為悈。〔易·繫辭〕「聖人以此齊丨」。○丨，悈字之省。〔釋

言」「悈，急也」郝疏。○丨讀為駴。〔左傳定公八年〕「丨都車」洪詁引惠棟。○〔說文定聲・卷五〕丨，叚借為侅。〔周禮・大僕〕「始崩丨鼓」。○丨當作戎。〔左傳宣公二年〕引大戴禮「無廢甲胄之丨」洪詁。○丨當為式。〔墨子・非樂上〕「天鬼弗丨」閒詁。

界

丨，境也。〔國策・齊策三〕「欲與秦壤丨」鮑注。○丨，境也，垂也。〔廣韻・怪部〕○田邊謂之丨。〔說文〕「丨，境也」義證引〔急就篇〕顏注。○〔說文定聲・卷一三〕丨，田畔也。〔說文〕「丨，境也」。○丨，引申為凡丨之偁。〔說文〕「畍，田丨也」段注。○〔說文定聲・卷一三〕丨，介字之轉注。〔後漢・馬融傳〕注「丨猶限也」。○疆、丨、境，俱一聲之轉。〔釋詁〕「疆，垂也」郝疏。○丨，韓作介。〔詩・思文〕「無此疆爾丨」集疏。○丨、介字同。〔漢書・地理志〕「丨休，莽曰丨美」補注。○〔文選〕丨作介，同。〔漢書・揚雄傳〕「丨涇陽抵穰侯而代之」補注。○丨乘，謂甲而乘馬習射。〔史記・趙世家〕「左衽丨乘」志疑引補正。○〔通雅・卷三四〕丨尺曰隔筆簡，古人衡方者為丨尺，取其填壓也。〔研北襍志〕「宋大祖以柏為丨尺，曰隔筆簡」。

介

丨，大也。〔詩・楚茨〕「以丨景福」朱傳。又〔生民〕「攸丨攸止」朱傳。又〔七月〕「以丨眉壽」陳疏。又〔甫田〕「攸丨攸止」陳疏。○丨，大。（同上）朱傳。又〔詩・瞻卬〕「舍爾丨狄」朱傳。○丨，訓為大。（同上）陳疏。○丨者，大善之右也。〔釋詁〕「丨，右也」郝疏。○丨、景，皆大也。〔詩・小明〕「丨爾景福」朱傳。○丨，大也，助也，佑也，甲也，閱也，耿丨也。〔廣韻・怪部〕○善謂之佳，亦謂之丨，大謂之丨，亦謂之佳。佳、丨，語之轉耳。〔廣雅・釋詁〕「佳，大也」疏證。○佳、丨，一聲之轉。〔釋詁〕「丨，善也」郝疏。○丨訓為大，亦訓為小。〔方言一〕箋疏。○丨與草芥之芥同。〔孟子・萬章上〕「一丨不以與人」朱注。○趙氏讀丨為芥。（同上）焦正義。○丨、芥通。〔國策・齊策四〕「無纖丨之禍者」補注。○丨、丰並與芥同。〔方言三〕「芥，草也」箋疏。○〔說文定聲・卷一三〕丨，轉注為纖微之義，今俗以芥為之。〔易・繫辭〕「憂悔吝者存乎丨」。○个即丨字別體也。〔書・秦誓〕「如有一丨臣」孫疏。○古个字皆作丨。〔左傳襄公八年〕「不使一丨行李告於寡君」洪詁。○丨與个古字通。〔左傳昭公一四年傳〕「收丨特」洪詁。○一丨，即一个也。〔孟子・萬章〕「一丨不以與人，一丨不以取之人」平議。○丨即今个字也。〔管子・小匡〕「諸侯以縷帛布鹿皮四分以為幣」雜志。○丨通作个。〔方言六〕「丨，特也」箋疏。○丨，紹丨也。〔釋詁〕「丨，右也」鄭注。○丨，獨也。獨則不衆，故為微細之詞。〔國策・齊策四〕「無纖丨之禍者」鮑注。○丨即獨也。〔漢書・匈奴傳〕「丨獨遇單于兵」補注引王念孫。又〔匈奴傳〕「趙信以前將軍與右將軍并軍丨」雜志。○丨字當訓獨。〔法言・吾子〕「況丨丘乎」平議。○獸無偶曰丨。〔莊子・庚桑楚〕「丨而離山」集釋引俞樾。○丨，特也。言陽特立於勝、詭之間。〔漢書・鄒陽傳〕「丨於羊勝、公孫詭之間」補注引周壽昌。○〔說文定聲・卷一三〕轉注，凡有丨，則有二耦助之義也。〔釋詁〕「丨，右也」。○（同上）丨，轉注為孤特之義。〔廣雅・釋詁三〕「丨，獨也」。○丨，亦特也。〔史記・十二諸侯年表〕「齊負東海，楚丨江淮」雜志。○丨者，恃也。（同上）○丨、怙皆恃也。（同上）又〔漢書・五行志〕「丨夏陽之阸」雜志。○丨，因也。〔左傳文公六年〕「丨人之寵」洪詁引〔字林〕。又〔通鑑・漢紀四七〕「因以丨於河南尹李膺」音注引孔叢子。○丨，繫也，助也。〔慧琳音義・卷四二〕引〔考聲〕。○丨，猶間也。〔禮記・鄉飲酒〕「丨必東向」集解。○丨，閒也。〔楚辭・哀郢〕「悲江丨之遺風」注。○丨，閒也，語之轉。〔屈賦・哀郢〕「悲江丨之遺風」戴注。○丨又訓閒。〔說文〕「丨，畫也」段注。○丨，隔也。〔通鑑・漢紀五〕「高皇帝所以丨長沙土也」音注。○丨，甲也。〔詩・酌〕「是用大丨」朱傳。○丨，古音如甲。〔清人〕「駟丨旁旁」通釋。○丨，甲，龜鼈之屬也。〔大戴・易本命〕「丨鱗夏食冬蟄」王詁。○丨，馬甲也。〔莊子・馬蹄〕「馬知丨倪」集釋。○丨，與鱗丨之丨同義，丨者堅也。〔廣雅・釋器〕「丨，鎧也」疏證。○丨，助也。〔詩・七月〕「以丨眉壽」朱傳。○丨，賓之輔。〔大戴・公符〕「無丨」王詁。○丨者，丨客所用以為輔者也。〔儀禮・士冠禮〕「擯者請期」胡正義。○丨，輔也，佐也，所以輔佐賓者。〔鄉飲酒禮〕「主人就先生而謀賓丨」胡正義。○丨，副也。〔禮記・禮器〕「諸侯七丨」集解。○丨，攝也。〔左傳襄公三年〕「以敝邑丨在東表」疏證引讀本。○丨有分辨之意。〔孟子・盡心上〕「柳下惠不以三公易其丨」朱注。○丨，一訓間。〔漢書・杜周傳〕「心不丨然有間」補注引李楨。○丨，畫也。〔說文〕「垗，畔也，為田畔畍祭其中」段注。○丨，魯作玠。〔詩・崧高〕「錫爾丨圭」集疏。○丨即古文駙。〔詩・清人〕「駟丨旁旁」通釋。○疑丨即古文駙字之省，系馬尾也。〔說文〕「駙，系馬尾也」段注。○丨之言界，謂別居也。〔詩・生民〕「攸丨攸止」通釋。○丨，界也。〔思文〕「無此疆爾丨」集疏引韓說。○丨、畍古今字。〔說文〕「丨，畫也」段注。○丨、界古今字。〔說文〕「界，竟也」段注。○丨，各本作界。〔說文〕「畺，從畕，三其丨畫也」段注。○丨幘并字異義同。〔方言四〕「覆結謂之幘巾」箋疏。○阻、負、丨三字同義。〔史記・十二諸侯年表〕「晉阻三河，齊負東海，楚丨江淮」雜志。○𢪔亦丨也。〔廣雅・釋詁〕「𢪔，丨，獨也」疏證。○丨與个通。〔詩・生民〕「攸丨攸止」通釋。○丨與玠通。〔崧高〕「錫爾丨圭」陳疏。○丨、礙疊韻。〔說文〕「中哽，語為舌所丨礙也」句讀。○凡訓大之丨皆乔之假字。〔書・多方〕「我有周惟其大丨賚爾」平議。○〔說文定聲・卷一三〕丨，叚借為駙。〔詩・清人〕「駟丨旁旁」。○（同上）丨，叚借為界。〔詩・思文〕「無此疆爾丨」。○（同上）丶，叚借為玠。〔書・顧命〕「太保承丨圭」。○（同上）丨，叚借為芥。〔左傳〕「丨其鷄」。○（同上）丨，叚借為扴，字亦作砎。〔易・豫〕「丨于石」。○（同上）丨，叚借為齘，丨倪，齘輗也。〔莊子・馬蹄〕「而馬知丨倪」。○（同上）丨，叚借為乔。〔釋詁〕「丨，大也」。○（同上）丨，叚借為价。〔釋詁〕「丨，善也」。○（同上）丨，叚借為甲。〔廣雅・釋器〕「丨，鎧也」。○丨者，价之叚借也。〔釋詁〕「丨，善也」郝疏。○丨，當為尒。尒，古邇字。〔穀梁傳文公一五年〕「不以難丨我國也」述聞。○丨圭，諸侯

之封圭也。〔詩·崧高〕「錫爾丨圭」朱傳。○丨圭者，鎮圭。〔書·顧命〕「太保承丨圭」孫疏。○丨狄，猶云元惡。〔詩·瞻卬〕「舍爾丨狄」通釋。○丨特，謂孤丨特立也。〔左傳昭公一四年〕「收丨特」洪詁。○丨特，言單身也。物無耦曰特，獸無耦曰丨。〔通雅·身體〕○丨丨，喉中氣如硬也。〔太素·欬論〕「喉中丨丨如硬狀」楊注。○丨丨亦堅固貌。〔荀子·儒效〕「分分兮其有終始也」雜志。○丨丘，本山名。〔漢書·司馬相如傳〕「巨登丨丘」補注引沈欽韓。○丨然，倏然之頃也。〔孟子·盡心下〕「丨然用之而成路」朱注。○丨然，堅固貌。〔荀子·君子〕「刑罰不怒罪，爵賞不逾德，丨然各以其誠通」雜志。○丨然，堅正不移之貌。〔通鑑·晉紀〕「丨然疏之哉」音注。○〔通雅·卷四〕丨倪猶那倪也。〔莊子·馬蹄〕「馬知丨倪」。○丨苴，即芥葅耳，又名萊。〔廣雅·釋草〕「芥葅，水蘇也」疏證。

芥　丨者，界也。發汗散氣，界我者也。〔本草·卷二六〕引王安石〔字說〕。○丨，辛菜名，又草丨。〔廣韻·怪部〕○丨，草也。〔廣雅·釋草〕疏證。○丨，字通作介。〔廣雅·釋草〕「丨，草也」疏證。○丨，借為草丨、纖丨字。〔說文〕「丨，菜也」段注。○〔說文定聲·卷一三〕丨，叚借為塊。〔左傳哀公元年〕「以民為土丨」。○〔同上〕丨，叚借為丰，為蔡。〔孟子·離婁〕「君之視臣如草丨」。○丨乃莽之譌。〔說文〕「蔡，草也」義證。○丨荃，丨脃也。〔通雅·飲食〕○〔說文定聲·卷一三〕丨葅，亦名雞蘇，亦名萊。〔廣雅·釋草〕「丨葅，水蘇也」。

械　丨，器之總名。〔國策·東周策〕「丨器被具」鮑注。○丨，器丨通名。〔釋器〕郝疏。○穿木枷足曰丨。〔慧琳音義·卷一○〕引〔韻詮〕。○丨，梏也。〔同上〕引〔考聲〕。○丨，梏也，在手曰杻，在足曰丨。〔慧琳音義·卷一三〕引〔考聲〕。○丨之言礙，拘止之名也。〔廣雅·釋宮〕「丨謂之桎」疏證。○丨，器丨，又杻丨。〔廣韻·怪部〕○〔說文定聲·卷五〕謂盤杅之屬為丨，牀几之屬為器也。〔後漢·公孫述傳〕注「外盛曰丨」。○無所盛曰丨。〔說文定聲·卷一二〕〔「器」下〕○〔卷五〕丨，叚借為丮。〔說文〕「丨，一曰持也」。

薤　物莫美於芝，故丨為菜芝。〔本草·卷二六〕引〔爾雅翼〕。○丨，本文作䪥，韭類也，故字從韭，从叡，諧聲也。〔同上〕○丨，本文作叡，諧聲也。今人因其根白呼為藠子，江南人譌為莜子，俗人稱為大蔥。〔同上〕○丨，俗䪥。〔廣韻·怪部〕○丨與韭同類，雖辛而不葷五藏，所以學道之人服之。〔說文〕「䪥，菜也」義證引〔通志〕。

拜　丨者，揖也。〔書·皋陶謨〕「帝丨曰」孫疏。○丨，攀援而屈曲之。〔詩·甘棠〕「勿翦勿丨」後箋引嚴粲。○丨，屈。〔同上〕朱傳。○跪而引手曰肅丨。〔禮記·少儀〕「介者不丨」集解。○丨，謂受其命。〔禮記·表記〕「丨自獻其身」集解。○凡經言丨手，言丨，皆〔周禮〕之空首。〔說文〕「頓，下首也」段注。○丨，毛傳殆以丨為拔之借。〔詩·甘棠〕「勿翦勿丨」後箋。○丨當為拜，今拱字也。〔荀子·不苟篇〕「若端丨而議」集解引王念孫。○丨，魯、韓作扒。〔詩·甘棠〕「勿翦勿丨」集疏。○丨與擗同。〔廣雅·釋詁〕「跟，擗同。」疏證。

快　丨，稱心也，喜也，可也。〔廣韻·夬部〕○丨為縱逸。〔趙策〕「恭於教而不丨」鮑注。○丨與急亦同義。〔廣雅·釋詁〕「苦，急也」疏證。○丨，引申之義為疾速。〔說文〕「丨，喜也」段注。○丨猶滿也。〔說文定聲·卷五〕〔「意」字下〕○開、丨、苦俱以聲轉為義。〔釋詁〕「苦，息也」郝疏。○丨、可、肎俱一聲之轉。〔釋言〕「猷，可也」郝疏。○〔說文定聲·卷一三〕丨，叚借發聲之詞。〔字林〕「丨，一也」。○丨，俗字作駃。〔說文〕「丨，喜也」段注。○丨當為訣。〔說文〕「意，丨也」義證。○丨當為決。〔淮南·本經〕「行丨而便於物」平議。○丨丨，即肆意之義。〔荀子·榮辱〕「丨丨而亡者，怒也」集解。○丨滿，猶安樂也。〔說文定聲·卷五〕〔「憶」下〕

邁　丨，行也。〔詩·黍離〕「行丨靡靡」朱傳。又〔東門之枌〕「越以鬷丨」朱傳。又〔都人士〕「言從之丨」朱傳。又〔棫樸〕「周王于丨」朱傳。又〔時邁〕「時丨其邦」朱傳。○丨，行也，遠也。〔廣韻·夬部〕○丨，亦訓行，又訓遠行，又訓往。〔詩·小閔〕「如匪行丨」後箋。○丨，遇也。〔菀柳〕「後予丨焉」朱傳。○丨當讀為怖。〔同上〕平議。○丨者，怖之叚借。〔說文〕「怖，恨怒也」段注。○〔說文定聲·卷一三〕丨，謂借為怖亦可。〔詩·白華〕「視我丨丨」。○〔同上〕丨，叚借為勱。〔左傳莊公八年〕「皋陶丨種德」。○丨丨，不顧也。〔詩·白華〕「視我丨丨」朱傳。○怖怖、丨丨，古今字異耳。〔廣雅·釋詁〕「怖，怒也」疏證。○丨丨，即怖怖之叚借。〔詩·白華〕「視我丨丨」通釋。

話　丨，言。〔詩·抑〕「慎爾出丨」朱傳。○丨，謫譃也。〔慧琳音義·卷一六〕引〔博雅〕。○丨為調欺之調。〔廣雅·釋詁〕「丨，調也」疏證。○丨，古文作䛡、話二形同。〔慧琳音義·卷七○〕○丨衞并音户快反，其義同也。〔廣雅·釋詁〕「丨，調也」疏證。○丨，當作語。〔詩·板〕「出丨不然」陳疏。○丨當讀為佸。〔書·盤庚〕「乃丨民之弗率」平議。○丨，齊、韓作詁。〔詩·抑〕「告之丨言」集疏。○丨言，古之善言也。〔詩·抑〕「告之丨言」朱傳。○丨，語丨。〔廣韻·夬部〕

敗　丨，殘其枝葉。〔詩·甘棠〕「勿翦勿丨」後箋引嚴粲。○丨謂傷其本根，勿丨亦猶勿伐勿拜也。〔同上〕後箋。○丨，折。〔同上〕朱傳。○丨亦為露。〔書·盤庚〕「乃丨禍姦宄」孫疏。○丨，潰也，民逃其上曰潰。〔大戴·盛德〕「人民散丨」王詁。○肉腐曰丨。〔論語·鄉黨〕「魚餒而肉丨」朱注。○丨猶惡也。〔燕策〕「齊人紫丨素也」鮑注。○丨，自破曰丨。〔廣韻·夬部〕○丨，破他曰丨。〔同上〕○丨猶害也。〔說文〕「賊，丨也」繫傳。○丨者，毀也。〔同上〕段注。又〔說文〕「蝕，丨創也」段注。又〔說文〕「壞，丨也」段注。○丨，壞也。〔說文〕「丨，毀也」義證引〔三蒼〕。○丨當為取。〔墨子·大取〕「丨是石也」閒詁。○丨當為破字之誤也。〔漢書·吳王傳〕「與楚王遂西丨棘壁」補注。○丨與湨同字。〔說文〕「丨，毀也」句讀。○

大奔曰丨績。〔左傳桓公一三年經〕「燕師丨績」洪詁引〔尚書·序〕。○車覆曰丨績。〔離騷〕「恐皇輿之丨績」戴注。○丨儀即丨穖。〔通雅·釋詁〕○丨蕺即丨穖。〔同上〕

稗 丨，稻也。又丨草，似穀。〔廣韻·卦部〕○丨，乃禾之卑賤者也，故字從卑。〔本草·卷二三〕○丨，似禾而別也。〔說文〕「丨，禾別也」繫傳。○丨，秕也。〔同上〕義證引〔玉篇〕。○禾別曰丨。〔說文〕「䅭，黍屬」義證引程瑤田。○丨，一名穇子，亦人所種，實小，亦可食。〔說文定聲·卷一二〕○〔同上〕丨，轉注，亦別種非正之意，故小販亦謂之丨販。〔漢書·藝文志〕「蓋出于丨官」。○〔同上〕丨，或曰借為粺也。〔九章〕「細米為丨」。○〔同上〕丨，叚借為粺。〔七啓〕「芳菰精丨」。○〔同上〕丨，叚借為竨。〔廣雅·釋詁二〕「丨，待也」。

曬 丨，暴也。〔廣韻·卦部〕

噫 丨，飽食氣。〔禮記·內則〕「不敢噦丨」集解。○丨，丨氣。〔廣韻·怪部〕○丨，飽滿出氣也。〔太素·藏府氣液〕「心主丨」楊注。○丨字亦作餩。〔說文〕「丨，飽出息也」段注。○丨字或作餩。〔說文〕「丨，飽食息也」義證。

瘵 丨，病也。〔詩·菀柳〕「無自丨焉」朱傳。又〔詩·瞻卬〕「士民其丨」朱傳。又〔楚策四〕「無自丨也」鮑注。○丨與際古通用。〔詩·菀柳〕「無自丨焉」通釋。○丨通作際。〔釋詁〕「丨，病也」郝疏。○丨，亦病也。〔詩·菀柳〕「無自丨焉」述聞。○〔詩〕叚丨為際也。〔說文〕「丨，病也」段注。○〔說文定聲·卷一三〕丨，謂借為際。〔詩·菀柳〕「無自丨焉」。

屆 丨者，至也。〔詩·采菽〕「君子所丨」陳疏。○丨，至也。〔同上〕朱傳。又〔詩·節南山〕「君子如丨」朱傳。又〔小弁〕「不如所丨」朱傳。又〔晏子春秋·內篇諫上〕「君子所誡」雜志。○丨，極。〔詩·瞻卬〕「靡有夷丨」朱傳。又〔閟宮〕「致天之丨」朱傳。○丨之訓極，為誅極之極。〔同上〕通釋。○丨、極，一聲之轉。〔釋言〕「丨，極也」郝疏。○丨，魯作艐。〔詩·小弁〕「不知所丨」集疏。○丨亦為止。〔節南山〕「君子如丨」通釋。○丨為誡之叚借。〔采菽〕「君子所丨」通釋。○丨，止息。〔節南山〕「君子如丨」後箋。○丨，字以凷為聲。〔晏子春秋·內篇諫上〕「君子所誡」雜志。○丨，亦借為戒。〔釋言〕「丨，極也」郝疏。○丨，今作誡。〔晏子春秋·內篇諫上〕「君子所誡」雜志。○丨、究，其義亦同。〔詩·蕩〕「靡丨靡究」平議。○丨即艐之異文。〔釋言〕「丨，極也」邵正義。○丨，至也，舍也。〔廣韻·怪部〕○丨，此與艐義相近。〔說文〕「丨，行不便也」段注。○〔說文定聲·卷一二〕丨與艐略同。〔釋詁〕「丨，至也」。○〔同上〕艐丨同意，古者通用，故亦以艐為界也。〔釋詁〕「艐，至也」。○〔同上〕丨，叚借為界。〔釋言〕「丨，極也」。

疥 丨，瘡丨。〔廣韻·怪部〕○丨，瘙也，即風瘙也。〔續音義·卷六〕引顧野王。○丨，瘡風也，或作蚧。〔慧琳音義·卷四〕引〔集訓〕。○丨，或作蚧，瘡。〔卷二〕引〔考聲〕。○丨，小蟲攻齧皮膚，漼錯如鱗介也。〔說文〕「丨，搔也」義證引〔急就篇〕顏注。○丨，瘙也。〔同上〕義證引〔玉篇〕。○丨字亦或作蜾、作蚧。〔說文〕「蛘，騷蛘也」段注。○丨，字或作蚧。〔說文〕「丨，搔也」義證。○〔說文定聲·卷一三〕丨，字亦作蚧。〔後漢〕「手足之蚧搔」。○丨，當作痎，兩日一發瘧。〔左傳昭公二〇年〕「齊侯丨遂痁」洪詁引梁元帝。○丨騷、丨搔、蚧搔，並與丨瘙同。〔廣雅·釋詁〕「丨瘙，創也」疏證。

玠 丨，大珪，長尺二寸。〔廣韻·怪部〕○〔說文定聲·卷一三〕丨，天子之鎮圭，諸侯之命圭也。〔說文〕「丨，大圭也」。○〔同上〕丨，以介為之。〔魯靈光殿賦〕「錫介珪以作瑞」。

瀣 丨，沆丨，北方夜半之氣。〔廣韻·怪部〕○丨，沆丨，海氣。〔集韻·怪部〕○丨乃溉之譌。〔史記·司馬相如傳〕「澎濞沆丨」志疑。

湃 丨，滂丨。〔廣韻·怪部〕○丨，彭丨，水聲。〔集韻·怪部〕

聵 丨，聾也。〔廣韻·怪部〕○丨，極聾也。〔慧琳音義·卷一四〕引〔考聲〕。○丨，又作聉，聾而無識曰丨也。〔卷七六〕○丨從耳，各本訛從目。〔廣雅·釋詁〕「丨，聾也」疏證。○丨猶聵也，語之轉耳。〔同上〕○丨、顡，并音五怪反，其義同也。〔同上〕○丨謂從生即聾也。〔說文〕「丨，生聾也」繫傳。

憊 丨，疲極也。〔通鑑·漢紀四〕「今天下已定，又何丨也」音注。○丨賴，猶拂戾也。〔字詁〕○丨，病也。〔說文〕「㦖，憝也」義證。○丨、𤺋並同㦖。〔廣韻·怪部〕○丨與㦖同。〔廣雅·釋詁〕「㦖，極也」疏證。

㦖 丨，病也。〔廣韻·怪部〕○丨，疲劣也。〔集韻·蟹部〕○丨，今作憊。〔說文〕「侉，丨詞」句讀。○丨，疲劳也。〔說文〕「丨，憝也」義證引〔玉篇〕。○丨，極也。〔同上〕○丨，今字作憊，謂疲極也。〔詩·板〕「無為夸毗」後箋。○憊與丨同。〔廣雅·釋詁〕「丨，極也」疏證。○丨，今〔周易〕、〔公羊傳〕皆作憊。〔說文〕「丨，憝也」繫傳。○丨，俗作憊。〔同上〕義證。○丨，又借敗字。〔同上〕義證。○〔說文定聲·卷五〕丨，叚借為痞。〔莊子·山木〕「士有道德不能行憊也」。○〔同上〕丨，以斃為之。〔左傳襄公二七年〕「單斃其死」。

鎩 丨，翦翮。〔廣韻·怪部〕

殺 丨，削也。〔禮記·喪大記〕「緇冒赬丨」集解。○丨，猶減輕也。〔郊特牲〕「喪丨也」集解。○丨，減也。〔墨子·襍守〕「令侍丨」閒詁引蘇時學。又

〔通鑑・漢紀〕「於是分—水力」音注。○—,謂穀不熟也。〔禮記・禮器〕「年雖大—」集解。○—,等差也。〔文王世子〕「親親之—也」集解。○—,—害,又疾也,猛也,亦降—。〔廣韻・怪部〕○—,疾也,削也。或作閷,煞。〔集韻・怪部〕○—,音試。〔史記・太史公自序〕「弒君三十六」志疑。○〔說文定聲・卷一三〕—字亦作閷。〔禮記・匠人〕「其閷參分去一」。○(同上)—,叚借為札,實為折。〔禮記・禮器〕「是故年雖大—」。○(同上)—,叚借為悴。〔禮記・樂記〕「志微,噍—之音作」。

夬 —,決也,亦卦名。〔廣韻・夬部〕又〔說文繫傳・通論上〕。○—,本義當為引弦彄也,今俗謂之扳指。〔說文定聲・卷一三〕○(同上)—,以抉為之。〔周禮・繕人〕「抉拾」。○—,亦作觖。〔說文定聲・卷一三〕○(同上)—,叚借為抉。〔易・襍卦傳〕「—,決也」。○(同上)—,叚借為缺。〔淮南・繆稱〕「自視猶觖如也」。○(同上)—,叚借為怏。〔史記・盧綰傳〕「為群臣觖望」。

噲 —,咽也。〔廣韻・夬部〕○—,小咽。〔集韻・夬部〕○—者,飲食下咽有聲也。〔春秋名字解詁〕「魯顏—字子聲」述聞。○—者,會也,聲氣所會也。〔說文〕「—,咽也」段注。○—,疑字當為癐。—、瘣、殨並一聲之轉。〔莊子・讓王〕「顏色腫—」集釋。○〔說文定聲・卷一三〕—,叚借為快。〔淮南・精神〕「—然得卧」。○噦、—,並與喙通。〔漢書・匈奴傳〕「跂行喙息」雜志。○喙、噦、—,古通用。〔廣雅・釋詁〕「喙,息也」疏證。○—,猶快快,為寬明之貌。〔詩・斯干〕「——其正」通釋。○——,猶快快也。(同上)朱傳。○—息、噦息,并與喙息同。〔方言二〕「鎴、喙、呬,息也」箋疏。

嘬 —,攢共食之也。〔孟子・滕文公上〕「蠅蚋姑—之」朱注。○—,一舉盡臠。〔曲禮〕曰無—炙。〔廣韻・夬部〕

蠆 ○—,螫蟲也。〔詩・都人士〕「卷髮如—」朱傳。○—,毒蟲。〔廣韻・夬部〕○—,蝎也,或作蠚。〔慧琳音義・卷六〕引〔考聲〕。○蠇、—,皆蝎之異名。—之言蛆。〔莊子・天運〕「其知憯於蠇—之尾」集釋引王引之。○—之言蛆也。〔廣雅・釋蟲〕「—,蠍也」疏證。○〔公羊〕—作蠆。〔左傳襄公一四年經〕「鄭公孫—」洪詁。○—,〔公羊〕作蠆。〔左傳定公九年經〕「鄭伯—卒」洪詁。○—音瘥。〔詩・都人士〕「卷髮如—」朱傳。

蠆 —,俗作蠇,非。〔說文〕「—,毒蟲也」段注。○—,或作蠆。(同上)義證。○—,俗作蠇,與牡蠣字無別。〔說文定聲・卷一三〕○(同上)—,字又作蜇。〔列子・楊朱〕「蜇於口」。○(同上)—,叚借為蔕,實為滯。〔西京賦〕「睚眦—芥」。

喝 —,呵也,謂喘呵出氣聲也。〔太素・調陰陽〕「汗煩則喘—」楊注。○—,喘聲。〔太素・五藏命分〕「不病喘—」楊注。○—,肺喘聲也。〔太素・知形志所宜〕「病生於煙—」楊注。○—,嘶聲。〔廣韻・夬部〕○—,饐聲,或作噧、嗷。〔集韻・夬部〕○嗑與—同。〔廣雅・附釋言〕「—,嘶也」疏證。○—,嘶也。(同上)○—,聲長而轉也。〔說文〕「—,渴也」繫傳。○—,聲之幽也。〔說文〕「—,㵣也」義證引〔廣〕〔蒼〕。○—,嘶聲也。(同上)義證引〔玉篇〕。○〔說文定聲・卷一三〕聲破散而啞曰嘶—。〔論衡・氣壽〕「兒生號啼之聲鴻朗高暢者壽,嘶—溼下者夭」。○(同上)—,音之歇也。〔說文〕「—,㵣也」。○—,元作猲。〔國策・齊策一〕「是故恫疑虛—」鮑注。又〔趙策二〕「恐—諸侯」鮑注。○—、猲通。(同上)補注。

解 —,音懈,怠也。〔詩・烝民〕「夙夜匪—」朱傳。○—,懈同。〔國策・秦策三〕「悉忠而不—」鮑注。○—猶懈。〔左傳文公三年〕「其不—也」疏證。○—讀曰懈。〔漢書・鼂錯傳〕「前擊後—」補注。○—,諸本作懈。〔左傳襄公二三年〕「子無—矣」洪詁。○—,除也。〔廣韻・卦部〕○—,曲—。(同上)○—,散也。〔通鑑・漢紀〕「北鄉侯病不—」音注。○—,舍也。〔漢書・五行志〕「歸獄不—」補注引朱一新。○—猶休也,息也,止也。〔周禮・掌舍注〕「行所—止之處」述聞。○—舍猶休止也。〔管子・五輔〕「上彌殘苛而無—舍」述聞。○—與休、止同義。〔淮南・原道〕「—車休馬」,〔星經〕「—息燕休」述聞。○—已,猶休已也。〔漢書・郊祀志〕「無—已矣」述聞。○—言復好。〔國策・韓策一〕「今公與楚—」鮑注。○—,今俗作廨。〔商子・墾令〕「高其—舍」述聞。○〔說文定聲・卷一二〕—,字亦作繲。〔莊子・人間世〕「挫鍼治繲」。○(同上)—,字亦作邂。〔詩・綢繆〕「見此邂逅」。○—㑊,懈惰也。〔太素・尺診〕「—㑊安卧」楊注。○—覯,大旨是會合,無分期與不期皆可稱也。〔詩・綢繆〕「如此邂逅何」後箋。○—后,一作邂逅、—遘。〔通雅・釋詁〕○—廌,今作獬豸,獬俗字,豸借字。〔漢書・張敞傳〕「且當以柱後惠文彈治之耳」補注引李慈銘。

祭 〔說文定聲・卷一三〕—,叚借為鄒。〔穆天子傳五〕「乃宿于—」。

齘 —,故介反,開口難,齒相切也。〔太素・熱病說〕「腰折瘛瘲齒噤—也」楊注。○—,䫫—切齒怒䫫。〔廣韻・怪部〕○—,鳴齒也。〔說文〕「—,齒相切也」義證引〔三蒼〕。○—,通作忦。〔方言二〕「—,怒也」箋疏。○—與忦字異聲義並同。〔方言一二〕「恭,發也」箋疏。

蒯 —,茅類。〔廣韻・怪部〕○—、蕢通。〔左傳定公一四年〕「大子—聵獻盂于齊」洪詁。○屠—,〔禮記〕作杜蕢。〔左傳昭公九年〕「屠—趨入」洪詁。○春秋戰國人名有—聵者,疑即此蔽頪字。〔說文〕「頪,頭蔽頪也」段注引錢大昕。○—當作蒯。〔史記・傅靳蒯成列傳〕「—成侯緤者」志疑。又〔太史公自序〕「作傅靳—成列傳第三十八」志疑。○—乃蒯之誤,蒯即鄘字,蘇林音簿催反。〔史記・高祖功臣侯者年表〕「—成」志疑。○—,蔽,苦怪切,草中為索。〔左傳成公九年〕「無棄菅—」洪詁。○古—字本作蔽。〔漢書・司馬遷傳〕「—聵其後也」補注引張文虎。

蕢 —,草名,赤莧也。〔集韻・怪部〕○—即臾字。〔史記・王子侯者年表〕「—」志疑。

韛 —,韋囊吹火。〔廣韻・怪部〕○—,吹火韋囊也,或作鞴囊。〔集韻・怪部〕○—即韛之異文,並與箙同。〔方言・卷九〕「所以藏弓弩謂

之箙」箋疏。

鞴 —即箙。〔通雅·戎器〕〇—韇，箭室也。亦作步叉。〔廣雅·釋器〕「—韇，矢藏也」疏證。

橐 —囊，吹火具也。〔慧琳音義·卷一六〕引〔玉篇〕。〇—，謂鍛鑪家用吹火令熾者。〔卷一九〕〇—，又作排，—袋，鍛家用炊火令熾者也。〔卷四八〕

犗 去勢曰—。〔本草·卷五〇〕〇牛去勢曰—，即犍牛也。〔續音義·卷三〕引〔切韻〕。〇—，犍牛。〔廣韻·夬部〕〇—之言割也，割去其勢，故謂之—。〔廣雅·釋獸〕「—，犗也」疏證。〇—，犍也。〔説文〕「—，騬牛也」繫傳。〇—，劇牛也。〔説文〕「—，騬牛也」義證引〔急就篇〕顔注。〇—，形之也。〔説文〕「猗，—犬也」繫傳。〇—，牛曰—。〔説文定聲·卷一五〕〔「豶」下〕〇—，今謂之騸，以刀去其陰。〔卷一三〕

餲 —，飯臭。〔廣韻·夬部〕〇—，食饐謂之—，或從亥。〔集韻·怪部〕〇〔説文定聲·卷一三〕—字又作鰑，當謂魚臭。〔廣雅·釋器〕「鰑，臭也」。

繲 —，故衣也。〔集韻·卦部〕

絓 —，結也。〔漢書·嚴朱傳〕「南—於越」雜志。〇—，礙也。〔楚辭·哀郢〕「心—結而不解兮」補注。〇—，罥也。〔通鑑·漢紀四七〕「動行—羅網」音注。〇—，絲結。〔廣韻·卦部〕〇—，罥也，或從网。〔集韻·卦部〕〇紬之粗者曰—。〔通雅·布帛〕〇—，碍。〔慧琳音義·卷八二〕引顧野王。〇—，礙也。〔卷八六〕引顧野王。〇—，挂也。〔卷九七〕引〔文字典説〕。〇—與挂通。〔廣雅·釋詁〕「—，縣也」疏證。〇—，引申為挂礙之稱。〔説文〕「—，繭滓—頭也」段注。〇紬之尤粗者曰—，繭滓所抽也。〔同上〕義證引〔急就篇〕顔注。〇—，絲結也。〔同上〕義證引〔急就篇〕黄庭堅注。又〔慧琳音義·卷八二〕引〔韻詮〕。〇〔説文定聲·卷一二〕—猶維繫也。〔太玄·玄瑩〕「而禍福—羅」。〇〔同上〕—，叚借為纗。〔廣雅·釋詁四〕「—，懸也」。〇—，字又作褂。〔説文定聲·卷一二〕〇—，字亦作袿。〔同上〕〇—字亦作罣。〔同上〕〇〔説文定聲·卷一二〕—，或曰借為挂，介畫分別之意。〔方言六〕「—介，特也」。〇—介，叚借發聲之詞，猶耿介特立之貌。耿、—，一聲之轉。〔説文定聲·卷一二〕

粺 —，米之細者。〔文選·七啓〕「精—」集釋。〇—，精米。〔廣韻·卦部〕〇—，精米也。〔説文〕「—，毇也」義證引〔玉篇〕。〇—，謂糲米，一斛舂為八斗。〔説文定聲·卷一二〕〇—、稗，俱旁卦切，故同音通用。〔文選·七啓〕「精—」集釋。〇—與稗通。〔廣雅·釋詁〕「稗，小也」疏證。

䀝 —，睚—。〔廣韻·卦部〕〇—睚，恨視，或作眦、疵，亦書作眥。〔集韻·卦部〕〇—，或作眥。〔晏子春秋·内篇諫下〕「隅䀝之削」雜志。

魪 —，比目魚也。〔廣韻·怪部〕〇—，魚名，比目也。〔集韻·怪部〕〇曰—，曰魼，曰鰜，曰版魚，曰左介，曰鮇，曰婢簁，曰奴屬，曰箬葉，曰鞵底，皆〔爾雅〕之鰈，所謂比目魚也。〔通雅·魚〕〇兩—，比目魚也。〔文選·吳都賦〕「罩兩—」集釋引〔玉篇〕。

髤 —，簪結。〔廣韻·怪部〕〇—，與髻同，髮結也。〔説文〕「—，簪結也」義證引〔玉篇〕。〇斂之而盤之，盤之而簪之，既成曰—。〔説文定聲·卷一二〕〔「鬢」下〕〇〔卷一三〕以繼韜髮而後結之，結而後簪之，既簪之結曰—。〔説文〕「—，簪結也」。〇〔説文〕—即籀文髻字也。〔説文〕「—，簪結也」段注引曹憲。〇—與髻同。〔廣雅·釋詁〕「—，髻也」疏證。〇—，蓋即今文〔禮〕之紒。〔説文〕「—，簪結也」段注。〇—或作結。〔同上〕義證引王念孫。〇—字或作紒。〔同上〕義證。〇—即籀文髻字也。〔同上〕句讀。

价 —，音介，大也。〔詩·板〕「—人維藩」朱傳。〇—，善也，又佋—也。〔廣韻·怪部〕〇—人，魯作介人。〔詩·板〕「—人維藩」集疏。〇〔説文定聲·卷一三〕—，以介為之。〔爾雅〕「介，善也」。

喟 —，歎聲。〔論語·子罕〕「顔淵—然歎曰」朱注。〇—，歎也。〔廣韻·怪部〕〇—，或作嘳。〔方言一〇〕「嘳，憐也」箋疏。

獪 —，狡—。〔廣韻·夬部〕

慸 —，極也，劣也，又—芥。〔廣韻·夬部〕〇〔説文定聲·卷一三〕—薊，疑借為—塊，猶磊塊也。〔史記·屈賈傳〕「細故—薊兮」。

懘 —价，心不安也。或書作慸，通作蔕。〔集韻·夬部〕

詿 —亦誤也。〔國策·韓策一〕「—誤主人者」鮑注。〇—，亦訓欺。〔漢書·文帝紀〕「—誤吏民」補注引周壽昌。〇—，礙也。〔廣韻·卦部〕〇—，誤也。〔同上〕又〔集韻·卦部〕。又〔慧琳音義·卷七〕引〔字書〕。〇—，挂也。〔説文〕「—，誤也」繫傳。〇—或借絓字。〔同上〕義證。〇—似即課之今文。〔同上〕句讀。

勱 —，勉也，强也。〔廣韻·夬部〕〇—相，即邁相。〔通雅·釋詁〕〇—亦作邁。〔説文〕「—，勉力也」段注。〇—字或作勵。〔同上〕義證。〇又〔同上〕句讀。

繣 —，—微，乖違。〔廣韻·卦部〕〇—，徽也。〔集韻·卦部〕〇—，結礙也，挈繞也，蓋為結紐而繞項也。—音獲。〔通鑑·秦紀三〕「章邯夜銜枚」音注。

簣 —，籠也。〔廣韻·怪部〕〇蕢與—通。〔廣雅·釋器〕「—，籠也」疏證。

唄 —，梵音。〔廣韻·夬部〕〇西域謂誦曰—。〔集韻·夬部〕〇唱—，僧尼法事也。〔慧琳音義·卷三〇〕引〔考聲〕。〇—，法事聲也。〔卷五四〕引〔考聲〕。〇—，讚梵聲也。〔卷八九〕引〔文字典説〕。

欬 —，同餩。〔廣韻·夬部〕〇—，亦嗽也。〔慧琳音義·卷二〇〕引顧野王。〇—，嗽也。〔説文〕「—，屰氣也」義證引〔急就篇〕顔注。〇—或作咳。

（同上）義證。

𡎗 丨丨，丨礙。〔廣韻・卦部〕○丨，絅礙也。〔慧琳音義・卷九〕引〔字書〕。

邂 丨丨，丨逅。〔廣韻・卦部〕○思見其人，求而忽得，則志意開豁，即所謂丨逅矣。〔詩・野有蔓草〕「丨逅相遇」集疏。○丨逅，即因會合而心解意説耳。〔詩・綢繆〕「見此丨逅」後箋。○丨逅，不期而会。〔同上〕後箋引〔稽古編〕。又〔同上〕朱傳。○丨逅，相遇之意。〔同上〕朱傳。○丨逅，亦作解搆。〔同上〕平議。○丨逅，猶参差也。〔慧琳音義・卷四〇〕引〔考聲〕。

衩 丨，衣丨。〔廣韻・卦部〕

睚 丨，目際。〔廣韻・卦部〕又〔集韻・卦部〕。○丨，一曰怒視，或作矔瞶痪。〔同上〕○丨眦，怒視也。〔國策・韓策二〕「夫賢者以感忿丨眦之意」鮑注。○丨眦，一説瞋目貌。〔同上〕補正。○丨眦，怨也。〔廣韻・卦部〕○丨眦，凡人之瞋目者，必裂其目際，故丨眦訓為裂也。〔廣雅・釋詁〕「丨眦，裂也」疏證。

𠂢 丨與派音義皆同。〔説文〕「丨，水之衺流別也」段注。○水之衺流別曰丨。〔説文〕「𥿗，㭊絲也」段注。○丨，象邪流之形。〔説文〕「丨，水之衺流別也」義證引〔五經文字〕。○丨，字亦作派。〔説文定聲・卷一二〕

𥿗 丨，未緝麻也。〔廣韻・卦部〕○丨，散絲也。〔集韻・卦部〕

簰 丨之言比次也。〔廣雅・釋水〕「簰，筏也」疏證。

𣏟 丨，麻紵。〔廣韻・卦部〕○丨，麻，古蓋同字。〔説文〕「丨之為言微也」段注。○〔説文定聲・卷一二〕丨之為言微也，萉枲之名也，治枲皮細析之。〔説文〕「丨，萉之總名也」。○〔同上〕丨，以辟為之。〔孟子〕「妻辟纑」。

桛 丨，藤屬。〔廣韻・卦部〕○丨，縢屬。〔集韻・卦部〕○丨，一曰木皮。〔同上〕○丨，縢屬。縢本作䲆。〔廣雅・釋器〕「丨謂之䲆」疏證。

䰄 丨，難也。〔廣韻・卦部〕

𨚗 丨字通作蒯。〔説文〕「丨，汝南安陽鄉」句讀。

洒 丨，洒埽。〔廣韻・卦部〕○丨，韓作灑。〔詩・抑〕「丨埽庭内」集疏。

譮 丨，疾言。〔廣韻・卦部〕○丨與諣聲義並相近。〔方言一〕「凡人語而過謂之諣」箋疏。

斀 丨，當訓敗也。〔説文定聲・卷一二〕○丨，叚借為土敗之壞。〔同上〕

㡧 丨，幘也。〔廣韻・怪部〕又〔集韻・怪部〕。○丨，各本訛作帉。〔廣雅・釋器〕「丨，幘也」疏證。

砎 丨，硬也。〔廣韻・怪部〕

尬 丨，蘇俗謂事乖剌曰尲丨。〔説文定聲・卷一三〕

悈 丨，飾也。〔廣韻・怪部〕○丨，古通作戒。〔廣雅・釋詁〕「丨，愅也」疏證。○丨，今〔司馬法・天子之義篇〕作戒。〔説文〕「丨，飭也」段注。○丨與苟、戒、棘、亟，音義皆同。〔同上〕○丨通作戒，又通作革。〔釋言〕「丨，急也」郝疏。○丨者，心之急也。〔同上〕○丨與亟音義同。〔同上〕○古音丨、戒、棘、革、極，急通用。〔釋言〕「丨，急也」邵正義。○丨、急，以聲相近為義。〔同上〕○丨，經典或作戒。〔説文〕「極，疾也」義證引龔麗正。○丨或作革。〔同上〕○丨或作棘。〔同上〕○〔説文定聲・卷五〕丨叚借為極。○丨〔釋言〕「丨，急也」。○〔同上〕丨叚借為誡。〔説文〕引司馬法曰「有虞氏丨於中國」。

鴶 丨，丨雀也，似鶡而青，出羌中。〔廣韻・怪部〕

䑰 丨，通作戒。〔釋詁〕「丨，至也」邵正義。○丨，讀為屆。〔同上〕鄭注。○丨、屆古同聲，屆與戒字亦通。〔方言一〕「丨，至也」箋疏。

袥 丨，補滕裙也。〔廣韻・怪部〕○丨，布衣幅也。〔同上〕○丨，謂袴也。〔慧琳音義・卷九九〕引〔考聲〕。○丨，補䌷裙。〔説文〕「袥，衣丨」繫傳。又〔説文〕「丨，袥也」義證引〔字書〕。○丨，刺䌷也。〔同上〕義證引〔玉篇〕。

丯 丨，草莽也。〔説文〕「蔡，艸也」義證引〔玉篇〕。又〔説文〕「㽞，眾艸也」義證引〔玉篇〕。○丨，草介。〔廣韻・怪部〕○丨與芥同。〔廣雅・釋草〕「丨，草也」疏證。○丨，介畫竹木為識也，刻之為㓞。〔説文定聲・卷一三〕○凡言艸芥皆丨之假借也，芥行而丨廢矣。〔説文〕「丨，艸蔡也」段注。

騚 丨馬，馬尾結也。〔廣韻・怪部〕○丨，結馬尾。〔説文〕「丨，系馬尾也」義證引〔玉篇〕。○〔説文定聲・卷一三〕丨，結馬尾，如人之髻。〔説文〕「丨，系馬尾也」。○〔同上〕丨，以介為之。〔左傳〕「不介馬而馳」。○丨與髻音義同。〔説文〕「丨，系馬尾也」段注。

欸 丨，大怒而叫也，俗作𠲾。〔慧琳音義・卷七九〕○丨，怒聲。〔集韻・怪部〕○丨，一曰恚聲。〔説文〕「丨，訾也」義證引〔玉篇〕。○丨，發聲。〔屈賦・涉江〕「丨秋冬之緒風」戴注。○丨，同譮。〔廣韻・怪部〕

𠲾 丨，喝丨。〔廣韻・怪部〕○丨，喝恚聲也。〔慧琳音義・卷七五〕○丨，怒以聲也。〔同上〕引〔考聲〕。

肆 丨，鼻息。〔廣韻·怪部〕〇丨，氣息也。〔釋詁〕「丨，息也」鄭注。〇丨，卧息。〔集韻·怪部〕〇丨與眉同。〔説文〕「丨，卧息也」句讀。

噧 丨，高聲皃，又多言。〔廣韻·怪部〕〇丨，經典借厲字。〔説文〕「丨，高氣多言也」義證。〇〔説文定聲·卷一三〕丨，今本以譪爲之。〔左傳哀公二四年〕「是譪言也」。〇丨即讕。〔説文〕「讕，譀也」句讀。〇丨即讕，變言從口。〔同上〕義證。〇〔説文定聲·卷一三〕丨，叚借爲讕。〔説文〕引春秋傳曰「丨，言」。

讕 譀丨，爭怒，或從蠆。〔集韻·怪部〕〇丨，譀也。〔集韻·夬部〕〇〔説文定聲·卷一三〕丨，誇誕之意。〔説文〕「丨，譀也」。〇〔同上〕丨，字亦作譪。〔管子·形勢〕「推譽不肖謂之譪」。〇譀丨，諍駡怒貌。〔説文〕「丨，譀也」義證引〔玉篇〕。〇丨，譀丨。〔廣韻·怪部〕〇丨，誇誕。〔廣韻·夬部〕〇丨，或作喊，大呼大怒也。〔慧琳音義·卷七六〕〇丨，言過也。〔説文〕「丨，譀也」繫傳。

眉 丨，卧息。〔廣韻·怪部〕〇丨，卧中喘息也。〔説文〕「丨，卧息」繫傳。〇丨，與呬略同。〔説文定聲·卷一二〕〇丨、呬音義略同。〔説文〕「丨，卧息也」段注。〇丨與肆同字。〔同上〕句讀。〇奰丨，疊韻連語，鼓息作力之皃。〔説文定聲·卷一二〕

𥈻 〔説文定聲·卷一二〕丨，目眥盡裂之意，據此則睚眦之怨，眦當作丨。〔説文〕「丨，瞋大也」。

忿 丨，忽略不省也。〔説文〕「丨，忽也」繫傳。〇〔説文定聲·卷一三〕丨謂遺忘。〔説文〕「丨，忽也」。〇丨礙，忽忽不省也。〔説文〕「丨，忽也」義證。〇丨、恝古今字。〔説文〕「丨，孟子曰，孝子之心，不若是丨也」段注。〇丨或借挈字。〔説文〕「丨，忽也」義證。〇丨又借契字。〔同上〕

閉 丨，門扇。〔廣韻·怪部〕

譺 丨，欺詑也。〔慧琳音義·卷六四〕引〔考聲〕。〇丨，誡丨。〔廣韻·怪部〕〇〔説文定聲·卷五〕丨，此字當爲啁戲之意，〔説文〕訓騃，似古書或叚借爲癡、爲佁也。〔説文〕「丨，騃也」。

浿 丨，水名，在樂浪。〔集韻·夬部〕

顡 丨，頭惡也。〔説文〕「丨，頭蔽丨也」繫傳。〇〔説文定聲·卷一二〕丨，以蒯聵爲之，疊韻連語。〔左傳〕「衛太子蒯聵」。〇丨，字或作顡。〔説文〕「丨，頭蔽丨也」義證。

䪥 丨，葷菜也，葉似韭。〔廣韻·怪部〕〇丨，葷菜，葉似韭而無實。〔説文〕「丨，菜也」義證引〔急就篇〕王應麟補注。〇丨，即丨菜也，似韭而大。〔釋艸〕「丨，鴻薈」鄭注。〇丨即薤字。〔釋艸〕「葝，山丨」鄭注。〇丨，俗作薤。〔説文〕「丨，丨菜也」段注。又〔同上〕句讀。又〔説文定聲·卷一三〕。〇〔説文定聲·卷一三〕丨字亦作𨸝，丨隘雙聲。〔廣雅·釋詁一〕「丨，陋也」。〇丨與𨸝通。〔廣雅·釋詁〕「丨，陋也」疏證。〇〔説文定聲·卷一三〕丨，叚借爲隘。〔漢書·揚雄傳〕「何文肆而質丨」。〇〔同上〕鴻、薈之合音爲丨。〔釋草〕「丨，鴻薈」。

𨸝 丨，陜也。〔廣韻·怪部〕

嘳 丨，太息。〔廣韻·怪部〕〇丨，氣息也。〔釋詁〕「丨，息也」鄭注。〇丨，息也。〔説文〕「蔽，艸也」義證引〔玉篇〕。〇丨與喟通。〔釋詁〕「丨，息也」邵正義。〇丨即嘳字義。〔説文〕「丨，艸也」義證。〇〔説文定聲·卷一二〕借丨爲喟。〔釋詁〕「丨，息也」。〇丨，即喟之古文。〔説文定聲·卷一二〕〇〔左傳〕屠蒯，〔禮記〕作蕢，據此，丨當爲蕢之古文。〔同上〕

𥳑 丨，竹名。〔廣韻·夬部〕〇丨，箭竹名也。〔怪部〕〇丨，竹箭也。〔集韻·怪部〕〇丨，竹名。〔集韻·夬部〕

嘳 丨，譏他人也。〔廣韻·怪部〕〇丨即喟，太息也。〔方言一〇〕「丨、無寫，憐也」疏證。〇〔通雅·卷八〕喟然、喟然，即丨然。〔晏子春秋·襍上〕「退朝而來，丨然而嘆」。〇丨然即喟然。〔讀淮南子書後〕引〔人間篇〕「丨然而歎」雜志。

壞 丨，丨烏蘋草。〔廣韻·怪部〕

韎 丨，東夷樂也。〔廣韻·怪部〕〇丨，赤韋也。〔集韻·怪部〕〇丨，一曰北狄之樂。〔同上〕

烗 丨，熾也，盛也。〔廣韻·怪部〕〇炔丨，熾也，或從介、從戒。〔集韻·怪部〕

𩔰 丨，癡不聰明也。〔集韻·怪部〕〇丨，癡之狀見於頭面也。〔説文〕「丨，癡不聰明」繫傳。

退 丨，散走。〔廣韻·夬部〕〇丨，壞也。〔説文〕「丨，壞也」義證引〔玉篇〕。〇物自毀壞即丨字。〔同上〕義證引〔增韻〕。〇自敗當作丨。〔同上〕義證。〇丨，散走也。〔同上〕義證引〔玉篇〕。〇丨，今文作敗。〔同上〕繫傳。〇丨，經典借敗字。〔同上〕義證。〇丨與敗音義同。〔同上〕段注。〇丨、敗一字。〔同上〕句讀。〇〔説文定聲·卷一三〕丨叚借爲敗。〔周書·微子〕「我興受其丨」。〇丨，疑即蹪之或體。〔説文定聲·卷一三〕

忦 丨，恨也。〔集韻·怪部〕〇丨，憂懼也。〔同上〕〇丨，懂也。〔廣雅·釋詁〕「悈、忦，懂也」疏證。

夰 丨，此謂分畫之大。〔説文〕「丨，大也」段注。〇丨，經傳多叚介爲之。〔同上〕〇丨，經傳皆以介爲之。〔説文定聲·卷一三〕〇丨、介古通用。〔方言一〕「丨，大也」疏證。〇丨通作介。〔説文〕「丨，大也」義證。〇丨則介之後起之專字。〔同上〕句讀。

躗 丨，蹋也。〔漢書·司馬相如傳〕「轊騊駼」雜志。〇丨轊二字并音衛，故字亦相通。〔同上〕〇丨，踶也。〔説文〕「丨，衛也」段注。〇丨，過也。〔廣

韻·怪部〕又〔集韻·怪部〕。又〔集韻·夬部〕。〇丨、衛義略同。〔説文〕「丨，衛也」段注。〇丨當作德。〔左傳哀公二四年〕「又焉能進是丨言」洪詁。〇〔説文定聲·卷一三〕丨，段借爲講。〔左傳哀公二四年〕「是丨言也」。

咶 丨，鼻息。〔廣韻·怪部〕〇丨，息聲。〔廣韻·夬部〕〇丨與喙古亦同聲。〔廣雅·釋詁〕「丨，息也」疏證。

䶣 丨，南方呼醬。〔廣韻·夬部〕

𪘲 丨同欬。〔廣韻·夬部〕〇丨，齧也。〔説文〕「竊，穿地也」義證引〔玉篇〕。

啐 〔説文定聲·卷一二〕丨，段借爲啐。〔廣雅·釋詁三〕「丨，嘗也」。

㓷 丨，斷也。〔説文〕「蔽，艸也」義證引〔玉篇〕。

鄬 丨通作蒯。〔説文〕「丨，右扶風鄠鄉」義證。

佤 丨，困也。〔集韻·卦部〕

佅 丨，𠌥丨。〔廣韻·夬部〕〇丨，東夷樂名。〔集韻·夬部〕

㓶 丨，斫也。〔説文〕「蔽，艸也」義證引〔玉篇〕。〇丨，又㓷之俗體。（同上）義證。

呃 丨，不平也。〔本草·卷三〕楊注。〇丨，不平聲。〔廣韻·怪部〕

吤 丨，聲也。〔集韻·怪部〕

咊 丨，飲食之丨。〔集韻·怪部〕

㖫 丨，聲不平謂之丨。〔集韻·卦部〕〇丨，或作詑。（同上）

哇 丨，喉結塞也。〔集韻·卦部〕

哵 丨，喝丨。〔廣韻·夬部〕

喈 丨，聲也。〔集韻·怪部〕

喫 丨詬，力諍。〔集韻·卦部〕又〔怪部〕。

嗺 丨，小飲。〔集韻·夬部〕

嗑 丨與喝同。〔集雅·附釋言〕「丨，嘶也」疏證。

噬 丨，送死歌也。〔集韻·怪部〕

斥 丨，到別。〔廣韻·卦部〕

疥 丨，所以皮食器者。〔集韻·怪部〕〇丨，或作楙。（同上）

㡿 丨，舍別也。〔集韻·卦部〕

岎 丨，山名。〔集韻·怪部〕

岠 丨，險也，或從益。〔集韻·卦部〕

嶰 丨，山名。〔集韻·卦部〕

𡾊 謂山谷間田曰丨。〔集韻·卦部〕〇丨，一曰蜀中。（同上）〇丨，山谷陀也。（同上）〇陀丨，山形。〔廣韻·卦部〕

尬 𡰼丨，行不正。〔廣韻·怪部〕

妎 丨，女字。〔集韻·怪部〕

嬇 丨，女字。〔廣韻·怪部〕

嬦 丨，愚戇又多態也。〔廣韻·卦部〕又〔集韻·卦部〕。

㚊 丨，大皃。〔廣韻·怪部〕〇丨，大也。〔集韻·怪部〕

㙉 丨，堤也。〔集韻·夬部〕

介 丨，獨居。〔廣韻·怪部〕

寨 丨，羊栖宿處。〔廣韻·夬部〕

𢕬 丨，丨步立皃。〔廣韻·卦部〕〇丨，立皃。〔集韻·卦部〕

扒 丨，拔也。〔廣韻·怪部〕〇丨，救也，通作拜。〔集韻·怪部〕

𢪃 丨，訬也。〔廣韻·怪部〕〇丨，擾也。〔集韻·怪部〕

摵　丨，持也。〔集韻·怪部〕

掛　丨，俗挂。〔廣韻·卦部〕

排　丨，讀與韛同，韋囊也，所以吹火。〔通鑑·梁紀一五〕「以皮丨吹之」音注。○丨揩，强突。〔集韻·怪部〕

揩　丨，鼓名。〔廣韻·怪部〕○丨排，强突。〔集韻·怪部〕

搤　丨，扼也。〔集韻·卦部〕

𢫶　〔周禮〕九拜之空首，即拜手，即拜也。〔說文定聲·卷一三〕○〔同上〕丨，叚借爲拔。〔詩·甘棠〕「勿翦勿拜」。

𢱭　丨、拜同。〔方言七〕疏證。

擺　丨，拉也。〔集韻·怪部〕

擽　拜與丨同。〔廣雅·釋詁〕「踉，丨也」疏證。

攦　丨，掃也。〔集韻·卦部〕

毤　丨，獸毛細曰丨。〔集韻·怪部〕

毻　丨毤，多毛皃。〔集韻·夬部〕

𣮈　丨，毛髮眾皃。〔集韻·怪部〕

快　丨手，健丁也，乃伉健勇敢之稱，今爲郡縣所督捕衙役之名。〔通雅·官制〕

恠　丨，俗怪。〔廣韻·怪部〕

恚　丨，恨也。〔集韻·卦部〕

惴　丨，性多阻礙也。〔集韻·卦部〕

㥥　忦丨，慳恡人也。〔廣韻·怪部〕○忦丨，吝也。〔集韻·怪部〕

懀　丨，惡也。〔廣韻·夬部〕○丨，心惡。〔集韻·夬部〕

㦜　丨，忖度也。〔集韻·怪部〕

𢣉　話、丨並音户快反，其義同也。〔廣雅·釋詁〕「話，調也」疏證。

孃　丨，腐也。〔集韻·怪部〕

歚　丨，急氣皃，或作欣。〔集韻·怪部〕

歠　丨，齧也。〔廣韻·夬部〕

敓　丨，古文殺字。〔墨子·尚賢上〕「賤」雜志。

烕　丨，同烗。〔廣韻·怪部〕

涇　丨，水浦也。〔集韻·卦部〕

㳦　丨，水名。〔集韻·怪部〕

澈　丨，水聲。〔廣韻·怪部〕○濊丨，水相激聲。〔集韻·怪部〕

𣿅　丨，水波。〔廣韻·怪部〕○丨，水涌。〔集韻·怪部〕

灑　丨，汛也，或作洒。〔集韻·卦部〕

朩　丨，分枲皮也。〔廣韻·卦部〕

杈　丨杷，平田器。〔集韻·卦部〕

杈　丨杷，平田具也。〔廣韻·卦部〕

杷　丨，田具。〔廣韻·卦部〕○丨，田器。〔集韻·卦部〕又〔夬部〕。

棑　丨，木名。〔廣韻·怪部〕又〔集韻·怪部〕。

檕　丨，緶耑木也。〔集韻·卦部〕

欈　丨，木名。〔集韻·怪部〕

橐　丨，吹火橐。〔說文〕「韛，治橐榦也」義證引〔玉篇〕。

犗　丨，四歲牛。〔集韻·怪部〕○五歲曰丨。〔本草·卷五〇〕

轚　丨，車轄。〔集韻·怪部〕

猲　丨喝通。〔國策·卷中〕「恐丨諸侯」札記引補正。

⿰犭惢　丨，雌猺。〔廣韻·怪部〕○猺雌曰丨。〔集韻·怪部〕

⿸疒圭　丨，病也。〔廣韻·卦部〕又〔集韻·卦部〕

瘵　丨，疾也。〔廣韻·卦部〕又〔集韻·卦部〕

⿸疒殺　丨，病聲。〔廣韻·卦部〕○今謂甚劇曰丨。〔說文〕「丨，病也」繫傳。○丨，呻聲也。〔說文〕「丨，勮聲也」義證引〔玉篇〕。○〔說文定聲·卷一二〕丨，疾病呻吟之聲。〔說文〕「丨，劇聲也」。

癘　丨，愚也。〔集韻·卦部〕

迳　丨，庋也。〔集韻·卦部〕

砦　丨，山居以木柵。〔廣韻·夬部〕

硁　丨，丨石似玉。〔廣韻·怪部〕○丨石似玉，古作礙。〔集韻·怪部〕

⿰石界　丨，硬也。〔集韻·怪部〕

⿰目界　丨，白皮。〔集韻·卦部〕

⿰女界　丨，短皃。〔集韻·卦部〕

衸　丨，袥也。〔集韻·怪部〕

⿰禾监　丨，稻小把也。〔廣韻·卦部〕

⿰禾會　丨，麤穅。〔廣韻·夬部〕○丨，穅也。〔集韻·夬部〕

畍　丨，田畔。〔說文〕「丨，境也」義證引〔韻譜〕。○丨者，竟也。〔說文〕「垗，畔也」段注。○丨當作介。〔同上〕

睃　丨，怒也。〔廣韻·怪部〕又〔集韻·怪部〕。

⿰目賣　丨，邪視。〔集韻·卦部〕

膪　丨，豚肉也。〔廣韻·卦部〕

⿰耳家　丨，不聽。〔廣韻·怪部〕又〔集韻·怪部〕。

⿰耳闠　丨，聾甚。〔集韻·怪部〕

⿰鼻介　丨，大臭，又事露也。〔廣韻·夬部〕

⿰鼻吉　丨⿰鼻介，臭皃。〔廣韻·夬部〕

⿰黑責　丨⿰黑褱，垢膩皃。〔集韻·卦部〕

⿰黑褱　⿰黑責丨，垢膩。〔集韻·卦部〕

蚧　疥騷、疥搔、丨搔，並與疥瘙同。〔廣雅·釋詁〕「疥瘙，創也」疏證。○丨同疥。〔說文〕「疥，搔也」段注。○丨當爲蛤。〔大戴·易本命〕「故冬燕雀入於海，化而爲丨」解詁。

⿰虫家　丨，蟲名，呞食草木葉也。〔廣韻·怪部〕○丨，蟲名，食木葉。〔集韻·怪部〕

⿱⺮拜　丨，竹片也，或作簰。〔集韻·卦部〕

菋　丨，艸名，荎著也。〔集韻·怪部〕○丨，五菋藥艸。〔同上〕

蔱　丨，草名。〔廣韻·怪部〕又〔集韻·怪部〕。○丨，俗作蒯。〔慧琳音義·卷六三〕○丨即蒯。〔說文〕「顡，頭丨顡也」繫傳。○丨即蒯之古字。〔同上〕句讀。○丨，今字作蒯。〔說文定聲·卷一二〕○〔同上〕丨，叚借爲鄗。〔左傳昭公九年〕「屠蒯」。○〔同上〕丨即丨顡，頭皃也。〔左傳〕「衛蒯聵」。

⿱艹拜　丨，艸名。〔集韻·怪部〕

薢　丨，丨茩，藥名。〔廣韻·卦部〕

薊　蘔丨，綆刺也，通作芥。〔集韻·卦部〕

蕙　丨芥，刺鯁也，或作蔕絜。〔集韻·夬部〕

⿰舟非　丨，船後丨木。〔廣韻·怪部〕○丨，船後木，通作排。〔集韻·怪部〕

衩　褻服曰丨衣。〔通雅·衣服〕

襫　|,衣上也,亦作䙝。〔廣韻・夬部〕〇|,上衣也,或從蓋。〔集韻・怪部〕

䙢　|,衣袃縫也。〔廣韻・怪部〕〇|,衣削幅也。〔集韻・怪部〕

𧞣　|,紩布繻。〔廣韻・怪部〕

紒　|,即髻也。〔儀禮・喪服經傳〕胡正義。〇|,緺也。〔集韻・怪部〕

絓　|,礙也,或從网。亦作挂,通作絓。〔集韻・卦部〕

𦆥　|,絮亂皃。〔集韻・怪部〕

𦃃　|,䊉,頑惡。〔廣韻・怪部〕又〔集韻・怪部〕。

䊉　|,𦃃|。〔廣韻・怪部〕

責　|,俗字作債。〔說文定聲・卷一一〕〇(同上)|,叚借為謫。〔書・金縢〕「是有丕子之|於天」。〇(同上)|,叚借為賃,賃之誤字。〔穆天子傳〕「債車受載」。

賬　|,|記人物。〔廣韻・卦部〕〇|,記物也。〔集韻・卦部〕

敗　|,籀文敗。〔廣韻・夬部〕

賣　|,出貨物也。〔說文〕「|,出物貨也」義證引〔復古編〕。〇出曰|。(同上)義證引〔急就篇〕顏注。〇|,莫邂反,從出,買聲。〔晏子春秋・內篇雜上〕「賣馬肉於內」雜志。〇隸書出字或省作士,故款字省作款,敷字省作敖,|字省作賣。〔史記・禮書〕「士出死要節」雜志。

諉　|,持短,又疑心名也。〔廣韻・卦部〕

詃　|,言善也。〔集韻・怪部〕

誡　|,謀也。〔集韻・夬部〕

話　|,話調也,或作譮。〔慧琳音義・卷一五〕引〔考聲〕。

謑　|,怒言。〔廣韻・卦部〕〇|,怒聲,或作𧬻。〔集韻・卦部〕

𧩼　|,異言。〔廣韻・卦部〕又〔集韻・卦部〕。

譮　|,怒聲。〔廣韻・怪部〕〇|,氣高皃。〔集韻・夬部〕

譾　|,誡也。〔集韻・怪部〕

𨡙　|,簣酒。〔廣韻・卦部〕又〔集韻・卦部〕。

𨢡　|,壓酒具,或作醡、笮、簣。〔集韻・卦部〕

鄒　|省作祭。〔說文〕「|,周邑也」義證。〇|,〔周語〕以祭為之。〔說文定聲・卷一三〕

闓　|,鬧也。〔集韻・卦部〕

闠　|,石抑|轂名。〔集韻・夬部〕

𩃠　|,雨疾也。〔集韻・怪部〕

阸　|,隘古字通。〔左傳成公六年〕「民愁則墊隘」洪詁。

陒　|,阻塞。又|嶭,山形。〔廣韻・卦部〕〇|,或與隘同。(同上)

䧅　|,古文隘。〔廣韻・卦部〕〇〔說文定聲・卷一一〕|,以陒為之。〔吳都賦〕「邦有湫阨而踡跼」。

𧄼　|倮,猶果敢也。〔廣韻・怪部〕〇〔通雅〕|倮,言狹而果也。〔魏都賦〕「風俗以|倮為嫿」。〇|,〔漢書・揚雄傳〕作𪚁,彼乃假借字。〔文選・魏都賦〕「風俗以|倮為嫿」集釋。〇|或作𠎝。(同上)集釋引〔集韻〕。

顡　|,顏惡也。〔廣韻・怪部〕〇聵、|並音五怪反,其義同也。〔廣雅・釋詁〕「聵,聾也」疏證。〇|與忔略同。〔說文定聲・卷一二〕

鞜　|,鼓名,通作揩。〔集韻・怪部〕

骱　|,堅骨。〔集韻・怪部〕

駃　|馬,日行千里。〔廣韻・夬部〕〇|,馬行疾。〔集韻・夬部〕

騙　|,上不問下。〔集韻・怪部〕

餀　|,通食氣也。〔廣韻・夬部〕

餯　|,食敗也。〔集韻・怪部〕

䫅　—，鬼名，或省。〔集韻・怪部〕

䲴　—，魚名。〔集韻・怪部〕

鞋　—，鮮黃色。〔廣韻・卦部〕

黷　—，黑皃。〔集韻・怪部〕又〔夬部〕。

黬　—，黵，黑皃。〔集韻・夬部〕

黵　—，淺黑色。〔廣韻・夬部〕○—，黑皃。〔集韻・夬部〕

䵵　—，黍屬。〔廣韻・卦部〕

䵷　—，不黏之皃。〔廣韻・卦部〕又〔集韻・卦部〕。

齞　—，喘息聲。〔廣韻・夬部〕○—，臥息聲。〔集韻・夬部〕

齝　—齰，開口切齒。〔集韻・卦部〕

齰　—齜，開口切齒也。〔慧琳音義・卷五三〕引〔考聲〕。

齾　—，剔齒也。〔集韻・夬部〕

䕨　—，除穀芒也。〔集韻・夬部〕

續經籍籑詁卷第七十

十一　隊

隊　—，羣—。〔廣韻・隊部〕○十五為—。一軍凡二百五十—。〔漢書・爰盎傳〕「遷為—帥」補注引〔通典〕。○物墮於地則聚，因之名—為行列之偁。〔說文〕「—，從高—也」段注。○—、隧、隤、遺數字聲同，皆降下之意。〔詩・角弓〕後箋。○顛—字本無土也。〔說文〕「—，從高墮也」繫傳。○—即傾覆意。〔說文〕「㚇，傾覆也」義證引〔詩・召旻〕「我位孔貶」傳云「貶，—也」。○—，墜正字。〔墨子・七患〕「—其子於井中」閒詁引畢沅。○—即墜字。〔漢書・司馬相如傳〕「瀺灂賈—」補注。○—與墜同。〔方言一〕「躡，郅，跂，狢，躋，踚，登也」箋疏。○—，古墜字。〔左傳文公一八年〕「弗敢失—」疏證。○—與墜同。〔荀子・王制〕「小事殆乎遂」雜志。○—、墜字同。〔漢書・楊胡朱梅云傳贊〕「軍旅不—」補注。○〔說文定聲・卷一二〕—，俗字作墜。〔廣雅・釋詁二〕「墜，落也」。○—，俗作墜。〔說文〕「—，從高墜也」句讀。○—、墜，正俗字。（同上）段注。○—，通作墜。〔釋詁〕「汏，墜也」郝疏。又〔釋詁〕「墜，落也」郝疏。○—、墜異文。〔左傳文公一八年〕「弗敢失—」疏證。○—，諸本作墜。〔左傳哀公一五年〕「大命隕—」洪詁。○谷中之險阻為—。〔左傳閔公二年〕疏證引李貽德。○崖岸之限曲亦為—。（同上）○—為羨道之通稱。〔左傳文公一六年〕「分為二—」疏證引王念孫。○—、隧字通。〔墨子・號令〕「空—要塞之人」閒詁。又〔備城門〕「穴—若衝—」閒詁。又〔備城門〕「當—者」閒詁。○又〔左傳文公一六年〕「分為二—」疏證引王念孫。○—與隧同。〔晏子春秋・內篇雜上〕「不問墜」雜志。○—即隧。〔墨子・襍守〕「當—」閒詁。○隧即古—字。〔左傳哀公一三年〕「越子伐吳為二隧」洪詁引顧炎武。○—是隧省文。〔漢書・王莽傳〕「河東、河內、弘農、河南、潁川、南陽為六—郡」補注引周壽昌。○—當作隧。〔墨子・號令〕「空—要塞之人」閒詁引蘇時學。○—，或作隧，隧之言遂也。〔廣雅・釋宮〕「—，道也」疏證。○—字或作隧。〔說文〕「—，從高—也」義證。○〔說文定聲・卷一二〕—，叚借為隧，實為遂。〔穆天子傳〕「于是得絶鈃山之—」。○干遂、干—、干隧，並字異而義同。〔廣雅・釋器〕「干—，劍也」疏證。○—，疑㒸之叚字。〔法言・君子〕「—乎其不可形也」平議。○〔說文定聲・卷一二〕—，叚借為自。〔廣雅・釋詁二〕「—，陳也」。○（同上）—，叚借為汭。〔左傳閔公二年〕「敗犬戎于渭—」。

內　—，室也。〔詩・山有樞〕「子有廷—」集疏。○—，房也。〔漢書・金日磾傳〕「立入坐—戶下」補注。又〔淮南厲王傳〕「閉使與妃同—」補注引周壽

昌。○丨亦房也。〔武帝紀〕「甘泉宮丨中産芝」補注。又〔孝昭上官皇后傳〕「安醉則裸行丨」補注引周壽昌。○丨，謂堂與室也。〔詩・山有樞〕「子有廷丨」述聞。○古者謂室為丨，故謂入室為入丨。〔漢書・朱買臣傳〕「入視之」雜志。○室謂之丨，故卧室謂之卧丨。〔同上〕○古謂房室為丨。〔儀禮・特牲饋食禮〕「納諸丨」平議。○卧丨即卧室。〔漢書・金日磾傳〕「走趨卧丨欲入」補注。○丨，義與入同。〔儀禮・鄉射禮〕「命弟子納射器」胡正義。○丨，入也。〔廣韻・隊部〕○丨謂輻菑蚤之轂牙者。〔周禮・考工記〕孫正義。○丨，即入也。〔史記・張儀傳〕「入儀之梁」雜志。○丨，入也。〔大戴・主言〕「丨諸尋常之室而不塞」王詁。又〔千乘〕「丨禄出災」王詁。又〔虞戴德〕「諸侯丨貢於天子」王詁。○丨者，入也。〔説文〕「納，絲溼納納也」段注。○丨與入同。〔漢書・蒯通傳〕「然則慈父孝子將爭接刃於公之腹」補注引王念孫。○古入字皆作丨。〔左傳襄公九年〕「以出丨火」洪詁。○今人謂所入之處為丨。〔説文〕「丨，入也」段注。○奥亦丨也。〔漢書・谷永傳〕「奥丨」雜志。○二丨，東房西室也。〔漢書・鼂錯傳〕「家有一堂二丨」補注引沈欽韓。○中國為丨。〔司馬相如傳〕「丨之則犯義侵禮於邊境」補注。○丨謂君之機密也。〔韓子・揚權〕「欲治其丨」集解引舊注。○丨謂近習。〔韓子・八經〕「丨曰愛」集解。○丨謂陳發秘藏。〔漢書・劉歆傳〕「外丨相應」補注引何焯。○丨謂從中制。〔書・吕刑下〕「惟丨」孫疏。○百官、左右學士皆屬丨。〔韓子・孤憤〕「則外丨為之用矣」集解。○丨謂君之左右也。〔同上〕引舊注。○丨謂身也。〔大戴・子張問入官〕「法象在丨故不遠」王詁。○丨謂之家。〔曾子立事〕「是故為善必自丨始也」王詁。○丨謂姬妾。〔漢書・常山憲王傳〕「王丨多」補注。○丨謂婦寺之屬。〔左傳襄公四年〕「浞行媚於丨」疏證。○丨謂親之。〔國策・魏策二〕「丨之無若群臣何也」鮑注。○丨人，謂女御也。〔周禮・内豎〕「則為丨人蹕」述聞。○凡宦人無官品者稱丨給使。〔漢書・王莽傳〕「置使家，中黄門十日一賜餐」補注引〔六典〕。○舅之子為丨兄第。〔説文〕「甥，謂我舅者吾謂之甥」段注。○丨小臣為奄官之長，與寺人别。〔詩・車鄰〕「寺人之令」傳「寺人，丨小臣也」集疏。○丨行，謂國中隱事。〔國策・韓策三〕「美人知丨行者也」鮑注。○丨宇，猶宇丨也。〔淮南・原道〕「宇丨」雜志。○丨美，生而質性容度之粹美。〔離騷〕「紛吾既有此丨美兮」戴注。○秦丨史於漢為三輔。〔漢書・百官公卿表〕「丨史周苛為御史大夫」補注引錢大昭。○丨録，謂宰相也。〔通雅・音義襍論〕○丨録，録尚書事也。〔官制〕○丨史，中大夫，掌爵禄廢置殺生予奪之法者也。〔詩・十月之交〕「聚子丨史」朱傳。○今人所謂丨障，又謂之青盲。〔説文〕「矇，童矇也」義證引〔六書故〕。○丨羞，房中之羞也。〔説文定聲・卷六〕〔「羞」下〕○丨獄，謂中貴之獄。〔書・吕刑下〕注「史遷惟丨作丨獄」孫疏。○丨顧，回視也。〔論語・鄉黨〕「不丨顧」朱注。○丨中，猶唐言南丨，今言大丨也。〔通雅・宫室〕○廷丨，謂庭與堂室。〔詩・山有樞〕「子有廷丨」、〔抑〕「洒埽庭丨」述聞。○丨當作衲，即退字。〔墨子・親士〕「丨究其情」平議。又〔同上〕閒詁引俞樾。○丨當為曲。〔説文〕「闠，城丨重門也」義證。○丨聲者，當為肉聲。〔説文〕「肭，從月、丨聲」義證。○丨蓋日之誤。〔荀子・君道篇〕「一丨而曲辨之」集解。○丨即用之譌。〔禮論篇〕「薄器不成丨」集解引王念孫。○丨，當為穴。〔禮記・月令〕「蟄虫咸俯在丨」述聞。又〔吕覽・季秋〕作「在穴」述聞。○丨，舊音訥。訥，木訥也。〔楚辭・懷沙〕「文質疏丨兮」補注。○納與衲通，亦作丨。〔廣雅・釋詁〕「衲，補也」疏證。○納、衲、丨古字通。〔漢書・張馮傳〕「周丨」雜志。○丨、枘同。〔墨子・備高臨〕「左右皆圜丨」閒詁。○丨、枘古今字。〔備城門〕「丨後長五寸」閒詁。○丨讀曰納。〔通鑑・漢紀五〕「乃令持節矯丨太尉北軍」音注。又〔周紀二〕「魏人不受復丨之秦」音注。又〔漢書・烏孫國傳〕「必先丨聘」補注引徐松。○丨讀為納，結。〔孟子・公孫丑上〕「非所以丨交於孺子之父母也」朱注。又〔韓子・説難〕「欲丨相存之言」集解引顧廣圻。又〔漢書・高后紀〕「迺令持節矯丨勃北軍」、「毋丨相國産殿門」、「殿門弗丨」補注引錢大昭。○丨讀為納，納者補也。〔漢書・張馮傳〕「周丨」雜志。○丨讀為納，補也。納、衲、丨古字通，今俗語猶謂破布相連處為納頭矣。〔漢書・路温舒傳〕「則鍛練而周丨之」補注引王念孫。○丨讀若納。〔漢書・高帝紀〕「毋丨諸侯軍」補注引錢大昭。又〔翟方進傳〕「丨謁徑入」補注引周壽昌。○丨讀如納。〔墨子・備城門〕「丨苣爵穴中」閒詁引蘇時學。又〔號令〕「開門丨吏」閒詁。又〔襍守〕「應名乃丨之」閒詁。○丨，今之納字。〔説文〕「鬻，丨肉及菜湯中薄出之」段注。○丨即納。〔墨子・號令〕「出丨畜産」閒詁引蘇時學。又〔漢書・鄒陽傳〕「吴王不丨其言」補注。○丨與納同。〔孟子・滕文公下〕「泄柳閉門而不丨」朱注。又〔墨子・備城門〕「居柴丨弩」閒詁引畢沅。又〔同上〕「枚木」雜志。又〔韓子・八經〕「博論以丨一人」集解引王先謙。又〔漢書・霍光傳〕「丨所居傅舍」補注。○丨與納同，來丨，猶言招納。〔漢書・嚴助傳〕「陛下若欲來丨」補注。○〔夏紀〕丨作納，通用字。〔漢書・地理志〕「百里賦丨總」補注。○丨，又多假納為之矣。〔説文〕「丨，入也」段注。○丨，各本作肉，今正。〔説文〕「插，刺丨也」段注。

塞

丨，隔也。〔説文〕「填，穽也」段注。又〔説文〕「院，丨也」段注。○丨，障也。〔國策・東周策〕「秦敢絶丨而伐韓者」鮑注。○丨，障也，不使與事。〔韓策二〕「以丨伯嬰」鮑注。○丨者，道達之反。〔禮記・月令〕「毋有障丨」集解。○丨，不明。〔國策・魏策一〕「是有其半丨也」鮑注。○丨，不容也。〔管子・宙合〕「不究」雜志。○丨，邊丨。〔廣韻・代部〕○天下有九丨。考〔郡國志〕常山國平棘有丨，疑封此。〔史記・高祖功臣侯者年表〕「丨」志疑。○隱與丨同義。〔管子・四稱〕「以繬緣繬」雜志。○丨，古賽字。〔説文〕無賽字。〔漢書・郊祀志〕「冬丨禱祠」補注。○丨即賽正文。〔墨子・號令〕「丨禱」閒詁引畢沅。○丨，今俗作賽。〔漢書・廣陵厲王傳〕「殺牛丨禱」補注引沈欽韓。○丨音先代反，與賽同。〔史記・封禪書〕「賽」雜志。○丨讀若賽，南越之丨，謂賽祭神而星光下照也。〔漢書・禮樂志〕「丨隕光」補注。○丨為惡之叚借字也。〔説文〕「丨，隔也」段注。

○〔說文定聲・卷五〕丨，叚借為簺。〔莊子・駢拇〕「則博丨以遊」。○丨，俗用為窒穽字，而丨之義，穽之形俱廢矣。〔說文〕「丨，隔也」段注。○丨當為窫。〔說文〕「亜，丨也」義證。○丨當為搴。〔莊子・駢拇〕「擢德丨性」集釋引王念孫。○丨字舊本作寒。〔呂覽・重己〕「燀熱則理丨」校正。

愛 丨，即仁也。〔左傳昭公二〇年〕「古之遺丨也」述聞。○丨仁，猶言仁丨。〔荀子・脩身〕「丨人」雜志。○丨即恩也。〔孟子・滕文公上〕「丨無差等」焦正義。○恩、施、丨三字義通。〔同上〕○丨，憐也。〔廣韻・代部〕○丨與哀聲義並近，丨與憐同義。〔方言六〕箋疏。○丨與哀聲近義亦通。〔方言一〕「憮，哀也」箋疏。○丨與哀聲義相近。〔廣雅・釋詁〕「嶺，哀也」疏證。○丨、哀聲義同。〔釋詁〕「慔，丨也」郝疏。○哀與丨古字通。〔管子・形勢〕「見與之交」雜志。○丨，惜也。〔大戴・保傅〕「憐丨於疏遠卑賤」王詁。又〔曾子立事〕「君子丨日以學」王詁。又〔衛將軍文子〕「不敢丨其死」王詁。又〔小辨〕「社稷之主丨日」王詁。○丨猶惜也。〔論語・八佾〕「爾丨其羊」朱注。○丨，惜不能舍也。〔漢書・王莽傳〕「莽愈丨之」補注引周壽昌。○丨，謂取之有時，用之有節。〔孟子・盡心上〕「丨之而弗仁」朱注。○丨好之字作㤅，從夊者行皃。〔墨子・兼愛上〕閒詁引畢沅。○丨親，謂所親丨之人。〔大戴・曾子立事〕「觀其所丨親，可以和其人矣」王詁。○〔金志〕，妻謂夫丨根。〔通雅・稱謂〕○丨者，㤅之叚借也。〔釋詁〕「慔，丨也」郝疏。○丨，吝也。〔大戴・四代〕「雖慎敬而勿丨」王詁。○丨猶吝也。〔孟子・梁惠王上〕「百姓皆以王為丨也」朱注。又〔國策・西周策〕「奉養無有丨於最也」鮑注。○丨，吝惜也。〔逸周書・大開篇〕「禱無憂玉」雜志。○丨者，薆之省借，隱也。〔詩・靜女〕「丨而不見」通釋。○丨，即薆之假借，隱也。〔同上〕後箋。○不丨，謂不隱藏也。〔禮記・禮運〕「地不丨其寶」述聞。○丨者，僾之省借，仿佛也。〔詩・靜女〕「丨而不見」通釋。○丨，魯作薆，齊作僾。〔同上〕集疏。○丨當讀為薆。〔禮記・大傳〕「五月存丨」平議。○丨與薆通。〔廣雅・釋詁〕「翳，丨也」疏證。○丨、僾、薆並通。〔釋言〕「丨，僾也」疏證。○薆、薆、僾、曖、丨古通用。〔廣雅・釋詁〕「薆，障也」疏證。○掩、翳、丨、隱，一聲之轉。〔廣雅・釋詁〕「翳，丨也」疏證。

輩 丨，等丨。〔廣韻・隊部〕○丨，比也、類也。〔同上〕○丨猶部也。〔慧琳音義・卷四三〕引顧野王。○丨，類也。〔卷二〕引〔太玄經〕。○丨，輩也。〔同上〕引〔玉篇〕。○丨，本從非，俗省作北。〔說文〕「棐，惡米也」義證。○朋也、類也，此丨之通訓也。〔說文〕「羣，丨也」段注。○丨，引申之為什伍同等之偁。〔說文〕「丨，若軍發車，百兩為丨」段注。

佩 丨，丨玉也。〔詩・子衿〕「青青子丨」朱傳。○丨猶飾也。〔葛屨〕「丨其象揥」集疏。又〔同上〕陳疏。○丨，玉之帶也。〔廣韻・隊部〕○丨，系於草帶，而後加以大帶。〔說文定聲・卷五〕○丨，齊、韓作珮。〔詩・大東〕「鞙鞙丨璲」集疏。○丨，俗作珮。〔說文〕「丨，大帶丨也」段注。○人、凡、巾為丨。〔說文〕「丨，大帶也」繫傳。○〔說文定聲・卷五〕丨，叚借為倍。〔荀子・大畧〕「蘭茝槀本漸於蜜醴，一丨易之」。

代 丨者，更也。〔莊子・寓言〕「陰與夜吾丨也」集釋引其世父說。○丨，更也。〔通鑑・齊紀一〕「未及丨下」音注。○時、丨皆更也。〔荀子・禮論〕「時舉而丨御」雜志。○丨作，謂更丨而作，非一君也。〔孟子・滕文公下〕「暴君丨作」焦正義。○丨，更丨，年丨。〔廣韻・代部〕○或言時為，或言丨為，或言更為，是時、丨皆更也。〔荀子・禮論〕「時舉而丨御」雜志。○丨，更有。〔大戴・少閒〕「舜有禹丨興」王詁。○凡以此易彼謂之丨。〔說文〕「丨，㪅也」段注。○凡以此易彼、以後續前皆曰丨。〔說文定聲・卷五〕○凡以異語相易，謂之丨語。〔說文〕「丨，㪅也」段注。○丨亦續也。〔說文定聲・卷一〕(「彤」下)○丨以丨賈為承乏。〔左傳成公九年〕「莫不丨賈」疏證引應劭。○丨，迭也。〔管子・霸言〕「伐」雜志。○丨，迭丨也。〔說文〕「丨，更也」繫傳。○丨，止也。〔太素・人迎脈口診〕「丨則乍甚乍閒」楊注。○〔說文定聲・卷五〕有止乃有丨，故亦訓止。〔素問・脈要精微論〕「數動一丨者」注「止也」。○丨當作伐。〔漢書・大宛國傳〕「因風諭目丨宛之威」補注引錢大昭。○丨罣當為伐皋。〔荀子・正論篇〕「丨罣而食」集解引劉台拱。○石經丨誤作伐。〔左傳定公八年〕「子姑使溷丨子」洪詁。○丨罣，〔淮南〕作伐鼛。〔荀子・正論篇〕「丨罣而食」集解引王念孫。○丨讀如特。〔管子・勢〕「不貣」雜志。○假丨字為世字。〔說文〕「丨，㪅也」段注。○丨當為授。〔漢書・梁丘賀傳〕「臨丨五鹿充宗君孟為少府」補注引劉奉世。○丨頃王者，劉仲也，惠帝二年追尊。〔史記・高祖功臣侯者年表〕「以丨頃王子侯」志疑。○大陵縣屬太原，而云丨大陵者，綰事文帝，文帝初封於丨，高祖詔取山南太原之地益屬丨，故大陵隸丨也。〔史記・萬石張叔列傳〕「建陵侯衛綰者，丨大陵人也」志疑。

退 丨，卻也。〔廣韻・隊部〕○丨，避位。〔大戴・曾子制言中〕「丨則能靜」王詁。○丨謂去位也。〔禮記・表記〕「終事而丨」集解。○丨之言隤也。〔禮記・檀弓下〕「丨然如不勝衣」述聞。○㥏、丨並音他內反，其義同也。〔廣雅・釋詁二〕「㥏，緩也」疏證。○〔通雅・卷三七〕唐世染色曰丨紅。〔唐詩〕「韶州新丨紅」。○進丨，本作進止。〔漢書・馮奉世傳〕「進丨恂恂」補注引王念孫。○丨當為迓字之誤。迓與禦通。〔墨子・明鬼下〕「丨無罪人乎道路」閒詁。○丨當為迓。〔同上〕○舊校云，丨一作卻。〔呂覽・適威〕「進丨中繩」校正。○丨，古文作退。〔方言一二〕「丨，緩也」箋疏。○乾道本丨作復。〔韓子・初見秦〕「軍乃引而丨并於李下」集解。○〔說文定聲・卷一二〕丨，叚借為夊。〔說文〕「丨，一曰行遲也」。

載 丨，裝。〔詩・杕杜〕「匪丨匪來」朱傳。○丨謂丨於車中也。〔左傳僖公二三年〕「稽首受而丨之」疏證。○丨，凡丨物之偁。〔說文〕「丨，乘也」段注。○所丨之物曰丨。〔同上〕○丨，運也。〔廣韻・代部〕○丨，年也、事也、則也、乘也、始也、盟辭也。〔同上〕○丨謂乘。〔漢書・溝洫志〕「北丨之高地」補注引沈欽韓。○丨，行也，謂行其清靜之治也。〔曹參傳〕「丨其清靜」補注引王念孫。○丨猶任也。〔荀子・榮辱篇〕「使人丨其事而各得其

宜」集解引郝懿行。○|者，置也。〔正論篇〕「側|罣止」集解。○|，戴也。〔詩・絲衣〕「|弁俅俅」朱傳。○|即戴也。〔釋名・釋姿容〕「|，戴也」疏證。○|即戴，古通用。〔釋名・釋山〕「石|土曰岨」疏證。○古|戴通用。〔說文〕「𦉢，榼𦉢，負戴器也」句讀。○|通作戴。〔廣雅・釋言〕「𢧵，|也」疏證。○|、戴古字通用。〔釋丘〕「途出其前戴丘」郝疏。○〔說文定聲・卷五〕|，叚借為戴。〔詩・絲衣〕「|弁俅俅」。○|當記|之|。〔左傳宣公三年〕「|祀六百」疏證引武億。○|，亦藏也。〔詩・彤弓〕「受言|之」通釋。○|之言植也，立也。〔禮記・曲禮上〕「|青旌」述聞。○|亦設也。〔大戴・投壺〕「執旌既|」王詁。○|，上下相承也。〔詩・緜〕「縮版以|」朱傳。○|，與也。予、與二字同聲。〔廣雅・釋詁〕「|，予也」疏證。○|，抗之也。〔詩・彤弓〕「受言|之」朱傳。○|，猶庋也。〔說文定聲・卷五〕○|，滿也。〔詩・生民〕「厥聲|路」朱傳。○|，始也。〔七月〕「春日|陽」朱傳。又〔大戴・誥志〕「|於青色」王詁。○哉、|皆始也。秦漢以來，謂始為纔，即此音之轉。〔字詁〕○始即|也。〔孟子・滕文公下〕「自葛|」焦正義。○|，叚借之為始。〔說文〕「|，棨也」段注。○|者，再為歌也。〔書・臯陶謨下〕「乃賡|歌」孫疏。○三|當為三年。〔書・堯典下〕「三|」孫疏。○〔說文定聲・卷五〕|，叚借為再。〔虞書〕「乃賡|歌曰」。○|，韓作再。〔詩・小戎〕「|寢|興」集疏。○再、|古通用。〔同上〕通釋。○|，事也。〔詩・載芟〕「俶|南畝」朱傳。○|，事。〔詩・大田〕「俶|南畝」朱傳。○|、事古音近通用。〔詩・文王〕「上天之|」通釋。○〔說文定聲・卷五〕|，叚借為事。〔小爾雅・廣詁〕「|，事也」。又〔說文〕「|，棨也」段注。○|，則也，發語辭也。〔詩・載見〕「|見辟王」朱傳。○|，則也。〔菁菁者莪〕「|沉|浮」朱傳。又〔皇矣〕「|錫之光」朱傳。又〔有駜〕「在公|燕」朱傳。又〔載馳〕「|馳|驅」朱傳。又〔采薇〕「|飢|渴」朱傳。又〔孟子・離婁上〕「詩云|胥及溺」朱注。又〔廣雅・附釋言〕疏證。○|，則。〔詩・酌〕「|用有嗣」朱傳。又〔詩・狼跋〕「|疐其尾」朱傳。又〔詩・小宛〕「|飛|鳴」朱傳。又〔詩・四月〕「|清|濁」朱傳。○|同哉。〔書・臯陶謨上〕注「史遷|作始」孫疏。○|與哉通。〔孟子・滕文公下〕「自葛|」焦正義。○|，辭也。〔左傳宣公三年〕「|祀六百」洪詁引賈逵。○|，詞也。〔詩・四牡〕「|驟駸駸」陳疏。○|借為語詈。〔說文〕「|，棨也」段注。○〔說文定聲・卷五〕上|是發聲之詞。〔詩・正月〕「|輸爾|」。○〔同上〕|，叚借發聲之詞，與用曾、用則皆同。曾、|雙聲。〔詩〕「|馳|驅」。○事、士、|，聲並相近。〔廣雅・釋詁〕「士，事也」疏證。○|音在。〔詩・正月〕「|輸爾|」朱傳。又〔正月〕「其車既|」朱傳。○古讀|如兹。〔釋詁〕「知|四也」郝疏。○|當讀為栽。〔詩・緜〕「縮版以|」平議。○|、謨、食皆為也。〔釋詁〕「|、謨、食、詐，僞也」述聞。○|、謨者，作為之義。〔同上〕述聞引錢氏。○〔臯陶謨〕「乃賡|歌」，〔史記夏本紀〕作「乃更為歌」。〔釋詁〕「|，僞也」述聞。○〔說文定聲・卷五〕|，叚借為戠。〔荀子・解蔽〕「唐鞅蔽於欲權而逐|子」。○|與𨙨音同。〔詩・旱麓〕「清酒既|」通釋。○〔釋詞・卷八〕|，字亦作𨙨。〔石鼓文〕「𨙨西𨙨北」。○|與𨙨通。〔廣雅・釋言〕「𨙨，設也」疏證。○|發即|旆。〔通雅・釋詁〕○緈與|同。〔廣雅・釋詁〕「緈，事也」疏證。○𢦏為本字，|為假借字，亦或作戴。〔公羊隱公一〇年經〕「宋人蔡人衛人伐|」陳疏。○〔說文定聲・卷五〕|，叚借為兹，為孳。〔琴賦〕「披重壤以誕|兮」。○〔同上〕|，叚借為異。〔晉語〕「子犯授公子|璧」。○〔同上〕|，叚借為數。〔詩・大田〕〔載芟〕「俶|南畝」。○|當作惑。〔漢書・谷永傳〕「纖介之邪不復|心」補注引宋祁。

碎　|，細破也。〔廣韻・隊部〕又〔慧琳音義・卷二〕引〔韻英〕。○|，散也。〔同上〕引〔考聲〕。○|，散也，壞也。〔慧琳音義・卷五〕引〔考聲〕。○|，瓦部瓶音義同。〔說文〕「|，䃺也」段注。○䃺，各本作礳，今正。〔說文〕「|，䃺也」段注。○|，或作𥗼。〔說文〕「|，礳也」義證。

態　|，意|。〔廣韻・代部〕○|，意也。〔集韻・代部〕○意|者，有是意因有是狀。〔說文〕「|，意也」段注。○|，意美也。〔說文〕「|，意也」義證引〔玉篇〕。○|，意變無恒也。〔慧琳音義・卷一五〕引〔考聲〕。又〔卷六四〕引〔考聲〕。○|，姿容皃也。〔卷一五〕引〔集訓〕。○|者，材藝巧善也，即才能、賢能本字。〔說文定聲・卷一二〕〔「姿」下〕○〔說文定聲・卷五〕|，此為才美引申之誼。〔舞賦〕「狗媮致|」。○|讀為姦慝之慝。〔荀子・成相〕「詐|」雜志。○以|為慝者，古聲不分去入也。〔同上〕○〔說文定聲・卷五〕|，詐|也。〔荀子・成相〕「人之|不如備」。○|，能聲，或從人。此字本義當訓巧藝高材也，即才能、賢能之能，因古借能為|，而才藝美善之訓移以訓能，遂專為姿|字矣。〔說文定聲・卷五〕○能與耐通，故亦與|通。〔荀子・天論〕「形能」雜志。

背　|，脊|。〔廣韻・隊部〕○|，後。〔詩・蕩〕「時無|無側」朱傳。○|，反。〔詩・瞻卬〕「譖始竟|」朱傳。○|，北堂也。〔詩・伯兮〕「言樹之|」朱傳。○青赤氣如月初生，|日者為|。〔漢書・天文志〕「暈適|穴」補注引〔晉志〕。○日兩旁氣外向者為|，形與北字相似，故云|形如北字也。〔同上〕補注引王念孫。○抱珥皆內向之名，|鐍皆外向之名，|字或作倍。〔同上〕○|、譎同義，特有在旁在上之分耳。〔漢書・天文志〕「|穴」雜志。○|，違也。〔離騷〕「|繩墨以追曲兮」補注。○|猶違也。〔詩・瞻卬〕「譖始竟|」陳疏。○|，弃|。〔廣韻・隊部〕○〔說文定聲・卷五〕|，經傳多以負為之。〔京房易傳〕「內臣外鄉兹謂|」。○|、倍、負三字，古同聲而通用。〔國策・秦策〕「棓而殺之」雜志。○負與|古聲相近。〔廣雅・釋詁〕「負、|，後也」疏證。○|、北古通用。〔詩・伯兮〕「言樹之|」通釋。○|、北古同聲，故北為古|字。〔漢書・高帝紀〕「追北」雜志。○|即北字也，古|北同字。〔詩・伯兮〕「言樹之|」平議。○〔說文定聲・卷五〕|，叚借為北。〔楚辭・惜誦〕「忘儇媚以|眾兮」。○人坐立多面明|闇，故以|為南北之北。〔說文定聲・卷五〕〔「北」下〕○身北曰|。〔說文〕「|，脊也」義證引〔韻會〕。○|，字亦作偝。〔說文定聲・

卷五〕○丨，字或作偝。〔説文〕「丨，脊也」義證。○丨音佩。〔詩·十月之交〕「噂沓丨憎」朱傳。○〔説文定聲·卷五〕丨，經傳多以倍為之。〔呂覽·尊師〕「聽從不盡力，命之曰丨」。○丨與倍古字通。〔國策·齊策〕「信反」雜志。又〔晏子春秋·内篇問上〕「及義而謀，信民而動」雜志。○倍與丨同。〔管子·七法〕「倍招而必招之」雜志。○丨字或作倍。〔漢書·天文志〕「丨穴」雜志。○丨，韓作倍。〔詩·蕩〕「時無丨無側」集疏。

穢 丨，蕪也。〔慧琳音義·卷六六〕引〔字書〕。○丨，荒蕪也。〔卷五〕引〔考聲〕。○丨，不清潔也，或作饖。〔卷三〕引〔玉篇〕。○丨，惡也。〔續音義·卷九〕引〔切韻〕。又〔慧琳音義·卷六六〕引顧野王。又〔廣韻·廢部〕。又〔離騷〕「哀眾芳之蕪丨」補注。○丨，惡也，通作濊。〔集韻·夳部〕○丨，悪也，或作薉。〔慧琳音義·卷八〕引〔韻英〕。○丨即薉之俗。〔周禮·考工記〕孫正義。○丨，〔漢·表〕作薉。〔史記·惠景間侯者年表〕「夷侯劉丨」志疑。○濊與薉、丨同。〔史記·平準書〕「賈滅朝鮮」雜志。○丨當作薉。〔説文〕「穮，除苗間丨也」段注。又〔書·盤庚〕「無起丨以自臭」孫疏。○丨，染也。〔慧琳音義·卷一二〕引顧野王。

菜 草可食者皆名丨。〔廣韻·代部〕○凡草木之可茹者謂之丨。〔本草·卷二六〕○丨、采古字通用。〔列子·説符〕「臣有所與共擔纏薪丨者」平議。○丨、采字通。〔史記·貨殖列傳〕「佗果丨千鍾」志疑。○官本丨作采，是。〔漢書·董仲舒傳〕「聞昔者魯君問柳下惠」補注。○〔説文定聲·卷五〕丨，叚借為采。〔孔耽神祠碑〕「躬丨蔆蕅」。○〔同上〕丨，叚借為植。〔荀子·大略〕「三月五月為幬丨敝而不反其常」。

對 丨，答也、當也、配也、揚也、應也。〔廣韻·隊部〕○丨，匹也、荅也。〔慧琳音義·卷七〕引〔考聲〕。○丨，答也。〔詩·皇矣〕「以丨于天下」朱傳。又〔詩·江漢〕「丨揚王休」朱傳。又〔孟子·梁惠王下〕「詩云，以丨於天下」朱注。又〔通鑑·陳紀六〕「今者丨揚」音注。○丨、荅古通用。〔説文〕「對，譍無方也」段注。○丨猶當也。〔詩·皇矣〕「帝作邦作丨」朱傳。○丨，當也。〔釋詁〕「妃，丨也」鄭注。又〔太素·寒熱雜記〕「屬口丨入繫目本」楊注。○丨即遂。〔詩·皇矣〕「以丨於天下」通釋。○丨當在衷字上，讀為遂。〔荀子·成相篇〕「欲衷丨」集解引俞樾。○丨讀為遂。〔同上〕平議。○丨，進也。〔詩·雨無正〕「聽言則丨」集疏引魯説。○丨，舉也。〔禮記·祭統〕「丨揚以辟之」集解。○丨三雍宮之制度，非召丨於三雍宮也。〔漢書·河間獻王傳〕「丨三雍宮」補注引胡注。○丨刺，似是連緜字，即形容高屋之詞。〔説文〕「广，象丨刺高屋之形」句讀。○敵手曰丨家。〔通雅·稱謂〕○〔通雅·卷二六〕唐宋之丨移，即漢之換縣，今之調也。〔泊宅編〕云「今官不振職者，許郡將部使臣兩易之，曰丨移」。○丨揚，亦為丨越。〔詩·韓奕〕「丨揚王休」通釋。○丨與菿通。〔廣雅·釋訓〕「菿菿，茂也」疏證。○丨當為菿，菿、倬古字通。〔詩·雲漢〕「丨彼雲漢」集疏引王念孫。○丨疑封字之形譌。〔荀子·成相篇〕「欲衷丨」集解引郝懿行。

廢 丨者，止也。〔墨子·天志下〕「毀之賁不之丨也」雜志。○丨，去也。〔公羊傳文公六年〕「於是丨將」陳疏引孔廣森。○丨者，已命而罷之之辭。〔詩·楚茨〕「丨徹不遲」朱傳。○丨，除也，謂除去治獄之弊政。〔漢書·路温舒傳〕「囙丨治獄」補注。○賈肉不售，故曰丨。〔國策·秦策五〕「朝歌之丨屠」鮑注。○丨、放義同。〔周禮·大宰〕「七曰丨以馭其罪」孫正義。○〔説文定聲·卷一三〕丨，傾圮無用之意。〔説文〕「丨，屋頓也」。○古謂存之為置，棄之為丨；亦謂存之為丨，棄之為置。〔説文〕「丨，頓也」段注。○頓之言鈍，謂屋鈍置無居之者也。〔同上〕○引申之凡鈍置皆曰丨。〔同上〕○置之而不用曰丨，置而用之亦曰丨。〔説文〕「舍，市居曰舍」段注。○丨者，屋之舍也。〔釋詁〕「丨，舍也」郝疏。○丨舉即丨居，今之屯積乘時逐利者也。〔通雅·事制〕○丨貯，猶丨居也。〔漢書·貨殖傳〕「發貯」雜志。○丨居者，貯畜之名也。〔同上〕○丨即居也，於義為複。〔漢書·食貨志〕「丨居居邑」補注。○丨，置也。置者，不去也，與此丨同。〔同上〕引沈欽韓。○丨，置也。〔左傳文公二年〕「丨六關」疏證引鄭志。又〔墨子·經説下〕「丨尺於平地」閒詁引張惠言。又〔非命上〕「丨以為刑政」閒詁引盧文弨。○丨亦置也。〔墨子·經下〕「説在丨材」閒詁。○丨與置古字通。〔左傳文公二年〕「丨六關」疏證引惠棟。又〔同上〕洪詁引惠棟。○丨，止也、大也。〔廣韻·廢部〕○丨，大也。〔詩·四月〕「丨為殘賊」集疏引魯説。又〔同上〕後箋引〔稽古編〕。○丨，變。〔詩·四月〕「丨為殘賊」朱傳。○丨、奰二字同義。〔詩·楚茨〕「丨徹不遲」通釋。○丨與奰亦聲近義同。〔廣雅·釋詁〕「奰，大也」疏證。○丨即奰之叚借字。〔説文〕「奰，大也」段注。○丨者，奰之叚音。〔釋詁〕「丨，大也」郝疏。○丨即奰之叚借也。〔詩·四月〕「丨為殘賊」通釋。○〔説文定聲·卷一三〕丨，叚借為奰。〔釋詁〕「丨，大也」。○丨、發古字通。〔墨子·非命〕「丨」雜志。○丨、發古同聲，故字亦相通。〔史記·孟嘗君傳〕「發」雜志。○丨與發古同聲而通用。〔漢書·貨殖傳〕「發貯」雜志。○發字古通作丨。〔史記·麻書〕「度驗」雜志。○丨、發古字通。〔釋詁〕「丨，舍也」郝疏。○丨即發之借字。〔史記·平原君傳〕「發」雜志。○丨當讀為發。〔左傳昭公一四年〕「司徒老祁慮癸僞丨疾」平議。○丨與發同。〔方言七〕「發稅舍車也」箋疏。○丨讀為發。〔墨子·非命〕「丨」雜志。○〔説文定聲·卷一三〕丨，叚借為發。〔論語〕「丨中權」。○丨，一本作發。〔國策·齊策一〕「王何不丨將而擊之」補正。○〔説文定聲·卷一三〕丨，叚借為癈。〔周禮·小司徒〕「以辨其貴賤老幼丨疾」。○〔同上〕丨，叚借為忕。〔詩·四月〕「丨為殘賊」。○〔通雅·卷二六〕丨負，逋賦也。〔吳志〕「部界無丨負」。○秦之丨邱，周之犬邱也。〔史記·高祖本紀〕「更名丨丘為槐里」志疑。○官本丨作費，是。〔漢書·疏廣傳〕「今日飲食丨且盡」補注。

誨 丨，教訓也。〔廣韻·隊部〕○丨，丁寧丨之，若決晦昧也。〔説文〕「丨，曉教也」繫傳。○丨當作悔。〔管子·大�〕「其智多丨」義證引孫星衍。○

丨與悔同。〔管子・大匡〕「其智多丨」雜志。

晦

丨，昏。〔詩・風雨〕「風雨如丨」朱傳。〇丨，昧也。〔說文〕「丨，月盡也」繫傳。〇丨，引伸為凡光盡之偁。（同上）段注。〇丨，冥也。又月盡也。〔廣韻・隊部〕〇丨食者，正食以夜也。〔說文定聲・卷五〕〔「侮」下〕〇〔卷五〕丨，段借為毎。〔書・洪範〕「曰悔」鄭注「丨猶終也」。〇（同上）丨，段借為腜，實發聲之詞。〔幽通賦〕「鮮生民之丨在」。〇丨，與〔韓詩・小旻〕「民雖靡腜」同。〔說文定聲・卷五〕〇丨是晦之誤。〔漢書・古今人表〕「厖生丨」補注。〇丨當為朔。〔漢書・宣帝紀〕「夏四月辛丑丨」補注引王念孫。

昧

丨，晦。〔詩・女曰雞鳴〕「士曰丨旦」朱傳。〇丨，暗丨。〔廣韻・隊部〕〇丨為闇。〔書・牧誓〕「時甲子丨爽」孫疏。〇丨，冒也。〔左傳襄公二六年〕「楚王是故丨於一來」洪詁引劉逵。〇丨與留古多通用。〔說文〕「丨，丨爽」段注。〇丨與沬義同。〔漢書・王商傳〕「日中見丨」補注引宋祁。〇〔說文定聲・卷一二〕丨，段借為務。〔公羊傳襄公二七年〕「丨雉彼視」。〇（同上）丨，段借為冒。〔左傳襄公二六年〕「丨于一來」。〇（同上）丨，段借為眛。〔左傳僖公四年〕「目不別五色之章為丨」。〇（同上）丨，將明尚暗之時也。〔說文〕「丨，丨爽，旦明也。一曰闇也」。〇（同上）丨，段借為忽。〔周書・王會〕「佩之令人不丨」。〇丨，官本作寐。〔漢書・嚴助傳〕「夙興夜丨」補注。〇官本丨皆作眛。〔項籍傳〕「漢軍方圍鍾離丨於滎陽東」補注。〇丨，字亦作味。〔說文定聲・卷一二〕〇丨，字亦作韎。（同上）〇丨、蔑古通，字從目從末，各本訛作丨。〔史記・秦本紀〕「共攻楚方城，取唐丨」志疑。〇丨當作眛。〔楚世家〕「殺楚將唐丨」志疑。又〔樂毅列傳〕「南敗楚相唐丨於重丘」志疑。〇丨旦，天欲旦晦明未辨之際也。〔詩・女曰雞鳴〕「士曰丨旦」朱傳。〇丨旦，為未大明貌。（同上）通釋。〇丨旦，為將旦之稱。（同上）〇丨旦，猶言丨爽。（同上）〇丨爽，一作留爽。〔通雅・天文〕〇丨爽，微明也。〔說文〕「爽，明也」繫傳。〇丨爽，為日未出也。〔書・牧誓〕「時甲子丨爽」孫疏。〇丨雉，猶死雉也。〔義府・卷上〕〇丨蓋身之轉也。〔釋言〕「蓋，裂也」邵正義。〇〔通雅・卷九〕丨丨，通用眊眊、湎湎、梅梅、媒媒、每每。〔楚辭〕「丨丨其將暮」。〇丨丨、楙楙，一聲之轉，皆欲知之貌。〔淮南内篇・俶真〕「楙楙」雜志。

礙

丨，止也，距也。〔廣韻・代部〕〇丨，止也，限至曰丨也。〔慧琳音義・卷九〕〇丨，止之至也。〔廣雅・釋詁〕「丨，至也」疏證。〇丨者，止也。〔說文〕「乍，從亡一，一，有所丨也」段注。又〔說文〕「軫，丨也」段注。〇丨，止也，與遮遏義同。〔說文〕「遮，遏也」義證。〇施罟而水仍流，故曰丨流。〔說文〕「濊，丨流也」疏證。〇丨、硋、閡、軷，並字異而義同。〔廣雅・釋言〕「丨，閡也」疏證。〇丨，〔韻略〕作硋，隔也。〔慧琳音義・卷五四〕引〔考聲〕。〇丨，〔列子・黃帝篇〕作硋。〔說文〕「丨，止也」段注。〇丨與閡同聲而通用。〔廣雅・釋言〕「丨，閡也」疏證。〇〔說文定聲・卷五〕丨，字亦作軷。〔太玄〕「上軷于山」。

戴

丨，亦有覆義。〔詩・卷耳〕「陟彼崔嵬」後箋。〇引伸之，凡加於上皆曰丨。〔說文〕「丨，分物得增益曰丨」段注。〇丨，任在首。〔孟子・梁惠王上〕「頒白者不負丨於道路矣」朱注。〇丨，謂丨於首。（同上）焦正義。〇丨，荷丨。〔廣韻・代部〕〇丨，增益也。〔詩・卷耳〕「陟彼崔嵬」後箋引段注。〇丨，分物得益也。〔說文〕「丨，分物得增益曰丨」繫傳。〇丨與負、被，其義一耳。〔韓子・初見秦〕「頓首丨羽」集解引王先謙。〇欣奉其上曰丨。〔慧琳音義・卷四七〕引顧野王。〇丨，值也。〔釋丘〕「途出其前，丨丘」郝疏。〇丨之言值也，值亦當也。（同上）述聞。〇丨，載也。〔大戴・千乘〕「凡民，丨名以能」王詁。〇丨與載通用，言其上曰丨，言其下曰載也。〔說文〕「丨，分物得增益曰丨」段注。〇丨、載古二字通用。〔說文〕「賕，一曰丨質也」句讀。〇丨、載古通。〔墨子・脩身〕「君子以身丨行」閒詁。〇古丨、載字通。〔釋名・釋丘〕「道出其前曰載丘」疏證。〇丨當讀為載。〔大戴・虞戴德〕「昔有虞丨德何以」平議。又〔淮南・主術〕「凡行丨情」、「不丨其情」平議。〇〔毛詩〕丨作載。〔說文〕「詩曰丨弁俅俅」段注。〇丨，〔公〕、〔穀〕皆作載。〔左傳隱公一〇年經〕「宋人蔡人衛人伐丨」洪詁。又〔左傳隱公一〇年〕「蔡人從之伐丨」洪詁。〇官本注丨作載。〔漢書・元帝紀〕「貲不滿千錢者賦貸種、食」補注。〇著丨者，昭、景相承為氏也。〔莊子・庚桑楚〕「昭、景也，著丨也」集釋。〇丨者，形如直狀，其上微起，在日上為丨，丨者，德也。〔漢書・天文志〕「抱且丨」補注引〔晉志〕。〇日上為丨，青赤氣抱在日上，小者為冠。（同上）〇〔說文定聲・卷五〕丨勝，鳥首有文如勝，故名。〔禮記・月令〕「丨勝降于桑」。〇丨目者，上視如丨然，〔素問〕所謂丨眼也，諸書所謂望羊也。〔說文〕「瞷，丨目也」段注。〇丨目，如馬顙丨星之丨。（同上）義證。〇丨目，目望陽也。（同上）繫傳。〇丨鵀即今之鷜鷜鷇。〔釋鳥〕「鵖鴔，丨鵀」郝疏。〇〔通雅・卷一八〕丨干，豐上也，面額高滿曰丨干。〔隋書〕「王劭言上有龍顏丨干之表」。〇邱之前當途者謂之丨邱。〔釋邱〕「途出其前，丨邱」述聞。〇丨屋，蓋屋也。〔義府・冥通記〕〇今之丨星馬，即古所云白顛的顙草上也。〇丨〔通雅・獸〕〇丨，〔說文〕作𢦏。〔春秋隱公一〇年經〕「宋人、蔡人、衛人伐丨」疏證引沈欽韓。〇〔說文定聲・卷五〕丨，段借為𢦏。〔左傳隱公一〇年〕「宋人、蔡人、衛人伐丨」。〇（同上）丨，段借為嗞。〔淮南・繆稱〕「意而不丨」。〇丨氏，一本作叔世。〔呂覽・壅塞〕「此丨氏之所以絶也」校正引舊校。

貸

丨，借也、施也、假也。〔廣韻・代部〕〇丨，借也。〔孟子・滕文公上〕「又稱丨而益之」焦正義。又（同上）朱注。〇丨，假借也。〔通鑑・晉紀七〕「詔丨之」音注。〇丨，施也。〔廣雅・釋詁〕「丨，與也」疏證。〇丨為借而又為與，義相反而實相因。（同上）疏證。〇丨，從人求物也。〔國策・齊策五〕「不丨而見足矣」鮑注。〇丨與貣同，從人求物也。〔通鑑・秦紀二〕「將軍之乞丨亦已甚矣」音注。〇乞丨當用貣。〔說文〕「蟘，吏乞丨則生

蝜」義證引趙宧光。〇丨當為貣。〔說文〕「貫，丨也」義證。〇丨，相承或借為貣。〔說文〕「蝜，蟲食苗葉者」義證引〔五經文字〕。〇〔說文定聲・卷五〕丨，叚借為貣。〔廣雅・釋詁二〕「丨，借也」。〇丨，赦也。〔通鑑・魏紀一〕「然後丨出」音注。〇丨，原也。〔同上〕〇〔說文定聲・卷五〕丨，謂以貝攺人。〔說文〕「丨，施也」。〇丨，差忒也。〔禮記・月令〕「宿離不丨」集解。〇〔說文定聲・卷五〕丨，叚借為忒。〔廣雅・釋詁二〕「丨，僭也」。〇丨，讀為慝。〔大戴・千乘〕「利辭以亂屬，曰讒，以財投長，曰丨」述聞。〇丨、膩、戲，皆職字之譌。〔大戴・曾子疾病〕「丨乎如入鮑魚之次」，〔永樂大典〕本「丨作膩」，〔意林〕「作戲」述聞。〇職、丨古字通。〔廣雅・釋器〕「職，臭也」疏證。〇丨季，上古真者也。〔太素・色脈診〕「使丨季理色脈而通神明」楊注。〇丨字義不可通，乃貨字之誤。〔大戴・盛德〕「以財投長曰丨」平議。

配

丨，匹也，合也。〔廣韻・隊部〕〇丨也，匹敵之稱也。〔易・豐卦〕「遇其丨主」述聞。〇丨，合也。〔詩・文王〕「永言丨命」朱傳。又〔大戴・哀公問五義〕「丨乎天地」王詁。又〔少閒〕「作物丨天」王詁。又〔孟子・公孫丑上〕「詩云，永言丨命」朱注。〇丨者，合而有助之意。〔公孫丑上〕「丨義與道」朱注。〇丨，對也。〔詩・下武〕「王丨于京」朱傳。又〔大學〕「詩云，克丨上帝」朱注。〇丨、合皆對也。〔逸周書〕「合於四海」雜志。〇丨，賢妃也。〔詩・皇矣〕「天立厥丨」朱傳。〇丨，妃正字，毛記作丨者，假借字。〔詩・皇矣〕「天立厥丨」後箋。〇古丨字讀為妃，故丨林一作蜚林，音相近。〔公羊傳成公一七年〕注「必先有事於蜚林」陳疏引惠棟。〇丨，當作妃。〔詩・皇矣〕「天立厥丨」陳疏。〇〔說文定聲・卷一二〕丨，叚借為妃。〔易・豐〕「遇其丨主」。〇丨，後人借為妃字。〔說文〕「丨，酒色也」段注。〇丨，魯作妃。〔詩・皇矣〕「天立厥丨」集疏。〇丨謂丨天。〔書・呂刑上〕「丨享在下」孫疏。〇丨，隸也。〔通鑑・梁紀一八〕「邕支丨須臾而畢」音注。〇丨為同牢食也。〔左傳隱公八年〕「陳鍼子送女先丨而後祖」洪詁引鄭眾。

妹

丨，姊丨。〔廣韻・隊部〕〇天之丨，猶言天之少女。〔詩・大明〕「俔天之丨」平議。〇丨邦，即牧野也。〔書・酒誥〕「明大命于丨邦」孫疏引段玉裁。

喙

丨，即鳥之口也。〔本草・卷一七〕〇獸、蟲之口曰丨，鳥曰咮。〔說文定聲・卷一二〕〇丨當為喙，喙又作咮。〔漢書・五行志〕「說曰為於天文南方丨為鳥星」補注。〇丨當為喙，音晝。〔天文志〕「柳為鳥丨」補注引王念孫。〇丨，字本作咮，或作噣，通作喙，又通作注。咮、噣、注、喙古同聲而通用，丨則聲遠而不可通。〔漢書・天文志〕「鳥喙」雜志。〇丨，息也。〔詩・緜〕「維其丨矣」朱傳。〇丨者，息貌也。〔廣雅・釋詁〕「丨，息也」疏證。又〔漢書・匈奴傳〕「跂行丨息」雜志。〇丨，息貌也，謂丨丨而息。噦、噲竝與丨通。〔漢書・匈奴傳〕「跂行丨息蠉動之類」補注引王念孫。

〇丨訓為息。〔漢書・匈奴傳〕「跂行丨息」雜志。〇丨息猶言喘息。〔同上〕〇病而短氣亦謂之丨。〔同上〕〇懼而短氣亦謂之丨。〔同上〕〇丨息猶喘息也。〔廣雅・釋詁〕「丨，息也」疏證。〇凡病而氣短亦謂之丨。〔同上〕〇懼而氣短亦謂之丨。〔同上〕〇丨，叚借為困極之義。〔說文〕「丨，口也」段注。〇㱥、瘃、丨並通。〔廣雅・釋詁〕「㱥，極也」疏證。〇丨、瘃、㱥皆言困極而息也。〔說文〕「呬，東夷謂息為呬」義證。〇丨與㱥、瘃字通。〔詩・緜〕「維其丨矣」通釋。〇今〔爾雅〕丨作餘。〔說文〕「爾雅曰餘謂之丨」段注。〇丨亦通作噦，亦作噲。〔方言二〕「丨，息也」箋疏。〇丨、噦、噲古通用。〔廣雅・釋詁〕「丨，息也」疏證。〇噦、噲并與丨通。〔漢書・匈奴傳〕「跂行丨息」雜志。〇口丨當作音口丨之丨。〔方言二〕注「口丨」疏證。〇丨、喟、嘳聲近義同。〔方言二〕「丨，息也」箋疏。〇〔說文定聲・卷一二〕丨，字亦作瘃。〔方言一三〕「瘃，極也」。〇〔同上〕丨，字亦作㱥。〔方言一二〕「㱥，傍也」。〇丨，晁以道、呂東萊所據釋文作象，蓋丨之轉寫異體。〔說文〕「易曰為黔丨」段注。〇丨當為肆字之叚借。〔詩・緜〕「維其丨矣」通釋。〇丨，三家作呬。〔同上〕集疏。〇〔說文定聲・卷一二〕丨，叚借為泗。〔方言二〕「息，秦晉之間或曰丨」。

潰

丨者，敗也。〔詩・召旻〕「草不丨茂」後箋。〇丨，壞也。〔國策・趙策四〕「則足下擊丨而決天下矣」補正。〇丨，浸也。〔說文〕「䊵，丨米」繫傳。〇丨，穴也，散也。〔慧琳音義・卷七九〕引〔考聲〕。〇丨，散也。〔卷五〕引〔韻英〕。〇丨，丨散也。〔通鑑・周紀四〕「及城丨，人爭門而出」音注。〇丨，逃散，又亂也。〔廣韻・隊部〕〇丨，亂也。〔詩・召旻〕「無不丨止」陳疏。又〔同上〕朱傳。又〔說文〕「䊧，治黍禾豆下丨菜」義證引〔玉篇〕。〇丨丨，亂也。〔詩・召旻〕「丨丨回遹」朱傳。〇民逃其上為丨也。〔左傳僖公四年經〕「曹伯侵蔡，蔡丨」洪詁引賈逵。〇民逃其上曰丨。〔大戴・盛德〕「人民散敗」解詁。〇舉國曰丨，一邑曰叛。〔左傳文公三年〕「凡民逃其上曰丨」洪詁引賈、穎。〇丨丨即憒憒之假借。〔詩・召旻〕「丨丨回遹」通釋。〇丨丨與憒憒同，亂也。〔方言一〇〕箋疏。〇丨丨者，憒憒之叚借也。〔說文〕「憒，亂也」段注。〇此丨瘍謂癰已成膿血丨破者也。〔周禮・瘍醫〕「瘍醫掌腫瘍、丨瘍、折瘍之祝藥劀殺之齊」孫正義。〇殨正字，丨借字。〔同上〕〇丨，丨癰也。〔國策・趙策四〕「則足下擊丨而決天下矣」鮑注。〇〔說文定聲・卷一二〕丨，叚借為殨。〔素問・五常政大論〕「分丨癰腫」。〇丨，遂也。〔詩・召旻〕「無不丨止」朱傳。〇丨即遂之叚借。〔詩・小旻〕「是用不丨于成」通釋。〇丨假為遂。〔說文〕「丨，漏也」段注。〇〔說文定聲・卷一二〕丨叚借為遂、為嘳。〔詩・召旻〕「草不丨茂」。〇丨，怒色也。〔詩・谷風〕「有洸有丨」朱傳。〇丨與憒同。〔詩・召旻〕「丨丨回遹」陳疏。〇〔說文定聲・卷一二〕丨，叚借為憒。〔詩・召旻〕「無不丨止」。〇〔楚世家〕丨作隤。〔漢書・古今人表〕「女丨」補注。〇丨當為隤。〔說文〕「䊵，丨米也」義證。〇丨，齊作彙。〔詩・召旻〕「草不丨茂」集疏。〇丨者，當是遺之假借字。〔詩・小旻〕「是用不丨于成」陳疏。〇丨當為潰之誤。〔說文〕「醉，一曰酒丨也」段注。

黱　丨，同黛。〔廣韻·代部〕○丨，今俗作黛。〔說文〕「丨，畫眉黑也」繫傳。○丨，或作黛。〔說文定聲·卷二〕〔「勝」下〕○（同上）丨字亦作黛，丨、代雙聲。〔通俗文〕「染青石謂之點黛」。○丨者，婦人畫眉之黑物也。〔說文〕「丨，畫眉墨也」段注。○丨，畫眉黑也。〔說文〕「丨，畫眉也」義證引〔玉篇〕。

黛　丨，眉丨。〔廣韻·代部〕○丨，畫眉墨也。〔國策·楚策三〕「粉白墨黑」補正。○丨，眉色也。〔本草·卷一六〕○丨者，黱之俗。〔說文〕「丨，畫眉墨也」段注。

賚　丨，與也。〔詩·烈祖〕「丨我思成」朱傳。○丨，予也。〔論語·堯曰〕「周有大丨」朱注。又（同上）集解。○丨，錫有功善人也。〔釋詁〕「丨，賜也」鄭注。○丨為理者，理與釐通。〔書·湯誓〕注「史遷丨作理」孫疏。○古讀丨如來。〔詩·楚茨〕「徂丨孝孫」通釋。

吠　丨，犬聲。〔廣韻·廢部〕○丨舍，梵語，皆巨富多財，通於高貴，或稱長者，或封邑號者也。〔大般若經·卷三三〇〕「丨舍」音義。○丨瑠璃，或云毗瑠璃，梵語寶名也。〔大般若經·卷四九〕「丨瑠璃」音義。○丨，〔字林〕作吠。〔說文〕「丨，犬鳴」段注。○丨，字亦吠。〔說文定聲·卷一三〕○丨吠，犬聲也。〔說文〕「丨，犬鳴也」義證引〔五經文字〕。○丨，〔文選注〕引〔戰國策〕作吠。（同上）段注。○〔說文定聲·卷一三〕丨，字亦作吠。〔文選·獄中上書自明〕「桀之狗可使吠堯」。

逮　丨，及也。〔廣韻·代部〕○丨者，及也。〔說文〕「幾，天子千里地」段注。○丨亦及也。〔漢書·杜周傳〕「丨委政之隆」補注。○〔說文定聲·卷一二〕丨者，行相及也。古曰唐丨，雙聲連語。〔說文〕「丨，唐丨，及也」。○丨，行及也。〔集韻·隊部〕○丨，與也。〔大戴·衛將軍文子〕「賜有丨及焉」王詁。○丨者，其人存，直追取之。捕者，其人亡，當討捕也。一云，丨，易辭，捕，加力也。丨，徒呼名召之，捕，加束縛矣。〔漢書·高祖紀〕「丨捕高等」補注引劉攽。○丨即棣字也。〔廣雅·釋詁〕「棣，緩也」疏證。○丨與追同，通作隶，又通作隸。〔釋言〕「追，及也」郝疏。○丨，通作隶，又通作隸，又通作遝。〔釋詁〕「丨，與也」郝疏。○丨，通作隶。〔釋言〕「遏，丨也」郝疏。○丨、隶、隸音義同。〔釋言〕「丨，及也」邵正義。○丨、遝聲相轉。〔釋言〕「丨，遝也」郝疏。○漢石經丨作遝。〔說文〕「遝，迨也」義證。○〔說文定聲·卷一二〕丨，字亦作隸。〔通俗文〕「雲覆日為靉隸」。○（同上）丨，字又作靆。〔海賦〕「靉靆雲布」。

槩　丨，平斛木也。〔楚辭·惜誓〕「同權丨而就衡」補注。○丨，平斗斛木。〔懷沙〕「一丨而相量」補注。又〔廣韻·代部〕。○丨者，平斗斛之器也。〔說文〕「丨，杚斗斛」句讀。○丨即杚也，所以平斗斛者。〔荀子·君道〕「斗斛敦丨者」集解引郝懿行。○丨即斗斛量概也。〔說文〕「丨，杚斗斛」繫傳。○丨，平也。〔管子·五行〕「水上」雜志。○〔說文定聲·卷一二〕丨，平也。〔史記·范睢傳〕「而不概于王心邪」。○丨，節也。〔慧琳音義·卷一四〕引〔考聲〕。○丨，謀略也。〔慧琳音義·卷一〇〇〕引〔考聲〕。又〔卷九三〕引〔考聲〕。○感丨即感慨。〔漢書·郭解傳〕「少時陰賊感丨」補注。○感慨之為感概，猶慨然之為概然。〔漢書〕「連語」雜志。○丨，引伸之義為節丨，感丨，捜丨。〔說文〕「丨，所以杚斗斛也」段注。○丨、摡、溉、汽、杚、刉，義與扢並相近。〔廣雅·釋詁〕「扢，磨也」疏證。○摡與丨古字通。〔禮記·曲禮〕「食饗不為丨平議」。○〔說文定聲·卷一二〕丨，叚借為摡。〔七發〕「澡丨胷中」。○（同上）丨，叚借為杚。〔曹植詩〕「承露丨泰清」。○（同上）丨，叚借為嘅。〔莊子·至樂〕「我獨何能無丨然」。

摡　丨，滌也。〔廣韻·代部〕○槩、丨、溉、汔、杚、刉，義與扢並相近。〔廣雅·釋詁〕「扢，磨也」疏證。○丨，今本作漑者非。〔說文〕「丨，滌也」段注。○〔說文定聲·卷一二〕丨，毛本以溉為之。〔詩·匪風〕「丨之釜鬵」。

岱　丨，泰字古通用。〔漢書·地理志〕「丨山在西北」補注引錢坫。○東岳所以謂之丨者，代謝之義。〔說文〕「丨，太山也」義證引〔三禮義宗〕。

帒　丨，囊屬。〔廣韻·代部〕○丨，俗作袋，囊也。〔慧琳音義·卷一四〕引〔考聲〕。○丨，囊也。〔卷六二〕引〔考聲〕。

肺　丨，金藏。〔廣韻·廢部〕○丨腑，或作柿附、丨胕、胏附、丨附。〔通雅·身體〕○丨、附皆謂木皮也。〔說文〕柹，削木札朴也。作丨者假借字耳。桴、附、朴，聲并相近，丨、附語之轉耳。〔漢書·劉向傳〕「臣幸得託丨附」補注引王念孫。○丨即柹也。〔淮陽憲王傳〕「博幸得丨附」補注。○丨當作柹。〔中山靖王傳〕「得蒙丨附」補注。○丨腑當作柹附。〔王莽傳〕「得託丨腑」補注。○〔史記〕作丨腑，當作柹附。〔田蚡傳〕「蚡旦丨附為相」補注。○丨附即柹附也。〔師丹傳〕「胏附何患不富貴」補注。○凡丨附字作丨腑者皆誤。〔漢書·師丹傳〕「丨附」雜志。○丨、附皆謂木皮也。（同上）○丨附，謂斫木之柹札也。己於帝室親近，猶柹札附於大木材也。〔說文〕「柹，削木朴也」段注。○丨膜，肉蒸菜也。〔通雅·飲食〕○市市、丨丨、旆旆，義並與芾芾同。〔廣雅·釋訓〕「芾芾，茂也」疏證。○丨音霈。〔詩·東門之楊〕「其葉丨丨」朱傳。○丨丨，猶牂牂也。（同上）朱傳。○丨丨，猶宋宋。（同上）陳疏。○丨，疑為宋之假借。〔說文〕云「宋，艸木盛宋宋然」。（同上）後箋。○〔說文定聲·卷一三〕丨，叚借為柹。〔史記·魏其武安侯傳〕「蚡以丨腑」。○（同上）丨，叚借為柹。〔周禮·大司寇〕「以丨石達窮民」。

漑　丨，灌注。〔國策·齊策六〕「為丨園」鮑注。○丨，灌也。〔廣韻·代部〕○丨，多借為濯摡字。〔說文〕「丨，從水，既聲」段注。○丨，澆也。〔慧琳音義·卷四〕引〔韻英〕。○丨，漬也。（同上）引〔考聲〕。○丨，滌也。〔詩·匪風〕「丨之釜鬵」朱傳。○丨，亦滌也。〔泂酌〕「可以濯丨」朱傳。○丨，拭也。〔儀禮·士昏禮〕「某之子未得濯丨」「于祭」祀」胡正義引敖氏繼公。○丨乃水名，非滌義。〔說文〕引作摡，滌也，〔毛詩〕當本作摡。〔詩·匪

風」「｜之釜鬵」後箋。○｜即既字，即者，已也，助語辭。〔史記·太史公自序傳〕「壯有｜」志疑。○｜讀為既，盡也。〔春秋繁露·王道通三〕「生｜其樂以養」平議。○槩、摡、｜、汔、杚、乞，義并與扢相近。〔廣雅·釋詁〕「扢，磨也」疏證。○｜，當為摡。〔詩·匪風〕「｜之釜鬵」陳疏。○｜，當讀為概。〔詩·泂酌〕「可以濯｜」述聞。○｜，或借槩字。〔說文〕「｜，水出東海桑瀆覆甑山」義證。○｜音蓋。〔詩·匪風〕「｜之釜鬵」朱傳。○〔說文定聲·卷一二〕｜，叚借為摡。〔詩·泂酌〕「可以濯｜」。○〔史記〕｜作溉。〔漢書·司馬相如傳〕「滂濞沆｜」補注。

耒　｜，田器。〔大戴·夏小正〕「初歲祭｜」王詁。○｜耜，薅器也。〔易·繫下〕「揉木為｜」李疏。○｜，｜耜。〔廣韻·隊部〕○｜，手耕曲木也，今之曲杷、茉鍬，其遺象也。〔說文〕「茉，兩刃臿也」義證引〔急就篇〕顏注。○｜者，手耕曲木也。〔說文〕「鈐，鈐鏞，大犁也」段注。○｜，耜柄也。〔孟子·滕文公上〕「負｜耜而自宋之滕」朱注。○｜，象刻齒為疵句形相所以起土。〔說文定聲·卷一二〕○臿上句者曰｜。〔卷五〕(「枱」下)○｜當為耜。〔說文〕「耦，耒廣五寸為伐」義證。

慨　｜，慷｜。〔廣韻·代部〕○｜，志憤壯也。〔慧琳音義·卷四九〕引〔顧野王〕。○｜，傷歎也。〔卷一〇〕引〔考聲〕。又〔卷二六〕引〔考聲〕。○｜，太息也。〔慧琳音義·卷一〕引顧野王。○｜，懣也。〔卷三〕引〔博雅〕。○｜，歎貌也。〔詩·下泉〕「｜我寤嘆」集疏引魯說。○｜，內自高亢憤激也。〔說文〕「｜，忼｜，壯士不得志也」繫傳。○｜，他書亦叚愾為之，作忼愾。〔同上〕段注。○忼｜，不得志也。〔三藏聖教序〕「｜深」音義引顧野王。○｜或作愾。〔慧琳音義·卷一〕○惑｜之為感概，猶｜然之為概然。〔漢書〕「連語」雜志。

愾　｜，太息。〔廣韻·代部〕又〔集韻·代部〕。○｜，一曰怒也，滿也。〔同上〕○〔說文定聲·卷一二〕｜，叚借為怖、為慨。〔詩·彤弓〕箋「｜，很也」。

塊　｜，土｜。〔廣韻·隊部〕○｜，土也，或作墤、凷，通作蕢。〔集韻·怪部〕○｜，一撮土之多。〔莊子·齊物論〕「大｜噫氣」集釋引俞樾。○凡言｜者，皆獨貌也。〔楚辭·七諫〕「｜兮鞠」、〔哀時命〕「｜獨守此曲隅兮」述聞。○｜然，獨尊之貌。〔穀梁傳僖公五年〕「｜然受諸侯之尊己」述聞。○｜當以〔漢書〕作凷。〔左傳僖公二三年〕「野人與之｜」洪詁。○｜乃凷之或體。〔莊子·齊物論〕「夫大｜噫氣」平議。○｜當為魄。〔墨子·備梯〕「管酒｜脯」閒詁引畢沅。

凷　｜同塊。〔廣韻·隊部〕○｜，塊字也。〔說文〕「｜，行不便，一曰極」繫傳。○｜，土｜也。〔說文〕「｜，墣也」義證引〔三蒼〕。○｜，本字。塊，或體。〔墨子·節葬下〕「寢苫枕｜」閒詁。○｜，古塊字。〔晏子春秋·內篇諫上〕「君子所誡」雜志。○｜，〔左氏傳〕作塊。〔漢書·律歷志〕「壄人舉｜而與之」補注引錢大昭。○｜，墣也。〔說文〕「墣，｜也」段注。○｜之形略方，而體似無尾者。〔說文〕「｜，墣也」段注。○屆字以｜為聲。〔晏子春秋·內篇諫上〕「君子所誡」雜志。○〔說文定聲·卷一二〕｜，用魁亦同。〔漢書·東方朔傳〕「魁然無徒」。○〔同上〕｜，用傀亦同。〔荀子·性惡〕「傀然獨立天地之間」。○〔同上〕｜，叚借為瘣。塊鞠，病窮也。〔楚辭·初放〕「塊鞠兮當道宿」。

繢　｜，畫也。〔廣韻·隊部〕○｜，彩色明也。〔慧琳音義·卷三六〕引〔韻英〕。又〔卷八四〕引〔韻英〕。○古人謂赤為｜。〔周禮·司几筵〕「蒲筵｜純」述聞。○赤｜方領，謂以赤色之組為方領也。〔漢書·王莽傳〕「赤｜方領」補注引王引之。○｜、繪字多通。〔周禮·司几筵〕「諸侯祭祀席蒲筵｜純加莞席紛純」孫正義。○｜，字亦以繪為之。〔說文定聲·卷一二〕○〔同上〕｜，叚借為會。〔考工〕「畫｜之事」。○〔同上〕｜謂機尾也，可系物。〔說文〕「｜，織餘也」。

乂　｜，治。〔書·顧命下〕「保｜王家」孫疏。○引申之，｜，治也。〔說文〕「｜，芟艸也」段注。○今則｜訓治而嬖廢矣。〔說文〕「嬖，治也」段注。○｜，創懲也，或作㣻，通作艾。〔集韻·夳部〕○｜，才也。〔廣韻·廢部〕○｜，芟艸也。〔說文〕「鏺，刃有木柄，可以｜艸」段注。○｜象刈艸之刀形。〔同上〕繫傳。○俊｜，言大臣耆老也。〔書·皋陶謨〕「俊｜在官」孫疏。○｜，經多借艾為之。〔說文〕「｜，芟艸也」句讀。○｜同艾。〔書·君奭〕「用｜厥辟」孫疏。○｜作艾，與｜同。〔書·皋陶謨〕注「｜一作艾」孫疏。○｜，〔漢書·五行志〕作艾，熹平石經亦作艾。〔書·洪範〕「｜用三德」孫疏。○｜與艾通。〔書·多方〕「｜我周王」孫疏。○官本注｜作艾。〔漢書·五行志〕「創郲之毗」補注。○｜，今文當作艾。〔漢書·地理志〕「淮沂其｜」補注引段玉裁。○｜，字或作刈。〔說文〕「鏺，兩刃有木柄，可以｜艸」段注。○｜、艾古通。〔書·多方〕「｜我周王」平議。○｜與刈通。〔管子·輕重〕「又欋權渠縲緤」雜志。○｜通作艾，又通作刈。〔釋詁〕「｜，治也」郝疏。○｜，或作刈。〔方言五〕「刈鉤」箋疏。○｜，或作刈，芟艸也。〔說文〕「豙，一曰殘艾也」段注。○｜者，嬖之叚借也。〔釋詁〕「｜，治也」郝疏。○〔說文定聲·卷一三〕｜，叚借為嬖。〔釋詁〕「｜，治也」。○〔同上〕｜，叚借為傑。或曰借為彥，彥、｜雙聲。〔書·皋陶謨〕「俊｜在官」。○〔同上〕｜，叚借為㣻。〔漢書·淮陽憲王欽傳〕「懲｜霍氏」。

艾　｜，治也。〔廣韻·廢部〕○美男為少｜。〔義府·卷上〕○｜為老也。〔書·皋陶謨〕注「乂一作｜」孫疏。○｜、乂字通。〔孟子·萬章上〕「自怨自｜」焦正義。○｜者，乂之叚借字。〔說文〕「乂，芟艸也」段注。○｜同乂。〔說文〕「銍，穫禾短鎌也」段注。○｜與乂、刈同。〔墨子·非儒下〕「親親有術」雜志。○〔說文定聲·卷一三〕｜，叚借為㣻。〔詩·小毖〕箋「懲｜」。○〔同上〕｜，叚借為愒。〔小爾雅·廣言〕「｜，止也」。○〔同上〕｜，叚借為嬖。〔詩·小旻〕「或肅或｜」。

忞 丨，困患為戒。〔廣韻·廢部〕○丨與艾通，亦通作刈。〔廣雅·釋言〕「懲、㥷，丨也」疏證。○丨，又借艾字。〔說文〕「丨，懲也」義證。又(同上)句讀。○丨，或借乂字。(同上)義證。○丨，經典省作乂。(同上)句讀。○丨，今經傳皆借乂及艾字。(同上)繫傳。○丨，經傳皆以乂、以艾為之。〔說文定聲·卷一三〕○丨，古多用乂、艾為之而丨廢矣。〔說文〕「丨，懲也」段注。

碓 丨，杵臼。〔廣韻·隊部〕○丨，春具也。〔慧琳音義·卷五七〕引〔考聲〕。○丨，所以春也。〔說文〕「丨，春也」義證引〔玉篇〕。○丨，磓，春礁也。〔通雅·襍用〕○丨機謂之梴，蓋謂機在此而春在彼也。〔方言五〕箋疏。○丨以足。〔說文定聲·卷一二〕○(同上)丨，叚借為椎。〔周禮·鼓人〕注「圜如丨頭」。

賽 丨，報也。〔廣韻·代部〕又〔集韻·代部〕。又〔慧琳音義·卷五七〕引〔考聲〕。○丨謂酬報。〔慧琳音義·卷七五〕○丨，酬福祭神也。〔卷六二〕引〔文字集略〕。○丨，今報神福也。〔史記·封禪書〕「丨」雜志。○丨，本作塞，古無丨字，借塞為之。(同上)

刈 丨，丨穫。〔廣韻·廢部〕○丨，斬。〔詩·葛覃〕「是丨是濩」朱傳。○芟草曰丨。〔大戴·用兵〕「以丨百姓」王詁。○丨，魯作采。〔詩·漢廣〕「言丨其蔞」集疏。○忞與艾通，亦通作丨。〔廣雅·釋言〕「懲、㥷，忞也」疏證。○丨音乂。〔詩·葛覃〕「是丨是濩」朱傳。

耐 丨，忍也。〔廣韻·代部〕○丨之罪輕於髡，不鬄其髮，僅去須鬢，是曰丨。〔說文〕「耏，罪不至髡也」段注。○丨，正留髮去須鬢之名。〔義府·卷下〕○古者能字皆作丨字，亦取堪任其事之意。後世以三足之能為能，故今人書能無有作丨字者。〔漢書·高帝紀〕「令郎中有罪丨已上」補注引宋祁。○丨猶能也。〔慧琳音義·卷一七〕引顧野王。又〔卷七二〕。○丨，漢人叚為能字。〔說文〕「耏，罪不至髡也」段注。○丨即能字也。〔荀子·仲尼〕「能丨任之」雜志。○能與丨通。〔荀子·天論〕「形能」雜志。○丨音若能。〔說文〕「耏，罪不至髡也」段注。○亦假丨為能。〔說文〕「而，須也」段注。

耏 丨，頦也。〔廣韻·代部〕○丨字誤，官本作耐。〔漢書·高惠高后文功臣表〕「丨為司寇」補注。○〔說文定聲·卷五〕丨，叚借為能，實為態。〔漢書·高帝紀〕如淳注「耐猶任也」。○(同上)丨，以能為之，今北人偁能幹才曰有能耐，疊韻連語，能耐即能，實即態也。〔漢書·趙充國傳〕「漢馬不能冬」。○(同上)丨，而亦聲或從而從寸，謂不鬄髮也。〔說文〕「丨，皋不至髡也」。

悖 丨，心亂。〔廣韻·隊部〕○丨，亂也。〔國策·楚策四〕「先生老丨乎」補注。○丨，不順也。〔慧琳音義·卷八九〕引〔古今正字〕。○丨，怨懟也。〔荀子·不苟〕「不以丨君」雜志。○丨猶背也。〔中庸〕「道并行而不相丨」朱注。○丨，背道也。〔國策·楚策四〕「先生老丨乎」鮑注。○丨，逆也。〔大學〕「是故言丨而出者」朱注。○丨、艴同。〔國策·秦策四〕「秦王丨然而怒」鮑注。○丨讀若勃。〔荀子·不苟〕「不以丨君」雜志。○丨，俗作勃。〔左傳莊公一一年〕「其興也丨焉」疏證引〔五經文字〕。○丨，〔漢書志〕引作誖。〔左傳文公元年〕「歸餘於終事則不丨」洪詁。○丨當為誖，丨或體。〔說文〕「𧧠，籀文丨字」義證。○郣為正體，勃、丨俱叚借字。〔釋詁〕「浡，作也」郝疏。○丨、悖、勃，字異而義同。〔荀子·不苟〕「不以丨君」雜志。○丨焉、丨然、勃然，皆興作之貌。〔漢書·何武傳〕「浡滃雲」雜志。○丨亂，舊作浮亂。〔呂覽·侈樂〕「必有貪鄙丨亂之心」校正。

曖 丨，日不明也。〔離騷〕「時丨丨其將罷兮」補注。○以揚袂障日解丨字尤明白。〔說文〕「僾，仿佛也」義證引楊慎。○丨，〔字書〕或從雲作靉，或從日作丨，皆蔽而不見之意。(同上)○丨，日景光也。〔慧琳音義·卷八五〕○丨，日不明。〔廣韻·代部〕○晻丨，暗皃。(同上)○晻丨，冥也。〔集韻·代部〕又〔厺部〕。○〔史記〕丨丨作薆薆，義本相近，故晻丨亦作晻薆。〔漢書·司馬相如傳〕「時若丨丨，將混濁兮」補注。○丨，暗也。〔楚辭·遠遊〕「旹丨曃其曭莽兮」補注。○丨曃，不明貌。〔說文〕「僾，仿佛也」義證引〔韻會〕。○丨曃，各本訛作曖曃。〔廣雅·釋訓〕「丨曃，翳薈也」疏證。○丨曃、靉靆，皆埃㬤之異文。〔說文〕「㬤，埃㬤，日無光也」句讀。○丨曃，一作丨嘒。〔說文〕「僾，仿佛也」義證引〔韻會〕。○丨嘒，雲霧吐吞障蔽天日，變化殊形也。(同上)義證引楊慎。○丨嘒音愛逮。(同上)○丨然，溫和皃也。〔慧琳音義·卷七七〕引顧野王。○丨讀為愛。〔韓子·主道〕「丨乎如時雨」集解引顧廣圻。○薆、薆、僾、丨、愛古通用。〔廣雅·釋詁〕「薆，障也」疏證。○丨、晻、暗古通用。(同上)

倅 丨，副也。〔廣韻·隊部〕○丨，副也，或作萃，亦省。〔集韻·隊部〕○丨，卒字異文，讀如倉猝。〔墨子·魯問〕「丨然斷之」閒詁引畢沅。○丨，〔周禮〕作萃，亦湊集意也。〔說文〕「萃，艸皃」段注。○粹字假音作丨。〔墨子·明鬼下〕「六畜之勝，腯肥丨毛」閒詁引畢沅。○〔通雅·卷三三〕丨樽，副尊也，猶之從桑也。〔韓詩外傳〕「昭願得齊君之丨樽以為壽」。○貳車、丨車、箷車，皆謂副車也。〔廣雅·釋詁〕「貳，盈也」疏證。

晬 丨，周年子也。〔廣韻·隊部〕

淬 丨，染也、犯也、寒也。〔廣韻·隊部〕○丨，當從火，堅刀刃也。〔國策·燕策三〕「以藥丨之」鮑注。○丨，丨劍燒而入水也。〔說文〕「丨，滅火器也」繫傳。○丨與焠通。〔廣雅·釋言〕「丨，堅也」疏證。又〔國策·燕策三〕「以藥丨之」補注。○丨字與焠同。〔說文〕「丨，滅火器也」句讀。○丨與焠通。〔廣雅·釋詁〕「丨，寒也」疏證。

敦 譈、憞、丨並與憝同。〔廣雅·釋詁〕「憝，惡也」疏證。○〔通雅·卷一〕丨，音對，器名。〔周禮〕「珠槃玉丨」。○〔說文定聲·卷一五〕丨，叚借為錞。〔莊子·列禦寇〕「丨杖蹙之乎頤」。○丨讀為堆。〔文選·答賓戲〕「埊丨」集釋。○丨又可音懟。〔通雅·疑始〕○丨琢，猶追丨。〔詩·有客〕「丨琢

其旅」集疏。○丨，〔史〕作殷。〔國策・齊策一〕「家丨而富」補正。

憒　丨，心亂也。〔廣韻・隊部〕○丨，心煩亂也。〔慧琳音義・卷三〕引〔集訓〕。○丨，亂也。〔國策・齊策四〕「丨於憂」鮑注。○丨丨，猶煩亂也。〔莊子・大宗師〕「彼又惡能丨丨然」集釋。○丨，憂悶也。〔慧琳音義・卷五五〕引〔考聲〕。○丨丨，悶悶也。〔通鑑・魏紀六〕「作事丨丨」音注。○丨與潰同義。〔廣雅・釋訓〕「丨丨，亂也」疏證。○丨，或借潰字。〔說文〕「丨，丨丨，亂也」句讀。○丨與聵同。〔方言六〕注「外傳聾聵司火」箋疏。

闠　丨，闤丨，市門。〔廣韻・隊部〕又〔說文〕「市，買賣所之也」義證引〔纂要〕。○丨，市外門也。〔慧琳音義・卷六八〕引〔考聲〕。○丨同韇，假音字。〔墨子・節葬下〕「革丨三操」閒詁引畢沅。○丨亦作闠。〔說文定聲・卷一二〕

磑　丨，磨也。〔廣韻・隊部〕又〔通鑑・唐紀四一〕「敕毀白渠支流碾丨以溉田」音注。○丨，磨麥具也。〔慧琳音義・卷三七〕引〔考聲〕。又〔卷五三〕引〔考聲〕。又〔卷一〇〇〕引〔考聲〕。○丨，磨，麥具也。〔慧琳音義・卷六八〕引〔考聲〕。○丨，所以䃺也。〔說文〕「丨，䃺也」義證引〔急就篇〕顏注。○丨、䶒、𪙊並與丨通，義亦相近。〔方言五〕「丨，或謂之䃜」箋疏。

纇　丨，纇絲也。〔廣韻・隊部〕又〔續音義・卷五〕引〔切韻〕。○丨為絲之節。〔廣雅・釋言〕「丨，節也」疏證。○丨，絲節不調也。〔說文〕「丨，絲節也」義證引〔玉篇〕。○絲之約結不解者曰丨。〔說文〕「丨，絲結也」段注。○引申之，凡人之愆尤皆曰丨。〔同上〕○丨，亦叚類為之。〔同上〕○丨、類古字通。〔管子・地員〕「不類」雜志。○〔說文定聲・卷一二〕丨，叚借為戾。〔左傳昭公一六年〕「刑之頗丨」。○〔同上〕丨，叚借為盭。〔昭公二八年〕「忿丨無期」。

在　丨，所丨。〔廣韻・代部〕○丨，察也。〔孟子・梁惠王下〕「四方有罪無罪惟我丨」焦正義。○丨，近采。〔書・皋陶謨中〕注「丨一作采」孫疏。○丨謂顧丨也。〔書・顧命〕「丨後之人」述聞。○〔說文定聲・卷五〕丨，鍇本此與坐同意。〔說文〕「丨，存也」。○丨當作坐。〔漢書・杜周傳〕「今丨長者歸故郡」補注引錢大昭。○丨當作任。〔魏相傳〕「昆弟諸壻據權執丨兵官」補注。○丨當為任。〔王吉傳〕「權譎自丨」補注引王念孫。○丨疑仕字之誤。〔呂覽・誡廉〕「不為苟丨」平議。○丨，疑正字之誤。〔莊子・德充符〕「丨冬夏青青」平議。○古字丨作才，與七形相近，忌、咏形又相近，故今文為七始詠。〔書・皋陶謨中〕注「丨治忽，一作七始詠」孫疏。○丨治忽作來始滑者，來始，蓋采治之誤。〔同上〕注「史遷丨治忽作來始滑」孫疏。○罔顯丨厥世，熹平石經作罔顯哉厥世。〔書・立政〕注「丨一作哉」孫疏。○丨丨者，所住丨處。〔慧琳音義・卷二七〕「丨丨所往」。○丨位，謂有位諸臣。〔書・盤庚〕「由乃丨位」孫疏。○丨亡，猶存亡耳，言緩急可恃，不以身之丨亡為計而諉謝也。〔漢書・爰盎傳〕「不㠯丨亡為辭」補注引王文彬。

再　丨，重也，兩也。〔廣韻・代部〕○丨，兩也。〔說文〕「丨，一舉而二也」義證引〔玉篇〕。○重疊之詞曰丨。〔說文定聲・卷五〕○丨當為再，再古稱字。〔大戴・保傅〕「丨為義王」述聞。○丨為義王，〔賈子・胎教篇〕作「稱為義主」。〔同上〕述聞。○丨當為再。〔大戴・文王官人〕「敬丨其說」述聞。○丨當為壹。〔儀禮・公食大夫禮〕「至丨拜」述聞。

欬　丨，丨瘷。〔廣韻・代部〕○丨，上欶也。〔說文〕「丨，屰氣也」義證引〔玉篇〕。○含吸之欲其下而氣乃逆上，是曰丨。〔同上〕段注。○丨，俗文作瘷。〔同上〕

孛　丨，星也。〔廣韻・隊部〕○齊穎云，丨芒短，其光四出，蓬蓬丨丨也。董仲舒云，丨星者，彗星之屬也，芒偏指曰彗，芒氣四出曰丨。一說云，丨即彗也，彗星所散為丨。〔漢書・天文志〕「彗丨飛流」補注引〔占經〕。○茀即丨星。〔公羊傳文公一四年〕「丨者何，彗星也」陳疏。○丨，彗之屬也，偏指曰彗，芒氣四出曰丨。〔通鑑・漢紀一二〕「有星丨于大角」音注引隋・天文志。○〔說文定聲・卷一三〕丨之狀，光芒四射，如草木枝葉旁出。彗之狀，光長如帚，微有不同，而皆妖星之著其象于月輪天下者。〔漢書・李尋傳〕「則伏不見而為彗茀」。○丨星者，芒氣四出曰丨，謂丨丨然也。〔說文〕「市，草木盛市市然」義證引〔天文錄〕。○〔論語〕色丨如，言人色勃然壯盛，似草木之茂也。〔說文〕「丨，𣎵也」繫傳。○丨，今作勃。〔說文〕「論語曰色丨如也」段注。○〔說文定聲・卷一三〕𣎵丨，艸木盛出之貌。字當從𣎵、從孳省，會意，市亦聲。丨之言茀也，故古亦以茀為丨。〔說文〕「丨，𣎵也，從𣎵人色也」。○〔釋文〕引嵇康丨音渤。〔左傳文公一四年經〕「有星丨入於北斗」洪詁。○丨宜作理，蓋因理亦作李，因李訛丨耳。〔史記・天官書〕「熒惑熒惑為勃亂」志疑。○丨或作誖。〔說文〕「丨，𣎵也」義證。○南有丨露，即今之布魯特。〔漢書・休循國傳〕「在蔥嶺西」補注引〔西域記〕。

鄁　丨當作邶。〔漢書・地理志〕「丨，㠯封紂子武庚」補注引朱一新。○丨應作邶。〔孝成班倢伃傳〕「綠衣兮白華，自古兮有之」補注引官本考證。

痗　丨，病也。〔廣韻・隊部〕又〔集韻・隊部〕。又〔詩・伯兮〕「使我心丨」朱傳。又〔十月之交〕「亦孔之丨」朱傳。○丨音妹。（同上）又〔釋詁〕「丨，病也」鄭注。○丨與穤聲義相近。〔廣雅・釋詁〕「穤，敗也」疏證。

薉　丨與穢同。〔楚辭・愍命〕「情純潔而罔丨兮」補注。又〔方言一三〕「蘪，蕪也」注「謂草穢蕪也」箋疏。○丨，今作穢。〔說文〕「丨，蕪也」段注。○丨，

荒一。〔廣韻・廢部〕○一，荒蕪也。〔通鑑・晉紀三〕「臨平湖自漢末一塞」音注。○一，田中雜草也。〔説文〕「一，蕪也」繫傳。○濊與一、穢同。〔史記・平準書〕「賈滅朝鮮」雜志。○官本注一與濊同。〔漢書・武帝紀〕「東夷一君南閭等」補注。○一、濊字同。〔地理志〕「邪頭昧」補注。○一當讀為薉。〔太玄・元攡〕「纖也入一」平議。○〔説文定聲・卷一三〕一，字亦作薉。〔荀子・王霸〕「涂薉則塞」。○〔同上〕一，以濊為之。〔漢書・李尋傳〕「盪滌濁濊」。○〔同上〕一，段借為鐬。〔書・盤庚〕「無起穢以自臭」。

柿　一，斫木札也。〔廣韻・廢部〕○一，削木片也。〔本草・卷三〇〕○今俗呼匠人治木所落曰一。〔文選・馬汧督誄〕「一梠桷之松」集釋。○一，此字本訓木皮之削成片者。札牘亦用薄木片，故謂一為札，因之又謂札為一，互相轉注也。〔説文定聲・卷一三〕○一，今蘇俗諺謂之木一柴。〔同上〕○一通作肺。〔説文〕「一，削木札樸也」義證。○〔説文定聲・卷一三〕一，以肺為之。〔史記・魏其武安侯傳〕「蚡以肺腑」。

䨴　一，雲狀皃也。〔慧琳音義・卷九八〕引〔文字集略〕。○一，靆一，雲狀。〔廣韻・隊部〕○一，霬一，雲皃，或從隊、從逮。〔集韻・夬部〕

憝　一，怨也，惡也。〔廣韻・隊部〕○一，怨也。〔集韻・隊部〕○一與諄聲近而義同。〔廣雅・釋詁〕「一，苦也」疏證。○一，通作諄。〔説文〕「一，怨也」義證。○一與諄古聲亦相近。〔廣雅・釋詁〕「諄，辠也」疏證。○一，孟子引作譈。〔説文〕「周書曰凡民罔不一」段注。○譈、憞、敦並與一同。〔荀子・議兵〕「敦惡」雜志。○〔説文定聲・卷一五〕怨者怒字之誤，一為怒。〔説文〕「一，怒也」。

憞　一，同憝。〔廣韻・隊部〕○譈、一、敦並與憝同。〔廣雅・釋詁〕「憝，惡也」疏證。又〔荀子・議兵〕「敦惡」雜志。

礧　一石，〔李陵傳〕作壘石。〔晁錯傳〕具藺石，如淳注曰雷石。〔唐書・李光弼傳〕又作擂。用㔣為正字。〔説文〕「㔣，推也」段注。○一，推石自高而下也，或作壘、礌、雷、檑。〔集韻・隊部〕引〔埤蒼〕。○一、磊同。〔漢書・司馬相如傳〕「一石相擊」補注引王文彬。○一䃥，重也。〔廣韻・隊部〕

酹　一，一酒。〔廣韻・隊部〕○一，餟祭也。〔集韻・隊部〕

簺　一，格五戲。〔廣韻・代部〕○一即格五之戲，後人亦謂之蹙融。投瓊曰博，不投瓊曰一，于奕枰取一道人行五子也。〔説文定聲・卷五〕○一通作塞。〔説文〕「一，行棊相塞謂之一」義證。

薆　一，蔽也。〔慧琳音義・卷一一〕引〔珠叢〕。○一亦盛也。〔離騷〕「衆一然而蔽之」補注引五臣注。○一通作僾，又通作愛，愛即僾之省。〔釋言〕「一，隱也」郝疏。○一與愛古字通。〔方言一〕「牟，愛也」箋疏。○一亦通用僾，今〔毛詩〕作愛，古今假借通用。〔方言六〕「掩、翳，一也」疏證。○一、𥳑、僾、愛、曖、靉，並字異義同，隱也。〔同上〕箋疏。○一、隱、掩皆翳聲之轉也。〔方言一二〕箋疏。○𥳑、一、僾、曖、愛古通用。〔廣雅・釋詁〕「𥳑，障也」疏證。○一薱，草盛。〔廣韻・代部〕○一障，即隱蔽也。〔釋言〕「一，隱也」鄭注。

靉　一靆，雲狀。〔廣韻・代部〕○一靆，雲暗皃。〔集韻・代部〕○一靆，一作曖靆、靄逮、靉靆、挨皆，雲狀也。〔通雅・釋詁〕○一靆，眼鏡也。〔通雅・器用〕○一靆，雲氣不明也。〔慧琳音義・卷九四〕○一靆，雲貌也。〔同上〕○一靆，義與曖曃同。〔廣雅・釋訓〕「曖曃，翳薈也」疏證。

鐓　平底曰一，取其一地。〔説文〕「鐏，柲下銅也」段注。○一，矛下銅也。〔廣韻・隊部〕○一，或作錞。〔廣雅・釋器〕「一，鐏也」疏證。○一與鐏，對文則異，散文則通。〔同上〕

錞　一，同鐓。〔廣韻・隊部〕○一，字亦作鐓。〔廣雅・釋詁〕「一，低也」疏證。

睞　○一，傍視。〔廣韻・代部〕○一者，目瞳子不正也。〔慧琳音義・卷八六〕○一，當為覫。〔説文〕「詛，讀若反目相一」義證。

徠　一，勞也。〔廣韻・代部〕○一與來同。〔楚辭・橘頌〕「橘一服兮」補注。○官本注一作來。〔漢書・食貨志〕「亦有從一」補注。○官本一作倈，字同。〔董仲舒傳〕「四海之內聞盛德而皆一臣」補注。

勑　一，同徠。〔廣韻・代部〕○一，通作來。〔釋詁〕「來，勤也」郝疏。○勞、來雙聲字。來亦勞也，字本作一。〔漢書〕「連語」雜志。

靆　靉一，雲狀。〔廣韻・代部〕○靉一，雲皃。〔集韻・代部〕

靧　一，洗面。〔廣韻・隊部〕○洒面曰一。〔説文〕「洗，洒足也」段注。○沬、頮、一並同。〔廣雅・釋詁〕「沬，洒也」疏證。

頮　一，同靧。〔廣韻・隊部〕○一，洒面也。〔説文〕「沬，洒面也」義證引〔玉篇〕。○沬、一、靧並同。〔廣雅・釋詁〕「沬，洒也」疏證。

沬　一，止也，又終也。〔續音義・卷五〕引〔考聲〕。○一，微晦也。〔集韻・隊部〕○一、頮、靧並同。〔廣雅・釋詁〕「一，洒也」疏證。○一，〔顧命〕作頮。頮與古文一相似，當即湏字之譌。〔漢書・律歷志〕「王乃洮一水」補注引錢大昭。○一，一曰水名。〔集韻・隊部〕○一，衛邑也。〔詩・桑中〕「一之鄉矣」朱傳。

儗　一，儓一。〔廣韻・代部〕○儓一，癡皃。〔集韻・代部〕○〔説文定聲・卷五〕一，謂借為礙。〔荀子・儒效〕「無所一怎」注「無所凝滯慙怍也」。

采　一、埰古通用。〔方言一三〕「冢，秦晉之間或謂之埰」疏證。

埰　一，古者卿大夫食采地。〔廣韻・代部〕

䉬　丨，蘆丨。〔廣韻・廢部〕

⿸广䉬　丨同䉬。〔廣韻・廢部〕〇丨、䉬、蕟，字異聲義並同。〔方言五〕「江東呼籧篨為丨」箋疏。〇丨，籧篨也。或作⿱艹廢、䉬、蕟。〔集韻・代部〕〇丨與䉬同。〔廣雅・釋器〕「丨，席也」疏證。

顪　丨，頰也。〔廣韻・廢部〕〇丨，頤下毛，一曰頰謂之丨，或從口。〔集韻・廢部〕

焠　丨，作刀鋻也。〔天官書〕曰，火與水合為丨。〔廣韻・隊部〕〇丨，作刃鋻也。〔說文〕「丨，堅刀刃也」義證引〔三蒼解詁〕。〇〔史記〕丨作淬。〔漢書・司馬相如傳〕「脟割輪丨」補注引梁章鉅。〇丨通作淬。〔說文〕「淬，滅火器也」段注。〇丨，字或作淬。〔說文〕「丨，堅刀刃也」義證。〇丨為以火入水，故可通作丨。〔文選・聖主得賢臣頌〕集釋。〇丨，〔文選〕譌作淬，非也。〔說文〕「丨，堅刀刃也」段注。

栽　丨，築牆長板。〔廣韻・代部〕〇丨為長板，築牆兩面。〔說文〕「牏，築牆短版也」義證。

誖　丨，言亂。〔廣韻・隊部〕〇丨，言語不順也。〔慧琳音義・卷八六〕引〔考聲〕。〇丨，辭氣散也。〔說文〕「丨，亂也」繫傳。〇丨，亂也，或從心、從口。亦作悖，古作䜭。〔集韻・隊部〕〇丨，亦書作⿱孛心。（同上）〇丨即非也。〔墨子・經說上〕「以丨，不可也」閒詁。〇丨與非義同。〔墨子・經下〕「假必丨」閒詁。〇丨，猶今俗言昏聵，此老年疾也。悖即丨字。〔漢書・趙禹傳〕「丨亂有罪」補注引周壽昌。〇〔史記〕丨作悖。〔漢書・司馬遷傳〕「愍學者不達其意而師丨」補注。〇〔說文定聲・卷一三〕丨，从二惑省，會意也。〔說文〕「丨，亂也，從言，孛聲。籀文從二或」。〇（同上）丨，叚借為蔽。〔莊子・胠篋〕「上悖日月之明」。

北　丨，古之背字也。〔左傳桓公九年〕「以戰而丨」疏證引王念孫。又〔同上〕洪詁。又〔史記・魯仲連傳〕「反外」雜志。又〔逸周書・比〕「丨則不順」雜志。又〔管子・君臣〕「騰至則丨」義證引孫星衍。〇丨為古背字。〔漢書・高帝紀〕「追丨」雜志。〇丨，古之背字，古讀為背，取背而去之之義，而背、邶二字並從丨聲。〔漢書・高帝紀〕「沛公、項羽追丨」補注引王念孫。〇丨，古背字。背行與回馳同義。〔漢書・禮樂志〕「回馳丨行」補注。〇丨，謂背其君也。〔漢書・高帝紀〕「追丨」雜志。〇丨與背同。〔管子・君臣下〕「騰至則丨」雜志。〇丨與背古同聲而通用。〔廣雅・釋親〕「背謂之骶。丨，背也」疏證。〇丨，違也。〔集韻・隊部〕〇軍敗為丨。〔漢書・天文志〕「與辰合則為丨軍」補注。〇兵敗，丨也。（同上）〇丨，古之背字，是敗丨之丨，古讀為背，取背而去之之義。〔漢書・高帝紀〕「追丨」雜志。〇丨乃比字之誤。〔墨子・節葬下〕「然後金玉珠璣丨乎身」平議。

縡　丨，事也。〔集韻・代部〕〇丨與載通。〔廣雅・釋詁〕「丨，事也」疏證。〇丨者繒字。〔說文定聲・卷五〕〔「載」下〕

薱　丨，草盛。〔廣韻・隊部〕〇丨，草木盛皃。〔集韻・夬部〕〇對與丨通。〔廣雅・釋訓〕「丨丨，茂也」疏證。〇⿰日對與丨通。（同上）

劾　丨，椎丨。〔廣韻・代部〕〇丨，勤力作也。〔怪部〕〇丨，勤力也。一曰勉也，或作勘。〔集韻・怪部〕〇丨，舉案之也，有罪則舉案。〔說文〕「丨，法有辠也」義證引〔急就篇〕顏注。〇治鬼曰丨。〔通鑑・晉紀四〕「仍施諸厭丨符書、藥物等」音注。

瑇　丨，丨瑁。〔廣韻・代部〕又〔集韻・隊部〕。〇丨，丨瑁也。或從甲，亦作毒玳。〔集韻・代部〕

瑁　丨，瑇丨。〔廣韻・隊部〕〇瑇丨，龜屬。或從甲、從虫，亦省。〔集韻・隊部〕〇丨，丨圭，四寸。或省。〔代部〕

⿰目冒　⿰目毒丨也，或從虫，通作瑁。〔集韻・代部〕

誶　丨，告也。〔廣韻・隊部〕又〔集韻・隊部〕。又〔離騷〕「謇朝丨而夕替」戴注。〇丨，猶詬丨，謂不道之言也。〔墨子・非命上〕「百姓之丨也」閒詁引蘇時學。〇丨讀為悴。（同上）閒詁引俞樾。〇〔文選〕丨作訊，字通用。〔漢書・敘傳〕「既丨爾㠯吉象兮」補注。〇〔楚辭〕亂曰，〔史〕作訊曰，〔漢書〕作丨曰。〔義府・卷上〕

棌　丨，木名。〔廣韻・代部〕〇丨即江河間作柱之斛樕小木。說文無丨字，後人妄加木旁。官本作採，亦通作。〔漢書・司馬遷傳〕「丨椽不斲」補注。〇丨，槲也。（同上）補注引〔玉篇〕。又〔說文〕「柞，木也」義證引〔玉篇〕。

悔　丨，改丨。〔廣韻・隊部〕〇〔說文定聲・卷五〕丨，字亦作痗。〔釋詁〕「痗，病也」。〇（同上）丨，字又作慖。〔埤蒼〕「慖，恨也」。〇誨與丨同。〔管子・大匡〕「其智多誨」雜志。

㱧　丨同⿸疒彖。〔廣韻・廢部〕〇丨與⿸疒彖字異音義同。〔方言一三〕「⿸疒彖，極也」疏證。〇丨、⿸疒彖、喙，字異聲義並同。〔方言一二〕「丨，倦也」箋疏。〇丨、⿸疒彖、喙並通。〔廣雅・釋詁〕「丨，極也」疏證。

⿸疒彖　丨，困極也。〔廣韻・廢部〕〇㱧、丨、喙並通。〔廣雅・釋詁〕「㱧，極也」疏證。〇丨、倦，聲之轉也。（同上）

鼐　丨，大鼎。〔詩・絲衣〕「丨鼎及鼒」朱傳。又〔廣韻・代部〕。〇豕鼎受三斗，羊鼎受五斗，牛鼎受一斛，丨，所謂函牛之鼎。〔說文定聲・卷二〕

眛　丨，目暗。〔廣韻・隊部〕〇丨，目不明也。〔集韻・隊部〕〇〔新序〕「決目出丨」，丨當為眯。〔說文〕「眯，草入目中也」義證。

⿱隊韭　丨，韲也。〔廣韻・隊部〕〇丨，齏菹。〔說文〕「丨，韲也」義證引〔玉篇〕。〇〔說文定聲・卷一二〕細切者為齏，為丨，全物若牒者為菹。〔說文〕

「一，齋也」。

磙　一，磊一，物墜也。〔廣韻·隊部〕○一，今作墜。〔說文〕「一，㻽也」繫傳。○一與隊字同，俗隊作墜。〔說文〕「一，陊也」句讀。○一與隊音義同。（同上）段注。○一，即隊之或體。〔說文定聲·卷一二〕

譈　一，怨也。〔孟子·萬章下〕「康誥曰，凡民罔不一」朱注。○敦有割截斬斷之意，趙氏讀一為敦。（同上）焦正義。○一、憞、敦並與憝同。〔廣雅·釋詁〕「憝，惡也」疏證。又〔荀子·議兵〕「敦惡」雜志。

䀏　一，易卦上體。〔廣韻·隊部〕○一今借悔字。〔說文〕「一，易卦之上體」繫傳。○一，今〔尚書〕、〔左傳〕皆作悔。（同上）段注。○一，經典借悔字。〔說文〕「一，易卦之上體也」義證。○一，經傳皆以悔為之。〔說文定聲·卷五〕

綷　一，會五采繒色。〔集韻·隊部〕○一為萃之借音字，聚也。〔文選·射雉賦〕「丹臆蘭一」集釋。○一，〔文選〕作翠粲，〔列女傳〕作悴㡜，並聲近通用。〔漢書·孝成班倢伃傳〕「紛一綷兮紈素聲」補注引王先慎。

琗　一，玉光。〔集韻·隊部〕

挼　一，推也。〔廣韻·隊部〕又〔集韻·隊部〕。○一，排擠之也。〔說文〕「一，推也」繫傳。○一有排擠之義。〔左傳定公八年〕「涉佗一衛侯之手」洪詁。○〔通雅·卷四九〕一即捘。〔左傳〕「一衛侯之手」。

僾　一，唈。〔詩·桑柔〕「亦孔之一」朱傳。○唈一即一唈也。〔釋言〕「一，唈也」郝疏。○一，隱也。〔廣韻·代部〕○一與〔烝民傳〕之「愛，隱也」義相近。〔說文〕「一，仿佛也」段注。○一與〔爾雅〕之「薆，隱也」義相近。（同上）○一與竹部之「䈇，蔽不見也」義相近。（同上）○一，今〔詩〕作愛。（同上）義證。○一通作愛。（同上）義證。○一通作薆。（同上）繫傳。○愛、一、一又或作曖。（同上）義證。○一，見之不明也。（同上）繫傳。○愛、一、䈇並通。〔廣雅·釋言〕「愛，一也」疏證。○䈇、薆、一、曖、愛古通用。〔廣雅·釋詁〕「䈇，障也」疏證。○〔說文定聲·卷一二〕一，叚借為旡。〔詩·桑柔〕「亦孔之一」。○（同上）一，叚借為䈇。〔詩·靜女〕「一而不見」。

餯　一，飯臭。〔廣韻·廢部〕○〔說文定聲·卷一二〕一字從彖聲。〔釋器〕「飲謂之一」。

轛　一，車箱。或從木。〔集韻·隊部〕○一，同轛。〔廣韻·隊部〕

儕　一一市。〔廣韻·隊部〕○俗謂圍周曰一。〔說文〕「一，市也」義證。○一即今之兌換字也。〔說文〕「一，市也」段注。○〔說文定聲·卷一二〕一，今俗兌換字，以兌為之。〔說文〕「一，市也」。

啐　一，咶也。〔集韻·夬部〕○一，嘗入口。〔廣韻·隊部〕○一，嘗也。〔儀禮·士冠禮〕「筵末坐，一醴」胡正義。○一，送酒聲。〔廣韻·隊部〕○一，聲也。〔集韻·隊部〕○一，少飲酒也。（同上）○一，小歠也。亦作啐。〔通雅·疑始〕○一，〔儀禮〕今文以為啐酒字。〔說文〕「一，驚也」段注。○一嚌、嗺嗺、咀嚼同聲義。〔通雅·疑始〕

䊴　一、綷、粹并通。〔廣雅·釋詁〕「粹，同也」疏證。○一，俗作綷。〔說文〕「一，會五采繒也」句讀。○一，通作萃。〔說文〕「一，會五采繒色」義證。○一又通作綷。（同上）

幗　覆髮謂之一，車蓋弓謂之筱，其義一也。〔廣雅·釋器〕「𢄙謂之幌」疏證。○一，幌也，覆髮上也。〔說文〕「幗，筐當也」義證引〔玉篇〕。○一，婦人喪冠。〔廣韻·隊部〕

㥜　一，恨也。〔廣韻·隊部〕○一，恨也。〔集韻·隊部〕引〔堁蒼〕。

偝　一，向一。〔廣韻·隊部〕○一，迴面向外也。〔慧琳音義·卷五三〕引〔考聲〕。○一，或作背，迴面向外也。〔卷七五〕引〔考聲〕。○官本一作背。〔漢書·賈誼傳〕「下無倍畔之心」補注。○捐乃一字之誤。一即背字。〔莊子·大宗師〕「是之謂不以人心捐道」集釋引俞樾。

㹻　一，鼠名，如犬吠也。〔廣韻·廢部〕○一音吠。〔釋獸〕「一鼠」鄭注。○〔說文定聲·卷一二〕一，此字吠省聲。〔中山經〕「倚帝之山有獸焉，狀如一鼠，名曰狙如」注「音吠」。

篵　一，篷也。〔廣韻·隊部〕

磑　一，一磨。〔廣韻·隊部〕○方言磑謂之一。〔集韻·隊部〕○甀與一聲近義同。〔廣雅·釋詁〕「一甀，磨也」疏證。

扢　一，磨也。〔廣韻·代部〕○一，磨也，取也。〔集韻·代部〕

㕐　一，隱翳。〔廣韻·隊部〕又〔集韻·隊部〕。

怖　一之言勃然也。〔廣雅·釋詁〕「怖，怒也」疏證。○一一，邁邁，古今字異耳。（同上）○〔說文定聲·卷一三〕一，字亦作悖。〔廣雅·釋詁四〕「悖，恨也」。

誎　一，誤也。〔廣韻·代部〕又〔集韻·代部〕。

㤥 |，患苦。〔廣韻·代部〕○|，亦苦也，恨也。〔慧琳音義·卷三三〕○|，恨也。〔慧琳音義·卷七四〕○|，恨苦也。〔説文〕「|，苦也」義證引〔玉篇〕。○|，患苦，胡槪切。〔韓子·存韓〕「虚處則|然」集解引顧廣圻。○|音艾。〔同上〕集解引舊注。

䏊 |春也。〔集韻·廢部〕

簂 |，筐也，亦作幗。〔廣韻·隊部〕○|，婦人喪冠，或從巾。〔集韻·隊部〕○|即髮鼓。〔通雅·衣服〕○|，與車弓謂之筱同義。〔廣雅·釋器〕「簂篚，傘也」疏證。

櫃 |，亦作簂，亦作蔮。〔説文〕「|，匡當也」段注。○|或作簂。〔説文〕「|，筐當也」義證。○|又或作幗。〔同上〕義證。○〔説文定聲·卷五〕|，今蘇俗謂物之腔子曰匡當。〔説文〕「|，筐當也」。○〔説文定聲·卷五〕|，字亦作幗。〔後漢書·烏桓鮮卑傳〕「中國有簂步摇」注「|，或為幗，婦人首飾也」。○〔同上〕此冠之|，|之一端也。〔釋名·釋首飾〕「簂，魯人曰頍，齊人名幌」。○|，字亦作蔮。〔説文定聲·卷五〕

殨 |腫決曰|。〔莊子·讓王〕「顔色腫噲」集釋。○|，肉爛。〔廣韻·隊部〕○|，肉爛也。〔慧琳音義·卷一五〕引〔韻英〕。○今|爛字作潰而|廢矣。〔説文〕「|，爛也」段注。○|，今多以潰為之。〔説文定聲·卷一二〕

螝 |，蟲蛹。〔廣韻·隊部〕○|，蟲名蛹也。〔集韻·隊部〕○|，蠶蛹也。〔釋蟲〕「|，蛹」鄭注。○|音圭。〔同上〕○|即古虺字。〔説文〕「|，蛹也」段注。

䜋 |，覺悟。〔廣韻·隊部〕○許以|與潰同也。〔説文〕「訌，|也」段注。○|，字亦作憒。〔説文定聲·卷一二〕〔「訌」下〕○〔説文定聲·卷一二〕|，字亦作讉。〔方言三〕注「汝南呼欺為讉訑」。○〔同上〕|，即〔詩·召旻〕之潰潰回遹、皐皐訿訿也。〔廣雅·釋訓〕「|、譟、啁，欺也」。

𤭛 |，破而已，不必糜也。〔説文〕「|，破也」段注。○瓦破曰|。〔説文定聲·卷一二〕

䯿 |，結也，各本訛作髮。〔廣雅·釋詁〕「|，髻也」疏證。

袚 〔説文定聲·卷一三〕|，叚借為祓。〔方言七〕「福祿謂之|戩」。

脒 |，大腹。〔廣韻·代部〕

㵟 |，測也。〔廣韻·代部〕

𡔎 |，𣪠然。〔廣韻·夬部〕○|，深堅意。又偶也。〔廣韻·代部〕○〔説文定聲·卷一三〕耕所以起堅土。耕者必耦，故|得訓耦。〔廣雅·釋詁四〕「|，耦也」。

䘹 |，單衣。〔集韻·隊部〕○|，副衣也。〔同上〕

濧 |，漬也，濡也。〔廣韻·隊部〕又〔集韻·隊部〕。

酨 |，醋也。〔廣韻·代部〕○|，醋醬。〔同上〕○|，酢漿。〔集韻·代部〕

饖 |，飯臭。〔廣韻·廢部〕○|，或作喙，氣悟也。〔慧琳音義·卷六〇〕引〔文字集略〕。○|之言穢也。〔廣雅·釋器〕「|，臭也」疏證。○|、餲、饐，一聲之轉。〔同上〕○〔説文定聲·卷一三〕|，蘇俗所謂餿，凡傷熱則餿。疑與餲同字。〔説文〕「|，飯傷熱也」。

僓 |，長也。〔廣韻·隊部〕○|，嫺也。〔集韻·隊部〕○|，一曰長好。〔同上〕

閡 |，外閉。〔廣韻·代部〕又〔集韻·代部〕。又〔慧琳音義·卷五〇〕引晉灼。○|，礙也。〔集韻·隊部〕○以木欄門曰|，或作礙。〔慧琳音義·卷一二〕引〔考聲〕。○|，與礙同。〔慧琳音義·卷九七〕○|與礙義近。〔説文定聲·卷五〕○|，隔也，止也，拒也。〔慧琳音義·卷一五〕○硋、|、礙、輆，並字異而義同。〔廣雅·釋言〕「礙，|也」疏證。○礙與|同聲而通用。〔同上〕

𥳁 |，隱也。〔廣韻·代部〕○|，經典或作曖。〔説文〕「|，蔽不見也」義證。○|，字或作薆。〔同上〕○|、薆、僾、曖、愛古通用。〔廣雅·釋詁〕「|，障也」疏證。○愛、僾、|並通。〔廣雅·釋言〕「愛，僾也」疏證。○〔説文定聲·卷一二〕|，字亦作薆。〔爾雅·釋言〕「薆，隱也」。○〔同上〕|，字又作靉。〔通俗文〕「雲覆日為靉靆」。○〔同上〕|，字又作曖。〔南都賦〕「晻曖蓊蔚」。

𤼽 |，賦斂。〔廣韻·廢部〕

蘱 |，草名，似蒲。一云似茅。〔廣韻·隊部〕

祽 |，月祭名也。〔廣韻·隊部〕○|，祭也。〔集韻·隊部〕

繀 |，織|。〔廣韻·隊部〕○|車，謂箸絲於筟之車也。〔方言五〕「|車」箋疏。○|、推、縗並字異義同。〔同上〕

莱 |，耕多草。〔廣韻·隊部〕○|，自关而西或曰芥，或曰|。〔廣雅·釋草〕「|，草也」疏證。

郲 |耒，各本作|，今正。〔説文〕「|，今桂陽耒陽縣」段注。

勓　丨，推也，〔廣韻·隊部〕○丨者，以物磊磊自高推下也。〔說文〕「丨，推也」段注。○〔說文定聲·卷一二〕丨，字亦作擂。〔說文〕「丨，推也」。

戴　丨即戴國。〔說文〕「丨，故國在陳留」繫傳。○丨，古字。甾，漢字。漢之甾縣，古之丨國也。甾與丨古音同。〔說文〕「丨，故國在陳留」段注。○丨，〔左氏春秋〕以戴為之，〔穀梁〕以載為之，後以國為氏，字作戴。〔說文定聲·卷五〕

㝵　丨即礙字。〔說文〕「遮，遏也」義證。

𩚄　丨，古用為發語之載也，如〔石鼓詩〕載作丨。〔說文〕「丨，設飪也」段注。○丨與載通。〔廣雅·釋詁〕「丨，詞也」疏證。○丨，各本訛作飢。〔同上〕○丨，借作載。〔說文〕「丨，設飪也」義證。○丨者，正謂載熟食於器也。〔通雅·𧙕用〕

摡　丨，通作溉。〔說文〕「丨，滌也」義證。

儗　丨，騃也。〔廣韻·代部〕○丨，騃也，與癡同。〔字詁〕○丨騃即方言之癡騃。〔說文〕「丨，騃也」段注。○丨猶儓丨也。〔同上〕繫傳。○丨，佁之借字。〔同上〕句讀。○𧄍、丨、疑三字聲近義同。〔廣雅·釋詁四〕「𧄍，恐也」疏證。○〔說文定聲·卷五〕丨，字亦作𧄍。〔廣雅·釋詁二〕「𧄍，懼也」。○〔同上〕丨，叚借為癡。〔說文〕「丨，騃也」。

㤅　丨，惠也。〔廣韻·代部〕又〔說文繫傳·通論下〕。○丨，通作愛。〔釋詁〕「㥷，愛也」邵正義。○許君惠丨字作此，㤅為行皃，乃自㤅行而丨廢。〔說文〕「丨，惠也」段注。○丨，經傳皆以愛為之。〔說文定聲·卷一二〕○丨與憐同義。〔說文〕「㥷，憮也」段注。○丨，唈也，氣咽也。〔說文繫傳·通論下〕○歆食氣逆不得息曰丨。〔同上〕

𣈶　丨，日無光也。〔廣韻·代部〕又〔集韻·代部〕。○埃丨，猶今人言靉靆。〔說文〕「丨，埃丨，日無光」繫傳。○〔說文定聲·卷五〕埃丨，疊韻連語，猶靉靆、晻𣊭也。〔說文〕「丨，埃丨，日無光也」。

䁂　丨，內視。〔廣韻·代部〕○丨猶睞也。〔說文〕「丨，內視也」繫傳。○丨，或作睞，今俗云顐眼是也。〔慧琳音義·卷五一〕○〔說文定聲·卷五〕丨，猶內顧也。〔說文〕「丨，內視也」。

瘷　丨，惡病。〔廣韻·代部〕○丨，惡疾。〔集韻·代部〕○丨，惡病也。〔說文〕「癘，惡疾也」義證引〔玉篇〕。

韘　〔說文定聲·卷一三〕丨，其具以角為之。〔說文〕「丨，惟射收繳具也」。

㔽　丨，今〔尚書〕作乂。〔說文〕「丨，治也」繫傳。○今丨作乂。〔說文〕「虞書曰有能俾丨」段注。○丨，經傳皆以乂、以艾為之。〔說文定聲·卷一三〕○丨，〔詩〕作艾。〔說文〕「丨，治也」段注。○丨通作艾。〔同上〕義證。○丨，又通作辥。〔同上〕

䖈　丨，虎皃。〔廣韻·廢部〕

頪　丨，謂相似難分別也。〔說文〕「丨，難曉也」段注。○〔說文定聲·卷一二〕丨，此字從頁，米聲，謂相似難分別。經傳皆以類為之。〔說文〕「丨，難曉也」。○丨，視不明也。今蘇俗謂近視者曰丨顪眼，此義即眯字之轉注。〔說文定聲·卷一二〕○丨通作迷。〔說文〕「丨，難曉也」義證。○丨、類，古今字。〔同上〕段注。○丨音耒。〔說文〕「種類相似，唯犬為甚」繫傳。○丨，音闕。〔說文〕「丨，難曉也」義證引戴侗。

𩔔　丨，與左倪右倪之倪同也。〔說文〕「丨，讀又若春秋陳夏齧之齧」段注。○〔說文定聲·卷一二〕丨，以類為之。〔釋魚〕「左倪不類」。○〔同上〕丨，以靁為之。〔周禮·龜人〕「西龜曰靁屬」。

𩞼　丨，即茅蒐之合聲。〔釋草〕「茹藘，茅蒐」郝疏。

眊　丨，眼久視。〔廣韻·怪部〕○丨，言日暮視遠茫昧也。〔說文〕「丨，目冥遠視也」義證。○丨猶度也。〔說文定聲·卷一二〕〔「物」下〕○〔卷一二〕丨，叚借為曶。〔說文〕「丨，一曰旦明也」。

䪺　丨，昧前也。〔集韻·隊部〕○丨，其面墻而立之意歟。或曰當作沫前，謂頪面前也，與𩕳略同。〔說文定聲·卷一三〕

㝸　丨，㝸，短皃。〔廣韻·祭部〕○丨㝸，短也。〔集韻·廢部〕又〔隊部〕。

隶　丨，從後及之也。〔集韻·隊部〕○丨，一曰與也。〔同上〕○丨音逮。〔說文〕「逮，臨也」繫傳。○丨，此與辵部逮音義皆同，逮行而丨廢矣。〔說文〕「丨，及也」段注。○逮、丨、隸音義同。〔釋言〕「逮，及也」邵正義。○丨者，手相及也。〔說文定聲·卷一二〕

𨽿　丨，今〔詩〕作迨，俗字也。〔說文〕「詩曰，丨天之未陰雨」段注。○丨，此與歺部殆音義皆同。〔說文〕「丨，及也」段注。○丨，經典借迨字。〔同上〕義證。

蛍　丨，猶言螣也。〔廣雅·釋蟲〕「蟟蟒，丨也」疏證。○丨一作螾。〔同上〕

湏　丨，雷聲震。〔說文〕「丨，雷震丨丨也」義證引〔玉篇〕。

㝸　丨，短皃。〔廣韻·祭部〕○〔說文定聲·卷一二〕丨，字從彖聲。〔廣雅·釋詁二〕「丨，短也」。

匄　丨，乞與也。〔廣雅·釋詁〕「丨，與也」疏證引顏師古。○俗書丨字作丐。〔晏子春秋·內篇問下〕「不正爵祿」雜志。○〔說文定聲·卷一三〕丨，當

訓求也。亾人會意者,亾逃之人求食於他鄉也。〔説文〕「—,气也。逯安説亾人為—」。

㥷 —,肆也。〔廣韻·隊部〕〇—,緩也。〔集韻·代部〕〇—、退並音他内反,其義同也。〔廣雅·釋詁〕「—,緩也」疏證。〇隸與—通。〔漢書·何武傳〕「平不隸險」雜志。

鼐 —,鼎之掩上者。〔集韻·代部〕

貣 —,從人求。〔説文〕「—,從人求物也」義證引〔玉篇〕。〇—,各本作貸。〔説文〕「蟘,蟲食苗葉者。吏气—則生蟘」段注。〇—,經史内—、貸錯出,恐皆俗增人旁。〔説文〕「—,從人求物也」段注。〇—者,忒之假借字。〔説文〕「差,—也」段注。〇古多借—為忒字。〔説文〕「—,從人求物也」段注。〇〔管子〕全書皆以—為忒。〔説文〕「差,—也」段注。

縩 綷—,鮮衣。〔集韻·代部〕〇—與㡜同。〔廣雅·釋詁〕「㡜,餘也」疏證。

嚉 〇—,茂皃。〔集韻·夬部〕〇—,當為薱之借字,茂也。〔文選·高唐賦〕「—兮若松榯」集釋。〇—與薱通。〔廣雅·釋訓〕「薱薱,茂也」疏證。

哱 —,暗也。〔集韻·隊部〕

䵚 黮—,黑也。或從隊。〔集韻·隊部〕

丐 俗書匃字作—。〔晏子春秋·内篇問下〕「不正爵禄」雜志。

毎 —,數也。〔廣韻·隊部〕

休 西戎之樂曰—。〔集韻·隊部〕

佁 —儗,癡也。〔集韻·代部〕

倈 —,佂也。〔集韻·隊部〕

侅 飲食至咽為—。〔集韻·代部〕

倍 —,或作偝。〔説文定聲·卷五〕

能 —即態字。〔墨子·備城門〕「視亓—狀」閒詁引畢沅。

僙 —,主也。〔廣韻·代部〕又〔集韻·代部〕。

僿 —,無悃誠也。〔集韻·代部〕〇—,一曰細碎。〔同上〕

儓 —儗,癡皃。〔廣韻·代部〕〇—,儗也。〔集韻·代部〕〇—,一曰不前。或從台。〔同上〕

儡 —,極也。〔集韻·隊部〕〇—,一曰重大而偏。〔同上〕

儽 —,極困也。〔廣韻·隊部〕〇病困謂之—。〔集韻·寘部〕〇—,垂皃。或作傫。〔隊部〕

刉 —,割也。〔集韻·代部〕〇槩、摡、溉、汔、杚、—,義與扢並相近。〔廣雅·釋詁〕「扢,磨也」疏證。

刘 —即刈字也。〔國策·燕策二〕「猶剗—者」補正。

刏 —,—刀使利。〔廣韻·隊部〕〇—,一曰礪刃。〔集韻·隊部〕〇—,封也。〔同上〕

刵 —,斷耳。〔集韻·廢部〕

𤳳 〔説文〕「—,推也」繫傳:於城上推木石下摧敲謂之—。

匯 —,水回合也。〔集韻·隊部〕

厚 —,石名。〔集韻·代部〕

㪈 —,息也。〔集韻·代部〕

唉 —,慢譍也。〔集韻·代部〕

唻 —,呼聲。〔集韻·代部〕

啛 —,先嘗也,通作啐。〔集韻·隊部〕

啡 —,卧息。〔集韻·隊部〕〇—,一曰唾聲。〔同上〕

啐 〔説文定聲·卷一二〕—,驚聲也。〔説文〕「—,驚也」。

喙 —,口—。〔廣韻·廢部〕

嘅 —,—嘆。〔廣韻·代部〕〇—,嘆也。〔集韻·隊部〕

𡅏 —,不嚼也。〔集韻·隊部〕

嚜 ｜屎，多詐也。〔集韻·隊部〕

昝 ｜，甘也。〔廣韻·代部〕

宷 ｜，官也。〔集韻·代部〕

賽 貸｜，體顫動皃。〔集韻·代部〕

𡫸 ｜，實也。通作塞。〔集韻·代部〕

寨 ｜，寬也，實也。〔廣韻·代部〕

𡫳 ｜，通作塞。〔說文〕「垔，塞也」義證。

𡫳 ｜，引申為久。〔說文〕「填，｜也」段注。〇｜，各本作塞。塞，隔也，非其義也。｜下云窒也，窒下云｜也，窒亦｜也。（同上）

每 ｜，草盛上出也。隸作毐。〔集韻·隊部〕〇｜，一曰常也，雖也。（同上）

嵔 ｜，山無艸木也。〔集韻·隊部〕

嶏 ｜，崩聲。〔廣韻·隊部〕〇崩聲謂之｜。〔集韻·隊部〕

𡾊 ｜，山皃。或書作對。〔集韻·隊部〕

𣎵 ｜，草木盛𣎵𣎵然。或作孛。〔集韻·未部〕

帥 ｜，旆垂皃。〔集韻·隊部〕

祓 ｜，拂取。〔廣韻·隊部〕

㣍 颹｜，風疾。或作䬐瘣。〔集韻·隊部〕

䬐 ｜，颹䬐。〔廣韻·隊部〕

颹 ｜䬐，癈風，苦熱。〔廣韻·隊部〕

颾 ｜颫，謂廢風也。〔慧琳音義·卷五八〕

對 ｜，同對。〔廣韻·隊部〕〇相｜，亦相值也。〔釋詁〕「遻，見也」郝疏。〇｜當〇〔說文定聲·卷一二〕｜，叚借為劚。〔荀子·正論〕「菲｜屨」。

為討。隸書言字或從篆文作𧥢，與｜字左畔相似，故討訛｜。〔廣雅·釋詁〕「｜，治也」疏證。

熊 ｜，小能。〔集韻·代部〕

妃 ｜，｜偶也。〔廣韻·隊部〕〇｜，匹也，通作配。〔集韻·隊部〕〇｜，正字，配，通假文。〔左傳文公一四年〕「子叔姬｜齊昭公」疏證引李富孫。

媒 ｜｜，晦皃。〔集韻·隊部〕

嬇 ｜，女字。〔廣韻·隊部〕

堁 ｜，塵起。〔廣韻·隊部〕

埣 ｜，土之不黏者。〔集韻·隊部〕

𡋯 ｜，同埭。〔廣韻·代部〕

埭 ｜，以土堨水。〔廣韻·代部〕〇｜，壅水也，或從石，亦作𡋯。〔集韻·代部〕〇〔通雅·卷一〇〕江左呼堤為｜。今嶺南以堤為｜。〔南史·何胤傳〕「此｜之遊是也」。

𡎡 ｜，地形回屈。〔集韻·隊部〕

墨 讒哀敗善曰｜。〔集韻·隊部〕

墢 ｜，坡也。〔集韻·隊部〕

𡏰 ｜，塊土皃。〔廣韻·隊部〕〇｜，塊也。〔集韻·隊部〕

愛 ｜，親至結心為愛。〔說文定聲·卷一二〕引沈宏。〇（同上）｜，叚借為㤅。〔廣雅·釋詁四〕「愛，仁也」。〇（同上）｜，叚借為薆。〔詩·烝民〕「愛莫助之」。

娄 ｜，失容節拜。〔廣韻·隊部〕〇｜，詐拜也。〔集韻·隊部〕

廻 ｜，曲也。〔廣韻·隊部〕

復 ｜，即退字。〔漢書·公孫弘傳〕「則群臣逡｜」補注。◉｜同退。〔廣韻·隊部〕

𨒇 ｜同退。〔廣韻·隊部〕〇｜，古退字。〔方言一二〕「｜，緩也」疏證。

抹 丨，摸也。〔集韻·隊部〕

拔 丨，拂取也。〔集韻·隊部〕〇丨，音佩。〔詩·皇矣〕「柞棫斯丨」朱傳。

㧊 丨，轉戾。〔集韻·隊部〕

摧 丨，減也。〔集韻·隊部〕

擂 丨，丨鼓。〔廣韻·隊部〕〇丨，急擊鼓，或從纍。〔集韻·隊部〕

忕 丨，失常也。〔集韻·代部〕

愷 丨，康也。〔集韻·代部〕

㤳 丨，快也。〔集韻·代部〕

𢜛 丨，古文㤅。〔廣韻·代部〕〇丨者，古文㤅。〔說文〕「㤅，惠也」段注。

熣 丨，殘敗。〔集韻·隊部〕

㷘 殘丨，死物。〔集韻·廢部〕

昢 將曙謂之丨。或作艴。〔集韻·隊部〕

𣇉 丨丨乃亞亞之訛。〔通雅·釋詁〕

曃 曖丨，不明皃。〔廣韻·代部〕〇曖丨，不明。〔集韻·代部〕〇曖丨，暗也。或省亦從黑。〔同上〕

朏 丨，向曙色也。〔廣韻·隊部〕〇丨，月未盛之明也。古書作朏。〔集韻·隊部〕

能 丨，技能。〔廣韻·代部〕〇古讀丨如耐。〔說文〕「䏟，埃䏟，日無光也」義證。

膭 丨，肥大。〔廣韻·隊部〕〇月朓謂之丨。〔集韻·隊部〕〇丨，下大皃。〔同上〕〇或曰丨字或作聵。〔說文定聲·卷一二〕〔「叡」下〕

欬 丨，聲也。〔集韻·怪部〕

焨 丨，火色。〔集韻·隊部〕

焥 熥丨，煙氣。〔集韻·代部〕

𤋳 丨，煏也。或作焙。〔集韻·隊部〕

熥 丨焥，煙皃。〔集韻·代部〕

沕 丨，潛藏也。〔集韻·隊部〕

沬 丨，相殰染也。〔集韻·隊部〕

洄 丨湜，水清也。〔集韻·隊部〕

洄 丨，大清。〔廣韻·隊部〕

洄 丨，青黑色。隸作潳，或從忽。〔集韻·隊部〕

溜 丨，漬去色曰丨。〔集韻·隊部〕〇丨，潰也。今謂丨去色曰丨。〔慧琳音義·卷四二〕

淬 〔說文定聲·卷一二〕丨，貯水以焠刃之器。其實焠、丨同字，刃出於火故從火，入於水故從水。〔說文〕「丨，滅火器也」。

濊 丨，濁也。或從薉。〔集韻·廢部〕

漑 丨，仰涂也。或省作塈。〔集韻·代部〕

瀣 沆丨，氣也。〔廣韻·代部〕

𣿖 丨，酒不清。〔集韻·代部〕

灘 丨，淹也。〔集韻·隊部〕

禾 丨，木曲頭不出。〔廣韻·代部〕

机 丨，椹也。〔集韻·廢部〕

杚 丨，今作槩，量也。〔慧琳音義·卷五二〕

來 丨，強事也。〔慧琳音義·卷五五〕引舍人。〇〔說文定聲·卷五〕丨，叚借為北。〔禮記〕「鴻雁丨」。

杚 丨，平斗木。或作槩。〔集韻·隊部〕

林 丨，木名。〔集韻·隊部〕

⿱代木　丨，吳俗謂蠶槌。〔集韻·代部〕

核　丨，檜也。〔集韻·代部〕

⿰木制　丨，券契也。〔集韻·廢部〕

⿰木苪　丨丨，草木垂實皃。〔集韻·隊部〕

棑　丨，舟前木。〔集韻·隊部〕

棣　丨，木名，實似櫻桃。〔集韻·代部〕○丨，一曰丨丨，威儀閑習也。〔集韻·代部〕

橃　丨，木似柚也。〔廣韻·廢部〕○丨，屋棟頭。〔集韻·代部〕

⿱髟疑　丨，擬止也，今俗用作礙或懝。〔慧琳音義·卷七五〕引〔文字典説〕。

⿰木疑　丨，木名。〔集韻·代部〕

⿰木對　丨，車箱。〔廣韻·隊部〕

櫑　丨具，劍名，謂以木標首也。〔集韻·隊部〕

⿱衛牛　丨，牛觸人。〔廣韻·廢部〕○丨，觝也。〔集韻·隊部〕

犻　丨，犬過也。〔集韻·隊部〕○丨，一曰犬怒皃。或書作犾。〔同上〕

猥　丨，犬眾吠。〔集韻·隊部〕

⿰魚犬　丨，魚名。〔廣韻·廢部〕

發　丨丨，疾皃。〔詩·四月〕「飄風丨丨」朱傳。

⿸疒攵　丨，病也。〔集韻·廢部〕

痎　丨，二日一發瘧。〔集韻·代部〕

⿸疒壴　丨，癡病。〔集韻·代部〕○丨，癡疾。〔集韻·隊部〕

瘣　丨，病也。〔集韻·隊部〕

⿸疒貴　丨，下病。〔集韻·隊部〕○丨，陰病。〔説文定聲·卷一二〕引〔埤蒼〕。

癈　丨，固病。〔廣韻·廢部〕○丨，四肢不收。〔説文〕「丨，固病也」義證引〔急就篇〕顔注。○丨，痼病也。〔説文〕「痼，久也」義證引〔玉篇〕。○病不可事，謂之丨疾。〔説文〕「丨，固病也」義證引〔六書故〕。○丨，瘖聾跛躃侏儒之類。〔説文定聲·卷一三〕○亦有叚丨疾字為興廢字者。〔説文〕「丨，固病也」段注。○丨猶廢，丨為正字，廢為叚借字。〔同上〕○丨、廢通。〔釋詁〕「廢，舍也」郝疏。○丨，諸本作廢。〔左傳昭公一四年〕「偽丨疾」洪詁。

珮　丨，玉丨。〔廣韻·隊部〕○丨，佩玉也，通作佩。〔集韻·隊部〕○凡帶物於身謂之丨。〔慧琳音義·卷三二〕引顧野王。○丨，凡帶物在身皆謂丨。〔卷九六〕引顧野王。○丨，佩字俗寫從玉。〔墨子·號令〕「守丨授之印」閒詁引畢沅。○丨當為佩。〔辭過〕「珠玉以為丨」閒詁引畢沅。

璦　丨，珠丨。〔廣韻·代部〕○丨，美玉。〔集韻·代部〕

砩　丨，以石遏水。〔廣韻·廢部〕○丨，石遏水。〔集韻·廢部〕

硋　丨，同礙。〔廣韻·代部〕○丨、閡、礙、輆，並字異而義同。〔廣雅·釋言〕「礙，閡也」疏證。

碎　丨，石䃺也。〔説文定聲·卷一二〕○又石䃺曰丨。〔卷一二〕（「⿰夆瓦」下）

磯　丨，感激也。〔集韻·代部〕

⿱畾君　丨，空小穴。一曰小封。〔集韻·隊部〕

⿰夆瓦　瓦破曰丨。〔説文定聲·卷一二〕

袚　丨，福也，除惡祭也。〔廣韻·廢部〕○丨，福也。〔集韻·隊部〕○丨，通作茀，又通作弗。〔釋詁〕「丨，福也」郝疏。

秏　丨，稻名，出南海。〔廣韻·隊部〕又〔集韻·隊部〕。

秣　丨，飼也。〔集韻·隊部〕

⿰禾黑　丨，禾傷雨。〔廣韻·代部〕又〔集韻·隊部〕。○丨，禾傷雨則生黑班也。〔廣韻·隊部〕○丨之言墨也。字亦作䵋。〔廣雅·釋器〕「丨，黑也」疏證。

⿰禾畾　丨，秲丨，稻名。〔廣韻·隊部〕又〔集韻·隊部〕。

瞢丨，字義與眛同，而音又相近。〔說文七〕「丨，目不明也」句讀。

眛丨，目不正。〔集韻·隊部〕

瞂丨，盾也。〔集韻·廢部〕

⿱皆目丨，視不明。〔集韻·代部〕

⿱代月丨脊，體顫動皃。〔集韻·代部〕

脥丨，背側肉也。〔廣韻·代部〕〇丨，夾脊肉。或從每。〔集韻·代部〕

腹丨，肥皃。〔集韻·隊部〕

脢丨，背肉也。〔廣韻·隊部〕

⿱殹月丨，瞖痛。〔廣韻·泰部〕又〔集韻·泰部〕。〇丨，瞖忽痛也。〔廣韻·隊部〕〇丨，要者，忽轉動而踠。或作肍，亦書作肐。〔集韻·隊部〕

艴丨，色丨如也。〔集韻·隊部〕

蚚丨，〔字林〕蟲也。〔集韻·隊部〕

⿱盍虫丨，小蚉蟲也。〔廣韻·代部〕〇丨，蟲名，小蚉也。〔集韻·代部〕

蟘丨，今俗作蚮。〔說文〕「丨，蟲食苗葉者」繫傳。

芮蕞丨，艸生皃。〔集韻·隊部〕

茇丨，竹葦絙也。〔集韻·廢部〕

花丨，草名，山巔也。〔集韻·隊部〕

茷丨，草葉多也。〔廣韻·廢部〕〇丨，草葉多皃。〔集韻·廢部〕

莓丨丨，丨子，木名，似葚。〔廣韻·隊部〕〇丨，草名，實可食。〔集韻·代部〕

萊丨，草也。〔廣韻·代部〕又〔集韻·代部〕。

萯丨，草名，山名。〔集韻·隊部〕

萓丨，草名。〔廣韻·隊部〕〇丨，菜之美者，雲夢之丨。〔集韻·隊部〕

⿱艸隊丨，蘧疏也，謂芃上出丨菌。〔集韻·隊部〕

蕢丨，麻也。〔集韻·隊部〕

卒〔說文定聲·卷一二〕丨，字亦作倅。〔廣雅·釋詁一〕「倅，盈也」。

袋丨，同帒。〔廣雅·代部〕〇丨，囊屬。或從巾。〔集韻·代部〕

裁丨，製丨。〔廣韻·代部〕

褙丨，襦也，或從系。〔集韻·隊部〕

⿰衤能丨襶，不曉事。〔集韻·代部〕

⿱殹衣丨，衽也。〔集韻·隊部〕

綷〔說文定聲·卷一二〕丨，叚借為萃。〔景福殿賦〕「綷以紫榛」。〇（同上）丨，字亦作綷。〔方言三〕「綷，同也，宋、衛之間曰綷」。

襶襶丨，不曉事。〔集韻·代部〕

⿰糸廻丨，衣領緣皃。〔集韻·隊部〕

繒宰、曾一聲之轉，丨，〔說文新附〕作綷。〔說文定聲·卷二〕〇（同上）丨，叚借為載，實為事。〔廣雅·釋詁三〕「綷，事也」。

纔丨，僅也。〔廣韻·代部〕又〔集韻·代部〕。

⿱此米丨，惡米。〔集韻·隊部〕

⿰米凧丨，糁也。〔集韻·隊部〕

⿰目帀丨，暘也。〔廣韻·廢部〕

橐丨，大囊。〔集韻·隊部〕

⿱罒每丨，鳥網。〔廣韻·隊部〕〇丨，網也。〔集韻·隊部〕

⿰壴戈丨，豉也。〔集韻·代部〕

賚 |，賜也。〔集韻・代部〕

靅 靉|，雲盛。〔集韻・隊部〕

跊 |，踐也。〔集韻・隊部〕

跦 |，足趺。〔集韻・隊部〕

[足亥] |，行急。〔集韻・代部〕

[足歲] |，小溺也。一曰倦也。〔集韻・廢部〕

[走來] |，來也。通作徠、逨。〔集韻・代部〕

[走廢] |，行走之皃。〔廣韻・廢部〕〇|，走皃。〔集韻・廢部〕

速 |，就也。〔廣韻・代部〕

迼 |，草名，似蒿，可食。〔集韻・代部〕

詒 |，懈倦皃。〔集韻・代部〕

詗 |，市|。〔廣韻・隊部〕

詯 |，膽氣滿聲。〔集韻・隊部〕〇|，蓋即〔元曲〕所用咱字。〔說文〕「|，膽氣滿聲在人上」段注。〇|，元人作咱，而音則變。〔說文定聲・卷一二〕〇|，胡市也。〔廣韻・隊部〕〇|，休市。〔同上〕〇|，一曰決後悔也。或作詗。〔集韻・隊部〕〇〔說文定聲・卷一二〕|，以自為之。〔方言一二〕「自，盈也」。〇〔同上〕|，字亦作嘳。〔羽獵賦〕注引〔埤蒼〕「嘳，喘息也」。〇〔同上〕|，字亦作膭。〔方言二〕「膭，盛也」。

誒 |，可惡之辭。〔集韻・代部〕

諄 憝與|聲近而義同。〔廣雅・釋詁〕「憝，苦也」疏證。

誶 |、訊聲轉，古字通用。〔釋言〕「訊，言也」郝疏。

軏 |，小車轅耑。〔集韻・廢部〕

軜 |，驂馬内轡。〔集韻・隊部〕

輆 硋、閡、礙、|並字異而義同。〔廣雅・釋言〕「礙，閡也」疏證。〇|沐，國名，在越東。〔集韻・代部〕

[酉豈] |，醉皃。〔集韻・代部〕

銇 |，|鑚。〔廣韻・隊部〕

[金取] |，謂拔去睫髮也。〔慧琳音義・卷二三〕引〔玉篇〕。

錊 |，錬也。〔集韻・隊部〕

錑 |，平板。〔廣韻・隊部〕〇|，平版具。或從耒。〔集韻・隊部〕

鎧 |，甲也。〔廣韻・代部〕

鎎 |，怒戰。〔集韻・代部〕

鐜 〔說文定聲・卷一五〕|，此即錞字之訓。〔說文〕「|，下垂也」。〇〔同上〕|，別義，如今眾舉以築地者，蘇俗謂之打亨，蓋打|之誤也。〔說文〕「|，一曰千斤椎」。

闓 |，開也。〔廣韻・代部〕又〔集韻・代部〕。

阣 |，陖也。〔集韻・代部〕

隈 水曲曰|。〔集韻・隊部〕

隑 |，陭也。〔集韻・代部〕

隤 |、隊、隧、遺，數字聲同，皆降下之意。〔詩・角弓〕「莫肯下遺」後箋。

隧 隤、隊、|、遺，數字聲同，皆降下之意。〔詩・角弓〕「莫肯下遺」後箋。

頦 |，大首也。〔集韻・隊部〕

頪 |，大朴之皃。〔集韻・隊部〕

[面頁] |，面肥也。〔廣韻・隊部〕〇|，又面多肉謂之|。或從每。〔集韻・隊部〕

頹 |，無髮皃。〔集韻・隊部〕

韎丨，屬也，至於足也。〔說文〕「丨，茅蒐染韋也。一入曰丨」繫傳。〇丨，亦謂之縓。〔說文〕「縓，帛赤黃色也」段注。〇丨，古文作韎。〔說文〕「茅蒐染韋也」義證引〔玉篇〕。

韇丨，繡韋囊。或作韇。〔集韻・隊部〕

賫〔說文定聲・卷五〕丨，叚借為才。〔玉篇〕「丨，始也」。〇〔同上〕丨，叚借發聲之詞。〔廣雅・釋詁四〕「丨，詞也」。

骸丨，骨耑也。〔集韻・廢部〕

髑髑丨，愚人。〔廣韻・隊部〕〇髑丨，愚皃。〔集韻・隊部〕

䰎丨髑，愚皃。〔集韻・隊部〕

䯢丨，頭骨皃。〔集韻・隊部〕

髟䰗丨，毛亂皃。〔集韻・隊部〕

䰗丨，髮皃。〔集韻・隊部〕〇丨髟，髮亂。〔同上〕

魁丨然，無徒也。通作塊。〔集韻・隊部〕

騋丨，馬名。〔集韻・代部〕

驖丨騠，馬怒。〔廣韻・廢部〕又〔集韻・廢部〕。

黇丨，黃色。〔廣韻・隊部〕〇丨，黃色，或從彧。〔集韻・隊部〕

黬丨，病皃。〔廣韻・隊部〕又〔集韻・隊部〕。

黙丨，淺黑也。〔集韻・隊部〕

黴丨，染丨。〔廣韻・代部〕〇丨，染也。〔集韻・代部〕

黳丨，黵，黑色。〔集韻・代部〕

黴丨，點筆。〔廣韻・隊部〕〇丨，一曰濡筆。〔集韻・隊部〕〇丨，物中雨青黑也。〔同上〕

黵黳丨，黑皃。〔集韻・代部〕

鼣丨，鼠名，其鳴如犬。或從發。〔集韻・廢部〕

續經籍籑詁卷第七十一

去聲

十二震

震—，雷也。〔詩·十月之交〕「爗爗—電」朱傳。○—，雷之烈者也。〔說文定聲·卷一五〕○—，霹靂也。〔說文〕「霆，靁餘聲也」義證引〔五經通義〕。○—，所以加物之稱也。〔說文〕「—，劈靂振物者」繫傳。○—，劈靂振動也，故為恐。〔國策·中山策〕「楚人—恐」鮑注。○—，懼。〔詩·長發〕「有—且業」朱傳。○—者，動之懼也。〔釋詁〕「—，懼也」郝疏。○—動，亦危懼之意。〔釋訓〕「業業，危也」郝疏。○—亦威也。〔國語·周語〕「玩則無—」述聞。○訓—為威。〔詩·常武〕「如—如怒」通釋。○—，畏敬也。〔漢書·武帝紀〕「—于怪物」補注。○—，悚敬之意，與〔武紀〕「—于怪物義同。〔宣帝紀〕「—於珍物」補注。○—，娠也。〔詩·生民〕「載—載夙」朱傳。○—與娠通。〔同上〕陳疏。又〔廣雅·釋詁〕「娠，身也」疏證。又〔史記·楚世家〕「娠大叔」雜志。○娠、—古字通。〔左傳昭公元年〕「方—大叔」洪詁。○—即娠之聲近假借。〔詩·生民〕「載—載夙」通釋。○〔說文定聲·卷一五〕—，段借為娠。〔詩·生民〕「載—載夙」。○—，動也。動謂懷任而身動也。〔史記·楚世家〕「娠大叔」雜志引〔大雅·生民〕。○娠、—皆動也。〔同上〕○—，動。〔詩·時邁〕「薄言—之」朱傳。○—，動也。〔詩·常武〕「如—如怒」陳疏。○—，騰，驚動也。〔詩·閟宮〕「不—不騰」朱傳。○—，謂警動之。〔漢書·息夫躬傳〕「—四夷」補注。○—，長子也，以守社稷宗廟為祭主也。〔通鑑·唐紀一六〕「使違方於—位」音注。○—，振也，興也。〔國語·楚語〕「滯久而不—」述聞。○振、—、娠並通。〔廣雅·釋言〕「辰，振也」疏證。○—，韓作振。〔詩·時邁〕「薄言—之」集疏。○—、振古音義通。〔公羊傳僖公九年〕「—之者何，猶曰振振然」陳疏。○—、振古通用。〔說文〕「辰，—也。三月昜氣動，靁電振」段注。○〔史記〕、〔新書〕—皆作振，古字通。〔漢書·項籍傳〕「威—四海」補注引錢大昭。○〔說文定聲·卷一五〕—，段借為振。〔廣雅·釋詁一〕「—，戛也」。○熹平石經—作祇。〔書·盤庚〕注「—一作祇」孫疏。○—、祇古字通。〔漢書·高惠高后文功臣表〕「稾祖侯陳錯」雜志。○—、祇聲相轉。〔釋詁〕「—，懼也」郝疏。○祇、—聲之轉。〔書·盤庚〕注「—作祇」孫疏。○—通作振，又通作祇。〔釋詁〕「—，懼也」郝疏。○—通作賑。〔釋詁〕「—，動也」郝疏。○〔說文定聲·卷一五〕—，段借為賑。〔公羊傳文公九年〕「地—者何，動地也」。○〔同上〕—，段借為賑。〔藉田賦〕「——填填」。○脣，後人以—字為之。〔說文〕「脣，驚也」段注。○〔說文定聲·卷一五〕—，段借為脣。〔釋詁〕「—、驚，懼也」。○始—，〔御覽〕作始厥。〔呂覽·大樂〕「萌芽始—」校正。○—，當為虐。〔國語·吳語〕注「獵，—也」述聞。○〔通雅·卷四〕—攄，猶搴拏也。〔蜀志〕「時尋楚撻，以相—攄」。○—澤，亦名具區。〔書·禹貢中〕「—澤厎定」孫疏。○—當作農。〔韓子·飾令〕「則—不怠」集解引顧廣圻。

信—，誠也。〔大戴·主言〕「多—而寡貌」王詁。又〔曾子立事〕「久而復之可以知其—矣」王詁。又〔衛將軍文子〕「其為公車尉也—」王詁。又〔禮記·祭義〕「盡其—」集解引輔廣。又〔孟子·萬章上〕「—斯言也」朱注。○—，誠實不妄言者也。〔通鑑·唐紀七三〕「君可選一溫—大將」音注。○—，實也。〔論語·泰伯〕「斯近—矣」朱注。又〔大戴·五帝德〕「惠而—」王詁。又〔文王官人〕「心氣順—者」王詁。○—者，言之有實也。〔論語·學而〕「謹而—」朱注。○人言為—。〔說文繫傳·通論上〕○—，人不疑而心孚也。〔通鑑·周紀四〕「刑賞已諾，—於天下矣」音注。○—，約—也。〔論語·學而〕「—近於義」朱注。○然—，猶然諾。〔漢書·張耳陳餘傳〕「相然—死」補注。○—猶恃也。〔國策·齊策五〕「莫如謹靜而寡—諸侯」鮑注。○—，平。〔國策·韓策三〕「而—于萬人之上也」鮑注。○—脩，洵能好脩者也。〔離騷〕「孰—脩而慕之」戴注。○—謂親之。〔國策·東周策〕「而公獨脩虛—」鮑注。○厚與—義近。〔釋詁〕「亶，—也」郝疏。○儿，古文人，與—同意。〔釋詁〕「允，—也」郝疏。○—者，有諸己之謂也。〔論語·公冶長〕「吾斯之未能—」劉正義。○恒有諸己曰—。〔述而〕「文行忠—」劉正義。○—猶節也。〔大戴·千乘〕「—令之」王詁。○—，任也。〔曾子制言上〕「吾—之矣」王詁。○—即古之符契也。〔漢書·大宛國傳〕「故匈奴使持單于一—到國」補注引周壽昌。○—如外國之傳箭。〔同上〕補注引徐松。○—猶今言印—。〔說文〕「瑞，以玉為—也」句讀。○古人謂使者為—，蓋兵交使在其間也。〔史記·高祖功臣侯者年表〕「楚、漢約分洪溝，以緤為—」志疑。○—幡，古之徽號也，所以題表官號以為符—。〔說文〕「徽，幟也」義證引〔古今注〕。○女子以不自失為—。〔詩·蝃蝀〕「大無—也」朱傳引程子說。○—必然之畫，以為計畫必行，果於自—。〔漢書·鄒陽傳〕「皆—必然之畫」補注。○—者，申也。〔論語·衛靈公〕「—以成之」劉正義。○—，申也。〔韓子·十過〕「願大國之—意於秦也」集解引舊注。○—者，申也，言已宿留又重申也。〔釋訓〕「有客—，言四宿也」郝疏。○—與申同。〔詩·擊鼓〕「不我—兮」朱傳。○—同申。〔史記·韓信盧綰列傳〕「韓王信者，故韓襄王孽孫也」志疑。○—讀曰申。〔通鑑·周紀四〕「是王不用甲，不—威」音注。○一說—讀曰申。〔左傳昭公八年〕「莫保其性」洪詁。○—讀為申。〔韓子·揚權〕「法刑苟—，虎化為人」集解引顧廣圻。○—當讀為申。〔詩·信南山〕「—彼南山」平議。○—、申古今字。〔周禮·大宗伯〕「侯執—圭」孫正義。○—，古通借為申字。〔字詁〕○—之通作申，猶申之通作—也。〔管子·七臣七主〕「申主」雜志。○〔說文定聲·卷一六〕—，段借為申。〔左傳莊公三年〕「凡

師一宿為舍，再宿為｜，過｜為次」。○｜當讀為申，申一訓重，即再宿義。〔字詁〕○再宿曰｜。〔詩・九罭〕「於女｜處」朱傳。又〔有客〕「有客｜｜」朱傳。又〔崧高〕「申伯｜邁」陳疏。○｜，為南山之野長遠貌，｜當訓伸。〔詩・信彼南山〕「｜彼南山」通釋。○古屈伸字皆借｜為之。〔釋言〕「展，適也」郝疏。○｜，古多以為屈伸之伸。〔說文〕「｜，誠也」段注。○｜、伸古字通用，此｜兼屈伸、誠｜二義。〔方言七〕「展，｜也」箋疏。○｜、伸同。〔國策・趙策二〕「行政在於｜貴」鮑注。○｜與伸同。〔趙策二〕「憚」雜志。又〔孟子・告子上〕「屈而不｜」朱注。○｜，古伸字。〔說文〕「蠖，尺蠖，詘申蟲也」段注。○｜，古以為伸字。〔荀子・哀公篇〕「不｜怒」集解引郝懿行。○｜讀曰伸。〔韓子・八經〕「｜乎辯而以類飾其私」集解。○〔說文定聲・卷一六〕｜，叚借為伸。〔詩・擊鼓〕「不我｜兮」。○｜，從傳讀伸，訓極。〔詩・擊鼓〕「不我｜兮」通釋。○申與伸通，字又作｜。〔廣雅・釋詁〕「申，伸也」疏證。○｜當讀本字。下云「天下也，明｜不得讀為伸。〔漢書・律歷志〕「引者，｜也」補注。○身、伸、｜三字同聲通用。〔釋詁〕「朕，身也」郝疏。○｜當讀為身。〔易・鼎九四象傳〕「｜如何也」平議。○〔說文定聲・卷一六〕｜，叚借為身。〔周禮・大宗伯〕「侯則｜圭」。○｜與神同，此｜蓋神之叚借。〔荀子・禮論篇〕「所以養｜也」集解引郝懿行。○｜猶洵也。〔離騷〕「苟予情其｜姱以練要兮」戴注。又〔屈賦・抽思〕「何靈魂之｜直兮」戴注。○｜必者，｜賞必罰也。〔管子・法法〕「｜密」雜志。○｜｜，言四宿也。〔詩・有客〕「有客｜｜」集疏引魯說。○｜，叚借發聲之詞。〔說文定聲・卷一二〕「肆」下。○｜梁乃謬號也。〔史記・趙世家〕「趙將樂乘、慶舍攻秦｜梁軍」志疑。○｜、新同字。〔漢書・孝元傅昭儀傳〕「以惲子業為陽｜侯」補注。○本書｜、新通作，古本通用。〔王莽傳〕「以新為心，后又改心為｜」補注。○｜陽，〔史・表〕作新陽。新、｜字通。本表文誤倒。〔漢書・高惠高后文功臣表〕「陽｜胡侯呂青」補注。○｜平即新平。〔高惠高后文功臣表〕「高后二年侯偃為魯王」補注。○陽｜或作陽新。〔高惠高后文功臣表〕「陽｜夷侯劉揭」補注。○｜平即新平。〔高惠高后文功臣表〕「位次曰｜平侯」補注。○｜鄉，表作新鄉，古字通。〔地理志〕「｜鄉，侯國」補注。○匈奴傳｜成作新城。〔漢書・景武昭宣元成功臣表〕「｜成侯王定」補注引錢大昭。○司徒｜申徒，｜都，音轉字。〔韓王信傳〕「韓王｜」補注引齊召南。○官本注｜作姓。〔陸賈傳〕「卒滅趙氏」補注。○｜當作姓。〔匈奴傳〕「其世｜官號」補注引錢大昭。○〔史記〕不｜作不佞。〔左傳定公一三年〕「韓不｜」洪詁。○明｜，〔詩正義・采蘩〕引傳作明德。〔左傳隱公三年〕「苟有明｜」洪詁。○｜乃言字之誤。〔大戴・曾子立事〕「衆｜弗主」平議。○究、｜，同聲而異字。〔漢書・天文志〕「揚｜」雜志。○｜當為倍。〔墨子・貴義〕「市賈｜徙」閒詁引畢沅。○｜疑倍字之誤。〔賈子・大政下〕「｜道而不為」平議。又〔呂氏春秋・功名〕「雖｜今民猶無走」平議。○〔說文定聲・卷一六〕｜，叚借為噉。〔左傳昭公二五年〕「｜罪之有無」。

印　｜者，執政所持信也。〔說文〕「璽，王者之｜也」段注。○｜，執政所持之也。〔說文〕「｜，執政所持信也」義證引〔玉篇〕。○列侯黃金｜，龜鈕，文曰｜。〔同上〕義證引〔漢舊儀〕。○｜，古上下通曰璽。〔同上〕段注。○秦以來，列侯至二千石曰章，千石至四百石曰｜。〔說文定聲・卷一六〕○｜，符｜也，｜信也，亦因也，封物相因付。又〔漢官儀〕曰，諸王侯黃金橐駝鈕，文曰璽，列侯黃金龜鈕，文曰章，千石至四百石皆銅｜，文曰｜。〔廣韻・震部〕○｜，符也，信也，亦因也，封物相因付。〔通鑑・漢紀二九〕「授單于｜」音注。○｜，又信也。〔說文〕「｜，執政所持信也」義證引〔玉篇〕。○｜，檢也。〔同上〕義證引〔三蒼〕。○〔說文定聲・卷一六〕以｜代為，當時方語也。〔方言六〕「｜，為也」。○景祐本今｜作今即。即者，若也。〔漢書・匈奴傳〕「今｜去璽加新」補注引王念孫。○官本｜作印，是。〔漢書・樊噲傳〕「破得綦母｜」補注。

進　｜者，登也。〔孟子・梁惠王下〕「昔者所｜」焦正義。○｜，前也，升也，善也，登也。〔廣韻・震部〕○｜，升也。〔說文〕「｜，登也」義證引〔玉篇〕。○｜，仕也。〔大戴・曾子制言中〕「君子｜則能達」王詁。○｜者，引也。〔孟子・梁惠王下〕「昔者所｜」焦正義。○｜猶薦。〔國策・西周策〕「以路｜周最於周」鮑注。○｜謂｜用之人。〔漢書・息夫躬傳〕「非笑朝廷所｜」補注。○｜謂｜取。〔大戴・曾子立事〕「｜給而不讓」王詁。○引申之，凡前行並曰｜。〔周禮・大司馬〕「行徒銜枚而｜」孫正義。○｜猶益也。〔大戴・四代〕「｜一不可」王詁。○｜猶先也。〔詩・常武〕「｜厥虎臣」陳疏。○｜，疾也，速也，俱與｜義近。〔釋詁〕「肅，｜也」郝疏。○｜、疾義近。〔同上〕○〔通雅・卷五〕｜孰，言｜成孰之言也。〔漢書・張騫傳〕「少從｜孰」。○崇效天為｜德。〔易・文言〕「君子｜德脩業」李疏。○｜與至義相成。〔詩・烈祖〕「來假來饗」通釋。○前、｜皆有勤意。〔釋詁〕「蕑，勤也」郝疏。○｜、晉、箭古聲皆同。〔方言九〕「箭自關而東謂之矢」箋疏。○｜讀為峻，峻，高也。〔荀子・非十二子篇〕「其冠｜其衣逢」集解引俞樾。又〔同上〕平議。○〔說文定聲・卷一六〕｜，叚借為盡。〔列子・黃帝〕「竭聰明，｜智力」。○博｜之｜本作賮，故詔書不諱。〔漢書・陳遵傳〕「可目償博｜矣」補注引錢大昕。○〔說文定聲・卷一六〕｜，叚借為賮。〔史記・高祖紀〕「蕭何為主吏，主｜」。○｜音賮，自不犯諱也。〔漢書・陳遵傳〕「可以償博｜矣」補注引劉攽。○｜睦，宋本作淮睦，閩本作淮睦。〔漢書・地理志〕「餘杭，莽曰｜睦」補注引何焯、錢大昭。○〔說文定聲・卷一六〕｜，叚借為餕。〔禮記・祭統〕「就百官｜徹之」。

潤　｜，｜澤也，又益也。〔廣韻・稕部〕○｜，飾也。〔慧琳音義・卷二〕引〔玉篇〕。○｜色，謂加以文采也。〔論語・憲問〕「東里子產｜色之」朱注。○｜當為濇。〔說文〕「濇，析也」義證引〔淮南子〕。

陣　｜，俗陳，今通用。〔廣韻・震部〕

鎮｜，壓也。〔廣韻・震部〕○｜，引申為壓也。〔說文〕「｜，博壓也」段注。○〔說文定聲・卷一六〕｜，物壓則定止。〔楚辭・抽思〕「覽民尤以自｜」注「｜，止也」。○｜，安定也，止也。〔說文定聲・卷一六〕〔「眕」下〕○｜，引申為安也。〔說文〕「｜，博壓也」段注。○〔說文定聲・卷一六〕｜，本義當訓重也。金重可以壓物，故為博壓，猶今所謂椿子。〔說文〕「｜，博壓也」。○｜，引申為重也。〔說文〕「｜，博壓也」段注。○｜，〔五行志〕作填，填、｜古字通。〔左傳昭公一五年〕「皆有以｜撫王室」洪詁。○古多以填為｜撫字。〔史記・楚世家〕「｜」雜志。○｜與填古字通。〔釋詁〕「塵，久也」郝疏。○｜，通作填。〔說文〕「｜，博壓也」義證。○｜或作填。〔廣雅・釋天〕「｜星謂之地侯」疏證。○〔說文定聲・卷一六〕｜，段借為填。〔廣雅・釋天〕「｜星謂之地侯」。○今登萊間人謂時之久者或曰烝日，或曰｜日。〔釋詁〕「塵，久也」郝疏。

刃｜，刀｜。〔廣韻・震部〕○｜，兵鋒芒也。〔慧琳音義・卷八〕引〔集訓〕。○｜，總言諸兵｜也。〔說文〕「｜，刀堅也」義證引〔急就篇〕顏注。○｜謂斧鉞刀鋸之刑。〔大戴・虞戴德〕「必｜」王詁。○｜，施｜其端。〔國策・趙策一〕「｜其扞曰」鮑注。○官本注｜作仞。〔漢書・李尋傳〕「今汝潁畎澮皆川水漂涌」補注。○｜乃仞之省形字。〔說文〕「仞，伸臂一尋也」句讀。○〔說文定聲・卷一五〕｜，段借為仞。〔無極山碑〕「浚谷千｜」。○｜，今韌字。〔說文〕「檀，檀木也」段注。○｜當為忍。〔大戴・虞戴德〕「有臣不事君必｜」平議。

順｜，循也。〔易・文言〕「蓋言｜也」纂疏引〔逸雅〕。又〔大戴・盛德〕「天道不｜生於明堂不飾」王詁。又〔誥志〕「｜至必時其節也」王詁。又〔主言〕「行之以｜」王詁。○｜，循也，各循其道也。〔誥志〕「而｜至正之統也」王詁。○｜與循古同聲而通用。〔荀子・議兵〕「脩上之法」雜志。○｜通作循，又通作慎。〔釋言〕「若，｜也」郝疏。○｜通作循，又通作訓。〔釋詁〕「｜，敘也」郝疏。○｜，從也。〔廣韻・稕部〕○凡訓詁家曰從，｜也，曰愻，｜也，曰馴，｜也，此六書之轉注。〔說文〕「｜，理也」段注。○｜猶遂也。〔孟子・公孫丑下〕「過則｜之」朱注。又〔詩・泮水〕「｜彼長道」陳疏。又〔同上〕後箋陳奂補。○｜，敘也，陳也。〔大戴・投壺〕「既｜乃讓」王詁。○｜、徇音義相近。〔管子・四時〕「賦爵受祿｜鄉」義證引孫星衍。○｜，愛。〔詩・女曰鷄鳴〕「知子之｜之」朱傳。又〔大戴・曾子立孝〕「不敢言人兄不能｜其弟者」王詁。○｜從與慈愛義近。〔釋言〕「若，｜也」郝疏。○古者謂陳為｜。〔聘禮〕南陳、〔鄉飲酒〕南肆、〔士冠禮〕南｜，其義一。〔釋詁〕「｜，陳也」述聞。○｜即陳。〔詩・泮水〕「｜彼長道」通釋。○｜比，不拂逆也。〔韓子・難言〕「言｜比滑澤」集解引盧文弨。○｜者，不違也。〔論語・為政〕「六十而耳｜」劉正義。○｜與善義相承。〔詩・烝民〕「古訓是式」通釋。○以敬事長曰｜。〔大戴・主言〕「上｜齒則下益悌」王詁。○理與｜同義。〔漢書・司馬相如傳〕「垂統理｜」雜志。○｜即孝也。孝應屬之婦，以其為女變文稱｜也。〔漢書・宣帝紀〕「貞婦｜女帛」補注引周壽昌。○｜，安。〔詩・公劉〕「既｜迺宣」朱傳。○｜，｜治。〔孝經〕「以｜天下」皮疏。○｜同訓。〔墨子・非命中〕「下有以教｜其百姓」閒詁引畢沅。○凡訓詁家曰訓，｜也，此六書之假借。〔說文〕「｜，理也」段注。○｜當讀為訓。〔管子・牧民〕「｜民之經」平議。又〔荀子・脩身〕「輔之以道｜」平議。又〔周書・常訓〕「人有常｜」平議。○｜與訓古字通。〔國語・楚語〕「道其｜辭」平議。○〔文選〕｜作訓，通用字。〔漢書・敘傳〕「實棐諶而相｜」補注。○訓與｜同。〔墨子・非攻下〕「序」雜志。○訓、｜古同聲。〔廣雅・釋詁〕「訓，｜也」疏證。○｜教即訓教。〔晏子春秋・內篇諫上〕「｜教」雜志。○〔說文定聲・卷一五〕｜，段借為訓。〔孝經〕「先王有至德要道以｜天下」。○｜與馴同。〔詩・執競〕「威儀反反」後箋。○｜讀為馴。〔周書・王會〕「蟬蛇｜，食之美」平議。又〔莊子・天下〕「已之大｜」平議。○｜字即馴，二字聲義俱同。〔易・繫辭傳〕「蓋言｜也」平議。○循、馴、｜，義並與揗同。〔廣雅・釋詁〕「揗，｜也」疏證。○｜，古與慎通用。〔儀禮・士冠禮〕「｜爾威德」胡正義引朱子。○〔史・表〕｜作慎，通用字。〔漢書・王子侯表〕「邵侯｜」補注引沈欽韓。又〔漢書・高惠高后文功臣表〕「孝文三年，侯｜嗣」補注。○｜讀曰慎。〔大戴・哀公問五義〕「言既｜之」王詁。又〔文王官人〕「色示有餘有道而自｜用之」王詁。○｜信之｜讀曰慎，謹密也。〔文王官人〕「心氣｜信者」王詁。○｜讀為慎。〔管子・四時〕「｜旅聚收」義證。又〔韓子・六反〕「山者大，故人｜之」集解引顧廣圻。○｜當為慎。〔禮記・樂記〕「莊敬恭｜」述聞。○〔說文定聲・卷一五〕｜，段借為慎。〔易・坤〕「蓋言｜也」。○｜，魯作慎。〔詩・下武〕「應侯｜德」集疏。○舊校云，｜一作慎。〔呂覽・孝行〕「樂自｜此生也」校正。○凡｜、慎互用者，字之譌。〔說文〕「｜，理也」段注。○｜者，｜其文也。〔荀子・勸學〕「安特將學雜識志｜詩、書而已耳」集解引郝懿行。○｜，本訓謂人面文理之｜。〔說文定聲・卷一五〕○〔同上〕｜，段借為遁。〔小爾雅・廣言〕「｜，退也」。○｜讀為巡。〔荀子・禮論篇〕「本末相｜」平議。○倫、｜聲相近。〔廣雅・釋詁〕「倫，｜也」疏證。

慎｜，謹也。〔大戴・曾子制言下〕「｜者不見使」王詁。○｜即謹也。〔荀子・富國〕「以持｜之」集解引郝懿行。○｜者，謹也。〔說文繫傳・通論下〕又〔說文〕「劫，｜也」段注。○｜，誠也，謹也。〔廣韻・震部〕○｜，誠也。〔詩・陟岵〕「上｜旃哉」陳疏。○｜者，誠也。〔荀子・君子〕「惇｜此者也」集解引郝懿行。又〔荀子・成相〕「｜聖人」集解引郝懿行。○｜猶誠也。〔說文定聲・卷一六〕〔「真」下〕○｜獨之｜則當訓為誠。〔荀子・不苟〕「以｜其獨者也」集解引王念孫。○｜為真字假借。真，誠也。〔詩・巧言〕「予｜無罪」後箋。○｜猶真也。〔釋詁〕「｜，誠也」郝疏。○｜，〔史記〕作真。〔漢書・律歷志〕「子｜公執立」補注引錢大昕。○〔魯世家〕｜作真。〔漢書・古今人表〕「魯｜公」補注。○〔詩〕傳、箋所說諸｜字，謂即真之假借字可也。〔說文〕「真，僊人變形而登天也」段注。○｜、真古通用，古人假｜為真。〔詩・巧言〕「予｜無罪」平議。○｜，審也。

（同上）朱傳。〇密與一同義。〔廣雅·釋詁〕「毖，比也」疏證。〇一，密也。〔說文〕「毖，一也」繫傳。〇〔華陽國志〕作一王，而〔路史〕前紀注引志作靜王，又作順王，蓋單稱之耳。靚即靜字，順與一通。〔史記·周本紀〕「子一靚王定立」志疑。〇一，憂也。〔詩·白駒〕「一爾優游」通釋。又〔大戴·文王官人〕「無辨而自一」王詁。〇一，敬一也。〔說文〕「尞，柴祭天也」繫傳。〇一即一獄也。〔書·立政〕「庶獄庶一」孫疏。〇一，〔詩〕作謹。〔左傳襄公二二年〕「一爾侯度」洪詁。〇〔說文定聲·卷一六〕一，字亦作慎。〔馬江碑〕「終溫淑慎」。〇一亦讀為順。〔墨子·天志中〕「天之意不可不一也」閒詁。〇一讀曰順。〔大戴·保傅〕「越王不頹舊冢而吳人服，以其前為一於人也」王詁。又〔盛德〕「以一天法」王詁。又〔文王官人〕「自一而不讓」王詁。又〔管子·幼官圖〕「一津梁」義證。〇一與順同。〔墨子·天志中〕「天之意不可不一也」閒詁。又〔韓子·外儲說右下〕「為一產也」集解引孫詒讓。〇一，〔漢·表〕作順，古通。〔史記·高祖功臣侯者年表〕「侯一」志疑。又〔王子侯者年表〕「侯劉一」志疑。〇一、順古字通。〔漢書·古今人表〕「王一」補注引梁玉繩。又〔地理志〕「一鄉」補注。又〔史記·孔子世家〕「子高生子一」志疑。〇一、順古通，猶靚之為靜耳。〔史記·周本紀〕「是為考王」志疑。〇一比即順比。〔荀子·仲尼篇〕「一比而不邪」集解引王引之。又〔荀子·仲尼〕「一比」雜志。〇舊校云，一一作順。〔呂覽·勿躬〕「百官一職而莫敢愉綖」校正。又〔呂覽·尊師〕「一駕御」校正。〇〔說文定聲·卷一六〕一，叚借為順。〔荀子·成相〕「請布基，一聖人」。〇（同上）一，叚借為震。〔周禮·大司馬〕司農注「五歲為一」。〇（同上）一，叚借為引。〔禮記·檀弓〕「其一也」。〇（同上）一，叚借為歐、為慦。〔方言一〕「一，憂也」。〇一之言身也。〔說文繫傳·通論下〕〇一、謓、詳、悉、索，俱審聲之遞轉，即詳審之義。〔釋詁〕「覆，審也」郝疏。〇溼、一、恤，俱一聲之轉。〔釋詁〕「恤，憂也」郝疏。〇一，循之叚字。〔墨子·旗幟〕「主一道路者」閒詁。〇一陽者，一水之陽也。〔漢·志〕縣屬汝南。〔義門讀書記〕曰誤以水為心，亦或因汝南更有一故。〔史記·高祖功臣侯者年表〕「一陽」志疑。〇一字疑即悔字之誤。〔大戴·曾子立事〕「往者不一也」平議。〇一當作慕。〔荀子·君子〕「忠者敦一此者也」平議。〇〔史記·孟荀列傳〕一到，趙人。〔漢書·藝文志〕法家有一子。〔莊子·天下篇〕「彭蒙、田駢、一到，聞其風而悅之」集釋引俞樾。

鬢 一，頰上髮也。〔廣韻·震部〕〇〔御覽三百六十六〕一作鬢。〔呂覽·必己〕「髮植，目裂，一指」校正。

晉 一，進也。〔廣韻·震部〕〇凡進皆曰一，難進亦曰一。〔說文〕「一，進也」段注。〇〔說文定聲·卷一六〕一，肅慎以進也。〔周禮·田僕〕「王提馬而走，諸侯一」。〇搢、一、薦，其義一也。〔廣雅·釋詁〕「搢，插也」疏證。〇搢、縉、一古通用。（同上）〇舊本暗訛作一。〔呂覽·悔過〕「於東邊候暗之道」校正。〇一，或作晋。〔漢書·敘傳〕「盍孟一以迨羣兮」補注引宋祁。〇一、搢音同。〔釋地〕「東南之美者有會稽之竹箭焉」郝疏。〇〔禮〕

古文、〔周禮〕故書皆叚一為箭。〔說文〕「一，進也」段注。〇一竹即箭竹。〔說文〕「箭，矢竹也」段注。〇〔說文定聲·卷一六〕一，叚借為箭。〔周禮·職方氏〕故書「其利金錫竹一」。〇（同上）一，叚借為鐏。圭之插於帶，如鐏之插於地，故謂之鐏。〔周禮·典瑞〕「王一大圭」。〇一，〔左氏〕作齊。古齊字本為一。〔公羊傳昭公一〇年經〕「夏，一欒施來奔」陳疏。〇此一字指趙。〔史記·秦本紀〕「一、楚流死河二萬人」志疑。〇一為宣公名。〔十二諸侯年表〕「衛宣公元年，一共立之」志疑。

駿 一，馬之俊。〔廣韻·稕部〕〇一，或曰一兔，大兔也。〔說文〕「㲋，狡兔也」義證。〇一，大。〔詩·雨無正〕「不一其德」朱傳。又〔文王〕「一命不易」朱傳。又〔文王有聲〕「遹一有聲」朱傳。又〔崧高〕「一極於天」朱傳。又〔維天之命〕「一惠我文王」朱傳。又〔噫嘻〕「一發爾私」朱傳。又（同上）陳疏。〇一，大也，通作峻。〔集韻·稕部〕〇一，大而疾也。〔詩·清廟〕「一奔走在廟」朱傳。〇一，亦速疾也。〔慧琳音義·卷八三〕〇一者，馬之速也。〔釋詁〕「一，速也」郝疏。〇一、迅音同字通。〔釋詁〕「迅，疾也」郝疏。〇〔說文定聲·卷一五〕一，叚借為迅。〔釋詁〕「一，速也」。〇〔玉篇〕「㲋，一兔也」，按一猶良也。〔說文〕「㲋，狡兔也」義證。〇一，傳云長也。長與常同，即天命靡常之意。〔詩·雨無正〕「不一其德」後箋。〇一同峻。（同上）陳疏。〇一，通作峻。〔方言一〕「一，大也」箋疏。〇一，三家作峻。〔詩·崧高〕「一極於天」集疏。〇一，齊作峻。〔文王〕「一命不易」集疏。〇一，齊作浚。〔噫嘻〕「一發爾私」集疏。〇一，齊作逡。〔清廟〕「一奔走在廟」集疏。〇一，通作峻，又通作浚，又通作俊。〔釋詁〕「一，大也」郝疏。〇一，通作逡。〔釋詁〕「一，速也」邵正義。〇一，通作浚，又通作俊。〔釋詁〕「一，大也」邵正義。〇一與峻同，又與侚同，又與迅同。〔釋詁〕「一，速也」郝疏。〇一、逡、遜、循字并與恂通，義亦相近。〔方言一〕「恂，信也」箋疏。〇一，亦與侚聲近而義同。〔廣雅·釋詁〕「侚，疾也」疏證。〇一當馴之假借，亦順也。〔詩·維天之命〕「一惠我文王」通釋。〇〔說文定聲·卷一五〕一，叚借為陖。〔釋詁〕「一，大也」。〇一厖，魯作一蒙，齊作恂蒙。〔詩·長發〕「為下國一厖」集疏。〇一厖，當以恂蒙為正，猶庇覆耳。（同上）通釋。〇一厖，一作一蒙、恂蒙、一駹。

閠 一，一餘也。〔廣韻·稕部〕〇一字中當從玉，諧門聲，玉之溫一也。〔字詁〕〔通雅·釋詁〕

閏 無中氣之月為一月。〔漢書·律歷志〕「朔不得中，是謂一月」補注引李銳。〇一，或曰唐虞時尚無王字。此字從三，三年一一也。〔說文定聲·卷一六〕〇一餘乖次，謂不應一而一，宜一而失一也。〔漢書·律歷志〕「而一餘乖次」補注引沈欽韓。〇一之言撋也。〔說文〕「餘分三月，五歲再一」繫傳。

峻｜,高竪也。〔慧琳音義·卷八〕引〔考聲〕。○｜,大也。〔大學〕「詩云,｜命不易」朱注。○｜峭與陖陗同。〔廣雅·釋詁〕「陖陗,急也」疏證。○｜同陖。〔廣韻·稕部〕○｜同陖。〔説文〕「岸,水厓洒而高者」段注。○｜即陖之同音通用。〔説文〕「陖,峭高也」段注。○官本｜作俊。〔漢書·宣帝紀〕「蓋聞堯親九族,以和萬國」補注。

釁｜,罪也。〔慧琳音義·卷一〕引〔考聲〕。○｜,罪也,過也。〔卷二〇〕○｜,同衅,又罪也,瑕｜也。〔廣韻·震部〕○｜,瑕隙也,或作衅。〔慧琳音義·卷四〕引〔考聲〕。○塗罅隙曰｜,因即謂罅隙為｜。〔説文定聲·卷一五〕○｜,間也。〔左傳宣公一二年〕「用師觀｜而動」洪詁引服虔。○｜,同璺。〔説文〕「瑕,玉小赤也」段注。○〔説文定聲·卷一五〕｜,字亦作璺。〔廣雅·釋詁二〕「璺,裂也」。○〔同上〕｜,叚借為熏。〔漢書·豫讓傳〕「｜面吞炭」。○〔同上〕｜,叚借為薰。〔齊語〕「三｜三浴之」。○｜為奮動之意,奮動者皆與勉義相近。〔詩·文王〕「亹亹文王」後箋。○｜,本有勉義。〔同上〕○古謂奮為｜也,連言之則曰奮｜。〔釋獸〕「獸曰｜」述聞。○｜,奮迅毛骨。〔釋獸〕「獸曰｜」鄭注。○｜為勉之假借。〔説文〕「娓,順也」段注。○｜｜,即忞忞之假借也。〔説文〕「忞,自勉彊也」段注。○〔説文定聲·卷一五〕｜,叚借為忞。〔易·繫辭〕「成天下之亹亹者」。○｜,動也。〔左傳襄公二六年〕「小人之性｜於勇」洪詁引賈逵。○｜者,攘礫之祭名。〔禮記·月令〕「命大史｜」集解。又〔雜記下〕「成廟,則｜之」集解。○｜者,殺牲以血塗之也。〔大戴·諸侯釁廟〕「成廟,｜之以羊」王詁。○凡大渳,以鬯塗尸而浴,故謂之｜,與以血塗鍾鼓謂之｜義同。〔周禮·鬯人〕「共其｜鬯」孫正義。○｜者,血塗之名。〔公羊傳隱公五年〕注「成仲子之宫廟而祭之」陳疏。○｜鍾,新鑄鍾成,而殺牲取血以塗其｜郄也。〔孟子·梁惠王上〕「將以｜鍾」朱注。○｜謂以物塗之,取以｜鼓,故謂之｜。〔漢書·賈誼傳〕「豫讓｜面吞炭」補注引劉奉世。○｜,凡殺牲以血塗坼罅,如廟竈鐘鼓龜策寶器之屬,因遂薦牲以祭曰｜。〔説文定聲·卷一五〕○｜,用毛牲曰刉,羽牲曰珥。〔同上〕○賈誼書豫讓｜面,謂塗面。〔説文〕「｜,血祭也,象祭竈也」義證。○｜當讀為興。〔國語·晉語〕「昔先主文子少｜於難」平議。○｜,〔樂記〕作衅。〔説文〕「｜,血祭也」段注。○｜,俗作衅。〔同上〕義證。○｜,亦作璺。〔通雅·疑始〕引升菴。○〔説文定聲·卷一五〕｜,叚借為歕。〔爾雅〕「獸曰｜」。○｜,古音讀如門。〔説文〕「娓,順也」段注。

舋｜,罅也。〔國策·韓策三〕「韓息士民以待其｜」鮑注。○｜,罅坼也。〔集韻·稕部〕○｜即釁之俗字。〔左傳宣公一二年〕「觀釁而動」疏證引李貽德。○｜,俗衅。〔廣韻·震部〕

振｜動者,戰栗變動之拜。〔説文〕「㨎,首至手也」繫傳。○｜毫末,言雖毫末之微必｜而起之。〔荀子·王制篇〕「｜毫末」集解。○｜,舉也。〔同上〕集解。○｜,奮也。〔詩·時邁〕「薄言｜之」集疏引韓説。又〔説文〕「辰,震也,三月易氣動,靁電｜」段注。○｜,救也。〔逸周書·大武篇〕「祇人死、祇民之死」雜志。又〔荀子·堯問〕「｜寡人之過」雜志。又〔漢書·嚴助傳〕「不｜」雜志。又〔漢書·嚴助傳〕「天子不｜」補注引王念孫。○凡｜濟當作此字。俗作賑,非也。〔説文〕「｜,舉救之也」段注。○｜即賑之正字。〔漢書·元帝紀〕「｜業貧民」補注。○｜,俗作賑。〔説文〕「賑,富也」句讀。○｜旅,整衆也。〔釋天〕「｜旅闐闐,出為治兵尚威武也」鄭注。○｜,整也。〔説文〕「釋,漬米也」繫傳。○｜,整理也。〔左傳隱公五年〕「入而｜旅」洪詁引薛綜。○〔説文定聲·卷一五〕｜,叚借為正。〔管子·小問〕「以｜其淫」。○｜,收也。〔中庸〕「｜江河而不洩」朱注。又〔孟子·萬章下〕「金聲而玉｜之也」朱注。○｜、迅聲近。〔釋言〕「｜,訊也」郝疏。○〔説文定聲·卷一五〕｜,叚借為奮、為迅。〔釋言〕「｜,訊也」。○｜旅闐闐,出為治兵,尚威武也,入為｜旅,反尊卑也。〔詩·采芑〕「｜旅闐闐」集疏引魯説。○｜,群飛貌。〔詩·振鷺〕「｜鷺于飛」朱傳。○本作｜,自也。〔釋言〕「｜,古也」述聞。○｜,搖也。〔通鑑·周紀四〕「及以燕趙起而攻之,若｜槁然」音注。○｜者,｜其尸也。〔呂覽·音初〕「反｜蔡公」校正。○｜,極也。〔詩·載芟〕「｜古如茲」朱傳。○｜、羨二字俱是辰字之訓。〔漢書·律歷志〕「｜美」雜志。○｜、祇聲轉。〔釋詁〕「祇,敬也」郝疏。○｜為發語詞。〔釋言〕「｜,古也」邵正義。○｜同震。〔墨子·非攻下〕「民乃大｜」閒詁引畢沅。○｜通作震。〔説文〕「｜,舉救也」義證。○〔説文定聲·卷一五〕｜,叚借為震。〔素問·氣交變大論〕「其變｜發」。○｜澤,｜或作震。〔廣雅·釋地〕「｜澤,池」疏證。○｜、震、娠並通。〔廣雅·釋言〕「辰,｜也」疏證。○｜乃拒之叚字。〔禮記·哀公問〕「物恥足以｜之」平議。○｜當讀為拒。〔左傳昭公一八年〕「｜除火災」平議。○｜通作拒。〔管子·大匡〕「賢者死忠以｜疑」平議。○軫與｜亦聲近義同。〔廣雅·釋言〕「收,｜也」疏證。○｜與軫同音而得其意。〔説文〕「軫,車後横木也」段注。○｜音真。〔詩·殷其靁〕「｜｜君子」朱傳。○｜,〔人表〕作垓。〔史記·殷本紀〕「子｜立」志疑。○｜乃侲之譌。〔淮南衡山列傳〕「若｜女」志疑。○｜,舊本作賑,俗字。〔墨子·辭過〕「｜孤寡」閒詁。○〔説文定聲·卷一五〕｜,叚借為麈。〔釋言〕「｜,古也」。○〔同上〕｜,叚借為整。〔釋天〕「入為｜旅,反尊卑也」。○〔同上〕｜,叚借為[illegible],或為軫。〔禮記·中庸〕「｜河海而不洩」。○〔同上〕｜,叚借為袗。〔禮記·玉藻〕「｜絺裕不入公門」。○〔同上〕｜,叚借為糞。〔廣雅·釋詁一〕「｜,棄也」。○｜｜,奮迅｜動,有為之象也。〔詩·螽斯〕「宜爾子孫｜｜兮」集疏。○｜｜者,盛也。〔振鷺〕「｜鷺于飛」後箋。○｜｜,王元長〔曲水詩序〕李善注先引此作陳陳殷殷,後又引此作軔軔啟啟。〔呂覽·慎人〕「｜｜殷殷」校正。

儁｜,俊同。俊,美才出衆者也。〔左傳宣公一五年〕「酆舒有三｜才」洪詁。○智過千人曰｜。〔廣韻·稕部〕○｜,有威力也。或作俊。〔慧琳音義·

卷六二〕引〔考聲〕。○丨，有其異威力也。〔卷八八〕引〔考聲〕。○丨同俊也。〔左傳莊公一一年〕「得俊曰克」洪詁引〔玉篇〕。○丨、俊同。俊也者，大也。〔左傳昭公一二年〕「其以中丨也」洪詁。○丨同俊。〔説文〕「甍，讀曰奭，一曰若丨」段注。

俊 丨，才于人也。〔集韻・稕部〕○知過千人謂之丨。〔楚辭・懷沙〕「非丨疑傑兮」補注引〔淮南子〕。又〔説文〕「丨，才過千人也」義證引文子。○丨傑，才德之異於衆者。〔孟子・公孫丑上〕「丨傑在位」朱注。○丨，美也。千人謂之丨。〔禮記・王制〕「曰丨士」集解。○丨為兼人也。〔書・堯典〕「克明丨德」孫疏。○梟丨，猶言梟將也。〔漢書・陳湯傳〕「梟丨禽敵之臣」補注引劉攽。○丨，絶異也。〔慧琳音義・卷四八〕○丨為大。〔書・臯陶謨上〕「丨乂在官」孫疏。○丨之言至大也。〔説文〕「堯，高也」段注。○丨乂，言大臣耆老也。〔書・臯陶謨上〕「丨乂在官」孫疏。○公卿謂丨乂。〔同上〕○丨，通作儁。〔釋言〕「髦，丨也」郝疏。○丨同儁。〔廣韻・稕部〕○〔説文定聲・卷一五〕丨，以儁為之。〔左傳莊公一一年〕「得儁曰克」。○丨，字當作儁。〔漢書・歐陽生傳〕「寬有丨材」補注引宋祁。○峻與丨通，皆古文自明之義。〔書・堯典上〕注「丨，一作峻」孫疏。○丨與峻古字通。〔文選・秋胡詩〕「丨節貫秋霜」補正。○丨與駿同。〔書・臯陶謨上〕「丨乂在官」孫疏。○畯，古字，丨為唐已後改字也。〔書・洪範下〕注「史遷丨作畯」孫疏。○〔説文定聲・卷一五〕丨，叚借為陖。〔夏小正〕「時有丨風」。○〔山海經〕以丨為舜。〔説文〕「丨，材過千人也」段注。○丨，熹平石經作會，今文與古文異也。〔書・立政〕「灼見三有丨心」孫疏。○虞帝名丨，經傳皆以舜為之。〔説文定聲・卷一五〕

儁 〔説文定聲・卷一四〕丨，叚借為俊。〔左傳宣公一五年〕「酆舒有三丨才」。

舜 丨，虞丨。仁聖盛明曰丨。〔廣韻・稕部〕○丨出顓頊，不出黄帝。〔史記・三代世表〕「顓頊屬，佶屬，堯屬，丨屬」志疑。○丨者，俊之同音假借字，〔山海經〕作帝俊。〔説文〕「丨，舜艸也」段注。○丨，〔山海經〕作俊。〔説文〕「堯，高也」段注。○〔説文定聲・卷一五〕丨，叚借為俊。〔書・堯典〕「曰虞丨」。○丨，木槿也，樹如李，其華朝生暮落。〔詩・有女同車〕「顔如丨華」朱傳。○丨，魯作蕣。〔同上〕集疏。○丨亦作蕣。〔同上〕通釋引高誘。○丨，叚借為蕣。〔説文定聲・卷一五〕

吝 丨，惜也。〔説文〕「丨，恨惜也」義證引〔五經文字〕。又〔同上〕引〔玉篇〕。○〔説文定聲・卷一五〕丨，俗作悋。〔家語・致思〕「商甚悋于財」。○丨，窮也。〔易・屯〕「君子幾不如舍往丨」纂疏。○丨，恨也。〔説文〕「丨，恨惜也」義證引〔五經文字〕。○丨，鄙嗇也。〔論語・泰伯〕「使驕且丨」朱注。○丨，靳也。〔通鑑・漢紀一三〕「丨簡布章」音注。○作事可羞恨者謂之丨。〔漢紀四二〕「則鄙丨之萌復存乎心矣」音注。○丨，悔丨。又惜也，恨也。〔廣韻・震部〕○遴、丨、悋並通。〔廣雅・釋詁〕「遴，貪也」疏證。○丨，通作遴。〔釋詁〕「戾，待也」郝疏。○遴，經傳通作丨。〔廣雅・釋詁〕「遴，䟕也」疏證。○丨與類通。〔廣雅・釋詁〕「類，恥也」疏證。

燼 丨，燭餘。〔廣韻・震部〕○丨為火餘。〔左傳成公二年〕「請收合餘丨」疏證。○丨，灰丨也。〔詩・桑柔〕「具禍以丨」朱傳。○丨者，餘也，少也。〔同上〕述聞。○訓丨為餘。〔左傳成公二年〕「請收合餘丨」疏證。○丨同𦘔。〔同上〕洪詁引〔玉篇〕。○丨、𦘔、盡並與藎通。〔方言二〕「藎，餘也」箋疏。○𦘔、丨、藎並通。〔廣雅・釋詁〕「丨，餘也」疏證。○盡與𦘔通，字亦作丨，又作藎。〔廣雅・釋詁〕「𦘔，灺也」疏證。

𦘔 丨，火餘木也。〔説文〕「丨，火餘也」義證引〔玉篇〕。○丨，同燼。〔廣韻・震部〕○丨，經典作燼。〔説文〕「丨，火餘也」義證。○丨，今俗作燼。〔同上〕繫傳。○丨，引伸為火餘之偁。〔説文〕「丨，火之餘木也」段注。○丨，各本作火餘也。〔同上〕段注依唐初玄應本。○丨、燼、藎並通。〔廣雅・釋詁〕「燼，餘也」疏證。○盡與丨通，字亦作燼，又作藎。〔釋詁〕「丨，灺也」疏證。○〔説文定聲・卷一六〕丨，字亦作[illegible]。〔廣雅・釋詁四〕「[illegible]、丨，灺也」。

訊 丨，問也。〔詩・正月〕「丨之占夢」朱傳。○丨，問也，或作訙。〔集韻・稕部〕○〔説文〕有丨無訙，訙俗字。〔莊子・列禦寇〕「金木丨之」集釋引盧文弨。○丨猶問也。〔大戴・衛將軍文子〕「欲善則丨」王詁。○丨，告也。〔詩・墓門〕「歌以丨之」朱傳。又〔雨無正〕「莫肯用丨」朱傳。○丨，魯、韓亦作誶。〔詩・墓門〕「丨予不顧」集疏。○丨，魯作誶。〔詩・雨無正〕「莫肯用丨」集疏。○丨、誶同聲。〔詩・墓門〕「歌以丨止」述聞。○丨，古亦讀若誶。〔同上〕述聞。○丨當為誶。〔同上〕陳疏。○丨得讀誶，為一音之轉。〔同上〕後箋。○丨、誶二字通用，問也。〔同上〕後箋引〔詩本音〕。○丨當為誶。〔説文〕「誶，讓也」義證引戴震。○丨與誶通而同訓為告也。〔禮記學記〕「多其丨言」述聞。○〔楚辭〕亂曰，〔史〕作丨曰，〔漢書〕作誶曰。〔義府・卷上〕○〔吳語〕乃丨申胥，〔説文〕引作誶申胥。〔詩・墓門〕「歌以丨止」述聞。○〔漢書・賈誼傳〕丨作誶。〔同上〕○誶、丨聲相轉，古音本同。〔文選・王僧達和琅邪王依古〕「聊丨興亡言」集釋。○丨亦與誶同。丨字古讀若誶，故經傳多以二字通用。〔廣雅・釋詁〕「誶，諫也」疏證。○丨作誶。〔史記索隱〕「異文」雜志。○丨或譌作誶。〔説文〕「丨，問也」義證。○即丨謂即時定讞也。〔漢書・陳湯傳〕「有詔即丨」補注引周壽昌。○丨，其魁首當丨問者也。〔詩・出車〕「執丨獲醜」朱傳。○即丨，來就鞫丨也。〔漢書・陳湯傳〕「有詔即丨」補注引王文彬。○丨，字亦作詢。漢宣帝名詢。〔説文定聲・卷一六〕○丨，今因經無以詢為問辠字，遂用丨，不用詢。其實丨、詢一字也。〔同上〕○振丨，即振迅，與奮迅同義。〔公羊傳莊公八年〕注「故以振丨士衆言之」陳疏。○凡經典振丨、奮丨，俱迅之叚借。〔釋詁〕「丨，疾也」郝疏。○丨者，迅之叚借也。〔釋言〕「振，丨也」郝疏。○〔文選〕丨作迅，此借字。〔漢書・揚雄傳〕「猋駭雲丨」補注。○〔説文定聲・卷一六〕丨，叚借為迅。〔廣雅・釋詁一〕「丨，

動也」。○呂刑丨作貌。稽貌，猶〔周禮〕色聽也。〔史記・周本紀〕「惟丨有稽」志疑。○則丨，〔家語〕作欲善則詳。〔大戴〕「欲善則丨」述聞。○丨當為詳。（同上）○丨，或亦亂之別名。〔義府・卷上〕○〔說文定聲・卷一六〕丨，叚借為恂。〔釋詁〕「詢，信也」。○（同上）丨，叚借為均。〔書・大傳〕「詢十有二變」。

允　丨猶用也，語詞。〔詩・酌〕「實維爾公丨師」通釋。○丨，通術。〔十月之交〕「中丨膳夫」通釋。○丨，古音如盾。（同上）

仞　七尺曰丨。〔論語・子張〕「夫子之牆數丨」朱注。又（同上）劉正義。又〔廣韻・震部〕。○丨，言七尺者是也。〔說文〕「丨，伸臂一尋八尺」段注引程瑤田。○丨，人伸兩手一尋，度廣則適得八尺，度深則身側臂曲而為七尺。丨，七尺也。〔說文定聲・卷一五〕引程瑤田。○度深曰丨。〔說文定聲・卷三〕〔「尋」下〕又〔慧琳音義・卷一一〕引〔考聲〕。○八尺曰丨。〔國策・楚策四〕「加己乎十丨之上」鮑注。○古以周尺八尺為丨。〔說文〕「丨，伸臂一尋八尺」義證引〔六書故〕。○丨，亦或言八尺。〔說文定聲・卷三〕〔「尋」下〕○〔通雅・卷四〇〕以身丨之曰丨。〔孟子〕「掘井九丨」。○丨讀曰牣。〔漢書・司馬相如傳〕「虛宮館而勿丨」補注。○丨與牣同。（同上）「充丨其中者」補注。○丨，或借為牣滿字。〔說文〕「丨，伸臂一尋八尺」段注。○〔說文定聲・卷一五〕丨，叚借為牣。〔三公山碑〕「巨丨不數」。○丨當作刱。〔韓子・外儲說左〕「墾草丨邑」平議。○丨當作刱，謂刱造其邑也。（同上）集解引俞樾。○丨，入也。（同上）集解引舊注。○丨，因也。〔楚辭・大招〕「五穀六丨」王注。○丨，古認字。〔漢書・孟喜傳〕「喜因不肯丨」補注引錢大昕。○訒，字或作丨。〔廣雅・釋詁〕「訒，難也」疏證。○丨，通作軔。〔說文〕「丨，伸臂一尋八尺」義證。○丨，忍字假音。〔墨子・節葬下〕「冬不丨寒」閒詁引畢沅。○〔說文定聲・卷一五〕丨，叚借為允。〔漢書・儒林孟喜傳〕「喜因不肯丨」。

軔　丨，礙輪木也，車行則去之。〔離騷〕「朝發丨於蒼梧兮」戴注。○丨，止車之木，將行則發之。（同上）補注。○丨，碾車木。〔國策・秦策五〕「陛下嘗丨車於趙矣」鮑注。○丨，礙車輪木。〔廣韻・震部〕○丨，礙車。〔集韻・之部〕○丨為礙車。〔說文定聲・卷一〇〕〔「軫」下〕○訒、丨、認，並字異而義同。〔廣雅・釋詁〕「訒，難也」疏證。○丨，當作韌。〔管子・制分〕「攻堅則丨」義證引孫星衍。○丨音刃，與仞同。八尺為仞。〔孟子・盡心上〕「掘井九丨而不及泉」朱注。○〔說文定聲・卷一五〕丨，叚借為仞。〔孟子〕「掘井九丨」。○丨，或作杒。〔說文〕「丨，礙車也」義證引〔玉篇〕。又〔說文〕「杒，桎杒也」義證引〔玉篇〕。○〔說文定聲・卷一五〕丨，叚借為忍。〔管子・制分〕「攻堅則丨」。

殯　丨謂斂尸於棺而塗之也。〔禮記・檀弓〕「喪三日而丨」集解。○丨，丨殮。〔廣韻・震部〕○棺肂於西階，奉屍斂之曰丨，所謂丨於客位也。〔說文定聲・卷一六〕○（同上）丨，叚借為賓。〔禮記・曾子問〕「奠而后辭于丨」。

儐　丨，道賓也。〔說文〕「丨，道也」繫傳。○丨，丨相也。〔廣韻・震部〕○丨，遵也，出接賓人。〔慧琳音義・卷二七〕引〔玉篇〕。○前導為丨，後隨為從。（同上）○丨，進也。〔大戴・朝事〕「丨而禮之」王詁。○丨，元作賓。〔國策・趙策四〕「五國復堅而丨之」鮑注。○丨，陳。〔詩・常棣〕「丨爾籩豆」朱傳。○丨與賓聲近義同。〔廣雅・釋詁一〕「賓，列也」疏證。○丨與賓通。〔釋詁一〕「賓，敬也」疏證。○丨，〔史記〕作賓。〔說文〕「丨，導也」段注。○丨通作賓。（同上）義證。○丨，元作擯。〔國策・趙策二〕「六國從親以丨畔秦」鮑注。○丨擯同。〔國策・齊策四〕「倍約丨秦」鮑注。○丨與擯同。〔漢書・主父偃傳〕「諸儒生相與排丨」補注引錢大昭。○丨，今〔周禮〕皆作此擯字。〔說文〕「丨，道也」繫傳。○丨，經典多作擯。（同上）段注。○〔說文定聲・卷一六〕丨，叚借為姘。〔莊子・徐無鬼〕「以擯寡人久矣」。

迅　丨，疾也。〔論語・鄉黨〕「丨雷風烈」朱注。○丨，飛之疾也。〔屈賦・思美人〕「乃丨高而難當」戴注。○丨，疾也。〔廣韻・稕部〕○丨，奮丨也。〔釋訓〕「赫赫，丨也」鄭注。○丨，疾走也，從辵，從卂，會意，卂亦聲。〔說文定聲・卷一六〕○丨通作訊。〔釋詁〕「丨，疾也」郝疏。○〔河渠書〕丨作浚。〔漢書・溝洫志〕「北渡回兮丨流難」補注。

瞬　丨，目自動也。〔廣韻・稕部〕

瞚　丨，動目也。或作瞬。〔慧琳音義・卷三〕引〔韻英〕。○丨，開閉目而數搖也。或作眒。〔卷一三〕引〔考聲〕。○丨，目動也。〔說文〕「丨，開閉目數搖也」繫傳。○〔通雅・卷一八〕潁川人謂相視曰丨。一曰丨者，謂人臥死覺也。〔呂覽・安死篇〕「視萬歲猶一丨也」。○丨與瞬同。〔呂覽・安死篇〕「視萬歲猶一丨也」校正。○丨，或作瞬。〔說文〕「丨，開閉目數搖也」義證。○丨、眴並同瞬。〔廣韻・稕部〕○丨與眴略同。〔說文定聲・卷一六〕○（同上）丨，叚借為眩。〔莊子・庚桑楚〕「兒子終日視而目不丨」。○丨息，瞬目者一歛目也。息，一息氣也，言極迅促也。〔慧琳音義・卷三〕

櫬　椑棺曰丨。〔通雅・襍用〕○椑棺謂之丨。〔說文〕「丨，棺也」義證引〔增韻〕。○丨，空棺也。〔廣韻・震部〕○丨，天子四重，諸公三重，侯再重，大夫一重，士不重。天子水兕革棺最在內，諸侯杝棺最在內。〔說文定聲・卷一六〕○丨之言親也。〔廣雅・釋器〕「丨，棺也」疏證。○丨，木槿。〔集韻・稕部〕○丨，又木槿也。〔說文〕「丨，棺也」繫傳。○〔說文定聲・卷一六〕丨即蕣也，樹如李，其華朝榮夕瘁。〔釋草〕「丨，木堇」。○丨、采聲相近。丨，一名采薪，又名即薪。〔釋木〕「丨，采薪。采薪，即薪」述聞引錢氏。○丨與采薪、即薪，皆柞木之異名。（同上）述聞。○丨板，古塚中棺木也。〔說文〕「丨，棺也」義證引〔本草拾遺〕。

儭　｜，至也，又畏也。〔廣韻·震部〕〇｜，近也，至也。〔慧琳音義·卷二六〕〇｜，至也。〔說文〕「親，至也」義證引〔玉篇〕。〇｜，裹也。〔廣韻·震部〕〇｜，藉也。〔集韻·稕部〕又〔慧琳音義·卷八三〕引〔考聲〕。〇｜，或作親。〔說文〕「親，至也」句讀。又〔同上〕義證引〔玉篇〕。

諄　｜，告之丁寧。〔廣韻·稕部〕〇｜與憝聲亦相近。〔廣雅·釋詁〕「憝，惡也」疏證。〇憝與｜古聲亦相近。〔釋詁〕「｜，辠也」疏證。〇〔說文定聲·卷一五〕｜，叚借為憝。〔方言三〕「｜，罪也」。

藎　｜，進也。〔詩·文王〕「王之｜臣」朱傳。又〔廣韻·震部〕。〇〔說文定聲·卷一六〕｜，叚借為進。〔釋詁〕「｜，進也」。〇｜音盡。〔詩·文王〕「王之｜臣」朱傳。〇｜亦菜屬。〔說文〕「｜，艸也」義證。〇｜，草，治久欬，殺皮膚小蟲。〔同上〕義證引〔急就篇〕顏注。〇｜草，俗名菉蓐草，〔爾雅〕所謂王芻者也。〔同上〕義證引〔本草〕唐本注。〇｜，或曰俗名菉蓐草，則即今淡竹葉。〔說文定聲·卷一六〕〇｜之言不盡也。〔釋詁〕「｜，進也」郝疏。〇王之｜臣猶言王之餘臣。〔詩·文王〕「王之｜臣」平議。〇｜與燼同。〔方言二〕「｜，餘也」疏證。又〔同上〕箋疏。〇｜者，與燼同。〔釋詁〕「｜，進也」郝疏。〇㶳、燼、｜並通。〔廣雅·釋詁〕「燼，餘也」疏證。〇｜者，㶳之叚字。〔詩·文王〕「王之｜臣」平議。〇〔說文定聲·卷一六〕｜，叚借為㶳。〔方言二〕「｜，餘也。炊薪不盡曰｜」。〇｜與俊亦音近而義通。〔詩·文王〕「王之｜臣」通釋。

憖　｜，亦當訓且。〔左傳昭公二八年〕「｜使吾君聞勝與臧之死也以為快」洪詁。〇｜，且也，又傷也，閑也。〔廣韻·震部〕〇｜當與閒同義。〔左傳文公一二年〕「兩君之士皆未｜也」洪詁。〇｜，各本作問也，〔玉篇〕作閒也。〔說文〕「｜，肎也」段注。〇｜，願也。〔詩·十月之交〕「不｜遺一老」通釋。〇｜者，心不欲而自強之辭。〔同上〕朱傳。〇｜，傷也。〔慧琳音義·卷九五〕引〔考聲〕。〇｜，閒也。〔詩·十月之交〕「不｜遺一老」集釋引韓說。〇｜，叚借發聲之詞，〔玉篇〕作且也。〔說文定聲·卷一六〕〇〔同上〕｜為慭之誤。慭即愓字。〔說文〕「｜，一曰謹敬也」。〇｜，讀為銀。〔左傳昭公一二年經〕「季孫如意如會曹人齊人于厥｜」洪詁。〇｜讀為銀，與寧同音，又讀為甯。〔左傳昭公二八年〕「｜使吾君聞勝與臧之死也」洪詁。〇｜，本或作齾。〔說文〕「齾，缺齒也」段注。〇｜與齾雙聲叚借。〔說文〕「春秋傳又曰兩軍之士皆未｜」段注。〇鼜、｜並字異而義同。〔廣雅·釋詁〕「听，笑也」疏證。〇｜字或作慭。〔說文〕「｜，問也」義證。〇｜當為猌。〔說文〕「𧇡，兩虎爭聲，讀若｜」義證。〇｜當為慭。〔方言〕「｜，傷也」。〔說文〕「慭，楚穎之閒謂憂曰慭」義證。〇〔說文定聲·卷一六〕｜，叚借為弞。〔說文〕「｜，一曰說也」。

殣　餓死為｜。〔大戴·千乘〕「道無｜者」王詁。〇｜，埋也。〔廣韻·震部〕〇｜，僅能掩之也。〔說文〕「｜，道中死人，人所覆也」繫傳。〇〔說文定聲·卷一五〕｜，以饉為說也。〔左傳昭公三年〕「道｜相望」。

饉　菜不熟曰｜。〔論語·先進〕「因之以饑｜」朱注。〇蔬不熟曰｜。〔詩·雨無正〕「降喪饑｜」朱傳。〇無穀曰饑，無菜曰｜。〔廣韻·震部〕〇｜，虛乏之名。〔廣雅·釋天〕「三穀不升曰｜」疏證。〇廑、僅、慬、勤、覲、｜、堇，並字異而義同。〔廣雅·釋詁〕「堇，少也」疏證。〇｜猶僅也。〔墨子·七患〕「二穀不收謂之｜」閒詁引俞樾。〇〔說文定聲·卷一五〕｜，叚借為殣。〔文選·王命論〕「餓｜流隸」。

藺　｜，草名，莞屬。〔廣韻·震部〕〇｜，劦也，一名馬｜。〔說文〕「｜，莞屬也」繫傳。〇｜似莞而細，可為席。〔說文〕「｜，莞屬」義證引〔玉篇〕。〇｜，草名，亦莞之類也。〔同上〕義證引〔急就篇〕顏注。〇轔、｜、閵、躙、躪，並字異而義同。〔廣雅·釋言〕「轔，轢也」疏證。〇｜，躙省文。〔漢書·司馬相如傳〕「｜玄鶴」補注。〇〔說文定聲·卷一六〕｜，或曰借為兩。〔漢書·鼂錯傳〕「具｜石」。〇｜，叚借為棱，棱、｜雙聲。〔說文定聲·卷一六〕

濬　｜，深。〔詩·長發〕「｜哲維商」朱傳。〇｜哲，猶言明哲。〔同上〕通釋。〇｜，深也。〔廣韻·稕部〕又〔慧琳音義·卷一二〕引〔韻英〕。〇侚、徇、叡、｜並聲近而義同。〔廣雅·釋詁〕「侚，疾也」疏證。〇｜、叡古通用。〔詩·長發〕「｜哲維商」通釋。〇｜，當即睿之假借。〔同上〕〇｜作浚者假音字。〔尚書·皋陶謨中〕注「史遷｜作浚」孫疏。

侚　｜，求也，從也。〔慧琳音義·卷四五〕引〔考聲〕。〇｜，即徇之譌。〔墨子·公孟〕「思慮｜通」閒詁。〇｜亦當作侚。〔說文〕「侚，疾也」段注。〇｜即此侚。〔同上〕義證。〇｜當為徇。〔墨子·號令〕「三日而一｜」閒詁引畢沅。〇｜亦即徇之俗。〔周禮·環人〕「有任器則令環之」孫正義。〇｜同徇。〔左傳桓公一三年〕「莫敖使｜于師」洪詁引〔玉篇〕。〇徇乃｜之本字。〔昭公元年〕「卒斬以｜」洪詁。又〔成公二年〕「郤子使速以｜」洪詁。〇｜、巡古同聲而通用。〔廣雅·釋言〕「｜，巡也」疏證。〇｜，行示也。〔集韻·稕部〕〇行走宣令曰｜。〔慧琳音義·卷五五〕〇｜，行以示人也。〔國策·秦策一〕「大王斬臣以｜於國」鮑注。〇｜，自衒名行。〔廣韻·稕部〕又〔慧琳音義·卷六〕引〔韻英〕。〇｜，齊也。〔卷四五〕引顧野王。〇侚、｜、叡、濬並聲近而義同。〔廣雅·釋詁〕「侚，疾也」疏證。〇夐與｜古聲義亦同。〔廣雅·釋言〕「｜，營也」疏證。〇浙本｜作殉。〔漢書·賈誼傳〕「列士｜名」補注引宋祁。〇殉與｜通。〔廣雅·釋言〕「｜，營也」疏證。〇｜者，旬之叚音也。〔釋言〕「｜，徧也」郝疏。〇｜，服虔作循。〔左傳文公一一年〕「國人弗｜」洪詁。〇〔世家〕熊｜即季｜也，而〔鄭語〕作季紃，疑｜字以音同致誤。〔史記·十二諸侯年表〕「楚熊｜元年」志疑。

徇　｜，求也。〔慧琳音義·卷五〕引〔考聲〕。〇〔說文定聲·卷一六〕｜，叚借為營。〔蒼頡篇〕「｜，求也」。〇｜，遍也。〔集韻·稕部〕〇｜，巡師宣令，

又從也。〔廣韻・稕部〕〇丨，行示也。〔集韻・稕部〕〇丨，且斬且行以令於衆也。〔説文〕「丨，行示也」繫傳。〇丨，偏也。〔同上〕義證引〔三蒼〕。〇〇以身從物曰丨，或作徇。〔慧琳音義・卷五〕引〔韻英〕。〇丨乃徇之本字也。〔左傳成公二年〕「郤子使速以徇」疏證。〇丨，今人作徇。〔説文〕「丨，行示也」繫傳。〇丨亦作徇。〔同上〕段注。〇〔説文定聲・卷一六〕丨，叚借為循、為巡。〔廣雅・釋言〕「徇，巡也」。〇〔同上〕丨，叚借為順。〔左傳文公一一年〕「國人弗徇」。〇〔同上〕丨，叚借為濬。〔史記・五帝紀〕「幼而徇齊」。〇〔同上〕丨，叚借為旬，為均。〔釋言〕「徇，徧也」。〇〔同上〕丨，叚借為徇。〔素問・六節藏象論〕「徇蒙招尤」。〇〔同上〕丨，字又誤作殉。〔史記・屈賈傳〕「貪夫殉財」。〇〔同上〕丨，字亦作迿。〔公羊傳定公四年〕「而不相迿」。

殉 以人從葬曰丨。〔國策・秦策二〕「必以魏子為丨」鮑注。〇丨，言以死從之。〔韓策二〕「敝邑將以楚丨韓」鮑注。〇丨，以人送死。〔廣韻・稕部〕〇丨，以人送死也。〔慧琳音義・卷八一〕引〔文字典説〕。〇殺人以葬，旋環其左右曰丨。〔左傳文公六年〕「以子車氏之三子奄息、仲行、鍼虎為丨」洪詁引服虔。〇丨，如丨葬之丨，以死隨物之名也。〔孟子・盡心上〕「以道丨身」朱注。〇亡身從物曰丨。〔慧琳音義・卷六〕引〔古今正字〕。〇丨與徇通。〔廣雅・釋言〕「徇，營也」疏證。

覲 丨者，諸侯秋見天子之名。〔禮記・曲禮〕「諸侯北面而見天子曰丨」集解。〇丨，見也。〔廣韻・震部〕〇丨謂就見尊老也。〔慧琳音義・卷二二〕引〔珠叢〕。〇〔説文定聲・卷一五〕丨，勞王事者以勤為訓。〔説文〕「諸侯秋朝曰丨，勞王事」。〇廑、僅、慬、厪、丨、饉、堇，並字異而義同。〔廣雅・釋詁〕「堇，少也」疏證。〇〔説文定聲・卷一五〕丨，叚借為僅。〔呂覽・長見〕「至於丨存」。〇〔同上〕丨，叚借為瑾。〔荀子・正論〕「琅玕龍茲華丨以為實」。

畯 丨，長也。田丨，農之長也。〔釋言〕「丨，農夫也」述聞。〇田丨，農官也。〔説文定聲・卷一五〕〇〔同上〕丨之為言俊也，逵衆農者也。夫也者，以知帥人者也，故亦曰農夫。〔説文〕「丨，農夫也」。〇〔同上〕丨，亦稱田大夫。〔詩・七月〕「田丨至喜」傳「田大夫也」。〇〔同上〕丨，亦稱田。〔禮記・月令〕「命田舍東郊」。〇〔同上〕丨，亦稱農大夫。〔周語〕「命農大夫咸戒農用」。〇〔同上〕丨，亦稱農正。〔周語〕「農正再之」。〇〔同上〕丨，亦稱農父。〔書・酒誥〕「農父若保」。〇〔同上〕丨，亦稱農。〔夏小正〕「農率均田」。〇〔同上〕丨，亦稱嗇人。〔夏小正〕「嗇人不從」。〇〔同上〕丨，亦稱嗇夫。〔儀禮・覲禮〕「嗇夫承命」。〇丨音俊。〔詩・七月〕「田丨至喜」朱傳。〇〔尚書〕以丨為俊。〔説文〕「俊，材過千人也」段注。〇丨之言猶蹥也。〔釋獸〕「其跡蹥」郝疏。

餕 食餘曰丨。〔禮記・祭統〕「夫祭有丨」集解。〇丨，食餘。〔廣韻・稕部〕〇丨與飡、饔同。〔方言一〕「凡陳楚之郊，南楚之外，相謁而飡」箋疏。〇丨讀若飧。〔廣雅・釋器〕「孰食謂之丨饔」疏證。〇飧、丨古通用。〔同上〕〇丨饔即飧饔。〔同上〕〇丨當為飽。〔大戴・保傅〕「食肉而丨」述聞。〇丨，鈔本〔北堂書鈔〕引作飽，〔賈子〕同。〔同上〕

擯 丨，主國之君所使出接賓者。〔論語・鄉黨〕「君召使丨」朱注。〇丨者，主國之君所使接賓者也。〔禮記・聘義〕「卿為上丨」集解引呂大臨。〇出接賓曰丨。〔聘義〕「士為紹丨」集解。〇丨者，主人之宰也。〔禮記・少儀〕「丨者舉之」集解。〇丨，相主人之禮也。〔喪大記〕「丨者進」集解。〇丨，斥。〔廣韻・震部〕〇丨，棄也。〔集韻・稕部〕〇丨之言屏也。〔説文〕「儐或從手」段注。〇丨，從之遠方也。〔慧琳音義・卷四五〕引〔文字集略〕。〇丨，落也。〔卷一八〕引〔考聲〕。又〔卷一三〕。又〔卷六四〕。〇丨，贊也。〔大戴・諸侯遷廟〕「宗人丨舉手曰」王詁。〇丨，傳辭也。〔禮記・玉藻〕「丨者亦曰孤」集解。〇丨、儐、賓古通用。〔國策・齊策四〕「倍約儐秦」補正。〇儐字或作丨，又作賓。〔廣雅・釋詁〕「儐，道也」疏證。

菣 丨，香蒿，可煮食。〔廣韻・震部〕〇〔説文定聲・卷一二〕丨者，青蒿也。牡丨者，齊頭蒿也。〔爾雅〕「蒿，丨蔚，牡丨」。(「蔚」下)〇〔卷一六〕丨叚借為掔。〔廣雅・釋詁一〕「藖，掔也」。〇丨字亦作藖。〔説文定聲・卷一六〕

璡 丨，同瑨。〔廣韻・震部〕

瑨 丨，美石，次玉。〔廣韻・震部〕〇丨，美石，或從進。〔集韻・稕部〕

酳 丨，酒漱口也。〔廣韻・震部〕〇丨，漱酒也。〔集韻・稕部〕〇丨，漱酒也。〔集韻・稕部〕〇丨，以酒漱口也。〔通鑑・陳紀三〕「帝親跪授爵以丨」音注。

僅 丨，餘也，纔也，劣也，少也。〔廣韻・震部〕〇丨丨，能如此。〔説文〕「丨，才能也」繫傳。〇唐人文字，丨多訓庶幾之幾。〔同上〕段注。〇今人文字皆訓丨為但。〔同上〕〇廑、丨、慬、厪、覲、饉、堇，並字異而義同。〔廣雅・釋詁〕「堇，少也」疏證。〇〔説文定聲・卷一五〕丨，以廑為之。〔禮記・射義〕「蓋厪有存者」。

牣 丨，滿也。〔詩・靈臺〕「於丨魚躍」朱傳。又〔廣韻・震部〕。又〔通鑑・宋紀一二〕「充丨其家」音注。又〔淮南子・本經〕「德交歸焉而莫之充忍也」雜志。〇丨音刃。〔詩・靈臺〕「於丨魚躍」朱傳。〇丨與刃、忍古皆通用。〔呂覽・仲冬〕「取竹箭」校正。〇丨與軔、忍、刃、紉古皆通用。〔呂覽・別

類」「黃所以為｜也」校正。○〔說文定聲・卷一五〕｜，以仞為之。〔詩・靈臺〕「於｜魚躍」。

遴 ｜，行難也。〔廣韻・震部〕○｜，行難也者，當為難行。〔說文〕「｜，行難也」義證。○｜，引伸為｜選，選人必重難也。〔說文〕「｜，行難也」段注。○〔說文定聲・卷一六〕｜，叚借為掄。凡選擇字皆是。〔漢書〕「｜柬布章」。○｜與吝通用。〔漢書・魯恭王傳〕「晚節｜」補注引錢大昭。○｜、吝、悋並通。〔廣雅・釋詁〕「｜，貪也」疏證。○｜，經傳通作吝。〔廣雅・釋詁〕「｜，遝也」疏證。○〔說文定聲・卷一六〕｜，叚借為吝。〔廣雅・釋詁二〕「｜，貪也」。

賮 ｜，琛｜，又財貨也，會禮也。〔廣韻・震部〕○貨以將意曰｜。〔集韻・稕部〕○｜，通作進。〔說文〕「｜，會禮也」義證。○〔說文定聲・卷一六〕｜，字又作�

襯 ｜，近身衣。〔集韻・稕部〕○｜，藉也，親身衣也。〔慧琳音義・卷六二〕引〔考聲〕。○〔說文定聲・卷一六〕｜，猶紉也。〔廣雅・釋言〕「｜，仞也」。

晙 ｜，早也。〔廣韻・稕部〕又〔集韻・稕部〕。○｜，明也。〔集韻・稕部〕○｜者，浚之或體也。〔釋詁〕「｜，早也」郝疏。

鬊 ｜，毛貌。〔廣韻・稕部〕○｜之言蠢蠢然也。〔廣雅・釋器〕「髮謂之｜」疏證。○｜之訓髮隋也，渾言之則為髮。〔說文〕「首，古文百也」段注。○｜即巛也。〔同上〕

瑾 ｜，美玉名。〔廣韻・震部〕又〔集韻・稕部〕。○｜瑜，五色佩玉也。〔說文〕「｜，｜瑜，美玉也」義證。○｜與墐同。〔詩・七月〕「寒向｜户」陳疏。

趁 ｜，｜逐。〔廣韻・震部〕○〔說文定聲・卷一六〕｜，以屯為之。〔易〕「屯如亶如」。

蕣 ｜，木槿。〔廣韻・稕部〕○｜，今〔詩〕作舜，為假借。〔說文〕「詩曰，顏如｜華」段注。○｜當為羼。〔說文〕「蕣，茅葍也，一名｜」義證。○｜，齊魯之間謂之王蒸。〔說文定聲・卷一五〕引陸機。○疑其樹即櫬木，華英名｜也。〔同上〕

輴 應鼓曰輴鼓，亦曰｜鼓，亦曰田鼓。〔說文〕「｜，擊小鼓引樂聲也」義證引〔纂要〕。○｜，聲轉字誤，變而作田。〔同上〕段注。○｜，小鼓在大鼓上擊之以引樂。亦作𣚍。〔廣韻・震部〕○｜，鼓名。〔廣雅・釋樂〕「應｜搏拊」疏證。○｜謂朔鼙也。〔同上〕○｜讀為道引之引。〔同上〕○｜者，引也，言先擊小鼓以引大鼓也。〔說文〕「｜，擊小鼓引樂聲也」義證引〔纂要〕。○｜，小鼓，在鼓上擊之以引樂也。〔同上〕義證引〔玉篇〕。

輀 ｜，車名。〔廣韻・震部〕又〔集韻・稕部〕。

靭 ｜，柔靭。〔廣韻・震部〕

訒 ｜，忍也，難也。〔論語・顏淵〕「仁者其言也｜」朱注。○｜，難言。〔廣韻・震部〕○｜，鈍也。〔說文〕「｜，頓也」義證引〔玉篇〕。○〔說文定聲・卷一五〕｜，言之鈍也。〔說文〕「｜，頓也」。○｜、韌、認，並字異而義同。〔廣雅・釋詁〕「｜，難也」疏證。○｜字或作仞。〔同上〕○｜，或作認。〔說文〕「｜，頓也」義證。

汛 ｜，水皃。〔廣韻・卦部〕○｜，俗用為潮｜字。〔說文〕「｜，灑也」段注。○｜，洒埽也。〔同上〕義證引〔玉篇〕。○〔說文定聲・卷一六〕｜，凡洒埽字古亦以洒為之。〔說文〕「｜，灑也」。○今所用潮｜字，是水行氾溢之義。或曰借為信，亦通。〔說文定聲・卷一六〕○｜，叚借為訊，今所用｜地字，葢譏詰往來行人處也。〔同上〕○｜，經傳多誤作汎濫之汎。〔同上〕

轥 ｜，｜轢，車踐。〔廣韻・震部〕

轔 ｜，同轥。〔廣韻・震部〕○｜、藺、閵、躙、蹸，並字異而義同。〔廣雅・釋言〕「｜，轢也」疏證。

躪 ｜者，蹸之俗字。〔說文定聲・卷一四〕

蹸 ｜、藺、閵、躪、轔，並字異而義同。〔廣雅・釋言〕「轔，轢也」疏證。

粦 ｜言光行著人。〔說文〕「｜，兵死及牛馬之血為｜。｜，鬼火也」繫傳。

燐 ｜，螢火。〔廣韻・震部〕○｜，螢火通作燐。〔集韻・稕部〕

驎 ｜，隱｜馬色駮。〔集韻・稕部〕○｜，馬黑脣也。〔慧琳音義・卷九六〕引〔字書〕。○｜即連也。〔釋畜〕「青驪｜驒」平議。○〔說文定聲・卷一六〕｜，如魚鱗，〔爾雅〕作粼。〔詩・駉〕釋文「｜，毛色有深淺斑駁隱粼，今之連錢驄也」。

甐 ｜，器也。〔廣韻・震部〕又〔集韻・稕部〕。○磷、｜、粼並通。〔廣雅・釋詁〕「磷，薄也」疏證。

浚 ｜者，疏瀹也，陶也，深也。〔通鑑・周紀一〕「｜民之膏澤以實之」音注。○｜者，抒也。〔說文〕「匽，淥米籔也」段注。又〔說文〕「陷，耕以臿｜出地下壚土也」段注。○水之｜者為大。〔釋詁〕「｜，大也」郝疏。○｜與濬義近。〔文選・兩都賦序〕「脩宮室，｜城隍」集釋。○｜，水急流也。〔慧琳音義・卷一九〕引〔集訓〕。○｜，水急流也，或作濬。〔卷一四〕引〔考聲〕。○｜音濬。〔詩・小弁〕「莫｜匪泉」朱傳。○｜，讀與濬同。〔同上〕陳疏。○｜與駿同。大明謂大勉也。〔書・皋陶謨〕注馬融「｜，大也」孫疏。○｜、駿字同。｜則，即大法也。〔漢書・禮樂志〕「｜則師德」補注。○｜通

作駿。〔釋詁〕「晙，早也」郝疏。○｜，字亦可訓煎。〔左傳襄公二四年〕「子｜我以生乎」洪詁。○〔說文定聲・卷一五〕｜謂借為煎。〔晉語〕「｜民之膏澤以實之」注「煎也」。○｜發，即急發也。〔詩・噫嘻〕「｜發爾私」集疏引〔齊詩〕。○｜，衛邑。〔詩・凱風〕「在｜之下」朱傳。○｜，衛邑名。〔詩・干旄〕「在｜之郊」朱傳。○｜音峻。(同上)○〔晉志〕｜作逡。〔漢書・地理志〕「逡遒」補注引周壽昌。○〔說文定聲・卷一五〕｜，段借為悛。〔方言六〕「｜，敬也」。○(同上)｜，段借為陖。〔書・皋陶謨〕「夙夜｜明有家」。

墐　｜，謂塗閉之。〔禮記・月令〕「在內皆｜其戶」集解。○｜，塗也。〔詩・七月〕「塞向｜戶」朱傳。又〔廣韻・震部〕。○｜，埋。〔詩・小弁〕「尚或｜之」朱傳。○｜當為殣。(同上)陳疏。○｜，齊、韓作殣。(同上)集疏。○｜者段借字，殣者正字也。〔說文〕「殣，道中死人」段注。○〔說文定聲・卷一五〕｜，段借為殣。〔詩・小弁〕「尚或｜之」。○｜乃堇之分別文。〔說文〕「｜，塗也」句讀。○〔說文定聲・卷一五〕｜，段借為堇。〔齊語〕「陸阜陵｜」。○｜，此字實即堇之轉注。〔說文定聲・卷一五〕○｜與廑義相近。〔廣雅・釋言〕「廑，瘽也」疏證。○｜與靳亦聲近義同。〔廣雅・釋詁〕「靳，黏也」疏證。

縉　｜，淺絳色。〔廣韻・震部〕○｜，帛赤色。〔集韻・支部〕○翹紅曰｜。〔通雅・綵色〕○｜雲猶赤雲。〔左傳文公一八年〕「｜雲氏有不才子」疏證。○｜，〔封禪書〕作搢。〔漢書・郊祀志〕「｜紳者弗道」補注。○搢、｜、晉古通用。〔廣雅・釋詁〕「搢，插也」疏證。○〔說文定聲・卷一六〕｜，段借為搢，實為鐏。〔荀子・禮論〕「｜紳而無鉤帶矣」。

搢　｜，插也。〔大戴・哀公問五義〕「然則今夫章甫、句屨、紳帶而｜笏者」王詁。○插笏，｜笏也。〔淮南子・泰族〕「捷笏而朝天下」雜志。○｜，｜紳之士｜笏而垂紳，又插也。〔廣韻・震部〕○｜，插也。〔集韻・齊部〕又〔集韻・稕部〕。○｜之言進也。〔廣雅・釋詁〕「｜，插也」疏證。○｜即晉字俗寫。〔墨子・公孟〕「｜忽」閒詁引畢沅。○｜、縉、晉古通用。〔廣雅・釋詁〕「｜，插也」疏證。○｜、晉、薦，其義一也。(同上)○｜、箭，義亦同矣。(同上)○進或聲誤為｜。〔大戴・子張問入官〕「教不能勿｜」王詁。

濥　｜｜，動貌。〔說文〕「｜，水脈行地中｜｜也」段注。○｜者，水衂行地中｜｜也。〔說文〕「巠，水衂也」段注。○｜，今〔文選・江賦〕作演。〔說文〕「｜，水脈行地中｜｜也」段注。○｜，或通作演。〔說文〕「｜，水脈行地中｜｜然」義證。

娠　｜，妊也。或書作㛐，通作震。〔集韻・震部〕○｜、震皆動也。〔史記・鄭世家〕「｜大叔」雜志。○｜，動，懷任之意。〔史記・鄭世家〕「｜大叔」引〔漢書・高帝紀〕「已而有｜」應劭注雜志。○｜音身。｜、震古字通。〔左傳昭公元年〕「方震大叔」洪詁引孟康。○｜，本又作震。〔左傳哀公元年〕「后緡方｜」洪詁。

引　｜，導。〔詩・行葦〕「以｜以翼」朱傳。○｜，長也。〔詩・召旻〕「職兄斯｜」朱傳。○在塗時屬於柩車謂之｜。〔禮記・檀弓〕「弔於葬者必執｜」集解。

袗　｜，玄服也。〔集韻・震部〕○｜，一曰衣前襌。或作裖。(同上)

診　｜，候脉。〔廣韻・震部〕○眕與｜古字通。〔莊子・人間世〕「匠石覺而診其夢」集釋引王念孫。

瑱　｜，塞耳也。〔詩・君子偕老〕「玉之｜也」朱傳。○｜，玉充耳。〔廣韻・震部〕又〔集韻・稕部〕。○｜，入耳也。〔說文〕「｜，以玉充耳也」繫傳。○｜，壓也。〔楚辭・東皇太一〕「瑤席兮玉｜」補注。○｜為玉鎮在柱下也。〔說文〕「｜，以玉充耳也」繫傳。○｜、鎮古通字。〔文選・東皇太一〕「瑤席兮玉｜」集釋引辛紹業〔九歌解〕。○〔說文定聲・卷一六〕｜，段借為鎮。〔周禮・天府〕故書「玉｜，大寶器」。

疢　｜，疾，為孤危之稱。〔詩・小弁〕「｜如疾首」通釋。○｜，蓋借以煩熱之稱。(同上)○｜，煩熱。〔詩・小弁〕「｜如疾首」集疏。○｜，引申為凡病之稱。〔周禮・考工記〕「｜疾險中」孫正義。○｜，疾也。〔通鑑・齊紀一〇〕「比纏疷｜」音注。○｜，病也。〔廣韻・震部〕

疹　｜與疢同。〔廣雅・釋詁〕「疢，病也」疏證。

挋　｜，晞也。〔說文〕「｜，給也」段注引〔士喪禮〕注。○｜，或作賑。(同上)義證。○｜，俗借賑。(同上)句讀。○｜即振也。〔釋詁〕「｜，清也」鄭注。○｜、振通。(同上)郝疏。○｜通作振。〔說文〕「｜，給也」義證。○｜與振通。(同上)句讀。○｜者，搢之假音也。〔釋詁〕「｜，清也」郝疏。○〔說文定聲・卷一六〕｜，轉注，抑按之使乾也。〔儀禮・士喪禮〕「乃沐櫛｜用巾」。

囟　｜，頭｜也。〔說文〕「｜，頭會匘蓋也」繫傳。○｜，未合之象也。〔說文繫傳・通論中〕○｜音信。〔說文〕「𢍏，升高」繫傳。又〔說文〕「｜，頭會匘蓋也」義證引〔九經字樣〕。○顖即俗｜字。(同上)句讀。

卂　｜，疾飛而羽不見。〔廣韻・震部〕○｜，疾飛也。〔集韻・稕部〕○｜，引申為凡疾之稱。〔說文〕「｜，疾飛也」段注。○｜或通用迅。(同上)義證。

杒　｜，木名。〔廣韻・震部〕○桎｜，木名。〔說文〕「｜，桎｜也」繫傳。○｜，木名。(同上)義證引〔玉篇〕。○｜，〔說文〕桎｜也。或從忍。〔集韻・震部〕○｜，字亦作梕。〔說文定聲・卷一五〕

帉　｜，亦作㠾。〔說文〕「｜，枕巾也」段注。○｜，字亦作㠾，謂加於枕以藉首者，今蘇俗謂之枕衣。〔說文定聲・卷一五〕

⿰月引|，脊肉。〔廣韻・震部〕

鈏|，鐵|。〔廣韻・震部〕

⿰頁粦|，⿰頁彡|，頭少髮皃。〔說文〕「|，一曰頭少髮」義證引〔玉篇〕。

疄|，田壟。〔廣韻・震部〕〇〔說文定聲・卷一六〕|，如〔左傳〕蹊人之田、〔檀弓〕犯人之禾之類。〔說文〕「|，轢田也」。〇|、蹸義相近。〔說文〕「|，轢田也」段注。〇|又借躙為之。（同上）段注。〇|，又或作輚。（同上）義證。〇|，又通作淩。（同上）

閵|鵠，鳥名，似鴝鵒而黃。〔廣韻・震部〕〇〔史記〕|作轔，〔文選〕作轥。〔漢書・司馬相如傳〕「徒車之所|轢」補注。〇轔、藺、|、躙、蹸，並字異而義同。〔廣雅・釋言〕「轔，轢也」疏證。〇〔說文定聲・卷一六〕|，叚借為蹸。〔漢書・司馬相如傳〕「徒車之所|轢」。

⿰眞見|，暫見。〔廣韻・震部〕〇|，|見。（同上）〇|，暫見也。〔集韻・稕部〕

而|，登也。〔廣韻・震部〕

猌|，犬張齗怒皃。〔廣韻・震部〕

垽|，滓也。〔廣韻・震部〕〇|，澱也。〔集韻・稕部〕〇|、澱，篆同，音亦同。〔說文〕「|，澱也」段注。〇|、默，異字而同義。〔說文〕「|，滓也」段注。

⿱執羊|，羊名。又亭名。〔廣韻・震部〕

廑|，小屋。〔廣韻・震部〕〇|與僅同。〔漢書・鄒陽傳〕「茅焦亦|脫死如毛氂耳」補注。〇|與僅義略同。〔說文〕「僅，材能也」段注。〇墐與|義相近。〔廣雅・釋言〕「|，廕也」疏證。〇|、僅、慬、勤、覲、饉、堇並字異而義同。〔廣雅・釋詁〕「堇，少也」疏證。〇〔說文定聲・卷一五〕|，叚借為僅。〔漢書・賈誼傳〕「其次|得舍人」。

𣎵|，麻片。〔廣韻・震部〕〇凡麻先分其莖與皮曰|。〔說文定聲・卷三〕〔「緝」下〕〇〔卷一六〕|，今蘇俗音轉曰劈。〔說文〕「|，分枲莖皮也，讀若髕」。

⿱穴親|，屋空皃。〔廣韻・震部〕〇|，屋虛皃。〔集韻・稕部〕〇|，一曰至也，亦省。（同上）〇|，軵即親巡。〔通雅・釋詁〕〇|，古親字。〔釋言〕「膺，親也」郝疏。〇|與親音義皆同。〔說文〕「|，至也」段注。〇|與親同義。（同上）句讀。〇|，叚借為親。秦碑有|軔字，即親巡也。〔說文定聲・卷一六〕

稕|，束稈也。〔廣韻・稕部〕〇|，即縛草為之，或卧或坐，即草薦之類是也。〔慧琳音義・卷六〇〕〇|，束稈草也。〔卷六二〕引〔字書〕。

⿰目享|，鈍目。〔廣韻・稕部〕〇|，俗作盹。〔說文〕「|，謹鈍目也」義證。

陖|，高也，長也，險也，峭也，速也。〔廣韻・稕部〕〇|通作駿。〔說文〕「|，高也」義證。〇|，又通作陵。（同上）〇|者，陖之絫增字也。（同上）句讀。〇|即陖之或體。〔說文定聲・卷一五〕

⿰鳥夋|，即〔虞書〕之華蟲，〔左傳〕之丹鳥，〔廣雅〕|、鸃，鳳皇屬也。〔說文定聲・卷一五〕

鵕|鸃，似鳳，有光彩。〔文選・吳都賦〕「仰攀|鸃」集釋引郭注。〇|鸃，似鳳皇。（同上）集釋引雜字解詁。〇|鸃，似山雞而小，即錦雞。（同上）集釋引〔正字通〕。〇|鸃，山雞也。（同上）集釋引〔南越志〕。〇|鸃，鷩也，似山雞而小。〔楚辭・遠逝〕「撫朱爵與|鸃」補注引顏師古。〇|，|鸃，似鳳。〔廣韻・稕部〕

揗|，摩也。〔集韻・稕部〕〇|，通作循。〔說文〕「|，摩也」句讀。〇〔說文定聲・卷一五〕|，叚借為循。〔廣雅・釋詁一〕「|，順也」。

箰|，竹名。〔廣韻・震部〕

枃|，絲梳。〔集韻・稕部〕〇|，織具，所以理絲經。（同上）引〔埤倉〕。〇|之言均也。〔廣雅・釋器〕「經梳謂之|」疏證。〇|，字通作均。（同上）

⿰目辰|，眩瀎。〔廣韻・震部〕

迿|，出表詞也。〔廣韻・稕部〕

螼|，|蚓，一名豎蚕，蚯蚓也。〔廣韻・震部〕〇|蚓、蚯蚓，聲之轉也。又轉而為曲蟺。〔廣雅・釋蟲〕「蚯蚓，引無也」疏證。

阠|，音信。〔釋地〕「東陵|」鄭注。〇〔說文定聲・卷一六〕|即卂字，借為莘。〔釋地〕「東陵|」。

陖|，陗，即峻峭。〔通雅・釋詁〕〇|，謂斗直而高也。〔說文〕「|，峭高也」段注。〇|，通作峻。〔說文〕「陗，|也」義證。〇|，古叚借洒字為之。（同上）段注。〇陖、峻皆|字之或體。〔說文定聲・卷一五〕

呁|，唁也。〔廣韻・震部〕

寯|，人中最才。〔廣韻・稕部〕

⿰貝睿 ｜，｜益。〔廣韻·稕部〕

侚 ｜，以身從物。〔廣韻·稕部〕○｜，遠也。或作⿰亻睿。〔集韻·稕部〕○｜或作徇。以身從物曰｜。〔慧琳音義·卷三〕引〔集訓〕。○｜，歸也。〔同上〕引〔考聲〕。○｜，遠也。〔慧琳音義·卷六〕引〔考聲〕。○｜，據經傳義當作侚。〔說文〕「｜，疾也」義證。○｜，據經傳義或作迿。〔同上〕○｜，今本譌作徇。〔說文〕「｜，疾也」段注。○〔說文定聲·卷一六〕｜，字亦誤作徇。或曰徇者侚字，以侚為之。〔史記·五帝紀〕「黃帝幼而徇齊」。○〔史記〕｜齊，〔大戴禮〕作叡齊，亦作慧齊。〔說文〕「｜，疾也」段注。○〔說文定聲·卷一六〕｜，叚借為濬。〔史記·五帝本紀〕「黃帝幼而徇齊」。○｜，官本作狥。〔漢書·郊祀志〕「｜沛」補注。○｜、徇、叡、濬，並聲近而義同。〔廣雅·釋詁〕「｜，疾也」疏證。

堇 ｜，藥草烏頭也。〔集韻·稕部〕○今人謂水中泥黏者為｜。〔說文〕「｜，黏土也」繫傳。○｜讀為僅。〔廣雅·釋詁〕「｜，少也」疏證。○｜是僅古文借字。〔說文〕「僅，才能也」句讀。○〔說文定聲·卷一五〕｜，叚借為僅。〔史記·貨殖傳〕「｜｜物之所有」。○廑、僅、慬、⿸广勤、覲、饉、｜，並字異而義同。〔廣雅·釋詁〕「｜，少也」疏證。

葰 ｜，謂實與葉蕃殖大茂也。〔漢書·司馬相如傳〕「實葉｜楙」補注引王文彬。○｜，薑屬。〔集韻·稕部〕○｜乃荽也，即今之芫荽。〔通雅·疑始〕○｜，或作浚，或作荾，或作荽。〔廣雅·釋草〕「廉薑，｜也」疏證。○〔說文定聲·卷一五〕｜，以浚為之。〔鹽鐵論·散不足篇〕「浚茈蓼蘇」。○〔同上〕｜，叚借為陖。〔漢書·司馬相如傳〕「實葉｜茂」。

酌 ｜，少飲也。〔說文〕「｜，少少飲也」義證引〔玉篇〕。○〔玉篇〕｜與酳同。〔同上〕○〔說文定聲·卷一六〕｜，字作酳。〔儀禮·少牢禮〕「乃酳尸」。

臤 ｜，堅也。〔廣韻·震部〕

⿱髟卂 ｜，獸名，似彘，身黃，尾白。〔廣韻·震部〕

⿰予子 堪｜，魚名。〔集韻·震部〕

⿸广丙 ｜，火皃。〔廣韻·震部〕

⿸广蟲 ｜，蝨也。〔廣韻·震部〕

㐱 ｜，髮多皃。〔集韻·震部〕

佷 ｜，勃惡也。〔慧琳音義·卷一二〕引〔字書〕。

僎 ｜，鄉飲酒介輔也。〔集韻·稕部〕

⿰堇刂 ｜，割也。〔廣韻·震部〕又〔集韻·稕部〕。

⿰舜刂 ｜，水在石閒。〔廣韻·震部〕

⿰夋兔 ｜，古東郭之狡兔名。〔廣韻·稕部〕

唇 ｜，驚聲。〔集韻·震部〕

㕡 ｜，深通川也。〔集韻·稕部〕○引申之，凡深通皆曰｜。〔說文〕「思，｜也」段注。○｜、睿，聲義並同。〔漢書·五行志〕「五曰思」雜志。○｜，通作浚。〔釋言〕「濬，深也」郝疏。○｜，通作浚。〔說文〕「｜，深通川也」義證。○｜與浚誼略同。〔說文定聲·卷一六〕○〔同上〕｜，以侚為之。〔史記·五帝紀〕「幼而徇齊」。○｜，本作容。〔漢書·五行志〕「思心之不｜，是謂不聖」。〔說文〕「思，容也」義證。

嚍 ｜，憤也。〔楊子〕通諸人之｜｜。〔集韻·稕部〕

⿰口覞 ｜，｜施。〔廣韻·震部〕

⿰口閵 ｜，鳥聲。〔集韻·稕部〕

⿰弓夋 ｜，弓彇。〔廣韻·稕部〕○｜，弓簫。〔集韻·稕部〕

⿰弓真 ｜，彈也。〔集韻·稕部〕

⿸广勤 ｜，即僅字。〔說文〕「僅，材能也」段注。○廑、僅、慬、｜、覲、饉、堇，並字異而義同。〔廣雅·釋詁〕「堇，少也」疏證。

麐 ｜，牡鹿。〔集韻·稕部〕○｜，牡麟。〔廣韻·震部〕

賓 ｜即擯。〔國策·卷下〕「其次長｜之秦。秦挾｜客以待破」札記。

岃 ｜，山高形。〔集韻·震部〕

⿱陖土 ｜即峻，險峭也，高危也。〔慧琳音義·卷八〕

陖 ｜，音浚。〔說文〕「｜，高也」繫傳。

⿰山晉 ｜，山名。〔集韻·稕部〕

⿰巾忍 丨，帗巾。〔廣韻·震部〕

⿰堇少 丨，少也。〔廣韻·震部〕又〔集韻·稕部〕

奞 丨，奞丨，鳥張羽毛也。〔廣韻·稕部〕〇丨，鳥張羽。〔集韻·稕部〕〇奞丨，鳥張羽。〔同上〕

妏 丨，女字或從免。〔集韻·稕部〕

埻 丨，壘土也。一曰射臬。〔集韻·稕部〕

⿰⻊垔 丨，仆也。〔說文〕「丨，卧也」義證引〔玉篇〕。又〔同上〕段注。〇丨，〔篇〕、〔韻〕皆音印，又音致。〔同上〕〇丨，跌。〔廣韻·震部〕

填 丨，讀曰鎮。〔通鑑·漢紀三〕「未聞其以宮室丨服天下也」音注。又〔漢紀三〕「欲大封同姓以丨撫天下」音注。〇丨，定也。亦星名。〔廣韻·震部〕

壗 丨，石似玉。〔廣韻·震部〕

⿱叐韋 丨，韋袴也。或作⿱叐瓦。〔集韻·稕部〕

⿺廴刃 丨，延也。〔集韻·稕部〕

⿸厂刃 丨，鳥羽始飛皃。〔集韻·震部〕

巛 丨，髮也。〔說文繫傳·通論中〕

扟 丨，振也。〔集韻·稕部〕

扨 丨，拭也。〔集韻·稕部〕

抻 丨，丨物長也。〔廣韻·震部〕

⿰扌衍 丨，伸也。〔集韻·稕部〕

⿰扌堇 丨，拭也。或作抿。〔集韻·稕部〕

撛 丨，扶也。〔廣韻·震部〕〇丨，挺也，扶也。〔集韻·稕部〕

⿰扌廩 丨，拾也。〔集韻·稕部〕

⿰毛刃 丨，毛羽利也。〔集韻·稕部〕

⿰忄刃 丨，心能於事也。〔集韻·震部〕

㤥 丨，彊也。〔集韻·稕部〕

恂 丨，容皃嚴栗也。〔集韻·稕部〕〇丨然，遽也。〔同上〕

恡 丨，正作悋，貪也。〔慧琳音義·卷一〕引〔考聲〕。〇丨，惜也。〔大般若經·卷四八〕「所丨」音義引〔韻英〕。〇丨，貪惜也。或作彣、作吝。〔慧琳音義·卷三〕引〔字書〕。

悋 丨，鄙丨。〔廣韻·震部〕〇丨，鄙也。或作恡。〔集韻·稕部〕〇鄙財曰丨。〔續音義·卷三〕引〔切韻〕。〇丨，惜也。〔慧琳音義·卷五五〕引〔考聲〕。〇丨、吝古通用，亦作遴。〔方言一〇〕「亄、嗇，貪也，或謂之丨」疏證。〇遴、吝、丨並通。〔廣雅·釋詁〕「遴，貪也」疏證。〇丨，恨也。〔同上〕

慬 廑、僅、丨、勤、覲、饉、堇，並字異而義同。〔廣雅·釋詁〕「堇，少也」疏證。

⿰忄雋 丨，慧也。〔集韻·稕部〕

劤 丨，力多也。〔集韻·稕部〕

吨 丨丨，懇誠。〔集韻·稕部〕

眘 丨，古文慎。〔廣韻·震部〕〇古文慎作丨，不從目。〔漢書·武帝紀〕「海外肅眘」補注引錢大昭。〇丨即慎。〔說文定聲·卷三〕〔禽〕下

肕 丨，牢丨。〔廣韻·震部〕〇丨，堅柔也。或從韋、從革，亦作忍，通作刃。〔集韻·震部〕

肫 丨，全腊也。〔集韻·稕部〕

⿱八肙 丨，繼也，嗣也。〔廣韻·震部〕〇〔說文定聲·卷一六〕丨，叚借為引。〔長笛賦〕「曲丨之繁會叢褋」。

胤 丨，子孫也。〔詩·既醉〕「永錫祚丨」朱傳。〇丨與嗣同義。〔書·堯典上〕注「史遷丨作嗣」孫疏。〇丨訓同嗣。〔書·高宗肜日〕注「史遷丨作繼」孫疏。〇丨，繼也，子孫相承繼也。〔慧琳音義·卷四七〕〇丨，繼嗣也。〔通鑑·唐紀六〇〕「逆息虜丨」音注。〇丨保，即保丨也。〔書·洛誥〕「予乃丨保」孫疏。

𡙡 —為亹之譌體。〔說文〕「娓，順也」段注。

欣 指而笑之曰—。〔集韻・震部〕

歎 —，—坎。〔廣韻・震部〕○—，欠也。〔集韻・稕部〕

𢾭 —，擣也。〔說文〕「戭，長槍也」義證引〔玉篇〕。○—，擣也。〔集韻・稕部〕

戭 —，矛屬。〔集韻・稕部〕

𢍜 〔說文定聲・卷二〕—與灰同意。〔說文〕「—，火種也」。

焌 —，然火。〔廣韻・稕部〕又〔集韻・稕部〕。

娩 —，狡兔名。〔集韻・稕部〕

沬 —音妹。〔詩・桑中〕「—之鄉矣」朱傳。

消 —，小水。〔廣韻・震部〕又〔集韻・稕部〕。

洒 —謂雷聲震屋、霤水聲散也。〔說文〕「—，雷震——也」繫傳。

滇 —，水名，在汝南。或作慎。〔集韻・震部〕

㭳 —，篋也，經絲具。〔集韻・稕部〕

桭 —，整也。〔集韻・震部〕○—，一曰祭肉也。〔同上〕

楯 —，檻也。〔集韻・稕部〕

桁 —，伸也。〔廣韻・震部〕

槙 —，木根相迫也。〔集韻・震部〕○—，一曰木理堅密。〔同上〕

榗 —，一曰鼓名。〔集韻・稕部〕○—，木名。〔同上〕

梶 —，木名。汁可為酒。或作格。〔集韻・稕部〕

橉 —，木名。〔廣韻・震部〕

橍 —，木名。〔集韻・稕部〕

狻 —，犬急也。〔集韻・稕部〕

獜 —豩，獸走。〔集韻・稕部〕

䀏 —，待也。〔集韻・稕部〕

疥 —，通疢，病也，病有根也。〔慧琳音義・卷三二〕引〔考聲〕。

𤶈 —，四體強急難用屈申也。〔說文〕「痙，彊急也」義證引〔急就篇〕顏注。○—，字或作疢，音義並同。〔同上〕

瘨 —，病也。〔集韻・震部〕

瘽 —，病也。〔廣韻・震部〕又〔集韻・稕部〕。

珣 —，玉名，出醫無閭山。〔集韻・稕部〕。

磷 —，薄石。〔廣韻・震部〕○—、甐、鄰並通。〔廣雅・釋詁〕「—，磚也」疏證。

䃸 —，水石也。〔集韻・稕部〕

甄 —，掉也。鍾病聲。〔集韻・震部〕

瓷 —，獵之韋袴。〔廣韻・稕部〕

㼼 —，同瓷。〔廣韻・稕部〕

矜 —，怜也。〔集韻・稕部〕

稄 —，秉四謂之莒，莒十謂之—。〔集韻・稕部〕

稹 —，禾概也。〔集韻・震部〕

𥠖 —，穰草。〔集韻・稕部〕

䔮 —，禾稈也。〔慧琳音義・卷六三〕引〔文字典說〕。○—，束草以為—也。〔同上〕引〔考聲〕。

甽 —，溝也。〔集韻・稕部〕

眒 —，視皃。〔集韻・震部〕○—，一曰眩也。或從辰。（同上）

盹 —，同暙。〔廣韻・稕部〕○—，鈍目也。〔說文〕「暙，謹鈍目也」義證引〔類篇〕。

眒 —，張目。〔廣韻・震部〕○—，張目也。或作瞚。〔集韻・震部〕

昳 —，以目通指也。或從矣。〔集韻・之部〕○瞚或作—。〔集韻・稕部〕

晙 —，視也。〔集韻・稕部〕

瞚 —，恚也。〔集韻・震部〕

瞵 —，視不明皃。〔廣韻・震部〕又〔集韻・稕部〕。

衅 —牲血塗器祭也。〔廣韻・震部〕

眡 —，昭告也。〔集韻・震部〕

鱝 —，腋氣病。〔集韻・稕部〕

蜄 —，當為蜃。〔說文〕「辰，震也」義證引〔史記・律書〕「辰者，言萬物之—也」。

蜃 —，蛟—。〔廣韻・震部〕○—，蛟屬，通作—。〔集韻・震部〕○—，大蛤，或從黽。〔集韻・震部〕○—者，蒲盧也。〔說文〕「蠣，蠣蠃，蒲盧，細腰土蜂也」段注。○—，〔釋文〕作蝨。〔左傳成公二年〕「用—炭」洪詁。○—當作𢈲。〔說文〕「蚌，—屬」段注。○—乃裖之俗字。〔左傳閔公二年〕「受賑於社」疏證。

蜦 —，蟲名，蝦蟆也。〔集韻・稕部〕

螴 —，當作蝀。〔莊子・外物〕「—蜳不得成」集釋。

蠙 入耳、—衕，音轉字變也。〔釋蟲〕「—衕，入耳」郝疏。○—蛩、蚰蜒，聲相轉。（同上）

蜼 —，蟲名。又蛤屬。〔廣韻・震部〕○—，蛤類。或從晉。〔集韻・稕部〕

篔 —，損也。〔廣韻・震部〕

芃 —，藥草蒿類。〔集韻・稕部〕

芮 蕞—，艸生皃。〔集韻・稕部〕

茜 —，字亦作蒨。〔說文定聲・卷一五〕

葱 —冬，艸名或省。〔集韻・震部〕

蕣 —，草名。〔廣韻・震部〕

稕 —，同稕。〔廣韻・稕部〕

藽 —，木名，槿也。或從木，通作櫬。〔集韻・稕部〕

紉 —，合絲為繩。〔集韻・稕部〕

絻 —，喪冠，或省亦從巾。〔集韻・稕部〕

繕 —，亦善也。〔說文定聲・卷三〕〔「絲」下〕

縝 —，纑謂之—。〔集韻・震部〕

璺 —，玉破不離。〔集韻・稕部〕

舋 —，謂有禍兆也。〔慧琳音義・卷二三〕引〔玉篇〕。

釁 —，器裂。〔集韻・稕部〕

粼 —，獸名，似兕，身黃，尾白。〔集韻・稕部〕

䑞 —，同舜。〔廣韻・稕部〕

臻 —，聚也。〔慧琳音義・卷一〕

䝹 —，獸名。〔集韻・稕部〕

賂 —，貪財。〔集韻・稕部〕

賑 今—貸字古衹作振。〔文選・曲水詩序〕集釋。○—，眩也。〔集韻・震部〕○—，富也，或作𧵢。（同上）

贐 —，送行者之禮也。〔孟子・公孫丑下〕「行者必以—」朱注。○以貨財送行曰—。〔通鑑・唐紀五三〕「厚—而遣之」音注。

𨀣 一，動也。或作蜄、踬。〔集韻・震部〕

躙 一，蹂一。〔廣韻・震部〕○轔、藺、一、躝、躪，並字異而義同。〔廣雅・釋言〕「轔，轢也」疏證。

趣 一，行皃。〔廣韻・震部〕○一，行緩皃。〔集韻・稕部〕

𨘂 一，行艸皃。〔集韻・稕部〕

訓 一，亦順也。〔書・無逸〕「乃非民攸一」平議。

訰 一一，亂也。〔廣韻・稕部〕

詢 一，欺言。〔廣韻・震部〕

認 訒、軔、一並字異而義同。〔廣雅・釋詁〕「訒，難也」疏證。

䛛 一即震之異文。不一不止者，不動不止也。〔莊子・應帝王〕「萌乎不震不正」集釋引俞樾。

謓 一，笑也。〔集韻・震部〕

䜋 一，訓言也。〔集韻・稕部〕

覕 一，不相見也。〔廣韻・震部〕○不見謂之一。或作𥇖。〔集韻・稕部〕

親 一，一家。〔廣韻・震部〕

䞋 一，同𥉳。〔廣韻・震部〕○一，眂也。〔集韻・稕部〕○一，即施也。〔慧琳音義・卷三七〕引〔考聲〕。

軐 一，車也。〔集韻・稕部〕

鄰 一，敝也。通作甐。〔集韻・稕部〕○磷、甐、一並通。〔廣雅・釋詁〕「磷，䡩也」疏證。

䜪 一，深谷。〔集韻・稕部〕

鋠 一，圓鐵。〔集韻・震部〕

鏻 一，一健。〔廣韻・震部〕○一，鍵也。〔集韻・稕部〕

闠 一，鬭也。〔廣韻・震部〕○一，鬭也，從門。〔集韻・稕部〕

𩂣 一，氣行。〔廣韻・震部〕○氣流行謂之一。〔集韻・稕部〕

敶 一，列也。〔廣韻・震部〕○一，亦本軍一字，後人別製無理之陣字，陣行而一又廢矣。〔說文〕「一，列也」段注。○一，一列之意。〔說文定聲・卷一六〕〔信〕下〕○一，俗字亦作陣，經傳皆以陣為之。〔說文定聲・卷一六〕○〔同上〕一，今〔毛詩・信南山〕以甸為之。〔周禮・稍人〕注「甸，讀維禹一之之一」。○一，叚借為㑞。〔說文定聲・卷一六〕

隽 一，絶異也。〔慧琳音義・卷九一〕○一，有威力也。〔同上〕

𢒈 一顈，顏色㐱事也。〔集韻・震部〕

頋 一，頭動也。〔集韻・震部〕

䫐 一，須一，一曰頭少髮。〔廣韻・震部〕

靭 一即軔字。〔說文〕「輮，車軔也」義證。

靷 一，引軸。〔廣韻・震部〕○一當為靳。〔左傳・僖公二八年〕「韅一鞅靽」疏證引王念孫。

𩋚 一，木屨有足。〔集韻・稕部〕

鬒 一，髮黑。〔集韻・震部〕

駗 一，馬載重行也。〔集韻・稕部〕

騃 一一與俟俟音義同。〔說文〕「一，馬行仡仡也」段注。

鮣 一，印魚，長一尺三寸，額上四方，如印，有字。〔文選・吳都賦〕「一」集釋引〔酉陽雜俎〕。○一魚，長三尺許，無鱗，身中正四方如印。〔同上〕集釋引劉注。○一，只當作印。〔同上〕○一，魚名，身上如印。〔廣韻・震部〕○一，一曰首象印。〔集韻・稕部〕○一鱗，魚名，如篆。〔同上〕

鯼 魚小曰一。〔集韻・稕部〕○一，一曰魚名。或省。〔同上〕

鷙 一，鷙羣飛也。或省。〔集韻・震部〕

𪐝 一，黑也。〔集韻・震部〕

䵒 一，粘也。〔集韻・震部〕

鼫｜，石鼠，出蜀，毛可作筆。〔廣韻・稕部〕○｜，石鼠也。〔集韻・稕部〕○｜，石鼠也，毛中筆。〔同上〕

續經籍籑詁卷第七十二

十三問

問｜，訊也。〔廣韻・問部〕○詩｜有二義，恤｜也，籥｜也。〔說文〕「｜，訊也」義證。○｜，訊因也。〔詩・泮水〕「淑｜如皋陶」朱傳。○｜猶言也。〔管子・形勢〕「飛蓬之｜，不在所賓」平議。○｜，難也。〔屈賦・天問〕戴注。○｜，論難也。〔大戴・曾子立事〕「未｜則不言」王詁。○｜，引伸為禮之聘｜。〔說文〕「｜，訊也」段注。○｜，遺也。〔詩・女曰雞鳴〕「雜佩以｜之」朱傳。○遺、｜，語之轉耳。〔廣雅・釋詁〕「｜，遺也」疏證。○｜即聘也。〔說文〕「祭，祭祀也」義證。○｜，講求之意。〔孟子・盡心上〕「而｜無齒決」朱注。○｜，聲問也。〔盡心下〕「詩云，亦不隕厥｜」朱注。○｜，讀為令聞不已之聞。〔詩・文王〕「宣昭義｜」述聞。○｜、聞通，謂聲譽也。〔詩・緜〕「亦不隕厥｜」朱傳。○｜讀為聞。〔詩・泮水〕「淑｜如皋陶」集疏引齊說。又〔詩・文王〕「宣昭義｜」陳疏。○｜猶聞也，｜、聞古通。〔莊子・庚桑楚〕「因失吾｜」集釋。○｜，字通作聞。〔詩・文王〕「宣昭義｜」通釋。○｜、聞通。〔同上〕朱傳。又〔墨子・非命下〕「遂得光譽令｜於天下」閒詁。○〔史記〕｜作聞。〔漢書・高帝紀〕「｜豨將，皆故賈人」補注。○｜字乃聞字之譌。〔史記・五宗世家〕「於是上｜客」志疑。○〔說文定聲・卷一五〕｜，叚借為聞。〔詩・緜〕「亦不隕厥｜」。○〔通雅・卷二七〕｜端，猶言｜頭也。〔唐書〕「｜端皆出禁中」。○｜乃閒字之誤。〔春秋繁露・五行相生〕「而｜相勝也」平議。又〔山川頌〕「不遺小｜」平議。○｜當為閒。〔荀子・正名篇〕「假而得｜」集解引王念孫。○｜當為開。〔說文〕「門，聞也」義證。

聞｜，名達。〔廣韻・問部〕○｜猶問也，謂相恤問也。〔易・旅象傳〕「終莫之｜也」述聞。又〔詩・葛藟〕「亦莫我｜」述聞。○｜或為問。〔荀子・堯問〕「不｜即物至少」楊注。○｜猶恤問也。〔詩・雲漢〕「則不我｜」述聞。○｜，亦謂恤問也。〔同上〕○｜音問。〔詩・鶴鳴〕「聲｜于野」朱傳。又〔詩・車攻〕「有｜無聲」朱傳。又〔詩・文王〕「令｜不已」朱傳。○古字｜與問通。〔詩・葛藟〕「亦莫我｜」陳疏。○官本｜作問。〔漢書・律歷志〕「臣等｜學褊陋」補注。

運｜，轉也。〔孟子・梁惠王上〕「天下可｜於掌」焦正義。又〔孟子・梁惠王下〕「亦｜而已矣」朱注。又〔通鑑・周紀三〕「亦｜而已矣」音注。○｜，遠也，動也，轉輪也。〔廣韻・問部〕○此｜字亦當訓行。〔莊子・逍遥遊〕「海｜則將徙於南冥」集釋。○〔說文定聲・卷一五〕｜猶輪也。〔越語〕

「廣丨百里」。○丨通惲，心亂曰惲。〔慧琳音義·卷四三〕○丨與廣相對，廣為橫，丨為從也。〔莊子·山木〕「目大丨寸」集釋引王念孫。○丨、員二字古通用。〔莊子·天運〕「天其丨乎」集釋。○丨、員音近古通。〔墨子·非命上〕「譬猶丨鈞之上」閒詁。○丨當讀為員。〔周官·太卜〕「其經丨十」平議。○丨字古讀若云，故與云通。〔管子·戒〕「云下」雜志。○丨讀為餫。〔韓子·初見秦〕「又不能反丨」集解引顧廣圻。○丨又作暉。〔左傳莊子三二年〕服注「鶬鳥一名丨日鳥」疏證引李貽德。○軍、丨、圍，古聲並相近。〔廣雅·釋言〕「軍，圍也」疏證。○丨又作雲。〔左傳莊子三二年〕服注「鶬鳥一名丨日鳥」疏證引李貽德。○〔說文定聲·卷一五〕丨，段借為暈。〔周禮·大卜〕「其經丨十」。○丨乃渾之段字。〔管子·水地〕「枯旱而丨」平議。○丨乃軍字之誤。〔韓子·初見秦〕「丨罷而去」平議。○〔說文定聲·卷一五〕丨，姚信本作違。〔易·繫辭〕「日月丨行」。○丨，疑即魯鄆邑，其地勢處平夷，故曰丨平。〔史記·王子侯者年表〕「丨平」志疑。

暈　丨，日月傍氣。〔廣韻·問部〕又〔慧琳音義·卷三六〕引〔考聲〕。○日旁有氣，員而周帀，內赤外青，名為丨。〔漢書·天文志〕「日暈等，力均」補注引〔隋志〕。又〔同上〕「丨適背穴」補注引〔占經〕。○〔周禮〕丨作煇。〔說文〕「丨，光也」段注。○〔說文定聲·卷一五〕丨，以煇為之。〔周禮·眡祲〕「掌十煇之法」。○〔同上〕丨，段借為煇。〔謝元暉詩〕「馳暉不可接」。○〔同上〕丨，段借為渾。〔莊子·天下〕「不丨于數度」。○〔同上〕丨，段借為運。〔淮南子·繆稱〕「暉目知晏」。○丨，字亦作暉，左形右聲。〔說文定聲·卷一五〕

韻　丨，丨和也。〔廣韻·問部〕

訓　丨，誡也，男曰教，女曰丨。〔廣韻·問部〕○丨者，順其意以丨之也。〔說文〕「丨，說教也」繫傳。○丨之為言順也，順其意義而道之，故以釋丨名篇。〔釋訓〕「釋訓弟三」郝疏。○意義合而為丨。〔同上〕○引伸之，凡順皆曰丨。〔說文〕「丨，說教也」段注。○事得其序之謂丨。〔墨子·非攻下〕「序」雜志。○丨為順者，聲相近。〔書·洪範下〕注「史遷丨作順」孫疏。○丨與順通。〔書·顧命下〕「皇天用丨厥道」孫疏。又〔書·立政〕「用丕丨德」孫疏。又〔同上〕「牧夫是丨用違」孫疏。又〔同上〕「不丨于德」孫疏。○丨與順同。〔墨子·非攻下〕「序」雜志。○丨、順古通。〔詩·烈文〕「四方其丨之」集疏。○丨與順古同聲通用。〔方言二〕「好目謂之順」箋疏。○丨、順古同聲通用。〔詩·抑〕「四方其丨之」通釋。○丨、順古同聲。〔廣雅·釋詁一〕「丨，順也」疏證。○丨猶順也。〔左傳文公一八年〕「以丨則昏」疏證。○〔說文定聲·卷一五〕丨，段借為順。〔廣雅·釋詁一〕「丨，順也」。○丨，古馴字。〔漢書·韋賢傳〕「五品以丨」補注引錢大昭。○〔史記〕丨作馴，馴、丨古通。〔漢書·刑法志〕「故夫丨道不純而愚民陷焉」補注。○丨亦作馴，古通用字。〔史記·衛康叔世家〕「子聲公丨立」志疑。○丨與馴字通。〔左傳文公一八年〕「以丨則通」疏證。○古文丨作侺。〔說文〕「侺，送也」義證引莊述祖。○丨字是誚之譌。〔史記·魯周公世家〕「王亦未敢丨周公」志疑。○丨故者，順釋其故言也。〔說文〕「詁，丨故言也」段注。○〔爾雅〕釋丨者，釋雙聲疊韻、連語及單辭、重辭與發聲助語之辭也。〔說文定聲·卷九〕〔「詁」下〕

糞　丨，棄除也。〔國策·秦策五〕「太子為丨矣」補正。○古謂除穢曰丨，今人直謂穢曰丨。〔說文〕「丨，棄除也」段注。○丨猶拂也，語之轉耳。〔廣雅·釋詁〕「拂、丨，除也」疏證。○丨，穢也。〔廣韻·問部〕○丨，壅也。〔孟子·滕文公上〕「丨其田而不足」朱注。○丨，壅根也。〔荀子·致士〕「樹落則丨本」集解引郝懿行。○丨之言肥饒也。〔廣雅·釋詁〕「丨，饒也」疏證。○丨即所謂丨之。〔國策·秦策五〕「太子為丨矣」鮑注。○丨埽者，納衣之別名也。〔慧琳音義·卷五〕○丨，與坌音義皆略同。〔說文〕「丨，棄除也」段注。○丨者，坌之假借。〔荀子·彊國〕「堂上不丨」集解引郝懿行。○借丨為坌也。〔說文〕「帚，丨也」句讀。○丨、播古通。〔韓子·解老〕「積力於田疇必且丨灌」集解。○丨、坌、拼並通。〔廣雅·釋詁〕「丨，除也」疏證。○丨、坌并與坌聲近義同。〔釋詁〕「坌，塵也」疏證。○丨，或通作奮。〔說文〕「丨，棄除也」義證。○丨又通作穦。〔同上〕○丨字又作攢。〔同上〕

奮　丨，揚也，鳥張毛羽。〔廣韻·問部〕○丨，振羽也。〔慧琳音義·卷四〕引〔韻英〕。○丨，揚舉也。〔續音義·卷一〇〕引〔韻英〕。○丨，動也。〔同上〕引〔字書〕。○丨，張也。〔慧琳音義·卷四〕引〔考聲〕。○雉雞羊絕有力，皆曰丨。〔說文〕「丨，翬也」段注。○憤與丨同。〔墨子·褋守〕「恚癋」雜志。○丨猶矜也。〔呂覽·本味〕「人主有丨而好獨者」平議。○丨言勇不顧死。〔國策·秦策一〕「是貴丨也」鮑注。○〔說文定聲·卷一五〕丨，段借為僨，實為奔。〔詩·行葦〕箋「丨軍之將」。○丨辭，猶大言。〔國策·魏策二〕「多丨辭而寡可信」鮑注。○丨庸者，言進用。〔書·堯典下〕「丨庸熙帝之載」孫疏。○丨棄，當為糞棄，除也。〔文選·洞簫賦〕「或拔摋以丨棄」集釋。○丨字，昚字之誤。〔荀子·子道〕「丨於言者華，丨於行者伐」平議。○丨乃昚字之誤，昚乃古文慎字。〔同上〕集解引俞樾。

忿　丨，怒也。〔廣韻·問部〕

醞　丨，丨釀。〔廣韻·問部〕○丨，引申為丨藉。〔說文〕「丨，釀也」段注。○〔通雅·卷五〕丨藉，蘊藉也。〔南史〕「此非丨藉潦倒士邪」。○溫藉者，含蓄有餘之意，或作丨藉。〔漢書〕「連語」雜志。○丨藉，丨謂醇，藉謂厚，言不露丰稜也。〔義府·卷下〕○丨，〔毛詩〕段借溫字。〔說文〕「丨，釀也」段注。

郡　丨者，仍也。仍者，重也，數也。〔詩·正月〕「終其永懷，又窘陰雨」後箋。○丨者，仍也，重也，數也。〔釋詁〕「丨，乃也」述聞。○丨者，君之段借也。

〔釋詁〕「丨，乃也」郝疏。○丨通作窘。（同上）邵正義。○丨通作窘。〔釋詁〕「丨，乃也」述聞引邵氏。○〔説文定聲・卷一五〕丨，以窘為之。〔漢書・敘傳〕「窘世薦亡」。○古者縣大丨小，秦以後丨大縣小，百縣四丨。〔説文定聲・卷一五〕○泗水、碭、薛、東海、臨淮、彭城、廣陵、會稽、鄣九丨。〔史記・項羽本紀〕「王九丨」志疑引〔史詮〕。○以泗水、東陽、東海、碭、薛、鄣、吳、會稽、東丨為九。（同上）志疑引〔漢書考異〕。○丨，官舍也。〔廣雅・釋宫〕「丨，官也」疏證。○丨屬，即謂丨卒史。〔漢書・儒林傳〕「文學掌故補丨屬」補注引錢大昕。○丨當作國。〔漢書・地理志〕「高帝元年，更為臨江丨」補注引錢大昭。○〔説文定聲・卷一五〕丨，段借為藴。丨者，藴也。〔釋詁〕「丨、臻、仍、迺、侯，乃也」。

分 丨，制也。〔大戴・本命〕「丨於道謂之命」王詁。○丨，天地始丨，高下相背，若有刀形以制之也。〔説文〕「丨，別也」繫傳。○丨，牲也。〔説文〕「釁，血祭也」繫傳。○丨，別也。〔漢書・杜周傳〕「執進退之丨」補注。○丨，限界也。〔慧琳音義・卷四〕引〔玉篇〕。○丨謂各有定地。〔漢書・鼂錯傳〕「言高皇帝王子弟各有丨地」補注。○丨，賦也。〔續音義・卷八〕引〔切韻〕。○丨，遍也。（同上）引〔考聲〕。○丨當讀為糞。〔論語・微子〕「五穀不丨」平議。○丨，辨也。（同上）朱注。又〔大戴・盛德〕「丨職不明」王詁。○丨，劑。〔廣韻・問部〕○丨親，謂以上下之次相親也。〔左傳桓公二年〕「各有丨親」疏證。○丨職，謂大司馬掌兵事，大司徒掌人民事，大司空掌水土事。〔漢書・哀帝紀〕「正三公官丨職」補注引胡注。○丨、至者，中也。〔左傳成公一三年〕「郤至佐之」疏證。○丨占，丨其所口占也。〔通雅・釋詁〕○〔通雅・卷九〕丨丨，同紛紛，或以丨丨，去聲，猶忿忿不平兒。〔荀子〕「丨丨兮其有終始也」。○丨丨，當作忿忿。〔吕覽・慎大覽〕「紛紛丨丨」平議。○丨當讀為份。〔荀子・儒效〕「丨丨兮其有終始也」平議。○丨，同忿。〔墨子・非攻下〕「士不丨」閒詁引畢沅。○〔説文定聲・卷一五〕丨，段借為糞。〔禮記・王制〕「百畝之丨」。○〔書序〕作丨器，是篇名。〔史記・周本紀〕「作丨殷之器物」志疑引〔滹南集〕。○丨，〔史記〕作封。〔漢書・黥布傳〕「漢王必裂地而丨大王」補注。○丨布，〔玉篇〕作岎布。〔説文〕「芬，艸初生其香丨布」義證。

紊 丨，亂也。〔廣韻・問部〕○丨，段借為文，今紋理、花紋字。〔説文定聲・卷一五〕○丨，字亦作紋。（同上）

汶 丨，水名，在齊南魯北二國之竟。〔詩・載驅〕「丨水湯湯」朱傳。○此浮丨，通泲之丨也。〔漢書・地理志〕「又東北會於丨」補注。○丨與岷通。〔文選・難蜀父老〕「定笮存邛」集釋。○丨讀若岷。〔説文〕「丨，江水出蜀湔氐徼外崏山入海」義證引〔五代史〕徐無黨注。○丨讀作岷。而今丨川縣誤呼作問音。〔説文〕「𡸣山在蜀湔氐西徼外」義證。○丨即岷。〔國策・燕策二〕「輕舟浮於丨」補正。○〔説文定聲・卷一五〕丨，〔列子〕釋文謂借為岷。〔考工記〕「貉踰丨則死」。○丨山郡，丨即𡸣字之段借也。〔説文〕「𡸣，𡸣山也」段注。○二丨水在齊。漢人崏山崏江字作丨山丨江，以古音同讀如文之故，謂之段借可也。〔説文〕「丨，丨水」段注。○丨當為𡸣。〔説文〕「涐，水出蜀丨江徼外」義證引趙宧光。○丨，黏唾。〔廣韻・文部〕○丨、濛，沾辱也。〔楚辭・漁父〕「受物之丨丨者乎」補注。○〔説文定聲・卷一五〕丨，段借為惛。〔史記・屈原傳〕「受物之丨丨」。○丨，〔史・表〕作郊，郊是洨之譌，丨亦洨之形近誤字。〔漢書・外戚恩澤侯表〕「丨」補注。

僨 丨，僵也。〔廣韻・問部〕○丨，覆敗也。〔大學〕「此謂一言丨事」朱注。○丨、仆同聲，其義一也。古無仆字，別作踣、[illegible]。〔通雅・疑始〕○丨，仆也。〔晏子春秋・內篇雜上〕「孤其根」雜志。○丨，引申之為凡倒敗之偁。〔説文〕「丨，僵也」段注。○丨當作賁，或作濆。〔左傳僖公一五年〕「張脈丨興」洪詁。○丨，如〔左傳〕張脈丨興之丨。〔漢書・匈奴傳〕「孤丨之君」補注引顧炎武。○〔説文定聲・卷一五〕丨，段借為奮，為濆。〔左傳僖公一五年〕「亂氣狡丨」。○（同上）丨，以焚為之。〔左傳襄公二四年〕「象有齒以焚其身」。

慍 丨，怒也。〔廣韻・問部〕○丨，怒意。〔詩・柏舟〕「丨于羣小」朱傳。○丨，怒。〔詩・緜〕「肆不殄厥丨」朱傳。○丨亦怒也。〔管子・四時〕「丨怒」雜志。○丨，蓄怒也。〔説文〕「丨，怒也」繫傳。○丨，不是大段怒，但心裏略有不平意，便是丨。〔通鑑・後唐紀四〕「突欲丨」音注引朱子。○丨，含怒意。〔論語・學而〕「人不知而不丨」朱注。○丨，怨也。〔詩・柏舟〕「丨於羣小」通釋。○丨，怨也，怨小人聚而非議賢者也。（同上）後箋。○丨，謂小人丨仁人。（同上）後箋引歐陽修。○丨，恚也。〔廣雅・釋詁〕「爰、暖、丨、愁，恚也」疏證引〔玉篇〕。○丨羝，謂腋氣也。〔説文〕「亦，人之臂亦也」義證引〔輟耕録〕。○〔通雅・卷一八〕「丨羝，狐腋也，今所謂狐臭也。崔令欽〔教坊記〕「有姿媚而微丨羝」。○〔南風歌〕「解吾民之丨兮」，此謂民氣蘊結，不作怒解。〔説文〕「丨，怒也」義證。○丨讀為藴，烝暑氣也。〔義府・卷下〕○丨，心所丨積也。〔楚辭・哀郢〕「憎丨惀之脩美兮」補注。○丨，當讀為藴。〔國語・楚語〕「夫民心之丨也」平議。○〔説文定聲・卷一五〕丨，段借為蘊。〔檀弓〕釋文引庾皇注「丨，積也」。○（同上）丨，段借為縕。〔易・夬〕「若濡有丨」。

焮 丨，火氣。〔廣韻・焮部〕○丨與炘同，炙也，又熱也。〔左傳昭公一八年〕「行火所丨」洪詁引〔玉篇〕。

炘 丨，同焮。〔廣韻・焮部〕

靳 丨，制其行也。〔説文〕「丨，當膺也」繫傳。○丨者，驂馬止而不過之處，故引伸之義為丨固。（同上）段注。○丨，丨固。〔廣韻・焮部〕○丨，固也。〔説文〕「丨，當膺也」繫傳。○丨，吝惜也。〔通鑑・後梁紀五〕「而承業丨之」音注。○丨固，慳惜也。〔慧琳音義・卷八六〕引〔考聲〕。○戲而相媿曰丨。〔左傳莊公一一年〕「宋公丨之」洪詁引〔玉篇〕。○丨，姓也。〔通鑑・周紀三〕「且臣善其嬖臣丨尚」音注。○〔説文定聲・卷一五〕丨，段借

為听。〔左傳莊公一一年〕「宋公丨之」。〇（同上）丨，叚借為擵，或為掀。〔小爾雅・廣言〕「丨，取也」。〇（同上）丨，叚借為僞。〔後漢書・崔寔傳〕「悔不小丨」。〇丨作蘄。〔史記・太史公自序傳〕「錯孫丨」志疑引徐廣。

近　丨，親附也。〔詩・嵩高〕「往丨王舅」集疏引黃山。〇丨，附也。〔廣韻・焮部〕〇丨，親也。〔國策・魏策四〕「天下皆曰王丨也」鮑注。〇丨，言其親幸。〔國策・齊策三〕「有亡儒子皆丨」鮑注。〇丨者，附丨之丨。〔通鑑・周紀二〕「此君子也，丨之」音注。又〔莊子・養生主〕「為善無丨名」集釋。〇無丨名，勿修名也。（同上）〇丨郡國，謂郡國丨定陶者。〔漢書・哀帝紀〕「丨郡國五萬人穿復土」補注引胡三省。〇丨乃匠字之誤。〔賈之・君道〕「令丨境之民聞之者」平議。〇舊校云，丨一作有。〔呂覽・觀表〕「郈成子吳起丨之矣」校正。

斤　丨，明也。〔說文〕「丨，斫木斧也」段注引班固說五權。〇丨，昕也。〔說文〕「昕，旦明，日將出也」義證引戴侗。〇丨，明之察也。〔詩・執競〕「丨丨其明」朱傳。〇丨丨，精詳之察也。〔通鑑・漢紀三五〕「丨丨謹質」音注引李巡。〇丨丨又通作扃扃。〔左傳襄公五年〕疏證引邵晉涵。

絻　丨，喪服。〔廣韻・問部〕〇丨與鞔同。〔廣雅・釋詁四〕「鞔，補也」疏證。〇丨與冕同。〔管子・立政〕「服丨」雜志。

免　復殯服謂丨也。〔禮記・喪大記〕「君弔，則復殯服」集解。

鄆　丨即倡也。〔左傳文公一二年〕「季孫行父帥師城諸及丨」洪詁。

餫　丨，野餉。〔廣韻・問部〕〇丨、饁聲轉義同。〔釋詁〕「饁，饋也」郝疏。〇丨為運糧。〔左傳成公一六年〕疏證引李貽德。〇丨之言運也。〔廣雅・釋言〕「丨，饋也」疏證。又〔說文〕「野饋曰丨」段注。〇丨，飩，本渾沌之轉。〔通雅・飲食〕

縕　舊絮為丨。〔論語・子罕〕「衣敝丨袍」劉正義。〇丨謂新舊綿雜施者。〔說文定聲・卷一四〕（「繭」下）〇丨，亂麻。〔廣韻・問部〕〇丨，枲也、紼也。〔集韻・焮部〕〇丨，藏也。〔大戴・保傅〕「則太師丨瑟而稱不習」王詁。〇丨，淵奧也。〔易・繫辭上傳〕「乾坤其易之丨邪」李疏引侯注。〇丨即絪，丨豫，神享其祀而和悅也。〔漢書・禮樂志〕「丨豫為紛」補注。〇韞與丨古今字。〔易・繫辭上傳〕「乾坤其易之丨邪」李疏。〇〔說文定聲・卷一五〕丨，叚借為纁。〔小爾雅・廣詁〕「丨，朱也」。〇（同上）丨，叚借為醞。〔易・繫辭〕「乾坤其易之丨邪」。

璺　丨，破丨。〔廣韻・問部〕〇丨，破也、裂也。〔慧琳音義・卷六〇〕引〔文字典說〕。〇丨之言釁也，釁與丨聲相近。〔廣雅・釋詁二〕「丨，裂也」疏證。

拚　丨，飛貌。〔詩・小毖〕「丨飛維鳥」朱傳。〇糞、坌、丨並通。〔廣雅・釋詁三〕「糞，除也」疏證。〇丨即坌之叚借字。〔說文〕「帚，所以糞也」段注。〇彈墨曰丨，江南名抨。〔慧琳音義・卷七一〕〇丨，韓作翻。〔詩・小毖〕「丨飛維鳥」集疏。

擵　丨，拾也，通捃。〔慧琳音義・卷六九〕〇丨摭，采獲也，或作攟摭、攟拓、捃摭，通作捃拾。〔通雅・卷三〕〇攟、丨、捃並同。〔廣雅・釋詁一〕「攟，取也」疏證。〇丨亦作捃。〔說文〕「丨，拾也」段注。〇丨，又作攈、攟，與捃皆一字。〔通雅・釋詁〕〇丨、攟字同。〔墨子・貴義〕「是猶舍穫而丨粟也」閒詁。〇丨，字或從麕。〔說文〕「丨，拾也」義證。〇〔說文定聲・卷一五〕丨，字亦作攟。〔魯語〕「收攟而烝納要也」。

捃　丨，拾也。〔慧琳音義・卷八二〕引〔古今正字〕。〇拾遺曰丨。〔說文〕「擵，拾也」義證引〔急就篇〕顏注。〇丨、攟並同。〔方言二〕「挼、略，求也」箋疏。〇攟、擵、丨並同。〔廣雅・釋詁一〕「攟，取也」疏證。〇丨或作攟，音義皆同。〔說文〕「擵，拾也」義證引〔急就篇〕顏注。

韗　丨，理鼓工。〔廣韻・問部〕

⿰韋軍　丨，攻皮工也。〔集韻・焮部〕〇丨，同韗。〔廣韻・問部〕

隱　丨，隈丨之皃。〔廣韻・焮部〕〇丨，穻也，隈也。〔集韻・焮部〕〇幾諫謂之丨。〔禮記・檀弓〕「事親有丨而無犯」集解。〇丨，據也。〔屈賦・悲回風〕「丨岷山以清江」戴注。〇丨，痛也。〔悲回風〕「孰能思而不丨兮」戴注。

薀　丨，習也。〔廣韻・問部〕〇丨，積也，或作蘊。〔集韻・焮部〕

蘊　蒶丨，丨積也。〔楚辭・蓄英〕「蒶丨兮黴黧」補注。〇丨藉，丨蓄也。〔文選・逸民傳論〕「士之丨藉義憤甚矣」補正引金甡。

睍　丨，衆視。〔廣韻・問部〕〇丨與員亦聲近義通。〔廣雅・釋詁三〕「員，衆也」疏證。〇丨，俗名目丨亂也。〔說文〕「丨，外博衆多視也」繫傳。

瘨　丨，病也。〔廣韻・問部〕〇丨，頭眩病也。〔說文〕「丨，病也」義證。

鐼　丨，鐵類。〔廣韻・問部〕

湓　丨，含水潠也。〔廣韻・問部〕〇丨，大波上湧也。〔慧琳音義・卷一〇〇〕〇丨又作嗌，當與濆、歕通。〔通雅・地輿〕〇〔文選〕衍溢作丨溢。瀵與丨聲近而義同。〔漢書・司馬相如傳〕「汜濫衍溢」補注引王念孫。〇〔說文定聲・卷一五〕丨，此〔禮記〕繅三盆手之俗字。〔廣雅・釋詁二〕「丨，漬也」。〇（同上）丨，此即瀵字。〔漢書・司馬相如傳〕「汜濫丨溢」注「丨，亦溢也」。

瀵　丨者，水之引而愈出也。〔說文〕「丨，水浸也」段注。〇丨，水浸也。〔廣韻・問部〕〇丨、肥聲亦相轉。〔釋水〕「歸異，出同流，肥」郝疏。〇丨與濆聲亦相近。〔廣雅・釋水〕「濆泉，涌泉也」疏證。〇今山東濟南府歷城縣有趵突泉，亦丨也。〔說文定聲・卷一五〕

殯　丨，殨也。〔廣韻・問部〕〇丨，死也。〔廣雅・釋詁三〕

脪 丨，又作痛、疥，江南言丨腫。〔慧琳音義·卷七二〕〇〔說文定聲·卷一二〕丨謂皮肉卷肤。〔說文〕「丨，創肉反出也」。〇丨，或曰癀丨，熱氣箸膚中。〔說文定聲·卷一二〕

撐 故書蘬阢作丨阢，古文叚借字也。〔說文〕「丨，飾也」段注。〇丨，清也。〔說文〕「丨，拭也」義證引〔玉篇〕。

慇 丨，經典借隱字。〔說文〕「丨，謹也」義證。

秎 穧丨，穫也。〔廣韻·問部〕〇丨，穧也，一曰丨穧，禾有限也。〔集韻·問部〕

劤 丨，多力皃。〔廣韻·焮部〕又〔集韻·焮部〕。

幔 丨，丨裹相著。〔廣韻·焮部〕〇丨，裹也，鞏也，或從衣。〔集韻·焮部〕〇丨，亦韞也。〔廣雅·釋詁四〕「韞、丨，裹也」疏證。

鼢 丨，鼠文。〔廣韻·問部〕

癀 丨痛，瘡悶。〔廣韻·問部〕〇丨痛，熱腫也。〔集韻·問部〕

娩 兔，其子曰丨。〔說文〕「娩，兔子也」義證引〔急就篇〕顏注。〇丨，兔子也。〔集韻·遇部〕

檼 丨，屋脊，又棟也。〔廣韻·焮部〕〇丨即脊也。〔慧琳音義·卷二一〕〇丨之言隱。〔釋宮〕「棟謂之桴」郝疏。〇丨謂屋前後檐橫棟也。〔說文〕「桴，眉棟也」繫傳。〇丨音殷字去聲。〔同上〕〇〔說文定聲·卷一五〕丨，以䍃為訓。〔釋名·釋宮室〕「丨，隱也，所以隱桷也」。

圓 丨，音運。〔說文〕「丨，圜全也」義證引〔五經文字〕。

攟 丨、攈、捃並同。〔廣雅·釋詁一〕「丨，取也」疏證。

殷 丨，當也。〔集韻·焮部〕

伒 丨，相也。〔集韻·焮部〕

倱 丨，當作鄆。〔左傳成公二年〕「齊侯伐我北鄙圍龍」洪詁。

傿 丨，依人也。〔廣韻·焮部〕〇丨，凴也。〔慧琳音義·卷九〇〕引〔桂苑珠叢〕。〇徐鉉新附穩字即丨之俗體。〔說文〕「丨，安也」義證。

㓵 丨，割也。〔集韻·焮部〕

勛 丨，功也，或作勳。〔集韻·焮部〕

冕 今文丨皆作絻。〔說文〕「丨，或從糸作丨」句讀。

䙰 丨，施也。〔慧琳音義·卷四四〕引〔文字集略〕。〇丨，施也，或作䙰。〔慧琳音義·卷八三〕引〔文字集略〕。

庎 丨、脪並同痛。〔廣韻·焮部〕

岐 丨，同岷。〔楚辭·悲回風〕「隱丨山以清江」補注。

幨 丨，滿而裂。〔廣韻·問部〕〇囊滿而裂曰丨。〔集韻·問部〕

勤 丨，少也。〔集韻·焮部〕

娩 丨讀若問。〔荀子·禮論〕「丨澤」雜志。

坋 丨，塵也。〔廣韻·問部〕

坌 丨，丨掃除也。〔廣韻·問部〕〇丨，俗作糞，棄掃除也。〔慧琳音義·卷八〕引〔考聲〕。〇丨，古文作㚘。〔說文〕「丨，埽除也」義證引〔玉篇〕。〇〔說文定聲·卷一四〕丨，以拚為之。〔管子·弟子職〕「既拚盥漱」。〇〔同上〕丨，以糞為之。〔周禮·隸僕〕「埽除糞洒之事」。

叁 丨，〔少儀〕作拚。〔說文〕「丨，埽除也」段注。〇丨字〔曲禮〕作糞。〔同上〕〇丨又作攢。〔同上〕〇丨，各本譌棄。〔說文〕「埽，坌也」段注。〇丨，又作攢。〔說文〕「丨，埽除也」義證。〇糞、丨、拚並通。〔廣雅·釋詁〕「糞，除也」疏證。〇糞、丨並與坌聲近義同。〔廣雅·釋詁〕「坌，塵也」疏證。

壎 丨，盂也。〔集韻·焮部〕

壹 壹丨，志不得伸也。〔集韻·焮部〕

扚 丨，覆巾名。〔廣韻·焮部〕〇丨，巾覆物也。〔集韻·焮部〕

抆 丨，拭也。〔廣韻·問部〕

㩟 丨，劑也。〔集韻·焮部〕〇丨，一曰平量。或從焉。〔同上〕

攟 丨，亦拾也。〔慧琳音義·卷九一〕引〔考聲〕。

忶 丨，心迷也。〔集韻·焮部〕

慦｜，笑皃。〔集韻・焮部〕

㥯｜同㒚。〔廣韻・焮部〕〇｜慘，煩懣也。〔集韻・焮部〕

昲｜，乾也。〔集韻・問部〕

⿰月欣庍、｜並同⿸疒希。〔廣韻・焮部〕

熅｜，以火伸物。〔集韻・焮部〕

煇｜，日光炁也，或作暈。〔集韻・焮部〕

爋｜，火乾物。〔廣韻・問部〕

濦｜，水名。〔集韻・焮部〕

枃｜，絲梳。〔集韻・焮部〕

梀｜，束也。〔集韻・焮部〕

桾｜，木名。〔集韻・焮部〕

榲｜，柱也。〔集韻・焮部〕

檃｜栝，言隱括也。或作檼括。〔通雅・釋詁〕

⿰犭㥯｜，獸名，山驢也，形如羖羊。〔集韻・焮部〕

皸｜，足坼。〔廣韻・問部〕〇｜，手足拆裂也。〔集韻・焮部〕

⿸疒希｜，瘡中冷。〔廣韻・焮部〕〇｜，創肉反腫起也。〔說文〕「脪，創肉反出也」義證引〔玉篇〕。〇｜，亦作脪。〔同上〕

瑾｜，赤玉。〔集韻・焮部〕

⿰禾糞｜，稻紫莖者。〔集韻・問部〕

肵｜，敬也。〔禮〕有｜俎。〔集韻・焮部〕

脕｜同菀。〔廣韻・問部〕

腪｜，膜也。〔集韻・焮部〕

臐｜，羊羹。〔廣韻・問部〕〇｜，羊臛也，或從⿰月川。〔集韻・焮部〕

⿰熏色｜，物被熏色。〔集韻・焮部〕

⿱昏䖵｜，亦作⿱昏虫，俗作蚉，齧人飛蟲，以昏時而出，故字從昏也。〔慧琳音義・卷六七〕引〔字統〕。

筋〔說文定聲・卷一五〕｜，字亦作劤。〔埤蒼〕「劤，多力也」。

芸｜，艸木落之色。〔集韻・焮部〕

芹｜，艸名，楚葵也。〔集韻・焮部〕

⿱艹近｜，艸名，蒿也。〔集韻・焮部〕

莬｜，新生草也。〔廣韻・問部〕〇｜，艸新生，或作晚，通作免。〔集韻・問部〕

⿱艹郡｜，芝屬。〔集韻・焮部〕

薰｜，｜香。〔廣韻・問部〕〇｜，香艸也。〔集韻・焮部〕

緷｜，染閒色。〔集韻・焮部〕

纁｜，絳三入曰｜。〔集韻・焮部〕

⿱龹異〔說文定聲・卷一五〕埽之曰坌，推而棄之曰｜。〔說文〕「｜，棄除也」。〇〔同上〕｜，叚借為分。〔孟子〕「百畝之｜」。

豩｜，豕求食也。〔廣韻・問部〕〇｜，豕發土也，一曰豕求食。〔集韻・焮部〕

⿰豕軍｜，小野豕名。〔廣韻・問部〕〇野豕小者曰｜。〔集韻・焮部〕

⿰貝云｜，物數亂也。〔廣韻・問部〕又〔集韻・焮部〕。

賱｜，富也。〔集韻・焮部〕

⿰目覞｜，施也。〔慧琳音義・卷九〇〕引〔文字集略〕。

⿰目見｜同覞。〔廣韻・問部〕

⿺辶⿱山軍 ｜，大｜，山名。〔集韻·焮部〕

輐 轒｜，大車。〔集韻·焮部〕

䤈 ｜，〔字林〕醨相沃。〔集韻·焮部〕

鑂 ｜，金色渝也。〔集韻·焮部〕

霣 齊人謂雷爲｜。〔集韻·焮部〕

隕 ｜，墜也。〔集韻·焮部〕

頎 ｜，頭佳皃。〔集韻·焮部〕

⿰馬斤 ｜，車中馬。〔集韻·焮部〕

魵 ｜，小魚。〔廣韻·問部〕

⿰云鳥 ｜，鳥名，似烏，一名同力。〔廣韻·問部〕○交廣人謂鴆曰｜。〔集韻·焮部〕○｜，一曰鳩鴆。〔同上〕○｜日，即運日，鴆也。〔通雅·鳥〕

鵘 ｜，雞無尾。〔集韻·焮部〕

鶤 雞三尺曰｜。〔廣韻·問部〕

⿰熏鳥 ｜鶘，妖鳥。〔集韻·焮部〕

⿰麥昷 ｜，麴也。〔集韻·焮部〕

⿰黍斤 ｜，黏也。〔集韻·焮部〕

續經籍纂詁卷第七十三

去聲

十四　願

願 ｜，頭大皃。〔集韻·换部〕○｜之言元也。〔春秋名字解詁〕「宋公孫｜繹字碩父」述聞。○｜猶慕也。〔大戴·曾子大孝〕「國人皆稱｜焉」王詁。○｜，欲也。〔廣韻·願部〕又〔孟子·告子上〕「所以不｜人膏粱之味也」朱注。○｜，思也。〔廣韻·願部〕又〔詩·終風〕「｜言則嚏」朱傳。又〔大戴·哀公問五義〕「躬為匹夫而｜富」王詁。○｜，念也。〔廣韻·願部〕○｜，望也。〔孟子·公孫丑上〕「而子為我｜之乎」朱注。○｜與義近，聲又相轉也。〔釋詁〕「逮、及，與也」郝疏。○凡言｜者，蓋寧、甯、慭三字語聲之轉。〔說文〕「｜，大頭也」段注。○〔說文定聲·卷一四〕｜，段借發聲之詞。〔釋詁〕「｜，思也」。○〔同上〕｜，先儒訓思慕者，蓋謂借為羨字，其實古語發聲之詞，依聲託意，即甯字、慭字之轉音也。〔方言一〕「｜，欲、思也」。○｜與且古義有相近者，古人讀｜與甯為一聲之轉，聊且之意也。〔詩·泉水〕「聊與之謀」後箋。○｜與慭亦一聲之轉，且也。〔同上〕○〔說文定聲·卷一四〕｜，段借為愿。〔大戴·文王官人〕「言｜以為質」。○｜言，每日也。〔詩·伯兮〕「｜言思伯」陳疏。

論 ｜，倫也。〔說文繫傳·通論下〕○｜，議也。〔廣韻·慁部〕○｜，講議也。〔論語·憲問〕「世叔討｜之」朱注。○｜，辯也。〔通鑑·唐紀七二〕「重榮上章｜訴不已」音注。○｜，道也。〔廣雅·釋言〕疏證据〔初學記〕補注。○｜，決也。〔荀子·儒效〕「辯則速｜」集解引王念孫。○決罪曰｜。〔通鑑·周紀二〕「嘗臨渭｜囚」音注。○難詰首尾以終其事曰｜。〔說文繫傳·通論下〕○掄、倫、｜並通。〔廣雅·釋詁一〕「掄，擇也」疏證。○｜，當讀為倫。倫者，等也。〔荀子·王制〕「王者之｜」集解。○｜讀為倫。倫，類也，等也，謂人之等類。作論者，借字耳。〔儒效〕「人｜」集解引王念孫。○｜當為決。〔正論〕「｜德而定次」集解。○｜當為譎。〔君道〕「｜德而定次」集解。○｜當作諭。〔呂覽·知化〕「未死而言死不｜」平議。○兩｜字，皆俞字之誤。俞讀為愈。〔荀子·非相〕「傳者久則｜略，近則｜詳」集解引俞樾。

怨 ｜，恨也。〔廣韻·願部〕又〔大戴·曾子立事〕「內人｜之」王詁。○｜，忿恨。〔論語·憲問〕「克、伐、｜、欲不行焉」朱注。○｜猶悔也。〔論語·述而〕「又何｜」朱注。○｜，刺也。〔左傳襄公二七年〕「而公｜之」述聞。○｜與刺同義。〔漢書·禮樂志〕「｜刺之詩起」述聞。又〔詩譜序〕「刺｜相尋」述聞。○愁即｜也。〔漢書·王莽傳〕「民｜」雜志。○愁與｜同義。〔同上〕○〔說文定聲·卷一四〕｜，段借為蘊，為鬱。〔荀子·哀公〕「富有

天下而無丨財」。○丨讀為苑。苑，病也。〔淮南子・原道〕「丨懟」雜志。○古讀丨亦當如委。〔詩・谷風〕「思我小丨」通釋。○蘊、丨、委，一聲之轉。〔晏子春秋・内篇雜下〕「丨利生孽」雜志。○蘊利，本字也，丨利，借字也。〔同上〕○〔通鑑〕丨作宛。〔漢書・王尊傳〕「無所陳丨怨罪」補注。○丨字乃忠字之誤。〔墨子・魯問〕「讐丨行暴失天下」平議。○丨當為怨。〔史記・周本紀〕「五年，鄭丨，與魯易許田」志疑。

恨　丨，悔也。〔史記・絳侯世家〕「丨之」雜志。又〔漢書・周勃傳〕「吾甚丨之」補注。又〔鼂錯傳〕「吾亦丨之」補注。○丨，怨也。〔廣韻・恨部〕○丨與很同。〔荀子・成相〕「丨後遂過」雜志。○丨，讀為很。很，違也。〔漢書・楚元王傳〕「忤丨」雜志。又〔李廣傳〕「怨大將軍青之丨其父」補注。又〔孝武李夫人傳〕「何為丨上如此」補注引王念孫。○丨亦讀為很。很，違也。〔漢書・楚元王傳〕「丨其父」雜志。○丨讀為很，謂相爭鬭也。〔漢書・匈奴傳〕「與漢吏相丨」補注。又〔魏相傳〕「爭丨小故」補注。○丨亦讀為很。很者，相爭訟也。〔漢書・龔勝傳〕「常連丨勝」雜志。○古人借丨為很。〔晏子春秋・内篇雜下〕「丨君」雜志。○丨非怨丨之丨，乃很之借字也。〔同上〕○孫本作很，正字也，李郭本作丨，借字也。〔釋言〕「鬩，丨也」述聞。○丨與很古字亦通。〔同上〕○丨，當作很。〔釋言〕「鬩，丨也」郝疏。○丨當為很。〔說文〕「悭，丨也」義證。

萬　丨，本蟲名。〔說文・上說文書〕「丨國咸寧」段注。○丨者，蠆也。〔說文〕「丨，蟲也」義證。○丨即范，蜂也。〔通雅・蟲〕○丨亦蠆之類也。〔說文〕「丨，蟲也」段注。○丨為盈數，義取衆也。〔詩・簡兮〕「方將丨舞」後箋。○〔說文定聲・卷一三〕丨，古用以紀數，唐人字亦作万。〔風俗通〕「十千謂之丨」。○丨，丨舞。〔廣韻・願部〕○丨，舞名。〔詩・閟宮〕「丨舞洋洋」朱傳。○丨者，舞之總名。〔詩・簡兮〕「方將丨舞」朱傳。○丨舞，有文舞，有武舞，文舞羽籥，武舞干戚，統名曰丨。〔同上〕後箋。○丨舞，大舞也。〔同上〕後箋引何楷。○〔說文定聲・卷七〕丨舞，舞者左手吹籥以節舞。〔左傳宣公八年〕「丨入去籥」。〔「籥」下〕○丨，讀曰曼。〔春秋名字解詁〕「宋南宮丨字長」述聞。○丨首，一云海中山名。〔楚辭・陶壅〕「過丨首兮嶷嶷」王注。○〔通雅・卷三〕丨畢，言丨瀵畢於此也。〔史記・龜策列傳〕「褚先生曰，見丨畢石朱方」。

万　丨，十千。〔廣韻・願部〕○〔說文定聲・卷一三〕萬，古用以紀數，唐人字亦作丨。〔風俗通〕「十千謂之萬」。〔「萬」下〕

卍　丨，吉祥相也。〔慧琳音義・卷一二〕

飯　〔說文定聲・卷一四〕丨，所食也。〔呂覽・本味〕「丨之美者，元山之米」。○溲水烝炊之謂之丨。〔周禮・天官漿人〕正義。○〔說文定聲・卷一四〕丨，段借為撲，謂自以大指扳持之。〔儀禮・士喪禮〕「自丨持之」。

⿰飠弁　丨，食也。〔廣雅・釋詁三〕「餅，食也」疏證。○丨，或作飯，兩體並通。〔慧琳音義・卷六二〕○古衹有飯字，後乃分別作丨。〔說文〕「飯，食也」段注。○丨與飯同，讀如飯牛之飯，謂飤之也。〔廣雅・釋詁三〕「丨，食也」疏證。○丨與飯同。〔廣雅・釋器〕「筲，⿱竹旅也」疏證。

飰　丨即飯之俗。〔周禮・膳夫〕孫正義。○古衹有飯字，後乃分別作⿰飠弁，俗又作丨。〔說文〕「飯，食也」段注。

獻　丨，本祭祀奉犬牲之偁。〔說文〕「丨，宗廟犬名羹丨」段注。○丨亦為享。〔書・微子〕「人自丨于先王」孫疏。○丨，進也。〔廣韻・願部〕○凡進物曰丨。〔儀禮・鄉飲酒禮〕「丨賓」正義。○丨，引伸之為凡薦進之偁。〔說文〕「丨，宗廟犬名羹丨」段注。○丨謂進於朝。〔禮記・表記〕「拜自丨其身」集解。○丨猶奏也。〔詩・賓之初筵〕「丨爾發功」朱傳。○古者致物於尊者之前曰丨。〔慧琳音義・卷七〕○進酒於客曰丨。〔說文〕「醋，客酌主人也」義證。○凡進酒於客曰丨。〔說文定聲・卷九〕〔「醋」下〕○凡主人進賓之酒謂之丨。〔儀禮・鄉飲酒禮〕「賓之席前西北面丨賓」正義。○凡燕飲酒，主人進賓之酒謂之丨。〔周禮・天官酒正〕「凡王之燕飲酒共其計」正義。○凡主人酌賓曰丨。〔說文定聲・卷六〕〔「酬」下〕○〔說文定聲・卷一四〕主人酌賓曰丨，賓酌主人曰醋，主人又自飲以酌賓曰酬。〔詩・行葦〕「或丨或酢」。○凡薦腥謂之丨，丨从鬳，則盉羹為本義，薦腥為轉注也。〔說文定聲・卷一四〕○丨者，丨其功也。〔大戴・夏小正〕「豺祭其類，獺祭非其類，故謂之丨」王詁。○丨，賢也。〔論語・八佾〕「文丨不足故也」朱注。○〔說文定聲・卷一四〕丨，段借為賢。〔釋言〕「丨，聖也」。○善賢義相近，故儀、丨同訓為賢，又同訓為善也。〔書・酒誥〕「毖殷丨臣」述聞。○古聲儀與丨通。〔書・大誥〕「民丨有十夫」述聞。又〔漢書・翟方進傳〕「民丨儀九萬夫」雜志。

健　丨，伉也。〔廣韻・願部〕○丨者，伉也。〔說文〕「勢，丨也」段注。○丨，壯大也。〔漢書・張騫傳〕「昆莫既丨」補注。○丨猶悍也。〔國策・東周策〕「此丨士也」鮑注。○丨，引申為野獸丨者之稱。〔周禮・服不氏〕「凡祭祀共猛獸」孫正義。○丨，言其強辯。〔國策・秦策二〕「楚客來使者多丨」鮑注。○丨即乾也。〔易・乾〕「天行丨」平議。○天行丨，地勢坤。丨即乾也，坤即順也，互文見義耳。〔廣雅・釋詁二〕「乾，丨也」疏證。○丨，勇也。〔慧琳音義・卷一〕引〔考聲〕。○丨，勁使也。〔同上〕○凡丨與疾義相近。〔廣雅・釋詁二〕「魑，丨也」疏證。○〔說文定聲・卷一四〕丨，段借為羡。〔荀子・哀公〕「丨，貪也」。○丨強與疾速義近。〔釋言〕「疾，壯也」郝疏。○丨慕猶丨羡也。〔通雅・釋詁〕

寸　十髮為程而當一分，十分為丨。〔說文定聲・卷一五〕○從魚際至高骨卻行一丨其中名曰丨口。〔說文〕「丨，人手卻一丨動脈謂之丨口」義證。○丨，法度也。〔說文〕「對，譍無方也」繫傳。又〔說文〕「寺，廷也，有法度者也」繫傳。又〔說文定聲・卷六〕〔「討」下〕○丨，法度理之也。〔說文〕「尋，繹理也」繫傳。○〔說文定聲・卷一五〕丨，字亦變作忖。〔珠叢〕「丨，測度也」。

困　丨，舊所居廬，故其木久而丨弊也。〔說文〕「丨，故廬也」繫傳。○丨之本義為止而不過。〔說文〕「丨，故廬也」段注。○丨，木在口中不得申也。

〔說文〕「|,故廬也」義證引〔六書本義〕。○〔說文定聲·卷一五〕|,窮盡極至之義。〔論語〕「四海|窮,天祿永終」。○|,極也。〔廣韻·慁部〕○|,引伸之為極盡。〔說文〕「|,故廬也」段注。○|,不通也。〔國策·東周策〕「是公之智|」鮑注。○|猶不通。〔魏策四〕「|於思慮」鮑注。○|謂有所不通。〔論語·季氏〕「|而學之」朱注。又(同上)劉正義。○|,言心有所阻隔也。(同上)劉正義。○|,悴也。〔廣韻·慁部〕○|,病之甚也。(同上)○|,偪促危苦之義。〔說文定聲·卷一五〕○|,逃也。〔廣韻·慁部〕○〔說文定聲·卷一五〕|猶隱居也。〔方言一三〕「|、胎,逃也」。○|,亂也。〔廣韻·慁部〕又〔論語·子罕〕「不為酒|」劉正義。○|,亦與梱同。〔廣雅·釋宮〕「闌,朱也」疏證。○|,梱之借字。〔墨子·備城門〕「而為之|」閒詁。○〔說文定聲·卷一五〕|,叚借為梱。〔廣雅·釋宮〕「闌,朱也」。○凡言|勉、|苦皆極盡之義。〔說文〕「|,故廬也」段注。○太歲在子曰|敦。〔通雅·疑始〕

朱

|,古文困。〔廣韻·慁部〕○|,或作梱,又作闌。〔廣雅·釋宮〕「槼、機、闌,|也」疏證。

頓

|,下首也。〔說文〕「我,施身自謂也。或說我,頃|也」段注。○|,下也。〔國策·秦策一〕「|足徒裼」鮑注。○|,下也。此以小言之。〔國策·秦策二〕「齊舉兵而為之|劍」鮑注。○|者,引也。〔荀子·勸學〕「|之」雜志。○|與挈同義,故皆訓為引。〔廣雅·釋詁一〕「扽,引也」疏證。○|亦猝也。〔漢書·文三王傳〕「猥自發舒」雜志。○|,如困|之|。〔荀子·富國〕「|萃」雜志。○|,困極也。〔慧琳音義·卷一〕引〔考聲〕。○|亦勞敝。〔國策·齊策三〕「以|其兵」鮑注。○|,勞敝之也。〔國策·燕策二〕「|齊兵」鮑注。○此|言其勞弊。〔國策·秦策一〕「甲兵|」鮑注。○|者,勞罷之意。〔國語·周語〕「而王幾|乎」平議。○|猶|挫,提舉高下之狀,若|首然。〔荀子·勸學〕「詘五指而|之」集解引盧文弨。○|,不利也。〔楚辭·株昭〕「|弃太阿」補注。○|,損也。〔慧琳音義·卷二二〕○|,壞也。〔通鑑·漢紀五七〕「|廢不脩」音注。○|猶墜。〔國策·燕策二〕「以臣為不|命」鮑注。○|,倒也。〔說文〕「趙,走|也」繫傳。○|者,多|躓也。〔說文〕「訒,|也」繫傳。○|謂整|。〔通鑑·周紀二〕「其才足以|綱振紀」音注。○|猶突也。〔廣雅·釋言〕「猥,|也」疏證。○|,踴也。〔國策·秦策一〕「|足徒裼」補正。○|,次舍之所。〔通鑑·晉紀三一〕「戒嚴在|」音注。○|者,軍行|舍之地。〔通鑑·晉紀三二〕「詔諸軍就|」音注。○置食之所曰|。〔通鑑·唐紀六〕「良以馬邑為之中|故也」音注。○置食之所曰|,猶今言中火也。〔通雅·諺原〕○|之言鈍也。〔說文〕「訒,|也」段注。○|與鈍同。〔廣雅·釋詁三〕「頑,鈍也」疏證。又(同上)「訒,難也」疏證。○〔說文定聲·卷一五〕|,叚借為鈍。〔漢書·賈誼傳〕「莫邪為|兮」。○又多假|為鈍。〔說文〕「|,下首也」段注。○〔說文定聲·卷一五〕|,叚借為惷。〔廣雅·釋詁三〕「|,亂也」。○(同上)|,叚借為趙。〔廣雅·釋詁四〕「|,僵也」。○(同上)|,叚借為逡。〔文選·安陸昭王碑文〕「六龍|轡」。○(同上)|,叚借為振。〔演連珠〕「|綱探淵不能招龍」。○(同上)|,叚借為𠂤。〔詩·氓〕「至于|邱」。○|首,下首也。〔說文〕「|,下首」繫傳。○|首者,拜頭叩地也。〔說文〕「𢷎,首至手也」段注。○拜頭至地叩者為|首。〔說文定聲·卷一五〕○|首,亦曰䭫顙,稽遲其顙也。〔說文〕「䭫,䭫首也」段注。○沿至秦漢以|首為請罪之辭。〔說文〕「|,下首也」段注。○|首主於以顙叩觸,故謂之稽顙,或謂之顙。(同上)○|首者,凶禮也。(同上)○|槍,謂頭|至地也。〔慧琳音義·卷五二〕○|卒、|萃並與|顇同。〔荀子·富國〕「|萃」雜志。○|愍,猶|悶也。〔通雅·卷五〕○|悶,義與|愍同。〔廣雅·釋詁三〕「|愍,亂也」疏證。○||猶敦敦,相親厚之意也。〔荀子·王制〕「我今將||焉」集解。○凡言供|、|宿,皆取屯聚意,而假|為之。〔說文〕「|,下首也」段注。○|邱,即敦邱也。〔詩·氓〕「至于|邱」通釋。

遯

|者,走也。〔說文〕「逐,追也」繫傳。○|,逃也。〔集韻·恨部〕○|,同遁。〔廣韻·慁部〕○|與遁同。〔釋言〕「遜,|也」郝疏。○|,或作逡,古作遯。〔集韻·恨部〕

遁

|,逃也。〔廣韻·慁部〕○|,逃避也。〔孟子·公孫丑上〕「|辭知所窮」朱注。○|,逃去也。〔國策·燕策二〕「與齊王謀|取秦以謀趙者」鮑注。○|,隱也。〔廣韻·慁部〕○|,去也。(同上)○|者,欺也。〔漢書·酷吏傳〕「上下相|」雜志。又〔管子·法禁〕「|上而|民」雜志。○|、遯通。〔釋言〕「遜,遯也」郝疏。○|與遯通。(同上)邵正義。○〔說文定聲·卷一五〕|,叚借為遯。〔說文〕「|,一曰逃也」。○|,今文〔尚書〕借遯字。〔說文〕「|,遷也,一曰逃也」繫傳。○|,字亦作遯。〔漢書·酷吏傳〕「上下相|」雜志。又〔管子·法禁〕「|上而|民」雜志。○|,一作遯,移也。〔離騷〕「後悔|而有他」補注。○|即循也。〔晏子春秋·外篇〕「道哀」雜志。○古|同循。〔說文〕「|,遷也」句讀。○|與循同,循之言遂也。〔晏子春秋·外篇〕「道哀」雜志。○|與循同也。〔史記·始皇本紀〕「逡巡|逃而不敢進」志疑。○|,此字古音同循,遷延之意。〔說文〕「|,遷也」段注。○|、巡、循皆一字。〔漢書·項籍傳〕「九國之師|巡而不敢進」補注引沈欽韓。○|即巡字,古或借|為逡巡字。〔文選·過秦論〕「九國之師|巡而不敢進」集釋。○|,字亦以巡為之。〔說文定聲·卷一五〕○|巡猶遷延也。〔說文〕「巡,視行皃」義證。○|巡即逡巡。(同上)○逡|、遵|、巡|、逡|、|巡,並字異而義同。〔廣雅·釋訓〕「逡巡,卻退也」疏證。

建

|,立也。〔廣韻·願部〕又〔詩·出車〕「|彼旄矣」朱傳。又〔通鑑·漢紀二五〕「固志|威」音注。又〔大戴·千乘〕「|其宗主」王詁。○|者,謂修而立之。〔周禮·大司徒〕「大司徒之職掌|邦之土地之圖」孫正義。○引申之,凡立皆為|。〔周禮·冢宰〕「惟王|國」孫正義。○今謂凡竪立為

丨。〔説文〕「丨，立朝律也」段注。○丨，樹也。〔廣韻・願部〕○丨，至也。〔同上〕○丨，木名。〔同上〕○凡明白布告亦曰丨。〔周禮・小宰〕「掌丨邦之宫刑」孫正義。○丨與鍵同。〔漢書・翼奉傳〕「丨滎陽」補注。○〔説文定聲・卷一四〕丨，叚借為鍵，實為楗。〔禮記・樂記〕「名之曰丨櫜」。○丨，讀為楗。〔春秋名字解詁〕「楚屈丨字子木，大子丨字子木」述聞。○〔説文定聲・卷一四〕丨，叚借為楗。〔左傳襄公二五年〕「楚屈丨」。○丨，當讀為健。〔老子四一章〕「丨德若偷」平議。○丨櫜，即健櫜也。〔通雅・戎器〕○丨當讀為鞬。〔禮記・樂記〕「名之曰丨櫜」述聞。○丨讀為券。〔墨子・號令〕「慎無厭丨」閒詁。○〔説文定聲・卷一四〕丨，叚借為卷。〔水經・溓水注〕「丨城當為卷，讀誤耳」。○丨當為達，達者通也。〔禮記・祭義〕「丨陰陽天地之情」述聞。○丨亦當為達。〔禮記・中庸〕「丨諸天地而不悖」述聞。○丨當為遷。〔漢書・夏侯勝傳〕「丨太子太傅」補注引錢大昭。○舊本丨作達。〔呂覽・古樂〕「丨帝功」校正。○丨當作逮，逮，捕也。〔漢書・谷永傳〕「丨治正吏」補注引王念孫。○臨濟縣西北五十里有丨信城。〔史記・劉敬叔孫通傳〕「號為丨信侯」志疑引應劭。○丨成，是東越故官，非名也。〔史記・建元以來侯者年表〕「侯丨成」志疑。○丨星即斗。見在斗，伏在女。〔漢書・律歷志〕「歷丨星及牽牛」補注引李鋭。○丨星，在斗後十三度，在牽牛前十一度。〔漢書・律歷志〕「日月在丨星」補注引宋祁。

憲　丨，法也。〔廣韻・願部〕又〔詩・六月〕「萬邦為丨」朱傳。○丨，引申之義為法也。〔説文〕「丨，敏也」段注。○丨者，表也。〔國語・楚語〕「黿足以丨臧否則寶之」述聞。○丨猶慮也。〔大戴・文王官人〕「其老觀其意丨慎」平議。○丨有審當於事之義。〔春秋名字解詁〕「魯原丨，字子思」述聞。○〔説文定聲・卷一四〕丨，叚借為宣，實為徇。〔周禮・布憲〕「掌丨邦之刑禁」。○〔説文定聲・卷一四〕丨，或曰借為縣，亦通。〔穆天子傳一〕「受勑丨」。○丨與軒通。〔廣雅・釋詁〕「蟄，低也」疏證。○〔説文定聲・卷一四〕丨，叚借為軒。〔禮記・樂記〕「武坐致右丨左，謂輊右軒左也」。○丨丨，即軒軒之假借。〔詩・板〕「無然丨丨」陳疏。○丨當讀為顯。〔國語・楚語〕「黿足以丨臧否則寶之」平議。○以丨丨為顯顯，叚借也。〔説文〕「丨，敏也」段注。○丨丨，欣欣也。〔詩・板〕「無然丨丨」朱傳。

勸　丨，勉也。〔廣韻・願部〕又〔大戴・千乘〕「丨有功」王詁。○勉之而悦從亦曰丨。〔説文〕「丨，勉也」段注。○丨，獎丨也。〔廣韻・願部〕○丨，助也。〔廣韻・願部〕○丨即助。〔説文〕「姷，耦也」段注。○丨，教也。〔廣韻・願部〕○丨，樂之也。〔國策・秦策四〕「楚之應之也必丨」鮑注。○〔説文定聲・卷一四〕丨，叚借為倦。〔莊子・天運〕「淫淫樂而丨」。○丨學，丨上學也，如後世侍講、侍讀之類。〔漢書・敘傳〕「大將軍王鳳薦伯宜丨學」補注引周壽昌。

蔓　丨，瓜丨。〔廣韻・願部〕○丨，葛之總名也。〔説文〕「丨，葛屬也」繫傳。○〔説文定聲・卷一四〕丨，似細蘆，曼生水上，隨水高下汎汎然，非葛類。〔説文〕「丨，葛屬也」。○丨之為言曼也。〔説文定聲・卷一四〕○丨，延也。〔詩・野有蔓草〕朱傳。又〔葛生〕「蘞丨于野」朱傳。又〔國策・魏策一〕「丨丨若何」鮑注。○丨莚，謂之連緜不絶無極也。〔慧琳音義・卷四八〕○丨菁者，亦名蕪菁，即〔詩〕之葑，〔爾雅〕之須葑蓯也。〔説文定聲・卷一七〕（「菁」下）○丨于即軒于。〔説文〕「蕕，水邊艸也」段注。○丨、縵字通借。〔國策・魏策一〕「丨丨若何」補正。○丨，元作縵。（同上）鮑注。○丨，古作曼。〔詩・野有蔓草〕「野有丨草」陳疏。○丨，〔史記〕作曼。〔左傳昭公一三年〕「丨成然故事蔡公」洪詁。○滋丨字古祇作曼。〔説文〕「丨，葛屬也」段注。

券　丨亦契。〔國策・齊策四〕「載丨契而行」鮑注。○大曰丨，小曰契。〔慧琳音義・卷四七〕引〔考聲〕。○丨，長者曰質，短者曰劑。〔説文定聲・卷一四〕○丨當從刀，從力者，古倦字。〔漢書・高帝紀〕「此兩家常折丨棄責」補注引錢大昭。○丨，約也。〔慧琳音義・卷四七〕引〔韻英〕。○丨，券約。〔廣韻・願部〕○丨，以木牘為要約之書，以刀剖之，屈曲犬牙相入。〔説文〕「丨，契也」繫傳。○丨者，束也，明白約束。〔説文〕「契，大約也」義證引〔文心雕龍〕。○丨，誓言書於鐵上為信也。〔慧琳音義・卷六一〕○丨者，束也，明白約束，字形半分。周稱判書，古有鐵丨，以堅信誓。〔説文〕「丨，契也」義證引〔文心雕龍〕。○丨猶辨也。〔説文〕「契，大約也」繫傳。○丨堂，墓前明堂也，俗為券臺。〔通雅・宮室〕

睥　丨即券。〔通雅・諺原〕

鈍　丨，不利也。〔廣韻・慁部〕又〔慧琳音義・卷一三〕引〔聲類〕。○丨，刃不利也。〔卷九二〕○丨，兵刃不利也。〔卷三〕引〔韻英〕。○丨，滯性也。〔卷七八〕○丨，亦遲也。〔卷七二〕引顧野王。○丨，頑也。〔廣韻・慁部〕又〔慧琳音義・卷九一〕○丨與頓同。〔方言一〇〕「頓，惽也」箋疏。○丨通作頓。〔説文〕「丨，錭也」義證。○丨，古亦叚頓為之。〔説文〕「丨，錭也」段注。○丨，古亦借頓為之。〔説文〕「丨，錭也」句讀。○〔史記〕丨作頓，借字。〔漢書・賈誼傳〕「莫邪為丨兮」補注。○丨惛，義與頓愍同。〔廣雅・釋詁三〕「頓愍，亂也」疏證。○丨閒，義與頓愍同。（同上）

悶　〔説文定聲・卷一五〕丨，俗字作憫。〔廣雅・釋詁二〕「憫，懣也」。○丨，或作惛。亦書作憫。〔集韻・恨部〕

遜　丨，順也。〔慧琳音義・卷五〕引〔考聲〕。又〔大戴・衛將軍文子〕「其幼也恭而丨」王詁。○丨，恭也。〔廣韻・慁部〕又〔慧琳音義・卷五〕引〔韻英〕。○丨，從也。〔廣韻・慁部〕○丨，謂謙丨。〔大戴・曾子立事〕「丨而不諂」王詁。○不陵節之謂丨。〔釋言〕「跋，躐也」郝疏。○丨，伏也。〔廣韻・慁部〕○丨，遁也。〔廣韻・慁部〕又〔慧琳音義・卷五〕引〔韻英〕。○丨，避也。〔慧琳音義・卷五〕引〔考聲〕。○丨，避彼不虞。〔漢書・揚雄

傳」「一于不虞」補注引蘇輿。〇一，避位而去也。〔慧琳音義·卷七〕引〔集訓〕。〇一，本作孫。〔說文〕「孫，子之子曰孫」段注。〇凡〔春秋〕〔詩〕〔書〕一遁字皆作孫。〔說文〕「懫，忿戾也」段注。〇一，通作孫。〔釋言〕「一，遜也」郝疏。〇一，經典借孫字。〔說文〕「遜，遁也」義證。〇一、孫同。〔廣雅·釋詁一〕「巽，順也」疏證。〇一同愻。〔書·多士〕「比事臣我宗，多一」孫疏。〇借一為愻。〔說文〕「倨，不一也」句讀。〇〔說文定聲·卷一五〕一，叚借為愻。〔虞書〕「五品不一」。〇一者，愻之叚借也。〔釋訓〕「蠢，不一也」郝疏。〇一當為愻。〔說文〕「倨，不一也」義證。〇一、巽同。〔廣雅·釋詁一〕「巽，順也」疏證。〇一，古與馴通。〔書·微子〕「我家耄一于荒」平議。

孫 一，順也。〔論語·述而〕「奢則不一」朱注。〇一，卑順也。〔憲問〕「危行言一」朱注。〇一猶一也者，猶遜讓之遜也。〔公羊傳莊公元年〕「一猶一也」陳疏。〇一、巽同。〔廣雅·釋詁一〕「巽，順也」疏證。

愻 一，順也。〔廣韻·慁部〕〇一、遜同。〔廣雅·釋詁一〕「巽，順也」疏證。〇一通作遜。〔釋訓〕「蠢，不遜也」郝疏。〇一，經典借遜字。〔說文〕「一，順也」義證。〇一，經典多借遜。〔同上〕句讀。〇〔說文定聲·卷一五〕一，今本以遜為之。〔說文〕「一，順也。唐書曰，五品不一」。〇一，今作孫。〔說文〕「一，唐書曰，五品不一」句讀。〇一，孫同。〔廣雅·釋詁一〕「巽，順也」疏證。〇一，又借孫字。〔說文〕「一，順也」義證。〇一、巽同。〔廣雅·釋詁一〕「巽，順也」疏證。〇一亦省作孫。〔說文〕「一，順也」句讀。〇一，今文〔尚書〕作遜。〔說文〕「一，順也」繫傳。〇不一，〔尚書大傳〕作「五品不訓」。〔說文〕「一，順也。唐書曰，五品不一」段注。〇不一，〔五帝本紀〕作「五品不馴」。〔同上〕〇一，〔後漢·鄧禹傳〕作訓。〔說文定聲·卷一五〕

嫩 一，弱也。〔廣韻·慁部〕〇一，新生耎弱也。〔慧琳音義·卷六〇〕〇一，小也。〔卷一五〕引〔考聲〕。

媆 一同嫩。〔廣韻·慁部〕〇一即今嫩字也。〔廣雅·釋詁一〕「一，弱也」疏證。

販 一，買賤賣貴也。〔廣韻·願部〕又〔慧琳音義·卷一二〕引〔韻英〕。〇賤買而貴賣之曰一。〔說文〕「一，買賤賣貴者」義證引〔急就篇〕顏注。

愿 一，謹也。〔廣韻·願部〕又〔通鑑·漢紀六〕「一民陷而之刑戮」音注。〇一，謹厚也。〔論語·泰伯〕「侗而不一」朱注。〇一，為謹慎之思也。〔釋詁〕「願，思也」郝疏。〇一，敬也。〔廣韻·願部〕〇一，善也。〔同上〕〇一通作願。〔釋詁〕「願，思也」郝疏。〇一，讀為傆。〔荀子·王制〕「析一禁悍」〔集解〕引王念孫。

溷 一，濁也。〔廣韻·慁部〕〇一者，目其穢濁也。〔說文〕「圂，廁也」義證引〔急就篇〕顏注。〇一謂濆之也。〔通鑑·周紀五〕「是天以寡人一先生而存先王之宗廟也」音注。〇一湛湛，喻貪濁也。〔楚辭·怨世〕「一湛湛而日多」章句。〇一，亂也。〔慧琳音義·卷九六〕引〔古今正字〕。〇一與圂通。〔說文〕「屏，蔽也」段注。〇〔說文定聲·卷一五〕一，叚借為圂。〔釋名·釋宮室〕「廁或曰一，言一濁也」。〇一與慁通。〔廣雅·釋詁三〕「慁，亂也」疏證。〇此借一為慁，當訓為擾。慁、一二字古多通假。〔漢書·陸賈傳〕「毋久一女為也」補注。〇一通作渾。〔說文〕「一，亂也」義證。又〔說文〕「一，亂也」句讀。〇一當讀為焜，一與焜同聲。〔春秋名字解詁〕「欒一，字子明」述聞。

遠 一，離也。〔廣韻·願部〕〇一，去也。〔孟子·滕文公下〕「險阻既一」朱注。〇一，違也。〔大戴·誥志〕「不一厥事」王詁。

巽 一與斂皆有具備之義。〔春秋名字解詁〕「魯邦一，字子斂」述聞。〇一與撰聲近義同。〔廣雅·釋詁三〕「撰，具也」疏證。〇一、順聲亦相近。〔廣雅·釋詁一〕「一，順也」疏證。〇一，入也。〔易·彖下傳〕「一乎水而上水」李疏。〇一言者，婉而導之也。〔論語·子罕〕「一與之言」朱注。〇一，卦名。〔廣韻·慁部〕〇遜、一同。〔廣雅·釋詁一〕「一，順也」疏證。〇〔說文定聲·卷一四〕一謂借為遜。〔書·堯典〕「汝能庸命一朕位」引馬注。〇一、選同義。〔說文〕「一，具也」句讀。〇一、踐聲相近。〔書·堯典上〕注「史遷一作踐」孫疏。〇〔說文定聲·卷一四〕一，叚借為踐。〔書·堯典〕「汝能庸命一朕位」。〇一為踐之叚字。〔書·堯典〕「一朕位」平議。〇〔說文定聲·卷一四〕一，叚借為籥。〔禮記·內則〕「栗曰一之」。〇〔同上〕一，叚借為欑為詮。〔漢書·藝文志〕「門人相與輯而論篹」。〇〔同上〕一，叚借為算。〔周禮·大司馬〕「羣吏撰車徒」。〇〔同上〕一，叚借為匴。〔禮記·明堂位〕「薦用玉豆雕篹」。〇〔同上〕一，叚借為顨，實為愻。〔易·襍卦傳〕「一，伏也」。〇〔同上〕一，字亦作撰。〔詩·卷阿〕箋「尊之豫撰几」。〇一，字亦作撰。〔說文定聲·卷一四〕〇一，字亦作篹。〔同上〕〇一，字亦作簨。〔同上〕〇一，當作顨。〔說文〕「鼎，易卦一木於下者為鼎，象析木以炊也」義證。

饌 一，當為巽之或體。〔說文定聲·卷一四〕〔「篹」下〕

巺 一，庶物皆具，丌以薦之，篆作巽。〔集韻·恨部〕引徐鉉。〇一，今作巽。〔說文〕「一，具也」段注。〇一，通作選。〔同上〕義證。〇一乃愻之假借字。〔說文〕「一，具也」段注。

顨 一，此字實即巽之異體。〔說文定聲·卷一四〕〇一、巽並與撰聲近義同。〔廣雅·釋詁三〕「撰，具也」疏證。

潠 一，一水。〔廣韻·慁部〕〇一，噴水也。〔集韻·恨部〕〇一，以口含水濆也。〔慧琳音義·卷六五〕引顧野王。〇一，以口含水噴之也。〔卷三七〕引顧野王。

噀 一同潠。〔廣韻·慁部〕〇潠，或作一。〔集韻·恨部〕

曼　｜，引也。〔說文〕「統，絲｜延也」段注。○｜者，引也。〔說文〕「濮，水漫也」段注。又〔說文〕「耼，耳｜也」段注。○｜，長也。〔廣韻·願部〕又〔楚辭·招魂〕「蛾眉｜睩」補注引五臣。○｜，〔漢書〕所謂柔｜。〔屈賦·天問〕「平脅｜膚，何以肥之」戴注。○｜，輕細也。〔楚辭·招魂〕「蛾眉｜睩」補注引李善。○｜即美也。〔漢書·司馬相如傳〕「於是鄭女｜姬」補注。○｜，凡訓善、訓細、訓澤、訓遠、訓延、訓美，實皆引長之誼，隨文變訓耳。〔說文定聲·卷一四〕○｜姬，猶言美女。〔漢書·司馬相如傳〕補注。○〔說文定聲·卷一四〕冒，侈口言之，即如｜也。〔說文〕「｜，引也。从又冒聲」。○勿、微、｜、末亦糜、罔之聲轉。〔釋言〕「罔，無也」郝疏。○〔說文定聲·卷一四〕｜，叚借發聲之詞，與用蔑、末、没、靡、莫等字同。〔小爾雅·廣詁〕「｜，無也」。○｜亦無也。〔荀子·非十二子〕「大儉約優差等」雜志。○謂無為｜。(同上)雜志。○｜差等，即無差等，作優者借字耳。(同上)○｜、蔑亦聲之轉。〔文選·四子講德論〕「但懸｜矰」集釋。○｜蔑，即漫滅。(同上)集釋。○｜同蔓。〔墨子·號令〕「熛｜延燔人」閒詁引蘇時學。○｜，字通作蔓。〔廣雅·釋詁二〕「｜，長也」疏證。○｜，又借蔓字。〔說文〕「｜，引也」義證。○｜｜，字亦通作蔓。〔廣雅·釋訓〕「｜｜，長也」疏證。○｜與漫同。〔廣雅·釋訓〕「漫漫，平也」疏證。○｜，或借漫字。〔說文〕「｜，引也」義證。○〔說文定聲·卷一四〕｜，叚借為萬。〔荀子·正論〕「｜而饋」。○(同上)｜，叚借為幔。〔莊子·馬蹄〕「闉扼鷙｜」。○｜當讀為鏝。〔法言·淵騫〕「｜面為姊」平議。

噴　｜，吐氣。〔廣韻·慁部〕

歕　｜同噴。〔廣韻·慁部〕○｜，吹氣也。〔集韻·恨部〕

艮　｜者，很視也，仰目而視，傾目而視皆是。〔說文定聲·卷一五〕○｜，止也。〔廣韻·恨部〕○〔說文定聲·卷六〕｜，手也。〔易·隨〕「隨有求得」虞注「｜為求」。〔「求」下〕○｜，卦名也。〔廣韻·恨部〕○〔說文定聲·卷一五〕｜，叚借為限。〔廣韻〕引〔說文〕「｜，恨也」。○(同上)｜，叚借為垠。〔易·說卦傳〕「｜，止也」。○(同上)｜，叚借為艱。〔太元·守〕「象｜有守」。

敦　｜，豎也。〔廣韻·慁部〕○｜，音頓，豎也。〔通雅·疑始〕

坌　｜，塵也。〔廣韻·慁部〕○｜，塵污也。〔慧琳音義·卷四〕引〔考聲〕。○｜，塵猥至也。(同上)○｜，土汙坌也。〔慧琳音義·卷七七〕引〔字詁〕。○坋土曰｜。〔卷九〕○｜，塵埃著物也。〔續音義·卷四〕引〔字書〕。○｜，並也。〔集韻·恨部〕

坋　｜與坌同。〔廣雅·釋詁三〕「坌，塵也」疏證。○〔說文定聲·卷一五〕｜，叚借為扮。〔漢書·司馬相如傳〕「坌入曾宮之嵯峨」。○(同上)｜，叚借為奔。〔文選·薦禰衡表〕「溢氣坌涌」。○｜，或作墳。〔說文〕「｜，一曰大防也」義證。

慁　｜，悶亂也。〔廣韻·願部〕○｜，亂也，濁皃。〔國策·秦策三〕「此天以寡人｜先生」鮑注。○｜之言患也。〔廣雅·釋詁一〕「｜，憂也」疏證。○｜、溷同。〔國策·秦策三〕「此天以寡人｜先生」鮑注。○〔說文定聲·卷一五〕｜，叚借為溷。〔說文〕「｜，一曰擾也」。○｜，賦借溷字。〔說文〕「｜，一曰擾也」義證。

郾　｜，通作鄢。〔說文〕「｜，潁川縣」義證。○｜，今本譌作鄢。(同上)段注。

堰　｜，｜水也。〔廣韻·願部〕○隁，障水也。〔集韻·願部〕○隁、匽、隁、｜，並字異而義同。〔廣雅·釋宮〕「柤、潜，隁也」疏證。

䫀　｜，同願。〔廣韻·願部〕○｜與願同。〔廣雅·釋詁一〕「｜，欲也」疏證。○｜即願之借，欲也。〔詩·氓〕「將子無怒」後箋。○｜與願同字。〔說文定聲·卷一四〕○(同上)｜，叚借為願，實為甯、為愁，願、愁雙聲。〔廣雅·釋詁一〕「｜，欲也」。

傆　｜，通作原。〔說文〕「｜，黠也」義證。

誽　｜，從也。〔廣韻·願部〕○｜者，以善言案其心。〔說文〕「｜，尉也」段注。○｜，此字當是齊魯詩。〔車舝〕「以｜我心」，韓作愠，毛作慰，｜、愠、慰皆一聲之轉。〔說文定聲·卷一四〕○｜與怨同。〔說文〕「｜，慰也」句讀。○｜，懟也。(同上)義證引〔類篇〕。

韏　｜，曲也。〔廣韻·願部〕○｜之言卷曲。〔廣雅·釋詁四〕「｜，詘也」疏證。○｜同舒卷之卷。〔說文〕「韏，一曰藏也」段注。○｜，革中辨也。〔廣韻·願部〕○｜，革中辨。〔集韻·願部〕○韋之縐曰｜。〔說文定聲·卷一四〕〔「褑」下〕○｜者，復半分也。〔說文〕「｜，革中辨謂之｜」繫傳。○｜與鞬聲相近也。〔廣雅·釋詁一〕「｜，曲也」疏證。

絭　｜，纕臂繩也。〔廣韻·願部〕○｜，攘臂繩。〔集韻·願部〕○〔說文定聲·卷一四〕｜，所以約袖。〔說文〕「｜，纕臂繩也」。○臂褏易流，以繩約之，是繩謂之｜。〔說文〕「｜，纕臂繩也」段注。○｜，繩也。〔說文〕「稛，｜束也」繫傳。○｜，束腰繩也。〔廣韻·願部〕○｜，引申為凡束縛之偁。〔說文〕「｜，纕臂繩也」段注。○｜，弦也。〔廣韻·願部〕○｜，音卷，卷束也。〔說文〕「冠，｜也」繫傳。○〔說文定聲·卷一四〕｜，以卷為之。〔列女傳〕「攘卷操纖」。○｜，有假卷為之者。〔說文〕「｜，纕臂繩也」段注。○｜，當為拳曲之拳。〔說文〕「跧，一曰卑也，｜也」段注。○｜通弮。〔說文〕「｜，纕臂繩也」義證。○｜，通作卷。(同上)句讀。○｜，有假卷為之者。(同上)段注。

獌　｜｜，狿獸，長百尋。〔廣韻·願部〕○貙大者曰｜。〔說文定聲·卷一四〕○(同上)｜作曼是也，曼延，言其長。〔西京賦〕「是為曼延」。○｜之言曼，延長也。〔釋獸〕「貙｜，似貍」郝疏。○｜，通作蟃。〔集韻·願部〕○｜，或以豻為之也。〔說文定聲·卷一四〕○｜，或作貓。〔集韻·願部〕

丨，字亦作貓。〔說文定聲·卷一四〕丨，字亦作蟃。（同上）

贎 丨，人所賴也。〔說文〕「丨，貨也」繫傳。○丨，贈貨。〔廣韻·願部〕○丨，又贎。〔說文〕「丨，貨也」句讀。○丨，或作贎。〔說文〕「丨，貨也」義證。

搵 丨，淺没水也。〔慧琳音義·卷三六〕引〔考聲〕。○丨，頭没水也。〔卷一〇〇〕○丨，謂湛浸於中也。〔說文〕「丨，没也」段注。○丨，内物水中也。〔續音義·卷五〕○丨，内物於水中也。〔慧琳音義·卷三六〕引〔韻詮〕。○丨，按也。〔續音義·卷七〕引〔切韻〕。

閞 丨，門欂櫨也。〔廣韻·願部〕又〔集韻·願部〕。

𩇧 丨，泉水。〔廣韻·願部〕○丨，泉水也。〔集韻·願部〕○泉水暴溢曰丨也。〔說文〕「丨，泉水也」段注。○丨，阪泉蓋本此字。（同上）繫傳。○〔說文定聲·卷一四〕丨，字亦作瀪。〔淮南書〕「莫鑒于流瀪而鑒于澄水」許注「楚人謂水暴溢為瀪」。

瀪 丨即𩇧字。〔說文〕「𩇧，泉水也」段注。

𤯷 齊人謂生子曰丨。〔說文〕「丨，生子齊均也」義證引〔纂要〕。○丨，丨息也。〔廣韻·願部〕○丨，一曰鳥伏乍出。〔廣韻·願部〕○丨，通作娩。〔說文〕「丨，生子齊均也」義證。○丨，與孿署同。〔說文定聲·卷一五〕○丨，或作娩。〔說文〕「丨，生子齊均也」義證。

嬔 丨，息也。〔慧琳音義·卷四六〕引〔難字〕。○丨、娩音既互通。字亦可並用。〔方言二〕「娩，耦也」箋疏。

疲 丨，吐丨。〔廣韻·願部〕○丨，心惡病。〔集韻·願部〕○丨，愚癡也。（同上）

䣐 丨，一宿酒。〔廣韻·願部〕○丨為疾孰酒。〔說文〕「酋，繹酒也」段注。○酤謂之丨。〔集韻·願部〕○凡一宿酒疾熟者曰丨。〔說文定聲·卷六〕〔「酋」下〕○丨，酒熟也。〔說文〕「丨，酒疾熟也」義證引〔玉篇〕。○丨，釀一宿也。（同上）○丨，經傳皆以卞為之。〔說文定聲·卷一四〕○丨，轉注為疾急之義。（同上）

虇 丨，萌筍。〔廣韻·願部〕○丨，竹葦萌。〔集韻·願部〕○丨，又蘆牙。〔廣韻·願部〕○丨，一音勸，蘆筍也。〔釋艸〕「其萌丨」鄭注。

腝 丨，肉丨。〔廣韻·慁部〕○丨，柔脆也。〔說文〕「臡，丨或從難」義證引〔字苑〕。○丨，正作嫩。〔慧琳音義·卷三九〕○丨，又作嫩，柔脆也。〔卷五六〕引〔字苑〕。○丨，又作抐。（同上）○丨，奴低反，有骨醢也。〔淮南子·詮言〕「周公殽丨不收於前」雜志。○丨，豆實也。（同上）○〔說文定聲·卷一四〕丨，叚借為耎。〔詩·采薇〕箋「脃晚之時」。○丨，字亦作脕。〔說文定聲·卷一四〕

臑 丨，肉醢，或从耎。〔集韻·恨部〕

鬳 丨，鬲屬。〔廣韻·願部〕○丨，鬲也。〔集韻·願部〕○丨與甗聲義並同。〔方言五〕「鍑，吳揚之間謂之鬲」箋疏。○丨與芬調字同意。〔說文定聲·卷一四〕

嬎 兔子曰丨。〔廣韻·遇部〕

娩 丨，產丨也。〔說文〕「𤯷，生子齊均也」義證引〔玉篇〕。○丨，媚也。〔集韻·願部〕○丨，姓也，古萬字。〔廣韻·願部〕引〔纂文〕。

𣀔 丨，去小麥皮也。〔說文〕「丨，小舂也」繫傳。○丨，小舂。〔廣韻·願部〕○丨，小舂也。〔集韻·願部〕○丨，亦作䊟。〔說文〕「丨，小舂也」段注。

䊟 丨，小舂也。〔說文〕「𣀔，小舂也」義證引〔玉篇〕。

傿 丨，同躽。〔廣韻·願部〕○引、丨，語之轉耳。〔廣雅·釋言〕「傿，引也」疏證。○〔說文定聲·卷一四〕丨，謂張大其價也。〔後漢〕「崔烈入錢五百萬，得為司徒，及拜，靈帝顧謂親倖曰，悔不小丨，可至千萬」。

嫣 丨，長皃。〔廣韻·願部〕又〔集韻·願部〕。○丨，長美貌。〔說文〕「丨，長皃」義證引〔玉篇〕。○傿與丨聲相近也。（同上）段注。

㕭 丨，大皃。〔集韻·僊部〕

𧽊 丨，走意。〔廣韻·願部〕

楥 丨，靴履丨。〔廣韻·願部〕○丨，織履中模範也。〔說文〕「丨，履法也」繫傳。○丨，今鞋店之楦也。丨、楦，正俗字。（同上）段注。○丨，鞋工木胎為丨頭，改作楦，至今呼之。〔通雅·諺原〕○丨，字亦作楦，蘇俗謂之楦頭，削木如履，置履中使履成如式，平直不皺。〔說文定聲·卷一四〕○丨，字俗作楦。〔說文〕「丨，履法也」句讀。○丨，法也。〔廣韻·願部〕○丨猶憲也，憲、丨語之轉耳。〔廣雅·釋詁〕「丨，法也」疏證。○樹木株為丨。〔說文〕「丨，履法也」繫傳。○〔說文定聲·卷一四〕丨，即〔孟子〕之杞柳，〔本草〕之櫸柳也。〔釋木〕「丨，柜柳」。○丨，別作楦。〔說文〕「丨，履法也」義證引〔復古編〕。

楦 丨，俗楥。〔廣韻·願部〕

𣂐 丨，量也。〔廣韻·願部〕○丨，今賣酒家挹酒于甕中之器曰酒端，傾入于漏兜而注于酒瓶是其物也。〔說文定聲·卷一四〕引汪元亮。○丨，杼也。〔集韻·願部〕○丨，器歃物也。〔續音義·卷七〕引〔切韻〕。○丨，吮物也。〔廣韻·願部〕○丨，量也，或从廾。〔集韻·願部〕

捘 丨、晉聲近義通。〔周禮·田僕〕「凡田，諸侯晉」劉正義。

莨｜，草名。〔廣韻・恨部〕○｜，艸名，鉤吻也。〔集韻・恨部〕○｜，乃草烏頭之苗。〔本草・卷一七〕○｜，水艸，蟹有毒食水｜所為。〔集韻・願部〕

瓤｜，瓢也。〔廣韻・願部〕○｜，即〔方言〕櫼字也。〔廣雅・釋器〕「｜，瓢也」疏證。○｜、瓤、獻、桸並與櫼通。〔方言五〕「勺，或謂之櫼」箋疏。

焌｜，然火。〔廣韻・慁部〕○｜，然火以灼龜，或作焞。〔集韻・恨部〕○〔説文定聲・卷一五〕｜，字亦作晙。〔釋詁〕「晙，早也」。

娩｜，即娩之或體。〔方言二〕「荆吴江湖之間曰抱｜」箋疏。○｜咨，猶勉咨。〔通雅・釋詁〕

饐｜，相謁食。〔廣韻・慁部〕○｜饐，飽也。〔廣韻・恨部〕○｜鎧，與餯饇聲近義同。〔方言一二〕「饇、餯，飽也」箋疏。○｜饐，雙聲亦叠韻字。〔方言一二〕「相謁而飡，秦晉之際河陰之間曰饐饐」箋疏。

饐｜，飽也。〔廣韻・恨部〕

扽｜，撼｜。〔廣韻・慁部〕○｜，古通作頓。〔廣雅・釋詁一〕「｜，引也」疏證。

圂｜，厠也。〔廣韻・慁部〕○｜，豕食不潔也。〔説文〕「｜，厠也」繫傳。○｜，豕所居也。〔廣韻・慁部〕○〔説文定聲・卷一五〕｜，亦曰圈。〔説文〕「｜，厠也」。○｜，或作溷。〔説文〕「｜，厠也」義證。○〔説文定聲・卷一五〕｜，以溷為之。〔甘氏星經〕「天溷七星在外屏南」。○｜與溷通。〔廣雅・釋宮〕「｜，廁也」疏證。○〔説文定聲・卷一五〕｜，叚借為豢，豢｜雙聲。〔禮記・少儀〕「君子不食｜腴」。○〔少儀〕假｜為豢。〔説文〕「豢，以穀圈養豕也」段注。○〔説文定聲・卷一五〕｜，叚借為惲。〔賈子・道術〕「誠動可畏謂之威，反威為｜」。

倇｜，全也。〔廣韻・魂部〕○｜，完也。〔廣韻・慁部〕又〔集韻・魂部〕。○｜為完之累增字。〔説文〕「｜，完也」句讀。○｜，經史亦作慁。〔説文〕「｜，完也」段注。○〔説文定聲・卷一四〕｜，叚借為慁，｜慁一聲之轉。〔説文〕引〔逸周書〕「朕實不明，从｜伯父」。○｜，當為溷字之假借。〔説文〕「｜，完也」段注。

㥏｜，煩也。〔廣韻・慁部〕

們｜即㥏之俗字。｜渾，猶㥏渾，亦盛滿之意也。〔方言二〕注「｜渾，肥滿也」箋疏。

鐏｜，柲下銅。〔集韻・恨部〕○鋭可插地者曰｜，平者曰錞。〔説文定聲・卷一五〕○鋭底曰｜，取其｜地。〔説文〕「｜，柲下銅也」段注。○｜與俊相近，且聲同義得相通也。〔方言二〕「遵，俊也」箋疏。○｜，通作鐟。〔説文〕「｜，柲下銅也」義證。

栫｜，木名。〔廣韻・慁部〕○｜，以柴木壅曰｜。〔集韻・恨部〕

睴｜，視皃。〔廣韻・慁部〕○〔説文定聲・卷一五〕｜，以眼為之。〔考工記・輪人〕「欲其眼也」。○｜，大目出也。〔集韻・圂部〕○｜｜，大出目。〔通雅・釋詁〕

湓｜，水聲。〔廣韻・慁部〕又〔集韻・圂部〕。

謜｜，言語和悅。〔廣韻・仙部〕○｜，本作源。〔説文〕「｜，徐語也。孟子曰故｜｜而來」段注。○〔説文定聲・卷一四〕｜，今本作源。〔孟子〕「故｜｜而來」。

婏｜，宴｜也。〔詩・新臺〕「燕婉之求」後箋。○｜，婏，美也。〔説文〕「｜，宴｜也」義證引〔玉篇〕。

楗｜椎者，警衆打靜木也。〔慧琳音義・卷六五〕○｜，一曰剛木。〔集韻・願部〕○｜閉，即今木鎖也。〔説文〕「｜，門關也，所以限門之開也。〔説文〕「｜，限門也」繫傳。○｜，今蘇俗謂之木鎖，其牝為管，為閉，其牡為｜。〔説文定聲・卷一四〕○〔月令〕｜作鍵。〔呂覽・孟冬〕「修｜閉」校正。○｜通作鍵。〔説文〕「｜，限門也」義證。○｜，字亦作揵。〔説文定聲・卷一四〕

䁙｜，當也。〔廣雅・釋詁三〕「｜，當也」疏證。○｜，物相當也。〔集韻・願部〕○｜，物相當。〔説文〕「苪，相當也」義證引〔玉篇〕。○｜，引與為價。〔廣韻・願部〕○｜，即苪之別體。〔説文〕「苪，相當也」義證。

頣｜，頰後也。〔集韻・恨部〕○｜，俗謂之耳｜。〔説文〕「｜，頰後也」義證。○〔説文定聲・卷一五〕｜，謂近耳及耳下。〔説文〕「｜，頰後也」。

枘〔集韻・恨部〕｜，艸木始生也。

挽｜，産也。〔慧琳音義・卷七九〕○〔説文定聲・卷一五〕｜，作娩字亦同。〔後漢・張衡傳〕注「娩卷，並翺翔自恣之貌也」。○〔同上〕｜，字亦作娩。〔纂要〕云「齊人謂生子曰娩」。○｜，或作免。〔説文〕「｜，生子免身也」義證。○｜，省作免。〔同上〕句讀。○〔説文定聲・卷一五〕｜，叚借為媚，｜媚一聲之轉。〔禮記・内則〕「姆教婉娩聽從」注「娩之言媚也」。

匽｜，路厠也。〔集韻・願部〕○匽、｜、隁、堰，並字異而義同。〔廣雅・釋宮〕「相、湝，匽也」疏證。○〔通雅・卷三八〕｜豬，陰溝也。傳曰「規｜豬」。

惛｜，耄忘也。〔集韻・圂部〕

慨｜，戲也。〔集韻・圂部〕

剡丨，削也。〔集韻・圂部〕

劗丨，斷也。〔集韻・願部〕〇丨，或从戔。〔同上〕

奔丨，上大也。〔集韻・願部〕又〔說文〕「奔，厚脣貌」義證引〔玉篇〕。〇丨，同奮。〔廣韻・願部〕

妴丨，與婉、娩字同誼。〔說文定聲・卷一四〕

妴丨，婉也。〔集韻・願部〕

媛丨，美女。〔集韻・願部〕

婫丨，今江東人猶謂以物蒙頭曰丨。〔通鑑・梁紀二二〕「丨以鴨肉數臠」音注。又〔通雅・諺原〕。〇丨，以鴨肉蓋飯上曰丨。〔通鑑・梁紀二二〕「丨以鴨肉數臠」音注。

嬔丨，匹偶。〔集韻・願部〕

𠫓丨，惑亂也。〔集韻・圂部〕

屯頓悶、鈍聞、鈍惛、丨閔，義並與頓愍同。〔廣雅・釋詁三〕「頓愍，亂也」疏證。

彏丨，弓曲。〔集韻・願部〕

忳丨，愚皃。梁簡文詩或作沌。〔集韻・恨部〕〇丨愻，意不樂。〔同上〕

㤺丨，急性。〔廣韻・願部〕〇丨，急也。〔集韻・願部〕〇丨，褊狹也。〔同上〕〇丨，悔也。〔同上〕〇丨與疲同。〔廣雅・釋詁三〕「疲，惡也」疏證。又〔方言一〇〕「疲，惡也」箋疏。

惛丨，迷忘也。〔廣韻・慁部〕

惀丨，懣也。〔集韻・恨部〕

㥦丨，丨惼，性狹。〔說文〕「辯，一曰急也」義證引〔玉篇〕。

抐揾丨，按物水中。〔廣韻・慁部〕〇揾丨，没也。〔集韻・恨部〕引〔字林〕。

拵丨，插也。〔集韻・恨部〕

捪丨，搌也。〔集韻・恨部〕

援丨，引持也。〔集韻・願部〕

揵丨，捷也。〔廣韻・願部〕

杬丨，椹也。〔集韻・願部〕

㮃丨，積木為障。〔集韻・願部〕〇丨，〔墨子〕作偃。〔呂覽・當染〕「中山尚染於魏義丨長」校正。

槾丨，荊，木名。〔集韻・願部〕

歐丨，大呼用力。〔廣韻・願部〕〇丨，大呼用力皃。〔集韻・願部〕

婚丨，氣絶也。〔集韻・恨部〕

湓丨，水聲。〔廣韻・慁部〕〇丨，水出皃。〔集韻・恨部〕

淪丨，水中曳船。〔廣韻・慁部〕〇水中曳舟曰丨。〔集韻・恨部〕

瀗丨，水名。〔集韻・願部〕

炃丨，火黯，或从賁。〔集韻・恨部〕

桊丨，牛繩鼻謂之丨。〔集韻・願部〕〇鼻木曰丨。〔本草・卷五〇〕

獻丨，大也。〔集韻・恨部〕

珢丨，石次玉。〔廣韻・恨部〕〇丨，石似玉者。〔集韻・恨部〕

瑄丨，玉光也。〔廣韻・慁部〕〇丨，洽金玉使瑩曰丨，或从運。〔集韻・圂部〕

璭丨，俗瑄。〔廣韻・慁部〕

瑗丨，璧之好倍肉者。〔集韻・願部〕

瓛丨，桓圭也，圭之方者。〔集韻・願部〕

畈丨，田丨。〔廣韻・願部〕〇丨，田也。〔集韻・願部〕

番｜，更次也。或作畨、庋。〔集韻·願部〕

晼｜，田畝三十為｜。〔集韻·願部〕

⿰皮曼｜，皮帨。〔廣韻·願部〕

⿱龹皿｜，曲貌也。〔廣雅·釋器〕「｜，盂也」疏證。〇｜之言卷曲也。（同上）〇棬、圈並與｜通。（同上）

睔｜，大目露睛。〔廣韻·慁部〕〇｜，目大也。〔集韻·圂部〕

⿰目尊｜，赤目。〔集韻·恨部〕

碖｜，大小匀皃。〔廣韻·慁部〕〇｜，石皃。〔集韻·恨部〕

⿰礻巴｜，祠也。〔集韻·願部〕〇｜，福也。（同上）

箞｜，竹器。〔集韻·願部〕

粉｜，粉｜。〔廣韻·願部〕〇｜，粉也。〔集韻·願部〕〇｜，扮也。（同上）

綣繾｜，志盟。〔廣韻·願部〕〇繾｜，厚志。〔集韻·願部〕

⿰糸勉｜，挽舟繩也。〔廣韻·願部〕〇｜，引舟繂。〔集韻·願部〕

絻｜，⿰糸勉或省。〔集韻·願部〕

⿰瓦薦｜，瓦器。〔廣韻·慁部〕又〔集韻·恨部〕。

脕｜，肌澤。〔廣韻·願部〕〇｜，澤也。〔集韻·願部〕又〔楚辭·遠遊〕「玉色頩以｜顏兮」補注。〇｜，一曰愉色必有｜容。〔集韻·願部〕

腯｜，牲充也。〔集韻·恨部〕

腞｜，行曳腫也，或作豚。〔集韻·恨部〕

⿰月圂｜，肥皃。〔集韻·圂部〕

⿰月巽肉割再煑曰｜。〔集韻·恨部〕〇｜，切肉和血為羞也。（同上）

腱｜，筋本也。〔廣韻·願部〕〇｜，筋之大者。〔廣雅·釋器〕「｜，肉也」疏證引何氏隱義。〇｜之言健也。（同上）疏證。

⿰舟尊｜，船底孔也。〔廣韻·慁部〕〇舟漏謂之｜。〔集韻·恨部〕

芚｜，蘖艸。〔集韻·恨部〕

荃｜，以艸為界。〔集韻·恨部〕

⿱艹圂｜，艸名。〔集韻·圂部〕

蓀｜，艸名。〔集韻·恨部〕

藼｜即今之鹿葱也。〔說文〕「｜，今人忘憂草也」繫傳。

蛢｜，蟲名。〔廣韻·願部〕

蟃｜，蟆蛉蟲。〔廣韻·願部〕〇｜，據〔廣韻〕㺕蜒從犬，從蟲者借字。〔漢書·司馬相如傳〕「｜蜒貙犴」補注。

袸｜，衣衿。〔集韻·恨部〕

褑｜，佩衿。〔集韻·願部〕〇｜，佩玉之帶也。〔釋器〕「佩衿謂之｜」鄭註。

複｜，衣領。〔集韻·願部〕

褍｜，衣長也。〔集韻·恨部〕

覼覼｜，暫見。〔集韻·願部〕

⿰龠侖｜，擊丸為戲。〔集韻·恨部〕

言｜，訟也。〔集韻·願部〕

䛀｜，詖也。〔集韻·願部〕

訰｜與頓聲近義同。〔廣雅·釋詁三〕「頓愍，亂也」疏證。〇｜與頓同。〔方言一〇〕「頓，惽也」箋疏。

詪｜，語也。〔廣韻·恨部〕〇｜，很戾也。〔集韻·恨部〕

諢｜，弄言。〔集韻·圂部〕

⿰言運｜，摩人也。〔廣韻·慁部〕〇｜，翫人也，或從貫，或從袞。〔集韻·圂部〕

䡝 丨,圓也。〔集韻・圂部〕

貒 丨,貆丨,似狸。〔廣韻・願部〕

踺 丨,行皃。〔集韻・願部〕

蹎 丨,罔也,或作巽。〔集韻・願部〕

䞿 丨,走上也。〔集韻・恨部〕

躽 丨,怒腹也。〔集韻・願部〕〇丨,曲身也。〔同上〕

䡊 丨,切肉大如藿葉也。〔集韻・願部〕

輓 丨,丨車也。〔廣韻・願部〕〇丨,引車。〔集韻・願部〕

輼 丨,戰車以遮矢也。〔廣韻・願部〕〇丨,戰車。〔集韻・願部〕〇丨,一曰衣車蓋也。〔同上〕

鍵 丨,鉉也。〔集韻・願部〕〇丨,一曰籥牡。〔同上〕〇丨為關牡。〔左傳僖公二〇年〕服注「丨閉所以塞」疏證引李貽德。〇木貫鼎耳為丨。〔同上〕

隁 丨,隄也,陂丨也。〔慧琳音義・卷六四〕引〔文字典説〕。〇丨之言偃也,所以障水,或用取魚。〔廣雅・釋宮〕「柤、潜,丨也」疏證。〇丨,或作堰,積柴土以斷水也。〔慧琳音義・卷六四〕引〔考聲〕。〇丨,今作堰,所以停蓄水也。〔卷六六〕引顧野王。〇丨,塞也。〔同上〕引〔考聲〕。〇丨、匽、隁、堰,並字異而義同。〔廣雅・釋宮〕「柤、潜,丨也」疏證。

隝 隁、匽、丨、堰,並字異而義同。〔廣雅・釋宮〕「柤、潜,丨也」疏證。

鞎 丨,車革前也。〔集韻・恨部〕

鞬 丨,俗鞾。〔廣韻・願部〕

韗 丨,攻皮治鼓工也。〔廣韻・願部〕〇丨,治鼓工也。或作韗、鞰、韇、韡。〔集韻・願部〕

頵 丨,秃也。〔廣韻・圂部〕〇丨,無髮皃。〔集韻・圂部〕

頙 丨,選具也。〔集韻・恨部〕〇丨、顨並與撰聲近義同。〔廣雅・釋詁三〕「撰,具也」疏證。

顐 丨,耳門。〔廣韻・圂部〕〇丨,耳門也。〔集韻・圂部〕〇丨,一曰無髮。〔同上〕

䫌 丨,丨顐。〔廣韻・圂部〕〇丨顐,秃也。〔集韻・恨部〕〇丨顐,秃。〔説文〕「顐,無髮也」義證引〔玉篇〕。

顅 丨,頭不正。〔集韻・願部〕

餋 常山謂祭曰丨。〔集韻・願部〕

鬗 丨,髮長。〔廣韻・願部〕〇丨,髮長也。〔集韻・願部〕

鬊 丨,委髮也。〔廣韻・圂部〕〇丨,頂上委髮。〔集韻・恨部〕

鰻 丨,魚名。〔廣韻・願部〕又〔集韻・願部〕。

鱒 丨,魚名。〔廣韻・圂部〕又〔集韻・恨部〕。〇丨,又魚入泥。〔廣韻・圂部〕

鶨 丨,癡鳥。〔廣韻・圂部〕〇丨,鳥名,或从隹。〔集韻・恨部〕

劚 丨,攻治也。〔集韻・願部〕

巘 丨,山形如甗。〔集韻・願部〕

彴 丨,返也。〔集韻・願部〕

憞 丨溷,惡亂也。〔集韻・恨部〕

續經籍纂詁卷第七十四

去聲

十五　翰

翰　丨，鳥羽也。〔廣韻·翰部〕○丨，羽。〔詩·常武〕「如飛如丨」朱傳。○〔說文定聲·卷一四〕鳥羽之長而勁者為丨，高飛恃之，亦所以衛體。〔禮記·曲禮〕「雞曰丨音」注「猶長也」。○丨者，鳥獸長毫毛也。〔慧琳音義·卷一〕引〔尚書大傳〕。○雞曰丨音。〔說文〕「鶾，雉肥鶾音者也」繫傳。○丨，此字本義當訓翼也，先儒皆訓丨為高。〔說文定聲·卷一四〕○〔同上〕丨，如翼之在兩旁也。〔左傳成公二年〕「棺有丨檜」。○丨，牆兩邊障土者。〔釋詁〕「丨，榦也」鄭注。○丨，高飛也。〔廣韻·翰部〕○丨，亦詞丨。〔同上〕○丨，幹。〔詩·崧高〕「維周之丨」朱傳。又〔崧高〕「戎有良丨」陳疏。○丨，榦也。〔詩·板〕「大宗維丨」朱傳。又〔江漢〕「召公維丨」朱傳。○丨，義與脅榦同。〔廣雅·釋親〕「榦，謂之肋」疏證。○楨、丨、儀、榦，皆謂立木也。〔釋詁〕「楨、丨、儀，榦也」述聞。○丨，讀與幹同。〔詩·桑扈〕「之屏之丨」陳疏。○〔毛詩〕丨字多為幹之假借。〔說文〕「骭，骹也」段注。○丨幹也者，謂丨為幹之假借。〔詩·文王有聲〕「王后維丨」後箋。○〔說文定聲·卷一四〕丨，叚借為榦。〔釋詁〕「丨，幹也」。○丨者，韓之叚音也。〔釋詁〕「丨，榦也」郝疏。○〔說文定聲·卷一四〕丨，叚借為乾。〔長楊賦〕「丨林主人」。○〔同上〕丨，叚借為鶾。〔說文〕「丨，天雞赤羽也」。○〔同上〕丨，叚借為榦。〔易·賁〕「白馬丨如」。○〔同上〕丨，或曰易借為鶾，亦通。〔易·賁〕「白馬丨如」。○〔同上〕丨，或曰〔檀弓〕借為騂，亦通。〔禮記·檀弓〕「戎事乘丨」。○丨當為翰。〔說文〕「觀，諦視也」義證。○丨如，猶安然也。〔易·賁〕「白馬丨如」平議。○丨如，一作寒如，音同借書也。〔通雅·釋詁〕○丨海，〔北史〕作瀚海，即大漠之別名。〔漢書·霍去病傳〕「登臨丨海」補注引齊召南。

岸　丨，水涯高者。〔廣韻·翰部〕○丨者，水厓陖而高者也，亦曰垠。〔說文〕「垠，一曰丨也」段注。○厓、丨、垠、堮，一聲之轉。〔廣雅·釋丘〕「垠，厓也」疏證。○丨，亦獄也。〔詩·小宛〕「宜丨宜獄」朱傳。○傳訓丨為訟者，訟為訟繫，獄則讞成。〔詩·小宛〕「宜丨宜獄」後箋。○丨，犴之假借，訟也。〔同上〕後箋。○丨為犴之假借。〔同上〕陳疏。又〔同上〕通釋。○丨為犴之假借也。〔說文〕「犴，詩曰宜犴宜獄」段注。○借丨為犴獄字也。〔說文〕「丨，水厓洒而高者」段注。○〔說文定聲·卷一四〕丨，叚借為犴。〔詩·小宛〕「宜丨宜獄」。○丨、犴、豻，並字異而義同。〔廣雅·釋宮〕「獄，犴也」疏證。○丨，通作顏。〔說文〕「丨，水厓而高者」義證。○〔說文定聲·卷一四〕丨，叚借為屵。〔釋邱〕「重厓丨」。○〔同上〕丨，字又作矸。〔三齊記〕「甯戚飯牛歌南山丨白石爛」。

漢　丨，水名。〔廣韻·翰部〕○丨，楚水也。〔楚辭·抽思〕「來集丨北」補注。○嶓冢導漾，東流為丨。〔同上〕補注引〔禹貢〕。○丨水，出興元府嶓冢山，至丨陽軍大別山入江。〔詩·漢廣〕「丨之廣矣」朱傳。○丨水，出隴西坻道縣嶓冢山，初名漾水，東流至武都沮縣，始為丨水。〔楚辭·抽思〕「來集丨北」補注引〔山海經〕。○丨汭，乃襄陽以南至安陸之丨水也。〔左傳莊公四年〕「會於丨汭」疏證引顧棟高。○丨，域中大水也。〔說文定聲·卷一四〕○丨，天河也。〔詩·大東〕「維天有丨」朱傳。○丨者，天河也，亦曰雲丨。〔同上〕集疏。○丨之言嘆也，今本作熯。〔方言一二〕「丨，怒也」箋疏。○丨漫，漶也。〔廣雅·釋詁二〕「丨，漶也」疏證。○丨惘即丨漫。〔方言七〕「丨漫，漶也」疏證。○丨，人所書曰丨隸。〔說文·敘〕「漢興有艸書」段注。○丨女，以丨女為丨神者，或以比貞靜之女。〔詩·漢廣〕「丨有游女」後箋。○今人謂賤丈夫曰丨子。〔通雅·稱謂〕引〔老學庵筆記〕。○〔說文定聲·卷一四〕丨，叚借為悍。〔方言一二〕「丨，赫，怒也」。○丨當作韓。〔漢書·灌嬰傳〕「從擊丨王信於代」補注引錢大昭。

難　丨，患也。〔廣韻·翰部〕又〔通鑑·周紀一〕「晉國有丨」音注。又〔左傳隱公六年〕「宋衛實丨」述聞。又〔左傳文公六年〕「求而無之實丨」述聞。又〔大戴·曾子制言中〕「固不丨」王詁。○丨，勞苦也。〔曾子立事〕「君子恭而不丨」王詁。○丨，阨也。〔通鑑·周紀二〕「晉國有丨」音注。○丨，辯折之也。〔周紀五〕「奢不能丨」音注。○丨與憚義同，畏丨也。〔方言七〕「憎、懷，憚也」箋疏。○丨當讀如患丨之丨。〔方言六〕「展，丨也」箋疏。○丨，讀為患丨之丨。〔韓子·六反〕「畏死遠丨」集解。○丨子猶鍵子也。〔左傳哀公一四年〕「所丨子者」平議。

⿰養隹　丨即難異文。〔墨子·經說上〕「為，欲丨其指」閒詁引畢沅。

斷　丨，決也。〔集韻·換部〕又〔大戴·文王官人〕「質不丨」王詁。○丨，決丨。〔廣韻·換部〕○丨，引申之義為決丨。〔說文〕「丨，截也」段注。○丨，斬也。〔墨子·備蛾附〕「後上先丨」雜志。○丨即斬也。〔墨子·號令〕「守曰丨之」閒詁。○丨與剬聲近而義同。〔廣雅·釋詁四〕「丨，齊也」疏證。○丨與削義相近。〔釋詁三〕「劗，削也」疏證。○丨丨，誠一之貌。〔大學〕「泰誓曰，丨丨兮無他技」朱注。○〔說文定聲·卷一四〕丨，蓋以斷為訓。〔禮記·大學〕「丨丨兮」注「誠一之貌」。○丨，屠月，因帝釋之察也。〔通雅·天文〕○〔說文定聲·卷一四〕丨，叚借為段。〔公羊傳莊公二四年〕「丨脩云乎」。○〔同上〕丨，叚借為破。〔孟子〕「有私龍丨焉」。○丨纓，〔史記〕作割纓。〔左傳哀公一五年〕「以戈擊之丨纓」洪詁。

昭　斷，古作丨。〔集韻·換部〕

刨　斷，古作丨。〔集韻·換部〕

㫁 斷，古作一。〔集韻・換部〕

𣃔 斷，或作一，古字也。〔慧琳音義・卷三〕

𠛌 斷，古作一。〔集韻・換部〕

亂 一，治也。〔說文定聲・卷六〕〔「縮」下〕〇一者，治也。〔荀子・解蔽〕「故學一術」集解引郝懿行。又〔說文定聲・卷一八〕〔「𤔔」下〕〇一之為治。〔晏子春秋・內篇諫上〕「自今已後」雜志。〇一，理也。〔廣韻・換部〕又〔說文繫傳・通論下〕。又〔說文定聲・卷六〕〔「縮」下〕〇一者，理也。〇〔說文定聲・卷一八〕〔「𤔔」下〕〇一，理一也。〔釋詁〕「一，治也」鄭注。〇治理為一。〔說文定聲・卷一八〕〔「𤔔」下〕〇一即不治也。〔晏子春秋・問下〕「國之所以治也」雜志。〇一，不理也。〔廣韻・換部〕〇一，錯也。〔慧琳音義・卷二〕〇一亦錯也。〔廣雅・釋言〕「逆，遣也」疏證。〇一與悖義相近。〔方言一二〕「𢘓、惱，悖也」箋疏。〇一，煩也。〔慧琳音義・卷二〕引〔考聲〕。〇一，訓煩則為紊義。〔說文定聲・卷一四〕〇一亦擾也。〔廣雅・釋詁四〕「猾，擾也」疏證。〇一，作逆也。〔慧琳音義・卷一三〕引〔考聲〕。〇姦宄並生所謂一。〔說文〕「𤔔，治也」繫傳。〇一者，賢不肖倒置之謂也。〔禮記・表記〕「易進而難退，則一也」集解引周諝。〇一，猶惑也。〔漢書・主父偃傳〕「一衆民」補注。〇一謂近似。〔漢書・貢禹傳〕「衣服履絝刀劍一於主上」補注。〇疾病則一。〔通鑑・唐紀五三〕「迫吾之未一也」音注。〇一，淫一也。〔大戴・本命〕「一家子不取」王詁。〇一，樂之卒章也。〔論語・泰伯〕「關雎之一」朱注。〇樂之卒章為一，即繁音促節之意。〔義府・卷上〕〇凡樂之終，咸就條理，故曰一。〔論語・泰伯〕「關雎之一」劉正義。〇一，舟之截流橫渡者也。〔詩・公劉〕「涉渭為一」朱傳。〇橫絕流而渡曰一。〔通鑑・齊紀一〇〕「帥輕舸數千一流來戰」音注。〇一，通作𤔔，又通作䜌。〔釋詁〕「一，治也」郝疏。〇一與𤔔同，樂之終有一，詩之終有一，皆理之義也。〔廣雅・釋詁二〕「一，理也」疏證。〇一者，𤔔之累增字。〔說文〕「𤔔，治也，讀若一同」句讀。〇〔說文定聲・卷一四〕一，叚借為敵。〔左傳宣公一二年〕「人反物為一」。〇〔同上〕鄭注謂借一為敵也。〔論語〕「師摯之始，關雎之一」。〇此一蓋敵之叚借也。〔釋詁〕「縱，一也」郝疏。〇一與敵同。〔說文〕「䜌，一也」句讀。〇一當為敵。〔說文〕「𤔔，一也」義證。〇一者，率之借字也。〔書・梓材〕「厥一為民」述聞。〇一與率同，皆語詞而無意義。〔書・君奭〕「厥一明我新造邦」述聞。又〔雒誥〕「一為四輔」述聞。〇一當作辯。〔韓子・孤憤〕「治一之功，制於近習」集解引顧廣圻。〇一作率，此今文說。〔書・梓材〕「厥一為民」孫疏。〇〔說文定聲・卷一四〕一，叚借為斷。〔釋水〕「正絕流曰一」。〇官本注一作亂。〔漢書・鼂錯傳〕「萑葦竹簫」補注。〇一，或作𤔔，作敵，古文作𡿺。〔慧琳音義・卷二〕引〔字林〕。

歎 一，悲一也。〔說文〕「一，吟也」繫傳。〇一，一息。〔廣韻・翰部〕〇一，詠一也。〔說文〕「吟，一也」句讀。〇〔說文定聲・卷一四〕一，叚借為嘆。〔詩・中谷有蓷〕「嘅其一矣」。

幹 一，莖一。〔廣韻・翰部〕〇木旁生者為枝，正出者為一。〔易・文言〕「貞者，事之一也」李疏引〔詩詁〕。〇引申之凡木材通謂之一。〔考工記・弓人〕「一也者以為遠也」孫正義。〇一，體也。〔大戴・四代〕「長國治民恒一」王詁。又〔慧琳音義・卷一二〕引〔考聲〕。〇寧一，謂安其身體。〔書・多士〕「爾乃尚寧一止」孫疏。〇一，本也。〔慧琳音義・卷一二〕引〔考聲〕。〇一，脅也。〔釋畜〕「在一弗方」鄭注。〇一，質也。〔慧琳音義・卷一二〕引〔考聲〕。〇一，正也。〔同上〕引〔考聲〕。〇一，又强也。〔廣韻・翰部〕〇一，安也。〔慧琳音義・卷一二〕引〔考聲〕。〇人之立事亦曰一，此義之引申者。〔詩・文王〕「維周之楨」後箋。〇寧一，當為安汝之事。〔書・多士〕「爾乃尚寧一止」孫疏。〇一者，翰也，如羽翰然也。〔說文〕「肋，脅骨也」段注。〇一之為言猶管也。〔考工記・梟氏〕「旋蟲謂之一」述聞。〇一，當為斡，此管字假音。〔墨子・非命上〕「必有一主」閒詁引畢沅。〇一字亦通作管。〔易・蠱〕「一父之蠱」平議。〇一當作斡，〔平準書〕作筦。〔漢書・食貨志〕「大農一鹽鐵官布多」補注。〇蠱卦諸一字竝當作斡，引申之，得訓為主。〔易・蠱〕「一父之蠱」平議。〇一、閑聲相近。閑，闌也。〔文選・招魂〕「去君之恒一」集釋。〇一，井欄。〔說文〕「韓，井垣也」義證引〔增韻〕。〇一當作稈。〔說文〕「稈，禾莖也」義證。〇一，俗字，當為榦。〔書・多士〕「爾乃尚寧一止」孫疏。〇一，有聲無形，蓋即榦之俗體。〔說文定聲・卷一四〕

觀 凡以我諦視物曰一，使人得以諦視我亦曰一。〔說文〕「一，諦視也」段注。〇一，示也。〔大戴・衛將軍文子〕「說之以義而一諸體」王詁。又〔左傳宣公三年〕「一兵於周疆」疏證引〔讀本〕。〇一，當訓陳。〔同上〕疏證引服虔。〇一兵，謂耀示兵衆。〔同上〕疏證。〇一，樓一。〔廣韻・換部〕〇一，闕也。〔禮記・禮運〕「出遊於一之上」集解。〇高而不四方者謂之一。〔說文〕「臺，一四方而高者」段注。〇自唐以前六朝時，凡今道一皆謂之某館，至唐始定謂之一。〔說文〕「館，客舍也」段注。〇一、館古字通。〔春秋莊公元年經〕「築王姬之館于外」疏證。〇一有多義。〔詩・采綠〕「薄言一者」通釋。〇一聲同灌。〔釋詁〕「一，多也」郝疏。〇〔說文定聲・卷一四〕一，或曰即〔爾雅〕灌木、叢木之灌。〔詩・臣工〕「奄一銍艾」。〇一乃灌之譌。〔史記・平準書〕「河決一」志疑。

散 一，即㪔之隸變字。〔方言六〕「廝、披，一也」箋疏。〇一，布也。〔大戴・曾子天圓〕「陽氣勝則一為雨露」王詁。〇一，分也。〔太素・陰陽合〕「亦數之可一也」楊注。〇一，栗也。〔禮記・雜記〕「升降一等」集解。〇一，無所檏斲也。〔說文〕「柴，小木一材」繫傳。〇一木，不才之木，致閒一也。

〔莊子·人間世〕「丨木也」集釋。○丨阜者，叓筆也。〔通雅·器用〕○丨從，猶聽用也。衙前、丨從，猶今之內外班也。〔通雅·稱謂〕○丨當為㪔。〔說文〕「丯，艸蔡也，象艸生之丨亂也」義證。○丨當作政。〔管子·幼官〕「地辟丨成」義證。

散　丨，分離也。〔廣韻·翰部〕○丨，或作𢿫，分散也。〔慧琳音義·卷三〕○丨，布也。〔廣韻·翰部〕○〔說文定聲·卷一四〕丨，叚借為𢿫。〔廣雅·釋詁三〕「散，布也」。○〔說文定聲·卷一四〕丨，叚借為㪔。〔公羊傳莊公一二年〕「丨舍諸宮中」。○丨，當為㪔。〔說文〕「紙，丨絲也」義證。○〔說文定聲·卷一四〕丨，叚借為霰。〔周禮·鹽人〕「共其苦鹽丨鹽」。

畔　丨，田界也。〔廣韻·換部〕○丨者，田畍也。〔說文〕「垗，丨也」段注。○封、丨皆謂田界也。〔淮南·原道〕「封壤」雜志。○丨，分半田之際也。〔說文〕「丨，田界也」義證引〔急就篇〕顏注。○丨，離丨也。〔詩·皇矣〕「無然丨援」朱傳。○丨，涯也。〔管子·宙合〕「法崖」雜志。○丨，反也。〔通鑑·周紀二〕「為從親以丨秦」音注。○丨者，反也。〔漢書·揚雄傳〕「丨牢愁」雜志。○丨，背也。〔論語·雍也〕「亦可以弗丨矣夫」朱注。○丨猶背。〔國策·秦策一〕「楚必丨天下而與王」鮑注。○丨與叛同。〔通鑑·周紀三〕「管叔以商丨之」音注。又〔荀子·大略〕「謂之丨」集解引郝懿行。○丨與叛同，違背之意。〔孟子·公孫丑下〕「燕人丨」焦正義。○〔說文定聲·卷一四〕丨，叚借為叛。〔廣雅·釋詁三〕「丨，離也」。○丨者，叛之假借字。〔詩·皇矣〕「無然丨援」陳疏。○丨，經典多借為叛字。〔說文〕「丨，田界也」段注。○古多假丨為叛。〔說文〕「叛，半反也」段注。○〔左氏〕、〔穀梁〕丨作叛。叛、丨同音，叛正字，丨叚借也。〔公羊傳昭公二十一年經〕「宋華亥、向甯、華定自陳入于宋南里以丨」陳疏。○丨，或叚泮為之。〔說文〕「丨，田界也」段注。○〔說文定聲·卷一四〕丨，叚借為泮。〔史晨奏銘〕「飲酒丨宮」。○〔史晨碑〕飲酒丨宮者，泮之異文也。〔說文〕「泮，諸侯鄉射之宮」義證引顧炎武。○〔說文定聲·卷一四〕丨，叚借為伴。〔漢書·敘傳〕「丨回穴其若茲兮」。○〔義府·卷下〕丨等，猶同伴。〔冥通記〕「丨等數人乏糧」。○丨者言畔彥也。〔論語·公冶長〕「亦可以弗丨矣夫」平議。○丨援即丨喭也。〔詩·皇矣〕「無然丨援」平議。○丨援也，吸喭也，伴換也，一而已矣。〔同上〕平議。○齊丨援作丨換。〔同上〕集疏。○〔說文定聲·卷一四〕丨換，即〔詩·皇矣〕之丨援。〔漢書·敘傳〕「項氏丨換」。〔「換」下〕○伴、丨通字。〔漢書·敘傳〕「項氏丨換」補注引蘇輿。

旦　丨，早也。〔廣韻·翰部〕○丨，明也。〔詩·女曰雞鳴〕「士曰昧丨」朱傳。又〔國策·齊策一〕「丨日」鮑注。○丨亦明也。〔詩·板〕「昊天曰丨」朱傳。○丨，日出於地也。〔說文〕「丨，明也」繫傳。○日出地上曰丨。〔釋詁〕「丨，早也」郝疏。○丨丨，明也。〔詩·氓〕「信誓丨丨」朱傳。○丨丨，言非一日也。〔孟子·告子上〕「丨丨而伐之」焦正義。○丨丨猶云朝朝，亦即日日也。〔同上〕○丨日，明日也。〔史記·趙世家〕「異日」雜志引〔漢書·高帝紀〕注。○丨日謂明日也。〔儀禮·士冠禮〕「宰告曰質明行事」胡正義。○丨晝，猶云明日。〔孟子·告子上〕「則其丨晝之所為」焦正義。○丨夕即發夕也。〔說文〕「鼜，夜戒守鼓也」義證引〔易林〕。○丨宅即神宅。〔通雅·釋詁〕○〔說文定聲·卷一四〕丨，叚借為鴠。〔禮記·坊記〕「相彼盍丨，尚猶患之」。○丨與鴠通。〔方言八〕「鴠丨」箋疏。○丨即悬之假借。〔詩·氓〕「信誓丨丨」後箋引校勘記。○丨即悬之叚借字。〔說文〕「怛，憯也」段注。○〔說文定聲·卷一四〕丨，叚借為怛。〔莊子·大宗師〕「有丨宅而無情死」。○丨當為且。〔大戴·夏小正〕「陽氣丨睹」述聞。又〔說文〕「曫，日丨昏時」義證。○丨當為且，字之誤也。〔詩·大東〕傳「日丨出」述聞。○通行本丨作且。〔左傳成公二年〕「丨辟左右」疏證。○丨，王本作且，句中助詞。〔詩·東門之枌〕「穀丨于差」通釋。○乘丨當為乘且。〔漢書·王褒傳〕「駼乘丨」補注引王念孫。

筭　丨，計也。〔廣韻·換部〕○丨，數也。〔同上〕又〔說文〕「計，會也、丨也」段注。○丨，長六寸，徑一分，二百七十一枚而成六觚為一握，縱橫算之，此字實即祘之小篆。〔說文定聲·卷一四〕○一丨，百二十錢。〔漢書·鼂錯傳〕「死事之後不得一算復之」補注。○人之年壯而髮斑白者俗曰丨髮。〔說文〕「祘，明視以丨之」義證引〔輟耕錄〕。○丨，亦可作蒜。〔說文〕「祘，明視以丨之」義證。○丨，當作算，舊書多假丨為算。〔說文〕「計，會也、丨也」段注。

算　丨，數也。〔論語·子路〕「何足丨也」朱注。又〔孟子·告子上〕「或相倍蓰而無丨者」朱注。○〔說文定聲·卷一四〕丨，以選為之。〔詩·柏舟〕「不可選也」。○選、丨，古字通。〔漢書·公孫田劉等傳贊〕「何足選也」補注引錢大昕。○丨，通作選。〔釋詁〕「丨，數也」郝疏。○丨與撰、選義通。〔釋詁〕「丨，數也」邵正義。○丨，又通作撰。〔釋詁〕「丨，數也」郝疏。○丨當作策。〔漢書·律歷志〕「推冬至，以丨餘乘人統歲數」補注引錢大昕。

玩　丨，弄也。〔廣韻·換部〕○〔說文定聲·卷一四〕丨，叚借為翫。〔國語·周語〕「觀則丨」。○〔同上〕丨，叚借為忨。〔左傳昭公二六年〕「丨，求無度」。○忨、翫、丨並通。〔廣雅·釋詁二〕「忨，貪也」疏證。○园、抏、丨，並與刓通。〔廣雅·釋言〕「鈋，刓也」疏證。○景祐本丨作忨。〔漢書·五行志〕「主民丨歲而愒日」補注引朱一新。○丨，閩本作刓。〔漢書·酈食其傳〕「丨而不能授」補注引錢大昭。

爛　丨，火熟。〔廣韻·翰部〕○丨，火熟也。〔說文〕「胹，丨也」段注。○丨謂過熟。〔釋器〕「摶者謂之爤」郝疏。○丨，烝煮生物使之丨熟也。〔說文〕「爤，孰也」義證引〔急就篇〕顏注。○引伸之凡淹久不堅皆曰丨。〔說文〕「爤，火孰也」段注。○丨謂殨丨也。〔說文〕「腐，丨也」句讀。○丨，明也。〔廣韻·翰部〕○丨，光丨方盛。〔屈賦·雲中君〕「丨昭昭兮未央」戴注。○丨，華美鮮明之貌。〔詩·葛生〕「錦兮丨兮」朱傳。○丨，又引伸為粲丨。〔說文〕「爤，火熟也」段注。○丨曼、丨優、丨熳、丨漫，皆形容羣獸健狡之辭。〔方言一二〕注「丨優，健狡也」箋疏。○丨亦作爛。〔方言七〕

「丨，熟也」疏證。○丨，或作爛，隸省作丨。〔方言七〕「丨，熟也」箋疏。○丨當為爤。〔説文〕「殨，丨也」義證。○丨，讀如蘭，乃與僆為叠韻，或爛訛為丨耳。〔方言一二〕「嫷、娗，僈也」疏證。○丨與彰通。〔廣雅・釋詁四〕「彰，明也」疏證。

貫 丨，穿也。〔廣韻・換部〕○丨者，穿也。〔荀子・王霸〕「丨日而治平」集解引郝懿行。○丨猶穿也。〔詩・猗嗟〕「射則丨兮」通釋。○以緡穿錢曰丨，故有相續不絶之義。〔義府・卷下〕○丨，善射者中。〔詩・猗嗟〕「射則丨兮」述聞。○丨，中而丨革也。〔同上〕朱傳。○丨與中同義。〔同上〕述聞。○丨，通也。〔論語・里仁〕「吾道一以丨之」朱注。○丨猶通。〔國策・楚策四〕「禍與福相丨」鮑注。○丨者，通也。〔論語・里仁〕「吾道一以丨之」劉正義。○丨，達也。〔慧琳音義・卷五〇〕○丨可訓為聯，不可訓為續。〔漢書・谷永杜鄴傳〕「丨行」雜志。○丨，累也。〔廣韻・換部〕○丨，籍也。〔通鑑・梁紀六〕「諸州鎮軍丨」音注。○丨，鄉籍也。〔通鑑・唐紀九〕「蘊古丨在相州」音注。○鄉籍謂之丨，言編丨于版籍之中也。〔義府・卷下〕○丨猶條也。〔慧琳音義・卷四五〕引顧野王。○丨，管也。〔卷四五〕引〔考聲〕。○丨，行也。〔廣韻・換部〕又〔論語・里仁〕「吾道一以丨之」劉正義。又〔衛靈公〕「一以丨之」劉正義。○丨亦行也。〔廣雅・釋詁一〕「丨，行也」疏證。○丨與服、行同義。〔漢書・谷永傳〕「丨行」雜志。○丨行，謂一皆遵奉也。〔通雅・卷五〕○丨行，猶言服行，謂以次服行之也。〔漢書・谷永傳〕「丨行」雜志。○丨，為也。〔論語・里仁〕「吾道一以丨之」劉正義。○丨亦為也。〔廣雅・釋詁一〕「丨，行也」疏證。○丨，事也。〔廣韻・換部〕○丨，亦借為宦字，事也。〔説文〕「丨，錢貝之毌也」段注。○丨當讀為宦，事也。〔詩・碩鼠〕「三歲丨女」後箋引惠棟。○丨，通作宦。〔釋詁〕「丨，事也」郝疏。○丨又通作宦。〔釋詁〕「丨，習也」郝疏。○〔説文定聲・卷一四〕丨，叚借為宦。〔詩・碩鼠〕「三歲丨女」。○古丨、宦通用。〔説文〕「宦，仕也」段注。○丨，魯作宦。〔詩・碩鼠〕「三歲丨汝」集疏。○丨，習。〔詩・碩鼠〕「三歲丨女」朱傳。○丨，習也。〔大戴・子張問入官〕「故六者丨乎心」王詁。○丨有習孰之義。〔義府・卷下〕○丨，叚借為摜字，習也。〔説文〕「丨，錢貝之毌也」段注。○丨，假借作摜字，習也。〔孟子・滕文公下〕「我不丨與小人乘」焦正義引段玉裁。○〔説文定聲・卷一四〕丨，叚借為遺，為摜。〔爾雅・釋詁〕「丨，事也」。○丨者，遺與摜之叚音也。〔釋詁〕「丨，習也」郝疏。○丨，蓋遺之省形存聲字。〔説文〕「遺，習也」句讀。○〔説文定聲・卷一四〕丨，毛則謂遺字。〔詩・碩鼠〕「三歲丨女」。○丨，通作慣。〔釋詁〕「丨，習也」郝疏。○丨瀆即慣黷。〔通雅・卷八〕○丨又通作串。〔釋詁〕「丨，習也」郝疏。○〔説文定聲・卷一四〕丨，謂引弦至鏑。〔莊子・田子方〕「引之盈丨」。○古音丨與關相近，滿張弓謂之丨，亦謂之關，因之而張弓中革謂之丨，亦謂之關，義本相成。〔儀禮・鄉射禮〕「命曰不丨不釋」胡正義。○關、丨古字通。〔漢書・轅固傳〕「履雖新必丨於足」補注引錢大昭。○丨字，〔史記〕作關。〔同上〕補注。○彎、關、丨並通。〔廣雅・釋詁一〕「彎，引也」疏證。○〔説文定聲・卷一四〕丨，叚借為彎。〔史記・陳涉世家〕「士亦不敢丨弓而報怨」。○丨有盈滿之義。〔義府・卷下〕○丨，盈于内實之義也。〔説文〕「實，富也。丨，貨貝也」義證引〔六書故〕。○丨，拾也。〔離騷〕「丨薜荔之落蕊」補注引五臣注。○〔説文定聲・卷一四〕丨，一名草鴟頭。〔廣雅・釋草〕「丨節，丨眾也」。○丨謂羈丨。〔詩・何人斯〕「及爾如丨」平議。○官、丨聲同。〔釋詁〕「丨，事也」郝疏。○〔説文定聲・卷一四〕丨，叚借為丱。〔穀梁傳昭公一九年〕「羈丨成童」。○丨即丱也。〔詩・何人斯〕「及爾如丨」平議。○丨當為毌。〔説文〕「川，丨穿通流水也」義證。○丨當為毌，經典用丨字。〔説文〕「王，孔子曰一丨三為王」義證。○丨當作毌。〔釋名・釋首飾〕「冠，丨也」疏證。○丨，此字實即毌之小篆。〔説文定聲・卷一四〕○丨，古作毌。〔説文・上説文書〕「共理相丨」段注。

毌 丨，穿也。〔廣韻・換部〕○丨，穿物也。〔集韻・換部〕○丨，穿之也。〔説文〕「虜，獲也」繫傳。○丨，穿物持之也。〔説文〕「絣，織以絲丨杼也」段注。又〔説文〕「川，丨穿通流水也」段注。○丨，通也。〔集韻・換部〕○丨，通作貫。〔同上〕又〔説文〕「丨，穿物持之也」義證。○丨為古貫字。〔史記・匈奴傳〕「彎」雜志。

半 丨，物中分也。〔廣韻・換部〕○丨，大則分之也。〔説文〕「丨，物中分也」繫傳。○丨與中同義。〔管子・宙合〕「丨星辰序」雜志。○丨，大片也。〔集韻・換部〕引〔漢書〕「一丨冰」顔注。○黄白之間曰丨見。〔通雅・卷三七〕○〔通雅・卷三二〕丨通，丨章也。〔法言〕「丨通之銅」。○丨星即中星。〔管子・宙合〕「丨星辰序」義證引孫星衍。○丨星者，中星也。〔同上〕雜志。○丨散與泮散同，泮亦散也。〔漢書・揚雄傳〕「奮以方攘」補注。○丨與泮同。〔漢書・揚雄傳〕「羨漫丨散」補注。又〔同上〕「丨散照爛」補注。○剖、辟、片、胖、丨，皆一聲之轉也。〔廣雅・釋詁四〕「剖，丨也」疏證。○〔説文定聲・卷一四〕丨，叚借為片。〔漢書・李陵傳〕「一丨冰」。○丨即古拌字。〔廣雅・釋詁一〕「拌，棄也」疏證。○丨即料也。〔説文〕「料，量物分丨也」段注。○〔説文定聲・卷一四〕丨，叚借為料。〔漢書・項藉傳〕「士卒食丨菽」。○丨，此字實即判之本字。或曰即胖之古文。〔説文定聲・卷一四〕○〔同上〕丨，叚借為判。〔史記・項羽本紀〕「漢有天下大丨」。

案 丨，几屬也。〔廣韻・翰部〕○丨亦几屬，應文書皆陳於几丨而省覽之。〔通鑑・梁紀一二〕「留心几丨」音注。○栝有槩曰丨。〔通雅・卷三三〕○丨，或从盛食器，或以承用器，皆與几同類。〔方言五〕「丨，陳楚之間謂之槝」箋疏。○丨者，梡禁之屬。〔説文〕「丨，几屬」段注引戴先生。○几梡禁之類，上有四周，下有足者，亦曰丨，所以進食，或方或圓，皆有之。〔説文定聲・卷一四〕○丨，所凭也。〔説文〕「丨，几屬」繫傳。○丨，據也。凡官文書留以為據者，亦謂之丨。〔通鑑・梁紀一二〕「留心几丨」音注。○丨猶據。〔國策・趙策四〕「中山丨此言於齊」鮑注。○丨據，謂安定之也。

〔晏子春秋・問上〕「則為人主所丨據腹而有之」雜志。○丨、安同。〔國策・趙策一〕「秦禍丨環中趙矣」鮑注。○丨即安也。〔漢書・禮樂志〕「丨撫戎國」補注。○丨與按同。丨，安聲，亦兼安義。〔漢書・司馬相如傳〕「於是楚王乃弭節徘徊」補注引王文彬。○丨，抑也，與按同。〔楚辭・悲回風〕「撫珮衽以丨志兮」補注。○丨兵之丨與按同。〔荀子・王制〕「偃然丨兵無動」集解引郝懿行。○丨、按字同。〔漢書・司馬相如傳〕「車丨行」補注。○丨，下也。〔國策・秦策四〕「舉左丨齊」鮑注。○丨與按通。〔廣雅・釋詁三〕「據，按也」疏證。○〔說文定聲・卷一四〕丨，叚借為按。〔漢書・王嘉傳〕「內侍丨脈」。○〔同上〕丨，叚借為安。〔史記・高帝紀〕「吏民皆丨堵如故」。○按轡、丨節皆安徐之貌也。〔漢書・司馬相如傳〕「弭節徘徊」補注引王文彬。○丨，次第也。〔通鑑・漢紀一〕「諸吏民皆丨堵如故」音注。○丨，亦瞻視也。〔慧琳音義・卷五九〕○丨，察行也。〔同上〕○丨、按同，行也。〔國策・趙策一〕「丨府庫」鮑注。○丨者，考也。〔公羊傳隱公三年〕注「明君丨見勞授賞」陳疏引惠棟。○〔說文定聲・卷一四〕丨，叚借為頞，鼻莖于面中而直，此頞字轉注之義。〔夏小正〕「漢丨户」。○〔說文定聲・卷一四〕丨，叚借為盌，為甇。〔鹽鐵論・取下〕「從容房闈之間，垂拱持丨而食」。○〔同上〕丨，叚借為畔。〔國語・齊語〕「參國起丨以為三官」。○荀書或用焉，或用丨，或用安，字異語同，皆以為發聲。〔荀子・非相〕「焉廣三寸」雜志。○〔說文定聲・卷一四〕丨，叚借發聲之詞。〔荀子・王制〕「丨謹募選閱材伎之士」。○荀書多用安、丨為語助辭。〔荀子・王制〕「丨以中立」集解引郝懿行。○〔說文定聲・卷一四〕丨猶則也。〔荀子・王制〕「是丨曰是，非丨曰非」。○此文二丨字以代則字。〔荀子・彊國〕「使左丨左，使右丨右」集解。

桉　丨，與案同，文案也。〔通鑑・唐紀六一〕「李石用金部員外郎韓益判度支丨」音注。○丨與按同，抑也，止也。〔楚辭・九辯〕「自壓丨而學誦」補注。○官本注丨作按。〔漢書・武帝紀〕「丨道侯韓說」補注。○官本丨作按。〔郊祀志〕「丨鼎銘勒」補注。○丨，官本作按。〔天文志〕「漢丨誅梁大臣」補注。

按　丨，抑也，止也。〔廣韻・翰部〕○丨，丨下，與舉反。〔國策・東周策〕「丨兵而勿出」鮑注。○丨，以手抑之使下也。〔說文〕「丨，下也」段注。○〔說文定聲・卷一四〕丨，謂手抑物使下。〔說文〕「丨，下也」。○丨者，抑也，止也。〔荀子・王制〕「偃然案兵無動」集解引郝懿行。○丨摩，使別人握搦身體，或摩或捏，除勞去煩。〔慧琳音義・卷一八〕○丨，止也。〔廣韻・翰部〕又〔國策・魏策三〕「公不如丨魏之和」補正。○丨猶止。〔國策・魏策三〕「乃丨其行」鮑注。○官本丨並作案。〔漢書・揚雄傳〕「各丨行伍」補注。○丨，通作案。〔釋詁〕「丨，止也」郝疏。又〔說文〕「丨，下也」句讀。又〔同上〕義證。○丨，與咹亦同。〔廣雅・釋詁三〕「咹，止也」疏證。○丨，遏也。〔詩・皇矣〕「以丨徂旅」朱傳。○丨聲為遏。〔釋詁〕「丨，止也」郝疏。○丨字，〔孟子〕引作遏。〔詩・皇矣〕「以丨徂旅」通釋。○〔說文定聲・卷一四〕丨，叚借為遏。〔史記・衛將軍驃騎傳〕「丨榆谿絕塞」。○古丨、閼、遏字皆通。〔詩・皇矣〕「以丨徂旅」後箋。○丨謂安然。〔國策・趙策四〕「君丨救魏」鮑注。○〔說文定聲・卷一四〕丨，叚借為安。〔楚辭・招魂〕「陳鐘丨鼓」。○丨謂主之。〔國策・魏策三〕「公不如丨魏之和」鮑注。○丨猶擊也。〔楚辭・招魂〕「陳鐘丨鼓」補注引五臣注。○丨，據也。〔通鑑・魏紀四〕「自丨中道向亮」音注。○丨，語詞，猶言於是也。〔國策・趙策〕「秦丨兵攻魏」雜志。○〔說文定聲・卷一四〕丨，叚借發聲之詞。〔荀子・富國〕「我丨起而治之」。

炭　丨，火丨。〔廣韻・翰部〕○木之已燒者曰丨。〔說文〕「丨，燒木餘也」義證引〔急就篇〕顏注。○丨，〔月令〕作灰。〔呂覽・仲夏〕「無燒丨」校正。

汗　丨，熱丨。〔廣韻・翰部〕○丨衣，〔詩〕謂之澤衣，或曰鄙袒，或曰羞袒。〔通雅・衣服〕○古者編竹炙青書字，謂之丨青，故簡策字皆从竹。〔本草・卷三八〕○古者殺竹青以成文曰丨青。以削刀書之，元美曰丨，炙去其丨故不蠹，此青史所由名也。〔通雅・釋詁〕○〔說文定聲・卷一四〕丨，字亦作洓。〔吳都賦〕「滮滮洓洓」。○〔同上〕丨，字又作瀚。〔淮南子・俶真〕「浩浩瀚瀚」。○丨、干字通。〔漢書・地理志〕「餘丨」補注。○丨，叚借發聲之詞，蠻夷呼酋長曰可丨。〔說文定聲・卷一四〕

贊　丨，佐也，出也，助也，見也。〔廣韻・翰部〕○丨，佐也。〔大戴・五帝德〕「舉皋陶與益以丨其身」王詁。又〔諸侯遷廟〕「丨者盥」王詁。○丨，助也。〔通鑑・隋紀六〕「天丨我也」音注。又〔禮記・月令〕「丨桀俊」集解。又〔左傳閔公二年〕「以此丨國」洪詁引鄭司農。○丨猶助也。〔中庸〕「則可以丨天地之化育」朱注。○以丨為明者，明即勉，丨丨猶明明，明明即勉勉也。〔書・皋陶謨〕注「丨，明也」孫疏。○丨者，美其事以開說者。〔國策・趙策三〕「旦日丨羣臣而訪之」鮑注。○丨與讚同。〔方言一三〕「讚，解也」箋疏。○丨者，見也。〔說文・上說文書〕「演丨其志」段注。○丨，進見也，貝為禮也。〔說文〕「丨，見也」繫傳。○丨道，謂導之。〔書・皋陶謨〕注「以丨為道」孫疏。○丨，進也。〔說文〕「瓚，三玉二石也」繫傳。又〔說文定聲・卷一四〕。○丨，當訓為進。〔禮記・月令〕「丨傑俊」平議。○丨謂探賾索隱也。〔易・說卦傳〕「幽丨於神明」李疏。○〔說文定聲・卷一四〕丨，字又作囋。〔荀子・勸學〕「問一而告二謂之囋」。○丨，〔御覽〕作賁。〔呂覽・觀表〕「丨君相後」校正。

讚　丨，佴也，明也，通作贊。〔集韻・換部〕○丨，稱人之美。〔廣韻・翰部〕○丨，稱揚也，亦言解也。〔慧琳音義・卷三〕引〔韻英〕。○丨頌，所以解釋物理也。〔卷一〕引〔古今正字〕。○丨、贊同。〔方言一三〕「丨，解也」疏證。

漫　丨，大水。〔廣韻・換部〕○丨，一曰大水皃。〔集韻・換部〕○丨，水敗物也。〔同上〕○丨猶不實也，不分別善惡也。〔慧琳音義・卷六五〕○丨亦

污也。〔廣雅·釋詁三〕「一，敗也」疏證。又〔荀子·儒效〕「汙一」雜志。○一即曼字。〔公羊傳定公一五年〕「其所食一也」平議。○浼與一同。〔荀子·儒效〕「汙一」雜志。○一與曼、鬗音義同。〔呂覽·孟冬〕「其蟲介」校正。○一、浼，並與䤄通。〔廣雅·釋詁三〕「䤄，污也」疏證。○一與曼通。〔文選·四子講德論〕集釋。○一，一曰偏也。〔集韻·換部〕○一羨猶一衍也。〔漢書·藝文志〕「則一羨而無所歸心」補注引錢大昭。○一衍，無極貌。〔楚辭·遠遊〕「斑一衍而方行」補注。○蔄胡、一胡、一沍，皆形容之語，聲義並同。〔周禮·鼈人〕「鼈人掌取互物」孫正義。○一一，當作曼曼。〔說文〕「滔，水一一大皃」段注。○漫漫即一一也。〔通雅·釋詁〕○一，〔文選〕作熳，〔史記〕作曼。〔漢書·司馬相如傳〕「爛一遠遷」補注。

冠　一，一束。〔廣韻·換部〕○加一於首曰一。〔孟子·滕文公下〕「丈夫之一也」朱注。○一者，加一於首之名。〔儀禮·士冠禮〕「士一禮筮于廟門」胡正義。○一，引伸為凡覆蓋之偁。〔說文〕「一，絭也」段注。○男子二十加一曰一。〔集韻·換部〕○古者，天子諸侯皆年二十而一，一而生子。〔漢書·惠帝紀〕「三月甲子，皇帝一」補注引王鳴盛。○一軍，此南陽之縣，武帝置。應劭以功一諸軍釋之。〔史記·建元以來侯者年表〕「一軍」志疑。○一，讀如一軍之一。〔漢書·霍去病傳〕「封不識為宜一侯」補注。

灌　一，沃也。〔慧琳音義·卷四〕引〔韻英〕。○一者，沃也。〔說文〕「洎，一釜也」段注。○一，猶沃澍也。〔慧琳音義·卷七八〕引顧野王。○一，澆也。〔廣韻·換部〕○一，今字以為一注、一溉之字。〔說文〕「一，一水」段注。○一，水流盛皃。〔集韻·換部〕引顏師古。○一，岐梁二山之水下注池中，故曰一。〔漢書·揚雄傳〕「一以岐梁」補注。○一，〔平準書〕作觀，〔史記〕作觀。〔漢書·食貨志〕「河決，一梁、楚地」補注引齊召南。○一，漬也。〔慧琳音義·卷七八〕引〔考聲〕。又〔廣韻·換部〕。○一，猶浸也。〔說文〕「漼，一也」義證。○一謂一洗，洗濯其心以去惡也。〔大戴·主言〕「而民棄惡也如一」王詁。○〔說文定聲·卷一四〕一，叚借為盥，今用為一溉、一注字，亦盥之轉注。〔廣雅·釋詁二〕「一，漬也」。○一一，欵欵也。〔詩·板〕「老夫一一」朱傳。○一一，魯亦作懽。〔詩·板〕「老夫一一」集疏。○悹悹、懽懽、一一，並字異而義同。〔廣雅·釋詁一〕「悺，憂也」疏證。○渙渙、洹洹、一一，並字異而義同。〔廣雅·釋訓〕「洹洹，流也」疏證。○一一，又與懽懽、款款通。〔通雅·釋詁〕○一一，亦當讀汍汍，水盛沄旋之貌。〔詩·溱洧〕「溱與洧方渙渙兮」後箋引段玉裁。○一一，與汍汍同字也。（同上）後箋。○一渝，本字當為虇揄，曲引之意也。〔說文定聲·卷一四〕〔「權」下〕○一，聚也。〔廣韻·換部〕又〔大戴·千乘〕「循其一廟」王詁。○一，叢生者也。〔詩·皇矣〕「其一其栵」朱傳。○一，木叢生也。〔通鑑·唐紀一○〕「一莽極目」音注。○一，猶叢也。〔釋草〕「湆，一」郝疏。○一木，叢木也。〔詩·葛覃〕「集于一木」朱傳。○一，魯亦作樌。（同上）集疏。○〔說文定聲·卷一四〕一，叚借為貫。〔釋木〕「一木，叢木」。○一者，方祭之始，用鬱鬯之酒一地，以降神也。〔論語·八佾〕「禘自既一而往者」朱注。○一，獻也。〔禮記·禮器〕「一用鬱鬯」集解。○〔說文定聲·卷一四〕一，叚借為祼，一、祼一聲之轉。〔禮記·投壺〕「奉觴曰賜一」。○（同上）一，叚借為爟。〔七命〕「萬辟千一」。○（同上）一，叚借為遺、為摜，實為宦，後世用權字為之。〔後漢·雷義傳〕「義遂為守一謁者」。○一，當讀為濯，字之誤也。〔大戴·王言〕「民棄惡也如一」述聞。○一，亦當為濯，濯與祧古字通。〔大戴·千乘〕「脩其一廟」述聞。

爨　一，炊一。〔廣韻·換部〕○一，取其進火謂之一。〔說文〕「一，齊謂之炊一」繫傳。○一，然火也。〔孟子·滕文公上〕「許子以釜甑一」朱注。○一，〔公羊〕作炊。〔左傳宣公一五年〕「析骸以一」洪詁。○一，竈也。〔詩·楚茨〕「執一踖踖」朱傳。○一，今之竈。（同上）陳疏。○一即竈也。〔禮記·禮器〕「燔柴於奧」集解。

竄　一，投也，謂逃一藏匿也。〔慧琳音義·卷八五〕引〔考聲〕。○一，逃也。〔廣韻·換部〕○一為遷者，一、遷聲相近，故亦為遷。〔書·堯典下〕注「史遷一作遷」孫疏。○一，藏也。〔慧琳音義·卷一一〕引〔古今正字〕。○一，蔽也，塞藏也。〔卷六四〕引〔古今正字〕。○一，隱也，蔽也。〔卷八五〕引〔古今正字〕。○一，藏也，匿也，從鼠在穴中。〔廣韻·換部〕○一，當訓為容。〔荀子·儒效〕「不敢一其察」集解。○一，誅放也。〔慧琳音義·卷八五〕引顧野王。○一亦誅也。〔續音義·卷七〕引〔切韻〕。○一，誅也，放也。〔廣韻·換部〕○〔說文定聲·卷一三〕一，叚借為敹。〔虞書〕「一三苗于三危」。○二一，本皆作敹。〔說文〕「敹，讀若虞書曰一三苗之一」段注。

敹　一、竄，古今字異也。〔廣雅·釋詁三〕「一，塞也」疏證。

幔　一，帷類也。〔慧琳音義·卷四〕引〔考聲〕。○一，帷一。〔廣韻·換部〕○以巾弇蔽在上曰一，在旁曰帷。〔說文定聲·卷一四〕○一、幎，語之轉耳。〔廣雅·釋詁二〕「幎、一，覆也」疏證。○一，閹也。〔廣雅·釋言〕「一，閹也」疏證。○〔說文定聲·卷一四〕一，叚借為縵。〔晉語〕「乘一不舉」。

粲　一，粟之精鑿者。〔詩·緇衣〕「予授子之一兮」朱傳引或說。○白一主擇米取精，白一，一然者也。〔說文〕「一，稻重一秙，為粟二十斗，為米十斗，曰毇，為米六斗太半斗曰一」義證引〔急就篇〕顏注。○一，餐也。〔詩·緇衣〕「予授子之一兮」朱傳。○一即餐之借字。〔說文〕「餐，吞也」句讀。○一，餐也，此假借也。〔詩·緇衣〕「予授子之一兮」後箋引段玉裁。○〔說文定聲·卷一四〕一，好賢之至，欲以精米為之餐也。〔釋言〕「一，餐也」。○一，明也。〔廣韻·翰部〕○一，光明也。〔詩·羔裘〕「三英一兮」朱傳。○一，鮮明貌。〔詩·伐木〕「於一洒埽」朱傳。○一，鮮好皃。〔廣韻·翰部〕○一，美也。〔詩·綢繆〕「見此一者」朱傳。○一，華美鮮明之貌。〔詩·葛生〕「角枕一兮」朱傳。○三英之美為一。〔詩·羔裘〕「三英一兮」通釋。○一一，鮮盛貌。〔詩·大東〕「一一衣服」朱傳。○女三為一。〔詩·綢繆〕「見此一者」朱傳引或說。○一，當讀如三女為𡛠之𡛠。〔詩·

羔裘」「三英｜兮」通釋。○｜與敓同。（同上）陳疏。○〔說文定聲・卷一四〕｜，叚借為敓。〔周語〕「女三為｜」。○｜，又優也。〔廣韻・翰部〕○〔說文定聲・卷一四〕｜，露齒貌。〔穀梁傳昭公四年〕「軍人｜然皆笑」。○｜，察也。〔廣韻・翰部〕○｜之言散也。〔漢書・宣帝紀〕「｜而不殊」雜志。○散、粲、蔡、｜，語之轉，皆謂分散也。（同上）補注引王念孫。○〔說文定聲・卷一四〕｜，叚借為儹。〔詩・羔裘〕「三英｜兮」。○｜，字亦作燦。又作璨。〔說文定聲・卷一四〕○｜，亦作㛑。〔廣韻・翰部〕

燦 ｜，明淨皃。〔廣韻・翰部〕○｜，明皃，通作粲。〔集韻・換部〕

換 ｜，易也。〔廣韻・換部〕○〔說文定聲・卷一四〕｜，以爰為之。〔史記・酷吏傳〕「爰書」。○（同上）｜，以轅為之。〔漢書・地理志〕「轅田」。

璨 ｜，璀｜。〔廣韻・翰部〕○｜，又美玉。（同上）

焕 ｜，亦明也。〔慧琳音義・卷二〇〕○｜，明也。〔集韻・換部〕又〔論語・泰伯〕「｜乎，其有文章」劉正義。○｜，光明之貌。（同上）朱注。○｜，火光。〔廣韻・換部〕○｜爛，猶暉赫之盛也。〔慧琳音義・卷一七〕○〔史記〕｜作爌。〔漢書・司馬相如傳〕「｜炳煇煌」補注。○今本｜作渙。〔釋名・釋采帛〕「紈，｜也」疏證。○｜，通作奐。〔集韻・換部〕○｜即奐之俗體。〔說文〕「奐，取奐也」義證。

唤 ｜，呼也。〔廣韻・換部〕

讙 ｜，嚾，亦从言。古通作奐。〔集韻・換部〕

悍 ｜，猛｜。〔廣韻・翰部〕○精與｜義相近，故以精｜連文。〔漢書・游俠傳〕「靜｜」雜志。○｜，〔史記・將相名臣表〕作捍。〔漢書・文帝紀〕「屬國｜為將屯將軍」補注引朱一新。○｜，或借旱字。〔說文〕「｜，勇也」義證。○｜，或省作旱。〔說文〕「｜，勇也」句讀。

扞 ｜，衛也。〔廣韻・翰部〕又〔國策・西周策〕「而設以國為王｜秦」鮑注。○｜，以手｜。〔廣韻・翰部〕○〔說文定聲・卷一四〕｜，止也。〔禮記・學記〕「則｜格而不勝」。○｜之言干也。〔荀子・彊國〕「白刃｜乎胸」雜志。○｜之言干也。干，犯也。（同上）集解引王念孫。○〔說文定聲・卷一四〕｜，叚借為干。〔荀子・彊國〕「白刃｜乎胷」。○（同上）｜，楮柱之意。〔說文〕「｜，忮也」。○｜讀若｜掫之｜，謂以人監守之耳。〔漢書・李廣利傳〕「赦囚徒｜寇盜」補注引王闓運。○｜謂韝也，或謂之拾，或謂之遂，箸於左臂所以｜弦也。〔韓子・說林下〕「羿執鞅持｜」集解引王引之。○｜與捍同。〔釋言〕「干，｜也」郝疏。○｜，字亦作捍。〔說文〕「｜，忮也」段注。○官本｜作捍。〔漢書・吾丘壽王傳〕「後願守塞｜寇難」補注。○今本｜作捍，俗字也。〔釋名・釋天〕「寒，｜也」疏證。○｜當為敦。〔說文〕「盾，瞂也，所以｜身蔽目」義證。○｜通作敦。〔釋言〕「干，｜也」郝疏。○〔說文定聲・卷一四〕｜，叚借為敦。〔左傳桓公一二年〕「請無｜採樵者以誘之」。○｜當為衦。〔說文〕「硟，以石｜繒也」義證。○｜、銲同。〔國策・趙策一〕「刃其｜曰，欲為智伯報讎」鮑注。○〔說文定聲・卷一四〕｜，叚借為釬。〔廣雅・釋器〕「｜，鞢也」。○（同上）｜，叚借為駻。〔漢書・董仲舒傳〕集注「｜，突也」。○（同上）｜，叚借為援，或曰，扜之誤字，借為弙。〔大荒南經〕「有人方｜弓射黃蛇」。○｜弓當作扜弓。扜字從于不從干。扜弓，引弓也。〔韓子・說林下〕「弱子｜弓」集解引王引之。

彈 ｜，行丸。〔廣韻・翰部〕○｜者，開弓也。〔說文〕「㢮，｜彄也」段注。○青州人謂｜曰踶。〔說文〕「｜，行丸也」義證引〔玉篇〕。○凡有所糾正謂之｜。〔說文〕「抨，｜也」段注。○｜，引申為凡抨｜、糾｜之偁。〔說文〕「｜，行丸也」段注。○｜亦通用憚。〔方言七〕「皮傅、｜憸，强也」疏證。○｜與憚通。〔廣雅・釋詁一〕「憚，强也」疏證。○〔說文定聲・卷一四〕｜，叚借發聲之詞。〔方言七〕「｜憸，强也，言非其事，江淮之間曰｜憸」。

憚 ｜，難也。〔慧琳音義・卷四六〕又〔廣韻・翰部〕。○｜，難之也。〔國策・秦策一〕「而｜舟之僑存」鮑注。○｜，忘難也。〔離騷〕「豈余身之｜殃兮」補注。○｜，忌惡也。〔廣韻・翰部〕○｜，敬也。〔大戴・文王官人〕「觀其信｜也」王詁。○｜，辭也，驚也。〔慧琳音義・卷三〕引〔集訓〕。○旁驚曰｜。〔慧琳音義・卷一〇〕引〔通俗文〕。○｜，懼也。〔大戴・曾子立事〕「彊而無｜」王詁。○｜，畏也。〔詩・緜蠻〕「豈敢｜行」朱傳。又〔雲漢〕「我心｜暑」朱傳。○｜猶畏也。〔論語・學而〕「過則勿｜改」劉正義。○｜，畏難也。（同上）朱注。○凡畏難曰｜，以難相恐嚇亦曰｜。〔說文〕「｜，一曰難也」段注。○｜者，盛威之名。〔國策・秦策〕「棓而殺之」雜志。○｜者，盛威之名也。〔莊子・外物〕「｜赫千里」集解。○｜亦威之盛，義與僤怒之僤相近。〔廣雅・釋詁二〕「｜，怒也」疏證。○｜，勞也。〔詩・小明〕「｜我不暇」朱傳。又〔大東〕「哀我｜人」朱傳。又〔雲漢〕「我心｜暑」朱傳。○｜｜，亦戰戰也。〔廣雅・釋言〕「戰，｜也」疏證。○｜漫，亦舒緩之意。〔廣雅・釋詁二〕「譠謾，緩也」疏證。○｜與怛同。怛，憯也，即閔憂意。〔漢書・東方朔傳〕「昔伯姬燔而諸侯｜」補注引蘇輿。○｜、怛聲相近，故｜又讀為怛矣。〔廣雅・釋詁一〕「｜，驚也」疏證。○｜當讀為怛。〔國語・晉語〕「豈能｜君」平議。○｜或作怛。〔方言一三〕「｜，惡也」箋疏。○｜為癉之假借。〔詩・小明〕「｜我不暇」陳疏。○｜，〔詩〕亦叚為癉字。〔說文〕「｜，忌難也」段注。○｜與癉通，轉音為畏｜之｜。〔廣雅・釋詁四〕「癉，苦也」疏證。○〔說文定聲・卷一四〕｜，叚借為癉。〔詩・大東〕「哀我｜人」。○｜，誠，亦亶也，亶憚古同聲。〔逸周書・官人篇〕「觀其信誠」述聞。○｜讀為亶。亶，誠也，信也。〔大戴・文王官人〕「觀其信｜」述聞。○〔說文定聲・卷一四〕｜，叚借為亶。〔大戴・文王官人〕「觀其信｜也」。○（同上）｜，叚借為顫。〔廣雅・釋詁二〕「｜，驚也」。○以｜為顫。〔周官・矢人〕「亦弗之能｜矣」平議。○〔史記・春申君傳〕｜作單，古字通假耳。〔國策・秦策〕「｜」雜志。又〔廣

雅·釋詁二〕「丨，怒也」疏證。〇丨作單，古字假借耳。〔方言六〕「丨，怒也」箋疏。〇〔說文定聲·卷一四〕丨，叚借為單。〔國策·秦策〕「王之威亦丨矣」。〇〔說文定聲·卷一四〕丨，叚借為僤。〔方言六〕「丨，怒也，楚曰丨」。〇〔同上〕丨，叚借為坦。〔荀子·王霸〕「是丨丨非變也」。〇丨為嘽之借字。〔文選·洞簫賦〕「丨漫衍凱」集釋。

段

丨，擊物也。〔慧琳音義·卷七九〕引〔字統〕。〇後人以鍛為丨字。以丨為分丨字。〔說文〕「丨，椎物也」段注。〇丨，古作㫁。〔集韻·換部〕〇椎丨字今多用鍛，古祇作丨。〔說文〕「碫，碫石也」段注。〇〔說文定聲·卷一四〕丨，以鍛為之。〔考工記·函人〕「鍛不摯」。〇丨即鍛也。〔說文〕「鍛，小冶也」段注。〇丨與鍛通。〔廣雅·釋詁二〕「鍛，椎也」疏證。〇丨，經典借鍛字。〔說文〕「丨，椎物也」義證。〇碫、鍛、丨並通。〔廣雅·釋器〕「碫，礪也」疏證。〇丨不用火，鍛則用火，而其椎之也同，故經典二字通用。〔說文〕「丨，椎物也」句讀。〇鍛、服、丨，義並相近。〔廣雅·釋詁二〕「鍛，椎也」疏證。〇丨，又作服字。〔說文〕「丨，椎物也」義證。〇〔說文定聲·卷一四〕捶脯而施薑桂曰丨脩。〔禮記·昏義〕「棗栗丨脩」。〇丨，分丨也。〔廣韻·換部〕〇丨，叚借為斷，今所用大丨，分丨字。〔說文定聲·卷一四〕〇丨者，碫之古文也。〔說文〕「碫，碫石也」段注。〇丨讀為碫，字或作鍛。〔春秋名字解詁〕「宋公子丨字子石，鄭公孫丨字子石，印丨字石」述聞。〇〔說文定聲·卷一四〕丨，叚借為鍜。〔管子·五行〕「羽卵者不丨」。〇丨，當為鍜，履後帖也。〔文選·四愁詩〕「美人贈我錦繡丨」集釋引桂氏〔札樸〕。

判

丨，分。〔詩·訪落〕「繼猶丨渙」朱傳。〇丨，分也。〔廣韻·換部〕又〔通鑑·漢紀五〇〕「輒求丨正」音注。〇丨，剖丨。〔廣韻·換部〕〇丨，剖也。〔通鑑·漢紀五〇〕「輒求丨正」音注。〇丨妻，出妻再嫁者。〔通雅·稱謂〕〇丨之言片也。〔廣雅·釋器〕「䏺、䏰，版也」疏證。〇丨，又作胖、牉，得偶而合曰丨。〔慧琳音義·卷二六〕〇丨，通作坢。〔集韻·換部〕〇丨，〔周禮〕作胖。〔說文〕「膴，周禮有膴丨」段注。〇丨，此實半之本字，經傳多以半為之。〔說文定聲·卷一四〕〇此丨即丨書之丨。〔周官·媒氏〕「媒氏掌萬民之丨」平議。〇〔說文定聲·卷一四〕丨，以播為之。〔儀禮·士虞禮〕「尸飯播餘于篚」。〇〔同上〕丨，字亦作拌。〔方言一〇〕「拌，棄也」。〇丨又通作拌。〔說文〕「丨，分也」義證。〇丨，或作泮。〔同上〕〇丨，又通作泮。〔同上〕〇丨渙，同伴奐，大也。〔詩·訪落〕「繼猶丨渙」通釋。〇丨渙，即伴奐也，亦即畔援。〔同上〕平議。

叛

丨，離丨也。〔說文〕「丨，半也」繫傳。〇丨，奔他國。〔廣韻·換部〕〇丨，渙也。〔集韻·換部〕〇丨者，初與合而後相背也。〔左傳文公一四年〕「王丨王孫蘇」疏證引俞正燮。〇〔說文定聲·卷一四〕丨，反也。〔說文〕「丨，半也」。〇舉國曰潰，邑曰丨。〔左傳文公三年〕「沈潰」洪詁引賈穎。〇丨，當作畔。〔漢書·吳王傳〕「諸侯皆有背丨之意」補注引宋祁。〇丨，經傳多以畔為之。〔說文定聲·卷一四〕〇丨，或作胖。〔說文〕「丨，半也」義證。〇〔說文定聲·卷一四〕丨，叚借為伴。〔西京賦〕「丨赫戲以煇煌」。〇丨，又借叛字。〔說文〕「丨，半也」義證。

炍

丨，叛，或從火。〔集韻·換部〕

腕

寸口後曰丨。〔慧琳音義·卷一〕〇丨，手丨。〔廣韻·換部〕〇丨，手也。〔國策·魏策一〕「莫不日夜搤丨瞋目切齒」鮑注。〇丨，手臂之節也。〔說文〕「掔，手掔也」義證引〔急就篇〕顏注。〇丨，或作捥。〔慧琳音義·卷一〕

⿰月屖

丨，同腕。〔廣韻·換部〕

掔

丨，俗作腕，手丨也。〔慧琳音義·卷三五〕引〔集訓〕。〇丨，又作捥，謂手後節也。〔慧琳音義·卷五六〕

掔

丨者，手上臂下也。〔說文〕「丨，手丨也」段注。〇丨，俗作捥。〔說文〕「丨，手丨也」段注。〇丨或作腕、捥、拏、䏰。〔集韻·換部〕〇丨，字亦作腕、作捥，宛、叚，一聲之轉。〔說文定聲·卷一三〕〇丨與捥、拏竝同。〔說文〕義證引〔玉篇〕。〇丨，捥字正文。〔墨子·大取〕「斷指以存丨」閒詁引畢沅。〇丨，通作掔。〔說文〕「丨，手丨也」義證。〇〔說文定聲·卷一三〕丨，叚借為蘧。〔呂覽〕「述蕩之丨」。

涣

丨，散。〔詩·訪落〕「繼猶判丨」朱傳。〇丨，散也。〔說文〕「丨，流散也」繫傳。〇丨，水散。〔廣韻·換部〕〇風行水上曰丨。〔說文〕「丨，流散也」繫傳。〇合口水泆謂之丨。〔通雅·地輿〕〇丨者，離也。〔說文〕「丨，㳬流也」段注。〇丨，齊作灌，魯作汍。〔詩·溱洧〕「方丨丨兮」集疏。〇〔說文定聲·卷一四〕丨，字又作喚。〔魯峻碑〕「喚矣的的」。〇丨丨，春水盛貌。〔詩·溱洧〕「方丨丨兮」朱傳。〇丨丨，通作洹洹、灌灌。〔通雅·釋詁〕〇丨丨、洹洹、灌灌，並字異而義同。〔廣雅·釋訓〕「洹洹，流也」疏證。

奐

丨，明也，文彩也。〔慧琳音義·卷八二〕引〔韻英〕。〇丨，文彩明皃。〔廣韻·換部〕〇丨，大也。〔說文〕「丨，取丨也」繫傳。〇丨然，盛貌。〔大戴·四代〕「丨然而興民壹始」。〇丨，文也。〔說文〕「璠，璵璠」繫傳。〇丨，古煥字。〔禮記·檀弓下〕「美哉丨焉」述聞。〇〔說文定聲·卷一四〕丨，叚借為渙。〔禮記·檀弓〕「美哉丨焉」。

絆

丨，羈丨。〔廣韻·換部〕〇在足曰丨。〔說文〕「丨，馬縶也」義證引〔急就篇〕顏注。〇丨，引申為凡止之偁。〔說文〕「丨，馬唇也」段注。〇丨，〔字書〕音半。〔漢書·敘傳〕「今吾子已貫仁誼之羈丨」補注引宋祁。〇丨，字或作靽。〔說文〕「丨，馬縶也」義證。

惋

丨，驚歎而藏於心也。〔慧琳音義·卷一〇〕引〔桂苑珠叢〕。又〔續音義·卷五〕引〔桂苑珠叢〕。〇丨，驚歎。〔廣韻·換部〕〇丨，驚歎也。〔集韻·換部〕〇丨謂驚愓惋嘆也。〔慧琳音義·卷九一〕引〔文字集略〕。〇丨嘆，驚異也。〔卷九〕〇丨，歎恨也。〔卷七六〕引〔文字集略〕。〇丨，恨也。

〔卷一〇〕引〔考聲〕。又〔卷九一〕。○丨猶恨。〔國策·秦策二〕「王必丨之」鮑注。○丨，篤難也。〔集韻·換部〕

雚　丨，丨雀鳥。〔廣韻·換部〕○丨，鳥名。〔集韻·換部〕○丨與鸛同。〔廣雅·釋鳥〕「背竈，丨雀也」疏證。又〔方言四〕「帬，陳魏之間謂之帔」箋疏。○丨，今字作鸛。〔說文〕「丨，丨爵也」段注。○江淮謂羣丨旋飛謂之丨井。〔說文〕「丨，小爵也」義證引〔酉陽雜俎〕。○丨通作鸛。〔說文〕「丨，小爵以鸛為之。〔莊子·寓言〕「如鸛雀蚊虻」。○丨通作鸛。〔說文〕「丨，小爵也」義證。○〔說文定聲·卷一四〕丨，叚借為灌，實為貫。〔高彪碑〕「首昔丨檀」。○丨又通作觀。〔說文〕「丨，小爵也」義證。○丨，音貫，即蘿摩菜，蔓生，斷之有白汁，可啖。〔釋艸〕「丨，芄蘭」鄭注。○丨蘭，艸名。〔集韻·換部〕

偄　丨，丨弱也。〔廣韻·換部〕○丨者，弱也。〔說文〕「鍒，鐵之耎也」段注。○人之弱者為丨。〔字詁〕○丨，此與懦、儒二字義略同而音形異。〔說文〕「丨，弱也」段注。○丨，俗作輭。（同上）○俗書丨作輭，又作軟。〔字詁〕○丨或作軟。〔說文〕「丨，弱也」義證。○丨與緛同。〔管子·宙合〕「涅儒」雜志。○丨與懦同。〔荀子·大略〕「丨弱易奪」集解引盧文弨。○緛、丨、耎，古字通。〔管子·宙合〕「涅儒」雜志。○丨，通作耎。〔說文〕「丨，弱也」義證。○丨，古音如暖，今轉讀如弩。〔說文定聲·卷一四〕

愞　丨，同偄。〔廣韻·換部〕○丨，偄，或从心。〔集韻·換部〕

需　偄，亦作丨。〔集韻·換部〕

燸　偄，亦作丨。〔集韻·換部〕

鑽　丨，錐丨。〔廣韻·換部〕○丨與鏦同謂小矛也。〔方言九〕「丨謂之鍴」箋疏。○丨與鐫聲近義同。〔方言二〕「鐫，椓也」箋疏。

縵　丨，緩也。或作嫚。〔慧琳音義·卷八七〕引〔考聲〕。○丨，緩也。〔集韻·諫部〕引杜子春說。○丨，正作幔，帷也。〔慧琳音義·卷一二〕○丨，無文之帛也。〔說文〕「丨，繒無文也」義證引〔急就篇〕顏注。○〔說文定聲·卷一四〕丨，今所謂素紬也。〔說文〕「丨，繒無文也」。○引申之，凡無文皆曰丨。〔說文〕「丨，繒無文也」段注。○凡物之無文者謂之丨。〔左傳成公五年〕「君為之不舉，降服、乘丨」疏證引王念孫。○丨，義與曼同。〔廣雅·釋言〕「曼，無也」疏證。又〔左傳成公五年〕「降服、乘丨」疏證引王念孫。○丨密猶緜密。〔晏子春秋·問上〕「蔍苴學」雜志。○丨讀如丨樂，言其雜也。〔大戴·文王官人〕「僞色丨然亂以煩」王詁。○〔說文定聲·卷一四〕丨，叚借為慢。〔莊子·齊物論〕「丨者，窖者」。○丨者，慢之叚字。〔莊子·列禦寇〕「有堅而丨」平議。○丨，叚丨為萬。〔周官·磬師〕「教丨樂燕樂之鍾磬」平議。

鍛　丨，打鐵。〔廣韻·換部〕○丨，打鐵也。〔說文〕「丨，小冶也」義證引〔龍龕手鑑〕。○凡金鐵之屬椎打而成器者謂之丨。〔說文〕「丨，小冶也」義證引〔急就篇〕顏注。○丨，鎚也。〔說文〕「丨，小冶也」義證引〔龍龕手鑑〕。○丨、腶、段，義並相近。〔廣雅·釋詁二〕「丨，椎也」疏證。○丨乃段之絫增字。〔說文〕「丨，小冶也」句讀。○丨乃碫之假借字。〔詩·公劉〕「取厲取丨」陳疏。○〔說文定聲·卷一四〕丨，叚借為碫。〔詩·公劉〕「取厲取丨」。○碫、丨、段並通。〔廣雅·釋器〕「碫，礪也」疏證。○〔說文定聲·卷一四〕丨，叚借為段。〔廣雅·釋詁二〕「丨，椎也」。

旰　丨亦晚也。〔慧琳音義·卷八〇〕○丨，晚也。〔通鑑·漢紀四九〕「而方令本朝為之丨食乎」音注。○丨，日晚也。〔廣韻·翰部〕○日晚曰丨。〔說文〕「丨，晚也」義證引〔纂要〕。○丨，晏也。〔廣韻·翰部〕又〔集韻·翰部〕。○丨，同日出光倝倝之倝。〔說文〕「暤，皓丨也」段注。

閈　丨，里也。〔廣韻·翰部〕○丨，居也。（同上）○丨，垣也。（同上）○丨，音汗，門也。〔通鑑·漢紀三〕「綰家與上同里丨」音注。○丨，閭也。〔唐紀七〕「又令士民里丨相從立社」音注。○丨，門也，巷門也。〔慧琳音義·卷四七〕○里門曰丨。〔通鑑·漢紀三〕「綰家與上同里丨」音注。○里門謂之丨。〔唐紀七〕「又令士民里丨相從立社」音注。○里謂之丨，故里門亦謂之丨。〔廣雅·釋詁二〕「丨，凥也」疏證。○居謂之丨，故館門亦謂之丨。（同上）○閎與丨同義，皆謂門也。〔左傳襄公三一年〕「高其丨閎」述聞。○丨猶隔也。〔慧琳音義·卷二四〕引薛琮。○丨閣，猶〔禮記〕之扞格。〔說文〕「閣，所以止扉者」段注。○丨，即閉字。〔墨子·備城門〕「行棧內丨」閒詁。

瀚　丨海，北海。〔廣韻·翰部〕○丨，北海名。〔集韻·翰部〕○丨，一曰混丨，水皃。（同上）

釬　丨，臂衣也。〔說文〕「丨，臂鎧也」段注。○戰陣所用臂鎧謂之丨，非無事時所箸臂衣。〔說文定聲·卷一四〕平時之臂衣曰韝，射時著左臂之拾曰遂，戰陣所著者曰丨。〔說文〕「丨，臂鎧也」。○丨之言榦也。〔方言九〕「鐏謂之丨」箋疏。○丨謂令金鐵使相著也。〔慧琳音義·卷六三〕引〔考聲〕。○丨，丨金銀令相著。〔廣韻·翰部〕○丨，通作豻。〔說文〕「丨，臂鎧也」義證。○〔說文定聲·卷一四〕丨，叚借為悍。〔莊子·列禦寇〕「有緩而丨」。○丨者，悍之叚字。〔莊子·列禦寇〕「有緩而丨」平議。○丨，亦作銲。〔廣韻·翰部〕

銲　丨，釬，或从旱。一曰固金鐵藥。〔集韻·翰部〕○一曰矛鐏謂之丨。（同上）

骭　丨，脅也。〔廣韻·翰部〕○丨，骹也。〔集韻·翰部〕○骹骨曰丨。〔通雅·身體〕○丨之言榦也。〔說文〕「丨，骹也」段注。

豻　丨，野狗。〔廣韻·翰部〕○丨，胡地犬名。〔集韻·翰部〕○岸、犴、丨，並字異而義同。〔廣雅·釋宮〕「獄，犴也」疏證。○〔說文定聲·卷一四〕丨，字亦作犴。〔高彪碑〕「獄犴生屮」。○（同上）丨，又為鼾。〔周禮·射人〕「丨侯二獲一容」。○丨，或作犴。〔集韻·翰部〕

犴 ─，獄也。〔廣韻·翰部〕○野獄曰─。〔通鑑·晉紀五〕「獄─不平」音注。○犬所以守，故謂獄為─。〔漢書·刑法志〕「獄豻不平之所致也」補注引沈欽韓。○─，〔毛詩〕作岸。〔說文〕「豻，或从犬。詩曰宜─宜獄」段注。○岸、─、豻並字異而義同。〔廣雅·釋宮〕「獄，─也」疏證。

豻 豻，或作─。〔集韻·翰部〕

胖 ─，牲之半體也。〔慧琳音義·卷九五〕引〔考聲〕。○剖、辟、片、─、半，皆一聲之轉也。〔廣雅·釋詁四〕「─，半也」疏證。○─，此實即半之後製字。〔說文定聲·卷一四〕

暵 ─，日氣乾。〔廣韻·翰部〕○─，此字从日，从堇，會意。堇，黏土也，得日則燥。〔說文定聲·卷一四〕○─，三家作灘。〔詩·中谷有蓷〕「─其乾矣」集疏。○─，字亦作晅。〔說文定聲·卷一四〕○─，字亦作暵。（同上）

讕 ─，逆言。〔廣韻·翰部〕○詆─，誣言相被也。〔集韻·換部〕○─，或从閒。（同上）

諫 ─，讕，或从柬。〔集韻·換部〕

駻 ─，馳突也。〔說文〕「─，馬突也」繫傳。○─之言悍也。〔說文〕「─，馬突也」段注。○─，馬高六尺。〔廣韻·翰部〕○─，字或作馯。〔說文〕「─，馬突也」義證。○─，字亦作馯。〔說文定聲·卷一四〕○─，〔淮南書〕作馯。〔說文〕「─，馬突也」段注。○〔說文定聲·卷一四〕─，叚借為靬。

馯 〔廣雅·釋器〕「─，鞍也」。○（同上）─，叚借為釬。〔漢書·儒林傳〕「─臂子弓」。
─，即駻之省。〔漢書·刑法志〕「是猶以鞿而御駻突」補注。○─，姓也。〔廣韻·翰部〕

蒜 ─，辛臭之名也。〔說文〕「─，葷菜」繫傳。○今之大─，胡─也。〔說文〕「蟠，小─也」繫傳。○─，葷菜也。〔廣韻·換部〕○─，字从示，諧聲也。又象─根之形。〔本草·卷二六〕○─，茆─也，俗謂之小─。〔本草·卷二六〕引崔豹〔古今注〕。○〔說文定聲·卷一四〕─，謂今之小─也，若大─，張騫始得自西域，亦名葫。〔夏小正〕「納卵─」。○─，卵─也。俗謂之小─。胡國有胡─，俗呼之為大─。〔說文〕「─，葷菜」義證引〔古今注〕。○─，一曰山名。〔集韻·換部〕

爟 ─，烽火。〔廣韻·換部〕○─，亦烽類也。〔慧琳音義·卷八五〕引〔切韻〕。○─，舉火也。〔說文〕「─，取火於日官名」義證引〔玉篇〕。○─，取火於日宮也。〔慧琳音義·卷八五〕引〔切韻〕。○─、權一也。〔說文〕「─，周禮曰司─掌行火之政令。舉火曰─」段注。○─、爟、權並通。〔廣雅·釋詁二〕「─，爇也」疏證。○權與─通。〔廣雅·釋器〕「─，炬也」疏證。○─，或通作權。〔說文〕「─，取火於日官名」義證。

瓘 ─，玉升。〔廣韻·換部〕○─乃玉石之名。〔春秋名字解詁〕「齊陳─字子玉」述聞。

酇 ─與欑、儹音義皆同。〔說文〕「─，聚也」段注。○酇，音嵯，傳寫並作─耳。〔漢書·蕭何傳〕「先封為─侯」補注。

汧 濃濃──，水流疾皃。〔廣韻·翰部〕

汧 ──，水迅流皃。〔集韻·翰部〕○〔通雅·卷九〕──，猶汗汗也。〔上林賦〕「潗潗──」。

喭 ─，弔失容。〔廣韻·翰部〕○弔失國曰─。〔集韻·翰部〕○─，粗俗也。〔論語·先進〕「由也─」朱注。○美士為─。〔詩·羔裘〕「邦之─兮」集疏。○─，古作彥。〔集韻·翰部〕

衎 ─，樂。〔詩·賓之初筵〕「烝─烈祖」朱傳。○─，樂也。〔廣韻·翰部〕又〔詩·南有嘉魚〕「式燕以─」朱傳。○─音看。（同上）○──，本侃侃也，古為一矣。〔通雅·釋詁〕○─，字通作侃。〔廣雅·釋訓〕「──，和也」疏證。

冸 ─，冰散。〔廣韻·換部〕○─，冰釋，通作泮。〔集韻·換部〕

泮 ─，─宮。〔禮記〕作頖。〔廣韻·換部〕○─，涯也。〔詩·氓〕「隰則有─」朱傳。○─之言半也。〔說文〕「─，諸侯鄉射之宮也」義證引〔五經通義〕。○─宮，魯學名。〔詩·泮水〕「思樂─水」後箋陳奐補。○─水，─宮之水也。（同上）朱傳。○─，齊作頖。〔詩·泮水〕「在─獻囚」集疏。○〔說文定聲·卷一四〕─，字亦作頖。頖即頒字，以頒為─耳。〔禮記·王制〕「天子曰辟廱，諸侯頖宮」。○─，或作頖。〔集韻·換部〕○─，解散也。〔大戴·誥志〕「於時冰─」王詁。○─，讀為判。〔詩·匏有苦葉〕「迨冰未─」陳疏。○─，即判之假借，分也。（同上）通釋。○─，假為判也。〔說文〕「─，諸侯饗射之宮」段注。○〔說文定聲·卷一四〕─，叚借為判。〔詩·匏有苦葉〕「迨冰未─」。○─，假為畔也。〔說文〕「─，諸侯饗射之宮」段注。○〔說文定聲·卷一四〕─，叚借為畔。〔詩·氓〕「隰則有─」。○─又通作畔。〔說文〕「─，諸侯鄉射之宮也」義證。○─即坡之雙聲叚借也。〔說文〕「坡，阪也」段注。

逭 ─，逃也。〔廣韻·換部〕○─，迭也。（同上）○─，轉也。（同上）○─，步也。（同上）○─，周也。（同上）○─、斡、垸，聲義並同。〔方言一二〕「─，轉也」箋疏。

爟 ─，同逭。〔廣韻·換部〕○逭，或作─。〔集韻·換部〕

讙 ─，爟，亦从辵。〔集韻·換部〕○─，古文逭。〔方言一二〕「─，轉也」箋疏。

䟤 丨，逭，从足。〔集韻・換部〕

祼 丨，祭名。〔廣韻・換部〕○丨，灌鬯也。〔詩・文王〕「厥作丨將」朱傳。○丨，宗廟之祭，以鬱鬯之酒灌地而降神也。〔孟子・離婁上〕「詩云，丨將于京」朱注。○〔說文定聲・卷一〇〕丨，謂始獻尸求神時灌以鬱鬯也。〔說文〕「丨，灌祭也」。○肆者實以彝而陳之，丨者將以瓚而行之，獻者奉以爵而進之。丨一事而有三節也。〔說文定聲・卷一〇〕○丨音灌。〔詩・文王〕「丨將于京」朱傳。○丨之言灌也，經傳亦通作灌。〔廣雅・釋天〕「丨，祭也」疏證。○丨，經傳亦以盥、以果、以灌為之。〔說文定聲・卷一〇〕○丨，字本亦作貍。〔周官・鬱人〕「及葬共其丨器」平議。

果 丨，祼或省。〔集韻・換部〕

淉 丨，祼亦从水。〔集韻・換部〕

祼 丨，祼古作丨。〔集韻・換部〕

彖 丨，〔易〕有丨象。〔廣韻・換部〕○丨者，斷也。〔說文定聲・卷一四〕引〔易・彖上傳〕劉瓛注。○丨，逃也。〔同上〕引〔吳都賦〕「獮猭」注。○丨，相連延皃。〔同上〕引〔洞簫賦〕「密漠泊以獮猭」注。○孔子贊卦之辭曰丨，輔翼之義。〔說文定聲・卷一四〕○〔同上〕丨，字又作豚。〔禮記・玉藻〕「圈豚行不舉足」。○〔同上〕丨，字亦作猭。〔後漢・馬融傳〕注「猭，走也」。○丨，字亦作遂。〔說文定聲・卷一四〕○〔同上〕丨，叚借為掾。〔易・繫辭傳〕「丨者，言乎象者也」。○丨，豕走悅也。〔說文〕「丨，豕走也」段注引〔玉篇〕。○丨，豕走挩也。〔同上〕義證引〔玉篇〕。○丨猶遯也。〔廣雅・釋言〕「丨，挩也」疏證。○〔周易〕丨辭當作篆。〔說文〕「篆，引書也」義證。○丨者，掾之叚借字與。〔說文〕「掾，緣也」段注。

鴠 鳱丨，鳥名。〔廣韻・翰部〕○鳱丨，〔禮記・月令〕作鶡旦。〔說文定聲・卷一四〕○鳱丨，〔坊記〕作盍旦。〔同上〕○鳱丨，〔廣志〕作侃旦。〔同上〕○丨，亦作䳘。〔同上〕○鶡丨，〔月令〕古本作曷旦。〔呂覽・仲冬〕「鶡丨不鳴」校正。

毈 丨，卵壞。〔廣韻・換部〕○丨，卵壞也。〔慧琳音義・卷六三〕引〔考聲〕。○不成子曰丨。〔說文〕「丨，卵不孚也」義證引〔玉篇〕。○〔說文定聲・卷一四〕丨，謂中敗散不成也。〔說文〕「丨，卵不孚也」。○丨，當讀如鍛。〔說文〕「丨，卵不孚也」段注。○丨，字或作殿。〔同上〕義證。○丨亦省作段。〔同上〕句讀。○丨，通作段。〔同上〕義證。○丨，舊本作假，訛。〔呂覽・明理〕「雞卵多丨」校正。

榦 丨，今之牆板也。〔慧琳音義・卷九一〕○丨，楨丨，築垣板。〔廣韻・翰部〕○丨，所以當牆之兩邊障土者也。〔詩・文王〕「維周之楨」後箋引〔詩緝〕。○丨則兩旁之木也。〔書・費誓〕「乃楨丨」孫疏。○丨在兩頭，以丨束板，防土之傾也。〔左傳宣公一一年〕「束板丨」疏證。○〔說文定聲・卷一七〕植于兩邊者曰丨。〔釋詁〕「楨，丨也」。〔「楨」下〕○楨、翰、儀、丨，皆謂立木也。〔釋詁〕「楨、翰、儀，丨也」述聞。○丨，字亦誤作斡，俗作幹。植于兩耑者曰楨，散文則亦通稱也。〔說文定聲・卷一四〕○丨楨，築墻之植木謂豎立者也。〔說文〕「丨，築墻耑木也」義證引〔急就篇〕顏注。○丨，井垣也。〔莊子・秋水〕「出跳乎井幹之上」集釋。○丨，正也。〔詩・韓奕〕「丨不庭方」朱傳。又〔同上〕集疏。○丨，體也。〔集韻・翰部〕○丨，本也。〔廣雅・釋詁三〕「幹，本也」疏證。○丨，一曰本也。〔說文〕「丨」段注補。○丨，質也。〔慧琳音義・卷六一〕○丨，強也。〔同上〕引〔考聲〕。○丨猶柄也。〔說文〕「䂢，冶槖丨也」段注。○〔說文定聲・卷一四〕丨，植蒿以系船也。〔說文〕「檥，丨也」。○丨，枝丨也。〔說文〕「丨，築墻耑木也」義證引〔三蒼〕。○丨，體也，或作幹。〔集韻・翰部〕○丨，亦謂之柯，聲義並同也。〔廣雅・釋木〕「柯，莖也」疏證。○〔說文定聲・卷一四〕丨，字又作簳。〔中山經〕「可以為簳」。○〔同上〕丨，字又作笴。〔儀禮・鄉射禮記〕「物長如笴」。○丨，通作幹。〔釋詁〕「楨，丨也」郝疏。○〔說文定聲・卷一四〕丨，叚借為幹。〔考工・梟氏〕「旋蟲謂之幹」。○丨，亦通作翰。〔釋詁〕「楨，丨也」郝疏。○丨，又通作干。〔同上〕○〔說文定聲・卷一四〕丨，以干為之。〔司馬整碑陰〕「有諸曹干十三人」。○〔同上〕丨，叚借為閈。〔楚辭・招魂〕「去君之恒丨」。○〔同上〕丨，字亦作杆。〔廣雅・釋木〕「杆，柘也」。

矸 丨，玉石白皃也。〔慧琳音義・卷六二〕引〔考聲〕。○丨，石淨。〔廣韻・翰部〕○丨，碫也。〔廣韻・翰部〕又〔說文〕「碫，以石扞繒」義證引〔玉篇〕。○丨，碫石。〔集韻・翰部〕○丨，石也。〔集韻・翰部〕○丨亦作玕。〔慧琳音義・卷六二〕引〔考聲〕。

干 丨，矸或省。〔集韻・翰部〕

謾 丨，欺也。〔廣韻・換部〕○丨，欺語。〔集韻・換部〕○丨、慢、僈、漫，並字異而義同。〔方言一〇〕「眠娗、脈蜴、譠丨，皆欺丨之語也」箋疏。○丨作慢。〔同上〕○〔說文定聲・卷一四〕丨，叚借為曼。〔書大傳〕「夏伯之樂舞丨」。

灡 丨，波也。〔廣韻・翰部〕又〔集韻・換部〕。

碫 丨，礪石。〔廣韻・換部〕○丨，礪也。〔廣雅・釋器〕○丨，礪石也。〔說文〕「碫，厲石也」義證引〔玉篇〕。○丨，段石也。〔說文定聲・卷一四〕○丨，岡壠平石也。〔卷一四〕〔「斷」下〕○〔說文定聲・卷一四〕丨，其藉以椎物之石曰丨。〔說文〕「段，椎物也」。〔「段」下〕○丨之音段。〔說文〕「碫，厲石也」義證引王引之。○丨，篆舊作碬。〔說文〕「丨，丨石也」段注。○〔說文定聲・卷一四〕丨，以鍛為之。〔詩・公劉〕「取厲取鍛」。○丨、鍛、段並通。〔廣雅・釋器〕「丨，礪也」疏證。

褖 丨，后衣。〔廣韻・換部〕○丨，黑衣，王后之服，或作稅。〔集韻・換部〕○丨即緣字。〔說文定聲・卷一四〕〔「𧟭」下〕

侃 丨，正也。〔廣韻・翰部〕○丨，剛直也。〔集韻・翰部〕

偘 丨，同侃。〔廣韻・翰部〕○侃，或作丨。〔集韻・翰部〕

䮿 丨，馬白額至脣。〔廣韻・翰部〕○馬流星貫脣謂之丨。〔集韻・翰部〕○丨，馬白額至脣。〔說文〕「丨，馬頭有發赤色者」義證引〔玉篇〕。

攤 丨，按丨也。〔廣韻・翰部〕○丨，按也。〔集韻・換部〕

悹 丨，憂也。〔廣韻・換部〕○丨，引申之為無所依也。〔詩・杕杜〕「獨行睘睘」後箋。○丨又引申之為罷憊。〔同上〕○〔詩〕傳「丨丨無所依」，今〔大雅・板〕傳作管管。〔說文〕「丨，𢡟也」段注引〔廣韻〕。○丨丨、懽懽、灌灌，並字異而義同。〔廣雅・釋詁一〕「悺，憂也」疏證。○丨，字或作痯。〔說文〕「丨，憂也」義證。○丨，或作痯。〔同上〕句讀。○悺，同丨。〔廣韻・換部〕○丨，或作悺。〔集韻・換部〕

館 丨，丨舍也。丨有積以待朝聘之客。〔廣韻・換部〕○丨，客舍也。〔詩・公劉〕「于豳斯丨」朱傳。○待賓之舍曰丨。〔說文〕「丨，客舍也」義證引〔桂苑〕。○今寺觀字，唐始定以觀為之，本字即丨也。〔說文定聲・卷一四〕○丨、觀通。〔漢書・孝成班倢伃傳〕「痛陽禄與柘丨兮」補注。○丨，或从舍。〔集韻・換部〕

舘 館，俗作丨。〔廣韻・換部〕

晏 丨，晚也。〔廣韻・翰部〕又〔集韻・翰部〕。又〔禮記・禮器〕「丨朝而退」集解。○晝曰丨。〔說文定聲・卷一七〕〔「姓」下〕○丨，安也。〔禮記・月令〕「以定丨陰之所成」集解。○丨朝，謂夕時也。〔禮記・禮器〕「丨朝而退」集解。○丨丨，猶安安也。〔通雅・釋詁〕○丨丨，柔也。〔楚辭・九辯〕「被荷裯之丨丨兮」補注。○丨然，鮮翠之皃。〔慧琳音義・卷三八〕○古宴、丨通用。〔詩・氓〕「言笑丨丨」陳疏。○晵與曣同，亦通作丨。〔廣雅・釋詁三〕「曣，㬉也」疏證。○〔說文定聲・卷一四〕丨，叚借為旰。〔小爾雅・廣言〕「丨，晚也」。

盥 凡澡洒物皆曰丨。〔慧琳音義・卷一〇〕

捍 丨，抵也。〔續音義・卷三〕引〔切韻〕。○丨，抵丨。〔廣韻・翰部〕○丨，又拒也。〔續音義・卷三〕引〔切韻〕。○丨，衛也。〔國策・秦策五〕「而丨匕首當死」鮑注。○拾、丨、韝，皆謂遂也，著於左臂所以扞弦也。〔廣雅・釋器〕「拾、丨、韝，韘也」疏證。○古本丨亦作扞。〔說文〕「䩤，防汗也」段注。○扞、釬、䩤並與丨同。〔廣雅・釋器〕「拾、丨、韝，韘也」疏證。○丨，俗扞字。〔釋名・釋山〕「石，格也，堅丨格也」疏證。○丨，〔文紀〕作悍，古通。〔史記・漢興以來將相名臣年表〕「屬國丨」志疑。

穳 丨，短矛也。〔慧琳音義・卷八〕引〔古今正字〕。○丨，遥投矛也。〔卷五〕引〔考聲〕。○丨，擲也。〔卷四七〕○丨，鋋也。〔同上〕又〔廣韻・換部〕。○丨，短矛也，形如槍而刃闊。〔慧琳音義・卷三九〕引〔考聲〕。○丨，鋋也，一曰小矟。〔集韻・換部〕○丨之言鑽也。〔廣雅・釋器〕「丨謂之鋋」疏證。○欑，俗字。正作丨。〔慧琳音義・卷二〇〕引〔字書〕。

鑹 丨，小矟。〔廣韻・換部〕○丨，小矟也。〔集韻・換部〕○丨，亦作穳。〔同上〕

稬 丨，稻丨也。〔廣韻・換部〕○稻比于黍稷，性和耎，故古謂之丨，今又以稻之黏者為丨米，其不黏者為稉米。〔說文定聲・卷一四〕○丨，黏也。〔說文〕「丨，沛國謂稻曰丨」義證引〔玉篇〕。○〔說文定聲・卷一四〕稻緩者謂稻丨也。以緩為之。〔穀梁傳襄公五年〕「吳謂善伊謂稻緩」。○丨，或作糯。〔集韻・換部〕○丨，字俗作糯。〔說文定聲・卷一四〕○丨，誤作糯，又改作糯，讀奴播切。〔說文〕「丨，沛國謂稻曰丨」義證引趙宧光。

椴 丨，木名。〔廣韻・換部〕○丨，杙也。〔集韻・換部〕又〔廣雅・釋宮〕「椵，杙也」疏證。○丨之言段也，今人言木一段兩段是也。〔同上〕○丨之言段也，段亦短也。〔方言五〕「橛，謂之丨」箋疏。○〔說文定聲・卷一二〕丨，借為斷字。〔廣雅・釋室〕「丨，杙也」。

忏 丨，善也。〔廣韻・翰部〕○丨與㛯聲近義同。〔方言一〇〕「㛯，好也」箋疏。

嬇 丨，不謹也。〔廣韻・翰部〕○丨，女從。〔同上〕○丨，一曰不恭。〔集韻・換部〕○丨，一曰美好皃。〔廣韻・翰部〕○丨，色白之好也。〔說文〕「娙，長好也」段注。○丨、鬢，皆好之義也。〔廣雅・釋詁一〕「丨，好也」疏證。○丨，好容貌。〔說文〕「丨，白好也」義證引〔玉篇〕。

繖 丨，繒繳以取鳥也。〔說文〕「丨，繳丨也」繫傳。○丨，鳥罟也，𦌾网之類，可收可放者。〔說文定聲・卷一四〕○丨，繖蓋字當作此，亦取先斂後放也。〔說文〕「丨，繳丨也」段注。○〔說文定聲・卷一四〕丨，字亦作繖，俗字作傘。〔通俗文〕「張帛避雨謂之繖」。○丨，飛丨不聚也。〔說文〕「丨，一曰飛丨也」義證引〔玉篇〕。○繳丨，當為繳楸。〔說文〕「丨，繳丨也」義證。○〔說文定聲・卷一四〕丨，叚借為楸。〔廣雅・釋詁一〕「丨，壞也」。

忨 丨，丨貪。〔廣韻・換部〕○丨與玩、翫義皆略同。〔說文〕「丨，貪也」段注。○玩與丨同。〔釋言〕「愌，丨也」述聞。○丨、翫、玩並通。〔廣雅・釋詁二〕「丨，貪也」疏證。○丨、翫並通。〔廣雅・釋言〕「慘，愒也」疏證。○〔說文定聲・卷一四〕丨，以玩為之。〔左傳昭公二六年〕「丨求無度」。○〔同上〕丨，叚借為翫。〔晉語〕「今丨日而澈歲」。○〔同上〕丨，字亦作䬴。〔廣雅・釋詁二〕「䬴，貪也」。○〔同上〕丨，以頑為之。〔孟子〕「頑夫廉」。

彨　丨,粲丨,文章皃。〔廣韻·翰部〕○丨,或作爛。〔集韻·換部〕○丨,通作爤。〔廣雅·釋詁三〕「丨,文也」疏證。

杆　丨,檀木。〔廣韻·翰部〕○丨,一曰檀也。〔集韻·翰部〕○丨,木名,柘也。(同上)○丨與榦同。〔廣雅·釋木〕「丨,柘也」疏證。○竿、丨、干,古字通用。〔釋木〕「棧木、丨木」郝疏。

⿰耒曼　丨,不蒔之田也。〔廣韻·換部〕○丨之言漫也。〔廣雅·釋地〕「丨,種也」疏證。

⿰禾曼　丨,⿰耒曼,或从禾。〔集韻·換部〕

⿰日難　暴與丨聲相近。〔廣雅·釋詁三〕「丨,熯也」疏證。

⿰赤余　丨,赤色也。〔廣韻·翰部〕○丨,大赤也。〔集韻·翰部〕○丨,一曰濁也。(同上)

⿰氵⿰赤余　丨,通作⿰赤余。〔說文〕「丨,濯衣垢也」義證。○丨作澣者,今俗字也。〔說文〕「丨,濯衣垢也」段注。○丨,俗作澣。(同上)義證。○丨,或作浣。〔集韻·換部〕

雗　丨鶾,鷽別名。〔廣韻·翰部〕○丨,鳥名。〔集韻·翰部〕○丨,丨雉也。〔說文〕「丨,丨鷽也」繫傳。○丨與翰古同聲。〔廣雅·釋器〕「的,白也」疏證。○丨即鶾,此丨非雉。〔說文〕「丨,丨鷽也」義證。○丨即鶾也。〔說文〕「鶾,雉肥鶾音者也」義證。○丨,字或作鳱。〔說文〕「丨,丨鷽也」義證。○〔說文定聲·卷一四〕丨,段借為鶾。〔爾雅〕「丨雉,韓雉」。

⿰倝馬　丨,馬毛長也。〔廣韻·翰部〕○丨,多借翰字為之,翰行而丨廢矣。〔說文〕「丨,馬毛長者也」段注。

⿰倝毛　丨,長毛。〔廣韻·翰部〕○丨,俗作翰。〔慧琳音義·卷八六〕○丨,古書多作翰。〔說文〕「丨,獸豪也」段注。○丨,經傳皆以翰為之。〔說文定聲·卷一四〕○翰林皆當作丨。〔說文〕「丨,獸豪」繫傳。○丨,羽翰則作翰。(同上)

⿰倝攵　丨,今〔尚書〕借扞字。〔說文〕「丨,止也」繫傳。○丨,今作扞。〔說文〕「丨,周書曰丨我于艱」段注。○丨、扞古今字,扞行而丨廢矣。〔說文〕「丨,止也」段注。○〔說文定聲·卷一四〕丨,今本以扞為之。〔說文〕「丨,止也」。

嘆　丨,吟也。〔慧琳音義·卷五二〕○丨,丨息也。〔說文〕「歎,吟」繫傳。○丨與喟義同。〔說文〕「丨,一曰太息也」段注。○丨,欲言不能,吞恨而太息也。〔說文〕「丨,吞歎也」繫傳。○〔說文定聲·卷一四〕丨謂吞聲悲丨,經傳皆以歎為之。〔說文〕「丨,吞丨也」。○丨,吞聲也。〔說文〕「丨,吞丨也」義證引〔九經字樣〕。○丨,同歎。〔廣韻·翰部〕○丨、歎二字,今人通用。〔說文〕「丨,吞歎也」段注。○〔說文定聲·卷一四〕丨,段借為歎。

〔廣雅·釋詁二〕「丨,吟也」。○丨,經典借歎字。〔說文〕「丨,吞丨也」義證。

洝　丨與渜羼同,猶言安羼,蘇俗謂之温暾。〔說文定聲·卷一四〕

案　丨,車行禾上也。〔說文〕「丨,轢禾也」繫傳。○丨,轢禾。〔廣韻·翰部〕○丨即櫌也,亦曰楞,苗既出壟,于苗間縱橫杷之。〔說文定聲·卷一四〕○吾鄉治場謂之丨場。〔說文〕「丨,轢禾也」義證。

荌　丨,草也。〔廣韻·翰部〕

疸　丨,勞熱而黃也。〔說文〕「丨,黃病也」繫傳。○丨,黃病。〔廣韻·翰部〕○丨音旦,內熱病也。〔太素·十二瘧〕「令人丨病也」楊注。○丨有五,黃胖、黃丨、酒丨、穀丨、女勞丨。〔說文〕「丨,黃病也」義證引〔方書〕。

僤　丨,戰慄也。〔慧琳音義·卷八四〕引〔考聲〕。○丨,速疾也。〔說文〕「丨,病也」繫傳。○丨,疾也。〔廣韻·翰部〕○丨讀為闡。〔廣雅·釋詁四〕「丨,明也」疏證。○〔說文定聲·卷一四〕丨,段借為闡。〔廣雅·釋詁四〕「丨,明也」。○(同上)丨,段借為炟。〔廣雅·釋詁四〕「丨,明也」。○(同上)丨,段借為炟。〔廣雅·釋詁四〕「丨,明也」。○(同上)丨,段借為彈。〔考工·廬人〕故書「句兵欲無丨」。○丨與憚古亦通用。〔方言六〕「憚,怒也」箋疏。

澶　丨,丨漫。〔廣韻·翰部〕○丨,漫也。〔集韻·換部〕○〔說文定聲·卷一四〕丨,段借為嘽。〔莊子·至樂〕「遊之丨陸」。

乹　丨音旰。〔說文〕「鶾,馬毛長也」繫傳。○丨者,日始出光乹乹也。〔說文〕「乾,上出也,从乙,乙物之達也」段注。

靬　丨,乾革。〔廣韻·翰部〕○丨,馬被具。〔集韻·翰部〕

熯　丨,火乾。〔廣韻·翰部〕○丨,古然字也。〔管子·禁藏〕「萩室丨造」雜志。○丨與暵字通。〔廣雅·釋詁二〕「丨,乾也」疏證。○丨與暵同字。〔說文〕「丨,乾也」句讀。○丨者,爇之段音也。〔釋詁〕「丨,敬也」郝疏。○樵室與丨竈同意。〔管子·禁藏〕「萩室丨造」雜志。

喛　丨,恚也。〔廣韻·換部〕

嚾　丨,或作喚。〔慧琳音義·卷五三〕又〔集韻·換部〕。○丨同喚。〔廣韻·換部〕○丨,呼也,叫也。〔慧琳音義·卷五三〕○丨當作嚾,字之誤也。咀嚾即咀嚼。〔大戴·易本命〕「咀丨者,九竅而胎生」述聞。

涫　丨,沸也。〔廣韻·換部〕又〔集韻·換部〕。

腶　丨，籤脯。〔廣韻·換部〕〇丨脩，捶脯施薑桂也。〔集韻·換部〕〇鍛、丨、段，義並相近。〔廣雅·釋詁二〕「鍛，椎也」疏證。〇丨當作鍛。〔左傳哀公十一年〕「進稻醴粱糗丨脯焉」洪詁。

㬮　丨衣，猶温衣也。〔說文〕「襦，短衣也」段注。〇丨亦温煖之義。〔釋名·釋衣服〕「襦，煗也」疏證。〇丨，字亦作暾，今蘇俗謂物不冷不寒曰温暾，語之轉。又曰喝忞，皆即安丨也。〔說文定聲·卷一四〕〇〔同上〕丨，字作暾，叚借發聲之詞。〔射雉賦〕「暾出苗以入場」。〇丨，或作暾。〔集韻·換部〕

⿰女攵　丨，美物也。〔說文〕「丨，三女為丨，丨，美也」繫傳。〇丨，今借粲字。〔同上〕〇丨，經傳作粲，假借字。〔說文〕「丨，美也」段注。〇丨，通作粲。〔說文〕「丨，三女為丨」義證。〇〔說文定聲·卷一四〕丨，以粲為之。〔國語·周語〕「夫粲，美之物也」。〇丨，或作叕。〔集韻·換部〕〇丨，〔字林〕作叕。〔說文〕「丨，美也」段注引陸德明。〇丨，或通作餐。〔說文〕「丨，美也」義證。

⿱竹刖　丨，似箱而𠔂。〔說文〕「丨，竹器也」段注引〔玉篇〕。〇丨，刷也。〔說文定聲·卷一四〕〔巽〕〔下〕

饡　丨，今人云丨飯也。〔說文〕「丨，以羹澆飯也」繫傳。〇丨，羹和飯也。〔廣韻·翰部〕〇丨，一曰以膏煎稻為䉽也。〔集韻·換部〕〇〔說文定聲·卷一四〕丨，似今膏餍。〔禮記·內則〕注。〇丨，古作餍。〔集韻·換部〕〇〔說文定聲·卷一四〕丨，字亦作餍。〔周禮·玉人〕注「餈餍」。〇丨，古作餍。〔集韻·換部〕

暵　丨，耕田。〔廣韻·翰部〕〇丨，耕㬥田，或作𦔳。〔集韻·翰部〕

⿰耒𦰩　丨，冬耕地。〔廣韻·翰部〕

灒　丨，水濺。〔廣韻·翰部〕〇丨，瀳洒之義。〔說文定聲·卷一四〕〇丨，相污灑也。〔說文〕「丨，污灑也」義證引〔玉篇〕。〇丨，或作濺。〔集韻·換部〕〇〔說文定聲·卷一四〕丨，字亦作濺。〔史記·藺相如傳〕「相如請得以頸血濺大王」。〇丨，或作淺。〔集韻·換部〕〇丨，或作湔。〔同上〕

肒　丨，若言體痒頑也。〔說文〕「丨，搔生瘡也」繫傳。〇丨，胞丨。〔廣韻·換部〕〇丨，或作疣。〔集韻·換部〕〇丨，或作癰。〔同上〕〇丨，或作馰。〔同上〕

垸　丨，桼補丨也。〔廣韻·換部〕〇丨，今俗謂之搏丨，凡髤物丨之而後髹之以發澤。〔說文定聲·卷一四〕〇丨，字或作睆。〔說文〕「丨，以桼和灰而髤也」義證。〇丨，亦作丸。〔集韻·換部〕〇丨，或叚睆為之。〔說文〕「丨，以桼龢灰丸而桼也」段注。〇丨，或叚浣為之。〔同上〕〇〔說文定聲·卷一四〕丨，以睆為之。〔禮記·檀弓〕「華而睆」。〇丨又通作睆。〔說文〕「丨，以桼和灰而髹也」義證。

矔　丨，張目。〔廣韻·換部〕〇丨，一曰閉一目。〔集韻·換部〕〇丨之言灌注也。〔說文〕「丨，目多睛也」段注。

懽　丨，憂無告也。〔廣韻·換部〕〇憂無告之訓正字作丨。〔說文〕「悹，悹也」段注。〇丨與歡音義皆略同。〔說文〕「丨，喜歎也」段注。〇丨，借歡字。〔說文〕「丨，喜歎也」義證。〇丨丨，即〔大雅〕之「老夫灌灌」。〔說文〕「丨，喜歎也」段注。〇悹悹、丨丨、灌灌，並字異而義同。〔爾雅〕曰丨丨、愮愮，憂無告也。〔廣雅·釋詁一〕「悹，憂也」疏證。〇丨即灌。〔釋訓〕「丨丨，憂無告也」鄭注。〇丨又借灌字。〔說文〕「丨，喜歎也」義證。〇丨，或从言。〔集韻·換部〕〇丨，或借讙字。〔說文〕「丨，喜歎也」義證。

翫　丨，曰厭之也。〔說文〕「丨，習厭也」繫傳。〇丨，習也。〔廣韻·換部〕〇丨，弄也。〔易·繫上〕「是故君子則觀其象而丨其辭」李疏引虞注。〇丨，或作抏。〔集韻·換部〕〇丨，此與心部忨音同義近。〔說文〕「丨，習猒也」段注。〇丨與忨古字通。〔釋言〕「愞，忨也」郝疏。〇忨、丨、玩並通。〔廣雅·釋詁二〕「忨，貪也」疏證。〇忨、丨、愒、㵿並通。〔廣雅·釋言〕「慘，愒也」疏證。〇〔說文定聲·卷一四〕丨，叚借為玩。張華詩「流目丨鯈魚」。

⿰𤔔攵　丨，煩也。〔廣韻·換部〕〇煩擾為丨。〔說文定聲·卷一八〕〔㲋〕〔下〕〇丨，治也，理也。〔卷六〕〔縮〕〔下〕〇丨，與受部𤔔、乙部亂、言部䜌音義皆同。〔說文〕「丨，煩也」段注。〇丨，通作亂。〔集韻·換部〕〇丨，經典通作亂。〔說文〕「丨，煩也」義證。〇丨，經典借亂字。〔同上〕句讀。〇丨，經傳皆以亂為之。〔說文定聲·卷一四〕

𤔔　丨者，亂也。〔說文繫傳·通論下〕〇丨，理也。〔廣韻·換部〕〇丨，此與乙部亂音義皆同。〔說文〕「丨，治也」段注。〇許書之丨字，紊也，煩也。〔說文定聲·卷六〕〔縮〕〔下〕〇丨，古文作𤕦。〔說文〕「丨，治也」義證引〔玉篇〕。〇丨與䜌同。〔說文〕「敽，煩也」句讀。〇丨與亂相反。〔同上〕〇丨，實即亂之古文。〔說文定聲·卷一四〕

⿱臤玉　丨，石似玉。〔集韻·翰部〕

祘　丨，明也。〔廣韻·換部〕〇筭字古作丨。〔字詁〕〇丨，實即筭之古文也。〔說文定聲·卷一四〕〇今少年白髮曰丨髮。〔通雅·身體〕引升菴。

姅　丨，傷孕。〔廣韻·換部〕〇丨，傷孕也。〔集韻·換部〕〇〔說文定聲·卷一四〕丨謂月事。〔說文〕「丨，媰人污也」。

料　丨，五升。〔廣韻·換部〕〇丨，一曰升五十謂之丨。〔集韻·換部〕〇丨，五升，量名。〔說文定聲·卷一四〕〇〔同上〕丨，以半為之。〔史記·項羽紀〕

「士卒食半菽」。

鏉 |，燒鐵炙也。〔廣韻・換部〕〇|，〔埤倉〕燒鐵久也。一曰灼鐵以識簡次。〔集韻・換部〕

𢧀 |，本讀如干。〔說文〕「|，盾也」段注。〇|，經典皆借干。〔同上〕句讀。〇|，通作干。〔同上〕義證。

旱 |與悍同音，則亦可通用也。〔呂覽・去宥〕「激水則|」校正引小司馬。

衦 〔說文定聲・卷一四〕|，摩繒帛之襵縐而展之，猶曰熨也，熨以火，|以手。〔說文〕「|，摩展衣也」。

鼾 |，鼻睡。〔廣韻・翰部〕

澣 |，洗也。〔說文〕「澣，濯衣垢也」義證引〔三蒼〕。〇|，濯也。〔同上〕義證引〔玉篇〕。

袢 |，煩溽也。〔說文〕「|，無色」繫傳。〇|，近身衣也。〔同上〕〇|，衣無色。〔集韻・換部〕又〔說文〕「|，無色也」義證引〔玉篇〕。又〔說文定聲・卷一四〕。

⿰車曼 |，一曰戰車以遮矢也。〔集韻・換部〕〇|之言幔也。〔說文〕「|，衣車蓋也」段注。〇|，通作幔。〔同上〕義證。〇衣四圍者曰帷，衣其上者曰|，即幔也。〔說文定聲・卷一四〕〇|，又通作縵。〔說文〕「|，衣車蓋也」義證。

㪔 |，分離也，引伸凡|皆作散，散行而|廢矣。〔說文〕「散，襍肉也」段注。〇〔說文定聲・卷一四〕|，林|之意也。〔說文〕「|，分離也」。〇|，經典借散字。〔說文〕「|，分離也」義證。〇|，經傳皆以散為之。〔說文定聲・卷一四〕

瓚 |，圭也。〔集韻・換部〕〇|，一曰雜名。〔同上〕〇|，一曰祼器。〔同上〕〇|，通作飧。〔周官・玉人〕「祼用|」平議。

癉 |，齊作癉。〔詩・板〕「下民卒|」集疏。〇|，通作憚。〔說文〕「|，勞病也」義證。〇|，借憚為之。〔同上〕句讀。〇|與憚古亦通用。〔方言六〕「憚，怒也」箋疏。〇〔說文定聲・卷一四〕|，以憚為之。〔詩・大東〕「哀我憚人」。

⿰韋段 |，履跟箸以韋使堅厚也。〔說文定聲・卷一四〕

⿸广夓 |與䴠同。〔廣雅・釋獸〕「麛，䴠也」疏證。〇〔說文定聲・卷一四〕|，字亦作䴠。〔吳都賦〕「翳薈無䴠鷚」。

䴠 |與⿰耎隹，聲義亦相近。〔廣雅・釋詁三〕「⿰耎隹，少也」疏證。

⿸广耎 |即䴠之省文。〔說文〕「⿸广夓，鹿麛也」義證。

鴠 |鳴，鳥名。〔廣韻・翰部〕〇|鳴，鳥名，獨舂也。〔集韻・換部〕

囋 |，讖也。〔集韻・換部〕〇讖|，嘲也。〔廣韻・翰部〕

但 |，辝也。〔廣韻・翰部〕

怛 |，當讀為旦。〔列子・力命〕「易|也哉」平議。

⿱旦心 |，傷也。〔廣韻・翰部〕〇|，今〔詩〕作旦。〔說文〕「|，從心旦聲」繫傳。

⿰歹柬 |與爛通。〔廣雅・釋詁三〕

渜 |，浴餘汁也。〔廣韻・換部〕〇|，沐浴餘潘。〔集韻・換部〕

濡 |，渜，或从需。〔集韻・換部〕

拌 |，留止也。〔慧琳音義・卷一六〕引〔考聲〕。〇|，弃也。〔集韻・換部〕〇以此與彼相和攪曰|。〔慧琳音義・卷一六〕

⿱山旱 |，厝也。〔廣韻・翰部〕〇|，廣厚也。〔集韻・翰部〕〇|，一曰不恭也。〔同上〕

僈 |，狡也。〔慧琳音義・卷九六〕引〔考聲〕。〇|讀為曼。〔荀子・非十二子〕「|差等」雜志。〇曼差等即無差等，作|者，借字耳。〔同上〕〇|，慢字異文。〔墨子・經說上〕「而俱有敬|焉」閒詁引畢沅。

⿰女旱 |，謂婦人齊正皃。〔集韻・翰部〕〇|與忓聲近而義同。〔廣雅・釋詁一〕「忓，好也」疏證。〇|與嫧皆容止整齊鮮潔之貌，故|、嫧、鮮同為好也。〔方言一〇〕「|、嫧，鮮，好也」疏證。

个 |，射侯舌也。〔集韻・換部〕

伴 |仵，相拒。〔集韻・換部〕〇|，一曰偶也。〔同上〕

儃 |，何也。〔集韻・換部〕〇|漫，縱逸。〔集韻・換部〕

兓 |，二人屈己以贊也。〔集韻・換部〕

厂 |，山石之崖。〔廣韻・翰部〕

厈 |，與崖岸之岸聲相近也。〔廣雅・釋邱〕「|，厓也」疏證。〇|，今本作岸。〔漢書・刑法志〕「除山川沈|」補注。

嘽 ——，喜樂盛皃。〔集韻·换部〕

㕭 —喭，失容。〔廣韻·换部〕〇—喭，失容也。〔集韻·换部〕〇—喭，剛强皃。（同上）

⿱罒旦 —，逐疫也。〔集韻·换部〕

⿰口斬 俗以人語煩數曰—，盖囋也，音贊。〔通雅·諺原〕

⿰口鄂 —，呼也。〔廣韻·翰部〕又〔集韻·翰部〕。〇—，同喚。〔廣韻·换部〕〇—，或作囂。〔集韻·换部〕

垾 —，小堤。〔廣韻·翰部〕〇—，堤也。〔集韻·翰部〕

⿰土奐 —，水濱地。〔集韻·换部〕〇—，一曰城下田。（同上）

墁 —，所以塗飾牆。〔廣韻·换部〕〇—，塗具。通作鏝、槾。〔集韻·换部〕〇—，字亦通作槾。〔左傳襄公三一年〕「圬人以時」洪詁。

坢 —，坋也。〔集韻·换部〕

⿸广旦 —，小舍。〔廣韻·翰部〕又〔集韻·换部〕。〇—，一曰小杯。〔集韻·换部〕〇⿰舟旦、—並音丁案反，義相近也。〔廣雅·釋器〕「⿰舟旦，卮也」疏證。

⿰巾干 —，布袋。〔廣韻·翰部〕〇—，布囊。〔集韻·翰部〕

⿱夗巾 —，幰也。〔集韻·换部〕

帴 —，二幅。〔廣韻·翰部〕

幔 —，巾撊也。〔集韻·换部〕

幔 —，巾帽。〔廣韻·翰部〕〇—，又塗著也。（同上）

夐 —，大目。〔集韻·换部〕

妧 —，好皃。〔廣韻·换部〕〇—，好皃。〔集韻·换部〕引〔字林〕。

婠 —，好皃。〔廣韻·换部〕又〔集韻·换部〕。

⿰女炭 —嫯，無宜適也。〔廣韻·翰部〕〇—嫯，無儀適皃。〔集韻·换部〕

媻 —，奢也。〔集韻·换部〕〇—，一曰下妻。（同上）

孏 爛與—亦聲近義同。〔廣雅·釋詁一〕「—，好也」疏證。

弙 —，拒也。〔廣韻·翰部〕〇—，弓拒也。〔集韻·翰部〕

⿰弓旱 —，弙，或不省。〔集韻·翰部〕

⿰采彡 —，文彩盛皃。〔集韻·换部〕

怑 —悍，不順。〔集韻·换部〕

捥 —，同腕。〔廣韻·换部〕〇古文—作掔。〔左傳定公八年〕「涉佗捘衛侯之手及—」洪詁。〇—，古腕字。（同上）洪詁引〔史記索隱〕。〇—，當從〔說文〕作掔。（同上）洪詁。

⿰扌段 —，捶衣。〔集韻·换部〕

撣 —，—觸也。〔廣韻·翰部〕〇—，觸也。〔集韻·换部〕

攢 —，聚也。〔廣韻·换部〕〇—，訟也。〔廣韻·翰部〕〇—，徂畔切，聚也。〔集韻·换部〕

攛 —，擲也。〔集韻·换部〕

栫 —，猶〔說文〕之罧、〔小爾雅〕之橬、〔詩〕「潛有多魚」之潛也，皆柴木所壅。〔說文定聲·卷一五〕

槾 —，貪也。一曰木名，一曰木脂。〔集韻·换部〕引〔博雅〕。

梡 —，俎有足者。〔集韻·换部〕

棺 —，殮屍。〔廣韻·换部〕〇—，以—斂也。〔集韻·换部〕

樌 —，木叢生也。〔廣韻·换部〕〇—，木叢生。〔集韻·换部〕〇—，通作灌。（同上）

權 樌，或作—。〔集韻·换部〕

檄 —，杵聲齊也。〔集韻·换部〕

渙 —爛，文彩。〔集韻·换部〕〇—，通作奂。（同上）

⿰嵗攵 —敱，無文章皃。〔廣韻·翰部〕〇—敱，無文采皃。〔集韻·换部〕

眅 ｜，大也。〔集韻·换部〕

旵 ｜，明也，或从單。〔集韻·换部〕

曼 ｜、莫、無，一聲之轉。〔廣雅·釋言〕「｜，無也」疏證。○｜衍，無心也。〔莊子·寓言〕「因以｜衍」集釋。○｜衍，猶變化也。〔莊子·齊物論〕「因之以｜衍」集釋。

⿰歹内 ｜，同殘。〔廣韻·翰部〕○｜，禽獸所食餘。〔集韻·换部〕

殩 ｜，孝，秦人云饋喪家食。〔廣韻·换部〕

毕 京師謂物之行濫者曰｜賴。〔通雅·諺原〕○雲南夷俗，牒言誣陷人曰｜賴之事。｜音嚾。〔同上〕引〔餘冬序録〕。

汻 ｜，水涯。〔廣韻·换部〕○｜，水流也。〔集韻·换部〕○｜，一曰厓也。〔同上〕○水畔曰｜，猶滸也。〔通雅·地輿〕

浣 ｜，〔儀禮〕古文假為盥。〔説文〕「｜，今瀚从完」段注。○去垢曰｜，用足。〔説文定聲·卷八〕〔涑〕下

浼 ｜，洿池。〔集韻·换部〕○漫、｜，並與浼通。〔廣雅·釋詁三〕「浼，污也」疏證。

⿰氵郴 ｜｜，江湘間謂如是曰｜｜。〔集韻·翰部〕

漶 漫｜，不可知也。〔廣韻·换部〕○漫｜，難測兒。〔集韻·换部〕

潵 ｜，水散也。〔集韻·换部〕

藧 ｜，艸也。〔集韻·换部〕

灘 ｜，水奔。〔廣韻·翰部〕○｜，水奔流兒。〔集韻·换部〕

灓 ｜，絶水渡也。〔廣韻·换部〕○｜，沙丘絶水横流也。〔集韻·换部〕○一曰正絶流渡曰｜，通作亂。〔同上〕

瀬 ｜湏，水兒。〔集韻·换部〕

⿰氵鷬 ｜，水濡乾也。〔廣韻·翰部〕○｜，水濡而乾也。〔集韻·翰部〕

湠 ｜漫，水廣兒。〔廣韻·换部〕引〔字林〕。又〔集韻·换部〕。

⿰火果 楚人謂火曰｜。〔集韻·换部〕

⿸厂炎 ｜，火色。〔集韻·翰部〕

爤 ｜，亦作爛。〔廣雅·釋詁三〕「｜，熟也」疏證。○〔説文定聲·卷一四〕｜，叚借為連。〔詩·韓奕〕「爤其盈門」。○〔同上〕｜，叚借為然。〔楚辭·雲中君〕「爤昭昭兮未央」。

牉 ｜，｜合夫婦也，本亦作判。〔廣韻·换部〕○｜，半也。｜合，合其半以成夫婦也。〔集韻·换部〕引〔字林〕。○｜，半也。〔楚辭·惜誦〕「背膺｜以交痛兮」補注引〔字林〕。

狚 獦｜，獸名，似狼。〔廣韻·翰部〕○獦｜，獸名，巨狼也。〔集韻·换部〕

獌 ｜，狼屬。〔廣韻·换部〕○｜，狼屬，亦作貓。〔集韻·换部〕

⿰豸曼 ｜，同獌。〔廣韻·换部〕○｜，獌或从豸。〔集韻·换部〕

琬 ｜｜，圭名。〔廣韻·换部〕○｜｜，圭名。〔集韻·换部〕

瑖 ｜，石之似玉。〔廣韻·换部〕○｜，石之似玉者。〔集韻·换部〕

瓓 ｜，玉采。〔集韻·换部〕

⿸疒丸 ｜，癱疽屬也。〔廣韻·换部〕

痯 ｜，同癯。〔廣韻·换部〕

⿸疒亶 ｜，癬病。〔集韻·换部〕

⿸疒雚 ｜，病也。〔廣韻·换部〕

皯 ｜，面黑氣，或从面。〔集韻·翰部〕

⿰段皮 ｜，射｜，以皮｜臂。〔廣韻·翰部〕○射韝謂之｜。〔集韻·翰部〕

⿰目凡 ｜｜，大目兒。〔廣韻·换部〕又〔集韻·换部〕。

睆 ｜眅，大目。〔廣韻·换部〕又〔集韻·换部〕。○｜眅，轉目。〔同上〕

渙 ｜，國在流沙東。〔廣韻·换部〕

⿰石蘭 丨丨，玉石皃。〔集韻·換部〕

⿰礻舌 丨，報神祭也。〔集韻·換部〕

禶 丨，祝神也。〔集韻·換部〕

穳 丨，禾肥死。〔廣韻·翰部〕〇丨，禾茂不實也。〔集韻·換部〕

⿱宀⿰氵奐 丨，雲皃。〔集韻·換部〕

竿 丨，竹器。〔廣韻·換部〕又〔集韻·換部〕。

遵 竿，或作丨。〔集韻·換部〕

箮 丨，笞也。〔廣韻·翰部〕〇丨，一曰笞也。〔集韻·換部〕〇丨，筥也。〔同上〕〇丨，一曰笲篅，以籧篨，直文而粗，江東呼為丨。〔同上〕

⿱竹餘 丨、蘱，聲之轉也。〔廣雅·釋草〕「蘱，章以也」疏證。

糷 丨，飯相著。〔廣韻·翰部〕〇丨，餅糜相箸也。〔集韻·換部〕〇丨音爛。〔釋器〕「摶者謂之丨」鄭注。

繖 丨，蓋也。〔廣韻·翰部〕又〔集韻·換部〕。〇丨，或作傘。〔同上〕

羅 丨，縕也。〔廣韻·翰部〕

⿰月反 丨，肉也。〔集韻·換部〕

⿰月旱 臢丨，刀箭瘡藥，出古兵格。〔廣韻·翰部〕〇臢丨，藥名，出西蕃，治金創。〔集韻·翰部〕〇丨，通作汗。〔同上〕

⿰月戔 丨，禽獸食餘。〔廣韻·翰部〕

⿰月奐 丨，肥也。〔集韻·換部〕

⿱艹旦 丨，艸名。〔集韻·換部〕

⿱艹亂 小蒜根曰丨子。〔集韻·換部〕

⿱艹槃 丨，草，可為席。〔廣韻·翰部〕〇丨，草名，可為席。〔集韻·換部〕

⿱艹韓 丨，草名。〔廣韻·翰部〕又〔集韻·翰部〕。

鶾 丨，天雞。〔廣韻·翰部〕〇丨，一曰天雞。〔集韻·翰部〕〇丨，一曰莎雞。〔同上〕〇丨，小蟲名，黑身赤頭。〔同上〕〇丨，音汗，莎雞也，一名酸雞，一名㩌雞，黑身赤頭，似斑猫。〔釋蟲〕「丨，天雞」鄭注。〇〔說文定聲·卷一四〕丨，即鶾字。〔釋蟲〕「丨，天雞」。

⿰虫貫 丨，蟲名，螺也。〔集韻·換部〕

蠸 丨，蟲名，大鼈也。〔集韻·換部〕

⿰衤官 丨，袴別名。〔廣韻·換部〕〇丨，韋袴。〔集韻·換部〕

襸 丨，衣好皃。〔廣韻·翰部〕〇鮮衣謂之丨。〔集韻·換部〕

覶 丨，委曲也。〔集韻·換部〕

⿰舟旦 丨，小艑。〔廣韻·翰部〕〇丨，小卮。〔集韻·換部〕〇丨，卮，並音丁案反，義相近也。〔廣雅·釋器〕「丨，卮」疏證。

⿰言反 丨，諺，自矜。〔集韻·換部〕

⿰言半 丨，巧言也。〔集韻·換部〕

貒 丨，野豚。〔廣韻·換部〕

趲 丨，散走。〔廣韻·翰部〕〇丨，逼使也。〔集韻·換部〕

踹 丨，足丨。〔廣韻·換部〕〇丨，足也。〔集韻·換部〕

⿺辶半 丨，去也。〔集韻·換部〕

⿺辶彦 丨，遨也。〔集韻·翰部〕

遦 丨，行也。〔廣韻·換部〕又〔集韻·換部〕。

輐 丨斷，刑截所用。〔集韻·換部〕〇丨斷，即下文輐斷。〔莊子·天下〕「椎拍丨斷」集解。

⿰酉旦 丨，與⿰舟旦同。〔廣雅·釋器〕「⿰舟旦，卮也」疏證。

⿰倝目 丨，看，或从軋。虛旰切，晞也。〔集韻·翰部〕

錧 丨，車軸頭鐵。〔廣韻·換部〕〇丨，一曰車軸耑鐵。〔集韻·換部〕〇丨，一曰江南人呼犂刃。〔廣韻·換部〕〇丨，田器。〔集韻·換部〕引〔字林〕。

鋓丨，柔鐵。〔集韻·翰部〕

鐶丨，臂鐶。〔廣韻·換部〕○鐶手謂之丨。〔集韻·換部〕

鏝丨，同墁。〔廣韻·換部〕○丨刀，工人器。〔同上〕○丨，今謂之泥匙。〔釋宮〕「丨謂之杇」郝疏。○丨胡，戟也。秦晉語。〔集韻·換部〕○丨杇猶言模餬，亦言漫畫，俱一聲之轉。〔釋宮〕「丨謂之杇」郝疏。

鏾丨，弩也。〔集韻·換部〕

鑵丨，瓦器也，或作欟。〔慧琳音義·卷八三〕引〔考聲〕。○丨，汲水器也。〔廣韻·換部〕

罐丨，汲器，或从金，亦作欟。〔集韻·換部〕

鑭丨，光丨。〔廣韻·翰部〕○丨，金采也。〔集韻·換部〕

⿰镸岸丨，長大。〔廣韻·翰部〕

⿰阝岸丨，險也。〔集韻·換部〕

麵丨，負面。〔集韻·換部〕

靽丨，同絆。〔廣韻·換部〕○丨絆字同。〔左傳僖公二八年〕「韅靷鞅丨」洪詁。○丨，駕牛具在後曰丨。〔集韻·換部〕○在足曰丨。〔說文〕「馽，絆馬也」義證引〔急就篇〕顏注。

頇丨，頭無髮也。〔廣韻·翰部〕○丨，無髮也。〔集韻·翰部〕○一曰冠欹後謂之丨。〔集韻·翰部〕

頖丨，同泮。〔廣韻·換部〕○丨之言班也。〔說文〕「泮，諸侯饗射之宮」段注。○丨，蓋覃字之異體。〔說文〕「覃，頭髮半白也」段注。○丨宮，郊之學也。〔公羊傳成公七年〕注「必先有事於泮宮」陳疏。○丨宮，官舍也。〔廣雅·釋宮〕「丨宮，官也」疏證。

⿰岸頁丨，額也。〔集韻·翰部〕

餪婚三日而宴謂之丨。〔集韻·換部〕

⿸厂⿱日食丨，食也。〔廣韻·翰部〕○丨，此即饘粥之饘，然又音贊。今俗以膠粘之食為贊，或以醬醢贊物，皆當是丨字。〔通雅·諺原〕

馯丨⿰馬岸，馬行。〔廣韻·換部〕○丨⿰馬岸，馬行兒。〔集韻·換部〕

⿰骨完丨，膝骨。〔廣韻·換部〕

⿱髟贊丨，髮光澤也。〔廣韻·翰部〕又〔集韻·換部〕。○嬇、丨，皆好之義也。〔廣雅·釋詁一〕「嬇，好也」疏證。

⿱髟岸丨，卧髻。〔集韻·換部〕

⿰見鬼丨，見鬼驚詞。〔集韻·換部〕

⿰角元丨斷，無圭角兒。〔集韻·換部〕

⿰角完丨斷，無圭角也。〔莊子·天下〕「椎拍輐斷」集釋引郭象。

⿰魚奐丨，魚名。〔廣韻·翰部〕又〔集韻·翰部〕

⿰魚敢丨，魚撞罔聲。〔廣韻·換部〕○丨，魚觸罔也。〔集韻·換部〕

鳱丨鵠，小鳥。〔集韻·翰部〕○丨鳴，鳥名，或从旱。〔同上〕

⿰堇鳥〔說文定聲·卷一四〕丨，段借為亂。〔公羊傳隱公四年〕「請作難」。○〔同上〕丨，段借為儺，實為魌。〔周禮·占夢〕「遂令始難毆疫」。

鶾丨，雞肥兒。〔說文〕「丨，雞肥翰音者也」段注引〔玉篇〕。○〔說文定聲·卷一四〕丨，又名錦雞。〔爾雅〕「丨，天雞」。○丨，音汗，今有吐錦雞，蓋雉類，惟蜀中有之，甚有文彩。〔釋鳥〕「丨，天雞」鄭注。○丨，〔爾雅〕以翰為之。〔說文定聲·卷一四〕○丨，〔西山經〕、〔中山經〕以翰為之。〔說文定聲·卷一四〕○丨，當作翰。〔釋鳥〕「丨，天雞」郝疏。○丨當為翰。〔說文〕「丨，雉肥丨音者也」義證。

鶨丨，鳥名。〔廣韻·翰部〕又〔集韻·換部〕

鸛丨，同雚。〔廣韻·換部〕○丨，丨雀也。似鴻而大，長頸，赤喙，白身，赤尾翅。〔詩·東山〕「丨鳴于垤」集疏。

⿰鳥雚〔說文定聲·卷一四〕丨，段借為雚。〔詩·東山〕「丨鳴于垤」。

褍丨，正衣也。〔集韻·換部〕

續經籍纂詁卷第七十五

去聲

十六 諫

諫 丨者，間也。〔說文繫傳·通論下〕○丨，丨諍，直言以悟人也。〔廣韻·諫部〕○丨，正也。〔論語·陽貨〕「往者不可丨」劉正義。○引申之，凡糾正萬民之事通謂之丨。〔周禮·司徒〕「司丨中士二人」孫正義。○丨止其君之過謂之丨救。〔荀子·非相〕「丨救是也」雜志。○丨讀為間。〔韓子·八經〕「設丨以綱獨為」集解引王渭。○丨議大夫即丨大夫也。〔漢書·百官公卿表〕「武帝元狩五年初置丨大夫」補注。○丨當作謀。〔漢書·敘傳〕「耳丨甘公」補注引錢大昭。○丨盎，當為謀盎。〔漢書·爰盎傳〕「丨盎曰」補注。

鴈 鶩用丨者，取其隨時。〔廣韻·諫部〕引〔白虎通〕。○丨，鳥名，似鵝，畏寒，秋南春北。〔詩·匏有苦葉〕「雝雝鳴丨」朱傳。○古之所謂丨，即今之所為鵞。〔義府·卷下〕○禮經單言丨者，皆鴻雁也。〔說文〕「丨，鵝也」段注。○丨之與鵝，對文則異，散文則通。〔廣雅·釋鳥〕「鳴鵝，鴈也」疏證。○丨謂鵝也。〔周禮·膳夫〕「膳用六牲」述聞。○丨，蓋鵝也。〔儀禮·士昏禮〕「納采用丨」述聞。又〔儀禮·士相見禮〕「下大夫相見以丨」述聞。○丨亦鵝也。〔書·堯典〕馬注「二生為羔丨」述聞。○丨亦謂鵝也。〔禮記·王制〕「稻以丨」述聞。○古者謂鵝為丨。〔周禮·大宗伯〕「大夫執丨」述聞。○野鵝曰丨，家鵝曰舒丨。〔說文定聲·卷一四〕○今字雁、丨不分久矣。〔說文〕「丨，鵝也」段注。○丨行，猶顏行。〔通雅·釋詁〕○丨行，言以次進。〔國策·魏策三〕「請為天下丨行頓刃」鮑注。○丨門乃岸門之誤。〔史記·秦本紀〕「二十四年，與晉戰丨門」志疑。○丨、鵝，古人則通。〔釋鳥〕「舒丨，鵝」郝疏。○丨當讀為僞。〔義府·卷下〕○丨蓋即贗之叚借字。如今之作僞古物曰燒瘢貨是也。〔說文〕「贗，火色也」段注。○〔說文定聲·卷一四〕丨，叚借為雁。〔詩〕「鴻丨于飛」傳「大曰鴻，小曰丨」。○丨當為鷹。〔說文〕「鷹，白鷹，王鴡也」義證。○丨即今鴨，聲相近。〔方言八〕「丨，自關而東謂之駉鵝」箋疏。

鳫 丨，同鴈。〔廣韻·諫部〕○丨與鴈同，或作雁。〔廣雅·釋鳥〕「鳴鵝，丨也」疏證。

雁 丨，鵝也。〔晏子春秋·外篇〕「菽粟食凫鴈」雜志。又〔莊子·山木〕「命豎子殺丨而烹之」集釋。○對文則鵝與丨異，散文則鵝亦謂之丨。〔晏子春秋·外篇〕「菽粟食凫鴈」雜志。○丨亦鴻類也。〔說文〕「丨，鳥也」義證引〔急就篇〕顏注。○大曰鴻，小曰丨，丨隨陽飛，有行列，近人道，〔昏禮〕、〔士相見禮〕用之，故从人。〔說文定聲·卷一四〕○丨行，謂在旁而差後。〔詩·大叔于田〕「兩驂丨行」集疏引王引之。○〔通雅·卷二六〕丨戶，流庸也，謂如丨來去無常也。〔唐書〕「編民有丨戶」。○丨，此與鳥部鴈別。〔說文〕「丨，鳥也」段注。○經典鴻丨字多作鴈。〔同上〕○丨通作鴈。〔說文〕「丨，鳥也」義證。○〔說文定聲·卷一四〕丨，以鴈為之。〔詩·匏有苦葉〕「雝雝鳴鴈」。○丨，諸本作鴈。〔左傳成公一六年〕「至于鳴丨」洪詁。

患 丨，憂之深也。〔說文繫傳·通論下〕○丨，憂也。〔廣韻·諫部〕○丨，難也。〔大戴·曾子制言〕「不通丨而出危色」王詁。○丨，病也。〔廣韻·諫部〕○丨猶病也。〔禮記·三年問〕「丨邪淫之人」述聞引吳證。○丨，苦也。〔廣韻·諫部〕○丨猶害也。〔禮記·三年問〕「丨邪淫之人」述聞引〔集說〕。○丨，惡也。〔廣韻·諫部〕○丨，禍也。〔同上〕○丨之言貫也。〔說文繫傳·通論下〕○丨者，慣也。〔同上〕○丨讀為串。〔韓子·五蠹〕「其丨御者積於私門」平議。○丨猶言近習。〔同上〕集解引俞樾。○古文心臼臼為丨。〔說文繫傳·通論下〕○心門丱為丨。〔同上〕○愚誤為丨。〔禮記·三年問〕「丨邪淫之人」述聞。○丨當作惡。〔韓子·內儲說下〕「因丨申生於君而殺之」集解。

澗 丨，猶隈也。〔說文〕「丨，山夾水也」繫傳。○山夾水曰丨。〔詩·考槃〕「考槃在丨」朱傳。又〔詩·采蘩〕「于丨之中」朱傳。○丨，溝丨。〔廣韻·諫部〕○丨亦與干通，山間丨水也。〔詩·考槃〕「考槃在丨」後箋。○丨，當作間，古字干、間通。〔同上〕後箋引惠棟。○丨，或作㵎。〔集韻·襇部〕

閒 丨者，門開則中為際，凡罅縫皆曰丨。〔說文〕「丨，隙也」段注。○丨者，隙之可尋者也，故曰丨廁，曰丨迭，曰丨隔，曰丨諜。〔同上〕○丨，隙也。〔大戴·千乘〕「崩本以要丨」王詁。又〔莊子·則陽〕「縣衆丨者也」集釋。○丨，隙也，乘丨而出。〔漢書·高帝紀〕「可以丨出」補注引周壽昌。○丨即猶今人之言丨或也。〔史記·酷吏列傳〕「罪常釋聞即奏事」雜志。○丨，廁也。〔廣韻·襇部〕又〔集韻·襇部〕。○丨，隔也。〔廣韻·襇部〕○丨猶與也。〔孟子·離婁下〕「政不足與丨也」平議。○丨編，言丨廁而編之也。〔通雅·釋詁〕○丨即奏事，猶言有時奏事。〔漢書·張湯傳〕「丨即奏事」補注引王闓運。○丨，代也。〔慧琳音義·卷二六〕引〔玉篇〕。又〔廣韻·襇部〕。又〔集韻·襇部〕。又〔韓子·說難〕「故與之論大人，則以為丨己矣」集解引舊注。○丨，更代也。〔荀子·王制〕「丨樹藝」集解引郝懿行。○丨，迭也。〔廣韻·襇部〕○丨，私也。〔國策·秦策〕「丨有所立」雜志。又〔史記·魏公子列傳〕「屏人丨語」雜志。又〔漢書·荊燕吳傳〕「使人丨招楚大司馬周殷」雜志。○丨者，私也。〔漢書·薛宣朱博傳〕「丨步至廷尉中」雜志。○古謂私為丨。〔同上〕雜志。○丨，送也。〔廣韻·襇部〕○丨，亂也。〔慧琳音義·卷二六〕引〔玉篇〕。○丨，反丨也。〔大戴·千乘〕「小曰丨」王詁。又〔韓子·存韓〕「夫攻伐而使從者丨焉」集解引顧廣圻。○丨猶言覸也。〔左傳莊公八年〕「使丨公」疏證。○丨，言伺其丨。〔墨子·非儒下〕「齊將伐魯」閒詁引畢沅。○丨，瘳也。〔廣韻·襇部〕又〔集韻·襇部〕。又〔楚辭·自悲〕「身被疾而不丨兮」補注。○丨讀為

諫。〔韓子·説難〕「故與之論大人，則以為丨己矣」集解。○丨當讀為姦。〔管子·權修〕「上好詐謀丨欺」平議。○丨與閑同。〔荀子·王制〕「丨樹藝」雜志。○丨，〔玉篇〕作澗。〔説文〕「㕣，山丨陷泥地」段注。○丨當為澗。〔墨子·明鬼下〕「不可為幽丨廣澤」閒詁引畢沅。○丨當作澗。〔史記·高祖本紀〕「漢王、項羽相與臨廣武之丨而語」志疑。○丨當作閒。〔墨子·非儒下〕「丨齊將伐魯」閒詁引蘇時學。○〔困學紀聞〕引丨作簡。〔管子·水地〕「丨易而好正」義證引孫星衍。

宦　丨，仕丨。〔廣韻·諫部〕○丨，謂已仕而學者。〔禮記·曲禮〕「丨學事師」集解。○丨，丨學士也。〔左傳宣公三年〕「丨三年矣」洪詁引服虔。○丨，猶今試用學習之官也。〔説文定聲·卷一四〕○丨，學也。〔廣韻·諫部〕又〔禮記·曲禮〕「丨學事師」集解引服虔。○丨，執事於中也。〔説文〕「丨，仕也」繫傳。○丨，亦閹丨。〔廣韻·諫部〕○〔周官〕經謂丨者為奄，以精氣閉藏名之，覆蓋義之引申也。〔説文〕「奄，覆也」段注。○此所云丨謂郎也。〔漢書·景帝紀〕「今訾算十以上乃得丨」補注引姚鼐。○〔説文定聲·卷一四〕丨，段借為豢。〔左傳〕「妾為丨女焉」。○〔同上〕丨，以貫為之。〔詩·碩鼠〕「三歲貫女」。○丨，官本、監本正文、注俱作官。〔漢書·景帝紀〕「今訾算十以上乃得丨」補注。○丨，音夷。〔釋宮〕「東北隅謂之丨」鄭注。

晏　丨，天清也。〔廣韻·諫部〕○丨，晚也。〔同上〕又〔太素·三瘧〕「早丨何如」楊注。○丨，日暮。〔論語·子路〕「何丨也」劉正義。○丨之義當為温燠。〔詩·羔裘〕「羔裘丨兮」通釋。○丨者，陽也。丨陰，猶陰陽也。〔禮記·月令〕「以定丨陰之所成」述聞。○丨，鮮盛也。〔詩·羔裘〕「羔裘丨兮」朱傳。○丨之言安也。〔説文〕「丨，天清也」段注。○丨丨，猶安安。〔釋訓〕「丨丨，柔也」郝疏。○丨，柔也。〔廣韻·諫部〕○丨丨，和柔也。〔詩·氓〕「言笑丨丨」朱傳。○古丨、安通用。〔説文〕「丨，天清也」段注。○〔説文定聲·卷一四〕丨，段借為安。〔禮記·月令〕「以定丨陰之所成」。○丨與安古通。〔史記·十二諸侯年表〕「齊丨孺子元年」志疑。○〔説文定聲·卷一四〕丨，段借為妟。〔禮記·月令〕「以定丨陰之所成」。○丨者，宴之段借也。〔釋訓〕「丨丨，柔也」郝疏。○丨温，〔封禪書〕作曣嗢。〔漢書·郊祀志〕「至中山，丨温」補注引周壽昌。

慢　丨，自恣為憍，淩他為丨。〔慧琳音義·卷二五〕引〔玉篇〕。○丨，易也。〔廣韻·諫部〕○丨，放肆也。〔論語·泰伯〕「斯遠暴丨矣」朱注。○丨，倨也。〔廣韻·諫部〕○丨，輕侮也。〔説文〕「丨，一曰不畏也」義證引〔玉篇〕。○丨，怠也。〔廣韻·諫部〕○丨，遲也。〔詩·大叔于田〕「叔馬丨忌」朱傳。○丨，寬緩也。〔大戴·主言〕「丨怛以補不足」王詁。○丨之言漫漫也。〔孟子·滕文公〕「必丨其經界」平議。○〔説文定聲·卷一四〕丨，以嫚為訓。〔釋名〕「過時而不葬曰丨，謂丨傲不念早安神也」。○丨，幢者，欺侮不敬也。〔慧琳音義·卷一〇〇〕○丨侮，一作嫚侮、嫚姆、嫚侮。〔通雅·釋詁〕○〔説文定聲·卷一四〕丨，以嫚為之。〔書·大傳〕「寬而不察是丨也」。○〔同上〕丨，段借為嫚。〔廣雅·釋詁三〕「丨，傷也」。○〔同上〕丨，段借為⿺走曼。〔詩·大叔于田〕「叔馬丨忌」。○〔同上〕丨，段借為槾、為鏝。〔莊子·徐無鬼〕「郢人堊丨其鼻端」。

辦　丨，具也。〔慧琳音義·卷二〕引〔韻英〕。又〔廣韻·襇部〕。又〔集韻·襇部〕。○丨，俗辦。〔廣韻·襇部〕○丨，通作辨。〔集韻·襇部〕○丨，即辯之俗體字也。〔釋詁〕「供，具也」郝疏。

辨　丨，具也。〔廣韻·襇部〕○丨，俗字作辦。〔説文定聲·卷一六〕

盼　丨，目好流視也。〔説文〕「丨，詩曰美目丨兮」繫傳。○丨，目流眺。〔詩·碩人〕「美目丨兮」集疏引魯説。○丨，斜視也。〔慧琳音義·卷一〇〇〕引〔字書〕。○丨，視也。〔墨子·小取〕「之馬之目丨」閒詁引蘇時學。○丨，美目。〔廣韻·襇部〕○丨，美目也。〔説文〕「丨，詩曰美目丨也」義證引〔字書〕。○丨，黑白分明也。〔詩·碩人〕「美目丨兮」朱傳。○丨，目黑白分也。〔論語·八佾〕「美目丨兮」朱注。○丨，黑白分也。〔説文〕「丨，詩曰美目丨兮」義證引〔玉篇〕。○丨，目白黑分也。〔同上〕義證引〔字書〕。○〔説文定聲·卷一五〕丨，段借為眄。〔廣雅〕「丨，視也」。○丨與盻同。〔通鑑·周紀二〕「使田忌、田嬰、田丨將之」音注。○丨當作盻。〔韓子·外儲説右下〕「丨然環其眼」集解。○丨當作肦，即〔世家〕肦子。〔史記·六國年表〕「田忌、田嬰、田丨為將，孫子為師」志疑。

豢　丨，養畜也，食米曰丨。〔慧琳音義·卷九〇〕引〔韻詮〕。○丨，穀養畜。〔廣韻·諫部〕○牛馬曰芻，犬豕曰丨。〔同上〕○穀食曰丨，犬豕是也。〔孟子·告子上〕「猶芻丨之悦我口」朱注。○穀食曰丨。〔禮記·月令〕「案芻丨」集解。○丨，本謂養豕之名，通言之凡穀食之牲皆謂之丨，以對草食之牲謂之芻。〔周禮·槁人〕「掌丨祭祀之犬」孫正義。○養犬豕曰丨。〔左傳昭公二九年〕「有丨龍氏」洪詁引服虔。○丨，俗作⿰忄豢。〔説文〕「丨，以穀圈養豕也」義證。

鷃　丨同鴳。〔廣韻·諫部〕○丨，鴽屬。〔集韻·諫部〕○丨，或作鴳。〔同上〕

鴳　丨，今丨雀。〔説文〕「丨，雇也」繫傳。○丨，謂丨雀也，一名雇，今俗呼為丨爛堆。〔説文〕「丨，雇也」義證引〔急就篇〕顔注。○丨，音晏。〔釋鳥〕「老鳸，丨」鄭注。○〔説文定聲·卷一四〕丨，段借為宴。〔莊子·達生〕「樂鷃以鐘鼓也」。○丨，亦作鷃。〔説文定聲·卷一四〕

棧　丨，閣道也。〔慧琳音義·卷六三〕引〔考聲〕。○丨，險逕板道也。〔卷九三〕○丨，比木於危險處為路，名閣道也。〔卷八二〕引〔考聲〕。○丨，木丨道。〔廣韻·諫部〕○丨，通作轏。〔説文〕「丨，棚也」義證。

輚　丨，臥車，又寢車。〔廣韻・諫部〕○丨亦作轏。〔廣韻・諫部〕○丨，或从孱。〔集韻・諫部〕

慣　丨謂習也。〔慧琳音義・卷五〕引〔考聲〕。○久習於事曰丨。〔卷八〕○丨，習也。〔廣韻・諫部〕

串　丨，又作慣，心之習也。〔慧琳音義・卷四六〕引舍人。○丨，習也。〔廣韻・諫部〕○丨為慣，攢字之叚借也。〔説文〕「患，惪也」段注。○丨，穿也。〔廣韻・諫部〕○丨音貫。〔詩・皇矣〕「丨夷載路」朱傳。○丨即古貫字，〔爾雅〕與貫同訓習，此借義。〔字詁〕○丨即古貫字也。〔説文〕「瑻，琨或從貫」句讀。○丨即母之隸變。〔説文〕「貫，錢貝之母也」段注。○丨，古文毌。〔説文〕「患，惪也」義證。○〔字詁〕丨夷，即昆夷借字轉音。〔詩・皇矣〕「丨夷載路」。

轘　丨，車裂人。〔廣韻・諫部〕○丨音患，車裂也。〔通鑑・後梁紀〕「丨紀祥等於市」音注。

莧　丨，菜名。〔廣韻・襉部〕○丨為丨陸，即完陸也。〔通雅・疑始〕○丨，莖葉純紫，與今常食之丨類而不類。〔説文定聲・卷一四〕○丨，人丨也。〔易・夬〕「丨陸夬夬」李疏引董注。○丨實，一名莫實。〔説文〕「丨，丨菜也」義證引〔本草〕。○丨，當為莧。莧，喜説也。〔墨子・非樂上〕「將將銘丨磬以力」閒詁引江聲。○丨爾，笑皃。〔集韻・潸部〕○丨爾亦作莞爾。〔説文定聲・卷一四〕○丨，管字假音。〔墨子・備城門〕「梳關一丨」閒詁引畢沅。○丨當作筦，形相近，字之譌。〔書・虞夏書序〕「銘丨磬以力」孫疏。○丨、筦音近通用。〔墨子・非樂上〕「將將銘丨磬以力」閒詁引王紹蘭。○丨譆，〔説苑・君道篇〕作筦饒。〔吕覽・長見〕「丨譆數犯我以義」校正。○丨，俗作羱。〔説文〕「丨，山羊細角者」繫傳。○丨羊，似麢羊，角有文。〔同上〕○〔説文定聲・卷一四〕丨，山羊也。〔易・夬〕「丨陸夬夬」孟喜章句「丨陸，獸名」。

綻　丨，縫解也，或作袒。〔慧琳音義・卷一五〕○〔通雅・卷三六〕縫解曰丨。〔艷歌行〕「新衣誰當丨」。○縫解謂之丨。〔説文〕「袒，衣縫解也」義證引〔急就篇〕顔注。○丨，解也。〔禮記・内則〕「衣裳丨裂」集解。○丨又作䘺。〔廣雅・釋詁二〕「䘺，縫也」疏證。○丨同袒。〔廣韻・襉部〕○丨字古亦作䘺。〔説文〕「䘺，補縫也」段注。

幻　丨，謂相欺眩以亂人目也。〔慧琳音義・卷一〕引顧野王。又〔卷四六〕。○丨，惑也。〔慧琳音義・卷五一〕引〔考聲〕。○反道相與為丨。〔説文〕「丨，相詐惑也」繫傳。○丨，丨化。〔廣韻・襉部〕○丨，惑亂也。〔集韻・諫部〕○〔説文定聲・卷一四〕丨，叚借為眩字也。〔書・無逸〕「民無或胥譸張為丨」。

眩　幻，古作丨。〔集韻・襉部〕

𠫓　丨，幻，一説从到予。按謂即今户櫎字，象形。〔説文定聲・卷一四〕

訕　丨，謗也。〔廣韻・諫部〕○丨，謗毁。〔論語・陽貨〕「惡居下流而丨上者」劉正義。○丨，與〔女部〕姍音義同。〔説文〕「丨，謗也」段注。○丨與姍詈同。〔説文定聲・卷一四〕○丨，或作訕。〔集韻・諫部〕

丱　丨，童子總角。〔慧琳音義・卷八一〕引〔字鏡〕、〔韻詮〕。○丨，鬆角也。〔廣韻・諫部〕○丨，束髮皃。〔集韻・諫部〕○丨，音慣，兩角貌。〔詩・甫田〕「總角丨兮」朱傳。○丨，總角貌。〔同上〕通釋。○丨，引申之為〔詩〕「總角丨兮」之丨。〔説文〕「丨，古文丱」段注。〔「卵」下〕○丨，幼稚也。〔廣韻・諫部〕○丨，謂幼稚也。〔説文〕「蒜，葷菜也」段注。○丨，本〔説文〕丱字，古音如關，亦如鯤，引伸為「總角丨兮」之丨。〔説文〕「礦，銅鐵樸石也」段注。○丨者，丱字也。〔説文〕「丱，从絲省，丨聲」段注。○作丨者，丱之叚字。〔詩・甫田〕「總角丨兮」平議。○丨之為言貫也。〔同上〕○丨者，慣也。〔説文繫傳・通論下〕

卵　〔説文定聲・卷一四〕丨，剪髮為鬌形似之。〔詩・甫田〕「總角丱兮」。

骭　丨，脛骨。〔廣韻・諫部〕○丨，骹也。或从足。〔集韻・諫部〕

縵　丨，緩丨。〔廣韻・諫部〕○丨，緩也。〔集韻・諫部〕○丨，無文之稱。〔國策・魏策一〕「蔓蔓若何」鮑注。○丨樂，雜樂也。〔通雅・樂曲〕

嫚　丨，侮易。〔廣韻・諫部〕○丨，傲也。〔通鑑・漢紀四〕「辭極褻丨」音注。○丨易，言簡率也。〔漢書・酈食其傳〕「吾聞沛公丨易人」補注引王文彬。○丨與慢同意。〔漢書・司馬相如傳〕「柔橈嫚嫚」補注。○丨，今通用慢。〔説文〕「丨，侮易也」句讀。○〔説文定聲・卷一四〕丨，叚借為慢。〔漢書・薛宣傳〕「領職解丨」。○〔同上〕丨，叚借為鏝、為槾。〔荀子・正論〕「流淫汙丨」。○丨，字或作僈。〔説文〕「丨，侮易也」義證。○官本丨作慢。〔漢書・五行志〕「上丨下暴」補注。○丨丨，〔史記〕作嫚嫚，好也。〔文選・上林賦〕「柔橈丨丨」集釋。

謾　丨，欺丨。〔廣韻・諫部〕○丨，欺也。〔集韻・諫部〕○丨，音慢，欺誑也。〔通鑑・漢紀四〕「是面丨也」音注。○丨訑，巧黠不實也。〔説文〕「訑，沇州謂欺曰訑」義證引〔急就篇〕顔注。○丨與慢同。〔廣雅・釋訓〕「憪怟，欺丨也」疏證。○〔説文定聲・卷一四〕丨，叚借為慢。〔漢書・兩龔傳〕「婧丨亡狀」。

汕　丨，舒散皃。〔説文〕「丨，魚游水皃」繫傳。○丨，魚乘水上。〔廣韻・諫部〕○丨，魚撈也。〔集韻・山部〕○丨，樔也，以薄丨魚也。〔詩・南有嘉魚〕「烝然丨丨」朱傳。○丨，樔也。〔莊子・大宗師〕「藏山於澤」集釋引俞樾。○丨音訕。〔詩・南有嘉魚〕「烝然丨丨」朱傳。○罩罩、丨丨，群游之

貌，故又訓為衆。〔廣雅·釋訓〕「淖淖，衆也」疏證。○｜｜，言嘉魚欲伏則｜之使出。〔詩·南有嘉魚〕「烝然｜｜」後箋引〔埤雅〕。○｜，齊、韓作漼。（同上）集疏。

疝 ｜，病也。〔廣韻·諫部〕又〔集韻·諫部〕。○｜，腹中氣疾上下引也。〔說文〕「｜，腹痛也」義證引〔急就篇〕顏注。○｜，俗讀平聲曰｜氣。（同上）義證引趙宧光。

瓣 ｜，瓜也，一名瓠犀。〔說文〕「｜，瓜中實也」繫傳。○｜，瓜，瓠｜也。〔廣韻·襉部〕○瓜子一名｜。〔說文〕「｜，瓜中實也」義證引吳氏〔本草〕。○｜，叚借為辨，今所用花｜字謂蕊分開也。〔說文定聲·卷一六〕

薍 ｜，菼｜。〔廣韻·諫部〕○小蒜名｜子。〔說文〕「蒜，葷菜也」段注引陶貞白。○〔說文定聲·卷一四〕｜即荻也、蒹也，未秀為菼，至八月秀為萑。〔說文〕「｜，薊也」。○｜音亂，即〔小正〕卵字。〔說文〕「蒜，葷菜也」段注。

擐 以身貫穿衣甲曰｜。〔慧琳音義·卷一〕引〔桂苑珠叢〕。○｜，｜甲。〔廣韻·諫部〕○｜，貫也。〔集韻·諫部〕

篡 ｜，煞而奪其位也。〔慧琳音義·卷八三〕引〔考聲〕。○｜，殺也。〔續音義·卷四〕引〔韻英〕。○｜，奪也。〔廣韻·諫部〕○｜，逆也。（同上）○屰而奪取曰｜。〔集韻·諫部〕○〔說文定聲·卷一四〕｜，叚借為算。〔荀子·解蔽〕「察孰非以分是則謂之｜」。

攥 ｜，篡或从手。〔集韻·諫部〕

覵 ｜，視皃。〔廣韻·山部〕○｜，視也。〔廣韻·襉部〕又〔集韻·襉部〕。○｜之言閒也。〔廣雅·釋詁一〕「｜，視也」疏證。○｜，雜也。〔禮記·祭義〕「見間以俠甒」集解。○｜不見於許書，蓋即覞字。〔說文〕「覞，竝視也」段注。

瞯 ｜，覵或从目。〔集韻·襉部〕○｜與覵同。〔廣雅·釋詁一〕「覵，視也」疏證。

鏟 ｜，削木器。〔廣韻·諫部〕○｜，平鐵也。〔集韻·諫部〕

䗃 馬｜，蟲名。〔廣韻·諫部〕○｜，蟲名。〔集韻·諫部〕

犴 ｜，逐獸犬。〔廣韻·諫部〕○｜，逐虎犬。〔廣韻·襉部〕又〔集韻·襉部〕。○｜，胡犬也。〔集韻·諫部〕

犴 ｜，逐虎犬。〔集韻·襉部〕○｜，胡犬也。〔集韻·諫部〕

孿 ｜，雙生子。亦作孿。〔廣韻·諫部〕○｜與孿同。〔方言三〕「孿生」箋疏。

孿 ｜猶連也。〔說文〕「｜，一乳兩子也」繫傳。○｜之言連也。（同上）段注。○｜，一乳兩子。〔國策·韓策三〕「夫｜子之相似者」鮑注。○｜亦雙也，語之轉耳。〔廣雅·釋詁三〕「僆，孿也」疏證。○｜亦作孿。〔方言三〕「凡人嘼乳而雙產，趙魏之間謂之｜生」疏證。○｜，字或作孿。〔說文〕「｜，一乳兩子也」義證。○｜，字亦作孿。〔說文定聲·卷一四〕○（同上）｜，字亦作僆。〔廣雅·釋詁三〕「僆，孿也」。○孿與｜聲同義亦近，連也。〔方言三〕「｜生」箋疏。○〔說文定聲·卷一四〕｜，叚借為孿。〔易·中孚〕「有孚｜如」。

鐧 ｜，車間鐵也。〔廣韻·諫部〕○鐵之在軸者曰｜。〔說文〕「｜，車軸鐵也」段注。○｜，閒也，閒釭軸之間使不相摩也。〔說文定聲·卷一四〕引〔釋名〕。○｜，鐠也。〔卷一四〕引〔廣雅·釋器〕。○｜，通作鍊。〔說文〕「｜，車軸鐵也」義證。

狦 ｜，獸名，似狼。〔廣韻·諫部〕

倌 ｜，主駕官也。〔廣韻·諫部〕

摜 ｜，穿衣也。〔慧琳音義·卷三九〕引〔考聲〕。又〔卷八一〕引〔考聲〕。○｜，｜帶。〔廣韻·諫部〕○｜與遦音義皆同。〔說文〕「｜，習也」段注。○｜，古叚貫為之。（同上）段注。○｜，通作貫。（同上）義證。○〔說文定聲·卷一四〕｜，今本以貫為之。〔左傳昭公二六年〕「｜瀆鬼神」。○｜與辵部遦皆貫，分別文。〔說文〕「｜，習也」句讀。○〔說文定聲·卷一四〕｜，以毌為之。〔釋詁〕「貫、串，習也」。○｜，字或作串。〔說文〕「｜，習也」義證。○｜，字亦作慣。〔說文定聲·卷一四〕

釆 ｜，是古文番字，古多借｜為辨耳。〔說文定聲·卷一四〕（「𢍰」下）○｜猶辨也，辯也。〔說文定聲·卷一七〕（「平」下）

辦 ｜，小見。〔廣韻·襉部〕○｜，小兒白眼視也。（同上）○｜，小兒白眼，一曰視皃。〔集韻·襉部〕

組 ｜，補縫。〔廣韻·襉部〕○｜，補縫也。〔集韻·襉部〕○〔通雅·卷三六〕補綻曰｜。〔艷歌行〕「覽取為吾｜」。○〔說文定聲·卷一四〕裂曰袒，補曰｜。〔說文〕「｜，補縫也」。○｜，字亦作袒。〔廣雅·釋詁二〕「｜，縫也」疏證。○〔說文定聲·卷一四〕｜，以袒為之。〔後漢·崔實傳〕「期于補綻決壞」。○〔義府·卷下〕組字當作糸旁旦，乃古綻字。〔艷歌行〕「覽取為吾組」。○｜，又作綻。〔廣雅·釋詁二〕「｜，縫也」疏證。○〔說文定聲·卷一四〕｜，叚借為靼。〔淮南·繆稱〕「大弦｜」。○｜，又作綻。〔廣雅·釋詁二〕「｜，縫也」疏證。

䘺 ｜，亦補也。〔廣雅·釋詁二〕「組，縫也」疏證。○｜，縫也。〔通鑑·魏紀七〕「補｜支黨」音注。

妟 ｜、宴、侒、安竝聲義同。〔釋詁〕「豫，安也」郝疏。○｜，疑即安之古文。〔說文定聲·卷一四〕○｜，通作晏。〔集韻·諫部〕

[illegible] —,俗作真贗。〔說文〕「—,火色也」段注。○〔說文定聲·卷一四〕—,以雁為之,如今作僞古物曰燒瘢者,俗字作贗。〔韓子〕「齊伐魯,索讒鼎,以其雁往」。

贗 —,僞物。〔廣韻·諫部〕

偐 —,同贗。〔廣韻·諫部〕○—,或作贗。〔集韻·諫部〕

遦 —,著甲也。〔慧琳音義·卷八八〕○—,此與手部摜音義同。〔說文〕「—,習也」段注。○〔說文定聲·卷一四〕—,行之習也。〔說文〕「—,習也」。○—,亦假貫。〔說文〕「—,習也」段注。○摜與—皆貫之分別文。〔說文〕「摜,習也」句讀。○〔說文定聲·卷一四〕—,以貫為之。〔廣雅·釋詁一〕「貫,行也」。○—,或假串。〔說文〕「—,習也」段注。

姗 —,毁也。〔集韻·删部〕○—,〔漢書〕多用為訕字。〔說文〕「—,誹也」繫傳。○〔漢書〕—笑三代,說者謂—即訕字也。〔同上〕段注。

[illegible] —,弓曲。〔廣韻·仙部〕又〔集韻·諫部〕。○—,弓曲也。〔集韻·删部〕○—與拳曲音義略同。〔說文〕「—,弓曲也」段注。○—,字亦作蘿,初生句曲,引而漸長。〔說文定聲·卷一四〕○〔同上〕—,字又作奮。〔方言一二〕「奮,始也」。○〔同上〕—蘥,即—揄字,曲引之誼也。〔釋草〕「其萌—蘥」。

僡 —,蓋億字之誤。〔左傳〕、〔國語〕通作億,億行而僡廢矣。僡然,安然也。〔荀子·儒效〕「—然若終身之虜」集解引王念孫。

騴 —,馬尾白也。〔廣韻·諫部〕○—,音晏。〔釋畜〕「尾本白,—」郭注。

娨 —,慢也。〔廣韻·諫部〕○—,婜—也。〔說文〕「婜,侮易也」義證引〔玉篇〕。

繯 —,縞文。〔廣韻·諫部〕○—,一曰縞文。〔集韻·諫部〕○—,絡也。〔同上〕

矔 —,睊,轉目。〔廣韻·諫部〕

絭 〔說文定聲·卷一四〕—,謂借為眷。〔太玄·狩〕「全—其首尾」注「相眷之義」。

僈 —與嫚同,嫚謂相侮易也。〔荀子·脩身〕「勃亂提—」集解引郝懿行。

[illegible] —,攻也。〔集韻·諫部〕○—,平治也。〔同上〕

[illegible] 以絲貫杼為—。〔集韻·諫部〕

屾 二山並立曰—。〔集韻·諫部〕

寰 —,天子圻內也。〔集韻·諫部〕

庱 —,屋笮。〔集韻·諫部〕

奻 —,訟也。〔廣韻·諫部〕○—,諠訟也。〔集韻·諫部〕

姲 —,女字。〔集韻·諫部〕

羼 —,羊相閒也。〔廣韻·諫部〕○—,羊相厠也。〔集韻·襇部〕○一曰傍入曰—。〔同上〕○—,一曰相出前。〔同上〕

[illegible] —,全德也。〔集韻·願部〕又〔集韻·諫部〕。○—,一曰夥也。〔同上〕

梡 —,木名,如訶棃。〔集韻·諫部〕

棺 以—斂曰—。〔集韻·諫部〕

[illegible] —,沝蓐也。〔集韻·諫部〕

槵 —,木名也,其子堪為數珠。〔慧琳音義·卷三七〕引〔文字集略〕。○—,無—,木名。〔廣韻·諫部〕○—,木名,無患也,皮子可澣。或省作梙。〔集韻·諫部〕

栅 —,籬—。〔廣韻·諫部〕○—,編竹木為落也,或从竹。〔集韻·諫部〕

冊 —,栅亦省,或从門。〔集韻·諫部〕

扳 —,引也。〔集韻·諫部〕

扮 —,打—。〔廣韻·襇部〕○—,握也。〔集韻·襇部〕

摱 —,擊也。〔集韻·諫部〕

[illegible] —,絆也。〔集韻·襇部〕○—,引擊也。〔同上〕

[illegible] —,插也。〔集韻·襇部〕

[illegible] —,廣遠也。〔集韻·諫部〕

㬎　㬎丨，温溼。〔集韻·諫部〕○丨，一曰小赤。〔同上〕

曝　丨，赤色。〔廣韻·諫部〕

曣　日出清濟曰丨。〔集韻·諫部〕

⿰女貫　丨，嬋也。〔集韻·諫部〕

毌　丨，小篆亦作串，縱書之，亦與目、皿縱横任作同也。〔說文定聲·卷一四〕○〔同上〕丨，叚借為遺、為摜。〔爾雅·釋詁〕「串，習也」。

洝　丨，水名。〔集韻·諫部〕

溷　丨，濁也。〔集韻·諫部〕

涮　丨，丨洗也。〔廣韻·諫部〕○丨，滌也。〔集韻·諫部〕

漫　〔通雅·卷七〕丨羡，即丨衍。〔漢書·藝文志〕「盪者為之，則丨羡而無所歸心」。

潠　丨，洗馬。〔集韻·諫部〕

瀳　丨，洗馬也。〔集韻·諫部〕

⿰牜雚　丨，角曲。〔集韻·諫部〕

辧　丨音片。〔釋木〕「桑丨有葚，梔」鄭注。

⿰王宦　丨，貫玉飾也。〔集韻·諫部〕

環　丨，卻也。〔周官〕有丨人。〔集韻·諫部〕

⿰土孱　丨，玉名。〔集韻·諫部〕

産　丨，生育。〔集韻·諫部〕

⿸疒馬　丨，牛馬病。〔廣韻·諫部〕○丨，畜病。〔集韻·諫部〕○丨，一曰目疾也。〔集韻·諫部〕○丨，一曰惡氣著身。〔同上〕

眅　丨，轉目視，或作督。〔集韻·諫部〕

睔　丨，大目。〔集韻·諫部〕

⿰目爰　丨，目相戲也。〔廣韻·諫部〕○丨，以目相謔謂之丨。〔集韻·諫部〕

⿰耳患　丨，妄棄財物。〔集韻·諫部〕

⿱竹貫　丨，竹枯也。〔集韻·襉部〕

⿱竹辧　丨，箛也。〔集韻·襉部〕

綰　丨，鉤繫。〔廣韻·諫部〕○丨，繫也，或作綄。〔集韻·諫部〕

繝　丨，錦文也。〔集韻·襉部〕

粯　丨，粉頭丨子。〔廣韻·襉部〕○丨，米屑。〔集韻·襉部〕

⿰麥雚　丨，米一舂。〔集韻·諫部〕

⿰羊患　丨，獸名，如羊無口。〔集韻·諫部〕

荌　丨，艸名。〔集韻·諫部〕

莞　丨爾，小笑皃。〔集韻·諫部〕

菚　丨，艸名。〔集韻·諫部〕

⿱艹貫　丨，草餘。〔廣韻·襉部〕○丨，艸餘莖也。〔集韻·襉部〕

辧　丨，股間也。〔集韻·襉部〕

虥　丨，虎淺毛。〔廣韻·諫部〕又〔集韻·諫部〕。

⿱罒巽　丨，取魚網也。〔廣韻·諫部〕○丨，魚網。〔集韻·諫部〕

袒　丨，衣縫解。〔廣韻·襉部〕○〔說文定聲·卷一四〕丨，謂衣有縫也。〔說文〕「丨，衣縫也」。

⿰衤开　丨，古衣。〔廣韻·襉部〕○丨，衣名。〔集韻·襉部〕

襉　丨，丨裙。〔廣韻·襉部〕○丨，帬幅相厠也。〔集韻·襉部〕

⿰衤雚　丨，衣褑，或从糸。〔集韻·諫部〕

襻　丨，衣丨也。〔慧琳音義·卷六二〕引〔考聲〕。〇丨，衣丨。〔廣韻·諫部〕〇丨，裙系也。〔慧琳音義·卷六二〕引〔文字集略〕。〇丨，衣内之連帶也。〔卷六二〕〇衣挂肩曰丨。〔卷八一〕引〔古今正字〕。〇衣系曰丨。〔集韻·諫部〕

見　丨，棺衣。或从木作梘。〔集韻·襉部〕

𧣈　丨，角雙者丨。〔集韻·襉部〕〇丨，一曰籆也。〔同上〕

𧮳　丨，谷在上艾。〔廣韻·諫部〕〇丨，谷名，在上艾。一曰在城阜。〔集韻·諫部〕

𧾩　丨，行曲也。〔集韻·諫部〕

跘　丨，交足坐。〔集韻·襉部〕

𨢍　丨，鹹也。〔廣韻·襉部〕又〔集韻·襉部〕。

鋈　丨，器系。〔集韻·諫部〕

鍰　丨，鋝也。〔集韻·諫部〕

𨷤　丨，古文患。〔廣韻·諫部〕

𩈲　丨，面曲皃。〔廣韻·諫部〕〇丨，面曲。〔集韻·諫部〕

鰥　丨丨，視。〔廣韻·襉部〕〇丨，視皃。〔集韻·襉部〕

𩤃　丨，馬首。〔集韻·諫部〕

鳱　丨，鴰，小鳥。〔集韻·諫部〕

𪌐　丨，餠麴。〔廣韻·諫部〕〇麴謂之丨。〔集韻·諫部〕

麲　丨，麥屑。〔集韻·諫部〕

䴼　丨，穀麥丨也。〔廣韻·諫部〕〇丨，麥也。〔集韻·諫部〕

續經籍纂詁卷第七十六

十七霰

霰　丨，雪之始凝者也。〔詩·頍弁〕「先集維丨」朱傳。〇丨，為暴雪正謂將有大雪，其初卒然而下者必丨也。〔同上〕後箋。〇丨者，陽脅陰之符也。〔説文〕「丨，稷雪也」義證引〔春秋穀梁説〕。〇陰之專氣為丨。〔屈賦·涉江〕「丨雪紛其無垠兮」戴注引〔太傅禮〕。〇丨，雨雪雜。〔廣韻·霰部〕〇丨，一曰雨雪雜。〔楚辭·涉江〕「丨雪紛其無垠兮」補注。〇丨，雲南亦呼雪米。〔説文〕「丨，稷雪也」義證。〇丨，閩俗謂之米雪，言其丨粒如米。〔同上〕義證引〔埤雅〕。〇丨，亦曰米雪，曰粒雪，凡地面溼熱之氣為雲而升則散為雨，雨已出雲為寒氣凝諸雨中者為丨，雨未出雲為寒氣凝諸雲中者為雪，故丨形如雨，其下必在雪前。〔説文定聲·卷一四〕〇〔月令〕丨作凍。〔吕覽·仲夏〕「雹丨傷穀」校正。

霓　丨同霰。〔廣韻·霰部〕〇丨者，與霰同。〔釋天〕「雨丨為霄雪」郝疏。

霹　丨，同霰。〔廣韻·霰部〕

霰　丨，雨雪雜下也。〔説文〕「丨，稷霄也」繫傳。〇丨之為言猶摶也，雪遇温氣而摶如粟粒褋下。〔釋天〕「雨霓為霄雪」郝疏。

殿　丨，宫丨。〔廣韻·霰部〕〇堂無四壁者，秦謂之丨，所謂堂皇也。〔説文定聲·卷一八〕〔廣〕下〕〇〔説文定聲·卷一五〕堂有陛，四緣皆高起，始皇作前丨，始名曰丨，言有圻鄂也。〔蒼頡篇〕「丨，大堂也」。〇丨者，擊聲也，叚借為宫丨字。〔説文〕「堂，丨也」段注。〇丨，此字本義未見，假借為宫丨字。〔説文〕「丨，擊聲也」段注。〇丨，本作㲳。〔釋名·釋宫室〕「丨，有丨鄂也」疏證。〇古上下皆偁堂，漢上下皆偁丨，至唐以後人臣無有偁丨者矣。〔説文〕「堂，丨也」段注。〇古丨得通稱。〔漢書·張湯傳〕「每登閣丨」補注。〇丨鄂，即〔禮記〕注之沂鄂。〔説文〕「堂，丨也」段注。〇下曰丨。〔説文〕「最，犯取」繫傳。〇丨，鎮也。〔詩·采菽〕「丨天子之邦」朱傳。又〔通鑑·唐紀五七〕「丨新造之邦」音注。〇軍在前曰啟，後曰丨。又丨最。〔廣韻·霰部〕〇丨最，一曰丨郵。〔通雅·事制〕〇丨，為高帝丨後也。〔漢書·周勃傳〕「擊章邯車騎，丨」補注引周壽昌。〇又假借為軍後曰丨。〔説文〕「丨，擊聲也」段注。〇丨者，定也。〔墨子·三辯〕「以勞丨賞」平議。〇丨者，定也，丨與定一聲之轉。〔墨子·尚賢上〕「以勞丨賞」閒詁引畢沅。〇殿，義亦與㦰同。〔廣雅·釋詁三〕「㦰，擊也」疏證。〇丨屎，呻

吟也。〔集韻・栝部〕又〔詩・板〕「民之一屎」朱傳。〇一，讀如臀。〔詩・采菽〕「一天子之邦」陳疏。〇一即臀之假借字也。〔說文〕「屍，或从骨，一聲」段注。〇〔說文定聲・卷一五〕一，以臀為之。〔急就篇〕「盜賊繫囚榜笞臀」。〇〔同上〕一，段借為臀。〔廣雅・釋詁四〕「一，後也」。〇〔同上〕一，段借為垠。〔御覽〕引〔說文〕「一，堂之高大者也」。

面　一，前也。〔廣韻・線部〕〇一，向也。〔廣韻・線部〕又〔漢書・酈食其傳〕「漢王與項王戮力西一擊秦」補注。又〔董仲舒傳〕「遠方之所四一而內望也」補注。〇一之，直一向之耳，亦作偭。〔漢書・項籍傳〕「馬童一之」補注引劉攽。〇一，鄉也，鄉與向同，革一者，改其所鄉而鄉君也。〔易・革卦〕「小人革一」述聞。〇一，引伸之為相鄉之偭。〔說文〕「一，顏前也」段注。〇一猶鄉也。〔禮記・玉藻〕「唯君一尊」集解。〇一，又引伸之為相背之偭。〔說文〕「一，顏前也」段注。〇一皮，去一之皮。〔國策・韓策二〕「因自一皮抉眼」鮑注。〇一皮，蓋以刀剺一而去其皮也。〔同上〕補正。〇一王，一部也。〔通雅・身體〕引〔內經〕。〇一具，謂壯一也。〔通雅・戲具〕〇一縛，但縛手而不反接，故以一字著之。〔義府・卷下〕〇凡言一縛者，謂反背而縛之。〔說文〕「一，顏前也」段注。〇一頯，顴骨也。〔說文〕「肫，一頯也」句讀。〇一當讀為勔。〔書・召誥〕「一稽天若」述聞。又〔書・立政〕「謀一用丕訓德」述聞。〇偭、一古字同。〔左傳僖公六年〕「許男一縛」洪詁。〇一與偭通。〔廣雅・釋詁二〕「偭，背也」疏證。〇〔說文定聲・卷一四〕一，段借為偭。或曰字有以相反為義者，則偭即一字。〔書・召誥〕「一稽天若」。〇一，當為而。〔考工記・鳧氏〕疏「鍾有兩一，一皆三十六也」述聞。〇一，當作而。〔墨子・備城門〕「一使積燥處」閒詁引蘇時學。

縣　一，郡一也。〔廣韻・霰部〕〇〔說文定聲・卷八〕一，即宗邑也。〔國語・晉語〕「處曲沃以速一」。〔「速」下〕〇王畿其內一周方百里者廿八，謂之一，亦謂之小都，九卿之采也。〔說文定聲・卷九〕〔「都」下〕〇〔說文定聲・卷一四〕周制一系于遂，秦、漢一系于郡，今一系于府若州。〔周禮・縣士〕注「距王城三百里至四百里曰一」。〇一，謂官舍也。〔廣雅・釋宮〕「一，官也」疏證。〇一，遠也。〔漢書・賈誼傳〕「今淮南地遠者或數千里，越兩諸侯而一屬於漢」雜志引注。〇一官謂天子。〔漢書・鮑宣傳〕「還之一官」補注引蘇輿。〇漢時稱朝廷曰一官。〔漢書・儒林傳〕「郡國一官有好文學」補注引齊召南。〇自專以一為州一字，乃別製从心之懸。〔說文〕「一，繫也」段注。〇一即寰也。〔左傳宣公一一年〕「因一陳」疏證引惠士奇。〇〔說文定聲・卷一四〕一，段借為環，俗作寰。〔禮記・王制〕「天子之一內」。〇一當為鄉。〔說文〕「嚚，河東聞喜一」義證。

變　時換形質曰一。〔慧琳音義・卷三〕引〔唯識論〕。〇一，化也。〔廣韻・線部〕〇一亦化也。〔廣雅・釋詁三〕「匋，匕也」疏證。〇一猶化也。〔大戴・曾子事父母〕「孝子唯巧一」王詁。〇一，通也。〔廣韻・線部〕〇一謂權時之一法也。〔漢書・貢禹傳〕「迺行壹切之一」補注。〇一，易也。〔廣韻・線部〕〇一即移易。〔書・盤庚〕「民用丕一」孫疏。〇一亦更也。〔廣雅・釋詁三〕「輪，更也」疏證。〇一，改也。〔大戴・四代〕「一從無節」王詁。〇一亦改也。〔荀子・臣道〕「因其憂也而辨其故」雜志。〇一，動也。〔孟子・梁惠王下〕「耕者不一」朱注。〇一化與動作義近。〔釋詁〕「訛，動也」郝疏。〇一，非常也。〔禮記・郊特牲〕「以觀其習一也」集解。〇一謂事物非常也。〔大戴・哀公問五義〕「應一而不窮」王詁。〇一，背約也。〔國策・秦策二〕「韓亦恐戰而楚有一其後」鮑注。〇一有毀義。〔易・謙〕「地道一盈而流謙」平議。〇一與詭義同。〔孟子・公孫丑下〕「不欲一」焦正義。〇一與疑義近。〔釋詁〕「貳，疑也」郝疏。〇一與蕃聲相近，卞音近一。〔書・堯典〕注「一一作蕃，一一作卞」孫疏。〇一即辯也，古一、辯通。〔公羊傳閔公元年〕「季子至而不一焉」陳疏引惠棟。〇一讀為辯。辯，徧也。〔大戴・文王官人〕「一官民能」述聞。〇一讀為辯，一與辯古通。〔荀子・不苟〕「以義一應」平議。〇一讀為辯。辯之言徧也。〔同上〕集解引俞樾。〇一當讀為辯。作一者聲近段借也。〔韓子・亡徵〕「一褊而心急」集解引俞樾。〇〔說文定聲・卷一四〕一，段借為辯。〔禮記・禮運〕「大夫死宗廟謂之一」。〇一、褊音近。〔晏子春秋・問上〕「以一小國而不服於隣」平議。〇一讀為辨。〔公羊傳文公一二年〕注「一慟哭泣也」陳疏引孫志祖。〇古讀一為辨，辨為班。〔左傳襄公三一年〕「辨於其大夫之族姓班位貴賤能否」洪詁。〇一當讀為辯。〔韓子・亡徵〕「一褊而心急」平議。

箭　一，本竹名也，其莖可以為矢。〔慧琳音義・卷三〕引〔考聲〕。〇一，一竹，高一丈，節間三尺，可為矢。〔廣韻・線部〕〇一，矢竹也。〔廣雅・釋草〕「簳，一也」疏證。〇一，竹之小者。〔禮記・禮器〕「竹一」集解。〇一竹主為矢，其材小，身大葉高者不過丈，節間三尺中矢。〔說文定聲・卷一四〕〇一，即今一幹也。〔說文〕「一，矢也」繫傳。〇一，以竹曰一，以木曰矢。〔說文〕「矢，弓弩矢也」義證引〔急就篇〕顏注。〇一木，榦木，柘之屬也。〔說文定聲・卷一四〕〔「棧」下〕〇簙棊謂之一，亦謂之箘。竹謂之一，亦謂之箘。簙一謂之箘，亦謂之宛轉。一竹謂之箘簬，亦謂之宛簬。其義一也。〔廣雅・釋草〕「箘，一也」疏證。〇一，通作晉。〔說文〕「一，矢也」義證。〇

[illegible]　一，古文箭。〔廣韻・線部〕〇一，隸作箭。或作翦、簮。〔集韻・線部〕

戰　交兵曰一。〔孟子・盡心下〕「我善為一」朱注。〇一者，接也。〔說文〕「亥，荄也」段注。〇一，武，一士也。〔讀淮南子書後〕引〔人間篇〕「而一武必死」雜志。〇一疾，猶〔酈商傳〕云疾爭也。〔漢書・夏侯嬰傳〕「以兵車趣攻一疾」補注。〇未一稱大一者，謂天子親征之師，故〔大傳〕以一為憚警之，不以為爭也。〔書・甘誓〕注「一者，憚警之也」孫疏。〇一，懼也，或作戰。〔慧琳音義・卷七〕引顧野王。又〔廣韻・線部〕。〇一，引申為一懼。〔說文〕「一，鬥也」段注。〇一慄，危懼也。〔慧琳音義・卷三〕引〔集訓〕。〇一慄二字連文為懼也。〔釋詁〕「一，懼也」邵正義。〇一栗，恐懼

貌。〔論語・八佾〕「曰使民丨栗」朱注。○丨色，丨而色懼也。〔論語・鄉黨〕「勃如丨色」朱注。○丨丨，恐懼貌。〔大戴・曾子立事〕「君子終身守此丨丨也」王詁。○丨，恐也。〔廣韻・線部〕○丨丨，恐也。〔詩・小旻〕「丨丨兢兢」朱傳。○丨與憚古同聲同義，故字亦相通。〔國語・晉語〕「丨以錞于，丁甯」述聞。○丨讀為憚，憚，懼也。（同上）○丨與顫同。〔釋詁〕「丨，懼也」郝疏。○丨蓋顫之叚音。〔釋訓〕「丨丨，動也」郝疏。○〔說文定聲・卷一四〕丨，叚借為顫。〔釋詁〕「丨、慄，懼也」。○丨，當作戰字。〔漢書・天文志〕「雲氣有丨居上者」補注引王念孫。○丨當作耿。〔韓子・詭使〕「而丨介之士不得職」集解引顧廣圻。

扇 丨，一曰竹曰丨，木曰闔。〔集韻・線部〕○丨，一曰動也，助也。（同上）○丨，上古以羽為之，故字从羽。〔本草・卷三八〕○丨，箑也，或竹或素，乍羽乍毛，用取風。〔說文〕「箑，丨也」義證引〔玉篇〕。○丨，丨車也。〔說文〕「隫，下隊也」義證引〔急就篇〕顏注。○〔義府・卷下〕丨，謂蔽翳之也。〔冥通記〕「年内多勞丨削鬼神」。○丨者，偏之假借。〔詩・十月之交〕「豔妻煽方處」陳疏。○翣、丨，一聲之轉。〔廣雅・釋草〕「烏蓮，射干也」疏證。○〔說文定聲・卷一四〕丨即翣也。〔方言五〕「箑，自關而西謂之丨」。○（同上）丨，毛本字作煽。〔魯詩〕「豔妻丨方處」。○丨隫，風箱車也。〔通雅・褋用〕○駕頭之後，有繡丨緋羅繡曲蓋，俱内臣馬上執之，謂之丨筤，在細仗前，一云在乘輿後。〔通雅・禮儀〕○丨搋半擇迦，梵語，譯為黃門。黃門者，為男根不備，設有備者，亦不能生子。〔慧琳音義・卷六〕○丨，今俗語謂去畜勢為丨，即劇聲之變轉矣。〔廣雅・釋獸〕「劇，犗也」疏證。

煽 丨，火盛皃。〔廣韻・線部〕○丨，火盛也。〔廣韻・仙部〕○丨，熾也。〔詩・十月之交〕「豔妻丨方處」朱傳。○〔說文定聲・卷一四〕丨，亦摇扇之義。〔釋言〕「丨，熾也」。〔「扇」下〕○丨，後出字，因詩辭而製也。〔說文定聲・卷一四〕〔「偏」下〕○丨，古〔毛詩〕原作偏。〔詩・十月之交〕「豔妻丨方處」通釋。○丨，魯作扇，韓作偏。（同上）集疏。○丨者，偏之或體也。〔釋言〕「丨，熾也」郝疏。

膳 五味必佳曰丨。〔慧琳音義・卷一二〕引〔考聲〕。○丨之言善也。〔廣雅・釋器〕「丨，肉也」疏證。○丨，美食也。〔禮記・内則〕「大夫無秩丨」集解。○君物曰丨。〔儀禮・燕禮〕「請執幂者與羞丨者」胡正義引李如圭。○丨謂丨羞。〔大戴・保傅〕「有虧丨之宰」王詁。○丨，羞也。〔左傳宣公一二年〕「敢丨諸從者」疏證。○丨，食也。〔廣韻・線部〕○丨，食也。〔禮記・王制〕「七十貳丨」集解。○丨，此與食部饍字同義。〔說文〕「丨，具食也」段注。○丨夫，掌食之官也。〔詩・雲漢〕「丨夫左右」朱傳。○丨夫，上士，掌王之飲食丨羞者也。〔詩・十月之交〕「仲允丨夫」朱傳。○〔說文定聲・卷一四〕丨，叚借為泉。〔周禮・廛人〕「斂而入于丨府」。○（同上）丨，叚借為善，凡言丨篚、丨尊、丨爵皆是。〔儀禮・燕禮〕「主人酌丨」注「君物曰丨，丨之言善也」。

饍 丨，正作膳，羞牲肉也。〔慧琳音義・卷一九〕引〔韻英〕。○丨同膳。〔廣韻・線部〕○丨，膳，或从食。〔集韻・綫部〕

傳 丨，譯也。〔慧琳音義・卷一九〕○丨，訓也。〔廣韻・線部〕○丨，述也。〔大戴・保傅〕「簡聞小誦不丨不習」王詁。○丨謂丨述也。〔大戴・勸學〕「神明自丨」王詁。○又文書亦謂之丨。〔說文〕「丨，遽也」段注。○丨謂丨記。〔漢書・匡衡傳〕「丨不云乎」補注引蘇輿。○丨之言轉也。〔釋宮〕「植謂之丨」郝疏。○丨同轉。〔漢書・趙禹傳〕「更丨相監司以法」補注。○丨讀若轉。〔莊子・天運〕「無方之丨」集釋。○丨謂轉次行也。〔慧琳音義・卷一〇〕○丨，馹車也。〔說文〕「遽，丨也」繫傳。○古謂奉使丨驛車為丨遽。〔說文〕「丨，遽也」繫傳。○渾言則丨遽無二，析言則丨遽分車馬。〔說文〕「驛，置騎也」段注。○以車曰丨，亦曰馹。以馬曰遽，亦曰驛，皆所以達急速之事。〔說文定聲・卷一四〕○有遽令者置車以更轉謂之丨車。〔說文〕「棨，丨信也」義證引〔六書故〕。○古者以車駕馬乘詣京師謂之丨車。〔說文〕「丨，遽也」義證引〔增韻〕。○丨乘，亦謂乘驛丨以歸。〔左傳莊公九年〕「公喪戎路，丨乘而歸」洪詁。○丨乘，謂乘驛丨。（同上）疏證引洪亮吉。○丨乘即佐車。（同上）疏證。○丨，郵馬。〔廣韻・線部〕○丨，驛遽也。〔集韻・綫部〕○丨者，如今之驛馬。〔說文〕「丨，遽也」段注。○有遽令者置馹以更轉謂之丨騎。〔說文〕「棨，丨信也」義證引〔六書故〕。○凡四馬高足為置丨，中足為馳丨，下足為乘丨，一馬二馬為軺丨。〔說文〕「丨，遽也」義證引〔增韻〕。○〔說文定聲・卷一四〕于路必有官舍，如今驛站尖宿處，因又以丨為舍。〔廣雅・釋室〕「丨，舍也」。○丨，丨舍。〔漢書・文帝紀〕「餘皆以給丨置」補注引宋祁。○為符契丨以出入門關者曰符丨。〔說文〕「棨，丨信也」義證引〔六書故〕。○丨，〔終軍傳〕謂之繻，今謂之路引。〔漢書・文帝紀〕「除關無用丨」補注引沈欽韓。○丨食，謂舍止諸侯之客館而受其飲食也。〔孟子・滕文公下〕「以丨食於諸侯」焦正義。○天子將出，一人前行清道，呼曰丨籌，今制尚有之。〔漢書・哀帝紀〕「關東民丨行西王母籌」補注。

見 丨，視也。〔廣韻・霰部〕○目儿為丨。〔說文〕「丨，視也」繫傳。○丨，發丨也。〔通鑑・周紀二〕「不丨是圖」音注。○析言之有視而不丨者，渾言之則視與丨一也。〔說文〕「丨，視也」段注。○丨，謂丨君子顏色之和。〔詩・草蟲〕「亦既丨止」後箋。○〔說文定聲・卷一四〕丨，視知形也。〔說文〕「丨，視也」。○丨即知也。〔管子・内業〕「守戰遠丨有患」平議。○丨猶知也。〔大戴・誥志〕「夫民丨其禮」王詁。○不丨時，猶言不知時，〔史記〕作不知。〔漢書・伍被傳〕「誠逆天違衆而不丨時也」補注。○丨猶今信言，自覺年少官薄。〔漢書・鄭當時傳〕「自丨年少官薄」補注。○丨猶示也。〔中庸〕「不丨而章」朱注。○此丨字當讀如從者丨之之丨。〔論語・子罕〕「丨之，雖少必作，過之必趨」平議。○丨讀為現。現者，示也。

〔荀子·解蔽〕「莫形而不—」集解引郝懿行。○相—即相間也。〔墨子·備梯〕「雜樓相—」閒詁引俞樾。○〔說文定聲·卷一四〕—，叚借為覸。〔禮記·祭義〕「—以蕭光」。○—謂棺飾帷荒之屬。〔禮記·雜記〕「實—間」集解。○〔說文定聲·卷一四〕—叚借為荒，以荒為幭，形誤作—。〔儀禮·既夕〕「藏器于旁加—」。○—器，謂上欲用為相也。〔漢書·竇田灌韓傳贊〕「以韓安國之—器」補注引王先慎。○—客，猶言—禮於王耳。〔漢書·司馬相如傳〕「先王又—客」補注。○—閏分者，歲數所積之閏分也。〔漢書·律歷志〕「—閏分萬二千九十六」補注引錢大昕。○—中分者，——之分，—數積則中分亦必積而漸多。又，中分原以—數乘之，故以—數為中法，滿法為中，不滿者則入中日分也。〔漢書·律歷志〕「星—數，是為—中法」補注引錢大昕。○—晛，魯、韓作曣晛。〔詩·角弓〕「—晛曰消」集疏。○—神，〔左傳莊公三二年〕作得神。〔國語·周語〕「—神以興」述聞。○〔文選〕注引—作有。〔管子·弟子職〕「如—賓客」義證引孫星衍。○—當作曣。〔詩·角弓〕「—晛曰消」通釋。○〔漢書〕本作曣，不作—。〔漢書·劉向傳〕「—晛聿消」補注引王先慎。○—當作㝵。㝵，古得字。〔國語·周語〕「或—神以興」述聞。又〔呂覽·首時〕「聖人之—時」平議。又〔賈子·退讓〕「惡—此臺也」平議。○—當為則。〔管子·七法〕「人君泄—危」義證引王念孫。○—乃則字之誤。〔淮南·泰族〕「小—不達必簡」平議。○—當為光。〔說文〕「晛，日—也」義證。又〔說文〕「炅，—也」義證。○—當為貌。〔說文〕「窡，空中—也」義證。○—字並當作貴。〔荀子·勸學〕「天—其明，地—其光」平議。○—字當作顛。〔漢書·敘傳〕「—躓石、許」補注引宋祁。○—當作覲。〔春秋繁露·王道〕「剔孕婦—其化」平議。○—乃兄字之誤，〔管子〕書每以兄為況字。〔管子·九守〕「—姦僞也」平議。○—、閒聲近，因而致誤。〔禮記·祭義〕「—以蕭光」平議。○—，顯示之。〔國策·韓策三〕「不—內行」鮑注。○—，顯示之也。〔大戴·四代〕「—才色脩聲不視聞」王詁。○—，露也。〔廣韻·霰部〕○—，顯露也。〔通鑑·漢紀二〕「情—勢屈」音注。○—，顯也。〔集韻·霰部〕又〔大戴·虞戴德〕「以其近而—者」王詁。又〔大戴·文王官人〕「雖有隱節—行」王詁。○—亦顯也。〔周書〕「以其隱觀其顯」雜志。○—，顯也，—人，猶言顯者。〔漢書·直不疑傳〕補注。○—猶顯也。〔書·君奭〕「迪—冒」述聞。○—，著也。〔通鑑·周紀一〕「不—是圖」音注。○—者，著—之義，謂傳言語使相通曉也。〔廣雅·釋詁三〕「譯，—也」疏證。○—，言由人事之—著者，推而至於天道之隱微也。〔漢書·司馬相如傳〕「司馬遷稱春秋推—至隱」補注引何焯。○—猶效也。〔書·梓材〕「肆亦—厥君事」孫疏。○—，形也。〔通鑑·周紀一〕「不—是圖」音注。○—，日朝也。〔集韻·霰部〕○—，俗字作現。〔說文定聲·卷一四〕○—，音現。〔詩·載見〕「載—辟王」朱傳。又〔孟子·公孫丑下〕「悻悻然—於其面」朱注。又〔滕文公上〕「則道不—」朱注。又〔中庸〕「莫—乎隱」朱注。又〔中庸〕「—而民莫不敬」朱注。○—，音現，謂名實之顯著也。〔孟子·盡心上〕「脩身—於世」朱注。

硯　—，筆—。〔廣韻·霰部〕○今人研墨者曰—，其引伸之義也。〔說文〕「—，石滑也」段注。○—，石滑所以研墨。〔同上〕義證引〔玉篇〕。○後世名所以磨墨者曰—。〔說文定聲·卷一四〕○〔同上〕—，以研為之。〔江賦〕「綠苔鬖髿乎研上」。

院　—，垣—。〔廣韻·線部〕○今言—，即取名於周垣也。〔說文〕「寏，周垣也」繫傳。○—之言亦環也。〔廣雅·釋宮〕「—，垣也」疏證。○—，通作完。〔說文〕「—，堅也」義證。○〔說文定聲·卷一四〕—，以完為之。〔荀子·王制〕「尚完利」。○—，為寏之或體。〔說文〕「—，堅也」段注。

寏　—，或作院。〔集韻·綫部〕

阬　—，俗作院。〔慧琳音義·卷九四〕

選　—，擇也。〔集韻·綫部〕○—，齊於樂節也。〔詩·猗嗟〕「舞則—兮」朱傳。○—與齊同義。〔詩·猗嗟〕傳「—，齊」述聞。○〔史記·平準書〕不—，謂雜出不齊也。〔詩·猗嗟〕「舞則—兮」述聞。○—當訓齊。〔荀子·儒效〕「遂—馬而進」平議。○—，異於衆也。〔詩·猗嗟〕「無則—兮」朱傳。○—者，高出之意。〔禮記·禮運〕「由此其—也」集解。○—，具也，字本作僎。〔詩·車攻〕「—徒囂囂」述聞。○〔說文定聲·卷一四〕—，叚借為鍰。〔史記·平準書〕「名曰白—」。○—當讀為纂。〔書·盤庚上〕「世—爾勞」平議。又〔左傳昭公元年〕「弗去懼—」平議。又〔國語·魯語〕「其為—事乎」平議。○—，通作算。〔周官·廋人〕「正校人員—」平議。○—，讀為算。〔詩·車攻〕「—徒囂囂」集疏。○—與踐通。〔詩·猗嗟〕「舞則—兮」平議。

練　煮絲令熟曰—，鎔金使精曰鍊。〔慧琳音義·卷二三〕引〔珠叢〕。○熟曰—。〔本草·卷三八〕○熟帛曰—。〔說文〕「縞，鮮卮也」段注。○—者，煮繰而熟之也。〔說文〕「—，湅繒也」義證引〔急就篇〕顏注。○—，煮漚也。〔同上〕義證引〔玉篇〕。○—，白色熟絹也。〔禮記·玉藻〕「士—帶」集解。○熟帛曰—。〔說文定聲·卷七〕「縞」下○—，白—。〔廣韻·霰部〕○—，湅帛也。〔國策·秦策一〕「簡—以為揣摩」鮑注。○湅綿曰—。〔通雅·布帛〕○—者，湅也。〔說文〕「纛，未—治纑也」段注。○已湅之帛曰—。〔說文〕「湅，瀾也」段注。○已湅之繒曰—。〔說文〕「綃，生絲也」段注。○湅之曰—，故已湅之帛即曰—。〔說文定聲·卷一四〕○—，精—也。〔離騷〕「苟予情其信姱以—要兮」戴注。○—治者用功多，故為精熟之稱。〔說文定聲·卷一四〕○—，引申為精簡之稱。〔說文〕「—，湅繒也」段注。○—與揀音義同。〔大戴·保傅〕「王左右不可不—也」王詁。○—，言簡選羣臣也。〔漢書·魏相傳〕「—羣臣」補注引周壽昌。○—，擇也。〔離騷〕「苟余情其信姱以—要兮」補注引五臣注。○—，絳—也。〔釋天〕「—旒九」鄭注。○—香，合香也。〔通雅·卷四三〕引徐渭。○〔通雅·卷一○〕——，言其白而艷也。〔麗色賦〕「色——而欲奪」。○—帛，

蓋即大帛。〔墨子·兼愛中〕「一帛之冠」閒詁。○一，小祥也。〔大戴·本命〕「期而一」王詁。○〔說文定聲·卷一四〕一，叚借為湅。〔秦策〕「簡一以為揣摩」。○〔同上〕一，叚借為柬。〔離騷〕「苟余情其信姱以一要兮」。○一，當為鍊之借字。〔漢書·路温舒傳〕「則鍛一而周内之」補注引王念孫。○靈、一音同。〔墨子·尚同中〕「否用一折則刑」閒詁。○一當作鍊。〔文選·四子講德論〕「精一藏於鑛朴」集釋。○一當作湅。〔說文〕「[illegible]，未一治纑也」義證。

鍊 一，鑠金也。〔慧琳音義·卷八〕引〔韻集〕。○一，一金。〔廣韻·霰部〕○治金曰一，猶治絲帛曰湅。〔說文〕「湅，瀰也」段注。○凡治之使精曰一。〔說文〕「一，治金也」段注。○一，正作柬，俗作揀，精擇也。〔慧琳音義·卷一五〕引〔考聲〕。○一亦作煉，精擇也。〔卷八〕引〔考聲〕。○一音柬。〔說文〕「輨，轂耑錔也」段注。○一、煉同字。〔說文〕「一，冶金也」句讀。○今鎖拏犯人之具曰一條。〔說文定聲·卷一四〕○〔同上〕一，以湅為之。〔冀州從事郭君碑〕「服職鍛湅」。○〔同上〕一謂車轂耑錔也。〔方言九〕「關之東西曰輨，南楚曰軑，趙、魏之間曰一鏅」。○一與輨古聲同。〔方言九〕「輨，一鏅」箋疏。

醼 一，一飲。〔廣韻·霰部〕○一，合飲也，通作讌。〔集韻·霰部〕

燕 一，鳦也。〔詩·燕燕〕「一一于飛」朱傳。○一，齊人呼乙。〔說文〕「一，玄鳥也」義證引〔初學記〕。○一一之聲轉為鳦鳦，曼聲言之為鷾鴯。〔釋鳥〕「一一，鳦」郝疏。○一一，非一一，定姜自喻及婦。〔詩·燕燕〕「一一于飛」集疏。○一，白脰雅也。〔說文〕「雅，楚烏也」義證引〔玉篇〕。○〔說文定聲·卷一四〕一，別義，大于雅烏而小于慈烏。〔小爾雅·廣鳥〕「白項而羣飛者謂之一烏」。○一，又作宴，謂安息皃也。〔慧琳音義·卷九〕○一一，安息貌。〔詩·北山〕「或一一居息」朱傳。○一，安。〔詩·新臺〕「一婉之求」朱傳。又〔詩·文王有聲〕「以一翼子」朱傳。又〔詩·韓奕〕「韓姞一譽」朱傳。○一，安也。〔詩·鹿鳴〕「以一樂嘉賓之心」朱傳。又〔詩·假樂〕「一及朋友」朱傳。又〔詩·雝〕「一及皇天」朱傳。又〔詩·蓼蕭〕「一笑語兮」陳疏。○一謂安居之地也。〔大戴·夏小正〕「囿也者，園之一者也」王詁。○一，古多叚為宴安、宴享。〔說文〕「一，一一，玄鳥也」段注。○一為安，蓋謂一為宴之假借。〔詩·新臺〕「一婉之求」後箋。○一食者，安食也。〔詩·常棣〕「既安且寧」後箋引段玉裁。○一，樂也。〔詩·吉日〕「以一天子」朱傳。○一謂一飲。〔詩·蓼蕭〕「一笑語兮」朱傳。○一為宴飲。〔同上〕集疏。○一居，閒暇無事之時。〔論語·述而〕「子之一居」朱注。○一胥，猶一樂矣。〔詩·韓奕〕「侯氏一胥」通釋。○一私，祭已而與族人飲，飲而不醉是不親，醉而不出是不敬。〔說文〕「醧，宴厶歓也」段注。○一、嬿，古今字。〔詩·新臺〕「一婉之求」陳疏。○〔說文定聲·卷一四〕一，叚借為宴。〔周禮·磬師〕「一樂之鐘磬」。○〔同上〕一，叚借為晏。〔易·中孚〕「有它不一」。○一，魯、韓作嬿，齊作暥。〔詩·新臺〕「一婉之求」集疏。○一，魯作讌。〔詩·南有嘉魚〕「嘉賓式一以樂」集疏。○一，韓作宴。〔南有嘉魚〕「嘉賓式一以衎」集疏。○一一，魯作宴宴。〔詩·文王有聲〕「以一翼子」集疏。○一一，齊一作宴。〔詩·北山〕「或一一居息」集疏。○一麥即雀麥。〔通雅·艸〕○〔通雅·卷四四〕一麥，野稷也。〔北史〕「何異兔絲一麥」。○一薁即蘡薁也，蘡、一，聲之轉。〔廣雅·釋草〕「一薁，蘡舌也」疏證。○一尾者，蓋畫上之標帶也。〔通雅·器用〕

鷰 燕，亦書作一。〔集韻·霰部〕○一麥，草名，似麥而非麥也，苗瘦而無實。〔慧琳音義·卷一八〕○一，燕，或从鳥。〔集韻·霰部〕○一蕧子是木通實，莖名木通。〔說文〕「藟，藟也」義證引陳士良〔食性本草〕。○唐本一蕧，即陸疏燕藟，乃藥中木通，〔本草〕謂之通草。〔說文〕「藟，藟也」義證。

宴 一，安也。〔廣韻·霰部〕○一之言安也。〔易·隨象傳〕「君子以嚮晦入一息」述聞。○一，息也。〔廣韻·霰部〕○一謂宴尼居息也。〔大戴·保傅〕「是與太子一者也」王詁。○〔通雅·卷七〕一娭，即一嬉，古作燕喜。〔房中詩〕「神來一娭」。○一猶褻也。〔大戴·保傅〕「天子一瞻其學」王詁。○一，引伸為一饗。〔說文〕「一，安也」段注。○〔說文定聲·卷一四〕一，此當為一饗正字。〔說文〕「一，安也」。○一，饗一也。〔說文定聲·卷一四〕〔「燕」下〕○一經典多叚燕為之。〔說文〕「一，安也」段注。○一，經傳皆以燕為之。〔說文定聲·卷一四〕○燕與一通。〔大戴·保傅〕「一瞻其學」述聞。○晏、一、侒、安竝聲義同。〔釋詁〕「豫，安也」郝疏。○一，當作晏。〔說文〕「侒，一也」義證。○一，通作晏。〔釋訓〕「晏晏，柔也」郝疏。○〔新書〕一作燕，於燕居時，隨事輔導也。〔漢書·賈誼傳〕「是與太子一者也」補注。○此詩毛作見晛，韓作曣晛，魯作一然。一然，曣晛之省文。一，燕古文通用字。〔荀子·非相〕「一然聿消」集解。○一一，今〔詩〕作燕燕。〔漢書·五行志〕「或一一居息」補注引葉德輝。○一室，當從〔新書〕作褻室。〔大戴·保傅〕「后腹之七月而就一室」平議。

劵 一，曲也。〔廣韻·線部〕○一，又書一，今作卷。〔同上〕○一，連弩也。通作絭。〔集韻·綫部〕

卷 一，曲也。〔集韻·綫部〕○一、衮古音近。〔釋言〕「衮，黻也」郝疏。○一與鞏通。〔廣雅·釋言〕「紉，擘也」疏證。○〔說文定聲·卷一四〕一，叚借為倦。〔魏元丕碑〕「施舍弗一」。○〔同上〕一，或說借為蠲。〔方言一一〕「蠀螬，或謂之一蠾」。○一當作養。〔韓子·八經〕「曰一禍」集解引孫詒讓。○一耳，枲耳，葉如鼠耳，叢生如盤。〔詩·卷耳〕「采采一耳」朱傳。○〔說文定聲·卷一四〕一施，即〔廣雅〕之無心鼠耳，〔離騷〕之葹與宿莽也。〔釋草〕「一施草，拔心不死」。

賤 一之言輕一也。〔說文〕「一，賈少也」繫傳。○一謂輕國。〔國策·趙策二〕「一之類也」鮑注。○一，輕一。〔廣韻·線部〕○一，卑一也。〔大戴·

曾子制言上」「｜者惠焉」王詁。○｜謂卑辱之役也。〔禮記・表記〕「朝廷不辭｜」集解。○無爵祿者為｜。〔論語・里仁〕「貧與｜」劉正義。○｜與醜義亦相近。〔廣雅・釋詁二〕「僊,醜也」疏證。○｜,叚借為葥,仲尼弟子宓子｜名不齊。〔說文定聲・卷一四〕○｜,當作賦。〔商子・脩權〕「行賞｜祿」平議。○｜,當為棧。〔說文〕「棧,棚也」義證。

電　｜,陰陽激曜。〔廣韻・霰部〕○陰激陽為｜。〔說文〕「｜,霒易激燿也」段注引孔沖遠所引〔河圖〕。又〔說文〕「｜,陰陽激燿也」義證引〔河圖〕。○｜者,陰陽激燿也。〔說文〕「虹,螮蝀也」段注。○風晴熱,熱氣散為｜。〔說文〕「｜,陰陽激燿也」義證引〔物理論〕。○｜是靁光。〔說文〕「｜,霒易激燿也」段注引孔沖遠。○｜,雷光也。〔說文〕「｜,陰陽激燿也」義證引〔五經通義〕。○雷｜,今文作「雷雨」。〔書・金滕〕「天大雷｜以風」述聞。

籑　｜,饌饋也。〔集韻・綫部〕○｜,此字當訓為食餘也。〔說文定聲・卷一四〕○〔同上〕｜,叚借為饌。〔廣雅・釋詁二〕「｜,進也」。○〔同上〕｜,叚借為纘。〔漢書・司馬遷傳〕「仍父子相繼｜其職」。○〔同上〕｜,叚借為譔。〔漢書・司馬遷傳贊〕「至孔氏｜之」。○〔同上〕｜,叚借為飡。〔廣雅・釋器〕「孰食謂之餕｜」。○｜,當作籑。〔漢書・司馬遷傳〕「太史公仍父子相繼｜其職」補注引宋祁。

饌　｜同籑。〔廣韻・線部〕○｜,籑或从巽。〔集韻・綫部〕○｜與籑同。〔廣雅・釋詁二〕「籑,食也」疏證。○｜,字或作籑。〔漢書・杜鄴傳〕「陳平共壹飯之籑而將相加驩」補注引〔聲類〕。○｜,飲食之也。〔論語・為政〕「有酒食先生｜」朱注。○｜亦撰也。〔廣雅・釋詁三〕「｜,具也」疏證。

䐹　｜同饌、籑。〔廣韻・線部〕○｜,切肉和血為羞也。〔集韻・綫部〕

薦　｜,獸所食艸。〔說文〕「且,所以｜也」段注。○｜,草之深厚者。〔說文〕「｜,獸之所食艸」繫傳。○｜者聚也,言地饒廣而草莽聚其中也。｜與荐同。〔漢書・景帝紀〕「｜草莽,水泉利」補注引王念孫。○｜,席也。〔廣韻・霰部〕○｜,藉也。〔通鑑・晉紀二九〕「｜之以棘」音注。○｜之言藉也。〔方言九〕「江淮家居篿中謂之藉」箋疏。○寢所用藉席者,今謂之｜也。〔說文〕「荐,｜席也」義證引〔六書故〕。○稾秸曰｜。〔說文〕「席,藉也」義證引〔增韻〕。○〔說文定聲・卷一四〕｜謂可以荐藉之美草也。〔漢書・趙充國傳〕「今虜亡其美地｜草」。○｜、籧,一聲之轉。〔廣雅・釋器〕「｜、籧,席也」疏證。○｜席謂草席也。〔說文〕「且,所以｜也」段注。○｜有承藉之義。〔儀禮・士虞禮〕「藉用葦席」胡正義。○｜之言藉也,言以冠藉屨,貴賤顛倒。〔漢書・賈誼傳〕「章父｜屨」補注引劉奉世。○｜、藉,一聲之轉。尉｜猶尉藉耳。〔漢書・胡建傳〕「所以尉｜走卒」補注引王念孫。○｜數,猶言簡閱。｜,如字。其訓舉計數從中文事也。〔漢書・張湯傳〕「｜數從中文事有可以傷湯者」補注引劉奉世。○｜當為荐,字形相近而誤也。〔周書〕「｜然」雜志。○｜,進也。〔廣韻・霰部〕又〔集韻・霰部〕。又〔大戴・四代〕「楣機賓｜不蒙」王詁。又〔管子・君臣上〕「本於父慶之於長老」雜志。又〔說文定聲・卷一四〕。○｜,進也,所以表至也。〔釋詁〕「｜,臻」鄭注。○進熟食曰｜。〔論語・鄉黨〕「熟而｜之」劉正義。○｜人者,｜之於上也。〔釋詁〕「｜,進也」邵正義。○羞、｜對文則別,散文則通。〔釋詁〕「羞,進也」郝疏。○〔說文定聲・卷一四〕｜,前也。〔淮南・道應〕「夫子｜賢」注「先也」。○〔同上〕｜猶導也。〔淮南・道應〕「夫子｜賢」注「先也」。○｜與臻同義。〔釋詁〕「｜,臻也」述聞。○｜臻,猶今言頻仍也。〔詩・雲漢〕「饑饉｜臻」集疏引陳喬樅。○｜、臻聲轉。〔釋詁〕「臻,乃也」郝疏。○｜,獻也。〔禮記・祭統〕「夫人｜豆」集解。○｜,猶獻也。〔禮記・王制〕「無田則｜」集解。○｜、荐通,重也。〔詩・節南山〕「天方｜瘥」朱傳。又〔雲漢〕「饑饉｜臻」朱傳。○〔左傳昭公二〇年〕「陳信無愧」,又「｜信無愧」。｜亦陳也。〔釋詁〕「｜,陳也」述聞。○｜之,謂陳之也。〔同上〕○凡｜謂脯醢,羞謂庶羞。〔儀禮・燕禮〕「請執冪者與羞膳者」胡正義引李如圭。○搢、晉、｜,其義一也。〔廣雅・釋詁一〕「搢,插也」疏證。○〔說文定聲・卷一四〕｜,叚借為晉。〔史記・孝武紀〕「｜紳之屬」。○｜、荐通。〔詩・節南山〕「天方｜瘥」朱傳。○｜與荐通。〔同上〕陳疏。又〔墨子・迎敵祠〕「築｜通塗」閒詁。○凡注家云「｜,進也者」,皆荐之叚借字。〔說文〕「｜,獸之所食艸」段注。○｜,或借荐字。〔同上〕義證。○〔說文定聲・卷一四〕｜,叚借為荐。〔廣雅・釋器〕「｜,席也」。○｜者,瀳之叚借也。〔釋詁〕「｜,臻」郝疏。○〔說文定聲・卷一四〕｜,叚借為瀳。〔釋詁〕「｜臻也」。○〔同上〕｜,叚借為饌,實為巽。〔釋詁〕「｜,進也」。○｜,齊作荐。〔詩・雲漢〕「饑饉｜臻」集疏。

絹　｜,縑也。〔廣韻・線部〕○生曰｜。〔本草・卷三八〕○｜,疏帛也。〔同上〕○｜,生繒也。〔說文〕「｜,繒如麥稍」義證引〔玉篇〕。○｜,生白繒似縑而疏者也。〔同上〕引〔急就篇〕顏注。○〔說文定聲・卷一四〕麤厚之絲為之,生帛曰｜,與縛署同。〔說文〕「｜,繒如麥稍者」。○｜亦曰縞,曰綃,其輕而緆者曰縠。〔說文定聲・卷一四〕○｜,射矦綱紐。〔集韻・霰部〕○罥、羂、｜,並字異而義同。〔廣雅・釋器〕「其罥謂之欙」疏證。○｜即羂字,俗書叚借也。〔說文〕「羂,一曰綃也」段注。○〔說文定聲・卷一四〕｜,叚借為羂。〔後漢・馬融傳〕注「｜,繫也,與罥通」。○〔同上〕｜,叚借為蜎。〔考工記・廬人〕司農注「｜,讀為悁」。○〔同上〕｜,宋本〔說文〕作綃。〔說文〕「綃,一曰｜也」。(〔「綃」下〕)○｜當為羂。〔淮南・齊俗〕「｜以綺繡」平議。○｜當為綃,綃與練通。〔墨子・辭過〕「梱布｜」閒詁。

彥　｜,美士也。〔慧琳音義・卷八二〕引〔考聲〕。又〔大學〕「秦誓曰,人之｜聖」朱注。○｜,美士。〔廣韻・線部〕○｜,善士有文者。〔慧琳音義・卷九二〕引〔字統〕。○｜者,士之美稱。〔詩・羔裘〕「邦之｜兮」朱傳。○｜為士之美稱。〔同上〕後箋。○｜音盤,大也。〔說文・敘〕「羣書所載,略

存之矣」段注。〇〔大學〕—或作盤，古文假借字。〔說文〕「—，美士有彣」段注。〇—，魯作嘐。〔詩·羔裘〕「邦之—兮」集疏。

椽 —，桷也。〔集韻·綫部〕

掾 —，官名。〔廣韻·線部〕〇—，一曰官名。〔集韻·綫部〕〇—，掌市官屬也。〔通鑑·周紀四〕「臨淄市—田單在安平」音注。〇—者，緣其邊際而陳—也。〔說文〕「—，緣也」段注。〇〔說文定聲·卷一四〕—，段借為緣。〔史記·貨殖傳〕「陳—其間」。〇—，本訓當為佐助之誼。〔說文定聲·卷一四〕

甸 —，今謂之畿—。〔慧琳音義·卷一〕〇—，郊—。〔廣韻·霰部〕〇—，所謂五百里—服。〔說文〕「—，天子五百里內田」繫傳。〇—，田也。〔禮記·王制〕「千里之內曰—」集解。〇—，王田也。〔說文〕「—，天子五百里內田」段注。〇—，又與田通。〔詩·信南山〕「維禹—之」通釋。〇—，治也。〔同上〕朱傳。又〔詩·韓奕〕「維禹—之」朱傳。〇除溝洫謂之—。〔春秋成公元年經〕「作丘甲」疏證。〇—音殿。〔詩·信南山〕「維禹—之」朱傳。〇古—、畋聲義相同。〔同上〕陳疏。〇古者，田、—、陳同聲。〔廣雅·釋詁三〕「田，陳也」疏證。〇〔說文定聲·卷一六〕—，段借為佃、為畋。〔詩·信南山〕「維禹—之」。〇—與畋通。〔太玄·元圖〕「天—其道」平議。〇〔說文定聲·卷一六〕—，段借為乘，—、乘雙聲。〔禮記·祭義〕「五十不歸—徒」。〇〔同上〕—，此義蓋借為乘字。〔左傳哀公一七年〕「良夫乘衷—兩牡」注「一轅卿車作—」。〔「佃」下〕〇—，古讀為乘。〔漢書·地理志〕「—氏道」補注引王鳴盛。〇—，或作乘。〔集韻·霰部〕〇〔說文定聲·卷一六〕—，段借為畋。〔周禮·春官〕「—祝」。〇—，韓作畋。〔詩·信南山〕「維禹—之」集疏。

便 —，利也。〔廣韻·線部〕〇—，安也。人有不善，更之則安，故从更从人。〔集韻·綫部〕引〔字統〕。〇—猶利安。〔國策·秦策四〕「是—計也」鮑注。〇—，擇—地而處之。〔漢書·賈捐子傳〕「—處之」補注。〇繁讀敏，巧敏謂—佞也。〔荀子·富國〕「直將巧繁拜請而畏事之」雜志。〇—衣，不介胄，猶古人免胄欲至死於敵也。〔漢書·李廣傳〕「陵—衣獨步出營」補注引周壽昌。〇—嬖，猶近習也。〔荀子·君道〕「—嬖左右」集解。〇—，溲也。〔通鑑·晉紀一八〕「或臥自—利」音注。〇—，通作辯。〔釋訓〕「——，辯也」邵正義。〇—者，諞之段音也。〔同上〕郝疏。〇—當為使。〔漢書·尹翁歸傳〕「—從歸府」補注引王念孫。

眷 —，—屬。〔廣韻·線部〕〇—，引伸之訓為—屬。〔說文〕「—，顧也」段注。〇—，今—屬字，按〔史記〕作婘，則嬽字。〔說文定聲·卷一四〕〇—，〔史記〕作婘。〔說文〕「—，顧也」段注。〇—，或作睠。〔同上〕義證。〇—，字亦作睠。〔同上〕句讀。〇—，魯作睠。〔詩·皇矣〕「乃—西顧」集疏。

睠 —同眷。〔廣韻·線部〕又〔說文〕「眷，顧也」段注。〇—，眷或从卷。〔集韻·綫部〕〇—，音眷，反顧也。〔詩·大東〕「—言顧之」朱傳。〇——，勤厚之意。〔詩·小明〕「——懷顧」朱傳。〇——，魯、齊作眷眷。〔同上〕集疏。

麪 —，〔齊民要術〕謂之勃，今人俗語亦云—勃。〔說文〕「—，麥屑末也」段注。〇〔說文定聲·卷一六〕—，蘇俗所謂—勃是也。〔說文〕「—，麥末也」。〇—，麥麩也。〔說文〕「—，麥末也」義證引〔玉篇〕。〇—，麥麩。〔說文〕「糏，麩也」義證引〔玉篇〕。〇—、糏，語之轉，糏猶末也。〔廣雅·釋器〕「糏謂之—」疏證。

麵 —同麪。〔廣韻·霰部〕〇—，麪或从面。〔集韻·霰部〕

線 —，—縷也。〔廣韻·線部〕〇凡吏出捕，輒將兩人，一通信息謂之—。〔說文〕「罣，司視也」義證。〇—，綫，古从泉。〔集韻·綫部〕

綫 —，細絲。〔廣韻·線部〕引〔文字指歸〕。〇—者，縷也。〔說文〕「紝，機縷也」段注。〇本謂布—，引申之，絲亦偁—。〔說文〕「縷，—也」段注。

綖 —，綫或从延。〔集韻·綫部〕

絤 綫，亦作—。〔集韻·綫部〕〇綫，字亦作—。〔說文定聲·卷一四〕

倦 —，疲也。〔慧琳音義·卷三〕引〔韻英〕。又〔廣韻·線部〕。〇—，勞也。〔大戴·小辯〕「而口—其君」王詁。〇—，懈也。〔廣韻·線部〕〇—，極也。〔慧琳音義·卷二七〕引〔玉篇〕。〇—，猒也。〔廣韻·線部〕〇—，絢也。〔慧琳音義·卷二七〕引〔玉篇〕。〇—與嬾同義。〔廣雅·釋詁二〕「勞，嬾也」疏證。〇—，止也。〔慧琳音義·卷四〕引〔玉篇〕。〇—與券義少別。〔說文〕「—，罷也」段注。〇—與券別。〔說文定聲·卷一四〕〇窮、極、—，一聲之轉也。〔廣雅·釋詁一〕「御，極也」疏證。〇㾓，—，聲之轉也。〔廣雅·釋詁一〕「㾓，極也」疏證。〇—游，意言所游之多。〔漢書·司馬相如傳〕「長卿故—游」補注引何焯。〇—游，謂游宦病免而歸耳。言其曾為官也。〔同上〕補注。〇—，或作惓。〔慧琳音義·卷三〕引〔韻英〕。〇官本注——作惓惓。〔漢書·貢禹傳〕「臣禹不勝拳拳」補注。〇—，或作勌。〔慧琳音義·卷三〕引〔韻英〕。〇—，通作券。

㒈 倦或作—。〔集韻·綫部〕〇—，亦與倦同。〔國策·趙策〕「而恐太后玉體之有所郤」雜志。〇—與倦同。〔廣雅·釋詁一〕「㾓，極也」疏證。又〔漢書·揚雄傳〕「沈沈容容」雜志。〇—同倦。〔漢書·司馬相如傳〕「微䂨受屈」補注。〇券、倦並與—通用。〔方言一二〕「㾓，—也」箋疏。〇—，通作倦，罷也。〔方言一二〕「㾓，—也」箋疏。

劵 丨，今俗作倦，義同。〔說文〕「倦，罷也」段注引徐鉉。○漢時已倦行丨廢矣。〔說文〕「丨，勞也」段注。○丨，今皆作倦。〔同上〕○丨與倦同。〔廣雅·釋詁一〕「丨，勞也」疏證。○丨亦與倦同。〔漢書·揚雄傳〕「遥噱虖紭中」雜志。○丨，今倦字也。〔國策·趙策〕「而恐太后玉體之有所郤也」雜志。又〔說文〕「丨，勞也」句讀。○〔說文定聲·卷一四〕丨，以倦為之。〔晉語〕「用而不倦」。○〔同上〕丨，段借為倦。〔廣雅·釋詁一〕「丨，極也」。○丨，或作勸。〔說文〕「丨，勞也」義證。○丨，又或作惓。〔同上〕○丨，經傳皆以煩為之。〔說文定聲·卷一四〕

惓 倦或作丨，或作[忄劵]。〔集韻·綫部〕

羨 丨，餘也。〔廣韻·線部〕又〔集韻·綫部〕。又〔孟子·滕文公下〕「以丨補不足」朱注。又〔通鑑·梁紀四〕「或斤丨百銖」音注。○丨，餘。〔詩·十月之交〕「四方有丨」朱傳。○丨，有餘也。〔韓子·有度〕「絀丨齊非」集解引王先謙。○丨，饒也，讀與衍同。〔通鑑·漢紀九〕「富者奢侈丨溢」音注。○丨，有饒溢之義。〔儀禮·特牲饋食禮〕胡正義。○〔通雅·卷二五〕丨卒，卒之副也。〔采芑〕箋「丨卒盡起」。○丨，欲也。〔說文〕「丨，貪欲」繫傳。○丨，貪慕。〔廣韻·線部〕○丨，貪慕也。〔楚辭·遠遊〕「丨韓衆之得一」補注。○丨，愛慕也。〔詩·皇矣〕「無然歆丨」朱傳。○丨亦歆也。〔同上〕通釋。○丨，有欣喜之義。〔詩·十月之交〕「四方有丨」通釋。○振丨二字俱是辰字之訓。〔漢書·律歷志〕「振美於辰」雜志。○丨，延也。〔廣韻·線部〕○丨之言延也。〔廣雅·釋宮〕「丨，道也」疏證。又〔漢書·律歷志〕「振美於辰」雜志。○是丨為延長之義也。〔同上〕○丨，車道。〔集韻·綫部〕○丨道，今謂之發圈。〔通雅·宮室〕○丨，進也。〔廣韻·線部〕○丨，假借為衍字。〔說文〕「丨，貪欲也」段注。○〔說文定聲·卷一四〕丨，段借為衍。〔詩·十月之交〕「四方有丨」。○〔同上〕丨，段借為愆。〔淮南·精神〕「有天下不丨其神」。○〔同上〕丨，段借為嫙。〔廣雅·釋詁二〕「丨，弱也」。○丨，〔河渠書〕作衍。〔漢書·溝洫志〕「然河災之丨溢」補注。○丨當作美，字之誤也。〔韓子·喻老〕「后稷不能丨也」平議。

奠 丨，置也。〔說文〕「丨，置祭也」繫傳。又〔說文〕「祀，丨酒爵也」繫傳。又〔詩·采蘋〕「于以丨之」朱傳。又〔大戴·諸侯遷廟〕「丨衣服于席上」王詁。○丨，置定也。〔說文〕「丨，置祭也」繫傳。○丨，置物而進之。〔同上〕段注。○丨，引伸為凡置之偁。〔同上〕段注。○丨，設丨。〔廣韻·霰部〕○引伸之凡薦羞通謂之丨。〔周禮·川衡〕「祭祀賓客共川丨」孫正義。○丨，又引伸為丨高山大川之丨。〔說文〕「丨，置祭也」段注。○丨，一曰定也。〔集韻·霰部〕○丨，定。〔書·顧命〕「丨麗」孫疏。○丨與定通。〔書·禹貢上〕「丨高山大川」注「史遷丨為定」孫疏。○〔說文定聲·卷一六〕丨，段借為定。〔書·禹貢上〕「丨高山大川」。○〔同上〕丨，段借為停，實亦為定。〔儀禮·士昏禮〕「坐丨觶」。○丨，假廣字為之。〔說文〕「丨，置祭也」段注。○〔說文定聲·卷一六〕丨，段借為獻。〔廣雅·釋詁四〕「丨，調也」。○〔同上〕丨，段借為嗽。〔禮記·玉藻〕「唯世婦命于丨繭」。○丨，手舉酋也。〔通雅·古器〕○丨，或从厂。〔集韻·霰部〕

徧 丨，書也，周也。〔慧琳音義·卷一〇〕引〔考聲〕。○丨，周也。〔廣韻·線部〕○丨，帀行之也。〔說文〕「丨，帀也」繫傳。○丨，備聲相轉。〔釋言〕「宣，丨也」郝疏。○丨滿即終矣。〔釋言〕「彌，終也」郝疏。○丨舞，皆舞六代之樂。〔左傳莊公二〇年〕「樂及丨舞」洪詁引賈逵。○丨作辯者，辯為古字。〔書·堯典〕注「史遷丨作辯」孫疏。○丨亦辯也。〔墨子·脩身〕「丨物不博」平議。○丨，通作辯。〔釋言〕「宣，丨也」郝疏。○辨、辯、丨並通。〔廣雅·釋詁二〕「辨，丨也」疏證。○丨與辨同。〔釋言〕「班，賦也」郝疏。○丨，又作辨。〔釋言〕「宣，丨也」郝疏。○丨，俗作遍。〔同上〕郝疏。○丨，偏之借字。〔墨子·備穴〕「鑿六丨」間詁。○官本丨作偏。〔漢書·孝成趙皇后傳〕「故趙昭儀御者于客子、王丨、臧兼等」補注。○此丨字乃偏字之誤。〔荀子·正名〕「欲丨舉之」平議。○此丨字當作別。〔同上〕集解引王念孫。

戀 丨，思也。〔慧琳音義·卷三〕引〔考聲〕。○丨，係也，或作孌。〔慧琳音義·卷三〕引〔古今正字〕。○丨，慕也。〔廣韻·線部〕又〔集韻·綫部〕。

眩 丨，亦示幻者也。〔慧琳音義·卷三二〕引顧野王。○丨，目丨丨也。〔說文〕「丨，目無常主也」繫傳。○丨，瞑丨劇也。〔集韻·霰部〕○丨，目視亂也。〔通鑑·晉紀二〇〕「尋惛丨而入」音注。○丨，瞑目亂也。〔太素·四海言〕「胻痠丨瞀」楊注。○丨，亂也。〔廣韻·先部〕又〔大戴·少閒〕「殷民更丨」王詁。○丨，目無常主也，故為惑。〔國策·秦策三〕「丨於名」鮑注。○丨，惑也。〔大戴·少閒〕「殷民更丨」王詁。○丨，瞑丨。〔廣韻·霰部〕○丨眠、丨泯、冥眴並與眠丨同。〔同上〕○丨湣作泫湣。〔史記·索隱本異文〕「紅杳眇以丨湣」雜志。○熒惑猶丨惑也。〔管子〕「四曰上下左右」雜志。○丨弟，猶惑婦也。〔楚辭·天問〕「丨弟並淫」補注。○丨，〔漢書〕借為幻字。〔說文〕「丨，目無常主也」段注。○〔說文定聲·卷一六〕丨，段借為炫。〔楚辭·惜賢〕「揚精華以丨耀兮」。○丨，字與眴通。〔說文〕「丨，目無常主也」句讀。○〔說文定聲·卷一六〕丨，段借為眴。〔莊子·至樂〕「馬乃丨視憂悲」。

釧 丨，臂鐶也。〔慧琳音義·卷一二〕引〔韻英〕。○丨，以玉金為鐶以貫臂也。〔卷九九〕引〔考聲〕。○在足曰鋜，在臂曰丨。〔卷一五〕引〔字書〕。○丨者，以金銀為環莊飾其手足。〔卷一五〕○丨，鐶。〔廣韻·線部〕○丨，鐶也。〔集韻·綫部〕

蒨 丨，草盛。〔廣韻·霰部〕○丨，艸盛皃。〔集韻·霰部〕○丨是茅蒐之別名。〔儀禮·士冠禮〕胡正義。○丨即茜也。〔說文〕「綪，赤繒也」段注。○丨即茜字也。〔說文〕「茜，茅蒐也」段注。

芊 —,倩或从千。〔集韻・霰部〕

倩 —蓋美言也,若草木之蔥—。〔說文〕「—,人字也」繫傳。○—亦美也。〔同上〕○—本人之美稱。〔詩・碩人〕「巧笑—兮」通釋。○—,一曰美也。〔集韻・霰部〕○—,少好之貌,草木初生色青,故从青。〔字詁〕○—,口輔之美也。〔詩・碩人〕「巧笑—兮」朱傳。○—,好口輔也。〔論語・八佾〕「巧笑—兮」朱注。○—猶甫也。〔說文〕「—,人美字也」段注。○—,巧笑兒。〔廣韻・霰部〕○—,笑至逸也。〔論語・八佾〕「巧笑—也」劉正義。○卒便合聲為—。〔釋親〕「女子之夫為壻」郝疏。○—,即卒便之合音。〔說文定聲・卷一七〕○—與借同義。〔方言一二〕「—,借也」箋疏。○—,—利。〔廣韻・霰部〕○—,〔史記〕作凄。—無疾義,蓋凄之借文。〔漢書・司馬相如傳〕「翛胂—浰」補注。○〔說文定聲・卷一七〕—,叚借為茜。〔吳都賦〕「夏曄冬—」注「南土草木通冬生,故曰—」。○〔同上〕—,叚借為請,為靚。〔方言一三〕「—,借也」。○〔同上〕—,叚借為頩,或為彭,為婧。〔詩・碩人〕「巧笑—兮」。○—,叚借為發聲之詞。〔說文定聲・卷一七〕

卞 —,一曰躁疾也。〔集韻・綫部〕○—與疲亦聲近義同。〔廣雅・釋詁三〕「疲,惡也」疏證。又〔方言一○〕「疲,惡也」箋疏。○—,法也。〔集韻・綫部〕○—即弁省文。〔書・顧命下〕「率循大—」孫疏。○—、弁二字古通用。〔漢書・杜周傳〕「小—之作」補注。○言地理者,皆謂—即汴。〔漢書・地理志〕「—水,馮池皆在西南」補注。

弁 —,周冠名。〔廣韻・線部〕○—,皮—也。〔詩・淇奧〕「會—如星」朱傳。又〔詩・鳲鳩〕「其—伊騏」朱傳。○—,皮—。〔詩・頍弁〕「有頍者—」朱傳。○—,爵—也。〔詩・絲衣〕「戴—俅俅」朱傳。○—,急也。〔禮記・玉藻〕「—行」集解。○—,古音同盤,其引伸之義為法。〔說文〕「覍,冕也」段注。○—又作卞,隸變俗字。〔左傳成公一八年〕「—糾御戎」疏證引李富孫。○—與卞同,—嚴子即卞莊子,避明帝諱改。〔漢書・方東朔傳〕「—嚴子為衛尉」補注引周壽昌。○—為昪之假借。〔詩・小弁〕「—彼鸒斯」通釋。○—蓋辯之叚借字。〔說文〕「辯,一曰忿也」段注。

覍 —同弁。〔廣韻・線部〕○—,或作弁。〔集韻・綫部〕○—,隸作弁。〔廣雅・釋器〕「皮弁,冠也」疏證。○—,攀也,所以攀持髮也,以鹿皮為之。〔說文〕「—,冕也」義證引〔玉篇〕。○—,當云冕屬,弁與冕固有分矣。〔說文〕「—,冕也」段注。○—,字亦作絣,俗作卞。〔說文定聲・卷一四〕○〔同上〕—,叚借為變。〔孔宙碑〕「於—時雍」。○〔同上〕—,叚借為拚。〔漢書・嚴延年傳〕「吏皆股弁」。○〔同上〕—,叚借為懁,為慦,為褊。〔左傳定公三年〕「莊公卞急而好潔」。○〔同上〕—,叚借為憲。〔書・顧命〕「率循大卞法也」。

拚 —,擊手。〔廣韻・線部〕○—,兩人手相搏也。〔說文〕「—,拊手也」段注。○—,俗作抃。〔同上〕句讀。○—,通作弁。〔同上〕義證。○—亦省作弁。〔同上〕句讀。○〔說文定聲・卷一四〕—,以弁為之。〔漢書・王莽傳〕「予甚弁焉」。○—是假借字,析言之則是埽席前之名,渾言之則凡埽皆可云—也。〔儀禮・聘禮〕「既—以俟矣」胡正義。○〔說文定聲・卷一四〕—,叚借為畚,嚴厲疾惡之意。〔荀子・王制〕「抃急禁悍」。○〔同上〕—,叚借為坌。〔儀禮・聘禮〕「既—以俟矣」。

咽 —同嚥。〔廣韻・霰部〕

嚥 —,咽或从燕。〔集韻・霰部〕

片 —,半也。〔廣韻・霰部〕○—,判也。〔同上〕○—,析木也。〔同上〕○—,木字之半也。〔說文〕「—,判木也」繫傳。○剖、辟、—、胖、半,皆一聲之轉也。〔廣雅・釋詁四〕「—,半也」疏證。○—言,半言。〔論語・顏淵〕「—言可以折獄者」朱注。○〔說文定聲・卷一四〕—,以半為之。〔漢書・李陵傳〕「一半冰」。

禪 —,圭—。〔廣韻・線部〕○—,—讓傳受。〔同上〕○—,授也。〔孟子・萬章上〕「唐虞—」朱注。○—之言墠也。〔廣雅・釋天〕「—,祭也」疏證。○〔說文定聲・卷一四〕—,兩傍整木也。〔莊子・人間世〕「求—傍者」司馬注「官之全一邊者,謂之—傍」。(「棺」下)○—與擅通。擅,專也。〔韓子・說疑〕「善—其主」集解。○〔說文定聲・卷一四〕—,以嬗為之。〔漢書・文帝紀〕「而嬗天下焉」。○〔同上〕—,叚借為嬗,實為傳。〔孟子〕「唐虞—」。○〔同上〕—,叚借為匰。〔莊子・人間世〕「求—傍者」。

譴 —,責也。〔廣韻・線部〕○—,讓也。〔同上〕○—,問也。〔同上〕○—,謫問也。〔國策・東周策〕「太卜—之曰」鮑注。○—怒,罪責也。〔詩・小明〕「畏此—怒」朱傳。○—,怒也。〔慧琳音義・卷二〕又〔卷五〕引〔桂苑珠叢〕。又〔廣韻・線部〕。○—,轉也。〔慧琳音義・卷七九〕引〔考聲〕。

絢 —,文兒。〔說文〕「—,詩云素以為—兮」繫傳。○—,文貌。〔論語・八佾〕「素以為—兮」劉正義。○—,文彩兒。〔廣韻・霰部〕○—,采色,畫之飾也。〔論語・八佾〕「素以為—兮」朱注。○成章謂之—。〔同上〕劉正義。○—、綯同字。〔說文〕「—,詩云繠以為—兮」段注。○〔說文定聲・卷一六〕—,〔九經字樣〕作綯。〔說文〕「—,采成文也」。○〔同上〕—,叚借為侚。〔赭白馬賦〕「—練夐絕」。

諺 —,俗言。〔廣韻・線部〕○—,俗語也。〔孟子・梁惠王下〕「夏—曰」朱注。○—,俗言也。〔通鑑・周紀二〕「鄙—曰,寧為鷄口,無為牛後」音注。○俗言曰—。〔說文〕「—,傳言也」義證引〔太平御覽〕。○凡經傳所偁之—,無非前代故訓。〔說文〕「—,傳言也」段注。○喭即—俗字。〔書・無逸〕「乃逸乃—」孫疏。○〔說文定聲・卷一四〕—,叚借為悍。〔論語〕「由也喭」。○—,字亦作喭。〔說文定聲・卷一四〕○〔熹平石經〕—作憲。

〔書・無逸〕注「丨一作憲」孫疏。○〔周書・樂遜傳〕引丨作詩。〔左傳僖公七年〕「丨有之曰」疏證。○周丨，李善〔文選〕注引作周任。〔左傳桓公一〇年〕「周丨有之」洪詁。

緣 丨者，綵纏飾之也。〔説文〕「弭，弓無丨可以解轡紛者」繫傳。○丨，衣丨。〔廣韻・線部〕○丨，衣純。〔國策・齊策四〕「而士不得以為丨」鮑注。○丨者，衣純也。〔説文〕「褖，丨也」段注。○純邊謂之丨。〔説文〕「丨，衣純也」義證引〔急就篇〕顏注。○丨，引申為凡夤丨邊際之偁。〔説文〕「褖，丨也」段注。○丨者，甲之邊也。〔説文〕「䶰，龜甲邊也」段注。○〔説文定聲・卷一四〕丨，與轂約畧同，〔輪人〕所謂陳篆也。〔釋器〕「弓有丨者謂之弓，無丨者謂之弭」孫注「謂繫約而漆之」。

顫 丨，俗言丨掉不正。〔説文〕「丨，頭不正也」繫傳。○丨，四支寒動。〔廣韻・線部〕○丨，引伸為凡不定之偁。〔説文〕「丨，頭不定也」段注。○〔説文定聲・卷一四〕丨，頭搖動不定也。〔説文〕「丨，頭不正也」。○丨、戰聲義同。〔釋詁〕「戰，懼也」郝疏。○〔説文定聲・卷一四〕丨，以戰為之。〔論語〕「使民戰栗」。○〔同上〕丨，叚借為闡。〔莊子・外物〕「鼻徹為丨」。○丨當讀為憚。〔墨子・兼愛下〕「可謂丨矣」閒詁。

擅 丨，專也。〔廣韻・線部〕又〔國策・秦策三〕「夫丨國之謂王」鮑注。○丨，專有之事。〔國策・秦策三〕「富丨越隸」鮑注。○丨者，無與爭也。〔國策・齊策三〕「而丨其功」鮑注。○〔説文定聲・卷一四〕丨，嫥也，嫥丨即誠信，又轉注為自信嫥輒之意。〔釋詁〕「亶，信也」。（「亶」下）○丨謂嫥壹也。〔説文定聲・卷一四〕○丨與撣同，謂提持也。〔墨子・備梯〕「因素出兵」雜志。○丨與嬗、襌同。〔史記・太史公自序傳〕「天下三丨」志疑。○丨，〔書〕、〔詩〕皆以亶為之。〔説文定聲・卷一四〕○亶，誠也，本或作丨者，借字耳。〔荀子・彊國〕「亶有之矣」雜志。○〔説文定聲・卷一四〕丨，叚借為傳。〔荀子・正論〕「堯舜丨讓」。

媛 丨，淑丨。〔廣韻・線部〕○丨音院，美女曰丨。〔詩・君子偕老〕「邦之丨也」朱傳。○美女為丨。〔同上〕集疏。

瑗 丨之言援也。〔説文〕「丨，大孔璧，人君除陛以相引」繫傳。○丨，玉名。〔廣韻・線部〕○丨、轅、援三字通。〔漢書・地理志〕「丨，莽曰東順亭」補注。

佃 丨，營田。〔廣韻・霰部〕○丨，字本訓當為治田也。〔説文定聲・卷一六〕

淀 丨，陂丨，泊屬。〔廣韻・霰部〕○丨，淺泉。〔集韻・霰部〕○〔通雅・卷一七〕丨，浸之湑涘淺水也，音殿，今北方傍水艸之地，皆謂之丨。〔魏都賦〕「掘鯉之丨」。

澱 丨，滓穢也。〔慧琳音義・卷七九〕引〔韻英〕。○丨，今之滓泥是也。〔同上〕〔釋器〕「丨謂之垽」郝疏。○丨，丨滓。〔廣韻・霰部〕○丨亦藍丨也。〔同上〕○丨，石殿也，其滓澄丨在下也，亦作淀，俗作靛。〔本草・卷一六〕○丨，今丨青，藍丨曰丨。〔説文定聲・卷一五〕○〔同上〕丨即涅也，可以染緇。〔廣雅・釋器〕「丨謂之滓」。○丨音殿，即澄泔之澤。〔釋器〕「丨謂之垽」鄭注。○湖淀之波漾者曰丨。〔通雅・地輿〕○〔漢・志〕齊郡鉅定，〔水經注〕作巨淀。定、淀皆丨也。〔説文〕「丨，滓垽也」義證。○丨，字又作淀。〔同上〕句讀。○〔説文定聲・卷一五〕丨，字亦作淀。〔魏都賦〕「掘鯉之淀」。○丨，或借奠。〔説文〕「丨，滓垽也」義證。

𪑾 丨，藍丨染者也。〔廣韻・霰部〕○澱、丨二篆，異部而實一字也。〔説文〕「丨，丨謂之垽」段注。○丨與澱異字而音義同。〔説文〕「澱，滓垽也」段注。○丨與澱同。〔廣雅・釋器〕「澱謂之滓」疏證。○丨、黕，異字而同義。〔説文〕「丨謂之垽」段注。

繕 丨，造也。〔慧琳音義・卷八〇〕引〔考聲〕。○凡治故造新皆謂之丨。〔慧琳音義・卷二一〕又〔周禮・夏官序官〕「丨人上士二人」孫正義引〔華嚴經音義〕。○丨，治也。〔左傳成公一六年〕「丨甲兵」疏證引〔三蒼〕。○丨，丨甲兵。〔左傳成公元年〕「臧宣叔令修賦丨完」疏證引〔讀本〕。○丨，補也。〔續音義・卷五〕引〔切韻〕。又〔廣韻・線部〕。又〔國策・秦策一〕「足以富民丨兵」鮑注。○丨亦脩也。〔禮記・月令〕「丨囹圄」集解。又〔曲禮〕「急丨其怒」集解引呂大臨。○丨，完也。〔同上〕集解引胡銓。○〔説文定聲・卷一四〕丨，叚借為膳。〔史記・張儀傳〕「丨兵不傷衆」。○〔同上〕丨，叚借為顮。或曰借為繎，亦通。〔禮記・曲禮〕「急丨其怒」。

鄯 〔説文定聲・卷一四〕丨，重言曰善善。丨善，於上一字加邑傍耳。〔説文〕「丨，丨善，西胡國也」。

狷 丨，守節無為也。〔慧琳音義・卷八二〕○丨，古文悁、猏二形，守節無為也。〔卷四六〕○丨者，知未及而守有餘。〔論語・子路〕「必也狂丨乎」朱注。○丨，褊急而守分也，或作獧。〔慧琳音義・卷八二〕引〔考聲〕。○丨，急也。〔廣韻・霰部〕○丨，褊急。〔線部〕○獧、丨古今字，獧者，性褊急。〔論語・子路〕「必也狂丨乎」劉正義。○〔論語〕丨，〔孟子〕作獧，其實當作懁。〔説文〕「懁，急也」段注。○獧、丨、懁，並字異而義同。〔廣雅・釋詁一〕「獧，急也」疏證。

罥 丨，繫取也。〔慧琳音義・卷一二〕引〔韻英〕。又〔通鑑・唐紀六九〕「袂丨硯墮地」音注。○以繩取物曰丨。〔説文〕「羂，网也」義證引〔字書〕。○丨，掛也。〔通鑑・唐紀六九〕「袂丨硯墮地」音注。○丨謂取獸繩也。〔説文〕「羂，网也」義證引〔三蒼〕。○丨，纏綰也。〔慧琳音義・卷一二〕引〔考聲〕。○丨，綰也。〔廣韻・霰部〕○丨之言綰也，挂也。〔廣雅・釋器〕「丨謂之欙」疏證。○丨亦作羂，或作䍛。〔慧琳音義・卷一二〕引〔考聲〕。○

丨、羂、絹，並字異而義同。〔廣雅·釋器〕「丨謂之欚」疏證。

眲 丨，視兒。〔廣韻·霰部〕又〔先部〕。○丨丨，側目相視也。〔集韻·先部〕○丨丨，側目貌。〔孟子·梁惠王下〕「丨丨胥讒」朱注。○丨，目丨丨也。〔說文〕「丨，視兒也」繫傳。

瑱 丨，珠玉雜飾也。〔慧琳音義·卷二五〕○丨，玉名。〔廣韻·霰部〕又〔集韻·霰部〕。○垂玉、石、象於末謂之丨。〔大戴·子張問入官〕「統絖塞耳」王詁。○〔說文定聲·卷一六〕丨，天子以玉，諸侯以石。〔說文〕「丨，以玉充耳也」。○丨與磌通。〔廣雅·釋宮〕「磌，礩也」疏證。○〔說文定聲·卷一六〕丨，叚借為蹎，為趚。〔廣雅·釋室〕「磌，蹎也」。○〔同上〕丨，叚借為填。〔江賦〕「金精玉英丨其裏」。○丨，三家作顛。〔詩·君子偕老〕「玉之丨也」集疏。

唁 丨，弔失國。〔廣韻·線部〕○弔失國曰丨。〔詩·載馳〕「歸丨衛侯」朱傳。○弔失國亦曰丨。〔同上〕集疏引韓說。○丨，弔失位也。〔詩·何人斯〕「不入丨我」朱傳。○弔生曰丨。〔集韻·願部〕又〔詩·載馳〕「歸丨衛侯」集疏引韓說。又〔說文〕「弔，問終也」義證引〔玉篇〕。○丨亦問也。〔廣雅·釋詁二〕「言，問也」疏證。○丨、言古同聲。〔廣雅·釋詁二〕「言，問也」疏證。

喭 丨同唁。〔廣韻·線部〕○唁或作丨。〔集韻·綫部〕

茜 丨，草名，可染絳色。〔廣韻·霰部〕○丨，蔓艸，葉似棗而銳，對生節，根紫色，可染絳，通作蒨。〔通雅·艸〕○丨，草名，紅藍，今俗呼紅花，可染紅。〔漢書·巴寡婦清傳〕「若千畝卮丨」補注引周壽昌。○丨，茹蘆也。〔慧琳音義·卷五八〕○丨者，茅蒐也。〔說文〕「綪，以丨染，故謂之綪」段注。○丨，一名地血，一名茹蘆，一名茅蒐，一名蒨。〔說文〕「丨，茅蒐也」義證引〔本草〕。○丨，一名地血。〔說文〕「茈，艸也」義證引〔本草〕。○丨，又作蒨。〔慧琳音義·卷五八〕○丨與蒨同。〔廣雅·釋草〕「地血，蒨也」疏證。○丨，字或作蒨。〔說文〕「丨，茅蒐也」義證。○〔說文定聲·卷一五〕丨，字亦作蒨。〔釋草〕「茹蘆，茅蒐」注「今之蒨也，可以染絳」。

窴 丨，穿也。〔廣韻·線部〕○丨，穿地。〔集韻·綫部〕

甗 丨，甑也。〔廣韻·線部〕○丨與甑同。〔方言五〕「甑，自關而東謂之丨」箋疏。

楝 丨，木名，鵷鶵食其實。〔廣韻·霰部〕○丨，木名，子可以浣衣。〔說文〕「丨，木也」義證引〔玉篇〕。○丨，其實曰金鈴子，可用浣衣。〔說文定聲·卷一四〕○〔同上〕丨，字亦作欗。〔考工·㡛氏〕「湅帛以欗為灰」。○丨，叚借為闌。〔說文定聲·卷一四〕

先 丨後猶娣姒。〔廣韻·霰部〕○相導前後曰丨後。〔集韻·霰部〕○相道前後曰丨後。〔詩·緜〕「予曰有丨後」朱傳。

衒 丨，行賣也。〔慧琳音義·卷八〕引〔韻英〕。○丨，行且賣也。〔續音義·卷一〇〕引〔考聲〕。○丨，亦行賣也。〔慧琳音義·卷二八〕引〔考聲〕。○丨，自矜也。〔卷八〕引〔韻英〕。○丨，自誇誕也。〔卷二八〕引〔考聲〕。○丨，自媒。〔廣韻·霰部〕○丨，自媒也，或作眩。〔慧琳音義·卷八〕

衏 丨同衒。〔廣韻·霰部〕○丨與衒同。〔廣雅·釋言〕「詃，丨也」疏證。

袨 丨，盛服也。〔慧琳音義·卷二四〕引〔文字集略〕。又〔續音義·卷三〕引〔文字集略〕。○丨，美服。〔同上〕引〔考聲〕。○丨，衣服美也。〔慧琳音義·卷八二〕引〔考聲〕。○丨，衣服鮮者也。〔續音義·卷三〕引〔字書〕。○丨，好衣。〔廣韻·霰部〕○丨，尸祝袀丨也。〔慧琳音義·卷一七〕引〔古今正字〕。○丨，黑衣也。〔說文〕「袗，玄服也」義證引〔玉篇〕。○丨服，盛服也。〔說文〕「袗，丨服」繫傳。○玄服即丨服也。丨字在新附中，亦謂之袀服。〔漢書·鄒陽傳〕「武力鼎士丨服叢臺之下者一旦成市」補注引錢大昭。

炫 丨，火光也。〔廣韻·霰部〕○丨，光耀也。〔國策·秦策一〕「丨熿於道」鮑注。○丨，燿光也。〔說文〕「丨，爓燿也」義證引〔玉篇〕。○丨，明也。〔廣韻·霰部〕又〔楚辭·遠遊〕「五色雜而丨燿」補注。○丨，〔封禪文〕叚玄為之。〔說文〕「丨，爓燿也」段注。○〔說文定聲·卷一六〕丨，字亦變作袨。〔切韻〕「好衣曰袨」。

眴 丨，今人動目密相戒語。〔慧琳音義·卷七六〕引顧野王。○丨，如今人動目密相戒語也。〔卷三二〕引顧野王。○丨，目動。〔廣韻·霰部〕○丨，視也。〔慧琳音義·卷一四〕引〔考聲〕。○丨，目搖也。〔集韻·霰部〕○丨，同旻也。〔說文〕「旻，舉目使人也」段注。

善 人士為丨。〔說文〕「壬，丨也」繫傳。○尚斷謂之丨。〔說文繫傳·通論上〕

遣 人臣賜車馬曰丨。〔廣韻·線部〕○〔說文定聲·卷一四〕丨，此字古專用于凶禮。〔禮記·檀弓〕「丨車一乘」。○丨，祖奠也。〔集韻·綫部〕

嬿 丨婉，並也。〔廣韻·霰部〕○丨婉，好兒。〔說文〕「丨，女字也」段注。

猭 丨，獸走草。〔廣韻·線部〕○丨，走也。〔集韻·綫部〕

韅 在背曰丨。〔廣韻·霰部〕○丨，駕牛具，在背曰丨。〔集韻·霰部〕○丨，古假顯為之。〔說文〕「丨，箸亦鞥也」段注。

瞑 丨者，蔽人目令無所見。〔慧琳音義·卷二七〕○丨，丨眩。〔廣韻·霰部〕○丨，丨眩劇也。〔集韻·霰部〕○丨眸，目不明。〔集韻·迴部〕○丨眩，憒亂。〔孟子·滕文公上〕「書曰，若藥不丨眩」朱注。

填　|，塞|。〔廣韻·霰部〕○|與瘨同，病也。〔詩·小宛〕「哀我|寡」朱傳。（同上）○|、瘨古通用。（同上）通釋。○|為殄之假借。（同上）通釋。○|為殄之假借，盡也。（同上）後箋。

寘　|，塞也。〔集韻·霰部〕○|，或从土，作填。（同上）

洊　水荒曰|。〔廣韻·霰部〕○|亦再也。（同上）○〔說文定聲·卷六〕柴木雝水謂之|，亦謂之涔。〔廣雅·釋器〕「瀀、涔，栫也」。（「瀀」下）○|者，瀳之異文。〔說文〕「瀳，水至也」段注。○|，瀳之或體。〔釋詁〕「薦，臻也」郝疏。

栫　|，圍也。〔廣韻·霰部〕

蜆　|，蟲名，縊女也。〔集韻·霰部〕○|，叚借為俔。〔說文定聲·卷一四〕○|，此發聲之詞，磬、|，一聲之轉。（同上）

晛　|，日光。〔廣韻·霰部〕○|，日光也。〔集韻·霰部〕○日氣曰|。〔說文〕「|，日見也」義證引〔纂要〕。○|，與曣同。〔廣雅·釋詁三〕「曣，煥也」疏證。○|、曣、晏並字異而義同。（同上）○|、曣古同字。〔詩·角弓〕「見|曰消」通釋。

曣　|同晛。〔廣韻·霰部〕又〔說文〕「晛，日見也」段注。○|，晛或从然。〔集韻·霰部〕

趼　|，獸跡。〔廣韻·先部〕○|，|骨。〔霰部〕○久行傷足謂之|。〔集韻·先部〕○|，本或作研。〔說文〕「|，獸足企也」段注。○|音硯。〔釋畜〕「騉蹄|」鄭注。

洒　|，滇|，水大皃。〔廣韻·霰部〕

莛　|，蔓|不斷。〔廣韻·線部〕○|，蔓|也。〔集韻·綫部〕○|，或作莚。（同上）

狿　獌|，大獸名，長八尺。〔廣韻·線部〕○獌|，獸名，似狸而長。〔集韻·綫部〕

郔　古文|作甄。〔左傳莊公一四年經〕「單伯會齊侯、宋公、衛侯、鄭伯于|」疏證。○〔史記·齊世家〕|作甄。（同上）洪詁。○|，〔史記〕或作甄。〔漢書·地理志〕「|城」補注。

昪　|，日光皃。〔廣韻·線部〕○|，又借抃。〔說文〕「|，喜樂也」句讀。○|，又借抃字。（同上）義證。○|亦省形存聲作弁。（同上）句讀。○|，經傳皆以般、以弁為之。〔說文定聲·卷一四〕

俔　|，譬也。〔廣韻·霰部〕○|，罄也。（同上）○|，磬也。〔詩·大明〕「|天之妹」朱傳。○|、磬二字雙聲，故通用。（同上）通釋。○〔說文定聲·卷一四〕借磬、罄為|也，見、磬雙聲。〔韓子·外儲〕「犬馬，人所知也，旦暮罄于前」。○〔通雅·卷三四〕|謂之綄。〔淮南子〕「|之見風」。○〔說文定聲·卷一四〕|，叚借為綄，實為繯。〔淮南·齊俗〕「辟若|之見風也」。○〔通雅·卷三四〕|，一曰五兩。〔淮南子〕「|之見風」。○船上候風羽謂之|，能諜知風信也。〔說文〕「|，一曰聞見」義證。○〔說文定聲·卷一四〕|，閒見者，於空隙中乍見之意。〔說文〕「|，閒見也」。○（同上）|，叚借為發聲之詞。〔說文〕「|，譬喻也」。

譔　|，專敬。〔廣韻·線部〕○|，善言。〔集韻·綫部〕○〔說文定聲·卷一四〕|，叚借為纘。〔廣雅·釋言〕「州|，殊也」。

眄　|，目不正也。〔慧琳音義·卷八九〕引〔考聲〕。○|，斜視。〔廣韻·霰部〕○|，目偏合而衺視也。〔通鑑·唐紀三六〕「由是為下者常||焉伺其上」音注。○|，目偏合而斜視也。〔通鑑·宋紀九〕「因|淑曰」音注。○〔說文定聲·卷一六〕|，目一閉一開，審諦而視也。〔說文〕「|，目偏合也」。○|，〔孟子〕作瞑。〔說文定聲·卷一六〕（「𡧍」下）

榗　|，木名。〔廣韻·線部〕○|即榛字也。〔說文〕「|，木也」繫傳。○〔說文定聲·卷一六〕|，叚借為榛。〔說文〕引〔詩〕「|楛濟濟」。○（同上）|，字亦作梓。〔書大傳〕「南山之陰，有木名梓，晉晉然而俯子道也」。○（同上）|，叚借為箭。〔說文〕「書曰竹箭如|」。

衍　|，水也。〔廣韻·線部〕○|，溢也。（同上）○|，水溢也。〔集韻·綫部〕○|，豐也。〔廣韻·線部〕○|，一曰大也，多也。〔集韻·綫部〕

輾　|，水也。〔廣韻·線部〕○|，轉輪治穀也。〔集韻·綫部〕

轉　|，流|。〔廣韻·線部〕○展與|同義。〔詩·關雎〕「輾|反側」陳疏。

綪　|，青赤色。〔廣韻·霰部〕○|、蒨古通。〔左傳定公四年〕「|茷旃旌」洪詁。○|，通作輤。〔說文〕「|，赤繒也」義證。○|，鄭康成〔禮記〕注引作蒨。〔左傳定公四年〕「|茷旃旌」洪詁。

縓　|，絳色。〔廣韻·線部〕○|，帛赤黃色。〔集韻·換部〕○|，淺赬。〔儀禮·士冠禮〕「爵弁，服纁裳，純衣緇帶，韎韐」胡正義引沈彤。○|，色在白、赤、黃之間。〔釋器〕「一染謂之|」郝疏。○|與縕同。（同上）○〔說文定聲·卷一四〕|，以温、縕為之。〔禮記·玉藻〕「温韍」注「縕，赤黃之間色，所謂韎也」。

偭　|，古通作面。〔說文〕「|，鄉也」段注。○|，通作面。（同上）義證。○|者，面之分別文。（同上）句讀。○〔說文定聲·卷一四〕|，以面為之。〔漢書·夏侯嬰傳〕「面雍樹馳」。

涀 ｜，水名。〔廣韻·霰部〕又〔集韻·霰部〕。○｜水即溳水也。〔通雅·地輿〕

僆 ｜，雞未成也。〔廣韻·霰部〕○｜，孿生也。〔集韻·僊部〕○｜僆，行相及也。〔集韻·綫部〕○｜亦連也。〔廣雅·釋詁三〕「｜，孿也」疏證。○｜猶連也，雙產。〔方言三〕「｜子」箋疏。

餞 ｜，以酒食送也。〔說文〕「｜，送去也」繫傳。○｜，酒食送人。〔廣韻·線部〕○｜，引也。〔說文〕「｜，送去也」繫傳。○｜猶羨也。〔同上〕○｜通作踐。〔釋詁〕「｜，進也」郝疏。

輤 ｜，載柩車蓋，大夫以布，士以葦席。〔廣韻·霰部〕○｜，喪車飾，鄭康成說通作蒨。〔集韻·霰部〕

廠 ｜，舍也。〔廣韻·霰部〕

絃 ｜，帴也。〔廣韻·霰部〕○｜，又幧頭。〔同上〕

帑 ｜同絢。〔廣韻·霰部〕○｜即絢字也。〔廣雅·釋詁三〕「｜，成也」疏證。

駽 ｜，青驪馬也。〔廣韻·霰部〕○馬青驪曰｜。〔集韻·霰部〕

拘 ｜，擊也。〔廣韻·霰部〕

讂 ｜，流言，有所求也。〔廣韻·霰部〕○｜，隱語也。〔說文〕「｜，流言也」義證引〔急就篇〕顏注。○｜充，言營營而動也。〔通雅·釋詁〕○〔說文定聲·卷一四〕｜，叚借為夐。〔廣雅·釋詁三〕「｜，求也」。○〔同上〕｜，叚借為夐，實為遠。〔管子·宙合〕「｜充言心」。

羂 ｜，鳥羅。〔廣韻·霰部〕○｜謂取獸繩也。〔說文〕「｜，网也」義證引〔三蒼〕。○｜即系蹄。〔同上〕義證。○｜，今人多作罥字。〔同上〕繫傳。○｜，俗作罥。〔同上〕段注。○｜，又作罥。〔同上〕義證。○｜，字或作羂。〔廣雅·釋器〕「羂，絡也」疏證。○｜，或作羂。〔說文〕「｜，网也」義證。○｜，通作絹。〔同上〕○｜，通作繯。〔同上〕○〔說文定聲·卷一四〕｜，叚借為繯。〔說文〕「｜，一曰綰也」。

瓹 ｜，盆底孔。〔廣韻·霰部〕○｜，盎下竅。〔集韻·霰部〕○｜，瓮底孔，下取酒也。〔說文〕「削，一曰室也」義證引〔玉篇〕。

懁 ｜，急之也。〔慧琳音義·卷九三〕引〔韻英〕。○｜，急性。〔廣韻·霰部〕○｜，心急也。〔說文〕「｜，急也」義證引〔玉篇〕。○獧、狷、｜，並字異而義同。〔廣雅·釋詁一〕「獧，急也」疏證。○｜又作狷。〔說文〕「｜，急也」義證。○｜，或借獧字。〔同上〕○〔說文定聲·卷一四〕｜，以獧為之。〔孟子〕「必也狂獧乎」。

衠 ｜，車搖。〔廣韻·霰部〕○｜，車搖也。〔集韻·霰部〕

獧 ｜，躍也。〔廣韻·霰部〕○｜，犬疾躍也。〔集韻·先部〕○｜，跳也。〔說文〕「｜，疾跳也」義證引〔玉篇〕。○｜，跳也。〔說文定聲·卷一四〕〔「轉下」〕○｜、狷古今字。〔說文〕「｜，一曰急也」段注。○｜、狷、懁，並字異而義同。〔廣雅·釋詁一〕「｜，急也」疏證。○｜與狷同。〔說文〕「｜，疾跳也」義證引〔玉篇〕。○｜挑與儇佻同義。〔方言一二〕「儇佻，疾也」箋疏。○｜，或借儇字。〔說文〕「｜，疾跳也」義證。○〔說文定聲·卷一四〕｜，叚借為懁。〔說文〕「｜，一曰急也」。

廙 ｜，定也。〔說文〕「｜，待也」繫傳。○｜，待也。〔廣韻·霰部〕○〔說文定聲·卷一六〕｜，叚借為定。〔太玄·元攡〕「天地｜位」。○｜通作奠。〔說文〕「｜，待也」義證。

湅 ｜，鍊字也。〔說文〕「漱，辟漱鐵也」繫傳。○｜者，瀾也。〔說文〕「練，｜繒也」段注。○｜者，瀾也，汏諸水漂漱之也。〔說文〕「纅，未練治纑也」段注。○｜，熟絲也。〔廣韻·霰部〕○凡治絲治帛通謂之｜。〔考工記〕「㡛氏｜絲」孫正義。○治絲帛曰｜。〔說文〕「｜，瀾也」段注。○｜、漱音義亦同。〔考工記〕「㡛氏｜絲」孫正義。○｜，或通作練。〔說文〕「｜，瀾也」義證。○〔說文定聲·卷一四〕｜，叚借為練。〔考工記·㡛氏〕「｜絲」「｜帛」。

鰊 ｜，魚名，似鱦。〔廣韻·霰部〕○｜，魚名，如鱦。〔集韻·霰部〕

漱 ｜，熟｜。〔廣韻·霰部〕○｜者，段也。〔說文〕「｜，辟｜鐵也」段注。○〔說文定聲·卷一四〕｜，謂取精鐵摺疊段之，愈段愈善。〔說文〕「｜，辟｜鐵也」。

壂 ｜，堂基。〔廣韻·霰部〕○｜，堂也。〔說文〕「｜」義證引〔玉篇〕。○｜同殿。〔漢書·胡建傳〕「監御史與護軍諸校列坐堂皇上」補注引沈欽韓。○｜通作殿。〔廣雅·釋宮〕「堂、堭，｜也」疏證。

萰 ｜，草名。〔廣韻·霰部〕○｜音練。〔釋艸〕「｜，菟荄」鄭注。

䵊 ｜，穄也，或作糜。〔集韻·霰部〕○｜與糜同。〔廣雅·釋草〕疏證。

䵖 ｜，穄也。〔廣韻·霰部〕○｜，黍屬。〔集韻·霰部〕

豎 一，一鐵。〔廣韻・霰部〕〇一，剛也。〔廣韻・先部〕〇一，鋼鐵也。〔集韻・先部〕〇一，焠刀作一也。〔説文〕「一，剛也」義證引〔三蒼解詁〕。

驠 一，馬名。〔廣韻・霰部〕〇一，馬竅白。〔廣韻・先部〕〇一音燕。〔釋畜〕「馬白州一」鄭注。

曣 一，日出也。〔説文〕「一，星無雲也」義證引〔玉篇〕。〇〔説文定聲・卷一四〕一謂姓明無雲。〔説文〕「一，星無雲也」。〇朁與一同，亦通作晏。〔廣雅・釋詁三〕「一，煗也」疏證。〇一晛即見晛。〔通雅・釋詁〕〇一一猶晏晏也。〔同上〕〇〔通雅・卷一二〕一嘔，晏温也，謂日晏而温也。〔史記〕「至中山一嘔」。

暥 一，視也。〔廣韻・霰部〕

𡧍 一，冥合。〔廣韻・霰部〕〇一，今俗用吻合者當用此字。〔説文〕「一，冥合也」段注。〇一與宵同義也。〔説文〕「一，冥合也」繫傳。〇一與瞑聲義並同。〔方言三〕「凡飲藥、傅藥而毒，東齊海岱之間謂之瞑」箋疏。〇一音眠。〔説文〕「賓，所敬也」繫傳。

荐 一，薦席，薦席謂艸席也。〔説文〕「薦，所以薦也」段注。〇艸席可為藉謂之一。〔同上〕〇凡言藉當曰一。〔同上〕〇一猶踐也。〔説文〕「一，薦席也」繫傳。〇仍歲不熟曰一。〔慧琳音義・卷九三〕引〔考聲〕。〇一，仍也。〔廣韻・霰部〕〇一，重也。〔同上〕〇一，叢也。〔慧琳音義・卷八〇〕〇一者，再也。〔説文定聲・卷一五〕〇一，一曰再也。〔集韻・霰部〕〇一、薦義同。〔左傳襄公四年〕「戎狄一居」疏證引劉壽曾。〇一、薦同。〔墨子・尚同中〕「一臻而至者」閒詁。〇一居，言狄人逐水草而居徙無常處。〔左傳襄公四年〕「戎狄一居」洪詁。〇薦，艸部一與此義別，而古相叚借。〔説文〕「薦，獸之所食艸」段注。〇一通作薦。〔釋言〕「一，再也」郝疏。〇〔説文定聲・卷一五〕一，叚借為薦。〔左傳襄公四年〕「戎狄一居」。〇一同洊。〔説文〕「瀳，水至也」段注。〇一與栫相似。〔説文〕「一，薦席也」繫傳。〇〔説文定聲・卷一五〕一，叚借為栫。〔左傳哀公八年〕「一之以棘」。〇一，各本作薦，今正。〔説文〕「葬，臧也。其中所以一之」段注。

唸 一吚，呻也。〔廣韻・霰部〕〇一吚，亦作㕭屎，經又作歔屎。〔同上〕〇一吚，今作殿屎。〔説文〕「一，詩曰，民之方一吚」段注。

嬗 凡禪位字當作一。〔説文〕「一，緩也」段注。〇〔説文定聲・卷一四〕一，或作禪者，亦借字。〔漢書・律歷志〕「堯一以天下」。〇一，叚借為傳。〔説文定聲・卷一四〕〇一通作嘽。〔説文〕「一，緩也」義證。〇一又通作禮。〔説文〕「一，一曰傳也」義證。〇一又通作擅。〔同上〕〇一通作儃。〔同上〕〇一與繟、緂字畧同。〔説文定聲・卷一四〕〇〔文選〕一作蟺。〔漢書・賈誼傳〕「變化而一」補注。

袸 一，小帶。〔廣韻・霰部〕〇一，衣帶。〔集韻・魂部〕〇一，衣衿。〔集韻・恨部〕

偕 一之言善也。〔廣雅・釋言〕「一，態也」疏證。

援 一，接一救助也。〔廣韻・線部〕〇一，助也。〔集韻・綫部〕

褑 一，佩帶。〔廣韻・線部〕〇一，佩綬也。〔集韻・綫部〕

諯 一，相責。〔廣韻・線部〕〇一，相責也。〔集韻・霰部〕〇一，相讓也。〔廣韻・線部〕〇一，一曰數也。〔集韻・霰部〕〇〔説文定聲・卷一四〕一，數其過而誚責之。〔説文〕「一，數也」。

𧜵 〔周禮〕王后之六服，其一曰一衣。〔廣韻・線部〕〇一，〔玉藻〕、〔襍記〕作襢。〔説文〕「一，丹縠衣也」段注。〇一，當有或體作襢。〔同上〕義證。〇〔説文定聲・卷一四〕一，以襢為之。〔禮記・玉藻〕「一命襢衣」。〇一，〔詩〕、〔周禮〕作展，叚借字也。〔説文〕「一，丹縠衣也」段注。〇一，經典借展字。〔同上〕義證。〇〔説文定聲・卷一四〕一，以展為之。〔詩・君子偕老〕「其之展也」。

襢 一同𧜵。〔廣韻・線部〕〇一與𧜵同。〔説文〕「𧜵，丹縠衣也」義證引〔玉篇〕。〇一，裼，肉袒也。〔詩・大叔于田〕「一裼暴虎」朱傳。〇一即膻之異體，今字通作袒。〔同上〕陳疏。

葥 一，所謂木莓也。〔説文〕「一，山莓也」繫傳。〇一，一名山莓。〔説文〕「莓，馬莓也」繫傳。〇一，樹生，其子可食，俗呼桑莓。〔釋艸〕「一，山莓」鄭注。〇一，草名。〔廣韻・線部〕又〔集韻・綫部〕。〇一，椶櫚也，葉可為帚蔧。〔釋艸〕「一，王蔧」鄭注。〇一，王蔧草，可為帚。〔説文〕「一，山莓也」義證引〔玉篇〕。

𦵕 〔説文定聲・卷一四〕一，今隸作葥。〔爾雅〕「葥，山莓」。〇一，植生，亦謂之懸鉤子。〔説文定聲・卷一四〕〇〔同上〕一，叚借為滿。〔爾雅〕「葥，王蔧」。〇〔同上〕一，以箭為之。〔管子・地員〕「其山之末有箭與菀」。

硟 一，今俗所謂碾也。〔説文〕「一，以石捍繒也」繫傳。〇一，展繒石。〔廣韻・線部〕〇一，衦繒石也。〔廣韻・仙部〕〇一，擣繒石。〔集韻・僊部〕〇石輾之曰一。〔通雅・綵色〕〇一，以石輾繒，色尤光澤也。〔説文〕「一，以石扞繒也」義證引〔急就篇〕顏注。〇一，用石摩展緆痕使平，今俗謂之研。〔説文定聲・卷一四〕

𥓂 一，篆體作硟。〔説文〕「一，以石衦繒也」段注。〇一，今俗謂之研。〔同上〕

傓 一，熾盛。〔廣韻・線部〕〇一，人權力相成，若火之相扇也。〔説文〕「一，熾盛也」繫傳。〇一，〔詩〕本作一，後人以訓熾之故，肊造煽字耳。〔説文〕

「丨，詩曰，黮妻丨方處」段注。○丨，通作煽。〔說文〕「丨，熾盛也」義證。○丨者專字，煽者俗字。（同上）句讀。○丨，古通作扇。（同上）段注。○丨通作扇。〔釋言〕「煽，熾也」郝疏。○丨，又通作扇。〔說文〕「丨，熾盛也」義證。

蝙 丨，蠅動翅也。〔廣韻·線部〕○丨，此亦後出字，〔爾雅〕「蠅醜扇」，只作扇。〔說文定聲·卷一四〕

綣 丨，臂繩。〔廣韻·線部〕○丨，攘臂繩。〔集韻·綫部〕○丨，一作韏，纏綿也。〔楚辭·疾世〕「心緊丨兮傷懷」補注。○丨，連弩三十丨共一臂。〔廣韻·線部〕○蓋丨為劵之借字。〔文選·閑居賦〕「異丨同機」集釋。○〔說文定聲·卷一四〕丨，以帣為之。〔史記·滑稽傳〕「帣韝」。

帣 丨，囊也，亦三石為一丨。〔廣韻·線部〕○囊有底曰丨。〔集韻·僊部〕○丨之言卷束也。〔廣雅·釋器〕「丨，囊也」疏證。○丨或借為絭字。〔說文〕「丨，囊也」段注。○小而無底曰橐，大而有底曰丨。〔說文定聲·卷一四〕

桊 丨，以柔木為檈以穿牛鼻也。〔說文〕「丨，牛鼻中檈也」繫傳。○丨，牛拘。〔廣韻·線部〕○丨，今江以北皆曰牛拘，以南皆曰丨。〔說文〕「丨，牛鼻環也」段注。○丨猶圈束也。〔廣雅·釋器〕「丨，枸也」疏證。○丨，或作棬。〔說文〕「丨，牛鼻中環也」義證。○〔說文定聲·卷一四〕丨，叚借為圈。〔孟子〕「猶杯棬也」。○（同上）丨，字亦作弮。〔廣雅·釋器〕「弮，盂也」。

豢 丨，摶飯也。或作豢。〔集韻·綫部〕

𧯷 丨，黃豆。〔廣韻·線部〕○〔說文定聲·卷一四〕丨，此秦以後字，古豆祇言尗，俎豆言豆。〔說文〕「丨，豆屬」。○丨，或作䅟。〔說文〕「丨，豆屬」義證。

蚗 丨，蠾，蜘蛛別名。〔廣韻·線部〕○丨，蟲名，蠐螬也。〔集韻·綫部〕

𦍋 丨，羊卷角者。〔集韻·綫部〕

勬 丨，強健也。〔廣韻·仙部〕○丨，勤也。〔廣韻·線部〕又〔集韻·綫部〕。

韏 丨，革中辨。〔集韻·綫部〕○丨，分判之名。〔釋器〕「革中辨謂之丨」郝疏。○丨之言卷曲也。〔廣雅·釋言〕「紉，擘也」疏證。○丨之言卷曲。〔說文定聲·卷一四〕引王引之。○卷與丨通。〔廣雅·釋言〕「紉，擘也」疏證。

䙰 丨，重繒。〔廣韻·線部〕○丨，緣也。〔廣韻·線部〕又〔集韻·綫部〕。

䜌 丨，言不絕。〔集韻·綫部〕○〔說文定聲·卷一四〕丨中，據〔漢書·地理志〕當作䜌中。〔說文〕「䜌，讀若新城丨中」。（「䜌」下）

鵮 丨，鳥名。〔廣韻·線部〕又〔集韻·綫部〕。○丨蓋鴟類，能捕雀。〔說文〕「丨，欺老也」義證引〔通志〕。

簨 丨，丨車軸。〔廣韻·線部〕○丨，丨車軸也。〔說文〕「丨，治車軸也」義證引〔玉篇〕。○丨，通作鏇。（同上）義證。

睻 丨，更視見皃。〔廣韻·線部〕

閞 丨，門欂櫨。〔廣韻·線部〕○丨，門柱上枅之名。〔說文〕「丨，門欂櫨也」段注。○丨，或作栟。（同上）義證。○丨，字或作栟。（同上）句讀。○丨，字亦作栟。〔說文定聲·卷一四〕

匥 丨，笥也。〔廣韻·線部〕

䪹 丨，丨冠。〔廣韻·線部〕○丨，冠碩皃。〔集韻·綫部〕

鏇 丨，謂以繩轉軸，裁木為器者也。〔慧琳音義·卷九〕○丨，謂以繩轉軸裁木為器曰丨。〔卷四六〕○丨，圓轆轤也。〔廣韻·仙部〕○丨，轉軸裁器。〔廣韻·線部〕○丨，圜鑪之義之引申也。〔說文〕「丨，圜鑪也」段注。○丨，圓轆轤也。〔說文〕「簨，治車軸也」義證引〔玉篇〕。○丨，車工使軸轉於刃上不規自圓也。（同上）○〔說文定聲·卷一四〕丨，此義當為旋之轉注。〔一切經音義〕引〔周成難字〕「以繩轉軸裁木為器曰丨」。

𦈙 丨，長繩繫牛馬放。〔廣韻·線部〕○丨，以繩繫牛馬放之。〔說文〕「丨，以長繩繫牛也」義證引〔玉篇〕。○丨之言旋繞也。〔廣韻·釋詁二〕「丨，係也」疏證。○丨，字亦作𦈙。〔說文定聲·卷一四〕

僎 丨與撰聲相近。〔書·堯典〕注「史遷丨作布」孫疏。○丨與僎署同。〔說文定聲·卷一五〕

僎 丨，具也。〔集韻·綫部〕○丨，或作僎。（同上）

遂 丨，行皃。〔廣韻·仙部〕○丨，移也。〔廣韻·線部〕○丨，遮也。（同上）又〔集韻·綫部〕。○丨，一曰遮遏。〔集韻·僊部〕

谸 丨丨，通作芉芉、阡阡、仟仟。〔通雅·釋詁〕○丨、芉，古字通。〔說文〕「丨，望山谷丨丨青也」義證。○丨又通作仟。（同上）

羨 丨，羊也。〔廣韻·線部〕○丨，羊羔也。〔集韻·綫部〕○丨，今言小羊為旋子者訛，當言丨子也。〔通雅·獸〕

䙲 丨，索也。〔廣韻·線部〕○丨，縣槌索。〔說文〕「栚，槌之橫者也，關西謂之丨」義證引〔玉篇〕。

僝 丨，見也，具也。〔廣韻·線部〕○丨亦與撰通。〔廣雅·釋詁三〕「撰，具也」疏證。

䮲 丨，躍以上馬也。〔慧琳音義·卷一五〕引〔考聲〕。○丨，躍身上馬。〔卷三五〕○丨，躍上馬。〔廣韻·線部〕

搷丨，縣繩望。〔廣韻·線部〕〇丨，望繩取正。〔集韻·綫部〕

叀丨，小謹皃。〔集韻·綫部〕〇丨有繫縻之意。〔說文〕「牽，引前也」義證引畢以珣。〇丨，或作專。〔集韻·綫部〕

縳丨，雙丨緻繒也，紡熟絲為之。〔集韻·綫部〕〇丨、篆並音直轉反，其義同。〔廣雅·釋器〕「轂篆謂之軝」疏證。〇丨音篆。〔釋器〕「十羽謂之丨」鄭注。

蝝丨，蟲名，蝗子未翅者。〔集韻·綫部〕〇丨，一曰蟻屬。（同上）〇丨音緣。〔釋蟲〕「丨，蝮蜪」鄭注。

騵丨，馬上浴。〔廣韻·線部〕〇丨，馬臥也。〔集韻·綫部〕〇丨，馬轉臥土中。〔說文〕「丨，馬臥土中也」義證引〔玉篇〕。〇丨，即展字之轉注。〔說文定聲·卷一四〕

幎丨，覆也。〔集韻·霰部〕〇丨，今作幂。〔說文〕「丨，幔也」句讀。〇羣經丨、幭、幦通用。〔說文〕「幦，髼布也」句讀。

煉丨讀為爛。〔廣雅·釋詁二〕「丨，爇也」疏證。〇〔說文定聲·卷一四〕丨，叚借為爤。〔廣雅·釋詁二〕「丨，爇也」。

𧗳丨，蹈也。〔說文〕「丨，迹也」義證引〔玉篇〕。〇丨，此與彳部𢓜音義同。（同上）段注。〇丨，即𢓜之異體。〔說文定聲·卷一四〕

潠丨，飲也。〔集韻·綫部〕〇丨，一曰九也。（同上）〇丨，作瀵。〔說文〕「丨，歙歃也」義證引〔玉篇〕。〇丨，字亦作瀵。〔說文定聲·卷一四〕〇丨，字亦作涮。（同上）

頭丨，古文作選。〔說文〕「丨，選具也」段注引〔玉篇〕。〇是巽、丨、顨、僎四字義同。（同上）段注。〇丨、顨、巽，並聲近義同。〔廣雅·釋詁三〕「撰，具也」疏證。〇丨，此字實即弜之異體，頁者人也，二人束擇而共具之。〔說文定聲·卷一四〕

䀠丨與眷顧義相近。〔說文〕「丨，目圍也」段注。〇丨，俗言眼圈。（同上）義證。〇丨，當為矎。〔說文〕「䁈，二目為丨」義證。

汳丨，〔後漢書〕作汴。恐是魏、晉都雒陽，惡其從反而改之。〔說文〕「丨，丨水」段注。〇丨，〔漢·志〕作卞，卞者，弁之隸變也。（同上）〇丨，或从卞。〔集韻·綫部〕

饌丨，祭名。〔廣韻·線部〕〇丨，常山謂祭為丨，或从示。〔集韻·綫部〕

嫸丨，〔東觀記〕作譏丨，蓋亦譏刺之意也。〔說文定聲·卷一三〕

鷏丨，鳥名。〔集韻·綫部〕〇鸇與丨，聲義亦相近。〔廣雅·釋詁三〕「䳯，少也」疏證。〇小栗謂之栭，小魚謂之鮞，小雞謂之丨，小兔謂之䨲，小鹿謂之麛，其義一也。〔廣雅·釋獸〕「麛，麛也」疏證。

壖丨，河邊地也。〔通鑑·後梁紀六〕「左射軍使石敬瑭與梁人戰于河丨」音注。〇丨，河邊地及垣下地，皆謂之丨。〔本草·卷七〕〇丨地，乃久不耕之地。〔漢書·食貨志〕「過試以離宮卒田其宮丨地」補注引顧炎武。〇丨，堧之俗字。〔說文〕「瓀，城下田也」段注。

瓀丨，城下田。〔廣韻·線部〕又〔集韻·綫部〕。〇丨亦作壖。（同上）〇丨，字亦作壖。〔說文〕「丨，城下田也」句讀。〇丨，或从土。〔集韻·綫部〕

摶丨，束也。〔周禮〕百羽為丨。〔集韻·綫部〕〇丨，或作縳。（同上）〇丨與縳通。〔廣雅·釋詁三〕「丨，束也」疏證。

帴丨，裠也。〔集韻·綫部〕〇丨，一曰婦人脅衣。（同上）〇丨，狹也。（同上）

瑑丨，圭有圻鄂也。〔說文〕「丨，圭璧上起兆丨也」義證引〔玉篇〕。〇丨為文飾。〔漢書·王莽傳〕「即解其丨」補注引沈欽韓。

俴丨，淺也。〔集韻·綫部〕

僆丨，雞未成也。〔集韻·霰部〕

傻健丨，行相及。〔集韻·綫部〕

僎丨，具也。〔廣韻·線部〕〇丨，具也。〔集韻·綫部〕〇丨，或作僝。（同上）

僢丨，蠻夷卧以足相向也。〔集韻·綫部〕

剈丨，曲刀。〔集韻·霰部〕

剸丨，切肉皃。〔廣韻·線部〕〇丨，斷也。〔集韻·綫部〕

熑丨，光皃。〔集韻·霰部〕

𡖖丨眴，視不見。〔集韻·霰部〕

哯嬰孩飲乳謂之丨，或作吚。〔集韻·霰部〕

嗔丨，大笑。〔廣韻·線部〕又〔集韻·綫部〕。

㕿丨，同唸。〔廣韻·霰部〕〇丨，呻也。〔集韻·霰部〕

噮丨，丨甘不猒也。〔廣韻·霰部〕〇丨，食甘甚也。〔集韻·霰部〕〇丨即餇字。〔說文〕「餇，猒也」段注。

囀 —，韻也。〔廣韻·線部〕〇—，聲轉也。〔集韻·綫部〕〇—，鳥吟。〔廣韻·線部〕

圓 —，規也。〔集韻·綫部〕

圈 —，養獸閑。〔集韻·綫部〕

圏 —，邑也。〔集韻·綫部〕〇—，何本〔公羊〕作牢圈字，通借也。〔公羊傳文公一一年經〕「楚子伐圏」陳疏。

坌 —，平土也，或書作垪。〔集韻·綫部〕

埍 —，隸居也。〔集韻·霰部〕〇一曰女牢謂之—。〔同上〕〇—，一曰亭部。〔同上〕

埏 —，地際也，一曰墓隧。〔集韻·綫部〕

埢 —，限曲也。〔集韻·綫部〕

㙇 —，耕發土。〔集韻·綫部〕

堰 —，—埭。〔廣韻·線部〕

墠 —，除地也。〔集韻·綫部〕

壇 —，墠或从亶。〔集韻·綫部〕

夐 —，營求也。〔廣韻·霰部〕又〔集韻·霰部〕。〇—與譈同義。〔廣雅·釋詁三〕「譈，求也」疏證。

姰 —，狂也。〔廣韻·霰部〕又〔集韻·霰部〕。〇—，一曰女粃。〔同上〕

姸 —，美女，或作娦。〔集韻·霰部〕

婘 —，親也。〔史記〕「呂須—屬」。〔集韻·綫部〕

嫙 —，好皃。〔廣韻·線部〕〇美謂之—。〔集韻·綫部〕

孌 —，順也。〔廣韻·線部〕〇〔說文定聲·卷一四〕—，字亦作戀。〔易·小畜〕子夏傳「有孚戀如思」。

嬵 —，從也。〔集韻·綫部〕〇—，或作孌，亦書作嬵。〔同上〕

孨 —，謹也。〔廣韻·線部〕又〔集韻·綫部〕。

孿 —，一乳兩子。〔廣韻·線部〕

寰 —，古文縣。〔廣韻·霰部〕〇—，王者畿內也，通作縣。〔集韻·霰部〕

屍 —，髀也。〔廣韻·霰部〕又〔集韻·霰部〕。

帩 —，曲裁。〔集韻·霰部〕

帍 —，幡係於棨者。〔集韻·霰部〕

幝 —，車衣。〔集韻·綫部〕

巺 —，具也。〔廣韻·線部〕

廛 —，民居區域之名，〔周禮〕有—人，徐邈讀。〔集韻·綫部〕

延 —，曼—不斷其莚也。〔廣韻·線部〕〇—，及也。〔集韻·綫部〕

𢐀 —，弓—。〔廣韻·線部〕〇—，弓緣也。〔集韻·綫部〕

單 —至，輕發之皃。〔集韻·綫部〕

徇 —，以人從死。〔集韻·綫部〕

忭 —，喜皃。〔廣韻·線部〕

恮 —，謹也。〔集韻·綫部〕

悁 —，躁急也。〔集韻·綫部〕

㦀 —，憐也。〔集韻·綫部〕

慢 —，訑，弛縱意。〔集韻·霰部〕〇—、漫、謾、嫚，義並與僈通。〔方言一二〕「嫚，僈也」箋疏。〇—當作幔。〔莊子·徐無鬼〕「郢堊—其鼻端」集釋。

憚 —，難也。〔方言〕「齊、魯曰—」。〔集韻·綫部〕

惓 —，思—。〔廣韻·線部〕

㦃 —，意難也。〔集韻·霰部〕

抗　丨，動也，〔老子〕「揣而丨之」。〔集韻·綫部〕

抃　丨，撫掌也。〔慧琳音義·卷九六〕引〔考聲〕。〇丨，捬手也。〔通鑑·晉紀二〇〕「皆踊丨大呼」音注。〇丨，同拚。〔廣韻·線部〕〇丨當為折。〔荀子·王制〕「丨急禁悍」集解。

揣　丨，度也。〔集韻·綫部〕

搢　丨，插也。通作晉。〔集韻·綫部〕

搧　丨，批也。〔集韻·綫部〕

搌　丨，捲也。〔集韻·綫部〕〇丨，拭也。〔同上〕

⿰扌旋　丨，手挑物。〔集韻·綫部〕

撰　丨，持也。〔集韻·綫部〕〇丨，集也。〔同上〕

揀　丨，丨擇。〔廣韻·霰部〕又〔集韻·霰部〕。

揵　按丨之皃。〔廣韻·線部〕〇丨，按也。〔集韻·綫部〕

擇　丨，挽也，或作牽。〔集韻·霰部〕

揃　丨，射敧令正也。〔集韻·綫部〕

攣　丨，古戀字。〔漢書·敘傳〕「既繫丨於世教矣」補注引錢大昕。

㪚　丨，散也。〔廣韻·霰部〕又〔集韻·霰部〕。

敕　丨，槌打物也。〔廣韻·霰部〕

毇　丨，小春。〔集韻·綫部〕

旋　丨，遶也。〔廣韻·線部〕又〔集韻·綫部〕。

晏　丨，日出清明也。〔集韻·霰部〕

昡　丨，日光。〔集韻·霰部〕

晵　丨，雨而晝止。〔廣韻·線部〕〇丨，霽也。〔集韻·霰部〕

曫　丨，日且昏。〔集韻·霰部〕

歐　丨，大呼用力也。〔集韻·霰部〕又〔集韻·綫部〕。

⿰䜌欠　丨，欠也。〔集韻·綫部〕

杭　丨，木名。〔集韻·綫部〕

⿰木夬　丨，椀也。〔集韻·霰部〕

栟　丨，門柱上欂櫨也。〔說文〕「開，門欂櫨也」義證引〔玉篇〕。

栓　丨，概也。〔集韻·綫部〕

梋　丨，車鐶也。或作鋗、鐶。〔集韻·綫部〕

梘　丨，栓也。〔集韻·霰部〕〇丨，檢也。（同上）〇丨，一曰棺蓋。（同上）

棨　丨，戟屬。〔集韻·霰部〕

棈　丨，木名。〔廣韻·霰部〕又〔集韻·霰部〕。

槇　丨，木根相迫緻也。〔集韻·霰部〕

楥　丨，一曰籬也。〔集韻·綫部〕〇丨，烏臼也，葉可染皁，子可作油燭。〔釋木〕「丨，柜柳」鄭注。

楗　丨，馬行疲也。〔集韻·綫部〕

楩　丨，木名。〔集韻·綫部〕

⿰木旋　丨，同縼。〔廣韻·線部〕〇丨，鷹犬紲所繫。〔集韻·綫部〕

桊　丨，字或借棬為之。〔說文〕「丨，牛鼻中環也」句讀。

槤　丨，木名。〔集韻·綫部〕

橏　丨，横丨木。〔廣韻·霰部〕〇丨，横木。〔集韻·霰部〕

⿰木巽 丨與繏同,槌之横者也。〔方言五〕「槌,東齊海岱之間謂之繏」箋疏。

橂 丨,木理堅密。〔集韻·霰部〕

樿 丨,木名,白理。〔集韻·綫部〕

檈 丨,圜案,通作梋。〔集韻·綫部〕

⿰束桑 丨,奥蠶。〔廣韻·霰部〕

⿰木絹 丨,丨青木,皮葉可作衣,似絹,出西域烏耆國。〔廣韻·線部〕○丨,木名,皮葉可作衣,似絹,出西域焉耆國。〔集韻·綫部〕

綣 丨,緣韡縫也。〔廣韻·線部〕○丨,履縫也。〔集韻·綫部〕

⿴橐卷 丨,櫜也。〔集韻·綫部〕

機 丨,果名,山梅也。〔集韻·綫部〕

⿰木縣 丨,屋簣,或作編。〔集韻·霰部〕

⿰木還 丨,栗屬。〔集韻·霰部〕

汛 丨,灑丨。〔廣韻·霰部〕○丨,灑也。〔集韻·霰部〕

泫 丨滑,混合也。〔集韻·霰部〕○丨,通作眩。〔同上〕

⿰氵弁 丨,導水使平。〔集韻·綫部〕

汧 丨,泉出不流。〔廣韻·霰部〕○丨,水潛出為池。〔集韻·霰部〕

浰 丨,水疾流兒。〔廣韻·霰部〕○倩丨,疾也。〔集韻·霰部〕○丨,利聲,亦兼利義,利亦疾也。〔漢書·司馬相如傳〕「儵胂倩丨」補注。

涏 丨,美好兒。〔廣韻·霰部〕○丨丨,好貌。〔說文〕「蜓,蝘蜓也」義證引〔玉篇〕。○丨丨,光澤兒。〔集韻·霰部〕

涓 丨澴,流兒。〔集韻·霰部〕

淒 丨浰,疾兒。〔集韻·霰部〕

涎 湎丨,水流。〔廣韻·線部〕○汚丨,水流兒。〔集韻·綫部〕

淃 丨,水也。〔集韻·綫部〕

渲 丨,小水。〔廣韻·線部〕又〔集韻·綫部〕。

湣 泫丨,混合也,或作惽,亦省作泯。〔集韻·霰部〕

湮 丨,没水中也。〔集韻·霰部〕

滇 丨湎,大水。〔廣韻·霰部〕又〔集韻·霰部〕。○丨,入水兒。〔同上〕

淮 丨,大水兒。〔廣韻·霰部〕又〔集韻·霰部〕。

淸 丨,淒浰,疾兒,或从倩。〔集韻·霰部〕

淀 丨,回也。〔集韻·綫部〕

漩 丨,淀或从旋。〔集韻·綫部〕

演 丨,淺流。〔集韻·綫部〕

潸 丨,淚兒。〔集韻·綫部〕

⿱艹湔 丨,艸名,王蔧也。〔集韻·綫部〕

澴 丨,聚流兒。〔集韻·霰部〕○丨,流兒。〔同上〕○丨,衆流兒。〔集韻·綫部〕

濺 丨,謂不淨也。〔慧琳音義·卷六四〕引〔考聲〕。○丨汚,不淨也。〔卷七六〕引〔文字集略〕。○丨,濆也。〔卷六四〕引〔文字典說〕。○丨丨水。〔廣韻·線部〕○丨,水激也。〔集韻·綫部〕○丨,音箭,汙灑也。〔通鑑·周紀四〕「臣請得以頸血丨大王矣」音注。○丨,通作湔。〔集韻·綫部〕

⿲辛氵辛 丨,急流也。〔集韻·綫部〕

潠 丨,口含水噴。〔廣韻·線部〕○丨,噴也。〔集韻·綫部〕

灓 丨,漏水也。〔集韻·綫部〕

⿰氵篡 丨,飲也。〔廣韻·線部〕○丨,歙也。〔說文〕「⿰氵篡,歙歃也」義證引〔玉篇〕。○丨,歃也。〔同上〕

瀳　丨，或作洊。〔集韻·綫部〕○丨，唐石經作洊。〔說文〕「丨，水至也」義證。○丨，又作洊。（同上）句讀。○〔說文定聲·卷一四〕荐為本字，丨者後出字。〔易·坎〕「水洊至」。

灦　丨，水澄深也。〔集韻·霰部〕

烻　丨，光熾也。〔集韻·綫部〕

煎　丨，甲丨。〔廣韻·線部〕○丨，熬也。〔集韻·綫部〕

爨　丨，炊也。〔集韻·綫部〕

[月柬]　丨，木解理也。〔廣韻·霰部〕○丨，析木理。〔集韻·霰部〕

辨　丨，革中絕也。〔集韻·霰部〕

[牛夭]　丨，牛食艸。〔集韻·霰部〕

猵　丨，狚，獸名，似猿，首如犬。〔集韻·綫部〕○丨，一曰異類牝牡也。（同上）

[犭番]　丨，犬爭聲。〔廣韻·線部〕○犬爭謂之丨，或从弁。〔集韻·綫部〕

玔　丨，玉環。〔集韻·綫部〕

[王弁]　丨，玉名。〔廣韻·線部〕○丨，玉飾弁也。〔集韻·綫部〕

玣　[王弁]，或作丨。〔集韻·綫部〕

玹　丨，玉名。〔廣韻·霰部〕又〔集韻·霰部〕。

[王存]　丨，玉名。〔集韻·霰部〕

現　丨，俗見。〔廣韻·霰部〕○丨，玉光。〔集韻·霰部〕○丨者，丨報，謂今身造業交獲報也。〔慧琳音義·卷二六〕

琔　丨，玉色。或从殿。〔集韻·霰部〕

瑓　丨，玉名。〔集韻·霰部〕

[王巽]　丨，珍丨。〔廣韻·線部〕

[柬瓜]　丨，瓜丨。〔廣韻·霰部〕○丨，天瓜也。〔集韻·霰部〕

[虒瓜]　丨，瓢也。〔集韻·綫部〕

瓣　丨，瓠中實。〔集韻·霰部〕

殉　丨，以人從死。〔集韻·綫部〕

[亶瓦]　丨，器緣。〔廣韻·線部〕○丨，瓦器緣也，或作韗。〔集韻·綫部〕

畋　丨，平皃。〔廣韻·霰部〕○丨，平田皃。〔集韻·霰部〕

[此田]　丨，墾田皃。鄭康成曰，丨原隰。〔集韻·霰部〕

[疒連]　丨，疰丨，惡病也。〔廣韻·線部〕○疰丨，惡疾。〔集韻·綫部〕

瘨　丨，病也。〔集韻·霰部〕

[疒扁]　丨，骨病風也。〔集韻·綫部〕

皘　丨，白色。〔集韻·霰部〕

[卷皿]　丨，盂也。〔集韻·綫部〕

旬　丨，動目也。〔慧琳音義·卷一二〕引〔玉篇〕。○丨，目搖。〔廣韻·霰部〕○丨與瞚略同。〔說文定聲·卷一六〕○（同上）丨，叚借為眩。〔蒼頡篇〕「眴，視不明也」。○丨丨，猶恂恂也。〔說文定聲·卷一六〕

[目川]　丨，視專皃。〔集韻·綫部〕

[目夭]　丨，視也。〔集韻·霰部〕○丨，或作睼、瞋。（同上）

睍　丨，目小也。〔集韻·霰部〕

睼　丨，迎視。〔廣韻·霰部〕

[目匽]　丨，視皃。〔廣韻·線部〕○丨，視也。〔集韻·霰部〕

睧　丨，偃息也。〔集韻·霰部〕

瞍 一一，目不正。〔集韻·霰部〕

砇 一，所以轢物器也。〔集韻·綫部〕○一，或作碾、棍。〔同上〕

碥 一，攻玉石。〔集韻·綫部〕

𣪌 一，卜問也。〔集韻·綫部〕

䏚 一，祭祀。〔廣韻·線部〕

禫 一，古文禪。〔廣韻·線部〕○一即古禪字。〔說文〕「禪，祭天也」段注。

稀 一，禾相迫也。〔集韻·綫部〕

寘 一，塞也。〔集韻·霰部〕○一同填。〔廣韻·霰部〕

竱 一，等也。〔集韻·綫部〕

笲 一，竹器。〔廣韻·線部〕○一棗栗同一器也。〔儀禮·士昏禮〕「婦執一棗栗」胡正義引敖氏繼公。

筲 一，竹名。〔集韻·霰部〕

箐 一，張竹弓弩曰一。〔集韻·霰部〕

箞 一，曲竹也。〔集韻·綫部〕

篆 草一，縳草葦為火炬燎病人。〔慧琳音義·卷三七〕○縳、一，並音直轉反，其義同。〔廣雅·釋器〕「轂一謂之軝」疏證。

箋 一，斷竹也。〔集韻·綫部〕

簒 一，奪取也。〔集韻·綫部〕

䉳 一，紡一也。〔廣韻·霰部〕○一，竹名。〔集韻·霰部〕

𥳑 一，竹。〔廣韻·線部〕○一，箑也，通作扇。〔集韻·綫部〕

篟 一，青竹。〔廣韻·霰部〕○一，竹茂皃。〔集韻·霰部〕

篶 一，楚謂筏上居曰一。〔集韻·霰部〕

籛 一，陸終子名。〔廣韻·線部〕

糋 一，煎餌。〔集韻·綫部〕

粯 一，屑米。〔廣韻·霰部〕○一，米屑。〔集韻·霰部〕

䊵 一，麨餌黏也。〔集韻·綫部〕

縺 一，一繞。〔廣韻·線部〕

絤 一，細也。〔集韻·霰部〕

緛 一，織也。〔集韻·綫部〕

縯 一，長也。〔集韻·綫部〕

纘 一，文繒。〔集韻·霰部〕

繎 一，絲勞也。〔集韻·綫部〕

繟 一，緩也。〔集韻·綫部〕

纏 一，一繞物也。〔廣韻·線部〕

缺 一，圍髮際，結項中所以固冠者。〔集韻·綫部〕

𨭉 一，同甎。〔廣韻·線部〕

睘 一音絢。〔說文〕「懁，急也」繫傳。

䍐 一，魚罔。〔集韻·綫部〕

䍜 一，罥獸足網。〔廣韻·線部〕○一，罥也。〔集韻·綫部〕

𨆃 一，罥也。〔集韻·綫部〕○一，䍜網。〔廣韻·線部〕○一，䍜或从足。〔集韻·綫部〕

𦌾 一，䍜或从選。〔集韻·綫部〕

𦍩 一，羊長尾。〔集韻·綫部〕

⿰月片丨，半體也。〔廣韻·霰部〕又〔集韻·霰部〕。

肙丨，小蟲也。〔廣韻·霰部〕〇丨，又空也。〔同上〕

⿰月旋丨，短者。〔廣韻·線部〕〇便丨，短小皃。丨，或从旋。〔集韻·綫部〕

⿰月巽〔釋名〕有胏丨，丨同䐣。〔說文〕「䐣，切熟肉內於血中和也」段注。

⿸疒存丨，重至。〔廣韻·霰部〕〇丨，再至也。〔集韻·恨部〕

⿰舟青丨，輕舟。〔廣韻·霰部〕〇輕舟謂之丨。〔集韻·霰部〕

⿰舟帝丨，香囊也。〔廣雅·釋器〕「幃謂之丨」疏證。

芊丨蒨，草相雜皃。〔廣韻·霰部〕

⿱艹开丨，雀草。〔廣韻·線部〕

⿱艹歼丨，艸名。〔集韻·綫部〕

莧丨，菜名，商陸也。〔集韻·霰部〕

蒯丨，草名。〔廣韻·線部〕〇鬼丨，艸名。〔集韻·綫部〕

蒝丨，艸木皃。〔集韻·綫部〕〇丨，一曰艸名。〔同上〕〇丨，乃莖葉布散之貌。〔本草·卷二六〕

菤丨耳，艸名。〔集韻·綫部〕

⿱艹豉丨，艸名，蒿也。或从堅。〔集韻·綫部〕

蔙丨，艸名。〔集韻·綫部〕

⿱艹⿰虎殳丨蓎，艸名。〔集韻·綫部〕

藊丨丨，艸皃。〔集韻·霰部〕

⿱艹錢丨，艸名。〔集韻·綫部〕

藺丨，馬藺艸名。或作荔。〔集韻·霰部〕

⿱艹⿸广豕丨，畜食。〔廣韻·霰部〕

⿱䜌艸丨，艸名，似莧葵。或从䜌。〔集韻·綫部〕

⿱敄金丨，兔罝。〔集韻·綫部〕

蟺〔說文定聲·卷一四〕丨，叚借為蟬。〔文選·服鳥賦〕「變化而丨」。

⿰山蟻丨，汙皿。〔集韻·霰部〕

⿰衤青丨，褐也。〔廣韻·霰部〕又〔集韻·霰部〕。〇丨，一曰美衣。〔同上〕

⿰衤定丨，衣圻也。〔集韻·霰部〕

褍丨，袂曲。〔集韻·霰部〕

聯丨，不絕也。〔集韻·綫部〕

覞丨，視也。〔廣韻·線部〕又〔集韻·綫部〕。

覸丨，窺也。〔集韻·霰部〕

訑丨，慢丨，弛縱意。〔集韻·霰部〕

⿰言民丨，誘言也。〔集韻·霰部〕

詵丨，衆致言也。〔集韻·霰部〕

諓丨，巧讒皃。〔廣韻·線部〕〇巧讒謂之丨。〔集韻·綫部〕

⿰言彖丨，丨散。〔廣韻·霰部〕〇諯，或从彖作丨。〔集韻·霰部〕

⿰言扇丨，以言惑人。〔集韻·綫部〕

譞丨，慧也。〔集韻·霰部〕

譠丨，欺也。〔集韻·綫部〕

辯偏，亦作丨。〔集韻·霰部〕〇丨與平古音近。〔釋訓〕「諸諸，丨也」郝疏。〇丨與辨通用。〔同上〕郝疏。〇丨、辨，本字亦即辦也。〔漢書·食貨志〕

「不一，自殺」補注引周壽昌。○一即辡之緐增字。〔說文〕「一，治也」句讀。○一亦古遍字也。〔荀子〕「扁善之度」雜志。

譙 一，歡飲酒也。〔慧琳音義·卷一五〕引〔考聲〕。○一，一會。〔廣韻·霰部〕○一，飲酒會言也，或作宴。〔慧琳音義·卷一五〕引〔韻英〕。○一，合語也。〔集韻·霰部〕又〔國策·齊策三〕「孟嘗君一坐」鮑注。○一，本亦同醼。〔廣韻·霰部〕

讞 一，議罪也。〔集韻·綫部〕

眩 一，行一賣。〔廣韻·霰部〕○衙，亦作一。〔集韻·霰部〕

賢 一，車大穿也。〔集韻·霰部〕

贙 一，分別也，从虤對爭貝，讀若回。〔文選·魏都賦〕「蒹葭一」注引〔說文〕。○一，獸名，又音泫。〔廣韻·霰部〕○一，獸名，似犬。〔集韻·霰部〕○郭氏讚云：「爰有獱獸，厥狀似犬，飢則馴伏，飽則反眼，出于西海，名之回一」。此當為本訓。〔說文定聲·卷一二〕○（同上）一，今所謂西洋獅子狗也。今音讀如縣。〔釋獸〕「一，有力」注「西海大秦國有養者，似狗，多力，獷惡」。

趚 一，走也。〔廣韻·霰部〕又〔集韻·霰部〕。

趟 一，給走意也。〔集韻·綫部〕

𧽚 一，走皃。〔廣韻·霰部〕又〔集韻·霰部〕。

趣 一，走也。〔廣韻·線部〕○一，大也。〔集韻·綫部〕

覞 一，行不正也。〔廣韻·霰部〕○一，行不正。〔集韻·霰部〕

踐 一，履也。〔集韻·綫部〕

踁 一，徐行也，或作𨄁。〔集韻·綫部〕

踬 一，跡也。〔集韻·綫部〕

蹳 一，行也。或从辵。〔集韻·綫部〕

遳 一，無也。〔廣韻·霰部〕○一，無違也。〔集韻·霰部〕

迵 一，出表辝。〔廣韻·霰部〕○一，先也。〔集韻·霰部〕引何休。

這 一，迎也。〔廣韻·線部〕又〔集韻·願部〕。又〔集韻·綫部〕。○一，行也。（同上）

遍 一，俗徧。〔廣韻·線部〕○一，徧或从辵。〔集韻·霰部〕

遉 一，同睼。〔廣韻·仙部〕○一與睼同。〔廣雅·釋詁一〕「睼，視也」疏證。○一，相顧視而行。〔集韻·綫部〕○一，相顧行也。〔集韻·僊部〕

遺 一，相顧而行也。〔集韻·綫部〕○一，或省作遺。（同上）○一，亦書作睼。（同上）

邅 一，逐也。〔廣韻·線部〕又〔集韻·綫部〕。○一，轉也。（同上）

軔 一，礙車木。〔集韻·綫部〕引〔字林〕。

軐 轉一，車迹。〔廣韻·霰部〕又〔集韻·霰部〕。

輻 一，車扇也。〔集韻·綫部〕

轘 一，車裂也。〔集韻·綫部〕

軀 一，怒嗔。〔廣韻·線部〕○一，曲身也。〔集韻·霰部〕

軅 一，體摇也。通作顫。〔集韻·綫部〕

豣 一，麢也。〔集韻·霰部〕

酮 一，醎酒也。〔集韻·霰部〕

鈿 一，寶一，以寶飾器。〔廣韻·霰部〕○一，以寶飾器。〔集韻·霰部〕○一，或作鏌、鑌。（同上）

錠 一，燈有足也。〔集韻·霰部〕

鍰 一，量名，重六兩大半兩。〔集韻·綫部〕

鐔 齊謂相築曰一。〔集韻·綫部〕○一，或从刀，作劚。（同上）

閵 一雀，鳥名。〔集韻·霰部〕

闖 一，門次。〔廣韻·霰部〕○門次謂之一。〔集韻·霰部〕

霆 一一，雲皃。〔集韻·綫部〕

䤼｜炫，汗血。〔廣韻·霰部〕又〔集韻·霰部〕。

䩄｜，馬轡當面皮。〔集韻·綫部〕

⿰革遣｜，腰帶。〔廣韻·線部〕〇韋帶謂之｜。〔集韻·綫部〕

頚｜，顋後。〔廣韻·霰部〕又〔集韻·霰部〕。

⿰犭頁｜｜，狡也，从𦒳省。〔集韻·霰部〕

⿸厂頁｜，舉首也。〔集韻·綫部〕〇｜，一曰弁小而銳。〔同上〕

⿰充風｜，再揚穀。〔廣韻·線部〕〇一曰穀再揚曰｜。〔集韻·綫部〕〇｜，又小風也。〔廣韻·線部〕〇｜｜，小風。〔集韻·綫部〕

餇｜，饜飽。〔廣韻·霰部〕〇｜，飫也。〔集韻·霰部〕

⿰飠恚｜，餇或从恚。〔集韻·霰部〕

餕｜，食餘也。〔集韻·綫部〕

⿰飠卷｜，饌也。〔集韻·綫部〕

⿰馬玄｜，馬一歲。〔集韻·霰部〕〇｜，或作男。〔同上〕

騙｜樹，接樹也。〔通雅·天文〕

鬋｜，女鬢垂皃。〔廣韻·線部〕〇垂鬢謂之｜。〔集韻·綫部〕

⿵門戈｜，試力士錘也。〔集韻·霰部〕

⿵門弓｜，摶也。〔集韻·綫部〕

鱄｜，魚名。〔集韻·綫部〕

⿱夋麥｜，麥也。〔集韻·綫部〕

⿰黑見｜，濡墨也。〔集韻·霰部〕

齞｜，開口見齒謂之｜。〔集韻·霰部〕

廦｜，鹿有力。〔集韻·綫部〕

⿱罒幺｜，罔也。〔集韻·霰部〕

續經籍纂詁卷第七十七

去聲

十八　嘯

嘯 ｜，蹙口出聲以舒憤懣之氣。〔詩・江有汜〕「其｜也歌」朱傳。○｜，蹙口出聲也。〔禮記・內則〕「不｜不指」集解。○｜，吟也。〔通鑑・漢紀四七〕「南陽太守岑公孝，弘農成瑨但坐｜」音注。○歌無章曲曰｜。〔詩・江有汜〕「其｜也歌」集疏引韓說。○｜者，其氣激於舌端而清謂之｜。〔說文〕「｜，吹聲也」義證引〔嘯旨〕。○｜猶嗾也。〔禮記・內則〕「不｜不指」平議。○｜，魯、齊作歗。〔詩・江有汜〕「其｜也歌」集疏。

笑 ｜，本義犬狎人聲也。〔說文定聲・卷七〕○｜，欣也。〔廣韻・笑部〕○｜，喜也。〔同上〕○｜，轉注為人喜聲。〔說文定聲・卷七〕○｜亦作笑。〔廣韻・笑部〕○｜，字亦作咲，作咲，作关。〔說文定聲・卷七〕

笑 ｜，喜也。〔集韻・笑部〕○｜即｜敨。〔詩經・終風〕「顧我則｜」陳疏。○｜，古作咲。〔集韻・笑部〕○｜作咲。〔漢書・韋賢傳〕「妄｜語昏亂」補注引宋祁。○｜當作咲。〔漢書・王莽傳〕「衆皆｜之」補注引宋祁。○｜當作芺。〔釋名・釋姿容〕「｜，鈔也」疏證。○｜當為哭，字之誤也。〔晏子春秋・諫下〕「夫婦｜」平議。○舊校云，｜一作歎。〔呂覽・觀世〕「子列子｜而謂之曰」校正。

咲 ｜，古笑字。〔通鑑・周紀二〕「吾聞明主愛一嚬一｜」音注。

关 ｜，當即芺蓟之芺，芺即古笑字。漢隸從竹從艸之字皆省作卄。〔漢書・薛宣傳〕「壹｜相樂」補注引錢大昕。

照 ｜，明也。〔廣韻・笑部〕○｜與昭音義同。〔說文〕「｜，明也」段注。○｜記，與昭詔同。〔廣雅・釋詁三〕「詔，告也」疏證。○｜曠與昭曠同。〔廣雅・釋詁四〕「曠、昭，明也」疏證。○〔說文定聲・卷七〕｜，叚借為詔。〔淮南・繆稱〕「｜惑者，以東為西」。○〔石經〕｜作昭。〔左傳昭公二〇年〕「｜臨敝邑」洪詁。○〔說文定聲・卷七〕｜，字又作烑。〔淮南・要略〕「挾日月而不烑」。○｜，南監本、閩本並作昭。〔漢書・杜周傳〕「主上｜然知之」補注引錢大昭。○｜當為昭。〔管子・內業〕「神明之極｜乎知」義證。

炤 ｜，猶燭也。〔慧琳音義・卷四五〕引顧野王。○｜同照。〔廣韻・笑部〕○｜，照或从火。〔集韻・笑部〕○｜與照同。〔廣雅・釋詁四〕「｜，明也」疏證。○｜蓋照之或體字也。〔荀子・儒效〕「｜｜兮其用知之明也」集解引郝懿行。○｜，齊作昭。〔詩・正月〕「亦孔之｜」集疏。

廟 ｜，皃也，先祖尊所在。〔慧琳音義・卷二七〕引〔玉篇〕。○｜，皃也，所以仿佛先人之容皃。〔說文〕「｜，尊先祖皃也」繫傳。○｜，皃也。〔廣韻・笑部〕○｜者，皃也。〔史記・周本紀〕「惟訊有稽」志疑引〔瞽記〕。○｜，貌也，所以髣髴先人尊貌也。〔說文〕「｜，尊先祖皃也」義證引〔三輔黃圖〕。○｜，周曰宗｜，尊其生存之貌。〔同上〕義證引王嬰〔古今通論〕。○古者，｜以祀先祖，凡神不為｜也，為神立｜者，始三代以後。〔同上〕段注。○｜者，所以尊祖也。〔同上〕義證引〔孝經援神契〕。○｜者，所以藏主。〔同上〕義證引〔漢舊儀〕。○｜，祖｜也。〔大戴・諸侯遷廟〕「成｜將遷之新｜」王詁。○｜堂者，大｜明堂也。〔盛德〕「而天下之治亂得失可坐｜堂之上而知也」王詁。○王者所居謂之｜也。〔賈子・六術〕「是故先王設為昭穆三｜」平議。○｜，殯宮也。〔禮記・喪大記〕「徹｜之西北」集解。○自官師以上有｜有寢，工、商則寢而已。〔說文定聲・卷六〕○｜，乃雍字之譌。〔史記・惠景間侯者年表〕「侯賁坐為太常｜犧牲不如令」志疑。○｜，〔說苑・正諫篇〕作朝。〔呂覽・慎勢〕「即簡公於｜」校正。

庿 ｜同廟。〔廣韻・笑部〕○廟，古作｜。〔集韻・笑部〕○｜，古廟字，凡宮有鬼神曰｜。〔儀禮・士冠禮〕「士冠禮筮于｜門」胡正義。○凡前聽事，古皆曰｜，後曰寢。〔通雅・宮室〕

竅 ｜，穴也。〔廣韻・嘯部〕又〔通鑑・梁紀一七〕「羊侃使鑿門上為｜」音注。○｜，空也。〔同上〕○｜，孔也。〔禮記・禮運〕「｜於山川」集解。○｜者，在下而通乎下也。〔同上〕○〔說文定聲・卷一五〕｜者，物身之水道也。〔北山經〕「倫山有獸焉，其川在尾上」注「川，｜也」。〔「川」下〕○〔說文定聲・卷七〕｜，叚借為激。〔方言一三〕「｜，阨也」。

妙 ｜，好也。〔廣韻・笑部〕○｜，精微也。〔集韻・笑部〕○凡精者為｜。〔說文・上說文書〕「次列微辭」段注。○｜即微也。〔易・說卦傳〕「｜萬物而為言」李疏。○｜，或作玅。〔說文〕「玅，急戾也」段注。○｜，古作眇。〔說文・敍〕「以其所知為祕｜」段注。○｜遠，眇遠，猶言望遠。｜借字。〔漢書・揚雄傳〕「若登高｜遠」補注。

玅 ｜同妙。〔廣韻・笑部〕○｜，今之妙字。〔說文〕「｜，急戾也」段注。

纱 ｜，妙或从幺。〔集韻・笑部〕○｜，急戾也。〔集韻・笑部〕○｜，一曰｜侹，小兒。〔同上〕

紗 ｜，字亦作妙，亦作紗、作玅。〔說文定聲・卷七〕○〔同上〕｜，叚借為眇，實為杪。〔後漢・班固傳〕「妙古昔而論功」。○〔同上〕｜，叚借為眇，實為杪。〔老子〕「常無欲以觀其妙」。○〔同上〕｜，高遠之意，即杪字之引申。〔魯靈光殿賦〕「咨用力之妙勤」。

詔 ｜，上命。〔廣韻・笑部〕○｜之為言導矣。〔釋詁〕「｜，導也」郝疏。○｜，告也。〔國策・趙策一〕「太守有｜」鮑注。又〔禮記・禮器〕「納牲｜於

庭」集解。○丨，告，命令也。〔國策・秦策一〕「丨令天下」補正。○秦造丨字，惟天子獨稱之。〔說文〕「詔，告也」段注。○丨、誥，義同音近。〔說文・敘〕「幼子承詔」段注。○丨，誥也。〔說文定聲・卷七〕（「召」下）○丨，上告下之義古用誥，秦復造丨字當之。（同上）○丨與召義近。〔釋詁〕「丨，導也」郝疏。○丨者，从召，口之助也。〔釋詁〕「丨，勴也」郝疏。○凡遣官治獄曰丨獄，謂奉丨治獄也。〔漢書・廣川惠王傳〕「廷尉正雜治鉅鹿丨獄」補注引周壽昌。○丨記，後世謂之手記，出於上手，故曰丨記。〔漢書・孝成趙皇后傳〕「中黃門田客持丨記」補注引胡注。○丨即紹俗字。〔書・微子〕「多瘠罔丨」孫疏。○〔說文定聲・卷七〕丨，叚借為劭。〔釋詁〕「丨，勴也」。○丨，叚借為告，〔周禮〕諸職凡言丨者皆下告上之辭。〔說文定聲・卷七〕○丨，當為紹。〔書・微子〕「多瘠罔丨」孫疏。○丨當作司。〔漢書・東平思王傳〕「有丨奏請逮捕」補注引錢大昭。○丨當作詐。〔漢書・戾太子傳〕「按道侯說疑使者有丨」補注引錢大昭。

召　丨，呼也。〔廣韻・笑部〕○以言曰丨，以手曰招。〔說文定聲・卷七〕○古者延飲賓皆曰丨。〔左傳僖公二八年〕「晉侯丨王」疏證引沈欽韓。○丨，高也。〔說文・上說文書〕「自彼徂丨」段注引闞駰。○丨、昭、卓、淖，聲之轉。〔國策・楚策一〕「且王嘗用丨滑於越而納句章」札記。○丨滑，〔楚策〕作卓滑，聲之轉也。〔漢書・項籍傳〕「丨滑」補注引沈欽韓。○丨，古詔字。〔詩・東方未明〕「自公丨之」陳疏。○丨同邵。〔說文・上說文書〕「自彼徂丨」段注。○丨義亦與邵同。〔廣雅・釋詁四〕「邵，高也」疏證。○丨讀曰邵。〔左傳僖公四年經〕「盟于丨陵」洪詁。○〔說文定聲・卷七〕丨，叚借為邵。〔詩・江漢〕「王命丨虎」。○（同上）丨，叚借為邵。〔水經・潁水注〕「丨者，高」。○（同上）丨，叚借為詔。即詔字。〔呂覽・知度〕「凡朝也者，相與丨理義也」。○丨，魯作邵。〔詩・甘棠〕「丨伯所茇」集疏。○丨陵，〔史記・世家〕作邵陵。〔左傳定公四年〕「合諸侯于丨陵」洪詁。○丨滑，〔始皇紀〕作昭滑，〔陳涉世家贊〕作邵滑。〔漢書・項籍傳〕「丨滑」補注。○丨伯，〔穀梁〕作毛伯。〔左傳文公五年經〕「王使丨伯來會葬」洪詁。

劭　丨，自强也。〔廣韻・笑部〕○丨，高也。〔通鑑・晉紀一〇〕「懷帝天姿清丨」音注。○丨與釗聲近義同。〔方言一〕「釗，勉也」箋疏。○丨，叚借為邵，漢應仲遠名丨。〔說文定聲・卷七〕

邵　丨，高也。〔廣韻・笑部〕又〔廣雅・釋詁四〕疏證補正。○丨，或曰即周、召分陝之地，召公所食采也。〔說文定聲・卷七〕

要　丨，約也。〔廣韻・笑部〕又〔集韻・笑部〕。又〔通鑑・周紀四〕「臣下曉然皆知其可丨也」音注。又〔論語・憲問〕「雖曰不丨君」劉正義。○丨，丨約也。〔離騷〕「苟予情其信姱以練丨兮」戴注。○約亦丨也。〔管子・小匡〕「以誓丨於上下薦神」雜志。○丨，色見生病之處，謂是色部上下左右也。〔大素・色脈診〕「各在其丨」楊注。○〔義府・卷下〕丨害，猶今言致命傷。〔後漢書・來歙傳〕「中臣丨害」自注。○借地當敵衝者謂之丨害。〔義府・卷下〕○丨，會也。〔太戴・哀公問五義〕「總丨萬物」王詁。○丨之，猶言總之。〔漢書・南粤傳〕「丨之不可以怵好語入見」補注。○丨猶欲。〔國策・魏策四〕「是示天下丨斷山東之脊也」鮑注。○丨，求也。〔通鑑・周紀四〕「臣下曉然皆知其可丨也」音注。○丨，勤也。（同上）○丨，力止也。〔漢書・文帝紀〕「皇太后固丨上，乃止」補注引胡三省。○丨眇即杳渺。〔釋言〕「冥，幼也」郝疏。○〔說文定聲・卷七〕丨，字作騕。〔淮南・原道〕「馳丨褭」注「馬名，日行萬里」。○丨褭，駿馬。〔楚辭・七諫〕「丨褭奔亡兮」章句。○丨褭，騕褭，古之駿馬，赤喙玄身，日行五千里。（同上）補注引應劭。○〔說文定聲・卷七〕丨，叚借為夭。〔西京賦〕「微行丨屈」。○丨，〔史記〕作約。〔漢書・高帝紀〕「待諸侯至而定丨束耳」補注。○丨，粟字之誤。〔周書・大武〕「一丨不羸」平議。

曜　丨，日光也。〔廣韻・笑部〕○丨，光也。〔集韻・笑部〕○丨，照也。〔慧琳音義・卷四〕引〔切韻〕。又〔廣韻・笑部〕。○丨靈，日也。〔屈賦・天問〕「丨靈安在」戴注。○丨、燿古字通用。〔詩・無羊〕「以薪以蒸」後箋。

耀　丨，光丨。〔廣韻・笑部〕○丨與煬義相近。〔文選・兩都賦〕「南丨朱垠」集釋。○丨，俗燿字。〔荀子・致士〕「夫丨蟬者」集解引郝懿行。○丨，曜或从光。〔集韻・笑部〕

燿　丨，光明也，或作曜。〔慧琳音義・卷四〕引〔韻英〕。○丨，熠丨。〔廣韻・笑部〕○丨，光也。〔國語・鄭語〕「淳丨敦大」述聞。○丨亦爚也，方俗語有緩急耳。〔廣雅・釋詁二〕「丨，爚也」疏證。○丨，照也。〔楚辭・遠遊〕「五色雜而炫丨」補注。○丨，俗作燿。〔說文〕「丨，照也」句讀。○丨，字或作燿。（同上）義證。○〔說文定聲・卷七〕丨，字亦作燿。〔周語〕「先王丨德不觀兵」。○丨从火，今本从光，係俗字。〔釋名・釋天〕「曜，丨也」疏證。○〔說文定聲・卷七〕丨，叚借為消。〔考工記・梓人〕「大胸丨後頃小也」。○（同上）丨，叚借為鑠。〔漢書・藝文志〕「丨金為刃」。○越本丨作曜。〔漢書・揚雄傳〕「目如丨星」補注引宋祁。○官本丨作燿。〔郊祀志〕「淵丨光明」補注。○丨，石經、刊本並作燿。〔左傳莊公二二年〕「自他有丨者也」洪詁。○丨，諸本誤作燿。〔左傳哀公二三年〕「非敢丨武也」洪詁。

調　丨，選也。〔廣韻・嘯部〕○丨，賦也。〔集韻・嘯部〕又〔通鑑・晉紀一二〕「丨絹不過數丈」音注。○丨，發也。〔晉紀二一〕「燕大丨兵衆」音注。○由中而出之外曰丨。〔漢書・爰盎傳〕「丨為隴西都尉」補注引周壽昌。○丨有更易之意，猶琴瑟之更張，乃丨也。（同上）補注引顧炎武。○丨，試也。〔集韻・嘯部〕○丨，韻丨也。〔廣韻・嘯部〕○〔說文定聲・卷六〕丨，叚借為糶。〔廣雅・釋詁三〕「丨，賣也」。○丨，當作請。〔韓子・外儲說

左上〕「丨布而求易錢者」集解引顧廣圻。

釣　丨丨，丨魚。〔廣韻・嘯部〕〇以曲金取魚謂之丨。〔說文〕「丨，鉤魚也」段注。〇丨謂魚鉤也。〔廣雅・釋器〕「丨，鉤也」疏證。〇〔說文定聲・卷七〕丨猶餌也。〔淮南・主術〕「而晉獻以璧馬丨之」。〇〔同上〕丨猶弋也，獵也。〔漢書・公孫宏傳〕「以三公為布被，誠飾詐，欲以丨名」。〇丨，引也，懸也。〔慧琳音義・卷八五〕引〔考聲〕。

魡　釣，或作丨。〔集韻・嘯部〕〇丨，釣字俗寫从魚。〔墨子・魯問〕「丨者之恭」閒詁引畢沅。

弔　丨生曰唁，丨死曰丨。〔廣韻・嘯部〕〇問凶曰丨。〔左傳莊公一一年〕「宋大水，公使丨焉」洪詁引賈逵。又〔左傳襄公一三年〕「以吳為不丨」洪詁引賈逵。〇丨死曰丨。〔說文〕「丨，問終也」義證引〔玉篇〕。〇丨字矢貫弓也，古者葬棄中野，禮貫弓而丨，以助鳥獸之害。〔說文〕「丨，問終也」義證引〔西陽雜俎〕。〇丨，為問終者也。於字人持弓為丨，上古葬者衣之以薪，無有棺槨，常苦禽鳥為害，故丨問者持弓會之，以助彈射也。〔說文〕「丨，問終也」義證引〔急就篇〕顏注。〇丨，閔也。〔詩・瞻卬〕「不丨不祥」朱傳。〇丨，傷也。〔左傳僖公二四年〕「昔周公丨二叔之不咸」疏證。〇丨亦傷也。〔詩・匪風〕「中心丨兮」朱傳。〇丨，猶怛也。〔同上〕陳疏。〇丨亦可訓至。〔書・費誓〕注「史遷丨作善」孫疏。〇丨者，謂上客也。〔禮記・雜記〕「丨者入」集解。〇丨，善也。〔書・大誥〕「弗丨天降割于我家」孫疏。又〔左傳成公七年〕「不丨昊天」疏證。〇丨者，善也。〔書・多士〕「弗丨旻天」孫疏。〇引伸之謂善為丨。〔說文〕「丨，問終也」段注。〇丨字有祥善之義。〔通說〕「丨」述聞。〇丨者，迅之叚音也。〔釋詁〕「丨，至也」郝疏。〇丨即迅之省借字。〔詩・天保〕「神之丨矣」通釋。〇〔說文定聲・卷七〕丨，叚借為迅。〔釋詁〕「丨，至也」。〇古文叔與丨字形相近，故經典從叔之字多作丨。〔左傳哀公一六年〕「昊天不丨」洪詁。〇丨、淑通用。〔說文〕「丨，問終也」段注。〇丨，〔說文〕引傳作憖。〔左傳哀公一六年〕「昊天不丨」洪詁。

叫　丨，直聲呼也。〔說文〕「丨，呼也」繫傳。〇丨，呼也。〔廣韻・嘯部〕〇丨、告義同。〔釋言〕「祈，丨也」郝疏。〇今人以口作聲曰丨，亦謂之肉笛。〔通雅・樂器〕〇訆、丨、嘂並同。〔廣雅・釋詁二〕「訆，鳴也」疏證。〇〔說文定聲・卷六〕丨，字亦作詨，交、丩雙聲。〔北山經〕「鶌，其鳴自詨」。〇丨與訆通。〔釋言〕「祈，丨也」郝疏。〇〔說文定聲・卷六〕丨，叚借為訆。〔左傳襄公三〇年〕「或丨于宋大廟」。〇丨，又與嘂通。〔釋言〕「祈，丨也」郝疏。〇〔說文定聲・卷六〕丨，叚借為嘂。〔射雉賦〕「候扇舉而清丨」。

嘄　叫，或作丨。〔集韻・嘯部〕〇丨即叫。〔釋言〕「祈，叫也」郝疏。〇丨與叫同。〔荀子・儒效〕「嗚呼而莫能應」雜志。

嘂　丨，大嘑。〔廣韻・嘯部〕〇丨，叫然忽發聲也。〔說文〕「丨，高聲」繫傳。〇丨、喧義同。〔釋樂〕「大塤謂之丨」郝疏。〇丨，此與叫、噭義略同。〔說文〕「丨，一曰大嘑也」段注。〇訆、叫、丨並同。〔廣雅・釋詁二〕「訆，鳴也」疏證。〇〔說文定聲・卷六〕丨，叚借為訆。〔說文〕「丨，一曰大呼也」。〇〔同上〕丨，叚借為叫。〔周禮・雞人〕「夜嘑旦以丨百官」。〇丨亦與噭通。〔廣雅・釋詁二〕「訆，鳴也」疏證。〇丨與噭通，又通作謷，高聲也。〔方言一〕「楚謂之噭咷」箋疏。

燎　火田為丨。〔慧琳音義・卷四八〕又〔詩・正月〕「丨之方揚」朱傳。〇放火燒田為丨也。〔慧琳音義・卷四七〕〇丨，放火也。〔廣韻・笑部〕〇丨，照也。〔同上〕〇丨，音料，明也。〔詩・月出〕「佼人丨兮」朱傳。〇丨，一曰宵田。〔廣韻・笑部〕〇〔說文定聲・卷七〕丨，叚借為尞。〔白虎通・封禪〕「丨祭天報之義也」。

嶠　丨，山道。〔廣韻・笑部〕〇丨，一曰山徑。〔集韻・笑部〕〇丨，山銳而高。〔廣韻・笑部〕〇丨，山銳而高也。〔集韻・笑部〕〇丨，一曰石絕水。〔集韻・笑部〕

少　丨，幼丨。〔廣韻・笑部〕〇丨，幼也。〔集韻・笑部〕又〔大戴・文王官人〕「其丨，觀其恭敬好學而能弟也」王詁。〇丨者，幼小之稱。〔左傳文公六年〕「晉襄公卒，靈公丨」疏證。〇丨，謂年丨於己者。〔大戴・曾子制言〕「丨者友焉」王詁。〇丨猶小也。〔論語・公冶長〕「丨者懷之」劉正義。又〔屈賦・抽思〕「丨歌曰」戴注。〇叔、丨，一聲之轉。〔廣雅・釋詁三〕「叔，丨也」疏證。〇丨與小，帛與白古字並通。〔左傳定公四年〕「丨帛」述聞。〇〔說文定聲・卷七〕丨，叚借為小。〔禮記・少儀〕釋文「猶小也」。〇古字丨與小通。〔左傳昭公三〇年〕「敝邑之丨卿也」平議。〇丨帛，蓋即小白，旗名。〔左傳定公四年〕「分康叔以大路、丨帛」述聞。〇丨學即小學也。〔漢書・食貨志〕「移國學于丨學」補注引〔官本攷證〕。〇丨男為良。〔義府・卷下〕〇丨女為兑。〔同上〕〇美男為丨艾。〔義府・卷上〕〇丨師，樂官之佐。〔論語・微子〕「丨師陽、擊磬襄入於海」朱注。〇〔通雅・卷二七〕丨內，中黃內藏也。〔丙吉傳〕「丨內嗇夫」。〇丨正者，正人之副。〔書・酒誥〕「越丨正御事」孫疏。〇丨海即渤海。〔韓子・外儲說左上〕「齊景公出游丨海」集解。〇丨史即丨使。〔漢書・河間獻王傳〕「後元怒丨史留貴」補注引何焯。〇丨府，掌山海池澤之稅，主天子內職也。〔東方朔傳〕「伊尹為丨府」補注引周壽昌。〇漢制縣令、長及丞、尉二百石以上為長吏，百石以下有斗食、佐史之秩為丨吏。〔甯成傳〕「好氣，為丨吏」補注引齊召南。〇丨君，〔釋文〕本作小君。〔左傳定公一四年〕「從我而朝丨君」洪詁。〇丨子乃小子之誤。〔史記・十二諸侯年表〕「晉丨子元年」志疑。〇丨為小字之誤。〔晏子春秋・諫上〕「置大立丨」平議。

徼　｜，循也。〔廣韻・嘯部〕又〔集韻・嘯部〕。○｜，循察也。〔通鑑・漢紀二二〕「建塞｜，起亭隧」音注。○｜，小道也。〔慧琳音義・卷八八〕引〔韻詮〕。又〔廣韻・嘯部〕。○｜，小路也。〔通鑑・漢紀二一〕「建塞｜，起亭隧」音注。○｜猶言小道。〔漢書・敘傳〕「據｜乘邪以求一日之富貴」補注引王念孫。○｜，一曰境也。〔集韻・嘯部〕○｜，境也。〔通鑑・漢紀二一〕「建塞｜，起亭隧」音注。○｜，邊外也。〔續音義・卷一○〕引〔考聲〕。○｜，邊境外也。〔慧琳音義・卷八八〕引〔考聲〕。○｜，邊塞也。〔文選・七發〕「｜墨廣博」集釋引〔玉篇〕。○｜，蠻夷之塞也。〔慧琳音義・卷八八〕引〔韻詮〕。○｜，引伸為邊｜。〔說文〕「｜，循也」段注。○凡言｜外者，皆謂去其郡縣境不甚遠。〔說文〕「淺，淺水，出蜀汶江｜外，東南入江」段注。○｜，歸終也。〔慧琳音義・卷八五〕○｜，纏也。〔卷三七〕引〔考聲〕。○〔說文定聲・卷七〕｜，叚借為竅。〔老子〕「常有欲以觀其｜」。○（同上）｜，叚借為皦。〔史記・龜策傳〕「龜之｜也」。

眺　｜，視也。〔廣韻・嘯部〕○｜，望也。〔說文〕「｜，目不正也」義證引〔玉篇〕。○〔說文定聲・卷七〕｜，叚借為覜。〔一切經音義七〕引〔說文〕「視也」。○（同上）｜，叚借為趒。〔廣雅・釋詁一〕「｜，疾也」。○｜即逃之借字。〔管子・侈靡〕「則人不｜」義證。○〔說文定聲・卷七〕｜，叚借為逃。〔廣雅・釋詁三〕「｜，避也」。○〔周禮〕｜作覜。〔大戴・朝事〕「三歲徧｜」王詁。又〔朝事〕「殷｜以成邦國之貳」王詁。

陗　｜，峻也。〔慧琳音義・卷八二〕○｜，山峻。〔廣韻・笑部〕○｜，險也。〔慧琳音義・卷八二〕○｜，高竦也。〔說文〕「｜，陖也」繫傳。○斗直者曰｜。（同上）段注。○〔說文定聲・卷七〕斗直曰｜。〔說文〕「｜，陖也」。○凡斗立不可上曰｜。〔說文〕「岸，水厓洒而高者」段注。○今本｜俱作峭。〔釋名・釋兵〕「削，｜也」疏證。○〔說文定聲・卷七〕｜，以削為之。〔漢書・司馬相如傳〕「刻削峥嶸」。

峭　｜同陗。〔廣韻・笑部〕○｜，陗或从山。〔集韻・笑部〕○｜，峻也。〔通鑑・唐紀二九〕「休為人｜直」音注。○｜同哨。哨，小也。〔方言一二〕「趙、肖，小也」箋疏。

誚　｜，責也。〔慧琳音義・卷四〕引〔韻英〕。又〔廣韻・笑部〕。又〔通鑑・秦紀三〕「二世數｜讓李斯」音注。○｜，讓也。〔慧琳音義・卷八二〕引〔考聲〕。○｜，責讓。〔卷五〕引〔考聲〕。○｜謂撓弄譏責也。〔卷四八〕○以辭相責曰｜讓。〔通鑑・漢紀一〕「數使使者｜讓」音注。○｜，笑也。〔慧琳音義・卷五〕引〔考聲〕。又〔卷八二〕引〔考聲〕。○｜，戲笑也。〔卷四〕引〔考聲〕。○｜，以訓為訫字，從立心，古文信字。〔書・金縢〕注「史遷｜作訓」孫疏引段玉裁。○今文〔尚書〕｜作信。〔書・金縢〕「王亦未敢｜公」孫疏。○｜作譙。〔史記・索引〕「異文」雜志。

料　｜，量也。〔集韻・嘯部〕○｜，度量也。〔廣韻・嘯部〕○｜，本作應。〔大戴・文王官人〕「決之以卒而度｜」述聞。

肖　｜即似也。〔說文〕「似，象｜也」繫傳。○｜，似也。〔廣韻・笑部〕○｜，像也。（同上）○｜，法也。（同上）○所任不｜，謂不稱其任也。〔漢書・武帝紀〕「代郡將軍敖、雁門將軍廣，所任不｜」補注。○｜，小也。〔廣韻・笑部〕○｜有小義。〔史記・太史公自序傳〕「申、呂｜矣」志疑引〔瞥記〕。○凡言｜者，皆小之義也。〔方言一二〕「｜，小也」箋疏。○｜為痟，衰微之謂。〔史記・太史公自序傳〕「申、呂｜矣」志疑。○｜，字或作俏。〔說文〕「｜，骨肉相似也」義證。○〔說文定聲・卷七〕｜，字亦作俏。〔列子・楊朱〕「人俏天地之類」。○｜，〔列子〕假俏。〔說文〕「｜，骨肉相似也」段注。○｜，〔漢書・刑法志〕假宵。〔說文〕「｜，骨肉相似也」段注。○｜通作宵。（同上）義證。○〔說文定聲・卷七〕｜，叚借為消。〔太史公自序〕「申、呂｜矣」。○（同上）｜，叚借為小。〔方言一二〕「｜，小也」。○｜即此哨。〔說文〕「哨，不容也」義證。○｜乃削字脱其旁耳，與〔孟子〕「魯之削」同。〔史記・太史公自序傳〕「申、呂｜矣」志疑引〔日知録〕。

尿　｜，小便也。〔廣韻・嘯部〕○𡲞，古文｜。（同上）○｜，古書多假溺為之。〔說文〕「｜，人小便也」段注。

𡲞　｜，或作尿，腹中水也。〔慧琳音義・卷一二〕引〔考聲〕。○｜，古通作溺。〔廣雅・釋言〕「｜，溲也」疏證。○｜，古書皆以溺為之。〔說文定聲・卷七〕○｜，字亦作浘。（同上）

浘　｜，或作尿。〔慧琳音義・卷四三〕

溺　〔說文定聲・卷七〕｜，叚借為尿。〔史記・范睢蔡澤傳〕「醉吏｜睢」。

剽　｜，强取。〔廣韻・笑部〕○〔說文定聲・卷七〕｜，分也，今俗語有｜分字，當作瓢，俗作俵。〔後漢・崔寔傳〕「｜賣田宅」。○耳｜，若今諺云｜學。〔漢書・朱博傳〕「亦獨耳｜日久」補注。○｜，急也。〔通鑑・晉紀二四〕「晉人輕｜」音注。○｜，輕也。〔廣韻・笑部〕○凡末謂之｜。〔說文〕「｜，砭刺也」段注。○｜同標。〔說文〕「標，木杪末也」段注。○｜姚，當作驃鷂。〔史記・衛將軍驃騎列傳〕「為｜姚校尉」志疑。○｜，假借為僄。〔漢書・陳湯傳〕「且其人｜悍」補注。○｜即僄之叚借也。〔說文〕「僄，疾也」段注。○｜、猋聲相近，故字相通。〔漢書〕「衛殤公猋」雜志。○〔說文定聲・卷七〕｜讀為秒。〔爾雅〕「鐘其中者謂之｜」李注「其中微小，故曰｜」。○（同上）｜，叚借為摽。〔史記・老莊申韓傳〕「用｜剝儒墨」。○（同上）｜，叚借為磽。〔管子・地員〕「五沃之狀｜忞」。○（同上）｜，叚借為標。〔荀子・賦〕「長其尾而鋭其｜者邪」。○（同上）｜，叚借為瓢。〔周禮・鬯人〕故書「禜門用｜齎」。○（同上）｜，叚借為趬。〔史記・禮書〕「輕利｜遬」。○（同上）｜，叚借為票。〔爾雅〕「鐘其中者謂之｜」。

掉　｜，摇也。〔廣韻・嘯部〕又〔廣韻・覺部〕。又〔集韻・覺部〕。又〔通鑑・漢紀一二〕「伏軾｜三寸之舌」音注。○｜者，摇之過也。〔說文〕「｜，摇也」

段注。〇丨，振訊也。〔慧琳音義・卷六五〕引〔文字典説〕。〇丨，振也。〔廣韻・嘯部〕〇丨，動也。〔慧琳音義・卷八〕引〔韻英〕。〇〔説文定聲・卷七〕丨，所以進船具也，字亦變作棹、作櫂。〔方言九〕「楫或謂之櫂」、江文通詩「倚棹汎涇渭」。〇丨捎與丨撨同。〔廣雅・釋訓〕「丨撨，振訊也」疏證。〇〔説文定聲・卷七〕丨，叚借為銚。〔方言五〕「盌謂之櫂」。〇〔同上〕丨，叚借為踔。〔上林賦〕「丨希閒」。〇丨，〔史記〕作踔，丨乃借字。〔漢書・司馬相如傳〕「丨希閒」補注。

韒 丨，刀室也。〔慧琳音義・卷一四〕引〔字書〕。〇丨，刀丨。〔廣韻・笑部〕〇丨，刀室。〔集韻・笑部〕

鞘 丨同韒。〔廣韻・笑部〕〇丨，韒或从革。〔集韻・笑部〕〇刀室曰丨，即箾也。〔通雅・戎器〕〇丨與削同。〔方言九〕「劍削，自河而北燕趙之間謂之室」箋疏。

鷂 丨，鷙鳥也。〔廣韻・笑部〕〇〔説文〕丨即鸇，以其善捉雀，故亦為鷙鳥。〔説文〕「丨，鷙鳥也」段注。〇丨，一名題肩，亦曰擊征，又名負爵。色類甚多，皆鷙鳥也。〔同上〕義證引〔急就篇〕顔注。〇〔説文定聲・卷六〕隼為鷙鳥之大名，丨者，雀鷹也。〔説文〕「丨，鷙鳥也」。〇丨子，又名籠脱。〔説文〕「丨，鷙鳥也」義證引〔廣志〕。〇丨，目擊遥也。〔本草・卷四九〕

糶 丨，賣米也。〔廣韻・嘯部〕〇官本丨作糶。〔漢書・食貨志〕「小飢則發小孰之所斂」補注。

藋 丨，藜丨也。〔廣韻・嘯部〕又〔説文〕「丨，釐艸也」義證引〔玉篇〕。〇此之所謂藜蓧，即前諸書之藜丨。丨與蓧字蓋相通矣。〔同上〕義證引程瑤田。〇丨，拜商丨，俗所謂灰丨也。〔説文〕「丨，堇艸也，一曰拜商丨」繫傳。〇丨，徒弔反，即今所謂灰丨也。〔淮南子書後〕引〔脩務訓〕「世人多聞藜藋」雜志。〇丨，即今所謂灰丨也。〔晏子春秋・問上〕「堂下生藜藋」雜志。〇丨，梁簡文〔勸醫文〕作灰蓧菜。〔説文〕「丨，一曰拜商丨」義證。〇丨字之釋為堇。〔説文〕「丨，釐艸也」義證引程瑤田。〇〔説文定聲・卷七〕丨，所謂灰丨也，亦名白丨，亦曰灰菜，俗謂之紅灰菜。〔爾雅〕「釐、丨，蔓華」。〇〔同上〕丨，此即〔爾雅〕之芨，一名蒴丨。〔説文〕小徐本「丨，堇艸也」。〇〔卷一八〕丨粱，今之高粱。亦謂之蜀黍，又曰蜀秫。〔廣雅・釋草〕「丨粱，木稷也」。〔「粱」下〕

嗷 丨，呼也。〔慧琳音義・卷五三〕又〔卷一〇〕。又〔楚辭・傷時〕「聲丨咷兮清和」補注。〇丨，喚也。〔慧琳音義・卷一〇〕〇丨，鳴也。〔卷五三〕〇丨，鳴也。〔卷一〇〕〇丨丨，深聲。〔廣韻・嘯部〕〇丨咷與號咷亦同義，哭聲謂之丨咷，歌聲亦謂之丨咷。〔廣雅・釋詁二〕「號咷，鳴也」疏證。〇丨誂與丨咷亦同。〔方言一〕「楚謂之丨咷」箋疏。〇丨咷與號咷同義，兒哭不止。〔同上〕〇丨，口也。〔集韻・嘯部〕〇〔通雅・卷四〇〕數馬以丨。

〔唐・崔光遠傳〕「得馬二千丨」。〇丨，又作趒，作警。〔慧琳音義・卷一〇〕〇丨與叫同。〔漢書・巴寡婦清傳〕「馬蹏丨千」補注引〔大玄〕注。〇丨與竅音義相同。〔説文〕「丨，口也」段注。〇〔説文定聲・卷七〕丨，字亦作蹴。〔史記〕集解「蹴馬八髎也」。〇〔同上〕丨，叚借為趒。〔廣雅・釋詁二〕「丨，鳴也」。

轎 丨，軺車也。〔廣韻・笑部〕〇丨，牛車也，一曰竹輿。〔集韻・笑部〕〇丨，一曰小車。〔同上〕〇丨之言喬上舉之意也。〔廣雅・釋詁三〕「丨，軺也」疏證。

窔 丨，隱暗處。〔廣韻・嘯部〕〇丨，別作穾。〔釋宮〕「東南隅謂之丨」郝疏。〇丨又或作穾。〔同上〕又〔説文〕「丨，窅丨，深也」義證。〇丨，字或作浚。〔同上〕〇丨，字又作浚。〔説文〕「丨，窅丨，浚深皃」句讀。〇〔説文定聲・卷七〕丨，叚借為窅。〔釋宮〕「東南隅謂之丨」。〇丨，亦作窔。

穾 〔廣韻・嘯部〕窔，俗作丨。〔廣韻・嘯部〕〇窔，或作丨。〔集韻・嘯部〕〇丨，深也，隱暗處。〔楚辭・招魂〕「冬有丨廈」補注。〇丨廈，重屋。〔同上〕補注引五臣注。〇〔文選〕丨作窔，同。〔史記・司馬相如傳〕「巖丨洞房」志疑。〇丨當作妖，今作丨者，蓋因下文窈字而誤。〔廣雅・釋詁一〕「丨，好也」疏證。

脁 丨，祭也。〔廣韻・笑部〕又〔集韻・笑部〕。〇丨之言超也，此為遷廟而祭之名。〔説文定聲・卷七〕〇〔同上〕丨，字亦作祧。〔廣雅・釋天〕「祧，祭也」。〇丨，祭肉。〔集韻・嘯部〕

朓 丨，亦曰月行度之失也，行太遲也。〔説文〕「丨，晦而月見西方謂之丨」繫傳。〇丨，月側。〔集韻・嘯部〕〇丨，晦而月見西方。〔同上〕

僬 丨，行容止皃。〔廣韻・笑部〕〇丨，行皃。〔集韻・笑部〕〇丨，急促貌。〔禮記・曲禮〕「庶人丨丨」集解。〇人之庳曰丨僥。〔説文定聲・卷七〕〔「嶢」下〕

療 丨，治也。〔國策・中山策〕「傷者不得丨」鮑注。〇丨，同𤻲。〔廣韻・笑部〕〇丨、愮語之變，故愮可從丨為治丨，又可從愮為憂。〔方言一〇〕「愮、丨，治也」疏證。〇丨、搖、藥並同義。〔廣雅・釋詁三〕「搖、丨，治也」疏證。〇藥、𤻲、丨並字異而義同。〔同上〕

𤻲 丨，病。〔廣韻・笑部〕〇丨，謂治病。〔説文定聲・卷七〕

釂 丨，飲酒盡也。〔廣韻・笑部〕〇盡、丨、潐俱一聲之轉。〔釋詁〕「㲈，盡也」郝疏。〇爵與丨亦聲近義同。〔廣雅・釋詁一〕「丨，盡也」疏證。〇爵、

嚼、｜並字異而義同。（同上）○｜，又通作嚼。〔説文〕「｜，歓酒盡也」義證。

噍　｜，嚼也。〔廣韻・笑部〕○｜，齧也。〔集韻・笑部〕○粒食曰｜。〔通雅・疑始〕○｜，或作嚼。〔集韻・笑部〕○｜即嚼字也。〔説文〕「齝，吐而｜也」段注。○〔説文定聲・卷六〕｜，叚借為遒。〔禮記・樂記〕「其聲｜以殺」。

漂　｜，水中打絮。〔廣韻・笑部〕○｜，以水擊絮曰｜。〔通鑑・漢紀一〕「有｜母見信飢」音注。○〔説文定聲・卷七〕水中擊絮曰｜澼，莊子謂之洴澼，｜洴雙聲。〔廣雅・釋言〕「｜，潎也」。○｜與潎同義。〔説文〕「箈，潎絮簀也」段注。○〔通雅・卷三九〕｜玉，｜醪，｜，言其清也。枚乘賦「尊盈｜玉」。

醮　｜，祭也。〔廣韻・笑部〕○｜，禮祭也。〔説文〕「｜，冠娶禮祭」義證引〔玉篇〕。○｜，行祀祭而獨飲酒無酬酢之禮也。〔慧琳音義・卷八二〕引〔韻詮〕。○酌而無酬酢曰｜。〔禮記・曾子問〕集解。○凡酌而無酬醋者謂之｜。〔説文定聲・卷九〕「醋」下。○酌而無酬酢曰｜。〔説文定聲・卷六〕○｜，謂冠禮饗賓也。〔禮記・少儀〕「飲酒者禨者｜者」集解。○｜，冠娶妻也。〔説文〕「｜，冠娶禮祭」義證引〔玉篇〕。○｜，盡也。〔釋水〕「水｜曰厬」鄭注。○凡言｜者，皆盡之義。〔廣雅・釋詁一〕「釂，盡也」疏證。○｜與憔聲義相近。〔詩・北山〕「或盡瘁事國」述聞。○｜當作潐。〔釋水〕「水｜曰厬」郝疏。○〔説文定聲・卷六〕｜，叚借為潐。〔釋水〕「水｜曰厬」。

驃　｜，馬黃白色。〔廣韻・笑部〕○｜，馬黃色。〔集韻・笑部〕○｜，馬行疾皃。〔集韻・笑部〕○｜騎，官名。〔廣韻・笑部〕○｜騎之號，武帝以寵霍去病。〔史記・衛將軍驃騎列傳〕「為｜騎將軍」志疑。○｜騎讀去聲，惟服虔音飄搖。顔師古音頻妙、羊召反，以讀平聲，不當其義。〔史記・建元以來侯者年表〕「以嫖姚校尉再從大將軍」志疑。○〔説文定聲・卷六〕｜，叚借為嫖。〔長楊賦〕「乃令｜衛」。

蔦　｜，寄生草。〔廣韻・嘯部〕○｜，艸名，寄生也。〔集韻・嘯部〕○｜，或从木。〔集韻・嘯部〕

爝　｜，火。〔廣韻・笑部〕○｜，然也。〔莊子・逍遥遊〕「而｜火不息」集釋引〔釋文〕。○｜，人所然火也。（同上）○｜，本亦作燋。（同上）

趭　｜，走也。〔廣韻・笑部〕又〔集韻・笑部〕。○踓、｜即趭之異文。〔廣雅・釋宮〕「趭，犇也」疏證。○〔説文定聲・卷六〕｜，或曰即〔曲禮〕「庶人僬僬」之僬。〔漢書・司馬相如傳〕「騰而狂｜」。○〔史記〕｜作趭。〔漢書・司馬相如傳〕「蕿蒙踴躍騰而狂｜」補注。

摽　｜，舉人，或作㪣。〔慧琳音義・卷一〕○｜，損也，或作㪣。〔卷四〕引〔集訓〕。○｜，落｜。〔廣韻・笑部〕○｜，擊也。〔集韻・笑部〕○漢謂刀末為｜。〔漢書・王莽傳〕「｜末之功」補注引沈欽韓。○｜，字或作拋。〔説文〕「｜，擊也」義證。又（同上）句讀。○｜乃拋之重文，其訓棄與此詩訓落義近。〔詩・摽有梅〕「｜有梅」後箋引〔稽古編〕。○｜，通作彯。〔説文〕「｜，擊也」義證。○〔説文定聲・卷七〕｜，叚借為票。〔管子・侈靡〕「｜然若秋雲之遠」。

慓　｜，急疾。〔廣韻・笑部〕○｜，疾也。〔集韻・笑部〕○｜，芳照反，急疾也。〔太素・陰陽〕「其｜悍者，按而投之」楊注。○｜，勇悍也。〔集韻・笑部〕

繞　｜，卷取物皃。〔廣韻・笑部〕○｜，纏也，或作撓。〔集韻・笑部〕

嬈　｜，嬥｜不仁。〔廣韻・嘯部〕○｜，不仁也。〔集韻・嘯部〕

覜　｜，視者，上下通稱之辭。字多以眺為之，而專以此為聘問字。〔説文定聲・卷七〕

窱　窅｜，深邃皃。〔廣韻・嘯部〕○窈｜，深遠也。〔集韻・嘯部〕○〔説文定聲・卷六〕杳｜，與窈窕略同。〔説文〕「｜，杳｜也」。

歗　｜，歌也。〔廣韻・嘯部〕○〔説文定聲・卷七〕｜，楚歌也。〔上林賦〕「｜楚結風」注「楚歌曲也」。○楚歌促迅激切，故曰｜。〔説文定聲・卷七〕

訆　｜，與吅部嘂、口部叫音義皆同。〔説文〕「｜，大嘑也」段注。○｜，今傳作叫。〔説文〕「｜，大嘑也，春秋傳曰或｜于宋大廟」段注。○｜叫嘂並同。〔廣雅・釋詁二〕「｜，鳴也」疏證。○〔説文定聲・卷六〕｜，今本以叫為之。〔説文〕「｜，大呼也」。○（同上）｜，叚借為嘂。〔廣雅・釋詁二〕「｜，鳴也」。○（同上）｜，叚借為叫。〔北山經〕「有獸焉，其音如｜，名曰那父」。

哨　｜，壺口黠者名也。〔廣韻・笑部〕○｜，口不正也。〔集韻・笑部〕○北方吹竹箾亦曰｜。〔説文〕「篍，吹箾也」義證。○｜亦作嗾。〔方言七〕「使犬曰｜」疏證。○｜、嗾、㖩，屬聲轉字異，並同。（同上）○〔説文定聲・卷七〕｜，以燿為之。〔考工・梓人〕「大胷燿後」。○（同上）｜，叚借為悄。

僄　｜，｜狡，輕迅。〔廣韻・笑部〕○｜亦作嫖。〔説文〕「｜，輕也」段注。○｜，字或作⿰亻剽。（同上）義證。○｜又通作剽。（同上）○｜，通作票。（同上）「｜然憖悼」。〔張納功德叙〕

勡　｜，劫也。〔廣韻・笑部〕又〔集韻・笑部〕。○｜，以力脅止人而取其物也。〔説文〕「｜，劫也」段注。○｜，古書多以剽為之。〔説文定聲・卷七〕○｜與剽同字。〔説文〕「｜，劫也」句讀。

嘹　｜，病呼。〔廣韻・嘯部〕○｜，鳴也。〔集韻・嘯部〕

篎　〔爾雅〕管小者謂之｜。〔集韻・笑部〕

⿱敫手 —，旁擊。亦作檄。〔廣韻·嘯部〕〇—謂旁擊頭項。〔說文〕「—，旁擊也」段注。〇搉、毃、敲聲義並同，又與—聲相近也。〔廣雅·釋詁三〕「搉，擊也」疏證。〇—即毃字。〔說文〕「敲，橫擿也」段注。〇—，或作摮。〔說文〕「—，旁擊也」義證。〇—，字或作摮。〔同上〕句讀。〇〔說文定聲·卷七〕—，字亦作摮。〔公羊傳宣公六年〕「以斗摮而殺之」。〇〔同上〕—，字亦作撽。〔莊子·至樂〕「撽以馬捶」。

歗 —者，吹氣出聲也。〔說文〕「—，吟」繫傳。〇—，蹙口出聲也。〔詩·中谷有蓷〕「條其—矣」朱傳。〇—，吟也。〔說文定聲·卷六〕〇—又作嘯。〔說文〕「—，吟也」句讀。

咷 叫—，楚聲。〔廣韻·嘯部〕〇楚謂兒泣不止曰噭—。〔集韻·嘯部〕

窵 —，深邃皃也。〔說文〕「—，窅也」繫傳。〇—窅，深也。〔廣韻·嘯部〕〇—窅，疊韻字。〔說文〕「—，—窅也」句讀。〇—田，遠莊寄業也。今方言即以隔遠為—遠。〔通雅·地輿〕

裱 —，領巾也。〔廣韻·笑部〕〇領巾謂之—。〔集韻·笑部〕

趒 —，又作趭，謂—躑也。〔慧琳音義·卷四六〕〇—，越也。〔廣韻·嘯部〕又〔集韻·嘯部〕。〇—，亦縣躑也。〔說文〕「—，雀行也」義證引〔韻集〕。

⿰月肅 —，切肉食糅。〔廣韻·嘯部〕

嬥 —嬈不仁。〔廣韻·嘯部〕〇—，直好皃。〔集韻·嘯部〕

瘹 —，星狂病。〔廣韻·嘯部〕〇—，一曰小兒疾。〔集韻·嘯部〕

譥 —，訏也。〔廣韻·嘯部〕〇—，痛聲也。〔同上〕〇—與噭義略同。〔說文〕「—，痛嘑也」段注。〇—與噭同。〔廣雅·釋詁二〕「噭，鳴也」疏證。〇—與号略同。〔說文定聲·卷七〕〇〔同上〕—，段借為徼。〔漢書·藝文志〕「名家云及—者為之」。

⿰車堯 —，車轄。〔集韻·嘯部〕〇—，轄也。〔廣雅·釋器〕疏證訂正。〇—，車轄也。〔說文〕「軎，車軸耑也」義證引〔玉篇〕。

莜 —，草田器。〔廣韻·嘯部〕〇—，舊作艸田器。〔說文〕「—，薅田器」段注依〔韻會〕。〇⿷匚攸、蓧、條、—，並字異而義同。〔廣雅·釋器〕「⿷匚攸，畚也」疏證。〇〔說文定聲·卷六〕—，段借為⿷匚攸。〔論語〕「以杖荷—」疏引〔說文〕「—，芸田器」。

⿱攸皿 —，同莜。〔廣韻·嘯部〕〇莜，亦作—。〔集韻·嘯部〕

尥 —，牛脛交。〔廣韻·嘯部〕〇—，牛行後脛相交。〔說文〕「—，行脛相交也」義證引〔玉篇〕。〇牛行脚相交為—。手曰了，足曰—。〔說文定聲·卷七〕

獟 —，狂犬。〔廣韻·嘯部〕〇—，狂狗也。〔說文〕「—，⿰犭幵犬也」義證引〔玉篇〕。又〔漢書·霍去病傳〕「誅—悍」補注引〔玉篇〕。〇—，猘狗也。〔說文〕「—，⿰犭幵犬也」義證引〔纂文〕。〇—，屈尾犬也。〔同上〕義證引〔纂文〕。〇—，猶驍也。〔說文〕「⿰犭幵，—犬也」繫傳。〇—，狂也。〔集韻·嘯部〕〇—，獷也。〔說文〕「⿰犭幵，—犬也」義證引〔類篇〕。〇—，勇也。〔集韻·笑部〕〇—、⿰犭幵、狂、猘，異文同義。此—悍屬匈奴說，猶言狂悍也。〔漢書·霍去病傳〕「誅—悍」補注。〇〔說文定聲·卷七〕—，字亦作憢。〔淮南·兵略〕「憢悍遂過」。

⿰卩卜 —，卜問也。〔廣韻·笑部〕〇—，卜也。〔集韻·笑部〕又〔廣雅·釋言〕疏證補正。

⿰侖見 —，視誤也。〔廣韻·笑部〕〇—，義與論相近。〔廣雅·釋詁三〕「論，誤也」疏證。〇〔說文定聲·卷七〕—，字亦作論。〔廣雅·釋詁三〕「論，誤也」。

覞 —，普視。〔廣韻·笑部〕又〔集韻·笑部〕。〇—，普視皃。〔集韻·笑部〕〇—，一曰即〔禮記·祭義〕覵字。〔說文定聲·卷七〕

⿺尢良 —，行不正也。〔廣韻·笑部〕〇—，足腫也。〔集韻·尤部〕〇—，一曰腫也。〔集韻·笑部〕

⿷匚攸 —與莜音義皆同。〔說文〕「—，田器也」段注。〇—、蓧、條、莜，並字異而義同。〔廣雅·釋器〕「—，畚也」疏證。

鐐 —，美金。〔廣韻·嘯部〕又〔集韻·嘯部〕引〔字林〕。〇—音遼。〔釋器〕「其美者謂之—」鄭注。

嘄 —，叫也。〔廣韻·嘯部〕又〔集韻·嘯部〕。

⿱叫土 —，隄也，界也。〔廣韻·笑部〕

論 —，誤言皃。〔廣韻·笑部〕〇—，譙也。〔集韻·笑部〕

⿰日票 —，置風日中令乾。〔廣韻·笑部〕〇—，暴也，曬也。〔集韻·笑部〕

⿱竹叫 —，竹簫。〔廣韻·笑部〕〇—，吹竹也。〔集韻·笑部〕〇—，吹筩。〔集韻·尤部〕〇—，吹簫也。〔說文〕「—，吹筩也」義證引〔龍龕手鑑〕。又〔同上〕義證引〔玉篇〕、〔五音集韻〕。

膫 —，炙也。〔廣韻·笑部〕〇—即燎也，〔史·表〕作瞭。〔漢書·景武昭宣元成功臣表〕「—侯次公」補注。

潐 —，盡也。〔廣韻·笑部〕〇盡、釂、—俱一聲之轉。〔釋詁〕「𣪘，盡也」郝疏。〇—，通作湫。〔說文〕「—，盡也」義證。〇〔說文定聲·卷六〕—，以醮為之。〔爾雅〕「水醮曰厬」。〇焦、爵雙聲，故從焦從爵之字相通假，故嚼嚼亦為——也。〔荀子·不苟篇〕「其誰能以己之——受人之掝掝

者哉」集解。

裯 丨，動摇皃。〔集韻·嘯部〕

蹴 丨，馬八髎也。〔集韻·嘯部〕

皦 丨，纏也。〔慧琳音義·卷三九〕引〔考聲〕。又〔廣韻·篠部〕。○丨，糾戾也。劉向曰紛丨爭言。〔集韻·嘯部〕○丨，纏繞也。〔莊子·庚桑楚〕「夫外韄者不可繁而捉」集釋。

皭 丨作醮字，假借也。〔説文〕「丨，盡酒也」繫傳。○丨，此與酉部醮音義皆同。〔同上〕段注。○丨，當為醮之或體，蘇俗語謂杯酒盡曰迹焦乾。〔説文定聲·卷七〕

瘯 丨，病也。〔集韻·笑部〕○丨，縮也。〔同上〕○丨、噍、焦，並字異而義同。〔廣雅·釋詁三〕「丨，縮也」疏證。○丨亦瘷也。〔同上〕○丨瘁，當依〔禮〕讀為噍殺。〔漢書·禮樂志〕「是以纖微丨瘁之音作」補注引劉攽。

幼 丨眇，精微也。〔集韻·笑部〕○丨，即窈之省借，後遂誤為長丨之丨，致生曲説。〔詩·斯干〕「噦噦其冥」傳「冥，丨也」集疏。○丨讀曰要。〔漢書·中山靖王傳〕「每聞丨眇之聲」補注。○丨當讀為幽。〔管子·輕重甲〕「聖人乘丨」平議。

驃 丨，行聽也。〔集韻·笑部〕○丨，一曰聽纔聞。〔同上〕○丨之言剽取也。〔廣雅·釋詁四〕「丨，聽也」疏證。○丨為視聽之聽。〔同上〕

嫖 丨，身輕便也。〔廣韻·笑部〕○丨，輕也。〔集韻·笑部〕○丨姚，當作驃鷂，蓋合兩物為官名，取勁疾武猛之義。〔史記·建元以來侯者年表〕「以丨姚校尉再從大將軍」志疑。○丨，當為僄之重文。〔説文定聲·卷七〕

潚 丨，浚波也，或作潚。〔集韻·笑部〕

俏 丨，好皃。〔集韻·笑部〕○丨，魏、齊間指人有風措者，謂之逋峭，一曰波峭。〔字詁〕引魏收。○丨醋，好皃。〔廣韻·笑部〕○丨醋，雙聲形容之辭。〔方言二〕「丨醋，好貌」疏證。○丨醋，雙聲形容之辭，亦方俗語也，好貌。〔同上〕箋疏。○丨，古但作峭。〔字詁〕○丨與肖同。〔管子〕「不埍」雜志。

尞 丨，〔説文〕柴祭天也，凡從尞者作丨同。〔廣韻·笑部〕○丨，柴丨，祭天也。〔説文〕「丨，柴祭天也」義證引〔玉篇〕。○丨，當為燎。〔説文〕「烘，丨也」義證。○丨，或通作燎。〔説文〕「丨，柴祭天也」義證。

尞 丨，〔説文〕柴祭天也，从火从眘。眘，古慎字，祭天所以慎也。〔集韻·笑部〕○經傳皆以燎為之，祭天神皆曰丨。〔説文定聲·卷七〕○〔同上〕丨，叚借為僚。〔祝睦碑〕「丨屬欽熙」。

票 丨，勁疾也。漢官有丨鷂校尉。〔集韻·笑部〕○丨，〔史記〕並作驃。〔漢書·霍去疾傳〕「為丨騎將軍」補注。○〔史記〕丨作剽。〔霍去病傳〕「為丨姚校尉」補注。○〔谷永傳〕丨作僄。〔五行志〕「崇聚丨輕無誼之人」補注。○丨姚當作本音。〔霍去病傳〕「為丨姚校尉」補注引宋祁。

嬰 丨，叚借為要約之約，今俗言信券曰票是也。〔説文定聲·卷七〕○丨，輕胞也。〔集韻·笑部〕

髟 丨，長髦。〔集韻·笑部〕

篍 丨，屋上薄也。〔廣韻·笑部〕○丨，屋笮棧。〔説文〕「戊，屋牝瓦下」義證引王應麟。○〔説文定聲·卷七〕丨，今之蘆蓆也，以葦為之，或从竹。〔釋宮〕「屋上薄謂之丨」。○丨與兆同。〔廣雅·釋器〕「兆，版也」疏證。

糴 丨，穀也。〔集韻·嘯部〕

佻 丨儻，不當皃。〔廣韻·嘯部〕○丨儻，不當也。〔集韻·嘯部〕

俵 丨，丨散。〔廣韻·笑部〕○丨，分與也。〔集韻·笑部〕

倜 丨儻，癡皃。〔集韻·嘯部〕

凋 丨，半傷也。〔集韻·嘯部〕

澑 丨，冰裂。〔集韻·笑部〕

劁 丨，刈也。〔廣韻·笑部〕又〔集韻·笑部〕。

鷫 丨，割也。〔集韻·嘯部〕○〔通雅·卷三九〕細者曰丨，亦曰纖。〔南史〕「趙鬼食鴨丨」。

僥 僥丨，長皃。〔集韻·笑部〕

僬 僂丨，不仁。〔集韻·笑部〕

卣 丨，艸實垂也。〔集韻·嘯部〕

啁 丨，嘘也。〔集韻·嘯部〕

㘭 丨，倒懸鉤也。〔廣韻·笑部〕〇丨，到懸鉤也。〔集韻·笑部〕

嘺 丨，口不正。〔集韻·笑部〕

墽 丨，周垣。〔廣韻·笑部〕又〔集韻·笑部〕。

嶢 丨，高丨。〔廣韻·笑部〕〇丨，高也。〔集韻·笑部〕

妙 丨姎，喜皃。〔廣韻·嘯部〕〇丨姎，喜也。〔集韻·嘯部〕

嫽 丨，丨悏。〔廣韻·嘯部〕〇丨，好也。〔集韻·嘯部〕

姚 丨，輕也。〔集韻·嘯部〕

宎 丨，竅聲。〔集韻·嘯部〕

窅 丨，户樞聲。〔集韻·嘯部〕

幧 丨，幗也。〔集韻·笑部〕

帩 丨，丨縛。〔廣韻·笑部〕〇丨，縛也。〔集韻·笑部〕〇幧頭、𢃖頭、綃頭、丨頭，並字異而義同。〔廣雅·釋器〕「丨頭，幧頭也」疏證。

幓 丨，行幓。〔廣韻·嘯部〕又〔集韻·嘯部〕。

嶤 丨，山皃。〔集韻·嘯部〕

𢿱 丨，嶤或从𢿱。〔集韻·嘯部〕

廟 丨，高屋。〔集韻·笑部〕

俏 丨，行皃。〔集韻·笑部〕

彯 丨，丨畫。〔廣韻·笑部〕〇丨，畫飾也。〔集韻·笑部〕〇丨猶輕淺也。〔慧琳音義·卷五〇〕

悄 丨，急也。〔集韻·笑部〕

㤦 丨，性急也。〔集韻·笑部〕

抭 丨，抒臼也。〔集韻·笑部〕

捎 橋丨，略取上物也。〔集韻·笑部〕

撈 丨，方言取也，或作撩。〔集韻·嘯部〕

撨 丨，拭也。〔集韻·笑部〕

撟 丨，舉也。〔集韻·笑部〕〇丨抄，略取也。（同上）

撨 丨，打也。〔廣韻·嘯部〕〇丨，擊也。〔集韻·嘯部〕

撽 丨音竅，旁擊也。〔韓子·說林下〕「臣能丨鹿」集解引盧文弨。〇丨當為邀。〔墨子·天志中〕「丨遂萬物以利之」平議。〇丨當為邀，邀與交通。（同上）閒詁引俞樾。

敿 丨，紛小組帶所以繫盾鼻。〔說文〕「丨，繫連也」繫傳。〇盾謂之丨。〔集韻·笑部〕

椒 丨，芬香也。〔集韻·笑部〕

標 丨，落也。〔集韻·笑部〕〇丨，木杪也。（同上）

橋 丨，牛貫鼻木。〔集韻·笑部〕〇丨，一曰桔槔也。（同上）

歊 丨，悲意。〔集韻·嘯部〕

燎 丨，敗也。〔集韻·嘯部〕

燿 丨，牛羊死也。〔集韻·嘯部〕

激 丨，水急。〔廣韻·嘯部〕〇丨，風聲。〔集韻·嘯部〕

滌 丨，養性室。〔集韻·嘯部〕

瀌 丨丨，雨雪皃。〔集韻·笑部〕

潐 丨，車轅漆也。〔集韻·笑部〕

瀹 丨，水清也。〔集韻·笑部〕

炓 丨，火光。〔廣韻·嘯部〕

熎丨，爈也。〔集韻·笑部〕

熮丨，火皃。〔廣韻·笑部〕又〔集韻·嘯部〕。

燋丨，灼龜炬也。〔集韻·笑部〕

熽丨，火熾。〔集韻·嘯部〕

獥丨，狼子。〔廣韻·嘯部〕

䯪丨䖙，不安。〔廣韻·笑部〕〇丨䖙，不安也。〔集韻·笑部〕〇丨丨，不安也。〔同上〕〇丨，高也。〔集韻·嘯部〕

璙丨，玉名。〔廣韻·嘯部〕

璬丨，遺玉。〔廣韻·笑部〕〇丨，遺玉也。〔集韻·笑部〕

皫丨，白色。〔集韻·笑部〕

皭丨，白色。〔廣韻·笑部〕

睔丨，同覞。〔廣韻·笑部〕

眇丨，成也。〔集韻·笑部〕〇丨然，微細皃。〔集韻·笑部〕

瞲丨，瞋目也。〔集韻·笑部〕〇丨，一曰目冥。〔同上〕〇丨，同瞑。〔廣韻·笑部〕

硝丨，石堅皃。〔集韻·笑部〕

𥜑丨，同醮。〔廣韻·笑部〕〇丨，醮或从示。〔集韻·笑部〕

穘丨，禾皃。〔集韻·笑部〕

穮丨，物縮小，又作𢋇。〔廣韻·笑部〕〇物縮而小謂之丨。〔集韻·笑部〕

窵丨，窱，深遠也。〔集韻·嘯部〕

窅丨窱，幽深皃。〔廣韻·嘯部〕〇丨，冥也。〔集韻·嘯部〕

窯丨，燒穴。〔集韻·笑部〕

𥩟丨，立皃。〔集韻·笑部〕

竨丨𥪰，高危也。〔集韻·笑部〕

𥪰丨，竨跳，高危也。〔集韻·笑部〕

篻丨，竹名，出九真。〔集韻·笑部〕

粜丨，俗糶。〔廣韻·嘯部〕

𥼚丨與釂同字。〔說文〕「丨，盡酒也」句讀。

𥽤丨，糜也。〔集韻·嘯部〕

絩丨，綺絲數也。〔集韻·嘯部〕

縹丨，帛青白色。〔集韻·笑部〕

繚丨，繞也。〔集韻·笑部〕

䍡丨，魚網。〔廣韻·嘯部〕〇丨，魚罟，通作橑。〔集韻·嘯部〕

翏丨，高飛皃。〔集韻·嘯部〕

翲丨，飛皃。〔廣韻·笑部〕又〔集韻·笑部〕。

翹丨，尾起也。〔廣韻·笑部〕

𦢊丨，膗也。〔集韻·嘯部〕

艞丨，對丨，江中大船。〔廣韻·笑部〕〇丨，大舟。〔集韻·笑部〕

葽丨，草盛皃。〔廣韻·笑部〕〇丨，艸名。〔集韻·笑部〕

䒒丨，艸細曰丨。〔集韻·笑部〕

蕌丨，菟絲也。又帝女花也。〔廣韻·笑部〕〇丨，藥艸，菟絲也。一曰玉女。〔集韻·笑部〕

蔈丨，艸黃華。〔廣韻·笑部〕〇丨，穀黃華者。〔集韻·笑部〕

蕘 艸既芟曰—。〔集韻・笑部〕

銚 —芅，艸名，羊桃也。〔集韻・笑部〕

耀 —，瘠也。〔集韻・笑部〕

蜩 —蟉，龍首動皃。〔集韻・嘯部〕〇—，其音調也。〔本草・卷四一〕

䘯 —衧，小袴。〔集韻・嘯部〕

䙅 —，衣褑。〔集韻・笑部〕

硯 —，見也。〔集韻・笑部〕

䚻 —同覞。〔廣韻・笑部〕〇—，覞或作—。〔集韻・笑部〕

訬 —，輕也，江東語。〔集韻・笑部〕

譙 —與誚同。〔廣雅・釋詁二〕「—，讓也」疏證。

譑 —，—弄。〔廣韻・笑部〕〇—，弄言。〔集韻・笑部〕

䚩 —，獸長角。〔集韻・笑部〕

趠 —，越也，亦作踔、超。〔集韻・嘯部〕

趬 —，高舉足也。〔慧琳音義・卷六四〕〇—，舉足高。〔集韻・笑部〕〇—，行輕皃。（同上）又〔廣韻・笑部〕。〇—，或借翹字。〔說文〕「一曰—，舉足也」義證。

踃 —，足筋急病。〔集韻・笑部〕

𨄹 —，行輕也。〔集韻・笑部〕

𨇃 —，行皃。〔集韻・嘯部〕

䠷 —，身長皃。〔集韻・嘯部〕

輖 —，車前重也。〔集韻・嘯部〕

迌 —，至也。〔廣韻・嘯部〕又〔集韻・嘯部〕。

𨘥 —，往也。〔集韻・嘯部〕

銚 —，燒器。〔廣韻・嘯部〕又〔集韻・嘯部〕。

鋽 —，銋—。〔廣韻・嘯部〕〇—，鐵未煉。〔集韻・嘯部〕

鐃 鐵有文謂之—。〔集韻・嘯部〕

鐈 —，鼎名。〔集韻・笑部〕

𨲔 —，柔長也。〔集韻・嘯部〕

𩈯 —，面不光。〔廣韻・笑部〕

𩏂 —，收束物也。〔集韻・笑部〕

䫿 —，長項皃。〔集韻・嘯部〕

䫸 —，大頭皃。〔集韻・嘯部〕

顠 —，髮白皃。〔集韻・笑部〕

顤 —，舉首。〔集韻・笑部〕

顟 —顤，長頭。〔廣韻・嘯部〕又〔集韻・嘯部〕。

飄 —，風高皃。〔集韻・笑部〕

飃 —，風皃。〔集韻・笑部〕

䬰 —，小食。〔廣韻・笑部〕

饒 —，益—。〔廣韻・笑部〕〇—，益也。〔集韻・笑部〕

𪘁 —，煎鹽也。〔集韻・笑部〕

䵲 —，—䵴。〔廣韻・笑部〕〇—䵴，面點。〔集韻・笑部〕

魦 —，魚名。〔集韻・笑部〕

鷮 鳭—，鳥名，巧婦也。〔集韻・笑部〕

鷣 —，一名負雀。〔廣韻・笑部〕〇—，鳥名，負雀也。〔集韻・笑部〕

髎 馬尻骨謂之入—。〔集韻・嘯部〕

𪖐 —鼿，鼻仰皃。〔集韻・嘯部〕〇〔通雅・卷一八〕—鼿，音窔顤，醜也。王沈〔釋時論〕「鼻—鼿而刺天」。

鼿 —，仰鼻。〔廣韻・嘯部〕

𪖕 —，仰鼻。〔集韻・嘯部〕

續經籍纂詁卷第七十八

去聲

十九效

效 —，象也。〔廣韻・效部〕〇—之言交也，其文相交錯也。〔方言一二〕「—，文也」箋疏。〇—之言校也。〔廣雅・釋言〕「—，考也」疏證。〇—之言校，校亦考也。〔書・梓材〕「王其—邦君」述聞。〇—，—力。〔廣韻・效部〕〇—，—驗也。〔同上〕〇—，驗也。〔廣雅・釋言〕疏證補正。〇—亦驗也。〔漢書・李尋傳〕「必有—於人」補注引蘇輿。〇—者，考也，驗也。〔禮記・曲禮上〕「僕展軨—駕」述聞。又〔荀子・儒效〕「—門室之辯」集解引王引之。〇—，駕者，考驗其駕也。〔禮記・曲禮上〕「—駕」平議。〇—，學也。〔廣韻・效部〕〇—，具也。〔同上〕〇—，致也。〔韓子・說林下〕「則曰來—賊也」集解。〇—猶致也。〔孟子・梁惠王下〕「—死而民弗去」朱注。又〔國策・西周策〕「而伍得無効也」鮑注。〇—，顯也。〔韓子・二柄〕「是羣臣之情不—」集解引舊注。〇—者，明也。〔內儲說上〕「是以—之」集解引俞樾。〇—，白也。〔禮記・曲禮上〕「僕展軨—駕」疏。又〔同上〕集解引盧氏。〇—人，謂—古人之為政也。〔墨子・尚賢中〕「—人以尚賢使能為政」閒詁。〇爻、—同聲同義。〔廣雅・釋詁三〕「爻，—也」疏證。〇—法之字亦作爻。〔說文〕「—，象也」段注。〇—，亦作殽。〔同上〕〇今俗—力作効。〔同上〕〇—亦作詨。〔同上〕〇〔說文定聲・卷七〕—，字又作詨。〔大射義〕注「可則詨也」。〇—，字或作傚。〔說文〕「—，象也」義證。〇〔說文定聲・卷七〕—，字又作俲。〔春秋元命苞〕「教之為言俲也」。〇—與斆略同。〔說文定聲・卷七〕〇〔同上〕—，叚借為爻。〔方言一二〕「—，昈，文也」。〇〔同上〕—，叚借為校，實為搉。〔廣雅・釋言〕「—，考也」。〇〔同上〕—，叚借為傲。〔荀子・大略〕「其行—，其立—，其置顏色出辭氣—」。〇〔同上〕—，叚借為覺。〔荀子・正論〕「由此—之也」。〇〔同上〕—，叚借為交。〔禮記・曲禮〕「—馬—羊者，右牽之」。〇—，當作較。〔韓子・外儲說右上〕「組已就而—之」集解。

教 —，—訓也。〔廣韻・效部〕〇—，令也。〔集韻・宵部〕〇天垂文象，人行其事謂之—。〔說文〕「—，上所施下所效也」義證引〔春秋元命苞〕。〇—，法也。〔廣韻・效部〕〇—，傚也。〔說文〕「—，上所施下所效也」義證引〔春秋元命苞〕。〇—之為言傚也。〔廣韻・效部〕〇—之言效也。〔書・皐陶謨〕「無—逸欲有邦」平議。〇—，謂道德齊禮，所以格其心也。〔孟子・盡心上〕「不如善—之得民也」朱注。〇聖人脩道之謂—。〔大戴・勸學〕「殆—亡身」王詁。〇—謂—化。〔主言〕「不—不服」王詁。〇凡以道業誨人謂之—。〔說文〕「化，—行也」義證引〔增韻〕。〇—，習也。〔大

戴·少閒〕「君既丨矣」王詁。○丨猶習。〔國策·秦策一〕「兵法之丨」鮑注。○丨,語也。〔廣韻·效部〕○丨亦告也。〔書·酒誥〕「其爾典聽朕丨」述聞。○丨猶告也。〔國策·秦策三〕「而心不有欲丨之者」鮑注。○大丨,即大交也。〔大戴·五帝德〕「南撫交趾大丨」平議。○道、導、丨同義。〔釋詁〕「詔,導也」郝疏。○學、丨同義。〔書·洛誥〕「汝其悉自丨工」孫疏。○丨、敎,形聲俱相近。〔書·皋陶謨〕注「丨一作敎」孫疏。○丨山丨水,即崤也。〔通雅·地輿〕○〔說文定聲·卷七〕丨,叚借為肴。〔廣雅·釋詁三〕「效,具也」。○丨當讀為善。〔詩·角弓〕「爾之丨矣」通釋。○〔周禮〕丨作交。〔大戴·朝事〕「歸脤以丨諸侯之侯」王詁。○丨當為敎,字之誤也。〔大戴·勸學〕「殆丨亡身」述聞。○丨當作效,字之誤也。〔大戴·朝事〕「歸脤以丨諸侯之福」平議。○先丨,〔御覽〕七十七作先德。〔呂覽·先己〕「三王先丨而後殺」校正。

皃 丨,容儀也。〔慧琳音義·卷一四〕引〔考聲〕。○丨,儀丨。〔廣韻·效部〕○丨,容也。〔集韻·覺部〕○丨人類狀。〔廣韻·覺部〕○面之形狀曰丨。〔說文定聲·卷七〕○引伸之,凡得其狀曰丨。〔說文〕「丨,頌儀也」段注。○丨,見也。〔慧琳音義·卷一四〕引〔考聲〕。○丨與貌同。〔廣雅·釋詁四〕「丨,容也」疏證。又〔釋言〕「廟,貌也」疏證。○形、儀、丨三字同義。〔廣雅·釋詁三〕「形、儀、丨,見也」疏證。○丨、奕、形為容丨之容。〔廣雅·釋詁四〕「丨、奕、形,容也」疏證。○〔說文定聲·卷七〕丨,叚借為廟。〔荀子·禮論〕疏「房襚貌」注「貌,廟也」。

貌 丨,籀文皃。〔廣韻·效部〕○皃或作丨。〔集韻·覺部〕○丨謂禮丨。〔論語·鄉黨〕「雖褻,必以丨」朱注。○丨謂容丨。〔大戴·衛將軍之子〕「丨以擯禮」王詁。○丨謂之形,亦謂之容。常謂之刑,亦謂之庸。法謂之刑,亦謂之容,義並相近也。〔廣雅·釋詁一〕「容,法也」疏證。○丨,治也。〔廣雅·釋詁三〕疏證正譌。○丨為治,與訊義通。〔書·呂刑下〕注「史遷丨作訊」孫疏。○丨謂文丨。〔大戴·主言〕「多信而寡丨」王詁。又〔大戴·勸學〕「不飾無丨」王詁。○丨,飾也。〔韓子·解老〕「所謂丨施也者」集解。○丨與飾同義。〔解老〕「禮者所以丨情也」集解。○丨裁,即形儀相似之謂也。〔慧琳音義·卷九四〕○丨閱,閱季丨也。〔通雅·事制〕○丨丨,亦作邈邈,古用藐藐。〔通雅·釋詁〕○丨言,華也。〔周書·文政〕「遠慎而近䫉」雜志引〔史記·商君傳〕。○丨謂無實。〔同上〕雜志引〔周祝篇〕孔注。○丨,古皃字作緢,此古文假借。〔史記·周本紀〕「惟丨有稽」志疑引陳仲魚。○丨,當為視。〔左傳昭公一一年〕「丨不道容」述聞。

䫉 貌,或作丨。〔慧琳音義·卷四〕○皃或作丨。〔卷一四〕引〔考聲〕。○丨即貌字。〔周書·立政〕「遠慎而近丨」雜志。

校 丨,檢丨。〔廣韻·效部〕○丨,考丨。〔同上〕○丨,正,蓋丨人之長。〔左傳成公一八年〕「丨正屬焉」疏證引胡匡衷。○丨,報也。〔左傳僖公二三年〕「有人而丨,罪莫大焉」洪詁。又〔國策·秦策四〕「雲翔而不敢丨」鮑注。○丨、較同,直也。言與之敵。〔國策·秦策四〕「足以丨於秦矣」鮑注。○丨猶亢也。〔大戴·用兵〕「丨德」王詁。○丨,謂官舍也。〔廣雅·釋宮〕「丨,官也」疏證。○丨,計丨也。〔論語·泰伯〕「犯而不丨」朱注。○丨亦計也。〔穀梁傳桓公二年〕注「丨數功勞」述聞。○丨,比也。〔通鑑·後唐紀七〕「丨於五代」音注。○丨,疾也。〔集韻·巧部〕○丨,教學之宮。〔集韻·效部〕○丨,蓋交午之義。〔左傳宣公一二年〕疏證。○丨,悅也。〔墨子·經說下〕「意若未丨」閒詁引張惠言。○丨者,今之挍字。〔說文·上說文書〕「丨書東觀」段注。○丨,今之挍字也。古無挍字,借丨字為之。〔說文·敘〕「大司空甄豐等丨文書之部」段注。○丨亦作校。〔方言五〕注「亦名丨」箋疏。○丨與骹同。〔方言九〕「矛骹」箋疏。○丨蓋骹之借字。〔儀禮·士昏禮〕「主人拂几授丨」胡正義引胡承珙。○丨者,骹之假借字。〔說文〕「豆,古食肉器也」段注。○〔禮〕多假丨為骹。〔說文〕「骹,脛也」段注。○〔說文定聲·卷七〕丨,叚借為骹。〔儀禮·士昏禮〕「主人拂几授丨」。○丨讀曰絞。〔大戴·夏小正〕「玄丨」王詁。○〔說文定聲·卷七〕丨,叚借為絞。〔考工·廬人〕「細則絞」。○〔同上〕丨,以絞為之。〔禮記〕注「蒼黃之色」。○〔同上〕丨,叚借為效。〔管子·牧民〕「不敬宗廟,則民上丨」。○丨讀為效。〔春秋繁露·郊語〕「言不必立丨」平議。○〔說文定聲·卷七〕丨,叚借為交。〔小爾雅·廣言〕「丨,交也」。○〔同上〕丨,字亦以較為之,又作挍。〔廣雅·釋詁一〕「丨,度也」。○〔同上〕丨,叚借為斆,為孝,為教。〔左傳襄公三一年〕「鄭人遊於鄉丨」。○〔同上〕丨,叚借為趬。〔考工·弓人〕「釋之則不丨」。○〔同上〕丨,叚借為票。〔管子·五員〕「五臭所丨」。○〔同上〕丨,叚借為駮。〔夏小正〕「元丨」。○〔同上〕丨,叚借為教。〔莊子·說劍〕「王乃丨劍士七日」。○〔同上〕丨,叚借為烄。〔廣雅·釋木〕「丨,柴也」。○〔同上〕丨,叚借為鮫。〔孟子〕「丨人烹之」。○〔同上〕丨,叚借為覈。〔周禮·䝓人〕「以時丨登其夫家」。○丨當作校。校者快也。〔荀子·禮論〕「終乎悅丨」集解引郝懿行。○官本丨作交。〔漢書·禮樂志〕「都荔遂芳,窅窊桂華」補注。○〔周禮〕故書丨作搉。〔說文〕「較,車輢上曲鉤也」段注。○丨者,連木也。〔說文〕「丨,木囚也」繫傳。○〔漢書〕丨獵謂連接木以闌禽獸。〔同上〕○丨,一曰木為欄格,軍部及養馬用之,故軍尉馬官皆以丨為名。〔集韻·效部〕○丨,欄格也。〔通鑑·齊紀六〕「乘輿有金銀飾丨者」音注。○丨,編木為涔以養魚,因而主魚者稱丨人。〔孟子·萬章上〕「子產使丨人畜之池」焦正義。○丨人,主池沼小吏也。〔同上〕朱注。○丨輪,即關轂也。〔左傳宣公一二年〕「軍行,右轅」疏證。○丨,一曰械也。〔集韻·效部〕○丨即械也,丨者取其通名也。〔說文〕「丨,木囚也」義證引王弼。○丨者,以木絞丨者也。〔同上〕義證引王弼。○〔易〕曰「何丨滅耳」,何丨,若今犯人帶枷也。〔同上〕段注。○〔易〕曰「屨丨滅趾」,屨丨,若今軍流犯人新到箸木鞾。〔同上〕段注。○丨尉,官名。〔廣韻·效部〕○丨猶部隊也。〔通鑑·周紀五〕「益發卒佐陵,陵亡五丨」音注。○丨,部也。四丨當即屯騎、步兵、射聲、虎賁四丨尉。皆天子行獵必當隨從者。〔漢書·司馬相如傳〕「出乎四丨之中」補注。○丨,亦旛之類。〔衛青傳〕「常護軍傳丨獲王」補注引錢大昕。○丨,

讀如犯而不丨之丨。丨亦競也，競逐獵也。〔成帝紀〕「從胡客大丨獵」補注引劉攽。

孝　丨，子承老為丨。〔說文繫傳・通論中〕○丨，丨順。〔廣韻・效部〕○善父母曰丨。〔詩・六月〕「張仲丨友」朱傳。○善事父母曰丨。〔說文繫傳・通論中〕○善事父母為丨。〔孟子・梁惠王上〕「申之以丨悌之養」朱注。○善於父母為丨。〔大戴・保傳〕「三公三少固明丨仁禮義」王詁。○丨謂能事親者。〔詩・卷阿〕「有丨有德」朱傳。○丨者，畜也。〔論語・為政〕「孟懿子問丨」劉正義。○畜、丨、好，聲並相近。〔廣雅・釋詁一〕「嬸，好也」疏證。○丨畜古同聲，故丨訓為畜，畜亦訓為丨。〔廣雅・釋言〕「丨，畜也」疏證。○丨、就聲亦相近。〔廣雅・釋詁三〕「丨，就也」疏證。○丨與養義亦相近。〔廣雅・釋詁一〕「享，養也」疏證。○丨與享同義。〔詩・載見〕「以丨以享」通釋。○丨孫，主祭之人也。〔詩・楚茨〕「丨孫有慶」朱傳。○丨子，謂有丨德之人也。〔大戴・曾子本孝〕「丨子游之」王詁。○丨者，美德之通稱。〔史記・太史公自序〕「比樂書以述來古」雜志。○丨，善德之通稱。〔通說〕「丨」述聞。○丨者，美德之稱也。〔詩・文王有聲〕「遹追來丨」述聞。○秉德不回曰丨。〔周書・謚法〕「秉德不回」雜志。○衆之本教曰丨。〔禮記・祭義〕「本教曰丨」集解。○丨字蓋本作夆。〔詩・泮水〕「靡有不丨」述聞。○丨者，夆之隸變，與丨弟之丨異字。〔同上〕通釋。○丨、效聲相近。〔同上〕述聞。○〔說文定聲・卷六〕丨，段借為保。〔大戴・保傳〕「丨者繦之」。○丨侯，〔後漢・城陽共王祉傳〕、〔文選・南都賦〕注引〔東觀記〕並作考侯。〔漢書・王子侯表〕「丨侯仁嗣」補注引錢大昭。○丨公，〔魯世家〕、〔律歷志〕作考公。〔古今人表〕「魯丨公」補注引梁玉繩。○丨當為考。〔蒯伍江息夫傳贊〕「春申斃」補注。○丨當作老。〔古今人表〕「丨成子」補注引梁玉繩。○丨，音教，效也。〔說文〕「教，上所施下所效也」繫傳。又〔集韻・效部〕。

橈　丨，木曲。〔廣韻・效部〕○丨，引伸為凡曲之偁。〔說文〕「丨，曲木也」段注。○丨，弱也。〔左傳成公二年〕「師徒丨敗」洪詁引服虔。○丨，撓也。〔通鑑・秦紀二〕「譬之以卵投石，以指丨沸」音注。○丨、撓通作。〔漢書・司馬相如傳〕「靡魚須之丨旃」補注。○丨，官本作撓，此亦本書通作字。〔漢書・劉向傳〕「不丨衆枉」補注。

閙　丨，又作吏，擾也。〔慧琳音義・卷六八〕引〔文字典說〕。○丨，同吏。〔廣韻・效部〕

鬧　丨，擾也。或作仚。〔集韻・效部〕

淖　丨，泥丨。〔廣韻・效部〕○丨為泥濘。〔說文〕「濘，滎濘也」段注。○丨，泥也。〔楚辭・怨世〕「世沉丨而難論兮」補注。○丨，濡甚也。〔集韻・覺部〕又〔太素・經脈皮部〕「丨澤則赤黃」楊注。○丨，濡潤也。〔太素・六氣〕「丨澤注於骨」楊注。○丨者，濡且濁之稱。〔儀禮・士虞禮〕「嘉薦普丨」述聞。○丨為濡且濁之稱也。〔同上〕胡正義。○丨，和也。〔儀禮〕普丨謂黍稷也。德能大和乃有黍稷。〔集韻・效部〕○丨，引申之義訓和。〔說文〕「丨，泥也」段注。○丨又訓和。〔儀禮・士虞禮〕「嘉薦普丨」胡正義。○〔說文定聲・卷七〕丨，此與劉瓛云「仲者中也，尼者和也。孔子有中和之德」，意相通。〔儀禮・少牢禮〕「嘉薦普丨」注「和也」。○丨，亂也，音濁。〔太素・陰陽雜說〕「丨則剛柔不和」楊注。○濯、丨皆汙濁之名。〔史記・屈原賈生列傳〕「濯丨汙泥之中」雜志。○濯、丨、汙、泥四字同義。〔同上〕○撓、丨，義並與嬈同。〔廣雅・釋詁一〕「嬈，弱也」疏證。○丨丨與罩罩同。罩罩羣游之貌，故又訓為衆。〔廣雅・釋訓〕「丨丨，衆也」疏證。○〔史記〕多假丨為卓。〔說文〕「卓，高也」段注。○〔說文定聲・卷七〕丨，段借為綽。〔莊子・逍遥遊〕「丨約若處子」。

豹　丨，獸名。〔廣韻・效部〕又〔集韻・效部〕。○丨性暴，故曰丨。〔本草・卷五一〕○丨性勺物而取，程度而食，故字从勺，又名曰程。〔卷五一〕引王氏〔字說〕。○丨，一名程。〔說文〕「丨，似虎，圜文」段注。○〔通雅・卷二六〕丨直即爆直。〔見聞錄〕「御史初入臺，陪直，比五日，衆官皆出，此人獨留，故曰丨直」。

鼩　丨，鼠屬，能飛，食虎豹，出胡地。〔廣韻・效部〕○丨，鼠屬。〔集韻・效部〕

罩　丨，篧也。〔說文〕「鯙，烝然鯙鯙」繫傳。○丨音笊，篧也，編細竹以丨魚者也。〔詩・南有嘉魚〕「烝然丨丨」朱傳。○丨者，編細竹以為之。〔說文〕「丨，捕魚器也」義證引〔初學記〕。○丨，古文罺、䍐二形同，捕魚籠也。〔慧琳音義・卷四八〕○丨，又作罺，捕魚籠者曰丨。〔卷一〇〕○丨，网，捕魚籠也。〔說文〕「丨，捕魚器」繫傳。○丨，竹籠，取魚具也。〔廣韻・效部〕○丨，捕魚籠。〔釋器〕「篧謂之丨」鄭注。○丨，捕魚器也。〔詩・南有嘉魚〕「烝然丨丨」後箋引〔字林〕。○丨，抑魚之器也。〔文選・吳都賦〕「丨鯿鰕」劉注。○丨，蓋漁人以手抑按於水中以取魚也。〔同上〕集釋。○丨者，抑之。〔同上〕集釋引〔淮南・說林訓〕。○丨丨，蓋衆魚游水之貌。〔詩・南有嘉魚〕「烝然丨丨」通釋。○丨丨、汕汕，羣游之貌，故又訓為衆。〔廣雅・釋訓〕「丨丨，衆也」疏證。○丨丨，一作鯙鯙、翟翟。〔通雅・釋訓〕○丨丨，言嘉魚欲逸則丨之使入。〔詩・南有嘉魚〕「烝然丨丨」後箋引〔埤雅〕。○丨與罩同，凡自上籠下謂之丨。〔廣雅・釋器〕「篧，罩也」疏證。○〔說文定聲・卷七〕丨，字亦作罩。〔廣雅・釋器〕「篧，罩也」。○〔同上〕丨，字亦作篧。〔廣雅・釋器〕「篧，罩也」。○〔同上〕丨，字又作罺。〔爾雅・釋器〕「罺謂之汕」。○鯙、丨古字通用。〔廣雅・釋訓〕「淖淖，衆也」疏證。○〔說文定聲・卷七〕丨，以逴為之。〔方言二〕「逴，驚也」。○〔同上〕丨，段借發聲之詞。〔匡謬正俗七〕「太原俗謂事不妥帖有可驚嗟為渴丨」。○丨，韓作淖。〔詩・南有嘉魚〕「烝然丨丨」集疏。

䈇 丨同罩。〔廣韻・效部〕○丨，罩或从竹。〔集韻・效部〕

踔 丨，猨跳。〔廣韻・效部〕○許意丨與蹈義同。〔說文〕「丨，踶也」段注。○卓、丨、稺並與逴同聲，皆獨貌也。〔墨子・兼愛〕「連獨無兄弟者」雜志。○丨與稺、卓古亦同聲，皆獨貌也。〔儀禮・覲禮〕「奉束帛匹馬卓」胡正義。○丨，或作趠。〔說文〕「丨，踶也」義證。○〔說文定聲・卷七〕丨，字亦作傕。〔廣雅・釋詁三〕「傕，蹇也」。○（同上）丨，段借為趠。〔史記・貨殖傳〕「地丨遠」。

趠 丨，遠也。〔慧琳音義・卷七四〕○丨，跨步遠也。〔說文〕「丨，遠也」繫傳。○丨，行皃。〔廣韻・效部〕○丨，超也。〔集韻・效部〕○丨與踚、跳踚聲相近。〔廣雅・釋詁一〕「踚，行也」疏證。○〔說文定聲・卷七〕丨，段借為踔。〔上林賦〕郭注「丨謂懸擲也」。○〔漢書〕「丨希閒」，〔史記〕作「踔希閒」。〔說文〕「丨，踶也」段注。

窖 丨，穿地藏物也。或作窌。〔慧琳音義・卷六〇〕引〔韻英〕。○丨，倉丨。〔廣韻・效部〕○丨之言奧也。〔廣雅・釋詁四〕「丨，藏也」疏證。○丨、窌聲相近，古多通用。〔廣雅・釋詁四〕「丨、窌，藏也」疏證。○丨與窌略同。〔說文定聲・卷六〕○丨，〔御覽・八九六〕作官字。〔呂覽・首時〕「飢狗盈丨」校正。

酵 丨，酒丨。〔廣韻・效部〕○丨，酒滓。〔集韻・效部〕○丨，酒母，用以發麪。〔說文〕「餅，麪餈也」義證。○丨即酪母。〔漢書・揚雄傳〕「燒熂蠡」補注引沈欽韓。○丨，或作教。〔說文〕「餅，麪餈也」義證。

稍 丨，漸漸也，少也。〔慧琳音義・卷二〕引〔韻詮〕。○丨，漸也。〔漢書・司馬遷傳〕「已丨陵夷至於鞭箠之閒」補注。○丨，均也，小也。〔廣韻・效部〕○丨之言小也，少也。〔說文〕「丨，出物有漸也」段注。○〔說文定聲・卷七〕丨，轉注為小少之誼。〔廣雅・釋訓〕「丨丨，小也」。○（同上）丨，謂祿之小者，亦以漸而給之意。〔周禮・內宰〕「均其丨食」。○丨丨，侵漸也。〔慧琳音義・卷七〕引〔玉篇〕。○丨丨，漸侵也。〔卷七九〕引顧野王。○丨丨者，出物有漸。〔說文定聲・卷七〕〔娋〕下○凡古言丨丨者，皆漸進之謂。〔說文〕「丨，出物有漸也」段注。○丨丨，小也。〔廣雅・釋訓〕疏證訂正。○丨深，謂日益就下也。〔漢書・溝洫志〕「行疾則自刮除成空而丨深」補注。○丨食，通言之或亦謂之祿。〔周禮・宮正〕「均其丨食」孫正義。○人之稟食謂之丨食，猶之牛馬之芻稟謂之丨秣矣。（同上）○丨食者，稟食也。〔周禮・內宰〕「均其丨食」孫正義。○禾末謂之丨。〔周禮・大府〕「以待丨秣」平議。○丨，盡也。〔慧琳音義・卷七〕引〔考聲〕。○丨當訓禾末。〔廣雅・釋言〕「娋，侵也」疏證。○丨與梢通。〔方言一二〕「丨，盡也」箋疏。○〔說文定聲・卷七〕丨與娋通。〔周禮・序官〕「丨人」。○（同上）丨，段借為消。〔廣雅・釋詁一〕「丨，盡也」。

樂 愛欲曰丨。〔慧琳音義・卷一六〕○丨，好也。〔廣韻・效部〕○丨，欲也。〔集韻・效部〕○丨，喜好也。〔論語・雍也〕「知者丨水」朱注。

倣 丨，教也。〔廣韻・效部〕○丨與效同。〔詩・鹿鳴〕「君子是則是丨」陳疏。○丨，古止作效。〔詩・角弓〕「民胥丨矣」通釋。○丨，蓋即效之或體，古通作效，又通作詨。〔詩・鹿鳴〕「君子是則是丨」通釋。○丨，皆效法字之或體。〔說文〕「效，象也」段注。○丨即效之俗字。（同上）句讀。○丨，魯作效，齊作詨。〔詩・鹿鳴〕「君子是則是丨」集疏。○丨，魯作效。〔詩・角弓〕「民胥丨矣」集疏。

較 丨，校其優劣也。〔慧琳音義・卷七七〕引〔考聲〕。○丨，直也。〔集韻・效部〕○丨，不等。〔廣韻・效部〕○丨，一曰不等。〔集韻・效部〕○丨，所謂丨然也。〔釋詁〕「丨，直也」鄭註。○丨，略也。〔慧琳音義・卷一〇〕引〔考聲〕。又〔卷七七〕引〔考聲〕。○丨之為言覺也。〔釋詁〕「丨，直也」郝疏。○丨，史籀計丨字亦用覺。〔說文〕「較，車輢上曲鉤也」段注。○丨者，與梏、鵠聲近義同。〔釋詁〕「丨，直也」郝疏。○丨與榷同。〔漢書〕「連語」雜志。○丨與榷古字通。〔國策・中山策〕「商敵為資」雜志。

較 丨，較或从爻。〔集韻・效部〕○丨，今字作較。〔說文〕「丨，車輢上曲鉤也」段注。○丨，古音讀如交。（同上）○丨，亦作校。（同上）○丨，俗作校。（同上）○〔說文定聲・卷七〕丨，段借為覈。〔史記・田完世家〕「大車不較」。

鈔 丨同抄。〔廣韻・效部〕○丨，抄或从金。〔集韻・效部〕○虜、丨、略同義。〔廣雅・釋詁一〕「丨，强也」疏證。○〔說文定聲・卷七〕丨，段借為眇，實為秒。〔管子・版法〕「教行于丨」。

礮 丨石，軍戰石也。〔廣韻・效部〕○丨，機石也。〔集韻・效部〕又〔說文〕「旝，建大木，置石其上，發以機，以追敵也」義證引〔類篇〕。

皰 丨，面上細瘡也，或作疱。〔慧琳音義・卷六〕引〔考聲〕。○丨，面瘡也。〔說文〕「丨，面生氣也」繫傳。○丨，面生氣也。〔廣韻・效部〕○丨，面生氣。或作胞。〔集韻・效部〕○丨，俗作靤。〔慧琳音義・卷二〕

敲 丨，從旁橫擊也。〔說文〕「丨，橫擿」繫傳。○丨，擊也。〔廣韻・效部〕又〔集韻・效部〕。

恔 〔說文定聲・卷七〕丨，〔孟子〕借為憿幸也。〔孟子〕「於心獨無丨乎」。

櫂 丨即撓也。〔說文〕「楫，舟丨也」繫傳。○丨同棹。〔廣韻・效部〕○丨，行舟也，或作棹、𦩷，通作濯。〔集韻・效部〕○丨音濯。〔釋木〕「梢，梢丨」鄭注。○舟旁撥水者長曰丨。〔說文〕「楫，舟丨也」義證引〔字書〕。○丨當為濯。（同上）義證。

覺　丨，睡丨也。〔慧琳音義·卷二六〕〇丨，睡丨。〔廣韻·效部〕〇丨，寤也。〔集韻·效部〕〇丨有二義，一曰睡丨。〔說文〕「丨，寤也」義證。〇丨讀為較。〔左傳文公四年〕「以丨報宴」洪詁引惠棟。〇〔說文定聲·卷六〕丨，叚借為校，實為搉。〔孟子·離婁下〕注「如此賢不肖相丨」。〇丨當為嶨。〔荀子·王霸〕「過舉蹞步而丨跌千里」集解引俞樾。

斆　丨，學也。〔廣韻·效部〕〇學于古曰丨。〔說文定聲·卷六〕〇教當作丨，丨與學同。〔管子·大匡〕「蒙孫博於教」雜志。又〔管子·小匡〕「足恭而辭結」雜志。〇丨，教也。〔集韻·效部〕又〔大戴·誥志〕「日丨仁賓也」王詁。〇丨，效也。〔大戴·衛將軍文子〕「好從善而丨往」王詁。〇丨讀曰效，獻也。〔虞戴德〕「率名丨地實也」王詁。〇丨讀曰效。〔禮察〕「是非明丨大驗乎」王詁。〇丨讀曰校，謂考校也。〔虞戴德〕「時以丨伎」王詁。〇〔說文定聲·卷六〕丨，叚借為鷽。〔莊子·逍遙遊〕「蜩與學鳩笑之」。

窌　丨，〔周禮〕書地窖字從此。〔說文〕「丨，窖也」繫傳。〇丨同奅。〔廣韻·效部〕〇丨之言寥寥深也。〔廣雅·釋詁四〕「丨，藏也」疏證。〇窖、丨聲相近，古多通用。〔廣雅·釋詁四〕「窖、丨，藏也」疏證。〇丨、窖義同音近，是以通借。〔說文〕「丨，窖也」句讀。〇〔月令〕丨作廩。〔呂覽·季春〕「命有司發倉丨」校正。

⿰豸鳥　丨，解廌屬。〔廣韻·效部〕〇丨，獸名，解廌屬。〔集韻·效部〕〇丨，〔篇海〕作⿸鹿孝。〔說文〕「丨，解廌屬也」義證。

⿸鹿孝　丨，瑞獸也。〔說文〕「⿰豸鳥，解廌屬也」義證引〔篇海〕。

⿱罒翟　丨，猶罩也。〔說文〕「丨，覆鳥令不飛走也」繫傳。〇丨，此與罩不獨魚鳥異用，亦且丨非网罟之類，謂家禽及生獲之禽慮其飛走而籠丨之，今則罩行而丨廢矣。〔說文〕「丨，覆鳥令不得飛走也」段注。〇丨，義與罩同。〔廣雅·釋器〕「籗，箽也」疏證。〇丨，今通以罩為之。〔說文定聲·卷七〕

⿱𦥯口　丨，誤也。〔廣韻·效部〕

詨　丨同嗃。〔廣韻·效部〕〇丨，丨叫。〔同上〕〇丨，叫也。〔集韻·效部〕〇丨，呼也。〔同上〕

鉸　丨，丨刀。〔廣韻·效部〕〇丨，交刀。〔集韻·效部〕〇丨，裝丨。〔廣韻·效部〕〇丨，一曰以金飾器。〔集韻·效部〕

⿰車皃　丨，引也。〔廣韻·效部〕〇丨，一曰車鉤心。〔集韻·效部〕

⿰巾皃　丨，幗也。〔廣韻·效部〕又〔集韻·效部〕。

奅　丨，起釀。〔廣韻·效部〕〇丨亦大也。〔同上〕〇丨，此謂虛張之大。〔說文〕「丨，大也」段注。〇木工鑿空曰丨。〔同上〕義證。〇丨，〔漢書〕與窌通用。〔同上〕段注。〇丨，或借卯字。〔同上〕義證。〇丨，〔衛青傳〕作窌，古通用。〔史記·建元以來侯者年表〕「南丨」志疑。

⿰肖阝　丨謂天子之田稍稍以封大夫也。〔說文〕「丨，國甸大夫稍稍所食邑」繫傳。〇丨，距王城三百里之地曰家丨，大夫食采于此。〔說文定聲·卷七〕〇丨，今〔禮經〕以稍、以削為之。〔同上〕〇丨通作稍。〔說文〕「丨，國甸」義證。〇丨又通作削。〔同上〕

⿰桼包　〔說文定聲·卷六〕丨，重髹也。始以漆和灰垸髹之，復泰之以光其外。〔說文〕「丨，桼垸已復桼之」。

⿺辶虐　丨，蹇也。〔集韻·效部〕又〔說文〕「逴，蹇也」義證引〔玉篇〕。

婥　丨，俗作㷸。〔說文〕「丨，女病也」義證。〇丨約為好也。〔廣雅·釋詁一〕「丨約，好也」疏證。

⿰魚卓　丨作罩。〔說文〕「丨，烝然丨丨」繫傳。〇丨、罩，古字通用。〔廣雅·釋訓〕「淖淖，衆也」疏證。

⿰氵削　丨，家食。〔廣韻·效部〕〇丨，一曰汎潘以食豕。〔集韻·效部〕〇丨，水激也。〔同上〕〇〔說文定聲·卷七〕丨，即滫音之轉也。〔廣雅·釋器〕「丨，滫也」。

娋　丨，小丨侵也。〔廣韻·效部〕

⿰耒肖　丨，耬種。〔廣韻·效部〕又〔集韻·效部〕。

濯　丨，浣衣。〔廣韻·效部〕〇丨即櫂字。〔漢書·司馬相如傳〕「丨鷁牛首」補注。〇丨音棹。〔說文〕「楫，舟櫂也」義證引〔增韻〕。〇〔說文定聲·卷七〕丨，叚借為櫂，實為棹。〔漢書·劉屈氂傳〕「發輯丨士」。

叓　丨，擾雜也。俗作閙。〔慧琳音義·卷三〕引〔韻英〕。〇丨，多人擾擾也。〔同上〕引〔集訓〕。〇丨，擾也。〔廣韻·效部〕〇丨，不靜。〔同上〕〇丨，猥也。〔同上〕〇叓即丨，猥也，衆也。〔慧琳音義·卷九〕

抓　丨，爪刺也。〔廣韻·效部〕〇丨，搔也。〔集韻·效部〕

⿰亻幼　丨，很也，戾也。〔廣韻·效部〕〇丨，很戾也或作拗。〔集韻·效部〕〇〔說文定聲·卷五〕丨即執拗字，〔五音〕、〔篇海〕引作拗。〔字林〕「丨，狠也，戾也」。

磽　丨，磝丨。〔廣韻·效部〕〇丨磕，土陋山隘多石皃。〔慧琳音義·卷一〇〇〕〇丨确，一作砄埆。〔通雅·釋詁〕〇丨亦作墽。〔說文〕「墽，

｜也」段注。

⿰月肖 凡物之殺鋭曰｜，或作臞、燿、哨。〔集韻·效部〕

仯 ｜，小皃。〔集韻·效部〕〇｜｜，小子。〔廣韻·效部〕

佼 ｜，字也。〔慧琳音義·卷一五〕引〔考聲〕。〇｜，倣像也。〔同上〕引〔集訓〕。〇｜，學也，或作效、作斆。〔同上〕引〔考聲〕。〇庸人之敏謂之｜。〔集韻·效部〕

僥 ｜，長皃。〔集韻·效部〕

効 ｜同效。〔廣韻·效部〕〇｜，俗效字。〔墨子·明鬼下〕「官府選｜」閒詁。〇｜，致其功也。〔國策·秦策一〕「｜勝於戰場」鮑注。〇｜，功也。〔秦策一〕「臣請奏其｜」鮑注。〇｜，見也。〔漢書·天文志〕「辰星出四孟」補注引沈欽韓。〇｜讀為交。〔墨子·非攻下〕「以此｜大國」閒詁。〇｜讀為交，同聲段借字。〔非攻下〕「信｜先利天下諸侯」閒詁。〇｜作效。〔史記索隱〕「異文」雜志。〇官本｜作效。〔漢書·天文志〕「東井為秦之地明｜也」補注。

削 ｜格，所以施羅網也。〔集韻·笑部〕

勽 ｜，鳥伏卵。〔集韻·效部〕

靮 ｜，起也。〔集韻·效部〕

咆 ｜，獸呼。〔集韻·效部〕

呦 ｜，叫也。〔集韻·效部〕

哮 ｜，唤也。〔廣韻·效部〕〇｜，呼也。〔集韻·效部〕

啅 ｜｜，鳥聲。〔集韻·效部〕

嗃 ｜，大嗥。〔廣韻·效部〕〇｜，大嗥也，或作謞、詨。〔集韻·效部〕

⿰口豹 ｜，誇也。〔集韻·效部〕

嘐 ｜｜，聲也。〔集韻·效部〕

⿰口巢 ｜，衆聲。〔集韻·效部〕

嚗 ｜然，聲也。〔集韻·效部〕

噭 ｜，大聲。〔集韻·效部〕

⿰土尻 ｜，厓外。〔集韻·效部〕

坳 ｜，土窐。〔集韻·效部〕

墝 墽｜，土不平皃。〔集韻·效部〕

墽 ｜，土不平。或作墝。〔集韻·效部〕

媌 ｜，或作借。〔集韻·效部〕

窹 ｜，又作覺。〔續音義·卷二〕

岰 ｜，山曲。〔集韻·效部〕

嶅 ｜，山高皃。〔集韻·效部〕

巧 ｜，｜偽。〔廣韻·效部〕〇｜，偽也。〔集韻·效部〕

⿰皃見 ｜，綵雜文也。〔廣韻·效部〕〇｜，帛雜文。〔集韻·效部〕

⿰彳暴 ｜直，史官。〔廣韻·效部〕〇｜，越也。〔集韻·效部〕

泡 ｜，水泉。〔集韻·效部〕

淣 ｜，大水皃。〔集韻·效部〕

澆 ｜，湍也。一曰水回波。〔集韻·效部〕

⿰氵亦 ｜，漬也。〔集韻·效部〕

怮 ｜，心戾。〔集韻·效部〕

抄 ｜，奪也。〔慧琳音義·卷一五〕引〔字書〕。〇｜，略取也。〔廣韻·效部〕又〔集韻·效部〕。〇｜，亦作勦、剿。〔同上〕

抛　｜，｜車。〔廣韻・效部〕○｜，擲也。〔集韻・效部〕

挍　｜，報也。〔集韻・效部〕○｜，官本作校。〔漢書・賈子傳〕「都内之錢貫朽而不可｜」補注。○官本｜作校。〔漢書・嚴助傳〕「言莫敢｜也」補注。

捎　｜，支也。〔集韻・效部〕

𢸎　｜，木上小。〔集韻・效部〕○｜，人臂皃。〔同上〕

撽　｜，擊也。〔集韻・效部〕

撓　｜，擾也，屈也。或作鐃。〔集韻・效部〕

𩚵　｜，手擊也。〔集韻・效部〕

𤓷　｜，交炊木。〔集韻・效部〕

斠　｜，平斗斛也。〔集韻・效部〕

𡳐　｜，覆具。或从到。〔集韻・效部〕

𣏞　｜，木刺。〔集韻・效部〕

柪　｜，木丩曲。〔集韻・效部〕

棹　｜，檝也。〔廣韻・效部〕○｜，又櫂之俗。〔說文〕「楫，所以擢舟也」段注。

𣡸　｜，剡木殺上也。或省作梢。〔集韻・效部〕

樔　｜，棧閣也。〔廣韻・效部〕○｜，棧也。〔集韻・效部〕

𣟴　｜，熇木。〔集韻・效部〕

炮　｜，灼皃。〔廣韻・效部〕○｜，灼也。〔齊民要術〕有胡｜肉。〔集韻・效部〕

烄　｜，煎也。〔集韻・效部〕

爆　｜，火裂。〔廣韻・效部〕又〔集韻・效部〕。○妓假母曰｜炭，即今之鴇也。〔通雅・稱謂〕引〔北里志〕。○〔說文定聲・卷七〕｜爍，猶剝落也。〔詩・桑柔〕箋「則葉｜爍而疏」。

𤛮　｜，以角挑物。〔集韻・效部〕

珓　｜，杯｜，古者以玉為之。〔廣韻・效部〕

疱　｜，亦作皰。樹木初生花之皃也。〔慧琳音義・卷九〕○人面上熱氣所生瘡名｜，或作皰。〔卷七〕引〔桂苑珠叢〕。○｜，腫病。〔集韻・效部〕

癄　｜，縮也，小也。〔廣韻・效部〕○｜，縮也。〔集韻・效部〕

𥁢　｜，器中不平。〔集韻・效部〕

𥂟　｜，器名，鍋銷也。〔集韻・效部〕

䳰　｜，目怒也。〔集韻・效部〕

睄　｜，小視。〔集韻・效部〕○｜，與宵同。〔楚辭・疾世〕「閒｜窕兮靡睹」補注。○｜窕，幽冥也。〔同上〕章句。

𥊞　｜，深目皃。〔集韻・效部〕

𥐦　｜，石不平皃。〔集韻・效部〕

礉　｜，｜磽。〔集韻・效部〕○｜，石不平，或作磽礉。〔集韻・效部〕

𥟦　｜，特止也。〔集韻・效部〕○｜，一曰冒也。〔同上〕

穮　｜穛，禾虛皃。〔集韻・效部〕

笊　｜，籬｜。〔廣韻・效部〕○｜籬，漉器。〔集韻・效部〕○一曰鳥居穴曰｜，樹曰巢。〔同上〕

箌　｜即罩字。〔說文定聲・卷七〕〔倬〕下。

箹　｜，竹節。〔廣韻・效部〕○管小者謂之｜。〔集韻・效部〕

䈬　｜，竹萌也。〔集韻・效部〕

絞　｜，繒黑黃色。〔集韻・效部〕○｜，一曰縊也。〔同上〕

緢　｜，旄雜絲也。〔廣韻・效部〕○｜，旄絲。〔集韻・效部〕

縐　｜，惡絹也。〔廣韻・效部〕○｜，細絺。〔集韻・效部〕

罩｜，小網。〔廣韻·效部〕又〔集韻·效部〕。

耖｜，重耕田也。〔廣韻·效部〕○覆耕田曰｜。〔集韻·效部〕

䑬｜，船不安也。〔廣韻·效部〕○舟不寧謂之｜。〔集韻·效部〕

艄｜，舟名。〔集韻·效部〕

𤎌｜，火急煎皃。〔廣韻·效部〕○｜，爨急也。或作爟。〔集韻·效部〕○熾火急然謂之｜。〔同上〕

貎｜，艸名，可染紫。〔集韻·效部〕

䕧｜，艸根。〔集韻·效部〕

𧘂｜，衣襟。〔集韻·效部〕

褎｜襛，衣緩皃。〔集韻·效部〕

袎｜，襪｜。〔廣韻·效部〕○｜，襪頸。〔集韻·效部〕

䜈｜，代言。〔集韻·效部〕

謈｜，言逆也。〔集韻·效部〕○｜譟，惡怒也。〔同上〕○｜躁，惡也。〔廣韻·效部〕

觘｜，角匕也。〔廣韻·效部〕又〔集韻·效部〕。

䚢｜，角鋭上，或从牛。〔集韻·效部〕

軳｜，車飛石。〔集韻·效部〕

軪｜，車有機。〔廣韻·效部〕○｜，車有機也。〔集韻·效部〕

𧱽｜，豕走皃。〔集韻·效部〕

趵｜，跳躍也。〔集韻·效部〕○攉與跑，擽與｜，聲義並相近。〔廣雅·釋言〕「跑，｜也」疏證。○｜突，即瀑流也。〔通雅·地輿〕

𧽝｜趙，跳皃。〔廣韻·效部〕○｜，行不正也。〔集韻·效部〕

䤖｜，酒之色。〔集韻·效部〕

醮｜，酌而無酬酢。〔集韻·效部〕

鉋｜，｜刀，治木器也。〔廣韻·效部〕○｜，治木器。〔集韻·效部〕○｜，一曰搔馬具。〔同上〕○木工平木之器曰推｜，音暴，一曰｜子。〔通雅·諺原〕

鉸｜，鏊也。〔集韻·效部〕

靤｜，面瘡。〔廣韻·效部〕

鞄｜，持皮。〔廣韻·效部〕○｜，柔皮工。〔集韻·效部〕

靿｜，靴｜也。〔慧琳音義·卷五八〕○｜，靴｜。〔廣韻·效部〕○｜，曲也，俗謂靴鞾曰｜。〔集韻·效部〕

頝｜，不媚。〔集韻·效部〕

𩑰｜，頸不隨也。〔集韻·效部〕

颮｜，風皃。〔集韻·效部〕

颵｜，風聲。〔集韻·效部〕

餃｜，飴也。〔集韻·效部〕

𩚵｜，飽懣也。〔集韻·效部〕

骲｜，手擊。〔廣韻·效部〕○骨鏃謂之｜。〔集韻·效部〕

骹｜，脛下也。〔集韻·效部〕○｜，脛近足。〔同上〕

髱｜，多須也。〔集韻·效部〕

髾｜，髮皃。〔集韻·效部〕

鬏｜｜，髾高。〔集韻·效部〕

𩯠｜，多須皃。〔集韻·效部〕

䰫｜，醜皃。〔廣韻·效部〕○｜，醜也。〔集韻·效部〕

鶮丨雉，今白雉也。〔廣韻·效部〕〇丨，鳥名，白雉也。〔集韻·效部〕〇丨與的古同聲。〔廣雅·釋器〕「的，白也」疏證。

麭丨，餌也。〔集韻·效部〕

續經籍籑詁卷第七十九　去聲

二十號

號丨，同号。〔廣韻·号部〕〇丨，聲言也。〔國策·西周策〕「丨言伐楚」鮑注。〇〔說文定聲·卷七〕丨，从唬省，号聲，高聲而丨為叫。〔說文〕「丨，嘑也」。〇丨，此令也。〔集韻·号部〕〇丨，引伸為丨令。〔說文〕「丨，嘑也」段注。〇丨，一曰名稱。〔集韻·号部〕〇丨，引伸為名丨。〔說文〕「丨，嘑也」段注。〇丨者，功之表。〔說文〕「謚，行之迹也」義證引〔春秋說題辭〕。〇〔史記〕丨作嘷。〔漢書·司馬相如傳〕「左烏丨之雕弓」補注。〇丨，褫字之誤。〔墨子·非儒下〕「丨人衣」閒詁引畢沅。

号丨，丨令。〔廣韻·号部〕〇丨，又召也，呼也。〔同上〕〇凡嘑號字古作丨，今字則號行而丨廢矣。〔說文〕「丨，痛聲也」段注。〇丨，經傳皆以號為之。〔說文定聲·卷七〕

帽丨，雨中行頂蓋也。〔慧琳音義·卷六五〕引〔字書〕。〇丨，頭丨。〔廣韻·号部〕〇丨，蠻夷小兒頭衣也。〔慧琳音義·卷六五〕〇丨，小兒頭衣。〔說文〕「冃，小兒蠻夷頭衣也」義證引〔玉篇〕。〇〔說文定聲·卷六〕丨者，懣也。〔淮南·脩務〕「丨憑而為義」。〔冃〕下〕〇丨，本作冃。〔說文〕「冃，小兒蠻夷頭衣也」義證引〔玉篇〕。

報丨，復也。〔左傳宣公三年〕「文公丨鄭子之妃」洪詁引服虔。又〔管子·幼官〕「不執」雜志。〇丨，反也。〔管子·幼官〕「不執」雜志。又〔大戴·用兵〕「夫天下之丨殃於無德者」王詁。〇丨亦反也。〔詩·大東〕「不成丨章」陳疏。〇丨猶反也。〔國策·楚策四〕「夫丨丨之反」鮑注。〇丨，答也。〔詩·日月〕「寧不我丨」朱傳。〇丨，引伸為丨白、丨復。〔說文〕「丨，當辠人也」段注。〇引伸凡論人論事得其實謂之丨。〔說文〕「謂，丨也」段注。〇丨，合也。〔禮記·喪服〕「詘而反以丨之」集解。〇蓋刑與罪相當謂之丨。〔說文〕「謂，丨也」段注。〇處分其罪以上聞，曰奏當，亦曰丨也。〔說文〕「丨，當辠人也」段注。〇丨者，處當罪人也。〔同上〕義證引〔急就篇〕顏注。〇漢時郡國讞疑獄，廷尉皆處當以丨。〔漢書〕凡言訊鞫論丨，謂處分其罪以上聞也。〔說文定聲·卷六〕〇如今有司書囚罪，長吏判准斷定，所謂丨也。〔漢書·嚴延年傳〕「適見丨囚」補注引劉攽。〇丨，丨告。〔廣韻·号部〕〇丨者，告也。〔說文〕「謂，丨也」句讀。〇丨亦告也。〔詩·行葦〕「以祈黃耇」後箋。〇丨與告同義。〔同上〕後箋。〇下媢曰

丨。〔廣韻·号部〕○丨者，進也。〔廣雅·釋詁一〕「丨，娙也」疏證。又
〔左傳宣公三年〕「文公丨鄭子之妃」疏證引王念孫。○丨與烝皆訓為進，
其義一也。〔廣雅·釋詁一〕「丨，娙也」疏證。○私丨，私屬之也。〔漢
書·王莽傳〕「衍功侯光私丨執金吾竇況」補注引胡注。○丨丁、丨乙、丨
丙與主壬、主癸皆兄弟之名。〔史記·殷本紀〕「子丨丁立，丨丁卒，子丨乙
立，丨乙卒，子丨丙立」志疑引〔通志〕。○今登萊人謂鉏為丨。〔釋訓〕「緜
緜，穮也」郝疏。○趕、赴、𩤝、丨並通。〔廣雅·釋詁一〕「趕，行也」疏證。
○丨，又叚為赴疾之赴。〔說文〕「丨，當皐人也」段注。○〔說文定聲·卷
六〕丨，叚借為赴，赴、丨雙聲。〔禮記·少儀〕「毋丨往」。○丨讀為赴疾之
赴。〔韓子·存韓〕「若有卒丨之事」集解引俞樾。○〔說文定聲·卷六〕
丨，叚借為白，白、丨雙聲。〔秦策〕「請為張唐先丨趙」注訓白。○(同上)
丨，叚借為復。〔淮南·天文〕「東北為丨德之維也」。○(同上)丨，叚借為
勻。〔小爾雅·廣義〕「下娙曰丨，上娙曰烝」。○(同上)丨，叚借為復。
〔周禮·大祝〕「褒拜鄭大夫」。○丨，當為執。〔墨子·備城門〕「倚殺如城
丨」閒詁。○丨，酬也。〔慧
琳音義·卷三〕引顧野王。

導

丨，引也。〔廣韻·号部〕又〔大戴·禮察〕「或丨之以德教」王詁。又〔曾子
立事〕「丨之以道而勿强也」王詁。又〔韓子·二柄〕「明主之所丨制其臣
者」集解引舊注。○丨，以寸引之也。〔說文〕「丨，丨引也」繫傳。○丨引，
自摩自捏，申縮手足，除勞去煩。〔慧琳音義·卷一八〕○丨，宣丨也。〔大
戴·曾子天圓〕「以丨民氣」王詁。○丨與道俱為通也。〔書·禹貢中〕注
「史遷丨作道」孫疏。○丨亦為通。〔國語·周語〕「將丨利而布之上下者
也」平議。○丨，嚮丨。〔漢書·車師後國傳〕「丨譯」補注引徐松。○丨、
䆃皆訓擇。〔文選·封禪文〕「丨，一莖六穗於苞」集釋引學林。○丨官，掌
丨擇米麥者。〔通雅·官制〕○丨官，主擇米。〔漢書·谷永傳〕「益減大
官、丨官」補注。○丨者，从寸，法度之助也。〔釋詁〕「丨，勵也」郝疏。○
道、丨、教同義。〔釋詁〕「詔，丨也」郝疏。○〔通雅·卷三六〕丨亦可簪。
〔晉書〕「玄拔頭上玉丨與之」。○有古文尌，从寸首，當為丨之古文。〔說
文定聲·卷六〕○丨與道通。〔廣雅·釋詁三〕「儐，道也」疏證。○丨與道
通用。〔釋詁〕「誘，進也」郝疏。○丨、䆃二字通用。〔文選·封禪文〕「䆃
一莖六穗於庖」集釋引〔學林〕。○「三年丨服」之丨，古語葢讀如澹，故今
文變為禫字。〔說文〕「丙，讀若三年丨服之丨」段注。○餤、啖、禫、丨俱聲
轉義同矣。〔釋詁〕「餤，進也」郝疏。○丨與禫通。〔史記·禮書〕「函及士
大夫」雜志。○丨與禫古字通。〔釋木〕「棪，㯓其」郝疏。○丨服即禫服。
〔釋詁〕「剡，利也」郝疏。○諂與丨聲之轉。諂諛之為丨諛，啗及之為丨
及，禫服之為丨服，皆聲轉而字異也。〔史記·楚世家〕「丨諛」雜志。
○〔史記·司馬相如傳〕「䆃一莖六穗於庖」。此作丨，以擇米為義，亦通用
字耳。〔漢書·百官公卿表〕「丨官」補注。○丨作道。〔史記索隱〕「異文」
雜志。○丨，〔史記〕作䆃。〔北堂書鈔〕「䆃官令掌諸御米飛麪也」，字正從
禾。〔百官表〕有䆃官，即擇米之官。〔漢書·司馬相如傳〕「丨一莖六穗於
庖」補注引瞿鴻禨。○丨當為道。〔韓子·二柄〕「明主之所丨制
其臣者」平議。○丨，當為道，道者，由也。(同上)集解引俞樾。

道

丨，治也。字與導通。〔書·禹貢下〕注「史遷導作丨」孫疏。○丨與導同。
〔荀子·脩身〕「以不善先人者謂之諂」雜志。○丨與順同義。〔左傳成公
一八年〕「公薨于路寢，言丨也」平議。○丨猶通也。〔穀梁傳成公一二年〕
「言其上下丨無以存也」平議。○丨讀曰導。〔漢書·爰盎鼂錯傳〕「迺以
刀決帳丨從醉卒直出」雜志。○丨，字當
讀為簞。〔周官·司巫〕「及丨布」平議。

盜

丨，從皿利於物，欲器皿者丨之。〔說文〕「丨，私利物也」義證引〔五經文
字〕。○丨，於文次皿為丨，次，古涎字。〔義府·卷上〕○丨，賊。〔廣
韻·号部〕○丨，指讒人也。〔詩·巧言〕「君子信丨」朱傳。○丨，讒也。
(同上)集疏引韓說。○丨，謂隱匿其情而以言誘人。(同上)後箋。○丨
器謂用丨之器。〔左傳文公
一八年〕「丨器為姦」疏證。

操

丨，持志貞固也。或作㪍。〔慧琳音義·卷八二〕引顧野王。○丨，執志雅
正也。〔卷八二〕引〔韻詮〕。○丨，志丨。〔廣韻·号部〕○丨，持念也。
〔集韻·号部〕○丨，所守也。〔孟子·滕文公下〕
「充仲子之丨」朱注。○丨，持也。〔廣韻·号部〕

譟

丨，羣呼。〔廣韻·号部〕○丨，羣呼也。〔通鑑·周紀四〕「而城中鼓丨從
之」音注。○雷呼曰丨。〔慧琳音義·卷四八〕○丨，此字實即喿之轉注。
〔說文定聲·卷七〕○丨，俗字作鬧。(同上)○(同上)丨，俗字作叓。〔韻
集〕「叓，猥也」。○丨，或借躁字。〔說文〕「丨，擾也」義證。○丨當作詭。
〔韓子·說疑〕「丨
詐之人」集解。

噪

丨同譟。〔廣
韻·号部〕

竈

穿地為丨也。〔說文〕「竈，炮丨也」繫傳。○丨則執爨者居之，所謂朙養卒
也。〔論語·八佾〕「甯媚於丨」平議。○丨者，五祀之一，夏所祭也。(同
上)朱注。○丨囪，人影九重，第七重曰丨囪，以其幺小而幻，故作囪。〔通
雅·姓名〕引〔褋俎〕。○丨囪，一作丨㓻。(同上)○丨額，丨突也。〔通
雅·宮室〕○丨神，名禪，字子郭。〔說文〕
「䞓，一曰丨上祭名」義證引〔雜五行書〕。

竃

丨，或作竈。〔廣雅·釋言〕「丨，造也」疏證。○丨，所以炊也。〔說文〕
「丨，炊丨也」義證引〔急就篇〕顏注。○〔周禮〕故書以丨為造。(同上)段
注。○〔說文定聲·卷八〕丨，叚借為造。〔周禮〕故書「二曰丨」。
○〔說文定聲·卷八〕丨，亦作竈。〔蒼頡篇〕「楚人謂丨曰竈」。

奥

丨，深也。〔廣韻·号部〕又〔大戴·千乘〕「為丨可久」王詁。○丨，內也。
〔廣韻·号部〕○丨亦內也。〔漢書·谷永杜鄴傳〕「專攻」雜志。又〔漢
書·杜鄴傳〕「所白丨內」補注引王念孫。○丨，主也。〔廣韻·号部〕又
〔禮記·禮運〕「人以為丨」集解。○古以丨為尊者所居。〔論語·八佾〕

「與其媚於｜」平議。○｜，藏也。〔廣韻・号部〕○｜，隈也。〔詩・淇奧〕「瞻彼淇｜」朱傳。○｜之言幽也。〔廣雅・釋詁四〕「｜，藏也」疏證。○｜，言土氣陰溼。〔漢書・李尋傳〕「其月土溼｜」補注引蘇輿。○｜內猶隱｜也。〔漢書・谷永杜鄴傳〕「｜內」雜志。○｜者，濁也。〔廣雅・釋詁三〕「渙，濁也」疏證。又〔漢書〕「連語」雜志。○｜者，濁也。澳與｜同。〔漢書・王褒傳〕「去卑辱｜渫而升本朝」補注引王念孫。○｜，室也。〔慧琳音義・卷六四〕○｜，室中。〔集韻・屋部〕○〔說文定聲・卷六〕｜，即牖下也，室中幽隱之處，古音讀如隩，亦讀如宛。〔說文〕「｜，宛也，室之西南隅」。○室西南隅為｜。〔論語・八佾〕「與其媚於｜」朱注。○｜音郁。〔詩・小明〕「日月方｜」朱傳。○｜與宛、鬱同意而不同音。〔荀子・大略〕「｜之」雜志。○｜與宛、鬱音義同。〔荀子・大略〕「不若｜之」集解引盧文弨。○｜，煖。〔詩・小明〕「日月方｜」朱傳。○〔內則〕注「｜，脾肶也」，〔玉篇〕、〔廣韻〕｜皆作腴。〔說文〕「膍，一曰鳥膍胵，鳥胃也」段注。○〔說文定聲・卷六〕｜，胃之厚處，字亦變作腴。〔禮記・內則〕「鴇｜」注「脾肶也」。○｜與燠同。〔釋言〕「燠，煖也」郝疏。○｜是燠之省形存聲字。〔說文〕「燠，熱在中也」句讀。○｜為燠，故假借。〔詩・小明〕「日月方｜」陳疏。○〔說文定聲・卷六〕｜，叚借為燠。〔詩・小明〕「日月方｜」。○諸史志｜竝作燠，此借字。〔漢書・五行志〕「厥罰恒｜」補注。○｜與澳同。〔廣雅・釋詁三〕「澳，濁也」疏證。○｜，古澳字，汪本作澳。〔漢書・地理志〕「衛曰瞻彼淇｜」補注引朱一新。○〔說文定聲・卷六〕｜謂借為澳。〔詩〕「瞻彼淇｜」陸疏「｜亦水名」。○｜，古文作墺。〔漢書・地理志〕「四｜既宅」補注。○〔說文定聲・卷六〕｜，叚借為墺。〔書・大傳〕「壇四｜」。○｜，古或作隩。〔漢書・杜鄴傳〕「所白｜內」補注引王念孫。○｜者，隩之叚借字也。〔說文〕「隩，水隈厓也」段注。○〔說文定聲・卷六〕｜，叚借為隩。〔詩〕「瞻彼淇｜」。○（同上）｜，叚借為竈。〔禮記・禮器〕「夫｜者，老婦之祭也」。○（同上）｜，叚借為鏕。〔荀子・大略〕「泔之傷人不若｜之」。○（同上）｜，叚借為溷。〔漢書・王褒傳〕「去卑辱｜渫而升本朝」。○｜，齊作澳，又作隩，魯作隩。〔詩・淇奧〕「瞻彼淇｜」集疏。

隩

｜，隈也。〔慧琳音義・卷四九〕○｜、隈義正通。〔文選・兩都賦〕「商洛緣其隈」集釋。○｜，隈厓也。〔說文定聲・卷一二〕〔「隈」下〕○｜同澳。〔廣韻・屋部〕○｜與澳同。〔說文〕「｜，水隈厓也」句讀。○｜與澳音同。〔說文〕「澳，隈厓也」段注。○｜與奧亦同義。〔漢書・谷永杜鄴傳〕「奧內」雜志。○｜與奧通。〔廣雅・釋詁四〕「奧，藏也」疏證。又〔文選・兩都賦〕「則天地之｜區焉」集釋。○｜、奧通字。〔書・堯典上〕注「史遷｜作燠」孫疏。○｜通作奧。〔說文〕「｜，水隈厓也」義證。○〔說文定聲・卷六〕｜，叚借為奧。〔蒼頡篇〕「｜，藏也」。○（同上）｜，叚借為燠。〔書・堯典〕「厥民｜」。○｜為燠之借字。〔說文〕「燠，熱在中也」句讀。○〔說文定聲・卷六〕｜，叚借為墺。〔書・禹貢〕「四｜既宅」。○｜即墺之叚字。〔國語・周語〕「宅居九｜」平議。○｜，〔字林〕作垙。〔說文〕「｜，水隈邊也」段注。○｜，〔漢書〕作垙。（同上）

告

｜，謂以木楅其角。〔易・大畜〕「童牛之｜」李疏引虞注。○〔說文定聲・卷六〕｜，當从口、从之會意，訓謁白。或曰从口，牢省聲，牛角木之訓，借｜為牿，牛馬闌之訓，借牿為牢也。〔說文〕「｜，牛觸人，角箸横木，所以｜人也」。○｜，俗作牿。〔易・大畜〕「童牛之｜」李疏。○｜，報也。〔廣韻・号部〕○｜，戒也。〔詩・抑〕「遠猶辰｜」朱傳。○｜，求請也。〔釋言〕「｜，請也」鄭注。○｜者，許之也。〔國策・齊策一〕「乃陰｜韓使者而遣之」鮑注。○｜者，曉諭之。〔漢書・翟方進傳〕「肆予｜我諸侯王公列侯卿大夫元士御事」補注。○｜乃上下通名。〔釋詁〕「命，｜也」郝疏。○誥者，上｜下之辭，｜者，下｜上之辭。〔說文定聲・卷六〕○｜終，即稱卒之謂。〔左傳隱公七年〕「｜終稱嗣也」疏證。○使什家伍家相拘連，中有犯罪或有｜者則并坐其什伍，故曰｜坐。〔韓子・和氏〕「設｜坐之過」集解引舊注。○｜有古沃、古道二音，皆古音矣。〔釋詁〕「命，｜也」郝疏。○｜音谷。〔詩・干旄〕「何以｜之」朱傳。又〔考槃〕「永矢弗｜」朱傳。○｜，古文誥字之誤也。〔墨子・非命上〕「於仲虺之｜」閒詁。○鞠、｜通。〔詩・十月之交〕「日月｜凶」陳疏。○｜即鞠之假借，窮也。〔詩・考槃〕「永矢弗｜」通釋。○古｜與鞫通。〔詩・泮水〕「不｜于訩」後箋陳奐補。○｜者，鞫之假借字。（同上）陳疏。○〔文王世子〕「｜於甸人」，亦是叚｜為鞫也。〔說文〕「鞫，窮治辠人也」段注。○〔說文定聲・卷六〕｜，叚借為鞫。〔禮記・文王世子〕「則｜于甸人」。○（同上）｜，叚借為誥。〔獨斷〕「｜，教也」。○｜與嚳通。〔書・商書序〕「作帝｜」孫疏。○〔說文定聲・卷六〕｜，叚借為嚳。〔書・序〕「帝｜釐沃」。○｜讀為嗥。〔詩・泮水〕「不｜于訩」平議。○｜當讀為造。〔禮記・文王世子〕「亦｜於甸人」平議。○｜讀為捁，即古文攪字。〔詩・考槃〕「永矢弗｜」平議。○｜，魯作鞠。〔詩・十月之交〕「日月｜凶」集疏。○｜當為若，若與｜相似而誤。〔周書・大開武篇〕「｜」雜志。○｜，當作苦，形近之誤。〔韓子・十過〕「夫以實｜我者，秦也」集釋引顧廣圻。

誥

｜，告也。〔廣韻・号部〕○｜亦告也。〔書・康誥〕「聽朕｜女」述聞。○〔說文定聲・卷六〕｜亦意。｜者，上告下也。〔列子・楊朱〕「告上曰告，發下曰｜」。○｜，以文言告曉之也。〔說文〕「｜，告也」繫傳。○｜，以言告人，古用此字，今則用告字，以此為上告下之字。（同上）段注。○｜，謹也。〔廣韻・号部〕○｜、告並與謹同義。〔釋言〕「｜，謹也」述聞。○自｜者，自戒敕也。〔國語・楚語〕「以自｜也」述聞。○自｜，亦謂自戒敕也。〔釋言〕「｜，謹也」述聞。○戒事曰｜。〔說文〕「誓，約束也」義證引蔡邕〔典引注〕。○｜志，國之舊典禮經也。〔大戴・誥志〕「｜志無荒」王詁。○｜，字亦作弇，見〔書・大誥序〕釋文，至秦又造詔字以當之。〔說文定聲・卷六〕○｜詰通。〔釋言〕「｜，謹也」郝疏。○〔說文定聲・卷六〕｜，叚借為告。〔楚語〕「近臣諫，遠臣謗，輿人誦，以自｜也」。○（同上）｜，叚借為嚳。〔史記・殷本紀〕「作帝｜」。

暴 丨，猝也。〔廣韻・号部〕○丨者，猝也。〔穀梁傳宣公二年〕「而丨彈之」述聞。○丨謂卒遽無漸。〔論語・堯曰〕「不戒視成謂之丨」朱注。○丨與長對文，訓為短促。〔史記・項羽紀贊〕「何興之丨也」，當與此義同。〔漢書・賈誼傳〕「何三代之君有道之長，而秦無道之丨也」補注引王文彬。○丨，速也。〔慧琳音義・卷六〕引〔考聲〕。又〔卷八二〕引〔考聲〕。○丨，疾也。〔詩・終風〕「終風且丨」朱傳。○日出而為丨。〔同上〕集疏引魯說。○丨，猶害也。〔孟子・離婁上〕「自丨者」朱注。○丨，傷也。〔國策・楚策一〕「蹠穿膝丨」鮑注。○丨音剥，木枝疏落也。〔釋詁〕「丨，樂也」鄭注。○丨疾，謂疫也。〔漢書・天文志〕「為旱、凶、飢、丨疾」補注。○〔說文定聲・卷七〕丨樂，猶今言剥落。〔釋詁〕「毗劉，丨樂也」。○丨，粗厲也。〔論語・泰伯〕「斯遠丨慢矣」朱注。○〔說文定聲・卷七〕丨，亦炫智自用之意。〔孟子〕「言非禮義謂之自丨」。○丨，犯也。〔慧琳音義・卷六〕引〔考聲〕。又〔卷八六〕引〔考聲〕。○丨，侵丨。〔廣韻・号部〕○下陵其上曰丨。〔大戴・曾子本孝〕「丨人違之」王詁。○丨，亂也。〔主言〕「丨民無所伏」王詁。○丨，虐亂也。〔用兵〕「以禁殘止丨於天下也」王詁。○徒搏曰丨。〔詩・小旻〕「不敢丨虎」朱傳。○丨，空手搏獸也。〔詩・大叔于田〕「襢裼丨虎」朱傳。○丨即搏也。〔同上〕通釋。○丨虎，徒搏也。〔同上〕集疏引魯說。○暴、暴、瀑並通。〔廣雅・釋詁一〕「丨，疾也」疏證。○〔說文定聲・卷七〕丨，叚借為剥，辟丨亦雙聲連語。〔考工・旊人〕「髻墾辟丨不入市」。○〔同上〕丨，叚借為暴。〔廣雅・釋詁二〕「丨，猝也」。○丨，齊作瀑。〔詩・終風〕「終風且丨」集疏。○丨當作義。〔韓子・八說〕「丨者心毅而易誅者也」集解引顧廣圻。○丨，晞也。〔廣韻・号部〕○丨，俗作曝。〔說文〕「暴，晞也」義證。○〔說文定聲・卷七〕丨，字亦作瞟，俗字作曝，从二日，不可通。〔廣雅・釋詁二〕「瞟，曝也」。

好 丨，愛。〔詩・日月〕「逝不相丨」集疏。○丨，愛好。〔廣韻・号部〕○丨，愛也。〔集韻・号部〕○丨，愛也，言悅而愛之。〔漢書・司馬相如傳〕「心說而丨之」補注引王文彬。○丨方，丨為方也。〔漢書・郊祀志〕「少君資丨方」補注引周壽昌。○畜、孝、丨，聲並相近。〔廣雅・釋詁一〕「㜅，丨也」疏證。○丨字仍當讀去聲。〔漢書・任敖傳〕「蒼尤丨書」補注引王念孫。○丨，亦璧孔也。〔廣韻・号部〕○〔說文定聲・卷六〕丨，叚借為小。〔易・中孚〕「我有丨爵」。○丨，乃妃字之誤。〔孟子・萬章〕「丨色人之所欲也」平議。

敀 丨即好。〔說文〕「坺，坺土也」段注。○丨乃玎之訛，即好也。〔通雅・疑始〕○〔洪範〕以丨為好。〔說文〕「敀，迮也」段注。○〔尚書〕叚丨為好也。〔說文〕「丨，人姓也」段注。○丨為好之假借。〔說文〕「堲，疾惡也」段注。○丨本人姓，而「無有作丨」借為好字。〔說文〕「迋，往也」段注。○〔說文定聲・卷六〕丨，叚借為好。〔說文〕引〔商書〕「無有作丨」。

到 丨，至也。〔廣韻・号部〕又〔春秋名字解詁〕「楚屈丨字子夕」述聞。○丨者，自遠而至也。〔楚辭・天問〕「丨擊紂躬」補注引〔爾雅疏〕。○丨猶至也。〔漢書・天文志〕「丨其四月」補注引朱一新。○丨，逆也。〔大戴・虞戴德〕「是非反天而丨行邪」王詁。○丨、倒同。〔漢書・匈奴傳〕「縛丨懸之」補注引周壽昌。○丨，古倒字。〔莊子・外物〕「草木丨植者過半」集釋引盧文弨。又〔史記・韓世家〕「不如出兵以丨之」志疑。○丨即倒字。〔韓子・外儲說左上〕「丨至其言」集解。○丨，俗作倒。〔說文〕「匕，變，從丨人」句讀。又〔說文〕「尾，從丨毛在尸後」句讀。○丨，倒字正字。〔墨子・經下〕「臨鑑而立，景丨」閒詁引畢沅。○古倒字皆作丨。〔呂覽・愛類〕「何其丨也」校正。○丨，當是顛倒意，謂惑之也。〔史記・韓世家〕「不如出兵以丨之」志疑引趙太常。○〔說文定聲・卷七〕丨，叚借為弔。〔史記・韓世家〕「不如出兵以丨之」。○〔同上〕丨，叚借為県。〔莊子・外物〕「草木之丨植者」。○〔史・表〕丨作釗。〔漢書・高惠高后文功臣表〕「東茅敬侯劉丨」補注。

蹈 丨，行也。〔說文〕「𠁥，丨也」繫傳。○丨，行皃。〔集韻・号部〕○丨，踐也。〔廣韻・号部〕○丨者，踶也。〔說文〕「縮，一曰蹴也」段注。○迪、丨古同聲。〔廣雅・釋言〕「迪，丨也」疏證。○丨、道聲同，古字通用。〔釋詁〕「迪，道也」郝疏。○丨即妯悼之假借。〔詩・菀柳〕「上帝甚丨」陳疏。○丨即悼之叚借也。〔說文〕「悼，懼也」段注。○〔說文定聲・卷六〕丨，叚借為悼。〔詩・菀柳〕「上帝甚丨」箋「讀曰悼」。○陶陶與丨丨同。〔廣雅・釋訓〕「丨丨，行也」疏證。○丨，通作陶。〔詩・菀柳〕「上帝甚丨」通釋。○滔滔與丨丨聲義亦相近。〔廣雅・釋訓〕「丨丨，行也」疏證。○陶、慆、丨古聲同而通用也。〔國策・楚策〕「詩曰上天甚神無自瘵也」雜志。○〔說文定聲・卷六〕丨，叚借為慆。〔詩・菀柳〕「上帝甚丨」。○丨，韓作陶，魯作神。〔詩・菀柳〕「上帝甚丨」集疏。○丨當作神。〔同上〕朱傳。

勞 丨，丨慰。〔廣韻・号部〕○丨，慰也。〔集韻・号部〕○丨，慰撫也。〔詩・旱麓〕「神所丨矣」朱傳。○丨讀去聲，謂慰問也。〔墨子・號令〕「發使者往丨」閒詁引蘇時學。○丨賚，相慰問也。〔慧琳音義・卷五三〕引〔考聲〕。○丨來乃定也，徐廣謂一云肯來。〔史記・周本紀〕「日夜丨來我西土」志疑。○丨來，〔平當傳〕作丨徠。丨來雙聲字，來亦丨也。丨來二字有訓為勸勉者，有訓為恩勤者，此是恩勤之義。〔漢書・宣帝紀〕「今膠東相成丨來不怠」補注引王念孫。○丨田，及時摩丨也。〔通雅・卷一二〕○丨苦，猶劬丨也。〔詩・凱風〕「母氏丨苦」陳疏。○遼丨二字同來母，故通用。〔詩・漸漸之石〕「維其丨矣」通釋。○丨讀為遼。〔同上〕集疏引魯說。○今本丨作勤。〔說文〕「旰，春秋傳曰，日旰君丨」段注。

傲 丨，慢也。〔廣韻・号部〕○丨，倨也。〔同上〕○丨，輕也。〔晏子春秋・諫下〕「丨細民之憂」雜志。○丨，蕩也。〔慧琳音義・卷七六〕引〔考聲〕。○丨謂妄言也。〔廣雅・釋言〕「敖，妄也」疏證。○丨，倨且傷也。〔說文〕「丨，倨也」義證引〔字書〕。○丨即驁。〔國策〕「以告蒙丨」札記引補正。○丨，或作慠。〔說文〕「丨，倨也」義證。○丨，字亦作慠。〔說文定聲・卷七〕○丨與敖同，敖者，謂放散也。〔荀子・勸學〕「君子不丨」集解引郝懿

行。○｜，古當作敖。〔左傳成公一四年〕「苦成叔｜」疏證。○〔說文定聲・卷七〕｜，以敖為之。〔史記・游俠傳〕「敖無足數者」。○古｜通作敖。〔說文〕「奡，嫚也。讀若｜」句讀。○｜與嫯、奡同。〔說文〕「｜，倨也」句讀。○〔說文定聲・卷七〕｜，叚借為奡。〔虞書〕「無若丹朱｜」。○〔同上〕｜，叚借為嫯。〔廣雅・釋詁三〕「｜，傷也」。○〔同上〕｜，叚借為謷。〔荀子・勸學〕「未可與言而言謂之｜」。○｜即躁之叚字。〔荀子・勸學〕「故不問而告謂之｜」平議。○｜，〔五行志〕引作敖。此字古當作敖。〔左傳成公一四年〕「苦成叔｜」洪詁。

秏

｜，稻屬。〔廣韻・号部〕○｜者，稻屬。〔說文定聲・卷七〕〔「枵」下〕○｜，減也。〔說文〕「魋，秏鬼也」義證引〔玉篇〕。又〔廣韻・号部〕。○｜者，乏無之言。〔說文〕「魋，｜鬼也」段注。○｜，敗也。〔說文〕「魋，秏鬼也」義證引〔玉篇〕。○｜亂，不明。〔集韻・号部〕○｜，俗作耗。〔荀子・脩身〕「｜」雜志。○｜，俗字誤作耗。〔說文定聲・卷七〕○〔同上〕｜，叚借為消。〔蒼頡篇〕「秏，消也」。○｜，又因消而為消息，遂有信問音耗之訓，或曰皆借為虛，與枵同，亦通，虛、枵、｜雙聲。〔說文定聲・卷七〕○〔同上〕｜，叚借為無，實亦消字、虛字也。〔漢書・高惠高后文功臣表〕「靡有孑遺秏矣」。○｜、耄、眊，古并同聲。〔荀子・脩身〕「｜」雜志。○｜，讀為眊。〔同上〕○〔說文定聲・卷七〕｜，叚借為眊。〔漢書・景帝紀〕「不事官職秏亂者」。○｜讀為眊。眊，亂也。〔荀子・脩身〕「多而亂曰｜」集解引王念孫。○｜之為無者，叚借也。〔說文定聲・卷七〕〔「枵」下〕○官本｜作耗。〔漢書・地理志〕「列國｜盡」補注。○官本｜作耗，字同。〔董仲舒傳〕「｜矣哀哉」補注。

眊

｜，目少精。〔廣韻・号部〕又〔廣韻・覺部〕。○｜，目少精也。〔集韻・覺部〕○｜，不明也。〔通鑑・漢紀九〕「故政有｜而不行」音注。○｜，亂也。〔荀子・脩身〕「秏」雜志。○｜｜，思也。〔集韻・覺部〕○〔通雅・卷九〕｜｜，猶毣毣、貿貿也。〔韓詩外傳〕「｜｜乎其猶醉也」。○〔廣韻〕毣、｜、藐、邈四字並莫角切，其義同也。〔廣雅・釋詁一〕「｜，好也」疏證。○｜與毣同。〔方言一三〕「毣，好也」箋疏。○秏、耄、｜，古并同聲。〔荀子・脩身〕「秏」雜志。○〔說文定聲・卷七〕｜，作眇亦同。〔楚辭・湘夫人〕「目眇眇兮愁予」。○〔通雅・卷九〕｜亦與髦、旄通。〔韓詩外傳〕「｜｜乎其猶醉也」。○｜，或借旄字。〔說文〕「｜，目少精也」義證。○〔說文定聲・卷七〕｜，叚借為旄。〔通俗文〕「毛飾曰｜，稍上垂毛亦曰｜也」。○〔通雅・卷九〕｜又與瞢、夢互通。〔韓詩外傳〕「｜｜乎其猶醉也」。○〔說文定聲・卷七〕｜，叚借為媌，為懇。〔廣雅・釋詁一〕「｜，好也」。○〔同上〕｜，叚借為𦒱。〔書・呂刑〕「｜荒」。○〔漢書〕多以｜為耄。〔說文〕「｜，虞書耄字从此」段注。○｜，古文〔尚書〕作耄。〔漢書・刑法志〕「穆王｜荒」補注引〔官本考證〕。

耄

｜，老｜。〔廣韻・号部〕○｜，老也。〔詩・抑〕「亦聿既｜」朱傳。○八十、九十曰｜。〔同上〕○七十、八十、九十可通稱｜也。〔釋名・釋長幼〕「七十曰｜」疏證。○｜，亂也。〔慧琳音義・卷一二〕引〔字書〕。○｜，昏亂，亦惛忘也。〔書・微子〕注「康成｜，昏亂也」孫疏。○｜熟，即惛乱多忘也。〔慧琳音義・卷四八〕○｜與保聲相近。〔書・微子〕注「史遷｜作保」孫疏。○𦒱、｜、耄、旄、眊本一字，古通。〔左傳隱公四年〕「老夫｜矣」洪詁。○秏、｜、眊，古并同聲。〔荀子・脩身〕「秏」雜志。

躁

｜，動也。〔慧琳音義・卷五〕引〔考聲〕。又〔廣韻・号部〕。○｜，不安靜。〔論語・季氏〕「言未及之而言謂之｜」劉正義。○｜，急性也。〔慧琳音義・卷一二〕引〔字書〕。○｜，疾走也，或作趮。〔卷五〕引〔考聲〕。○決、｜，皆疾也。〔易・說卦傳〕「為決｜」述聞。○｜，輕也。〔通鑑・唐紀五四〕「故諂諛｜競之人」音注。○｜亦妄也。〔廣雅・釋言〕「敖，妄也」疏證。○｜有華而不實之意。〔韓子・難言〕「詭｜人間」集解。○｜讀為剿。〔荀子・富國〕「｜者」雜志。○｜讀為剿，剿謂狡猾也。〔荀子・富國〕「｜者皆化而愨」集解引王引之。

漕

｜，水運穀。〔廣韻・号部〕○〔說文定聲・卷六〕車運穀曰轉，水運穀曰｜。〔史記・平準書〕「｜轉山東粟」。○｜，水運。〔國策・魏策一〕「粟糧｜庾」鮑注。○｜，水運也。〔通鑑・秦紀三〕「皆以成、｜、轉，作事苦」音注。又〔漢書・司馬相如傳〕「郡又多為發轉｜萬餘人」補注。○車亦得稱｜。〔說文〕「｜，一曰人之所乘及船也」段注。○曹、｜，古今字。〔詩・載馳〕「言至于｜」陳疏。

造

｜，至也。〔說文〕「斻，艕」繫傳。又〔廣韻・号部〕。○｜，至也。至猶善也。〔詩・閔予小子〕「遭家不｜」通釋。○｜與摵古同聲，至也。〔方言一三〕「摵，到也」箋疏。○｜亦至也，｜與摵古同聲。〔廣雅・釋詁一〕「摵，至也」疏證。○｜與戚古通用。〔詩・閔予小子〕「遭家不｜」通釋。○｜然即蹙然。〔廣雅・釋詁一〕「摵，至也」疏證。○｜，進也。〔禮記・玉藻〕「用笏｜」集解。○｜，詣也。〔孟子・離婁下〕「君子深｜之以道」朱注。又〔通鑑・周紀五〕「趙括乘勝追｜秦壁」音注。○｜猶內也。〔禮記・玉藻〕「皆｜於膳宰」集解。○｜即類｜之｜。〔周官・司巫〕「有大裁則師巫而｜巫恒」平議。○蓋凡告祭通曰｜也。〔詩・公劉〕「乃｜其曹」通釋。○｜亦通作告。〔同上〕○〔說文定聲・卷六〕｜，叚借為告。〔列子・楊朱〕「密｜鄧析而謀之」。○〔同上〕｜，叚借為祰。〔周禮・肆師〕「類｜上帝」。○｜，復引伸為凡成就之言。〔說文〕「｜，就也」段注。○｜，古讀如就。〔說文〕「酒，就也」段注。○〔說文定聲・卷六〕｜，叚借為就。〔禮記・王制〕「曰｜士」。○｜，灼龜燒荊處。〔集韻・号部〕○｜次，急遽苟且之時。〔論語・里仁〕「｜次必於是」朱注。○倉卒、｜次，語之轉。〔廣雅・釋詁二〕「趚，猝也」疏證。○｜次，｜當訓行，次當訓止。「｜次必於儒者」，言其行止皆有矩度。〔漢書・河間獻王傳〕「｜次必於儒者」補注。○〔說文定聲・卷六〕｜，叚借為猝，｜、猝雙聲。〔廣雅・釋詁二〕「｜，猝也」。○〔同上〕｜，作草亦同。〔左傳隱公四年〕注「草次之期」。○〔同上〕｜，字亦變作艁。〔方言九〕「艁舟謂之浮梁」。○｜、艁古通用。〔方言九〕

「艁舟謂之浮梁」疏證。〇丨即竈字也。〔管子·禁藏〕「萩室熯丨」雜志。〇丨即竈之借字也。〔廣雅·釋言〕「竈，丨也」疏證。〇〔說文定聲·卷六〕丨，叚借為曹。〔書·呂刑〕「兩丨具備」。〇徐廣謂「丨，一作遭」，蓋古通用也。〔史記·周本紀〕「兩丨具備」志疑。〇〔說文定聲·卷六〕丨，叚借為橋，如今之浮橋是也。〔釋水〕「天子丨舟」孫注「比舟為梁」。〇〔同上〕丨，叚借為害。〔禮記·喪大記〕「君設大盤丨冰焉」。〇丨，三家作告。〔詩·公劉〕「乃丨其曹」集疏。

艁 丨，古文造。〔廣韻·号部〕

冒 丨，覆也。〔廣韻·号部〕又〔詩·日月〕「下土是丨」朱傳。〇上覆下為丨。〔釋名·釋天〕「木，丨也」疏證。〇覆、丨義同，謂以覆乎上也。〔公羊傳文公一三年〕注「燾者，丨也」陳疏。〇丨，以物自蒙而前也，謂貪丨若目無所見也。〔說文〕「丨，蒙而前也」繫傳。〇丨，有上進之義。〔書·康誥〕「惟時怙丨」孫疏。〇丨、蒙，聲轉義通。〔詩·日月〕「下土是丨」陳疏。〇丨、瞀、覆，古聲並相近。〔廣雅·釋詁二〕「丨，覆也」疏證。〇丨即今帽字。〔漢書·雋不疑傳〕「著黃丨」補注引錢大昕。〇丨，漢時亦自稱帽。〔漢書·周勃傳〕「太后以丨絮提文帝」補注引周壽昌。〇丨，蓋丨昧之義。〔說文〕「敃，丨也」句讀。〇丨即貪之義。〔文選·鵩鳥賦〕集釋。〇丨、沒，語之轉耳。〔漢書·匡張孔馬傳〕「以身設利」雜志。〇丨，經傳亦以墨為之，丨、墨雙聲。〔說文定聲·卷六〕〇丨謂犯法。〔國策·楚策一〕「至今無丨」鮑注。〇丨，犯而取也。〔說文定聲·卷五〕〔「墨」下〕〇下觸上亦為丨。〔釋名·釋天〕「木，丨也」疏證。〇丨者，質殺之總名。〔禮記·喪大記〕「君錦丨黼殺」集解。〇丨，懋也。〔書·康誥〕「惟時怙丨」述聞。〇丨，懋勉也。〔書·君奭〕「迪見丨」述聞。又〔君奭〕「昭武王惟丨」述聞。〇丨與懋聲相近。〔君奭〕「功于不怠丕丨」孫疏。〇丨與懋音相近，義得為勉。〔君奭〕「迪見丨聞于上帝」孫疏。〇丨、勉亦一聲之轉矣。〔釋詁〕「勖，勉也」郝疏。〇丨又通勖，勉也。〔書·君奭〕「昭武王惟丨」孫疏。〇借勖為丨也。〔顧命〕「爾無以釗丨」孫疏引王鳴盛。〇勖與丨同。〔書·祭公〕「昭王之所勖」述聞。〇勖與丨通。〔書·康誥〕「惟時怙丨」孫疏。〇丨當為勖。〔說文〕「敃，丨也」義證。〇〔說文定聲·卷六〕丨，叚借為勗。〔書·君奭〕「迪見丨」。〇丨即沓也。〔漢書·外戚傳〕「禁闥扃」雜志。又〔漢書·孝成趙皇后傳〕「切皆銅沓丨黃金塗」補注引王念孫。〇丨當為貫。〔說文〕「璂，弁飾往往丨玉也」義證。〇丨、焦，螵蛸，聲之轉也。〔釋蟲〕「其子螵蛸」郝疏。〇丨橛，土長也。〔通雅·天文〕〇丨作瞀，古文假借字。〔書·君奭〕注「丨一作瞀」孫疏。〇〔說文定聲·卷六〕丨，叚借為瞀。〔書·君奭〕「昭武王惟丨」。〇〔邶風〕「下土是丨」，此假丨為冃也。〔說文〕「丨，冡而前也」段注。〇〔說文定聲·卷六〕丨，叚借為冃。〔書·大傳〕「古之人衣上有丨而句領者」。〇〔同上〕丨，叚借為冃。〔易·繫辭〕「丨天下之道」。〇〔同上〕丨，叚借為瑁。〔考工·玉人〕「執丨四寸」。

〇〔同上〕丨，叚借為芼。〔七發〕「丨以山膚」。〇娼、丨、嫉、疾，並通。〔廣雅·釋詁一〕「娼，妬也」疏證。〇〔說文定聲·卷六〕丨，叚借為娼。〔呂覽·明理〕「夫妻相丨」。〇丨，古音茂。〔說文〕「蟊，吏抵丨取民財則生」段注。〇〔說文定聲·卷五〕丨讀如茂，與牛音近。〔史記·律書〕「牛者，丨也」。〔「牛」下〕〇〔說文定聲·卷六〕丨，叚借為茂。〔鄭語〕「戎狄必丨」。〇〔同上〕丨，叚借為懣。〔素問·玉機真藏論〕「忽忽眩丨而巔疾」。〇陌與丨一聲之轉。〔廣雅·釋器〕「帞頭，幧頭也」疏證。〇丨、帞，聲之轉。〔方言四〕「絡頭，帞頭也」箋疏。〇〔考工記〕以丨為瑁。〔說文〕「瑁，諸侯執圭朝天子」段注。

悼 丨，傷也。〔續音義·卷一〇〕引〔考聲〕。又〔詩·終風〕「中心是丨」朱傳。〇丨，傷丨。〔廣韻·号部〕〇丨亦懼也。〔周書〕「從處」雜志。〇丨與懷同義。〔詩·終風〕「中心是丨」陳疏。〇丨，又憐也。〔續音義·卷一〇〕引〔考聲〕。〇丨，哀憐也。〔慧琳音義·卷七五〕〇丨，當讀為卓。〔左傳襄公一四年〕「寡君不以即刑而丨棄之」平議。〇丨，徐廣云「一作倬」，古字通用。〔史記·晉世家〕「生丨子」志疑。

纛 丨，軍中為表也。〔慧琳音義·卷二六〕引〔集訓〕。〇丨，左丨，以犛牛尾為之，大如斗，繫於左騑馬軛上。〔廣韻·号部〕〇丨，左丨也，以旄牛尾為之，在左騑馬首。〔集韻·号部〕引蔡邕。〇丨，舞者所持羽也，今謂羽葆幢。〔釋言〕「翢，丨也」鄭注。〇丨本為翳。〔通雅·疑始〕〇丨，字本作翳。〔釋言〕「翿，丨也」邵正義。〇丨，或作翢。〔集韻·号部〕

纛 丨，俗作纛，亦即翳字。〔說文〕「旄，幢也」段注。〇丨者，翳之別體也。〔釋言〕「翢，丨也」郝疏。〇翿、翳、丨，竝音同字通。〔同上〕

翳 丨，今俗作翿。〔說文〕「丨，翳也」繫傳。〇翿、丨、纛並音同字通。〔釋言〕「翢，纛也」郝疏。〇丨，別體作翿，俗作纛。〔釋言〕「翿，纛也」邵正義。

燾 丨，覆也。〔廣韻·号部〕〇丨，本當訓為溥照也。〔說文定聲·卷五〕〇燾、薵、幬、丨，並字異而義同。〔廣雅·釋詁二〕「燾，覆也」疏證。〇丨與薵通。〔方言一二〕「薵，覆也」箋疏。〇丨，幬是叚借字。〔說文〕「丨，溥覆照也」段注。〇丨，或通作幬。〔同上〕義證。〇丨謂借為幬。〔公羊傳文公一三年〕「魯公丨」注「冒也」。〇〔說文定聲·卷六〕丨，叚借為幬。〔小爾雅·廣詁〕「丨，覆也」。〇〔同上〕丨，叚借為蕖。〔公羊傳文公一三年〕「魯公丨」。〇〔同上〕丨，以敦為之，敦幬雙聲。〔周禮·司几筵〕「每敦一几」。〇燾、丨、薵、幬，並字異而義同。〔廣雅·釋詁二〕「丨，覆也」疏證。〇丨，或作幬，又作薵。〔廣雅·釋言〕「丨，載也」疏證。

倒 丨，顛丨也。〔集韻·号部〕〇丨，丨懸。〔廣韻·号部〕〇丨，丨懸，喻困苦也。〔孟子·公孫丑上〕「猶解丨懸也」朱注。〇丨戟，猶迴戟也。〔左傳宣公一二年〕「丨戟以禦公徒」疏證。〇羊病相染，羣死殆盡，北方謂之丨圈。〔說文〕「羠，羊相𦍩也」義證。〇丨、頓雙聲。〔方言四〕「大袴謂之丨頓」箋

疏。○四｜者，無常計，常無樂計，樂無我計，我無淨計，淨名為四｜者也。〔慧琳音義·卷三〕引〔涅盤經〕。

鶩　｜，馬名。〔廣韻·号部〕○｜夏，樂章名。〔集韻·号部〕○｜夏，蓋取翺翔之意。〔説文〕「驐，駿馬」段注。○凡奇士倜豪俊者可作｜俊。〔同上〕○｜，一曰驕｜，馬怒，通作｜。〔集韻·号部〕○〔説文定聲·卷七〕｜，叚借為婺。〔莊子·外物〕「而｜萬世之患」。○〔同上〕｜，叚借為傲，為勢。〔漢書·匈奴傳贊〕「其桀｜尚如此」。

瑁　｜，圭名。〔廣韻·号部〕○｜，圭上有物冒之也。〔説文〕「｜，諸侯執圭朝天子，天子執玉以冒之，似犂冠」繫傳。○｜者，上下方似犂冠，犂冠即犂館，耜也，如耜刃之方四寸，此以小為貴者。〔説文定聲·卷六〕○〔同上〕｜，以冒為之。〔考工·玉人〕「天子執冒四寸」。

玥　｜，古文瑁。〔廣韻·号部〕○｜，〔玉篇〕作玥，此從目誤。〔説文〕「｜，古文省」義證。

媢　｜，妬也。〔集韻·燭部〕又〔周書·皇門篇〕「媢夫」雜志。○｜亦妬也。〔周書〕「媢夫」雜志。○｜是妬之別名。〔同上〕○｜，夫妬婦。〔廣韻·号部〕又〔廣韻·沃部〕。○｜，丈夫妬也。〔説文〕「｜，夫妒婦也」義證引〔三蒼解詁〕。○｜，夫妬也。〔同上〕義證引〔五經文字〕。○妒女為｜。〔同上〕義證引〔三蒼解詁〕。○〔説文定聲·卷六〕｜、妬，散文則通偁，對文則別。〔史記·五宗世家〕「王后亦以｜妬」。○｜，忌也。〔大學〕「秦誓曰，｜疾以惡之」朱注。○｜、冒通。〔廣雅·釋詁一〕「｜，妬也」疏證。○｜與瑁通。〔説文〕「｜，一曰相視也」句讀。○〔説文定聲·卷六〕｜，叚借為瑁。〔説文〕鍇本「一曰目相視也」。

翿　｜，舞者所執。〔廣韻·号部〕○｜、翳、纛並音同字通。〔釋言〕「翢，纛也」郝疏。○宋本｜作翢。〔釋言〕「｜，纛也」邵正義。

懊　｜恚，悔恨也。〔慧琳音義·卷四八〕○｜，｜悔。〔廣韻·号部〕○｜，貪也。〔慧琳音義·卷六六〕引〔字書〕。又〔廣韻·屋部〕。又〔集韻·屋部〕。○｜，愛也。〔廣韻·屋部〕○｜，忼也，為愛悦也。〔慧琳音義·卷六六〕引〔古今正字〕。○｜、愛、忼並一聲之轉。〔釋言〕「｜，忼也」述聞。○愛、｜，一聲之轉，愛之轉為｜，猶僾之轉為奥。〔同上〕○｜惱，心内結怨也。〔慧琳音義·卷七四〕○｜憹，轉言之即｜惱。〔方言一〇〕「氐惆亦謂之頓愍」箋疏。○〔説文定聲·卷六〕｜咿，雙聲連語，猶鬱伊也。〔琴賦〕「含哀｜咿」。

慥　｜，言行急。〔廣韻·号部〕○｜之言蹙也，急也。〔禮記·中庸〕「君子胡不｜｜爾」述聞。○｜｜，言行相顧皃。〔集韻·号部〕○｜｜，篤實貌。〔中庸〕「君子胡不｜｜尒」朱注。○｜｜猶蹙蹙，當取不自足之意。〔同上〕述聞引錢氏。○｜｜者，黽勉不敢緩之意，猶言汲汲耳。〔同上〕述聞。

嫪　｜，悋物。〔廣韻·号部〕○｜者，婟也。〔説文〕「毐，秦始皇母與｜毒婬」段注。○｜，難也。〔説文〕「｜，婟也」義證引〔玉篇〕。○〔聲類〕「婟｜，戀惜也」，〔廣韻〕「｜，吝物也」，義與妬並相近。〔廣雅·釋詁一〕「｜，妬也」疏證。○〔説文定聲·卷六〕今諺謂女所私人為婟｜，俗作孤老，秦之｜毐本姓摎，世詈淫則曰｜毒。〔説文〕「｜，婟也」。○｜嫭，猶牢固也。〔廣雅·釋詁一〕「｜、嫭，妬也」疏證。

奡　｜，陸地行舟人也。〔廣韻·号部〕○｜，引伸為排｜，多力皃。〔説文〕「｜，嫚也」段注。○｜與傲音義皆同。〔同上〕段注。○｜與傲、婺音義並同。〔同上〕句讀。○｜與傲略同。〔説文定聲·卷六〕○｜，或曰此字與顥同字。〔同上〕○〔説文定聲·卷六〕或謂〔論語〕之｜，即〔左傳襄公四年〕之澆，澆、｜亦一聲之轉。〔説文〕「｜，嫚也」。○｜為嚻之借字。嚻音嗸，｜、嚻同音通叚。〔漢書·司馬相如傳〕「糾蓼叫｜踏以艐路兮」補注。○｜，今文〔尚書〕作傲。〔説文〕「｜，嫚也」繫傳。

趮　｜，疾也。〔廣韻·号部〕○｜，今字作躁。〔説文〕「｜，疾也」段注。○｜，經典或作躁。〔同上〕義證。○｜，今作躁。〔同上〕句讀。○｜與躁同，猶言急也。〔漢書·天文志〕「用兵靜吉｜凶」補注。○〔説文定聲·卷七〕｜，叚借為譟。〔廣雅·釋詁三〕「躁，擾也」。○｜，矢傍掉也。〔集韻·号部〕

菢　｜，鳥伏卵。〔廣韻·号部〕又〔集韻·号部〕。○｜，或作勽。〔同上〕○｜與抱同。〔方言八〕「北燕朝鮮洌水之間謂伏雞曰抱」箋疏。

虣　｜同暴。〔廣韻·号部〕○｜，强侵也。〔集韻·号部〕

犒　｜同犞。〔廣韻·号部〕○｜，餉也。〔左傳僖公二六年〕「公使展喜｜師」洪詁引張有。○｜，古文作稾。〔説文〕「稾，木枯也」義證。又〔左傳僖公二六年〕「公使展喜｜師」疏證引惠棟。○｜，古文或作槁。〔説文〕「稾，木枯也」義證引惠棟。又〔左傳僖公二六年〕「公使展喜｜師」疏證引惠棟。○古｜字本作稾，或作槁。〔同上〕洪詁。○｜當作槁。〔左傳僖公三三年〕「以乘韋先牛十二｜師」疏證。○｜，其字實當作膏。〔左傳僖公二六年〕「公使展喜｜師」平議。○｜當為犞，字之誤也。〔晏子春秋·問下〕「｜魯國化而為一心」平議。

郜　｜當作卬。〔漢書·地理志〕「｜成，侯國」補注引宋祁。

芼　｜，菜食。〔廣韻·号部〕○｜，以蘋蘩為羹。〔同上〕○｜音帽，熟而薦之也。〔詩·關雎〕「左右｜之」朱傳。○｜，菜之亨於肉湆者也。〔説文〕「｜，詩曰左右｜之」段注引〔毛鄭詩考正〕。○｜，本艸覆蔓之名。〔詩·關雎〕「左右｜之」後箋。○｜，草覆蔓。〔同上〕集疏引齊説。○｜謂拔取菜也。〔廣韻·号部〕○｜，擇菜也。〔説文〕「覒，擇也」繫傳。○｜，擇也。〔廣韻·号部〕○｜，搴也。〔慧琳音義·卷六四〕引〔考聲〕。又〔廣韻·号部〕。○｜，搴也，取也。〔詩·關雎〕「左右｜之」集疏引魯説。○｜者，覒之假借字。〔同上〕陳疏。○〔説文定聲·卷七〕｜，叚借為覒。〔詩·關

雎〕「左右丨之」。○丨、覞通。〔釋言〕「丨，搴也」郝疏。○丨，韓作覞。〔集韻・号部〕〔詩・關雎〕「左右丨之」集疏。

鑿 丨，穴也。〔集韻・号部〕○丨，鑿也。〔楚辭・九辯〕「圜丨而方枘兮」補注。

瀑 丨，猝雨也。〔續音義・卷一二〕引〔考聲〕。○猝雨水聚合流名為丨流也。〔慧琳音義・卷一二〕引〔桂苑珠叢〕。○丨丨，雨。〔廣韻・号部〕○丨，疾風也。〔說文〕「丨，疾雨也」義證引〔玉篇〕。○〔說文定聲・卷七〕謂暴雷曰丨。〔說文〕「丨，一曰暴霣也」。○㬥、暴、丨並通。〔廣雅・釋詁一〕「暴，疾也」疏證。○丨，經典省作暴。〔說文〕「丨，疾雨也」句讀。○丨，通作暴。〔同上〕義證。○〔說文定聲・卷七〕丨，〔毛詩〕、〔爾雅〕皆作暴。〔說文〕「丨，疾雨也，詩終風且丨」。

燠 丨，厚也。〔左傳昭公三年〕「而或丨休之」洪詁引賈逵。○丨，釜，以水添釜。〔廣韻・号部〕○丨休，痛念之聲。〔左傳昭公三年〕「而或丨休之」洪詁引杜預。○丨休，依舊注讀為嫗煦，毛若虛以為溫煦安息之息。〔同上〕洪詁。○丨休，痛其痛而念之，若今時小兒痛父母以口就之曰丨休，代其痛也。〔同上〕洪詁引服虔。○丨，或借隩字。〔說文〕「丨，熱在中也」義證。

靠 丨，相違也。〔廣韻・号部〕又〔集韻・洪部〕。○丨，丨理相違也。〔說文〕「丨，相違也」義證引〔玉篇〕。○今俗謂相依曰丨。〔說文〕「丨，相韋也」段注。○今謂相依曰丨，借為造。〔說文定聲・卷六〕

楣 丨，門樞橫梁。〔廣韻・沃部〕○丨，門樞橫木。〔集韻・洪部〕○丨，今江浙所謂門龍也。〔說文〕「丨，門樞之橫梁」段注。○丨之言冒，冒在門上。〔釋宮〕「楣謂之梁」郝疏。○丨，南北五架之堂，丨在庪下。〔說文定聲・卷一二〕〔「楣」下〕○丨，門上橫木鑿孔以貫樞者。〔卷六〕○經典丨俱作楣。〔釋宮〕「楣謂之梁」郝疏。

琥 丨，石似玉也。〔廣韻・号部〕

𨤻 丨，土釜。〔廣韻・号部〕○丨，土釜也。〔說文〕「丨，土鍪也」義證引〔玉篇〕。

䆃 丨，嘉禾。〔廣韻・号部〕○丨，一莖六穗，瑞禾也。〔說文〕「丨，禾也」義證引〔玉篇〕。○一說以粟為米曰丨，漢有丨官。直以丨為禾者誤。〔集韻・号部〕○〔說文定聲・卷六〕丨，此借丨為導。〔史記索隱〕引鄭德「丨，擇米」。○丨，此道下從禾，〔漢書〕、〔文選〕俱從寸，蓋古字通用，導為瑞禾，導訓作擇，〔張湯傳〕有導官，主擇米。〔史記・司馬相如傳〕「丨一莖六穗於庖」志疑。

埽 丨，丨灑。〔廣韻・号部〕○丨，栟除也，或作掃、騷。〔集韻・号部〕

掃 丨同埽。〔廣韻・号部〕

禱 丨，祭也，請也。〔廣韻・号部〕○求福曰丨。〔集韻・号部〕○丨，古从𢏚。〔集韻・号部〕

旄 狗足丨尾。〔廣韻・号部〕○丨，鬣毛獶長也。〔集韻・号部〕○丨，老人也。〔孟子・梁惠王下〕「反其丨倪」朱注。○丨即耄也。〔同上〕焦正義。

鰃 丨，小鰌名。〔廣韻・号部〕○丨，魚名。〔集韻・号部〕○丨與鰍，聲之轉。〔廣雅・釋魚〕「丨，鰌也」疏證。○丨亦鰍聲之轉。〔釋魚〕「鰼，鰌」郝疏。○〔說文定聲・卷六〕丨，即鰍字。〔釋魚〕「鰼，丨也」。〔「鰌」下〕

㚚 丨，年九十。〔廣韻・号部〕○一曰年七十曰丨，丨或作𦒿。〔集韻・号部〕

葑 丨，大也。〔廣韻・号部〕○丨，通作倬。〔釋詁〕「丨，大也」郝疏。○丨、倬古字通用。〔同上〕邵正義。○假丨為倬。〔說文〕「倬，箸大也」段注。○丨，字亦作箌，即罩字。〔說文定聲・卷七〕○丨，各本〔說文〕誤作菿。〔同上〕〔「菿」下〕

嫯 丨，慢也。〔廣韻・号部〕○丨，侮慢也。〔說文〕「丨，侮易也」義證引〔玉篇〕。○丨，字或作慠。〔同上〕義證。○丨，字與傲同。〔同上〕句讀。○丨與傲通。〔廣雅・釋詁三〕「傲，輕也」疏證。○〔說文定聲・卷七〕丨，以傲為之。〔呂覽・士容〕「丨小物而志屬于大」。○〔同上〕丨，以警為之。〔荀子・禮論〕「歌謠謸笑」。○〔同上〕丨，以敖為之。〔離騷〕「保厥美以驕敖」。

警 丨，志遠兒。〔廣韻・号部〕○丨，志遠也。〔集韻・号部〕

冃 丨，今作帽。〔說文〕「丨，小兒及蠻夷頭衣也」繫傳。○〔說文定聲・卷六〕丨，今字作帽。〔淮南・脩務〕「帽憑而為義」。○丨，小兒未冠，夷狄未能言冠，故不冠而丨。〔說文〕「丨，小兒及蠻夷頭衣也」段注。○丨即今之帽字也。後聖有作，因丨以制冠冕，而丨遂為小兒及蠻夷頭衣。〔同上〕段注。○丨，通作帽。〔同上〕義證。○〔說文定聲・卷六〕丨，以冒為之。〔漢書・雋不疑傳〕「箸黃冒」。○〔同上〕丨，以務為之。〔荀子・哀公〕「有務而拘領者矣」。

覞 丨，邪視也。〔廣韻・号部〕○丨，邪視也，亦作毷。〔集韻・号部〕○丨，擇也。〔詩・關雎〕「左右丨之」後箋引〔玉篇〕。

潦 丨，積水。〔集韻・号部〕

癆 丨同𣹅。〔廣韻・号部〕○丨，痢，惡人。〔廣韻・号部〕○丨猶瘌也。〔說文定聲・卷八〕○今俗謂血弱病曰丨，實當作勞，凡勞于力氣，勞于酒色皆是也。〔說文定聲・卷七〕

膢 丨，藏肉。〔廣韻・号部〕○丨，鳥胃也。〔集韻・号部〕

䐿丨，臂節。〔廣韻・号部〕〇丨，臂節也。〔說文〕「臑，臂羊矢也」義證引〔玉篇〕。〇丨，骨醬。〔說文〕「丨，有骨醢也」義證引〔韻譜〕。〇丨或作臑。(同上)義證。

⿱山告丨，山皃。〔廣韻・沃部〕又〔集韻・洪部〕。

頶丨，頭長。〔廣韻・号部〕

⿱敖頁丨，或書作顤。〔集韻・号部〕〇丨，當云頭高也。〔說文〕「丨，丨顤，高也」段注。〇〔說文定聲・卷七〕丨，頭高也。〔說文〕「丨，丨顤，高也」。

曓丨，侵也。〔慧琳音義・卷一〕引〔韻英〕。〇丨，猛也。〔同上〕引〔考聲〕。〇丨，引申為凡疾之偁。〔說文〕「丨，疾有所趣也」段注。〇〔說文定聲・卷七〕丨，轉注為卒急虐害之訓，經傳皆以暴為之。〔論語〕「暴虎馮河」。〇丨、暴、瀑並通。〔廣雅・釋詁一〕「丨，疾也」疏證。〇〔說文定聲・卷七〕丨，字亦作虣，與虐字从虎同意。〔周禮・序官〕「胥師司虣」。

萺丨，草也。〔廣韻・沃部〕〇丨，丨蓸菜。〔廣韻・屋部〕

搔攫丨，搏也。〔集韻・号部〕〇〔說文定聲・卷六〕丨，字變作瘙。〔蒼頡篇〕「瘙，疥也」。〇〔同上〕丨，字變作⿸疒喿。〔廣雅・釋詁一〕「⿸疒喿，創也」。〇〔同上〕丨，叚借為爪。〔莊子・徐無鬼〕「委蛇攫丨」。

⿰言奥丨，語也。〔廣韻・号部〕〇丨，告也。〔集韻・号部〕〇丨與告聲相近。〔廣雅・釋詁三〕「丨，告也」疏證。

喿丨，鳥羣鳴也，俗作噪。〔慧琳音義・卷六三〕引〔文字典說〕。〇丨，羣鳥聲。〔廣韻・号部〕〇漢人文多以丨字作參。〔說文〕「懆，愁不安也」義證引顧炎武。〇丨，此與喿同意，俗作丨。〔說文〕「丨，鳥羣鳴也」段注。〇丨與喿同義，俗作丨。〔說文定聲・卷七〕〇〔方言〕假丨為鍬臿字。〔說文〕「丨，鳥羣鳴也」段注。〇繰、丨同音，故字亦相通。〔墨子・天志下〕「蚤絫」雜志。〇〔說文定聲・卷七〕丨，叚借為銚。〔方言五〕「臿，趙魏之閒謂之丨」。

瘙丨，疥也。〔慧琳音義・卷七四〕〇丨，疥丨。〔廣韻・号部〕

歊丨，丨縮也。〔廣韻・号部〕〇丨，縮也。〔說文〕「丨，艸皃」義證引〔玉篇〕。〇丨，耗也。〔同上〕〇丨暴，木器乾而橈減也。〔集韻・覺部〕〇丨，或借槁字。〔說文〕「丨，艸也」義證。〇〔說文定聲・卷七〕丨，叚借為秏，實為虛，為消。〔考工・輪人〕司農注「丨，當作秏」。〇〔同上〕丨，叚借為槁。〔考工・輪人〕「轂雖弊不丨」。

佻丨，傲也。〔集韻・号部〕

保丨，任也。〔集韻・号部〕

僗丨，俗勞。〔廣韻・号部〕〇丨，伴也。〔集韻・号部〕

儔丨，隱也。〔廣韻・号部〕又〔集韻・号部〕。

⿰壽刂丨，大也。〔集韻・号部〕

呺丨，風聲。〔集韻・号部〕

哠丨，多言。〔集韻・号部〕

嚗丨喿，多聲。〔集韻・号部〕

⿴囗冒丨，通作貿。〔說文〕「丨，古文冒」義證。

墺四丨，四方土。〔廣韻・号部〕〇丨，四方土可居，或作坳、垇。〔集韻・号部〕〇〔說文定聲・卷六〕丨，以奧為之。〔書・大傳〕「壇四奧」。〇〔同上〕丨，以隩為之。〔西都賦〕「天地之隩區」。

⿱大食丨，地曲。〔集韻・号部〕

⿰女奥丨，姤也。〔集韻・号部〕

嶅丨，山高皃。〔集韻・号部〕

⿰敖攵丨，動搖皃。〔集韻・号部〕

幬丨同壽。〔廣韻・号部〕〇丨，覆也，或作敦，通作燾。〔集韻・号部〕

⿰彳敖丨，憍倨也，蕩也。〔慧琳音義・卷一八〕引〔考聲〕。

懊丨，快也。〔集韻・号部〕

⿰忄冒丨，貪也。〔集韻・号部〕

慠丨，憍倨也，蕩也，或作嫯。〔慧琳音義・卷一三〕引〔考聲〕。〇〔小戴〕丨作敖。〔大戴・投壺〕「無荒無丨」王詁。

⿰忄高丨，煩也。〔集韻・号部〕

懆丨，貪也。〔集韻・号部〕〇丨，不安也。〔同上〕

懪丨，情性疎皃。〔廣韻・号部〕〇丨，性疏也。〔集韻・号部〕

扷丨，量也。〔集韻・号部〕

⿰扌冒丨，手扶之也。〔廣韻・号部〕〇丨，抵也。〔集韻・号部〕

撽丨，動也。〔集韻・号部〕

⿰扌曹丨，手攪也。〔廣韻・号部〕〇丨，攪也。〔集韻・号部〕

撈丨，取物也，或作撩。〔集韻・号部〕

撩丨，蓋弓也，一曰掾也。〔集韻・号部〕

敦〔通雅・卷一〕丨音導，覆也。〔周禮〕「每丨一几」。

敼丨，詐也。〔集韻・号部〕〇丨，弃也。〔同上〕

謷年九十曰丨。〔說文〕「薹，年九十曰薹」義證引〔玉篇〕。

檤丨，木名，或書作櫜。〔集韻・号部〕

槁丨，苦木。〔廣韻・号部〕〇丨，木名，大苦也。〔集韻・号部〕

櫜丨，囊張大皃。〔集韻・号部〕

⿰木曆丨，鎒也。〔集韻・号部〕

鐒丨，麻莖大也。〔廣韻・号部〕〇梟大者曰丨。〔集韻・号部〕〇丨，又施絞於編也。〔廣韻・号部〕

毛丨，丨鷹，鷂鸇。〔廣韻・号部〕〇丨，擇也。〔集韻・号部〕引鄭康成。

⿺毛隹丨，鳥毛盛也。〔廣韻・号部〕

⿺毛蚤丨，毛皃。〔集韻・号部〕

毷丨，虛厲。〔集韻・号部〕

⿺毛鳥丨，鳥輕毛。〔廣韻・号部〕〇丨，輕毛。〔集韻・号部〕

⿺毛乇丨，輕也。〔集韻・号部〕

渼丨，溉也。〔集韻・号部〕

⿰氵冒丨，水漲。〔集韻・号部〕

澇丨，淹也。〔廣韻・号部〕〇丨，水名，出扶風鄠縣北入渭。〔集韻・号部〕

澳丨，丨深。〔廣韻・号部〕〇丨，深也。〔集韻・号部〕〇丨，字或作隩，又作奧。〔廣雅・釋邱〕「丨，厓也」疏證。

烄丨，交木然也。〔廣韻・号部〕又〔集韻・号部〕。

熇丨，煏也。〔集韻・号部〕

⿸疒卓丨，傷也。〔說文〕「婥，女病也」義證。

⿸疒奧丨，痛也。〔集韻・号部〕

⿸疒喿丨，同瘙。〔廣韻・号部〕

⿰目冒丨，低目細視。〔廣韻・号部〕〇俯目細視謂之丨，通作冒。〔集韻・号部〕〇丨，亡到反，覆也。〔太素・四海合〕「胻瘘眩丨」楊注。

祰報祭謂之丨。〔集韻・号部〕〇〔說文定聲・卷六〕丨，以造為之。〔周禮・大祝〕「二曰造」。〇（同上）丨，以告為之。〔禮記・曾子問〕「諸侯適天子必告于祖」。

稾丨，丨飫。〔廣韻・号部〕〇丨，散也。〔集韻・号部〕

稽丨極而止。〔集韻・号部〕〇丨，一曰木名。〔同上〕

⿰麦皮丨，米穀雜。〔廣韻・号部〕

糙丨，同⿰麦皮。〔廣韻・号部〕〇丨，米未舂，或作⿰麦皮。〔集韻・号部〕

⿰米壽丨，黏也。〔廣韻・号部〕又〔集韻・号部〕。

篙 丨，進舟具。〔集韻・号部〕

簩 丨，竹名。〔集韻・号部〕

⿰糸毛 丨，刺也，絹帛丨起如刺也。〔廣韻・号部〕○丨，刺繡曰丨。〔通雅・布帛〕

縞 丨，白練。〔廣韻・号部〕○黑經白緯曰丨。〔屈賦・惜往日〕「因丨素而哭之」戴注。○一曰帛已湅斫者曰丨。〔集韻・号部〕

⿰糸翟 丨，不青不黃。〔廣韻・号部〕○色青黃謂之丨。〔集韻・号部〕

翢 丨即翿字。〔釋言〕「丨，纛也」鄭注。

耗 丨，虧減也。〔通鑑・唐紀五〇〕「請別置欠負丨賸季庫以掌之」音注。○丨射即丨殬。〔通雅・釋詁〕○丨斁即秏斁。（同上）○丨當為⿱艹毫。〔說文〕「⿸疒衰，一曰丨也」義證。

聱 丨耴，魚鳥狀。〔廣韻・幽部〕又〔集韻・号部〕

腦 丨，優皮也。〔廣韻・号部〕○丨，瀀澤也。〔集韻・号部〕

膏 丨丨車。〔廣韻・号部〕○丨，潤也。〔集韻・号部〕

⿰月櫜 丨，腫皃。〔集韻・号部〕

艚 〔說文定聲・卷六〕丨，即艘，或漕字。〔文選・恩倖傳論〕「南金北毳來悉方丨」。

芺 丨，菜名，味苦。〔集韻・号部〕

⿱艹好 丨，艸名。〔集韻・号部〕

⿰耒芼 吳俗以艸木葉糞田曰丨。〔集韻・号部〕

蔜 丨，艸名。〔集韻・号部〕

⿱艹勞 丨，嫪也。〔集韻・号部〕

薧 丨，枯也。〔集韻・号部〕

⿱艹毫 丨亦作耄。〔說文〕「丨，年九十曰丨」繫傳。○丨，今作耄。〔同上〕段注。○丨，邁也。〔同上〕義證。○丨，別作䒵。〔同上〕義證。○丨亦作眊。

〔同上〕段注。○〔說文定聲・卷七〕丨，以眊為之。〔漢書・平帝紀〕「全貞信及丨悼之人」。○〔同上〕丨，段借為眊。〔楚辭・怨世〕「心悼怵而耄思」。○丨，亦作旄。〔說文〕「丨，年九十曰丨」段注。○〔說文定聲・卷七〕丨，以旄為之。〔禮記・射義〕「旄期稱道不亂者」。○丨，或借旄字。〔說文〕「丨，年九十曰丨」義證。

⿱艹⿰禾桼 丨，乾梅。〔集韻・号部〕

⿰虫告 丨，蟲名，蝎也。〔集韻・号部〕

⿴衣毛 丨，衣前襟。〔廣韻・号部〕○丨，今朝服垂衣。〔同上〕

袍 丨，衣前襟。〔集韻・号部〕○丨，一曰褒也。亦書作⿴衣毛。〔同上〕

⿰衤壽 丨，衣背縫。〔廣韻・号部〕又〔集韻・号部〕。○中縫謂之丨。〔同上〕

褒 丨拜者，拜之不止於再也，䭬首頓首不止於再者亦是也。〔說文〕「捧，首至手也」段注。

𧆟 丨，釜也。〔廣雅・釋器〕疏證補正。○〔說文定聲・卷七〕丨，大口土釜。○〔說文〕「丨，土鍪也」。○丨，〔玉篇〕作號。〔說文〕「丨，土鍪也」義證。○丨，字亦作𤭁，作⿰号瓦，作⿱號瓦。〔說文定聲・卷七〕

⿱冃見 丨，義同於冒。〔說文〕「丨，犯而見也」繫傳。○丨，觸也。〔集韻・号部〕

⿰言毛 丨，信也。〔集韻・号部〕

謟 丨，疑也。〔集韻・号部〕

⿰言皋 丨，相欺。〔廣韻・号部〕○丨讀，相欺也。〔集韻・号部〕

⿰言勞 丨，聲多也。〔集韻・号部〕

⿰谷勞 丨，空谷皃。〔集韻・号部〕

⿰𧾷蚤 丨，跳也。〔集韻・号部〕

⿰𧾷高 丨，足不前。〔集韻・号部〕

⿰𧾷暴 丨，行皃。〔集韻・号部〕

躼 —𨈖,身長。〔集韻・号部〕

郻 〔公〕〔穀〕—皆作操。〔左傳襄公七年經〕「卒於—」洪詁。

䣗 —與犒同。〔左傳僖公二六年〕「公使展喜犒師」疏證引惠棟。又(同上)洪詁。

𨣯 —,一宿酒也。〔集韻・号部〕

𨨏 —,碎鐵。〔集韻・号部〕

鏊 —,餅—。〔廣韻・号部〕○—,燒器。〔集韻・号部〕

鐐 —,白金之美者。〔集韻・号部〕

鐰 —,金鐵大剛曰—。〔集韻・号部〕

镺 —,長也。〔廣韻・号部〕○—,長皃。〔集韻・号部〕

𨱼 —,長皃。〔廣韻・号部〕

陶 ——,驅驅皃。〔集韻・号部〕

韜 —,臂衣。〔集韻・号部〕

𩕐 —顤,大頭。〔廣韻・号部〕又〔集韻・号部〕。

颾 —,風聲。〔集韻・号部〕

𩜁 —,餉軍。〔廣韻・号部〕○—,餉也,或作犒、稾、膏,通作槁。〔集韻・号部〕

䭲 —,妬食。〔廣韻・号部〕又〔集韻・号部〕。

駣 —,馬三歲名。〔集韻・号部〕

𩧩 —,為牲馬祭求肥大,或作禂。〔集韻・号部〕

𧬢 —譟,囂急皃。〔廣韻・号部〕○—譟,急也。〔集韻・号部〕

鶩 —鼿,魚鳥狀也。〔廣韻・号部〕○—,官本作鶩。〔漢書・田蚡傳〕「諸公稍自引而怠—」補注。

鶮 —,鳥名。〔廣韻・号部〕○—,水鳥。〔集韻・号部〕

鼜 —,夜行戒守。〔集韻・号部〕

⿰身勞|⿰身尃，身長。〔集韻·号部〕

鄵〔公〕〔穀〕|皆作操。〔左傳襄公七年經〕「卒於|」洪詁。

⿰酉高|與犒同。〔左傳僖公二六年〕「公使展喜犒師」疏證引惠棟。又〔同上〕洪詁。

⿰酉暴|，一宿酒也。〔集韻·号部〕

⿰金帚|，碎鐵。〔集韻·号部〕

鏊|，餅|。〔廣韻·号部〕○|，燒器。〔集韻·号部〕

鐐|，白金之美者。〔集韻·号部〕

鐰|，金鐵大剛曰|。〔集韻·号部〕

跃|，長也。〔廣韻·号部〕○|，長皃。〔集韻·号部〕

䠷|，長皃。〔廣韻·号部〕

陶||，驅驅皃。〔集韻·号部〕

韜|，臂衣。〔集韻·号部〕

⿰高頁|顤，大頭。〔廣韻·号部〕又〔集韻·号部〕。

⿵風高|，風聲。〔集韻·号部〕

⿰食高|，餉軍。〔廣韻·号部〕○|，餉也，或作犒、稾、膏，通作槁。〔集韻·号部〕

⿰食奥|，姡食。〔廣韻·号部〕又〔集韻·号部〕。

駣|，馬三歲名。〔集韻·号部〕

⿰馬壽|，為牲馬祭求肥大，或作禂。〔集韻·号部〕

⿰言勞|譟，靇急皃。〔廣韻·号部〕○|譟，急也。〔集韻·号部〕

鷔|鳦，魚鳥狀也。〔廣韻·号部〕○|，官本作鶩。〔漢書·田蚡傳〕「諸公稍自引而怠|」補注。

鸔|，鳥名。〔廣韻·号部〕○|，水鳥。〔集韻·号部〕

鼜|，夜行戒守。〔集韻·号部〕

續經籍纂詁卷第八十

去聲

二十一箇

箇 ｜，｜數，又枚也，凡也。〔廣韻·箇部〕○｜，數之一枚也。〔説文〕「｜，竹枚也」義證引〔玉篇〕。○｜，語辭也，凡竹曰｜，木曰枚。〔慧琳音義·卷三五〕引〔考聲〕。○竹曰｜。〔説文定聲·卷一五〕〔「員」下〕○｜，半竹也。〔説文〕「｜，竹枚也」義證引戴侗。又〔説文定聲·卷九〕引唐本〔説文〕。○｜，竹矢也。〔説文〕「｜，竹枚也」義證。○｜，古作个，亦作個。〔方言一二〕「｜，枚也」疏證。○｜，字亦作个。〔廣雅·釋言〕「｜，凡也」疏證。○｜，今或作个。〔説文〕「｜，竹枚也」義證引戴侗。○〔説文定聲·卷九〕｜，介字也。〔禮記·月令〕「左个右个」。

个 ｜，明堂西偏室曰左｜也。〔廣韻·箇部〕○｜猶隔也。〔詩·生民〕「攸介攸止」通釋。○｜、個並與箇同。〔方言一二〕「箇，枚也」箋疏。○經傳｜多與介通用。〔説文〕「箇，或作｜」段注。○｜字古書作介。〔管子·小匡〕「縷帛布」雜志。○｜即介字。〔通説〕「｜」述聞。○｜即介字隸書之省。（同上）○〔説文定聲·卷九〕或曰｜即介之變。〔史記·貨殖傳〕索隱引〔釋名〕「竹曰｜，木曰枚」。

賀 ｜，慶也。〔廣韻·箇部〕○｜，以禮物相慶加也。〔説文〕「｜，以禮相奉慶也」義證引〔玉篇〕。○｜，加也。〔廣韻·箇部〕○｜，朝｜也。〔詩·下武〕「四方來｜」朱傳。○古假｜為嘉。〔説文〕「｜，以禮物相奉慶也」段注。○有借｜為嘉者。〔説文〕「嘉，美也」段注。○嘉與｜古同聲而通用。〔廣雅·釋言〕「｜，嘉也」疏證。○〔説文定聲·卷一〇〕｜，叚借為嘉。〔廣雅·釋言〕「｜，嘉也」。○（同上）｜，叚借為加。〔儀禮·士喪禮〕「｜之結于後」。○｜，勞也。〔廣韻·箇部〕○｜，擔也。（同上）○｜，通作荷，亦作何。〔方言七〕「｜，儋也」箋疏。○｜、何古通用，亦作荷。（同上）疏證。○何與｜通，亦通作荷。〔廣雅·釋詁三〕「何，儋也」疏證。○｜若，瑟曲也。〔通雅·樂器〕○｜作資。即此處上文亦云「以地資公子咎」，則｜字是傳寫之譌。〔史記·周本紀〕「翦請令楚｜之以地」志疑。

佐 ｜，助也。〔廣韻·箇部〕又〔詩·下武〕「不遐有｜」朱傳。又〔通鑑·周紀三〕「因大悉起兵以｜甘茂」音注。又〔大戴·衛將軍文子〕「以｜其下」王詁。○四｜，謂三鄉，司徒、司馬、司空，又〔周禮〕公之國有孤一人，謂之孤卿，是為四也。〔大戴·千乘〕「設其四｜」王詁。○戎獵之副曰｜。〔漢書·高惠高后文武功臣表〕「侯意」雜志。○｜車，即戎僕之倅車。〔左傳成公二年〕「鄭周父御｜車」疏證。○｜者，左之俗字。〔説文·上説文書〕「大岳｜夏」段注。○古無｜字，但作左。〔漢書·匡張孔馬傳〕「右與」雜志。○凡經典中｜佑字皆作左右。（同上）○輔｜之｜本作左。〔釋名·釋言語〕「｜，左也」疏證。○｜即左之俗，左本訓手相助，引申之凡助並謂之左。〔周禮·冢宰〕「以｜王均邦國」孫正義。○通行本｜作將。〔左傳成公二年〕「士燮｜上軍」疏證。○諸本｜字誤將。（同上）洪詁。○｜當為將。〔國語·晉語〕「使｜新軍」述聞。○｜當為伍。〔管子·版法〕「｜於四時」義證引王念孫。○｜當為左。〔墨子·尚賢上〕「社稷之｜」閒詁引畢沅。○｜，字當作左。〔淮南·詮言〕「無害於為｜」平議。

邏 ｜，巡也。〔通鑑·梁紀二〇〕「景拓｜至于隱磯」音注。○｜，遮也。〔慧琳音義·卷一一〕引〔考聲〕。又〔卷一六〕引〔字書〕。又〔集韻·哿部〕。又〔通鑑·梁紀二〇〕「景拓｜至于隱磯」音注。○｜，遮也，遊兵斥候也。〔慧琳音義·卷一八〕引〔考聲〕。○｜，遊兵斥候遮｜也。〔卷一一〕○｜，遊兵備寇、險徑鎮戍之所也。〔卷一六〕引〔韻略〕。○｜，謂循行非違也，遊兵以禦寇者也。〔卷七〇〕引〔韻略〕。○｜，游兵也。〔廣韻·箇部〕

餓 ｜，不飽也。〔廣韻·箇部〕○｜，當作饑。〔墨子·七患〕「此其離凶｜其矣」閒詁。

些 ｜，可也。〔廣韻·霽部〕○｜，何也。（同上）○｜，此也。（同上）○｜，辭也。（同上）○｜，楚語辭。〔廣韻·箇部〕○〔通雅·卷四〕｜之助辭，猶斯也。其實｜字之音，本于斯字。〔博物志〕「止｜山」。○｜、梭、斯、鮮為一音也。〔通雅·釋詁〕○俗今以少為｜，物少曰｜須。（同上）○｜即姕之俗體也。〔説文〕「姕，婦人小物也」段注。○｜即呰字之譌也。〔釋詞·卷八〕

姕 〔通雅·卷四〕｜為古些字。石經「｜｜有屋」。

那 ｜，語助。〔廣韻·箇部〕○｜，奈何二字之合音。〔釋詁〕「｜，於也」邵正義。○柰何即｜之反音。（同上）郝疏。○｜通作難，又通作儺。〔釋詁〕「｜，多也」郝疏。

過 ｜，誤也。〔廣韻·過部〕又〔大戴·子張問入官〕「必以其善以赦其｜」王詁。○｜，失誤也。〔論語·子路〕「｜小誤」朱注。○｜者，差也，誤也，不相當之謂也。〔易·大過〕「象曰老夫女妻，｜以相與也」述聞。○｜者，不相應之謂也。〔易·大過〕「象曰剛｜而中」述聞。○｜者，差也，失也。〔易·大過〕「大｜」述聞。○｜，失也。〔大戴·曾子立事〕「求其｜」王詁。○｜當訓失。〔呂覽·達鬱〕「而不愛君之｜也」校正。○｜者，人之所無意而失之者也。〔禮記·表記〕「與仁同｜」集解。○｜，越也。〔廣韻·過部〕○｜，度也。（同上）○｜，引申為有｜之｜。〔説文〕「｜，度也」段注。○凡人有所失，則如或梗之有不可徑｜處，故謂之｜。〔説文〕「愆，｜也」段注。○｜，｜從之意。〔詩·考槃〕「永矢弗｜」後箋。○｜，去也。（同

上)通釋。又(詩·江有汜)「不我丨」通釋。○丨,不遇也。(易·小過)「丨其祖」述聞。○丨者,欲有餘之辭。(論語·憲問)「君子恥其言而丨其行」朱注。○丨猶甚也。(史記·魯仲連鄒陽列傳)「丨而為政於天下」雜志。○丨,責也。(廣韻·過部)又(國策·秦策)「請令廢之」雜志。又(漢書·吳王傳)「竊聞大王以爵事有丨」補注。又(張釋之傳)「景帝不丨也」補注。又(司馬遷傳)「幸勿丨」補注。又(戾太子傳)「深丨太子」補注。又(孔光傳)「以丨近臣毀短光者」補注。又(孝成許皇后傳)「亦安足丨」補注。○督、丨皆責也。(史記·張儀列傳)「督丨之」雜志。○丨猶責也。(漢書·元后傳)「因以丨怒諸娣妾」補注。○丨之,謂丨謫之也。(屈賦·惜往日)「盛意氣而丨之」戴注。○丨差,不得其當。(說文)「尷,丨差也」段注。○丨涉者,誤涉也。(易·大過)「丨涉滅頂」述聞。○丨、果,字異音義同。(方言八)「桑飛,自關而東謂之工爵,或謂之丨贏」疏證。○丨、鴟、渴、可、曷、鶡、盍、鴇、侃,並一聲之轉。(方言八)「鶡鴠」箋疏。○丨當讀為丨責之丨。(方言一○)「謫,丨也」箋疏。○禍與丨古字通。(廣雅·釋詁一)「丨,責也」疏證。○丨字當讀為禍。(周禮·太宰)「八曰誅,以馭其丨」平議。○丨與禍通。(荀子·脩身)「雖有大丨,天豈不遂乎」平議。○(說文定聲·卷一○)丨,叚借為禍,菑及國也。(禮記·大學)「丨也」。○(同上)丨,叚借發聲之詞,字亦作過。(方言一)「凡人語而丨,謂之過」。○(同上)丨,叚借為檛。(史記·孟荀傳)「炙轂丨髡」。○丨當作和。(賈子·道術)「行歸而丨謂之順」平議。○丨當作適。(呂覽·異寶)「五員丨於吳」平議。○丨當作遏。(韓子·有度)「法所以淩丨遊外私也」集解引顧廣圻。○官本丨作禍。(漢書·燕王傳)「恐丨及身矣」補注。○舊校云,丨一作遠。(呂覽·壅塞)「今自以賢丨於堯舜」校正。○舊校云,丨一作遇。(審分)「而實以丨悗」校正。

和

丨,相膺也。(慧琳音義·卷九)又(卷四六)。○丨,聲相應。(廣韻·過部)○丨,聲相應也。(大戴·曾子立事)「人言不信不丨」王詁。又(曾子事父母)「丨歌而不哀」王詁。○丨,應也。(集韻·過部)又(大戴·五帝德)「丨以鐘鼓」王詁。○(說文定聲·卷一七)丨,小者聲少閒出音以丨耳,故謂之丨。(儀禮·鄉射記)注「三人吹笙,一人吹丨」。(「笙」下)

挫

丨,摧也。(廣韻·過部)又(國策·秦策二)「丨我於內」鮑注。○丨之訓為摧。(孟子·公孫丑上)「思以一豪丨於人」焦正義。○折其鋒曰丨。(慧琳音義·卷四九)○丨,折伏也。(卷八五)○丨,抑也。(卷八)引(考聲)。○丨,搦也。(集韻·過部)○丨,猶辱也。(孟子·公孫丑上)「思以一豪丨於人」朱注。○丨,今莝字也,丨、莝為古今字。(詩·鴛鴦)「摧之秣之」後箋。○丨義與痤相近。(廣雅·釋詁二)「矬,短也」疏證。○(說文定聲·卷一○)丨,叚借為剉。(廣雅·釋詁一)「丨,折也」。○(同上)丨,叚借為坐。(春秋考異郵)「清名者,精芒丨收也」。○丨當為剉。(莊子·山木)「廉則丨」集釋。○丨乃在字之誤。(老子·二八章)「或丨或隳」平議。

唾

丨,口液也。(通鑑·周紀五)「老婦必丨其面」音注。○(說文定聲·卷一○)丨與河津同字。(說文)「丨,口液也」。○丨讀為音。(左傳僖公三三年)「不顧而丨」疏證引朱駿聲。

堁

丨,一曰阜也。(集韻·過部)○堀丨,塵起皃。(同上)

播

丨,搖也。(論語·微子)「丨鼗武入於漢」朱注。○丨,揚也。(廣韻·過部)又(大戴·曾子立事)「作於中則丨於外也」王詁。○丨謂發揚其音。(論語·微子)「丨鼗武入於漢」劉正義。○丨,布。(墨子·天志中)「丨賦百事」閒詁引畢沅。○丨,布也。(大戴·五帝德)「時丨百穀草木」王詁。又(禮記·禮器)「有撕而丨也」集解。又(孟子·滕文公上)「詩云,其始丨百穀」朱注。○丨,聲近布,猶布散也。(書·禹貢下)注「丨,散也」孫疏。○丨,布也,散也。(儀禮·士虞禮)「尸飯丨餘于篚」胡正義引胡承珙。○丨,分散也。(禮記·禮運)「丨五行於四時」集解。○丨即丨散。(說文)「敷,繳敷也」義證。○丨,放也。(廣韻·過部)○丨,弃也。(同上)○丨,流也。(通鑑·漢紀五三)「今朝廷丨越」音注。○丨,遷也。(漢紀四九)「妻子遠丨」音注。○丨,(說文)作譒。(書·盤庚)「王丨告之」注「丨一作譒」孫疏。○丨字古文作𢿌。(文選·湘夫人)「丨芳椒兮成堂」集釋。○丨,藏本、今本作潘,他書又作番。(韓子·外儲說左上)「皆丨吾之迹」集解引顧廣圻。○丨吾即番吾。漢常山郡有蒲吾縣,蒲、番雙聲字變。(外儲說左上)「趙主父令工施鉤梯而緣丨吾」集解。○滎丨,別本作滎波。(漢書·地理志)「虢、會為大」補注引齊召南。○(說文定聲·卷一四)丨,以波為之。(爾雅)「洛為波」。○丨與半一聲之轉。(儀禮·士虞禮)「尸飯丨餘于篚」胡正義引胡承珙。○丨與拌古聲相近。(廣雅·釋詁一)「拌,棄也」疏證。○丨,潘假借字也。(說文)「潘,一曰潘水,在河南滎陽」段注。○丨、潘、番,古字通用。(韓子·外儲說左上)「皆丨吾之迹」集解。○(後漢)因(續志)作潘旌,潘、丨古通。(漢書·地理志)「丨旌」補注。○(說文定聲·卷一四)丨,叚借為潘。(史記·夏本紀)「滎丨既都」。○(同上)丨,叚借為簸。(左傳昭公四年)「丨于諸侯」。○(同上)丨,叚借為半。(儀禮·士虞禮)「尸飯丨餘于篚」。○(同上)丨,叚借為判。(書·禹貢)「又北丨為九河」。○(同上)丨,叚借為譒。(廣雅·釋詁三)「丨,布也」。○(同上)丨,叚借為藩。(洪範·五行傳)「丨國率相行祀」。○丨、波古字通。(釋水)「洛為波」郝疏。

𢿌

丨,古文播。(廣韻·過部)

⿱釆王

丨乃播之異文。(方言七)「丨,離也」箋疏。○丨,古播字。(說文)「𢿌,古文播」段注引(九歌)補注。又(楚辭·湘夫人)「丨芳椒兮成堂」補注。○播,或作丨。(說文)「播,穜也」義證。

簸　｜，｜揚。〔廣韻·過部〕〇｜，揚也。〔集韻·過部〕〇｜亦揚也。〔詩·大東〕「不可以｜揚」陳疏。〇｜與布之義相近。〔說文〕「｜，揚米去康也」段注。〇｜蝩即皇螽，聲之轉。〔釋蟲〕「皇螽，蠜」郝疏。

剉　｜，破也。〔廣韻·過部〕〇｜，折傷也。〔莊子·山木〕「廉則挫」集釋。〇｜，去芒角也。〔說文〕「｜，折傷也」義證引〔玉篇〕。〇｜，斫也。〔慧琳音義·卷一三〕引〔玉篇〕。又〔說文〕「｜，折傷也」義證引〔玉篇〕。〇｜，細斫也。〔慧琳音義·卷七五〕引〔考聲〕。〇｜猶斫也。〔卷五九〕〇｜與挫音同義近。〔說文〕「｜，折傷也」段注。〇〔說文定聲·卷一〇〕｜，以挫為之。〔考工記〕「揉牙內不挫」。〇｜，通作挫。〔說文〕「｜，折傷也」義證。〇｜，叚借為厝，今俗用為鋼錯字。〔說文定聲·卷一〇〕

莝　｜，謂斬蒭飤馬者也。〔慧琳音義·卷五八〕〇｜，斬草。〔廣韻·過部〕〇｜，寸斬之蒿，雜豆以飼馬。〔通鑑·周紀五〕「置｜、豆於前而馬食之」音注。〇｜，細斫槀也。〔說文〕「｜，斬芻」義證引〔急就篇〕顏注。〇｜、挫皆摧折意。〔說文〕「挫，摧也」義證。〇｜，字或作剉。〔說文〕「｜，斬芻」義證。〇｜，通作剉。〔說文〕「鈇，｜斫刀也」義證。〇〔說文定聲·卷一〇〕｜字亦作脞，叢脞雙聲。〔虞書〕「元首叢脞哉」。〇〔同上〕｜，以摧為之，摧｜雙聲。〔詩·鴛鴦〕「秣之摧之」。

磨　｜，磑也。〔廣韻·過部〕〇切、磋、｜三字，對文則異，散文則通耳。〔廣雅·釋詁三〕「磋，｜也」疏證。

愞　｜，弱也。〔廣韻·過部〕又〔集韻·過部〕。〇｜，亦作媔。〔同上〕

坐　｜，跪也。〔禮記·少儀〕「執君之乘車，則｜」集解。〇｜即跪也。〔說文〕「跪，拜也」義證。〇｜，兩膝著地而｜於足。〔論語·鄉黨〕「居必遷｜」劉正義。〇｜與尻同意。〔說文〕「㘸，止也」義證。〇｜，言有所待。〔國策·趙策三〕「日者樓緩｜魏三月」鮑注。〇｜，被罪。〔廣韻·過部〕〇｜拜，〔策〕作望拜。〔呂覽·報更〕「｜拜之謁」校正。

㘸　｜與留同意。｜者，尻也，処也。古席地而｜，膝着席而下其臀曰｜，聳其體曰跪。跪亦謂之跽，跪可言｜，｜不可言跪也。〔說文定聲·卷一〇〕〇｜，引申為席地而坐。〔說文〕「｜，止也」段注。〇〔說文定聲·卷一〇〕｜，為坐落之坐。〔左傳桓公十二年〕「楚人坐其北門」。〇〔同上〕｜，轉注為坐罪之坐。〔左傳昭公二十三年〕「使與邾大夫坐」。〇〔同上〕｜，叚借為自然之詞，謂無故自捐。陸機詩「體澤坐自捐」。

破　｜，｜壞。〔廣韻·過部〕〇｜，壞也。〔大戴·少閒〕「殷德小｜」王詁。〇｜，壞其事。〔國策·秦策一〕「美女｜舌」鮑注。〇如｜，順毛而入，順毛而出，一發貫臧，應矢而死者如｜矣。順毛即所謂不踐毛，貫臧即所謂中心疾死為上殺者。〔詩·車攻〕「舍矢如｜」後箋引趙岐。〇〔說文定聲·卷一〇〕｜，字亦作⿰石為。〔淮南·俶真〕「休于天鈞而不⿰石為」。〇古有假｜為坡者。〔說文〕「｜，石碎也」段注。

卧　｜，寢也。〔廣韻·過部〕〇｜之言委也，今俗語猶僵｜矣。〔廣雅·釋詁四〕「｜，僵也」疏證。〇隱几曰｜。〔說文定聲·卷一二〕（「寐」下）〇凭几曰｜。〔卷一二〕（「尸」下）〇｜，或曰當从几，从臣，｜則臣詘於几也，筆畫相承誤耳。〔卷一〇〕〇｜，引伸為凡休息之偁。〔說文〕「｜，伏也」段注。〇｜，人臣之事君俯僂也。〔說文〕「｜，休也」繫傳。〇｜，當為豎。〔說文〕「碑，豎石也」義證。

貨　可以交易曰｜。〔說文〕「｜，財也」繫傳。〇｜，財也。〔廣韻·過部〕〇｜謂金玉。〔儀禮·士冠禮〕「主人酬賓，束帛儷皮」胡正義。〇｜，謂｜利。〔大戴·衛將軍文子〕「約｜去怨」王詁。〇｜謂行賄賂。〔書·呂刑下〕「惟｜」孫疏。〇｜殖，｜財生殖也。〔論語·先進〕「而｜殖焉」朱注。〇｜，化也。〔說文〕「｜，財也」繫傳。〇｜、化二字古同聲同義。〔廣雅·釋詁三〕「貨，匕也」疏證。〇古｜字但作化。〔說文〕「｜，財也」句讀。

涴　｜，泥著物也。〔廣韻·過部〕〇｜，污也。或作汙。〔集韻·過部〕

左　｜，｜右。〔廣韻·箇部〕〇俗以｜右為ナ又字，乃以佐佑為｜右字。〔說文〕「ナ，｜手也」段注。〇｜，助也。〔墨子·襍守〕「可以｜守事」閒詁引顧千里。〇｜者，從旁佐益證成之。證以事言，｜以人言，助之以實其語也。凡手之相順者為右，相牾者為｜，助成其罪名，使無所遁飾，是相牾也，故曰｜證。〔漢書·張湯傳〕「使吏捕案湯｜田信等」補注引郭嵩燾。〇｜右，助也。〔墨子·迎敵祠〕「比力兼｜右」閒詁引畢沅。〇｜弋即佐弋，｜佐同字。〔漢書·百官公卿表〕「｜弋」補注。〇｜，今之佐字。〔說文·敍〕「四曰｜書」段注。〇｜、佐，古今字。〔墨子·備穴〕「以｜客穴」閒詁。〇〔說文定聲·卷一〇〕｜，俗字作佐。〔左傳成公二年〕「鄭周父御佐車」。〇｜即佐字。〔漢書·張湯傳〕「使吏捕案湯｜田信等」補注引郭嵩燾。〇｜乃佐字之訛。〔史記·十二諸侯年表〕「鄭襄公十一，｜楚伐宋執解揚」志疑。〇｜、佐通用。〔墨子·襍守〕「可以｜守事」閒詁引蘇時學。〇〔說文定聲·卷一〇〕｜，叚借為輂。〔左傳〕「齊北郭佐，字子車」。

夎　｜，拜失容。〔廣韻·過部〕〇｜，夎或省。〔集韻·過部〕

蓌　｜，詐拜也，介士之拜。〔集韻·過部〕

⿰足坐　｜，蓌亦从足。〔集韻·過部〕

銼　｜鑹，釜屬。〔廣韻·屋部〕〇｜鑹，温器。〔集韻·屋部〕〇｜鑹，温器。〔集韻·過部〕〇｜鑹，今之鏟也，矮鍋也，亦謂之烙鍋，烙餅之鍋也。〔通雅·古器〕〇接慮、族累、｜鑹，皆語之轉耳。〔廣雅·釋詁二〕「矬，短也」疏證。〇｜鑹、族累、接慮，一聲之轉，皆物形之小而圓者也。〔廣雅·釋

器〕「鍋銷謂之丨鑹」疏證。○丨，蜀呼鈷鏻。〔廣韻·過部〕○秦人以鈷鏻為丨鑹。〔說文〕「丨，鍑也」義證引〔纂文〕。○丨，通作鏃。〔說文〕「丨，鍑也」義證。

隋 丨，衍左祭禮。或作妥。〔說文〕「丨，裂肉也」繫傳。○丨者，垣西四星南北列曰少微，非五星也。〔史記·天官書〕「廷藩西有丨星五」志疑引〔疑問〕。○隨字訛刻丨。〔史記·十二諸侯年表〕「楚武王三十七，伐丨」志疑。

惰 丨，丨懈也。〔廣韻·過部〕○丨，懈也。〔集韻·過部〕○丨，或作憜、媠。(同上)

媠 丨，嬾婦人也。〔廣韻·過部〕○憜亦作丨。〔集韻·過部〕○丨，嫷或省。(同上)○丨即嫷之省。〔說文〕「嫷，南楚之外謂好曰嫷」段注。○丨當作姷，姷出者，耦出也，謂共乘車馬而出也。〔漢書·谷永傳〕「悉罷北宮私奴車馬丨出之具」補注引王念孫。○丨，黰美也。〔集韻·過部〕

譒 丨，布言之也。〔說文〕「丨，敷也」繫傳。○丨，敷也，謡也。〔廣韻·過部〕○丨，手部播，與此音義同。〔說文〕「丨，敷也」段注。○丨，今〔尚書〕作播。〔說文〕「丨，商書曰王丨告之」段注。○丨，經典借播字。〔說文〕「丨，敷也」義證。○丨，經典借用播。(同上)句讀。

袏 丨，襌衣。〔廣韻·箇部〕○丨，襌衣也。〔集韻·箇部〕○丨，衣包囊也。〔說文〕「褢，一曰橐」義證引〔玉篇〕。

⿺尢左 丨，行不正也。〔廣韻·箇部〕○丨丨，各本作尲丨。〔說文〕「丨丨，行不正也」段注。

侳 丨，安也，有也。〔廣韻·過部〕○〔說文定聲·卷一〇〕丨，叚借為剉。〔淮南·說山〕「為其剉廉也」。○丨通作坐。〔說文〕「丨，安也」義證。

課 丨，試也。〔廣韻·過部〕○丨，第也。(同上)○丨，稅也。(同上)

髁 丨，髀骨也。〔廣韻·過部〕○丨，尻骨。〔說文〕「丨，髀骨也」義證引〔三蒼〕。○〔說文定聲·卷一〇〕丨謂髀與髖相接之處。〔說文〕「丨，髀骨也」。○丨，或作骻。〔說文〕「丨，髀骨也」義證引〔韻會〕。

踤 丨，正體作髁，髀上骨也。〔慧琳音義·卷一四〕引〔文字集略〕。

癉 丨，勞也。〔廣韻·箇部〕○丨，或作⿸疒亶。〔說文〕「丨，勞病也」段注。○丨，或假憚。(同上)○丨與疸音同而義別，二字相假而淆惑矣。(同上)

袔 丨同⿰衤賀。〔廣韻·箇部〕○丨，夾衣。〔集韻·箇部〕○丨，袖，袖掖也，或曰鶴袖。〔通雅·諺原〕

⿰可欠 丨丨，大笑。〔廣韻·箇部〕○丨，大笑。〔集韻·箇部〕

裹 丨，包也。〔廣韻·過部〕○丨，包束也。〔集韻·箇部〕

鐹 丨，車釭也。〔集韻·過部〕○丨，鎌也。〔廣韻·過部〕○丨與划同。〔廣雅·釋器〕「划，鎌也」疏證。

划 丨同鐹。〔廣韻·過部〕○丨，鎌也。〔集韻·過部〕○丨與鐹聲義並同。〔方言五〕「刈鉤或謂之鐹」箋疏。○丨之言過也，所割皆決過也。〔廣雅·釋器〕「丨，鎌也」疏證。○撐小舟曰丨，音華，今俗呼小舟為丨子。〔通雅·諺原〕

⿰亻和 丨，和也。〔廣韻·過部〕又〔集韻·過部〕。

毻 丨，鳥易毛也。〔廣韻·過部〕又〔集韻·過部〕。○丨猶隋也。〔方言一三〕「隋、丨，易也」箋疏。○丨，或作毤。〔集韻·過部〕○丨即蛻聲之轉。〔方言一三〕「丨，易也」箋疏。

⿰衤𡋯 丨，無袂衣也。〔廣韻·過部〕○丨，隋省聲，字亦作⿰衤隋。〔說文定聲·卷一〇〕

⿰衤隋 丨，無袂衣也。〔廣韻·過部〕○丨，⿰衤𡋯或从隋。〔集韻·過部〕

𣎆 丨，痿病也。〔廣韻·過部〕○⿰歹𣎆、丨、⿰歹盧，三字並力臥反，義相近也。〔廣雅·釋詁一〕「⿰歹𣎆，病也」疏證。

⿰糸𣎆 丨，不細也。〔廣韻·過部〕○丨，不均也。(同上)○丨與纇雙聲，其義亦相近。〔說文〕「丨，不均也」段注。

楇 丨，古者車行，其軸當常滑易，故常載脂膏以塗軸也，此即其器也。〔說文〕「丨，盛膏器」繫傳。○丨，車釭盛膏者。(同上)義證引〔玉篇〕。○〔說文定聲·卷九〕丨，今御者系小瓶于車旁，盛油以脂轂，此其具也，古宜以木為之，故从木。〔說文〕「丨，盛膏器」。○丨、過亦與鍋同。〔方言九〕「車釭，齊燕海岱之間謂之鍋」箋疏。○丨，字或作鍋。〔說文〕「丨，盛膏器」義證。○〔說文定聲·卷一〇〕丨，字亦作鍋。〔方言九〕「車釭謂之鍋，自關而西釭盛膏者乃謂之鍋」。○丨，字或作鐹。〔說文〕「丨，盛膏器」義證。○〔說文定聲·卷一〇〕丨，字亦作鐹。〔廣雅·釋器〕「鐹，釭也」。○丨又或作輠。〔說文〕「丨，盛膏器」義證。○〔說文定聲·卷九〕丨，字亦作輠。〔禮記·雜記〕「而輠論者」。○〔說文定聲·卷一〇〕丨，以過為之。〔史記〕「炙轂過髡」。○丨又通作過。〔說文〕「丨，盛膏器」義證。

踒 丨者，骨委屈失其常，故曰胅，亦曰差跌。〔說文〕「丨，足跌也」段注。○丨，別作踠。(同上)義證。

毤 丨，落毛也。〔慧琳音義·卷五六〕引〔字書〕。○丨，落毛。〔廣韻·過部〕○丨，毛落也。〔集韻·薛部〕○毻、丨、蛻並同義。〔廣雅·釋詁一〕「毻，解也」疏證。○丨與毻同。(同上)

䃺 其石謂之丨。〔說文〕「䊳，碎也」繫傳。○丨同磨。〔廣韻·過部〕○丨，字亦作磨，以磨碎物亦曰磨。〔說文定聲·卷一〇〕○丨，今字省作磨。〔說

文」「—，石磓也」段注。〇—，諸書借磨字。（同上）義證。〇—，當為䃺。〔説文〕「䴬，—麥也」義證。又〔説文〕「碎，—也」義證。〇—，當為摩。〔説文〕「礱，—也」義證。又〔説文〕「研，—也」義證。

㽜　—，城下田。〔廣韻・過部〕又〔集韻・過部〕。〇—，城旁地也。〔説文〕「—，城下田也」段注。〇—，所謂附郭之田也。（同上）段注。〇—，城外隍内地也。（同上）義證引〔玉篇〕。〇—，隍池内也。〔廣韻・過部〕〇—，一曰江湝。〔集韻・過部〕〇—之言儒也。〔廣雅・釋地〕「—，土也」疏證。〇—，或作堧。〔集韻・過部〕〇—，字或作堧。〔説文〕「—，城下田也」義證。〇—，或作壖。〔集韻・過部〕〇—，字又作壖。〔説文〕「—，城下田也」義證。〇—，或作嚅。〔集韻・過部〕〇—，字亦作堧。〔廣雅・釋地〕「—，土也」疏證。

攠　—，鍾擊處。〔集韻・過部〕

挖　—，曳也。〔廣韻・過部〕〇—，或作拖。（同上）

拖　—，牽車。〔廣韻・箇部〕〇—，船尾也。〔慧琳音義・卷六一〕〇〔通雅・卷八〕—紳，或作紽紳、拕紳、拖紳。〔考異〕「加朝服—紳」。

惰　—，懈也。〔慧琳音義・卷七〕引〔韻英〕。又〔集韻・過部〕。〇—，今書皆作惰。〔説文〕「—，不敬也」段注。〇〔説文定聲・卷一〇〕—，以媠為之。〔漢書・外戚傳〕「妾不敢以燕媠見帝」。

糯　粳之粘者為—。〔本草・卷二三〕〇—，其性粘軟，故謂之—。〔卷二二〕〇粘者為—，不粘者為粳。（同上）〇—，稻之黏者，可以為酒。〔説文〕「稬，沛國謂稻曰稬」義證引〔增韻〕。〇—者，儒也。〔本草・卷二二〕

ナ　—，左手也。〔集韻・箇部〕

作　—，造也。〔廣韻・箇部〕又〔集韻・箇部〕。〇—，起也。（同上）

佗　—，加也。〔集韻・過部〕

侉　—，痛呼也。〔廣韻・過部〕又〔集韻・箇部〕。

個　—，偏也。〔廣韻・箇部〕又〔集韻・箇部〕。

𠎝　—，弱也。〔廣韻・過部〕又〔集韻・過部〕。

㧢　—，副也。〔廣韻・箇部〕〇左亦作—。〔集韻・箇部〕

吤　—，聲也。〔集韻・箇部〕

呵　—，噓氣。〔廣韻・箇部〕〇—，噓氣也。〔集韻・箇部〕〇—，一曰責也。（同上）

呼　—，發聲也。〔集韻・箇部〕

咊　〔説文定聲・卷一〇〕—，字亦作倇。〔廣雅・釋言〕「倇，和也」。〇（同上）—，叚借為盉。〔周禮・内饔〕「煎和之事」。

哆　—，語助詞。〔廣韻・箇部〕〇—，緩脣也。〔集韻・箇部〕

涾　燕代謂喜言人惡為—。〔集韻・過部〕

囉　—，歌也。〔集韻・箇部〕

坷　坎—，不平也。〔廣韻・箇部〕〇—，坎—，不平皃。〔集韻・箇部〕

埻　—，射堋。〔集韻・過部〕

堧　—，沙土。〔廣韻・過部〕又〔集韻・過部〕。

塺　—，塵也。〔廣韻・過部〕又〔集韻・過部〕。

大　—，巨也。〔集韻・箇部〕〇—，太也。何休曰約誓—甚。〔集韻・過部〕〇—，尚也。〔荀子・非十二子〕「上功用，—儉約」集解引王念孫。〇人之俊者為—。〔釋詁〕「駿，—也」郝疏。〇馬之駿者為—。（同上）〇山之峻者為—。（同上）〇—與厚義相成。〔釋詁〕「祜，厚也」郝疏。〇—與覆義相成。〔釋言〕「荒，奄也」郝疏。〇古通以長為—。〔詩・大叔于田〕「—叔于田」通釋。〇長—義近。〔釋詁〕「駿，—也」郝疏。〇美、—義近。（同上）〇廣、盛、—俱與多義近。〔釋詁〕「洋，多也」郝疏。〇—塊者，造物之名，亦自然之稱也。〔莊子・齊物論〕「夫—塊噫氣」集釋。〇匈奴貴人相稱為—人，二字始此。〔漢書・匈奴傳〕「諸—人相難久之」補注引周壽昌。〇—隆即—中也。〔荀子・正論〕「天下之—隆」集解。〇—君子，君子之尤著者。〔王霸〕「不足數於—君子之前」集解。〇—菊，瞿麥也，叢生，莖細弱，今人多植庭院間，其花與葉皆可愛。〔釋艸〕「—菊，蘧麥」鄭注。〇—陸，今懷州修武縣吳澤是。〔釋地〕「晉有—陸」鄭注。〇—乃而之譌。〔荀子・正論〕「猶傴巫跛匡—以為有知也」集解引俞樾。〇—之，當作六之。〔荀子・大略〕「立視前六尺而—之」集解引王引之。〇—盈，諸本作充盈。〔荀子・賦篇〕「—盈乎—寓」集解引王念孫。〇彊—，當作彊道，彊道謂所以致彊之道，—字蓋涉上文三彊—而誤。〔荀子・王制〕「知彊—者不務彊也」集解引王引之。

奈 丨，丨何。〔廣韻·箇部〕

柰 丨，能也。〔集韻·箇部〕

⿰女朵 丨，量也。〔廣韻·過部〕又〔集韻·過部〕。

⿰女坐 丨，輕也。〔集韻·過部〕

嫷 丨，好皃。〔廣韻·過部〕〇南楚之外謂好為丨。〔集韻·過部〕〇丨，字亦作媠。〔廣雅·釋詁一〕「丨，好也」疏證。

⿺尢皮 丨，足橫病。〔集韻·過部〕

⿺尢坐 丨，尣也。〔集韻·過部〕

⿺尢音 丨，仆也。〔說文〕「踣，僵也」義證引〔玉篇〕。

⿺尢果 丨，不正也。〔集韻·過部〕

⿺尢盧 丨，⿰黎阝病。〔集韻·過部〕

⿺尢羸 丨，膝病。〔廣韻·過部〕〇⿰歹羸、⿺尢盧、⿺尢羸三字並力臥反，義相近也。〔廣雅·釋詁一〕「⿰歹羸，病也」疏證。

⿸尸果 丨，同髁。〔廣韻·過部〕〇丨，髁或从尸。〔集韻·過部〕

⿰山坐 丨，山摧也。〔集韻·過部〕

座 丨，牀丨。〔廣韻·過部〕〇丨，坐具。〔集韻·過部〕〇范丨，〔說苑·善說篇〕作范痤，通用。〔漢書·古今人表〕「范丨」補注引梁玉繩。〇丨，舊作痤。〔呂覽·長見〕「魏公叔丨疾」校正。

⿰忄墮 丨，或作憜，作惰。〔慧琳音義·卷三〕

挅 丨，落帆。〔廣韻·過部〕

措 丨，拭丨。〔廣韻·過部〕〇丨，拭也。〔集韻·箇部〕

摞 丨，理也。〔廣韻·過部〕

摩 丨，按丨。〔廣韻·過部〕〇丨，擘也。〔集韻·過部〕

⿰扌羸 丨，擊物之名。〔廣韻·過部〕

⿰扌𣎆 丨，擊也。〔集韻·過部〕

敤 丨，研治。〔廣韻·過部〕〇丨，一曰研治。〔集韻·過部〕

柁 丨，船後正船木也。〔慧琳音義·卷六三〕引〔文字典說〕。

桗 丨，木本。〔廣韻·過部〕〇丨，木本也。〔集韻·過部〕

槎 丨，斫也。〔集韻·箇部〕

杝 丨，車名。〔集韻·過部〕

椏 丨榣，樹衺。〔集韻·箇部〕

欏 丨，籬格也。〔集韻·箇部〕

⿰歹朵 丨，殰也。〔集韻·過部〕

⿰歹羸 丨，畜產疫病。〔廣韻·過部〕〇丨，一曰畜病。〔集韻·過部〕〇丨、⿺尢盧、⿺尢羸，三字並力臥反，義相近也。〔廣雅·釋詁一〕「丨，病也」疏證。〇丨之言羸也。（同上）

⿰火亏 丨，煖也。〔集韻·過部〕

番 丨，獸走。〔廣韻·過部〕又〔集韻·過部〕。

痑 丨，病也。〔廣韻·箇部〕〇丨，馬病。〔集韻·箇部〕

⿸疒果 丨，禿丨。〔廣韻·過部〕〇丨，禿病。〔集韻·過部〕

痾 丨，病也。〔集韻·箇部〕

⿸疒羅 丨，病也。〔廣韻·箇部〕又〔集韻·箇部〕。

盉 丨，調味。〔廣韻·過部〕〇丨，調味也，通作和。〔集韻·過部〕

磋 丨，磨丨，治象牙。〔廣韻·過部〕〇丨，磨治也。〔集韻·箇部〕

科｜，滋生也。〔廣韻・過部〕又〔集韻・過部〕。

稬｜，秫名。〔廣韻・過部〕〇｜，稻名，或作穤。〔集韻・過部〕

⿰禾會｜，穅也。〔集韻・過部〕

逶｜，立皃。〔集韻・過部〕〇｜𣎆，弱立貌。〔說文〕「𣎆，痿也」義證引〔玉篇〕。

⿰禾巢｜，簣也。〔集韻・過部〕

腂｜，腫赤也。〔集韻・過部〕

⿰月員｜，瞖膏也。〔廣韻・過部〕又〔集韻・過部〕。

艐｜，船著沙不行也。〔廣韻・箇部〕又〔集韻・箇部〕。〇｜，或作⿱兆舟。（同上）

⿱艹娑｜蕳，艸名。〔集韻・過部〕

⿱艹訶｜，菜名，或从呵。〔集韻・箇部〕

⿸麻艹｜⿱艹訶，艸名。〔集韻・過部〕

蛻｜，蛇去皮。〔廣韻・過部〕〇｜，蛇所解皮也。〔集韻・過部〕

⿰虫過｜，蟷蠰也，即螗蜋。〔廣韻・過部〕〇不｜，蟲名。〔集韻・過部〕〇｜，一曰蟷蠰，通作過。（同上）

縛｜，束也。〔集韻・過部〕

襎｜，長袂。〔集韻・過部〕

⿰衤賀｜，被袖也。〔廣韻・箇部〕〇｜，袔或从賀。〔集韻・箇部〕

⿰衤羅｜，婦人衣。〔廣韻・箇部〕〇｜，女上衣也。〔集韻・箇部〕

纙｜，錢緡也。〔集韻・箇部〕

⿰言朶｜，言相誇。〔集韻・過部〕

誃｜，欺也。〔集韻・箇部〕

⿰言坐｜，以言折人。〔集韻・過部〕

諎｜，｜磨。〔廣韻・過部〕

⿰言差｜，言失也。〔集韻・箇部〕

⿸麻言｜，以大對小之言。〔集韻・過部〕

⿰言賀｜，⿸麻言語。〔集韻・箇部〕

⿰豕有｜，猪別名也。〔廣韻・過部〕〇｜，豕名，或从隋作⿰豕隋。〔集韻・過部〕

⿰貝化｜，古貨字。〔說文〕「｜，資也」繫傳。

跢｜，小兒行也。〔廣韻・箇部〕〇｜，小兒行皃。〔集韻・箇部〕

蹉｜，足跌。〔集韻・箇部〕

⿰足單｜，踣也。〔集韻・箇部〕

⿰足羅｜⿰足坐，猫蹭蹬也。〔集韻・箇部〕

軻轗｜，不遇也。孟子居貧轗｜，故名｜字子居。〔廣韻・箇部〕〇｜，接軸也。一曰轗｜不得志。〔集韻・箇部〕

⿰車衰｜，⿰車堯也。〔集韻・箇部〕

⿰金朶｜，剉也。〔集韻・過部〕

錞｜，覆殰也。〔集韻・過部〕

⿱雨隋｜，雨下皃。〔集韻・過部〕

馱｜，負｜。〔廣韻・箇部〕〇｜，畜負物也，或作他。〔集韻・箇部〕〇｜都，謂堅實也，亦如來體骨舍利之異名耳。〔慧琳音義・卷七〇〕

鬌｜，子生三月鬋髮也。〔集韻・過部〕〇〔說文定聲・卷一〇〕｜，猶鬌也。〔方言一三〕「毻，易也」。〇（同上）｜，字亦作毻。〔方言一三〕「毻，易也」。〇（同上）｜，字亦作毤。〔管子・輕重甲〕「文皮毤服」。

⿺鬼莫｜，見鬼驚詞。〔集韻・箇部〕

鰖 魚去鱗曰丨。〔集韻・過部〕○丨，魚初化曰丨。〔同上〕

麱 丨[麥+咼]，粟粥。〔集韻・過部〕

[麥+貨] 丨，麵不精也。〔集韻・過部〕

[齒+可] 丨[齒+我]，齒皃。〔集韻・箇部〕

續經籍籑詁卷第八十一

二十二禡

禡 丨音罵，至所征之地，而祭始造軍法者，謂黄帝及蚩尤也。〔詩・皇矣〕「是類是丨」朱傳。○丨，師旅所止地祭名。〔廣韻・禡部〕○丨與隅同聲，皆有增益之意。〔方言一三〕「隅，益也」箋疏。○貉、丨與隅同聲，皆增益之意，故又讀為十百之百也。〔廣雅・釋詁一〕「隅，益也」疏證。○丨，借作貉。〔釋天〕「是禷是丨，師祭也」郝疏。○丨之言罵也。〔説文〕「丨，師行所止，恐有慢其神，下而祀之曰丨」繫傳。○〔説文定聲・卷九〕丨，以貉為之，或曰祭造軍法者。〔周禮・大司馬〕「有司表貉」。

駕 丨，丨馬也。〔孟子・梁惠王下〕「今乘輿已丨矣」朱注。○丨之言以車加於馬也。〔説文〕「丨，馬在軛中也」段注。○丨者，加也。〔釋言〕「襄，丨也」郝疏。○裝軷為丨，牽控為馭。〔慧琳音義・卷二二〕○丨，行也，乘也。〔廣韻・禡部〕○丨，馬在軛下。〔説文定聲・卷一〇〕○〔同上〕丨，段借為[馬+可]。〔中山經〕「青要之山，北望河曲，是多丨鳥」。○〔同上〕丨，段借為[艹+冓]。〔淮南・本經〕「大搆丨輿宮室」。○〔同上〕丨，段借為加。〔小爾雅・廣言〕「丨，淩也」。○丨，諸本或誤作駕。〔左傳定公元年〕「滎丨鵝」洪詁。

夜 丨，舍也，暮也。〔廣韻・禡部〕○古謂丨曰昔。〔晏子春秋・内篇雜下〕「昔者」雜志。○古謂丨或曰昔者。〔同上〕○古謂丨或曰丨者。〔同上〕○丨與夕渾言不別，析言則殊。〔説文〕「丨，舍也，天下休舍」段注。○〔通雅・卷一八〕丨耳，言耳乖如掖也，丨當音掖。〔列子〕「師曠方丨耳俛首而聽之」。○月以宵曜，名曰丨光。〔楚辭・天問〕「丨光何德」補注引皇甫謐。○丨光謂之月。〔同上〕補注引〔博雅〕。○丨光，月也。〔屈賦・天問〕「丨光何德，死則又育」戴注。○丨祠者，丨禱而祝詛者也。〔漢書・江充傳〕「捕蠱及丨祠」補注。○丨誦，官名，員五人。古宮掖之掖亦作丨，因誦於宮掖之中，故謂之丨誦。〔漢書・禮樂志〕「采詩丨誦」補注引錢大昭。○蓋丨時清靜，循誦易嫻。〔同上〕補注引周壽昌。○位次曰丨，侯屬達言，恒屬提言。〔漢書・高惠高后文功臣表〕「位次曰丨侯恒」補注。○丨即掖。〔高惠高后文功臣表〕「曲成圉侯蟲達」補注。○丨，古掖字。〔百官公卿表〕「四年坐廟丨郎飲失火免」補注引錢大昭。○〔説文定聲・卷九〕丨，段借為液。〔書・洪範五行傳〕「時則脂丨之妖」。○丨、舍疊韻。〔説文〕「丨，舍也，天下休舍也」句讀。○〔釋文〕一本丨作次。〔左傳宣公一二年〕「内序官當其丨」洪詁。○〔説文定聲・卷九〕丨亦作射。〔荀子・

勸學〕「西方有木焉，名曰｜干」。

下　｜，降也。〔大戴・文王官人〕「懼色薄然以｜」王詁。又〔禮記・射義〕「｜而飲」集解。○｜者，降也。〔墨子・天志下〕「禍福」雜志。○｜猶去也。〔左傳文公二年〕「｜展禽」疏證引惠棟。○｜猶後也。〔詩・下武〕「｜武惟周」平議。又〔穀梁傳莊公元年〕「使之如｜齊而來我然」平議。○｜，替也。〔通鑑・齊紀一〕「未及代｜」音注。○｜，行｜。〔廣韻・禡部〕○｜謂民。〔書・皋陶謨上〕「達於上｜」孫疏。○｜妻，猶小妻。〔說文〕「嬬，一曰｜妻也」段注。○｜輩，謂輩行之｜於我者，年少及在己左者皆是也。〔漢書・灌夫傳〕「薦寵｜輩」補注。○｜謂堂｜。〔書・皋陶謨下〕「｜管」孫疏。○｜謂課居｜也。〔漢書・律歷志〕「壽王侯課比三年｜」補注引顧炎武。○｜，謂平時所班｜者，不嘗上言。〔儒林傳〕「臣謹案詔書律令｜者」補注。○哺後謂之｜哺。〔王莽傳〕「｜餔時」補注引胡注。○不能｜，謂不能勝匈奴也。〔魏相傳〕「不能｜」補注。○｜，｜車也。〔賈誼傳〕「過闕則｜」補注引孔廣森。○｜脩，當為不循，謂不循舊法也。〔荀子・非十二子〕「｜脩而好作」集解引王念孫。

謝　｜，辭去也。〔國策・秦策三〕「因｜不取」鮑注。○｜，辭去之，言不用也。〔齊策三〕「｜將休士」鮑注。○｜，辭也。〔楚辭・卜居〕「乃釋策而｜」補注引五臣注。○｜，辭｜。〔廣韻・禡部〕○｜，引伸為凡去之偁。〔說文〕「｜，辭去也」段注。○｜即請也。〔國語・魯語〕「｜季文子」述聞。○｜，請也，告也。〔禮記・曲禮上〕「若不得｜」述聞。○｜，裁也，告也。〔慧琳音義・卷七〕引〔考聲〕。○｜亦告也。〔廣雅・釋詁四〕「賕，｜也」疏證。○俗謂拜賜曰｜。〔說文〕「｜，辭去也」段注。○｜，拜恩也。〔慧琳音義・卷三〕引〔考聲〕。○國初襲唐宋士風，舉子見先達，既與見之，他日再投啟事，謂之｜見。〔通雅・書札〕引〔澠水燕談〕。○｜，又為衰退之偁。〔說文〕「｜，辭去也」段注。○｜，或止作射。〔公羊傳宣公一六年經〕「成周宣｜災」陳疏引惠棟。○〔史・表〕｜作射，古字通。〔漢書・高惠高后文功臣表〕「戴侯｜嗣」補注。○｜子，〔說苑雜言篇〕作祁射子，古｜、射通。〔呂覽・去宥〕「東方之墨者｜子」校正。○楚官有中射士，此作中｜，亦通用。〔去宥〕「有中｜佐制者」校正。○｜、榭，古今字也。〔荀子・王霸〕「臺｜甚高」集解引郝懿行。○古無榭字，借｜為之。〔釋宮〕「有本者謂之榭」郝疏。○經典無榭字，衹作｜。〔說文〕「｜，辭去也」段注。○｜，魯亦作徐。〔詩・崧高〕「既入于｜」集疏。○｜，魯作序。〔詩・崧高〕「于邑于｜」集疏。

榭　｜，臺｜。〔廣韻・禡部〕○臺上架木為屋，名之為｜。〔釋宮〕「有木者謂之｜」郝疏。○臺有木曰｜。〔國策・趙策一〕「則高臺｜，美宮室」鮑注。○｜，臺有屋也。〔楚辭・招魂〕「層臺累｜」補注。○臺上有屋曰｜。〔說文定聲・卷五〕（「臺」下）○凡屋無室曰｜。〔楚辭・招魂〕「層臺累｜」補注。○屋無室曰｜，亦謂之序。〔通雅・疑始〕○臺上之屋四達亦曰｜。（同上）○｜，射堂之制也。〔說文〕「䠶，弓弩發於身而中於遠也」義證引顧炎武。○藏物之所通曰｜。〔公羊傳宣公一六年〕「樂器藏焉爾」陳疏。○｜，本作謝。〔左傳宣公一六年經〕「成周宣｜火」疏證引李貽德。○｜，北宋〔公羊〕本作謝。（同上）「成周宣｜火」洪詁。○古文｜字作射。（同上）洪詁。又（同上）疏證引惠棟。○｜，字當作射。（同上）又〔墨子・七患〕「生時治臺｜」閒詁引畢沅。○｜、序、豫，音相近而轉也。〔通雅・疑始〕○䠶與射同，即｜字之假借。〔管子・海王〕「臺雉」雜志。

罷　｜者，遣有罪也，引伸為休息之偁。〔說文〕「倦，｜也」段注。○｜，引伸之為止也、休也。〔說文〕「｜，遣有辠也」段注。○｜，休也。〔禮記・少儀〕「師役曰｜」集解。○｜，遣出去也。〔通鑑・漢紀一一〕「即｜相」音注。○｜讀曰疲。〔周紀三〕「是王內｜國而外伐與國」音注。○〔說文定聲・卷一〇〕｜謂游惰如疲之民。〔周禮・大司寇〕「以嘉石平｜民」。○（同上）｜，實疲字之轉注，疲勞則休止。〔論語〕「欲｜不能」皇疏「｜，猶｜息也」。○｜，毀也。〔楚辭・九辯〕「顏淫溢而將｜兮」補注引五臣注。○〔御覽・七十七〕｜作敗。〔呂覽・孝行〕「不｜北」校正。○〔史・表〕｜作霸。〔漢書・高惠高后文功臣表〕「共侯｜軍嗣」補注。○｜讀為播，｜、播古音相近。〔春秋名字解詁〕「楚薳｜字子蕩」述聞。○公羊｜作頗。頗之為播，猶波之為播也。（同上）○｜，謂分東郡、潁川之支縣以益二國，非廢此二郡也。〔漢書・高帝紀〕「｜東郡，頗益梁，｜潁川郡，頗益淮陽」補注引錢大昕。

夏　｜者，大也。〔公羊傳隱公五年〕注「｜曰大｜」陳疏引〔春秋元命苞〕。○｜，大屋也。〔屈賦・哀郢〕「曾不知｜之為丘兮」戴注。又〔詩・權輿〕「於我乎，｜屋渠渠」集疏引魯說。○｜之言假也。〔詩・皇矣〕「不長｜以革」平議。○｜之為言假也。〔說文〕「天，顛也」義證引戴侗。○〔說文定聲・卷五〕｜，暇也。〔詩・皇矣〕「不長｜以革」。（「革」下）○｜，春｜。〔廣韻・禡部〕○｜，五月中。〔漢書・律歷志〕「｜至」補注引錢大昭。○｜，蓋五色羽之名也。〔穀梁傳隱公五年〕「舞｜」述聞。○｜屋，殷商屋而｜門。〔詩・權輿〕「於我乎，｜屋渠渠」集疏引魯說。○｜首，謂｜水之首。〔文選・石闕銘〕「｜首憑固」集釋。○雅讀為｜，｜謂中國也。〔荀子・榮辱〕「君子安雅」雜志。○古者｜、雅二字互通。（同上）○｜與雅通。〔墨子・天志下〕「於先生之書大｜之道之然」平議。○｜，古讀若户。〔釋詁〕「｜，大也」郝疏。○古聲｜、廡相近，故｜通作廡。〔公羊傳哀公一三年〕釋文「｜，一本作廡」述聞。○｜｜，當作憂憂，字之誤也。〔廣雅・釋訓〕「｜｜，行也」疏證。

暇　｜，閑也。〔廣韻・禡部〕○〔說文定聲・卷九〕｜，閒也。〔說文〕「｜，閑也」。○｜，通作假。〔釋言〕「偟，｜也」郝疏。○｜，經傳多以假為之。〔說文定聲・卷九〕○〔封禪書〕｜作假。〔漢書・郊祀志〕「其道非少寬｜」補注。○夏又與｜通。〔書・多方〕「｜之子孫」孫疏。○｜，鄭本作夏。（同上）

霸　丨，長也。〔慧琳音義・卷一九〕引〔字統〕。○丨，長也，伯也，居衆之長、方伯之任也，如月魄之近日。〔卷八五〕引〔考聲〕。○丨與伯同，長也。〔論語・憲問〕「丨諸侯」朱注。○丨即伯字，諸侯之長也。〔禮記・祭義〕「至弟近乎丨」集解。○丨主，謂為方伯以主諸侯。〔大戴・主言〕「不可以丨主」王詁。○丨王，自惠文王元年至始皇立之載，得七十七年，所云合七十七年而伯王出也。〔史記・周本紀〕「合十七歲而丨王者出焉」志疑引〔卮林〕。○伯與丨同。〔漢書・霍光傳〕「亡益於時」雜志。○俗用為王丨字，實伯之叚借字也。〔說文〕「丨，月始生魄然也」段注。○丨，即伯之叚借也。〔釋詁〕「伯，長也」郝疏。○〔說文定聲・卷九〕丨，叚借為伯。〔禮記・祭法〕「共工氏之丨九州也」。○丨猶把也。〔論語・憲問〕「丨諸侯」劉正義。○丨猶把也，謂把持其事也。〔慧琳音義・卷八〇〕引〔文字典說〕。○丨猶迫也。〔論語・憲問〕「丨諸侯」劉正義。○丨軍，〔漢・表〕作罷軍，是古人多取罷軍為名也。〔史記・高祖功臣侯者年表〕「恭侯丨軍」志疑。○丨上者，丨水上也。丨上與鴻門相隔七十七里。〔史記・項羽本紀〕「項王軍在鴻門下，沛公軍在丨上，相去四十里」志疑。○元丨素滻以玄丨為偁，本名茲水。〔漢書・地理志〕「丨水亦出藍田」補注。○丨、灞，古今正俗字。〔說文〕「滻，滻水，出京兆藍田谷，入丨」段注。

伯　丨、㮾，聲之轉也。〔國策・卷下〕「合丨㮾」札記。

㛙　丨，家也。故婦人謂丨曰歸。〔廣韻・禡部〕○自家而出謂之丨。〔說文〕「丨，女適人也」段注。○丨者，家也。女以去為家。〔同上〕義證引〔增韻〕。○送女歸夫曰丨。〔同上〕義證引〔增韻〕。○丨謂自家而往適人也。〔同上〕義證引〔急就篇〕顏注。○散文則丨亦為適，適亦為丨。〔釋詁〕「丨，往也」郝疏。○丨猶賣也。〔國策・西周策〕「以丨之齊」鮑注。○〔說文定聲・卷九〕丨，叚借爲賈。〔西周策〕「以丨之齊也」。

赦　丨者，置之舍也。〔釋詁〕「丨，舍也」郝疏。○丨，放置之也。〔說文〕「丨，置也」繫傳。○丨，舍也。〔同上〕義證引〔三蒼〕。○官本丨作舍。〔漢書・高帝紀〕「能去豨、黃來歸者，皆丨之」補注。○縱丨當為縱舍。〔趙尹韓張兩王傳贊〕「縱丨有度」補注。○丨，經傳多以舍為之。〔說文定聲・卷九〕○丨與捨音義同，非專謂丨罪也。後捨行而丨廢，丨專為丨罪矣。〔說文〕「丨，置也」段注。○捨與丨聲義亦同。〔廣雅・釋詁四〕「丨，置也」疏證。○丨丨，宥。〔廣韻・禡部〕○丨，宥也。〔大戴・子張問入官〕「必以其善以丨其過」王詁。○丨者，宥有罪也。〔通鑑・周紀四〕「行賞、大丨，置酒」音注。○丨與釋同。釋，解也。〔左傳成公一三年〕「願丨罪於穆公」述聞。○丨亦與釋同。〔左傳昭公五年〕「將以丨罪」述聞。又〔左傳〕「丨罪」，〔家語・正論〕作「舍罪」述聞。○丨、釋古同聲。〔左傳成公一三年〕「願丨罪於穆公」述聞。○〔說文定聲・卷九〕丨，叚借為螫。〔韓詩・小毖〕「自求辛丨」。○不丨，舊本誤作不救。〔呂覽・懷寵〕「身死家戮不丨」校正。○〔韓非・難一〕、〔淮南・氾論〕、〔人間訓〕、〔說苑・復恩篇〕、〔古今人表〕，高丨竝作高赫，〔史記・趙世家〕作高共。〔呂覽・義賞〕「高丨為首」校正。○此文四丨當作四教。〔周書・大武〕「四丨」平議。

借　丨，假丨。〔廣韻・禡部〕○丨，蹔取也。〔慧琳音義・卷七八〕引〔古今正字〕。○丨，齊丨作籍。〔詩・抑〕「丨曰未知」集疏。○丨、藉古通。〔韓子・孤憤〕「其可丨以美名者，以外權重之」集解。○〔說文定聲・卷九〕丨即藉字之轉注，古只作藉。〔說文〕「丨，叚也」。○〔同上〕不丨，亦謂之把作，亦謂之薄丨，皆同。〔廣雅・釋器〕「不丨，履也」。○注文貴丨，姚本作貴借。〔漢書・賈誼傳〕「何足控揣」補注引宋祁。

藉　丨，以蘭茅丨地。〔廣韻・禡部〕○以草布地曰丨。〔慧琳音義・卷八五〕○丨，薦也。〔楚辭・東皇太一〕「蕙肴蒸兮蘭丨」補注。○丨，薦也，以丨地也。〔漢書・郊祀志〕「江淮間一茅三脊為神丨」補注引胡三省。○〔說文定聲・卷九〕丨之為言席也。〔說文〕「丨，祭也」。○席與丨，古同聲而通用。〔廣雅・釋器〕「笙，席也」疏證。○丨，言有所資。〔國策・齊策五〕「夫後起者丨也」鮑注。○丨，借也。〔孟子・滕文公上〕「助者，丨也」朱注。又〔左傳成公二年〕「若苟有以丨口而復於寡君」疏證引沈欽韓。又〔左傳宣公一二年〕「敢丨君靈」洪詁引服虔。○丨者，借也，猶人相借力助之也。〔廣雅・釋詁三〕「耤，稅也」疏證。○丨者，借也。天子耕千畝，但三推而止，借民力治之。〔說文〕「耤，帝耤千畝也」義證引〔禮記外傳〕。○古多用丨為借。〔漢書・烏孫國傳〕「謀欲丨兵」補注引徐松。○古多以丨為借。〔說文〕「借，叚也」段注。○丨亦借。〔國策・西周策〕「恐魏之丨道也」鮑注。○丨猶借。〔西周策〕「而丨兵乞食於西周」鮑注。○丨猶借也。〔墨子・號令〕「相與言及相丨」閒詁引蘇時學。○丨謂借。〔國策・趙策一〕「暮後郭門丨席無所得」鮑注。○丨即假借字。〔墨子・大取〕「丨臧也死而天下害」閒詁。○古無借字，只用丨。〔尚賢中〕「假丨而用我也」閒詁引畢沅。○丨又為假丨之義。〔說文〕「丨，祭丨也」段注。○官本丨作籍。〔漢書・王子侯表〕「丨陽侯顯」補注。○官本丨作籍。丨、籍古書假借通用，故丨或為籍，當正作耤。〔文帝紀〕「其開丨田」補注。○丨，官本作籍。〔霍去病傳〕「斬單于大父行丨若侯產」補注。○官本丨作籍，通借字。〔田蚡傳〕「除其屬丨」補注。○丨與籍通。〔墨子・號令〕「自異其人而丨之」閒詁。又〔號令〕「人舉而丨之」閒詁。○丨丨，〔史記〕作籍籍。〔漢書・司馬相如傳〕「它它丨丨」補注。○此丨福當是籍福。〔田蚡傳〕「丨福說蚡曰」補注引王先慎。○丨當讀為籍。〔韓子・愛臣〕「不得丨威城市」平議。○〔說文定聲・卷九〕丨，叚借為籍。〔列子・仲尼〕「而為牢丨」。○丨，踐也。〔國策・燕策一〕「呴丨叱咄」鮑注。○丨，引伸為凡承丨、蘊丨之義。〔說文〕「丨，祭丨也」段注。○助與丨古同聲。〔廣雅・釋詁二〕「耡，稅也」疏證。○〔說文定聲・卷一五〕丨亦厚而不薄之謂。〔漢書・薛廣德傳〕「溫雅有醞丨」。〔「醞」下〕○丨謂記其姓名也。〔墨子・號令〕「自異其人而丨之」閒詁引蘇時學。○丨，〔史記〕丨作躪。〔漢書・司馬相如傳〕「人之所蹈丨」補注。○〔說文定聲・卷九〕丨，叚借為組、為索。〔莊子・應帝王〕「執斄之狗來丨」。○〔同上〕丨，叚借為耤，為耡。〔風俗通〕「古者使民

如借，故曰「一田」。○一芀，一草也。芀乃仍字。〔通雅·天文〕

炙

一，燔肉也。〔楚辭·大招〕「一鴰烝鳧」補注。○一，一肉。〔廣韻·禡部〕○一音隻，炕火曰一。〔詩·瓠葉〕「燔之一之」朱傳。○近火曰一。〔國策·魏策二〕「乃煎熬燔一」補正。○一當為炙。〔說文〕「灼，一也」義證。

蔗

一，甘一。〔廣韻·禡部〕○〔說文定聲·卷九〕甘一，亦作竿一、作邯睹。〔通俗文〕「荊州出甘一，或作甘柘，一物也」。○凡草皆正生，嫡出，惟一側種，根上庶出，故字從庶也。〔本草·卷三三〕引呂惠卿。○一亦作柘。〔說文〕「一，藷一也」句讀。○一，〔離騷〕、〔漢書〕皆作柘，字通用也。〔本草·卷三三〕

假

一，至。〔詩·烝民〕「昭一于下」朱傳。○一，至也。〔禮記·禮器〕「龜龍一」集解。○一，借也，至也，易也，休也。〔廣韻·禡部〕○一，大也。〔詩·雝〕「一哉皇考」朱傳。○一，僭也。〔大戴·四代〕「慕寵一貴」王詁。○後人因告而復起官，故亦謂之一。〔通雅·事利〕○一音格，與格同。〔詩·泮水〕「昭一烈祖」朱傳。○一、格古亦通。〔方言一〕「一，至也」疏證。○〔尚書〕古文作格，今文作一。〔說文〕「一，至也」段注。○〔尚書〕格字，今文〔尚書〕皆作一是也。〔說文〕「格，木長皃」段注。○一、格並與嘏通。〔方言一〕「嘏，大也」箋疏。○一、假、格，字異義並同。〔方言一〕「一，至也」箋疏。○一訓至，則為假之一借。〔說文〕「假，至也」段注。○一為假之一借字也。〔說文〕「一，非真也」段注。○一與夏聲近義同。〔方言一〕「夏，大也」箋疏。○一當作段。〔釋名·釋天〕「夏，一也」疏證。○一又與遐通。〔釋詁〕「一，已也」述聞。○〔漢·表〕一作瑕。〔史記·高祖功臣侯者年表〕「夷侯一」志疑。○一與瑕通。〔釋詁〕「一，已也」述聞引錢氏。○一為嘉之一借字也。〔說文〕「一，非真也」段注。○一易，猶寬縱也。〔左傳桓公一三年〕「天之不一易」述聞。○敭與易古字通。〔廣雅〕「一，敭也」述聞。○〔左傳〕敵不可縱，〔史記·春申君傳〕敵不可一，〔秦策〕作敵不可易。〔左傳桓公一三年〕「天之不一易」述聞。○〔說文定聲·卷九〕一，段借助語之詞。〔詩·維天之命〕「一以溢我」。

化

一，教一也，匕之在人也。〔說文〕「一，教行也」繫傳。○一猶教也。〔大戴·保傅〕「一與心成」王詁。○教成於上而易俗於下謂之一。〔慧琳音義·卷二一〕引〔珠叢〕。○一謂教成於上而易俗於下也。〔大戴·千乘〕「不仁國不一」王詁。○一，教行也，匕之在人。〔說文〕「一，教行也」義證引〔五音集韻〕。○躬行於上風動於下謂之一。〔同上〕義證引〔增韻〕。○一猶治也。〔國策·楚策四〕「墨墨之一」鮑注。○一易者，謂開導其善心。〔荀子·臣道〕「而能一易時關內之」集解引郝懿行。○一，變也。〔大戴·保傅〕「則百姓黎民一輯於下矣」王詁。又〔勸學〕「似善一」王詁。又〔楚辭·九辯〕「專思君兮不可一」補注引五臣注。○一者，變也。〔史記·樂毅傳〕「不一」雜志。○一謂變一。〔大戴·本命〕「一於陰陽」王詁。○一，德一，變一。〔廣韻·禡部〕○今以一為變匕字矣。〔說文〕「一，教行也」段注。○一，變易舊形之義也。〔釋言〕「訛，一也」郝疏。○一猶移。〔國策·魏策四〕「或一於利」鮑注。○一，生也。〔大戴·曾子天圓〕「而含氣者一」王詁。○一猶生也、育也。〔本命〕「不能一」王詁。○〔義府·卷下〕一，指腹中未成形之胚胎也。〔呂覽〕「紂剖孕婦，欲觀其一」。○腹中之一，一無而至有，人死之一，一有而之無。〔義府·卷下〕○人死亦謂之一。〔同上〕○一者，死者也。〔孟子·公孫丑下〕「且比一者」集注。○一者，誘禽鳥也，即今之鳥媒也。〔說文〕「囮，譯也」繫傳。○一、惑聲轉。〔釋詁〕「蠱，疑也」郝疏。○貨、一二字古同聲同義。〔廣雅·釋詁三〕「貨，匕也」疏證。○古一、貨通用。〔說文〕「舟，船也」句讀。○一即古貨字，古布以一為貨。〔書·皋陶謨中〕「懋遷有無一居」孫疏。○一，古讀呼禾反。〔逸周書·武稱篇〕「舉旗以號令」雜志。○匕與一通。〔廣雅·釋言〕「蔿，譌也」疏證。○一與匕同。〔釋言〕「訛，一也」郝疏。○匋、陶、匕、一並通。〔廣雅·釋詁〕「匋，匕也」疏證。○〔說文定聲·卷一〇〕一，段借為匕。〔易·繫辭傳〕「知變一之道者」。○〔同上〕一，段借為貨。〔虞書〕「懋遷有無一居」。○〔同上〕一，段借為禍。〔周禮·大祝〕「四曰一祝」。○〔同上〕一，段借為譌。〔史記·天官書〕「其人逢俉一言」。○〔同上〕一，段借為過。〔公羊傳桓公六年〕「正月實來一我也」。○一即訛省。〔史記·天官書〕「一言誠然」志疑引〔史記釋疑〕。○舊校云，一一作民。〔呂覽·本味〕「其孰知乎事一」校正。○一當作外，字之誤也。〔管子·權修〕「而求其所不見之為之一」平議。○一當為則。〔大戴·夏小正〕「田鼠一為鴽」述聞。○一，疑術之誤。〔韓子·姦劫殺臣〕「若以道一行正理」集解。

舍

一，屋也。〔廣韻·禡部〕○一讀曰宿一之一，居也。〔大戴·哀公問五義〕「一此而為非者，不亦鮮乎」王詁。○〔說文定聲·卷九〕一，客居也，〔周禮〕之廬也，路室也，候館也，皆是。〔說文〕「市居曰一」。○一，居也。〔禮記·儒行〕「孔子至一」集解。○一者，居也。〔漢書·司馬遷傳〕「失在巖穴」雜志。○凡人所居之宮通謂之一。〔周禮·司徒〕「一人上士二人」孫正義。○一，止息人之屋一。〔離騷〕「忍而不能一也」補注引顏注。○一，如字，館也。〔通鑑·秦紀一〕「太子受而一之」音注。○一，傳一，如今驛一也。〔漢書·龔勝龔舍傳〕「賜帛及行道一宿」補注。○一，庫也，五帝車之庫府。〔說文〕「庫，兵車藏也」義證引〔春秋文曜鉤〕「咸池曰天潢，五帝車一也」宋均注。○一，處。〔詩·羔裘〕「一命不渝」朱傳。○一，軍次也。〔國策·西周策〕「令軍設一速東」鮑注。○一，息。〔詩·何人斯〕「亦不遑一」朱傳。○一，入一休息也。〔漢書·田叔傳〕「獨何為一」補注引周壽昌。○一謂人於其中一息也。〔說文〕「一，市居曰一」義證引〔急就篇〕顏注。○一，止也。〔孟子·滕文公上〕「一皆取諸其宮中而用之」朱注。又〔大戴·曾子事父母〕「然后一之矣」王詁。又〔勸學〕「功在不一」王詁。○一，止也，無一，言不能安其止。〔韓子·解老〕「為之欲之，則德無一」

集解引王先謙。〇丨，止也，一宿為丨。〔漢書・司馬相如傳〕「宮宿館丨」補注。〇丨，止也，息也。〔大戴・勸學〕「功在不丨」述聞。又〔通鑑・漢紀三〕「敢有丨慝」音注。〇凡止於是曰丨，止而不為亦曰丨。〔說文〕「市居曰丨」段注。〇丨，引伸之為凡止之偁。（同上）〇丨，屋也，又姓。〔廣韻・禡部〕〇丨，草止也。〔說文〕「庬，丨也」繫傳。〇丨，猶側。〔國策・魏策二〕「王不如丨需於側」鮑注。〇丨之為言予也，施之為言賜也。〔春秋名字解詁〕「孟丨，字施」述聞。〇〔史・表〕丨作翕。〔漢書・高惠高后文功臣表〕「侯丨嗣」補注。〇丨，皆讀為舒，謂發舒其氣也。〔儀禮・聘禮注〕「發氣，丨息也」、「發氣，丨氣也」述聞。〇丨與舒古字通。〔春秋名字解詁〕「公孫丨之字子展」述聞。〇舒與丨古同聲而通用。〔史記・屈原列傳〕「含憂」雜志。〇丨者，舒氣也。（同上）〇丨即舒字也。（同上）〇丨字古讀若舒。〔史記・田敬仲完世家〕「醳之愉」雜志。〇丨者，舒也。〔說文〕「天，顛也」義證引戴侗。〇〔說文定聲・卷九〕丨，叚借為舒。〔左傳襄公八年〕「鄭公孫丨之子展」。〇丨人，守丨之人也。〔左傳宣公一五年〕注「必先知其守將左右謁者門者丨人之姓名」疏證引惠棟。〇丨人，以幸倡常侍左右，故自稱天子從官。〔漢書・東方朔傳〕「丨人恚曰」補注引錢大昭。〇丨人，謂為私屬官可也。〔漢書・曹參傳〕「告丨人趣治行」補注引〔通鑑〕胡注。〇丨慝，即〔李布傳〕「購求布千金，敢有丨慝，罪三族」是也。〔漢書・淮南厲王傳〕「及丨慝者」補注引錢大昭。〇丨采，〔月令〕作釋菜。〔呂覽・仲春〕「丨采」校正。〇丨支，正云設施，謂月之別名。〔慧琳音義・卷二二〕〇丨勒，内衣，衹支，即覆腋衣也。〔通雅・衣服〕〇丨與澤通。〔管子・戒〕「澤其四經」雜志。〇丨、釋、澤三字古同聲而通用。（同上）

價 丨，丨數。〔廣韻・禡部〕

射 丨，弓弩發也。〔離騷〕「又好丨夫封狐」補注。〇丨，丨弓也。〔廣韻・禡部〕〇丨，鄉丨也。〔詩・猗嗟〕「丨則臧兮」陳疏。〇養、丨皆教也。〔通說〕「養、丨」述聞。〇丨之言序也。〔周官・量人〕「丨人」平議。〇此丨字乃丨策、丨覆之丨。〔荀子・解蔽〕「善丨以好思」集解引俞樾。〇丨義，天子將祭，必先習丨於澤，澤者，所以擇士也。〔漢書・食貨志〕「則別之以丨」補注。〇丨韝，亦謂之臂捍。〔說文〕「韝，規也」段注。〇丨筒，竹細小通中，長丈餘，亦無節。〔文選・吳都賦〕「桂箭丨筒」集釋。〇丨陽者，丨水之陽也。〔史記・高祖功臣侯者年表〕「丨陽」志疑。〇丨，僕丨。〔廣韻・禡部〕〇丨干，香草。〔楚辭・愍命〕「掘荃蕙與丨干兮」補注。〇丨干，香草也。〔文選・上林賦〕「槀本丨干」集釋引司馬彪。〇丨干即烏扇也。（同上）集釋引〔漢書〕顔注。〇丨干，一名烏翣。（同上）集釋引〔名醫別錄〕。〇丨干，一名烏扇。（同上）集釋引〔神農本草〕。〇丨干，今江東呼為烏萐。〔文選・高唐賦〕「青荃丨干」李注引郭璞。〇丨干，草也。後丨干，獸也。〔史記・司馬相如列傳〕「芷若丨干」志疑引〔學林〕。〇丨干，蓋佛書所謂野干。野干似狐而小，形色青黃如狗，群行夜鳴如狼。〔漢書・司馬相如傳〕「騰遠丨干」補注引沈欽韓。〇丨干，疑即〔周禮〕鄭注之鳱鵠。鳱省隹旁則為干。〔文選・子虛賦〕「騰遠丨干」集釋。〇丨，齊作斁。〔詩・清廟〕「無丨於人斯」集疏。〇丨、斁叚借通用。〔釋詁〕「丨，厭也」郝疏。〇丨，通作斁。（同上）邵正義。〇丨即斁。（同上）鄭注。〇序、豫、丨俱字異而音同。〔釋詁〕「豫，厭也」郝疏。〇〔漢・表〕丨作謝，古字通。〔史記・高祖功臣侯者年表〕「戴侯丨」志疑。〇丨，當讀為仰者謝之謝。〔儀禮・鄉射禮〕「無丨獲」平議。〇躲與丨同，即榭字之叚借。〔管子・海王〕「臺雉」雜志。〇以丨為磔。〔韓子・難言〕「田明辜丨」平議。〇丨，疑刖字之誤。〔墨子・號令〕「其罪丨」平議。

罵 丨，惡言。〔廣韻・禡部〕〇丨，以惡言相詈辱也。〔慧琳音義・卷六六〕引〔考聲〕。〇丨，謂以惡言加网之也。〔說文〕「丨，詈也」繫傳。〇〔說文定聲・卷九〕丨，字亦作傌。〔漢書・賈誼傳〕「笞傌弃市之法」。

稼 禾之秀實而在野者曰丨。〔詩・七月〕「十月納禾丨」朱傳。〇丨亦禾耳。（同上）通釋。〇種五穀曰丨。〔論語・子路〕「樊遲請學丨」朱注。〇種之曰丨。〔詩・伐檀〕「不丨不穡」朱傳。〇丨，丨穡，種曰丨，斂曰穡。〔廣韻・禡部〕〇種之為丨。〔說文〕「丨，禾之秀實為丨」繫傳。〇種作曰丨。〔說文〕「穡，穀可收曰穡」義證引〔物理論〕。〇丨猶種也。（同上）〇丨之言嫁也。〔說文〕「一曰在野曰丨」段注。〇丨，嫁也。〔說文〕「丨，禾之秀實為丨」義證。〇〔說文定聲・卷九〕丨，以斝為之。〔周禮・司尊彝〕「祼用斝彝」。

架 丨，丨屋。〔廣韻・禡部〕〇丨與枷同。〔廣雅・釋器〕「箷謂之枷」疏證。

詐 丨，挾私妄作。〔論語・陽貨〕「今之愚也丨而已矣」朱注。〇丨，妄也。〔慧琳音義・卷一三〕引〔字書〕。〇丨，偽也。〔廣韻・禡部〕〇丨之為言作也。〔釋詁〕「載，偽也」郝疏。〇丨之通作，亦猶偽之通為。〔釋言〕「作，為也」郝疏。〇丨亦誆也。〔荀子・儒效〕「豫賈」雜志。〇〔通雅・釋詁〕丨諼、懷諼，皆言虛謾也。〔藝文志〕「上丨諼而弃其信」。〇丨，古音莊助反。〔逸周書・殷祝篇〕「生事」雜志。〇丨，蓋乍之借。〔公羊傳僖公三三年〕注「丨，卒也」陳疏。〇〔說文定聲・卷九〕丨，叚借為乍。〔公羊傳僖公三三年〕「丨戰不日」。〇官本丨作作。〔漢書・諸侯王表〕「丨謀既成」補注。

亞 丨，次也。〔國策・燕策二〕「而使臣為丨卿」鮑注。〇丨旅者，丨，次也，謂其副貳官。〔書・立政〕「司空丨旅」孫疏。〇丨，次也，就也，醜也。〔廣韻・禡部〕〇丨者，醜也。〔說文繫傳・通論下〕〇丨，仲叔也。〔詩・載芟〕「侯丨侯旅」朱傳。〇惟丨，謂正官之倅。〔書・酒誥〕「惟丨惟服」孫疏。〇丨夫為勃弟。〔史記・高祖功臣侯者年表〕「後元二年，封勃子丨夫」志疑引〔史義拾遺〕。〇丨，通作惡。〔釋言〕「丨，次也」郝疏。〇丨，經

典通作惡。〔說文〕「一，醜也」義證。又〔同上〕句讀。○古一、惡通也。〔通雅·疑始〕○一、惡古通。〔漢書·景武昭宣元成功臣表〕「一谷簡侯盧它之」補注引錢大昭。○一與惡音義皆同。〔說文〕「一，醜也」段注。○〔說文定聲·卷九〕一，以惡為之。〔孟子〕「雖有惡人」。○一谷，一作惡谷。〔史記·惠景間侯者年表〕「一谷」志疑。○一，當作㔾，兩己相背也。〔漢書·韋賢傳〕「黼衣朱紱」補注引錢大昕。○〔說文定聲·卷九〕一，叚借為敘。〔說文〕「一，賈侍中說以為次弟也」。○一、侸之聲相轉。〔釋言〕「一，貳也」郝疏。○一駝即嘑沱，一作虖池、惡池、呼池、惡沱，虖勺。〔通雅·地輿〕

罅　一，孔一。〔廣韻·禡部〕○一，器裂也。〔慧琳音義·卷三五〕引〔韻英〕。又〔卷八一〕引〔考聲〕。○〔說文定聲·卷九〕燒缶善裂，即考工旅人所謂薜也。〔說文〕「一，裂也」。○一、墉、呼並通。〔廣雅·釋詁〕「一，裂也」疏證。○〔說文定聲·卷九〕一，叚借為墉。〔鬼谷子〕「抵巇」注「一者，嵋也」。

跨　一，越也。又兩股間。〔廣韻·禡部〕○兩股間謂之一下，〔史記·淮陰侯列傳〕作胯下。〔說文〕「一，渡也」段注。○一，謂大其兩股間以有所越也。〔同上〕○吳人謂大坐曰一。〔說文〕「踤，踞也」義證引〔類篇〕。○一與胯同。〔方言一二〕「半步為跬」箋疏。○一下，〔史記〕作袴下，意同。〔漢書·韓信傳〕「出一下」補注。○反夂為一。〔說文〕「牛，一步也」繫傳。○一與胯，跬與奎，聲相近，皆中空之意也。〔廣雅·釋言〕「胯，奎也」疏證。○〔說文定聲·卷九〕一，叚借為誇。〔列子·楊朱〕「而欲尊禮義以一人」。○〔同上〕一，叚借為踤。〔一切經音義〕引〔俗典〕「江南謂開膝坐為跰一，山東謂之甲趺」。

麝　一，獸名。〔廣韻·禡部〕○一，形似麞，常食柏葉，又噉蛇，五月得香。〔說文〕「一，如小麋」義證引陶宏景。○一之香氣遠射，故謂之一。或云一父之香來射，故名，亦通。〔本草·卷五一〕○一父，其脚似麞，而臍甚香。〔釋獸〕「一父，麢足」郭注。

咤　一同吒。〔廣韻·禡部〕○一，發怒聲也。〔通鑑·漢紀一〕「項王暗噁叱一」音注。

吒　一，一歎。〔廣韻·禡部〕○一，彈舌作聲也。〔慧琳音義·卷七四〕引〔考聲〕。○〔說文定聲·卷九〕一，亦以妊為之。〔史記·司馬相如傳〕「子虛過詫烏有先生」。○〔同上〕一，叚借為詫。〔書·顧命〕「三吒」。○〔同上〕一，字亦作詫。〔莊子·達生〕「踵門而詫子扁慶子」。

怕　一，一懼。〔廣韻·禡部〕○今人或言一者，怖聲之轉耳。〔廣雅·釋詁二〕「怖，懼也」疏證。○今人所云一懼者，乃迫之語轉。〔說文〕「一，無偽也」段注。○憺一，俗用澹泊為之，叚借也。〔同上〕○〔說文定聲·卷九〕一，今澹泊字以洦為之。〔子虛賦〕「一乎無為」。

訝　一，嗟一。〔廣韻·禡部〕○一與迓同。〔儀禮·聘禮〕「厥明，一賓於館」胡正義。○一，謂以言辭迎而勞之也。〔說文〕「一，相迎也」繫傳。○一，乍接必以言，故從言，俗字作迓。〔說文定聲·卷九〕○一，或作迓。〔釋詁〕「一，迎也」邵正義。○一，字或作迓。〔說文〕「一，相迎也」義證。○一，迓俗字。〔同上〕段注。○一，惟〔周禮〕作一，他經皆作御。〔同上〕段注。○一，經典借御字。〔同上〕義證。○一，通作御，又通作輅。〔釋詁〕「一，迎也」邵正義。○一、逆同義。〔周禮·序官〕「掌一中士八人」孫正義。○一亦逆也。〔說文〕「啎，逆也」義證引惠棟。○〔說文定聲·卷九〕一，蓋以梧為之。〔儀禮·聘禮〕「一受几于筵前」注「今文一為梧」。○〔同上〕一，以銜為之。〔周禮·田僕〕注「逆銜還之」。○〔同上〕一，以禦為之。〔書·牧誓〕馬本「弗禦克奔」。○〔同上〕一，叚借為庌。〔周禮·圉師〕故書「夏一馬」。○一，叚借為遻，今用一為相驚之詞。〔說文定聲·卷九〕○無一，〔莊子·山木篇〕作無譽。〔呂覽·必己〕「無一無訾」校正。

詫　一，誑也。〔廣韻·禡部〕○一，誇也。〔通鑑·唐紀七四〕「各自一勇略」音注。

嗄　一，聲敗。〔廣韻·夬部〕○一，聲敗也。〔慧琳音義·卷三〇〕引〔文字集略〕。○一，聲破也。〔同上〕引〔考聲〕。又〔卷九四〕引〔考聲〕。○一，聲變也，或從欠，古作嗄。〔集韻·禡部〕○一，氣逆也。〔集韻·夬部〕○一，氣逆也。或作噎。〔集韻·怪部〕○一曰楚人謂啼極無聲為一。〔集韻·夬部〕○一，本作嚘，當從。〔莊子·庚桑楚〕「兒子終日嗥而不嗌不一」集釋引俞樾。

迓　一，迎也。〔離騷〕「九疑繽其並一兮」戴注。又〔廣韻·禡部〕。○迎、一、御俱音轉字通。〔釋言〕「逆，迎也」郝疏。○一，俗字。〔書·洛誥〕「一衡不迷」孫疏。○〔說文定聲·卷九〕一，古本皆作訝。〔釋詁〕「一，迎也」。○一，當為訝。〔書·顧命上〕「敬一天威」孫疏。○〔說文〕無一字，當為訝，或為御。〔書·盤庚〕「予一續乃命于天」孫疏。○〔匡謬正俗〕引經文一作御。〔同上〕○一，〔匡謬正俗〕引此經作御。〔書·牧誓〕注「一，一作御」孫疏。○一與御通也。〔書·洛誥〕注「康成讀一為御」孫疏。○一當作禦。〔書·牧誓〕「弗一克奔」平議。

御　一，迎也。〔詩·思齊〕「以一于家邦」朱傳。○一，迎也，進也。〔同上〕後箋。

蜡　一同禮。〔廣韻·禡部〕○一，年終祭名。〔說文〕「一，蠅胆也」段注。○一，歲十二月，合聚鬼神而索饗之也。〔禮記·禮運〕「仲尼與於一賓」集解。○臘者祭先祖，一者報百神，同日異祭也。〔說文〕「臘，冬至後三戌臘祭百神」義證引〔玉燭寶典〕。○一者，息民之祭。〔同上〕義證引〔太平御覽〕杜公瞻說。○〔說文定聲·卷九〕蠅乳肉中成一。〔說文〕「一，蠅胆也」。○一，讀如狙司之狙。〔說文〕「胆，蠅乳肉中也」段注。○一者，蛆之古字。〔說文〕「一，蠅胆也」段注。○一、胆音義皆通。〔同上〕○一為水母之名。〔同上〕○一，字亦作䖶，俗字作蛆。〔說文定聲·卷九〕○一，〔禮

記·郊特牲〕借為八丨字。〔說文〕「丨，蠅胆也」段注。○八丨之丨，本當作昔。（同上）○〔說文定聲·卷九〕丨，叚借為索。〔禮記·郊特牲〕「伊耆氏始為丨，丨也者，索也」。

䄍 丨，年終祭名。〔廣韻·禡部〕○丨，索也，合聚萬物，索饗百神也。通作蜡。〔集韻·禡部〕○丨，本作蜡。〔廣雅·釋天〕「丨，索也」疏證。

胯 丨，兩股間也。〔廣韻·禡部〕○丨，通作跨。〔廣雅·釋言〕「丨，奎也」疏證。○〔說文定聲·卷九〕丨，以跨為之。〔漢書〕「不能出跨下」。○丨即牛之俗。〔說文〕「跨，渡也」段注。

帊 丨，丨幞。〔廣韻·禡部〕○丨，大襆也，蓋牀蓋鞍襆也。〔慧琳音義·卷七九〕○丨，大幞也，或作祀也。〔卷四〕引〔考聲〕。○丨，又作祀，襆也。〔卷三四〕○丨又作祀。〔方言四〕注「即丨幞也」箋疏。○丨，普駕切，今人言手丨是也。〔管子·小稱〕「乃援素幭」雜志。○幭謂丨幞也。（同上）

柘 丨，木名。〔廣韻·禡部〕○丨，甘丨也。〔楚辭·招魂〕「有丨漿些」補注引相如賦「諸丨巴苴」注。○〔史記〕作蔗，此作丨，字通叚耳。〔漢書·司馬相如傳〕「諸丨巴且」補注。○丨木，許所據丨作樜也。〔說文〕「樜，樜木」段注。○〔說文定聲·卷九〕丨榆，即刺榆。〔廣雅〕「丨榆，梗榆也」。○（同上）丨，叚借為蔗。〔楚辭·招魂〕「有丨漿些」。○丨，其木堅勁，烏峙其上，不屈。〔說文定聲·卷九〕○丨稽，即諸稽郢。〔史記·越王句踐世家〕「而使范蠡與大夫丨稽行成」志疑。○縣有丨溝，故以為名。〔漢書·地理志〕「丨」補注引〔寰宇記〕。

崋 丨，丨山，西嶽。〔廣韻·禡部〕○丨，通作華。〔說文〕「崋，山，在弘農崋陰」義證。

華 丨，同崋。〔廣韻·禡部〕○丨，樗也。〔莊子·讓王〕「原憲丨冠縰履」集釋。

卸 丨，丨馬去鞍。〔廣韻·禡部〕○丨，解車馬也。〔說文〕「御，使馬也」繫傳。

貰 丨，丨賒也，貸也。〔廣韻·禡部〕○丨，賒也。〔慧琳音義·卷四四〕引顧野王。○丨，貸也。〔通鑑·漢紀一一〕「縣官無錢，從民丨馬」音注。○丨，寬也。〔通鑑·漢紀一五〕「令漢丨陵罪」音注。

靶 丨，轡革。〔廣韻·禡部〕○丨，馬鞚也。〔慧琳音義·卷八四〕引〔考聲〕。○丨，柄也，或作弝、把。〔卷六二〕引〔字書〕。○丨亦柄也。〔卷八四〕○丨之言把也，所把以登車也。〔廣雅·釋器〕「丨謂之綏」疏證。○丨，御人所把處也。〔說文〕「丨，轡革也」繫傳。○〔說文定聲·卷九〕丨，轡首革。〔說文〕「丨，轡革也」。○丨者，轡也。〔說文〕「綏，車中丨也」段注。○丨，各本作把。（同上）○郭注丨當為鞔字之誤。〔釋器〕「輿車前謂之鞎」郭注「以韋丨車軾」郝疏。

姹 丨，美女。〔廣韻·禡部〕○〔說文定聲·卷九〕丨，〔漢書〕作姱，則以姱為之。〔史記·韓長孺傳〕「即欲以姹鄗縣」。○丨，叚借為吒。〔說文定聲·卷九〕

乍 丨，猶忽也。〔孟子·公孫丑上〕「今人丨見孺子將入於井」朱注。○丨亦始也。〔廣雅·釋詁一〕「作，始也」疏證。○丨，出亡得一則止，暫止也。〔說文〕「丨，止亡詞也」段注。○丨，引申為倉猝之稱。（同上）○丨者，倉促意，即迮之假借也。〔說文〕「迮，迮起也」段注。○〔說文定聲·卷九〕丨，止亡詞也。亡與止亡皆倉猝事，故亦為倉猝之詞。〔說文〕「丨，止也，一曰亡也」。○丨、暫、卒三字轉注也。〔孟子·公孫丑上〕「今人丨見孺子將入於井」焦正義。○丨，古與作通。〔書·周書序〕「丨照光于四方」孫疏。又〔墨子·兼愛下〕「若日若月丨照」閒詁引孫星衍。○古文叚借丨為作。〔說文〕「作，起也」段注。○丨，字亦作咋。〔廣雅·釋言〕「丨，暫也」疏證。○丨，當為斮。〔淮南子·說林〕「蝯狖之捷來丨」平議。○〔說文定聲·卷九〕丨，以齚為之。〔左傳〕「桓子丨謂林楚」。○丨，與亏、亾、毋、朩同意。〔說文定聲·卷九〕

䣕 丨，宋本皆作存或作郁者，俗又或譌為郁矣。〔說文〕「丨，存丨」段注。

⿸疒馬 丨，牛馬病。〔廣韻·禡部〕○丨，謂目病生眵也，俗謂丨翳。〔說文〕「丨，目病也」義證。

⿱髟家 丨，婦人結帶。〔廣韻·禡部〕○丨，袜額也，一曰帶結飾。〔集韻·禡部〕○丨，袜額也。〔說文〕「丨，帶結飾也」義證引〔類篇〕。○〔說文定聲·卷九〕丨，謂繞於髻上為飾者，謂之丨帶。〔說文〕「丨，帶結飾也」。

幏 丨，蠻夷賨布。〔廣韻·禡部〕○丨猶中國言稅也。〔說文〕「丨，臬帬蠻夷賨布也」繫傳。○丨，此亦漢制，名賦夷布為丨。（同上）

襾 丨，覆也。覆、覈、要、賈從此。〔廣韻·禡部〕○丨，字與幠略同。〔說文定聲·卷九〕

唬 丨，虎聲。〔廣韻·禡部〕○〔說文定聲·卷七〕丨，叚借為号。〔禮記·雜記〕徐本「亡無啼丨」。○（同上）丨，虎聲也，今近海水師有丨船。〔說文〕「丨，嗁聲也，一曰虎聲」。

⿰土虖 鏬、丨、呼並通。〔廣雅·釋詁〕「鏬，裂也」疏證。○丨與鏬音義皆同。〔說文〕「丨，坼也」段注。○丨與鏬同。（同上）句讀。

詐 在言曰丨。〔說文〕「丨，慙語也」繫傳。○丨與心部怍音同義近。（同上）段注。○丨，或借怍字。（同上）義證。○丨，慙語也。（同上）段注引〔玉篇〕。○〔說文定聲·卷九〕丨，以怍為之。〔論語〕「其言之不怍」。

髂 丨，胯骨。〔廣韻·禡部〕

樜 ｜同柘。〔廣韻・禡部〕〇｜作柘字，音同。〔説文〕「｜，木出發鳩山」繫傳。〇｜，通作柘。〔同上〕義證。〇｜，〔北山經〕以柘為之。〔説文定聲・卷九〕

鷓 ｜鴣鳥，似雉，南飛。〔廣韻・禡部〕〇｜鴣，越雉也。〔通雅・鳥〕

嗻 ｜，多語之貌。〔廣韻・禡部〕〇｜者，謂多言遏遮人言也。〔説文〕「｜，遮也」段注。〇〔説文定聲・卷九〕｜，多語之皃，遮遏人言也。〔説文〕「｜，遮也」。〇〔同上〕｜，以遮為之。〔史記・高帝紀〕「遮説漢王」。

䗪 ｜，蟠負，蟲名，亦作蟅也。〔廣韻・禡部〕〇｜即鼠婦。〔説文〕「蛜，蛜威，委黍」段注。〇｜，一名地鼈，今俗所謂地鼈蟲也。〔説文〕「蛷，多足蟲也」段注。

唶 ｜，歎聲。〔廣韻・禡部〕〇｜音借。〔説文〕「雇，九雇」繫傳。

摦 ｜，寬也，大也。〔廣韻・禡部〕

吴 ｜，大口。〔廣韻・禡部〕〇｜，口大皃。〔集韻・禡部〕〇〔武紀〕｜作虞。此作虞者，與｜聲相近，故假借也。〔漢書・郊祀志〕「不｜不敖」補注引朱一新。〇｜音話。〔説文〕「吳，一曰吳，大言也」義證引何承天。〇｜，六朝別體字。〔同上〕義證。

鱯 ｜，魚名，似鮎，白大。〔廣韻・禡部〕〇｜，俗譌為回魚。〔説文〕「｜，｜魚也」段注。〇〔華陽國志〕｜譌為鱯。〔同上〕〇｜，大口，亦曰鯉，曰鮠，曰鱯，今揚州人呼為鮠魚，江中多有。〔説文定聲・卷九〕

檴 ｜，木名。〔廣韻・禡部〕

傀 ｜，鬼變。〔廣韻・禡部〕

匕 ｜，變也，從到人。〔廣韻・禡部〕〇｜與化通。〔廣雅・釋言〕「為，譌也」疏證。〇匋、陶、｜、化並通。〔廣雅・釋詁三〕「匋，｜也」疏證。〇｜，通作化。〔方言一二〕「奄，化也」箋疏。〇｜，古化字。〔同上〕疏證。又〔方言三〕「涅，化也」疏證。〇｜者，變也。〔説文〕「䖸，蠶｜飛蟲」段注。〇今變｜字盡作化，化行而｜廢矣。〔説文〕「｜，變也」段注。〇｜，各本作化。〔説文〕「䖸，蠶｜飛蟲」段注。〇反人為｜。〔説文繫傳・通論上〕〇｜者，化也。〔同上〕〇｜，化也。〔説文〕「辰，震也」繫傳。〇｜，變｜也。〔説文〕「化，教行也」繫傳。又〔同上〕義證引〔五音集韻〕。〇｜，經典通作化。〔説文〕「｜，變也」義證。〇｜，經傳皆以化為之。〔説文定聲・卷一〇〕

䰳 ｜，魚名。〔廣韻・禡部〕〇｜，或作魤。〔説文〕「｜，魚名」義證。〇｜，又或作鮀。〔同上〕〇鮀、魤二字蓋皆｜之異文。〔説文〕「｜，魚名也」句讀。

諣 ｜，相｜誤也。〔廣韻・禡部〕〇｜，相誤。〔同上〕

跨 ｜，經典借跨字。〔説文〕「｜，踞也」義證。〇｜，此恐又跨字之異體。〔説文〕「｜，居也」段注。

杷 ｜，田器。〔廣韻・禡部〕〇｜，朳也。或從霸，亦作䎬。俗從手，非是。〔集韻・禡部〕〇｜音把。〔説文〕「穌，｜取禾若也」繫傳。

䧞 ｜，增益。又巧也。〔廣韻・禡部〕

俹 ｜，倚｜。〔廣韻・禡部〕〇｜，倚也。〔集韻・禡部〕又〔慧琳音義・卷四〇〕引〔字書〕。又〔卷五六〕引〔字書〕。

歞 ｜，歐｜，驢鳴。〔廣韻・禡部〕

苲 ｜，蒩，黃芩別名。〔廣韻・禡部〕〇｜，｜蒩，藥艸，黃芩也。〔集韻・禡部〕

芐 ｜，蒲芐草。〔廣韻・禡部〕〇｜，艸名，地黃也。〔集韻・禡部〕

𥳑 ｜，笘｜。〔廣韻・禡部〕〇｜之言寫也。〔廣雅・釋器〕「｜，笘也」疏證。〇｜，笘｜。〔説文〕「笘，折竹箠也」義證引〔玉篇〕。

篙 ｜，笘也。〔説文〕「笘，折竹箠也」義證引〔篇海〕。

蟅 ｜蜢，即蚱蜢。〔詩・螽斯〕「螽斯羽」後箋。〇｜蜢，今北方人謂之蚱蜢。〔同上〕〇｜蜢即螞｜，其形如蝗而無王字，時隱草際，亦食苗葉而不為害。〔公羊傳桓公五年〕注「螟者，煩擾之所生」陳疏。〇〔説文定聲・卷九〕｜即螽也，蝗也，阜螽也，䗥蝩也，蠜也，螣也，蝑也，蚸蚱也，蚱蜢也。〔廣雅〕「｜，蜙蝑也」。〇〔同上〕｜即蜚蠊蟚，〔爾雅〕之蜚蠦蟚，〔説文〕之蠦，〔春秋〕之蜚也。〔廣雅・釋蟲〕「飛｜，飛蠊也」。〇〔本草〕之䗪，則今俗所云蜚蠊底蟲，種類各別。〔説文定聲・卷九〕〇｜，字亦作蝶。〔同上〕〇｜，字亦作蚝。〔同上〕

笡 ｜，斜逆也。〔廣韻・禡部〕〇｜，柱斜也。〔慧琳音義・卷四〇〕引〔韻英〕。〇｜，逆槍也。〔同上〕引〔古今正字〕。

𢊁 ｜，亦幕也，方俗語有輕重耳。〔廣雅・釋宮〕「｜，庵也」疏證。

奓 ｜，張也，開也。〔廣韻・禡部〕〇｜，開也。〔集韻・禡部〕〇｜，張也。〔集韻・馬部〕

窀 〔説文定聲・卷一二〕｜，疑即宅字。〔魯靈光殿賦〕「窋｜垂珠」。〔窋〕下

𥥈 窊與｜義正相反，窊為不滿之寬，｜為橫大之寬。〔廣雅・釋詁二〕「｜，寬也」疏證。

屮 丨，一步也。〔廣韻·禡部〕

傻 丨，丨偢不仁。〔廣韻·禡部〕又〔集韻·禡部〕。

⿰少刂 丨，刺也。〔集韻·禡部〕

託 丨，祭奠酒爵。〔廣韻·禡部〕

厙 〔通雅〕丨，音赦。〔後漢書·竇融傳〕「金城守丨鈞」。

⿸尸呆 丨，高丨，山名。丨即柘字。〔通雅·地輿〕

⿸厂鳥 丨，傾也。〔集韻·禡部〕

吒 丨，開口皃。〔集韻·禡部〕

咋 丨丨，語聲。〔廣韻·禡部〕〇乍，字亦作丨。〔廣雅·釋言〕「乍，暫也」疏證。

呼 鏬、⿰土虖、丨並通。〔廣雅·釋詁〕「鏬，裂也」疏證。

哆 丨、吴，大口。〔廣韻·禡部〕

哧 丨，恐相也，亦言恐嚇。〔慧琳音義·卷四七〕

啞 丨丨，鳥聲。〔廣韻·禡部〕

⿰口窊 丨，小兒啼。〔集韻·禡部〕

嘔 丨，逆吐而不下食也。〔説文〕「歐，吐也」義證引〔急就篇〕顔注。

⿰口罵 詬丨，責怒。〔廣韻·禡部〕

嚇 丨，笑聲。〔廣韻·禡部〕

⿰弓又 丨，當為弘。〔説文〕「傿，引為賈也」義證。

弝 丨，弓丨。〔廣韻·禡部〕

庌 丨，廡也。〔集韻·禡部〕

⿸广架 丨，構屋也。〔集韻·禡部〕〇丨，丨屋閒也。〔廣韻·禡部〕

宱 丨，寬也。〔集韻·禡部〕

寫 丨，義與卸同。〔方言七〕「發、税，舍車也」注「今通言發丨也」箋疏。〇丨、卸古通用。〔方言七〕注「舍宜讀丨」疏證。

帕 丨與袙同。〔廣雅·釋器〕「裲襠謂之袙腹」疏證。

要 丨、濡、柔竝一聲之轉。〔釋詁〕「柔，安也」郝疏。

坬 丨，土埵。〔廣韻·禡部〕〇丨，土埵也。〔集韻·禡部〕

⿰去可 丨，歎聲。〔廣韻·禡部〕又〔集韻·禡部〕。

垻 蜀人謂平川為丨。〔廣韻·禡部〕

⿰彳夸 丨，行也。〔集韻·禡部〕

⿰彳着 丨步，立也。〔廣韻·禡部〕又〔集韻·禡部〕。

⿰扌叚 丨，舉閣。〔廣韻·禡部〕

⿰扌窊 吴人謂挽曰丨，或作攨。〔集韻·禡部〕

揸 丨，衺梧也。〔集韻·禡部〕

擭 丨，機檻。〔集韻·禡部〕

⿰忄亞 丨，心鬱也。〔集韻·禡部〕

愘 丨⿰忄牙，多伏計。〔集韻·禡部〕

⿰忄舉 丨，心亂也。〔集韻·禡部〕

⿰忄家 丨，心不安也。〔集韻·禡部〕

⿰日赦 丨，日赫。〔集韻·禡部〕

⿰可欠 丨，大笑。〔廣韻·禡部〕〇丨，張口息也。關中謂權臥為丨。〔集韻·禡部〕

歐　｜，飲也。〔集韻・禡部〕

灹　｜，火聲。〔廣韻・禡部〕〇｜，火焱也。〔集韻・禡部〕

煆　｜，赫也，熱也，乾也。〔廣韻・禡部〕

汊　｜，水歧流也。〔集韻・禡部〕

涿　｜，膧屬。〔集韻・禡部〕

⿰氵窄　｜，溼也。〔集韻・禡部〕

瀉　｜，吐｜。〔廣韻・禡部〕〇｜與寫同。〔方言五〕注「盛米穀寫斛中者也」箋疏。

枒　｜，木名。一云車輞合處。〔廣韻・禡部〕

⿰木化　｜，木名，皮可為索。〔廣韻・禡部〕又〔集韻・禡部〕。

楷　｜，木參交以枝炊籅者。〔集韻・禡部〕引李舟。

榪　｜，牀端橫木。〔集韻・禡部〕〇｜，牀頭橫木。〔廣韻・禡部〕

榨　笮、酢、｜並同義。〔廣雅・釋詁二〕「笮，盪也」疏證。

⿰木虖　｜，字從虖，其氣臭，人呵嘑之也。〔本草・卷三五〕〇｜、樺，古今字也。〔說文〕「｜，｜木也」段注。〇｜，〔上林賦〕字作華。〔說文〕「｜，｜木也」段注。〇｜，以其皮卷之可然為燭，所謂樺燭也。今人又以裹鞍及弓靶緻密耎温，所謂煖皮也。〔說文定聲・卷九〕

樺　｜，木名。〔廣韻・禡部〕〇｜木，似山桃，室韋國用｜皮蓋屋。〔漢書・司馬相如傳〕「華楓枰櫨」義證引〔玉篇〕。

欛　｜，刀柄名。〔廣韻・禡部〕

犽　｜，獸名。〔廣韻・禡部〕〇｜，獸名，似貛，長尾。〔集韻・禡部〕

獁　｜，獸名。〔集韻・禡部〕

獲　｜，爭取也。〔集韻・禡部〕

窊　｜，启下處也。〔廣韻・禡部〕

痄　｜，利疾。〔集韻・禡部〕

疴　｜，小兒驚。〔廣韻・禡部〕〇｜，小兒驚病。或作客。〔集韻・禡部〕

瘕　｜，腹病。〔廣韻・禡部〕又〔集韻・禡部〕。

玡　｜，骨似玉者。〔集韻・禡部〕

砑　｜，碾｜。〔廣韻・禡部〕

砟　｜，碑石也。〔集韻・禡部〕

白　｜頭翁，近根處有｜茸，狀似｜頭老翁，故以為名。〔本草・卷一二〕〇｜及，其根｜色，連及而生，故曰｜及。〔同上〕

肰　｜，獸名，似狼。〔廣韻・禡部〕

皅　｜，色不真也。〔廣韻・禡部〕

瓦　｜，泥｜屋。〔廣韻・禡部〕〇｜，｜施於屋也。或作⿱冖瓦。〔集韻・禡部〕

矲　｜矮，短兒。或作⿰矢卑、跁。〔集韻・禡部〕

杷　｜稏，稻名。〔廣韻・禡部〕

秅　｜，屋兒。〔集韻・禡部〕

⿰禾宅　｜，開張屋兒。〔廣韻・禡部〕

⿰禾它　｜，束禾也。〔集韻・禡部〕

稏　杷｜，稻名。〔廣韻・禡部〕

䆉　｜稏，稻也。或從巴。〔集韻・禡部〕

睱　｜，緩視也。〔集韻・禡部〕

睚　｜眦，恨視。〔集韻・禡部〕

⿰目馬　｜，視兒。〔集韻・禡部〕

賀|，|膠，不密。〔廣韻・禡部〕○|膠，不密也。一曰瘡皮。〔集韻・禡部〕

䏧|，膩也。〔廣韻・禡部〕又〔集韻・禡部〕。

䐑|膪，肥皃。〔廣韻・禡部〕○|膪，肥也。〔集韻・禡部〕

膠|䏧，相黏也。〔廣韻・禡部〕

膪䐑|，肥也。〔廣韻・禡部〕

䒊|，色敗也。〔集韻・禡部〕

蛇|，水母也。一名蟦，形如羊胃，無目，以蝦為目。〔廣韻・禡部〕

蛤|，蟲名，似蟹。〔集韻・禡部〕

蝑|，鹽藏蟹。〔廣韻・禡部〕○|，蟹醢。或從夜、從卸、從舍。〔集韻・禡部〕

蠚|即蜡字之異者也。〔說文〕「蜡，蠅胆也」段注。

笮|，|酒器也。〔廣韻・禡部〕

蓌|，詐拜也。〔集韻・禡部〕

𦨣|，具舟也。或從架。〔集韻・禡部〕

褯|，小兒|。〔廣韻・禡部〕○|，小兒衣。〔集韻・禡部〕

絮|，絲結亂也。〔廣韻・禡部〕○|，絲棼也。或從如、從奓。〔集韻・禡部〕

𥿭|，以繩維持也。〔集韻・禡部〕○|，縶縛之也。〔通鑑・後梁紀四〕「晉王以練|劉仁恭父子」音注。

粺|，榖也。〔集韻・禡部〕

耤|，字亦作藉。〔廣韻・釋詁〕「|，稅也」疏證。

賈|人，知善惡。〔廣韻・禡部〕

觰|，角上廣。〔廣韻・禡部〕

䠶|，發矢。〔慧琳音義・卷三〕引〔字書〕。○|與射同，即榭字之假借。〔說文〕〔荀子・海王〕「臺雉」雜志。○|者，弓弩發於身而中於遠也。〔說文〕「彈，|也」段注。○|，〔說文〕矢部況謈之弦，疑古射字。〔說文定聲・卷九〕

𧿤|，歧道也。〔集韻・禡部〕

跁|踦，短人。〔廣韻・禡部〕

跭|，却坐也。〔慧琳音義・卷一八〕引〔考聲〕。○|謂舉足也。〔卷八〇〕引顧野王。

跅|，歧道。〔集韻・禡部〕

蹠|踏，踏地用力。〔廣韻・禡部〕○|踏，距地用力也。〔集韻・禡部〕

躤|，踐也。〔廣韻・禡部〕

趚|，|脚立也。〔廣韻・禡部〕○|，怒也，一曰牽也。〔同上〕○|，衺逆也。〔集韻・禡部〕

迓|，次第行。〔廣韻・禡部〕○|，次第行也。〔集韻・禡部〕

迦|枒，木如蒺藜，上下相蛇。〔集韻・禡部〕

𧨖|即詫之俗字。〔方言一〕「虔、儇，慧也」疏證。

𧦝|，如也。一曰膺聲。〔集韻・禡部〕

詐|，枉也。〔廣韻・禡部〕

𧪞|訝，言不正。〔集韻・禡部〕

𧬈|詬，巧言才也。〔廣韻・禡部〕○|詬，巧言。〔集韻・禡部〕

諣|，疾言。〔廣韻・禡部〕又〔集韻・禡部〕。

䚷|，多言。〔廣韻・禡部〕○|，多言也。〔集韻・禡部〕

謑|，怒言。〔廣韻・禡部〕又〔集韻・禡部〕。

謝〔說文定聲・卷九〕|，以豫為之，皆〔爾雅〕所云無室曰榭。〔儀禮・鄉射禮〕「豫則鉤楹內」。○〔同上〕|，字亦作榭。臺上有屋無四壁，與堂、皇之

有屋無四壁，皆名榭者，謂室去序也。〔釋宮〕「有木者謂之榭」。〇丨，辭而去也。〔說文定聲・卷九〕

誶 丨，詐丨。〔廣韻・禡部〕

⿰言爽 丨，異言，或作訍。〔集韻・禡部〕

⿰言畢 〔說文定聲・卷九〕丨猶註誤也。〔說文〕「丨，相誤也」。

⿰車乍 丨，車裂。〔集韻・禡部〕

⿰車褭 丨，轅也。〔集韻・禡部〕

醡 笮、丨、榨並同義。〔廣雅・釋詁二〕「笮，盞也」疏證。

⿰酉窖 丨，壓酒具也。〔廣韻・禡部〕

錏 丨，柔剛鐵也。〔集韻・禡部〕

⿰金夜 丨，鏡丨。〔廣韻・禡部〕〇丨，鏡也。〔集韻・禡部〕

閜 丨，開裂也。〔集韻・禡部〕

⿵門勿 丨，開也。〔集韻・禡部〕

⿵鬥乇 丨同詫。〔廣韻・禡部〕

⿰革庶 丨亦皮也。〔本草・卷二〇〕

骼 〔說文定聲・卷九〕丨，字亦作髂。〔禮記・月令〕「掩丨埋胔」注「骨枯曰丨」。

髁 丨，腰下骨也，或作胯。〔慧琳音義・卷一四〕引〔韻英〕。〇丨，髀上骨也。（同上）引〔考聲〕。

⿰骨叚 丨同髂。〔廣韻・禡部〕

⿱髟乇 丨亂，髮亂皃。〔集韻・禡部〕

⿱髟乍 丨，毛多皃。〔集韻・禡部〕

騇 丨，牝馬。〔廣韻・禡部〕

蔫 丨，登也。〔集韻・禡部〕

鮓 丨，海魚名，或作蚱。〔集韻・禡部〕

鮊 丨，魚名，或從犬。〔集韻・禡部〕

⿰魚犬 丨，海魚。〔廣韻・禡部〕

⿰乍鳥 丨，鳥名，似雉。〔廣韻・禡部〕

⿰革鳥 丨，雉名。〔集韻・禡部〕

⿰黑者 丨，黑色。〔集韻・禡部〕

⿰多黍 ⿰黍多丨，黏也。〔集韻・禡部〕

齖 丨，齰丨，不相得也。〔廣韻・禡部〕

⿰齒巴 丨，齒出皃。〔集韻・禡部〕

⿰齒各 丨貓，齒出皃。〔集韻・禡部〕

齰 丨，丨齖。〔廣韻・禡部〕〇丨，齧也。〔集韻・禡部〕

續經籍籑詁卷第八十二

去聲

二十三漾

漾 丨者，水波也。〔慧琳音義·卷四〕○丨，舟在波上也。〔卷七八〕○丨、瀁，古今字也。〔說文〕「潒，水潒瀁也」段注。○丨，隸為瀁字。〔同上〕○丨，今〔漢書〕作瀁。〔說文〕「丨，水出隴西柏道東至武都為漢」繫傳。○丨，〔夏紀〕作瀁，蓋兼存古文。養即瀁之省也。〔漢書·地理志〕「嶓冢道丨」補注。○〔韓詩〕「江之丨矣」，以為羕之假借。〔說文〕「丨，从水，羕聲」段注。○〔說文定聲·卷一八〕丨，叚借為羕。〔登樓賦〕注「韓詩章句，丨，長也」。○丨乃羕之譌字。〔說文〕「羕，詩曰，江之羕矣」段注。

上 丨者，前也。丨襄猶言前駕。〔詩·大叔于田〕「兩服丨襄」述聞。○丨猶前也，是丨駕即謂前駕。〔同上〕後箋引高誘。○在前謂之丨，行而向前亦謂之丨。〔儀禮·覲禮〕「匹馬卓丨」述聞。○古者，丨與前同義。〔詩·大叔于田〕「兩服丨襄」述聞。又〔儀禮·覲禮〕「匹馬卓丨」述聞。○丨，言其所由來遠也。〔漢書·律歷志〕「然則丨矣」補注。○丨，尚也。〔通鑑·周紀五〕「棄禮義而丨首功之國也」音注。○丨猶尚也。〔詩·陟岵〕「丨慎旃哉」朱傳。○丨猶尚也，貴也。〔大戴·千乘〕「丨有義」王詁。○丨，一作尚，加也。〔論語·顏淵〕「草丨之風」朱注。○丨，君也。〔集韻·漾部〕○丨，君也，猶天子也。〔廣韻·漾部〕○丨謂君及有司也。〔孟子·梁惠王下〕「是丨慢而殘下也」朱注。○丨謂王。〔漢書·韋賢傳〕「夢我瀆丨」補注引何焯。○從丨，從帝也。〔漢書·江充傳〕「後充從丨甘泉」補注引周壽昌。○丨猶赴也，謂赴役也，如丨官、丨工之丨。〔詩·陟岵〕「丨慎旃哉」後箋。○丨謂丨古也。〔韓子·外儲說右下〕「人主鑒於丨也」集解。○丨者，見在之稱，或以稱本朝尚可，若此乃誤仍秦史舊文。〔史記·始皇本紀〕「丨宿雍」志疑。○丨謂天。〔書·皋陶謨〕「達于丨下」孫疏。○丨謂地丨。〔書·盤庚〕「汝何生在丨」孫疏。○丨、多並與重義近。〔釋詁〕「加，重也」郝疏。○丨知謂賢聖之君。〔大戴·虞戴德〕「此以丨知所以行斧鉞也」王詁。○丨智，謂極智之人，與巧匠同意。〔韓子·有度〕「丨智捷舉中事」集解。○丨愚猶言極愚。〔荀子·儒效〕「夫是之謂丨愚」集解引劉台拱。○丨仁猶至仁。〔漢書·揚雄傳〕「自丨仁所不化」補注。○丨帝，為古帝也。〔書·多士〕「丨帝引逸」孫疏。○丨帝，天也。〔書·湯誓〕「予畏丨帝」孫疏。○丨帝，天之神也。〔詩·正月〕「有皇丨帝」朱傳。○丨帝，天之主宰也。〔詩·文王〕「克配丨帝」朱傳。○丨下，謂天地。〔論語·述而〕「禱爾于丨下神祇」朱注。○丨下猶往復也。〔說文〕「恆，从心，舟在二之間丨下」段注。○丨下，猶云登降。〔離騷〕「吾將丨下而求索」戴注。○丨下謂古今。〔漢書·敘傳〕「通于丨下」補注。○丨宮，謂丨等之館舍也。〔孟子·盡心下〕「館于丨宮」焦正義。○〔通雅·卷三九〕丨尊，玄嘐也。〔漢書〕「賜丞養年丨尊」。○丨世，謂太古也。〔孟子·滕文公上〕「蓋丨世嘗有不葬其親者」朱注。○丨日，謂丨旬吉日。〔書·舜典〕「正月丨日」述聞。○丨元，即指甲子，為六十日之元。〔漢書·兒寬傳〕「丨元甲子」補注引李楨。○歷家以五星會星紀之初為丨元。〔律歷志〕「則星所見中次也」補注引錢大昕。○丨后，猶言正后。〔李尋傳〕「過軒轅丨后受氣」補注。○古者丨計，以貢稅定其殿最也。〔張蒼傳〕「領主郡國丨計者」補注。○東海郡有下邳，故此稱丨邳，在魯國薛縣西。〔史記·惠景間侯者年表〕「丨邳」志疑。○丨謁，猶今鴻臚所收職名。〔漢書·霍光傳〕「使蒼頭奴丨朝謁」補注引何焯。○丨大夫即太中大夫也。〔鄧通傳〕「官至丨大夫」補注。○丨與尚同。〔荀子·非十二子〕「大儉約」雜志。又〔漢書·哀帝紀〕「或丨暴虐」補注引周壽昌。又〔律歷志〕「歷數之起丨矣」補注。○丨、尚字同。〔匈奴傳〕「日丨戊己」補注引周壽昌。○尚、丨通。〔公羊傳文公一三年〕注「所以丨尊周公」陳疏。○丨通作尚。〔方言一二〕「丨，重也」箋疏。○丨與尚通。〔廣雅·釋詁一〕「尚，舉也」疏證。○丨與尚通，皆高之意。〔方言一二〕「弼，高也」箋疏。○丨，尚之假借，庶幾也。〔詩·陟岵〕「丨慎旃哉」後箋。○丨讀曰尚。〔漢書·陳遵傳〕「不丨鮮明」補注引王先慎。○丨、尚古字通。〔詩·七月〕「丨入執宮功」平議。○〔說文定聲·卷一八〕丨，叚借為尚。〔詩·陟岵〕「丨慎旃哉」。○丨，魯作尚。〔詩·陟岵〕「丨慎旃哉」集疏。○丨，〔魯詩〕本作尚，尚者，庶幾也。〔同上〕後箋。○丨，〔水經注〕引傳作丘。〔左傳哀公二年〕「登鐵丨」洪詁。○丨，〔說苑〕作貴。〔左傳成公一五年〕「民惡其丨」洪詁。○官本丨作尚。〔漢書·律歷志〕「色丨黑」補注。又〔黃霸傳〕「繇是俗吏丨嚴酷以為能」補注。○丨，舊本作土。〔呂覽·音律〕「陽氣在丨」校正。○舊校云，丨一作久。〔呂覽·蕩兵〕「兵之所自來者丨矣」校正。

望 丨，看丨。〔廣韻·漾部〕○丨，意承丨也。〔慧琳音義·卷一二〕○丨謂物丨。〔大戴·少閒〕「相而丨」王詁。○丨，人所瞻丨也。〔詩·宛丘〕「而無丨兮」朱傳。○丨，引申為令聞令丨之丨。〔說文〕「丨，出亡在外，丨其還也」段注。○〔說文定聲·卷一八〕丨，猶仰也。〔詩·都人士〕「萬民所丨」。○聞丨字亦猶聞見也。〔說文定聲·卷一八〕○丨，責也。〔大戴·曾子立事〕「吾無丨焉耳」王詁。○丨，責丨也。〔通鑑·秦紀三〕「不意君之丨臣深也」音注。○丨猶責。〔國策·燕策二〕「將多丨於臣」鮑注。○丨，怨也。〔韓子·飾邪〕「則財匱而民丨」集解。○丨，怨丨也。〔通鑑·秦紀三〕「不意君之丨臣深也」音注。○丨，郊之細也。〔禮記·祭義〕「郊之祭」集解。○丨者，遙祭之名。〔廣雅·釋天〕「丨，祭也」疏證。○丨為祭羣神之通稱。〔公羊傳僖公三一年〕「丨，祭也」陳疏。○丨丨，去而不顧之貌。〔孟子·公孫丑上〕「丨丨然去之」朱注。○丨丨，趙氏蓋讀為惘惘。

(同上)焦正義。○月御曰｜舒，亦曰纖阿。〔離騷〕「前｜舒使驅兮」補注引〔淮南子〕。○｜舒，月御，言月至｜而舒也。〔通雅・天文〕○｜衍，謂衍祭也。〔漢書・武帝紀〕「止禁巫祠道中者」補注引杜子春。○｜衍，｜而延之也。〔通雅・釋詁〕○〔說文定聲・卷一八〕｜，叚借為方。〔禮記・表記〕「以人｜人」。○(同上)｜，叚借為讓。〔史記・盧綰傳〕「為羣臣觖｜」。○(同上)｜，叚借為望。〔釋天〕「月御謂之｜舒」。○(同上)｜，叚借為防。〔呂覽・下賢〕「神覆宇宙而無｜」。○孟豬、明都、｜諸，皆同聲假借。〔廣雅・釋地〕「孟豬，池」疏證。○｜，本此讓字也。〔說文〕「讓，責｜也」繫傳。○｜即朵。〔釋宮〕「｜廇謂之梁」郝疏。

相

｜，視。〔詩・伐木〕「｜彼鳥矣」朱傳。○｜，視也。〔廣韻・漾部〕又〔集韻・漾部〕。又〔詩・公劉〕「｜其陰陽」朱傳。又〔中庸〕「詩云，｜在爾室」朱注。○｜亦視也。〔大戴・少閒〕「｜而望」王詁。○｜與觀義近。〔法言・淵騫〕「忠不足｜也」平議。○｜者，从目，視之助也。〔釋詁〕「｜，勴也」郝疏。○｜，助也。〔廣韻・漾部〕又〔集韻・漾部〕。又〔詩・生民〕「有｜之道」朱傳。又〔詩・清廟〕「肅雝顯｜」朱傳。又〔論語・衛靈公〕「固｜師之道也」朱注。又〔釋言〕「戎，｜也」鄭注。又〔大戴・曾子制言下〕「奉｜仁義」王詁。又〔國策・魏策三〕「而有聲者｜之」鮑注。又〔韓策二〕「廢公叔而｜幾瑟者」補正。○｜即助也。〔書・西伯戡黎〕「非先王不｜我後人」孫疏。○｜，助祭也。〔詩・雝〕「｜維辟公」朱傳。○｜，｜禮者。〔左傳成公二年〕「使｜告之」疏證引〔讀本〕。○｜，贊君之禮者。〔論語・先進〕「願為小｜焉」朱注。○｜，其交接而扶助者，則為｜瞽之｜。〔說文〕「｜，省視也」段注。○｜猶為下也。〔國策・韓策三〕「若夫安韓魏而終身｜」鮑注。○｜為導｜之｜，為太僕也。〔書・顧命上〕「｜彼冕服」孫疏。○擯介統謂之｜。〔論語・先進〕「願為小｜焉」劉正義。○｜乃儐｜。〔史記・秦本紀〕「孔子行魯｜事」志疑。○接物曰｜，故凡彼此交接皆曰｜。〔說文〕「｜，省視也」段注。○｜謂昔日。〔國策・韓策二〕「廢公叔而｜幾瑟者」鮑注。○｜，扶也。〔廣韻・漾部〕又〔集韻・漾部〕。○｜，導也。〔論語・衛靈公〕「｜師之道」劉正義。○｜謂詔侑也。〔禮記・郊特牲〕「祭祀之｜」集解。○｜，輔。〔詩・桑柔〕「考慎其｜」朱傳。○｜，治也。〔周書・祭公篇〕「畢桓于黎民般」雜志。○｜者，治也。〔荀子・成相〕「成｜」雜志。○〔義府・卷上〕｜、雅皆樂器名。〔禮記・樂記〕「治亂以｜，訊疾以雅」。○｜縣謂｜遠也。〔漢書・賈誼傳〕「縣屬」雜志。○｜室，家室之｜，此女也。〔國策・秦策三〕「其｜室曰」鮑注。○｜室，家臣也。〔韓子・孤憤〕「｜室剖符」集解引舊注。○〔說文定聲・卷一八〕｜，叚借為襄，實為毀。〔釋詁〕「｜，勴也」。○｜乃祖字之誤。〔左傳昭公三年〕「其｜胡公大姬已在齊矣」洪詁引沈彤。○｜國當作柱國。〔漢書・張耳陳餘傳〕「｜國房君諫曰」補注引錢大昭。

將

｜，軍主也。〔慧琳音義・卷三〕引〔字書〕。○｜，｜帥。〔廣韻・漾部〕○｜為大｜。〔國策・齊策六〕「田單｜」鮑注。○｜，音如字，｜領也。〔通鑑・周紀一〕「襄子｜卒犯其前」音注。○｜，讀｜帥之｜。〔廣雅・釋詁一〕「｜，君也」疏證。○｜軍，天子之官也。〔漢書・伍被傳〕「｜軍上」補注引周壽昌。○｜，如鳥｜雛之｜，古不分平去也。〔說文〕「衛，｜衛也」段注。○｜，率也。〔說文〕「｜，帥也」義證引〔開元文字〕。○｜，音如字，領也。〔通鑑・周紀二〕「使田忌、田嬰、田蚡｜之」音注。又〔周紀三〕「齊王令章子｜五都之兵」音注。又〔周紀三〕「秦客卿通｜兵救楚」音注。○｜，大也。〔詩・破斧〕「亦孔之｜」朱傳。○｜、元皆訓大。〔漢書・陳勝傳〕「｜尉醉」補注引吳仁傑。○足以大指為｜，手从中指為｜。〔通雅・身體〕○｜指，謂手中指也。〔說文〕「拇，｜指也」段注。○｜指，足以大指為｜指，為拇。(同上)○｜，牂之借字。〔墨子・大取〕「｜劍與挺劍異」閒詁。

狀

｜，形貌也。〔慧琳音義・卷四〕引〔韻英〕。○｜，形｜。〔廣韻・漾部〕○｜，貌也。〔大戴・少閒〕「昔堯取人以｜」王詁。○〔說文定聲・卷一八〕｜猶像也。〔史記・夏紀〕「鯀之治水無｜」。○｜，類也。〔集韻・漾部〕○｜，事｜。〔國策・楚策四〕「春申君問｜」鮑注。○｜匿即藏匿也。〔韓子・詭使〕「士卒之逃事｜匿」集解引俞樾。○｜，通作臧。(同上)平議。○｜即伏字，形近而誤。〔韓子・詭使〕「士卒之逃事｜匿」集解引王先謙。

帳

｜，帷｜。〔廣韻・漾部〕○自上而下覆謂之｜。〔說文〕「｜，張也」義證引〔急就篇〕顏注。○｜，史籍或借張字。〔說文〕「｜，張也」繫傳。○〔說文定聲・卷一八〕｜，以張為之。〔史記・袁盎鼂錯傳〕「刀決張道」。

浪

｜，波｜。〔廣韻・宕部〕○｜，游｜。(同上)○｜，謔｜。(同上)○｜，放蕩也。〔詩・終風〕「謔｜笑敖」朱傳。○｜之為言謔無已也。(同上)集疏。○｜者，謂放蕩猖狂也。〔釋詁〕「｜，戲謔也」郝疏。○〔說文定聲・卷一八〕滄｜亦疊韻連語，水即漢之下流。〔說文〕「｜，滄｜水也」。○｜，今所用波｜字，蓋借為颺。〔說文定聲・卷一八〕○(同上)｜，叚借為愓。〔詩・終風〕「謔｜笑敖」。○(同上)｜謂借為仰。〔韓詩〕「｜，起也」。

唱

｜，發歌。〔廣韻・漾部〕○｜，導也。(同上)又〔大戴・曾子立事〕「君子不｜流言」王詁。○｜與倡通。〔廣雅・釋詁三〕「｜，道也」疏證。○｜，或借倡字。〔說文〕「｜，導也」義證。○｜，經傳皆以倡為之。〔說文定聲・卷一八〕

讓

｜，辭也。〔大戴・勸學〕「受惡不｜」王詁。○｜猶辭也。〔禮記・祭義〕「君必與之揖｜」集解。○｜謂禮｜。〔大戴・曾子立事〕「進給而不｜」王詁。○｜，退｜。〔廣韻・漾部〕○｜謂推賢尚善。〔書・皋陶謨中〕「誰敢不｜」孫疏。○推賢尚善曰｜。〔大戴・曾子立事〕「貴其能｜也」王詁。○｜，推以與人也。〔孟子・公孫丑上〕「無辭｜之心」朱注。○｜者，有所推於人也。〔禮記・曲禮〕「不辭｜而對，非禮也」集解引陳祥道。○｜，謙遜也。〔論語・學而〕「夫子溫良恭儉｜以得之」朱注。○｜，飾說也。〔國策・西周策〕「而｜之於最」鮑注。○｜，責也。〔孟子・告子下〕「則有｜」

朱注。又〔大戴·保傅〕「賦與集丨不以節」王詁。又〔通鑑·秦紀一〕「趙王丨之」音注。○丨，責丨。〔廣韻·漾部〕○丨，譙責也。〔國策·東周策〕「韓使人丨周」鮑注。○丨，經傳多以為謙攘字。〔説文〕「丨，相責丨」段注。○丨，本字作攘。〔書·堯典上〕注「丨，一作攘」孫疏。○古者丨、攘同聲，字亦相通。〔廣雅·釋詁二〕「讓，丨也」疏證。○〔説文定聲·卷一八〕丨，叚借為攘。〔左傳襄公一三年〕「丨者，禮之主也」。○丨為攘之假借字。〔書·堯典下〕「丨于稷」孫疏。○丨當讀為攘。〔管子·君臣下〕「治斧鉞者不敢丨刑，治軒冕者不敢丨賞」平議。○丨當讀為擾攘之攘。〔荀子·榮辱〕「巨涂則丨」平議。○丨當讀為擾攘之攘，攘，疾行貌。〔荀子·榮辱〕「巨涂則丨」集解引俞樾。○〔説文定聲·卷一八〕丨，叚借為釀。〔急就篇〕「消渴歐逆欬懣丨」。○丨當為攘。〔淮南·道應〕「不丨福」平議。

曠

丨，空也。〔詩·何草不黃〕「率彼丨野」朱傳。又〔孟子·梁惠王下〕「外無丨夫」朱注。又〔離婁上〕「丨安宅而弗居」朱注。又〔史記·殷本紀〕引〔呂覽·慎大〕「湯欲令伊往視丨夏」志疑。○丨，空明也。〔廣韻·宕部〕○丨，廣大之明也，引伸為虛空之偁。〔説文〕「丨，明也」段注。○丨，虛也。〔漢書·爰盎鼂錯傳〕「實廣虛」雜志。○丨丨者，虛無人之貌。〔同上〕○丨，遠也。〔廣韻·宕部〕○丨，大也。〔慧琳音義·卷二七〕引〔玉篇〕。又〔廣韻·宕部〕。○丨，久也。〔慧琳音義·卷二七〕引〔玉篇〕。又〔廣韻·宕部〕。○丨猶久也。〔呂覽·長見〕「丨之而不穀得焉」校正。○丨，疎也。〔慧琳音義·卷二七〕引〔玉篇〕。○丨，闊也。〔國策·齊策五〕「丨日遠」鮑注。○丨丨、壙壙、曠曠，並字異而義同。〔廣雅·釋訓〕「丨丨，大也」疏證。○廣潒、丨瀁，亦與潢洋聲相近。〔廣雅·釋訓〕「潢潒，浩盪也」疏證。○丨，實與晃同字。〔説文定聲·卷一八〕○〔同上〕丨，以廣為之。〔易〕京房傳「師出過時，玆謂廣」。○丨與廣通。〔方言六〕「廣，遠也」箋疏。又〔漢書·爰盎鼂錯傳〕「實廣虛」雜志。○〔説文定聲·卷一八〕丨，叚借為廣。〔老子〕「丨兮其若谷」。○古丨字亦通作壙。〔通雅·釋詁〕○〔説文定聲·卷一八〕丨，叚借為壙，野也。〔詩·何草不黃〕「率彼丨野」。○〔同上〕丨，叚借為壙，空也。〔禮記·曲禮〕「祥車丨左」。○〔同上〕丨，叚借為懬。〔左傳昭公一〇年〕「棄德丨宗」。○〔同上〕丨，叚借為鄺。〔家語〕「庭不丨山」注「隔也」。

壯

丨，大也。〔廣韻·漾部〕○丨即高大之意。〔詩·采薇〕「四牡業業」傳「業業然丨也」集疏。○丨有盛義。〔釋言〕「疾，丨也」郝疏。○〔義府·卷上〕體盛曰丨。〔漢武故事〕「體常丨悅」。○丨，傷也。〔呂覽·介立〕「其衆庶皆多丨矣」校正引盧文弨。○丨亦有傷害義。〔釋言〕「疾，丨也」郝疏。○丨之言創也。〔廣雅·釋詁二〕「丨，箴也」疏證。○丨者，止也。〔易·序卦傳〕「故受之以大丨」述聞。○丨與齊皆疾也。〔釋言〕「疾、齊，丨也」述聞。○一灼謂之一丨，以丨人為法也。〔本草·卷一五〕○醫書以艾灸體謂之丨。丨者，灼之語轉也。〔説文〕「灼，灸也」段注。○凡草木刺，北燕、朝鮮之間謂之策，或謂之丨。〔易·大壯〕「大丨，利貞」李疏引〔方言〕。○丨，本或作莊。〔周書·謚法篇〕「叡圉」雜志。○丨、牂字並與將通。〔方言一〕「丨，大也」箋疏。○丨與奘同而聲近將，其義亦相通借。〔釋詁〕「丨，大也」郝疏。○莊、丨二字古通用。〔史記·秦本紀〕「相丨殺蜀侯來降」志疑。○丨，一作莊，古字通。莊乃齊地名。〔高祖功臣侯者年表〕「丨」志疑引徐廣。○莊、丨二文多互寫，古字通用。〔高祖功臣侯者年表〕「丨侯召毆」志疑。○丨，叚借為灼。醫經以艾灸體曰丨，丨者，灼聲之轉。〔説文定聲·卷一八〕○〔同上〕丨，叚借為創。〔廣雅·釋詁二〕「丨，箴也」。○〔同上〕丨，叚借為戕。〔易·襍卦〕「大丨則止」。○丨即莊字，鄭當時之字也。〔史記·太史公自序傳〕「丨有溉」志疑。○丨音莊。此字諸本有作丨者，有作莊者。〔高祖功臣侯者年表〕「丨侯召毆」志疑。

放

丨，縱也。〔大戴·四代〕「丨勿與游」王詁。又〔論語·微子〕「隱居丨言」劉正義。○丨謂縱泆丨蕩也。〔孟子·梁惠王上〕「丨辟邪侈」焦正義。○丨恣即縱横也。〔滕文公下〕「諸侯丨恣」焦正義。○丨，散也。〔説文〕「夰，丨也」義證引〔玉篇〕。○丨，逐也，去也。〔廣韻·漾部〕○丨，驅而遠之也。〔孟子·滕文公下〕「丨淫辭」朱注。○丨謂禁絶之。〔論語·衛靈公〕「丨鄭聲」朱注。○丨者，罷廢之也。〔同上〕劉正義。○丨，置也。〔論語·微子〕「隱居丨言」劉正義。又〔孟子·梁惠王下〕「湯丨桀」朱注。○丨猶置也。〔萬章上〕「或曰丨焉」朱注。○丨命，本字也。方命，借字也。〔漢書·敘傳〕「方命」雜志。○丨者，存之反也。〔孟子·告子上〕「其所以丨其良心者」焦正義。○丨，至也。〔禮記·祭義〕「丨諸南海」集解。又〔公羊傳宣公一二年〕「丨乎路衢」陳疏引孔廣森。又〔楚辭·天問〕「安丨安屬」補注。○丨猶至也。〔大戴·小辨〕「刑於民而丨於四海」王詁。○丨之言極也。凡言「丨乎」者，並至極之義。〔公羊傳隱公二年〕「丨乎」平議。○丨與流同義。〔禮記·曲禮〕「毋丨飯，毋流歠」平議。○丨，依倣也。〔墨子·號令〕「視而丨」閒詁引蘇時學。○丨，古字通作方。〔管子·小問〕「丨春三月」義證。○〔説文定聲·卷一八〕丨，叚借為方，實為當。〔管子·小問〕「桓公丨春三月觀于野」。○〔同上〕丨，叚借為方。〔荀子·子道〕「不丨舟，不避風」。○〔同上〕丨，叚借為妄。〔廣雅·釋言〕「丨，妄也」。○〔同上〕丨，叚借為愓。〔文選·與山巨源絶交書〕「益增其丨」。○丨讀為妨。〔管子·度地〕「不利作土功之事丨農焉」平議。○〔河渠書〕丨作方。〔漢書·溝洫志〕「蛟龍騁兮丨遠游」補注。○丨，當為寇。〔墨子·襍守〕「即見丨」閒詁。○丨獵，當為斿獵，斿與游同。〔漢書·王褒傳〕「數從褒等丨獵」補注引王念孫。

向

丨，窻也。〔廣韻·漾部〕○丨，北出牖也。〔詩·七月〕「塞丨墐户」朱傳。○丨，此出户也。〔説文〕「丨，北出牖也」義證引〔三蒼〕。○〔説文定聲·卷一八〕丨與倉同意，古宮室北墉無户牖，民間或有之，命之曰丨，散文則凡牖亦得曰丨。〔詩·七月〕「塞丨墐户」。○丨，民居或鑿穴以通明者曰

丨，不曰牖。〔說文定聲・卷六〕〔「牖」下〕〇丨，對也。〔廣韻・漾部〕〇丨，引申為丨背字。〔說文〕「丨，北出牖也」段注。〇〔說文定聲・卷一八〕丨，轉注為丨背之丨。〔左傳定公一〇年〕注「見劍丨己」。〇丨，經傳皆假鄉為之。〔說文〕「丨，北出牖也」段注。〇〔說文定聲・卷一八〕丨，以鄉為之。〔儀禮・士虞禮記〕「啟牖鄉如初」。〇丨，經傳〔漢書〕皆以鄉為之。〔說文定聲・卷一八〕〇丨與曏音義同。〔釋言〕「曩，曏也」郝疏。〇今人語曰丨年、丨時。丨者即曏字也。〔說文〕「曏，不久也」段注。〇〔說文定聲・卷一八〕丨，叚借為曏。〔莊子・庚桑楚〕「丨吾見若眉睫之間」。〇丨者，蚼之省也。〔說文〕「蚼，司馬相如說从丨」段注。〇丨當為回。〔說文〕「𣶒，逆流而上曰𣶒洄。𣶒，丨也」義證。

鄉 丨，對也。〔屈賦・惜誦〕「戒六神以丨服」戴注。〇漢人書向背字皆作丨。〔說文〕「泝，𣶒向也」段注。〇丨，面也。〔集韻・漾部〕

嚮 丨與向通用。〔廣韻・漾部〕〇丨與向同。〔荀子・君道〕「門戶牖丨」集解引盧文弨。〇丨、嚮通。〔韓子・十過〕「丨其利」集解引盧文弨。〇〔說文定聲・卷一八〕丨，叚借為嚮。〔易・繫辭〕傳「其受命也如丨」。〇〔同上〕丨，叚借為嚮。〔書・洪範〕「丨用五福」。

仗 丨，亦兵器之揔也。〔慧琳音義・卷四七〕〇丨，器丨也。〔廣韻・漾部〕〇丨，兵器也。〔國策・韓策二〕「丨劍至韓」鮑注。〇丨，持也。〔廣韻・漾部〕〇丨，執持也。〔國策・韓策二〕「丨劍至韓」補正。〇丨，憑丨。〔廣韻・養部〕〇丨，倚也，字與杖通。〔國策・韓策一〕「常丨趙而畔楚」補正。

暢 丨，通丨。〔廣韻・漾部〕〇丨，通也。〔集韻・漾部〕〇丨，達也。〔廣韻・漾部〕又〔禮記・月令〕「丨月」集解。又〔大戴・子張問入官〕「情遯丨而及乎遠」王詁。〇丨，謂荂與條氣機直達。〔漢書・司馬相如傳〕「夸條直丨」補注引王文彬。〇丨，長也。〔集韻・漾部〕又〔詩・小戎〕「文茵丨轂」朱傳。〇丨，即畼字隸變，長也。〔同上〕通釋。〇丨茂，長盛也。〔孟子・滕文公上〕「草木丨茂」朱注。〇韔、韔、丨並字異而義同。〔廣雅・釋器〕「韔，藏也」疏證。〇丨同鬯。〔漢書・禮樂志〕「百末旨酒布蘭生」補注。〇丨與暘通。〔廣雅・釋詁二〕「暘，長也」疏證。

畼 丨，田不生也。〔廣韻・漾部〕〇丨、長聲相近。〔廣雅・釋詁二〕「丨，長也」疏證。〇丨，隸變為暢。〔說文〕「丨，不生也」段注。〇丨或作暢。〔同上〕義證。〇丨，字亦誤作暢。〔說文定聲・卷一八〕〇〔同上〕丨，叚借為長。〔廣雅・釋詁二〕「丨，長也」。〇〔同上〕丨，叚借為蕩。〔禮記・月令〕「命之曰暢月」。〇丨，今借此為蕩茂字。〔說文〕「丨，不生也」繫傳。〇〔說文定聲・卷一八〕丨，叚借為鬯。〔夏小正〕「初歲祭耒」傳「始用暢也」。

量 丨，合斗斛。〔廣韻・漾部〕〇斗斛曰丨。〔集韻・漾部〕〇丨，斗斛名，喻科坎也。〔大戴・勸學〕「丨必平」王詁。〇〔說文定聲・卷一八〕五丨，其理相因，其法相輔，權衡謂之衡，尺丈謂之度，升斛謂之丨。〔家語・五帝德〕「設五丨」。〇丨，丨度也。〔通鑑・周紀二〕「臣竊丨大王之國不下楚」音注。〇〔說文定聲・卷一八〕丨，此似言權衡也。〔楚辭・惜誓〕「苦稱丨之不審兮」。〇足所著皆稱丨。〔說文〕「緉，履兩枚也」義證。

葬 丨，藏也。〔廣韻・宕部〕又〔集韻・宕部〕。〇丨也者，藏也。〔禮記・喪大記〕「君弔，見尸柩而後踊」集解。〇丨，屍下藏也。〔說文〕「丨，藏也」義證引〔春秋說題辭〕。〇丨，當作莽。〔漢書・定陶丁姬傳〕「丨固爭之」補注引錢大昭。〇丨，官本作喪。〔高帝紀〕「漢王為發丨」補注。

匠 丨，巧人也。〔慧琳音義・卷六〕引〔考聲〕。〇善巧於事曰丨。〔卷一四〕引〔韻詮〕。〇丨，工丨。〔廣韻・漾部〕〇丨人，衆工人也。〔孟子・梁惠王下〕「丨人斲而小之」朱注。〇丨人，木工也。〔滕文公下〕「則梓丨輪輿皆得食於子」朱注。〇〔說文定聲・卷一八〕丨，字亦作鴎，即鷦鷯，亦曰巧婦。〔廣雅〕「女鴎，工雀也」。

障 丨，界也。〔廣韻・漾部〕〇丨有界限之義。〔釋言〕「丨，畛也」郝疏。〇丨，隔也。〔慧琳音義・卷五一〕引〔考聲〕。又〔廣韻・漾部〕。又〔說文〕「隝，小隄也」段注。〇丨，蔽也。〔慧琳音義・卷一〇〕引〔考聲〕。〇丨，步丨也。〔廣韻・漾部〕〇丨塞，猶築亭乘丨塞之丨塞，非縣名也。〔漢書・地理志〕「自日南丨塞」補注引朱一新。〇丨字亦作鄣。〔說文〕「丨，隔也」句讀。〇鄣與丨同。〔管子・輕重丁〕「阮而不遂」雜志。又〔文選・應詔讌曲水作詩〕「葦蕢踰丨」集釋。〇丨、畛，一聲之轉。〔釋言〕「丨，畛也」郝疏。〇丨乃章之假借字。〔文選・應詔讌曲水作詩〕「葦蕢踰丨」集釋。〇〔說文定聲・卷一八〕丨，叚借為墇。〔呂覽・貴直〕「是丨其源而欲其水也」。〇丨當為墇，通行丨字。〔說文〕「阪，一曰澤丨」義證。

謗 丨，詛也，惡也。〔慧琳音義・卷七二〕引〔考聲〕。〇丨，誹丨。〔廣韻・宕部〕〇丨，訕也，毀也。〔通鑑・周紀三〕「文侯示之丨書一篋」音注。〇丨，毀也。〔大戴・曾子立事〕「去之不丨」王詁。〇丨之言旁也。旁，溥也，大言之過其實。〔說文〕「丨，毀也」段注。〇丨者，道人之實事，與誣、譖不同。大言曰丨，微言曰誹，曰譏。〔說文定聲・卷一八〕〇丨，或借方字。〔說文〕「丨，毀也」義證。〇〔說文定聲・卷一八〕丨，以方為之。〔論語〕「子貢方人」。

尚 丨，即上也。〔孟子・滕文公上〕「皜皜乎不可丨已」焦正義。〇丨，上之也。〔論語・陽貨〕「君子丨勇乎」朱注。〇丨者，上也。〔詩・大明〕「維師丨父」平議。又〔荀子・禮論〕「縣一鍾丨拊之膈」集解引郝懿行。〇丨，上也，言久遠也。〔大戴・五帝德〕「夫黃帝丨矣」王詁。〇丨，猶久也。〔國策・齊策六〕「亡日丨矣」鮑注。〇丨，高丨。〔廣韻・漾部〕〇丨，高丨也。〔孟子・盡心上〕「丨志」朱注。〇丨，助也。〔詩・抑〕「肆皇天弗丨」通釋。〇丨猶助也。〔詩・蕩〕「人丨乎由行」通釋。〇丨者，右也，助也。〔易・泰卦〕「得丨于中行」述聞。〇丨，右也，言皇天不右助也。〔詩・抑〕「肆皇天弗丨」述聞。〇丨，佐也。〔廣韻・漾部〕〇丨，陵也。〔說文〕「𡕩，厚脣皃也」繫傳。〇丨，加也。〔廣韻・漾部〕又〔詩・著〕「丨之以瓊華乎而」朱

傳。又〔中庸〕「詩曰，衣錦丨絅」朱注。又〔孟子・滕文公上〕「皜皜乎不可丨已」朱注。〇丨，加丨也。〔孟子・盡心下〕「丨文王之聲」朱注。〇丨之，即加之。〔詩・著〕「丨之以瓊華乎而」通釋。〇〔説文定聲・卷一八〕丨，猶耦也，對也。〔史記・司馬相如傳〕「卓王孫自以使女得丨司馬長卿晚」。〇丨者，乃奉事之稱。〔漢書・張耳陳餘傳〕「丨魯元公主」雜志。〇丨謂尊奉聖王。〔漢書・楊王孫傳〕「故聖王生易丨」補注。〇丨，飾也。〔廣韻・漾部〕〇丨，勸丨也。〔釋言〕「丨，右也」鄭注。〇丨，過也。〔孟子・公孫丑下〕「莫能相丨」朱注。〇丨言欲之甚。〔國策・魏策一〕「魏王遂丨遇秦信韓」鮑注。〇丨，主也。〔讀淮南子書後〕引〔覽冥篇〕「位賤丨菓」雜志。又〔書・秦誓〕「亦丨一人之慶」述聞。〇丨，主也，今符節令也。〔通鑑・漢紀五〕「襄平侯紀通丨符節」音注。〇丨，主也，主方藥也。〔漢書・郊祀志〕「後丨方待詔皆罷」補注引胡三省。〇丨之言掌也。〔廣雅・釋詁三〕「丨，主也」疏證。〇丨與掌聲近而義同。〔廣雅・釋詁〕「丨，主也」疏證。〇丨之言當也，樘也。〔春秋名字解詁〕「吕丨字牙」述聞。〇丨旁，一云徜徉。〔楚辭・九辯〕「心丨旁其弗濟」補注。〇丨年，猶盛年者也。〔慧琳音義・卷七二〕〇丨儀即常儀。〔吕覽・勿躬〕「丨儀作占月」校正。〇丨食亦宦官也。〔漢書・惠帝紀〕「宦官丨食比郎中」補注引沈欽韓。〇丨書，官名。〔廣韻・陽部〕〇丨書裏行，太常也。〔通雅・官制〕〇丨，庶幾。〔廣韻・漾部〕〇丨，庶幾也。〔慧琳音義・卷二七〕引〔玉篇〕。又〔詩・兔爰〕「丨寐無吪」朱傳。又〔詩・陟岵〕「丨慎旃哉」集疏引〔魯詩〕。又〔詩・大東〕「丨可載也」朱傳。又〔詩・菀柳〕「不丨息焉」朱傳。又〔詩・抑〕「丨不愧于屋漏」朱傳。又〔禮記・郊特牲〕「丨曰求諸遠者與」集解。〇丨，曾也。〔廣韻・漾部〕〇丨，猶。〔詩・兔爰〕「我生之初丨無為」朱傳。〇丨，猶也。〔詩・兔爰〕「丨寐無聰」陳疏。又〔漢書・揚雄傳〕「丨泰奢麗誇詡」補注。〇〔説文定聲・卷一八〕丨，此詞也。〔説文〕「丨，曾也」。〇丨上同。〔孟子・萬章下〕「又丨論古之人」朱注。〇丨同上。〔墨子・非攻中〕「丨者以耳」閒詁引畢沅。〇丨與上同。〔墨子・非命上〕「益蓋」雜志。又〔詩・鶴鳴〕傳「丨有樹檀」述聞。又〔墨子・備城門〕「方丨必為闟籥」閒詁引蘇時學。〇丨，字亦作上。〔釋詞・卷九〕〇此丨字即當字也。〔漢書・張耳陳餘傳〕「丨魯元公主」雜志。〇丨與上通。〔書・多方〕「爾丨不忌于凶德」孫疏。又〔墨子・親士〕「丨攝中國之賢君」閒詁引畢沅。又〔魯問〕「丨同而無下比」閒詁。〇丨當讀為上。〔禮記・郊特牲〕「丨禮然也」平議。又〔墨子・非命下〕「從十簡之篇以丨，皆無之」平議。〇丨，讀與上同。〔詩・召旻〕「不丨有舊」陳疏。〇丨、上字通。〔墨子・非攻下〕「丨欲中聖王之道」閒詁。〇丨、上義相通。〔方言一二〕「丨，重也」疏證。〇丨，當作上，古字通用也。〔墨子・非命下〕「從十簡之篇以丨」閒詁引蘇時學。〇〔説文定聲・卷一八〕丨，段借為當。〔易・泰〕「朋亡得丨于中行」。〇丨，古讀若常。〔詩・抑〕「肆皇天弗丨」述聞。〇丨以聲轉，借丨為相也。〔釋詁〕「丨，右也」郝疏。〇丨乃裳之借字。〔禮記・中庸〕「衣錦丨絅」平議。〇〔説文定聲・卷一八〕丨，段借為掌，漢官丨食、丨醫皆是。〔廣雅・釋詁三〕「丨，主也」。〇〔史記〕丨作猶。〔左傳僖公九年〕「白圭之玷，丨可磨也」洪詁。

漲 丨猶滿也。〔慧琳音義・卷八一〕引〔考聲〕。〇水增大，砂岸崩摧，延入水曰丨。〔卷一〇〕引〔考聲〕。〇丨，大水。〔廣韻・漾部〕〇丨，水大皃。〔廣韻・陽部〕又〔集韻・漾部〕。

餉 丨，饋也。〔慧琳音義・卷三一〕引〔考聲〕。又〔孟子・滕文公下〕「有童子以黍肉丨」朱注。又〔説文〕「丨，饟也」義證引〔玉篇〕。〇丨，饋。〔廣韻・漾部〕〇〔説文定聲・卷一八〕丨，字亦作餉。〔漢書・章帝紀〕「為雇耕傭種餉」。〇丨，實與饟同字。〔説文定聲・卷一八〕〇〔類篇〕丨作饋。〔説文〕「饟，周人謂丨曰饟」義證。

藏 丨，〔通俗文〕曰庫丨，曰帑。〔廣韻・宕部〕〇物所畜曰丨。〔集韻・宕部〕

臧 丨，古藏字。〔方言一三〕「賦，丨也」箋疏。

舫 丨，並兩船。〔廣韻・漾部〕〇丨，併船也。〔楚辭・尊嘉〕「榜丨兮下流」補注。〇編木謂之筏，亦謂之丨，皆浮之轉聲也。〔廣雅・釋水〕「艥，舟也」疏證。〇丨，丨人，習水者也。〔廣韻・宕部〕〇丨作枋。〔史記索隱〕「異文」雜志。〇丨者，方之段借也。〔釋言〕「丨，泭也」郝疏。〇丨、方古通用。丨，泭也。〔方言九〕「方舟謂之灒」疏證。〇〔説文定聲・卷一八〕丨，段借為方。〔釋言〕「丨，舟也」。〇榜、丨聲相近。〔廣雅・釋水〕「丨、榜，船也」疏證。〇丨，通作榜。〔説文〕「丨，明堂月令曰丨人」義證。〇丨、榜同聲，榜，假借也。〔説文〕「丨，船師也」句讀。〇丨，今以榜為之。〔説文定聲・卷一八〕〇〔同上〕丨，實即借為泭，丨泭雙聲，猶方之為甫，旁之為溥也。〔釋言〕「丨，泭也」。

訪 丨，謀也。〔廣韻・漾部〕〇丨，問。〔詩・訪落〕「丨予落止」朱傳。〇丨，問也。〔説文〕「聘，丨也」義證引〔玉篇〕。〇丨同昉。昉，始也。〔漢書・燕靈王傳〕「丨以吕氏故」補注引周壽昌。〇丨、汎雙聲。〔説文〕「丨，汎謀曰丨」句讀。〇丨借作邡。〔釋詁〕「丨，謀也」郝疏。〇丨，或借邡字。〔説文〕「丨，汎謀曰丨」義證。〇丨，〔史記〕作方。〔漢書・燕靈王傳〕「丨以吕氏故」補注。〇〔家語〕丨作防。〔左傳哀公一一年〕「丨衛國之難也」洪詁。

貺 丨，賜也。〔廣韻・漾部〕又〔集韻・漾部〕。〇丨謂惠賜也。〔禮記・聘義〕「北面拜丨」集解。〇丨，與也。〔詩・彤弓〕「中心丨之」朱傳。又〔廣韻・漾部〕。〇丨，惠與也。〔釋詁〕「丨，賜也」鄭注。〇丨賜之丨，古字只作況，皆茲益義之引伸也。〔詩・常棣〕「況也永歎」後箋。〇丨猶愛也。〔屈賦・悲回風〕「更統世以自丨」戴注。〇丨，古通作況，與好善之善同義。〔詩・彤弓〕「中心丨之」通釋。〇丨，況俗字。丨以意製。〔説文〕「兄，長也」段注。〇丨當為況。〔墨子・非儒下〕「丨寡人者衆矣」閒詁引畢沅。又〔左傳成公一二年〕「丨之以大禮」洪詁。

養　｜，供｜。〔廣韻・漾部〕○｜，奉｜也。〔孟子・盡心上〕「｜移體」朱注。○〔說文定聲・卷一八〕｜猶蓄也。〔禮記・月令〕「羣鳥｜羞」。○｜當讀為恙。〔莊子・至樂〕「若果｜乎」平議。

醬　｜者，醯、醢、鹽、梅之總名。〔論語・鄉黨〕「不得其｜」劉正義引汪烜。○｜，醢也。〔說文〕「｜，鹽也」義證引〔玉篇〕。○｜之為言將也。食之有｜如軍之須將，取其率領進導之也。〔同上〕義證引〔急就篇〕顏注。○〔說文定聲・卷一八〕｜有和食者。〔禮記・內則〕「濡鷄醢｜」。〔同上〕｜有配食者。〔曲禮〕「醢｜處內」。○〔同上〕｜，鹽也，讀為鹹。〔說文〕「｜，鹽也」。○酸｜，即酸漿也。〔漢書・司馬相如傳〕「其高燥則生葴析苞荔」補注。○｜當為漿。〔管子・弟子職〕「左酒右｜」義證。

酱　｜，今俗作醬。〔說文〕「｜，醢也」段注。○｜，俗誤作醬。〔說文定聲・卷一八〕

抗　｜，舉也。〔廣韻・唐部〕又〔集韻・唐部〕。又〔通鑑・漢紀六〇〕「｜鞭欲擊秦」音注。又〔儀禮・既夕禮〕「御者四人｜衾而浴襢第」胡正義。又〔禮記・喪大記〕「小臣四人｜衾」集解。又〔公羊傳僖公元年〕「於是｜輈經而死」陳疏引孔廣森。又〔屈賦・卜居〕「寧與騏驥｜軛乎」戴注。又〔荀子・脩身〕「｜之以高志」集解引王念孫。又〔荀子・脩身〕「卑濕」雜志。○｜，以手｜舉也。〔廣韻・宕部〕○｜，遮也。〔慧琳音義・卷五〕引〔考聲〕。○〔說文定聲・卷一八〕｜，蔽護也。〔晉語〕「未報楚惠而｜宋」。○｜，振也。〔廣韻・宕部〕○｜之言禦。〔儀禮・既夕禮〕「加｜席三」胡正義。○｜，張也。〔詩・賓之初筵〕「大侯既｜」朱傳。○｜，縣也。〔廣韻・宕部〕○｜猶｜直。〔墨子・親士〕「比干之殪，其｜也」閒詁引蘇時學。○｜，引申之義為高｜。〔說文〕「｜，扞也」段注。○亢、｜、伉，字異而義同。〔荀子・富國〕「伉隆高」雜志。○｜、亢聲類同。〔墨子・親士〕「比干之殪，其｜也」閒詁。○｜亦省作亢。〔說文〕「｜，扞也」句讀。○｜與亢通。〔廣雅・釋詁一〕「亢，極也」疏證。又〔釋詁二〕「亢，遮也」疏證。○亢、伉、｜並通。〔釋詁四〕「亢，强也」疏證。○〔說文定聲・卷一八〕｜，叚借為亢。〔淮南・說山〕「自沈于淵而溺者，不可以為｜」。○〔同上〕｜，叚借為伉。〔後漢・班彪傳〕注「｜，猶敵也」。○〔同上〕｜，叚借為沆。〔廣雅・釋詁二〕「｜，渡也」。○官本｜作伉。〔漢書・匈奴傳〕「選郡國吏三百石｜健習騎射者」補注。

當　｜，主也。〔集韻・宕部〕○｜，主｜。〔廣韻・宕部〕○｜，受也。〔韓子・揚權〕「開門而｜」集解引舊注。○｜作去聲讀。〔左傳襄公一九年〕「子孔｜罪」洪詁。○｜，中也。〔集韻・宕部〕○｜猶正也。〔管子・明法解〕「案其｜宜」平議。○｜謂適可也，謂欲得適可之事會而動。〔漢書・李廣傳〕「宜欲得｜以報漢也」補注。○｜讀如｜意。〔墨子・經上〕「辯勝，｜也」閒詁引畢沅。○｜謂｜其主之心也，｜音丹浪反。〔韓子・說難〕「規異事而｜」集解。○｜謂其值足以相抵也。〔墨子・號令〕「諸取｜者」閒詁引蘇時學。○取｜，猶取償也。〔漢書・匈奴傳〕「匈奴終不敢取｜」補注引周壽昌。○〔說文定聲・卷一八〕｜者，抵禦之謂也。〔三都賦・序〕「玉巵無｜」。○｜猶實也。〔荀子・致士〕「定其｜而｜」集解引王引之。○｜，底也。〔說文〕「蔕，瓜｜也」繫傳。又〔廣韻・宕部〕。又〔集韻・宕部〕。○｜者，底也。〔說文〕「欓，筐｜也」繫傳。○｜，終也。〔慧琳音義・卷九〕又〔卷四六〕。○〔說文定聲・卷一八〕｜，叚借為攩。〔莊子・天下〕「公而不｜」。○〔同上〕｜，叚借為掌。〔禮記・樂記〕「鼓無｜于五聲」。○〔同上〕｜，叚借為良。〔書・益稷〕傳「亦陳｜言」。

釀　｜，醞酒。〔廣韻・漾部〕○酒之清者曰｜。〔本草・卷一五〕引〔飲膳標題〕。○藏葅亦曰｜。〔說文定聲・卷一八〕○至今造酒蒸米時呼為｜飯。〔通雅・諺原〕○〔說文定聲・卷一八〕｜，以蘸為之。〔廣雅・釋器〕「蘸，葅也」。○〔同上〕｜，字亦作穰。〔廣雅・釋詁一〕「穰，襍也」。○〔同上〕｜，以讓為之。〔急就篇〕「消渴歐逆欬懣讓」。

亢　｜，高也。〔廣韻・宕部〕○｜之引申為高也。〔說文〕「｜，人頸也」段注。○｜，高極也。〔集韻・宕部〕○｜，高極也，言高其義。〔國策・燕策一〕「｜義益國」鮑注。○｜，閬，高大而空。〔說文〕「阬，閬也」繫傳。○｜，極也。〔續音義・卷五〕引〔考聲〕。○｜，當也。〔左傳宣公一三年〕「｜大國之討」述聞。○凡扞禦人謂之｜，為人扞禦亦謂之｜。〔左傳僖公二八年〕「以｜其讎」述聞。○｜者，扞蔽之意。〔同上〕○｜，旱也。〔續音義・卷五〕引〔切韻〕。又〔廣韻・宕部〕。○飛下稱｜。〔易・象下傳〕「已｜也」李疏引虞注。○｜，虛空之地。〔釋詁〕「阬，虛也」郝疏。○〔說文定聲・卷一八〕｜父，即梁甫也。〔水經・汶水注〕「泰山在左，｜父在右」。○｜、伉字同。〔左傳襄公一四年〕「戎｜其下」洪詁。○｜與吭同。〔廣雅・釋宮〕「吭，道也」疏證。○｜、抗、伉，字異而義同。〔荀子・富國〕「｜隆高」雜志。○沆、航、迒、｜，義並與杭同。〔廣雅・釋詁二〕「杭，渡也」疏證。○｜與梗聲亦相近。〔廣雅・釋詁四〕「｜，强也」疏證。○｜與迒通。〔方言一三〕「迒，迹也」箋疏。○｜與抗通。〔廣雅・釋詁一〕「抗，舉也」疏證。○｜、伉、抗並通。〔廣雅・釋詁四〕「｜，强也」疏證。○｜與抗古字通。〔左傳僖公二八年〕「以｜其讎」疏證。○｜為抗之叚借字。〔說文〕「抗，扞也」段注。○〔說文定聲・卷一八〕｜，叚借為抗。〔廣雅・釋詁二〕「｜，遮也」。○〔同上〕｜，叚借為伉。〔漢書・陳項傳贊〕「不｜于九國之師」。○〔同上〕｜，叚借為犺。〔廣雅・釋詁三〕「｜，强也」。○｜當作迒。〔釋名・釋道〕「鹿兔之道曰｜」疏證。

況　｜，譬也。〔集韻・漾部〕○｜，匹擬也。〔廣韻・漾部〕又〔通鑑・魏紀四〕「以臣心｜」音注。○｜，言加上尊號以比榮於往代。〔漢書・司馬相如傳〕「蓋號以｜榮」補注。○｜，古作兄，其訓滋也，益也，長也。〔荀子・非十二子〕「成名｜乎諸侯」集解引郝懿行。○｜，依字當作兄。兄，滋也。

〔公羊傳文公一二年〕「而—乎我多有之」陳疏引惠棟。○〔說文定聲・卷一八〕—，滋益之意。〔晉語〕「衆—厚之」。○—，益也。〔墨子・非攻下〕「兄」雜志。○—，賜也。〔通鑑・漢紀一二〕「遭天地—施」音注引應劭。○—者，賜也。〔荀子・非十二子〕「成名—乎諸侯」集解引俞樾。○—，善也。〔廣韻・漾部〕○—，矧也。(同上)○愴—，寒涼皃。〔說文〕「—，寒水也」繫傳。○兄、—古今字。〔詩・常棣〕「—也永嘆」陳疏。○—从兄聲，古止作兄。〔釋詁〕「貺，賜也」郝疏。○—之為兄，古文也。〔公羊傳文公一二年〕「而—乎我多有之」陳疏引孔廣森。○兄與—同。〔墨子・非攻下〕「兄」雜志。○古多以兄為—字。〔史記・游俠列傳〕「—」雜志。○—、兄音義同，古字通用。〔釋言〕「矧，—也」郝疏。○—者，兄之段音也。(同上)○今人評兄為—老，乃古語也。用—者，於古為假借。〔說文〕「兄，長也」段注。○〔說文定聲・卷一八〕—，段借為兄。〔廣雅・釋言〕「—，茲也」。○—，古貺字。〔漢書・武帝紀〕「拜—于郊」補注引錢大昭。○—，或作貺。〔屈賦・悲回風〕「更統世以自—」戴注。○〔說文定聲・卷一八〕—，段借為貺，實亦為兄。〔禮記・聘義〕「北面拜—」。○(同上)—，段借為仿，為並。〔荀子・非十二子〕「成名—乎諸侯」。○—讀為鍠。〔呂覽・自知〕「鍾—然有音」平議。○〔書〕—作皇。〔公羊傳文公一二年〕「而—乎我多有之」陳疏。○—，〔佩觿〕作況。〔說文〕「—，寒水也」義證。○—，字亦誤作況。〔說文定聲・卷一八〕○況，俗—。〔廣韻・漾部〕○—者，況字之俗。〔詩・出車〕「僕夫—瘁」通釋。○—，俗字，—乃況之變。〔說文〕「兄，長也」段注。○—，寒水。〔集韻・漾部〕○—，寒水也。〔說文〕「—，寒水也」義證引〔佩觿〕。○—，茲也。〔詩・出車〕「僕夫—瘁」朱傳。○—，滋也。〔詩・桑柔〕「亂—斯削」朱傳。又〔釋詞・卷四〕。○—者，賜也。〔荀子・非十二子〕「成名—乎諸侯」平議。○—猶與也。〔釋詞・卷四〕○—猶如也。(同上)○—，發語辭。〔詩・常棣〕「—也永歎」朱傳。○青徐人謂兄為荒，今江南北猶呼兄為—。〔通雅・稱謂〕○兄與—通。〔廣雅・釋言〕「—，茲也」疏證。○〔釋詞・卷四〕—，古通作兄。〔詩・桑柔〕「倉兄填兮」。○(同上)—，又作皇。〔書・無逸〕「則皇自敬德」。○—，當作怳。〔詩・常棣〕「—也永歎」朱傳引或說。又〔詩・出車〕「僕夫—瘁」朱傳引或說。

臟 —字俗，古但用臧。〔釋名・釋形體〕「所以檢勒五—也」疏證。○—，腑也。〔集韻・宕部〕

王 —，霸—。〔廣韻・漾部〕○—謂—天下之道。〔孟子・梁惠王上〕「則—乎」朱注。○—，古者以此為有天下之稱。〔字詁〕○—，本但音旺，至三代取以為帝號，始轉平聲耳。〔字詁〕○—，盛也。〔廣韻・漾部〕○—，興也。〔集韻・漾部〕○〔說文定聲・卷一八〕—，段借為暀。〔莊子・養生主〕「神雖—，不善也」。

纊 —，絮也，又細緜也。〔廣韻・宕部〕○—，綿也。〔集韻・宕部〕○古亦謂緜為—。〔說文〕「—，絮也」義證引〔急就篇〕顔注。○新而美者為—。〔禮記・玉藻〕「—為繭」集解。

絖 —與纊同。〔說文〕「澈，於水中擊絮也」繫傳。○—即纊字，絮也。〔詩・著〕「充耳以素乎而」通釋。○—，古纊字。〔大戴・子張問入官〕「統—塞耳」王詁。

鬯 —，香草。〔廣韻・漾部〕○—為香草。〔詩・江漢〕「秬—一卣」後箋。○—，香酒也。〔左傳僖公二八年〕「秬—一卣」洪詁引賈逵。○—者，以百草之香鬱金合而釀之，成為—。〔詩・江漢〕「秬—一卣」集疏。○釀黑黍為酒曰—，築芳草以煮曰鬱，以鬱合—為鬱—，因之，草曰鬱金，亦曰—草，鬱者，草香蘊積，—者，酒香條暢也。〔說文定聲・卷一八〕○—，匕—。〔廣韻・漾部〕○—亦器也，謂圭瓚也。〔易・震卦〕「不喪匕—」述聞。○—圭即瑒圭。〔說文〕「瑒，圭尺二寸」義證。○—，弓囊也。〔詩・大叔于田〕「抑—弓忌」朱傳。○—，與韔同。(同上)朱傳。○—，讀為韔。(同上)陳疏。○〔說文定聲・卷一八〕—，段借為韔。〔詩・大叔于田〕「抑—弓忌」。○(同上)—，段借為暢。〔漢書・律歷志〕「靡不條—該成」。

諒 —，信也。〔詩・柏舟〕「不—人只」朱傳。又〔大戴・主言〕「上樂施則下益—」王詁。又〔廣韻・漾部〕。○—，小信也。〔論語・憲問〕「豈若匹夫匹婦之為—也」朱注。○—，不擇是非而必於信。〔論語・衛靈公〕「君子貞而不—」朱注。○—者，能忠信而不欺。〔論語・季氏〕「友—」劉正義。○—者，信而不通之謂。〔衛靈公〕「君子貞而不—」劉正義。○—為信之導也。〔釋詁〕「—，導也」郝疏。○衆信曰—。〔慧琳音義・卷八七〕○以信自効曰—。〔卷五〕引〔考聲〕。又〔卷一三〕引〔考聲〕。○—，誠也。〔詩・何人斯〕「—不我知」朱傳。○—，智也。〔慧琳音義・卷一三〕○—，相也，佐也。〔廣韻・漾部〕○—陰，天子居喪之名。〔論語・憲問〕「高宗—陰」朱注。○—陰，一作—闇、⿰歹京瘖。〔通雅・釋詁〕○亮、—音義同。〔方言一〕「—，信也」疏證。○—通作涼，又通作亮。〔釋詁〕「亮，信也」郝疏。○—通作涼。〔釋詁〕「亮，導也」郝疏。○〔說文定聲・卷一八〕—，段借為倞，即亮。〔方言一二〕「—，知也」。○(同上)—，段借為勍。〔論語〕「君子貞而不—」。○(同上)—，段借為⿰歹京。〔論語〕「高宗—陰」。○—，韓作亮。〔詩・柏舟〕「不—人只」集疏。

亮 —，朗也。〔廣韻・漾部〕○—，明也。〔通鑑・漢紀五五〕「不—吾忠」音注。○—，導也。〔廣韻・漾部〕○—亦相也。〔釋詁〕「左，—也」郝疏。○—、相同義。〔書・堯典下〕注「史遷—作相」孫疏。○—，信也。〔孟子・告子下〕「君子不—」朱注。又〔通鑑・漢紀五五〕「不—吾忠」音注。又〔後唐紀三〕「公等既不—吾父」音注。○—者，信之右也。〔釋詁〕「—，右也」郝疏。○—，柱楣，謂既葬後所居也。〔書・無逸〕注康成「楣謂之梁」孫疏。○—陰，〔大傳〕作梁闇。〔書・無逸〕「乃或—陰」孫疏。○—與諒同。〔孟子・告子下〕「君子不—」朱注。又(同上)焦正義。○—者，與諒同。

〔釋詁〕「丨，導也」郝疏。〇丨，通作諒。〔釋詁〕「丨，信也」鄭注。又（同上）邵正義。〇丨即諒之假借字。〔方言一〕「諒，信也」箋疏。〇丨者，諒之段借也。〔釋詁〕「丨，信也」郝疏。〇假丨為諒也。〔說文〕「丨，明也」段注。〇經傳或假丨為諒。〔說文〕「諒，信也」段注。〇丨，通作涼。〔釋詁〕「丨，導也」鄭注。

妄 丨亦讀如無。〔史記·范雎蔡澤列傳〕「亡其」雜志。〇丨，虛丨。〔廣韻·漾部〕〇丨，無實也。〔禮記·儒行〕「衆人之命儒也丨」集解。〇丨，亂也。〔廣韻·漾部〕〇丨，誣也。〔大戴·衛將軍文子〕「賢人無丨」王詁。又〔廣韻·漾部〕。〇凡氣盛曰丨。〔說文〕「毅，丨怒也」段注。〇丨，聲近漫，汗漫，大貌，故謂凡為丨。〔義府·卷下〕〇丨言與詭譎同義。〔漢書·郊祀志〕「怪迂」雜志。〇丨生謂非所生而生。〔說文〕「㞷，艸木丨生」繫傳。〇古丨與望通。〔漢書·谷永傳〕「遭无丨之卦運」補注引項安世。〇〔說文定聲·卷一八〕丨，段借為望。〔大戴·文王官人〕「故得丨譽」。〇（同上）丨馬、鄭、王皆謂借為望，虞則謂借為忘。〔易〕「無丨」注「虛丨也」。〇（同上）丨，段借為盲。〔孟子〕「此亦丨人也已矣」。〇（同上）丨，段借發聲之詞，與用無、用毋同。〔越語〕「丨其欺不穀邪」。

愴 丨，悽丨。〔廣韻·漾部〕〇丨怳，失意皃。〔廣韻·養部〕〇丨怳，失意貌。〔楚辭·九辯〕「丨怳懭悢兮」補注。〇丨怳，悲傷也。（同上）補注引五臣注。〇〔說文定聲·卷一八〕丨，段借為滄。〔列子·湯問〕「丨丨涼涼」。

刱 丨，初也。〔慧琳音義·卷八〕引〔韻英〕。又〔廣韻·漾部〕。〇丨，造也。〔國策·秦策三〕「墾草丨邑」鮑注。〇丨始，俗作創。〔慧琳音義·卷八〕引〔考聲〕。〇丨，經傳皆以創為之。〔說文定聲·卷一八〕〇丨，〔國語〕、〔孟子〕字皆作創。〔說文〕「丨，造法丨業也」段注。

喪 丨，亡也。〔廣韻·宕部〕又〔集韻·宕部〕。〇丨即亡也。〔公羊傳僖公二年〕「吾雖丨國之餘」陳疏引朱彬。〇丨，失也。〔墨子·經下〕「說在丨子者」閒詁引張惠言。〇丨猶失也。〔公羊傳僖公二年〕「君何丨焉」陳疏。〇丨，失位也。〔禮記·檀弓〕「晉獻公之丨」集解。又〔論語·憲問〕「奚而不丨」朱注。又（同上）劉正義。〇丨，謂失位去國。〔論語·八佾〕「何患於丨乎」朱注。〇丨，藏也。〔墨子·備城門〕「丨以弟」閒詁引畢沅。〇丨，長字之誤。〔墨子·備城門〕「廣丨各丈六尺」閒詁引蘇時學。

𠷎 丨，同喪。〔廣韻·宕部〕〇丨，俗作喪。〔慧琳音義·卷二〕

兩 丨，車數。〔廣韻·漾部〕〇丨，車數，一車一輪也。〔孟子·盡心下〕「革車三百丨」朱注。〇車一丨為丨，丨相為體也。又曰車有丨輪，故稱為丨。〔詩·鵲巢〕「百丨御之」集疏引魯說。〇丨，乘也。〔集韻·漾部〕又〔通鑑·晉紀一七〕「段遼以車數十丨輸乙連粟」音注。〇丨，匹也。〔集韻·漾部〕〇丨，彼我也。〔國策·齊策一〕「而丨歸其國於秦」鮑注。〇丨、緉古通用。〔方言四〕「緉、緛，絞也」疏證。〇〔說文定聲·卷一八〕丨，段借為㒳。〔廣雅·釋詁四〕「丨，二也」。〇（同上）丨，段借為方，實為法。〔呂覽·簡選〕「晉文公造五丨之士」。

悵 丨，望也，恨也。〔慧琳音義·卷二五〕引〔玉篇〕。〇丨，怨也。〔通鑑·唐紀四六〕「懷光不免丨望」音注。〇丨，望其還而不至為恨也。〔說文〕「丨，望恨也」段注。〇丨，失志也。〔廣韻·漾部〕又〔楚辭·河伯〕「日將暮兮丨忘歸」補注。

壙 丨，墓穴。〔廣韻·宕部〕〇丨者，坎也，山鑿坎為墓曰丨。〔慧琳音義·卷八九〕〇丨，空也。〔說文定聲·卷一八〕（「曠」下）〇丨，廣野也。〔孟子·離婁上〕「猶水之就下，獸之走丨也」朱注。〇丨，野也。〔說文定聲·卷一八〕（「曠」下）〇丨埌，原野遠貌也。〔慧琳音義·卷一二〕引〔考聲〕。〇曠丨、丨丨、廣廣，並字異而義同。〔廣雅·釋訓〕「曠曠，大也」疏證。〇丨與曠同。〔漢書·韋賢傳〕「五世丨僚」補注。〇丨，或作曠，作懭。〔慧琳音義·卷二〕〇丨通於曠。〔孟子·離婁上〕「獸之走丨也」焦正義。〇〔說文定聲·卷一八〕丨，段借為懬。〔漢書·李夫人傳〕「託沈陰以丨久兮」。

廣 丨，橫即丨也。〔慧琳音義·卷二一〕〇豎為縱，橫為丨。〔卷四〕引〔字書〕。〇東西曰丨，讀如字。〔通鑑·周紀三〕「從某之某，丨袤六里」音注。〇丨與曠同。曠，空也。〔漢書·鼂錯傳〕「臣聞古之徙遠方以實丨虛也」補注引王念孫。〇丨，義與曠同。曠曠者，虛無人之貌。〔燕刺王傳〕「橫術何丨丨兮」補注引王念孫。〇丨丨猶言曠曠也。曠曠者，虛無人之貌。〔莊子·天道〕「丨丨乎其無不容也」集釋。〇丨運，或作丨員。〔詩·玄鳥〕「景員維河」通釋。〇丨運，又作丨輪。（同上）〇丨運，又作袤丨。（同上）〇丨與曠同。〔廣雅·釋詁一〕「曠，遠也」疏證。又〔廣雅·釋詁三〕「曠，久也」疏證。〇丨當為懬。〔說文〕「㢋，丨也」義證。

宕 丨，過也。〔廣韻·宕部〕又〔通鑑·漢紀五七〕「發辭偏丨」音注。〇丨之言放蕩也。〔說文〕「丨，過也」段注。〇丨，今言故丨也。〔說文〕「丨，過也，一曰洞屋」繫傳。〇丨，洞室。〔廣韻·宕部〕〇丨，字从宀，洞屋當為本訓，洞屋者，四圍無障蔽之謂，故轉注為寬廣之義。〔說文定聲·卷一八〕〇丨，經傳皆以蕩為之。（同上）〇（同上）丨，段借為盪。〔通俗文〕「迴過曰丨」。

伉 丨，匹也。〔說文定聲·卷一八〕（「亢」下）〇（卷一八）丨，此字本訓當為匹耦之誼。〔後漢·張衡傳〕「疇可與乎比丨」。〇丨，敵也。〔通鑑·晉紀三〇〕「不丨儷於先帝」音注。〇丨儷，敵也。〔廣韻·宕部〕〇丨儷，等也，又敵也。〔續音義·卷九〕引〔字書〕。〇敵對論議曰丨談。〔慧琳音義·卷一八〕引〔桂苑珠叢〕。〇丨，健也。〔通鑑·漢紀一〇〕「黠丨厲守高」音注。〇丨，高貌。〔詩·緜〕「皐門有丨」朱傳。〇丨，高也。〔通鑑·漢紀一〇〕「黠丨厲守高」音注。〇丨，高亢，壯大之皃。〔說文〕「丨，人名」繫傳。〇丨，剛正皃。〔集韻·唐部〕〇丨者，極也。〔荀子·富國〕「丨隆高」

雜志。○丨、致，期，皆極也。〔同上〕○亢、抗、丨，字異而義同。〔同上〕○丨、抗古字通。〔國策·秦策一〕「天下莫之丨」補正。○丨與犺通。〔廣雅·釋詁二〕「犺，健也」疏證。○亢、丨、抗並通。〔廣雅·釋詁四〕「亢，强也」疏證。○丨與亢通，亦通作抗。〔廣雅·釋詁三〕「亢，當也」疏證。○〔說文定聲·卷一八〕丨，叚借為犺。〔漢書·宣帝紀〕注「丨，强也」。○〔同上〕丨，叚借為亢。〔詩·綿〕「高門有丨」。○丨，〔論語〕有陳丨，字子禽，是義取鳥嚨之亢，或作丨者，借字也。〔說文定聲·卷一八〕○丨，〔論語〕作陳亢。〔說文〕「丨，論語有陳丨」段注。○官本丨作抗。〔漢書·陸賈傳〕「欲以區區之越與天子丨衡為敵國」補注。

忘

丨，不憶也。〔慧琳音義·卷八九〕引顧野王。○丨，遺丨。〔廣韻·漾部〕○丨，棄丨。〔集韻·漾部〕○丨亦弭也。〔詩·沔水〕「不可弭丨」陳疏。○丨與妄同。〔荀子·賦〕「測意之」雜志。○丨與芒聲義近。〔釋詁〕「忽，盡也」郝疏。○丨通妄。〔孟子·公孫丑上〕「心勿丨」焦正義。○丨與妄通。〔韓子·解老〕「前識者無緣而丨意度也」集解。○丨，當為妄。〔墨子·大取〕「立辭而不明於其所生，丨也」閒詁引顧千里。

傍

丨，近也。〔集韻·宕部〕○丨，近之也。〔說文〕「丨，近也」繫傳。○丨者，溥也，徧也。〔墨子·尚同中〕「已有善」雜志。○並、旁皆丨之假借字。〔漢書·西域傳〕「從鄯善丨南山北」補注引徐松。

碭

丨，石。〔廣韻·宕部〕○〔說文定聲·卷一八〕丨，今江蘇徐州府丨山縣有芒丨山，殆亦以出文石得名，或曰芒丨，疊韻連語。〔說文〕「丨，文石也」。○〔同上〕丨，叚借為宕。〔淮南·本經〕「元元至丨而運照」。

恙

丨，憂也，病也。〔廣韻·漾部〕又〔通鑑·周紀五〕「范叔固無丨乎」音注。○丨，憂也。〔國策·齊策四〕「歲亦無丨邪」鮑注。○丨與寫並訓為憂。〔方言一〇〕「或謂之無寫」箋疏。○丨，噬蟲，善食人心也。〔廣韻·漾部〕又〔通鑑·周紀五〕「范叔固無丨乎」音注。○丨，北方大荒中有獸食人，名曰㺊。㺊者，丨也。〔楚辭·九辯〕「還及君之無丨」補注引〔蘇鶚演義〕。○〔說文定聲·卷一八〕丨與慯署同。〔風俗通〕「丨，病也」。○丨，通作養。〔釋詁〕「丨，憂也」郝疏。○丨當讀養。〔墨子·七患〕「則君無丨」平議。○〔說文定聲·卷一八〕丨，叚借為蛘。〔風俗通〕「丨，噬人蟲也，善食人心，人每患苦之」。

煬

丨，炙也。〔廣韻·漾部〕○丨，炙燥也。〔國策·趙策三〕「前之人丨」鮑注。○丨，燥也。〔集韻·漾部〕○丨，向也，暴也。〔廣韻·漾部〕

張

丨，施。〔廣韻·漾部〕○丨，陳設也。〔集韻·漾部〕又〔楚辭·湘夫人〕「與佳期兮夕丨」補注。○丨，自侈大也。〔集韻·漾部〕○丨，去音，大之也。〔國策·西周策〕「以丨韓魏」鮑注。○丨，俗字亦作脹，作痮。〔說文定聲·卷一八〕○〔同上〕丨，叚借為帳。〔史記·高祖紀〕「高祖復留止丨」。

閬

丨，高門。〔廣韻·宕部〕○丨，門高大之皃。〔說文〕「塹，阬也」段注引江沅。○丨者，門高大之貌也。〔說文〕「阬，丨也」段注。○丨丨，高大之貌也。〔文選·甘泉賦〕「閌丨丨其寥廓兮」李注引〔說文〕。○凡孔穴深大皆曰丨阬。〔說文〕「阬，丨也」段注。○丨風，或作涼風。〔廣雅·釋山〕「崐崘有三山，丨風，板桐，元圃」疏證。○涼、丨古字通。〔史記·十二諸侯年表〕「弗生」雜志。○〔說文定聲·卷一八〕丨，或曰借為朗。〔漢書·揚雄傳〕「閌丨丨其寥廓兮」。○〔同上〕丨，叚借為隍，為壙。〔管子·度地〕「郭外為之土丨」。

脹

丨，腹滿也。〔慧琳音義·卷五五〕又〔說文〕「瘨，一曰腹丨」義證引戴侗。○丨，飽腹痛也。〔慧琳音義·卷六三〕引〔文字典說〕。○丨謂腹鼓丨。〔說文〕「瘨，一曰腹丨」義證引〔急就篇〕顏注。○丨，丨滿。〔廣韻·漾部〕○丨，又作痮。〔慧琳音義·卷五五〕○丨，或作痮，古字也。〔卷一〕○丨，字又作痮。〔說文〕「瘨，一曰腹丨」義證。○丨，本作張。〔同上〕義證引戴侗。○丨、痮、張並通。〔廣雅·釋詁一〕「痮，病也」疏證。

行

丨，次第。〔廣韻·宕部〕○丨，次也。〔集韻·宕部〕○丨丨，彊也。〔廣雅·釋訓〕疏證訂補。○丨丨，剛强皃。〔集韻·宕部〕○丨丨，剛强之貌。〔論語·先進〕「丨丨如也」劉正義。○丨丨，更更聲相近，皆彊貌也。〔廣雅·釋訓〕「丨丨，更更也」疏證。○〔說文定聲·卷一八〕丨，叚借為葰。〔論語〕「丨丨如也」。

悢

丨丨，悲也。〔廣韻·漾部〕○丨丨，悃悵也。〔文選·與蘇武詩〕「丨丨不得辭」集釋引〔玉篇〕。○〔通雅·卷一〇〕丨丨，猶眷眷也。〔後漢·陳蕃傳〕「天之于漢，丨丨不已」。

湯

丨，突也，出圍也。〔慧琳音義·卷五二〕○丨，蕩也。〔詩·宛丘〕「子之丨兮」朱傳。○丨，一曰蕩也。〔集韻·宕部〕○丨，本古蕩字。〔詩·宛丘〕「子之丨兮」後箋引惠棟。○〔義府·卷下〕丨讀為盪，以水滌器也。〔冥通記〕「瓦盆中已被水丨無氣」。○〔通雅·卷一〇〕古丨、蕩、盪通。〔漢書·天文志〕「四星若合，是謂大丨」。○丨，讀與蕩同。〔詩·宛丘〕「子之丨兮」陳疏。○丨讀為蕩。〔管子·輕重丁〕「一可以為百」雜志。○丨為蕩之叚借字也。〔說文〕「坦，安也」段注。○丨丨即蕩蕩之假借。〔詩·沔水〕「其流丨丨」陳疏。○丨，魯作蕩。〔詩·宛丘〕「子之丨兮」集疏。○丨，熱丨也。〔廣韻·宕部〕○丨，熱水灼也。〔集韻·宕部〕○〔說文定聲·卷一八〕丨，叚借為宕。〔莊子·天地〕「數如泆丨」。○〔同上〕丨，叚借為暘。〔詩·宛丘〕「子之丨兮」。

炕

土榻安火曰丨。〔慧琳音義·卷一八〕引〔考聲〕。○丨，火丨。〔廣韻·宕部〕○丨，灼也。〔集韻·唐部〕○丨者俗字，古當作抗。〔說文〕「炙，炙肉也」段注。○丨即抗之假借字。〔方言七〕「縣，自山之東西曰抗」箋疏。○丨與抗通。〔廣雅·釋詁一〕「抗，張也」疏證。○丨，義與亢亦相近。

〔廣雅·釋詁一〕「亢,極也」疏證。○丨,亢借字。〔漢書·王莽傳〕「皆丨龍絶氣」補注。○〔説文定聲·卷一八〕丨,叚借為亢。〔甘泉賦〕「丨桴柱之飛榱兮」。

韔 丨,弓衣。〔廣韻·漾部〕○丨,弢也。〔集韻·漾部〕○丨弓猶弢弓也。〔詩·采緑〕「言丨其弓」陳疏。○丨,亦名韣。〔説文定聲·卷一八〕○韔、丨、暢並字異而義同。〔廣雅·釋器〕「韔,藏也」疏證。○丨音暢。〔詩·小戎〕「虎丨鏤膺」朱傳。又〔詩·采緑〕「言丨其弓」朱傳。○丨又通作鬯。〔説文〕「丨,弓衣也」義證。○丨,或作韔。(同上)

韔 丨同韔。〔廣韻·漾部〕○丨,弓衣。〔集韻·漾部〕

長 丨謂盈丨也,亦餘剩也。〔慧琳音義·卷七〇〕○丨,多也。〔廣韻·漾部〕○丨,一曰餘。〔集韻·漾部〕○丨,多而有餘也。〔通鑑·齊紀一〕「名號不同,員限盈丨者,別更詳議」音注。○度丨短曰丨。〔集韻·漾部〕

創 丨,此正刀丨字也。〔説文〕「刅,傷也」繫傳。○丨,傷也。〔集韻·漾部〕○丨,懲也。(同上)○丨,同刱。〔廣韻·漾部〕○丨,造。〔孟子·梁惠王下〕「君子丨業垂統」朱注。○丨,造也。〔論語·憲問〕「裨諶草丨之」朱注。○造亦丨也。〔漢書·司馬相如傳〕「不特丨見」補注。

誑 丨,欺也。〔廣韻·漾部〕○丨,相欺以言也。〔慧琳音義·卷七〕引〔考聲〕。○丨,欺之以言也。〔卷六六〕引〔考聲〕。○丨亦壅蔽之意耳。〔説文〕「俇,有廱蔽也」段注。○丨、㤮,古今字。〔方言一二〕「屑、㤮,獪也」箋疏。○丨,俗作誆。〔説文〕「丨,欺也」義證。○丨又借迋字。(同上)○丨,字亦作詿。〔説文定聲·卷一八〕

緉 丨,履屐雙也。〔廣韻·漾部〕○〔説文定聲·卷一八〕丨,緉兩股曰纆,亦曰丨。〔説文〕「丨,絞也」。○丨,通作兩。〔説文〕「丨,履兩枚也」義證。○丨,又通作量。(同上)

羕 丨,長大也。〔廣韻·漾部〕○丨,引申之為凡長之偁。〔説文〕「丨,水長也」段注。○融、丨、永、引、延,俱一聲之轉。〔釋詁〕「丨,長也」郝疏。○丨為古永字。(同上)邵正義。○丨與永同。(同上)郝疏。○丨,〔毛詩〕作永,古音同。〔説文〕「丨,詩曰,江之丨矣」段注。○〔説文定聲·卷一八〕丨,毛作永,永、丨實一字。〔韓詩·喬木〕「江之丨矣」。○丨,通作養。〔説文〕「丨,水長也」義證。○〔説文定聲·卷一八〕丨,以養為之。〔夏小正〕「丨日丨夜」。

踼 跌丨,行失正。〔廣韻·宕部〕○跌丨,行失正也。〔集韻·宕部〕

閌 丨閬,門高。〔廣韻·宕部〕○丨閬,高門皃。〔説文〕「閬,門高也」義證引〔玉篇〕。○丨即阬字。(同上)段注。○丨,〔毛詩〕作伉。〔文選·魏都賦〕「古公草創而高門有丨」集釋。

曏 丨,不久也。〔廣韻·養部〕○丨,少時也,不久也。〔廣韻·漾部〕○丨,少時也。〔集韻·漾部〕○少時謂之丨。〔集韻·養部〕○丨謂昔時也。〔通鑑·後漢紀三〕「守貞丨畏高祖」音注。○丨音向。〔説文〕「量,稱輕重也」繫傳。○丨,屬也。〔楚辭·思忠〕「丨吾路兮蔥嶺」補注。○此經作丨為正字。或作鄉、作嚮、作向,皆古字通用。作晌,則俗字也。〔儀禮·士相見禮〕「主人復見之,以其摯曰,丨者吾子辱使某見」胡正義。○丨,今作鄉。〔説文〕「丨,不久也」句讀。○丨,經傳多以鄉、以向、以嚮為之。〔説文定聲·卷一八〕○丨,俗字作晌。(同上)○丨,或借鄉字。〔説文〕「丨,不久也」義證。○〔説文定聲·卷一八〕丨,叚借為嚮。〔莊子·秋水〕「證丨今故」。

醠 丨,濁酒。〔廣韻·宕部〕○丨,清于醴而濁于緹沈者,〔禮經〕皆以盎為之。〔説文定聲·卷一八〕○丨,或作䣉。〔説文〕「丨,濁酒也」義證。○丨,〔周禮〕作盎,古文叚借也。(同上)段注。○丨,通作盎。(同上)義證。

徬 丨,自旁微驅之也。〔説文〕「丨,附行也」繫傳。○丨,丨附。〔廣韻·宕部〕○丨,或作傍。〔説文〕「丨,附行也」義證。○〔説文定聲·卷一八〕丨,以放為之。〔論語〕「放于利而行」。

掠 丨,笞也。〔廣韻·漾部〕○丨,音亮,笞也。〔通鑑·陳紀九〕「考丨不得過二百」音注。○丨,考箠也。〔秦紀三〕「趙高治斯,榜丨千餘」音注。○丨辜者,情罪未得,笞丨過當。〔漢書·宣帝紀〕「今繫者或以丨辜若飢寒瘐死獄中」補注引蘇輿。○丨,榜也。〔集韻·漾部〕○丨,奪也,取也。〔廣韻·漾部〕○丨,治也。(同上)○强取謂之丨,音刀向反,聲與倞亦相近也。〔廣雅·釋詁二〕「倞,强也」疏證。

妨 丨,丨礙。〔廣韻·漾部〕

旺 丨,美光。〔廣韻·漾部〕

迋 丨,往也,劵也。〔廣韻·漾部〕○丨,妄也。〔集韻·陽部〕○丨,欺也。〔集韻·漾部〕○丨音誑,與誑同。〔詩·揚之水〕「人實丨女」朱傳。○往、丨、徃,聲並相近。〔廣雅·釋詁一〕「丨,往也」疏證。

珦 丨,玉名。〔廣韻·漾部〕又〔集韻·漾部〕。

蕩 丨,摇也。〔左傳莊公四年〕「余心丨」洪詁引賈逵。○丨猶除也。〔慧琳音義·卷九二〕引〔考聲〕。○丨,踰大閑矣。〔論語·陽貨〕「今之狂也丨」朱

注。○丨謂窮高極廣而無所止。〔陽貨〕「其蔽也丨」朱注。○放丨之丨，依字當作愓。〔詩·宛丘〕「子之湯兮」後箋。○丨丨，言廣遠。〔論語·泰伯〕「丨丨乎」劉正義。○有丨，猶丨丨也。〔詩·南山〕「魯道有丨」集疏。○丨者，盪之假借。〔說文〕「盪，滌器也」段注。○丨者，潒之借字。〔說文〕「洸，水所丨洸也」句讀。○〔說文定聲·卷一八〕丨，叚借為愓。〔論語〕「今之狂也丨」。○丨，魯作盪。〔詩·蕩〕「丨丨上帝」集疏。

潢 丨，水深廣貌。〔楚辭·逢紛〕「揚流波之丨丨兮」補注。○丨洋，水深貌。〔楚辭·遠逝〕「赴陽侯之丨洋兮」補注。○狐祥、孤傷、瀇瀁、丨瀁、洸洋、瀇洋，並與丨洋同。〔廣雅·釋訓〕「丨潒，浩盪也」疏證。○丨潒，讀為丨洋。〔同上〕○〔說文定聲·卷一八〕丨，叚借為黃，故唐有裝丨匠。〔廣韻〕引〔釋名〕「丨，染書也」。○〔同上〕丨，叚借為洸。〔史記·司馬相如傳〕「灝溔丨漾」。

怏 丨，心不服也。〔慧琳音義·卷四七〕○丨，不服也。〔說文〕「丨，不服懟也」義證引〔玉篇〕。○丨，懟也。〔同上〕○〔說文定聲·卷一八〕丨，亦丨然心不服也。〔蒼頡篇〕「丨，懟也」。○丨，情不足也。〔廣韻·漾部〕○丨，不暢也。〔太素·脹論〕「腹滿引背丨然」楊注。○丨然，自大之意。〔集韻·陽部〕○丨，或叚鞅為之。〔說文〕「丨，不服懟也」段注。○丨、鞅通。〔廣雅·釋詁一〕「丨，强也」疏證。○丨與鞅通。〔釋言〕「丨，懟也」疏證。○丨，或借鞅字。〔說文〕「丨，不服懟也」義證。○丨，或借鞅。〔說文〕「丨，心不服懟也」句讀。○〔說文定聲·卷一八〕丨，以鞅為之。〔史記〕「此鞅鞅非少主臣」。

盪 丨丨，丨行。〔廣韻·宕部〕○丨，丨突。〔廣韻·唐部〕○丨，動也。〔集韻·宕部〕○丨口者，吮刷口中也。〔說文〕「漱，丨口也」段注。○盪，經傳通作丨，又作蕩。〔廣雅·釋詁二〕「盪，動也」疏證。

盎 丨，盆也。〔廣韻·宕部〕○濁者曰丨。〔本草·卷二五〕引〔飲膳標題〕。○丨，清於醴而濁於緹。〔說文〕「醠，濁酒也」段注。○丨，豐厚盈溢之意。〔孟子·盡心上〕「丨於背」朱注。○凡言丨然者，皆謂盛。〔說文〕「丨，盆也」段注。○〔說文定聲·卷一八〕丨以鞅訓。〔孟子〕「丨于背」注「謂如負之于背」。○〔同上〕丨，叚借為泱。〔孟子〕「丨于背」。○〔同上〕丨，叚借為醠。〔周禮·酒正〕「三曰丨齊」。○丨翁，即醠滃之借字，丨與翁亦雙聲義近。〔周禮·酒正〕「三曰丨齊」孫正義。

饟 丨，猶饁也。〔詩·良耜〕「其丨伊黍」陳疏。○丨，實與餉同字。〔說文定聲·卷一八〕○丨通作攘。〔說文〕「丨，周人謂餉曰丨」義證。

[歹京] 丨，薄也。〔集韻·漾部〕○丨者，事有不善之詞。〔說文定聲·卷一八〕〔「諒」下〕○丨，惡室也。〔卷一八〕〔「倞」下〕○丨，字或作亮。〔說文〕「丨，事有不善言丨也」義證。○丨，通作諒。〔同上〕○丨，又通作涼。〔同上〕

䀶 丨，目病。〔廣韻·漾部〕又〔集韻·宕部〕。○丨者，視衺不正。〔說文定聲·卷一八〕○丨亦作[目京]。〔方言一二〕「丨，明也」箋疏。○〔說文定聲·卷一八〕丨，叚借為朗。〔方言一二〕「丨，明也」。

慯 丨，憂也。〔廣韻·漾部〕○憂與丨義相近。〔廣雅·釋詁二〕「悠，丨也」疏證。○傷與丨通。〔同上〕○丨，或通作傷。〔說文〕「丨，憂也」義證。○丨，經傳皆以傷為之。〔說文定聲·卷一八〕

闀 丨，門頭也。〔廣韻·漾部〕○窗、牖，丨也。〔文選·魏都賦〕「肅肅階丨」集釋引〔廣雅〕。○兩階間曰丨。〔同上〕集釋引〔爾雅〕。○丨，本作向，通作鄉。〔廣雅·釋宮〕「窻、牖，丨也」疏證。○響、嚮古祇作鄉，即今之向字，與丨通。〔文選·魏都賦〕「肅肅階丨」集釋。

蘘 丨，菜也。〔廣韻·漾部〕○丨，艸名，茉蘇也。〔集韻·漾部〕

[走匡] 丨，行皃。〔廣韻·漾部〕又〔集韻·養部〕。

墇 丨，丨塞。〔廣韻·漾部〕○丨，壅也。〔廣韻·陽部〕○丨，經傳多以鄣、以障為之。〔說文定聲·卷一八〕

儻 丨，倖也。〔廣韻·宕部〕○丨，或然之辭。〔通鑑·漢紀五六〕「丨可誘也」音注。○丨，或然之詞。〔釋詞·卷六〕○丨者，或然之詞。〔荀子·天論〕「怪星之黨見」雜志。○〔釋詞·卷六〕丨，字或作尚。〔墨子·尚賢〕「尚欲祖述堯、舜、禹、湯之道」。○〔同上〕丨，字或作當。〔墨子·非樂〕「然則當為之撞巨鐘」。○〔同上〕丨，字或作黨。〔荀子·天論〕「怪星之黨見」。

懹 丨，憚也。〔廣韻·漾部〕

蠰 丨，桑繭，即桑蠶也。〔廣韻·漾部〕○丨，蠶別名。〔集韻·漾部〕

[米襄] 丨，雜也。〔廣韻·漾部〕○丨，糅也。〔集韻·漾部〕○糅、丨，語之轉。〔廣雅·釋詁二〕「丨，雜也」疏證。○丨通作釀。〔同上〕

[匠鳥] 自關以東謂桑飛為女丨。〔廣韻·漾部〕○女丨，鳥名，巧婦也。〔集韻·漾部〕○丨、匠，字異音義同。〔方言八〕「桑飛，或謂之女匠」疏證。

詇 丨，智也。〔廣韻·漾部〕○丨，早知也。〔廣韻·漾部〕又〔廣韻·養部〕。○丨，今央求字，以央為之。〔說文定聲·卷一八〕

倡 丨，導引先。〔廣韻·漾部〕○先歌為丨。〔楚辭·大招〕「趙簫丨只」章句。○丨，經傳皆用為唱字。〔說文〕「丨，樂也」段注。○丨與唱同。〔楚辭·抽思〕「丨曰」補注。○官本注丨作唱。〔漢書·禮樂志〕「肅丨和聲」補注。

凔 丨，寒也。〔廣韻·漾部〕○丨，通作滄。〔說文〕「丨，寒也」義證。

望　｜，弦｜。〔廣韻・陽部〕又〔廣韻・漾部〕。○｜，對照月面而全明也。〔說文定聲・卷一八〕○｜之古文作朢。〔說文〕「⿰言望，責望也」段注。○｜，古文作朢。〔同上〕義證。○｜，此與望各字，今則望專行而｜廢矣。〔說文〕「｜，月滿也」段注。○｜，經典通作望。〔說文〕「｜，月滿」義證。○｜，今皆以望為之。〔說文定聲・卷一八〕

弶　｜，以弓骨取鳥獸也。〔慧琳音義・卷一二〕引〔考聲〕。○｜，張取獸也。〔廣韻・漾部〕○〔字林〕施罟於道一曰以弓罥鳥獸。〔集韻・漾部〕○施弧於道，以罥鳥獸曰｜，俗呼强子。〔通雅・諺原〕

⿰車卬　｜，轎｜。〔廣韻・漾部〕○｜之言卬，上舉之意也。〔廣雅・釋詁三〕「輰，｜也」疏證。

⿰言望　｜，責也。〔廣韻・漾部〕○｜，責望也。〔集韻・陽部〕○｜，怨望字，史傳皆以望為之。〔說文定聲・卷一八〕○｜之古文亦作⿰言𡈼。〔說文〕「｜，責望也」段注。○｜，字或作⿰言𡈼。〔說文〕「｜，責｜也」義證。○〔說文定聲・卷一八〕｜，叚借為望。〔太玄・逃〕「寇⿰言望其户」。○｜，史傳借望字。〔說文〕「｜，責｜也」義證。

徃　｜，往也，又遠行也。〔廣韻・漾部〕

臦　｜，背也。〔說文〕「臩，驚走也」繫傳。○｜，乖也。〔廣韻・漾部〕

㤮　｜，誤人。〔廣韻・漾部〕○｜，誤也。〔集韻・漾部〕○｜，｜惑也。〔廣韻・漾部〕○｜與誑同。〔說文〕「｜，誤也」句讀。

⿰月兄　｜，〔字林〕水名，一曰山名。〔集韻・漾部〕

唴　｜，喨，小兒啼也。〔廣韻・漾部〕○｜喨，悲也。〔廣雅・釋詁三〕疏證補。

逿　｜，過也。〔廣韻・宕部〕又〔集韻・蕩部〕。○｜，失據倒也。〔集韻・宕部〕

枊　｜，今京師有馬｜洲也，謂之｜者，旁有一杙卬起也。〔說文〕「｜，馬柱」繫傳。○｜，繫馬柱。〔廣韻・宕部〕○｜，繫馬柱也。〔廣韻・唐部〕又〔通鑑・晉紀三五〕「逵縛之馬｜」音注。○｜，馬柱。〔集韻・唐部〕

⿰馬卬　｜，馬怒。〔廣韻・宕部〕○｜，馬怒皃。〔慧琳音義・卷九六〕引〔古今正字〕。○｜，或借昂字。〔說文〕「｜，｜｜，馬怒皃」義證。

埌　｜，冢也。〔廣韻・宕部〕○｜，猶壙也。〔莊子・列禦寇〕「闔胡嘗視其良」平議。○｜、壠，語之轉耳。〔方言一三〕「冢或謂之｜，或謂之壠」箋疏。○｜亦壠也，語之轉耳。〔廣雅・釋邱〕「｜，冢也」疏證。○｜通作良。〔方言一三〕「冢或謂之｜」箋疏。○〔說文定聲・卷一八〕｜，以良為之。〔莊子・列禦寇〕「闔胡嘗視其良」。

⿱艹閬　｜，｜蕩。〔廣韻・宕部〕○｜蕩，艸名，或作蒗。〔集韻・宕部〕○｜蕩，或作莨菪，或作狼蓎。〔廣雅・釋草〕「蔥、苹，｜蕩也」疏證。

⿱尚瓦　｜，大甕。一曰井甃。〔廣韻・宕部〕○｜，大甕，今俗曰礶、曰埕。〔通雅・器用〕○｜，或作党。〔說文〕「｜，大盆也」義證。

犺　㹶｜，不順。〔廣韻・宕部〕○〔說文定聲・卷一八〕｜，以伉為之。〔漢書・宣帝紀〕「伉健習騎射」。

桄　｜，織機｜。〔廣韻・宕部〕○今俗謂輕舂曰｜，即稻字之轉語也。〔說文〕「稻，舂粟不潰也」段注。○｜又通作橫。〔說文〕「｜，充也」義證。○｜又通作廣。〔同上〕○〔說文定聲・卷一八〕｜，實借為光，為廣。〔說文〕「｜，充也」。

瑒　｜，祀宗廟圭名，長一尺二寸。〔廣韻・梗部〕○｜，裸圭也。魯語謂之鬯圭。〔說文定聲・卷一八〕○｜，即璗字。〔說文〕「璗，金之美者」段注。○｜，讀如暢。〔說文〕「｜，圭尺二寸」段注。○｜，讀如暢。此｜蓋璗之借字。〔漢書・王莽傳〕「｜琫｜珌」補注引蘇輿。

坱　｜，塵也。〔慧琳音義・卷九九〕引〔考聲〕。○｜，塵也。吳越謂塵起為｜。〔集韻・宕部〕○｜者，塵埃廣大之皃。〔說文〕「｜，塵埃也」段注。

⿱髟上　｜，鬤｜，亂髮皃。〔廣韻・庚部〕○｜，鬤，亂髮皃。〔集韻・庚部〕○｜鬤，髮亂也。〔集韻・唐部〕○｜擾，髮亂。〔說文〕「｜，鬤也」義證引〔玉篇〕。

姎　｜，女人自稱｜我也。〔廣韻・唐部〕○｜我，如吳人自稱阿儂耳。〔說文〕「｜，女人自稱｜我也」段注。○｜，發聲之詞。〔爾雅〕「陽，予也」亦同。〔說文定聲・卷一八〕○｜，今伊犁烏魯木齊等回民稱女曰｜哥。〔釋詁〕「卬，我也」郝疏。○｜，通作卬。〔說文〕「｜，女人自稱，我也」義證。○｜，又通陽。〔同上〕○｜，又通作婸。〔同上〕

懬　｜，大也。〔廣韻・蕩部〕○｜，大意。〔集韻・蕩部〕○〔元帝紀〕「衆僚久｜」，假｜為曠字。〔說文〕「｜，闊也，廣大也」段注。○｜，經典借曠字。〔同上〕義證。○｜，亦借曠為之。〔說文〕「｜，一曰廣大也」句讀。○｜，經傳皆以曠為之。〔說文定聲・卷一八〕○｜，或借廣字。〔說文〕「｜，大也」義證。○〔說文定聲・卷一八〕｜，叚借為獷。〔詩・泮水〕釋文引〔說文〕作「｜彼淮夷」。

倞　｜，遠也。〔集韻・漾部〕○｜，强也。或作傹。〔集韻・漾部〕○〔說文定聲・卷一八〕｜，與〔論語〕貞而不諒同。〔孟子〕「君子不亮惡乎執」。○〔同上〕｜，以諒為之。〔廣雅・釋詁三〕「諒，智也」。○〔同上〕｜，叚借為諒。〔釋詁〕「亮，信也」。○｜，字亦作亮。〔說文定聲・卷一八〕○｜，漢分隸往往以亮為｜。〔同上〕引錢辛楣。○〔說文定聲・卷一八〕｜，叚借為景。〔釋詁〕「亮，導也」。○〔同上〕｜，叚借為涼。〔書・無逸〕「乃或亮闇」。

潒 丨，瀉也。〔集韻·漾部〕

㒒 丨，立動皃。〔集韻·漾部〕

俍 丨，良工也。〔集韻·宕部〕

儅 丨，不中。〔廣韻·宕部〕〇丨，佴丨，不常也。一曰了也。〔集韻·宕部〕

償 丨，還也。〔廣韻·漾部〕又〔集韻·漾部〕。〇丨，備也。〔廣韻·漾部〕

光 丨，上色。〔廣韻·宕部〕〇丨，飾色也，或作穔。〔集韻·宕部〕

剠 丨，鈔取也，通作掠。〔集韻·漾部〕

刅 〔説文定聲·卷一八〕丨，叚借為刱。〔廣雅·釋詁一〕「創，始也」。

吭 丨，烏咽。〔廣韻·宕部〕〇丨，咽。〔集韻·宕部〕

哴 哶丨，啼也。〔廣韻·漾部〕〇嗟丨，啼極無聲也。或作喨。〔集韻·漾部〕〇丨、喨、悢，古字並通。〔方言一〕「平原謂啼極無聲謂之哶丨」箋疏。〇丨與喨古通用。（同上）疏證。

塝 丨，地畔也。〔集韻·宕部〕

壤 丨，坱丨，塵。〔廣韻·宕部〕〇丨，塵起。〔集韻·宕部〕〇丨，一曰土窟。（同上）

幚 丨，書帖也。〔集韻·宕部〕

廠 丨，露舍。〔廣韻·漾部〕〇丨，露舍也。〔集韻·漾部〕

彊 丨，屍勁硬也。〔廣韻·漾部〕〇丨，不朽也。〔集韻·漾部〕

畺 丨，死不朽也。或从弓。〔集韻·漾部〕

强 丨亦屈也。〔廣雅·釋器〕「隆屈，傘也」疏證。

忼 丨，慨也。〔集韻·宕部〕〇〔説文定聲·卷一八〕丨，叚借為亢。〔説文〕引〔易〕孟嘉本「乾上九，丨龍有悔」。

恦 丨，念也。〔集韻·漾部〕

愓 丨，放逸。〔集韻·宕部〕

怳 丨，心明也。〔集韻·宕部〕

㦹 丨，恨也。〔集韻·漾部〕

懭 丨，恨也。或通作懬。〔集韻·宕部〕〇丨悢，意不得也。〔集韻·蕩部〕〇丨悢，不得志。〔楚辭·九辯〕「愴怳丨悢兮」補注。〇丨悢，悲傷也。（同上）補注引五臣注。

掚 丨，整飾也。〔集韻·漾部〕

搒 丨，掉船丨歌。〔廣韻·宕部〕

㨾 丨，式丨。〔廣韻·漾部〕〇丨，今云式丨，即像之俗也，或又用樣為之。〔説文〕「像，讀若養字之養」段注。

擋 丨，㨦丨。〔廣韻·宕部〕〇丨與鐺通。〔管子·宙合〕「擿丨則擊」義證。

摥 丨，排丨。〔廣韻·宕部〕〇丨，排也。〔集韻·宕部〕

撗 丨，不順理也。〔慧琳音義·卷二二〕引〔考聲〕。〇丨，不順理也，或作横。〔卷七八〕引〔考聲〕。〇非理而來曰丨。〔卷二二〕引〔字書〕。〇非理而來曰丨，非禍至曰丨。〔卷六〕引〔韻詮〕。〇丨，非理來也。〔卷七八〕引〔韻略〕。〇丨，充也。或从廣作擴，通作横。〔集韻·宕部〕

攮 丨，卻也。〔集韻·漾部〕〇丨讀為讓。〔離騷〕「忍尤而丨詬」戴注。

袒 丨，達也。〔集韻·漾部〕

眼 丨，暴也。〔集韻·宕部〕

暀 丨，丨明。〔廣韻·宕部〕〇丨，日光。〔集韻·漾部〕〇丨丨，日光美皃。〔慧琳音義·卷九〇〕引〔考聲〕。〇丨，同旺。〔廣韻·漾部〕〇丨丨，音旺，美盛之貌。〔釋詁〕「丨丨，美也」鄭注。

桁 丨，衣椸。〔集韻·宕部〕

榜 丨，進船也，或从手。〔集韻·宕部〕

橡 丨即樣之俗字。〔説文〕「草，草斗櫟實也，一曰樣斗」句讀。

樣　規模曰丨。〔慧琳音義·卷四八〕〇丨，即今橡栗字也。〔讀淮南子書後〕引〔精神篇〕「丨桷不斲」雜志。〇〔說文定聲·卷一八〕丨，字亦作橡。〔小爾雅·廣物〕「柞之實謂之橡」。〇丨，栩實也。〔說文〕「草，一曰象斗子」義證引〔玉篇〕。〇〔說文定聲·卷一八〕丨殼可染黑，故今黑色曰皁丨。〔周禮·大司徒〕「宜早丨物」。〇（同上）謂柔之實即丨也。借芧為柔。〔莊子·齊物論〕「狙公賦芧」。〇丨，叚借為像，今所用式丨字，唐人作丨。〔說文定聲·卷一八〕

汪　丨，水臭也。〔廣韻·宕部〕〇丨，停水臭。一曰水皃。〔集韻·宕部〕

泔　丨丨，米入甑。〔廣韻·漾部〕〇丨，實米於甑也。〔集韻·漾部〕

淌　丨，大波。〔集韻·漾部〕

湘　丨，大水。〔廣韻·蕩部〕又〔集韻·蕩部〕。〇丨，大水皃。〔集韻·漾部〕

狂　丨，輒為也。〔廣韻·漾部〕〇丨，輒也。〔集韻·漾部〕〇丨，惑也。（同上）

猺　丨，獸，如師子，食虎豹及人。〔廣韻·漾部〕〇丨，獸名，如狻猊，食熊羆。或作㺊。〔集韻·漾部〕

犆　丨，牛色雜也。〔廣韻·漾部〕〇丨，駮牛也。〔集韻·漾部〕

痒　丨，創也。〔集韻·漾部〕

瘫　丨，病熱也。〔集韻·漾部〕

痕　丨同脹。〔廣韻·漾部〕〇丨、脹、張並通。〔廣雅·釋詁一〕「丨，病也」疏證。〇丨，滿也。〔說文〕「瘨，一曰腹脹」義證引〔字書〕、〔玉篇〕。

瘴　丨，熱病。〔廣韻·漾部〕〇丨，癘也。〔集韻·漾部〕

盂　丨浪，不精要皃，或作盀。〔集韻·宕部〕

睍　丨，視也。〔集韻·漾部〕

睕　丨，目病。〔廣韻·漾部〕

曠　丨，目無眀也。〔廣韻·宕部〕〇丨，目無色。〔集韻·宕部〕

睢　丨，視也。〔集韻·漾部〕

笐　丨，衣架。〔廣韻·宕部〕

筴　丨，竹名。〔廣韻·蕩部〕〇丨，竹無色。〔集韻·宕部〕

簹　丨，車當。〔集韻·宕部〕〇當與丨通。〔廣雅·釋器〕「陽門，丨也」疏證。

綍　丨，吳俗謂綖絮曰丨。〔集韻·宕部〕

績　丨，繩束也。〔集韻·宕部〕

脉　丨，脹也。〔集韻·宕部〕

臁　丨，腫也。〔集韻·宕部〕

荒　丨，草多皃。〔廣韻·宕部〕〇丨，田不治也。〔集韻·宕部〕

蒼　丨，芼食。〔廣韻·漾部〕〇丨，芼羹。〔集韻·漾部〕

蕩　丨，草盛。〔廣韻·漾部〕〇丨，草木盛。〔說文〕「丨，艸茂也」義證引〔玉篇〕。〇丨，俗又作暢。〔說文〕「丨，艸茂也」段注。〇丨，經傳皆以暘為之，又誤作暢。〔說文定聲·卷一八〕

螃　丨，蟲名，似蝦蟆。〔廣韻·宕部〕〇丨，蟲名，如蝦蟇，陸居可食。〔集韻·宕部〕

蠰　丨，食桑蟲，似天牛。〔廣韻·漾部〕

裝　丨，行丨。〔廣韻·漾部〕

讜　丨，言中理。〔廣韻·宕部〕〇丨，衷也，言中於理也。或作讜。〔慧琳音義·卷八〇〕引〔考聲〕。

讜　丨，言中理也。〔集韻·宕部〕〇丨，或作讜。謂言中於理也。〔慧琳音義·卷四〇〕引〔考聲〕。〇丨，美言。〔集韻·宕部〕

踉　丨蹡，行不迅也。〔廣韻·漾部〕〇丨蹡，行遽皃。〔集韻·宕部〕

蹡　踉丨，行不正皃。〔廣韻·漾部〕〇丨，走也。或从倉，亦書作蹌。〔集韻·漾部〕〇丨與蹌同。〔釋訓〕「蹌蹌，動也」郝疏。

逭　丨，過也。〔集韻·宕部〕

輑　丨，車軌也。〔集韻·宕部〕

鞅丨，馬駕具。〔集韻・漾部〕○丨音快，丨掌，失容也。〔詩・北山〕「或王事丨掌」朱傳。

䬋丨，北風。〔廣韻・漾部〕又〔集韻・漾部〕。

颺丨，風飛。〔廣韻・漾部〕○丨，風所飛丨也。〔集韻・漾部〕

䬬丨，飽也。〔廣韻・漾部〕○丨，飫也。〔集韻・漾部〕

䭐丨，餌也。〔廣韻・漾部〕○丨，〔方言〕餌也。〔集韻・漾部〕

髒抗丨，伺立皃。〔集韻・宕部〕引趙壹。

續經籍籑詁卷第八十三

去聲

二十四敬

敬丨，恭也，肅也，慎也。〔廣韻・映部〕○丨者，恭之主於中者也。〔孟子・告子上〕「恭丨之心」朱注。○丨者，肅也。〔說文繫傳・通論下〕○丨謂嚴肅。〔大戴・曾子立孝〕「忠愛以丨」王詁。○丨謂內心之肅。〔禮記・郊特牲〕「自致其丨」集解。○丨，慎也。〔大戴・誥志〕「庶物時則民財丨」王詁。○丨，謹恪也。〔論語・公冶長〕「其事上也丨」朱注。○丨，畏也。〔大戴・千乘〕「作起不丨」王詁。○丨者，戒也。〔詩・沔水〕「我友丨矣」通釋。○丨謂振丨。〔說文〕「祇，丨也」義證。○丨者，取其自警。〔說文繫傳・通論下〕○丨與美、善義近。〔釋訓〕「穆穆，丨也」郝疏。○丨者，所以飾之心。〔說文定聲・卷一八〕(「莊」下)○丨者，自急敕也。〔論語・衛靈公〕「事君丨其事」劉正義。○丨，魯作畏。〔詩・板〕「丨天之怒」集疏。○丨者，哀禮之兼盡，而附身附棺一無所悔者。〔禮記・雜記〕「丨為上」集解。○丨者，禮之本也。〔大戴・禮察〕「而起丨於微眇」王詁。○丨者，主一無適之謂。〔論語・學而〕「丨事而信」朱注。○主一謂之丨。〔禮記・曲禮〕「毋不丨」引程子。○丨，三家作儆。〔詩・常武〕「既丨既戒」集疏。○丨與儆古通用。(同上)通釋。○丨，通作儆。〔釋詁〕「儆，丨也」郝疏。○丨與儆通。〔管子・權脩〕「不救於火」雜志。○丨，當讀為儆。〔左傳襄公二二年〕「生在丨戒」平議。○丨、警、憼，聲近而義同。〔廣雅・釋詁〕「憼，丨也」疏證。○丨，謂丨其事。〔大戴・曾子大孝〕「莅官不丨」王詁。○有死其事，無犯其令，是為丨命。〔左傳襄公三年〕「無犯為丨」洪詁。○臣下上壽，允之，則曰丨舉君之觴，不允，則曰丨不舉君之觴。〔漢書・車千秋傳〕「丨不舉君之觴」補注引周壽昌。○丨與矜聲相近，今文作矜。〔尚書・呂刑下〕「哀丨折獄」孫疏。○丨、矜、鰥音相近，義俱通也。〔尚書・梓材〕「至于丨寡」孫疏。○丨寡即矜寡。(同上)○丨寡，矜寡，即鰥寡。〔義府・卷上〕○丨字音棘。〔說文〕「丨，肅也」義證引邵〔博聞見後錄〕。○丨、頃音相近。〔左傳宣公七年〕「葬我小君丨嬴」疏證引李富孫。○丨當為故，字之誤也。〔國語・晉語〕「畏黷丨也」述聞。○〔晉語〕黑黷丨，〔左傳正義〕引作畏黷故。(同上)○丨、固義近。〔釋詁〕「虔，固也」郝疏。○丨再其說，逸周書作「亟稱其說」，丨當為亟，再當為再，皆字之誤也。〔大戴・文王官人〕「丨再其說」述聞。○丨當為苟。苟其在己者，猶云急其在己者。〔荀子・天論〕「丨其在己者」平議。○丨字當作苟。〔晏子春秋・外篇〕「丨見不問其道」平議。○丨字義與苟通。〔論語・衛靈公〕「事君丨其事而後其食」平議。○丨字乃苟字之誤。〔大戴・武王踐

阼」「安樂必一」平議。○古文一作蔇，與差相似，差疑一之譌也。〔漢書・五行志〕「次二曰羞用五事」補注引錢大昕。○一當作敄，敄與務古字通。〔荀子・王霸〕「莫不一節死制」集解引王引之。○〔史・表〕一作竟。〔漢書・高惠高后文功臣表〕「孝文三年夷侯一嗣」補注。○不一交，疑「不一文」之誤。〔荀子・大略〕「不一交」集解引俞樾。

命

一即令也。〔書・盤庚〕「乃短長之一」孫疏。○一猶令也。〔中庸〕「天一之謂性」朱注。○一與令義同。〔墨子・三辯〕「聖王之一也」閒詁。○在事為令，在言為一，散文則通，對文則別。令當訓使也，一當訓發號也。〔說文定聲・卷一六〕○令為一。〔說文繫傳・通論中〕○一，王一也。〔孟子・梁惠王下〕「方一虐民」朱注。○一，君一也。〔左傳成公一七年〕「待一而已」疏證。○一猶入一之一。〔國策・秦策二〕「一而處之」鮑注。○一者，大一。〔尚書・大誥〕「即一」孫疏。○一，石經初刻作令。〔左傳襄公九年〕「一四鄉正敬亭」洪詁。○一，號令也。〔詩・抑〕「訏謨定一」朱傳。○一，政令也。〔大戴・曾子制言下〕「問禁請一」王詁。又〔禮記・禮運〕「殽以降一」集解。○一謂教令也。〔詩・殷武〕「一于下國」通釋。○一者，制令也。〔詩・昊天有成命〕「夙夜基一有謐」集疏引魯說。○一者，使也。〔說文繫傳・通論中〕○一猶教也。〔孟子・滕文公上〕「一之矣」朱注。○一，告也。〔書・周書序〕「呂一穆王訓夏贖刑」孫疏。○一猶告也。〔管子・山至數〕「特一我曰」平議。○一，所稟以生也，告也。〔慧琳音義・卷六〕引〔考聲〕。○一之，即是告曉之。〔孟子・萬章上〕「諄諄然一之乎」焦正義。○一，使也，教也，道也，信也，計也，召也。〔廣韻・映部〕○一與言通。〔韓子・難四〕「不一亡於有失之君」集解。○民尊君令謂之一。〔大戴・虞戴德〕「是故民一而弗改也」王詁。○一，天一也。〔孟子・公孫丑上〕「詩云永言配一」朱注。○一謂天一。〔論語・雍也〕「一矣夫」朱注。又〔先進〕「賜不受一」朱注。○一當讀如天一之謂性之一。〔詩・蕩〕「其一匪諶」通釋。○一謂祿一也。〔論語・先進〕「賜不受一」集解。○一，正理也。〔詩・蝃蝀〕「不知一也」朱傳。○一猶道也。〔廣雅・釋詁三〕「一，道也」疏證。○一謂天所賦之分也。〔詩・小星〕「寔一不同」朱傳。○一謂人物所稟受度也。〔大戴・本命〕「分於道謂之一」王詁。○一即名也。〔廣雅・釋詁三〕「一，名也」疏證。○一，名也。〔禮記・儒行〕「衆人之一儒也妄」集解。○一猶名也。〔左傳桓公六年〕「宗婦一之」疏證。又〔左傳宣公四年〕「改一曰生」疏證。又〔墨子・經說上〕「以其敢於是也一之」閒詁。○一與名通。〔左傳桓公二年〕「古之一也」疏證。○一、名古同聲同義。〔左傳桓公二年〕「一之曰仇」疏證。○名亦一也。〔書・呂刑上〕注「名一作一」孫疏。○毛本一作名。〔史記・晉世家〕「今一之大」志疑。○〔地理志〕一引作名，〔水經注〕亦同。〔左傳昭公元年〕「余一而子曰虞」洪詁。○讀一如名。〔詩・賚〕「時周之一」通釋。○一，叚借為名，凡〔史記〕言亡一，猶變名也。〔說文定聲・卷一六〕○名、鳴、一，古亦同聲同義。〔廣雅・釋詁三〕「一，名也」疏證。○一服，天子所一之服也。〔詩・采芑〕「服其一服」朱傳。○〔說文定聲・卷一四〕謂借一為慢，一、慢一聲之轉。〔禮記・大學〕「舉而不能先，一也」鄭讀曰慢。〔「怨」下〕○死一，〔水經注〕引傳文作死義。〔左傳昭公一五年〕「所有死一」洪詁。○一，舊本作仰，誤。〔呂覽・古樂〕「一延乃拌瞽叟之所為瑟」校正。○之一，〔史記〕作天地之齊。〔禮記・樂記〕「天地之一」述聞。

正

一，當也，長也，定也，平也，是也，君也。〔廣韻・勁部〕○一，政也。〔詩・正月〕「今茲之一」朱傳。又〔大戴・主言〕「民皆有別則貞，則一亦不勞矣」王詁。○一與政同。〔管子・四時〕「德生一」雜志。又〔史記・歷書〕「又不由人」雜志。又〔墨子・兼愛下〕「古者文武為一」閒詁。○政與一同。〔晏子春秋・內篇問下〕「廉政」雜志。又〔漢書・谷永傳〕「專攻」雜志。又〔管子・五行〕「作五聲」雜志。又〔墨子・天志上〕「次」雜志。又〔書・立政〕「國則罔有立政用憸人」述聞。○一，長也，立政謂建立長官也。〔同上〕○一音政。〔詩・正月〕「一月繁霜」朱傳。○一朔之一宜本音。〔漢書・五帝紀〕「改一朔」補注引周壽昌。○歲有四時，自歲首冬十月至十二月，已歷一時矣，而春、夏、秋三時，更以春一月為首，故曰十月為歲首，一月為三時之首。〔漢書・高帝紀〕「春一月」補注引王引之。○一月，謂人一建寅之月，不兼天一地一。〔同上〕○一，平。〔月令〕作端平。〔呂覽・孟秋〕「必一平」校正。○一、政通。〔釋詁〕「一，長也」郝疏。○一與政通。〔書・湯誓〕注「史遷一作政」孫疏。又〔左傳桓公一八年〕「兩政」疏證引王引之。○一，通作政。〔釋詁〕「董，一也」郝疏。○一，是政之通借。〔漢書・顏延年傳〕「郡中一清」補注。○一即政字。〔鼂錯傳〕「則軍一定於外」補注。○一，即政之叚字。〔穀梁傳僖公一九年〕「梁亡出惡一也」平議。○一即政之假借字也。〔同上〕述聞。○政、一古多通用。〔國策・韓策〕「位一」雜志。○一，讀為政。〔同上〕○一當讀為政。〔書・無逸〕「惟一之供」述聞。又〔詩・民勞〕「無俾一敗」述聞。○一，亦當讀政。〔穀梁傳襄公一六年〕「一在大夫也」述聞。○一、政，古字通。〔荀子・儒效〕「平一和民之善」集解。○一，〔史〕作政，字通。〔國策・秦策三〕「明主莅一」鮑注。○古政事之政或通作一。〔詩・民勞〕「無俾一敗」述聞。○此一字義當與政同。〔荀子・哀公〕「五鑿為一」集解引盧文弨。○以一為政也。〔詩・正月〕「今茲之一」述聞引集傳。○一，古文作政也。〔書・甘誓〕注「史遷一作政」孫疏。○一當作政，政疑攻字之誤。〔書・甘誓〕「御非其馬之一」平議。○〔說文定聲・卷一七〕一，叚借為政。〔書大傳〕「諸侯之有不率一者」。○時一，〔左傳〕作時政。〔漢書・律歷志〕「棄時一也」補注引錢大昕。○一令作政令。〔百官公卿表〕「部刺史、掌奉詔條察州」補注。○平一，猶平政也。〔荀子・儒效〕「平一和民之善」集解。○官本注一作政。〔漢書・宣帝紀〕「永惟罔極」補注。○馬一，〔月令〕作馬政。〔呂覽・仲夏〕「班馬一」校正。○惟一，〔楚語〕引作惟政。〔書・無逸〕「惟一之供」孫疏。○〔通雅・卷一九〕一的即一嫡。〔韓子・姦劫〕「廢一的而立不義」。○一，善也。〔大戴・曾子本孝〕「以一致諫」王詁。○一，平也。〔釋

山」「上一章」鄭注。〇一者，平其言之是非。〔屈賦・抽思〕「并日夜而無一」戴注。〇一，直也。〔大戴・保傳〕「工誦一諫」王詁。〇一猶直也。〔國策・東周策〕「一語之」補正。〇一，當為直。〔易・未濟象傳〕「九二貞，吉，中以行一也」述聞。〇一諫，謂直陳其事而諫者，如虞箴之類是也。〔大戴・保傳〕「工誦一諫」王詁。〇一，定也。〔盛德〕「所以一法也」王詁。〇一當作定。〔管子・小匡〕「一卒伍」義證。〇一與定義同。〔周官・宰夫〕注「一猶定也」述聞。又〔書・堯典〕「以閏月定四時」、〔史記・五帝紀〕「定作一」述聞。又〔國語・齊語〕「一卒伍」、〔漢書・刑法志〕「一作定」述聞。〇一與定古字通。〔書・牧誓〕「乃止齊焉」平議。〇一與定古字亦通。〔管子・小匡〕「一定」雜志。〇一當為定，聲之誤也。〔荀子・解蔽〕「疑玄之時一之」集解引王念孫。又〔荀子・解蔽〕「凡人之有鬼也」雜志。〇一之言定也，必也。〔公羊傳僖公二六年〕「出不一反，戰不一勝」述聞。〇一，長也。〔書・多方〕「越惟有胥伯小大多一」述聞。又〔書・酒誥〕「庶士有一」述聞。又〔同上〕孫疏。又〔詩・雨無正〕「一大夫離居」朱傳。又〔同上〕陳疏。又〔詩・正月〕「今茲之一」陳疏。又〔墨子・尚賢中〕「王天下一諸侯」閒詁。又〔節用中〕「王天下一諸侯」閒詁。又〔釋言〕「尹，長也」鄭注。〇一，長也，在外為長之官也。〔書・康誥〕「越厥小臣外一」述聞。〇一，長也，惟為長之人。〔書・立政〕「惟一是乂之」述聞。〇一，長也，為長之人。〔書・康誥〕「惟厥一人」述聞。〇一，長也。一人，為長之人。〔書・洪範〕「凡厥一人」述聞。〇一，長也。〔書・酒誥〕「有一有事」述聞。〇一，長也。事，職也。〔同上〕「一事之臣」述聞。〇一者，長也。〔漢書・高帝紀〕「春一月」雜志。〇為長謂之一。〔書・洪範〕「凡厥一人」述聞。〇古謂官長為一。〔孟子・公孫丑〕「行乎國政如彼其久也」平議。〇一，兼官長、君長二義。〔釋言〕「尹，一也」郝疏。〇凡墨子言一天下、一諸侯者，非訓為長，即訓為君，皆非征伐之詞。〔墨子・親士〕「一天下」雜志。〇一為天子六官之長。〔詩・雨無正〕「一大夫離居」通釋。〇一謂群有司也。〔左傳成公一八年〕「師不陵一」疏證引王引之。〇一，卿也。〔左傳桓公一八年〕「兩政」疏證引王引之。〇一卿為百官之長，故謂之一。〔同上〕〇三一者，三卿也。〔書・甘誓〕「怠棄三一」平議。〇一堂，齊丞相治事之堂。〔漢書・曹參傳〕「參於是避一堂」補注引周壽昌。〇一，治獄之官。〔書・立政〕「惟一是乂之」孫疏。〇凡軍行，置軍一，掌舉軍法以一軍中。〔漢書・衛青傳〕「青問其罪一閔、長史安、議郎周霸等」補注引胡三省。〇一人，謂在位之一長。〔書・洪範下〕「凡厥一人」孫疏。〇一者，政人。〔書・洛誥〕「篤敘乃一父」孫疏。〇一、長，一聲之轉。〔釋詁〕「一，長也」郝疏。〇一，治也。〔詩・玄鳥〕「一域彼四方」朱傳。〇一者，治也。〔大戴・千乘〕「有君長一之者乎」王詁。〇一猶制治。〔國策・齊策一〕「若是則齊君可一」鮑注。〇一猶聽也。〔論語・學而〕「就有道而一焉」集解。又〔國語・吳語〕「皇天后土四鄉地主一之」平議。〇一與証通。〔廣雅・釋詁一〕「諫，一也」疏證。又〔廣雅・釋詁四〕「証，諫也」疏證。〇一與証同。〔晏子春秋・外篇〕「一諫」雜志。〇一之言貞也。〔公羊傳隱公三年〕「食一朔也」述聞。又〔穀梁傳定公四年〕「一是日」述聞。〇一席，謂引却慎夫人坐也。〔漢書・敘傳〕「攙讐一席」補注引錢大昭。〇一，本指四方平一之形。〔通雅・疑始〕〇一猶言一人。〔墨子・天志下〕「義者，一也」閒詁。〇一謂民無傾邪也。〔大戴・主言〕「教定是一矣」王詁。〇一者，使人擬之以為的。〔義府・卷上〕〇一字為字本訓射的，文從一、從止。〔字詁〕〇〔字詁〕一，是為民準的之義。〔楚辭〕「蓀獨宜兮為民一」。〇〔同上〕一，是無準的界限之義。〔詩・雨無正〕注「雨無其極」。〇一聲，謂雅樂。〔書・泰誓〕「變亂一聲」孫疏。〇一君者，好是一直之君。〔荀子・大略〕「一君漸於香酒」集解引郝懿行。〇一，諫也。〔漢書・谷永傳〕「專攻」雜志。〇一德，人德。〔左傳文公七年〕「一德、利用、厚生謂之三事」洪詁引賈逵。〇一，向明之處也。〔詩・斯干〕「噲噲其一」朱傳。〇一謂修之。〔書・盤庚〕「一法度」孫疏。〇一幅，幅不衺殺也。〔說文〕「褍，衣一幅」繫傳。〇一，預期也。〔孟子・公孫丑上〕「必有事焉而勿一」朱注。〇一，經也。〔論語・憲問〕「譎而不一」劉正義。〇一，決也。〔詩・文王有聲〕「維龜一之」朱傳。〇一，當也。〔公羊傳隱公三年〕「食一朔也」述聞。又〔穀梁傳桓公三年〕「食一朔也」述聞。〇一亦當也。〔周易・巽象傳〕「一乎凶也」述聞。〇一，即也。〔漢書・王莽傳〕「一有它心」補注。〇一猶即也。〔漢書・終軍傳〕「一二國廢」補注引王念孫。又〔黃霸傳〕「一頗重聽」補注。又〔尹賞傳〕「一坐殘賊免」補注。又〔漢書・原涉傳〕「一復讎取仇」補注。又〔漢書・文三王傳〕「猥自發舒」雜志。又〔漢書・武五子傳〕「一」雜志。〇一為向。〔論語・陽貨〕「一牆面而立」劉正義。〇一衙，御前殿也。〔通雅・禮儀〕〇今人訃曰「終于一寢」，統言其在後堂耳。〔通雅・宮室〕〇出不一反、戰不一勝，〔穀梁傳〕作出不必反、戰不必勝。〔公羊傳僖公二六年〕述聞。〇一當作匹。〔墨子・大取〕「其利人不厚於一夫」閒詁引顧千里。又〔同上〕「一夫辭惡者」閒詁。〇一乃匹字之誤。〔莊子・天運〕「外無一而不行」平議。〇一夫，當為匹夫。〔墨子・大取〕「其利人不厚於一夫」平議。〇一當作止。〔列子・黃帝〕「焉得為一焉」平議。〇一當為止。〔墨子・號令〕「一請之」閒詁。〇一通止。〔孟子・公孫丑上〕「必有事焉而勿一」焦正義。〇整與一、定聲相近。〔管子・小匡〕「政定」雜志。〇〔說文定聲・卷一七〕一，叚借為整。〔禮記・曲禮〕「一爾容」。〇一即整。〔左傳宣公一二年〕疏證引李貽德。〇一，一作生。〔呂覽・圜道〕「以定其一」校正。〇一當為生，與性通。〔列子・黃帝〕「養一命」平議。〇〔說文定聲・卷一七〕一，叚借為性。〔列子・黃帝〕「養一命」。〇一與振義通。〔論語・泰伯〕「一顏色」平議。〇〔說文定聲・卷一七〕一，叚借為竀。〔釋水〕「濫泉一出。一出，涌出也」。〇上一字乃至字之誤。〔莊子・駢拇〕「彼一一者」平議。〇一乃臣字之誤。〔春秋繁露・五行五事〕「明一從行」平議。〇一，疑當作匡字。〔逸周書・文酌篇〕「發滯以一民」雜志。

令　一，善也，命也，律也，法也。〔廣韻・勁部〕〇一，善。〔詩・十月之交〕「不寧不一」朱傳。又〔詩・角弓〕「不一兄弟」朱傳。〇一，善也。〔詩・凱風〕

「母氏聖善」朱傳。又〔湛露〕「莫不丨德」朱傳。又〔賓之初筵〕「維其丨儀」朱傳。又〔烝民〕「丨儀丨色」朱傳。又〔韓奕〕「慶既丨居」朱傳。又〔大戴・千乘〕「以教民之不則時不若不丨」王詁。又〔少閒〕「以時丨其藏必周密」王詁。又〔論語・學而〕「巧言丨色」朱注。又〔孟子・告子上〕「丨聞廣譽施以身」朱注。又〔說文・上說文書〕「世祚遺靈」段注。又〔通鑑・漢紀二七〕「但以丨色諛言自進」音注。又〔宋紀一五〕「以宗室清丨」音注。○霝、丨皆謂善也。〔廣雅・釋言〕「霝，丨也」疏證。○丨，命也。〔大戴・主言〕「丨之不行」王詁。○丨猶命。〔國策・秦策二〕「謹聞丨」鮑注。○丨與命字通。〔墨子・非命中〕「於召公之執丨於然」閒詁。○丨猶命也。〔大戴・諸侯釁廟〕「請丨以釁某廟」王詁。○丨，〔月令〕作命。〔呂覽・季冬〕「丨宰歷卿大夫至於士民土田之數」校正。○乃丨，〔初學記〕作乃命。〔古樂〕「乃丨飛龍作效八風之音」校正。○〔周禮〕丨作命。〔大戴・朝事〕「叶辭丨」王詁。○丨，命丨也，號丨也。〔通鑑・周紀三〕「唯太子所以丨之」音注。○丨，號丨也，命丨也。〔周紀二〕「孝公下丨國中曰」音注。○丨者，出於上而行於下者也。(同上)○丨，號丨也。〔詩・東方未明〕「自公丨之」朱傳。○丨，發其號嘑以使人也，是曰丨。〔說文〕「丨，發號也」段注。○丨，使也，又命丨也。〔通鑑・周紀二〕「丨國人謂己曰君」音注。○丨，使也。〔漢書・趙充國傳〕「今」雜志。○丨者，使也。〔國策・秦策〕「是以弊邑之王不得事丨」雜志。○丨者，使丨也。〔說文繫傳・通論中〕○丨，教言也。〔大戴・五帝德〕「昔者予聞諸榮伊丨」王詁。○丨，辭也。〔投壺〕「奏投壺之丨曰」王詁。○聆，古通作丨，丨謂聽從也。〔廣雅・釋詁〕「聆，從也」疏證。○號丨者，集而為之節制。〔說文〕「丨，發號也」繫傳。○禁於未然之謂丨，施於已然之謂敕，設於此而使彼至之謂格，設於此而使彼效之謂式。〔漢書・杜周傳〕「後主所是疏為丨」補注引〔宋史・職官志〕。○禁於已然之謂丨。〔說文〕「敕，誡也」義證引宋神宗聖訓。○施於竹帛名曰丨。〔說文〕「殊，死也」義證引黃石公。○丨即法也。〔韓子・八說〕「不可以為丨」集解。○君之丨曰律丨，天之丨曰時丨。〔說文定聲・卷一六〕○丨，美也。〔通鑑・隋紀一〕「久承丨問」音注。○丨即縣丨。〔墨子・號令〕「城外丨任」閒詁。○丨者，掖庭丨也。〔漢書・孝宣許皇后傳〕「廣漢重丨為介」補注。○中大夫丨是官號，勉其名。〔史記・孝文紀〕「丨勉」志疑引〔庭立紀聞〕。○主丨，猶言主使。〔漢書・梁懷王傳〕「不首主丨」補注。○斗食佐史即斗食丨史。〔文帝紀〕「嗇夫、丨史致」補注引〔通鑑〕胡注。○丨命即丨名。〔通雅・釋詁〕○丨當作名。〔詩・既醉〕「高朗丨終」後箋。○丨龜，即命龜也。〔左傳文公一八年〕「惠伯丨龜」疏證引沈欽韓。○丨者，靈之叚音也。〔釋詁〕「丨，善也」郝疏。○靈、丨同聲同義。〔廣雅・釋詁一〕「靈，善也」疏證。○〔說文定聲・卷一六〕丨，叚借為靈，實為良，丨、靈、良皆雙聲。〔釋詁〕「丨，善也」。○凡丨訓善者，靈之假借字也。〔說文〕「丨，發號也」段注。○〔詩〕多言丨，古文〔尚書〕言靈。(同上)○丨色，即象恭。〔書・皋陶謨上〕「何畏乎巧言丨色孔壬」孫疏引江聲。○〔通雅・卷四九〕丨日，即另日。〔國策〕「敬循衣服，以待丨日」。○丨，音零。〔漢書・梁懷王傳〕「不首主丨」補注引劉攽。○丨，當是罨字之訛，罨或書作䍐，故訛而為丨。〔廣雅・釋詁三〕「丨，避也」疏證。○舊校云，丨一作合。〔呂覽・謹聽〕「不待禮而丨」校正。○舊校云，丨一作全。〔圜道〕「以丨其性」校正。○〔晏子〕、〔新序〕「丨功」俱作「全功」。〔觀世〕「此丨功之道也」校正。○丨當為今。〔墨子・節用上〕「此不丨為政者」閒詁引畢沅。又〔漢書・馮奉世傳〕「丨告則得」補注引王念孫。又〔戾太子傳〕「丨皇太子為漢適嗣」補注引錢大昭。○官本丨作今。〔高帝紀〕「丨置將不善」補注。○官本丨作今，〔史記〕亦作今，今，即也。〔叔孫通傳〕「郡守郡丨捕誅」補注。○宋本丨作今。〔史記・淮南衡山列傳〕「丨復之」志疑引〔史詮〕。○毛本丨作今。〔韓世家〕「請丨發兵救韓」志疑。○丨，南監本、閩本及〔史記〕並作今。〔漢書・高帝紀〕「丨置將不善」補注引錢大昭。○丨，當依〔史記〕作今，今復之，即復之也。〔淮南厲王傳〕「丨復之」補注引王念孫。○今、丨二字多互譌。〔國策・秦策〕「請丨廢之」雜志。○請丨，疑作請今。〔呂覽・行論〕「請丨舉兵以攻齊也」校正。○丨疑今。〔期賢〕「請丨伐之」校正。○丨乃今字之誤。〔商子・壹言〕「下修丨而不時移」平議。○丨字疑今字之誤。〔呂覽・應言〕「丨二輕臣也」平議。○丨，當作舍。〔管子・侈靡〕「求珠具者不丨」義證。

政

丨，正也。〔大戴・千乘〕「此所以使五官治執事丨也」王詁。○丨者，正也。〔墨子・非命上〕「丨諸侯」閒詁引蘇時學。○丨之為言正也，所以正人之不正也。〔論語・為政〕「為丨以德」朱注。○丨，乃正長之正。〔孟子・告子〕「公儀子為丨」平議。○正與丨通也。〔左傳桓公一八年〕「兩丨」述聞。○兩丨者，寵臣之權，與正卿相敵也。(同上)○丨事之丨讀曰正。〔國語・魯語〕「百官之丨事」述聞。○古書通以丨為正。〔荀子・彊國〕「脩丨」雜志。○丨與正同。〔大戴・朝事〕「諸侯自為丨之法也」述聞。又〔墨子・尚同中〕「丨以為便譬」閒詁。又〔墨子・天志上〕「次」雜志。又〔管子・牧民〕「循誤為脩」雜志。又〔管子・白心〕「建當立有以靖為宗」雜志。又〔管子・五行〕「作五聲」雜志。又〔晏子春秋・內篇問下〕「廉丨」雜志。又〔國策・魏策四〕「不以挾私為丨」鮑注。又〔漢書・谷永傳〕「專攻」雜志。○丨、正同。〔國策・韓策三〕「嚴遂丨議直指」鮑注。○丨、正通。〔釋詁〕「董，正也」郝疏。又〔墨子・節葬下〕「文武之道而丨逆之」閒詁。○丨、正通，正猶長也。〔非命上〕「丨諸侯」閒詁。○丨與正通。〔左傳閔公二年〕「君與國丨之所圖也」疏證。○正、丨，古字通。〔左傳文公六年〕「棄時丨也」疏證。○丨、正古多通用。〔國策・韓策〕「位正」雜志。○丨與正古通用。〔孟子・梁惠王〕「七十里為丨於天下者」平議。○丨、正古通用。〔管子・牧民〕「無私者可置以為丨」平議。○正之與丨，古通用字。〔管子・正〕「出令時當曰丨」平議。○丨，讀為正。〔國語・晉語〕「以為大丨」述聞。○丨讀為正。〔荀子・王制〕「王者之等，賦丨事」雜志。○丨即正字也。〔管子・小匡〕「正定」雜志。○丨，非丨事之丨，當讀為正。〔逸周書・美女破舌〕引〔武稱篇〕「外寵二丨」雜志。○丨當為正。〔墨子・尚

同上〕「生於無｜長」閒詁引畢沅。〇｜當作正。〔史記・燕昭公世家〕「秦王｜初即位」志疑。〇秦不當氏趙，｜當為正。〔始皇本紀〕「名為｜，姓趙氏」志疑。〇｜當作正，｜、正字同。〔漢書・李尋傳〕「丞相孔光，大司空師丹執｜諫爭」補注引何焯。〇｜當作正。〔史記・趙世家〕「秦王｜初立」志疑。〇脩｜，即脩正也，作｜者借字耳。〔荀子・彊國〕「隆在脩｜矣」集解引王念孫。〇軍｜即軍正也。〔漢書・藝文志〕「軍｜楊僕捃摭遺逸」補注引錢大昭。〇｜，齊作正。〔詩・節南山〕「不自為｜」集疏。〇｜，〔五行志〕引作正。〔左傳昭公一五年〕「以為大｜」洪詁。〇始皇以正月生，遂以正名之。惟其名正，是以改正月為端月。則知〔史記〕古本是正字，不知何時盡改作｜。〔史記・秦本紀〕「子｜立」志疑。〇以正月旦生，故名正。〔同上〕志疑引宋忠。〇隆｜，下作隆正，此作隆｜為假借。〔荀子・王霸〕「立隆｜本朝而當」集解引郝懿行。〇〔說文定聲・卷一七〕｜，叚借為正。〔儀禮・大射儀〕「為｜請射」。〇｜，職也。〔大戴・少閒〕「天｜曰正」王詁。〇｜，主也。〔公羊傳僖公三〇年〕「公不得為｜爾」陳疏引孔廣森。〇立｜，謂建立長官也。〔書・立政〕「我其立｜立事準人牧夫」述聞。〇｜，正卿也。〔左傳桓公一八年〕「兩｜」述聞。〇大｜，大正，猶曰以為正卿。〔國語・晉語〕「以為大｜」、「子為大｜」述聞。〇｜，｜化。〔廣韻・勁部〕〇｜謂法制禁令。〔大戴・子張問入官〕「｜之始也」王詁。又〔論語・為政〕「道之以｜」朱注。〇｜謂法度禁令，所以制其外也。〔孟子・盡心上〕「善｜」朱注。〇｜，國｜。〔論語・子路〕「有｜」朱注。〇｜謂國｜。〔大戴・曾子立事〕「亦能取所予從｜者矣」王詁。〇｜讀當｜事之｜。〔周禮・都司馬〕「掌其｜學」述聞。〇其國之事謂之｜事。〔詩・北門〕「｜事一埤益我」後箋引〔日知録〕。〇｜猶制也。〔大戴・四代〕「脩｜勤禮以交諸侯」王詁。〇｜謂法教也。〔孟子・公孫丑上〕「害於其｜」焦正義。〇｜，治道也。〔大戴・少閒〕「布｜也」王詁。〇凡施行為｜，布告為令。〔周禮・小宰〕「以治王宮之｜令」孫正義。〇｜者，國之本也。〔大戴・四代〕「脩國脩｜」王詁。〇｜，大體也。〔孟子・滕文公下〕「害於其｜」朱注。〇｜言治行於下。〔國策・趙策二〕「五霸不同教而｜」鮑注。〇唐宰相治事之地曰｜事堂。〔通雅・書札〕引宋徐度敦立。〇｜乃語詞。〔賈子・大政下〕「國之治｜在諸侯大夫」平議。〇始皇名｜，避諱讀正月為征月，傳至于今，當如本字讀，始有分別。〔史記・秦本紀〕「子｜立」志疑引〔示儿編〕。〇｜當作攻。〔墨子・襍守〕「羊坽之｜」閒詁引蘇時學。〇｜乃故字之誤。〔魯問〕「而以夫子之｜」平議。〇｜，本作故。〔大戴・朝事〕「周知天下之｜」述聞。

性 ｜，生也。〔大戴・禮三本〕「｜之本也」王詁。又〔四代〕「歷大道以時地｜」王詁。又〔漢書・陳湯傳〕「故陵因天｜」補注引王文彬。〇｜者，生也。〔說文繫傳・通論中〕〇｜之言生也。〔國語・周語〕「厚其｜」述聞。又〔莊子・駢拇〕「駢拇枝指，出乎其｜哉」平議。〇｜、生字同。〔漢書・五行志〕「知其｜行」補注引蘇輿。〇｜與生同。〔荀子・勸學〕「以脩身自明」雜志。〇｜與生古通用。〔禮記・少儀〕「｜之直者」平議。〇｜猶生也，亦猶體也。〔漢書・張良傳〕「｜多淚」補注引周壽昌。〇｜，古文以為生字。〔說文〕「人，天地之｜冣貴者也」段注。〇｜當為生。〔墨子・所染〕「行理｜於染當」閒詁引畢沅。〇｜之，當作生之。〔荀子・正名〕「｜之和所生」集解。〇｜物即生物也。〔讀淮南子書後〕引〔泰族〕「天地之｜物也」雜志。〇｜者，人生所稟之天理也。〔孟子・告子上〕「｜猶杞柳也」朱注。〇｜者，人所稟於天以生之理也。〔滕文公上〕「孟子道｜善」朱注。〇｜者，人物所得以生之理也。〔離婁下〕「天下之言｜也」朱注。〇既生有稟曰｜。〔說文繫傳・通論中〕〇｜者，天生之質而不邪。〔易・文言〕「利貞者，｜情也」李疏引正義。〇｜者，生之質。〔說文〕「｜，人之陽氣｜善者也」義證引〔孝經援神契〕。〇心生為｜。〔說文繫傳・通論中〕〇天與之本曰｜。〔同上〕〇｜者，人之陽氣也。〔同上〕〇｜者，魂之使。〔說文〕「情，人之陰氣有欲者」義證引〔孝經援神契〕。〇天命之謂｜也。〔說文繫傳・通論中〕〇｜，情之本也。〔大戴・文王官人〕「民有五｜，喜、怒、欲、懼、憂也」王詁。〇｜猶命也。〔詩・卷阿〕「俾爾彌爾｜」朱傳。〇｜，自然也。〔荀子・性惡〕「人之｜惡」集解引郝懿行。〇｜，｜行也。〔廣韻・勁部〕〇｜即理也。〔中庸〕「天命之謂｜」朱注。〇情生於｜而害，｜者，情也。〔說文〕「情，人之陰氣有欲者」義證引楊慎。〇知本作｜，｜猶體也。〔淮南・俶真〕「知不能平」雜志。〇｜者，飛潛種植之通名。〔孟子・告子上〕「今曰｜善」焦正義引戴震。〇乾道本｜作信。〔韓子・難言〕「以質｜言」集解。〇其｜，〔說苑〕引作其信。〔左傳昭公八年〕「莫保其｜」洪詁。〇｜當作往。〔漢書・平帝紀〕「｜者有司多舉奏赦前事」補注引錢大昭。

鏡 ｜者，景也，有光景也。〔本草・卷八〕〇｜亦曰鑒，雙聲字也。〔說文〕「｜，景也」段注。〇金有光可照物謂之｜。〔同上〕〇｜，金有光可照物者，亦曰鑒。〔說文定聲・卷一八〕〇｜鐱，｜匣也。鐱即奩也。〔通雅・器用〕〇獍狀如虎豹而小，始生還食其母。〔漢書・郊祀志〕「祠黃帝用一梟、破｜」補注引沈欽韓引〔述異記〕。

盛 ｜，多也，長也。〔廣韻・勁部〕〇｜，滿也。〔大戴・易本命〕「與月｜虛」王詁。〇｜者，滿也。〔公羊傳文公一三年〕「周公｜」平議。〇｜，隆也。〔慧琳音義・卷一〕引〔考聲〕。〇｜，固也。〔卷三〕引〔考聲〕。〇｜，引伸為凡豐滿之偁。〔說文〕「｜，黍稷在器中以祀者也」段注。〇｜，美也。〔漢書・淮南厲王傳〕「是天以聖人之資奉大王也甚｜」補注。〇｜亦美也。〔廣雅・釋詁〕「翼，美也」疏證。〇｜與明同義。〔詩・桃夭〕「灼灼其華」毛傳陳疏。〇｜與晠同。〔方言卷一〇〕「晠，多也」箋疏。〇｜、晠古通用。〔同上〕疏證。〇｜與晠通。〔廣雅・釋詁〕「穠，多也」疏證。〇借｜為宬。〔說文〕「容，｜也」句讀。〇｜當為晟。〔說文〕「疊，楊雄說以為古理官決罪，三日得其宜乃行之，從晶從宜，亡新以為疊從三日太｜，改為三田」義證。〇｜與光義相成。〔釋詁〕「昌，當也」郝疏。〇廣、｜、大俱與多義近。〔釋詁〕「洋，多也」郝疏。〇｜讀為成。〔荀子・榮辱〕「其功｜姚

遠矣」雜志。○成與｜古同聲而通用。（同上）○｜與成同。〔漢書·禮樂志〕「遠姚」雜志。○｜、成聲義同。〔釋詁〕「明｜成也」郝疏。○古書多以｜為成。〔漢書·郊祀志〕「｜山」雜志。○｜威謂之憚。〔國策·秦策〕「憚」雜志。○〔說文定聲·卷一七〕｜，叚借為戩。〔左傳宣公二年〕「｜服將朝」。○（同上）｜，叚借為整。〔廣雅·釋言〕「｜，多也」。○｜當為威。〔漢書·陳湯傳〕「未嘗不陳郅支之誅，以揚漢國之｜」補注引王念孫。○官本｜作甚，〔通鑑〕同。〔漢書·貢禹傳〕「轉轉益｜」補注。

行

｜，景迹，又事也，言也。〔廣韻·映部〕○｜，謂寬、柔、愿、亂、擾、直、簡、剛、彊之｜。〔書·皐陶謨上〕「亦｜有九德」孫疏。○｜者，道之見於事者也。〔禮記·表記〕「有其德而無其｜」集解。○｜者，踐其實。〔中庸〕「庸德之｜」朱注。○｜謂德行。〔墨子·大取〕「厚親不稱｜而顧｜」閒詁。

聖

｜，通也。〔大戴·曾子立事〕「足恭而口｜」王詁。○｜者，生知之智，無所不通者也。〔禮記·經解〕「仁｜禮義」集解引吳澄。○大通謂之｜。〔詩·小宛〕「人之齊｜」述聞。○凡一事精通亦得謂之｜。〔說文〕「｜，通也」段注。○古之人精通一事者亦或謂之｜，蓋言精通其事而他人莫能及也。（同上）義證引王觀國。○通而先識曰｜。〔說文繫傳·通論中〕○｜，通明也。〔大學〕「秦誓曰，人之彥｜」朱注。又〔詩·小宛〕「人之齊｜」朱傳。又〔詩·十月之交〕「皇父孔｜」朱傳。又〔詩·小旻〕「或｜或否」朱傳。○｜者，通明之稱。〔大戴·誥志〕「｜次」述聞。○春秋以前，所謂｜人者，通人也。戰國以後，所謂｜人，則尊崇之虛名也。〔說文定聲·卷一七〕○聲入心通之謂｜。〔說文〕「｜，通也」義證引楊慎。○耳順之謂｜。彼教所言，耳根圓通，亦此意。〔說文定聲·卷一七〕○｜，生也，通也，聲也。〔廣韻·勁部〕○｜，善，言通於事理有美德也。〔詩·凱風〕「母氏｜善」集疏。○｜人，神明不測之號。〔論語·述而〕「｜人吾不得而見之矣」朱注。○｜，叡。〔詩·凱風〕「母氏｜善」朱傳。○睿作｜。〔離騷〕「夫維｜哲以茂行兮」補注。○｜猶智也。〔大戴·誥志〕「仁者為貴，｜次」述聞。○｜即知也。〔禮記·經解〕「則道仁｜，禮義之序」平議。○｜與知古通稱。〔論語·述而〕「若｜與仁，則吾豈敢」平議。○｜、善二字并列而同義。〔詩·凱風〕「母氏｜善」通釋。○｜者，德之所就也。〔孟子·萬章下〕「｜之事也」朱注。○｜，極也。〔大戴·誥志〕「仁者為｜」王詁。○上品曰｜。〔說文〕「真，僊人變形而登天也」義證引〔太真科〕。○｜，則萬物皆呈其情也。〔說文繫傳·通論中〕○｜武，謂｜人與武人也。〔墨子·尚賢下〕「晞夫｜武」閒詁。○｜文，文帝。〔漢書·揚雄傳〕「逮至｜文」補注引周壽昌。○｜水，今琉璃水也。〔通雅·地輿〕○｜與聽音近而訛。〔荀子·成相〕「請布基，慎｜也」平議。○｜當作靈，或者古通稱歟。〔國策·楚策四〕「蔡｜侯之事」補正。○｜人，〔初學記〕作賢士。〔呂覽·贊能〕「不若得一｜人」校正。○〔禮記·祭義〕｜作道。〔孝行〕「為其近於｜也」校正。○｜而二字，乃一壽字之誤。〔史記·周本紀〕「后、太子｜而蚤卒」志疑。

詠

｜，歌也。〔廣韻·映部〕又〔論語·先進〕「｜而歸」朱注。○｜之言永也，所謂歌永言也。〔廣雅·釋樂〕「｜，歌也」疏證。○｜者，配之於詩也。〔說文繫傳·通論下〕○｜者，長言之也。（同上）○｜或借永字。〔說文〕「｜，歌也」義證。○以｜者，謂工歌。〔書·皐陶謨下〕「琴瑟以｜」孫疏。○｜，誤也。〔隋志〕引書七始訓，訓與順通。〔漢書·律歷志〕「七始｜」補注引段玉裁〔尚書撰異〕。

咏

｜同詠。〔廣韻·映部〕

姓

｜，｜氏。〔廣韻·勁部〕○三代以前，必著功德然後賜｜命氏，故人不皆有｜。三代以降，族類繁亂，皆無所謂｜，但有氏而已。〔史記·五帝本紀〕「｜姒氏」志疑。○青陽、夷鼓二己｜，加以酉、祁、滕、葴、任、荀、僖、姞、儇、依十｜，餘皆與黃帝同｜姬。〔史記·五帝本紀〕「黃帝二十五子，其得｜者十四人」志疑。○｜與氏相近而不同，古者賜｜命氏。劉本陶唐後，則劉氏非｜，當云劉氏出自祁｜。〔漢書·高帝紀〕「｜劉氏」補注引吳仁傑。○凡小宗又別為氏，氏別既久，或天子賜｜，其正｜以獎功德，或特賜之｜。〔說文定聲·卷一七〕○以國為｜，其實氏也。〔史記·秦本紀〕「以國為｜」志疑。○｜字誤，當作氏。〔史記·殷本紀〕「以國為｜」志疑。○｜當作氏。〔夏本紀〕「用國為｜」志疑。○婦人從夫｜，即以己｜為名，後世猶然。〔漢書·項籍傳〕「有美人｜虞氏」補注引周壽昌。○｜之為言生也。〔詩·麟之趾〕「振振公｜」朱傳。○｜與生古同聲而通用。〔廣雅·釋親〕「｜，子也」疏證。○｜亦省為生。〔說文〕「｜，人所生也」句讀。○〔說文定聲·卷一七〕｜，叚借為生。〔左傳昭公四年〕「問其｜」。○古者謂子孫曰｜，或曰子｜。字通作生。〔詩·麟之趾〕「振振公｜」述聞。○｜為子孫之通稱。（同上）○｜之為言孫也。〔漢書·田蚡傳〕「跪起如子｜」補注引吳仁傑。○公｜，公族，皆謂子孫也。〔詩·麟之趾〕「振振公｜」述聞。○｜乃性之叚字。〔管子·版法解〕「故莫不得其職｜」平議。○〔說文定聲·卷一七〕｜，叚借為性。〔周語〕「不亦瀆｜矣乎」。

慶

｜，賀也，福也。〔廣韻·映部〕○｜，福。〔詩·甫田〕「農夫之｜」朱傳。○｜猶福也。〔楚茨〕「孝孫有｜」朱傳。○｜，善也。〔大戴·千乘〕「爵士之有｜者七人」王詁。又〔四代〕「臣聞之弗｜」王詁。又〔虞戴德〕「兩以｜」王詁。○｜，賞也。〔公符〕「其｜也同」王詁。○賞、｜皆訓賜，｜即賞。〔孟子·告子下〕「則有｜」焦正義。○｜，賜也。〔儀禮·士冠禮〕「受天之｜」胡正義。○｜，喜。〔詩·韓奕〕「｜既令居」朱傳。○｜即喜也。〔史記·天官書〕「卿雲見」雜志。○｜雲，亦曰景雲，此喜氣也。（同上）○｜與羌古字通。〔文選·兩都賦〕補正。○｜讀為羌，發聲也。〔漢書·禮樂志〕「｜陰陰」雜志。○｜為語辭，羌與｜古字通。〔揚雄傳〕「竢｜雲而將舉」補注引王念孫。○｜為語辭。（同上）雜志。

映

｜，明也，陽也。〔廣韻·映部〕○｜，傍照也，彩間也。〔慧琳音義·卷二一〕引〔字書〕。

暎 丨，暉也。〔慧琳音義・卷二〕引〔考聲〕。○丨，暉也，隱也。〔卷四〕引〔考聲〕。○丨，隱也。〔卷八〕引〔文字音義〕。○丨，傍照也。〔卷四〕引〔韻英〕。又〔卷三二〕引〔考聲〕。

病 丨猶困。〔國策・西周策〕「是楚丨也」鮑注。○甚丨，猶甚困也。〔左傳僖公四年〕「國必甚丨」疏證。○丨謂疾困也。〔左傳桓公五年〕「公疾丨」洪詁引鄭玄。○丨，憂也，苦也。〔廣韻・映部〕○丨，苦也。〔公羊傳僖公一〇年〕「為爾君者不亦丨乎」陳疏引孔廣森。○苦、勞、極皆丨也。〔孟子・滕文公下〕「丨於夏畦」焦正義。○丨，疲倦也。〔公孫丑上〕「今日丨矣」朱注。○丨，亦謂羸憊。〔荀子・議兵〕「路亶」雜志。○丨，勞也。〔孟子・滕文公下〕「丨於夏畦」朱注。○丨、勞二義相涉俱通。〔釋詁〕「愉，勞也」郝疏。○丨亦傷也。〔廣雅・釋詁四〕「痒，傷也」疏證。○古人疾、丨連言，丨甚於疾。〔釋詁〕「痛，丨也」郝疏。○疾至於甚曰丨。〔通鑑・周紀五〕「楚頃襄王疾丨」音注。○丨，心有所不足也。〔論語・雍也〕「堯舜其猶丨諸」朱注。○丨，猶辱也，耻也。〔公羊傳桓公一一年〕「是不可得則丨」述聞。○由己羞之謂之丨，為人羞之亦謂之丨。〔穀梁傳莊公九年〕「外不言取，言取丨內也」述聞。○凡羞愧者皆曰丨。〔穀梁傳桓公五年〕「為天子丨矣」述聞。又〔穀梁傳哀公一三年〕「宋丨矣」述聞。○苑、蔚皆丨也。〔淮南・原道〕「怨懟」雜志。○丨與秉通，又與炳通。〔釋詁〕「痛，丨也」郝疏。○丨坊，言其間也。〔通雅・官制〕○丨，讀如孟僖子丨不能相禮之丨。〔方言一三〕「懼，丨也」箋疏。○丨當為痛。〔說文〕「疷，動丨也」義證。

柄 丨，本也，權也，柯也。〔廣韻・映部〕○丨，本也，柯也。〔慧琳音義・卷五四〕引〔文字典說〕。○丨，柯丨也。〔說文〕「丨，柯也」義證引〔玉篇〕。○丨，執也，持也。〔慧琳音義・卷八三〕引〔字書〕。○丨猶持。〔國策・韓策二〕「公仲丨得秦師」鮑注。○丨之言秉也，所秉執也。〔廣雅・釋器〕「杘，丨也」疏證。○丨者，所執以治物者也。〔禮記・禮運〕「君之大丨也」集解。○丨者，工之所執也。〔禮運〕「以四時為丨」集解。○丨本為斧柯之名，以斧柯為人所執，引申之，凡有所秉執者皆謂之丨。〔周禮・大宰〕「以八丨詔王馭群臣」孫正義。○丨，器物所持處也。〔慧琳音義・卷一二〕引〔考聲〕。○丨，物之把處也，或作棅。〔卷五四〕○丨、枋、棅、秉，並字異而義同。〔廣雅・釋器〕「杘，丨也」疏證。○〔周禮〕丨作棅，古未有丨字。〔通雅・疑始〕○丨，〔周禮〕、〔禮經〕作枋。〔說文〕「丨，柯也」段注。○〔說文定聲・卷一八〕丨，以枋為之。〔儀禮・士冠禮〕「面枋」。

鄭 丨，丨重，殷懃。〔廣韻・勁部〕○〔通雅・卷五〕丨重，即珍重之轉。〔魏志・倭人傳〕「使知國家哀汝，故丨重賜汝好物也」。○丨即韓也。〔韓子・說林上〕「彭喜謂丨君曰」集解引顧廣圻。○賣丨者，即戍丨之秦大夫杞子也。〔史記・秦本紀〕「丨人有賣丨於秦」志疑。○此以所拔之丨為舊丨敗，則即咸林之地，東遷時已屬秦也，以為新丨敗，則韓徙都於其地，不聞是時韓失國都也。疑是鄭字之譌，趙地也。〔秦本紀〕「張唐攻丨，拔之」志疑。○丨當為鄭。〔扁鵲倉公列傳〕「扁鵲者，勃海郡丨人也」志疑引徐廣。○〔說文定聲・卷一六〕丨，叚借為仍，丨、仍雙聲。〔廣雅・釋詁四〕「丨，重也」。○丨當為邟。〔漢書・外戚恩澤侯表〕「元始四年，為丨公」補注。

勁 丨，健也。〔廣韻・勁部〕○丨者，强也。〔國策・西周策〕「秦與天下俱罷」雜志。○丨，彊也。〔史記・魏世家〕「不如出兵以到之」注引〔秦策〕「不如與魏以丨之」雜志。○丨，强也。〔國策・東周策〕「則是丨王之敵也」鮑注。○丨，本作徑。〔國策・燕策二〕「莫丨於結趙矣」補正。○〔說文定聲・卷一七〕丨，疑鄭本以經為之。〔禮記・曲禮〕「急繕其怒」注「繕讀為丨」。○丨，當為執字之誤也。〔漢書・鄒陽傳〕「丨不足㠯扞寇」補注引王念孫。

競 丨，爭也，强也，逐也，高也，遽也。〔廣韻・映部〕○丨，逐遽也，或作誩。〔慧琳音義・卷三〕引〔考聲〕。○丨，盛也，强也。〔逸周書・度訓篇〕「政」雜志引盧氏。○丨，諍彊也。〔慧琳音義・卷三〕引〔韻英〕。○丨，彊也。〔說文〕「丨，彊語也」繫傳。○丨，强也。〔通鑑・魏紀五〕「若子孫不丨」音注。又〔詩・抑〕「無丨維人」朱傳。又〔詩・執競〕「執丨武王」朱傳。又〔詩・長發〕「不丨不絿」朱傳。○丨，爭。〔詩・桑柔〕「秉心無丨」朱傳。○丨，力也。〔詩・十月之交〕「職丨由人」朱傳。○並逐曰丨。〔離騷〕「衆皆丨進以貪婪兮」補注。○丨，元作竟。〔國策・齊策五〕「丨為守備」鮑注。○丨，古通作竟。〔逸周書・度訓篇〕「政」雜志。○〔史・表〕丨作竟。〔漢書・高惠高后文功臣表〕「景嚴侯王丨」補注。○丨與倞通。〔廣雅・釋詁一〕「倞，强也」疏證。○彊、勍、丨，古並同聲。〔廣雅・釋訓〕「勍勍，武也」疏證。○倞、丨、强，聲並相近。〔廣雅・釋詁一〕「倞，强也」疏證。○丨，通作倞，又通作勍，又通作傹，又通作竟。〔釋言〕「丨，彊也」郝疏。○丨，倞字之假借，强也。〔詩・執競〕「執丨武王」通釋。○傳箋皆謂丨為倞之假借字也。〔說文〕「倞，彊也」段注。○丨爽，猶爭盛也。〔左傳昭公三年〕「二惠丨爽」平議。○〔說文定聲・卷一八〕丨，叚借為誩。〔說文〕「丨，彊語也」。○〔同上〕丨，叚借為勍。〔釋言〕「丨，彊也」。○〔同上〕丨，叚借為亢。〔廣雅・釋詁四〕「丨，高也」。

淨 丨，無垢也。〔廣韻・勁部〕○丨亦作瀞。〔方言一三〕「湊，丨也」箋疏。○丨，今俗用為瀞字，釋為無垢薉。〔說文〕「丨，從水，爭聲」段注。○丨，叚借為瀞，今用為清潔之義是也。〔說文定聲・卷一七〕○〔同上〕丨，叚借為瀙。〔方言一三〕「湊，丨也」。

瀞 丨，潔也。〔慧琳音義・卷七六〕引〔考聲〕。○丨，冷也。〔廣韻・映部〕○丨同淨。〔廣韻・勁部〕○丨，今之淨字也。〔說文〕「丨，無垢薉也」段注。○丨、淨，古今字。〔同上〕段注。○丨，或借淨字為之。〔同上〕句讀。○丨，今皆以淨為之，古皆以清為之。〔說文定聲・卷一七〕○丨即靜字。〔通雅・釋詁〕○丨亦省作靜。〔說文〕「丨，無垢薉也」句讀。○丨，通作靜。〔同上〕義證。○丨與靜通。〔廣雅・釋言〕「井、絜，靜也」疏證。○丨

又通作靚。〔説文〕「丨，無垢薉也」義證。○〔説文定聲・卷一七〕丨，古謂之行清，言穢去而腸丨也，字亦變作圊。〔釋名・釋宮室〕「或曰圊，言至穢之處宜常脩治使潔清也」。

竟 ○丨，終。〔詩・瞻卬〕「譖始丨背」朱傳。○丨，窮也，終也。〔廣韻・映部〕○丨，盡也。〔大戴・衛將軍文子〕「丨其德」王詁。又〔通鑑・唐紀二四〕「上命法司結丨」音注。○丨，樂人曲所終也。〔説文〕「丨，樂曲盡丨」繫傳。○丨，樂曲終也。〔説文〕「丨，樂曲盡為丨」義證引〔九經字樣〕。○引伸之，凡事之所止、土地之所止皆曰丨。〔同上〕段注。○歲丨，歲終也。〔漢書・京房傳〕「歲丨乘傳奏事」補注引胡注。○丨，究也，謂窮究。〔雋不疑傳〕「丨得姦詐」補注引王文彬。○丨者，丨極之也。〔説文〕「梪，丨也」繫傳。○丨，橫亘之也。〔同上〕○丨，俗書加土傍。〔釋名・釋天〕「所照處有丨限也」疏證。○丨同境。〔墨子・號令〕「入丨」閒詁引蘇時學。○丨、境，古今字。〔公羊傳隱公二年經〕注「古者諸侯非朝時不得踰丨」陳疏。○丨，〔文選〕注引作境。〔左傳襄公一四年〕「越在他丨」洪詁。○丨、極，聲轉義同。〔釋言〕「鞠，窮也」郝疏。○吭、疆、丨，古聲並相近。〔廣雅・釋詁三〕「吭，丨也」疏證。○丨，競之借字。〔墨子・旗幟〕「丨士為雩旗」閒詁。○〔説文定聲・卷一八〕丨，叚借為鏡。〔騶氏鏡銘〕「騶氏作丨四夷服」。○〔同上〕丨，叚借為綆。〔方言六〕「絙、筳，丨也，秦、晉或曰丨」。○丨當為恭，字之誤也。〔大戴・衛將軍文子〕「不學其貌丨」述聞。○丨當作意。〔漢書・霍光傳〕「皆坐逆將軍丨下獄死」補注引朱一新。○丨當作莽。〔陳湯傳〕「丨為新都侯」補注引沈欽韓。

孟 丨，長也。〔詩・桑中〕「美丨姜矣」朱傳。又〔大戴・誥志〕「明，丨也」王詁。○丨，長也，勉也，始也。〔廣韻・映部〕○丨，長大也。〔左傳昭公四年〕「周武有盟津之誓」洪詁。○丨字只是最長最先之稱。〔説文〕「丨，長也」義證引〔容齋三筆〕。○庶長稱丨。〔字詁〕引〔禮緯〕。○太子稱丨侯，猶云長君也。〔書・康誥〕注「太子十八為丨侯」孫疏。○古呼姐如姊，漢或謂丨。〔通雅・稱謂〕○丨者，黽之叚音也。〔釋詁〕「丨，勉也」郝疏。○丨者，黽之假借，黽勉之義。〔文選・幽通賦〕「盇丨晉以迨群兮」集釋。○丨，叚借為黽，實為萌。〔説文定聲・卷一八〕○亹與黽、沒、丨、勉俱一聲之轉。〔釋詁〕「丨，勉也」郝疏。○丨字古作[illegible]，字從子、旁兩注指事，明其為旁出也。〔字詁〕○丨、明、萌、望，俱聲相近，古假借用之。〔書・禹貢中〕注「丨豬，一作明都，一作萌豬」孫疏。○丨即瞀。〔釋詁〕「丨，勉也」鄭注。○〔説文定聲・卷一八〕丨即莨也。〔釋草〕「丨，狼尾」。○丨，古音讀如芒。〔説文〕「丨，長也」段注。○丨，〔戰國策〕作芒。〔呂覽・應言〕「魏令丨卬割絳窌安邑之地以與秦王」校正。○稱丨侯者，古文説謂康叔。〔書・康誥〕「王若曰丨侯」孫疏。○西乞、白乙為丨明子。〔史記・秦本紀〕「使百里傒子丨明視、蹇叔子西乞術及白乙丙將」志疑引〔唐書〕。○田文襲父封薛，而兼食嘗邑，故號丨嘗。丨乃其字，猶稱薛文然也。〔史記・始皇本紀〕「齊有丨嘗」志疑。○〔丨子〕書，當是門弟子隨時記録，丨子晚年手自改定之耳。〔孟子荀卿列傳〕「作丨子七篇」志疑。○寅申己亥為四丨，故甲申曰丨統。〔漢書・律歷志〕「丨、仲、季迭用事為統首」補注引錢大昕。○甲申朔為人統之首也。李鋭曰，丨統，甲申統也。〔漢書・律歷志〕「是為丨統」補注引錢大昕。○丨津亦作盟津者，丨、盟聲相近。〔書・禹貢下〕注「史遷丨作盟」孫疏。○丨、盟，古字通。〔左傳昭公四年〕「周武有盟津之誓」洪詁。○丨、盟亦雙聲字。〔左傳僖公二八年〕「予賜汝丨津之麋」疏證。○丨讀為萌。〔荀子・解蔽篇〕「昔賓丨之蔽者」集解引俞樾。○丨當讀為萌。〔同上〕平議。○丨豬、明都、望諸，皆同聲假借。〔廣雅・釋地〕「丨豬，池」疏證。○都、豬古同聲，豬野、休屠語之轉，皆取停水之義也，丨豬亦猶是也。〔同上〕○〔通雅・卷一五〕丨諸，一作盟豬，即丨豬、望諸，在虞城。〔東坡詩・去杭十五年後遊西湖〕「老去狂歌憶丨諸」。○丨浪，一作盂浪。〔通雅・釋詁〕○莫絡、丨浪、無慮，皆一聲之轉，皆都凡之意也。〔廣雅・釋訓〕「無慮，都凡也」疏證。○茫浪即丨浪，與不委細、不精要義合。〔文選・吳都賦〕「丨浪之遺言」集釋。○丨，或作盂，盂丙則是以邑為姓，以十月為名。〔漢書・地理志〕「晉大夫丨丙邑」補注引段玉裁。○丨，聲轉為蘉。〔釋詁〕「丨，勉也」郝疏。○丨，字或變作蘉。〔説文定聲・卷一八〕○丨子，疑此是猛子。〔漢書・藝文志〕「丨子一篇」補注引沈欽韓。○丨，借為猛。〔説文〕「丨，長也」段注。○〔説文定聲・卷一八〕丨，叚借為猛。〔管子・任法〕「莫敢高言丨行以過其情」。○丨，今〔周禮〕作望。〔説文〕「青州丨諸」段注。

迸 丨，散也。〔廣韻・諍部〕○丨，散走也。〔慧琳音義・卷五四〕引〔字書〕。○丨，散走也，或作跰。〔卷一三〕引〔鏡詮〕。○丨亦散走也。〔卷六九〕引〔字書〕。○丨猶逐也。〔大學〕「丨諸四夷」朱注。○丨與逬同。〔廣雅・釋訓〕「逬逬，走也」疏證。

聘 丨，問也，訪也。〔廣韻・勁部〕○丨，訪也。〔慧琳音義・卷五一〕引〔考聲〕。○丨，訪問之以耳也。〔説文〕「丨，訪也」繫傳。○丨，問也。〔詩・采薇〕「靡使歸丨」朱傳。又〔大戴・盛德〕「朝丨之禮，所以明義也」王詁。○丨，謂因媒而問也。〔説文〕「娉，問也」義證引〔急就篇〕顔注。○丨謂諸侯使大夫來獻。〔中庸〕「朝丨以待」朱注。○〔説文定聲・卷一七〕丨，叚借為娉。〔禮記・内則〕「丨則為妻」。

穽 丨，坑也。〔廣韻・靜部〕○丨，陷丨。〔廣韻・勁部〕○丨謂穿地為塹，以張禽獸者也。〔説文〕「阱，陷也」義證引〔三蒼〕。○丨，正作阱。〔慧琳音義・卷九二〕引〔字書〕。

諍 丨，諫諍也，止也。〔廣韻・諍部〕○丨，爭言也。〔慧琳音義・卷五五〕引〔考聲〕。○丨猶爭言也。〔卷七二〕引〔考聲〕。○丨，字與爭通。〔國策・秦策二〕「今兩虎丨人而鬥」補正。○丨，經傳通作爭。〔説文〕「丨，止也」段注。○丨亦省作爭。〔同上〕句讀。○丨，經傳皆以爭為之。〔説文定聲・卷一七〕○〔同上〕丨，叚借為爭。〔蒼頡篇〕「丨，訟也」。

泳 潛行曰—。〔詩・谷風〕「—之游之」朱傳。○—，潛行也。〔詩・漢廣〕「不可—思」朱傳。○—，潛行水中。〔廣韻・映部〕○—者，涉水而行。〔詩・漢廣〕「不可—思」陳疏。○游與—，對文則別，散文亦通。〔釋水〕「潛行為—」郝疏。

請 —，朝也。春曰朝，秋曰—。〔漢書・景武昭宣元成功臣表〕「坐行來不—長信」補注引周壽昌。○漢律，秋曰—，如諸侯朝聘也。〔說文〕「—，謁也」義證引〔增韻〕。○—，延—，亦朝—，漢官名，張禹首為之。〔廣韻・勁部〕○靚，〔史記〕、〔漢書〕並通作—。〔廣雅・釋詁二〕「靚，呼也」疏證。

倩 —，假—也。〔廣韻・勁部〕○假借他人力，名為借—也。〔慧琳音義・卷一五〕引〔韻英〕。○—，亦假也。〔卷三三〕引顧野王。○—，借也。〔同上〕引〔考聲〕。○—者，壻聲之轉，緩言之，則為卒便矣。〔廣雅・釋親〕「壻謂之—」疏證。○壻、—皆有才知之稱也，—之言婧也。〔同上〕

禜 —，祭名。〔廣韻・映部〕

硬 —，同鞕。〔廣韻・諍部〕○—黃，謂置紙熱熨斗上，以黃蠟塗勻，儼如魫角，毫釐必見。〔通雅・碑帖〕

清 —，溫—。〔廣韻・勁部〕○—，寒也。〔太素・四時脈診〕「病熱脈—靜」楊注。○—，冷也。〔陰陽〕「其有邪者，—以為汗」楊注。○瀞、清、—並通。〔廣雅・釋詁四〕「瀞，寒也」疏證。○—，通作清。〔說文〕「清，寒也」義證。○〔說文定聲・卷一七〕—與瀞略同。〔禮記・曲禮〕「冬溫而夏—」。

靚 —，裝飾也，古奉朝請亦作此字。〔廣韻・勁部〕○—，〔史記〕、〔漢書〕并通作請。〔廣雅・釋詁二〕「—，呼也」疏證。○—，通作請。〔說文〕「—，召也」義證。○—，〔史記〕、〔漢書〕多以請為之。〔說文定聲・卷一七〕○—即靜字。〔史記・周本紀〕「子慎—王定立」志疑。○—亦用為淨。〔說文〕「—，召也」繫傳。○—莊即彰妝之假借字。〔說文〕「彰，清飾也」段注。

檠 —，有足，所以几物。或書作—。〔集韻・映部〕○—，—子疊名。〔廣韻・映部〕

晟 —，明也，熾也，器也。〔廣韻・勁部〕

怲 —，憂心也。〔廣韻・映部〕○—，憂也。〔集韻・映部〕○——，與彭彭音義同。〔說文〕「—，惪也」段注。

更 —，易也，改也。〔廣韻・映部〕

横 —，謂不循法度。〔孟子・萬章下〕「—政之所出」朱注。○—，非理來。〔廣韻・映部〕○逆者曰—也。〔說文定聲・卷一〕〔「縱」下〕○凡逆曰—。〔同上〕〔「縱」下〕○—逆，謂強暴不順理也。〔孟子・離婁下〕「其待我以—逆」朱注。○—行，無畏忌也。〔國策・西周策〕「令不—行於周矣」鮑注。○—流，不由其道而散溢妄行也。〔孟子・滕文公上〕「洪水—流」朱注。○〔說文定聲・卷一八〕—，段借為獷。〔孟子〕「處士—議，其待我以—逆，—政之所出，—民之所止」。○〔同上〕—，段借為廣。〔禮記・孔子閒居〕「以—于天下」。

醟 —，酗酒。〔廣韻・映部〕○—，沈酗也。〔集韻・勁部〕

榜 —，進船也。〔楚辭・涉江〕「齊吳—以擊汰」補注。又〔楚辭・尊嘉〕「—舫兮下流」補注。○—，—人，船人也。〔廣韻・映部〕○—人，即舫人。舫正字，—段借字。〔說文〕「明堂月令曰舫人」段注。○—、舫聲相近。〔廣雅・釋水〕「舫、—，船也」疏證。○〔說文定聲・卷一八〕—，段借為方。〔廣雅・釋水〕「—，船也」。○〔同上〕—，段借為舫。〔漢書・司馬相如傳〕「—人歌」。

迎 —，迓也。〔廣韻・映部〕○—、逆義同。〔漢書・地理志〕「莽曰—河」補注。○官本—作逆，—、逆，古今文之異。〔漢書・溝洫志〕「同為—河」補注。○—，本作逆。〔國語・晉語〕「董因—公於河」述聞。

娉 —，娶也。〔廣韻・勁部〕○—，問婚也。〔慧琳音義・卷二五〕○—，問也，以財娶妻。〔卷六〇〕引〔考聲〕。○—，問也，娶妻及禮賢達納徵束帛相問曰—。〔卷七七〕引顧野王。○官本注—作聘。〔漢書・五行志〕「脅公使立以為夫人」補注。○—，通作聘。〔釋言〕「聘，問也」郝疏。又〔說文〕「—，問也」義證。○—、妨，一聲之轉。〔廣雅・釋詁三〕「—、妨，害也」疏證。○〔說文定聲・卷一七〕—，段借為聘。〔樊敏碑〕「再奉朝—」。○〔同上〕—，假借為妨。〔廣雅・釋詁三〕「—，害也」。

夐 —，遠也。〔廣韻・勁部〕又〔詩・擊鼓〕「于嗟—兮」集疏引魯說。○〔說文定聲・卷一四〕—，段借為遠。〔韓詩・擊鼓〕「于嗟—兮」。○—，引伸其義為遠也。〔說文〕「—，營求也」段注。○—，營求未遂也。〔慧琳音義・卷九二〕引〔考聲〕。○—求即營求。〔通雅・釋詁〕○—，〔尚書〕作營。〔說文〕「—，營求也」繫傳。○—與徇，古聲義亦同。〔廣雅・釋言〕「徇，營也」疏證。○矎與—同。〔廣雅・釋訓〕「——，視也」疏證。○〔韓詩〕—、〔毛詩〕作洵，異部假借字。〔說文〕「—，營求也」段注。○—，此字本義與眴略同。〔說文定聲・卷一四〕○—又作偵。〔說文〕「—，營求也」義證。○—，俗作俚。〔同上〕○〔說文定聲・卷一四〕—，字亦作矎。〔廣雅・釋詁一〕「矎，視也」。

併 —與屏同。〔荀子・君道篇〕「—耳目之樂」集解。○—，兼也，並也，皆也。〔廣韻・勁部〕○—者，竝也。〔說文〕「勠，勠力，并力也」段注。○古文竝，今文作—。〔說文〕「—，竝也」句讀。○—，通作并。〔同上〕義證。○〔說文定聲・卷一七〕—，以并為之。〔廣雅・釋詁四〕「并，同也」。○〔同上〕—，段借為并。〔禮記・王制〕「輕任—」。○—亦方也。〔釋水〕「大夫方舟」郝疏。○對峙為—。〔說文定聲・卷一七〕〔「并」下〕○—與重義亦相近。〔廣雅・釋詁四〕「成，重也」疏證。○〔說文定聲・卷一七〕—，段借為姘。〔管子・霸形〕「—歌舞之樂」。

竝　｜、徧，｜聲之轉。〔釋詁〕「僉，道也」郝疏。

儆　｜，｜慎。〔廣韻·映部〕○｜與警音義同。〔說文〕「｜，戒也」段注。○〔說文定聲·卷一七〕｜，段借為絅。〔後漢·郭伋傳〕注「｜，急也」。○〔同上〕｜段借為警。〔魯語〕「夜｜百工」。○敬與｜通。〔管子·立政〕「不救於火」雜志。

憼　敬、警、｜，聲近而義同。〔廣雅·釋詁一〕「｜，敬也」疏證。

証　｜，諫｜。〔廣韻·勁部〕○｜為直諫也。〔說文〕「｜，諫也」繫傳。○｜諫，〔外傳九〕、〔新序二〕作正諫。〔呂覽·貴當〕「皆交爭｜諫」校正。○今俗以｜為證驗字，遂改〔呂覽〕之｜為證。〔說文〕「｜，諫也」段注。○｜，段借為徵，今亦用為證驗字。〔說文定聲·卷一七〕

詗　｜，自言長。〔廣韻·勁部〕○｜，知處告言之。〔集韻·勁部〕○｜謂知處密告之也。〔說文〕「｜，知處告言之」義證引〔急就篇〕顏注。○｜，探伺告言者以求之也。〔說文〕「敻，營求也」義證。○｜，候伺也，刺探也。〔通鑑·晉紀三二〕「臣請為陛下馳往｜之」音注。○｜，音朽政反，反間也。〔韓子·忠孝〕「今民儇｜智慧」集解。○｜，字亦作詷。〔說文定聲·卷一七〕

偵　｜，廉視。〔廣韻·映部〕○｜，｜問。〔廣韻·勁部〕○｜，候視也。〔通鑑·漢紀五三〕「但使慈｜視輕重」音注。○｜與竀通。〔廣雅·釋詁一〕「竀，視也」疏證。○｜與覘同。〔廣雅·釋詁三〕「覘，覗也」疏證。○覘，字亦作｜，同。〔廣雅·釋詁四〕「覘，驛也」疏證。

并　｜，專也。〔廣韻·勁部〕○｜，俱也。〔詩·正月〕「｜其臣僕」朱傳。○｜者，在襁褓也。〔說文繫傳·通論中〕○｜，並也。〔楚辭·天問〕「何由｜投」補注。又〔國策·秦策一〕「｜力合謀」鮑注。○｜者，相從也。〔說文〕「勠，勠力，｜力也」段注。○｜通作弃，又通作絣。〔釋詁〕「拼，使」郝疏。○｜、併古通用。〔說文〕「勠，勠力，｜力也」段注。○｜當作併，竝也。〔書·金縢〕「乃｜是吉」平議。○｜猶兼。〔國策·秦策二〕「西｜巴蜀之地」鮑注。又〔魏策三〕「而｜秦」鮑注。○兼、｜字相近。〔禮記·檀弓下〕「行｜植於晉國」述聞。○｜與屏同，屏即藏也。〔管子·國蓄〕「｜藏」雜志。○｜當讀為屏。〔商子·開塞〕「故以愛王天下者｜刑」平議。○〔說文定聲·卷一七〕｜，段借為姘。〔莊子·天運〕「爵｜焉」。○｜植，〔國語〕作廉直。〔禮記·檀弓下〕「行｜植於晉國」述聞引吳澄。

並　｜之言普也，徧也，謂天下普受其福也。〔易·井卦〕「｜受其福」述聞。○｜之言普也，偏也。〔左傳文公元年〕「卿出｜聘」述聞。又〔左傳襄公二七年〕「民｜用之」述聞。又〔左傳昭公一四年〕「乃｜徵會」述聞。又〔昭公三二年〕「｜有亂心」述聞。

盟　｜，｜津。〔廣韻·映部〕○孟津，在洛陽之北，都道所湊，故號｜津。〔左傳昭公四年〕「周武有｜津之誓」洪詁。○｜、孟古字通。〔左傳隱公一一年〕「與鄭人蘇忿生之田溫原絺樊隰郕欑茅向｜」洪詁。○｜津，〔夏紀〕同枚書作孟津。〔漢書·地理志〕「又東至于｜津」補注。○｜豬，〔大傳〕作孟諸，〔周禮〕作望諸，〔夏紀〕作明都。段玉裁云，明、｜、孟、望，古音皆讀如芒。〔漢書·地理志〕「被｜豬」補注。

諍　｜，爭言。〔廣韻·映部〕○｜，競言。〔廣韻·養部〕○｜，競言也。〔集韻·養部〕○｜，言也。〔說文〕「｜，競言也」義證引〔類篇〕。○｜，古文作嚚。〔同上〕○〔說文定聲·卷一八〕以言曰｜，以手曰爭。〔說文〕「｜，競言也」。

詇　｜，早知也。〔廣韻·映部〕

倞　｜，强也。〔廣韻·映部〕又〔集韻·陽部〕。又〔說文〕「競，彊語也」義證引〔五經文字〕。○｜，遠也。〔禮記·郊特牲〕「祊之言｜也」集解。○〔說文定聲·卷一八〕｜，求幽於明也。〔禮記·郊特牲〕「祊之為言｜也」。○｜，通作競。〔說文〕「｜，彊也」義證。○｜，今作競。〔說文〕「競，彊語也」義證。○｜、競、强，聲並相近。〔廣雅·釋詁一〕「｜，强也」疏證。○｜與勍、競並同。〔說文〕「｜，彊也」句讀。○｜亦作傹。〔說文〕「｜，彊也」段注。○〔說文定聲·卷一八〕｜，段借為勍。〔說文〕「｜，彊也」。

病　｜，驚病。〔廣韻·映部〕○｜，音柄。〔釋天〕「三月為｜」鄭注。

偋　｜，｜隱僻也，無人處。〔廣韻·勁部〕○｜處，是僻處也。〔說文〕「｜，僻窶也」繫傳。○｜當為併。荀書例以併為屏。〔荀子·榮辱〕「恭儉者，｜五兵也」集解。○｜與屏、庰義略同。〔說文〕「｜，僻窶也」段注。○｜，或作併。〔同上〕義證。○｜，經籍皆以屏、以庰為之。〔說文定聲·卷一七〕

婧　｜，竦立。〔廣韻·勁部〕○｜，竦立也。〔廣韻·清部〕又〔集韻·清部〕。○｜，一曰有才。〔集韻·清部〕○〔說文定聲·卷一七〕｜此義與靖、竫略同。〔說文〕「｜，竦立也」。

頸　｜，｜首。〔廣韻·勁部〕○｜首，猶言頭面淨好也。〔通雅·身體〕○｜首，當作螓首。〔說文〕「詩所謂｜首」段注。○〔說文定聲·卷一七〕｜，〔毛詩〕作螓。〔說文〕「｜，好皃，詩所謂｜首」。○〔同上〕｜，段借為蜻。〔詩·碩人〕「螓首蛾眉」。

摬　｜，中擊。〔廣韻·梗部〕○〔說文定聲·卷一八〕｜，謂擊之而中。〔說文〕「｜，中擊也」。

搒　｜，捶也。〔慧琳音義·卷二三〕引〔字書〕。○｜，打拍也。〔卷五五〕引〔文字集略〕。○〔說文定聲·卷一八〕｜，斂藏之意。〔說文〕「｜，掩也」。○〔同上〕｜，以放為之。〔論語〕「隱居放言」。

霁　｜，雷聲。〔集韻·諍部〕

⿰⿱宀井又 丨，陷穽也。〔說文〕「丨，坑地」繫傳。○丨謂穿地使空也。〔說文〕「丨，阬也」段注。○丨，穿地捕獸也。（同上）義證引〔玉篇〕。○丨，阬丨也。（同上）○丨，亦作穽。（同上）○丨，即穽之別體。〔說文定聲·卷一七〕

姘 丨，通作屏。〔說文〕「丨，除也」義證。

⿰月成 丨，肥也。〔集韻·勁部〕○丨與盛義相近。〔方言一三〕「丨，腯也」箋疏。

枰 丨，獨坐版牀，一曰投博局。〔廣韻·映部〕

⿰氵橫 丨，航也。〔說文〕「丨，一曰以船渡也」義證引〔玉篇〕。○丨，或借潢字。〔說文〕「丨，小津也」義證。○丨，或作橫。〔說文〕「丨，一曰以船渡也」義證。○丨，又借桄字。（同上）○丨，或借杭字。（同上）○丨，又借橫字。（同上）

鈵 丨，堅柄。〔廣韻·映部〕

絎 丨，刺縫。〔廣韻·映部〕○今俗語猶呼刺縫為丨，音若行列之行。〔廣雅·釋詁二〕「丨，緣也」疏證。

牚 丨，邪柱也。〔廣韻·映部〕○丨，支柱。〔集韻·映部〕

⿺走并 丨，走也。〔廣韻·映部〕

⿰衤嬰 丨，雜采相映。〔集韻·映部〕

⿰奠瓦 丨，罌也。〔廣韻·勁部〕

靗 丨，覗也。〔廣韻·勁部〕

詅 丨，自衒賣也。〔廣韻·勁部〕

詺 丨，丨目。〔廣韻·勁部〕○丨，目諸物也。或作名。〔集韻·勁部〕

⿰言幸 丨，言也。〔集韻·映部〕○丨之言悻悻也。〔廣雅·釋詁四〕「丨，言也」疏證。

傹 丨，當讀為竟。凡終盡之義皆謂之竟。〔荀子·仲尼〕「可炊而丨也」集解引郭慶藩。

靗 丨，字亦作偵，同。〔廣雅·釋詁四〕「丨，驛也」疏證。○偵與丨同。〔廣雅·釋詁三〕「丨，覗也」疏證。○丨，各本訛作靗。（同上）

缶 丨即正字。〔墨子·經上〕「長以丨相盡也」閒詁引畢沅。○丨，正字。〔墨子·經上〕「日中丨南也」閒詁。○古文正亦作丨。〔墨子·經上〕「長以丨相盡也」閒詁引盧文弨。

亭 丨，瓜屋也。〔集韻·勁部〕

俜 丨，伶丨。〔廣韻·勁部〕

倀 丨，萌丨失道。〔廣韻·映部〕○丨停，疎率，或從言。〔集韻·映部〕

⿰亻並 丨，皆也，俱也。〔廣韻·諍部〕

呈 丨，自媒衒。〔廣韻·勁部〕

嚶 丨丨，獸聲。〔集韻·諍部〕

庰 丨同偋。〔廣韻·勁部〕○丨，廁也。〔集韻·勁部〕

⿸疒并 丨，字亦作窉。〔說文定聲·卷一八〕

⿸疒寍 丨，臥驚病，通作病。〔集韻·映部〕

⿱穴䖵 丨，蟲名。〔集韻·勁部〕

⿰巾登 畫繪曰丨，音諍，今作幀。〔通雅·器用〕

憕 丨，張畫繪也，或作幀，亦從手。〔集韻·映部〕○丨，開張畫繪也。〔續音義·卷五〕引〔文字指歸〕。

娍 丨，一曰美也。〔集韻·勁部〕○丨，長好美。〔集韻·勁部〕

⿰土盛 丨，堪器。〔廣韻·勁部〕○丨，器也。或作⿰盛瓦。〔集韻·勁部〕

⿰彳貞 丨丨，走也。〔集韻·映部〕

掅 丨，捽也。〔集韻·勁部〕

⿰扌並 今俗謂卒然相遇曰丨，如滂去聲，字當作鬂也。〔說文〕「鬂，鬂也」段注。

摒 丨，丨除也。〔廣韻·勁部〕

⿰目成 丨即盛之異文。〔方言一二〕「華，丨也」箋疏。○丨、盛古通用。〔方言二〕「梁益之間，凡人之言盛及其所愛，偉其肥丨，謂之膿」疏證。○丨、盛古通

用。〔方言一三〕「蘊，丨也」疏證。〇丨與盛同。〔同上〕箋疏。〇丨、盛通。〔方言一三〕「丨，腯也」疏證。〇丨亦作盛。〔方言一二〕「焜，丨也」疏證。〇丨即盛之異文。〔同上〕箋疏。

曔　丨，明也。〔廣韻·映部〕又〔集韻·映部〕。〇丨，乾也。〔同上〕

欿　丨，含笑也。〔廣韻·勁部〕

敾　丨，琴瑟聲也。〔慧琳音義·卷三九〕

㜲　丨，小心態。〔廣韻·諍部〕又〔集韻·諍部〕。

𤎔　丨，火皃。〔集韻·勁部〕

滰　丨，盪也。〔集韻·映部〕

瀴　丨瀙，冷也。〔廣韻·映部〕又〔集韻·映部〕。

枋　柄、丨、棅、秉，並字異而義同。〔廣雅·釋器〕「杘，柄也」疏證。

棅　柄或從丨。〔莊子·天道〕「天下奮丨而不與之偕」集釋。〇丨，通作秉。〔說文〕「柄，柯也」義證。

狌　丨，鼠屬。或從鼠。〔集韻·勁部〕

獍　丨，獸名，食人。〔廣韻·映部〕

竀　丨，小水皃。〔廣韻·映部〕

竸　丨，俗競。〔廣韻·映部〕

硎　〔通雅·卷九〕丨丨，蓋硜硜也。元次山文「怪石臨淵，丨丨自顛」。

㣻　丨，塞也。〔廣韻·映部〕

瓶　丨，甖屬。〔集韻·映部〕

䔊　丨，楝也。〔集韻·隥部〕

蛃　丨，刺也。〔集韻·映部〕

耵　丨聹，耳垢。〔集韻·迥部〕

聘　丨，視也。〔集韻·勁部〕

𥈭　丨盯，瞋目。〔廣韻·映部〕〇丨盯，目怒皃，或從黽。〔集韻·映部〕

瞸　丨，視也。〔集韻·映部〕

瞸　丨，住視。〔廣韻·映部〕

𥌭　丨，直視皃。〔廣韻·勁部〕

盟　丨，盟也。〔廣韻·梗部〕〇〔說文定聲·卷一八〕丨，〔禹貢〕作孟，即〔爾雅〕之孟諸，〔職方氏〕之望諸，〔史記〕之明都也。〔漢書·地理志〕「被盟豬」。

胻　丨，脛也。〔廣韻·映部〕又〔集韻·映部〕。又〔集韻·梗部〕。

𦝫　丨，腹脹皃。〔集韻·諍部〕

膨　丨，脹也。〔廣韻·映部〕

蛢　丨，獸脊蟲出也。〔集韻·諍部〕

蝗　丨，蟲名。〔廣韻·映部〕

㔙　丨，筋竹。〔集韻·勁部〕

英　丨，飾也。〔集韻·映部〕

葝　丨，音勍。〔釋艸〕「丨，山𩐨」鄭注。〇丨，草名，鼠尾也，或作㔙。〔集韻·勁部〕

䓨　丨同映。〔廣韻·映部〕

䐦　丨，餘也。俗作賸。〔慧琳音義·卷八〇〕引〔考聲〕。

𧵳　丨，財富。〔廣韻·映部〕〇丨，富也。〔集韻·映部〕

賆　丨，益也。〔集韻·勁部〕

賏　丨，頸飾。〔廣韻·映部〕〇丨，項飾也。〔本草·卷四九〕

賡　｜，續也。〔集韻·映部〕

睛　｜，｜賜。〔廣韻·勁部〕〇｜，賜也。〔集韻·勁部〕

贈　｜，增也。〔續音義·卷一〇〕引〔考聲〕。

跰　｜猶散也，或作迸。〔慧琳音義·卷九二〕引〔字書〕。

⿱臤足　｜，一足行。〔集韻·勁部〕

趟　｜，⿺走冏｜，行皃。〔廣韻·映部〕

⿺走屏　｜，散走也，亦作⿺走并，俗作迸。〔慧琳音義·卷六二〕引〔考聲〕。

遉　｜，邏候。〔廣韻·勁部〕又〔集韻·勁部〕。

評　｜，平言。〔廣韻·映部〕

諍　｜，瞋語。〔廣韻·映部〕

⿰言屏　｜，助也。〔集韻·評部〕

轟　｜，衆車聲也。〔廣韻·諍部〕

鉼　北燕謂釜曰｜。〔集韻·勁部〕

䨻　｜，雷｜｜聲。〔廣韻·諍部〕

阱　｜，坎地以陷獸者。〔孟子·梁惠王下〕「為｜於國中」朱注。〇｜者，陷也。〔說文〕「臽，小｜也」段注。〇｜為大臽。〔說文〕「｜，陷也」義證。〇〔說文定聲·卷一七〕｜，字又作洴。〔聲類〕「洴，湅也」。

⿺面巠　｜，面酖｜也。〔廣韻·勁部〕

顎　｜，員面。或從面。〔集韻·映部〕

鞕　｜，堅牢。〔廣韻·諍部〕〇｜，俗作硬，堅也。〔慧琳音義·卷一一〕引〔考聲〕。

⿰食呈　｜，饋也。〔集韻·勁部〕

⿰丁鳥　｜，雞也。〔廣韻·勁部〕〇｜，鳥名，鵁鶄也，或從隹。〔集韻·勁部〕

鼪　｜，｜鼠。〔廣韻·映部〕

續經籍籑詁卷第八十四　去聲

二十五徑

徑　｜者，直也。〔荀子·性惡〕「｜而省」集解引郝懿行。○｜，直。〔韓子·說難〕「｜省其說」集解引舊注。○｜，路之小而捷者。〔論語·雍也〕「行不由｜」朱注。○｜，小路也。〔孟子·盡心下〕「山｜之蹊閒」朱注。○｜，步路也，隊上道也。〔慧琳音義·卷七七〕引〔考聲〕。○〔說文定聲·卷一七〕｜，步行之道，謂異於車行大路。〔說文〕「｜，步道也」。○｜，路也。〔孟子·盡心下〕「山｜之蹊閒」焦正義引孔廣森。○｜，路。〔逸周書·文政篇〕「路｜」雜志。○｜，往也。〔楚辭·招魂〕「川谷｜復」補注引五臣注。○｜之言經，橫度之名也。〔廣雅·釋宮〕「｜，道也」疏證。○｜，〔新序〕〔御覽〕作經。〔呂覽·召類〕「西家之潦｜其宮而不止」校正。○｜當讀作經，下屬為句。〔春秋左傳〕「趙衰以壺飧從｜餒而弗食」述聞。○古字多以｜為經。（同上）○經、｜古多通用。〔左傳僖公二五年〕「昔趙衰以壺飧從｜」疏證引校勘記。○古讀｜如經，故與經通。〔荀子·勸學〕「學之經」雜志。○官本｜萬作經千。〔漢書·武帝紀〕「衛青復將六將軍絕幕」補注。○〔說文定聲·卷一七〕｜，叚借為經。〔西京賦〕「量｜輪」。○｜，步道也。〔離騷〕「夫唯捷｜以窘步」補注。○｜，步道也，猶言假涂。〔國策·東周策〕「將寄｜於梁」鮑注。○｜者，道所出也。〔秦策五〕「燕者必｜於趙」鮑注。○｜猶疾也，便也。〔荀子·君道篇〕「道莫｜是矣」集解。○此｜字訓為疾。〔荀子·勸學〕「學之經」引〔脩身篇〕「莫｜由禮」雜志。○｜，步邪趨疾也。〔禮記·祭義〕「道而不｜」集解。○｜，步邪趨疾也，如本音讀之亦通。〔漢書·高帝紀〕「夜｜澤中」補注。○｜｜者，疾趨邪行也。〔大戴·四代〕「由德｜｜」王詁。○｜，元作勁。〔國策·燕策二〕「莫｜於結趙矣」鮑注。○｜者，謂顯誅也。〔韓子·八經〕「名實當則｜之」集解引顧廣圻。○〔說文定聲·卷一七〕｜，即邪弦也。〔周髀算經〕「｜隅五」。○｜、峌、陘並字異而義同。〔廣雅·釋丘〕「陘，阪也」疏證。○〔說文定聲·卷一七〕｜，字亦作侹。〔廣雅·釋室〕「｜，道也」。○（同上）｜，叚借為侹。〔周禮·野廬氏〕「禁野之橫行｜踰者」。○（同上）｜，叚借為頸。〔孟子〕「山｜之蹊閒介」。

定　｜，安也。〔大戴·哀公問五義〕「止立不知所｜」王詁。又〔廣韻·徑部〕。○｜猶安也。〔通鑑·漢紀二六〕「上以寢疾未｜」音注。○｜，題也。〔詩·麟之趾〕「麟之｜」通釋。○｜，頟也。〔麟之趾〕「麟之｜」朱傳。○｜，題頟。〔廣韻·徑部〕○營室謂之｜。〔詩·定之方中〕「｜之方中」集疏引魯說。○｜陶，汪本作安陶，官本作｜陶。〔漢書·地理志〕「｜陶」補注。○｜，止也。〔詩·天保〕「天保｜爾」陳疏。又〔國策·魏策二〕「此其暴戾｜矣」補正。又〔釋詁〕「尼，｜也」鄭注。○｜，止。〔詩·采薇〕「我戍未｜」朱傳。○｜猶止也。〔詩·正月〕「既克有｜」通釋。○｜猶成也。〔大戴·曾子立事〕「好多而無｜者」王詁。又〔主言〕「教｜是正矣」王詁。○｜者，成也，言成孰也。〔儀禮·鄉飲酒禮〕注「｜猶孰也」述聞。○｜、成、孰三字同義。〔鄉飲酒禮〕「羹｜」述聞。○〔說文定聲·卷一七〕｜，叚借為成。〔儀禮·鄉飲酒禮〕「羹｜速賓」。○｜，正也。〔釋天〕「營室謂之｜」鄭注。○｜，當讀為正。〔公羊傳定公元年〕「｜君乎國」平議。○〔史記〕｜作正。〔公羊傳隱公元年〕注「尚書以閏月｜四時成歲是也」陳疏。○正與｜古字亦通。〔管子·小匡〕「正｜」雜志。○〔說文定聲·卷一七〕｜，叚借為正。〔書·堯典〕「以閏月｜四時」。○｜乃正字之誤，讀為政。〔管子·兵法〕「則朝無｜」平議。○整與正、｜聲亦相近。〔管子·小匡〕「政｜」雜志。○〔說文定聲·卷一七〕｜，叚借為政。〔漢書·王嘉傳〕「｜躬寵告東平本章」。○（同上）｜，叚借為整。〔書·孔序〕「｜禮樂」。○｜之為言頲也，庭也，有正直之義。〔詩·麟之趾〕「麟之｜」陳疏。○純行不二曰｜。〔周書〕「不二」引〔謚法篇〕雜志。○｜，｜其立。〔國策·秦策三〕「佐欲｜其弟」鮑注。○｜，謂禁其誑豫。〔周禮·司徒〕「而教之中」孫正義。○｜者，斫物之稱，今江淮閒謂以斧斫物曰釘，音帶｜反。〔廣雅·釋器〕「｜，謂耨」疏證。○｜，鉏名。〔釋器〕「斫謂之鐯」郝疏。○｜音訂，北方之宿，營室星也。〔詩·定之方中〕「｜之方中」朱傳。○周不應有二｜王，據世本作貞王，而〔竹書〕、〔人表〕、〔世〕、〔紀〕均作貞｜王，〔御覽〕引〔史記〕亦作貞｜，則固有兩字謚也。〔史記·周本紀〕「子｜王介立」志疑。○｜著令者，謂於令著長沙王車服土地之類也。〔漢書·吳芮傳〕「其｜著令」補注引劉攽。○涪凝曰｜。〔通雅·飲食〕○｜，頂之假借。〔詩·麟之趾〕「麟之｜」通釋。○〔說文定聲·卷一七〕｜，叚借為頂。〔詩·麟之趾〕「麟之｜」。○｜，俗加頁作頲。〔詩·麟之趾〕「麟之｜」陳疏。○｜，魯作頲。（同上）集疏。○麟，狼頟，即所謂｜。（同上）○｜、淀，古今字。〔說文〕「洋，洋水」段注。○〔說文定聲·卷一七〕｜，叚借為町。〔釋丘〕「左澤｜丘」。○（同上）｜，叚借為貞。〔周語〕「及｜王」。○（同上）｜，疑借為朾。〔廣雅·釋器〕「｜謂之槈」。○｜當為金。〔漢書·翟方進傳〕「迪知上帝命」補注引王念孫。○｜疑足字之誤。〔莊子·大宗師〕「無事而生｜」平議。○｜疑當為足。〔大戴·盛德〕「以之禮則國｜」平議。

聽　｜，待也，聆也，謀也。〔廣韻·徑部〕○｜，從也。〔大戴·曾子立事〕「說之而不｜」王詁。又〔曾子制言下〕「諸侯不｜」王詁。又〔子張問入官〕「善言必｜矣」王詁。又〔小辨〕「庶人｜長辨禁」王詁。○｜者，治也。〔少閒〕「服｜也」王詁。又〔保傳〕「故成王中立而｜朝」王詁。○｜，平治也。〔千乘〕「以｜獄訟」王詁。又〔虞戴德〕「｜明教」王詁。又〔盛德〕「故季冬｜獄論刑者」王詁。○往曰｜，來曰聞。〔說文〕「聞，知聲也」段注。○凡目不

能偏而耳所及者云丨。〔說文〕「丨，聆也」段注。○丨謂丨政也。〔荀子·成相〕「丨之經」集解。○丨謂丨訟也。〔晏子春秋·問上〕「中丨以禁邪」平議。○丨，恭命丨授也。〔大寶積經·卷一〇六〕「諦丨而丨」慧琳音義。○丨猶順從。〔國策·西周策〕「楚宋不利秦之丨三國也」鮑注。○丨有順從之義。〔詩·雨無正〕「丨言則答」通釋。○丨言，謂順從之言，即譽言。〔詩·桑柔〕「丨言則對」通釋。○丨縱者，謂解放之。〔詩·兔爰〕後箋。○丨猶許。〔國策·秦策一〕「王何不丨乎」鮑注。○聖與丨義相通也。〔書·無逸〕「此厥不丨，人乃訓之」孫疏。○丨作聖者，熹平石經文。(同上)注「丨，一作聖」孫疏。○丨與訂，聲義亦相近。〔廣雅·釋詁三〕「訂，平也」疏證。○毛本丨作財，與〔國策〕作才同，即裁也，倒句甚古。〔史記·趙世家〕「丨王所以賜吏民」志疑。○丨，舊校云，丨作任，〔說苑〕作任。〔呂覽·知度〕「管夷吾、百里奚丨」校正。○丨，當云視也。〔說文〕「睽，目不相丨」義證。○丨，元作德。〔國策·西周策〕「楚宋不利秦之丨三國也」鮑注。

勝

丨，丨負，又加也，克也。〔廣韻·證部〕○凡能舉之、能克之，皆曰丨。〔說文〕「丨，任也」段注。○丨，克也。〔公羊傳宣公一二年〕「丨乎皇門」述聞。又〔大戴·文王官人〕「觀其絜廉務行而丨其私也」王詁。又〔武王踐阼〕「敬丨怠者吉」王詁。又〔曾子天圓〕「陽氣丨則散為雨露」王詁。又〔曾子立事〕「君子慮丨氣」王詁。○丨，尅也。〔慧琳音義·卷三九〕引〔韻英〕。○丨謂制尅之。〔釋詁〕「丨，克也」郝疏。○攻擊與戰丨義近。〔釋詁〕「功，丨也」郝疏。○丨，讀如丨負。〔墨子·經上〕「辯丨，當也」閒詁引畢沅。○丨謂不敗耳，非戰丨。〔國策·魏策二〕「此可以大丨也」鮑注。○强與任材能過絶於人，謂之為丨。〔釋詁〕「犯，丨也」郝疏。○丨之言盛也，以盛氣蓋人。(同上)○丨言乘也，以氣乘人而上之。(同上)○丨，猶言當。〔墨子·經說下〕「猶白若黑也，誰丨」閒詁。○堅與賢聲近，賢於人即丨於人矣。〔釋詁〕「肩，丨也」郝疏。○善、丨聲轉義近，凡言善於此者，亦言丨於此。〔釋詁〕「功，丨也」郝疏。○丨身洲，梵語義譯，以彼洲人身形殊丨，體無諸疾，量長八肘，故以為名也。〔大般若經·卷一〕「東丨身洲」慧琳音義。○丨身洲，東洲也。〔大般若經·卷五三七〕「丨身洲」慧琳音義。○〔說文定聲·卷二〕丨，叚借為賸。〔廣雅·釋詁四〕「丨，二也」。○(同上)丨，叚借為滕。〔漢書·司馬相如傳〕「戴丨而穴處兮」。○官本注丨作滕。宋祁曰，注文滕當作勝。〔漢書·陳遵傳〕「不如鴟夷」補注。○丨當讀為朕。〔莊子·應帝王〕「吾鄉示之以太冲莫丨」平議。

磬

丨，樂器。〔論語·憲問〕「子擊丨於衛」朱注。○丨，樂器，以石為之。〔詩·鼓鐘〕「笙丨同音」朱傳。○丨，石丨也。〔詩·有瞽〕「鞉丨柷圉」朱傳。○丨，玉丨。〔書·禹貢中〕「錫貢丨錯」孫疏。○丨，丨石樂器。〔廣韻·徑部〕○丨，以玉為之，堂上之樂也。〔說文〕「球，玉丨也」義證引胡渭。○丨，立秋之樂也。〔說文〕「丨，樂石也」義證引〔五經要義〕。○魯丨筦一作管丨。〔詩·執競〕「丨筦將將」集疏。○球中為丨，故丨亦稱球。〔說文〕「球，玉丨也」義證。○丨，硜器名。〔說文〕「硻，餘堅者」義證。○〔樂記〕石聲丨丨，當為硻。(同上)段注。○丨、經、蹇俱聲相轉。〔釋樂〕「徒鼓丨謂之蹇」郝疏。○喬、丨一聲之轉。〔釋樂〕「大丨謂之毊」郝疏。○騁馬曰丨。〔詩·大叔于田〕「抑丨控忌」朱傳。○丨，騁馬曰丨，謂使之曲折如丨。夫馬之馳驅不能如丨折，惟人之馭馬收縱俱在轡，轡操之則身直，舍之則身僂，故曰丨。〔詩·大叔于田〕「抑丨控忌」後箋引〔明辨録〕。○丨控，馳逐之貌。(同上)通釋。○丨即控也，言止馬也。(同上)平議。○丨即丨折之謂。凡騁馬時，人之立於車中者，身必稍曲向前，故謂之丨。(同上)後箋。○丨折，即所謂平衡鍧鍧，揖厭威儀也。〔通雅·禮儀〕○丨，縊也。〔通雅·刑法〕○丨，縠盡也。〔慧琳音義·卷五七〕○丨讀為罄。〔詩·大叔于田〕「抑丨控忌」陳疏。○丨、罄古通用。〔說文〕「俔，諭也」段注。○硜、丨、罄並聲近而義同。〔廣雅·釋詁一〕「䡆，堅也」疏證。○〔說文定聲·卷一七〕丨，叚借為罄。〔淮南·覽冥〕「丨龜無腹」。○(同上)丨謂借為勁。〔禮記·樂記〕「石聲丨」王肅注「硜聲果勁」。○(同上)丨，亦經也。〔周禮〕「丨于甸人」。(「蜆」下)○〔卷一七〕丨，叚借發聲之詞。古語丨作猶，今言譬如也。〔毛詩〕作俔，亦同。或曰〔韓詩〕借為俔，〔毛詩〕正作俔，俔丨雙聲。〔韓詩·大明〕「丨天之妹」傳「譬也」。

應

丨，以言對也。〔大戴·主言〕「孔子不丨」王詁。又〔保傅〕「丨而不窮者」王詁。○丨猶報也。〔左傳僖公一二年〕「丨乃懿德」平議。○丨，和也。〔說文繫傳·通論下〕○物相丨也。〔廣韻·證部〕○急曰給，緩曰丨。〔義府·卷上〕○丨，候也。〔太素·藏府應候〕「丨之奈何」楊注。○〔義府·卷上〕給、丨皆供也。〔左傳昭公二〇年〕「不給則丨」。○丨，引也。〔太素·經筋〕「彈之丨於小指之上」楊注。○丨，小鞞。〔詩·有瞽〕「丨田縣鼓」朱傳。○〔說文定聲·卷三〕丨，或曰擊之訓，乃抌與鷹之借字。〔廣雅·釋詁三〕「丨，擊也」。○王之正門曰丨門。〔詩·緜〕「迺立丨門」朱傳。○丨、膺，古今字。〔方言一二〕「謗，吁，然也」注「皆丨聲也」箋疏。○丨與膺通。〔廣雅·釋詁一〕「謗，膺也」疏證。○丨聲轉為禦。〔釋詁〕「丨，當也」郝疏。○丨，舊作拒。〔呂覽·處方〕「荊令唐蔑將而丨之」校正。○丨，通作膺。〔釋詁〕「丨，當也」郝疏。○丨亭，乃臨晉之誤。〔史記·秦本紀〕「魏王來朝丨亭」志疑。

乘

丨，車丨也。〔廣韻·證部〕○丨馬，四馬。〔詩·大叔于田〕「丨丨馬」集疏。○丨，四馬也。〔書·顧命下〕「布丨黃朱」孫疏。○丨，四匹也。〔孟子·萬章上〕「晉人以垂棘之璧與屈產之丨」朱注。○漢舊儀，四邱為丨，丨則具車一丨四馬、卒三十六人。千丨之國為三軍大國也。〔漢書·刑法志〕「是謂千丨之國」補注引錢大昭。○丨，駟馬車也，亦車之通名也。〔慧琳音義·卷三〕引〔考聲〕。○引申之，凡物四曰丨。〔說文〕「駟，一丨也」段注。○丨輿，君車也。〔孟子·梁惠王下〕「今丨輿已駕矣」朱注。○丨輿者，天子之車也。〔說文〕「靡，丨輿金耳也」段注。又〔說文〕「鉈，丨輿馬

頭上防釳」段注。○丨輿，謂天子也。〔漢書・夏侯勝傳〕「勝當丨輿前諫曰」補注引王念孫。○丨，車數也。〔孟子・梁惠王上〕「萬丨之國弒其君者」朱注。○丨猶言駕。〔漢書・司馬相如傳〕「丨絳幡之素蜺」補注。○凡出使用車者曰丨傳，用馬者曰騎驛。〔漢書・渠犂傳〕「因騎置以聞」補注引徐松。○丨田，主苑囿芻牧之吏也。〔孟子・萬章下〕「嘗為丨田矣」朱注。○丨猶馮也。〔説文〕「狐，鬼所丨之」義證。○丨謂因而攻之。〔國策・東周策〕「丨其敝也」鮑注。○丨馬，姓，絺，名也。〔史記・絳侯世家〕「丨馬絺」志疑。○古丨與甸通。〔孟子・萬章下〕「嘗為丨田矣」焦正義引周柄中。○賸與丨聲又相近也。〔廣雅・釋詁四〕「賸，二也」疏證。○丨與芾形相近。〔書・顧命下〕注「布丨一作黼黻」孫疏。○〔説文定聲・卷二〕丨，叚借為孕。〔易・漸〕荀本「婦丨不育」。

媵

送女從嫁曰丨。〔楚辭・天問〕「丨有莘之婦」補注。○丨，送女從嫁。〔廣韻・證部〕○送女曰丨。〔釋言〕「丨，送也」鄭注。又〔左傳僖公五年〕「以丨秦穆姬」洪詁引孫炎。○丨之言送也，副貳也。〔廣雅・釋詁四〕「賸，二也」疏證。○丨之言送也，從也。〔屈賦・河伯〕「魚鄰鄰兮丨予」戴注。○丨之言送也。〔説文〕「賸，物相增加也」戴傳。○丨謂從嫁也。〔慧琳音義・卷六六〕引〔考聲〕。○被執為丨者，虞大夫井伯也。〔史記・秦本紀〕「既虜百里傒，以為秦繆公夫人丨於秦」志疑。○丨即幐。〔方言一三〕「幐，託也」疏證。○賸、賸丨，聲義亦同。〔廣雅・釋詁四〕「賸，二也」疏證。○丨、騰聲近。〔釋言〕「丨，送也」郝疏。○丨通作騰，又通作揚。〔同上〕○丨與衆義近。〔釋詁〕「烝，衆也」郝疏。○丨者，倂之叚音也。〔釋言〕「丨，送也」郝疏。

贈

丨，送。〔詩・女曰雞鳴〕「雜佩以丨之」朱注。○丨，玩也，好也，相送也。〔廣韻・嶝部〕○丨之為言稱也。〔廣雅・釋詁四〕「丨，送也」疏證。○丨，稱也。〔説文〕「丨，玩好相送也」義證引〔春秋説題辭〕。○玩好曰丨，快其意也。〔同上〕○玩好曰丨，所以助生送死、追思重終也。〔慧琳音義・卷五五〕○丨，增也。〔同上〕○丨，增也，既辭，又以此丨益之也。〔説文〕「丨，玩好相送也」繫傳。○丨，當為賸之別出字。〔方言二〕「寄物為媵」箋疏。○〔説文定聲・卷二〕丨，叚借為倂。〔周禮・男巫〕「冬堂丨」。○〔同上〕丨字亦誤作賵。凡經傳賵字，皆即丨字。〔禮記・文王世子〕「至于賵賻承含」。

佞

丨，口才也。〔論語・公冶長〕「雍也，仁而不丨」朱注。○丨，才智之稱。〔孟子・盡心下〕「惡丨」朱注。○丨，高才也。〔國策・秦策二〕「寡人不丨」鮑注。○〔説文定聲・卷五〕丨亦才也。〔廣雅・釋言〕「偲，丨也」。○〔「偲」下〕○丨者，巧諂高才也。〔説文繫傳・通論下〕○丨，諂也，一曰才也。〔廣韻・徑部〕○有小才不以正道近其君曰丨。〔論語・先進〕「是故惡夫丨者」劉正義。○丨人，卑諂辯給之人。〔論語・衛靈公〕「遠丨人」朱注。○丨者，諂媚於上，曲順人情，乍僞似仁，故從仁從女。〔慧琳音義・卷五七〕○丨，諂從諫以悦君上之意也。〔同上〕引顧野王。○以邪導人謂之丨。〔大戴・千乘〕「故蟲丨不生」王詁。○丨，諂媚也，僞善也。〔慧琳音義・卷一〇〕○丨，女子之仁。〔説文繫傳・通論下〕○丨言曰諂。〔説文〕「讇，諛也」義證引〔三蒼〕。○丨，諂也。〔續音義・卷三〕引〔切韻〕。○丨，韓簡子之名，〔左傳〕及〔晉世家〕皆作不信，古通。〔史記・趙世家〕「韓不丨」志疑。○丨夫，〔公羊〕作年夫，年、丨音同。〔左傳襄公三〇年經〕「天王殺其弟丨夫」洪詁。○譸與丨通。〔廣雅・釋言〕「譸，諂也」疏證。

稱

丨，愜意，又是也，等也，銓也，度也。〔廣韻・證部〕○丨，愜也。〔通鑑・周紀四〕「寡人之意」音注。○丨，愜可也。〔慧琳音義・卷二三〕○丨猶等也。〔國策・秦策三〕「不丨瓢為器則已矣」鮑注。○丨，隨也。〔禮記・檀弓〕「丨家之有亡」集解。○丨，順也。〔慧琳音義・卷二三〕○丨猶副。〔國策・齊策六〕「丨寡人之意」鮑注。○丨，副也。〔韓子・解老〕「言行相丨也」集解。○是丨為好也，肉丨猶言肉好。〔釋言〕「丨，好也」述聞。○丨，權丨也，失丨，謂失其平。〔漢書・刑法志〕「一物失丨」補注。又〔荀子・正論〕「一物失丨」集解。○丨其位者，歸咎於任之者也。〔漢書・酷吏傳贊〕「雖酷，丨具位矣」補注引何焯。○此丨即再之叚字。〔周禮・小宰〕「四曰聽丨責以傳別」孫正義。○丨即今秤字。〔説文〕「銓，丨也」段注。

罄

丨，盡。〔詩・蓼莪〕「缾之丨矣」朱傳。又〔詩・天保〕「丨無不宜」朱傳。又〔廣韻・徑部〕。○丨，器中空也。〔續音義・卷二〕引顧野王。○凡器中空謂之丨。〔左傳僖公二六年〕「室如縣丨」疏證引程瑤田。○丨字，引申之有竭盡意。〔同上〕引劉壽曾。○丨有堅成之義。〔釋樂〕「大磬謂之馨」郝疏。○丨，懸縊殺之也。〔文選・檄吳將校部曲〕「身丨越軍」補正引金甡。○丨與磬同。〔同上〕○〔説文定聲・卷一七〕丨，叚借為磬。〔左傳僖公二六年〕「室如縣丨」。○丨、磬同一字，盡也。〔詩・大明〕「燮伐大商」後箋。○丨讀曰磬。〔大戴・禮三本〕「縣一丨而尚拊搏」王詁。○古書丨、磬多互相假借。〔説文〕「丨，器中空也」段注。○硜、磬、丨并聲近而義同。〔廣雅・釋詁一〕「[illegible]，堅也」疏證。○丨、窒字亦通用。〔詩・蓼莪〕「缾之丨矣」通釋。○丨，三家作窒。〔同上〕集疏。○丨，通作磬，又通作窒。〔釋詁〕「丨，盡也」郝疏。○〔説文定聲・卷一七〕丨，叚借為俔，丨、俔雙聲。〔韓子・外儲説上〕「犬馬人所知也，旦暮丨於前。鬼神無形者，不丨於前」。

鄧

丨屬南陽，與昭王十六年取魏丨別。魏之丨城在河内，地近軹也。〔史記・秦本紀〕「取鄧丨」志疑。○〔説文定聲・卷二〕丨，叚借為橙。〔淮南・墬形〕「夸父棄其策，是為丨林」。

甑

丨，所以炊。〔孟子・滕文公上〕「許子以釜丨爨，以鐵耕乎」朱注。○丨之言蒸也，蒸飯之器也。〔方言五〕「丨，自關而東謂之甗」箋疏。○丨，烝米為飯器，先以箄蔽丨底，加米其上而饙之，而餾之。〔説文定聲・卷二〕○丨以蒸飯，底有七穿，以竹席蔽之。〔卷一二〕○丨，一名甗，亦謂之鬵，又

呼為鉹。〔說文〕「丨，甑也」義證引〔急就篇〕顏注。又〔說文〕「鉹，一曰鬵鼎」義證引〔急就篇〕顏注。〇今俗呼一箄為簾箄。〔通雅·褋用〕〇丨空乃丨底。〔說文〕「窐，丨空也」義證引〔六書故〕。〇丨與䰝同。〔廣雅·釋器〕「鬵謂之䰝」疏證。〇丨，字與䰝同。〔說文〕「丨，甑也」句讀。〇丨，字亦作䰝。〔說文定聲·卷二〕

脛 丨，足骨也。〔論語·憲問〕「以杖叩其丨」朱注。〇丨，腳丨。〔廣韻·徑部〕〇丨，胻也。〔國策·宋衛策〕「鍥朝涉之丨」鮑注。〇丨者，骹也。〔說文〕「踁，牛厀下骨也」段注。〇丨當為脰。〔說文〕「猈，短丨狗」義證。〇丨當訓直。〔太玄·爭〕「臂膊丨如」平議。〇丨，〔類篇〕作頸。〔說文〕「𩠏，繫牛丨也」義證。〇丨丨即踁踁，通假字。〔漢書·楊敞傳〕「丨丨者未必全也」補注引周壽昌。

瑩 丨同鎣。〔廣韻·徑部〕〇丨亦作鎣。〔說文〕「丨，玉色也」段注。

證 丨，驗也。〔廣韻·證部〕〇丨，今人為丨驗字。〔說文〕「丨，告也」段注。〇丨，諭也。〔說文·敍〕「信而有丨」段注。〇有跗曰丨。〔通雅·古器〕〇丨，字當作証。〔呂覽·誣徒〕「不可丨移」平議。〇〔說文定聲·卷二〕丨，叚借為徵。〔廣雅·釋詁四〕「丨，諭也」。〇丨鼏即証向。〔通雅·釋詁〕

孕 丨，懷丨。〔廣韻·證部〕〇丨，育也。〔大戴·四代〕「必有怪虎豹蕃丨焉」王詁。〇丨，褢子也。〔帝繫〕「丨而不粥」王詁。〇丨，妊子也。〔說文〕「丨，褢子也」義證引〔玉篇〕。〇丨，含實也。〔同上〕〇丨，古文䑅，含實曰丨。〔慧琳音義·卷四七〕〇丨育，一作嬴育、𡡉粥。〔通雅·釋詁〕〇〔管子〕丨作䑅。〔說文〕「丨，褢子也」段注。〇丨，古文作䑅。〔同上〕義證引〔玉篇〕。〇丨，字亦作䑅。〔說文定聲·卷二〕〇丨，字亦作𡡉。〔同上〕〇丨，或作𡡉。〔說文〕「丨，褢子也」義證。〇丨，又通作繩。〔同上〕〇艿、郜、杒、仍、扔、丨六字並從乃聲。〔周書·時訓篇〕「咎徵之咎」雜志。

興 丨，猶喜也。〔墨子·非樂上〕「丨樂萬」閒詁引俞樾。〇丨，託事於物。〔論語·陽貨〕「詩，可以丨」劉正義。〇丨與生古同義。〔廣雅·釋詁一〕「丨，生也」疏證。〇〔說文定聲·卷二〕丨，叚借為嬹。〔禮記·學記〕「不丨其藝」。

經 丨，緯丨。〔廣韻·徑部〕〇丨當讀為莖，謂劍莖也。〔國語·吳語〕「挾丨秉枹」平議。

濘 丨，泥丨。〔廣韻·徑部〕〇〔說文定聲·卷一七〕丨，水小則易濁，故又訓泥。〔廣雅·釋詁三〕「丨，泥也」。〇〔同上〕滎丨，疊韻連語，小水之皃，猶〔七命〕之汀丨、〔海賦〕之潁丨、〔甘泉賦〕之瀞濙也。〔說文〕「丨，滎丨也」。

甯 丨猶寧也。〔說文〕「丨，所願也」繫傳。〇丨，此與丂部寧音義皆同。許意寧為願詈，丨為所願，略區別耳。〔同上〕段注。〇丨為願，與憖略同。〔說文定聲·卷一七〕〇能與丨一聲之轉，丨亦乃也。〔漢書·谷永傳〕「能或滅之」雜志。〇或言何遽，或言奚遽，或言豈遽，或言庸遽，或言丨遽，其義一也。〔漢書·酈陸朱婁叔孫傳〕「何遽不若漢」雜志。〇丨，即河內郡之修武縣，係武帝封魯共王子劉恢者，與丨侯魏遫無涉，且非濟南所屬。〔史記·高祖功臣侯者年表〕「丨」志疑。〇寧、丨古通。〔同上〕〇丨，字亦誤作寗。〔說文定聲·卷一七〕

廷 丨，朝廷。〔廣韻·徑部〕〇丨，縣丨也。〔通鑑·秦紀二〕「從少年之丨，欲謁殺奴」音注。

錠 豆有足曰丨，無足曰鐙。〔廣韻·徑部〕又〔慧琳音義·卷一七〕引〔聲類〕。〇無足曰丨，有足曰鐙。〔說文定聲·卷一七〕〇無跗曰丨。〔通雅·古器〕〇丨，錫屬。〔廣韻·徑部〕

賸 丨，增益，一曰送也，又物相贈。〔廣韻·證部〕〇丨，相贈也，以物加送也。〔說文〕「丨，物相贈加也」義證引〔玉篇〕。〇丨訓送，則與倂音義皆同。〔說文〕「丨，一曰送也」段注。〇〔說文定聲·卷二〕丨，叚借為倂。〔說文〕「丨，一曰送也」。〇丨，贏餘也。〔通鑑·唐紀五〇〕「請別置欠負耗丨季庫以掌之」音注。〇丨，餘也。〔慧琳音義·卷一〇〕引〔考聲〕。〇丨，字俗作剩，實證切，物相增加，即餘剩之義。〔字詁〕〇俗以物餘為丨。〔釋詁〕「烈，餘也」郝疏。〇今鄙俗謂物餘為丨。〔說文〕「丨，物相贈加也」繫傳。〇丨，改其字作剩。〔同上〕段注。〇丨，俗又作剩。〔說文定聲·卷二〕〇〔同上〕丨，轉注為贅餘之詞。〔說文〕「丨，一曰副也」。〇丨，今義訓為贅疣。〔說文〕「丨，物相增加也」段注。〇賭、丨、媵，聲義俱同。〔廣雅·釋詁〕「賸，二也」疏證。

顛 丨，題丨。〔廣韻·徑部〕〇顛、題、丨，一聲之轉。〔廣雅·釋親〕「題，頟也」疏證。

隥 丨，梯丨。〔廣韻·嶝部〕〇丨亦梯也。〔慧琳音義·卷一二〕引〔韻英〕。〇土階層級曰丨。〔卷六〇〕引〔集訓〕。〇登陟之道曰丨。〔說文〕「丨，仰也」段注。〇丨，亦作墱。〔同上〕〇丨，字亦作墱、作磴、作嶝。〔說文定聲·卷二〕〇丨，或作墱。〔說文〕「丨，仰也」句讀。又〔同上〕義證。〇丨之言登也。〔廣雅·釋邱〕「丨，阪也」疏證。〇丨，坎也。〔慧琳音義·卷一二〕引〔字書〕。〇丨，亦履也。〔卷八三〕引〔考聲〕。〇丨，仰也。〔卷一四〕引〔考聲〕。又〔卷八三〕引〔考聲〕。〇〔說文定聲·卷二〕丨，叚借為賸。〔江賦〕「磴之以瀿瀷」。

磴 丨，巖丨。〔廣韻·嶝部〕〇丨，小水相益也。〔集韻·隥部〕

凳 〔說文定聲·卷二〕丨，今椅丨字。〔字林〕「丨，牀屬」。

蹬　丨，蹭丨。〔廣韻·嶝部〕○丨，履也。〔慧琳音義·卷八〕引〔考聲〕。○丨，踐也。〔同上〕引〔韻英〕。○丨，昇也。〔卷六六〕引〔文字典説〕。○丨，仰也。〔同上〕引〔字書〕。○今人猶謂足蹴物為丨，又謂馬鞍兩旁足所蹴為鐙，其義一也。〔廣雅·釋詁一〕「丨，履也」疏證。

憕　丨，不明。〔廣韻·嶝部〕○丨，心不明也，與儚略同。〔説文定聲·卷二〕○丨，或借夢字。〔説文〕「丨，不明也」義證。○丨亦借夢為之。〔同上〕句讀。○丨，俗作儚。〔同上〕義證。○丨，又作懵。〔同上〕○丨，又作懞。〔同上〕○丨，字亦儚。〔説文定聲·卷二〕

亘　丨，通也，遍也，竟也。〔廣韻·嶝部〕○丨，通也。〔慧琳音義·卷四〕引〔韻英〕。○丨，遍也。〔卷二〇〕○丨亦遍也。〔卷六五〕○丨，遠也。〔卷一八〕引〔考聲〕。○丨，遠過也。〔卷四〕引〔考聲〕。○丨然，猶坦然也。〔卷三四〕○丨然，謂坦然也。〔卷六五〕○栕、絙、縆、丨，並字異而義同。〔廣雅·釋詁三〕「栕，竟也」疏證。

窒　丨，今〔左氏傳〕作罄字也。〔説文〕「丨，空也」繫傳。○丨，今〔詩〕作罄。〔説文〕「詩曰瓶之丨矣」段注。○〔説文定聲·卷一七〕丨，〔毛詩〕作罄。〔説文〕「丨，空也，從穴，巠聲」。○〔同上〕丨，字亦作殸。〔廣雅·釋詁〕「殸殸，盡也」。

鑋　丨，金聲。〔廣韻·徑部〕又〔説文〕「鑋」義證引〔五經文字〕。○丨，又一足行貌。〔同上〕○〔説文定聲·卷一七〕〔説文〕所引本，蓋借丨為踁。〔説文〕「丨，金聲也，從金，輕聲。讀若春秋傳曰丨而乘它車」。

侹　丨，俓丨，直也，代也，儆也。〔廣韻·徑部〕○丨，直也。〔集韻·徑部〕

鎣　丨，飾也。〔廣韻·徑部〕○丨，謂摩鋥之器。〔説文〕「丨，器也」段注。○〔説文定聲·卷一七〕丨，摩鋥之器也。〔説文〕「丨，器也」。

㑞　丨，送行也。〔廣韻·證部〕○丨與媵同。〔方言二〕「寄物為媵」箋疏。○丨，今字作媵。〔説文定聲·卷二〕○丨，蓋送女之名，非謂所送之女為媵也。〔字詁〕○丨，叚借為訓，〔説文〕曰古文以為訓字。〔説文定聲·卷二〕○〔同上〕丨，叚借為媵。〔易·咸〕虞本「媵口説也」。○〔同上〕丨，以騰為之。〔儀禮·公食禮〕「衆人騰羞者」。

䰝　丨即甑。〔方言五〕「丨，自關而東謂之甗」疏證。○丨與甑聲義並同。〔同上〕箋疏。○甗無底曰丨。〔説文〕「丨，鬵屬也」繫傳。○丨，今俗作甑。〔同上〕○丨即籀文甑省。〔説文定聲·卷二〕○甑、丨古字通。〔釋器〕「丨謂之鬵」平議。○〔大荒東經〕有丨山，山形如丨。〔説文定聲·卷二〕

嬹　丨，悦也，喜也。〔廣韻·證部〕○興與丨通。〔廣雅·釋詁一〕「丨，喜也」疏證。○丨，通作興。〔説文〕「丨，説也」義證。

榺　丨，織機丨也。〔廣韻·證部〕○丨乃密竹器。〔説文〕「丨，機持經者」義證。○丨即軸也。〔同上〕段注。○〔説文定聲·卷二〕丨即杼軸之軸，今本誤作杼。〔廣雅·釋器〕「柢謂之丨」。○勝與丨通。〔廣雅·釋器〕「柢謂之丨」疏證。○丨，吾鄉呼之音如憎。〔説文〕「丨，機持經者」義證。○〔説文定聲·卷二〕以勝複為丨複。王逸〔機賦〕「勝複迴轉」。○〔同上〕丨，字又作鵟。〔釋鳥〕「鵖鴔戴鵟」。○丨，字又作縢，蓋以紝為之。〔説文定聲·卷二〕

瞪　丨，直視皃。〔廣韻·證部〕

䬞　丨，字或作䮚。〔説文〕「丨，馬食穀多，氣流四下也」句讀。又〔同上〕義證。○丨與淋雙聲義近。〔同上〕段注。

鮰　丨鱈，一名黄魚，大數百斤，骨輭可食。〔漢書·司馬相如傳〕「丨鱈漸離」補注引〔御覽〕。

縆　栕、絙、丨、亘，並字異而義同。〔廣雅·釋詁三〕「栕，竟也」疏證。○丨，急張。〔廣韻·嶝部〕

蹭　丨，丨蹬。〔廣韻·嶝部〕○丨蹬，行步失所皃也。〔慧琳音義·卷九五〕引〔考聲〕。

掕　勑，蓋俗丨字。〔説文〕「丨，止馬也」句讀。○丨馬，猶勒馬也。〔同上〕段注。○〔説文定聲·卷二〕丨，以拯為之。〔易·明夷〕「涣用拯馬壯吉」。

㨻　丨、勝、滕並通。〔廣雅·釋詁三〕「丨，擔也」疏證。

𠴸　丨，猿聲。〔廣韻·徑部〕

俓　丨，直也。〔廣韻·徑部〕○丨當為徑。〔釋名·釋水〕「涇，丨也」疏證。又〔釋形體〕「頸，丨也」疏證。○丨與徑同。〔廣雅·釋詁三〕「丨，過也」疏證。

䰢　丨，隔也。〔廣韻·徑部〕

掅　丨，捽也。〔廣韻·徑部〕

䵴　丨，面黑子。〔廣韻·證部〕○面黑子謂之丨。〔集韻·證部〕○丨，蘇俗謂之雀子斑。〔説文定聲·卷二〕○面黳黑曰丨。〔慧琳音義·卷一五〕○黶、丨、黳，一聲之轉。〔廣雅·釋器〕「黳，黑也」疏證。

䙢　丨，汗襦。〔廣韻·證部〕○丨，複也。〔集韻·隥部〕

堩　丨之言亘也，橫度之名也。〔廣雅·釋宮〕「丨，道也」疏證。○丨，疑即栕字。〔説文定聲·卷二〕○丨，道也。〔禮記·曾子問〕「葬引至于丨」集釋。

堩　丨，路。〔廣韻·嶝部〕

揯 —，急引。〔廣韻・嶝部〕

鱛 —，魚名。〔廣韻・嶝部〕○—即鯍。〔說文〕「鮔，鯍也」繫傳。〔同上〕繫傳。○—，一曰黃魚。〔說文〕「鯍，鮔鯍也」義證引〔魏武四時食制〕。○—，鮔—。〔同上〕義證引〔玉篇〕。○石—，猶石燕石蠏之類。〔同上〕義證引〔古文苑・蜀都賦〕注。

亙 —，月弦也。〔通雅・疑始〕○—，舟竟兩岸也。〔說文〕「桓，竟也」繫傳。○〔說文定聲・卷二〕—，以恆為之。〔詩・生民〕「恆之秬秠」。○〔同上〕—，以絙為之。〔後漢・蔡邕傳〕「折絙地之基」。○〔同上〕—，叚借為桓、為絙。〔吳都賦〕「—以綠水」。

㑞 —，今之媵字。〔說文〕「—，送也」段注。

倰 —，一曰—僜，行疲。〔集韻・證部〕

倗 —，輔也。〔廣韻・嶝部〕又〔集韻・隥部〕。

傍 —乃傰之訛。〔通雅・姓名〕

傰 —，阿黨也。〔集韻・隥部〕

僜 —，倰—，不著事。〔廣韻・嶝部〕

凭 —，依几也。〔廣韻・證部〕

剄 —，斷也。〔集韻・徑部〕

剩 —，—長也。〔廣韻・證部〕○—，猶因也。〔慧琳音義・卷七一〕

剻 —，刀割過也。〔廣韻・嶝部〕○—，割過傷也。〔集韻・隥部〕

㓹 —，割也。〔集韻・徑部〕

㾪 —同膺。〔廣韻・證部〕

瘮 —，—瞢，睡覺。〔廣韻・嶝部〕

癥 —，—瘮，眠寤。〔集韻・隥部〕

嶝 —，小坂。〔廣韻・嶝部〕又〔慧琳音義・卷四七〕引〔考聲〕。

幐 —，囊屬。〔廣韻・嶝部〕又〔集韻・隥部〕。

懵 —，悶也。〔廣韻・嶝部〕

堋 —同窆。〔廣韻・嶝部〕○壅江水灌溉曰—。〔同上〕○—謂葬時下棺於壙中也。〔說文〕「—，喪葬下土也」段注。○—、封、窆，異字同義也。〔說文〕「—，虞書曰—淫於家」段注。○—，叚為朋。〔同上〕○窆、塴、—並聲近而義同。〔廣雅・釋詁二〕「窆，下也」疏證。○—，今作塴。〔說文〕「—，喪葬下土也」句讀。○〔說文定聲・卷二〕—，叚借為倗，今本以朋為之。〔說文〕鍇本「虞書曰—淫於家」。○—淫即朋淫，即群居終日，言不及義，恒舞於宮，酣歌於室，徇於貨色也。〔說文〕「—，虞書曰—淫於家」段注。

塴 蜀郡謂塘曰—。〔集韻・隥部〕

增 —，剩也。〔廣韻・嶝部〕

墱 飛陛謂之—。〔集韻・隥部〕

𢓭 ——，行皃。〔集韻・徑部〕

扔 —，強牽引。〔廣韻・證部〕

抍 —，上舉也，或從登。〔集韻・證部〕

㩕 —，插空皃。〔廣韻・徑部〕○—，插也。〔集韻・徑部〕

忊 —憕，不得志皃。〔集韻・徑部〕

恒 —，月弦也。〔集韻・隥部〕

性 —，心悸也。〔集韻・徑部〕

憕 —，志恨也。〔廣韻・徑部〕

爯 —，舉也。古作𥝢。〔集韻・證部〕

殑 —，—，欲死皃。〔集韻・證部〕○—伽，天堂河也。〔通雅・地輿〕

㱥 —，—𣩃。〔廣韻・嶝部〕○—𣩃，困病皃。〔集韻・隥部〕

殑｜，𣩘｜，困病。〔廣韻·嶝部〕

瞑｜，夕也。〔廣韻·徑部〕

䵴｜，孕也。〔廣韻·證部〕

殸｜，擂文磬。〔廣韻·徑部〕○｜，古磬字也。〔說文繫傳·通論下〕○｜當為岿。〔說文〕「磬，從石，｜象縣虡之形」義證。

烓｜，火竈。〔集韻·徑部〕

烝｜，熱。〔廣韻·證部〕

熒｜，暫明也。〔集韻·徑部〕

汀｜，｜瀅，不遂志。〔廣韻·徑部〕○｜瀅，小水。〔集韻·徑部〕

涇｜涏，直流也。〔集韻·徑部〕

瀞｜，清並通。〔廣雅·釋詁四〕「｜，寒也」疏證。○｜，通作淨。〔說文〕「｜，冷寒也」義證。○〔說文定聲·卷一七〕｜，今〔世說〕作淘，吳人以冷為淘。〔御覽〕引〔世說新語〕「王丞相以腹熨彈棊局曰，何乃｜」。○｜與清略同。〔說文定聲·卷一七〕

瀅｜，小水。〔廣韻·徑部〕

澄｜，小水相益。〔廣韻·嶝部〕

朷｜，上車。〔廣韻·證部〕○｜，木名。〔同上〕

桱｜，｜木，似杉而硬。〔廣韻·徑部〕○｜，一曰堅杉。〔集韻·徑部〕○｜，一曰經絲具。〔同上〕

栖｜，通作縆。〔說文〕「｜，竟也」義證。

桓｜、絙、縆、亘，並字異而義同。〔廣雅·釋詁三〕「｜，竟也」疏證。

桸｜，貿檜也，或從手。〔集韻·隥部〕

橙｜，几｜。〔廣韻·嶝部〕○｜，方机也。〔慧琳音義·卷六六〕引〔文字集略〕。

𡩋｜，束棺下之。〔廣韻·嶝部〕

𤸫｜，風病。〔集韻·證部〕

痭｜，腫滿皃，或作𦡂。〔集韻·證部〕

𤺌｜，歐聲。〔集韻·徑部〕

矴｜，｜石。〔廣韻·徑部〕○｜謂柱下石也。〔慧琳音義·卷五八〕○｜，柱下石也，或作碇。〔卷六五〕

碃｜，石也。〔集韻·徑部〕

碹｜，石連皃。〔廣韻·嶝部〕○｜，石皃。〔集韻·隥部〕

碼｜磬，石聲。〔集韻·證部〕

𥈭｜，告也。〔集韻·徑部〕

秤｜，俗稱。〔廣韻·證部〕

䀨｜，目起皃。〔集韻·隥部〕

睲｜，目｜。〔廣韻·徑部〕

盯｜，同飣。〔廣韻·徑部〕

腥｜，豕息肉，肉中似米。〔廣韻·徑部〕

𦝫｜，美目。〔廣韻·證部〕○｜，大視，又雙也。〔集韻·證部〕○｜，雙也。〔同上〕○｜，美目也。〔廣雅·釋詁四〕「｜，二也」疏證。○｜與乘聲又相近。〔同上〕○｜、媵、賸，聲義亦同。〔同上〕

𦦸｜，腫起。〔廣韻·證部〕

𦧇｜，腫病。〔集韻·證部〕

聽耳與聲相入曰｜。〔說文〕「許，｜言也」段注。○引伸之，凡順從曰｜。〔同上〕

䠵｜，艷，赤黑色。〔集韻·徑部〕

艷｜，艷，色惡。〔集韻·隥部〕

笭 丨笙，車中筳。〔集韻・徑部〕

艻 丨，草不翦。〔廣韻・證部〕

藤 丨，苣丨，胡麻。〔廣韻・證部〕

藕 丨，胡麻，黑脂麻也。〔通雅・穀蔬〕

薨 丨，艸盛皃。〔集韻・證部〕

夢 丨丨，丨𧃸，新睡起。〔廣韻・嶝部〕〇丨𧃸，卧初起皃。〔集韻・隥部〕〇新睡起曰丨𧃸。〔通雅・諺原〕

𧃸 丨，夢丨。〔廣韻・嶝部〕

艛 丨、艛同。〔方言二〕「丨，寄也」疏證。

艠 丨與倂音義同。〔說文〕「丨，物相增加也」句讀。

袶 丨，衣襉。〔集韻・徑部〕

絅 丨，禪衣也。〔集韻・徑部〕

絙 丨，索也。〔集韻・隥部〕〇桓、丨、緪、亘，並字異而義同。〔廣雅・釋詁三〕「桓，竟也」疏證。

緪 丨，亦省作亘，亘、丨古字通。〔方言六〕「丨，竟也」疏證。

繒 厚者曰丨。〔本草・卷三八〕

繩 〔通雅・卷七〕丨讀孕。〔周禮・薙氏〕「秋丨而芟之」。

糉 丨，屑米。〔集韻・徑部〕

豿 丨，豕皃。〔集韻・徑部〕

豮 丨，豚也。〔集韻・徑部〕

踁 丨同脛。〔廣韻・徑部〕

踜 丨丨，丨蹬，行皃。〔廣韻・嶝部〕〇丨丨，丨蹬，馬病。〔集韻・隥部〕

䠬 丨，一足行。〔廣韻・徑部〕

蹝 丨䟫，蹋地聲。〔集韻・證部〕

逕 丨，近也。〔廣韻・徑部〕〇丨庭，極崖也，言廣若河漢，無有崖也。〔莊子・逍遥遊〕「大有丨庭」集釋引司馬。〇丨廷即丨庭，舊說激過也，又曰隔遠皃。〔通雅・釋詁〕

誔 丨，詭詐也。〔集韻・徑部〕

認 丨，丨物。〔廣韻・證部〕〇失物者而識之曰丨。〔慧琳音義・卷五九〕

譧 丨，促言。〔集韻・證部〕

謦 丨欬，言笑也。〔集韻・徑部〕

譍 丨，以言對也。〔廣韻・證部〕〇丨、應古通用。〔方言一〇〕「欸、譍，然也」疏證。〇丨者，應之俗字。〔說文〕「諾，丨也」段注。

譲 丨與佞通。〔廣雅・釋言〕「丨，諂也」疏證。

覴 丨，直視。〔廣韻・證部〕〇丨，直視皃，或作眙。〔集韻・證部〕

䡀 丨，副車也。〔集韻・證部〕

醒 丨，酒丨。〔廣韻・徑部〕

鋞 丨，長鍾也，罇謂之丨。〔集韻・徑部〕

鐙 丨，鞍丨。〔廣韻・嶝部〕〇丨，馬鞍具。〔集韻・隥部〕〇今人猶謂足跐物為蹬，又謂馬鞍兩旁足所跐為丨，其義一也。〔廣雅・釋詁一〕「蹬，履也」疏證。〇丨，一曰豆也。〔集韻・隥部〕

鐙 丨，重鐶。〔廣韻・嶝部〕

零 丨，丨落。〔廣韻・徑部〕

霯 丨，大雨。〔集韻・隥部〕

靐 丨丨，雷聲也。〔廣韻・證部〕又〔集韻・證部〕。

艷　艶|，青黑。〔廣韻・徑部〕

飣　|，貯食。〔廣韻・徑部〕○|，置食也。〔集韻・徑部〕○|謂置肴饌於盤槅之中也。〔慧琳音義・卷七六〕引顧野王。○|，施食於器也。（同上）引〔考聲〕。

餕　|，馬食穀多氣流四下也。〔廣韻・證部〕

鐙　|，祭食。〔廣韻・嶝部〕○|，祭餘。〔集韻・隥部〕

驓　|，行欲倒也。〔廣韻・嶝部〕

魱　|，|鰽，鮪也。〔說文〕「魱，鯍也」義證引〔玉篇〕。

䱴　|，魚名。〔廣韻・嶝部〕

魧　|，魚名，或從瞢。〔集韻・隥部〕

鯍　|，字亦作鰽，亢、瞢二聲之轉。〔說文定聲・卷一八〕

鱦　|，小魚，又魚子。〔廣韻・證部〕

䕬　|，黃色。〔集韻・證部〕

䵪　|，雲色。〔廣韻・證部〕

䵤　|，奸|。〔廣韻・嶝部〕

𪑆　|，米黑壞。〔廣韻・證部〕○|，米壞也。〔集韻・證部〕

鼮　|，豹文鼠也。〔集韻・徑部〕

續經籍籑詁卷第八十五　去聲

二十六宥

宥　|，宏深也。〔詩・昊天有成命〕「夙夜基命|密」朱傳。又〔禮記・孔子閒居〕「夙夜其命|密」集解。○|，寬也。〔廣韻・宥部〕○|為寬赦其罪。〔左傳昭公一四年〕「|孤寡」洪詁引服虔。○|，寬之而已，未全放也。〔說文〕「|，寬也」繫傳。○|，本訓寬，叚借為勸助之義。〔周禮・膳夫〕「以樂侑食」孫正義。○右、|、侑，古字皆通也。〔左傳僖公二五年〕「命之|」洪詁。○|，或通作侑。〔說文〕「|，寬也」義證。○|與侑同。〔左傳莊公一八年〕「命之|」疏證。○|讀曰侑。〔大戴・保傅〕「寢而莫|」王詁。○〔周禮〕假|為侑。〔說文〕「|，寬也」段注。○〔說文定聲・卷五〕|，叚借為侑。〔儀禮・聘禮〕「朝服致之以|幣」。○古經多叚|為侑。〔說文〕「姷，耦也」段注。○|，〔晉語〕作侑。〔左傳僖公二五年〕「命之|」洪詁。○|讀為自天祐之之祐。〔管子・侈靡〕「天下」雜志。○廣廈容人曰|。〔說文定聲・卷五〕○|當作有。〔管子・版法〕「罰罪|過以懲之」義證引王念孫。○疑|與囿同。〔呂覽・去宥〕「此有所|也」校正。

候　|，伺|。〔廣韻・候部〕○|，見也。〔通鑑・漢紀四二〕「大鴻臚耿寶自|震」音注。○|，望也。〔漢紀一四〕「張掖、酒泉遣騎假司馬為斥|」音注。○|，吏也。〔韓子・說林上〕「子胥出走，邊|得之」集解。○|，守封疆吏也。〔說文〕「|，伺望也」繫傳。○|，偵|之吏。〔國策・東周策〕「告東周之|」鮑注。○|謂斥|。〔墨子・號令〕「出|無過十里」閒詁引蘇時學。○|謂訪知敵情者。〔號令〕「先以|為始」閒詁引蘇時學。○|即軍|也。〔漢書・鼂錯傳〕「邑有假|」補注引胡三省。○〔通雅・卷二五〕|奄，軍|也。|本送迎賓客之官，軍中|望之義也。〔國語〕「范獻子為|奄」。○|人，道路迎送賓客之官。〔詩・候人〕「彼|人兮」朱傳。○|官與縣道同。不為縣道，則別立|官以領之。〔漢書・地理志〕「中部都尉治步廣|官」補注。○|書者，|而書之。〔天文志〕「故|書者亡不司」補注。○舊傳此池每日再增再減，疑其與海潛通，而池形窄小，有似於井，故以|井名其縣。〔漢書・地理志〕「|井」補注引〔寰宇記〕。○|徼支繚，多疑而煩苦。〔荀子・富國〕「其|徼支繚」集解引郭嵩燾。○官本|作侯。〔漢書・郊祀志〕「黃帝得寶鼎冕|」補注。○|，舊本作待。〔呂覽・音初〕「|禹於涂山之陽」校正。○|，字亦作堠。〔說文定聲・卷八〕○|雁，〔禮記〕作鴻雁。〔呂覽・孟春〕「|雁北」校正。

堠丨，今封丨也。〔廣韻・候部〕

就丨，成也，迎也，即也。〔廣韻・宥部〕○丨，成也。〔漢書・敘傳〕「說難既酋」雜志。○丨，成熟也。〔說文〕「酉，丨也」繫傳。○丨者，終之成也。〔釋詁〕「丨，成也」郝疏。○丨與即一聲之轉，故終世謂之丨世，亦謂之即世。〔釋詁〕「丨，終也」述聞。○丨者，屈丨之。〔國策・趙策一〕「以天下收之」補正。○丨，因也。〔詩・訪落〕「將予丨之」集疏引孔廣森。○丨之訓因。（同上）通釋。○丨，向也。〔詩・生民〕「以丨口食」朱傳。○丨當言求也。（同上）通釋。○丨，久也。〔詩・敬之〕「日丨月將」通釋。○相還為丨。〔墨子・經說上〕「去丨也」閒詁。○丨，當讀如繅藉五丨之丨。〔書・堯典下〕「五服三丨」孫疏。○三丨者，三帀也。〔大戴・衛將軍文子〕「夫子之門蓋三丨焉」平議。○丨即鷲也。〔漢書・匈奴傳〕「箭竿丨羽」補注引宋祁。○〔說文定聲・卷六〕丨，叚借為鷲。〔中山經〕「暴山，其獸多麋鹿麐，其鳥多丨」。○酉、酒、丨，聲並相近。〔廣雅・釋詁三〕「酉，丨也」疏證。○丨與集聲近義通。〔周書・謚法〕「丨，會也」平議。○丨、集一聲之轉，皆謂成丨也。〔廣雅・釋詁三〕「集，丨也」疏證。○僔、酋、丨俱一聲之轉。〔釋詁〕「酋，終也」郝疏。○丨、濟聲轉。〔釋言〕「濟，成也」郝疏。○保丨猶言保聚，聚、丨一聲之轉。〔漢書・西南夷傳〕「稍令犍為自保丨」補注引王念孫。○聚、丨一聲之轉。（同上）雜志。○丨與酋聲近而義同，故字亦相通也。〔漢書〕「說難既酋」雜志。○丨，當讀為酋。〔春秋繁露・天辨在人〕「亦何以清而秋丨殺」平議。○會稽郡下作丨李，即今醉李也。〔漢書・地理志〕「敗之雋李」補注引錢坫。○丨當為殧。〔說文〕「殧，事有不善言殧也」義證。○〔說文定聲・卷三〕丨即繅字。〔周禮・五采〕「五丨之」。〔集〕下○〔卷六〕丨，叚借為造。〔廣雅・釋詁二〕「丨，歸也」。

授丨，與也。〔孟子・滕文公下〕「不丨者殺之」朱注。又〔離婁上〕「男女丨受不親」朱注。○丨，付也。〔廣韻・宥部〕又〔說文〕「丨，予也」義證引〔玉篇〕。○凡言丨者，皆丨使為之。〔詩・七月〕「九月丨衣」通釋。○丨，元作受。〔國策・齊策四〕「天子丨籍」鮑注。○丨當讀為受。〔左傳僖公二八年〕「獻俘丨馘」平議。○丨當作受。〔管子・君臣上〕「若量能而丨官」平議。○丨業當作受業。〔漢書・董仲舒傳〕「弟子傳以久次相丨業」補注。○〔說文定聲・卷六〕丨，叚借為受。〔周禮・典婦功〕「凡丨嬪婦司儀再拜投幣」。○〔通雅・卷二五〕丨鉞，壇拜也。〔唐渾瑊傳〕「帝臨軒丨鉞」。○〔說文定聲・卷六〕丨，字亦變作賙。〔字林〕「賙，贍也」。○（同上）丨，杜注則謂借為糾。〔周禮・大司徒〕「使之相賙」。

售丨，賣物出手。〔廣韻・宥部〕○丨，賣去手也。〔國策・秦策一〕「賣僕妾丨乎閭巷者」鮑注。○丨，俗讎字，當訓為用。〔詩・谷風〕「賈用不丨」陳疏。○丨當作讎。（同上）集疏。○丨者，讎之俗字。〔荀子・儒效〕「賣之不可僂丨也」集解引郝懿行。又〔說文〕「賈，一曰坐賣丨也」句讀。○丨當作害。〔韓子・飾令〕「不以善言丨法」集解。

壽丨，丨考。〔廣韻・宥部〕○丨，久年也。〔大戴・千乘〕「秀長以丨者」王詁。○丨即終之義也。〔太素・營五十周〕「得盡天地之丨矣」楊注。○丨、受，音同字變。〔漢書・高惠高后文功臣表〕「以家車吏入漢」補注引沈欽韓。○丨通作讎，又通作疇。〔釋詁〕「黃髮，丨也」郝疏。○丨宮，秦神之宮。〔屈賦・雲中君〕「蹇將憺兮丨宮」戴注引薛瓚。○丨宮，寢宮也。〔文選・雲中君〕「謇將澹兮丨宮」補正引許慶宗。○丨宮，供神之處也，祠祀皆欲得丨，故名丨宮。（同上）集釋引王注。○孰姑，丨夢也。代謂稅夢，乘諸也。則乘又字孰姑，而丨之為祝，姑之為諸，皆以音近而異耳。〔史記・十二諸侯年表〕「吳丨夢元年」志疑引宋衷。○丨陵不在新安、宜陽之間，當在河東郡界。〔史記・始皇本紀〕「韓、魏、趙、衛、楚共擊秦，取丨陵」志疑引〔通鑑注〕。○丨，樂昌侯之名，史、漢表作受。〔史記・呂后本紀〕「丨為樂昌侯」志疑。○能丨，猶能保也。〔管子・霸言〕「國在危亡而能丨者」平議。○丨曼即州滿，曼、滿音相近，丨、州聲相近。〔左傳成公一○年〕「晉厲公丨曼之年」志疑。○丨、州字相同。〔史記・十二諸侯年表〕「晉立大子州蒲以為君」疏證引武億。○〔說文定聲・卷六〕丨夢合音為乘也。〔左傳襄公一○年〕「會吳子丨夢也」。○尹丨，〔新序・五〕〔荀子・大略篇〕作尹疇。〔漢書・古今人表〕「尹丨」補注引梁玉繩。○丨，〔三體石經〕作耈。〔左傳僖公三二年〕「中丨」疏證。○丨，〔晉本紀〕作讎丨、讎異文。〔左傳文公一三年〕「魏丨餘」疏證引李貽德。○齊丨，史、漢表皆作受，疑以音同而誤。〔史記・呂后本紀〕「齊丞相丨」志疑。

秀不榮而實曰丨。〔詩・七月〕「四月丨葽」朱傳。○不榮而實者謂之丨。〔大戴・少閒〕「則華英必得其節以丨孚矣」王詁。○丨，始穟也。〔詩・生民〕「實發實丨」朱傳。○丨亦穗也。〔廣雅・釋草〕「蒲穗謂之蓴」疏證。○丨，禾實也。〔說文〕「丨，上諱」繫傳。○丨，出也，榮也。〔廣韻・宥部〕○穀之吐華曰丨。〔論語・子罕〕「苗而不丨者有矣夫」朱注。○諸書丨字多作莠，此謂禾粟之丨。〔說文〕「蓈，禾粟之莠生而不成者，謂之董蓈」義證。○黍稷有華亦稱丨。〔詩・七月〕「四月丨葽」平議。○引伸之，為俊丨、丨傑。〔說文〕「禿，上諱」段注。○凡物老而椎鈍皆曰丨。〔說文〕「禿，無髮也」段注。○丨，異也。〔廣雅・附釋言〕「見遊天台山賦注」疏證。○丨長，謂成長。〔大戴・千乘〕「丨長以壽者」王詁。○丨華，其華丨出也。〔漢書・禮樂志〕「金支丨華」補注。○丨葽，此味苦，苦葽也。〔詩・七月〕「四月丨葽」集疏引魯說。○丨葽，當為莠葽。〔說文〕「葽，草也」義證。○〔說文定聲・卷六〕三丨，即〔小正〕之丨幽、丨萑葦、丨芣也。〔楚辭・山鬼〕「采三丨兮於山間」。○丨即繡。〔說文〕「弴，畫弓也」段注。○書中凡丨之字曰茂，避光武諱也，獨此尚存丨材二字。〔漢書・賈誼傳〕「河南吳公聞其丨材」補注引周壽昌。○丨與禿古無二字，今人禿頂亦曰丨頂，是古遺語。〔說文〕「禿，無髮也」段注。○丨當作禿。〔文選・王文憲集序〕「齒危髮丨之老」集釋。○舊校云，丨作儁。〔呂覽・懷寵〕「舉其丨士」校正。○〔說文定聲・卷六〕丨，字亦變作蜏。〔廣雅・釋蟲〕「朝蜏，孳母也」。○（同上）丨，叚借為莠。茅如莠，故稱茅莠。〔詩・出其東門〕「有女

如荼」箋「荼，茅丨」。○〔同上〕丨，叚借為尤，實為異，丨、尤、異一聲之轉。〔楚辭・大招〕「容則丨雅」。

繡

丨，五色備也。〔廣韻・宥部〕○五采備謂之丨。〔詩・行葦〕「敦弓既堅」後箋引何楷。又〔左傳昭公二五年〕「以奉五色」洪詁。又〔說文〕「弴，畫弓也」段注。○丨，刺文而五采備者也。〔漢書・高帝紀〕「賈人毋得衣錦丨」補注引胡注。○〔說文定聲・卷六〕丨謂鍼縷所紩者，其色備五采。〔書・益稷〕「絺丨」鄭注「刺者為丨」。○〔同上〕凡黹與畫之五采備者皆曰丨。〔考工記〕「以古畫績丨之事」。○丨，刺丨也。〔詩・終南〕「黻衣丨裳」朱傳。○丨，刺綵為文也。〔說文〕「丨，五采備也」義證引〔急就篇〕顏注。○丨，今人以鍼縷所紩者謂之丨。〔同上〕段注。○錯與丨有文章交錯之義。〔春秋名字解詁〕「王子叔丨字錯」述聞。○丨是裳。〔孟子・告子上〕「所以不願人之文丨也」焦正義引周柄中。○〔說文定聲・卷六〕丨，叚借為綃。〔詩・揚之水〕「素衣朱丨」。

宿

丨，星丨，亦丨留。〔廣韻・宥部〕○丨，留也，猶丨諾。〔國策・齊策五〕「則其國無丨憂也」補正。○丨留，謂存其言於心以待後時之參驗也。〔漢書・李尋傳〕「丨留箸言」補注。○丨，通作昔。〔國策・秦策三〕「丨昔而死」鮑注。

奏

丨，進也。〔廣韻・候部〕又〔中庸〕「詩曰，丨假無言」朱注。又〔大戴・投壺〕「丨投壺之令曰」王詁。又〔國策・秦策一〕「臣請丨其効」鮑注。○〔說文定聲・卷八〕丨亦進也。〔莊子・養生主〕「丨刀騞然」。○七國未變古式，言事於王皆稱上書，秦初改書曰丨。〔漢書・藝文志〕「丨事二十篇」補注引王應麟。○丨事，猶今決大獄定讞，必檢成案。〔漢書・元后傳〕「詔尚書丨文帝時誅將軍薄昭故事」補注引周壽昌。○丨，薦。〔詩・六月〕「以丨膚公」朱傳。○丨猶作也。〔詩・賓之初筵〕「各丨爾能」陳疏。○丨，為也。〔慧琳音義・卷九〕○登謂曰丨。〔說文定聲・卷六〕〔「皋」下〕○丨假，亦曰登假。〔詩・那〕「湯孫丨假」通釋。○指丨即指趣。〔義府・卷下〕○〔說文定聲・卷八〕節丨，猶作止也。〔樂記〕「要其節丨」。○丨，疑與湊同。湊，會聚也。〔荀子・王霸〕「天下之理略丨矣」集解引郝懿行。○丨讀為湊，湊、丨古字通。〔同上〕集解引王念孫。○丨讀為湊。〔韓子・八說〕「不逮日中丨百」集解引顧廣圻。○丨，官本、南監本作湊。〔漢書・王莽傳〕「四海輻丨」補注。○〔說文定聲・卷八〕丨，叚借為湊。〔釋獸〕「丨者貄」。○丨音走。〔詩・緜〕「予曰有奔丨」朱傳。○丨，齊作輳，魯作走。〔同上〕集疏。○〔說文定聲・卷八〕丨，叚借為走。〔詩・緜〕「予曰有奔丨」。○丨音族。〔詩・楚茨〕「樂具入丨」朱傳。○丨、鬷通用。〔詩・烈祖〕「鬷假無言」通釋。○丨，當依〔史記〕作秦，秦、丨相似而誤。〔漢書・賈誼傳〕「為官名悉更，丨之」補注引王念孫。

富

丨之言備也。〔大戴・哀公問五義〕「躬為匹夫而願丨」王詁。又〔韓子・愛臣〕「人主不能用其丨」集解。○丨者，備也。〔論語・顏淵〕「丨哉言乎」劉正義。○丨，福也。〔禮記・表記〕「后稷之祀易丨也」述聞引朱若菴。○古字福與丨通。〔同上〕○丨與福音義皆同。〔說文〕「丨，備也」段注。○福、丨、備，古聲義並同。〔廣雅・釋詁二〕「福，備也」疏證。○丨與福古通用。〔左傳襄公二三年〕「丨倍季氏可也」平議。○福與丨古通用。〔書・康王之誥〕「丕平丨不務咎」平議。○丨與福同，古字通用。〔荀子・富國〕「上下俱丨」集解引郝懿行。○丨讀曰福。〔書・呂刑〕「惟訖于丨」述聞。○丨當讀為福。〔禮記・曲禮下〕「不饒丨」述聞。○〔說文定聲・卷五〕丨，叚借為福。不儌福，猶禮器之言不祈也。〔禮記・曲禮〕「不饒丨」。○丨之言畐也。〔詩・小宛〕「壹醉日丨」通釋。○丨，豐於財。〔廣韻・宥部〕○丨即豐也。〔孟子・告子上〕「丨歲子弟多賴」焦正義。○多畜財貨曰丨。〔大戴・四代〕「願丨不久妨於政」王詁。○丨，足也。〔千乘〕「則國家丨」王詁。○丨，盛也。〔詩・小宛〕「壹醉日丨」集疏。○丨有盛、滿之義也。〔釋言〕「賑，丨也」郝疏。○丨謂重其禄。〔書・洪範下〕「既丨方穀」孫疏。○丨，益也。〔詩・小宛〕「壹醉日丨」後箋引彭山季氏。○丨猶甚也。〔同上〕朱傳。○丨，潤屋也。〔說文〕「丨，備也」繫傳。○複、丨並與厚義近。〔釋詁〕「腹，厚也」郝疏。○丨訾，即筭貲之謂。〔漢書・董仲舒傳〕「又以丨訾」補注。○丨，姓也。〔通鑑・周紀三〕「丨丁之魏」音注。○泰山有丨陽縣。〔史記・王子侯者年表〕「丨」志疑。○丨當作輔。〔韓子・外儲說右上〕「諸臣百吏以為丨」集解。○丨字當是可字之誤。〔荀子・非十二子〕「樂丨貴者也」集解。

獸

丨者，四足而毛之總稱。〔本草・卷五〇〕○凡野丨謂之丨，與家畜為牲別。〔周禮・冢宰〕「丨人」孫正義。○丨即謂鹿也，言有雲降如車蓋，及鹿為符瑞。〔漢書・郊祀志〕「蓋若丨為符」補注。○丨，魯作狩。〔詩・車攻〕「搏丨于敖」集疏。○狩為丨，古字通用。〔書・周書序〕注「史遷丨作狩」孫疏。○古狩、丨通。〔詩・車攻〕「搏丨于敖」後箋引臧玉林。○狩與丨同。〔淮南・原道〕「自穴之丨」雜志。○〔說文定聲・卷六〕丨，以狩為之。〔漢張遷碑〕「帝遊上林，問禽狩所有」。○丨之言狩也，古文丨與狩通。〔說文〕「丨，守備者」義證引錢大昭。○丨，守山也。〔同上〕繫傳。○丨言守也。〔釋鳥〕「四足而毛謂之丨」郝疏。○丨，守也。〔續音義・卷五〕引〔切韻〕。○〔說文定聲・卷六〕丨，即〔禮記・樂記〕所云歸馬放牛也。〔書・武成序〕「往伐歸丨」。○丨人者，掌共野丨之官也。〔周禮・冢宰〕「丨人」孫正義。○丨子者，褻器也，或以銅為馬形，便于騎以溲也，俗曰馬子。〔通雅・雜用〕引陳水南。○丨尊，大尊也。〔通雅・古器〕○丨，叚借為嘼。〔說文定聲・卷六〕○丨，疑獻字之誤。〔淮南・詮言〕「行成丨止成文」平議。

鬭

丨，謂逞於力。〔禮記・鄉飲酒〕「遠於丨辨」集解。○稱兵相攻戰曰丨。〔慧琳音義・卷四四〕引顧野王。○丨，遇也。〔論語・季氏〕「戒之在丨」劉正義。○〔說文定聲・卷八〕丨，相接之意，今木工所謂丨筍是也。〔說文〕「丨，遇也」。○丨取，即今之拈鬮遇某則取某，不能豫必之也。〔說文〕

「閹，丨取也」句讀。○古凡丨接用丨字，鬥爭用鬥字，俗皆用丨為爭競，而鬥廢矣。（同上）段注。○丨也者，當為鬥。〔說文〕「戰，丨也」義證。○〔說文定聲·卷八〕丨，叚借為鬥。〔周禮·調人〕「凡有丨怒者成之」。○丨，當為斲。〔墨子·備城門〕「十步一丨」閒詁引畢沅。

漏 丨，丨刻。〔廣韻·候部〕○丨者，以銅受水刻節也。〔說文〕「扇，屋穿水入也」段注。○丨當作扇，屋穿水下也。〔說文〕「漬，丨也」段注。○丨，洩也。〔太素·順養〕「肺氣焦丨」楊注。○屋之西北黑處謂之丨。〔本草·卷一五〕○漉、丨聲相近，故滲漉或謂之滲丨。〔廣雅·釋詁一〕「盪，盡也」疏證。○丨之言漉也。〔荀子·王制〕「下丨」雜志。○漉、丨古同聲。（同上）○丨之言漉也，字或作盝、盪。漉、丨古同聲。〔荀子·王制〕「上溢而下丨」集解引王引之。○丨字或作盝、盪。〔荀子·王制〕「下丨」雜志。○丨，今假為扇。〔說文〕「丨，以銅受水，刻節，晝夜百節」段注。○丨者，扇之借字。〔說文〕「漬，丨也」句讀。○〔說文定聲·卷八〕丨，叚借為扇。〔爾雅〕「西北隅謂之屋丨」。○丨讀為陋巷之陋。陋屋與窮閻同意，非謂弊屋丨雨也。〔荀子·儒效〕「隱於窮閻丨屋」集解引王念孫。○陋、丨聲同。〔釋宮〕「西北隅謂之屋丨」郝疏。○借丨為陋。（同上）○丨，讀為陋巷之陋，陋與丨通。〔荀子·儒效〕「窮閻丨屋」雜志。○〔說文定聲·卷八〕丨，叚借為陋。〔素問·解精微論〕「有毚愚仆丨之問」。○丨池即漉池，聲之轉。〔釋詁〕「涸，竭也」郝疏。○丨井，滲坑也。〔通雅·宮室〕○〔說文定聲·卷八〕丨，叚借為婁。〔淮南·泰族〕「朱弦丨越」。○（同上）丨，叚借為螻。〔禮記·內則〕「馬黑脊而般臂丨」。○（同上）丨，叚借為霤。〔莊子·達生〕「有沈有丨」。

陋 丨為陝隘。〔荀子·榮辱〕「丨者俄且僩也」集解引郝懿行。○丨者，阸陝也。〔說文〕「戹，隘也」段注。○丨，引伸為凡鄙小之偁。〔說文〕「丨，阸陝也」段注。○丨，疎惡也。〔廣韻·候部〕○丨，醜惡也。〔慧琳音義·卷六八〕引〔文字典說〕。○丨，猥也。〔卷三二〕引顧野王。○側丨為隱匿。〔書·堯典上〕「明明揚側丨」孫疏。○丨屋與窮閻同意。〔荀子〕「丨屋」雜志。○丨與漏通。（同上）○丨，通作漏。〔釋言〕「丨，隱也」郝疏。○丨、漏聲同。〔釋宮〕「西北隅謂之屋漏」郝疏。○〔說文定聲·卷八〕丨，叚借為㔶。〔釋言〕「丨，隱也」。

守 丨，太丨。〔廣韻·宥部〕○謂丨為將，以其兼領武事也。〔漢書·百官公卿表〕「掌兵馬」補注引王鳴盛。○丨，居丨其國也。〔大戴·虞戴德〕「使仁丨」王詁。○丨，音狩。〔通鑑·周紀三〕「蜀丨煇叛秦」音注。○有叚丨為狩者。〔說文〕「狩，火田也」段注。○〔史·表〕丨作壽。〔漢書·王子侯表〕「安侯丨嗣」補注。

狩 冬獵曰丨。〔詩·叔于田〕「叔于丨」朱傳。○丨，冬獵。〔廣韻·宥部〕○丨亦獵也。〔詩·伐檀〕「不丨不獵」朱傳。○丨，又為田獵之通稱。〔詩·叔于田〕「叔于丨」通釋。○凡天子之出皆曰丨。〔左傳僖公二八年〕「且使王丨」疏證引邵寶。○古之丨，猶今之幸也。（同上）○丨音獸。〔詩·采綠〕「之子于丨」朱傳。○丨本古獸字。〔公羊傳桓公四年〕注「丨猶獸也」陳疏。○丨為古獸字。〔史記·周本紀〕「行丨」志疑。○丨與獸同。〔淮南內篇·原道〕「自穴之獸」雜志。○丨，〔穀梁〕作守，音同。〔左傳僖公二八年經〕「天王丨于河陽」洪詁。○〔說文定聲·卷六〕丨，叚借為守。〔孟子〕「巡丨者，巡所守也」。

晝 丨，日中。〔廣韻·宥部〕○凡自夜半子以後為丨。〔說文〕「晨，早昧爽也」繫傳。○唐人呼丨睡，漢為黃嬭。〔通雅·諺原〕

寇 丨，鈔也，暴也。〔廣韻·候部〕○丨，鈔。〔書·呂刑上〕「罔不丨賊」孫疏。○丨謂群行攻剽者也。〔說文〕「敹，朋侵也」義證引范甯。○丨，當其完聚而欲丨之也。〔說文〕「丨，暴也」繫傳。○丨猶賊害。〔國策·楚策四〕「無所丨艾」補正。○丨，謂外丨侵犯及內丨竊發。〔周禮·小司徒〕「凡國之大事致民」孫正義。○丨，此與敗賊同意。〔說文〕「丨，暴也」段注。○丨，外兵。〔國策·楚策四〕「無所丨艾」鮑注。○丨猶亂。〔燕策一〕「內丨不與」鮑注。○丨，盛多也。〔慧琳音義·卷一〇〕引〔韻詮〕。○丨雉即鷚鳩也。〔釋鳥〕「丨雉，泆泆」鄭注。○〔說文定聲·卷八〕丨雉，今萊陽人所謂沙鷚也。〔爾雅〕「鷚鳩，丨雉」。○丨與巋義近而聲亦相轉。〔釋山〕「小而衆巋」郝疏。○丨與够聲近義同。〔廣雅·釋詁三〕「够，多也」疏證。

茂 丨，盛。〔詩·節南山〕「方丨爾惡」朱傳。○丨，盛也。（同上）集疏。○丨者，盛也。〔大戴·千乘〕「此國家之所以丨也」王詁。○丨，卉木盛也。〔廣韻·候部〕○丨，滋丨也。〔慧琳音義·卷四〕引〔韻詮〕。○丨，槐極沃丨，故取象焉。〔釋木〕「如槐曰丨」鄭注。○丨，松柏極沃丨，故取象焉。〔釋木〕「如松柏曰丨」鄭注。○丨，美也。〔詩·還〕「子之丨兮」朱傳。○丨，盛美也。〔國策·東周策〕「為丨行」鮑注。○丨陵，即孝武陵也。〔漢書·元帝紀〕「丨陵白鶴館災」補注。○丨之引伸為懋勉字。〔說文〕「丨，草木盛皃」段注。○丨，〔尚書〕作懋。〔左傳昭公八年〕「丨不丨」洪詁。○今書丨作懋，經典多借丨為懋。〔漢書·董仲舒傳〕「書云，丨哉丨哉」補注。○丨與懋通。〔詩·節南山〕「方丨爾惡」陳疏。○丨即懋也。〔釋詁〕「丨，勉也」鄭注。○丨者，懋之叚音也。（同上）郝疏。○丨乃懋之叚借。〔釋言〕「懋懋，勉也」郝疏。○楙與丨音義同。〔釋名·釋天〕「戊，丨也」疏證。○〔說文定聲·卷六〕丨，叚借為懋。〔釋詁〕「丨，勉也」。○丨與楙通。〔廣雅·釋言〕「戊、秀，丨也」疏證。○〔說文定聲·卷六〕丨，叚借為楙。〔釋木〕「如槐曰丨」。○丨，一作戊，古字通。〔國策·卷上〕「對曰甘丨」札記引補正。○丨、穆一聲之轉。〔釋詁〕「穆穆，美也」郝疏。○丨與務通。〔廣雅·釋訓〕「務務，丨也」疏證。○丨當作筏。〔漢書·蒯伍江息夫傳贊〕「欒書搆郤而晉厲弑」補注。○復與丨聲相近。〔書·泰誓〕注「丨一作復」孫疏。○丨之為秀，應說是也。秀才所由命名，則出於〔管子〕。〔漢書·武帝紀〕「其令州郡察吏民有丨才異等」補注引何焯。○〔說文定聲·卷六〕據應劭說則借丨為秀也。〔白虎通·聖人〕引〔禮·別名記〕「五人曰丨」。○苞、葆、丨音義俱通。〔釋詁〕「苞，豐也」郝疏。○丨與蕪

一聲之轉。〔釋詁〕「蕪，豐也」郝疏。○〔說文定聲・卷六〕丨，以草為之。〔穆天子傳一〕「穄麥之所草」。○丨丨，當是芨芨，通作紼紼、茀茀。〔通雅・釋詁〕

懋　丨，勉也。〔通鑑・唐紀五〇〕「夫登進以丨庸」音注。又〔慧琳音義・卷八五〕引〔考聲〕。○丨，美也，勉也。〔廣韻・候部〕○丨，美也。〔通鑑・齊紀八〕「清規丨賞」音注。○熹平石經丨作勖。〔書・盤庚〕「丨建大命」孫疏。○丨與勖同義。（同上）○勖、丨聲相近。〔釋詁〕「茂，勉也」郝疏。○丨同茂。〔書・盤庚〕「予其丨簡相爾」孫疏。又〔書・皋陶謨上〕注「丨，一作茂」孫疏。○丨，古通茂。〔說文〕「丨，勉也」句讀。○丨，音近茂。〔書・堯典下〕注「史遷丨作勉」孫疏。○丨，經典借茂字。〔說文〕「丨，勉也」義證。○丨，〔漢書・董仲舒傳〕引作茂。〔書・皋陶謨上〕「政事丨哉」孫疏。○今文為茂才，古文為丨哉也。（同上）○丨，引伸為凡盛之稱。〔文選・長楊賦〕「賴先哲以長丨」集釋。○丨、茂、楙，俱貿假借字。〔書・皋陶謨中〕注「丨一作貿，又作楙」孫疏。○丨遷者，貿易遷徙。〔書・皋陶謨中〕「丨遷有無化居」孫疏。○〔說文定聲・卷六〕丨，段借為貿。〔書・益稷〕「丨遷有無化居」。○丨，古多借茂字為之。〔說文〕「丨，勉也」段注。○丨、慔，一聲之轉。〔釋言〕「丨丨，勉也」郝疏。○丨亦作悉。〔說文〕「丨，勉也」句讀。○〔說文定聲・卷六〕丨，段借為楙、為茂。〔東京賦〕「四靈丨而允懷」。○丨與楙古字通。〔淮南・俶真〕「啉啉」雜志。

舊　丨，故也。〔廣韻・宥部〕○丨，段借為故丨。〔說文〕「匶，丨也」段注。○丨，今借為新丨字。〔說文〕「丨，鴟丨留也」繫傳。○丨，久也。〔詩・抑〕「告爾丨止」朱傳。○丨、久同義。〔書・無逸〕注「史遷丨作久」孫疏。○丨，聲近久。〔釋鳥〕「丨，怪鴟」郝疏。○丨即久字也。〔說文〕「匶，丨也」段注。○丨之言久也。〔說文〕「匛，棺也」段注。○〔說文定聲・卷六〕丨，段借為久。〔小爾雅・廣詁〕「丨，久也」。○丨謂世臣也。〔左傳宣公一二年〕「外姓選於丨」疏證。○丨人，久于其位者。〔書・盤庚〕「亦惟圖任丨人共政」孫疏。○丨服，謂故事。〔書・盤庚〕「以常丨服」孫疏。○丨姻，棄婦自稱其家。〔詩・我行其野〕「不思丨姻」通釋。○〔說文定聲・卷六〕丨，怪鳥，一名鉤鵅。〔說文〕「丨，鴟丨，丨留也」。○丨留，又名鵂鶹，今人謂之竹藿，又名骨鹿。〔說文〕「丨，鴟丨，丨留也」義證引〔六書故〕。○丨即怪鴟也。（同上）繫傳。○丨本鴟丨字。〔說文〕「匶，丨也」段注。○丨又通作梟。〔說文〕「丨，雎丨，丨留也」義證。○丨通作鴞。（同上）○古讀丨如鴞。〔釋鳥〕「鵅，鵋鶀」郝疏。○丨，古音臼，亦音忌。〔說文〕「匶，丨也」段注。

胄　丨，兜鍪。〔國策・韓策一〕「被甲冒丨以會戰」鮑注。○丨，今謂之兜鍪。〔通鑑・周紀三〕「山東之士被甲蒙丨以會戰」音注。○古謂之丨，漢謂之兜鍪，今謂之盔。〔說文〕「丨，兜鍪也」段注。○丨，介丨。〔廣韻・宥部〕○丨之言幬也。〔廣雅・釋器〕「兜鍪謂之丨」疏證。○丨，裔也。〔說文〕「丨，肩也」義證引〔玉篇〕。○丨，系也。〔通鑑・漢紀五七〕「況劉豫州王室之丨」音注。○丨子，國子也。〔廣韻・宥部〕○以丨子為國子，用古文說也。〔書・堯典下〕注「康成曰國子也」孫疏。○以教丨為教長，用今文說。〔書・堯典下〕注「馬融丨，長也」孫疏。○丨子為適子也。〔書・堯典下〕「教丨子」孫疏。○育、丨古聲相近，作丨者假借字。〔書・舜典〕「教丨子」述聞。○丨、育、毓古同聲。〔廣雅・釋言〕「毓，長也」疏證。

宙　丨，宇丨。〔廣韻・宥部〕○丨與宇義相近。〔廣雅・釋詁二〕「丨，尻也」疏證。

袖　丨，衣袂也。亦作褏、褎。〔廣韻・宥部〕○丨，俗褎。〔釋名・釋衣服〕「丨，由也」疏證。○宋謂丨口曰丨繳，即出丨緣口也。〔通雅・衣服〕

褏　丨，諸本作袖。〔左傳襄公一四年〕「余狐裘而羔丨」洪詁。○袖、丨同。〔國策・楚策三〕「南后鄭丨貴於楚」補正。○丨即袖字，因有領袖之稱。〔通雅・釋詁〕

褎　丨，服飾盛皃。〔廣雅・宥部〕○丨，引申為盛飾皃。〔說文〕「丨，袂也」段注。○丨，本衣袂之名，引伸之為盛飾。〔詩・旄丘〕「丨如充耳」後箋。○丨然者，出衆之貌。〔漢書・董仲舒傳〕「今子大夫丨然為舉首」補注引王念孫。○丨，漸長也。〔詩・生民〕「實種實丨」朱傳。○丨，多笑貌。〔詩・旄丘〕「丨如充耳」朱傳。○丨，猶袪也。〔詩・羔裘〕「羔裘豹丨」朱傳。○丨，從衣從采。采，古禾穗字。丨即古衣袖字也。〔漢書・董仲舒傳〕「今子大夫丨然為舉首」補注引李慈銘。○〔說文定聲・卷六〕丨，俗從由聲，采、袖雙聲。或曰衣袂，如禾之有采也。〔說文〕「丨，袂也，從衣，采聲」。○丨，音袖。〔詩・羔裘〕「羔裘豹丨」朱傳。○丨，俗作袖。〔方言四〕「褕謂之袖」箋疏。○丨，音又。〔詩・旄丘〕「丨如充耳」朱傳。○官本丨作褏。〔漢書・楊敞傳〕「奮丨低卬」補注。○〔說文定聲・卷六〕丨，段借為褏。〔詩・旄邱〕「丨如充耳」。○（同上）丨，段借為搯。〔詩・生民〕「實種實丨」。○（同上）丨謂借為迪。〔漢書・董仲舒傳〕「今子大夫丨然為舉首」補注引張晏。

岫　山有穴曰丨。〔廣韻・宥部〕○丨居，言居有穴之山。〔說文〕「丨，山有穴也」段注。○河丨，言地穴也。〔說文〕「丨，山穴也」義證。

柚　丨，似橘而大。〔廣韻・宥部〕○丨，大橘也，赤黃而酢。〔說文〕「丨，條也」義證引〔風土記〕。○丨，橙屬。（同上）義證引〔五音集韻〕。○橙似橘而非，若丨而有芬香。〔漢書・司馬相如傳〕「橘丨芬芳」補注引〔博物志〕。○丨似橙而實酢。〔楚辭・初放〕「斬伐橘丨兮」補注。○丨梧，竹名。〔文選・吳都賦〕「丨梧有篁」集釋引〔集韻〕。○丨梧，吳筠〔竹賦〕作䈾簹。（同上）集釋。○丨梧，戴氏〔竹譜〕引作由衙，云簹與由衙皆大竹。（同上）○〔說文定聲・卷六〕丨，字亦作楱。〔廣雅・釋木〕「丨，楱也」。○丨，或作楱。〔說文〕「丨，條也」義證。○楱、丨、條，古音俱相近。〔釋木〕「丨，

條」郝疏。○｜，通作櫾。〔同上〕○｜，又或作櫾。〔說文〕「｜，條也」義證。○〔說文定聲・卷六〕｜，以櫾為之。〔列子・湯問〕「吳楚之國有大木焉，其名為櫾」。○｜亦用為柕｜字。〔說文〕「｜，條也」繫傳。○｜色油然，其狀如卣，故名。〔本草・卷三〇〕○｜者，甹之叚借字。〔釋木〕「櫰落｜條」平議。

柚 ｜，物更生也。〔說文〕「甹，木生條也」義證引〔玉篇〕。

覆 ｜，蓋。〔詩・生民〕「鳥｜翼之」朱傳。○｜，蓋也。〔廣韻・宥部〕○｜，被也。〔孟子・離婁上〕「而仁｜天下矣」朱注。○｜，蔭也。〔慧琳音義・卷一〕引賈逵。○蔭與｜同義。〔廣雅・釋言〕「廕，蔭也」疏證。○被、｜、衣三字同義。〔孟子・離婁上〕「而仁｜天下矣」焦正義。○伏兵曰｜。〔廣韻・宥部〕○孳生謂之｜育，化生亦謂之｜育。〔廣雅・釋詁一〕「腹，生也」疏證。○｜海，藻井也，一曰鬭八，一曰罳頂。〔通雅・宮室〕○｜，｜盆子也，曰寒苺、大麥苺，世呼插田藨。〔通雅・草〕○｜盆子，即是人所食苺爾。〔說文〕「茥，缺盆也」義證引李時珍。○｜葅，許氏〔說文〕作蕾苴，司馬相如〔上林賦〕作猼且，與芭蕉音相近。〔本草・卷一五〕○浮思，罘罳，｜思，並聲近字通。〔周禮・考工記〕注「宮隅城隅謂角｜思也」孫正義。○｜慮，猶言｜露。露、慮古同聲。〔廣雅・釋宮〕「慮，舍也」疏證。○｜與腹通。〔廣雅・釋詁一〕「腹，生也」疏證。○塗與｜義相近。〔廣雅・釋宮〕「搷，塗也」疏證。○｜當作復。〔漢書・鮑宣傳〕「今柰何反｜劇於前乎」補注引胡注。

復 ｜，又也，返也，往來也，安也，白也，告也。〔廣韻・宥部〕○｜，反也。〔大戴・禮三本〕「｜情以歸太一」王詁。○｜，反｜也。〔詩・蓼莪〕「顧我｜我」朱傳。○｜猶返。〔國策・齊策一〕「恐田忌欲以楚權｜於齊」鮑注。○｜猶歸也。〔易・訟卦〕「｜即命渝」述聞。○｜，重也。〔詩・桑柔〕「是顧是｜」朱傳。○｜猶重也。〔國策・魏策四〕「｜信陵君之命」鮑注。○｜，重言之。〔韓策一〕「｜有｜於公」鮑注。○｜，再又也。〔通鑑・周紀三〕「願陳子閉口毋｜言」音注。○｜者，多也。〔漢書・百官公卿表〕「九五大夫」補注引沈欽韓。○｜，｜攻。〔國策・趙策一〕「休而｜之」鮑注。○｜為還玉也。〔書・堯典下〕「卒乃｜」孫疏。○｜慴，謂人語言慴伏以下我。〔莊子・庚桑楚〕「夫｜慴不餽而忘人」集釋。○〔通雅・卷三六〕｜陶，烖褐也。〔左傳〕「秦｜陶」。○｜讀為覆，言火下垂，而屋在其覆中也。〔漢書・董仲舒傳〕「有火｜於王屋」補注引王文彬。○〔史記〕｜作覆，〔淮南注〕同。〔左傳定公四年〕「我必｜楚國」洪詁。○｜，當為覆。〔漢書・董仲舒傳〕「周公曰，｜哉｜哉」補注引劉奉世。○｜為覆，覆通。〔國策・卷上〕「｜國且身危」札記。○｜、覆通。〔國策・東周策〕「｜國且身危」補正。○茂與｜聲相近。〔漢書・董仲舒傳〕「周公曰，｜哉｜哉」補注引繆荃孫。○瘦、｜、瘎、湛並通。〔廣雅・釋言〕「瘦，瘎也」疏證。○｜，音如字。〔通鑑・周紀一〕「｜迎涗而立之」音注。○｜，三家作寝。〔詩・緜〕「陶｜陶穴」集疏。

救 ｜，護也，止也。〔廣韻・宥部〕○｜猶止也。〔論語・八佾〕「女弗能｜與」劉正義。○｜有糾聚之義。〔釋詁〕「鳩，聚也」郝疏。○｜之言糾也，糾繚斂聚之意。〔釋器〕「約謂之｜」郝疏。○｜讀若鳩，鳩、｜古通用。〔廣雅・釋詁三〕「枚，收也」疏證。○｜即仇敵之仇，非｜助之｜。〔管子・中匡〕「｜敵之國」雜志。○仇、執、｜古字通。〔同上〕○｜作捄。〔史記索隱〕「異文」雜志。○｜，〔漢書〕多以捄為之。〔說文定聲・卷六〕○｜，魯亦作俅。〔詩・谷風〕「匍匐｜之」集疏。○〔說文定聲・卷六〕｜，叚借為授。〔廣雅・釋詁二〕「｜，助也」。○｜鄭，〔公羊〕作侵鄭。〔左傳成公六年經〕「晉欒書帥師｜鄭」洪詁。○｜亦當作赦。〔呂覽・懷寵〕「論其罪人而｜出之」校正。○｜罪，疑是赦罪。〔慎大〕「出拘｜罪」校正。○｜乃獲字之誤。〔穀梁傳宣公二年〕「言盡其衆以｜其將也」平議。

廏 ｜，馬舍。〔廣韻・宥部〕○｜，生馬所聚也。〔說文〕「｜，馬舍也」義證引〔急就篇〕顏注。○馬曰｜。〔說文定聲・卷六〕〔「牢」下〕○｜，字亦誤作廐。〔卷六〕○｜，養馬者。〔禮記・曲禮〕「｜庫為次」集解。

廐 ｜音救。〔詩・鴛鴦〕「乘馬在｜」朱傳。○｜者，天子之內｜也。〔漢書・戾太子傳〕「發中｜車載射士」補注引胡注。○｜律，｜置事例也。〔通雅・刑法〕○｜將，主閑｜也。〔通雅・官制〕

厩 猶楚宮｜尹之職。〔漢書・張良傳〕「沛公拜良為｜將」補注引沈欽韓。○馬二百一十六匹為｜。〔通雅・算數〕

臭 ｜，凡氣總名也。〔續音義・卷七〕引〔切韻〕。○｜者，凡物氣之揔名。〔慧琳音義・卷八〕引〔玉篇〕。○｜者，凡氣之總名。〔易・說卦傳〕「為｜」李疏。○｜，凡氣之揔名。〔廣韻・宥部〕○｜者，氣之總名。〔說文〕「殠，腐氣也」句讀。○｜謂氣味也。〔說文〕「蘁，禦溼之菜也」義證。○｜者，氣也，兼芳殠言之，今字專用｜而殠廢矣。〔說文〕「殠，腐氣也」段注。○｜，香。〔詩・生民〕「胡｜亶時」朱傳。○｜，香氣也。〔禮記・郊特牲〕「周人尚｜」集解。○｜，香也。〔史記・禮書〕「｜茝」雜志。○｜當為殠，謂腐氣也。〔說文〕「粠，陳｜米」義證。○｜當讀為殠。〔書・盤庚〕「｜厥載」孫疏。○｜，殠省文。〔墨子・尚賢下〕「腐｜餘財」閒詁引畢沅。○｜，當為殠。〔說文〕「鮏，魚｜也」義證。○〔說文定聲・卷六〕｜，叚借為殠。〔後漢書・梁鴻傳〕「愍芳香兮日｜」。○｜蔚，猶｜穢也。〔廣雅・釋草〕「益母，充蔚也」疏證。○｜穢即茺蔚之聲轉。〔釋草〕「萑，蓷」郝疏。○｜穢即茺蔚也。〔說文〕「蓷，萑也」義證引劉歆。○｜者，气之通於鼻者也。〔說文〕「羴，羊｜也」段注。○人通於鼻者謂之｜，｜者，氣也。〔說文定聲・卷六〕○借｜為齅也。〔說文〕「｜，禽走，｜而知其迹者犬也」句讀。○〔說文定聲・卷六〕｜，叚借為齅。〔荀子・禮論〕「三｜之不食也」。○

丨為㱙之假借。〔孟子・盡心下〕「鼻之於丨也」焦正義。○丨之為言蓄也。〔墨子・經説下〕「鑒者之丨」閒詁引殷家儁。○丨，本作溴。〔左傳襄公一六年經〕「公會晉侯、宋公、小邾子于溴梁」洪詁引陸氏。○〔説文定聲・卷六〕丨，字變作螑。〔大人賦〕「沛艾赳螑」。

齅 丨，以鼻取氣。〔廣韻・宥部〕○丨，以鼻取氣也。〔慧琳音義・卷一〕引〔韻英〕。○丨又作嗅。〔説文〕「丨，以鼻就臭也」義證。○〔説文定聲・卷六〕丨，此字後出，就臭之訓，當為臭字之轉注。〔説文〕「丨，就臭也」。○丨，通作侑。〔説文〕「丨，以鼻就臭也」義證。

幼 丨，少也。〔廣韻・幼部〕又〔大戴・四代〕「丨勿與衆」王詁。○丨，小也。〔語志〕「幽，丨也」王詁。○丨者，少小之次。〔説文〕「丨，少也」義證引〔急就篇〕顔注。○丨謂旁親屬卑者之服也。〔禮記・大傳〕「五曰長丨」集解。○丨賤，猶言小弱。〔左傳文公一五年〕「君子之不虐丨賤」疏證。○丨艾，少艾也，以比善人。〔屈賦・少司命〕「竦長劍兮擁丨艾」戴注。○丨孫，盤庚自謂。陽甲為長，故曰丨也。〔書・盤庚〕「朕丨孫有比」孫注。○丨眇，本字當作幺紗。〔義府・卷下〕○丨當讀為幽。〔大戴・用兵〕「禮樂不行而丨風是御」平議。○丨、幽聲近義通。〔釋言〕「冥，丨也」邵正義。○丨即為幽。〔詩・斯干〕「噦噦其冥」通釋。○丨，同幽。〔説文〕「丨，少也」段注。○丨者，窈之叚音也。〔釋言〕「冥，丨也」郝疏。○〔説文定聲・卷六〕丨，叚借為窈。〔詩・斯干〕毛傳「冥，丨也」。

佑 丨，助也。〔孟子・滕文公下〕「書曰，丨啓我後人」朱注。○丨，佐也，助也。〔廣韻・宥部〕○丨，俗字，當為右。〔書・君奭〕「天惟純丨命則」孫疏。○丨同祐。〔金縢〕「敷丨四方」孫疏。○凡經傳中佐、丨字皆作左、右。〔漢書・匡張孔馬傳〕「右與」雜志。○丨當作右而讀為有。〔書・金縢〕「敷丨四方」平議。

祐 丨，神助。〔廣韻・宥部〕○丨，福也。〔詩・桑扈〕「受天之丨」陳疏。○丨，福助也。〔慧琳音義・卷五〕引〔考聲〕。○凡助為右，神助為丨，其實即右之變體。〔説文定聲・卷五〕○丨之言右也，右道也。〔方言一三〕「丨，亂也」箋疏。○〔説文定聲・卷五〕丨，叚借為侑。〔易・繫辭〕「可與丨神」。○官本丨作佑。〔漢書・王莽傳〕「天所以保丨新室者深矣」補注。○〔説文定聲・卷五〕丨，叚借為治，實為理，為釐。〔方言一三〕「丨，亂也」。

右 丨，助。〔詩・大明〕「保丨命爾」朱傳。○丨，助也。〔説文〕「祐，助也」句讀。○丨者，從手口，手口之助也。〔釋詁〕「丨，勴也」郝疏。○丨者，以手助口。〔説文〕「助，左也」段注。○丨，左丨。〔廣韻・宥部〕○左、丨二字連文，其義亦同。〔釋詁〕「丨，勴也」郝疏。○凡經傳中佐、佑字皆作左、丨。〔漢書・匡張孔馬傳〕「丨與」雜志。○丨者，通作佑，又通作祐，又通作侑。〔釋詁〕「丨，勴也」郝疏。○丨即佑也。〔釋詁〕「亮，丨也」鄭注。○丨，齊作佑。〔詩・假樂〕「保丨命之」集疏。○丨音又，勸也。〔詩・彤弓〕「一朝丨之」朱傳。○丨為侑之假借，勸也。〔同上〕後箋。○丨為侑幣，于食有侑賓勸飽之幣。〔同上〕後箋引何楷。○〔毛詩〕叚丨為侑。〔説文〕「姷，耦也」段注。○丨，通作祐。〔詩・大明〕「保丨命爾」陳疏。○〔説文定聲・卷五〕丨，叚借為侑。〔詩・彤弓〕「一朝丨之」。○丨，通作祐。〔釋詁〕「亮，丨也」邵正義。○丨音祐。〔詩・大明〕「保丨命爾」朱傳。○丨，王符引作祐。〔左傳襄公二一年〕「周公丨王」洪詁。○丨內史即京兆尹，至太初之年乃更名。〔漢書・汲黯傳〕「請從黯為丨內史」補注。○丨地，謂丨谷蠡王庭。〔漢書・宣帝紀〕「校尉常惠將烏孫兵入匈奴丨地」補注。○凡牲丨體謂之胖。〔周禮・內饔〕「辨體名肉物」孫正義。○左丨乃左方之譌，非大將軍有左丨也，此指衛、霍兩人。〔史記・衛將軍驃騎列傳〕「左丨兩大將軍」志疑。○丨當為左。〔司馬相如列傳〕「丨以湯谷為界」志疑引劉奉世。○丨我，〔詩〕疏引此作佐我。〔左傳襄公一四年〕「丨我先王」洪詁。

侑 丨，勸食。〔廣韻・宥部〕○丨音又，勸也。〔詩・楚茨〕「以妥以丨」朱傳。又〔禮記・禮運〕「卜筮瞽丨」集解。又〔禮記・玉藻〕「凡丨食」集解。○丨者，主人所以報賓也。〔釋詁〕「丨，報也」鄭注。○丨為飲食之禮相報也。〔同上〕邵正義。○丨通作祐，又通作宥，又通作囿。〔同上〕郝疏。○丨，佐也。〔通鑑・唐紀七八〕「輒於殿東令小兒歌以丨酒」音注。○丨，耦也，或從人。〔廣韻・宥部〕○宋本丨作宥。〔左傳僖公二八年〕「命晉侯丨」疏證。○丨與宥通。〔管子・法法〕「文有三丨」義證。

囿 丨者，蓄育鳥獸之所。〔孟子・梁惠王下〕「文王之丨方七十里」朱注。○丨者，蕃有鳥獸之所。〔國策・西周策〕「見梁丨」補正。○丨，畜禽獸所，小而無墻曰丨。〔詩・靈臺〕「王在靈丨」集疏。○一曰禽獸有丨。〔廣韻・宥部〕○丨，禁苑也。〔慧琳音義・卷八二〕○有林池曰丨。〔國策・西周策〕「見梁丨」鮑注。○苑有墻曰丨。〔説文〕「丨，苑有垣也」義證引〔初學記〕。○苑有園曰丨。〔同上〕義證。○引申之，凡淵奧處曰丨。〔同上〕段注。○又引申之，凡分別區域曰丨。〔同上〕段注。○丨猶有也。〔同上〕義證引〔初學記〕。○具丨，作具圃者是也。〔左傳僖公三三年〕「秦之有具丨」述聞。

豆 丨，木丨。〔論語・泰伯〕「籩丨之事」朱注。○丨，木丨也。〔詩・伐柯〕「籩丨有踐」朱傳。○丨，木器也。〔孟子・告子上〕「一丨羹」朱注。○丨當作梪。〔釋器〕「木丨謂之丨」郝疏。○丨、梪音近義同。〔左傳昭公三年〕「齊舊四量，丨、區、釜、鍾」洪詁。○單言丨者，即可統籩。〔釋器〕「竹丨謂之籩」郝疏。○丨，古食肉器也。〔大戴・武王踐阼〕「於觴丨為銘焉」王詁。○丨，似籩，亦所以盛肉。〔通鑑・漢紀二四〕「為其俎丨，管弦之間小不備」音注。○丨，所以盛內羞庶羞。〔詩・楚茨〕「為丨孔庶」朱傳。○〔説文定聲・卷八〕丨，盛杯器，如今之酒託茶船，其形略如丨，故以為

稱。〔廣雅〕「丨，杯落也」。○按禮圖，丨口員，徑尺，黑漆，飾朱，中大夫以上畫以雲氣，諸侯以象，天子以玉，皆謂飾丨口也，其實四升。〔說文定聲·卷八〕○丨之言亦聚也，聚升之量也。〔廣雅·釋器〕「柦四曰區」疏證。○丨，穀丨。〔廣韻·候部〕○丨亦菽也。〔史記·張儀傳〕「飯菽」雜志。○丨，荚長而耑鋭，如角然，古文又名丨角。○丨角，今通語也。〔廣雅·釋草〕「丨角謂之荚」疏證。○丨，像籽在荚中之形。〔本草·卷二四〕○丨者，尗也。〔說文〕「灟，丨汁也」段注。○〔說文定聲·卷八〕丨，漢時稱名，古謂之尗。〔說文〕「尗，丨也」。○丨乳，脂酥，即丨腐也。〔通雅·飲食〕○丨，古斗字。〔左傳昭公三年〕「齊舊四量，丨、區、釜、鍾」洪詁。○〔說文定聲·卷八〕丨，叚借為斗。〔考工·梓人〕「飲一丨酒」。○丨當讀為剅。〔呂覽·貴公〕「大庖不丨」平議。○丨作竇。〔漢書·衛青傳〕「將軍李沮、李息及校尉丨如意」補注引胡注。○〔說文定聲·卷八〕丨，叚借為羞。〔周禮·腊人〕「凡祭祀，共丨脯薦脯膴胖」。

脰　丨，頸也，小戴丨作頸。〔大戴·投壺〕「壺丨脩七寸」王詁。又〔通鑑·周紀四〕「自奮絶丨而死」音注。又〔說文〕「丨，項也」義證引〔玉篇〕。○丨，項也。〔國策·楚策一〕「有斷丨決腹」鮑注。○丨，項丨。〔廣韻·候部〕○丨與剅通。〔廣雅·釋詁〕「剅，裂也」疏證。○〔說文定聲·卷八〕丨，叚借為豆。〔廣雅·釋言〕「丨，饌也」。○（同上）丨借為股。〔公羊傳莊公一二年〕「絶其丨」。

竇　丨，空也，穴也，水丨也。〔廣韻·候部〕○空穴曰丨。〔說文〕「丨，空也」義證引〔急就篇〕顏注。○丨，孔穴也。〔禮記·禮運〕「順人情之大丨」集解。○凡孔皆謂之丨。〔說文〕「丨，空也」段注。○丨，水溝口也。（同上）繫傳。○丨，溝丨也。〔韓子·外儲說右下〕「彘逸出於丨中」集解。○丨即瀆字。〔墨子·兼愛中〕「嘑池之丨」閒詁引顧千里。○瀆、丨通。〔左傳莊公九年〕「乃殺子糾於生丨」疏證引李貽德。○丨通作瀆，四瀆即四丨。〔說文〕「丨，空也」義證。○丨即瀆之借字。〔周禮·大司樂〕注「四丨」孫正義。○丨，古亦借瀆為之。〔說文〕「丨，空也」段注。○〔說文定聲·卷八〕丨，叚借為瀆。〔周禮·大宗伯〕注「不見四丨者」。○生丨，〔史記〕作笙瀆。〔左傳莊公九年〕「殺子糾於生丨」洪詁。○丨字讀度，又讀徒。〔左傳哀公一七年〕「闔門塞丨」洪詁。○丨其姓，鳴犢其字，而其名曰犨。〔史記·孔子世家〕「而聞丨鳴犢、舜華之死也」志疑。○丨，古字作窬。〔左傳哀公一七年〕「闔門塞丨」洪詁引傳遜。○圭丨，〔說文〕引作圭窬。〔左傳襄公一〇年〕「篳門圭丨之人」洪詁。○窬與丨同物同音。（同上）

逗　丨，止也。〔集韻·候部〕又〔漢書·竇田灌韓傳〕「丨橈」雜志。○丨亦止也。〔漢書·賈誼傳〕「來崪」雜志。○丨，丨遛，又住也，止也。〔廣韻·候部〕○〔通雅·卷四〕丨留，止也。〔光武紀〕「丨留」。○丨者，止足也。〔說文〕「蹢，蹢躅，丨足也」段注。○丨，留也。〔說文〕「丨，止也」義證引〔玉篇〕。○丨，住也。（同上）○丨，古住字。〔方言七〕「傺眙，丨也」疏證。○丨，各本作住。〔說文〕「蹢，蹢躅，丨足也」段注。○丨當為迟，卻曲即迟曲也。〔漢書·韓安國傳〕「廷尉當恢丨橈」補注引王念孫。○丨，當作迟字。〔說文〕「迟，曲行也」義證。○丨，或借投字。〔說文〕「丨，止也」義證。○〔說文定聲·卷八〕丨，叚借發聲之詞。〔史記·匈奴傳〕「而無封樹」張華曰「匈奴名冢曰丨落」。

溜　丨，水丨。〔廣韻·宥部〕○丨，水流皃也。〔慧琳音義·卷九九〕引〔考聲〕。○丨，言多山石水所丨也。〔國策·韓策一〕「石丨之地也」補正。○丨，言其無積潤。（同上）鮑注。○丨與霤同。〔左傳宣公二年〕「三進及丨，而後視之」洪詁。○丨即霤。（同上）疏證引沈欽韓。○丨，疑溜字之誤。〔晏子春秋·雜上〕「蚤歲丨水至」平議。○丨，今俗訓為水急流。〔說文〕「丨，丨水」段注。○丨當作熘。〔漢書·司馬遷傳〕「歠土刑」補注。○〔說文定聲·卷六〕丨，叚借為霤。〔蒼頡篇〕「丨，水垂下也」。

霤　丨，謂屋簷前水下之處也。〔慧琳音義·卷五八〕○凡水流下皆曰丨。〔卷六五〕○凡屋檐耑水下注之處，通謂之丨。〔周禮·宮人〕「為其井匽」孫正義。○丨，雨屋水流下也。〔說文〕「丨，屋水流也」義證引〔玉篇〕。○丨者，屋有複穴，開其上以取明，雨則丨之。〔左傳宣公二年〕疏證引熊氏〔經說〕。○古者複穴，是以名室為丨。〔楚辭·大招〕「觀絶丨只」補注引〔禮記〕注。○丨，中丨，神名。〔廣韻·宥部〕○丨者，古文借字。廇者，中古所作之專字。溜則俗字也。〔說文〕「廇，中庭也」句讀。○〔說文定聲·卷六〕丨，字變作甋，丨處之瓦也。〔廣雅·釋室〕「甍謂之甋」。○屋簷滴雨為丨。〔說文〕「廇，中庭也」繫傳。○丨，屋檐滴處。〔說文〕「丨，屋水流也」繫傳。○丨，屋水流下也。〔說文〕「濩，雨流丨下皃」段注。○山水自上下流亦謂之丨。〔漢書·枚乘傳〕「泰山之丨穿石」補注。

廇　丨，中庭也。〔楚辭·愍命〕「制讒賊於中丨兮」補注。○丨，屋梁杗也。〔廣韻·宥部〕○丨亦梁也。〔慧琳音義·卷九八〕引〔考聲〕。○丨，通作霤。〔說文〕「丨，中庭也」義證。○丨，又或作溜。（同上）○丨為中央之名。〔釋宮〕「杗丨謂之梁」郝疏。○古者陶復陶穴，皆開其上以取明，有雨則霤，後制為宮室，其正中當古霤處，謂之中霤，亦謂之丨，其實即霤字之轉注也。〔說文定聲·卷六〕○其地謂之丨。〔說文〕「丨，中庭也」繫傳。

留　丨，宿丨停待也。〔廣韻·宥部〕○丨，不決也。〔國策·秦策五〕「不顧一子以丨計」鮑注。○丨，今皆借霤字。（同上）

構　丨，合材也，蓋也。〔慧琳音義·卷八〕引〔考聲〕。○丨，架屋也。〔說文〕「丨，蓋也」義證引〔玉篇〕。○丨，立屋也。〔通鑑·唐紀四五〕「朕嗣服丕丨」音注。○丨，結架也。〔慧琳音義·卷八〕引〔字書〕。○丨，合也。〔詩·四月〕「我日丨禍」朱傳。又〔青蠅〕「丨我二人」朱傳。又〔慧琳音義·卷八〕引〔文字音義〕。○丨，成也。〔大戴·勸學〕「怨之所丨」王詁。又〔慧琳音義·卷八〕引〔考聲〕。○丨，結也。〔孟子·梁惠王上〕「丨怨於

諸侯」朱注。又〔韓子·揚權〕「上不與｜」集解引舊注。○｜亦結也。〔漢書·嚴安傳〕「秦禍北｜於胡」補注引王念孫。○｜者,結成也。〔廣雅·釋詁三〕「｜,成也」疏證。○｜,架也,合也,成也,蓋也,亂也。〔廣韻·候部〕○〔說文定聲·卷八〕｜,交結會合之意。〔易·繫辭傳〕「男女｜精」。○｜,猶交亂也。〔詩·青蠅〕「｜我二人」朱傳。○｜與購同,謂賞也。〔墨子·號令〕「皆｜之」間詁引蘇時學。○｜讀為購。(同上)間詁引顧千里。○｜、講古通,謂解釋也。〔韓子·揚權〕「上不與｜」集解。○〔說文定聲·卷八〕｜,叚借為講。〔史記·黥布傳〕「事以搆」。○｜禍,猶云遇禍也。〔詩·四月〕「我日｜禍」通釋。○｜,或作㱿、㝅,取乳也。〔慧琳音義·卷二五〕○｜音姤。〔詩·青蠅〕「｜我二人」朱傳。○｜者,遘之叚借。〔詩·四月〕「我日｜禍」通釋。○〔說文定聲·卷八〕｜,叚借為遘。〔淮南·書解〕「｜人間之事」。○｜、遘同。〔左傳成公六年〕「其惡易覯」洪詁。○｜,此與冓音同義近。〔說文〕「｜,蓋也」段注。○｜者,冓之累增字。〔說文〕「冓,交積材也」句讀。○｜,當為冓之或體。〔說文定聲·卷八〕○篝、｜通用字。〔漢書·陳勝傳〕「夜｜火」補注引沈欽韓。○〔說文定聲·卷八〕｜,叚借為篝。〔漢書·陳勝傳〕「夜｜火」。○(同上)｜,叚借為㲉。〔漢書·敘傳〕注「牛羊乳汁曰｜」。○(同上)｜,叚借為桷。〔說文〕「杜林以為椽桷字」。○｜,諸本作搆。〔左傳宣公一四年〕「｜我敝邑於大國」疏證。○諸本｜誤作搆。(同上)洪詁。○今文｜作桓也。〔書·大誥〕「矧肯｜」孫疏。

搆　｜,｜擩也。〔廣韻·候部〕○｜者,合其戰也。〔國策·魏策四〕「不如收趙而｜之秦」鮑注。○｜為交結之義者,字當從才。〔國策·西周策〕「而秦未與魏講也」補正。○｜亦結也。〔漢書·武五子傳〕「南挂於越」雜志。○｜與構通。交、結、連、構四字義同。〔孟子·告子下〕「吾聞秦楚｜兵」焦正義。○｜當作冓。〔釋名·釋水〕「溝,｜也」疏證。○｜,講也。〔韓子·內儲說下〕「因請為王｜之」集解。○｜,假借字也,正體作㲉,或作擊,取牛羊乳也。〔慧琳音義·卷八〕○｜,以手｜捋牛乳也。〔卷一六〕

遘　｜,遇也。〔詩·柏舟〕「｜愍既多」集疏引魯說。又〔廣韻·候部〕。○｜猶遭遇也。〔說文定聲·卷八〕(「媾」下)○｜猶結構也,理當相對也。〔說文〕「｜,遇也」繫傳。○｜厲為勤勞,蓋古今文之異,非史公詁訓。〔書·金滕〕注「史遷｜厲作勤勞」孫疏。○｜音姤。〔詩·伐柯〕「我｜之子」朱傳。○｜又借姤字。〔說文〕「｜,遇也」義證。○｜,〔易〕卦名以媾為之,字作姤。〔說文定聲·卷八〕○｜,通作覯。〔釋詁〕「｜,見也」邵正義。○｜,通作覯,又通作冓,又通作構,又通作逅,又通作姤。〔釋詁〕「｜,遇也」郝疏。○〔說文定聲·卷八〕｜,叚借為覯。〔釋詁〕「｜,見也」。○(同上)｜,叚借為冓。王粲〔七哀詩〕「豺虎方｜患」。

媾　｜,重婚。〔廣韻·候部〕○重婚曰｜。〔續音義·卷九〕引〔字書〕。○｜,今所謂重重姻眷也。〔說文定聲·卷八〕○｜,寵也。〔詩·候人〕「不遂其｜」朱傳。○凡為和解之義者定讀從｜。〔國策·西周策〕「而秦未與魏講也」補正。○｜音姤。〔詩·候人〕「不遂其｜」朱傳。○｜音構,和也。〔通鑑·周紀五〕「樓昌請發重使為｜」音注。○｜,通作覯。〔說文〕「｜,重婚也」義證。○｜,蓋講字之假借,臂衣也。〔詩·候人〕「不遂其｜」通釋。○假｜為講。〔說文〕「講,和解也」段注。○〔說文定聲·卷八〕｜,叚借為講。〔史記·平原君虞卿傳〕「不如發重使而為｜」。○(同上)｜,叚借為竘。〔管子·地員〕「其人夷姤」。○(同上)｜,叚借為遘。〔詩·候人〕「不遂其｜」。○(同上)｜,叚借為垢。〔思元賦〕「咨姤嫮之難並兮」。○(同上)｜,字亦作姤。〔說文新附〕「姤,偶也」。

覯　｜,見也。〔廣韻·候部〕又〔詩·九罭〕「我｜之子」集疏。又〔公劉〕「乃｜于京」朱傳。又〔抑〕「莫予云｜」朱傳。又〔裳裳者華〕「我｜之子」朱傳。○｜,遇也。〔左傳成公六年〕「其惡易｜」疏證。○｜,遇。〔詩·草蟲〕「亦既｜止」朱傳。○｜,謂遇君子接待之禮。(同上)後箋。○｜,遇以禮也。(同上)後箋。○｜與遇通。(同上)陳疏。○〔說文定聲·卷八〕｜,叚借為遘。〔詩·草蟲〕「亦既｜止」。○(同上)｜,叚借為冓,亦交積之意。〔左傳成公六年〕「其惡易｜」。○｜,魯、齊作遘。〔詩·柏舟〕「｜閔既多」集疏。○鄭所據〔易〕作｜,今皆作構,蓋失之矣。〔說文〕「｜,遇見也」段注。○｜音垢。〔詩·柏舟〕「｜閔既多」朱傳。

冓　｜,數也。〔廣韻·候部〕○｜有搆造也。〔說文〕「｜,小也」繫傳。○結｜當作此,今字構行而｜廢矣。〔說文〕「｜,交積材也」段注。○木交加為｜。〔說文定聲·卷二〕(「再」下)○｜以木相加也。古算經用以紀數,古觚算亦取橫直交加之象,後人以溝為之,即結｜、｜造字。〔卷八〕○｜,蓋構之古文。〔說文〕「構,蓋也,從木,｜聲」句讀。○｜,通作構。〔說文〕「｜,交積材也」義證。○｜又通作遘。(同上)○中｜,室中,為嚮晦宴息之地,故以為夜義。〔詩·墻有茨〕「中｜之言」後箋。○中｜,為閨中隱奧之處,其言亦第當為閨中曖昧之言也。(同上)○內｜之言,謂宮中所構成,則｜讀如搆。〔漢書·梁懷王傳〕「聽聞中｜之言」補注引周壽昌。○｜音姤。〔詩·墻有茨〕「中｜之言」朱傳。○｜,叚借為篝。〔說文定聲·卷八〕

購　｜,｜贖。〔廣韻·候部〕○｜,遘遇也,求遇之人也。〔說文〕「｜,以財有所求」繫傳。○〔說文定聲·卷八〕｜,叚借為蔞,即蔞之轉語。〔爾雅〕「｜,蔏蔞」。○(同上)｜,叚借為講。〔史記·韓世家〕「將西｜于秦」。

透　｜,跳也。〔廣韻·候部〕○｜,驚也。〔廣韻·屋部〕○｜,驚也,戲也。〔集韻·屋部〕○倏與｜通。〔廣雅·釋詁一〕「｜,驚也」疏證。○｜與猲古同聲。〔方言二〕「猲、｜,驚也」箋疏。○｜即𨒮字,今人以為｜漏字。〔說文〕「𨒮,疾也,長也」段注。○〔通雅·卷四九〕｜水,意即是泅水。〔王

孫傳」「丨水死者千餘人」。○丨山根，黃冶之草也。〔通雅・草〕

痩　丨同瘦。〔廣韻・宥部〕○丨，損也。〔續音義・卷八〕引〔切韻〕。○腴與丨同。〔廣雅・釋言〕「膄、胺，瘠也」疏證。○丨，當為瘐字之誤。〔莊子・盜跖〕「除病丨死」集釋引王念孫。

瘦　丨，丨損。〔廣韻・宥部〕○丨，俗作瘦，肌肉減耗也。〔慧琳音義・卷七〕引〔文字集略〕。○丨，今字作瘦。〔說文〕「丨，臞也」段注。○丨亦作膄。〔說文〕「丨，膌，丨也」段注。

漱　丨，丨口。〔廣韻・宥部〕○丨流，言學道山中，飲丨長流，以養天年也。〔慧琳音義・卷八九〕○丨者，欶之大也。〔說文〕「丨，盪口也」段注。○丨，假為涑也。〔同上〕○涑，字或作丨。〔廣雅・釋言〕「涑，澣也」疏證。○丨，水淨口盪口也。〔慧琳音義・卷六〇〕引〔文字典說〕。○丨，本為盪口，引申為凡水盪物之稱。〔周禮・考工記〕「執善溝者水丨之」孫正義。○丨，當為敕，吮也。〔文選・思玄賦〕「丨飛泉之瀝液兮」集釋引〔讀書志餘〕。○丨即〔曲禮〕之虛口也，以水曰丨。〔說文定聲・卷八〕○〔同上〕丨，段借為涑。〔禮記・內則〕「和灰請丨」。

瘶　丨，欬丨。〔廣韻・候部〕○丨，寒病。〔集韻・候部〕○丨，氣衝喉病也。〔慧琳音義・卷六六〕引〔考聲〕。○丨，氣衝喉也，俗作欶。〔慧琳音義・卷七八〕引〔考聲〕。○上氣病甚曰丨。〔卷四八〕○丨，肺病也。〔續音義・卷六〕

嗽　丨，氣衝喉也。〔慧琳音義・卷二〇〕引〔考聲〕。○丨，正作瘶，氣衝喉也。〔卷一四〕引〔考聲〕。○丨，胸鬲痰病也。〔卷一四〕引〔字書〕。○丨同瘶。〔廣韻・候部〕

呪　丨，丨詛。〔廣韻・宥部〕○丨、袾，一聲之轉。〔廣雅・附釋言〕「袾，詛也」疏證。

鏤　丨，刻金也。〔詩・韓奕〕「鉤膺丨鍚」朱傳。○丨，彫丨。〔廣韻・候部〕○丨，彫飾也。〔大戴・勸學〕「金石可丨」王詁。○丨，刻也。〔禮記・禮器〕「管仲丨簋」集解。○丨本剛鐵之名，剛鐵可受鐫刻，故鐫刻亦曰丨。〔說文〕「丨，剛鐵也」段注。○鍑，或謂之丨。〔廣雅・釋器〕「丨，釜也」疏證。○丨膺，丨飾弓室之膺。〔詩・小戎〕「虎韔丨膺」集疏引嚴粲。○丨音漏。〔同上〕朱傳。

貿　丨，交易也，市賣也。〔廣韻・候部〕○丨，猶賣。〔國策・燕策二〕「將與齊兼丨臣」鮑注。○丨，買也。〔詩・氓〕「抱布丨絲」朱注。○丨，聲轉為買。〔釋言〕「丨，市也」郝疏。○〔說文定聲・卷六〕丨，段借為眊。〔禮記・檀弓〕「丨丨然來」。○丨者，侔之段字。〔商子・開塞〕「二者名丨實易」平議。○丨戎，〔左氏〕作茅戎。古茅、丨同部段借字。〔公羊傳成公元年經〕「王師敗績于丨戎」陳疏。○丨，元作鄮。〔國策・燕策二〕「將與齊兼丨臣」鮑注。○丨當為質。〔說文〕「贖，丨也」義證。○丨猶亂也，交互之義。〔說文〕「丨，易財也」繫傳。

鷲　丨，鳥名，黑色，多子。〔廣韻・宥部〕○〔說文定聲・卷六〕丨，以就為之。〔漢書・匈奴傳〕「生奇材木箭杆，就羽」。○丨者，雎鳩之合音。〔說文定聲・卷九〕(「鵰下」)○丨峯，西國山，或名靈丨山，如來於此山中得轉法輪甚多，聖迹在中天界。〔慧琳音義・卷一〕○丨，通作就。〔說文〕「丨，鳥，黑色」義證。

副　丨，貳也，佐也。〔廣韻・宥部〕○丨，貳也。〔莊子・大宗師〕「聞諸丨墨之子」集釋。又〔說文〕「賸，物相增加也」繫傳。○丨，與〔周禮〕疈辜之疈同，借為丨貳之字。〔釋詁〕「丨，審也」郝疏。○丨，助也。〔大戴・少閒〕「為丨於天」王詁。○丨，次長之稱。〔釋詁〕「丨，審也」鄭注。○丨，丨使也。〔漢書・平帝紀〕「遣太僕王惲等八人置丨，假節」補注引胡三省。○〔說文定聲・卷五〕丨，陪也。〔呂覽・過理〕「帶益三丨矣」注「丨或作倍」。○〔說文定聲・卷五〕丨，祭服之首飾，編髮為之。〔詩・君子偕老〕「丨笄六珈」朱傳。○〔說文定聲・卷五〕丨，如今義髻也。〔後漢・東平憲王蒼傳〕「假紒」注「丨，婦人首服，三輔謂之假紒」。○〔說文定聲・卷二〕丨，猶賸也，稱也。〔禮記・少儀〕「賵馬入廟門」疏「賵丨，亡者之意也」。(「贈」下)○丨、覆音義同。〔釋詁〕「丨，審也」郝疏。○丨與福同音而俱訓為判。〔漢書〕「五剖」雜志。○〔說文定聲・卷五〕丨，或曰剖、判之轉注。〔釋詁〕「丨，審也」。○丨與福同。〔廣雅・釋詁一〕「福，盈也」疏證。○丨，福同。〔釋詁〕「丨，審也」郝疏。○〔說文定聲・卷五〕丨，段借為伏。〔釋詁〕「丨，審也」。○〔同上〕丨，以幅為之，福者，幅之或體，段借為丨。〔廣雅・釋詁一〕「福，盈也」。○〔同上〕丨，字亦變作䯱。〔廣雅・釋器〕「假結謂之䯱」。○〔同上〕丨，段借為楅。〔詩・君子偕老〕「丨笄六珈」。○丨，古之參軍。〔通雅・稱謂〕引元瑞。○丨，寫，謂丨書也。〔通雅・釋詁〕○丨倅，猶今之佐雜官也。〔說文〕「箤，艸兒」義證。○丨墨，翰墨文字也。〔莊子・大宗師〕「聞諸丨墨之子」集釋。○丨末，一名蒼鶻，一名末泥，一名孤裝。〔通雅・稱謂〕引〔輟耕録〕。○丨笄之丨，乃如今之花鈿。〔通雅・衣服〕

狖　丨，獸名。〔廣韻・宥部〕○丨，黑猿也。〔說文〕「貁，鼠屬」義證引〔玉篇〕。○丨，似猿，獮猴類也。〔慧琳音義・卷一三〕引〔集訓〕。○丨，余幼切，即夷由也。〔文選・吳都賦〕「丨鼯猓然」集釋引郝氏。○夷由，字之雙聲，合之則為丨矣。〔釋鳥〕「鼯鼠，夷由」郝疏。○丨，與郭說蜼同。〔說文〕「蜼，如母猴，卬鼻，長尾」段注。○丨、蜼聲義皆同也。〔廣雅・釋獸〕「丨，蜼也」疏證。○丨者，貁之俗省。〔說文〕「貁，鼠屬，善旋」段注。○丨即貁之俗體。〔同上〕義證。

貁　丨，所謂蝯狖也。〔說文〕「丨，鼠屬，善旋」繫傳。○丨，猴屬也。〔同上〕義證引〔寰宇記〕。○丨，獸，似猿，卬鼻長尾。舊云鼠屬，誤。〔同上〕義證引

〔洪武正韻〕。○〔說文定聲・卷一二〕丨為貍屬，狖為禺屬。〔廣雅〕「狖，蜼也」。○丨似與鼬同，黃鼠狼也。〔說文定聲・卷一二〕○丨同狖。〔廣韻・宥部〕○丨，俗作狖。

〔說文〕「丨，禺屬」句讀。

貁　丨，俗譌作穴聲，篆体亦誤，今正。〔說文〕「丨，鼠屬，善旋」段注。○丨即蜼，當作禺屬，善倒縣。（同上）

詬　丨，恥也。〔廣韻・厚部〕又〔通鑑・漢紀四九〕「呂后棄慢書之丨」音注。又〔荀子・解蔽〕「忍丨」雜志。○丨亦恥也。〔左傳宣公一五年〕「國君含丨」疏證。○丨，罵，又巧言。〔廣韻・候部〕○丨，辱也。〔楚辭・怨思〕「蹇離尤而干丨」補注。○丨，怒也。〔說文〕「㖃，厚怒聲」義證引〔唐書音義〕。又〔廣韻・候部〕。○丨病，耻辱也。〔離騷〕「忍尤而攘丨」補注。○丨，當為垢。〔大戴・本命〕「面丨而已」王詁。○丨，或借垢字。〔說文〕「丨，謑丨，恥也」義證。○丨，俗又作㖃。（同上）○〔說文定聲・卷八〕丨，段借為㖃。〔左傳昭公一三年〕「投龜丨天而呼」。○丨，各本訛作話，今訂正。〔廣雅・釋詁四〕「丨，恥也」疏證。

糅　丨，雜也。〔楚辭・懷沙〕「同丨玉石兮」補注。又〔廣韻・宥部〕。又〔慧琳音義・卷一二〕引〔考聲〕。○丨，飯雜也。〔卷八〇〕○凡物相雜曰丨，或曰粗。〔卷四五〕引〔桂苑珠叢〕。○今謂異色物相集曰丨也。〔卷九〕○丨之言擾也。〔廣雅・釋詁一〕「丨，雜也」疏證。○丨、穰，語之轉。〔廣雅・釋詁一〕「丨、穰，雜也」疏證。○丨與粗同。〔廣雅・釋詁四〕「粗，厠也」疏證。○獶與丨通。〔廣雅・釋詁一〕「丨，雜也」疏證。○擾亦與丨通。（同上）

酎　丨，三重釀酒。〔楚辭・招魂〕「丨清涼些」補注。又〔廣韻・宥部〕。○重釀曰丨。〔本草・卷二五〕引〔飲膳標題〕。○丨者，三重酒也。〔說文〕「酉，就也。八月黍成，可為丨酒」段注。

究　丨，窮。〔詩・常棣〕「是丨是圖」朱傳。又〔詩・節南山〕「以丨王訩」朱傳。○丨，窮也。〔詩・小弁〕「不舒丨之」陳疏。又〔說文・敘〕「丨洞聖人之微恉」段注。又〔說文・上說文書〕「以丨萬源」段注。○丨，窮治之也。〔詩・節南山〕「以丨王訩」陳疏。○丨，窮也，深也，謀也，盡也。〔廣韻・宥部〕○水溪瀨中謂之丨。〔通雅・地輿〕○丨，謀也。〔左傳文公四年〕「爰丨爰度」疏證。○丨，終也。〔詩・鴻雁〕「其丨安宅」朱傳。○丨，尋。〔詩・皇矣〕「爰丨爰度」朱傳。○丨，察也。〔詩・小弁〕「不舒丨之」朱傳。○丨猶度也。〔詩・皇矣〕「爰丨爰度」述聞。○〔說文定聲・卷六〕丨，當以此為本訓。〔廣雅・釋宮〕「丨，窟也」。○丨、鞫、窮俱一聲之轉。〔釋言〕「丨，窮也」郝疏。○丨、居聲轉為義。〔釋訓〕「丨丨，惡也」郝疏。○疚、丨同。〔墨子・親士〕「內丨其情」閒詁引畢沅。○丨，讀若鳩，故與鳩通。〔詩・小弁〕「不舒丨之」述聞。○丨，當讀為究。〔詩・羔裘〕「自我人丨丨」陳疏。○丨，當為煢。〔說文〕「簙，局戲也」義證。○丨，當為死，即〔方言〕所云死專也。〔說文〕「專，六寸簙也」義證。○丨丨，惡也。〔詩・羔裘〕「自我人丨丨」集疏引魯說。○好奢不止，亦為丨丨。〔羔裘〕「自我人居居」通釋。○丨丨，猶居居也，是於雙聲取義。（同上）後箋。○〔說文定聲・卷六〕丨，段借發聲之詞。〔後漢・南蠻西南夷傳〕「丨不事人」。○丨，疑當作究。〔廣雅・釋宮〕「寢，窟也」疏證引錢氏。

湊　丨，水會也，聚也。〔廣韻・候部〕○丨，水交會也，歸也，亦作輳。〔慧琳音義・卷一二〕引〔考聲〕。○丨者，水上人所會也。〔說文〕「轂，輻所丨也」段注。○丨，引申為凡會之稱。〔說文〕「轂，輻所丨也」段注。○丨，引申為凡聚集之偁。〔說文〕「丨，水上人所會也」段注。○丨有會合之意。〔韓子・有度〕「朝廷群下，直丨單微，不敢相踰越」集解。○族、丨，聚聲並相近。〔廣雅・釋詁三〕「族，聚也」疏證。○〔說文定聲・卷八〕丨，字亦作輳。〔吳都賦〕「果布輻丨而常然」。○（同上）丨，字亦作腠。〔史記・扁倉傳〕「君有疾在腠理」。○（同上）丨，字亦作揍。〔淮南・兵畧〕「解必中揍」。○（同上）丨，段借為走。〔廣雅・釋詁一〕「丨，遽也」。

謬　丨，誤也，詐也，差也，欺也。〔廣韻・幼部〕○丨，誤也，詐也。〔通鑑・周紀五〕「范睢丨曰」音注。又〔慧琳音義・卷一〕。○丨，詐妄也。（同上）○丨，妄也，欺也。〔卷八七〕○丨猶僻也。〔卷三四〕引顧野王。○丨當作繆，古繆誤字從糸。〔說文〕「誤，丨也」段注。○丨訓狂者妄言，與誤義隔。（同上）○古差丨多用從糸之字，與此丨義別。〔說文〕「丨，狂者之妄言也」段注。○丨，姓也，與繆同。〔漢書・郊祀志〕「亳人丨忌奏祠泰一方」補注。○官本丨作繆。〔宣帝紀〕「豈不丨哉」補注。○丨，經傳多以繆為之。〔說文定聲・卷六〕○（同上）丨，段借為繆。〔爾雅・序〕「並多紛丨」。○丨易，義亦與交易同。〔逸周書・官人篇〕「克易」雜志。

籀　丨，史丨，周宣王太史名，造太篆。〔廣韻・宥部〕○丨，諷誦書也。〔說文〕「丨，讀書也」繫傳。○丨、抽古通用。〔方言一三〕「抽，讀也」箋疏。○卜丨，謂讀卦爻詞也。〔說文〕「丨，讀書也」繫傳。○丨之言抽也。〔說文〕「丨，引也」段注。○丨、抽古通用。〔說文〕「讀，丨書也」段注。○丨，亦假紬字為之。〔說文〕「丨，讀書也」段注。○丨，字亦作紬。〔說文〕「讀，丨書也」段注。

疚　丨，病。〔詩・杕杜〕「憂心孔丨」朱傳。又〔詩・江漢〕「匪丨匪棘」朱傳。○丨，病也。〔詩・采薇〕「憂心孔丨」朱傳。又〔雲漢〕「丨哉冢宰」朱傳。又〔召旻〕「維今之丨」朱傳。又〔杕杜〕「憂心孔丨」陳疏。又〔中庸〕「故君子內省不丨」朱注。又〔廣韻・宥部〕。又〔墨子・七患〕「重其子此丨於隊」雜志。○丨，哀病也。〔詩・閔予小子〕「嬛嬛在丨」朱傳。○丨，魯作宊。（同上）集疏。○丨為貧病。〔釋詁〕「丨，病也」邵正義。○丨者，宊之俗體。〔釋詁〕「丨，病也」郝疏。

灸 丨，灼也。〔廣韻·宥部〕○丨，灼也，或書作炙。〔集韻·宥部〕○今以艾體曰丨。〔説文〕「丨，灼也」段注。○丨，以火艾灼病也。（同上）義證引〔急就篇〕顔注。○引伸凡柱塞曰丨。（同上）段注。○〔説文定聲·卷五〕丨，叚借為久。〔考工·盧人〕「丨諸墻」。

彀 丨，挽弓也。〔慧琳音義·卷九五〕引〔考聲〕。○丨謂張弩。〔孟子·盡心上〕「變其丨率」焦正義。○丨率，彎弓之限也。（同上）朱注。○丨，張弓也。〔通鑑·秦紀一〕「丨者十萬人」音注。○弓弩引滿為丨，謂騎兵能射者。〔漢書·馮唐傳〕「丨騎萬三千匹」補注引胡三省。○丨，弓滿也。〔孟子·告子下〕「必志於丨」朱注。○句與丨通。〔廣雅·釋詁一〕「丨，張也」疏證。○〔説文定聲·卷八〕丨，叚借為縠。〔釋詁〕「丨，善也」。○丨、縠古音同。〔釋詁〕「丨，善也」郝疏。○縠有丨音。〔史記·卦禪書〕「羨門子高」雜志。

畜 丨，六丨。〔廣韻·宥部〕○丨，養也。〔詩·我行其野〕「爾不我丨」朱傳。又〔節南山〕「以丨萬邦」陳疏。○丨，養牲也。〔禮記·内則〕「無私丨」集解。○丨，聚也。〔大戴·主言〕「乃為丨積衣裘焉」王詁。○丨者，養也。考貴能養，養體、養志皆為丨。〔詩·燕燕〕「以丨寡人」集疏。○丨，自比犬馬也。〔國策·魏策二〕「願臣丨而朝」鮑注。○丨縠，謂六丨五縠。〔大戴·千乘〕「禱民命及丨縠」王詁。○〔説文定聲·卷六〕丨，叚借為嘼。〔周禮·夏官〕「掌丨」。○孝、丨古同聲。〔廣雅·釋言〕「孝，丨也」疏證。

嘼 丨，丨産。〔廣韻·宥部〕○丨謂六牲，馬牛羊雞犬豕也，經傳皆以畜為之。〔説文定聲·卷六〕○獸中可畜養者則曰丨。（同上）（「獸」下）○丨，今多用畜者，俗書叚借而然。〔説文〕「丨，獸牲也」段注。○六丨，養之曰丨，用之曰牲。〔説文〕「丨，犠也」義證引〔玉篇〕。○丨，通作獸。（同上）義證。

嘼 丨，今作畜。〔説文〕「嘼，犠也」義證引〔玉篇〕。

槈 丨、耨、鎒並同。〔廣雅·釋器〕「定謂之丨」疏證。○丨，鋤之異名。〔釋器〕「斫斸謂之定」郝疏。○丨，薅草器也。〔説文〕「丨，薅器也」義證引〔篇海〕。○耘用丨，廣六寸。〔説文定聲·卷一五〕（「耨」下）○薅用丨，廣六寸。〔卷七〕（「穮」下）○丨，所以薅草，丨廣六寸。〔卷一二〕（「耒」下）○丨，刃廣六寸，柄長六尺。〔卷八〕

鎒 槈、耨、丨並同。〔廣雅·釋器〕「丨謂之耨」疏證。○丨、槈同，字或從金。〔釋名·釋器用〕「鎒亦鋤田器也」疏證。

耨 丨，耘也。〔孟子·梁惠王上〕「深耕易丨」朱注。○丨，鉏也。〔左傳僖公三三年〕「見冀缺丨」洪詁引馬融。○丨，柄長三尺，刃廣三寸，以剗地除草。〔説文〕「槈，薅器也」義證引〔纂文〕。○槈、丨、鎒並同。〔廣雅·釋器〕「定謂之丨」疏證。

雊 丨音姤，雉鳴也。〔詩·小弁〕「雉之朝丨」朱傳。○丨，雉鳴。〔廣韻·候部〕○丨，雉鳴，或作㖃、呴、鴝。〔集韻·候部〕○釋丨為鳴鼓其翼者，讀丨為敂。敂，擊也，動也。〔説文〕「丨，雄雉鳴也」段注。

呴 丨與雊同。〔廣雅·釋詁二〕「雊，鳴也」疏證。

鷇 丨，鳥子生哺者。〔集韻·候部〕引〔字林〕。○生而須母哺者曰丨，生而能自啄者曰雛。〔説文定聲·卷八〕○丨與雛，對文則異，散文則通。〔廣雅·釋鳥〕「鷇，雛也」疏證。○丨與鷇同。（同上）

柩 丨，尸丨。〔廣韻·宥部〕○實者為丨。〔説文定聲·卷五〕

繇 丨，卦兆辭也。〔廣韻·宥部〕○卜筮丨辭，據許則作籒。〔説文〕「籒，讀書也」段注。○丨之有宙音，始於顔師古。〔通雅·疑始〕○丨，亦通作猷。〔釋詁〕「丨，於也」述聞。

驟 丨，馬疾步也，奔也。〔廣韻·宥部〕○丨，馬疾步小走也。〔慧琳音義·卷一〇〇〕引〔集訓〕。○疾步曰丨。〔説文〕「丨，馬疾步也」義證引〔急就篇〕顔注。○丨，疾也。〔左傳宣公二年〕「宣子丨諫」疏證引賈逵。○馳丨字凡〔左傳〕、〔國語〕言丨者皆與屢同義。（同上）○丨，古則為屢然之詞。〔曲禮〕叚騶為之。〔説文〕「丨，馬疾步也」段注。○丨勝，謂圍師久而勝也。〔左傳宣公一二年〕「楚師丨勝而驕」疏證。○丨、聚、冣三字古聲并相近，故丨亦通作冣。〔史記·樂毅傳〕「最勝」雜志。○騶、趨并與丨通。〔漢書·爰盎鼂錯傳〕「材官騶發」雜志。

甃 丨，井丨。〔廣韻·宥部〕○丨，甎壘井。〔説文〕「丨，井壁也」義證引〔五經文字〕。○丨，古文作㼯。（同上）義證引〔玉篇〕。○丨之言聚也，脩也。〔廣雅·釋宫〕「甑、瓹，丨也」疏證。

首 丨，自丨前罪。〔廣韻·宥部〕○〔通雅·卷二七〕丨匿，自丨出其所匿也。丨謂出丨。丨，去聲。〔功臣表〕「元朔五年，坐子傷人丨匿，免千户」。○丨猶嚮也。〔淮南·覽冥〕「奮丨於路」平議。○丨，言出兵。〔國策·魏策三〕「此王之丨事也」鮑注。

縐 丨，衣不申。又絺之細者。〔廣韻·宥部〕○丨音皺，丨絺，絺之蹙蹙者，當暑之服也。〔詩·君子偕老〕「蒙彼丨絺」朱傳。○丨，纖也。〔説文〕「丨，絺之細也」義證引〔玉篇〕。○丨，聚文也。〔説文〕「丨，一曰蹴也」義證引〔類篇〕。

戊 丨，辰名。〔廣韻·候部〕○丨，中宫，成於中也。〔説文〕「成，就也」繫傳。○丨，剛日也。〔詩·吉日〕「吉日維丨」朱傳。○丨，土也，剛日也。丁，火也，柔日也。名丨、字丁者，取土生於火，又剛柔相濟也。〔春秋名字解詁〕「衛夏丨，字丁」述聞。○丨己者，用匈奴所上者以制之，亦即厭勝之義也。〔漢書·西域傳〕「復置丨己校尉」補注引周壽昌。○丨、茂古通。〔通雅·疑始〕○甘丨，即甘茂，梁玉繩云古通。官本作甘茂。〔漢書·古今人表〕

「甘丨」補注。○〔說文〕「成，就也，从丨，丁聲」。〔「成」下〕○丨，叚借以紀六旬，後又以紀年紀月。〔說文定聲·卷六〕○丨乃成之譌。〔史記·趙世家〕「大丨午為相」志疑。

衺　丨，廣丨。東西曰廣，南北曰丨。〔廣韻·候部〕○南北曰丨，音茂。〔通鑑·周紀三〕「從某之某，廣丨六里」音注。○丨音茂，南北曰丨。〔秦紀二〕「延丨萬餘里」音注。○東西曰廣，南北曰丨。〔續音義·卷二〕引〔切韻〕。○對文則橫長謂之廣，縱長謂之丨，散文則橫長亦謂之丨。〔廣雅·釋詁二〕「尋，長也」疏證。○丨亦長也。〔續音義·卷二〕引〔切韻〕。○丨，延也。〔慧琳音義·卷八一〕○丨言直也。〔文選·西京賦〕「考廣丨」補正。○丨，或借由字。〔說文〕「丨，一曰南北曰丨」義證。

鼬　丨，蟲名，似鼠。〔廣韻·宥部〕○丨鼠，狀如鼠，赤黃色，大尾，能啖鼠，俗呼鼠狼，江東呼為鼬。〔釋獸〕「丨鼠」鄭注。○丨，今之黃鼠狼也。〔說文〕「丨，如鼠，赤黃色，尾大，食鼠者」段注。○丨即鼠狼，或稱黃丨，或稱狼貓。〔說文〕「丨，如鼠」義證。○丨，今俗呼黃鼠狼。〔說文定聲·卷六〕○皋丨，〔公羊〕作浩油。〔左傳定公四年經〕「盟于皋丨」洪詁。

僦　丨，丨賃。〔廣韻·宥部〕○丨，賃也。〔通鑑·宋紀一○〕「丨民露車自載」音注。○凡以錢顧庸作，或賃屋定租，皆謂之丨。〔通雅·貨賄〕○丨欺詐人之丨直也。〔同上〕

瞀　丨，目不明皃。〔說文〕「丨，氐目謹視也」段注引〔玉篇〕。○丨，瞀丨。〔廣韻·候部〕○丨，目垂皃。〔說文〕「丨，低目謹視也」義證引〔靈樞經注〕。○丨，低目視，則與眊同字。疑本訓目瞳子也，即〔說文新附〕之眸。〔說文定聲·卷八〕○丨，通作貿。〔說文〕「丨，低目謹視也」義證。○〔說文定聲·卷六〕丨丨然，猶〔檀弓〕之貿貿然。〔荀子·非十二子〕「丨丨然」。○丨，鍪字假音。〔墨子·備水〕「劍甲鞮丨」閒詁引畢沅。○〔說文定聲·卷六〕丨，叚借為鶩。〔楚辭·惜誦〕「中悶丨丨忳忳」。○〔同上〕丨，叚借為悶，悶丨雙聲。〔素問·五常政大論〕「其動鏗禁丨厥」。○〔同上〕丨，叚借為眊，丨眊雙聲。〔莊子·徐無鬼〕「子適有丨病」。○〔同上〕丨，叚借為牟。〔廣雅·釋詁三〕「丨，過也」。○〔同上〕丨，叚借為霧。〔漢書·五行志〕「丨恒風若」。○丨當作霧。諸家霧、丨通用。〔說文〕「殙，丨也」段注。○丨當作督。〔說文〕「督，轉目視也」義證引姚伯聲。○丨，當為矜。〔說文〕「殙，丨也」義證。○〔說文定聲·卷六〕丨，字亦作愗。〔廣雅·釋詁一〕「愗，愚也」。○舊校云，丨一作督。〔呂覽·本味〕「餘丨之南」校正。

咮　丨，鳥口。〔廣韻·宥部〕○丨，鬬、卓二音。〔同上〕○丨音晝，喙。〔詩·候人〕「不濡其丨」朱傳。○丨，韓作噣。〔同上〕集疏。○丨，邵本作啄，丨、啄字通。〔漢書·五行志〕「而丨、七星」補注引宋祁。○今人噣、丨、啄三字同音通用。〔說文〕「丨，鳥口也」段注。○丨，字或作噣。〔釋天〕「丨謂之柳」述聞。○丨，或作啄。〔同上〕○丨，或作注。〔同上〕○丨作喙者，啄字之譌。〔釋天〕釋文「丨，本或作喙」述聞。○丨、噣、注、啄，古同聲而通用。〔同上〕○丨、注並與噣同，字又作啄。噣、丨、啄、注，古同聲而通用。〔廣雅·釋親〕「噣，口也」疏證。○丨、噣、注、啄，古同聲而通用。〔漢書·天文志〕「鳥喙」雜志。

噣　丨，鳥口。〔廣韻·候部〕○丨同咮。〔廣韻·宥部〕○丨、鞠聲近。〔釋天〕「咮謂之柳」郝疏。○丨者，喙之叚借。〔釋鳥〕「生丨，雛」郝疏。○丨音啄。〔同上〕鄭注。○咮、注並與丨同，字又作啄。丨、啄、咮、注，古同聲而通用。〔廣雅·釋親〕「丨，口也」疏證。

姆　丨，女師。〔廣韻·候部〕

⿰豕尨　丨，丨尾。〔廣韻·候部〕○丨尾，星名。〔集韻·候部〕○〔說文定聲·卷八〕丨即尻字，當從尨、豕聲。〔楚語〕「日月會龍丨」。

漚　丨，久漬也。〔廣韻·候部〕○丨，屋豆反，久漬也。〔太素·營衛氣〕「中焦如丨」楊注。○丨，或假渥字為之。〔說文〕「丨，久漬也」段注。○丨菅，鄭康成注〔考工記〕引作渥菅。〔左傳哀公八年〕「拘鄫人之丨菅」洪詁引惠棟。

姤　丨，卦名。丨，遇也，又偶也。〔廣韻·候部〕

廖　丨，當作廫。〔釋名·釋形體〕「尻，丨也」疏證。○丨、飂、蓼三字通用。〔漢書·地理志〕「湖陽，故丨國也」補注引錢坫。○丨，當作庾。〔漢書·藝文志〕「鬻子二十二篇」補注引葉夢得。○丨，〔地理志〕注作戮。〔漢書·古今人表〕「丨叔安」補注引齊召南。

腠　丨，膚丨。〔廣韻·候部〕○丨，皮膚內也。〔慧琳音義·卷八八〕引〔考聲〕。○丨與湊同。〔釋獸〕「奏者，豱」郝疏。

蔟　丨，太丨，律名。〔廣韻·候部〕○丨猶聚也。〔慧琳音義·卷七六〕○丨即蠶丨也。〔說文〕「丨，行蠶蓐」繫傳。○丨，猶蠶丨也。〔說文〕「蓐，陳草復生」繫傳。○丨，引伸為六律大丨字。〔說文〕「丨，行蠶蓐」段注。○〔說文定聲·卷八〕丨，叚借為奏。〔禮記·月令〕「律中太丨」。

又　丨，手也。〔說文〕「燮，和也」繫傳。又〔說文〕「尋，繹理也」繫傳。又〔說文〕「兼，兼持二禾，秉持一禾」繫傳。又〔說文繫傳·通論中〕○丨者，手也。〔說文〕「丑，紐也」段注。○丨，手也，持事者也。〔說文〕「奴，奴婢皆古辠人」繫傳。○丨，持事也。〔說文繫傳·通論中〕○丨，反手也。〔說文〕「反，覆也」繫傳。○丨，仰手也。〔說文〕「𠬪，物落上下相付也」繫傳。○丨，亦象手掩也。〔說文〕「有，不宜有也」繫傳。○丨，即今之右字。〔詩·南有嘉魚〕「嘉賓式燕丨思」通釋。○丨，此即今之右字。〔說文〕「丨，手也」段注。○凡丨手字，經傳皆以右為之。〔說文定聲·卷五〕○丨，復也。〔詩·小宛〕「天命不丨」朱傳。又〔詩·賓之初筵〕「室人入丨」朱傳。○丨，猶更也。〔廣韻·宥部〕○丨，當即侑之借。〔詩·南有嘉魚〕

「嘉賓式燕｜思」通釋。○｜即侑之叚借，謂勸酒也。〔詩·賓之初筵〕「矧敢多｜」通釋。○｜與侑古音相近通用，言其舉酒以相勸侑也。〔儀禮·燕禮〕「公｜行一爵」胡正義。○｜，疑侑之假借，勸也，謂室人入而勸侑也。〔詩·南有嘉魚〕「嘉賓式燕｜思」後箋。○〔王制〕假｜為宥。〔說文〕「宥，寬也」段注。○〔說文定聲·卷五〕｜，叚借為宥。〔禮記·王制〕「王三｜」。○｜與有同。〔管子·中匡〕「八千人」雜志。又〔墨子·尚賢上〕「毋無」雜志。○｜、有通。〔國策·魏策二〕「故｜為足下傷秦者」補正。○古字通以｜為有。〔漢書·韓彭英盧吳傳〕「｜」雜志。○｜讀為有。〔書·康誥〕「｜曰劓刑人」平議。○｜當讀為有。〔左傳襄公二五年〕「公踰墻，｜射之」平議。○｜讀為有，古字｜與有通。〔管子·小匡〕「八千人」雜志。又〔韓子·外儲說右上〕「｜重於衛君」集解。又〔漢書·韓信傳〕「淮陰少年｜侮信曰」補注引王念孫。○〔新序〕｜作有。〔左傳昭公四年〕「｜何能濟」洪詁。○〔說文定聲·卷五〕｜，以有為之。〔儀禮·士相見禮〕「吾子｜辱」。○｜，當作猶。〔韓子·孤憤〕「以歲數而｜不得見」集解引顧廣圻。○｜當作久字。久者，老也。〔莊子·至樂〕「人｜反入於機」集釋引俞樾。○｜當作久，字之誤也。〔同上〕平議。○〔說文定聲·卷五〕｜，叚借為后。〔詩·葛藟〕「謂他人母」傳「王｜無母」。○〔說文定聲·卷五〕｜，叚借為再。〔穀梁傳成公三年〕「｜，有繼之詞也」。○｜，當本作尤。〔漢書·陳遵傳〕「｜重遵」補注引蘇輿。○死｜，〔家語〕、〔史記〕、〔漢書〕並作死而，〔禮記〕引傳文亦同。〔左傳哀公一六年〕「死｜誄之」洪詁。○｜字當從浙本作人。〔漢書·韓安國傳〕「｜遣子弟乘邊守塞」補注引宋祁。

餾 ｜，｜飯。〔廣韻·宥部〕○｜，飯氣蒸也。〔廣韻·尤部〕○飯饋熟為｜。〔集韻·尤部〕○｜之為言流也。〔釋言〕「｜，稔也」郝疏。○鏤、塯、｜，聲同義並相近。〔方言五〕「鍑，或謂之鏤」箋疏。○米再蒸曰｜。〔說文定聲·卷六〕○｜，字亦作餐。〔同上〕

鷚 ｜，雞子，一曰鳥子。〔廣韻·宥部〕○｜，｜鷚，鳥也。〔廣韻·尤部〕○｜，天鷚，鳥也。〔廣韻·幽部〕○｜，此雀類，似鶉而小，尾長，所在寒月多有之。〔釋鳥〕「｜，天鷚」鄭注。○｜猶翟也。〔釋鳥〕「雉之暮子為｜」郝疏。○｜，今俗謂之叫天子。〔說文定聲·卷六〕○｜與雡同。〔廣雅·釋詁三〕「雡，少也」疏證。

鷚 ｜，今本作鷚。〔說文〕「｜，天鸙也」段注。○今人謂｜為告天鳥。〔說文〕「｜，天鸙也」義證。

轃 ｜，輻｜。〔廣韻·候部〕

逅 ｜音候。〔詩·綢繆〕「見此邂｜」朱傳。○｜，邂｜。〔廣韻·候部〕

簉 ｜，｜倅，一曰齊也。〔廣韻·宥部〕○｜，倅也。〔集韻·宥部〕○｜，齊也。〔同上〕○｜，盈也。〔慧琳音義·卷九〕○｜，豐也。〔同上〕引〔韻英〕。○｜，廁也。〔同上〕引〔考聲〕。

槱 ｜，積薪燒之。〔廣韻·宥部〕○｜、鬻、熬、煼、炒、𤆍、䰷，字並與聚同。〔方言七〕「聚，火乾也」箋疏。

狃 ｜，復也。〔詩·太叔于田〕「將叔無｜」集疏引魯說。○｜，習也，就也，又狐狸也。〔廣韻·宥部〕

嗾 ｜，使犬。〔廣韻·候部〕○｜，獎使之進也。〔說文〕「｜，使犬聲」繫傳。○〔說文定聲·卷八〕｜作唆也。〔左傳宣公二年〕「公｜夫獒焉」釋文「服本作唆」。

蜼 ｜，似獼猴，鼻露向上，尾長五尺有岐，雨則自縣於樹，以尾塞鼻。〔廣韻·宥部〕○狖、｜，聲義皆同也。〔廣雅·釋獸〕「狖，｜也」疏證。○｜、狖為古今字。〔說文〕「狖，鼠屬」段注。○｜，狖也。〔同上〕義證引〔爾雅翼〕。○｜，作柚音者或為狖，又讀如橘柚之柚。〔同上〕

鍑 ｜，釜而大口，一曰小釜。〔廣韻·宥部〕○｜，釜大口者。〔集韻·屋部〕○｜，北燕朝鮮洌水之間，或謂之錪，或謂之鉼。〔廣雅·釋器〕「｜，釜也」疏證。○釜大口曰｜。〔說文〕「䰙，三足｜也」繫傳。

猶 ｜，獸，似麂，善登木。〔廣韻·宥部〕○一曰隴西謂犬子曰｜。〔集韻·宥部〕○｜，猿屬也。〔說文〕「｜，玃屬」義證引〔玉篇〕。○｜，謀。〔詩·文王〕「厥｜翼翼」朱傳。○由、｜通。〔國策·卷中〕「｜時攫公孫子之腓」札記引補正。

瘻 ｜，瘠也。〔廣韻·候部〕○｜，惡瘡病也。〔慧琳音義·卷一三〕○久瘡不差曰｜。〔卷一六〕引〔考聲〕。○｜，久瘡也。〔說文〕「｜，頸腫也」義證引〔急就篇〕顏注。

後 ｜，謂｜日。〔書·洛誥〕「迪將其｜」孫疏。○｜判決，｜司也。〔通雅·官制〕○｜，魯作訛。〔詩·瞻卬〕「式救爾｜」集疏。○｜，疑役字之誤。〔禮記·射義〕「與為人｜者」平議。

仆 ｜，前倒。〔廣韻·宥部〕○｜是前覆。〔釋言〕「僨，僵也」郝疏。○前倒曰｜。〔太素·經脈厥〕「僵｜歐血善衄」楊注。○｜，倒也。〔廣韻·候部〕

后 ｜，君也，皇｜也。〔廣韻·候部〕○｜者，繼體君也。〔說文繫傳·通論上〕○古謂官長曰｜。〔同上〕○天子之妃曰｜。〔同上〕○｜，後也，王前妃後也。〔同上〕○｜之言後也。〔同上〕○〔說文定聲·卷八〕｜，叚借為後。〔儀禮·聘禮記〕「君還而｜退」。○惠｜訓為惠帝。〔漢書·鄒陽傳〕「六齊望於惠｜」補注。

叩 ｜，發動也。〔論語·子罕〕「我｜其兩端而竭焉」朱注。○｜，｜頭。〔廣韻·厚部〕○敂、｜、扣並通。〔廣雅·釋詁三〕「敂，擊也」疏證。○｜、敂

之俗。〔周禮・司關〕「凡四方之賓客敂關則為之告」孫正義。○一説丨即敂之俗。〔説文〕「狗，丨也」段注。○丨者，聲有節，若丨物。（同上）繫傳。○丨，近也。〔通鑑・魏紀五〕「謹丨棺沐浴」音注。○丨與扣通。〔廣雅・釋詁一〕「扣，舉也」疏證。又〔廣雅・釋詁三〕「扣，持也」疏證。○丨气者，出其气也。〔説文〕「狗，丨也，丨气吠以守」段注。○丨頭者，經之頓首也。〔説文〕「頟，頟也」段注。○丨亦誠也，重言之則曰丨丨。〔廣雅・釋訓〕「丨丨，誠也」疏證。○丨丨，猶區區，此一聲之轉。〔義府・卷下〕○丨丨，恰恰，又因少義為無餘之義。〔義府・卷下〕○悾悾、愨愨、懇懇、丨丨，皆一聲之轉，或轉為款款。〔廣雅・釋訓〕「丨丨，誠也」疏證。○丨，〔新書〕、〔漢書〕與〔陳涉世家〕作仰。〔史記・始皇本紀〕「丨關而攻秦」志疑。

琇　丨謂石，瑩謂玉。〔詩・淇奧〕「充耳丨瑩」集疏。○〔説文定聲・卷六〕丨，叚借為秀。〔廣雅・釋詁一〕「琇，美也」。

楱　丨，小橘也。〔文選・上林賦〕「黃甘橙丨」李注引張揖。○丨，橘屬。〔廣韻・候部〕○丨，小橘也，出武陵。〔集韻・候部〕○今之金橘殆即丨。〔文選・上林賦〕「黃甘橙丨」集釋。○丨、柚、條，古音俱相近。〔釋木〕「柚，條」郝疏。○丨，鍽丨，鐵齒杷名。〔廣韻・候部〕

愗　丨，怐丨。〔廣韻・候部〕

鄮　丨音貿。〔説文〕「丨，會稽縣」義證引孟康。

酘　投與丨通。〔廣雅・釋器〕「醞，丨也」疏證。

輮　丨，車網。〔廣韻・宥部〕又〔集韻・宥部〕。○丨，讀若矯揉。〔大戴・勸學〕「丨而為輪」王詁。○〔説文定聲・卷六〕丨，叚借為蹂。〔漢書・項籍傳〕「亂相丨蹈」。○（同上）丨，叚借為煣。〔易・説卦〕傳「坎為矯丨」。

綬　漢制，以紫丨為公，青丨為卿，墨丨比大夫六百石。〔漢書・宣帝紀〕「自今以來毋得舉」補注引王啓原。○丨為蔽厀之系。〔釋器〕「襚，丨也」郝疏。○古之所謂丨者，璲也，秦漢之繸也。〔説文〕「丨，韍維也」段注。○古者佩玉之系謂之丨。（同上）段注。○韍佩與革帶之間有聯而受之者，故曰丨。（同上）段注。○丨者，有所承受也，所以別尊卑、彰有德也。（同上）義證引〔漢官儀〕。○丨者，受也，所以承受環印也。（同上）義證引〔急就篇〕顔注。○丨，亦謂之繸。（同上）○丨者，組帶之大名。〔説文定聲・卷六〕○丨，綵衣皃。〔廣韻・宥部〕

櫾　丨，木名。〔廣韻・宥部〕○〔穆天子傳〕曰，天子釣於河，以觀丨之本。郭云，姑櫾大木。姑櫾亦即丨也。〔説文〕「丨，崐崘山河隅之長木也」段注。

楙　丨，木名，冬桃也。〔集韻・候部〕○丨，今多生宣州。〔釋木〕「丨，木瓜」鄭注。○丨，從林、矛，諧聲也。〔本草・卷三〇〕○茂與丨通。〔廣雅・釋言〕「戊、秀，茂也」疏證。○丨，此與艸部茂音義皆同。〔説文〕「丨，木盛也」段注。○懋與丨古字通。〔淮南内篇・俶真〕「啉啉」雜志。○〔封禪書〕〔孝武紀〕丨作廡，廡亦借訓豐盛。〔漢書・郊祀志〕「今年豐丨未報」補注。○〔説文定聲・卷六〕丨，叚借為懋，實借為貿。〔漢書・食貨志〕「丨遷有無」。○丨作旄者，字之叚借。〔説文〕「丨，冬桃」段注。○昧丨，丨丨，一聲之轉，皆欲知之貌。〔淮南内篇・俶真〕「啉啉」雜志。

莥　丨，細草叢生。〔廣韻・候部〕○丨，艸聚生皃。〔集韻・厚部〕

㽡　丨，抒水器也。〔廣韻・宥部〕○小甌曰丨，即卣也。〔通雅・古器〕

盇　丨同㽡。〔廣韻・宥部〕○丨者，㽡之或字。〔説文〕「醢，肉醬也」段注。

頄　丨，玄應兩引〔説文〕皆作頏，是其字從頁，又聲。今本〔説文〕作丨，尤聲，非古也。〔説文〕「丨，顫也」段注。○丨，玄應引〔説文〕云，謂掉動不定也。（同上）段注。○丨，字與疚同。（同上）句讀。○丨者，顫容。〔説文定聲・卷五〕

疚　丨，或作疣。〔説文〕「丨，顫也」義證。○丨與疣音義同。（同上）段注。○丨與頁部頄音義同。（同上）段注。○〔説文定聲・卷五〕丨，字亦作疛。〔集韻〕引〔廣韻〕「疛，病也」。○丨者，顫疾。〔説文定聲・卷五〕〔「頄」下〕

怞　丨，與頁部之頄義近。〔説文〕「丨，心動也」段注。○丨，心動也。〔説文〕「丨，不動也」義證引〔玉篇〕。○丨，或通作尤。（同上）義證。

趙　丨，走皃。〔廣韻・宥部〕

蘛　丨，古囿字也。〔説文〕「丨，草也」繫傳。○丨，艸也，或作蒏。〔集韻・宥部〕引〔説文〕。

殷　丨，强擊。〔廣韻・宥部〕○丨，丨屈。〔廣韻・尤部〕○丨，柔屈也。〔集韻・尤部〕

餖　丨，今〔禮〕作飫。〔説文〕「丨，飽也」繫傳。○丨，字亦作饇。區、殷雙聲。〔説文定聲・卷六〕

遚　丨，恭謹行也。〔廣韻・宥部〕

詘　丨，詶也。〔廣韻・宥部〕○丨，祝也。〔説文〕「丨，詶也」義證引〔玉篇〕。○祝褶字亦作袖，蓋與丨一字也。（同上）段注。○丨與褶同。（同上）句讀。

疛　丨，心腹疾也。〔廣韻・宥部〕○丨，腹心疾也。〔集韻・宥部〕○丨，舊本作府，誤。〔呂覽・數盡〕「處腹則為張為丨」校正。

殠　丨，腐臭。〔廣韻・宥部〕○丨，物傷氣也。〔説文〕「丨，腐氣也」義證引〔玉篇〕。○丨，又通作臭。（同上）義證。○丨，字或作臰。（同上）○〔説文定聲・卷六〕丨，叚借為糗。〔儀禮〕釋文引〔孟子〕「舜之飯丨茹菜」。

㱗　丨，腐氣也。〔集韻・宥部〕○丨，敗惡氣也，或作殠。〔慧琳音義・卷二〕引〔考聲〕。○丨者，朽腐之專名，今通用臭。〔説文〕「丨，腐氣也」句讀。

○丨，又作臯。(同上)

珛 丨，朽玉。〔廣韻・宥部〕○丨，玉有瑕玷者。〔説文定聲・卷五〕

鏉 丨，鐵生丨。〔廣韻・宥部〕○丨，鎘利。〔廣韻・候部〕○丨，彫也，或從叟。〔集韻・候部〕○丨，刻鏤。〔廣韻・候部〕○〔説文定聲・卷八〕丨，謂今之銹字，然鐵鏽作采，古只作繡。〔玉篇〕「鐵生丨也」。

鏉 丨，利也。〔集韻・候部〕○丨，一曰鐵上衣。(同上)

僇 丨，癡行皃。〔廣韻・宥部〕○丨，黶蹇也。〔説文〕「丨，癡行丨丨也」繫傳。○丨即今所用聊字也。丨其正字，聊其假借字也。〔説文〕「丨，一曰且也」段注。○丨，〔大學〕借為戮字。〔説文〕「丨，癡行丨丨也」段注。○丨，通作戮，丨、戮古通用。(同上)義證。○丨，通作聊。〔説文〕「丨，一曰且也」義證。○丨又通作僇。(同上)○〔説文定聲・卷六〕丨，叚借發聲之詞。〔説文〕「丨，一曰且也」。

𥛚 丨，留祀，祝丨。〔廣韻・宥部〕○丨，古文作䄂。〔説文〕「丨，祝丨也」段注。又(同上)義證引〔玉篇〕。○〔説文定聲・卷六〕丨，以由為之。〔素問〕「古之治病可祝由而已」。○丨，字亦作䄂。〔説文定聲・卷六〕

㝌 丨，貧病也。〔集韻・有部〕○丨，通作疚，又通作究。〔釋詁〕「疚，病也」郝疏。○丨，通作疚。〔説文〕「丨，貧病也」義證。○〔説文定聲・卷五〕丨，叚借為究。〔詩・雲漢〕「疚哉冢宰」。○丨，今〔詩〕作疚。〔説文〕「詩曰煢煢在丨」段注。

牰 丨，牛黑眥。〔廣韻・宥部〕○丨，牛目眥黑。〔集韻・宥部〕

瘶 丨，縮小。〔廣韻・宥部〕○丨，縮也。〔集韻・宥部〕○癄亦丨也。〔廣雅・釋詁三〕「癄，縮也」疏證。○丨與摯亦聲近義同。〔方言三〕「摯，細也」箋疏。

㾈 丨，病重發也。〔廣韻・宥部〕○再發之疾曰丨。〔集韻・宥部〕○丨、復並與瘦同。〔方言三〕「瘦，病也」箋疏。○丨、復、瘎、湛並通。〔廣雅・釋言〕「丨，瘎也」疏證。

翏 丨，高飛皃。〔廣韻・宥部〕○丨丨，飛皃。〔集韻・尤部〕○丨，高飛貌。〔本草・卷一六〕○丨與飂同。〔廣雅・釋訓〕「飂飂，風也」疏證。○丨丨，瀏瀏，飂瀏，颼飂，飀飀，並字異而義同。〔廣雅・釋詁四〕「飂，風也」疏證。○〔説文定聲・卷六〕丨，叚借為戮。〔書・湯誓〕「予則孥丨女」。

椱 丨，機持繒者。〔廣韻・宥部〕○丨，織丨卷繒者。〔廣韻・屋部〕○丨，機持繒者。〔集韻・屋部〕○軸即丨。〔説文〕「丨，機持繒者」義證。○丨，持

經與緯之會者，所以緊之也。〔説文定聲・卷六〕

鄇 〔説文定聲・卷八〕丨，溫之別邑。〔説文〕「丨，晉之溫地」。

𣪊 丨，未燒瓦。〔廣韻・屋部〕○丨，未燒瓦器。〔廣韻・尤部〕○丨，未燒瓦器也。〔集韻・尤部〕○瓦器未燒為丨，猶木石之樸也，即坏。〔説文定聲・卷八〕〔𣪊下〕○丨與坏不但義同，而音最相近。〔説文〕「丨，未燒瓦器也」段注。

䩓 丨，車鞁具。〔廣韻・候部〕

鬥 丨者，兩士相對，兵杖在後也。〔説文〕「戰，丨也」段注。○〔説文定聲・卷八〕丨，爭也。〔説文〕「丨，兩士相對，兵杖在後」。○凡爭丨字許作丨，鬭者遇也，其義各殊。〔説文〕「獨，犬相得而丨也」段注。○丨，各本作鬭。〔説文〕「戰，丨也」段注。○丨，舊作鬭，今正。〔説文〕「鬩，丨也」段注。○丨，經典借鬭字。〔説文〕「丨，象相丨之形」義證。○丨，經傳多以鬭為之。〔説文定聲・卷八〕

軥 丨，丨槅挽車也。〔廣韻・候部〕○軛木上平而下為兩坳，加於兩服馬之頸，是曰丨。〔説文〕「丨，軛下曲者」段注。○丨，通作朐。(同上)義證。○〔説文定聲・卷八〕丨，軛下為兩坳，以叉服馬之頸者，亦謂之烏噣。〔説文〕「丨，軛下曲者」。

屚 丨音漏，屋漏也。〔説文〕「漏，以銅受水刻節，晝夜百刻」繫傳。○漏與丨通。〔廣雅・釋草〕「丨蘆，木禾也」疏證。○丨，今字作漏。〔説文〕「丨，屋穿水入也」段注。○丨，通作漏。〔説文〕「丨，屋穿水下也」義證。○丨，經傳皆以漏為之。〔説文定聲・卷八〕

佝 丨，僂丨。〔廣韻・候部〕○丨愗，愚也，或從人。〔集韻・候部〕○〔説文定聲・卷八〕丨，以溝為之，亦作敎瞀、穀瞀、㲉瞀、傋霿、區霿、怐愗，皆疊韻連語。〔荀子・非十二子〕「世俗謂之溝猶瞀儒」。○(同上)丨，字亦作怐。〔廣雅・釋詁一〕「怐，愚也」。○丨，愚冢之意。〔説文定聲・卷八〕

𨇤 丨，醉行兒。〔集韻・候部〕

怞 丨，今〔毛詩〕作妯。〔説文〕「丨，詩曰，憂心且丨」段注。○悼、妯、蹈三字音義略同。〔説文〕「丨，朖也」段注。○〔説文定聲・卷六〕三家詩借丨為妯。〔毛詩・鼓鐘〕「憂心且妯」。

㚆 丨，亦複也。〔廣雅・釋詁四〕「丨，重也」疏證。○今則複行而丨廢矣。〔説文〕「丨，重也」段注。○丨，通作復。(同上)義證。○丨，今皆以複為之。〔説文定聲・卷六〕

附 俗書丨婁作培塿。〔説文〕「塿，𡏖土也」段注。○丨婁，或作培婁。〔説文〕「丨，丨婁，小土山也」段注。○丨婁，或作培塿。(同上)義證。又(同上)

句讀。○〔說文定聲·卷八〕|婁，疊韻連語。〔說文〕「|，|婁」。

雡 |，俗通用鶵。〔說文〕「|，鳥大雛也」段注。○鶵與|同。〔廣雅·釋詁三〕「|，少也」疏證。○〔說文定聲·卷六〕|，〔爾雅〕以鶵為之。〔說文〕「|，一曰雉之莫子為|」。

鮍 |，壂膜也。〔集韻·候部〕

𢻫 |，擊也，通作考。〔通雅·疑始〕○|即叩，又作扣。(同上)

敂 |、叩、扣並通。〔廣雅·釋詁三〕「|，擊也」疏證。○|，〔周禮〕|關字如此。〔說文〕「|，擊也」繫傳。○|，或借叩字。(同上)義證。○|，或借扣字。(同上)○〔說文定聲·卷八〕|，經傳皆以扣、以叩為之。〔說文〕「|，擊也」。○(同上)|，叚為訽。〔周禮·司關〕「凡四方之賓客|關」。

錇 |，小缶。〔廣韻·厚部〕○|字與瓿蓋同。〔說文〕「|，小缶也」句讀。○|即瓿之或體。〔說文定聲·卷五〕

蓩 |，艸名，卷耳也。〔集韻·侯部〕

霿 |，晦也。〔說文〕「壋，天会靈起也」段注。○|，〔爾雅〕作雺。〔說文〕「|，天气下，地不應曰|」繫傳。○|，俗作雺。〔說文〕「冒，冡而前也」義證。○|、蒙聲相近。〔漢書·五行志〕「|，恆風若」補注引錢大昕。○|，通作蒙。〔說文〕「|，天气下，地不應曰|」義證。○〔隋志〕|作瞀。〔漢書·五行志〕「厥咎|」補注。○〔說文定聲·卷六〕|，以霧為之。〔禮記·月令〕「氛霧冥冥」。

䤚 𨢥|，醬也。〔廣韻·侯部〕○𨢥|，或音茂逗，或音牟頭，或音模途。〔說文〕「|，𨢥|也」段注。

𨢥 |䤚，榆子醬也。〔廣韻·模部〕○|䤚，榆人醬。〔廣韻·尤部〕○|䤚，榆醬也。〔集韻·侯部〕○〔說文定聲·卷六〕|，以榆中仁為之。〔說文〕「|，|䤚，榆醬也」。

魒 |，鬼髟聲，||不止也。〔廣韻·侯部〕○||，鬼魅聲，||不止。〔廣韻·虞部〕○|，鬼髟聲不止。〔集韻·虞部〕○|，通作啾。〔說文〕「|，鬼髟聲」義證。

嵺 |，〔史記〕作寥，|借字。〔漢書·司馬相如傳〕「上|廓而無天」補注。

𤮍 |，甎也。〔廣韻·宥部〕○|之言留也。〔廣雅·釋宮〕「甍之言|」疏證。○|之言霤也，通作溜。〔方言 一三〕「瓴謂之|」箋疏。

蜏 |，蟲名，不知晦明。〔廣韻·宥部〕○|，朝生暮死蟲名。〔廣韻·有部〕○|，蟲名，不知晦明者。〔集韻·宥部〕

䅲 |，稻稳實，又稅也。〔廣韻·宥部〕○|，稅也。〔集韻·宥部〕

媨 |，醜老嫗皃。〔廣韻·宥部〕○|與褊同聲。〔廣雅·釋詁二〕「|，好也」疏證。○遒與|亦聲近義同。(同上)

鮜 |，魚名。〔廣韻·侯部〕○|，魚名，鯸也。〔集韻·侯部〕○鯸、鱯、|俱一聲之轉。〔釋魚〕「魾，大鱯」郝疏。

毦 |，氈屬。〔廣韻·侯部〕

怐 |，同佝。〔廣韻·侯部〕○|，|愗，愚皃。(同上)又〔說文〕「婁，一曰婁務也」義證引〔玉篇〕。○|愗者，㲉愗也。〔廣雅·釋詁二〕「|愗，愚也」疏證引〔說文〕。○|愗、溝愗、傋霿、區霿，並字異而義同。(同上)疏證。○|愗，一作|瞀、㲉霿、|愗、拘愗、傋偢、區霧、溝瞀。〔通雅·釋詁〕○|愗即婁務。〔說文〕「婁，一曰婁務也」義證。

襡 |，衣袖。〔廣韻·侯部〕○|，衣袖。〔廣韻·厚部〕○|，短衣。(同上)○|，衣袖。〔集韻·侯部〕

𡪢 |，夜也。〔漢書·梁懷王傳〕「聽聞中冓之言」補注引〔玉篇〕。又〔廣韻·侯部〕。

𥦭 |，穴也。〔集韻·侯部〕

䃓 |，甃井也，又罰也。〔廣韻·侯部〕○|，硧也。〔集韻·侯部〕

𪉷 |，南夷名鹽。〔廣韻·侯部〕

豿 |，豕聲。〔廣韻·侯部〕

䪷 |，勤也。〔集韻·侯部〕○|，一說|顥，老稱。(同上)○||，勤力。(同上)

鮥 |，魚名，似鯿而大鱗，肥美多鯁。或作鱌。〔集韻·尤部〕

袧 |之言句也。〔廣雅·釋言〕「|，襞也」疏證。○|、襞皆屈也。(同上)

𧼯 |，進也。〔廣韻·宥部〕○|之言駿也。〔廣雅·釋宮〕「|，犇也」疏證。○〔說文定聲·卷八〕|，字當從㞟，不從夋。〔廣雅·釋室〕「|，犇也」。

鳩 |頭，鵋鳥名，似梟。〔集韻·幼部〕

𩋻 |，鞬也。〔廣韻·虞部〕○|，胡鞬。〔集韻·侯部〕

伷 —，鳥菢子。〔廣韻・宥部〕○—，菢卵也，或作㝮。〔集韻・宥部〕

伷 —，系也。〔廣韻・宥部〕

候 凡覰伺皆曰—，因之謂時為—。〔説文〕「—，司望也」段注。

傋 —霿、怐愗、溝瞀、區霿，並字異而義同。〔廣雅・釋詁一〕「怐愗，愚也」疏證。

偒 —，妊身人也。〔廣韻・宥部〕○—，娠也，或從女，通作婸。〔集韻・宥部〕

㰴 —，石蜜膜也。〔廣韻・候部〕

偢 —，㑳—，惡言罵也。〔廣韻・宥部〕

剅 —，細切。〔廣韻・候部〕

剹 —，—剩，細切。〔廣韻・宥部〕

勠 —，併力。〔廣韻・宥部〕

務 —，昏也，古作霿，或作牟。〔集韻・候部〕

冃 —，重覆。〔廣韻・候部〕

冃 —，覆也。〔集韻・候部〕

匛 —，棺也。〔説文〕「柩，棺也」義證引〔玉篇〕。○—亦作柩。（同上）

匶 —，古文柩。〔廣韻・宥部〕○—，今〔周禮〕或用此字。〔説文〕「柩，棺也」繫傳。

卣 —，警聲。〔集韻・宥部〕

凑 —、奏古字通。〔荀子・王霸〕「奏」雜志。○奏讀為—。（同上）

絇 —，綿—。〔廣韻・候部〕

㡌 —，染布以覆車也。〔集韻・候部〕

句 —與彀通。〔廣雅・釋詁一〕「彀，張也」疏證。

咅 —者，與小怒義亦相近。〔説文〕「㤓，小怒也」段注。○〔説文定聲・卷五〕—，所謂否也，非涕唾之唾。〔趙策〕「老婦必唾其面」。

𠯑 —，恥辱。〔廣韻・候部〕○—、詢並與詬同。〔廣雅・釋詁四〕「詬，恥也」疏證。

㖟 —，趍鳥聲。〔集韻・宥部〕

𠱄 —即呪咀之呪也。〔慧琳音義・卷六五〕

嗖 —，口—。〔廣韻・宥部〕○—，口誨與也。〔集韻・宥部〕

嗖 —，驅鳥聲，或從叜。〔集韻・宥部〕

𢐺 —，弓强也，或作彄。〔集韻・宥部〕

㝌 —，古文究。〔説文〕「究，窮也」義證引〔玉篇〕。

岣 —嶁，山巔。〔廣韻・厚部〕又〔集韻・厚部〕。○—嶁，猶穹隆，語之轉也。〔廣雅・釋山〕「—嶁，謂之衡山」疏證。○山顛謂之—嶁，義與枸簍相近。〔廣雅・釋器〕「枸簍，傘也」疏證。

姷 —，偶也。〔廣韻・宥部〕○—，俗作酭。〔説文〕「—，耦也」義證。○〔説文定聲・卷五〕—，以右為之。〔詩・雝〕「既右烈考」。○—，一説此〔周禮・太宰〕「友以任得民」之友字，勸助之義，借為右。〔説文定聲・卷五〕○（同上）—，叚借為宥。〔管子・法法〕「文有三侑」。○（同上）—，以宥為之。〔荀子・宥坐〕注「侑卮，攲器也」。

㝅 〔釋文〕云鬬穀，〔漢書〕作—。則舊本作穀也。今通志堂刊本〔釋文〕穀作轂，汲古閣本亦作轂，皆誤。〔左傳莊公三〇年〕「鬬穀於菟」洪詁。○—瞀，〔荀子・儒效篇〕作溝瞀，〔漢書・五行志〕作傋霿，〔楚辭・九辨〕作怐愗，〔廣韻〕作㲄瞀，又作嫯瞀。〔説文〕「—，乳也，一曰—瞀」段注。○—瞀，疊韻連語，即〔荀子・儒效〕之溝瞀，愚無知之皃。〔説文定聲・卷八〕○轂、—、穀並通。〔廣雅・釋詁一〕「轂，生也」疏證。○—、穀義並與轂同。〔方言八〕「爵子及雞雛皆謂之轂」箋疏。○—，字或作𣪘。〔説文〕「—，乳也」句讀。○—，通作穀。（同上）義證。

㛒 —，嫗—，語怗也。〔廣韻・候部〕○—，嫗—，不能言也。〔集韻・候部〕

㲉 —，—瞀，無暇。〔廣韻・候部〕○—，取乳也。〔集韻・候部〕

𡤃 —，美好。〔廣韻・宥部〕○—，—，蜖也。〔集韻・宥部〕

垗 聯土曰—。〔廣韻・宥部〕○—，耕隴中，或作畂。〔集韻・宥部〕○—，耕地起土也。〔同上〕○—，一曰聯也，或作畂。〔同上〕

堠 —，記里堡。〔集韻・候部〕

塯 —，瓦飯器也。〔廣韻・宥部〕○—，瓦器。〔集韻・宥部〕○—當為溜。〔墨子・節用中〕「飯於土—」閒詁引畢沅。○—，或作溜。〔史記・秦始皇本紀〕「飯土—」雜志。○簋，古讀若九，聲與—相近，故字亦相通。〔同上〕

夠 —，聚也。〔集韻・候部〕○—與㝅聲義並相近，多也。〔方言一二〕「㝅，贏也」箋疏。

媹 —媹，行相待也，通作宿。〔集韻・宥部〕

扏 〔通雅・卷一〕—之于揄，此可通者也。〔周官・春人〕「女舂—二人」。

抖 四匊曰—。〔集韻・候部〕

捄 —，今作救，求助也。〔慧琳音義・卷四六〕

搯 —，等墻布土也。〔集韻・宥部〕

摗 —，攬也。〔集韻・宥部〕

㩴 —，取牛羊乳也。〔慧琳音義・卷五三〕引〔字指〕。

擩 搆—，不解事。〔廣韻・候部〕

擽 —，擊也。〔集韻・宥部〕

怓 —，動也。〔廣韻・宥部〕

恒 —，小怒也。〔廣韻・宥部〕○—，小怒。〔廣韻・有部〕○—，詎也。〔集韻・候部〕

惤 ——，勤力。〔集韻・候部〕

憱 —即憱。〔國策・楚策四〕「汗明—焉」補正。

懰 —，恣也，或作恒。〔集韻・宥部〕

懤 ——，愁毒。〔廣韻・宥部〕○——，愁毒也。〔集韻・宥部〕

殠 —，腐也。〔集韻・宥部〕○—，肉爛也，敗也。〔慧琳音義・卷八一〕引〔考聲〕。

殧 ——殄。〔廣韻・宥部〕

㬂 —，半春也。〔集韻・候部〕

㬝 —，亂明。〔說文〕「天氣下、地不應曰霿」義證引〔玉篇〕。

有 —讀為又。〔管子・侈靡〕「用其臣」雜志。又〔荀子・正名〕「共則—共」雜志。又〔晏子春秋・諫上〕「導裔款」雜志。又〔史記・晉世家〕「—」雜志。○—與又同。〔管子・宙合〕「萬物之橐也」雜志。又〔荀子・非相〕「越勁」雜志。○經傳通以—為又。〔管子・白心〕「—中—中」雜志。○—讀為域。〔荀子・禮論〕「人—是」雜志。○域、—古通用。〔同上〕

欧 —，〔說文〕同音。〔廣韻・候部〕○—，俗又作㰯。〔同上〕○—，數—。〔同上〕

欶 —，上氣。〔廣韻・候部〕

欵 —，語而不受。〔廣韻・候部〕○—，語不受也。〔集韻・候部〕

欲 —，歐吐也。〔集韻・候部〕

數 —欧，小兒凶惡。〔廣韻・候部〕

鼓 —，強擊也。〔集韻・宥部〕

穀 —霿，鄙吝心不明也，或作瞉、區、怐。〔集韻・候部〕

毆 —，遙擊也。〔集韻・候部〕

㲉 —，取牛羊乳。〔廣韻・候部〕

㝅 —，取牛乳也。〔集韻・候部〕

㲋 —，乳也。〔廣韻・候部〕○—之言孺也，字本作—，通作㝅。〔廣雅・釋親〕「—，子也」疏證。○—與㝅同。〔廣雅・釋言〕「㝅，乳也」疏證。○—、㝅、㝅並通。〔廣雅・釋詁一〕「—，生也」疏證。

戉 —，古鉞字也。〔讀淮南子書後〕引〔時則〕「孟秋之月其兵—」雜志。○—，古鉞字。〔漢書・天文志〕「傷成於—」雜志。又〔史記・天官書〕

「河戒」雜志。

煣 —,蒸木使曲也。〔廣韻・宥部〕〇—,火揉木也。〔集韻・宥部〕

熇 —,舉火也。〔廣韻・候部〕

油 藋子桐花曰—。〔廣韻・宥部〕〇浩—,地名。〔集韻・宥部〕

注 味、—並與噣同,字又作啄。噣、味、啄、—,古同聲而通用。〔廣雅・釋親〕「噣,口也」疏證。

沰 —,沾濡也。〔集韻・候部〕

涑 —,水有所敗。〔集韻・宥部〕〇—,字或作漱。〔廣雅・釋言〕「—,澣也」疏證。

溴 —,當作湨。〔漢書・五行志〕「諸侯為—梁之會」補注引朱一新。

滫 —,溲也,或作糔。〔集韻・宥部〕

濚 —,罧也,積艸水中以取魚。〔集韻・候部〕

漯 —,水流急也。〔集韻・宥部〕

栯 —,木名,服之不妬。〔廣韻・有部〕

梪 籩—,古食肉器也。〔廣韻・候部〕〇—與豆同。〔廣雅・釋器〕「—四曰區」疏證。〇—,古豆以瓦為之,後世易以木,乃製此字,當為豆之或體。〔說文定聲・卷八〕

椆 —,木—,船篙木也。〔廣韻・宥部〕

椱 —即軸。〔說文〕「—,機持繒者」繫傳。

櫾 〔說文定聲・卷六〕—,叚借為柚。〔中山經〕「荊山多橘—」。

斣 —,斠也,角力走也,又相易物俱等。〔廣韻・候部〕〇—,物等也。〔集韻・宥部〕

狟 —,犬吠。〔集韻・候部〕

豰 —,獸名,似犬,食猴。〔集韻・候部〕

獳 —,怒犬皃。〔集韻・候部〕

皺 —,面—。〔廣韻・宥部〕〇—,皮聚也。〔慧琳音義・卷一二〕引〔考聲〕。〇—,皮寬聚也。〔卷二四〕引〔文字典說〕。〇—與棒同。〔廣雅・釋木〕「柚,棒也」疏證。

𥦂 —,籀文岫。〔廣韻・宥部〕

窅 —,空也。〔集韻・宥部〕

𥦒 —,陷也。〔集韻・候部〕

痳 —,桼瘡。〔集韻・宥部〕

𤺺 —,同疛。〔廣韻・宥部〕

玖 —,石之次玉者。〔集韻・宥部〕

琇 —,玉名。〔廣韻・宥部〕〇—瑩,美石也。〔詩・淇奧〕「充耳—瑩」朱傳。〇—音秀,美石也。〔詩・都人士〕「充耳—實」朱傳。〇—當作琇。〔同上〕集疏。又〔同上〕陳疏。〇—,三家詩作琇。〔詩・淇奧〕「充耳—瑩」集疏。

𥘼 —,祭—。〔廣韻・候部〕〇—,祭福也。〔集韻・候部〕

𥜓 —,祈久年也。〔集韻・宥部〕

畂 —,百畝。〔廣韻・宥部〕

䀋 —,怒目視皃。〔集韻・候部〕

睺 —,半盲。〔廣韻・候部〕〇—,半盲也。〔集韻・候部〕

督 —,—瞀。〔廣韻・候部〕

腤 —,豕豆醬也。〔廣韻・候部〕〇醬豕者為—。〔集韻・候部〕〇—,肉也。〔說文〕「䱹,魚—醬也」繫傳。

膄 —與瘦同。〔廣雅・釋言〕「—,瘠也」疏證。

腬 —,嘉膳。〔廣韻・宥部〕〇—,肉善者。〔集韻・宥部〕

膒 ━，以脂漬革。〔集韻·候部〕

睭 ━，耳明也。〔集韻·宥部〕

轂 ━，取羊乳也。〔集韻·候部〕〇━，取牛羊乳也。〔慧琳音義·卷二四〕引〔考聲〕。

䗔 ━，水蟲，似龍，出南海。〔集韻·候部〕

蝥 ━，蟲名，蛷螋也。〔集韻·候部〕

螑 ━當為趬之借字，𧿒螑即赳趬之異文。〔漢書·司馬相如傳〕「沛艾赳━仡以佁儗兮」補注。

螻 ━，內病。〔集韻·候部〕

䇾 ━，小竹。〔集韻·候部〕

簆 ━，織具。〔廣韻·候部〕又〔集韻·候部〕。〇織具曰━。〔儀禮·喪服〕經傳胡正義。〇━，織所以貫經而前卻之者也。〔通雅·諺原〕

劉 ━，竹聲。〔廣韻·有部〕

籔 ━，捕魚器。〔集韻·宥部〕

䉤 ━，竹蓋也。〔集韻·宥部〕

莓 ━子，即覆盆。〔廣韻·候部〕〇━，覆盆草也。〔集韻·候部〕

𦭬 ━，草名。〔廣韻·有部〕又〔集韻·有部〕。

芰 ━，落也，或從歺。〔集韻·候部〕

荳 ━，━蔻，〔廣韻·候部〕〇━蔻，藥草。〔集韻·候部〕

蒏 ━，草名。〔廣韻·宥部〕

𦸗 ━，積草，或作遘。〔集韻·候部〕

䔏 ━同簉。又草根。〔廣韻·宥部〕〇━，俗字作簉。〔說文定聲·卷六〕〇━，一曰草雜也。〔集韻·宥部〕〇━，草相次也。〔說文〕「━，草皃」繫傳。〇━，草根雜也。〔同上〕義證引〔玉篇〕。〇━，叢雜皃，誼與萃略同。萃、━亦一聲之轉。〔說文定聲·卷六〕〇━，草根也。〔慧琳音義·卷九三〕引〔韻詮〕。〇━，廁也，充也。〔卷六七〕引〔考聲〕。〇━，齊也。〔續音義·卷一〇〕引〔考聲〕。〇━，各本譌作簉。〔廣雅·釋詁一〕「━，盈也」疏證。〇貳車、倅車、━車，皆謂副車也。〔同上〕〇〔說文定聲·卷六〕━，以萃為之。〔周禮·車僕〕「掌戎路之萃」。〇〔同上〕━，以造為之。〔淮南·氾論〕「又加轅軸其上以為造」。〇━，叚借為倅，實為卒。〔說文定聲·卷六〕

蔻 ━，荳━。〔廣韻·候部〕

萹 ━，━蘆。〔廣韻·候部〕

䓜 ━，鳥巢。〔集韻·候部〕

𦾔 ━，葍也。〔集韻·宥部〕〇━，音富。〔釋艸〕「葍，━」鄭注。

蔴 ━，草名。〔廣韻·候部〕又〔集韻·候部〕。

𦼮 ━，飲水也。〔集韻·候部〕

藪 ━，車轂空也，衆輻之所以輳。〔集韻·候部〕

𦿞 ━，草名，蒿類。〔集韻·候部〕

舳 ━，舟首也。〔集韻·宥部〕

複 ━，重━。〔廣韻·宥部〕

褎 ━，猶進也。〔廣雅·釋詁一〕「報，姪也」疏證。〇━然者，出衆之貌。〔漢書·李廣蘇建傳〕「━然」雜志。

褔 ━，衣一福。〔廣韻·宥部〕〇副與━同。〔廣雅·釋詁一〕「━，盈也」疏證。〇━，芳又翻，衣一幅。〔說文〕「━」義證引〔佩觿〕。〇━，今作副。〔同上〕義證。

𧜊 ━，衣不伸也，或作㡜。〔集韻·宥部〕

𧝂 ━，頭衣。〔廣韻·候部〕

紬 ━，行無極也。〔集韻·宥部〕〇━，緒也。〔同上〕

綉 綿二片曰━，或曰一片曰━，音透。〔通雅·算數〕〇━，袍肚，即勒帛腰圍也。〔通雅·佩飾〕

⿰糸后 丨，治敗絮也。〔集韻·宥部〕

⿰糸柔 丨，雜色繒。〔集韻·宥部〕

繆 丨，紕丨。〔廣韻·幼部〕〇丨，戾也。〔集韻·宥部〕〇丨，亂也。〔續音義·卷一〇〕引〔字書〕。〇丨，亦叚為謬誤字。〔說文〕「丨，枲之十絜也」段注。〇〔說文定聲·卷六〕丨，叚借為謬。〔禮記·仲尼燕居〕「不能詩，於禮丨」。〇丨，異也。〔太素·知湯藥〕「溼衣丨處以復其形」楊注。

粈 丨、餌、糅並同。〔廣雅·釋詁一〕「糅，雜也」疏證。

糈 丨，稻實也，亦通作稰。〔集韻·宥部〕

糗 丨，粮也。〔集韻·宥部〕

鋀 丨，受錢器。〔集韻·候部〕

⿱罒包 丨，罔也。〔集韻·宥部〕

罞 丨，獸罔。〔集韻·候部〕〇丨音茅，遮截之網。〔釋器〕「麋罟謂之丨」鄭注。〇丨者，冒也。（同上）郝疏。

䍡 罶、罞、丨並同。〔廣雅·釋器〕「曲梁謂之罞」疏證。

豧 丨，豕息。〔廣韻·候部〕〇丨，豕息也。〔集韻·宥部〕

⿰豕奏 丨，溫豕。〔廣韻·候部〕

豰 丨，唉豬也。〔集韻·候部〕

⿰貝句 丨，稟給。〔廣韻·候部〕又〔集韻·候部〕。

貿 官本丨作貿，南監本同。〔漢書·孝成許皇后傳〕「已而丨易其中」補注。〇丨即貿字，與易義複。〔史記·扁鵲倉公列傳〕「是謂易丨」志疑。〇丨又作質。（同上）志疑引徐廣。〇丨遷，即楙遷。〔通雅·釋詁〕

貿 易財曰丨，或作貿。〔慧琳音義·卷五〕引〔考聲〕。

䝱 丨丨，䝼，貪財之皃。〔廣韻·候部〕

䝼 䝱丨，貪財。〔廣韻·候部〕〇丨䝱，貪財。〔集韻·候部〕

⿰足丩 丨丨，丨⿰足臭，醜行之兒。〔廣韻·幼部〕〇丨⿰足臭，行不正。〔集韻·幼部〕

⿰足殳 索彄，丨也。〔廣韻·候部〕

⿰足丘 丨丨，行兒。〔集韻·宥部〕

蹂 丨，丨踐。〔廣韻·宥部〕

⿰足奏 丨，蹋也。〔集韻·候部〕

⿰足臭 丨丨，蹌行兒。〔廣韻·幼部〕〇丨，跛行也。〔集韻·宥部〕

蹁 丨，蹋也。〔集韻·候部〕

⿺走丩 丨螑，龍申頸行兒。〔集韻·幼部〕

⿺走殳 丨，自投下，或作毁。〔廣韻·候部〕〇丨，自投也，或從足。〔集韻·候部〕

⿺走后 丨，蹇行。〔廣韻·候部〕

⿺走音 丨，僵也。〔廣韻·候部〕

⿺辶叟 丨，不進。〔廣韻·宥部〕〇丨，不進也。〔集韻·宥部〕

遫 丨，氣衝喉也，俗作嗽。〔慧琳音義·卷三五〕引〔考聲〕。

訽 丨同詬。〔廣韻·候部〕〇丨，罵訽。〔廣韻·候部〕〇丨，〔文選注〕引作詬。〔左傳昭公二〇年〕「余不忍其丨」洪詁。〇〔莊子〕丨作垢。〔呂覽·離俗〕「彊力忍丨」校正。〇丨，罵也。〔通鑑·隋紀一〕「與擒虎相丨」音注。〇丨即詬字也。〔廣雅·釋詁三〕「丨，罵也」疏證。〇丨、詬並與詬同。〔廣雅·釋詁四〕「詬，恥也」疏證。

⿰言石 〔說文定聲·卷一三〕丨，詬之誤字。〔廣雅·釋詁四〕「丨，恥也」。〇丨，叚借為撅，為詰。〔說文定聲·卷一三〕〇（同上）丨，叚借為懲。〔聲類〕「丨、訛，言也」。〇丨，字亦作䛼、作誠。〔說文定聲·卷一三〕

詶 丨，荅也。〔廣韻·宥部〕又〔集韻·宥部〕。〇丨亦詛也，俗作呪。〔慧琳音義·卷三二〕引〔考聲〕。

𧩼—譳，不能言也。〔廣韻・候部〕

𧬘—，私詈。〔集韻・候部〕

謏—，諑—，怒言也。〔廣韻・候部〕〇

𧬧—詬，忽怒。〔廣韻・候部〕〇—詬，暴怒。〔集韻・候部〕

𧬨—，叟也。〔集韻・宥部〕

譳—，逗—。〔廣韻・候部〕〇〔說文定聲・卷八〕—，亦作嚅。〔埤蒼〕「逗—，不能言也」。

讎〔說文定聲・卷六〕—，價不相當也。〔詩・谷風〕「賈用不售」。

覞—，衆視也。〔集韻・宥部〕

䡂—，軫上榦也。〔集韻・幼部〕

輶—，—車。〔廣韻・宥部〕

輻—，—湊，競聚。〔廣韻・宥部〕

酘—，—酒。〔廣韻・候部〕〇—，酒再釀。〔集韻・侯部〕〇曰酎，曰醞，—也，—，以酒重投之也。〔通雅・飲食〕

酭—，報也。〔廣韻・宥部〕

醧—，酒味和。〔集韻・候部〕

鎦—，梁州謂釜曰—，或從石。〔集韻・宥部〕

鏐—，一曰弩牙。〔集韻・宥部〕

鏅—，鍛也。〔集韻・宥部〕

鍽—，鍬—。〔廣韻・候部〕

鬦—，俗鬭。〔廣韻・候部〕〇—即鬭之俗字。〔賈子・審微〕「周襄王出逃伯—」平議。

鬪—，—競。〔廣韻・候部〕

雺—，天氣下，地不應。〔廣韻・候部〕

靁—，鼅名。〔集韻・宥部〕

陝—，衆—。〔廣韻・厚部〕〇—，衆也。〔集韻・厚部〕

隥—，峻也，或從豆。〔集韻・候部〕

𨿠—，賣物，正字作售。〔慧琳音義・卷四〕引〔考聲〕。〇—，賣物得—，入買持去曰—。〔卷四〕引顧野王。〇—，行也。〔卷四〕引〔古今正字〕。

頄—，頭顫也，亦從又。〔集韻・宥部〕

𦚏—，古文胄。〔廣韻・宥部〕

鞣—，柔皮。〔廣韻・宥部〕〇—，柔革也。〔集韻・宥部〕

𩏳—，尻衣。〔廣韻・候部〕

𩋟—，革裹車軛也。〔集韻・候部〕

𩎟—，皮衣車軛也，或作候。〔集韻・宥部〕

韝—，射所以韜臂者。〔集韻・候部〕

𩗝—，風兒。〔集韻・宥部〕

颼—颾，風聲。〔集韻・宥部〕

𩙈—，風兒，或從后。〔集韻・候部〕

飂—，高風。〔廣韻・宥部〕

餸—，—飣。〔廣韻・候部〕〇—，飣也。〔集韻・候部〕〇—亦食於器也，俗作餖。〔慧琳音義・卷七六〕

𩛏—，雜飯。亦作粈。〔廣韻・宥部〕〇—，雜飯也，或從柔。〔集韻・宥部〕〇粗、—、糅並同。〔廣雅・釋詁一〕「糅，雜也」疏證。

餖—，飣—。〔廣韻・候部〕

𩞆—，餾也。〔集韻・宥部〕

鬌 ｜，髮多。〔廣韻・宥部〕又〔集韻・宥部〕。

鬐 ｜，假髮。〔廣韻・宥部〕

䶍 ｜，關東謂甑，通作塯。〔集韻・宥部〕

駎 ｜，競馳馬也。〔廣韻・宥部〕○｜，馬競馳。〔集韻・宥部〕

鮔 ｜，魚名。〔集韻・候部〕

鱟 ｜，魚名，似蟹，有子可為醬。〔集韻・候部〕

鴝 官本｜作雊。〔漢書・藝文志〕「｜雉登鼎」補注。

鴰 ｜鵊，鳥名。〔集韻・候部〕

鵊 ｜，鳥名。〔集韻・候部〕

鷎 ｜鴰，鳥名。〔集韻・候部〕

鷇 ｜，鳥子，亦作㱿，生而須哺曰｜，｜自食曰雛。〔廣韻・候部〕○｜，鳥子初生出卵者也。〔慧琳音義・卷九九〕引〔文字典説〕。

鷚 ｜，鳥名，鴨屬。〔集韻・候部〕

鼨 ｜，｜鼠。〔廣韻・宥部〕

鼽 ｜，仰鼻。〔廣韻・宥部〕

鼿 ｜，折鼻也。〔集韻・幼部〕

齀 ｜，｜鼽，仰鼻。〔廣韻・宥部〕

續經籍籑詁卷第八十六

去聲

二十七沁

沁 ｜水，古亦曰少水。〔漢書・地理志〕「｜水所出」補注引錢坫。○｜，叚借為浸，唐人詩用為｜脾字，此漬灌之意。〔說文定聲・卷三〕○〔同上〕｜，叚借為探，為囟。韓愈詩「盜索不取｜」。

飲 ｜餞者，古之行者必有祖道之祭，祭畢，處者送之，｜於其側而後行也。〔詩・泉水〕「｜餞于禰」朱傳。

禁 ｜，止也。〔廣韻・沁部〕○｜猶止。〔國策・西周策〕「｜秦之攻周」鮑注。○｜，制也。〔廣韻・沁部〕又〔國策・秦策四〕「｜王之為帝」鮑注。○｜，制止也。〔釋言〕「禦，｜也」鄭注。○｜，謹也。〔廣韻・沁部〕○｜，閉拒之。〔國策・趙策一〕「齊乃西師以｜秦國」鮑注。○｜者，防其為惡。〔禮記・緇衣〕「而｜人以行」集解。○｜，政教也。〔大戴・千乘〕「君發｜」王詁。○｜謂國中政教所忌。〔曾子制言下〕「問｜請命」王詁。○｜，忌也。〔曾子制言下〕「是以君子不犯｜而入」王詁。○｜即敕也。〔說文〕「｜，吉凶之忌也」義證。○｜與限同義。〔荀子・君道〕「｜之以等」集解。○〔通雅・卷三四〕平架謂之｜。〔士昏禮注〕「皮甒有｜」。○｜滿，温器也。此應外國語耳，或錳鉼訛也。〔慧琳音義・卷五九〕○架小者謂之｜架。〔通雅・襍用〕○｜婁，無患子也。〔通雅・木〕○〔說文定聲・卷三〕｜，叚借為紟。〔荀子・非十二子〕「其纓｜緩」。

任 ｜，克也。〔集韻・沁部〕○｜，當。〔大戴・千乘〕「共｜其災」王詁。○力之所堪曰｜。〔屈賦・天問〕「不｜汩鴻，師何以尚之」戴注。○｜，言非朕所克當。〔漢書・宣帝紀〕「非朕之｜」補注引蘇輿。○｜謂當其事也。〔韓子・有度〕「非所以｜國也」集解引舊注。○｜，用也。〔漢書・劉向傳〕「以父德｜為輦郎」補注引周壽昌。○｜即甹也。〔漢書・郭解傳〕「解父｜俠」補注引沈欽韓。○｜，保也。〔通鑑・周紀四〕「田單｜貂勃於王」音注。又〔漢書・王尊傳〕「及｜舉尊者」補注引胡注。又〔韓子・制分〕「私告｜坐使然也」集解引舊注。○｜謂保｜。〔韓子・八姦〕「必使以罰｜於後」集解引盧文弨。○｜，相保｜也。〔說文〕「｜，保也」繫傳。○｜人，謂見保｜之。〔漢書・鄭當時傳〕「｜人賓客僦」補注。○｜，職｜也。〔大戴・保傳〕「凡是其屬太師之｜也」王詁。○｜謂仁事也。〔論語・陽貨〕「信則人｜焉」劉正義。○大｜，猶言大事。〔左傳成公一六年〕「國有大｜」疏證。○｜，肩｜也。〔詩・生民〕「是｜是負」朱傳。○｜音壬，負｜者也。〔詩・黍苗〕「我｜我輦」朱傳。○｜謂負擔也。〔禮記・王制〕

「輕丨并，重丨分」集解。○丨者，又負荷之名也。〔説文〕「克，肩也」繫傳。○引伸之凡儋何曰丨。〔説文〕「丨，保也」段注。○丨負，負亦丨也，連言丨負者，古人自有複語耳。〔荀子・宥坐〕「丨負車」雜志。○丨謂丨俠。〔墨子・經上〕「丨，士損己而益所為也」閒詁引畢沅。○丨字古通作壬。〔管子・牧民〕「獨王」雜志。○丨與妊通。〔廣雅・釋詁四〕「妊，身也」疏證。○〔説文定聲・卷三〕丨，叚借為妊。〔素問・上古天真論〕「丨脉通」。○(同上)丨，叚借為凭。〔管子・五行〕「丨君賜賚」。○(同上)丨，叚借為縢，縢、丨一聲之轉。〔呂覽・季春〕「戴丨降于桑」。○丨，俗譌作吐。〔説文〕「蠶，丨絲蟲也」段注。○戴丨，〔月令〕作戴勝，〔淮南〕作戴鵀。〔呂覽・季春〕「戴丨降于桑」校正。○丨當作聖。〔淮南・主術〕「則無不丨也」平議。

蔭 丨，草所庇也。〔説文〕「丨，艸陰地」繫傳。○木亦曰丨。(同上)義證。○丨，引伸為凡覆庇之義也。(同上)段注。○覆丨亦曰丨。(同上)義證。○色、受、想、行、識，名五丨。〔慧琳音義・卷七六〕○丨户猶隱户也。燕貴戚民為丨户，唐謂之匿户，如今之隱户也。〔通雅・事制〕○丨，通作陰，又通作廕。〔釋言〕「庇，廕也」郝疏。

讖 凡丨緯皆言將來之驗也。〔説文〕「丨，驗也」繫傳。○丨者，驗也，言將來之驗也。(同上)義證引黄石公〔三略〕注。○丨，丨書。〔廣韻・沁部〕○丨，謂自陳過於佛前也。〔慧琳音義・卷八〇〕引〔考聲〕。○〔史記〕丨作策。〔漢書・賈誼傳〕「丨言其度」補注。

浸 丨謂引之所灌者。〔慧琳音義・卷一八〕引〔文字典説〕。○丨者，可以為陂，灌溉田者也。〔大戴・千乘〕「畜水行衰濯丨」王詁。○丨謂引水之所濯也。〔慧琳音義・卷七二〕引〔文字典説〕。○丨，沉也。(同上)引顧野王。○丨，漬也，漸也。〔廣韻・沁部〕○〔説文定聲・卷三〕丨，猶犯也。〔列子・湯問〕「丨減龍伯之國」。○丨淫者，轉大之言也。〔慧琳音義・卷四八〕○丨淫者，以漸而入也。〔説文〕「淫，丨淫隨理也」段注。○丨淫，漸漬。〔楚辭・沈江〕「日丨淫而合同」補注。○丨淫，亦作侵淫。〔説文〕「侵，漸進也」段注。○丨潯作丨淫。〔史記索隱〕「異文」雜志。○丨灌，蓋丨潤漸漬之謂。〔莊子・逍遥遊〕「時雨降矣而猶丨灌」集釋。○丨與寖同。〔廣雅・釋詁一〕「寖，積也」疏證。○〔説文定聲・卷三〕丨，叚借為侵。〔易・彖下傳〕「丨而長也」。

寖 可以為陂灌溉曰丨。〔説文〕「渭水出隴西首陽渭首亭南谷東入河」繫傳。○〔説文定聲・卷三〕丨尋，猶浸淫。〔漢書・郊祀志〕「丨尋于泰山矣。」〔「尋」下〕○丨，沈浸、浸淫之字多用此，隸作浸。〔説文〕「丨，从水𡪢聲」段注。○丨同浸。〔廣韻・沁部〕○丨與浸同。〔廣雅・釋詁二〕「丨，漬也」疏證。○丨，〔漢書〕作寖。〔説文〕「丨水出魏郡武安」義證。○〔河水志〕丨作浸。〔漢書・溝洫志〕「丨數百里」補注。

祲 丨，祅氣也。〔廣韻・沁部〕○丨尋，侵尋之借字，言漸進也。〔漢書・司馬相如傳〕「傑丨尋而高縱兮」補注。

譖 丨，讒也。〔廣韻・沁部〕又〔説文〕「丨，愬也」義證引〔三蒼〕。○丨，讒言也。〔詩・瞻卬〕「丨是竟背」陳疏。○丨，毀也。〔廣韻・沁部〕○丨，毀人之行也。〔論語・顔淵〕「浸潤之丨」朱注。○丨，一云旁入曰丨也。〔慧琳音義・卷四九〕○一云旁入曰丨。〔説文〕「丨，愬也」義證引〔三蒼〕。○丨，不信也。〔詩・桑柔〕「朋友已丨」朱傳。又〔詩・瞻卬〕「丨始竟背」朱傳。○丨者，愬也。〔説文繫傳・通論下〕○丨者，簪也。(同上)○丨言即諫言也。〔詩・雨無正〕「丨言則退」通釋。○〔詩〕亦假丨為僭。〔説文〕「僭，假也」段注。○〔説文定聲・卷三〕丨，叚借為僭。〔詩・桑柔〕「朋友已丨」。○丨，齊、韓作讒。〔詩・巷伯〕「彼丨人者」集疏。

鴆 丨，食蝮，狀如鶡，紫黑色，一名運日也。〔説文〕「丨，毒鳥也」繫傳。○丨，鳥名。〔廣志〕云，其鳥大如鴞，紫緑色，有毒，頸長七八寸，食蛇蝮，雄名運日，雌名陰諧，以其毛歷飲食則殺人。〔廣韻・沁部〕○丨，毒鳥也，雄名運日，雌名陰諧。〔説文〕「丨，毒鳥也」義證引〔七修類稿〕。○丨，其鳥有毒，食蛇蝮，以其毛歷飲卮則殺人。〔離騷〕「吾令丨為媒兮」補注引〔廣志〕。○〔左傳〕丨毒字皆作酖，假借也。〔説文〕「丨，毒鳥也」段注。○丨、通作酖。(同上)義證。

枕 丨，丨頭也。〔廣韻・沁部〕○丨，卧首據物也。〔集韻・沁部〕

衽 丨，衣衿。〔廣韻・沁部〕○丨，衣衿也。〔集韻・沁部〕○丨，裳際也。〔釋器〕「執丨謂之袺」鄭注。又〔説文〕「丨，衣裣也」義證引〔玉篇〕。○衣領下屬於衣前右幅，通稱為丨。〔論語・憲問〕「被髮左丨矣」劉正義。○丨謂衣裳旁幅交裂者。〔離騷〕「跪敷丨以陳辭兮」戴注。○丨謂袂也。〔漢書・蕭何曹參傳〕「斂丨」雜志。

袵 丨，卧席也。〔大戴・主言〕「其征也，丨席之上還師」王詁。

賃 丨，自丨賣功庸以求食也。〔説文〕「丨，庸也」繫傳。○丨，傭丨也。〔廣韻・沁部〕○丨，以財雇物。〔集韻・沁部〕○凡傭就皆曰庸，曰丨。〔説文〕「丨，庸也」段注。○丨，借傭也。(同上)義證引〔玉篇〕。○丨作，為人庸也。〔漢書・兒寬傳〕「時行丨作」補注。○丨，借也。〔廣雅・釋詁二〕疏證校正。又〔廣韻・沁部〕。○丨，所税於民者。〔國策・趙策三〕「糧食輓丨」鮑注。○丨者，今俗語猶謂以財租物曰丨矣。〔廣雅・釋詁二〕「丨，借也」疏證。○丨亦任也。〔廣雅・釋詁一〕「任，使也」疏證。

臨 丨，哭丨。〔廣韻・沁部〕○丨，哭也。〔集韻・沁部〕又〔左傳宣公一二年〕「卜丨于大宫」洪詁引賈逵。

滲 下漉曰丨。〔慧琳音義・卷五二〕○丨，丨漉。〔廣韻・沁部〕○丨言浸微浸弱如漏器然。〔國策・魏策二〕「雖丨樂而從之可也」鮑注。○丨灕，

今俗云｜屚。〔說文〕「｜，下漉也」段注。〇｜漉，或謂之｜漏。〔荀子・王制〕「下漏」雜志。〇｜，竭也。〔慧琳音義・卷五二〕

揕 ｜，擬擊。〔廣韻・沁部〕〇｜，擊也。〔集韻・沁部〕〇｜，摽也。〔說文〕「捦，急持衣捦也」義證引〔玉篇〕。〇｜，一曰刺也。〔集韻・沁部〕〇｜，刺也。〔國策・燕策三〕「右手｜其胸」鮑注。〇戡、｜並從甚聲，義亦同也。〔廣雅・釋詁一〕「抌，刺也」疏證。〇｜即抌字。〔說文〕「抌，突擊也」段注。〇｜，一作抗。〔國策・燕策三〕「右手｜其胸」補正。

窨 ｜，地屋。〔廣韻・沁部〕〇〔說文定聲・卷三〕｜，今蘇俗猶曰地｜子。〔說文〕「｜，地室也」。〇今舊京謂地窨臧酒為｜。〔說文〕「｜，地室也」繫傳。〇｜，今俗語以酒水等埋藏地下曰｜。〔同上〕段注。〇｜，今俗以油、酒等物埋藏地中曰｜。〔說文定聲・卷三〕〇〔同上〕｜，以陰為之。〔詩・七月〕「三之日，納于凌陰」。

紝 機頭曰｜，可系物。〔說文定聲・卷一二〕〔「續」下〕〇｜，亦書作絍。〔集韻・沁部〕〇｜，叚借為縢，｜、縢聲近。〔說文定聲・卷三〕

絍 ｜，機織縷也。〔慧琳音義・卷九八〕引〔考聲〕。〇｜，織縷也。〔卷八六〕引〔考聲〕。〇｜，織｜。〔廣韻・沁部〕〇紝、｜二字皆通。〔墨子・節葬下〕「紡績織｜」閒詁引畢沅。

喑 ｜，聲也。〔廣韻・沁部〕〇｜唶，猶嘆聲也。〔慧琳音義・卷五五〕〇｜之言瘖也，謂瘖啞無聲也。〔方言一〕「齊宋之間謂之｜」箋疏。〇〔說文定聲・卷三〕｜，叚借為罯。〔莊子・知北遊〕「生者｜醷物也」。

闖 ｜，馬出門皃。〔廣韻・沁部〕又〔集韻・侵部〕。〇｜，引伸為突兀驚人之辭。〔說文〕「｜，馬出門皃」段注。〇〔說文定聲・卷九〕｜，突兀驚人意。〔公羊傳哀公六年〕「開之則｜然公子陽生也」。

僸 ｜，仰頭皃也。〔慧琳音義・卷八三〕引〔韻詮〕。〇｜，北夷樂名。〔廣韻・沁部〕〇｜，北夷之樂。〔集韻・沁部〕〇｜休，夷樂名也。〔慧琳音義・卷八三〕引〔考聲〕。

鵀 ｜，戴｜鳥。〔廣韻・沁部〕〇戴｜，鳥名。〔集韻・沁部〕

妊 ｜，身懷孕。〔廣韻・沁部〕〇｜，身懷孕也。〔說文〕「｜，孕也」義證引〔玉篇〕。〇｜，字又作姙。〔同上〕句讀。〇｜，通作任。〔同上〕義證。

噤 〔通雅・卷一八〕｜痒，感寒健忍之狀也。孟郊詩「𤎅毛各｜痒」。

紟 ｜，｜帶，或作襟。〔廣韻・沁部〕〇｜，結帶也。〔說文〕「｜，衣系也」義證引〔玉篇〕。〇凡結帶皆曰｜。〔同上〕段注。〇｜，籀文作絵。〔同上〕義證引〔玉篇〕。〇〔說文定聲・卷三〕｜，以禁為之。〔荀子・非十二子〕「其纓禁緩」。〇｜，單被。〔集韻・沁部〕〇｜，單被也。〔禮記・王制〕「唯絞｜衾冒」集解。〇｜，被也，一曰佩｜。〔集韻・沁部〕〇衿、｜古通用。〔方言四〕「佩｜謂之裎」疏證。〇經典｜、衿通用，義相通。〔釋器〕「衿謂之袸」郝疏。

鈐 ｜，牛舌下病。〔廣韻・沁部〕〇齡、矜並同｜。〔廣韻・沁部〕

檾 ｜，格也。〔廣韻・沁部〕〇｜，謂今竹木格。〔集韻・沁部〕〇｜，一曰所以扞門。〔同上〕〇｜之言禁止也。〔方言一三〕「｜，格也」箋疏。

恁 ｜，心所齎卑下也。〔說文〕「｜，下齎也」繫傳。〇｜，思也。〔集韻・沁部〕〇｜，與〔詩〕荏染同音通用耳。〔說文〕「｜，下齎也」段注。〇｜，叚借為衽。〔說文定聲・卷三〕

朕 ｜，舟縫也。〔說文定聲・卷一二〕〇〔同上〕舟之縫理曰｜。〔考工・函人〕「眡其｜，欲其直也」戴震補注。〇隙、壁縫，兆、龜縫，｜、舟縫，同也。〔說文定聲・卷一二〕〇｜當作訓。〔說文〕「俟，送也，古文以為訓字」義證引莊述祖。

罧 ｜，積柴水中以取魚，或作槮、罧。〔集韻・沁部〕〇〔說文定聲・卷三〕｜，以潛為之。〔毛詩〕「潛有多魚」。〇〔同上〕｜，以糂為之。〔詩・潛〕毛傳「糂，槮也」。〇｜者正字，槮者別字，潛、涔、糝、槮皆借字。〔說文定聲・卷三〕

深 ｜，不淺也。〔廣韻・沁部〕〇度｜曰｜。〔集韻・沁部〕

甚 ｜，太過。〔廣韻・沁部〕〇｜，過也。〔集韻・沁部〕〇｜，本或作其。〔左傳僖公二四年〕「懼者｜衆矣」疏證。

癊 ｜，胸鬲病也。〔慧琳音義・卷一四〕〇｜謂胸膈中病也。〔卷二八〕〇｜亦痰病也。〔卷三八〕引〔韻詮〕。〇｜亦痰也，二字互訓。〔續音義・卷六〕引〔韻詮〕。〇痰｜者，胸膈中水病也。〔慧琳音義・卷六〇〕引〔考聲〕。〇｜，心病，或作膾。〔集韻・沁部〕引〔字林〕。

瘖 ｜，心中病，亦作癊。〔集韻・沁部〕

伈 ｜，恐也。〔集韻・沁部〕

傦 ｜傦，頭向前。〔廣韻・沁部〕

鈂 ｜，掘也。又赤黑色。〔廣韻・沁部〕〇｜，一曰臿屬。〔集韻・沁部〕

沁 ｜，｜冷。〔廣韻・沁部〕

浸 ｜，冷氣。或作沁。〔集韻・沁部〕

裣 ｜，通作襟，又通作衿。〔釋器〕「衣眥謂之襟」郝疏。〇｜、裾同物。〔釋器〕「衱謂之裾」郝疏。〇裾、｜、袺俱聲相轉也。（同上）

䪩 ｜齡，切齒怒皃。〔廣韻・沁部〕

譀 ｜詐，怒言。〔集韻・沁部〕

𧾷 ｜，豉也。〔集韻・沁部〕

蹸 ｜，坐也。〔集韻・沁部〕

醅 ｜，釀氣。〔集韻・沁部〕

鈊 ｜，利也。〔集韻・沁部〕

鈂 ｜，重也。〔集韻・沁部〕

鋟 ｜，刻傷也。〔集韻・沁部〕

陪 ｜，闇也。〔集韻・沁部〕

䧂 ｜，漢中名雞。〔集韻・沁部〕

䨩 ｜，雨皃。〔集韻・沁部〕

靲 ｜，鞮帶也。〔集韻・沁部〕〇｜，束物韋也。（同上）

𩐨 ｜呃，不平聲。〔集韻・沁部〕

顛 ｜｜，頭皃。一曰弱也。〔集韻・沁部〕

顉 ｜噸，首動。〔集韻・沁部〕

顬 ｜，頭俯也。〔集韻・沁部〕

飪 ｜，孰也。〔集韻・沁部〕

齽 ｜，齒向裏。〔廣韻・沁部〕〇｜，鉤齒内曲謂之｜。〔集韻・沁部〕〇｜，噤或从齒。（同上）

續經籍纂詁卷第八十七

去聲

二十八勘

暗 ｜，日無光。〔廣韻・勘部〕〇｜，又默也。（同上）〇｜，深也。（同上）〇｜，引伸為凡深沉不明之偁。〔說文〕「｜，日無光也」段注。〇｜，不明也。〔廣韻・勘部〕〇｜，貪也。（同上）〇｜亦幽也，語之轉耳。〔廣雅・釋詁三〕「幽，深也」疏證。〇｜鈍者，識｜濁不明了也。〔慧琳音義・卷七〕〇｜與闇同。〔荀子・賦〕「幽晦」雜志。〇｜者正字，闇者叚借字也。〔說文〕「｜，日無光也」段注。〇曖、晻、｜，古通用。〔廣雅・釋詁二〕「晻，障也」疏證。〇｜與晻略同，經傳皆以闇為之。〔說文定聲・卷三〕〇（同上）｜，字亦誤作陪，或曰陪者，陰之或字。〔釋言〕「陪，闇也」。

勘 ｜，校也。〔廣韻・勘部〕又〔集韻・勘部〕。〇｜箭，如古之｜契也。〔通雅・鹵簿〕〇就人貿易，撲物事者，謂之｜宅。〔通雅・稱謂〕引〔夢華錄〕。

濫 ｜，溢也。〔論語・衛靈公〕「小人窮斯｜矣」劉正義。〇｜謂放溢而踰節也。〔禮記・禮器〕「君子以為｜矣」集解。〇｜，濡上也。〔慧琳音義・卷八七〕又〔卷六三〕引〔考聲〕。〇｜，叨｜，汎｜。〔廣韻・闞部〕〇｜，不謹。〔慧琳音義・卷六三〕引〔考聲〕。〇｜，不謹也。〔卷七二〕引〔考聲〕。〇｜，假也。〔卷六三〕引〔考聲〕。又〔卷七二〕引〔考聲〕。〇｜，失也。（同上）〇｜，盜也。（同上）〇｜，惡也。〔通鑑・唐紀二二〕「金銀器皆行｜」音注。〇｜，淫刑也。〔唐紀五二〕「有冤｜者以聞」音注。〇｜謂廣延也。〔說文〕「｜，氾也」段注。〇｜，凉也。〔說文〕「諒，襍味也」段注。〇〔說文定聲・卷四〕｜猶浴也。〔管子・禁藏〕「夫冬日之不｜，非愛水也」。〇（同上）｜脇、號鐘，二古琴名。〔淮南・脩務〕「而不期于｜脇、號鐘」。〇｜泉，今作檻泉者，字之假借也。〔說文〕「｜，詩曰觱沸｜泉」段注。〇〔說文定聲・卷四〕｜，叚借為檻。〔西京賦〕「澤虞是｜」。〇艦、鑑、監、｜、𥂕，並字異而義同。〔廣雅・釋器〕「甓、坻，艦也」疏證。〇〔說文定聲・卷四〕｜，叚借為鑑。〔說文〕「｜，一曰濡上及下也」。〇（同上）｜，叚借為濫。〔釋名・釋飲食〕「桃｜水漬而藏之，其味｜｜然酢也」。〇（同上）｜，叚借為爁。〔賈子・道術〕「動有文體謂之禮，及禮為｜」。〇（同上）｜，叚借為飲。〔呂覽・權勳〕「虞公｜于寶與馬」。〇（同上）｜，叚借為醓。〔禮記・内則〕「漿水醷｜」。〇（同上）｜，叚借為鏡，竟、監雙聲。〔說文〕「｜，一曰清也」。

啗 ｜，噉也，食也。〔廣韻・闞部〕〇｜，食也，膳之可食者。〔國策・趙策四〕「膳｜之嗛於口」鮑注。〇｜，譙（醮）也，食也。〔通鑑・漢紀八〕「漢使人

以利丨東越」音注。○丨，餌之耳。〔同上〕○丨，食也，讀與含同。自食為啖，食人為丨。〔韓子・說難〕「以其半丨君」集解。○自食為啖，食之為丨。〔說文定聲・卷四〕○嚪、丨俱啖之或體。〔釋詁〕「餤，進也」郝疏。○〔說文定聲・卷四〕丨，字亦作嚪。〔史記・樂毅傳〕「令趙嚪秦以伐齊之利」。○丨與嚪同。〔漢書・高帝紀〕「說秦將，丨以利」補注引錢大昭。○丨又或作噉。〔說文〕「丨，食也」義證。○丨，字亦作嚂。〔說文定聲・卷四〕○丨與覃古亦同聲。〔史記・禮書〕「函及士大夫」雜志。○丨又與嘾同聲。〔同上〕○臽與丨古同聲。〔同上〕○〔說文定聲・卷四〕丨，叚借為啖。〔禮記・檀弓〕注「示欲丨食」。○〔同上〕丨，叚借為欠。〔風賦〕「丨齰嗽獲」。○〔同上〕丨，叚借為含，含、丨雙聲。〔太玄・元瑩〕「丨函啓化」。○〔同上〕丨，叚借為歆。〔淮南・齊俗〕「荆吳芬馨以嚂其口」。○〔同上〕丨，叚借為[月臽]。〔釋草〕注「香中炙丨者」。

嚪　丨與啗同。〔管子・君臣下〕「陷」雜志。

擔　以木荷物曰丨。〔慧琳音義・卷二〕引〔考聲〕。○丨，負也。〔廣韻・闞部〕又〔集韻・闞部〕。○漢碑負丨字皆作儋。〔左傳莊公二二年〕「弛於負丨」疏證引惠棟。

憾　丨，恨也。〔廣韻・勘部〕又〔集韻・勘部〕。○古無丨字，借感為之。〔史記・吳太伯世家〕「丨」雜志。○〔左傳〕、〔漢書〕丨多作感。〔說文〕「感，動人心也」段注。○丨，當為惑。〔國語・齊語〕「則民不丨」述聞。○〔齊語〕不丨，〔管子・小匡篇〕作「則民不惑」述聞。○丨，本又作感。〔左傳文公一四年〕「爾不可使多蓄丨」洪詁。

纜　丨，維舟。〔廣韻・闞部〕○丨，維舟絙。〔集韻・闞部〕○〔說文定聲・卷四〕丨，擥字之轉注。〔文選・謝靈運詩〕「解丨及流湖」注「維船索也」。

瞰　丨，視也。〔廣韻・闞部〕又〔集韻・闞部〕。

琀　丨，送死口中玉，亦作含。〔廣韻・勘部〕○口實曰丨。〔說文〕「丨，送死口中玉也」義證引〔春秋說題辭〕。○丨之為言含也。〔同上〕○丨，或作唅。〔說文〕「丨，送死口中玉也」段注。○丨，經傳多用含。〔同上〕○〔說文〕此字即含之俗，唅、丨皆俗字。〔說文定聲・卷三〕

憺　丨，恬靜。〔廣韻・闞部〕○丨，恬靜也。〔慧琳音義・卷一〇〕引顧野王。○丨，靜也，安也。〔卷八七〕引〔考聲〕。○丨，一曰安也。〔集韻・闞部〕○丨，動也。〔集韻・闞部〕○丨，憂也。〔楚辭・九辯〕「心煩丨兮忘食事」補注。○丨與澹同。〔漢書・司馬相如傳〕「澹乎自持」補注。○〔說文定聲・卷四〕丨，叚借為爓、為燚、為炎。〔漢書・李廣傳〕「威稜丨乎鄰國」。○丨怕，安靜也。〔慧琳音義・卷五〕引〔韻英〕。○丨怕，無戲論也。〔卷七〕引〔字書〕。○丨怕者，心志滿足也。〔卷七〕○丨、怕，合言之則曰丨怕。〔廣雅・釋詁四〕「丨、怕，靜也」疏證。○丨怕，俗用澹泊為之，叚借

也。〔說文〕「丨，無偽也」段注。

紺　丨，青赤色。〔廣韻・勘部〕○丨，深青揚赤色，齊服也。〔論語・鄉黨〕「君子不以丨緅飾」朱注。○丨，蘇俗謂之頳青，以朱入深青，其色丨。〔說文定聲・卷四〕○丨，字亦作縿。〔同上〕

闞　丨即望也。〔慧琳音義・卷八一〕○丨，進且望也。〔說文〕「丨，望也」繫傳。○丨，望或倚門、倚閭，故从門。〔說文定聲・卷四〕○丨，視也。〔廣韻・闞部〕○丨與眈同。〔詩・常武〕「丨如虓虎」陳疏。○〔說文定聲・卷四〕丨，字亦作矙。〔孟子〕「王使人矙夫子」。○丨，或作瞰。〔說文〕「丨，望也」義證。○丨與下瞰字同，字亦作矙。〔廣雅・釋詁一〕「丨，視也」疏證。○丨與虩聲近義同。〔廣雅・釋詁二〕「虩，怒也」疏證。○〔說文定聲・卷四〕丨，字又變作虩。〔廣雅・釋詁二〕「虩，怒也」。○〔同上〕丨，又託名幖識字。〔左傳〕「齊大夫丨止，字子我」。○丨城，在兗州汶上縣南旺湖中。〔左傳桓公一一年經〕「公會宋公于丨」疏證引〔一統志〕。

暫　丨，猶卒也。〔廣韻・闞部〕○丨，須臾也。〔說文〕「丨，不久也」義證引〔類篇〕。○丨有倉卒疾奔之義。〔左傳僖公三三年〕「婦人丨而免諸國」疏證引馬宗璉。○丨，讀曰漸。漸，詐欺也。〔書・盤庚〕「丨遇姦宄」述聞。

澹　丨，水搖動也。〔廣韻・闞部〕○丨，水動皃。〔說文〕「丨，水搖也」義證引〔玉篇〕。又〔慧琳音義・卷八七〕。○丨，水搖，又動也。〔太素・經脈之一〕「心丨丨大動」楊注。○丨，動也，謂不安動也。〔五藏熱病〕「其項痛員員丨丨」楊注。○丨淡，亦作淊淡，水滿皃。〔說文〕「淡，薄味也」段注。○丨丨容與，徐步也。〔楚辭・九辯〕「丨容與而獨倚兮」補注引五臣注。○丨與贍同。〔方言一三〕「非子雲丨雅之才」箋疏。○丨，古贍字。〔荀子・王制〕「偏」雜志。○丨、贍通用。〔漢書・司馬相如傳〕「灑沈丨災」補注。○丨，古贍字也。〔管子・山權數〕「相困揲而𧩙」雜志。○凡〔漢書〕贍字多作丨。〔同上〕○丨，當作贍。〔漢書・食貨志〕「出御府禁城以丨之」補注引宋祁。○憺、倓、丨、惔、淡並字異而義同。〔廣雅・釋詁一〕「丨，安也」疏證。○丨、贍字同。〔食貨志〕「必取丨焉」補注。○古書每以丨為贍足之贍。〔呂覽・上德〕「丨乎四海」平議。○丨作淡，尤俗。〔說文〕「怕，無偽也」段注。○丨，俗借為淡泊字。〔說文〕「丨，丨丨水繇皃也」段注。○〔說文定聲・卷四〕丨，叚借為憺。〔廣雅・釋詁一〕「丨，安也」。○〔同上〕丨，惔之誤字，借惔為憺也。〔老子〕「恬丨為上」。

淡　丨，水味。〔廣韻・闞部〕○丨，薄味也。〔集韻・闞部〕○丨泊者，無味也，寂滅也，無為也。〔慧琳音義・卷一〇〕○〔說文定聲・卷四〕丨，以啖為之。〔漢書・叔孫通傳〕「攻苦食丨」。○丨，或借啖字。〔說文〕「丨，薄味也」句讀。○〔說文定聲・卷四〕丨，叚借為澹。〔高唐

參　｜，｜鼓，俗作㕘。〔廣韻·勘部〕○｜，鼓曲也，後漢禰衡為漁陽｜撾。〔集韻·勘部〕

唅　｜哺｜。〔廣韻·勘部〕○｜，一曰哺也。〔集韻·勘部〕

啖　｜，誑也。〔廣韻·闞部〕又〔集韻·闞部〕。○｜，噍也。〔同上〕○｜者，噍｜也。〔荀子·王霸〕「｜｜常欲人之有」集解引郝懿行。○｜｜，猶欿欿也。〔荀子·王霸〕「｜｜然」雜志。○｜｜猶欿欿也，欿讀若貪，｜與欿聲近而字通。〔荀子·王霸〕「｜｜常欲人之有」集解引王念孫。○｜｜，欲食之貌。〔同上〕集解引郝懿行。○餤、｜、禫、導，俱聲近而義同矣。〔釋詁〕「餤，進也」郝疏。○噉、啗俱｜之或體。〔同上〕○｜，一曰噉，與啗微別。〔說文定聲·卷四〕○（同上）｜，字亦作唵。〔埤蒼〕「唵，啗也」。○（同上）｜，叚借為淡。〔漢書·叔孫通傳〕「攻苦食｜」。

嗿　｜醷，聚氣皃。〔集韻·勘部〕

喊　｜，呵也。〔集韻·闞部〕

𡁤　｜，喊亦从感。〔集韻·闞部〕

嚂　｜，呵也。〔廣韻·闞部〕○｜，喊亦从監。〔集韻·闞部〕○｜，食皃。〔廣韻·闞部〕○｜，一曰食皃。〔集韻·闞部〕○｜，貪也。（同上）

坎　｜，險岸。〔集韻·勘部〕○｜，或从勘，作墈。（同上）

埳　｜坷，不平。〔集韻·勘部〕

壏　｜埮，地平而長。〔集韻·闞部〕

埮　壏｜，地平而長。〔集韻·闞部〕

𡖋　｜，多也。〔集韻·勘部〕

姏　｜，女老稱。〔集韻·勘部〕

媣　｜，淮南呼母，一曰媞也。〔集韻·勘部〕

婻　｜，美皃。一曰小肥。〔集韻·勘部〕

𢁼　｜，衣敝皃。〔集韻·闞部〕

帎　｜，冠俯前也。〔集韻·勘部〕

傪　｜｜，行皃。〔集韻·闞部〕

惔　｜同憺。〔廣韻·闞部〕○｜，憺或从炎。〔集韻·闞部〕

㥏　憛｜，失志。〔廣韻·勘部〕

㦓　｜，恃險意也。〔慧琳音義·卷九六〕引〔考聲〕。

憛　｜㥏，懷憂。〔廣韻·勘部〕○｜㥏，憂惑也。一曰惶遽也。一曰禍福未定意。〔集韻·勘部〕○｜，遑遽也。〔說文〕「悆，嘾也」義證引〔類篇〕。○｜，或省作覃。（同上）義證。○｜，或作㥏。〔集韻·勘部〕

懢　｜，貪也。〔廣韻·闞部〕又〔集韻·闞部〕。

戇　｜，愚也。〔集韻·勘部〕

慘　｜，憂戚。〔集韻·勘部〕

掐　｜，魚食皃。〔集韻·勘部〕

探　｜之言深也。〔說文〕「｜，遠取之也」段注。○｜之言占也。〔釋言〕「｜，試也」郝疏。○｜刺，亦采取之義。（同上）○軍中間諜用以｜取敵情謂之｜子。（同上）○｜籌，剡竹為書，令人｜取，蓋如今之掣籤。〔荀子·君道〕「｜籌投鉤」集解引郝懿行。○｜，通作撢。〔釋詁〕「｜，取也」郝疏。○｜，慢之誤。〔荀子·君道〕「故職分而民不｜」集解引王念孫。

摲　｜，舉也。〔集韻·勘部〕

撍　｜，手撼。〔廣韻·勘部〕

㬏　｜，日出皃。〔廣韻·闞部〕又〔集韻·闞部〕。

橄　｜欖，果也。〔集韻·闞部〕

沊　｜｜，水聲。〔集韻·勘部〕

涔　｜，窪也。〔集韻·闞部〕

浛　｜，水和物。〔廣韻·勘部〕○｜，泥皃。〔集韻·勘部〕

澉 丨，薄味。〔廣韻・闞部〕〇丨，味薄也。〔集韻・闞部〕

潭 丨，擊水聲。〔廣韻・勘部〕

潭 丨，沈水底，没丨。〔廣韻・勘部〕〇丨，没也。〔集韻・勘部〕

濶 丨，水大至也。〔集韻・勘部〕

澑 水浮謂之丨。〔集韻・勘部〕

灁 丨汎，水浮兒。〔集韻・勘部〕〇丨，浮兒，或从貪。〔集韻・勘部〕

爁 丨，火兒。〔廣韻・闞部〕〇丨，火行也。〔集韻・闞部〕

鎌 丨，餅中肉。〔集韻・闞部〕

獥 丨，犬吠聲。〔廣韻・闞部〕又〔集韻・鹽部〕。〇丨，犬聲。〔集韻・闞部〕〇丨，犬吠。〔同上〕〇丨，小犬。〔說文〕「丨，小犬吠」義證引〔玉篇〕。〇丨，小犬聲。〔廣韻・鑑部〕

甔 丨，丨石，大甖。〔廣韻・闞部〕〇丨，甖也，容一石。〔集韻・闞部〕

甊 丨，瓦器。〔集韻・闞部〕

瞫 丨，田隴聯也。〔廣韻・勘部〕〇丨，田隴相聯也。〔集韻・勘部〕

癚 丨，癡兒。〔集韻・闞部〕

帔 丨，柔革。〔集韻・勘部〕

䀡 丨，目深兒。〔集韻・勘部〕

睒 丨，候視。〔廣韻・闞部〕〇丨，候視也。〔集韻・闞部〕

瞫 丨，括也。〔廣韻・勘部〕〇丨，下視也。〔集韻・勘部〕

矙 丨，窺也。〔孟子・滕文公下〕「陽貨丨孔子之亡也」朱注。

磡 丨，巖崖之下。〔廣韻・勘部〕又〔集韻・勘部〕。

礛 丨磹，電光。〔集韻・勘部〕

䆾 丨窞，不平。〔廣韻・闞部〕〇丨窞，深穴。〔集韻・闞部〕

韽 丨，擊也。〔廣韻・勘部〕〇丨，擊鼓也。〔集韻・勘部〕

篸 丨，以針丨物。〔廣韻・勘部〕〇丨，綴也，或作鑱、攙。〔集韻・勘部〕

篸 丨，綴也。〔續音義・卷七〕引〔韻集〕。

筑 丨，竹名。〔集韻・勘部〕

䊤 丨，糂滓也，一曰淖糜。〔集韻・勘部〕

𦉘 丨，大盎。〔集韻・闞部〕〇㽉、鑑、監、濫、丨，並字異而義同。〔廣雅・釋器〕「甞、坻，㽉也」疏證。

肒 丨𦢊，短醜兒。〔集韻・勘部〕

䏰 丨䐺，肥兒。〔集韻・勘部〕

脂 丨，炙令熟。〔廣韻・闞部〕〇丨與䑂同。〔廣雅・釋器〕「䑂，血也」疏證。

腅 丨，相飯也，或作啖。〔廣韻・闞部〕〇丨，一曰相飲也。〔集韻・闞部〕〇丨，肴也。〔說文〕「肴，啖也」義證引〔玉篇〕。

䐺 丨，食味美。〔廣韻・勘部〕〇丨，食美也。〔集韻・勘部〕

舕 䑙丨，舌出。〔廣韻・闞部〕

甜 䑙丨，吐舌兒。或从炎。〔廣韻・闞部〕

苷 丨，艸名。〔集韻・勘部〕

莟 丨，苗丨，心欲秀也。〔廣韻・勘部〕〇丨，禾欲秀兒。〔集韻・勘部〕

藍 丨，酸菹。〔集韻・闞部〕

蘫 丨，瓜菹也。〔廣韻・闞部〕又〔集韻・闞部〕。〇丨，藍或从濫。〔同上〕

䕨 丨，薏苡別名。〔廣韻・勘部〕〇丨，艸名，薏苡也。〔集韻・勘部〕

[illegible]|，瓜蟲。〔廣韻·闞部〕〇|，蟲名，食桑食瓜者。〔集韻·勘部〕又〔集韻·闞部〕。

[illegible]蚒|，獸吐舌皃。〔集韻·闞部〕

嵁|同峆。〔廣韻·勘部〕〇|，峆亦从甚。〔集韻·勘部〕

[illegible]|，羊血凝。〔廣韻·勘部〕〇|，羊凝血也。〔集韻·勘部〕〇|，或作峆。（同上）

詌|，口閉。〔集韻·勘部〕

諳|，競言也。〔廣韻·勘部〕〇|，競言。〔集韻·勘部〕

[illegible]|，譀或从忘。〔集韻·闞部〕〇|，誑也。〔說文〕「譀，誕也，俗譀从忘」義證引〔類篇〕。

謲|，怒也。〔廣韻·勘部〕〇|，相怒使也。〔集韻·勘部〕〇|，一曰伺也。（同上）

[illegible]|，背誦，或作諳。〔集韻·勘部〕

貪|，多欲也。〔集韻·勘部〕

[illegible]|，乞戲物，或作斂。〔廣韻·闞部〕〇|，一曰戲乞。〔集韻·勘部〕

賧|，夷人以財贖罪。〔廣韻·闞部〕〇|，夷人以財贖罪也。或作倓。〔集韻·闞部〕〇|，

贉|，買物預付錢也。〔廣韻·勘部〕〇|，價物預授直也。或从僉。〔集韻·勘部〕

[illegible]|貼，貪財也。〔集韻·闞部〕

[illegible]|，䪼味厚。〔集韻·勘部〕

蹔|同暫。〔廣韻·闞部〕〇|者，暫之俗。〔說文〕「狙，一曰狙，犬暫齧人者」句讀。〇|，疾進也。〔集韻·闞部〕

轗|軻，坎壈也。〔廣韻·勘部〕〇|軻，車行不平。〔集韻·勘部〕〇|軻，一曰不得志。亦作輡。（同上）

輱|，轗或省。〔集韻·勘部〕

[illegible]|，餡也。〔集韻·勘部〕

醃|，藏葅也。〔集韻·勘部〕

[illegible]|，酒味淫也。〔集韻·勘部〕

錎|，鑪屬。〔集韻·闞部〕

鏩鑱、|並與攙通。〔廣雅·釋詁四〕「攙，銳也」疏證。

鏒|，鋤也。〔集韻·勘部〕

鑑|，陶器，如甀大口，以盛冰。〔集韻·闞部〕〇|亦作鍳、鑒。（同上）

[illegible]|，覆蓋也。〔廣韻·勘部〕

[illegible]|，雲皃，靉謂之|霸。〔集韻·闞部〕〇|，或作霮。（同上）

䨵|，久雨也。〔集韻·勘部〕

[illegible]|，頑劣皃。〔廣韻·勘部〕又〔集韻·勘部〕。

[illegible]|灡，浮皃。〔廣韻·勘部〕〇|，水浮謂之|。〔集韻·勘部〕

靲|，竹篸也。〔集韻·勘部〕

韽|，鐘聲小也。〔集韻·勘部〕

[illegible]|，頷，癡皃。〔集韻·勘部〕

[illegible]頷|，搖頭皃。〔廣韻·勘部〕〇|，搖首也。〔集韻·勘部〕

顑|，食不飽也。〔集韻·勘部〕〇|，不飽而面黃也。或作顣。（同上）

顣|，面虛黃色。〔廣韻·勘部〕〇顣|，頭面不平。〔集韻·勘部〕

[illegible]|，臨火氣也。〔集韻·勘部〕

[illegible]|，醲，頭皃。〔集韻·勘部〕

[illegible]煩|，癡皃。〔集韻·闞部〕

顲|，面色黃皃。〔廣韻·勘部〕又〔集韻·勘部〕

餡 丨，味過甘也。〔集韻·勘部〕

餤 丨，蓋以甘言誘敵之意。〔釋詁〕「丨，進也」郝疏。〇丨、啖、禫、導俱聲轉而義同。〔釋詁〕「丨，進也」郝疏。〇丨為啖字之別體。〔詩·巧言〕「亂是用丨」通釋。〇丨，通作啖。〔釋詁〕「丨，進也」郝疏。

饏 丨，食無味。〔集韻·闞部〕

餻 丨，食不飽也。〔廣韻·勘部〕又〔集韻·勘部〕。

馾 丨，冠幘。〔廣韻·勘部〕〇丨，一曰馬步近前。〔同上〕〇丨，馬睡皃。〔集韻·勘部〕

⿰骨㬎 丨，首骨高也。〔集韻·勘部〕

⿱髟甘 丨，髮青紺色。〔集韻·勘部〕

鬖 丨，長毛皃。〔集韻·闞部〕

⿱髟監 丨鬖，長毛。〔集韻·闞部〕

⿰甘鳥 丨，丨鳥。〔廣韻·勘部〕

鴆 丨，鳥名。〔集韻·勘部〕〇丨，或从冬作鴤。〔同上〕〇丨，或从井作鳽。〔同上〕

黮 丨闇，不明皃。〔集韻·勘部〕

黯 丨然銷魂，言思深下也。〔說文〕「丨，深黑也」繫傳。

⿰鹵臽 丨⿰鹵監，無味。〔廣韻·闞部〕又〔集韻·闞部〕。

⿰鹵炎 丨，無味。〔廣韻·闞部〕〇丨，⿰鹵監或从炎。〔集韻·闞部〕

⿰鹵甚 丨，鹹味厚。〔廣韻·勘部〕〇丨，味厚也。〔集韻·勘部〕

⿰鹵敢 丨，味苦。〔廣韻·闞部〕〇丨，味苦也。〔集韻·闞部〕〇丨，味過鹹也，通作⿰鹵臽。〔同上〕

⿰鹵感 丨，⿰鹵敢或从感。〔集韻·闞部〕

⿰鹵監 ⿰鹵臽丨，無味。〔廣韻·闞部〕〇⿰鹵臽丨，無味也。〔集韻·闞部〕

⿺風音 丨⿺風俞，颶風也，音暗俞，颶音具，言東西南北之風皆具也。〔通雅·天文〕

續經籍籑詁卷第八十八

去聲

二十九豔

豔 丨，容色豐滿也。〔說文〕「丨，好而長也」繫傳。○丨，美色也。〔廣韻·豔部〕○丨音豔，美色曰丨。〔詩·十月之交〕「丨妻煽方處」朱傳。○〔毛詩〕說丨妻即指褒姒。〔漢書·谷永傳〕「閻妻驕扇」補注引齊召南。○剡、丨，古今字耳。（同上）補注引錢大昭。○〔說文定聲·卷四〕丨，叚借為歆。〔禮記·郊特牲〕「而鹽諸利」注「使歆丨之」。○丨，魯作閻，齊作剡。〔詩·十月之交〕「丨妻煽方處」集疏。○〔說文定聲·卷四〕丨，今本字作艷，俗體。〔左傳桓公元年〕「目逆而送之曰美而丨」。

艷 丨，俗豔。〔廣韻·豔部〕○丨，豔隸作丨。〔廣韻·豔部〕

念 丨，常丨之也。〔說文〕「丨，常思也」繫傳。○丨，思也。〔廣韻·㮇部〕○丨與懷同義。〔詩·桑柔〕「以丨穹蒼」通釋。○丨當訓為忘。〔詩·文王〕「無丨爾祖」通釋。○丨亦有止義。〔詩·沔水〕「莫肯丨亂」通釋。○丨，背誦也。〔漢書·張禹傳〕「欲為論，丨張文」補注引周壽昌。○恁、諗、丨聲近義同。〔廣雅·釋詁二〕「恁，思也」疏證。○丨與埝通。〔方言一三〕「埝，下也」箋疏。又〔廣雅·釋詁一〕「埝，下也」疏證。

驗 丨，今亦云效也。〔說文〕「丨，馬名」繫傳。○丨，效也。〔廣韻·豔部〕○丨，證也，徵也。（同上）○丨，徵也，信而有徵也。〔大戴·本命〕「可丨而後言」王詁。○丨，徵丨也。〔漢書·王嘉傳〕「誠不見其外顧內望阿附為雲丨」補注。○丨，今用為譣字，丨行而譣廢矣。〔說文〕「丨，馬名」段注。○丨本馬名，蓋即譣之假借。〔說文〕「讖，丨也」段注。○丨云徵丨者，於六書為假借，譣其正字也。〔說文〕「譣，問也」段注。○〔說文定聲·卷四〕丨，叚借為譣。〔齊策〕「亦丨其辭于王前」。○斂、丨聲相近，故字亦相通。〔史記·曆書〕「度丨」雜志。○丨當作譣。〔說文〕「籤，丨也」段注。○丨，凡言徵丨者當作譣。〔周書·文酌〕平議。

贍 丨，足也，謂周足也。〔慧琳音義·卷一七〕引〔字書〕。○丨，足也。〔孟子·梁惠王上〕「此惟救死而恐不丨」朱注。○丨亦足也。〔管子·山權數〕「相困揲而睿」雜志。○丨，給也。〔國策·魏策三〕「未丨下兵也」鮑注。○丨，或作⿰飠詹，助也。〔慧琳音義·卷一七〕引〔聲類〕。○丨，賙也。〔廣韻·豔部〕又〔集韻·⿰飠詹部〕。○丨博，一作贍匐。〔通雅·艸〕○丨部洲，南洲。〔慧琳音義·卷七〕○丨部洲，梵語，此大地之總名也，或名琰浮。〔卷一〕○丨，亦作澹。〔集韻·豔部〕○丨，元作澹。〔國策·魏策三〕「未丨下兵也」鮑注。○丨，古作澹。〔孟子·公孫丑上〕「力不丨也」焦正義。○丨作澹。〔史記索隱〕「異文」雜志。○凡〔漢書〕丨字多作澹。〔管子·山權數〕「相困揲而睿」雜志。

壍 丨，今謂城池為丨也。〔慧琳音義·卷七二〕引顧野王。○丨，今謂城池也。或作塹。〔卷三二〕引顧野王。○丨，坑也，遶城水也。〔廣韻·豔部〕○丨，長塹也。〔慧琳音義·卷四七〕引〔考聲〕。○以土為塹，種樹於上曰丨。〔卷六一〕○丨作塹。〔史記索隱〕「異文」雜志。○丨，官本作塹。〔漢書·高帝紀〕「深丨而守」補注。○丨，南監本、閣本皆作塹。（同上）引錢大昭。

塹 古者城丨因山為高岸曰丨。〔說文〕「邕，四方有水自邕城池者是也」繫傳。○丨，城隍也。〔慧琳音義·卷一〇〕引〔字書〕。又〔卷六二〕引〔字書〕。○城池為丨。〔卷四〕引〔玉篇〕。○丨，小坑也。（同上）引〔韻英〕。○丨，長坑也。（同上）引〔考聲〕。○丨，或作壍，今城外壕坑也。〔卷二〇〕引顧野王。○丨字或作壍。〔說文〕「丨，阬也」義證。○丨乃漸之叚借。（同上）段注。○〔說文定聲·卷四〕丨，叚借為趣，言斗峻者不可犯，其陂陁者，可徐進也。〔史記·李斯傳〕「陗丨之勢異也」。

店 丨，丨舍。〔廣韻·㮇部〕○丨，停物舍也。〔集韻·栝部〕○丨，置也，所以置貨鬻物也。〔說文〕「坫，屏也」段注引崔豹。

占 丨，固也。〔廣韻·豔部〕○丨，固有也。〔集韻·豔部〕○丨與覘同，竊視之意。〔釋言〕「揆，試也」郝疏。○丨，度也。〔大戴·文王官人〕「以其見丨其隱」王詁。

斂 丨，聚也。〔廣韻·豔部〕又〔集韻·驗部〕。又〔周禮·小宰〕「丨弛之聯事」述聞。○丨亦聚也。〔左傳成公二年〕疏證。○丨，賦丨也。〔大戴·主言〕「徵丨於百姓」王詁。○丨當作撿。〔說文〕「拱，丨手也」段注。○〔孟子〕書今文作檢，惟〔漢·志〕作丨。〔漢書·食貨志〕「而孟子亦非狗彘食人之食不知丨」補注引王應麟。

厭 丨同猒，飽也。〔說文〕「斁，詩曰服之無斁。斁，丨也」段注。○丨當作猒，飽也。〔說文〕「餫，民祭，祝曰餫」段注。○丨，足也。〔集韻·豔部〕○丨足。〔論語·述而〕「學而不丨」劉正義。○丨，受氣足也。〔詩·載芟〕「有丨其傑」朱傳。○丨丨，足也。〔詩·湛露〕「丨丨夜飲」朱傳。○〔通雅·卷一〇〕丨丨，聶聶，脈滋而足也。〔內經〕「丨丨聶聶，如落榆莢」。○丨丨者，安也。〔詩·小戎〕「丨丨良人」通釋。○丨丨，安也。（同上）朱傳。又〔詩·湛露〕「丨丨夜飲」朱傳。○丨然，安貌。〔荀子·儒效〕「丨然猶一」雜志。○丨焉，猶安然也。〔荀子·王霸〕「丨焉有千歲之固」集解。○丨丨者，合也。〔儒效〕「天下丨然猶一也」集解引郝懿行。○丨焉，合一之貌。〔王霸〕「丨焉有千歲之固」集解引郝懿行。○丨丨，性和也。〔詩·小

戎〕「——良人」通釋。○——，亦久也。〔詩・湛露〕「——夜飲」朱傳。○〔説文定聲・卷四〕——，即懕懕也。〔詩・小戎〕「——良人」。〔懕〕下〕○—者，苦其多而惡之之辭。〔論語・憲問〕「人不—其言」朱注。○—，棄。〔述而〕「學而不—」劉正義。○—，棄絶也。〔雍也〕「天—之」朱注。○—代，猶—世也。〔通雅・身體〕○凡推手曰揖，引手曰—。〔儀禮・鄉飲酒禮〕「賓—介入門左」胡正義引淩廷堪。○—，於棄反，與壓同，一指按也。〔讀淮南子書後〕引〔説林篇〕「使工—竅」雜志。○—，服也。〔漢書・張湯傳〕「—海內之心」補注。○〔通雅・卷五〕—案，壓服也。〔國策〕「舉左案右，舉右案左，—案萬乘之國—」。○〔説文定聲・卷四〕—，修飾之意。〔禮記・大學〕「而後—然」。○楚人謂—為眯。〔讀淮南子書後〕引〔精神篇〕「故覺而若眯」雜志。○—與終義亦相近。〔廣雅・釋詁四〕「—，繹，終也」疏證。○〔説文定聲・卷四〕—，猶合也。〔海內南經〕「—火國，獸身，黑色，生火出其口中」。○—浥，濕意。〔詩・行露〕「—浥行露」朱傳。○—唱，選人受注而唱名也。〔通雅・官制〕○—，字本作懕，或作猒，又作愔。〔荀子・儒效〕「—然猶一」雜志。○—即今魘字。〔讀淮南子書後〕引〔精神篇〕「故覺而若眯」雜志。○—，讀為懕。〔詩・湛露〕「——夜飲」陳疏。○—者，懕之假借。〔詩・小戎〕「——良人」通釋。○—乃懕之段借。〔説文〕「懕，安也」段注。○〔説文定聲・卷四〕—，段借為懕。〔荀子・王霸〕「然而—然有千歲之固」。○——者，即懕懕之消借耳。〔詩・湛露〕「——夜飲」通釋。○各書皆假—為猒足、猒憎字。〔説文〕「—，笮也」段注。○〔説文定聲・卷四〕—，段借為猒。〔書・洛誥〕「萬年—于乃德」。○〔同上〕—，段借為亞。〔荀子・脩身〕「—其源」。○〔同上〕—，段借為壓。〔廣雅・釋詁三〕「—，可也」。○〔同上〕—，段借為壓。〔禮記・檀弓〕「畏—溺」。○〔同上〕—，段借為㦰。〔論語〕「天—之」。○——，通作愔愔。〔詩・小戎〕「——良人」通釋。○〔通雅・卷三九〕—餡，通作饜飫。〔國語〕「武王克殷，作—餡」。○—，諸本作壓。〔左傳襄公二六年〕「楚晨—晉軍而陳」洪詁。○—當作猒。〔説文〕「餡，民祭，祀曰—餡」義證。○—旦，當作旦—。〔荀子・儒效〕「—旦於牧之野」集解引俞樾。

爓 —，氣兒也。通餤。〔慧琳音義・卷七六〕引〔考聲〕。○—，火微行也，俗作焰。〔卷六八〕引〔字書〕。○—，光也。〔廣韻・豔部〕○—，火光，或作焰。〔集韻・豔部〕○—，火焰也。〔説文〕「—，火門也」義證引〔玉篇〕。○—，沈肉於湯也。〔禮記・祭義〕「—祭」集解。○錟、燅、炶、—並通。〔廣雅・釋詁二〕「錟，爓也」疏證。

焰 —，火煙也。〔慧琳音義・卷八〕引〔考聲〕。○—同爓。〔廣韻・豔部〕○—者，俗爓字也。〔説文〕「餤，火行微餤餤也」段注。

餤 —，爓或作—。〔集韻・豔部〕○—，火行貌。〔説文〕「—，火行微——也」義證引〔玉篇〕。

瀲 —，水淺際也。〔慧琳音義・卷八一〕引〔考聲〕。○——，水淺次也。〔卷四七〕引〔考聲〕。○—，泛也。〔卷八二〕引〔考聲〕。○——，泛也。〔卷四七〕引〔考聲〕。○—，泛—。〔廣韻・豔部〕又〔集韻・豔部〕。○—，一曰水波也。〔廣韻・豔部〕○—，波也。〔集韻・豔部〕○—，亦作澰。〔廣韻・豔部〕

墊 —，下也。〔慧琳音義・卷八二〕引〔韻英〕。又〔廣韻・㮇部〕。○當訓—為下。〔左傳成公六年〕「民愁則—隘」疏證。○—，陷俱為下濕之義。〔書・皋陶謨中〕注「康成—，陷也」孫疏。○凡屋而下曰—。〔説文定聲・卷三〕○—，正俗所云肚腹低陷也。〔説文〕「騫，馬腹—也」段注。○土陷曰—。〔説文定聲・卷三〕○—者，下之藏也。〔廣雅・釋詁四〕「—，藏也」疏證。○—，溺也，藏也。〔慧琳音義・卷八二〕引〔考聲〕。○—隘，謂民之志慮卑狹，不以地言。〔左傳成公六年〕「民愁則—隘」疏證。○—隘，慮水雨。〔左傳襄公二五年〕「久將—隘也」洪詁引杜預。○—、窴、埝，字異義同。〔方言六〕「—，下也」箋疏。○—，亦作窴。〔同上〕疏證。○—，〔字苑〕作凹。〔説文〕「—，下也」義證。○—，當為褺。〔説文〕「潼，水出廣漢梓潼北界，南入—江」義證。○—，漢後用為褺。〔説文〕「—，下也」段注。○—與窴通。〔廣雅・釋詁二〕「窴，下也」疏證。又〔廣雅・釋言〕「窴，厭也」疏證。○〔説文定聲・卷三〕—，段借為褺。〔廣雅・釋詁四〕「—，藏也」。○〔同上〕—，段借為褺。〔中山經〕「馱鳥食之已—」。

窆 —，下棺。〔廣韻・豔部〕○—，下棺封土也。亦作堋。〔通雅・疑始〕○—謂葬下棺也。讀如汎祭之汎。〔通雅・疑始〕引鄭衆。○—、堋、塴，並聲近而義同。〔廣雅・釋詁一〕「—，下也」疏證。○—，與堋同誼。〔説文定聲・卷四〕○〔同上〕—，段借為貶。〔周禮〕故書〔朝士〕「慮刑—」。○〔周禮〕用—字，〔左傳〕用堋字，〔禮記〕以封為之。封、—，封、堋皆雙聲。〔説文定聲・卷四〕○今文—為封。〔説文〕「—，葬下棺也」句讀。

僭 —，擬也。〔廣韻・㮇部〕○—，差也。〔同上〕○—，差。〔詩・抑〕「不—不賊」朱傳。○—，引伸之則訓差。〔説文〕「—，假也」段注。○—，亂也。〔詩・鼓鐘〕「以籥不—」朱傳。○—，不信也。〔詩・抑〕「覆謂我—」朱傳。○—，又訓不信。〔説文〕「—，假也」段注。○—、濫二字同義。〔詩・殷武〕「不—不濫」通釋。○—，癆並與慘同，毒也。〔方言一三〕「蟬，毒也」箋疏。○譖、—二字古可互通。〔詩・抑〕「不—不賊」通釋。○—為譖之假借。〔詩・巧言〕「—始既涵」通釋。○—即譖之假借也。〔説文〕「—，假也」段注。○—通作譖。〔説文〕「—，假也」義證。○〔説文定聲・卷三〕—，段借為譖。〔詩・巧言〕「—始既涵」。○—，當為譖。〔詩・巧言〕「—始既涵」陳疏。○—，三家作譖。〔同上〕集疏。○乾道本—作譖。〔韓子・難言〕「—而不讓」集解。○—，各本作假也。〔説文〕「—，假也」段注依〔玉篇〕引正。

坫 —，墇也，屏也。〔廣韻・㮇部〕○—，本訓當為堂隅也。〔説文定聲・卷四〕○〔同上〕—，此以庋食者也，當在室之東北隅，近庖廚。〔禮記・內則〕「士于—一」。○〔同上〕—，此以奠圭者也，當在兩楹間。〔禮記・名堂位〕「崇—康圭」。○〔同上〕—，此以反爵者也。〔論語〕「有反—」。○凡—皆

絫土為之。〔說文〕「丨，屏也」段注。〇〔說文定聲・卷四〕丨，字又變作店。〔古今注〕「店，置也。所以置貨鬻之物也」。〇〔同上〕丨，字亦作⿰甚占。〔通俗文〕「⿰甚占，支也」。〇丨乃阽之叚字。〔釋宮〕「坫謂之丨」平議。

幨　丨，披衣。〔廣韻・豔部〕

砭　丨，石針。〔廣韻・豔部〕

饜　丨，同猒。〔廣韻・豔部〕〇丨，飫也。通作厭、猒。〔集韻・豔部〕〇丨，飽也。〔國策・齊策四〕「士三食不得丨」鮑注。〇丨作厭。〔史記索隱〕「異文」雜志。〇丨，〔史記〕作厭為宜。〔漢書・叔孫通傳〕「通知上益丨之」補注引周壽昌。

噞　丨喁，魚口。〔廣韻・豔部〕〇丨喁，魚口出水皃。〔集韻・驗部〕引〔字林〕。

獫　丨，長喙犬名。〔廣韻・豔部〕又〔集韻・驗部〕。〇載丨當作載斂。〔漢書・地理志〕「皆言車馬田狩之事」補注引宋祁。

⿰貝僉　丨，市先入直也。〔廣韻・豔部〕〇市先入直謂之丨。〔集韻・驗部〕

⿰火舌　丨，火行皃。〔廣韻・豔部〕〇丨，火光。〔廣韻・㮇部〕〇丨，火光也。〔說文〕「丨，火行也」義證引〔玉篇〕。〇丨，沈肉於湯也。〔楚辭・大招〕「丨鶉敶只」補注。〇丨與杉為正俗字。〔說文〕「柀，丨也」段注。〇烎、燅、丨、爓並通。〔廣雅・釋詁二〕「烎，爚也」疏證。〇丨，當作燅。〔說文〕「燅，於湯中爚肉」義證。

鹽　丨，以丨醃也。〔廣韻・豔部〕〇丨，以丨漬物。〔集韻・豔部〕〇丨，一曰歆艷之也。〔同上〕

⿰甚占　丨，支也。〔廣韻・㮇部〕引〔通俗文〕。〇丨，楮也。通作磹。〔集韻・㮇部〕

⿱穴執　丨，人言其丨隘也。〔說文〕「丨，屋傾下也」繫傳。〇丨，窮也。〔廣韻・㮇部〕〇丨，一曰厭也。〔集韻・栝部〕〇屋陷曰丨。〔說文定聲・卷三〕（「墊」下）〇丨與墊音義同。〔說文〕「丨，屋傾下也」段注。〇〔說文定聲・卷三〕丨與墊略同。〔廣雅・釋詁二〕「丨，下也」。〇墊與丨通。〔廣雅・釋詁二〕「丨，下也」疏證。〇丨，或通作墊。〔說文〕「丨，屋傾下也」義證。

⿱耂占　丨，老人面黑皃。〔廣韻・㮇部〕〇丨，老人面如墨點也。〔說文〕「丨，老人面如點也」義證引〔玉篇〕。〇〔說文定聲・卷四〕丨，老者往往體有黑瘢，讀若耿者，疑讀若廉也。〔說文〕「丨，老人面如點也，从老省，占聲，讀若耿介之耿」。

掞　丨，光照曜明也。〔慧琳音義・卷九八〕引顧野王。〇丨，猶豔也。〔卷九八〕引顧野王。〇丨，舒藻。〔廣韻・豔部〕〇丨，掞舒也，或从焱。〔集韻・豔部〕〇丨，舒也。〔同上〕〇丨，一曰疾動。〔同上〕〇丨，銳也。亦作剡。〔易・繫下〕傳「丨木為楫」李疏引〔字林〕。〇剡、丨、覃，古通用。〔廣雅・釋詁二〕「剡，利也」疏證。〇丨，或从閃。〔集韻・豔部〕

⿰扌焱　丨，豔也。〔廣韻・豔部〕

㐁　丨，無光。〔廣韻・㮇部〕又〔廣韻・勘部〕。又〔集韻・勘部〕。〇丨，一曰無光也。〔集韻・栝部〕〇丨，一曰席也。〔同上〕〇丨，一曰竹上皮也。〔同上〕〇〔說文定聲・卷四〕丨，讀若今言添也。〔說文〕「丨，一曰竹上皮，讀若沾」。〇〔同上〕丨，讀若誓者，猶茵之或以為綴也。〔說文〕「丨，一曰讀若誓」。

⿱雨執　丨，小濕。〔廣韻・緝部〕〇丨，早霜寒。〔廣韻・㮇部〕〇丨，一曰早霜而寒謂之丨。〔集韻・栝部〕〇丨，經典相承作墊。〔說文〕「丨，寒也」義證引〔九經字樣〕。

傔　丨，從也。〔慧琳音義・卷八九〕引〔韻英〕。又〔通鑑・唐紀三〇〕「會希逸丨人孫誨入奏事」音注。又〔唐紀五五〕「丨人王義自後抱賊大呼」音注。〇丨，從也，事主而隨行者也。〔慧琳音義・卷一〇〇〕引〔韻英〕。〇丨，從。〔廣韻・㮇部〕〇丨，侍從也。〔集韻・栝部〕〇丨人，倅也。〔通雅・官制〕〇〔國策〕丨作慊。〔呂覽・知士〕「揆吾家苟可以丨劑貌辨者」校正。〇〔說文定聲・卷四〕丨，叚借為愜，為猒。〔呂覽・知士〕「苟可以丨劑貌辨者」。

覘　丨，假也。〔廣韻・豔部〕〇丨，窺偵也。〔通鑑・漢紀三〕「使人丨匈奴」音注。〇丨與貼同。〔廣雅・釋詁一〕「丨，視也」疏證。〇〔說文定聲・卷四〕丨，字亦作貼。〔方言一〇〕「貼，視也」。

栝　丨，添竈木也。〔說文〕「丨，炊竈木」繫傳。〇丨，進火木。〔同上〕義證引〔六書故〕。〇丨，今俗語云竈㮇是也。〔同上〕段注。〇丨，〔說文〕㮇字。〔同上〕義證引〔玉篇〕。〇丨，俗字作㮇。〔說文定聲・卷四〕

⿰缶占　丨，謂器之缺。〔集韻・栝部〕〇瓦缺曰丨。〔說文定聲・卷四〕

㓠　刀缺曰丨。〔說文定聲・卷四〕（「⿰缶占」下）〇丨與⿰缶占同。〔說文〕「丨，缺也」句讀。〇丨、玷，古今字。〔同上〕段注。〇〔說文定聲・卷四〕丨，字亦作玷。〔詩・召旻〕「曾不知其玷」。〇丨，今〔詩〕作玷，假借。〔說文〕「丨，缺也」繫傳。

醶　漿、酨、丨三者同物。〔說文〕「丨，酢漿也」段注。〇丨，今俗作釅。〔同上〕句讀。

鹼 |，字或作鹻。〔説文〕「|，鹵也」義證。〇|，通作鹹。(同上)義證。〇|，古通用鹹。(同上)句讀。

⿰目曆 |，閉目思也。〔廣韻・⿰木忝部〕又〔集韻・栝部〕。〇|，一曰憂也。(同上)

脅 |，妨也。〔廣韻・釅部〕〇|，迫也。〔集韻・驗部〕〇|，力止也。〔説文定聲・卷三〕(「歙」下)〇|閱，懼也。〔廣雅・釋詁二〕疏證補。〇|閱，盖歙口歙嗅之聲也。〔通雅・諺原〕〇|即協字之假借。〔管子・大匡〕「|之」雜志。

埝 |，下也。〔廣韻・⿰木忝部〕〇|、窽、埶，字異聲義並同。〔方言・一三〕「|，下也」箋疏。

⿰糹念 |，挽船篾也。〔廣韻・⿰木忝部〕引〔字林〕。〇|，引舟繩也。〔集韻・栝部〕

⿰目占 |，視也。〔廣韻・豔部〕〇|，竊視也。〔集韻・豔部〕〇|，目垂兒。〔廣韻・⿰木忝部〕〇覘與|同。〔廣雅・釋詁一〕「覘，視也」疏證。

⿰忄弇 |，快也。〔廣韻・豔部〕又〔集韻・豔部〕。

焱 |，火花也。〔慧琳音義・卷三八〕引〔考聲〕。〇|，火華也。〔廣韻・豔部〕〇|，火爂所生也。〔説文〕「|，火華也」繫傳。〇|，舊作熒。〔説文〕「勞，勮也」段注。〇||，火盛兒。〔集韻・豔部〕〇〔説文定聲・卷四〕|悠，叚借，猶游衍也。〔東京賦〕「紛|悠以容裔」。〇|，〔文選〕作猋。〔漢書・司馬相如傳〕「雷動|至」補注。〇|當作猋。〔司馬相如傳〕「歷駭|」補注。〇|當為猋之譌。〔古今人表〕「衛殤公|」補注引王念孫。

俺 |，大也。〔廣韻・豔部〕又〔集韻・豔部〕。又〔廣韻・梵部〕。

僉 |，皆也。〔集韻・驗部〕

⿰氵嚴 |，寒也。〔集韻・驗部〕

⿰⿱罒占刂 |，剡使薄也。〔集韻・豔部〕

唸 |，呻吟。〔廣韻・⿰木忝部〕

嚴 |，酷也。〔集韻・驗部〕

⿰口韱 |唊，不廉。〔廣韻・豔部〕〇|唊，不廉也。〔集韻・豔部〕

壛 |，蔽也。〔廣韻・豔部〕又〔集韻・豔部〕。

壓 |，伏也。〔集韻・豔部〕

⿱咸女 |，好兒。〔廣韻・釅部〕又〔集韻・驗部〕。

⿱漸女 嬮|，美女兒。〔廣韻・豔部〕

⿱斬女 嬮|，美兒。〔集韻・豔部〕

嬮 |⿱漸女，美女。〔廣韻・豔部〕〇|，女字。〔集韻・豔部〕〇|⿱斬女，美兒。(同上)

嶦 |，山阪。〔集韻・豔部〕

弇 |，鍾形，中央寬也。〔周禮〕「|聲鬱」。〔集韻・豔部〕

⿰衤占 |，徠，行兒。〔集韻・豔部〕

襜 |，行速兒。〔集韻・豔部〕

⿰衤覃 徵|，行兒。〔集韻・栝部〕

奄 |，精氣閉藏也。〔集韻・豔部〕

忝 |，辱也。〔廣韻・⿰木忝部〕又〔集韻・栝部〕。

店 |，所以止動也。〔集韻・栝部〕

⿰今攵 |，厓下也。〔廣韻・釅部〕〇|，厓間也。〔集韻・驗部〕

斂 |，以手散物。〔集韻・豔部〕

⿰方僉 |，證也。〔廣韻・豔部〕

⿰方詹 ||，厭厭也。蓋旌旗偃卧之意。〔通雅・卷九〕

枮 |、⿰木忝，古今字。〔説文〕「栝，炊竈木」段注。

⿰木忝 |，火杖。〔廣韻・⿰木忝部〕〇|，木杖也。〔説文〕「栝，炊竈木」義證引〔玉篇〕。

槧 |，插也。〔廣韻・豔部〕

棯 |，木名，棗屬。〔集韻・栝部〕

俺　—，檢，木名。〔集韻·豔部〕

檢　俺—，木也，葉可為飲。〔集韻·驗部〕

染　—，漬色也。〔集韻·豔部〕

殮　—，殯—。〔廣韻·豔部〕〇—，衣死也。〔集韻·驗部〕

淡　—，水皃。〔集韻·豔部〕〇今曰紫糖，正古之—也。〔通雅·綵色〕〇—然，定靜貌。〔大戴·哀公問五義〕「百姓—然不知其善」王詁。〇—墨氈書，貢院榜也。〔通雅·官制〕

⿰氵鹽　—同鹽。〔廣韻·豔部〕

灩　—溢，謂器盛物盈滿。〔慧琳音義·卷四八〕〇瀲—，水滿皃。〔集韻·琰部〕〇瀲—，水波動皃。〔廣韻·豔部〕〇瀲—，水動皃。〔集韻·豔部〕

添　—，和益也。〔集韻·㮇部〕

澰　—，〔博雅〕清也。〔集韻·驗部〕

漸　—如，溼皃。〔集韻·豔部〕

燄　—，火也。〔集韻·驗部〕

熸　—，火乾也。〔集韻·驗部〕

爁　—焱，火延。〔廣韻·豔部〕〇—焱，火延也。〔集韻·驗部〕

⿰片詹　—，屋檐耑版也。〔集韻·豔部〕

猒　—，飽也。〔廣韻·豔部〕〇〔說文定聲·卷四〕—，叚借為覂，厭、覂雙聲。〔漢書·高帝紀〕「因東游以—之」。

擠　—，引從也。〔集韻·驗部〕

掩　—，繅絲以手振出緒也，或从系，通作淹。〔集韻·豔部〕

擔　—，假也。〔集韻·豔部〕

瞻　—，矖也。〔集韻·豔部〕

瓰　—，似瓶有耳。〔廣韻·釅部〕〇—，陶器，小瓶有耳者，或書作瓴。〔集韻·驗部〕

⿸疒冉　—，皮起皃。〔集韻·豔部〕〇—，皮破。〔集韻·驗部〕

痁　—，病也。〔廣韻·㮇部〕〇—，痎病。〔集韻·㮇部〕

睒　—，視遠也。〔集韻·豔部〕

瞻　—，視也。〔集韻·豔部〕

玷　—，玉病。〔集韻·㮇部〕

⿰石韱　—磹，電光。〔廣韻·㮇部〕又〔集韻·㮇部〕〇—磹，即閃電之音也。〔通雅·卷一一〕

兼　—，并也，古作⿱兼禾。〔集韻·㮇部〕

⿰禾奄　—，稻不實。〔集韻·豔部〕

稴　—，—⿰禾韱。〔廣韻·㮇部〕〇—⿰禾韱，木不實皃，一曰稻不黏者。〔集韻·㮇部〕

⿰禾厭　—，禾不實也。〔集韻·豔部〕

⿰禾韱　—，禾草不實，稴—之皃。〔廣韻·㮇部〕〇稴—，禾不實皃。〔集韻·㮇部〕

⿰衤厭　—，禳祭。〔集韻·豔部〕

⿱竹欠　—，竹名。〔集韻·驗部〕

⿱竹念　—，竹索，或从緫。〔集韻·㮇部〕

⿱竹兼　—，籠也。〔集韻·㮇部〕

⿱竹掞　—與掞同。〔方言五〕「或謂之籃掞」箋疏。

⿰羊僉　羊角三觠曰—。〔集韻·驗部〕

⿰羽奄　—，斂羽。〔集韻·豔部〕

舚　—，舌出皃。〔廣韻·㮇部〕

苫　丨，以草覆物。〔廣韻·豔部〕〇丨，茨屋也。〔集韻·豔部〕

菾　丨，草木長茂皃。〔集韻·栝部〕

薟　丨，藥艸，俗呼蜀夜子，治喉病。〔集韻·驗部〕

蘞　丨，艸名，似栝樓。〔集韻·驗部〕

蚺　丨蛟，獸吐舌皃。〔集韻·栝部〕

襜　丨同幨。〔廣韻·豔部〕〇丨，披衣也，或从巾、从炎。〔集韻·豔部〕〇〔說文定聲·卷四〕丨，叚借為拈。〔儀禮·士冠禮〕古文「執以待于西丨南」。〇(同上)丨，叚借為憺。〔吳仲山碑〕「收丨遺孤」。

腍　丨，美也。〔集韻·栝部〕引〔博雅〕。

䑎　丨，舟名。〔集韻·栝部〕

譣　丨，證也，或作旝，通作驗。〔集韻·驗部〕引〔博雅〕。

譖　丨，不信也，通作僭。〔集韻·栝部〕

訲　丨，言多不盡。〔集韻·豔部〕引〔字林〕。

趝　丨，疾行皃。〔廣韻·㮇部〕〇丨，俯首疾行。〔集韻·栝部〕

䞶　丨，走皃。〔集韻·驗部〕

䠨　丨，馬急行也。〔集韻·豔部〕

酓　丨，苦味。〔廣韻·㮇部〕〇丨，酒盈量也。〔集韻·豔部〕

醶　丨，苦也，或作酓。〔集韻·栝部〕

澰　丨，消也。〔集韻·栝部〕

釅　丨，酒醋味厚。〔廣韻·釅部〕〇酒厚曰丨。〔通雅·諺原〕

閃　丨，闚頭也。〔集韻·豔部〕

闍　丨，視皃。〔集韻·豔部〕〇丨，小開户也。〔集韻·驗部〕

霑　丨，沾也。〔集韻·豔部〕

霯　丨，小雨。〔廣韻·豔部〕又〔集韻·豔部〕。〇丨，小雨也。〔集韻·驗部〕

醶　丨，面包。〔集韻·豔部〕

韂　丨，鞍小障泥。〔廣韻·豔部〕〇丨，馬障泥也。〔集韻·豔部〕

韽　丨，胡被。〔集韻·驗部〕

韂　丨，戟也。通作襜、幨。〔集韻·豔部〕〇丨同韂。〔廣韻·豔部〕

頣　丨，垂首也。〔集韻·栝部〕

䯡　丨，瘦皃。〔集韻·栝部〕

髯　丨，頷毛。〔廣韻·豔部〕〇丨，須也。〔集韻·豔部〕

魘　丨，污觸也，或作殗、裺、褦。〔集韻·豔部〕

鮎　丨，魚名。〔廣韻·㮇部〕又〔集韻·栝部〕。

鰜　丨，魚名，大而青。〔集韻·栝部〕

點　丨，通作沾、玷。〔集韻·栝部〕

𪘛　丨，齒皃。〔廣韻·釅部〕〇丨，齒差也。〔集韻·驗部〕

續經籍籑詁卷第八十九

去聲

三十陷

陷｜，穴也。〔慧琳音義・卷一〇〇〕引〔考聲〕。〇｜阱，坑坎也。〔中庸〕「驅而納諸罟擭｜阱之中」朱注。〇｜，潰也。〔慧琳音義・卷一〇〇〕引〔考聲〕。〇｜，入地隤也。〔廣韻・陷部〕〇｜，墜入地也。〔漢書・司馬遷傳〕「函糞土之中而不辭者」補注引〔玉篇〕。〇｜，穿地為塹，所以禦禽獸，其或超踰，則｜焉。〔大戴・盛德〕「是為民設｜以賊之也」王詁。〇｜，没也。〔慧琳音義・卷五七〕又〔大戴・曾子疾病〕「幾何而不｜乎哉」王詁。〇凡深没其中曰｜。〔說文〕「｜，高下也」段注。〇｜，沉溺也。〔孟子・公孫丑上〕「淫辭知其所｜」朱注。〇｜者，高下也。〔說文〕「坎，｜也」段注。〇高下之形曰｜。〔說文〕「｜，高下也」段注。〇自高入於下亦曰｜，義之引申也。〔同上〕〇｜，自高而入于下也。〔說文定聲・卷四〕〇｜，隨也。〔續音義・卷七〕引〔切韻〕。〇｜猶敗也。〔詩・召旻〕「潰潰回遹」通釋。〇｜者，臽之絫增字也。〔說文〕「臽，小阱也」句讀。〇｜，字亦作陷。〔說文定聲・卷四〕〇〔同上〕｜，叚借為歉。〔淮南・繆稱〕「滿如｜」。〇〔同上〕｜，叚借為淊。〔天井碑〕「堅無｜瀆」。〇｜，當作淊，字之誤。〔說文〕「谷，山間｜泥地」段注。〇｜，當為臽。〔說文〕「臽，小阱也」義證。

鑑鑒，同｜。〔廣韻・鑑部〕〇鑒作｜。〔孟子・離婁上〕「殷鑒不遠」焦正義。〇鑒，鏡。〔詩・柏舟〕「我心匪鑒」朱傳。〇｜，鏡也。〔慧琳音義・卷一〕引〔玉篇〕。又〔廣韻・鑑部〕。又〔大戴・武王踐阼〕「於｜為銘焉」王詁。〇鑒，亦為鏡也。〔孟子・離婁上〕「殷鑒不遠」焦正義。〇｜，照也。〔慧琳音義・卷八七〕引〔考聲〕。又〔廣韻・鑑部〕。〇｜，見面之容。〔大戴・武王踐阼〕「｜之銘」王詁。〇鑒，視也。〔詩・蕩〕「殷鑒不遠」朱傳。〇鑒為視。〔孟子・離婁上〕「殷鑒不遠」焦正義。〇鑒者，監也，監于前也。〔本草・卷八〕〇｜，明也。〔慧琳音義・卷八七〕引〔考聲〕。〇｜，誡也。〔廣韻・鑑部〕〇覽、｜、監、濫、鑒，並字異而義同。〔廣雅・釋器〕「覽、坻，覽也」疏證。〇｜，經傳皆以監為之，竟、監一聲之轉。〔說文定聲・卷四〕〇〔同上〕｜，以濫為之。〔莊子・則陽〕「同濫而浴」。〇｜，或作覽。〔說文〕「｜，大盆也」義證。〇｜，字亦作覽。〔說文定聲・卷四〕〇｜，亦叚監為之。〔說文〕「｜，大盆也」段注。〇〔說文定聲・卷四〕｜，叚借為鏡。〔說文〕「｜，一曰方諸，可以取明水于月」。〇魯鑒作監。〔詩・蕩〕「殷鑒不遠」集疏。〇鑒，〔御覽〕並作監。〔呂覽・適音〕「不鑒則竭」校正。〇｜，當為監。〔墨子・非命下〕「為｜不遠」閒詁引莊述祖。

監｜，視也。〔書・君奭〕「君肆其｜于茲」孫疏。〇｜，領也。〔廣韻・鑑部〕〇｜，臨也。古作譼。〔集韻・覽部〕〇｜，安居以臨下｜之也。〔說文〕「｜，臨下」繫傳。〇｜謂三｜也。〔書・多方〕「我｜五祀」孫疏。〇｜殷者為管、蔡、霍，所謂三｜也。〔史記・殷本紀〕「武庚與管叔、蔡叔作亂」志疑。〇｜門即吏，縣吏常能役之。〔酈生陸賈列傳〕「為里｜門吏，然縣中賢豪不敢役」志疑引劉辰翁。〇覽、鑑、｜、濫、鑒，並字異而義同。〔廣雅・釋器〕「覽、坻，覽也」疏證。〇｜與闞同。〔史記・魏世家〕「北至平｜」志疑。〇｜與鑒互相假。〔說文〕「｜，臨下也」段注。〇〔說文定聲・卷四〕｜，叚借為鑑，實為鏡，｜、鏡雙聲。〔詩・大東〕「｜亦有光」。

汎｜，正體作氾，水上浮不指定也。〔慧琳音義・卷七八〕〇｜，浮皃。〔廣韻・梵部〕〇｜當作泛，浮也。〔說文〕「泛，浮也」段注。〇｜謂｜｜，浮皃也。〔同上〕〇｜音馮，浮也。〔楚辭・尊嘉〕「｜淫兮無根」補注引相如賦「｜淫泛濫」。〇｜｜，浮貌。〔詩・二子乘舟〕「｜｜其景」集疏。〇｜，多也。〔續音義・卷八〕引〔韻英〕。〇｜，流貌。〔詩・柏舟〕「｜彼柏舟」朱傳。〇｜與泛略同，與氾迥別。〔說文定聲・卷三〕〇｜，假為氾。〔說文〕「氾，濫也」段注。〇〔說文定聲・卷三〕｜，叚借為氾。〔廣雅・釋詁四〕「｜，博也」。〇｜與仉通。〔廣雅・釋詁三〕「仉，輕也」疏證。〇｜、泛古同音。〔說文〕「泛，浮也」段注。〇〔說文定聲・卷四〕｜，汎之誤字，本作汎灑之汎，毛意借為迅也。〔詩・二子乘舟〕「｜｜其景」傳「迅疾而不礙也」。

泛｜同汎。〔廣韻・梵部〕〇｜，釣浮也。〔讀淮南子書後〕引〔說林〕「釣魚者｜杌」雜志。〇｜，琴聲也。弦鳴云者，今之所謂｜聲也。〔通雅・樂器〕〇非時取喚，謂之｜索。〔通雅・稱謂〕引〔夢華録〕。〇｜與汎略同，與氾迥別。〔說文定聲・卷四〕〇｜，經傳或从氾為之。〔同上〕〇〔同上〕｜，叚借為覂。〔漢武帝詔〕「｜駕之馬」。

氾｜，濫也。〔廣韻・梵部〕又〔楚辭・悲回風〕「｜潏潏其前後兮」補注。〇｜猶汎，搖動貌也。〔楚辭・招魂〕「｜崇蘭些」章句。〇｜｜，鳧浮貌。〔楚辭・卜居〕「將｜｜若水中之鳧乎」補注引五臣注。〇｜，污也。〔廣雅・釋詁三〕疏證訂正。〇〔說文定聲・卷四〕｜為汙。〔孔彪碑〕「皭然｜而不俗」。〇｜者，污也。〔漢書・王褒傳〕「忽若彗｜畫塗」補注引王念孫。〇｜，普也。〔廣雅・釋言〕疏證訂正。〇｜｜，浮也。〔廣雅・釋訓〕疏證補正。〇｜與泛同。〔楚辭・九辯〕「何｜濫之浮雲兮」補注。〇〔說文定聲・卷四〕｜，叚借為汎、為泛。〔楚辭・招魂〕「｜崇蘭些」。〇｜，〔史記〕、〔文選〕並作泛。〔漢書・司馬相如傳〕「於是乎周覽｜觀」補注。

梵｜，淨也。〔慧琳音義・卷二三〕引〔字苑〕。〇｜，寂靜，清淨也。〔卷二七〕〇｜，此云清淨，或云清潔，正言寂靜。〔卷五九〕〇｜，潔也。〔卷二

七〕引葛洪。○丨,丨聲。〔廣韻・梵部〕○丨,西域種號,出浮啚書。〔集韻・梵部〕

帆 丨,船使風。〔廣韻・梵部〕○丨,舟幔也。通作颿。〔集韻・梵部〕

颿 丨同帆。〔廣韻・梵部〕○丨丨,一曰馬疾馳。〔集韻・梵部〕

賺 丨,重買。〔廣韻・陷部〕○〔說文定聲・卷四〕丨,字亦作賺。〔廣雅・釋詁三〕「丨,賣也」。

儳 丨丨,雜言。〔廣韻・鑑部〕○丨,輕言。〔廣韻・陷部〕○〔說文定聲・卷四〕丨猶閒道也。〔後漢・何進傳〕「馳從丨道歸營」。○丨互,不齊也。〔集韻・隴部〕○〔說文定聲・卷四〕丨,段借為暫。〔禮記・曲禮〕「毋丨言」。

蘸 丨,以物內水。〔廣韻・陷部〕○〔說文定聲・卷六〕丨,或曰即潐字之轉注。〔玉篇〕「丨,以物內水中也」。

欠 丨者,開口也。〔說文繫傳・通論下〕○丨,人丨故也。〔說文〕「丨,張口氣悟也」繫傳。○丨,息也。〔說文〕「旡,歙食氣逆不得息曰旡」繫傳。○丨,氣也。〔說文〕「瘚,逆氣也」繫傳。○丨丨,伸。〔廣韻・梵部〕○丨,張口出氣。〔禮記・內則〕「丨伸跛倚」集解。○丨,氣相引也。〔說文〕「丨,張口氣悟也」義證引〔八十一難經〕。○張口運氣謂之丨故。〔同上〕段注引〔通俗文〕。○丨故,古有此語,今俗曰呵丨。〔同上〕段注。○丨丨故故,氣也。故或作呿。〔通雅・釋詁〕○丨猶歉也。〔說文定聲・卷五〕〔「負」下〕○丨,引伸為丨少字。〔說文〕「丨,張口氣悟也」段注。○丨,段借為歉。〔說文定聲・卷四〕

脂 丨,食肉不厭。〔廣韻・勘部〕又〔集韻・勘部〕。○丨,食而無厭也。〔本草・卷四四〕○丨與歁聲亦近,食肉不厭也。〔方言一〕「楚謂之貪,南楚江湘謂之歁」箋疏。○歁、欿、丨,並聲近而義同。〔廣雅・釋詁二〕「歁、欿,貪也」疏證。○丨即鮨字也。〔說文〕「鮨,羊凝血也」段注。○丨,通作啖。〔說文〕「丨,食肉不猒也」義證。○〔說文定聲・卷四〕丨,字亦作朕。〔廣雅・釋器〕「朕,肉也」。

臽 丨,小坑。〔廣韻・陷部〕○丨,坑也。〔廣雅・釋水〕疏證訂正。○丨,陷也。〔說文繫傳・通論下〕○丨者,墜入之謂。〔漢書・司馬遷傳〕「函糞土之中」雜志。○丨,若今人作阬以丨虎也。〔說文〕「丨,小阱也」繫傳。○丨,古陷字也。〔廣雅・釋言〕「免,隤也」疏證。○欿、窞、丨,聲並相近。〔廣雅・釋水〕「丨,坑也」疏證。○壑、阱、洫、㟃、丨,皆虛之轉聲也。〔廣雅・釋水〕「阱,坑也」疏證。○丨與啗古同聲。〔史記・禮書〕「函及士大夫」雜志。○丨,今通作陷。〔廣雅・釋水〕「丨,坑也」疏證。○諂諛之為導諛,丨及之為導及,禫服之為導服,皆聲轉而字異也。〔史記・越王勾踐世家〕「導諛」雜志。○丨字當讀為覃及鬼方之覃。(同上)

婘 丨,誣挐。〔廣韻・梵部〕○丨與譣同,誣挐也。〔方言一〇〕「或謂之譣」箋疏。○丨、譣同字。〔說文〕「丨,誣挐也」段注。○丨與譣同。〔廣雅・釋詁三〕「譣,挐也」疏證。○丨與譣聲義並同。〔方言六〕「譣,与也」箋疏。○丨,或作譣。〔說文〕「丨,誣挐也」義證。○丨,字或作譣。(同上)句讀。○〔說文定聲・卷四〕丨,字亦作譣。〔方言六〕「誣、譣,與也。吳越曰誣,齊曰譣」。

鮨 丨,魚名。〔廣韻・陷部〕○丨,脂也,健而雄取,吞啗同類,力敢而脂物者也。〔本草・卷四四〕

甂 丨,大瓮似盆。〔廣韻・鑑部〕○丨,大盆也。〔說文〕「鑑,大盆也」義證引〔玉篇〕。○丨,可以盛冰。〔集韻・甂部〕○丨、鑑、監、濫、礛,並字異而義同。〔廣雅・釋器〕「甇、坻,丨也」疏證。

闞 丨,犬聲。〔廣韻・鑑部〕○丨,獸怒聲。〔集韻・甂部〕○丨,奮怒之貌。〔詩・常武〕「丨如虓虎」朱傳。○丨止,〔史〕皆作監止,二字聲近義通,古人互用。〔史記・齊太公世家〕「丨止有寵焉」志疑。

劍 丨猶僉也。僉與丨聲有侈弇耳。〔方言一〕「凡人語而過謂之過,或曰僉,東齊謂之丨」箋疏。

劒 丨當讀為驗。〔周書・文酌〕「大武丨勇」平議。

淹 丨,没也,又繅絲一丨也。〔廣韻・梵部〕○丨,没也。〔集韻・豔部〕

隂 丨,陷也。〔廣韻・陷部〕又〔集韻・甂部〕。又〔集韻・豔部〕。

伬 丨,輕也。〔廣韻・梵部〕○丨,相輕薄皃。〔集韻・梵部〕○丨之言汎也。〔廣雅・釋詁三〕「丨,輕也」疏證。○凡亦與丨通。(同上)

㿻 丨,杯也。〔廣韻・梵部〕○丨,或作㿾、鋄、釩。〔集韻・梵部〕

惗 丨,甘心。〔廣韻・梵部〕○丨,一曰忘也。〔集韻・豔部〕

裺 丨,衣寬。〔廣韻・梵部〕○丨,褖也。〔說文〕「丨,褗謂之丨」義證引〔玉篇〕。○〔說文定聲・卷四〕丨,謂短衣之曲領者。〔方言四〕「丨謂之襦」。○丨,一曰緑也,一曰衣寬皃。〔集韻・豔部〕

譣 丨丨,譀。〔廣韻・梵部〕○丨,與也。〔廣雅・釋詁三〕疏證補正。○丨與,猶阿與,丨、阿乃一聲之轉。〔方言六〕「誣,丨與也」疏證。○一曰挐也,匿也,謗也,言輕也。〔集韻・豔部〕

瓻 丨,乾瓦屋也。〔廣韻・銜部〕又〔集韻・甂部〕。○丨,布瓦於屋也。〔集韻・陷部〕

欃　—，水門。〔廣韻・鑑部〕〇—，水門也。或作艬。〔集韻・豔部〕引〔字林〕。

錎　—，車鐶。〔廣韻・陷部〕〇—，車鐶也。〔集韻・陷部〕

⿰亻欠　—，俗欠。〔廣韻・梵部〕

佔　—，久立也。〔集韻・陷部〕

⿰亻敢　—，覽—。〔廣韻・鑑部〕〇覽—，高危也。〔集韻・豔部〕

僭　—為譖之借，數也。數與愬同。〔詩・巧言〕「—始既涵」後箋。

嚵　—，試人食。〔廣韻・鑑部〕〇—，嘗食。〔集韻・豔部〕

姂　—，好兒。〔廣韻・梵部〕又〔集韻・梵部〕。

⿰占彡　—，相接物也。又，利也。〔廣韻・鑑部〕〇—，相接物也，一曰利也。〔集韻・豔部〕

⿱涅土　—，深泥也。〔廣韻・鑑部〕

⿰忄敢　—，怒也。〔集韻・豔部〕

懺　—，自陳過也。〔慧琳音義・卷一六〕引〔集訓〕。〇—，自陳悔也。〔卷一六〕引〔韻英〕。又〔廣韻・鑑部〕。〇—，悔也，或从言作讖。〔集韻・豔部〕〇—悔，此云忍，謂容恕我罪也。〔慧琳音義・卷五九〕

揞　—，吳人云抛也。〔廣韻・陷部〕〇—，棄也，吳俗云。〔集韻・陷部〕〇—，掩也。〔集韻・勘部〕

摲　—，投也。〔廣韻・鑑部〕〇投扳偃水曰—。〔集韻・豔部〕

⿰束支　—，物相值合。〔集韻・陷部〕

椄　—，接檐也。〔集韻・豔部〕

⿱⿰臣𠂉木　—，大櫃。〔廣韻・鑑部〕〇—，櫃也。或省作⿱臤木，亦書作檻。〔集韻・豔部〕

歉　—，—嗛。〔廣韻・陷部〕〇—，一曰食不滿。〔集韻・陷部〕〇—，通作嗛。〔說文〕「—，—食不滿」句讀。

湴　—，同⿱涅土。〔廣韻・鑑部〕

淊　—，水沒。〔廣韻・陷部〕

減　—，損去也。〔集韻・陷部〕

涔　—，水涯。〔集韻・豔部〕

溓　—，沈物水中使冷。〔集韻・陷部〕

⿱⿰臣𠂉水　—，沈物水中使冷也。〔集韻・豔部〕

⿰犭音　—，犬吠。〔廣韻・陷部〕〇—，竇中犬聲。〔集韻・陷部〕

⿰犭兼　—，兩犬爭。〔集韻・陷部〕

⿱竹掞　—、掞，古通用。〔方言五〕「簟，自關而東或謂之篕掞」疏證。

⿰瓦凡　—，瓦也。〔集韻・梵部〕

⿰毚瓦　—，甖屬。〔廣韻・鑑部〕〇—，大盎，以盛潘者。〔集韻・豔部〕

⿸疒韱　—，病也。〔集韻・豔部〕

眨　—，同濫。〔廣韻・梵部〕

⿰目彡　—，暫見。〔廣韻・鑑部〕〇—，暫見也。〔集韻・豔部〕

⿰目咸　—，目陷。〔集韻・陷部〕

⿰目監　—，瞻也。〔廣韻・鑑部〕〇—，視也，通作監。〔集韻・豔部〕

站　—，俗言獨立。〔廣韻・陷部〕〇—，久立也，或从人。〔集韻・陷部〕

緘　—，棺旁所以繫縴者。〔集韻・陷部〕

⿰犭奄　—，劒羽。〔廣韻・梵部〕

⿰月並　—，膚肉疎兒。〔集韻・豔部〕

艬　—，—船。〔廣韻・鑑部〕〇—，舟名。〔集韻・豔部〕

芝　—，草浮水皃。〔廣韻・梵部〕〇—，艸浮水上皃。〔集韻・梵部〕

⿱艹⿱彡夂　—，草木無蔓也。〔廣韻・釅部〕〇—，艸木蕪蔓也。〔集韻・梵部〕

覽　—傲，高危皃。〔廣韻・鑑部〕〇—傲，高危。〔集韻・陷部〕

訊　—，多言。〔集韻・梵部〕

詀　—，被誑。〔廣韻・陷部〕

諵　—諛，私詈。〔集韻・陷部〕

譀　—，—譪。〔廣韻・鑑部〕〇—，誕也。〔集韻・豔部〕

謙　—，俗詀字。〔廣韻・陷部〕

讒　—，譖也。〔廣韻・鑑部〕又〔集韻・豔部〕。

䖔　—，虎怒也。〔集韻・陷部〕

䜶　—，餅中豆。〔集韻・陷部〕

釤　—，大鐮也。〔慧琳音義・卷二〇〕引〔古今正字〕。〇—，大鎌也。〔卷五八〕又〔集韻・豔部〕。〇—，大鎌。〔廣韻・鑑部〕

鑱　—，—土具。〔廣韻・鑑部〕〇—，鈗也。〔集韻・豔部〕

霒　—，以物內水中。〔廣韻・鑑部〕〇—，小雨。〔集韻・豔部〕

⿱斬面　—，長面皃。〔廣韻・鑑部〕〇—，長面。〔集韻・豔部〕

⿰革毚　—，—韉。〔廣韻・鑑部〕〇—，韉之短者。〔廣韻・陷部〕〇—，韉也。〔集韻・豔部〕

⿰音臽　—，下入聲，俗作⿰音臽。〔廣韻・陷部〕〇—，下聲也。〔集韻・陷部〕

顑　—，長面也。〔廣韻・陷部〕

⿰兼頁　—胡，劑面也。〔廣韻・陷部〕〇—顑，面長皃。〔同上〕〇—顑，面長。〔集韻・陷部〕

⿰食韱　—，貪食。〔集韻・豔部〕

⿱斬鳥　—，似雕而斑白。〔廣韻・鑑部〕

⿰鹵占　—，鹹多。〔廣韻・陷部〕〇—，鹹也。〔集韻・陷部〕

⿰鹵臽　—，鹹味。〔廣韻・陷部〕

黬　—，叫呼仿佛—然自得，音黯去聲。〔廣韻・鑑部〕〇—，忘而息也。〔集韻・豔部〕

⿰齒占　—，齘齒也。〔集韻・陷部〕

⿰齒臽　—，怒齒也。〔集韻・陷部〕

⿰齒毚　—齒，齒高皃。〔集韻・覽部〕

續經籍籑詁卷第九十

入聲

一屋

屋｜者，室之覆也。〔說文〕「｜，尻也」段注。○｜，人居所主也。〔說文〕「｜，居也」繫傳。○｜，舍也。〔廣韻·屋部〕○引伸之凡覆於上者皆曰｜。〔說文〕「｜，尻也」段注。○｜極，｜棟也。〔通雅·卷三八〕○｜翼，一名搏風，一名兩徘徊。（同上）○｜梠謂之槐，亦謂之檐。〔方言一三〕「｜梠謂之櫺」箋疏。○｜漏，室西北隅也。〔詩·抑〕「尚不愧于｜漏」朱傳。又〔中庸〕「詩云尚不愧于｜漏」朱注。○日光自牖中漏入，故名｜漏。〔釋宮〕「西北隅謂之｜漏」郝疏。○｜漏，本覆帳之名。〔詩·抑〕「尚不愧于｜漏」通釋。○｜漏即厞陋耳。（同上）通釋。○｜漏皆隱蔽之義。（同上）通釋。○｜漏，為人所不見之地。（同上）集疏。○〔通雅·卷三八〕｜頭，圂頭也。〔湘素襍記〕「如厠為｜頭」。○〔說文定聲·卷一五〕複｜者，如蘇俗所云閣，不可居。〔說文〕「棼，複｜棟也」。（「棼」下）○｜，止也。〔廣韻·屋部〕引〔風俗通〕。○｜，具也。〔廣韻·屋部〕○〔說文定聲·卷八〕｜，房俎之類。〔詩·權輿〕「夏｜渠渠」。○｜與幄通。〔書·泰誓〕「至于王｜」孫疏。○幄、握、｜俱古字通。〔釋言〕「握，具也」郝疏。○｜、握字亦通。〔考工記·匠人〕「九夫為井」孫正義。○剭、渥、｜並通。〔廣雅·釋詁四〕「剭，刑也」疏證。○〔說文定聲·卷八〕｜，叚借爲楃。〔詩·抑〕「尚不愧于｜漏」。○（同上）｜，或曰借為楃。〔詩·權輿〕「夏｜渠渠」。○（同上）｜，實借為楃。〔史記·周本紀〕「至于王｜」。○（同上）｜，字亦作剭。〔周禮·司烜氏〕「邦若｜誅」。○｜，字亦作[illegible]。〔說文定聲·卷八〕○｜室蓋局室之誤。〔荀子·正名〕「｜室廬庾」集解引王念孫。○｜，或作臺。〔集韻·屋部〕

臺｜，古文屋。〔廣韻·屋部〕。

木｜，樹｜。〔廣韻·屋部〕○｜，曰樵，曰新。〔說文定聲·卷七〕（「蕘」下）○｜蘭，皮似桂而香，狀如楠樹，高數仞。〔離騷〕「朝搴阰之｜蘭兮」補注引〔本草〕。○｜生者曰｜蘭，又名林蘭、杜蘭。〔通雅·卷四一〕○｜欄，芳｜也。〔廣雅·釋木〕「｜欄，桂欄也」疏證。○｜瓜，楙｜也，實如小瓜，酢可食。〔詩·木瓜〕「投我以｜瓜」朱傳。○｜瓜，一名冬桃。（同上）通釋。○｜瓜，實如小瓜，食之津潤不｜者。（同上）後箋引〔埤雅〕。○梓為百｜長，故呼梓為｜王。〔本草·梓〕引〔埤雅〕。○｜賊，此草有節，面糙澀，治｜骨者，用之磋擦則光浄，猶云｜之賊也。〔本草·木賊〕○｜，棺｜也。〔孟子·公孫丑下〕「｜若以美然」朱注。○｜謂棺也。〔左傳僖公二三年〕「則就｜焉」疏證。○｜者，｜主也。〔說文〕「社，地主也」繫傳。○｜鐸，金口｜舌，施政教時所振，以警衆者也。〔論語·八佾〕「天將以夫子為｜鐸」朱注。○｜石，謂擔也。〔大戴·千乘〕「鎊五兵及｜石曰賊」王詁。○｜治，梏也。〔說文〕「械，一曰持也」義證引〔御覽〕。○｜閣，閣道，皆以通險。〔國策·齊策六〕「故為棧道｜閣」鮑注。○｜禺即｜偶。〔通雅·卷七〕○｜熙即都盧緣橦之戲也。〔通雅·戲具〕○｜星為歲星。〔說文〕「歲，｜星也」繫傳。○｜星亦曰龍星。（同上）○｜者，質樸。〔論語·子路〕「剛毅｜訥」朱注。○｜，質樸也。〔通鑑·漢紀四〕「擇郡國吏｜訥於文辭」音注。○｜為樸質無文也。〔論語·子路〕「剛毅｜訥，近仁」劉正義。○｜，謂質直。〔通鑑·晉紀二三〕「根性｜强」音注。○｜路，即殷之大路，魯郊亦用之。〔周禮·春官巾車〕「｜路前樊鵠纓」孫正義。○〔說文定聲·卷八〕｜，叚借為樸。〔論語〕「剛毅｜訥」。○（同上）｜，叚借為鶩。〔淮南·道應〕「乃去其瞀而載之｜」。○｜介，〔唐·志〕作樹介。〔漢書·五行志〕「今之長老名｜冰為｜介」補注。

竹｜，管也。〔禮記·郊特牲〕「匏｜在下」集解。○｜者，簟也。〔釋器〕「｜前謂之禦」郝疏。○｜簡以為書牒也。〔說文〕「簡，牒也」義證引〔急就篇〕顏注。○｜[illegible]即｜秘。〔通雅·釋詁〕○｜閉，以｜為閉也。〔詩·小戎〕「｜閉緄縢」集疏引嚴粲。○｜魚即嘉魚也。〔通雅·魚〕○｜紙，今曰傚紙。〔通雅·器用〕○萹｜，艸名。〔集韻·屋部〕○〔說文定聲·卷六〕｜，叚借為茿。〔詩·淇奥〕「綠｜猗猗」。○｜當作薄。〔說文〕「薄，水萹茿」義證。○｜，韓作薄。〔詩·淇奥〕「綠｜猗猗」集疏。

目｜圍，俗呼眼圈。〔說文〕「㗊，｜圍也」句讀。○〔通雅·卷七〕｜擊猶｜及。〔後漢·郅惲傳〕「子張但｜擊」。○｜，條件也。〔論語·顏淵〕「請問其｜」朱注。○｜，亦條｜也。〔慧琳音義·卷七〇〕○凡行事撮舉總要謂之｜。〔論語·顏淵〕「請問其｜」劉正義。○｜之引伸爲指｜、條｜之｜。〔說文〕「｜，人眼也」段注。○｜，紐也。〔說文〕「瑁，諸侯執圭朝天子，天子執玉以冒之，似犂冠」繫傳。○｜，謂紀録也。〔慧琳音義·卷七〇〕○｜者，偏辨其事也。〔說文〕「凡，冣括而言也」段注。○｜或借牧字。〔說文〕「芸，艸也」義證。○｜又或作莜。（同上）○旄｜，〔後漢書·張衡傳〕作旄瞀。〔呂覽·介立〕「爰旄｜」校正。○｜宿，〔玉篇〕作苜蓿。〔說文〕「芸，艸也，似｜宿」義證。

服｜，事也。〔書·大誥〕「嗣無疆大歷｜」孫疏。又〔詩·關雎〕「寤寐思｜」集疏引魯說。又〔六月〕「共武之｜」朱傳。又〔下武〕「昭哉嗣｜」朱傳。又〔板〕「我言維｜」朱傳。又〔蕩〕「曾是在｜」朱傳。又〔大戴·子張問入官〕「而邇道之｜存焉」王詁。又〔周書·第四〕「畢桓于黎民般」雜志。又〔說文〕「｜，用也。从舟艮聲」段注。○｜猶事。〔國策·韓策三〕「公之下｜」鮑注。又〔燕策一〕「此古｜道致士之法也」鮑注。○｜，｜事。〔廣韻·屋

部〕○—，—事也。〔説文〕「鬯，以秬釀鬱艸芬芳攸—以降神也」繫傳。○—謂—事。〔大戴・主言〕「不教不—」王詁。○—，勤事也。〔説文繫傳・通論中〕○—，行也。〔禮記・禮運〕「而孝慈—焉」集解。又〔儒行〕「博學以知—」集解。又〔廣雅・釋詁一〕「般，行也」疏證。又〔廣韻・屋部〕。○—者，行也。〔荀子・宥坐〕「邪民不從」雜志。○—猶行也。〔禮記・孔子閒居〕「君子之—之也」集解。○—，用也。〔大戴・五帝德〕「其—也士」王詁。又〔離騷〕「非世俗之所—」補注引五臣注。又〔廣韻・屋部〕。○習用曰—。〔屈賦・天問〕「何惡輔弼，讒諂是—」戴注。○—，謂施用也。〔慧琳音義・卷九〕○—與任同義。〔廣雅・釋詁二〕「般，任也」疏證。○惟—，謂任事者。〔書・酒誥〕「惟—宗工」孫疏。○—，—其職業也。〔説文〕「甸，天子五百里内田」段注。○—，治也。〔孟子・離婁上〕「故善戰者—上刑」焦正義引江聲。○—，如「五刑有—」之—。〔屈賦・惜誦〕「戒六神以鄉—」戴注。○—，從也。〔大戴・衛將軍文子〕「—義而行信」王詁。又〔四代〕「上—周室之典以順事天子」王詁。又〔少閒〕「—聽也」王詁。又〔朝事〕「—於義」王詁。○—謂—從。〔大戴・保傅〕「若夫—習積貫，則左右已」王詁。○—謂—從人之説也。〔墨子・經説上〕「執—難成」閒詁。○—謂言相從而不執。〔墨子・經上〕「—執説」閒詁。○—，悦—也。〔大戴・誥志〕「衆—以立天下」王詁。○—猶順也。〔禮記・仲尼燕居〕「萬物—體」集解。○—同伏。〔書・康誥〕「—念五六日」孫疏。○—、伏，一也。〔漢書・廣陵厲王傳〕「左右皆—」補注引周壽昌。○—，訓為臣—之—。〔詩・文王〕「侯于周—」通釋。○—，謂竄伏也。〔韓子・初見秦〕「東—於陳」集解引張文虎。○—猶著也。〔中庸〕「則拳拳—膺而弗失之矣」朱注。○—膺，謂親承—事習道藝也。〔慧琳音義・卷四九〕○—膺，即憑也。〔莊子・盜跖〕「—膺而不舍」集釋。○—，畏也。〔論語・為政〕「何為則民—」劉正義引〔淮南・説林〕注。○—，習也。〔廣韻・屋部〕○—者，習於地也。〔屈賦・橘頌〕「後皇嘉樹，橘徠—兮」戴注。○—，猶懷也。〔詩・關雎〕「寤寐思—」朱傳。○—，整也。〔廣韻・屋部〕○—，佩也。〔大戴・武王踐阼〕「帶之以為—」王詁。○〔説文定聲・卷五〕—，或曰借為佩。〔呂覽・孟春〕「—青玉」。○〔同上〕—，轉注為佩—，佩在身之兩旁。〔荀子・大略〕「大夫—笏」。○〔同上〕利身之謂—。〔書・皋陶謨〕「五—五章哉」。○—，亦衣—。〔廣韻・屋部〕○〔説文定聲・卷五〕—，轉注為衣—，衣所以衛體。〔釋言〕「—，整也」。○—，戎—也。〔詩・六月〕「既成我—」朱傳。○凡兵衣並謂之—。〔周禮・巾車〕「王之喪車五乘，木車、蒲蔽、犬褀、尾櫜，疏飾，小—皆疏」孫正義。○—，襲斂之衣也。〔禮記・禮器〕「備—器」集解。○—謂畫衣冠。〔書・堯典下〕「五刑有—」孫疏。○—，瑣，—之紋如連瑣也。〔通雅・布帛〕○—，學習也。〔太素・知官能〕「用鍼之—」楊注。○—，閑習也。〔大戴・夏小正〕「教之—車數舍之也」王詁。○—者，屈—也。〔荀子・王霸〕「善—射者也」集解引郝懿行。○—，駕也。〔詩・大東〕「不以—箱」朱傳。○〔説文定聲・卷五〕—，轉注為—箱。〔詩・大東〕「不以—箱」。○—之言負也。〔詩・大東〕「不以—箱」通釋。

又〔管子・輕重甲〕「夫妻—簞輕」雜志。○—，御也。〔楚辭・九辯〕「驥不驟進而求—兮」補注引五臣注。○—，乘也。〔詩・叔于田〕「巷無—馬」朱傳。○—謂—馬。〔墨子・魯問〕「以來首從—」閒詁。○〔説文定聲・卷五〕—，轉注為—馬。〔文選・陽給事誄〕「配—驂衡」。○衡下兩馬曰—。〔屈賦・遠遊〕「—偃蹇以低昂」戴注。○衡下夾轅兩馬曰—。〔詩・大叔于田〕「兩—上襄」朱傳。○四馬車，兩馬在中為—。〔同上〕集疏。○古者夾轅曰—馬，其旁曰驂馬，此析言之，許意謂渾言皆得名—馬也。〔説文〕「—，一曰車右騑所以舟旋」段注。○—即法也。〔周書・武穆〕「教之以—」平議。○—亦為制。〔書・盤庚上〕「先王有—」平議。又〔呂覽・樂成〕「都鄙有—」平議。○—，本作㑁，今經典皆作—，而㑁字廢矣。〔同上〕○—有法制之義。〔大戴・誥志〕「雒出—」平議。○舊—，謂故事。〔書・盤庚〕「以常舊—」孫疏。○—，即采地之名。〔書・皋陶謨下〕「弼成五—」孫疏。○梟、鴞、—，訓狐，一物也。〔漢書・賈誼傳〕「—似鴞」補注引〔本草集解〕。○—翼，蝙蝠也。〔説文〕「[illegible]，蝁屬」段注。○—席即—匿。〔通雅・襍用〕○高麗又有温器名—席，如鐺而底方。高麗所謂—席，即北方所謂—匿也。〔同上〕○—匿，今徼卒所宿若倚廬者是也。〔漢書・蘇建傳〕「賜武馬畜—匿穹廬」補注引沈欽韓。○—，本義舟兩旁夾木也。〔説文定聲・卷五〕○—，一説舟人行舟者，與般同意。〔同上〕○—伏通。〔説文〕「臥，休也」句讀。○—、伏、備三字古皆讀如匍匐之匐，故字亦相通。〔漢書・王莽傳〕「備」雜志。○〔説文定聲・卷五〕—，叚借為伏。〔詩・關雎〕「寤寐思—」。○—當讀為伏。〔禮記・曲禮〕「孝子不—闇」平議。○〔説文定聲・卷五〕—，叚借為犕。〔詩・大叔于田〕「巷無—馬」。○—、宓、伏三字互相通假。〔漢書・藝文志〕「—氏二篇」補注。○—與㑁通。〔書・盤庚〕「若農—田力嗇」孫疏。又〔呂刑下〕「上刑適輕下—」孫疏。○—為㑁之叚字。〔左傳襄公三〇年〕「上下有—」平議。○—者，㑁之借字。〔釋言〕「—，整也」述聞。○—者，㑁之假借，治也。〔詩・民勞〕「我言維—」通釋。○—當讀爲㑁。〔禮記・儒行〕「博學以知—」平議。○—，同㑁。〔書・康誥〕「子弗祇—厥父事」孫疏。○〔説文定聲・卷五〕—，叚借為㑁。〔説文〕「—，用也」。○〔同上〕—謂借為㑁。〔詩・關雎〕「寤寐思—」。○—、復通。〔釋詁〕「—，事也」郝疏。○〔説文定聲・卷五〕—，叚借為箙。〔周禮・巾車〕「小—皆疏」。○假—為箙。〔説文〕「箙，弩矢箙也」段注。○—者，箙之叚字。〔荀子・議兵〕「負—矢五十个」平議。○—為古字，箙則後作之專字也。〔説文〕「箙，弩矢箙也」句讀。○—者，負之假借字。〔詩・大東〕「不以—箱」陳疏。○—讀為負。〔管子・輕重甲〕「夫妻—簞」義證。○—當讀為負。〔詩・大東〕「不以—箱」平議。○古音—如匐聲，轉為暑，暑正字，—通字，[illegible]假借字。〔漢書・灌夫傳〕「誖—謝罪」補注引錢大昕。○—讀為備。〔管子・度地〕「不知四害之—」平議。○—與蒲，音之緩急。〔墨子・尚賢上〕「舉舜於—澤之陽」閒詁引畢沅。○—，本作般。〔廣雅・釋詁一〕「般，行也」疏證。○—亦書作般。〔集韻・屋部〕○〔説文定聲・卷五〕—，字或變作鵩。〔史記・賈生傳〕「楚人名鴞曰

一」。○一當為符。〔大戴・誥志〕「雒出一」王詁。○一當為僕，聲之誤也。〔大戴・子張問入官〕「羣臣一汙矣」平議。○一，各本譌作般。〔廣雅・釋詁一〕「般，行也」疏證。○官本一作伏。〔漢書・宣帝紀〕「咸一其辜」補注。○俊在厥一。〔漢書・成帝紀〕作咎在厥躬。〔書・文侯之命〕「俊在厥一」孫疏。○今文一作躬。

(同上)注「一，一作躬」孫疏。

⿰舟人 一，古文服。〔廣韻・屋部〕○一，从舟从人者，凡事如舟之於人取切用也，凡事皆當如人之操舟也。〔説文〕「一，古文服」段注。

⿰舟𠬝 一，古服字。〔方言一三・揚雄答劉歆書〕「而雄一之」疏證。

⿰牜葡 一與服古字通。〔左傳僖公二四年〕「王使伯服」疏證引惠棟。○一，通作服。〔集韻・屋部〕

犕 一，古服字。〔史記・鄭世家〕「周襄王使伯一請滑」志疑。

福 一，五一皆備。〔説文〕「一，備也」繫傳。○五一，謂五者皆備。〔書・洪範下〕「斂時五一」孫疏。○一者，大慶之辭。〔大戴・勸學〕「一莫長於无咎」王詁。○一，亦祥也。〔詩・長發〕「幅隕既長」述聞。○一，亦喜也。〔左傳宣公一七年〕「君子如祉」疏證。○一之言富。〔釋訓〕「穰穰，一也」郝疏。○一與厚義近。〔釋詁〕「祜，厚也」郝疏。○一，德也。〔廣韻・屋部〕○一，祐也。(同上)○一，富，備古聲義並同。〔廣雅・釋詁二〕「一，備也」疏證。○一通作富。〔釋詁〕「禄，一也」郝疏。○〔説文定聲・卷五〕一，叚借為福，實為副。〔廣雅・釋詁一〕「一，盈也」。○一當讀為副。〔孟子・公孫丑〕平議。○一字古讀若偪。〔淮南・原道〕「黍肉」雜志。○徐市又作一者，市與芾同，即韍字，語轉又為一。〔史記・淮南衡山傳〕「又使徐一入海」志疑。○一與覆聲近。〔釋詁〕「副，審也」邵正義。○一者，備也。備者百順之名也。無所不順者之謂備。〔説文〕「一，備也」段注。

禄 一，福也。〔大戴・千乘〕「内一出災」王詁。又〔廣韻・屋部〕。○一，亦福也。〔大戴・千乘〕「及民共饗其一」王詁。又〔禮記・表記〕「其一及子孫」述聞。○一，訓福。〔説文〕「戩，滅也」段注。○一猶福。〔國策・趙策二〕「國之一也」鮑注。○一猶言福也。〔左傳宣公一五年〕「臣之一也」疏證。○散文則一即為福，對文則一、福義別。〔釋詁〕「一，福也」郝疏。○〔詩〕言福，一多不別，此古義也。〔説文〕「一，福也」段注。○一，善也。〔詩・正月〕「于何從一」通釋。又〔廣韻・屋部〕。○一，録也。〔廣韻・屋部〕○一之言録也，若言省録之也。〔説文〕「一，福也」繫傳。○一，俸也。〔廣韻・屋部〕○一，百官之俸。〔論語・季氏〕「一之去公室」劉正義。○一，仕者之奉也。〔論語・為政〕「子張學干一」朱注。○一，一曰居官所給廪。〔集韻・屋部〕○一，稍食也。〔大戴・四代〕「一不可後也」王詁。○一，臣所受於君之食也。〔禮記・表記〕「君子不以小言受大一」集解。○凡食禀田邑通謂之一，皆所以富贍臣下。〔周禮・大宰〕「二曰一以馭其富」孫正義。○一與生養義近。〔釋言〕「穀，生也」郝疏。○一，禒，衣聲。〔集韻・屋部〕○一、福聲近，其字亦通。〔釋詁〕「一，福也」郝疏。○一讀為録。〔管子・大匡〕「臣一齊國之政」平議。○一，録取同聲之字為訓。〔廣雅・釋言〕「一也」疏證。○〔説文定聲・卷八〕一，叚借為穀。〔周禮・天府〕「若祭天之司民司一」。○經傳凡云穀、一，一借一正，實同字。〔説文定聲・卷八〕○靈與一一聲之轉耳。

〔廣雅・釋言〕「靈，福也」疏證。

穀 一，芒實之總名也。〔説文〕「一，續也」繫傳。○一者，粱米之通稱。〔左傳僖公二三年〕疏證引胡渭。○一，續也。〔慧琳音義・卷一六〕引〔字統〕。○一，謂稷也。〔禮記・月令〕「農乃登一」集解。○一之大名有三，禾一粟也，一之種類有九。〔説文定聲・卷五〕○一，五一也。〔廣韻・屋部〕○五一，稻稷麥豆麻也。〔楚辭・大招〕「五一六仞」王注。○既離稃曰一。〔説文定聲・卷六〕〔稻〕下〕○〔説文定聲・卷八〕蔬果不得并于一。〔國語〕「百一百蔬」。○一指軍實也。〔左傳僖公二八年〕「晉師三日館一」疏證。○一雨，三月節，言雨以生百一也。〔漢書・律歷志〕「一雨」補注引錢大昭。○一，禄也。〔詩・正月〕「蔌蔌方有一」朱傳。○一，禄也。〔詩・小明〕「式一以女」朱傳。又〔有駜〕「君子有一」朱傳引或説。又〔廣韻・屋部〕。又〔集韻・屋部〕。○〔説文定聲・卷八〕一，轉注為食稟。〔論語〕「邦有道，一」。○一，生。〔詩・大車〕「一則異室」朱傳。○一，生也。〔詩・四月〕「民莫不一」陳疏。又〔廣韻・屋部〕。○一亦訓為生也。〔廣雅・釋詁一〕「穀，生也」疏證。○一當訓養。〔詩・黄鳥〕「不我肯一」通釋。○一，養也。〔甫田〕「以一我士女」朱傳。又〔通鑑・周紀四〕「乃布令求百姓之飢寒者，收一之」音注。○〔説文定聲・卷八〕一，訓養。〔詩・小弁〕「民莫不一」。○一，善。〔詩・東門之枌〕「一旦于差」朱傳。又〔黄鳥〕「不我肯一」朱傳。又〔小弁〕「民莫不一」朱傳。又〔桑柔〕「不胥以一」朱傳。○一，善也。〔詩・天保〕「俾爾戩一」朱傳。又〔小宛〕「式一似之」朱傳。又〔蓼莪〕「民莫不一」朱傳。又〔四月〕「民莫不一」朱傳。又〔桑柔〕「作為式一」朱傳。又〔有駜〕「君子有一」朱傳。又〔韓子・六反〕「整一之民也」集解引王先謙。又〔廣韻・屋部〕。又〔集韻・屋部〕。○一，又曰善也。〔詩・甫田〕「以一我士女」朱傳。○〔説文定聲・卷八〕一，訓善。〔書・洪範〕「既富方一」。○一旦，猶言良辰也。〔詩・東門之枌〕「一旦于差」集疏。○一於菟為小虎之稱。〔左傳宣公四年〕「鬭一於菟」疏證引焦循。○一，一曰水名。〔集韻・屋部〕○一，國今一亭。〔左傳桓公七年經〕「一伯綏來朝」疏證引〔博物志〕。○郭邑，孝章時改為一邑。〔漢書・地理志〕「一邑」補注引〔華陽國志〕。○一與禄聲近義通。〔禮記・檀弓〕「齊一王姬之喪」平議。○〔説文定聲・卷八〕一，叚借為禄。〔詩・天保〕「俾爾戩一」。○穀、穀、一並通。〔廣雅・釋詁一〕「穀，生也」疏證。○〔説文定聲・卷八〕一，叚借為穀。〔漢書・敘傳〕「楚人謂乳，一」。○一，穀之叚借也。〔釋言〕「一，生也」郝疏。○一當作穀。〔漢書・敘傳〕「楚人謂乳，一」補注。○一當為穀。〔左傳宣公四年〕「楚人謂乳，一」疏證引〔校勘記〕。○一、穀、穀並音近字通。〔釋詁〕「穀，盡也」郝疏。○〔説文定聲・卷八〕一，叚借為

告。〔禮記·檀弓〕「齊一王姬之喪」。〇(同上)一,叚借為縠。〔廣雅·釋言〕「一,培也」。〇一當是縠假借字。〔書·堯典上〕「曰昧谷」注「大傳谷作一」孫疏。〇一讀為瞉。〔管子·禁藏〕「氣情不營則耳目一」平議。〇一或从米作縠。〔集韻·屋部〕〇一當作菽。〔漢書·五行志〕「隕霜殺一」補注引宋祁。〇瀫、縠皆一之變字。〔漢書·地理志〕「一水東北至錢唐入江」補注。

縠 一,俗縠。〔廣韻·屋部〕〇一猶養。〔國策·齊策六〕「求百姓之飢寒者,收一之」鮑注。

熟 一,爛也。〔方言一二〕「羞,一也」箋疏引〔玉篇〕。〇一,合食也。〔慧琳音義·卷六〕引〔文字集略〕。〇一,成也。〔慧琳音義·卷三〕引〔考聲〕。又〔廣韻·屋部〕。〇一,元作孰。〔國策·秦策一〕「一視寡人」鮑注。又〔魏策二〕「魏再明一」鮑注。〇一即孰之俗。〔周禮·大宰〕「聚斂疏材」孫正義。〇一,閩本、德藩本作孰。〔漢書·項籍傳〕「願將軍一計之」補注引葉德輝。

孰 一、孰古今字。〔方言七〕「腼,熟也」箋疏。〇一、熟古今字。〔方言一二〕「羞,熟也」箋疏。〇一,隸作孰,熟。〔集韻·屋部〕

谷 泉出通川為一。〔説文〕「瀜,一也」段注。〇〔説文定聲·卷三〕凡泉出通川為一也。〔説文〕「瀜,一也」。〔「瀜」下〕〇一亦稱瀜也。〔説文〕「瀜,一也」段注。〇一,山谷。〔廣韻·屋部〕〇山之坳窊為一。〔説文繫傳·通論中〕〇一者,屬也,水流相屬灌輸也。〔釋水〕「注谿曰一」郝疏。〇一亦叡也。〔説文〕「叡,溝也」句讀。〇一猶壑也。〔易·井〕「井一射鮒」述聞。〇無水曰一。〔説文〕「谿,山瀆無所通者」義證引宋均。〇〔説文定聲·卷八〕謂空虛如一也。〔老子〕「曠兮其若一」。〇一,窮也。〔詩·桑柔〕「進退維一」朱傳。又〔廣韻·屋部〕。又〔集韻·屋部〕。〇一,善也。〔廣韻·屋部〕〇一風之一義與穀同也。〔廣雅·釋詁一〕「穀,養也」疏證。〇東風謂之一風。〔詩·谷風〕「習習一風」朱傳。〇一風,生長之風。(同上)集疏引魯説。〇一中謂之中一。〔淮南·原道〕「宇内」雜志。〇舶艫、構艫、一鹿,並字異而義同。〔廣雅·釋水〕「舶艫,舟也」疏證。〇浴與一古聲義亦同。〔廣雅·釋詁一〕「穀,養也」疏證。〇一、穀同聲通用。穀,善也。〔詩·桑柔〕「進退維一」通釋。〇一,穀之叚字。〔老子〕「一神不死」平議。〇一乃穀之假借。〔詩·桑柔〕「進退維一」後箋。〇一乃穀之叚借字。(同上)集疏引阮元。〇〔説文定聲·卷八〕一,叚借為穀。〔老子〕「一神不死」。〇一,叚為鞫。〔説文〕「一,泉出通川為一」段注。〇〔説文定聲·卷八〕一,叚借為窾。〔詩·桑柔〕「進退維一」。〇一蠡,〔後書·杜篤傳〕作鹿蠡,蓋音同假借字。〔漢書·烏孫國傳〕「至右一蠡王庭」補注引徐松。〇郭、一雙聲變字。〔漢書·地理志〕「南山,一水所出」補注。〇平一音裕,此人呼一為裕。〔通雅·地輿〕〇一,古文欲字。〔説文〕「欲,貪欲也」段注引晁説之。〇一當作岳。〔漢書·地理志〕「恒山北一在西北」補注引段玉裁。〇一,卻之借字。〔太玄·上〕「一在于淵」平議。

肉 人曰肌,鳥獸曰一。〔説文〕「一,胾一」段注。〇在物曰一,在人曰肌。〔説文定聲·卷六〕〇一,骨一。〔廣韻·屋部〕〇一,物之柔者。〔説文〕「脜,面和也」繫傳。〇〔説文定聲·卷六〕一或云借為柔。〔禮記·樂記〕「廉一節奏」。〇廉一猶肥瘠也。〔禮記·樂記〕「使其曲直繁瘠廉一節奏」述聞。〇滿即一也。〔禮記·樂記〕疏「或須繁多一滿者」述聞。〇凡物邊為一。〔説文〕「輮,車网也」段注。〇劓、刖、宮為三一刑。〔史記·孝文本紀〕「今法有一刑三」志疑。〇一袒,袒而無衣見一也。〔儀禮·覲禮〕「乃右一袒于廟門之東」胡正義。〇一袒,露肢體示欲受刑。〔國策·齊策六〕「田單免冠徒跣一袒而進」鮑注。〇一飛,狀舞者之態也。〔義府·卷下〕〇一好,好空也,其圜實為一,錢形似璧,故亦稱一好。〔通雅·貨賄〕〇一蓯蓉,此物補而不峻,故有從容之號。〔本草卷一二·肉蓯蓉〕

宍 一與肉同。〔淮南·原道〕「欲寅之心」雜志。〇一,肉字異文。〔墨子·迎敵祠〕「食其一」閒詁引畢沅。

族 一,鏑也。〔方言九〕「箭鏃」箋疏。〇一,矢鋒,當為鏃字之本訓。〔説文定聲·卷八〕〇一,轉注為利。(同上)〇一,聚也。〔集韻·屋部〕〇一者,聚也。〔論語·子路〕「宗一稱孝焉」劉正義。〇一亦聚也。〔慧琳音義·卷二七〕〇聚一字為轉注。〔説文定聲·卷八〕〇一者,聚也,湊也。〔荀子·非相〕「節一久而絶」集解引郝懿行。〇節一即節奏矣。(同上)〇一者,湊也。〔論語·子路〕「宗一稱孝焉」劉正義。〇閭、一、黨皆聚居之義。〔廣雅·釋詁二〕「鄙,尻也」疏證。〇一者,大旗也。〔説文定聲·卷八〕〔「鏃」下〕〇或説一字當訓大旗,古軍中弓矢之兵聚于旗下。〔説文定聲·卷八〕〇一,一曰从㫃,㫃所以標衆,衆矢之所集。〔集韻·屋部〕〇一者猶言叢也。〔釋木〕「木一生為灌」郝疏。〇一亦叢生也。〔説文〕「蘮,艸叢生皃」義證引顏之推。〇一,衆也。〔韓子·喻老〕「行久之物,一必起於少」集解。〇一,類也。〔易·同人象傳〕「類一辨物」述聞。〇一、類同義。〔書·堯典上〕「方命圮一」孫疏。〇一者,比類之迹也。〔莊子·天地〕「有一有祖」集釋。〇類一字為轉注。〔説文定聲·卷八〕〇一猶類也,不必指同姓。〔左傳成公四年〕「非吾一也」疏證。〇一猶屬也。〔左傳宣公一二年〕「知莊子以其一反之」疏證引朱駿聲。〇一者,部屬也。(同上)疏證引俞樾。〇一,屬者義近之聲訓矣。〔説文定聲·卷八〕〇一,姓。〔國策·秦策二〕「費人有與曾子同名一者」鮑注。〇一,宗一。〔廣韻·屋部〕〇一,親也,本同姓也。〔慧琳音義·卷六〕引〔集訓〕。〇一亦子孫之通稱。〔詩·麟之趾〕「振振公一」述聞。〇公一猶公姓也。(同上)〇公姓、公一皆謂子孫也。〔詩·麟之趾〕「振振公姓、振振公一」述聞。〇五服内為一一,姑母家為一一,姊妹家為一一,女壻家為一一,皆父一也。母家為一一,外祖母家為一一,母姨家為一一,皆母一也。妻家為一一,妻母家為一一,皆妻一也。〔説文定聲·卷八〕〇一猶門第也。〔説文定聲·卷一〕〔「寵」下〕〇一有助義,故言旅助也。〔漢書·律歷志〕「旅助姑洗」補注引錢大昭。〇一舉者,具舉也。〔漢書〕「一居」雜志。〇瘯蠡與一累同,急言

之則為痤矣。〔廣雅・釋詁二〕「矬，短也」疏證。○接慮、丨累、銼鑹，皆語之轉耳。（同上）○銼鑹、丨累、接慮，一聲之轉，皆物形之小而圓者也。〔廣雅・釋器〕「鍭鏑謂之銼鑹」疏證。○丨，經傳通作鏃。〔方言九〕「箭鏃」箋疏。○丨、鏃一字。〔說文〕「砮，石，可以為矢鏃」句讀。○丨，俗作鏃。〔說文〕「丨，矢鋒也」義證。○丨，今字以鏃為之。〔說文定聲・卷八〕○今字用鏃，古字用丨。〔說文〕「丨，矢鋒也」段注。○丨、屬聲近，古每通用。〔左傳宣公一二年〕「知莊子以其丨反之」平議。○部丨字皆當作丨，今相承作屬。（同上）○〔說文定聲・卷八〕丨，叚借為屬。〔齊語〕「工立三丨」。○（同上）丨，叚借為奏。〔尚書大傳〕「貢正聲而九丨具成」。○丨、叢一聲之轉。〔廣雅・釋詁三〕「丨，聚也」疏證。○榛、叢、丨、聚，俱一聲之轉。〔釋木〕「木丨生為灌」郝疏。○丨、湊、聚，聲並相近。〔廣雅・釋詁三〕「丨，聚也」疏證。○蔟、丨，聲近義同。〔廣雅・釋言〕「丨，湊也」疏證。○蔟、簇、丨字同。〔漢書・律歷志〕「太丨，丨，奏也」補注。

蔟　丨，聚齊皃。〔集韻・屋部〕

鹿　丨，獸名。〔廣韻・屋部〕○丨，獸名，有角。〔詩・野有死麕〕「野有死丨」朱傳。○大曰丨，小曰麛。〔說文定聲・卷八〕○丨場即丨之蹊徑。〔釋宮〕「場，道也」郝疏。○丨苑，婆羅痆斯國之苑名也。亦名丨野苑，即如來初轉法輪處也。〔慧琳音義・卷二〕「丨苑」引〔西域記〕。○丨即京也。〔說文〕「囷，圜謂之囷，方謂之京」段注。○山足稱丨。〔易・屯〕「即丨无虞」李疏引虞注。○丨丨為麗。〔說文定聲・卷八〕（〔獨〕下）○丨丨，言無所依也。〔釋名・釋親屬〕「獨，隻獨也」疏證。○丨丨，狀其蹗蹗也。〔通雅・釋詁〕○丨車即縪車。〔說文〕「縪，止也」段注。○丨車與歷丨義同。〔說文〕「䩛，車束也」段注。○丨車，東齊海岱之間謂之道軌。〔說文〕「縪，止也」段注。○丨盧與轆轤同，謂細腰也。〔釋木〕「遏，要棗」郭注「丨盧棗」郝疏。○〔通雅・卷三四〕丨盧，筅鈴也，今作轆轤，井上汲水名之一，一作轒轤，一作樚轤。〔喪大記注〕「以紼繞碑間之丨盧」。○丨角或謂之鉤格。〔方言五〕「丨觡或謂之鉤格」箋疏。○〔說文定聲・卷八〕丨何即泰姑，主療漆瘡。〔廣雅・釋草〕「丨何，澤鞠也」。○丨藿，今丨豆也。〔說文〕「莥，丨藿之實名也」繫傳。○丨藿名為丨豆也。（同上）義證引〔本草〕唐本注。○丨欒即延壽果也。〔通雅・穀蔬〕○瀧涿、瀨滯、瀧凍、丨埵、隴種、東籠，皆語之轉也。〔廣雅・釋詁二〕「瀧涿，漬也」疏證。○丨、麓古字通。〔易・屯〕「即丨无虞」李疏。○麓、丨古字通。〔左傳僖公一四年經〕「沙丨崩」洪詁。○〔說文定聲・卷八〕丨，叚借為麓。〔易・屯〕「即丨」。○丨者，麓之假借字。〔說文〕「麓，守山林吏也」段注。○〔說文定聲・卷八〕丨，叚借為簏。〔吳語〕「囷丨空虛」。○（同上）丨，字亦作簏。〔爾雅〕「圈蔍藿」。○丨字乃麤字之誤。〔呂覽・貴生〕「丨布之衣」平議。○〔史表〕侯丨作夷侯慶。〔漢書・高惠高后文功臣表〕「孝文十一年，侯丨嗣」補注。○〔夏小正〕丨人從當作麀從。〔說文〕「麀，牝丨也」義證引莊述祖。

○丨毛壽，人姓名，又曰潘壽，徐廣一作厝毛。〔史記・燕昭公世家〕「丨毛壽」志疑引〔通鑑〕注。

腹　丨者，肚之總名，謂之丨者取厚為義也。〔說文〕「丨，厚也」義證引〔急就篇〕顏注。○丨，丨肚。〔廣韻・屋部〕○丨，所以包裹五藏也。〔慧琳音義・卷一三〕引顧野王。○丨，臍上下兩旁也。〔說文定聲・卷六〕○丨胃，五藏之府，陶冶之大化也。〔說文〕「胃，穀府也」義證引〔物理論〕。○丨，一曰身中。〔集韻・屋部〕○丨，懷抱也。〔詩・蓼莪〕「出入丨我」朱傳。○丨亦厚之義。（同上）通釋。○〔說文定聲・卷六〕丨，以管為訓。〔釋詁〕「丨，厚也」。○丨者與朊同意。〔釋詁〕「丨，厚也」郝疏。○〔通雅・卷一八〕丨尺言丨肥也，後人或稱丨負。〔三國志〕「趙稚長有丨尺」。○丨心，同心同德之謂。〔詩・兔罝〕「公侯丨心」朱傳。○丨與複通。〔詩・蓼莪〕「出入丨我」通釋。○丨通作複。〔釋詁〕「丨，厚也」郝疏。○丨又通作復。（同上）○丨乃復之譌。〔韓子・顯學〕「不剔首則丨痛」集解。○〔說文定聲・卷六〕丨，叚借為覆。〔詩・蓼莪〕「出入丨我」。○丨轉為阜。〔釋詁〕「丨，厚也」郝疏。

菊　丨，草名。〔廣韻・屋部〕○丨花，一名節花，一名傳公，一名延年，一名白花，一名日精，一名更生。〔說文〕「蘜，日精也」義證引〔初學記〕。○〔說文定聲・卷六〕丨，叚借為蘜為蘜。〔月令章句〕「丨，艸名也」。

蘜　丨，黃菊也。〔釋草〕「丨，治蘠」鄭注。○丨，今之秋華菊。通作菊。〔集韻・屋部〕○丨通作鞠。（同上）

陸　高平曰丨。〔詩・考槃〕「考槃在丨」朱傳。又〔九罭〕「鴻飛遵丨」朱傳。又〔廣韻・屋部〕。○高平無水曰丨。〔詩・九罭〕「鴻飛遵丨」集疏引韓說。○丨又高也。〔廣韻・屋部〕○丨，厚也。（同上）○丨，道也。〔左傳昭公四年〕「古者日在北丨而藏冰」洪詁引服虔。○丨離，參差也。〔廣韻・屋部〕○貌參差謂之丨離。〔廣雅・釋訓〕「丨離，參差也」疏證。○聲參差亦謂之丨離。（同上）○丨離，長貌也。（同上）○丨離，分散也。〔離騷〕「長余佩之丨離」補注引顏師古。又〔漢書・司馬相如傳〕「衍曼流爛痑以丨離」補注。又〔說文定聲・卷八〕。○丨離，美好貌。〔離騷〕「長余佩之丨離」補注引許慎。又〔說文定聲・卷八〕。○凝雨曰丨。〔文選・蜀都賦〕「灑滮池而為丨澤」劉注引蔡邕。○丨澤者，蓄水以溉田使饒沃。（同上）集釋。○丨石、承石皆磁也。〔通雅・金石〕○丨口，蒲嶬口也。〔通雅・地輿〕○丨與睦古通用。〔易・夬〕「莧丨夬夬」李疏。○〔說文定聲・卷八〕丨，叚借為睦。〔廣雅・釋詁三〕「丨，厚也」。○（同上）丨，謂借為睦。〔易・夬〕「莧丨」。○丨當作睦。〔漢書・匈奴傳〕「莽以其庶女丨逯任妻後安公奢」補注引錢大昭。○〔說文定聲・卷八〕丨，叚借為鼀。〔莊子・馬蹄〕「翹足而丨」。○丨與流古同聲。〔廣雅・釋訓〕「丨離，參差也」疏證。○丨與林古聲亦相近。（同上）○丨或作淕。〔文選・蜀都賦〕「灑滮池而為丨澤」集釋。○丨乃踛之譌。〔莊子・馬蹄〕「翹足而丨」集釋。○

｜渾,〔公羊〕作賁渾。〔左傳宣公三年經〕「楚子伐｜渾之戎」洪詁。又〔昭公一七年經〕「荀吳帥師滅｜渾之戎」洪詁。

軸 ｜,車｜。〔廣韻・屋部〕○｜,持輪也。〔慧琳音義・卷一三〕引〔文字集略〕。○｜,引申為凡機樞之偁。〔說文〕「｜,所以持輪者也」段注。○〔說文定聲・卷六〕｜,謂機持經者。〔詩・大東〕「杼｜其空」。○織機之持經者亦謂之｜。〔說文〕「｜,所以持輪者也」段注。○｜,所以持轂。〔左傳宣公四年〕「又射汏輈,以貫笠轂」疏證引李貽德。○｜之言持也。〔廣雅・釋器〕「�謂之｜」疏證。○｜,盤桓不行之意。〔詩・考槃〕「碩人之｜」朱傳。○｜,當為彊壯貌。(同上)通釋。○｜亦河上地名。〔詩・清人〕「清人在｜」朱傳。○迪與｜通。〔釋詁〕「迪,進也」郝疏。○〔說文定聲・卷六〕｜,叚借為迪。〔詩・考槃〕「碩人之｜」。○｜即迪之假借字。〔詩・考槃〕「碩人之｜」陳疏。○｜通作逐。〔釋詁〕「逐,病也」鄭注。○〔說文定聲・卷六〕｜,謂借為簌。〔詩・考槃〕「碩人之｜」。○(同上)｜,以柚為之。〔詩・大東〕「杼柚其空」。○〔小雅〕「杼｜其空」今本作柚,乃俗誤耳。〔說文〕「｜,所以持輪者也」段注。○｜,魯作逐。〔詩・考槃〕「碩人之｜」集疏。

逐 ｜,追也。〔廣韻・屋部〕○｜,驅也。(同上)○｜,從也。(同上)○｜亦隨也。〔說文〕「從,隨行也」段注。○｜,强也。〔廣韻・屋部〕○〔說文定聲・卷六〕｜｜,重言形況字,亦競求之意。〔易・頤〕「其欲｜｜」。○｜,走也。〔廣韻・屋部〕○馳與｜同義。〔廣雅・釋詁三〕「馳,｜也」疏證。○〔說文定聲・卷六〕｜,海豚也,字亦變作鱁。〔爾雅〕「鯱是｜」。○｜,病也。〔詩・考槃〕「碩人之｜」集疏引魯說。○｜,疾也。〔廣韻・屋部〕○｜,速也。〔集韻・錫部〕○｜者,通作軸。〔釋詁〕「｜,病也」郝疏。○｜與軸,蓋古今字異。〔釋詁〕「｜,病也」平議。○｜與疛通也。(同上)述聞。○｜亦疛字之假借。〔詩・小弁〕「惄焉如擣」通釋。○古｜讀如胄,與疛同音。(同上)○｜當讀為疛。〔釋詁〕「｜,病也」述聞。○｜,怞之叚字。〔釋詁〕「｜,病也」平議。○〔說文定聲・卷六〕｜,謂借為攪、為擾,謂借為篙,謂借為促。〔易・頤〕「其欲｜｜」。○｜與篴古亦同聲。〔廣雅・釋詁一〕「篴,疾也」疏證。○｜字古有滌音。〔說文〕「藋,釐艸也」義證引程瑶田。○｜即瘃字。〔說文〕「｜,追也」義證。○或曰｜當為遂。〔說文〕「追,｜也」義證。○｜當為遂之誤。〔韓子・内儲說下〕「｜之」集解。○｜當作運。〔淮南・兵略〕「星耀而元｜」雜志。○｜,或作浟。〔集韻・錫部〕

牧 ｜者,畜養之總名也。〔慧琳音義・卷二〕引顧野王。○｜,放也。〔廣韻・屋部〕○｜,放｜也。〔通鑑・周紀二〕「曾無所芻｜」音注。○凡養六牲者通謂之｜。〔周禮・司徒〕「｜人下士六人」孫正義。○｜之,養之也。〔孟子・公孫丑下〕「今有受人之牛羊而為之｜之者」朱注。○〔說文定聲・卷五〕｜,養牛也。〔說文〕「｜,養牛人也」。○｜,養牛人也。〔國策・秦策四〕「芻｜薪採」鮑注。○｜,｜人也。(同上)補正。○｜,｜地也。〔孟子・公孫丑下〕「則必為之求｜與芻矣」朱注。○｜者,｜放之地。〔釋地〕「郊外謂之｜」郝疏。○｜,外野也。〔詩・靜女〕「自｜歸荑」朱傳。○｜,郊外也。〔詩・出車〕「于彼｜矣」朱傳。○郊外謂之｜。〔詩・駉〕「在坰之野」朱傳。○郊、｜、林、坰,實皆野也。〔書・牧誓〕「王朝至于商郊｜野」平議。○｜,養也。〔廣韻・屋部〕○｜,司也。(同上)○｜,治也。〔管子・侈靡〕「强能不服」雜志。○治人謂之｜。(同上)○引伸為｜民之｜。〔說文〕「｜,養牛人也」段注。○〔說文定聲・卷五〕治,｜義之引申。〔荀子・成相〕「請｜基,賢者思」。○凡世守其國邑者通謂之｜。〔周禮・大宰〕「一曰｜以地得名」孫正義。○｜是統尹之稱。〔左傳宣公三年〕「貢金九｜」疏證。○｜正,｜官之長。〔左傳哀公元年〕「為仍｜正」洪詁引王肅。○治於人亦謂之｜。〔管子〕「强能不服」雜志。○｜,使也。〔廣韻・屋部〕○｜,食也。(同上)○｜即目蓿。〔說文〕「芸,艸也」義證。○｜誓,王言也。〔史記・魯周公世家〕「周公佐武王作｜誓」志疑引〔滹南集・辨惑〕。○〔說文定聲・卷五〕｜,叚借為坶。〔詩・大明〕「｜野洋洋」。○(同上)｜,叚借為敏,猶言自以為覺而實愚也,｜、敏形聲俱近。〔莊子・齊物論〕「君乎｜乎,固哉」。○｜,字或作畋。〔詩・出車〕「于彼｜矣」通釋。○｜乃收之譌。〔史記・酷吏列傳〕「以｜司姦盜賊」志疑。○｜當作收,謂收治之。〔墨子・號令〕「符不合,｜」閒詁引蘇時學。○｜當為收。〔墨子・迎敵祠〕「｜賢大夫」閒詁。○｜,〔前志〕作收,〔後志〕作｜,〔華陽國志〕竟作升,收、升、｜三字皆同紐。〔說文〕「涂,涂水,出益州｜靡南山」段注。

伏 ｜,伺也。〔廣韻・屋部〕○｜者,伺也。〔說文〕「婚,俛｜也」段注。○｜,司察之義。〔說文定聲・卷五〕〔副〕下)○｜伺即服事也。〔說文〕「｜,司也」段注。○｜猶覆。〔左傳莊公一一年〕「覆而敗之」疏證。○｜,謂前覆也。〔慧琳音義・卷六七〕○〔說文定聲・卷五〕｜,轉注為俛｜。〔禮記・曲禮〕「寢毋｜」。○｜,引伸之為俯｜。〔說文〕「｜,司也」段注。○｜,安其所,不驚動也。〔孟子・梁惠王上〕「麀鹿攸｜」朱注。○｜,匿也。〔韓子・解老〕「故曰福兮禍之所｜」集解。○｜,匿藏也。〔大戴・主言〕「暴民無所｜」王詁。又〔廣韻・屋部〕○｜者,藏也,隱也。〔詩・雨無正〕「既｜其辜」述聞。○｜,隱也。〔廣韻・屋部〕○｜謂隱也。〔韓子・有度〕「則良臣｜矣」集解。○｜猶隱也。〔國策・趙策四〕「｜事辭行」鮑注。○〔說文定聲・卷五〕｜,轉注為隱｜。〔易・說卦〕「坎為隱｜,同人｜戎於莽」。○｜又引伸之為隱｜。〔說文〕「｜,司也」段注。○｜,屈也。〔太素・脈行同異〕「下焉｜」楊注。○｜,屈｜也,從也。〔慧琳音義・卷三〕引〔考聲〕。○｜、服義通。〔左傳宣公一二年〕「敗楚服鄭」疏證引劉壽曾。○軷、鞁、｜並字異而義同。〔廣雅・釋器〕「軷謂之軾」疏證。○｜,歷也。〔廣韻・屋部〕○｜牛,正今之虎刺也。〔通雅・木〕○｜戲,古王者也,始作瑟。〔楚辭・大招〕「｜戲駕辯」王注。○｜戲,要妙歌曲也。(同上)○｜羲,或作虙戲。〔說文〕「羲,气也」義證。○｜犧,一作虙羲、庖犧、包犧、

炮羲、一戲。〔通雅·姓名〕○一雞猶言抱雞，抱、一、涅皆語之轉也。〔方言三〕「涅，化也」箋疏。○一，服古字通。〔釋鳥〕「蝙蝠，服翼」郝疏。○一與服古字通。〔荀子·性惡〕「一術為學」集解引郝懿行。○〔說文定聲·卷五〕一，叚借為服，實為艮。〔荀子·性惡〕「一術為學」。○一匿、服翼聲相近。〔釋鳥〕「蝙蝠，服翼」郝疏。○一與服同。〔方言八〕「蝙蝠自關而東謂之服翼」箋疏。又〔廣雅·釋鳥〕「一翼，蟙蠼也」疏證。○一翼，〔爾雅〕作服翼。〔本草·卷四八〕○服、一、備三字古皆讀如匐匐之匐，故字亦相通。〔漢書〕「備」雜志。○一與匐通。〔廣雅·釋言〕「匐，匐也」疏證。○〔說文定聲·卷五〕一，叚借為匐。〔左傳昭公一三年〕「奉壺飲冰以蒲一焉」。○〔同上〕一，叚借為絥。〔史記·酷吏列傳〕「未嘗敢均茵一」。○一北、一聲相近。〔廣雅·釋詁三〕「北，一也」疏證。○一音孚之去聲。〔說文〕「孚，卵孚也」義證。○一，古文踣，今作仆。〔慧琳音義·卷六七〕○〔月令〕一作休。〔呂覽·孟夏〕「無一于都」校正。○〔新序〕引一作休。〔左傳定公四年〕「未獲所一」洪詁。

宿　一，夜止也。〔說文〕「一，止也」義證引〔玉篇〕。○凡止曰一，非專指夜止。〔詩·桑柔〕「靡所止疑」通釋。○凡止曰一。夜止，其一耑也。〔說文〕「一，止也」段注。○一之，謂止之使一。〔屈賦·遠遊〕「見王子而一之」戴注。○一一曰一。〔詩·有客〕「有客一一」朱傳。○一一，言再一也。〔同上〕集疏引魯說。○一，舍也。〔詩·泉水〕「出一于泲」集疏引魯、韓說。又〔廣韻·屋部〕。○一為舍止之舍。〔廣雅·釋詁四〕「一，舍也」疏證。○一一鳥。〔論語·述而〕「弋不射一」朱注。○一，謂日之所次。〔禮記·月令〕「一離不貸」集解。○一麥，言隔歲種也。〔通雅·天文〕○卷施草拔心不死，即一莽也。〔離騷〕「夕攬洲之一莽」補注引〔爾雅〕。○一莽謂陳根始復萌芽者。〔同上〕戴注。○一，置也。〔韓子·飭令〕「一治者削」集解引舊注。○一，留也。〔大戴·衛將軍文子〕「恥而不使其過一也」王詁。又〔五帝德〕「小子無有一問」王詁。又〔論語·顏淵〕「子路無一諾」朱注。○一，讀如無一諾。〔墨子·公孟〕「一善者不祥」閒詁引畢沅。○一者，久也，言留止於此時久也。〔釋訓〕「有客一一，言再一也」郝疏。○一，素也。〔廣韻·屋部〕○一，止之義引伸之則為素。〔說文〕「一，止也」段注。○一，大也。〔廣韻·屋部〕○一者，謂助祭之賓也。〔禮記·祭義〕「一者皆出」集解。○一，進也。〔禮記·檀弓〕「而祝一虞尸」集解。○一者，進也。〔禮記·王制〕「六十一肉」平議。○一讀為縮，猶言取也。〔莊子·徐無鬼〕「枯槁之士一名」平議。○一，夙也。〔禮記·玉藻〕「一齊戒」集解。○先期亦曰一。〔說文〕「一，止也」段注。○一謂祭前之夕也。〔周禮·大司樂〕「凡樂事大祭祀一縣以展之」孫正義。○一心即夙心。〔通雅·釋詁〕○一夜即夙夜。〔同上〕○〔說文定聲·卷一〇〕一沙氏亦作夙沙，古諸侯也。〔字林〕「一沙氏，煮鹽之神」。〔「沙」下〕○古一、夙通用。〔說文〕「鹽，鹵也」段注。○〔說文定聲·卷六〕一，叚借為夙。〔論語〕「子路無一諾」。○一讀為佰，佰，古文夙字也。〔左傳昭公二九年〕「官一其業」述聞。○一與肅通。〔書·顧命下〕「王三一」孫疏。○古一與肅通。〔孟子·公孫丑下〕「弟子齊一而後敢言」平議。○〔說文定聲·卷六〕一，叚借為肅。〔書·顧命〕「王三一」。○佰、夙、肅古今字，作一者借字耳。〔說文〕「佰，古文夙」述聞。○一、速、肅俱以聲為義也。〔釋詁〕「肅，進也」郝疏。○一，音戚，蓋戚從尗得聲，古字通用也。〔史記·吳太伯世家〕「將舍於一」志疑。○一、素一聲之轉。〔孟子·公孫丑下〕「弟子齊一而後敢言」焦正義。○一、蓿聲轉。〔釋草〕「菲，蒠菜」郝疏。

讀　一，誦。〔廣韻·屋部〕○人所誦習曰一。〔說文〕「一，籒書也」段注。○諷誦亦為一。〔同上〕○一，誦言也。〔詩·牆有茨〕「不可一也」朱傳。○一，反覆言之。〔同上〕後箋。○凡有事而誦言之亦曰一。〔同上〕集疏。○抽繹其義蘊至于無窮，是之謂一。〔說文〕「一，籒書也」段注。○易其字以釋其義曰一，凡言一為、一曰、當為皆是也。〔同上〕○擬其音曰一，凡言一如、一若皆是也。〔同上〕○睦于物而熟之曰一。〔通雅·釋詁〕○一猶瀆也，若四瀆之引水也。〔說文〕「一，誦書也」繫傳。○漢儒注經，斷其章句為一。〔說文〕「一，籒書也」段注。○今誦書斷其章句曰一，猶逗留也。〔說文定聲·卷八〕○一，叚借為籀。〔小爾雅·廣言〕「一，抽也」。○〔同上〕一，叚借為續。〔周禮·巾車〕故書「歲時受一」。

犢　一，牛一。〔廣韻·屋部〕○牛子曰一。〔本草·牛〕○〔說文定聲·卷一五〕一鼻褌，今之圍身作裙也。〔漢書·司馬相如傳〕「一鼻褌」。〔「幝」下〕○一鼻穴在膝下，為褌財令至膝，故習俗因以為名，形製但以蔽前，反繫於後，而無袴襠，即吾楚俗所稱圍裙是也。〔漢書·司馬相如傳〕「相如身自著一鼻褌」補注引劉奉世。

瀆　凡水所行之孔曰一。〔說文〕「一，溝也」段注。○一，邑屋中水竇也。〔說文〕「一，一曰邑中溝」義證引〔六書故〕。○〔說文定聲·卷八〕或曰田間曰溝，邑中曰一。〔易·說卦傳〕「坎為溝一」。○獨入海不因乎他水，故謂之一。〔說文定聲·卷一〕〔「江」下〕○一之言竇也。〔說文〕「一，溝也」段注。又〔廣雅·釋水〕「一，坑也」疏證。○一之為言猶續也，相續不絕之意。〔釋水〕「水注澮曰一」郝疏。○一，數也。〔集韻·覺部〕○一，煩一也。〔說文〕「羙，一羙也」段注。○一羙疊韻，蓋謂煩辱也。〔同上〕句讀。○一，褻也。〔說文〕「黷，握持垢也」段注引鄭玄。○一，嬻古字通。〔左傳昭公元年〕「一齊盟」洪詁。○〔說文定聲·卷八〕一，叚借為嬻。〔左傳昭公二六年〕「貫一鬼神」。○一褻，許〔女部〕作嬻媟。〔說文〕「黷，握持垢也」段注。○一、黷古字通，訓媟。〔易·蒙〕「再三一」李疏。○〔說文定聲·卷八〕一，叚借為黷。〔左傳昭公一三年〕「一貨無厭」。○一，古黷字也。〔易·蒙〕「再三一」李疏引崔憬。○一亦黷字之別。〔釋名·釋言語〕「濁，一也」疏證。○一當為黷。〔說文〕「羙，一羙也」義證。○〔說文定聲·卷八〕一，叚借為殰。〔太玄·難〕「凍冰一」。○〔同上〕一，叚借為隫。〔爾雅〕「江淮河濟為四一」。○一者，隫之借字。〔說文〕「一曰汜，窮一也」句讀。○一字與隫同。〔說文〕「一，溝也」句讀。○一當作隫。〔釋丘〕「窮一，汜」郝疏。○瀆，古文，一，借字也。〔說文〕「谿，山一無所通也」句讀。

〇竇、丨古通。〔史記・齊太公世家〕「遂殺子糾於笙丨」志疑。〇借丨為竇。〔説文〕「竇，空也」句讀。〇丨或作竇。〔集韻・屋部〕〇句丨，〔史記〕作句竇。〔左傳襄公一九年〕「執公子牙於句丨之丘」洪詁。

牘

丨，簡丨。〔廣韻・屋部〕〇丨，書版也。〔國策・齊策六〕「取筆丨受言」鮑注。〇丨，木簡也，既可以書，又執之以進見於尊者，形若今之木笏，但不挫其角耳。〔説文〕「丨，書版也」義證引〔急就篇〕顔注。〇既書曰丨，未書曰槧。〔説文定聲・卷八〕〇丨，古者為公案也。〔説文〕「丨，書版也」繫傳。〇丨樸謂始削麤樸也。〔説文〕「槧，牘樸也」繫傳。

櫝

丨，匵也。〔論語・季氏〕「龜玉毀於丨中」朱注。〇丨與匵同。〔廣雅・釋器〕「匵謂之匵」疏證。〇丨之言容也，義與匵、匵同。〔廣雅・釋器〕「丨，棺也」疏證。〇丨與匵音義皆同。〔説文〕「丨，匵也」段注。〇丨，函也。〔廣韻・屋部〕〇丨謂戈有刃而用函盛之者也。〔禮記・少儀〕「戈有刃者丨」集解。〇丨即槥也。〔説文〕「槥，棺丨也」段注。〇丨，棺之小者。〔同上〕〇丨，一曰小棺。〔集韻・屋部〕〇丨，木枕，謂以圜木為枕，〔少儀〕所謂頍也，鄭注曰警枕。〔説文〕「又曰丨，木枕也」段注。〇丨與樚同。〔説文〕「丨，匵也」義證引〔玉篇〕。〇〔説文定聲・卷八〕丨櫨猶鹿盧。〔蒼頡篇〕「丨櫨，三輔舉水具也」。〇丨亦通作匵。〔廣雅・釋器〕「丨，棺也」疏證。〇丨當為匵。〔説文〕「槥，棺丨也」義證。〇丨當作牘。〔説文〕「柿，陳楚謂丨為柿」義證。〇丨，木枕，大徐作大梡，字之誤也。〔説文〕「又曰丨，木枕也」段注。

黷

丨，垢也。〔廣韻・屋部〕〇丨，垢而黑也。〔慧琳音義・卷八四〕〇丨，污也。〔同上〕引〔考聲〕。〇丨，蒙也。〔廣韻・屋部〕〇古凡言辱者皆即丨。〔説文〕「丨，握持垢也」段注。〇丨猶慢也。〔慧琳音義・卷八八〕引〔考聲〕。〇丨，黑也。〔廣韻・屋部〕〇丨通作瀆。〔集韻・屋部〕〇〔説文定聲・卷八〕丨，以瀆為之。〔左傳昭公元年〕「瀆齊盟」。〇丨即瀆後起之專字。〔説文〕「丨，握持垢也」句讀。〇〔説文定聲・卷八〕丨，叚借為嬻。〔公羊傳桓公八年〕「亟則丨」。〇丨為叚借字，嬻為正字也。〔説文〕「丨，握持垢也」段注。〇〔説文定聲・卷八〕丨，叚借為溽。〔吳都賦〕「林木為之潤丨」。〇丨，經傳皆以辱為之。〔説文定聲・卷八〕〇丨，今〔易〕作瀆。〔説文〕「丨，握持垢也」段注。

讟

丨，謗丨。〔廣韻・屋部〕〇丨與謗同義。〔方言一三〕「丨，咎謗也」箋疏。〇丨，怨謗也。〔通鑑・唐紀四五〕「而謡丨方興」音注。〇丨，象衆怨也。〔説文〕「丨，痛怨也」繫傳。

轂

丨，車丨。〔廣韻・屋部〕〇丨，輻所湊也。〔國策・秦策一〕「使車丨擊馳」鮑注。〇丨者，車輪之中，外持輻，内受軸者也。〔詩・小戎〕「文茵暢丨」朱傳。〇〔説文定聲・卷八〕丨，在輪正中，丨中空曰𣟴裏，其空之鐵曰釭。〔説文〕「丨，輻所湊也」。〇〔同上〕丨謂堅墒也。〔釋名〕「丨，埆也，體堅埆也」。〇轂、丨、轂竝音近字通。〔釋詁〕「轂，盡也」郝疏。〇〔説文定聲・卷八〕丨，叚借為轂。〔後漢・蔡邕傳〕「速速方丨」。〇丨當為轂。〔説文〕「漕，水轉丨也」義證。

復

丨者，往來也。〔説文〕「轉，還也」段注。〇丨，反也。〔詩・黄鳥〕「丨我邦族」朱傳。又〔蓼莪〕「顧我丨我」陳疏。又〔左傳閔公二年〕「尨奇無常，金玦不丨」洪詁引應劭。〇丨，反也，猶來也。〔詩・氓〕「以望丨關」陳疏。〇丨，反也。〔左傳成公一六年〕「荀伯不丨從」疏證引俞樾。〇丨，返也。〔大戴・曾子疾病〕「故君子思其不丨者而先施焉」王詁。又〔廣韻・屋部〕。〇丨猶反也。〔左傳宣公一二年〕「皆行其所聞而丨」疏證。〇丨反猶反丨。〔漢書・翟方進傳〕「是天反丨右我漢國也」補注。〇丨反猶反丨也。〔書・大誥〕「予丨反鄙我周邦」平議。〇丨反猶云反丨也。〔同上〕孫疏。〇丨，反也，還也。〔漢書・王莽傳〕「皆丨臣節」補注引胡注。〇丨，還也。〔左傳宣公一四年〕「丨室其子」疏證引朱駿聲。〇丨，報也。〔通鑑・漢紀一八〕「千載不可丨」音注。又〔漢書・趙充國傳〕「千載不可丨」補注引胡注。〇丨者，報也。〔左傳桓公一七年〕「丨惡已甚矣」平議。〇丨，報丨之丨。〔同上〕洪詁。〇丨，白也。〔禮記・内則〕「丨請其故」集解。又〔公羊傳僖公二二年〕「有司丨曰」陳疏。〇諸經凡言丨者，皆告白之義。〔周禮・宰夫〕「以待賓客之令，諸侯之丨」孫正義。〇丨謂丨命也。〔周禮・宰夫〕「諸臣之丨，萬民之逆」平議。〇丨者，告也。〔公羊傳昭公一九年〕「丨加一飯則脱然愈」平議。〇丨，又也。〔廣韻・宥部〕〇丨，安也。〔同上〕〇丨者，請也。〔同上〕〇丨，踐言也。〔論語・學而〕「言可丨也」朱注。〇丨猶覆也。〔大戴・曾子立事〕「言之必思丨之」王詁。〇丨即丨其時之義。〔左傳僖公八年〕「丨期月」疏證。〇丨之引伸之義亦為狃忕。〔説文〕「徠，丨也」段注。〇丨，重也。〔廣韻・屋部〕又〔集韻・屋部〕。〇丨猶重更為之也。〔慧琳音義・卷三三〕引顧野王。〇丨謂重審察也。〔慧琳音義・卷二二〕〇丨之為言覆也，謂覆於上者。〔詩・緜〕「陶丨陶穴」通釋。〇復丨複並字異而義同。〔廣雅・釋宮〕「𥦗，窟也」疏證。〇複與丨義近，故書多用丨為復。〔説文〕「複，重衣也」段注。〇丨，重窰也。〔詩・緜〕「陶丨陶穴」朱傳。〇丨闕猶易言重門。〔詩・氓〕「以望丨關」集疏。〇丨，除也。〔通鑑・秦紀二〕「皆丨不事十歲」音注。〇丨，除也，除其家賦役也。〔通鑑・唐紀四九〕「上命丨其家」音注。〇丨，除免也。〔通鑑・後晉紀三〕「乃命丨其境内税三年」音注。〇丨謂災祥徵應。〔左傳成公五年經〕「梁山崩」疏證。〇丨，招魂也。〔禮記・喪服〕「丨與書銘」集解。〇丨者，承上之詞。〔漢書〕「誅梁王彭越」雜志。〇紕謂之丨陶。〔左傳昭公一二年〕「秦丨陶」平議。〇丨慮，古語，亦謂之丨露。〔詩・白華〕「露彼菅茅」平議。〇丨育與蝮蜎同。〔廣雅・釋蟲〕「蝮蜎，蛻也」疏證。〇丨陸是姓。〔史記・建元以來侯者年表〕「侯丨陸支」志疑。〇丨與覆通。〔荀子・臣道〕「以德丨君而化之」平議。〇丨當讀為傾覆之覆。〔左傳定公四年〕「我必丨楚國」平議。〇丨，又作覆。〔慧琳音義・卷

二一〕○丨與複通。〔墨子・號令〕「丈五尺為丨道」閒詁引蘇時學。○〔說文定聲・卷六〕丨，叚借為復。〔詩・緜〕「陶丨陶穴」。○〔同上〕丨，叚借為復。〔禮記・明堂位〕「丨廟重檐」。○丨，愎之借字耳。〔廣雅・釋詁三〕「愎，很也」疏證。○丨與愎同。〔荀子〕「恨後遂過」雜志。○〔說文定聲・卷六〕丨，叚借為告，或為白。〔禮記・曲禮〕「願有丨也」。○〔同上〕丨，字亦作癁。〔方言三〕「癁，病也」。○〔同上〕丨，字變作澓。〔江賦〕「迅澓增澆」。○丨當為復。〔說文〕「夊，丨也」義證。○丨當為後。〔春秋繁露・必仁且智〕「絕世無丨」平議。○丨字當作後。〔呂覽・上農〕「民農則其產丨」平議。○丨請七日，〔史記〕作後十日。〔左傳僖公一〇年〕「吾將丨請七日」洪詁。○丨，〔亢倉子〕作複。〔呂覽・上農〕「民農則其產丨」校正。○〔史記〕丨作複。〔漢書・張良傳〕「從丨道望見諸將」補注。○官本丨作複。〔漢書・五行志〕「後以叔孫通議丨道」補注。○〔韓詩外傳〕丨作覆。〔荀子・臣道〕「以德丨君而化之」集解引俞樾。○丨，〔月令〕作腹。〔呂覽・季冬〕「水澤丨」校正。○〔御覽〕丨作厚。〔呂覽・上農〕「民農則其產丨」校正。○〔韓子〕丨作報。〔左傳桓公一七年〕「丨惡已甚矣」洪詁。○〔韓子〕丨惡作報惡。〔同上〕疏證引惠棟。○丨乃優字之誤。〔賈子・禮〕「所以丨中也」平議。○鶩丨，韓子作鶩愎。〔國策・趙策一〕「好利而鶩丨」鮑注。

⿰亻复　丨，優丨。〔廣韻・屋部〕○丨，漢法，除其賦役也。〔集韻・屋部〕○丨，通作復。〔同上〕

肅　丨，敬。〔詩・何彼穠矣〕「曷不丨雝」朱傳。又〔清廟〕「丨雝顯相」朱傳。○丨，敬也。〔廣韻・屋部〕○丨，自敬也。〔慧琳音義・卷四七〕○振敬為丨。〔說文繫傳・通論下〕○丨丨，敬也。〔詩・雝〕「至止丨丨」朱傳。又〔小星〕「丨丨宵征」集疏。○丨然，敬貌。〔大戴・主言〕「丨然摳衣下席」王詁。○丨，竦也、敬也。〔慧琳音義・卷五〕引〔考聲〕。○丨丨，猶修修也。〔釋訓〕「丨丨，敬也」郝疏。○丨，恭也，嚴整也。〔慧琳音義・卷五〕引〔韻英〕。又〔廣韻・屋部〕。○丨丨，嚴也。〔詩・烝民〕「丨丨王命」朱傳。○丨丨，嚴正之貌。〔詩・黍苗〕「丨丨謝功」朱傳。○丨丨，整飭貌。〔詩・兔罝〕「丨丨兔罝」朱傳。○丨，戒也。〔慧琳音義・卷四七〕又〔廣韻・屋部〕。○丨，進也。〔詩・桑柔〕「民有丨心」朱傳。○丨，進也。〔廣韻・屋部〕○丨，一曰進疾也。〔集韻・屋部〕○丨，疾也。〔廣韻・屋部〕○丨、給皆疾也。〔國語・晉語〕「聽敏丨給」述聞。○丨之言速。〔同上〕○丨之言速，給之言急也。丨訓為疾，又訓為速。〔釋詁〕「丨，疾也」述聞。○丨，謂敏捷也。〔左傳成公二年〕「先大夫之丨」述聞。○丨，給，言其敏捷也。〔國語・晉語〕「聽敏丨給」述聞。○丨丨，齊遬貌。〔詩・小星〕「丨丨宵征」朱傳。○丨丨猶數數，數亦疾也。〔同上〕陳疏。○丨之為言夙也，早也。〔說文繫傳・通論下〕○立而引手曰丨。〔禮記・少儀〕「介者不拜」集解。○丨拜，跪而舉首不俯伏。〔說文〕「撎，⿰扌桒舉首下手也」段注。○丨拜則跪而舉首下手也。〔同上〕○丨拜者，婦人之拜不低頭者也。〔說文〕「⿰扌桒，首至手也」段注。○丨之言束也。〔說文繫傳・通論下〕○丨丨，乾兒，今俗尚有乾丨丨之語。〔說文〕「䐹，乾魚尾丨丨也」段注。○丨丨乃說兔罝之形。〔詩・兔罝〕「丨丨兔罝」平議。○丨丨，羽聲。〔詩・鴇羽〕「丨丨鴇羽」朱傳。○丨丨，羽聲也。〔詩・鴻鴈〕「丨丨其羽」朱傳。○丨爽，駿馬名。〔左傳定公三年〕「唐成公如楚，有兩丨爽馬」杜注。○丨爽，鴈也，其羽如練，高首而修頸，馬似之，天下稀有。〔同上〕洪詁引馬融。○心卩為丨。〔說文繫傳・通論下〕○丨通作夙。〔釋詁〕「丨，疾也」郝疏。○丨又通作速。〔同上〕○〔說文定聲・卷六〕丨，叚借為速。〔釋詁〕「丨，疾也」。○丨訓疾者，速之假借。〔說文〕「丨，持事振敬也」段注。○丨訓進者，羞之假借。〔同上〕○丨與䎘通。〔廣雅・釋詁三〕「䎘，飛也」疏證。○〔說文定聲・卷六〕丨，字亦作䎘。〔廣雅・釋訓〕「䎘䎘，飛也」。○潚、丨並與颵通。〔廣雅・釋詁四〕「颵，風也」疏證。○〔說文定聲・卷六〕丨，叚借為摯。〔禮記・月令〕「草木皆丨」。○〔同上〕丨，字亦以宿為之。〔書・顧命〕「王三宿」。○宿、速、丨俱以聲為義也。〔釋詁〕「丨，進也」郝疏。○息、丨聲相近。〔書・周書序〕注「史遷丨作息」孫疏。○丨、偲聲相轉。〔釋言〕「偲，聲也」郝疏。○丨、修聲轉，古音相近。〔釋訓〕「丨丨，敬也」郝疏。○丨，齊作赫。〔詩・烝民〕「丨丨王命」集疏。○丨爽，劉逵〔吳都賦〕注引〔左傳〕作驌驦。〔左傳定公三年〕「唐成公如楚，有兩丨爽馬」洪詁。

育　丨，生也。〔左傳莊公二二年〕疏證引虞注。又〔大戴・禮察〕「廣丨被蠻貊四夷」王詁。○丨，亦生也。〔詩・谷風〕「既生既丨」陳疏。○丨，生也，所謂生覇也。〔屈賦・天問〕「夜光何德，死則又丨」戴注。○丨者，遂其生也。〔中庸〕「萬物丨焉」朱注。○丨，養也。〔詩・生民〕「載生載丨」朱傳。又〔思文〕「帝命率丨」朱傳。又〔大戴・千乘〕「緩施生丨」王詁。又〔廣韻・屋部〕。○丨，即養。〔孟子・滕文公上〕「五穀熟而民人丨」焦正義。○丨，成也。〔易・蒙象傳〕「果行丨德」述聞。○丨，覆丨也。〔詩・蓼莪〕「長我丨我」朱傳。○丨，長也。〔廣韻・屋部〕○丨，長養。〔詩・谷風〕「昔丨恐丨鞠」後箋。○丨恐，謂生於恐懼之中。〔同上〕朱傳引張子說。○丨鞠，謂生於困窮之際。〔同上〕○丨恐丨鞠是疊韻連語，猶窮窾也。〔說文定聲・卷六〕○丨，幼稚。〔詩・谷風〕「昔丨恐丨鞠」後箋。○丨子，穉子也。〔廣雅・釋言〕「毓，稚也」疏證補正。○丨亦⿰忄共也。〔說文〕「徹，通也」繫傳。○丨，賣也。〔莊子・人間世〕「是以人惡有其美也」集釋引俞樾。○丨又通作冑。〔釋詁〕「丨，長也」郝疏。○古丨、冑同聲而通用。〔書・盤庚〕「無遺丨」述聞。○〔說文定聲・卷六〕丨，叚借為冑。〔說文〕引〔虞書〕「教丨子」。○丨讀為冑。〔書・盤庚〕「無遺丨」述聞。○今文作丨，古文作冑也。〔說文〕「丨，養子使作善也」段注。○冑、丨、毓古同聲。〔廣雅・釋言〕「毓，長也」疏證補正。○丨通作毓。〔釋詁〕「丨，長也」郝疏。○〔說文定聲・卷六〕丨，叚借為毓。〔思玄賦〕「卉既凋而已丨」。○丨，字或作毓。〔廣雅・釋言〕「毓，稚也」疏證。○毓、丨、鞠古亦同聲。〔同上〕○丨又通作鞠。〔同上〕○丨通鬻。〔釋詁〕「丨，養也」郝疏。○丨通作鬻。〔廣雅・釋言〕「毓，稚也」疏證補正。○丨又通作鬻。〔釋詁〕

「一，長也」郝疏。〇一通作粥。〔說文〕「一，養子使作善也」義證。〇一又通作粥。〔釋詁〕「一，養也」郝疏。〇〔說文定聲·卷六〕一，段借為賣。〔莊子·人間世〕「是以人惡一其美也」。〇一即賣之段字。〔莊子·人間世〕「是以人惡有其美也」集釋引俞樾。〇一亦作淯。〔漢書·地理志〕「一水出西北」補注。

六

一，數也。〔廣韻·屋部〕〇一，一安縣，在今一安州北十二里。〔漢書·高帝紀〕「當陽君英布為九江王，都一」補注。〇一爻，一位皆爻也。〔說文〕「爻，交也」繫傳。〇一位，一爻也。〔易·乾〕「一位時成」李疏。〇一位，天地四時也。〔同上〕李疏引侯果。〇一位，君臣父子夫婦。〔莊子·盜跖〕「五紀一位」集釋。〇一位即一紀也。〔同上〕集釋引俞樾。〇一虛，一位也。〔易·繫辭下〕「周流一虛」李疏引虞注。〇一虛謂一爻之位也。〔同上〕李疏。〇一氣，陰陽風雨晦明也。〔莊子·逍遥遊〕「而御一氣之辯」集釋引司馬彪。〇一神，〔覲禮〕所謂方明，〔周官·司盟〕所謂北面詔明神者是也。〔屈賦·惜誦〕「戒一神以鄉服」戴注。〇一極五常，疑即〔洪範〕之五福一極也。〔莊子·天運〕「天有一極五常」集釋引俞樾。〇一漠，漢〔樂歌〕作一幕，謂一合也。〔楚辭·遠遊〕「周流一漠」補注。〇九閡謂天，一幕謂地。〔漢書·禮樂志〕「紛云一幕浮大海」補注。〇一甲者，四時、一十甲子之類。〔漢書·食貨志〕「學一甲五方書計之事」補注引顧炎武。〇一賊即賊星異名也。〔漢書·天文志〕「一賊星，出正南」補注。〇〔通雅·卷四〕一岙，一計也。〔管子·輕重戊〕「虙戲作造一岙，以迎陰陽」。〇〔通雅·卷三五〕或曰一赤，或曰一么，皆骰子也。〔李洞集〕「先夢一赤」。〇一藝者，禮樂射御書數也。〔說文·上說文書〕「一藝羣書之詁」段注。〇漢人言一藝者謂一經也。〔同上〕〇一成，大武之節奏也。〔通雅·樂舞〕〇道有根莖，故曰一莖。〔漢書·禮樂志〕「一莖，及根莖也」補注引〔御覽〕。〇一察，察一事，又察一部也。〔通雅·官制〕〇一師，一軍也。〔書·顧命下〕「張皇一師」孫疏。〇一師，一軍也，天子一軍。〔詩·瞻彼洛矣〕「以作一師」朱傳。〇五藏亦有一藏者，謂腎有兩藏也，其左為腎，右為命門。〔莊子·齊物論〕「百骸九竅一藏」集釋引李楨。〇一畜即一牲也。〔左傳昭公二五年〕「為一畜」洪詁。〇一牲，馬、牛、羊、豕、犬、雞。〔同上〕洪詁引鄭玄。〇一駁，獸名。〔詩·晨風〕「隰有一駁」後箋引〔廣韻〕。〇一駁，山中有木。葉似豫章，皮多癬駁，名一駁木。〔同上〕集疏引崔豹。〇淳化本一作陸。〔漢書·藝文志〕「泰階一符一卷」補注引宋祁。〇一乃下字之誤。〔管子·侈靡〕「堅强以桀一」平議。〇一疑大字之誤。〔荀子·君道〕「今人主有一患」平議。〇一疑亦字之誤。〔韓子·說疑〕「此一人臣之弑其君者也」平議。

縮

一，亂也。〔廣韻·屋部〕〇一謂引而亂之也。〔釋詁〕「一，亂也」述聞。〇一物不申曰一。〔說文〕「一，亂也」段注引〔通俗文〕。〇一，直也。〔孟子·公孫丑上〕「自反而不一」朱注。〇一謂直也。〔說文〕「一，亂也」段注。〇一，縱也。〔禮記·檀弓〕「棺束一二衡三」集解。〇一，退也。〔廣韻·屋部〕〇一與慙義相近。〔廣雅·釋詁二〕「愳怩，慙也」疏證。〇一朒，不寬伸之貌。〔漢書·董仲舒傳〕「民日削月朘」補注引〔玉篇〕。〇一朒言畏一不進也。〔方言二〕「慖，愧也」箋疏。〇今吳俗猶謂畏羞不前曰一朒。〔同上〕〇俗語謂一朒為朘一。〔通雅·疑始〕〇一，短也。〔廣韻·屋部〕〇一，斂也。〔同上〕〇〔說文定聲·卷六〕嬴一即麻家所謂發斂。〔淮南·本經〕「嬴一卷舒，淪于不測」。〇一，蹙也。〔國策·楚策二〕「其一甲則可」鮑注。〇一猶止也。〔慧琳音義·卷四五〕引〔太玄經〕注。〇一，束也。〔詩·緜〕「一版以載」朱傳。〇治一曰一。〔說文〕「一，亂也」段注。〇一版即直版也。〔詩·緜〕「一版以載」通釋。〇一，取也。〔莊子·徐無鬼〕「槁枯之士宿名」集釋引俞樾。〇一謂漉取之也。〔廣雅·釋詁二〕「浚，溼也」疏證。〇一，浚也。〔說文〕「莤，禮，祭束茅加於祼圭而灌鬯酒，是為莤」段注。〇凡泲用茅者謂之一，不用茅者直謂之泲。〔周禮·司尊彝〕「醴齊一酌」孫正義。〇一，義與箱同。〔廣雅·釋器〕「篗，籅也」疏證。〇一與搻亦同義。〔廣雅·釋詁四〕「衈，搻也」疏證。〇一，一曰牆紝也。〔集韻·屋部〕〇一與擂通。〔廣雅·釋詁一〕「擂，引也」疏證。〇擂、一古通用。〔廣雅·釋詁三〕「拹，一也」疏證。〇〔說文定聲·卷六〕一，段借為擂。〔詩·巷伯〕傳「一屋而繼之」。〇一通作樎。〔釋詁〕「一，亂也」郝疏。〇一當作樎。〔國策·秦策五〕「一劒將自誅」鮑注。〇一又通作蹙。〔釋詁〕「一，亂也」郝疏。〇一乃蹙之假借耳。〔儀禮·鄉飲酒禮〕「磬階間一霤」述聞。〇蹙與一古亦同聲。〔廣雅·釋詁三〕「蹴，一也」疏證。〇一當從古文作蹙。〔儀禮·鄉飲酒禮〕「磬階間一霤」述聞。〇一又通作數。〔釋詁〕「一，亂也」郝疏。〇〔說文定聲·卷六〕一，段借為莤。〔禮記·郊特牲〕「一酌用茅」。〇〔同上〕一，段借為摯。〔淮南·覽冥〕「春秋一其和」。〇〔同上〕一，段借為蹴。〔說文〕「一，亂也，一曰蹴也」。〇〔同上〕一，段借為籔，即籔短言之。〔方言五〕「炊籅謂之一」。〇一與籔一聲之轉。〔方言五〕「炊籅謂之一」疏證。〇一、籔、匴一聲之轉。〔同上〕箋疏。又〔廣雅·釋器〕「篗，籅也」疏證。〇一、箮、篗、籔四字古聲並相近。〔同上〕〇浚、湑、一一聲之轉。〔廣雅·釋詁二〕「浚，溼也」疏證。〇一朒、側慝、仄慝並聲近義同。〔廣雅·釋詁三〕「側慝，一也」疏證。〇一朒、側慝、仄慝皆疊韻字。〔方言二〕「慖，愧也」箋疏。〇一，俗作蹜。〔說文〕「一，亂也」段注。〇一，〔左氏〕古文作莤。〔左傳僖公四年〕「無以一酒」疏證。

哭

一，哀聲。〔廣韻·屋部〕〇一，哀之發聲。〔說文〕「一，哀聲也」義證引〔玉篇〕。〇一，主於哀宣於外也。〔說文繫傳·通論下〕〇一者，哀之效也。〔說文〕「一，哀聲也」義證引〔文子·精誠〕。〇〔說文定聲·卷六〕一，犬哀嗥聲也，凡从犬之字多移以言人。〔說文〕「一，哀聲也」。〇一當作師。〔墨子·備蛾傳〕「敵引一而去」平議。

幅

一，絹一。〔廣韻·屋部〕〇〔說文定聲·卷一三〕一一，謂廣二尺二寸。〔說文〕「帗，一一巾也」。〔「帗」下〕〇凡布帛廣二尺二寸，其邊曰一。〔說

文」「丨，布帛廣也」段注。○丨，廣也。〔禮記・雜記〕「廣尺長終丨」集解。○丨，引伸為邪丨。〔說文〕「丨，布帛廣也」段注。○丨，讀為福。〔詩・長發〕「丨隕既長」述聞。○〔說文定聲・卷五〕丨，以福為之。〔東京賦〕「順時服而設福」。○丨，字亦作福。〔說文定聲・卷五〕○丨，或作𦁟。〔集韻・屋部〕○丨亦省作畐。（同上）

斛丨，十斗。〔廣韻・屋部〕○五斗曰丨。〔本草・卷一〕○丨，量器也。〔慧琳音義・卷七八〕○丨與觸同義。〔太玄・玄掜〕「日月相丨」平議。○丨通作觳。〔集韻・屋部〕○〔說文定聲・卷八〕丨，叚借為斠。〔太玄・玄掜〕「日月相丨」。又〔漢書・律厤志〕「丨者，角斗，平多少之量也」。○丨，同槲。〔漢書・司馬相如傳〕「枇杷橪柿」補注。○丨當作轂。〔管子・戒〕「我游猶軸轉丨」義證。

⿰百斗〔通雅・卷四〕○丨與斛同。〔晉語・胡奮傳〕「屯於萬丨堆」。

⿰百廾丨，俗字，亦作斛。〔慧琳音義・卷九一〕

戮丨，本義為殺。〔周禮・秋官序官〕「掌丨下士二人」孫正義。○丨，刑丨。〔廣韻・屋部〕○丨，引申為丨尸之稱。〔周禮・秋官序官〕「掌丨下士二人」孫正義。○丨，羞辱也。〔孟子・離婁下〕「以為父母丨」朱注。○丨猶辱也。〔公羊傳莊公三二年〕「必為天下丨笑」陳疏。○拏丨，為奴辱也。〔書・甘誓〕「予則拏丨汝」孫疏。○丨，恥病也。〔釋詁〕「丨，病也」鄭注。○丨者，辱之病也。（同上）郝疏。○丨、僇通。〔書・甘誓〕「予則拏丨汝」注「史遷丨作僇」孫疏。○丨通作僇。〔管子〕「倮大衍」雜志。○丨為僇者，僇，假借字。〔書・湯誓〕「予則拏丨汝」注「史遷丨作僇」孫疏。○丨，勠之借字。〔墨子・尚賢中〕「與之丨力同心」閒詁。○丨者，勠字假借。〔書・泰誓〕注「必，一作丨」孫疏。○〔說文定聲・卷六〕丨，叚借為勠。〔晉語〕「丨力一心」。○丨，亦叚為勠。〔說文〕「丨，殺也」段注。○丨，勠字假音。〔墨子・非攻中〕「一心丨力」閒詁引畢沅。○丨讀若勠。〔漢書・司馬相如傳〕「迺欲丨力致獲」補注。○古者丨、勠二字并與嫪同音。〔管子〕「倮大衍」雜志。○丨，古文或叚翏為之。〔說文〕「丨，敍也」段注。○〔說文定聲・卷六〕丨，或曰借為瘳。〔釋詁〕「丨，病也」。○丨，字亦作勠。〔說文定聲・卷六〕○丨作僇，蓋今文。〔書・呂刑上〕注「丨，一作僇」孫疏。○丨，〔釋文〕作勠。〔左傳昭公二五年〕「丨力壹心」洪詁。○官本丨作勠。〔漢書・元帝紀〕「百姓丨力自盡之時也」補注。又〔楊敞傳〕「丨力耕桑」補注。○閩本丨作勠，其義迥別。〔漢書・高帝紀〕「臣與將軍丨力攻秦」補注引錢大昭。○〔北周書・武帝紀〕引丨作虐。〔左傳僖公二二年〕「而惟丨是聞」疏證。

剹丨，同戮。〔廣韻・屋部〕○丨，削也。〔集韻・屋部〕

僕丨，給事者。〔集韻・屋部〕○丨，使也。〔慧琳音義・卷六〕引〔考聲〕。○丨，侍從人也。〔廣韻・屋部〕○丨，僮也。〔慧琳音義・卷六〕引〔考聲〕。○仕於家曰丨。〔慧琳音義・卷二七〕引〔玉篇〕。○丨猶臣也。〔墨子・尚賢下〕「昔伊尹為莘氏女師丨」閒詁引俞樾。○凡侍御給事於尊者通名為丨。〔周禮・夏官序官〕「大丨，下大夫二人」孫正義。○古佐綏之人或偁丨，或偁御。〔左傳文公一八年〕「而使歜丨」疏證引李貽德。○丨，御也。（同上）洪詁引賈逵。○凡五路之馭通謂之丨。〔周禮・典路〕「若有大祭祀，則出路，贊駕說」孫正義。○丨，御車者。〔禮記・服問〕「近臣及丨驂乘從服」集解。○丨，御車者也。〔慧琳音義・卷六〕引顧野王。○丨，將車者也。〔詩・正月〕「屢顧爾丨」朱傳。○丨夫，御夫也。〔詩・出車〕「召彼丨夫」朱傳。○丨，附也。〔詩・既醉〕「景命有丨」朱傳。○丨，附也，附從於人。〔慧琳音義・卷七一〕○丨、樸皆有附義。〔詩・既醉〕「景命有丨」後箋。○丨之言附也。〔莊子・人間世〕「蚉宧丨緣」集釋引王念孫。又〔說文〕「纀，常削幅謂之纀」段注。○丨，掌輿馬之官名，賤役之官也。〔慧琳音義・卷三〕引〔集訓〕。○通言之，內小臣亦稱丨。〔周禮・天官序官〕「內小臣，奄上士四人」孫正義。○丨射即隊頭也，亦號隊率。〔漢書・百官公卿表〕「取其領事之號」補注引沈欽韓。○丨射，丨，附也，以其附近人主，備扶掖之用，故曰丨射。〔字詁〕○丨猶辱。〔國策・趙策二〕「傳命丨官」鮑注。○丨遬字當為樸樕。〔漢書・息夫躬傳〕「諸曹以下丨遬不足數」補注引沈欽韓。○丨遬與樸樕字異而義同，謂其材小弱不任用。（同上）補注引錢大昭。○丨纍即蟆螺。〔釋魚〕「蚹蠃，螔蝓」郝疏。○丨累即〔爾雅〕之蚹蠃。〔管子〕「丨累」雜志。○丨，羣飛皃。〔集韻・屋部〕○丨作濮，蓋古字通用。〔史記・五帝紀〕「昌意娶蜀山氏女曰昌丨」志疑。○〔說文定聲・卷八〕丨，叚借為菐。〔詩・既醉〕「景命有丨」。○（同上）丨，或曰借為朴。〔子虛賦〕注引〔廣雅〕「丨，謂附著於人」。○丨當即轐字之假借。〔詩・正月〕「屢顧爾丨」通釋。○官本丨作濮。〔漢書・地理志〕「自丨陽徙此」補注。○丨姑，〔玉篇〕作鏷錞。〔左傳莊公一一年〕「公以金丨姑射南宮長萬」疏證。

蹼丨，古文僕。〔廣韻・屋部〕

畜丨，養。〔詩・日月〕「丨我不卒」朱傳。○丨，養也。〔詩・節南山〕「以丨萬邦」朱傳。又〔大戴・保傅〕「不知國君丨民之道」王詁。又〔曾子立孝〕「不敢言人父不能丨其子者」王詁。又〔國策・燕策二〕「先王之所以丨幸臣之理」鮑注。又〔通鑑・周紀二〕「猶且不敢忘信以丨其民」音注。又〔孟子・梁惠王上〕「雞豚狗彘之丨」朱注。又〔盡心上〕「獸丨之也」朱注。又〔廣韻・屋部〕。又〔集韻・屋部〕。○鞠、丨皆養也。〔詩・蓼莪〕「拊我丨我」朱傳。○丨者，謂養馬之民。〔漢書・劉屈氂傳〕「以困農煩擾丨者」補注。○丨謂馬也。〔漢書・大宛國傳〕「不市丨不得騎」補注引徐松。○丨產謂路馬也。〔漢書〕「君七千」雜志。○丨，勗，勉也。〔禮記・坊記〕「以丨寡人」集解。○丨，音旭。〔詩・蓼莪〕「拊我丨我」朱傳。○丨謂好。

〔詩・日月〕「丨我不卒」通釋。〇丨即婚也。〔漢書・張敞傳〕「長安中傳張京兆眉憮」補注引沈欽韓。〇丨，積。〔漢書・鼂錯傳〕「種樹丨長」補注引劉攽。〇丨，積也。〔大戴・文王官人〕「喜氣內丨」王詁。〇丨與蓄義略同。〔說文〕「丨，田丨也」段注。〇丨、蓄字通。〔墨子・褋守〕「有三年丨蔬食」閒詁。〇〔說文定聲・卷六〕丨，叚借為蓄。〔詩・鴟鴞〕「予所丨租」。〇丨讀曰蓄。〔通鑑・周紀二〕「丨百姓之怨」音注。〇丨，古叚為好字。〔說文〕「丨，田丨也」段注。〇丨音近好。〔書・盤庚〕「汝共作我丨民」孫疏。〇丨、孝、好聲並相近。〔廣雅・釋詁一〕「婚，好也」疏證。〇丨與婚通。（同上）〇古經傳用丨字多有為婚之叚借者。〔說文〕「婚，媚也」段注。〇〔說文定聲・卷六〕丨，叚借為慉。〔詩・蓼莪〕「拊我丨我」。〇丨乃慉之叚借。〔說文〕「慉，起也」段注。〇丨當作慉。（同上）義證引戴震。〇〔說文定聲・卷六〕丨，叚借為育。〔禮記・曲禮〕「丨鳥者則勿佛也」。〇（同上）丨，字亦作稸。〔左傳襄公三〇年〕「取我衣冠而褚之」注「褚，稸也」。〇（同上）丨，叚借為嘼。〔周禮・庖人〕「庖人掌共六丨六獸六禽」。〇俗用丨為六嘼字。〔說文〕「丨，田丨也」段注。〇官本丨作蓄。〔漢書・食貨志〕「而丨積未及者」補注。〇一本丨作稸，此書多作稸。〔國策・魏策四〕「丨積竭盡」補正。

蓄　丨同畜。〔廣韻・屋部〕

蓄　丨，積。〔詩・鴟鴞〕「予所丨租」朱傳。〇丨，聚。〔詩・谷風〕「我有旨丨」朱傳。〇丨，丨冬菜。〔廣韻・屋部〕又〔集韻・屋部〕。〇丨，丨穀米芻茭蔬菜以為備也。〔說文〕「丨，積也」繫傳。〇丨餘者，丨所餘也。〔管子〕「掘闕」雜志。〇羊蹄，味苦寒，一名丨。〔說文〕「蓨，苗也」義證引〔本草〕。〇丨，今人呼為禿菜。〔詩・谷風〕「我有旨丨」通釋引陶隱居。〇丨菜，乾苴之屬也。（同上）集疏引魯說。〇丨與遂古通用。（同上）通釋。〇丨通作畜。〔集韻・屋部〕〇〔說文定聲・卷六〕丨，叚借為畜。〔晉語〕「丨力一紀」。〇丨或省作畜。〔說文〕「丨，積也」義證。〇丨當為畜。〔漢書・趙充國傳〕「益積丨」補注。〇〔說文定聲・卷六〕丨，叚借為莤。〔爾雅釋文〕「篇丨亦呼為篇竹」。〇（同上）丨，字亦作滀。〔莊子・大宗師〕「忿滀之氣」。〇丨或作稸。〔說文〕「丨，積也」義證。〇丨，字又或作傗。〔說文定聲・卷六〕〇丨或从禾作稸。〔集韻・屋部〕〇官本丨作畜。〔漢書・卜式傳〕「隨牧丨番」補注。

稸　丨，積也。〔集韻・屋部〕〇丨，積也，聚也。〔慧琳音義・卷八二〕引〔玉篇〕。〇丨積即畜積。〔通雅・釋詁〕〇丨，同蓄。〔廣韻・屋部〕〇丨或作蓄。〔慧琳音義・卷一三〕引〔考聲〕。

叔　丨，拾也。〔詩・七月〕「九月丨苴」朱傳。〇丨，收拾之也。〔說文〕「丨，拾也」繫傳。〇丨者，少也。〔論語・微子〕「丨夏，季隨」集解。〇丨，季父。〔廣韻・屋部〕〇丨，男子之字也。〔詩・蘀兮〕「丨兮伯兮」朱傳。〇丨，一曰字也。〔集韻・屋部〕〇丨，莊公弟共丨段也。〔詩・叔于田〕「丨于田」朱傳。〇丨，善也。〔集韻・屋部〕〇丨，通作淑。〔集韻・屋部〕〇伯仲丨季為少長之次。丨則少之假借字也。〔說文〕「仲，中也」段注。〇〔說文定聲・卷六〕丨，叚借為少，丨少雙聲。〔白虎通・姓名〕「丨者，少也」。〇丨、少一聲之轉。〔廣雅・釋詁三〕「丨，少也」疏證。〇凡言丨季者，皆少之義也。（同上）〇〔說文定聲・卷六〕丨，字變作鮛，大者為王鮪，小者為少鮪耳。〔爾雅〕「鮥鮛鮪」。〇丨，俗作掓。〔說文〕「丨，拾也」義證。〇丨或从手作掓。〔集韻・屋部〕〇丨或从人作俶。（同上）〇丨與菽同。〔墨子〕「升粟」雜志。〇丨即菽字。〔管子〕「收粟」雜志。〇丨，〔詩・小雅〕作菽。〔左傳昭公一七年〕「季平子賦采丨」洪詁。〇官本丨作菽。〔漢書・五行志〕「隕霜殺丨草」補注。〇〔釋文〕丨作州。〔左傳僖公七年〕「襄王惡太丨帶之難」洪詁。〇丨詹，〔呂覽〕作被瞻。〔左傳僖公二二年〕「丨詹」洪詁。〇丨當作射。〔漢書・古今人表〕「號丨」補注引錢大昭。〇政衰為丨世。〔漢書・刑法志〕「三辟之興皆丨世也」補注引服虔。

淑　〔說文定聲・卷六〕丨，清也。〔說文〕「丨，清湛也」。〇丨之言清也。〔屈賦・遠遊〕「絕氛埃而丨郵兮」戴注。〇丨問，猶〔呂刑〕言清問，清問又如言明問耳。〔詩・泮水〕「丨問如皋陶」通釋。〇丨，善。〔詩・鼓鐘〕「丨人君子」朱傳。〇丨，善也。〔詩・關雎〕「窈窕丨女」朱傳。又〔燕燕〕「丨慎其身」朱傳。又〔君子偕老〕「子之不丨」朱傳。又〔中谷有蓷〕「遇人之不丨矣」朱傳。又〔韓奕〕「丨旂綏章」朱傳。又〔泮水〕「丨問如皋陶」朱傳。又〔儀禮・士冠禮〕「丨慎爾德」胡正義引敖氏繼公。又〔屈賦・遠遊〕「絕氛埃而丨郵兮」戴注。又〔廣韻・屋部〕。〇丨，美也。〔漢書・揚雄傳〕「丨周楚之豐烈兮」補注。〇丨，順也。〔慧琳音義・卷一二〕引〔字書〕。〇丨女，奉順坤德，成其紀綱。〔詩・關雎〕「窈窕丨女」集疏引韓說。〇〔通雅・卷五〕丨離，言獨善也。〔橘頌〕「丨離不淫，梗其有理兮」。〇丨旂，旂也。〔詩・韓奕〕「丨旂綏章」集疏。〇〔說文定聲・卷六〕丨詭，虛誕也。〔莊子・德充符〕「彼且蘄以丨詭幻怪之名聞」。〇丨汩，水皃。〔集韻・屋部〕〇〔說文定聲・卷六〕丨，叚借為俶。〔釋詁〕「丨，善也」。〇丨者，俶之叚音也。〔釋詁〕「丨，善也」郝疏。〇丨殆本作俶。〔文選・封禪文〕「罔若丨而不昌」集釋。〇〔說文定聲・卷六〕丨，叚借為宋，為啾。〔莊子・德充符〕「彼且蘄以丨詭幻怪之名聞」。〇丨當作啾。〔管子・水地〕「察於丨湫」平議。〇丨當讀為踧。〔荀子・賦〕「湣湣丨丨」平議。

菽　丨，豆也。〔詩・七月〕「七月亨葵及丨」朱傳。又〔小宛〕「中原有丨」通釋。〇丨，大豆。〔大戴・夏小正〕「丨麋以在經中」王詁。〇丨，大豆也。〔詩・小宛〕「中原有丨」朱傳。又〔采菽〕「采丨采丨」朱傳。〇丨謂戎丨，大豆也。〔大戴・夏小正〕「種黍丨糜時也」王詁。〇古者大小豆通名丨。〔詩・小宛〕「中原有丨」通釋。〇丨者，衆豆之總名，後以小豆名荅，遂專名丨為大豆。（同上）集疏。〇丨者，衆豆之總名。（同上）通釋引楊泉。

○丨糜謂以丨為糜也。〔大戴·夏小正〕「丨糜以在經中」王詁。○丨，古作尗。〔詩·小宛〕「中原有丨」通釋。○丨，同尗。〔廣韻·屋部〕○丨與尗同。〔廣雅·釋草〕「巴尗，巴豆也」疏證。○丨，正為尗。〔墨子·七患〕「畜種丨粟」閒詁引畢沅。○丨作叔。〔史記索隱〕「異文」雜志。○丨，本又作叔。〔左傳定公元年經〕「隕霜殺丨」洪詁引〔釋文〕。

○丨當作草。〔韓子·內儲說上〕「不殺丨」集解。

尗　丨，菽也。〔說文〕「丨，豆也」繫傳。○丨，豆也。〔廣韻·屋部〕○丨亦豆也。〔廣雅·釋草〕「巴丨，巴豆也」疏證。○〔詩〕所言丨皆大豆也，有黑白黃褐青斑數種。〔說文〕「丨，豆也」義證引陳啟源。○〔說文定聲·卷六〕丨，此謂胡豆。〔穀梁傳莊公三十一年〕「戎菽也」。○（同上）丨，謂其葉。〔詩·七月〕「烹葵及菽」。○丨又通作叔。〔說文〕「丨，豆也」義證。○〔說文定聲·卷六〕丨，以叔為之。〔三公山碑〕「叔粟如火」。○丨，經典借菽字。〔說文〕「丨，豆也」義證。○丨，今字作菽。（同上）段注。又〔說文定聲·卷六〕。○丨或作菽。〔集韻·屋部〕○丨，字又作菽。〔廣雅·釋草〕「大豆，丨也」疏證。○豆菽字但作丨。〔說文〕「苿，苿菉」繫傳。○篆文丨，像莢生附莖下垂之形。〔本草·大豆〕○〔說文定聲·卷六〕丨，象戴種而出之形，下，其根也，一，地也。〔說文〕「丨，豆也，象菽豆生之形」。

獨　丨，單也。〔詩·正月〕「哀此惸丨」朱傳。○丨，惸丨也。〔詩·正月〕「念我丨兮」陳疏。○丨，亦單丨。〔廣韻·屋部〕○一曰老而無子曰丨。〔集韻·屋部〕○丨者，不與民同也。〔大戴·衛將軍文子〕「丨貴丨富」王詁。○所謂丨者，即無它事之謂。〔荀子·不苟〕「不誠則不丨，不丨則不形」平議。○丨，引伸叚借之為專壹之偁。〔說文〕「羊為羣，犬為丨」段注。○〔說文定聲·卷八〕丨，犬性丨，故為寡單嫥壹之辭。〔書·洪範〕「無虐煢丨」。○凡物之大者皆有丨義。〔廣雅·釋詁一〕「蜀，弌也」疏證。○丨謂之蜀，亦謂之介。〔方言一二〕注「蜀猶丨也」箋疏。○丨謂之蜀，亦謂之介，大謂之介，亦謂之蜀，義相因也。〔廣雅·釋詁一〕「蜀，弌也」疏證。○丨猶一也。〔孟子·滕文公下〕「丨如宋王何」焦正義。○丨猶將也。〔釋詞·卷六〕○丨猶寧也，豈也。（同上）○屬鏤、丨鹿並與屬鹿同。〔廣雅·釋器〕「屬鹿，劍也」疏證。○丨鹿，小罌也。〔通雅·褌用〕○黃縣蓬萊閒人皆以丨鹿為酒器名，此言丨鹿蓋為革囊盛尸，所謂鴟夷者也，與〔魯語〕之至麗音義相近，而與屬鏤義遠。〔荀子·成相〕「剄而丨鹿棄之江」集解引郝懿行。○丨鹿即涿鹿也。〔逸周書第三〕「丨鹿」雜志。○丨鹿，山名，在涿郡。（同上）○丨，蓋與櫝通。〔逸周書第四〕「蒲簟席皆素斧丨中」雜志。○〔說文定聲·卷八〕丨，叚借為孰，實為蜀。〔呂覽·必己〕「丨如嚮之人」。○丨與涿古聲相近。〔逸周書〕「丨鹿」雜志。○特、丨、徒俱一聲之轉。〔釋詁〕「梏，直也」郝疏。○丨當為觸。〔漢書·原涉傳〕「丨死者甚多」補注引王念孫。

卜　龜曰丨。〔書·盤庚〕「各非敢違丨」孫疏。又〔詩·氓〕「爾丨爾筮」朱傳。○以龜曰丨。〔說文〕「丨，灼剝龜也」義證。○丨，丨筮，龜曰丨，蓍曰筮。

〔廣韻·屋部〕○丨，報也。〔詩·天保〕「君曰丨爾」集疏引韓說。○丨爾猶云報爾。（同上）通釋。○丨猶期也。（同上）朱傳。○丨，予也。〔詩·楚茨〕「丨爾百福」朱傳。○丨畀猶俗言付與也。〔詩·大田〕「丨畀炎火」集疏引段玉裁。○丨筊當為丨教，或作盃珓。〔通雅·褌用〕○剝、扑、丨聲近而義同。〔廣雅·釋詁三〕「剝、扑，離也」疏證。○丨乃僕之叚字。〔釋詁〕「丨，予也」平議。○〔說文定聲·卷八〕丨，叚借為僕。〔禮記·檀弓〕「丨人師扶右」。○（同上）丨，叚借為付。〔釋詁〕「丨，予也」。

馥　丨，香氣芬丨。〔廣韻·屋部〕○丨，香氣也。〔集韻·屋部〕○〔說文定聲·卷六〕丨即苾字，必、复雙聲。〔廣雅·釋訓〕「丨丨，香也」。○丨與馝古亦同聲。〔廣雅·釋器〕「馝，香也」疏證。

沐　濯髮曰丨。〔詩·伯兮〕「豈無膏丨」集疏。○丨，滌首去垢也。（同上）朱傳。○丨，丨浴。〔廣韻·屋部〕○丨，甘漿之屬也。〔通鑑·魏紀四〕「膏丨之遺」音注引呂延濟。○丨即潘也，用之以丨，故又曰丨。〔儀禮·士喪禮〕「外御受丨入」胡正義。○丨，引伸為芟除也。〔說文〕「丨，濯髮也」段注。○丨檸，檸材光潔如丨。〔義府·卷上〕○丨猴，獼猴，母猴也。〔通雅·獸〕○〔說文定聲·卷八〕丨猴猶母猴也，彌猴也。〔漢書〕「丨猴而冠」。○（同上）丨，叚借為攴，為樸。〔管子〕「丨涂樹之枝」。

速　丨，疾也。〔左傳閔公二年〕「與其危身以丨罪也」疏證引服虔。又〔廣韻·屋部〕。○丨之義為疾。〔孟子·公孫丑下〕「於予心猶以為丨」焦正義。○丨者，疾之徵也。〔釋言〕「丨，徵也」郝疏。○丨，戚也。〔廣韻·屋部〕○丨丨為褊急之意。〔釋訓〕「丨丨，惟逑鞫也」郝疏。○丨，召也。〔詩·伐木〕「以丨諸父」朱傳。又〔左傳閔公二年〕「與其危身以丨罪也」疏證引服虔。又〔廣韻·屋部〕。○丨，一曰召也。〔集韻·屋部〕○丨，召致也。〔詩·行露〕「何以丨我獄」朱傳。○丨，召也，疾也。〔左傳閔公二年〕「與其危身以丨罪也」洪詁引服虔。○丨，徵召也。〔慧琳音義·卷四〕引〔考聲〕。○丨者，徵召之意也。〔說文〕「丨，疾也」義證。○丨，徵也。〔廣韻·屋部〕○丨、徵義同召。〔書·康誥〕「乃其丨由」孫疏。○丨與進義近。〔釋詁〕「肅，進也」郝疏。○丨猶夙也。〔釋詁〕「朝，早也」郝疏。○丨之言躅也。〔釋鳥〕「其迹丨」述聞。○〔通雅·卷三七〕丨夫，毛布也。〔元史〕「服青丨夫」。○丨通作遫。〔釋詁〕「丨，疾也」邵正義。○丨，籀作遫。〔集韻·屋部〕○丨通作數。〔釋詁〕「丨，疾也」郝疏。○〔說文定聲·卷八〕丨，叚借為數。〔考工記·弓人〕「則莫能以丨中」。○麋、踈、丨並通。〔廣雅·釋詁三〕「踈，迹也」疏證。○〔說文定聲·卷八〕丨，叚借為麋。〔釋獸〕「其迹丨」。○（同上）丨，叚借為竦，為促。〔禮記·玉藻〕「見所尊者齊遫」。○（同上）丨，叚借為束。〔晉語〕「處曲沃以丨縣」。○丨當讀為束。〔國語·晉語〕「驪姬請使申生處曲沃以丨縣」平議。○丨，今訂為誎之古文，古書或借誎為丨耳。〔說文定聲·卷八〕○宿、丨、肅俱以聲為義

也。〔釋詁〕「肅，進也」郝疏。○丨，聲近篴。〔釋詁〕「丨，疾也」郝疏。○丨、戚、疾，語之遞轉耳。〔方言二〕「丨，疾也」箋疏。○丨當為速。〔說文〕「𪋻，從鹿丨聲」義證。○〔外傳〕丨作遬。〔左傳莊公一九年〕「邊伯石丨」洪詁。○〔史記〕丨作遬。〔左傳定公一四年〕「戲陽丨」洪詁。○遊丨，〔公羊〕作游遬。〔左傳定公六年經〕「鄭遊丨帥師滅許」洪詁。

謷 丨言行速，如言之易到也。〔說文〕「丨，疾也」繫傳。○丨，古文速。〔廣韻·屋部〕

遬 丨，籀文速。〔廣韻·屋部〕

遫 丨與戚義同。〔墨子·明鬼下〕「若此之憯丨也」閒詁引蘇時學。○丨、速古同字。〔方言二〕「速，疾也」箋疏。

祝 丨，巫丨。〔廣韻·屋部〕○丨，祭詞也。〔說文〕「丨，祭主贊詞者」義證引〔玉篇〕。○祭主贊辭曰丨也。〔慧琳音義·卷九〕○丨，謂饗神之辭。〔禮記·禮運〕「脩其丨嘏」集解。○丨，祈福之辭。〔大戴·用兵〕「朝夕丨之」王詁。○丨，祈也。〔大戴·盛德〕「朝夕丨之」王詁。○丨，所以悅神也。〔說文定聲·卷六〕○丨，詛也。〔大戴·盛德〕「夫民惡之，必朝夕丨之」王詁。○〔說文定聲·卷九〕丨兼吉凶。〔詩·蕩〕「侯作侯丨」。〔「詛」下〕○詛與丨字異而義同。〔詩·蕩〕「侯作侯丨」通釋。○〔通雅·卷八〕丨襢即呪詛。〔漢書·五行志〕「劉屈氂復坐丨襢要斬」。○丨，接神之官。〔大戴·諸侯釁廟〕「丨」王詁。○丨，宗廟之官。〔論語·雍也〕「不有丨鮀之佞而有宋朝之美」朱注。○丨謂大丨。〔墨子·迎敵祠〕「丨史乃告於四望」閒詁。○大丨，接神之官。〔大戴·諸侯遷廟〕「丨、宗人及從者皆齊」王詁。○大丨令，官名。〔廣韻·屋部〕○丨宗，謂宗人而為丨史者。〔左傳成公一七年〕「使其丨宗祈死」疏證。○丨，謂丨由。〔墨子·非攻中〕「和合其丨藥」閒詁引畢沅。○丨由即丨𥛚也。〔說文〕「𥛚，丨𥛚也」段注。○丨𥛚，因為丨由、丨尤、呪尤。〔通雅·身體〕○丨藥為劍瘍附著之藥。〔墨子·非攻中〕「和合其丨藥」閒詁。○丨藥猶行藥。〔同上〕閒詁引惠士奇。○丨者，誘致禽畜和順之意。〔說文〕「喌，呼雞重言之」段注。○丨雞翁善養雞，故呼丨丨。〔說文〕「喌，讀若丨」段注引〔博物志〕。○丨丨，雝札聲，亦相轉又名車搞，亦名加格。〔釋鳥〕「鶌鳩，鶻鵃」郝疏。○丨丨，勤勤守護也。〔慧琳音義·卷一六〕○丨，屬也。〔詩·干旄〕「素絲丨之」朱傳。○丨，續也。〔禮記·月令〕「其神丨融」集解。○丨，斷也。〔墨子·非命下〕「丨降其喪」閒詁引莊述祖。又〔荀子〕「强自取柱」雜志引范寧。○南海之神曰丨融。〔楚辭·遠遊〕「丨融戒而還衡兮」補注引〔金匱〕。○丨融，顓頊氏之子，曰犂，為火官。〔屈賦·遠遊〕「丨融戒而蹕御兮」戴注引鄭玄。○丨，國名。〔集韻·屋部〕○丨為帝堯後。〔史記·周本紀〕「黃帝之後於丨」志疑。○鑄侯爵丨也。〔同上〕志疑引〔路史·國名紀〕。○琅琊即丘，春秋時曰丨丘。〔左傳桓公五年經〕「城丨丘」疏證引司馬彪〔郡國志〕。○丨茲即春秋魯丨丘地，漢更名即丘，縣屬東海郡，東漢以後始屬琅邪。〔史記·王子侯者年表〕「丨茲」志疑。○〔說文定聲·卷一〇〕丨柯，在今山東濟南府長清縣。〔左傳襄公一九年〕「諸侯盟于丨柯」。〔「柯」下〕○古鑄、丨同音，字亦得通。〔史記·周本紀〕「黃帝之後於丨」志疑。○丨與柱通。〔荀子〕「强自取柱」雜志。○丨之通作柱，猶注之通作丨。〔同上〕○〔說文定聲·卷六〕丨，叚借為注，注、丨一聲之轉。〔周禮·瘍醫〕「丨藥」。○〔同上〕丨，叚借為屬。〔詩·干旄〕「素絲丨之」。○〔同上〕丨，叚借為劚。〔廣雅·釋詁一〕「丨，斷也」。○〔同上〕丨，叚借為俶。〔鄭語〕「故命之曰丨融」。○〔同上〕丨，叚借為章，章、丨一聲之轉。〔太玄·數〕「神丨融」。○〔同上〕丨，叚借為篙。〔左傳昭公二九年〕「火正曰丨融」。○〔同上〕丨，叚借為鶵。〔左傳昭公一七年〕「丨鳩氏」。○〔同上〕丨，叚借為柷。〔堯廟碑〕「韶磬丨圉」。○丨，讀為詶。〔詩·蕩〕「侯作侯丨」陳疏。○丨，俗作呪。〔說文〕「丨，祭主贊詞者」義證。○丨，俗字作呪。〔說文定聲·卷六〕○丨或从食作䬲。〔集韻·屋部〕○〔列僊傳〕有丨鷄翁，後人或作喌。〔說文〕「喌，呼雞重言之」繫傳。

麓 丨，林屬於山者也。〔詩·旱麓〕「瞻彼旱丨」集疏引〔風俗通義〕。○丨，山足。〔廣韻·屋部〕○丨，山足也。〔詩·旱麓〕「瞻彼旱丨」朱傳。○山足曰丨。〔周禮·林衡〕「林衡掌巡林丨之禁令而平其守」孫正義。○丨，山足大林也。〔說文定聲·卷八〕○漢魏諸儒多以大丨為禪位之處。〔書·堯典下〕「納于大丨」孫疏。○丨通作鹿。〔說文〕「丨，守山林吏也」義證。○丨，亦假借作鹿。〔說文〕「丨，一曰林屬於山為丨」段注。○〔說文定聲·卷八〕丨，以鹿為之。〔左傳〕「山之林木，衡鹿守之」。○〔同上〕丨，叚借為录。〔尚書大傳〕「致天下于大丨之野」。

禁 丨，古文麓。〔廣韻·屋部〕

鏃 丨，箭丨。〔廣韻·屋部〕○丨，鏑也。〔集韻·屋部〕○丨，一曰矢末。〔同上〕○或說丨本訓當為矢鋒，轉注為利。〔說文定聲·卷八〕○〔同上〕丨，叚借為族。〔廣雅·釋器〕「丨，鏑也」。○丨者，族之絫增字。〔說文〕「丨，利也」句讀。○丨或省作族。〔集韻·屋部〕○丨當為族。〔說文〕「砮，石可以為矢丨」義證。○丨，亦作鋉。〔集韻·屋部〕○丨當為鍭。〔漢書·膠東康王傳〕「私作兵車丨矢」補注。○丨為鍭字之誤。〔莊子·天下〕「丨矢之疾，而有不行不止之時」集釋。

蹙 丨，迫也。〔廣韻·屋部〕又〔集韻·屋部〕。○丨，窮也，迫也。〔慧琳音義·卷三六〕引〔古今正字〕。○丨，促也。〔廣韻·屋部〕○丨，近也。〔慧琳音義·卷五四〕又〔廣韻·屋部〕。○丨，促近也。〔續音義·卷三〕引〔切韻〕。○丨，急。〔詩·小明〕「政事愈丨」朱傳。○丨，急也。〔慧琳音義·卷五四〕又〔廣韻·屋部〕。○丨，速也，急也。〔慧琳音義·卷三六〕引〔考聲〕。○丨丨，急也。〔漢書〕「戚戚」雜志。○丨丨，逑鞫也。〔詩·節南山〕「丨丨靡所騁」集疏引魯說。○丨丨為褊急之意。〔釋訓〕「丨丨，惟逑鞫也」郝疏。○丨，局縮不申之義。〔同上〕通釋。○丨，小兒也。〔慧

也。〔釋詁〕「肅，進也」郝疏。○｜，聲近趖。〔釋詁〕「｜，疾也」郝疏。○｜、戚、疾，語之遞轉耳。〔方言二〕「｜，疾也」箋疏。○｜當為速。〔説文〕「䴥，從鹿｜聲」義證。○〔外傳〕｜作遫。〔左傳莊公一九年〕「邊伯石｜」洪詁。○〔史記〕｜作遫。〔左傳定公一四年〕「戲陽｜」洪詁。○遊｜，〔公羊〕作游遫。〔左傳定公六年經〕「鄭遊｜帥師滅許」洪詁。

謷 ｜言行速，如言之易到也。〔説文〕「｜，疾也」繫傳。○｜，古文速。〔廣韻・屋部〕

遬 ｜，籀文速。〔廣韻・屋部〕

遫 ｜與戚義同。〔墨子・明鬼下〕「若此之憯｜也」閒詁引蘇時學。○｜、速古同字。〔方言二〕「速，疾也」箋疏。

祝 ｜，巫｜。〔廣韻・屋部〕○｜，祭詞也。〔説文〕「｜，祭主贊詞者」義證引〔玉篇〕。○祭主贊辭曰｜也。〔慧琳音義・卷九〕○｜，謂饗神之辭。〔禮記・禮運〕「脩其｜嘏」集解。○｜，祈福之辭。〔大戴・用兵〕「朝夕｜之」王詁。○｜，祈也。〔大戴・盛德〕「朝夕｜之」王詁。○｜，所以悦神也。〔説文定聲・卷六〕○｜，詛也。〔大戴・盛德〕「夫民惡之，必朝夕｜之」王詁。○〔説文定聲・卷九〕｜兼吉凶。〔詩・蕩〕「侯作侯｜」。〔「詛」下〕○詛與｜字異而義同。〔詩・蕩〕「侯作侯｜」通釋。○〔通雅・卷八〕｜禮即呪詛。〔漢書・五行志〕「劉屈釐復坐｜禮要斬」。○｜，接神之官。〔大戴・諸侯釁廟〕「｜」王詁。○｜，宗廟之官。〔論語・雍也〕「不有｜鮀之佞而有宋朝之美」朱注。○｜謂大｜。〔墨子・迎敵祠〕「｜史乃告於四望」閒詁。○大｜，接神之官。〔大戴・諸侯遷廟〕「｜、宗人及從者皆齊」王詁。○大｜令，官名。〔廣韻・屋部〕○｜宗，謂宗人而為｜史者。〔左傳成公一七年〕「使其｜宗祈死」疏證。○｜，謂｜由。〔墨子・非攻中〕「和合其｜藥」閒詁引畢沅。○｜由即｜褶也。〔説文〕「禂，｜褶也」段注。○｜褶，因為｜由、｜尤、咒尤。〔通雅・身體〕○｜藥為劍瘍附著之藥。〔墨子・非攻中〕「和合其｜藥」閒詁。○｜藥猶行藥。〔同上〕閒詁引惠士奇。○｜者，誘致禽畜和順之意。〔説文〕「𦝫，呼雞重言之」段注。○｜雞翁善養雞，故呼｜｜。〔説文〕「𦝫，讀若｜」段注引〔博物志〕。○｜｜，雛札聲，亦相轉又名車搞，亦名加格。〔釋鳥〕「鵻鳩，鶌鵃」郝疏。○｜｜，勤勤守護也。〔慧琳音義・卷一六〕○｜，屬也。〔詩・干旄〕「素絲｜之」朱傳。○｜，續也。〔禮記・月令〕「其神｜融」集解。○｜，斷也。〔墨子・非命下〕「｜降其喪」閒詁引莊述祖。又〔荀子〕「强自取柱」雜志引范寧。○南海之神曰｜融。〔楚辭・遠遊〕「｜融戒而還衡兮」補注引〔金匱〕。○｜融，顓頊氏之子，曰犂，為火官。〔屈賦・遠遊〕「｜融戒而蹕禦兮」戴注引鄭玄。○｜，國名。〔集韻・屋部〕○｜為帝堯後。〔史記・周本紀〕「黄帝之後於｜」志疑。○鑄侯爵｜也。〔同上〕志疑引〔路史・國名紀〕。○琅琊即丘，春秋時曰｜丘。〔左傳桓公五年經〕「城｜丘」疏證引司馬彪〔郡國志〕。○｜茲即春秋魯｜丘地，漢更名即丘，縣屬東海郡，東漢以後始屬琅邪。〔史記・王子侯者年表〕「｜茲」志疑。○〔説文定聲・卷一〇〕｜柯，在今山東濟南府長清縣。〔左傳襄公一九年〕「諸侯盟于｜柯」。〔「柯」下〕○古鑄、｜同音，字亦得通。〔史記・周本紀〕「黄帝之後於｜」志疑。○｜與柱通。〔荀子〕「强自取柱」雜志。○｜之通作柱，猶注之通作｜。〔同上〕○〔説文定聲・卷六〕｜，叚借為注，注、｜一聲之轉。〔周禮・瘍醫〕「｜藥」。○〔同上〕｜，叚借為屬。〔詩・干旄〕「素絲｜之」。○〔同上〕｜，叚借為劚。〔廣雅・釋詁一〕「｜，斷也」。○〔同上〕｜，叚借為俶。〔鄭語〕「故命之曰｜融」。○〔同上〕｜，叚借為章，章、｜一聲之轉。〔太玄・數〕「神｜融」。○〔同上〕｜，叚借為篙。〔左傳昭公二九年〕「火正曰｜融」。○〔同上〕｜，叚借為鵴。〔左傳昭公一七年〕「｜鳩氏」。○〔同上〕｜，叚借為柷。〔堯廟碑〕「韶磬｜圉」。○｜，讀為詶。〔詩・蕩〕「侯作侯｜」陳疏。○｜，俗作咒。〔説文〕「｜，祭主贊詞者」義證。○｜，俗字作呪。〔説文定聲・卷六〕○｜或从食作䬍。〔集韻・屋部〕○〔列僊傳〕有｜鷄翁，後人或作𦝫。〔説文〕「𦝫，呼雞重言之」繫傳。

麓 ｜，林屬於山者也。〔詩・旱麓〕「瞻彼旱｜」集疏引〔風俗通義〕。○｜，山足。〔廣韻・屋部〕○｜，山足也。〔詩・旱麓〕「瞻彼旱｜」朱傳。○山足曰｜。〔周禮・林衡〕「林衡掌巡林｜之禁令而平其守」孫正義。○｜，山足大林也。〔説文定聲・卷八〕○漢魏諸儒多以大｜為禪位之處。〔書・堯典下〕「納于大｜」孫疏。○｜通作鹿。〔説文〕「｜，守山林吏也」義證。○｜，亦假借作鹿。〔説文〕「｜，一曰林屬於山為｜」段注。○〔説文定聲・卷八〕｜，以鹿為之。〔左傳〕「山之林木，衡鹿守之」。○〔同上〕｜，叚借為录。〔尚書大傳〕「致天下于大｜之野」。

禁 ｜，古文麓。〔廣韻・屋部〕

鏃 ｜，箭｜。〔廣韻・屋部〕○｜，鏑也。〔集韻・屋部〕○｜，一曰矢末。〔同上〕○或説｜本訓當為矢鋒，轉注為利。〔説文定聲・卷八〕○〔同上〕｜，叚借為族。〔廣雅・釋器〕「｜，鏑也」。○｜者，族之絫增字。〔説文〕「｜，利也」句讀。○｜或省作族。〔集韻・屋部〕○｜當為族。〔説文〕「砮，石可以為矢｜」義證。○｜，亦作鉃。〔集韻・屋部〕○｜當為鍭。〔漢書・膠東康王傳〕「私作兵車｜矢」補注。○｜為鍭字之誤。〔莊子・天下〕「｜矢之疾，而有不行不止之時」集釋。

蹙 ｜，迫也。〔廣韻・屋部〕又〔集韻・屋部〕。○｜，窮也，迫也。〔慧琳音義・卷三六〕引〔古今正字〕。○｜，促也。〔廣韻・屋部〕○｜，近也。〔慧琳音義・卷五四〕又〔廣韻・屋部〕。○｜，促近也。〔續音義・卷三〕引〔切韻〕。○｜，急。〔詩・小明〕「政事愈｜」朱傳。○｜，急也。〔慧琳音義・卷五四〕又〔廣韻・屋部〕。○｜，速也，急也。〔慧琳音義・卷三六〕引〔考聲〕。○｜｜，急也。〔漢書〕「戚戚」雜志。○｜｜，逑鞫也。〔詩・節南山〕「｜｜靡所騁」集疏引魯説。○｜｜為褊急之意。〔釋訓〕「｜｜，惟逑鞫也」郝疏。○｜，局縮不申之義。〔同上〕通釋。○｜，小兒也。〔慧

琳音義〕引〔考聲〕。〇丨，謂急迫也。〔禮記·禮器〕「不然則已丨丨」集解。〇丨丨，逼迫之貌。〔詩·節南山〕「丨丨靡所騁」集疏引王引之。〇丨丨，蓋逼迫之貌。（同上）通釋。〇丨丨，縮小之貌。（同上）朱傳。〇丨，促也。〔詩·召旻〕「今也日丨國百里」朱傳。〇丨，聚也。〔孟子·梁惠王下〕「舉疾首丨頞而相告曰」朱注。又〔慧琳音義·卷七四〕引〔考聲〕。〇丨，皺也。〔慧琳音義·卷五四〕〇丨，顰丨，不自安也。〔孟子·萬章上〕「其容有丨」朱注。〇攢眉為嚬，皺頞為丨。〔通鑑·唐紀七三〕「嚬丨而已」音注。〇丨踖，驚貌。〔國策·楚策四〕「汗明丨焉」鮑注。〇丨、造二字古通。〔孟子·萬章上〕「其容有丨」焦正義。〇丨、蹴字通。〔國策·韓策三〕「丨列侯而殰之」補正。〇丨與蹴同。〔廣雅·釋言〕「跑，趵也」疏證。〇丨與縮古亦同聲。〔廣雅·釋詁三〕「蹙，縮也」疏證。〇丨亦迺也，語之轉耳。〔廣雅·釋詁一〕「丨、迺，急也」疏證。〇丨，古祇作戚。〔詩·節南山〕「丨丨靡所騁」陳疏。〇丨或作戚。〔集韻·屋部〕〇以丨為戚，謂漢人無丨字，祇用戚字。〔儀禮·士冠禮〕「布席于門中，西面」胡正義引〔儀禮漢讀考〕。〇丨當作慼。〔説文〕「瀕，瀕丨不前而止」義證。〇丨，元作慼。〔國策·楚策四〕「汗明丨焉」鮑注。〇丨亦書作蹴。〔集韻·屋部〕〇丨，一本作蹴。〔國策·韓策三〕「丨列侯而殰之」補正。

蹙　丨，縮也。〔廣雅·釋詁三〕〇丨謂土地削小。〔左傳成公一六年〕「南國丨」疏證。〇丨、蹴、踧並字異而義同。〔廣雅·釋詁三〕「丨，縮也」疏證。〇丨即戚朒之戚。（同上）〇丨，蹴之異體。〔文選·陳孔璋為袁紹檄豫州〕「獎丨威柄」集釋。〇〔漢書〕丨作就。（同上）

築　丨，擣也。〔離騷〕「説操丨於傅巖兮」補注。又〔通鑑·魏紀八〕「以刀鐶丨殺之」音注。又〔廣韻·屋部〕〇丨，舂也。〔説文〕「鬱，芳草也」繫傳。〇丨，版丨也。〔楚辭·湘夫人〕「丨室兮水中」補注。〇其器名丨，因之人用之亦曰丨。〔説文〕「丨，所以擣也」段注。〇丨者，擣器。〔説文定聲·卷六〕〇丨者，直舂之器。〔説文〕「丨，所以擣也」段注。〇丨，杵頭鐵沓也。〔説文〕「丨，擣也」義證引〔三蒼解詁〕。〇丨曰城。〔説文〕「邑，國也」繫傳。〇〔説文定聲·卷六〕丨，叚借發聲之詞，作妯亦同。〔方言〕「丨、娌，匹也」。〇丨與妯同。〔廣雅·釋親〕「妯娌，先後也」疏證。〇丨娌即妯娌。〔通雅·稱謂〕〇丨通作筑。〔釋言〕「筑，拾也」郝疏。〇丨又通作督。（同上）〇〔説文定聲·卷六〕丨，叚借為叔。〔書·金縢〕「盡起而丨之」。〇丨當為築。〔説文〕「梧，一曰矢栝，丨弦處」義證。

篁　丨，古文築。〔廣韻·屋部〕

穆　丨，敬也。〔廣韻·屋部〕又〔集韻·屋部〕。〇丨，單言亦為敬。〔書·金縢〕「我其為王丨卜」孫疏。〇丨猶丨丨。〔屈賦·東皇太乙〕「丨將愉兮上皇」戴注。〇丨丨，敬也。〔詩·假樂〕「丨丨皇皇」朱傳。又〔大戴·哀公問五義〕「丨丨純純」王詁。又〔五帝德〕「亹亹丨丨」王詁。〇丨丨即為敬皃。〔詩·文王〕「丨丨文王」通釋。〇丨者，敬而美也。〔釋詁〕「丨丨，美也」郝疏。〇丨，美也。〔詩·烝民〕「丨如清風」陳疏。又〔廣韻·屋部〕。又〔集韻·屋部〕。〇丨丨，美也。〔詩·那〕「丨丨厥聲」朱傳。〇丨丨，美盛之貌。〔釋詁〕「丨丨，美也」鄭注。〇丨義與茂同。〔釋詁〕「丨丨，美也」郝疏。〇丨，厚也。〔廣韻·屋部〕〇丨，和也。（同上）〇丨丨，和而美也。〔荀子·哀公〕「繆繆肫肫」集解引郝懿行。〇丨丨，和靜不昊敖也。〔禮記·少儀〕「丨丨皇皇」集解。〇丨，深遠也。〔詩·清廟〕「於丨清廟」朱傳。又〔中庸〕「詩云於丨不已」朱注。〇丨丨，深遠之意。〔詩·文王〕「丨丨文王」朱傳。又〔論語·八佾〕「天子丨丨」朱注。〇丨丨，深遠貌。〔禮記·曲禮〕「天子丨丨」集解。〇丨，深長也。〔詩·烝民〕「丨如清風」朱傳。〇凡言丨丨、於丨、昭丨皆取幽微之義。〔説文〕「丨，禾也」段注。〇丨，清也。〔廣韻·屋部〕〇丨清，天也。〔漢書·司馬遷傳〕「受命於丨清」補注引劉攽。〇丨，謂主祭者之嗣子也。〔禮記·祭義〕「丨答君」集解。〇丨，變音也，羽，正音也。〔漢書·揚雄傳〕「丨羽相和」雜志。〇丨，變音也，以律管言之，則變徵為丨，以琴弦言之，則少商為丨。〔漢書·揚雄傳〕「陰陽清濁丨羽相和兮」補注。〇丨、繆古字通。〔左傳隱公三年經〕「癸未葬宋丨公」洪詁。〇丨通作繆。〔説文〕「佋，廟佋丨」義證。〇丨、繆，二字通用也。〔史記·蒙恬傳〕「昔者秦丨公殺三良而死」志疑。〇繆，丨聲之緩急，丨為假借字。〔書·周書序〕注「史遷丨作繆」孫疏。〇丨當讀曰繆，所謂「名與實爽曰繆」也。〔左傳文公六年〕「秦丨之不為盟主也宜哉」洪詁。〇丨，經傳或以繆為之。〔説文定聲·卷六〕〇（同上）丨又為繆、為謬。〔論衡·福虛〕「丨者亂之名」。〇丨與睦通。〔廣雅·釋詁一〕「睦，信也」疏證。〇丨者，睦之叚音也。〔釋訓〕「丨丨，敬也」郝疏。〇〔説文定聲·卷六〕丨，叚借為㣎。〔淮南·原道〕「丨忞隱閔」。〇凡經傳所用丨字，皆叚丨為㣎。〔説文〕「丨，禾也」段注。〇古昭丨亦當用㣎。〔説文〕「㣎，細文也」段注。〇丨，古文作𣀉。〔説文〕「丨，禾也」義證引〔玉篇〕。〇〔公羊〕丨作繆。〔一切經音義〕引作睦。〔書·金縢〕「我其為王丨卜」孫疏。〇〔公羊〕丨作繆。〔左傳僖公四年經〕「葬許丨公」洪詁。〇丨姜，〔公羊〕作繆姜。〔左傳襄公九年經〕「葬我小君丨姜」洪詁。〇丨，〔公〕〔穀〕皆作繆，〔史記〕、〔漢書〕亦同。〔左傳隱公三年經〕「葬宋丨公」洪詁。

𣀉　丨，古穆字。〔漢書·王子侯表〕「敦侯」雜志。

睦　丨，親也。〔廣韻·屋部〕〇親九族曰丨。〔説文繫傳·通論中〕〇丨，又和丨也。〔廣韻·屋部〕〇丨，敬也。（同上）〇丨，又作穆，敬也，美也。〔慧琳音義·卷一〇〕〇古書丨、穆通用。〔説文〕「丨，一曰敬和也」段注。〇丨與穆同。〔方言一〕「穆，信也」箋疏。〇丨與陸古亦同聲，故漢碑和丨字多通作陸。〔廣雅·釋詁三〕「陸，厚也」疏證。〇丨當作陸。〔漢書·地理志〕「莽曰弘丨」補注引宋祁。〇汪本丨作陸。〔漢書·地理志〕「莽曰蒲丨」補注朱一新。〇丨，監本作陸，是。（同上）補注引周壽昌。〇丨，官本作陸。（同上）補注。

奮 ｜，古文睦字。〔晏子春秋·內篇雜下〕「賣馬肉於內」雜志。

昚 ｜即睦字。〔說文定聲·卷一五〕〔「賁」下〕

㖩 ｜，咮也。〔集韻·屋部〕○｜，｜木鳥。〔廣韻·屋部〕○咮、噣、注、｜古同聲而通用。〔漢書·天文志〕「鳥｜」雜志。又〔廣雅·釋親〕「噣，口也」疏證。○｜讀與噣同。〔漢書·東方朔傳〕「鶴俛｜也」補注引錢大昭。

㖩 鳥曰｜，獸曰𧶉。〔說文定聲·卷一三〕〔「𧶉」下〕

覆 ｜，反也。〔詩·雨無正〕「｜出為惡」朱傳。又〔小旻〕「不臧｜用」朱傳。又〔集韻·屋部〕。○｜即反也。〔詩·瞻卬〕「女｜奪之」集疏。○｜猶反也。〔詩·抑〕「｜謂我僭」朱傳。○｜，反｜。〔廣韻·屋部〕○｜謂反｜。〔國策·秦策二〕「計聽知｜逆者」補正。○｜逆，言不順於理。（同上）鮑注。○｜，倒也。〔廣韻·屋部〕又〔集韻·屋部〕。○｜，敗也。〔大戴·曾子立事〕「殞身｜家」王詁。又〔廣韻·屋部〕。○｜，傾敗也。〔論語·陽貨〕「惡利口之｜邦家者」朱注。○｜，如｜器然。〔國策·東周策〕「｜國且身危」鮑注。○｜亦藏也。〔廣雅·釋詁四〕「揞，藏也」疏證。○｜猶庇護也。〔國策·燕策一〕「皆自｜之術」鮑注。○｜，審也。〔通鑑·唐紀五七〕「上乃命中書舍人王起等｜試」音注。又〔慧琳音義·卷一〇〕引〔考聲〕。又〔廣韻·屋部〕。又〔集韻·屋部〕。○｜字訓為察。〔漢書第十二〕「｜愚臣之言」雜志。○重察言語曰｜也。〔慧琳音義·卷一〇〕引〔集訓〕。○〔說文定聲·卷六〕｜謂諦察其隱微。〔考工記·弓人〕「｜之而角至」。○｜校即考索也。〔廣雅·釋言〕「｜，索也」疏證。○｜，復也。〔大戴·文王官人〕「｜其微言」王詁。○｜、復聲同義近。〔釋言〕「還，返也」郝疏。○｜與復義相通。〔說文〕「｜，覂也」段注。○｜車，翻車網也，今擲倒技戲中，有手足躍轉成輪者，名曰翻車網，至今稱之。〔通雅·器用〕○大謂之幠，亦謂之奄，｜謂之奄，亦謂之幠。〔廣雅·釋詁一〕「奄，大也」疏證。○〔說文定聲·卷六〕｜，叚借為告、為白。〔漢書·馮唐傳〕「不從中｜也」。○｜鶩，鶩復，蝮鶩，｜、復、蝮皆愎之借字耳。〔廣雅·釋詁三〕「愎，很也」疏證。○｜讀為愎。〔管子·五輔〕「下愈｜鶩」雜志。○冒、晛、｜古聲並相近。〔廣雅·釋詁二〕「冒，｜也」疏證。○｜，元作復。〔國策·東周策〕「｜國且身危」鮑注。

鶩 ｜，鳥名。〔廣韻·遇部〕又〔集韻·屋部〕。○｜，梟屬。〔楚辭·懷沙〕「雞｜翔舞」補注。又〔廣韻·屋部〕。○｜，一名舒梟，即今之鴨也。〔說文〕「｜，舒梟也」義證引〔急就篇〕顏注。○｜，鴨也。〔楚辭·卜居〕「將與雞｜爭食乎」補注。○｜，野鴨雄者，赤頭有距。〔說文〕「｜，舒梟也」義證引〔廣志〕。○煩｜，鴨屬。〔文選·上林賦〕「煩｜庸渠」注引司馬彪。○煩｜，一作番𪇰。（同上）集釋引徐廣。

麴 ｜，蘖也。〔說文〕「䴹，酒母也」繫傳。○｜，｜蘖。〔廣韻·屋部〕○｜者，曲也。〔左傳宣公一二年〕「有麥｜乎」疏證引焦循。○｜，所以為酒也。〔說文〕「䵃，䴹生衣也」段注。

麯 ｜麩，酒母。〔通雅·卷三九〕

䴹 ｜，同麴。〔廣韻·屋部〕○｜，俗作麴。〔說文〕「｜，酒母也」義證。○｜，俗又作麯。（同上）○｜又借鞠字。（同上）

䴹 ｜，字亦作麴、作麯。〔說文定聲·卷六〕○〔說文定聲·卷六〕｜，叚借發聲之詞。〔方言五〕「薄謂之苗，或謂之麴」。○｜，麴蘖也。酒主於麴，故曰酒母。〔說文〕「｜，酒母也」繫傳。○｜，今經傳皆作麴。〔廣雅·釋器〕「麮，麴也」疏證。○｜，或作鞠、鞠、麴、麯、𪌉。〔集韻·屋部〕

鞠 ｜，同䴹、同麴。〔廣韻·屋部〕○｜，亦借鞠為之。〔說文〕「䴹，酒母也」句讀。

禿 ｜，轉注為無髮。〔說文定聲·卷八〕○｜，言｜人髮不纖長若禾稼也。〔說文〕「｜，無髮也」繫傳。○｜楬謂｜髻也。〔通雅·身體〕○今人｜頂亦曰秀頂，是古遺語。〔說文〕「｜，無髮也」段注。○今蘇俗老而｜頂曰秀頂。〔說文定聲·卷八〕○引伸之凡不銳者曰｜。〔說文〕「｜，無髮也」段注。○｜速即屈之反語。〔說文〕「屈，無尾也」義證。○秀與｜古無二字，殆小篆始分之。〔說文〕「｜，無髮也」段注。○秀、｜相近字也。〔說文定聲·卷八〕○｜，上象禾粟之形，粟當作秀，以避諱改之也。〔說文〕「｜，上象禾粟之形」段注。

秃 ｜，籀文禿字。〔說文〕「禿，無髮也」義證引〔玉篇〕。

縠 ｜，縐紗也。〔漢書·高帝紀〕「賈人毋得衣錦繡綺｜絺紵罽」補注引胡三省。○今之縐紗，古之｜也。〔說文〕「｜，細縛也」段注。○〔說文定聲·卷八〕｜，今之縐紗也，不縐者，〔周禮〕之素沙。〔說文〕「｜，細縛也」。○｜，羅｜。〔廣韻·屋部〕○｜，今梁州白｜。〔說文〕「｜，細縛也」義證引〔急就篇〕顏注。○〔說文定聲·卷八〕｜，叚借為瞉。〔左傳僖公二七年〕「郤｜」。○｜即瞉也。〔說文〕「瞉，小豚也」段注。○〔左傳〕晉士｜當作此瞉。（同上）義證。○士｜，〔瞉梁〕作士瞉。〔左傳文公二年經〕「晉士｜」洪詁。○｜，細緰也。〔國策·齊策四〕「不若王愛尺｜也」鮑注。

縠 ｜，似羅而疏，似紗而密。〔慧琳音義·卷四八〕

扑 ｜，打也。〔廣韻·屋部〕○｜，擊也。〔國策·楚策一〕「若｜一人」鮑注。又〔廣雅·釋詁三〕○擊之曰｜，因名其器曰｜。〔左傳文公一八年〕「歜以｜抶職」疏證引段玉裁。○鞭箠等物，皆謂之｜。〔說文〕「擊，攴也」段注。○｜者，〔說文〕攴字之變。〔左傳文公一八年〕「歜以｜抶職」疏證引段玉裁。

衄 ｜，鼻出血。俗作衂。〔廣韻·屋部〕○｜，出血也。〔太素·經脈之一〕「鼽｜」楊注。○｜，又挫也。〔廣韻·屋部〕○｜、忸、朒義相近也。〔廣雅·釋

言」「丨，縮也」疏證。○丨，聳也。〔廣雅・釋詁四〕○〔説文定聲・卷六〕丨，段借為朒。〔廣雅・釋言〕「丨，縮也」。○丨，俗字作衂。〔説文定聲・卷六〕

衂　丨，折挫也。〔慧琳音義・卷二一〕引〔玉篇〕。○丨，折挫其威也。〔慧琳音義・卷八九〕引顧野王。○丨通衄。〔同上〕

鬻　丨，淖，煑米為稀丨也。〔慧琳音義・卷六〇〕引〔文字集略〕。○丨，糜也。〔集韻・屋部〕○丨與糜皆可為煑米之稱，丨字中兼有煑義。〔儀禮・士喪禮〕「夏祝丨餘飯」胡正義。○丨，養也。〔詩・鴟鴞〕「丨子之閔斯」朱傳。○丨，稺也。〔集韻・屋部〕○丨子，孺子也。〔詩・鴟鴞〕「丨子之閔斯」通釋。○丨，賣也。〔廣韻・屋部〕○丨猶售。〔韓子・内儲説上〕「不丨私」集解引舊注。○轉次而傭故曰丨。〔韓子・難言〕「傳説轉丨」集解引舊注。○〔説文定聲・卷六〕丨，段借為賣。〔左傳昭公一四年〕「鮒也丨獄」。○丨，賣之假借也。〔説文〕「丨，鍵也」段注。○〔説文定聲・卷六〕丨，段借為鬻。〔通俗文〕「以湯去毛曰丨」。○〔同上〕丨，段借為育。〔詩・鴟鴞〕「丨子之閔斯」。○丨即粥字。〔釋言〕「餬，饘也」郝疏。○丨作粥者，俗字也。〔説文〕「丨，鍵也」段注。○丨，今省作粥。〔慧琳音義・卷六〇〕引〔文字集略〕。○丨者，省作粥。〔釋言〕「丨，糜也」郝疏。○丨字又誤省作粥。〔説文定聲・卷六〕○丨亦書作粥。〔集韻・屋部〕○丨、〔史記〕作粥。〔左傳昭公七年〕「丨於是」洪詁。○丨熊，〔潛夫論〕作粥熊。〔左傳僖公二六年〕「夔子不祀祝融與丨熊」洪詁。○丨字亦作精、作餰。〔説文定聲・卷六〕

粥　丨，糜也。〔廣韻・屋部〕○厚者曰饘，稀者曰丨。〔説文定聲・卷一四〕（〔饘〕下）○高昌郡人呼丨為羅闍。〔説文〕「鬻，鍵也」義證引〔凉州異物志〕。○丨，生也。〔大戴・帝繫〕「孕而不丨」王詁。○〔説文定聲・卷六〕媰丨即孕育也。〔太玄・沈〕「好媰惡丨」。（〔鬻〕下）○〔説文定聲・卷六〕丨，段借為賣。〔禮記・曲禮〕「不丨祭器」。○〔同上〕丨，段借為毓。〔閒居賦〕「灌園丨蔬」。○丨同鬻。〔廣韻・屋部〕○丨，俗鬻字。〔儀禮・士喪禮〕「夏祝鬻餘飯」胡正義。○丨、鬻字之省。〔釋言〕「鬻，糜也」郝疏。○丨、粥古鬻聲類同。〔周禮・巫馬〕「馬死則使其賈丨之」孫正義。○丨、粥古今字。〔説文〕「粥，呼雞重言之」段注。

燠　丨，煖也。〔詩・無衣〕「安且丨兮」朱傳。○丨，熱也。〔楚辭・天問〕「烏何丨之」補注。又〔廣韻・屋部〕。又〔集韻・屋部〕。○丨休，痛念聲。〔集韻・尤部〕○丨與奧通。〔書・洪範下〕注「史遷丨作奧」孫疏。○丨，古多段奧為之。〔説文〕「丨，熱在中也」段注。○〔説文定聲・卷六〕丨，以奧為之。〔漢書・王莽傳〕「太傅典致時奧」。○〔同上〕丨，段借為欶。〔左傳昭公三年〕「而或丨休之」。○丨，或作噢。〔集韻・遇部〕

澳　丨，隈也。〔大學〕「詩云瞻彼淇丨」朱注。又〔廣韻・屋部〕。○丨，丨深。〔廣韻・號部〕○丨，深也。〔集韻・號部〕○丨，隈厓也。〔説文定聲・卷一二〕（〔隈〕下）○水内曰丨。〔廣韻・屋部〕○丨，厓内近水之地。〔説文〕「丨，隈厓也」義證引〔申鑒・時事篇〕注。○海之隈厓曰丨，〔通鑑・後梁紀一〕「將水軍拒之於青丨」音注。○丨之言奧也。〔廣韻・釋丘〕「丨，厓也」疏證。○丨，字或作隩。〔同上〕疏證。○其内曰丨，其外曰隈。〔同上〕○〔説文定聲・卷六〕丨，此義借為隩，本訓當是水名。〔禮記・大學〕「瞻彼淇丨」。○〔同上〕丨，段借為溷，丨、溷雙聲。〔廣雅・釋詁三〕「丨，濁也」。○丨亦借用奧。〔説文〕「丨，隈厓也」句讀。○丨與奧同。〔漢書第一六〕「連語」雜志。○丨，字與隩同。〔説文〕「丨，隈厓也」句讀。

輻　丨，車丨。〔廣韻・屋部〕○丨，車丨也。〔詩・伐檀〕「坎坎伐丨兮」朱傳。○兩邊具曰丨。〔説文〕「幅，布帛廣也」義證引〔急就篇〕顏注。○丨即輪木中之直指者。〔漢書・李廣傳〕「徒斬車丨而持之」補注。○〔説文定聲・卷五〕丨，段借為輹，丨、輹雙聲。〔易・小畜〕「輿説丨」。○丨亦作輹。〔詩・正月〕「員于爾丨」集疏。○丨當作輹。〔同上〕通釋引曾釗。

瀑　丨，縣水。〔集韻・屋部〕○丨布，水流下也。〔廣韻・屋部〕○丨，今〔詩〕作暴。〔説文〕「丨，疾雨也」引〔詩〕「終風且丨」繫傳。

漉　丨，涸也。〔慧琳音義・卷六三〕引〔文字典説〕。○丨，一曰滲也。〔集韻・屋部〕○丨，滲丨。〔廣韻・屋部〕○丨，瀝也。〔續音義・卷二〕引〔切韻〕。○丨，瀝也。〔廣韻・屋部〕○丨猶瀝也。〔慧琳音義・卷三〇〕○丨，去水也。〔續音義・卷二〕引〔韻英〕。○丨，瀝去水也。〔慧琳音義・卷三六〕引顧野王。○丨，水下皃也。〔慧琳音義・卷七一〕○丨之言漏也。〔釋詁〕「盝，竭也」郝疏。○丨與渫義近。〔文選・兩都賦〕集釋。○漉、盝、丨並通。〔廣雅・釋詁一〕「漉，盡也」疏證。○盝、丨並與漉同。〔廣雅・釋詁二〕「漦，漉也」疏證。○丨，借為盝。〔釋詁〕「盝，竭也」郝疏。○丨或作盝。〔説文〕「滲，下丨也」義證。○丨亦作盝。〔廣雅・釋器〕「箈，篗也」疏證。○丨，字亦作盝。〔説文定聲・卷八〕○丨與漉同。〔廣雅・釋器〕「箈，篗也」疏證。○丨或作淥。〔慧琳音義・卷七一〕○丨亦作淥。〔續音義・卷二〕引〔韻英〕。○〔説文定聲・卷八〕丨，字亦作淥。〔方言一二〕「淥，涸也」。○丨、漏古同聲。〔荀子〕「下漏」雜志。○丨、漏聲相近，故滲丨或謂之滲漏。〔廣雅・釋詁一〕「淥，盡也」疏證。○濾、丨一聲之轉。〔廣雅・釋詁二〕「麗，淥也」疏證。○丨或作淥。〔方言一三〕「丨，極也」箋疏。

蔌　丨，蓋遬之或體。〔釋訓〕「速速，惟逑鞫也」郝疏。○丨，亦作速速。〔詩・正月〕「丨丨方有穀」通釋。○〔通雅・卷九〕丨丨、駷駷，皆本速速，亦作遬遬。〔蕪城賦〕「丨丨風威」。○丨者，餗之段音也。〔釋器〕「菜謂之丨」郝疏。○丨，菜殽也。〔詩・韓奕〕「其丨維何」朱傳。○丨謂菜茹也。〔同上〕集疏。○丨，菜之總名也。〔慧琳音義・卷九八〕引〔文字典説〕。○丨丨，寠陋貌。〔詩・正月〕「丨丨方有穀」朱傳。○丨丨，魯作速速。〔同上〕集疏。

恧　丨，慙也。〔廣韻・屋部〕○丨，怏顏也。〔慧琳音義・卷七八〕○丨，恥也。〔同上〕○丨，心愧也。〔同上〕○丨，心挫衄也。〔説文〕「丨，慙也」繫傳。○丨、腼、忸、衄字異聲義並同。〔方言六〕「丨，慙也」箋疏。○丨或作忸。〔説文〕「丨，慙也」義證。○〔説文定聲・卷五〕丨，以慝為之。〔廣雅・釋

詁一〕「慳，慹也」。

聽 ｜，同惡。〔廣韻・屋部〕

鵰 ｜，不祥鳥。〔廣韻・屋部〕○｜，妖鳥也。〔集韻・屋部〕○｜，〔白帖〕引〔文選・鵩賦〕其字作鵩。〔說文〕「舊，雖舊」義證。

竺 ｜亦厚也。〔說文〕「毒，厚也」義證。○｜，｜厚。〔廣韻・屋部〕○｜，天｜，國名。〔同上〕○天｜，西域國名。〔集韻・屋部〕○｜與篤通。〔釋詁〕「｜，厚也」邵正義。○｜通作篤。〔同上〕郝疏。○｜又通作毒。〔同上〕郝疏。○〔說文定聲・卷六〕｜，叚借為竹。〔廣雅・釋草〕「竺，竹也」。○｜當為管之重文。

管 〔說文定聲・卷六〕

｜，厚也，讀若篤。〔說文〕「毒，厚也」段注。

筑 ｜，以竹曲五弦之樂。〔國策・齊策一〕「擊｜彈琴」鮑注。○｜，似箏，十三弦。〔廣韻・屋部〕○｜似箏也。〔說文〕「｜，以竹曲五弦之樂也」段注。○｜，曲其竹以受弦，以竹尺擊之成聲，似箏，細項圓肩，後世以木為之。〔說文定聲・卷六〕○｜，此器彖呼之名｜曲，｜曲，以竹鼓弦之樂也。〔說文〕「｜，以竹曲五弦之樂也」段注。○〔說文定聲・卷六〕｜，叚借為叔。〔釋言〕「｜，拾也」。

簇 ｜，小竹。〔廣韻・屋部〕又〔集韻・屋部〕。○｜，一作餅具。〔集韻・覺部〕○｜｜，一作族族、焫焫、笑笑、叢叢。〔通雅・釋詁〕

蔟 ｜，蠶｜。〔廣韻・屋部〕○｜，竹器，以茅藉之，承老蠶作繭。〔說文〕「｜，行蠶蓐」義證引〔古文苑〕注。○｜、族聲近義同。〔廣雅・釋言〕「族，湊也」疏證。○〔說文定聲・卷一〇〕｜蠡，正字當作族癟。〔左傳桓公六年〕「謂其不疾｜蠡也」。〔「癟」下〕○〔說文定聲・卷八〕「｜，叚借為奏。〔禮記・月令〕「律中太｜」。○〔同上〕｜，叚借為湊。〔尚書大傳〕「｜以為入」。

暴 ｜，日乾也。〔國策・秦策四〕「｜骨草澤」鮑注。又〔廣韻・屋部〕。○｜，晞也。〔莊子・外物〕「名溢乎｜」集釋引郭嵩燾。○｜，乾也。〔集韻・鐸部〕○｜，𪈈｜，乾撓也。〔集韻・覺部〕○｜，顯也，示也，露也。〔通鑑・漢紀二二〕「｜其所長於燕」音注。○｜，温之也。〔孟子・告子上〕「一日｜之」朱注。○｜，謂日。〔國策・秦策一〕「是故兵終身｜靈於外」札記。○｜，墳起也。〔大戴・勸學〕「枯｜不復挺者」王詁。○｜，顯也。〔孟子・萬章上〕「｜之於民而民受之」朱注。○｜，露也。〔通鑑・周紀一〕「韓人｜其尸於市」音注。○｜，猝也，疾也。〔慧琳音義・卷五二〕○｜之言爆爍也，有稀疏之義。〔詩・頍弁序〕「｜戾無親」平議。○｜桑者即爆爍之桑，爆爍為稀疏不均之名。〔公羊傳宣公六年〕「｜桑，蒲蘇桑」陳疏引凌曙。○｜桑即榑桑。〔同上〕陳疏引吳夌雲。○〔說文定聲・卷六〕｜樂即毗劉之轉語，猶今言剝落也。〔釋詁〕「毗劉，｜樂也」。〔「劉」下〕○｜樂，一作剝落、剝脫、駁犖。〔通雅・釋詁〕○｜、曝同。〔國策・燕策二〕「將軍久｜露於外」鮑注。○｜虎，徒搏也。〔廣雅・釋詁三〕疏證。○｜與爆通。〔廣雅・釋詁二〕「爆，爇也」疏證。○｜又通薄。〔文選・七發〕「冥火薄天」集釋。○｜與薄一聲之轉。〔同上〕○榑、蒲、｜皆一聲之轉。〔公羊傳宣公六年〕「｜桑，蒲蘇桑」陳疏引吳夌雲。○〔說文定聲・卷七〕｜，叚借為剝。〔考工・旊人〕「髻墾薜｜」。○〔同上〕｜，叚借為白。〔管子・乘馬〕「｜布，百兩當一鎰」。

㬥 ｜、曝古今字。〔方言一三〕「煬，烈㬥也」箋疏。○｜與爆同。〔同上〕

曓 ｜，日乾也。〔集韻・屋部〕○｜，曬也，晞也。〔慧琳音義・卷五〕引〔韻英〕。○｜與㩧聲近義同。〔廣雅・釋詁三〕「㩧，擊也」疏證。○｜或作暴。〔集韻・屋部〕○｜亦作曝。〔方言一三〕「煬，烈暴也」疏證。○｜或作曝。〔方言七〕「曬，｜也」箋疏。又〔集韻・屋部〕。○｜與襮聲近而義同。〔廣雅・釋詁四〕「襮，表也」疏證。○｜與爆同。〔廣雅・釋詁二〕「膊，曝也」疏證。

曝 ｜，俗暴。〔廣韻・屋部〕○｜，暴之俗字。〔說文〕「暴，晞也」句讀。○｜當作爆。〔說文〕「熇，以火乾肉」義證。

掬 ｜正作匊，在手曰｜。〔慧琳音義・卷一五〕引〔字書〕。○匊，或從手作｜。〔集韻・屋部〕○｜，兩手｜取物也。〔慧琳音義・卷三五〕○｜，局也，使相局近也。〔釋名・釋姿容〕

箙 ｜，盛弓弩器。〔廣雅・屋部〕○盛兵器者亦曰｜。〔說文〕「｜，弩矢｜也」義證。○｜，用竹若木，亦用皮。〔說文定聲・卷五〕○｜者，實亦衣服之轉注。○｜，後出字。〔同上〕○｜通作服。〔方言九〕「所以藏弓弩謂之｜」箋疏。○｜、服古通用。〔方言九〕「所以藏箭弩謂之｜」疏證。○｜，經典通作服。〔說文〕「｜，弩矢｜也」義證。○｜，〔詩〕、〔國語〕借服字。〔同上〕繫傳。○〔說文定聲・卷五〕｜，以服為之。〔子虛賦〕「右夏服之勁箭」。○｜，或作鞴、韝。〔集韻・屋部〕

韣 ｜，同箙。〔廣韻・屋部〕

濮 〔說文定聲・卷八〕今曰｜河，俗謂之普河，語之轉也。〔說文〕「｜，｜水」。○百｜，夷也。〔文選・蜀都賦〕「百｜所充」集釋引杜注。○｜即僰也。〔左傳文公一六年〕「麇人率百｜聚於選」疏證引沈欽韓。○｜，水多，出陳留郡，入鉅野。〔廣韻・屋部〕

鞫 ｜，窮理罪人。〔慧琳音義・卷四二〕引〔文字典說〕。○｜，謂明治其罪。〔漢書・車千秋傳〕「未聞九卿廷尉有所｜也」補注。○古言｜，今言供，語之轉也。〔說文〕「簕，窮治辠人也」段注。○｜與窮一語之轉，故以窮治罪人釋｜，引申為凡窮之偁。〔同上〕○｜，窮。〔詩・瞻卬〕「｜人忮忒」朱

傳。○丨，窮也。〔詩・雲漢〕「丨哉庶正」朱傳。○丨，極也。〔詩・節南山〕「降此丨訩」通釋。○丨，水外也。〔詩・公劉〕「芮丨之即」朱傳。○丨者，外也。〔同上〕後箋引〔詩考〕。○外曲為丨。〔同上〕通釋。○丨為水窮處也。〔同上〕通釋。○丨謂水曲之表圜穹然也。〔説文〕「澳，隈厓也，其内曰澳，其外曰丨」段注。○水曲之表如弓，故曰丨。〔同上〕○簐、𥷚、鞠、丨並字異而義同。〔廣雅・釋詁三〕「簐，治也」疏證。○丨通作鞠。〔釋言〕「丨，窮也」邵正義。○丨讀同鞠。〔詩・小弁〕「丨為茂草」集疏。○丨譌作鞠。〔説文〕「𥷚，窮治辠人也」段注。○丨，竆之叚借也。〔説文〕「竆，窮也」段注。○丨者，竆之叚音也。〔釋言〕「丨，窮也」郝疏。○丨即告之叚借字。〔説文〕「𥷚，窮治辠人也」段注。○丨讀與告同。〔詩・采芑〕「陳師丨旅」陳疏。○究、丨、窮俱一聲之轉。〔釋言〕「丨，窮也」郝疏。○丨，同𥷚。〔廣韻・屋部〕○丨者，俗𥷚字。〔説文〕「𥷚，窮治辠人也」段注。○丨，魯、齊、韓作阮，又作坃、泦。〔詩・公劉〕「芮丨之即」集疏。○丨，〔韓詩〕〔漢志〕作阮，〔字林〕作埱。〔説文〕「澳，隈厓也，其内曰澳，其外曰丨」段注。

𥷚　丨，以言丨之也。〔説文〕「丨，窮理罪人也」繫傳。○丨，窮也。〔同上〕○簐、丨、鞠、鞫並字異而義同。〔廣雅・釋詁三〕「簐，治也」疏證。○丨又借鞠字。〔説文〕「丨，窮理辠人也」義證。○丨亦作簐、鞫、諊。〔集韻・屋部〕○丨，此字隸作鞫，經典從之。〔説文〕「丨，窮治辠人也」段注。○丨，經典或作鞠。〔説文〕「丨，窮理辠人也」義證。

𥷚　丨即〔周禮〕之讀書用法，今之勘供擬罪也。〔説文定聲・卷六〕○〔同上〕丨，叚借為告。〔詩・采芑〕「陳師鞠旅」。○〔同上〕丨，以告為之。〔禮記・文王世子〕「告于甸人」。○〔同上〕丨，叚借為竆。〔釋言〕「鞫，窮也」。○〔同上〕丨，叚借為氿。〔詩・公劉〕「芮鞫之即」。

簐　丨、𥷚、鞠、鞫並字異而義同。〔廣雅・釋詁三〕「丨，治也」疏證。○簐，同𥷚。〔廣韻・屋部〕○丨，各本譌作蓺。〔廣雅・釋詁三〕「丨，治也」疏證。

諊　丨，法用。〔廣韻・屋部〕

鞠　蹋丨，以革為之，今通謂之毬子。〔廣韻・屋部〕○丨，養也。〔通鑑・晉紀一五〕「妾幼丨於叔父昶」音注。又〔慧琳音義・卷一九〕。又〔廣韻・屋部〕。○丨、畜皆養也。〔詩・蓼莪〕「母兮丨我」朱傳。○丨、穀、谷聲義並同。〔方言一〕「丨，養也」箋疏。○丨，愛也。〔慧琳音義・卷一九〕○丨，窮。〔詩・節南山〕「降此丨訩」朱傳。又〔小弁〕「丨為茂草」朱傳。○丨，窮也。〔詩・谷風〕「昔育恐育丨」朱傳。又〔南山〕「曷又丨止」朱傳。又〔通鑑・宋紀六〕「丨為丘墟」音注。又〔本草・菊〕。○丨，窮也，言遂事。〔國策・齊策五〕「事敗而好丨之」鮑注。○丨，窮匱。〔詩・谷風〕「昔育恐育丨」後箋。○丨當謂窮極。〔文選・南都賦〕「丨巍巍其隱天」集釋。○丨，推窮也。〔廣韻・屋部〕○丨，窮罪人也。〔慧琳音義・卷八七〕引〔考聲〕。○丨者，推審而窮其情之謂。〔禮記・文子世子〕集解。○簐、鞫、丨、鞠並字異而義同。〔廣雅・釋詁三〕「簐，治也」疏證。○丨窮言曲折。〔左傳宣公一二年〕「有山丨窮乎」疏證引焦循。○丨躬，曲身也。〔論語・鄉黨〕「入公門，丨躬如也」朱注。○丨躬為斂身之貌。〔漢書〕「丨躬履方」雜志。○丨躬為謹敬也。〔同上〕○匑匑與丨躬同。〔同上〕○丨，盈也。〔廣韻・屋部〕○丨，告也。〔詩・采芑〕「陳師丨旅」朱傳。又〔慧琳音義・卷一九〕。又〔廣韻・屋部〕。○〔通雅・卷八〕丨凶即告凶。劉向引〔詩〕「日月丨凶」。○丨，治蘜也。〔禮記・月令〕「丨有黃華」集解。○丨衣，后妃服以躬桑者。〔呂覽・季春〕「天子乃薦丨衣于先帝」校正引鄭玄。○丨，星名。〔大戴・夏小正〕「丨則見」王詁。○丨、鞫古通。〔詩・節南山〕「降此丨訩」集疏。○丨，同鞫。〔書・盤庚〕「爾惟自丨自苦」孫疏。○〔説文定聲・卷六〕丨，叚借為匊。〔詩・節南山〕「降此丨訩」。○〔同上〕丨，叚借為竆。〔書・盤庚〕「爾惟自丨自苦」。○〔同上〕丨，叚借為鞫。〔漢書・功臣表〕「丨獄不實」。○丨與育古字通。〔釋言〕「丨，生也」邵正義。○〔説文定聲・卷六〕丨，叚借為育。〔釋言〕「丨，生也」。○丨即育字之同音叚借。〔詩・蓼莪〕「母兮丨我」通釋。○丨、育、粥古並同聲。〔方言一〕「丨，養也」箋疏。○毓、育、丨古亦同聲。〔廣雅・釋言〕「毓，稚也」疏證。○丨者，毓之叚音也。〔釋言〕「丨，穉也」郝疏。○毓、鬻、丨俱聲義近而字亦通。〔同上〕郝疏。○丨通作鬻。〔同上〕邵正義。○丨又借踘字。〔説文〕「丨，蹋丨也」義證。○丨，字亦作踘。〔説文定聲・卷六〕○丨者，趜之假借。〔詩・雲漢〕「丨哉庶正」通釋。○丨與麴通。〔廣雅・釋器〕「麴塵，丨綵也」疏證。○〔説文定聲・卷六〕丨，叚借為鞠。〔周禮・內司服〕「丨衣」。○〔同上〕丨，叚借為蘜。〔禮記・月令〕「丨有黃華」。○〔同上〕丨，叚借為艽。〔詩・小弁〕「丨為茂草」。○〔同上〕丨，叚借為穹。〔南都賦〕「丨巍巍其隱天」。○〔同上〕丨，叚借為鉤。〔夏小正〕「丨則見」。○〔同上〕丨，叚借為告。〔詩・采芑〕「陳師丨旅」。○〔同上〕丨，叚借為匑。〔論語〕「丨躬如也」。○丨則匑之假借字也，丨躬行而匑廢矣。〔説文〕「匑，曲脊也」段注。○踧踖、丨躬，皆雙聲以形容之，故皆言如。〔漢書〕「丨躬履方」雜志。○丨、窮聲近。〔釋詁〕「丨，盈也」郝疏。○丨，字或作毱。〔説文〕「丨，蹋丨也」義證。○丨，字亦作毱。〔説文定聲・卷六〕○丨，正作𥷚。〔慧琳音義・卷八七〕引〔考聲〕。○或云丨當為嘱。〔大戴・夏小正〕「丨則見」王詁。○或云丨當為祿。〔同上〕○丨，〔漢書〕作鞫。〔説文〕「丨，蹋丨也」義證。○官本丨作𥷚，是。〔漢書・鄒陽傳〕「卒從吏訊」補注。○〔説文〕营藭即丨窮之異文。〔左傳宣公一二年〕「有山丨窮乎」疏證引錢氏。○〔聘禮〕丨躬亦作丨窮。〔説文〕「匑，曲脊也」段注。

𥻨　丨，今鞠字也。〔説文〕「丨，酒母也」繫傳。

匊　兩手曰丨。〔詩・椒聊〕「蕃衍盈丨」朱傳。○丨，以為兩手謂之丨。〔同上〕後箋引〔廣雅〕。○丨，撮也。〔説文〕「丨，在手曰丨」義證引〔玉篇〕。○屈掌曰丨。〔説文〕「匊，撮也」義證引〔詩詁〕。○丨，手掬米。〔説文〕「丨，在手曰丨」繫傳。○丨，物在手。〔廣韻・屋部〕○丨，一升也。〔詩・

椒聊〕「蕃衍盈丨」後箋引〔廣雅〕。○丨，二升曰丨。〔同上〕後箋引呂大臨。○丨，本作掬。〔說文〕「鞠，撮也」義證引〔韻會〕。○丨俗作掬。〔詩·椒聊〕「蕃衍盈丨」陳疏。又〔說文〕「丨，在手曰丨」段注。○丨或作掬。〔同上〕義證。○〔說文定聲·卷六〕丨，叚借發聲之詞。〔方言七〕「掬，離也」。

郁 丨丨，文章貌。〔大戴·五帝德〕「其色丨丨」王詁。又〔論語·八佾〕「丨丨乎文哉」劉正義。○丨丨，文盛貌。〔同上〕朱注。○丨丨，文也。〔續音義·卷一〇〕引〔切韻〕。○丨，文也。〔廣韻·屋部〕○〔說文定聲·卷五〕丨夷與委蛇、倭遲、威夷皆同。〔韓詩·四牡〕「周道丨夷」。○丨，馥丨也。〔本草·郁李〕○丨乃取花筑酒之意。〔本草·郁金香〕○丨與彧通。〔廣雅·釋訓〕「戫戫，容也」疏證。○彧、戫、丨並通。〔廣雅·釋詁三〕「彧，文也」疏證。○丨，古假借為彧字。〔說文〕「丨，右扶風丨夷也」段注。○〔說文定聲·卷五〕丨，叚借為彧。〔論語〕「丨丨乎文哉」。○〔同上〕丨，叚借為鬱，丨、鬱一聲之轉。〔洛神賦〕「踐椒塗之丨烈」。○〔同上〕丨，叚借爲燠，丨、燠一聲之轉。〔廣絕交論〕「敘溫丨則寒谷成暄」。○〔同上〕丨，叚借為薁，丨、薁一聲之轉。〔閒居賦〕「梅杏丨棣之屬」。○威、丨古通。〔漢書·地理志〕「丨夷」補注引蘇輿。○丨、倭、威一聲之轉。〔同上〕補注引周壽昌。○丨聲近隅，今西北音猶然，故轉為丨。〔史記·五帝紀〕「居丨夷曰暘谷」志疑。○今本〔論語〕「丨丨乎文哉」古多作彧彧。〔說文〕「戫，有彣彰也」段注。○丨，〔山海經〕作栯。〔本草·郁李〕

戫 丨，有蔚也，文章之意。〔說文〕「丨，有文章也」繫傳。○彧、丨、郁並通。〔廣雅·釋詁三〕「彧，文也」疏證。○丨通作郁。〔說文〕「彣，丨也」義證。○丨，假借郁字。〔說文〕「丨，有文章也」繫傳。○丨又假借彧字。〔同上〕○丨，古多叚彧字為之。〔說文〕「戫，有彣彰也」段注。○丨通作郁。或作彧。〔集韻·屋部〕○丨，叚借彧字。〔說文〕「丨，有文章也」義證。○〔說文定聲·卷五〕丨，叚借為彧。〔後漢·張衡傳〕「戫汨飂戾沛以罔象兮」。○丨，經史皆以郁、彧為之。〔說文定聲·卷五〕

矗 丨，艸木盛也。〔集韻·屋部〕○丨然，又草木茂盛也。〔慧琳音義·卷四三〕○丨又齊也。〔廣韻·屋部〕○丨，直也。〔同上〕○丨，一曰直皃。〔集韻·屋部〕○丨，直皃也。〔慧琳音義·卷八一〕引〔古今正字〕。○丨然，端直也。〔慧琳音義·卷四三〕○丨，長直皃。〔集韻·屋部〕○丨謂長直也。〔慧琳音義·卷八一〕引〔字統〕。

複 丨，重衣。〔廣韻·屋部〕○褚之以緜曰丨。〔說文〕「丨，重衣也」義證引〔急就篇〕顏注。○有著者謂之丨。〔禮記·喪大記〕「丨衣丨衾」集解。○〔說文定聲·卷六〕丨，謂即袍也。〔說文〕「丨，一曰褚衣」。○丨，重也。〔集韻·屋部〕○丨，引伸為凡重之偁。〔說文〕「丨，重衣也」段注。○丨、富並與厚義近。〔釋詁〕「腹，厚也」郝疏。○丨與復義近。〔說文〕「丨，重衣也」段注。○丨，除，謂不役也。〔慧琳音義·卷五〇〕○㝮、復、丨並字異而義同。〔廣雅·釋宮〕「㝮，窟也」疏證。○〔說文定聲·卷六〕丨，叚借為㝮。〔禮記·月令〕注「古者丨穴」疏「謂窟居也」。○丨即椱之假借字也。〔說文〕「椱，機持繒者」段注。○書多用復為丨。〔說文〕「丨，重衣也」段注。

簏 丨，箱丨。〔廣韻·屋部〕○丨，箱類也。〔慧琳音義·卷七九〕引〔考聲〕。○丨，似箱而深，小曰篋，大曰丨。〔慧琳音義·卷七九〕○丨通作鹿。〔說文〕「丨，竹高篋也」義證。○丨省作鹿。〔同上〕句讀。○丨通作盝。〔集韻·屋部〕○丨，今人作盝。〔通雅·諺原〕○〔說文定聲·卷八〕丨，叚借為錄。〔廣雅·釋器〕「箓，簏也」。○丨或作箓。〔集韻·屋部〕○丨別作箓。〔通雅·諺原〕○〔說文定聲·卷八〕丨，字亦作廘。〔廣雅·釋室〕「廘，倉也」。

箓 丨、籙並與錄通。〔廣雅·釋器〕「丨，簏也」疏證。

塾 丨，門側堂。〔廣韻·屋部〕○門側之堂謂之丨。〔集韻·屋部〕○丨，夾門堂。〔同上〕○夾門之堂謂之丨。〔儀禮·士冠禮〕「筮與席，所卦者具饌於西丨」胡正義引李如圭。○〔通雅·卷三八〕夾門堂曰丨，因為家衖、為謁舍。〔三輔黃圖〕「未央宮外有丨」。○丨或作⿵門塾。〔集韻·屋部〕○丨，或作⿵門孰（同上）

⿵門塾 丨，同塾。〔廣韻·屋部〕

樸 丨，叢生也，言根枝迫迮相附著也。〔詩·棫樸〕「芃芃棫丨」朱傳。○丨，丨屬叢生皃。〔集韻·屋部〕○棫丨，叢木。〔廣韻·屋部〕○丨樕，小木也。〔詩·野有死麕〕「林有丨樕」朱傳。○丨樕，小木也。〔廣韻·屋部〕○丨樕與心皆小貌也，因以為木名耳。〔釋木〕孫注「丨樕，一名心」述聞。○丨樕者，婆娑蓬然之貌，其樹偃蹇，其葉芃芃故也，俗稱衣物不整者為丨樕。〔本草·槲實〕○丨樕之轉為扶蘇。〔詩·野有死麕〕「林有丨樕」通釋。○丨即柞木也。〔釋木〕「丨，枹者」鄭注。○丨之言丨屬也。〔商子·懇令〕「則姦民無丨」平議。○棫丨、丨屬皆取附箸之義。〔說文〕「僕，給事者」段注。○丨猶薄也。〔釋木〕「丨，枹者」郝疏。○丨枹即薄羅。〔同上〕○丨字通作僕。〔商子·懇令〕「則姦民無丨」平議。○棫丨、丨屬，字當作僕。〔說文〕「丨，給事者」段注。○〔說文定聲·卷八〕丨，叚借為樸。〔釋木〕「丨，枹者」。○〔同上〕丨，叚借為朴，如木皮之附木。〔考工記〕「欲其丨屬而微至」。○丨、枹音相轉。〔釋木〕「丨，枹者」郝疏。

蹴 丨者，躡也。〔說文〕「縮，一曰丨也」段注。○丨，蹋也。〔通鑑·秦紀二〕「王以足丨之」音注。又〔廣韻·屋部〕。又〔集韻·屋部〕。○丨，蹋丨。〔廣韻·屋部〕○丨，踐踏也。〔孟子·告子上〕「丨爾而與之」朱注。○以足逆蹹曰丨。〔慧琳音義·卷八二〕引〔集訓〕。○以足逆蹋之曰丨。〔慧琳音義·卷五二〕○丨，逐也。〔集韻·屋部〕○丨，猶迫也。〔說文〕「揂，丨引也」段注。○丨，不安貌。〔國策·楚策四〕「汗明憱焉」補正。○丨然，

敬皃。〔集韻·屋部〕○蹴、丨、踧並字異而義同。〔廣雅·釋詁三〕「蹴，縮也」疏證。○丨又借踧字。〔說文〕「丨，躡也」義證。○〔說文定聲·卷六〕丨或曰借為敊。〔禮記·哀公問〕「孔子丨然」。○丨，古多段戚為之。〔說文〕「摍，丨引也」段注。○丨、躡、踢、踐、蹈五字相轉注。〔孟子·告子上〕「丨爾而與之」焦正義。○丨，俗作蹙。〔說文〕「丨，躡也」義證。○丨或作蹙。〔集韻·屋部〕○丨或書作蹵。(同上)

蹵　丨，不安貌。〔孟子·公孫丑上〕「曾西丨然曰」朱注。○丨踖同踧踖。〔說文〕「敊，惄然也」段注。○踧、丨並與趺同。〔廣雅·釋訓〕「趺踖，畏敬也」疏證。○蹵、丨古字通。〔漢書·揚雄傳〕「浸淫丨部」補注。

煜　丨，燿也。〔廣韻·屋部〕又〔集韻·緝部〕。○丨，耀也，盛也。〔慧琳音義·卷四三〕○丨、昱義相近。〔廣雅·釋詁三〕「丨，熾也」疏證。○丨，義與昱同。〔廣雅·釋詁四〕「昱，明也」疏證。○丨，火光。〔廣韻·屋部〕○丨，火皃。〔廣韻·緝部〕○丨爚，火光熾也。〔慧琳音義·卷三九〕引〔廣雅〕。○丨又作焴。〔慧琳音義·卷四三〕

焴　丨，同煜。〔廣韻·屋部〕

謖　丨，起也。〔禮記·祭統〕「是故尸丨」集解。又〔廣韻·屋部〕。又〔集韻·屋部〕。○丨通作休。〔釋言〕「丨，起也」郝疏。

碌　丨，多石皃。〔廣韻·屋部〕○丨，硞，石也。〔集韻·屋部〕○丨䃚，石不平皃。〔慧琳音義·卷九九〕引〔考聲〕。○丨䃚，石地不平皃也。〔慧琳音義·卷八二〕引〔考聲〕。○錄錄、丨丨並與逯逯同。〔廣雅·釋訓〕「逯逯，衆也」疏證。

娽　丨，隨從。〔廣韻·燭部〕○丨，一曰隨從也。〔集韻·屋部〕○丨與諑通。〔廣雅·釋言〕「謯，諑也」疏證。○丨當為諑。〔說文〕「謯，謯丨也」義證。○〔說文定聲·卷八〕丨，以祿為之。〔莊子·漁父〕「祿祿而受變于俗」。○(同上)丨，以錄為之。〔史記·平原君傳〕「公等錄錄因人成事者也」。○(同上)丨，以陸為之。〔後漢·馬援傳〕「今共丨丨」。

琭　丨，玉名。〔廣韻·屋部〕○丨，玉皃。〔集韻·屋部〕

盝　丨，去水也。〔廣韻·屋部〕○丨，滲也。〔釋言〕「漆，丨也」郝疏。○丨，竭也。〔廣韻·屋部〕○丨，瀝也。(同上)○丨，或作漉。(同上)○丨，蟲甲。〔集韻·屋部〕○丨通作漉。〔釋詁〕「丨，竭也」邵正義。又〔集韻·屋部〕。○盝、丨、漉並通。〔廣雅·釋詁一〕「盝，盡也」疏證。○丨者，漉之叚音也。〔釋詁〕「丨，竭也」郝疏。○丨即漉也。(同上)鄭注。又〔釋言〕「漆，丨也」鄭注。○丨同漉酒之漉。〔說文〕「漆，順流也」段注。○丨者，與漉同。〔釋言〕「漆，丨也」郝疏。○丨、盝並與漉同。〔方言一三〕「漉，極也」箋疏。○丨、漉並與盝同。〔方言一二〕「盝，涸也」箋疏。又〔廣雅·釋詁二〕「漆，盝也」疏證。○丨，同盝。〔方言一二〕「盝，涸也」疏證。

盝　丨，同盝。〔廣韻·屋部〕○丨與漉同。〔廣雅·釋言〕「漉，滲也」疏證。○丨、盝、漉並通。〔廣雅·釋詁一〕「丨，盡也」疏證。

踘　丨，丨蹋也。〔廣韻·屋部〕○丨，踏也。〔集韻·屋部〕

醭　丨，醬敗生衣。〔慧琳音義·卷六〇〕引〔蒼頡篇〕。○丨，醋生白丨。〔廣韻·屋部〕○丨，酒上白。〔集韻·屋部〕○丨，酒上白也，至今通呼之。〔通雅·諺原〕○物醋其上生白毛謂之白丨。〔慧琳音義·卷六〇〕引〔考聲〕。

韣　丨，弓衣。〔廣韻·屋部〕又〔集韻·屋部〕。○丨，弓韜也。〔說文〕「丨，弓衣也」義證引〔古文苑〕注。○〔說文定聲·卷八〕丨即韔也，其外又有韣，以木為之，飾以皮，故亦从革。〔說文〕「丨，弓衣也」。○丨之言濁也。〔廣雅·釋器〕「丨，弓藏也」疏證。○韇與丨同。(同上)○丨、束聲相近，故訓為束。〔廣雅·釋詁三〕「丨，束也」疏證。○丨，字又作韥。〔說文定聲·卷八〕○丨或作韥。〔集韻·屋部〕

毓　幼而長曰丨。〔慧琳音義·卷八五〕○丨，生養草木也。〔說文定聲·卷六〕○丨，稚也。〔廣韻·屋部〕○丨通作鬻。〔釋言〕「丨，稺也」郝疏。○丨又通作粥。(同上)○丨又通作鞠。(同上)○丨與鞠聲近。〔釋言〕「鞠，生也」郝疏。○丨、育、鞠古亦同聲。〔廣雅·釋言〕「丨，稚也」疏證。○胄、育、丨古同聲。〔廣雅·釋言〕「丨，長也」疏證。○丨，同育。〔廣韻·屋部〕

舳　丨，丨艫。〔廣韻·屋部〕○丨、艫二字皆船之別名。〔說文〕「丨，艫也」句讀。○漢時計船以丈，每方丈為一丨艫也。〔說文〕「丨，漢律名船方長為丨艫」段注。○丨或作䑳。〔說文〕「丨，艫也」義證。

柚　丨，音逐，受經者也。〔詩·大東〕「杼丨其空」朱傳。○丨，杼丨，機具。〔廣韻·屋部〕○丨，杼丨，織也。〔集韻·屋部〕○〔說文定聲·卷六〕丨，此軸字之轉注，機持經如車持輪也。〔詩·大東〕「杼丨其空」。○丨通作軸。〔方言六〕「杼、丨，作也」箋疏。○丨亦通作軸。〔集韻·屋部〕○〔說文定聲·卷六〕丨，叚借為軸。〔方言六〕「杼、丨，作也」。○〔天官書〕丨作軸。〔漢書·天文志〕「雲摶而耑銳」補注。

蝠　〔說文定聲·卷五〕丨，形絕類鼠，肉翅，與足相連，夜捉蚊蚋食之，俗言老鼠所化也。〔說文〕「丨，蝙丨」。○丨，一名仙鼠。〔廣韻·屋部〕引崔豹〔古今注〕。

楅　丨，束以木，逼於牛角，不令牴觸人。〔廣韻·屋部〕○〔說文定聲·卷一八〕丨者，衡設牛角，偪束之。〔詩·閟宮〕「夏而丨衡」。〔衡下〕○丨衡，牛角耑橫木。〔集韻·屋部〕○丨衡，以防牛觸人。〔說文〕「丨，以木有所逼束」繫傳。○丨衡，施於牛角，所以止觸也。〔詩·閟宮〕「夏而丨衡」朱

傳。〇丨衡，所以持牛，令不得抵觸人。〔同上〕通釋引杜子春。〇丨之言偪也。〔廣雅・釋器〕「丨，楅也」疏證。

昱 丨，翌日者，昨夜言來日之辭也。〔說文定聲・卷三〕〇自今日言下一日謂之明日，亦謂之丨日。〔說文〕「丨，日明也」段注。〇丨，明也。〔慧琳音義・卷七九〕引〔考聲〕。〇丨，日明也。〔說文〕「丨，明日也」義證引〔玉篇〕。〇丨之義引伸為凡明之偁。〔說文〕「丨，日明也」段注。〇丨，光也。〔續音義・卷三〕引〔切韻〕。〇丨，日光。〔廣韻・屋部〕〇丨之言燿燿也。〔廣雅・釋詁四〕「丨，明也」疏證。〇煜、丨義相近。〔廣雅・釋詁三〕「煜，熾也」疏證。〇丨通作翌。〔釋言〕「翌，明也」郝疏。〇丨又借翌字。〔說文〕「丨，明日也」義證。〇丨，經典皆借翌。〔同上〕句讀。〇丨之字古多叚借翌字為之。〔說文〕「丨，日明也」段注。〇〔說文定聲・卷三〕丨，以翌為之。〔釋言〕「翌，明也」。〇丨，經典借翼字。〔說文〕「丨，明日也」義證。〇〔說文定聲・卷三〕丨，以翼為之。〔書・金縢〕「王翼日乃瘳」。〇丨，日明，各本作明日。〔說文〕「丨，日明也」段注。

菔 蘆丨，菜也。〔廣韻・屋部〕〇蘆丨，艸名。〔集韻・屋部〕〇丨即今之蘿蔔。〔說文〕「丨，蘆丨」繫傳。〇〔說文定聲・卷五〕丨，亦作蘿蔔、作萊丨、作羅服，皆聲之轉，有大小長圓赤白數種。〔廣雅・釋草〕「菈蘧，蘆丨也」。〇萊丨，言來麰之所服，謂其能制麪毒也。〔說文定聲・卷五〕引〔埤雅〕。〇丨，一曰劍衣。〔集韻・屋部〕〇〔說文定聲・卷五〕丨，以萉為之，肥、服雙聲，形亦相近。〔釋草〕「葖，蘆萉」。〇丨，各本譌作蔽。〔廣雅・釋草〕「菈蘧，蘆菔也」疏證。

轆 車軌道謂之轣丨。〔集韻・屋部〕引〔博雅〕。〇丨，一曰維車。〔集韻・屋部〕〇丨，同轒。〔廣韻・屋部〕〇丨或从录作䡜。〔集韻・屋部〕

䡜 丨，車聲。〔廣韻・屋部〕又〔集韻・屋部〕。

轒 丨，車名。〔集韻・屋部〕〇丨轤，圓轉也。〔廣韻・屋部〕〇丨或作櫝。〔同上〕〇丨轤又作櫝櫨，二形同。〔慧琳音義・卷五八〕

朒 丨，月朔見東方。〔集韻・屋部〕〇丨，亦謂之側匿。〔說文定聲・卷六〕〇丨、縮，遲貌也。〔說文〕「朒，朔而月見東方謂之縮朒」義證引〔初學記〕注。〇丨，縮丨，不寬伸之貌。〔同上〕引〔玉篇〕。

肭 朔而月見東方謂之縮丨。〔廣韻・屋部〕

慉 丨，起也。〔廣韻・屋部〕又〔集韻・屋部〕。〇丨，起也，興也。〔詩・谷風〕「不我能丨」集疏引三家說。〇丨，興也。〔說文〕「丨，起也」義證引〔玉篇〕。〇丨訓為興，即謂興起家道。〔詩・谷風〕「不我能丨」後箋。〇丨，相扶持起家。〔同上〕後箋引〔詩考正〕。〇丨，養。〔同上〕朱傳。〇丨亦喜也。〔同上〕通釋。〇丨亦說也。〔同上〕通釋。〇訓丨為興，乃喜悅之意。〔同上〕後箋。〇丨者，好也。〔同上〕平議。〇丨與好亦同義。〔詩・谷風〕「不我能丨」陳疏。〇丨，驕也，驕之言嬌，嬌，好也。〔詩・谷風〕「不我能丨」通釋。〇〔說文定聲・卷六〕丨，叚借為畜。〔詩・谷風〕「不我能丨」。〇〔同上〕丨，以畜為之。〔詩・蓼莪〕「拊我丨我」。〇丨又借為好。〔釋訓〕「旭旭，慉也」郝疏。〇丨，聲借為旭。〔同上〕〇丨與興一聲之轉。〔詩・谷風〕「不我能丨」通釋。〇丨、謖聲近。〔釋言〕「謖，起也」郝疏。〇丨、休聲轉。〔同上〕〇丨與休一聲之轉。〔詩・谷風〕「不我能丨」通釋。

踧 丨，行步謹敬也。〔慧琳音義・卷四五〕〇丨丨，踖，行而謹敬。〔廣韻・屋部〕〇丨踖，敬畏也，謂恭敬之皃也。〔慧琳音義・卷一〇〕〇丨踖，恭敬不寧之貌。〔論語・鄉黨〕「丨踖如也」朱注。〇丨踖，不自安貌。〔通鑑・晉紀二〕「瓘夫丨踖」音注。〇蹴、蹵、丨並字異而義同。〔廣雅・釋詁三〕「蹴，縮也」疏證。〇攸攸音義與丨丨同。〔詩・小弁〕「丨丨周道」通釋。〇丨丨，通作儵儵、狄狄、躍躍、趯趯、攸攸、愁愁，言行躅也，轉其聲，則為湫湫、逐逐。〔通雅・釋詁〕〇丨亦作儵。〔釋訓〕「儵儵，罹禍毒也」鄭注。〇〔說文定聲・卷六〕丨，叚借為叔。〔為袁紹檄豫州〕「獎蹴威柄」。〇〔同上〕丨，叚借為赦。〔羽獵賦〕「蹴竦讋怖」。〇〔同上〕丨，叚借為[illegible]。〔廣雅・釋詁三〕「蹙，辠也」。〇〔同上〕丨，叚借為蹴。〔禮記・曲禮〕「以足蹙路馬芻有誅」。〇丨或借蹵字。〔說文〕「踖，一曰丨踖」義證。〇丨、蹵並與跦同。〔廣雅・釋訓〕「跦踖，畏敬也」疏證。〇〔說文定聲・卷六〕丨，叚借為愀。〔莊子・田子方〕「諸大夫蹙然曰」。〇〔同上〕丨，叚借為促。〔廣雅・釋詁一〕「蹙，急也」。〇〔同上〕丨，謂借為慽。〔公羊傳莊公三〇年〕「蓋以操之為已蹙矣」。〇丨踖、鞠躬皆雙聲以形容之。〔漢書〕「鞠躬履方」雜志。〇丨、蹜同。〔說文〕「汪，水吏也」段注。〇〔說文定聲・卷六〕丨、蹜同字。〔海賦〕「噏波則洪漣丨蹜」。〇丨，字亦作蹙、作蹜。〔說文定聲・卷六〕〇〔說文定聲・卷六〕丨，字又變作顣。〔孟子〕「已頻顣曰」。

跦 踧、蹵並與丨同。〔廣雅・釋訓〕「丨踖，畏敬也」疏證。

樕 槲丨，木。〔廣韻・屋部〕〇丨即今小槲樹栗之類也。〔說文〕「丨，樸丨」繫傳。〇丨樸即〔詩〕之樸丨。〔說文〕「丨，樸丨，小木也」段注。

稑 後種先熟曰丨。〔說文〕「丨，疾熟也」義證引〔玉篇〕。〇穜丨，先種後熟曰穜，後種先熟曰丨。〔廣韻・屋部〕〇〔說文定聲・卷八〕丨，以睦為訓。〔越語〕注「丨，和也」。

穋 丨，同稑。〔廣韻・屋部〕〇後種先熟曰丨。〔詩・七月〕「黍稷重丨」朱傳。〇丨者，稑之或體。〔同上〕

夙 丨，早敬也。〔大戴・保傅〕「丨興」王詁。〇丨，早。〔詩・氓〕「丨興夜寐」朱傳。〇丨，早也。〔詩・采蘩〕「丨夜在公」朱傳。又〔東方未明〕「不丨則莫」朱傳。又〔行露〕「豈不丨夜」朱傳。又〔碩人〕「大夫丨退」朱傳。又〔我將〕「我其丨夜畏天之威」陳疏。又〔大戴・曾子立事〕「其次而能丨絕

之也」王詁。又〔禮記・昏義〕「|興」集解。又〔廣韻・屋部〕。○|，肅也。〔詩・生民〕「載震載|」朱傳。○|與肅同義。（同上）述聞。○齊|即齊肅。〔大戴・保傅〕「參|興」述聞。○|引申為肅敬之通稱。〔詩・生民〕「載震載|」通釋。○|駕，早駕也。〔左傳文公一〇年〕「命|駕載燧」疏證。○|夜，猶朝暮也。〔詩・氓〕「|興夜寐」集疏。○|夜，早夜也。〔陟岵〕「|夜無已」陳疏。○|玉與玉同。〔說文〕「琡，朽玉也」義證引〔類篇〕。○|玉，琢玉工。（同上）○|與速同。〔詩・生民〕「載震載|」後箋。○|與速聲義同。〔釋詁〕「|，早也」郝疏。○|者，夙之俗體也。〔釋詁〕「|，早也」郝疏。○|，大徐本作宿。〔說文〕「鹽，鹵也，古者|沙初作鬻海鹽」段注。○參|，〔白虎通義・姓名篇〕引此作齊肅，〔魏書〕引作齊肅，〔賈子〕〔漢書〕並同。〔大戴・保傅〕「參|興」述聞。

⿰夕丮 |通作夙。〔釋詁〕「夙，早也」郝疏。○|又通作肅。（同上）

⿰夕凪 ||，隸作夙。〔集韻・屋部〕

蹜 ||，舉足促狹也。〔論語・鄉黨〕「足||」朱注。

蝮 |，|蛇。〔廣韻・屋部〕○|蛇，形乃不長，頭扁口尖，人犯之，頭足貼著。〔楚辭・招魂〕「|蛇蓁蓁」補注引〔本草〕。○|蛇，色如綬文，大者百餘斤，一名反鼻蛇。（同上）補注引〔山海經〕。○|，蛇名，廣三寸，色如綬，鼻有針，一名反鼻，大者百斤。〔集韻・屋部〕○|，觸之則復，其害人也，人亦復之，故謂之|。〔本草・蝮蛇〕引〔字說〕。○|，江淮以南曰|，江淮以北曰虺。〔釋魚〕「|，虺」鄭注。○|蜎，蜕也。〔集韻・屋部〕○|蚼，蟲名，蝝也。〔集韻・德部〕○|通作蝠。〔說文〕「|，虫也」義證。○覆、復、|皆愎之借字耳。〔廣雅・釋詁三〕「愎，很也」疏證。○|讀為愎，愎鷙皆很也。〔史記〕「|鷙」雜志。○|，〔爾雅〕祇作復。〔說文〕「|，虫也」段注。○〔說文定聲・卷六〕|蜎，作復育亦同。〔論衡・無形篇〕「蠐螬化為復育」。

或 ||，茂盛貌。〔詩・信南山〕「黍稷||」朱傳。○|者，川流也。〔說文〕「戫，有文章也」繫傳。○|、戫、郁並通。〔廣雅・釋詁三〕「|，文也」疏證。○|，同戫。〔廣韻・屋部〕○|者，戫之隸變。〔詩・信南山〕「黍稷||」陳疏。

彧 ||，茂盛貌。〔說文〕「𦬠，茂也」義證引〔玉篇〕。○〔通雅・卷九〕||，古通作郁。||，通作郁郁，茂美兒。〔詩〕「黍稷||」。○|，古通作郁，別作戫。（同上）

餗 |，鼎實。〔廣韻・屋部〕又〔集韻・覺部〕。○|，鼎實也。〔慧琳音義・卷八七〕引顧野王。○肉和菜者謂之|，為鼎實。〔詩・韓奕〕「維筍及蒲」後箋。○|兼菜米。〔釋器〕「菜謂之蔌」郝疏。○|是八珍之食。〔易・鼎〕「覆公|」李疏引鄭注。○蔌與|同。〔文選・王命論〕「覆公|」集釋引錢大昕。

鬻 |，謂菜為蔌。〔說文〕「|，鼎實」繫傳。○孰肉謂之羹，以菜盉羹曰餗，即芼也，以米盉羹亦曰|，即糜也，鍵也。〔說文定聲・卷八〕○|，今字作蔌。（同上）○〔說文定聲・卷八〕|，蓋作鬻也。〔易・鼎〕「覆公餗」。○|、餗、蔌三字同。〔詩・韓奕〕「其蔌維何」後箋。

柷 |，樂器。〔禮記・喪大記〕「君容|」集解。○|，狀如漆桶，以木為之，中有椎連底挏之，令左右擊，以起樂者也。〔詩・有瞽〕「鞉磬|圉」朱傳。○|，木空也，擊以作樂。〔集韻・屋部〕○|，木椌也，|以始樂，非以止音也。〔說文〕「|，樂，木椌也」段注。○|之言觸也，自其椎柄之撞言之也。（同上）○|即椌也，所以起樂，椌以空中言，|以觸擊言。〔說文定聲・卷六〕○|，作樂也。〔廣韻・屋部〕○|，祝也，故訓祝為始，以作樂也。〔說文〕「|，樂，木椌也」段注引劉熙。○|之言俶。〔釋樂〕「所以鼓|謂之止」郝疏。又〔廣雅・釋樂〕「|，象桶」疏證。○〔說文定聲・卷六〕|，以俶為訓。〔白虎通・禮樂〕「|，始也」。○|，一曰木名。〔集韻・屋部〕○|，俗作⿰扌兄。〔廣韻・屋部〕

匐 |，伏也。〔詩・生民〕「誕實匍|」陳疏。○|，匍|，伏地兒。〔廣韻・屋部〕○|，匍|也。〔集韻・屋部〕○|，伏地兒。（同上）○|與伏通。〔廣雅・釋詁三〕「匍，伏也」疏證。

淯 〔說文定聲・卷六〕|，叚借為育。〔管子・宙合〕「天|陽無計量」。○|，〔漢・志〕作育。〔說文〕「|，|水」段注。

霂 |，霢|。〔廣韻・屋部〕○霢|，謂小雨。〔集韻・屋部〕○〔說文定聲・卷八〕小雨曰霢|，亦雙聲連語，語轉亦曰溟濛。〔說文〕「|，霢|也」。○|通作沐。〔說文〕「|，霢|也」義證。○|省作沐。（同上）句讀。

僇 |戮同。〔國策・趙策一〕「死|」鮑注。○|與戮同。〔大學〕「辟則為天下|矣」朱注。○|，古戮字。〔通鑑・周紀二〕「|力本業」音注。○古字戮、|通。〔說文〕「|，癡行||也」句讀。○|、戮字通。〔墨子・明鬼下〕「|于社」閒詁。○|與戮通。〔韓子・孤憤〕「不|於吏誅」集解。○〔說文定聲・卷六〕|，叚借為戮。〔禮記・月令〕「祭獸|禽」。○|，〔大學〕借為戮字。〔說文〕「|，癡行||也」段注。○|，戮字假音。〔墨子・所染〕「為天下|」閒詁引畢沅。○|者，翏之叚字。〔管子・幼官〕「器成於|」平議。

殰 |，殤胎。〔廣韻・屋部〕○|，未及生而胎敗也。〔漢書・匈奴傳〕「匈奴孕重墮|」補注引周壽昌。○|通作犢。〔集韻・屋部〕○|又作犢。〔說文〕「|，胎敗也」義證。○|，古作⿰月賣。〔集韻・屋部〕○|或作⿰月賣。〔說文〕「|，胎敗也」義證。

俶 |，始。〔詩・大田〕「|載南畝」朱傳。又〔載芟〕「|載南畝」朱傳。○|，始也。〔詩・既醉〕「令終有|」朱傳。又〔廣韻・屋部〕。○|與埱聲義

同。〔釋詁〕「丨，作也」郝疏。○丨，厚也。〔公羊傳隱公九年〕「丨甚也」述聞。又〔廣韻・屋部〕。○丨亦當訓厚。〔詩・崧高〕「有丨其城」平議。○丨，動也。〔廣韻・屋部〕○丨與動同義。〔廣雅・釋詁〕「俶，動也」疏證。○丨，作也。〔廣韻・屋部〕○丨為作為之作，又為動作之作。〔釋詁〕「丨，作也」述聞。○丨儻猶卓異也。〔漢書・禮樂志〕「志丨儻」補注引〔後漢書・馮衍傳〕注。○丨詭亦作諔詭。〔呂覽・侈樂〕「丨詭殊瑰」校正。○丨通作淑。〔說文〕「丨，善也」義證。○丨，經典皆借淑字為之。〔同上〕句讀。○淑蓋假借之字，其正字則丨也，自淑行而丨之本義廢矣。〔同上〕段注。○丨，經傳皆以淑為之。〔說文定聲・卷六〕○〔同上〕丨，叚借為少。〔說文〕「丨，一曰始也」。○〔同上〕丨，或曰借為埱。〔思玄賦〕「簡元辰而丨裝」。○〔同上〕丨，叚借為築。〔方言一二〕「丨，動也」。○〔同上〕丨，叚借為蓐。〔公羊傳隱公九年〕「丨甚也」。○丨讀為熾者，熾與植同聲，讀丨曰熾，猶讀丨曰植也。植又為置，栽猶植也。〔詩・大田〕「丨載南畝」後箋。○丨或作叔。〔集韻・屋部〕○丨，字亦作俶。〔說文定聲・卷六〕

摵 丨，到也。〔廣韻・屋部〕○丨，至也。〔集韻・屋部〕○丨之言造也，造亦至也。〔廣雅・釋詁一〕「丨，至也」疏證。○丨，推逼也。〔慧琳音義・卷九六〕引〔考聲〕。○丨通作埱，埱與丨聲義並同。〔方言一三〕「丨，到也」箋疏。

繆 丨讀曰穆，安靜也。〔大戴・虞戴德〕「寡則丨」王詁。○丨與穆同。〔漢書・揚雄傳〕「穆羽相和」雜志。○丨與謬同。〔史記・范睢列傳〕「丨為」雜志。○丨亦叚為謚法之穆。〔說文〕「丨，枲之十絜也」段注。○〔說文定聲・卷六〕丨，叚借為穆，實為㣎。〔禮記・大傳〕「序以昭丨」。○〔同上〕丨，疑借為鄝。〔禮記・坊記〕「陽侯猶殺丨侯」。○丨當讀為蓼，聲相近而假借也。〔禮記・坊記〕「陽侯猶殺丨侯」述聞。○丨侯，〔淮南・氾論〕作蓼侯。〔同上〕○丨丨，〔大戴記〕作穆穆。〔荀子・哀公〕「丨丨肫肫」集解引郝懿行。

輹 丨，車軸縛也。〔廣韻・屋部〕又〔集韻・屋部〕。○丨，車下縛也。〔易・大壯〕「壯于大輿之丨」述聞。又〔左傳僖公一五年〕「車說其輻」洪詁引馬融。又〔集韻・屋部〕。○丨，車丨兔。〔廣韻・屋部〕○古者束軸曰丨。〔說文〕「丨，車軸縛也」段注。○丨，謂以革若絲之類，纏束於軸，以固軸也。〔同上〕○〔說文定聲・卷六〕丨，軸與伏兔相聯之縛也，凡軸束曰轚，輈束曰楘，衡束曰㡀，轂束曰約，轐束曰丨，轐，伏兔也。〔廣雅・釋詁三〕「丨，束也」。○丨，笸也。〔說文〕「琠，車笭閒皮篋」義證引〔玉篇〕。○丨作腹者，叚借字。〔說文〕「丨，車軸縛也」段注。○丨作輻者，譌字。〔同上〕○丨當為轐。〔同上〕

⿰舟鹿 丨，舟名。〔廣韻・屋部〕○⿰舟句丨，舟也。〔集韻・屋部〕

䍡 丨，罜丨。〔廣韻・屋部〕○丨，小魚罟。〔說文定聲・卷八〕

⿱罒彔 丨，捕魚具也。〔廣韻・屋部〕

蓼 丨，長大貌。〔詩・蓼蕭〕「丨彼蕭斯」朱傳。○丨，艸長大皃。〔集韻・屋部〕○丨借為丨蕭之丨，長大皃。〔說文〕「丨，辛菜，薔虞也」段注。○丨猶丨丨也。〔詩・蓼蕭〕「丨彼蕭斯」陳疏。○丨丨，長大貌。〔詩・蓼蕭〕「丨丨者莪」朱傳。○丨，丨莪。〔廣韻・屋部〕○丨儀即丨莪。〔通雅・釋詁〕○丨，一曰衆薪也。〔集韻・屋部〕○丨，或作⿱艹漻。〔同上〕

⿱艹漻 丨，同蓼。〔廣韻・屋部〕

倐 丨，忽也。〔說文〕「丨，走也」繫傳。又〔慧琳音義・卷一百〕引〔蒼頡篇〕。○丨，引伸為凡忽然之詞。〔說文〕「丨，犬㞷疾也」段注。○丨、倐與透聲義並同。〔方言二〕「透，驚也」箋疏。○丨與透通。〔廣雅・釋詁一〕「透，驚也」疏證。○倐、丨、倏、儵並通。〔廣雅・釋詁一〕「儵，疾也」疏證。○丨，字通作儵。〔廣雅・釋訓〕「丨丨，光也」疏證。○丨，字作儵，假借。〔說文〕「丨，走也」繫傳。○丨，或叚儵字為之。〔說文〕「丨，犬㞷疾也」段注。○〔說文定聲・卷六〕丨，作儵亦同。〔侍中箴〕「儵儵貂璫」。○〔同上〕丨，叚借為倐。〔漢書・敘傳〕「辰丨忽其不再」。

倏 丨忽，犬走疾也。〔廣韻・屋部〕

熇 〔說文定聲・卷七〕丨，酷烈也。〔詩・板〕「多將丨丨」。○丨，熱皃。〔廣韻・屋部〕○丨，熱也。〔廣韻・沃部〕○丨丨，熾盛也。〔詩・板〕「多將丨丨」朱傳。○丨或作嗃。嗃嗃，苦熱之意。〔說文〕「丨，火熱也」句讀。○丨，魯作謞。〔詩・板〕「多將丨丨」集疏。

鵴 丨，鴶丨，鳲鳩。〔廣韻・屋部〕○鴶鵴，小而無班者，謂之丨鳩。〔廣雅・釋鳥〕「鴶鵴，鳩也」疏證。

鵦 丨，同鵴。〔廣韻・屋部〕

⿹勹鳥 丨，鳥名。〔集韻・屋部〕○丨或从匊作鵴。〔同上〕

⿹勹⿱隹鳥 丨，鳥名，鳲鳩也。〔集韻・屋部〕○丨亦从隹，作⿹勹隹。〔同上〕

澓 丨，丨流。〔廣韻・屋部〕○丨，水回流也。亦作復。〔慧琳音義・卷四二〕引〔考聲〕。○丨，水旋流也。〔慧琳音義・卷一二〕引〔考聲〕。○丨，伏流也。或从伏。〔集韻・屋部〕○丨，深也。〔慧琳音義・卷二一〕引〔三蒼〕。○丨或作洑。〔慧琳音義・卷一二〕引〔考聲〕。

洑 丨，回流。〔廣韻・屋部〕

⿰⻊齒 丨，廉謹皃。〔廣韻・屋部〕○丨，齊謹也。〔集韻・屋部〕○丨，此文當為娕娕，與下廉謹義相應，世俗以音同之，字轉寫作娖娖，復轉為齪齪，齪即

丨字，今人斥人為齷齪，即此丨丨義也。〔漢書·申屠嘉傳〕「丨丨廉謹」補注。〇丨、娖義並與珿同。〔廣雅·釋詁四〕「珿，齊也」疏證。〇娖娖、丨丨、齪齪並字異而義同。〔廣雅·釋詁一〕「婖，善也」疏證。〇丨或作踀。〔集韻·屋部〕〇丨或作娖。〔同上〕

觳 丨，器名，受三斗。〔集韻·屋部〕〇丨，實二斗也。〔說文〕「丨，盛觵巵也」繫傳。〇丨，盛脂器也。〔廣韻·覺部〕〇丨，射具，所以盛雉。〔集韻·覺部〕〇丨簏，器名。〔集韻·屋部〕〇丨者，疑貯酒以待酌之器。〔說文定聲·卷八〕〇丨數即筲數也。〔通雅·算數〕〇〔說文定聲·卷八〕丨，疑借為韇。〔說文〕「丨，一曰射具」。〇丨，字亦作斛。〔說文定聲·卷八〕

剭 丨，誅也，周制誅大臣適甸師謂之丨。〔集韻·屋部〕〇丨、渥、屋並通。〔廣雅·釋詁四〕「丨，刑也」疏證。

莤 丨音縮，束茅以酹也。〔說文〕「湑，丨酒也」繫傳。〇丨，讀為縮，束茅立之，祭前沃酒其上，酒滲下若神飲之，故謂之縮。〔詩·伐木〕「有酒湑我」集疏。〇以艸窒榼上孔曰丨。〔說文〕「丨，一曰丨，榼上窴也」段注。〇〔說文定聲·卷六〕丨，謂以艸窒榼之上孔，此莤之譌字。〔說文〕「丨，一曰榼上塞也」。〇丨通作縮。〔說文〕「丨，禮，祭束茅加於裸圭而灌鬯酒，是為丨」義證。又〔集韻·屋部〕。〇丨亦借縮字為之。〔說文〕「丨，禮，祭束茅加於裸圭而灌鬯酒，是為丨」句讀。〇丨讀為縮。〔同上〕段注。又〔詩·伐木〕「有酒湑我」集疏。又〔左傳僖公四年〕「無以縮酒」洪詁引鄭興。〇〔說文定聲·卷六〕丨，叚借為蕕。〔釋草〕「丨，蔓于」。〇丨即蕕。〔說文〕「蕕，水邊艸也」段注。〇丨當為蕕。〔釋草〕「丨，蔓于」郝疏。

蓫 丨，牛蘈，惡菜也，今人謂之羊蹄菜。〔詩·我行其野〕「言采其丨」朱傳。〇丨，馬尾草。〔廣韻·屋部〕〇丨薚，艸名，馬尾也。〔集韻·屋部〕〇丨，一名蓨，一名苗。〔說文〕「蓨，苗也」義證。〇丨，同堇。〔廣韻·屋部〕〇丨通作苗，讀如冑。〔詩·我行其野〕「言采其丨」通釋。〇丨與蓨、苗聲相近。〔說文〕「蓨，苗也」義證。〇丨字或作蓄。〔同上〕義證引〔圖經〕。〇丨，齊、韓作蓄。〔詩·我行其野〕「言采其丨」集疏。

梀 丨，短椽。〔廣韻·屋部〕〇赤丨，木名。〔同上〕〇赤丨，木名，可為輞。〔集韻·屋部〕〇丨之言促也。〔廣雅·釋宮〕「丨，椽也」疏證。

薁 丨，蘡丨。〔廣韻·屋部〕〇丨，蘡丨也。〔詩·七月〕「六月食鬱及丨」朱傳。〇丨即蘡丨也。〔說文〕「丨，蘡丨也」義證引戴侗。〇丨即山蒲桃。〔同上〕句讀。〇丨亦名車鞅，可食，蓋蒲萄之屬，亦堪作酒，疑即今俗所謂葛仙米也。〔說文定聲·卷六〕〇丨即唐棣也。〔漢書·司馬相如傳〕「隱夫丨棣」補注。〇丨、郁皆鬱之通轉。〔詩·七月〕「六月食鬱及丨」後箋引〔太平御覽〕。〇丨、郁古同聲。〔廣雅·釋木〕「爵某，鬱也」疏證。〇〔史記〕丨作鬱。〔漢書·司馬相如傳〕「隱夫丨棣」補注。〇丨，魯、韓作萑。〔詩·七月〕「六月食鬱及丨」集疏。

蓄 丨，葍，惡菜也。〔詩·我行其野〕「言采其丨」朱傳。〇丨，丨蕮。〔廣韻·屋部〕〇丨草，蔓生難治，俗名丨子苗。〔釋草〕「丨，葍」郝疏。〇丨，蔓生白華者名葍。〔說文定聲·卷五〕〇丨即商陸。〔釋艸〕「丨，葍」鄭注。〇丨葙與蕁苴同，亦名苴蕁。〔廣雅·釋草〕「蘘荷，蕁苴也」疏證。〇丨或作蘠。〔集韻·屋部〕〇丨或作蕧。〔同上〕

蕌 丨蕮，草名。〔廣韻·屋部〕〇丨當即葍之或體。〔說文定聲·卷五〕

毣 丨，思皃。〔廣韻·屋部〕又〔集韻·屋部〕。〇丨，一曰好也。〔同上〕〇丨，一曰毛濕也。〔廣韻·屋部〕

楘 古者束輈曰丨。〔說文〕「鞪，車軸縛也」段注。〇丨謂車輈上木也。〔說文〕「丨，車歷錄束交也」繫傳。〇輈曲處革五束曰丨。〔說文定聲·卷六〕〔「輈下」〕〇丨，屋架五丨。〔廣韻·屋部〕〇丨，歷錄然文章之貌也。〔詩·小戎〕「五丨梁輈」朱傳。〇疑丨、鞪本一字，軸束、輈束同也。〔說文定聲·卷六〕

䐿 丨，鳥胃。〔廣韻·屋部〕

纀 丨，深衣之裳，削殺其幅。〔釋器〕「裳削幅謂之丨」鄭注。〇丨，轉注為巾幞。〔說文定聲·卷八〕〇丨之言僕也。〔說文〕「丨，常削幅謂之丨」段注。〇丨或作襆，作幞。〔集韻·屋部〕〇丨，字亦作幞。〔說文定聲·卷八〕〇〔說文定聲·卷八〕丨亦作袹。〔禮記·問喪〕注「邪巾，袹頭」。〇〔同上〕丨亦作帊。〔通俗文〕「帛三幅曰帊，帊，衣幞也」。〇〔同上〕丨亦作帞。〔方言四〕「絡頭曰帞」。

䃤 丨，黑砥石。〔廣韻·屋部〕〇丨為黑厲。〔說文〕「磏，厲石也」義證。

毱 丨，皮毛丸也。〔廣韻·屋部〕〇丨，亦作毬，正作鞠，以囊盛糠而蹋之謂之蹴鞠。〔慧琳音義·卷六二〕引〔考聲〕。

儵 丨，青黑繒。〔廣韻·屋部〕〇丨，疾也。〔漢書·司馬相如傳〕「丨敻遠去」補注。〇丨忽即倏忽。〔同上〕〇丨丨，或作欻欻、歘歘。〔通雅·釋詁〕〇〔說文定聲·卷六〕丨，光燿也。〔侍中箴〕「丨丨貂璫」。〇丨爚，電光也。〔說文〕「敫，光景流也」義證引〔字指〕。〇丨為有。〔楚辭·少司命〕「丨而來兮忽而逝」補注引〔莊子〕疏。〇丨丨，罹禍毒也。〔集韻·錫部〕〇丨丨即悠悠。〔釋訓〕「丨丨，罹禍毒也」郝疏。〇跾、倏、悠、丨並通。〔廣雅·釋詁一〕「丨，疾也」疏證。〇〔說文定聲·卷六〕丨，叚借為跾。〔廣雅·釋詁一〕「丨，疾也」。〇丨與跾、悠二字同。〔廣雅·釋詁一〕「丨，疾也」疏證。〇〔說文定聲·卷六〕丨或曰借為悠。〔釋訓〕「丨丨，嘒嘒，罹禍毒也」。〇丨、攸字同。〔釋訓〕「丨丨，罹禍毒也」邵正義。〇丨，古亦叚為倏忽字。〔說文〕「丨，青黑繒發白色也」段注。〇丨，倏本字。〔漢書·司馬相如傳〕「丨胂倩浰」補注。〇丨，俗作倏。〔通雅·釋詁〕〇丨通作逐。〔釋訓〕「丨丨，罹禍毒也」邵正義。〇丨又通作踧。〔同上〕〇〔說文定聲·卷六〕丨，字又變作霱。〔海賦〕「霱昱絕電」。〇丨當作鯈。〔莊子·秋水〕「丨魚出遊從容」集釋引盧文弨。〇官本文及注丨並作鯈。〔漢書·司馬相如傳〕「丨敻遠去」補注。〇官本丨作倏。〔漢書·司馬相如

傳」「|胂倩洌」補注。○|，一曰黑也。〔集韻・屋部〕○一曰||，櫂禍毒也。（同上）

嗽 |，歃也。〔集韻・屋部〕○歃|，口相就也。〔廣韻・屋部〕

歗 |，口相就也。〔說文〕「|，歃|」繫傳。○〔說文定聲・卷八〕口與口相就為|。〔說文〕「|，歃|也」。○|，取氣皃。〔廣韻・屋部〕○|與歠二字可相假借。〔說文〕「歠，盛氣怒也」段注。○|或作嗽。〔集韻・屋部〕○|，歃也。〔集韻・屋部〕

槭 |，木可作大車輮。〔廣韻・屋部〕○〔說文定聲・卷六〕|，段借為摵。〔廣雅・釋詁一〕「摵，至也」。

茯 |，|苓。〔廣韻・屋部〕○|苓，藥艸。〔集韻・屋部〕

翻 |，鳥飛。〔廣韻・屋部〕又〔集韻・屋部〕。○||，鳥羽聲。〔廣韻・屋部〕

睩 |，目睞謹也。〔楚辭・憫上〕「哀世兮||」補注。○|，言注視而又謹畏也。〔說文〕「|，目睞謹也」段注。○|，視皃。〔廣韻・屋部〕○|與祿義亦通也。〔廣雅・釋詁一〕「|，善也」疏證。○〔說文定聲・卷八〕|，段借為祿。〔廣雅・釋詁一〕「|，善也」。

⿰目鹿 |，⿰目歷|，眼净也。〔廣韻・屋部〕○⿰目歷|，目明。〔集韻・屋部〕○|通作睩。（同上）

髑 |，|髏。〔廣韻・屋部〕○|髏，腦蓋也，或作顕顱，或名頭顱。〔慧琳音義・卷五〕引〔字書〕。○|髏，疊韻之轉也，急言之則曰頭，徐言之則曰|髏，轉之則曰項顱。〔廣雅・釋親〕「項顱謂之|髏」疏證。○〔說文定聲・卷八〕項顱、|髏皆疊韻連語，|髏之合音為頭。〔說文〕「|，|髏，項也」。○（同上）|，字又作⿰骨鹿。〔聲類〕「⿰骨鹿，顱也」。

⿰蜀頁 |，同髑。〔廣韻・屋部〕

虙 |，古|犧字。〔廣韻・屋部〕○|，古有|犧氏。〔集韻・屋部〕○〔說文定聲・卷二二〕|羲亦作伏犧，亦作庖犧。〔漢書・五行志〕「|羲氏繼天而王」。○|，古者或用為伏羲之伏字。〔說文〕「|，虎皃也」繫傳。○〔說文定聲・卷二二〕|，段借為伏。〔素問・氣厥論〕「小腸移熱於大腸為|瘕為沈」。○|，古音讀如密。〔說文〕「⿱罒鬲，讀若易|羲氏」段注。○|，俗字為宓。〔說文〕「|，虎皃也」句讀。○〔說文定聲・卷二二〕|或以宓為之。〔漢書・五行志〕「|羲氏繼天而王」。○|羲氏，今〔易・繫辭〕作包犧氏，孟氏、京氏作伏戲。〔說文〕「⿱罒鬲，讀若易|羲氏」段注。

瘯 |，|蠡，皮膚病。〔左傳桓公六年〕「謂其不疾|蠡也」疏證引〔玉篇〕。○|瘃，皮膚病。〔集韻・屋部〕○|瘃，皮膚病也。〔廣韻・屋部〕○|蠡，疥癬之屬也。〔說文〕「痤，小腫也」繫傳。○|蠡與族累同，急言之則為痤也。〔廣雅・釋詁二〕「矬，短也」疏證。又〔釋器〕「鋗鏑謂之銼鑪」疏證。

○|蠡當訓痤也。〔左傳桓公六年〕「|蠡」疏證。○|蠡，一作族絫、瘯瘰、|癳，今〔內經〕曰炁成瘕，鬱乃痤，即|蠡之病也。〔通雅・身體〕○|者，族之俗。〔說文〕「痤，一曰族絫病」段注。○|亦俗字，當為族。〔左傳桓公六年〕「|蠡」疏證引錢大昕。○|當作族。（同上）疏證引朱駿聲。

偪 |者，侵迫也。〔國策・趙策四〕「則天下皆|秦以事王」補正。○|與塞義同。〔說文〕「畐，滿也」段注。○|，不容也。〔荀子・賦〕「不|者」集解引王念孫。○今人言|仄，乃當作辟仄。〔說文〕「辟，仄也」段注。○|陽，宋國。〔廣韻・屋部〕○|，福、傅、輔，音之轉耳。〔左傳襄公一〇年經〕「遂滅|陽」洪詁。○|，正字，逼，俗字。〔漢書・賈誼傳〕「疏者或制大權以|天子」補注。○|、逼皆畐之俗字。〔說文〕「畐，滿也」句讀。○|亦作幅。〔方言六〕「|，滿也」疏證。○|，疑佞之譌。〔墨子・親士〕「|臣傷君」閒詁。○|側，〔史記〕作湢測。〔漢書・司馬相如傳〕「|側泌瀄」補注。

勠 |力，併力也。〔廣韻・屋部〕○|力即并力、共力義。〔左傳成公一三年〕「|力同心」疏證。○|，一心也。〔慧琳音義・卷六一〕引〔文字典說〕。○|通作戮。〔說文〕「|，并力也」義證。○|，改戮。〔漢書・翟方進傳〕「安得但保斥逐之|」補注引劉敞。○|又作繆，古字假借。〔左傳成公一三年〕「|力同心」疏證引惠棟。○|或作勎。〔集韻・屋部〕○|與飂同。〔說文〕「|，并力也」義證引〔字韻〕。○|，各本作戮。〔左傳成公一三年〕「|力同心」疏證。

孰 |，誰也。〔大戴・衛將軍文子〕「聞之|為賢也」王詁。又〔廣韻・屋部〕。○|與誰雙聲，故一曰誰也，後人乃分別熟為生熟，|為誰|矣。〔說文〕「䎺，食飪也」段注。○|何，誰何，漢之通語。〔漢書・衛綰傳〕「不|何綰」補注引劉奉世。○|何，問之也，猶曰誰何也。〔通雅・釋詁〕○|，猶何也。〔釋詞・卷九〕○|者，何也。〔荀子・正名〕「觀其|行」集解引王引之。○|與猶何如也。〔戰國策〕「與秦城何如，不與何如」雜志。○|與猶|如也。〔廣雅・釋言〕「與，如也」疏證。○書傳中言|與者，皆謂何如也。〔釋詞・卷九〕○|，假借為詳審之義。〔莊子・列禦寇〕「莫覺莫悟，何相|也」集釋引郭嵩燾。○|辭，習|之辭，猶云常語。〔墨子・公孟〕「夫應|辭」閒詁。○進|，言進見|習也。〔漢書・張騫傳〕「其少從率進|於天子」補注引王闓運。○|，熟通。〔國策・秦二〕「|視寡人」補正。○|者，熟之本字。〔釋詁〕「|，誰也」郝疏。○|、熟，正俗字。〔說文〕「瞗，目|視也」段注。○|亦作熟。〔廣雅・釋詁三〕「爢、爛，熟也」疏證。○〔說文定聲・卷六〕|，字亦作熟，加火。〔說文〕「|，食飪也」。○|，誰聲轉字通。〔釋詁〕「|，誰也」郝疏。○〔說文定聲・卷六〕|，段借為曷，誰、|亦一聲之轉。〔論語〕「|不可忍也」。○（同上）|，段借為熱，熱、熟雙聲。〔素問・大奇論〕「五藏菀熟」。○（同上）|，段借為妯，實發聲之詞。〔釋名〕「荊豫人謂長婦曰|，|，祝也」。○|，俗作塾。〔說文〕「垛，門堂|也」段注。○|，經典皆作塾。（同上）○|當為執。〔墨子・公孟〕「夫應|辭」閒詁引畢沅。○|，諸本作熟。〔左傳昭公元年〕「年穀和|」洪詁。

摝 丨，振也。〔廣韻·屋部〕又〔集韻·屋部〕。○丨或作捸。〔集韻·屋部〕

穀 丨，木名。〔詩·黄鳥〕「無集于丨」朱傳。又〔廣韻·屋部〕。又〔集韻·屋部〕。○丨，從木不從禾，楮也。〔漢書·司馬相如傳〕「椁棗楊梅」補注。○丨，一名楮，惡木也。〔詩·鶴鳴〕「其下維丨」朱傳。○楮丨兩種，一種高大皮駁，實如楓，實熟則紅，書所謂桑丨竝生者也，一種皮白葉長，實小似覆盆子，其木不能高大，俗謂扁丨，所謂楮也。〔説文〕「丨，楮也」義證引〔六書故〕。○〔説文定聲·卷八〕丨，惡木，皮可作紙。〔説文〕「丨，楮也」。○南人呼丨紙，亦為楮紙。〔説文〕「楮，丨也」義證引陶隱居。○丨紙，丨樹皮也。〔通雅·器用〕○丨，一名構。〔廣雅·釋木〕「丨，楮也」疏證。○丨，一曰構。〔通雅·木〕○構、丨聲相近。滇人呼丨樹為構漿。〔説文〕「丨，楮也」義證。○丨、構古同聲。〔廣雅·釋木〕「丨，楮也」疏證。○〔説文定聲·卷八〕丨，或以構為之。〔南山經〕「祝餘狀如丨而黑理」。

遺 丨，媟丨。〔廣韻·屋部〕○丨，字从辵，當訓[辶枼]丨也，走前頓之皃。〔説文定聲·卷八〕○丨，不以禮自近也。〔説文〕「丨，媟丨也」繫傳。○丨或借瀆字。（同上）義證。○丨，今經典作瀆。（同上）段注。○丨，〔黑部〕作黷。（同上）段注。○丨，〔女部〕作嬻。（同上）段注。○〔説文定聲·卷八〕丨，據〔説文〕則與嬻同。〔説文〕「丨，媟丨也」。

隫 丨，與瀆不同，瀆主渭水，故解曰溝也，丨主謂地，故曰通溝以防水。〔説文〕「丨，通溝，以防水者也」段注。○〔説文定聲·卷八〕正字當作丨，邑中曰瀆，人為之，山中曰丨，非人為之。〔爾雅〕「江淮河濟為四瀆」。○（同上）丨，今音或轉若洞，丨者，山間泉成溝也。〔説文〕「丨，通溝也」。○丨，通作瀆。〔説文〕「丨，通溝也」義證。○丨，古文作[谷賣]。〔説文〕「[谷賣]，山丨無所通者」段注。○丨，各本作瀆。（同上）段注。

[谷賣] 丨，古文隫。〔廣韻·屋部〕

[豕犬] 丨，獸名，如鼠。〔廣韻·屋部〕

默 丨貐，獸名，如虎而豕鬣。〔集韻·屋部〕○丨，通作獨。（同上）

襡 丨，韜也。〔集韻·屋部〕○丨韜，藏。〔廣韻·屋部〕○丨與韣通。〔廣雅·釋詁三〕「韣，束也」疏證。○〔説文定聲·卷八〕丨，段借為韣。〔禮記·內則〕「斂簟而丨之」。

韇 丨，所以盛弓矢也。〔説文〕「丨，弓矢丨也」繫傳。○所以藏矢曰丨，其蓋曰棚。〔説文定聲·卷八〕○絫呼之曰丨丸，單呼之曰丨，今時藏弓矢者謂之丨丸也。〔説文〕「丨，弓矢丨也」段注。○丨，箭箙。〔廣韻·屋部〕○丨，今謂之胡鹿。〔集韻·屋部〕○如櫝曰丨。〔通雅·戎器〕○丨或从皮作皾。〔集韻·屋部〕○丨、皾並與韇同。〔方言九〕「弓，或謂之皾丸」箋疏。○丨亦作櫝。（同上）○丨，字亦作韣。〔説文定聲·卷八〕

嬻 丨，媟慢。〔廣韻·屋部〕○單言之曰媟、曰丨，絫言之曰媟丨。〔説文〕「丨，媟丨也」段注。○〔説文定聲·卷八〕丨，狎近也。〔漢書·枚乘傳〕「以貴得媟丨貴幸」。（「黷」下）○丨通作黷。〔説文〕「丨，媟丨也」義證。○丨，經傳皆以瀆為之。〔説文定聲·卷八〕○丨又通作瀆。〔説文〕「丨，媟丨也」義證。○丨，經傳皆以瀆為之。〔説文定聲·卷八〕○丨，今人以瀆字為之。〔説文〕「媟，丨也」段注。○丨，今人以溝瀆字為之，瀆行而丨廢矣。〔説文〕「丨，媟丨也」段注。○丨，字與遺同。（同上）句讀。○〔説文定聲·卷八〕丨，據〔説文〕則與遺同。〔説文〕「丨，媟丨也」。

匵 丨，丨匱。〔廣韻·屋部〕○丨之言容也。〔廣雅·釋器〕「匱謂之丨」疏證。○丨，引申之亦為小棺。〔説文〕「丨，匱也」段注。○丨與櫝同。（同上）義證引〔五經文字〕。○丨與櫝音義皆同。（同上）段注。○丨，字與櫝同。（同上）句讀。

殰 丨殃，死皃。〔廣雅·釋詁三下〕「丨殃，歹也」疏證引〔玉篇〕。又〔廣韻·屋部〕。○丨殃，歺也。〔集韻·屋部〕

螜 丨，螻蛄。〔廣韻·屋部〕○丨，蟲名，螻蛄也。〔集韻·屋部〕○丨，一曰蟦螬，謂之蝖丨。（同上）

[齒告] 丨，齒聲。〔廣韻·屋部〕又〔集韻·屋部〕。

[麥殼] 丨，餅麴。〔廣韻·屋部〕○〔説文定聲·卷八〕丨謂麴堅築之成餅也。〔説文〕「丨，餅籟也」。○丨、穀、縠、豰義與酒母皆相近。〔方言一三〕「丨，麩麩䴷」箋疏。○穀、丨、豰、縠義相近也。〔廣雅·釋言〕「穀，培也」疏證。○丨之言殼也。〔方言一三〕「丨，麩麩䴷」箋疏。

[殸糸] 凡麻之不湅者曰丨。〔説文定聲·卷九〕（「纑」下）○丨，已績未湅之麻。既湅曰纑。〔説文定聲·卷八〕○丨，枲未績者。〔廣韻·屋部〕○〔説文定聲·卷八〕丨謂生絲。〔廣雅·釋器〕「丨，綃也」。○丨、絡義與生絲並相近。〔廣雅·釋器〕「丨、絡，綃也」疏證。○穀、縠、豰、丨義相近也。〔廣雅·釋言〕「穀，培也」疏證。○丨，字通作縠。（同上）○丨又作縠。〔説文〕「丨，未練治纑也」義證。○丨或作縠。〔集韻·屋部〕

[豕糸] 丨，[殸糸]之別體。〔説文〕「[殸糸]，未練治纑也」義證。

[殸麻] 丨，麻丨。〔廣韻·屋部〕

[覀殸衣] 丨，衣至地也。〔廣韻·屋部〕○丨，〔博雅〕補也。一曰長衣。〔集韻·覺部〕○丨，補也。〔廣雅·釋詁四〕疏證。

[覀賣] 丨，衣至地。〔集韻·屋部〕

[鹿速] 丨，麋鹿跡也。〔廣韻·屋部〕○丨、踈、速並通。〔廣雅·釋詁三〕「踈，丨迹也」疏證。○丨，今〔爾雅〕作速。〔説文〕「丨，鹿迹也」繫傳。

蔌 丨，白茅也。〔廣韻·屋部〕〇〔説文定聲·卷八〕丨，今小兒所啖茅茅針，亦謂之甜草。〔説文〕「丨，牡茅也」。〇丨，通作蔌。〔集韻·屋部〕

觻 〔玉篇〕「麋角有枝曰角」所言即丨字義。〔説文〕「丨，角也」義證。〇丨得，本匈奴丨得王所居，因以名之。〔漢書·地理志〕「丨得」補注引〔西河舊事〕。

⿰立彔 丨，見鬼。〔廣韻·屋部〕〇丨，鬼見也。〔集韻·屋部〕

彔 丨丨猶歷歷也，一一可數之皃。〔説文〕「丨，刻木丨丨也」繫傳。〇丨丨，麗廔嵌空之皃。〔同上〕段注。〇丨，刻木也。〔廣韻·屋部〕〇古剝木為書，故曰丨。〔説文定聲·卷八〕〔「録」下〕〇丨，本也。〔廣韻·屋部〕〇丨，一曰本也。〔集韻·屋部〕〇丨字實即剝之古文。〔説文定聲·卷八〕

濼 小清河在濟南府城北，即丨水也。〔左傳桓公一八年經〕「公會齊侯于丨」疏證引〔方輿紀要〕。〇丨，水名，在齊魯間。〔集韻·覺部〕

豰 丨豰，動物。〔廣韻·屋部〕〇丨，獸名，似豹而小，食獼猴，又名黄臀。〔同上〕〇丨，豕名，一曰狐子。〔集韻·屋部〕〇丨，豰貜也。〔同上〕〇〔説文定聲·卷八〕丨，叚借為豰。〔漢書·司馬相如傳〕「獑胡丨䘐」。〇丨當作豰。〔漢書·司馬相如傳〕「獑胡丨䘐」補注引錢大昭。

𤞞 丨，似犬，惡也，上黄下黑。〔説文〕「丨，犬屬」義證引〔玉篇〕。〇石丨，似貉而形短，常捕取猴猿。〔同上〕義證引〔風土記〕。〇丨，字或作豰。〔同上〕義證。〇〔説文定聲·卷八〕丨，以豰為之。〔子虛賦〕「獑胡豰䘐」。

攴 丨，小擊也。〔廣韻·覺部〕〇丨，擊也。〔廣韻·屋部〕又〔説文〕「政，正也」繫傳。〇丨，擊取也。〔説文〕「𢻃，坼也」繫傳。〇丨，椎鍛之也。〔説文〕「潄，辟潄鐵也」繫傳。〇丨，撲也。〔説文〕「擊，丨也」繫傳。〇丨，有為也。〔説文〕「變，更也」繫傳。〇丨，所操也。〔説文〕「敚，妙也」繫傳。〇丨，入水所杖也。〔説文〕「攸，行水也」繫傳。〇丨，止也。〔説文〕「旻，舉目使人也」繫傳。〇丨者，執事也。〔説文繫傳·通論下〕〇丨，所執以教道人也。〔説文〕「教，上所施下所效也」繫傳。〇丨提，或云浮圖，謂纍寶及塼石等高以為相也。〔慧琳音義·卷一〇〕〇〔説文定聲·卷八〕丨，叚借為仆。〔史記·周本紀〕「秦破韓、魏，扑師武」。〇〔同上〕丨，叚借為撲。〔史記·刺客傳〕「舉筑扑秦皇帝」。〇丨或作撲。〔集韻·屋部〕〇丨，經典作扑。〔説文〕「丨，小擊也」句讀。〇丨或作扑。〔集韻·屋部〕〇丨，字或作扑。〔説文〕「丨，小擊也」義證。〇〔説文定聲·卷八〕丨，字亦作扑。〔周禮·司市〕「大刑扑罰」。〇丨或作剝。〔集韻·屋部〕〇〔説文定聲·卷八〕丨，以剝為之。〔詩·豳風〕「剝棗」。

殐 丨，殐丨。〔廣韻·屋部〕〇殐丨，歺也。〔集韻·屋部〕

甗 丨，丨甋。〔廣韻·屋部〕〇丨，瓴甋，丨甋也。〔集韻·屋部〕

麃 丨，庾也。〔集韻·屋部〕又〔廣韻·屋部〕。〇丨，通作鹿。〔廣雅·釋宮〕「丨，倉也」疏證。〇丨者，鹿之俗。〔説文〕「囷，廩之圜者」段注。

趢 丨趗，局小。〔廣韻·屋部〕〇丨趗，蹋也。〔集韻·屋部〕

蔍 丨，一曰丨葱。〔集韻·屋部〕〇丨，艸名，鹿蹄也。〔同上〕〇丨葱，草。〔廣韻·屋部〕〇丨苴與麤粗同。〔晏子春秋·内篇問上〕「丨苴學」雜志。

㱿 丨，歐聲。〔廣韻·屋部〕又〔集韻·屋部〕。

轐 丨，車伏兔。〔廣韻·屋部〕〇丨，車軑兔也。〔廣韻·沃部〕〇伏兔謂之丨。〔説文〕「丨，車伏兔也」段注引戴震。〇丨，伏于軸上，以生革固束聯系之，其革曰輹。〔説文定聲·卷八〕〇丨之言僕也。〔説文〕「丨，車伏兔也」段注。〇丨或作僕。〔集韻·屋部〕〇丨、輹實一字。〔説文〕「丨，車伏兔也」段注。

蹼 丨，鳧鴈足間相連著為丨。或省作蹼。〔集韻·屋部〕

蹼 丨，足指間相著。〔廣韻·屋部〕

鳪 丨，丨雉。〔廣韻·屋部〕〇丨，雉名，黄色，鳴自呼。或从隹，作㒒。〔集韻·屋部〕

鵦 鳥丨，水鳥，似鴨而短頸，腹翅紫白，背上緑色。〔廣韻·屋部〕〇丨，鳥丨鳥。〔廣韻·覺部〕

鸔 鳥丨，水鳥。〔集韻·屋部〕

⿱敄巾 丨，桼布。〔集韻·屋部〕〇丨，車衡上衣。〔廣韻·模部〕〇丨，一曰車衡上衣。〔集韻·遇部〕〇丨，當云車衡上衣。〔説文〕「丨，一曰車上衡衣也」義證。〇丨，覆車衡衣也。〔同上〕義證引〔玉篇〕。〇丨，轅上絲也。〔廣韻·屋部〕〇衣衡曰丨。〔説文〕「輹，車軸縛也」段注。〇丨，髮巾。〔廣韻·遇部〕〇髮巾謂之丨。〔集韻·遇部〕

鞪 古者束軸曰輹亦曰丨。〔説文〕「輹，車軸縛也」段注。〇丨，以革束車軸製其裂也。〔説文〕「丨，車軸束也」繫傳。〇丨與桼音同義近。〔同上〕段注。〇丨，疑與桼同字。〔説文定聲·卷六〕〇丨或从車作鞪。亦作轐。〔集韻·屋部〕

艒 丨，小艖。〔廣韻·屋部〕〇小船謂之丨艒。〔集韻·屋部〕〇〔説文定聲·卷六〕丨艒，疊韻連語，猶苜蓿也。〔方言九〕「艖謂之丨艒」。

鵖 丨，戴勝別名。〔廣韻·屋部〕〇丨，丨鴔鳥。〔廣韻·職部〕〇鶝鶔、丨鴔，如鵲短尾，射之銜矢射人。〔集韻·屋部〕引〔爾雅〕。〇丨，鳥名，似鵲。〔集韻·職部〕

踾 丨，蹋地聲。〔廣韻·職部〕〇丨，踏也。〔集韻·職部〕〇丨踧，行迫也。〔同上〕〇丨踧，聚皃。〔廣韻·屋部〕〇丨踧，聚也。〔集韻·屋部〕〇〔説文定聲·卷五〕丨即畐字。〔長笛賦〕「丨踧攢仄」。

蕧　旋丨，藥名。〔廣韻·屋部〕〇丨，一曰旋丨，似菊。〔集韻·屋部〕〇丨，旋復，似菊，藥家多用。〔釋艸〕「丨，盜庚」鄭注。〇丨，丨葐草。〔廣韻·屋部〕

⿲王車王　丨，皮篋，古以盛玉，後世乃盛弩耳。〔漢書·張湯傳〕「送以輕車介士」補注。〇丨，車笭篋。〔集韻·屋部〕〇丨，車笭間皮篋也。〔廣韻·屋部〕〇丨，筐也。〔說文〕「丨，車笭間皮篋」義證引〔玉篇〕。〇櫝以藏玉，丨又所以盛櫝。〔說文定聲·卷五〕〇古借丨為箙。〔說文〕「丨，車笭間皮篋」義證。〇〔說文定聲·卷五〕丨，叚借為箙。〔東京賦〕「丨弩重旃」。〇丨與箙同。〔說文〕「丨，車笭間皮篋」義證引錢大昭。〇丨與箙同。〔同上〕義證引〔玉篇〕。

⿸疒复　丨，病重發也。〔廣韻·屋部〕引〔音譜〕。〇丨、復、㾈、湛並通。〔廣雅·釋言〕「丨，㾈也」疏證。

癁　丨，一曰勞復也。〔集韻·屋部〕〇丨通作⿸疒复。〔方言三〕「丨，病也」箋疏。〇丨亦作⿸疒复。〔同上〕疏證。〇丨或省作⿸疒复。〔集韻·屋部〕

⿱穴復　丨，地室。〔廣韻·屋部〕〇丨，窟也。〔集韻·屋部〕〇丨，穴地以居。〔說文定聲·卷六〕〇丨之言複也。〔廣雅·釋宮〕「丨，窟也」疏證。〇丨、復、複並字異而義同。〔同上〕〇丨通作復。〔集韻·屋部〕〇丨，今作復。〔說文〕「丨，地室也」句讀。〇丨通作複。〔同上〕義證。〇丨，同⿰土复。〔廣韻·屋部〕〇丨亦省作⿰土复。〔集韻·屋部〕〇丨，俗作⿰土复。〔說文〕「丨，地室也」義證。〇〔說文定聲·卷六〕丨，字亦作窇。〔廣雅·釋室〕「窇，窟也」。〇丨，毛作復。〔說文〕「丨，詩曰陶丨陶穴」段注。

⿰土复　丨，地窟也。〔說文〕「⿱穴復，地室也」義證引〔玉篇〕。〇丨，地室。〔廣韻·屋部〕

复　丨，行故道也。〔廣韻·屋部〕又〔集韻·屋部〕。〇丨，〔說文〕作夏。〔廣韻·屋部〕〇丨，古作夏。〔集韻·屋部〕

夏　丨，凡重再意為此字之轉注，今皆以復為之。〔說文定聲·卷六〕〇丨，剛愎之愎當作此，與狃復意同，謂執故見也。〔同上〕〇丨，通作復。〔說文〕「丨，行故道也」義證。〇丨隸作复。〔集韻·屋部〕

畐　丨，滿也。〔廣韻·屋部〕〇丨，道滿也。〔廣韻·職部〕〇丨與偪通。〔方言六〕「腹滿曰偪」箋疏。〇悀、涌、幅、丨並通。〔廣雅·釋詁一〕「悀，滿也」疏證。〇今乃知逼仄、逼迫字當作丨，偪、逼行而丨廢矣。〔說文〕「畐，滿也」段注。〇丨，偪正俗字也。〔同上〕〇逼、偪皆丨之俗字。〔同上〕

畗　丨，滿也。〔集韻·屋部〕〇〔說文定聲·卷五〕丨，仄也。〔釋言〕「逼，迫也」。〇〔同上〕丨，謂近。〔左傳隱公十一年〕「實偪處此」。〇〔同上〕丨亦迫近之意，字變作湢。〔禮記·內則〕「則不共湢浴」。〇〔同上〕丨，叚借為幅。〔禮記·內則〕「則偪屨著綦」。〇〔同上〕丨，叚借為伏。〔考工·輈人〕故書「不偪其轅」。〇丨，字亦作偪、作逼。〔說文定聲·卷五〕

鶝　丨鵖，即戴勝也。〔廣韻·屋部〕

⿰革伏　丨，車具。〔廣韻·屋部〕〇丨，韋囊，在車中人所憑伏也。〔說文〕「絥，車絥也」義證引〔急就篇〕顏注。〇丨，今謂之隱囊。〔同上〕〇⿰韋伏、丨、絥、伏並字異而義同。〔廣雅·釋器〕「⿰韋伏謂之軾」疏證。

絥　〔說文定聲·卷五〕丨者，軾上覆也。〔說文〕「丨，車丨也」。〇丨猶車茵之茵。〔說文定聲·卷五〕〇駕車之飾，所謂丨也。〔說文〕「丨，車丨也」段注。〇⿰韋伏、⿰革伏、丨、伏並字異而義同。〔廣雅·釋器〕「⿰韋伏謂之軾」疏證。〇丨或曰借為伏，隱藏地中也。〔說文定聲·卷五〕〇丨，叚借為箙。〔同上〕〇〔同上〕丨，以排為之，箙字之轉注。〔後漢·杜詩傳〕「造作水排」。〇丨亦作鞴。〔集韻·屋部〕〇丨，字亦作鞴。〔說文定聲·卷五〕〇〔同上〕丨，字亦變作囊。〔後漢·楊旋傳〕「以排囊盛石灰于車上」。〇丨，同⿰韋伏。〔廣韻·屋部〕〇丨，字亦作⿰革伏。〔說文定聲·卷五〕〇丨，字或作⿰韋伏。〔說文〕「丨，車丨也」義證。〇丨或从韋作⿰韋伏。〔集韻·屋部〕〇丨又或作⿰韋伏。〔說文〕「丨，車丨也」義證。

⿰韋伏　丨、⿰革伏、絥、伏並字異而義同。〔廣雅·釋器〕「丨謂之軾」疏證。〇丨，同⿰革伏。〔廣韻·屋部〕

樎　丨，馬櫪。〔廣韻·屋部〕〇丨，皂櫪也。〔集韻·屋部〕〇丨之言宿也。〔方言五〕「櫪，梁宋齊楚北燕之間謂之丨」箋疏。

⿰扌肅　丨，擊聲。〔廣韻·屋部〕〇丨，擊也。〔廣韻·屋部〕〇丨，字通作蕭。〔廣雅·釋詁三〕「丨，擊也」疏證。〇丨與摵聲相近。〔同上〕〇丨或从攴作⿰肅攴。〔集韻·屋部〕

摍　丨，抽也。〔廣韻·屋部〕〇丨，一曰抽也。〔集韻·屋部〕〇⿰扌秀與丨同義。〔廣雅·釋詁三〕「⿰扌秀，縮也」疏證。〇丨、縮古通用。〔同上〕疏證。〇丨，古叚縮為之。〔說文〕「丨，蹴引也」段注。〇〔說文定聲·卷六〕丨，以縮為之。〔國策〕「縮閔王之筋縣之廟梁」。

鵱　丨鷜，野鵝。〔廣韻·屋部〕〇丨，今之野鵝。〔釋鳥〕「丨，鷜鵝」鄭注。〇丨亦書作⿰馬坴。〔集韻·屋部〕

⿰馬坴　丨鷜，蔞鵝也。〔通雅·鳥〕

坴　丨，高土也。〔說文〕「埴，或从丢丨」段注引徐楚金。〇丨丨，大凷之皃。〔說文〕「丨，土凷丨丨也」段注。〇丨，大塊。〔廣韻·屋部〕〇丨，土塊。〔集韻·屋部〕〇丨，土也。〔說文〕「埶，種也」繫傳。〇丨梁，其地多土凷而土性強梁也。〔說文〕「丨，一曰丨梁地」段注。〇〔說文定聲·卷八〕丨，一曰丨梁，其地土剛。〔說文〕「丨，一曰丨梁」。〇丨，通作陸。〔說文〕「丨，一曰丨梁」義證。〇〔說文定聲·卷八〕丨，字作陸。〔史記〕「畧取陸梁地為桂

林、象郡、南海」。○|，字亦作陸。〔說文〕「|，一曰|梁」句讀。○|，讀如速。〔說文〕「|，土出||也」段注。○〔說文定聲・卷八〕|，字亦作碌。〔玉篇〕「碌礁，多砂石」。

宊 |，地蕈。〔廣韻・屋部〕

先 ||，舉足不能前之貌。〔說文〕「鼀，|鼀，其行||」段注。○|當作鼀。〔說文〕「鼀，|鼀」義證引戴震。

妯 |，|娌。〔廣韻・屋部〕○今關西兄弟婦相呼為|娌。〔集韻・屋部〕引〔方言〕。○〔說文定聲・卷六〕|之言儔，娌之言似，即今儔侶字。〔廣雅・釋親〕「|娌，娣似，先後也」。○|之言儔也。〔廣雅・釋親〕「|娌，先後也」疏證。○〔說文定聲・卷六〕|，叚借為疇、為儔。〔廣雅・釋親〕「|娌，娣似，先後也」。○〔同上〕|，叚借為悼。〔詩・鼓鐘〕「憂心且|」。○|與築同。〔方言一二〕「築娌，匹也」箋疏。○〔說文定聲・卷六〕|，以築為之。〔方言一二〕「築娌，匹也」。○|或作婧。〔集韻・屋部〕

蘜 |即九月黃華者也。〔說文〕「|，日精也」繫傳。○|蘆，華青黃色。〔集韻・屋部〕○|，篆當作蘜。〔說文〕「|，日精也」義證。

𦺇 |，俗以菊麥字為之。〔說文定聲・卷六〕○〔同上〕|，以蹋鞠字為之。〔禮記・月令〕「鞠有黃華」。

匑 |或作鞠。〔集韻・屋部〕○|，同掬。〔說文〕「|，撮也」（同上）又〔廣韻・屋部〕

𥨍 鞠行而|廢矣。〔說文〕「|，窮也」段注。○|通作鞠。〔釋言〕「鞠，窮也」郝疏。○|，亦借鞠為之。〔說文〕「|，窮也」句讀。○|通作鞠。〔同上〕義證。○|又通作鞠。〔釋言〕「鞠，窮也」郝疏。○|亦借鞠為之。〔說文〕「|，窮也」句讀。

𩣡 |良，健馬。〔廣韻・屋部〕○驁|，良馬。〔集韻・屋部〕

鯥 |，魚名，似牛，蛇尾。〔廣韻・屋部〕○|，魚名，羽在魼下而蛇尾。〔集韻・屋部〕引〔山海經〕。

淕 |，凝雨澤也。〔廣韻・屋部〕○|，澤名。〔集韻・屋部〕

踛 |即跳，曲一足。〔說文〕「跳，一曰曲脛也」義證。○|，翹|也。〔廣韻・屋部〕○|，翹足也。〔集韻・屋部〕

鱁 |，|鮧。〔廣韻・屋部〕○|，魚名。體似鱓，尾如鰻魚。〔集韻・屋部〕引郭璞。

蝬 |，馬蚿蟲。〔廣韻・屋部〕○〔說文定聲・卷六〕馬|，〔方言〕作馬蚰，吳普〔本草〕作馬軸，又謂之馬陸，皆聲之轉。〔廣雅・釋蟲〕「馬|，馬蚿也」。

蚰 |，蟲名。〔方言〕北鄙謂馬蚿大者曰馬|。〔集韻・屋部〕○|或作蝬。（同上）

坈 |，涯也，水外為|。〔說文〕「澳，隈厓也」義證引〔玉篇〕。○|，厓外。〔集韻・效部〕○|，曲厓外也。〔集韻・屋部〕○|，同阢。〔廣韻・屋部〕

鯆 |，魚名。〔廣韻・屋部〕○|，魚名，鱄也。〔集韻・屋部〕○〔說文定聲・卷六〕|，即今之江豬，欲風則踊。〔廣雅〕「鱄魣，|也」。○|，即今之江豬，亦曰江豚。〔說文〕「|，|魚也」段注。

梮 |，木名，柏|也。〔集韻・屋部〕○|或作椈。（同上）○|者，鞠之俗。〔說文〕「柏，鞠也」段注。

𩚏 |，饘也。〔廣韻・屋部〕

趜 |，步所窮也。〔說文〕「|，窮也」繫傳。○|，困人。〔廣韻・屋部〕○|，|趚。（同上）○|趚，傴僂也。〔集韻・屋部〕○|趚，足不伸。〔說文〕「|，窮也」義證引〔類篇〕。○|趚，足不伸。〔集韻・屋部〕○|，經典借鞠字。〔說文〕「|，窮也」義證。○〔說文定聲・卷六〕|，叚借為匊。〔通俗文〕「體不申謂之|」。

𤩓 〔說文定聲・卷六〕|，字亦作琡。〔釋器〕「璋大八寸謂之|」。

璹 |，玉名。〔集韻・屋部〕

琡 |，璋大八寸。〔集韻・屋部〕○璋長八寸曰|。〔廣韻・屋部〕

㞘 |，至也。〔廣韻・屋部〕○〔說文定聲・卷六〕|，字亦作摵。〔方言一三〕「摵，到也」。

埱 |，氣出於地。〔廣韻・屋部〕○|與歜音義略同。〔說文〕「|，气出土也」段注。○|，引申為凡气出之偁。（同上）○|與俶音義皆同。〔說文〕「|，一曰始也」段注。○|，義亦與俶同。〔廣雅・釋詁一〕「俶，動也」疏證。○|，通作俶。〔說文〕「|，一曰始也」義證。

𩱜 |，稀飡也。〔說文〕「|，鬻也」義證引〔龍龕手鑑〕。○|即粥之正字。（同上）句讀。○|即鬻之或體。〔說文定聲・卷六〕

鬻 |即今之粥字。〔說文〕「|，鬻或省從米」義證。

𩱦 |，正從毓作|，猶賣也。〔慧琳音義・卷八〇〕引〔字書〕。

綪 |，青經白緯也。〔說文〕「|，帛青經縹緯」義證引〔玉篇〕。○|，青經白緯，|陽所織。〔廣韻・屋部〕

賣 |謂衒鬻之。〔國策・宋衛策〕「宋因|楚重以求講於齊」鮑注。○|與鬻同。〔晏子春秋〕「|馬肉於內」雜志。○|、鬻為古今字。〔說文〕「賣，衒也」段注。○|，或作粥、鬻。（同上）段注引〔玉篇〕。

賣｜，賣也。〔廣韻·屋部〕〇｜，重也。〔同上〕〇｜，長也。〔同上〕〇｜，動也。〔同上〕〇｜，通作鬻、粥。〔集韻·屋部〕〇｜即〔周禮〕之儥字，今之鬻字。〔說文〕「儥，見也」段注。〇｜或作儥。〔廣韻·屋部〕

賣｜通作粥。〔說文〕「賣，衒也」義證。〇〔說文定聲·卷八〕｜，以鬻為之。〔禮記·王制〕「不粥于市」。〇〔同上〕｜，以儥為之。〔周禮·賈師〕「凡國之賣儥」。

儥｜，見也。〔廣韻·屋部〕〇｜，動也。〔廣韻·屋部〕又〔集韻·屋部〕。〇｜，買也。〔集韻·屋部〕引鄭康成。〇｜訓買亦訓賣。〔說文〕「賣，衒也」段注。〇〔周禮〕｜訓買。〔說文〕「｜，見也」段注。〇｜通作粥。〔集韻·屋部〕〇｜或作鬻，又作粥。〔廣雅·釋詁三〕「賣，賣也」疏證。〇｜，同賣。〔廣韻·屋部〕〇｜與賣同字。〔廣雅·釋詁三〕「賣，賣也」疏證。〇｜即今之覿字也，經傳今皆作覿，覿行而｜廢矣。〔說文〕「｜，見也」段注。〇〔禮經〕古文作｜，今文作覿。〔同上〕

儥｜為賣之累增字。〔說文〕「｜，賣也」句讀。〇｜〔周禮〕借為貨賣字。〔說文〕「｜，見也」繫傳。〇｜，動也。〔集韻·屋部〕

儥〔說文定聲·卷八〕｜，段借為賣。〔說文〕鉉本「儥，賣也」。〇〔同上〕｜，字亦作覿。〔易·困〕「三歲不覿」。

萑｜或借搉字。〔說文〕「｜，艸也」義證。

弆｜，兩手捧物。〔廣韻·屋部〕〇｜或通作掬。〔說文〕「｜，兩手盛也」義證。〇｜與匊畧同。〔說文定聲·卷八〕〇｜，兩手盛也。〔集韻·屋部〕

喅｜，音聲。〔廣韻·屋部〕〇｜｜，衆聲。〔集韻·緝部〕〇｜或作唷。〔說文〕「｜，音聲｜｜然」義證。又〔集韻·屋部〕

䔡｜，草名。〔廣韻·屋部〕〇｜〔說文〕「｜，艸也」。〔集韻·屋部〕

驧｜，馬跳躍也。〔廣韻·屋部〕〇｜，馬曲脊。〔集韻·屋部〕〇｜或省作𩤕。〔集韻·屋部〕

𩤕馬躍謂之｜。〔集韻·屋部〕〇｜，同驧。〔廣韻·屋部〕

𧍐｜，蟲名，詹諸也。〔集韻·屋部〕〇一曰｜，蜮蟒也。〔同上〕〇｜之言曲也。〔廣雅·釋蟲〕「｜」疏證。〇〔說文定聲·卷六〕去、匊一聲之轉，單評曰鼀，絫評曰｜鼀。〔說文〕「｜，｜鼀，詹諸以脰鳴者」。

𥨊｜，曲脊。〔廣韻·屋部〕又〔集韻·屋部〕。〇｜，此即｜躬之｜。〔說文〕「｜，曲脊也」義證引〔六書正譌〕。〇｜，此〔論語·鄉黨〕、〔聘禮記〕鞠躬之正字也。〔同上〕段注。〇鞠則｜之假借字也，鞠躬行而｜廢。〔同上〕段注。〇｜，俗用鞠。〔同上〕義證引〔六書正譌〕。

鼀｜，𧍐｜。〔廣韻·屋部〕〇｜，蟲名，詹諸也。〔集韻·屋部〕〇｜｜猶蹙蹙也。〔說文〕「｜，其皮｜｜」段注。

𪓰｜，鼀｜也。〔說文〕「｜，鼀或從酋」義證。〇｜，或从酋作𪓰。〔集韻·屋部〕

喌｜，呼鷄聲。〔廣韻·屋部〕〇｜｜，呼雞重言之也。〔說文〕「｜，呼雞重言之」段注。〇｜又通作粥。〔同上〕義證。〇｜其專用字，祝、朱、粥皆假借字。〔同上〕句讀。〇〔說文定聲·卷六〕｜，以粥為之。〔夏小正〕「鷄孚粥」。〇｜，後人亦以祝、以朱為之。〔說文定聲·卷六〕〇朱朱猶｜｜也。〔通雅·釋詁〕〇｜亦作咮。〔廣韻·屋部〕〇｜，或作咮。〔集韻·屋部〕

逌｜，行也。〔廣韻·屋部〕又〔集韻·屋部〕。〇｜，轉也。〔廣韻·屋部〕又〔集韻·屋部〕。〇｜，步也。〔廣韻·屋部〕

跾｜，疾也，長也。〔廣韻·屋部〕〇｜，足病。〔集韻·尤部〕〇｜、倏、悠、儵並通。〔廣雅·釋詁一〕「儵，疾也」疏證。〇｜亦倏忽字。〔說文〕「｜，疾也，長也」繫傳。〇｜䟾，俗作倏忽。〔說文〕「䟾，疾也」義證。〇｜䟾，〔莊子〕作儵忽。〔說文〕「｜，疾也，長也」義證。〇｜或借逐字。〔同上〕〇｜，或作悠、儵。〔集韻·屋部〕

悠｜，疾也。〔廣韻·屋部〕〇跾、倏、｜、儵並通。〔廣雅·釋詁一〕「儵，疾也」疏證。

鮇｜，魚名，王鮪也，小者曰｜。〔集韻·屋部〕〇鮪，鱣屬也，大者名王鮪，小者名｜鮪。〔廣韻·屋部〕引〔爾雅〕郭注。〇｜或不省，作鮛。〔集韻·屋部〕

𡡉｜，媚也。〔廣韻·屋部〕又〔集韻·屋部〕。〇｜有媚悅之義。〔說文〕「｜，媚也」段注。〇｜，通作畜。〔同上〕義證。〇｜或省作畜。〔同上〕句讀。

鄐｜，地名，在晉。〔廣韻·屋部〕〇〔說文定聲·卷六〕｜，晉雍子邑。〔說文〕「｜，晉邢侯邑」。

菫｜，羊蹄菜。〔廣韻·屋部〕〇｜，艸名，羊蹄也。〔集韻·屋部〕〇｜，蒴藋別名。〔廣韻·職部〕〇｜，似冬藍，蒸食之酢。〔集韻·屋部〕引〔字林〕。〇｜通作蓫。〔廣雅·釋草〕「｜，羊蹏也」疏證。

𣊫｜咨，慼也。〔廣韻·屋部〕〇｜咨，忸怩也。〔集韻·屋部〕〇忸怩、｜咨皆局縮不伸之貌也。〔廣雅·釋詁一〕「忸怩、｜咨，慼也」疏證。〇｜咨倒言之則曰資戚。〔同上〕〇｜咨，各本譌作感咨。〔廣雅·釋詁一〕「忸怩、｜咨，慼也」疏證。

嘁｜，嚬也。〔慧琳音義·卷一二〕引〔考聲〕。

𣤮｜，欷悲皃。〔廣韻·屋部〕又〔說文〕「｜，惄然也」義證引〔玉篇〕。〇｜，一曰悲皃。〔集韻·屋部〕〇｜然，心口不安之皃也。〔說文〕「｜，惄然也」段注。〇｜，今作蹙。〔同上〕〇〔說文定聲·卷六〕｜，今本以蹴為之。〔說文〕「｜，惄然也。孟子曰曾西｜然」。〇〔同上〕｜，字亦作𣊫。〔方言

一〇〕「忸怩或謂之𧡁咨」。

䎔 一，有文章也。〔廣韻·屋部〕〇一，疾皃。〔集韻·職部〕

墺 一，一壤。〔廣韻·屋部〕〇一又通作奥。〔説文〕「一，四方土可居也」義證。〇一通作隩。〔同上〕〇〔夏書〕曰「四一既宅」，本亦作隩。〔説文〕「一，四方之土可定居者也」句讀。

膴 一，腳一，膏澤也。〔廣韻·屋部〕又〔集韻·屋部〕。〇一或从心作𢟍。〔同上〕

䙘 一，好衣皃。〔廣韻·屋部〕〇一，衣鮮明皃。〔集韻·屋部〕

琡 一，齊也。〔廣韻·屋部〕〇一，等齊也。〔集韻·屋部〕〇騶與一，亦聲近而義同。〔廣雅·釋詁〕「一，齊也」疏證。

蚰 一蜒，即蚰蜒也。〔廣韻·屋部〕〇一，蟲名，蚰蝓也，北燕謂之一蜒。〔集韻·屋部〕〇一蜒與蜿蜒同意。〔方言一一〕「蚰蜒，北燕謂之一蜒」箋疏。〇一蜒、蛁蜓聲相近。〔釋蟲〕「蠙衙，入耳」郝疏。

䂁 一，刺也。〔廣韻·屋部〕

鬴 一，通作副。〔廣雅·釋器〕「假借謂之一」疏證。

鬸 一，婦人首飾。〔集韻·屋部〕

噢 一咿，悲也。〔廣韻·屋部〕〇一伊，悲也。〔集韻·屋部〕

簇 一，漉米籔。〔集韻·屋部〕〇一者，漉米籔也。〔説文〕「匴，淥米籔也」段注。〇一，淅箕也。〔説文〕「一，漉米籔也」義證引〔纂要〕。〇淅箕謂之一。〔説文〕「淅，汰米也」段注。〇一，炊之漉米箕也。〔説文〕「一，漉米籔也」義證引〔急就篇〕顏注。又〔通雅·卷三四〕。〇一即今之笊籬也。〔説文〕「一，漉米籔也」句讀。〇一，今蘇俗謂之飯籮，其盛飯者反曰溲箕。〔説文定聲·卷六〕〇一，可以漉米。〔廣韻·屋部〕〇一，所以漉米者也。〔説文〕「棓，木參交以枝炊一者也」繫傳。〇〔通雅·卷三四〕一或謂之縮，或謂之篗，或謂之匧。〔漢書音義〕「烽如覆米一」。

欶 一，吹氣也。〔廣韻·屋部〕

鸗 一鵜，俊鳥也。〔楚辭·大招〕「曼一鵜只」王注。〇一鵜，其羽如紈，高首而脩頸。〔同上〕補注引馬融。〇一鵜，雁屬而綠羽者。〔漢書·司馬相如傳〕「鳿一鶂鴇」補注引吳仁傑。〇白鳳謂之一。〔説文〕「一，一鵜也」義證引〔禽經〕。〇一本作鵜。〔漢書·司馬相如傳〕「鳿一鶂鴇」補注。

驌 一驦，馬名。〔廣韻·屋部〕〇一驦，良馬。〔集韻·屋部〕〇一，通作肅。〔同上〕

颼 一，風聲。〔廣韻·屋部〕〇一，寒風。〔集韻·屋部〕〇一之言肅肅也。〔廣雅·釋詁四〕「一，風也」疏證。〇一或从宿作飀。〔集韻·屋部〕

潚 一，深清也。〔廣韻·屋部〕〇一，水深清也。〔説文〕「一，深清也」義證引〔玉篇〕。〇一，謂深而清也。〔同上〕段注。〇一與漻同誼。〔説文定聲·卷六〕〇滫一，水皃。〔集韻·屋部〕〇一湘者猶云清湘。〔説文〕「一，深清也」段注。〇一率即蕭索同音字，言風聲也。〔漢書·楊雄傳〕「吸嚊一率」補注。〇一、肅並與颼通。〔廣雅·釋詁四〕「一，風也」疏證。〇〔説文定聲·卷六〕一，叚借為速。〔思玄賦〕「迅猋一其媵我兮」。〇一，讀如肅。〔説文〕「一，深清也」段注。〇〔説文定聲·卷六〕一，字亦作瀟。〔水經·湘水注〕「瀟者，水清深也」。

坶 一野，殷近郊地名。〔廣韻·屋部〕〇一，〔説文〕作坶。〔同上〕

坶 一，字亦作坶。〔説文定聲·卷五〕〇一或从每作坶。〔集韻·屋部〕〇一，通作牧。〔同上〕〇一，經傳多以牧為之。〔説文定聲·卷五〕〇今〔書·序〕一作牧。〔説文〕「一，周書曰武王與紂戰于一野」段注。

㣎 一，引伸為凡精美之偁。〔説文〕「一，細文也」段注。〇古本作一，今皆从禾作穆，假借字也。〔同上〕〇一，凡靜穆、昭穆字，經傳皆以穆為之。〔説文定聲·卷六〕

𡰪 一一，行皃。〔集韻·屋部〕〇一，行促追也。〔集韻·燭部〕

㚤 一，行皃。〔廣韻·屋部〕〇一一即今俗語僕僕道途之謂。〔説文〕「一，行一一也」段注。〇一，各本篆作𡰪。〔同上〕

頊 一顱即髑髏。〔説文〕「一，一顱，首骨也」段注。〇一顱，此疊韻之轉也，急言之則曰頭，徐言之則曰髑髏，轉之則曰一顱。〔廣雅·釋親〕「一顱謂之髑髏」疏證。〇一，今併作髑字。〔説文〕「一，顱也」繫傳。

鰷 一，即鰅。〔説文定聲·卷八〕〔「鰅」下〕〇一或从鹿作鱳。〔集韻·屋部〕〇一當作鱳。〔漢書·霍去病傳〕「揚武乎一得」補注引錢大昭。

逯 一、娽，義相近。〔説文〕「一，行謹一一也」段注。〇錄錄、碌碌並與一一同。〔廣雅·釋訓〕「一一，衆也」疏證。〇〔説文定聲·卷八〕一，叚借為彔。〔廣雅·釋訓〕「一一，衆也」。

艮 一，服皋也。〔説文定聲·卷六〕〔「報」下〕〇凡服事、降服，經傳皆作服，而一廢矣。〔説文定聲·卷五〕〇〔同上〕一，以服為之。〔左傳宣公一二年〕「鄭石制字子服」。

𠬝 —,改治也。〔説文〕「—,治也」義證引〔玉篇〕。〇—,經典借服字。〔同上〕義證。

敊 —或作慉。〔説文〕「—,醜也」義證。

豖 —,絆足行皃。〔集韻·燭部〕〇——,艱行之皃。〔説文〕「—,豖絆足行——也」段注。〇—或作⿰豕彡。〔集韻·燭部〕

苖 —,蓨也。〔廣韻·屋部〕〇—蓨,草。〔廣韻·錫部〕〇—,艸名,蓨也。〔集韻·屋部〕〇〔説文定聲·卷六〕—,字亦作蓫。〔詩·我行其野〕「言采其蓫」。〇〔同上〕—,以蓄為之。〔七啟〕「霜蓄露葵」。

贖 —,貿也。〔詩·黃鳥〕「如可—兮」朱傳。〇—,質也。〔説文〕「—,貿也」義證引〔玉篇〕。

橚 —,木長皃。〔廣韻·屋部〕〇—,矗行木皃。〔集韻·屋部〕〇—,一曰木茂皃。〔同上〕〇—,林木皃也。〔慧琳音義·卷九九〕引〔考聲〕。〇—,木名。〔集韻·屋部〕

⿱艹牧 —,—蓿。〔廣韻·屋部〕引〔爾雅〕注。

苜 —,—蓿。〔廣韻·屋部〕〇—蓿,艸名。〔集韻·屋部〕〇—蓿,本胡中菜。〔漢書·大宛國傳〕「益種蒲陶、目宿離宮館旁」補注引〔述異記〕。〇—蓿,一名懷風,時人或謂之光風,茂陵人謂之連枝草。〔説文〕「芸,艸也」義證引〔西京雜記〕。〇—或从牧作⿱艹牧。〔集韻·屋部〕

⿰口有 —,吐聲。〔廣韻·屋部〕又〔集韻·屋部〕。〇—亦痏之俗字。〔説文〕「侑,一曰毒之」段注。

滀 —,水聚。〔廣韻·屋部〕〇—,滯也。〔集韻·屋部〕

砡 —,齊頭皃。〔廣韻·屋部〕〇堌—,齊也。〔集韻·屋部〕

樸 —,木密也。〔集韻·屋部〕〇—,一曰木生密。〔同上〕〇—棟,小木。〔同上〕〇〔説文定聲·卷八〕—樕,亦謂之槲樕。〔詩·野有死麕〕「林有樸樕」。〇〔同上〕—,枹木也。〔説文〕「—,—棗也」。〇〔釋木〕〔毛傳〕皆訓—為枹。〔説文〕「—,—棗也」段注。〇今蘇俗稱御棗曰白蒲棗,白蒲即枹樸之轉語也。〔説文定聲·卷八〕〇—,堅木也。〔集韻·屋部〕〇〔説文定聲·卷八〕—,以撲為之。〔方言三〕「撲,聚也」。〇—、樸古今字。〔説文〕「—,—棗也」段注。〇—、樸正俗字也。〔説文〕「樕,樸樕,小木也」段注。〇—,或省作樸。〔集韻·屋部〕

⿰目每 —,目病。〔集韻·屋部〕

⿰衤畜 —,褚也。〔集韻·屋部〕

俶 —即俶。〔方言一二〕「俶,動也」疏證。

儌 —佷,即肅慎。〔通雅·地輿〕

渢 —,雨聲。〔廣韻·沃部〕〇—,大風雨皃。〔集韻·覺部〕

伔 —,憂也。〔集韻·屋部〕

偑 倠—,不伸。〔廣韻·屋部〕又〔集韻·屋部〕。

倠 —偑,不伸。〔廣韻·屋部〕又〔集韻·屋部〕。

倲 —,偒—。〔廣韻·屋部〕〇偒—,動也。〔集韻·屋部〕〇偒—,動皃。〔集韻·燭部〕〇偒—,一曰短皃。〔集韻·屋部〕

偒 —倲,短醜皃。〔廣韻·屋部〕〇短陋謂之—倲。〔集韻·屋部〕〇—倲,不寧。〔同上〕〇—倲,動皃。〔廣韻·燭部〕

淕 —,凝雨皃。〔集韻·屋部〕

剹 —,刀鋤。〔廣韻·屋部〕〇—,刀鉏也。〔集韻·屋部〕

⿰口谷 —,鳥鳴。又作唃。〔廣韻·屋部〕〇—,雉鳴。〔集韻·屋部〕〇—或从角作唃。〔同上〕

⿰口叔 —,嘆也。〔廣韻·屋部〕又〔集韻·屋部〕。〇——,歎聲。〔同上〕〇—,一曰無聲。或省作⿰口尗。〔同上〕〇—,本音寂。〔廣韻·屋部〕

唷 —,出聲也。〔説文〕「唷,音聲唷唷然」義證引〔玉篇〕。

⿰口彔 —,笑也。〔集韻·屋部〕〇—,一曰鳥聲。〔同上〕

唆 —,笑皃。〔集韻·屋部〕

嘁 —,喉聲。〔廣韻·屋部〕

嘿 楚人謂欺曰—杘。〔集韻·屋部〕

堉 —,地土肥也。〔廣韻·屋部〕〇肥壤謂之—。〔集韻·屋部〕

埱 —,塞也。〔集韻·屋部〕

堲 —,塞也。〔廣韻·屋部〕又〔集韻·屋部〕。

毂 丨，土墼。〔廣韻·屋部〕又〔集韻·屋部〕。〇丨，土墼也。〔説文〕「墼，瓴適也」義證引〔玉篇〕。〇毂、毄、丨、毊義相近也。〔廣雅·釋言〕「毂，培也」疏證。

銇 銇丨，多也。〔廣韻·屋部〕

娽 丨，後宮女官名。〔廣韻·屋部〕〇丨，後宮女官。〔集韻·屋部〕〇丨，通作淑。（同上）

启 丨，俗豚。〔廣韻·屋部〕

鞠 丨，山高皃。〔廣韻·屋部〕又〔集韻·屋部〕。

篣 丨，憕也。〔集韻·屋部〕

畱 丨，生田。〔廣韻·屋部〕〇丨，生也。〔集韻·屋部〕〇丨丨，卑謙皃。通作粥。（同上）

㤑 丨，心動。〔集韻·屋部〕

惐 丨，痛心也。〔集韻·屋部〕

𢜬 丨，謹慎。〔廣韻·屋部〕又〔集韻·屋部〕。

㥔 丨，心動也。〔集韻·屋部〕

𢣬 丨，心開。一曰心轉。〔集韻·屋部〕

㧒 丨，杖指。〔廣韻·屋部〕〇丨，杖指也。〔集韻·屋部〕。

㨘 丨，引也。〔集韻·屋部〕

掓 丨，拾也。〔廣韻·屋部〕又〔集韻·屋部〕。

搐 丨，牽制也。〔集韻·屋部〕〇越本丨作畜。〔漢書·賈誼傳〕「一二指丨」補注引宋祁。

摮 丨，斂也。〔集韻·屋部〕〇丨或書作擜。（同上）

撲 丨，拂著。〔廣韻·屋部〕〇丨，拂箸今義也。〔説文〕「丨，挨也」段注。〇丨，拭也。〔集韻·屋部〕〇丨桃，西域地名。（同上）

擯 丨，抽也。〔集韻·屋部〕

敊 丨，病丨皃。〔廣韻·屋部〕〇丨戳，痛至皃。〔集韻·屋部〕

𣀔 丨，剝聲。〔廣韻·屋部〕〇丨，擊也。〔集韻·屋部〕

斀 丨，打也。〔廣韻·屋部〕

朷 丨，丨桑。〔廣韻·屋部〕〇丨，刀治桑也。〔集韻·屋部〕

栯 丨，丨李。〔廣韻·屋部〕〇泰室之山有木名丨，葉如梨而赤理，服者不妬。〔集韻·屋部〕引〔山海經〕。

栿 丨，梁丨。〔廣韻·屋部〕〇丨，梁也。〔集韻·屋部〕

棴 丨，木出崐崘山也。〔廣韻·屋部〕〇丨，木名，出崑崙山。〔集韻·屋部〕〇丨常，樹名。〔廣韻·屋部〕〇丨常，木名。〔集韻·屋部〕

棛 丨，車覆欄也。〔廣韻·屋部〕〇丨，覆欄，或从草作蓿。〔集韻·屋部〕

槲 丨，木名。〔廣韻·屋部〕〇丨樕，木名。〔集韻·屋部〕〇丨樕猶觳觫也，丨葉搖動有觳觫之態，故曰丨樕也。〔本草·槲實〕

䈬 丨，育蠶器。〔集韻·屋部〕

㱄 丨，驚辭。〔集韻·屋部〕

㜙 丨，㛹，蜀人埋鹿臭而食之。〔集韻·屋部〕

殧 丨，終也。〔廣韻·屋部〕又〔集韻·宥部〕。

豛 丨，擊聲，或从手作㧻。〔集韻·屋部〕

㱿 丨，足跗。〔廣韻·屋部〕又〔集韻·屋部〕。〇丨，牲後足。一曰足跗。（同上）

豰 豰丨，動物。〔集韻·屋部〕

㲖 𣭽丨，毛不理也。〔廣韻·屋部〕又〔集韻·屋部〕。〇丨或作㲊。（同上）

沑 丨，蹜丨，水文聚。〔廣韻·屋部〕〇丨，泥也。〔集韻·屋部〕

泦 丨，水文也。〔説文〕「沑，水吏也」義證引〔玉篇〕。

淗 丨，水文，通作泦。〔集韻·屋部〕

渥 丨，水聲。〔集韻·屋部〕

㲉 丨，水聲。〔廣韻·屋部〕

⿰氵宿 丨，溼也。〔說文〕「汩，温也」義證引〔玉篇〕。

瀫 丨，水聲，或作㲉。〔集韻·屋部〕

瀌 丨，水波。〔廣韻·屋部〕〇丨，波也。〔集韻·屋部〕

焂 丨，光動兒。〔集韻·屋部〕〇丨猶光動兒也。〔慧琳音義·卷八〇〕引〔考聲〕。

焀 丨，火兒。〔廣韻·屋部〕又〔集韻·屋部〕。

爊 丨，煉也。〔集韻·屋部〕

爪 丨，执也。〔集韻·屋部〕

⿰片菐 丨，牆版之大者。〔集韻·屋部〕

⿰犭匊 石丨，獸名，食猴。〔廣韻·屋部〕〇丨，獸名，黄胥也。〔集韻·屋部〕

⿰犭戚 丨，勁也。〔集韻·屋部〕

獛 丨鉛，南極之夷，尾長數寸，巢居山林。〔廣韻·屋部〕引〔山海經〕。〇丨鉛，南極之夷。〔集韻·屋部〕引〔山海經〕。

玊 丨，朽玉。〔廣韻·屋部〕〇丨，琢玉工。（同上）又〔集韻·屋部〕。〇丨或作凮、璛。（同上）

⿵几玉 丨，朽玉。〔廣韻·屋部〕

瓄 丨，圭名。〔廣韻·屋部〕。〇丨，玉器。一曰圭名。〔集韻·屋部〕

⿱𦥯瓦 丨，瓦坏（坯）。〔廣韻·屋部〕〇丨，瓦器，一曰坯也。〔集韻·屋部〕

甪 丨當作角。〔漢書·王貢兩龔鮑傳〕「丨里先生」補注。

⿰目匊 丨，韭畦。〔廣韻·屋部〕又〔集韻·屋部〕。

痏 丨，丨病。〔廣韻·屋部〕〇丨，病也。〔集韻·屋部〕

瘯 丨，腹痛。〔集韻·屋部〕

皗 丨，白獸。〔廣韻·屋部〕又〔集韻·屋部〕。

⿰彔皮 丨瘯，皮肉瘦惡也。〔集韻·屋部〕

⿸鹿皮 丨，獸皮有文兒。或从文作⿸鹿文。〔集韻·屋部〕

皾 丨，滑也。〔廣韻·屋部〕〇丨，所以貯弓。〔說文〕「韇，弓矢韇也」義證引〔玉篇〕。

⿸皮賣 丨本作韇。〔方言九〕「弓謂之鞬，或謂之丨」疏證。〇丨，古通用櫝。（同上）

⿱𠫓目 丨，敬也，通作穆。〔集韻·屋部〕

⿰目谷 丨，大目。〔廣韻·屋部〕

⿰目角 丨，動目。〔廣韻·屋部〕〇丨，目動也。或从谷作⿰目谷。〔集韻·屋部〕

⿰矢菐 丨，短人。〔廣韻·屋部〕〇丨，侏儒也。〔集韻·屋部〕

⿰石壽 磟丨，田器。〔廣韻·屋部〕〇碌丨，田器。〔集韻·屋部〕〇丨亦作碡。（同上）〇丨或从蜀作⿰石蜀。（同上）

⿰石戚 礎謂之丨。〔集韻·屋部〕

⿱殸石 丨，石聲。〔廣韻·屋部〕

䃚 碌丨，石兒。〔廣韻·屋部〕〇碌丨，石地不平兒。〔集韻·屋部〕

磟 丨，丨碡。〔廣韻·屋部〕〇丨碡，田器。〔集韻·屋部〕

礇 丨，石似玉。〔集韻·屋部〕

⿰衤育 丨，夕也。〔集韻·屋部〕

⿰衤坴 丨，見也。〔廣韻·屋部〕

⿰礻鹿 丨，祭也。〔廣韻·屋部〕〇丨，祭名。〔集韻·屋部〕

⿰禾屋 丨，禾芒。〔集韻·屋部〕

䅉　—，黍稷盛皃。〔廣韻·屋部〕又〔集韻·屋部〕。○—，或省作䅉。（同上）○—，通作或。（同上）

穙　—，—穛也。〔廣韻·屋部〕○—，禾生穊也。〔集韻·屋部〕○—，艸生穊。或从僕。（同上）

𥣞　—，草生穊也。〔廣韻·屋部〕

䇢　—，立待也。〔集韻·屋部〕

箤　—，以手築物。〔集韻·屋部〕

篴　—，竹名。〔廣韻·屋部〕

䉶　—，箱—。〔廣韻·屋部〕○—，大箱也。〔集韻·屋部〕

箙　—，實竹。〔廣韻·屋部〕○—，竹實。〔集韻·屋部〕

箛　—，箛槍也。〔說文〕「槍，歫也」義證引〔纂文〕。

簌　吳俗謂簍為—。〔集韻·屋部〕

簏　—，笪也。〔廣韻·屋部〕

籧　—，笪也。〔集韻·屋部〕○—笪，逆槍也。〔說文〕「槍，歫也」義證引〔玉篇〕。○各本—譌作籧。〔廣雅·釋器〕「—謂之笪」疏證。○—，或从旦作籧，亦省作簸。〔集韻·屋部〕○—，或省作簸。〔廣雅·釋器〕「—謂之笪」疏證。○—、笪，逆槍也。〔廣雅·釋器〕「—謂之笪」疏證引〔玉篇〕。

粶　火爆米曰—。或从火。〔集韻·屋部〕

粷　吳俗謂熬米為餌曰—。〔集韻·屋部〕

縬　—，縮也。〔廣韻·屋部〕又〔集韻·屋部〕。○—，—文也。〔廣韻·屋部〕○—，一曰繒文。〔集韻·屋部〕

翑　—，飛皃。〔廣韻·屋部〕○—，羽齊皃。〔集韻·屋部〕

翝　—，水上飛也。〔廣韻·屋部〕○—，上飛皃。〔集韻·屋部〕

膔　—，腹鳴。〔集韻·屋部〕

䐁　—，膏，肥皃。〔廣韻·屋部〕○—，膏腯也。〔集韻·屋部〕

牘　—當為隫之誤。〔墨子·備城門〕「百步為幽—」閒詁。○—即竇字之誤。（同上）閒詁引俞樾。

艒　—䑿，大舟。〔集韻·屋部〕

䑿　艒—，船名。〔廣韻·屋部〕○艒—，舟也。〔集韻·屋部〕引〔博雅〕。

䔩　—，石—。〔廣韻·屋部〕○石—，藥艸。〔集韻·屋部〕

蔋　—，艸旱盡也。〔集韻·屋部〕

蓿　—，苜—。〔廣韻·屋部〕○苜—，艸名。〔集韻·屋部〕

𦺇　—，蔏—。〔廣韻·屋部〕○蔏—，艸名。〔集韻·屋部〕○—或从稑作䕡。（同上）

𧃎　—，𡑼菌，艸名，地蕈也。〔集韻·屋部〕

蕧　—，草名。〔廣韻·屋部〕又〔集韻·屋部〕。

𦾂　—，撲也。〔集韻·屋部〕

蔌　—，水菜，可食。〔廣韻·屋部〕○—，菜名，生水中。〔集韻·屋部〕

𧄧　—，菭，藥艸。〔集韻·屋部〕

蕭　—，茂也。〔廣韻·屋部〕○—，艸名，榮也。〔集韻·屋部〕

蚞　—，蟝—，蟲。〔廣韻·屋部〕○蜓—，蟝蟧也。〔集韻·屋部〕引〔爾雅〕。

𧊜　—，魁—。〔廣韻·屋部〕○—，海蛤員厚而有文。〔集韻·屋部〕○—，通作陸。（同上）

蜟　復—，蟬未蛻者。〔廣韻·屋部〕○伏—，蟬蛻。〔集韻·屋部〕○蚰蜒、—蚳聲相近。〔釋蟲〕「螾衙，入耳」郝疏。

𧎘　——，蟲集皃。〔集韻·屋部〕

𧌄　—，蝬—，蟲。〔廣韻·屋部〕○蝬—，小蟲。〔集韻·屋部〕○—或从敕作𧍱。（同上）

蠦　螻—蟲，螻蛄也。〔廣韻·屋部〕○—，蟲名，一名螻蛄。〔集韻·屋部〕

蝜　蝍—，尺蠖。〔廣韻·屋部〕○蠀—，蟲名，蚇蠖也。〔集韻·屋部〕

蟔　—蝀，蟲名。〔廣韻·屋部〕○—蝀，小蟲。〔集韻·屋部〕

⿰虫就　蝍—，蚇蠖也。〔廣韻·屋部〕○—，蟲名。蚇蠖，⿰虫賣—也。〔集韻·屋部〕

蟰　—蛸，俗呼喜子。〔廣韻·屋部〕○—蛸，長踦也。〔集韻·屋部〕

袱　—，〔類篇〕曰梁也。今人以木枋附大木之上為—。〔通雅·諺原〕

⿰衤海　—，衣縫。〔集韻·屋部〕

⿰衤育　—，車闌慢也。〔集韻·屋部〕

⿱殸衣　—㲉，衣聲。〔集韻·屋部〕

⿱殸衣　—㲉，衣聲。〔說文〕「㲉，新衣聲」義證引〔類篇〕。○—㲉，衣聲。〔集韻·屋部〕

⿱殸衣　㲉—，新衣兒。〔集韻·屋部〕

規　—頷，面柔。〔集韻·屋部〕

角　—里先生，漢時四皓名。〔廣韻·屋部〕○漢四皓有—里先生。〔集韻·屋部〕

⿰多角　—辣，多也。〔廣韻·屋部〕

誘　—，詆說，狡猾。〔廣韻·屋部〕○詆—，狡猾也。〔集韻·屋部〕○—，一曰相欺詆。（同上）

諔　—，詭也。〔集韻·屋部〕○—詭，奇異也。〔呂覽·侈樂〕「俶詭殊瑰」校正引李云。○—詭亦作俶詭，—猶俶也。〔莊子·德充符〕「彼且蘄以—詭幻怪之名聞」集釋。

諨　—，言備。〔集韻·屋部〕

⿰言菐　—，以言蔽也。〔集韻·屋部〕

讀　—訹，聞香兒。〔集韻·屋部〕

⿰豆足　—，小豆。〔廣韻·屋部〕又〔集韻·屋部〕。

登　—，豆名。〔廣韻·屋部〕又〔集韻·屋部〕。○—，豆箕。（同上）

豚　—，尾下竅也。〔廣韻·屋部〕

豰　—，豕聲。〔集韻·屋部〕

賣　—渾，地名。〔集韻·屋部〕○—又音陸，—渾山即陸渾山。〔通雅·疑始〕

⿰卵賣　—，卵敗。〔廣韻·屋部〕○—，卵內敗。〔集韻·屋部〕

⿺走叜　趨—，體不伸也。〔廣韻·屋部〕○趨—，傴僂也。〔集韻·屋部〕

趢　—，直兒。〔集韻·屋部〕

⿺走鹿　—趚，走聲。〔集韻·屋部〕

⿰𧾷丑　—，行也。〔集韻·屋部〕

⿰𧾷尻　—，足也。〔廣韻·屋部〕○足謂之—。〔集韻·屋部〕

⿰𧾷族　——，曲足兒。〔集韻·屋部〕

蹗　—，行兒。〔集韻·屋部〕○—或作⿰𧾷彔。（同上）

⿰車坴　轓—，車箱。〔廣韻·屋部〕○轓—，三箱車。〔集韻·屋部〕

輂　—，車轅名也。〔廣韻·屋部〕

郾　—，地名。〔廣韻·屋部〕○—，地名，在南陽。〔集韻·屋部〕○—字自是郾字之訛。〔漢書·地理志〕「東至—入汝」補注。

⿱殸酉　—，酒濁。〔廣韻·屋部〕○—，濁酒。〔集韻·屋部〕

錥　鎢—，溫器。〔廣韻·屋部〕又〔集韻·屋部〕。

鏚　—，溫器。〔廣韻·屋部〕○—，或作鐭、鏕。〔集韻·屋部〕

鑟　—，印之匱。〔集韻·屋部〕

鏧　—，鏤也。〔集韻·屋部〕○—，鏤花葉。〔廣韻·屋部〕

閦　—，衆在門中。或作閦。〔集韻·屋部〕○阿—，梵語，義譯為無怒，無動。〔慧琳音義·卷一〇〕

閦 丨，閑丨。〔廣韻·屋部〕〇丨，閑也。〔集韻·屋部〕

阢 丨，古岸也。〔說文〕「隈，水曲隩也」義證引〔玉篇〕。〇曲岸水外曰丨。〔廣韻·屋部〕〇丨，水厓外也。〔集韻·屋部〕〇丨或作坃。（同上）〇丨或作沉。（同上）

陶 丨，養也。〔集韻·屋部〕〇丨，盈也。（同上）〇丨，通作鞠。（同上）

䨚 丨，鳥澤羽。〔集韻·屋部〕

䨦 丨，大雨。〔廣韻·屋部〕〇暴雨謂之丨。〔集韻·屋部〕

韍 丨，羔裘縫。〔說文〕「黬，羔裘之縫」義證引〔玉篇〕。〇丨，羊裘縫也。〔集韻·屋部〕〇丨或作黬。（同上）〇丨或作緎。（同上）

韛 丨，革帶。〔集韻·屋部〕〇丨或作鞴。（同上）

鞴 丨，韋囊步靫。〔廣韻·屋部〕

䪁 丨，絡頭繩。〔廣韻·屋部〕〇丨，絡牛頭。〔廣韻·燭部〕〇丨，一曰牛絡頭。〔集韻·屋部〕〇絡髮謂之丨。（同上）

訹 丨，樂懸斷皃。〔集韻·屋部〕

顣 丨頞，鼻頭促皃。〔廣韻·屋部〕〇丨頞，顣鼻也。〔集韻·屋部〕〇丨與蹙同。〔孟子·滕文公下〕「已頻丨曰」朱注。又（同上）焦正義。

䭐 丨，食也。〔集韻·屋部〕

䭔 丨，餅也。〔集韻·屋部〕

𩞤 丨，粥也。〔集韻·屋部〕

馱 丨，馬也。〔廣韻·屋部〕〇丨，馬名。〔集韻·屋部〕

䮠 馬丨，獸名。〔廣韻·屋部〕〇丨，獸名。〔集韻·屋部〕

騼 丨，野馬。〔廣韻·屋部〕〇丨，一曰野馬。〔集韻·屋部〕

騳 騼丨，野馬。〔廣韻·屋部〕又〔集韻·屋部〕。〇丨，一曰馬行皃。（同上）

髡 丨，亂髮。〔廣韻·屋部〕〇丨，髮亂也。〔集韻·屋部〕〇丨或省作髧。（同上）

鬊 丨，須髩。〔廣韻·屋部〕〇丨，髩鬢皃。〔集韻·屋部〕

鱐 丨，魚腊。〔廣韻·屋部〕〇丨，魚名，鮀母也。〔集韻·屋部〕〇丨，一曰魚脂。（同上）

鵚 丨鶖，鳥也。〔廣韻·屋部〕〇丨鶖，鳥名。〔集韻·屋部〕〇丨通作禿。（同上）〇丨或从隹作雉。（同上）

䳢 丨，鳥也。〔廣韻·屋部〕〇丨，鳥名，善占。〔集韻·屋部〕

鵴 丨，一名擊穀，一名布穀，亦名郭公，皆象其聲，即桑鳩也。〔說文定聲·卷六〕

鸀 丨鳿，鳥也。〔廣韻·屋部〕〇丨鳿，鳥名。〔集韻·屋部〕

鷇 丨，布丨鳥。〔爾雅〕只作穀。〔廣韻·屋部〕

䴪 丨，畚也。〔集韻·屋部〕

𪌂 丨，麥也。〔集韻·屋部〕

𪎊 丨麳，煮餅。〔集韻·屋部〕

𪐗 丨，淺黲黑也。〔廣韻·屋部〕

𪑬 丨，色暗。〔集韻·屋部〕〇丨，一曰淺黑色。（同上）〇丨，或从卜作𪐗。（同上）

䶂 鼸丨，鼠名。〔廣韻·屋部〕〇鼸丨，鼠屬。〔集韻·屋部〕引〔博雅〕。

鼀 丨，鼠名。〔廣韻·屋部〕〇丨鼸，鼠名。〔集韻·屋部〕

觳 丨，東方音。〔廣韻·屋部〕〇丨，東方之音也。〔集韻·屋部〕〇丨，或从鹿作䚏。（同上）〇丨或从角作觻。（同上）

鯈 丨，白魚也。〔集韻·尤部〕〇丨，白鰷也，其形纖長而白，今人謂之參。〔說文〕「丨，魚名」義證引〔爾雅翼〕。〇丨字亦作鰷，今曰之白餐條也。〔說文定聲·卷六〕〇丨，又借儵字。〔說文〕義證。

續經籍籑詁卷第九十一

入聲

二　沃

沃｜，灌也。〔廣韻・沃部〕○溉灌曰｜。〔慧琳音義・卷五二〕○有溉曰｜。〔大戴・千乘〕「規表衍｜」王詁。○土田而有溉曰｜。〔左傳成公六年〕「｜饒而近鹽」洪詁。○自上澆下曰｜。〔說文〕「渼，溉灌也」段注。○｜、流二字義同。〔說文〕「澆，渼也」段注。○｜為澆之大。〔韓子・初見秦〕「決白馬之口以｜魏氏」集解。○｜，今江蘇俗云㶑。〔說文〕「洎，灌釜也」段注。○閩南人謂雨淋曰｜。〔說文〕「黔，｜黑色」義證引〔井觀瑣言〕。○｜，飲也。〔說文〕「餱，燕食也」義證。○｜汏者，澆｜而汏洒之，若今人言浚麫是也。〔說文〕「浚，渼汏也」段注。○｜，美也。〔慧琳音義・卷五二〕○｜，溼也。〔同上〕○｜，言其肥潤。〔國策・秦策一〕「｜野千里」鮑注。○｜亦澤也。〔詩・揚之水〕「從子于｜」通釋。○｜，光澤貌。〔詩・隰桑〕「其葉有｜」朱傳。○｜｜，光澤貌。〔詩・隰有萇楚〕「天之｜｜」朱傳。○｜若，潤澤貌。〔詩・氓〕「其葉｜若」朱傳。○｜若猶如濡也。〔詩・皇皇者華〕「六轡｜若」朱傳。○｜若猶｜｜然。〔同上〕集疏。○｜｜義同｜若，謂佼好而有光華也。〔詩・隰有萇楚〕「天之｜｜」集疏。○｜｜與夭夭亦同義。〔廣雅・釋訓〕「妖妖，茂也」疏證。○有｜與｜｜同，亦與｜若同。〔詩・隰桑〕「其葉有｜」集疏。○｜，曲｜也。〔詩・揚之水〕「從子于｜」朱傳。○｜，古字渼。〔詩・隰桑〕「其葉有｜」陳疏。○｜，〔說文〕作渼。〔廣韻・沃部〕○｜即渼之省。〔周禮・挈壺氏〕「而｜之」孫正義。○｜，當作渼。〔詩・隰有萇楚〕「天之｜｜」陳疏。○｜，當為汏。〔說文〕「浚，浸｜也」義證。○｜，〔索隱〕引〔世本〕均作開甲，〔紀年〕亦作開。〔史記・殷本紀〕「帝祖辛崩，弟｜甲立」志疑。

渼〔說文定聲・卷七〕｜，今字作沃，凡自上澆下曰沃。〔素問・痺論〕「若沃以湯」。○｜，引申之義為肥美。〔說文〕「黔，｜黑色也」段注。○｜或作沃。〔集韻・渼部〕○｜，經典作沃。〔說文〕「｜，溉灌也」義證。

俗｜，習安也。〔說文〕「｜，習也」義證引〔玉篇〕。○｜者，習也，人居此地習以成性謂之｜焉。〔同上〕義證引〔新論・風俗篇〕。○｜，風｜。〔廣韻・燭部〕○習、｜雙聲字，｜即是習，非所謂習風｜也。〔荀子〕「習｜」雜志。○不｜，不習也。〔荀子・性惡〕「下不｜於亂世之民」集解引王念孫。○行之於下之謂｜。〔禮記・大傳〕「禮｜刑然後樂」集解。○｜之言續也，傳相習也。〔說文〕「｜，習也」繫傳。○〔說文定聲・卷八〕｜，叚借為欲。〔荀子・解蔽〕「由｜謂之道盡嗛矣」。○｜當為屬，聲近而譌也。〔荀子・富國〕「凡主相臣下百吏之｜」平議。○｜乃鉛字之誤。〔荀子・性惡〕「下不｜於亂世之民」平議。

玉｜，石之精也。〔說文〕「｜，石之美有五德」義證引〔地鏡圖〕。○｜者象君子之德，燥不輕，濕不重，是以君子寶之。〔廣韻・燭部〕引〔白虎通〕。○｜瑞，命圭也。〔大戴・用兵〕「｜瑞不行諸侯」王詁。○｜鬯，圭瓚也。〔周禮・大宗伯〕「涖｜鬯」述聞。○〔說文定聲・卷八〕五｜，二圭三璧也。〔虞書〕「五｜」。○｜寶璧即受命寶和氏璧也。〔漢書・郊祀志〕「為隨侯、劍寶、｜寶璧、周康寶鼎立四祠於未央宮中」補注引劉敞。○｜，磬也。〔孟子・萬章下〕「金聲而｜振之也」朱注。○｜牒，本是通於神明之意。〔漢書・郊祀志〕「其下則有｜牒書」補注引賀知章。○今惟皇宗屬籍曰｜牒。〔通雅・書札〕○｜璲，言帶頭小褉，或以牙｜為之。〔通雅・裝治〕○｜帳，兵書也。〔通雅・釋詁〕○｜，｜工也。〔說文〕「琱，朽｜也」義證引〔玉篇〕。○｜人，｜工也。〔孟子・梁惠王下〕「必使｜人彫琢之」朱注。○｜英，｜有英華之色。〔說文〕「瑛，｜光也」義證引〔孝經援神契〕。○｜理猶｜英，｜勝也。〔同上〕義證引宋均。○｜，寶愛之意。〔詩・民勞〕「王欲｜女」朱傳。○古謂美好者為｜。〔儀禮・聘禮〕「士介四人皆奉｜錦束請覿」平議。○｜女者，珍之也。〔史記・秦本紀〕「乃妻之姚姓之｜女」志疑。○｜食猶言好食。〔書・洪範下〕「惟辟｜食」孫疏。○〔說文定聲・卷八〕｜脯，｜府也。〔管子・七臣七主〕「瑤臺｜脯不足處」。○〔說文定聲・卷二〕｜繩，謂天乙、太乙兩小星也。〔春秋元命苞〕「｜衡北兩星為｜繩」。〔「繩」下〕○〔說文定聲・卷八〕｜，叚借為頊。〔周禮・太卜〕「一曰｜兆」。○｜讀為畜，畜，好聲之緩急。〔書・洪範下〕「惟辟｜食」孫疏。○古｜字皆作王。〔左傳成公二年〕「將授｜」疏證引惠棟。○｜古作王，自秦更隸始加點以別王字。〔說文〕「琱，朽｜也」義證引〔洪武正韻〕。○點在下畫之旁者，寶｜字也，點在中畫之旁者，朽｜也，俗書｜王不辨。〔同上〕○｜當為石。〔說文〕「瑤，｜之美者」義證。○｜字當為樂。〔史記・五帝紀〕「五｜」志疑。

王〔集韻・燭部〕｜，隸加點作玉。

足〔說文定聲・卷八〕｜，厀下至跖之總名也。〔說文〕「｜，人之｜也」。○｜，滿也。〔廣韻・燭部〕○｜，止也。〔同上〕○｜，富｜也。〔論語・先進〕「可使｜民」朱注。○｜禮謂重禮也。〔荀子・禮論〕「法禮｜禮」集解引王念孫。○｜猶能。〔國策・齊策四〕「可謂｜使矣」鮑注。○｜猶成也，相｜成也。〔慧琳音義・卷七〇〕○｜者，浞之渻借。〔詩・信彼南山〕「既霑既｜」通釋。○｜，既浞之假借字。〔同上〕陳疏。○｜即浞之假借也。〔說文〕「浞，小濡皃也」段注。○｜與浞聲相近也。〔廣雅・釋詁二〕「霑，漬也」疏證。○霑、｜亦語之轉。〔廣雅・釋詁二〕「霑，漬也」疏

證。○丨古作疋。〔集韻·燭部〕○丨當為疋。〔說文〕「丨者亦止也」義證。○丨當為是，是，則也，則亦法也。〔荀子·禮論〕「法禮丨禮」集解引王念孫。○翹丨，崔本作翹尾。〔莊子·馬蹄〕「翹丨而陸」集釋引〔釋文〕。

曲 丨，不正也。〔國策·秦策五〕「以丨合於趙王」鮑注。○不直曰丨。〔說文〕「丨，象器丨受物之形也」段注。○丨直者，言木可揉丨，亦可從繩正直。〔書·洪範〕「木曰丨直」孫疏。○丨之言詘也。〔說文〕「乙，象春艸木冤丨而出」段注。○丨，偏也。〔禮記·禮運〕「物丨有利」集解。○丨，一偏也。〔中庸〕「其次致丨」朱注。○大事曰事，小事曰丨。〔漢書〕「丨為之防」雜志。○丨與坎同義。〔詩·鶴鳴〕鄭箋「臯，澤中水溢出所為坎」通釋。○丨，委丨。〔廣韻·燭部〕○丨，委丨也。〔大戴·文王官人〕「丨省其行」王詁。○丨，引申為凡委丨之稱。〔說文〕「丨，象器丨受物之形也」段注。○丨折，委丨情狀也。〔漢書·李廣傳〕「青欲上書報天子失軍丨折」補注引王念孫。○丨期者，乃委丨以會之。〔荀子·正名〕「丨期」集解。○丨期謂丨折期會之地，猶言委巷也。〔同上〕集解引郝懿行。○丨，部丨。〔墨子·號令〕「視敵之居丨」閒詁。○丨撓言師不直前而敗。〔國策·齊策一〕「丨撓而誅」鮑注。○丨撩，戰具，如今之鈎槍也。〔慧琳音義·卷二〇〕○丨轅謂小車。〔說文〕「轐，車衡三束也，丨轅轐縛」句讀。○丨轅謂兵車、乘車、田車，皆小車也。〔同上〕段注。○丨輈，所謂軒轅也。〔說文〕「軒，丨輈藩車也」段注。○丨隈，胯內也。〔莊子·徐無鬼〕「奎蹄丨隈」集釋。○丨踊，橫跳也。〔左傳僖公二八年〕「踴踊三百」疏證引邵寶。○丨踊猶倒行也。〔同上〕疏證。○樂章為丨。〔說文〕「丨，象器丨受物之形也」段注。○丨，謂音宛丨而成章也。〔同上〕○〔通雅·卷二九〕丨胤即丨引。〔文選·馬季長長笛賦〕「丨胤之繁會」。○丨，育蠶之具。〔說文〕「丨，象器丨受物之形也」義證引〔古文苑·元后誄〕注。○丨紅即丨江。〔通雅·地輿〕○大宴於丨江亭曰丨江會。〔通雅·官制〕○在丨沃之陽，故曰丨陽。〔漢書·曹參傳〕「擊魏王於丨陽」補注引〔紀要〕。○丨阿本名雲陽，秦時望氣者云有王氣，鑿之敗其勢，截其直道，使之阿丨，故曰丨阿。〔漢書·地理志〕「丨阿」補注引〔太康地記〕。○按〔水經注〕博水、濡水出蒲陰，回湍丨復，謂之丨逆水，故縣名丨逆。〔通雅·音義襍論〕○〔說文定聲·卷八〕丨，叚借為局。〔方言五〕「所以行棊謂之局，或謂之丨道」。○〔同上〕丨，叚借為苖。〔史記·周勃世家〕「勃以織丨薄為生」。○丨、苖、笛並同。〔廣雅·釋器〕「笛謂之薄」疏證。○丨，字或作笛。〔說文〕「或說丨，蠶薄也」義證。○丨，又作篚。〔同上〕○丨，字亦作凹，今讀如窅。〔說文定聲·卷八〕○丨當為西。〔漢書·西域傳贊〕「迺表河丨」補注引王念孫。○丨當作西。〔漢書·地理志〕「海丨，莽曰東海亭」補注引錢大昕。○丨當為典字之誤也。〔荀子·正論〕「成文丨」集解引王念孫。○丨，疑典字之譌。〔管子·霸言〕「霸王不在成丨」平議。○丨當作由。〔韓子·飾令〕「行法丨斷」集解引顧廣圻。○丨字疑由字之誤。〔商子·兵守〕「行治丨斷」平議。○丨逆，〔漢書〕作丨遇，音齲顒，丨遇在中牟。〔史記·絳侯世家〕「攻丨逆」志疑。○丨，各本譌作典。〔廣雅·釋器〕「丨梁謂之罶」疏證。

粟 丨，穀也。〔孟子·公孫丑下〕「米丨非不多也」朱注。○丨，禾實也。〔說文〕「米，丨實也」義證。○丨，禾子也。〔廣韻·燭部〕○穀實曰丨。〔說文定聲·卷一〇〕〔「禾」下〕○禾者未割之穗，丨與穀皆穗之既采分為顆粒者之名，其皮曰糠，其中曰米。〔說文定聲·卷八〕○有殼者曰丨。〔左傳僖公一三年〕「輸丨于晉」疏證引胡渭。○丨，米之有甲者。〔說文〕「丨，嘉穀實也」義證引〔韻會小補〕。○丨乃粱類，非稷也。〔同上〕義證引陳啓源。○凡粱米皆是丨類。〔同上〕義證引陶隱居。○五穀之類皆有粳糯，丨之糯曰粱、曰粢。〔說文〕「稉，沛國謂稻曰稉」義證引〔通志〕。○丨，其粒細於粱米，熟舂令白亦以當白粱，呼為白粱丨或呼為粢。〔說文〕「丨，嘉穀實也」義證引陶宏景。○古者以丨為黍、稷、粱、秫之總稱，而今之丨，在古但呼為粱，後人乃專以粱之細者名丨。〔本草·粟〕○丨奴，即丨苗成穗時生黑煤者。〔同上〕○丨者，祿也。〔禮記·祭義〕「仁者之丨」集解。○丨，助陽扶性，丨之為言續也。〔廣雅·釋詁二〕「丨，續也」疏證引〔春秋說題辭〕。○凡應出布者，以丨當布又謂之閒丨。〔說文定聲·卷一三〕〔「稅」下〕○〔說文定聲·卷八〕丨，叚借為娕。〔管子·小問〕「未敢自恃自命曰丨」。

㮚 丨，同粟。〔廣韻·燭部〕○丨，隸作粟。〔集韻·燭部〕

燭 〔說文定聲·卷八〕丨，燋也，未爇曰燋，執之曰丨，大丨樹地曰庭燎，葦薪為之，小者麻蒸為之。〔說文〕「丨，庭燎，大丨也」。○未爇曰燋，執之曰丨，在地曰燎，廣設之則曰大丨、曰庭燎。〔說文〕「丨，庭燎，大丨也」段注。○古庭燎依慕容所為，以葦為中心，以布纏之，飴蜜灌之，若今蠟丨。〔同上〕○丨，燈丨也。〔廣韻·燭部〕○〔說文定聲·卷一七〕丨者，豖也。〔淮南·精神〕「丨營指天」。〔「營」下〕○丨睆，目中疾。〔淮南〕「梣木色青而蠃瘉蝸睆」雜志。○鍾山之神，名曰丨陰，即丨龍也。〔楚辭·天問〕「丨龍何照」補注引〔山海經〕注。○西北海之外，有神人面蛇身而赤，其瞑乃晦，其視乃明，是丨九陰，是謂丨龍。〔同上〕補注引李善注。○丨龍在鴈門北，蔽於委羽之山，不見日，其神人面龍身而無足。〔同上〕補注引〔淮南子〕。○〔左傳〕「丨之武」當作趨。〔說文〕「趨，行皃」義證。○官本丨作濁。〔漢書·古今人表〕「顏丨雛」補注。

爥 丨、燭字同。〔漢書·地理志〕「丨水所出」補注。

屬 丨，連也。〔楚辭·九辯〕「丨雷師之闐闐兮」補注。○丨者，連也。〔說文·上說文書〕「同條牽丨」段注。○丨，相連續若尾之在體。〔說文〕「丨，連」繫傳。○丨者，連丨不一之稱。〔周禮·龜人〕「天龜曰靈丨」孫正義。○丨者，聯也。〔說文〕「孺，乳子也」段注。○丨，逮也。〔義府·卷上〕○丨婦，逮婦之名，言其微也。〔同上〕○丨，近也。〔通鑑·漢紀三〕「天下丨安定」音注。○〔說文定聲·卷八〕丨，附近追及之意。〔說文〕「丨，連也」。

○丨，繫也。〔荀子〕「丨」雜志。○丨，係也。〔管子〕「博出入」雜志。○〔説文定聲・卷八〕丨，又為聯綴繫著之意。〔廣雅・釋詁二〕「丨，續也」。○丨，合也。〔荀子〕「丨」雜志。○丨，會也。(同上)雜志。又〔通鑑・晉紀一二〕「丨永嘉之辭」音注。又〔廣韻・燭部〕。○丨，會集也。〔孟子・梁惠王下〕「乃丨其耆老而告之曰」朱注。○丨，集會也。〔通鑑・後周紀三〕「潘叔嗣丨將士而告之曰」音注。○丨，會也，聚也。〔穀梁傳定公一〇年〕「退而丨其二三大夫」述聞。○〔説文定聲・卷八〕丨，又為會合結聚之意。〔齊語〕「十縣為丨」。○丨，引申為合聚之義。〔周禮・州長〕「各丨其州之民而讀灋」孫正義。○丨與聚亦同義。〔廣雅・釋詁三〕「贅，聚也」疏證。○丨，付也。〔楚辭・惜往日〕「丨貞臣而日娭」補注。又〔自悲〕「丨天命而委之咸池」補注。又〔通鑑・唐紀九〕「尚書細務丨左右丞」音注。○丨，付也，託也。〔通鑑・周紀三〕「燕王因丨國於子之」音注。○丨謂丨託也。〔漢書・蓋寬饒傳〕「上無許、史之丨」補注引何焯。○丨託與丨累義同。〔釋言〕「諈，累也」郝疏。○〔説文定聲・卷八〕丨，又為付託委致之辭。〔史記・魏其武安侯傳〕「夫起舞丨丞相」。○丨，足也。〔廣韻・燭部〕○丨，一曰足也。〔集韻・燭部〕○孎與丨同義。〔廣雅・釋訓〕「丨丨，敬也」疏證。○丨即入也。〔書・禹貢上〕「涇丨渭汭」孫疏。○丨，類也。〔大戴・千乘〕「利辭以亂丨曰讒」王詁。又〔廣韻・燭部〕。又〔集韻・燭部〕。○凡異而同者曰丨。〔説文〕「丨，連也」段注。○〔説文定聲・卷八〕丨，又為醜類非一之辭，或言丨，或言別，同也。〔周禮・甸祝〕「乃丨禽」。○丨猶言丨別，謂以爵秩、尊卑相領隸。〔周禮・大宰〕「一曰官丨以與邦治」孫正義。○丨，官衆也。〔大戴・主言〕「分丨而治之」王詁。又〔盛德〕「是故官丨不理」王詁。○丨，儕等也。〔廣韻・燭部〕○五十人為丨，丨相保也。〔説文〕「什，相十保也」義證引〔尉繚子〕。○丨，親也。〔釋言〕「孺，丨也」鄭注。○丨，著也。〔詩・小弁〕「不丨于毛」述聞。○丨、離，皆著也。〔廣雅・釋詁三〕「麗，著也」疏證。○丨，附也。〔管子・立政〕「圈丨羣徒」義證。○丨猶附也。〔詩・小弁〕「不丨于毛」陳疏。○丨猶佐也。〔左傳宣公一二年〕「失丨亡師」疏證。○丨猶頃也。〔漢書・谷永傳〕「丨聞以特進領城門兵」補注引蘇輿。○丨猶祇也。〔釋詞・卷九〕○丨猶今人言適纔也。(同上)○丨所與在所義同。〔漢書・儒林傳〕「令相長丞上丨所二千石」補注。○丨鏤，劍名。〔左傳哀公一一年〕「使賜之丨鏤以死」洪詁。○丨鏤、獨鹿並與丨鹿同。〔廣雅・釋器〕「丨鹿，劒也」疏證。○丨玉，水鳥名，天子以柏梁災為厭勝，故上林諸觀多以水鳥名。〔文選・西都賦〕「於是天子乃登丨玉之館」補正引王世貞。○丨，通作聯。〔説文〕「丨，連也」義證。○丨之與獨古通用也。〔書・盤庚中〕「爾忱不丨」平議。○〔説文定聲・卷八〕丨，叚借為足。〔左傳昭公二八年〕「丨厭而已」。○(同上)丨，叚借為孎。〔書・梓材〕「至于丨婦」。○丨與孎，聲之緩急，假借字。〔書・梓材〕「至于丨婦」孫疏。○〔説文定聲・卷八〕丨，叚借為適，實為啻，適、丨雙聲。〔左傳昭公四年〕「丨有宗祧之事于武城」。○(同上)丨，或曰借為欘。〔廣雅・釋詁一〕「丨，解也」。○(同上)丨，以祝為之。〔詩・干旄〕「素絲祝之」。○(同上)丨，以濁為之。〔淮南・天文〕「洞洞灟灟」。○丨，族之假借字。〔左傳宣公一二年〕「失丨亡師」疏證。○凡親丨字皆當作丨，今相承作族。(同上)○丨，俗作屬。〔集韻・燭部〕○丨，劚之省。〔墨子・備穴〕「丨四」閒詁。○丨，蓋孎之省。〔説文〕「孎，謹也」段注。○丨乃厲之誤。〔韓子・詭使〕「所以丨下也」集解引王念孫。○丨當為厲字之誤也。〔韓子・有度〕「丨官威民」集解引王念孫。○丨與厲字相似而誤。〔荀子・富國〕「勸丨之民不勸」集解引王念孫。○丨玉，〔史記〕作鸀鳿。〔漢書・司馬相如傳〕「駕鵞丨玉」補注。○丨鏤，〔荀子・成相〕作獨鹿。〔左傳哀公一一年〕「使賜之丨鏤以死」洪詁。

屬　丨，俗屬。〔廣韻・燭部〕

囑　丨，付也，對也。〔慧琳音義・卷三〕引〔韻詮〕。○丨，相寄託也，委也。(同上)引〔玉篇〕。○丨，託也。〔廣韻・燭部〕○丨，託辭也。〔集韻・燭部〕○丨，託也，私請也。〔通鑑・漢紀二二〕「為汝有事丨之而受乎」音注。

録　丨與緑同音，金色在青黄之間也。〔説文〕「丨，金色也」段注。○丨，記也。〔通鑑・漢紀四八〕「未有丨牒」音注。又〔集韻・燭部〕。○丨，記丨也。〔大戴・衛將軍文子〕「不丨舊罪」王詁。○丨謂校丨。〔周禮・大史〕「與羣執事讀禮書而協事」孫正義。○丨，一曰采也。〔集韻・燭部〕○丨，采丨。〔廣韻・燭部〕○丨，圖丨也。〔通鑑・魏紀五〕「則輟丨授能」音注。○丨，拘也，收也。〔通鑑・梁紀一八〕「丨送莊嚴寺」音注。○丨，收恤之也。〔通鑑・唐紀七九〕「願大王丨其妻子」音注。○丨，收拾也。〔通鑑・漢紀五五〕「通急丨户調」音注。○〔通雅・卷一九〕丨事，青樓中之稱也，其為酒糾則稱丨事。〔本事詩〕引元稹云「余曾為觥丨事」。○丨義與睩通。〔廣雅・釋詁一〕「睩，善也」疏證。○丨丨，不自異。〔集韻・屋部〕○丨丨、碌碌並與逯逯同。〔廣雅・釋訓〕「逯逯，衆也」疏證。○丨丨，借為娽娽。〔説文〕「娽，隨從也」段注。○〔説文定聲・卷八〕丨，叚借為逯、為娽。〔漢書・灌夫傳〕「此特帝在即丨丨」。○丨，叚借為录。〔説文定聲・卷八〕○(同上)丨，叚借為緑。〔荀子・性惡〕「文王之丨」。○(同上)丨，叚借為趢。〔吳語〕「今大國越丨」。○丨，慮之叚借也。〔説文〕「丨，金色也」段注。○〔説文定聲・卷八〕丨，叚借為慮，凡省丨字、丨因字皆慮也，慮丨雙聲。〔荀子・脩身〕「程役而不丨」。○(同上)丨，字亦作籙。〔廣雅・釋器〕「籙，篰也」。

籙　丨，圖丨。〔廣韻・燭部〕○丨，一曰籍也。〔集韻・燭部〕○丨，簏也。(同上)○丨與録通。〔廣雅・釋器〕「丨，篰也」疏證。

辱　丨，恥丨。〔廣韻・燭部〕○丨，污也。〔大戴・曾子立事〕「丨之為畏」王詁。又〔曾子制言上〕「生以丨不如死以榮」王詁。又〔廣韻・燭部〕。○丨，惡也。〔廣韻・燭部〕○丨猶醜也。〔詩・墻有茨〕「言之丨也」朱傳。○丨，惡枉羞也。〔慧琳音義・卷八〕引〔考聲〕。○丨與奪同意。〔説文定

聲·卷八〕○〔同上〕丨，叚借為溽。〔禮記·月令〕「土潤丨暑」。○〔同上〕丨，叚借為脣，實為漘，脣、丨形近而譌。〔廣雅·釋邱〕「丨，厓也」。

獄　丨，訟也。〔大戴·子張問入官〕「丨之所由生也」王詁。○丨亦訟也。〔詩·行露〕「何以速我丨」陳疏。○小罪曰訟，大罪曰丨。〔義府·卷上〕○丨，謂邦國都鄙官府之丨訟。〔大戴·盛德〕「季冬聽丨論刑」王詁。○丨，相與諍訟也。〔慧琳音義·卷一四〕引顧野王。○丨，訟也，丨之言觸也。〔說文定聲·卷八〕○丨，謂相告以罪名者。〔大戴·千乘〕「以聽丨訟」王詁。○〔說文定聲·卷八〕丨，以塙實為訓。〔釋名〕「丨，确也，言實确人情僞也」。○丨者，核确也。〔說文〕「丨，确也」義證引〔春秋元命苞〕。○丨之言埆也，取其堅牢也。〔同上〕義證引〔急就篇〕顏注。○囚繫之所，因名為丨。〔慧琳音義·卷六〕引〔玉篇〕。○地丨者，冥司幽繫之所也，在世界之下，故曰地丨。〔慧琳音義·卷六〕○丨，古从口作⿴囗獄。〔集韻·燭部〕

緑　丨，青黃色。〔廣韻·燭部〕○丨，蒼勝黃之間色。〔詩·緑衣〕「丨兮衣兮」朱傳。○丨，東方間色也。〔說文定聲·卷八〕○丨，色也。〔詩·淇奧〕「丨竹猗猗」朱傳。○丨沈，深丨也。〔通雅·綵色〕○丨，王芻也。〔詩·采緑〕「采丨采丨」朱傳。○丨自是王芻也。〔說文〕「薄，水萹茿」義證。○丨即〔本草〕之藎草。〔漢書·司馬相如傳〕「攢戾莎」補注引陳啟源。○所謂丨圖，黃章也。〔通雅·器用〕○丨腰，本作錄要，後轉呼丨腰、六么。〔通雅·戲具〕○丨金蟬，即吉了蟲也。〔通雅·蟲〕○丨者，菉之假借。〔詩·淇奧〕「丨竹猗猗」通釋。○菉本字，丨假借字。〔同上〕陳疏。○丨讀為菉，假借字也。〔詩·采緑〕「終朝采丨」陳疏。○〔說文定聲·卷八〕丨，叚借為菉。〔詩·淇奧〕「丨竹猗猗」。○〔同上〕丨，叚借為角，或為簍，或為琢。〔禮記·喪大記〕「君大夫鬊爪實于丨中」。○丨與綠同。〔廣雅·釋器〕「綠，青也」疏證。○丨或从帛作綠。〔集韻·燭部〕○丨，字或作綠。〔說文〕「丨，帛青黃色也」義證。○〔說文定聲·卷八〕丨，字亦作綠。〔廣雅·釋器〕「綠，青也」。○〔同上〕丨，字亦作騄。〔穆天子傳〕「天子之駿盜驪丨耳」。○凡丨當作菉，絲則稱綠也。〔說文定聲·卷一二〕〔「茈」下〕○丨，魯作录。〔詩·淇奧〕「丨竹猗猗」集疏。又〔采緑〕「終朝采丨」集疏。

毒　味厚者為丨。〔易·噬嗑〕「噬腊肉，遇丨」李疏。○凡辛苦之藥，味必厚烈而不適口，故謂之丨藥。〔周禮·醫師〕「聚丨藥以共醫事」孫正義。○丨藥者，氣性酷烈之謂，與〔本草經〕所云有丨無丨者異。〔同上〕孫正義。○丨謂五丨。〔同上〕平議。○丨，痛也。〔通鑑·漢紀二四〕「常怨丨長」音注。又〔廣韻·沃部〕。○丨，苦也。〔通鑑·漢紀二四〕「常怨丨長」音注。又〔廣韻·沃部〕。○丨，害也。〔廣韻·沃部〕○丨兼善惡之辭。〔說文〕「丨，厚也」段注。○丨猶惡也，凡相憎惡亦謂之丨。〔廣雅·釋詁三〕「丨，惡也」疏證。○丨，憎也。〔廣韻·沃部〕○丨，怨之甚也。〔通鑑·漢紀二四〕「常怨丨長」音注。○丨猶餘也。〔詩·谷風〕「比予于丨」陳疏。○嫉為丨也。〔書·盤庚〕「惟汝自生丨」孫疏。○丨者，厚也。〔說文定聲·卷一四〕〔「蝉」下〕○丨，引申為凡厚之義。〔說文〕「丨，厚也」段注。○〔說文定聲·卷六〕丨，蓋以篤為訓。〔說文〕「丨，厚也」。○丨與竺同音通用。〔說文〕「丨，厚也」段注。○丨與篤同音通用。〔同上〕○〔說文定聲·卷六〕丨，叚借為畜。〔老子〕「亭之丨之」。○〔同上〕丨，叚借為督。〔易·師〕「以此丨天下」。○丨字當讀為督。〔易·師〕「以此丨天下」平議。○丨，乃壔之叚借。〔莊子·人間世〕「無門無丨」集釋引李楨。○丨，官本作毒。〔漢書·五行志〕「明年有嫪丨之誅」補注。○丨冒，〔爾雅注〕作瑇瑁，〔釋文〕又作蝳帽。〔漢書·司馬相如傳〕「丨冒鼈黿」補注引宋祁。

⿱艹副　丨，本從竹作⿱⺮副。〔說文〕「丨，古文毒」義證。

⿱屮毒　丨，害人草也。〔慧琳音義·卷六〇〕引〔考聲〕。○丨，有所害也，恨也，憎也。〔同上〕

⿱屮毒　丨，同毒。〔廣韻·沃部〕

局　丨，分也。〔廣韻·燭部〕○丨，此字當訓分也，猶界也。〔說文定聲·卷八〕○丨，界也，分也。〔慧琳音義·卷七〇〕引〔考聲〕。○〔說文定聲·卷八〕丨，謂畫界以分疆者。〔說文〕「丨，一曰博，所以行棊」。○丨，曲也。〔詩·正月〕「不敢不丨」朱傳。又〔慧琳音義·卷七〇〕引〔考聲〕。○丨之言屈。〔詩·正月〕「不敢不丨」通釋。○丨之言曲也。〔廣雅·釋言〕「皋，丨也」疏證。○丨，卷也。〔詩·采緑〕「予髮曲丨」朱傳。○丨促即守分位之意。〔釋言〕「丨，分也」郝疏。○〔通雅·卷七〕丨趣即丨足、丨促、趜趚、跼瘯、趜趚，通作跼蹐、丨迹、丨脊。〔武安傳〕「丨趣效轅下駒」。○〔說文定聲·卷八〕丨，叚借為曲。〔詩·正月〕「不敢不丨」。○丨，韓、魯丨作跼。〔詩·正月〕「不敢不丨」集疏。

局　〔通雅·卷一〇〕丨丨，聲欲出口也。〔莊子〕「丨丨然笑」。

欲　丨，貪丨。〔論語·憲問〕「克、伐、怨、丨不行焉」朱注。○丨，貪丨也。〔廣韻·燭部〕○丨者，貪丨也。〔說文繫傳·通論下〕○丨，人六情之所生也。〔說文〕「丨，貪丨」繫傳。○丨者，勝人為彊。〔論語·公冶長〕「棖也丨」劉正義。○丨猶好也。〔禮記·祭義〕「敬以丨」平議。又〔左傳襄公八年〕「鄙我是丨」平議。又〔成公二年〕「余雖丨於鞏伯」述聞。○丨字猶好也。〔孟子·梁惠王〕「天下之丨疾其君者」平議。○丨亦皆與好同義。〔左傳成公二年〕注引〔論語〕「丨仁丨善」述聞。又引〔孟子〕「可丨之為善」述聞。○古者丨與好同義，凡經言耆丨，皆謂耆好也，言丨惡，皆謂好惡也。〔左傳成公二年〕「余雖丨於鞏伯」述聞。○不丨，皆謂不好也。〔書·泰誓〕「我尚不丨」述聞。又〔國語·越語〕「吾不丨匹夫之勇」述聞。○丨，意或

—也。〔國策・魏策四〕「王—焉而收齊趙攻荆」鮑注。〇—言或—此或—彼。〔國策・韓策一〕「王—則信公孫郝於齊」鮑注。〇—猶須也。〔國策・燕策二〕「又不—王」鮑注。〇—之言續也。〔說文繫傳・通論下〕〇〔通雅・卷一八〕—宍,自戀其軀也。〔淮南子・原道〕「—宍之心亡于中」。〇—、猶古字通。〔詩・文王有聲〕「匪棘其—」述聞。〇猶與—,聲形亦相近。〔書・皋陶謨上〕「無教佚—」孫疏。〇—與猷通。〔書・皋陶謨上〕注「—一作遊」孫疏。〇古—或作猷。〔書・皋陶謨上〕「無教佚—」孫疏。〇〔說文定聲・卷八〕—,段借為裕。〔禮記・祭義〕「其薦之也敬以—」。〇(同上)—,段借為數。〔禮記・玉藻〕「疾趨則—發而手足毋移」。〇覦,—聲相近。〔廣雅・釋詁一〕「闚,—也」疏證。〇〔說文定聲・卷八〕—,俗字亦作慾。〔論語〕「棖也慾」。〇—當作敢。〔漢書・王莽傳〕「—諫之鼓」補注引王念孫。〇—諫,〔淮南・主術〕作敢諫。〔呂覽・自知〕「堯置—諫之鼓」校正。〇—,〔周禮〕作猶。〔大戴・朝事〕「—犯令者」王詁。〇—,齊作猶。〔詩・文王有聲〕「匪棘其—」集疏。〇—,元作有。〔國策・秦策三〕「必—霸主强國」鮑注。〇—利,〔韓詩外傳〕作好利。〔左傳成公二年〕注引〔荀子・不苟〕「—利而不為所非」述聞。〇莫—之當作莫為之。〔荀子・君道〕「以天下之民莫—之也」集解引王念孫。

束 —,縛也。〔廣韻・燭部〕又〔說文〕「臾,—縛捽抴為臾是曳」段注。〇—者,縛也。〔說文〕「鉗,以鐵有所劫—也」段注。〇—,—薪也。〔說文〕「—,縛也」繫傳。〇—,拘也。〔大戴・勸學〕「柔自取—」王詁。〇—猶斂。〔國策・齊策二〕「然則是君自為燕—兵」鮑注。〇—,總要也。〔太素・人迎脈口診〕「外揣言渾—為一」楊注。〇五十矢為—。〔詩・泮水〕「—矢其搜」朱傳。〇凡矢五十為—。〔說文定聲・卷八〕(「族」下)〇帛十端曰—。〔儀禮・聘禮〕「釋幣制玄纁—」胡正義。〇十箇為—。〔說文〕「妃,匹也」段注。〇十脡為—。〔論語・述而〕「自行—脩以上」朱注。〇凡物十曰—,—帛、—錦、—脩皆以十為數也。〔儀禮・士冠禮〕「—帛儷皮」胡正義。〇〔說文定聲・卷八〕—,—髮也。〔論語〕「自行—脩以上」。〇—脩,謂行檢—脩飾之禮,蓋十五入大學之年也。〔義府・卷上〕〇—躅,疊韻字,謂數以足踏地而稱善也。〔周書〕「—躅」雜志。〇—或从手作捒。〔集韻・燭部〕

捒 今中國人謂撩理行具為縛—。〔慧琳音義・卷七三〕

鵠 —,鳥名。〔廣韻・沃部〕〇—,水鳥也。〔國策・楚策四〕「黃—因是以游乎江海」補正。〇—形似鶴,色蒼黃,亦有白者,其翔極高,一名天鵝。〔說文定聲・卷六〕〇凡經史言鴻—者,皆謂黃—也,或單言—,或單言鴻。〔說文〕「—,黃—也」段注。〇—,鴻也。〔國策・楚策四〕「黃—因是以游乎江海」鮑注。〇—,黃—,仙人所乘。〔漢書・司馬相如傳〕「鳿鷫—鴇」補注引〔玉篇〕。〇—,一舉千里也。〔慧琳音義・卷七六〕引〔考聲〕。〇—,黃—也,一舉千里,其鳴聲——云。〔漢書・司馬相如傳〕「鳿鷫—鴇」補注引〔急就篇〕顏注。〇栖皮曰—。〔國策・齊策五〕「—的非咎」補正。〇棲皮曰—,候之中,射之的也。〔中庸〕「失諸正—」朱注。〇—,一說小鳥射之難中,古者畫於射質以中之為雋。〔集韻・莈部〕〇四尺曰—,舉大概也。〔通雅・算數〕〇嚳,—、嚳雖有治角,治象之不同,而同為分析之義,其聲亦相近也。〔廣雅・釋詁一〕「嚳,分也」疏證。〇—,曲沃邑也。〔詩・揚之水〕「從子于—」朱傳。〇〔說文定聲・卷六〕—者,曲沃二字之合音。〔詩・揚之水〕「從子于—」。〇—,古通作皐。〔詩・揚之水〕「从子于—」通釋。〇—與皐古同聲。(同上)述聞。〇—、鶴古通。〔史記・滑稽列傳〕「褚先生曰」志疑。〇〔說文定聲・卷六〕—,借為鶴。〔莊子・庚桑楚〕「越雞不能伏—卵」。〇—立,—髮之—借為鶴也。〔說文定聲・卷一〕(「鴻」下)〇〔通雅・卷四五〕—即鶴。〔後漢・吳良傳贊〕「大儀—髮」。〇古人多以—字作鶴字用。〔字詁〕〇—當作鶴。〔文選・辨命論〕「龜—千歲」集釋。〇正—之—借為鸛。〔說文定聲・卷一〕(「鴻」下)〇〔卷六〕—,段借為鸖。〔詩・賓之初筵〕釋文引〔說文〕「—即鵠也,小而難中」。〇(同上)—,段借為鷽,鳿—即輪鷽。〔廣雅〕「鳿—,𨿅也」。〇(同上)—,段借為皓、為顥、為翯、為㩁。〔周禮・巾車〕「—纓」。〇〔通雅・卷四五〕—,本作隺,或作鶴。〔後漢・吳良傳贊〕「大儀—髮」。〇—或从隹作𨿅。〔集韻・莈部〕〇—作艁。〔廣雅・釋詁一〕「嚳,分也」疏證。〇—,齊作皐。〔詩・揚之水〕「從子于—」集疏。〇—,一曰—澤,縣名,在西河郡。〔集韻・莈部〕〇—,或从隹作𨿅。(同上)

𨿅 鳿—,鳥名,似鵠。〔廣韻・沃部〕

蜀 —有大義。〔方言一二〕「—,一也」箋疏。〇—蠋、—與獨義亦同也。〔廣雅・釋詁三〕「—,弌也」疏證。〇—椒一名巴椒,一名蓎藙。〔說文〕「茮,茮茱」義證引〔本草〕。〇—,巴—。〔廣韻・燭部〕〇—,山,在濟州。〔釋山〕「獨者—」鄭注。〇—亦地名。〔集韻・燭部〕〇—、濁通用字。〔漢書・地理志〕「長社」補注。〇—、濁字通,宋以後地說家皆稱—水。〔漢書・地理志〕「—水東至南昌入湖漢」補注。〇〔說文定聲・卷八〕—,段借為獨,實發聲之詞。〔廣雅・釋詁一〕「—,弌也」。〇—,段借為獨。〔說文定聲・卷八〕〇—,讀為燭。〔春秋名字解詁〕「石作—字子明」述聞。〇—或作蠋。〔集韻・燭部〕〇〔說文定聲・卷八〕—,俗字作蠋。〔管子・水地〕「欲小則化如蠶蠋」。〇—,作蠋者俗字也。〔詩・東山〕「蜎蜎者蠋」通釋。〇—亦从屬作蠾。〔集韻・燭部〕〇抱—,原文當作抱檌,檌即櫝字也。〔管子・形勢〕「抱—不—言」平議。

促 —,迫也。〔廣韻・燭部〕〇—,速也。(同上)〇—,近也。(同上)〇—,至也。(同上)〇—節,則由徐而疾。〔漢書・司馬相如傳〕「然後侵淫—節」補注。〇—與趣略同。〔說文定聲・卷八〕〇—與趣音義皆略同。〔說文〕「—,迫也」段注。〇〔說文定聲・卷八〕—,用趣字。〔史記・陳涉世家〕

「趣趙兵亟入關」。○丨、趣古字通。〔説文〕「局，丨也」句讀。○丨通作趣。〔説文〕「丨，迫也」義證。○丨，經典多借趣為之。〔同上〕句讀。○〔説文定聲・卷八〕丨，以趨為之。〔禮記・樂記〕「衛音趨數煩志」。○丨或作戚。〔集韻・燭部〕○〔説文定聲・卷八〕丨，字亦作蹙。〔儀禮・士相見禮〕「容彌蹙」。○〔易林〕「浼浼丨丨塗泥至轂」，丨當為泥。〔説文〕「泥，濡也」義證。

趗 丨，促同，丨織，促織。〔方言一一〕「蜻蛚，楚謂之蟋蟀」疏證。

觸 丨，突也。〔廣韻・燭部〕○丨抵謂丨罪過也。〔荀子・非十二子〕「丨抵者也」集解引王念孫。○丨，動也。〔漢書・淮南厲王傳〕「丨情妄行」補注。○丨，古作⿱角牛，亦書作觕。〔集韻・燭部〕

⿱角牛 丨或作觕、作觸。〔慧琳音義・卷一二〕

觕 丨，古文觸。〔廣韻・燭部〕

續 丨，連也。〔廣韻・燭部〕○丨，繼也。〔同上〕○丨，猶嗣丨也。〔漢書・禮樂志〕「丨舊不廢」補注引何焯。○〔通雅・卷二六〕丨食，給驛食也。〔管寧傳〕「令州府給長牒丨食」。○丨身即丨牙，舜七友之一。〔通雅・姓名〕○丨、習義近而聲轉。〔釋詁〕「丨，繼也」郝疏。○丨通作績。〔史記・仲尼弟子列傳〕「申黨字周」志疑。○丨當為續。〔荀子・成相〕「莫不理丨」集解引王念孫。○丨、牘古通用，〔別雅〕云丨當為牘，或傳寫誤，或因聲借用。〔史記・范雎蔡澤列傳〕「擢賈之髮以丨賈之罪，尚未足」志疑引〔評林〕。○北音丨、數相近而誤。〔同上〕志疑引〔補正〕。○丨，古作賡。〔荀子・大略〕「丨然大夫」集解引郝懿行。○舊本正文丨作給。〔漢書・武帝紀〕「縣次丨食」補注引宋祁。

督 丨，察也。〔通鑑・漢紀一三〕「丞相長史丨之」音注。○丨，責也。〔漢書・車千秋傳〕「宜有以教丨」補注。又〔史記〕「丨過之」雜志。○此丨作杖罰解。〔漢書・丙吉傳〕「汝嘗坐養皇曾孫不謹丨笞」補注引沈欽韓。○丨為責罰，復兼察視為言，丨為決罰之名，由漢以來用之，梁陳猶爾。〔漢書・文帝紀〕「不稱者丨之」補注引吳仁傑。○凡言丨者皆居中以正理庶物之義也。〔方言六〕「丨，理也」箋疏。○丨，正也。〔墨子・經説上〕「使人丨之」閒詁引張惠言。又〔廣韻・沃部〕。○丨，中正也。〔春秋名字解詁〕「宋公孫丨字華父」述聞。○凡物之中央曰丨。〔周禮・考工記〕孫正義。○衣之中縫亦曰丨縫。〔説文〕「丨，察視也」段注。○丨者如衣之循其裻縫也。〔説文・上説文書〕「理而董之」段注。○丨，丨脈，故訓中丨。〔莊子・養生主〕「緣丨以為經」集釋引李楨。○醫家言丨為背之脈也。〔左傳閔公二年〕疏證。○丨，勸也。〔廣韻・沃部〕○丨，率也。〔同上〕○丨亢猶言首尾。〔義府・卷下〕○〔義府・卷下〕此丨亢乃疆界之意。〔路史・舜記〕「争以丨亢授」。○丨道為地名，若秦時丨亢之類。〔漢書・宣曲任氏傳〕「其先為丨道倉吏」補注引周壽昌。○丨道者，倉所在地名耳。〔同上〕補注引劉奉世。○古字丨與篤通用。〔文選・楊荆州誄〕「謂丨勳勞」補注引〔困學紀聞〕。○丨通作篤。〔釋詁〕「丨，正也」郝疏。○丨與篤通。〔詩・北門〕「王事敦我」後箋。○丨，篤之借字。〔墨子・經説上〕「使人丨之」閒詁。○丨當讀為篤。〔左傳僖公二二年〕「謂丨不忘」平議。○丨與裻通。〔左傳昭公一二年〕「司馬丨」洪詁引惠棟。○古多假丨為裻。〔説文〕「裻，一曰背縫」段注。○〔説文定聲・卷六〕丨，叚借為裻，衣之背縫也。〔莊子・養生主〕「緣丨以為經」。○〔同上〕丨，叚借為篤。〔小爾雅・廣詁〕「丨，拾也」。○〔同上〕丨，叚借為叔。〔左傳僖公二二年〕「謂不忘」。○丨、毅亦假借通用。〔漢書・文帝紀〕「不稱者丨之」補注。○丨，聲轉為端。〔釋詁〕「丨，正也」郝疏。○〔釋文〕丨本又作裻。〔左傳昭公一二年〕「司馬丨」洪詁。

贖 丨，以財丨罪。〔説文〕「丨，从貝賣聲」繫傳。○丨，輸物以免罪也，以財賞值也。〔慧琳音義・卷五七〕引〔考聲〕。

篤 丨，馬行遲鈍。〔論語・泰伯〕「丨於親」劉正義。○丨，馬行鈍遲也。〔説文〕「竺，厚也」段注。○丨，厚。〔詩・皇矣〕「則丨其慶」朱傳。又〔召旻〕「天丨降喪」朱傳。○丨，厚也。〔詩・椒聊〕「實大且丨」朱傳。又〔大明〕「丨生武王」朱傳。又〔公劉〕「丨公劉」朱傳。又〔維天之命〕「曾孫丨之」朱傳。又〔大戴・主言〕「明主丨行三至」王詁。又〔曾子立事〕「微言而丨行之」王詁。又〔曾子制言上〕「未丨故也」王詁。又〔衛將軍文子〕「克丨恭以天下」王詁。又〔中庸〕「是故君子丨恭而天下平」朱注。又〔論語・衛靈公〕「行丨敬」朱注。又〔子張〕「信道不丨」劉正義。又〔孟子・梁惠王下〕「詩云以丨周祜」朱注。又〔漢書〕「惇厚丨於故舊」雜志。又〔廣韻・沃部〕。○丨與竺同，厚也。〔論語・衛靈公〕「行丨敬」劉正義。○丨，訓厚。〔詩・大明〕「丨生武王」通釋。○丨，厚而力也。〔論語・泰伯〕「丨信好學」朱注。○丨仁，厚於仁也。〔大戴・保傅〕「丨仁而好學」王詁。○丨，固也。〔大戴・主言〕「明主丨行三至」王詁。又〔曾子立事〕「巧言令色，能小行而丨」王詁。又〔曾子制言上〕「未丨故也」王詁。又〔論語・子張〕「信道不丨」劉正義。又〔莊子・秋水〕「丨於時也」集釋。○丨亦為語詞。〔詩・大明〕「丨生武王」通釋。○古叚借丨為竺字，丨行而竺廢矣。〔説文〕「丨，馬行頓遲也」段注。○丨當作竺，假借此丨字。〔同上〕繫傳。○〔説文定聲・卷六〕丨，叚借為篤，為竺。〔釋詁〕「丨，厚也」。○丨乃篤之叚借。〔詩・大明〕「丨生武王」通釋。○丨者，篤之叚音也。〔釋詁〕「丨，厚也」郝疏。○丨，古作竺。〔釋名・釋言語〕「丨，築也」疏證。○今字丨行而篤、竺廢矣，丨即竺、篤字也。〔説文〕「篤，厚也」段注。○〔説文定聲・卷六〕丨，叚借為督。〔廣雅・釋詁二〕「丨，理也」。○烏、丨形近而譌。〔漢書・古今人表〕「司馬丨」補注引錢大昕。○天丨，古本作天竺。〔漢書・張騫傳〕「吾賈人往市之身毒國」補注引宋祁。

浴 丨，盥濯也。今上已祓除是也。〔論語・先進〕「丨乎沂」朱注。○丨，洗丨。〔廣韻・燭部〕○澡身曰丨。〔説文〕「丨，洒身也」義證引〔急就篇〕顏注。○

丨，洗也。〔慧琳音義·卷三四〕引〔考聲〕。○丨也者，飛乍高乍下也，引伸之義也。〔説文〕「丨，洒身也」段注。○丨與谷古聲義亦同。〔廣雅·釋詁一〕「穀，養也」疏證。○〔説文定聲·卷八〕丨，叚借為谷。〔老子銘〕「丨神不死」。○丨讀曰谷。〔大戴·誥志〕「川丨不處」王詁。○丨或書作𧮰。〔集韻·燭部〕○丨字當作俗，字之誤也。〔大戴·夏小正〕「黑鳥丨」平議。○〔説文定聲·卷一四〕丨者，裕字之誤。〔廣雅·釋訓〕「管管，丨也」。〔「管」下〕

酷　丨，虐也。〔廣韻·沃部〕○丨，亦暴虐也。〔慧琳音義·卷九〕○丨，謂暴罪也。〔卷七二〕○以虐害之曰丨也。〔卷七八〕○丨，甚也。〔卷九〕○丨，一曰甚也。〔集韻·淏部〕○丨，引申為已甚之義。〔説文〕「丨，酒味厚也」段注。○苦之甚曰丨。〔慧琳音義·卷四九〕○醲、嚛、丨並聲近而義同。〔廣雅·釋器〕「醲，酢也」疏證。○丨通作秙。〔方言七〕「丨，熟也」箋疏。○丨亦作秙。〔同上〕疏證。○丨又作嚳、俈。〔慧琳音義·卷九〕○丨，〔酉陽雜俎〕是嚛字。〔呂覽·本味〕「酸而不丨」校正。

縟　丨，文采。〔廣韻·燭部〕○丨與蓐同。〔方言一二〕「蓐，厚也」箋疏。○丨與蓐同義。〔廣雅·釋詁三〕「蓐，厚也」疏證。

矚　丨，視也。〔廣韻·燭部〕○丨，視之甚也。〔慧琳音義·卷五三〕引〔考聲〕。又〔集韻·燭部〕。○丨，衆目所歸也。〔慧琳音義·卷七七〕引〔考聲〕。○衆目所歸曰丨。〔卷五三〕

躅　丨，躑丨。〔廣韻·燭部〕○丨，迹也。〔集韻·覺部〕○〔説文定聲·卷八〕躅丨與蹢躅、踯跦、跱躇、蹢箸皆同，一聲之轉也。〔説文〕「丨，蹢丨也」。○丨或从屬作躅，或从逐作蹃。〔集韻·燭部〕

躅　丨，行謹皃。〔集韻·燭部〕○丨，同躅。〔廣韻·燭部〕○丨或作躅，略也。〔慧琳音義·卷一〕

縟　丨，氈丨。〔廣韻·燭部〕○丨，藉也。〔集韻·燭部〕○杵毛為之曰氈，以繒彩衣之曰丨也。〔慧琳音義·卷一四〕引〔考聲〕。○丨，以虎皮或錦繡為蓐也。〔慧琳音義·卷七八〕○丨，彩色深皃也。〔慧琳音義·卷九八〕引〔考聲〕。○丨，小兒衣也。〔廣韻·沃部〕又〔集韻·淏部〕。

旭　丨，日初出貌。〔詩·匏有苦葉〕「丨日始旦」朱傳。○日初出曰丨。〔説文〕「丨，日旦出皃」義證引〔纂要〕。○丨，日始出，昕旦之時。〔同上〕義證引〔玉篇〕。○丨，引伸為凡明之稱。〔説文〕「丨，一曰明也」段注。○丨之言晧晧也。〔廣雅·釋詁四〕「丨，明也」疏證。○丨，早朝也。〔續音義·卷九〕引〔切韻〕。○丨，美也。〔慧琳音義·卷九一〕引〔考聲〕。○一曰丨丨，驕蹇皃。〔集韻·燭部〕○〔説文定聲·卷六〕丨丨，猶〔易〕「家人嗃嗃」字。〔漢書·揚雄傳〕「嘻嘻丨丨」。○丨、好通用。〔詩·匏有苦葉〕「丨日始旦」通釋。○今〔詩〕丨丨作好好，同音叚借字也。〔説文〕「丨，日旦出皃」段注。○丨者，慉之叚音。〔釋訓〕「丨丨，憍也」郝疏。○丨，韓作煦。〔詩·匏有苦葉〕「丨日始旦」集疏。

蓐　丨，陳草也。〔國策·楚策一〕「丨螻蟻」鮑注。○丨，陳根更生繁縟也，言草繁多也。〔説文〕「丨，陳草復生」繫傳。○草更生曰丨，得溽濕之氣而成也。〔本草·竹蓐〕○丨，草丨。〔廣韻·燭部〕○丨，厚也。〔左傳文公七年〕「利兵秣馬丨食」述聞。○丨，草也，厚也。〔慧琳音義·卷八三〕引〔考聲〕。○丨義與艿相近，艿之為言仍也。丨蓋謂其厚也。〔説文〕「丨，陳艸復生也」句讀。○丨食，厚食，猶言多食。〔漢書·韓信傳〕「迺晨炊丨食」補注引王引之。○丨，薦也。〔廣韻·燭部〕○丨者，席薦之名。〔釋器〕「丨謂之茲」郝疏。○引伸為薦席之丨。〔説文〕「丨，陳艸復生也」段注。○〔史記〕曰「晨炊丨食」，以茭蒲為薦席也。〔同上〕繫傳。○〔説文定聲·卷八〕丨，此蠶茲。〔説文〕「丨，一曰蔟也」。○丨，滋綿度也。〔慧琳音義·卷八三〕○丨收，西方之神也。〔卷九七〕引〔考聲〕。○西海之神曰丨收。〔楚辭·遠遊〕「遇丨收乎西皇」補注引大公〔金匱〕。○丨與乳義相近。〔廣雅·釋器〕「湩謂之乳」疏證。○丨字當訓拔去田草，為薅之籀文，薅、丨二字相承互譌。〔説文定聲·卷六〕〔「薅」下〕○〔説文定聲·卷八〕丨，叚借為縮。〔左傳昭公二九年〕「金正曰丨收」。○〔同上〕丨，字亦作褥。〔釋名·釋牀帳〕「褥，辱也，人所褻辱也」。

欲　丨，嗜丨。〔廣韻·燭部〕○丨，多嗜丨也。〔論語·公冶長〕「棖也丨」朱注。○丨，情所好也。〔慧琳音義·卷一八〕引〔考聲〕。又〔集韻·燭部〕。○丨箭，丨心與境相應，如箭之中也。〔慧琳音義·卷一〇〕

頊　丨，謹敬皃。〔廣韻·燭部〕○〔通雅·卷一〇〕今丨為敬謹。〔莊子〕「丨丨然不自得」。○丨者，正也。〔説文〕「顓，頭顓顓謹皃」義證引〔世本〕。○丨，引申為正也。〔説文〕「丨，頭丨丨謹皃」段注。○丨，人丨頊。〔廣韻·燭部〕○丨，人腦頊。〔集韻·燭部〕○顓丨，高陽氏也。〔廣韻·燭部〕○一曰顓丨，帝高陽之號。〔集韻·燭部〕○〔通雅·卷一〇〕丨丨，一本作旭旭。〔莊子〕「丨丨然不自得」。

梏　丨，械也。〔孟子·告子上〕「有丨亡之矣」朱注。○丨，手械。〔國策·齊策六〕「束縛桎丨」鮑注。○丨，手械，紂所作也。〔廣韻·沃部〕○丨，械之以告天也。〔説文〕「丨，手械也」繫傳。○丨，與桎丨之丨同義。〔廣雅·釋器〕「丨，桺也」疏證。○丨之言鞠也，急繫之名也。〔廣雅·釋宮〕「杼謂之丨」疏證。○丨，直也。〔廣韻·覺部〕○丨與嚳亦同義。〔廣雅·釋詁一〕「嚳，分也」疏證。○丨與嚳通。〔廣雅·釋詁二〕「剅，裂也」疏證。○丨通作覺。〔集韻·覺部〕○丨與覺通。〔廣雅·釋詁一〕「覺，大也」疏證。○丨又通作覺。〔釋詁〕「丨，直也」郝疏。○丨與覺古同聲。〔方言一三〕「梗，覺也」箋疏。○丨通作較。〔集韻·覺部〕○丨通作䩦。〔同上〕○丨通作鵠。〔釋詁〕「丨，直也」郝疏。

幞　丨，帊也。〔廣韻·燭部〕○丨，巾丨。〔説文〕「幭，蓋幭也」義證引〔玉篇〕。○丨，丨頭，周武帝所制，裁幅巾出四腳以丨頭，乃名焉，亦曰頭巾。〔廣韻·燭部〕○丨，一曰裳削幅。〔集韻·燭部〕○丨或从衣作𧝐。〔同上〕○丨或从糸作纀亦省作縶。〔同上〕

襆 ｜，同幞。〔廣韻·燭部〕

纛 ｜，左｜。〔廣韻·沃部〕〇｜，羽葆幢。〔集韻·洪部〕〇｜與翿古亦同聲。〔廣雅·釋器〕「幢謂之翿」疏證。〇｜，或从巾作幬。〔集韻·洪部〕

幬 ｜，同纛。〔廣韻·沃部〕

蠋 ｜，桑蟲如蠶者也。〔詩·東山〕「蜎蜎者｜」朱傳。〇｜，蝺｜。〔廣韻·燭部〕〇蝺｜，蟲名，似蠶。〔集韻·燭部〕〇｜，蠍｜，蟲名。〔廣韻·燭部〕又〔集韻·燭部〕。〇｜、蜀與獨義亦同也。〔廣雅·釋詁二〕「蜀，弌也」疏證。〇｜，三家作蜀。〔詩·東山〕「蜎蜎者｜」集疏。

歜 ｜，怒氣。〔廣韻·燭部〕〇｜，引伸為凡氣盛之偁。〔說文〕「｜，盛氣怒也」段注。〇戎、｜一聲之轉。〔左傳文公一八年〕「與邴｜之父爭田」疏證引李富孫。〇邴｜，〔齊世家〕作丙戎，｜、戎異文。〔同上〕疏證。〇鄱、｜形近致異。〔同上〕疏證引李富孫。〇王｜即〔田單傳〕王蠋也。〔漢書·古今人表〕「王｜」補注引錢大昕。

裻 ｜，新衣聲。〔廣韻·沃部〕又〔集韻·洪部〕。〇｜，衣之背縫也。〔說文定聲·卷六〕〔「督」下〕〇｜，引伸為凡中之偁。〔說文〕「｜，一曰背縫」段注。〇｜與禱義同。〔同上〕〇｜與禱同。〔說文定聲·卷六〕〇｜作督，假借也。〔說文〕「｜，新衣聲」繫傳。〇〔說文定聲·卷六〕｜，以督為之。〔莊子·養生主〕「緣督以為經」。

溽 ｜，｜暑濕熱。〔廣韻·燭部〕〇｜，濃厚也。〔禮記·儒行〕「其飲食不｜」集解。〇｜者，濃也，厚也。〔說文〕「｜，｜暑，濕暑也」段注。〇｜與蓐通。〔禮記·儒行〕「其飲食不｜」平議。〇〔說文定聲·卷八〕｜，叚借為縟。〔禮記·儒行〕「其飲食不｜」。〇〔月令〕本｜或作辱。〔說文〕「｜，｜暑，濕暑也」段注。

斸 ｜，斫也。〔廣韻·燭部〕〇｜之言斫也。〔說文〕「斪，斪｜，所以斫也」段注。〇｜，钁也。〔廣韻·燭部〕〇｜，似斤，其首如鉏，句于矩。〔說文定聲·卷八〕〇｜，掘也。〔續音義·卷一〕引〔考聲〕。〇｜或从金作钃。〔集韻·燭部〕〇｜或作琢。〔慧琳音義·卷三一〕〇｜與欘同字。〔說文〕「｜，斫也」句讀。〇｜或以欘為之。〔說文定聲·卷八〕

钃 ｜，鋤也。〔集韻·燭部〕〇｜，同斸。〔廣韻·燭部〕

瘃 ｜，寒瘡也。〔廣韻·燭部〕〇｜，手足中寒瘡也。〔說文〕「｜，中寒腫覈」義證引〔玉篇〕。〇｜，謂手中寒作瘡也。〔慧琳音義·卷五二〕〇｜，謂手足中寒作瘡者也。〔慧琳音義·卷五八〕又〔卷六五〕。〇足遇寒裂曰｜。〔說文〕「⿰𧾷困，｜足也」繫傳。〇竈｜，足跟凍瘡也。〔說文〕「｜，中寒腫覈」義證引楊慎。〇｜，腫而肉中鞕也，如果之覈，今蘇俗謂之凍｜。〔說文定聲·卷八〕〇｜又作⿸疒彔。〔慧琳音義·卷五八〕〇｜，或从彔作⿸疒彔。〔集韻·覺部〕

⿸疒彔 ｜，同瘃。〔廣韻·燭部〕

⿱艹曲 ｜，蠶薄。〔廣韻·燭部〕〇｜，槌也。〔說文〕「｜，蠶薄也」義證引〔玉篇〕。〇｜，養蠶器也。〔同上〕〇曲、｜、筁並同。〔廣雅·釋器〕「筁謂之薄」疏證。〇｜，字或作筁。〔說文〕「｜，蠶薄也」義證。〇｜，或从竹作筁，通作曲。〔集韻·燭部〕〇〔說文定聲·卷八〕｜，以曲為之。〔呂覽〕「具栚曲籧筐」。〇〔同上〕｜，以萑、葦為之。〔說文〕「｜，蠶薄也」。

筁 ｜，養蠶器。〔說文〕「曲，或說曲，蠶薄也」義證引〔玉篇〕。〇曲、⿱艹曲、｜並同。〔廣雅·釋器〕「｜謂之薄」疏證。

跼 ｜，曲也。〔廣韻·燭部〕〇｜，踡｜。〔同上〕〇｜，踡｜不伸也。〔集韻·燭部〕〇｜，不伸也。〔國策·齊策五〕「可｜足而須也」鮑注。〇｜，俛也。〔廣韻·燭部〕〇｜，促也。〔同上〕〇｜與蹻同。〔國策〕「｜足」雜志。

挶 ｜，持也。〔廣韻·燭部〕〇｜、樺、梮義並與暴通。〔廣雅·釋詁一〕「暴，舉也」疏證。〇〔說文定聲·卷八〕｜，叚借為暴。〔周語〕「徛而畚｜」。〇｜或作拘。〔集韻·燭部〕〇｜，〔漢書〕引作輂。〔左傳襄公九年〕「陳畚｜」洪詁。〇｜，〔唐石經〕作梮。〔同上〕洪詁引惠棟。

輂 ｜，大車駕馬。〔楚辭·怨世〕「驥躊躇於敝｜兮」補注。〇古大車多駕牛，其駕馬者則謂之｜。〔說文〕「｜，大車駕馬者也」段注。〇古者大車多駕牛，其駕馬者曰｜。〔說文定聲·卷一〕〇｜，禹所乘直轅車。〔廣韻·燭部〕〇｜也、梮也、橋也、樺也，實一物也。〔方言一二〕「｜，載也」箋疏。〇〔說文定聲·卷一〕｜，聲轉曰橋，字亦作轎，即〔公羊〕之筍將，〔史記〕之箯輿，皆人舁以行。〔漢書〕「輿轎而越嶺」。〇｜與梮音義皆同。〔左傳襄公九年〕「陳畚挶」洪詁。〇梮、｜本一字。〔同上〕洪詁引孔穎達。〇｜，音菊，與梮同。〔同上〕洪詁。〇｜，字亦作梮。〔說文定聲·卷一〕〇｜，一作輦。〔楚辭·怨世〕「驥躊躇於敝｜兮」補注。〇｜，〔左氏〕作挶。〔漢書·五行志〕「陳畚｜」補注引錢大昭。

勖 ｜，勉也。〔詩·燕燕〕「以｜寡人」朱傳。又〔廣韻·燭部〕。又〔集韻·屋部〕。〇｜，勉其事冒犯而為之也。〔說文〕「｜，勉也」繫傳。〇｜建即楙建。〔通雅·釋詁〕〇｜簡即楙簡。〔同上〕〇｜與懋音義並同，勉也。〔方言七〕「侔莫，强也」箋疏。〇｜、懋聲義皆同。〔說文定聲·卷六〕〇｜，古讀如茂，與懋音義皆同。〔說文〕「｜，勉也」段注。〇｜，通作懋。〔方言一〕注「｜劭亦刻勉也」箋疏。〇｜又通作懋。〔說文〕「｜，勉也」義證。〇｜、懋聲相轉。〔釋詁〕「｜，勉也」郝疏。〇｜或通作冒。〔說文〕「｜，勉也」義證。〇｜亦省作冒。〔同上〕句讀。〇｜从冒聲，當讀與目同。〔釋

詁」「丨，勉也」郝疏。〇丨者，畜之段借，好也。〔詩・燕燕〕「以丨寡人」通釋。〇丨，魯、齊作畜。〔同上〕集疏。

淥 丨，水色也。〔慧琳音義・卷九八〕引〔考聲〕。〇丨，水清。〔集韻・燭部〕〇丨者，浚也。〔說文〕「匴，丨米籔也」段注。〇丨，水名，在湘東。〔廣韻・燭部〕又〔集韻・燭部〕。〇丨，通作盝。〔釋詁〕「盝，竭也」郝疏。〇丨又通作盝。〔同上〕〇漉、丨聲近，後人藉便以丨為稱。〔漢書・地理志〕「臨湘」補注。〇丨當是福祿之祿。〔漢書・禮樂志〕「淫丨澤」補注引宋祁。〇丨，又姓。〔何氏姓苑〕有丨圖，為顓頊師。〔廣韻・燭部〕

逯 丨，謹也。〔廣韻・燭部〕〇丨，又姓。〔風俗通〕云「漢有大司空丨並」。〔同上〕〇丨，一曰行謹也。〔集韻・燭部〕〇丨、錄義並與睩通。〔廣雅・釋詁一〕「睩，善也」疏證。

騄 丨耳，馬名。〔楚辭・疾世〕「赴崑山兮馵丨」補注。〇丨駬，駿馬名。〔廣韻・燭部〕〇丨耳，八駿之一。〔國策・齊策四〕「世無騏驎丨耳」鮑注。〇丨耳，馬名。〔集韻・燭部〕

嚳 丨，暴虐也。〔慧琳音義・卷六二〕引顧野王。〇丨與酷音義皆同。〔說文〕「丨，急告之甚也」段注引釋玄應。〇丨、鵠、翯雖有治角治象之不同，而同為分析之義，其聲亦相近也。〔廣雅・釋詁一〕「丨，分也」疏證。〇帝丨，高辛氏也。〔廣韻・沃部〕〇〔通雅・卷四六〕狗一名重工，一名丨。〔說苑〕「周氏之丨，天下之疾狗也」。〇丨，經典借告字。〔說文〕「丨，急告之甚也」義證。〇〔說文定聲・卷六〕丨，段借為翯。〔廣雅・釋詁一〕「丨，分也」。〇丨或作佶。〔慧琳音義・卷六二〕引顧野王。

俈 丨、嚳、焅聲義並與酷相近。〔方言七〕「酷，熟也」箋疏。〇丨，嚳，帝高辛之號。〔集韻・洪部〕〇丨亦通作嚳。〔同上〕

牿 丨，牛馬牢也。〔廣韻・沃部〕〇丨，牛角木也，牛觸人角箸橫木。〔說文定聲・卷六〕〇捁、丨、梏同。〔孟子・告子上〕「有丨亡之矣」焦正義。〇〔說文定聲・卷六〕丨，段借為梏。〔書・費誓〕「今惟淫舍丨牛馬」。

襮 丨，領也。〔詩・揚之水〕「素衣朱丨」朱傳。〇丨，黼領。〔廣韻・沃部〕〇〔說文定聲・卷七〕丨，謂白黑相次之文，刺之在領也。〔說文〕「丨，黼領也」。〇丨之為言表也。〔詩・揚之水〕「素衣朱丨」述聞。〇丨與表古同聲。〔廣雅・釋器〕「帍，被巾也」疏證。〇丨與表古聲同。〔方言四〕「帍褸謂之被巾」箋疏。〇丨當即古表字。〔義府・卷上〕〇丨、褸同聲通用。〔方言四〕「帍褸謂之被巾」箋疏。〇〔說文定聲・卷七〕丨，段借為暴。〔廣雅・釋詁四〕「丨，表也」。〇丨，魯亦作綃，齊亦作宵。〔詩・揚之水〕「素衣朱丨」集疏。

㬥 丨，黼衿也。〔集韻・燭部〕〇丨或借為表暴字，云表丨。〔說文〕「丨，黼領也」段注。

鵠 丨，鴝丨。〔廣韻・燭部〕〇丨或作鴝。〔集韻・燭部〕

䳌 丨，同鵠。〔廣韻・燭部〕

㹢 北嚻之山有獸，狀如虎，白身、馬尾、彘鬣，名獨丨。〔集韻・屋部〕引〔山海經〕。〇丨，如虎，白身豕鬣馬尾。〔說文定聲・卷八〕〇丨，獸，如赤豹，五尾。〔廣韻・屋部〕〇丨，一曰豕毛長尾。〔集韻・燭部〕〇丨，獨丨，獸。〔廣韻・燭部〕

告 丨上曰丨，發下曰誥。〔廣韻・沃部〕〇丨，吏休假也。〔集韻・沃部〕〇〔說文定聲・卷六〕丨，段借為牿。〔易・大畜〕「童牛之丨」。〇丨，王弼作牿。〔說文〕「丨，牛觸人，角箸橫木，所以丨人也。易曰僮牛之丨」段注。〇丨或从言作誥。〔集韻・洪部〕

鋈 丨，白金。〔廣韻・沃部〕〇丨，白銅之名。〔詩・小戎〕「陰靷丨續」後箋。

僕 丨，僮丨。〔廣韻・沃部〕〇丨，古文僕。〔集韻・洪部〕

䑑 丨，古文僕。〔廣韻・沃部〕古从臣作䑑。〔集韻・洪部〕

薵 丨，萹竹草。〔廣韻・沃部〕〇丨，艸名，萹茿也。〔集韻・洪部〕〇丨，字亦作薵。〔說文定聲・卷六〕

竺 丨、篤同。〔釋詁〕「篤，厚也」鄭注。〇天丨，國名。〔廣韻・屋部〕

笘 丨與竺音義皆同。〔說文〕「丨，厚也」段注。〇丨通作毒。〔釋詁〕「篤，厚也」郝疏。〇丨通作篤。〔同上〕〇經典假篤為丨也。〔說文〕「丨，厚也」句讀。〇丨，經傳皆以篤為之。〔說文定聲・卷六〕〇丨、篤亦古今字，今字篤行而丨廢矣。〔說文〕「丨，厚也」段注。〇丨，或作篙，通作篤。〔廣韻・洪部〕

裻 丨，衣背縫也。〔說文〕「丨，衣躳縫」義證引〔玉篇〕。〇丨與裻同字，緡縫也。〔說文定聲・卷六〕〇丨，同褶、襡。〔廣韻・沃部〕〇丨或从督作褶。〔集韻・洪部〕〇丨，字又作褶。〔說文定聲・卷六〕〇丨、襡並同。〔方言四〕「繞緡謂之襡裺」箋疏。〇丨或从篤作襡。〔集韻・洪部〕〇丨，〔方言〕作襡。〔說文〕「丨，衣躳縫」段注。

褶 丨，衣背縫也。〔廣韻・沃部〕〇丨，〔莊子〕作督。〔同上〕

焅 丨，熱氣。〔廣韻・沃部〕〇丨與酷音義略同。〔說文〕「丨，旱气也」段注。〇丨，今俗用酷，與嚳同借一字。〔同上〕句讀。〇丨或作酷。〔同上〕義證。

隺 丨，高也。〔廣韻・沃部〕〇〔說文定聲・卷七〕丨，與隤對文，自是高意。〔說文〕引〔易〕曰「夫乾丨然」。〇〔通雅・卷二二〕丨料，幕府官俸也。〔墨莊漫錄〕「寧羡一囊供丨料」。〇丨又通作霍。〔說文〕「丨，高至也」義證。〇丨通作確。〔同上〕〇〔說文定聲・卷七〕丨，今本作確，即墧堅不可拔

也，當為借字。〔說文〕引〔易〕曰「夫乾｜然」。

焳　｜，灼也。〔廣韻·沃部〕

⿰阝告　｜，大阜。〔集韻·沃部〕又〔廣韻·屋部〕。○｜，一曰古扶風，郿有｜阜。〔集韻·沃部〕

嚛　｜，食新也。〔廣韻·沃部〕○｜謂辛螫。〔說文〕「｜，食辛｜也」段注。○｜，今俗謂辛螫曰辣。〔說文定聲·卷七〕○｜與熮同義。〔說文〕「｜，食辛｜也」段注。○｜與烈同義。〔同上〕○｜，大歡聲。〔廣韻·屋部〕○〔說文定聲·卷七〕｜，以熮為之。〔周書〕「味辛而不熮」。

蟵　｜蜍，似蜘蛛。〔廣韻·沃部〕○｜蜍，蟲名，蛛蝥也。〔集韻·沃部〕

⿰衤篤　｜裺即衣裻也。〔通雅·衣服〕○｜、禱、裻、督聲義並同。〔方言四〕「繞繙謂之｜裺」箋疏。○｜，古通用督。〔同上〕疏證。○｜，同褶。〔廣韻·沃部〕○｜，〔玉篇〕、〔廣韻〕作褶。〔方言四〕「繞繙謂之｜裺」疏證。○｜亦作裻，又作禱。〔同上〕○｜即禱之異文。〔說文〕「禱，衣躬縫」句讀。

⿰禾告　｜，禾熟。〔廣韻·沃部〕○｜與酷通。〔廣雅·釋詁三〕「｜，熟也」疏證。

鏷　｜錞，矢名。〔廣韻·沃部〕又〔集韻·沃部〕。○｜，通作僕。〔集韻·沃部〕○｜本當作樸。〔文選·七命〕「銷踰羊頭｜越鍛成」集釋。

⿰金業　｜姑，矢名。〔集韻·屋部〕

⿰禾羔　｜，禾皮。〔廣韻·沃部〕又〔集韻·沃部〕。○｜，地名。〔廣韻·沃部〕又〔集韻·沃部〕○｜，或作蒸、苕。〔同上〕

艒　｜𦪇，船名。〔廣韻·沃部〕○南楚謂小船曰｜𦪇。〔集韻·沃部〕

搙　｜，捻｜。〔廣韻·沃部〕○｜，捻也。〔集韻·沃部〕

⿰亻戚　｜，邑名。〔廣韻·沃部〕又〔集韻·沃部〕。○傳寫相承，誤以湊字作｜字。〔漢書·司馬相如傳〕「躬｜胼胝無胈」補注引張佖。

⿺走蜀　｜，小兒行皃。〔廣韻·燭部〕○〔說文定聲·卷八〕｜，小兒行皃。〔說文〕「｜，行皃」。○｜，每步舉足之意也。〔說文〕「｜，行皃」繫傳。○｜，跳也。〔集韻·燭部〕

蠾　｜，蚤也。〔廣韻·燭部〕○｜蝓，蜘蛛。〔同上〕○｜蝓者，侏儒語之轉也。〔廣雅·釋蟲〕「｜蛺，蟵蜍也」疏證。○〔說文定聲·卷八〕｜蝓者，侏儒之轉語也。〔方言一一〕「鼅鼄或謂之｜蝓」。〔「鼄」下〕

韣　｜，弓衣。〔國策·齊策六〕「因罷兵倒｜而去」鮑注。又〔廣韻·燭部〕。又〔集韻·燭部〕。○｜，通作襡。〔說文〕「｜，弓衣也」義證。○｜或从革作⿰革蜀。〔集韻·燭部〕

𦥑　兩手曰｜。〔說文〕「掬，撮也」義證引〔詩詁〕。○｜，兩手奉物。〔廣韻·屋部〕○｜，斂手。〔廣韻·燭部〕

梮　｜，輿食器也。〔廣韻·燭部〕又〔集韻·屋部〕。○｜，一曰土轝。〔集韻·屋部〕○｜者，土轝。〔說文〕「輂，大車駕馬者也」段注。○欙與｜一物異名，｜自其盛載而言，欙自其輓引而言。〔說文〕「欙，山行所乘者」段注。○｜與檋同。〔廣雅·釋詁二〕「輂，載也」疏證。○挶、檋、｜義並與暴通。〔廣雅·釋詁一〕「暴，舉也」疏證。○｜即暴字。〔說文〕「暴，所以舉食者」段注。○｜通作局。〔廣雅·釋器〕「曲道，栻，｜也」疏證。○｜，通作局。〔集韻·燭部〕○｜與局通。〔方言五〕「所以行棊謂之局」箋疏。○輂、｜、橋三字同，以｜為正。〔說文〕「欙，山行所乘者」段注。○｜即輂之或字。〔方言一二〕「輂，載也」箋疏。○｜乃輂之或字。〔說文〕「輂，大車駕馬者也」段注。

檋　｜，山行所乘，以鐵如錐，施之屐下。〔集韻·燭部〕○｜，亦作蹻。〔同上〕○梮與｜同，｜亦有載義。〔廣雅·釋詁二〕「輂，載也」疏證。○挶｜、梮義並與暴通。〔廣雅·釋詁一〕「暴，舉也」疏證。

⿳日共車　大車直轅之縛曰｜。〔說文定聲·卷八〕○｜，上轝也。〔說文〕「｜，直轅車轒也」義證引〔韻會〕。○｜，義與⿳日共糸同。〔廣雅·釋詁四〕「⿳日共糸，纏也」疏證。

犦　｜，犎牛，出合浦郡。〔廣韻·沃部〕○｜，牛名，犎也。〔集韻·沃部〕

鸔　｜，鳥名，山烏也，似烏而小，穴乳，出西方。〔集韻·燭部〕引郭璞。○｜，小鳥，似烏，赤喙，出西方。〔廣韻·覺部〕○氐人之國有青鳥，赤足，六首，名曰｜。〔廣韻·燭部〕引〔山海經〕。○｜，水鳥，本名屬玉，俗加鳥耳。〔文選·左太沖吳都賦〕「鳥則鵾雞｜鳿」集釋引〔蜀都賦〕注。○〔說文〕所云江中有鸑鷟，似鳧而大，赤目者，乃｜鳿之聲轉，非鳳屬之鸑鷟也。〔文選·吳都賦〕「鳥則鵾雞｜鳿」集釋引〔蜀都賦〕注。

⿰骨鹿　｜，同⿰鹿頁。〔廣韻·燭部〕○｜亦作頊。〔說文定聲·卷八〕〔「髑」下〕

⿰鹿頁　｜，⿰蜀頁。〔廣韻·燭部〕引〔聲譜〕。○｜，⿰蜀頁也。〔集韻·燭部〕○｜或作⿰骨鹿。〔同上〕

暴　｜，舉食者名。〔廣韻·燭部〕○｜如食牀，兩頭有柄，二人對舉之，若今牀。〔說文〕「｜，舉食者」繫傳。○挶、輂、檋、梮義並與｜同。〔廣雅·釋器〕「｜，輿也」疏證。○｜、梮二字同。〔說文〕「｜，所以舉食者」段注。○｜或作梮。〔集韻·燭部〕

⿳日共糸　〔說文定聲·卷八〕｜之言拘也。〔說文〕「｜，約也」。○｜，靴｜子纏連者。〔廣韻·燭部〕

襡　｜，短衣。〔廣韻·燭部〕又〔集韻·覺部〕。○｜，韜也。〔集韻·屋部〕○〔說文定聲·卷八〕｜段借為韣。〔禮記·內則〕「斂簟而｜之」。○｜或

作𧟯。〔集韻·燭部〕〇〔説文定聲·卷八〕丨，字亦作襡。〔釋名〕「襡，屬也」。〇本書之丨，〔玉篇〕作襡，實一字也。〔説文〕「丨，短衣也」義證。

鋊　丨，炭鉤。〔廣韻·燭部〕〇丨又銅屑也。（同上）〇丨音浴，銅屑也。〔通雅·貨賄〕

覣　丨，笑視。〔廣韻·屋部〕又〔集韻·屋部〕。〇丨，眼曲丨也。〔廣韻·燭部〕〇丨，通作睩。〔説文〕「丨，笑視也」義證。

耨　丨，耕也。〔廣韻·燭部〕〇丨，穙耕也。〔集韻·燭部〕

襹　丨，長襦也，連䙬衣也。〔廣韻·燭部〕引〔玉篇〕。〇丨，長襦。〔集韻·燭部〕〇丨，一曰短衣。（同上）

𧟯　丨，長襦。〔集韻·燭部〕〇丨，同襡。〔廣韻·燭部〕〇丨，〔玉篇〕以為襡之重文，即本書襡之或體也。〔説文〕「襡，短衣也」義證。

𢧵　丨，矛戟枝也。〔廣韻·燭部〕〇丨或作㪖。〔集韻·燭部〕

鬻　丨，大鼎。〔廣韻·燭部〕又〔集韻·燭部〕。

菉　丨，丨蓐草。〔廣韻·燭部〕〇藎草即丨。〔釋草〕「丨，王芻」郝疏。〇藎草葉似竹而細薄，莖亦圓小，生平澤溪澗之側，俗名丨蓐草。〔離騷〕「薋丨葹以盈室兮」補注引〔本草〕。〇〔説文定聲·卷八〕丨，即今淡竹葉也。〔詩·淇奧〕「丨竹猗猗」。〇〔説文定聲·卷八〕丨，叚借為錄，實為彔。〔周書·王會〕「堂下之東面郭叔掌為天下丨幣焉」。〇丨或从綠作𦺇。〔集韻·燭部〕〇〔説文定聲·卷八〕丨，以綠為之。〔詩·采綠〕「終朝采綠」。〇丨衣即綠衣。〔通雅·釋詁〕〇丨，今〔毛詩〕作綠。〔説文〕「丨，王芻也」段注。

逯　丨，行也。〔説文定聲·卷八〕〔「錄」下〕〇丨趗，皃行。〔廣韻·燭部〕

孎　丨，謹也。〔廣韻·燭部〕又〔集韻·覺部〕。〇丨，女字。〔集韻·覺部〕〇丨，謹丨。〔廣韻·覺部〕〇丨，為孫順。〔詩·干旄〕後箋。〇嫡丨，女謹順皃。〔集韻·燭部〕〇丨與屬同義。〔廣雅·釋訓〕「屬屬，敬也」疏證。〇〔説文定聲·卷八〕屬，或曰當作此丨。〔禮記·祭義〕「洞洞乎屬屬乎」。

欘　丨，枝上曲。〔廣韻·燭部〕〇丨，一曰木枝上曲。〔集韻·燭部〕〇丨，一曰斤柄。〔廣韻·燭部〕〇丨，鉏也。〔集韻·覺部〕〇曲尺，其句謂之丨。〔通雅·算數〕〇丨與斸同。〔説文〕「丨，斫也」句讀。〇〔説文定聲·卷八〕丨，叚借為斸。〔説文〕「丨，斫也」。〇丨，字或作钃。〔説文〕「丨，斫也」義證。

䪅　〇丨，鞮也。〔廣韻·燭部〕〇丨，白丨鞮也。（同上）

韣　丨，鞮也。〔集韻·燭部〕

諫　丨，調旋促速也。〔説文〕「丨，餔旋促也」繫傳。〇丨亦促也。〔廣雅·釋言〕「丨，促也」疏證。〇丨，飾也。〔廣韻·燭部〕〇丨，一曰飾也。〔集韻·燭部〕〇丨，經典借數字。〔説文〕「丨，餔旋促也」義證。

趗　丨，丨速。〔廣韻·燭部〕〇趗丨，小步。〔集韻·燭部〕〇趗丨，局小皃。〔廣韻·屋部〕又〔集韻·屋部〕。〇丨，一作促。〔廣雅·釋蟲〕「丨織，蜻蛩也」疏證。

蕢　丨，水舄也，葉如車前草。〔詩·汾沮洳〕「言采其丨」朱傳。〇丨，澤瀉也。〔通雅·艸〕〇丨斷，藥名。〔廣韻·燭部〕〇丨，一曰牛脣，又名水蕮。（同上）〇〔釋草〕之「丨，牛脣」當作「蕢」。〔説文〕「蕢，艸也」義證。

楝　丨，短椽。〔廣韻·屋部〕〇丨，今大屋重橑下四隅多為短椽，即此也。〔説文〕「丨，短椽也」繫傳。〇丨，椽也。〔集韻·燭部〕〇丨，一曰木名。（同上）〇丨，丨樗，木名。〔廣韻·燭部〕

亍　丨，步止也。〔廣韻·遇部〕〇丨，彳丨。〔廣韻·燭部〕〇躑躅即彳丨也。〔説文定聲·卷八〕

涑　丨與渎義同。〔説文〕「丨，灌也」段注。〇丨，霑也，漬也。（同上）義證引〔玉篇〕。〇丨，漬也。〔集韻·覺部〕〇丨，水聲。〔集韻·渎部〕

業　丨，瀆丨。〔廣韻·屋部〕〇〔説文定聲·卷八〕瀆丨，疊韻連語，煩猥之皃。〔説文〕「丨，瀆丨也」。〇丨，瀆也。〔集韻·屋部〕〇丨，煩也。（同上）〇丨，本訓當為承聚也。〔説文定聲·卷八〕〇丨或借僕字。〔説文〕「丨，瀆丨也」義證。〇〔説文定聲·卷八〕丨，以僕為之。〔孟子〕「僕僕爾亟拜」。〇丨，如〔孟子〕書之僕僕。〔説文〕「丨，瀆丨也」段注。〇〔説文定聲·卷八〕丨，以撲為之。〔蕪城賦〕「廛閈撲地」。

㱻　丨，謂用椎擊中物，與瑴、㧂音義略同。〔説文〕「丨，椎毄物也」段注。〇丨，擊聲。〔集韻·屋部〕〇㧂、瑴、丨、涿，字並與㧂同。〔廣雅·釋詁二〕「㧂，椎也」疏證。〇丨當為㧂之或體。〔説文定聲·卷八〕

擢　丨通作攫。〔説文〕「丨，爪持也」義證。〇丨或作攫。〔集韻·燭部〕〇〔説文定聲·卷九〕丨當為攫之正篆。〔太玄·瑩〕「故不丨所有」。〇丨，今俗別作掬。〔説文〕「丨，爪持也」段注。〇丨，字又作𠦬。（同上）義證。

𢸎　丨，持也。〔集韻·屋部〕〇丨、擢古今字。〔説文〕「擢，爪持也」義證。

鴜　丨，鳥名。〔集韻·燭部〕又〔廣韻·屋部〕。〇丨或从隹作䧢。〔集韻·屋部〕

㲉　丨，日出赤皃。〔廣韻·屋部〕

㱿　丨，赤皃。〔集韻·屋部〕〇丨，同㲉。〔廣韻·屋部〕

筑｜，篃｜也，似藜，赤莖，生道傍，可食。〔廣韻・屋部〕〇｜，今人呼篃竹是也。〔說文〕「｜，篃｜也」繫傳。〇｜，草名。或从木作築。〔集韻・屋部〕〇｜，有節，似竹，生水中者曰薄。〔說文定聲・卷六〕〇｜，〔爾雅〕以蓄為之，〔詩〕以竹為之。（同上）

㲞｜毦，罽毛。〔廣韻・燭部〕〇｜毦，亦罽之細者也，｜之言繁縟，毦之言蒙戎也。〔廣雅・釋器〕「｜毦，罽也」疏證。

𣰋｜毦，罽也。〔集韻・燭部〕〇｜或作㲞。（同上）

灟｜，目汁。〔集韻・燭部〕〇｜｜，恭也。（同上）引〔博雅〕。〇｜讀曰屬。〔大戴・勸學〕「水潦｜焉」王詁。〇｜當作屬。（同上）述聞。〇屬即注也，今作｜者，因潦字而誤加水旁耳。（同上）述聞。

㑿｜促，短小。〔廣韻・燭部〕〇｜促，短小皃。〔集韻・燭部〕

𠐊｜，愁悗也。〔集韻・燭部〕

劚｜，細切。〔廣韻・燭部〕〇｜，細切也。〔集韻・燭部〕。

𠥼｜，｜匣也。〔廣韻・燭部〕〇｜，匣也。〔集韻・燭部〕

𠰸鞫問謂之｜。〔集韻・燭部〕

哫｜訾，以言求媚也。〔楚辭・卜居〕「將｜訾栗斯」補注。又〔集韻・燭部〕。

㖀囑｜，憐皃。〔廣韻・燭部〕〇囑｜，憐也。〔集韻・燭部〕〇｜，一曰羌別種。（同上）

噣｜鳿，鳥名。〔廣韻・燭部〕又〔集韻・燭部〕。

㙇｜，牛馬所蹈處。〔集韻・燭部〕〇｜，牛馬所蹈之處。〔廣韻・燭部〕

娖｜，婧也。〔集韻・燭部〕〇｜或从束作娕。（同上）

媷｜，懈惰也。〔廣韻・燭部〕又〔集韻・燭部〕。〇｜，嬾也。（同上）

𡨋｜，不敢伸也。〔集韻・燭部〕

慉｜，憧也。〔集韻・洪部〕

慄｜｜斯。〔廣韻・燭部〕〇｜，詭隨也。〔集韻・燭部〕

捁｜，打也。〔集韻・洪部〕

㱿｜，剝｜。〔廣韻・燭部〕〇｜，扑聲。〔集韻・燭部〕

鼔｜，擊鼓也。〔集韻・燭部〕

𣪍｜，擊也。〔集韻・燭部〕

睩｜，日無光。〔集韻・燭部〕

矚｜亦明也。〔慧琳音義・卷五〇〕〇｜，視之甚也。〔集韻・燭部〕

欘｜，木，似柳，葉大也。〔廣韻・燭部〕〇｜，木名，大葉，似柳而赤。〔集韻・燭部〕

㰲｜，吹氣也。或作歜。〔集韻・燭部〕

𣪠｜，穿也。〔廣韻・沃部〕

㲉｜，穿也。〔集韻・洪部〕

𦕚｜，弗｜，炙具。〔廣韻・燭部〕〇｜，弗｜，炙筋。〔集韻・燭部〕〇｜或从肉作脨。（同上）

𤬁｜，瓠名。〔集韻・洪部〕〇｜，瓠｜。〔廣韻・沃部〕

𤴰｜，迫也。〔廣韻・燭部〕

瑁｜，瑇｜。〔廣韻・沃部〕又〔集韻・洪部〕。〇｜或从虫作蝐，亦省作珇。（同上）

𪈠｜，鸀｜，鳥。〔廣韻・燭部〕〇鸀｜，鳥名。〔集韻・燭部〕〇｜或从隹作𩿧。（同上）

𤣬｜，玉｜。〔廣韻・燭部〕〇｜，玉也。〔集韻・燭部〕

皠｜，鳥白也。〔廣韻・沃部〕〇翯與｜音義皆同。〔說文〕「翯，鳥白肥澤皃」段注。〇｜與翯略同。〔說文定聲・卷七〕〇｜或作皬。〔說文〕「｜，鳥之白也」義證。〇｜｜，賈宜書作皜皜。〔說文〕「翯，鳥白肥澤皃」段注。〇｜｜，〔孟子〕作鶴鶴。（同上）

𥁕｜，盂也。〔集韻・燭部〕

𥈞｜，瞋目。〔廣韻・沃部〕又〔集韻・洪部〕。

硞 碌丨，石狀。〔廣韻·沃部〕〇碌丨，石皃。〔集韻·洪部〕

砮 丨，落石也。〔廣韻·沃部〕引〔玉篇〕。又〔集韻·洪部〕。〇丨，丨矺。〔廣韻·沃部〕

碌 丨，石青色。〔集韻·燭部〕〇丨，丨石，綵色。〔廣韻·燭部〕

嚳 丨，石丨。〔廣韻·沃部〕〇丨，玉名。〔集韻·洪部〕

祿 丨丨，形皃為禮也。〔集韻·燭部〕引陸德明。〇丨，善也。〔廣雅·釋詁一〕疏證。

纑 丨，綴帶。〔廣韻·燭部〕〇襟綴帶謂之丨。〔集韻·燭部〕〇丨或省作綢。（同上）

䐁 丨，脂也。〔集韻·燭部〕

臅 丨，狼丨膏也。〔廣韻·燭部〕〇丨，狼臆中膏。〔集韻·燭部〕

膋 丨，膏膹。〔說文〕「膹，膋也」義證引〔玉篇〕。〇丨，膏膜。〔廣韻·沃部〕又〔集韻·洪部〕。

蠚 丨，蟲毒。〔集韻·洪部〕〇丨，或从蚰作蠚。（同上）〇丨，痛也。〔廣雅·釋詁二〕〇丨，蟲行毒也。〔慧琳音義·卷四八〕

蠂 丨，丨蠃。〔廣韻·沃部〕〇丨，丨蝀，蟲。（同上）〇丨蝀，小蟲。〔集韻·洪部〕

觡 丨，治角也。〔集韻·洪部〕

䚢 丨，曲角。〔廣韻·燭部〕又〔集韻·燭部〕。

諑 丨，譴也。〔說文〕「譴，譴娽也」義證引〔玉篇〕。〇丨，謔也。〔廣韻·燭部〕又〔集韻·燭部〕。

豩 丨，豕行皃。〔廣韻·燭部〕〇丨，豕絆行皃。〔說文〕「豕，豕絆足行豕豕」義證引〔玉篇〕。〇丨，豕絆足行。〔集韻·燭部〕〇丨或作豕。（同上）

趢 丨，小步。〔集韻·燭部〕〇趢丨，皃行。〔廣韻·燭部〕〇趢丨，小皃行。〔集韻·燭部〕

跊 丨，行不正。〔集韻·燭部〕

踀 丨，行聲。〔集韻·燭部〕

豖 丨，走也。〔集韻·燭部〕

踘 丨，行皃。〔集韻·燭部〕〇丨，一曰恭也。（同上）〇丨，恭丨也。〔廣韻·燭部〕

踌 丨，行不止。〔集韻·洪部〕〇丨或省作䠶。（同上）

輡 丨，車枕前也。〔廣韻·燭部〕〇車枕謂之丨。〔集韻·燭部〕〇丨或从育作輍。（同上）

醁 丨，美酒。〔廣韻·燭部〕〇丨，酒名。〔集韻·屋部〕〇醽丨，酒名。〔集韻·燭部〕

鋦 丨，以鐵縛物。〔廣韻·燭部〕〇丨，鐵束物也。〔集韻·燭部〕〇丨、羣，義並與纍同。〔廣雅·釋詁四〕「纍，纏也」疏證。〇丨，以鐵縛物也，束令合也。〔慧琳音義·卷六〇〕引〔韻英〕。

銴 丨，䑙舌。〔廣韻·沃部〕又〔集韻·洪部〕。〇丨，䑙舌。〔說文〕「䑙，環之有舌者」義證引〔玉篇〕。

鏁 丨，金也。〔集韻·燭部〕

閣 丨，門聲。〔廣韻·沃部〕〇門聲謂之丨。〔集韻·洪部〕

頊 丨，鼻高皃。〔廣韻·沃部〕〇高鼻謂之丨。〔集韻·洪部〕

騔 丨，馬立不定。〔廣韻·燭部〕〇馬立不常謂之丨。〔楚辭·九辯〕「故丨跳而遠去」補注。又〔集韻·燭部〕。

髷 丨鬈，髮髮皃。〔集韻·燭部〕

魒 丨魃者，矬矮小鬼，虐厲鬼之類也。〔慧琳音義·卷七五〕引〔精異記〕。

鯘 丨，魚名。〔廣韻·燭部〕又〔集韻·燭部〕。

鸄 丨，魚名。〔廣韻·沃部〕又〔集韻·洪部〕。〇蝃蝀為丨，又曰旱龍，非今閩中丨帆之丨也。〔通雅·卷一一〕引升菴。

鵊 丨，丨鷳。〔廣韻·沃部〕〇丨鷳，鳥名。〔集韻·洪部〕

黍 丨，纑未練。〔集韻·洪部〕

黔 丨，黑皃。〔集韻·燭部〕

黷 丨，黑垢。〔廣韻·燭部〕又〔集韻·燭部〕。

鼩 丨，鼩，小鼠。〔集韻·燭部〕

齰 丨，治象牙也。〔廣韻·沃部〕〇丨，治象齒令白也。〔集韻·洪部〕〇丨，通作鵠。（同上）

續經籍籑詁卷第九十二　入聲

三　覺

覺　|，寤也。〔廣韻・覺部〕○|，謂悟其理之所以然。〔孟子・萬章上〕「使先||後|也」朱注。○|，一曰知|。〔說文〕「|，寤也」義證。○|，知也。〔廣韻・覺部〕○|，曉也。(同上)○|，明也。(同上)○|，著也。〔詩・抑〕「有|德行」集疏。○|，大也。〔廣韻・覺部〕○|，直大也。〔詩・抑〕「有|德行」朱傳。○|，高大而直也。〔詩・斯干〕「有|其楹」朱傳。○|星即天梏也。〔漢書・天文志〕「石氏見|星」補注。○|與梏通。〔廣雅・釋詁四〕「梗，|也」疏證。○|、梏音同。〔左傳襄公二一年〕「有|德行」洪詁。○〔說文定聲・卷六〕|，段借為縮。〔詩・斯干〕箋「|，直也」。○(同上)|，段借為嚳、為陪。〔詩・斯干〕「有|其楹」。○|，段借為校，實為搉。〔說文定聲・卷六〕○|讀為較。〔左傳文公四年〕「以|報宴」疏證引惠棟。○梗、|一聲之轉。〔廣雅・釋詁四〕「梗，|也」疏證。○|，古作毃。〔集韻・覺部〕○|當為嚳。〔荀子・王霸〕「而|跌千里者夫」平議。○|，齊作梏。〔詩・抑〕「有|德行」集疏。○〔御覽〕自|作自見。〔呂覽・精通〕「自|而問焉」校正。

角　|，獸頭上骨出外也。〔說文〕「|，獸角也」義證引〔玉篇〕。○|，獸不童也。(同上)義證引〔類篇〕。○|，|周正，中犧牲也。〔論語・雍也〕「犂牛之子騂且|」朱注。○|，嘴之鋭而鉤者。〔詩・行露〕「誰謂雀無|」後箋引何楷。○鳥喙尖鋭故謂之|。(同上)平議。○蓋古謂味為|也。〔漢書・董仲舒傳〕「予之齒者去其|」補注引吳仁傑。○夾囟曰|。〔禮記・內則〕「男|女羈」集解。○〔義府・卷上〕男則横分兩髻如|，故曰|。〔禮記・內則〕「男|女羈」。○〔通雅・卷三九〕|子，小粽也。〔老學菴筆記〕「爆肉雙下|子」。○今人謂|為隅。〔說文〕「隅，陬也」段注。○|之為言梏也、較也，有正直之義。〔詩・麟之趾〕「麟之|」陳疏。○|言二人均禮。〔國策・韓策一〕「彼已|」鮑注。○|，比量也。〔慧琳音義・卷七〇〕○|，亦大|，軍器。〔廣韻・覺部〕○〔通雅・卷二五〕|手，軍中吹|者也，猶今之稱吹手也。〔唐兵志〕「|手吹大|一通」。○|家，謂風|家也。〔義府・卷下〕○|端，似貃，|在鼻上，中作弓。〔文選・上林賦〕「其獸則麒麟|端」集釋引郭璞。○|觽，獸也，狀似豕，|善為弓，出胡尸國。(同上)集釋引〔說文〕。○|端，日行一萬八千里，又曉四夷之語。〔漢書・司馬相如傳〕「其獸則麒麟|端」補注引〔宋史・符瑞志〕。○|弓，以|飾弓也。〔詩・角弓〕「騂騂|弓」朱傳。○||猶喔喔也。〔通雅・卷一〇〕○|者，東方蒼龍之第一宿。〔禮記・月令〕「日在|」集解。○|宿，東陸蒼龍|也，假以言東方之位耳。〔屈賦・天問〕「|宿未旦，曜靈安藏」戴注。○〔說文定聲・卷八〕|二星、亢四星，以喻蒼龍之首。〔爾雅・釋天〕「壽星，|亢也」。○|，試也，競也。〔慧琳音義・卷六八〕引〔考聲〕。○|，競也。〔通鑑・唐紀五五〕「與嘗於軍中|射」音注。又〔廣韻・覺部〕。○|有鬭爭意。〔國策・趙策三〕「以與秦|逐」鮑注。○|，謂兩競爭勝負也。〔慧琳音義・卷六八〕○|，量也，試也。〔慧琳音義・卷二五〕○|，觸也。〔廣韻・覺部〕○|者，觸也。〔說文〕「天，顛也」義證引戴侗。○|之言觸也。〔廣雅・釋言〕「觡，|也」疏證。○|抵像形雜伎，歷代相承者也。〔漢書・刑法志〕「而秦更名|抵」補注引〔南齊書・樂志〕。○|，又|抵戲。|抵者，六國時所造也，使|力相抵觸。〔廣韻・覺部〕○|抵戲，六國所造，秦并滅天下而增廣之。〔漢書・武帝紀〕「作|抵戲」補注引〔御覽〕。○|，芒也。〔廣韻・覺部〕○|、捔、犄、掎古通用。〔廣雅・釋言〕「捔，掎也」疏證。○|與斠通。〔廣雅・釋詁三〕「斠，量也」疏證。○〔說文定聲・卷八〕|，段借為斠。〔禮記・月令〕「|斗甬」。○|者，斠之段借字，今俗謂之校。〔說文〕「斠，平斗斛量也」段注。○|，古文斠。〔慧琳音義・卷七〇〕○〔說文定聲・卷八〕|，段借為校，實為覈。〔呂覽・孟冬〕「肆射御|力」。○(同上)|，段借為觸。〔漢書・武帝紀〕「作|抵戲」。○|字乃穴字之誤。〔墨子・天志下〕「與|人之府車」平議。○姚本|作覺。〔國策・韓策一〕「彼已|」補注。○官本|作用。〔漢書・張良傳〕「顧上有所不能致者四人」補注。

㓉　|，獸角也。〔慧琳音義・卷八〕○|，隅也。(同上)○|，正體從刀肉。(同上)

桷　|謂之榱。〔左傳莊公二四年經〕「刻桓宮|」疏證引舊注。○|，一名榱。(同上)洪詁引韋昭。○|當為榱。〔說文〕「厃，一曰屋梠也，秦謂之|」義證。○|，榱頭也。〔左傳莊公二四年經〕「刻桓宮|」洪詁引唐固。○|，椽也。〔廣韻・覺部〕○|，通作角。〔說文〕「|，榱也」義證。○〔說文定聲・卷八〕|，段借為苗。〔廣雅・釋器〕「|，槌也」。○|或作構。〔集韻・覺部〕

捔　|，掎|。〔廣韻・覺部〕○|，角牴戲也。〔續音義・卷三〕引〔切韻〕。○|，接也。〔慧琳音義・卷一二〕引〔考聲〕。○|，略也。〔慧琳音義・卷七二〕引〔考聲〕。○|，亦量也。(同上)○|者，專利也。(同上)○|，刺也。〔集韻・覺部〕○攙|，組織。〔廣韻・覺部〕○角、|、犄、掎古通用。〔廣雅・釋言〕「|，掎也」疏證。○|，通作角。〔集韻・覺部〕○|，正作斠。〔慧琳音義・卷一二〕引〔考聲〕。○|又作搉。〔卷七二〕引〔考聲〕。○|亦作觕。〔廣韻・覺部〕

擉　|，刺也。〔集韻・覺部〕○|，刺也，刺取鼃鼈。〔集韻・燭部〕○|，刺取鱉蜃也。〔集韻・覺部〕○|鼈，刺鼈。〔廣韻・覺部〕

翯　|，鳥肥澤。〔廣韻・覺部〕○|，鳥白肥澤皃。〔集韻・覺部〕○|，羽白皃。〔集韻・鐸部〕○|，潔白皃。〔詩・靈臺〕「白鳥||」朱傳。○|

與皬略同。〔說文定聲・卷七〕○｜與皬音義皆同。〔說文〕「｜，鳥白肥澤皃」段注。○｜之言皜皜也。〔廣雅・釋器〕「｜，白也」疏證。○翯、｜、⿰白翟並字異而義同。（同上）○｜｜、鶴鶴、皬皬並與⿰白翟⿰白翟同。〔廣雅・釋訓〕「⿰白翟⿰白翟，白也」疏證。○｜，通作⿰白翟。〔集韻・鐸部〕○｜｜、顥顥、皓皓古多通用。〔通雅・釋詁〕○〔說文定聲・卷七〕｜，字亦作皜。〔賈子・禮〕「白鳥皜皜」。○（同上）｜，字亦作翯。〔漢書・孔融傳〕注「翯翯言堅貞如白玉也」。○｜，魯作皜，一作鶴。〔詩・靈臺〕「白鳥｜｜」集疏。

珏 二玉相合為一｜。〔廣韻・覺部〕○雙玉曰｜。〔說文〕「｜，二玉相合為一｜」繫傳。

瑴 二玉相合曰｜。〔本草・青玉〕○雙玉曰｜。〔通雅・算數〕○｜，玉名。〔廣韻・屋部〕○｜，同珏。〔廣韻・覺部〕

較 ｜為車輢上之木。〔詩・淇奧〕「猗重｜兮」通釋。○｜，兩輢上出軾者。（同上）朱傳。○｜，在車兩旁三分深之二，稍後於式而高出於式者。（同上）後箋。○｜，車箱。〔廣韻・覺部〕○｜，略也。（同上）○｜與搉同。〔漢書〕「連語」雜志。○｜，直也。〔廣韻・覺部〕○｜之言皎皎也。〔廣雅・釋詁四〕「｜，明也」疏證。○｜與搉古字通。〔國策〕「商敵為資」雜志。○揚搉字亦作｜。〔廣雅・釋訓〕「揚搉，都凡也」疏證。○｜若，一作講若，顜若，覯若，｜然。〔通雅・釋詁〕○｜，三家作較。〔詩・淇奧〕「猗重｜兮」集疏。

榷 ｜，水上橫木渡，今之畧彴也。〔說文〕「｜，水上橫木所以渡者也」義證引〔玉篇〕。○｜，以木渡水，今之略彴也。〔廣韻・覺部〕○｜，一名略彴。〔說文定聲・卷七〕○獨木之橋曰｜，亦曰彴。〔說文〕「｜，水上橫木所以渡者也」義證引〔初學記〕。○｜，即今所謂水彴橋也。（同上）繫傳。○｜，兩頭聚石以木橫架之，故亦名石杠。〔說文定聲・卷七〕○｜，一名徒杠。（同上）○｜，一名徛。（同上）○｜之言罩也。〔說文〕「｜，水上橫木所以渡者也」繫傳。○人謂粗略而舉之謂之揚｜。（同上）○辜｜二字，分而言之，亦都凡之意也。〔漢書第一六〕「連語」雜志。○梗概與辜｜一聲之轉，分言之，則或曰辜，或曰｜。（同上）○｜，木名，枳也，有實如柚。〔集韻・覺部〕○｜、較古字通。〔釋詁〕「較，直也」郝疏。○〔說文定聲・卷七〕辜｜，〔鄭當時傳〕作辜較，皆邀遮覈實之意。〔漢書・陳咸傳〕「沒入辜｜」。〔搉〕下○〔說文定聲・卷七〕｜，段借為覈。〔漢書・武帝紀〕「初｜酒酤」。○彴、｜聲相近。〔廣雅・釋宮〕「｜、彴，獨梁也」疏證。○〔說文定聲・卷七〕｜，以搉為之。〔史記・汲鄭傳〕索隱「｜者，獨也」。

搉 ｜，擊也。〔廣韻・覺部〕○｜，以拳擊也。〔慧琳音義・卷六一〕○｜、毃、敲聲義並同。〔廣雅・釋詁三〕「｜，擊也」疏證。○揚｜，都凡也。〔集韻・覺部〕○揚｜，大舉。〔廣韻・覺部〕○〔說文定聲・卷七〕揚｜，約略大凡之意，猶云大較也。〔蜀都賦〕「請為左右揚｜而陳之」。○｜惟者，發凡之詞，猶言大氐耳。〔廣雅・釋訓〕「揚｜，都凡也」疏證。○｜，專利也。〔慧琳音義・卷九一〕引〔考聲〕。○｜，權專略其理也。〔慧琳音義・卷一六〕引〔考聲〕。○｜字古通作敲。〔國策・中山策〕「商敵為資」雜志。○｜、敲、毃三字古同聲而通用。（同上）○〔說文定聲・卷七〕｜，段借為覈。〔吳都賦〕「商｜萬俗」。○｜又與擊聲相近。〔廣雅・釋詁三〕「｜，擊也」疏證。○揚｜字亦作較。〔廣雅・釋訓〕「揚｜，都凡也」疏證。○｜，字亦以較為之。〔說文定聲・卷七〕○〔說文定聲・卷七〕｜，字亦作擢。〔漢書・王莽傳〕「豪吏猾民辜而擢之」。○（同上）｜，以榷為之。〔漢書・武帝紀〕「榷酒酤」。○｜，字亦以核為之。〔說文定聲・卷七〕○｜，字亦以校為之。（同上）

嶽 ｜，五｜也。〔廣韻・覺部〕○｜即大｜。〔漢書・地理志〕「既脩太原，至于｜陽」補注。○｜，山之尊者。〔詩・崧高〕「崧高維｜」朱傳。○〔說文定聲・卷八〕謂｜之言校也，較也，榷也，角也，斠也，實皆覈字也。〔禮記・王制〕疏「｜者何，｜之為言桷也，桷功德也」。○〔通雅・卷九〕｜｜，猶巖巖也，一作嚴嚴，礭礭，以｜｜狀人之圭角，猶以巖巖贊人之崖岸也。〔漢書〕「五鹿｜｜，朱雲折其角」。○｜是里名。〔孟子・滕文公下〕「引而置之莊｜之間數年」焦正義引顧炎武。○｜即頟字。〔漢書・朱雲傳〕「五鹿｜｜」補注引錢大昕。○｜，古作岳，或書作嶽。〔集韻・覺部〕○｜，今作岳，古文之變。〔說文〕「｜，東岱」段注。

岳 堯時稱｜，殷周時則稱伯。〔書・堯典上〕「咨四｜」孫疏。○｜｜，衆木植也。〔楚辭・憫上〕「株榛兮｜｜」王注。○｜，同嶽。〔廣韻・覺部〕○｜｜亦作頟頟。〔說文〕「頟，面前｜｜也」句讀。○｜山即吳｜。〔史記・封禪書〕「｜山」志疑。○｜乃垂字之誤。（同上）

樂 ｜，音｜。〔廣韻・覺部〕○｜謂音｜。〔大戴・曾子大孝〕「｜自順此生」王詁。又〔墨子・大取〕「以｜為利其子」閒詁。○凡八音備舉曰｜。〔釋樂〕「徒鼓瑟謂之步」郝疏。○象｜在簴曰｜。〔通雅・釋詁〕○｜者，出於人心，布之於管弦也。〔說文繫傳・通論下〕○〔說文定聲・卷七〕五聲八音相比而成｜。〔說文〕「｜，五聲八音總名」。○｜謂作｜也。〔禮記・檀弓上〕「忌日不｜」述聞。○｜當如字讀，謂｜作也。〔左傳昭公九年〕「晉侯飲酒｜」述聞。○〔說文定聲・卷七〕｜之亦曰｜。〔禮記・禮運〕「玩其所｜」。○〔通雅・卷三〇〕｜均，調｜器也。〔後志〕「合八能之士聽｜均」。○｜職，｜官所司。〔漢書・王褒傳〕「使褒作中和、｜職、宣布詩」補注引郭嵩燾。○｜亦和也。〔左傳文公一八年〕「謂之八愷」疏證。○與、｜同，節也。〔漢書・賈山傳〕「夫游不失｜」補注。○大言之曰｜。〔說文繫傳・通論下〕○衆言之曰｜。（同上）○｜者，無所不被也。（同上）○〔說文定聲・卷七〕｜，猶剝落也。〔釋詁〕「毗、劉，暴，｜也」。○（同上）｜，段借為⿸疒樂。〔詩・衡門〕「可以｜飢」。

鸑 ｜鷟，鳳屬。〔廣韻・覺部〕○｜，此言江中｜鷟，別是一物，非神鳥，即鸀鳿。〔說文〕「｜，江中有｜鷟」段注。○｜，俗作鸑。〔廣韻・覺部〕

浞 ｜，漬也。〔說文〕「｜，濡也」義證引〔玉篇〕。○｜，水濕。〔廣韻・覺部〕○｜，為饒益之意。〔說文定聲・卷八〕○（同上）｜，以足為之。〔詩・信

南山」「既霑既足」。○足與丨聲相近也。〔廣雅・釋詁二〕「丨，漬也」疏證。

灂 丨，瀺丨。〔廣韻・覺部〕○丨，小水瀺丨聲也。〔說文〕「丨，水小聲也」繫傳。○丨，謂大波相激之聲。〔說文〕「丨，水之小聲也」段注。又〔說文定聲・卷七〕。○〔同上〕丨，叚借為㲺。〔北山經〕「小侯之山有鳥焉，名曰鴣鸐，食之不丨」。○丨，或作皭。〔說文定聲・卷七〕

灂 丨，一曰環灂，漆所鄂。〔集韻・覺部〕○丨，隸从爵作灂。〔同上〕

鷟 丨，鸑丨。〔廣韻・覺部〕○紫鳳謂之丨。〔說文〕「丨，鸑丨也」義證引〔禽經〕。○〔說文定聲・卷八〕丨，生江中似梟者，亦名鸑丨，字亦作鸀鳿、屬玉。〔說文〕「丨，鸑丨也」。○丨或从隹作[illegible]。〔集韻・覺部〕

捉 丨，執也。〔通鑑・漢紀五四〕「丨其手」音注。○丨，今或借作握。〔說文〕「丨，搤也」繫傳。○丨，把也。〔通鑑・隋紀一〕「聞公郢、漢丨兵」音注。○丨，丨搦也。〔廣韻・覺部〕○丨即捡之別體也。〔說文定聲・卷三〕（「拎」下）

穱 丨，早取穀也。〔文選・南都賦〕「夏丨隨時代熟」集釋。○凡早取穀皆得名丨，不獨麥也。〔說文〕「𥻨，早取穀也」段注。○丨，小也。〔說文〕「𥻨，一曰小」義證引〔玉篇〕。○丨，稻處種麥。〔廣韻・覺部〕○丨，稻處種麥也。〔楚辭・招魂〕「稻粢丨麥」補注。○丨，稻下種麥。〔集韻・覺部〕○丨，穛也。〔集韻・藥部〕○丨亦作𥻨。〔說文〕「𥻨，早取穀也」義證引〔玉篇〕。○丨即〔說文〕之𥻨。〔文選・南都賦〕「夏丨隨時代熟」集釋。

穛 丨，早熟穀。〔廣韻・覺部〕○丨即𥻨字。〔說文〕「𥻨，早取穀也」段注。○丨亦作穱。〔同上〕

𥻨 丨，生穫也。〔說文〕「丨，早取穀也」義證引〔初學記〕。○一曰生穫曰丨，熟穫曰稰。〔集韻・覺部〕○丨為早也。〔說文〕「丨，早收穀也」繫傳。○〔說文定聲・卷六〕丨，謂先熟而取之，其米縮斂者。〔說文〕「丨，早取穀也」。○揫、𪏆、丨並聲近義同。〔廣雅・釋詁二〕「揫，小也」疏證。○丨，同穛。〔廣韻・覺部〕○丨或作穛。〔集韻・覺部〕○丨，字或作穛。〔說文〕「丨，早取穀也」義證。○丨又作穱。〔同上〕義證。○丨亦作穱。〔同上〕段注。○〔說文定聲・卷六〕丨，字亦作穱。〔楚辭・招魂〕「稻粢穱麥」。○〔同上〕丨，字亦作穛。〔禮記・內則〕「稰穛」。

斮 丨，斬。〔廣韻・覺部〕○丨，斬也。〔國策・齊策六〕「丨之檀衢」鮑注。又〔通鑑・周紀四〕「丨之檀衢」音注。又〔集韻・覺部〕。

娖 丨，整隊伍也。〔通鑑・唐紀七一〕「更令脩丨部伍」音注。○丨、踀，義並與娕同。〔廣雅・釋詁四〕「娕，齊也」疏證。○丨丨，一作齪齪、踀踀。〔通雅・釋詁〕○丨丨、踀踀、齪齪並字異而義同。〔廣雅・釋詁一〕「娕，善也」疏證。○丨，辯也。〔廣韻・覺部〕○丨即娕字。〔說文〕「娕，謹也」段注。

娕 丨，恭謹皃。〔廣韻・覺部〕○丨，一曰善也。〔集韻・覺部〕○丨或作嫊、趚、娖、孎。〔同上〕

朔 丨，月行二十九日有奇，屰退就日而與日會，凡月與日同經度不同緯度則為合丨，同經度又同緯度即為日食。〔說文定聲・卷九〕○丨，月一日。〔廣韻・覺部〕○丨，穌也。〔慧琳音義・卷一一〕引〔考聲〕。○丨，始也。〔同上〕○丨，引伸為凡始之偁。〔說文〕「丨，月一日始蘇也」段注。○北方曰丨方，亦始之義也，丨方始萬物者也。〔同上〕○丨，又幽丨也，北方也。〔廣韻・覺部〕○丨，一曰北方也。〔集韻・覺部〕○河丨者，河北也。〔書・洛誥〕「我卜河丨黎水」孫疏。○丨、蘇雙聲。〔說文〕「丨，月一日始蘇也」句讀。○丨，古書作肕。〔集韻・覺部〕

數 丨，頻丨。〔廣韻・覺部〕○丨，煩丨也。〔論語・里仁〕「事君丨」朱注引程子。○丨，屢也。〔左傳文公六年〕疏證引李貽德。又〔通鑑・周紀五〕「丨讓之」音注。○丨者，與屢同意。〔釋詁〕「丨，疾也」郝疏。○屢、丨音義同。〔公羊傳宣公一二年〕注「言君之不善臣丨往來為惡言」陳疏。○今人言丨丨猶言屢屢也。〔釋詁〕「丨，疾也」郝疏。○丨，疾也。〔大戴・子張問入官〕「且夫忿丨者」王詁。○丨丨，疾也。〔慧琳音義・卷四三〕引〔考聲〕。○丨，汲水疾也。〔集韻・燭部〕○丨訓為速。〔釋詁〕「丨，疾也」郝疏。○天道之丨，猶云天道之速。〔管子・重令〕「天道之丨至則反」平議。○丨之言速也、驟也。〔儀禮・士昏禮〕「某以得為外婚姻之丨」述聞。○丨，急也。〔韓子・說林上〕「何變之丨也」集解。○丨，促也。〔集韻・覺部〕○丨有迫促之意。〔釋詁〕「丨，疾也」郝疏。○丨丨，近促也。〔慧琳音義・卷四三〕引〔考聲〕。○丨丨，迫促意。〔集韻・屋部〕○丨，細也。〔集韻・燭部〕○丨，密也。〔孟子・梁惠王上〕「丨罟不入洿也」朱注。又〔通鑑・周紀二〕「然而田舍廬廡之丨」音注。又〔釋名・釋首飾〕「於梳其齒差丨也」疏證。○丨有煩密之意。〔左傳昭公三年〕「不敢擇位而丨於守適」平議。○丨丨即娖娖。〔說文〕「娕，讀若謹敕丨丨」段注引錢大昕。○黨丨謂之比，亦謂之頻，丨謂之頻，亦謂之比，義相因也。〔廣雅・釋詁三〕「黨、頻，比也」疏證。○丨亦通作速。〔釋詁〕「丨，疾也」郝疏。○〔說文定聲・卷八〕丨，叚借為速。〔禮記・曾子問〕「不知其已之遲丨」。○〔同上〕丨，或曰借為婁。〔漢書・汲黯傳〕「上常賜告者丨」。○〔同上〕丨，叚借為縮。〔周禮・司尊彝〕故書「醴齊丨酌」。○〔同上〕丨，或曰借為促。〔漢書・汲黯傳〕「上常賜告者丨」。○丨讀為促。〔墨子・備穴〕「參分亓疏丨」閒詁引蘇時學。○丨，同促。〔墨子・備城門〕「門扇丨」閒詁引畢沅。○丨讀丨罟之丨。〔說文〕「𦅸，𦅸丨祭也」段注。○丨如丨罟之丨。〔說文〕「縟，繁采飾也」段注。○丨，字當讀如范宣子親丨之朝之丨。〔大戴・子張問入官〕「且夫忿丨者」平議。

矟 丨，長矛。〔集韻・覺部〕○丨，長矛也。〔慧琳音義・卷一四〕引〔考聲〕。○丨，矛屬。〔廣韻・覺部〕○丨、㵳皆長貌也。〔廣雅・釋器〕「丨，矛也」疏證。○丨與槊同。〔漢書・揚雄傳〕「兗鋋瘢耆、金鏃淫夷者數十萬人」補注引吳仁傑。○丨或作槊。〔集韻・覺部〕○丨即今槊字。〔廣雅・釋器〕「丨，矛也」疏證。○〔說文定聲・卷七〕丨，字亦作槊，疑即箾字。〔廣雅・釋器〕「丨，矛也」。○丨亦从金作鎙。〔集韻・覺部〕

槊　丨，同矟。〔廣韻・覺部〕

欶　丨，吮也。〔慧琳音義・卷五八〕又〔卷七八〕引〔考聲〕。又〔集韻・屋部〕。○丨，口嗡也。〔廣韻・覺部〕○丨者，含吸也。〔說文〕「欬，屰气也」段注。○〔說文定聲・卷八〕丨，叚借為漱。〔釋名・釋飲食〕「嗽，促也，用口急促也」。○丨又作嗽。〔慧琳音義・卷五八〕○丨或作嗽。〔集韻・覺部〕○〔說文定聲・卷八〕丨，字亦作嗽、作瘶。〔通俗文〕「含吸曰丨」。○丨或作[illegible]。〔集韻・覺部〕○丨或作嗍。（同上）○丨，一作速。〔史記・陳杞世家〕「湣公子丨敕立」志疑引徐廣。

嗽　丨，欬也。〔大戴・保傅〕「寒而丨」王詁。○丨，吮也。〔廣韻・屋部〕○丨，同欶。〔廣韻・覺部〕○丨，本亦作欶。〔說文〕「欬，屰气也」段注。

箾　丨，又舞者所執。〔廣韻・覺部〕

斲　丨，削也。〔廣韻・覺部〕○丨亦从斤作斵，或作斸。〔集韻・覺部〕○〔說文定聲・卷八〕丨，字亦作斵。〔穀梁傳莊公二四年〕「斲之礱之」。

斵　丨謂剖也。〔左傳宣公一○年〕「丨子家之棺」疏證。

卓　丨，高也。〔通鑑・晉紀一九〕「少丨犖不羈」音注。又〔廣韻・覺部〕。又〔集韻・覺部〕。○丨犖，高皃也。〔慧琳音義・卷八九〕引〔考聲〕。○丨犖，超絶也。〔說文〕「犖，駁牛也」段注。○丨犖，言其人英傑俊彥也。〔慧琳音義・卷九三〕○〔通雅・卷七〕丨犖，一作逴犖、逴躒、丨礫。〔蜀書・秦宓傳〕「丨犖超倫」。○丨之言超也、絶也、獨也。〔儀禮・覲禮〕「匹馬丨上」述聞。又〔莊子・大宗師〕「而況其丨乎」集釋。○丨，獨貌也。〔墨子・兼愛中〕「連獨無兄弟者」雜志。○丨者，獨化之謂也。（同上）○丨上猶云獨前也。〔儀禮・覲禮〕「匹馬丨上」述聞。○丨上者，超絶其類獨行而前之謂也。（同上）○丨，立貌。〔論語・子罕〕「如有所立丨爾」朱注。○丨，獨立也，與踔聲義同。〔莊子・秋水〕「趻踔而行」集釋。○丨之言灼灼也。〔廣雅・釋詁四〕「丨，明也」疏證。○丨亦約也。〔法言・吾子〕「多見則守之以丨」平議。○丨、倬、晫並通。〔廣雅・釋詁四〕「丨、晫，明也」疏證。○踔、丨，字並與趠通。〔廣雅・釋詁四〕「趠，絶也」疏證。○丨，同趠。〔莊子・大宗師〕「而況其丨乎」集釋。○逴、踔、丨並通。〔廣雅・釋詁一〕「逴，遠也」疏證。○丨、踔、穛並與逴同聲，皆獨貌也。〔墨子・兼愛中〕「連獨無兄弟者」雜志。○丨當作逴。〔說文〕「超，跳也」義證。○〔史記〕丨作逴。〔漢書・霍去病傳〕「丨行殊遠而糧不絶」補注。○丨，今〔爾雅〕作鵫。〔說文〕「雗，有十四種，丨雗」段注。○今本丨作踔。〔莊子・秋水〕「趻踔而行」集釋引盧文弨。

桌　丨，古文卓。〔廣韻・覺部〕

卓　丨丨，高貌也。〔說文〕「丨，高也」義證引〔玉篇〕。○〔說文定聲・卷七〕丨，叚借為踔。〔莊子・秋水〕「吾以一足趻丨而行」。○（同上）丨，叚借為逴。〔楚辭・逢尤〕「世既丨兮遠眇眇」。○（同上）丨，叚借為焯。〔廣雅・釋詁四〕「卓，明也」。○（同上）丨，叚借為旳，實為馰。〔儀禮・覲禮〕「匹馬丨上」。○（同上）丨，字亦作矗。〔漢書・司馬相如傳〕「崇山矗矗」。○丨，今作卓。〔說文〕「丨，高也」義證引〔玉篇〕。

諑　丨，訴也。〔廣韻・覺部〕○丨猶譖也。〔方言一○〕「丨，愬也」箋疏。○椓與丨通。〔廣雅・釋詁二〕「丨，諻也」疏證。丨○，通作椓。〔方言一○〕「丨，愬也」箋疏。○丨亦作[illegible]、豛、涿。（同上）

涿　今俗謂一滴曰一丨，音如篤。〔說文〕「丨，流下滴也」段注。○丨，今蘇俗語如篤，謂雨聲滴沰也。〔說文定聲・卷八〕○墨刑在額謂之丨鹿。〔書・呂刑〕「劅黥」述聞。○丨，郡名。〔廣韻・覺部〕○丨，一曰澤名。〔集韻・覺部〕○丨鹿，山名，在丨郡。〔逸周書〕「獨鹿」雜志。○[illegible]、椓、丨並通。〔廣雅・釋詁四〕「[illegible]，擿也」疏證。○丨，椓之借字。〔墨子・備城門〕「丨弋」閒詁。○〔說文定聲・卷八〕丨，叚借為琢。〔張公神碑〕「刋鑿丨摩」。○（同上）丨，叚借為尻。〔蜀志〕「潞丨君之謔」。○丨亦州、豚同音字也。〔說文〕「驢，馬白州也」段注。○丨，經傳以醜以州為之。〔說文定聲・卷八〕○丨聚，〔說苑〕作燭趨，〔晏子春秋外篇〕作燭鄒，〔古今人表〕作燭雛。〔韓子・十過〕「顏丨聚曰」集解。○丨聚，作燭鄒，作濁鄒，作燭趨，作燭雛，並因形聲相狀，通借用字也。〔史記・孔子世家〕「孔子遂適衛，主於子路妻兄顏濁鄒家」志疑。○丨，古讀若獨。〔書・呂刑〕「劅黥」述聞。○〔周禮〕「壺丨氏」，丨，故書以獨為之。〔說文定聲・卷八〕○（同上）丨，俗字作沰。〔四民月令〕「上火不落，下火滴沰」。○丨又作沰。〔說文〕「丨，流下滴也」段注。○丨，俗字作豚。〔說文定聲・卷八〕

噣　丨，啄也。〔國策・楚策四〕「俯丨白粒」鮑注。○丨，鳥生子能自食。〔廣韻・覺部〕○丨，畢星別名。〔集韻・屋部〕○丨謂畢宿開張處如口也。〔說文定聲・卷八〕○咮、丨、注、啄古同聲而通用。〔漢書・天文志〕「鳥喙」雜志。○丨、啄古通用。〔方言八〕疏證。○〔說文定聲・卷八〕丨，叚借為啄。〔釋鳥〕「生丨雛」。○丨亦作啄。〔說文〕「丨，喙也」段注。○〔說文定聲・卷八〕丨，叚借為咮。〔左傳襄公九年〕疏「丨謂柳也」。○丨亦假借作注。〔說文〕「丨，喙也」段注。○丨，一本作囑。〔國策・楚策四〕「俯丨白粒」補正。

倬　丨，大也。〔詩・棫樸〕「丨彼雲漢」朱傳。又〔廣韻・覺部〕。○〔說文定聲・卷七〕丨，當訓大也。〔說文〕「丨，箸大也」。○丨，宜為大皃。〔詩・甫田〕「丨彼甫田」通釋。○丨，明貌。（同上）後箋。又〔桑柔〕「丨彼昊天」朱傳。又〔韓奕〕「有丨其道」朱傳。○丨，卓然高明也。〔說文〕「丨，箸大也」繫傳。○卓、丨、晫並通。〔廣雅・釋詁四〕「卓，晫，明也」疏證。○〔說文定聲・卷七〕丨，叚借為卓。〔詩・桑柔〕「丨彼昊天」。○（同上）丨，叚

借為焯。〔詩・棫樸〕「一彼雲漢」。〇一，讀為焯。〔詩・韓奕〕「有一其道」陳疏。〇一，〔韓詩〕作晫即焯，亦借字。〔説文定聲・卷七〕〇（同上）一，叚借為趠。〔詩・韓奕〕「有一其道」。〇一，通作對。〔詩・雲漢〕「一彼雲漢」通釋。〇菿、一古字通。（同上）述聞。〇一，韓作菿。〔詩・甫田〕「一彼甫田」集疏。〇一，〔韓詩〕以菿為之。〔説文定聲・卷七〕〇一，韓作對。〔詩・雲漢〕「一彼雲漢」集疏。〇一，鈔本〔北堂書鈔・天部二〕引〔韓詩〕作對。（同上）述聞。

琢　一，治玉。〔廣韻・覺部〕〇一，鐫鑿之使有彣彰也。〔説文定聲・卷八〕〇（同上）一，叚借為啄。〔尸子〕「卵生曰一」。〇一，〔韓〕作錯。〔詩・淇奧〕「如一如磨」集疏。

嶨　一，山多大石。〔廣韻・覺部〕〇一或作埆。〔集韻・覺部〕〇一，亦作壆。〔説文定聲・卷六〕〇一，字或作礐。〔説文〕「一，山多大石也」義證。〇〔説文定聲・卷六〕一，以礐為之。〔釋名・釋山〕「礐，學也，大石之形學學然也」。

礐　一，石聲。〔集韻・屋部〕〇一，同嶨。〔廣韻・覺部〕〇〔説文定聲・卷六〕一，叚借為嶨。〔釋山〕「山多大石，一」。〇〔爾雅〕假一為嶨耳。〔説文〕「一，石聲也」段注。〇一，當从山作嶨。〔釋名・釋山〕「山多大石曰一」疏證。〇一或作磬、确、埆、嶨、壆。〔集韻・覺部〕〇一，疑與碻同字。〔説文定聲・卷六〕

椓　一，擊也。〔説文〕「椎，擊也」義證引〔玉篇〕。〇一與豛同。〔説文〕「一，擊也」句讀。〇一與豛音義皆同。（同上）段注。〇一，築也。〔詩・斯干〕「一之橐橐」朱傳。〇一，橊土也。〔説文定聲・卷一〕〔「家」下〕〇〔説文定聲・卷八〕一蠡即居營窟也，疑借為鑿。〔東征賦〕「諒不登櫟而一蠡兮」。〇一杙，大椎，重五斤，柄長二尺以上。〔説文〕「一，擊也」義證引〔六韜〕。〇一，害。〔詩・正月〕「天夭是一」朱傳。〇一猶譖也。（同上）通釋。〇一，通作涿。〔説文〕「一，擊也」義證。〇豛、一、涿並通。〔廣雅・釋詁四〕「豛，擿也」疏證。〇一，通作諑。〔詩・正月〕「天夭是一」通釋。〇一與諑通。〔廣雅・釋詁二〕「諑，諀也」疏證。〇一、諑古字通。〔左傳哀公一七年〕「大子又使一之」洪詁。〇〔説文定聲・卷八〕一，字亦作諑。〔楚辭・逢尤〕「一譖兮虛獲尤」。〇一為諑譖之諑。〔詩・召旻〕「昏一靡共」通釋。〇〔説文定聲・卷八〕一，叚借為斀。〔書・呂刑上〕「爰始淫為劓刵一黥」。〇假一為斀也。〔説文〕「斀，去陰之刑也」段注。〇一即斀假借字。〔書・呂刑上〕「一黥」孫疏。〇〔説文定聲・卷八〕一，叚借為啄。〔東征賦〕「諒不登櫟而一蠡兮」。〇一、豛、毃、涿，字並與㧻同。〔廣雅・釋詁二〕「㧻，椎也」疏證。〇一，〔魯〕作加。〔詩・正月〕「天夭是一」集疏。

㧻　一，擊也。〔慧琳音義・卷七三〕又〔廣韻・覺部〕〇一，推也。〔廣韻・覺部〕〇一為琢之假借字。〔方言二〕「鐫，一也」箋疏。〇椓、豛、毃、涿，字並與一同。〔廣雅・釋詁二〕「一，椎也」疏證。〇一即椓之俗字。〔方言二〕「鐫，一也」箋疏。

剢　一者，裂也。〔説文〕「鏐，金屬也」段注。〇一，割也。〔廣韻・覺部〕〇一，削也。（同上）〇一，落也。（同上）〇一，擊也。〔詩・七月〕「八月一棗」朱傳。〇一，取也。（同上）通釋。〇一，傷害也。〔廣韻・覺部〕〇一，解一其皮也。〔詩・楚茨〕「或一或亨」朱傳。〇一亨猶割亨也。（同上）陳疏。〇叩門曰一啄。〔説文定聲・卷八〕〔「攴」下〕〇〔通雅・卷七〕一異即駁異。〔胡廣傳〕「議者一異」。〇一、朴、卜聲近而義同。〔廣雅・釋詁三〕「一、朴，離也」疏證。〇一與扑聲義同。〔廣雅・釋詁三〕「扑、一，擊也」疏證。〇〔説文定聲・卷八〕一，叚借為攴。〔詩・七月〕「八月一棗」。〇〔豳風〕假一為攴。〔説文〕「一，裂也」段注。〇下一字當作彔。〔説文〕「彔，刻木彔彔也」義證。〇一，各本譌作剩。〔廣雅・釋言〕「一，爤也」疏證。

爆　一，火烈。〔廣韻・覺部〕〇一，爇也。〔集韻・覺部〕〇一，一曰火聲。（同上）〇一，古文皾、曝二形。〔説文〕「一，灼也」句讀。

駮　一，六一，獸名，似馬，一角，鋸牙。〔集韻・覺部〕〇一，獸名，如馬，鋸牙，食虎豹。〔廣韻・覺部〕〇一，俗呼馬頭，所在無虎。〔説文〕「一，獸，如馬」義證。〇一，雜也。〔集韻・覺部〕〇一，錯也。〔通鑑・隋紀二〕「帝以天下用律者多踳一」音注。〇一與效聲近義同。〔方言一二〕「效，文也」箋疏。〇六一亦木名，皮斑一也。〔説文〕「一，獸，如馬」繫傳。〇〔説文定聲・卷七〕一即淫羊藿，關中呼為三枝九葉草。〔釋草〕「瓝，九葉」。〇一、駁古字通。〔易・説卦傳〕「乾為一馬」述聞。〇一、駁通段。〔漢書・司馬相如傳〕「楚王迺駕馴一之駟」補注。〇〔説文定聲・卷七〕一，叚借為駁。〔上林賦〕「赤瑕一犖」。〇一或借駁字。〔説文〕「一，獸，如馬」義證。〇一與駁同。〔詩・東山〕「皇駁其馬」陳疏。〇一，〔史記〕作駁。〔漢書・司馬相如傳〕「楚王迺駕馴一之駟」補注。

駁　一，馬色不純。〔廣韻・覺部〕〇一，赤色也。〔易・説卦傳〕「乾為駁馬」述聞。〇一，赤貌也。〔釋畜〕「駵白，一」述聞。〇駵白曰一。〔詩・東山〕「皇一其馬」朱傳。〇一，馬有赤、黑、白三色，合之若綠也。〔説文定聲・卷七〕〔「校」下〕〇一，引伸之為凡色不純之偁。〔説文〕「一，馬色不純」段注。〇一，梓榆也，其皮青白如一。〔詩・晨風〕「隰有六一」朱傳。〇一，粉李也，赤而著粉。〔釋木〕「一，赤李」鄭注。〇一或通作駮。〔説文〕「一，馬色不純」義證。〇〔説文定聲・卷七〕一，以駮為之。〔漢書・梅福傳〕「白黑雜合謂之駮」。〇一或从复作𩣡。〔集韻・覺部〕

邈　一，遠也。〔廣韻・覺部〕〇一一，一曰遠也。〔集韻・覺部〕〇一，遠貌。〔屈賦・懷沙〕「一不可慕也」戴注。〇一，漸也。〔續音義・卷一〇〕引〔韻集〕。〇一，漸漸也。〔慧琳音義・卷五七〕〇一，廣也，亦盛也。（同上）〇一一，悶也。〔集韻・覺部〕〇一通作藐。（同上）〇一一通作藐藐。〔釋訓〕「一一，悶也」邵正義。〇一者，藐之或體也。（同上）郝疏。〇一一，各本譌作邈邈，今訂正。〔廣雅・釋訓〕「一一，遠也」疏證。

雹　雨凝曰一。〔説文〕「一，雨冰也」義證引〔禮統〕。〇陰氣暴上，雨則凝結成一。（同上）義證引〔西京雜記〕。〇陰气脅陽气為一。〔説文〕「一，雨仌

也」繫傳。○｜者，陰脅陽之象。〔説文〕「霰，稷雪也」義證引〔穀梁傳〕。○｜者，陰陽相搏之氣，蓋沴氣也。〔本草・雹〕引程子。○陽之專氣為｜，陰之專氣為霰。〔同上〕引曾子。○陰包陽為｜，陽包陰為霰，雪六出而成花，｜三出而成實，陰陽之辨也。〔同上〕引陸農師。○凡易氣過盛則攝窮谷陰仌降而為｜，是侌易不龢之候也。〔説文定聲・卷六〕○｜，霰之流也。〔説文〕「｜，雨冰也」義證引〔西京雜記〕。○｜者，炮也，中物如炮也。〔本草・雹〕引程子。○｜，古作靁。〔集韻・覺部〕○〔公羊〕、〔穀梁〕｜皆作雪。〔左傳昭公四年經〕「大雨｜」洪詁。

靁　｜，古文雹。〔廣韻・覺部〕

擈　｜，相｜。〔廣韻・覺部〕○手搏投於地曰｜。〔慧琳音義・卷五三〕引〔考聲〕。○｜通作僕。〔方言三〕「｜，聚也」箋疏。○｜亦作撲。〔方言三〕「｜，盡也」疏證。又〔同上〕箋疏。又〔廣韻・覺部〕。○｜本作穛。〔方言三〕「｜，盡也」疏證。

撲　｜，擊也。〔通鑑・唐紀二二〕「｜殺仵士政於殿庭」音注。○｜，搏取投於地也。〔慧琳音義・卷一八〕引〔考聲〕。○｜，二人競力也。〔慧琳音義・卷六一〕引〔文字典説〕。○｜，高舉投地令顛仆也。〔慧琳音義・卷六一〕○｜與扑、樸義皆別，今人溷之。〔説文〕「｜，挨也」段注。○〔説文定聲・卷八〕｜，叚借為樸。〔方言三〕「撲，聚也」。○〔同上〕｜，叚借為菐。〔蕪城賦〕「廛閈｜地」。○〔同上〕｜，叚借為薄，｜、薄雙聲。〔淮南・時則〕「具｜曲筥筐」。○｜或不省，作撲。〔集韻・覺部〕○｜，字或作撲。〔説文〕「｜，挨也」義證。○｜又或作扑。〔同上〕○｜，字亦作撲、作㩧。〔説文定聲・卷八〕○〔後漢〕｜作樸。〔漢書・地理志〕「｜劓」補注。○〔通典〕｜挑作樸桃。〔漢書・烏弋山離國傳〕「北與｜挑，西與犂靬、條支接」補注引沈欽韓。

㩧　｜，擊也。〔通鑑・隋紀三〕「令左右｜殺之」音注。又〔唐紀三〇〕「命左右｜於殿庭」音注。○｜，擊聲。〔廣韻・覺部〕○｜與趵聲義並相近。〔廣雅・釋言〕「跑，趵也」疏證。○｜或作撲、技、扑。〔集韻・覺部〕○｜亦省作攴。〔同上〕

⿰扌𣋄　｜或作㩧。〔集韻・覺部〕

⿱𣋄口　｜，自冤。〔廣韻・覺部〕○嗃｜，大呼。〔廣韻・覺部〕○｜，大呼自勉也。〔集韻・覺部〕○｜，聲也。〔同上〕○｜，痛甚稱阿｜。〔集韻・豪部〕○｜，古音讀如匏。〔説文〕「｜，大嘑自冤也」段注。○｜或作謈。〔集韻・覺部〕○｜亦作梟。〔同上〕○｜亦作服。〔説文〕「｜，大嘑自冤也」段注。○〔説文定聲・卷七〕｜，字亦作懪。〔爾雅〕「懪懪，邈邈，悶也」。

懪　｜，心懣。〔集韻・覺部〕○｜者，暴之或體也。〔釋訓〕「｜｜，悶也」郝疏。

⿰忄𣋄　｜，煩悶也。〔廣韻・覺部〕○｜｜，悶也。〔同上〕

⿰忄𣋄　｜或从暴作懪。〔集韻・覺部〕

鰒　｜，海魚名。〔廣韻・屋部〕○｜似蛤，一偏著石。〔説文〕「｜，海魚也」段注引〔三蒼〕郭注。○｜無鱗，有殼，一面附石，細孔襍襍，或七或九。〔同上〕段注引〔廣志〕。○｜即石決明。〔説文〕「｜，海魚名」義證引〔焦氏筆乘〕。○｜，一説石決明，藥，旁有七空者良。〔集韻・覺部〕○｜與石決明同類殊種。〔説文〕「｜，海魚也」段注引李時珍。

鰒　｜，魚名。〔廣韻・覺部〕

瓝　｜，瓜｜也。〔廣韻・覺部〕○｜，小瓜。〔集韻・覺部〕○｜者，小瓜之種。〔説文〕「瓞，瓝也」義證引戴震。

瓟　｜，同瓝。〔廣韻・覺部〕

骲　｜，骨鏃。〔集韻・覺部〕○｜，骨鏃名也。〔廣韻・屋部〕○｜，｜箭。〔廣韻・覺部〕

⿰月暴　｜，肉胅起。〔廣韻・覺部〕○｜，皮破起。〔集韻・覺部〕○｜，皮破。〔廣韻・覺部〕

⿰月𣋄　｜，肉胅起。一曰皮破。〔集韻・覺部〕

豰　｜，小豕也。〔説文〕「｜，小豚也」段注。○｜，豕也，豰豭也。〔集韻・屋部〕○豕之子曰｜。〔本草・豕〕○｜，貔子。〔説文〕「貔，豹屬」義證引〔玉篇〕。○｜，一曰狐子。〔集韻・屋部〕○〔説文定聲・卷八〕｜，叚借為穀。〔漢書・司馬相如傳〕「獑胡｜蛫」。○｜或作犦。〔集韻・覺部〕○｜，〔左傳〕以穀為之。〔説文定聲・卷八〕

璞　｜，玉之在石中者。〔孟子・梁惠王下〕「今有｜玉於此」朱注。○玉之未治者為｜。〔同上〕焦正義。○鄭人謂玉未理者為｜。〔説文〕「理，治玉也」義證引〔藝文類聚〕。○｜，玉｜。〔廣韻・覺部〕○｜，玉素也。〔集韻・覺部〕○｜，猶樸也。〔孟子・梁惠王下〕「今有｜玉於此」焦正義。○樸、朴、｜並通。〔荀子・榮辱〕「材愨」雜志。○｜或作⿰王卜。〔集韻・覺部〕

⿰王卜　｜，玭｜。〔廣韻・覺部〕

樸　｜，木素。〔廣韻・覺部〕○凡物未彫刻曰｜。〔慧琳音義・卷一二〕引〔考聲〕。○｜，木素也，因以為凡素之偁。〔説文〕「鋌，銅鐵｜也」段注。○｜，引伸為不奢之偁。〔説文〕「｜，木素也」段注。○｜，引伸為凡物之偁。〔同上〕段注。○木曰｜。〔同上〕繫傳。○〔通雅・卷三八〕｜角猶白屋也。〔淮南子〕「堯｜角不斲」。○｜、朴、璞並通。〔荀子・榮辱〕「材愨」雜志。○｜亦同朴。〔書・梓材〕「既勤｜斲」孫疏。○〔説文定聲・卷八〕

丨，叚借為朴。〔考工記〕「欲其丨屬而微至」。○（同上）丨，叚借為樸。〔釋木〕「丨，枹者」。○丨與樸通。〔方言三〕「南楚凡物盡生者曰撲生」箋疏。○〔說文定聲・卷八〕丨，字又作玌。〔孔耽碑〕「蹈仁義兮履玌純」。○（同上）丨，亦作璞。〔南都賦〕「金彩玉璞」。

朴 丨，質也。〔楚辭・卜居〕「丨以忠乎」補注引五臣注。○丨，木之皮也。〔說文〕「丨，木皮」繫傳。○〔說文定聲・卷八〕丨，木皮，即柹，未削則為柹附，既削則為柀離，義相因也。〔廣雅・釋詁三〕「丨，離也」。○凡木皮皆謂之丨，此樹皮厚，故以厚丨為名。〔說文〕「丨，木皮也」義證引〔急就篇〕顏注。○厚丨，藥名。〔廣韻・覺部〕○厚丨，一名厚皮。〔說文〕「丨，木皮也」義證引〔吳氏本草〕。○今藥有厚丨，一名厚皮。（同上）繫傳。○丨握，言樸朔也。〔通雅・卷四六〕○剝、丨、卜聲近而義同。〔廣雅・釋詁三〕「剝、丨，離也」疏證。○丨，姓，音標。〔通雅・姓名〕○樸、丨、璞並通。〔荀子〕「材愨」雜志。○凡丨素字作樸。假丨為樸也。〔說文〕「樸，木素也」段注。○〔說文定聲・卷八〕丨，叚借為樸。〔廣雅・釋詁一〕「丨，大也」。○（同上）丨，以樸為之。〔考工記〕「欲其樸屬而微至」。○古質丨字多作樸。〔說文〕「丨，木皮」繫傳。○丨當為樸。〔荀子・禮論〕「本始材丨也」集解引郝懿行。又〔性惡〕「離其丨」集解引郝懿行。○〔說文定聲・卷八〕丨，叚借為卧。〔廣雅・釋詁二〕「丨，猝也」。○丨與皮、膚一聲之轉。〔廣雅・釋詁三〕「丨，離也」疏證。○丨當作扑，變之叚字。〔墨子・非樂上〕「明不轉丨」平議。

墣 甶謂之丨。〔集韻・屋部〕

圤 丨，同墣。〔廣韻・覺部〕

㱿 丨，皮甲。〔廣韻・覺部〕○丨，皮也。〔集韻・屋部〕○凡皮皆曰丨。〔慧琳音義・卷七五〕引顧野王。○丨，物皮空。〔說文〕「丨，一曰素也」義證引〔玉篇〕。○空與丨義同。（同上）段注。○丨，外堅也。（同上）義證引〔字書〕。○丨，卵外堅也。（同上）段注。○丨，俗作殼。（同上）段注。○丨者，今之殼字。〔說文〕「穀，从禾，丨聲」段注。

殼 丨，卵外堅也。〔說文定聲・卷八〕○（同上）丨，叚借為㲉。〔說文〕「丨，一曰素也」。○丨，叚借為㲉。〔說文定聲・卷八〕○丨者，㱿之俗字也。〔說文〕「愨，謹也」段注。○丨，字亦作㲉。〔說文定聲・卷八〕

確 丨，堅也。〔通鑑・秦紀二〕「丨乎不憂其不合也」音注。又〔後梁紀四〕「聞晉王與梁人丨鬬」音注。又〔集韻・覺部〕。○丨，靳固也。〔廣韻・覺部〕○丨，堅固皃也。〔慧琳音義・卷七二〕引〔考聲〕。○丨，剛皃也。〔說文〕「塙，堅不可拔也」段注。○丨與塙同。〔廣雅・釋詁一〕「確，堅也」疏證。○丨或作碻。〔集韻・覺部〕○丨乃确字之變耳。〔說文〕「塙，堅不可拔也」段注。

碻 丨，同確。〔廣韻・覺部〕

愨 丨，謹也。〔大戴・主言〕「商丨」王詁。○丨者，謹也。〔荀子・榮辱〕「使丨祿多少厚薄之稱」集解引郝懿行。○丨，誠也。〔禮記・祭義〕「盡其丨」集解。○丨當作㱿。〔說文〕「㱿，一曰素也」義證。○丨當作㲉。〔荀子・榮辱〕「使丨祿多少厚薄之稱」平議。

慤 丨，謹也。〔廣韻・覺部〕○丨，善也。（同上）○丨，愿也。（同上）○丨，誠也。（同上）○悾悾、丨丨、懇懇、叩叩皆一聲之轉，或轉為款款。〔廣雅・釋訓〕「叩叩，誠也」疏證。○丨丨，各本譌作愨愨。〔廣雅・釋訓〕「丨丨，誠也」疏證。

埆 丨，墝瘠也。〔通鑑・魏紀四〕「然其方土寒丨」音注。○丨，墝丨不平。〔廣韻・覺部〕○丨同确，堅剛相持之意。〔說文〕「獄，确也」段注。○丨當為确，俗寫从土。〔墨子・親士〕「墝丨者其地不育」閒詁引畢沅。○丨，俗字，依〔說文〕當作塙。〔釋名・釋車〕「轂，丨也」疏證。

觳 丨，薄也。〔莊子・天下〕「其道大丨」集釋引郭嵩燾。又〔史記〕「不丨於此」雜志引尹知章。○丨，盡也。〔集韻・屋部〕○丨觫，角新生貌。〔義府・卷上〕○丨觫，恐懼貌。〔孟子・梁惠王上〕「吾不忍其丨觫」朱注。○丨觫義與㱚殜同。〔廣雅・釋詁三〕「㱚殜，死也」疏證。○〔說文定聲・卷八〕丨，〔爾雅〕郭注則以為發聲之詞。〔史記・秦始皇本紀〕「不丨於此」。○㲉、觳、丨竝音近字通。〔釋詁〕「丨，盡也」郝疏。○〔說文定聲・卷八〕丨，叚借為确。〔管子・地員〕「剛而不丨」。○（同上）丨，叚借為觸。〔史記・李斯傳〕「方將丨抵優俳之觀」。○（同上）丨，叚借為斛。〔釋詁〕「丨，盡也」。○（同上）丨，叚借為殼。〔左傳哀公二五年〕「君將丨之」。○（同上）丨，叚借為袝。〔儀禮・特牲饋食禮〕「主婦俎丨折」。

硞 丨，固也。〔廣韻・覺部〕○丨，一曰鞏也。〔集韻・覺部〕○丨，疑與礐同字。〔說文定聲・卷六〕

㲉 丨，鳥卵。〔廣韻・覺部〕○丨，卵也。〔廣韻・屋部〕○鳥卵皮曰丨。〔慧琳音義・卷六〕引〔集訓〕。

㝅 丨，卵孚也。〔集韻・覺部〕○丨，一曰物之孚甲。（同上）○丨，卵已孚。〔集韻・屋部〕○未孚曰卵，開破曰丨。〔慧琳音義・卷六八〕引〔古今正字〕。

濁 丨，不清也。〔廣韻・覺部〕○丨者，清之反也。〔說文〕「丨，从水，蜀聲」段注。○河流渾丨，故謂之丨河也。〔漢書・高帝紀〕「西有丨河之限」補注。○丨醪，今浮滓酒也。〔通雅・飲食〕○丨，亂也。〔國策・秦策一〕「書策稠丨」補正。○丨之言闇。〔說文〕「清，朖也」義證引〔文子〕。○丨鄒即讎由。〔史記・孔子世家〕「孔子遂適衛，主於子路妻兄顏丨鄒家」志疑。○丨以觸為義。〔釋天〕「丨謂之畢」郝疏。○〔說文定聲・卷八〕丨，叚借為噣。〔釋天〕「丨謂之畢」。○（同上）丨，字亦作灟。〔淮南子〕「洞洞灟灟」。○丨當作湡。〔漢書・地理志〕「諸水所出，東至張邑入丨」補注。又〔說

文」「渚，渚水」段注。〇丨乃蜀之訛。〔史記·漢興以來將相名臣年表〕「丨湔氏反」志疑。

擢

丨，引也。〔國策·楚策四〕「丨閔王之筋」鮑注。〇丨，拔也。〔通鑑·周紀五〕「射王股，丨王筋」音注。又〔晉紀一〇〕「丨將軍之髮」音注。又〔廣韻·覺部〕。又〔集韻·覺部〕。〇丨謂拔丨也。〔説文〕「丨，引也」繫傳。〇丨，抽也。〔廣韻·覺部〕〇丨，揀擇也。〔慧琳音義·卷七八〕引〔考聲〕。〇丨舟謂引舟也。〔説文〕「丨，引也」段注。〇丨，出也。〔廣韻·覺部〕〇丨之言籗籗也。〔釋木〕「梢，梢丨」述聞。〇丨，梢櫂，木直上貌。〔集韻·覺部〕〇〔説文定聲·卷七〕丨謂徹也。〔禮記·少儀〕「不丨馬」。〇立馬謂之丨馬。〔禮記·少儀〕「不丨馬」平議。〇丨、櫂正俗字。〔説文〕「楫，所以櫂舟也」段注。〇丨為正字，櫂、棹並俗字。〔方言九〕「楫，或謂之櫂」箋疏。〇今〔毛詩〕丨譌櫂。〔説文〕「楫，所以丨舟也」段注。〇丨當作摧。〔墨子·經下〕「丨慮不疑」閒詁。〇丨當為摧。〔墨子·經説下〕「丨疑無謂也」閒詁。〇丨當作擢。〔文選·書諫吳王濞〕「手可丨而抓」

集釋。

鐲

丨，小鉦。〔集韻·覺部〕〇丨，似鈴。〔廣韻·覺部〕〇丨、鈴一物也。〔説文〕「鈴，令丁也」段注。〇〔説文定聲·卷八〕丨即〔左傳宣公四年〕之丁寧也，丁寧之合音為鉦。〔説文〕「丨，鉦也」。〇丨，温器。〔廣韻·燭部〕〇丨，鐲鏑，温器。〔集韻·燭部〕

鸐

丨，山雉，長尾。〔廣韻·覺部〕〇丨或作翟、鸖、䳢。〔集韻·覺部〕

鷽

丨，雉名。〔集韻·覺部〕〇白丨，鳥。〔廣韻·覺部〕

濯

丨，洗也。〔儀禮·士昏禮〕「某之子未得丨溉于祭祀」胡正義引敖氏繼公。〇丨，滌也。〔詩·泂酌〕「可以丨罍」朱傳。〇丨，澣丨。〔説文〕「丨，澣也」義證引〔玉篇〕。又〔廣韻·覺部〕。〇丨為滌洗使潔也。〔儀禮·士喪禮〕「新盆槃瓶廢敦重鬲皆丨」胡正義。〇丨，浴也。〔慧琳音義·卷六七〕引顧野王。〇丨者，滌溉也。〔大戴·千乘〕「畜水行衰丨浸」王詁。〇丨、淖皆謂不浄之汁也。〔禮記·喪大記〕「濡丨棄于坎」集解引皇氏。〇丨、淖、汙、泥四字同義。〔史記〕「丨淖」雜志。〇丨、淖、汙、泥四字同義。〔同上〕〇丨，大也。〔詩·常武〕「丨征徐國」朱傳。〇丨，明也。〔集韻·覺部〕〇丨，著明也。〔詩·文王有聲〕「王公伊丨」朱傳。〇丨丨，光明也。〔詩·殷武〕「丨丨厥靈」朱傳。〇丨丨，光明貌。〔詩·崧高〕「鉤膺丨丨」朱傳。〇丨，光潔之皃。〔説文定聲·卷七〕〔「檝」下〕〇丨丨，光潔之貌。〔孟子·告子上〕「是以若彼丨丨也」朱注。〇丨丨，肥也。〔詩·靈臺〕「麀鹿丨丨」後箋引〔廣雅〕。又〔同上〕集疏引三家説。〇丨丨，肥澤貌。〔同上〕朱傳。〇丨丨，娛遊也，娛遊亦往來意也。〔同上〕後箋。〇丨船即櫂船也。〔漢書·鄧通傳〕「以丨船為黄頭郎」補注。〇丨船、丨鷁皆擢舟之義也。〔説文〕「楫，所以擢舟也」段注。〇丨絳，合墨赭之色也。〔通雅·綵色〕〇〔通雅·釋詁〕丨造即丨竈。〔士喪禮〕「丨造于西階」。〇丨，通作淖。〔集韻·覺部〕〇丨與櫂通。〔方言九〕「楫，或謂之櫂」箋疏。〇〔説文定聲·卷七〕丨，叚借為櫂，實為棹。〔上林賦〕「丨鷁牛首」。〇〔史〕、〔漢〕以丨為櫂，古文假借。〔説文〕「丨，澣也」段注。〇〔周禮〕故書以丨為挑，古文假借。〔同上〕〇〔説文定聲·卷七〕丨，叚借為祧，實為朓。〔周禮〕故書「守丨，掌守先王先公之廟丨」。〇〔同上〕丨，叚借為燿。〔釋詁〕「丨，大也」。〇〔同上〕丨，叚借為珧。〔釋魚〕「蜃，小者丨」。〇丨丨，當即嬥嬥之假借。〔詩·靈臺〕「麀鹿丨丨」通釋。〇丨浸當為灌浸，字之誤也。〔大戴·千乘〕「衰丨浸」述聞。〇丨浸。〔太平御覽·時序部〕引作灌浸。〔同上〕

幄

丨即覆帳。〔周禮·幕人〕「掌帷、幕、丨、帟、綬之事」孫正義。〇丨，大帷也。〔説文〕「楃，木帳也」義證引〔三禮圖〕。〇丨，大帷在上曰弈，四旁及上曰帷，上下四旁悉周曰丨。〔同上〕引〔三禮圖〕。〇丨，幬也。〔集韻·覺部〕〇丨、握、屋，古字通。〔釋言〕「握，具也」郝疏。〇丨亦作屋。〔集韻·覺部〕〇丨作屋。〔墨子·非攻中〕「羽旄丨幕」閒詁。〇丨或从衣作褔。〔集韻·覺部〕

黫

丨，墨刑名。〔廣韻·屋部〕

喔

丨，雞聲。〔廣韻·覺部〕〇丨，雉聲。〔集韻·屋部〕〇丨咿，强顔貌。〔楚辭·卜居〕「丨咿儒兒」補注。又〔廣韻·覺部〕。〇一曰丨咿，强笑也。〔集韻·覺部〕〇丨咿、儒兒皆强笑之貌。〔楚辭·卜居〕「丨咿儒兒」補注。

偓

〔説文定聲·卷八〕丨，丨佺，古仙人。〔説文〕「丨，丨佺也」。〇丨，丨促。〔廣韻·覺部〕〇丨促，迫也。〔楚辭·憂苦〕「丨促談於廊廟兮」補注。〇丨促，一曰小貌。〔同上〕〇丨促，褊小之兒。〔慧琳音義·卷八八〕引〔考聲〕。〇丨躖，急促之貌也。又〔卷九二〕〇丨躖，亦褊促兒也。又〔卷八三〕引〔考聲〕。〇丨齪，褊小兒也。〔慧琳音義·卷九七〕引〔考聲〕。〇〔説文定聲·卷一四〕丨者，偓之誤字。〔説文〕「竣，丨竣也」。〔「竣」下〕

葯

丨，白芷也。〔廣韻·覺部〕〇白芷，楚人謂之丨。〔楚辭·湘夫人〕「辛夷楣兮丨房」補注引〔本草〕。〇丨，白茝，葉即蘸也。〔説文〕「茝，虈也」義證引〔玉篇〕。〇芷，其葉謂之丨。〔楚辭·湘夫人〕「辛夷楣兮丨房」補注。〇白芷，其葉謂之丨。〔集韻·覺部〕

握

丨，持也。〔廣韻·覺部〕〇丨者，搤持也。〔説文〕「掔，手掔也」段注。〇丨持者，搤持也。〔説文〕「摯，丨持也」段注。〇在手曰丨。〔説文〕「褢，一曰藏也」義證引〔玉篇〕。〇疾者兩手相拱，著而不伸曰丨遞。〔通雅·卷一八〕引〔管子〕注。〇丨齪，急促貌。〔通鑑·秦紀三〕「吾問其將皆丨齪」音注。〇〔通雅·卷五〕丨齱猶丨躖也。〔酈食其傳〕「聞勝、梁將皆丨齱好苛禮」。〇〔義府·卷下〕丨齱，丨，指相聚也，齱，齒相切也，故借為拘局纖瑣之意。〔史記·酈生傳〕「丨齱好苛禮」。〇今江北江左鄉語，皆以丨齱二字之音為俗垢塵濁之稱。〔通雅·釋詁〕〇丨，小兒。〔集韻·屋部〕〇

一,不行也。〔國策・魏策三〕「欲一則一」鮑注。○一,不食也。〔同上〕○一槊即簿戲。〔說文〕「簿,局戲也」義證。○幄、一、屋,古字通。〔釋言〕「一,具也」郝疏。○一,古通作幄字。〔管子・戒〕「一路家五十室」義證。○幄正字,幄俗字,一則同聲叚借字也。〔周禮・巾車〕「翟車,貝面組總,有一」孫正義。○〔說文定聲・卷八〕一,叚借為楃。〔釋言〕「一,具也」。○〔同上〕一或為屋。〔詩・權輿〕「於我乎夏屋渠渠」。○一即屋字。〔釋言〕「一,具也」鄭注。

奎 一,古握字。〔淮南子・詮言〕「一無所監」雜志。

楃 一,木為帳匡也。〔說文〕「一,木帳也」繫傳。○一猶供帳也。〔說文定聲・卷八〕(「握」下)○一,以帛衣版為之。〔卷八〕○一,通作屋。〔釋言〕「握,具也」郝疏。○一又通作握。〔同上〕○〔說文定聲・卷八〕一,以握為之。〔周禮・巾車〕「翟車有握」。○〔同上〕一,字亦作幄。〔周禮・幕人〕「掌帷、幕、幄、帟、綬之事」。○一或作幄。〔說文〕「一,木帳也」義證。

渥 一者,霑也。〔說文・上說文書〕「一衍沛滂」段注。○一,霑濡。〔廣韻・覺部〕○一,霑濡皃。〔說文〕「一,霑也」義證引〔玉篇〕。○沾濡曰一。〔慧琳音義・卷六五〕○一,漬也。〔詩・終南〕「顏如一丹」朱傳。又〔墨子・襍守〕「一水中」閒詁引蘇時學。○一,厚漬也。〔詩・簡兮〕「赫如一赭」朱傳。又〔通鑑・漢紀四〇〕「恩遇尤一」音注。○一,厚也。〔楚辭・九辯〕「嘗被君之一洽」補注引五臣注。○一亦厚也。〔慧琳音義・卷六五〕○一之言厚也。〔說文〕「一,霑也」段注。○一,澤也。〔慧琳音義・卷九一〕○一者,澤潤也。〔說文〕「㕣,山間陷泥地」繫傳。○剭、一、屋並通。〔廣雅・釋詁四〕「剭,刑也」疏證。○〔說文定聲・卷八〕一,叚借為漚。〔考工記・㡃氏〕「一淳其帛」。○一為古文漚也。〔左傳哀公八年〕「拘鄫人之漚菅者」洪詁。○優、一語之轉。〔廣雅・釋詁二下〕「瀀、一,漬也」疏證。○〔說文定聲・卷八〕一,字亦作腛。〔考工記・鮑人〕「腛脂之則需」。○〔同上〕一,〔韓詩〕作沍,以涿為之。〔詩・終南〕「顏如一丹」。○一,三家亦作屋。〔詩・簡兮〕「赫如一赭」集疏。

搦 一,捉也。〔慧琳音義・卷七四〕○一,猶捉也。〔慧琳音義・卷六五〕○一,猶捉也,取也。〔慧琳音義・卷五三〕○一,持也。〔續音義・卷八〕引〔切韻〕。又〔廣韻・覺部〕。又〔集韻・覺部〕。○一或从攴作㲉。〔同上〕

踔 一,跛也。〔廣韻・覺部〕○一,趵一,無常也。〔集韻・覺部〕○〔通雅・卷五〕一絕猶趵一也。〔漢書・孔光傳〕「非有一絕之能」。○一、卓,字並與趠通。〔廣雅・釋詁四〕「趠,絕也」疏證。○一、逴、卓並通。〔廣雅・釋詁一〕「逴,遠也」疏證。○〔說文定聲・卷七〕一,叚借為卓。〔漢書・孔光傳〕「非有一絕之能」。○〔同上〕一,叚借為趠。〔史記・貨殖列傳〕「地一遠」。○一即逴字。〔說文〕「逴,一曰蹇也」段注。

晫 一,明也。〔廣韻・覺部〕又〔集韻・覺部〕。○一,明皃。〔集韻・覺部〕○卓、倬、一並通。〔廣雅・釋詁四〕「卓、一,明也」疏證。

逴 一,遠也。〔楚辭・遠遊〕「一絕垠乎寒門」補注。又〔九辯〕「春秋一一而日高兮」補注。又〔廣韻・覺部〕。又〔集韻・覺部〕。○一亦超也。〔廣雅・釋詁一〕「一,遠也」疏證。○一猶獨也。〔墨子・兼愛中〕「連獨無兄弟者」雜志。○卓、踔、稺並與一同聲,皆獨貌也。〔同上〕○一,一曰驚走。〔廣韻・覺部〕○〔說文定聲・卷七〕一,叚借發聲之詞。〔方言二〕「一,驚也」。○〔同上〕一,叚借為獨。〔楚辭・大招〕「一龍赩只」。○一與卓通。〔墨子〕「連獨無兄弟者」雜志。○〔說文定聲・卷七〕一,叚借為卓。〔史記・衛將軍傳〕「一行殊遠」。○一又借卓字。〔說文〕「一,遠也」義證。○一亦借卓為之。〔同上〕句讀。○踔、一、卓並通。〔廣雅・釋詁一〕「一,遠也」疏證。○〔說文定聲・卷七〕一,叚借為踔。〔說文〕「一,一曰蹇也」。○一亦借踔為之。〔說文〕「一,遠也」句讀。○一,字或作踔。〔同上〕義證。○一、䞭、踔並同。〔方言六〕「一、騷䞭蹇也」箋疏。○一與䞭、踔並同。〔廣雅・釋詁三〕「一,蹇也」疏證。○一,字又作䞭。〔說文〕「一,一曰蹇也」義證。○一當為趠之或體。〔說文定聲・卷七〕

趠 一,騰擲所到遠也。〔說文〕「一,遠也」段注。○一,疾走也。〔集韻・覺部〕○一、逴音義同。〔說文〕「一,遠也」段注。○一、逴與卓古並同聲,其義一也。〔儀禮・覲禮〕「匹馬卓上」胡正義引〔匡謬正俗〕。○一或借卓字。〔說文〕「一,遠也」義證。○一,同逴。〔廣韻・覺部〕

犖 一,牛駁色。〔集韻・鐸部〕○駁一,牛雜色。〔廣韻・覺部〕○一,有力也。〔通鑑・晉紀一九〕「少卓一不羈」音注。○一,高皃也。〔慧琳音義・卷七六〕引〔考聲〕。○一,謂奇異也。〔慧琳音義・卷三四〕○一又卓一也。〔廣韻・覺部〕○一,一曰地名,在宋。〔集韻・覺部〕○〔說文定聲・卷七〕一,叚借為憭。〔史記・天官書〕「此其一一大者」。○〔同上〕一,以櫟為之。〔新論〕「郭犫丁櫟」。○一即犫。〔漢書・地理志〕「莽曰陳陵」補注。

學 斆為覺悟之覺。〔廣雅・釋詁四〕「一,覺也」疏證。○一,教也。〔禮記・文王世子〕「凡一世子及一士」集解。○一,習也。〔大戴・文王官人〕「不一而性辨」王詁。○一,放習也。〔慧琳音義・卷一八〕引〔考聲〕。○一言誦習也。〔國策・趙策二〕「勿令溺苦於一」補正。○一謂未仕而一者。〔禮記・曲禮〕「宦一事師」集解。○一之為言效也。〔論語・學而〕「一而時習之」朱注。○一,識也。〔慧琳音義・卷一八〕引〔考聲〕。○一謂講習討論之事。〔大學〕「道一也」朱注。○一,國一也。〔孟子・滕文公上〕「設為庠序一校以教之」朱注。○一謂大一也。〔大戴・文王官人〕「則任師」王詁。又〔孟子・滕文公上〕「一則三代共之」焦正義。○一,官舍也。〔廣雅・釋宮〕「一,官也」疏證。○一官亦謂一舍。〔漢書・韓延壽傳〕「修治一官」補注引周壽昌。○一士,冑子及鄉所升之俊士也。〔禮記・文王世子〕「凡一世子及一士」集解。○一,禮者,禮古經五十六篇中之篇名也。

〔大戴·保傅〕「丨禮曰」王詁。○丨當讀為教，政丨即政教也。〔周禮·都司馬〕「掌其政丨」述聞。○作丨者蓋鷽叚借字。〔莊子·逍遥遊〕「蜩與丨鳩笑之」集釋。○丨，亦或作鷽。（同上）集釋引〔釋文〕。○丨，本或作鸒，音預。（同上）集釋引〔釋文〕。○丨，〔説文〕與斆同。〔廣韻·覺部〕○丨，同鶻。〔集韻·黠部〕○丨當為礐。〔墨子·大取〕「凡丨愛人」閒詁。

斆　丨與學同。〔管子·大匡〕「斆孫博於教」雜志。又〔管子·小匡〕「辭結」雜志。

鷽　丨，山鵲，赤喙長尾，知來而不知往。〔廣韻·覺部〕○丨，今喜鵲也。〔釋鳥〕「丨，山鵲」鄭注。○丨，避太歲，知來歲風，知人憂喜，知行人將至，此正今之喜雗，其性好晴，故曰乾雗。〔説文〕「丨，雗丨，山鵲，知來事鳥也」段注。○〔説文定聲·卷六〕丨，亦名乾鵲。〔西京襍記〕「乾鵲噪而行人至」。○丨，亦名鳱鵠。〔説文定聲·卷六〕○丨，〔禮〕射鳱鵠，即此也。〔説文〕「丨，雗丨，山鵲，知來事鳥也」繫傳。○丨鳩，小鳩也。〔集韻·覺部〕○丨鳩，阿鶌也。〔通雅·鳥〕○丨、鵠同。〔説文〕「丨，雗丨，山鵲，知來事鳥也」段注。○丨，同鶻。〔集韻·黠部〕○丨或作學。〔集韻·覺部〕○丨或作鸐。（同上）

齱　丨，丨齬是也。〔説文〕「丨，齵也」繫傳。○握丨，急促也。〔廣韻·覺部〕

齪　丨，急促兒也。〔慧琳音義·卷九七〕引〔文字典説〕。○齷丨，迫也。〔集韻·覺部〕○丨，開孔具。〔廣韻·覺部〕○娖娖、⿰足齒⿰足齒、丨丨並字異而義同。〔廣雅·釋詁一〕「婥，善也」疏證。○丨或作⿰足齒、齱、促。〔集韻·覺部〕

⿰足齒　丨，齒相近聲。〔廣韻·覺部〕

斠　丨，平斗斛。〔廣韻·覺部〕○丨，決勝負也。〔慧琳音義·卷七七〕○丨又通作校。〔説文〕「丨，平斗斛也」義證。○丨又通作較。（同上）○丨又通作講。（同上）○〔説文定聲·卷八〕丨，以講為之。〔漢書·曹參傳〕「講若畫一」。○丨，今作角。〔説文〕「丨，平斗斛也」義證引〔玉篇〕。○〔説文定聲·卷八〕丨，以角為之。〔禮記·月令〕「角斗甬」。○丨，凡較量、校讎、榷酤、揚搉字，疑皆當作此為正文。〔説文定聲·卷八〕

較　丨，或作較。〔集韻·覺部〕○丨之制，蓋漢與周異，周時丨高於軾，高處正方有隅，故謂之丨，丨之言角也，至漢乃圜之如半月然。〔説文〕「丨，車輢上曲鉤也」段注。○〔西京賦〕、荀卿及〔史記·禮書〕皆謂丨為龍形，而飾以金。（同上）○〔説文定聲·卷七〕丨，高五尺五寸。〔説文〕「丨，車輢上曲鉤也」。○丨，通作角。〔説文〕「丨，車騎上曲銅也」義證。○丨，字亦作較。〔説文定聲·卷七〕○（同上）丨，叚借為郊。〔孟子〕「魯人獵較」。○（同上）丨，叚借為曉、為皎。〔廣雅·釋詁四〕「較，明也」。○（同上）丨，叚借為覺，實為嚳、為嵩，或為矗。〔釋詁〕「較，直也」。○（同上）丨，謂借為覈。〔孟子〕「魯人獵較」注「相較奪禽獸」。○丨與較同。〔説文〕「丨，車騎上曲銅也」義證引〔玉篇〕。○丨，今字作較。〔説文〕「丨，車輢上曲鉤也」段注。

⿱𦥯馬　丨，馬行疾也。〔集韻·覺部〕○丨，一曰馬行徐疾也。〔集韻·洪部〕○丨，馬腹下鳴。〔廣韻·覺部〕○丨，馬腹下聲。（同上）○丨，馬腹下聲。〔説文〕「丨，馬行徐而疾也」義證引〔玉篇〕。○丨，一曰馬腹下聲。〔集韻·覺部〕○馬鳴腹謂之丨。〔説文〕「丨，馬行徐而疾也」義證引〔類篇〕。又〔集韻·洪部〕。

⿰岳頁　丨，面前丨丨也。〔説文〕「丨，面前岳岳也」義證引〔龍龕手鑑〕。○蘇俗諺言人趾高氣揚之兒曰頭高丨丨。〔説文定聲·卷八〕

觷　丨，治角也。〔集韻·覺部〕又〔廣韻·沃部〕。○丨，治角之工。〔廣韻·覺部〕○丨，治樸之名。〔集韻·洪部〕○礐、鵠、丨雖有治角治象之不同，而同為分析之義，其聲亦相近也。〔廣雅·釋詁一〕「礐，分也」疏證。○丨或作礐。〔廣韻·覺部〕

⿰牛隺　丨，白牛。〔集韻·覺部〕○丨，牛白色。〔集韻·洪部〕

⿰牛翟　丨，白牛。〔廣韻·沃部〕○丨，牛白色。〔集韻·洪部〕○丨或从雈作⿰牛雈。（同上）

丵　丨，叢生草。〔廣韻·覺部〕○〔吳語〕不經見者謂丨嶽。〔説文〕「丨，叢生草也，象丨嶽相並出也」段注。○丨嶽疊韻，蓋爭高競長之狀。（同上）句讀。○丨嶽疊韻字，或作族嶽。（同上）段注。

⿱𦥯山　丨，山夏有水，冬無水。〔廣韻·覺部〕○丨謂山上夏有停潦，冬則乾也。〔説文〕「丨，夏有水，冬無水曰丨」段注。○丨，涸泉。〔廣韻·覺部〕○丨，一曰水自涓出為丨。〔集韻·覺部〕○丨或从學作澩。（同上）

篧　丨，魚罩。〔廣韻·覺部〕○丨謂之罩。〔集韻·覺部〕○丨，捕魚器。〔説文〕「丨，籗或从隺」義證引〔五經文字〕。○楚、罩二字合聲為丨。〔釋器〕「丨謂之罩」郝疏。○丨者，籗之或體也。（同上）

籗　丨，魚籠也。〔説文〕「丨，罩魚者也」義證引〔玉篇〕。○丨，通作篧。（同上）義證。○丨或省作篧、籗。〔集韻·覺部〕○丨亦作罩、箌。（同上）

齺　丨，齒相近兒。〔廣韻·覺部〕又〔集韻·覺部〕。

⿱𦥯手　丨，長臂兒。〔説文〕「丨，人臂兒」義證引〔玉篇〕。又〔廣韻·覺部〕。○丨，人臂捎長纖好也。〔説文〕「丨，人臂兒也」繫傳。○丨，纖也。〔廣韻·覺部〕

穛 丨，特止，卓立也。〔集韻·覺部〕引徐鍇。○丨，通作卓。〔說文〕「丨，特止也」義證。○卓、踔、丨竝與逴同聲，皆獨貌也。〔墨子·兼愛中〕「連獨無兄弟者」雜志。○丨或作踔。〔集韻·覺部〕○丨，一曰禾名。（同上）

啄 丨，鳥丨也。〔廣韻·覺部〕○丨或作噣。〔集韻·覺部〕○〔說文定聲·卷八〕丨，以椓為之。〔東征賦〕「諒不登樔而椓蠡兮」。

斀 丨，犍犗也。〔說文〕「丨，去陰之刑也」義證引〔字書〕。○丨或借椓字。（同上）義證。○〔說文定聲·卷八〕丨，以椓為之。〔詩·召旻〕「昏椓靡共」。○丨或作椓。〔集韻·覺部〕○丨，古作劅。（同上）○丨，賈、馬、鄭作劅。〔說文〕「丨，去陰之刑也，周書曰刖、劓、丨、黥」段注。

劅 丨，同斀。〔說文〕「斀，去陰之刑也」段注。

⿰豖攵 丨與椓音義皆同。〔說文〕「丨，擊也」段注。○丨，打也。〔廣韻·覺部〕○丨，一曰擿也。〔集韻·覺部〕○丨，擊聲。〔廣韻·屋部〕○丨、椓、涿並通。〔廣雅·釋詁四〕「丨，擿也」疏證。○丨與椓、⿰豖殳同字。〔說文〕「丨，擊也」句讀。○〔說文定聲·卷八〕丨，實與椓、⿰豖殳同字。〔說文〕「丨，擊也」。○椓、丨、⿰豖殳、涿，字並與㧻同。〔廣雅·釋詁二〕「㧻，椎也」疏證。○丨或从殳作⿰豖殳。〔集韻·覺部〕○丨或从手作㧻。（同上）

⿱⺮肑 丨，手足指節之鳴者。〔廣韻·覺部〕○丨，手指節連綴之筋可屈伸者也，曳之則鳴也。〔說文〕「丨，手足指節之鳴者也」繫傳。○丨，通作肑。〔集韻·覺部〕○丨或作敨。（同上）

肑 丨，同⿱⺮肑。〔廣韻·覺部〕○丨，豕腴。〔集韻·覺部〕

敨 丨，指聲。〔廣韻·覺部〕

藐 丨，紫草。〔廣韻·覺部〕○⿱罒毛、眊、丨、䫉四字，其義同也。〔廣雅·釋詁一〕「眊，好也」疏證。

⿱艹⿰豸頁 丨，艸可以染紫，一名紫莀，亦曰紫莂，今謂之紫艸，其可染緑者，即菉王芻也。〔說文定聲·卷七〕○丨，字亦作藐。（同上）○丨或从貌作藐。〔集韻·覺部〕○〔說文定聲·卷七〕丨，字亦變作邈。〔方言六〕「邈，離也」。○（同上）丨，叚借為稍。〔方言一三〕「藐，漸也」。○（同上）丨，叚借為秒。〔方言一三〕「藐，廣也」。○（同上）丨，叚借為眊。〔方言一二〕「藐，小也」。○（同上）丨，叚借為眊。〔詩·板〕「聽我藐藐」。

⿸瓜交 今有馬丨如小瓜也。〔說文〕「丨，小瓜也」繫傳。○丨，叚借為暑。〔說文定聲·卷七〕○（同上）丨，叚借為駮。〔爾雅〕「瓝，九葉」。○丨，同瓝。〔廣韻·覺部〕○〔說文定聲·卷七〕丨，字亦作瓝。〔爾雅〕「瓞瓝，其紹瓞」。○丨，〔爾雅〕、〔毛詩傳〕皆作瓝。〔說文〕「丨，小瓜也」段注。○丨或作瓟。〔集韻·覺部〕

窇 丨，窖也。〔廣雅·釋言〕疏證。○〔說文定聲·卷六〕丨即⿱宀復字。〔廣雅·釋言〕「窖，丨也」。（「窖」下）

鞄 丨，柔革工。〔集韻·覺部〕○丨，攻皮之工。〔廣韻·覺部〕

毃 丨，打頭。〔廣韻·覺部〕○搉、丨、敲聲義並同。〔廣雅·釋詁三〕「搉，擊也」疏證。○搉、敲、丨三字，古同聲而通用。〔國策·中山策〕「商敵為資」雜志。○丨或借敲字。〔說文〕「丨，擊頭也」義證。○丨、敲，經典多借用者。（同上）句讀。○丨，舊本作殼。〔呂覽·當務〕「將丨其頭矣」校正。

塙 丨，高也。〔廣韻·覺部〕○丨，土高也。〔集韻·覺部〕○丨所謂丨埆之地也。〔說文〕「丨，堅不可拔也」繫傳。○丨，通作確。（同上）義證。○〔說文定聲·卷七〕丨，字亦作確。〔易·文言〕「確乎其不可拔」。○丨，今俗字作確，乃确字之變耳。〔說文〕「丨，堅不可拔也」段注。○丨又通作确。（同上）義證。○〔說文定聲·卷七〕丨，字亦作礭。〔晉鄭烈碑〕「秉礭然之大節」。○丨，字亦作碻。〔說文定聲·卷七〕○丨，〔韻譜〕作墧。〔說文〕「丨，堅不可拔也」義證。

墧 丨，通作塙。〔集韻·覺部〕○丨，酈道元所見〔漢志〕本作墧。〔漢書·地理志〕「又有丨水」補注。

歊 丨，同塙。〔廣韻·覺部〕

蠗 丨，小蜃名。〔廣韻·覺部〕○丨，一曰小蜃。〔集韻·覺部〕○丨，字或作玃。〔說文〕「丨，禺屬」義證。○丨，〔漢書〕譌作玃。（同上）段注。○丨，今譌作玃。（同上）段注。

箹 丨，小籥。〔廣韻·覺部〕○〔說文定聲·卷七〕丨，以約為訓。〔爾雅〕「大籥謂之產，其中謂之仲，小者謂之丨」。○竹之節曰丨。〔說文〕「節，竹約也」義證引〔竹譜〕。○丨，箹帶。〔集韻·覺部〕○丨或作箹。（同上）

觮 丨，屋角。一曰調弓。〔廣韻·覺部〕

⿰角勺 丨，調弓也。〔集韻·覺部〕○〔說文定聲·卷七〕丨，謂撓搦之。〔說文〕「丨，調弓也」。○丨，通作弱。〔說文〕「丨，調弓也」義證。○丨，同觮。〔廣韻·覺部〕○〔說文定聲·卷七〕丨，字亦作觮。〔說文〕「丨，調弓也」。

确 丨，磽丨。〔說文〕「丨，磐石也」義證引〔玉篇〕。又〔廣韻·覺部〕○丨，瘦也。〔慧琳音義·卷一七〕○丨，地瘦埆也。〔卷七二〕引〔文字典說〕。○丨與塙音義同。〔說文〕「丨，磐也」段注。○物堅硬謂之丨。〔慧琳音義·卷一七〕引〔通俗文〕。○〔說文定聲·卷八〕丨，叚借為校。〔詩·行露〕傳

「嶽，埆也」。○(同上)丨，叚借為塙。〔後漢・崔實傳〕「言辯而丨」。○(同上)丨，叚借為交、為藾。〔漢書・李廣傳〕「數與虜丨」。○丨，借字耳，當正作角。〔漢書・李廣傳〕「數與虜丨」補注。○丨即确字。〔說文〕「丨，磬石也」義證。○丨，俗作確。(同上)句讀。○丨，今俗作確。〔說文〕「丨，磬也」段注引徐鉉。○丨即今之埆字。(同上)段注。○丨，俗作埆。〔說文〕「丨，磬石也」義證。○丨或作埆。〔說文〕「獄，丨也」義證。○丨，字亦作埆。土之多石瘠薄者謂之墝埆。〔說文定聲・卷八〕○丨或从㱿作殼。〔集韻・覺部〕

嗀 丨，歐吐。〔廣韻・覺部〕○丨亦省作㱿。〔集韻・覺部〕○丨，諸本誤㱿。〔左傳哀公二五年〕「君將丨之」洪詁。

潅 丨，漬也。〔集韻・覺部〕○丨與洪略同。〔說文定聲・卷七〕

䫉 〔廣韻〕毣、毦、藐、丨四字並莫角切，其義同也。〔廣雅・釋詁一〕「毦，好也」疏證。○丨，通作藐。〔釋詁〕「藐藐，美也」郝疏。○丨，經典借藐字。〔說文〕「丨，美也」義證。又(同上)句讀。○丨又通作眇。〔釋詁〕「藐藐，美也」郝疏。○〔說文定聲・卷七〕丨，叚借為朴。〔後漢・馮衍傳〕「高陽丨其超遠兮」。○丨轉為岷。〔釋詁〕「藐藐，美也」郝疏。○丨或从貌作貇。〔集韻・覺部〕

𤖨 丨，其義則本訓角長，引伸之為鹵莽之意。〔說文〕「丨，角長皃」段注。○丨，見於經史者皆譌為觕，轉寫譌其形，今字別觕、丨為二。(同上)○丨，字亦作衛。〔說文定聲・卷一八〕

䙱 丨，長衣。〔說文〕「丨，衣至地也」義證引〔類篇〕。又〔集韻・覺部〕。

捳 丨，抨丨。〔廣韻・覺部〕○丨，抨也。〔集韻・覺部〕

蕉 丨，葽毒。〔廣韻・覺部〕○丨，藥艸。〔集韻・覺部〕○丨或从禾作穛。(同上)

縠 丨，絨也。〔廣韻・覺部〕又〔集韻・覺部〕。○丨或書作緰。(同上)

棚 丨，木名。〔廣韻・覺部〕又〔集韻・覺部〕。○丨，一曰棚也。(同上)

豝 丨，龍尾。〔廣韻・覺部〕

䐁 丨，尻也。〔說文〕「尻，髀也」義證引〔玉篇〕。○丨，一曰肥也。〔集韻・覺部〕○丨，聲近涿。〔說文〕「尻，髀也」義證引錢大昭。○丨與州聲亦相近。〔廣雅・釋親〕「州、丨，臀也」疏證。○丨，同豝。〔廣韻・覺部〕

嚗 丨，怒聲。〔集韻・覺部〕○丨，聲也。(同上)○丨或作呁。(同上)

毣 丨，思皃。〔集韻・覺部〕○丨，一曰毛濡。(同上)又〔廣韻・覺部〕。○丨，好皃。(同上)○〔廣韻〕丨、毦、藐、䫉四字並莫角切，其義同也。〔廣雅・釋詁一〕「毦，好也」疏證。

跑 丨，秦人言蹴。〔廣韻・覺部〕○丨，一曰蹵之也。〔集韻・覺部〕

簹 丨，竹。〔說文〕「薊，古文毒」義證引〔竹譜〕。○丨，竹名。〔廣韻・覺部〕又〔集韻・覺部〕。○丨，織具。〔集韻・屋部〕○丨，織所以張其幅，俗又名楞。〔通雅・諺原〕

犦 丨，犎牛。〔漢書・司馬相如傳〕「其獸則庸旄貘犛」補注引〔玉篇〕。○丨牛，抵觸百獸，無敢當者，故金吾刻丨牛於槊首。(同上)補注引〔韻會〕。○〔通雅・卷三四〕丨稍，刻丨于首也。〔輦下記〕「伏內有丨稍庫」。

犦 丨，犎牛。〔廣韻・覺部〕○丨，牛名，即犎也，領上肉丨胅起狀如橐駝。〔集韻・覺部〕引郭璞。

腛 丨，厚脂。〔廣韻・覺部〕○丨，脂豐也。〔集韻・覺部〕○丨，厚也。〔集韻・屋部〕

媉 丨，好皃。〔廣韻・覺部〕○丨，好也。〔集韻・屋部〕

搙 丨，搵也。〔廣韻・覺部〕又〔集韻・覺部〕。

灂 丨瀑，水涌。〔廣韻・覺部〕○丨瀑，水皃。〔集韻・覺部〕

滈 丨，水皃。〔廣韻・覺部〕○丨瀑，水沸湧皃。〔集韻・覺部〕

瀥 丨瀑，噴沫皃。〔說文〕「瀑，一曰沫也」段注。○丨瀑，水沸之聲。〔文選・蜀都賦〕「龍池丨瀑」注。

瀑 瀥丨，水沸聲。〔集韻・覺部〕○丨或从㬥作瀑。(同上)

箹 丨，車傘帶也。〔廣韻・覺部〕○丨，傘帶也。〔集韻・覺部〕○丨，箕，傘帶也。(同上)○丨亦約也。〔廣雅・釋器〕「丨，帶也」疏證。

仢 丨約，猶爆爍，言奔星急疾之狀。〔釋天〕「奔星為丨約」郝疏。

㔜 丨，健也。〔集韻・覺部〕

勆 丨，勤也。〔集韻・覺部〕

吒 丨，怒聲。〔廣韻・覺部〕○丨暑，恚呼皃。〔集韻・覺部〕

唃 丨耳,耳邊語也。〔慧琳音義·卷五八〕

啅 丨,衆口。〔廣韻·覺部〕〇丨,衆口皃。〔集韻·覺部〕

嗌 丨,笑也。〔集韻·覺部〕

嚳 丨,誇聲也。〔廣韻·覺部〕〇丨,誇聲。〔集韻·覺部〕。

嚛 啅丨,有才辯。〔廣韻·覺部〕〇啅丨,辯捷也。〔集韻·覺部〕

圓 丨,鞭聲。〔廣韻·覺部〕

嶨 丨,土堅。〔集韻·覺部〕〇丨,器之疊坼。〔同上〕

彴 丨約,奔星。〔集韻·鐸部〕〇丨或作彴。〔集韻·覺部〕

㤦 丨,驚也。〔集韻·覺部〕〇丨,怖也。〔集韻·洪部〕

㑯 丨,不安。〔廣韻·覺部〕〇丨,心不安也。〔集韻·覺部〕

擉 丨,打也。〔廣韻·覺部〕〇丨,擊也。〔集韻·覺部〕

攴 丨,楚也。〔廣韻·覺部〕

䂝 丨,擊也。〔集韻·覺部〕

戳 丨,授也。〔廣韻·覺部〕〇丨,刺也。〔同上〕又〔集韻·覺部〕。〇丨敊,痛也。〔廣韻·覺部〕〇一曰丨敊,痛至也。〔集韻·覺部〕〇丨,築也。〔廣韻·覺部〕又〔集韻·覺部〕。〇丨,舂也。〔同上〕

毃 丨,擊也。〔集韻·覺部〕〇丨或从手作擈。〔同上〕

㬥 丨,木落陰疏也。〔集韻·覺部〕引郭璞。

㮽 丨,苴杖。〔集韻·覺部〕〇丨,木名,關中謂楮為穀。〔同上〕

槊 〔通雅·卷四四〕丨即穀,乃槊也。〔山海經〕「百丨自生」。

㯉 丨虜,縣名,在臨淮。〔集韻·覺部〕

溯 丨濯,潘也。〔集韻·覺部〕〇丨或从朔作溯。〔同上〕

澑 丨,水激也。〔集韻·覺部〕

炆 丨,火裂。〔廣韻·覺部〕又〔集韻·覺部〕。

烞 丨熚,竹火聲。〔集韻·覺部〕

焯 丨,小熱。〔集韻·覺部〕

犦 丨,速也。〔廣韻·覺部〕

㲉 丨,火聲。〔集韻·覺部〕

㸸 丨,燥也。〔集韻·覺部〕

犨 丨,速也。〔集韻·覺部〕

犪 丨,牛未劇。〔廣韻·覺部〕〇丨,特牛。〔集韻·覺部〕

狣 丨,犬猛噬。〔集韻·覺部〕

猷 丨,至也。〔廣韻·覺部〕〇丨,高也。〔同上〕

獾 丨,獸名。〔廣韻·覺部〕〇丨,獸名,似鹿白尾。〔集韻·覺部〕

皠 丨,鳥白。〔廣韻·覺部〕〇丨,白也。〔集韻·覺部〕

皪 丨犖,雜色。〔集韻·覺部〕

皷 皨丨,皮乾。〔廣韻·覺部〕〇皨丨,乾也。〔集韻·覺部〕

皨 丨,丨皷。〔廣韻·覺部〕〇丨皷,乾也。〔集韻·覺部〕

皺 丨皵,皮起。〔廣韻·覺部〕〇丨,墳起也。〔集韻·覺部〕〇丨或从肉作膕。〔同上〕

睟 丨,目明也。〔集韻·覺部〕

瞀 丨,目不明也。〔廣韻·覺部〕〇丨,一曰目不明。〔集韻·覺部〕〇丨,低目謹視也。〔同上〕

皛 丨，美目。〔廣韻·覺部〕又〔集韻·覺部〕。〇丨，一曰目深。（同上）

睢 丨，去目睛也。〔集韻·覺部〕

䀝 丨，明也。〔廣韻·覺部〕〇丨，目明也。〔集韻·覺部〕

𥢶 丨槊，唐衛仗名。〔集韻·覺部〕

矴 丨硝，藥石。〔集韻·覺部〕

砲 丨硃，石文。〔集韻·覺部〕

碌 丨磢，石地不平也。〔集韻·覺部〕〇丨，通作礫。（同上）

礐 丨確，石相扣聲。〔廣韻·覺部〕〇丨，石相叩謂之丨。〔集韻·覺部〕

㱿 丨，石也。〔集韻·覺部〕〇丨，丨礫。〔廣韻·覺部〕〇丨礫，盤石。〔集韻·覺部〕

礭 丨，堅也。〔慧琳音義·卷五一〕引〔古今正字〕。〇確、丨並與塙同。〔廣雅·釋詁一〕「丨，堅也」疏證。〇〔通雅·卷八〕丨然即確然。〔魏書·辛雄傳〕「不能丨然守正」。

䘸 丨膝，帬袊也。〔說文〕「袥，衣袊」義證引〔玉篇〕。

箹 丨，飯帚。〔集韻·覺部〕〇丨或省作箹。（同上）

篧 丨，箄也。〔集韻·覺部〕〇丨或作篧。（同上）

罬 擉丨，罘罟。〔廣韻·覺部〕〇擉丨，罘罟形。〔集韻·覺部〕

𦞦 丨，碎脂也。〔集韻·覺部〕

膷 丨犖，亂雜。〔廣韻·覺部〕

葹 丨，英蒻。〔廣韻·覺部〕

蒞 丨，草聲。〔廣韻·覺部〕

葥 丨藋，藥艸。〔集韻·覺部〕〇丨櫂，木無枝柯長而殺者。〔楚辭·九辯〕「丨櫹槮之可哀兮」補注。

葹 丨，艸名，蒻也。〔集韻·覺部〕

蒻 丨，豆也。〔集韻·覺部〕

蒴 丨藋，藥也。〔廣韻·覺部〕〇丨藋，一名堇草，一名芨。〔說文〕「藋，堇艸也」段注引〔名醫別錄〕。

擢 丨，蒴丨。〔廣韻·覺部〕〇丨或作藋。（同上）〇蒴丨，藥艸。〔集韻·覺部〕

鯙 丨，握也。〔廣韻·覺部〕又〔集韻·覺部〕。〇丨，水名。（同上）

罄 丨，盛牘器。〔集韻·覺部〕

豞 丨，豕聲。〔集韻·覺部〕〇丨或作哮。（同上）

豿 丨，豕聲。〔廣韻·覺部〕

貼 丨，盈財。〔廣韻·覺部〕〇丨，羡財也。〔集韻·覺部〕

趵 丨，足擊。〔廣韻·覺部〕〇丨，擊也。〔集韻·覺部〕〇丨，足齊皃。（同上）

踄 丨，跳也。〔集韻·覺部〕

䟽 丨，行也。〔集韻·覺部〕

醁 丨，酢也。〔集韻·覺部〕〇丨，醋味。〔廣韻·覺部〕

釙 丨，金鉳。〔集韻·覺部〕

鋜 丨，鎖足。〔廣韻·覺部〕〇丨，鎖足也。〔續音義·卷七〕引顧野王。〇丨，足鈐。〔集韻·覺部〕〇在足曰丨，在臂曰釧。〔慧琳音義·卷一五〕引〔字書〕。

鐯 丨，鐶也。〔集韻·覺部〕

鏃 齊人謂大椎曰丨。〔集韻·覺部〕

钃 杵頸謂之丨。〔集韻·覺部〕〇丨或省作鉋。（同上）

隺 丨然，心志高也。〔集韻·覺部〕

雗 〔通雅・卷三五〕勢子曰丨，相當曰芇，丨音義與岳同，是雗訛。〔棋賦〕「迫兼棋丨兮」。

靃 丨，大雨丨丨。〔廣韻・覺部〕

犖 丨，輈束。〔集韻・覺部〕

轂 丨，急束。〔廣韻・覺部〕〇丨，急束也。〔通鑑・唐紀一九〕「或以鐵圈丨其首而加楔」音注。〇丨，急也。〔集韻・覺部〕

𩏬 丨夓，皮堅也。〔集韻・覺部〕〇丨或作𩌏。（同上）

韣 丨，龍丨。〔廣韻・覺部〕

顜 丨，明也。〔集韻・覺部〕〇丨，和也。（同上）〇丨，通作較。（同上）〇丨或从見作覯。（同上）

颮 丨丨，衆多皃。〔集韻・覺部〕〇丨丨，物自空墮皃。（同上）

駂 丨，同駁。〔廣韻・覺部〕

駁 丨，獸名，似馬，一角。〔廣韻・覺部〕〇丨，獸名，馬形，牛尾，一角。〔集韻・覺部〕〇丨或作駂。（同上）

䮓 丨，驚，馬行不前皃。〔集韻・覺部〕

䯉 丨，骻骺。〔廣韻・覺部〕〇丨，骨耑。〔集韻・覺部〕

𩪁 丨，骨堅白。〔集韻・覺部〕

䯷 丨，骨箭。〔集韻・覺部〕

齷 丨，齱，齒相近。〔廣韻・覺部〕〇丨躍，迫也。〔集韻・覺部〕〇丨，一曰小皃。（同上）〇丨或从足作躍。（同上）

䪅 丨，燭蔽。〔廣韻・覺部〕

龣 丨，東方之音。〔集韻・覺部〕〇丨，樂器。〔廣韻・覺部〕〇丨，通作角。〔集韻・覺部〕

續經籍籑詁卷第九十三

四　質

質 以錢受物曰贅，以物受錢曰丨。〔說文定聲・卷一二〕〇丨，物相綴當也。〔通鑑・周紀一〕「奈何獨以吾為智氏丨乎」音注。〇丨，謂其物與所求正相當直也。〔說文〕「丨，以物相贅」義證。〇丨，易地也。〔國策・韓策一〕「以丨許地」鮑注。〇與之以地猶丨也。〔國策・魏策一〕「而獨以吾國為知氏丨乎」札記引吳師道。〇丨，丨子。〔國策・齊策五〕「不相丨而固」鮑注。〇丨，引伸其義為地也。〔說文〕「丨，以物相贅」段注。〇丨，本也。〔大戴・虞戴德〕「丨知而好仁」王詁。又〔文王官人〕「曰有丨者也」王詁。又〔荀子〕「丨請而喻」雜志。〇丨者，本也。〔論語・雍也〕「文丨彬彬」劉正義。〇丨猶本也。〔禮記・禮運〕「還相為丨也」集解。又〔國策・魏策二〕「兵為招丨」鮑注。〇丨，主也。〔大戴・千乘〕「丨射御」王詁。又〔廣韻・質部〕。〇丨猶禮。〔國策・秦策三〕「丨仁秉義」鮑注。〇丨，實也。〔詩・天保〕「民之丨矣」朱傳。又〔禮記・月令〕「莫不丨良」集解。〇丨，實也，事疑虛以人物實之也。〔說文〕「丨，以物相贅」繫傳。〇丨行，言齊魯尚實行。〔漢書・石奮傳〕「雖齊魯諸儒丨行」補注引王文彬。〇丨即為常。〔詩・天保〕「民之丨矣」通釋。〇丨，朴也。〔廣韻・質部〕又〔集韻・質部〕。〇丨，引伸其義為樸也。〔說文〕「丨，以物相贅」段注。〇丨，醇樸也。〔慧琳音義・卷七〕引顧野王。〇丨，信也。〔廣韻・質部〕〇丨，信也，謂信實也。〔荀子〕「致實」雜志。〇丨者，信之成也。〔釋詁〕「丨，成也」郝疏。〇丨，約也。〔國策・魏策三〕「投丨於趙」鮑注。〇丨，正。〔詩・緜〕「虞芮丨厥成」朱傳。〇丨，正也。〔大戴・文王官人〕「曰丨靜者也」王詁。又〔投壺〕「丨參既設」王詁。又〔禮記・緇衣〕「丨而守之」集解引呂大臨。又〔通鑑・唐紀五一〕「寄聲丨責緘」音注。又〔廣韻・質部〕又〔集韻・質部〕。〇準、丨二字俱訓為正。〔廣雅・釋詁一〕「集，正也」疏證。〇丨與準同物，皆取中正之義。（同上）〇丨謂人有所丨正也。〔大戴・文王官人〕「丨不斷」王詁。〇丨，對也，對面責之也。〔通鑑・漢紀一〇〕「汲黯數丨責湯於上前」音注。〇對面相辯正為丨。〔通鑑釋文辯誤・卷七〕〇丨，證也。〔通鑑・陳紀一〕「令略陽公與植相丨於遠前」音注。〇丨亦事驗也。〔國策・魏策三〕「必少割而有丨」鮑注。〇丨，成也。〔詩・抑〕「丨爾人民」朱傳。又〔集韻・質部〕。〇丨，定也。〔詩・抑〕「丨爾人民」朱傳。〇丨，平也。〔廣韻・質部〕〇丨，謹也。（同上）〇丨，形也。〔集韻・質部〕〇丨，的也。〔韓子・說林上〕「而獨以吾國為智氏丨乎」集解。又〔國策・魏策一〕「而獨以吾國為知氏丨乎」札記。〇丨，丨的也。

〔通鑑·周紀一〕「奈何獨以吾為智氏丨乎」音注。○丨，射的也。〔韓子·存韓〕「則秦必為天下兵丨矣」集解引顧廣圻。○丨，斬人椹也。〔通鑑·秦紀三〕「此孰與身伏鈇丨」音注引崔浩。○丨謂椹丨也。〔通鑑·周紀一〕「奈何獨以吾為智氏丨乎」音注。○丨同鑕。〔漢書·天文志〕「中白者為丨」補注。○丨、鑕同。〔國策·秦策三〕「不足以當椹丨」鮑注。○丨與鑕同。〔漢書·梅福傳〕「伏丨橫分」補注。○丨與鑕同，鐵椹也。〔通鑑·秦紀一〕「乃解衣伏丨」音注。○丨，以石為鑕。〔國策·趙策三〕「丨之石上而擊之」鮑注。○丨，礎也。〔國策·趙策一〕「皆以鍊銅為柱丨」鮑注。○丨與贄同。〔孟子·萬章下〕「庶人不傳丨為臣」朱注。○丨與贄同，所執以見人者。〔孟子·滕文公下〕「出疆必載丨」朱注。○丨、贄同，羔鴈之屬。〔國策·秦策四〕「梁王身抱丨執璧」鮑注。○丨猶贄。〔國策·魏策三〕「是魏重丨韓以其上黨也」補正。○丨亦國名。〔集韻·質部〕○責、丨古字通。〔左傳僖公二三年〕「策名委丨」洪詁。○丨、贄通。〔國策·秦策四〕「吾將還其委丨」補正。○贄、摯、丨三字通。〔孟子·滕文公下〕「出疆必載丨」焦正義。○丨，古贄字。〔左傳僖公二三年〕「策名委丨」疏證引傅選。○丨，通詁。〔詩·抑〕「丨爾人民」通釋。○〔說文定聲·卷一二〕丨，叚借為詰。〔廣雅·釋詁二〕「丨，問也」。○丨與至通用。〔禮記·曲禮〕「雖丨君之前」平議。○丨當讀為至。〔莊子·刻意〕「此天地之平，而道德之丨也」平議。○〔說文定聲·卷一二〕丨，叚借為哲。〔周禮·大司馬〕「丨明」。○〔同上〕丨，叚借為實。〔小爾雅·廣言〕「丨，信也」。○〔同上〕丨，叚借為準。〔釋詁〕「丨，成也」。○準、丨、正一聲之轉。〔廣雅·釋詁一〕「集，正也」疏證。○〔說文定聲·卷一二〕丨，叚借為執。〔禮記·少儀〕「無身丨言語」。○〔同上〕丨，叚借為哲。〔齊語〕「聰慧丨仁」。○〔同上〕丨，叚借為摯。〔魯語〕「丨以犧牲」。○〔同上〕丨，叚借為札。〔周禮·小宰〕「聽賣買以丨劑」。○〔同上〕丨，叚借為滑。〔禮記·禮運〕「五味六和十二食還相為丨也」。○〔同上〕丨，叚借為蘷。〔呂覽·古樂〕「乃命丨為樂」。○〔同上〕丨，叚借為所，俗亦作櫍。〔考工記·弓人〕「射利革與丨」。○丨、礩古字如此。〔墨子·備穴〕「兩柱共丨」閒詁引畢沅。○丨，亦作鄭。〔呂覽·古樂〕「丨乃效山林谿谷之音以歌」校正。○〔說文定聲·卷一二〕丨，字亦作鑕。〔公羊傳昭公二五年〕「君不忍加以鈇鑕」。○丨當音致。〔國策·魏策一〕「而獨以吾國為智氏丨」補正。○諸書無訓丨為化者，丨當為貨字之誤也。〔廣雅·釋詁三〕「丨，匕也」疏證。○丨，齊作誥，魯、韓作告。〔詩·抑〕「丨爾人民」集疏。○丨本丨作實。〔史記·孔子世家〕「君子有過則謝以丨」志疑。○〔平準書〕丨作裏。〔漢書·食貨志〕「而姦或盜摩錢丨而取鎔」補注。

所　丨疑即椹質之質，後人又製櫍字，即丨字也，質以為聲。〔說文定聲·卷一二〕〔「質」下〕○丨，此字當讀如質，即椹櫍之櫍。〔說文定聲·卷一五〕○〔同上〕丨，以質為之。〔漢書·張蒼傳〕「解衣伏質」。

日　丨，實也。〔說文繫傳·通論上〕○丨之為言實也。〔說文〕「丨，實也」義證引〔春秋緯·元命苞〕。○丨為陽精。〔大戴·易本命〕「一主丨」王詁。○丨，五色，陽之精。〔說文〕「丨，實也」義證引〔尸子〕。○丨者，群陽之精。〔同上〕義證引〔正歷〕。○丨者，陽德之母也。〔同上〕義證引〔春秋內事〕。○丨者，衆陽之宗，陽精外發故日以晝明，名曰曜靈。〔同上〕義證引皇甫謐。○衆陽之精上合為丨。〔同上〕義證引徐增。○丨者，火精也。〔同上〕義證引〔范子計然〕。○丨，君也。〔說文〕「望，月滿也」繫傳。○丨，君象也。〔易·乾〕「君子終丨乾乾」李疏。○丨，象君德也。〔說文〕「丨，實也」義證引〔尸子〕。○初為丨出，二為丨中，三為丨昃，以喻君道衰也。〔易·離〕「九三，丨昃之離」李疏引荀爽。○丨，太陽行一晝夜即命之為一丨。〔說文定聲·卷一二〕○丨謂每丨，言其漸也。〔大戴·夏小正〕「寒丨滌凍塗」王詁。○丨者言昔丨。〔國策·趙策三〕「丨者樓緩坐魏三月」鮑注。○丨，十丨。〔屈賦·東皇太一〕「吉丨兮辰良」戴注。○丨出亦謂之東方作。〔漢書〕「東方作」雜志。○丨益謂丨有增益，猶言丨新也。〔大戴·文王官人〕「丨益者也」王詁。○丨食者，月食之也。〔左傳隱公三年經〕「二月己巳，丨有食之」洪詁引錢大昕。○丨法者，丨分一終之月數也。〔漢書·律歷志〕「一龠之數，得丨法」補注引錢大昕。○丨暱者，丨暉也。〔通雅·天文〕○丨晼曰昳。〔同上〕○丨仄，因作丨昊、丨昃、丨側、丨厢，通作丨稷。〔同上〕○丨，謂丨者卜筮掌丨之術也。〔大戴·千乘〕「丨歷巫祝」王詁。○丨為節度之節。〔廣雅·釋言〕「丨，節也」疏證。○丨官，周丨正也。〔通雅·官制〕○〔通雅·卷一八〕丨角，角者額也，丨言滿。〔管子〕曰「子產丨角」。○丨中始，人姓名，賢者也。〔莊子·應帝王〕「丨中始何以語女」集釋引李頤。○中始，人名，丨猶云丨者，意為丨者中始。〔同上〕集釋引俞樾。○丨精、落藴皆菊之花莖別名也。〔說文〕「蘜，治藴也」義證引〔風土記〕。○丨，其字作曰，音越。〔書·皋陶謨〕「予思丨孜孜」平議。○丨當為曰。〔大戴·夏小正〕「寒丨滌凍塗」述聞。○丨當作曰。〔國語·周語〕「視遠丨絕其義」平議。又〔漢書·王尊傳〕「上書訟尊治京兆功效丨著」補注引劉攽。○丨字乃曰字之誤。〔商子·志强〕「國好力丨以難攻，好言丨以易攻」平議。○丨疑曰字之誤。〔易·繫辭傳〕「君子以成德為行丨可見之行也」平議。○丨暮舊作曰暮。〔呂覽·達鬱〕「丨暮矣」校正。○丨，本作白。〔荀子·王制〕「名聲丨聞」集解引王念孫。○丨當為白。〔大戴·夏小正〕「時有養丨」王詁。○丨山當是白山。〔呂覽·本味〕「丨山之水」校正。○丨當作至。〔呂覽·至忠〕「則惡之而丨伐其根」平議。○一丨當作一目。〔荀子·王霸〕「一丨而曲列之」集解引劉台拱。○〔說文定聲·卷一二〕丨，旬之誤字。〔禮記·王制〕「用民之力歲不過三丨」。○丨疑自字之誤。〔左傳昭公七年〕「丨我先君共王引領北望」平議。○舊校云，丨一作因。〔呂覽·離謂〕「可與不可丨變」校正。○丨舊訛月。〔呂覽·勿躬〕「融乎若丨之始出」校正。○丨當為月。〔墨子·公孟〕「子之三丨之喪」閒詁引畢沅。○毛本〔漢書〕丨作月。〔左傳宣公一〇年經〕「丨有食之」疏證引臧壽恭。○丨，〔公羊〕作朔。〔左傳文公元年

經〕「二月癸亥｜有食之」洪詁。○張榜本、趙本｜作夜。〔韓子·初見秦〕「戰一｜」集解。

筆　｜，緩聲為不律，急聲為｜。〔釋器〕「不律謂之｜」鄭注。○｜，一名不律，亦謂之聿。〔說文〕「聿，所以書也」義證引〔急就篇〕顔注。○｜，秦製字，秦以竹為之。〔說文定聲·卷一二〕○｜，所以書也。〔說文〕「聿，所以書也」義證引〔急就篇〕顔注。又〔集韻·質部〕。○｜管亦謂之彄。〔說文〕「筟，筳也」義證。○治書勘校削而注之謂｜削。〔慧琳音義·卷二一〕○文謂詩歌之屬，｜謂銘賦之流。〔慧琳音義·卷二七〕○｜或作笔。〔集韻·質部〕

出　｜，進也。〔廣韻·術部〕○｜，本謂艸木，引伸為凡生長之偁。〔說文〕「｜，進也」段注。○｜猶生也。〔大戴·四代〕「陽德｜禮」王詁。○〔義府·卷上〕｜猶產也。〔孟子·公孫丑上〕「｜於其類」。○｜與蠢亦同義。〔廣雅·釋言〕「春，蠢也」疏證。○｜，高｜也。〔孟子·公孫丑上〕「｜於其類」朱注。○｜，外也。〔說文〕「隺，高至也」繫傳。○｜，又凡言外｜，為內入之反。〔說文〕「｜，進也」段注。○〔說文定聲·卷一二〕｜，又為外達之誼。〔左傳僖公二八年〕「｜入三覲」。○｜者，溢也。〔釋水〕「水自河｜為灉」郝疏。○｜，計所｜也。〔國策·齊策六〕「｜必死而不生」鮑注。○｜，言割地。〔國策·秦策四〕「｜百里之地」鮑注。○｜，去。〔詩·賓之初筵〕「既醉而｜」朱傳。○｜，遠也。〔廣韻·術部〕○｜，行也。〔大戴·勸學〕「必｜」王詁。○｜猶行也。〔詩·漸漸之石〕「不皇｜矣」陳疏。○｜猶脱也。〔漢書·膠東康王傳〕「辭｜之」補注引周壽昌。○適人曰｜。〔禮記·大傳〕「四曰｜入」集解。○｜，見也。〔廣韻·術部〕○｜，發見也。〔中庸〕「而時｜之」朱注。○｜者，奮不顧也。〔國策·燕策二〕「｜為之以成所欲」鮑注。○｜身，猶言捨身。〔漢書·嚴延年傳〕「｜身不顧」補注。○｜死，｜獄赴市也。〔漢書·霍光傳〕「｜死，號呼市中」補注引陳景雲。○｜謂姊妹｜嫁而生子也。〔左傳文公七年〕「｜朝，則抱以適趙氏」疏證引李貽德。○男子謂姊妹之子為｜。〔通雅·稱謂〕○｜隧，菌類，生菰艸中，美可食。〔釋艸〕「｜隧，蘧蔬」鄭注。○〔說文定聲·卷一二〕｜隨，疊韻連語，蘇俗謂之茭白。〔釋草〕「｜隨，蘧蔬」。○或曰｜玖，或曰操欖，或曰六赤，皆骰子也。〔通雅·卷三五〕○｜乃黜之叚字。〔春秋繁露·五行變救〕「惡者不｜」平議。○｜當讀為黜。〔穀梁傳僖公一九年〕「梁亡｜惡正也」平議。○｜聲與兀聲古通。〔左傳文公一八年〕「遂｜武、穆之族」疏證引李貽德。○萃、茁、裔、｜四字，聲並相近。〔廣雅·釋詁一〕「萃、茁、裔，｜也」疏證。○｜當即疝之省借。〔詩·雨無正〕「匪舌是｜」通釋。○隸書｜字或省作士。〔史記〕「士｜死要節」雜志。○｜當為士字之誤。〔墨子·魯問〕「｜曹公子而於宋」平議。○｜字當為士字之譌也。〔荀子·王制〕「人之｜戰」平議。○｜當讀為屈。〔詩·雨無正〕「匪舌是｜」通釋引朱彬。○｜當讀為絀。〔同上〕○｜裘當作去裘。〔晏子春秋·諫上〕「乃令｜裘發粟與飢寒」平議。○｜疑世字之誤。〔管子·心術上〕「法者所以同｜」平議。○鄭注〔周禮〕引｜作詘詘。〔左傳襄公三〇年〕「譆譆｜｜」洪詁。

室　｜，實也。〔墨子·備城門〕「｜以樵」閒詁引蘇時學。○｜，堂之內人所安止也。〔說文〕「｜，實也」繫傳。○堂之後正中為｜。〔說文定聲·卷一八〕（「房」下）○〔說文定聲·卷一〕對文則匔垣之內統名曰宮，堂之後曰｜。〔考工記·匠人〕「｜中度以几，堂上度以筵，宮中度以尋」。（「宮」下）○凡堂之後一架以牆閒之，中曰｜，左右曰房，房之左右曰東夾｜、西夾｜，亦稱翼｜。〔說文定聲·卷一二〕○｜謂之內，故卧｜謂之卧內。〔漢書〕「入視之」雜志。○古者謂｜為內，故謂入｜為入內。〔同上〕○｜謂夫婦所居。〔詩·桃夭〕「宜其｜家」朱傳。○引伸之則凡所居皆曰｜。〔說文〕「｜，實也」段注。○｜，房也。〔廣韻·質部〕○宮、｜散文則通。〔釋宮〕「宮謂之｜」郝疏。○宗廟亦稱宮｜。〔說文定聲·卷一二〕○卿大夫之家為｜。〔左傳宣公一四年〕「復｜其子」疏證引沈欽韓。○｜，家。〔詩·北門〕「｜人交偏讁我」朱傳。○｜猶家也。〔公羊傳昭公二二年〕注「刺周｜之微」陳疏引孔廣森。○有｜猶云有家，謂卿大夫。〔書·立政〕「乃有｜大競」孫疏。○｜家，指夫婦而言。〔詩·桃夭〕「宜其｜家」後箋。○男以女為｜。〔孟子·滕文公下〕「丈夫生而願為之有｜」朱注。○｜，禄也。〔左傳宣公一四年〕「復｜其子」疏證引惠棟。○｜即今之碉房。〔漢書·烏秅國傳〕「累石為｜」補注引沈欽韓。○｜，壙也。〔詩·葛生〕「歸于其｜」朱傳。○｜為窼穴。〔同上〕後箋。○｜猶巢也。〔詩·鴟鴞〕「無毀我｜」陳疏。○｜家，巢也。〔詩·鴟鴞〕「曰予未有｜家」朱傳。○凡刀劍削亦通謂之｜。〔廣雅·釋器〕「｜，削也」疏證。○｜，讀如鞞刀｜之｜。〔說文〕「祏，宗廟主也」義證。○〔說文定聲·卷一二〕｜，北方宿二星，上下兩旁有離宮六星兩兩而綴，｜亦謂之天廟，其星昏中，周在小雪時，今在大雪時。〔爾雅〕「營｜謂之定」。○｜欲，一作恎浴、憤欲、瘠欲、窒欲。〔通雅·釋詁〕○實、｜、窒三字聲近義通。〔釋言〕「窒，塞也」郝疏。○｜，讀為窒。〔墨子·備城門〕「｜以樵」閒詁。又〔備蛾傳〕「｜中以榆若蒸」閒詁。○魯〔論語〕以｜為窒。〔說文〕「窒，穽也」段注。○｜當作宮。〔墨子·公孟〕「｜以為男女之別也」閒詁。○｜當為堂。〔墨子·號令〕「守｜下高樓」閒詁。○｜乃堂字之誤。〔釋宮〕「｜有東西廂曰廟」平議。○｜當為生，字之誤也。〔左傳昭公元年〕「是謂近女｜疾如蠱」述聞。○｜乃且字之誤。〔墨子·公孟〕「｜以為男女之別也」平議。

實　｜，滿也。〔楚辭·湘夫人〕「合百草兮｜庭」補注引五臣注。又〔廣韻·質部〕。○〔說文定聲·卷一二〕凡中質充滿皆曰｜。〔素問·調經論〕「有者為｜」。○｜，充耳之貌。〔詩·都人士〕「充耳琇｜」集疏。○軍｜猶軍政。〔左傳僖公三三年〕「墮軍｜而長寇讎」疏證。○｜，木子。〔國策·秦策三〕「木｜繁者披其枝」鮑注。○成穀曰｜。〔論語·子罕〕「秀而不｜者有矣夫」朱注。○凡物盈於內皆謂之｜，故草木果亦曰｜也。〔詩·桃夭〕「有蕡其｜」集疏。○｜，情｜也。〔大戴·文王官人〕「身近之而｜不至」王詁。○｜，事功也。〔孟子·告子下〕「先名｜者為人也」朱注。○｜謂

見事。〔國策・韓策一〕「非必聽｜也」鮑注。○｜謂考之使｜也。〔說文〕「覈，乍邀遮其辭得｜曰覈也」繫傳。○｜，誠也。〔大戴・小辨〕「中以應｜曰知恕」王詁。又〔廣韻・質部〕。○｜亦誠也。〔墨子〕「情」雜志。○｜｜，鞏固｜厚謂誠｜堅厚者也。〔周禮・司市〕「利者使阜」孫正義。○｜｜，廣大貌。〔詩・節南山〕「有｜其猗」述聞。○｜有美義。〔詩・都人士〕「充耳琇｜」通釋。○｜者，定制也。〔禮記・禮運〕「義之｜」集解引陳澔。○｜當作寔，是也。〔詩・雄雉〕「｜勞我心」陳疏。又〔柏舟〕「｜維我儀」陳疏。○｜，是也。〔左傳隱公六年〕「宋衛｜難」述聞。又〔文公六年〕「求而無之｜難」述聞。又〔昭公二二年〕「人犧｜難」述聞。○｜，語詞。〔書・君奭〕「則商｜百姓王人」述聞。○｜亦語詞。〔書・呂刑〕「閱｜其罪」述聞。○｜、室、窒三字聲近義通。〔釋言〕「窒，塞也」郝疏。○｜與至聲相近而義亦相通。〔國策〕「不察其至｜」雜志。○〔說文定聲・卷一二〕｜，段借為至。〔禮記・襍記〕「使某｜」。○〔同上〕｜，段借為寔。〔釋詁〕「｜，是也」。○古多有以｜為寔者。〔說文〕「寔，正也」段注。○｜當作寔。〔詩・無羊〕「｜維豐年」陳疏。○｜當為寔。〔左傳成公二年〕「而鞏伯｜來」疏證引沈欽韓。○｜當作是。〔詩・綠衣〕「｜獲我心」陳疏。○｜當為是。〔法言・問明〕「不聰，｜無耳也，不明，｜無目也」平議。○｜當為致。〔禮記・雜記〕「使某｜」平議。○｜當為色，聲譌也。〔大戴・夏小正〕「緹也者，其｜也」王詁。○｜疑士之聲近而誤。〔韓子・外儲說左上〕「吳起懷瘳｜而吮傷」集解。○｜字當亦貫字之誤。〔呂覽・振亂〕「攻伐之與救守｜｜也」平議。○｜，元作寶。〔國策・趙策四〕「而能令王坐而天下致名｜」鮑注。○｜當為寶。〔管子・七法〕「非｜也」義證引王念孫。○｜乃寶字之誤。〔管子・七法〕「世主所貴者｜也」平議。○舊校云，｜作寶。〔呂覽・知度〕「以柰何為｜」校正。○〔詩・周頌〕引傳文｜作寔。〔左傳昭公二八年〕「｜蕃有徒」洪詁。○古文〔孝經〕｜作是。〔左傳昭公二五年〕「民｜則之」洪詁。

疾 ｜，病也。〔大戴・子張問入官〕「則民｜」王詁。又〔盛德〕「人民不｜」王詁。又〔少閒〕「下謂之多｜」王詁。又〔論語・衛靈公〕「君子｜沒世而名不稱」劉正義。又〔廣韻・質部〕。○古人｜病連言，病甚於｜。〔釋詁〕「｜，痛，病也」郝疏。○析言之則病為｜加，渾言之則｜亦病也。〔說文〕「｜，病也」段注。○氣失其平則為｜。〔論語・陽貨〕「古者民有三｜」朱注。○氣稟之偏者謂之｜。〔同上〕○｜醫若今之內科醫也。〔周禮・冢宰〕「｜醫」孫正義。○｜首猶言致｜之端。〔呂覽・數盡〕「是以謂之｜首」校正。○｜猶痛也。〔墨子・耕柱〕「擊我則｜」閒詁。○｜亦固也。〔周書〕「｜」雜志。○｜之牢不可去者曰固｜。〔說文〕「瘢，固病也」義證引戴侗。○｜，困也。〔左傳襄公一九年〕「｜病而立之」洪詁。○｜猶難也。〔詩・思齊〕「肆戎｜不殄」朱傳。○｜猶癖。〔國策・宋衛策〕「必為有竊｜矣」鮑注。○｜，害。〔詩・瞻卬〕「蟊賊蟊｜」朱傳。○｜，害也。〔左傳宣公六年〕「使｜其民」疏證引沈彤。○｜亦有害義。〔釋言〕「｜，壯也」郝疏。○｜其民，言病其民也。〔左傳宣公六年〕「使｜其民」疏證引俞樾。○｜，惡也。〔大戴・曾子立事〕「｜其過而不補也」王詁。又〔公羊傳僖公二三年〕注「｜，痛也」陳疏引孔廣森。又〔論語・憲問〕「｜固也」朱注。又〔春秋名字解詁〕「鄭公子去｜字子良」述聞。○｜為惡，亦為弱。〔春秋名字解詁〕「鄭公子去｜字子良」述聞。○｜猶惡也。〔公羊傳隱公二年〕注「知貶｜始滅」陳疏引孔廣森。○｜與謑同義。〔書・康誥〕「乃｜厥子」孫疏。○｜與嫉同，妒也。〔通鑑・漢紀四〇〕「深｜之」音注。○｜視，怒目而視也。〔孟子・梁惠王下〕「撫劍｜視」朱注。○｜威猶暴虐也。〔詩・雨無正〕「旻天｜威」朱傳。又〔蕩〕「｜威上帝」朱傳。○｜，急也。〔大戴・曾子立事〕「而弗｜也」王詁。又〔廣韻・質部〕。○｜與急同義。〔方言二〕「逞，快也」箋疏。○｜有急義。〔釋言〕「｜，壯也」郝疏。○｜字當訓急速。〔說文定聲・卷一二〕○｜，高急也。〔論語・鄉黨〕「不｜言」劉正義引衛瓘。○｜，速也。〔史記〕「使棄｜殺之」雜志。又〔漢書・天文志〕「見而去，其後發｜」補注引王念孫。又〔國策・魏策二〕「以｜攻魏」鮑注。○｜者，速也。〔荀子・臣道〕「傷｜墮功滅苦」集解引郝懿行。○｜言應之速。〔國策・魏策三〕「樓子與楚王必｜矣」鮑注。○｜雨曰驟雨。〔說文〕「瀑，｜雨也」義證引〔纂要〕。○古謂｜風為隧風。〔漢書〕「逐遺風」雜志。○｜行謂之踶。〔漢書〕「連語」雜志。○進、｜義近。〔釋詁〕「肅，｜也」郝疏。○｜與進義近。〔釋詁〕「肅，進也」郝疏。○｜猶力也。〔荀子〕「｜」雜志。○健與｜義相近。〔廣雅・釋詁二〕「䞨，健也」疏證。○｜有奮厲之意。〔釋言〕「振，訊也」郝疏。○｜｜、訾訾，謂苦於禮節拘迫，畏懼惰窳之容也。〔荀子・非十二子〕「｜｜然，訾訾然」集解引郝懿行。○輈初出軾前曲而上謂之胡，亦曰｜，｜者，侯之誤字。〔說文定聲・卷六〕（「輈」下）○｜與偞通。〔書・秦誓〕「冒｜以惡之」孫疏。○〔說文定聲・卷一二〕｜，段借為偞。〔左傳昭公九年〕「謂之｜日」。○謑、偞、嫉、｜並通。〔廣雅・釋詁四〕「謑，苦也」疏證。○媢、冒、嫉、｜並通。〔廣雅・釋詁一〕「媢，妬也」疏證。○｜或作嫉。〔書・秦誓〕「冒｜以惡之」孫疏。○〔說文定聲・卷一二〕｜，段借為疒。〔書・金縢〕「王有｜」。○｜，讀為亟。〔韓子・內儲說上〕「令下而人皆｜習射」集解。○〔說文定聲・卷一八〕｜亦戾字之誤，言紕繆也。〔孟子〕「則為狼｜人也」。（「狼」下）○｜當為寡。〔墨子・七患〕「為者｜」平議。○官本｜作蒺。〔漢書・鼂錯傳〕「具藺石，布渠荅」補注。○汪本｜作節。〔漢書・五行志〕「登車有和鸞之節」補注引朱一新。○官本｜作節。〔同上〕補注。○南雍本｜作稷。〔漢書・天文志〕「食至日跌，為｜」補注引錢大昭。○｜，汪本作稷。〔同上〕補注引朱一新。○官本｜作稷，〔天官書〕亦作稷。〔同上〕補注。○〔月令〕｜風作猋風。〔呂覽・孟春〕「｜風暴至」校正。○甚｜，〔國策・魏策〕作甚病。〔呂覽・開春〕「民必甚｜之」校正。

㾒 ｜，籀文疾。〔廣韻・質部〕

術 ｜，道也。〔漢書・杜周傳〕「方鄉｜入學」補注引李楨。又〔李尋傳〕「尊｜顯士」補注。○｜者，道也。〔荀子・性惡〕「伏｜為學」集解引王念孫。○

丨者，一方之道也。〔説文繫傳・通論上〕○丨，邑中也，因以為道之偁。〔説文〕「儒，柔也，丨士之偁」段注。○丨之言率也，人所率由也。〔廣雅・釋宮〕「丨，道也」疏證。○丨，技丨。〔廣韻・術部〕○丨，一曰技也。〔集韻・術部〕○丨，引伸為技丨。〔説文〕「丨，邑中道也」段注。○丨，藝也。〔詩・日月〕「報我不丨」集疏引韓説。又〔大戴・保傅〕「夫開於道丨」王詁。○丨者，方丨也。〔説文繫傳・通論上〕○經丨之士稱丨士。〔漢書・儒林傳〕「殺丨士」補注引周壽昌。○丨，古通作遂字。〔管子・霸言〕「夫先王取天下也丨」義證。○古丨、遂二字通用。〔左傳文公一二年經〕「秦伯使丨來聘」疏證引李富孫。○〔説文定聲・卷一二〕丨，叚借為遂。〔管子・度地〕「州者謂之丨」。○古丨、述、聿、遹皆通用。〔漢書・賈山傳〕「丨追厥功」補注。○丨與遹通。〔釋訓〕「不遹，不蹟也」述聞。○〔説文定聲・卷一二〕丨，叚借為述。〔禮記・祭義〕「而丨省之」。○丨當讀為述。〔國語・晉語〕「愧，意之丨也」平議。○丨同述。〔墨子・非命下〕「窮人丨之」閒詁引畢沅。又〔耕柱〕「丨而已」閒詁引畢沅。○丨與述同。〔漢書・賈山傳〕「丨追厥功」補注引錢大昭。○隊、丨一聲之轉。〔墨子・備城門〕「為衝丨」閒詁。

一 丨，數之始。〔論語・公冶長〕「回也聞丨以知十」朱注。○丨，數之始也。〔廣韻・質部〕○丨，陽數，數之始。〔大戴・易本命〕「丨主日」王詁。○〔字詁〕丨者，數之始。〔説文〕「始丨終亥」。○丨者，數之始也。〔説文〕「丨，惟初太始，道立於丨」義證引〔太平經〕。○丨，壹也。〔説文繫傳・通論下〕○丨，初也。〔慧琳音義・卷二七〕○丨，少也。〔廣韻・質部〕○丨，同也。〔大戴・虞戴德〕「斂此三者而丨舉之」王詁。又〔慧琳音義・卷二七〕引〔玉篇〕。又〔廣韻・質部〕。○丨謂道。〔韓子・揚權〕「用丨之道，以名為首」集解引舊注。○〔字詁〕丨也者，又道之別名也，在〔易〕曰極，在〔書〕曰中。〔説文〕「始丨終亥」。○丨者，生之道也。〔説文〕「丨，惟初太始，道立於丨」義證引〔太平經〕。○丨者，元氣所起也。〔同上〕義證引〔太平經〕。○丨，旁薄始結之義。〔同上〕繫傳。○丨者，天之數也。〔同上〕義證。○丨者，天之大綱也。〔同上〕義證引〔太平經〕。○丨，物之極也。〔廣韻・質部〕○丨者，妙萬物而為形者也。〔説文繫傳・通論上〕○丨者，守丨也。〔説文〕「干，犯也」繫傳。○丨，吉也。〔説文繫傳・通論下〕○丨者，大也。〔太素・調陰陽〕「因而丨飲，則逆氣」楊注。○丨者，誠也。〔中庸〕「所以行之者丨也」朱注。○丨人，天子也。〔書・呂刑下〕「丨人有慶」孫疏。又〔詩・烝民〕「以事丨人」朱傳。○丨人為古天子謙辭之通稱也。〔孝經〕「丨人有慶」皮疏。○丨弓，丨卷也。〔通雅・器用〕○〔説文定聲・卷三〕丨百，今四千兩也。〔孟子〕「王餽兼金丨百」。〔「金」下〕○材方三尺五寸為丨章，唐人言丨橦。〔説文定聲・卷五〕〔「材」下〕○有夫有婦為丨家。〔大戴・千乘〕「丨家三夫道行」王詁。○丨合塢城，宜陽也。〔通雅・地輿〕○丨切，權宜也。〔國策・秦策五〕「説有可以丨切」鮑注。○丨切訓權時也。〔漢書・燕王傳〕「皆高帝丨切功臣」補注。○丨朝，自晨至食時也。〔孟子・滕文公下〕「丨朝而獲十禽」朱注。○丨朝猶今人言甲朝。〔詩・彤弓〕「丨朝饗之」平議。○丨日所行為丨駕。〔荀子〕「十駕」雜志。○丨米有二義，粹不雜之謂丨，不析碎之謂丨也。〔説文〕「食，丨米也」義證引程瑶田。○丨者，不貳之意。〔禮記・禮運〕「禮必本於大丨」集解。○丨好，謂所好不二也。〔荀子・脩身〕「莫神丨好」集解引王念孫。○丨隆者，天下之人有專尊也。〔荀子・正論〕「天下丨隆」集解。○丨方猶丨隅也。〔詩・角弓〕「相怨丨方」後箋引〔詩緝〕。○丨傑猶丨邊也。〔莊子・天下〕「天下多得丨察焉以自好」集解引俞樾。○〔通雅・卷二〕丨簣即丨塊。〔論語〕「方覆丨簣」。○丨簣，通作丨匱、丨甴、丨墤。〔通雅・釋詁〕○〔通雅・卷一八〕丨瞚即丨瞬。〔呂覽・安死〕「夫死其死，視萬世猶丨瞚也」。○丨刻所，猶言丨刻許。〔漢書〕「西南行丨刻而止」雜志。○丨二，言反覆許之。〔國策・秦策二〕「計有丨二者難悖」鮑注。○丨，皆也。〔管子〕「其孰能丨人之上也」雜志。○丨猶皆也。〔詩・北門〕「政事丨埤益我」朱傳。又〔釋詞・卷三〕。○丨者，皆也。〔管子〕「上下不知」雜志。○丨猶乃也。〔詩・北門〕「政事丨埤益我」陳疏。又〔釋詞・卷三〕。○丨猶或也。〔釋詞・卷三〕○丨，語助也。〔同上〕○丨，訓為詞助。〔詩・北門〕「政事丨埤益我」通釋从朱氏彬。○〔説文定聲・卷一二〕丨，叚借發聲之詞。〔呂覽・知士〕「丨至此乎」。○丨，後世簿書叚壹、乙字為之，所以防奸易也。〔説文定聲・卷一二〕○丨，元作壹。〔國策・秦策四〕「丨毀魏氏之威」鮑注。○丨，字或作壹。〔釋詞・卷三〕○丨當作壹。〔漢書・鄒陽傳〕「可謂誠丨矣」補注引宋祁。○今〔詩〕丨作壹。〔説文〕「豝，牝豕也」引〔詩〕「丨發五豝」段注。○官本丨作壹。〔漢書・五行志〕「隕石緜諸，丨」補注。○丨，各本作再。〔説文〕「坏，丘丨成者也」段注。

弌 丨，古文一。〔廣韻・質部〕○丨，古文一字。〔方言一二〕「蜀，一也」箋疏。

乙 丨，叚借以紀旬，為十幹之一，又以紀年紀月。〔説文定聲・卷一二〕○丨，辰名。〔廣韻・質部〕○〔説文定聲・卷一三〕丨，甲丨字。〔爾雅〕「魚腸謂之丨」。〔「乚」下〕○甲丨之丨則又借其形，以指草木屈而未伸之象。〔字詁〕○丨，草木芒初出曲卷也。〔説文〕「辰，震也」繫傳。○丨謂草木萌甲抽丨而生。〔説文〕「乾，上出也」義證引〔九經字樣〕。○丨，屈也。〔説文〕「臾，束縛捽抴為臾」繫傳。○丨，冒難而出也。〔説文〕「乾，上出也」繫傳。○丨丨，難出之貌也。〔説文〕「丨，象春艸木寃曲而出，陰气尚彊，其出丨丨也」段注。○丨丨，未展也。〔同上〕繫傳。○〔通雅・卷九〕丨丨，思欲出而屈鬱也，通作軋軋。〔文賦〕「思丨丨其若抽」。○丨者，治之難也。〔説文〕「亂，治也」繫傳。○丨，始也，禮之始也。〔説文〕「禮，履也」繫傳。○丨，又表著也。〔同上〕○丨為記識也。〔説文〕「尺，十寸也」繫傳。○丨者，所以記識也。〔説文〕「禮，履也」繫傳。

壹 丨，專也。〔大戴・四代〕「奐然而興民丨始」王詁。又〔少閒〕「兼而丨之」王詁。又〔楚辭・遠遊〕「丨氣孔神兮」補注。○丨，專丨。〔詩・小宛〕「丨醉日富」後箋。又〔廣韻・質部〕。○丨，專丨也。〔大戴・小辨〕「吾丨樂辨言」王詁。○丨，專一也。〔孟子・公孫丑上〕「志丨則動氣」朱注。○丨

者，專一也。〔荀子・解蔽〕「虛一而靜」集解引郝懿行。○一醉，專務酣飲也。〔詩・小宛〕「一醉日富」後箋引彭山季氏。○一，醇也。〔廣韻・質部〕○一，輩也。（同上）○一，合也。（同上）○一可訓為聚。〔管子〕「亡黨」雜志。○一是，一切也。〔大學〕「一是皆以脩身為本」朱注。○以一貳為數者，後世官書恐妨奸易。〔說文定聲・卷一二〕○一，誠也。〔廣韻・質部〕○一為語詞。〔詩・騶虞〕「一發五豝」通釋。又〔小宛〕「一醉日富」通釋。○〔說文定聲・卷一二〕一，叚借發聲之詞。〔禮記・檀弓〕「一似重有憂者」。○（同上）一，氣凝聚也。〔易・繫辭傳〕「天地一壹」。○一、一字通。〔墨子・尚同上〕「能一同鄉之義」閒詁。○一與一古通用。〔穀梁成公八年傳〕「曰見一稱也」平議。○〔說文定聲・卷一二〕一，叚借為一。〔廣雅・釋詁〕「一，弌也」。○一或作一。〔漢書・蕭望之傳〕「是貧富異刑而法不一也」補注引宋祁。○一當作一。〔荀子・王霸〕「彼其人苟一」集解引郝懿行。○一，三家作一。〔詩・騶虞〕「一發五豝」集疏。○一，齊作一。〔詩・小宛〕「一醉日富」集疏。○閩、監、毛三本一作一。〔孟子・梁惠王上〕「願比死者一洒之」焦正義。○一鬱，〔史記〕作壹鬱。〔漢書・賈誼傳〕「子獨一鬱其誰語」補注。

吉

一，善也。〔大戴・夏小正〕「丁亥者，一日也」王詁。○一，一利。〔廣韻・質部〕○一，口無擇言也。〔說文〕「一，善也」繫傳。○一，一日也。〔詩・摽有梅〕「迨其一兮」朱傳。○日之善者謂之一日，或謂之一。〔通說〕「朔日不謂之一日」述聞。○一語猶言好音。〔漢書・陳湯傳〕「當有一語聞」補注引王文彬。○一士猶美士也。〔詩・野有死麕〕「一士誘之」朱傳。○一士猶言善士，男子之美稱。（同上）集疏。○一人猶言祥女也。〔左傳宣公三年〕「姞，一人也」疏證。○一亦有始義。〔周禮・大宰〕「正月之一始和」孫正義引夏炘。○凡始皆可謂之一。（同上）○一月，月朔也。〔論語・鄉黨〕「一月，必朝服而朝」朱注。○一拜者，拜之常也，當拜而拜，當䭫首而䭫首是也。〔說文〕「𢷎，首至手也」段注。○一貝即刧貝，木棉樹也。〔通雅・木〕○〔說文定聲・卷一二〕一，叚借為姞。〔詩・都人士〕「謂之尹一」。○一，讀為姞。〔詩・都人士〕「謂之尹一」朱傳引鄭玄。○一即姞之省。（同上）通釋。○〔說文定聲・卷一二〕一，叚借為趌。〔廣雅・釋詁一〕「一，行也」。○（同上）一，字亦變作鴶。〔廣雅〕「鴶鵴，布穀也」。○一當為佶。〔廣雅・釋詁二〕「一，行也」疏證。

秩

一，積也。〔廣韻・質部〕又〔說文定聲・卷一二〕。（「逸」下）○一，次也。〔廣韻・質部〕又〔集韻・質部〕。○一，序也。〔廣韻・質部〕又〔集韻・屑部〕。○一與敍同意。〔周禮・鄉師〕「令作一敍」述聞。○一一，序也。〔詩・巧言〕「一一大猷」朱傳。○一一，有序也。〔詩・小戎〕「一一德音」朱傳。又〔斯干〕「一一斯干」朱傳。又〔賓之初筵〕「左右一一」朱傳。○一一，有敍之皃也。〔說文〕「一，積也」繫傳。○一一，謂其分布稀疏等也。〔說文〕「瓆，玉英華羅列一一」繫傳。○〔說文定聲・卷一二〕一，禾之積有敍。〔廣雅・釋詁三〕「一，次也」。○積之必有次敍成文理，是曰一。〔說文〕「一，積皃」段注。○一敍，謂士庶子更番宿衛之次第，一月之次謂之一，一歲之次謂之敍。〔周禮・宮伯〕「行其一敍」述聞。○蓋一一為積積有次第之意。〔詩・巧言〕「一一大猷」後箋。○一，常。〔詩・烈祖〕「有一斯祜」朱傳。○一，常也。〔詩・賓之初筵〕「不知其一」朱傳。又〔廣韻・質部〕。又〔集韻・質部〕。○一一，有常也。〔詩・假樂〕「德音一一」朱傳。○一，大貌。〔詩・烈祖〕「有一斯祜」述聞。○一亦大貌。〔詩・巧言〕「一一大猷」通釋。○一一，清也。〔詩・斯干〕「一一斯干」集疏引魯說。○一一然俱謹敬也。〔詩・賓之初筵〕「左右一一」集疏引韓說。○平一者，辨理也。〔說文定聲・卷一二〕（「鴩」下）○一，鳥名，如雉而黑，在海中山上。〔集韻・質部〕引施乾。○一與程古聲義並同。〔廣雅・釋言〕「秩，程也」疏證。○稸、積、一、栗皆聲之轉，字異義同。〔釋訓〕「挃挃，穫也」邵正義。○一、栗通。〔釋訓〕「栗栗，衆也」郝疏。○一與栗通。〔爾雅〕「一一，清也」述聞。○一與失通。〔詩・賓之初筵〕「不知其一」平議。○一、迭聲相同，故字相通。〔管子〕「一相勝」雜志。○一讀為迭。（同上）○一者，戜之借字。〔說文〕「瓆，玉英華羅列一一」句讀。○經典借一為戜耳。〔左傳莊公八年〕「衣服禮一如適」洪詁。○凡經云一敍者並當為戜之借字。〔周禮・宮伯〕「行其一敍」孫正義。○一當為戜。〔說文〕「瓆，玉英華羅列一一」義證。○一即載之假借。〔詩・烈祖〕「有一斯祜」通釋。○一當作祭。〔漢書・敘傳〕「登一百神」補注引宋祁。○一當為私字之誤也。〔荀子・君道〕「不還一不反君」集解引王念孫。○一一，三家作戜戜。〔詩・巧言〕「一一大猷」集疏。

密

一，山脊也。〔廣韻・質部〕引〔說文〕。○一，主謂山，假為精一字而本義廢矣。〔說文〕「一，山如堂者」段注。○一，秘也。〔集韻・質部〕○一，隱曲處也。〔大戴・曾子制言上〕「可謂一矣」王詁。○一，近也。〔集韻・質部〕○一，詳細也。〔中庸〕「文理一察」朱注。○一謂一緻。〔釋言〕「曋，一也」鄭注。○一之言覆也。〔禮記・中庸〕「文理一察」述聞。○〔說文定聲・卷六〕一，慎也。〔說文〕「周，一也」。（「周」下）○一與慎同義。〔廣雅・釋詁三〕「毖，比也」疏證。○一，靜也。〔孟子・萬章上〕「四海遏一八音」朱注。又〔廣韻・質部〕。又〔集韻・質部〕。又〔說文定聲・卷六〕。（「周」下）○一，靜一也。〔詩・昊天有成命〕「夙夜基命宥一」朱傳。○一，靜謐也。〔禮記・孔子閒居〕「其命宥一」集解。○一勿，僶俛也。〔詩・谷風〕「一勿同心」集疏引韓說。○直學士相呼，謂之一學。〔通雅・官制〕引葉夢得。○一肌，英雞也。〔釋鳥〕「一肌，繫英」鄭注。○一丁，銅釘也。〔通雅・蟲〕○一，一須氏也，姞姓之國。〔詩・皇矣〕「一人不恭」朱傳。○一有二，一姬姓，河南郡一縣也，一姞姓，此是也。〔漢書・地理志〕「陰一」補注引錢坫。○一州即買朱。〔說文定聲・卷一四〕（「諆」下）○一、宓字通。〔漢書・天文志〕「而澤搏一」補注。○〔說文定聲・卷一二〕一，叚借為宓。〔詩・公劉〕「止旅乃一」。○一者，宓之叚音也。〔釋詁〕「一，靜也」郝疏。○〔說文定聲・卷一二〕一，叚借為䘐。〔釋詁〕「一，靜也」。○（同

上〕丨，叚借為謚。〔孟子·萬章上〕「四海遏丨八音」。○〔說文定聲·卷六〕丨，讀為謚，或為毖。〔說文〕「周，丨也」。〔「周」下〕○〔說文定聲·卷一二〕丨，叚借為閟。〔禮記·少儀〕「不窺丨」。○〔同上〕丨，叚借為比。〔左傳文公一七年〕「以陳蔡之丨邇於楚」。○〔同上〕丨，叚借為毖。〔易·繫辭傳〕「是以君子慎丨而不出也」。○〔同上〕丨，叚借為蔤。〔淮南·說山〕注「荷其本曰丨」。○〔同上〕買、丨雙聲。〔左傳襄公三一年〕「莒丨州字買」。○丨，讀為伏。〔賈子·禮〕「毒蠚猛蚏之蟲丨」平議。○蠠没與丨勿聲同。〔漢書·劉向傳〕「丨勿從事」補注引沈欽韓。○丨勿即黽勉，聲之轉也。〔同上〕補注引錢大昕。○〔說文定聲·卷一二〕丨，叚借為鷸。〔釋鳥〕「丨肌，繫英」。○丨，俗作宻。〔廣韻·質部〕又〔集韻·質部〕。○丨，字亦誤作宻。〔說文定聲·卷一二〕○〔天官書〕丨作宓。〔漢書·天文志〕「而澤搏丨」補注。○丨，〔魯〕作謐。〔詩·昊天有成命〕「夙夜基命宥丨」集疏。○〔春秋〕丨州，〔左傳〕丨作買。〔說文〕「濆，濆水」段注。

峚　丨，山形如堂。〔廣韻·質部〕○丨，同密。〔說文〕「密，山如堂者」段注引〔玉篇〕。

率　畢者，田网也，所以捕鳥，亦名丨。〔說文〕「丨，捕鳥畢也」段注。○丨亦羅罔之屬。〔釋器〕「律謂之分」述聞。○〔說文定聲·卷一二〕丨，羅致也。〔東京賦〕「悉丨百禽」。○丨，循。〔詩·沔水〕「丨彼中陵」朱傳。又〔北山〕「丨土之濱」朱傳。又〔長發〕「丨履不越」朱傳。○丨，循也。〔詩·沔水〕「丨彼中陵」陳疏。又〔采菽〕「亦是丨從」朱傳。又〔何草不黃〕「丨彼曠野」朱傳。又〔假樂〕「丨由舊章」朱傳。又〔大戴·保傅〕「而天下之豪相丨而趨之也」王詁。又〔曾子本孝〕「又能丨朋友以助敬也」王詁。又〔五帝德〕「敬政丨經」王詁。又〔四代〕「丨禮朝廷」王詁。又〔誥志〕「政不丨天」王詁。又〔禮記·大傳〕「自仁丨親」集解。又〔表記〕「過行弗丨以求處厚」集解。又〔孟子·離婁上〕「詩云丨由舊章」朱注。又〔通鑑·齊紀六〕「不丨妾禮」音注。又〔唐紀四八〕「一夫不丨」音注。又〔廣韻·質部〕。○丨，遵也。〔大戴·虞戴德〕「丨天如祖地」王詁。又〔慧琳音義·卷二二〕引〔玉篇〕。○丨土，謂遵用教命之處也。〔慧琳音義·卷二二〕○丨，自也。〔詩·北山〕「丨土之濱」述聞。又〔集韻·質部〕。○丨，行也。〔廣韻·質部〕○丨，從也。〔國策·東周策〕「丨土之濱」鮑注。又〔集韻·質部〕。○丨猶從也。〔國策·東周策〕「又禁天下之丨」鮑注。○丨俾猶丨從也。〔漢書·武帝紀〕「莫不丨俾」補注引王引之。○丨舞猶云順舞。〔書·皋陶謨〕「百獸丨舞」孫疏。○丨，用。〔詩·噫嘻〕「丨時農夫」陳疏。○丨，用也。〔書·多士〕「予惟丨肆矜爾」述聞。又〔慧琳音義·卷二二〕引〔玉篇〕。又〔廣韻·質部〕。○丨猶導也。〔說文〕「䢦，先道也」義證引宋均。○丨同䢦，先導也。〔說文〕「父，巨也，家長丨教者」段注。○䢦訓先導也，不用本字而用丨。〔說文〕「丨，捕鳥畢也」段注。○丨，領也。〔廣韻·質部〕又〔集韻·質部〕。○丨，將也。〔廣韻·質部〕○衛訓將衛也，不用本字而用丨。〔說文〕「丨，捕鳥畢也」段注。○丨、帥同，猶長也。〔國策·齊策五〕「萬物之丨也」鮑注。○丨，總也。〔漢書·終軍傳〕「丨其用器食鹽」補注。○丨，總丨之也。〔詩·采芑〕「方叔丨止」朱傳。○〔說文定聲·卷一二〕丨猶均也。〔漢書·宣帝紀〕「丨帝在下」。○丨猶律也。〔說文定聲·卷一五〕〔「淪」下〕○律、丨訓同，俱為法也。〔書·西伯戡黎〕「不迪丨典」孫疏。○丨謂省括於度。〔孟子·盡心上〕「變其彀丨」焦正義。○丨為刷巾。〔左傳桓公二年〕「藻丨鞞鞛」洪詁引服虔。○丨，以采飾物之名也。〔禮記·雜記〕「丨帶」集解。○丨山即三天子都，今之張公山也，在今休寧婺源間。〔通雅·地輿〕○丨然即颯然。〔通雅·釋詁〕○丨者，輕速之意。〔論語·先進〕「子路丨爾而對」劉正義。○丨爾，輕遽之貌。〔同上〕朱注。○丨然，輕遽之貌。〔通鑑·漢紀三三〕「賈復丨然對曰」音注。○丨意猶言極意。〔漢書·文帝紀〕「丨意遠思」補注引蘇輿。○丨無極義。元、成紀多言悉意是也。〔同上〕補注。○丨，徧。〔詩·思文〕「帝命丨育」朱傳。○丨，類也。〔說文定聲·卷一五〕〔「淪」下〕○丨，計也，大丨者，總計之辭也。〔漢書·霍去病傳〕「師丨減什七」補注。○丨，大丨也。〔漢書·高帝紀〕「及郡各以其口數丨」補注引劉攽。又〔說文定聲·卷一五〕〔「淪」下〕○丨，語助也。〔釋詞·卷九〕○丨字，語詞。〔書·湯誓〕「有衆丨怠弗協」平議。○丨乃語詞。〔書·盤庚上〕「丨籲衆慼」平議。○丨與欥通，語詞。〔書·立政〕「丨惟謀從容德」孫疏。○丨與欥同，語詞也。〔書·呂刑上〕「丨乂于民」孫疏。○丨與帥古多通用。〔說文〕「帥，佩巾也」段注。○〔說文定聲·卷一二〕丨，叚借為帥。〔左傳桓公二年〕「藻丨鞞鞛」。○丨與帥同音假借。〔說文〕「刷，刮也，禮有刷巾」段注。○丨，讀曰帥。〔大戴·千乘〕「出可以為丨」王詁。○丨，古帥字。〔詩·采芑〕「方叔丨止」陳疏。○丨即帥字。〔史記〕「將卒」雜志。又〔漢書〕「將卒」雜志。○丨，通作衛。〔集韻·質部〕○〔說文定聲·卷一二〕丨，叚借為衛。〔荀子·富國〕「將丨不能則兵弱」。○丨亦衛之假也。〔說文〕「將，帥也」段注。○丨者，衛之渻借。〔詩·采芑〕「方叔丨止」通釋。○丨讀為將丨之丨。〔墨子·非攻下〕「丨不利和」平議。○〔說文定聲·卷一二〕丨，叚借為䢦。〔小爾雅·廣詁〕「丨，勸也」。○〔同上〕丨，叚借為述。〔釋詁〕「丨，循也」。○〔同上〕丨，叚借為猝。〔莊子·人間世〕注「丨然拊之」。○〔同上〕丨，叚借為繂。〔禮記·玉藻〕「士練帶丨」。○〔同上〕丨，叚借為鋝。〔史記·周本紀〕「其罰百丨」。○〔同上〕丨，叚借為律。〔孟子〕「變其彀丨」。○丨作律者，借字耳。〔釋器〕「律謂之分」述聞。○古丨讀如律。〔說文〕「淪，一曰没也」段注。○丨者當讀如律。〔釋言〕「淪，丨也」郝疏。○丨，字借為聿。〔書·湯誓〕「丨遏衆力」孫疏。○丨者，借為聿，本字作欥。〔書·盤庚〕「丨籲衆慼」孫疏。○丨，同聿。〔書·君奭〕「丨惟茲有陳」孫疏。○悉、丨雙聲，故字變為丨耳。〔漢書·文帝紀〕「丨意遠思」補注。○丨與繂同。〔左傳桓公二年〕「藻丨鞞鞛」洪詁。○丨，謂即繂字之古文。〔說文定聲·卷一二〕○丨，徑，當讀為術徑。〔墨子·明鬼下〕「退無罪人乎道路丨徑」閒詁。○隊丨，一作隊帥。〔漢書·高惠高后文功臣表〕「用隊丨入漢」補注引錢大昭。○鄭玄〔周禮〕注引〔傳〕丨作帥。〔左傳宣

公一二年」「潘黨一游闕四十乘」洪詁。○一，〔東京賦〕作繂。〔左傳桓公二年〕「藻一鞞鞛」疏證。○一，〔史〕作變。〔國策·東周策〕「又禁天下之一」補注。

律　一，均布也。〔說文定聲·卷一二〕（「栗」下）○一者，所以笵天下之不一而歸於一，故曰均布也。〔說文〕「一，均布也」段注。○一，義當是均也。（同上）義證。○一，義當是布也。（同上）義證。○一，一呂。〔廣韻·術部〕○陽管謂之一。〔集韻·術部〕○一也者，六一六呂統謂之十二一也。〔大戴·曾子天圓〕「謂之一也」王詁。○陽足以統陰，故呂亦稱一。〔漢書·律歷志〕「一十有二」補注。○一，法也。〔集韻·術部〕又〔廣韻·術部〕。○一，法令也。〔禮記·王制〕「析言破一」集解。○一亦法也。〔荀子〕「類」雜志。○一者，軍之常法。〔易·師卦〕「師出以一」述聞。○一猶類也。〔荀子·禮論〕「濡櫛三一而止」集解引郝懿行。○累、類、一並聲轉義同。〔釋詁〕「一，法也」郝疏。○一，述也。〔集韻·述部〕○一一猶烈烈也。〔詩·蓼莪〕「南山一一」朱傳。○一一猶言栗烈，謂其氣之凛。（同上）後箋引范處義。○一一，山之崒嵂。（同上）集疏引王安石。○一，通作聿。〔釋言〕「一，述也」郝疏。○一與聿通。（同上）邵正義。○一即聿字。（同上）鄭注。○一與萃通。〔廣雅·釋詁一〕「萃，始也」疏證。○一亦作萃。〔方言一二〕「萃一，始也」疏證。○〔說文定聲·卷一二〕一，段借為刜。〔七發〕「上擊下一」。○一一即凓凓之段借。〔詩·蓼莪〕「南山一一」通釋。○一與麻聲相近。〔釋言〕「辟，麻也」邵正義。○均、一雙聲。○〔說文〕「一，均布也」段注。○一，讀為率。〔釋器〕「一謂之分」述聞。○一、硉同字。〔詩·蓼莪〕「南山一一」陳疏。○一當為肆字之譌。〔荀子·王制〕「平室一」集解引俞樾。○〔史記〕一作崋。〔漢書·司馬相如傳〕「隆崇一崪」補注。

逸　一者，失也。〔說文〕「媱，厶一也」段注。○一者，縱之失也。〔廣雅·釋詁二〕「一，失也」疏證。○一，奔也。〔廣韻·質部〕○一，縱也。（同上）○一與奪同意。〔說文定聲·卷一二〕○一，遺一。〔論語·微子〕「一民」朱注。○一，過也。〔廣韻·質部〕○一，從一也。〔釋言〕「一，過也」鄭注。○一，樂。〔詩·十月之交〕「民莫不一」朱傳。○一，安也，怠惰之意。〔漢書·成帝紀〕「故官無廢事，下無一民」補注引周壽昌。○一、佚同義。〔書·無逸〕「無一」孫疏。○〔義府·卷上〕廢務曰一。〔書·多士〕「于一」。○引一為不進遺佚之賢。〔書·多士〕「上帝引一」孫疏引江聲。○一一，往來有序也。〔詩·賓之初筵〕「舉醻一一」朱傳。○一、佚、軼、失並通。〔廣雅·釋詁二〕「一，失也」疏證。○一、佚通。〔公羊傳宣公一二年〕注「佚猶過」陳疏。○一，通作佚。〔釋言〕「一，過也」郝疏。○〔說文定聲·卷一二〕一，假借為佚。〔詩·十月之交〕「民莫不一」。○一，其字亦作佚。〔漢書·成帝紀〕「故官無廢事，下無一民」補注引周壽昌。○一又通作泆。〔釋言〕「一，過也」郝疏。○〔說文定聲·卷一二〕一，段借為泆。〔楚語〕「耳不樂一聲」。○一又通作佾。〔釋言〕「一，過也」郝疏。○一又通作淫。（同上）○〔說文定聲·卷一二〕一，段借為失。〔釋言〕「一，過也」。○（同上）一，段借為駃。〔晉語〕「馬一不能止」。○（同上）一，段借為秩。〔答盧諶詩〕「一珠盈椀」。○一當作突。〔韓子·外儲說右下〕「彘一出於竇中」集解。○一，〔大傳〕作佚。〔書·無逸〕注「一，一作佚」孫疏。○志一，〔史記〕作志失。〔漢書·吳王傳〕「陛下多病志一」補注。

佚　一从人，故為一民字也。〔說文〕「一，一民也」段注。○〔說文定聲·卷一二〕一民者，獨樂其身之民也。〔說文〕「一，一民也」。○一者，隱也。〔荀子·性惡〕「若一之以繩」集解引郝懿行。○一，失也。〔大戴·子張問入官〕「必於上之一政也」王詁。○一，樂也。〔大戴·子張問入官〕「仁在身則民顯以一之也」王詁。○一，一樂。〔廣韻·質部〕○一，逸樂也。〔大戴·衛將軍文子〕「不一可一」王詁。○一，意歡足也，樂也。〔慧琳音義·卷一一〕引〔考聲〕。○一又以為勞逸字。〔說文〕「一，一民也」段注。○一，喻人性蕩泆如水。〔左傳隱公三年〕「驕奢淫一，所自邪也」洪詁。○一女，若〔詩〕游女也，一豫之女。〔離騷〕「見有娀之一女」戴注。○一，美也。〔慧琳音義·卷八六〕引〔考聲〕。○逸、一、失三字古通。〔孟子·公孫丑上〕「遺一而不怨」焦正義。○古失、一、逸、泆字多通用。〔說文〕「一，一民也」段注。○逸、一、軼、失並通。〔廣雅·釋詁二〕「逸，失也」疏證。○一與逸古通用。〔方言六〕「一婸，媱也」疏證。○一與逸通也。〔書·無逸〕注「逸，一作一」孫疏。○一又與逸通。〔公羊傳成公二年〕「一獲也」陳疏引惠棟。○〔說文定聲·卷一二〕一，段借為逸。〔公羊傳成公二年〕「其一獲柰何」。○作一民，正字也，作逸民者，假借字。〔說文〕「一，一民也」段注。○一，經傳多以逸為之。〔說文定聲·卷一二〕○一，同逸。〔書·盤庚〕「惟予一人有一罰」孫疏。○一與逸同。〔漢書〕「母桐好逸」雜志。○一，字或作逸。〔廣雅·釋詁一〕「劮婸，媱也」疏證。○一，字又作逸。〔漢書〕「失在巖穴」雜志。○一又通作軼。〔說文〕「一，一民也」義證。○一作軼。〔史記索隱〕「異文」雜志。○一亦作軼。〔公羊傳宣公一二年〕注「一猶過」陳疏。○一與泆古通用。〔方言六〕「一婸，媱也」疏證。○〔說文定聲·卷一二〕一，段借為泆。〔蒼頡篇〕「一，蕩也」。○一，又作泆。〔廣雅·釋詁一〕「劮婸，媱也」疏證。○〔說文定聲·卷一二〕一，段借為失。〔書·盤庚〕「惟予一人有一罰」。○一與失聲相近。〔書·酒誥〕「汝勿一」孫疏。○一，同失。〔書·君奭〕「遏一前人光」孫疏。○古一字皆作失。〔公羊傳成公二年〕「一獲也」陳疏引惠棟。○一與劮通。〔廣雅·釋詁一〕「劮婸，媱也」疏證。○一亦通劮。〔方言六〕「一婸，媱也」疏證。○一、迭古亦通。〔方言三〕「一，代也」疏證。○〔說文定聲·卷一二〕一，段借為迭。〔方言三〕「一，代也」。○一讀曰迭。〔大戴·禮三本〕「情文一興」王詁。○一與迭同。〔漢書·食貨志〕「教民相與庸輓犂」補注引王念孫。○〔說文定聲·卷一二〕一，段借為詄。〔說文〕「一，一曰忽也」。○（同上）一，段借為懿，或為昳。〔離騷〕「見有娀之一女」。○一惕雙聲字，亦作跌踢。〔方言六〕「一惕，緩也」箋疏。○一讀為咦。〔荀子〕「一若聲響」雜志。

○丨當讀為佚。〔大戴・衛將軍文子〕「不丨可丨」述聞。○丨或作佚。〔説文〕「一曰丨，忽也」義證。○丨當讀為秩。〔荀子・性惡〕「若丨之以繩」平議。○丨與溢同。〔晏子春秋〕「尤丨」雜志。○丨，一本作失。〔公羊傳成公二年〕「丨獲也」陳疏引惠棟。

失 丨，縱也。〔廣韻・質部〕○丨者，縱逸也。〔説文〕「姪，厶逸也」段注。○〔説文定聲・卷一二〕丨，謂在手而奪去也。〔説文〕「丨，縱也」。○丨，一曰捨也，在手而逸去為丨。〔説文〕「丨，縱也」段注。○丨猶丨音之丨，言不能衣也。〔漢書・孝成趙皇后傳〕「因丨衣，不能言」補注引周壽昌。○丨謂不能別之。〔國策・秦策三〕「工之所丨也」鮑注。○丨職皆謂丨所也。〔漢書〕「得職」雜志。○丨職，流離辛苦，喪常業也。〔文選・九辯〕「貧士丨職」補注引趙曦明。○丨職者，丨其常业及常理也。〔管子〕「畢」雜志。○〔通雅・卷八〕丨剟即丨策。〔鶡冠子〕「邪臣丨剟」。○〔通雅・卷二八〕丨闌，丨闌入之禁也。〔漢書・王嘉傳〕「户殿門丨闌免」。○丨，錯也。〔廣韻・質部〕○丨，放也。〔集韻・質部〕○丨聲或謂放聲也。〔孟子・滕文公上〕「皆丨聲」焦正義。○丨謂放佚也。〔管子〕「丨」雜志。○丨與逸義同。〔漢書・吴王傳〕「陛下多病志逸」補注。○荒、丨、遺皆忘也。〔廣雅・釋詁二〕「怳、詄，忘也」疏證。○丨即害也。〔孟子・告子上〕「養其一指而丨其肩背」焦正義。○丨與跌同。〔方言一三〕「跌，蹷也」箋疏。○跌與丨，字異而義同。〔廣雅・釋詁四〕「跌，差也」疏證。○古丨、佚、逸、泆字多通用。〔説文〕「佚，佚民也」段注。○逸、佚、軼、丨並通。〔廣雅・釋詁二〕「逸，丨也」疏證。○丨亦與佚通。〔孟子・滕文公上〕「皆丨聲」焦正義。○〔説文定聲・卷一二〕丨，叚借為佚。〔左傳昭公三二年〕「魯君世從其丨」。○〔同上〕丨，叚借為泆。〔管子・立政〕「德薄而位尊者謂之丨」。○丨亦叚為淫泆之泆。〔説文〕「丨，縱也」段注。○丨讀為佚。〔書・盤庚〕「無荒丨朕命」孫疏引江聲。又〔左傳昭公三二年〕「魯君世從其丨」述聞。又〔管子〕「丨」雜志。○丨當讀為放佚之佚。〔漢書〕「丨在巖穴」雜志。○丨當讀為佚。〔論語・顔淵〕「君子敬而無丨」平議。○古多以丨為佚。〔漢書〕「丨在巖穴」雜志。○丨與佚同。〔漢書・賈誼傳〕「至於俗流丨」補注引王念孫。又〔韋賢傳〕「彌彌其丨」補注。又〔匡衡傳〕「匡丨俗」補注。又〔漢書〕「因恬而不知怪」雜志。○丨，古佚字。〔漢書〕「不然」雜志。○丨即佚字。〔説文〕「逸，丨也」句讀。○丨與逸通。〔漢書・韋賢傳〕「彌彌其丨」補注。○〔説文定聲・卷一二〕丨，叚借為逸。〔荀子・哀公〕「其馬將丨」。○丨，古多叚為逸去之逸。〔説文〕「丨，縱也」段注。○丨當讀為逸。〔淮南・人間〕「魯君聞陽虎丨」平議。○丨當讀為軼。〔管子・五輔〕「貧富無度則丨」平議。○丨則泆渻文耳。〔漢書・禮樂志〕「至於風俗流溢」補注。○丨、喪、敗、害四字轉注。〔孟子・告子上〕「養其一指而丨其肩背」焦正義。○丨當作夫。〔韓子・有度〕「審得丨有法度之制者」集解引顧廣圻。○丨當為夫，趹之借字。〔墨子・備城門〕「丨四分之三在上」閒詁。○丨當為釋之誤。〔韓子・十過〕「君丨此計者」集解。○丨君當作人君。〔管子・任法〕「此丨君之所慎也」平議。○俗流丨，〔禮樂志〕作風俗流溢。〔漢書・賈誼傳〕「至於俗流丨」補注引王念孫。○丨，〔御書・四百四十六〕作本。〔呂覽・知接〕「苛病丨也」校正。○舊校云，丨次一作易次。〔呂覽・明理〕「陰陽丨次」校正。

桼 丨，膠丨。〔廣韻・質部〕○丨者，木汁，可以髹物也。〔説文〕「垸，以丨䰍灰丸而髹也」段注。○木汁名丨，因名其木曰丨。〔説文〕「丨，木汁，可以髹物」段注。○〔説文定聲・卷一二〕丨莖，澤丨，叚借，即大戟苗。〔廣雅・釋草〕「丨莖，澤丨也」。○丨，正字，經典多叚漆為之。〔墨子・非儒下〕「丨雕刑殘」閒詁。○丨，經傳皆以漆為之。〔説文定聲・卷一二〕○今字作漆而丨廢矣。〔説文〕「丨，木汁，可以髹物」段注。○丨與漆同。〔廣雅・釋草〕「丨莖，澤丨也」疏證。○漢人多假丨為七字。〔説文〕「丨，木汁，可以髹物」段注。○丨，叚借為七，新莽侯鉦重五十桼斤，字作桼。〔説文定聲・卷一二〕○丨或作榛。〔集韻・質部〕○〔説文定聲・卷一二〕丨，字亦作軟。〔周禮・巾車〕故書「然複髤軟」。○求字是丨字之省文。〔史記・仲尼弟子傳〕「漆雕哆字子斂」志疑引洪氏。

⿱艹桼 丨，俗桼。〔廣韻・質部〕

漆 丨，丨水，出右扶風杜陽岐山，東入渭，一曰入洛，一曰丨，城池。〔説文〕「丨」段注。○丨沮即瀘水也。〔書・禹貢中〕「丨沮既從」孫疏。○丨，木有液黏黑，可飾器物。〔詩・定之方中〕「椅桐梓丨」朱傳。○〔通雅・卷三六〕以丨膠紗曰丨紗。〔青箱雜記〕「南記，今之緆紗，在丨紗外者也」。○丨丨，祭祀之容。〔集韻・屑部〕○丨雕并作丨彫。〔史記索隱〕「異文」雜志。○丨當為桼，此假丨水字為之。〔書・禹貢上〕「厥貢丨絲」孫疏。○丨應作桼，借水名為之。〔漢書・地理志〕「厥貢丨絲」補注引錢坫。○丨，水名也，非木汁也。〔詩〕、〔書〕「梓桼」、「桼絲」皆作丨，俗以今字易之也。〔説文〕「桼，木汁」段注。○〔説文定聲・卷一二〕丨，叚借為桼。〔詩・山有樞〕「山有丨」。○丨，七字假音。〔墨子・貴義〕「夕見丨十士」閒詁引畢沅。○〔説文定聲・卷八〕丨當作涞。〔説文〕「濡，濡水出涿郡，故安東入丨涑」。〔「濡」下〕○丨當為來。〔國語・魯語〕「防風氏為丨姓」述聞。○丨，〔史記〕作釐。〔國語・魯語〕「防風氏為丨姓」述聞。○丨赭，舊本作浹赬，一作沫赭。〔呂覽・遇合〕「色如丨赭」校正。

柒 丨，俗漆。〔廣韻・質部〕

栗 丨，木名。〔詩・東門之墠〕「東門之丨」集疏引韓說。○丨又果木也。〔廣韻・質部〕○丨，穀之成者。〔詩・生民〕「實穎實丨」通釋。○房之中顆曰丨楔。〔通雅・木〕○〔説文定聲・卷一二〕丨，下乑之皃。〔詩・生民〕「實穎實丨」。○丨丨猶離離，垂實之貌。〔詩・生民〕「實穎實丨」通釋。○丨丨，衆也。〔詩・良耜〕「積之丨丨」集疏引魯說。○丨丨，積之密也。〔同上〕朱傳。○稸、積、秩、丨字異義同。〔釋訓〕「丨丨，衆也」邵正義。

堅也。〔廣韻・質部〕○古堅丨作丨。〔說文〕「慉，惪懼也」段注。○丨猶秩也。〔書・堯典〕「寬而丨」平議。○丨者，秩然有條理之貌。〔禮記・聘義〕「縝密以丨，知也」述聞。○丨之為言猶秩也。〔公羊傳哀公二年〕「戰于丨」述聞。○鄰、丨皆清徹之貌也。〔管子・水地篇〕「鄰以理者，知也」述聞。○丨，懼也。〔大戴・曾子立事〕「臨事而丨者」王詁。○丨，是為戰懼也。〔孟子・萬章上〕「夔夔齋丨」焦正義。○古戰丨作丨。〔說文〕「慉，惪懼也」段注。○丨子綻懸，有顫丨之象，故謂之丨。〔本草・槲實〕○丨，詭隨也。〔楚辭・卜居〕「將哫訾丨斯」補注引〔集韻〕。○今秦俗以枇髮為丨髮，當是瀝髮。〔通雅・身體〕○丨烈，氣寒也。〔詩・七月〕「二之日丨烈」朱傳。○丨烈即凓冽。〔說文〕「冽，凓冽也」義證。又〔釋詁〕「慄，懼也」郝疏。○丨烈，一作颲颲、丨冽。〔通雅・天文〕○丨階即歷階也。〔儀禮・燕禮〕「凡公所辭皆丨階」述聞。○丨，析也。〔集韻・薛部〕○〔說文定聲・卷一二〕丨，叚借發聲之詞。〔荀子・禮論〕「濡櫛三律」注「今秦俗猶以枇髮為丨」。○齋、齊、慄、丨並通。〔廣雅・釋言〕「齋，慄也」疏證。○丨通慄。〔孟子・萬章上〕「夔夔齋丨」焦正義。○丨通作慄。〔釋詁〕「慄，懼也」郝疏。○丨讀曰慄。〔大戴・曾子立事〕「臨事而丨者」王詁。○丨與慄同。〔方言六〕「戰，慄也」箋疏。○〔說文定聲・卷一二〕丨，叚借為溧。〔漢書・楊惲傳〕「不寒而丨」。○（同上）丨，叚借為瑮。〔禮記・聘義〕「縝密以丨」。○丨即此瑮。〔說文〕「瑮，玉英華羅列丨丨」義證。○古丨、歷聲近而通。〔儀禮・燕禮〕「凡公所辭皆丨階」述聞。○〔說文定聲・卷一二〕丨，叚借為歷。〔儀禮・聘禮〕「丨階升」。○丨，古文作歷。〔說文定聲・卷一二〕○（同上）丨，叚借為律。〔考工記・㮚氏〕「㮚氏為量」。○丨通作裂。〔集韻・薛部〕○〔說文定聲・卷一二〕丨，叚借為裂。〔考工記・弓人〕「菑丨不迆」。○丨與鄰一聲之轉耳。〔管子〕「鄰以理」雜志。○鄰、丨一聲之轉。〔管子・水地〕「鄰以理者，知也」述聞。○稹、積、秩、丨皆聲之轉。〔釋訓〕「丨丨，衆也」邵正義。○丨當讀為冽。〔詩・東門之墠〕「東門之丨」平議。○丨當讀為列。〔左傳桓公六年〕「嘉丨旨酒」平議。○〔說文定聲・卷一二〕丨，字變作鷅。〔釋鳥〕「少美長醜為鸖鷅」。○丨疑粟之誤。〔左傳桓公六年〕「嘉丨旨酒」疏證引朱駿聲。

㮚　○丨，隸作栗。（同上）

丨，同栗。〔廣韻・質部〕

𠧪　丨，古文栗。〔廣韻・質部〕

畢　丨，田罔也。〔大戴・主言〕「丨弋田獵之得」王詁。○丨，小罔長柄者也。〔詩・鴛鴦〕「丨之羅之」朱傳。○丨，网，形小而柄長。〔說文定聲・卷一二〕○丨者，田网也，所以捕鳥。〔說文〕「率，捕鳥丨也」段注。○鳥罟亦謂之丨。〔莊子・胠篋〕「夫弓弩丨弋，機變之智多」集釋引郭嵩燾。○丨，掩兔也。〔說文〕「丨，田罔也」義證引〔玉篇〕。○掩兔之丨或呼為濁，因以名星也。〔漢書・天文志〕「丨曰罕車」補注引孫炎。○丨，星名。〔詩・漸漸之石〕「月離于丨」朱傳。○丨者，西方白虎之第五宿。〔禮記・月令〕「日在丨」集解。○丨恰似丫叉，八星出。〔漢書・天文志〕「丨曰罕車」補注引〔步天歌・畢宿〕。○〔說文定聲・卷一二〕丨，西方宿八星，丫叉如丨綱形，亦曰罕。〔釋天〕「濁謂之丨」。○〔說文定聲・卷六〕丨，一柄兩岐亦似角也。〔詩・大東〕「有捄天丨」。（「捄」下）○丨為天綱，主網羅無道之君。〔史記・周本紀〕「九年，武王上祭於丨」志疑。○〔說文定聲・卷一二〕丨，助載鼎實之器，亦象綱形。〔禮記・襍記〕「丨用桑，長三尺」。○（同上）丨當亦岐頭，象綱形。〔儀禮・大射儀〕「以弓為丨」。○丨謂簡。〔說文〕「笘，折竹箠也」義證。○編簡謂之丨，編柴為垣謂之篳，義相近也。〔廣雅・釋宮〕「柵謂之棚」疏證。○丨，弋也。〔說文〕「丨，田罔也」義證引〔玉篇〕。○丨之言蔽也。（同上）段注。○丨之言蔽，障蔽水使不外出也。〔釋邱〕「丨，堂墻」述聞。○唐墻蔽水，故謂之丨。（同上）述聞。○堂之兩邊復有崖岸曰墻，亦謂之丨。（同上）平議。○丨猶竟也。〔說文・上說文書〕「丨終於亥」段注。○丨猶已。〔國策・齊策四〕「然嫁過丨矣」鮑注。○丨，止也。〔禮記・月令〕「以丨春氣」集解。○丨有止義。〔釋詁〕「丨，盡也」郝疏。○丨之為言必也。（同上）○丨，盡也。〔大戴・小辨〕「內思丨必曰知中」王詁。又〔禮記・郊特牲〕「國人丨作」集解。又〔玉藻〕「笏丨用也」集解。又〔漢書・鼂錯傳〕「避難不丨」補注。○丨猶盡。〔國策・秦策二〕「群臣聞見者丨賀」鮑注。又〔魏策四〕「故丨曰」鮑注。○今盡義通作丨。〔說文〕「丨，田网也」段注。○丨作，竭作也。〔禮記・郊特牲〕「國人丨作」集解。○丨，皆也。〔周書〕「丨桓于黎民般」雜志。○丨，疾也。〔墨子・非樂上〕「股肱不丨強」閒詁。○〔說文定聲・卷一二〕正月得甲為丨陬也。〔爾雅〕「月在甲曰丨」。○正月為陬，而在甲曰丨，故曰月名丨陬。〔史記〕「月名丨陬」雜志。○丨在今陝西西安府咸陽縣。〔說文定聲・卷二〕（「鄠」下）○丨梁即卑梁，春秋時為吳邑。〔史記・王子侯者年表〕「丨梁」志疑。○丨有二，在渭南者名丨郢，文、武、周公之墓在焉；在渭北者名丨陌，秦惠文、悼武兩陵及漢諸陵在焉。〔史記・周本紀〕「丨在鎬東南杜中」志疑。○〔說文定聲・卷一二〕丨，叚借為密。〔釋邱〕「丨，堂墻」。○（同上）丨，叚借為泌。〔淮南・覽冥〕「體便輕丨」。○（同上）丨，叚借為䇷，笘丨者，笘䇷也。〔禮記・學記〕「呻其佔丨」。○（同上）丨，叚借為縪。〔方言九〕「車下鈇，陳、宋、淮、楚之間謂之丨」。○（同上）丨，叚借為斁。〔釋詁〕「丨，盡也」。○丨者，斁之叚音也。〔釋詁〕「丨，盡也」郝疏。○丨與邊雙聲。〔詩・終南〕後箋。○丨與弼聲相近。〔書・大誥〕「寧人攸受休丨」孫疏。○丨當為弼。〔漢書・翟方進傳〕「予害敢不於祖宗所受休輔」補注引段玉裁。○丨與㧙同。〔方言一〇〕「㧙，椎也」箋疏。○丨作必。〔管子〕「丨」雜志。○丨，字或作罼。〔說文〕「丨，田罔也」義證。○丨即彈字。〔說文〕「彈，䠶也」段注。○丨，一本从水作滭。〔說文〕「沸，丨沸，濫泉也」段注。○古文休丨，今文作休輔。〔書・大誥〕「寧人攸受休丨」孫疏。○丨，閩本作卑。〔漢書・王子侯表〕「丨梁侯嬰」補注引錢大昭。○丨，汪本作卑。（同上）補注引朱一新。○丨，梁，監本作卑梁。

（同上）補注引〔官本攷證〕。

畢 丨，竟也。〔廣韻・質部〕○丨，一曰終也。〔集韻・質部〕○揘丨，撞也。〔同上〕○古丨、必通用。〔説文〕「鞸，車束也」段注。

恤 丨，憂。〔詩・杕杜〕「而多為丨」朱傳。又〔蓼莪〕「出則銜丨」朱傳。○丨，憂也。〔詩・祈父〕「胡轉予于丨」朱傳。又〔大戴・主言〕「使處者丨行者有興亡」王詁。○丨，惪也。〔説文〕「存，丨問也」段注。○丨亦憂也。〔詩・桑柔〕「告爾憂丨」陳疏。○丨者，憂也。〔説文繫傳・通論中〕○丨與卹音義皆同。〔説文〕「丨，惪也」段注。○丨，憂丨。〔廣韻・術部〕○丨，收也。〔説文〕「存，丨問也」段注。○丨者，收也。〔説文繫傳・通論中〕○丨字當訓為收。〔書・呂刑〕「丨功于民」平議。○丨，救也。〔説文〕「丨，收也」義證引〔玉篇〕。○〔説文定聲・卷一二〕丨，猶救也。〔説文〕「丨，收也」。○振貧老曰丨。〔説文繫傳・通論中〕○丨，謂以財物與人。〔慧琳音義・卷五二〕○丨，慎也。〔左傳襄公二七年〕「何以丨我」洪詁。○丨者，慎也。〔周禮・大司徒〕「八曰以誓教丨則民不怠」平議。○丨亦靜也。〔書・堯典下〕注「史遷丨作靜」孫疏。○丨與卹通。〔左傳襄公二七年〕「何以丨我」述聞。○〔説文定聲・卷一二〕丨，叚借為卹，節省也。〔虞書〕「惟刑之丨哉」。○丨與卹同。〔釋詁〕「丨，憂也」郝疏。○溼、慎、丨俱一聲之轉。〔同上〕○丨亦省作血。〔説文〕「丨，憂也」句讀。○丨，〔説文〕引作卹。〔書・大誥〕「無毖于丨」孫疏。○丨，〔文選〕作卹。〔漢書・司馬相如傳〕「眇閻易以丨削」補注。○丨，〔魏石經〕作卹。〔書・大誥〕「不卬自丨」孫疏。○丨我，〔説文〕及〔廣韻〕引〔詩〕曰謐我。〔左傳襄公二七年〕「何以丨我」洪詁。○丨，〔史記〕作戌。〔漢書・司馬相如傳〕「眇閻易以丨削」補注。

卹 丨與恤同，古多作丨，今多作恤。〔説文〕「丨，憂也」句讀。○丨與恤音義皆同，古書多用丨字，後人多改為恤。〔同上〕段注。○丨亦慎也。〔書・多士〕「罔不明德丨祀」述聞。○丨者，慎也。〔書・堯典〕「惟刑之丨哉」述聞。○勤丨，謂君臣皆勤慎。〔書・召誥〕「上下勤丨」述聞。○知丨謂知慎。〔書・立政〕「知丨鮮哉」述聞。○丨，節省也。〔説文定聲・卷一二〕（「恤」下）○丨、恤通用。〔荀子・儒效〕「不丨是非然不然之情」集解。○〔説文定聲・卷一二〕丨，叚借為恤。〔説文〕「丨，憂也」。○（同上）丨，以恤為之。〔虞書〕「惟刑之恤哉」。○又疑古祇有丨，恤其或體。〔説文〕「恤，惪也」段注。○古字丨與率通。〔春秋名字解詁〕「曹丨字子循」述聞。○丨讀為率。〔同上〕○丨、謐、溢古聲相近而字亦相通。〔書・堯典〕「惟刑之丨哉」述聞。○〔説文定聲・卷一二〕丨，叚借為述。〔史記・仲尼弟子傳〕「曹丨字子循」。○郵無丨，〔古今人表〕作郵亡恤。〔左傳哀公二年〕「郵無丨御簡子」洪詁。

䘏 丨，憂也。〔周書〕「之不綏于丨」雜志。又〔莊子・德充符〕「寡人丨焉」集釋引成玄英。○丨，優也。〔慧琳音義・卷九〕○丨，分賑。〔廣韻・術部〕○丨又作恤。〔慧琳音義・卷九〕○丨削作戌削。〔史記索隱〕「異文」雜志。

賉 丨，賑也。〔集韻・術部〕○丨，賑丨。〔廣韻・術部〕

蜜 丨，蜂所作食。〔廣韻・質部〕○丨以密成，故謂之丨。〔本草・蜂蜜〕○丨通作冪，以疏布蓋尊者。〔文選・招魂〕「瑶漿丨勺」集釋引朱熹。

蠠 丨即蜜。〔説文〕「丨，恤，勉也」段注。○丨，同蜜。〔廣韻・質部〕○丨，勉也。〔説文〕「丨，蠭甘飴也」義證引〔玉篇〕。○丨，叚借為丨没字。〔同上〕段注。○〔説文定聲・卷一七〕丨没，雙聲連語，與僶勉、密勿、侔莫字皆同。〔釋詁〕「蠠没，勉也」。○丨没，亦作蠠没。〔説文〕「丨，蠭甘飴也」段注。○丨，今年蜜。〔同上〕義證。○丨或作蜜。〔集韻・質部〕○丨没，〔韓詩〕作蜜勿。〔説文〕「丨，蠭甘飴也」段注。○丨没，〔毛詩〕作僶勉。〔同上〕

橘 丨，果名。〔廣韻・術部〕○丨為樹，白華赤實，皮既馨香，又有善味。〔楚辭・橘頌〕「丨徠服兮」補注引〔異物志〕。○丨實外赤内黄，剖之香霧紛鬱，有似乎裔雲，丨之从矞，又取此意也。〔本草・橘〕○丨之與柚，散文則通矣。〔廣雅・釋木〕「柚，橘也」疏證。○丨除，言歲將除也。〔通雅・天文〕

溢 丨，滿丨。〔廣韻・質部〕○丨，滿也。〔荀子・王制〕「上丨而下漏」集解引王引之。○丨，充滿也。〔孟子・離婁上〕「故沛然德教丨乎四海」朱注。○丨亦滿出之義。〔書・禹貢下〕注「丨，一作軼」孫疏。○或曰加于内曰益，出于外曰丨。〔説文定聲・卷一一〕○丨手之盛謂之丨。〔禮記・喪大記〕「朝一丨米」集解。○〔説文定聲・卷一二〕丨，一曰米二十四分外之一也。〔小爾雅・廣量〕「一手之盛謂之丨」。〔通鑑・周紀一〕「以黄金百丨為政母壽」〔集韻・質部〕○二十四兩為丨。〔音注〕。○過于一斤十六兩，故曰丨。〔説文定聲・卷一二〕○丨與謚同意。〔釋詁〕「丨，靜也」郝疏。○丨與泆同。〔墨子・非樂上〕「啓乃淫丨康樂」閒詁引惠棟。○淫丨，言淫蕩也。〔書・虞夏書序〕「啓乃淫丨康樂」孫疏。○丨、泆本通。〔書・禹貢下〕注「史遷丨為泆」孫疏。○丨通作泆。〔釋詁〕「丨，盈也」郝疏。○丨，或曰泆之俗。〔説文定聲・卷一一〕○丨又通作軼。〔釋詁〕「丨，盈也」郝疏。○丨，字作軼。〔書・禹貢下〕注「丨，一作軼」孫疏。○丨與佚通。〔書・虞夏書序〕「啓乃淫丨康樂」孫疏。○丨、謚，恤古字通。〔詩・維天之命〕「假以丨我」後箋。○古丨、謐字通。〔左傳襄公二七年〕「何以恤我」洪詁。○丨通作謐。〔釋詁〕「丨，慎也、靜也」郝疏。○〔説文定聲・卷一二〕丨，叚借為謐。〔釋詁〕「丨，慎也」郝疏。○丨又通作恤。〔釋詁〕「丨，靜也」郝疏。○丨，蓋恤之譌體。〔説文〕「謐，靜語也」段注。○丨、鎰通。〔國策・秦策一〕「黄金萬丨為用」札記。又〔宋衛策〕「因効金三百丨」補正。○丨，古鎰字。〔漢書・張良傳〕「賜良金百丨」補注引錢大昭。○〔説文定聲・卷一二〕丨，叚借為佾。〔漢書・禮樂志〕「千童羅舞成八丨」。○丨為搤之叚借字也。〔説文〕「搤，把也」段注。○丨或

曰借為搞。〔說文定聲·卷一二〕○丨、涌、裔一聲之轉。〔廣雅·釋詁一〕「涌、丨、裔，出也」疏證。○丨或作洫。〔慧琳音義·卷一二〕○丨或省作洫。〔集韻·質部〕○丨當為益之或體。〔說文定聲·卷一二〕○丨，作益者是也。〔左傳昭公三年〕「而女富丨尤」平議。○丨，齊作謐。〔詩·維天〕「假以丨我」集疏。○〔說文定聲·卷一二〕丨，字亦作鎰。〔孟子〕「雖萬鎰」。○〔平準書〕丨作鎰。〔漢書·食貨志〕「黃金以丨為名」補注。○官本丨作鎰。〔漢書·鄒陽傳〕「於陵子仲辭三公為人灌園」補注。

瑟 丨，樂器。〔廣韻·櫛部〕○丨，登歌所用之樂。〔釋樂〕「大丨謂之灑」鄭注。○丨，似琴，二十五弦。〔國策·齊策一〕「其民無不吹竽鼓丨」鮑注。○丨，琴類，二十五弦。〔楚辭·東皇太一〕「陳竽丨兮浩倡」補注。○丨，二十五弦，樂之小者也。〔詩·關雎〕「琴丨友之」朱傳。○雅丨長八尺一寸，廣一尺八寸，二十三弦，其常用者十九弦，頌丨長七尺二寸，廣一尺八寸，二十五弦盡用之。〔說文定聲·卷一二〕引〔三禮圖〕。○丨，衆多皃。〔集韻·櫛部〕○丨，茂密貌。〔詩·旱麓〕「丨彼柞棫」朱傳。○丨，言柞棫之蒙密，是有衆義。〔同上〕後箋。○丨，矜莊貌。〔詩·淇奧〕「丨兮僩兮」朱傳。又〔集韻·櫛部〕。○丨，縝密貌。〔詩·旱麓〕「丨彼玉瓚」朱傳。○丨，嚴密之貌。〔大學〕「詩云丨兮僩兮」朱注。○丨言丨丨然文細也。〔說文〕「璠，璵璠」繫傳。○丨，泉流皃。〔集韻·櫛部〕○丨之言肅也。〔說文〕「丨，庖犧所作弦樂也」段注。○〔通雅·卷九〕丨丨，通為槭槭、颼颼，本碧珠也，借為風皃，正言其蕭索也。〔瑟琶行〕「楓葉荻花秋丨丨」。○丨与索同。〔通雅·卷九〕○〔說文定聲·卷一二〕丨，據〔說文〕則借為璱。〔詩·旱麓〕「丨彼玉瓚」。○丨，同璱。〔說文〕「璠，璠璵，魯之寶玉。孔子曰近而視之，丨若也」段注。○丨當為璱。〔同上〕義證。○丨、卹同聲。〔詩·旱麓〕「丨彼柞棫」後箋。○丨、蝨同。〔墨子·經說上〕「戶樞免丨」閒詁引張惠言。○丨當作琴。〔淮南·脩務〕「使未嘗鼓丨者」平議。○返丨，〔莊子〕作反琴。〔呂覽·慎人〕「孔子烈然返丨而弦」校正。○丨，三家作卹。〔詩·緜〕「丨彼玉瓚」集疏。○丨縮，〔七命〕注引作攣縮。〔呂覽·古樂〕「筋骨丨縮不達」校正。

膝 丨，脛頭也。〔太素·經脈之一〕「下丨入臏中」楊注。○丨，脛頭節也。〔說文〕「厀，脛頭卪也」義證引〔急就篇〕顏注。○丨，人之節也。〔同上〕繫傳。○丨席者，丨不離席，但直其身，如今之長跪也。〔義府·卷下〕○丨，同厀。〔廣韻·質部〕

厀 丨、膝古今字。〔方言四〕「蔽丨」箋疏。又〔方言九〕「矛骹細如鴈脛者謂之鶴丨」箋疏。○丨，俗作膝。〔說文〕「丨，脛頭卪也」段注。又〔同上〕句讀。○丨，今俗作膝。〔說文〕「丨，脛頭卪也」繫傳。○丨，字亦作膝。〔說文定聲·卷一二〕

厀 〔說文定聲·卷一二〕丨，堅如丨骨而形窒也。〔家語·曲禮公西赤問〕「而瓦不成膝」。○丨，俗作膝。〔慧琳音義·卷二〕

匹 丨者，四丈也。〔說文〕「匹，丨也」段注。○疋即兩也，兩卷為一丨。〔說文定聲·卷八〕〔「東」下〕○二丈一卷謂之端，四丈兩卷謂之丨，廿丈十卷謂之束。〔說文定聲·卷一二〕○丨，二也。〔廣韻·質部〕○丨，稱。〔詩·文王有聲〕「作豐伊丨」朱傳。○丨，比也。〔慧琳音義·卷二一〕引〔玉篇〕。○丨，配也。〔廣韻·質部〕○丨，合也。〔同上〕○丨，偶合也。〔慧琳音義·卷一二〕引〔韻英〕。○丨，偶也。〔慧琳音義·卷一三〕引〔考聲〕。又〔廣韻·質部〕。又〔集韻·質部〕。○人之配耦亦曰丨。〔說文〕「妃，丨也」段注。○丨謂夫也。〔釋名·釋親屬〕「與丨相敵也」疏證。○丨，輩也。〔慧琳音義·卷一三〕引〔考聲〕。○丨，類也。〔詩·假樂〕「率由羣丨」朱傳。○丨者，先分而後合，故雙曰丨，隻亦曰丨。〔說文定聲·卷一二〕○或曰上古質樸，衣服短狹，二人衣裳惟共用一丨，故曰丨夫、丨婦也。〔同上〕○丨馬亦猶丨夫、丨婦，本因偶得名，稱謂既久，即單舉亦可為丨耳。〔義府·卷上〕○鴛鴦雄雌不相離，人獲其一，則一相思而死，故謂之丨鳥。〔本草·鴛鴦〕引〔古今注〕。○丨，鶩也。〔禮記·曲禮〕「庶人之摯丨」集解引〔白虎通〕。○〔說文定聲·卷一二〕疑鶩古自有丨稱。〔白虎通·瑞贄〕「丨謂鶩也」。○丨，鴨也。〔孟子·告子下〕「力不能勝一丨雛」朱注。○丨，寄也。〔說文〕「譬，諭也」繫傳。○〔通雅·卷三三〕丨製猶今之沓栝也，俗曰套杯。〔古今詩話〕「餞行三丨製」。○〔說文定聲·卷一二〕丨，叚借為片，丨片一聲之轉。〔公羊傳僖公三三年〕「丨馬隻輪無反者」。○〔同上〕丨，或曰借為屈鶩。〔廣雅·釋鳥〕「鴄，鶩也」。○丨，字本作鴄。〔孟子·告子下〕「力不能勝一丨雛」朱注。○〔說文定聲·卷一二〕丨，字亦作鴄。〔廣雅·釋鳥〕「鴄，鶩也」。○丨又作疋。〔慧琳音義·卷一三〕引〔韻英〕。○丨，俗作疋。〔方言二〕注「丨，一作疋」箋疏。又〔集韻·質部〕。○丨，字亦誤作疋。〔說文定聲·卷一二〕○丨當為叩。〔說文〕「譬，丨也」義證。

述 丨，循也。〔詩·日月〕「報我不丨」朱傳。○丨與循音義俱同。〔周禮·鄉師〕「巡其前後之屯」孫正義。○丨之言循也。〔禮記·緇衣〕「為下可丨而志也」述聞。○由故道為丨，故凡循其舊而申明之亦曰丨。〔說文定聲·卷一二〕○丨，陳也。〔孟子·梁惠王下〕「丨職者，丨所職也」朱注。○丨謂訓其義也。〔慧琳音義·卷四七〕○丨，訓其義理也。〔慧琳音義·卷七二〕○丨謂訓其義理也。〔慧琳音義·卷七二〕○丨，傳舊而已。〔論語·述而〕「丨而不作」朱注。○丨猶稱也。〔論語·憲問〕「長而無丨焉」朱注。○丨，著丨。〔廣韻·術部〕○丨、術字通。〔釋訓〕「不遹，不蹟也」郝疏。○丨或叚借術為之。〔說文〕「丨，循也」段注。○術正字，丨叚字也。〔詩·日月〕「報我不丨」平議。○丨與率通。〔廣雅·釋言〕「律，率也」疏證。○丨，古文多叚借遹為之。〔說文〕「丨，循也」段注。○丨，經傳多以遹為之。〔說文定聲·卷一二〕○遹即丨，古文叚借。〔詩·日月〕「報我不丨」陳疏。○僪、循、丨俱一聲之轉。〔釋言〕「律，丨也」郝疏。○丨，讀如聿。〔說文〕「鷸，知天將雨鳥也」義證引錢大昕。○丨與聿同。〔漢書·東

平思王傳」「｜修厥德」補注引錢大昕。〇古｜、遂同字。〔說文〕「吹，詮詈也」段注。〇｜或作鉥。〔說文〕「䳓，知天將雨鳥也」義證。〇｜當作述，字之誤也。〔說文〕「趉，｜也」段注。〇｜當為遹。（同上）義證。〇｜，魯作通。〔詩·日月〕「報我不｜」集疏。〇｜，韓作術。（同上）集疏。〇〔釋文〕｜亦作術。（同上）後箋引惠棟。〇｜蕩，〔初學記〕引作迷蕩。〔呂覽·本味〕「｜蕩之擊」校正。

慄 ｜，懼。〔詩·黃鳥〕「惴惴其｜」朱傳。〇｜，懼也。〔慧琳音義·卷七〕引〔集訓〕。又〔廣韻·質部〕。〇｜，戰也。〔楚辭·招隱士〕「叢薄深林兮人上｜」補注引五臣注。〇｜，戰｜。〔廣韻·質部〕〇｜，戚也。〔慧琳音義·卷二七〕引〔玉篇〕。〇｜，憂慼也。〔慧琳音義·卷七〕引〔字書〕。〇｜，謹敬也。〔慧琳音義·卷七〕引〔考聲〕。又〔卷二七〕引〔玉篇〕。〇｜與蹙皆敬謹之義也。〔釋言〕「｜，慼也」述聞。〇｜與蹙皆急迫之義也。（同上）〇｜與蹙皆局縮不申之義也。（同上）〇齋、齊、｜、栗並通。〔廣雅·釋言〕「齋，｜也」疏證。〇｜與栗通。〔釋言〕「｜，慼也」述聞。〇｜慼者當作栗蹙，亦叚借也。（同上）郝疏。〇｜者，栗之俗體。〔釋詁〕「｜，懼也」郝疏。〇｜當作栗，轉寫之誤也。〔說文〕「惴，憂懼也，詩曰惴惴其｜」段注。〇｜者，溧之叚借也。〔釋言〕「淩，｜也」郝疏。〇｜，魯作栗。〔詩·黃鳥〕「惴惴其｜」集疏。

黜 ｜，貶下也。〔廣韻·術部〕〇｜，貶也，下也。〔說文〕「｜，貶下也」段注引〔玉篇〕。〇｜，退也。（同上）義證引〔玉篇〕。〇｜，降也。〔通鑑·漢紀一九〕「是時｜陟有序」音注。〇〔說文定聲·卷一二〕｜，本訓當為下色也，黑暗之色，但經傳無用此義者，其實貶斥之訓叚借為出耳。〔說文〕「｜，貶下也」。〇｜，通作絀。〔集韻·術部〕〇｜或借絀字。〔說文〕「｜，貶下也」義證。〇｜，古或叚絀為之。（同上）段注。〇｜與絀同。〔史記〕「後｜恥辱」雜志。〇絀，｜字同也。〔漢書·食貨志〕「先行誼而｜媿辱焉」補注。〇屈與｜聲相近，故字相通。〔國語·周語〕「｜散越」述聞。〇〔說文定聲·卷一二〕｜，叚借為屈。〔廣雅·釋詁二〕「｜，減也」。〇｜讀為屈。〔國語·周語〕「｜散越」述聞。〇｜，古或叚詘為之。〔說文〕「｜，貶下也」段注。〇｜或从言作詘。〔集韻·術部〕〇｜亦作出。（同上）

蹕 ｜者，止行也。〔說文〕「趩，止行也」義證引〔宋書·禮志〕。〇漢儀曰入稱｜。（同上）〇車駕出則應稱警，入則應稱｜。（同上）

蹕 ｜，同趩。〔廣韻·質部〕

趩 ｜之言畢也。〔廣雅·釋詁三〕「｜，止也」疏證。〇｜，經典借蹕字。〔說文〕「｜，止行也」義證。〇｜，今〔禮經〕皆作蹕。（同上）段注。〇警｜與儆蹕同。〔廣雅·釋詁三〕「｜，止也」疏證。〇｜，字亦作蹕。〔說文定聲·卷一二〕〇（同上）｜，〔玉篇〕有襌字。〔說文〕「｜，一曰竈上祭名」。

趩 ｜，止行也。〔集韻·至部〕〇｜，通作譁。〔集韻·質部〕

弼 ｜，輔也。〔廣韻·質部〕〇｜，備也。（同上）〇｜有拂戾之義。〔釋詁〕「｜，偪也」郝疏。〇｜，通作拂。（同上）〇｜又通作佛。〔釋詁〕「｜，偪也」郝疏。又（同上）邵正義。〇｜又通作岇。〔釋詁〕「｜，偪也」郝疏。

弻 ｜即弼。〔方言一二〕「弼，高也」疏證。

𢐀 ｜，輔弼之意。〔集韻·質部〕引徐鍇。〇｜，當訓弓輔也，从重弓从西會意，凡弛弓則縛于裏以備損傷，用竹若木為之，亦曰檠、曰榜、曰閉、曰柲。〔說文定聲·卷一三〕〇｜與崇義同。〔釋詁〕「｜，重也」郝疏。〇｜，通作佛。〔集韻·質部〕〇｜，字亦多以佛、拂為之。〔說文定聲·卷一三〕〇（同上）｜，叚借為弗。〔漢書·五行志〕「君臣故弼，茲謂悖」。〇（同上）｜，叚借為弟。〔釋詁〕「弼，重也」。〇（同上）｜，叚借為刜、為拂。〔廣雅·釋詁三〕「𢼸，擊也」。〇｜或作拂。〔集韻·質部〕〇｜，同弼。〔廣韻·質部〕〇｜，隸作弼。〔集韻·質部〕

𢼸 ｜之言拂也。〔廣雅·釋詁三〕「｜，擊也」疏證。〇｜，古文弼。〔廣韻·質部〕

𠡦 ｜，古文弼。〔廣韻·質部〕

悲 ｜，輔也。〔廣韻·質部〕

七 ｜，數也。〔廣韻·質部〕〇｜者，天、地、人、四時之始也。〔史記·夏本紀〕「來始滑」志疑引〔漢書·律歷志〕孟康注。〇｜札，一甲之度也。〔左傳成公一六年〕「徹｜札焉」疏證引惠棟。〇丁稅中工商賈不能赴役，則以其所出當役，如〔閭師〕所謂｜貢。〔說文定聲·卷一三〕（稅下）〇｜公，四輔及三公也。〔漢書·王莽傳〕「莽令｜公六卿號皆兼稱將軍」補注引胡三省。〇中壘校尉掌北軍壘門，又掌西域，不領兵，故但云｜校。〔漢書·刑法志〕「內增｜校」補注引沈欽韓。〇｜葉，｜枝花，即蚤休也。〔通雅·艸〕〇｜當為五。〔禮記·祭法〕「｜代之所更立者」平議。〇今本｜誤作六。〔周書〕「大武篇武有｜制」雜志。〇請｜日，〔史記〕作後十日。〔左傳僖公一〇年〕「吾將復請｜日」洪詁。

〔通雅·釋詁〕

叱 ｜，訶也。〔國策·秦策三〕「｜呼駭三軍」鮑注。〇｜，呵｜也。〔廣韻·質部〕〇｜，喊訶也。〔說文〕「｜，訶也」義證引〔韻集〕。〇｜，聲也。〔集韻·質部〕〇｜嗟，怒聲也。〔釋詞·卷八〕〇｜咤，大嗔怒也。〔慧琳音義·卷七六〕〇｜嗟猶咄嗟。〔說文〕「咄，相謂也」義證。〇｜愷即侘傺。

卒 ｜，終。〔詩·節南山〕「國既｜斬」朱傳。〇｜，終也。〔詩·日月〕「畜我不｜」朱傳。又〔節南山〕「｜勞百姓」朱傳。又〔蓼莪〕「我獨不｜」朱傳。

又〔大戴·曾子大孝〕「丨為難」王詁。又〔五帝德〕「丨業之辨」王詁。又〔四代〕「約之丨將棄法」王詁。又〔禮記·坊記〕「民之丨事也」集解。又〔漢書·鄒陽傳〕「丨仆濟北」補注。又〔通鑑·周紀一〕「然而丨不敢者」音注。又〔周紀五〕「王若丨大命」音注。又〔廣韻·術部〕。又〔集韻·術部〕。○丨者,終也。〔左傳隱公三年經〕「宋公和丨」疏證。又〔隱公八年經〕「蔡侯考父丨」洪詁引〔五經異義〕。○丨為終。〔書·堯典下〕「丨乃復」孫疏。○丨,盡。〔詩·鴟鴞〕「予口丨瘏」朱傳。又〔板〕「下民丨癉」朱傳。又〔桑柔〕「具贅丨荒」朱傳。○丨,盡也。〔詩·十月之交〕「田丨汙萊」朱傳。又〔同上〕集疏。又〔楚茨〕「禮儀丨度」朱傳。又〔召旻〕「民丨流亡」朱傳。又〔禮記·坊記〕「禮儀丨度」集解。又〔廣韻·術部〕。○丨,事之已也。〔慧琳音義·卷四六〕引李巡。○丨,止也。〔禮記·檀弓〕「丨哭曰成事」集解。○丨,既也。〔儀禮·既夕禮〕「丨洗具反于笲」胡正義。○丨,末也。〔孟子·萬章下〕「於丨也」朱注。○丨,丨章也。〔左傳襄公二〇年〕「七章以丨」述聞。○丨章猶言終篇。〔漢書·司馬相如傳〕「其丨章歸之於節儉」補注。○丨謂終其事也。〔儀禮·士冠禮〕「贊者丨」胡正義。○丨,窮也。〔太素·虛實所生〕「丨鍼藥熨」楊注。○丨世猶舉世。〔國策·趙策二〕「而丨世不見也」鮑注。○丨世猶言沒世。〔同上〕○古者諸侯曰薨,卿大夫曰丨。〔史記·殷本紀〕「契丨」志疑引〔史通·因習篇〕。○大夫曰丨,精耀終也,丨之為言絕於邦也。〔說文〕「殍,大夫死曰殍」義證引〔春秋說題辭〕。○丨亦病也。〔詩·小宛〕通釋。○丨勞,瘁勞。〔詩·節〕「丨勞百姓」集疏。○丨,崔嵬也。〔詩·漸漸之石〕「維其丨矣」朱傳。○丨,度也。〔說文〕「醉,丨也」義證引〔玉篇〕。○丨起,星名。〔漢書·天文志〕「太白散為天狗,為丨起」補注引朱一新。○丨者,瘁之假借。〔詩·節南山〕「丨勞百姓」通釋。○丨,讀如瘁同。〔詩·民勞〕「下民丨癉」通釋。○丨者,悴之省借。〔同上〕○丨即崒之假借。〔詩·漸漸之石〕「維其丨矣」通釋。○丨即崒之消借。〔詩·十月之交〕「山冢崒崩」陳疏。○鄭謂丨為崒之假借字。〔說文〕「崒,危高也」段注。○丨當讀為猝。〔詩·十月之交〕箋「崒者,崔嵬」述聞。○丨、猝同。〔國策·秦策三〕「秦丨有他事」鮑注。又〔趙策二〕「丨有秦患」鮑注。又〔魏策四〕「丨然見趙王」鮑注。又〔燕策三〕「丨起不意」鮑注。○丨與猝同。〔國策·齊策三〕「能為君決疑應丨」鮑注。又〔齊策四〕「王之問臣也丨」鮑注。○丨、萃並與倅同。〔廣雅·釋詁一〕「倅,盈也」疏證。○丨乃立字之誤。〔賈子·益壤〕「其欲有丨也」平議。○丨作平者是。〔大戴·誥志〕「雞三號,丨明」述聞。○丨,湖本作率,音律。〔史記·商君列傳〕「各以丨受上爵」志疑引〔史詮〕。○丨,韓作瘁。〔詩·板〕「下民丨癉」集疏。

卒 〔說文定聲·卷一二〕丨,段借為殍。〔釋詁〕「丨,死也」。○〔同上〕丨,段借為崒。〔詩·漸漸之石〕「維其卒矣」。○〔同上〕丨,段借為斁、為汔、為訖,或為悉。〔釋言〕「丨,既也」。○〔同上〕丨,段借為萃。〔周禮·夏官序官〕「百人為丨」。○〔同上〕丨,段借為猝、為窣。〔論語〕「子路卒爾而對」。

蝨 丨,齧人蟲也。〔說文〕「蟣,丨子也」段注。○丨,蟣丨。〔廣韻·櫛部〕○丨,其子曰蟣。〔說文定聲·卷一六〕○丨俗作虱。〔說文〕「丨,齧人虫」句讀。○丨或作虱。〔同上〕義證。

虱 丨乃俗字,當作蝨。〔史記·韓世家〕「公子蟣丨」志疑。○丨,風之誤字。〔賈子·勸學〕「虿丨視」平議。

悉 丨,詳盡也。〔國策·秦策一〕「臣願丨言所聞」鮑注。○丨,詳也、盡也。〔說文〕「丨,詳盡也」義證。○丨也者,詳也。〔說文〕「宷,丨也」義證。○丨者,心之盡也。〔釋詁〕「丨,盡也」郝疏。○丨之者,言盡其所有。〔說文〕「丨,詳盡也」義證。○丨,丨起其兵。〔國策·齊策一〕「丨趙涉河關」鮑注。○丨,聲轉為洗,又轉為澌。〔釋詁〕「丨,盡也」郝疏。○丨蟀與蟋蟀同。〔方言一一〕「蜻蛚,楚謂之蟋蟀」箋疏。○丨蟀,俗字蟋蟀。〔說文〕「蟀,丨蟀也」段注。○丨或作蟋。〔同上〕義證。○丨,當為僁。〔同上〕義證。

謐 丨,靜也。〔廣韻·質部〕○丨,安也。〔慧琳音義·卷一二〕引〔集訓〕。又〔廣韻·質部〕。○丨,無聲也。〔慧琳音義·卷一二〕引〔考聲〕。○丨,一曰無聲。〔集韻·質部〕○丨者,寧也、億也。〔詩·昊天有成命〕「夙夜基命宥丨」集疏引魯說。○丨,猶密也。〔說文〕「丨,靜語也」繫傳。○丨,慎也。〔慧琳音義·卷八二〕引〔韻英〕。又〔廣韻·質部〕。又〔集韻·質部〕。○丨,通作恤。〔釋詁〕「丨,靜也」郝疏。○丨又借恤字。〔說文〕「丨,靜語也」義證。○丨,古文亦作恤。〔說文〕「誐,嘉善也,詩曰誐以丨我」段注。○〔周頌〕丨亦作恤。〔說文〕「丨,靜語也」段注。○丨或通作密。〔同上〕義證。○〔說文定聲·卷一二〕丨,段借為恤。〔釋詁〕「丨,靜也」。○丨本義,溢假借也。〔說文〕「誐,嘉善也,詩曰誐以丨我」段注。○〔周頌〕丨亦作溢。〔說文〕「丨,靜語也」段注。○丨我即溢我。〔通雅·釋詁〕○〔說文定聲·卷一二〕丨,段借為宓。〔賈子·禮容〕「丨者,寗也,億也。

朮 丨,藥名。〔廣韻·術部〕○丨,一名山薊。〔說文〕「薊,芺也」繫傳。○丨,一名山精。〔說文〕「𦬣,山薊也」義證引〔抱朴子·仙藥篇〕。○丨,蒼丨也。〔釋艸〕「丨,山薊」鄭注。○丨,一名山芥,一名天薊,因其葉似薊,而味似薑、芥也。〔本草·朮〕引吳普。○丨即鷸之借字。〔淮南子·道應〕「於是乃去其瞀而載之丨」雜志。○丨同秫。〔廣韻·術部〕○丨為古秫字。〔墨子〕「親親有丨」雜志。

𦬣 〔說文定聲·卷一二〕丨,以朮為之,今之白朮也。〔爾雅〕「朮,山薊」。○〔同上〕丨,今藥品之牡丹皮也。〔廣雅〕「白丨,牡丹也」。○丨,通作蒁。〔集韻·術部〕○丨,同朮。〔廣韻·術部〕○丨或作朮。〔集韻·術部〕

軼 丨,車相出也。〔國策·韓策二〕「是其丨賁育而高成荊矣」鮑注。○丨,車相出也,與泆義同。〔說文〕「泆,水所蕩泆也」段注。○丨,車相過也。〔說

文」「丨，車相出也」義證引〔玉篇〕。○丨，車過。（同上）義證引〔韻譜〕。又〔廣韻·質部〕。○丨又突也。（同上）○凡侵突而過者曰丨。〔左傳成公一三年〕疏證引校勘記。○丨，一曰侵丨。〔集韻·質部〕○此言丨野馬，亦是侵丨之意，當讀若迭而訓為突也。〔漢書〕「丨」雜志。○〔通雅·卷七〕丨事即逸事。〔史記·管晏贊〕「論其丨事」。○丨，轍也。〔國策·齊策三〕「車丨之所能至」鮑注。○丨、轍同，車迹也。〔國策·齊策一〕「主者循丨之途也」鮑注。○丨與溢通。〔漢書·黃覇傳〕「偽聲丨於京師」補注引朱一新。○逸、佚、丨、失並通。〔廣雅·釋詁二〕「逸，失也」疏證。○〔說文定聲·卷一二〕丨，叚借為泆。〔漢書·地理志〕「丨為滎」。○（同上）丨，叚借為徹。〔齊策三〕「車丨之所能至」。○（同上）丨，叚借為駃。〔漢書·王褒傳〕「因奏褎有丨材」。○丨讀若迭。〔漢書〕「丨」雜志。

詰 丨，問也。〔廣韻·質部〕○丨，責讓也。（同上）○丨謂窮問也。〔慧琳音義·卷五一〕引〔考聲〕。○丨者，治也。〔荀子·成相〕「形是丨」集解引郝懿行。○丨詘，今人用屈曲字。〔說文〕「紆，詘也」段注。○丨屈，猶今言屈曲也。〔說文·敘〕「隋體丨詘」段注。○〔說文定聲·卷一二〕丨，叚借為昕。〔小爾雅·廣詁〕「丨朝，明旦也」。

帙 丨，書衣也。〔慧琳音義·卷一一〕引〔集訓〕。○丨，書丨，亦謂之書衣。〔廣韻·質部〕○丨亦謂之幒，今人曰函。〔說文〕「丨，書衣也」段注。○〔說文定聲·卷一二〕丨亦謂之幒，今人謂之函。〔說文〕「丨，書衣也」。○（同上）丨，叚借為秩。〔楚辭·愍命〕「逐下袟於後堂兮」。○丨或作袠。〔廣雅·釋器〕「袠謂之丨」疏證。又〔集韻·質部〕。

袠 丨，書衣也。〔慧琳音義·卷八〇〕引〔文字典說〕。又〔卷八六〕引〔字書〕。○書衣謂之丨。〔廣雅·釋器〕「袠謂之丨」疏證。○丨猶幐也，書衣也，今世謂之套殼。〔通雅·器用〕○〔通雅·卷三二〕丨猶帙也，或謂之沓。〔隋志〕「負丨自遠而至」。○小橐亦謂之丨。〔廣雅·釋器〕「袠謂之丨」疏證。○丨，裹也。〔慧琳音義·卷八〇〕引〔考聲〕。又〔卷八六〕引〔考聲〕。○丨，纏也。〔慧琳音義·卷八六〕引〔古今正字〕。○丨，刺也。〔禮記·內則〕「施縏丨」集解。○稱壽遇旬曰丨，乃秩也。〔通雅·算數〕○丨，同帙。〔廣韻·質部〕○丨或作帙。〔慧琳音義·卷八六〕引〔古今正字〕。

戌 丨，辰名。〔廣韻·術部〕○丨，叚借以紀六旬，因又以紀年紀月紀時，又以命天體十二宮。〔說文定聲·卷一三〕○丨，土寄四季而王也。〔說文〕「丨，滅也」繫傳。○通行本丨作戍。〔左傳宣公一二年〕「鄭皇丨使如晉師」疏證。

佶 丨，正也。〔廣韻·質部〕○丨，方正也。〔說文〕「丨，正也」繫傳。○丨，壯健貌。〔詩·六月〕「既丨且閑」朱傳。又〔集韻·質部〕。○丨者，整齊。〔詩·六月〕「四牡既丨」後箋。○丨，閑也。〔廣韻·質部〕○〔說文定聲·卷一二〕丨，叚借為趌。〔詩·六月〕「四牡既丨」。

鳦 丨，燕也。〔廣韻·質部〕○丨，此謂紫燕也。〔釋鳥〕「燕燕，丨」鄭注。○玄鳥，丨也。〔禮記·月令〕「玄鳥至」集解。○丨，玄鳥也。〔集韻·質部〕

櫛 丨，梳也。〔慧琳音義·卷七九〕引〔考聲〕。又〔通鑑·唐紀四〕「主上使妾侍中丨者」音注。又〔廣韻·櫛部〕。○丨，所以理髮。〔儀禮·士冠禮〕「丨實于簞」胡正義。○丨，理髮器。〔詩·良耜〕「其比如丨」朱傳。○丨之言節也，其齒相節次也。〔廣雅·釋器〕「梳，丨也」疏證。○丨枇，接近相連兒。〔慧琳音義·卷八〇〕○〔說文定聲·卷一二〕丨，叚借為㶳。〔管子·弟子職〕「丨之遠近乃承厥火」。○丨當讀為即。即，柞木也。〔儀禮·喪服傳〕「惡笄者，丨笄也」述聞。○丨，亦作楖。〔說文定聲·卷一二〕○丨，〔考工記〕作楖。〔廣雅·釋器〕「梳，丨也」疏證。

楖 丨栗，木名。〔廣韻·質部〕又〔集韻·質部〕。○丨之言積也。〔說文〕「櫛，梳比之總名也」繫傳。○〔考工記〕丨字，櫛之古文也。（同上）段注。

扻 丨，治髮也。〔集韻·志部〕○丨作櫛，亦作楖，皆同音。〔莊子·庚桑楚〕「簡髮而櫛」集釋引〔釋文〕。

暱 丨，近。〔詩·菀柳〕「無自丨焉」朱傳。○丨，近也。〔廣韻·質部〕○丨，日月相近也。〔說文〕「丨，日近也」繫傳。○丨，親近也。〔左傳僖公二四年〕「丨近、尊賢」洪詁引孫炎。○丨為相親愛之亟。〔釋言〕「丨，亟也」述聞。○丨者，謂相親愛則思信必頻數也。（同上）鄭注。○丨，近，與膠固義近。〔釋言〕「䵑，膠也」郝疏。○丨，病也。〔詩·菀柳〕「無自丨焉」述聞。○䵒、䵑、丨、昵並通。〔廣雅·釋詁四〕「丨，黏也」疏證。○〔說文定聲·卷五〕丨，叚借為亟。〔釋言〕「丨，亟也」。○（同上）丨，叚借為䵒。〔考工記·弓人〕「凡昵之類不能方」。○丨與䵒音同，又假借字。〔左傳隱公元年〕「不義不丨」洪詁。○丨當為匿，古慝字。〔國語·齊語〕「野處而不丨」述聞。○〔齊語〕不丨，〔管子·小匡〕作不慝。（同上）○丨或从尼作昵。〔集韻·質部〕○丨，今作或體昵。〔說文〕「丨，日近也」句讀。○丨，今本作昵。（同上）段注。○丨，〔釋文〕作昵。〔左傳成公一三年〕「丨就寡人」洪詁。

昵 丨，近也。〔說文〕「膠，丨也」繫傳。又〔集韻·質部〕。○丨，親也。〔集韻·質部〕○丨為親近之義。〔說文定聲·卷一二〕（「䵒」下）○丨，黏也。〔說文〕「膠，丨也」繫傳。○丨亦訓黏也。（同上）段注。○四親廟最近為父廟，故稱之為丨。〔書·高宗肜日〕「典祀無豐于丨」孫疏。○䵒、䵑、丨、暱並通。〔廣雅·釋詁四〕「䵒，黏也」疏證。○〔說文定聲·卷一二〕丨，借為樴也。〔考工記·弓人〕「凡丨之類」。（「䵒」下）○丨，同暱。〔書·高宗肜日〕「典祀無豐于丨」孫疏。又〔廣韻·質部〕。○丨與暱同。〔釋言〕「䵑，膠也」郝疏。○丨或暱字。〔說文〕「檷，讀若丨」段注。○丨或作暱。〔集韻·質部〕○丨或為䵑。䵑，黏也。〔方言二〕「䵑，黏也」箋疏。○〔考工記〕故書丨或作樴。〔說文〕「殖，脂膏久殖也」段注。

窒 丨，塞也。〔詩·七月〕「穹丨熏鼠」朱傳。又〔東山〕「洒埽穹丨」陳疏。又〔大戴·保傳〕「不能懲忿丨慾」王詁。又〔廣韻·屑部〕。○丨，丨塞也。

〔廣韻・質部〕〇丨毀蓋充塞之意，周、漢人語也。〔説文〕「毀，一曰丨毀」段注。〇丨，實也。〔論語・陽貨〕「惡果敢而丨者」劉正義。又〔集韻・屑部〕。〇丨，不通也。〔論語・陽貨〕「惡果敢而丨者」朱注。〇丨皇，蓋堂塗之名。〔左傳宣公一四年〕「屨及於丨皇」疏證引沈欽韓。〇丨，一曰寢門，冢前闕皆謂之丨皇。〔集韻・屑部〕〇丨與恎通，言很戾也。〔廣雅・釋詁三〕「恎，很也」疏證。〇丨，字亦作恎、作懫。〔説文定聲・卷一二〕〇實、室、丨三字聲近義通。〔釋言〕「丨，塞也」郝疏。〇以丨為室，乃古字通用。〔史記・高祖功臣侯者年表〕「簡侯空中」志疑。〇〔説文定聲・卷一二〕丨，叚借為室。〔韓勑後碑〕「舟口牆域庫丨中郎」。〇丨，古作室。〔左傳宣公一四年〕「屨及於丨皇」疏證引武億。〇〔説文定聲・卷一二〕丨，叚借為座。〔論語〕「惡果敢而丨者」。〇丨當讀為⿱執至。〔論語・陽貨〕「惡果敢而丨者」平議。〇丨，古本作經。〔左傳宣公一四年〕「屨及於丨皇」疏證。〇勛丨，〔月令〕作勛嚏。〔呂覽・季秋〕「民多勛丨」校正。

必　丨，分別之極也。〔説文〕「丨，分極也」繫傳。〇丨，引伸為詞之丨然。〔同上〕段注。〇丨，然也。〔廣韻・質部〕〇丨者，意其然。〔國策・秦策二〕「臣竊丨之敝邑之王曰」鮑注。〇丨言攻之決。〔國策・燕策二〕「丨率天下以攻寡人者三」鮑注。〇丨者，有據之詞。〔左傳僖公一五年〕「丨其君也」疏證引朱駿聲。〇丨猶期也。〔孟子・離婁下〕「言不丨信」朱注。〇丨，期丨也。〔論語・子罕〕「毋丨」朱注。〇丨，審也。〔廣韻・質部〕〇丨栗，又作篳篥，羌胡樂器名也。〔慧琳音義・卷五六〕引〔纂文〕。〇〔説文定聲・卷一二〕丨，叚借發聲之詞。〔墨子・經上〕「丨不已也」。〇丨與畢通。〔墨子・大取〕「三物丨具」閒詁。又〔釋名・釋天〕「陽氣畢布已也」疏證。〇丨、畢古通用。〔呂覽・仲春〕「寢廟丨備」校正。又〔説文〕「琫，佩刀上飾也」段注。〇古或借丨為畢字。〔國策・秦策四〕「四國丨從」札記。〇丨為畢者，聲相近。〔書・泰誓〕注「史遷丨作畢」孫疏。〇丨，讀為畢。〔墨子・所染〕「五入丨」閒詁。又〔經説上〕「異，二丨異」閒詁。〇丨與畢同。〔淮南子・人間〕「而戰武丨死」雜志。〇丨并與畢同。〔管子〕「畢」雜志。〇丨，字通作宓。〔廣雅・釋詁四〕「丨，敕也」疏證。〇〔説文定聲・卷一二〕丨，叚借為毖。〔廣雅・釋詁四〕「丨，敕也」。〇丨當為毖。〔廣雅・釋詁四〕「丨，敕也」疏證。〇〔説文定聲・卷一二〕丨，叚借為縪。〔考工記・玉人〕「天子圭中丨」。〇丨當為密。〔廣雅・釋詁四〕「丨，敕也」疏證。〇丨當為心。〔大戴・小辨〕「内思畢丨曰知中」王詁。〇宋本丨作心。〔莊子・外物〕「外物不可丨」集釋引盧文弨。〇丨，〔月令〕作畢，古通用。〔呂覽・仲春〕「寢廟丨備」校正。〇丨力，〔説苑・正理篇〕引作畢協。〔書・泰誓〕「丨力賞罰」孫疏。〇丨力，〔抱朴子・用刑篇〕作畢立。〔同上〕〇丨，〔五行志〕引作欲。〔左傳襄公一七年〕「丨逐之」洪詁。〇舊校云，丨，一作既。〔呂覽・愛類〕「丨不得宋」校正。

姪　丨，兄弟之子。〔廣韻・質部〕〇古者唯女子謂昆弟之子為丨，男子則否。〔史記〕「子丨」雜志。〇受丨稱者，男女皆可通，而稱人丨者，必婦人也，男子稱兄弟之子曰從子。〔説文定聲・卷一二〕〇女子謂兄弟之子為姪，姪從其姑，對姑方云丨，今曰對叔伯皆云丨矣，又改為侄字。〔通雅・稱謂〕〇丨或從失作妷。〔集韻・質部〕〇丨當為絰。〔漢書・文帝紀〕「丨帶無過三寸」補注引錢大昭。〇丨，南監本、閩本及〔漢・紀〕並作絰。〔同上〕補注引錢大昭。〇丨，官本作絰，〔史記〕同。〔同上〕補注。

妷　丨，同姪。〔廣韻・質部〕〇丨，古文佚，今作劮，媱也。〔慧琳音義・卷一〇〕

蛭　丨，水丨。〔廣韻・質部〕又〔集韻・質部〕。〇水丨三斷而成三物。〔廣韻・質部〕引〔博物志〕。〇〔説文定聲・卷一二〕丨，今蘇俗謂之馬黃。〔論衡〕「商蟲下地之澤，其蟲曰丨，丨食人足」。〇丨，一名蜞。〔説文〕「丨，蟣也」義證引〔本草・圖經〕。〇丨丨，蟂。〔廣韻・質部〕〇不咸之山有飛丨，四翼。〔文選・上林賦〕「丨蜩蠼猱」集釋引〔山海經〕。〇〔説文定聲・卷一二〕丨，叚借為垤。〔淮南子・人間〕「人莫蹪于山而蹪于丨」。〇丨，讀如祈。〔説文〕「蟣，一曰齊謂丨曰蟣」義證引〔爾雅翼〕。

鎰　丨，二十兩也。〔孟子・梁惠王下〕「雖萬丨」朱注。〇二十四兩為丨。〔集韻・質部〕〇丨，四十四兩。〔國策・秦策一〕「黃金萬丨」鮑注。〇丨，一曰米謂二十四分外之一。〔集韻・質部〕〇丨，通作溢。〔同上〕〇丨，元作溢。〔國策・宋衛策〕「因效金三百丨焉」鮑注。〇丨作溢。〔史記索隱〕「異文」雜志。〇丨从金，俗寫。〔墨子・親士〕「千丨之裘」閒詁引畢沅。

秫　丨，似粟而黏，亦可為酒。〔説文〕「丨，稷之黏者」義證引〔急就篇〕顏注。〇今北地謂高粱之粘者為丨，丨亦曰胡丨，蓋古語也，常以不黏者為飯，粘者為酒，丨得酒多而美也。〔説文定聲・卷一二〕〇別有一種蜀丨，乃高丈餘，北人謂之高粱。〔説文〕「黍，禾屬而黏者也」義證引〔蒿庵閒話〕。〇丨，穀名。〔廣韻・術部〕〇粟之粘者為丨。〔本草・黍〕〇丨即粱米、粟米之粘者，有赤、白、黃三色，皆可釀酒、熬糖、作餈糕食之。〔本草・秫〕〇今小米細而粘者謂之丨。〔説文定聲・卷一八〕〔「粱」下〕〇丨為黏稷，而不黏者亦通評為丨丨，他穀之粘者亦叚借通偁之曰丨。〔説文〕「丨，稷之粘者」段注。〇丨，綦鍼也。〔國策・趙策二〕「鯷冠丨縫」鮑注。〇丨與鉥同，鍼也。〔史記・趙世家〕「却冠丨絀」志疑。〇〔通雅・卷三六〕丨絀，麤縫也。〔史記・趙世家〕「郤冠丨絀」。〇丨即鉥。〔説文〕「絀，絳也」義證。〇丨即鉥，字通借。〔國策・趙策二〕「鯷冠丨縫」補正。〇丨或省作朮。〔集韻・術部〕

苾　丨，馨香也。〔大戴・曾子疾病〕「丨乎如入蘭芷之室」王詁。〇〔説文定聲・卷一二〕丨，艸香也。〔説文〕「丨，馨香也」。〇丨芬，香也。〔詩・楚茨〕「丨芬孝祀」朱傳。〇丨，菜名。〔集韻・屑部〕〇丨蒭，梵語，唐云乞士，亦名能破。〔慧琳音義・卷一八〕〇丨蒭尼，梵語，出家女之總名也。

〔慧琳音義·卷二〕○馝、咇、飶、丨並通。〔廣雅·釋器〕「馝，香也」疏證。○〔說文定聲·卷一二〕丨，字又作咇。〔洞簫賦〕「啾咇喞而將吟兮」。○丨，字又作馝。〔說文定聲·卷一二〕○丨字隸體變為馥。〔說文〕「丨，馨香也」義證。○丨，魯作馥。〔詩·信南山〕「丨丨芬芬」集疏。○丨，韓作馥。〔詩·楚茨〕「丨芬孝祀」集疏。○丨，字亦作馥。〔說文定聲·卷一二〕

䵑　丨，香也。〔集韻·屑部〕○丨，通作苾。(同上)○丨或作馝、秘。(同上)

蟀　丨，蟋丨。〔廣韻·質部〕○蟋丨，蟲名。〔集韻·質部〕○丨或作蟀。(同上)

蟀　丨，同蟀。〔廣韻·質部〕○丨，俗作蟀。〔說文〕「膟，膋或從率」義證。○丨，今俗作蟀。〔說文〕「丨，悉丨也」繫傳。

嫉　丨，丨妬。〔廣韻·質部〕○媢、冒、丨、疾並通。〔廣雅·釋詁一〕「媢，妬也」疏證。○𧩼、㑵、丨、疾並通。〔廣雅·釋詁四〕「𧩼，苦也」疏證。○丨之通作疾。〔周書〕「固」雜志。

㑵　丨，害也。〔說文〕「丨，妎也」繫傳。○𧩼、丨、嫉、疾並通。〔廣雅·釋詁四〕「𧩼，苦也」疏證。○丨，通作疾。〔說文〕「丨，妎也」義證。○丨，古亦假疾。(同上)段注。○借疾為丨。(同上)句讀。○丨，經傳多以疾為之。〔說文定聲·卷一二〕○丨，字亦作𧩼。(同上)○丨，字亦作愱。(同上)○丨或从女作嫉。〔集韻·質部〕

愱　丨毒，苦也。〔廣韻·質部〕

喞　丨，啾丨，聲。〔廣韻·質部〕○啾丨，衆聲。〔集韻·質部〕

遹　丨，辟。〔詩·抑〕「回丨其德」朱傳。○丨，僻。〔詩·小旻〕「謀猶回丨」朱傳。○丨，邪也。〔集韻·術部〕○〔說文定聲·卷一二〕丨猶衺行也，與僻略同。〔說文〕「丨，回避也」。○丨猶泬也，回泬之意。〔說文〕「丨，迴避也」繫傳。○丨，自也。〔廣韻·術部〕○丨，遵也。(同上)○丨，述也。(同上)又〔集韻·術部〕。○丨，謂就其言而解之，因其就事又轉為作述之述。〔詩·文王有聲〕「丨駿有聲」後箋。○丨，辭也。〔詩·文王有聲〕「丨追來孝」述聞。又〔史記〕「來古」雜志。○丨，發語辭。〔詩·文王有聲〕「丨駿有聲」朱傳。○丨、聿古通用。(同上)通釋。○聿、丨古通用。〔釋詁〕「丨，自也」郝疏。○丨又通作聿。〔釋言〕「丨，述也」郝疏。又〔釋詁〕「丨，循也」郝疏。○丨，疑與聿同。〔詩·文王有聲〕「丨駿有聲」朱傳。○丨，通作述。〔釋詁〕「丨，循也」郝疏。○丨，古多假為述字。〔說文〕「丨，回辟也」段注。○〔說文定聲·卷一二〕丨，叚借為述。〔釋言〕「丨，述也」。○丨，古述字。〔釋訓〕「不丨，不蹟也」邵正義。○丨，通作曰。〔釋言〕「丨，述也」郝疏。○丨與曰通。(同上)邵正義。○丨、曰古通用。〔詩·文王有聲〕「丨駿有聲」通釋。○丨、欥古通用。(同上)○丨又通作欥。〔詩·文王有聲〕〔釋詁〕「丨，自也」郝疏。○〔說文定聲·卷一二〕丨，叚借為欥。〔詩·文王有聲〕「丨駿有聲」。○丨，通作欥。〔詩·小旻〕「謀猷回丨」通釋。○丨或作欥，叚借字也。〔說文〕「丨，回辟也」段注。○丨作穴，叚借字也。(同上)○古丨讀如穴。〔詩·小旻〕「謀猷回丨」通釋。○丨或作泬，叚借字也。〔說文〕「丨，回辟也」段注。○〔說文定聲·卷一二〕丨，以術為之。〔詩·日月〕「報我不術」。○丨，齊作聿。〔詩·文王有聲〕「丨追來孝」集疏。○丨，齊作穴。〔詩·小旻〕「謀猶回丨」集疏。○丨，韓作欥。(同上)○丨，韓又作泬。(同上)○丨，三家作欥。〔詩·文王有聲〕「丨觀厥成」集疏。

鷸　丨，鳥名。〔廣韻·術部〕○丨，知天將雨鳥。〔國策·燕策二〕「而丨啄其肉」鮑注。○丨即翠鳥也。〔莊子·天地〕「皮弁丨冠」集釋。○丨，翠羽鳥也。〔集韻·術部〕○〔說文定聲·卷一二〕丨，叚借為欥。〔韓詩外傳〕「丨彼晨風」。○(同上)丨，叚借為趫。〔海賦〕「丨如驚鳧之失侶」。○丨，述之借，丨述同聲。〔左傳僖公二四年〕「好聚丨冠」疏證引沈欽韓。○丨，本字當作述。(同上)疏證。○丨冠，字亦為述也。〔說文〕「丨，知天將雨鳥也」義證引孫炎。○丨，一作述。〔左傳僖公二四年〕「好聚丨冠」洪詁引惠棟。○丨，本字或作術。(同上)疏證。○丨，字又作鷸。(同上)疏證。

鷸　丨即鷸字也。〔說文〕「丨，鷸或從遹」句讀。

篳　丨之言蔽也。〔廣雅·釋宮〕「丨，杝也」疏證。又〔說文〕「丨，藩落也」段注。○丨路，服稱丨露，疑即暴露義，其車無幨帷屏蔽，故謂柴車，其實路車也。〔左傳宣公一二年〕「丨路藍縷」疏證。○編簡謂之畢，編柴為垣謂之丨，義相近也。〔廣韻·釋宮〕「柵謂之棚」疏證。○丨與蓽通。〔方言三〕「丨路襤褸」箋疏。○丨、暴雙聲。〔左傳宣公一二年〕「丨路藍縷」疏證。○丨、篥、必栗並與觱栗同。〔方言五〕「䈪，陳楚宋魏之間或謂之篳」箋疏。

篳　丨，織荊門也。〔廣韻·質部〕○丨，通作蓽。〔集韻·質部〕

蓽　丨，荊也。〔集韻·質部〕○丨，豆也。(同上)○丨，一曰丨葭，艸名，羊蹄也。(同上)○丨，同篳。〔廣韻·質部〕

肸　丨丨，丨蠁。〔廣韻·質部〕○丨，蠁也。〔集韻·質部〕○丨自訓響。〔漢書·司馬相如傳〕「丨蠁布寫」補注。○丨，脉動也。〔慧琳音義·卷九二〕○丨蠁者，布寫之貌也。〔春秋名字解詁〕「晉羊舌丨字叔向」述聞。○丨蠁，謂聲流布也。〔慧琳音義·卷八三〕引〔考聲〕。○丨有振起之義也。〔春秋名字解詁〕「宋公子丨字向父」述聞。○〔說文定聲·卷一二〕丨，謂借為肹。〔漢書·禮樂志〕「罔不丨飾」。○丨叚借為塈。〔說文定聲·卷一二〕○丨蠁，一作肹蠁、翕響、丨鄉。〔通雅·釋詁〕○〔石經〕丨作肹。〔左傳襄公三〇年〕「使公孫丨入盟大夫」洪詁。○今本〔玉篇〕丨譌昑。

〔說文〕「佾，振｜也」段注。

騭｜，駁馬。〔廣韻・質部〕○｜，定也。〔集韻・質部〕○｜為定也。〔書・洪範上〕注「史遷｜作定」孫疏。○｜，借訓定也。〔說文〕「｜，牡馬也」繫傳。○｜之為言猶特也。〔釋畜〕「牡曰｜」述聞。○｜，陟也。〔集韻・質部〕○謂之｜者，陟升也。〔說文〕「｜，牡馬也」段注。○｜為升，其義為舉發也。〔書・洪範上〕「惟天陰｜下民」孫疏。○〔說文定聲・卷四〕上升猶上舉，生子猶舉子，輾轉相訓，以明陰｜為覆生之義。〔書・洪範〕「惟天陰｜下民」。○｜，字通作陟。〔廣雅・釋獸〕「｜，雄也」疏證。○〔說文定聲・卷四〕｜，叚借為陟。〔釋詁〕「｜，陟也」。○｜或借陟字。〔說文〕「｜，牡馬也」義證。○｜，古叚陟為之。（同上）段注。○｜，通作郅。〔釋詁〕「｜，陟也」郝疏。○｜為質之假借。〔說文〕「｜，牡馬也」段注。

佾｜，舞列也。〔論語・八佾〕「八｜舞於庭」朱注。○｜，八｜之舞，｜，行列也。〔廣韻・質部〕○｜之言秩秩然也。〔廣雅・釋詁二〕「｜，列也」疏證。

俗｜，官本作佾。〔漢書・董仲舒傳〕「八｜陳於庭」補注。

怵｜，恐也。〔國策・魏策一〕「然橫人訹王」補正。○｜，悚懼也。〔說文〕「｜，恐也」義證引〔玉篇〕。○｜，謂心有感動也。〔禮記・祭統〕「心｜而奉之」集解引陳澔。○｜，｜惕。〔廣韻・術部〕○｜惕猶悽愴也。〔慧琳音義・卷九八〕引顧野王。○｜惕，驚動貌。〔孟子・公孫丑上〕「皆有｜惕惻隱之心」朱注。○｜惕震盪，自驚動也。〔楚辭・九辯〕「心｜惕而震盪兮」補注引五臣注。○｜，誘也。〔通鑑・漢紀六〕「善人｜而為姦邪」音注。○｜，誘也，動心於姦邪也。〔漢書・武帝紀〕「兩國接壤，｜於邪說」補注引李奇。○｜迫者，｜乎利，迫乎害也。〔漢書・賈誼傳〕「｜迫之徒，或趨西東」補注引王念孫。○｜，狂也。〔集韻・質部〕○｜與訹通。〔管子〕「不｜乎好」雜志。○〔說文定聲・卷一二〕｜，叚借為訹。〔史記・賈生傳〕「｜迫之徒」。○假｜為訹也。〔說文〕「訹，誘也」段注。○｜讀為訹。〔淮南子・原道〕「｜然若有所誘慕」平議。○｜讀若訹。〔漢書・武帝紀〕「兩國接壤，｜於邪說」補注引錢大昭。○〔說文定聲・卷一二〕｜，叚借為遹。〔史記・司馬相如傳〕「｜梟以梁倚」。○｜當作怢，傳寫之譌。〔史記・漢諸侯王年表〕「｜邪臣計」志疑引〔史記攷異〕。○蓋以｜為怢也。〔漢書・武帝紀〕「兩國接壤，｜於邪說」補注引陳景雲。

繂｜，繩，船上用。〔廣韻・術部〕

䋭〔說文定聲・卷一二〕｜或曰與繂略同。〔禮記・檀弓〕注「棺以繂繞」。○｜，字亦作繂。〔說文定聲・卷一二〕○｜，字或作繂。〔說文〕「｜，繫屬」段注。○｜即率字之異文。〔說文定聲・卷一二〕引周伯琦。

䋭｜，索也。〔集韻・術部〕○｜或从糸作繂。（同上）

珌刀室之末，其飾曰｜。〔說文〕「琫，佩刀上飾也」段注。○刀室之下，其飾曰｜。〔說文定聲・卷一二〕「琫」下。○｜，下飾。〔詩・瞻彼洛矣〕「鞞琫有｜」朱傳。○｜，佩刀上飾。〔廣韻・質部〕○｜之言畢也。〔詩・瞻彼洛矣〕「鞞琫有｜」陳疏。又〔說文〕「琫，佩刀上飾也」段注。○｜之言毖也，深之也。〔說文〕「｜，佩刀下飾」繫傳。○｜，當讀如〔韓詩〕「有邲君子」之邲，美皃。〔詩・瞻彼洛矣〕「鞞琫有｜」通釋。○｜，古文作琿。〔說文〕「琫，佩刀上飾也」段注引〔玉篇〕。又〔詩・瞻彼洛矣〕「鞞琫有｜」通釋。○｜或从畢作𤪌。〔集韻・質部〕○〔說文定聲・卷一二〕｜，字亦作𤪌，作琿。〔漢書・王莽傳〕「瑒琫瑒｜」。

鑕｜，鐵椹。〔集韻・質部〕○｜，斧也。〔廣韻・質部〕○｜即質。〔說文〕「鈇，斫莝刀也」段注。

帥｜，佩巾。〔廣韻・質部〕○｜，佩巾也。〔論語・顏淵〕「子｜以正」劉正義。○｜者佩巾，漢人假為率字。〔說文〕「將，｜也」段注。○後世｜訓率導，訓將｜，而｜之本義廢矣。〔說文〕「｜，佩巾也」段注。○｜，將｜。〔廣韻・質部〕○｜，循也。〔禮記・內則〕「共｜時」集解。又〔內則〕「欽有｜」集解。○｜、率、帨、說、㪍、刷六字古同音通用。〔說文〕「｜，佩巾也」段注。○佩巾本字作｜，叚借作率也。（同上）○〔通雅・卷八〕｜尒即率爾。〔甘泉賦〕「｜尒陰閉」。○〔說文定聲・卷一二〕｜，叚借為㪍。〔儀禮・有司徹〕「坐帨手」。○（同上）｜，叚借為述。〔禮記・內則〕「欽有｜」。○（同上）｜，叚借為達。〔周禮・校人〕「則｜驅逆之車」。○借｜為衛也。〔說文〕「將，｜也」句讀。○｜當作衛。（同上）段注。○｜、帨一字也。〔廣雅・釋器〕「｜、帨，巾也」疏證。○｜或作帨字。〔說文〕「｜，佩巾也」義證引曹憲。

韠〔說文定聲・卷一二〕朝服曰｜，祭服曰韍，戎服曰韐。〔說文〕「｜，韍也」。○｜，蔽膝也。〔禮記・玉藻〕「｜，君朱」集解。○｜，蔽膝也，以韋為之。〔詩・素冠〕「庶見素｜兮」朱傳。○｜，蔽膝也。冕服謂之韍，其他服謂之｜，皆以韋為之。〔儀禮・士冠禮〕「主人玄冠朝服，緇帶素｜」胡正義。○｜，胡服蔽膝。〔說文〕「｜，韍也」義證引〔孔帖〕。○蔽膝乃為｜之反語。〔釋名・釋衣服〕「｜，蔽膝也」疏證。○｜之言蔽也。〔廣雅・釋器〕「韍謂之縪」疏證。○｜，通作畢。〔說文〕「｜，韍也」義證。○｜、韍又一聲之轉。〔廣韻・釋器〕「韍謂之縪」疏證。○｜與芾、韍、紱字同。〔呂覽・樂成〕「｜而麛裘」校正。○｜，〔孔叢子・陳士義〕正作芾。（同上）○｜，舊訛作韡。（同上）

鞸｜，胡服蔽膝。〔廣韻・質部〕○｜，通作縪。〔集韻・質部〕○｜，俗作韠。〔廣韻・質部〕○｜或从皮作皸。（同上）

琿｜，同韠。〔廣韻・質部〕

崒｜，山高。〔廣韻・術部〕○｜，山高皃。〔集韻・術部〕○｜，山頂之末。〔釋山〕「｜者，厜㕒」鄭注。○｜，崔嵬也。〔詩・十月之交〕「山冢｜崩」朱

傳。○崔嵬、—危、厜㕒聲相近，皆巉巗之轉也。〔廣雅・釋詁四〕「崪，高也」疏證。○—崩，即碎崩之假借，並訓壞。〔詩・十月之交〕「山冢—崩」通釋。○—，通作卒。〔說文〕「—，—危高也」義證。○—或作卒。〔集韻・術部〕○—，一作崒。〔通雅・姓名〕

崪 —者，止也。〔漢書・賈誼傳〕「異物來—」補注引王念孫。○借—為萃。〔同上〕補注。○—，〔文選〕作萃。〔同上〕補注。○〔史記〕—作萃。〔漢書・司馬相如傳〕「萬端鱗—」補注。○—，字亦作卒。〔廣雅・釋詁四〕「—，高也」疏證。

崒 〔說文定聲・卷一二〕—，叚借為碎。〔詩・十月之交〕「山冢—崩」。○〔同上〕—，叚借為萃。〔漢書・賈誼傳〕「異物來崪」。○〔同上〕—，以卒為之。〔詩・漸漸之石〕「維其卒矣」。○〔同上〕—，字亦作嶉。〔漢書・揚雄傳〕「嶊嶉而成觀」。

潏 —，水流皃。〔廣韻・術部〕又〔集韻・術部〕。○—，水流皃也。〔慧琳音義・卷九八〕引顧野王。○—與矞亦聲近義同。〔廣雅・釋詁一〕「矞，出也」疏證。○—水亦名沇水。〔漢書・地理志〕「又有—水」補注引段玉裁。○—當為澇字，或作潦，通作勞。〔同上〕補注引王念孫。

礩 —，柱下石也。〔廣韻・質部〕○—之言質也。〔廣雅・釋宮〕「礎、礩，—也」疏證。○—，字通作質。〔同上〕

聿 —，秦以後皆作筆字。〔說文定聲・卷一二〕○—即筆，後人加竹。〔通雅・器用〕○—，燕謂之拂。〔說文〕「—，所以書也」義證引〔初學記〕。○—，述也。〔廣韻・術部〕又〔集韻・術部〕。○—，遂。〔詩・蟋蟀〕「歲—其莫」朱傳。○—，遂也。〔詩・緜〕「—來胥宇」陳疏。又〔廣韻・術部〕。又〔集韻・術部〕。○—，循也。〔廣韻・術部〕○—，律也，定法也。〔說文〕「建，立朝律也」繫傳。○—猶律。〔孟子・梁惠王下〕「—來胥宇」焦正義。○—亦始也，聲與肁近而義同。〔廣雅・釋詁一〕「肁，始也」疏證。○—於語詞有始義。〔說文〕「肁，始也」段注。○—，辭也。〔詩・蟋蟀〕「歲—其莫」集疏引韓說。○—，詞也。〔文選・幽通賦〕「—中和為庶幾兮」集釋。○—，發語辭。〔詩・文王〕「—脩厥德」朱傳。○〔說文定聲・卷一二〕—，叚借助語之詞。〔詩・蟋蟀〕「歲—其莫」。○—，通曰。〔文選・幽通賦〕「—中和為庶幾兮」集釋。○曰、—古通。〔漢書・食貨志〕「—為改歲」補注錢大昭。○—、曰二字古亦假借通用。〔荀子・非相〕「宴然—消」集解引郝懿行。○—與律通。〔方言一二〕「律，始也」箋疏。○—、遹、矞字通用。〔漢書・揚雄傳〕「武騎—皇」補注。○〔說文定聲・卷一二〕—，叚借為遹。〔吳都賦〕「—越巉險」。○古—、遹同字。〔說文〕「欥，詮詞也」段注。○—與矞同。〔說文〕「鷸，知天將雨鳥也」義證引孫炎。○—皇，近字作矞皇。〔漢書・揚雄傳〕「武騎—皇」補注。○〔說文定聲・卷一二〕—，叚借為述。〔詩・文王〕「—脩厥德」。○—，魯作述。〔詩・文王〕「—脩厥德」集疏。○—，齊作允。〔詩・大明〕「—懷多福」集疏。

姞 傳以—人有吉義，故曰吉人。〔漢書・古今人表〕「—人」補注引梁玉繩。○—，一曰謹也。〔集韻・質部〕○—或作吉。〔左傳宣公三年〕「鄭文公有賤妾曰燕—」疏證引李貽德。又〔集韻・質部〕。○—亦省作吉。〔說文〕「—，黃帝之後伯鯈姓也」句讀。○—，字當从人从吉。〔左傳宣公三年〕「—，吉人也」疏證引邱光庭。○—，〔詩・都人士〕作吉。〔說文〕「—，黃帝之後伯鯈姓也」段注。○—或作郅。〔集韻・質部〕

抶 —，打也。〔通鑑・梁紀一四〕「以策—泰背罵曰」音注。又〔唐紀五五〕「融退而—之」音注。又〔廣韻・質部〕。○—，擊也。〔集韻・質部〕○—、撻轉相訓。〔左傳文公一八年〕「歜以扑—職」疏證。

馹 —，驛傳也。〔通鑑・梁紀三〕「馳—鎖昶」音注。又〔廣韻・質部〕。○秦漢以後，凡急事速行乘車曰傳、曰—。〔周禮・行夫〕「行夫掌邦國傳遽之小事」孫正義。○車曰—、曰傳，馬曰驛、曰遽。〔說文定聲・卷一二〕○—為傳車，驛為置騎，二字之別也。〔說文〕「驛，置騎也」段注。○—，單騎，如今之馬遞也。〔說文定聲・卷五〕〔「置」下〕○—，古驛字。〔左傳文公一六年〕「楚子乘—會師於臨品」疏證。○俗字用—為驛。〔說文〕「—，傳也」段注。○—，各本多作驛。〔呂覽・士節〕「乘—而自追晏子」校正。

郅 —，至也。〔集韻・質部〕○—，—偈，竿杠皃。〔同上〕引顏師古。○—、騭通。〔釋詁〕「騭，陞也」郝疏。○—，通作騭。〔方言一〕「—，登也」箋疏。○—作騭。〔說文〕「騭，牡馬也」段注。○〔說文定聲・卷一二〕—，叚借為陟，—、陟雙聲。〔方言一〕「—，登也」。○〔同上〕—，叚借為至，字亦作晊。〔釋詁〕「晊，大也」。

桎 —，足械。〔國策・齊策六〕「束縛—梏」鮑注。○—梏，械也，在足曰—，在手曰梏。〔通鑑・秦紀三〕「故謂之—梏也」音注。○—，—梏，在足曰—。〔廣韻・質部〕○—梏，所以拘罪人者。〔孟子・盡心上〕「—梏死者」朱注。○—之言窒，拘止之名也。〔廣雅・釋宮〕「械謂之—」疏證。○—之言躓也。〔說文〕「—，足械也」繫傳。○—杒，制車木。〔說文〕「杒，—杒也」義證。○〔說文定聲・卷一二〕—，叚借為庢。〔莊子・達生〕「故其靈臺一而不—」。○〔同上〕—，以氏為之。〔詩・節南山〕「維周之氐」。

庢 —，礙也。〔說文定聲・卷一二〕〔「窒」下〕○水曲曰—。〔說文〕「—，礙止也」義證引〔元和志〕。○—礙，俗作窒礙。〔說文〕「—，礙止也」句讀。○凡—礙當作此字，今俗作窒礙。〔同上〕段注。○—，俗作厔。〔說文〕「盩，扶風有盩—縣」段注。

銍 —，穫禾短鎌也。〔詩・臣工〕「奄觀—艾」朱傳。又〔說文〕「乂，芟艸也」段注。○—，刈也。〔廣韻・質部〕○—者，所以乂也。〔說文〕「乂，芟艸也」段注。○—與挃音同字通。〔釋名・釋用器〕「——，斷禾穗聲也」疏證。○——即挃挃。〔釋訓〕「挃挃，穫也」郝疏。○以聲言則曰挃，以器言則曰—。〔同上〕○挃刈，本字，—艾，借字也。〔詩・臣工〕「奄觀—艾」平議。○—或从室作[illegible]。〔集韻・質部〕

颬　丨，大風也。〔廣韻·質部〕○丨或作䬗。〔集韻·質部〕

挃　丨丨，穫也。〔詩·良耜〕「穫之丨丨」集疏引魯説。○丨丨，穫聲也。〔同上〕朱傳。○以聲言則曰丨，以器言則曰銍。〔釋訓〕「丨丨，穫也」郝疏。○〔小爾雅〕截穎謂之丨，則今沅靖苗中之法也，用勒鐵一片，刈穗成束而倉之。〔通雅·褉用〕○丨，撞丨。〔廣韻·質部〕○丨，本訓實與撴同，撴、丨一字也。〔説文定聲·卷一二〕○丨，通作銍。〔説文〕「丨，穫禾聲也」句讀。○丨或作銍。〔同上〕義證。○丨或从禾作秷。〔集韻·質部〕

晊　丨，大也。〔廣韻·質部〕○丨，一曰明也。〔集韻·質部〕○丨，古本作郅。〔釋詁〕「丨，大也」郝疏。

泆　丨，淫丨。〔廣韻·質部〕○丨，淫放也。〔通鑑·齊紀五〕「何后亦淫丨」音注。○丨，丨蕩。〔廣韻·屑部〕○丨，丨蕩，滌也。〔集韻·屑部〕○丨與溢通。〔廣雅·釋言〕「泄，丨也」疏證。○〔説文定聲·卷一二〕丨，字亦作劮。〔廣雅·釋詁一〕「劮，婬也」。○丨者，同佚。〔書·酒浩〕「厥縱淫丨」孫疏。○丨即屑字，聲相近之異文也。〔書·多士〕注「馬融丨作屑」孫疏。

繘　丨，綆也。〔廣韻·質部〕○丨，汲綆。〔廣韻·術部〕○丨，井索也。〔説文〕「槃，丨耑木也」繫傳。○丨為綆索，繫於瓶，以汲水於井也。〔儀禮·士喪禮〕「不説丨」明正義。○作丨者，矞之假借。〔易·井〕「亦未丨井」述聞。○〔説文定聲·卷一二〕丨，叚借為潏。〔易〕「亦未丨井」。

踤　丨，觸也。〔廣韻·術部〕○丨，摧丨。〔同上〕○丨，駭踢也。〔同上〕○丨，踢也。〔集韻·術部〕○丨、辭、綷、琗聲義並與萃同。〔方言二〕「萃，集也」箋疏。

踤　〔説文定聲·卷一二〕丨，叚借為猝、為窣、為萃。〔文選·長楊賦〕「丨陆」。

茁　丨，艸初生皃。〔集韻·質部〕○丨，生出壯盛之貌。〔詩·騶虞〕「彼丨者葭」朱傳。○丨丨，言乙軋之速也。〔通雅·釋詁〕○丨，草芽也。〔廣韻·質部〕○丨，艸名，葫䓞也。〔集韻·術部〕○萃、丨、矞、出四字，聲並相近。〔廣雅·釋詁一〕「萃、丨、矞，出也」疏證。

紩　丨，縫丨。〔廣韻·質部〕○凡鍼功曰丨。〔説文〕「丨，縫也」段注。又〔説文定聲·卷一二〕。○丨，刺繡也。〔説文〕「黹，箴縷所丨衣」繫傳。○納刺謂之丨。〔説文〕「丨，縫也」義證引〔急就篇〕顔注。○〔説文定聲·卷一二〕丨猶矞也。〔廣雅·釋言〕「丨，納也」。○丨，索也。〔集韻·質部〕又〔方言九〕「車下紩」箋疏。○丨乃本字，鉄其假借字也。〔同上〕箋疏。○丨，古作鉄。〔廣雅·釋器〕「丨，繩索也」疏證。○〔説文定聲·卷一二〕丨，字亦作鉄。〔方言〕「車下鉄，陳、宋、淮、楚之間謂之畢」。○〔同上〕丨，叚借為紼，或為縪。〔廣雅·釋器〕「丨，索也」。

罼　丨弋，〔月令〕作畢翳。〔呂覽·季春〕「田獵丨弋」校正。○丨，兔罟。〔廣韻·質部〕

佖　丨，有威儀也。〔廣韻·質部〕○丨丨，威儀備也。〔集韻·質部〕○丨丨，嫖嫚之皃。〔説文定聲·卷一二〕○丨丨即矜張自滿之貌。〔詩·賓之初筵〕「威儀丨丨」集疏引黄山。○丨丨與頻頻聲近而義通。〔同上〕平議。○〔説文定聲·卷一二〕丨，叚借為比。〔羽獵賦〕「駢衍丨路」。○〔同上〕丨丨，毛本作怭怭。〔詩·賓之初筵〕「威儀丨丨」。

熚　丨，火皃。〔廣韻·質部〕

樺　丨，木名。〔廣韻·質部〕

駜　丨，馬肥。〔廣韻·質部〕○丨，馬肥皃。〔集韻·質部〕○丨，馬肥強貌。〔詩·有駜〕「有丨有丨」朱傳。○丨或作駁。〔集韻·質部〕

櫍　丨，椹，行刑用斧丨。〔廣韻·質部〕○丨，通作質。〔廣雅·釋器〕「丨，椹也」疏證。○丨或作鑕。〔同上〕

觱　丨沸，泉涌貌。〔詩·瞻卬〕「丨沸檻泉」朱傳。○丨沸，泉出貌。〔詩·采菽〕「丨沸檻泉」朱傳。○丨發，風寒也。〔詩·七月〕「一之日丨發」朱傳。○丨發，滭泼蓋本字，寒之盛。〔同上〕通釋。○丨發，一作畢發、滭泼。〔通雅·天文〕○丨，羌人吹角。〔廣韻·物部〕○丨，丨篥。〔廣韻·質部〕○丨篥，一作篳篥、悲慄。〔通雅·樂器〕○丨或作篳。〔廣韻·質部〕○丨，韓作畢。〔詩·七月〕「一之日丨發」集疏。○丨發，齊、魯作滭泼。〔同上〕○丨，韓亦作滭。〔詩·采菽〕「丨沸檻泉」集疏。○丨，小徐作滭。〔説文〕「濫，氾也，詩曰觱沸濫泉」段注。

觱　丨，畢之假借字。〔説文〕「沸，畢沸，濫泉也」段注。

𧣱　丨，羌人所吹角，所以驚馬。〔集韻·迄部〕○丨，字亦誤作觱，西羌吹之以驚中國之馬，後乃易角以竹管蘆首，謂之觱栗。〔説文定聲·卷一三〕○丨，今之觱栗，觱栗其聲然也。〔説文〕「丨，羌人所吹角屠丨，以驚馬也」繫傳。○丨篥亦通作篳篥。〔詩·七月〕「一之日丨發」後箋。○〔説文定聲·卷一三〕丨，叚借為滭。〔詩·瞻卬〕「觱沸檻泉」。○〔同上〕丨，叚借為滭。〔詩·七月〕「一之日丨發」。

䳤　丨，䴈丨，流離鳥。〔廣韻·質部〕

麜　丨，牝麕也。〔集韻·質部〕○麕，牡麌，牝丨也。〔廣韻·質部〕

蛣　丨，蝠，蝎也。〔廣韻·質部〕○〔説文定聲·卷一二〕丨蚍，疊韻連語，凡體耎屈曲之蟲皆得謂之蝎也，蝎即丨蚍之合音。〔説文〕「丨，丨蚍，蝎也」。○丨蜣，蜣蜋。〔廣韻·質部〕○〔説文定聲·卷一二〕丨蜣，即〔説文〕之渠螂也，丨蜣雙聲。〔爾雅〕「丨蜣，蜣蜋」。○丨蟩，井中蟲名。〔集韻·質部〕○丨蟩，井中小蟲。〔集韻·屑部〕○丨蟩之言詰屈也。〔廣雅·釋蟲〕「孑孑，蜎也」疏證。○蟦丨，蟲名，長寸餘，腹中有蟹子，如榆莢，合體為

丨。〔集韻・屑部〕〇丨，蚌之小者。〔同上〕〇〔說文定聲・卷一二〕丨，叚借為鮚。〔江賦〕「瑣丨腹蟹」。〇蚚、丨聲之轉也。〔廣雅・釋蟲〕「蚚、丨，蟬也」疏證。

衵　丨，日日所著衣。〔說文〕「丨，日日所常衣」義證引〔玉篇〕。〇丨，近身衣也。〔同上〕〇丨，女人近身衣。〔廣韻・質部〕〇丨，婦人近身衣。〔集韻・質部〕〇丨即今之單半臂也。〔左傳宣公九年〕「皆衷其丨服」疏證。〇丨服，中帶之類。〔同上〕疏證引沈欽韓。〇丨與襗通。〔同上〕疏證引沈欽韓。〇丨即澤。〔同上〕疏證引沈欽韓。

凓　丨冽，寒皃。〔說文〕「丨，寒也」義證引〔玉篇〕。〇丨冽，寒風。〔廣韻・質部〕〇丨通作栗。〔釋言〕「淩，慄也」郝疏。〇丨又通栗。〔說文〕「丨，寒也」義證。〇丨通作慄。〔同上〕〇凜、丨、凌俱一聲之轉。〔釋言〕「淩，慄也」郝疏。〇丨冽，今〔詩〕作栗烈。〔說文〕「丨，丨冽，寒皃。詩曰二之日丨冽」段注。

汩　丨，訓治。〔莊子・繕性〕「滑欲於俗」集釋引俞樾。〇引伸之凡治皆謂丨。〔說文〕「丨，治水也」段注。〇丨，疾行也。〔離騷〕「丨余若將不及兮」補注。〇丨丨，疾貌。〔屈賦・懷沙〕「浩浩沅湘分流丨兮」戴注。〇丨，水聲也。〔楚辭・懷沙〕「浩浩沅湘分流丨兮」補注。〇丨，音鶻者，涌波也。〔同上〕〇減丨與丨減義同。〔漢書・司馬相如傳〕「丨減靸以永逝兮」補注。〇〔說文定聲・卷一三〕丨，叚借為曶。〔莊子・達生〕「與丨俱出」。〇丨用為曰也。〔說文〕「曶，水流也」段注。〇〔說文定聲・卷一三〕丨，叚借為淈。〔小爾雅・廣言〕「丨，亂也」。〇〔同上〕丨，叚借為眡。〔魯靈光殿賦〕「丨磑磑以璀璨」。〇決丨之丨當為扣，乃搰之或體也。〔國語・周語下〕「決丨九川」平議。

曶　丨，子史皆以汩為之。〔說文定聲・卷一三〕

蔤　丨，荷本也。〔集韻・質部〕〇丨，荷本下白。〔廣韻・質部〕〇丨，藕節上初生莖時萌牙殼也，在泥中者。〔說文〕「丨，夫渠本」繫傳。〇藕下白蒻多丨，取其密藏之意。〔本草・縮砂蔤〕〇丨乃嫩蒻，如竹之行鞭者，節生二莖，一為葉，一為華，盡處乃生藕，為華、葉、根、實之本，顯仁藏用，功成不居，可謂退藏于密矣，故謂之丨。〔本草・蓮藕〕〇丨之言入水深密也。〔說文〕「丨，扶渠本」段注。〇〔說文定聲・卷一二〕丨，以滅為之。〔禮記・檀弓〕「子蒲名滅」。〇〔同上〕丨，以蔑為之。〔書・顧命〕「蔑席」。〇丨或作[illegible]。〔集韻・質部〕

驈　丨，驪馬白跨也。〔集韻・質部〕〇驪馬白跨曰丨。〔詩・駉〕「有丨有皇」朱傳。〇丨，黑馬白髀。〔廣韻・術部〕〇丨或从聿作䮸。〔集韻・術部〕

霱　丨雲，瑞雲。〔廣韻・術部〕〇卿雲謂之丨。〔集韻・術部〕〇丨通作矞。〔同上〕

矞　丨，錐穿物。〔集韻・質部〕〇丨訓為出，故出井謂之丨井。〔易・井〕「亦未繘井」述聞。〇二色為丨，丨雲外赤內黃，非煙非霧，郁郁紛紛之象。〔本草・橘〕〇丨宇猶言譎詭。〔荀子・非十二子〕「丨宇嵬瑣」集解引俞樾。〇丨宇，所謂大言炎炎也。〔同上〕集解引郝懿行。〇丨，驚遽皃。〔集韻・質部〕〇丨與繘通。〔易・井〕「亦未繘井」述聞。〇丨與獝通。〔文選・吳都賦〕「驫駥驫丨」集釋。〇丨或作獝。〔集韻・質部〕〇〔說文定聲・卷一二〕丨，叚借為潏。〔說文〕「丨，一曰滿有所出也」。〇〔同上〕丨，叚借為譎。〔荀子・非十二子〕「丨宇嵬瑣」。〇丨讀為譎。〔荀子・非十二子〕「丨宇嵬瑣」平議。〇〔說文定聲・卷一二〕丨，叚借為趫。〔禮記・禮運〕「故鳥不丨」。〇〔同上〕丨，叚借為瓊。〔魏都賦〕「丨雲翔龍」。〇丨，或曰借為鷸，青羽鳥也。〔說文定聲・卷一二〕〇溢、涌、丨一聲之轉。〔廣雅・釋詁一〕「涌，溢，丨，出也」疏證。〇萃、茁、丨、出四字聲並相近。〔廣雅・釋詁一〕「萃、茁、丨，出也」疏證。〇丨，字亦作霱。〔說文定聲・卷一二〕〇〔史記〕丨皇作潏湟。〔漢書・司馬相如傳〕「前長離而後丨皇」補注。

璱　玉鮮絜皃，今為之丨，丨者，其色碧也。〔廣韻・櫛部〕〇丨通作瑟。〔集韻・櫛部〕〇丨或作卹、邲、瑮、琗。〔同上〕

獝　丨，狂也。〔廣韻・質部〕〇丨即趫。〔說文〕「趫，狂走也」義證。〇僪、趫、丨並同義。〔廣雅・釋詁四〕「僪，狂也」疏證。〇丨，獸走皃。〔集韻・術部〕

飶　丨，食之香者。〔廣韻・質部〕〇丨，食之香也。〔廣雅・釋器〕「馝，香也」疏證。〇丨，食氣之香。〔集韻・屑部〕〇草香曰苾，食香曰丨。〔說文定聲・卷一二〕〇丨，芬香也。〔詩・載芟〕「有丨其香」朱傳。〇丨猶苾。〔說文〕「丨，食之香也」繫傳。〇丨與苾音同義近。〔同上〕段注。〇馝、咇、丨、苾並通。〔廣雅・釋器〕「馝，香也」疏證。

尼　丨，止。〔墨子・號令〕「當路丨衆」閒詁引畢沅。〇丨，止之之意。〔孟子・梁惠王下〕「止或丨之」朱注。〇〔說文定聲・卷一二〕丨，又定也。〔孟子〕「止或丨之」。〇〔同上〕丨，近暱之意。〔說文〕「丨，從後近之也」。〇丨，古以為親暱字。〔說文〕「丨，從後近之」段注。〇丨有親昵之意。〔釋詁〕「即，丨也」平議。〇丨猶昵也。〔說文〕「丨，從後近之」繫傳。〇〔說文定聲・卷一二〕丨，叚借為泥。〔後漢・高獲傳〕「丨首」。〇〔同上〕丨，叚借為比。〔廣雅・釋詁三〕「丨，和也」。〇〔同上〕丨，叚借為蚍。〔孝經援神契〕「丨，蟲也」。〇〔同上〕丨，叚借為疑，疑、丨、一聲之轉。〔釋詁〕「丨，止也」。〇〔同上〕丨，字亦作昵，與邇略同。〔說文〕「丨，從後近之也」。

堲　丨，夏后氏丨周，燒土葬也。〔廣韻・質部〕〇丨，一曰燒土也。〔集韻・質部〕〇丨者，耒之灰也。〔說文定聲・卷一二〕「炪」下〇丨，一曰燭燼。〔集韻・質部〕〇丨，疾也。〔同上〕〇丨與[illegible]通。〔廣雅・釋詁四〕「[illegible]，炪也」疏證。〇〔唐書〕叚丨為疾也。〔說文〕「丨，古文垐」段注。〇丨，古音

讀如疾。〔説文〕「丨，疾惡也」段注。○丨或省作即。〔集韻・質部〕

柣 丨，閾也。〔集韻・質部〕○丨，門限。〔廣韻・質部〕○丨即榍字，門限也。〔説文定聲・卷一二〕（「桔」下）○丨即榍字也。〔説文〕「榍，限也」段注。○丨亦切字也。〔廣雅・釋宮〕「丨，砌也」疏證。

蒺 丨，疾也。〔本草・蒺藜〕○丨，丨蔾。〔廣韻・質部〕○丨蔾，蔾艸。〔集韻・質部〕○丨蔾，蝍蛆也。〔釋蟲〕「丨蔾，蝍蛆」鄭注。○〔説文定聲・卷一二〕丨藜，疊韻連語，薺之合音。〔易・困〕「據于丨藜」。○（同上）丨，字亦變作螏。〔釋蟲〕「丨藜，蝍蛆」。

颲 丨，丨颲，暴風。〔廣韻・質部〕○丨通作栗。〔説文〕「丨，風雨暴疾也」義證。○丨或从栗作飃。〔集韻・質部〕

滭 丨沸，狀水。〔説文定聲・卷一二〕（「熚」下）○觱沸、丨弗字義並同，丨弗謂水盛出。〔漢書・司馬相如傳〕「丨弗宓汩」補注。○〔上林賦〕丨，一本作浡。〔説文〕「沸，畢沸，濫泉也」段注。

滭 丨，丨沸，泉出皃。〔廣韻・質部〕

鴪 丨，飛快。〔廣韻・術部〕○丨，鳥飛皃。〔集韻・迄部〕○丨，疾飛皃。〔集韻・屋部〕

鴥 丨，疾飛貌。〔詩・晨風〕「丨彼晨風」朱傳。○丨，言風之卂也。（同上）後箋。○丨，僻也。〔詩・小旻〕「謀猶回丨」集疏引〔韓説〕。○丨，〔韓詩外傳〕作鷸，乃古字通用。〔詩・晨風〕「丨彼晨風」後箋。

抭 丨，揘丨，擊皃。〔廣韻・質部〕

⿰口質 丨，野人之言。〔廣韻・質部〕○丨或从言作⿰言質。〔集韻・質部〕

拮 丨据，手口共作之貌。〔詩・鴟鴞〕「予手丨据」朱傳。○丨据，手病。〔廣韻・質部〕又〔集韻・質部〕。○丨据、撠挶皆雙聲字。〔詩・鴟鴞〕「予手丨据」後箋。○丨即戞字。〔文選・長楊賦〕「丨隔鳴球」集釋。

⿰言桼 謁丨，陰私語也。〔廣韻・質部〕

懫 丨，止也。〔廣韻・質部〕○丨與窒通。〔廣雅・釋詁三〕「丨，止也」疏證。

銍 丨，到也。〔廣韻・質部〕又〔集韻・質部〕。

豑 〔説文定聲・卷一二〕丨，如玉爵、瑤爵、散爵、廢爵、足爵、繶爵及角散觚觶等皆是。〔説文〕「丨，爵之次弟也」。○丨通作秩。〔説文〕「丨，爵之次弟也」義證。又〔集韻・質部〕。○〔説文定聲・卷一二〕丨，叚借為秩，實為徹，當讀為徹田為糧、徹申伯土田之徹。〔書・堯典〕「平丨東作」。○平丨，今〔尚書〕作平秩。〔説文〕「丨，爵之次弟也，虞書曰平丨東作」段注。

趃 丨，走皃。〔廣韻・質部〕

戜 丨，大也。〔廣韻・質部〕○丨，此謂秩秩然之大也。〔説文〕「丨，大也」段注。○丨丨、豑豑、秩秩雖見〔説文〕，然皆未指以為秩秩也。〔通雅・釋詁〕○古叚丨為秩。○〔説文〕「秩，積皃」段注。○丨，今〔詩〕借秩。〔説文〕「丨，大也」繫傳。○〔説文定聲・卷一七〕丨，毛本以秩為之。〔説文〕「丨，大也，从大，𢧵聲，讀若詩丨丨大猷」。○丨丨，今〔毛詩〕正作秩秩。〔説文〕「丨，讀若詩丨丨大猷」段注。

侄 丨，堅也。〔廣韻・質部〕○丨之言堅緻也。〔廣雅・釋詁一〕「丨，堅也」疏證。○丨，牢。〔廣韻・質部〕○丨，癡皃。〔集韻・質部〕○丨亦癡皃也。〔慧琳音義・卷九六〕引〔考聲〕。○丨仡，癡皃，不前皃也。〔慧琳音義・卷七七〕引〔考聲〕。○丨仡，不前也。〔集韻・質部〕○丨仡，不前皃也。〔慧琳音義・卷九六〕引〔考聲〕。

翐 丨丨，飛皃。〔廣韻・質部〕○丨，飛舒遲皃。〔集韻・質部〕

蟋 丨，丨蟀。〔廣韻・櫛部〕○丨蟀，蛬也。〔廣韻・質部〕○丨蟀，蟲。〔集韻・質部〕○丨蟀，蟲名，似蝗而小，正黑有光澤如漆，有角翅，或謂之促織。〔詩・蟋蟀〕「丨蟀在堂」朱傳。○丨蟀，疊韻，亦隔標雙聲也。〔方言・一一〕「蜻蛚，楚謂之丨蟀」箋疏。○〔説文定聲・卷五〕丨蟀，字亦雙聲連語，狀蟲之聲，字亦變作丨蟹，作丨啐亦同。〔漢書・王褒傳〕「丨蟀俟秋唫」。○丨，俗悉字。〔詩・蟋蟀〕「丨蟀在堂」陳疏。

蟋 丨蟀，蟲名，促織也。〔集韻・櫛部〕○丨或从悉作蟋。（同上）

⿰桼阝 丨，地名，在齊。〔廣韻・質部〕○丨通作漆。〔説文〕「丨，齊地也」義證。○丨與膝同。〔通鑑・漢紀五二〕「長七尺五寸，垂手下丨」音注。○丨或作膝。〔集韻・質部〕

⿰桼鳥 丨，鳥名。〔廣韻・質部〕

楖 丨，木名，可為杖。〔集韻・質部〕○丨，木名，可為杖也。〔廣韻・質部〕○丨即楖栗之屬也。〔説文〕「丨，木可為杖」繫傳。

楖 丨，楖栗之屬。〔説文定聲・卷一二〕

鵯 丨，丨鶋。〔廣韻・質部〕○丨鶋，鳥。〔廣韻・支部〕○丨鶋，楚鳥也。〔通雅・鳥〕

趌 ｜，怒走也。〔集韻・質部〕○｜趨，怒走也。〔廣韻・質部〕○｜趨，走皃。〔集韻・質部〕○｜，直行。〔廣韻・質部〕○｜，直去不低視也。〔說文〕「｜，｜趨，怒走也」繫傳。○｜蹷，凶豎也。（同上）義證引〔纂文〕。○｜蹷，跳皃。〔廣韻・薛部〕○｜蹷，跳也。〔集韻・屑部〕○〔說文定聲・卷一二〕｜趨、｜蹷皆疊韻連語。〔說文〕「｜，｜趨，怒走也」。

䵒 ｜，膠｜。〔廣韻・質部〕○〔說文定聲・卷一二〕｜為膠合之義，昵為親近之義，皆可通。〔左傳隱公元年〕「不義不｜」。○｜與暱音義皆相近。〔說文〕「｜，黏也」段注。○｜、䵑、暱、昵並通。〔廣雅・釋詁四〕「｜，黏也」疏證。○｜或為䵑。〔說文〕「｜，黏也」句讀。○｜或作昵。（同上）○｜、黏、䵒一聲之轉也。〔廣雅・釋詁四〕「｜，黏也」疏證。○｜或作樴。〔說文〕「｜，黏也」句讀。○｜，今〔左傳〕作暱。（同上）段注。

䵑 ｜，昵通。〔釋言〕「｜，膠也」郝疏。○｜通作昵。（同上）邵正義。○䵑、｜、暱、昵並通。〔廣雅・釋詁四〕「䵒，黏也」疏證。○古音｜、昵、埴、樴、戠、熾、脂並同，字亦通用。〔方言二〕「｜，黏也」箋疏。○｜，同䵒。〔廣韻・質部〕○｜亦作䵒。〔方言二〕「｜，黏也」疏證。

劮 ｜，豫也、弄也。〔慧琳音義・卷三五〕引〔考聲〕。○｜，｜豫。〔廣韻・質部〕○｜通作逸。〔廣雅・釋言〕「｜，豫也」疏證。○｜又作逸。〔廣雅・釋詁三〕「｜，戲也」疏證。○｜，經傳通作佚。（同上）○｜或作妷。〔集韻・質部〕

欥 ｜，詮詞。〔集韻・質部〕○｜，詞也。〔廣韻・術部〕○｜，辝。〔廣韻・質部〕○｜，一曰發聲。〔說文〕「｜，詮詞也」繫傳。○｜，一曰喜也。〔集韻・質部〕○｜其正字，聿、遹、曰皆其假借字也。〔說文〕「｜，詮詞也」段注。○｜，同聲假借，用聿與遹。（同上）義證引戴震。○｜，今〔詩〕段借聿字。（同上）繫傳。○｜，經傳亦多以聿為之。〔說文定聲・卷一三〕○｜，字或作聿。〔釋詞・卷二〕又〔廣雅・釋詁四〕「｜，詞也」疏證。○｜，今作遹，亦借字。〔說文〕「｜，詮詞也」句讀。○｜，字或作遹。〔釋詞・卷二〕○｜又作遹。〔廣雅・釋詁四〕「｜，詞也」疏證。○〔說文定聲・卷一三〕｜，毛本以遹為之。〔說文〕「｜，詮詞也，詩曰｜求厥寧」。○｜，省作曰。〔說文〕「｜，詮詞也」義證引戴震。○｜，字或作曰。〔釋詞・卷二〕○｜亦曰也。〔廣雅・釋詁四〕「｜，詞也」疏證。○｜與粵畧同。〔說文定聲・卷一三〕

欯 ｜，笑也。〔廣韻・質部〕○｜，今俚俗言也。〔說文〕「｜，喜也」繫傳。○｜或作咭。〔集韻・質部〕

眣 ｜，目不正也。〔廣韻・質部〕○｜，以目斜視。〔義府・卷上〕○｜，以目使人也。〔集韻・迄部〕○〔義府・卷上〕｜，謂以目使人。〔公羊傳文公七年〕「｜晉大夫使與公盟也」。○｜，其視散若有所失也。〔說文〕「｜，目不從正也」繫傳。○｜亦謂之眴。〔公羊傳文公七年〕「｜晉大夫使與公盟也」陳疏。○〔說文定聲・卷一二〕｜，當訓目美也。〔齊策〕「鄒忌修八尺有餘而形貌｜麗」。○（同上）｜，以佚為之，字亦作妷。〔離騷〕「見有娀之佚女」。○｜，古文作眣。〔說文〕「｜，目不正也」義證引〔玉篇〕。○｜，疑此字从矢會意，从失者其譌體。〔說文〕「｜，目不從正也」段注。

跮 ｜，蹠也。〔廣韻・質部〕○｜，前却皃。〔集韻・屑部〕○｜踱，乍前乍卻。〔廣韻・至部〕○｜，乍前却也。〔集韻・質部〕

溧 ｜水縣，在宣州。〔廣韻・質部〕○｜當為漂。〔漢書・王子侯表〕「｜陽侯欽」補注。

瑮 ｜，玉之英華羅列皃。〔廣韻・質部〕○｜與栗同。〔說文〕「｜，玉英華羅列秩」述聞。

瓌 ｜或作瑮。〔集韻・質部〕

𪗁 ｜，齧堅。〔說文〕「｜，齧堅也」段注。○｜，齒堅，當為齧堅。〔說文〕「｜，齒堅也」義證。○｜，齧堅貌。（同上）義證引〔玉篇〕。又〔集韻・屑部〕。○｜，齧堅聲。〔廣韻・屑部〕○｜，齧聲。〔廣韻・質部〕又〔集韻・質部〕。○｜，義與咥同。〔廣雅・釋詁三〕「咥，齧也」疏證。

𡁐 ｜，齧堅。〔廣韻・屑部〕○｜同𪗁。或作咥。〔集韻・屑部〕

𨔈 ｜，近也。〔廣韻・質部〕又〔集韻・質部〕

槉 ｜，屋枅。〔廣韻・質部〕○｜，一名枅。〔集韻・質部〕○楶與｜本一物而兩名，楶言其標，則｜言其本。〔釋宮〕「栭謂之楶」郝疏。

剰 ｜，斷也。〔廣韻・質部〕○｜，削也。（同上）

𠞪 ｜，削也。〔集韻・質部〕○｜或作剰。（同上）

䋘 ｜，蒸栗，色綵。〔廣韻・質部〕○｜，黃色繒。〔集韻・質部〕

嗐 ｜，｜咄。〔廣韻・屑部〕○｜咄，吐呵也。〔廣韻・質部〕○｜咄，語無節。〔集韻・屑部〕○｜之言叱也。〔廣雅・釋言〕「｜，咄也」疏證。

𧩀 ｜，語急。〔廣韻・質部〕○｜，語速。〔集韻・質部〕○｜，一曰毒也。（同上）○｜、疾古通用。〔方言七〕「諄憎，所疾也」疏證。○｜與疾通。（同上）箋疏。○｜、㑵、嫉、疾並通。〔廣雅・釋詁四〕「｜，苦也」疏證。

𠜫 ｜，割聲也。〔廣韻・質部〕

𠞰 ｜，割也。〔集韻・質部〕○｜，斷也。（同上）○｜，同𠜫。〔廣韻・質部〕

𣲖 ｜，灑也。〔集韻・質部〕○｜，水潛。〔廣韻・質部〕

醘 ｜，飲酒俱盡。〔廣韻・質部〕○｜，飲盡也。〔集韻・質部〕○｜，瞀醶也。〔說文〕「𨠖，擣榆醬也」義證引〔玉篇〕。○｜，一曰揄𨡎。〔集韻・質部〕○

丨醻，醬也。（同上）〇〔説文定聲·卷一二〕丨，段借為醻。〔廣雅·釋器〕「丨，醬也」。〇丨或作醻。〔説文〕「醻，擣榆醬也」義證引〔玉篇〕。

⿱必皿 丨，拭器。〔説文〕「丨，拭器也」段注。又〔廣韻·質部〕。〇丨，受水以㪍髮之器，如蘇俗所謂水雲者。〔説文定聲·卷一二〕

宓 丨，安也。〔廣韻·質部〕又〔集韻·質部〕。〇丨，寧也。〔廣韻·質部〕〇丨汨言水勢稍平處，得安通也。〔漢書·司馬相如傳〕「滭弗丨汨」補注。〇丨，默也。〔廣韻·質部〕又〔集韻·質部〕。〇丨，止也。〔廣韻·質部〕〇丨通作密。〔説文〕「丨，安也」義證。又〔釋詁〕「密，静也」郝疏。又〔集韻·質部〕。〇丨，經典通作密。〔釋詁〕「密，静也」邵正義。〇丨，經典借密為之。〔説文〕「丨，安也」句讀。〇丨，此字經典作密，密行而丨廢矣。（同上）段注。〇丨，經傳皆以密為之。〔説文定聲·卷一二〕〇丨或作密。〔集韻·質部〕〇丨又通作謐。〔釋詁〕「密，静也」郝疏。〇〔説文定聲·卷一二〕丨，段借為虙。〔史記·仲尼弟子列傳〕「丨不齊」。〇古借丨為虙之省文，因丨本音密，遂轉誤為密。〔史記·仲子弟子列傳〕「丨不齊」志疑。〇丨、孚聲相近，故字相通。〔淮南子·道應〕「孚子治亶父三年」雜志。〇史籍中伏字多有作丨者，丨與服亦通，益可證丨之當讀伏音也。〔史記·仲尼弟子列傳〕「丨不齊」志疑。〇丨，〔淮南書〕又作密。〔漢書·藝文志〕「丨子十六篇」補注引沈欽韓。〇丨子，〔趙策〕作服子。（同上）

⿰畢攵 事畢之字當作此，畢行而丨廢矣。〔説文〕「丨，丨盡也」段注。〇丨，經典借畢字。（同上）義證。〇丨，經典皆作畢，省形存聲也。（同上）句讀。〇丨，經傳皆以畢為之。〔説文定聲·卷一二〕

⿰畢戈 丨，盡也。〔廣韻·質部〕

滭 丨泼，狀寒。〔説文定聲·卷一二〕（「熚」下）〇丨泼乃本字，觱發段借字。〔説文〕「丨，丨泼，風寒也」段注。

⿰冫畢 丨，寒風。〔廣韻·質部〕〇丨或作颰。〔集韻·質部〕

彃 丨，弓弩發於身而中於遠。〔説文〕「丨，䠶也」段注。〇畢者，丨之省。（同上）句讀。

彃 丨，射也。〔廣韻·質部〕〇丨，一曰弦也。〔集韻·質部〕

鷝 丨鴹，鳥名，白面青色。〔廣韻·質部〕〇丨鴹，鳥名，青色白面。〔集韻·質部〕〇丨，一曰水澤神。（同上）

縪 丨與趩亦同義。〔廣雅·釋詁三〕「趩，止也」疏證。〇丨謂縪車之索也。〔説文定聲·卷一二〕（「畢」下）〇以組約圭中，以索紩車下皆曰丨。（同上）〇丨、畢古通用。〔方言九〕「車下鉄，陳宋淮楚之間謂之畢」疏證。又（同上）箋疏。〇丨通作畢。〔説文〕「丨，止也」義證。〇丨，〔方言〕以畢為之。〔説文定聲·卷一二〕〇（同上）丨，段借為韠。〔廣雅·釋器〕「韍謂之丨」。〇丨，本作韠，即蔽膝之合聲。〔廣雅·釋器〕「祓謂之丨」疏證。〇丨，〔考工〕以必為之。〔説文定聲·卷一二〕

縪 丨，冠縫也。〔廣韻·質部〕〇丨，縫也。〔集韻·質部〕〇丨，一曰冠縫箸武也。（同上）〇丨，紟也。（同上）〇丨，一曰約束。（同上）

鮚 丨，蚌也。〔集韻·質部〕〇鮎丨，大蛤。（同上）〇鄞縣有丨埼亭，丨埼即丨也。〔説文定聲·卷一二〕（「蛣」下）〇丨，字或作蛣。〔説文〕「丨，蚌也」義證。又（同上）句讀。〇〔説文定聲·卷一二〕丨，以蛣為之。〔江賦〕「瑣蛣腹蟹」。〇丨，〔文選〕作蛣。〔説文〕「丨，蚌也」段注。

邲 丨，地名，在鄭。〔廣韻·質部〕又〔集韻·質部〕。〇丨水亦名汴水，漢時謂之鴻溝，三國時謂之官渡。〔左傳宣公一二年經〕「戰於丨」疏證引顧棟高。〇丨，美貌也。〔詩·淇奧〕「有丨君子」集疏引韓説。〇丨又美皃。〔廣韻·質部〕

⿰革必 丨，車革。〔廣韻·質部〕〇丨，束也。〔集韻·質部〕〇丨，車上凡束之處。〔説文〕「丨，車束也」繫傳。〇韋束曰丨，組約曰縪。〔説文定聲·卷一二〕〇車下鉄謂之畢，又謂之縪，亦謂之丨。〔方言九〕「車下鉄，陳宋淮楚之間謂之畢」箋疏。〇必、丨、縪同。〔説文〕「丨，車束也」段注。〇必、丨、縪同字。（同上）句讀。〇丨或从畢作韠。〔集韻·質部〕

鮅 丨，魚名。〔廣韻·質部〕又〔集韻·質部〕。〇丨，似鱓而小，眼赤，多生溪澗，傳麗水底，難網。〔釋魚〕「丨，鱒」鄭注。〇丨或从畢作鱓。〔集韻·質部〕

蒁 丨，草名。〔廣韻·質部〕又〔集韻·質部〕。〇丨，蓬莪，茂也，字亦作茷，一名波殺。〔説文定聲·卷一二〕

⿺辶率 丨，先導。〔廣韻·質部〕〇丨者，先導也。〔説文〕「蛟，能丨魚而飛」段注。〇丨，率先之率也。〔説文〕「丨，先道也」句讀。〇率導在許書作丨。〔説文〕「帥，佩巾也」段注。〇丨，經典假率字為之。〔説文〕「丨，先道也」段注。〇丨或借率字。（同上）義證。〇經傳凡表丨字，〔師保〕則以師為之，丨領則以率、以帥為之。〔説文定聲·卷一二〕〇丨，經典借帥字。〔説文〕「將，帥也」義證。〇丨又借帥字。〔説文〕「丨，先道也」義證。

⿴行率 丨，將丨也。〔説文〕「丨，將丨也」段注。〇丨，循也。〔廣韻·質部〕〇丨，導也，循也。〔説文〕「丨，將丨也」段注。〇丨與⿺辶率音義同。（同上）〇丨或借率字。〔説文〕「丨，將衛也」義證。〇〔儀禮〕、〔周禮〕古文丨多作率。〔説文〕「將，帥也」段注。〇丨，今之率字，率行而丨廢矣。〔説文〕「丨，將丨也」段注。〇將帥在許書作丨。〔説文〕「帥，佩巾也」段注。〇丨，今文多作帥。〔説文〕「將，帥也」段注。〇丨，經傳皆以帥為之。〔説文定聲·卷一二〕〇將帥字古衹作將丨，帥行而丨又廢矣。〔説文〕「丨，將丨也」段注。

馝 ｜，香也。〔廣韻・質部〕〇｜，香皃也。〔慧琳音義・卷二九〕引〔考聲〕。〇｜馞，大香也。〔續音義・卷六〕引〔玉篇〕。〇香盛謂之｜馞。〔廣雅・釋器〕「｜馞，香也」疏證。〇｜、咇、飶、苾並通。（同上）

坒 ｜，相連。〔廣韻・質部〕〇｜，地相連次。〔集韻・質部〕

怭 ｜，慢也。〔廣韻・質部〕又〔集韻・質部〕。〇｜｜，慢也。〔集韻・質部〕〇｜｜，媟慢也。〔詩・賓之初筵〕「威儀｜｜」朱傳。〇｜，三家作佖。（同上）集疏。

咇 ｜，言不了。〔廣韻・質部〕〇｜，言不明。〔集韻・質部〕〇｜㗻，多言。〔廣韻・質部〕又〔集韻・質部〕。〇｜㗻，聲出皃。（同上）〇馝、｜、飶、苾並通。〔廣雅・釋器〕「馝，香也」疏證。〇｜或从嗶作嗶。〔集韻・質部〕

齛 ｜，齧聲。〔廣韻・質部〕又〔集韻・質部〕。〇｜，齒聲。〔廣韻・櫛部〕

昋 ｜，不見也。〔集韻・質部〕〇｜，當為覔也，寫者誤分作不見兩字。〔說文〕「｜，不見也」義證。

𣅝 ｜，不見皃。〔廣韻・質部〕

泌 ｜，水浹流。〔廣韻・質部〕〇｜，水皃。〔集韻・質部〕〇｜，泉水皃。（同上）〇｜瀄，水流。〔廣韻・質部〕〇｜作祕者，同音借字。〔文選・郭有道碑文〕「棲遲｜邱」集釋。

𢯷 ｜，刺也。〔廣韻・質部〕引〔方言〕。又〔集韻・質部〕。〇柲、抋、畢、｜、鉍並字異義同。〔方言一二〕「柢、柲，刺也」箋疏。〇｜亦作抋，刺也，字異音義同。（同上）疏證。〇｜亦作抋。〔廣韻・質部〕

抋 ｜，刺也。〔集韻・質部〕〇｜，擊也。（同上）

沭 ｜，水名，在琅邪。〔廣韻・術部〕〇｜，一曰拔也。〔集韻・術部〕〇｜，字亦作怵。〔方言一〇〕「江湘之間凡窘猝怖遽謂之潤｜」疏證。〇｜，或作術。〔說文〕「｜，水，出青州浸」義證。〇｜，〔前志〕作術。〔說文〕「｜，水，出青州浸」段注。〇｜，各本譌作沐。〔廣雅・釋訓〕「潤｜，怖懅也」疏證。

滵 ｜，水流疾皃。〔集韻・質部〕〇｜汩，水流皃。〔廣韻・質部〕

榓 ｜，香木。〔廣韻・質部〕又〔集韻・質部〕。

𣗲 木｜，樹名。〔廣韻・質部〕〇｜或从密作榓。〔集韻・質部〕

𪁉 ｜，鳥名。〔廣韻・質部〕〇｜肌，鳥名。〔集韻・質部〕〇｜通作密。（同上）〇｜或省作鴓。（同上）

𠃵 ｜，貪也。〔廣韻・質部〕

滭 ｜，去滓。〔廣韻・質部〕又〔集韻・質部〕。〇｜之言逼，謂逼取其汁也。〔廣雅・釋詁二〕「｜，盪也」疏證。〇｜或从皀作𣶫。〔集韻・質部〕

噊 〔說文定聲・卷一二〕｜，字从口，當訓危言也。〔說文〕「｜，危也」。〇｜，鳥鳴。〔廣韻・術部〕〇｜，一曰鳴也。〔集韻・術部〕〇｜蓋譎之別體。〔釋詁〕「｜，危也」述聞。

鱊 ｜，小魚名。〔廣韻・術部〕〇｜，魚名。〔集韻・黠部〕〇｜鮬，魚名。〔集韻・術部〕

𧾩 ｜，走意。〔廣韻・術部〕〇｜，走皃。〔集韻・質部〕〇｜或从出作趉。（同上）〇｜，疑與𧼯同字。〔說文定聲・卷一四〕

𧼯 ｜，狂走。〔集韻・術部〕〇｜，狂走皃。〔集韻・質部〕〇｜，急疾之皃也。〔說文〕「｜，狂走也」繫傳。〇僪、｜、獝並同義。〔廣雅・釋詁四〕「僪，狂也」疏證。〇｜，同𧾩。〔廣韻・術部〕〇｜或从足作蹫。〔集韻・術部〕〇〔說文定聲・卷一二〕｜，字亦作僪。〔呂覽・明理〕「有倍僪」。〇（同上）｜，字亦作獝。〔東京賦〕「斮獝狂」。〇（同上）｜，字亦作𦐒。〔江賦〕「鼓翅𦐒𦑝」。

𧃍 ｜，草名。〔廣韻・術部〕又〔集韻・質部〕。〇｜，艸名，｜子，生可食，一曰馬芹。〔集韻・術部〕引〔廣志〕。

𨣧 ｜，醬也。〔廣韻・術部〕又〔集韻・質部〕。〇｜與醴略同。〔說文定聲・卷一二〕

𧐖 ｜，｜蟥也。〔廣韻・術部〕〇｜蟥，蛂也，甲蟲，以翼鳴，大如虎豆，色綠，〔爾雅〕作蛂蟥，〔考工〕鄭注作發皇，此蟲長寸許，金碧熒然，吾蘇婦女用為首飾，俗謂之金烏蟲。〔說文定聲・卷一二〕〇｜，蝗也。〔集韻・術部〕〇｜，字亦作蛂。〔說文定聲・卷一二〕

𦬕 ｜，草木初生。〔廣韻・術部〕〇｜，艸華。〔集韻・術部〕

𡛗 ｜，終也。〔說文〕「｜，大夫死曰｜」繫傳。又〔廣韻・術部〕。〇｜通作卒。〔說文〕「｜，大夫死曰｜」義證。又〔集韻・術部〕。〇｜，經傳通作卒。〔廣雅・釋詁三〕「｜，竟也」疏證。〇〔曲禮〕、〔白虎通〕字皆｜作卒，於〔說文〕為假借。〔說文〕「｜，大夫死曰｜」段注。

𡞲 ｜通作卒。〔釋詁〕「｜，終也」郝疏。〇｜，經傳皆以卒為之。〔說文定聲・卷一二〕

詸 ｜，誘也。〔國策・秦策二〕「｜於楚」鮑注。又〔魏策一〕「橫人｜王」補正。又〔通鑑・漢紀八〕「｜邪臣浮說」音注。又〔說文〕「羑，相｜呼也」繫傳。

又〔慧琳音義·卷九四〕引〔考聲〕。○丨，謏丨，誘也。〔廣韻·術部〕○誘丨，教導也，引也。〔慧琳音義·卷三八〕○丨、怵字通。〔國策·秦策二〕「丨於楚」補正。○丨或借怵字。〔說文〕「丨，誘也」義證。○〔說文定聲·卷一二〕丨，以怵為之。〔管子·心術〕「君子不怵乎好」。○丨，元作怵。〔國策·秦策二〕「丨於楚」鮑注。○丨或作怵。〔集韻·術部〕○丨，〔史〕作怵。〔國策·魏策一〕「橫人丨王」鮑注。○丨，元作謀。（同上）

鷸　丨，小鳥名。〔廣韻·術部〕

飆　丨，疾風。〔廣韻·術部〕又〔集韻·術部〕。

獝　丨，飛丨。〔集韻·術部〕

鮮　丨，魚名，鯈也。〔集韻·術部〕○丨，一曰鮹別名。（同上）○丨，鯈鮹別名。〔廣韻·術部〕

珬　丨，珂屬。〔廣韻·術部〕○珂謂之丨。〔集韻·術部〕○丨，玉名，一云珂。〔文選·吳都賦〕「致遠流離與珂丨」集釋引〔玉篇〕。○丨或作球。（同上）

膟　丨，血也。〔禮記·祭義〕「取丨膋」集解。○丨，腸閒脂。〔廣韻·術部〕又〔集韻·質部〕。○丨，丨膋，腸閒脂也。〔說文〕「膟，血祭肉也」義證引〔玉篇〕。

膟　丨，腸閒脂。〔集韻·術部〕○丨或从率作膟。（同上）○丨，今〔毛傳〕、〔禮記〕皆作膟。〔說文〕「丨，血祭肉也」段注。

寽　丨，持取，今丨禾是。〔廣韻·術部〕○凡今俗用五指持物引取之曰丨。〔說文〕「丨，五指丨也」段注。○丨，疑即捋之古文。〔說文定聲·卷一三〕○丨與捋各字。〔說文〕「丨，五指丨也」段注。

葎　丨，蔓草，有刺。〔廣韻·術部〕○丨，似葛，有刺。〔集韻·術部〕○〔說文定聲·卷一二〕丨，似葛，有刺，亦謂之葛勒。〔說文〕「丨，丨艸也」。○丨草，又名葛勒蔓。〔說文〕「丨，艸也」義證引〔本草·圖經〕。

欪　丨，無慙。〔集韻·質部〕○丨，無慙皃。〔集韻·迄部〕○丨，說也。〔集韻·質部〕○丨，訶也。〔廣韻·質部〕○丨，同咄。〔說文〕「丨，咄丨」段注。○〔說文定聲·卷一二〕丨，若中咄丨。〔說文〕「丨，咄丨，無慙，一曰無腸意」。○丨，本字當為咄之重文。〔說文定聲·卷一二〕○（同上）丨，謂咄字之借。〔說文〕「丨，咄丨，無慙」。

絀　丨，絳也，此丨之本義。〔說文〕「丨，絳也」段注。○丨，紩也。（同上）義證引〔玉篇〕。○丨，縫也。〔廣韻·術部〕又〔集韻·質部〕。○縫謂之丨。〔集韻·術部〕○丨亦縫紩之名。〔史記·趙世家〕「卻冠秫丨」志疑。○〔說文定聲·卷一二〕丨，謂借為鉥紩。〔史記·趙世家〕「卻冠秫丨」引徐廣。○丨，黜也。〔通鑑·周紀四〕「丨攻取之心，而肥仁義之地」音注。○丨猶黜。〔左傳莊公八年〕「襄公丨之」疏證。○古多叚丨為黜。〔說文〕「丨，絳也」段注。○丨、黜古字同。〔左傳莊公八年〕「襄公丨之」疏證。又（同上）洪詁。○〔說文定聲·卷一二〕丨，叚借為詘，實為曲。〔荀子·不苟〕「恭敬縛丨以畏事人」。○（同上）丨，叚借為屈。〔禮記·王制〕「君丨爵」。

葎　丨，草子甲。〔廣韻·術部〕引〔音譜〕。○丨，艸孚甲出也。〔集韻·術部〕○丨與律通。〔方言一二〕「律，始也」箋疏。○丨、茁、矞、出四字聲並相近。〔廣雅·釋詁一〕「丨、茁、矞，出也」疏證。

怵　丨，憂心也。〔廣韻·術部〕○丨，憂心皃。〔集韻·術部〕○丨，憂怖也。（同上）

遹　丨，走皃。〔廣韻·術部〕○丨，趨也。〔集韻·術部〕

沭　丨，水出皃。〔廣韻·術部〕○丨，水流皃。〔集韻·術部〕○〔說文定聲·卷一二〕丨，衍在中也。〔說文〕「丨，水皃」。

焌　丨，火燒。〔廣韻·術部〕○丨，燒也。〔集韻·術部〕○丨亦火滅也。〔廣韻·術部〕○丨，一曰火滅。〔集韻·術部〕

潏　丨，汩，水聲。〔廣韻·櫛部〕○丨汩，水流皃。〔集韻·櫛部〕

卹　丨通作比。〔說文〕「丨，輔信也」義證。○丨又通作毗。（同上）○丨，今作弼。〔說文〕「弼，輔也」義證引〔玉篇〕。○〔說文定聲·卷一二〕丨，今本以弼為之。〔說文〕「丨，輔信也」引〔虞書〕「丨成五服」。○丨，今〔尚書〕作弼。〔說文〕「丨，輔信也」引〔虞書〕「丨成五服」繫傳。○丨，今〔尚書〕作弼。（同上）段注。

䂐　丨，吳人呼短。〔廣韻·術部〕又〔集韻·質部〕。○丨，短也。〔集韻·術部〕○丨、矲、掇、叕並字異而義同。〔方言一三〕「丨，短也」箋疏。

矲　丨，短皃。〔廣韻·術部〕

㤕　丨，同矲。〔廣韻·術部〕

㤕　丨，狂也。〔廣韻·術部〕

颫　丨，小風皃。〔廣韻·術部〕○丨即颫。〔說文〕「颫，小風也」段注。○丨讀如鳥不獝之獝。〔廣雅·釋詁四〕「丨，風也」疏證。

颰　丨，風也。〔集韻·質部〕

飋　丨颸，風也。〔廣韻·櫛部〕○丨颸，風皃。〔集韻·櫛部〕○丨，字通作瑟。〔廣雅·釋訓〕「丨丨，風也」疏證。

鯚｜，魚名。〔集韻・質部〕○｜或从七作魜。（同上）

鴄｜，鴨也。〔說文〕「鶩，舒鳧也」義證引〔玉篇〕。○｜，鳥名。〔集韻・質部〕○｜通作匹。（同上）

蠠｜没，勉也。〔集韻・質部〕○｜没轉為没没，又轉為勿勿。〔釋詁〕「｜没，勉也」邵正義。○｜没聲轉為黽勉，又轉為密勿，又轉為懋慔，又轉為文莫。（同上）郝疏。○亹與｜、没、孟、勉俱一聲之轉。（同上）郝疏。○｜或从黽作䵗。〔集韻・質部〕

𧖅｜，勉也。〔說文〕「𧖅，蠭甘飴也」義證引〔玉篇〕。○｜與蠠同。（同上）○｜，今作蜜。（同上）

𡘋｜，此謂矯拂之大。〔說文〕「｜，大也」段注。○｜通作佛。〔釋詁〕「廢，大也」郝疏。○〔說文定聲・卷一二〕｜，以佛為之。〔詩〕「佛時仔肩」。○｜又通作廢。〔釋詁〕「廢，大也」郝疏。○〔說文定聲・卷一二〕｜，以廢為之。〔詩〕「廢為殘賊」。○｜蓋弼之異文。〔說文〕「｜，大也」句讀。○｜，〔玉篇〕作奥，作欶。〔說文〕「｜，大也」段注。

劼｜，用力也。〔集韻・質部〕

鉥〔說文定聲・卷一二〕｜，叚借為訹。〔晉語〕「吾請為子｜」。○假｜為訹也。〔說文〕「訹，誘也」段注。○假｜為鷸。〔說文〕「鷸，知天將雨鳥也」段注。○〔說文定聲・卷一二〕｜，以秫為之。〔史記・趙世家〕「卻冠秫絀」。

䬍｜，小風。〔集韻・術部〕○｜，小風皃。〔廣韻・薛部〕○｜與颰同。〔廣雅・釋詁四〕「颰，風也」疏證。○〔說文定聲・卷一二〕｜，字亦作颰。〔廣雅・釋詁四〕「颰，風也」。

𤵸｜、怴蓋同字。〔說文〕「｜，狂走也」段注。○〔說文定聲・卷一二〕｜，字亦作怴。〔公羊傳桓公五年〕「甲戌己丑陳侯鮑卒，曷為以二日卒之，怴也」。

䪜｜，兩頰之權也。〔說文〕「頯，權也」義證引〔急就篇〕顏注。○｜，面顴。〔集韻・沒部〕○｜，面骨。〔集韻・薛部〕○｜，面秀骨。〔廣韻・薛部〕○〔說文定聲・卷一二〕｜、顴、頄當為此字本訓。〔廣雅〕「顴、頄，｜也」。○｜，頭皃。〔集韻・術部〕○〔說文定聲・卷一二〕頡｜，疊韻連語，猶詰詘也，低曲之皃。〔說文〕「｜，頭頡｜也」。○｜通作準。〔廣雅・釋親〕「顴、頄、頯，｜也」疏證。○〔說文定聲・卷一四〕｜即準之轉音。〔廣雅・釋親〕「頯，｜也」。（「頯」下）○〔說文定聲・卷一二〕｜，以準為之。〔漢書〕「高帝隆準」。○隆｜，今〔漢書〕作隆準。〔說文〕「頯，鼻莖也」義證引〔玉篇〕。○｜或作胐。〔集韻・薛部〕

𩛃｜人，地名。〔集韻・質部〕○｜，一曰刈禾人。（同上）○｜通作銍。（同上）○｜作銍。〔史記・秦本紀〕「而乞食｜人」志疑。

袟｜，劒衣。〔集韻・質部〕○｜與秩通。〔文選・文賦〕「謬玄黃之｜敘」集釋。○｜通作秩。〔廣雅・釋言〕「｜，程也」疏證。○｜又作豒。（同上）○｜即袠字。〔漢書・地理志〕「莽曰有｜」補注引錢坫。○有｜作有杖。（同上）補注引宋祁。○｜，〔水經注〕作秩。（同上）補注引錢坫。

呹｜，疾也。〔集韻・質部〕○｜，疾貌也。〔荀子〕「呹若聲響」雜志。○｜，一曰羊呞皃。〔集韻・質部〕○｜，聲也。（同上）

鴶｜鵴，擊穀聲相轉。〔釋鳥〕「鳲鳩，｜鵴」郝疏。

僪｜，趫、獝並同義。〔廣雅・釋詁四〕「｜，狂也」疏證。○｜，狂鬼。〔集韻・質部〕○｜，日傍氣也。〔集韻・術部〕○｜或从鬼作䰬。〔集韻・質部〕○倍｜亦作背鐍。〔呂覽・明理〕「有倍｜」校正。○倍｜又作背譎。（同上）○倍｜，〔漢書〕作背穴。（同上）

𦱋｜，艸名，藜也。〔集韻・術部〕○｜當為葎。〔說文〕「茇，葎艸也」義證。

䁥｜，小目。〔集韻・質部〕

𠍇｜，行皃。〔廣韻・質部〕又〔集韻・質部〕。

𤃬｜，身寒皃。〔集韻・質部〕

劕｜劑，券也，長曰｜，短曰劑。〔廣韻・質部〕○｜通作質。〔集韻・質部〕○｜劑，〔周禮〕作質劑。〔廣韻・質部〕

㓼｜，刺也。〔集韻・櫛部〕

𦳑｜，斷也。〔集韻・質部〕

𠠸｜，有志力也。〔集韻・質部〕

𠡂｜，動也。〔集韻・迄部〕○｜｜，動也。〔集韻・質部〕

𧳜｜｜，雛兒出殼聲。〔廣韻・術部〕○｜｜，鷄子出殼聲。〔集韻・質部〕

𧳝｜，鷄出殼聲。〔集韻・術部〕○｜，鷄聲。〔集韻・薛部〕

𠮙｜｜，聲也。〔集韻・質部〕

𠯙｜｜，唾也。〔廣韻・質部〕○｜｜，唾皃。〔集韻・質部〕

吡｜，鳴｜｜。〔廣韻・質部〕○｜，鳥聲。〔集韻・質部〕○｜亦作咇。〔廣韻・質部〕

咭丨，笑。〔廣韻・質部〕〇丨，笑皃。〔集韻・質部〕

㖅丨，口鳴丨丨。〔廣韻・術部〕〇丨，聲也。〔集韻・術部〕

咰丨，飲酒皃。〔廣韻・質部〕〇丨，飲也。〔集韻・質部〕

啐丨律，聲。〔廣韻・術部〕〇丨㖨，聲也。〔集韻・術部〕〇嘈丨，衆聲。(同上)

㖨丨，鳴也。〔廣韻・術部〕又〔集韻・術部〕。〇丨或從率作𠼴。(同上)

㗚嘍丨，言不了也。〔廣韻・質部〕〇嘍丨，拏也。〔集韻・質部〕

喉丨，就丨。〔廣韻・質部〕〇噈丨，聲也。〔集韻・質部〕

嗶丨，鳴也。〔集韻・質部〕

㗒丨，叱聲。〔集韻・櫛部〕

𡂈丨，叱聲。〔集韻・櫛部〕

𡄷丨，咇丨。〔廣韻・櫛部〕〇咇丨，言多也。〔集韻・質部〕〇咇丨，聲出皃。〔集韻・櫛部〕〇丨或省作唧。(同上)

𡃓丨，鼠聲。〔廣韻・質部〕又〔集韻・質部〕。

䩭丨，笑皃。〔集韻・質部〕

𡊄丨，高也。〔集韻・術部〕

𡒐丨，塞也。〔廣韻・質部〕又〔集韻・質部〕。

𡐎丨，山小也。〔集韻・質部〕

𡚬丨，女不謹也。〔集韻・質部〕

妼丨，女有容儀。〔廣韻・質部〕〇丨，婦容。〔集韻・質部〕

𡟲丨厥，婦人皃。〔集韻・質部〕

峚丨，山，音密。〔通雅・地輿〕

𡽻丨，道邊堂如牆也。〔廣韻・質部〕〇丨，終南山道名。〔集韻・質部〕〇丨通作畢。(同上)

𣲷丨，水流皃。〔廣韻・質部〕

𢓊丨，行也。〔廣韻・質部〕〇丨，行皃。〔集韻・質部〕

𢔌丨徲，搖也。〔集韻・質部〕

㤂丨，怖也。〔廣韻・質部〕又〔集韻・質部〕。

𢢪丨，憂悶也。〔集韻・術部〕

扎丨，丨摘。〔廣韻・質部〕〇丨，摘也。〔集韻・質部〕〇丨或作擮。(同上)

捽丨，把丨。〔廣韻・術部〕〇丨，持也。〔集韻・術部〕

揤丨，丨拭。〔廣韻・質部〕〇丨，拭也。〔集韻・質部〕

𢪏去滓汁曰丨。〔集韻・術部〕

𢴯丨，擣也。〔集韻・質部〕〇丨通作挃。(同上)

搮丨，以手理物。〔廣韻・質部〕又〔集韻・質部〕。

搵丨，拭也。〔集韻・質部〕

𢷺丨，挃丨。〔廣韻・櫛部〕

𥄼丨，急速。〔集韻・質部〕

𦢊丨，月在乙也。〔廣韻・術部〕〇月在乙曰丨。〔集韻・術部〕〇丨，一曰月見西方。通作橘。(同上)

札丨，甲葉也。〔集韻・櫛部〕

柲丨，偶也。〔廣韻・質部〕又〔集韻・質部〕。〇丨或从金作鉍。(同上)

紩丨，帆索。〔廣韻・質部〕〇丨，颿索。〔集韻・質部〕〇丨，義亦與紩同。〔廣雅・釋器〕「紩，繩索也」疏證。

𣘐丨，木名。〔集韻・質部〕〇宋清明禁衛作樂四出曰丨脚。〔通雅・天文〕

欥｜，吹也。〔集韻·質部〕〇｜，吹｜。〔廣韻·質部〕

歍｜，嗚｜｜。〔廣韻·術部〕

欻｜，飲也。〔廣韻·術部〕〇口飲謂之｜。〔集韻·術部〕

⿱巛夕｜，水流皃。〔集韻·質部〕

⿰女戌｜，妲也。〔集韻·術部〕

⿰臣失｜，手拔物也。〔廣韻·質部〕〇｜，拔也。〔集韻·質部〕

汽｜，水涸，今謂去飯水為｜。〔集韻·質部〕

⿰氵⿱出土｜，淖賤也。〔集韻·質部〕

泧｜，水流皃。〔集韻·質部〕

洷｜，水也。〔集韻·質部〕

淬｜，流也。〔集韻·術部〕

⿰氵⿱出土｜洼，泥淖。〔集韻·質部〕

滵｜，｜溢也。〔廣韻·質部〕

⿰氵朮｜，水流｜｜。〔廣韻·術部〕〇｜｜，水流皃。〔集韻·術部〕

⿰氵益｜溢，水皃。〔集韻·質部〕〇｜或作溢。〔同上〕

⿰火朮｜，煙出。〔廣韻·術部〕〇｜，煙也。〔集韻·術部〕

炪｜，火聲。〔集韻·術部〕〇｜爩，煙皃。〔同上〕

⿰火戌｜，狂也，齊人語。〔集韻·質部〕〇｜，一曰怒也。〔同上〕

燏｜，火光。〔廣韻·術部〕〇｜，火光皃。〔集韻·術部〕

⿰牜率｜，板也。〔集韻·質部〕

⿰犭朮｜，獸名。〔廣韻·術部〕

狤｜，狂也。〔廣韻·質部〕又〔集韻·質部〕。〇｜⿰犭屈，獸名，出西域，噉熏陸香，身無毛。〔同上〕

⿰犭畢｜，獸名。〔集韻·質部〕

⿰王畢｜，青白玉管，天之所授。〔廣韻·質部〕〇｜，玉管。〔集韻·質部〕

⿸疒乙｜，痒也。〔集韻·質部〕

⿰古皮｜，黑｜。〔廣韻·質部〕〇｜，皮黑。〔集韻·質部〕

⿰革皮畫韋曰｜。〔廣韻·質部〕

⿰目朮｜，深目皃。〔廣韻·術部〕〇｜，目動。〔集韻·質部〕

⿰目密｜｜，不可測量也。〔廣韻·質部〕又〔集韻·質部〕。

⿰目⿱監皿｜｜，不測也。〔廣韻·質部〕

⿰黹出｜｜，出。〔廣韻·術部〕〇｜，出也。〔集韻·術部〕

⿰矢室｜，短也。〔廣韻·質部〕又〔集韻·質部〕。

祑｜，祭有次也。〔集韻·質部〕又〔楚辭·愍命〕「逐下｜於後堂兮」補注。

⿰豈几｜，不能行也。〔廣韻·術部〕又〔集韻·術部〕。

⿰礻畢｜，竈上祭。〔廣韻·質部〕又〔集韻·質部〕。

⿰衤畢｜，竈上祭也。〔說文〕「趩，一曰竈上祭也」義證引〔玉篇〕。

秜｜，稻先熟者。〔集韻·質部〕

⿰禾弗｜稠，禾重先。〔廣韻·質部〕又〔集韻·質部〕。

秸｜鞠，鳴鳩也。或作鵠。〔集韻·質部〕

秷｜，刈禾聲。〔廣韻·質部〕

⿰禾即　⿰禾弗丨，禾重生。〔廣韻·櫛部〕

⿰禾栗　丨丨，積禾皃。〔集韻·質部〕

稡　丨，糲米。或从米作粹。〔集韻·術部〕

⿰禾節　⿰禾弗丨，禾重生皃。或省作⿰禾即。〔集韻·櫛部〕

突　丨，穴也。〔集韻·質部〕

⿱穴皿　丨，鑿穴居也。〔集韻·術部〕

窸　丨，從穴出也。〔廣韻·質部〕又〔集韻·質部〕。

⿱穴焦　丨宅，鼠在穴中聲。〔集韻·質部〕

笜　丨，竹筍生皃。〔集韻·術部〕

⿱竹聿　丨，竹丨，以射鳥也。〔廣韻·術部〕○丨，竹管，以射鳥。〔集韻·術部〕○丨或从律作箻。〔同上〕

箤　丨，等也。〔集韻·術部〕

篥　觱丨，胡樂。〔廣韻·質部〕○觱丨，胡人吹葭管也。〔集韻·質部〕

⿱竹悉　丨，竹名，空小而有穰。〔集韻·質部〕

⿰米率　清明出遊曰丨脚。〔通雅·天文〕

⿰糸聿　丨丨長。〔廣韻·術部〕○丨，長也。〔集韻·術部〕

綼　丨，紟也。〔廣韻·質部〕又〔集韻·質部〕。

⿰糸頁　丨，絆前足。〔集韻·術部〕

⿰糸瑟　丨丨，色也。〔廣韻·櫛部〕又〔集韻·櫛部〕。○丨通作瑟。〔同上〕

狘　丨，飛去皃。〔廣韻·術部〕

⿰卒羽　丨，飛疾皃。〔集韻·術部〕

耴　贅丨，魚鳥狀也。〔廣韻·質部〕○贅丨，魚鳥之狀。〔集韻·質部〕

⿰月匹　丨，牝丨。〔廣韻·質部〕

胇　丨肸，大皃。〔廣韻·質部〕又〔集韻·質部〕。○丨或从必作⿰月必。〔同上〕

⿰月質　丨⿰月畀，刀箭瘡藥。〔廣韻·質部〕○丨⿰月畀，藥也，可治金瘍。〔集韻·質部〕○丨通作質。〔同上〕

⿸厂侄　侄丨，愛觸忤人也。〔廣韻·質部〕○侄丨，牴牾也。〔集韻·質部〕○侄丨，一曰不循理。〔同上〕

⿰舟乙　丨，舟行。〔廣韻·質部〕○丨，舟行皃。〔集韻·質部〕○舟行謂之丨。〔集韻·迄部〕

⿰舟日　丨，舟飾。〔集韻·質部〕

蓽　丨，棄糞器。〔廣韻·質部〕○丨，箕屬。〔集韻·質部〕

⿱艹栗　丨，草名。〔廣韻·質部〕又〔集韻·質部〕。

⿱艹桼　丨，艸名，似蘇。〔集韻·質部〕

⿱艹泰　丨，草似蘇也。〔廣韻·質部〕

⿱艹⿱桼心　丨，同藤。〔廣韻·質部〕

⿱艹術　丨，艸名，小薊也。〔集韻·術部〕

藤　丨，牛丨。〔廣韻·質部〕○牛丨，藥艸。〔集韻·質部〕○丨又作⿱艹⿱桼心。〔廣韻·質部〕○丨或作⿱艹⿱桼心。〔集韻·質部〕○丨，〔本草〕作膝。〔廣韻·質部〕

⿰虫必　丨，黑蜂。〔廣韻·質部〕○丨，蠭屬。〔集韻·質部〕

⿰虫戌　丨，海蟀。〔廣韻·術部〕○丨，水蟲名，海蟀也。〔集韻·術部〕

蝍　丨，飛蟲。〔廣韻·質部〕

⿰虫聿　丨，蟲名。〔集韻·術部〕

螏　丨蟍，蟲名，似蝗，食蛇腦。〔集韻·質部〕○丨通作蒺。〔同上〕

⿱疾䖵　蒺蔾，亦作丨蟍。〔廣韻·質部〕引郭璞。

螲 丨，螻蛄。〔廣韻・質部〕

𧖅 丨，小蟲。〔廣韻・質部〕〇丨，蝨蟲。〔集韻・質部〕〇丨，一曰蟲食病。(同上)

祋 丨，殳也。〔集韻・質部〕

袕 丨，衣開孔也。〔集韻・術部〕

䘹 丨，衣也，褐謂之丨。〔集韻・質部〕〇裾丨，短衣。〔廣韻・質部〕

覟 丨，視也。〔集韻・質部〕〇丨或从目作眰。(同上)

𧦴 丨，靜也。〔集韻・術部〕

謚 丨，靜也。〔廣韻・術部〕

𧩤 丨，敬也。〔集韻・質部〕

𧻁 丨，走也。〔廣韻・術部〕〇丨，走皃。〔集韻・術部〕〇丨，走出也。(同上)

𧽘 丨，走遽也。〔集韻・質部〕

䟱 丨，走意。〔廣韻・質部〕〇丨，走皃。〔集韻・質部〕

跊 丨，獸迹。〔說文〕「麠，鹿迹也」義證引〔玉篇〕。又〔廣韻・術部〕。〇流沙之東有獸，左右有首，名曰丨踢。〔集韻・術部〕引〔山海經〕。〇丨或从犬作狘。(同上)

蹕 丨，走也。〔廣韻・質部〕又〔集韻・質部〕。

𨊾 丨，刷纑具。〔集韻・質部〕

𨎇 丨，車聲。〔廣韻・質部〕〇丨，車名。〔集韻・質部〕

𨒅 丨，衆走皃。〔集韻・質部〕

𨓜 丨，行皃。〔廣韻・術部〕又〔集韻・術部〕。

鄎 丨，顙下。〔廣韻・術部〕

釰 丨，鈍也。〔集韻・質部〕

鉍 丨，矛柄。〔廣韻・質部〕〇矛穳謂之丨。〔集韻・質部〕

銊 丨，鋸聲。〔廣韻・術部〕又〔集韻・術部〕。〇一曰鉍丨，鎖鈕也。(同上)

銉 丨，針丨。〔廣韻・術部〕〇丨，針也。〔集韻・術部〕

鏃 丨鏎，鐵撾。〔集韻・質部〕

鏎 丨，簡丨。〔廣韻・質部〕〇丨，簡也。〔集韻・質部〕

鐍 丨，錐也。〔集韻・術部〕

𨳝 門閾謂之丨。〔集韻・質部〕

𨺸 丨，顙也。〔集韻・術部〕

鞊 丨，鞅也。〔集韻・質部〕

𩋧 丨，刀丨。〔廣韻・質部〕〇刀削謂之丨。通作室。〔集韻・質部〕

韠 丨，裳前之蔽也。〔左傳桓公二年〕「藻率、鞞、鞛、鞶、厲、游、纓，昭其數也」疏證引〔五經要義〕。

䫺 丨，風皃。〔集韻・質部〕

𩗳 丨，風聲。〔集韻・質部〕

𩛛 丨，臭也。〔集韻・質部〕

饆 丨饠，餌也。〔廣韻・質部〕〇丨饠，餅屬。〔集韻・質部〕〇丨或从麥作麧。(同上)

𩣡 丨，馬色。〔廣韻・質部〕又〔集韻・質部〕。

驇 丨，馬名。〔集韻・質部〕

𩴲 丨，鬼名。〔集韻・術部〕

𩶞 丨，魚名。〔集韻・質部〕

鮅｜，魚名。〔廣韻・質部〕又〔集韻・質部〕。

鳦｜，鳥聲。〔集韻・質部〕

鴓｜，鳥名，如鵲。〔集韻・質部〕〇鵠｜，鳥名。〔同上〕

鵹｜，鳥名。〔集韻・質部〕

黢｜，黑也。〔集韻・術部〕

續經籍籑詁卷第九十四

入聲

五 物

物｜，萬｜也。〔廣韻・物部〕〇｜之言萬｜也。〔易・繫辭傳〕「｜以羣分」平議。〇｜謂鳥獸。〔大戴・盛德〕「｜謂禽獸草木。〔孟子・盡心上〕「君子之於｜也」朱注。〇｜謂器用。〔大戴・盛德〕「財｜失量」王詁。〇｜謂牲玉之屬。〔左傳莊公三二年〕「亦其｜也」疏證。〇｜，又旗名。〔廣韻・物部〕〇〔說文定聲・卷一二〕｜，長三尺，横一尺二寸，以丹若墨畫地作十字形，履之以射也。〔儀禮・鄉射禮記〕「｜長如笴」。〇｜，幣也。〔孟子・告子下〕「儀不及｜曰不享」朱注。〇｜謂日辰也。〔左傳莊公三二年〕「以其｜享焉」疏證。〇｜謂六｜，歲時日月星辰是也。〔左傳桓公六年〕「是以大｜不可以命」疏證引惠棟。〇｜，古稱六｜，唐稱禄命。〔左傳桓公六年〕「是其生也與吾同｜」洪詁引惠棟。〇｜，猶人也。〔孟子・離婁上〕「是絶｜也」朱注。〇｜，猶言人｜也。〔說文〕「妓，婦人小｜也」繫傳。〇凡｜各有形色，故天之雲色，地之土色，牲之毛色通謂之｜。〔周禮・保章〕「以五雲之色辨吉凶水旱」孫正義。〇凡牲畜以毛色別其種類通謂之｜。〔周禮・雞人〕「辨其｜」孫正義。〇｜，事也。〔大戴・四代〕「怪｜恪命不改志」王詁。又〔虞戴德〕「｜必起」王詁。又〔文王官人〕「難投以｜」王詁。又〔少閒〕「作｜配天」王詁。又〔文王官人〕「執之以｜」述聞。又〔禮記・文王世子〕「行一｜而三善皆得者」集解。又〔禮器〕「觀｜弗之察矣」集解。又〔經解〕「萬｜不生」集解。又〔孟子・離婁下〕「此｜奚宜至哉」朱注。又〔告子上〕「詩曰有｜有則」朱注。又〔國策・趙策二〕「｜不斷也」鮑注。〇｜，一曰事也。〔集韻・勿部〕〇｜，猶事。〔國策・燕策二〕「三｜者人之所能為也」鮑注。〇｜猶事也。〔禮記・禮運〕「詡萬｜」集解。又〔祭統〕「心怵而拳之」集解。又〔大學〕「致知在格｜」朱注。又〔漢書・司馬遷傳〕「萬｜之散聚皆在春秋」補注引郭松燾。又〔墨子・經下〕「｜盡同名」閒詁。又〔義府・卷下〕。〇｜亦事也。〔大戴・主王官人〕「營之以｜而不虞」王詁。又〔墨子・兼愛上〕「天下之亂｜」閒詁。〇｜之為事。〔述聞・通說上〕〇｜，事｜也。〔孟子・離婁下〕「舜明於庶｜」朱注。〇｜，類也。〔左傳宣公一五年〕「謂此｜也夫」述聞。又〔漢書・賈誼傳〕「比｜此志也」補注。〇｜猶類也。〔漢書〕「｜土貢」雜志。〇｜訓為類。〔述聞・通說上〕〇｜字本訓牛色，轉注為凡色，凡有形者皆有色，又轉注為形，實為事類也。〔說文定聲・卷一二〕〇｜，又有法則義。〔述聞・通說上〕〇｜當為總。〔管子・小匡〕「珍異｜聚」平議。〇｜，品｜也。〔易・同人象傳〕「類族辨｜」述聞。〇｜如其品以辨別之，則

謂之丨。(同上)○〔説文定聲·卷一二〕丨馬猶相馬也。〔周禮·校人〕「丨馬而頒之」。○丨官，量能授官也。〔左傳昭公一四年〕「任良丨官」洪詁引賈逵。○丨官，相其才之所宜而官之是也。(同上)洪詁引鄭衆。○丨官者，謂丨色之，使各當其官也。(同上)平議。○〔説文定聲·卷一二〕丨土，猶覛土也。〔左傳昭公三二年〕「丨土方」。○丨宜謂陽。〔易·繫辭上傳〕「象其丨宜」李疏引虞注。○歾、丨聲近而義通。〔漢書·蘇建傳〕「前以降及丨故」補注。○丨故猶言死亡。〔漢書〕「丨故」雜志。○丨、勿古字通也。〔春秋繁露·楚莊王〕「丨襲所代」平議。○丨當為勿，古字本通也。〔呂覽·恃君〕「利而丨利章」平議。○沕、昒、丨古字通。〔淮南子〕「丨穆」雜志。○〔説文定聲·卷一二〕丨段借為勿。〔周禮·司常〕「雜帛為丨」。○(同上)丨段借為昒。〔周禮·卝人〕「則丨其地」。○(同上)段借為歾。〔漢書·司馬相如傳〕「士卒多丨故」。○〔説文定聲·卷九〕丨者，歾之借字。〔史記·匈奴傳〕「士卒丨故」。(「故」下)○丨，讀如與吾同丨之丨。〔左傳莊公三二年〕「以其丨享焉」疏證。○丨，讀如〔既夕禮〕〔冢人〕丨土之丨。〔左傳成公二年〕「丨土之宜」疏證引惠棟。○丨與歾同。〔漢書〕「丨故」雜志。○丨當從南本作歾。〔漢書·蘇建傳〕「前以降及丨故」補注引宋祁。○丨亦利之誤字。〔禮記·祭義〕「致丨用以立民紀也」平議。○丨，蓋旃之訛也。〔説文〕「勿，或从㫃」段注。○丨，〔御覽〕作民。〔呂覽·大樂〕「萬丨安寧」校正。○丨，舊校云一作邦。〔呂覽·審分〕「萬丨羣牛馬也」校正。

佛

〔説文定聲·卷一二〕西域之通人，彼處謂之丨，猶中國言聖也。〔水經注·穀水〕「西方有神，名曰丨」。○丨，又發聲之詞。〔荀子·非十二子〕「丨然平世之俗起焉」集解。○丨，仿丨。〔説文定聲·卷一二〕○(同上)仿丨，雙聲連語。〔寡婦賦〕「目仿丨乎平素」。○(同上)丨鬱，疊韻連語。〔笙賦〕「中丨鬱以佛悁」。○丨、咈、拂、悖並字異而義同。〔廣雅·釋詁四〕「咈，盭也」疏證。○丨豆，蠶豆也。〔通雅·穀蔬〕○丨耳艸，即巖蕊頭。〔通雅·艸〕引〔茹艸編〕。○丨耳艸，一名茸母，即鼠耳，或曰米麴〔爾雅〕之蘇菽也。〔通雅·艸〕○丨與奘通。〔廣雅·釋詁一〕「奘，大也」疏證。○丨弼通。〔詩·敬之〕「丨時仔肩」朱傳。○丨假為弼也。(同上)通釋。○〔説文定聲·卷一二〕丨借為弼。〔詩·敬之〕「丨時仔肩」。○丨即奞之段借也。〔説文〕「奞，大也」段注。○丨又奞之借字。(同上)句讀。○〔説文定聲·卷一二〕丨段借為奞。〔詩·敬之〕「丨時仔肩」。○(同上)丨段借為拂，實為弗。〔禮記·曲禮〕「獻獸者丨其首」。

拂

丨，擊也。〔廣韻·物部〕○丨，擊而過之也。〔説文〕「丨，過擊也」繫傳。○丨，隨擊隨過，蘇俗語謂之拍也，與拭略同。〔説文定聲·卷一二〕○丨，輕擊也。〔慧琳音義·卷六四〕引〔考聲〕。○丨是擊稾之杖。〔漢書·王莽傳〕「必躬載丨」補注引沈欽韓。○丨，去也。〔廣韻·物部〕○丨，除也。(同上)○丨，亦除也。〔廣雅·釋詁二〕「丨，去也」疏證。○丨，拭也。〔廣韻·物部〕○丨即飾。〔説文〕「撆，一曰擊也」段注。○丨，戾也。〔詩·皇矣〕「四方以無丨」朱傳。又〔孟子·告子下〕「行丨亂其所為」朱注。○丨，逆也。〔大學〕「是謂丨人之性」朱注。○丨猶拂也，方俗語有輕重耳。〔廣雅·釋詁三〕「丨，拔也」疏證。○丨者，丨汨鼓動之貌。〔大戴·文王官人〕「怒色丨然以侮」王詁。○丨、咈、佛、悖，並字異而義同。〔廣雅·釋詁四〕「咈，盭也」疏證。○丨士，輔弼之賢士也。〔孟子·告子下〕「入則無法家丨士」朱注。○丨與怫通。〔方言五〕「僉，或謂之怫」箋疏。○丨與剕通。〔廣雅·釋詁一〕「剕，斷也」疏證。○丨與費通。〔墨子〕「費」雜志。○丨與咈通。〔易·頤〕「顛頤，丨經于丘頤」李疏。○丨、茀、弗、祓古字並通，義亦相近。〔方言三〕「丨，拔也」箋疏。○〔説文定聲·卷一二〕丨段借為、。〔晉語〕「丨衣從之」。○(同上)丨段借為拔。〔夏小正〕「丨桐芭」。○(同上)丨段借為茀。〔離騷〕「折若木以丨日兮」。○(同上)丨段借為弼。〔廣雅·釋詁四〕「丨，輔也」。○丨與弼同。〔孟子·告子下〕「入則無法家丨士」朱注。又〔廣雅·釋詁四〕「丨，輔也」疏證。○〔説文定聲·卷一二〕丨段借為咈。〔史記·老莊申韓傳〕「大忠無所丨辭」。○丨，段字，咈，正字。〔墨子·七患〕「臣懾而不敢丨」閒詁。○〔説文定聲·卷一二〕丨段借為咈，實為弗。〔易·頤〕「丨經于邱頤」。○丨亦艴之借字。〔周書〕「薦然」雜志。○丨字疑艴之段音。〔荀子·性惡〕「若是則兄弟相丨奪矣」平議。○丨讀為剕。〔漢書〕「丨其頸」雜志。○丨讀為弼。〔荀子·臣道〕「無撟丨」集解引盧文弨。又〔廣雅·釋詁四〕「丨，輔也」疏證。○丨，今本作咈。〔釋名·釋車〕「轡，丨也」疏證。

屈

丨，引伸為凡短之稱。〔説文〕「丨，無尾也」段注。○丨猶傾也。〔説文〕「无，王育說天丨西北為无」段注。○丨，盡也。〔通鑑·漢紀二〕「情見勢丨」音注。○丨者竭也。〔周書〕「丨而無以賞」雜志。又〔晏子春秋〕「昭君不丨民財」雜志。○丨竭同訓。〔漢書·五行志〕「百姓丨竭」補注。○丨，財力困也。〔國策·秦策五〕「寡人丨於内」鮑注。○丨，拗曲。〔廣韻·物部〕○丨，曲也。〔集韻·迄部〕○〔通雅·卷五〕丨笮，委曲也。〔和洽傳〕「高祖每在丨笮，蕭曹恭順」。○丨，請也。〔集韻·迄部〕○丨，服。〔詩·泮水〕「丨此羣醜」朱傳。○丨與收斂義同。〔釋詁〕「丨，聚也」邵正義。○丨者，蟠丨，有聚斂之意。(同上)郝疏。○〔通雅·卷四〇〕曰丨曰頭，皆數也。〔北户録〕「謝官賜交州米麲四百丨」。○丨、屜、鶌並同義。〔廣雅·釋詁二〕「屈，短也」疏證。○〔通雅·卷四二〕丨龍即游龍，所謂紅蘢也。〔淮南子·墬形〕「海閭生丨龍」。○丨戌即丨膝，或作鈯鉞，乃受鎖之搭連卷口也。〔通雅·卷三四〕○凡鈎上之絡索可名丨戌。(同上)○丨郄，所以持門户之鍵也。〔字詁〕丨銀，與缺戲齒亦同。〔方言一〕箋疏。○百官于中書見宰相，九卿而下，即省吏高聲喝一聲「丨」，船趨而入，宰相揖，及進茶，皆抗聲贊喝，謂之丨揖。〔通雅·禮儀〕○丨與踋通。〔廣雅·釋詁二〕「踋，力也」疏證。○丨又通闕。〔釋詁〕「丨，聚也」郝疏。○丨又通厥。(同上)○丨與詘通。〔廣雅·釋詁四〕「襞，詘也」疏證。又〔釋訓〕「蹇産，詰詘也」疏證。○丨通作詘。〔釋詁〕「丨，聚也」郝疏。○〔説文定聲·卷一二〕丨段借為詘，實為曲。〔釋詁〕「丨，聚也」。○丨乃曲之段借。

〔說文〕「冤，一也」句讀。○〔說文定聲·卷一二〕一段借為剧，謂刻繒為翟雉形。〔禮記·玉藻〕「君命一狄」。○（同上）一段借為汨。〔詩·泮水〕「一此羣醜」。○（同上）一段借為闋。〔荀子·禮論〕「案一然已」。○一，崛借字。〔漢書·敘傳〕「而得一起在此位者也」補注。○一，段借為崛。〔說文定聲·卷一二〕○一與勢古同聲。〔廣雅·釋詁一〕「勢，强也」疏證。○一，古誳字。〔詩·泮水〕「一此羣醜」陳疏。○古一伸字多作詘信。〔說文·敘〕「引而申之」段注。○今人一伸字古作詘申。〔說文〕「一，無尾也」段注。○一亦作詘。〔說文〕「伸，一伸」段注。○〔說文定聲·卷一二〕一字亦作黜。〔方言一三〕「黜，短也」。○一崛同。〔漢書·廣川惠王傳〕「謀一奇」補注。○一與屈同。〔廣雅·釋詁二〕「屈，短也」疏證。○一與崛同。〔漢書·揚雄傳〕「遊觀一奇瑰瑋」補注。○一務，〔左傳〕作厥務。古厥一同部，段借字。〔公羊傳文公一〇年經〕「楚子蔡侯次于一務」陳疏。○一固，即〔左傳〕之蘧固。〔漢書·古今人表〕「一固」補注引錢大昕。○一當作詘。〔釋名·釋言語〕「拙，一也」疏證。○一當作誳字也。〔說文〕「詘，詰詘也」繫傳。○一當為屈。〔說文〕「趉，走也，讀若無尾之一」義證。○一當讀黜。〔詩·泮水〕「一此羣醜」通釋。○舊校云，一一作有。〔呂覽·報更〕「堪士不可以驕恣一也」校正。

屈 俗分一屈為二字，不知屈乃一之隸變。〔說文〕「屈，無尾也」段注。○一，無尾也。〔慧琳音義·卷七〕○一，短也。（同上）○一，短尾鳥。〔廣韻·物部〕

𡳐 一，短尾犬。〔廣韻·物部〕○屈、一、鶌並同意。〔廣雅·釋詁二〕「屈，短也」疏證。

鬱 一，木叢生者。〔詩·晨風〕「一彼北林」後箋。又〔集韻·迄部〕引〔說文〕。○一，茂盛貌。〔詩·晨風〕「一彼北林」朱傳。○一，森一。〔說文〕「一，木叢生者」繫傳。○一為盛氣之義。〔釋言〕「一，氣也」郝疏。○一，氣也。〔廣韻·物部〕○一，幽也。（同上）○一，一曰幽也。〔集韻·迄部〕○一，長也。〔廣韻·物部〕○一，長思也。〔慧琳音義·卷一三〕引〔考聲〕。○一，悠思也。〔廣韻·物部〕○一陶，思之甚而氣不得伸也。〔孟子·萬章上〕「一陶思君爾」朱注。○喜意未暢謂之一陶。〔廣雅·釋詁二〕「一悠，思也」疏證。○憂思憤盈亦謂之一陶。（同上）○一陶，轉為一悠。〔釋詁〕「一陶，喜也」郝疏。○憂思憤盈謂之一悠。〔方言一〕「一悠，思也」箋疏。○一陶，一悠古同聲。〔廣雅·釋詁二〕「一悠，思也」疏證。○一悠，轉言之曰一邑，亦作一悒。〔方言一〕「一悠，思也」箋疏。○火氣蘊積謂之一攸。〔方言一〕「一悠，思也」箋疏。○一攸與一悠同。（同上）○一邑，憂貌。〔離騷〕「忳一邑余侘傺兮」補注。○一，搖，喜貌。〔說文〕「傜，喜也」義證引〔樂稽耀嘉〕注。○一，滯也。〔廣韻·物部〕○一，腐臭也。（同上）○一，高出之貌也。〔廣雅·釋詁一〕「一，出也」疏證。○凡上起謂之一，亦謂之蓊。〔廣雅·釋草〕「蓊，薹也」疏證。○一為築煮之名。〔詩·江漢〕「秬鬯一卣」後箋。○一泥，言其色也。〔通雅·卷三六〕○一，香草。〔廣韻·物部〕○一，一金，香草也。〔禮記·郊特牲〕「一合鬯」集解。○一金，即薑黃。〔說文〕「鬱，芳艸也」義證引〔通志〕。○今之一金，皆蕉本也。〔通雅·艸〕○一金，或謂之馬蒁。〔說文〕「鬱，芳艸也」義證引〔本草〕注。○一即陳藏器所云一臭草。〔說文〕「萑，艸多皃」義證。○〔說文定聲·卷一二〕一即郁李也，一郁雙聲。〔詩·七月〕「六月食一及薁」。○一，棣屬。〔詩·七月〕「六月食一及薁」朱傳。○一為唐棣之屬。（同上）後箋。○〔通雅·卷三九〕一養彊孰，冬生茹也。〔貢禹傳〕「蘊火所生一養熟彊諸菜」。○〔通雅·卷一七〕一棲，糞壤也。〔至樂〕「陵舄得一棲」。○一、滃、塕聲義並同。〔廣雅·釋草〕「蓊，薹也」疏證。○一通作蘊。〔方言一二〕「一，長也」箋疏。○〔說文定聲·卷一二〕一，段借為蘊。〔管子·君臣〕「一令而不出者幽其君者也」。○一，段借為淤。〔說文定聲·卷一二〕○（同上）一，段借為菸。〔廣雅·釋器〕「一，幽也」。○（同上）一，段借為越。〔素問·至真要大論〕「諸氣膹一」。○（同上）一，段借為鬱。〔家語·哀公問政〕「加以一鬯」。○一郁音近。〔史記·陳杞世家〕「弟平公一立」志疑引譙周。○一薁聲之轉也。〔廣雅·釋木〕「爵某，一也」疏證。○一、蘊、菀並一聲之轉。〔方言一二〕「一，長」箋疏。○一律即畏壘之轉。〔廣雅·釋訓〕「鍡鑸，不平也」疏證。○崴魄、嵔嵬、堀礨、一壘、崴魁皆畏壘之變轉也。（同上）○一與鬱同。〔釋言〕「一，氣也」郝疏。○一字舊作鬱。〔說文〕「一，今一林郡也」段注。○一字俗作欝。〔說文定聲·卷一二〕○一，俗作郁。〔本草·郁金香〕○〔說文定聲·卷一二〕一字亦作灪。〔海賦〕「澎濞灪礧」。○一當作鬱。〔說文〕「萑，草也，詩曰食一及萑」義證。○一，齊作温。〔詩·晨風〕「一彼北林」集疏。○一，魯作宛。（同上）○一，經傳或以菀為之。〔說文定聲·卷一二〕○一，經傳或以蔚為之。（同上）

𩰪 一為艸，若蘭也。〔說文〕「一，芳草也」繫傳。○一與煴聲義皆同。〔說文〕「煴，鬱煙也」段注。○一，經傳皆以鬱為之。〔說文定聲·卷一二〕

欝 一，同鬱。〔廣韻·物部〕

𣡾 一，韞也。〔慧琳音義·卷一一〕引〔考聲〕。○一然，氣出皃。（同上）引〔桂苑珠叢〕。○一同鬱。〔集韻·迄部〕

乞 一，求也。〔廣韻·迄部〕○〔通雅·卷二六〕一身，一骸骨也。〔後漢·李通傳〕「以病上書一身」。○一，取也。〔集韻·迄部〕○一，與也。〔通鑑·梁紀一〇〕「一萬户侯」音注。又〔廣雅·釋詁三〕。○一、匄為求而又為與，義相反而實相因。〔廣雅·釋詁三〕「欸，與也」疏證。○一有汔音，與

匄轉注。〔漢書・罽賓國傳〕「一匄所得」補注引徐松。○一當作既。〔晏子春秋・雜上〕「士之一一也」平議。○一當為亟，數也。〔大戴・文王官人〕「一言勞醉而面於敬愛」王詁。○石一，〔淮南王書〕作石乙。〔左傳哀公一六年〕「勝謂石一曰」洪詁。

掘

一，搰也。〔集韻・迄部〕○一，一地。〔廣韻・物部〕○一閱，一土使解閱也。〔詩・蜉蝣〕「蜉蝣一閱」後箋引〔埤雅〕。○一閱，蓋蛣蜣生土中，一地而出，開解其穴，如闢戶然。〔詩・蜉蝣〕「蜉蝣一閱」後箋引〔虞東學詩〕。○一即窟，古字通。〔國策・秦策一〕「特窮巷一門桑戶棬樞之士耳」補正。○一字通闕。〔詩・蜉蝣〕「蜉蝣一閱」通釋。○〔說文定聲・卷一二〕一，叚借為屈。〔老子〕「虛而不一」。○〔同上〕一，叚借為堀。〔詩・蜉蝣〕「蜉蝣一閱」。○一闕二字音義無異。〔管子〕「一闕」雜志。○欻、一、扣聲並相近。〔廣雅・釋詁三〕「欻一扣，穿也」疏證。○一據當作拮據，手口共作之狀也。〔本草・藺茹〕○一，〔玉篇〕引作搰。〔左傳哀公二六年〕「一褚師定子之墓焚之」洪詁。

訖

一，止也。〔廣韻・迄部〕又〔說文・敘〕「以迄五帝三王之世」段注。○一，亦止也。〔禮記・祭統〕「一其者欲」集解。○一，言所止也。〔說文〕「一，止也」繫傳。○一，竟也。〔書・呂刑〕「惟一于富」述聞。○一，終也。〔同上〕○一通作汔。〔釋詁〕「迄，至也」郝疏。○一與汔通。〔說文〕「譏，一事之樂也」段注。○〔說文定聲・卷一二〕一，叚借為仡。〔書・秦誓〕「一一勇夫」。○一通作迄。〔釋詁〕「一，止也」郝疏。○一，或借迄字。〔說文〕「一，止也」義證。○一同迄。〔書・西伯戡黎〕「天既一我殷命」孫疏。○〔穀梁傳〕一羅，〔孟子〕謂之「遏羅」。〔說文〕「一，止也」段注。

吃

○一，語難。〔廣韻・迄部〕○一，語難也。〔慧琳音義・卷一二〕引〔考聲〕。○一，言之難也。〔通鑑・漢紀四〕「昌為人一」音注。○一，氣急重言也。〔慧琳音義・卷一三〕引〔考聲〕。○一，重也。〔慧琳音義・卷一二〕引〔韻詮〕。○一與欻相類。〔說文〕「欽，㕁」繫傳。○一、欽音義並同。〔方言一四〕「謰極，一也」箋疏。○一叨，猶堅鞕也，謂人無識也。〔慧琳音義・卷三四〕

紱

一，綬也。〔廣韻・物部〕又〔集韻・勿部〕。○一、韍、紼並字異而義同。〔廣雅・釋器〕「一，綬也」疏證。○市、芾、一、韍、黻、祓、茀、紼並字異而義同。〔廣雅・釋器〕「韍謂之緈」疏證。

黻

一，黑與青相次文。〔集韻・勿部〕○一，黑與青謂之一。〔大戴・五帝德〕「黼一衣」王詁。又〔禮記・月令〕「黼一文章」集解引〔考工記〕。○一，黼一。〔廣韻・物部〕○一，斧紋也。〔禮記・郊特牲〕「繡一丹朱中衣」集解。○一，蔽膝也，以韋為之。〔論語・泰伯〕「而致美乎一冕」朱注。○丹一，即〔易〕之朱一，作榮辱解。〔文選・范蔚宗樂游應詔詩〕「探已謝丹一」集釋。○一與韍同。〔左傳宣公一六年〕「以冕命士會將中軍」疏證。○一、市、紱、韍、茀、紼並與祓同。〔方言四〕「蔽厀，江淮之間或謂之祓」箋疏。○一，古通作茀。〔集韻・勿部〕○〔說文定聲・卷一三〕一，叚借為韍。〔論語〕「而致美乎一冕」。○一字亦作芾。〔左傳桓公二年〕「衮冕一珽」疏證。○一當作黹。〔說文〕「黹，箴縷所紩衣」義證。○一冕當為黹冕。〔釋名・釋首飾〕「一冕，一，紩也」疏證。○一，韓作紼。〔詩・終南〕「一衣繡裳」集疏。○一，〔禮〕作韍。〔左傳桓公二年〕「衮冕一珽」疏證。

韍

一，蔽膝也。〔集韻・未部〕○一，韠也。〔說文〕「綬，一維也」段注。○市、芾、紱、一、黻、祓、茀、紼並字異而義同。〔廣雅・釋器〕「一謂之緈」疏證。○一或借茀為之。〔說文〕「一，篆文市」段注。○一或借沛為之。〔同上〕○一或借芾為之。〔同上〕○〔元后傳〕一作紱，字通。〔漢書・王莽傳〕「莽帥公侯卿士奉皇太后璽一」補注引王先慎。○韠一又一聲之轉。〔廣雅・釋器〕「一謂之緈」疏證。○祓、一，一字也。〔同上〕○一，古文作市。〔說文〕「綬，一維也」段注。

綍

一，大索，葬者引車。〔廣韻・物部〕○一，引車索。〔集韻・勿部〕○一，引柩索也。〔禮記・緇衣〕「其出如一」集解。○在廟在壙舉柩之索謂之一。〔周禮・遂人〕「帥而屬六一及窆」孫正義。○一與紼同。〔同上〕

紼

一，可裝衣，可然火，可緝之為索。〔說文定聲・卷一二〕○一，綷也。〔詩・采菽〕「一纚維之」朱傳。○〔說文定聲・卷一二〕據在車曰引，據在棺曰一。〔左傳昭公三○年〕「先君有所助執一矣」。○〔說文定聲・卷一三〕一，繫印之組也。〔堯廟碑〕「印一相承」。〔「市」下〕○異色繼袖曰一。〔詩・終南〕「一衣繡裳」集疏引韓說。○引、一一物也，在塗時屬於柩車，謂之引；載時及至壙，說載除飾皆屬於棺，謂之一。〔禮記・檀弓〕「及壙，皆執一」集解。○一同綍。〔廣韻・物部〕○一、綍，義與奘同也。〔廣雅・釋詁一〕「奘，大也」疏證。○市、芾、紱、韍、黻、祓、茀、一並字異而義同。〔廣雅・釋器〕「韍謂之緈」疏證。

弗

一，矯也。〔說文〕「一，撟也」義證引〔洪武正韻〕。○一，矯也。〔說文定聲・卷一二〕○一，逆也。〔說文〕「一，撟也」義證引〔洪武正韻〕。○一者，不之治也。〔釋詁〕「一，治也」郝疏。○一之言祓也。〔詩・生民〕「以一無子」朱傳。○〔通雅・卷九〕一一，狀風聲，今作颹颹、颰颰別之。〔詩・蓼莪〕「飄風一一」。○一一，猶言觱發，謂其風之疾。〔詩・蓼莪〕「飄風一一」後箋引范處義。○一一，猶發發也。〔同上〕朱傳。○一一即拂拂，塵埃貌。〔同上〕集疏。○〔通雅・卷九〕一一，正否否之意。〔墨子〕「君必有一一之臣」。○一與，猶一如也。〔廣雅・釋言〕「與，如也」疏證。○一鬱讀為沸渭，沸渭猶汾沄，魚衆多之貌也。〔漢書・溝洫志〕「魚一鬱兮柏冬日」補注引王念孫。○一協者，言多怨言。〔書・湯誓〕「有衆率怠一協」孫疏。○一過，謂不與人相過也。〔詩・考槃〕「永矢一過」集疏。○一與祓同。〔墨子・非儒下〕「列尸一斂」閒詁引畢沅。○一與拂同。〔釋詁〕「一，治也」邵正義。○一同拂拭之拂。〔說文〕「燕謂之一」段注。○一、茀同。〔釋詁〕「一，治也」鄭注。○一與汲亦聲近而義同。〔詩・蓼莪〕「飄風一

一」通釋。○一，發聲耳，或作費、濆，字異而義同也。〔史記〕「一生」雜志。○一，通作茀。〔釋詁〕「一，治也」郝疏。○一，通作拂、咈、費。〔說文〕「一，撟也」義證。○一，又通作佛。〔釋詁〕「一，治也」郝疏。又〔說文〕「一，撟也」義證。○〔說文定聲・卷一二〕一，叚借為佛。〔漢書・畦雨夏侯傳贊〕「仿一一端」。○〔同上〕一，叚借為拂。〔釋詁〕「一，治也」。○〔同上〕一，叚借為佛。〔漢書・溝洫志〕「魚一鬱兮柏冬日」。○一者，佛之借字。〔說文〕「佛，鬱也」段注。○〔說文定聲・卷一二〕一，叚借為祓。〔詩・生民〕「以一無子」。○一，叚借為弼。〔說文定聲・卷一二〕○〔同上〕一，叚借發聲之詞。〔廣雅・釋詁四〕「一，不也」。○一，當為拔之叚借。〔詩・生民〕「以一無子」通釋。○一，讀為咈。〔墨子・親士〕「君必有一一之臣」閒詁。○一，蓋讀如紼紼之紼，拂戾之義。〔儀禮・鄉飲酒禮〕「一繚右絕」胡正義引姜兆錫。○一，古讀如不。〔漢書・古今人表〕「夏父不忌」補注引錢大昕。○一、匪、否、不亦聲相近。〔書・呂刑〕「苗民一用靈」孫疏。○否、一、倗、粃，不皆一聲之轉也。〔廣雅・釋詁四〕「否，不也」疏證。○一，經傳皆以拂為之。〔說文定聲・卷一二〕○一，三家作祓。〔詩・生民〕「以一無子」集疏。○一，古作亞。〔集韻・勿部〕○一與濆乃費字之訛。〔史記・十二諸侯年表〕「穆侯一生元年」志疑。○今本一作茀。〔說文〕「覭，爾雅曰覭髳一離」段注。○一，魯作不。〔詩・雨無正〕「一慮一圖」集疏。○一，諸本皆作不。〔左傳襄公二八年〕「穆子一說」洪詁。○〔甫刑〕一作匪。〔書・呂刑〕「苗民一用靈」孫疏。○〔熹平石經〕一祥作丕永。〔書・盤庚〕「崇降一祥」孫疏。○〔史記〕一宓作滭滵。〔漢書・司馬相如傳〕「滭一宓汩」補注。

茀

一，草多。〔廣韻・物部〕○一，艸木眾多皃。〔集韻・勿部〕○一，茂盛也。〔釋詁〕「一，離也」鄭注。○一離，艸木翳薈也。〔集韻・勿部〕○〔說文定聲・卷一七〕一離，即彌離，猶蒙蘢，猶紛綸也。〔釋詁〕「覭髳，一離也」。〔「覭」下〕○一，蔽也。〔詩・碩人〕「翟一以朝」朱傳。○一之言蔽也。〔說文〕「篚，車笭也」段注。○一，取一蔽為義。〔釋器〕「後謂之一」郝疏。○一即蔽也，為車蔽之通稱。〔詩・采芑〕「簟一魚服」箋疏。○一，車後戶也。〔詩・載驅〕「簟一朱鞹」朱傳。○一即車笭。〔詩・碩人〕「翟一以朝」陳疏。○一，弋射矢名。〔集韻・沒部〕○一，治也。〔詩・生民〕「一厥豐草」朱傳。○一，福也。〔詩・卷阿〕「一祿爾康矣」朱傳。○一一，強盛貌。〔詩・皇矣〕「臨衝一一」朱傳。○一一與勃勃同。〔同上〕陳疏。又〔廣雅・釋訓〕「勃勃，盛也」疏證。○市、芾、紱、韍、黻、祓一、紼並字異而義同。〔廣雅・釋器〕「祓謂之緷」疏證。○一然，義與艴然亦相近。〔周書〕「蔿然」雜志。○一與拂通。〔廣雅・釋詁三〕「拂，除也」疏證。○一、弗古字通。〔左傳成公一六年〕「其右一翰胡」疏證引宋庠。○一與紼古文通用。〔漢書・律歷志〕「以冬至越一祀先王于方明」補注引錢大昕。○一亦通勃。〔文選・劇秦美新論〕「大一」集釋。○一與祓古通用。〔方言七〕「福祿謂之祓戩」疏證。○馞、拂、一並通。〔廣雅・釋器〕「馞，香也」疏證。○〔說文定聲・卷一二〕一借為髴。〔易・既濟〕「婦喪其一」。○一，艴之借字。〔周書〕「蔿然」雜志。○一為芾之假借，訓為小。〔詩・卷阿〕「一祿爾康矣」通釋。○〔說文定聲・卷一二〕一又為刜。〔周禮・司弓矢〕「矰矢一矢」。○〔同上〕一又為殺，實亦為刜。〔考工記・矢人〕「一矢參分」。○〔同上〕一又為紼。〔左傳宣公八年〕「始用葛一」。○〔同上〕一又為拂。〔詩・生民〕「一厥豐草」。○〔同上〕一又為韍，即〔爾雅〕之褘也。〔易・既濟〕「婦喪其一」。○〔同上〕一又為祓。〔詩・卷阿〕「一祿爾康矣」。○一、厞一聲之轉。〔釋言〕「厞，隱也」郝疏。○一同芾。〔廣韻・未部〕○一與艴同。〔周書〕「蔿然」雜志。○一與紼同。〔漢書・律歷志〕「以冬至越一祀先王于方明」補注引錢大昭。○一即弗也。〔詩・生民〕「一厥豐草」通釋。○一即馞字。〔漢書・揚雄傳〕「香芬一以窮隆兮」補注。○〔說文定聲・卷一二〕一亦作第。〔爾雅〕「輿革後謂之第」。○一，魯作祓。〔詩・卷阿〕「一祿爾康矣」集疏引陳喬樅。○一，三家作蔽。〔詩・碩人〕「翟一以朝」集疏。○一，〔國語〕注引作弗，古字通。〔左傳成公一六年〕「一翰胡」洪詁。

髴

一，毛髮一一然似之。〔說文〕「一，若似也」繫傳。○一，婦人首飾。〔廣韻・物部〕○一，佛字之訓。〔說文定聲・卷一二〕○一與仿佛之佛義同。〔說文〕「一，若似也」段注。○〔說文定聲・卷一二〕一、韍亦可通。〔易・既濟〕「婦喪其一」。○〔同上〕一叚借為佛。〔聲類〕「髣一，謂相似見不諦也」。○髣一，亦作彷佛。〔廣韻・物部〕

⿱髟曶

一，額前飾也。〔廣韻・物部〕

⿱髟會

一，首飾。〔集韻・勿部〕○一或作髴。〔同上〕

祓

一，除灾求福。〔廣韻・物部〕○一，除灾求福也。〔說文〕「一，除惡祭也」義證引〔玉篇〕。○一，祭名。〔集韻・勿部〕○一，猶釁也。〔說文定聲・卷一三〕〔「發」下〕○一，訓福。〔說文〕「戩，滅也」段注。○一，去惡也。〔國策・楚策四〕「君獨無意湔一僕」鮑注。○一亦絜也。〔廣韻・物部〕○一飾，官本正文及注並作祓飾，疑祓飾猶襮飾意也。〔漢書・司馬相如傳〕「一飾厥文」補注。○一，猶拂也，字異義同。〔方言七〕「福祿謂之一戩」箋疏。○一之言拂也。〔廣雅・釋天〕「一，祭也」疏證。○一之為言拂也。〔說文〕「一，除惡祭也」繫傳。○一與拂、弗亦通。〔廣雅・釋詁三〕「一，除也」疏證。○一或作祓。〔集韻・勿部〕○一亦作襫。〔說文定聲・卷一三〕

詘

一，辭塞。〔廣韻・物部〕○一者，詰一也。〔說文〕「紆，一也」段注。○一當與吃同意。〔說文定聲・卷一三〕○一，屈也，猶言折節。〔國策・燕策一〕「一指而事之」補正。○一，屈枉也。〔同上〕鮑注。○一，卑一也。〔禮記・祭義〕「敬以一」述聞。○一，服也。〔國策・秦策一〕「一敵國」鮑注。○一，貶下也。〔國策・韓策三〕「秦勢能一之」鮑注。○一，即耎弱之義。〔廣雅・釋詁一〕「鉦，弱也」疏證。○一猶順。〔國策・趙策四〕「魏王聽此

言也甚｜」鮑注。○｜，曲也。〔説文〕「蠖，尺蠖，｜申蟲也」段注。○｜者，曲之轉聲也。〔説文定聲・卷一二〕○｜者信之幾。〔易・繫辭下〕「尺蠖之屈，以求信也」李疏。○詘｜，疊韻連語，曲也。〔説文定聲・卷一二〕○｜猶反。〔國策・秦策四〕「｜令韓魏歸帝重於齊」鮑注。○｜，還也。〔説文〕「塱，月滿」義證引〔春秋元命包〕。○｜，盡也。〔大戴・曾子事父母〕「｜事兄之道」王詁。○｜，一曰充｜，喜失節兒。〔集韻・迄部〕○〔説文定聲・卷一二〕｜，段借為屈。〔國策・秦策一〕「｜敵國」。○〔同上〕｜，段借為闕。〔禮記・聘義〕「其終｜然」。○〔同上〕｜，亦以屈為之。〔廣雅・釋詁一〕「｜，屈也」。○｜讀曰黜。〔通鑑・周紀四〕「｜楚之名，足以尊王」音注。○〔説文定聲・卷一二〕｜變作褔。〔方言四〕「襜褕，其短者自關而西謂之裗褔」。○｜，古屈字。〔漢書・揚雄傳〕「迺展民之所｜」補注引宋祁。○｜與屈同。〔通鑑・周紀三〕「威武不能｜」音注。又〔周紀四〕「｜於其弟」音注。又〔周紀四〕「南足以破楚，西足以｜秦」音注。○｜與訥同。〔楚辭・疾世〕「媒女｜兮謰謱」補注。

詘 ｜即詘也。〔詩・泮水〕「屈此羣醜」後箋。○｜同倔。〔集韻・迄部〕

崛 ｜，山短而高。〔廣韻・物部〕○｜，特起也。〔説文〕「｜，山短高也」義證引〔玉篇〕。○｜，｜然獨立兒。〔集韻・迄部〕○｜，危｜，山兒。〔廣韻・物部〕○｜崎即崎嶇。〔漢書・司馬相如傳〕「崔崣｜崎」補注。○｜、褔義亦與屈同。〔廣雅・釋詁二〕「屈，短也」疏證。○崫，山兒。〔集韻・迄部〕

勿 ｜，無也。〔廣韻・物部〕又〔釋詞・卷一〇〕。○｜者，與無同。〔釋訓〕「｜念，｜忘也」郝疏。○｜，莫也。〔廣韻・物部〕又〔釋詞・卷一〇〕。○｜，一曰莫也。〔集韻・勿部〕○｜，禁止之辭。〔論語・學而〕「過則｜憚改」朱注。○｜者，禁止之辭。〔大戴・曾子立事〕「身｜為能也」王詁。又〔論語・顔淵〕「非禮｜視」朱注。又〔同上〕劉正義。○｜者，勉而止之之詞。〔詩・甘棠〕「｜翦而伐」集疏。○｜猶勉也。〔詩・東山〕「｜士行枚」陳疏。○｜｜者，勸勉之意。〔禮記・祭義〕「｜｜諸其饗之也」集解。○｜｜猶勉勉也。〔禮記・禮器〕「｜｜乎其欲其饗之也」集解。○｜｜即没没，猶勉勉也。〔説文〕「｜，州里所建旗」段注。○〔説文定聲・卷一二〕｜｜，猶密｜、蠠没、黽勉也。〔大戴・曾子立事〕「君子終身守此｜｜也」。○｜，語詞。〔墨子・非樂上〕「惟｜撞擊」閒詁。○｜，語助也。〔釋詞・卷一〇〕○｜｜，憂懼之意。〔大戴・曾子立事〕「守此｜｜」述聞。○｜｜，猶忽忽也。〔通雅・釋詁〕○｜｜者，猶忽忽也。〔大戴・曾子制言〕「無｜｜於賤」述聞。○｜｜，後人作匆匆，則用囪字。〔説文定聲・卷一二〕○｜慮，即無慮。〔廣雅・釋訓〕「無慮，都凡也」疏證。○｜慮，猶言無慮，語之轉耳。〔大戴・曾子立事〕「｜慮存焉」述聞。○｜聊，無聊賴也。〔説文〕「俚，聊也」義證引〔急就篇〕顔注。○忽與｜聲相近而義同。〔史記・梁孝王世家〕「意忽忽不樂」述聞。○｜與務通。〔墨子・非樂上〕「惟｜撞擊」閒詁引蘇時學。○｜，經典借物字。〔説文〕「｜，州里所建旗」義證。○｜，經傳多作物。〔同上〕段注。○｜，今〔周禮〕作物，假借。〔同上〕繫傳。○〔説文定聲・卷一二〕｜以物為之。〔周禮・司常〕「襍帛為物」。○｜，亦有借為没字者。〔説文〕「｜，州里所建旗」段注。○經傳假借｜為毋字。〔同上〕○〔説文定聲・卷一二〕｜，段借發聲之詞。〔小爾雅・廣詁〕「｜，無也」。○匪、｜、非一聲之轉。〔廣雅・釋詁四〕「匪、｜，非也」疏證。○｜、微、曼、末亦靡、罔之聲轉。〔釋言〕「罔，無也」郝疏。○｜，〔月令〕作毋。〔呂覽・季夏〕「｜敢僞詐」校正。

斺 ｜同勿。〔廣韻・物部〕○｜，旃旗。〔説文〕「勿，州里所建旗」繫傳。○｜，經傳多作物，蓋｜之訛也。〔説文〕「｜，勿或从㫃」段注。

熨 ｜，火展帛也。〔廣韻・物部〕○｜，持火展繒也。〔集韻・迄部〕○｜，一曰火斗。〔同上〕

𡰥 ｜俗作熨。〔説文〕「｜，所以｜申繒也」句讀。

欻 ｜，暴起。〔廣韻・物部〕○｜，暴起也。〔説文〕「｜，有所吹起」義證引〔玉篇〕。○｜，忽也。〔通鑑・唐紀一二〕「太子｜起」音注。又〔慧琳音義・卷一〕引薛綜。○｜，忽然也。〔慧琳音義・卷三〕引〔集訓〕。○颮、忽、｜義並同也。〔廣雅・釋詁一〕「颮，疾也」疏證。○｜通作忽。〔説文〕「｜，有所吹起」義證。○悦｜，即悦忽。〔説文〕「｜，有所吹起」義證。○｜或作颮。〔慧琳音義・卷三〕○｜，或曰當作欶。〔説文定聲・卷四〕

欶 ｜，今字譌作欻。〔説文〕「𤵸，讀若｜」段注。○｜即欻字。〔説文定聲・卷一二〕（「𤵸」下）

𠜾 ｜，剞｜，曲刀。〔廣韻・物部〕○｜，蓋曲刀所以刻鏤者。〔説文定聲・卷一二〕○〔同上〕｜，以屈為之。〔禮記・玉藻〕「君命｜狄」。○｜字或作劂。〔説文〕「｜，剞｜也」義證。○｜亦作劂。〔同上〕段注。○｜字亦作劂。〔説文定聲・卷一二〕

沕 ｜，｜穆，微也。〔廣韻・物部〕○｜穆，深微兒。〔集韻・勿部〕○｜，塵濁。〔廣韻・質部〕○｜，一曰塵濁謂之｜。〔集韻・質部〕○｜，潛藏也。〔同上〕○｜、昒，物古字通。〔淮南子〕「物穆」雜志。

仡 ｜｜，壯勇兒。〔廣韻・迄部〕○｜，壯勇也。〔集韻・迄部〕又〔質部〕。○｜｜，正用力貌。〔通雅・釋詁〕○〔通雅・卷一〇〕｜｜，亦言用力勇貌。〔書・秦誓〕「｜｜勇夫」。○｜｜，堅壯貌。〔詩・皇矣〕「崇墉｜｜」朱傳。○〔義府・卷上〕｜｜，堅挺之貌。〔書・秦誓〕「｜｜勇夫」。○｜｜，搖也。〔詩・皇矣〕「崇墉｜｜」集疏引韓説。○搰搰、｜｜、矻矻並字異而義同。〔廣雅・釋詁四〕「勖，勤也」疏證。○｜通作趷。〔詩・生民〕「以迄于今」通釋。○｜，通作矻。〔説文〕「｜，勇壯也」義證。○〔説文定聲・卷一二〕｜，段借為圪。〔詩・皇矣〕「崇墉｜｜」。○〔同上〕｜，段借為頌。〔史記・司馬相如傳〕「｜以佁儗」。○〔同上〕｜，以杚為之。〔莊子・讓王〕「扢然執干而舞」。○暨暨與｜｜古聲亦相近。〔廣雅・釋訓〕「暨暨，武也」疏證。○｜，字亦作矻。〔説文定聲・卷一二〕○｜當作矻。〔詩・皇矣〕「崇墉｜｜」陳疏。○｜｜作圪圪、屹屹，乃齊魯詩之異

文。(同上)集疏。

仡 —,勇皃。〔集韻·迄部〕○—,高亢不可摧之皃也。〔說文〕「—,勇壯也」繫傳。○——,當為趌趌。〔說文〕「趌,直行也」義證。

釳 乘輿馬上插翟尾者曰方—。—,鐵也,廣三寸。〔廣韻·迄部〕○—者,鐵也,廣數寸,在鍐後,有三孔,插雉尾其中,在馬髦後。〔說文定聲·卷一二〕

鈘 —,乘輿馬首刀,所以割網羅。〔集韻·迄部〕

迄 —,至也。〔詩·生民〕「以—于今」朱傳。又〔維清〕「—用有成」朱傳。又〔臣工〕「—用康年」朱傳。○—者,訖之叚音也。〔釋詁〕「—,至也」郝疏。○—,亦汔之叚借也。〔釋詁〕「饑,汔也」郝疏。○—或作愾。〔集韻·迄部〕○—或作訖。(同上)○—當作㞌。〔詩·生民〕「以—于今」陳疏。○—,俗訖。〔說文·敘〕「以㞌五帝三王之世」段注。○宋咸〔法言〕本—作訖。〔漢書·揚雄傳〕「降周—孔」補注引宋祁。

㞌 —當為訖。〔說文·敘〕「以—五帝三王之世」段注。

汔 —,水涸盡。〔廣韻·迄部〕○—,幾也。〔集韻·迄部〕又〔易·未濟〕「小狐—濟」李疏引虞注。又〔詩·民勞〕「—可小康」朱傳。○—,近也。〔左傳昭公二〇年〕「—可小康」洪詁引孫炎。○—,期也。(同上)洪詁引杜注。○—之言訖也。〔廣雅·釋詁一〕「—,盡也」疏證。○—,義與扢相近。〔廣雅·釋詁三〕「扢,磨也」疏證。○〔說文定聲·卷一二〕—,叚借為幾,實為近。〔詩·民勞〕「—可小康」。○—,叚借為涕。〔說文定聲·卷一二〕○—與既聲亦相近也。〔廣雅·釋詁一〕「—,盡也」疏證。○—與訖同。〔說文〕「饑,—也」段注。○—,魯作迄。〔詩·民勞〕「—可小康」集疏。○—,各本作㲹,無此字,今正。〔說文〕「饑,—也」段注。

汽 幾,近,—,俱雙聲。〔釋詁〕「饑,汽也」郝疏。

怫 —,鬱也。〔國策·楚策二〕「王—然作色」鮑注。○—,—鬱。〔廣韻·物部〕○—,意不舒治也。〔說文〕「—,鬱也」義證引〔玉篇〕。○—,引申為凡抑鬱之偁。〔說文〕「—,鬱也」段注。○—,怒變色也。〔國策·楚策二〕「王—然作色」補正。○—愾,氣盛滿皃。〔太素·三變刺〕「—愾賁響」楊注。○艴、勃、孛、悖、—、教並字異義同。〔廣雅·釋詁二〕「艴,色也」疏證。○—與茀皆艴之借字。〔周書〕「薦然」雜志。○〔說文定聲·卷一二〕—,叚借為艴。〔素問·刺膂痛〕「—然腫」。○—或借拂。〔說文〕「—,鬱也」義證。○〔說文定聲·卷一二〕—叚借為拂,實為弗。〔史記·太史公自序〕「五家之文—異」。○—,又借弗。〔說文〕「—,鬱也」義證。○—,又借茀。(同上)○—,亦省作弗。〔說文〕「—,鬱也」句讀。○—鬱,一作弗鬱、茀鬱、沸鬱。〔通雅·釋詁〕

刜 —,擊也。〔廣韻·物部〕又〔集韻·勿部〕。○—,斫也。〔漢書〕「拂其頸」雜志。又〔廣韻·物部〕。○—,斷也。〔楚辭·怨思〕「執棠谿以—蓬兮」補注。又〔集韻·勿部〕。○—與拂義同。〔說文〕「拂,過擊也」段注。○—作拂者,假借字耳。〔漢書〕「拂其頸」。○—當為拂。〔說文〕「刜,—也」義證。○〔說文定聲·卷一三〕—,字亦作刎。〔禮記·檀弓〕「刎其人」。○(同上)—以殁為之。〔荀子〕「而殁其頸」。

不 —,弗也。〔廣韻·尤部〕又〔釋詞·卷一〇〕。○—,與弗同。〔廣韻·物部〕○—,非也。〔釋詞·卷一〇〕○—猶非也。〔墨子·非攻上〕「此—令為政者」閒詁引戴望。又〔荀子·君道〕「是豈—必得之之道也哉」集解引王念孫。又〔漢書·天文志〕「—太僕,則奉車」補注引周壽昌。○—者,事之—然也。〔說文〕「否,—也」段注。○—,毋也。〔釋詞·卷一〇〕○—,勿也。(同上)○—,無也。(同上)又〔儀禮·士婚禮〕「三族之—虞」述聞。又〔集韻·勿部〕。○—,考詢其可否。〔漢書·劉歆傳〕「試左氏可立—」補注。○—猶豈—也。〔詩·常棣〕「鄂—韡韡」朱傳。○—,鄂足也。〔說文定聲·卷五〕引〔說文字原〕。○—,語詞。〔詩·賓之初筵〕「彼醉—臧」通釋。又〔桑扈〕「—戢—難」通釋。又〔東山〕「—可畏也」平議。又〔杕杜〕「胡—佽焉」平議。○—乃語詞。〔詩·常棣〕「鄂—韡韡」通釋引王尚書。又〔狼跋〕「德言—瑕」平議。○—為語詞。〔詩·文王〕「其麗—億」通釋。又〔敬之〕「—聰敬之」通釋。○—,發聲。〔詩·文王〕「有周—顯」後箋。○—,發聲也。〔釋詁〕「—律謂之筆」述聞。○—,發語聲也。〔釋魚〕「左倪,—類」鄭注。○—,助句詞。〔詩·大東〕「—以其漿」通釋。○—顯,隱微幽獨之處。〔詩·思齊〕「—顯亦臨」集疏。○—顯,顯也。〔詩·維天〕「於乎—顯」集疏引魯說。○—顯為丕顯。〔通雅·音義襍論〕○—順即—惠也。〔詩·桑柔〕「維彼—順」集疏。○—遐,猶言—無也。〔詩·抑〕「—遐有愆」集疏。○—徹,—道也。〔詩·十月之交〕「天命—徹」集疏引魯說。○—瑕,疑辭。〔詩·二子乘舟〕「—瑕有害」朱傳。○—可,謂無。〔詩·漢廣〕「—可休思」陳疏。○—尚,尚也。〔左傳襄公二九年〕「—尚取之」洪詁引服虔。○—才者,自謙之辭也。〔左傳成公一三年〕「寡人—佞」洪詁引服虔。○—直,謂—道也。〔左傳隱公一〇年〕「以王命討—庭」洪詁。○〔說文定聲·卷一七〕—庭,猶—朝也。〔國語·周語〕「以待—庭—虞之患」。(「庭」下)○—悔,與不化意亦相近。〔史記〕「—化」雜志。○—治,猶言無為。〔漢書·石奮傳〕「—治而齊國大治」補注引王文彬。○—法者,以外國財物闌入邊關也。〔漢書·陳湯傳〕「所鹵獲財物入塞多—法」補注。○—備,謂有損傷。〔漢書·嚴助傳〕「厮輿之卒有一—備而歸者」補注。○—齊,即—同也。〔孟子·滕文公上〕「夫物之—齊」焦正義。○—豫,即—悅也。〔孟子·公孫丑下〕「夫子若有—豫色然」焦正義。○—屑,是—以為潔也。〔孟子·告子上〕「乞人—屑也」焦正義。○—窕,猶言無閒。〔墨子·尚同下〕「治天下—窕」閒詁引畢沅。○—常,猶言立賢

無方也。〔墨子·尚賢中〕「明明｜常」閒詁。○｜常，言非常明察。〔同上〕閒詁引孫星衍。○｜亦者，亦也。〔墨子〕「縱之棄」雜志。○｜然，謂非常之變也。〔墨子·辭過〕「足以待｜然」閒詁。又〔漢書·五行志〕「如有｜然」補注引王念孫。○｜稱，謂｜當也。〔晏子春秋〕「｜辜」雜志。○｜方，猶言無方也，謂｜得其方也。〔韓子·揚權〕「事乃｜方」集解引俞樾。○｜服，｜卑屈以求人。〔屈賦·思美人〕「固朕形之｜服兮」戴注。○｜借，蓋因此物極賤，雖履泥濕地亦｜之惜，故以為名。〔字詁〕○｜借者，乃薄藉耳。〔字詁〕引黃承吉。○｜借者，草履也。〔字詁〕引〔古今注〕。又〔釋名·釋衣服〕「或曰｜借」疏證。○｜借、搏腊、｜惜，並字異義同。〔方言四〕「麻作之者謂之｜借」箋疏。○博腊，疊韻字，轉之則為｜借，非｜假借於人也。〔廣雅·釋器〕「｜借，履也」疏證。○｜借者，小履也，以麻為之。〔說文〕「緋，一曰｜借緋」義證引〔急就篇〕顏注。○草履之賤者曰｜借。〔同上〕義證引〔四民月令〕。○｜律謂之筆，猶言律謂之筆耳。〔釋器〕「｜律謂之筆」述聞。○｜律者，筆之合聲。〔同上〕郝疏。○緩聲為｜律，急聲為筆。〔同上〕鄭注。○｜來與貊貅同。〔方言八〕注「｜來，今江南呼為貊貍」箋疏。○｜肯之合聲為倗。〔方言一〇〕「使之而｜肯答曰旨」箋疏。○｜知之合聲為粃。〔方言一〇〕「粃，｜知也」箋疏。○｜過，螗螂別名。〔說文〕「蟷，蟷蠰，｜過也」段注。○君死未葬曰｜祿。〔說文〕「薨，公侯猝也」義證引〔石渠禮議〕。○｜畜猶言何止。〔說文〕「畜，語時｜畜也」義證引〔六書故〕。○買賣云｜畜也。〔同上〕義證引〔玉篇〕。○〔說文定聲·卷五〕服｜，叚借，疊韻連語，其實夅艮之義，短言曰服，長言曰服｜也。〔周禮·服不氏〕「服｜氏掌養猛獸而教擾之」。○〔同上〕夫｜，雙聲連語，即鋪鼓，亦為布穀，今曰勃姑。夫｜之合音為孚，故又謂之鵓，字亦作鵓、作鳺鴀。〔詩·四牡〕傳「鵻，夫｜也」。○｜可使，即今諺云此事使｜得。〔詩·雨無正〕「云｜可使」集疏。○〔說文定聲·卷七〕｜饒富，｜僥倖求福也。〔禮記·曲禮〕「｜饒富」。〔「饒」下〕○｜自意，言非意所期。〔漢書·高帝紀〕「｜自意先入關」補注引周壽昌。○後世謂無才為｜中用。〔漢書·王尊傳〕「其｜中用」補注引周壽昌。○｜可奈何，猶言無可奈何也。〔漢書·淮南厲王傳〕「淮南王｜可奈何」補注。○非、否、｜並同義。〔墨子〕「女何擇言人」雜志。○｜為丕。〔詩·文王〕「｜顯亦世」集疏引顧炎武。○古多用｜為丕。〔說文〕「丕，大也」段注。○古字丕通作｜。〔詩·清廟〕「｜顯｜承」述聞引〔毛鄭考正〕。○〔通雅·卷二〕｜，通為丕。〔詩·清廟〕「｜顯｜承」。○｜、丕、丕通。〔通雅·音義襍論〕○｜，通作弗。〔集韻·勿部〕○〔說文定聲·卷五〕｜，叚借為鄙。〔荀子·賦〕「君子所敬而小人所｜者歟」。○〔同上〕｜，叚借助語之詞。〔釋丘〕「夷上洒下｜漘」。○〔同上〕｜，叚借為否。〔禮記·中庸〕「苟｜至德」。○｜借為否詞。〔通雅·疑始〕○｜，讀為否。〔大戴·哀公問五義〕「理然｜然取舍者也」述聞。又〔禮記·少儀〕「｜以襚進」平議。又〔墨子·小取〕「夫物有以同而｜」閒詁。又〔經說上〕「所為與｜」閒詁。又〔荀子·正論〕「猶有善於是者與，｜老者休也」平議。又〔呂覽·恃君〕「謂子智則｜然」平議。○｜，讀如否。〔墨子·經說下〕「｜是」閒詁。○｜字當讀為丕，語詞。〔書·金縢〕「｜若旦多材多藝」孫疏。○〔通雅·卷一〕｜，又讀為比。〔阮嗣宗集·詠懷詩〕「願為雙飛鳥，｜翼共翱翔」。○〔說文定聲·卷五〕｜，古讀如柎，漢讀如否，唐以後讀如北。〔左傳成公二年〕「三周華｜注」。○否、弗、倗、粃、｜，皆一聲之轉也。〔廣雅·釋詁四〕「否，｜也」疏證。○｜與否同。〔漢書〕「必｜為二子所禽矣」雜志。又〔漢書·于定國傳〕「救其已然者｜」補注。又〔管子〕「循發蒙也」雜志。○｜即否字。〔漢書·韓信傳〕「其實｜能千里襲我」補注。又〔李廣利傳〕「即｜，迺力戰而死」補注。又〔天文志〕「｜迺失女，｜，有土事若女之憂」補注。又〔伍被傳〕「｜，臣將為大王畫計耳」補注。○｜即罘字。〔荀子·儒效〕「罔｜分」集解引王念孫。○｜，即古柎字。〔義府·卷上〕○｜，或作否。〔釋詞·卷一〇〕○｜，亦作否。〔通雅·疑始〕○｜，或作丕。〔釋詞·卷一〇〕○｜，當作柎。〔通雅·疑始〕○｜，當為亦。〔大戴·少閒〕「君而｜言情於臣，則｜君」王詁。○｜字當作亦。〔漢書·東方朔傳〕「夫一曰之樂足以危無隄之輿」補注引劉攽。○｜分，當作罘分。罘，兔罟也，一曰麋鹿罟也。〔荀子·儒效〕「罔｜分」集解引劉台拱。○｜窋，作僕窋。〔史記·周本紀〕「后稷卒，子｜窋立」志疑引〔路史·發揮〕。○｜肖，當為｜省。〔說文〕「憼，｜肖人也」義證。○｜耕，當為耒耕。〔說文〕「畬，｜耕田也」義證。○｜，魯｜一作弗。〔詩·皇矣〕「｜識｜知」集疏。○〔風俗通〕｜作弗。〔左傳莊公二二年〕「｜繼以淫」洪詁。○〔史記〕｜作弗。〔左傳哀公五年〕「景公死乎｜與埋」洪詁。○〔史記〕｜作莫。〔左傳哀公一五年〕「｜踐其難」洪詁。○｜，〔文選〕注引作非。〔左傳昭公四年〕「是｜一姓」洪詁。○〔書〕｜作丕，丕｜同字。〔漢書·翟方進傳〕「爾｜克遠省」補注。○｜，今各本作丕。〔說文〕「諴，周書曰｜能諴于小民」段注。○｜借，〔齊民要術〕乃作｜惜。〔字詁〕○〔通雅·卷七〕｜庭，一作｜亭、｜享。〔左傳〕「以征｜庭」。○｜敬，〔釋文〕一本作而儆。〔左傳宣公一五年〕「｜敬」洪詁。○｜聽，舊本作當聽。〔呂覽·上德〕「｜聽」校正。

屹　｜猶孼也，高大貌。〔文選·王延壽魯靈光殿賦〕「｜山峙以紆鬱」集釋。○｜或曰嶷，言凝立不動之狀。〔通雅·釋詁〕○｜崒，山皃。〔廣韻·迄部〕又〔集韻·迄部〕。

芴　｜，土瓜。〔廣韻·物部〕○｜，艸名。〔集韻·勿部〕○〔說文定聲·卷一二〕｜，叚借為忽。〔荀子·正名〕「愚者之言｜然而粗」。○｜，即菲之或體。〔說文定聲·卷一二〕

䘿　｜，衣短。〔廣韻·物部〕○〔方言〕自關而西謂襤褸曰裗｜。〔集韻·迄部〕○崛、｜，義亦與屈同。〔廣雅·釋詁二〕「屈，短也」疏證。

袦　｜同䘿。〔集韻·迄部〕

驋 丨，黄黑色也。〔廣韻·物部〕○丨，玄黄也。〔集韻·迄部〕○丨、驥、黦、苑、宛，並字異而義同。〔廣雅·釋器〕「丨，黑也」疏證。○丨亦書作黦。〔集韻·迄部〕○丨與驥同。〔説文〕「驥，黑有文也」句讀。○丨同黫。〔集韻·月部〕

驥 驋、丨，苑並字異而義同。〔廣雅·釋器〕「驋，黑也」疏證。

岪 丨，山脅道。〔集韻·勿部〕○丨，山半腹旁山而行也。〔説文〕「丨，山脅道也」繫傳。○丨，一曰山曲。〔集韻·勿部〕○〔説文定聲·卷一二〕丨，亦名岬。〔淮南子〕「徬徨于山岬之旁」。○丨鬱，山皃。〔集韻·勿部〕○竦起是釋丨鬱二字。〔漢書〕「隆崇律崪」雜志。○丨鬱與盤紆同義，故郭釋為詰屈。〔漢書·司馬相如傳〕「其山則盤紆丨鬱」補注。○〔通雅·卷九〕丨丨則與紼紼同，言興起皃。〔管子〕「美哉丨丨」。○丨，〔史記〕作茀。〔漢書·司馬相如傳〕「其山則盤紆丨鬱」補注。○丨，或書作峅。〔集韻·勿部〕○峅丨，山曲。〔廣韻·物部〕

咈 丨，詞之違也。〔説文定聲·卷一二〕○丨，戾也。〔廣韻·物部〕○丨，見於言也。〔説文〕「丨，違也」繫傳。○〔説文定聲·卷一二〕以丨訓弼也。〔新書·保傅〕「潔廉而切直，匡過而諫邪者，謂之丨」。〔「拂」下〕○丨、拂、佛、悖並字異而義同。〔廣雅·釋詁四〕「丨，盭也」疏證。○丨，通作拂。〔集韻·勿部〕○〔説文定聲·卷一二〕丨，段借為弗。〔周書〕「丨其耇長」。○丨，經典借拂字。〔説文〕「丨，違也」義證。

坲 丨，塵起。〔廣韻·物部〕○丨，塵起也。〔楚辭·遠逝〕「埃丨丨兮」補注。○丨埻，塵起也。〔集韻·勿部〕○丨埻，塵皃。〔集韻·屑部〕

倔 丨丨，强。〔廣韻·物部〕○丨，丨强，梗戾也。〔集韻·迄部〕

蔚 丨，牡菣也。〔詩·蓼莪〕「匪莪伊丨」朱傳。○丨，牡蒿，牡菣也。〔説文〕「丨，牡蒿也」義證引〔御覽〕。○丨，無子菣也。〔廣韻·物部〕○丨，草名。〔同上〕又〔集韻·迄部〕。○丨，草木鬱盛。〔詩·候人〕「薈兮丨兮」後箋。○丨，衆盛之皃。〔漢書〕「曰哀鳥」雜志。○丨，文綵繁數也。〔慧琳音義·卷一〇〇〕引顧野王。○丨，文彩明也。〔慧琳音義·卷九五〕○丨，翳也。〔同上〕引〔考聲〕。○丨，病也。〔淮南子〕「怨懟」雜志。○丨藍，猶碧落也，或曰紫落，或曰青冥，或曰黄乾，或曰泰鴻，猶今之言彼蒼言穹蒼耳。〔通雅·天文〕○丨，古多借為茂鬱字。〔説文〕「丨，牡蒿也」段注。○〔通雅·卷一〇〕丨，讀鬱字。〔淮南子〕「五藏無丨氣」。

昒 丨，尚冥也。〔廣韻·物部〕○丨，未明也。〔集韻·勿部〕○丨，旦明也。〔説文〕「丨，尚冥也」義證引〔玉篇〕。又〔同上〕義證引〔三蒼解詁〕。○丨之言荒忽也。〔廣雅·釋詁四〕「丨，冥也」疏證。

翇 丨，舞羽。〔集韻·勿部〕○丨猶拂也。〔説文〕「丨，樂舞，執全羽以祀社稷」繫傳。○丨，通作祓、帗。〔同上〕義證。○〔説文定聲·卷一三〕丨，以祀以帗為之。〔周禮·樂師〕「凡舞，有帗舞，有羽舞」。○丨，〔周禮〕作帗。〔廣韻·物部〕○丨，亦書作翍。〔集韻·勿部〕

迗 丨，遠也。〔廣韻·物部〕又〔集韻·勿部〕。○丨與㑥同。〔廣雅·釋詁一〕「丨，遠也」疏證。○丨、忽並與㑥通。〔方言六〕「丨，離也」箋疏。○丨、忽古亦通用。〔廣雅·釋詁一〕「丨，遠也」疏證。

柫 丨，連枷杖打穀者。〔廣韻·物部〕○丨，連枷也。〔集韻·質部〕○丨即枷也。〔釋名·釋器用〕「丨，撥也」疏證。○丨，連枷也，所以打穀者也。〔説文〕「丨，擊禾連枷也」義證引〔玉篇〕。○丨，治禾具。〔集韻·勿部〕○丨之言拂也。〔廣雅·釋器〕「丨謂之枷」疏證。○〔説文定聲·卷一二〕丨即欇殳也，又名了了。〔方言五〕「僉，自關而西或謂之丨」。

沷 丨，寒冰皃。〔廣韻·物部〕○丨，寒也。〔集韻·勿部〕○〔説文定聲·卷一三〕滭丨，疊韻連語。〔説文〕「丨，滭丨，風寒也」。

㷥 熚丨，鬼火。〔廣韻·物部〕

爩 丨，火盛皃。〔説文〕「丨，熚丨也」段注引〔玉篇〕。○熚丨，一曰火盛皃。〔集韻·勿部〕○熚丨，火不時出而滅，一曰鬼火。〔同上〕

甶 丨，鬼頭。〔廣韻·物部〕○丨，面髴之皃。〔説文〕「丨，鬼頭也」繫傳。

奰 丨，大也。〔集韻·勿部〕○紼、紼義與丨同也。〔廣雅·釋詁一〕「丨，大也」疏證。○丨或書作奔。〔集韻·勿部〕○丨或書作㹃。〔同上〕○㹃，大也。〔廣韻·物部〕

帗 丨，毳。〔廣韻·物部〕○丨縷，毳也，謂物之行敝。〔集韻·勿部〕○丨與祓同。〔廣雅·釋器〕「祓，席也」疏證。○丨通作祓。〔方言二〕「丨縷，毳也」箋疏。○〔説文定聲·卷一三〕丨，段借為韍。〔穆天子傳〕「丨帶」。○丨，亦作韍。〔方言二〕「丨縷，毳也」箋疏。○丨當為韍。〔説文〕「敝，丨也」義證。

笰 丨，輿後丨也。〔廣韻·物部〕○丨，箭也。〔集韻·勿部〕○一曰笄謂之丨。〔同上〕○丨，削矢令漸細。〔集韻·未部〕○丨，義亦與韍同。〔廣雅·釋器〕「韍謂之縪」疏證。○丨當作茀。〔釋器〕「後謂之丨」郝疏。

灪 丨滃，大水。〔廣韻·物部〕○丨滃，大水皃。〔集韻·迄部〕

餥 丨，飴和豆也。〔廣韻·物部〕○丨同䬳。〔集韻·迄部〕○丨，又作䬳。〔廣韻·月部〕○丨，〔説文〕作𩝻。〔同上〕

䬳 丨，飴和豆也。〔集韻·迄部〕又〔説文〕「𩝻，豆飴也」義證引〔玉篇〕。○丨，餢也。〔同上〕義證。○丨、餥皆𩝻之别體。〔同上〕句讀。

𩝻 丨同䬳。〔集韻·迄部〕

鶌 —，鳥名。〔説文〕—鳩也。〔集韻·迄部〕○—，—鶌。馬成之山有鳥，狀如鳥，白首青身黃足，名曰—鶌。〔同上〕引〔山海經〕。○—，項有繡文。〔説文定聲·卷一二〕○〔同上〕—，以其善鳴，故又謂之鳴鳩。〔詩·小宛〕「宛彼鳴鳩」。○屈、屫、—並同義。〔廣雅·釋詁二〕「屈，短也」疏證。

⿰虫出 —，蟲。〔廣韻·薛部〕○—，蟲名。〔集韻·迄部〕○—，蟲名，蜘蛛也。〔集韻·薛部〕○〔説文定聲·卷一二〕—，蓋桑蠹、蝤蠐之類。〔釋蟲〕「蝎，蛣⿰虫屈」。○〔同上〕—，字亦作⿰虫屈。〔釋蟲〕「蝎，蛣⿰虫屈」。

⿰虫屈 —，蛣—蟲。〔廣韻·物部〕○—同⿰虫出。〔集韻·迄部〕

⿰足屈 —，足多力也。〔廣韻·物部〕○律—，多力。〔同上〕又〔集韻·迄部〕。○—，又通作屈。〔方言六〕「—，膂力也」箋疏。○—或作趉。〔同上〕

⿰風屈 —，風聲。〔廣韻·物部〕

烼 —，火煨起兒。〔廣韻·物部〕○—，煨也。〔集韻·迄部〕○—，曝也。〔同上〕○—與燏同。〔廣雅·釋詁四〕「燏，熅也」疏證。

燏 —同烼。〔集韻·迄部〕○—與烼同。〔廣雅·釋詁二〕「—，乾也」疏證。

⿰足弗 —，跳也。〔廣韻·物部〕又〔集韻·勿部〕。

忔 —，喜也。〔廣韻·迄部〕○—，心不欲也。〔集韻·迄部〕○〔説文定聲·卷一二〕—，段借為呬。〔釋詁〕「忥，靜也」。○〔同上〕—段借為欯。〔廣雅·釋詁一〕「—，喜也」。○—與忥同。〔廣雅·釋訓〕「——，喜也」疏證。○㐹作—。〔史記·周本紀〕「—如巨人之志」志疑引〔史詮〕。

芞 —，艸名。〔集韻·迄部〕○—，香艸。〔同上〕○—輿，艸名。〔同上〕

圪 —，高兒。〔廣韻·質部〕○—，高土。〔廣韻·迄部〕○—，高也。〔説文定聲·卷五〕〔夏〕下〕○—，或蔽也。〔同上〕○〔説文定聲·卷一二〕—，字亦作屹。〔江賦〕「虎牙嵥豎以屹崒」。○〔同上〕—，毛本以仡為之。〔詩·皇矣〕「崇墉——」。

⿰乞虎 —，義與仡亦相近。〔廣雅·釋詁二〕「—，勇也」疏證。○—，即〔書〕「仡仡勇夫」字。〔説文定聲·卷一二〕○—或書作⿸虍乞。〔集韻·迄部〕○—，〔篇〕、〔韻〕作⿸虍乞。〔説文〕「—，虎兒」段注。○⿸虍乞，虎兒。〔廣韻·迄部〕

⿺走乞 —，行兒。〔廣韻·迄部〕○—，直行兒。〔集韻·迄部〕

⿺走乞 —，去無回慮也。〔説文〕「—，直行也」繫傳。

⿰幾乞 —，譏也。〔廣韻·迄部〕○—，相切近也。〔集韻·迄部〕○—，切磨也。〔説文〕「刉，一曰刀不利，於瓦石上刉之」義證引〔玉篇〕。

費 —，佹也。〔集韻·勿部〕

⿺走弟 —，走也。〔集韻·勿部〕○—，〔篇〕〔韻〕皆作趚。〔説文〕「—，走也」段注。

⿺走弗 —，走兒。〔廣韻·物部〕○—同⿰足弗。〔集韻·勿部〕

⿱八月 —，振肸也。〔説文〕「—，振—也」義證引〔玉篇〕。○〔説文定聲·卷一二〕—，即舞佾字，後又加人傍耳。〔説文〕「—，振—也」。○振—者，猶言振萬振羽也。〔説文定聲·卷一二〕

⿱艹屈 —，刷也。〔説文〕「䒨，馬帚也」義證引〔玉篇〕。○今俗猶謂洗滌曰—㕞。〔説文〕「—，㕞也」義證。○—謂搘之、杷之。〔説文定聲·卷一二〕○今人謂以鈍帚去薉物曰—。〔説文〕「—，㕞也」段注。○—字或從竹。〔廣雅〕箟謂之㕞。〔同上〕義證。

⿰言希 —，語瞋聲。〔廣韻·迄部〕○—，大言也。〔集韻·欣部〕○——，語也。〔集韻·迄部〕○——，一曰語難兒。〔同上〕

疙 —，癡兒。〔廣韻·迄部〕又〔集韻·迄部〕。○氣與—聲近義同。〔廣雅·釋詁三〕「—，癡也」疏證。○—或作忥。〔集韻·迄部〕

⿸疒气 仡、—義相近。〔廣雅·釋詁三〕「—，癡也」疏證。

孒 —，無左臂也。〔廣韻·物部〕○—同孑。〔集韻·迄部〕

伆 —，離也。〔廣韻·物部〕又〔集韻·勿部〕。○—，亦作迦。〔方言六〕「—，䢈離也」疏證。

⿰口欻 —，訶—。〔廣韻·物部〕○—，一曰呵—，不明也。〔集韻·迄部〕○—，气也。〔同上〕

噔 —，喉中鳴。〔集韻·迄部〕

⿰口餐 —同噔。〔集韻·迄部〕

孓 —，一曰無左臂也。〔集韻·迄部〕○——，短也。〔同上〕○—同孒。〔廣韻·物部〕○—或作孒。〔集韻·迄部〕

孛 —，艸木盛兒。〔集韻·勿部〕

岉 —，崛—，高兒。〔廣韻·物部〕

峗 —崪，山兒。〔集韻·迄部〕

巿 —，以韋為之也。〔説文〕「—，韠也」繫傳。○—、芾、紱、韍、黻、祓、茀、紼，並字異而義同。〔廣雅·釋器〕「祓謂之縪」疏證。○——、肺肺、旆旆，義

並與芾芾同。〔廣雅·釋訓〕「芾芾，茂也」疏證。〇丨，通作芾。〔集韻·勿部〕〇丨，通作韍。〔說文〕「丨，韠也」義證。〇丨，又通作紼。〔同上〕〇〔說文定聲·卷一三〕丨，叚借為紼。〔莊子·逍遥游〕「足以纓紱其心矣」。〇〔同上〕丨，以紼為之。〔白虎通〕「紼，上廣一尺，下廣二尺」。〇〔同上〕丨以茀為之。〔詩·斯干〕「朱芾斯皇」。〇〔同上〕丨作紱，後世字。〔易·困〕「朱紱方來」。〇丨，字作紱。〔說文定聲·卷一三〕〇丨，經典作芾。〔廣韻·物部〕〇官本丨作市。〔漢書·諸侯王表〕「周丨三垂」補注。

㣊　丨，韜髮。〔廣韻·物部〕〇丨，韜髮也。〔集韻·勿部〕

㣊　丨，行也。〔廣韻·物部〕〇丨，行遽皃。〔集韻·迄部〕

扢　丨，以杖掘出也。〔集韻·迄部〕

抇　丨，捏丨。〔廣韻·物部〕〇丨同搰。〔集韻·迄部〕

搰　丨，擲也。〔廣韻·物部〕又〔集韻·迄部〕。

揮　丨同搰。〔集韻·迄部〕

攣　丨，拗戾也。〔集韻·迄部〕

㪍　丨，理也。〔廣韻·物部〕引〔玉篇〕。又〔集韻·迄部〕。〇丨，亦作敥。〔同上〕

𢿫　丨同㪍。〔集韻·勿部〕

敥　丨同㪍。〔集韻·物部〕

㗘　丨，不明皃。〔集韻·迄部〕

杌　丨，刊餘木。〔集韻·迄部〕

榀　丨，斷木也。〔集韻·迄部〕

㱮　丨，殭也。〔集韻·迄部〕

气　丨，取也。〔集韻·迄部〕〇〔說文定聲·卷一二〕丨，叚借為匃。〔蒼頡篇〕「乞謂行匃也」。〇〔同上〕丨，字亦作炁。〔周禮〕「眡祲」注「煇謂日光炁也」。〇〔同上〕丨，經傳皆以廩氣字為之。〔禮記·月令〕「天氣下降，地氣上騰」。

𣎴　丨，灑也。〔集韻·勿部〕

沸　丨同𣎴。〔集韻·勿部〕

爩　丨，煙氣。〔廣韻·物部〕〇炪丨，煙出也。〔集韻·迄部〕

獔　丨，獸名。〔集韻·迄部〕

昒　丨，瞑也。〔集韻·勿部〕

昲　丨，視皃。〔集韻·勿部〕

䀓　丨丨，見。〔廣韻·物部〕〇丨，暫見也。〔集韻·迄部〕

睉　丨，目動。〔集韻·迄部〕〇丨或作㬻。〔同上〕

㬻　丨同睉。〔集韻·勿部〕

礨　丨磈，小石。〔廣韻·物部〕又〔集韻·迄部〕。

秅　丨，舂粟不潰。〔集韻·迄部〕〇丨，堅米也，謂米之堅硬捲擣不破也。〔慧琳音義·卷四八〕

箟　丨之言刮也。〔廣雅·釋器〕「丨謂之刷」疏證。

粅　丨丨，粉皃。〔集韻·勿部〕

緄　丨，翟衣。〔廣韻·物部〕又〔集韻·迄部〕。〇丨，即結也。〔儀禮·士冠禮〕胡正義。〇丨，一曰結也。〔集韻·迄部〕

𧊒　丨屈，短皃。〔集韻·迄部〕

舭　丨，大船。〔集韻·勿部〕

芾　丨，草木盛也。〔廣韻·物部〕又〔集韻·勿部〕。〇市、丨、紱、韍、黻、袚、茀、紼，並字異而義同。〔廣雅·釋器〕「袚謂之縪」疏證。〇丨丨，猶沛沛也。〔廣雅·釋訓〕「丨丨，茂也」疏證。〇市市、肺肺、旆旆，義並與丨丨同。〔同上〕

茇　丨，竹葦絙也。〔集韻·勿部〕

蔽　丨，后車以翟羽為飾也。〔集韻·勿部〕

𧙕　｜，蔽膝。〔廣韻・未部〕

豩　｜，豕｜地。〔廣韻・物部〕〇｜，豕穴土也。〔集韻・迄部〕〇｜，豕掘地也。（同上）

貍　｜，臭也。〔集韻・迄部〕

趉　｜，走皃。〔廣韻・物部〕〇｜，卒起走也。〔說文〕「｜，走也」義證引〔玉篇〕。〇｜，猶堀也。〔廣雅・釋言〕「｜，衝也」疏證。〇｜同𨀁。〔集韻・迄部〕

𨀁　｜，走皃。〔集韻・迄部〕〇｜，或作趉。（同上）

赶　｜同𨀁。〔集韻・迄部〕

䞔　｜，行遽皃。〔集韻・迄部〕〇｜同䟴。（同上）

鉘　｜連枷是兵器，與擊禾之器相似。〔說文〕「柫，擊禾連枷也」義證。

𨨏　｜，鈌，鎖鈕也。〔集韻・迄部〕

闉　｜，當為闉。〔墨子・備城門〕「寇｜池來」閒詁。

𩂣　｜，雨皃。〔集韻・勿部〕

霈　｜，雲皃。〔集韻・勿部〕

韍　｜同倔。〔集韻・迄部〕

韠　與革後謂之｜。〔集韻・勿部〕〇｜通作第。（同上）

誷　｜，樂聲乍息皃。〔廣韻・物部〕

顧　｜頓，百短。〔集韻・迄部〕

颰　｜，風也。〔集韻・迄部〕

飀　｜，風皃。〔廣韻・物部〕〇｜，一曰疾風。〔集韻・勿部〕〇小風謂之｜。（同上）〇｜，或作颰。（同上）

颰　｜同飀。〔集韻・勿部〕

飥　｜，飽也。〔集韻・迄部〕

黲　｜，黑皃。〔集韻・迄部〕

續經籍纂詁卷第九十五　入聲

六月

月　｜者，闕也，虧闕也。〔說文繫傳·通論上〕○闕者為｜。〔同上〕○｜之為言闕也。〔說文〕「｜，闕也」義證引〔春秋元命苞〕。○｜者，太陰之精也。〔同上〕義證引〔夢書〕。○太陰為｜。〔同上〕義證引〔春秋元命苞〕。○｜者，陰宗之精也。〔同上〕義證引〔星經〕。○｜者，陰之精、地之理也。〔同上〕義證引〔春秋感精符〕。○｜者，羣陰之宗，以宵曜名曰夜光。〔同上〕義證引〔年歷〕。○太陰水精為｜。〔同上〕義證引〔春秋元命苞〕。○｜小餘，為夜半至合朔加時之日分。〔漢書·律歷志〕「以章歲乘｜小餘」補注引李銳。○｜忌，避中宮也。〔通雅·天文〕○｜魄謂之決鼻。〔同上〕○｜，臣也。〔說文〕「朢，｜滿也」繫傳。○｜者尺也，尺者紀度而成數也。〔廣韻·月部〕引〔范子計然〕。○〔通雅·卷一八〕｜角，角者額也，｜言闕。〔管子〕「晏平仲｜角」。○〔同上〕｜客，姘變也。〔神仙服食經〕「下為｜客，有事｜客絕」。○｜平，今之榷會牒也。〔通雅·書札〕○｜厭，神殺名也。〔續音義·卷五〕○｜支，即｜氏也。〔漢書·大月氏國傳〕「大｜氏國」補注。○｜乃抈之省。〔詩·節南山〕「式｜斯生」平議。○｜，舊本作日。〔呂覽·明理〕「其｜有薄蝕」校正。○｜，唐武后作囝。〔集韻·月部〕

囝　｜同月。〔集韻·月部〕

骨　｜，肉之核也。〔說文〕「｜，肉之覈也」義證引〔御覽〕。○｜，體之質也。〔同上〕○｜之言覈也。〔廣雅·釋器〕「覈，｜也」疏證。○〔說文定聲·卷一二〕｜，生人之｜也。〔說文〕「｜，肉中覈也」。○｜擿，猶云象揥也。〔說文〕「䯏，｜擿之可會髮者」句讀。○〔說文定聲·卷一二〕｜，字亦作榾。〔埤倉〕「狗榾，木名也」。○｜，官本作胃。〔漢書·王子侯表〕「戴侯｜嗣」補注。○汪本｜作胃。胃，古胥字。〔同上〕補注引朱一新。

髮　｜謂毛｜。〔孝經·開宗明義〕「身體｜膚受之父母」皮疏引邢昺。○｜，頭毛也。〔廣韻·月部〕○｜，頂毛也。〔慧琳音義·卷八〕引〔考聲〕。○｜，首上毛也。〔卷二〕引顧野王。又〔說文〕「｜，根也」義證引〔玉篇〕。○〔說文定聲·卷一三〕｜，以茇為訓。〔說文〕「｜，根也」。

⿰爻頁　｜，古文髮。〔廣韻·月部〕○｜同髮。〔集韻·月部〕

⿰犮頁　｜同髮。〔集韻·月部〕

闕　｜，觀也。〔說文〕「｜，門觀也」義證引〔古今注〕。○｜，門觀。〔國策·齊策六〕「人有當｜而哭者」鮑注。○｜，門觀也。〔廣韻·月部〕○古謂｜為象魏。〔說文〕「魏，高也」繫傳。○｜者，東都之兩觀也。〔說文·上說書〕「遺臣齎詣｜」段注。○積土四方高丈曰臺，不方者曰觀曰｜。〔說文定聲·卷五〕〔「臺」下〕○高而不四方者謂之｜也。〔說文〕「臺，觀四方而高者也」段注。○凡平地四方而高者為臺，不必方而高者為觀，其在門左右者中央空隙為路，則謂之｜，高曰兩觀，即〔周禮〕之象魏也。〔說文定聲·卷一三〕○諸侯之｜在雉門，天子之｜在應門。〔同上〕○士夫閥閱之門亦謂之｜。〔通雅·宮室〕○｜然為道謂之｜。〔說文〕「｜，門觀也」繫傳。○｜者，空之，與掘義別。〔說文〕「掘，搰也」段注。○｜，損也。〔左傳僖公三〇年〕「不｜秦」疏證引顧炎武。○穿地至泉曰｜。〔左傳隱公元年〕「｜地及泉」洪詁引尹知章。○｜與掘同義。〔左傳成公一三年〕「欲｜翦我公室」疏證引梁履繩。○掘、｜二字音義無異。〔管子〕「掘｜」雜志。○｜與欮同。〔廣雅·釋詁三〕「欮，穿也」疏證。○｜洩，此獸脚多指。〔釋獸〕「｜洩多狃」鄭注。○｜與掘通。〔管子〕「掘｜」雜志。○〔說文定聲·卷一三〕｜，段借為掘。〔國語·吳語〕「｜為深溝」。○｜，亦掘字之假借。〔管子〕「掘｜」雜志。○｜當作缺，｜為假借字。〔詩·子衿〕「在城｜兮」後箋。○〔說文定聲·卷一三〕｜，段借為掘、為厥。〔國語·吳語〕「｜為深溝」。○｜，當讀為厥。〔墨子·非命中〕「棄｜其先神」閒詁。○｜，〔大戴〕作闕，即｜字。〔漢書·賈誼傳〕「過｜則下」補注。○｜，當作闕。〔漢書·王莽傳〕「大司空邑弟左｜將軍堂威侯奇」補注引錢大昭。○石｜，當作石闕。〔史記·司馬相如列傳〕「蹷石｜」志疑。○｜當作開。〔管子·心術上〕「｜其門」義證引孫星衍。○此誤開為｜。〔管子·心術上〕「｜其門」平議。

越　｜，度也。〔國策·西周策〕「秦必不敢越河而攻南陽」鮑注。又〔說文〕「⿺辶戉，踰也」繫傳。○｜，過。〔詩·長發〕「率履不｜」朱傳。○｜者過也。〔說文〕「跌，一曰｜也」句讀。○｜之言過也。〔荀子·堯問〕「｜踰好士」集解引俞樾。○｜，踰也。〔大戴·曾子事父母〕「不苟｜」王詁。○｜，逾也。〔廣韻·月部〕○｜與⿺辶戉字音義同。〔說文〕「｜，度也」段注。○｜與⿺辶戉署同。〔說文定聲·卷一三〕○｜，走也。〔通鑑·漢紀五三〕「今朝廷播｜」音注。又〔廣韻·月部〕○｜，超｜也。〔說文〕「夌，｜也」繫傳。○｜，顛｜也。〔孟子·萬章下〕「康誥曰殺｜人于貨」朱注。○｜猶及也。〔釋詞·卷二〕○｜若，亦及也。〔同上〕○｜，遠也。〔廣韻·月部〕○｜，一曰遠也。〔集韻·月部〕○｜之言闊也。〔廣雅·釋詁一〕「｜，遠也」疏證。○｜，引申之有疏闊之義。〔左傳桓公二年〕「大路｜席」疏證引焦循。○｜之為言闊也，闊其孔以發其聲，因謂之｜。〔儀禮·鄉飲酒禮〕「挎｜內弦右手相」胡正義。○｜，竅也。〔說文〕「⿵戉大，禁也」繫傳。○｜謂播｜也。〔左傳昭公二〇年〕「｜在草莽」述聞。○｜之言播｜也。〔左傳襄公一四年〕「｜在他竟」述聞。○｜者言其香之散｜也。〔廣雅·釋木〕「｜椒，茱萸也」疏證。○｜，疑芬香發｜之義。〔說文定聲·卷一三〕○｜，揚

也。〔國語・周語〕「亦不散丨」述聞。又〔廣韻・月部〕。〇丨，丨揚也。〔説文〕「兮，從丂，八象气丨亏也」句讀。〇對丨，猶對揚。〔詩・清廟〕「對丨在天」述聞。〇〔説文定聲・卷一八〕〇丨，揚也。〔易・夬〕「揚于王庭」。〔揚〕下〕〇丨者，輕也。〔荀子〕「丨勁」雜志。〇丨，輕易也。〔禮記・緇衣〕「毋丨厥命以自覆也」述聞。〇丨者，輕也，言筋力輕勁也。〔荀子・非相〕「筋力丨勁」集解引王念孫。〇丨勁，謂輕勁也。〔同上〕述聞。〇丨，疾也。〔大戴・曾子事父母〕「則是丨之也」王詁。〇丨，墜也。〔左傳哀公一一年〕「其有顛丨不共」洪詁引服虔。又〔廣韻・月部〕。〇丨，一曰墜也。〔集韻・月部〕〇丨，顛墜也。〔通鑑・漢紀五三〕「今朝廷播丨」音注。〇丨，治也。〔國語・周語〕「汩丨九原」述聞。〇汩、丨皆治也。〔廣雅・釋詁三〕「丨，治也」疏證。〇丨，于也。〔廣韻・月部〕〇丨，於〔詩・東門之枌〕「丨以鬷邁」朱傳。〇丨，於也。〔書・文侯之命〕「丨小大謀猷」孫疏。又〔詩・清廟〕「對丨在天」朱傳。又〔説文〕「粵，亏也」義證引曹大家。又〔廣韻・月部〕。〇丨，一曰於也。〔集韻・月部〕〇丨，曰也。〔廣韻・月部〕〇丨，猶惟也。〔釋詞・卷二〕〇丨，若，語詞。〔書・召誥〕「丨若來三月」述聞。〇丨者，紵布也。〔文選・吳都賦〕「蕉葛升丨」集釋引段氏。〇丨，即紵布也。〔同上〕〇丨，與粵通。〔書・君奭〕「閎于天丨民」孫疏。〇〔説文定聲・卷一三〕丨，叚借為粵。〔書・盤庚〕「丨其罔有黍稷」。〇丨，假借為粵也。〔説文〕「丨，度也」段注。〇〔詩〕、〔書〕多假丨為粵也。〔説文〕「粵，亏也」段注。〇丨乃假借字，當以粵為正。〔孟子・萬章下〕「殺丨人于貨」焦正義引江聲。〇〔説文定聲・卷一三〕丨，叚借為與。〔廣雅・釋詁三〕「丨，與也」。〇〔同上〕丨，叚借為歷。〔書・盤庚〕「顛丨不恭」。〇〔同上〕丨，叚借為撥。〔廣雅・釋詁三〕「丨，治也」。〇〔同上〕丨，叚借為屈。〔莊子・庚桑楚〕「丨鷄不能伏鵠卵」。〇〔同上〕丨，叚借為猝。〔廣雅・釋詁一〕「丨，疾也」。〇丨、鉞聲同。〔釋言〕「丨，揚也」郝疏。〇丨，音同粵。〔書・微子〕「殷遂喪丨至於今」孫疏。〇丨，聲近粵。〔書・盤庚〕「丨其罔有黍稷」孫疏。又〔大誥〕「丨爾御事」孫疏。〇丨，讀同粵。〔詩・東門之枌〕「丨以鬷邁」陳疏。〇丨為粵，聲相近。〔書・大誥〕「丨天棐忱」孫疏。〇丨與遠，語之轉也。〔方言六〕「楚謂之丨，或謂之遠」箋疏。〇丨與汩聲相近。〔廣雅・釋詁三〕「丨，治也」疏證。〇丨與遂古聲亦相近。〔廣雅・釋器〕「干隊，劒也」疏證。〇丨、揚聲轉。〔釋言〕「丨，揚也」郝疏。〇揚、丨一聲之轉。〔詩・清廟〕「對丨在天」述聞。〇揚、丨一聲之轉，故發揚之轉為發丨，飛揚之轉為飛丨，播揚之轉為播丨，激揚之轉為激丨，清揚之轉為清丨。〔釋言〕「丨，揚也」述聞。〇丨同粵。〔書・大誥〕「丨茲蠢」孫疏。又〔召誥〕「丨若來三月」孫疏。又〔盤庚〕「亂丨我家」孫疏。又〔康誥〕「丨我一二邦」孫疏。又〔梓材〕「汝若恒丨曰我有師師」孫疏。又〔立政〕「亦丨成湯陟丕」孫疏。〇丨、粵同。〔漢書・司馬相如傳〕「大行丨成」補注。〇丨與粵同。〔書・呂刑上〕「丨茲麗刑」孫疏。〇丨與與同。〔書・酒誥〕「在商邑丨殷國滅無罹」平議。〇丨、粵同字。〔漢書・地理志〕補注。〇丨、遹一字。〔説文〕「遹，遹進也」句讀。〇丨字古作丨，今作緎。〔文選・吳都賦〕「蕉葛升丨」集釋引段氏。〇丨當作趨。〔韓子・心度〕「能丨力於地者富」集釋引顧廣圻。〇丨，〔三體石經〕作粵。〔書・文侯之命〕「丨小大謀猷」孫疏。

謁

丨者，若後人書刺自言爵里姓名並列所白事。〔説文〕「丨，白也」段注。〇丨，若今書刺，自言爵里姓名並列所白事。〔説文定聲・卷一三〕〇丨，猶刺也。〔通鑑・漢紀四六〕「留丨則去」音注。〇失丨，謂失其通名之刺也。〔説文〕「丨，白也」義證引楊慎。〇丨，白也。〔國策・秦策二〕「請丨事情」鮑注。又〔廣韻・月部〕。〇丨，告也。〔禮記・曲禮〕「幼曰未能典丨也」集解。又〔月令〕「大史丨之天子曰」集解。又〔廣韻・月部〕。〇丨，告也，上告事者也。〔左傳宣公一五年〕「寡君使元以病告曰」疏證引惠棟。〇丨，告也，主告事者也。〔説文〕「丨，白也」義證引曹操。〇丨，請也。〔大戴・千乘〕「大夫中婦私丨不行」王詁。又〔廣韻・月部〕。〇丨，求請也。〔釋言〕「丨，請也」鄭注。〇丨，告請也。〔説文〕「請，丨也」義證引〔急就篇〕顔注。〇〔漢書〕丨歸謂請歸也。〔同上〕義證引〔洪武正韻〕。〇丨者，掌賓贊受事。〔國策・齊策四〕「宣王使丨者延入」鮑注。〇丨者，秦官皆選孝廉，年未五十，曉解賓贊者。〔漢書・百官公卿表〕「丨者掌賓讚受事」補注引〔十三州志〕。〇秦辭即丨辭也。〔漢書・蓋寛饒傳〕「寛饒以令詣官府門上丨辭」補注引許應元。〇丨舍，猶今客坐也。〔通雅・宮室〕〇宴饗則節一版而衆樂皆作，謂之喝盞，別奏曲則曰丨盞。〔通雅・禮儀〕引陶九成。

没

丨，沈也。〔廣韻・没部〕〇丨，猶溺。〔國策・秦策四〕「丨利於前」鮑注。〇丨者，沉溺之辭。〔國策・趙策四〕「丨死以聞」鮑注。〇丨，盡也。〔詩・漸漸之石〕「曷其丨矣」朱傳。又〔論語・陽貨〕「舊穀既丨」朱注。〇丨，引申之義訓盡。〔説文〕「丨，湛也」段注。〇丨，終也。〔周書〕「免丨我世」雜志。〇丨世，謂終身。〔大戴・衛將軍文子〕「足以丨世」王詁。〇丨亦死也。〔晏子春秋〕「人之丨」雜志。〇丨亦貪也。〔史記・貨殖傳〕「丨於賂遺也」述聞。〇丨謂貪冒也。〔漢書〕「以身設利」雜志。〇丨丨，貪也。〔左傳襄公二四年〕「何丨丨也」述聞。〇〔通雅・卷一〕俗謂無為丨。〔論語〕「文王既丨」。〇今人言無有為丨有，或曰未有。〔釋言〕「罔，無也」郝疏。〇人謂作事無據曰丨雕當。〔通雅・諺原〕引宋景文。〇不知而問曰拾丨。〔集韻・果部〕〇丨與味古字通。〔春秋名字解詁〕「晉閻丨字明」述聞。〇丨、勿古同聲通用。〔詩・漸漸之石〕「曷其丨矣」通釋。〇丨、冒語之轉耳。〔漢書〕「右與」雜志。〇泯、滅、丨又俱一聲之轉也。〔釋詁〕「泯，盡也」郝疏。〇丨當讀迦。〔詩・漸漸之石〕「曷其丨矣」通釋。〇丨丨，即勉勉聲之轉。〔釋詁〕「丨，勉也」郝疏。〇丨丨，轉為勿勿。〔釋詁〕「蠠丨，勉也」郝疏。〇丨本作劮。〔易・繫辭下傳〕「庖犧氏丨」李疏。〇丨、〔史〕作昧。〔國策・趙策四〕「丨死以聞」補正。

渂　〔說文定聲·卷一二〕丨丨，猶昧昧也。〔左傳襄公二四年〕「何丨丨也」。〇(同上)丨，叚借為昧。〔國語·晉語〕「闇沒字明」。〇(同上)丨，叚借為歿。〔小爾雅·廣言〕「丨，終也」。〇(同上)丨，叚借為冒。〔國語·晉語〕「不丨為後也」。〇丨，字亦作沕。〔說文定聲·卷一二〕

伐　丨，征也。〔廣韻·月部〕〇丨謂征丨。〔大戴·誥志〕「湯治以丨亂」王詁。〇丨，引申之乃為征丨。〔說文〕「丨，擊也」段注。〇丨，擊也。〔詩·采芑〕「鉦人丨鼓」朱傳。〇丨，斬木也。〔廣韻·月部〕〇丨，取其條幹。〔詩·甘棠〕「勿翦勿丨」後箋引嚴粲、程大昌。〇丨者，敗也。〔詩·賓之初筵〕「是謂丨德」述聞。〇丨亦敗也。〔詩·甘棠〕「勿翦勿丨，勿翦勿敗」述聞。〇丨之為言敗也。〔廣雅·釋詁三〕「丨，敗也」疏證。〇丨人者涉人國內行威有所斬壞，丨之為言敗也。〔說文〕「丨，一曰敗也」義證引〔春秋說題辭〕。〇自丨，言自敗也。〔孟子·離婁〕「國必自丨而後人丨之」平議。〇丨，害。〔詩·賓之初筵〕「是謂丨德」朱傳。〇丨，戰功。〔國策·秦策五〕「數丨有功」鮑注。〇戰功曰丨。〔國策·秦策二〕「是無丨之日已」鮑注。〇積功曰丨。〔韓子·孤憤〕「不以功丨決智行」集解引舊注。〇丨，矜也。〔大戴·哀公問五義〕「聞志廣博而色不丨」王詁。又〔曾子立事〕「飾其美而不丨也」王詁。又〔文王官人〕「丨其所能」王詁。又〔通鑑·漢紀一五〕「丨其功」音注。〇丨，自矜。〔論語·憲問〕「克、丨、怨、欲不行焉」朱注。〇自矜曰丨。〔大戴·衛將軍文子〕「業功不丨」王詁。又〔廣韻·月部〕。〇丨，自矜大其善也。〔周書〕「言弗發」雜志。〇丨，誇也。〔論語·公冶長〕「願無丨善」朱注。〇丨，誇功也。〔論語·雍也〕「孟之反不丨」朱注。〇丨，美也，謂自多其功。〔莊子·徐無鬼〕「成固有丨」集釋引郭嵩燾。〇〔說文定聲·卷一三〕丨，拔擢異于人也，亦猶最也。〔論語·謝短〕「吏上功曰丨」。〇(同上)丨，自拔擢誇異于人也。〔左傳襄公一二年〕「小人丨其技以馮君子」。〇丨者，盾也。〔說文〕「瞂，盾也」義證引〔潛夫論·釋難〕。〇丨，中干也，盾之別名。〔詩·小戎〕「蒙丨有苑」朱傳。〇樂舞一擊一刺為一丨。〔通雅·算數〕〇畎土曰丨。〔說文〕「坺，坺土也」段注。〇耕廣五寸為丨。〔說文〕「坺，一臿土謂之坺」段注。〇丨閱，即閥閱，猶門第也。〔漢書·車千秋傳〕「又無丨閱功勞」補注引周壽昌。〇〔說文定聲·卷一三〕丨叚借為發。〔考工記·匠人〕「一耦之丨」。〇(同上)丨叚借為茷。如旁出之葉也。〔公羊傳昭公一七年〕「丨為大辰」。〇(同上)丨，叚借為悖。〔詩·賓之初筵〕「是謂丨德」。〇(同上)丨，叚借為拔。〔史記·高祖功臣侯年表〕「明其等曰丨」。〇(同上)丨，叚借為犇。〔史記·高祖功臣侯年表〕「明其等曰丨」。〇丨當讀為發。〔詩·賓之初筵〕「是謂丨德」平議。〇丨即坺。〔說文〕「坺，坺土也」段注。〇〔說文定聲·卷一三〕丨，字亦作閥。〔說文新附〕「閥，自序也」。〇丨，或作傠。〔集韻·月部〕〇丨，俗作垡。〔說文定聲·卷一三〕(「發」下)〇(卷一三)丨字亦變作垡。〔考工記·匠人〕「一耦之丨」。〇丨，韓作瞂。〔詩·小戎〕「蒙丨有苑」集疏。〇舊校云，丨一作拔。〔呂覽·慎人〕「丨樹於宋」校正。

傠　丨同伐。〔集韻·月部〕

罰　罪小曰丨。〔慧琳音義·卷五二〕〇罪之小者曰丨。〔慧琳音義·卷七〇〕〇凡謂薄刑者，通謂之丨。〔易·象上傳〕「先王以明丨勑法」李疏。〇丨，罪丨。〔廣韻·月部〕〇加罪於人曰丨。〔慧琳音義·卷二〕引〔考聲〕。〇丨，言納以繩墨之事。〔說文〕「丨，辠之小者」義證引〔初學記〕注。〇丨之言网陷於害。〔廣韻·月部〕引〔元命包〕。〇丨之為言內也，陷于害也。〔說文〕「丨，辠之小者」義證引〔初學記〕。〇一歲刑為丨作。〔漢書·馮唐傳〕「削其爵，丨作之」補注引胡三省。〇丨為贖刑。〔說文〕「丨，辠之小者」義證引趙宧光。〇丨，亦折伏也。〔慧琳音義·卷七〇〕〇伐、丨義同。〔漢書·谷永傳〕「六丨既侵」補注引沈欽韓。〇伐、丨古通。〔史記·律書〕「北至於丨」志疑。〇〔說文定聲·卷一三〕丨，叚借為伐。〔廣雅·釋詁一〕「丨，折也」。〇(同上)丨，叚借為伐，實為茷。〔後漢·郎顗傳〕「丨者白虎，其宿主兵」。〇(同上)丨，叚借為軷。〔周禮·大馭〕「及犯丨」。〇浮、丨一聲之轉。〔廣雅附·釋言〕「浮，丨也」疏證。〇丨，今作罰。〔說文〕「丨，辠之小者」義證引〔初學記〕注。〇〔說文定聲·卷一三〕丨，字亦作傠。〔太玄·斷〕「勇侏之傠」。〇丨，當作賞。〔韓子·難三〕「民知誅丨之皆起於身也」集解引顧廣圻。

卒　丨，即士也。〔史記〕「湯武之士不過三千」雜志。〇百人為丨。〔國策·西周策〕「周君迎之以丨」鮑注。〇丨，行鞭也。〔說文〕「丨，隸人給事者」義證引〔玉篇〕。〇丨，急也。〔詩·頍弁〕「先集維霰」後箋。又〔大戴·文王官人〕「決之以丨」王詁。又〔廣韻·沒部〕。〇丨，遽也。〔大戴·文王官人〕「決之以丨」王詁。又〔廣韻·沒部〕。又〔慧琳音義·卷六〕。〇丨然，急遽之貌。〔孟子·梁惠王上〕「丨然問曰」朱注。〇丨，忙也。〔慧琳音義·卷六〕〇丨，怱也。〔集韻·沒部〕〇丨，副也。〔禮記·燕義〕「國子存游丨」集解。〇丨、崒字通。〔釋山〕「崒者厜㕒」郝疏。〇丨、猝古通用。〔方言一〇〕「棊，丨也」疏證。〇丨讀如猝。〔通鑑·秦紀二〕「羣臣皆愕，丨起不意」音注。〇丨，讀與猝同。〔漢書·敍傳〕「丨富貴不祥」補注引錢大昭。〇丨當讀為萃。〔禮記·王制〕「三十國以為丨」平議。〇丨、猝同。〔墨子·號令〕「敵人丨而至」閒詁引蘇時學。又〔襍守〕「丨不可遠」閒詁。〇丨與猝同。〔漢書〕「丨猥自發舒」雜志。〇丨、猝古今字。〔說文〕「窣，從穴中丨出」段注。〇丨俗作捽。〔集韻·沒部〕〇丨，或作踤。〔慧琳音義·卷六〕〇丨，當作捽。〔荀子·王制〕「以觀夫暴國之相丨也」平議。〇丨，當作率。〔史記·建元以來侯者年表〕「將丨以次封矣」志疑。〇丨，當為猝。〔說文〕「窣，從穴中丨出」義證。

卒　丨之本訓為衣。〔說文定聲·卷一二〕(「醉」下)〇丨本訓當為衣名，因即命箸此衣之人為丨也。〔說文定聲·卷六〕(「蓮」下)〇丨，轉注為隸。〔說文定聲·卷一二〕(「醉」下)〇(同上)丨，叚借為猝。〔論語〕「子路丨爾而對」。〇丨，叚借為窣。(同上)〇(同上)丨，叚借為萃。〔周禮·小司徒〕

「四兩為丨」。○丨，假借為斆。〔說文定聲・卷一二〕〔「醉」下〕

竭　丨，負而立也。〔說文〕「丨，負舉也」繫傳。○丨，舉也。〔荀子・不苟〕「以情自丨」集解引郝懿行。又〔說文〕「豕，㲋也」繫傳。○丨者，舉也。〔荀子・王制〕「周閉而不丨」集解引郝懿行。○丨，水渴也。〔說文〕「匱，匣也」段注。○丨，水盡也。〔慧琳音義・卷七〕引〔集訓〕。○丨，盡也。〔大戴・子張問入官〕「源泉不丨故天下積也」王詁。又〔禮記・禮運〕「迭相丨也」集解引陸佃。又〔廣韻・月部〕。又〔集韻・月部〕。○極盡義亦為丨。〔釋詁〕「盝，丨也」郝疏。○丨，止也。〔淮南子〕「凝丨」雜志。○丨之言遏也。（同上）○丨，猶所謂休也。〔禮記・禮運〕「迭相丨也」集解。○揭、丨古字通。〔荀子〕「丨丨」雜志。○〔說文定聲・卷一三〕丨，叚借為歇。〔淮南子・主術〕「耳目淫則丨」。○（同上）丨，叚借為揭。〔呂覽・權勳〕「脣丨而齒寒」。○（同上）丨，叚借為渴。〔左傳宣公一二年〕「且律丨也盈而以丨」。○今則用丨為水渴字。〔說文〕「渴，欲歠歠也」段注。○丨當讀為丨其尾之丨。〔莊子・胠篋〕「脣丨則齒寒」平議。○丨、極聲又相轉也。〔釋詁〕「盝，丨也」郝疏。○湖本碣作丨。〔史記・封禪書〕「北至丨石」志疑引〔史詮〕。

窟　丨，兔所伏也。〔慧琳音義・卷七六〕引〔聲類〕。○丨，石穴也。〔慧琳音義・卷一〇〕○丨，丨穴。〔廣韻・没部〕○丨欋子，即傀儡子，唐戲之首舞也。〔通雅・樂舞〕○丨同窋。〔史記・張丞相列傳〕「以平陽侯曹丨為御史大夫」志疑。

塯　丨同窟。〔集韻・没部〕

笏　丨，記事者也。〔大戴・哀公問五義〕「然則今夫章甫、句屨、紳帶而搢丨者」王詁。○丨，所以記事防忽忘。〔說文〕「曶，一曰佩也」義證引〔五經要義〕。○丨，所以記對命也，後為手版。〔通雅・書札〕○丨，手板也。〔說文〕「曶，一曰佩也」義證引〔初學記〕。又（同上）義證引〔七修類稿〕。○丨，一名手板，品官所执，天子以玉，諸侯以象，大夫魚須文竹，士木可也。〔廣韻・没部〕○丨，珽也。〔說文〕「曶，一曰佩也」義證引〔字書〕。○天子之丨曰珽，諸侯曰荼，大夫以下曰丨。〔禮記・玉藻〕「大夫前詘後詘」集解引陳祥道。○丨，簡也。〔慧琳音義・卷八六〕引〔考聲〕。○丨，猶鉼也。〔說文〕「釘，鍊鉼黄金」義證。○丨，忽也。〔禮記・玉藻〕「書於丨」集解。○丨，忽也，有事記其上以備忽忘。〔集韻・没部〕○丨、曶、忽並字異而義同。〔廣雅・釋器〕「璪、珽，丨也」疏證。○丨，通作忽。〔說文〕「曶，一曰佩也」義證。○丨與忽通。〔管子〕「搢玉總」雜志。○丨，即忽字也。（同上）○丨，又通作滑。〔說文〕「曶，一曰佩也」義證。○古丨字本作曶。〔儀禮・士喪禮〕「竹丨」胡正義引惠棟。

鉞　丨，斧也。〔中庸〕「不怒而民威於鈇丨」朱注。○丨，亦斧也。〔國策・秦策三〕「不足以待斧丨」鮑注。○以丨為斧戉之戉，經典承訛已久，難以改正。〔左傳襄公三年〕「至於用丨」洪詁。○〔說文定聲・卷一三〕丨，叚借為戉。〔小爾雅・廣器〕「丨，斧也」。○借丨為越。〔說文定聲・卷一三〕〔「揚」下〕○〔說文定聲・卷一三〕丨，字亦作鐬。〔詩・庭燎〕「鸞聲丨丨」。

戉　丨又與越通。〔文選・四子講德論〕「不能越階序」集釋。○〔說文定聲・卷一三〕丨，叚借為越。〔曲水詩序〕「文鉞碧砮之琛」。○丨，經傳皆以鉞為之。〔說文定聲・卷一三〕○丨，古鉞字。〔史記〕「河戒」雜志。又〔漢書〕「傷成於丨」雜志。○丨，古鉞字也。〔淮南子・時則〕「孟秋之月其兵丨」雜志。○丨，今作鉞。〔說文〕「丨，大斧也」繫傳。○丨，俗作鉞。（同上）段注。○丨，經典通作鉞。〔說文〕「丨，斧也」義證。

歇　丨，休息也。〔廣韻・月部〕○丨，喘息也。〔慧琳音義・卷八〕引〔考聲〕。○丨，停止也。（同上）○丨之義引申為止丨。〔說文〕「丨，息也」段注。○丨，氣洩也。〔廣韻・月部〕○丨，猶言洩也。〔說文定聲・卷一三〕〔「裂」下〕○丨，臭味消息散也。〔說文〕「丨，一曰气越泄」義證引〔玉篇〕。○丨又竭也。〔廣韻・月部〕○丨與愒同意。〔說文〕「丨，息也」句讀。○丨驕，田犬名，短喙曰丨驕。〔詩・駟驖〕「載獫丨驕」朱傳。○丨艎，本之餘皇，因作艅艎。皇，言大也。〔通雅・雜用〕○丨，通作竭。〔方言一二〕「丨，涸也」箋疏。○丨，通作腸。〔方言一〇〕「戲，丨也」箋疏。○丨，通作猲。〔說文〕「丨，息也」義證。○〔說文定聲・卷一三〕丨，叚借為渴。〔釋詁〕「丨，竭也」。○（同上）丨，叚借為猲。〔詩・駟驖〕「載獫丨驕」。○戲、丨、休俱一聲之轉。〔釋詁〕「休，息也」郝疏。○休息轉為戲泄，又轉為丨泄。〔釋詁〕「丨，竭也」郝疏。○丨，亦作竭。〔方言一二〕「丨，涸也」箋疏。○丨，魯、齊作猲。〔詩・駟驖〕「載獫丨驕」集疏。

發　丨，丨矢。〔詩・騶虞〕「壹丨五豝」朱傳。又〔國策・西周策〕「百丨百中」鮑注。又〔楚策一〕「其君好丨者」鮑注。○丨，丨矢也。〔詩・大叔于田〕「叔丨罕忌」朱傳。又〔吉日〕「丨彼小豝」朱傳。又〔賓之初筵〕「獻爾丨功」朱傳。又〔孟子・盡心上〕「君子引而不丨」朱注。○矢離弦曰丨。〔說文定聲・卷一六〕〔「引」下〕○丨，猶出也。〔大戴・本命〕「象形而丨謂之生」王詁。○丨，當訓行。〔詩・烝民〕「四方爰丨」通釋。○丨，行也，謂所行之行也。〔釋言〕「愷，丨也」鄭注。○丨，行去也。〔詩・東方之日〕「履我丨兮」朱傳。○丨，去也。〔慧琳音義・卷一八〕引〔考聲〕。○丨者，引申為丨去之偁。〔說文〕「[illegible]，丨也」段注。○丨，猶往也。〔漢書・律歷志〕「名察丨斂」補注引趙君卿。○丨，猶至也。〔荀子・禮論〕「大昏之未丨齊也」集解引俞樾。○丨，猶致也。（同上）平議。○丨幣，猶致幣也。〔左傳隱公七年〕「丨幣于公卿」述聞。○丨，起也。〔禮記・玉藻〕「疾趨則欲丨」集解。○丨，猶起也。〔大學〕「仁者以財丨身」朱注。○丨，丨起。〔廣韻・月部〕○丨，引申為凡作起之偁。〔說文〕「丨，䠶丨也」段注。○丨，舉也。〔廣韻・月部〕又〔慧琳音義・卷一八〕引〔考聲〕。○丨，一曰舉也。〔集韻・月部〕○丨與舉同義。〔廣雅・釋詁一〕「扣，舉也」疏證。○丨，揚

也。〔廣韻・月部〕〇丨，飄揚貌。〔詩・匪風〕「匪風丨兮」朱傳。〇丨，揚起也。〔荀子・議兵〕「武王載丨」集解引郝懿行。〇丨，舒也。〔廣韻・月部〕〇丨，言色有淺處若將起然。〔説文〕「䮂，馬頭有白丨色」繫傳。〇丨，宜訓開。〔詩・谷風〕「毋丨我笱」通釋。〇丨，丨倉廩賑貸也。〔孟子・梁惠王上〕「塗有餓莩而不知丨」朱注。〇北丨，即北户，言其户向北開。〔史記・五帝紀〕「南撫交阯、北丨」志疑引趙太常。〇丨，耕也。〔詩・噫嘻〕「駿丨爾私」朱傳。〇丨，明也。〔廣韻・月部〕〇丨亦明也。〔廣雅・釋詁四〕「闓，明也」疏證。〇丨，旦也。〔詩・載驅〕「齊子丨夕」後箋引王叔師。〇丨夕，猶言旦夕。（同上）後箋。〇丨夕，謂夕將丨明之時。（同上）通釋。〇丨明，猶旦明也。〔説文〕「䲧，夜戒守鼓也。禮旦明五通為丨明」義證引惠棟。〇明丨，自夜達旦，即所謂夕至明也。〔詩・載驅〕「齊子丨夕」後箋。〇春夏為丨。〔史記〕「度驗」雜志。〇冬至後日行南陸為丨，夏至後日行北陸為斂。〔漢書・律歷志〕「明察丨斂」補注引沈欽韓。〇丨斂，率謂盈縮也。（同上）補注引齊召南。〇丨，醒也。〔詩・小宛〕「明丨不寐」通釋引汪中。〇丨謂丨言也。〔漢書・王吉傳〕「慎毋有所丨」補注引王念孫。〇丨謂達其辭。〔論語・述而〕「不悱不丨」朱注。〇丨謂丨覺也。〔墨子・尚同下〕「丨罪鈞」閒詁引江聲。〇丨謂丨其事。〔漢書・車千秋傳〕「有司無所丨」補注。〇丨取丨祥，特用志喜。〔漢書・長沙定王傳〕「因名曰丨」補注。〇丨，剛勇之貌。〔詩・長發〕「遂視既丨」通釋。〇丨、猛同義。〔荀子・樂論〕「筦籥丨猛」集解。〇丨丨，疾貌。〔詩・蓼莪〕「飄風丨丨」朱傳。〇丨丨，猶言觱丨，謂其風之疾。（同上）後箋引范處義。〇丨丨，盛貌。〔詩・碩人〕「鱣鮪丨丨」朱傳。〇丨，應也。〔詩・長發〕「遂視既丨」朱傳。〇丨，閡也。〔廣韻・月部〕〇〔説文定聲・卷一三〕丨，猶荀子之撥弓曲矢，謂匡剌也。〔考工記・弓人〕「則弓不丨」。〇丨，猶言次也。〔漢書・張敞傳〕「或一人百餘丨」補注。〇古今並以一矢為一丨。〔漢書・匈奴傳〕「矢四丨」補注引沈欽韓。〇十二矢為一丨。〔通雅・算數〕〇丨縱，謂解紲而放之。〔詩・兔爰〕「有兔爰爰」後箋。〇丨軍，即前所謂用軍。〔漢書・司馬相如傳〕「今聞其乃丨軍興制」補注引許應元。〇〔通雅・卷五〕丨凡，猶汎言大氐也。〔左傳序〕「丨凡以言例」。〇（同上）丨軵，推車也。〔漢書・馮奉世傳〕「再三丨軵」。〇四丨，乘矢也。〔漢書・匈奴傳〕「矢四丨」補注引沈欽韓。〇丨與廢聲近而義同。〔廣雅・釋詁四〕「廢，置也」疏證。〇丨丨、鱍鱍字異而義同。〔詩・碩人〕「鱣鮪丨丨」陳疏。〇丨丨、鮁鮁字異而義同。（同上）〇丨字古通作廢。〔史記〕「度驗」雜志。〇丨、廢古字通用。〔管子・大匡〕「又多不丨」義證。又〔地數〕「丨而出水」義證引孫星衍。〇廢、丨古字通。〔墨子〕「廢」雜志。〇丨、廢古同聲通用。〔莊子・列禦寇〕「曾不丨藥乎」集釋。〇丨讀為廢，古字通用。〔管子・法禁〕「丨於勤勞」義證引孫星衍。〇廢與丨古同聲而通用。〔漢書・子贛傳〕「丨貯鬻財曹、魯之間」雜志。〇廢、丨古同聲，故字亦相通。〔史記〕「丨」雜志。〇古廢、丨音同通用。〔荀子・禮論〕「大昏之未丨齊也」集解引盧文弨。〇古字撥與丨通。〔考工記・弓人〕「則弓不丨」述聞。〇〔説文定聲・卷一三〕丨，叚借為廢。〔莊子・列禦寇〕「曾不丨藥乎」。〇丨，即冹字之叚借。〔詩・蓼莪〕「飄風丨丨」通釋。〇〔説文定聲・卷一三〕丨，叚借為癶。〔詩・谷風〕「無丨我笱」。〇（同上）丨，叚借為祓。〔禮記・檀弓〕「晉大夫丨焉」。〇（同上）丨，叚借為坺。〔詩・噫嘻〕「駿丨爾私」。〇（同上）丨，叚借為旆。〔荀子・議兵〕「詩曰武王載丨」。〇（同上）丨，叚借為撥。〔詩・噫嘻〕「駿丨爾私」。〇丨讀為廢。〔漢書・子贛傳〕「丨貯鬻財曹、魯之間」雜志。〇丨當讀為撥，撥者枉也。〔考工記・弓人〕「則弓不丨」述聞。〇丨讀曰伐。〔周書〕「言不丨」雜志。〇丨讀為伐。〔春秋名字解詁〕「鄭公子丨」述聞。〇丨、蛂聲近。〔釋蟲〕「蛂，蟦蛢」郝疏。〇丨與伐同。〔周書〕「言不丨」雜志。〇丨字亦作鏺。〔説文定聲・卷一三〕〇丨丨，因作鱍鱍。〔通雅・釋詁〕〇丨丨，因作鮁鮁。（同上）〇丨，當作厥。〔墨子・尚同下〕「丨罪鈞」閒詁引蘇時學。〇丨丨，韓作鱍鱍。〔詩・碩人〕「鱣鮪丨丨」集疏。〇丨丨，齊作鮁鮁。（同上）〇丨丨，魯作潑潑。（同上）〇丨泄，〔月令〕作上泄。〔呂覽・孟冬〕「地氣丨泄」

校正。

突　丨，犬匿於穴中伺人，人不意之丨然而出也。〔説文〕「丨，犬從穴中暫出也」繫傳。〇丨，引申為凡猝乍之偁。（同上）段注。〇丨者，犬從穴中暫出也，因以為坳丨之偁。〔説文〕「堪，地丨也」段注。〇丨之言駛也。〔春秋名字解詁〕「狐丨字伯行」述聞。〇丨而，與丨如同，猶丨然也。〔詩・甫田〕「丨而弁兮」集疏。〇丨忽，猶疾也。〔説文〕「流，水行也」繫傳。〇丨，忽然高出之貌。〔詩・甫田〕「丨而弁兮」朱傳。〇丨亦衝也。〔廣雅・釋言〕「䞭，衝也」疏證。〇丨，猶衝也。〔易・離〕「㐬如其來如」李疏。〇丨，觸也。〔廣韻・没部〕〇丨為奔走。〔春秋名字解詁〕「狐丨字伯行」述聞。〇丨，一曰出皃。〔集韻・没部〕〇丨亦犯也。〔荀子〕「白刃扞乎胸」集解。〇丨，滑也。〔楚辭・卜居〕「將丨梯滑稽」補注引〔文選〕注。〇丨亦曰堀。〔説文〕「堀，丨也」段注。〇丨與穿同義。〔廣雅・釋詁三〕「斛，穿也」疏證。〇丨，欺也。〔廣韻・没部〕〇丨盜，謂好侵丨掇盜也。〔荀子・榮辱〕「陶誕丨盜」集解引郝懿行。〇丨梯，疑即丨盜之通用字，謂欺詐也。〔文選・卜居〕「將丨梯滑稽，如脂如韋」集釋。〇丨梯，滑澾貌。（同上）集釋引朱熹。〇丨梯滑稽，轉隨俗也。〔楚辭・卜居〕「將丨梯滑稽」王注。〇丨梯滑稽，委曲順俗也。（同上）補注引五臣注。〇丨厥之先，居金山，金山形似兜鍪，其俗謂兜鍪為丨厥，因以為號。〔通雅・衣服〕引〔周書〕。〇丨厥，夏曰獯鬻，殷曰鬼方，周曰獫狁，漢曰匈奴，魏曰丨厥。〔廣韻・物部〕〇〔説文定聲・卷一二〕丨，叚借為掘。〔左傳襄公二五年〕「宵丨陳城」。〇（同上）丨，叚借為胅。〔呂覽・任地〕「子能以窐為丨乎」。〇（同上）丨，叚借為窐。〔釋宫〕「傳謂之丨」。〇（同上）丨，叚借為譎。〔廣雅・釋詁二〕「丨，欺也」。〇丨讀曰鴻。〔大戴・曾子制言下〕「國有道則丨若入焉」王詁。〇丨與窔同。〔説文〕「窔，窅窔，深也」義證引〔玉篇〕。〇丨即塗。〔義府・卷下〕〇丨作㟸，或體字。〔釋宫〕「傳謂之丨」郝疏。〇丨，

俗作凸字。〔説文〕「堪，地—也」段注。○〔説文定聲·卷一二〕—，字亦作堗。〔廣雅〕「竈，其窗謂之堗」。○—，乃突字之誤。〔呂覽·任地〕「子能以窐為—乎」平議。○—當為窔。〔漢書·霍光傳〕「見其竈直—」補注引何焯。○—當為突。〔説文〕「㕡，一曰—也」義證。○—當作突，〔文選〕作突。突與突同。〔漢書·司馬相如傳〕「巖—洞房」補注引王念孫。

突　〔説文定聲·卷一二〕—，从穴中求火，本訓為竈突，以形近相承，誤作突。〔淮南子·人間訓〕「百尋之屋以突隙之烟焚」。（「突」下）

㐬　—，不順忽出也。〔集韻·没部〕○方生順出為—。〔説文定聲·卷五〕（「巳」下）○—即古文〔易〕突字。〔易·離〕「—如其來如」李疏。—，出皃。〔廣韻·没部〕○

宊　—同突。〔集韻·没部〕

忽　—，忘也。〔漢書·食貨志〕「奈何而—」補注引宋祁。又〔廣韻·没部〕。又〔説文定聲·卷一二〕。（「佚」下）○—，輕也。〔國策·秦策一〕「蓋可—乎哉」鮑注。又〔廣韻·没部〕。○—，一曰輕也。〔集韻·没部〕○—，輕—也。〔漢書·揚雄傳〕「吾纍—焉而不蚤睹」補注。○—，言輕易也。〔漢書·文帝紀〕「不敢—」補注引劉攽。○—，疾貌。〔離騷〕「—奔走以先後兮」補注。○——，去速也。〔離騷〕「—馳騖以追逐兮」補注。〔楚辭·惜賢〕「年——而日度」補注。○——，運行貌。〔楚辭·九辯〕「歲——而遒盡兮」補注引五臣注。○—，倏忽。〔廣韻·没部〕○—者猶倏—也。〔説文〕「佚，佚民也」繫傳。○—，遠貌。〔荀子·賦〕「—兮其極之遠也」雜志。○—，滅。〔詩·皇矣〕「是絶是—」朱傳。○—，滅也。〔廣韻·没部〕○—、滅二字同義。〔詩·皇矣〕「是絶是—」通釋。○—與滅義同。（同上）平議。○—與滅同義。〔大戴·武王踐阼〕「意亦—不可得見與」平議。○—者，忘之盡也。〔釋詁〕「—，盡也」郝疏。○—又為猝暴之盡矣。（同上）○—之為言没也。（同上）○——，憂也。〔晏子春秋·外篇〕「——矣，若之乎」述聞。○—之言飄—也。〔方言一三〕「—，芒也」箋疏。○〔通雅·卷一一〕—，蓋恍惚也。〔記〕「——乎其欲饗之也」。○—、慌合言之則曰—慌。〔廣雅·釋詁二〕「—、慌，忘也」疏證。○—荒，即芴芒。〔莊子·至樂〕「芴乎芒乎」集釋。○—慌，猶—忘耳。〔廣雅·釋詁二〕「—、慌，忘也」疏證。○—荒，猶惚恍，謂不可睹聞之境耳。〔漢書·敘傳〕「超—荒」補注。○—來，猶何來也。〔通雅·釋詁〕○—，數之名也。〔漢書·律歷志〕「無有—微」補注引周壽昌。○度之所起，起於—。（同上）補注引〔孫子算經〕。○蠶吐絲為—。（同上）○蠶初吐絲曰—。〔本草·陶隱居名醫別錄合藥分劑法則〕○一蠶所吐為—。〔説文〕「糸，細絲也」繫傳。○十蠶為—。〔廣韻·没部〕○—十為絲。〔漢書·律歷志〕「無有—微」補注引〔孫子算經〕。○十—為一絲。〔廣韻·没部〕○六十—為纖。〔漢書·律歷志〕「無有—微」補注引屈曾發。○六十芒為—。（同上）○—亦微也。〔大戴·文王官人〕「微—之言」平議。○—與勿聲近而義同。〔史記·梁孝王世家〕「意——不樂」述聞。○颮、—、欻義並同也。〔廣雅·釋詁一〕「颮，疾也」疏證。○芴、曶、—並字異而義同。〔廣雅·釋器〕「琜、斑，芴也」疏證。○—雷，鰐也。〔通雅·魚〕○汩通—。〔書·臯陶謨中〕「在治—」孫疏。○滑、—古同聲，字相通。（同上）述聞。○迻、—古亦通用。〔廣雅·釋詁一〕「迻，遠也」疏證。○颮、颮、—並通。〔廣雅·釋詁四〕「颮，風也」疏證。○颮、—、悉並通。〔廣雅·釋詁一〕「颮，疾也」疏證。○總、—、紗、秒並通。〔廣雅·釋詁四〕「總，微也」疏證。○〔説文定聲·卷一二〕—，叚借為佛。〔尚書大傳〕「禦視于—似」。○（同上）—，叚借為颮。〔廣雅·釋詁一〕「—，疾也」。○（同上）—，叚借為歿。〔釋詁〕「—，盡也」。○（同上）—，叚借為髴。〔尚書大傳〕「禦視于—似」。○—，又借芴字。〔説文〕「—，忘也」義證。○—讀為滑，亂也。〔書·臯陶謨〕「在治—」述聞。○滑、—音相近。〔書·臯陶謨〕「在治—」孫疏。○——與㖔㖔同。〔廣雅·釋訓〕「㖔㖔，憂也」疏證。○曶、—古今字。〔公羊傳桓公一五年經〕「鄭世子—」陳疏。○—即芴字。〔墨子·公孟〕「搢—」閒詁引畢沅。○—即芴字也。〔管子〕「搢玉總」雜志。○〔説文定聲·卷一二〕—，字亦作總。〔廣雅·釋詁四〕「總，微也」。○（同上）—，字亦作惚。〔淮南子·原道〕「—兮怳兮」。○—，俗作惚。〔説文〕「—，忘也」義證。○—字鄭作曶，乃語詞。〔書·臯陶謨中〕「在治—」平議。○—，〔説文〕引作曶。〔公羊傳桓公一五年經〕「鄭世子—」陳疏。○—，〔史記·夏本紀〕作滑。〔書·臯陶謨中〕「在治—」述聞。○—，姚本改作息。〔漢書·食貨志〕「奈何而—」補注引宋祁。

⿱曰巛　—，音近滑。滑與—、汩俱通。〔書·臯陶謨中〕「在治—」孫疏。

韤　—，足衣。〔廣韻·月部〕○—，又作韈。〔漢書·張釋之傳〕「曰吾—解」補注引王先慎。○—，或作韈。〔説文〕「—，足衣也」義證。○—，一作襪。〔漢書·張釋之傳〕「曰吾—解」補注引王先慎。○—，今俗作襪。〔説文〕「—，足衣也」繫傳。○—，又作襪。（同上）義證。○—，亦作韎。〔集韻·月部〕○—，亦作⿰糸末。（同上）○—，又作⿰糸末。〔説文〕「—，足衣也」義證。○—，亦作妺。〔集韻·月部〕○—亦作袜。（同上）○—亦作帓。（同上）

韈　—同韤。〔集韻·月部〕

襪　—同韤。〔集韻·月部〕

⿰皮蔑　—同韤。〔集韻·月部〕

韎　—同韤。〔集韻·月部〕

⿰糸末　—同韤。〔集韻·月部〕

妺　—同韤。〔集韻·月部〕

袜　｜同韈。〔集韻・月部〕

怽　｜同韈。〔集韻・月部〕

勃　｜｜，｜然興起有所排擠也。〔說文〕「｜，排也」繫傳。○｜，奮起而上也。〔春秋名字解詁〕「楚鬭｜字子上」述聞。○｜然，興作之貌。〔漢書〕「浡潏雲」雜志。○｜，卒也。〔廣韻・没部〕○｜，壯也。〔慧琳音義・卷八〕○｜，健也。〔同上〕○｜，暴盛也。〔卷七〕引〔玉篇〕。○｜，暴盛皃。〔卷六六〕引顧野王。○｜，暴也。〔卷四三〕引〔考聲〕。○｜，怒也。〔同上〕○｜，變色貌。〔論語・鄉黨〕「色｜如也」朱注。○｜然，變色貌。〔孟子・萬章下〕「王｜然變乎色」朱注。○｜，大也。〔大戴・誥志〕「｜海不運」王詁。○今蘇俗語謂以力旋轉曰｜。〔說文〕「｜，排也」段注。○今俗語以力旋轉物曰｜。〔說文定聲・卷一三〕○｜屑，行貌。〔楚辭・怨世〕「蔞母｜屑而日侍」補注。○｜窣，亦蹩躠之狀也。〔漢書・司馬相如傳〕「媻姍｜窣」補注引沈欽韓。○｜與孛義亦相近。〔廣雅・釋詁三〕「孛，塵也」疏證。○悖、孛、｜字異而義同。〔荀子〕「不以悖君」雜志。○艴、｜、孛、怫、教並字異而義同。〔廣雅・釋詁二〕「艴，色也」疏證。○｜鞮，官名。｜鞮、履鞮、履貂、｜貂，皆官號之異，乃主履者，若〔周官〕之鞮鞻氏。鞮是革履，貂是皮履，｜者排也，取排比之義。〔史記・晉世家〕「蒲人之宦者｜鞮」志疑引宋庠。○｜與浡通。〔廣雅・釋詁二〕「浡，盛也」疏證。○｜與馞通。〔廣雅・釋訓〕「馞馞，香也」疏證。○〔說文定聲・卷一三〕｜，叚借為怖。〔廣雅・釋言〕「｜，懟也」。○〔同上〕｜，叚借為悖。〔莊子・外物〕「婦姑｜谿」。○〔同上〕｜，叚借為郭。〔周禮・草人〕「｜壤用狐」。○郭為正體，｜、悖俱叚借。〔釋詁〕「浡，作也」郝疏。○古書｜為教。〔漢書・張湯傳〕「子｜嗣」補注引錢大昕。○教、｜同字。〔漢書・司馬相如傳〕「媻姍｜窣」補注。○｜與悖同。〔方言一二〕「悖，懟也」箋疏。○｜同悖。〔史記・天官書〕「熒惑為｜亂」志疑。○浡、教並與｜同。〔廣雅・釋訓〕「｜｜，盛也」疏證。○｜、郭、埻，〔聲類〕並同。〔周禮・草人〕「｜壤用狐」孫正義。○〔通雅・卷四二〕｜即桲也。〔齊民要術〕「麻放｜時，拔去其雄者」。○今俗謂粉之細者曰｜，即郭字。〔說文〕「一曰地之起者曰郭」段注。○｜鞮即披字。〔左傳僖公五年〕「公使寺人披伐蒲」疏證引惠棟。○披即｜鞮合音，緩言之則曰｜鞮，急言之則曰披。〔義府・卷上〕○｜窣，作｜猝。〔史記索隱〕「異文」雜志。○官本｜作渤。〔漢書・武帝紀〕「從頓丘東南流入｜海」補注。○｜海，〔封禪書〕作渤海，本書〔武帝紀〕作渤海，〔揚雄傳〕作｜澥，轉寫互異。〔漢書・地理志〕「｜海郡」補注。

蹶　｜，顛蹶也。〔孟子・公孫丑上〕「今夫｜者趨者」朱注。○｜，顛覆之意。〔孟子・離婁上〕「詩曰天之方｜」朱注。○｜，失脚。〔廣韻・月部〕○獸前足短謂之｜，頭短謂之顯，無左右臂謂之孑孓，其並相通也。〔廣雅・釋詁二〕「孑，短也」疏證。○｜跲，跳踉貌。〔說文〕「｜，一曰跳也」義證引〔字統〕。○｜，驚駭急疾之兒。〔慧琳音義・卷五四〕○｜，猶驚駭急疾之意也。〔卷五一〕引顧野王。○｜｜，敏也。〔詩・蟋蟀〕「良士｜｜」集疏引魯說。○｜，速也。〔廣韻・月部〕○｜，走也。〔同上〕○｜、踶皆謂蹋也。〔廣雅・釋言〕「｜，踶也」疏證。○｜，嘉也。〔廣韻・月部〕○｜，有所犯突。〔廣韻・薛部〕○今東齊里俗見人有善，詫美之曰｜。〔釋詁〕「｜，嘉也」郝疏。○今時俗訝其物則曰衛，衛與｜不相遠，但方俗語有差耳。〔釋詁〕「｜，嘉也」鄭注。○以足發弩曰｜張。〔通雅・釋詁〕○｜張即趆張。〔漢書・申屠嘉傳〕「以材官｜張」補注引錢大昭。○趆、趹義並與｜同。〔廣雅・釋言〕「｜，踶也」疏證。○橛與｜通。〔廣雅・釋詁二〕「｜，跳也」疏證。○蹷與｜古亦通用。〔廣雅・釋言〕「｜，踶也」疏證。○〔說文定聲・卷一三〕｜，叚借為譎。〔方言二〕「｜，獝也」。○〔同上〕｜，叚借為憰。〔方言二〕「｜，獝也」。○｜，叚借為橜。〔說文定聲・卷一三〕○〔同上〕｜，叚借為趆。〔廣雅・釋言〕「｜，踶也」。○｜、厥、橜、氒並同聲。〔廣雅・釋詁二〕「孑，短也」疏證。○｜、獝聲之轉也。〔方言二〕「｜，獝也」箋疏。○｜、獝一聲之轉。〔同上〕疏證。○｜與蹷聲相近，合之則為蹷，轉之則為孑孓。〔廣雅・釋詁二〕「孑，短也」疏證。○｜、蹷同。〔方言一三〕「跌，蹷也」疏證。○｜與蹷同。〔廣雅・釋詁三〕「蹷，敗也」疏證。○｜，亦書作蹷。〔集韻・月部〕○｜，〔淮南子・道應〕作蹷。〔呂覽・不廣〕「北方有獸名曰｜」校正。○｜字亦作趣。〔廣雅・釋言〕「｜，踶也」疏證。○當作踣｜之｜。〔方言二〕「｜，獝也」疏證。○｜，齊作橜。〔詩・十月之交〕「｜維趣馬」集疏。○｜，〔說苑・復恩〕作蹷。〔呂覽・不廣〕「北方有獸名曰｜」校正。

蹷　｜，倒也。〔集韻・月部〕○｜，謂顛仆之。〔漢書・賈誼傳〕「猶曰｜六國」補注。○｜者，痿｜。過佚則血脈不周通，骨幹不堅利，故為致｜之機括。〔呂覽・本生〕「命之曰招｜之機」校正。○瘚、｜、厥並字異而義同。〔廣雅・釋詁一〕「瘚，病也」疏證。○｜通橛。〔文選・七發〕「｜痿之機」集釋引高誘。○蹷作｜，聲借字。〔釋地〕「西方有比肩獸，其名謂之蹷」郝疏。○｜、蹶同。〔釋詁〕「蹶，動也」郝疏。○｜，亦書作蹶。〔集韻・月部〕

躝　｜同蹶。〔集韻・月部〕○｜同蹷。〔同上〕

鶻　｜，｜鵃。〔廣韻・没部〕○｜鵃，一曰鷽鳩，其羽藍縷，亦曰鷬鵃。〔通雅・鳥〕○〔說文定聲・卷一二〕｜，經傳凡單言鳩或言鳴鳩，皆此也。〔詩・草木疏〕「｜鳩，斑鳩也」。○｜嘲，北人名鶻鵃。〔說文〕「｜，｜鳩也」義證引〔本草〕。○｜鳩，為鳩之大者。〔方言八〕「鳩，自關而西秦漢之間或謂之｜鳩」箋疏。○｜鳩，亦謂之學鳩。〔同上〕○｜，鳥名，鷹屬。〔廣韻・没部〕○｜，鳥名。〔集韻・没部〕○｜突，亦混沌之轉。〔通雅・飲食〕

鳦　｜同鶻。〔集韻・没部〕

擖 丨，擔丨物也。〔廣韻·月部〕〇丨同揭。〔集韻·月部〕

筏 大曰丨，小曰桴，乘之渡水。〔廣韻·月部〕〇〔說文定聲·卷八〕大曰丨。〔方言九〕「泭謂之䈬」。〔「泭」下〕〇編木謂之丨，浮之轉聲也。〔廣雅·釋水〕「䑺，舟也」疏證。〇丨，箄丨。〔廣韻·末部〕〇丨，箄也。〔集韻·末部〕〇丨丨，飛揚也。〔詩·泮水〕「其旂丨丨」朱傳。〇丨同橃。〔集韻·月部〕〇丨、栰字異義同。〔方言九〕「䈬謂之丨」箋疏。〇丨字又作栰。〔廣雅·釋水〕「䈬，丨也」疏證。

栰 丨同筏。〔廣韻·月部〕〇丨同橃。〔集韻·月部〕〇丨即筏。〔方言九〕「䈬謂之筏」疏證。

䑺 丨同橃。〔集韻·月部〕

厥 丨，發石也。〔說文〕「昏，塞口也」義證引〔玉篇〕。〇引伸之凡有撅發皆曰丨。〔說文〕「丨，發石也」段注。〇丨，失也。〔太素·寒熱厥〕「寒丨何失而然」楊注。〇丨，氣失逆也。〔太素·經脈之一〕「為臂丨」楊注。〇〔說文定聲·卷一三〕丨，以趣為訓。〔釋名·釋疾病〕「丨，逆氣從下丨起上行入心脅也」。〇丨，其也。〔廣韻·月部〕〇丨，一曰其也。〔集韻·月部〕〇丨，猶之也。〔釋詞·卷五〕〇丨，語助也。〔同上〕〇丨，亦短也。〔廣韻·月部〕〇丨角，猶頓首。〔孟子·盡心下〕「若崩丨角」焦正義。〇丨角者，謂額角有如所發。〔說文〕「丨，發石也」段注。〇瘚、蹷、丨並異而義同。〔廣雅·釋詁一〕「瘚，病也」疏證。〇丨同橜，謂門限。〔荀子·大略〕「井里之丨」集解引盧文弨。〇丨通作𡰪。〔集韻·月部〕〇丨、蹶古字通。〔孟子·盡心下〕「若崩丨角」焦正義。〇〔說文定聲·卷一三〕丨，叚借為蹶。〔漢書·古今人表〕「吳丨田」。〇〔同上〕丨，叚借助語之詞。〔書·皋陶謨〕「允迪丨其德」。〇〔同上〕丨，叚借發聲之詞。〔釋言〕「丨，其也」。〇〔同上〕丨，叚借為瘚。〔素問·六節藏象論〕「凝于足者為丨」。〇〔同上〕丨，叚借為𩩲。〔孟子·盡心下〕「若崩丨角」。〇假丨為𩪖也。〔說文〕「𩪖，屍骨也」段注。〇蹶、丨、橜、𡰪並同聲。〔廣雅·釋詁二〕「孑，短也」疏證。〇丨憖，屈銀與缺齾亦同。〔方言一〕「憖，傷也」箋疏。〇丨即橜之省文。〔釋宮〕「橜謂之闑」郝疏。〇丨作橜。〔莊子·達生〕「若丨株枸」集釋引郭嵩燾。〇丨或作𡰪。〔說文〕「昏，塞口也」義證引〔玉篇〕。〇丨為闕，形相近。〔書·商書序〕「龔喪丨師」孫疏。〇丨應作昏，經典通作丨。〔漢書·地理志〕「丨土惟白壤」補注引錢坫。〇史公丨皆為其。〔書·禹貢上〕注「史遷丨作其」孫疏。〇凡〔禹貢〕丨字，史公皆以其字代之。〔史記〕「丨田斥鹵」雜志。〇邵本丨作其。〔漢書·禮樂志〕「各敬丨事」補注引宋祁。〇丨，〔公羊〕作屈。〔左傳襄公元年經〕「晉韓丨師伐鄭」洪詁。〇丨憖作屈銀。〔左傳昭公一一年經〕「會于丨憖」洪詁。

蕨 丨，鼈也，初生無葉時可食。〔詩·草蟲〕「言采其丨」朱傳。〇丨，丨鼈疊韻。〔同上〕後箋。〇丨菜，初出如小兒拳，故名拳菜。其莖紫色，又名紫丨。今京師曰吉祥菜。〔同上〕集疏。〇〔說文定聲·卷一三〕丨，初生如蒜苗，無葉，耑似鼈脚，故名，亦似小兒拳，故曰拳菜。〔說文〕「丨，鼈也」。〇丨，今丨菜也。〔釋艸〕「丨，虌也」鄭注。〇丨，丨菜。〔廣韻·月部〕〇丨，菜名。〔集韻·月部〕〇丨綦雙聲，丨與綦當為一物。〔詩·草蟲〕「言采其丨」後箋。〇〔說文定聲·卷一三〕紫綦似丨，有花而味苦，謂之迷丨。〔廣雅〕「茈綦，丨也」。〇丨攈，即芵光之音轉。〔釋草〕「蔆，丨攈」郝疏。〇丨攈、芵光、蘚茩，正一聲之轉。〔廣雅·釋草〕「蔆，蘚茩也」疏證。

掘 丨，穿也。〔廣韻·月部〕又〔集韻·沒部〕。〇丨，穿斷也。〔慧琳音義·卷六四〕引〔考聲〕。〇丨，揚也。〔集韻·沒部〕〇〔說文定聲·卷一二〕丨，叚借為堀。〔詩·蜉蝣〕「蜉蝣丨閱」。〇〔同上〕丨，叚借為屈。〔老子〕「虛而不丨」。〇〔同上〕丨，以闕為之。〔左傳僖公二五年〕「闕地下冰而牀焉」。〇丨，亦作闕。〔說文〕「丨，搰也」段注。〇〔說文〕丨作拙。〔左傳文公一八年〕「丨而刖之」洪詁。〇丨，三家作堀。〔詩·蜉蝣〕「蜉蝣丨閱」集疏。〇丨作崛，借字。〔漢書·揚雄傳〕「洪臺丨其獨出兮」補注。

閥 丨閱，自序。〔廣韻·月部〕〇丨閱，功狀。〔集韻·月部〕〇丨閱，表功業也。〔慧琳音義·卷八五〕引〔考聲〕。〇今人言丨閱謂歷數其門中之功伐也。〔說文〕「閱，具數於門中」繫傳。〇丨閱者，今門丨為高貴也。〔慧琳音義·卷八五〕引〔文字典說〕。

訥 丨，謇丨。〔廣韻·沒部〕〇丨，謇於言也。〔通鑑·漢紀四〕「擇郡國吏木丨於文辭」音注。〇丨者，遲鈍。〔論語·子路〕「剛毅、木丨，近仁」朱注。〇丨，遲鈍也。〔慧琳音義·卷五〇〕〇丨與訒義同。〔說文〕「丨，言難也」段注。〇丨與㕯音義皆同。〔同上〕段注。〇丨，或借内字。〔同上〕義證。〇丨，當為吶之或體。〔說文定聲·卷一二〕〇丨，亦作詘。〔集韻·沒部〕

吶 丨同訥。〔集韻·沒部〕

歿 丨，死也。〔廣韻·沒部〕〇丨，當為刎。〔呂覽·離俗〕「卻而自丨」平議。〇丨正作殁。〔說文〕「姒，丨母也」段注。

㲫 丨同歾。〔集韻·沒部〕〇丨頭，即刎頭也。〔荀子〕「歾頸」雜志。

粵 丨，于也。〔廣韻·月部〕〇丨，辭也。〔同上〕〇凡言丨皆在事端句首未便言之，駐其言以審思之也。〔說文〕「丨，亏也」繫傳。〇丨某日，言審定某日，猶卜吉某日之意。〔說文〕「丨，周書曰丨三日丁亥」義證引趙宧光。〇丨，通作曰。〔釋詁〕「丨，曰也」鄭注。〇丨，通作越。〔釋詁〕「丨，于也」郝疏。〇丨與越通。〔釋詁〕「丨，曰也」邵正義。〇〔說文定聲·卷一三〕丨，叚借為越，今兩廣省謂之丨東丨西。〔考工記〕「丨無鎛」。〇〔同上〕丨，以越為之。〔書〕「越其罔有黍稷」。〇〔同上〕丨，以聿為之。〔詩·緜〕「聿來胥宇」。〇丨、曰疊韻。〔釋詁〕「丨，曰也」郝疏。〇丨，古越字。〔管子·

五行〕〕「然則天為丨宛」義證。○丨亦作越。〔釋詁〕〕「丨，曰也」鄭注。○丨，〔武成正義〕引作越。〔漢書・律歷志〕〕「丨若來三月」補注引王引之。

嚤 丨同粵。〔集韻・月部〕

悖 丨，逆也。〔廣韻・没部〕○丨，壯大也。〔慧琳音義・卷一八〕引〔考聲〕。○丨焉，興作之貌。〔漢書〕〕「浡滃雲」雜志。○丨，怨懟也。〔荀子・不苟〕「不以丨君」集解引王引之。○丨、悖、勃字異而義同。（同上）○咈、拂、佛、丨並字異而義同。〔廣雅・釋詁四〕「咈，盭也」疏證。○艴、勃、孛、丨、怫、敦，並字異而義同。〔廣雅・釋詁二〕「艴，色也」疏證。○丨、悖通。〔廣雅・釋詁一〕〕「丨快，強也」疏證。○丨讀若勃。〔荀子・不苟〕〕「不以丨君」雜志。○丨同誖。〔集韻・没部〕○愂、丨、誖並同。〔廣雅・釋詁三〕「愂，亂也」疏證。○丨與倖同。〔方言一二〕〕「倖，強也」箋疏。○丨或作倖。〔慧琳音義・卷一八〕引〔考聲〕。○丨，〔爾雅・釋詁〕作浡。〔左傳莊公一一年〕〕「其興也丨焉」洪詁。○丨，〔呂覽・當染〕引作勃。（同上）○丨焉，〔正義〕引作浡然，〔韓詩外傳〕引作勃然。（同上）

兀 丨，高皃。〔廣韻・没部〕○丨，高也。〔說文〕〕「元，始也」繫傳。○丨者，高遠意也。〔說文定聲・卷一八〕（〔長〕下）○丨兒鼠，本周兒雀，即同穴之鳥鼠也。〔通雅・獸〕○阢、丨、屼、矹並字異而義同。〔廣雅・釋詁四〕〕「丨，高也」疏證。○丨與扤通。〔廣雅・釋詁一〕〕「扤，動也」疏證。○〔說文定聲・卷一二〕丨，叚借為跀。〔莊子・德充符〕〕「魯有丨者」。

碣 丨，石皃。〔集韻・曷部〕○丨石，海中山名。〔集韻・月部〕○丨，高舉之皃。〔說文〕〕「丨，特立之石」繫傳。○丨之言傑也。（同上）段注。○丨，字亦作嵑。〔說文定聲・卷一三〕○隆丨、表丨字，實當作楬，後人以石為墓丨，因用丨字。（同上）

嵑 丨同碣。〔集韻・月部〕

磍 丨同碣。〔集韻・曷部〕

猝 丨，今人言丨暴。〔說文〕〕「丨，犬從艸暴出逐人也」繫傳。○丨，言倉丨，暴疾也。（同上）義證引〔玉篇〕。○倉丨，暴疾也。〔廣韻・没部〕○丨，忽也。〔慧琳音義・卷六〕引〔韻英〕。○丨，突也。〔說文〕〕「丨，犬從艸暴出逐人也」義證引〔玉篇〕。○猥猶丨也。〔漢書〕〕「猥自發舒」雜志。○頓亦丨也。（同上）○猥、丨皆頓也。〔廣雅・釋言〕〕「猥，頓也」疏證。○丨嗟，怒聲也。〔釋詞・卷八〕○〔說文定聲・卷一二〕丨，言艸者以萃為訓。〔說文〕〕「丨，犬從艸暴出逐人也」。○丨，亦通作卒。〔方言一二〕〕「懟朴，丨也」箋疏。○丨，古多叚卒字為之。〔說文〕〕「丨，犬從艸暴出逐人也」段注。○丨，叚借為凡丨乍之偁。（同上）○〔說文定聲・卷一二〕丨，叚借為咄，亦雙聲連語。〔漢書・韓信傳〕〕「項王意烏丨嗟」。○卒與丨同。〔漢書〕〕「猥自發舒」雜志。○丨，今作卒。〔說文〕〕「丨，犬從艸暴出逐人也」義證引〔玉篇〕。○丨又作踤。〔慧琳音義・卷六〕引〔考聲〕。○丨，或作踤，倉忙也。〔方言一二〕〕「懟朴，丨也」箋疏。

樾 丨，樹陰。〔廣韻・月部〕○丨，樹陰也。〔集韻・月部〕引〔字林〕。

樳 丨同樾。〔集韻・月部〕

橜 〔說文定聲・卷一三〕丨即闑。〔說文〕〕「丨，弋也」。○丨與闑為一物。〔儀禮・士冠禮〕〕「闑西閾外」胡正義引程瑤田。○丨，杙也。〔廣韻・月部〕○杙謂之丨。〔廣雅・釋詁二〕〕「孑，短也」疏證。○丨，以一條木為之，即杙也。〔儀禮・士冠禮〕〕「闑西閾外」胡正義引程瑤田。○〔說文定聲・卷一三〕丨，亦丨弋之一耑。〔說文〕〕「丨，弋也」。○門闑謂之丨。〔廣雅・釋詁二〕〕「孑，短也」疏證。○丨，短尖木也。〔慧琳音義・卷六八〕引〔考聲〕。○凡豎木而短者皆得曰丨。〔說文定聲・卷一三〕○丨者，直而短之名。〔廣雅・釋宮〕〕「丨，朱也」疏證。○丨為馬口中丨。〔漢書・司馬相如傳〕〕「猶時有銜丨之變」補注引王念孫。○折木之衺鋭者為丨。〔說文〕〕「弋，丨也」段注。○丨，通作厥。〔廣雅・釋宮〕〕「丨，朱也」疏證。○〔說文定聲・卷一三〕丨，叚借為撅。〔山海經・大荒東經〕〕「丨以雷獸之骨」。○（同上）丨，叚借為距。〔禮記・明堂位〕〕「俎夏后氏以嶡」。○蹶、厥、丨、𣦸並同聲。〔廣雅・釋詁二〕〕「孑，短也」疏證。○丨、橛同。〔方言五〕〕「橛，燕之東北朝鮮洌水之間謂之椵」疏證。○丨與橛同。（同上）箋疏。○丨字或作橛。〔漢書・司馬相如傳〕〕「猶時有銜丨之變」補注引王念孫。○丨，或書作橛。〔集韻・月部〕○丨字亦作橛。〔廣雅・釋宮〕〕「丨，朱也」疏證。○〔說文定聲・卷一三〕丨字亦作嶡。〔禮記・明堂位〕〕「俎夏后氏以嶡」。○丨，官本注並作蹶。〔漢書・五行志〕〕「咸非其材」補注。

橛 丨即杙也。〔本草・桃橛〕○丨，木杙也。〔慧琳音義・卷二六〕○丨，短木也。〔慧琳音義・卷三二〕引〔考聲〕。○丨之言厥也，凡言厥者皆短之義也。〔方言五〕〕「丨，燕之東北朝鮮洌水之間謂之椵」箋疏。○丨之言厥也，凡木形之直而短者謂之丨。〔廣雅・釋宮〕〕「丨，杙也」疏證。○立曰丨。〔通雅・襍用〕○丨，齺馬口中橜也。〔莊子・馬蹄〕〕「前有丨飾之患」集釋。○〔通雅・卷一九〕丨豎、壓獠，皆賤稱也。〔北史〕〕「獲其生口，以為賤隸，謂之壓獠」。○丨，通作厥。〔荀子・大略〕〕「井里之厥」述聞。○丨、距一聲之轉。〔廣雅・釋器〕〕「丨，几也」疏證。○丨與嶡同。（同上）○丨，一作橜。〔莊子・馬蹄〕〕「前有丨飾之患」集釋。○丨，俗作栓。〔慧琳音義・卷二六〕

羯 丨，犗丨。〔廣韻・月部〕○羖之犗者為丨，謂劇之也。〔說文〕〕「丨，羊羖犗也」義證引〔急就篇〕顏注。○羖之犗者謂之丨。〔說文定聲・卷八〕

〔「殳」下〕○去勢曰—。〔本草·羊〕○〔說文定聲·卷一三〕—，亦曰羠。〔說文〕「—，羊羖犗者」。○—，羊形也。〔說文〕「—，羊羖犗也」繫傳。○—鷄都寶，梵語，寶名也，即水精之異名，色白，小如鵝卵。〔慧琳音義·卷四〕

䍧　—同羯。〔集韻·月部〕

汩　—、越皆治也。〔國語·周語〕「—越九原」述聞。○—、越皆治也，越與—聲相近。〔廣雅·釋詁三〕「—，治也」疏證。○—，通也。〔楚辭·天問〕「不任—鴻」補注。○—，亦抇也。〔廣雅·釋詁三〕「抇，穿也」疏證。○—與猾亦聲近義同。〔廣雅·釋詁三〕「猾，亂也」疏證。○淈、—、抇並通。〔廣雅·釋詁三〕「淈，濁也」疏證。○—與淈同。〔廣雅·釋訓〕「淈淈，流也」疏證。○—為曰，省文。〔書·洪範〕「—陳其五行」孫疏。

咄　—，呵也。〔廣韻·沒部〕○—，訶也。〔慧琳音義·卷七二〕引〔考聲〕。○—，一曰呵也。〔集韻·沒部〕○——，訶也。〔慧琳音義·卷七八〕引〔考聲〕。○—，叱也。〔說文〕「—，相謂也」義證引〔玉篇〕。又〔慧琳音義·卷五九〕引〔字書〕。○—唶則為叱聲。〔通雅·釋詁〕○—，啐呼也。〔說文〕「—，相謂也」義證引〔增韻〕。○—，謂欲相語而先驚之詈。〔同上〕段注。○—，歎也。〔慧琳音義·卷七二〕引〔考聲〕。○—，咨也。〔通鑑·漢紀六〇〕「不然則—唶」音注。○—與黜同。〔莊子·在宥〕「吐爾聰明」集釋。○—○〔說文定聲·卷一二〕—，字亦作咥。〔廣雅·釋言〕「咥，—也」。○—唶，一作—嗟。〔通雅·釋詁〕

嚉　—同咄。〔集韻·沒部〕

惚　—，恍—。亦作忽。〔廣韻·沒部〕○—，悅—，失意。〔集韻·沒部〕

捽　—，持髮也。〔國策·楚策二〕「若—一人」鮑注。○—，持頭髮也。〔說文〕「—，束縛—抴為臾曳」段注。○—，手—也。〔廣韻·沒部〕○—，亦擊也。〔慧琳音義·卷六五〕○—擦，行艸聲。〔集韻·沒部〕○—讀為啐。〔法言·修身〕「簞瓢—茹」平議。○—同卹。〔集韻·沒部〕

凸　—，出皃。〔廣韻·沒部〕又〔集韻·沒部〕。

渤　—澥，海名。〔廣韻·沒部〕又〔集韻·沒部〕。○郭為正體，—俗體。〔釋詁〕「—，作也」郝疏。

激　—同渤。〔集韻·沒部〕

齕　—，齧也。〔韓子·外儲說右上〕「狗迓而—之」集解。又〔廣韻·沒部〕。

齕　—，齧也。〔集韻·月部〕

蠍　—，螫人蟲。〔廣韻·月部〕○—，毒蟲。〔集韻·月部〕○—，螫人蟲也。〔慧琳音義·卷二〕引〔集訓〕。

滑　—，乘利也。〔慧琳音義·卷四〕引〔考聲〕。○—，水圜轉旋流湍波大也。〔慧琳音義·卷八七〕○—，美也。〔卷一二〕引〔考聲〕。○—，桑也。〔同上〕○—猶汩也。〔莊子·繕性〕「—欲於俗」集釋引俞樾。○—，亂也。〔通鑑·秦紀一〕「君臣上下之間—然有離德者也」音注。又〔莊子·德充符〕「故不足以—和」集釋引疏。又〔楚辭·遠遊〕「無—而魂兮」補注。又〔集韻·沒部〕。又〔慧琳音義·卷八七〕。○—稽，一云酒器也。〔楚辭·卜居〕「將突梯—稽」補注。○—稽，酒器也，轉注吐酒，終日不已，若今之陽燧尊。〔漢書·陳遵傳〕「鴟夷—稽」補注引崔浩。○—稽，蓋若今俗所云酒過龍。〔同上〕補注。○—稽，謂俳諧也。〔廣韻·沒部〕○—稽，言出口成章，詞不窮竭，若—稽之吐酒。〔史記·滑稽列傳〕「復作故事—稽之語六章」索隱引崔浩。又〔漢書·公孫弘卜式兒寬傳贊〕「—稽則東方朔、枚皋」補注。○—稽，圓轉貌。〔文選·屈原卜居〕「將突梯—稽」集釋引朱熹。○—稽，圜轉縱舍無窮之狀。〔楚辭·卜居〕「將突梯—稽」補注引顏師古。○淈淈、汩汩、——並字異而義同。〔廣雅·釋訓〕「淈淈，流也」疏證。○—與猾通。〔廣雅·釋詁三〕「猾，亂也」疏證。○〔說文定聲·卷一二〕—，段借為汩，實為淈。〔小爾雅·廣言〕「—，亂也」。○—，古多借為汩亂之汩。〔說文〕「—，利也」段注。○〔說文定聲·卷一二〕——與汩汩同。〔淮南子·原道〕「混混——」。○—，或作抇。〔集韻·沒部〕○—，當為搰。〔說文〕「突，一曰—也」義證。○—，〔公〕〔穀〕皆作郎。〔左傳莊公四年經〕「公次于—」洪詁。○—字各書或作骨。〔呂覽·尊師〕「學於禽—黎」校正。○—字各書或作屈。〔同上〕

刖　—，絕也。〔廣韻·月部〕又〔集韻·沒部〕。○—，斷足刑也。〔廣韻·月部〕○—，古之刑名也，或名剕刑，或名髕刑，皆一也。〔慧琳音義·卷八〕○—，刮—。〔廣韻·沒部〕○—與杌隉之杌同義。〔廣雅·釋詁一〕「—，危也」疏證。○古借—為𦨶。〔說文〕「𦨶，從舟從—省聲」句讀。○〔說文定聲·卷一三〕—，段借為跀。〔周禮·司刑〕「—罪五百」。○假—為跀。〔說文〕「—，絕也」段注。○—者，跀之段借也。〔釋言〕「跳，—也」郝疏。○經傳多以—為跀。〔說文〕「跀，斷足也」段注。○〔說文定聲·卷一三〕—，段借為剕。〔廣雅·釋詁一〕「—，危也」。○剠、—一聲之轉，皆謂割斷也。〔廣雅·釋詁一〕「剠，斷也」疏證。○—，當作刵。〔左傳僖公二八年〕「—鍼莊子」平議。又〔說文〕「𣦼，周曰—劓𣦼黥」段注。

軏　—，車轅耑持衡者。〔楚辭·逢尤〕「車—折兮馬虺頹」補注。又〔集韻·沒部〕。○—，輗—。〔廣韻·沒部〕○—與抈通。〔廣雅·釋詁一〕「抈，折也」疏證。○—，車轅端曲木也。〔廣韻·月部〕

軏　〔說文定聲·卷一四〕衡與輈本不連屬，別有關鍵以鉤持之，所謂—也。〔說文〕「軏，車轅耑持衡者」。○—即小車無軏之軏。〔說文〕「元，始也」義

證引王念孫。○｜或作軏。〔說文〕「｜，車轅耑持衡者」義證。

剻　｜，刻刀。〔廣韻・月部〕○剞｜，曲刀也。〔集韻・月部〕○｜之言屈折也。〔廣雅・釋器〕「剞｜，刀也」疏證。○〔說文定聲・卷一三〕｜，疑即剻。〔漢書・揚雄傳〕「般倕棄其剞｜兮」。

崒　｜，山危峻皃。〔集韻・没部〕

崪　｜屼，山皃。〔廣韻・没部〕

腯　｜，肥也。〔集韻・没部〕○〔通雅・卷三九〕｜胲，肥肉也。〔莊子〕「臘者之｜胲」。○｜，或作腞。〔集韻・没部〕○｜，字或作腞。〔廣雅・釋詁二〕「｜，盛也」疏證。

腞　｜同腯。〔集韻・没部〕

脥　｜同腯。〔集韻・没部〕

孛　｜，星也。〔廣韻・没部〕○一曰彗星謂之｜。〔集韻・没部〕○｜、彗異名同實。〔左傳文公一四年經〕「有星｜入于北斗」疏證。○｜，色惡也。〔集韻・没部〕○｜，悖氣。〔廣韻・没部〕○｜與餑亦同義。〔廣雅・釋詁四〕「餑，長也」疏證。○艴、勃、｜、悖、怫、教並字異而義同。〔廣雅・釋詁二〕「艴，色也」疏證。○｜，通作茀。〔集韻・没部〕○｜如，即勃如。〔通雅・釋詁〕

紇　｜，絲下也。〔廣韻・没部〕又〔屑部〕。又〔集韻・没部〕。○｜，大絲。〔集韻・屑部〕○｜，覲也。〔集韻・薛部〕○〔說文定聲・卷一二〕｜，段借為麧。〔漢書・陳平傳〕「亦食糠覈矣」晉灼曰「京師人謂麄屑為｜頭」。○〔同上〕｜，段借為仡。〔左傳襄公一〇年〕「鄹人｜疏字叔梁」。○｜讀為仡，聲近假借也。彊壯謂之仡，亦謂之梁。〔春秋名字解詁〕「魯孔｜字叔梁」述聞。

浡　｜，當訓為作。〔漢書・揚雄傳〕「則不能｜滃雲而散歊烝」雜志。○｜，所謂｜然也。〔釋詁〕「｜，作也」鄭注。○｜然，興起貌。〔孟子・梁惠王上〕「則苗｜然興之矣」朱注。又〔通鑑・周紀三〕「則苗｜然興起矣」音注。○｜然，興作。〔廣韻・没部〕○｜然，興作皃。〔集韻・没部〕○｜然，興作之貌。〔漢書・揚雄傳〕「則不能｜滃雲而散歊烝」雜志。○｜與餑通。〔廣雅・釋詁四〕「餑，長也」疏證。○｜者，勃之段音也。〔釋詁〕「｜，作也」郝疏。○｜、教並與勃同。〔廣雅・釋訓〕「勃勃，盛也」疏證。○郣為正體，｜或體。〔釋詁〕「｜，作也」郝疏。

暍　｜，傷熱。〔廣韻・月部〕○｜，傷暑也。〔大戴・千乘〕「夏服君事不及｜」王詁。又〔通鑑・晉紀三〇〕「釗兵往來疲｜」音注。○｜，傷暑而死也。〔通鑑・後唐紀一〕「士卒遭矢石、溺水、｜死者且萬人」音注。○｜，謂暴傷熱煩悶欲死也。〔慧琳音義・卷九八〕引顧野王。○今蘇俗戒人衣被過暖曰勿太｜熱。〔說文定聲・卷一三〕○｜，俗本作褐。〔說文〕「｜，傷暑也」義證。○｜，俗本作喝，或改為渴。〔同上〕

𤎖　｜同暍。〔集韻・月部〕

矻　｜，石也。〔集韻・没部〕○｜，多石不夷也。〔通雅・釋詁〕○｜，用心｜｜。〔廣韻・没部〕○〔通雅・卷一〇〕｜｜、仡仡，猶搰搰也，與汲汲、劼劼通轉。言用力狀也。〔漢書・王褒傳〕「終日｜｜」。○搰搰、仡仡、｜｜並字異而義同。〔廣雅・釋詁四〕「劼，勤也」疏證。○｜同硈。

淈　｜，濁也。〔楚辭・漁父〕「何不｜其泥」補注。又〔廣雅・釋詁三〕。○｜，攪之令濁也。〔慧琳音義・卷八八〕引〔考聲〕。○｜，｜泥。〔廣韻・没部〕○｜，亂也。〔屈賦・遠遊〕「無｜而魂兮」戴注。○｜，一曰治也。〔集韻・没部〕○波流之涌沸曰｜。〔屈賦・遠遊〕「無｜而魂兮」戴注。○｜，水流皃。〔慧琳音義・卷八八〕引〔考聲〕。○｜，水流聲也。〔卷八五〕○｜｜，流也。〔廣雅・釋訓〕○〔通雅・卷九〕｜｜猶汩汩也。〔上林賦〕「潏潏｜｜」。○｜，溺也。〔慧琳音義・卷八五〕○｜與汩、滑義同。〔呂覽・本生〕「土者扣之」校正。○〔說文定聲・卷一二〕｜｜與用汩汩同。〔上林賦〕「潏潏｜｜」。○｜｜、汩汩、滑滑並字異而義同。〔廣雅・釋訓〕「｜｜，流也」疏證。○｜，通作屈。〔釋詁〕「｜，治也」邵正義。○｜、汩、扣並通。〔廣雅・釋詁三〕「｜，濁也」疏證。○〔說文定聲・卷一二〕｜，段借為屈。〔荀子・宥坐〕「其洸洸乎不｜盡似道」。○〔同上〕｜，段借為汩。〔釋詁〕「｜，治也」。○｜者，汩之段音也。〔同上〕郝疏。○｜、汩同。〔說文〕「汩，治水也」段注引郭景純。○｜，今人汩亂字當作此。〔說文〕「｜，濁也」段注。

鷢　｜，白｜，一名揚鳥，似鷹，尾上白，善捕鼠也。〔廣韻・月部〕○｜，白｜，鳥名，似鷹。〔集韻・月部〕○｜，此鳥善捕鳥雀，嚮風摇翅，亦名風鷂子，即合白鷂子也。〔說文定聲・卷一三〕○｜，似鷹，尾上白。〔說文〕「｜，白｜，王鴡也」繫傳。○雎鳩、白｜皆鷙鳥，鵰鷲鷹隼之屬。〔說文定聲・卷一三〕○｜與鸒通。〔廣雅附・釋鳥〕「白｜，鷹也」疏證。

[illegible]　｜同鷢。〔集韻・月部〕

麧　｜，｜糏。〔廣韻・没部〕○｜，麥糠中不破者。〔集韻・月部〕○｜，麥之磨不碎者，春磨之久而堅老也。〔說文〕「｜，堅麥也」繫傳。○〔說文定聲・卷一二〕｜，謂麥糠中不破者，即〔漢書・陳平傳〕所謂糠覈也。〔說文〕「｜，堅麥也」。○｜，屑麥。〔集韻・屑部〕○｜亦澼類。〔說文〕「｜，

堅麥也」義證。○丨與覈通。（同上）義證引程瑤田。○丨或作覈。〔集韻・月部〕○丨或作籺。〔説文〕「丨，堅麥也」義證。

餑 丨，麪丨。〔廣韻・没部〕○丨餽，長也。〔集韻・没部〕○丨餽為消長之長。〔廣雅・釋詁四〕「丨餽，長也」疏證。

垡 丨，耕土。〔廣韻・月部〕○丨，耕起土也。〔集韻・月部〕○丨通作伐。（同上）○丨通作坺。（同上）○丨亦書作𡊮。（同上）

𡊮 丨同垡。〔集韻・月部〕

墢 丨同垡。〔集韻・月部〕

瞂 丨，盾也。〔廣韻・月部〕○丨，即〔詩〕所謂蒙丨者。〔國策・韓策一〕「革抉吠芮」補正。○丨、伐、撥、吠並字異義同，盾也。〔方言九〕「盾，自關而東或謂之丨」箋疏。○丨，通作伐。〔集韻・月部〕○丨、伐古通用。〔方言九〕「盾，自關而東或謂之丨」疏證。○伐、撥並與丨通。〔廣雅・釋器〕「丨，盾也」疏證。○〔説文定聲・卷一三〕丨，以伐為之。〔詩・小戎〕「蒙伐有苑」。○（同上）丨，以吠為之。〔史記・蘇秦傳〕「吠芮」。○丨，字亦作𢧵。〔説文定聲・卷一二〕○丨，俗或作𢧵。〔説文〕「丨，盾也」義證。○丨亦作吠。〔集韻・月部〕

𢧵 丨同瞂。〔集韻・月部〕

吠 〔通雅・卷三五〕丨芮，盾也。〔蘇秦傳〕「革抉丨芮」。○丨同瞂。〔集韻・月部〕

馞 丨，大香。〔廣韻・没部〕○丨，香盛也。〔集韻・没部〕○丨，香氣也。〔本草・榲桲〕○馝丨，香也。〔集韻・没部〕○丨，通作茀。（同上）○勃與丨通。〔廣雅・釋訓〕「丨丨，香也」疏證。○丨、拂、茀並通。（同上）

䑛 丨同馞。〔集韻・没部〕

搰 丨，掘地也。〔廣韻・没部〕○丨丨，用力皃。〔集韻・没部〕○丨丨，用力不已也。〔慧琳音義・卷一○○〕引〔考聲〕。○丨丨、仡仡、矻矻並字異而義同。〔廣雅・釋詁四〕「勖，勤也」疏證。○〔説文定聲・卷一二〕丨，段借為淈。〔呂覽・本生〕「物者抇之」。○（同上）丨，字亦作抇。〔廣雅・釋詁二〕「抇，裂也」。○丨，本亦作掘。〔説文〕「丨，掘也」段注。

蹷 丨，獸名，走之則顛。蛩蛩前足高不得食而善走，丨常為蛩蛩取食，蛩蛩負之而走也。〔廣韻・月部〕○丨，一曰獸名。〔集韻・祭部〕○〔説文定聲・卷一三〕丨即〔爾雅〕之比肩獸也。〔説文〕「丨，丨鼠也」。○丨，鼠也。〔集韻・祭部〕○丨鼠，即跳兔。〔通雅・獸〕

棁 丨，大杖也。〔廣韻・没部〕○丨，木杖也。〔集韻・没部〕○丨，梁上短柱也。〔論語・公冶長〕「山節藻丨」朱注。○丨，梁上侏儒柱也。〔禮記・禮器〕「山節藻丨」集解。○丨，經典用為梁上短柱之棳。〔説文〕「丨，木杖也」段注。○棓謂之丨。〔通雅・戎器〕○丨，動也。〔太素・知鍼石〕「可丨往來」楊注。○日月已過，聞喪而服曰丨。〔集韻・太部〕○税與丨聲義亦相近。〔廣雅・釋器〕「丨，杖也」疏證。○丨與脱同。〔方言一二〕「解，丨也」箋疏。

抈 丨，折也。〔廣韻・月部〕又〔集韻・月部〕。○丨與杌隉之杌同義。〔廣雅・釋詁一〕「刖，危也」疏證。○丨與刖畧同。〔説文定聲・卷一三〕○軏與丨通。〔廣雅・釋詁一〕「丨，折也」疏證。○丨、兀並與扤通。〔廣雅・釋詁一〕「扤，動也」疏證。○〔説文定聲・卷一三〕丨，段借為扤。〔國語・晉語〕「其為本也固矣，故不可丨也」。○丨為杌之借字。〔説文〕「丨，折也」句讀。○丨，扤之段借字也。（同上）段注。

撅 丨，揭衣也。〔説文〕「丨，以手有所杷也」段注。○丨，丨撥物也。〔廣韻・月部〕○丨，揭衣也。〔禮記・內則〕「不涉不丨」集解。○丨，一曰投也。〔集韻・月部〕○丨，一曰擊也。（同上）○丨，採丨，亦樗蒲三采名。〔廣韻・月部〕○〔通雅・卷四九〕丨頭，即掘頭。〔搜神記〕「荀序得丨頭船」。○橛與丨通。〔廣雅・釋詁三〕「丨，投也」疏證。○〔説文定聲・卷一三〕丨，段借為揭。〔禮記・內則〕「不涉不丨」。○（同上）丨，段借發聲之詞。〔廣雅・釋詁三〕「丨，投也」。○丨、敲一聲之轉。〔方言一○〕「棄，或謂之敲」箋疏。

狘 丨，飛皃。〔廣韻・月部〕○丨丨，飛皃。〔集韻・月部〕○越、狘，丨聲義並同。〔廣雅・釋詁一〕「越，疾也」疏證。

閼 丨氏，單于妻。〔廣韻・仙部〕○匈奴單于號其妻為丨氏。〔漢書・匈奴傳〕「後有愛丨氏」補注引劉攽。○匈奴妻妾並稱丨氏，正妻則稱大丨氏。〔漢書・匈奴傳〕「欲得單于丨氏」補注引沈欽韓。○提丨，即隄堰也。〔漢書・召信臣傳〕「起水門提丨凡數十處」補注引錢大昕。○丨氏即烏氏也。〔漢書・高惠高后文功臣表〕「丨氏節侯馮解散」補注。○古讀丨如焉。〔漢書・召信臣傳〕「起水門提丨凡數十處」補注引錢大昕。○丨氏為焉氏。〔通雅・疑始〕○丨逢，一作焉逢。（同上）○丨逢之為焉逢也。〔國策〕「董丨安于」雜志。○丨亦作傿。〔漢書・召信臣傳〕「起水門提丨凡數十處」補注引錢大昕。○丨又作堨。（同上）○丨與安一字也。〔國策〕「董丨安于」雜志。○丨于之為安于，猶丨逢之為焉逢也。（同上）

跀 丨，不安也。〔集韻・月部〕○丨與刖通。〔廣雅・釋訓〕「丨丨，危也」疏證。

飢 餽丨，不安也。〔廣韻・没部〕

扤 丨，動也。〔詩・正月〕「天之丨我」朱傳。又〔廣韻・月部〕。又〔集韻・月部〕。○丨，搖動。〔廣韻・没部〕○丨，不安也。〔詩・正月〕「天之丨

我」通釋。○丨、剕義同。〔方言九〕「儰謂之丨」疏證。○刖、抈、丨、阢並與杌隉之杌同義。〔廣雅・釋詁二〕「刖，危也」疏證。○丨，通作杌。〔集韻・没部〕○〔説文定聲・卷一二〕丨，字亦作杌。〔書・秦誓〕「杌隉」。○〔同上〕丨，字亦作卼。〔易・困〕「臲卼」。○丨，字亦作阢。〔説文定聲・卷一二〕

屼 丨，禿山皃。〔慧琳音義・卷九九〕引〔字指〕。○丨，嵋丨，禿山皃。〔廣韻・没部〕○丨，一曰嵋丨，童山。〔集韻・没部〕○丨，山名。〔同上〕○阢、兀、丨、矹並字異而義同。〔廣雅・釋詁四〕「阢，高也」疏證。

楬 〔説文定聲・卷一三〕丨，謂以小木有所幖識耳。〔漢書・尹賞傳〕「丨著其姓名」。○丨，凡木之直而短者之稱，亦即〔爾雅〕雞棲于弋為桀，桀猶丨也。〔説文定聲・卷一三〕○有表識謂之丨櫫也。〔説文〕「丨，丨桀也」義證引〔玉篇〕。○〔説文定聲・卷一三〕丨櫫，猶丨著也。〔周禮・泉府〕「物丨而書之」司農注「丨著其物也」。○表丨，閥閱自序名。〔廣韻・月部〕○丨，杙也。〔墨子〕「涖程」雜志。○丨，舉也。〔説文〕「丨，丨桀也」繫傳。○桀與丨通。〔廣雅・釋宮〕「丨櫫，杙也」疏證。○丨，即髷也。〔説文〕「髷，鬢禿也」段注。○〔説文定聲・卷一三〕丨，叚借為渴。〔禮記・樂記〕「椌丨壎篪」。○〔同上〕丨，叚借為揭。〔禮記・明堂位〕「夏后氏以丨豆」。○丨，今字揭行而丨廢矣。〔説文〕「丨，丨櫫也」段注。○趙鈔本及近刻〔五音韻譜〕作丨櫫，宋本、葉本〔類篇〕〔集韻〕、宋刊〔五音韻譜〕皆作丨桀。〔同上〕

誖 丨，言亂。〔廣韻・没部〕○丨，悖也。〔集韻・未部〕○悖與丨通。〔廣雅・釋詁三〕「丨，癡也」疏證。○〔説文定聲・卷一三〕丨，叚借為孛。〔左傳莊公一一年〕「其興也悖焉」。○〔同上〕丨，叚借為勃。〔廣雅・釋詁一〕「悖，强也」。○〔同上〕丨，叚借為宋。〔左傳莊公一一年〕「其興也悖焉」。○〔同上〕丨，叚借為蔽。〔莊子・胠篋〕「上悖日月之明」。○丨，字亦作愂。〔説文定聲・卷一三〕○愂、悖、丨並同。〔廣雅・釋詁三〕「愂，亂也」疏證。

哱 丨同誖。〔集韻・没部〕○丨，吹氣聲。〔廣韻・没部〕○丨，吹聲。〔集韻・没部〕

[illegible] 丨同誖。〔集韻・没部〕

榾 榾丨，木也。〔廣韻・没部〕○榾丨，木名。〔集韻・没部〕

嗢 丨，咽也。〔廣韻・没部〕○〔説文定聲・卷一五〕丨，大笑至息不利也。〔琴賦〕「丨噱終日」。○丨，一曰大笑。〔集韻・没部〕○〔通雅・卷四〕丨噱，大笑也。〔魏志〕注「鍾繇得書丨噱」。○丨噱，大笑不自勝也。〔慧琳音義・卷九九〕引〔考聲〕。○丨鉢羅花，唐云青蓮華，其花青色，葉細陿長，香氣遠聞，人間難有。〔慧琳音義・卷三〕

堀 丨，窟也。〔國策・楚策四〕「丨穴窮巷」鮑注。○丨，揬也。〔廣雅・釋詁四〕○丨，掘地為室也。〔慧琳音義・卷六六〕○丨閱，容閱也。〔説文〕「堀，突也」段注。○丨，通作窟。〔説文〕「堀，兔堀也」義證。○丨，借為窟字。〔墨子・節用中〕「丨穴深不通於泉」間詁。○丨，竁字假音。〔同上〕間詁引畢沅。○丨穴，叚掘閱為之。〔詩・蜉蝣〕「蜉蝣掘閱」平議。○崴磈、嵔瘣、丨礨、鬱嵂、崴魁，皆畏壘之變轉也。〔廣雅・釋訓〕「鍡鑸，不平也」疏證。○丨，俗字作窟。〔説文〕「堀，突也」段注。○丨，今作掘。〔説文〕「丨，突也」句讀。○丨，又作窟。〔慧琳音義・卷六六〕○丨即堀之或體。〔説文定聲・卷一二〕○丨，或作崛。〔慧琳音義・卷六六〕○〔史記〕丨作窟。〔左傳昭公二七年〕「光伏甲於丨室」洪詁。○古書中丨字多譌作掘。〔吕覽・慎人〕「以其徒屬丨地財」校正。○丨，當作掘。〔説文〕「堀，突也」段注。○〔史記〕丨礨作崫崔。〔漢書・司馬相如傳〕「丘虛丨礨」補注。○丨礨，〔史記〕作崫壘。〔漢書・司馬相如傳〕「洞出鬼谷之丨礨崴魁」補注。

堀 凡穴土皆曰丨。〔説文定聲・卷一二〕○〔同上〕丨字亦作蝔。〔漢書・揚雄傳〕「西厭月蝔」。○丨，字亦作窟。〔説文定聲・卷一二〕

胐 丨，丨臀。〔廣韻・没部〕○丨，臀也。〔集韻・没部〕○丨，一曰膕丨，曲脚也。〔同上〕○丨之言詘也，其體詘曲也。〔廣雅・釋親〕「丨，曲脚也」疏證。○丨，一曰眣出也。〔集韻・没部〕○丨，俗又作腽。〔廣韻・没部〕

椊 丨杌，以柄内孔。〔廣韻・没部〕

扢 丨，摩也。〔廣韻・没部〕又〔迄部〕。又〔説文〕「刉，一曰刀不利，於瓦石上刉之」義證引〔玉篇〕。○丨，擊也，一曰喜皃。〔集韻・迄部〕○丨，奮舞皃。〔同上〕○〔通雅・卷八〕丨然，即慨然。〔讓王篇〕「子路丨然執干而舞」。○槩、摡、溉、汔、刉義與丨並相近。〔廣雅・釋詁三〕「丨，磨也」疏證。○丨與頟通。〔廣雅・釋詁二〕「頟，禿也」疏證。○丨與仡通。〔廣雅・釋詁二〕「仡，勇也」疏證。○丨讀若概。〔淮南子・脩務〕「丨以元錫」雜志。

扢 丨，摩也。〔集韻・没部〕○丨，擊也。〔同上〕

抇 丨，掘也。〔淮南子・齊俗〕「穿窬拊楗丨墓踰備之姦」雜志。○丨，穿也。〔集韻・没部〕又〔説文〕「搰，掘也」義證引〔玉篇〕。○丨，裂也。〔集韻・没部〕○丨，牽物動轉。〔廣韻・没部〕○丨，一曰牽動。〔集韻・没部〕○淈、汩、丨並通。〔廣雅・釋詁三〕「淈，濁也」疏證。○欻、掘、丨聲並相近。〔廣雅・釋詁三〕「欻、掘、丨，穿也」疏證。○丨與汩同。〔淮南子〕「真清而土汩之」雜志。○丨與搰同。〔廣雅・釋詁三〕「丨，穿也」疏證。○丨，亦搰字。〔説文〕「搰，掘也」義證引〔玉篇〕。

狘 一，獸名。〔廣韻·月部〕○一，走皃。〔同上〕○一，獸走皃。〔集韻·月部〕○䟷、一、㺲聲義並同。〔廣雅·釋詁一〕「䟷，疾也」疏證。

猲 一，一獢，短喙犬也。〔廣韻·月部〕○一，〔爾雅〕又作獥，今〔爾雅〕〔釋文〕作獥，乃轉寫譌字也。〔説文〕「一，爾雅曰短喙犬謂之一獢」段注。○一，〔玉篇〕作獥。〔説文〕「一，短喙犬也」義證。○一，〔毛詩〕作歇。〔説文〕「一，詩曰載獫一獢」段注。

獥 一獢，犬短喙也。〔説文〕「猲，短喙犬也」義證引〔玉篇〕。○一同猲。〔廣韻·月部〕又〔集韻·月部〕。

愲 一，心亂。〔廣韻·没部〕○一，心亂也。〔集韻·没部〕○一與縎通。〔廣雅·釋詁四〕「縎，結也」疏證。○一同縎。〔漢書·息夫躬傳〕「心結一兮傷肝」補注引沈欽韓。

曰 一，詞也。〔説文〕「昚，盛皃也」繫傳。○一，辭也。〔廣韻·月部〕○一，猶言。〔國策·秦策四〕「一趙强何若」鮑注。○一，言辭也。〔説文〕「曹，獄之兩曹也」義證引〔玉篇〕。○一，語詞。〔詩·緜〕「一止一時」述聞。又〔女曰雞鳴〕「女一鷄鳴」陳疏。又〔七月〕「一殺羔羊」通釋。○一，發語詞。〔集韻·迄部〕○一字，句中語助。〔書·盤庚上〕「一其如台」平議。○一，猶於也。〔釋詁〕「粤，一也」鄭注。又〔廣韻·月部〕。○一，猶於也。〔禮記·禮運〕「其降一命」平議。○一訓爰。〔書·皋陶謨下〕「夔一」孫疏。○一，惟也。〔詩·殷武〕「一商是尚」平議。○一，告之也。〔説文〕「曶，告也」繫傳。○一訓為。〔漢書·天文志〕「若一殺將」補注。○一猶為也。〔漢書·天文志〕「奎一封豨」補注。○一，猶為也，謂之也。〔釋詞·卷二〕○一與謂之同義。〔周書〕「謂之一伯」雜志。○一，之也。〔廣韻·月部〕○一猶聿，助詞。〔詩·殷武〕「一商是常」通釋。○一，猶有。〔國策·趙策四〕「一諒毅者」鮑注。○一其，猶越其也。〔書·盤庚上〕「一其如台」平議。○爰、一字通。〔書·皋陶謨上〕「思一贊贊襄哉」孫疏。○爰、一轉訓。〔同上〕○一，通作聿。〔釋詁〕「粤，一也」邵正義。○一、聿古通用，皆語詞。〔詩·角弓〕「見晛一消」通釋。○古一與聿通。〔詩·七月〕「一為改歲」陳疏。○聿與一通。〔釋詁〕「粤、于、爰，一也」述聞。○越與一古通用。〔書·盤庚上〕「一其如台」平議。○古一與為通。〔詩·泮水〕「束矢其搜」後箋引陳奐。○一又通作欥。〔釋詁〕「粤，一也」郝疏。○〔説文定聲·卷一三〕一，叚借為粤。〔詩·七月〕「一為改歲」。○假一為粤。〔説文〕「粤，亏也」段注。○一讀若聿。〔釋詁〕「爰，一也」述聞。○一作粤，亦魏石經也。〔書·大誥〕「王若一」孫疏。○一即日字。開口為一，合口為日，不以廣狹字形論也。〔史記·律書〕「造一度」志疑。○一，古文作日也。〔書·洛誥〕「周公拜手稽首一」孫疏。○一，齊作日。〔詩·采微〕「豈不一戒」集疏。○一，各本俱作日。〔漢書·地理志〕「一勒」補注引〔官本考證〕。○一當為日。〔墨子·公孟〕「告子一言議」閒詁引顧千里。又〔同上〕閒詁引蘇時學。又〔韓子·外儲説右上〕「左右引王之説之一」平議。○一當為由。〔左傳昭公一四年〕「一義也夫」述聞。○一，齊作謂。〔詩·閟宫〕「王一父叔」集疏。○一，齊作聿。〔詩·七月〕「一為改歲」集疏。○一，魯作聿。〔詩·大明〕「一嬪于京」集疏。又〔緜〕「予一有疏附」集疏。○一，官本作田。〔漢書·食貨志〕「一農之本」補注。

帥 一，舂米。〔廣韻·月部〕○一，舂也。〔集韻·月部〕

艴 一，怒色也。〔孟子·公孫丑上〕「曾西一然不悦」朱注。○一，色怒也。〔集韻·勿部〕○一，盛氣色也。〔説文〕「一，色一如也」繫傳。○一，一然不悦。〔廣韻·没部〕○一然，愠怒色也。〔周書〕「薦然」雜志。○一，淺色。〔廣韻·物部〕○一，一曰畫工設色。〔集韻·勿部〕○一如即勃如。〔通雅·釋詁〕○一、勃、孛、悖、佛、教並字異而義同。〔廣雅·釋詁二〕「一，色也」疏證。○一，通作佛。〔説文〕「一，色一如也」義證。○一又通作勃。〔同上〕○佛與茀皆一之借字。〔周書〕「薦然」雜志。○爽與一同。〔廣雅·釋詁二〕「一，色也」疏證。○〔説文定聲·卷一二〕一，今本以勃為之。〔論語〕「色一如也」。○一，今〔論語〕作勃。〔説文〕「一，論語曰色一如也」段注。○〔米部〕引〔論語〕作孛。〔説文〕「一，論語曰色一如也」段注。

揬 一，搪一。〔廣韻·没部〕○搪一，觸也。〔集韻·没部〕○一，深也。〔慧琳音義·卷六六〕○一，大竇也。〔慧琳音義·卷六六〕○一，揩也。〔同上〕引〔字書〕。

堨 青土謂之一。〔集韻·太部〕○一水，解池取鹽法也。〔通雅·貨賂〕

訐 面相斥罪而又告發之，故謂之一。〔漢書·賈誼傳〕「所上者告一也」補注。○一，許而相斥罪也。〔漢書·刑法志〕「告一之俗易」補注。○一，面斥人以言。〔廣韻·月部〕○一，自下告上曰一。〔通鑑·漢紀七〕「告一之俗易」音注。○一，持人短。〔廣韻·祭部〕

钀 一，馬勒旁鐵。〔廣韻·月部〕又〔薛部〕。又〔集韻·月部〕。又〔薛部〕。○一當為钀之或體。〔説文〕「一，钀或從金從獻」義證。

橃 一，木一。〔廣韻·月部〕○一、筏、栰、泭、柎並同。〔廣雅·釋水〕「筏，筏也」疏證。○一與艐同。〔廣雅·釋水〕「艐，舟也」疏證。○一即筏字。〔釋言〕「舫，泭也」郝疏。○一，俗作筏。〔慧琳音義·卷八〕○〔説文定聲·卷一三〕一，筏俗字。〔廣韻〕「一，筏也」。○一，或作筏。〔集韻·月部〕又〔説文〕「一，海中大船」義證。○一，又作栰。〔同上〕義證。○一，或作艐。〔集韻·月部〕又〔説文〕「一，海中大船」義證。○一，俗作栰。〔慧琳音義·卷八〕○一，或作栰。〔集韻·月部〕

茷 一，一茂皃。〔廣韻·月部〕○一骫者，木之枝葉茂盛也。〔説文〕「一，艸葉多」義證引王觀國。○一，通作茇，木枝葉盤紆貌。〔楚辭·招隱士〕「林木

｜骩」補注。○〔說文定聲・卷一三〕｜，筏後世俗字。〔釋言〕「舫，付也」注「竹曰筏」。○（同上）｜，叚借為旆。〔詩・六月〕「白｜央央」。

𨑹 ｜與越署同。〔說文定聲・卷一三〕○｜進，有所超越而進也。〔說文〕「逾，｜進也」段注。○｜與越通。〔方言六〕「楚謂之越，或謂之遠」箋疏。○｜，經典與越通。〔說文〕「｜，踰也」義證。○〔易〕｜字文，今播越字。〔說文〕「｜，踰也」繫傳。○〔說文定聲・卷一三〕｜字亦變作狘。〔禮記・禮運〕「故獸不狘」。

絨 〔說文定聲・卷一三〕｜，紱絛縱紃之屬，如今織成之貴子闌干旗邊、織邊、珠媚邊類，可緣飾物者，古織為乘車及騎從之象，故曰車馬飾。〔說文〕「｜，采彰也，一曰車馬飾」。○｜，紵布。〔廣韻・月部〕○｜，一曰細布。〔集韻・月部〕○｜，鞮緣履圓條也。〔通雅・衣服〕○｜，通作越。〔說文〕「｜，采彰也」義證。

䓣 ｜，蕣｜草。〔廣韻・月部〕○｜，草名。〔廣韻・月部〕

娀 ｜，輕也。〔廣韻・月部〕○｜，輕足。〔說文〕「｜，輕也」義證引〔韻譜〕。○｜，一曰愚也。〔集韻・月部〕○｜之言越也。〔廣雅・釋詁三〕「｜，輕也」疏證。○｜與越同義。〔廣雅・釋詁三〕「｜，輕也」疏證。○｜與越署同。〔說文定聲・卷一三〕○｜與䟺署同。（同上）○｜，古通作越。〔說文〕「｜，輕也」述聞。○｜與越古字通。〔荀子〕「越勁」雜志。

氒 ｜，木本也。〔說文〕「昏，塞口也」義證引〔玉篇〕。○本亦曰｜。〔說文〕「｜，木本也」段注。○木本謂之｜。〔廣雅・釋詁二〕「孑，短也」疏證。○｜義與氏署同。〔說文定聲・卷一三〕○｜義與柢署同。（同上）○｜者，言其𠢓然大也。〔說文〕「｜，木本也」段注。○〔說文定聲・卷一三〕｜借為橜。〔莊子・達生〕「吾處也若厥株拘」。○｜，古多用橜弋字為之。〔說文〕「｜，木本也」段注。○〔說文定聲・卷一三〕｜以厥為之。〔莊子・達生〕「吾處也若厥株拘」。○蹶、厥、橜、｜並同聲。〔廣雅・釋詁二〕「孑，短也」疏證。○｜，古文厥。〔廣韻・月部〕○｜，古文厥字。〔說文〕「昏，塞口也」義證引王念孫。○｜，今作厥。（同上）義證引〔玉篇〕。○〔說文定聲・卷一三〕｜，〔列子〕作橜。〔莊子・達生〕「吾處也若厥株拘」。

𠢓 ｜，強力。〔廣韻・月部〕○｜，勥也。〔集韻・月部〕○〔說文定聲・卷一三〕｜，勉力之意。〔廣雅・釋詁一〕「｜，強也」。○｜，通作屈。〔說文〕「｜，勥也」義證。○｜，又通作倔。（同上）

乚 〔說文定聲・卷一三〕乙即｜字。〔禮記・內則〕「魚去乙」。

噦 ｜，逆氣。〔廣韻・月部〕又〔薛部〕。○｜，逆氣也。〔慧琳音義・卷七七〕引〔集訓〕。○｜，氣築心喉也。〔卷四三〕引〔考聲〕。○｜，嘔吐也。〔卷六一〕引〔韻詮〕。○｜，齊、韓作鉞。〔詩・庭燎〕「鸞聲｜｜」集疏。

𣤹 ｜同噦。〔集韻・月部〕

黦 ｜，黃黑色。〔廣韻・月部〕○｜，色壞也。（同上）○｜同𪑾。〔集韻・月部〕○｜與𪑾同。〔說文〕「𪑾，黑有文也」義證引〔玉篇〕。

𥨍 ｜即𪑾也。〔說文〕「𪑾，黑有文也」段注。○｜即𪑾字。〔說文〕「婏，宴婏也」義證。

𪑾 ｜，色經溽暑而變斑色。〔說文〕「｜，黑有文也」繫傳。○〔說文定聲・卷一四〕｜以宛為之。〔春秋繁露・五行順逆〕「民病心腹宛黃」。○（同上）｜以苑為之。〔淮南子・時則〕「天子衣苑」。○（同上）｜以緣為之。〔釋名〕「褖衣，褖然黑色也」。○｜，亦作黦。〔說文〕「｜，黑有文也」段注。又〔說文定聲・卷一三〕。

鱖 ｜，魚名。〔廣韻・月部〕又〔集韻・月部〕。○〔說文定聲・卷一三〕｜，今蘇人謂之旁皮魚是也。〔爾雅〕「鱊鮬｜歸」。

𩪘 尾肉亦謂之｜。〔說文定聲・卷一三〕○｜，亦通作橜。〔廣雅・釋親〕「臎、髁，｜也」疏證。○〔說文定聲・卷一三〕｜，以翠為之。〔禮記・內則〕「舒雁翠舒鳧翠」。○｜與臎同。〔廣雅・釋親〕「臎、髁，｜也」疏證。○｜，俗作𦢊。〔說文〕「｜，臀骨也」義證。

𩨍 ｜，尾本。〔廣韻・月部〕○｜，一曰尾本。〔集韻・月部〕○臎、髁，｜也。（同上）

亅 〔說文定聲・卷一三〕｜，以橜為之。〔漢書・王吉傳〕「其樂豈徒銜橛之間哉」。

𧼮 ｜，走皃。〔廣韻・月部〕○｜，怒走也。〔集韻・月部〕

𩑶 ｜，內頭水中。〔廣韻・沒部〕○｜，內頭水中也。〔集韻・沒部〕○｜與没義同而別，今則𠬛｜廢而没專行矣。〔說文〕「｜，內頭水中也」段注。

𠬛 ｜，入水底取也。〔說文〕「｜，入水有所取也」繫傳。○〔說文定聲・卷一二〕｜以没為之。〔莊子・達生〕「若乃没人」。

泧 ｜，大水。〔廣韻・月部〕○｜，大水皃。〔集韻・月部〕○｜，水皃。〔廣韻・月部〕○｜即濊。〔說文〕「濊，礙流也」義證。

𧾁 ｜，蹠也。〔集韻・月部〕○｜，跳｜。〔廣韻・月部〕○｜，跳起也。〔說文〕「｜，蹠也」段注。○｜，謂足蹈地深也。（同上）繫傳。○｜與蹶同字。（同上）句讀。○｜，經籍多以蹶為之。〔說文定聲・卷一三〕

𧾀 ｜同𧾁。〔廣韻・月部〕

欻 丨，發也。〔廣韻・月部〕○一曰丨，穿也。〔集韻・月部〕○丨、掘、扫，聲並相近。〔廣雅・釋詁三〕「丨、掘、扫，穿也」疏證。

鑒 丨，磨也。〔集韻・月部〕

䟠 丨，超越也。〔說文〕「丨，輕足也」繫傳。○丨之言發越也。〔廣雅・釋詁一〕「丨，疾也」疏證。○〔說文定聲・卷一三〕丨，飛揚發越之意，與越䞣同。〔說文〕「丨，輕足也」。○丨，義亦與越同。〔廣雅・釋詁三〕「娍，輕也」疏證。○丨，走皃。〔廣韻・月部〕又〔集韻・月部〕。○丨、狘、䟠聲義並同。〔廣雅・釋詁一〕「丨，疾也」疏證。

縎 丨，結也。〔楚辭・怨上〕「心結丨兮折摧」補注。○丨，丨結。〔廣韻・没部〕○丨，結不解。〔說文〕「丨，結也」義證引〔玉篇〕。○丨，繒類。〔集韻・没部〕○丨，或作愲。〔說文〕「丨，結也」義證。○〔說文定聲・卷一二〕丨，字亦作愲。〔漢書・息夫躬傳〕「心結丨兮傷肝」。

鬻 丨，謂釜沸涌以口气吹使低也。〔說文〕「丨，吹釜溢也」繫傳。○丨，當作吹沸聲也。〔同上〕義證。○丨，或借餑字。〔同上〕義證。○丨，今蘇人俗語曰鋪，音之轉也。〔說文定聲・卷一三〕○今江蘇俗謂火盛水鬻溢出為鋪出，丨之轉語，正當作丨字。〔說文〕「丨，炊釜鬻溢也」段注。

蝟 丨，鳥鳴預知吉凶也。〔廣韻・没部〕○月丨，月所生也。〔集韻・没部〕

𠫓 丨，不孝之子。〔廣韻・没部〕○丨，謂凡物之反其常，凡事之屰其理，突出至前者，皆是也。〔說文〕「丨，不順忽出也」段注。○〔說文定聲・卷一二〕丨，叚借為突。〔易〕古本「㐬如其來如」。

㐬 丨，不順忽出也。〔集韻・没部〕○丨同𠫓。〔同上〕

㥜 丨，丨忽，不悵也。〔廣韻・没部〕

昒 丨，尚冥也。〔廣韻・没部〕○丨昕，曶爽也，丨即昧字。〔通雅・天文〕○昒、丨、物古字通。〔淮南子〕「物穆」雜志。○丨與曶同，古笏字也。〔淮南子・泰族〕「捷丨而朝天下」雜志。○丨、曶一字也，與昧同。〔說文〕「昒，一曰旦明也」段注。

䦨 丨，古器。〔廣韻・没部〕○丨或作㔸。〔集韻・没部〕

㔸 丨同䦨。〔集韻・没部〕

乾 丨，急擷也。〔廣韻・没部〕

曶 丨，旦明也。〔說文〕「昒，一曰旦明也」義證引〔三蒼解詁〕。○丨爽，猶昧旦，蓋微明之義。〔漢書・司馬相如傳〕「丨爽闇昧得燿乎光明」補注。○丨者笏也。〔史記・夏本紀〕「來始滑」志疑。○笏、丨、忽並字異而義同。〔廣雅・釋器〕「琜、珽，笏也」疏證。○丨，通作忽。〔說文〕「丨，出气詞也」義證。○假丨為忽。〔同上〕段注。○〔說文定聲・卷一二〕丨，假借為忽。〔漢書・揚雄傳贊〕「時人皆丨之」。○〔同上〕丨，叚借為肹。〔羽獵賦〕「蠁丨如神」。○〔同上〕丨，叚借為颮。〔舞賦〕「雲轉飄丨」。○今則忽行而丨廢矣。〔說文〕「丨，出气詈也」段注。○丨、曶本一字。〔儀禮・士喪禮〕胡正義。○丨，今〔史記〕作吻。〔說文〕「丨，吻，尚冥也」繫傳。○漢人丨昧通用不分。〔同上〕段注。

𡆪 丨，字亦作曶。〔說文定聲・卷一二〕○〔同上〕丨，今本作忽。〔說文〕「曶，出气詞也」。○〔說文〕引〔春秋傳〕「鄭太子丨」今本作忽，書傳凡倏忽字皆以忽為之。〔說文定聲・卷一二〕

囬 丨同曶。〔集韻・没部〕

曶 官本丨作曶。〔漢書・揚雄傳〕「神心丨怳」補注引蘇輿。○丨怳，〔法言〕作忽恍。〔同上〕

榾 丨，高皃。〔廣韻・没部〕

𣅀 丨，豕屬。〔廣韻・没部〕

䝌 丨，豕屬也。〔集韻・没部〕○丨，或作𣅀。〔同上〕○丨，或作豽。〔同上〕

𣅀 丨同䝌。〔集韻・没部〕

豽 丨同䝌。〔集韻・没部〕

𩃗 丨，字亦作𩅊。〔說文定聲・卷一二〕

舠 船在水不安謂之丨。〔說文〕「丨，船行不安也」義證引〔玉篇〕。○丨者正字，扤者假借字也。〔同上〕段注。○丨為正字，仡為借字。〔方言九〕「偽謂之仡，仡不安也」箋疏。○丨亦作仡。〔集韻・没部〕○丨，字亦作䑸。〔說文定聲・卷一三〕

䑸 丨同舠。〔集韻・没部〕

崛 丨，丨憂也。〔廣韻・没部〕○丨，憂也。〔集韻・没部〕

䔠 丨，刷也。〔廣韻・没部〕又〔集韻・没部〕引〔字林〕。○丨，猶堀也。〔說文〕「丨，㕰也」繫傳。

䈇 丨同䔠。〔集韻・没部〕

䄶 一稡,禾所秀不成聚向上皃。〔廣韻·没部〕○一稡,禾秀。〔集韻·没部〕○一,或作𥟍。(同上)

𥟍 一同䄶。〔集韻·没部〕

桲 榲一,果似樝。〔廣韻·没部〕○一,今連枷。〔集韻·没部〕○一,一曰杖也。(同上)○一,一曰榲一,果名。(同上)○柭、拔並與一同。〔廣雅·釋器〕「一,杖也」疏證。

挬 一,拔也。〔廣韻·没部〕又〔集韻·没部〕。○一與教通。〔廣雅·釋詁三〕「一,拔也」疏證。

鼵 鳥鼠同穴,其鳥曰鵌,其鼠曰一。一如人家鼠而短尾。〔廣韻·没部〕○鳥鼠同穴,其鳥為鵌,其鼠為一。〔集韻·没部〕

鶟 一一鶘,鳥名,似雉,青身,白首。〔廣韻·没部〕又〔集韻·没部〕。

𨿅 一同鶟。〔集韻·没部〕

鈯 一,鈍也。〔廣韻·没部〕又〔集韻·没部〕。○一,小刃也。〔廣韻·没部〕○一,猶拙也,方俗語轉耳。〔廣雅·釋詁三〕「一,鈍也」疏證。

䅷 一,耕禾開也。〔廣韻·没部〕○一,耕也。〔集韻·没部〕○一,耕禾開。〔說文〕「穮,耕禾閒也」義證引〔玉篇〕。

殟 一,心悶。〔廣韻·没部〕○一,各本誤同殰解。〔說文〕「一,暴無知也」段注。

熅 一,胎敗也。〔集韻·没部〕引〔說文〕。

搵 一,手撩物皃。〔廣韻·没部〕○一抐,擩也。〔集韻·没部〕

疦 一,狂病。〔廣韻·没部〕○一,狂趨。〔集韻·没部〕○一之言忽也。〔廣雅·釋詁四〕「一,狂也」疏證。

寣 一,睡一覺。〔廣韻·没部〕○一,覺也。〔集韻·没部〕○一為覺悟之覺。〔廣雅·釋詁四〕「一,覺也」疏證。○一,一曰臥驚。〔集韻·没部〕○𢤱、一聲義並同。〔廣雅·釋詁四〕「𢤱、一,覺也」疏證。

𤸷 一,疑與寐略同,蘇俗語略睡曰困一𤸷,豈此字歟。〔說文定聲·卷一二〕

𡪢 一一,小兒號也。〔通雅·釋詁〕

𢤱 一,寢熟。〔廣韻·没部〕○一,一曰熟寐。〔集韻·没部〕○一為覺悟之覺。〔廣雅·釋詁四〕「一,覺也」疏證。○一,戇也。〔集韻·没部〕○一、寣聲並同。〔廣雅·釋詁四〕「一、寣,覺也」疏證。○〔說文定聲·卷一三〕一謂與寣同。〔廣雅·釋詁四〕「一,覺也」。

𦁉 一,微也。〔廣韻·没部〕又〔集韻·没部〕。○一、紗、糸、紇、細,皆絲之微也。〔廣雅·釋詁四〕「一,微也」疏證。○一之言怳惚也。(同上)○一、忽通。(同上)○一,通作忽。〔集韻·没部〕

𩗗 一,疾風。〔廣韻·物部〕○一,疾風皃。〔廣韻·没部〕○一,疾風也。〔集韻·迄部〕○一、忽、欻義並同也。〔廣雅·釋詁一〕「一,疾也」疏證。○一,通作忽。〔說文〕「一,疾風也」義證。○一、忽、猋並通。〔廣雅·釋詁一〕「一,疾也」疏證。○颮、一、忽並通。〔廣雅·釋詁四〕「颮,風也」疏證。○一,古作飍。〔集韻·没部〕○一,〔玉篇〕有古文作飍。〔說文〕「一,疾風也」義證。○一,〔廣雅〕作颮。〔說文〕「一,疾風也」段注。

飍 一同𩗗。〔集韻·没部〕

𩗴 一俗作𩗗。〔廣韻·物部〕

颮 一之言忽也。〔廣雅·釋詁四〕「一,風也」疏證。○一、𩗗、忽並通。(同上)○一同𩗗。〔集韻·没部〕○〔玉篇〕一與𩗗同。〔說文〕「𩗗,疾風也」義證。

顝 一,大頭皃。〔廣韻·没部〕○一,猶塊大而獨立皃。〔說文〕「一,大頭也」繫傳。○今俗凡言大曰魁首,當作此一字。〔說文定聲·卷一二〕○(同上)一,猶塊然也。〔思玄賦〕「一羈旅而無友兮」。○一,相抵觸。〔說文〕「一,大頭也」段注引〔蒼頡篇〕。○一,一曰相抵觸。〔集韻·没部〕○〔說文定聲·卷一二〕一,謂以頭相觸。〔蒼頡篇〕「一,相抵觸也」。○一,一曰䰯也。〔集韻·没部〕○一,義與堀相近。〔廣雅·釋詁四〕「堀,揬也」疏證。○一、魌、魁古並同聲。〔廣雅·釋詁一〕「一、魌,大也」疏證。

泏 一,水出皃。〔說文〕「一,水皃」義證引〔玉篇〕。○一,水定也。〔集韻·没部〕引〔字林〕。○一,滬池。〔廣韻·没部〕○一,一曰滬池。〔集韻·没部〕

頹 一,皃秃。〔廣韻·没部〕○一,秃也。〔集韻·月部〕○一謂鱗屬之頤顐,圓潤光滑,故謂之秃。〔說文〕「一,秃也」段注。○〔說文定聲·卷一二〕一,疑此字本訓頰旁。〔考工記〕「作其鱗之而」注「頰一也」。○一,義與頤略同。〔說文定聲·卷一二〕○一,淺者謂為穨字。〔說文〕「一,秃也」段注。○一,其字可作頽。(同上)○〔說文定聲·卷一二〕一,以杚為之。〔淮南子·齊俗〕「親母為其子治扢秃而血流至耳」。

𩑶 一,頰高也。〔集韻·月部〕○一,一曰頰起皃。〔集韻·没部〕○一,通作扢。〔說文〕「一,秃也」義證。○髡、頤、一一聲之轉,義並相近。〔廣雅·釋詁二〕「一,秃也」疏證。

圣 汝潁間謂致力於地曰丨。〔廣韻·没部〕〇丨，或作䯊。〔説文〕「丨，汝潁之間謂致力於地曰丨」義證。

㧾 丨，擊也。〔廣韻·没部〕〇丨，楚謂擊為丨。〔集韻·没部〕〇丨，一曰去塵也。（同上）

䯊 丨，力作。〔廣韻·没部〕〇丨，勤也。〔集韻·没部〕

窣 勃丨，穴中出也。〔廣韻·没部〕又〔説文〕「丨，從穴中卒出」義證引〔玉篇〕。〇丨堵波，梵語，塔也，或譯浮圖。〔慧琳音義·卷二〕〇丨，經典皆借卒。〔説文〕「丨，從穴中卒出」句讀。

䶑 丨，齚也。〔廣韻·没部〕又〔質部〕。又〔集韻·没部〕。又〔質部〕。

䯧 丨，膝病。〔廣韻·没部〕

㾹 丨同䯧。〔廣韻·没部〕〇丨同𩪻。〔集韻·没部〕〇丨，郣病。〔集韻·没部〕

㨡 丨，手推也。〔廣韻·没部〕〇丨，推也。〔集韻·没部〕〇丨，或作㧾。〔説文〕「丨，手推之也」義證。〇丨，或作掘。（同上）句讀。

抐 丨，內物水中。〔廣韻·没部〕〇揾丨，擩也。〔集韻·没部〕

𢪃 丨，摩也。〔廣韻·没部〕又〔集韻·没部〕引〔字林〕。〇切與丨通。〔廣雅·釋詁三〕「丨，磨也」疏證。

𦀜 丨，索也。〔廣韻·没部〕又〔集韻·没部〕。〇丨之言切也，謂切撚之使緊也。〔廣雅·釋詁三〕「丨，索也」疏證。〇丨亦通切。（同上）

觪 丨，角始生也。〔廣韻·没部〕又〔集韻·没部〕。

𦗞 丨，耳黳。〔廣韻·没部〕〇丨，一曰耳黳。〔集韻·没部〕〇丨，濁垢。（同上）〇丨，地名。（同上）引〔埤蒼〕。

𩗸 丨，小風。〔廣韻·月部〕〇一曰小風謂之丨丨。〔集韻·月部〕〇丨丨，風也。（同上）

孓 丨，短也。〔廣韻·月部〕〇一曰丨丨，短也。〔集韻·月部〕〇孑丨，皆短之義也。〔廣雅·釋詁二〕「孑丨，短也」疏證。〇孑丨，與小同義。（同上）〇丨之言蹷也。〔廣雅·釋詁二〕「丨，短也」疏證。〇獸前足短謂之蹷，頭短謂之顝，無左右臂謂之孑丨，其義並相通也。〔廣雅·釋詁二〕「孑丨，短也」疏證。

嶡 丨，俎名，足有橫。〔集韻·月部〕〇梠有足曰丨。〔通雅·古器〕〇〔説文定聲·卷一三〕或曰丨借為撅，手可把也。〔廣雅·釋器〕「橛，几也」。〔「橜」下〕

瘚 丨，氣逆。〔廣韻·月部〕〇丨者，氣從下起上行逆心脇也。〔説文〕「丨，屰氣也」義證引〔急就篇〕顔注。〇丨，又通作蹷。（同上）義證。〇〔説文定聲·卷一三〕丨，以蹷為之。〔呂覽·重己〕「多陰則丨，多陽則痿」。〇丨，或通作厥。〔説文〕「丨，屰氣也」義證。〇〔説文定聲·卷一三〕丨叚借為厥。〔廣雅·釋詁三〕「厥，欮，穿也」。〇（同上）丨，以厥為之。〔中山經〕「服者不厥」。〇（同上）丨，叚借為掘。〔廣雅·釋詁三〕「厥，欮，穿也」。

𤻮 丨、蹷、厥並字異而義同。〔廣雅·釋詁一〕「丨，病也」疏證。

𥡴 丨，長禾。〔廣韻·薛部〕〇丨，長禾也。〔説文〕「丨，禾舉出苗也」義證引〔玉篇〕。〇丨，禾秀也。〔集韻·屑部〕〇〔説文定聲·卷一三〕穅者穀之皮也，穗出則穅見，故穅可曰丨。〔廣雅·釋器〕「穅謂之丨」。〇丨，經典借揭字。〔説文〕「丨，禾舉出苗也」義證。〇丨、碣，義並與揭通。〔廣雅·釋詁一〕「揭，舉也」疏證。

幭 丨者，覆物之巾，覆車、覆衣、覆體之具，皆得稱丨。〔説文定聲·卷一三〕〇凡言丨者，皆覆冒之義也。〔方言四〕「幡裷謂之丨」箋疏。〇丨之言幎也。〔説文〕「丨，蓋丨也」段注。〇丨與幎皆以巾覆物之總名。〔説文定聲·卷一二〕〔「幦」下〕〇丨與幎冪同。〔説文定聲·卷一三〕〇丨、韤古通聲音並同。〔方言四〕「幡裷謂之丨」疏證。〇丨、篾、幦、幎、複、蔑、幕、冪、鼏、冖〔説文〕「丨，蓋丨也」段注。〇車覆笭之字當是丨為正字，幦為叚借字。〔方言四〕「幡裷謂之丨」箋疏。〇丨者正字，篾者叚借字也。〔説文〕「幦，髼布也」段注。〇丨〔禮記〕作幦，字異而義同。〔方言四〕「幡裷謂之丨」疏證。〇丨字一作幦。〔詩·韓奕〕「鞹鞃淺丨」朱傳。〇丨，又作幎。（同上）〇丨，〔周禮〕作複，字異而義同。〔方言四〕「幡裷謂之丨」疏證。〇丨，字亦作蔑。〔説文定聲·卷一三〕

藒 丨，艸名，〔説文〕芞輿也。〔集韻·月部〕〇丨車，芸蒿也。〔釋艸〕「丨車，芞輿」鄭注。〇丨車，雲蒿也。（同上）〇丨車，芞輿，芳艸也。〔説文〕「丨，芞輿也」繫傳。〇丨車，〔離騷〕〔上林賦〕皆作揭車。〔説文〕「丨，丨車」段注。

𡾊 丨，崩聲。〔廣韻·物部〕〇丨，石限聲。〔集韻·勿部〕〇丨，山陊聲。〔説文〕「丨，崩聲」義證引〔五音集韻〕。〇丨，蓋即崫之或體耳。（同上）段注。〇丨即崫之或體。〔説文定聲·卷一二〕

犻 丨，疑當曰犬過拂取。〔説文〕「丨，過弗取也」段注。〇丨，過弗取也者，當云過也，拂取也。（同上）義證。〇犮、祓竝丨之異文。（同上）義證。

侼 丨，强也。〔集韻·没部〕又〔慧琳音義·卷一八〕。〇丨，很也。〔集韻·没部〕又〔慧琳音義·卷一八〕。〇丨、悖，憝義相近。〔方言一二〕「蚩悖也」箋疏。〇悖、丨，勃字異而義同。〔荀子〕「不以悖君」雜志。〇丨、勃古通用。〔方言一二〕「丨，强也」箋疏。〇丨與勃通。〔廣雅·釋言〕「丨，懟也」疏

證。○悖、丨通。〔廣雅・釋詁一〕「悖，强也」疏證。

踤 丨與卒通。〔方言一〇〕「萃，卒也」箋疏。○〔說文定聲・卷一二〕丨，段借為啐。〔說文〕「丨，一曰駭也」。○（同上）丨，段借為窣。〔說文〕「丨，一曰蒼丨也」。○（同上）丨，段借為萃。〔文選・長楊賦〕「丨陒」。○（同上）丨，段借為猝。〔說文〕「丨，一曰蒼丨也」。○丨同猝。〔集韻・没部〕

怢 丨，忽忘也。〔集韻・没部〕○丨慄，振寒皃也。〔太素・諸風數類〕「故使人丨慄而不能食」楊注。○丨與佚通。〔大戴禮〕「不佚可佚」述聞。○丨同佚。〔集韻・屑部〕○丨與詄同。〔廣雅・釋詁二〕「詄，忘也」疏證。○丨，〔說文〕作詄。〔大戴禮〕「不佚可佚」述聞。

⿱卉手 丨，疾也。〔集韻・迄部〕○丨，進趣之疾也。〔說文〕「捧，手至地」繫傳。○颮、忽、丨並通。〔廣雅・釋詁一〕「颮，疾也」疏證。○〔說文定聲・卷一三〕丨，以卉為之。〔上林賦〕「芔然興道而遷義」。

⿱欻木 丨，疾也。〔廣韻・物部〕又〔集韻・没部〕。

杚 丨，戛摩之也。〔說文〕「槩，丨斗斛也」繫傳。○丨，高也。〔說文定聲・卷五〕（「戛」下）○丨或蔽也。（同上）○槩、摡、溉、汽、丨、刉義與扢並相近。〔廣雅・釋詁三〕「丨，磨也」疏證。○〔說文定聲・卷一二〕丨，字亦作扢。〔淮南子・要略〕「濡不給扢」。○今書籍此等丨字皆譌作扢。〔說文〕「杚，平也」段注。

⿰木气 丨與气、剴、磯音義皆相近。〔說文〕「丨，平也」段注。○古丨與槩二字通用。（同上）

阢 丨，高皃。〔集韻・迄部〕○丨者，石戴土也。〔說文〕「陧，危也」段注。○丨即崔嵬之合音也。〔說文定聲・卷一二〕○丨、兀、屼、矹並字異而義同。〔廣雅・釋詁四〕「丨，高也」疏證。○刖、抈、扤、丨並與杌隉之杌同義。〔廣雅・釋詁一〕「刖，危也」疏證。○丨，或作屼。〔說文〕「丨，石山戴土也」義證。○〔說文定聲・卷一二〕丨，字亦作屼。〔字指〕「屼，秃山也」。

⿰衤突 丨之言突，突者穴也。〔廣雅・釋器〕「幝無襠者謂之丨」疏證。

侓 丨魁，大皃。〔集韻・没部〕

倅 百人為丨。〔廣韻・没部〕○兵百人曰丨。〔集韻・没部〕○丨，通作卒。（同上）

偈 丨丨，用力皃。〔集韻・月部〕

⿰亻突 丨，抵突也。〔慧琳音義・卷七八〕

儯 丨，丨羯，東北夷名，似高麗。〔廣韻・月部〕

⿱亼出 丨，出也。〔廣韻・没部〕

冹 丨，寒冰。〔廣韻・月部〕○丨，寒冰也。〔集韻・月部〕○丨，一曰風寒。（同上）

劊 丨，刺入皃。〔集韻・没部〕

⿰乞力 丨丨，勞極皃。〔集韻・没部〕○丨，通作矻。（同上）

吽 丨，語相呵拒。〔集韻・月部〕

圽 丨，埋也。〔集韻・没部〕

⿰土聿 丨，土梗埒也。〔集韻・没部〕

⿰土孛 丨，塵起。〔廣韻・没部〕○丨，塵也。〔集韻・没部〕○丨，塵皃也。〔慧琳音義・卷四二〕引〔考聲〕。○勃與丨義亦相近。〔廣雅・釋詁三〕「丨，塵也」疏證。

⿰土勃 丨同⿰土孛。〔集韻・没部〕

埣 丨，土落也。〔集韻・没部〕

堗 丨，竈丨。〔廣韻・没部〕○竈窗謂之丨。〔集韻・没部〕○丨，竈丨。〔說文〕「突，深也，一曰竈突」義證引〔玉篇〕。○〔說文定聲・卷一二〕丨，今蘇俗謂之煙囱。〔廣雅・釋宮〕「𥧂謂之竈，其窗謂之丨」。（「窗」下）○丨，通作突。〔廣雅・釋宮〕疏證。○丨，〔漢書〕作突。〔廣韻・没部〕

堀 丨，塵也。〔集韻・没部〕

⿰土窟 丨，土塞。〔廣韻・没部〕○丨同堀。〔集韻・没部〕

⿰女孛 丨，丨乳，母字。〔集韻・没部〕○丨，丨乳，女字。〔廣韻・没部〕

嫛 嬉丨，婦人皃。〔廣韻・月部〕○嬉丨，女兒。〔集韻・月部〕○丨，或書作嫩。（同上）

⿱薛女 丨，祅災也。〔慧琳音義・卷一二〕引〔考聲〕。

⿸尸孛 丨，勞也。〔集韻・没部〕○丨，一曰勃丨，行皃。〔集韻・没部〕○丨或作⿸尸勃。（同上）

屑 ｜，動進皃。〔廣韻・没部〕〇｜同屑。〔集韻・没部〕
岄 ｜，山名。〔集韻・月部〕〇｜，或書作朏。（同上）
朏 ｜，山也。〔廣韻・月部〕
𡶃 ｜，山皃。〔廣韻・月部〕又〔集韻・月部〕。
𡺼 ｜屼，山皃。〔集韻・没部〕
𡿂 ｜屼，秃山皃。〔廣韻・没部〕
乜 ｜ㄐ，動皃。〔集韻・月部〕
怫 ｜，恨怒。〔廣韻・月部〕〇｜，恨怒也。〔集韻・月部〕
㤕 ｜，怖也。〔集韻・没部〕〇｜｜，心｜然起也。（同上）
𢟪 ｜，昬亂。〔廣韻・没部〕〇｜，惛也。〔方言一二〕「倅，强也」箋疏。〇｜與倅聲同義亦近。〔方言一二〕「倅，强也」箋疏。〇｜，通作勃。〔方言一〇〕「｜，惛也」箋疏。〇｜同誖。〔集韻・没部〕〇｜、悖、誖並同。〔廣雅・釋詁三〕「｜，亂也」疏證。〇｜，或作悖。〔方言一〇〕「｜，惛也」箋疏。〇｜，古文誖。（同上）
𢠳 ｜，强也。〔廣韻・月部〕又〔集韻・月部〕。〇｜，亦書作㦡。（同上）
𢫭 ｜，猝也。〔集韻・没部〕〇｜，捋也。（同上）
𢱟 ｜，滑利。〔集韻・没部〕
摕 ｜，擊也。〔集韻・没部〕
撥 縛竹木浮於水上謂之｜。〔慧琳音義・卷七〕引〔考聲〕。〇｜，或作筏。（同上）
𢻱 敓｜，不穩。〔廣韻・没部〕〇敓｜，不安。〔集韻・没部〕〇｜敓，不滑利也。（同上）
𣀔 ｜，箭射之矢謂之｜。〔集韻・没部〕
𣀗 ｜同𣀔。〔集韻・没部〕

𣀗 ｜，箭射。〔廣韻・没部〕
𢾭 ｜卒，旋放之皃。〔廣韻・没部〕〇艴、勃、孛、悖、佛、｜並字異而義同。〔廣雅・釋詁二〕「艴，色也」疏證。〇｜與㪍通。〔廣雅・釋詁三〕「㪍，麈也」疏證。〇捊與｜通。〔廣雅・釋詁三〕「捊，拔也」疏證。〇浡、｜並與勃同。〔廣雅・釋訓〕「勃勃，盛也」疏證。〇｜同勃。〔集韻・没部〕〇官本｜作勃。〔漢書・武帝紀〕「泰山、琅邪羣盜徐｜等阻山攻城」補注。
𣪠 ｜，一曰物不安皃。〔集韻・没部〕〇｜攰，不穩。〔廣韻・没部〕〇｜攰，又不利也。（同上）〇｜攰，不滑利。〔集韻・没部〕
昢 日月始出，光明未盛為｜。〔楚辭・疾世〕「時｜｜兮旦旦」王注。〇｜，日將曙。（同上）補注。〇｜，日未明。〔集韻・没部〕〇｜，明旦日出皃。〔廣韻・没部〕
𣅳 ｜即厥。〔通雅・姓名〕
暳 ｜，暗也。〔集韻・没部〕
杌 ｜，樹無枝也。〔廣韻・没部〕又〔集韻・没部〕。又〔續音義・卷四〕引〔切韻〕。〇樹無枝曰｜。〔慧琳音義・卷三〕引〔韻英〕。又〔卷四七〕引〔集訓〕。〇｜，木無枝也。〔慧琳音義・卷二五〕〇｜，木短出皃也。〔卷六八〕引〔考聲〕。〇｜，刑餘木。〔集韻・月部〕〇凶頑為｜。〔左傳文公一八年〕「謂之檮｜」疏證。〇檮｜，頑凶無疇匹之皃。〔集韻・没部〕〇槷魁、䠒阢、倪仉、劓刖，古皆通用，倒言之則曰｜隉，其實一也。〔廣雅・釋詁一〕「隉，危也」疏證。〇｜、柮同。〔説文〕「檷，斷木也」繫傳。〇｜當同扤。〔説文〕「隉，危也」段注。〇｜或作柮。〔集韻・没部〕〇｜字當作柮。〔左傳文公一八年〕「天下之民謂之檮｜」洪詁。〇｜，或作兀。〔慧琳音義・卷六〕引〔韻英〕。
枂 ｜，鞍｜。〔廣韻・月部〕〇｜，鞍瓦。〔集韻・月部〕
𣏍 ｜，木名。〔廣韻・月部〕又〔集韻・月部〕。
柮 榾｜，木頭。〔廣韻・没部〕〇榾｜，短木。〔集韻・没部〕
榅 ｜桲，果似樝也。〔廣韻・没部〕〇｜桲，果名。〔集韻・没部〕〇｜桲，性温氣馞，故名。〔本草・榅桲〕〇｜桲，蓋榠樝之類生于北土者，故其形狀功用皆相彷彿。（同上）
榲 ｜同榅。〔集韻・没部〕

⿰木突　｜，植也。〔廣韻・沒部〕○｜，户持鎖植也。〔集韻・沒部〕引〔埤倉〕。○｜者，為横杠所唐突也。〔說文〕「植，户植也」繫傳。○｜，又傳者。〔廣韻・沒部〕

榾　｜，果中實。〔集韻・沒部〕○｜，或作核。〔同上〕

歾　｜，殁死字當作此。〔說文〕「｜，終也」段注。

⿰歺勿　｜，經傳皆以沒為之。〔說文定聲・卷一二〕

碎　｜，亡也。〔廣韻・沒部〕

⿰歺卒　｜，暴終也。〔集韻・沒部〕

⿰歺貴　｜，腫壞也。〔集韻・沒部〕

⿰孛毛　｜，毛短。〔廣韻・沒部〕又〔集韻・沒部〕。

⿰卒毛　毛短謂之｜。〔集韻・沒部〕○｜，毛生兒。〔同上〕○⿰孛毛｜，毛兒。〔廣韻・沒部〕

⿰昷毛　｜⿰孛毛，毛兒。〔集韻・沒部〕

淴　｜，水出聲。〔廣韻・沒部〕○｜，水兒。〔集韻・沒部〕○｜泱，水流疾兒。〔同上〕○｜泱，水兒。〔慧琳音義・卷八二〕引〔考聲〕。○｜滑，大水混流兒也。〔卷八七〕引〔考聲〕。

湥　｜，流也。〔集韻・沒部〕

淬　｜，沒也。〔集韻・沒部〕

⿰氵窟　｜，水深也。〔集韻・沒部〕

⿰氵藏　｜，濁也。〔集韻・月部〕

⿰火孛　｜，煙起兒。〔廣韻・沒部〕又〔集韻・沒部〕。

⿰火勃　｜，同⿰火孛。〔集韻・沒部〕

⿰火宛　｜，煙火兒。〔集韻・月部〕

⿰火氣　｜，火焚山艸也。〔集韻・月部〕

⿰火藿　｜｜，燒起。〔集韻・月部〕

𠬛　｜，入水又出兒。〔廣韻・沒部〕

⿰歹豈　｜，齒相齘。〔集韻・沒部〕

⿰牛骨　｜，牛名。〔集韻・沒部〕

玥　｜，神珠。〔廣韻・月部〕○｜，神珠也。〔集韻・月部〕

⿰王殳　｜，玉名。〔廣韻・沒部〕○｜，玉屬。〔集韻・沒部〕

⿰王突　｜，玉瑱。〔集韻・沒部〕

瓁　｜，劒鼻玉。〔廣韻・月部〕○｜，劍鼻玉也。〔集韻・月部〕

⿸疒言　｜，睡多。〔廣韻・沒部〕○｜，多睡病也。〔說文〕「寣，臥驚也」義證引〔玉篇〕。

⿸疒曷　｜，病也。〔集韻・月部〕○｜，傷暑也，與痻｜之｜異義。〔廣雅・釋詁一〕「痻｜，病也」疏證。○｜，字亦作暍。〔同上〕

⿸疒骨　｜瘑，癡兒。〔集韻・沒部〕

⿰犮皮　｜，皮壞也。〔集韻・沒部〕

⿱日殳　｜｜，舉目使人。〔廣韻・月部〕○｜，舉目使人也。〔集韻・月部〕

⿰目黑　｜｜，濁垢。〔集韻・沒部〕

⿰骨頁　｜，目突｜。〔廣韻・沒部〕

矹　硉｜，不穩兒。〔廣韻・沒部〕○硉｜，山崖。〔集韻・沒部〕○阢、兀、屼、｜並字異而義同。〔廣雅・釋詁四〕「阢，高也」疏證。

硉　｜，｜矹。〔廣韻・沒部〕○｜矹，大石兒。〔慧琳音義・卷九九〕引〔考聲〕。○｜，同⿰石突。〔集韻・沒部〕

⿰石突　｜矹，崖狀。〔廣韻・沒部〕○｜矹，山崖也。〔集韻・沒部〕○｜，或作硉。〔同上〕○｜，或作⿰山聿。〔同上〕

⿰山聿　｜，同⿰石突。〔集韻・沒部〕

磆 —，磨也。〔集韻・没部〕

⿰石厥 —，發石。〔廣韻・月部〕○—，發石也。〔集韻・月部〕○—，或書作磿。〔同上〕

⿰禾乞 —，秙也。〔廣韻・没部〕○—，舂粟不潰也。〔同上〕○—同麧。〔集韻・没部〕

⿰禾气 —，麤屑也。〔集韻・没部〕

麧 —，堅麥也。〔集韻・没部〕○—同⿰禾气。〔同上〕

⿰禾卒 —，⿰禾弗—。〔廣韻・没部〕

⿰禾骨 —，禾莖。〔集韻・没部〕

⿰立戉 —，竚立也。〔廣韻・月部〕又〔集韻・月部〕。

籺 —，米粉。〔集韻・月部〕○—，堅麥也。〔說文〕「麧，堅麥也」義證引〔類篇〕。○—同麧。〔集韻・没部〕

⿰米孛 —，屑米也。〔集韻・没部〕

絗 —，縷縈也。〔集韻・没部〕

⿰糸屈 —，狄衣。〔廣韻・月部〕○—，翟衣。〔集韻・月部〕○—，一曰結也。〔同上〕○—，通作屈。〔同上〕○—，〔禮記〕作屈。〔廣韻・月部〕○—，〔周禮〕作闕。〔同上〕

⿰糸曷 —，繒壞也。〔集韻・月部〕

繢 —，采色明。〔集韻・没部〕

⿰羊末 —羯，胡羊名。〔集韻・月部〕

⿰羊骨 —羠，羊名。〔集韻・没部〕

⿰羊厥 —，羊名。〔集韻・月部〕

⿰耳骨 —，耳聲。〔廣韻・没部〕又〔集韻・没部〕。

肭 —，膃—。〔廣韻・没部〕○膃—，肥也。〔集韻・没部〕

⿰月色 —，耎易破也。〔集韻・没部〕○—，或作脺。〔同上〕

脺 —同⿰月色。〔集韻・没部〕

脖 —，胦臍。〔廣韻・没部〕○—，—胦。〔說文〕「孛，𣎵也」義證引〔玉篇〕。○—胦，齊也。〔集韻・没部〕

膃 —肭，肥。〔廣韻・没部〕○—肭，肥也。〔集韻・没部〕○—脖，病也。〔同上〕

⿱殿骨 —同臀。〔集韻・月部〕

⿰月厥 —，尻也。〔說文〕「⿰骨厥，臀骨也」義證引〔五音集韻〕。○—同⿰骨厥。〔集韻・月部〕

⿰孛臭 ——，臭敗氣。〔集韻・没部〕

⿰骨臭 —，物敗气也。〔集韻・月部〕

⿰舟突 —，釣舟謂之—。〔集韻・没部〕○艒—，釣船。〔廣韻・没部〕

⿰舟歇 —艎，大船。〔廣韻・月部〕○—艎，大舟。〔集韻・月部〕

⿰舟曷 —同⿰舟歇。〔集韻・月部〕

芞 —，艾—。〔廣韻・没部〕○—，艸名，艾屬。〔集韻・没部〕

⿱艹没 —，草。〔廣韻・没部〕○—，草名。〔集韻・没部〕

葖 —蘆萉，即蘿蔔。〔通雅・穀蔬〕

蓇 —，不實草。〔廣韻・没部〕○—，艸名，不實。〔集韻・没部〕

⿱艹⿰孛攵 —，繁母。〔廣韻・没部〕○—同葧。〔集韻・没部〕

葧 —，艸名。〔集韻・没部〕

蕟 —，艸名。〔集韻・月部〕

虼 —，蛤蟹。〔廣韻・没部〕○—，蛤屬。〔集韻・没部〕

蚏 蟚—，似蟹而小。〔廣韻・月部〕○—，蟚蛇，似蟹。〔集韻・質部〕

蜎　｜，螺屬。〔集韻·沒部〕

蟩　｜｜，蛶，蟲。〔廣韻·月部〕〇蛣｜，小蟲。〔集韻·月部〕

㰒　｜，揭衣渡也。〔集韻·月部〕〇｜，短衣。〔同上〕

襪　｜，足衣也。〔慧琳音義·卷九〕〇｜，或作幭、作帓。〔同上〕

䘕　｜勿，摩也。〔集韻·沒部〕〇｜，或作捽。〔同上〕

觼　｜，以角發物。〔廣韻·月部〕〇〔説文定聲·卷一三〕｜，以厥為之。〔孟子〕「若崩｜角」。〇〔同上〕｜，以蹶為之。〔西都賦〕「狂兕觸蹷」。

譈　｜，出言也。〔集韻·月部〕

貀　｜，獸名，無前足，形如猴。〔集韻·沒部〕

猾　｜貀，獸名。〔集韻·沒部〕

趉　｜猶堀也。〔廣雅·釋言〕「｜，衝也」疏證。

趣　｜，行越。〔廣韻·月部〕〇行越，｜也。〔集韻·月部〕

趴　｜與刖通。〔廣雅·釋詁一〕「刖，斷也」疏證。〇｜同跀。〔集韻·沒部〕

跀　｜，斷足也。〔集韻·沒部〕〇足見斷為｜。〔説文〕「｜，斷足也」繫傳。〇刖足為｜。〔説文〕「刖，絶也」段注。〇｜，斷足也，漢之斬趾是也。〔説文〕「髕，厀耑也」段注。〇古謂｜足者為｜。〔韓子·外儲説左下〕「｜危」集解引俞樾。〇〔説文定聲·卷一三〕｜，斬趾，用踊以行，周以前去膝骨曰髕，周改｜。〔説文〕「｜，斷足之刑也」。〇｜、刖音義同。〔考工記〕「髻墾薜暴」孫正義。〇｜，通作刖。〔集韻·月部〕〇｜與刖通。〔廣雅·釋詁一〕「刖，斷也」疏證。〇｜字借作刖。〔説文〕「髕，厀耑也」段注。〇〔説文定聲·卷一三〕｜，以刖為之。〔易·困〕「劓刖」。〇〔同上〕｜，以兀為之。〔莊子·德充符〕「魯有兀者」。〇〔同上〕｜，以髻為之。〔考工記·旅人〕「髻墾薜暴」。

跡　｜，足傷。〔集韻·沒部〕

踩　｜踤，前不進也。〔廣韻·沒部〕〇踤｜，不進。〔集韻·沒部〕

踤　｜，蹴也。〔廣韻·沒部〕〇｜踩，前不進也。〔集韻·沒部〕〇｜，一曰蹂也。〔同上〕

軀　｜，臭气。〔集韻·沒部〕

軏　｜，車釭。〔集韻·月部〕

輵　｜，轉物軸也。〔集韻·沒部〕

郣　｜為正體，浡或體。〔釋詁〕「浡，作也」郝疏。〇｜為正體，渤俗體。〔同上〕〇｜為正體，勃、悖俱叚借。〔同上〕〇〔説文定聲·卷一三〕｜，以勃為之。〔淮南子·天文〕「賁星墜而勃海決」。〇〔同上〕｜，字亦作渤。〔山海經·南山經〕「注于渤海」。〇〔漢·志〕有｜海郡，〔武帝紀〕作敦，〔揚雄傳〕作勃。〔説文〕「｜，｜海地」義證。

酘　｜，酒一｜也。〔廣韻·月部〕〇｜，俗謂釀酒一成曰｜。〔集韻·月部〕

鈅　｜，兵器。〔廣韻·月部〕又〔集韻·月部〕。

鍻　｜，金｜。〔廣韻·月部〕〇｜，金飾鼓名，大駕鼓吹有金｜。〔集韻·月部〕

䥗　｜，覆｜。〔廣韻·沒部〕〇｜，鎗也。〔集韻·沒部〕

錖　｜同䥗。〔集韻·沒部〕

鐲　｜，以鐵為揭也。〔集韻·月部〕

閼　｜｜，括也。〔廣韻·沒部〕〇｜，婞佷也。〔集韻·沒部〕

雸　｜，雲皃。〔集韻·沒部〕

霰　｜，雲皃。〔集韻·沒部〕

韈　｜，斧衣也。〔集韻·月部〕

䪶　｜，按物聲。或作䪹。〔廣韻·沒部〕又〔集韻·沒部〕。

䪹　｜同䪶。〔集韻·沒部〕

顝　｜，百顝。〔集韻·沒部〕

颰　｜，疾風。〔廣韻·月部〕〇｜｜，風疾皃。〔集韻·月部〕

䬃 —，風皃。〔集韻·没部〕

馧 —馞，大香。〔廣韻·没部〕〇—馞，大香也。〔集韻·没部〕

駥 —，獸走皃。〔文選·吴都賦〕「驫—飍矞」〔集釋〕。〇—當作狘。（同上）

䮙 䯊—，獸，出北海。〔廣韻·没部〕〇䯊—，獸名，出北海。〔集韻·没部〕

䮝 —馬，獸名，似馬，牛尾，一角。〔廣韻·没部〕〇敦頭之山多—馬，牛尾，白身，一角，其音如呼。〔集韻·没部〕

䯊 —䮙，獸，出北海。〔廣韻·没部〕〇—䮙，獸名，出北海。〔集韻·没部〕

䯿 —，小骨。〔廣韻·没部〕又〔集韻·没部〕。

䯧 —骭，胸前骨。〔集韻·月部〕

䯱 —，髮多皃。〔集韻·没部〕〇—，髻也。（同上）

𪀗 —，鳥名。〔集韻·月部〕

鵓 —䳓，鳥名。〔廣韻·没部〕〇—䳓，鳥名。〔集韻·没部〕

䳓 鵓—，鳥。〔廣韻·没部〕〇—同䳓。〔集韻·没部〕

麬 —，屑麥也。〔集韻·没部〕

䴛 —，麥屑。〔廣韻·没部〕

𪎉 —，餅屬。〔集韻·没部〕

䴺 —䴯，餅。〔廣韻·厚部〕〇—䴯，餅也。〔集韻·没部〕

䴯 —，磨麥也。〔集韻·没部〕〇—同䴛。〔廣韻·没部〕〇—，或作麬。〔集韻·没部〕

𪍿 —同䴯。〔集韻·没部〕

𪐝 —，色變也。或作黦。〔集韻·月部〕

齀 —，鼻也。〔廣韻·没部〕〇—，獸以鼻摇物。〔集韻·没部〕〇—，一曰鼻仰也。（同上）

䶑 —，鼻鳴。〔廣韻·没部〕〇

齃 —，鼻聲。〔集韻·没部〕

續經籍籑詁卷第九十六　入聲

七　曷

曷｜，何。〔詩・漸漸之石〕「｜其沒矣」朱傳。○｜，何也。〔詩・揚之水〕「｜月予還歸哉」朱傳。又〔詩・有杕之杜〕「｜飲食之」朱傳。又〔詩・綠衣〕「｜維其已」集疏。又〔廣韻・曷部〕。又〔集韻・曷部〕。又〔釋詞・卷四〕。○｜，誰何也。〔詩・長發〕「莫我敢｜」朱傳。○｜，何不也。〔釋詞・卷四〕○｜，亦為何不。〔詩・有杕之杜〕「｜飲食之」通釋。○凡言何不者，急言之但云｜也。〔說文〕「｜，何也」段注。○〔說文定聲・卷一三〕｜，長言曰何弗，短言亦曰何，故｜又為盍也。〔釋言〕「｜，盍也」。○｜，詞助也。〔說文〕「｜，何也」繫傳。○俗以抑止為｜。〔釋詁〕「｜，止也」鄭注。○｜若，猶孰與也。〔廣雅・釋言〕「與，如也」疏證。○｜為何而又為何不，盍為何不又為何，聲近而義通也。〔釋言〕「｜，盍也」述聞。○｜、遏通。〔詩・長發〕「莫我敢｜」朱傳。○｜，又通作遏。〔釋詁〕「｜，止也」郝疏。○｜，通作害。(同上)又〔釋言〕「｜，盍也」郝疏。○〔說文定聲・卷一三〕｜，叚借為害。〔詩・長發〕「莫我敢｜」。○古害、｜聲同通假。〔詩・菀柳〕「｜予靖之」陳疏。○〔說文定聲・卷一三〕｜，叚借為蝎。〔史記・范蔡傳〕「先生｜鼻巨肩」。○(同上)｜，假借為遏。〔釋詁〕「｜，止也」。○｜者，遏之假借字。〔詩・四月〕「｜云能穀」陳疏。○｜，為遏。〔說文〕「｜，何也」段注。○｜，讀為遏。〔史記〕「｜鼻」雜志。○害、｜、盍俱一聲之轉。〔釋言〕「｜，盍也」郝疏。○害、｜、胡、盍、何，皆一聲之轉。〔廣雅・釋詁三〕「害，何也」疏證。○｜同鶡。〔集韻・曷部〕○害、｜一字也。(同上)○｜，字亦作害。〔釋詞・卷三〕○｜，今文皆作害也。〔書・多方〕「今我｜敢多誥」孫疏。○｜，經傳亦以害為之。〔說文定聲・卷一三〕○〔匡謬正俗〕引〔書〕｜作害。〔書・多方〕「今我｜敢多誥」孫疏。○｜，魯、韓作遏。〔詩・長發〕「莫我敢｜」集疏。

達｜，一曰行不相遇。〔集韻・曷部〕○〔說文定聲・卷一三〕行不相遇者，如〔釋宮〕之九｜，旁岐迭遣，大通之道也。〔說文〕「｜，行不相遇也」。○｜，通也。〔詩・長發〕「受小國是｜」朱傳。又〔大戴・曾子制言中〕「君子進則能｜」王詁。又〔文王官人〕「浚窮而能｜」王詁。又〔論語・憲問〕「君子上｜」劉正義。又〔孟子・公孫丑下〕「天下有｜尊三」朱注。又〔中庸〕「其｜孝矣乎」朱注。○｜者，通也。〔論語・顏淵〕「在邦必｜」劉正義。○｜，猶通也。〔說文〕「曉學者，｜神詣也」段注。○｜，通｜。〔廣韻・曷部〕○｜、通轉相訓。〔書・皋陶謨上〕「｜于上下」孫疏。○｜謂行無不通。〔大戴・曾子制言上〕「夫士何如則可以為｜矣」王詁。○｜，謂通之，使不陷絕也。〔大戴・曾子制言上〕「相濟｜也」王詁。○｜者，徹也。〔釋宮〕「一｜謂之道路」郝疏。○〔說文定聲・卷一三〕｜，或曰滑也。〔詩・生民〕「先生如｜」。○｜，疾也，疾速則亦滑利之意。〔詩・子衿〕「挑兮｜兮」後箋。○｜者，直而無回曲也。〔禮記・月令〕「其器疏以｜」集解。○｜謂道而行之也。〔禮記・月令〕「以｜秋氣」集解。○｜，致也。〔大戴・曾子事父母〕「｜善而不敢爭辨」王詁。○｜，挑｜，往來皃。〔廣韻・曷部〕○｜，通事理。〔論語・雍也〕「賜也｜」朱注。○｜，謂通於事理也。〔禮記・禮器〕「君子之人｜」集解。○｜者，通人也。〔說文〕「庶有｜者」段注。○｜者，德孚於人而行無不得之謂。〔論語・顏淵〕「士何如斯可謂之｜矣」朱注。○｜者，足於此而通於彼也。〔孟子・盡心上〕「不成章不｜」朱注。○｜，謂窮盡其義而無不致也。〔禮記・仲尼燕居〕「｜於禮」集解引輔廣。○｜，薦進也。〔漢書・張湯傳〕「以為舉賢｜能」補注。○｜，放逐之意。〔左傳文公一八年〕「今日必｜」疏證引朱駿聲。○｜者，出也。〔釋宮〕「一｜謂之道路」郝疏。○｜，出土也。〔詩・載芟〕「驛驛其｜」朱傳。○｜，生也。(同上)通釋。○｜，草木生長之偁。〔詩・長發〕「不遂不｜」通釋。又(同上)集疏。○｜，放恣也。〔詩・子衿〕「挑兮｜兮」朱傳。○｜謂智也。〔慧琳音義・卷一一〕○｜者，同也。〔書・召誥〕「則｜觀于新邑營」平議。○｜，觀，言具觀之。(同上)孫疏。○〔說文定聲・卷一三〕｜，似當訓絕。〔書・顧命〕「用克｜殷集大命」。○｜，小羊也。〔詩・生民〕「先生如｜」朱傳。○〔通雅・卷四六〕｜，名羍子。〔詩・生民〕「先生如｜」。○｜，逃也。〔集韻・曷部〕○｜之為姚，猶㒓之為逃，皆有所往也。〔春秋名字解詁〕「鄭罕｜字子姚」述聞。○｜履即沓履，亦即複履。〔方言四〕「自關而東謂之複履」箋疏。○｜絜，梵語，下賤之類鄙惡人。〔慧琳音義・卷四〕○｜與通義同。〔孟子・盡心上〕「不成章不｜」焦正義。○｜同泰。〔說文〕「詩云叏兮｜兮」段注。○｜與泰音義皆同。〔詩・子衿〕「挑兮｜兮」後箋。○｜與滑、泰字音義皆同，今俗說不相遇尚有此言。〔說文〕「｜，行不相遇也」段注。○〔說文定聲・卷一三〕｜，叚借為泰。〔洞簫賦〕「條暢洞｜」。○(同上)｜，借為泰亦通。〔詩・生民〕「先生如｜」。○｜，叚借為羍。〔說文定聲・卷一三〕○(同上)｜，叚借為大。〔詩・車攻〕「赤芾金舄」傳「金舄，｜履也」。○｜為沓之假借字。〔方言四〕「自關而東謂之複履」箋疏。○｜、沓古通用。〔詩・生民〕「先生如｜」後箋引〔詩經小學〕。○｜，古音同闥。〔說文〕「通，｜也」段注。○泰與｜聲相近。〔廣雅・釋詁一〕「泰，通也」疏證。○〔大學〕｜作通。〔書・秦誓〕「而違之俾不｜」孫疏。○｜，〔韓子〕作圉。〔左傳桓公一七年〕「公子｜」疏證引校勘記。○公子｜，〔韓非子〕作公子圉。(同上)洪詁。○｜，〔太平御覽〕引〔詩〕作撻。〔詩・子衿〕「挑兮｜兮」後箋。

㒓｜同達。〔集韻・曷部〕

达　｜同達。〔集韻・曷部〕

末　｜，木上也。〔廣韻・末部〕〇｜，木之窮也。〔説文〕「｜，木上曰｜」段注引〔六書故〕。〇｜謂上。〔孟子・告子下〕「不揣其本而齊其｜」朱注。〇｜，端也。〔廣韻・末部〕〇｜，遠也。〔同上〕〇｜，微也。〔大戴・夏小正〕「｜則在｜」王詁。又〔公羊傳桓公一五年〕「｜言爾」陳疏引朱彬。〇｜，薄也。〔大戴・千乘〕「民咸知孤寡之必不｜也」王詁。〇｜，一曰弱也。〔集韻・末部〕〇｜，無也。〔公羊傳桓公一五年〕「｜言爾」陳疏引孔廣森。又〔論語・子罕〕「｜由也已」朱注。又〔憲問〕「｜之難矣」朱注。又〔同上〕劉正義。又〔陽貨〕「｜之也已」朱注。又〔廣韻・末部〕。又〔釋詞・卷一〇〕。〇｜，一曰無也。〔集韻・末部〕〇｜，無也，謂無非也。〔書・立政〕「我則｜」孫疏引段玉裁。〇今人言無有曰没有，或曰｜有。〔釋言〕「罔，無也」郝疏。〇｜，蔑也。〔論語・憲問〕「｜之難矣」劉正義。〇｜猶未也。〔釋詞・卷一〇〕〇今米粉麪勃之類曰｜。〔説文定聲・卷一三〕〇｜，發聲也。〔釋詞・卷一〇〕〇〔説文定聲・卷一三〕｜，亦發聲之詞，與用蔑、用莫同。〔小爾雅・廣詁〕「｜，無也」。〇｜殺，即抹摋。〔通雅・釋詁〕〇｜殺，服虔注〔左傳〕作｜粲，皆即〔水部〕之瀎泧，拭滅皃也。〔説文〕「帴，讀若｜殺之殺」段注。〇｜殺，〔字林〕作抹摋，即瀎泧也。〔説文〕「瀎，瀎泧，飾滅皃」段注。〇｜作，工商也。〔韓子・姦劫弑臣〕「困｜作」集解。〇｜作，謂｜業也。〔通雅・卷二六〕〇｜作，造作諸器物以賣者。〔義府・卷下〕〇｜造，諸侯之有冠禮，夏之｜造也。〔文選・東都賦〕「顧曜後嗣之｜造」補正引〔禮記〕。〇〔通雅・卷四九〕｜厥，猶言短後也。〔劉貢父詩話〕「語｜厥兵」。〇〔同上〕｜僂，謂背僂也，謂背在後為｜也。〔莊子〕「｜僂而後耳」。〇｜又與蔑、莫、無聲義皆通。〔説文〕「｜，木上曰｜」段注。〇〔説文定聲・卷一三〕｜，叚借為沬。〔中山經〕「｜山，｜水出焉」。〇｜，〔史記〕作沫，借字。〔漢書・司馬相如傳〕「迴闊泳｜」補注。〇〔説文定聲・卷一三〕｜，叚借為弗。〔小爾雅・廣詁〕「｜，無也」。〇〔同上〕｜，叚借為遏。〔方言一二〕「｜，隨也」。〇〔同上〕｜，叚借為幭。〔荀子・禮論〕「絲｜」。〇｜，叚借為韈。〔説文定聲・卷一三〕〇〔同上〕｜，字亦變作抹。〔字林〕「抹殺，滅也」。〇勿、微、曼、｜，亦靡、罔之聲轉。〔釋言〕「罔，無也」郝疏。〇舊校云，｜一作小。〔呂覽・審時〕「後時者莖葉帶芒而｜衡」校正。〇｜當作未。〔韓子・難勢〕「勢之於治亂本｜有位也」集解引顧廣圻。

闊　｜，疏也。〔廣韻・末部〕〇｜，遠也。〔同上〕〇｜，一曰遠也。〔集韻・末部〕〇｜，廣也。〔廣韻・末部〕〇｜，門廣也。〔慧琳音義・卷八三〕引〔考聲〕。〇｜謂寬裕。〔漢書・兒寬傳〕「時裁｜狹」補注。〇｜，猶久也。〔漢書・溝洫志〕「頃所以｜無大害者」補注。〇｜，離也。〔義府・卷上〕〇｜，契｜也。〔詩・擊鼓〕「于嗟｜兮」朱傳。〇｜，猶括也。〔廣雅・釋詁三〕「⿰木絜，束也」疏證。〇〔通雅・卷八〕｜達即豁達，即謂豁達有大度也。〔後漢・馬武傳〕「嗜酒｜達敢言」。〇｜與越同，｜、越疊韻。〔釋詁〕「｜，遠也」郝疏。

潤　｜與大義相成。〔釋詁〕「誕，大也」邵正義。

活　｜，水流聲。〔廣韻・末部〕〇｜，水流皃。〔集韻・末部〕〇｜｜，流貌。〔詩・碩人〕「北流｜｜」朱傳。〇｜，生。〔詩・擊鼓〕「不我｜兮」朱傳。〇｜，生也。〔詩・載芟〕「實函斯｜」朱傳。又〔孟子・公孫丑上〕「不可｜」朱注。〇｜，一曰生也。〔集韻・末部〕〇｜，又不死也。〔廣韻・末部〕〇｜，引申為凡不死之稱。〔説文〕「｜，流聲也」段注。〇｜莌，寇脱，即通脱木也。〔通雅・艸〕〇｜師，即｜東。〔釋魚〕「科斗，｜東」郝疏。

㶁　｜同活。〔集韻・末部〕

脱　｜，消肉臞也。〔集韻・末部〕〇今俗語謂瘦太甚者曰｜形，言其形象如解蛻也。〔説文〕「｜，消肉臞也」段注。〇｜，肉去骨。〔廣韻・末部〕〇涚，滲漉之使清，猶肉消而臞也，即｜字之轉注。〔説文定聲・卷一三〕〔「涚」下〕〇｜為遺失之遺。〔廣雅・釋言〕「｜，遺也」疏證。〇｜，今俗用為遺失之義，遺失義當用奪。〔説文〕「｜，消肉臞也」段注。〇｜，今俗用為分散之義，分散之義當用挩。〔同上〕〇｜，簡也。〔大戴・禮三本〕「凡禮始於｜」王詁。〇｜之言突也。〔左傳襄公一八年〕「乃｜歸」平議。〇古以平而凹起為｜。〔通雅・褉用〕〇活｜，即離南、活莌，字亦作⿱艹脱，今之通草也。〔説文定聲・卷一三〕〇挩與｜通。〔廣雅・釋言〕「彖，挩也」疏證。〇説、｜古字通。〔左傳僖公三三年〕「無禮則｜」洪詁。〇｜與悦古字通。〔方言一〇〕「悦，蘇也」箋疏。〇｜通借作稅。〔釋詁〕「稅，舍也」郝疏。〇｜，挩之叚音。〔釋詁〕「稅，舍也」郝疏。〇〔説文定聲・卷一三〕｜，叚借為挩。〔方言一二〕「解、輸，｜也」。〇｜，叚借為奪。〔廣雅・釋言〕「｜，遺也」。〔左傳僖公三三年〕「無禮則｜」洪詁。〇古本此傳｜作稅。〔同上〕疏證。〇｜，三家作蛻。〔詩・野有死麕〕「舒而｜｜兮」集疏。〇｜當為侻。〔左傳僖公三三年〕「無禮則｜」疏證引沈欽韓。

奪　｜者，手持隹失之也。〔説文〕「篡，屰而｜取曰篡」段注。〇〔説文定聲・卷一三〕｜，猶失也。〔廣雅・釋詁三〕「｜，誤也」。〇｜，凡手中遺落物當作此字，今乃用脱為之，而用｜為爭敓字。〔説文〕「｜，手持隹失之也」段注。〇｜者，引申為凡遺失之偁，今吳語云｜落是也。〔説文〕「篡，屰而｜取曰篡」段注。〇｜，引申為凡失去之偁。〔説文〕「｜，手持隹失之也」段注。〇｜謂臣有大罪沒入家財者。〔論語・憲問〕「｜伯氏駢邑三百」劉正義。〇｜之者，亦盜也。〔易・繫辭上傳〕「盜之｜之矣」李疏。〇〔説文定聲・卷一三〕｜，叚借為敓。〔書・呂刑〕「｜攘矯虔」。〇｜乃敓之假借。〔孟子・離婁上〕「儉者不｜人」焦正義。〇〔説文定聲・卷一三〕｜，叚借為遂。〔史記・秦本紀〕「以｜其志」。〇〔同上〕｜，叚借為隧。〔禮記・檀

弓」「齊莊公襄莒于｜」。○隧、｜聲相近。〔晏子春秋〕「茲于兌」雜志。○｜，經傳統以脱為之。〔説文定聲・卷一三〕○｜或為兌。〔晏子春秋〕「茲于兌」雜志。○｜當為敓。〔説文〕「褫，｜衣也」義證。○｜當作奪。〔呂覽・審分〕「｜其智能」平議。

奪　｜同奪。〔廣韻・末部〕又〔集韻・末部〕。○手持一鳥失之曰｜。〔慧琳音義・卷三〕引〔字書〕。○｜，失也。〔同上〕引〔考聲〕。○｜，見｜也。〔説文〕「｜，手持隹失之也」繫傳。○｜，奞毛將飛也。〔同上〕○｜，古文作敓。〔慧琳音義・卷三〕引〔字書〕。○｜或作奪。〔同上〕引〔考聲〕。

敓　｜者，彊取也，今字奪行｜廢。〔説文〕「篡，屰而奪取曰篡」段注。○｜是爭｜正字，後人假奪為｜，奪行而｜廢矣。〔説文〕「｜，彊取也」段注。○｜，經典借奪字。〔同上〕義證。○｜，今〔尚書〕作奪。〔説文〕「敓，周書曰｜攘矯度」段注。

敚　｜，强取也。〔廣韻・末部〕又〔集韻・末部〕。○｜，經傳皆以奪為之。〔説文定聲・卷一三〕

褐　｜，今蘇俗有韈名，無大小者，編枲及毳為之，其用可長可短，可窄可寬，豈其類歟。〔説文定聲・卷一三〕○｜，未績之麻編之為足衣，如今艸鞵之類。〔説文〕「｜，編枲韤」段注。○｜，粗衣。〔國策・楚策三〕「西施衣｜而天下稱美」鮑注。○｜，衣｜。〔廣韻・曷部〕○｜為粗衣。〔孟子・滕文公上〕「許子衣｜」焦正義引任大椿。○｜，粗布衣也。〔詩・七月〕「無衣無｜」集疏。○｜，又為短衣。〔孟子・滕文公上〕「許子衣｜」焦正義引任大椿。○｜，織毛為衣也。〔説文〕「｜，一曰粗衣」義證引〔急就篇〕顔注。○｜，制若喪服。〔漢書・張良傳〕「有一老父，衣｜」補注引宋祁。○｜，馬背袒衣也。〔説文〕「｜，一曰粗衣」義證引〔玉篇〕。○｜，〔左傳〕有馬｜，所以被馬。〔説文定聲・卷一三〕○｜即襦。〔説文〕「裋，豎使布長襦」義證。○｜，毛布，賤者之服也。〔孟子・滕文公上〕「皆衣｜」朱注。○｜，毛布。〔孟子・公孫丑上〕「不受於｜寬博」朱注。○｜，毛布也。〔詩・七月〕「無衣無｜」朱傳。○｜，完夫也，謂寒賤之人。〔説文定聲・卷一四〕〔「寬」下〕○｜與毼同。〔廣雅・釋器〕「毼，罽也」疏證。○｜，字亦作毼。〔説文定聲・卷一三〕

⿰衤歇　｜同褐。〔集韻・曷部〕

割　｜，剝也。〔廣韻・曷部〕又〔集韻・曷部〕。○｜，斷也。〔廣韻・曷部〕○｜，截也。〔同上〕○｜謂出地。〔國策・東周策〕「使無多｜」鮑注。○天子崩逝，更繼新君，是謂｜斷也。〔漢書・王莽傳〕「｜斷歷久」補注。○｜，害也。〔廣韻・曷部〕○｜與害通。〔書・多方〕「劓｜夏邑」孫疏。○害與｜字亦相通。〔釋言〕「蓋、｜，裂也」述聞。○〔説文定聲・卷一三〕｜，叚借為蓋。〔禮記・緇衣〕「周田觀文王之德」注「｜之言蓋也」。○〔説文定聲・卷一三〕｜，叚借為害。〔書・堯典〕「湯湯洪水方｜」。○〔尚書〕多假借｜為害，古二字音同也。〔説文〕「｜，剝也」段注。○｜讀作害，｜與害古通也。〔書・湯誓〕「而｜正夏」平議。○害、｜古同聲而通用。〔廣雅・釋言〕「害，｜也」疏證。○害、｜、蓋三字聲義並相通。〔釋言〕「蓋、｜，裂也」述聞。○蓋、｜、害三字以聲為義也。〔同上〕郝疏。○古｜字作害也。〔書・君奭〕「｜申勸寧王之德」孫疏。○｜，古文作剑。〔説文〕「｜，剝也」義證引〔玉篇〕。○｜，古字亦作㓣。〔説文定聲・卷一三〕○｜為奪者，今文異字，言奪其收斂。〔書・湯誓〕「舍我穡事，而｜正夏」孫疏。○〔説文定聲・卷六〕｜當作刮，實為栝，隐栝舉正之誼。〔周禮・小宰〕「凡宮之糾禁」注「糾，猶｜也」。〔「糾」下〕

刯　｜同割。〔集韻・曷部〕

沫　｜，水｜。〔廣韻・末部〕○｜，水上浮｜也。〔慧琳音義・卷四〕引〔玉篇〕。○｜，猶微也。〔離騷〕「芬至今猶未｜」戴注。○｜，靧也。〔儀禮・既夕禮〕「其母之喪，則內御者浴」胡正義。○｜，止也。〔慧琳音義・卷一〇〕引〔考聲〕。○｜，終也。〔同上〕○〔説文定聲・卷一三〕｜，叚借為末。〔廣雅・釋詁四〕「｜，已也」。○〔同上〕｜，叚借為渴。〔廣雅・釋詁四〕「｜，已也」。○〔同上〕｜，叚借為弭。〔廣雅・釋詁四〕「｜，已也」。

拔　｜猶擢也。〔説文定聲・卷一二〕〔「拂」下〕○｜，特起也。〔孟子・公孫丑上〕「｜乎其萃」朱注。○｜，除去之也。〔説文定聲・卷九〕〔「拺」下〕○｜猶翦除也。〔詩・緜〕「柞棫｜矣」陳疏。○｜，盡也。〔續音義・卷四〕引〔切韻〕。○｜，把也。〔集韻・末部〕○｜，回也。〔同上〕○｜，迴｜。〔廣韻・末部〕○｜，矢括也。〔詩・駟驖〕「舍｜則獲」朱傳。○｜，晉俗謂平地除坌臭曰｜。〔集韻・薛部〕○｜刺，乃發矢弓翕之聲。〔文選・思玄賦〕「彎威弧之｜刺兮」補正引〔通俗編〕。○〔説文定聲・卷一二〕以發訓｜也。〔大戴・夏小正〕「拂桐芭」。〔「拂」下〕○｜，艸名，龍葛也。〔集韻・月部〕○外府不試而貢者曰｜解。〔通雅・官制〕○｜即發之假借。〔詩・駟驖〕「舍｜則獲」通釋。○〔説文定聲・卷一三〕｜，叚借為桼。〔禮記・少儀〕「毋｜來」。○〔同上〕｜，叚借為弼。〔廣雅・釋詁四〕「｜，輔也」。○〔同上〕｜，叚借為废。〔左傳僖公一五年〕「反首｜舍從之」。○｜即废之假借字。〔説文〕「废，舍也」段注。○〔説文定聲・卷一三〕｜，叚借為茇。〔詩・駟驖〕「舍｜則獲」。○｜，茇之借字。〔詩・甘棠〕「召伯所茇」後箋。○茇正字，｜借字。〔漢書・禮樂志〕「｜蘭堂」補注。○｜同跋。〔説文〕「跋，蹎也」段注。○｜與柭同。〔廣雅・釋器〕「柭，杖也」疏證。○｜當為茇。〔漢書・刑法志〕「夏｜舍以苗」補注。○〔詩〕疏｜作茇。〔左傳僖公一五年〕「｜舍從之」洪詁。○〔公羊〕｜作枝。〔左傳定公三年經〕「仲孫何忌及邾子盟于｜」洪詁。○〔説文定聲・卷一三〕｜，字亦作拵。〔蒼頡篇〕「｜，引也」。

葛　｜，絺綌草也。〔詩・葛生〕「｜生蒙楚」陳疏。○｜者，絺綌艸也。〔説文〕「絺，細｜也」段注。○｜，草名，蔓生可為絺綌者。〔詩・葛覃〕「｜之覃

兮」朱傳。○｜，蔄。〔廣韻・曷部〕○｜蔄，蔄草。〔說文〕「蔄，艸也」義證。○｜蔄，猶言｜藤。〔同上〕段注引戴震。○｜為惡草，喻讒佞。〔詩・采葛〕「彼采｜兮」集疏。○｜黨，鈎鑲，鈎鐔也。〔通雅・戎器〕○｜越，南方布名。〔說文〕「蕉，生枲也」義證引毛居正。○〔說文定聲・卷一三〕｜，叚借為褐。〔穀梁傳昭公八年〕「以｜覆質」。○彝體多假｜為鬣。〔說文〕「鬣或从毛」段注。○官本注｜作曷。〔漢書・項藉傳〕「漢軍方圍鍾離昧於滎陽東」補注。○｜當作莒。〔史記・田完世家〕「伐魯、｜及安陵」志疑。

闥 ｜，門內。〔廣韻・曷部〕○｜，門內也。〔詩・東方之日〕「在我｜兮」朱傳。○士家二門，大門內為寢門，亦曰闥門，闥門內設屏，門屏之間謂之宁，亦謂之著，即｜也。〔同上〕集疏。○｜謂門道也。〔續音義・卷二〕引〔切韻〕。○闈與｜亦同義。〔廣雅・釋宮〕「｜謂之門」疏證。○｜之言重沓也。〔詩・東方之日〕「在我｜兮」通釋。○｜，又通也。〔續音義・卷二〕引〔切韻〕。○｜之言通達也。〔廣雅・釋宮〕「｜謂之門」疏證。○｜，古字當作達。〔詩・東方之日〕「在我｜兮」陳疏。○｜即闒字。〔說文定聲・卷一三〕〔「戾」下〕○｜者，闒字之或體，又曰｜即戾字。〔說文定聲・卷四〕〔「闥」下〕

闒 〔說文定聲・卷四〕｜，字亦作闥。〔廣雅・釋宮〕「闥謂之門」。

渴 ｜，水盡也。〔廣韻，薛部〕○所謂｜日，猶言盡日也。〔說文〕「翫，習猒也」義證引〔九經三傳沿革例〕。○〔說文定聲・卷一三〕｜澤，謂涸水處。〔周禮・草人〕「｜澤用鹿」。○｜，飢｜。〔廣韻・曷部〕○｜即竭，急戾是謂竭。〔公羊傳隱公三年〕「不及時而日，｜葬也」陳疏。○藁葬即｜葬，藁｜語之轉。〔同上〕陳疏引汪中。○｜睡，言貉睡也。〔通雅・諺原〕○｜，通作歇。〔說文〕「｜，盡也」義證。○｜，今通作竭。〔廣雅・釋詁一〕「｜，盡也」疏證。○｜，竭乃近人借字。〔說文〕「涸，｜也」句讀。○｜，經傳多以竭為之。〔說文定聲・卷一三〕○〔同上〕｜叚借為㵣。〔詩・車舝〕「匪飢匪｜」。○｜，今用為㵣字矣。〔說文〕「｜，盡也」段注。○今字以｜代㵣，以涸代｜。〔說文〕「㵣，欲歠」句讀。○今則用｜為飢㵣字，而㵣字廢矣，｜之本義廢矣。〔說文〕「｜，欲歠歠」段注。○｜、竭古今字，古水竭字多用｜。〔說文〕「｜，盡也」段注。○｜字今以竭字代之，盡也。〔說文〕「喝，｜也」句讀。○｜，俗本作竭。〔說文〕「涸，｜也」段注。○｜，〔廣韻〕作愒。愒，急也。〔公羊傳隱公三年〕「不及時而日，｜葬也」陳疏。

㵣 ｜，思水也。〔慧琳音義・卷六八〕○｜，通作渴。〔集韻・曷部〕又〔說文〕「｜，欲歠也」義證。○忨、翫、愒、｜並通。〔廣雅・釋言〕「慘，愒也」疏證。○｜，經傳多以渴為之。〔說文定聲・卷一三〕○｜，古文渴。〔廣韻・曷部〕○｜，今略作渴。〔慧琳音義・卷六八〕○｜，今俗用渴字。〔說文〕「｜，欲飲」繫傳。○｜，當作歇。〔說文〕「歇，息也」義證。

撥 ｜，治。〔詩・長發〕「玄王桓｜」朱傳。○｜，治也。〔慧琳音義・卷六六〕引〔古今正字〕。○｜，理也。〔廣韻・末部〕又〔慧琳音義・卷五八〕。○｜，亦發揚皃也。〔同上〕○｜，弓反也。〔國策・西周策〕「弓｜矢鉤」鮑注。○｜，棄也。〔慧琳音義・卷五六〕○｜，猶棄也。〔廣雅・釋詁一〕「｜，棄也」疏證。○｜，絶也。〔廣韻・末部〕又〔集韻・末部〕。○｜，猶絶也。〔詩・蕩〕「本實先｜」朱傳。○｜，除也。〔廣韻・末部〕又〔慧琳音義・卷一三〕。○｜，却也。〔慧琳音義・卷七二〕引〔考聲〕。○｜，引也。〔慧琳音義・卷五六〕○｜、癹、鏺，義並相近也。〔廣雅・釋詁三〕「｜，除也」疏證。○假｜為發。〔詩・長發〕「元王桓｜」通釋。○〔說文定聲・卷一三〕｜，叚借為癹。〔荀子・正論〕「不能以｜弓曲矢中」。○〔同上〕｜，叚借為拔。〔詩・蕩〕「本實先｜」。○〔同上〕｜，叚借為廢。〔廣雅・釋詁三〕「｜，除也」。○〔同上〕｜，叚借為發。〔楚辭・惜賢〕「｜諂諛而匡邪兮」。○〔同上〕｜，叚借為拂。〔禮記・曲禮〕「衣毋｜」。○〔同上〕｜，叚借為刜。〔廣雅・釋詁四〕「｜，絶也」。○〔同上〕｜，叚借為紼。〔禮記・檀弓〕「哀公欲設｜」。○｜即敗之假借。〔詩・蕩〕「本實先｜」通釋。○｜姑、｜哥、卜姑、保姑皆布穀之轉聲。〔方言八〕「布穀，自關東西梁楚之間謂之結誥」箋疏。○｜即〔考工記〕之伐。〔說文〕「茇，春艸根枯，引之而發土為｜」段注。○｜即今韻書之垡。〔同上〕○｜即〔國語〕之墢。〔同上〕段注。○｜即〔說文・土部〕之坺。〔同上〕段注。○｜當為發。〔同上〕義證。○｜，魯作敗。〔詩・蕩〕「本實先｜」集疏。○〔韓詩〕｜作發。〔詩・長發〕「元王桓｜」述聞。○官本注｜作擬。〔漢書・項籍傳〕「陶朱、猗頓之富」補注。

豁 ｜，通谷也。〔慧琳音義・卷一〇〇〕引〔文字典說〕。○｜，開也。〔慧琳音義・卷一三〕引〔考聲〕。○〔說文定聲・卷一三〕｜，空大也。〔呂覽・適音〕「以危聽清則耳｜極」。○｜，達。〔廣韻・末部〕○｜者，｜達，大度量也。〔慧琳音義・卷五一〕引顧野王。○｜，大度量也。〔卷一三〕引〔玉篇〕。○｜，大也。〔同上〕引〔字書〕。○豁、㳬、濊、｜義並相近。〔廣雅・釋詁三〕「｜，空也」疏證。○眓眓猶｜｜也。〔廣雅・釋訓〕「眓眓，視也」疏證。○〔說文定聲・卷一三〕｜，叚借為奯。〔史記・高祖紀〕「意｜如也」。

䜭 ｜，通迴之谷也。〔說文〕「｜，通谷也」段注。○｜，前有所通也。〔同上〕繫傳。○｜，引申為凡疏達之偁。〔同上〕段注。○｜同豁。〔廣韻・末部〕○｜與豁同。〔廣雅・釋詁三〕「｜，空也」疏證。○｜即豁字。〔漢書・司馬相如傳〕「通谷｜乎谺谺」補注。

括 ｜，猶索縛也。〔慧琳音義・卷六五〕○｜，結也。〔左傳桓公二年〕「大路越席」疏證引焦循。又〔廣韻・末部〕。○｜者，包容之稱也。〔春秋名字解詁〕「南宮｜字子容」述聞。○｜，會也。〔詩・車舝〕「德音來｜」朱傳。○｜，檢也。〔廣韻・末部〕又〔慧琳音義・卷一〕引〔考聲〕。○｜，一曰檢也。〔集韻・末部〕○｜，至。〔詩・君子于役〕「羊牛下｜」朱傳。○｜，至也。〔同上〕後箋。又〔廣韻・末部〕。○｜草，即秳草。〔左傳桓公二年〕

「大路越席」疏證引李貽德。〇丨與佸同義。〔詩・君子于役〕「羊牛下丨」陳疏。〇丨、佸、會，古聲義並同。〔廣雅・釋詁一〕「丨，至也」疏證。〇丨、結二字音近義同。〔左傳成公一七年經〕「北宮丨」疏證引臧壽恭。〇刮、丨古通用。〔廣雅・釋詁二〕「揭，搔也」疏證。〇丨、結聲轉相通。〔左傳成公一七年經〕「北宮丨」疏證引臧壽恭。〇丨與适通。〔易・繫辭傳〕「動而不丨」平議。〇丨與适，字之通也。〔史記・仲尼弟子列傳〕「南宮丨」志疑。〇丨、适古字通用。〔史記・周本紀〕「命南宮丨散鹿臺之財」志疑。〇〔說文定聲・卷一三〕丨，叚借為适。〔易・繫辭傳〕「動而不丨」。〇（同上）丨，叚借為昏。〔方言一二〕「丨，閉也」。〇（同上）丨，叚借為栝。〔廣雅・釋詁一〕「丨，瀌也」。〇（同上）丨，叚借為佸。〔廣雅・釋詁一〕「丨，至也」。〇（同上）丨，叚借為髻。〔莊子・寓言〕「向也丨，而今也披髮」。〇丨與格聲亦相近。〔詩・君子于役〕「羊牛下丨」後箋。〇昏與丨聲相近也。〔廣雅・釋詁三〕「昏，塞也」疏證。〇丨同筈。〔集韻・曷部〕〇丨為古文髻也。〔左傳宣公一八年〕「袒丨髮」疏證引惠棟。〇丨當作栝。〔說文〕「栝，檃也」義證。〇丨當讀為儈。〔太玄・羨〕「四馬就丨」平議。〇丨或作桰。〔集韻・末部〕〇丨，字亦作擓。〔說文定聲・卷一三〕〇北宮丨，〔公羊〕作北宮結。〔左傳襄公一四年經〕「北宮丨」洪詁。

捪　丨者，絜也。〔說文〕「凡，冣丨而言也」段注。〇丨為凡物總會之偁。〔說文〕「括，絜也」段注。〇丨，借為昏字也。（同上）〇丨同括。〔集韻・末部〕〇丨即昏字也。〔說文〕「昏，塞口也」段注。

聒　丨，讙語也。〔慧琳音義・卷四八〕〇丨，聲擾。〔廣韻・末部〕〇丨丨，為讙語以拒人言，故云難告。〔書・盤庚〕「今汝丨丨」注「丨丨，難告之貌」孫疏。〇至宋人乃有訓丨丨為譊譊多言者。〔說文〕「聒，商書曰今女聒聒」段注。

抹　丨摋，摩也。〔廣韻・末部〕〇丨階，辭免除授之故事也。〔通雅・官制〕

秣　丨，飼也。〔詩・漢廣〕「言丨其馬」朱傳。〇丨，飼馬。〔國策・楚策三〕「以供芻丨」鮑注。〇丨，粟。〔詩・鴛鴦〕「摧之丨之」朱傳。〇丨同䬴。〔廣韻・末部〕又〔集韻・末部〕又〔說文〕「䬴，食馬穀也」段注。

遏　丨，止。〔詩・武〕「勝殷丨劉」朱傳。〇丨，止也。〔書・君奭〕「丨佚前人光」孫疏。又〔孟子・梁惠王下〕「詩云以丨徂莒」朱注。又〔廣韻・曷部〕〇〔說文定聲・卷一三〕丨，謂尾而止之。〔說文〕「丨，微止也」。〇丨，繳繞使止也。（同上）繫傳。〇今以相逆止為丨。〔釋詁〕「丨，止也」鄭注。〇今謂逆相止為丨也。〔慧琳音義・卷七〇〕〇丨，遮也。〔廣韻・曷部〕又〔集韻・曷部〕〇丨，亦遮也。〔慧琳音義・卷五二〕〇丨，絶。〔詩・文王〕「無丨爾躬」朱傳。〇丨，絶也。〔廣韻・曷部〕〇今俗語猶謂食物壅滯臭敗為丨矣。〔廣雅・釋詁三〕「胺，敗也」疏證。〇丨鼻者，偃鼻也。〔史記〕「曷鼻」雜志。〇丨，通作曷。〔釋言〕「丨，逮也」郝疏。〇丨，通作閼。〔釋詁〕「丨，止也」郝疏。〇丨，又通作藹。（同上）〇〔說文定聲・卷一三〕丨，以藹為之。〔周憬功勳銘〕「陬隅壅藹」。〇（同上）丨，叚借為害。〔韓詩・文王〕「無丨爾躬」。〇偃、丨一聲之轉。〔史記〕「曷鼻」雜志。〇丨與咹同。〔廣雅・釋詁三〕「咹，止也」疏證。〇丨即堨。〔漢書・地理志〕「莽曰息吾」補注。〇丨，堨俗字也。〔說文〕「堨，壁間隙也」段注。〇〔說文定聲・卷一三〕丨，〔公〕、〔穀〕皆作謁。〔左傳襄公一五年〕「吳子丨」。

撻　丨，笞也。〔說文〕「丨，鄉飲酒罰不敬，丨其背」義證引〔玉篇〕。〇丨，亦鞭也。〔慧琳音義・卷一〕引〔考聲〕。〇丨，打丨。〔廣韻・曷部〕〇丨，疾貌。〔詩・殷武〕「丨彼殷武」朱傳。〇丨，亦為武貌。（同上）通釋。〇丨末，蛺蝶也，一稱胡蝶。〔通雅・蟲〕〇〔說文定聲・卷一三〕丨，叚借為達。〔儀禮・既夕禮〕「設依丨焉」。〇丨即達之假借字。〔詩・殷武〕「丨彼殷武」陳疏。〇〔說文定聲・卷一三〕丨，叚借為駾。〔詩〕「丨彼殷武」。〇丨字當作擿。〔廣雅・釋詁三〕「丨，擊也」疏證。

𨘢　丨同撻。〔集韻・曷部〕

敹　丨同撻。〔集韻・曷部〕

攄　丨同撻。〔集韻・曷部〕

枿　丨，伐木餘丨。〔廣韻・曷部〕〇步與丨聲義亦同。〔廣雅・釋詁二〕「殘，丨也」疏證。〇丨轉為肄。〔釋詁〕「丨，餘也」郝疏。〇丨，轉作肄。（同上）邵正義。〇丨、肄，語之轉也。〔廣雅・釋詁二〕「肄，丨也」疏證。〇丨即梓字，隸變為丨。〔漢書・敘傳〕「三丨之起」補注引錢大昭。〇丨者，亦櫱之異文。〔說文〕「櫱，伐木餘也」段注。〇丨同櫱。〔集韻・曷部〕〇丨即櫱，櫱之異體也。〔說文〕「甹，商書曰若顛木之有甹丨」段注。

掇　丨，拾也。〔詩・芣苡〕「薄言丨之」朱傳。〇丨，拾丨也。〔廣韻・末部〕〇丨是拾其子之既落者，捋是捋其子之未落者。〔詩・芣苡〕「薄言丨之」後箋。〇丨，言近而可丨取也。〔莊子・秋水〕「丨而不跂」集釋引郭嵩燾。〇〔說文定聲・卷一三〕丨，叚借為竊。〔莊子・秋水〕「丨而不跂」。

喝　丨，聲噎也。〔慧琳音義・卷八〕引〔考聲〕。〇丨亦噎嗌之義。〔文選・宋孝武宣貴妃誄〕「丨邊簫於松霧」集釋。〇丨謂音之澈也。（同上）〇丨，呼也。〔集韻・曷部〕〇丨，一曰喉丨，怒聲。（同上）〇宴饗一人執版，贊曰幹脫。執觴者和之，曰打弼，則節一版而衆樂皆作，謂之丨盞。〔通雅・禮儀〕引陶九成。〇丨、嘎聲轉，字異義同，嘶也。〔方言一〕「咺晞、㤽怛，痛也」箋疏。〇丨讀若曖，所謂曖迺之聲，即櫂歌也。曖迺與欸乃同，若今歌之尾聲羨字。〔漢書・司馬相如傳〕「聲流丨」補注。〇丨同嗷。〔廣韻・曷部〕又〔集韻・曷部〕。〇丨，字亦作嗷。〔說文定聲・卷一三〕〇（同上）

丨，字亦作嗑。〔方言六〕「㽿嗑，噎也」。〇丨，或作嗑，古字也。〔慧琳音義・卷八〕

嗷 丨，訶也。〔廣韻・曷部〕又〔集韻・曷部〕。〇丨，大聲訶也。〔慧琳音義・卷六〇〕

嗑 丨同嗷。〔集韻・曷部〕

跋 〔說文定聲・卷一三〕丨，仆也。〔說文〕「丨，蹎丨也」。〇丨蹩，行皃。〔廣韻・末部〕又〔集韻・末部〕。〇丨，躐也。〔詩・狼跋〕「狼丨其胡」朱傳。〇丨，艸行也。〔說文〕「跟，步行躐丨也」繫傳。〇草行曰丨。〔詩・載馳〕「大夫丨涉」朱傳。〇丨者，夷之足也。〔說文定聲・卷一二〕(「炦」下)〇丨乃狼足名。〔本草・黃環、狼跋子〕〇丨者，足也，猶茇也。〔說文定聲・卷一三〕〇丨，物本也。〔集韻・末部〕〇丨，彊粱之謂。〔說文定聲・卷一三〕〇丨，後世所用題丨字。(同上)〇丨，引伸為近人題丨字，題者標其前，丨者系其後也。〔說文〕「丨，蹎也」段注。〇丨跌，言塵埜也。〔通雅・地輿〕〇丨尾，書卷尾也。〔通雅・器用〕〇丨與軷通。〔詩・載馳〕「大夫丨涉」陳疏。〇丨，借為軷亦通。〔說文定聲・卷一三〕〇丨者，跟之叚音也。〔釋言〕「丨，躐也」郝疏。〇丨或借拔字。〔說文〕「丨，蹎丨也」義證。〇〔說文定聲・卷一三〕丨，以拔為之。〔漢耿勳碑〕「經營拔涉」。〇(同上)丨，叚借為茇。〔小爾雅・廣言〕「丨，本也」。〇丨即茇之假借字。〔說文〕「庪，舍也」段注。〇〔說文定聲・卷一三〕丨，以沛為之。〔詩〕「顛沛之揭」。〇丨，經傳多叚沛字為之。〔說文〕「丨，蹎也」段注。〇〔說文定聲・卷一三〕丨，叚借為癶。〔釋言〕「丨，躐也」。〇(同上)丨，叚借為發。〔羽獵賦〕「丨犀犛」。〇(同上)丨，叚借為茀。〔詩・載馳〕「大夫丨涉」。〇(同上)丨，叚借為暴，丨暴一聲。〔西京賦〕「睢盱丨扈」。〇丨，叚借為丩。〔說文定聲・卷一三〕〇丨刺即撥刺。〔通雅・卷七〕〇丨，本作軷。〔左傳襄公二八年〕「丨涉山川」洪詁。

魃 丨，旱神也。〔詩・雲漢〕「旱丨為虐」朱傳。又〔通鑑・唐紀二八〕「會天旱有丨」音注。〇丨，旱丨。〔廣韻・末部〕〇丨，一名旱母。〔說文〕「丨，旱鬼也」義證引〔神異經〕。〇丨，今作犮。〔說文定聲・卷一三〕〇丨，今〔周禮〕作犮。〔說文〕「丨，旱鬼也」繫傳。〇丨，或作妭。(同上)義證。〇丨，或作茇。〔說文定聲・卷一三〕

獺 丨，水狗。〔廣韻・曷部〕〇丨，獸名。〔集韻・曷部〕〇丨，食魚者也。〔孟子・離婁上〕「故為淵敺魚者，丨也」朱注。〇丨，如猫，居水，食魚也。〔說文〕「丨，如小狗也」義證引〔玉篇〕。

獭 丨同獺。〔集韻・曷部〕

撮 四圭為丨。〔本草・卷一〕〇六十四黍為圭，四圭為丨。〔廣韻・末部〕〇十圭為一丨。〔說文〕「丨，四圭也」義證引〔孫子算經〕。〇六粟為圭，十圭為秒，十秒為丨，十丨為勺，十勺為合。〔漢書・律歷志〕「量多少者不失圭丨」補注引〔孫子算經〕。〇丨，三指取也。〔說文〕「丨，一曰兩指也」義證引〔玉篇〕。〇丨，手丨取也。〔慧琳音義・卷八〕引〔考聲〕。〇丨之言最也，謂聚持之也。〔廣雅・釋詁三〕「丨，持也」疏證。〇丨，手取。〔廣韻・末部〕〇丨，牽持也。〔慧琳音義・卷四七〕引〔考聲〕。〇丨挽，牽也。〔廣韻・末部〕〇今登萊人謂喫為丨。〔釋言〕「啜，茹也」郝疏。〇丨與蕞音義亦同。〔漢書・溝洫志〕「泥行乘毳」補注。〇〔集韻〕有鬈字，音丨，髻也。〔莊子・人間世〕「會丨指天」集釋引李楨。〇丨作樶，樶，節也，與脊節正相似。(同上)集釋引〔初學記〕。〇丨字當作欑，丨欑聲近。(同上)集釋。

撮 六粟為圭，四圭為丨。〔說文定聲・卷一三〕〇(同上)丨，叚借為最，實為冣。〔漢書・藝文志〕「撮其旨意」。〇(同上)丨，叚借為鬠。〔詩・都人士〕「臺笠緇撮」。

怛 丨，痛也，傷痛者至誠迫切之意。〔詩・氓〕「躬自悼矣」後箋。〇丨，傷也。〔詩・匪風〕「中心丨兮」朱傳。〇丨，憂傷也。〔大戴・主言〕「慢丨以補不足」王詁。〇丨丨，猶忉忉也。〔詩・甫田〕「勞心丨丨」朱傳。〇丨，悲慘也。〔楚辭・抽思〕「心丨傷之憺憺」補注。又〔廣韻・曷部〕。〇丨，懼也。〔通鑑・漢紀二三〕「丨然傷心」音注。〇丨，悼也。(同上)〇丨，驚也。(同上)〇丨，不安也。(同上)〇心有所痛謂之丨，身有所傷謂之蛆，其義一也。〔方言一〕「丨，痛也」箋疏。〇〔說文定聲・卷一四〕丨，叚借為誕。〔淮南子・繆稱〕「矜丨生於不足」。〇(同上)丨，叚借為顫。〔廣雅・釋詁一〕「丨，驚也」。〇憚、丨聲相近，故憚又讀為丨。〔廣雅・釋詁二〕「憚，驚也」疏證。〇丨與蛆聲相近。〔方言一〕「丨，痛也」箋疏。〇丨，或作憚。〔集韻・曷部〕〇丨，字亦作⿱制心。〔說文定聲・卷一四〕〇丨，韓作⿱制心。〔詩・匪風〕「中心丨兮」集疏。〇丨，〔班馬字類〕作怛。〔史記・白起王翦列傳〕「秦王丨」志疑。

⿱制心 丨同怛。〔集韻・曷部〕〇丨，驚丨。〔廣韻・曷部〕

閼 丨，壅丨。〔說文〕「丨，遮壅也」繫傳。〇丨，止也。〔廣韻・曷部〕又〔集韻・月部〕。〇丨，塞也。〔廣韻・曷部〕又〔集韻・月部〕。〇丨，亦塞也。〔史記〕「塞郾陂」雜志。〇擁水謂之丨，聚水謂之都。〔春秋名字解詁〕「鄭公孫丨字子都」述聞。〇丨與遏同義。〔說文〕「丨，遮攤也」句讀。〇丨，一曰太歲在卯曰單丨。〔集韻・月部〕〇丨與遏通。〔春秋名字解詁〕「鄭公孫丨字子都」述聞。〇丨，諸書通作遏。〔說文〕「丨，遮攤也」義證。〇丨，叚借為淤。〔說文定聲・卷九〕〇丨又有遏音，故字亦作遏。〔漢書・召信臣傳〕「起水門提丨凡數十處」補注引錢大昕。〇〔說文定聲・卷九〕丨與遏略同。〔說文〕「丨，遮擁也」。〇丨，〔漢陳球碑〕作遏，丨、遏同音。〔左傳襄公二五年〕「昔虞丨父為周陶正」洪詁。〇丨，或作堨。

〔集韻・曷部〕

剌 —，戾也。〔廣韻・曷部〕〇—，僻也。（同上）〇—，僻戾也。〔慧琳音義・卷七六〕引〔考聲〕。〇—，猶鰲也。〔說文定聲・卷七〕（「絞」下）〇—，乖違也。〔說文〕「—，戾也」繫傳。〇—，亦不順之名也。（同上）繫傳。〇凡言乖—、—繆字如此。（同上）段注。〇—，魚跳躍—。〔說文〕「—，戾也」繫傳。〇—魚者，乖—之魚，謂其如小兒能緣木。〔說文〕「鯢，—魚也」段注。〇〔謚法〕有—，與厲字義同音近。〔史記・始皇本紀〕「生—襲公」志疑。〇—與瘌通。〔廣雅・釋詁四〕「瘌，傷也」疏證。〇瘌、—、辢並通。〔廣雅・釋詁二〕「瘌，痛也」疏證。〇—、辢並與瘌通。〔方言三〕「凡飲藥傅藥而毒，南楚之外謂之瘌」箋疏。〇〔說文定聲・卷一三〕—，叚借為瘌。〔方言二〕「—，痛也」。

剌 —，亦作瘌。〔方言二〕「—，痛也」疏證。〇—當為剌。〔說文〕「脩，—也」義證。

辢 —，辛—。〔廣韻・曷部〕〇—，辛—也。〔說文〕「辛，金剛味辛」義證引〔玉篇〕。〇—，辛味。〔集韻・曷部〕〇—，辛甚也。〔慧琳音義・卷七二〕引〔考聲〕。〇—之言烈也。〔廣雅・釋詁二〕「瘌，痛也」疏證。〇—，痛也。〔說文〕「辛，金剛味辛」義證引〔玉篇〕。〇瘌、剌、—並通。〔廣雅・釋詁二〕「瘌，痛也」疏證。

辣 —，辛—也。〔說文〕「瘌，楚人謂藥毒曰痛瘌」義證引〔玉篇〕。〇今蘇俗言物味辛曰—。〔說文定聲・卷一三〕（「瘌」下）〇—，痛也。〔說文〕「瘌，楚人謂藥毒曰痛瘌」義證引〔玉篇〕。〇—即瘌之俗。〔說文定聲・卷一三〕（「瘌」下）

𨐨 —，辛味。〔集韻・曷部〕〇—，俗云—辢。〔廣韻・曷部〕

栝 —，檢—也。〔說文〕「檃，—也」繫傳。〇揉曲者曰檃，正方者曰—。〔說文〕「檃，—也」義證引〔增韻〕。〇—，矯制衺曲之器也。〔說文〕「檃，栝也」段注。〇—，箭受弦處也。〔說文〕「機，主發謂之機」繫傳。〇—，一曰矢—，築弦處。〔集韻・曷部〕〇—，義與括同。〔廣雅・釋詁一〕「—，法也」疏證。〇—，結子松也。〔通雅・木〕〇—，瓠，一名果贏，一名王瓜，亦曰天瓜。〔說文〕「苦，苦婁，果贏也」義證引〔急就篇〕顏注。〇—樓，一名地樓，一名果贏，一名天瓜，一名澤姑，實名黃瓜。（同上）義證引〔本草〕。〇—樓，今亦曰苽蔞。〔釋艸〕「果贏之實—樓」鄭注。〇〔說文定聲・卷一三〕—，叚借為苦。〔釋草〕「果贏之實—樓」。〇（同上）—，叚借為檜。〔書・禹貢〕「杶榦—柏」。〇—樓，當為苦蔞，叚借也。〔釋草〕「果贏之實—樓」郝疏。〇—，亦叚借作括。〔說文〕「檃，栝也」段注。〇矢—字經傳多用括。〔說文〕「栝，一曰矢栝」段注。〇〔說文定聲・卷一三〕—，以括為之。〔公羊何休序〕「隱括使就繩墨」。〇—樓、果贏聲相轉。〔釋草〕「果贏之實—樓」郝疏。〇—樓，即果贏二字音轉也。〔本草・栝樓〕〇—樓，後人又轉為瓜蔞。（同上）〇—同檜。〔廣韻・末部〕〇—與檜同。〔廣雅・釋木〕「—，栢也」疏證。〇—與檜同字。〔詩・君子于役〕「曷其有佸」後箋。〇—，或作筈。〔說文〕「栝，檃也」義證。〇矢—字他書亦用筈。〔說文〕「栝，一曰矢栝」段注。〇—樓，亦作菰𤬪。〔本草・栝樓〕

筈 —，箭口也。〔慧琳音義・卷三〕引〔考聲〕。〇箭末曰—。〔集韻・末部〕〇—，受弦之口也。〔慧琳音義・卷三〕〇箭—，受弦處。〔廣韻・末部〕〇—，或作栝。〔慧琳音義・卷三〕〇—，或作括。〔集韻・末部〕

轕 轇—，戟形也。〔廣韻・曷部〕〇轇—，驅馳皃。（同上）〇—轄，轉搖皃。〔集韻・曷部〕〇—轄，搖目吐舌皃。〔說文〕「轄，車聲也」段注引張揖。〇〔史記〕—作葛。〔漢書・司馬相如傳〕「雜遝膠—以方馳」補注。

軷 —，祭道神。〔廣韻・泰部〕〇—，將行祭名。〔廣韻・末部〕〇—，出祭道神也。〔集韻・太部〕〇—，祭行道之神也。〔詩・生民〕「取羝以—」朱傳。〇〔說文定聲・卷一三〕—，犯之而過，喻無險難也。〔說文〕「—，出將有事於道，必先告其神，立壇四通，樹茅以依神為—」。〇山行曰—。〔說文〕「—，出將有事於道，必先告其神，立壇四通，封茅以依神為—」段注。〇山行之神主曰—。（同上）段注。〇—之言跋也。〔廣雅・釋天〕「—，祭也」疏證。〇—，或作祓。（同上）〇—，古文亦作祓。〔說文定聲・卷一三〕

茇 —，艸木根。〔集韻・末部〕〇—，草木根也。〔廣韻・末部〕〇—之言本也。〔廣雅・釋草〕「—，根也」疏證。〇—，草—。〔廣韻・末部〕〇〔說文定聲・卷一三〕—即紫葳，亦曰淩霄花也。〔說文〕「—，一曰艸之白華為—」。〇—菝，草名也。〔文選・甘泉賦〕「攢并閭與—菝兮」注。〇草行為—。〔通鑑・唐紀三四〕「—涉至此」音注。〇—，草舍也。〔詩・甘棠〕「召伯所—」朱傳。〇—舍，謂藉草而臥。〔左傳僖公一五年〕「晉大夫反首拔舍從之」疏證。〇—骫，枝條盤紆。〔楚辭・招隱士〕「樹輪相糾兮林木—骫」王註。〇仲夏治兵為—。〔說文〕「废，舍也」繫傳。〇—、菝、跋聲義並同。〔方言三〕「根，東齊或曰—」箋疏。〇〔說文定聲・卷一三〕—，叚借為废。〔詩・甘棠〕「召伯所—」。〇—當為废之假借。〔詩・甘棠〕「召伯所—」後箋。〇—，〔詩〕本字當作废而訓為草舍，三家今文多正字，〔毛詩〕古文假借作—耳。（同上）後箋。〇—者，茷之借字也。〔文選・招隱士〕「樹輪相糾兮林木—骫」集釋引〔學林〕。〇〔說文定聲・卷一三〕—，以跋為之。〔禮記・曲禮〕「燭不見跋」。〇—、废古今字也。〔說文〕「废，舍也」段注。〇—，字亦作菝。〔廣雅・釋草〕「—，根也」疏證。〇—苦，唐〔本草〕作菝蕳，寇宗奭〔本草〕作薄荷。〔漢書・揚雄傳〕「攢并閭與—苦兮」補注引沈欽韓。〇—，齊作废。〔詩・甘棠〕「召伯所—」集疏。

䒗 —同茇。〔集韻・末部〕

頞 丨，鼻莖。〔國策·中山策〕「准丨權衡」鮑注。○丨，鼻莖也。〔太素·經脈之二〕「起於鼻交丨中」楊注。○丨，額也。〔國策·中山策〕「准丨權衡」補正。又〔孟子·梁惠王下〕「舉疾首蹙丨而相告」朱注。○丨同齃。〔廣韻·曷部〕

齃 丨，同頞。卧息。〔集韻·曷部〕

[illegible] 丨，笮也。〔集韻·曷部〕

越 丨，一曰瑟虛。〔集韻·末部〕○丨謂琴瑟底之孔。〔說文〕「琴，洞丨」段注。○丨，艸也。〔集韻·末部〕○丨，結也。〔禮記·禮運〕「與其丨席」集解。○丨，又云翦蒲為席。〔廣韻·末部〕○丨席，結草為席也。〔禮記·禮運〕「與其丨席」集解。○丨席，結括草以為席也。〔左傳桓公二年〕「大路丨席」洪詁引服虔。○〔說文定聲·卷一三〕丨，叚借為括。〔禮記·禮運〕「與其丨席」。○〔同上〕丨，叚借為穴。〔儀禮·鄉飲酒禮〕「挎丨」。○丨，〔家語〕作趏。〔左傳桓公二年〕「大路丨席」洪詁。

趏 丨同越。〔集韻·末部〕

斡 瓠柄曰丨。〔說文〕「亘，求回也」段注。○判瓠為瓢以為勺，必執其柄而後可以挹物，執其柄則運旋在我，故謂之丨。〔說文〕「丨，蠡柄也」段注。○小車之輪曰丨，亦本意之引伸也。〔同上〕○丨，轂端沓也。〔說文〕「丨，揚雄杜林說皆以為軺車輪丨」義證引〔類篇〕。○丨，轉也。〔廣韻·末部〕○丨，以制旋轉也。〔屈賦·天問〕「丨維焉繫」戴注。○丨謂鐘旋飾處。〔說文定聲·卷一四〕〔「斡」下〕○丨、揹，義並與斡同。〔廣雅·釋詁二〕「斡，抒也」疏證。○丨，通作幹。〔說文〕「丨，蠡柄也」義證。○〔說文定聲·卷一四〕丨，叚借為幹。〔漢書·百官公卿表〕「丨官、鐵市兩長丞」。○丨，字亦作斡。〔說文定聲·卷一四〕○丨字一作筦。〔廣雅·釋詁四〕「丨，轉也」疏證。○〔莽傳〕丨並作筦。〔漢書·食貨志〕「每一丨為設科條防禁」補注。

嶭 丨，語轉為嶻。〔說文〕「丨，巀丨山也」段注。

剟 丨，削也。〔廣韻·末部〕又〔集韻·末部〕。○丨，擊也。〔廣韻·末部〕○丨當為鏨。〔說文〕「椯，一曰丨也」義證。

捋 丨，取也。〔詩·鴟鴞〕「予所丨荼」朱傳。又〔廣韻·末部〕。○丨，取其子也。〔詩·芣苢〕「薄言丨之」朱傳。○丨，手丨也。〔廣韻·末部〕○丨，指歷取也。〔詩·芣苢〕「薄言丨之」後箋引〔詩詁〕。○丨，一手持其穗，一手丨取之。〔同上〕後箋引戴震。○丨，蓋掇是拾其子之既落者，丨是丨其子之未落者。〔同上〕後箋。○丨，摩也。〔廣韻·末部〕○丨與寽聲義俱近。〔詩·芣苢〕「薄言丨之」陳疏。○丨、流一聲之轉也。〔廣雅·釋言〕「摎，丨也」疏證。○丨鹿聲相轉。〔釋鳥〕「鶬，麋鴰」郝疏。○丨當為捋。〔說文〕「纕，援臂也」義證。○丨蓋寽累增字也。〔說文〕「寽，五指丨也」句讀。

寽 丨，五指丨也。〔集韻·末部〕

鴰 丨，麋丨也。〔楚辭·大招〕「炙丨烝鳧」補注。○丨，鳥名。〔集韻·末部〕○丨，鶬丨。〔廣韻·末部〕○鶬丨，鳥，毛逆，九尾。〔廣韻·鎋部〕○〔說文定聲·卷一三〕麋丨當為麋丨，麋鴰雙聲連語。〔釋鳥〕「鶬，麋丨」。

鶡 丨，毅鳥也。〔說文〕「丨，似雉，出上黨」義證引〔禽經〕。○丨，鳥，似雞，鬭必至死。〔廣韻·曷部〕○丨，黃黑色，勇于鬥，一死乃止。〔說文定聲·卷一三〕○〔說文定聲·卷一三〕丨，後世謂之寒號蟲。〔鹽鐵論·利議〕「丨鳴夜鳴，無益于明」。○〔同上〕丨，以褐為之。〔後漢·南蠻西南夷傳〕「毼雞」。○丨鴠，〔月令〕古本作曷旦，〔淮南〕作鳱鴠。〔呂覽·仲冬〕「丨鴠不鳴」校正。○丨鴠，〔詩〕作盍旦，〔禮〕作曷旦，〔說文〕作鶡鴠，〔廣志〕作侃旦，唐詩作渴旦，皆隨義借名耳。〔本草·寒號蟲〕

鶾 丨旦，鳥名。〔集韻·曷部〕○丨同鶡。〔同上〕

毼 丨，毛布。〔廣韻·曷部〕○丨即鬜也。〔說文〕「鬜，鬢禿也」段注。○鬜、顧、楬、丨並通。〔廣雅·釋詁二〕「鬜，禿也」疏證。○丨同楬。〔集韻·曷部〕

暍 丨，熱皃。〔廣韻·曷部〕○丨，熱也。〔集韻·曷部〕○丨之言丨丨然也。〔廣雅·釋詁三〕「丨，煖也」疏證。

鱍 丨，魚掉尾也。〔廣韻·末部〕○丨，魚游皃。〔集韻·末部〕○丨同鮁。〔同上〕

[illegible] 丨同鱍。〔集韻·末部〕

鮁 丨，魚名，似鯉而赤。〔集韻·末部〕○丨借撥字。〔說文〕「丨，鱣鮪丨丨」繫傳。○丨同鱍。〔集韻·末部〕○丨又為鱍。〔詩·碩人〕「鱣鮪發發」後箋。○丨，或作發。〔同上〕後箋。

囋 丨者，嘈丨，謂語聲繇啐也。〔荀子·勸學〕「問一而告二謂之丨」集解引郝懿行。○嘈丨，聲也。〔集韻·曷部〕○嘈丨，鼓聲。〔廣韻·曷部〕○丨與吶同。〔廣雅·釋詁四〕「吶，聲也」疏證。

囐 丨同吶。〔集韻·曷部〕○丨同囋。〔廣韻·曷部〕又〔集韻·曷部〕。

啐 —同噴。〔集韻·曷部〕

⿰車獻 —,車載高也。〔廣韻·曷部〕〇—,高車皃。〔集韻·月部〕〇—,高皃。〔廣韻·薛部〕又〔集韻·薛部〕。〇〔說文定聲·卷一四〕—,以⿰木獻為之。〔呂覽·過理〕「宋王築為蘖臺」。

适 —,疾也。〔廣韻·末部〕〇—,通於括。〔左傳桓公二年〕「大路越席」疏證引焦循。〇〔說文定聲·卷一三〕—,叚借為括。〔論語〕「南宮—」。〇—,或借活字。〔說文〕「—,疾也」義證。

⿺辶𠯑 —,隸作适。〔集韻·末部〕

躠 —,亦書作⿱薛足。〔集韻·薛部〕〇⿱薛足—,旋行。〔廣韻·屑部〕〇⿱薛足—,旋行皃。〔集韻·薛部〕〇—,或作殺。(同上)

⿱薛足 跋—,行皃。〔廣韻·曷部〕

猲 —,短喙犬。〔廣韻·曷部〕〇—,又恐也。(同上)〇—狚,巨狼。〔集韻·曷部〕〇〔說文定聲·卷一三〕—,叚借為喝。〔齊策〕「恫疑虛—」。〇—同⿰曷犬。〔集韻·曷部〕〇〔說文定聲·卷一三〕—,字亦作獦。

⿰曷犬 —,短喙犬。〔集韻·曷部〕〇—,或作獦。(同上)

獦 —狚,獸也。〔廣韻·曷部〕〇—同猲。〔集韻·曷部〕〇—同⿰曷犬。(同上)

⿲犭曷犬 —同⿰曷犬。〔集韻·曷部〕

撥 —,側手擊也。〔集韻·曷部〕〇—,猛用力打物也。〔慧琳音義·卷六〇〕引顧野王。〇—,抹—。〔廣韻·曷部〕

澾 —,滑也。〔集韻·曷部〕引〔字林〕。又〔慧琳音義·卷六三〕引顧野王。〇—,泥滑。〔廣韻·曷部〕

襏 —襫,雨衣。〔集韻·勿部〕〇—襫,蓑雨衣也。〔廣韻·末部〕

馛 —,香氣。〔廣韻·末部〕〇——,香也。〔集韻·末部〕

濊 ——,蓋施罟水中有礙水流之皃。〔詩·碩人〕「施罟——」通釋。〇—,水聲。〔廣韻·末部〕〇——,罟入水聲也。〔詩·碩人〕「施罟——」朱傳。〇奯、泧、—、豁義並相近。〔廣雅·釋詁三〕「豁,空也」疏證。〇⿰氵薉⿰氵薉、泧泧、——並字異而義同。〔廣雅·釋訓〕「泧泧,流也」疏證。〇〔說文定聲·卷一三〕—,叚借為薉。〔廣雅·釋詁三〕「—,濁也」。〇(同上)—,叚借為⿰氵薉。〔詩·碩人〕「施罟——」。〇—同⿰氵薉。〔集韻·末部〕〇——,齊

作⿰氵薉⿰氵薉。〔詩·碩人〕「施罛——」集疏。〇——,今本作⿰氵薉⿰氵薉。〔說文〕「—,礙流也。詩曰施罟——」段注。〇——,魯亦作泧泧。〔詩·碩人〕「施罛——」集疏。

⿰氵薉 ——、泧泧、濊濊並字異而義同。〔廣雅·釋訓〕「泧泧,流也」疏證。〇—同濊。〔廣韻·末部〕〇—,或作濊。〔集韻·末部〕〇〔說文定聲·卷一三〕—,毛本以濊為之。〔說文〕「—,礙流也。詩曰施罟——」。

⿱艹濊 —,水聲。〔集韻·末部〕

佸 —,會。〔詩·君子于役〕「曷其有—」朱傳。〇—,會也。〔集韻·末部〕〇—,—會。〔廣韻·末部〕〇會計曰—。(同上)〇—與括字異而義亦略同,凡物之總會者曰括。〔詩·君子于役〕「曷其有—」後箋。〇—,勤力於田也。〔集韻·舝部〕〇—,生也。(同上)〇—通作括。〔說文〕「—,會也」義證。〇—、會疊韻聲通。〔詩·君子于役〕「曷其有—」陳疏。〇—、會疊韻為訓。(同上)後箋。〇括、—、會古聲義並同。〔廣雅·釋詁一〕「括,至也」疏證。

萿 菝—,瑞草。〔廣韻·末部〕〇菝—,瑞草也。〔集韻·末部〕引〔字林〕。

犮 —,犬走皃。〔廣韻·末部〕又〔集韻·末部〕。〇—有根義。〔說文〕「茇,艸根也」義證。〇〔說文定聲·卷一三〕—,叚借為拔。〔周禮·赤犮氏〕「赤—氏掌除牆屋」。〇—為魃省形存聲字。〔說文〕「魃,旱鬼也」句讀。〇—與兆音義同。〔說文〕「—,犬走皃」段注。

羍 —,羊子。〔集韻·曷部〕〇—,小羊也。〔廣韻·曷部〕〇—,羊小羔也。〔說文〕「—,小羊也」繫傳。〇—又小於羔,是初生羔也。(同上)段注。〇七月曰—。〔本草·羊〕〇—,通作達。〔集韻·曷部〕〇〔說文定聲·卷一三〕—,以達為之。〔詩·生民〕「先生如達」。

笪 〔說文定聲·卷一四〕—,謂所以撻人之竹。〔說文〕「—,笞也」。〇—,竹篾。〔廣韻·曷部〕〇—,籧篨也。〔集韻·曷部〕〇—,麤籧篨也。〔說文〕「—,笞也」義證引〔玉篇〕。〇—,一曰覆舟簟。〔集韻·曷部〕〇—,筥也。〔說文〕「—,笞也」義證引〔類篇〕。〇—與担同。〔廣雅·釋詁三〕「担,擊也」疏證。

泧 —,濊—。〔廣韻·末部〕〇—濊,拭滅。〔集韻·曷部〕〇——,流也。〔集韻·末部〕〇奯、—、濊、豁義並相近。〔廣雅·釋詁三〕「豁,空也」疏證。〇⿰氵薉⿰氵薉、——、濊濊並字異而義同。〔廣雅·釋訓〕「——,流也」疏證。〇〔說文定聲·卷一三〕——,宋本〔說文〕作⿰氵薉⿰氵薉。〔說文〕「奯,讀若詩施罟——」。〔奯〕下

鵽

鵽一，一雀。〔廣韻・末部〕○一，鳥名，大如鴿。〔集韻・末部〕○一，大如鴿，似雌雉，出北方沙漠地。〔文選・南都賦〕「歸鴈鳴一」集釋引郭璞。○一鳩，突厥雀也。〔通雅・鳥〕○一鳩，土人呼為半翅，即沙雞也，一名鐵脚。〔盤山志〕。

䀏

一一，猶豁豁也。〔廣雅・釋訓〕「一一，視也」疏證。○〔說文定聲・卷一三〕一，今字以豁為之。〔說文〕「一，視高皃」。○一，豁目字當作此。〔說文〕「一，視高皃」段注。

茷

一，艸名，生江南。〔集韻・末部〕○活一，草名，生江南，高丈許，大葉，莖中有瓤，正白。〔廣韻・末部〕

䑺

一同茷。〔集韻・末部〕

呾

一，相訶。〔廣韻・曷部〕○一，呼聲。〔集韻・辥部〕○一，相呼聲。〔廣韻・鎋部〕○一，相呼也。〔集韻・曷部〕○一哇，語不正。〔集韻・黠部〕

𥻨

一，放也。〔廣韻・曷部〕又〔說文〕「一，𥻨一，散之也」義證引〔五經文字〕。○一，亦放也。〔同上〕義證引胡渭。○散曰一。〔說文定聲・卷一二〕（「秋」下）○一本謂散米，引伸之凡放散皆曰一。〔說文〕「一，𥻨一，散之也」段注。○一，殺也。〔方言三〕「虔、散，殺也」箋疏。○一，或借殺字。〔說文〕「一，𥻨一，散之也」義證。○一為正字，竄、殺為同音叚借。〔說文〕「竄，匿也」段注。○〔說文定聲・卷一三〕一，以殺為之，實借為竄。〔孟子〕「殺三苗于三危」。○一亦省作殺，〔齊民要術〕凡云殺米者皆一米也。〔說文〕「一，𥻨一，散之也」段注。○一與蔡通。〔方言三〕「虔、散，殺也」箋疏。○一，〔春秋〕多借蔡字。〔說文〕「一，𥻨一，散之也」義證引〔五經文字〕。○一，書作蔡字。〔同上〕義證引〔玉篇〕。○〔說文定聲・卷一三〕一，以蔡為之，實借為竄。〔左傳昭公元年〕「周公殺管叔而蔡蔡叔」。

妭

一，鬼婦。〔廣韻・末部〕○一，一曰鬼婦。〔說文〕「一，美婦也」繫傳。○一，羌人謂婦曰一。〔集韻・末部〕○〔說文定聲・卷一三〕一，叚借為魃。〔後漢・張衡傳〕「女一北而應龍翔」。○一即魃也，假借字。〔說文〕「魃，旱鬼也」段注。

糲

一，麤一。〔廣韻・曷部〕○一同糲。〔集韻・曷部〕

糲

一，脫粟也。〔集韻・曷部〕

𥻦

一同糲。〔集韻・曷部〕

蝎

一，蟲名。〔廣韻・曷部〕○一，蛣蟩也。〔慧琳音義・卷六六〕引〔古今正字〕。○一，木中蠹蟲也。〔同上〕引〔考聲〕。○一即木中蠹蟲也。〔釋蟲〕「一，蛣蝠」鄭注。○〔說文定聲・卷一三〕一，木中蠹也，白色，身長，足短，口黑，至春羽化為天牛。〔釋蟲〕「蛣蟩一」。○一即蛣蝠。〔釋蟲〕「一，桑蠹」鄭注。○蜥蝪，總曰蝎，捕蠅曰一虎。〔通雅・蟲〕○一，通作曷。〔方言七〕「一，逮也」箋疏。○〔說文定聲・卷一三〕一，叚借為遏。〔方言七〕「一，逮也」。○一噬與遏遾並字之叚音。〔釋言〕「遏，逮也」郝疏。○一亦作遏。〔方言七〕「一，逮也」箋疏。○一噬亦作遏遾。〔方言七〕「一噬，逮也」疏證。

炟

一，爆也。〔說文〕「一，上諱」段注引〔玉篇〕。○一，火起。〔廣韻・曷部〕○一，火起也。〔集韻・曷部〕○一，火盛也。〔說文〕「一，後漢章帝名也」繫傳。

䵣

一，雖白而色滋。〔說文〕「一，白而有黑也」繫傳。○黑而有黷曰一。〔同上〕義證引〔字統〕。

餲

一，食傷臭。〔廣韻・曷部〕○一，食敗也。〔集韻・曷部〕○一，味變也。〔論語・鄉黨〕「食饐而一」朱注。○一，餅名。〔廣韻・曷部〕○一，今江蘇俗云一生。〔說文〕「一，飯一也」段注。○一之言鬱也。〔同上〕○〔說文定聲・卷一三〕一，叚借為肊。〔淮南子・精神〕「腸下迫頤」。○一與胺，字異而義同。〔廣雅・釋詁三〕「胺，敗也」疏證。○〔說文定聲・卷一三〕一，字亦作腸、作胺，當謂肉敗。〔廣雅・釋詁三〕「胺，敗也」。

髑

一，骨名。〔集韻・曷部〕○一謂之骬。〔同上〕○一骬，肩骨。〔廣韻・曷部〕

暍

一，白色。〔廣韻・曷部〕又〔集韻・曷部〕。

馤

一，香氣。〔廣韻・曷部〕又〔集韻・曷部〕引〔字林〕。

靼

一，柔革。〔集韻・曷部〕○一，柔革也。〔廣韻・曷部〕○〔說文定聲・卷一四〕一叚借為怛。〔莊子・大宗師〕「有一宅」。

韃

一同靼。〔集韻・曷部〕

傺

一，佅一。〔廣韻・曷部〕○一，佅一也。〔慧琳音義・卷六〇〕引〔考聲〕。○一同達。〔集韻・曷部〕

㒓

一即傺。〔方言一三〕「一，逃也」疏證。

蹉

一，足跌。〔廣韻・曷部〕又〔集韻・曷部〕。○一，足跌也。〔說文〕「踣，跋也」義證引〔玉篇〕。○一與䟾同。〔廣雅・釋言〕「䟫、跰，䟾也」疏證。

䟾

一同蹉。〔集韻・曷部〕

咹

一，小語。〔廣韻・曷部〕○一，一曰小語。〔集韻・曷部〕○一，一曰吃也。〔同上〕○遏與一同。〔廣雅・釋詁三〕「一，止也」疏證。

𡊄

一，研破。〔廣韻・曷部〕

栔　丨同挈。〔集韻・曷部〕

瘌　丨，如俗語言辛辣。〔說文〕「丨，楚人謂藥毒曰痛丨」段注。○今蘇俗又言蟲螫痛或膚小痛皆曰丨豁豁。〔說文定聲・卷一三〕○丨亦曰瘵。（同上）○瘵丨，不調。〔廣韻・曷部〕○丨，一曰湯也。〔集韻・曷部〕○丨，日中人生瘡爛。〔說文〕「丨，楚人謂藥毒痛」繫傳。○丨，疥也。〔集韻・曷部〕○丨、刺、辢並通。〔廣雅・釋詁二〕「丨，痛也」疏證。○丨與刺同。〔方言二〕「刺，痛也」箋疏。○丨，〔字苑〕作萩，亦俗字。〔說文定聲・卷一三〕○丨，或作癩。〔集韻・曷部〕

癩　丨，疥丨。〔廣韻・曷部〕○丨同瘌。〔集韻・曷部〕

⿸广朿　丨，亦獄室也。〔廣韻・曷部〕○丨，一曰獄室。〔集韻・曷部〕○丨與⿸广剌字同。〔廣雅・釋宮〕「丨，舍也」疏證。

⿸广剌　丨，庵也。〔說文〕「广，因广為屋」義證引〔玉篇〕。

剌　丨，拂也。〔說文〕「丨，刜也」義證引〔玉篇〕。○丨，拂著。〔廣韻・曷部〕○丨謂拂之也。〔說文〕「丨，刜也」繫傳。○〔說文定聲・卷一三〕丨，當訓敐也。〔說文〕「丨，刜也」。

⿱剌齒　丨，齧聲。〔廣韻・曷部〕

⿰齒剌　丨與齥署同。〔說文定聲・卷一三〕

⿰齒剌　丨，齒分骨聲。〔集韻・曷部〕○丨，或作⿱剌齒。（同上）

⿱剌齒　丨同⿰齒剌。〔集韻・曷部〕

⿰王剌　丨，玉名。〔廣韻・曷部〕

⿰王朿　丨同⿰王剌。〔集韻・曷部〕

瓎　丨同⿰王剌。〔集韻・曷部〕

楋　丨，木名。〔廣韻・曷部〕

⿱剌虫　丨，蟲名，蠆也。〔集韻・曷部〕○丨，一曰蝎也。（同上）○丨之言瘌也。〔廣雅・釋蟲〕「丨，蠍也」疏證。○丨，一作蠆。（同上）○丨，或書作蝲。〔集韻・曷部〕○蝲，丨蛭。〔廣韻・曷部〕

巀　丨，丨嶭，山名。〔廣韻・曷部〕○丨，本謂山陵皃，因以為山名也。〔說文〕「丨，丨嶭山也」段注。○丨，語轉為嵯。（同上）○丨嶭、嵯峩，語音之轉。（同上）○丨，字或作䕢。（同上）義證。

嶻　丨嶭，高峻貌也。〔文選・上林賦〕「九嵕丨嶭」注引郭璞。○〔說文定聲・卷七〕丨，在今陝西西安府，今謂之嵯峨山。〔說文〕「丨，丨嶭山，在馮翊池陽」。○丨嶭，〔史記〕、〔漢書〕俱作丨嶭。〔文選・上林賦〕「九嵕丨嶭」集釋。

屵　丨，高皃。〔集韻・薛部〕○丨，高山狀。〔廣韻・曷部〕○〔說文定聲・卷一四〕丨，字亦作嵃。〔江賦〕「厓隒為之泐嵃」。

⿸疒朿　丨、茦義並與刺相近。〔方言三〕「凡草木刺人，北燕朝鮮之間謂之茦」箋疏。

⿸疒曷　丨，內熱病。〔集韻・曷部〕○丨，內熱病也。〔廣韻・曷部〕

⿸疒犮　丨同⿸疒曷。〔集韻・太部〕

攇　丨，擊也。〔廣韻・曷部〕又〔集韻・曷部〕。

呼　丨丨嗗嗗，戒也。〔廣韻・曷部〕

⿰口卉　嘈嘈丨丨，聲也。〔集韻・曷部〕○丨者，嘈之轉也。〔廣雅・釋詁四〕「丨，聲也」疏證。○丨，毀讀曰丨。〔廣韻・曷部〕○丨同噴。〔集韻・曷部〕

啈　丨同⿰口卉。〔集韻・曷部〕

歺　丨，歺骨餘。〔集韻・曷部〕○丨，死也。〔廣雅・釋詁三〕○丨，辯也。〔說文〕「殂，往死也」義證引〔玉篇〕。○丨與枿聲義亦同。〔廣雅・釋詁二〕「殘，枿也」疏證。○〔說文定聲・卷一三〕丨，叚借為櫱。〔廣雅・釋詁一〕「丨，極也」。

⿰葛阝　丨，鄉名，在南陽。〔廣韻・曷部〕○丨，通作葛。〔說文〕「丨，南陽陰鄉」義證。

昧　丨，暗也。〔禮記・內則〕「丨爽而朝」集解。又〔通鑑・漢紀九〕「地深丨而多水險」音注。○丨，蒙也。〔通鑑・唐紀二一〕「自文明草丨」音注。○〔通雅・卷五〕丨摕，猶言未審也。〔說苑〕「于物故有丨摕而中蛟頭」。○丨當作昧。〔史記・韓世家〕「敗楚將唐丨」志疑。

昩　丨，星也。〔廣韻・末部〕○丨，斗杓後星。（同上）○丨，日中不明也。〔集韻・末部〕○丨，〔字林〕作昧。〔廣韻・末部〕

蛆　丨，螫螫。〔廣韻・曷部〕○丨，一曰螫也。〔集韻・曷部〕○丨，痛也。（同上）

瘵　丨，痛也。〔廣韻・曷部〕○丨同蛆。〔集韻・曷部〕

䬴 —，馬食穀也。〔廣韻·末部〕〇—借秣字。〔說文〕「—，食馬穀也」繫傳。〇—或作秣。（同上）義證。〇〔說文定聲·卷一三〕—，字亦作秣。〔詩·漢廣〕「言秣其馬」。〇—，經典作秣。〔說文〕「—，食馬穀也」句讀。

⿱艹䬴 —同䬴。〔集韻·末部〕

䊳 —，米和細屑。〔廣韻·末部〕〇—謂之麪。〔集韻·末部〕〇〔說文定聲·卷一三〕—，末也，今之米粉麪勃皆是。〔說文〕「—，麩也」。〇（同上）—以蔑為之。〔小爾雅·廣言〕「蔑，末也」。

佅 —，肥兒。〔集韻·末部〕〇—侼，肥兒。〔廣韻〕〇—，又西夷樂名。（同上）

瀎 —，塗拭。〔廣韻·末部〕〇—，一曰塗也。〔集韻·末部〕〇—泧，即〔字林〕所謂抹摋也。〔說文〕「泧，—泧也」義證。〇〔說文定聲·卷一三〕—泧，猶摩挲摵也，抹摋也，摩挲之意。〔說文〕「—，㧋滅也」。〇—泧，〔玉篇〕作泧—。〔說文〕「泧，—泧也」義證。

袚 —，蠻夷衣。〔集韻·勿部〕〇—，蠻衣也。〔說文〕「—，蠻夷衣」義證引〔玉篇〕。〇—，蠻夷蔽膝。〔廣韻·末部〕〇—，一曰蔽膝。〔集韻·末部〕〇—亦謂之縪，縪亦作韠，即蔽厀之合聲。〔方言四〕「蔽厀，江淮之間或謂之—」箋疏。〇〔說文定聲·卷一三〕—謂小兒藉，蘇俗謂之抱裙。〔廣雅·釋器〕「—，襬也」。〇（同上）—，叚借為祓。〔方言七〕「福祿謂之—戩」。〇市、芾、紱、韍、黻、—、茀、紼，並字異而義同。〔廣雅·釋器〕「—謂之縪」疏證。〇〔說文定聲·卷一三〕—，叚借為韍。〔方言四〕「蔽厀，江淮之間或謂之—」。〇—、韍一字也。〔廣雅·釋器〕「—，謂之縪」疏證。〇—與襏同。〔說文〕「—，蠻夷衣」義證引〔玉篇〕。〇—，或作祓。〔集韻·勿部〕

袜 —同袚。〔集韻·末部〕

盋 —，食器。〔集韻·末部〕〇—即盂也。〔慧琳音義·卷九一〕引〔文字典說〕。〇—同鉢。〔廣韻·末部〕〇—，俗作鉢。〔慧琳音義·卷九一〕引〔文字典說〕。〇—，或作鉢。〔集韻·末部〕

⿰金末 —，—器也。〔廣韻·末部〕〇—，食器也。（同上）引顏師古。〇—特摩花，人間紅蓮之上者，或云赤黃色花。〔慧琳音義·卷三〕〇—同盋。〔集韻·末部〕〇—，亦作盋。〔廣韻·末部〕

⿱竹曷 —，竹名。〔集韻·曷部〕〇—簸，桃枝，竹名。〔廣韻·曷部〕

捺 —，手按。〔廣韻·曷部〕〇—，捏也。〔慧琳音義·卷七七〕引〔古今正字〕。

⿰目勿 —，遠視。〔廣韻·末部〕〇—，目冥遠視。〔集韻·末部〕〇—，不正視。〔廣韻·末部〕〇—，一曰不正視。〔集韻·末部〕〇—，一曰久也。（同上）〇昒、—義亦相近。〔廣雅·釋詁四〕「—，冥也」疏證。

醱 —，醬也。〔廣韻·末部〕〇—醅，即醬醅之轉聲。〔廣雅·釋器〕「醬醅，醬也」疏證。

粖 —，糜也。〔廣韻·末部〕〇—，粥糜也。〔慧琳音義·卷二七〕引〔玉篇〕。〇—，碎米也。〔慧琳音義·卷三五〕

⿱粖鬲 —同粖。〔廣韻·末部〕又〔集韻·末部〕。

餛 —同粖。〔集韻·末部〕

⿰土末 —，壞也。〔廣韻·末部〕〇—，塵壞也。〔集韻·末部〕

⿰忄末 —，忘也。〔廣韻·末部〕又〔集韻·末部〕。

⿰末鳥 —，鳥名。〔廣韻·末部〕又〔集韻·末部〕。

⿰犮鳥 —，似梟。〔說文〕「—，鳥也」繫傳。〇—，鳥名，似梟。〔廣韻·末部〕〇—，鳥名，似雉。〔集韻·末部〕

⿺辶末 〔說文定聲·卷一二〕—，訓前頓，迖字之音也。〔說文〕「—，行兒」。

帓 —，一幅巾。〔廣韻·末部〕又〔集韻·末部〕。〇—，通作帞。〔說文〕「—，一幅巾也」義證。〇—，通作帓。（同上）〇—，通作鞨。（同上）

鮇 —，魚名。〔集韻·末部〕〇鯉大鮦小者—。〔廣韻·末部〕引〔爾雅〕。〇青州呼鱺為—。〔集韻·末部〕

⿰舟發 —，大船名。〔廣韻·末部〕〇—，海中大船。〔集韻·末部〕〇船亦謂之—，浮之轉聲也。〔廣雅·釋水〕「—，舟也」疏證。

⿱髟末 —，結—。〔廣韻·末部〕〇—，結髮也。〔說文定聲·卷一三〕引〔御覽〕。〇—，絜髮也。〔集韻·末部〕〇斂其髮曰—。〔說文定聲·卷一二〕（「鬢」下）〇〔說文定聲·卷一三〕—，假借為刮，或為眀。〔考工記·旊人〕「—墾薜暴不入市」。〇—、刮，〔聲類〕同。〔考工記·旊人〕「—墾薜暴不入市」孫正義。〇—、髺亦同。〔說文定聲·卷一三〕〇（同上）—，字亦作䯌。〔儀禮·士喪禮〕「主人—髮袒」。〇—，或作䯌。〔集韻·末部〕

頣 —，短面也。〔集韻·曷部〕

苦 —，藤生，其實黃色，大如拳，山中人謂之生牛膽。〔說文定聲·卷一三〕〇（同上）—，以栝為之。〔釋草〕「果贏之實栝樓」。

𠪚　｜同苦。〔集韻・末部〕

葀　｜，艸名。〔集韻・末部〕○｜，今麋舌草，春生，葉有似於舌。〔廣韻・末部〕引郭璞。○獨｜，藥艸。〔集韻・末部〕

䯏　｜，骨端。〔廣韻・末部〕又〔集韻・末部〕。○膝解為骸關，其內之骨曰髖，其外之骨曰｜。〔說文定聲・卷一二〕引〔骨空論〕。（「髖」下）○｜同䯓。〔集韻・末部〕

䯓　｜，一曰骭也。或作䯏。〔集韻・末部〕

𢘍　｜，愚｜無知。〔廣韻・末部〕○｜，愚人無知也。〔說文〕「｜，善自用之意也」義證引〔玉篇〕。○｜，通作聒。〔集韻・末部〕

𢜱　｜同𢘍。〔集韻・末部〕○｜，今〔尚書〕作聒。〔說文〕「｜，善自用之意也」繫傳。○〔說文定聲・卷一三〕｜，今作聒。〔書・盤庚〕「今汝｜｜」。（「𢘍」下）

𦗝　｜，古文𢘍。〔廣韻・末部〕○｜同𢘍。〔集韻・末部〕

𦗏　｜同𢘍。〔集韻・末部〕○｜字當為聒之古文。〔說文定聲・卷一三〕（「𢘍」下）

蛞　｜，蝦蟆子名。〔廣韻・末部〕○｜，一曰科斗也。〔集韻・末部〕○蛞｜螻，蟲名，螻｜也。（同上）○｜、狗，蛒聲相轉。〔釋蟲〕「螜，天螻」郝疏。

秳　｜，春穀不潰也。〔廣韻・末部〕○春米不潰曰｜。〔說文定聲・卷一二〕（「䅪」下）○｜，一曰生也。〔集韻・末部〕○｜，謂未生。（同上）○禾皮曰｜。（同上）○｜與糵相反。〔說文定聲・卷一三〕○｜，通作活。〔廣雅・釋詁一〕「｜，生也」疏證。○〔說文定聲・卷一三〕｜，叚借為活。〔廣雅・釋詁一〕「｜，生也」。

𥘸　｜，祠也。〔廣韻・末部〕○｜，祀也。〔集韻・末部〕○｜與禬與祓署同，刮除災禍之意。〔說文定聲・卷一三〕

𥚃　｜，疑乃禬字之或體也。〔說文〕「｜，祀也」段注。

姡　｜，靦也。〔集韻・末部〕○｜，｜靦也。〔廣韻・末部〕○〔說文定聲・卷一三〕｜，當作靦也。〔說文〕「｜，面醜也」。○｜，詐也。〔集韻・末部〕○〔說文定聲・卷一三〕｜，叚借為獪。〔方言二〕「獪，楚、鄭或曰｜」。○｜、獪古同聲。〔方言一〇〕「｜，獪也」箋疏。

𤵸　｜，傷也。〔集韻・薛部〕○｜，馬脛傷也。〔廣韻・末部〕○｜，將傷也。〔集韻・末部〕

奯　｜，空也。〔說文〕「｜，空大也」義證引〔玉篇〕。○｜謂空中之大。（同上）段注。○｜與豁義略同。（同上）段注。○｜，大目也。（同上）義證引〔玉篇〕。○｜，大開目也。〔廣韻・末部〕○｜、泧、濊、豁，義並相近。〔廣雅・釋詁三〕「豁，空也」疏證。

捾　｜，搯也。〔說文〕「䀛，｜目也」繫傳。○｜，｜取也。〔廣韻・末部〕○斡、｜，義並與𣄃同。〔廣雅・釋詁二〕「𣄃，抒也」疏證。○〔說文定聲・卷一四〕｜，叚借為援。〔說文〕「｜，一曰援也」。○｜，字亦作剜。〔說文定聲・卷一四〕

䀏　｜，目深黑皃。〔廣韻・末部〕○｜，一曰塞也。〔集韻・末部〕

𣄃　｜，抒也。〔集韻・末部〕○｜，飲水。〔廣韻・末部〕○｜同捾。（同上）

鏺　｜，兩刃刈也。〔廣韻・末部〕○｜，兩刃如劍然，兩邊有刃。〔說文〕「｜，兩刃有木柄，可以乂艸」段注。○｜，鎌也。〔集韻・末部〕○｜之言撥也。〔廣雅・釋器〕「｜，鎌也」疏證。○撥、癹、｜，義並相近也。〔廣雅・釋詁三〕「撥，除也」疏證。

𢪛　｜，推也。〔集韻・末部〕又〔說文〕「｜，撻也」義證引〔韻譜〕。○｜，推｜。〔廣韻・末部〕○｜，引推也。〔說文〕「｜，撻也」義證引〔玉篇〕。○｜與拂、㪍字畧同。〔說文定聲・卷一三〕○｜，一曰｜挹，自任無憚也。〔集韻・末部〕○今人用拂拭字當作此｜。〔說文〕「｜，撻也」段注。

𨟻　｜，酒氣。〔廣韻・末部〕○｜，疑與配同字。〔說文定聲・卷一三〕

𧘂　｜，袂也。〔集韻・末部〕○｜，衣袂也。〔廣韻・末部〕

侻　｜，可也。〔廣韻・末部〕○｜，一曰輕。（同上）○｜，一曰輕也。〔集韻・末部〕○｜，一曰狡也。（同上）○佻、偷、｜俱聲相轉。〔釋言〕「佻，偷也」郝疏。○｜蓋兌字，後人加人旁耳。〔荀子・王制〕「進退貴賤舉佞｜」集解。○｜與兌同，當訓為悅。（同上）引郝懿行。○官本｜作悅。〔漢書・地理志〕「莽曰長說」補注。

棁　｜，杖也。〔集韻・末部〕○｜，木｜。〔廣韻・末部〕○｜，小棓也，今俗呼為袖｜，言可藏於懷袖之中也。〔說文〕「｜，木杖也」義證引〔急就篇〕顏注。○｜，又大棒。〔廣韻・末部〕○｜，亦曰棓、曰杸。〔說文定聲・卷一三〕

挩　｜，解也。〔集韻・末部〕又〔慧琳音義・卷七五〕引〔正字辯〕。○｜，解｜。〔廣韻・末部〕○｜，棰也。〔集韻・末部〕○｜，除也。〔廣韻・末部〕○｜，免也。〔慧琳音義・卷七五〕引〔正字辯〕。○｜，遺也。〔廣韻・末部〕○｜，誤也。（同上）又〔廣雅・釋詁三〕。○｜，脫畧疏濶之意。〔說文定聲・卷一三〕（「娧」下）○｜，義與奪字同。〔慧琳音義・卷七五〕○｜，通作脫。〔說文〕「｜，解｜也」義證。○｜與脫通。〔廣雅・釋言〕「彖，｜也」疏證。○｜，又通作說。〔說文〕「｜，解｜也」義證。○｜，又通作稅。（同上）○〔說文定聲・卷一三〕｜，叚借為稅。〔穀梁傳宣公一八年〕「｜，

殺也」。○〔同上〕丨,以娧為之。〔淮南子·本經〕「其行侻而順情」。○丨、脫,古今字也。〔說文〕「丨,解丨也」段注。○丨或作稅。〔集韻·末部〕○丨或作敓,猶强取也。〔慧琳音義·卷七五〕引〔考聲〕。○丨,經傳皆以說、以稅、以脫為之。〔說文定聲·卷一三〕

稅 丨同挩。〔集韻·末部〕

废 丨,舍也。〔廣韻末部〕○丨,草舍也。〔說文〕「丨,舍也」義證引〔玉篇〕。○丨,三家詩字作丨,與毛作茇訓草舍異。〔說文〕「丨,詩曰召伯所丨」段注。○丨,通作茇。〔集韻·末部〕又〔說文〕「丨,舍也」義證。○丨,又通作拔。〔同上〕○丨借拔及跋。〔說文〕「丨,艸舍也」句讀。○〔說文定聲·卷一三〕丨,毛本以茇為之,當从毛傳訓草舍也。〔說文〕「詩甘棠召伯所丨」。

炦 丨,火氣。〔廣韻·末部〕又〔集韻·屑部〕。○丨,氣上也。〔說文〕「丨,火气也」義證引〔玉篇〕。

癹 丨,除草。〔廣韻·末部〕○丨,除艸也。〔集韻·末部〕○撥、丨、鏺,義並相近也。〔廣雅·釋詁三〕「撥,除也」疏證。○丨字當作茷,丨乃借字。〔漢書·司馬相如傳〕「崔錯丨骩」補注引沈欽韓。○〔說文定聲·卷一三〕丨,以發為之。〔答賓戲〕「夷險丨荒」。○今丨作芟。〔說文〕「丨,春秋傳曰丨夷薀崇之」段注。○丨,經典譌作芟。〔說文〕「丨,以足蹋夷艸」義證。

蕟 丨同癹。〔集韻·末部〕

㓟 丨,削丨也。〔廣韻·末部〕

蛶 丨,蚵丨,蟲。〔廣韻·末部〕○丨,蟲名,螪何也。〔集韻·末部〕

酦 丨,酒氣。〔廣韻·末部〕○丨,酒氣也。〔集韻·末部〕引〔字林〕。

胈 丨,膚毳皮。〔集韻·末部〕○丨,白肉也。〔漢書·司馬相如傳〕「躬傶骿胝無丨」補注引李頤。○丨,股上小毛也。〔廣韻·末部〕引韋昭。○〔說文定聲·卷一三〕丨謂毳,即褐字。〔莊子·在宥〕「股無丨」。○〔同上〕丨,以拔為之。〔史記·李斯傳〕「而股無拔」。

坺 丨,一臿土也。〔廣韻·末部〕○丨,今人云一頭是也。〔說文〕「丨,一臿土謂之丨」段注。○丨,以墾取田閒土塊,令方整不散,今里俗云一頭是也。〔說文〕「厽,垒丨土為牆壁」段注。○丨,今蘇俗有所謂草皮泥者,築墳用以起冢,以臿取之,一臿為一凷,形如土墼,惟不剛堅耳,此亦可得丨名。〔說文定聲·卷一三〕○凡初出於田為丨土。〔說文〕「丨,一臿土也」段注。○丨,吳人謂塵土為丨坱。〔說文〕「丨,一曰塵皃」義證引〔博物志〕。○丨之言蓬勃也。〔說文〕「丨,丨土也」段注。○〔說文定聲·卷一三〕丨,段借為旆。〔說文〕「詩曰武王載丨」。○丨即旆之同音段借。〔說文〕「丨,丨土也」段注。○〔說文定聲·卷一三〕丨,段借為坋,坋、丨一聲之轉。〔說文〕「丨,一曰塵皃」。○〔同上〕丨,以勃為之。〔周禮·草人〕「勃壤用狐」。○丨同墢。〔集韻·末部〕○丨與墢同。〔說文〕「丨,一曰臿土」義證引〔玉篇〕。○〔說文定聲·卷一三〕丨,字亦作墢。〔國語·周語〕「王耕一墢」。○〔同上〕丨,字亦作垺。〔通俗文〕「垺土曰坌」。○丨,今〔詩〕作伐字。〔說文〕「丨,治也」繫傳。

蠽 丨,螻蛄別名。〔廣韻·鎋部〕○丨,蟲名,螻蛄也。〔集韻·鎋部〕○丨,通作蛞。〔說文〕「丨,螻蛄也」義證。

駒 丨,馬走皃。〔集韻·月部〕○丨,馬走疾皃。〔廣韻·曷部〕

騔 丨同駒。〔集韻·曷部〕

⿰馬葛 丨同駒。〔集韻·曷部〕

昏 丨與括聲義並同。〔方言一二〕「括,閉也」箋疏。○丨或借括字。〔說文〕「丨,塞口也」義證。○丨與括聲相近也。〔廣雅·釋詁三〕「丨,塞也」疏證。

𣥠 丨,足刺丨也。〔集韻·末部〕○丨,隸作癶。〔集韻·末部〕

癶 丨,足刺丨也。〔廣韻·末部〕○丨,今字皆用撥,則丨為古字。〔說文〕「丨,引也」段注。○丨,〔公羊傳〕作扳。〔同上〕○丨同𣥠。〔集韻·末部〕

市 丨,艸木盛皃。〔集韻·末部〕○丨,枝葉分布也。〔說文定聲·卷一三〕○丨,通作孛。〔說文〕「丨,草木盛,丨丨然」義證。○丨,又通作茀。〔同上〕○丨,又作芾。〔同上〕○丨,又作肺。〔同上〕○丨,又作勃。〔同上〕○丨,又作悖。〔同上〕○丨,又或作浡。〔同上〕○〔說文定聲·卷一三〕丨,字亦變作浡。〔孟子〕「則苗浡然興之矣」。

柭 丨,棓也。〔集韻·黠部〕○丨,枷也。〔莊子·人間世〕「求狙猴之杙者斬之」集釋。○丨,矢末。〔集韻·末部〕○丨與桲同。〔廣雅·釋器〕「桲,杖也」疏證。○〔說文定聲·卷一三〕丨,亦作杭,〔廣韻〕作捌。〔方言五〕「僉,或謂之桲」。

炥 丨,火皃。〔廣韻·物部〕又〔集韻·勿部〕。○丨同爨。〔集韻·勿部〕○丨與爨略同。〔說文定聲·卷一二〕○〔同上〕丨,字亦作曊。〔淮南子·墬形〕「日之所曊」。○〔同上〕丨,字又作昲。〔方言一〇〕「昲,乾物也」。

迖 丨,急走。〔廣韻·末部〕又〔說文〕「丨,行皃」義證引〔玉篇〕。○丨,一曰猝也。〔集韻·末部〕○丨,或借沛字。〔說文〕「丨,行皃」義證。○丨,或作趃作跋。〔集韻·末部〕○丨,字亦作趃作跋。〔說文定聲·卷一三〕○〔說文〕疑丨字俗或作迷,兩字誼同音別。〔同上〕○丨、跋、趃三字實一字。〔說

文〕「丨，行皃」段注。○〔説文定聲・卷一三〕趙丨，以顛沛為之。〔論語〕「顛沛必於是」。

趚 丨同迹。〔集韻・末部〕○丨同跡。〔廣韻・末部〕

跡 丨，行皃。〔廣韻・末部〕○丨同迹。〔集韻・末部〕

趃 丨同迹。〔集韻・末部〕○丨同跡。〔廣韻・末部〕

濊 丨，吮也。〔集韻・末部〕

䅥 丨，禾長也。〔廣韻・曷部〕○丨，禾長穗。〔集韻・曷部〕○〔説文定聲・卷一三〕丨，穗初出莖如揭而未垂也。〔説文〕「丨，禾舉出苗也」。○丨，穛也。〔集韻・薛部〕

蹳 丨，足跋物。〔集韻・末部〕又〔説文〕「癶，足刺癶也」義證引〔類篇〕。○丨，行也。〔説文〕「丨，蹎丨也」義證引〔玉篇〕。○丨，即登之或體。〔説文定聲・卷一三〕

僤 丨，傍驚也。〔集韻・曷部〕

刿 刺丨，不淨也。〔廣韻・末部〕○刺丨，蕞濁。〔集韻・曷部〕

剳 丨，削也。〔集韻・末部〕

勂 丨，勤也。〔集韻・曷部〕

𠪿 丨，大呼用力。〔廣韻・曷部〕○大呼用力謂之丨。〔集韻・曷部〕

味 丨，黑光也。〔集韻・末部〕○丨，通作沫。（同上）

哵 丨，音變。〔廣韻・曷部〕○丨，聲變也。〔集韻・曷部〕

啇 〔説文定聲・卷一三〕丨，怙過拒諫之意。〔説文〕「丨，語相訶歫也」。○丨，字亦作呠、作噴、作嚈。〔説文定聲・卷一三〕

㗶 讌丨，人言。〔廣韻・末部〕

噧 丨，多言也。〔廣韻・曷部〕○丨，高氣多言也。〔集韻・曷部〕○丨，亦作囆。（同上）

囆 丨同噧。〔集韻・曷部〕

堨 丨，壅丨。〔廣韻・曷部〕

墢 俗謂花盤為花鉢，當用此丨字。〔字詁〕

嬶 丨，婢也。〔集韻・曷部〕

姡 丨、娗聲轉。〔釋言〕「靦，姡也」郝疏。

孽 丨丨，將壞皃。〔集韻・曷部〕

害 〔説文定聲・卷一三〕丨，叚借為曷。〔小爾雅・廣言〕「丨，何也」。○（同上）丨，叚借為遏。〔詩・長發〕「則莫我敢丨」。○丨、曷、胡、盍、何皆一聲之轉也。〔廣雅・釋詁三〕「丨，何也」疏證。○丨、曷一字也。（同上）

𡺴 丨蹉，足大。〔集韻・末部〕

嵑 丨嶭，山皃。〔廣韻・曷部〕○嶱丨，山皃。〔集韻・曷部〕○丨同嶱。（同上）

嶱 丨，山皃。〔集韻・曷部〕○丨嵑，山皃。（同上）

帓 丨，帶也。〔集韻・末部〕

柭 丨，拂取也。〔集韻・末部〕

㦦 丨，拭也。〔集韻・曷部〕

𣄊 丨丨，豎干皃。〔集韻・曷部〕

廅 丨，屋迫。〔廣韻・曷部〕又〔集韻・曷部〕。○丨，猶言擁遏也。〔説文〕「丨，屋迫也」繫傳。○丨之言遏也。（同上）段注。

𢓭 丨，行也。〔集韻・末部〕

𢙣 丨丨，憯痛之意。〔釋訓〕「旦旦，悔爽忒也」郝疏。

怖 丨，意不悅皃。〔廣韻・末部〕○丨，意不悅也。〔集韻・末部〕

愒 丨，相恐怯也。〔集韻・曷部〕○丨，謂相恐脅也。〔通鑑・周紀二〕「衡人日夜務以秦權恐丨諸侯」音注。○丨，通作猲。〔集韻・曷部〕○忼、㦦、丨、㵣並通。〔廣雅・釋言〕「慘，丨也」疏證。

憿 丨，心起也。〔集韻·末部〕

懀 丨，憎也。〔集韻·末部〕

㦡 丨，惡也。〔集韻·曷部〕

抈 丨，折也。〔集韻·末部〕

撈 丨，逼也。〔集韻·曷部〕又〔慧琳音義·卷四一〕引〔集訓〕。○丨，逼丨。〔廣韻·末部〕○丨，非也。〔慧琳音義·卷四一〕引〔考聲〕。

撥 丨，芟丨。〔廣韻·末部〕

撒 散菓食客，然後求錢，謂之丨暫。〔通雅·稱謂〕引〔夢華錄〕。

攃 丨丨，聲。〔廣韻·曷部〕○丨丨，足動草聲。（同上）

攋 撥丨，手披也。〔廣韻·曷部〕

攥 丨，手把。〔廣韻·末部〕○丨，牽持也。〔慧琳音義·卷六二〕引〔考聲〕。○丨，手取物也。（同上）引〔文字典說〕。

敪 敁丨，知輕重也。〔廣韻·末部〕○丨敠，食不喚自來。〔廣韻·末部〕

敊 丨，敵也。〔集韻·曷部〕

昲 丨，光也。〔集韻·末部〕○丨，一曰乾物。〔集韻·末部〕

枂 丨，去樹皮。〔廣韻·末部〕○柮丨，柱頭木。（同上）

柮 丨枂，柱耑木。〔集韻·末部〕

椊 丨杌，木短出皃。〔集韻·末部〕

㮈 丨，捽生皃。〔集韻·曷部〕

楬 桓不飾曰丨。〔集韻·曷部〕○髷、頢、丨、䯋並通。〔廣雅·釋詁二〕「髷，秃也」疏證。○丨或作䯋。〔集韻·曷部〕

㮫 丨，木轉皃。〔廣韻·曷部〕又〔集韻·曷部〕。

橽 丨，所以洩水也。〔集韻·曷部〕

櫗 丨，木錐。〔集韻·末部〕

少 〔說文定聲·卷一三〕丨字亦作䟩。〔字書〕「及地曰䟩」。

歺 丨，殘地阬坎意。〔說文〕「㕣，山間陷泥地」義證。

𣧄 丨丨，獸食餘。〔集韻·末部〕○丨丨，獸食殘皃。〔廣韻·鎋部〕

妺 丨，朽餘也。〔集韻·末部〕

妭 丨，腐氣，或从臭。〔集韻·末部〕

婉 丨，臭氣。〔集韻·末部〕

殺 〔通雅·卷八〕丨然與洒然通。〔倉公傳〕「望之丨然黄」。

毲 丨，蠻夷織毛罽也。〔集韻·末部〕

澇 丨丨，丨濺。〔廣韻·末部〕○丨，水濺也。〔集韻·曷部〕

濽 丨同澇。〔集韻·曷部〕

澾 丨，水出皃。〔集韻·曷部〕

淋 丨，水激石皃。〔集韻·曷部〕

沓 丨同淋。〔集韻·曷部〕

溌 丨，水丨。〔廣韻·末部〕○丨同潑。〔集韻·末部〕

湉 丨，水流聲。〔廣韻·末部〕○丨同活。（同上）

潑 丨，奔水也。〔集韻·末部〕○丨剌，亦拂戾之轉。〔字詁〕○丨丨，〔詩〕作發發。〔呂覽·季春〕「薦鮪于寢廟」校正。

濭 漻丨，波勢也。〔廣韻·曷部〕

渇 丨，水皃。〔集韻·曷部〕

瀎 丨，滿也。〔集韻·末部〕

瀎 丨，水湍頭起。〔廣韻·末部〕〇丨，小水出也。〔集韻·曷部〕〇丨，一曰灑也。〔同上〕

瀎 丨，雨聲。〔集韻·曷部〕

⿰火末 丨，火色。〔集韻·末部〕

⿰火宛 丨，火煙出。〔廣韻·末部〕

⿰火剌 丨，火皃。〔集韻·曷部〕

⿰火薛 丨⿰火宛，煙皃。〔集韻·曷部〕

⿰牛寽 丨，駁丨。〔廣韻·末部〕〇丨，駁也。〔集韻·末部〕〇

⿰牛曷 丨，牛名。〔集韻·曷部〕

狚 獦丨，獸名，似狼而赤。〔廣韻·曷部〕

⿰王葛 丨，石似玉。〔集韻·曷部〕

⿰瓜舌 丨，瓜丨。〔廣韻·末部〕〇丨，瓜也。〔集韻·末部〕

⿰白末 丨，舂米碎也。〔集韻·末部〕

⿰白巿 丨眜，淺白色。〔集韻·末部〕

柀 丨，皮也。〔集韻·末部〕

⿰犮皮 丨，皮剥也。〔集韻·末部〕

⿰皮達 丨，皮起。〔集韻·曷部〕

眛 丨，目不正也。〔廣韻·末部〕〇〔說文定聲·卷一三〕丨，叚借為寐。〔淮南子·精神〕「故覺而若丨」。〇丨與眛同字。〔說文定聲·卷一三〕〇官本丨作眛。〔漢書·高帝紀〕「漢軍方圍鍾離丨於滎陽東」補注。

⿱弗目 丨，目丨眛不明皃。〔廣韻·末部〕〇丨，亦書作昲。〔集韻·末部〕

⿰目巿 丨，同⿱弗目。〔集韻·末部〕

睕 丨，嫵媚也。〔集韻·末部〕〇丨，小嫵媚也。〔廣韻·末部〕

⿰目剌 丨，目不正。〔廣韻·曷部〕〇丨，眸子不正也。〔集韻·曷部〕

⿰目束 丨，同⿰目剌。〔集韻·曷部〕

砞 丨，碎石。〔集韻·末部〕

磕 丨，石聲。〔廣韻·曷部〕〇丨，石名。〔集韻·曷部〕

⿰石肙 丨，石可為器。〔集韻·曷部〕

礤 丨，䃰丨。〔廣韻·曷部〕〇丨，䃰石。〔集韻·曷部〕

礸 丨，同礤。〔集韻·曷部〕

祋 丨，殳也。〔集韻·末部〕

⿱竹末 丨，捕鰌竹器。〔廣韻·末部〕〇丨，捕魚竹器。〔集韻·末部〕

⿱竹犮 丨，箄也。〔集韻·末部〕

⿱竹散 篙丨，桃枝竹也。〔廣韻·曷部〕〇篙丨，竹名。〔集韻·曷部〕

⿰米冊 丨，糝也。〔集韻·曷部〕

⿰米曷 丨，白米。〔集韻·曷部〕

⿰糸曷 丨，結也。〔集韻·末部〕〇丨，結丨也。〔廣韻·末部〕〇丨，一曰縫餘。〔集韻·末部〕

⿰糸蔡 丨，絹屬。〔集韻·曷部〕

⿰羊巿 丨，牯羊。〔廣韻·末部〕〇丨，牯羊名。〔集韻·末部〕

⿰耳昏 丨丨，或作⿰金昏⿰金昏。〔通雅·釋詁〕

⿰耳剌 丨，聽不相當也。〔集韻·曷部〕〇丨，或書作䶛。〔同上〕

⿰月末 丨，肚也。〔集韻·末部〕

胺｜，肉敗。〔集韻·曷部〕〇｜，肉敗臭。〔廣韻·曷部〕〇｜之言壅遏也。〔廣雅·釋詁三〕「｜，敗也」疏證。

膈｜胆，肥皃。〔集韻·曷部〕

鶡｜，犬臭氣。〔廣韻·曷部〕〇｜，犬臭也。〔廣韻·曷部〕

舾｜，舟行。〔集韻·末部〕

艴｜，色淺。〔集韻·末部〕〇㸰｜，色不深也。〔廣韻·末部〕

㸰｜艴，無色。〔廣韻·末部〕〇｜艴，色淺。〔集韻·末部〕

茉｜莉，又名奈花。〔通雅·艸〕〇｜莉，〔稽含草木狀〕作末利，〔洛陽名園記〕作抹厲，佛經作抹利，〔王龜齡集〕作没利，〔洪邁集〕作末麗，蓋本胡語，無正字，隨人會意而已。〔本草·茉莉〕〇｜莉，或作抹厲、末麗、抹利、没利。〔通雅·艸〕

苴｜，蕈｜。〔廣韻·曷部〕〇｜，艸名，蕈也。〔集韻·曷部〕

茷｜，木枝葉盤紆皃。〔集韻·末部〕

萘｜，吳中菜名，有刺。〔集韻·曷部〕

莿｜，｜蒿。〔廣韻·曷部〕〇｜，艸名，蒿屬。〔集韻·曷部〕

菰｜，｜瓠。〔廣韻·末部〕

葰｜，香皃。〔集韻·曷部〕

藒｜，菜似蕨，生水中。〔廣韻·曷部〕又〔集韻·曷部〕。

蔎｜，失｜。〔廣韻·曷部〕

蓬｜，馬舄，草名。〔廣韻·曷部〕〇｜，艸名，馬舄也。〔集韻·曷部〕

藒｜，水艸，似蕨，可啖。〔集韻·曷部〕

蘣｜同藒。〔集韻·曷部〕

藹｜同藒。〔集韻·曷部〕

藒｜，禾長皃。〔集韻·曷部〕

蘙｜，艸木叢生也。〔集韻·曷部〕

蝃｜，蟲名，鼅鼄也。〔集韻·末部〕

蝫〔史記〕｜作轄。〔漢書·司馬相如傳〕「跮踱輵｜容以骫麗兮」補注。

袜｜，｜肚。〔廣韻·末部〕〇｜，腰絥。〔說文〕「帓，一曰婦人脅衣」義證引〔古今注〕。〇｜，女人脅衣也。〔同上〕義證引楊慎。〇｜，束也。〔慧琳音義·卷三五〕引〔考聲〕。〇｜，横繫也。〔同上〕引〔集訓〕。〇｜，所以束衣。〔集韻·末部〕

絉｜同袜。〔集韻·末部〕

裰｜，補也。〔集韻·末部〕〇｜，補｜被衣也。〔廣韻·末部〕

襊｜，緇布冠。〔廣韻·末部〕

䈂｜，弋鳥具。〔廣韻·末部〕〇｜，雉射收繁具。〔集韻·末部〕

䜌｜，散言也。〔集韻·曷部〕

跊｜，行過也。〔集韻·末部〕

跍｜，躄｜。〔廣韻·末部〕〇｜，躄也。〔集韻·末部〕

蹄躄｜，行皃。〔廣韻·末部〕又〔集韻·曷部〕。

蹳｜，蹋草聲。〔廣韻·末部〕

轢｜，車轔著。〔廣韻·曷部〕〇｜，車踐也。〔集韻·曷部〕

䣶｜，未沛酒。〔集韻·末部〕

酹｜，祭酒也。〔集韻·末部〕

醱酘謂之｜。〔集韻·末部〕

醱｜醅，酘酒。〔廣韻·末部〕〇｜同醱。〔集韻·末部〕

鈸 —，鈴—。〔廣韻·末部〕○—，鈴屬。〔集韻·末部〕○—，樂器名也，以鑄成二枚，形如小瓶，手执以二口相摩擊為聲。〔慧琳音義·卷一一〕

闊 —，大開門皃。〔集韻·末部〕

𩃷 —，雲氣。〔廣韻·末部〕○—，雲皃。〔集韻·末部〕

䀗 —，目開皃。〔廣韻·末部〕又〔集韻·末部〕

靺 —鞨，木難、鵶鶻、猫精，皆寶石也。〔通雅·金石〕

䩭 —鞨，蕃人，出北土。〔廣韻·末部〕○—鞨，北狄別種。〔集韻·末部〕

䪻 —，無髮。〔廣韻·曷部〕又〔集韻·曷部〕

頛 —顒，健也。〔廣韻·末部〕又〔集韻·末部〕。○—，一曰面平。〔同上〕

頢 —，小頭皃。〔廣韻·末部〕又〔集韻·末部〕。○—，一曰短面。〔同上〕

䫶 —頢，面醜。〔集韻·末部〕

顎 今文—又作鄂也。〔書·皋陶謨下〕「罔晝夜——」孫疏。

𩕄 頛—，健也。〔廣韻·曷部〕又〔集韻·曷部〕。○頛—，一曰鼻面平也。〔同上〕○頞—，楊言也。〔同上〕

颰 —，風皃。〔廣韻·末部〕○—，疾風也。〔集韻·末部〕

𩘋 —，風皃。〔集韻·曷部〕

䮀 —，馬走皃。〔集韻·末部〕

䮂 —䮝，馬名。〔集韻·末部〕○—䮝，蕃中馬也。〔廣韻·末部〕

𩣡 —，馬毛斑白。〔集韻·末部〕

驋 —，馬怒。〔廣韻·末部〕○—，馬行皃。〔同上〕〔集韻·末部〕○—，馬搖首。〔同上〕

骱 —，骨堅。〔廣韻·曷部〕○髖—，一曰堅也。〔集韻·曷部〕○髖—，小骨。〔同上〕

䯋 —，肩髆。〔廣韻·末部〕○—膌，骨高皃。〔集韻·末部〕

𩨨 —，肩髆。〔廣韻·曷部〕○—，肩髆骨。〔集韻·曷部〕

𩬊 —，鬜餘髮。〔集韻·曷部〕

髺 束髮曰—。〔說文〕「—，絜也」段注。○—作括，假借。〔說文〕「—，潔髮也」繫傳。○—，古作括。〔同上〕

鬠 —，以組束髮。〔廣韻·末部〕○—同髺。〔集韻·末部〕

𩮀 —，髻禿。〔集韻·曷部〕○—，或作顒。〔同上〕

𩯳 —鬢，多髻皃。〔廣韻·末部〕○—鬢，髻多毛。〔集韻·末部〕

𩯭 —，髻也。〔集韻·末部〕

魩 —，魚尾。〔集韻·末部〕

䲙 —，魚名。〔廣韻·末部〕又〔集韻·末部〕

𩸞 —，魚名。〔集韻·曷部〕○—，剌之俗。〔說文〕「鯢，剌魚也」段注。○—，或書作鰊。〔集韻·曷部〕

𩺼 —，魚名。〔廣韻·曷部〕又〔集韻·曷部〕

鶡 —鶡，鳥名。〔集韻·曷部〕

䴺 —同䴵。〔集韻·末部〕○—，麫也。〔廣韻·末部〕又〔說文〕「䴵，—也」義證引〔玉篇〕。○今呼米屑為—。〔同上〕

𪑁 —，黑也。〔集韻·末部〕

𪑙 —，黑也。〔集韻·末部〕

𪒠 —，黑色。〔集韻·末部〕

䵸 —，蛙類。〔集韻·曷部〕

鼥 —，鼠肥者。〔集韻·末部〕

𪕷 —同鼥。〔集韻·末部〕

齃 —，鼻—。〔廣韻·曷部〕○—，鼻莖也。〔通雅·身體〕○—，卧息。〔集韻·曷部〕○—，又作頞。〔通雅·身體〕

齾獸食之餘曰丨。〔廣韻·曷部〕
〇丨，齒缺也。〔集韻·曷部〕

續經籍籑詁卷第九十七

八　黠

黠丨，堅黑也。〔廣韻·黠部〕〇丨，黑也。〔說文〕「丨，堅黑也」義證引〔玉篇〕。〇丨，堅也。（同上）〇丨，利也。〔慧琳音義·卷五〕引〔考聲〕。又〔卷七七〕引顧野王。〇丨，慧也。〔國策·楚策三〕「無丨於麋」補正。又〔通鑑·隋紀五〕「其丨者頗覺之」音注。〇丨，丨慧也。〔廣韻·黠部〕〇丨，姦也。〔慧琳音義·卷五〕引〔考聲〕。〇丨，姦智也。〔說文〕「儇，丨也」繫傳。〇丨，姦丨也。〔慧琳音義·卷七七〕引顧野王。〇丨，姦猾也。〔卷五〕引〔韻英〕。〇丨，姦忒也。〔卷六六〕引顧野王。〇丨，引申為奸巧之偁。〔說文〕「丨，堅黑也」段注。〇〔說文定聲·卷一二〕丨段借發聲之詞。〔方言〕「虔、儇，慧也，趙魏之間謂之丨」。〇〔說文定聲·卷一四〕丨讀為儇。〔說文〕「儇，丨也」。（「儇」下）〇〔說文定聲·卷一二〕虔、丨皆即儇之轉語。〔方言〕「虔、儇，慧也，趙魏之間謂之丨」。

詰丨，古文黠字，慧也。〔慧琳音義·卷七九〕

札丨，牒也，甲之革緣如之。〔國策·燕策一〕「身自削甲丨」鮑注。〇丨即木牘也。〔說文〕「柿，削木丨朴也」繫傳。〇丨者，木牒，亦所以書之也。〔說文〕「丨，牒也」義證。〇丨，木簡牒之薄者，甲用革如之。〔國策·燕策二〕「身自削甲丨」補正。〇丨，簡丨。〔廣韻·黠部〕〇丨即簡策。〔周禮·小司馬〕「小司馬之職掌」孫正義。〇丨，猶券也。〔說文定聲·卷一二〕（「致」下）〇丨，其大者曰槧。〔說文定聲·卷一三〕〇丨，甲也。〔廣雅·釋詁四〕〇丨丨，聲義亦從軋軋來。〔通雅·釋詁〕〇〔說文定聲·卷一三〕丨段借為折。〔周禮·大司徒〕「大荒大丨」。〇丨同軋。〔集韻·黠部〕〇丨與蚻同。〔方言一一〕「蟬，其小者謂之麥蚻」箋疏。〇〔說文定聲·卷一三〕丨，字亦作蚻，狀其聲丨丨然，以其色青，故謂之青青，今京師名咨咨者是。〔方言一一〕「蟬，其小者謂之麥丨」。〇丨，今本作軋。〔莊子·人間世〕「名也者相丨也」集釋引盧文弨。〇今本丨譌作禮。（同上）集釋。

拔丨者，擢也。〔說文〕「塙，堅不可丨也」段注。〇丨，丨擢。〔廣韻·黠部〕〇丨，出也。〔慧琳音義·卷五〕引〔韻英〕。〇丨，引而出之也。〔慧琳音義·卷三〕引〔玉篇〕。〇丨，抽也。（同上）引〔考聲〕。〇得城曰丨，如丨物然。〔國策·西周策〕「必丨之」鮑注。〇丨，盡也。〔廣韻·黠部〕又〔慧琳音義·卷五〕引〔韻詮〕。〇丨，濟也。〔慧琳音義·卷一四〕〇丨，救也。〔慧琳音義·卷五〕引〔韻英〕。〇丨，救度也。〔慧琳音義·卷一四〕〇丨，

挺—而上。〔詩・緜〕「柞棫—矣」朱傳。○—，猶言把絶也。〔釋詁〕「—，盡也」郝疏。○—，又言撥也，與絶滅義同。（同上）郝疏。○—之為言暴也，與卒、忽義近。（同上）郝疏。○—與卒、忽義同。（同上）邵正義。○〔說文定聲・卷一三〕—距，亦曰超距。〔吳都賦〕「—距投石之部」。○—距，超距也。距亦超也，超亦—也。〔漢書・甘延壽傳〕「投石—距絶於等倫」補注引王念孫。○—簪即拜簪，蓋以拜為埽帚。〔說文〕「雈，一曰拜商藋」義證引程瑤田。○—葜，與菝挈同。〔廣雅・釋草〕「菝挈，狗脊也」疏證。○—即郟也。〔漢書・地理志〕「祓」補注引錢坫。○—、芆通。〔左傳僖公一五年〕「晉大夫反首—舍從之」疏證。○跋、—、芆古字通。（同上）洪詁。○〔說文定聲・卷一三〕—，叚借為弼。〔廣雅・釋詁四〕「—，輔也」。○—讀如〔少儀〕「毋—來」之—。〔荀子・彊國〕「—戟加乎首」集解引郝懿行。○—當作废。〔左傳僖公一五年〕「晉大夫反首—舍從之」洪詁。○〔說文定聲・卷一三〕—，字亦作挬。〔廣雅・釋詁三〕「挬，—也」。

猾　—，亂也。〔集韻・黠部〕○—，狡—。〔廣韻・黠部〕○—，黠惡也。〔漢書〕「禍賊」雜志引〔三蒼〕。○—从允，蓋借猾字，後人譌从犬。〔書・堯典〕「蠻夷—夏」孫疏。○—，或作獪。〔集韻・黠部〕○—又作滑。〔左傳昭公二六年〕「無助狡—」洪詁引〔釋文〕。○—賊，〔漢書〕作禍賊。〔史記・高祖本紀〕「僄悍—賊」志疑。

獪　—同猾。〔集韻・黠部〕

鶻　—，—鳩。〔廣韻・黠部〕○—，鳥名，似鵲。〔集韻・黠部〕

八　—，數也。〔廣韻・黠部〕○—，特製以紀數。〔說文定聲・卷一三〕○凡〔易〕用六不用—，—，少陰不變也。（同上）○—，分也。〔說文〕「小，物之微也」繫傳。○—者，分也。〔說文〕「肸，響布也」繫傳。○今江浙俗語以物與人謂之—。〔說文〕「—，別也」段注。○〔說文定聲・卷一三〕—謂—方，四正四隅。〔大戴・本命〕「—者，維綱也」。○—，冬至日置—神樹，八尺之表，神讀作引，言—引者，樹杙于地，四維四中，引繩以正之，故名引。〔通雅・天文〕引〔轉注略〕。○—神，謂—引也。〔通雅・天文〕○—音，金、石、絲、竹、匏、土、革、木，樂器之音也。〔孟子・萬章上〕「四海遏密—音」朱注。○—索，—卦。〔左傳昭公一二年〕「—索九丘」洪詁引馬融。○—索，—王之法。（同上）洪詁引賈逵。○—索，〔周禮〕—議之刑。（同上）洪詁引延篤。○—神，言—方之神。〔漢書・揚雄傳〕「—神奔而驚蹕兮」補注。○—柱，崑崙者地之中也，地下有—柱，柱廣十萬里。〔楚辭・天問〕「—柱何當」補注引〔河圖〕。○—龍，—節之氣也。〔離騷〕「駕—龍之婉婉兮」補注引五臣注。○—屯，謂長水、中壘、屯騎、武賁、越騎、步兵、射聲、胡騎。〔文選・西京賦〕「衛尉—屯」補正引何焯。○—彩，謂—眉。〔通雅・身體〕○—枳，言維籓也。〔通雅・事制〕○—岡，大鼓也。〔慧琳音義・卷四八〕○——，乃夷語之稱巴巴也。夷語稱老成者曰——或巴巴，今回教以老成者呼——。〔通雅・稱謂〕

察　—，審也。〔大戴・禮察〕「不可不—也」王詁。又〔曾子天圓〕「以—星辰之行」王詁。又〔四代〕「子—教我也」王詁。又〔文王官人〕「度—而能盡」王詁。又〔廣韻・黠部〕。○—者，審之清也。〔釋言〕「—，清也」郝疏。○纖微皆審謂之—。〔大戴・勸學〕「似—」王詁。○—，著也。〔中庸〕「言其上下—也」朱注。○—，明也。〔大戴・勸學〕「似—」王詁。又〔四代〕「子—教我也」王詁。又〔屈賦・抽思〕「願承間而自—兮」戴注。○—，明辯也。〔中庸〕「文理密—」朱注。○明著謂之——。〔廣雅・釋訓〕「——，著也」疏證。○—為清也。〔大戴・子張問入官〕「水至清則無魚，人至—則無徒」述聞。○—訓為清，清亦訓為—。〔釋言〕「—，清也」述聞。○——，潔白也。〔楚辭・漁父〕「安能以身之——」補注引五臣注。○潔白亦謂之——。〔廣雅・釋訓〕「——，著也」疏證。○—者，識之精。〔孟子・盡心上〕「習矣而不—焉」朱注。○—，致詳也。〔孟子・盡心上〕「而緦小功之—」朱注。○—，深也。〔大戴・少閒〕「汙池土—」王詁。○—，至也。〔禮記・中庸〕「言其上下—也」述聞。又〔廣韻・黠部〕。○—，當訓至。〔禮記・禮器〕「五獻—」平議。○—猶——，嚴殺之貌。〔莊子・徐無鬼〕「—士無淩誶之事」集釋引俞樾。○—，監—也。〔廣韻・黠部〕○—者，覈也。〔說文〕「聰，—也」段注。○—，諦也。〔廣韻・黠部〕○—，觀也。〔太素・陰陽〕「智者—同」楊注。○—，視之審也。〔釋詁〕「—，審也」邵正義。○—相，相之明—者。〔國策・齊策五〕「故明主—相」鮑注。○—辯，言能—能辯。〔荀子・非十二子〕「—辯而操僻淫」集解引王念孫。○—，知也。〔廣韻・黠部〕○—猶治也。〔國策・楚策一〕「故楚南—瀨湖」鮑注。○—，乂治也，有相規之義。〔釋詁〕「—，相也」鄭注。○—，殺也。〔大戴・夏小正〕「暘也者，終歲之用祭也」王詁。○〔說文定聲・卷一三〕—，叚借為殺。〔禮記・鄉飲酒義〕「愁之以時—」。○殺本字也，—叚字也。〔禮記・鄉飲酒義〕「愁之以時—」平議。○—者，蔡之叚字。〔大戴・用兵〕「作宮室高臺汙池土—以民為虐」平議。○際與—古聲同。〔淮南子・原道〕「高不可際」述聞。○際與—古亦同聲。〔廣雅・釋詁一〕「—，至也」疏證。○際與—古同聲而通用。〔史記〕「以身得—」雜志。○—當讀為際。〔莊子・天下〕「天下多得一—焉以自好」集釋引俞樾。又（同上）平議。○—當為詧。〔說文〕「祭，詧祀也」義證。○〔論語〕「必—」，〔梁書〕引作「必監」，避蕭詧諱也。〔說文〕「詧，言微親詧也」義證。

詧　—有至義。〔說文〕「祭，—祀也」義證。○—同察。〔廣韻・黠部〕○—，通作察。〔方言一二〕「監牧，察也」箋疏。○—，諸書多用察字。〔說文〕「—，言微親—也」義證。

殺　—，—命。〔廣韻・黠部〕○—者，謂—牲。〔書・洛誥〕「王賓—禋咸格」孫疏。○—，—罪也。〔荀子・正論〕「—，赭衣而不純」集解引郝懿行。○—

與虐義同。〔論語・子路〕「亦可勝殘去一矣」平議。○一，即竄。〔大戴・五帝德〕「一三苗」述聞。○一，竄也，使埋之，不復見也。〔論語・顏淵〕「焉用一」劉正義。○一，減也。〔墨子・大取〕「擇而一其一人」閒詁引畢沅。○一，省減之義。〔周禮・大司徒〕「八曰一哀」孫正義。○一，猶衰也。〔易・繫辭上傳〕「而不一者夫」李疏引鄭玄。○寂、竄、褩、一、蔡五字聲近而義同，皆謂放流之也。〔大戴・五帝德〕「一三苗」述聞。○一矢，用諸田獵之矢。〔韓子・問辯〕「砥礪一矢」集解。○一者，通作弑。〔釋詁〕「劉，一也」郝疏。○弑、一古通用。〔史記・十二諸侯年表〕「一君自立」志疑。○古書一、弑多通用。〔漢書・天文志〕「一君三十六」補注。○一字亦通作察。〔大戴・五帝德〕「一三苗于三危」述聞。○一與術聲近而字通也。〔墨子〕「親親有術」雜志。○〔説文定聲・卷一三〕一，叚借為弑，一、弑雙聲。〔穀梁傳文公一四年經〕「一其君」。○（同上）一，叚借為茀。〔考工記・矢人〕「一矢七分」。○（同上）一，叚借為衰。〔儀禮・士冠禮〕「禮德之一也」。○（同上）一，叚借為瘶。〔考工記・輪人〕「而一其一」。○（同上）一，叚借為省，省、一亦雙聲。〔公羊傳僖公二二年〕「春秋詞繁而不一者，正也」。○（同上）一，叚借為差，差、一亦雙聲。〔禮記・文王世子〕「親親之一也」。○（同上）一，叚借為悴。〔禮記・樂記〕「志微噍一之音作」。○（同上）一，叚借為瘵。〔孟子〕「一三苗于三危」。○（同上）一，叚借為札，實為折。〔禮記・禮器〕「是故年雖大一」。○或借竅為一也。〔説文定聲・卷一三〕○一，乃褩字借字，謂放流之也。〔大戴・五帝德〕「一三苗于三危」述聞。○褩為正字，竄、一為同音假借。〔孟子・萬章上〕「一三苗于三危」焦正義。○一讀為衰。〔易・繫辭上傳〕「而不一者夫」李疏。○一同弑。〔漢書・天文志〕「一君三十六」補注。○一同褩，放散之。〔書・酒誥〕「予其一」孫疏。○一，褩省文。〔墨子・備城門〕「一沙礫鐵」閒詁引畢沅。○一即義。〔史記・天官書〕「禮德義一刑盡失」志疑。○一即弑也。〔史記・十二諸侯年表〕「子駟使賊夜一釐公」志疑。○〔説文定聲・卷一三〕一，字亦作猘。〔考工記・匠人〕「其猘參分去一」。○一或作煞。〔集韻・黠部〕○一，作廢是。〔左傳文公元年〕「一女」述聞。○一當讀為咈。〔國語・晉語〕「一君以為廉」平議。○一當為發，聲之誤也。〔管子・五行〕「不一」平議。○一〔公羊〕作弑。〔左傳昭公一三年經〕「楚公子去疾一公子比」洪詁。○一，〔公〕〔穀〕皆作弑。〔左傳哀公四年經〕「盜一蔡侯申」洪詁。○一，以術為一。〔墨子〕「親親有術」雜志。○一，王符引此作虐。〔左傳宣公一五年〕「酆舒為政而一之」疏證引惠棟。○一，〔御覽〕作事。〔呂覽・先己〕「三王先教而後一」校正。

杀 一，古殺字。〔説文〕「一，戮也」段注引〔五經文字〕。

煞 一，俗殺。〔廣韻・黠部〕○一同殺。〔集韻・黠部〕○一，官本作殺。〔漢書・劉向傳〕「草木不死」補注。

敊 一同殺。〔集韻・黠部〕

𢿡 一同殺。〔集韻・黠部〕

刹 一，柱也。〔集韻・舝部〕○一，一柱也。〔廣韻・鎋部〕又〔説文〕「刹，傷也」義證引〔玉篇〕。○一帝利，梵語，歷代王種也，其中有福德智慧過於衆人者。〔慧琳音義・卷三〕○〔説文定聲・卷一三〕一，今為剎若浮圖字，疑即殺，从殳从刀同誼。〔説文新附〕「一，柱也」。

剎 一同刹。〔集韻・舝部〕

軋 一，輾也。〔説文〕「一，報也」義證引〔三蒼〕。○一，車輾。〔廣韻・黠部〕○一，報也。〔集韻・質部〕○一，載重碾一有聲也。〔屈賦・悲回風〕「一洋洋之無從兮」戴注引戴仲達。○一，引申之為勢相傾。〔説文〕「一，報也」段注。○一通作乙。〔方言一〇〕「吃或謂之一」箋疏。○一子，即治〔春秋〕之夾氏，一、夾音近。〔漢書・古今人表〕「一子，耶子」補注引錢大昕。○〔説文定聲・卷一二〕一，叚借為吃。〔方言一〇〕「吃或謂之一」。○（同上）一，叚借為乙。〔穀梁傳宣公一九年〕「一辭也」。○一一，乙乙之叚借。〔説文〕「乙，象春艸木冤曲而出，侌气尚彊，其出乙乙也」段注。○一，叚借發聲之詞。〔説文定聲・卷一二〕○一或作札。〔集韻・黠部〕○一忽，一作一沕。〔通雅・釋詁〕○一忽，一作一芴。（同上）

舝 一，車軸也。〔詩・泉水〕「載脂載一」朱傳。○一，車軸頭鐵也。〔詩・車舝〕「閒關車之一兮」朱傳。○一者，車軸耑鍵也。〔説文〕「鐗，車軸鐵也」段注。○一即鍵閉。〔漢書・天文志〕「衿北一星曰一」補注。○一、轄古通用。〔詩・車舝〕「閒關車之一兮」通釋。○一、轄同也。〔説文〕「一，車軸耑鍵也」段注。○一，古文偰。〔集韻・舝部〕

轄 一者，鍵也。〔文選・廣絶交論〕「輜軿擊轄」集釋。又〔説文〕「轚，車一相擊也」段注。○一，軸耑鐵也。〔慧琳音義・卷六四〕○〔説文定聲・卷一四〕一，謂輗軏也。〔墨子〕「翟之為車一，須臾斲三寸之木而引三十石之任」。〔軏下〕○一，叚借為舝。〔説文定聲・卷一三〕○一同鎋。〔廣韻・鎋部〕○一，或作鎋。〔集韻・舝部〕○一字或作鎋。〔説文〕「一，一曰一，鍵也」義證。○一，〔釋文〕本又作鎋。〔左傳哀公三年〕「巾車脂鎋」洪詁。○一，或作輨。〔集韻・舝部〕○一字當為舝之或體。〔説文定聲・卷一三〕○一，〔詩〕作舝。〔左傳昭公二五年〕「昭子賦〈車舝〉」洪詁。

鎋 一，車軸頭鐵。〔廣韻・鎋部〕○一同轄。〔集韻・舝部〕

輨 一同轄。〔集韻・舝部〕

搴 一，手一。〔廣韻・鎋部〕○一同舝。〔集韻・舝部〕

刖 一，去足。〔廣韻・鎋部〕○一，斷足也。〔集韻・舝部〕○一，其刑名則一也。〔説文〕「跀，斷足也」繫傳。○一，危也。〔集韻・舝部〕○一，亦槷一，

危之皃。〔廣韻·鎋部〕〇〔說文定聲·卷一三〕|，叚借為刖。〔廣雅·釋詁一〕「|，危也」。〇（同上）|，叚借為跀。〔周禮·司刑〕「|罪五百」。〇（同上）槷|，與臲卼、槷䵶、杌隉皆同。〔長笛賦〕「巔根跱之槷|兮」。

蛪 |，小蟬。〔廣韻·黠部〕〇|，蟲名，如蟬而小。〔集韻·黠部〕〇〔說文定聲·卷七〕|亦蠽字也。〔釋蟲〕「|，蜻蜻」。（「蠽」下）

蠽 |同蛪。〔集韻·黠部〕

菝 |菰，猶茇菇也。此草莖蔓彊堅短小，故名|菰。〔本草·菝葜〕〇|菰，狗脊根，可作飲。〔廣韻·黠部〕〇|菰，艸名。〔集韻·黠部〕〇|萿，瑞草。〔廣韻·末部〕〇|萿，瑞艸也。〔集韻·末部〕

草 |同菝。〔集韻·末部〕

劼 |，用力。〔廣韻·黠部〕〇|，用力也。〔集韻·黠部〕〇|，固也。〔廣韻·黠部〕又〔集韻·黠部〕。〇|，慎也。〔廣韻·黠部〕又〔集韻·黠部〕。〇|，勤也。〔廣韻·黠部〕〇|、硈通。〔釋言〕「硈，鞏也」郝疏。〇|，通作硈。〔釋詁〕「|，固也」邵正義。〇|者，硈之叚音也。（同上）郝疏。

豽 |，獸名，似狸，蒼黑，無前足，善捕鼠。〔廣韻·黠部〕〇|同貀。〔集韻·黠部〕〇|與貀同。〔說文〕「貀，獸，無前足」義證引〔玉篇〕。

貀 |，似豹，無前足。〔說文〕「|，獸，無前足」義證引〔玉篇〕。〇|，猛健之獸也。（同上）義證引〔唐書〕。〇|，獸名。〔集韻·黠部〕〇|同豽。〔廣韻·黠部〕〇|，或作豽。〔集韻·黠部〕

戛 |，揩也。〔廣韻·黠部〕〇|，常也。（同上）又〔集韻·黠部〕。〇|，禮也。〔廣韻·黠部〕〇|，高也。〔說文定聲·卷五〕〇|，蔽也。（同上）〇|，一曰轢之也。〔集韻·黠部〕〇||，齒聲也。〔慧琳音義·卷五六〕〇|、楷其義相近。〔釋詁〕「|，常也」郝疏。〇〔說文定聲·卷五〕|，叚借為杚，為圪，或為籛。〔海賦〕「|巖嶽」。〇（同上）|，叚借為扴，|、扴一聲之轉。〔書·益稷〕「|擊鳴球」。〇（同上）|，叚借為稭，|、稭一聲之轉。〔漢書·地理志〕「三百里內|服」。〇（同上）|，叚借為楷，|、楷一聲之轉。〔釋詁〕「|，常也」。〇槩、|一聲之轉。〔釋詁〕「|，常也」郝疏。〇|同楷。〔說文〕「|，戟也」段注。〇|同扴。（同上）〇|，〔夏紀〕作秸，依義即稭字也，別作秸耳。〔漢書·地理志〕「三百里內|服」補注引錢坫。〇|，〔禮器〕注又作䅥，亦別字，此則借用|戟字。（同上）〇〔說文定聲·卷五〕|作揩。〔禮記·明堂位〕「拊搏玉磬揩擊」。〇（同上）|作拮。〔長楊賦〕「拮隔鳴球」。〇|或作拮。〔集韻·黠部〕〇|擊，〔明堂位〕作揩擊，揚雄賦作拮隔。〔說文〕「|，戟也」段注。〇|服，〔書〕作秸服，秸服者，粟之皮也。〔漢書·地理志〕「三百里內|服」補注引陳奐。

拮 |、戛同，擽也，蓋逼之。〔國策·秦策三〕「勾踐終|而殺之」鮑注。〇|同戛。〔集韻·黠部〕〇|，姚本作掊。〔國策·秦策三〕「勾踐終|而殺之」補正。

鬝 |，禿|也。〔廣韻·黠部〕

螖 蟚|，蟹小者。〔集韻·黠部〕〇蟚|，似蟹而小。〔廣韻·黠部〕

肭 膃|，肥皃。〔廣韻·黠部〕又〔集韻·黠部〕。〇〔說文定聲·卷一二〕|即朒之別字。〔通俗文〕「|，再生也」。〇（同上）|，朒之誤字。〔說文〕「|，朔而月見東方曰縮|」。

秸 |，|稾。〔廣韻·黠部〕〇|同稭。〔集韻·黠部〕〇|是稭俗字。〔書·禹貢下〕「三百里納|服」孫疏。〇|鵴，鴶鵴，字異而義同。〔廣雅·釋鳥〕「鴶鵴，布穀也」疏證。〇|鞠、鴶鵴、|鵴、擊穀、結誥，皆一聲之轉。〔詩·鵲巢〕「維鳩居之」後箋。〇|鵴，一作結誥。〔廣雅·釋鳥〕「鴶鵴，布穀也」疏證。〇|，各本作桔。〔說文〕「鵴，|鵴，尸鳩也」段注。

稭 |通作戛。〔集韻·黠部〕〇秆、|、稾，一聲之轉也。〔廣雅·釋草〕「秆、稈、|，稾也」疏證。〇秆、|、稾、稈，一聲之變轉也。（同上）〇|、秸、䵺、䅥，一字異文。〔說文〕「|，禾稾，去其皮，祭天以為席也」句讀。

䅥 |，草|。〔廣韻·黠部〕〇稾、|，對文則異，散文則通耳。〔廣雅·釋草〕「秆，稾也」疏證。〇|同稭。〔集韻·黠部〕

䵺 |，麻莖。〔廣韻·黠部〕又〔集韻·黠部〕。〇|，麻莖也。〔說文〕「廢，麻|也」義證引〔玉篇〕。〇|即稭字之俗。（同上）段注。〇|同稭。〔集韻·黠部〕〇|即稭之異文。〔說文〕「稭，禾稾去其皮」義證。〇|當作稭。〔說文〕「廢，麻|也」義證。

扴 |，揩|物也。〔廣韻·黠部〕〇|與搔義同。〔說文〕「|，刮也」段注。

揠 |，拔也。〔孟子·公孫丑上〕「宋人有閔其苗之不長而|之者」朱注。〇|，拔草心也。〔廣韻·黠部〕〇|或作扎。〔集韻·黠部〕

扎 |，|拔也。〔廣韻·黠部〕〇|同揠。〔集韻·黠部〕

𧳟 |貐，獸名，食人，迅走。〔廣韻·黠部〕〇|貐，獸名，類貙，虎爪，食人。〔集韻·黠部〕〇|貐，獸中最大者，龍頭、馬尾、虎爪，長四尺，善走，以人為食。〔說文〕「貐，|貐」義證引〔物類相感志〕。〇|，大徐作猰。（同上）段注。

猰 |，雜犬。〔廣韻·鎋部〕〇|同𧳟。〔廣韻·黠部〕〇|，雜也。〔集韻·舝部〕

蔱｜，茱萸。〔廣韻·黠部〕〇｜，椒｜。〔廣韻·祭部〕〇｜同榝。〔集韻·黠部〕

汃｜，水皃。〔集韻·黠部〕〇〔說文定聲·卷一三〕｜，字亦作湃。〔上林賦〕「洶涌澎湃」。〇〔同上〕｜，今本作邠，〔上林賦〕注作豳。〔說文〕「｜，西極之水也」。

榝｜，茱萸。〔廣韻·薛部〕〇｜，茱萸也。〔文選·離騷〕「｜又欲充其佩幃」集釋。〇｜，煎茱萸也。〔同上〕〇｜，似茱萸而實赤。〔廣韻·黠部〕〇｜，似茱萸而小，赤色。〔離騷〕「｜又欲充夫佩幃」補注引〔爾雅〕注。又〔說文〕「｜，似茱萸，出淮南」繫傳。〇茱萸一名｜。〔同上〕義證引〔本草〕。〇｜，一名藙，亦名欓子藙，疑即藙之誤字，〔本草〕之吳茱萸也。〔說文定聲·卷一三〕〇｜即楔之假借也。〔說文〕「楔，櫼也」段注。〇｜、楔一聲之轉。〔考工記·輪人〕「牙得則無槷而固」孫正義。〇｜同楔。〔集韻·薛部〕〇｜亦作蔱。〔文選·離騷〕「｜又欲充其佩幃」集釋。

疺｜，瘡也。〔集韻·黠部〕〇｜，瘡痛。〔廣韻·黠部〕

⿸疒柰｜，痛也。〔集韻·鎋部〕引〔廣雅〕。〇｜同疺。〔廣韻·黠部〕又〔集韻·黠部〕。

圿｜，垢也。〔集韻·黠部〕〇｜，垢｜。〔廣韻·黠部〕〇｜，亦垢。〔慧琳音義·卷七五〕引〔考聲〕。

茁｜，草初生。〔廣韻·黠部〕〇｜，草生皃。〔廣韻·薛部〕〇｜，艸初生皃。〔集韻·薛部〕〇〔說文定聲·卷一二〕｜，謂犢羔之生繁育成遂也，或曰｜，芻草也，言牛羊｜壯｜長也。〔孟子·萬章下〕「牛羊｜壯長而已矣」。〇｜，肥貌。〔孟子·萬章下〕「牛羊｜壯長而已矣」朱注。

齾｜，今人言缺｜也。〔說文〕「｜，缺齒也」繫傳。〇引伸凡缺皆曰｜。〔同上〕段注。〇｜，器缺也。〔廣韻·鎋部〕〇｜、憖聲義並同。〔方言一二〕「憖，傷也」箋疏。〇〔說文定聲·卷一四〕｜，以憖為之。〔左傳〕「兩軍之士皆未憖也」。

砎｜，磨也。〔集韻·黠部〕〇磩｜，小石。〔廣韻·黠部〕〇｜磩，小石。〔集韻·黠部〕〇磩｜，硬也。〔廣韻·鎋部〕

楬｜，渴盡無餘之意。〔說文定聲·卷一三〕〇齊人謂無髮曰禿｜。〔卷一三〕〔「歇」下〕〇〔卷一三〕｜，段借為渴。〔禮記·明堂位〕「夏后氏以｜豆」。〇〔同上〕｜，段借為揭。〔禮記·樂記〕「椌｜壎篪」。〇｜同髦。〔集韻·鎋部〕〇｜亦渴字。〔說文定聲·卷一三〕〔「歇」下〕

⿰⿱艹凶鳥鶷｜，鳥名，似伯勞而小。〔集韻·鎋部〕

瞎｜，一目盲。〔廣韻·鎋部〕〇｜，目盲也。〔集韻·鎋部〕〇｜，一目合也。〔慧琳音義·卷五八〕引〔字書〕。〇｜，亦作⿰目曷。〔廣韻·鎋部〕〇｜，正字作⿰目曷。〔慧琳音義·卷四六〕引〔字書〕。

⿰目曷｜同瞎。〔集韻·鎋部〕〇｜或作瞎。〔慧琳音義·卷一四〕

獺｜，獸名。〔廣韻·鎋部〕〇｜，捕魚獸。〔集韻·鎋部〕

刮｜，｜削。〔廣韻·鎋部〕〇｜亦削也。〔廣雅·釋詁三〕「刷，削也」疏證。〇｜，一曰摩切。〔集韻·鎋部〕〇橫刃刻之曰｜。〔慧琳音義·卷六二〕引〔考聲〕。〇｜與搔同義。〔廣雅·釋詁二〕「擖，搔也」疏證。〇｜、括古通用。〔同上〕〇｜或作捖。〔集韻·鎋部〕〇〔說文定聲·卷一三〕｜，故書以捖為之。〔考工記〕「｜摩之工」。

捖｜同刮。〔集韻·鎋部〕

錣｜，針也。〔廣韻·祭部〕又〔說文〕「椯，一曰剟也」義證引〔玉篇〕。〇｜，策端有鐵。〔廣韻·鎋部〕又〔集韻·鎋部〕。〇｜，羊車箠箸箴其耑。〔說文〕「⿱埶金，羊箠，耑有鐵」義證引〔增韻〕。〇｜，鍬也，以金飾之。〔韓子·外儲說右下〕「錯｜在後」集解引舊注。〇｜，亦謂之⿱埶金。〔說文〕「⿱埶金，羊箠，耑有鐵」段注。〇｜與笍音義皆同。〔說文〕「笍，羊車騶箠也」段注。〇｜即⿱埶金字。〔說文〕「⿱埶金，羊箠也，耑有鐵」段注。〇｜、⿰金芮皆笍之別體。〔說文〕「笍，羊車騶箠也」句讀。

笍〔說文定聲·卷一二〕｜，字亦作錣。〔淮南子·氾論〕「是猶無鏑銜橜策錣」。

鵽｜，｜雀。〔廣韻·黠部〕〇｜，〔舊唐書〕謂之突厥雀，突厥之合音為｜。〔說文定聲·卷一三〕〇｜，鳩屬。〔集韻·黠部〕

帓｜，額，首飾。〔廣韻·鎋部〕〇｜即䰆字。〔說文〕「䰆，䰆帶，結頭飾也」段注。

擖｜，刮也。〔集韻·鎋部〕〇｜，刮聲也。〔廣韻·鎋部〕〇｜，揵也，架也，折也。〔同上〕又〔集韻·鎋部〕。〇｜與扴音義略同。〔說文〕「｜，刮也」段注。〇｜、擸二字音義各別，諸書中擸字或作｜者，皆俗書之誤。〔廣雅·釋詁二〕「｜，搔也」疏證。

刷｜，拭也。〔方言一三〕「盜｜越巾事」箋疏。〇｜，｜拭也。〔廣韻·鎋部〕〇｜，刮也。〔慧琳音義·卷一七〕引〔考聲〕。〇｜，亦刮也。〔慧琳音義·卷七五〕引〔字書〕。〇｜，一曰刮也。〔集韻·鎋部〕〇篇謂之｜。〔同上〕〇｜，掊杷也。〔說文〕「㕞，飾也」段注。〇｜，巾，即〔左傳〕之帥。〔說文〕「帥，佩巾也」段注。〇｜與啐通，啐亦啜也。〔廣雅·釋詁三〕「啐，嘗也」疏證。〇｜，通作㕞。〔方言一三〕「盜｜越巾事」箋疏。〇〔說文定聲·卷一三〕｜，段借為㕞。〔釋詁〕「｜，清也」。〇｜即㕞之借字。〔周禮·凌人〕「秋｜」孫正義。〇｜者，㕞之段音也。〔釋詁〕「｜，清也」郝疏。〇｜當作㕞，假｜為㕞。〔說文〕「｜，刮也，禮有｜巾」段注。〇｜亦同㕞。〔說文〕「帥，佩巾也」段注。

㕞　織布帛者東茘之長根以理經絲，亦謂之丨。〔説文〕「茘，艸也」義證。〇丨與刷通。〔廣雅·釋器〕「箆謂之刷」疏證。

鎩　丨，長刃矛也。〔廣韻·黠部〕〇長矛謂之丨。〔集韻·黠部〕〇丨，矛戟類。〔廣韻·祭部〕〇丨，鳥羽病。〔廣韻·黠部〕〇丨，鳥羽病也。〔慧琳音義·卷八三〕引〔考聲〕。〇丨，一曰羽傷也。〔集韻·黠部〕〇丨可殘羽，故凡見殘者曰丨。〔説文〕「丨，鈹有鐔也」段注。

[illegible]　丨同鎩。〔集韻·黠部〕

滑　丨，利也。〔廣韻·黠部〕〇丨，不濇也。〔慧琳音義·卷一〕引〔玉篇〕。〇丨當為涣，涣者離也。〔荀子·議兵〕「丨然有離德者也」集解引王引之。

[illegible]　丨，齧聲。〔廣韻·黠部〕〇丨，齧骨聲。〔集韻·黠部〕〇丨與齺略同。〔説文定聲·卷一二〕

㓞　丨，即栔字之古文。〔説文定聲·卷一三〕〇丨，或書作判。〔集韻·黠部〕

𠛅　丨，巧丨。〔廣韻·黠部〕

殀　丨，天死。〔廣韻·薛部〕〇丨，天死也。〔集韻·薛部〕引〔字林〕。〇丨，癘疾。〔廣韻·黠部〕

硈　丨，固也。〔廣韻·黠部〕〇丨，石狀。〔廣韻·黠部〕〇丨，一曰石堅皃。〔集韻·黠部〕〇丨，一曰突也。〔同上〕〇丨、确義同。〔釋言〕「丨，鞏也」邵正義。〇〔説文定聲·卷一二〕丨，叚借為趌。〔説文〕「丨，一曰突也」。〇丨，今俗結實字，以結為之。〔説文定聲·卷一二〕〇丨當作硈。〔釋言〕「丨，鞏也」郝疏。

[illegible]　丨，麴名。〔廣韻·黠部〕〇丨，麴也。〔集韻·黠部〕〇丨又作麰。〔方言一三〕「丨，麴也」箋疏。

馸　丨，馬八歲。〔廣韻·黠部〕又〔集韻·黠部〕

朳　丨，無齒杷也。〔廣韻·黠部〕〇丨，弁上具。〔集韻·黠部〕〇丨，或作捌。〔同上〕〇丨，又作捌，同杷。〔方言五〕注「有齒為丨」箋疏。

娺　丨，疾也。〔廣韻·黠部〕〇丨，疾悍也。〔集韻·黠部〕〇丨，敏疾而勇也。〔説文〕「丨，疾悍也」段注。〇丨，怒也。〔同上〕義證引〔玉篇〕。〇婠丨，好皃。〔廣韻·黠部〕

聉　丨，無知之意。〔廣韻·黠部〕〇丨，無知意也。〔集韻·黠部〕〇丨，無所聞也。〔廣韻·黠部〕〇聵，明，丨，聲義並相近。〔廣雅·釋詁三〕「聵，聾也」疏證。〇〔説文定聲·卷一二〕丨以聵為之，同聲通語也。〔廣雅·釋詁三〕「聵，聾也」。

婠　丨，好也。〔集韻·鎋部〕〇丨娺，好皃。〔廣韻·黠部〕〇丨，體德好也。〔集韻·黠部〕

[illegible]　丨，咽中息不利也。〔廣韻·黠部〕又〔集韻·没部〕。〇〔説文定聲·卷一二〕丨，大咽多至哽噎。〔通俗文〕「大咽曰丨」。〇丨與嗢音義同。〔説文〕「嗢，咽也」段注。

嗗　丨同歆。〔集韻·黠部〕

㕯　丨，丨口。〔廣韻·没部〕〇丨，下聲。〔集韻·没部〕〇丨，言逆下也。〔廣韻·黠部〕〇丨、訥，古今字。〔説文〕「丨，言之訥也」句讀。〇丨，經典變為吶。〔同上〕義證。〇丨，〔檀弓〕作吶。〔同上〕段注。

檫　丨，木名，梓屬。〔集韻·黠部〕

[illegible]　丨，木名。〔廣韻·黠部〕

劀　丨，割也。〔説文〕「丨，刮去惡創肉也」義證引〔玉篇〕。〇丨，利也。〔廣韻·鎋部〕〇丨，去血也。〔説文〕「丨，刮去惡創肉也」義證引〔玉篇〕。

契　丨，刮也。〔廣韻·黠部〕〇丨，齘丨，刷刮也。〔説文〕「丨，齘丨，刮也」義證引〔玉篇〕。〇丨，利也。〔廣韻·黠部〕〇丨，一曰戲也。〔集韻·黠部〕〇〔説文定聲·卷一三〕丨，叚借為快，或為抉。〔廣雅·釋詁三〕「丨，戲也」。

鴶　丨鵴，鳲鳩。〔廣韻·黠部〕〇丨鵴，鳥名，鳲鳩也。〔集韻·黠部〕〇丨鵴、秸鞠，字異而義同。〔廣雅·釋鳥〕「丨鵴，布穀也」疏證。〇丨通作秸。〔集韻·黠部〕〇丨鵴，一作結誥。〔同上〕

忦　丨，恨也。〔廣韻·黠部〕〇丨，急也，憂也。〔集韻·鎋部〕〇丨，懼也。〔集韻·太部〕〇丨，懂也。〔説文〕「丨，憂也」義證引〔五音集韻〕。〇丨通作恝。〔集韻·黠部〕

袺　丨，執衽。〔廣韻·黠部〕〇丨者，手持衽以盛物。〔詩·芣苢〕「薄言丨之」陳疏。

[illegible]　丨，鼓也。〔廣韻·黠部〕

穵　丨，探穴也。〔集韻·黠部〕〇丨，手丨為穴。〔廣韻·黠部〕〇今蘇俗謂竊賊穴墻曰丨。〔説文定聲·卷一三〕

帴　丨，二幅。〔廣韻·黠部〕〇丨，帔也，今謂之袾。〔説文〕「丨，羣也，一曰帔也」繫傳。〇丨亦衵複之屬。〔同上〕繫傳。〇丨，裏小兒之帬也。〔同上〕義證。〇丨字或作袾。〔同上〕義證。

䀰　丨，視也。〔廣韻·黠部〕〇丨，怒視皃。〔集韻·鎋部〕引〔埤蒼〕。

齰 一，齒聲。〔廣韻·鎋部〕○一，齒堅聲。〔同上〕○一，齧堅聲。〔說文〕「一，齒堅聲」義證引〔玉篇〕。

瓅 一，石似玉。〔集韻·曷部〕○一，石似玉也。〔廣韻·鎋部〕

頣 一，囚突出也。〔廣韻·鎋部〕又〔集韻·黠部〕。

礣 一，砎，小石。〔廣韻·黠部〕又〔集韻·黠部〕。

鶷 一，一鶡。〔廣韻·鎋部〕○一鶡，鳥名，似伯勞。〔集韻·牽部〕○一鳥，俗呼為牛矢咧哥。〔通雅·鳥〕

蔓 一，野蘇。〔廣韻·鎋部〕○一，艸名。〔集韻·牽部〕

苇 一同蔓。〔集韻·黠部〕

閷 一，門聲。〔集韻·黠部〕○一，門扇聲。〔廣韻·鎋部〕

竅 一，穴中出皃。〔廣韻·鎋部〕又〔集韻·牽部〕。

聵 一，無耳，吳楚語也。〔廣韻·黠部〕○一言缺一也。〔說文〕「一，吳楚之外凡無耳者謂之一」繫傳。○一，耳聾也。〔廣雅·釋詁三〕○一、明、聉聲義並相近。〔廣雅·釋詁三〕「一，聾也」疏證。

纂 一，黑也。〔廣韻·鎋部〕○一，黑皃。〔集韻·薛部〕○一，短黑皃也。〔廣韻·薛部〕○體瘁謂之一。〔集韻·薛部〕

搳 一與擖聲相近。〔廣雅·釋詁二〕「擖，一，搔也」疏證。○一，或作揩。〔集韻·牽部〕

揩 一，抉也。〔集韻·黠部〕

乚 一，一名鷰周，莊子謂之意而，即一聲之轉也。〔說文定聲·卷一三〕○（同上）燕、一、鷰俱象形，特製三字者，商以來所重鳥也。〔說文〕「一，玄鳥也」。○一，俗加鳥旁作鳦。〔說文〕「一，燕燕，一鳥也」段注。

蠿 一，蟲名，蜘蛛也。〔集韻·薛部〕○一，亦名鼅鼄。〔說文定聲·卷一三〕○一茅，蜘蛛。〔廣韻·薛部〕○一，蟲名，蛛蝥也。〔集韻·薛部〕○一，或作蝃。（同上）

窰 〔說文定聲·卷一三〕一猶窒也。〔說文〕「一，口滿食也」。

啜 一，或借啜字。〔說文〕「一，口滿食」義證。

窋 一，物在穴皃。〔廣韻·術部〕○一，將出穴皃。〔集韻·術部〕○一，一曰空也。（同上）○〔說文定聲·卷一二〕一，言蓮房也。〔魯靈光殿賦〕「一窋垂珠」。○一，當即竅或體。〔說文〕「一，物在穴中皃」義證。

窶 一，面短皃。〔集韻·術部〕○一、顈、㥄，義亦與䫅同。〔廣雅·釋詁二〕「䫅，短也」疏證。○〔說文定聲·卷一三〕一，字亦作䫅。〔方言一三〕「䫅，短也」。

頸 一，面短皃。〔廣韻·術部〕○一，短面貌。〔說文〕「窶，短面也」義證引〔玉篇〕。

柮 一，斷也。〔集韻·質部〕○〔說文定聲·卷一二〕後人言木頭曰榾一，蓋斷下之榴頭不中于用者。〔說文〕「一，斷木也」。○一之言兀也。〔說文〕「一，斷也」繫傳。○一通作杌。（同上）義證。

㓶 一者，捂杷也。〔說文〕「搔，一也」段注。○一，各本作捂。（同上）

髺 一，禿也。〔集韻·牽部〕○一，禿一。〔廣韻·鎋部〕○一髮猶髮一，疊韻之轉耳。〔廣雅·釋詁二〕「髮一，禿也」疏證。

姡 一，面醜。〔廣韻·鎋部〕○一，詐也。〔集韻·末部〕○一，靦也。（同上）

明 一，墮耳也。〔廣韻·鎋部〕又〔集韻·牽部〕。○聵、一、聉，聲義並相近。〔廣雅·釋詁三〕「聵，聾也」疏證。

詽 一，訶也。〔廣韻·鎋部〕又〔集韻·牽部〕。

昳 一，目出。〔廣韻·屑部〕○一，目出也。〔說文〕「一，目不正也」義證引〔字書〕。○一，目出皃。〔集韻·屑部〕○一，一曰目不正。（同上）

恝 一，無愁皃。〔集韻·黠部〕○一，心事也。〔說文〕「忍，怒也」義證引〔玉篇〕。○一，古本〔孟子〕作忿，今作一為俗字。〔孟子·萬章上〕「孝子之心為不若是一」焦正義引臧琳。

忿 一，憂也。〔集韻·黠部〕○〔說文定聲·卷一三〕一，字亦作恝。〔孟子·萬章上〕「孝子之心為不若是一」。

傄 一，健也。〔集韻·黠部〕○一佲，健皃。〔廣韻·黠部〕○一佲，無憚皃。〔集韻·黠部〕

刮 一，剝也。〔集韻·黠部〕○一，剝一。〔廣韻·黠部〕

㓞 一，斷艸刀也。〔集韻·牽部〕

鐁 一同㓞。〔集韻·牽部〕

九 糺丨，屈强也。〔廣韻·鎋部〕

勂 丨，力作丨丨。〔廣韻·鎋部〕○丨丨，用力聲。〔集韻·鎋部〕

䯤 丨，力作也。〔廣韻·黠部〕又〔集韻·黠部〕。

㔓 丨，用力。〔廣韻·鎋部〕○丨，用力也。〔集韻·鎋部〕

㕚 丨，入水取物。〔集韻·黠部〕

叱 丨，鳥聲。〔集韻·黠部〕

咭 丨，鼠鳴。〔廣韻·黠部〕○丨，鼠聲。〔集韻·黠部〕

哳 嘲丨，鳥鳴也。〔廣韻·鎋部〕又〔集韻·鎋部〕

哵 丨，鳥聲。〔集韻·黠部〕○丨丨，鳥聲。〔廣韻·黠部〕

唰 丨，小嘗也。〔集韻·鎋部〕又〔説文〕「啐，小歃也」義證引〔類篇〕。

嗢 丨，咽也。〔廣韻·黠部〕又〔集韻·黠部〕。○丨，笑也。（同上）

嗗 丨，飲聲。〔廣韻·黠部〕○飲聲謂之丨。〔集韻·黠部〕

嗐 丨，大開口。〔集韻·鎋部〕

嘎 丨丨，鳥聲。〔廣韻·黠部〕○丨丨，鳴聲。〔集韻·黠部〕

圔 丨，馲駝聲。〔集韻·鎋部〕○丨，駱駝鳴也。〔廣韻·鎋部〕○駱駝鳴聲丨字當作闔。〔説文〕「闔，門聲也」段注。

扎 丨，山曲。〔廣韻·黠部〕又〔集韻·黠部〕。

妠 婠丨，小兒肥皃。〔廣韻·鎋部〕

婄 丨，小兒肥皃。或作妠。〔集韻·鎋部〕

寐 丨，讀為沫。〔廣雅·釋詁四〕「沫，已也」疏證。

巀 丨，山中絶皃。〔廣韻·鎋部〕又〔集韻·鎋部〕。

帓 丨，帶也。〔集韻·鎋部〕○丨，丨帶。〔廣韻·鎋部〕

絬 丨，繒細。〔廣韻·鎋部〕○丨，帛細者。〔集韻·鎋部〕

幓 巾二幅謂之丨。〔集韻·黠部〕

㦫 丨，審也。〔集韻·黠部〕

扒 丨，破聲。〔廣韻·黠部〕○丨，破也。〔集韻·黠部〕○丨，擊也。（同上）

捌 丨同扒。〔集韻·黠部〕○丨與扒同。〔廣雅·釋言〕「丨，擘也」疏證。○丨同朳。〔廣韻·黠部〕

搽 丨，搏也。〔集韻·鎋部〕

揳 丨，擊持也。〔集韻·黠部〕

揩 丨，敔也，櫟之以止樂。〔集韻·黠部〕○丨，通作戛。（同上）

撥 丨，擊也。〔集韻·黠部〕○丨，急也。〔慧琳音義·卷六〇〕引〔韻詮〕。○丨，有威勢也。（同上）引〔考聲〕。

擦 丨，推也。〔集韻·黠部〕

搯 丨，打也。〔集韻·黠部〕

擖 丨，打丨。〔集韻·鎋部〕○丨，拭也。〔集韻·黠部〕

敌 丨，盡皃。〔廣韻·鎋部〕○丨，盡也。〔集韻·鎋部〕

故 丨，擊也。〔廣韻·黠部〕又〔集韻·黠部〕。

斛 丨，丨取物也。〔廣韻·黠部〕○丨，斗取物也。〔集韻·黠部〕

㭭 丨，木名。〔廣韻·鎋部〕○丨，平田疏田器也。無齒為丨。〔通雅·褋用〕○無齒為丨，所以推引聚禾穀也。〔説文〕「杷，收麥器也」義證引〔急就篇〕顔注。○丨同朳。

椒 丨即檓。〔説文〕「檓，似茱萸」義證。

楛 丨，木所以正弓弩也。〔集韻·鎋部〕○丨同𥳨。（同上）

樺　丨，鼓也。〔集韻·黠部〕
毳　丨，卧覺也。〔集韻·黠部〕
毼　丨，裋不飾者。〔集韻·羣部〕
沐　丨丨，水流也。〔廣韻·鎋部〕○丨丨，水流皃。〔集韻·羣部〕
潑　丨，水也。〔廣韻·黠部〕○丨，寒也。〔集韻·黠部〕○丨，流疾也。〔集韻·怪部〕
澉　丨，不淨。〔廣韻·鎋部〕○丨瀕，不淨也。〔集韻·羣部〕○丨，言不了。〔廣韻·鎋部〕
瀕　丨，澉丨。〔集韻·鎋部〕○澉丨丨，不淨也。〔集韻·羣部〕
猻　丨，水獸名。〔集韻·羣部〕
玐　丨，玉聲。〔廣韻·黠部〕又〔集韻·黠部〕。
玞　丨，玉名。〔廣韻·黠部〕
瓿　丨，勁也。〔廣韻·黠部〕又〔集韻·黠部〕。
瓶　丨，甑也。〔廣韻·鎋部〕又〔集韻·羣部〕。
甏　丨同瓶。〔集韻·羣部〕
眑　丨，惡視。〔廣韻·黠部〕又〔集韻·黠部〕。
盼　丨同眑。〔集韻·黠部〕
睸　丨，目深皃。〔集韻·羣部〕
睹　丨，視丨。〔廣韻·黠部〕
矨　丨，短也。〔集韻·黠部〕○丨矨，短也。〔本草·菝葜〕○丨矨，短皃。〔集韻·黠部〕○丨矨，短人。〔廣韻·黠部〕
矲　丨，短也。〔集韻·黠部〕○丨矨，短人。〔廣韻·黠部〕
矻　丨，石皃。〔集韻·黠部〕

矶　丨，石破聲。〔廣韻·黠部〕又〔集韻·黠部〕。
碣　丨硈，勁怒皃。〔集韻·羣部〕
碿　丨石，藥。〔廣韻·黠部〕
磍　丨，剥也。〔廣韻·鎋部〕○碣丨，勁怒皃。〔集韻·羣部〕○丨礙，石地不平。〔同上〕○輵丨，摇目吐舌。〔廣韻·黠部〕○輵丨，又感怨皃。〔同上〕
祮　丨，禳祠名。〔廣韻·鎋部〕○丨，禳祭也。〔集韻·羣部〕
窐　丨，穿也。〔集韻·黠部〕
筈　丨，竹病。〔集韻·羣部〕○丨，一曰竹皮。〔同上〕
箸　丨，拾丨。〔廣韻·鎋部〕
籊　丨，木虎，止樂器，亦名敔也。〔廣韻·鎋部〕○丨，敔也，以止樂。〔集韻·羣部〕○丨，亦作楬。〔同上〕○丨通作揭。〔同上〕
篙　丨同籊。〔集韻·羣部〕
紮　丨，纏弓弝也。〔廣韻·黠部〕○丨，纏束也。〔集韻·黠部〕
緒　丨，束也。〔集韻·羣部〕
罅　丨，器缺也。〔集韻·羣部〕
羺　丨，羖羊也。〔集韻·羣部〕
耩　丨，農具。〔集韻·羣部〕○丨，農具也。〔廣韻·鎋部〕
聐　丨，不聽受也。〔集韻·羣部〕○丨頞，無所聞也。〔廣韻·鎋部〕
聯　丨，聽聦也。〔集韻·黠部〕
䀹　丨，屈也。〔廣韻·黠部〕
舌　丨，塞口。〔廣韻·鎋部〕
舌　丨，塞也。〔集韻·羣部〕○丨，亦作舌。〔同上〕

昏　丨同昏。〔集韻・舝部〕

𦧣　丨，舌出皃。〔集韻・舝部〕

莉　丨，掃地惡草。〔廣韻・鎋部〕○丨，艸名。〔集韻・舝部〕

蔓　丨，菜名。〔集韻・舝部〕

菰　菝丨，草。〔廣韻・黠部〕○菝丨，艸名。〔集韻・黠部〕○丨，亦作挈。（同上）

葜　丨同菰。〔集韻・黠部〕

挈　丨同菰。〔集韻・黠部〕

葪　丨，艸名。〔集韻・舝部〕

蔱　丨，除艸也。〔集韻・舝部〕

蔡　丨，草丨。〔廣韻・黠部〕○丨，艸名，有毒殺魚。〔集韻・黠部〕○丨，草蘆也。〔慧琳音義・卷四三〕

螛　丨，蟲名，仙姑也。〔集韻・舝部〕

袖　丨，帶襦也。〔集韻・舝部〕○丨，下人帶襦名。〔廣韻・鎋部〕

襏　丨，衣縫也。〔集韻・黠部〕

襟　丨，奴人衣。〔廣韻・黠部〕○丨，人奴衣。〔集韻・黠部〕

貀　丨，豕名。〔集韻・黠部〕

賍　丨，貨也。〔集韻・舝部〕○丨，丨貨也。〔廣韻・鎋部〕

趏　丨，走皃。〔廣韻・鎋部〕又〔集韻・舝部〕。○丨，蓋即适。〔左傳桓公二年〕「大路越席」疏證引焦循。○丨當作秣。（同上）疏證引李貽德。

䟇　丨，走也。〔集韻・黠部〕○丨，走丨。〔廣韻・黠部〕

軎　丨，車破聲。〔廣韻・黠部〕又〔集韻・黠部〕。

釟　丨，治金。〔廣韻・黠部〕○治金謂之丨。〔集韻・黠部〕

鈖　丨，金類。〔廣韻・黠部〕

銽　丨，橫礙也。〔慧琳音義・卷五九〕

䦧　丨，門聲。〔廣韻・黠部〕又〔集韻・黠部〕。

頢　丨，短面皃也。〔廣韻・鎋部〕○丨，小頭皃。〔集韻・舝部〕

頷　丨，面短皃。〔集韻・舝部〕○丨頢，强可皃。〔廣韻・鎋部〕○丨頢，小頭。〔集韻・舝部〕

類　丨，怒皃。〔集韻・舝部〕

餲　丨，食飽。〔廣韻・鎋部〕○丨，飫也。〔集韻・舝部〕

騞　丨，馬駁色。〔集韻・舝部〕

骱　髖丨，小骨。〔廣韻・黠部〕又〔集韻・黠部〕。

䯋　丨骷，所以礙也。〔集韻・黠部〕

髖　丨骱，小骨。〔廣韻・黠部〕又〔集韻・黠部〕。○丨骱，一曰骨堅。（同上）

鬠　丨髮，秃皃。〔廣韻・鎋部〕○丨同髺。〔集韻・舝部〕

髺　丨，細毛。〔集韻・舝部〕○丨，細毛也。〔廣韻・鎋部〕

鬝　丨，秃皃。〔廣韻・鎋部〕○丨，秃也。〔廣雅・釋詁二〕又〔集韻・黠部〕。○丨同鬜。〔廣韻・黠部〕又〔集韻・黠部〕。

䰫　羅丨，鬼。〔廣韻・黠部〕○羅丨，鬼名。〔集韻・黠部〕

魛　丨，魪丨。〔廣韻・黠部〕○魪丨，魚名。〔集韻・黠部〕

鮹　丨，魚名。〔廣韻・黠部〕

鰤　丨，魚名。〔集韻・黠部〕

鮚　丨同鰤。〔集韻・黠部〕

鴰　丨，鳥雜蒼色。〔廣韻・黠部〕○丨，鳥名，似百舌，喙長。〔集韻・黠部〕

鶩 ㄧ,鳥飛迅疾。〔集韻・黠部〕

鶻 鶟ㄧ,鳥名,似梟。〔廣韻・鎋部〕又〔集韻・舝部〕。

⿰麥太 ㄧ,麪也。〔說文〕「麪,麥末也」義證引〔玉篇〕。

⿰黑系 ㄧ,黑也。〔集韻・舝部〕

⿰黑惠 ㄧ,黑也。〔廣韻・黠部〕

⿰鼻乚 ㄧ,鼻皃。〔集韻・黠部〕

⿰鼻隶 ㄧㄧ,氣息。〔廣韻・黠部〕○ㄧㄧ,鼻息。〔集韻・黠部〕

⿰齒入 ㄧ,齒聲。〔廣韻・黠部〕又〔集韻・黠部〕。

⿰齒葛 ㄧ,齒聲。〔集韻・舝部〕

⿰齒截 ㄧ,齒利。〔集韻・黠部〕○ㄧ,一曰磣也。(同上)

⿰齒戠 ㄧ,齒利。〔廣韻・黠部〕○ㄧ,又磣ㄧ。(同上)

續經籍籑詁卷第九十八

九　屑

屑 ㄧ,動作ㄧㄧ。〔廣韻・屑部〕○ㄧ,不安皃。〔續音義・卷三〕引〔切韻〕。○ㄧ,勞也。〔廣韻・屑部〕○ㄧ,末也。〔續音義・卷一〇〕引〔切韻〕。○ㄧ,言瑣碎也。〔漢書・董仲舒傳〕「凡所為ㄧㄧ」補注。○ㄧ,敬也。〔廣韻・屑部〕○ㄧ,顧也。〔通鑑・唐紀五一〕「城亦不以ㄧ意」音注。又〔廣韻・屑部〕。○ㄧ,潔。〔詩・谷風〕「不我ㄧ以」朱傳。○ㄧ,潔也。〔詩・君子偕老〕「不ㄧ髢也」朱傳。又〔通鑑・唐紀五一〕「城亦不以ㄧ意」音注。○ㄧ,清也。〔廣韻・屑部〕又〔續音義・卷三〕引〔切韻〕。○忍辱而受不潔謂之ㄧ。〔詩・谷風〕「不我ㄧ以」通釋。○ㄧ,用也。〔詩・君子偕老〕「不ㄧ髢也」集疏。○ㄧ,引申為絜束之絜。〔詩・谷風〕「不我ㄧ以」通釋。○ㄧ,亦得訓列。(同上)○ㄧ,盡也。〔續音義・卷三〕引〔切韻〕。○ㄧㄧ、偞偞,則為呻吟之聲。〔通雅・釋詁〕○ㄧ又通偞,聲也。〔詩・谷風〕「不我ㄧ以」通釋。○ㄧ當作屑。〔說文〕「屑,動作切切也」義證引惠棟。

屑 ㄧ,勞也。〔集韻・屑部〕○ㄧ,一曰敬也。(同上)○ㄧ,瑣細之貌。〔荀子・儒效〕「ㄧ然藏千溢之寶」集解引郝懿行。○ㄧ,不獲已也。〔集韻・屑部〕○ㄧㄧ,屢動作也。〔說文〕「ㄧ,動作切切」繫傳。○ㄧㄧ,切切也。〔通雅・釋詁〕○〔通雅・卷八〕ㄧ然,猶肸然。〔漢書・武帝紀〕「用事八神,ㄧ然若有聞」。○〔說文定聲・卷一二〕ㄧ,叚借為絜。〔小爾雅・廣詁〕「ㄧ,潔也」。○(同上)ㄧ,叚借為泆。〔小爾雅・廣詁〕「ㄧ,過也」。○偞、ㄧ通用。〔漢書・武帝紀〕「ㄧ然如有聞」補注引沈欽韓。○ㄧㄧ、塞塞、省省,並一聲之轉。〔方言一〇〕「迹迹,息秦不安也」箋疏。○ㄧㄧ,亦迹迹之變轉。(同上)○ㄧ與屑同。〔漢書・武帝紀〕「ㄧ然如有聞」補注引宋祁。○ㄧ,隸作屑。〔集韻・屑部〕

偞 ㄧ即屑之或體。〔釋言〕「偞,聲也」郝疏。

節 ㄧ者,竹約也。〔說文〕「纇,絲ㄧ也」段注。○ㄧ,引申為凡約結之稱。(同上)○ㄧㄧ目。〔國策・趙策二〕「勝敗存亡之機ㄧ」鮑注。○ㄧ,時也。〔大戴・少閒〕「華英必得其ㄧ以秀孚矣」王詁。又〔左傳僖公一二年〕「若ㄧ春秋來承王命」洪詁。○ㄧ,謂大雪十一月ㄧ之等。〔漢書・律歷志〕「啓閉者,ㄧ也」補注引李銳。○ㄧ,猶禮也。〔大戴・保傅〕「賦與集讓不以ㄧ」王詁。○ㄧ,禮ㄧ也。〔大戴・千乘〕「會時必ㄧ」王詁。又〔誥志〕「外內無失ㄧ」王詁。○ㄧ謂禮ㄧ。〔大戴・四代〕「哀愛無失ㄧ」王詁。○ㄧ,操也。〔大戴・文王官人〕「雖有隱ㄧ見行」王詁。又〔廣韻・屑部〕。

又〔集韻・屑部〕。○｜，引申為｜義字。〔説文〕「｜，竹約也」段注。○｜，制也。〔大戴・五帝德〕「｜用水火材物」王詁。又〔少閒〕「以為君臣上下之｜」王詁。又〔廣韻・屑部〕。又〔集韻・屑部〕。○｜，限制也。○〔大戴・五帝德〕「以｜天下」王詁。又〔禮記・經解〕「｜事天地之神」集解。○｜謂｜制之也。〔荀子・非相〕「噲唯則｜」集解引郝懿行。○｜，引申為｜制字。〔説文〕「｜，竹約也」段注。○有所制而不敢過謂之｜。〔禮記・曲禮〕「君子恭敬撙｜以明禮」集解。○｜，止也。〔大戴・四代〕「變從無｜」述聞。又〔廣韻・屑部〕。○｜，省也。〔大戴・四代〕「慮則｜事於近」王詁。○｜，引申為｜省字。〔説文〕「｜，竹約也」段注。○｜、度義同。〔墨子・尚賢中〕「居處無｜，出入無度」閒詁。○｜，多寡之度。〔大戴・千乘〕「此以氣食得｜」王詁。○｜，猶等。〔國策・齊策五〕「此用兵之上｜也」鮑注。○｜，猶適也。〔荀子・彊國〕「夫義者，内｜於人而外｜於萬物者也」平議。又〔正名〕「｜遇謂之命」集解。又〔大略〕「政不｜與」集解。○｜之言適也。〔禮記・文王世子〕「其有不安｜」平議。○｜然，猶適然。〔荀子・儒效〕「變執次序｜然也」集解。○｜，信也。〔集韻・屑部〕○｜者，信也。〔荀子・性惡〕「必有｜於今」集解引郝懿行。○｜為瑞信之名。〔孟子・離婁下〕「若合符｜」焦正義。○｜，符信也，行者所執。〔國策・西周策〕「而焚周之｜」鮑注。○｜，所杖信｜也。〔漢書・李廣傳〕「彌｜白檀」補注。○古之｜如今之虎符，其用則有圭璋龍之別，皆槓將之英蕩是也。〔説文〕「卪，瑞信也」義證引〔夢溪筆談〕。○｜者，號令賞罰之｜也，皆有司之所受也。〔書・泰誓〕「乃告司馬、司空、司徒諸｜」孫疏。○旌以專賞，｜以專殺。〔漢書・嚴助傳〕「迺遣助以｜發兵會稽」補注引〔唐六典〕。○漢人所持｜，乃古之旄也。〔説文〕「卪，瑞信也」義證引〔夢溪筆談〕。○｜為軍中所執瑞信，故以諸｜名其官，謂卿大夫以下百執事也。〔書・泰誓〕「乃告司馬、司空、司徒諸｜」孫疏。○前輩呼刺史、太史亦曰｜下。〔通雅・稱謂〕○｜度、開府，賜旌｜者也。〔通雅・官制〕○｜，驗也。〔廣韻・屑部〕○｜亦驗也。〔荀子〕「｜」雜志。又〔性惡〕「必有｜於今」集解引王引之。○｜，猶事也。〔國策・秦策三〕「秦三世積｜於韓魏」鮑注。○｜，相也。〔釋樂〕「和樂謂之｜」鄭注。○｜，柱頭斗拱也。〔禮記・禮器〕「山｜藻棁」集解。又〔論語・公冶長〕「山｜藻棁」朱注。○｜，高峻貌。〔詩・節南山〕「｜彼南山」朱傳。又〔説文・叙〕「其弘如何，｜彼南山」段注。○｜，山高峻皃。〔集韻・屑部〕○｜，截然高大貌。〔大學〕「詩云｜彼南山」朱注。○｜之言巀嶭也，山高峻之貌。〔詩・節南山〕「｜彼南山」通釋。○｜奏，禮之｜文。〔荀子・富國〕「其於禮義｜奏也」集解引王念孫。○｜奏，｜以分析言之，奏以合聚言之。（同上）集解引郝懿行。○｜族，即｜奏。〔荀子・非相〕「｜族久而絶」集解引郝懿行。○｜蘊，即所謂五泄之大瘕。〔通雅・身體〕○〔説文定聲・卷一二〕｜，叚借為卪。〔禮記〕「凡君召以三｜」。○古多叚｜為卪。〔説文〕「卮，圜器也」段注。○｜又假借為符卪字。〔説文〕「｜，竹約也」段注。○〔説文定聲・卷一二〕｜，叚借為㔾。〔詩・節南山〕「｜彼南山」。○｜，㔾之叚借字。〔説文・叙〕「其弘如何，｜彼南山」段注。○〔説文定聲・卷一二〕｜，叚借為卯。〔易・襍卦傳〕「｜，止也」。○（同上）｜，借為䟶。〔韓詩〕傳曰視也。〔詩・節南山〕「｜彼南山」。○｜，經典借為約之義。〔墨子・節葬下〕「｜喪之為政」閒詁引畢沅。○｜讀為截。〔大學〕「詩云｜彼南山」朱注。○｜讀與巀同。〔詩・節南山〕「｜彼南山」陳疏。○｜，字或作箚。〔説文〕「｜，竹約也」義證。○〔説文定聲・卷一二〕｜，字變作㘉。〔洞簫賦〕「啾咇㘉而將吟兮」。○（同上）｜，字變作澥。〔七發〕「澥汨潺湲」。○｜當為即。〔墨子・號令〕「｜不法」閒詁。○｜，一作位。〔呂覽・明理〕「四時易｜」校正。

卪

｜，樂止為節。〔字詁〕○｜，古節字。（同上）○｜，通作節。〔説文〕「｜，瑞信也」義證。

雪

｜，凝雨也。〔廣韻・薛部〕○陰凝為｜。〔説文〕「雪，凝雨説物者」義證引〔春秋元命苞〕。○陰氣勝則凝為｜。（同上）義證引〔御覽〕。○大｜，十一月節，月之初氣也。言太陰之氣以大水凝為｜。（同上）義證引〔寒雪賦〕義疏。○｜為五穀之精。（同上）義證引〔氾勝之書〕。○｜，洗也。〔韓子・外儲説左下〕「以｜桃也」集解。○｜之言刷也。〔廣雅・釋詁三〕「｜，除也」疏證。○〔公羊〕｜作雹。〔左傳僖公一〇年經〕「大雨｜」洪詁。

霻

〔説文定聲・卷一三〕｜，小雨也。〔廣雅・釋訓〕「雪，雪雨也」。○｜，一曰除也。〔集韻・薛部〕○〔説文定聲・卷一三〕｜，或曰借為洒｜、｜雪雙聲。〔廣雅・釋詁三〕「雪，除也」。○｜，叚借為刷。〔説文定聲・卷一三〕○｜，今字省作雪，雨而可彗埽者，雪也。（同上）○｜，隸省為雪。

絶

｜者，刀斷絲也。〔説文〕「戔，｜也」段注。○｜，斷也。〔廣韻・薛部〕又〔集韻・薛部〕。○中斷曰｜。〔漢書・高帝紀〕「陳平、灌嬰將十萬守滎陽」補注引段玉裁。○｜，引申為凡斷之稱。〔説文〕「戔，｜也」段注。○｜，猶截也。〔孟子・滕文公上〕「｜長補短」朱注。又〔管子・法禁〕「｜而定」平議。○｜，截也，謂截然高峻而無所倚也。〔大戴・子張問入官〕「故上者尊嚴而｜」王詁。○｜，長訣也。〔漢書・樊噲傳〕「顧獨與一宦者｜乎」補注。○｜謂相懸遠。〔漢書・王貢兩龔鮑傳贊〕「｜紀、唐矣」補注引蘇輿。○｜，止也。〔太素・經絡別異〕「必行｜而道出」楊注。○｜，渡也。〔大戴・勸學〕「而｜江海」王詁。○｜，横渡。〔國策・東周策〕「秦敢｜塞而伐韓者」鮑注。○凡横越之曰｜。〔説文〕「｜，斷絲也」段注。○｜，滅也。〔大戴・曾子立事〕「其次而能夙｜之也」王詁。○水行不緣理為｜。〔韓子・解老〕「邪心勝則事｜」集解引顧廣圻。○｜者，最也。｜、最聲相近。〔漢書・高帝紀〕「陳平、灌嬰將十萬守滎陽」補注。○｜之言最也。〔詩・正月〕「終踰｜險」述聞。○｜，引申為極。〔説文〕「｜，斷絲也」段注。○｜猶極也。〔漢書・梁懷王傳〕「任后｜欲得之」補注引〔後漢・吳良傳〕注。○｜之言極也。〔詩・正月〕「終踰｜險」述聞。○｜者

窮也，故引伸為極至之用。〔漢書・高帝紀〕「陳平、灌嬰將十萬守滎陽」補注引段玉裁。〇丨險，亦謂最險之處也。〔詩・正月〕「終踰丨險」述聞。〇丨，無之盡者。〔論語・子罕〕「子丨四」朱注。〇丨垠，天邊之際也。〔楚辭・遠遊〕「逴丨垠乎寒門」補注引李善。〇丨炎與末光同意。〔漢書・司馬相如傳〕「使獲曜日月之末光丨炎」補注。〇丨，丨祭也。〔儀禮・鄉飲酒禮〕「弗繚，右丨」胡正義引李如圭。〇丨，讀如〔春秋〕貶丨之丨。〔漢書・揚雄傳贊〕「蓋誅丨之罪也」補注引劉敞。〇丨，本作危。〔大戴・子張問入官〕「上者尊嚴而丨」述聞。〇丨，〔家語〕作危。（同上）〇丨滅，當作纔滅。〔韓子・和氏〕「丨滅百吏之祿秩」集解引顧廣圻。

𢇍

丨，古絶字。〔說文定聲・卷一三〕〔「蠿」下〕〇丨同絶。〔集韻・薛部〕

⿰色刀

丨同絶。〔集韻・薛部〕

⿱色手

丨同絶。〔集韻・薛部〕

列

丨，分解也。〔莊子・天下〕「道術將為天下裂」集釋。〇丨與別畧同。〔說文定聲・卷一三〕〇丨，殺也。〔說文〕「丨，分解也」義證引〔五音集韻〕。〇丨者，陳也。〔墨子〕「丨尸弗」閒詁。〇丨，陳也。〔廣韻・薛部〕〇丨，義烈可陳。〔國策・韓策二〕「其姊者亦丨女也」鮑注。〇丨，又布也。〔廣韻・薛部〕〇丨，次也。〔廣韻・薛部〕〇丨，位也。〔論語・季氏〕「陳力就丨」朱注。〇丨，位序也。〔廣韻・薛部〕〇丨，等也。〔禮記・表記〕「其賞罰用爵丨」集解。又〔服問〕「上附下附丨也」集解。〇丨，行也。〔說文定聲・卷一三〕〔「烈」下〕〇丨，引伸為行丨之義。〔說文〕「丨，分解也」段注。〇今則分丨字皆作裂，而丨但為行丨字矣。〔漢書〕「丨眥」雜志。〇丨為表正行丨。〔左傳定公八年〕「士皆坐丨」洪詁引惠棟。〇八人為丨，備八音也。〔左傳襄公一一年〕「女樂二八」洪詁引韋昭。〇肆即丨也。〔漢書・罽賓國傳〕「市丨」補注引王念孫。〇丨者若今市中賣物行也。〔說文〕「賈，一曰坐賣售也」義證引〔急就篇〕王應麟補注。〇〔通雅・卷三七〕丨欄，剽帶也。〔北魏・禮志〕「丨欄建旌」。〇丨缺，天閃也。〔楚辭・遠遊〕「上至丨缺兮」補注引〔大人賦〕注。〇丨缺，天隙電照也。〔同上〕補注引應劭。〇〔通雅・一二〕丨缺，電光也。陽氣從雲決裂而出，故名丨缺。〔羽獵賦〕「霹靂丨缺」。〇丨缺，去地二千四百里。〔楚辭・遠遊〕「上至丨缺兮」補注引〔陵陽子明經〕。〇丨侯，乃徹侯。〔漢書・文帝紀〕「今丨侯多居長安」補注引王啟原。〇丨宿，謂二十八舍。〔屈賦・惜往日〕「如丨宿之錯置」戴注。〇丨，烈通。〔國策・韓策二〕「其姊者亦丨女也」補正。〇丨，烈古通用。〔孟子・滕文公〕「益烈山澤而焚之」平議。又〔漢書・賈誼傳〕「行出虜丨士」補注。〇丨、烈同。〔漢書・古今人表〕「晉孝公」補注。〇〔說文定聲・卷一三〕丨，叚借為迾。〔周禮・師氏〕「朝在野外則守內丨」。〇〔禮記〕假丨為迾。〔說文〕「迾，遮也」段注。〇丨與迾同。〔廣雅・釋詁二〕「迣，遮也」疏證。〇丨者，梨之叚借，禾穰也。〔說文〕「穎，詩曰禾穎穟穟」段注。〇丨讀為裂。〔管子・法禁〕「故下與官丨法」平議。〇丨、厲古聲通用。〔左傳僖公一五年經〕「曹師伐厲」疏證引沈欽韓。〇丨即厲禁之厲。〔周禮・師氏〕「則守內丨」述聞。〇〔說文定聲・卷一三〕丨，字亦作⿸厂列。〔射雉賦〕「前⿸厂列重膺」。〇丨，古分裂字也。〔漢書・揚雄傳〕「逢蒙丨眥」補注引王念孫。〇丨與裂同。〔荀子・哀公〕「兩驂丨」平議。〇丨，即今裂字也。〔墨子〕「主別」雜志。〇〔史記〕丨並作裂。〔漢書〕「丨眥」雜志。〇丨與洌同。〔方言一〕「朝鮮丨水之間」箋疏。〇丨當為⿱竹列。〔說文〕「笐，竹丨也」義證。〇丨應作烈。〔漢書・王子侯表〕「真定丨王子」補注引齊召南。〇官本丨作烈。〔漢書・古今人表〕「韓丨侯」補注。又〔禮樂志〕「丨騰八荒」補注。〇官本、南監本丨作烈。〔漢書・王莽傳〕「丨風雷雨不迷」補注。〇丨缺，一作烈缺。〔漢書・司馬相如傳〕「貫丨缺之倒景兮」補注。〇丨侯當作烈公。〔漢書・古今人表〕「晉丨侯」補注。〇丨山氏，〔禮・祭法〕作厲山氏。〔漢書・古今人表〕「丨山氏」補注引錢大昕。

⿰歺刂

丨，分解也。〔說文〕「歺，丨骨之殘也」句讀。〇丨同列。〔廣韻・薛部〕〇丨，隸作列。〔集韻・薛部〕〇丨，或作⿸厂列。（同上）

⿸厂列

丨，劃也。〔集韻・屑部〕〇丨，俗列字。〔說文〕「列，分解也」義證引〔玉篇〕。

烈

丨，猛也。〔論語・鄉黨〕「迅雷風丨」朱注。又〔國策・楚策四〕「音丨而高飛」鮑注。又〔廣韻・薛部〕〇丨者，猛之威也。〔釋詁〕「丨丨，威也」郝疏。〇丨丨，威武貌。〔詩・黍苗〕「丨丨征師」朱傳。〇丨，熾盛貌。〔詩・大叔于田〕「火丨具舉」朱傳。〇丨，火也。〔廣韻・薛部〕〇〔生民〕之丨即炙也。〔說文〕「炙，炙肉也」段注。〇丨猶顯。〔詩・那〕「衎我丨祖」通釋。〇丨，光。〔詩・思齊〕「丨假不瑕」朱傳。〇丨，光也。〔詩・烈文〕「丨文辟公」朱傳。又〔廣韻・薛部〕〇丨，猶光也。〔孟子・公孫丑上〕「功丨」朱注。〇丨，引申為光也。〔說文〕「丨，火猛也」段注。〇丨者，火之光也。〔釋詁〕「丨，光也」郝疏。〇丨之言爛也，義與爆同。〔方言一三〕「丨，暴也」箋疏。〇丨，熱也。〔廣韻・薛部〕〇丨與粹聲近義同。〔廣雅・釋詁二〕「痢，痛也」疏證。〇丨，忠丨也。（同上）〇丨，業。〔詩・賓之初筵〕「烝衎丨祖」朱傳。〇丨，業也。〔廣韻・薛部〕〇丨，引伸為業也。〔說文〕「丨，火猛也」段注。〇秉德遵業曰丨。〔周書〕「秉順也」雜志引〔謚法〕。〇丨丨，猶栗丨也。〔詩・四月〕「冬日丨丨」朱傳。〇丨丨，猶言栗丨，謂其氣之凜。〔詩・蓼莪〕「南山丨丨」後箋引范處義。〇丨丨，高大貌。（同上）朱傳。〇丨丨，為山之高峻。（同上）集疏引胡承珙。〇丨丨，憂貌。〔詩・采薇〕「憂心丨丨」朱傳。〇丨所者，功丨之處所也。〔左傳宣公一二年〕「以務丨所」疏證引陸粲。〇丨與裂通。〔廣雅・釋詁一〕「裂，美也」疏證。〇〔說文定聲・卷一三〕丨，叚借為列。〔詩・大叔于田〕「火丨具舉」。〇古假借丨為列。〔說文〕「列，分解也」段注。〇丨即列之叚借

字。〔說文〕「丨，火猛也」段注。○丨讀曰列。〔大戴·主言〕「三句丨而距」王詁。○〔說文定聲·卷一三〕丨，叚借為冽。〔後漢·馮衍傳〕注「丨，慘也」。○〔同上〕丨，叚借為颲。〔虞書〕「丨風雷雨」。○丨，即颲字之叚借。〔詩·蓼莪〕「南山丨丨」通釋。○丨，通作裂。〔方言一〕「丨，餘也」箋疏。○〔說文定聲·卷一三〕丨，叚借為裂。〔釋詁〕「丨，餘也」。○丨者，裂之叚音也。〔同上〕郝疏。○丨與裂音義同。〔方言一〕「丨，餘也」疏證。○丨，通作𠚩。〔釋詁〕「丨，餘也」邵正義。○丨，又通作𠚩。〔方言一〕「丨，餘也」箋疏。○丨與𠚩音義同。〔同上〕疏證。○丨與𠚩古亦同聲。〔廣雅·釋詁三〕「𠚩，餘也」疏證。○丨即癘之叚借。〔詩·思齊〕「丨假不瑕」通釋。○丨與厲古同聲通用。〔方言一二〕「厲，熟也」箋疏。○丨當作厲。〔詩·思齊〕「丨假不瑕」陳疏。○丨與烈同。〔詩·采薇〕「憂心丨丨」陳疏。又〔廣雅·釋訓〕「烈烈，憂也」疏證。○丨，魯作列。〔詩·大叔于田〕「火丨具舉」集疏。○官本丨作列。〔漢書·諸侯王表〕「封丨侯，賜姓王」補注。○丨丨，魯作栗栗。〔詩·四月〕「冬日丨丨」集疏。○丨山，〔左傳〕作列山，古字通。〔左傳昭公二九年〕「丨山氏之子曰柱」洪詁引宋庠。○丨然，〔莊子〕作削然。〔呂覽·慎人〕「孔子丨然返瑟而弦」校正。

烮

丨，光也，業也，隸作烈。〔集韻·薛部〕

結

丨，締也。〔廣韻·屑部〕○丨，繫也。〔太素·經脈根結〕「不知根丨五藏六府」楊注。○丨，連也。〔國策·楚策一〕「丨駟千乘」補正。○丨，猶交。〔國策·楚策一〕「丨鬬於宮唐之上」鮑注。○綦丨雙聲，其義相近。〔春秋名字解詁〕「楚公子丨字子綦」述聞。○丨，聚。〔太素·陰陽雜說〕「丨腸者」楊注。○丨，約親也。〔國策·秦策一〕「言語相丨」鮑注。○丨，束髮也。〔楚辭·招魂〕「激楚之丨」補注。○丨髮，猶今人攏頭之謂。〔義府·卷下〕○丨，節丨也。〔說文〕「脊，背呂也」義證引宋均。○丨，紆曲多。〔太素·藏府應候〕「皮肉不相離者大腸丨」楊注。○丨之言詰屈也。〔廣雅·釋詁四〕「丨，詘也」疏證。○丨謂詰朝也。〔說文定聲·卷一二〕〔「𪏹」下〕○丨誅，謂詰其罪而誅之。〔韓子·八經〕「丨誅親暱重帑」集解引孫詒讓。○〔通雅·卷四二〕丨縷，胡繩也。〔遊獵賦〕「布丨縷」。○丨風，歌舞曲名。〔漢書·司馬相如傳〕「激楚丨風」補注。○丨遼，即吉了，鸜鵒之大者也。〔通雅·鳥〕○〔說文定聲·卷一二〕丨誥，猶鵠鶹也。〔方言八〕「布穀，自關而西梁楚之閒謂之丨誥」。○丨誥，又轉而為穫穀，布穀也。〔方言八〕「布穀」箋疏。○丨誥，轉而為繫穀、鵠鶹，布穀也。〔同上〕箋疏。○丨誥、秸鞠、鵠鶹，字異音義同。〔同上〕疏證。○丨與髻通。〔廣雅·釋詁四〕「髤，髻也」疏證。○丨、髻古通用。〔方言四〕「覆丨謂之幘巾」疏證。○丨與詰通。〔廣雅·釋訓〕「蹇產，詰屈也」疏證。○丨當作詰，同聲通假字。〔韓子·八經〕「丨誅親暱重帑」集解引孫詒讓。○髻、丨、紒並通。〔廣雅·釋器〕「假丨謂之鬠」疏證。○丨，今之髻字也。〔說文〕「䯻，卧丨也」段注。○丨，古無髻字，即用此。〔說文〕「丨，締也」段注。○丨字或作𩬊。〔廣雅·釋詁四〕「髤，髻也」疏證。○丨或作紒。〔集韻·屑部〕○丨又作紒。〔廣雅·釋詁四〕「髤，髻也」疏證。○丨，許書皆作丨，鄭注經皆作紒。〔說文〕「䯻，卧丨也」段注。

紒

丨者，今之結字。〔說文〕「弭，弓無緣可以解繼紛者」段注。○丨同結。〔集韻·屑部〕

穴

丨，土室也。〔詩·緜〕「陶復陶丨」朱傳。○丨，深屋。〔廣韻·仙部〕○丨，窟也。〔大戴·曾子疾病〕「而㕢丨其中」王詁。又〔廣韻·屑部〕。○丨，土窟也。〔大戴·夏小正〕「窔丨取與之室」王詁。○丨，壙。〔詩·大車〕「死則同丨」朱傳。○丨，壙也。〔詩·黃鳥〕「臨其丨」朱傳。○丨，引伸之凡空竅皆為丨。〔說文〕「丨，土室也」段注。○丨即井也。〔說文〕「丹，巴越之赤石也」繫傳。○〔說文定聲·卷一二〕丨，象嵌空之形。〔說文〕「丨，土室也」。○丨牖，鑿土室為窗也。〔大戴·曾子制言中〕「蓬户丨牖」王詁。○僻謂之丨。〔釋水〕「丨出，仄出也」述聞。○丨乃回丨之丨也。〔釋水〕「氿泉，丨出」述聞。○丨與仄皆不正之名。〔釋水〕「氿泉，丨出」述聞。○丨當為宂散之宂。〔說文〕「𧰲，從豕，丨聲」義證。○内、丨古多通也。〔荀子·彊國〕「是渠衝入丨而求利也」集解引盧文弨。○〔說文定聲·卷一二〕丨，叚借為遹。〔幽都賦〕「叛迴丨其若茲兮」。○〔同上〕丨，叚借為弗。〔後漢·陳忠傳〕「不敢丨見」。○坎、窬，並與丨通。〔廣雅·釋詁三〕「坎，深也」疏證。○丨，〔月令〕作内，古書往往互用。〔呂覽·季秋〕「蟄蟲咸俯在丨」校正。○丨，一作空，空與孔同。〔呂覽·不二〕「如出乎一丨者」校正。○官本注丨作穴。〔漢書·司馬相如傳〕「鄢鎬潦潏」補注。

說

丨，述也。〔大戴·文王官人〕「物善而能丨」王詁。○丨，釋也。〔文王官人〕「難丨以言」王詁。○丨者，丨釋也。〔說文·敘〕「次列微辭」段注。○丨，釋也，解丨。〔荀子·榮辱〕「辯而不丨者爭也」集解引俞樾。○丨，解也。〔詩·氓〕「猶可丨也」朱傳。又〔大戴·曾子立事〕「雖不丨亦不彊爭也」王詁。又〔文王官人〕「以故自丨」王詁。○丨之言解也。〔呂覽·至忠〕「王大怒不丨」平議。○丨，謂分別解丨事理也。〔大戴·曾子立事〕「丨而不能，窮也」王詁。○丨，教者，丨釋而教之，必順其理。〔說文〕「訓，丨教也」段注。○丨，當為數丨之數。〔詩·擊鼓〕「與子成丨」後箋。○丨，告也。〔大戴·衛將軍文子〕「丨之以義而觀諸體」王詁。又〔廣韻·薛部〕。○丨，言也。〔大戴·曾子立事〕「不丨人之過」王詁。○丨即號辭也。〔公羊傳莊公四年〕「然則齊紀無丨焉」述聞。○丨辭，言語也。〔孟子·公孫丑上〕「宰我、子貢善為丨辭」朱注。○丨，誘也。〔通鑑·宋紀〕「更獎丨蜀人」音注。○丨者，悅也。〔說文〕「丨，一曰談丨」義證引〔文心雕龍·論說〕。○丨，謂容丨。〔大戴·曾子制言下〕「以為己丨」王詁。○丨，喜意也。〔論語·學而〕「不亦丨乎」朱注。○丨者，心誠丨之。〔荀子·正名〕「丨故喜怒」集解。○丨，釋即懌也。〔說文〕「丨，釋也」句讀。○丨，釋，即悅懌，開解之意，故為喜悅。〔同上〕段注。○丨，謂丨其義而從之。〔墨子·耕柱〕「一人丨子」閒詁。○好謂之丨。〔春秋名字解詁〕

「宋公子｜字好父」述聞。○｜讀若脱，訓解。〔易·遯〕「莫之勝｜」李疏。○｜，赦也。〔詩·瞻卬〕「女覆｜之」朱傳。○｜即卸也。〔説文〕「卸，舍車解馬也」句讀。○｜過者，大言不怍。〔荀子·大略〕「｜過」集解引郝懿行。○〔説文定聲·卷一三〕｜，禱｜也。〔漢書·天文志〕「傅｜一星在箕尾之閒，近尾東，主后宫女巫祈子」。○｜讀如山川能｜之｜。〔説文〕「訓，｜教也」義證。○｜、閲古通。〔史記·仲尼弟子列傳〕「南宫括，字子容」志疑。○｜與閲通。〔詩·谷風〕「我躬不閲」陳疏。○〔説文定聲·卷一三〕｜，叚借為閲。〔詩·擊鼓〕「與子成｜」。○〔同上〕｜，叚借為脱，實為奪。〔荀子·正名〕「｜故喜怒哀樂愛惡欲，以心異」。○〔同上〕｜，叚借為悦，即兑字。〔易·困〕「乃徐有｜」。○｜讀曰悦。〔大戴·曾子立事〕「近於｜其言」王詁。又〔通鑑·周紀二〕「秦王｜之」音注。又〔周紀三〕「楚王｜而許之」音注。又〔漢紀五〕「太后不｜」音注。○｜讀如悦。〔韓子·外儲説左上〕「｜其辯」集解引顧廣圻。○｜，讀為悦。〔韓子·有度〕「險世之｜也」集解引俞樾。又〔外儲説左上〕「受書而｜之」集解。又〔難二〕「聽之｜」集解引顧廣圻。○｜當讀曰悦。〔漢書·鄭當時傳〕「候上閒｜」補注。○｜，今悦字也。〔説文〕「媚，｜也」段注。○｜、悦古今字。〔詩·草蟲〕「我心則｜」陳疏。又〔方言一二〕「愉，悦也」箋疏。又〔説文〕「｜，｜釋也」段注。○｜繹、悦懌，古今字。〔方言六〕「懌，改也」箋疏。○｜同悦。〔集韻·薛部〕○｜即悦。〔韓子·説疑〕「苟得一｜其主」集解。又〔方言一二〕「愉，悦也」疏證。○｜亦作悦。〔春秋名字解詁〕「宋公子｜字好父」述聞。○｜亦與娧同。〔廣雅·釋詁一〕「娧，好也」疏證。○｜當作鋭。〔墨子·備蛾傳〕「城下足為下｜」閒詁。○｜當為訟。〔説文〕「詾，｜也」義證。○汪本｜作術。〔漢書·藝文志〕「是以九家之｜」補注引朱一新。○〔封禪書〕｜作訟，謂訟言也。〔漢書·郊祀志〕「皆｜曰」補注引葉德輝。○｜，魯作税。〔詩·碩人〕「｜于農郊」集疏。

血 ｜，祭薦毛｜也。〔説文〕「｜，祭所薦牲｜也」繫傳。○｜謂牲牢。〔國策·楚策一〕「社稷｜食」鮑注。○｜食，謂牲牢也。〔左傳莊公六年〕「實不｜食」疏證。○｜社者，釁社也。〔公羊傳僖公一九年〕「蓋叩其鼻以｜社也」陳疏引孔廣森。○｜，猶言骨肉也。〔太玄·元錯〕「割犯｜」平議。○｜亦心之至也。〔説文繫傳·通論中〕○〔説文定聲·卷一二〕｜，叚借為衈。〔大戴·少閒〕「｜者猶｜」。○｜亦讀如衈。〔公羊傳僖公一九年〕「蓋叩其鼻以｜社也」陳疏。○｜，〔山海經注〕引作衈。〔同上〕

舌 ｜，口中｜也。〔廣韻·薛部〕○〔説文定聲·卷一三〕｜，言犯口而出食，犯口而入也。〔説文〕「｜，在口所以言也」。○〔通雅·卷二四〕｜人，譯官也。〔周語〕「使｜人體委與之」。○｜，指諫臣。〔國策·秦策一〕「美女破｜」鮑注。○｜，當為名。〔周書〕「美女破｜」雜志。○｜、后字有互譌者。〔説文〕「｜，在口所以言」段注。○羊｜職，〔説苑〕作羊殖。殖為｜職合聲。〔左傳成公一八年〕「羊｜職佐之」洪詁引惠棟。

潔 ｜，清也。〔大戴·勸學〕「鮮｜以出」王詁。又〔廣韻·屑部〕。又〔集韻·屑部〕。○｜，不污。〔大戴·文王官人〕「觀其絜廉務行而勝其私也」王詁。○｜，明也。〔大戴·千乘〕「靜斯｜信在中」王詁。○｜，脩治也。〔論語·述而〕「人｜己以進」朱注。○｜楹，謂同諂諛也。〔楚辭·卜居〕「以｜楹乎」補注引五臣注。○絜與｜通。〔廣雅·釋詁三〕「屑，｜也」疏證。○｜、絜古通用。〔方言三〕「屑，｜也」疏證。○｜，〔説文〕無｜字，當作絜。〔説文〕「齋，戒，｜也」句讀。○｜，漢魯峻、梁休、范鎮諸碑並作㓗。〔説文〕「鎌，一曰廉｜也」義證。

洯 ｜同潔。〔集韻·屑部〕

㓗 ｜同潔。〔集韻·屑部〕

缺 ｜，器破。〔廣韻·屑部〕○｜者，器破也。〔説文〕「毀，｜也」段注。○〔説文定聲·卷一三〕｜，謂瓦器破。〔説文〕「｜，器破也」。○｜，破也。〔集韻·屑部〕○｜，凡破之稱。〔説文〕「毀，｜也」段注。○｜，壞也。〔孟子·滕文公下〕「書曰咸以正無｜」朱注。○｜，少也。〔廣韻·薛部〕○｜，一曰少也。〔集韻·薛部〕○｜，猶玷也。〔慧琳音義·卷七〕引顧野王。○〔説文定聲·卷一三〕｜，叚借為鈌。〔後漢·朱穆傳〕注「以鐵著足曰｜」。○〔同上〕｜，叚借為絜。〔儀禮·士冠禮〕「｜項」。○｜，又通用闕。〔説文〕「｜，器破也」段注。○｜，經傳多以闕為之。〔説文定聲·卷一三〕○｜，亦作決。〔集韻·屑部〕○｜，亦作缺。〔説文〕「｜，器破也」義證引〔玉篇〕。

缺 ｜同缺。〔集韻·屑部〕

缺 ｜望，即缺望。〔通雅·釋詁〕○｜，或作缺。〔慧琳音義·卷一〕

裂 ｜者，繒餘也。〔説文〕「坼，｜也」段注。○｜，帛餘也。〔説文〕「｜，繒餘也」義證引〔玉篇〕。○｜，裁翦之餘也。〔同上〕繫傳。○｜與烈皆餘也。〔釋詁〕「烈，餘也」述聞。○引伸之凡餘皆曰｜。〔説文〕「隋，｜肉也」段注。○｜，引伸為凡分散殘餘之偁。〔説文〕「｜，繒餘也」段注。○｜布，即餘布。〔淮南子·説林〕「曹氏之｜布」平議。○｜，凡隙之偁。〔説文〕「坼，｜也」段注。○擘｜，破也。〔廣韻·薛部〕○〔説文定聲·卷一三〕｜，叚借為列。〔廣雅·釋詁一〕「｜，分也」。○〔同上〕｜，叚借為歇。〔楚辭·逢紛〕「精越｜而衰耄」。○〔同上〕｜，叚借為𢧵。〔管子·大匡〕注「𢧵謂掣斷之也」。○〔同上〕｜以厲為之。〔詩·都人士〕「垂帶而厲」。○｜、厲聲相轉。〔釋詁〕「烈，餘也」郝疏。○｜，或假烈為之。〔説文〕「｜，繒餘也」段注。○｜，字或作㤠。〔同上〕義證。○〔説文定聲·卷一三〕｜，字亦作㤠。〔廣雅·釋詁三〕「㤠，餘也」。○瀨，水｜去也。｜當為𢾂。〔説文〕「𢾂，水流𢾂𢾂也」義證。○｜當作列。〔莊子·天下〕「道術將為天下｜」集釋。○〔説文〕「剥，｜也」義證。○｜依字當作列。

〔莊子·天下〕「道術將為天下丨」集釋。○〔史記〕丨並作列。〔漢書〕「列眥」雜志。○丨當作烈。〔說文〕「隋，丨肉也」義證。

⿰衤列 丨即裂字。〔國策·趙策四〕「車甲羽毛丨敝」鮑注。

熱 溫暑曰丨。〔慧琳音義·卷七〕引〔桂苑珠叢〕。○丨與暑義得兩通。〔管子〕「暑耘」雜志。○丨者，其丨不可釋。〔義府·卷上〕○丨、溼同類。〔釋器〕「食饐謂之餲」郝疏。○丨與爇亦聲近義同。〔廣雅·釋詁二〕「天，爇也」疏證。○爇、丨、焫並通。〔廣雅·釋詁二〕「焫，爇也」疏證。○〔說文定聲·卷一三〕丨，借為怵。〔孟子〕「則丨中」。

決 丨，流行也。〔廣韻·屑部〕○丨，去其壅塞也。〔孟子·滕文公上〕「丨汝漢」朱注。○人導之而行曰丨。〔說文定聲·卷一三〕○水不循道而自行亦曰丨。〔同上〕○丨，猶引開也。〔說文〕「韘，射丨也」繫傳。○丨，裂也。〔通鑑·秦紀二〕「譬猶騁六驥過丨隙也」音注。○丨，斷也。〔大戴·文王官人〕「丨之以卒而度料」王詁。○丨，一曰斷也。〔集韻·屑部〕○丨，謂斷定也。〔漢書·孝成許皇后傳〕「輒上表乃丨」補注。○丨，引伸為丨斷。〔說文〕「丨，下流也」段注。○丨正，以為正而斷丨從之。〔漢書·大宛國傳〕「丈夫乃丨正」補注引徐松。○丨，別也。〔漢書·孝景王皇后傳〕「不肯與丨」補注引周壽昌。○丨者，明也。〔穀梁傳桓公一二年〕「再稱日，丨日義也」平議。○丨，疾皃。〔集韻·屑部〕○丨躁，疾也。〔易·說卦傳〕「為丨躁」述聞。○丨驟，云取其剛勁也。〔莊子·齊物論〕「麋鹿見之丨驟」集釋引正義。○丨驟，即丨趨也。〔同上〕集釋。○丨驟，猶蹶驟。〔通雅·卷七〕○〔說文定聲·卷一三〕丨，謂開弓體。〔儀禮·鄉射禮〕「袒丨遂」。○丨，以象骨為之，著於右手大指，所以鉤弦開體。〔詩·車攻〕「丨拾既佽」朱傳。○凡射者之器曰弓曰矢曰丨曰拾。〔儀禮·鄉射禮〕「弓矢既具，有司請射」胡正義引凌廷堪。○丨與赽亦聲近義同。〔廣雅·釋詁一〕「赽，疾也」疏證。○〔說文定聲·卷一三〕丨，叚借為夬。〔詩·車攻〕「丨拾既佽」。○〔同上〕丨，叚借為趹。〔莊子·逍遙遊〕「我丨起而飛」。○〔同上〕丨，叚借為抉。〔淮南子·說山〕「丨指而身死」。○丨，亦抉也。〔廣雅·釋詁三〕「抉，穿也」疏證。○抉、玦、鞅並與丨同。〔廣雅·釋器〕「捍，韘也」疏證。○丨同缺。〔集韻·屑部〕○丨同翊。〔集韻·薛部〕○丨，或作映。〔集韻·屑部〕○丨，字亦誤作決。〔說文定聲·卷一三〕○丨驟，其正字當作趹趣。〔莊子·齊物論〕「麋鹿見之丨驟」集釋。○丨錄，浙本作炔欽。〔漢書·眭弘傳〕「眭弘字孟」補注引宋祁。

决 丨，斷也，猶必。〔國策·秦策四〕「寡人丨講矣」鮑注。○丨，立丨斷也。〔慧琳音義·卷二〕引〔考聲〕。○丨，猶制。〔國策·趙策四〕「則足下擊潰而丨天下矣」鮑注。○丨，言用之不疑。〔國策·秦策二〕「皆欲丨蘇秦之策」鮑注。○丨，猶別。〔國策·趙策一〕「愴然有丨色」鮑注。

泧 漢呼兔為丨鼻。〔通雅·獸〕

鐵 丨，截也，剛可截物也。〔本草·卷八〕○〔說文定聲·卷一七〕丨，借為驖。〔詩·駟鐵〕「駟丨孔阜」。○丨，古夷字。〔說文〕「崵，一曰嵎丨，崵谷也」句讀。○〔說文定聲·卷一七〕丨與銕、銻同字。〔說文〕「丨，黑金也」。○〔公羊〕丨作栗。〔左傳哀公二年經〕「戰于丨」洪詁。

鐡 丨，或作鐵。〔慧琳音義·卷八〕

鉄 丨，俗鐵字。〔方言九〕「車下鐵，陳宋淮楚之間謂之畢」箋疏。

滅 丨，盡也。〔廣韻·薛部〕○丨者，盡也。〔說文〕「戡，丨也」段注。○丨，絕也。〔大戴·曾子立事〕「流言丨之」王詁。又〔廣韻·薛部〕。○丨亦斷絕之義。〔釋言〕「翦，齊也」郝疏。○丨，沒也。〔慧琳音義·卷七〕引〔韻英〕。○丨，猶沒也。〔國策·燕策三〕「水皆至丨表」鮑注。○丨，漫也，言水浸淫敗物也。〔易象上傳〕「澤丨木」李疏。○君死于位曰丨。〔左傳閔公二年〕「遂丨衛」洪詁。○丨，殺也。〔左傳哀公元年〕「丨夏后相」洪詁引王肅。○古者丨殺尊卑同名。〔同上〕○丨耳，刵刑也。〔易·噬嗑〕「何校丨耳」李疏。○丨鼻者，劓刑也。〔易·噬嗑〕「噬膚丨鼻」李疏。○丨趾者，刖刑也。〔易·噬嗑〕「屨校丨趾」李疏。○丨麋，即丨眉，古通也。〔通雅·身體〕○蔑、丨同音且同物。〔易象上傳〕「剥牀以足，以丨下也」李疏。○〔說文定聲·卷一三〕丨，叚借為翦。〔史記·弟子列傳〕「魯澹臺丨明字子羽」。○〔同上〕丨，叚借為筤。〔禮記·檀弓〕「丨字子蒲」。○丨，蔤之叚借也。〔說文〕「蔤，扶渠本」段注。○泯、丨、沒又俱一聲之轉。〔釋詁〕「泯，盡也」郝疏。○〔說文定聲·卷一三〕丨，以烕為之。〔靈臺碑〕「興烕繼絕」。○丨者，烕之絫增字。〔說文〕「丨，盡也」句讀。○丨當為烕。〔說文〕「戌，丨也」義證。

折 丨，斷也。〔大戴·衛將軍文子〕「方長不丨」王詁。又〔勸學〕「風至苕丨」王詁。又〔論語·顏淵〕「片言可以丨獄者」朱注。又〔集韻·薛部〕。○丨者，斷絕也。〔禮記·祭法〕「萬物死皆曰丨」集解。○丨謂丨骨，非謂刀丨也。〔莊子·養生主〕「族庖月更刀，丨也」集釋引俞樾。○丨，拗丨。〔廣韻·薛部〕○丨，摧丨也。〔通鑑·周紀二〕「則兵半丨」音注。○丨，斷而猶連也。〔廣韻·薛部〕○丨簡，丨而疊之也。〔通雅·書札〕○丨枝，謂磬丨腰肢也。〔義府·卷上〕引〔翼孟〕。○丨菱，猶孟子言丨枝，謂丨取細枝笞之。〔方言二〕「丨菱笞之」箋疏。○三殤曰丨。〔義府·卷上〕○丨，挫也。〔大戴·曾子立事〕「不丨辭」王詁。又〔慧琳音義·卷八〕。○丨，毀也。〔國策·魏策三〕「則契丨於秦」鮑注。○丨，猶敗。〔國策·齊策一〕「則兵半丨」鮑注。○丨，謂曲丨。〔大戴·勸學〕「丨必以東西」王詁。○丨，猶屈。〔國策·西周策〕「則周必丨而入於韓」鮑注。又〔楚策三〕「魏丨而入齊秦」鮑注。○丨，抑取也。〔慧琳音義·卷八〕引〔考聲〕。○丨，輾也。〔說文定聲·卷一三〕〔鶩丨下〕○丨，承席也，形如牀，無足。〔通雅·諺原〕引〔雜記〕注。○搚、拹、拉、摺、丨，並字異而義同。〔廣雅·釋詁一〕「摺，丨也」疏證。○晰、哲、悊、丨、喇，並字異而義同。〔廣雅·釋詁四〕

「晣，明也」疏證。○丨中，平也。〔楚辭・遠逝〕「北斗為我丨中兮」補注。○丨膠與關弓同義，言當乘時立威也。〔漢書・鼂錯傳〕「欲立威者，始於丨膠」補注引王文彬。○至今宮殿正中一間横檻，獨不設欄楯，謂之丨檻。〔漢書・朱雲傳〕「因而輯之，以旌直臣」補注引〔容齋隨筆〕。○丨爼，言半體房蒸也。〔通雅・飲食〕○丨丹，〔山海經〕神名。〔通雅・姓名〕○忻乃丨字之誤。丨讀為哲，古字通用。〔賈子・時變〕「善突盜者為忻」平議。○哲、晢二字因與丨同音通借。〔史記・仲尼弟子列傳〕「伯虔字子析」志疑。○丨，古多假為制。〔説文〕「制，裁也」段注。○丨、制音同。〔墨子・尚同中〕「丨則刑」閒詁引畢沅。○丨與制聲相近。〔書・呂刑上〕「丨民惟刑」孫疏。○丨讀為擿。〔墨子・非樂上〕「丨壤坦而為之」閒詁。○丨當為析。〔説文〕「筡，丨竹筤也」義證。○丨，鄭衆〔周禮〕注引作破。〔左傳哀公二年〕「無丨骨」洪詁。○丨，〔尚書大傳〕作哲。〔書・呂刑〕「哀敬丨獄」述聞。

𣂚

丨者，斷也。〔説文〕「摧，一曰丨也」段注。○〔説文定聲・卷一三〕丨，如牀，而縮者三，橫者五，無簀，窆事畢加之壙上，以承抗席。〔儀禮・既夕禮〕「丨横覆之」。○（同上）丨，疑絜字之轉注，其横縮如編緒也。〔荀子・禮論〕「抗丨其貊」。○（同上）丨，段借為哲。〔禮記・祭法〕「瘞埋于泰丨」。○（同上）丨，段借為窒。〔家語・賢君〕「忠士丨口」。○（同上）丨，段借為哲。〔廣雅・釋器〕「丨，築也」。○丨同折。〔集韻・薛部〕

拙

丨，不巧也。〔廣韻・薛部〕○丨，不工巧也。〔慧琳音義・卷八〕引〔考聲〕。○丨，詘之借字。〔墨子・備城門〕「中丨」閒詁。○乾道本丨作掘。〔韓子・難言〕「見以為丨而不倫」集解。

切

丨，割也。〔廣韻・屑部〕○丨，刻也。（同上）○丨，刌也。〔集韻・屑部〕○丨瑳，言務學也。〔荀子・天論〕「日丨瑳而不舍」集解引郝懿行。○丨，按也。〔太素・經解〕「摩之丨之」楊注。○凡以物相摩按謂之丨。〔論語・子路〕「丨丨偲偲」劉正義。○丨，近也。〔廣韻・屑部〕○丨，謂丨近。〔大戴・保傅〕「故丨而不攘」王詁。○丨，義也。〔廣韻・屑部〕○丨，丨直。〔屈賦・抽思〕「固丨人之不媚兮」戴注。○丨，專志也。〔太素・癰疽〕「丨而調之」楊注。○丨丨，懇到也。〔論語・子路〕「丨丨偲偲」朱注引胡氏。○丨丨、偲偲，蓋皆敬貌也。〔廣雅・釋訓〕「丨丨，敬也」疏證。○丨，迫也。〔通鑑・晉紀一〕「晝夜催丨」音注。又〔廣韻・屑部〕。又〔集韻・屑部〕。○丨丨，猶言迫急也。〔通鑑・漢紀四八〕「外間丨丨」音注。○丨，要也。〔集韻・屑部〕○丨者，門限。〔説文〕「釦，金飾器口」段注。○古謂門限為丨。〔釋宮〕「柣謂之閾」郝疏。○丨儗，猶比擬也。〔通雅・釋詁〕○丨雲，冠名。〔楚辭・涉江〕「冠丨雲之崔嵬」補注引五臣注。○丨，通作砌。〔釋宮〕「柣謂之閾」郝疏。○丨與扨通。〔廣雅・釋詁三〕「扨，磨也」疏證。○丨，亦通作漆。〔廣雅・釋訓〕「丨丨，敬也」疏證。○丨、磋、磨三字，對文則異，散文則通。〔廣雅・釋詁三〕「磋，磨也」疏證。○丨丨又與漆漆、竊竊通。〔通雅・釋詁〕○丨、倩聲轉。〔釋宮〕「柣謂之閾」郝疏。○〔説文定聲・卷一二〕丨，字變作沏。〔海賦〕「激勢相沏」。○（同上）丨，字亦作扨。〔字林〕「扨，摩也」。○丨，魯作齾。〔詩・淇奧〕「如丨如磋」集疏。

悅

丨，喜也。〔廣韻・薛部〕又〔集韻・薛部〕。○丨，樂也。〔廣韻・薛部〕又〔集韻・薛部〕。○善與丨皆快適之意。〔釋言〕「展，適也」郝疏。○心兑為丨。〔説文繫傳・通論下〕○〔義府・卷上〕色盛曰丨。〔漢武故事〕「體常壯丨」。○丨，服也。〔廣韻・薛部〕又〔集韻・薛部〕。○丨，拭也。〔説文繫傳・通論下〕○丨者，彌小也。（同上）○丨，猶説也。（同上）○丨，脱也。〔廣韻・薛部〕○丨，解脱也。〔説文繫傳・通論下〕○丨之義為解。〔孟子・公孫丑下〕「士則茲不丨」焦正義。○丨，或作説。〔集韻・薛部〕○丨，或作兑。（同上）

轍

丨，車丨。〔廣韻・薛部〕○丨，乃車行迹也。〔本草・車轍中水〕○丨，亦作軼。〔集韻・薛部〕○丨當作徹。〔文選・石闕銘〕「北通二丨」集釋。○凡〔史記〕〔莊子〕〔國策〕丨字多作軼。〔史記〕「結軌」雜志。

𨇨

丨同轍。〔集韻・薛部〕○丨同徹。（同上）

訣

丨，別也。〔通鑑・周紀四〕「廉頗送至境，與王丨」音注。○丨，丨別。〔廣韻・屑部〕○丨，言別也，與人死別也。〔慧琳音義・卷九二〕引〔韻略〕。○丨，絶也。〔集韻・屑部〕又〔慧琳音義・卷三三〕引〔字略〕。○丨，早知也。〔莊子・列禦寇〕「緣循偃佒困畏」集釋。

泄

丨，發也。〔管子〕「理丞而屯丨」雜志。○丨，漏也。〔楚辭・惜往日〕「心純庬而不丨兮」補注。又〔慧琳音義・卷一二〕引〔集訓〕。○丨，漏丨也。〔廣韻・薛部〕○丨，利也。〔漢書・嚴助傳〕「歐丨霍亂之病相隨屬也」補注引胡三省。○丨利，今之所謂水瀉也。〔釋名・釋疾病〕「丨利，言其出漏丨而利也」疏證。○丨，謂後重也。〔通雅・身體〕○丨，去也。〔通鑑・魏紀二〕「不時得丨」音注。○丨，減也。〔慧琳音義・卷一二〕引〔集訓〕。○丨，歇也。〔廣韻・薛部〕又〔慧琳音義・卷一二〕引〔集訓〕。○丨，亦烝也。〔管子〕「理丞而屯丨」雜志。○丨庸，疑即〔國語〕所謂舌庸者，丨與舌音相近而字異耳。〔漢書・董仲舒傳〕「粵王句踐與大夫丨庸、種、蠡謀伐吳」補注引齊召南。○〔説文定聲・卷一三〕丨，段借為洩。〔廣雅・釋言〕「洩，丨也」。○（同上）丨，段借為褻。〔孟子〕「武王不丨邇」。○丨當讀為抴。〔莊子・人間世〕「小枝丨」平議。○丨，通於媟。〔孟子・離婁下〕「武王不丨邇」焦正義。○丨與媟同，嫚也。〔方言一三〕「媟，狎也」箋疏。○丨、息聲之轉。〔方言一〇〕「丨、奄，息也」箋疏。○丨者，渫之假借字。〔詩・民勞〕「俾民憂丨」陳疏。○丨亦作渫。〔方言一〇〕「丨，歇也」疏證。○丨當作渫。〔釋名・釋形體〕「舌，丨也」疏證。○丨，〔文選〕注引作渫。〔左傳襄公一四年〕「言語漏丨」洪詁。○丨，又作洩。〔方言一〇〕「丨，歇也」疏證。○丨，亦作洩。〔廣韻・薛部〕○丨，諸本作洩。〔左傳昭公四

年」「杜丨見」洪詁。○丨，魯亦作呭，齊、韓作詍。〔詩・板〕「無然丨丨」集疏。

泄 丨同渫。〔集韻・薛部〕○丨，亦作泄。〔釋訓〕「丨丨，制法則也」鄭注。○〔古今人表〕丨作泄。〔左傳桓公一六年〕「左公子丨」疏證引校勘記。

噎 丨，食塞。〔廣韻・屑部〕○丨，氣塞胸喉，食不下也。〔慧琳音義・卷一三〕引〔字書〕。○丨，食窒氣不通。〔説文〕「丨，飯窒也」義證引〔增韻〕。○丨，憂也。〔慧琳音義・卷六三〕引〔古今正字〕。○丨，憂深不能喘息。〔詩・黍離〕「中心如丨」朱傳。○丨，咽喉氣塞不通也。〔慧琳音義・卷七七〕引〔考聲〕。○丨為咽喉蔽塞之名也。〔方言六〕「㾓、嗌，丨也」箋疏。○丨，丨憂不能息也。〔詩・黍離〕「中心如丨」後箋引段玉裁。○丨與咽同，謂嗚咽也。〔廣雅附・釋言〕「喝，嘶也」疏證。○丨字或以咽為之。〔説文定聲・卷一二〕○丨者，欭之假借。〔詩・黍離〕「中心如丨」通釋。○丨憂，即欭嚘之假借字。〔説文〕「欭，嚘也」段注。○丨、噫古同聲。〔方言一〕「宋衛之間凡怒而丨噫謂之脅閱」箋疏。○丨、嗌、咽並聲之轉也。〔方言六〕「㾓、嗌，丨也」箋疏。○丨與䬲同。〔廣雅・釋言〕「餕，䬲也」疏證。○丨或作饐。〔集韻・屑部〕又〔慧琳音義・卷一三〕引〔字書〕。○〔説文定聲・卷一二〕丨，字亦作唈。〔釋言〕「僾，唈也」。

䬲 丨，結也。〔楚辭・逢尤〕「仰長歎兮氣丨結」王注。○丨同噎。〔集韻・屑部〕○丨與噎同。〔楚辭・逢尤〕「仰長歎兮氣丨結」補注。○丨與饐同。〔漢書・賈山傳〕「祝丨在前」補注引洪興祖。○丨當作䬲。〔同上〕補注引宋祁。

饐 丨同噎。〔集韻・屑部〕

傑 〔説文定聲・卷一三〕丨謂勢也。〔説文〕「丨，傲也」。○丨，特立也。〔廣韻・薛部〕○丨，俊也。〔同上〕○丨，英丨。〔同上〕○丨，一曰俊丨。〔集韻・薛部〕○丨，謂出也。〔説文〕「丨，執也，才過萬人也」繫傳。○知過十人謂之丨。〔楚辭・懷沙〕「非俊疑丨兮」補注引〔淮南子〕。○智過百人謂之丨。〔説文〕「俊，才過千人也」義證引〔文子〕。○千人曰丨。〔國策・齊策三〕「小國英丨之士」鮑注。○丨，先長者也。〔詩・載芟〕「有厭其丨」朱傳。○丨、楬、碣義並同也。〔廣雅・釋詁二〕「偈，健也」疏證。○丨，古通作楬字。〔墨子・號令〕「各自大書於丨」閒詁引洪頤煊。○〔説文定聲・卷一三〕丨以桀為之。〔呂覽・功名〕「則豪丨歸之」。○丨與揭同。〔詩・載芟〕「有厭其丨」陳疏。○官本丨皆作桀。〔漢書・張耳陳餘傳〕「知其豪丨」補注。

徹 丨，祭畢而收其俎也。〔論語・八佾〕「三家者以雍丨」朱注。○丨，取也。〔詩・鴟鴞〕「丨彼桑土」朱傳。又〔同上〕集疏引魯説。○丨，抽也。〔續音義・卷五〕引〔考聲〕。○丨，通也。〔詩・公劉〕「丨田為糧」朱傳。又〔論語・顏淵〕「盍丨乎」朱注。又〔孟子・滕文公上〕「周人百畝而丨」朱注。又〔通鑑・晉紀一一〕「痛丨天地」音注。又〔廣韻・薛部〕。又〔説文〕「屮，讀若丨」段注。○丨之為言通也。〔孟子・滕文公上〕「丨者，丨也」焦正義引錢大昕。○丨，明也。〔廣韻・薛部〕○丨，達也。〔同上〕○丨，道也。〔同上〕又〔集韻・薛部〕。○丨，均也。〔詩・十月之交〕「天命不丨」朱傳。又〔論語・顏淵〕「盍丨乎」朱注。又〔孟子・滕文公上〕「周人百畝而丨」朱注。○丨，井其田也。〔詩・江漢〕「丨我疆土」朱傳。○丨與轍通。〔老子・七七章〕「無德司丨」平議。○丨與撤通。〔廣雅・釋詁一〕「撤，取也」疏證。又〔釋詁三〕「撤，治也」疏證。○丨與撤通，取也。〔詩・鴟鴞〕「丨彼桑土」通釋。○丨者，撤之假借。〔同上〕陳疏。○丨讀為撤。〔詩・十月之交〕「丨我墻屋」陳疏。○〔説文定聲・卷一二〕丨，叚借為⿲彳育亍。〔儀禮・士冠禮〕「丨筵席」。○丨者，⿲彳育亍之叚借。〔詩・楚茨〕「廢丨不遲」通釋。○〔説文定聲・卷一二〕丨，謂借為⿲彳育亍，後因以為賦名。〔詩・公劉〕「丨田為糧」。○〔同上〕丨，叚借又作蹴。〔列子・説符〕「絶塵弭蹴」。○〔同上〕丨，謂借為掇。〔詩・鴟鴞〕「丨彼桑土」。○丨、轍古今字。〔漢書・文帝紀〕「結丨於道」補注引錢大昭。○丨，古轍字。〔説文〕「軌，車丨也」義證。○丨與轍同。〔廣雅・釋詁三〕「轍，迹也」疏證。○丨，字亦作轍。〔説文定聲・卷一二〕○丨，官本作轍，〔史記〕同。〔漢書・陳平傳〕「然門外多長者車丨」補注。○丨，〔大戴〕、〔新書〕並作虧，避武帝諱改。〔漢書・賈誼傳〕「丨膳之宰」補注。

⿲彳育亍 丨，迹也、道也、洩也。〔慧琳音義・卷一〇〕○丨，抽也。〔同上〕引〔考聲〕。○丨，去也。〔同上〕引〔字書〕。○丨，除也。〔同上〕引〔字書〕。○丨，俗作撤。〔慧琳音義・卷一〇〕

⿲彳⿱丷育攵 丨同徹。〔集韻・薛部〕

⿲彳育攵 丨同徹。〔集韻・薛部〕

瞮 丨，明也。〔集韻・薛部〕

⿰口⿰育攵 丨或作徹，通也。〔慧琳音義・卷八〕

⿰月⿰育攵 丨，明也。〔集韻・薛部〕

別 丨，解也。〔廣韻・薛部〕○丨者，分解也。〔説文〕「冎，丨也」段注。○丨與列畧同。〔説文定聲・卷一三〕○丨，分也。〔漢書・陳湯傳〕「丨為六校」補注引胡三省。○丨，分別。〔廣韻・薛部〕○丨，離也。〔同上〕○〔説文定聲・卷一三〕丨，猶背也。〔離騷〕「余既不難夫離丨兮」。○丨謂分兵。〔漢書・吳王傳〕「且擅兵而丨」補注。○丨，辨也。〔大戴・主言〕「民皆有丨則貞」王詁。又〔本命〕「是故審倫而明其丨，謂之知」王詁。○丨，

不淆紊。〔方言三〕「丨，治也」疏證。○〔說文定聲・卷一三〕丨，分辨則不淆亂。〔方言三〕「丨，治也」。○丨，異也。〔廣韻・薛部〕○丨，猶言丨將也。〔漢書・吳王傳〕「且擅兵而丨」補注。○丨將，小將丨在他所。〔漢書・酈商傳〕「丨將攻旬關」補注。○丨將，丨領一軍為將。〔同上〕○丨子，諸侯之子，始為卿大夫，謂之丨子，是嫡夫人之次子，或衆妾之子，丨異于正君繼父，故曰丨子。〔通雅・稱謂〕引〔詩正義〕。○丨，丨嫌。〔漢書・王商傳〕「遠丨不親」補注引王文彬。○丨，亦偏也。〔書・康誥〕「乃丨播敷」述聞。○丨求，猶敷求也。〔書・康誥〕「丨求聞由古先哲王」孫疏。○丨契與丨券義亦同。〔周禮・小宰〕「四曰聽稱責以傳丨」孫正義。○丨拊，疑即搏拊也，搏拊亦鼓類。〔漢書・禮樂志〕「剛、丨柎員二人」補注引沈欽韓。○丨即辯，古通用。〔呂覽・振亂〕「不可以不熟察此論也」校正。○丨、辯聲近字通。〔墨子・天志〕「甘苦之丨」閒詁。○丨與辯聲轉義同。〔釋訓〕「諸諸，辯也」郝疏。○丨，亦當讀為辯。〔書・康誥〕「乃丨播敷」述聞。○丨，讀「先飯辯嘗羞」之辯，古字丨與辯通。〔書・康誥〕「丨求聞由古先哲王」述聞。○丨，古與辨通。〔同上〕孫疏。○丨，或作蒴。〔說文〕「蒔，更丨種」義證。○〔說文定聲・卷一三〕丨，字亦變作蒴。〔釋名・釋書契〕「蒴，丨也」。○舊校云，丨一作辨。〔呂覽・音律〕「修丨喪紀」校正。○丨，本作敬。〔大戴・保傅〕「所以明有丨也」述聞。○〔南齊書・禮志〕〔御覽・時序部三〕丨並作敬，〔賈子〕〔漢書〕同。〔同上〕

哲 丨，知。〔詩・鴻鴈〕「維此丨人」朱傳。又〔抑〕「靡丨不愚」朱傳。又〔雝〕「宣丨維人」朱傳。○丨，知也。〔詩・瞻卬〕「丨夫成城」朱傳。○古書皆訓丨為知。〔漢書〕「丨民情」雜志。○丨，智也。〔廣韻・薛部〕○丨者，〔釋言〕云智也，智即明也。〔書・大誥〕「爽邦由丨」孫疏。○悊，敬也，疑敬是本義，以為丨是假借。〔說文〕「丨，或从心」段注。○丨亦折之借字。〔書・呂刑〕「哀敬折獄」述聞。○丨即折假借字。〔書・呂刑〕「折民惟刑」孫疏。○丨當讀為折，折之言制也。〔同上〕述聞。○〔說文定聲・卷一三〕丨，以悊為之，古借悊為丨也。〔漢書・五行志〕「悊，知也」。○〔同上〕丨，段借為歠。〔荀子・大畧〕「多言無法而流喆然」。○丨，齊作悊。〔詩・小旻〕「或丨或謀」集疏。○丨，魯作悊。〔詩・瞻卬〕「丨婦傾城」集疏。

悊 丨、晣、哲並字異而義同。〔廣雅・釋詁四〕「晣，明也」疏證。○丨，古以為哲字。〔說文〕「丨，敬也」繫傳。○〔說文定聲・卷一三〕丨，段借為哲。〔漢書・五行志〕「丨，智也」。○丨同哲。〔廣韻・薛部〕又〔集韻・薛部〕。○丨、哲字同。〔墨子・尚賢中〕「哲民維刑」閒詁。○〔說文定聲・卷一三〕丨，段借為折。〔漢書・刑法志〕「丨民惟刑」。○〔同上〕丨，以誓為之。〔釋言〕「誓，謹也」。

⿱知心 丨，悊字異文。〔墨子・經說上〕「雗脯而非丨也」閒詁引畢沅。

喆 丨同哲。〔廣韻・薛部〕又〔集韻・薛部〕。

龞 丨，魚丨。〔廣韻・薛部〕○〔說文定聲・卷一三〕丨，段借為鼈。〔廣雅・釋蟲〕「蟞，蜉螘也」。

鱉 丨同龞。〔集韻・薛部〕

設 丨，陳也。〔詩・出車〕「丨此旐矣」朱傳。又〔彤弓〕「鐘鼓既丨」集疏引韓詩。又〔國策・韓策二〕「居處兵衛甚丨」鮑注。又〔廣韻・薛部〕。○丨，施陳。〔國策・西周策〕「丨以國為王扞秦」鮑注。○丨者，無其事施陳為之。〔國策・秦策五〕「請為大王丨秦趙之戰」鮑注。○丨，置也。〔大戴・衛將軍文子〕「自丨於隱栝之中」王詁。又〔盛德〕「是為民丨陷以賊之也」王詁。又〔廣韻・薛部〕。又〔說文〕「供，丨也」義證引〔玉篇〕。○丨、敷義相近。〔周禮・大宰〕「丨其參」孫正義。○丨，合也。〔書・盤庚〕「各丨中于乃心」述聞引〔廣雅〕。又〔廣韻・薛部〕。○丨，亦合也。〔禮記・禮器〕「丨於地財」述聞。○丨，用也。〔荀子・君道〕「善顯丨人者也」集解。○〔說文定聲・卷一二〕丨與用使字同。〔法言・重黎〕「丨秦得人如何」。○丨即為也。〔漢書・疏廣傳〕「公卿大夫故人邑子丨祖道」補注。○丨者大也。〔荀子・君道〕「善顯丨人者也」平議。○丨，張也。〔大戴・投壺〕「質參既丨」王詁。○丨即張也，張則有彊義。〔孟子・離婁下〕「其丨心以為不若是」焦正義。○丨者，虛假之辭。〔國策・齊策四〕「丨為不宦」鮑注。○丨利羅，梵語，或云舍利，即是如來碎身靈骨也。〔慧琳音義・卷二〕○〔說文定聲・卷一二〕丨，段借為寔。〔廣雅・釋詁二〕「丨，合也」。○〔同上〕丨，段借為褻。〔荀子・大略〕「丨衣不踰祭服」。○〔同上〕丨，段借為泆。〔易・繫辭〕「益長裕而不丨」。○丨，經典借施字。〔說文〕「丨，施陳也」義證。○〔說文定聲・卷一二〕丨，段借發聲之詞。〔史記・魏其武安侯列傳〕「丨百歲後」。○丨當讀為翕。〔大戴・武王踐阼〕「自丨於隱栝之中」平議。○丨，熹平石經作翕。〔書・盤庚〕「各丨中于乃心」孫疏。○漢石經丨作翕，翕亦合也。〔同上〕述聞。○丨字當作誤。〔韓詩外傳〕「自丨於隱栝之中」述聞。○丨當為没，没謂貪冒也。〔漢書・匡衡傳〕「以身丨利」補注引王引之。○〔史記・仲尼弟子列傳〕索隱引丨作娛。〔大戴・衛將軍文子〕「自丨於隱栝之中」述聞。

齧 丨，噬也。〔廣韻・屑部〕又〔集韻・屑部〕。又〔說文〕「蚤，丨人跳蟲也」段注。○丨，淺咬也。〔慧琳音義・卷六一〕○丨，少噬為丨。〔慧琳音義・卷七六〕○丨謂水衝隄土，猶齒之噬也。〔考工記〕「善溝者水漱之」孫正義。○丨膝，良馬低頭口至膝，故曰丨膝。〔文選・聖主得賢臣頌〕「及至駕丨膝」補正引孟康。○丨，堅皃。〔說文〕「齸，丨堅也」段注引〔玉篇〕。○丨即堇葵也。〔釋艸〕「丨，苦堇」鄭注。○〔說文定聲・卷一三〕丨，或曰借為栔。〔賈子・道術〕「安柔不苛謂之良，反良為丨」。

劣 丨，弱也。〔廣韻・薛部〕又〔慧琳音義・卷八〕。又〔續音義・卷三〕引〔考聲〕。○丨，鄙也。〔廣韻・薛部〕○丨，少也。〔通鑑・晉紀三九〕「丨容足指」音注。又〔廣韻・薛部〕。○丨，少力也。〔續音義・卷三〕引〔考聲〕。○丨猶危也。〔說文〕「疲，病丨也」段注。○丨，通作㤞。〔集韻・薛部〕

碣 丨，亦取傑立之義。〔詩・伯兮〕「伯兮朅兮」通釋。○朅、丨，義並與揭通。〔廣雅・釋詁二〕「揭，舉也」疏證。○傑、朅、丨義並同也。〔廣雅・釋詁二〕「偈，健也」疏證。○詳誌生卒如銘誌曰丨。〔通雅・宮室〕

掣 丨，頓拽也。〔慧琳音義・卷四二〕引〔考聲〕。○丨，頓拽縮也。〔卷八〕引〔考聲〕。○〔通雅・卷二九〕丨，言丨起，高也。〔補筆談〕「有三聲，曰敦，曰丨，曰住」。○丨，挽也。〔廣韻・薛部〕又〔集韻・薛部〕。○丨，通作摯。〔釋訓〕「甹夆，丨曳也」郝疏。○丨，亦作摯。〔慧琳音義・卷八〕引〔考聲〕。

譎 丨，權也。〔論語・憲問〕「丨而不正」劉正義。又〔述聞・通說〕。○丨，權詐也，訓詐則為惡德，訓權則亦可為美德。（同上）○丨，丨詐。〔廣韻・屑部〕○丨，誑也，設詐謀以誑誤於主也。〔韓子・孤憤〕「此人臣之所以丨主便私也」集解引舊注。○欺謬天下曰丨。〔慧琳音義・卷八五〕引〔古今正字〕。○丨，詭也。〔論語・憲問〕「晉文公丨而不正」朱注。○〔說文定聲・卷一二〕丨，乖違也。〔莊子・天下〕「而倍丨不同」。○丨，詭與琦瑋同義。〔漢書・荆燕吳傳贊〕「豈不危哉」補注引王念孫。○丨，決也。〔荀子・儒效〕「明主丨德而序位」集解。○丨、決古字通。〔荀子・儒效〕「若夫丨德而定次，量能而授官」雜志。○〔說文定聲・卷一二〕丨段借為決。〔荀子〕「若夫丨德而定次」。○丨與決同。〔荀子・儒效〕「明主丨德而序位」雜志。○〔說文定聲・卷一二〕丨，段借為趫。〔淮南子・覽冥〕「君臣乖心則背丨見于天」。○丨，字或作鐍。〔廣雅・釋天〕「丨，常氣」疏證。

矞 丨同譎。〔集韻・屑部〕

玦 丨，如環而有缺。〔楚辭・湘君〕「捐余丨兮江中」補注。○半環謂之丨。〔說文〕「丨，玉佩也」義證引〔急就篇〕顏注。○丨，環之不周者。（同上）繫傳。○丨，珮如環而有缺，逐臣賜丨義取與之訣別也。〔廣韻・屑部〕○〔說文定聲・卷一三〕丨，段借為抉，實為夬。〔詩・芄蘭〕「童子佩韘」注「抉拾」。○官本注丨作決。〔漢書・五行志〕「金丨不復，君有心矣」補注。

璚 丨同玦。〔集韻・屑部〕

𢧵 丨丨、諓諓、戔戔、淺淺，並字異而義同。〔廣雅・釋訓〕「諓諓，善也」疏證。○丨，古亦用絶。〔說文定聲・卷七〕○丨，俗作截。〔慧琳音義・卷三〕○〔說文定聲・卷七〕丨字又作截。〔廣雅・釋詁三〕「截，治也」。○丨，或作截。〔廣韻・屑部〕○丨者，斷也。〔說文〕「斮，斬也」段注。

截 丨，整齊也。〔詩・長發〕「海外有丨」朱傳。○丨與戔、諓俱聲相近。〔書・秦誓〕「丨丨善諞言」孫疏。○丨丨，〔楚辭・九歎〕注引作諓諓。（同上）

擮 丨同𢧵。〔集韻・屑部〕

竊 丨，盜也。〔廣韻・屑部〕○丨，私取也。〔慧琳音義・卷二二〕引〔考聲〕。○丨猶私。〔國策・齊策一〕「孟嘗君又丨以諫」鮑注。○丨，私也，私為之而不使人知。〔通鑑・周紀四〕「憐而常丨衣食也」音注。○丨取之猶言私為之。〔孟子・離婁〕「其義則丘丨取之矣」平議。○丨出，謂私出也。〔左傳・莊公一〇年〕「自雩門丨出」疏證引王念孫。○丨，姿也。〔慧琳音義・卷五〕引〔考聲〕。○丨，小視也。〔卷一二〕引〔考聲〕。○丨，淺也。〔卷五〕引〔考聲〕。又〔釋獸〕「虎丨毛謂之虦貓」述聞。又〔說文定聲・卷一四〕〔虦下〕○丨，淺也。〔廣韻・屑部〕○丨，猶淺也。〔說文〕「雇，夏雇丨玄」繫傳。○凡言丨言盜，皆借色、淺色、間色也。〔通雅・綵色〕○丨當讀為蔡。〔書・微子〕「好草丨姦宄」平議。○丨與察一聲之轉。〔晏子春秋・雜上〕「窮不可丨也」平議。○丨，古淺字。〔釋鳥〕「夏鳸，丨玄」鄭注。○丨，舊校云一作窮。〔呂覽・適威〕「周鼎有丨」校正。

竊 丨當訓蟲私取米食也。〔說文定聲・卷一二〕○丨，一曰淺也。〔集韻・屑部〕○〔說文定聲・卷一二〕丨，段借為淺，丨、淺雙聲。〔釋獸〕「虎丨毛謂之虦貓」。○（同上）丨，段借為察。〔荀子・哀公〕「竊其有益與其無益」。○（同上）丨，段借為切。〔廣雅・釋詁三〕「竊，著也」。○丨、虦、淺俱聲相轉。〔釋獸〕「虎丨毛謂之虦貓」郝疏。

蠥 丨，祅丨。〔廣韻・薛部〕○丨，害也。〔屈賦・天問〕「卒然離憂丨何」戴注。○丨，通作孼。〔說文〕「丨，禽獸蟲蝗之怪謂之丨」義證。○〔說文定聲・卷一三〕丨，以孼為之。〔楚辭・天問〕「卒然離孼」。○丨，俗作孽。〔說文〕「丨，禽獸蟲蝗之怪謂之丨」段注。○丨同蠥。〔集韻・薛部〕○丨，諸書多用孽。〔說文〕「丨，禽獸蟲蝗之怪謂之丨」段注。

孽 丨，妖災也。〔慧琳音義・卷四二〕引〔考聲〕。○丨，俗蠥。〔廣韻・薛部〕○丨同蠥。〔集韻・薛部〕○丨，〔新書〕作孽是也。〔漢書・賈誼傳〕「庶人丨妾緣其履」補注。

糱 丨同蠥。〔集韻・薛部〕

綴 丨，連補也。〔廣韻・薛部〕○丨，猶結也。〔詩・長發〕「為下國丨旒」朱傳。○丨，亦訓表。（同上）通釋。○舞列之表曰丨。（同上）通釋。○〔說文定

聲・卷一三〕丨，叚借為葩。〔詩・長發〕「為下國丨旒」。○〔同上〕丨，叚借為輟。〔禮記・樂記〕「禮者所以丨淫也」。○丨，當為輟。〔說文〕「茵，以草補缺，或以為丨」義證。○丨者，叕之分別文也。〔說文〕「叕，丨，聯也」句讀。

閱

門中具數謂之丨。〔慧琳音義・卷四九〕○丨，數也。〔同上〕○丨，具數也。〔大戴・千乘〕「國中賢餘、秀興丨焉」王詁。○丨者，具數也。〔說文〕「揲，丨持也」段注。○丨持者，更迭持之而具數也。〔說文〕「匹，八揲一匹」段注。○〔說文定聲・卷一三〕丨，猶數也。〔荀子・脩身〕「良賈不為折丨不市」。○丨，簡也。〔太素・藏府氣液〕「五藏常內丨於上」楊注。○丨，簡丨。〔廣韻・薛部〕○丨，簡功業也。〔慧琳音義・卷四九〕○丨，簡車馬於廟也。〔左傳桓公六年經〕「秋八月壬午大丨」洪詁引賈逵。○丨實者，簡丨當其實也。〔書・呂刑〕「丨實其罪」孫疏。○丨，察也。〔慧琳音義・卷四九〕○丨，一曰察也，出門者察而數之。〔集韻・薛部〕○積伐曰丨。〔慧琳音義・卷二九〕引〔文字典說〕。○丨，又引申為積其功曰丨。〔說文〕「丨，具數於門中也」段注。○丨，又閱丨。〔廣韻・薛部〕○丨如閱丨之丨。〔公羊傳桓公六年〕「大丨者何」陳疏引孔廣森。○〔說文定聲・卷一三〕丨，亦有積歷之意。〔釋宮〕「桷直而遂謂之丨」。○丨，引申為丨歷。〔說文〕「丨，具數於門中也」段注。○丨亦具也。〔荀子・王制〕「案謹募選丨材伎之士」集解引俞樾。○丨，容也。〔詩・谷風〕「我躬不丨」朱傳。○丨，蒐也。〔慧琳音義・卷四九〕○纂、選、丨三字同義。〔荀子・王制〕「案謹募選丨材伎之士」集解引俞樾。○〔說文定聲・卷一三〕丨，謂方椽之長而直達于檐者。〔釋宮〕「桷直而遂謂之丨」。○椽之長而直達於檐者名丨，丨，歷也，言歷於檐前也。〔釋宮〕「桷直而遂謂之丨」郝疏。○丨交者，別椽長短之名也。〔同上〕郝疏。○丨叉，或云夜叉，梵語，能噉人鬼，又云傷者，謂能傷害人也。〔慧琳音義・卷九〕○丨與說通。〔書・多方〕「克丨于乃邑」孫疏。○丨、說古通。〔漢書・古今人表〕「王孫丨」補注引梁玉繩。○古字丨與說通，說者，解釋也。〔書・呂刑〕「丨實其罪」述聞。○丨與穴通。〔詩・蜉蝣〕「蜉蝣掘丨」後箋。○丨，通作穴。〔同上〕平議。○〔說文定聲・卷一三〕丨，叚借為穴。〔禮記・表記〕「我躬不丨」。○丨，古叚為穴。〔說文〕「丨，具數於門中也」段注。○丨讀為穴。〔詩・蜉蝣〕「蜉蝣掘丨」通釋。○丨同穴。〔說文〕「兌，說也」段注。○丨即穴也。〔詩・蜉蝣〕「蜉蝣掘丨」集疏。○〔說文定聲・卷一三〕丨，叚借為悅。〔詩・蜉蝣〕疏「丨者，悅懌之意」。○丨，〔亢蒼子〕作銳。〔呂覽・審時〕「穗丨而青零」校正。

埒

丨，於外作短垣繞之也。〔說文〕「丨，庳垣也」繫傳。○今之圍或為短墻，蓋丨之謂也。〔同上〕義證引〔急就篇〕顏注。○丨，馬丨。〔廣韻・薛部〕○丨，馬丨是也。〔說文〕「丨，庳垣也」段注。○卑垣延長而齊等若一，是之謂丨。〔同上〕○丨之言形丨也。〔廣雅・釋宮〕「丨，隄也」疏證。○丨，謂田界也。〔同上〕○丨者，庳垣，亦所以為畛。〔說文〕「塍，稻田中畦丨也」段注。○丨者，田閒堳道也。〔說文〕「丨，卑垣也」義證引〔急就篇〕顏注。○丨，隄也。〔廣韻・薛部〕○丨，亦庢也。〔同上〕○丨，引申之為涯際之偁。〔說文〕「丨，庳垣也」段注。○丨，等也。〔通鑑・晉紀三八〕「自謂建義之功與裕相丨」音注。又〔唐紀六〇〕「自是南詔工巧丨於蜀中」音注。○丨為相等之偁。〔說文〕「丨，庳垣也」段注。○丨，還也。〔廣韻・薛部〕○丨，一曰丘名。〔集韻・薛部〕○〔說文定聲・卷一三〕丨，叚借為列。〔列子・天瑞〕「易無形埓」。○〔同上〕丨，叚借為例。〔史記・平準書〕「富丨天子」。○丨，汪本作埓。〔漢書・地理志〕「丨，莽曰填狄亭」補注引朱一新。

訐

丨，丨發人私。〔廣韻・薛部〕○丨，告發也。〔集韻・薛部〕

餮

丨，貪食。〔廣韻・屑部〕○貪食為丨。〔左傳文公一八年〕「謂之饕丨」洪詁引賈逵。○貪財貪食總謂之饕丨。〔同上〕述聞。○丨與飻同。〔左傳文公一八年〕「謂之饕丨」洪詁引〔玉篇〕。

飻

〔說文定聲・卷一五〕丨，或曰借為㐱，亦通。〔射雉賦〕「忌上風之餮切」。○丨同餮。〔廣韻・屑部〕○丨，或作餮。〔集韻・屑部〕

瞥

丨，暫見。〔廣韻・屑部〕○丨，丨然暫見也。〔說文〕「丨，過目也」繫傳。○丨，纔見不久也。〔慧琳音義・卷九三〕引〔文字集略〕。○丨，倏忽之意。〔說文〕「丨，過目也」段注。○丨，目翳。〔集韻・薛部〕○丨，障蔽之意。〔說文〕「丨，又目翳也」段注。○丨義通蔽。〔文選・思玄賦〕「游塵外而丨天」集釋。○〔說文定聲・卷一二〕丨，叚借為瞢。〔說文〕「丨，又目翳也」。○丨讀為撆，撆也。〔文選・思玄賦〕「游塵外而丨天」集釋引〔讀書志餘〕。○丨，亦作覕。〔集韻・屑部〕○〔說文定聲・卷一二〕丨，以覕為之。〔莊子・徐無鬼〕「譬之猶一覕也」。○丨，〔莊子〕作覕。〔說文〕「丨，過目也」段注。

覕

丨同瞥。〔集韻・屑部〕

撆

丨，拭也。〔集韻・屑部〕○丨，拂也。〔同上〕○丨，引也。〔廣韻・屑部〕○丨，又略也。〔同上〕○丨，小擊。〔同上〕○〔說文定聲・卷一二〕丨，斷制之誼。〔說文〕「丨，別也」。○丨，所謂撇斷也，擊斷也。〔說文定聲・卷一二〕○丨、潎義同也。〔廣雅・釋詁三〕「丨，擊也」疏證。○〔說文定聲・卷一二〕丨，以蔽為之。〔左傳〕「蔽罪」。○丨，或作蔽。〔集韻・屑部〕○〔說文定聲・卷一二〕丨，字亦作襒。〔史記・孟荀傳〕「側行襒席」。○〔同上〕丨，以弊為之。〔漢書・刑法志〕「桎以待弊」。○丨，當作撆，字之誤也。〔廣雅・釋詁三〕「丨，擊也」疏證。

撇

丨，揎也。〔集韻・屑部〕○丨同撆。〔說文〕「撆，飾也」段注。○〔通雅・卷七〕丨屑，一作徹徆。〔上林賦〕「便姍丨屑」。

蔽

丨，萎也。〔集韻・薛部〕○丨同撆。〔集韻・屑部〕

茢　|則芀也。〔説文〕「|，芀也」義證。○|是萑葦之屬。〔左傳襄公二九年〕「乃使巫以桃|先祓殯」洪詁。○桃|謂葦華，非黍穰。〔説文〕「|，黍穰也」義證。○桃|，可以為帚除不祥。〔廣韻・薛部〕引〔禮〕注。○|字本訓當為石芸。〔説文定聲・卷一三〕○桃|之|，當作梨，古以黍穰為帚，後用萑苕，亦即梨之轉注，非別製|字也，借|為梨耳。〔同上〕○〔同上〕|即天名精也。〔釋草〕「|，勃|」。○|蘱，天名精也，今謂之火蘞。〔釋艸〕「|蘱，豕首」鄭注。

𦬁　|，隸作茢。〔集韻・薛部〕

蛚　蜻|，蟋蟀。〔廣韻・薛部〕○|，一説|蚗，雷師。〔集韻・薛部〕○蛪與|同。〔方言一一〕「蜻|」箋疏。

臬　|，埻的。〔説文定聲・卷一三〕引〔東京賦〕注。○|，䠶準也。〔慧琳音義・卷九四〕引〔考聲〕。○|，射之高下準的也。〔説文〕「|，射準的也」繫傳。○|，亦橜也。〔慧琳音義・卷九四〕引〔考聲〕。○|，門橜也。〔廣韻・屑部〕引〔禮〕注。○凡橜皆得謂之|。〔説文定聲・卷一三〕〔「槷」下〕○|之引申為凡標準法度之偁。〔説文〕「|，射埻的也」段注。○〔禮〕所謂|者，門中闑木，今所謂屢，古時謂扊扅，俗謂之直拴。〔通雅・宮室〕○|，古假藝為之。〔説文〕「|，射埻的也」段注。○|，多叚藝為之。〔説文〕「甈，康瓠」段注。○|，或作蓺。〔廣雅・釋詁一〕「集，正也」疏證。○|，又作蓺。〔説文〕「|，射準的也」義證。○〔説文定聲・卷一三〕|，以埶為之。〔上林賦〕「弦矢分藝殪仆」。○〔同上〕|，以槷為之。〔考工記・匠人〕「置槷以縣」。○|者，闑之省形存聲字。〔説文〕「|，門梱也」句讀。

闑　|，門闑中也。〔廣韻・屑部〕○|，門中礙也。〔廣韻・薛部〕○門中可橛闑者曰|。〔通雅・宮室〕○|，門中央所竪短木也。〔儀禮・士冠禮〕「布席于門中，|西閾外」胡正義引李如圭。○凡門之中央所竪短木謂之|。〔儀禮・聘禮〕「入每門，每曲揖」胡正義引李如圭。○|，古者門有二|，二|之中曰中門，二|之旁皆曰棖，必設此者，所以為尊卑出入之節也，門|竪木為之，故謂之橜，若門限橫木為之，則謂之閾。〔説文定聲・卷一三〕○〔禮〕古文|作槷。〔説文〕「|，門梱也」段注。○|，〔漢紀〕作闐。〔漢書・馮唐傳〕「|以外將軍制之」補注引錢大昭。

鴃　鶗|，鳥名。〔廣韻・屑部〕○|，鳥名。〔説文〕「鸋|也」。〔集韻・屑部〕○|，即〔詩〕之桃蟲、〔莊子〕之鷦鷯也，蓋小鳥。〔説文定聲・卷一三〕○〔同上〕|，叚借為鵙。〔夏小正〕「|則鳴」。○|亦作鴂。〔集韻・屑部〕○鴂，博勞也，惡聲之鳥。〔孟子・滕文公上〕「今也南蠻|舌之人」朱注。

雓　|同鴂。〔集韻・屑部〕

𪁉　|同鴂。〔集韻・屑部〕

媟　|，狎也。〔廣韻・薛部〕○|，慢也。〔同上〕○〔通雅・卷八〕|黷，即褻瀆。〔枚皐傳〕「|黷」。○相狎習謂之|嬻。〔慧琳音義・卷三四〕○〔説文定聲・卷四〕橋泄即嬌|也。〔管子・輕重〕「絏繑而踵相隨」。○|通作褻，黷狎也。〔方言一三〕「|，狎也」箋疏。○|，今人以褻衣字為之。〔説文〕「|，嬻也」段注。○|，經傳多以褻為之。〔説文定聲・卷四〕○|，亦通用渫。〔方言一三〕「|，狎也」疏證。○〔説文定聲・卷四〕|，以泄為之。〔荀子・榮辱〕「橋泄者，人之殃也」。○|，字與暬同。〔説文〕「|，嬻也」句讀。○|與暬義似同而實異。〔同上〕段注。

㛖　|同媟。〔集韻・薛部〕

昳　|，日昊。〔廣韻・屑部〕○|，日側。〔集韻・屑部〕○|，日仄也。〔慧琳音義・卷五八〕○|為日斜。〔義府・卷上〕○|，日側，故有光艷意。〔國策・齊策一〕「形貌|麗」鮑注。○〔説文定聲・卷一二〕|，叚借為昳。〔齊策〕「身體|麗」。

臲　|卼，不安。〔廣韻・屑部〕○槷䰢、|卼、倪仉、臬刖，古皆通用，倒言之則曰杌隉，其實一也。〔廣雅・釋詁一〕「隉，危也」疏證。○𩜋與隉通。〔廣雅・釋訓〕「𩜋𩜋，危也」疏證。

鍥　|，刎鎌也。〔説文定聲・卷一三〕引〔六書故〕。○|，一曰小鎌，南方用以乂穀。〔説文定聲・卷一三〕○|，所以割草，義與劊同也。〔廣雅・釋詁二〕「劊，割也」疏證。○|，斷絶也。〔廣韻・屑部〕○|，刻也。〔國策・宋衛策〕「|朝涉之脛」鮑注。○|，刻也。〔廣韻・屑部〕○|之言契也。〔廣雅・釋器〕「|，鎌也」疏證。○〔通雅・卷七〕|薄即刻薄。〔劉陶傳〕「寬|薄之禁」。○栔、契、楔、|，並字異而義同。〔廣雅・釋言〕「栔，刻也」疏證。○栔、挈、契、|，並字異而義同。〔國策〕「挈領」雜志。○|與契通。〔釋詁〕「|，絶也」邵正義。○|同鏍。

鐭　|同鍥。〔集韻・屑部〕

耋　八十為|。〔廣韻・屑部〕○七十曰|。〔左傳僖公九年〕「以伯舅|老」洪詁引馬融。○|，老也。〔廣韻・屑部〕

耊　八十曰|。〔詩・車鄰〕「逝者其|」朱傳。○|，年八十也。〔集韻・屑部〕○|同耋。〔同上〕

抉　|，挑也。〔國策・韓策二〕「因自皮面|眼」鮑注。○|又|出。〔廣韻・屑部〕○|者，有所入以出之也。〔説文〕「|，挑也」段注。○|為分決字。〔説文定聲・卷一三〕○|者，分斷挑抽之謂。〔卷一三〕〔「決」下〕○|，縱弦彄也。〔廣韻・屑部〕○|，通作觖。〔説文〕「|，挑也」義證。○〔説文定聲・卷一三〕|，叚借為突。〔廣雅・釋詁三〕「|，穿也」。○〔同上〕|，叚借為夬。〔周禮・繕人〕「矰弋|拾」。○〔同上〕|，字亦作訣。〔切韻〕「訣，別也」。○|同刔。〔集韻・屑部〕○|、决同字。〔國策・韓策二〕「因自皮面|眼」札記。○〔説文定聲・卷一三〕|以決為之。〔漢書・蘇

武傳〕「與武決去」。○｜即決也。〔國策・韓策一〕「革｜吠芮」札記引吳師道。○｜，〔史〕作決。〔國策・韓策二〕「因自皮面｜眼」補正。○｜拾，〔詩〕本作決拾。〔漢書・宣帝紀〕「及應募佽飛射士」補注引周壽昌。

挈 ｜，持也。〔廣韻・屑部〕又〔廣雅・釋詁三〕。○｜，縣持也。〔集韻・屑部〕○｜，舉也。〔漢書・張湯傳〕「受而著讞法廷尉｜令」補注。○｜，提｜。〔廣韻・屑部〕○｜即提｜之｜。〔通鑑・周紀四〕「｜國以呼禮義」音注。○｜言取之易。〔國策・趙策一〕「邦屬而壤｜者七百里」鮑注。○｜，偏也。〔漢書・溝洫志〕「今內史稻田租｜重」補注引顧炎武。○｜，絕也。〔國策〕「｜領」雜志引應劭。○｜令，蓋律令之書也。〔說文〕「絓，樂浪｜令織」繫傳。○栔、｜、契、鍥並字異而義同。〔國策〕「｜領」雜志。○｜亦介也，語之轉耳。〔廣雅・釋詁三〕「｜、介，獨也」疏證。○〔說文定聲・卷一三〕｜，段借為介。〔方言六〕「｜，特也」。○｜，通作絜。〔集韻・屑部〕○｜、絜古通用。〔漢書・張湯傳〕「受而著讞法廷尉｜令」補注。○｜，〔史記〕作絜，借字。〔同上〕○｜、絜，結聲義並通。〔周禮・序官〕「｜壺氏下士六人」孫正義。○〔說文定聲・卷一三〕｜，段借為契。〔漢書・張湯傳〕「廷尉｜令」。○｜，古段借為契。〔說文〕「｜，縣持也」段注。○｜與契字同。〔漢書・溝洫志〕「今內史稻田租｜重」補注引〔官本考證〕。又〔墨子・備城門〕「十人之所舉為十｜」閒詁。○｜，段借為栔。〔說文定聲・卷一三〕○｜，古段借為栔。〔說文〕「｜，縣持也」段注。○｜、契並與栔通。〔廣雅・釋言〕「栔，缺也」疏證。○｜讀為騂。〔說文〕「垶，赤剛土也」段注引杜子春。○契契、｜｜，並與栔栔同。〔廣雅・釋訓〕「栔栔，憂也」疏證。

洌 ｜，水清也。〔廣韻・薛部〕○｜，潔也。〔同上〕○｜，清且絜也。〔說文〕「｜，水清也」段注引崔憬。○｜、列古亦通用。〔方言二〕「朝鮮｜水」疏證。○｜當作冽。〔詩・下泉〕「｜彼下泉」陳疏。又〔同上〕集疏。又〔大東〕「有｜氿泉」陳疏。

楔 ｜，櫼也。〔慧琳音義・卷六三〕引〔考聲〕。○｜，木｜。〔廣韻・屑部〕○｜，門兩旁木。〔集韻・黠部〕○｜，門兩旁木，即今府署大門脫限者，兩旁斜柱兩木於橛之耑是也。〔說文〕「｜，櫼也」繫傳。○｜，所以塞物也。〔慧琳音義・卷六三〕引〔韻詮〕。○｜，櫻桃。〔廣韻・黠部〕○｜，櫻桃也。〔文選・南都賦〕「其木則檉、松、｜、㮣」集釋引郭璞。○｜，木名，荊桃也。〔集韻・黠部〕○｜，一曰山桃。〔集韻・薛部〕○栔、契、｜、鍥並字異而義同。〔廣雅・釋言〕「栔，刻也」疏證。○｜，通作柣。〔說文〕「｜，櫼也」義證。○〔說文定聲・卷一三〕｜，段借為挈。〔楚辭・招魂〕「｜梓瑟些」。○〔同上〕｜，以樕為之。〔考工記〕「牙得則無槷而固」。○｜讀曰鍥，刻也。〔大戴・勸學〕「｜而舍之」王詁。○｜又作榍。〔說文〕「｜，櫼也」義證。

榝 ｜同楔。〔集韻・薛部〕

蹩 ｜，一曰跛也。〔廣韻・屑部〕○｜躠，旋行皃。〔同上〕○〔說文定聲・卷一二〕｜，段借為躄，辟、敝雙聲。〔說文〕「｜，一曰跛也」。○〔莊子〕｜躠，亦作弊薛。〔說文〕「｜，踶也」段注。○蹩，反足蹋也，或書作蹩。〔集韻・屑部〕

褻 ｜，裏衣。〔廣韻・薛部〕○｜，親身衣也。〔漢書・敘傳〕「思有裋褐之｜」補注引王念孫。○｜，重衣也。〔同上〕○｜服，私居服也。〔論語・鄉黨〕「紅紫不以為｜服」朱注。○｜子，通曰長衣，或曰直身，故兩京通稱道袍，即漢之通裁也。〔通雅・衣服〕○凡私｜之用器亦謂之｜器。〔周禮・玉府〕「掌王之燕衣服衽席牀第凡｜器」孫正義。○｜，引伸為凡昵狎之偁。〔說文〕「｜，私服」段注。○｜與狎同。〔論語・鄉黨〕「雖｜必以貌」劉正義。○｜，謂事之所習。〔禮記・表記〕「不敢以私｜事上帝」集解。○｜，謂燕見。〔論語・鄉黨〕「雖｜必以貌」朱注。○｜，謂數相見。〔同上〕劉正義。○〔說文定聲・卷一三〕｜，段借為暬。〔廣雅・釋言〕「｜，狎也」。○｜，假借為媟字。〔說文〕「｜，私服」段注。○｜，今作紲。〔同上〕句讀。○今〔詩〕｜作紲。〔說文〕「詩曰是｜絆也」段注。○〔說文定聲・卷一三〕｜，為褺之誤字。〔通俗文〕「｜，重衣也」。○｜字本作褺，〔漢紀〕及〔文選〕並作襲，即褺之借字也。〔漢書・敘傳〕「思有裋褐之｜」補注引王念孫。

褺 ｜，黷也。〔慧琳音義・卷五六〕○｜，古文紲、媟，今作褻。〔同上〕

瓞 ｜，瓜｜。〔廣韻・屑部〕○｜，瓝，其紹｜。〔詩・緜〕「緜緜瓜｜」集疏引魯說。○｜，瓝也，小瓜之稱也。〔同上〕後箋引〔詩小學〕。○｜者，繼本之瓜，其小如瓝。〔說文〕「｜，瓝也」義證引戴震。○一種艸結小瓜名｜，即瓝瓜也。〔同上〕段注。

[illegible] ｜同瓞。〔集韻・屑部〕

[illegible] ｜同瓞。〔集韻・屑部〕

[illegible] ｜同瓞。〔集韻・屑部〕

襭 ｜，以衣衽盛物也。〔廣韻・屑部〕○｜者，插衽於帶以納物。〔詩・芣苢〕「薄言｜之」陳疏。○｜，謂以裳貯物，扱其衽於帶。〔同上〕後箋。○｜，以衣貯之而扱其衽於帶間也。〔同上〕朱傳。○｜，今蘇俗謂之衣兜，兜而扱于帶閒曰｜，手執之曰袺。〔說文定聲・卷一二〕○｜，謂之褱。〔詩・芣苢〕「薄言｜之」集疏引魯說。○｜，或作擷。〔說文〕「趿，進足有所擷取也」段注。

絰 ｜，縗｜。〔廣韻・屑部〕○｜，喪首飾也。〔慧琳音義・卷八六〕引〔文字典說〕。○〔說文定聲・卷一二〕環｜者，大如緦之麻，｜纏而不糾。〔周禮・司服〕「弁｜服」。○壯麻｜，齊衰以下之｜也。〔說文定聲・卷一二〕○｜與窒通。〔左傳莊公一九年〕「葬於｜皇」疏證引惠棟。又〔同上〕洪

詁。○丨皇與窒皇同。(同上)疏證引沈欽韓。

衊 丨，血也。〔集韻·末部〕○丨，汙也。(同上)○丨之言汙丨也。〔廣雅·釋器〕「丨，血也」疏證。○丨與衁一聲之轉。〔廣雅·釋器〕「衁，血也」疏證。

蠛 丨，丨蠓。〔廣韻·屑部〕○小蟲謂之丨蠓。〔廣雅·釋鳥〕「鷦鷯，工雀也」疏證。○丨蠓，或作蔑蒙。〔說文〕「蠓，丨蠓也」義證。

隉 丨，通作槷。〔說文〕「丨，危也」義證。○丨，通作臬。〔說文〕「丨，賈侍中說丨，法度也」義證。○丨，叚借為臬。〔說文定聲·卷一三〕○丨為臬之叚借。〔說文〕「丨，危也」段注。○丨同臲。〔廣韻·屑部〕○杌丨、臲卼、槷黜，皆字異而音義同。〔說文〕「丨，危也」段注。○〔說文定聲·卷一三〕阢丨，〔易〕作臲卼，亦作倪仉，作槷黜，亦以劓刖為之。〔書·秦誓〕「邦之阢丨」。○阢丨，今〔尚書〕作杌丨，〔周易〕作劓刖，劓卼，鄭注作倪仉。〔說文〕「丨，危也」段注。

𨺅 丨同隉。〔集韻·屑部〕

摰 丨同隉。〔集韻·屑部〕

棿 丨同隉。〔集韻·屑部〕

倪 丨同隉。〔集韻·屑部〕

竭 丨，舉也。〔廣韻·薛部〕○丨，盡也。(同上)○丨訓盡。〔論語·學而〕「事父母能丨其力」劉正義。○丨，一曰盡也。〔集韻·薛部〕○丨與揭通。〔廣雅·釋詁一〕「揭，舉也」疏證。○丨、揭、桀並通。(同上)○丨字當讀為「蝎其尾」之蝎，謂反舉其脣以向上。〔莊子·胠篋〕「脣丨則齒寒」集釋引俞樾。

捏 丨，丨捺。〔廣韻·屑部〕○丨，搦也。〔集韻·屑部〕

醊 丨，連祭也。〔廣韻·薛部〕○丨，謂連續之祭也。〔說文〕「餟，祭酹也」義證引〔急就篇〕顏注。○酹謂之丨。〔集韻·薛部〕○丨與餟同。〔廣雅·釋天〕「餟，祭也」疏證。

裰 丨同醊。〔集韻·薛部〕

契 丨，丨闊。〔廣韻·屑部〕○丨闊，勤苦也。〔集韻·屑部〕○丨闊，約束也。〔詩·擊鼓〕「死生丨闊」集疏引韓說。○栔、丨、楔、鍥並字異而義同。〔廣雅·釋言〕「栔，缺也」疏證。○挈、丨並與栔通。〔廣雅·釋言〕「栔，缺也」疏證。○〔說文定聲·卷一三〕丨，叚借為偰。〔虞書〕「讓于稷丨暨皋陶」。○丨者，栔之叚借也。〔釋詁〕「丨，絕也」郝疏。○丨同偰。〔集韻·薛部〕○丨丨，挈挈並與栔栔同。〔廣雅·釋訓〕「栔栔，憂也」疏證。

鐍 丨，篋箱前環處。〔說文〕「觼，環之有舌者」繫傳。○丨、鈌，其義同也。〔廣雅·釋詁一〕「鈌，刺也」疏證。○丨同觼。〔廣韻·屑部〕○丨，字或作譎。〔漢書·天文志〕「暈適背穴」雜志。○丨字又作僪。(同上)補注引王念孫。

觼 丨，環之有舌者。〔詩·小戎〕「鋈以丨軜」朱傳。○丨，繫轡之環也。〔說文〕「丨，環之有舌者」義證。○丨，今俗呼丨舌。〔通雅·車類〕○丨舌，軾上繫轡之環也。(同上)○丨，通作觖。〔集韻·屑部〕又〔說文〕「丨，環之有舌者」義證。○〔說文定聲·卷一四〕丨，以捐為之。〔爾雅〕「環謂之捐」。○(同上)丨，謂借為鈌、為玦。〔漢書·天文志〕「暈適作鈌」。○丨同觿。〔廣韻·屑部〕○丨，或作觿。〔集韻·屑部〕又〔通雅·車類〕。○丨，或體作鐍。〔說文〕「丨，環之有舌者」義證。

觿 丨，環有舌也。〔廣韻·屑部〕○丨同觼。〔集韻·屑部〕

讞 丨者，平議其罪而上之。〔漢書·刑法志〕「各丨所屬二千石官」補注。○丨，正獄。〔廣韻·薛部〕○丨，獄也。〔說文〕「讞，議辠也」義證引〔玉篇〕。○丨同讞。〔集韻·薛部〕

囐 丨同讞。〔集韻·薛部〕

齕 丨，齧也。〔廣韻·屑部〕

嶻 丨同節。〔集韻·屑部〕○丨，今作巀。〔通雅·釋詁〕○丨嶭，一作巀嶭，轉為岌嶪。(同上)

巀 凡山之高峻亦通為丨嶭。〔詩·節南山〕「節彼南山」通釋。

涅 丨，水中黑土。〔說文〕「丨，黑土在水中也」義證引〔玉篇〕。又〔廣韻·屑部〕。○丨，黑土，用以染物。〔論語·陽貨〕「丨而不緇」劉正義。○丨即黑色也。〔廣雅·釋器〕「紺，青也」疏證。○丨，染皁物。〔論語·陽貨〕「丨而不緇」朱注。○丨，一曰化也。〔集韻·屑部〕○中曰丨。〔說文定聲·卷七〕「(節)下」○〔通雅·卷四八〕丨石，礬也。〔山海經〕「其陰多丨石」。○丨，通作泥。〔方言三〕「丨，化也」箋疏。○丨字通作泥。〔廣雅·釋器〕「丨，黑也」疏證。○丨亦借泥字。〔說文〕「丨，黑土在水中者也」句讀。○丨、敜通。〔儀禮·既夕禮〕「隸人丨廁」胡正義。○丨，借為敜、為窒。〔說文定聲·卷一二〕○(同上)丨，叚借為休。〔方言〕「丨，休也」。○丨、埋古今字。〔方言六〕「丨，墊，下也」箋疏。○丨，金陵本作湼。〔史記·

周本紀」「子幽王宮丨立」志疑。○丨一作生，蓋涅與生通借耳。（同上）志疑引徐廣。

岊 陬隅高者曰丨。〔說文〕「丨，陬隅，高山之節」義證引〔初學記〕。○山之陬隅高處曰丨。（同上）繫傳。○丨，高之狀也。〔說文〕「丞，翊也」繫傳。○丨，高山皃。〔廣韻・屑部〕○丨，山峯。（同上）

㞕 丨，陬隅，兩山之節也。〔文選・吳都賦〕「夤緣山嶽之丨」劉逵注引〔許氏記字〕。○丨同節。〔集韻・屑部〕

⿱山即 丨同岊。〔集韻・屑部〕

頡 飛而上曰丨。〔詩・燕燕〕「丨之頏之」朱傳。○飛而下曰丨。〔說文〕「亢，或从頁」段注。○丨之言抑，抑，降也，下也。〔詩・燕燕〕「丨之頏之」通釋引段玉裁。○魚潛淵曰丨。（同上）○丨，丨頏。〔廣韻・屑部〕○丨頏，乍高乍下也。〔慧琳音義・卷三一〕引〔考聲〕。○丨亢，正謂直頊。〔說文〕「亢或从頁」段注。○〔說文定聲・卷一二〕丨亢，傲睨之意，猶言强頊也。〔漢書・揚雄傳〕「鄒衍以丨亢而取世資」。○丨，美也。〔慧琳音義・卷五六〕○〔通雅・卷一八〕丨盱當是丨牾，言臾虞愕逆之狀也。〔呂覽・明理篇〕「長短丨盱百疾」。○〔說文定聲・卷一二〕丨，借為結。〔莊子・胠篋〕「丨滑堅白」。○（同上）丨，叚借為扴。〔漢書・王子侯表〕「羹丨侯」。○丨滑與結縎義亦相近。〔廣雅・釋詁四〕「縎，結也」疏證。

撤 丨，發丨。〔廣韻・薛部〕○丨，抽也。〔集韻・薛部〕○丨，以手抽去也。〔慧琳音義・卷九三〕引〔韻英〕。○丨，去也。〔廣韻・薛部〕又〔集韻・薛部〕。○丨，毀廢也。〔慧琳音義・卷九〇〕引〔考聲〕。○丨、徹字通。〔孟子・公孫丑上〕「徹彼桑土」焦正義。○丨，通作徹。〔集韻・薛部〕○丨乃㪉之俗也。〔說文〕「㪉，發也」段注。

撤 丨，壞也。〔慧琳音義・卷二六〕○丨，剝也。〔慧琳音義・卷六一〕引〔古今正字〕。

㪉 丨謂除去。〔說文〕「丨，發也」段注。○丨，通作徹。（同上）義證。○丨，經傳皆以徹為之。〔說文定聲・卷一二〕○（同上）丨，叚借為掇。〔廣雅・釋詁一〕「撤，取也」。○丨同撤。〔集韻・薛部〕○丨，俗作撤。〔說文〕「丨，發也」句讀。○丨，或作撤。（同上）段注。又（同上）義證。

趹 丨者，踢也。〔說文〕「齹，齒差丨皃」段注。○丨，丨踢。〔廣韻・屑部〕○丨之言失也。〔方言一三〕「丨，蹷也」箋疏。又〔廣雅・釋詁四〕「丨，差也」疏證。○丨與失並字異而義同。（同上）○丨，差丨也。〔廣韻・屑部〕○丨之言差丨也。〔廣雅・釋言〕「吳，丨也」疏證。○丨言日過中。〔說文〕「丨，一曰越也」義證。○丨踢，邁越不拘也。〔說文〕「丨，踢也」繫傳。○〔說文定聲・卷一二〕丨，叚借為軼。〔說文〕「丨，一曰越也」。○（同上）丨，叚借為泆。〔公羊傳莊公二二年〕「肆者何，丨也」。○丨、蹷、跢並語之轉。〔方言一三〕「丨，蹷也」箋疏。○丨宕，當作泆蕩，亦雙聲連語。〔說文定聲・卷一二〕○南雍本丨作昳。〔漢書・天文志〕「食至日丨」補注引錢大昭。○〔天官書〕丨作昳。（同上）補注引朱一新。

蹛 丨同趹。〔集韻・屑部〕

蔑 丨，滅。〔詩・桑柔〕「國步丨資」朱傳。○丨，猶滅也。〔詩・板〕「喪亂丨資」朱傳。○丨，無也。〔通鑑・晉紀六〕「丨不克矣」音注。又〔隋紀二〕「視蘇威丨如也」音注。又〔廣韻・屑部〕。又〔釋詞・卷一〇〕。○丨即無。〔詩・桑柔〕「國步丨資」通釋。○丨之言無也。〔說文〕「糸，細絲也」段注。○丨，又引伸之義為無。〔說文〕「丨，勞目無精也」段注。○丨，猶不也。〔釋詞・卷一〇〕○丨之言散也。〔說文〕「蠓，丨蠓也」段注。○丨者，微之甚，幾於無也。〔通鑑・漢紀四九〕「松、覽等皆出於微丨」音注。○細枝謂之丨，小蟲謂之蠛蠓，小鳥謂之懱雀，又謂之蒙鳩，其義一也。〔廣雅・釋鳥〕「鷦鶥，工雀也」疏證。○丨即末也。〔周書〕「文武之丨」雜志。又〔廣雅・釋詁一〕「懱，末也」疏證。○丨與末同。〔周書〕「文武之丨」雜志。○丨之言末也。〔說文〕「蠓，丨蠓也」段注。○丨，輕慢也。〔左傳成公一三年〕「丨我死君」洪詁引鄭康成。○丨德，言妙德也。〔書・君奭〕「文王丨德」孫疏。○丨，通作眛。〔說文〕「丨，勞目無精也」段注。○丨與懱通。〔廣雅・釋詁二〕「懱，末也」疏證。○丨、懱古通用。〔方言二〕「杪，江淮陳楚之內謂之篾」疏證。○丨與懱同。〔廣雅・釋詁二〕「懱，小也」疏證。○〔說文定聲・卷一三〕丨，叚借為懱。〔周語〕「王而丨之」。○丨即懱之叚借字也。〔說文〕「懱，輕易也」段注。○〔說文定聲・卷一三〕丨，叚借為瞢。〔荀子・議兵〕「唐丨字明」。○（同上）丨，叚借為滅。〔周語〕「丨殺其民人又不滅民功」。○（同上）丨，叚借為末。〔小爾雅・廣言〕「丨，末也」。○（同上）丨，叚借為弗，與用莫、末、靡、罔等字同。〔小爾雅・廣詁〕「丨，無也」。○（同上）丨，叚借為篾，篾、丨雙聲。〔書・顧命〕「敷重丨席」。○丨與篾同。〔方言五〕「簟，自關而西或謂之䈀」箋疏。○丨，緩讀為散。〔書・君奭〕「文王丨德」孫疏。○丨與亡一聲之轉。〔漢書〕「亡如也」雜志。○蒙、蛖、丨一聲之轉。〔荀子〕「蒙鳩」雜志。○丨，諸本作滅。〔左傳昭公九年〕「暴滅宗同」洪詁。○丨，〔選〕作蠛，借字。〔漢書・揚雄傳〕「浮丨蠓而撇天」補注。○丨，各本作蠛。〔說文〕「蠓，丨蠓也」段注。○丨，〔文選〕注引〔傳〕作𧂐。〔左傳昭公二八年〕「𪊨丨惡」洪詁。○丨，〔楚世家〕作昧。〔呂覽・處方〕「荊令唐丨將而應之」校正。

薎 丨即蔑，亦作昧。〔漢書・古今人表〕「楚唐丨」補注。

𧂐 丨即蔑字，蔑，小也。〔漢書・司馬相如傳〕「丨蒙踊躍騰而狂趡」補注。○丨，〔史記〕作蔑。（同上）

浙 丨，江名，在東陽。〔廣韻・薛部〕○丨，一曰沃也。〔集韻・薛部〕○丨，折也，言水屈折於羣山之間也。〔通鑑・周紀二〕「東至于丨江」音注。○丨，

一曰丨米。〔廣韻・薛部〕〇丨，或作㴊。〔説文〕「丨，江水東至會稽山陰為丨江」義證。〇丨，字又作㴊。〔説文定聲・卷一三〕〇丨，或作漸。〔集韻・薛部〕〇丨，〔漢書〕或作漸。〔説文〕「丨，江水東至會稽山陰為丨江」繫傳。〇丨，別本或作折，蓋依古字。〔史記・高祖功臣侯者年表〕「定豫章、丨江都漸自立為王壯息」志疑。

漸 丨同浙。〔集韻・薛部〕

鷩 丨，雉屬，似山鷄而小，〔周禮〕有丨冕。〔廣韻・薛部〕〇丨亦謂之蟞蛦。〔説文〕「丨，赤雉也」義證引〔爾雅翼〕。

[illegible] 丨，墓山有鳥名丨鵖。〔集韻・薛部〕引〔山海經〕。〇丨，鵃鶌。〔廣韻・薛部〕〇丨，一曰鵃鶌，別名。〔集韻・薛部〕〇丨與鷩同。〔廣雅・釋地〕「南方有鳥，其名曰鷩鵃」疏證。

潎 丨，漂丨。〔廣韻・薛部〕〇丨，〔莊子〕所謂洴澼絖。〔史記〕所謂諸母漂也。〔説文〕「丨，於水中擊絮也」繫傳。〇丨，洌，流輕疾皃。〔集韻・薛部〕〇漂、丨、洴、澼，一聲之轉，漂之言摽，丨之言擊，洴之言拼，澼之言擗，皆謂擊也。〔廣雅・釋言〕「漂，丨也」疏證。

窬 丨，穿皃。〔廣韻・屑部〕〇丨之言缺也。〔説文〕「丨，空皃」繫傳。〇丨與穴通。〔廣雅・釋詁三〕「坎，深也」疏證。

盔 丨同窬。〔廣韻・屑部〕又〔集韻・屑部〕。

烕 丨，滅也。〔廣韻・薛部〕〇丨亦滅也。〔詩・正月〕「褒姒丨之」朱傳。〇丨，通作滅。〔説文〕「戌，滅也」義證。〇丨與殧通。〔廣雅・釋詁一〕「殧，盡也」疏證。〇丨，即滅字。〔周書〕「是丨厥邑」雜志。〇丨，魯作滅。〔詩・十月〕「褒姒丨之」集疏。

趹 丨，足疾。〔廣韻・屑部〕〇丨，步疾也。〔集韻・屑部〕〇丨蹶，疾行也。〔淮南子・脩務〕「墨子丨蹶而趨千里」雜志引高誘。〇丨，踶也。〔莊子・齊物論〕「麋鹿見之丨驟」集釋。〇丨謂抉地。〔國策・韓策一〕「探前丨後」補正。〇丨與赽同。〔廣雅・釋詁一〕「赽，疾也」疏證。〇丨，義與蹶同。〔廣雅・釋言〕「蹶，踶也」疏證。

瞲 丨，驚視皃。〔廣韻・屑部〕〇丨，驚視也。〔集韻・屑部〕〇丨，或作眣、作眏。〔同上〕

篾 丨，竹皮。〔廣韻・屑部〕〇丨，竹皮也。〔説文〕「筤，竹膚也」義證引〔玉篇〕。〇丨，竹箹也。〔通鑑・梁紀二二〕「援繩破丨」音注。〇丨，析竹也。〔集韻・屑部〕〇丨，一曰桃枝，竹名。〔同上〕〇大約以垂而遮雨暘者謂之丨笪。〔通雅・諺原〕〇丨戾車，梵語，正梵音畢嘌蹉，譯為下賤種，樂垢穢業，不知禮義，淫祀鬼神，互相殘害也。〔慧琳音義・卷二〕〇丨字通作蔑。〔廣雅・釋詁二〕「懱，小也」疏證。又〔釋詁四〕「蔑，微也」疏證。〇丨，當為蔑，即篾假音字。〔書・顧命〕「敷重丨席」孫疏。〇丨，亦通作懱。〔廣雅・釋詁二〕「懱，小也」疏證。〇丨、筤一聲之轉。〔方言一三〕「筡，析也」注「今江東呼丨竹裏為筡」箋疏。〇筤、丨聲之緩急，義則一也。〔書・顧命〕「敷重丨席」孫疏。〇丨，〔説文〕引作莧。〔同上〕注「丨一作莧」孫疏。

篞 丨同篾。〔集韻・屑部〕

蕝 丨，束茅表位。〔廣韻・薛部〕〇丨，束茅表位也。〔集韻・薛部〕〇丨，鄭注〔樂記〕作蕝。〔説文〕「丨，朝會束茅表位曰丨」段注。

揲 丨，數蓍。〔廣韻・薛部〕〇丨，持數也。〔集韻・薛部〕〇丨者，閱持也。〔説文〕「四，八丨一四」段注。〇丨，數也。〔集韻・薛部〕〇丨，謂數也。〔慧琳音義・卷七六〕引顧野王。〇丨與葉亦聲近義同。〔廣雅・釋詁三〕「葉，聚也」疏證。〇丨，通作擛。〔説文〕「丨，閱持也」義證。〇丨當作葉。〔管子・弟子職〕「執箕膺丨」義證。〇丨，或作抴。〔集韻・薛部〕

抴 丨同揲。〔集韻・薛部〕

擛 丨同揲。〔集韻・薛部〕

箕 丨同揲。〔集韻・薛部〕

潎 丨，水丨。〔廣韻・薛部〕〇丨，水澄也。〔集韻・薛部〕

蛭 丨，水丨。〔廣韻・屑部〕〇丨，水丨，蟲名。〔集韻・屑部〕〇〔説文定聲・卷一二〕丨，桑蠹也。〔方言一一〕「蠐螬，梁、益之閒或謂之丨蛒」。

揭 丨，舉也。〔集韻・薛部〕〇丨，高舉也。〔廣韻・薛部〕又〔集韻・月部〕。〇丨，高舉之名也。〔詩・大東〕「西柄之丨」述聞。〇丨，丨起。〔廣韻・屑部〕〇丨，擔也。〔集韻・月部〕〇丨，又擔也。〔廣韻・薛部〕〇丨與擔同義。〔廣雅・釋詁一〕「丨，舉也」疏證。〇丨，本根蹶起之貌。〔詩・蕩〕「顛沛之丨」朱傳。〇丨，長皃。〔集韻・月部〕〇丨丨，長也。〔詩・碩人〕「葭菼丨丨」朱傳。〇〔通雅・卷九〕丨丨，欲拔也。〔淮南子・兵略〕「擠其丨丨」。〇丨車，藒車，芞輿。〔離騷〕「畦留夷與丨車兮」補注引〔爾雅〕。〇丨車，亦芳草名，一名芞輿。〔同上〕王注。〇丨車，味辛，生彭城，高數尺，白花。〔漢書・司馬相如傳〕「丨車衡蘭」補注引〔本草拾遺〕。〇丨路荼，梵語，虜質不妙也，古云迦婁羅，即金翅鳥也。〔慧琳音義・卷二〕〇〔説文定聲・卷一三〕丨，叚借為楬。〔管子・君臣上〕「猶丨表而令之止也」。〇〔同上〕丨，叚借為藒。〔上林賦〕「丨車衡蘭」。〇〔同上〕丨，叚借為竭。〔小爾雅・廣言〕「丨，擔也」。〇丨、竭、桀並通。〔廣雅・釋詁三〕「丨，擔也」疏證。〇丨、褰、摳，一聲之轉，故亦並訓為舉也。〔廣雅・釋詁

一〕「丨，舉也」疏證。〇丨，或作担。〔集韻・薛部〕〇丨，或作拮。〔同上〕〇丨當為碣。〔漢書・地理志〕「大丨石山在縣西南」補注。〇〔通雅・卷九〕丨丨，一作偈偈。〔淮南子・兵略〕「擠其丨丨」。

撅　丨同揭。〔集韻・月部〕〇丨，俗揭。〔廣韻・月部〕

擖　丨，擔也。〔集韻・薛部〕〇丨同揭。〔集韻・月部〕

担　丨同揭。〔集韻・薛部〕

垤　丨，蟻封。〔廣韻・屑部〕又〔集韻・質部〕。〇丨，蟻塚也。〔詩・東山〕「鸛鳴于丨」朱傳。〇丨，螘冢也。〔説文〕「丨，螘封也」義證引〔玉篇〕。〇丨，高起也。〔本草・蟻垤土〕又〔慧琳音義・卷四〕引〔韻詮〕。〇丨之言突也。〔説文〕「丨，螘封也」段注。〇丨之言凸也。〔方言一〇〕「丨，封場也」箋疏。〇丨之言胅起也。〔同上〕〇丨，又曰冢前闕也。〔廣韻・屑部〕

孑　丨，單也。〔廣韻・薛部〕又〔集韻・薛部〕。〇丨為孤獨之意。〔方言二〕「丨，俊也」箋疏。〇丨，引申之凡特立為丨。〔説文〕「丨，無右臂也」段注。〇丨，獨立之貌。〔孟子・萬章上〕「靡有丨遺」朱注。〇丨丨，特出之貌。〔詩・干旄〕「丨丨干旄」朱傳。〇丨丨，特立之貌。〔通鑑・唐紀七二〕「軍中丨丨者受誅且盡」音注。〇丨丨，猶丨然，獨立貌。〔詩・干旄〕「丨丨干旄」集疏。〇丨丨，猶桀桀，特立之意。〔同上〕陳疏。〇丨，短也。〔慧琳音義・卷八二〕引〔韻英〕。〇丨、孓，皆短之義也，與小同義。〔廣雅・釋詁二〕「丨、孓，短也」疏證。〇獸前足短謂之蹶，頭短謂之顆，無左右臂謂之丨孓，其義並相通也。〔同上〕〇丨、遺二字同義。〔詩・雲漢〕「靡有丨遺」通釋。〇丨者餘也，少也。〔同上〕述聞。〇丨，無餘也。〔慧琳音義・卷八二〕引〔韻英〕。〇丨孓，猶蛣蟩耳。〔廣雅・釋蟲〕「丨孓，蜎也」疏證。〇丨，健也。〔集韻・薛部〕〇〔説文定聲・卷一三〕丨，段借為傑。〔方言二〕「丨，俊也」。〇丨與釨同。〔方言九〕「戟，楚謂之丨」箋疏。〇〔説文定聲・卷一三〕丨，字亦作釨。〔同上〕〇丨孓，或為蛣蟩。〔説文〕「肙，小蟲也」義證引〔爾雅翼〕。

孽　丨，庶出為丨。〔通鑑・晉紀一二〕「我，丨子也」音注。〇丨，衆庶旁出者。〔漢書・賈誼傳〕「庶人孽妾」補注。〇庶子婢妾皆謂之丨也。〔同上〕〇丨子，庶子。〔孟子・盡心上〕「獨孤臣丨子」朱注。〇丨丨，盛飾也。〔詩・碩人〕「庶姜丨丨」朱傳。〇蟲豸之類謂之丨。〔説文〕「蠥，禽獸蟲蝗之怪謂之蠥」段注。〇丨，禍也。〔孟子・公孫丑上〕「天作丨」朱注。〇丨，災害也。〔詩・十月之交〕「下民之丨」朱傳。〇丨猶害也。〔荀子〕「丨」雜志。〇丨，有隱痛於身，猶丨子。〔國策・楚策四〕「此丨也」鮑注。〇丨之言蘖也。〔同上〕補正。〇木之旁萌者曰丨。〔禮記・玉藻〕「公子曰臣丨」集解。〇讞與丨同聲，故字亦相通。〔漢書・鼂錯傳〕「不丨諸侯」補注引王念孫。

孼　丨，支庶也。〔通鑑・唐紀一二〕「朕終不以丨代宗」音注。〇〔説文定聲・卷一三〕丨，庶子旁出之義。〔漢書・賈誼傳〕「庶人孽妾」。〇人之支子曰丨。〔説文〕「丨，庶子也」段注。〇妾隸之子曰丨。〔説文繫傳・通論中〕〇臣僕庶丨之事。〔廣韻・薛部〕〇丨謂賤子也，猶樹之有丨生也。〔同上〕〇丨子，即衆子。〔墨子・節葬下〕「兄弟丨子其」閒詁。〇丨與讞義亦相近。〔廣雅・釋言〕「讞，疑也」疏證。〇丨，猶害也。〔荀子・君道〕「惡者之丨也」集解引王念孫。〇災始生謂之丨，義與櫱同。〔廣雅・釋詁二〕「櫱，始也」疏證。〇丨之言櫱也。〔説文繫傳・通論中〕〇凡木萌旁出皆曰丨。〔説文〕「丨，庶子也」段注。〇丨、櫱通。〔廣雅・釋言〕「櫱，蕃也」疏證。〇丨，或通作孽。〔説文〕「丨，庶子也」義證。〇〔説文定聲・卷一三〕丨，段借為櫱。〔漢書・司馬遷傳〕「隨而媒丨其短」。〇丨者，櫱之段音也。〔釋訓〕「丨丨，戴也」郝疏。〇〔説文定聲・卷一三〕丨，段借為蠥。〔漢書・董仲舒傳〕「妖丨生矣」。〇丨當為蠥。〔説文〕「蕰，積也。春秋傳曰蕰利生丨」義證。

凸　丨，高也。〔集韻・屑部〕〇丨，高起。〔廣韻・屑部〕〇丨，高起皃也。〔慧琳音義・卷六九〕引〔韻略〕。

閉　丨，闔也。〔廣韻・屑部〕又〔集韻・屑部〕。〇丨，塞也。〔廣韻・屑部〕

闋　丨者閉也。〔詩・節南山〕「俾民心丨」平議。〇丨，終也。〔廣韻・屑部〕〇丨，止也。〔禮記・郊特牲〕「卒爵而樂丨」集解。又〔仲尼燕居〕「升堂而樂丨」集解。又〔集韻・屑部〕。〇丨，息也。〔詩・節南山〕「俾民心丨」朱傳。〇丨，息也。〔集韻・屑部〕又〔慧琳音義・卷九四〕引〔考聲〕。〇丨，引申為凡事已之偁。〔説文〕「丨，具數於門中也」段注。

莂　丨，種概移蒔也。〔廣韻・薛部〕又〔説文〕「蒔，更別種」義證引〔玉篇〕。〇丨，移薛也。〔集韻・薛部〕〇丨，分簡也。〔慧琳音義・卷二六〕〇丨，亦作箣，義是審其善惡也，或作詷，作丨恐傳寫誤也。〔慧琳音義・卷七五〕引〔考聲〕。

蘖　丨，木餘也。〔集韻・薛部〕〇丨，旁生萌丨也。〔詩・生發〕「苞有三丨」朱傳。〇丨，旁出嫩枝也。〔漢書・貨殖傳〕「然猶山不茬丨」補注引劉奉世。〇丨，芽之旁出者也。〔孟子・告子上〕「非無萌丨之生焉」朱注。〇丨，猶孼也。〔本草・蘖米〕〇丨，妭災也。〔慧琳音義・卷四七〕〇丨，虫獸為恠曰丨。〔同上〕〇丨，可段作栵。〔詩・皇矣〕「其灌其栵」通釋。〇丨即枿。〔釋詁〕「枿，餘也」鄭注。〇丨，齊作枿。〔詩・長發〕「苞有三丨」集疏。〇丨，今或作蘖。〔慧琳音義・卷四七〕〇丨，今或作蠥。〔同上〕

櫱　丨，木餘。〔廣韻・薛部〕〇丨，餘也。〔説文〕「欁，伐木餘也」義證引〔玉篇〕。〇丨與萌芽同義。〔廣雅・釋詁一〕「丨，始也」疏證。〇丨，弩牙也。

〔說文〕「栝，一曰矢括築弦處」義證。〇｜，通作櫱。〔廣雅・釋詁三〕「｜，臯也」疏證。〇｜與櫱通。〔廣雅・釋草〕「萌，櫱也」疏證。〇｜同櫱。〔集韻・薛部〕〇｜，〔書〕作櫱。〔廣韻・曷部〕

⿰木獻　｜，頭截皃。〔廣韻・曷部〕〇〔說文定聲・卷一四〕｜，段借為⿰車獻。〔呂覽・過理〕「宋王築為櫱臺」。〇〔同上〕｜，段借為辥。〔廣雅・釋詁三〕「櫱、｜，臯也」。〇｜，古文作栫，或作櫱。〔慧琳音義・卷六七〕〇｜同櫱。〔集韻・薛部〕

栓　｜，已殺樹初生苗也。〔慧琳音義・卷六八〕引〔集訓〕。〇｜，亦殺樹之餘杌也。〔同上〕〇｜，或作櫱。〔慧琳音義・卷一三〕〇｜同⿰木獻。〔集韻・曷部〕

鋝　｜，量名。〔集韻・薛部〕〇〔說文定聲・卷一三〕｜，謂六兩也。〔小爾雅・衡〕「倍舉曰｜」。〇｜，六兩大半兩為｜，十一銖二十五分銖之十三為鍰。〔漢書・蕭望之傳〕「有金選之品」補注引戴震。〇｜、鍰義同。〔考工記・攻金之工〕「重三｜」孫正義。〇｜者一萬六千黍之重，鍰者一千一百五十二黍之重。〔考工記・弓人〕之｜當為鍰，〔呂刑〕之鍰當為｜，篆體相近而誤。〔說文定聲・卷一三〕引戴震。〇｜，通作選。〔說文〕「｜，十銖二十五分之十三也」義證。〇｜，又通作饌。〔同上〕〇率、選、饌，｜假借字也。〔同上〕義證引戴震。〇〔說文定聲・卷一三〕｜，以率為之。〔史記・周本紀〕「其罰百率」。〇｜讀如刷。〔說文〕「｜，十銖二十五分之十三也」義證引戴震。〇｜，或作率。〔集韻・薛部〕

⿰金率　｜同鋝。〔集韻・薛部〕〇｜與鋝同。〔說文〕「鋝，十銖二十五分之十三也」義證。

率　｜同鋝。〔集韻・薛部〕

齛　｜，羊噍草。〔說文〕「｜，羊粻也」義證引〔玉篇〕。〇｜，貯食於頰漸泄咽之。〔同上〕繫傳。〇｜，食之已久，復出嚼之，蘇俗謂之轉草。〔說文定聲・卷一三〕〇｜，亦作齥。〔廣韻・薛部〕又〔說文定聲・卷一三〕。〇｜，唐人諱世作齥。〔說文〕「｜，羊粻也」段注。

齥　｜同齛。〔集韻・薛部〕

薛　｜，莎也。〔漢書・司馬相如傳〕「薛莎青薠」補注引〔玉篇〕。〇｜即藾蕭，蓋蕭、｜聲之轉也。〔文選・子虛賦〕「｜莎青薠」集釋引〔說文〕段注。〇｜越即屑越。〔通雅・釋詁〕〇｜同薛。〔集韻・薛部〕

紲　｜，繫也。〔廣韻・薛部〕〇｜，係也。〔說文定聲・卷一四〕〔「袢」下〕〇｜為係之通名，凡係人係物皆謂之｜。〔廣雅・釋詁二〕「｜，係也」疏證。〇凡所以繫制畜牲者，｜也。〔慧琳音義・卷三一〕引顧野王。〇｜，馬韁也。〔說文〕「｜，系也」義證引〔玉篇〕。〇〔說文定聲・卷一三〕｜，係馬之｜也。〔左傳僖公二四年〕「臣負羈｜」。〇凡繫縲牛馬皆曰｜。〔說文〕「｜，系也」義證引〔玉篇〕。〇〔說文定聲・卷一三〕｜，係人之｜也。〔漢書・司馬遷傳〕「幽於纍｜」。〇〔同上〕｜，係犬之｜也。〔禮記・少儀〕「犬則執緤」。〇〔同上〕｜，係衣之｜也。〔詩・君子偕老〕「是｜絆也」。〇〔同上〕｜，係弓之｜也。〔考工記・弓人〕「譬如終｜」。〇｜之言曳也。〔廣雅・釋詁二〕「｜，係也」疏證。〇｜袢，束縛意，以展衣蒙絺綌而為之｜袢，所以自斂飭也。〔詩・君子偕老〕「是｜袢也」朱傳。〇〔說文定聲・卷一三〕｜，傳、箋謂借為褻。〔詩・君子偕老〕「是｜袢也」。〇｜當作褻，褻本字，｜段字。〔君子偕老〕平議。〇｜與枻同。〔荀子〕「故君子度己則以繩，接人則用枻」雜志。〇｜，或作絏。〔說文〕「｜，系也」義證。〇｜字或作靾。〔同上〕〇｜字又作鞢。〔廣雅・釋詁二〕「｜，係也」疏證。〇｜字亦作緤。〔同上〕

緤　｜同紲。〔廣韻・薛部〕又〔集韻・薛部〕。

絏　｜，攣也。〔論語・公冶長〕「雖在縲｜之中」朱注。〇｜，袖也。〔文選・上林賦〕「曳獨繭之褕｜」集釋引張揖。〇｜同紲。〔集韻・薛部〕〇｜，宜作紲。〔左傳僖公二三年〕「臣負羈｜」疏證。〇｜，〔史記〕作袘，〔漢書〕作袣。〔文選・上林賦〕「曳獨繭之褕｜」集釋。

楶　｜，屋梁上木。〔廣韻・屑部〕〇栭謂之｜。〔說文〕「⿰木咨，欂櫨也」繫傳引〔爾雅〕。

⿰木咨　｜，謂梁上短柱上承屋脊者。〔說文〕「｜，欂櫨也」繫傳。〇笮也，｜也，栭也，芝栭也，枅也，欂櫨也，六者一物也。〔周書〕「復格」雜志。〇｜者，直立之意。〔說文〕「｜，欂櫨也」繫傳。〇｜，通作節。〔同上〕義證。〇〔說文定聲・卷一二〕｜，以節為之。〔論語〕「山節藻棁」。〇｜，又作節。〔廣雅・釋宮〕「｜謂之笮」疏證。〇｜，〔論語〕、〔禮器〕、〔明堂位〕、〔爾雅〕舊本皆作節。〔說文〕「｜，欂櫨也」段注。〇｜、笮一聲之轉。〔周書〕「復格」雜志。又〔廣雅・釋宮〕「｜謂之笮」疏證。〇｜，或書作楶。〔集韻・屑部〕〇｜字或作楶。〔廣雅・釋宮〕「｜謂之笮」疏證。〇〔說文定聲・卷一二〕｜，字亦作槉。〔釋宮〕「開謂之槉」。

泬　｜寥，空皃。〔廣韻・屑部〕〇｜寥，猶寂寥也。〔通雅・釋詁〕〇回｜，邪僻也。〔詩・小旻〕「謀猶回｜」集疏引〔薛君章句〕。〇｜同潏。〔集韻・屑部〕〇｜與潏略同。〔說文定聲・卷一二〕〇〔同上〕｜，段借為潏。〔水經・渭水注〕「｜水，亦謂是水為潏水也」。〇〔同上〕｜，段借為遹。〔韓詩〕「回｜其德」。〇｜寥，一作｜漻、｜廖、寥廫。〔通雅・釋詁〕

渫　｜，治也。〔集韻・薛部〕〇｜者，治也。〔漢書・王莽傳〕「憒眊不｜」補注引王念孫。〇｜，治井。〔廣韻・薛部〕〇｜，亦除去。〔同上〕〇｜，汙也。〔廣雅・釋詁三〕「澳，濁也」疏證。〇｜，一曰漏也。〔集韻・薛部〕〇〔說文定聲・卷四〕｜，段借為媟。〔漢書・王褒傳〕「去卑辱奧｜而升本朝」。

○丨變為泄。〔說文〕「丨，除去也」段注。○丨，或作泄、作洩。〔集韻·薛部〕

渿 丨同渫。〔集韻·薛部〕

偈 丨，武也。〔廣韻·薛部〕○丨，武皃。〔集韻·曷部〕○丨，疾驅。〔詩·伯兮〕「伯兮朅兮」後箋。○丨、朅古字同，疾驅貌。〔詩·匪風〕「匪車丨兮」後箋。○丨、朅、桀並通。〔廣雅·釋詁二〕「丨，健也」疏證。○丨，〔漢書〕作揭而以為高舉，亦謂其疾驅揚起耳。〔詩·匪風〕「匪車丨兮」後箋。○丨，齊、韓作揭。(同上)集疏。○丨，本作褐。〔左傳襄公二四年經〕「仲孫羯帥師侵齊」洪詁引〔釋文〕。

啜 丨，甞也。〔廣韻·祭部〕○丨，茹也。〔廣韻·薛部〕○丨，飲也。〔孟子·離婁上〕「徒餔丨也」朱注。又〔國策·魏策一〕「坐於幕下而丨之」鮑注。○丨，猶歠也。〔詩·中谷有蓷〕「丨其泣矣」陳疏。○〔通雅·卷五〕丨汁，猶拾瀋也。〔魏世家〕「欲丨汁者衆」。○丨，泣貌。〔詩·中谷有蓷〕「丨其泣矣」朱傳。○丨，泣也。〔集韻·薛部〕○丨，言多不正。〔廣韻·薛部〕○丨，以掇為訓。〔說文定聲·卷一三〕○(同上)丨，段借發聲之詞。〔詩·中谷有蓷〕「丨其泣矣」。○丨，字亦作嚵。〔說文定聲·卷一三〕○丨，韓作惙。〔詩·中谷有蓷〕「丨其泣矣」集疏。

楬 丨，有所表識。〔廣韻·薛部〕○傑、丨、碣義並同也。〔廣雅·釋詁二〕「偈，健也」疏證。

糱 丨，牙丨也。〔說文〕「飴，米丨煎也」繫傳。○丨，牙生穀也。〔說文〕「丨，牙米也」義證引〔玉篇〕。○丨，粟麥芽生也。〔慧琳音義·卷六六〕引〔考聲〕。○芽米謂之丨，義與櫱同。〔廣雅·釋詁一〕「櫱，始也」疏證。○麥丨，麥芽也。〔說文〕「丨，牙米也」繫傳。○丨者，生不以理之名也，皆當以可生之物為之。(同上)義證引〔本草〕唐本注。○丨，麴也。〔禮記·禮運〕「猶酒之有丨也」集解。○丨，麴丨。〔廣韻·薛部〕○漬米曰丨。〔說文〕「丨，牙米也」段注。○漬米亦謂之丨。〔說文定聲·卷一三〕

蛶 丨，丨蚗，蟪蛄別名。〔廣韻·薛部〕○丨蚗，蟲名，蟪蛄也。〔集韻·薛部〕○丨蚗即蛁蚗。〔說文〕「螇，螇鹿，蛁蟟也」段注。○丨或作蛞。〔集韻·薛部〕

軼 丨，車相出也。〔集韻·屑部〕○丨，車相過。〔廣韻·屑部〕○丨，車轉也。〔本草·蛞蝓〕○丨，突也。〔通鑑·晉紀三九〕「築壘於河上以備侵丨」音注。又〔唐紀四八〕「非彼侵丨」音注。○丨訓為突也。〔漢書·司馬相如傳〕「丨野馬」補注引王念孫。○丨，同轍。〔集韻·薛部〕

蜺 丨，寒蜩。〔廣韻·屑部〕○丨，屈虹也。〔集韻·屑部〕○丨，雌虹也。〔大戴·哀公問五義〕「雜於雲丨」王詁。又〔楚辭·天問〕「白丨嬰茀」補注。○色著為虹，色微為丨。〔漢書·天文志〕「抱珥虹丨」補注引〔占經·虹蜺占〕。

蛪 丨同蜺。〔集韻·屑部〕

霓 丨同蜺。〔集韻·屑部〕

桀 丨，磔也。〔廣韻·薛部〕○丨，杙。〔詩·君子于役〕「雞棲于丨」朱傳。○丨，才過人也。〔詩·伯兮〕「邦之丨兮」朱傳。○丨，特立也。〔漢書·李尋傳〕「陰丨得作」補注引周壽昌。○丨丨，田中特立之貌。〔詩·甫田〕「維莠丨丨」集疏。○丨，侹也，疾驅貌。〔詩·伯兮〕「邦之丨兮」集疏引韓說。○丨丨，猶驕驕也。〔詩·甫田〕「維莠丨丨」朱傳。又(同上)後箋。○丨丨與驕驕同意。(同上)陳疏。○丨在木上，引伸之意也。〔說文〕「丨，磔也」段注。○丨與揭音義同。〔左傳成公二年〕「丨石以投人」疏證引焦循。○丨，引伸為丨黠字。〔說文〕「丨，磔也」段注。○丨，惡也。〔說文〕「黠，堅黑也」義證。○丨謂亂。〔漢書·李尋傳〕「庶雄為丨」補注。○丨與楬通。〔方言五〕「橛，燕之東北謂之椵」箋疏。○丨與楬同。〔墨子雜志〕。○丨、傑通。〔墨子·耕柱〕「與其丨相而謀」閒詁。○丨與傑字通。〔墨子·非命中〕「列士丨大夫」閒詁。○〔說文定聲·卷一三〕丨，段借為傑。〔詩·伯兮〕「邦之丨兮」。○丨者，傑之假借。〔詩·伯兮〕「邦之丨兮」陳疏。○〔說文定聲·卷一三〕丨，段借為揭。〔廣雅·釋詁二〕「丨，去也」。○(同上)丨，段借為竭。〔左傳成公二年〕「丨石以投人」。○(同上)丨，段借為趨。〔韓詩·碩人〕「庶士有丨」。○丨，假為揭也。〔說文〕「丨，磔也」段注。○丨丨者，即揭揭之假借。〔詩·甫田〕「維莠揭揭」陳疏。○丨丨，即揭揭之段借，義亦為高。〔詩·甫田〕「維莠丨丨」通釋。○竭、揭、丨並通。〔廣雅·釋詁一〕「揭，舉也」疏證。○偈、朅、丨並通。〔廣雅·釋詁二〕「偈，健也」疏證。○丨，韓亦作傑。〔詩·伯兮〕「邦之丨兮」集疏。○丨，魯作榤。〔詩·君子于役〕「鷄棲于丨」集疏。○丨，〔釋宮〕作榤，俗字也。〔說文〕「丨，磔也」段注。○丨，一本作椉，古乘字。〔史記·王子侯者年表〕「侯劉丨」志疑。

㕞 丨者，拭也。〔說文〕「帥，佩巾也」段注。○丨，飾也。〔說文〕「丨，拭也」義證引〔五經文字〕。○丨，埽也。〔廣韻·薛部〕○丨，清也。(同上)○丨即荔根可作丨之丨。〔說文〕「[艹刷]，丨也」句讀。○丨，膩也。〔慧琳音義·卷七九〕引〔考聲〕。○丨，通作刷。〔釋詁〕「刷，清也」郝疏。○丨，亦通用刷。〔說文〕「丨，飾也」段注。○丨，經傳皆以刷為之。〔說文定聲·卷一三〕○丨，或作刷。〔慧琳音義·卷七九〕引〔考聲〕。○丨，當作刷，字之誤也。〔說文〕「[艹刷]，丨也」段注。

刷 丨同㕞。〔廣韻·薛部〕

輟 丨，車小缺也。〔廣韻·祭部〕○丨，止也。〔論語·微子〕「耰而不丨」劉正義。又〔國策·燕策三〕「簡棄大功者，丨也」鮑注。又〔廣韻·薛部〕。○

丨，一曰止也。〔集韻·薛部〕〇丨，已也。〔廣韻·薛部〕〇丨，引申為凡作丨之偁。〔說文〕「丨，車小缺復合者也」段注。〇丨，段借為叕。〔說文定聲·卷一三〕

爇 丨，燒也。〔通鑑·唐紀七一〕「歸禮潛遣人丨其室」音注。〇丨，放火也。〔續音義·卷三〕引〔韻英〕。〇丨與熾義亦相近。〔方言一二〕「翕，熾也」箋疏。〇丨與炙義亦通。〔方言一三〕「翕，炙也」箋疏。〇丨或通作爇。〔說文〕「丨，燒也」義證。〇丨、爇、焫並通。〔廣雅·釋詁二〕「焫，丨也」疏證。〇丨，又作焫。〔續音義·卷三〕引〔韻英〕。〇爇，燒也。〔廣韻·薛部〕又〔慧琳音義·卷八六〕。〇

焫 丨，燒也。〔禮記·郊特牲〕「然後丨蕭」集解。又〔太素·知方地〕「其治宜灸丨」楊注。〇丨亦燒也。〔國策·秦策二〕「且燒丨獲君之國」鮑注。〇爇、熱、丨並通。〔廣雅·釋詁二〕「丨，爇也」疏證。〇丨同爇。〔廣韻·薛部〕又〔集韻·薛部〕。〇丨與爇同。〔漢書·禮樂志〕「丨膋蕭」補注。〇丨即爇。〔國策·秦策二〕「且燒丨獲君之國」補正。〇丨，即爇字。〔廣雅·釋詁二〕「丨，爇也」疏證。

晢 丨，明也。〔集韻·薛部〕〇丨，光也。〔廣韻·薛部〕〇丨，日光明也。〔慧琳音義·卷一七〕引〔考聲〕。〇晣、丨、悊、折、喇，並字異而義同。〔廣雅·釋詁四〕「晣，明也」疏證。

晣 丨，明也。〔集韻·薛部〕〇丨，光明也。〔慧琳音義·卷八三〕引〔考聲〕。〇丨、晢、悊、折、喇，並字異而義同。〔廣雅·釋詁四〕「丨，明也」疏證。〇

丨同晢。〔廣韻·薛部〕

晰 丨，魯作晢。〔詩·庭燎〕「庭燎丨丨」集疏。

迭 丨，更。〔詩·柏舟〕「胡丨而微」朱傳。〇丨，更也。〔大戴·保傅〕「宴樂雅誦丨樂序」王詁。又〔廣韻·屑部〕。〇丨，更丨也。〔大戴·曾子天圓〕「律麻丨相治也」王詁。〇丨，代也。〔大戴·誥志〕「雌雄丨興」王詁。〇丨，遞也。〔廣韻·屑部〕又〔慧琳音義·卷五一〕引〔考聲〕。〇丨，道也。〔廣韻·屑部〕〇丨，過也。〔集韻·質部〕〇丨，侵也。〔同上〕〇丨，突也。〔左傳成公一三年〕「丨我殽地」疏證引朱駿聲。〇丨丨，猶軼軼也。〔通雅·釋詁〕〇丨遏，即跌踢。〔說文〕「跌，一曰越也」義證。〇丨與佚通。〔方言三〕「佚，代也」箋疏。又〔廣雅·釋詁三〕「丨，代也」疏證。〇丨，通作佚。〔釋言〕「遞，丨也」郝疏。〇丨又借佚字。〔說文〕「丨，更丨也」義證。〇丨，或假佚字為之。〔同上〕段注。〇丨、佚古通用，代也。〔詩·柏舟〕「胡丨而微」通釋。〇丨，或借軼字。〔說文〕「丨，更丨也」義證。〇丨者，軼之假借。〔左傳成公一三年〕「丨我殽地」疏證引校勘記。〇丨即軼之叚借也。〔說文〕「泆，水所蕩泆也」段注。〇丨讀為軼。〔左傳成公一三年〕「丨我殽地」疏證引朱駿聲。〇丨與軼同。〔漢書〕「軼」雜志。〇〔說文定聲·卷一二〕丨，段借為泆。〔思玄賦〕「爛漫麗靡，藐以丨逿」。〇丨即泆之段借也。〔說文〕「泆，水所蕩泆也」段注。〇丨又通作逸。〔方言三〕「佚，代也」箋疏。〇〔說文定聲·卷一二〕丨，段借為達。〔說文〕「丨，一曰达」。〇丨當作达。〔說文〕「迵，迵丨也」段注。〇丨當為达。〔同上〕義證。〇丨，〔釋文〕引〔韓詩〕作载，载，常也。〔詩·柏舟〕「胡丨而微」後箋。〇舊校云，丨一作亟。〔呂覽·知分〕「而丨聞晉事」校正。

歠 丨，歙也。〔說文〕「醑，歠酒也」段注。〇丨，飲也。〔孟子·滕文公上〕「丨粥」朱注。又〔國策·燕策一〕「進熱丨」鮑注。又〔楚辭·漁父〕「而丨其釃」補注引五臣注。〇丨，大飲。〔廣韻·薛部〕〇丨，大欲也。〔續音義·卷一〇〕引〔切韻〕。〇丨，一作歙。〔說文〕「潄，欲丨也」句讀。〇丨，通作啜。〔集韻·薛部〕〇丨，或作啜，俗字。〔慧琳音義·卷二〕

歠 丨同歠。〔集韻·薛部〕

嚱 丨同歠。〔集韻·薛部〕

姪 丨，丨娣。〔廣韻·屑部〕〇丨者，乃兄女之名耳。以丨呼兄子，始見唐。〔字詁〕〇丨，近人又書作侄字，不知侄乃音質，堅也，癡也。〔字詁〕

㜯 丨同姪。〔集韻·屑部〕

咥 丨，笑也。〔廣韻·屑部〕又〔集韻·質部〕。〇丨，齧也。〔廣韻·屑部〕〇丨，齒堅皃。〔集韻·屑部〕〇丨即齷。〔說文〕「丨，齒堅也」義證。〇丨或作齷。〔集韻·屑部〕

齸 丨同咥。〔集韻·屑部〕

歖 丨同咥。〔集韻·質部〕

掇 丨，拾取。〔廣韻·薛部〕〇丨，拾取也。〔集韻·薛部〕〇黜、炪、丨、叕並字異而義同。〔廣雅·釋詁二〕「黜，短也」疏證。〇丨與剟通。〔廣雅·釋詁三〕「剟，削也」疏證。〇〔說文定聲·卷一三〕丨，段借為剟。〔史記·張耳傳〕「刺丨身無可擊者」。〇〔同上〕丨，段借為輟。〔魏都賦〕「剞劂罔丨」。〇丨同黜。〔集韻·薛部〕

惙 丨，憂也。〔廣韻·薛部〕〇丨，憂貌。〔詩·草蟲〕「憂心丨丨」朱傳。〇丨丨，亦憂皃也。〔慧琳音義·卷七三〕〇丨，一曰意不定也。〔集韻·薛部〕〇丨，疲也。〔廣韻·薛部〕又〔集韻·薛部〕。〇丨，疲乏也。〔通鑑·齊紀一二〕「氣息丨然」音注。〇丨，短氣皃也。〔慧琳音義·卷七三〕引〔聲類〕。〇丨丨，短氣之貌也。〔慧琳音義·卷一八〕引〔聲類〕。〇丨，弱皃也。〔慧琳音義·卷六七〕引〔考聲〕。〇丨字從叕即有綴聯之意。〔詩·

草蟲〕「憂心｜｜」平議。〇｜義亦與䂽同。〔廣雅・釋詁二〕「䂽，短也」疏證。〇〔説文定聲・卷一三〕｜，段借為輟。〔莊子・秋水〕「匡人圍之數匝而弦歌不｜」。〇〔同上〕｜，段借為掇。〔易・訟〕「患至｜也」。〇｜，本又作輟。〔莊子・秋水〕「匡人圍之數匝而弦歌不｜」集釋引〔釋文〕。

呐 吶｜，聲不出。〔廣韻・薛部〕〇聲不出謂之吶｜。〔集韻・薛部〕

㕯 ｜，言遲聲。〔廣韻・薛部〕〇〔説文定聲・卷一二〕｜，字亦作左形右聲。〔荀子・非相〕「其辯不若其吶也」。

冽 ｜，寒也。〔詩・下泉〕「｜彼下泉」朱傳。又〔廣韻・薛部〕。又〔集韻・薛部〕。〇｜，寒意也。〔詩・大東〕「有｜氿泉」朱傳。〇｜，寒氣也。〔説文〕「｜」義證引〔玉篇〕。

颲 ｜，風雨暴至。〔廣韻・薛部〕〇〔説文定聲・卷一三〕｜義當為烈之轉注。〔説文〕「｜，烈風也」。

𢘐 ｜，憂心。〔廣韻・薛部〕〇｜或書作㤠。〔集韻・薛部〕

挒 ｜，捩也。〔集韻・薛部〕

畷 ｜，田間道。〔廣韻・薛部〕〇｜，井田間道。〔集韻・祭部〕〇｜，兩伯間豎道也。〔説文〕「｜，兩陌間道也」義證引〔急就篇〕顏注。〇｜，兩百夫之間有洫，洫上有涂，謂之｜，廣六尺，故涂容一軌。〔説文定聲・卷一三〕〇｜，衆涂所綴也。〔説文〕「｜，兩百間道也」段注。〇｜，疆界相連綴也。〔禮記・郊特牲〕「郵表｜禽獸」集解。〇｜以綴為訓。〔説文定聲・卷一三〕〇郵亭之表曰｜。〔詩・長發〕「下國綴旒」通釋。〇｜，以輟為訓。〔説文定聲・卷一三〕

吷 ｜，飲也。〔廣韻・薛部〕〇｜同歠。〔集韻・薛部〕〇｜同決。〔集韻・屑部〕

剟 ｜，刊削也。〔説文〕「椯，箠也」繫傳。〇｜，持有所刊也。〔説文〕「｜，判也」繫傳。〇｜與掇同，拾也。〔淮南子・人間〕「使離竹攫｜索之」雜志。〇｜，通作掇。〔説文〕「｜，刊也」義證。〇〔説文定聲・卷一三〕｜，以掇為之。〔周書〕「和寤豪末不掇，將成斧柯」。〇｜，〔新書〕作掇。〔漢書・賈誼傳〕「盜者｜寢户之簾」補注。

拮 ｜，手口共有所作。〔廣韻・屑部〕〇｜，以手及口各舉衣衿之一角也。〔説文〕「｜，手口共有所作也」繫傳。〇｜据，口手營作也。〔同上〕義證引〔五音集韻〕。〇｜据，亦雙聲連語，即丮斥也。〔説文定聲・卷一二〕〇｜同揭。〔集韻・薛部〕〇｜即戞字。〔漢書・揚雄傳〕「｜隔鳴球」補注引段玉裁。

絜 ｜者，麻一耑，束之成一耑也。〔説文〕「凡，㝡括而言也」段注。〇〔説文定聲・卷一三〕｜，謂清也。〔廣雅・釋言〕「｜，靜也」。〇｜，引申為潔凈。〔説文〕「｜，麻一耑也」段注。〇｜，明也。〔大戴・五帝德〕「｜誠以祭祀」王詁。〇｜，白也。〔大戴・文王官人〕「誠｜必有難汚之色」王詁。〇｜，束也。〔慧琳音義・卷六五〕〇｜者，束也。〔説文〕「凡，㝡括而言也」段注。〇束之亦曰｜。〔説文〕「括，｜也」段注。〇｜，約束也。〔莊子・人間世〕「｜之百圍」集釋引成玄英。〇｜，引申為｜束之｜。〔説文〕「括，｜也」段注。〇｜，麻一耑也，引伸為圍束之偁。〔説文〕「髻，｜髮也」段注。〇〔説文定聲・卷一三〕｜，可結束火以射敵者。〔周禮・司弓矢〕「枉矢｜矢利火射」。〇｜，繫也。〔慧琳音義・卷六五〕〇｜者，旋繞之稱。〔屈賦・卜居〕「將突梯滑稽，如脂如韋以｜楹乎」戴注。〇｜組，謂束組也。〔説文〕「絜，｜組也」段注。〇｜，度也。〔大學〕「是以君子有｜矩之道也」朱注。〇圍度曰｜。〔屈賦・卜居〕「將突梯滑稽如脂如韋以｜楹乎」戴注。〇凡物圍度之曰｜。〔説文〕「括，｜也」段注。〇｜，約束知大小也。〔集韻・屑部〕〇｜，謂圍髮際結項，中以固冠者，即幘也。〔説文定聲・卷一三〕〔「缺」下〕〇｜，苦也。〔集韻・黠部〕〇｜楹，猶言盤旋酬酢也。〔文選・卜居〕「將突梯滑稽如脂如韋以｜楹乎」集釋。又〔通雅・釋詁〕。〇｜與挈聲近義同。〔方言六〕「挈，特也」箋疏。〇｜，聲與挈近而義同。〔廣雅・釋詁三〕「挈，獨也」疏證。〇〔説文定聲・卷一三〕｜，段借為挈。〔禮記・大學〕「是以君子有｜矩之道也」。〇〔同上〕｜，段借為楔。〔淮南子・要畧〕「攕揳哯齵之鄰也」。〇〔同上〕｜，結為本字，挈為借字。〔禮記・大學〕「是以君子有｜矩之道也」。〇〔同上〕｜，謂借為鹼，鹼｜雙聲。〔釋水〕「簡｜」。〇擷、揳、｜並通。〔廣雅・釋詁三〕「擷，束也」疏證。〇〔説文定聲・卷一三〕｜，以屑為之。〔詩・谷風〕「不我屑以」。〇｜與潔通。〔廣雅・釋詁三〕「屑，潔也」疏證。〇潔、｜字通用。〔韓非子・孤憤〕「其修士且以精｜固身」集解。〇｜、潔古今字。〔方言三〕「屑，潔也」箋疏。〇潔字正作｜。〔墨子・法儀〕「｜為酒醴粢盛」閒詁引畢沅。〇｜，字亦作潔。〔説文定聲・卷一三〕〇｜，俗作潔。〔説文〕「｜，麻一耑也」段注。〇｜，俗作潔，廉潔之士。〔説文〕「｜之方也」句讀。〇〔説文定聲・卷一三〕｜，亦作擷。〔通俗文〕「束縛謂之擷」。〇〔同上〕｜，亦作挈。〔魯峻碑〕「樂於陵灌園之挈」。〇｜，諸本作潔。〔左傳定公三年〕「莊公卞急而好｜」洪詁。〇官本｜作潔。〔漢書・曹參傳〕「參以中涓從」補注。〇舊校云，｜字一作祭。〔呂覽・尊師〕「必蠲｜」校正。

觖 ｜，望也，言有所覬望也。〔通鑑・漢紀五九〕「乃復為崔琰｜望」音注。〇｜，怨望也。〔同上〕又〔集韻・屑部〕。〇｜望，怨望也。〔廣韻・屑部〕〇｜即缺少之意，依顏義即缺字之異體，依舊義則欠部欿字之異體。〔漢書・盧綰傳〕「為羣臣｜望」補注引姚鼐。〇｜望，即缺望。〔通雅・卷七〕

榍 ｜，所以為限閾也。〔説文〕「｜，限也」繫傳。〇〔説文定聲・卷一二〕｜，今蘇俗謂之門檻，蓋限之聲轉，或曰即〔書・顧命〕之戺也。〔釋宮〕「柣謂

之閾」。○丨，木名。〔廣韻・屑部〕○〔說文定聲・卷一二〕丨，以切為之。〔西都賦〕「元墀釦切」。○丨古音同切。〔釋宮〕「柣謂之閾」郝疏。○丨與切古亦同聲。〔廣雅・釋宮〕「柣，砌也」疏證。○丨同柣。〔集韻・屑部〕○丨，或作柣。〔說文〕「丨，限也」義證。○〔說文定聲・一二〕丨，字亦作柣。〔釋宮〕「柣謂之閾」。○（同上）丨，字又作砌。〔廣雅・釋室〕「柣，砌也」。

僁　丨，小聲也。〔說文〕「丨，聲也」義證引〔玉篇〕。○丨，丨丨有聲也。（同上）繫傳。○丨，動草聲。〔廣韻・屑部〕○丨，又云鷙鳥之聲。（同上）○丨丨，呻吟也。（同上）又〔集韻・屑部〕。○丨丨與屑屑義亦相近，不安也。〔方言一〇〕「晉謂之屑屑」箋疏。○丨僁，動也。〔廣韻・質部〕○丨，通作屑。〔釋言〕「丨，聲也」邵正義。○〔說文定聲・卷五〕丨作屑亦同。〔漢書・武帝紀〕「屑然如有聞」。○丨與⿰亻屑同。〔說文〕「丨，聲也」義證引〔字書〕。○丨字又作⿰亻屑。〔釋言〕「丨，聲也」郝疏。○丨字亦作⿰亻屑。〔說文定聲・卷五〕又〔廣韻・屑部〕。

⿰亻屑　丨同僁。〔集韻・屑部〕

⿰齒屑　丨，齒也。〔廣韻・屑部〕○〔說文定聲・卷一二〕丨，謂齒相摩切也。〔說文〕「丨，齒差也」。○丨，謂齒相摩切也。〔說文〕「丨，齒差也」段注。○引伸之義，摩物曰丨。（同上）段注。

⿰月屑　丨，臆中脂。〔廣韻・屑部〕又〔集韻・屑部〕。

⿰月血　丨同⿰月屑。〔集韻・屑部〕

沏　丨，水聲。〔廣韻・屑部〕又〔集韻・屑部〕。○丨，一曰水流疾貌。（同上）

桔　丨，丨梗。〔廣韻・屑部〕○丨梗，一名利如。〔說文〕「丨，丨梗」義證引〔本草〕。○丨梗，此草之根結實而梗直，故名。〔本草・桔梗〕○丨柣，鄭門名。〔集韻・屑部〕○官本丨並作拮，當以拮為正。〔漢書・揚雄傳〕「丨隔鳴球」補注。

⿵門吉　丨同桔。〔集韻・屑部〕

⿺走屑　丨，走兒。〔廣韻・屑部〕

⿰契鳥　丨，鳥名。〔集韻・屑部〕○丨，梟屬也。〔說文〕「丨，鸛也」繫傳。○丨鸛，鳥。〔廣韻・黠部〕○丨鸛，鳥名。〔廣韻・屑部〕

⿰絜鳥　丨同⿰契鳥。〔集韻・屑部〕

⿰木絜　丨槔，汲水具也。〔廣韻・屑部〕○丨同⿰木挈。〔集韻・屑部〕

⿰木挈　丨槔，汲水具。〔集韻・屑部〕

袺　丨，謂以裳貯物，持其衽於帶。〔詩・芣苡〕「薄言丨之」後箋。○丨，以衣貯之而執其衽也。（同上）朱注。○丨謂之襭。（同上）集疏引魯說。

魝　丨，割治魚也。〔廣韻・屑部〕

⿳十目大　丨，頭傾兒。〔廣韻・屑部〕○丨，一曰頭傾。〔集韻・屑部〕○奊丨，多節目。（同上）○奊丨，多節目也。〔廣韻・屑部〕○丨與劼聲近而義同。〔廣雅・釋詁四〕「劼，勤也」疏證。○丨，亦用為結字也。〔說文〕「丨，頭傾也」繫傳。

卩　丨，節也。〔說文繫傳・通論下〕○丨訓節。〔說文〕「夘，轉卧也」繫傳。○丨，引申之凡使所執以為信，而非用玉者皆曰丨。〔說文〕「丨，瑞信也」段注。○丨，凡可表識者皆曰丨，竹之丨曰節，木之丨曰科厄。〔說文〕「厄，科厄，木丨也」段注。○丨，通作節。〔集韻・屑部〕又〔說文〕「卽，卽食也」義證。○丨，經傳皆以節為之。〔說文定聲・卷七〕○丨，今皆作節字。〔說文〕「丨，瑞信也」繫傳。○丨字今本皆作節。（同上）句讀。

⿱髟截　丨，婦人束髮少也。〔說文定聲・卷七〕引〔龍龕手鑑〕。○〔卷七〕丨，即鬠也。〔通俗文〕「露髻曰丨」。○乢、⿱髟乚、⿱髟截丨，其義同也。〔廣雅・釋詁二〕「乢，小也」疏證。

⿱髟乚　丨同⿱髟截。〔集韻・薛部〕

⿱艹血　丨，草兒。〔廣韻・屑部〕○丨，地血，蒨也。〔說文〕「丨，艸也」義證引〔類篇〕。○丨，一曰地丨，蒨也。〔集韻・屑部〕

坹　丨，穴也。〔廣韻・屑部〕○丨，空深兒。（同上）又〔集韻・屑部〕。○丨、窨並與穴同義。〔廣雅・釋詁三〕「丨，深也」疏證。

⿰氵⿱穴冋　丨，涌出也。〔楚辭・悲回風〕「氾丨丨其前後兮」補注。○丨，泉出兒。〔廣韻・屑部〕○丨，水聲，涌出之聲。〔說文〕「丨，涌出也」義證。○丨與泬略同。〔說文定聲・卷一二〕○丨水，一名泬水，以其湧出也。〔說文〕「泬，水從孔穴疾出也」義證。

眏　丨，目患。〔廣韻・屑部〕○〔說文定聲・卷一三〕丨，以夬為之。〔史記・盧綰傳〕「為羣臣觖望」。○丨同睛。〔集韻・屑部〕

⿰火節　丨，燭餘。〔廣韻・屑部〕○燼謂之丨。〔集韻・屑部〕

⿰言穴　丨，怒呵。〔廣韻・屑部〕

⿵門穴　丨者，缺之空也。〔廣雅・釋詁三〕「丨，空也」疏證。○丨⿵門⿱穴夬，無門也。〔集韻・屑部〕○丨⿵門⿱穴夬，無門戶也。〔廣韻・屑部〕

⿵門⿱穴夬　丨同⿵門穴。〔集韻・屑部〕

駃 —騠，生三日而超其母。〔文選·上林賦〕「—騠驢贏」王注引郭璞。〇—騠，良馬，生七日超母也。〔廣韻·屑部〕〇—騠，駿馬也，生十日而超其母。〔說文〕「—，—騠」義證引〔通典〕。〇—騠，刳其母腹而生。〔文選·上林賦〕「—騠驢贏」集釋引〔史記索隱〕。〇牡馬文驢而生者為—騠。〔本草·騾〕〇—騠，〔廣志〕作決蹏。〔說文〕「—，—騠」義證。〇趹、赽、決並與—通。〔廣雅·釋宮〕「—，犇也」疏證。

茯 —明，菜花黃。〔廣韻·屑部〕

芺 —光，艸名，—明也。〔集韻·屑部〕〇薂擽、—光、薢茩，正一聲之轉矣。〔廣雅·釋草〕「蔆，薢茩也」疏證。〇—同茯。〔廣韻·屑部〕〇—與茯同，亦作決。〔廣雅·釋草〕「茯明，羊角也」疏證。

赽 —，一曰疾也。〔集韻·屑部〕〇—，馬疾行也。〔廣韻·屑部〕〇—義與蹶同。〔廣雅·釋言〕「蹶，踶也」疏證。〇—與躗䟴同。〔說文定聲·卷一三〕〇〔同上〕—，叚借為趹。〔廣雅·釋詁一〕「—，疾也」。〇—，或借趹字。〔說文〕「—，踶也」義證。

鈌 —，刺也。〔廣韻·屑部〕又〔集韻·屑部〕。〇—與鐍略同。〔說文定聲·卷一三〕

臭 —，獸名，似狸。〔廣韻·屑部〕

疦 —，瘡裏空也。〔廣韻·屑部〕〇—，瘡大者—。〔集韻·屑部〕〇—謂疾病，口戾不正。〔說文定聲·卷一三〕

蚗 —，蘇俗謂之知了。〔說文定聲·卷一三〕〇蛥—，亦蟪蛄也。〔說文〕「—，蛥—，蛁蟟也」義證引〔玉篇〕。〇蛥—，蟪蛄，蟲名。〔廣韻·屑部〕〇蛥—，蟲名，蟪蛄也。〔集韻·屑部〕〇—，一曰龍屬。〔同上〕

柍 —，椀也。〔廣韻·屑部〕〇椀謂之—。〔集韻·屑部〕引〔方言〕。〇—，又小盂也。〔廣韻·屑部〕

憰 —，變詐也。〔說文〕「—，權詐也」義證引〔玉篇〕。〇心恑曰—，言詭曰譎。〔集韻·屑部〕〇言詐曰譎，心詐曰—。〔說文定聲·卷一二〕〇—，妄語也。〔廣韻·屑部〕〇—與譎義並同。〔方言三〕「譎，詐也」箋疏。〇—與譎音義皆同。〔說文〕「—，權詐也」段注。〇〔說文定聲·卷一二〕—，以譎為之。〔莊子·齊物論〕「恢恑譎怪」。

肤 —，孔—。〔廣韻·屑部〕〇—，俗謂之髖骻。〔說文〕「—，孔也」段注。〇—，尻空也，蘇俗語曰菌孔，亦曰髖骻。〔說文定聲·卷一三〕

絘 —，縷一枚也。〔集韻·質部〕〇—，縷也。〔集韻·屑部〕〇—，衣開孔也，謂鬼衣也。〔釋器〕「—謂之袭」鄭注。〇—，或作紻。〔說文〕「—，縷一枚也」義證。

紻 —同絘。〔集韻·屑部〕

繘 —同絘。〔集韻·屑部〕

窔 —，穿皃。〔廣韻·屑部〕〇—，穿也。〔集韻·屑部〕〇—，一曰空也。〔集韻·屑部〕〇—義與抉同。〔廣雅·釋詁三〕〇—，通作決。〔說文〕「—，穿也」義證。

焆 —，煙氣。〔廣韻·薛部〕〇—，火光。〔集韻·屑部〕〇—，火光也。〔廣韻·屑部〕〇—同炔。〔集韻·屑部〕

炔 —，煙皃。或作焆。〔集韻·屑部〕〇——即焆焆煙皃之或體也。〔說文〕「炔，讀若煙火——」段注。

窫 —，穴貌也。〔說文〕「—，深抉也」義證引〔玉篇〕。〇—義與抉同。〔廣雅·釋詁三〕「抉，穿也」疏證。

襔 —，衣袖。〔廣韻·屑部〕

袂 —同襔。〔集韻·屑部〕

胅 —，骨—。〔廣韻·屑部〕〇〔說文定聲·卷一二〕—謂骨差突出也。〔說文〕「—，骨差也」。〇—之言—起也。〔廣雅·釋詁二〕「—，腫也」疏證。〇—義亦與跌同。〔廣雅·釋詁四〕「跌，差也」疏證。〇窅—，窅謂入，—謂出。〔說文〕「—，骨差也」段注引蘇林。〇—，一曰腫也。〔集韻·屑部〕〇—，一曰連脽肉。〔同上〕〇〔說文定聲·卷一二〕凸即—字。〔字苑〕「凸起者也」。〇今凹凸字，〔蒼頡篇〕作容—，當作窅—也。〔說文定聲·卷一二〕〇官本—作眰。〔漢書·禮樂志〕「都荔遂芳，窅窊桂華」補注。

觖 —同胅。〔集韻·屑部〕

胅 —同胅。〔集韻·屑部〕

驖 —，馬如鐵，赤黑色。〔說文〕「—，馬赤黑色」義證引〔玉篇〕。

驖 —，馬赤黑也。〔廣韻·屑部〕〇—，馬赤黑也。〔集韻·屑部〕〇—，漢人或叚鐵為之。〔說文〕「—，馬赤黑色」段注。〇〔說文定聲·卷一七〕—，毛本作鐵。〔說文〕「詩曰四—孔阜」。〇三家—亦作载。〔詩·駟驖〕「駟—孔阜」集疏。

驖 —同驖。〔集韻·屑部〕

戴 —者，驖之省形存聲字。〔說文〕「驖，馬赤黑色」句讀。

駃　丨，馬足疾。〔廣韻·質部〕又〔集韻·質部〕。○丨，馬行疾也。〔廣韻·屑部〕○丨，馬疾走也。〔說文〕「丨，馬有疾足」義證引〔玉篇〕。○今人用俊逸字，當作丨。〔說文〕「丨，馬有疾足也」段注。○奔軼絶塵字，當作丨。〔同上〕○丨，凡奔軼、俊逸字，書傳以軼、以逸為之。〔說文定聲·卷一二〕

馲　丨同駃。〔集韻·屑部〕

墆　丨，貯也。〔廣韻·屑部〕又〔集韻·屑部〕。○丨，止也。〔廣韻·屑部〕又〔集韻·屑部〕。

戜　丨，剔也。〔廣韻·屑部〕○丨，今讀如秩，呈、秩一聲之轉。〔說文定聲·卷一七〕

苵　〔說文定聲·卷一二〕丨，野生穢草，似稗，不可食。〔說文〕「丨，䔍丨也」。

蕺　丨同苵。〔集韻·屑部〕

蛭　丨，蚻也，蛇毒長也。〔說文〕「丨，虵惡毒長也」義證引〔玉篇〕。○丨與蛭聲義亦同。〔廣雅·釋詁三〕「痓，惡也」疏證。○丨字亦作蛭。〔同上〕○〔說文定聲·卷一二〕丨，當作蚻，蛇毒長也。〔說文〕「丨，蛇毒長也」。

鴃　丨，鋪豉鳥也。〔廣韻·質部〕○丨，水鳥名。〔集韻·質部〕○丨，鳥名，鋪豉也。〔集韻·屑部〕○〔說文定聲·卷一二〕丨，鋪豉，亦狀其聲也。〔說文〕「丨，鋪豉也」。○丨，或作䳇。〔集韻·屑部〕○丨或書作鴂。〔同上〕

䳇　丨同鴃。〔集韻·屑部〕

揥　丨，擿也。〔廣韻·屑部〕又〔集韻·屑部〕。

恎　丨，惡性。〔廣韻·屑部〕○丨，很也。〔集韻·質部〕○丨佟，懼也。〔集韻·屑部〕○丨與痓同。〔廣雅·釋詁三〕「痓，惡也」疏證。

詄　丨，忘念。〔廣韻·屑部〕○丨，忘也。〔集韻·質部〕○丨，丨忘也。〔說文〕「丨，忘也」繫傳。○丨與忽略同。〔說文定聲·卷一二〕○丨之言失也。〔廣雅·釋詁二〕「丨，忘也」疏證。○丨與佚通。〔廣倉〕「佚，忽忘也」述聞。○丨，或通作佚。〔說文〕「丨，忘也」義證。○〔說文定聲·卷一二〕丨，段借為泆。〔漢書·禮樂志〕「丨蕩蕩」。○昳、佚並與丨同。〔廣雅·釋詁二〕「丨，忘也」疏證。○〔說文定聲·卷一二〕丨字亦作昳。〔甘泉賦〕「薌昳肸以掍批兮」。

頁　丨，頭也。〔廣韻·屑部〕○丨，古首字。〔說文〕「憂，愁也」句讀。○丨，古文以為首字也。〔說文〕「丨，頭也」繫傳。

臬　丨，頭邪。〔廣韻·屑部〕○丨，傾頭作態也。〔集韻·齊部〕○丨臬，頭態。〔集韻·屑部〕○丨臬，頭衺態。〔說文〕「臬，頭傾也」義證引〔類篇〕。○俗以捧物不敬曰丨臬。〔通雅·諺原〕引顧隣初。○或曰丨，衺繩。〔說文定聲·卷一二〕○〔左傳〕齊有慶丨，即慶繩，蓋以頭邪為名，以繩直為字。〔說文〕「丨，頭衺骫丨態也」段注。○丨，一曰多節目也。〔集韻·屑部〕○〔說文定聲·卷一二〕丨，段借為詄，即誒。〔漢書·賈誼傳〕「丨詬無節」。○〔賈誼傳〕叚丨為誒。〔說文〕「丨，頭衺骫丨態也」段注。○〔說文定聲·卷一二〕丨段借為繿。〔左傳襄公二八年〕「齊慶丨」。○丨或作奊。〔說文〕「丨，頭衺骫丨態也」義證引〔類篇〕。○丨本作詄，古字省耳。〔漢書·賈誼傳〕「丨詬亡節」補注引劉台拱。

奊　丨，丨奊也。〔說文〕「奊，頭衺骫奊態也」義證引〔玉篇〕。○丨臬，頭衺態。〔集韻·屑部〕○丨臬，多節目也。〔廣韻·屑部〕又〔集韻·屑部〕。

苶　丨，疲皃。〔集韻·屑部〕○丨，疲役皃。〔廣韻·薛部〕○丨，丨然疲役。〔廣韻·屑部〕○丨，一曰止皃。〔集韻·屑部〕

揤　丨，捎取。〔廣韻·屑部〕○丨，揤取也。〔集韻·屑部〕

楶　丨同揤。〔集韻·屑部〕

蛈　丨，蟲名，蛭蝗也。〔集韻·屑部〕○丨蝪，又為蛭蝗，又為顛當，俱雙聲字。〔釋蟲〕「王，丨蝪」郝疏。

撴　丨，捅丨皃。〔廣韻·屑部〕○丨，捅丨也。〔集韻·屑部〕

擳　丨，縛也。〔廣韻·屑部〕○丨束。〔同上〕○丨，束也。〔集韻·屑部〕○丨、揳、絜並通。〔廣雅·釋詁三〕「丨，束也」疏證。

臈　丨，膜丨。〔廣韻·屑部〕

垤　丨，塞也。〔集韻·屑部〕○丨，下也。〔同上〕

埕　丨，塞也。〔廣韻·屑部〕

呈　丨，塞也。〔集韻·屑部〕○丨，下也。〔同上〕

蔑　丨，草丨。〔廣韻·屑部〕○丨，一曰艸名。〔集韻·屑部〕

懱　丨，輕也。〔說文〕「丨，輕易也」義證引〔玉篇〕。○丨，侮也。〔同上〕○丨，輕丨。〔廣韻·屑部〕○丨者，輕易人蔑視之也。〔說文〕「丨，輕易也」段注。○丨，易也。〔同上〕義證引〔玉篇〕。○丨，輕傷也。〔慧琳音義·卷一四〕○丨，輕傷也。〔慧琳音義·卷六六〕引〔古今正字〕。○丨之言微末也。〔廣雅·釋詁一〕「丨，末也」疏證。○木細枝謂之蔑，小蟲謂之蠛蠓，小鳥謂之丨雀，又謂之蒙鳩，其義一也。〔廣雅·釋鳥〕「鷦鷯，工雀也」疏證。○丨之言鸉截也。〔廣雅·釋詁四〕「蔑，微也」疏證。○丨、韈、蔑字異音義同。〔方言八〕「桑飛或謂之丨爵」疏證。○〔說文定聲·卷一三〕丨，段借為韈。〔方

言八〕「桑飛或謂之丨爵」。〇（同上）丨，叚借為㵾。〔埤蒼〕「丨，拭滅也」。〇（同上）丨，叚借為末。〔廣雅·釋詁一〕「幭，末也」。〇鷦、丨、蒙一聲之轉，皆小貌也。〔廣雅·釋鳥〕「鷦䳂，工雀也」疏證。〇丨，經典借蔑字。〔說文〕「丨，輕易也」義證。〇〔說文定聲·卷一三〕丨，以蔑為之。〔周語〕「王而蔑之，是不明賢也」。〇丨亦省作蔑。〔說文〕「丨，輕易也」句讀。

蔑 丨兜者，今人謂之眼眵是也。〔說文〕「眵，一曰丨兜也」段注。〇丨兜，〔見部〕作覴，云目蔽垢。〔說文〕「丨，丨兜，目眵也」段注。〇〔說文定聲·卷一三〕今蘇俗曰眼疵丨兜，當作丨覴，覴，目蔽垢也。〔說文〕「眵，一曰眵，丨兜也」。〇丨，目赤。〔廣韻·屑部〕〇丨，一曰目赤。〔集韻·屑部〕〇丨，通作蔑。〔說文〕「丨，目眵也」義證。〇丨，蔑者假借。〔說文〕「丨，丨兜，目眵也」段注。〇丨即蔑字。〔說文定聲·卷一三〕〇丨即蔑之俗字也。〔說文定聲·卷一三〕〔蔑〕下〕

䁾 丨同蔑。〔集韻·屑部〕〇宋玉〔風賦〕引丨作蔑。〔呂覽·數盡〕「處目則為丨為盲」校正。

搣 丨，拭滅也。〔集韻·霽部〕〇丨揳，不方正。〔集韻·屑部〕〇丨揳，不方正也。〔廣韻·屑部〕〇作事不方正曰丨揳。〔通雅·諺原〕

幭 丨，帊幞也。〔廣韻·屑部〕〇丨謂帊幞也。〔管子〕「務為」雜志。〇〔說文定聲·卷二〕鞃上覆以皮謂之丨。〔詩·韓奕〕「鞹鞃淺丨」。（「鞃」下）〇丨，一曰車覆也。〔集韻·屑部〕

薎 丨同幭。〔集韻·屑部〕

𥈈 丨，火不明兒。〔廣韻·屑部〕〇丨為蔑之叚借。〔說文〕「埅，疾惡也」段注。（「埅」下）〇丨者，蔑之假借字也。〔說文〕「周書曰布重丨席」段注。〇丨，叚借為筬。〔說文定聲·卷一三〕〇丨段為纖蒻之義。〔說文〕「敃，人姓也」段注。〇丨，蔤之叚借也。〔說文〕「蔤，扶渠本」段注。〇丨本訓火不明，而「布重丨席」借為蔤字。〔說文〕「迋，往也」段注。〇〔說文定聲·卷一三〕丨，俗字作蔤。〔說文〕「周書曰布重丨席」。〇〔顧命〕以丨為蔑。〔說文〕「敀，迮也」段注。〇〔說文定聲·卷一三〕丨，今本以蔑為之。〔說文〕「周書曰布重丨席」。〇丨，今〔尚書〕作蔑。〔說文〕「丨，火不明也」繫傳。〇〔周書〕丨席，今作蔑席，纖蒻席也。〔說文〕「蔤，扶渠本」段注。

䌩 丨，細也。〔廣韻·屑部〕引〔蒼頡篇〕。又〔集韻·屑部〕。〇丨之言蔑也。〔廣雅·釋詁四〕「丨，微也」疏證。〇丨，字通作蔑。〔廣雅·釋詁二〕「幭，小也」疏證。〇丨字亦通作幭。（同上）〇丨，絲之微也。〔廣雅·釋詁四〕「丨，微也」疏證。

覕 丨，不相見兒。〔廣韻·屑部〕〇丨，見也。〔集韻·質部〕〇丨，過目也。〔集韻·屑部〕〇丨，覓也。〔說文〕「丨，蔽不相見也」義證引〔玉篇〕。〇丨之言閟也。（同上）段注。〇丨之言祕也。（同上）段注。〇丨，叚借為切。〔說文定聲·卷一二〕〇（同上）丨，叚借為瞥。〔莊子·徐無鬼〕「譬之猶一丨也」。〇丨同瞥。〔集韻·屑部〕

𩱧 丨即糜也，糜、丨一聲之轉。〔說文定聲·卷一三〕〇丨同粖。〔廣韻·屑部〕

𪎊 丨，麪謂之䴸，饘謂之丨，義相近也。〔廣雅·釋器〕「粖，饘也」疏證。〇丨亦作𥻦。〔集韻·屑部〕

鬻 丨，鍇本作糜為長，糜鬻雙聲。〔說文〕「鬻，涼州謂丨為鬻」段注。

𥽜 丨猶末也。〔廣雅·釋器〕「丨謂之麪」疏證。〇丨，麪謂之丨，饘謂之𩱧，義相近也。〔廣雅·釋器〕「粖，饘也」疏證。〇丨字亦作蔑。〔廣雅·釋詁二〕「丨，小也」疏證。〇丨字亦通作幭。（同上）

粖 丨，糜也。〔廣韻·屑部〕〇丨同鬻。〔集韻·屑部〕

𥻦 丨同鬻。〔集韻·屑部〕

𥿮 丨，結也。〔說文〕「丨，一曰弩要鉤帶」義證引〔玉篇〕。〇丨，編繩。〔集韻·屑部〕〇〔說文定聲·卷一三〕丨，絛也。〔說文〕「丨，編緒也」。〇丨，輓。〔廣韻·屑部〕〇丨，一說御左回曰丨。〔集韻·薛部〕

㢸 丨，弓戾。〔廣韻·屑部〕〇弓戾謂之丨。〔集韻·屑部〕〇丨，或作彆。（同上）

彆 丨，弓戾也。〔說文定聲·卷一二〕引〔詩·采薇〕疏。〇丨同㢸。〔集韻·屑部〕

𢏳 丨同㢸。〔集韻·屑部〕

𥍝 丨同㢸。〔集韻·屑部〕

袐 丨，袂也。〔集韻·屑部〕〇丨袖，襟袂也。〔廣韻·屑部〕

𠡚 丨，巨力也。〔集韻·屑部〕〇丨，大力之兒。〔廣韻·屑部〕〇丨，或作𡚁。〔集韻·屑部〕

𡚁 丨，大也。〔廣韻·屑部〕〇丨同𠡚。〔集韻·屑部〕

蠛 丨蠓，蠓。〔廣韻·屑部〕〇丨，丨蠓，蟲名，土蜂也。〔集韻·屑部〕〇丨蠓，象其聲也。〔本草·蠛蠓〕〇丨蠓、蚴蛻一聲之轉。〔釋蟲〕「螟蛉，桑蟲」郝疏。

𧕿|同蟞。〔集韻·屑部〕

𧍩|同蟞。〔集韻·屑部〕

𤮊|，器，受一斗。北燕謂瓶為|。〔集韻·屑部〕〇|瓶，受一升也。〔廣韻·屑部〕

蟞|，|繩蟲。〔廣韻·屑部〕〇|蚼，似蟬而小。(同上)〇|蚼，蟲名，似蟬而小。〔集韻·屑部〕

𧒂|同蟞。〔集韻·屑部〕

嫳|，輕也。〔集韻·薛部〕〇|，輕薄之皃。〔廣韻·屑部〕〇|，性急疾妬也。〔慧琳音義·卷二六〕〇〔說文定聲·卷一二〕|段借為擎。〔周禮·大司寇〕「以邦成憋之」。〇|又作憋。〔慧琳音義·卷二六〕〇〔說文定聲·卷一二〕|，字亦作憋。〔方言一〇〕「憋，惡也」。〇|，字或作憋。〔說文〕「|，易使怒也」句讀。〇|，〔呂覽〕或作嫳。〔左傳襄公二七年〕「盧蒲|」洪詁。〇|，舊本作嫳。〔呂覽·慎行〕「今盧滿|輿甲以誅之」校正。

獘|，通作敝。〔方言一〇〕「憋，惡也」箋疏。〇|與憋同。(同上)〇|同獘。〔集韻·薛部〕

𩗗|，風也。〔廣韻·職部〕又〔集韻·職部〕。〇|，小風皃。〔廣韻·屑部〕〇小風謂之|。〔集韻·屑部〕

𩗺|同𩗗。〔集韻·職部〕

鐅|，江南呼鐅刀。〔廣韻·屑部〕

䏟|，肥也。〔集韻·屑部〕

柲|，支|。〔廣韻·屑部〕〇|，戈戟柄。〔集韻·屑部〕〇|之引伸為凡柄之偁。〔說文〕「|，欑也」段注。

辥|者，辠也。〔說文繫傳·通論中〕〇|，死刑也。〔說文〕「|，辠也」義證引〔玉篇〕。〇|，通作糱，又通作孼。(同上)義證。〇|越即屑越。〔荀子·王制〕「勿忘棲遲|越也」集解引盧文弨。

䊝|，糱也。〔集韻·屑部〕〇|，糱，聲。〔廣韻·質部〕〇〔說文定聲·卷五〕|糱，雙聲連語，散米聲也，|之言屑，糱之言散，今蘇俗尚有此語。〔說文〕「|，糱也」。〇言之斂曰|，言之侈曰糱，皆單評也，絫評之曰|糱。〔說文〕「|，糱也」段注。〇|與糱古聲義並同。〔廣雅·釋器〕「麲，糏也」疏證。〇|或借屑字。〔說文〕「|，糱也」義證。〇|糱，今作撒|，即屑。〔通雅·諺原〕

馝|，小香也。〔廣韻·屑部〕〇秘|，香也。〔集韻·屑部〕

𩡗|同馝。〔集韻·屑部〕

蛂|即蟥蛢。〔釋蟲〕「|，蟥蛢」鄭注。〇|蟥，甲蟲名。〔集韻·屑部〕〇|蟥，蛢，甲蟲也。〔廣韻·屑部〕〇|蟥即蟠蟥也。〔說文〕「蛢，蟠蟥，以翼鳴者」段注。

襒|，|衣。〔廣韻·屑部〕〇|，衣也。〔集韻·屑部〕〇|，或書作褩。(同上)

鏊|，羊箠也，端有鐵。〔廣韻·至部〕又〔集韻·緝部〕。〇|，田器。〔廣韻·薛部〕〇|，一說東夷謂鏊為|。〔集韻·緝部〕〇〔說文定聲·卷一三〕|，字亦作錣。〔淮南子·道應〕「白公罷朝而立，倒杖策錣上貫頤」。〇|，俗作錣，或以本書無錣字改為剟。〔說文〕「|，一曰剟也」義證。

暬|，義與媟同。〔說文〕「|，日狎習相嫚也」繫傳。〇|，晦也。〔廣韻·薛部〕又〔集韻·帖部〕。〇|，晦冥。〔廣韻·怗部〕〇|，暝晦也。〔集韻·薛部〕〇|，近也。〔詩·雨無正〕「曾我|御」集疏。〇|御，近侍也。(同上)朱傳。〇|御，謂侍御。〔集韻·薛部〕〇|與褻音同義異，今則褻行而|廢矣。〔說文〕「|，日狎習相慢也」段注。〇|，經典多借褻為之。(同上)句讀。〇|，或通作褻。〔說文〕「暬，日狎習相慢也」義證。

絬|，堅也。〔廣韻·薛部〕〇〔說文定聲·卷一三〕|謂絲韌也。〔玉篇〕「|，堅|。〔說文〕「|，論語曰|衣長，短右袂」義證引〔玉篇〕。〇|，堅也」。〇(同上)|，段借為褻。〔說文〕「|，論語曰|衣長，短右袂」。〇|，今〔論語〕作褻，同音叚借也。〔說文〕「|，衣堅也」段注。

𩠐|，斷也。〔廣韻·質部〕又〔集韻·迄部〕。〇|與刹同。〔說文〕「|，斷也」義證引〔類篇〕。〇|，一曰餘也。〔集韻·薛部〕〇|之言櫱也。〔廣雅·釋詁三〕「|，餘也」疏證。〇|當作櫱。〔說文〕「櫱，伐木餘也」義證。

𢄼|，殘帛。〔廣韻·薛部〕〇|，裂帛。〔集韻·薛部〕〇|縷，桃花，今製綾花。〔廣韻·薛部〕〇|縷，今時翦繒為華。〔集韻·薛部〕

迾|，遮遏。〔廣韻·薛部〕〇|，塞之也。〔慧琳音義·卷九三〕引〔考聲〕。〇|與迣略同。〔說文定聲·卷一三〕〇|，經典借列字。〔說文〕「|，遮也」義證。〇〔說文定聲·卷一三〕|以厲為之。〔周禮·山虞〕「物為之厲」。

迣|同迾。〔集韻·薛部〕〇|，迾聲相近，故古或通用。〔廣雅·釋詁二〕「|，遮也」疏證。

鮤|，刀魚也。〔廣韻·薛部〕〇|，魚名，鱴刀。〔集韻·薛部〕〇|，鮆魚也。〔說文〕「|，飲而不食，刀魚也」義證引〔玉篇〕。〇|，一名鱴刀，今鮆魚也。〔廣韻·薛部〕

鴷 ｜，啄木。〔廣韻·薛部〕〇｜，鳥名，斲木。〔集韻·薛部〕〇〔說文定聲·卷一三〕｜，列字之轉注。〔釋鳥〕「｜，斲木」。

翐 ｜同鴷。〔集韻·薛部〕

栵 ｜，細栗。〔廣韻·薛部〕〇｜，茅栗也。〔釋木〕「｜，栭」鄭注。〇｜，謂伐木之餘也。〔釋詁〕「烈，餘也」述聞。〇｜義又近𠛱。〔詩·皇矣〕「其灌其｜」通釋。

𣳚 ｜，水流皃。〔廣韻·薛部〕〇｜｜，分流也。〔說文〕「｜，水流｜｜也」義證。〇｜，疑即洌字之古文。〔說文定聲·卷一三〕

𥝓 ｜，禾穰亦得謂之｜也。〔說文〕「｜，黍穰也」段注。〇經傳桃茢字以茢為之，黍莖古以為帚，後亦用藃穗為之，苕帚稱｜，所謂轉注也。〔說文定聲·卷一三〕〇｜，或作栵。〔集韻·薛部〕

揳 ｜，强暴。〔廣韻·薛部〕〇｜同擖。〔集韻·薛部〕

鴷 ｜，次第驅馬。〔廣韻·薛部〕〇｜，次第就行列也。〔說文〕「鴷，次第馳」繫傳。〇｜，驟也。〔集韻·薛部〕〇｜，或書作駠。（同上）

㼃 ｜，美也。〔廣韻·薛部〕又〔集韻·薛部〕。

蜇 ｜，螫也。〔廣韻·薛部〕〇｜同蛆。〔集韻·薛部〕

嵥 ｜，𡷊，高皃。〔廣韻·薛部〕又〔集韻·薛部〕。

㵺 ｜，水激迴。〔廣韻·薛部〕〇｜，水激回旋也。〔集韻·薛部〕

櫭 ｜，木釘名。〔廣韻·薛部〕〇｜，杙也。〔集韻·薛部〕〇｜，亦作榍。（同上）

靼 ｜，柔皮。〔廣韻·薛部〕

韇 ｜同靼。〔廣韻·薛部〕又〔集韻·薛部〕。

靳 ｜同靼。〔廣韻·薛部〕

岊 ｜，山高皃。〔廣韻·屑部〕〇｜，高危也。〔說文〕「｜，危高也」義證引〔玉篇〕。〇｜，土高也。〔集韻·祭部〕〇｜與𡵆同意。〔說文定聲·卷一三〕

嵲 ｜，嵽｜。〔廣韻·屑部〕〇嵽｜，山高。〔集韻·屑部〕〇｜同岊。〔集韻·薛部〕

嶭 ｜，𡾊｜。〔廣韻·屑部〕〇｜同嵲。〔集韻·屑部〕

峴 ｜同嵲。〔集韻·屑部〕〇｜同岊。〔集韻·薛部〕

肵 ｜｜，脟皮也。〔廣韻·薛部〕〇脟｜，牛羊脂也。〔集韻·薛部〕

𦢊 ｜，脂也。〔集韻·薛部〕

搣 ｜，手拔。〔廣韻·薛部〕〇｜，捽也。（同上）〇凡鬅拔眉髮去其不整者，謂之揃｜。〔說文定聲·卷一三〕〇｜，摩也。〔廣韻·薛部〕又〔莊子·外物〕「眥搣可以休老」集釋。〇｜，案也。（同上）集釋。〇｜，批也。〔廣韻·薛部〕〇｜，其實𡏳｜字，猶瀎泧、抹摋、摩娑，皆疊韻連語。〔說文定聲·卷一三〕〇｜，通作搣。〔說文〕「｜，批也」義證。〇｜，字亦作搣。〔說文定聲·卷一三〕

朅 ｜，去也。〔呂覽·士容〕「而貧賤弗｜」校正。又〔楚辭·九辯〕「車既駕兮｜而歸」補注。〇｜，却也。〔集韻·月部〕〇｜，武貌。〔詩·碩人〕「庶士有｜」朱傳。又〔伯兮〕「伯兮｜兮」朱傳。〇｜，健也。（同上）後箋。〇｜，武健也。（同上）後箋。〇｜，一曰武壯皃。〔集韻·月部〕〇｜來，去來也。〔說文〕「｜，去也」繫傳。〇古人文章多云｜來，猶往來也。（同上）段注。〇｜來，猶何來也。〔通雅·釋詁〕〇偈、｜、桀並通。〔廣雅·釋詁二〕「偈，健也」疏證。〇｜者，傑之假借。〔詩·碩人〕「庶士有｜」通釋。〇毛亦以｜為傑之借字。〔詩·伯兮〕「伯兮｜兮」後箋。〇｜即仡之假借。（同上）引段玉裁。〇｜即偈之假借。（同上）通釋。〇〔說文定聲·卷一三〕｜，叚借為趨。〔詩·碩人〕「庶士有｜」。〇｜，韓作偈。〔詩·伯兮〕「伯兮｜兮」集疏。〇｜，〔韓詩〕作桀。（同上）後箋。

藒 ｜車，香草。〔廣韻·薛部〕又〔集韻·薛部〕。又〔說文〕「｜，芞輿也」義證引〔太平御覽〕。〇〔說文定聲·卷一三〕｜，此草辟蠹。〔釋草〕「｜車，芞輿」。〇｜，或借揭字。〔說文〕「｜，芞輿也」義證。〇〔說文定聲·卷一三〕｜以揭為之。〔上林賦〕「｜車衡蘭」。

䕵 ｜同藒。〔集韻·薛部〕

𡐦 ｜，大阜。〔廣韻·薛部〕〇｜，大阜，在左馮翊池陽縣。〔集韻·薛部〕

蘁 ｜，蕨菜。〔廣韻·薛部〕〇｜同蘻。〔集韻·薛部〕

蘻 ｜，艸名。〔集韻·薛部〕

憋 ｜，惡也。〔集韻·屑部〕〇｜，急性皃。〔廣韻·薛部〕〇｜，怒也。（同上）〇｜忕，好嗔也。〔慧琳音義·卷三三〕引〔考聲〕。〇｜與獘通。〔方言一〇〕「｜，惡也」箋疏。〇｜與嫳同。〔廣雅·釋詁三〕「嫳，怒也」疏證。〇｜或書作憋。〔集韻·屑部〕

莌 草生而新達曰丨也。〔廣韻·薛部〕○丨之言銳也。〔廣雅·釋詁二〕「丨，小也」疏證。

炪 丨，火光。〔廣韻·術部〕○丨，火聲。（同上）○丨爩，煙皃。〔集韻·術部〕○丨借拙字。〔説文〕「丨，火光也」義證。○〔説文定聲·卷一二〕丨，叚借為拙。〔書·盤庚〕「予亦丨謀作乃逸」。○壁中古文叚丨為拙也。〔説文〕「炪，商書曰予亦丨謀」段注。○丨，今〔尚書〕作拙。〔説文〕「丨，火光也」繫傳。

蝃 丨，蜘蛛。〔廣韻·薛部〕○丨蝀，虹也。〔詩·蝃蝀〕「丨蝀在東」朱傳。○丨即鼅，促言之耳。〔説文〕「鼅，鼅鼄」段注。○丨，或作蚍。（同上）○丨，魯作螮。〔詩·蝃蝀〕「丨蝀在東」集疏。

䂌 丨，短也。〔集韻·薛部〕○倔丨，短皃。〔廣韻·薛部〕○丨、知、掇、叕，並字異而義同。〔廣雅·釋詁二〕「丨，短也」疏證。○丨與侏儒，語之轉也。（同上）○丨，或作知。〔集韻·薛部〕

餟 丨，祭酹也。〔廣韻·薛部〕又〔慧琳音義·卷七六〕引〔聲類〕。○丨，祠而祭酒也。（同上）引〔考聲〕。○以酒曰酹，以飯曰丨。〔説文定聲·卷一三〕○丨，休祭也。〔集韻·薛部〕○丨，通作醊。（同上）○〔説文定聲·卷一三〕丨，以腏為之。〔漢書·郊祀志〕「為腏食羣臣從者」。○餟、丨、酹聲並相近。〔廣雅·釋天〕「丨，祭也」疏證。○丨，或作醊。〔慧琳音義·卷七六〕引〔考聲〕。又〔説文〕「丨，祭酹也」義證。○〔説文定聲·卷一三〕丨，〔封禪書〕作醊。〔史記·孝武紀〕「其下四方地為丨食」。○丨，〔通鑑〕作醊。〔漢書·郊祀志〕「其下四方地為醊」補注。○官本注丨作綴。（同上）

罬 丨，捕鳥覆車罔。〔廣韻·薛部〕○丨，雉罟。〔集韻·術部〕○丨，罦也。〔廣韻·薛部〕○丨亦名罿，名罦，網有兩轅，中施罥以捕鳥，展轉相解。〔説文定聲·卷一三〕○古書或借輟為丨。（同上）

腏 丨，挑取骨間肉也。〔廣韻·末部〕又〔集韻·祭部〕。○取骨中肉曰丨。〔集韻·末部〕○丨，骨間髓也。〔廣韻·薛部〕○一曰髓謂之丨。〔集韻·薛部〕○丨亦與蕝、蕞、醊義相通。〔漢書·郊祀志〕「其下四方地為腏」補注引沈欽韓。○丨與綴同。（同上）○〔封禪書〕丨作醊。（同上）補注引朱一新。○丨，〔續志〕作醊。（同上）補注引沈欽韓。○丨，〔孝武紀〕作餟。（同上）補注引朱一新。

輟 丨，車具。〔廣韻·薛部〕

䟾 丨，跳也。〔廣韻·薛部〕

叕 丨，聯也。〔廣韻·薛部〕○丨，張羅皃。〔集韻·止部〕○丨，速也。〔集韻·薛部〕○䂌、知、掇、丨，並字異而義同。〔廣雅·釋詁二〕「䂌，短也」疏證。○〔説文定聲·卷一三〕丨，叚借為窶。〔淮南子·人間〕「愚人之思丨」。

脟 丨，脅肉。〔廣韻·薛部〕又〔集韻·末部〕。○丨，臠也。〔説文〕「丨，脅肉也」繫傳。○丨，其骨曰肋。〔説文定聲·卷一三〕○（同上）丨猶輪囷。〔楚辭·九歎〕「龍卬丨圈」。○丨借為臠字。〔説文〕「丨，脅肉也」繫傳。○〔説文定聲·卷一三〕丨，叚借為寽。〔子虛賦〕「丨割輪焠」。○（同上）丨，叚借為膟。〔説文〕「丨，一曰腸閒肥也，一曰膫」。○（同上）丨，叚借為輪，聲之轉也。〔楚辭·九歎〕「龍卬丨圈」。

浖 丨之言界埒也。〔廣雅·釋邱〕「丨，厓也」疏證。○一曰山上有水曰丨。〔集韻·薛部〕○丨，隈隅也。〔廣韻·薛部〕○丨，通作埒。〔集韻·薛部〕○丨，亦通作埒。〔廣雅·釋邱〕「丨，厓也」疏證。

桴 丨，木名。〔廣韻·薛部〕又〔集韻·末部〕。○丨，一曰舟欁。〔集韻·薛部〕

扒 丨，擘也。〔詩·甘棠〕「勿翦勿丨」集疏引魯、韓説。又〔廣韻·薛部〕。○丨，剖分也。〔集韻·薛部〕○丨，或作捌。（同上）

捌 丨，剖分也。〔集韻·薛部〕○丨同抋也。〔集韻·屑部〕

啐 丨，小飲。〔廣韻·薛部〕○丨，嘗也。〔廣雅·釋詁三〕○丨亦啜也，方俗語轉耳。〔廣雅·釋詁三〕「丨，嘗也」疏證。○丨，禮經皆以啐為之。〔説文定聲·卷一二〕

釨 丨，句孑戟也。〔廣韻·薛部〕○丨、孑字同。〔左傳莊公四年〕「授師孑焉」疏證引王念孫。○丨即孑字。〔説文〕「孑，無右臂也」段注。○丨、孑古通用。〔方言九〕「丨，楚謂之丨」疏證。

蔎 丨，香草。〔廣韻·薛部〕

旻 丨，舉目使人。〔廣韻·薛部〕○舉目使人謂之丨。〔集韻·屑部〕○丨，目小動也。〔説文〕「丨，舉目使人也」義證引〔類篇〕。○丨與訣音同，義亦相似。（同上）段注。○〔説文定聲·卷一二〕丨，以眴為之。〔史記·項羽本紀〕「梁眴籍曰」。

妜 鼻目間輕薄曰丨也。〔廣韻·薛部〕○丨，謂若眉語目成然也。〔説文〕「丨，鼻目閒皃」段注。○丨，娟也。〔廣韻·屑部〕○丨，美皃。〔集韻·屑部〕

𣦸 丨，盡也。〔廣韻·薛部〕

蠽 茅丨，似蟬而小。〔廣韻·薛部〕○丨，蟲名。〔集韻·薛部〕○䳜、丨、蠘，其義同也。〔廣雅·釋詁二〕「尐，小也」疏證。○丨，通作札。〔説文〕「丨，

小蟬，蜩也」義證。○丨、蚻同字。（同上）段注。

蠽 丨同蠿。〔廣韻·薛部〕又〔集韻·薛部〕。

⿰截鳥 丨，小鷄。〔廣韻·薛部〕又〔說文〕「丨，丨鳥也」段注引〔玉篇〕。○丨之言尐也，小鳥名也。（同上）段注。

尐 丨，少也。〔漢書〕「惙題」雜志。○丨、⿰截鳥、蠽、鬣其義同也。〔廣雅·釋詁二〕「丨，小也」疏證。

屮 丨，草初生皃。〔廣韻·薛部〕○丨，艸也。〔說文繫傳·通論下〕○丨，徹也。〔說文〕「省，視也」繫傳。○丨者，木始甲坼也。〔說文〕「木，冒也」繫傳。○丨，進也，齊之義也。〔說文〕「妻，婦與己齊者也」繫傳。○丨，所持也。〔說文繫傳·通論中〕○丨，古文或為艸字。〔說文定聲·卷一二〕○丨與草同。〔楚辭·遠逝〕「丨木搖落」補注。○丨，〔夏紀〕作草。〔漢書·地理志〕「丨繇木條」補注。

硩 丨，擿也。〔廣韻·薛部〕○丨，毀也。〔集韻·薛部〕○丨，義取毀折。〔周禮·秋官敘官〕「丨蔟氏」述聞。○丨，覆巢用此字，乃引伸之義也。〔說文〕「丨，上擿山巖空青、珊瑚墮之」段注。○丨，一曰石中矢。〔集韻·薛部〕○丨與⿱斬示聲近義同。〔廣雅·釋詁一〕「摕，取也」疏證。○丨或通作折。〔周禮·秋官敘官〕「丨蔟氏」述聞。○折即丨之借字。〔墨子·耕柱〕「折金于山」述聞。

娎 丨，喜皃。〔廣韻·薛部〕○丨婡，喜也。〔集韻·嘯部〕

佚 丨蕩，簡易也。〔集韻·屑部〕○丨與詄同。〔廣雅·釋詁二〕「詄，忘也」疏證。○丨宕，本作跌踼。〔穀梁傳文公一一年〕「丨宕國中」平議。○丨宕又作泆蕩。（同上）

跌 丨，觸也。〔集韻·質部〕○丨，手拔物也。〔廣韻·質部〕

苜 丨，目不正。〔集韻·屑部〕○〔說文定聲·卷一三〕丨，羊目不正也，所謂望羊。〔說文〕「丨，目不正也」。○丨，或書作茁。〔集韻·屑部〕

⿰𨸏𨸏 丨，陵阜突也。〔集韻·屑部〕○丨，謂兩阜間空缺處。〔集韻·屑部〕〔說文定聲·卷一三〕○丨謂兩阜間空闕處也。〔說文〕「丨，阜突也」段注。○丨，穿也。（同上）義證引〔韻譜〕。○丨，或作⿰阝夬。〔集韻·屑部〕

⿰阝夬 丨，陵阜突也。〔集韻·屑部〕

⿰𠦝夬 丨，城缺也。〔集韻·屑部〕○〔說文定聲·卷一三〕丨，以闕為之。〔詩·子衿〕「在城闕兮」。

鐵 丨之言蔑也。〔廣雅·釋器〕「丨，鋌也」疏證。

揳 攙丨，不方正也。〔廣韻·屑部〕○攙丨，拭滅也。〔集韻·薛部〕○丨，鼓也。〔楚辭·招魂〕「丨梓瑟些」王注。○丨，櫟也。（同上）補注。○丨，撫也。（同上）補注引五臣注。○丨同擊。〔漢書·司馬相如傳〕「偪側泌㴔」補注。○丨、擳，絜並通。〔廣雅·釋詁三〕「擳，束也」疏證。

棳 丨，木名也。〔說文〕「丨，木也」繫傳。○〔說文定聲·卷一三〕丨，段借為梲。〔釋宮〕「宗廟謂之梁，其上楹謂之丨」。○丨，俗以為梁上楹之字。〔說文〕「丨，丨木也」段注。

叓 丨，俗作攥。〔說文〕「丨，撮也」義證。

膬 丨，耎而易破。〔廣韻·薛部〕○丨，柔易破也。〔集韻·薛部〕○丨，〔玉篇〕與脃同。〔說文〕「丨，耎而易破也」義證。○丨，通作毳。（同上）義證。○丨亦省作毳。（同上）句讀。

⿰臬出 〔說文定聲·卷一三〕丨，字亦作⿰危兀。〔廣雅·釋訓〕「⿰危兀⿰危兀，危也」。○（同上）槷丨，今〔困卦〕作劓刖，荀本作⿰危兀⿰危几，〔書·秦誓〕作杌隉。〔易〕「槷丨」。

堨 丨，壁間隙也。〔集韻·薛部〕○丨，一曰壁間隙。〔集韻·太部〕○壁際曰丨，古義也。〔說文〕「丨，壁間隙也」段注。○丨，今義堰也。（同上）○〔說文定聲·卷一三〕丨，今義訓堰。〔淮南子·兵畧〕「揚塵起丨」。○聚土石以壅水曰丨。〔通鑑·魏紀七〕「丁奉使兵倮身緣丨」音注。○丨讀同壅遏。〔說文〕「丨，壁間隙也」段注。○丨，通作郄。（同上）義證。

鴂 丨，水鳥也。〔說文〕「丨，丨鳥也」段注引〔玉篇〕。

劕 丨，斷也。〔廣韻·鎋部〕○丨，截也。〔廣雅·釋詁四〕○丨之言絕也。〔廣雅·釋詁一〕「丨，斷也」疏證。○丨，割斷聲。〔廣韻·薛部〕○割聲謂之丨。〔集韻·鎋部〕

⿱⺮斦 丨同劕。〔集韻·鎋部〕

靾 丨，馬被具。〔集韻·薛部〕

蛆 丨，螫也。〔集韻·薛部〕

⿰羊叕 丨，羊病。〔集韻·月部〕又〔說文定聲·卷一三〕。○丨，羊躍而死。〔集韻·薛部〕

媙 丨與摵通。〔莊子·外物〕「皆丨可以休老」集釋引郭嵩燾。

剎 ―，傷割也。〔說文〕「―，傷也」義證引〔玉篇〕。○―，或作刺。〔同上〕義證。

刺 ―，割聲。〔說文〕「辥，斷也」義證引〔篇海〕。

剮 ―，剔肉值骨也。〔說文〕「冎，剔人肉置其骨也」義證引〔玉篇〕。

蛸 ―蛦，今謂山雞者。〔文選・蜀都賦〕「―蛦山棲」集釋。○―蛦，當作鷩鵜。〔同上〕

伳 ―，侈也。〔集韻・薛部〕

偰 偰―，淨也。〔廣韻・屑部〕○―，〔詩〕所謂玄王也。〔說文〕「―，高辛氏之子，堯之司徒，殷之先也」繫傳。○―，古通作卨。〔集韻・薛部〕○―作卨，假借。〔說文〕「―，高辛氏之子」繫傳。○―作契，假借。〔同上〕繫傳。○―，經典多借契為之。〔同上〕句讀。○―，經傳多作契。〔同上〕段注。○―，〔史記・司馬相如列傳〕、〔漢書・古今人表〕並作卨，此字後出。〔說文定聲・卷一三〕

僣 ―，狡也。〔集韻・屑部〕○―，侻，狡猾。〔廣韻・屑部〕

儯 ―，僣也。〔集韻・屑部〕○―僣，多詐。〔廣韻・屑部〕○人不方正曰―偰。〔通雅・諺原〕

𠔁 ―，即今之兆字也。〔說文〕「―，分也」段注。○―，經傳皆以別為之。〔說文定聲・卷一三〕

𠠾 ―，刻也。〔集韻・屑部〕○―，通作鍥，作鍥。〔同上〕

㢜 ―，削也。〔集韻・祭部〕

㔍 ―，―斷物也。〔廣韻・薛部〕○―，拽也。〔集韻・薛部〕

劽 ―，有力也。〔集韻・薛部〕

貀 ―，鷄聲。〔集韻・薛部〕

吵 ―，鳴也。〔集韻・薛部〕○―，鳴――。〔廣韻・薛部〕○――，猶啾啾。〔廣雅・釋詁二〕「尐，小也」疏證。○啾、―亦一聲之轉也。〔同上〕

呭 ―，樂也。〔集韻・薛部〕

㖂 ―同呭。〔集韻・薛部〕

咇 ―，語也。〔廣韻・屑部〕又〔集韻・屑部〕。○―，又口香。〔廣韻・屑部〕

咽 ―，哽―。〔廣韻・屑部〕○―，聲塞也。〔集韻・屑部〕

𠹌 ―，怒也。〔集韻・薛部〕○―，怒―。〔廣韻・薛部〕

哷 ―，鷄鳴。〔廣韻・薛部〕○―，鷄鳴也。〔集韻・薛部〕

呾 ―，怒也。〔集韻・屑部〕○―，一曰訶也。〔同上〕○―，或作詚。〔同上〕

哩 ―，―呵。〔廣韻・屑部〕

詚 ―同哩。〔集韻・屑部〕

吷 嘍―，鳥聲。〔廣韻・屑部〕又〔集韻・屑部〕。

嘬 ―，鳥理毛也。〔廣韻・薛部〕○―，鳥治毛也。〔集韻・薛部〕

嚓 ―，小語。〔廣韻・屑部〕○―同𧬈。〔集韻・屑部〕

囯 ―，下入。〔廣韻・屑部〕○―，下入也。〔集韻・屑部〕

坾 ―，字亦作坈。〔說文定聲・卷一二〕

埶 ―，膝也。〔廣韻・薛部〕又〔集韻・薛部〕。

埶 ―，蒔也。〔集韻・薛部〕

堺 ―，界也。〔集韻・屑部〕

夨 ―，左仄也。〔集韻・屑部〕○左曰―也。〔廣韻・屑部〕

夬 ―，所以闓弦者。〔集韻・屑部〕

奯 ―，大也。〔集韻・屑部〕○―，盛也。〔同上〕

娟 ―，小皃。〔集韻・屑部〕

孅 ―，好也。〔集韻・薛部〕

蜇 ―蟲，螟之子。〔集韻・薛部〕

窼 ｜，覆也。〔集韻·薛部〕

迖 ｜奊，行不正。〔集韻·屑部〕

嵽 ｜，山皃。〔集韻·屑部〕〇｜嵲，高山。〔廣韻·屑部〕

㙶 ｜皃，山皃。〔廣韻·屑部〕

崖 ｜同嵽。〔集韻·屑部〕

峌 ｜同嵽。〔集韻·屑部〕

巁 ｜屼，山皃。〔廣韻·屑部〕又〔集韻·屑部〕。〇｜同旨。〔集韻·薛部〕

幯 ｜，拭也。〔集韻·屑部〕〇｜，｜拭。〔廣韻·屑部〕

徶 ｜徶，衣服婆娑皃。〔集韻·屑部〕

廗 ｜，帶也。〔集韻·屑部〕

忕 ｜，習也。〔集韻·薛部〕

𢗖 ｜，少也。〔集韻·薛部〕〇｜，憂也。〔同上〕〇｜同劣。〔廣韻·薛部〕〇｜，

㶿 ｜，醜氣。〔廣韻·屑部〕〇｜，灼物焦也。〔集韻·屑部〕

恝 ｜｜，心動。〔集韻·屑部〕

愖 ｜，不安皃。〔集韻·薛部〕

㥷 ｜，慢也。〔集韻·屑部〕

懘 ｜，不能自安也。〔集韻·屑部〕〇｜｜，不自安也。〔廣韻·屑部〕

憋 ｜｜，｜然嗔也。〔廣韻·屑部〕

𢡃 ｜，心有度也。〔集韻·屑部〕

抋 ｜，摘也。〔集韻·薛部〕〇｜摘，去也。〔廣韻·薛部〕

扻 ｜，治髮也。〔集韻·屑部〕

抭 ｜，捏擊。〔集韻·屑部〕

㧙 ｜，捩也。〔集韻·屑部〕〇｜，拗也，拗｜手指以為印契。〔慧琳音義·卷三五〕引〔考聲〕。〇｜，或作捌。〔集韻·屑部〕

捩 ｜，拗也。〔集韻·屑部〕又〔慧琳音義·卷一四〕引〔韻英〕。〇｜，拗｜。〔廣韻·屑部〕〇｜，絞也。〔慧琳音義·卷七九〕引〔考聲〕。〇｜，扭也。〔同上〕〇｜，以兩人一左一右綟去水也。〔慧琳音義·卷六〇〕〇｜，或作綟。〔同上〕〇｜，或作攦。〔集韻·屑部〕

摤 ｜，括也。〔廣韻·薛部〕

援 ｜，斷絕也。〔集韻·屑部〕〇｜，拈也。〔集韻·薛部〕

婓 ｜同援。〔集韻·薛部〕

捐 ｜，挺出物也。〔集韻·屑部〕〇｜，揲｜。〔廣韻·屑部〕〇｜，一曰揲也。〔集韻·屑部〕

揩 ｜，滅｜。〔廣韻·薛部〕〇｜，掃滅也。〔集韻·薛部〕

擛 ｜與揲同。〔廣雅·釋詁四〕「抴，數也」疏證。

擷 ｜，捋取。〔廣韻·屑部〕〇｜，摘也。〔說文〕「蹳，進足有所｜取也」繫傳。〇｜，衽扱也。〔集韻·屑部〕〇｜即襭字。〔說文定聲·卷三〕(「擷」下)〇｜同襭。〔集韻·屑部〕

阝攵 ｜，治也。〔集韻·屑部〕

阝又 ｜同阝攵。〔集韻·屑部〕

敪 ｜，斷也。〔集韻·薛部〕〇斷｜，絕也。〔廣韻·薛部〕

敆 ｜｜，气皃。〔集韻·屑部〕

睄 ｜，暴乾也。〔集韻·屑部〕

暼 ｜，日落勢也。〔廣韻·屑部〕〇｜｜，日落勢。〔集韻·屑部〕

桖 ｜，木名，赤若血。〔集韻·屑部〕

栔　丨，缺也。〔廣雅·釋言〕○丨、契、楔、鍥並字異而義同。〔廣雅·釋言〕「丨，刻也」疏證。○丨，通作契。〔釋詁〕「契，絶也」郝疏。○丨又通作鍥。〔同上〕○丨又通作挈。〔同上〕

梲　丨，梁上楹。〔廣韻·薛部〕○丨，梁上楹謂之丨。〔集韻·薛部〕○丨，通作掇。〔同上〕

⿰木刖　丨，丨柲也。〔廣韻·屑部〕○丨，券契也。〔說文〕「刖，分解也」義證引〔類篇〕。

棙　丨，木名，善破血。〔集韻·屑部〕

⿰木㓞　丨，開物具也。〔慧琳音義·卷四九〕引〔字書〕。

榤　丨，鷄栖於杙。〔廣韻·薛部〕○鷄棲于弋為丨。〔詩·君子于役〕「鷄棲于丨」集疏引魯說。○丨當作桀。〔釋宮〕「雞棲于弋為丨」郝疏。

槷　丨，危丨。〔廣韻·屑部〕○丨同楔。〔集韻·薛部〕○丨與臬同。〔廣雅·釋言〕「埻，的也」疏證。○丨義與闑同。〔廣雅·釋宮〕「闑，朱也」疏證。○丨𨈓、䑼卼、倪仉、劓刖，古皆通用。倒言之則曰杌隉。〔廣雅·釋詁〕「隉，危也」疏證。

槷　丨，木楔也。〔集韻·屑部〕○丨同臬。〔同上〕○丨當為槷。〔說文〕「槸，槸或從屮」義證。

橵　丨，棗也。〔廣韻·薛部〕○楊丨，棗木名。〔集韻·薛部〕

櫍　丨，斫木具。〔集韻·屑部〕

⿰歹斤　丨，夭死也。〔集韻·薛部〕

⿰歹戌　丨，盡也。〔集韻·薛部〕

⿰丯毛　丨，毛色斑色。〔廣韻·薛部〕○馬毛雜斑謂之丨。〔集韻·薛部〕

⿸尸毛　丨，大瓶也。〔慧琳音義·卷一二〕

⿱丯毳　衣有獸文曰丨。〔通雅·衣服〕

汭　丨，水北也。〔集韻·薛部〕

洇　丨，水流兒。〔集韻·屑部〕

⿰氵壹　丨同洇。〔集韻·屑部〕

涰　丨，泣也。〔集韻·薛部〕

湀　丨闢，流川。〔集韻·屑部〕

漆　丨丨，祭祀之容。〔集韻·屑部〕

⿰氵悉　瀎丨，水兒。〔廣韻·屑部〕又〔集韻·屑部〕。

潰　丨，丨注。〔廣韻·薛部〕○丨，注也。〔集韻·薛部〕

瀎　丨，塗飾也。〔集韻·屑部〕○丨，丨泧。〔廣韻·屑部〕○丨，一曰丨泧，水兒。〔集韻·屑部〕

瀐　丨，小灑。〔廣韻·屑部〕○丨，灑也。〔集韻·薛部〕○丨，瀸也。〔慧琳音義·卷三五〕引〔考聲〕。○丨或作漸。〔同上〕

⿰氵獻　丨，如水之平也。〔說文〕「丨，議罪也」繫傳。○丨，或通作獻。〔同上〕義證。○丨與孽同聲，故字亦相通。〔漢書〕「不孽」雜志。○丨今作讞。〔同上〕

⿱折灬　丨，火氣。〔廣韻·薛部〕

⿱夾火　丨，火然也。〔集韻·薛部〕

⿱埶火　丨，言上燥也。〔說文〕「溽，溽暑，溼暑也」段注。

⿱敝火　丨同⿰火敝。〔集韻·屑部〕

爄　丨，火斷也。〔集韻·薛部〕

⿰火蔑　丨，竈中煙。〔集韻·薛部〕

⿲木歹刂　丨，剖也。〔集韻·薛部〕○丨，通作栵。〔同上〕

⿰犭夬　丨，獸走也。〔集韻·屑部〕

狤　丨狤，獸名。〔廣韻·屑部〕○丨猏，獸名。〔集韻·屑部〕

⿰犭因　丨，獸名，似牛，白首四角。〔廣韻·屑部〕○丨，獸名，白首四角。〔集韻·屑部〕

猰　丨犺，不仁。〔廣韻·屑部〕○丨貐，獸名，似貙。〔集韻·屑部〕

𧳏 ─同猰。〔集韻·屑部〕

畷 ─,耕田起土也。〔集韻·薛部〕

鐵 ─,古田器,即斛也。〔集韻·薛部〕

痆 ─,痢也。〔廣韻·薛部〕〇─,痢病也。〔集韻·薛部〕

瘐 ─同痆。〔集韻·薛部〕

瘳 ─,疾也。〔集韻·屑部〕

瘜 ─,疾病。〔廣韻·屑部〕〇─,痛也。〔集韻·屑部〕

痸 ─,腫瀐也。〔集韻·薛部〕〇─,腫滿悶而皮裂也。〔慧琳音義·卷三九〕引〔字統〕。

瘳 ─與挈同。〔廣雅·釋言〕「瘛,瘲也」疏證。

瘛 ─癡,小兒病。〔廣韻·薛部〕

瘴 ─,足病。〔集韻·屑部〕

癟 ─,枯病。〔廣韻·薛部〕又〔集韻·屑部〕。〇今俗評穀之不充者曰─。〔說文〕「秕,不成粟也」段注。〇戾─,不正。〔廣韻·屑部〕〇─即秕之俗音俗字也。〔說文〕「秕,不成粟也」段注。

癤 ─,瘡─。〔廣韻·屑部〕〇─,癰也。〔集韻·屑部〕〇小為─。〔本草·痈疽〕〇─,小癰也。〔慧琳音義·卷一三〕引〔文字集略〕。

[illegible] ─,枯也。〔廣韻·薛部〕〇─,撮取皮也。〔集韻·薛部〕

皺 ─,皮破。〔廣韻·薛部〕〇─,皮剥也。〔集韻·薛部〕

[illegible] ─,直視也。〔集韻·質部〕〇─同瞲。〔集韻·屑部〕

眥 瞠─,惡皃。〔廣韻·屑部〕〇瞠─,視惡貌。〔集韻·屑部〕

晰 ─,目明。〔廣韻·薛部〕〇─,目明也。〔集韻·薛部〕

𥇒 ─晏,目深皃。〔集韻·薛部〕

睙 ─,轉視。〔集韻·屑部〕

瞲 ─,目深也。〔廣韻·屑部〕又〔集韻·屑部〕。〇─與瞲誼略同。〔說文定聲·卷一二〕

䀹 ─,汗面。〔廣韻·屑部〕〇─,污面也。〔集韻·屑部〕

瞠 ─,─眥。〔廣韻·屑部〕〇─眥,惡皃。〔集韻·屑部〕

瞨 矆─,目赤。〔廣韻·屑部〕又〔集韻·屑部〕。

瞷 ─,─頡。〔廣韻·屑部〕

𥎊 ─,短也。〔廣韻·薛部〕〇𪐴、─、掇、叕,並字異而義同。〔廣雅·釋詁二〕「𪐴,短也」疏證。〇─同𪐴。〔集韻·薛部〕〇─同拙。(同上)

砄 ─,石也。〔集韻·屑部〕

砄 ─,砲─。〔廣韻·屑部〕

𥒎 ─,羽─,礬石也。〔集韻·屑部〕

碮 ─,礬石別名。〔廣韻·屑部〕

䃈 ─,石破。〔廣韻·薛部〕〇─,石破也。〔集韻·薛部〕

䘎 ─,擎之異體。〔說文〕「擎,飾也」段注。

禞 ─,不祥也。〔集韻·屑部〕

卨 ─,蟲名也。〔廣韻·薛部〕引〔字林〕。〇─與偰同。〔說文定聲·卷一三〕〇─或作偰。〔廣韻·薛部〕又〔說文〕「─,蟲也」義證。〇─即契也。〔漢書·異姓諸侯王表〕「乃豨─稷」補注引錢大昭。〇─,又作契。〔廣韻·薛部〕〇─,各本作偰。〔說文〕「卨,古文─字」段注。

秄 ─,禾把。〔集韻·薛部〕

稧 ─,禾稈也。〔集韻·屑部〕

䅳 ─,禾出皃。〔集韻·薛部〕

穊 ─,麥─不破。〔廣韻·屑部〕〇麥全曰─。〔集韻·屑部〕〇─,通作㲽。(同上)

筧丨，校縫箄也。〔集韻・薛部〕

筋丨，分契也。〔集韻・薛部〕〇分丨，一云分契。〔廣韻・薛部〕〇丨，正作謝，審其善惡。〔慧琳音義・卷三九〕引〔考聲〕。

篞丨為紟。〔說文〕「紟，鞮也」段注。

篕丨，似蟹，生海中。〔廣韻・屑部〕〇丨，蟲名，海蟹也。〔集韻・屑部〕

𥳐丨，竹劑也。〔集韻・屑部〕

籺丨，屑米。〔廣韻・屑部〕〇屑米細者曰丨。〔集韻・屑部〕

粞丨，糏丨。〔廣韻・屑部〕〇丨，糏也。〔集韻・屑部〕

糏丨，米麥破也。〔廣韻・屑部〕〇丨，舂餘也。〔集韻・屑部〕〇丨，碎米也。〔方言一三〕「麩，麧，麴也」箋疏。〇丨之言屑屑也。〔廣雅・釋器〕「麴，丨也」疏證。〇丨與屑通。〔方言一三〕箋疏。〇丨通作屑。〔廣雅・釋器〕「麴，丨也」疏證。

麧丨同糏。〔集韻・屑部〕

糦丨，稯屬。〔廣韻・屑部〕〇丨，米餌。〔集韻・屑部〕

紆丨，絲束。〔集韻・薛部〕

綟丨，麻丨。〔廣韻・屑部〕〇絰謂之丨。〔集韻・屑部〕〇丨，一曰帛莫，艸染色也。〔集韻・屑部〕

盭丨，綬色也。〔廣韻・屑部〕〇丨，引戾也。〔集韻・屑部〕

絰丨，結也。〔集韻・屑部〕

繫丨，繩編劒帶。〔廣韻・屑部〕〇劒帶謂之丨。〔集韻・屑部〕

𦄻丨，衣破。〔集韻・薛部〕

纈丨，繫也。〔慧琳音義・卷四〇〕引〔考聲〕。〇丨，繫也，謂繫繒染為文也。〔集韻・屑部〕〇丨，謂以絲縛繒，染之，解絲成文，曰丨也。〔慧琳音義・卷四七〕〇丨，繫絹而染之為文也。〔慧琳音義・卷一九〕引〔考聲〕。〇丨，綵丨。〔廣韻・屑部〕

𦐧丨，小鳥飛。〔廣韻・薛部〕〇丨，小鳥飛兒。〔集韻・薛部〕〇丨或作決。〔同上〕

𦐂丨，飛兒。〔集韻・薛部〕

𦑒丨同𦐂。〔集韻・薛部〕

翓丨翓，飛上下。〔廣韻・屑部〕〇丨翓，飛上下兒。〔集韻・薛部〕

禾丨丨禾麥知多少。〔廣韻・薛部〕又〔集韻・薛部〕。

𦖿丨，聰也。〔集韻・屑部〕

𦗾丨同𦖿。〔集韻・屑部〕

𦗻丨，暫聞也。〔集韻・屑部〕

𦛗丨，腫也。〔集韻・屑部〕

腥丨，腫也。〔廣韻・屑部〕

膊丨，界也。〔集韻・薛部〕

𦟢丨，尻也。〔集韻・薛部〕

皋丨盧，苦芋也。〔通雅・木〕

𨉈丨，殞兒。〔集韻・屑部〕

臷丨，常也。〔詩・柏舟〕「胡丨而微」集疏引韓說。〇丨，替也。〔集韻・屑部〕〇丨、替聲相近轉。〔釋詁〕「替，待也」郝疏。〇丨同臺。〔集韻・屑部〕〇丨，鐵古字。〔漢書・地理志〕「車轔、四丨、小戎之篇」補注引錢坫。

𦨻丨，船行。〔廣韻・薛部〕

𦨻丨，船行也。〔集韻・薛部〕

苾丨，菜名。〔廣韻・屑部〕又〔集韻・屑部〕。

荎丨，刺榆。〔廣韻・屑部〕〇丨，木名，刺榆也。〔集韻・屑部〕

𦰏丨，斷艸。〔集韻・薛部〕

⿱艹圼 —，菜名，似蒜，生水邊。〔集韻・屑部〕〇—，或作⿱艹涅。(同上)

葟 —，菜，似蒜，生水邊。〔廣韻・屑部〕

莭 —，草約也。〔集韻・屑部〕

⿱艹恣 —，草也。〔廣韻・屑部〕〇—，艸名。〔集韻・屑部〕

⿱艹戾 —，紫艸。〔集韻・屑部〕

蒛 —，艸名。〔集韻・薛部〕〇—葐，草也。〔廣韻・薛部〕〇—盆，莓也。〔廣雅・釋草〕〇—葐當作缺盆。〔釋草〕「茥，—葐」郝疏。

⿱艹桀 —，艸名。〔集韻・薛部〕

⿱艹屑 —，草名。〔廣韻・屑部〕又〔集韻・屑部〕。

蕊 —，艸木聚生。〔集韻・薛部〕

⿱艹結 —，艸名。〔集韻・屑部〕

⿵門莌 —，草名，似芹。〔廣韻・薛部〕〇—，菜名，葉似竹，生水旁。〔集韻・薛部〕

⿱艹頡 蘢—，草也。〔廣韻・屑部〕〇蘢—，艸名，馬蓼也。〔集韻・屑部〕

⿱艹褻 —，鄙陋也。〔慧琳音義・卷七四〕〇—亦曰褻。(同上)

蜥 —，江—，似蝤蛑，生海中。〔廣韻・薛部〕〇—同⿰魚析。〔集韻・薛部〕

蜕 —，復蛸也。〔集韻・薛部〕

⿰虫真 —，蟲名，蠛也。〔集韻・屑部〕〇蠛—，蟲名。〔廣韻・屑部〕〇—，一曰蝗屬。〔集韻・屑部〕

⿰虫茶 —，水蟲名，海蛆有—蛥。〔集韻・屑部〕

⿰虫⿷匚意 —，蟪也。〔廣雅・釋蟲〕〇—蟪，蟲名。〔集韻・屑部〕

蟞 —蜉，蟲名，蟻也。〔集韻・屑部〕〇—、蜉亦一聲之轉。〔廣雅・釋蟲〕「—蜉，螘也」疏證。〇—蜉即蚍蜉，聲相轉。〔釋蟲〕「蚍蜉，大螘」郝疏。〇—同鼈。〔集韻・薛部〕

螲 —，蟷，蟲名，似鼅鼄，在穴中，有蓋。〔集韻・屑部〕〇—蟷，穴蟲，王蛈蝪也。(同上)

⿰虫室 —同螲。〔集韻・屑部〕

衸 —，鬼衣。〔廣韻・屑部〕〇—，鬼衣也。〔說文〕「袾，鬼衣」義證引〔玉篇〕。〇—，又長衣也。〔廣韻・屑部〕〇—，衣開孔也。〔集韻・屑部〕

褉 —，—襦。〔廣韻・屑部〕〇—，襦也。〔集韻・屑部〕

⿴衣叀 —，遠也。〔集韻・薛部〕〇—，末也。(同上)

⿰衤截 —，小衣。〔廣韻・屑部〕又〔集韻・薛部〕。

覈 —，邀—。〔廣韻・屑部〕〇—，邀也。〔集韻・屑部〕

覔 —，見也。〔廣韻・屑部〕

⿰角叕 —，角觸。〔廣韻・薛部〕〇—，抵觸也。〔集韻・薛部〕

⿰角枼 —，—觖。〔廣韻・薛部〕〇—，謂之觖。〔集韻・薛部〕

詧 —，察也。〔集韻・薛部〕〇—同⿰言祭。〔集韻・屑部〕

⿰言刱 —，言析理也。〔集韻・薛部〕〇—，謂審其善惡也。〔慧琳音義・卷六〇〕引〔考聲〕。〇—同⿱竹刱。〔廣韻・薛部〕〇—，或作⿱竹刱。〔慧琳音義・卷六〇〕引〔考聲〕。

⿰言祭 —，正言也。〔集韻・屑部〕〇—，亦作嚓。〔集韻・屑部〕

豩 —，豕發土也。〔廣韻・薛部〕又〔集韻・薛部〕。

⿰貝歲 —，艸名，鼠姑也。〔集韻・薛部〕

趃 —，大走。〔廣韻・屑部〕〇—，大趨也。〔集韻・屑部〕

趔 —謂駕前清路也。〔慧琳音義・卷九八〕引〔考聲〕。

⿺走叕 —，小跳。〔廣韻・薛部〕〇—同⿰足叕。〔集韻・薛部〕

⿺走截 —，傍前出也。〔廣韻・屑部〕〇—，邪出前也。〔集韻・屑部〕

⿰足刅　|，|趹。〔廣韻·屑部〕○|，趹也。〔集韻·屑部〕

跬　|，敝|，疲也。〔集韻·屑部〕○|，一曰分外用力皃。〔同上〕

⿰足寽　蹶|，跳踉皃。〔廣韻·薛部〕又〔集韻·薛部〕。

⿰足必　|，足擊也。〔集韻·屑部〕

⿰足㡀　|，跳也。〔集韻·屑部〕

醛　|，酒味變也。〔集韻·薛部〕

⿰酉荼　|，鹹菹。〔集韻·薛部〕

⿰酉荼　|，醎菹。〔廣韻·薛部〕

⿰金絜　|，鐮也。〔集韻·屑部〕○|，鐮別名也。〔廣韻·屑部〕

⿵門夬　闒|，無門户也。〔廣韻·屑部〕又〔集韻·屑部〕。

⿵門夬　闖|，鄭城門也。〔廣韻·屑部〕○|同柣。〔集韻·屑部〕

⿵門舌　|，|閞。〔廣韻·屑部〕

⿵門至　|，門閉。〔廣韻·屑部〕○|，閉也。〔集韻·屑部〕

⿵門㒸　|，城門版也。〔集韻·薛部〕○|，城門中板也。〔廣韻·薛部〕

⿵門貝　|，門聲。〔廣韻·屑部〕又〔集韻·屑部〕。

⿵門壴　|，闐也。〔集韻·屑部〕○|，塞也。〔慧琳音義·卷九一〕○|，滿也。〔同上〕

⿰阝絶　|，隔|。〔廣韻·薛部〕○|，隔也。〔集韻·薛部〕

霄　雨霓曰|。〔通雅·天文〕○|，稷雪也，即今之粒雪。〔同上〕

⿰酉蔑　|尐，小也。〔廣韻·屑部〕○|尐，面小也。〔集韻·屑部〕○|尐與㦗㦸同。〔廣雅·釋詁二〕「㦗，小也」疏證。○|尐與㦗㦸同，即鴝鷱之轉也。〔廣雅·釋詁四〕「蔑，微也」疏證。○|，亦通作㦗。〔廣雅·釋詁二〕「㦗，小也」疏證。○|，亦作蔑。〔同上〕

⿰革見　|，繫牛頸。〔集韻·屑部〕○|，急繫。〔廣韻·屑部〕○|，一曰急也。〔集韻·屑部〕

⿰革必　|，刀飾也。〔廣韻·屑部〕○|，刀削飾。〔集韻·屑部〕

珌　|同鞸。〔集韻·屑部〕

鞨　|，治皮。〔廣韻·薛部〕○|，治皮也。〔集韻·薛部〕

⿰曷刂　|同鞨。〔集韻·薛部〕

碟　|同鞨。〔集韻·薛部〕

⿰韋必　|，弓紲也。〔集韻·屑部〕

頔　|，面骨。〔集韻·薛部〕○|，面秀骨。〔廣韻·薛部〕

肫　|同頔。〔集韻·薛部〕

頼　|，|頪。〔廣韻·屑部〕○|頪，短皃。〔集韻·屑部〕

⿰叕頁　|，頭短。〔廣韻·薛部〕又〔集韻·薛部〕。○獸前足短謂之蹶，頭短謂之|，無左右臂謂之孑孑，其義並相通也。〔廣雅·釋詁二〕「孑孑，短也」疏證。○窶、|、惙，義亦與䂴同。〔廣雅·釋詁二〕「䂴，短也」疏證。

類　頗|，短皃。〔廣韻·屑部〕○|顴|，短皃。〔集韻·屑部〕

額　|顴，小頭皃。〔集韻·屑部〕

⿰風夬　|，風也。〔集韻·屑部〕

⿰風斷　|颭，風皃。〔集韻·薛部〕

⿰食殳　|，陳飲食也。〔集韻·薛部〕

⿰食截　|，食。〔廣韻·屑部〕○|，食也。〔集韻·屑部〕

⿰馬毛　|即䶜字也。〔說文〕「鼥，或从毛」段注。

⿰骨叕　|，續骨也。〔集韻·薛部〕

鬣 丨，髮皃。〔集韻・屑部〕

鮬 鮅丨，魚名，似蝤蛑，生海中。〔集韻・薛部〕○鮅丨，海魚名。〔同上〕

鮂 丨丨，魚行皃。〔集韻・屑部〕

鰤 丨丨，魚名。〔廣韻・屑部〕又〔集韻・屑部〕。

鱎 丨魚，麥魚也，一名春魚。〔通雅・魚〕

鱥 鮤丨，魛，今鮆魚也。〔廣韻・屑部〕○丨魛，魚名，鮆也。〔集韻・屑部〕

鴂 丨丨，繼英，鳥名。〔廣韻・屑部〕○丨丨，鳥名，繼英也。〔集韻・屑部〕

鴳 丨同鴂。〔集韻・屑部〕

鴃 丨丨，鳥名。〔廣韻・屑部〕○丨同鴂。〔集韻・屑部〕○丨丨，鳥名。〔說文〕鋪豉也。〔集韻・薛部〕

鷩 丨丨，鳥擊也。〔集韻・薛部〕

鸏 丨丨，丨雀。〔廣韻・屑部〕○丨丨，鳥名，工雀也。〔集韻・屑部〕○丨丨，一曰巧婦。〔同上〕○丨丨，亦通作懱。〔廣雅・釋詁四〕「蔑，微也」疏證。

鸛 丨同鸏。〔集韻・屑部〕

麲 丨丨，糱也。〔集韻・屑部〕

麧 丨丨，牙麥也。〔集韻・薛部〕○丨丨，或作麲。〔同上〕

鼳 丨丨，鼠名。〔廣韻・屑部〕○丨丨，鼠名，色蒼。〔集韻・屑部〕

鼸 丨鼬，猿類，長毛，善走。〔集韻・屑部〕

續經籍籑詁卷第九十九

十 藥

藥 丨，治疾之草總名。〔說文〕「丨，治病艸」義證引〔玉篇〕。○丨，草木金石鳥獸蟲魚之類堪愈疾也，總名為丨。〔同上〕義證引〔急就篇〕顔注。○丨謂五丨。〔周禮・内饔〕「聚毒丨以共醫事」平議。○丨者，療也。〔左傳襄公二三年〕「孟孫之惡我，丨石也」述聞引〔申鑒・俗嫌〕。○丨字與療同義。〔莊子・天地〕「有虞氏之丨瘍也」述聞。又〔荀子・富國〕「不足以丨傷補敗」述聞。○丨與愮、療古聲並相近，義亦相通。〔方言一〇〕「愮、療，治也」箋疏。○〔韓詩外傳〕丨作療。〔詩・板〕「不可救丨」述聞。○丨當讀為爍。丨傷即療傷。〔荀子・富國〕「不足以丨傷補敗」平議。又〔淮南・說山〕「病而不就丨則勃矣」平議。○丨當讀為爍，與攻同義。〔周禮・巫馬〕「相醫而丨攻馬疾」平議。○丨字古讀若曜，聲與療相近。〔左傳襄公二三年〕「孟孫之惡我，丨石也」述聞。○丨石，謂療疾之石。〔同上〕○丨石猶療石也。〔同上〕○丨草當為苦草，謂苦參也。〔說文〕「蒆，人蒆，丨草」義證。○小春月内三雨曰丨雨。〔通雅・天文〕○丨叉，梵語，地居天衆鬼神也。或云夜叉、野叉。〔慧琳音義・卷二二〕

薄 〔說文定聲・卷九〕丨謂叢迫而密者。〔說文〕「丨，林丨也」。○丨，叢丨也。〔楚辭・思美人〕「擥大丨之芳茝兮」補注。○丨，藂丨也。〔屈賦・涉江〕「露申辛夷死林丨兮」戴注。○林木相迫不可入曰丨，引申凡相迫皆曰丨。〔說文〕「丨，林丨也」段注。○丨，林也。〔國策・楚策一〕「身獲於表丨」鮑注。○艸曰丨。〔說文〕「丨，林丨也」繫傳。○深草曰丨。〔楚辭・招隱士〕「叢丨深林兮」補注。○丨，迫也。〔大戴・千乘〕「丨事貪食」王詁。又〔通鑑・宋紀八〕「魏人乃肉丨登城」音注附録。又〔韓子・十過〕「軍旅丨城」集解引舊注。又〔解老〕「物有理不可以相丨」集解引王先謙。又〔太素・調陰陽〕「形乃困丨」楊注。又〔說文〕「鬻，内肉及菜湯中丨出之」段注。○丨，迫也，逼近之意。〔楚辭・涉江〕「芳不得丨兮」補注。○丨謂迫近。〔墨子・褋守〕「寇丨」閒詁引蘇時學。○丨猶迫。〔國策・趙策三〕「丨之柱上而擊之」鮑注。又〔韓策二〕「事今丨」鮑注。○丨之言迫也。〔詩・載驅〕「載驅丨丨」陳疏。又〔荀子・君道〕「應丨扞患」集解引俞樾。○丨、迫古同聲。〔廣雅・釋詁三〕「丨，迫也」疏證。○〔說文定聲・卷九〕丨，叚借為迫。〔小爾雅・廣言〕「丨，迫也」。○〔同上〕丨，此借為迫。〔漢書・嚴助傳〕「王居遠事丨遽」。○求諸人謂之丨。〔論語・衛靈公〕「丨責於人」劉正義。○丨者，相附丨也。〔大戴・文王官人〕「懼色丨然以下」王詁。○〔說文定聲・卷九〕丨，叚借為附，實為輔、為駙，亦為迫。

〔廣雅·釋言〕「丨，附也」。○丨之言傅也。〔廣雅·釋詁一〕「丨，至也」疏證。○丨之言傅也，迫也。〔廣雅·釋言〕「丨，附也」疏證。○丨，止也。〔楚辭·九辯〕「超逍遥兮今焉丨」補注引五臣注。○丨猶少也。〔詩·葛覃〕「丨污我私」朱傳。○丨，厚丨。〔廣韻·鐸部〕○丨，引伸為厚丨之丨。〔說文〕「丨，林丨也」段注。○丨，無味也。〔楚辭·大招〕「不沾丨只」王注。○丨即淺也。〔孟子·萬章下〕「丨夫敦」焦正義。○丨本訓林丨、蠶丨，而叚為淺泊字。〔說文〕「愉，丨也」段注。○丨泊同。〔國策·楚策一〕「而無所終丨」鮑注。○丨字即洦之叚字。〔管子·宙合〕「丨承濩而不滿」平議。○丨與盡義亦近。〔釋詁〕「觳，盡也」郝疏。○〔說文定聲·卷九〕丨即苗。〔說文〕「丨，一曰蠶丨也」。○丨讀如蠶丨。〔說文〕「葉，丨也」義證。○丨，或作箔。〔說文〕「或說曲，蠶丨也」義證。○丨，俗又作箔。〔說文〕「丨，一曰蠶丨」義證。○丨，今字作箔。〔說文〕「簾，堂簾也」段注。○丨，俗作簿。〔說文〕「丨，一曰蠶丨也」義證。○古字以丨為簿。〔漢書〕「簿」雜志。○〔說文定聲·卷九〕丨，叚借為欂。〔漢書·王莽傳〕「為銅丨櫨」。○丨，欂假音字。〔墨子·備城門〕「門扇丨植」閒詁引畢沅。○〔說文定聲·卷九〕丨，叚借為博，實為捕。〔廣雅·釋詁二〕「丨，買也」。○丨讀為博。〔賈子·匈奴〕「上乃幸自御此丨」平議。○丨與搏通。〔文選·七發〕「袒裼身丨」集釋。○丨，叚借為膊。膊者，丨析之肉也，故轉注為微丨，輕丨，鄙丨。〔說文定聲·卷九〕○丨，或曰借為迫笮之迫，厭亦迫笮也，故為厭丨。〔同上〕○撲與丨古通字。〔方言五〕「丨謂之苗」箋疏。○丨，或借撲字。〔說文〕「丨，一曰蠶丨」義證。○〔說文定聲·卷九〕丨，叚借為普。〔淮南·精神〕「丨蝕無光」。○〔同上〕丨，叚借為敷。〔書·益稷〕「外丨四海」。○敷、丨聲相近。〔書·皋陶謨下〕注「丨一作敷」孫疏。○〔說文定聲·卷九〕丨，叚借為怖。〔廣雅·釋詁二〕「丨，懼也」。○〔同上〕丨，叚借為暴。〔漢書·宣帝紀〕「暴室嗇夫」注「丨亦暴也」。○丨通作禣。〔方言一三〕「菲，丨也」箋疏。○〔說文定聲·卷九〕丨，叚借為鎛。〔史記·禮書〕注「金丨璆龍」。○丨，發聲也。〔釋詞·卷一○〕○〔說文定聲·卷九〕丨，叚借發聲之詞。〔詩·芣苢〕「丨言采之」。○丨即亳也。〔左傳僖公二一年經〕「盟于丨」疏證。○亳、丨古字通。〔左傳哀公一四年〕「丨，宗邑也」洪詁。○丨、亳通，殷之舊都也。〔禮記·郊特牲〕「丨社北牖」集解。○丨，亳假音字。〔墨子·非攻下〕「雨土於丨」閒詁引畢沅。○〔說文定聲·卷九〕丨，經傳多借亳為之。〔荀子·議兵〕「古者湯以丨」。○丨丨，疾驅聲。〔詩·載驅〕「載驅丨丨」朱傳。○丨丨，車箸地輕易之聲。〔同上〕陳疏。○丨丨，謂驅馳之聲甚疾急也。〔同上〕集疏。○丨丨，驅車也。〔集韻·鐸部〕○〔通雅·卷七〕丨遽即迫急。〔嚴助傳〕「事丨遽」。○丨緻謂文理緻密。〔釋言〕「矊，密也」郝疏。○丨落者，各落也。〔通雅·釋詁〕○丨借，即搏腊也。〔廣雅·釋器〕「不借，履也」疏證。○丨借即不借。〔說文〕「緋，一曰不借緋」義證。○丨夜，丨餅也。〔通雅·飲食〕○丨暮，日欲晚。〔楚辭·天問〕「丨暮雷電」補注。○日將落曰丨暮。〔說文〕「莫，日且冥也」義證引〔纂要〕。○丨山，後人謂之蒲山者也。〔漢書·郊祀志〕「丨山者，褒山也」補注引齊召南。○丨荷，俗稱也，陳士良〔食性本草〕作菝蔄，揚雄〔甘泉賦〕作茇葀，呂忱〔字林〕作茇苦，則丨荷之為譌稱可知矣。孫思邈〔千金方〕作蕃荷，又方音之譌也。〔本草·卷一四〕○丨荷，或作蔢蔄、蔢荷、茇葀、菝蔄、菝葀、茇苦、番荷。〔通雅·艸〕○丨伽梵，梵語也，如來尊號，義曰衆德之美。〔慧琳音義·卷一〕

惡

丨，過也，所為不善也。〔慧琳音義·卷九〕○人有過曰丨，有過而人憎之亦曰丨。〔說文〕「丨，過也」段注。○丨，憎也。〔說文繫傳·通論下〕○此丨即能丨人之丨。〔論語·里仁〕「苟志於仁矣，無丨也」平議。○丨字兼美丨、愛丨二義。〔方言七〕「宋魯凡相丨謂之諄憎，若秦晉言可丨矣」箋疏。○美丨之丨與愛丨之丨義本相通。〔方言一三〕「憚，丨也」箋疏。○丨，不善。〔大戴·曾子立事〕「君子攻其丨」王詁。○丨，不善也。〔通鑑·周紀一〕「俠累與濮陽嚴仲子有丨」音注。又〔廣韻·鐸部〕。○丨者，所謂羞丨之心也。〔漢書·蘇建傳〕「陵丨自賜武」補注。○凡粗者為丨。〔說文·敘〕「次列微辭」段注。○丨之言麤也。〔易·繫辭傳〕「言天下之至賾而不可丨也」平議。○丨，陋也。〔慧琳音義·卷六〕引〔集訓〕。○丨，垢穢也。〔大戴·勸學〕「受丨不讓」王詁。○丨猶禍也。〔左傳宣公一三年〕「丨之來也」疏證。○丨與虐同義。〔國語·周語〕「商王帝辛大丨於民」平議。○丨、亞古字通。〔漢書·盧綰傳〕「封為丨谷侯」補注引周壽昌。○古丨亞字通。〔說文〕「王無，三采玉也」段注。○〔說文定聲·卷九〕丨，叚借為亞。〔左傳昭公二八年〕「醜蔑丨」。○丨與䛩同。俗作䛩，字通作丨。〔漢書〕「讒丨」雜志。○〔說文定聲·卷九〕丨，叚借為敘。〔書大傳〕「鐘鼓丨丨」。○〔同上〕丨，叚借為瑕。〔漢書·路温舒傳〕「瑾瑜匿丨」。○〔同上〕丨，叚借為汙。〔左傳成公六年〕「有汾澮以流其丨」。○丨，當為蝁。〔說文〕「蚨，虵丨毒長也」義證。○烏與丨之為焉，亦猶烏之為閼矣。〔漢書〕「閼氏」雜志。○丨顉，猶顑頷也。〔大戴·五帝德〕「丨顉勞苦」王詁。○〔羣書治要〕引丨作怨。〔管子·法制〕「而民不丨也」義證引孫星衍。○恶，俗丨。〔廣韻·鐸部〕○丨，俗字作恶。〔說文定聲·卷九〕

略

凡經界曰丨。〔說文〕「丨，經丨土地也」段注。○丨，封也。〔左傳成公二年〕「侵敗王丨」疏證引惠棟。○天子謂之丨，諸侯謂之封。〔同上〕○規取其地亦曰丨。〔說文〕「丨，經丨土地也」段注。○丨，簡約。〔書·禹貢〕馬融注「用功少曰丨」孫疏。○丨，簡丨。〔廣韻·藥部〕○丨乃簡丨之謂。〔左傳襄公四年〕「季孫曰丨」疏證引馬宗璉。○丨，要也。〔廣韻·藥部〕○丨，約也。〔禮記·緇衣〕「丨而行之」集解。○丨、約音近義通也。〔孟子·滕文公上〕「此其大丨也」焦正義。○丨者，對詳而言。〔說文〕「丨，經丨土地也」段注。○凡舉其要而用功少者曰丨。〔同上〕○丨，謀丨。〔廣韻·藥部〕○丨，求也。〔同上〕○丨，法也。〔同上〕○丨，治也。〔書·禹貢〕「嵎夷既丨」述聞。○丨者，義當為治。〔同上〕孫疏。○丨，利。〔詩·

載芟」「有—其耜」朱傳。○虡、鈔、—同義。〔廣雅・釋詁一〕「攡、鈔，强也」疏證。○—與勞一聲之轉。〔管子〕「論比計」雜志。○勞—一聲之轉，皆謂奪取也。〔廣雅・釋詁一〕「撈，取也」疏證。○不和為—。〔左傳襄公四年〕「季孫曰—」疏證引沈欽韓。○〔説文定聲・卷九〕—，段借為詈，即詈。〔詩・載芟〕「有—其耜」。○—，讀為詈。〔詩・載芟〕「有—其耜」陳疏。○—，魯作詈。〔同上〕集疏。○〔説文定聲・卷九〕—，段借為路。〔書・武成〕「以遏亂—」。○—當為垎，作—者段借字。〔書・禹貢〕「嵎夷既—」平議。○—與略通。〔廣雅・釋詁一〕「略，視也」疏證。又〔方言二〕「略，眄也」箋疏。○摟、牢、—俱一聲之轉。〔釋詁〕「摟，聚也」郝疏。○—術猶言道術。〔漢書・司馬相如傳〕「而後因雜縉紳先生之—術」補注。

作　—，起。〔詩・抑〕「用戒戎—」朱傳。○—，起也。〔禮記・禮器〕「非—而致其情」集解。又〔論語・子罕〕「雖少必—」朱注。又〔先進〕「舍瑟而—」朱注。又〔鄉黨〕「變色而—」劉正義。又〔孟子・公孫丑上〕「賢聖之君六七—」朱注。又〔滕文公下〕「邪説者不得—」朱注。又〔離婁上〕「聞文王—」朱注。又〔屈賦・天問〕「荆勳—師夫何長」戴注。又〔廣韻・鐸部〕。○—，起也，興也。〔禮記・禮運〕「故聖人—」述聞。○—，起也，起而各執其事也。〔大戴・千乘〕「俟命而—」王詁。○—，起也，謂拔去之。〔詩・皇矣〕「—之屏之」集疏。○—者，起也。〔説文〕「動，—也」段注。○—猶起也。〔詩・瞻彼洛矣〕「以—六師」朱傳。○—，拔起也。〔詩・皇矣〕「—之屏之」朱傳。○—，奮起也。〔詩・駉〕「思馬斯—」朱傳。又〔孟子・告子下〕「而後—」朱注。○—謂騰起。〔詩・駉〕「思馬斯—」集疏。○—，興也。〔孟子・公孫丑上〕「且王者之不—」焦正義。又〔大戴・千乘〕「—事得時」王詁。○—，蓋興起之義。〔漢書・王褒傳〕「又—其傳」補注引郭嵩燾。○鼓之舞之之謂—。〔大學〕「康誥曰—新民」朱注。○—，始也。〔廣韻・鐸部〕○—者，始也。始亦本也。〔荀子・致士〕「國家之本—也」集解引王念孫。○—，創始也。〔論語・述而〕「述而不—」朱注。○—之言乍也，乍亦始也。〔書・皋陶謨〕「萬邦—乂」述聞。又〔禹貢〕「萊夷—牧」述聞。又〔廣雅・釋詁一〕「—，始也」疏證。○—之言乍，乍者，始也。〔書・皋陶謨〕「萬邦—乂」孫疏。○—之言乍也，乍者，始也。〔釋詞・卷八〕○古文多以乍為—，乍亦始也。〔書・無逸〕「—其即位」孫疏。○—者，古字為乍，言乍始。〔書・禹貢〕「雲土夢—乂」孫疏引王引之。○乍是上古通借字，—是中古分別字。〔説文〕「—，起也」句讀。○—，生也。〔廣韻・鐸部〕○—，生出地也。〔詩・采薇〕「薇亦—止」朱傳。○—，動。〔詩・十月之交〕「胡為我—」朱傳。○—，動也。〔大戴・曾子立事〕「—於中則播於外也」王詁。○—之言發—也。〔詩・駉〕「思馬斯—」平議。○—者，變也。〔荀子・正名〕「有—於新名」集解。○—猶變也。〔大戴・文王官人〕「喜怒以物而色不—」王詁。○東方—者，日未出而光已起，若俗語之言東方發白也。〔漢書・李尋傳〕「其於東方—」補注引王引之。○—，為也。〔大戴・曾子制言上〕「欲—則其知不足」王詁。又〔誥志〕「天曰—明」王詁。又〔廣韻・鐸部〕。○—亦為也。〔廣雅・釋詁三〕「厲，為也」疏證。○—，造也。〔廣韻・暮部〕○—謂造—舟檝也。〔書・盤庚〕「盤庚—」孫疏。○—引申為治—。〔周禮・稻人〕「以涉揚其芟—田」孫正義。○—，耕—也。〔詩・十月之交〕「胡為我—」陳疏。○—，使也。〔同上〕通釋。○—，役也。〔廣韻・鐸部〕○—，役—也。〔通鑑・秦紀三〕「皆以戍、漕、轉、—事苦」音注。○—，行也。〔詩・常武〕「王舒保—」朱傳引或説。又〔廣韻・鐸部〕。○—猶及也。〔釋詞・卷八〕○—有斬削之義。〔詩・皇矣〕「—之屏之」述聞。○—，灼也。〔禮記・郊特牲〕「—龜于禰宮」集解。○〔説文定聲・卷九〕—，段借為詐。〔禮記・月令〕「毋或—為」。○〔同上〕—，段借為鑿。〔周禮・太卜〕「則眡高—龜」。○〔同上〕—，段借為斮。〔禮記・内則〕「魚曰—之」。○〔同上〕—，段借為詛。〔詩・蕩〕「侯—侯祝」。○—讀為詛。〔詩・蕩〕「侯—侯祝」朱傳。又〔管子・輕重己〕「下—之地，上—之天」平議。○—、迮二篆音義同。〔説文〕「—，起也」段注。○—當讀為迮。〔禮記・禮器〕「非—而致其情也」平議。○〔説文定聲・卷九〕—，段借為柞。〔周禮・稻人〕「以涉揚其芟—田」。○—，讀為柞。〔詩・皇矣〕「—之屏之」陳疏。○—、祝義同。〔詩・蕩〕「侯—侯祝」平議。○—，槎字之借。〔詩・皇矣〕「—之屏之」通釋。○去其粗留其精曰—清。〔釋名・釋姿容〕「簁，—清簁也」疏證。○—白猶布薩也，受戒三番，每月自白其所犯。—白，令其白也。〔通雅・釋詁〕○—説與鑿説通。〔同上〕○—，〔漢書〕引作興。〔左傳昭公八年〕「怨讟並—」洪詁。○〔天官書〕—作鄂。〔漢書・天文志〕「在酉曰—詻」補注。○〔家語〕—字作設。〔左傳文公二年〕「—虛器」洪詁。○—，〔左傳〕作胙。〔呂覽・慎行〕「動—者莫不非令尹」校正。○—羅，左思〔魏都賦〕曰弗羅，張載引〔左傳〕亦作弗羅。〔左傳襄公八年〕「職競—羅」洪詁。

樂　—，喜—。〔廣韻・鐸部〕○—，懽也。〔大戴・保傅〕「擇其所—」王詁。○—，娛也，或从心。〔集韻・鐸部〕○—，欲也。〔離騷〕「民生各有所—兮」補注。○—亦和也。〔廣雅・釋訓〕「衎衎，和也」疏證。○—謂聲色。〔大戴・文王官人〕「藍之以—」王詁。○—，快意也。〔通鑑・周紀四〕「得一—戰」音注。○〔説文定聲・卷七〕—，段借為𤻲。〔詩・衡門〕「可以—飢」。○—、𤻲、療並字異而義同。〔廣雅・釋詁三〕「療，治也」疏證。○—即爍。〔釋詁〕「劉，—也」鄭注。○——猶落落也。〔荀子・儒效〕「——兮其執道不殆也」平議。○—猶者，蓋詭譎之流、不實之義也。〔慧琳音義・卷九二〕

落　—，零—，草曰零，木曰—。〔廣韻・鐸部〕○草衰亦曰—。〔説文〕「—，凡草曰零，木曰—」義證引〔洪武正韻〕。○—，降也。〔孟子・萬章上〕「放勳乃徂—」朱注。○〔説文定聲・卷九〕—，陊也。〔説文〕「—，凡草曰零，木曰—」。○凡自上而下皆曰—。〔説文〕「陊，—也」段注。○人死亦曰—。〔説文〕「—，凡草曰零，木曰—」義證引〔洪武正韻〕。○—與没義相近。〔説文〕「湮，没也」段注。○—，始。〔詩・訪落〕「訪予—止」朱傳。○—，

始也。〔左傳昭公七年〕「願與諸侯丨之」述聞。又〔廣韻・鐸部〕。〇丨謂始其事。〔詩・斯干〕鄭箋「歌斯干之詩以丨之」通釋。〇丨謂與賓客燕會以酒食澆丨之。〔左傳昭公七年〕「願與諸侯丨之」洪詁引庾蔚之〔禮記略解〕。〇丨成，成就之意也。〔説文〕「繯，丨也」段注。〇丨亦聚也。〔廣雅・釋詁二〕「丨，尻也」疏證。〇丨，聚丨也。〔廣韻・鐸部〕〇丨，居也。〔通鑑・漢紀三九〕「徙廬丨去」音注。〇丨即絡字。〔文選・上林賦〕「留丨胥邪」補正。〇丨與絡同。〔文選・羽獵賦〕「萬物權輿於內，徂丨於外」集釋。又〔廣雅・釋器〕「絲，絡也」疏證。〇丨與絡同，聯絡也。〔通鑑・魏紀七〕「賊設羅丨」音注。〇丨之言聯絡也。〔廣雅・釋詁二〕「丨，尻也」疏證。〇丨之言絡，連綴之意。〔釋宮〕「樞達北方謂之丨時」郝疏。〇丨亦為籬丨、纏絡字。〔説文〕「丨，凡草曰零，木曰丨」段注。〇丨者，今之包絡字。〔説文〕「羅，网也」段注。〇丨者，今之絡字，謂包絡也。〔説文〕「繯，丨也」段注。〇〔説文定聲・卷九〕丨，叚借為絡。〔漢書・西域傳贊〕「丨以隨珠和璧」。〇丨、絡，古今字。〔説文〕「勒，馬頭丨銜也」段注。〇丨與落同。〔周禮・掌固〕孫正義。〇丨落古通用。〔方言五〕「自關東西謂之桮落」疏證。〇落、答並與丨通。〔廣雅・釋器〕「箸，杯丨也」疏證。〇丨與露，音之轉。〔方言三〕「露，敗也」箋疏。〇丨與露亦聲近義同。〔廣雅・釋詁三〕「露，敗也」疏證。〇丨、洛、路三字古皆通用。〔左傳閔公元年經〕「盟於丨姑」疏證引臧壽恭。〇丨、雒並與⿰各刂同。〔廣雅・釋詁一〕「⿰各刂，剔也」疏證。〇〔説文定聲・卷九〕丨，叚借為頟。〔釋詁〕「丨，始也」。〇（同上）丨，叚借為格。〔西京賦〕「楷枳丨」。〇（同上）丨，叚借為閣。〔漢書・李廣傳〕「禹從丨中以劍斫絕纍」。〇（同上）丨，字變作⿰歹各。〔釋詁〕「卒、殂、⿰歹各、殪，死也」。〇郎索合音為丨。〔説文定聲・卷一八〕〔「郎」下〕〇丨拓，失節貌也。〔慧琳音義・卷九四〕引〔考聲〕。〇所謂丨帶，金釭也，今人謂之破閒柱。〔説文〕「欂，壁柱」繫傳。〇丨託，亦作丨拓。〔漢書・酈食其傳〕「家貧丨魄」補注。〇丨姑即薄姑，聲之緩耳。〔左傳閔公元年經〕「盟於丨姑」疏證引沈欽韓。〇丨都即樂都，南涼禿髮傉檀所居，因此名。〔漢書・趙充國傳〕「夜引兵上至丨都」補注引沈欽韓。〇丨，宋台州本作樂，樂爍同字。〔荀子・君道〕「不胥時而丨」集解。〇〔天官書〕丨並為駱。〔漢書・天文志〕「在巳曰大荒丨」補注引沈欽韓。

閣

丨，直橜所以扞格者。〔説文〕「丨，所以止扉者」段注。〇〔説文定聲・卷九〕丨，門開則旁有兩長橜扞輅之，止其自闔也。〔説文〕「丨，所以止扉也」。〇（同上）兩扉中之闑亦名丨。〔左傳〕「高其閈丨」。〇丨即今云門頰，扇所附著也。〔説文〕「丨，所以止扉者」繫傳。〇〔通雅・卷三四〕今之立鑽，古之丨也。〔補筆談〕「大夫七十而有丨」。〇橫者可以庋物亦曰丨。〔説文〕「丨，所以止扉者」段注。〇丨，所以承物。〔説文〕「畀，相付與之約在上丨也」繫傳。〇丨，庋藏之所。〔集韻・鐸部〕〇丨之言格。格，止也。〔釋宮〕「所以止扉謂之丨」述聞。〇凡止而不行皆謂之丨。〔説文定聲・卷九〕〇凡止而不行皆得謂之丨。〔説文〕「丨，所以止扉者」段注。〇丨，觀也。〔集韻・鐸部〕〇丨，樓丨。〔廣韻・鐸部〕〇丨，書府也。〔説文〕「府，文書藏也」義證引江淹表注。〇丨亦舉丨。〔廣韻・鐸部〕〇丨，今俗誤用為閣丨字。〔説文定聲・卷九〕〇丨當作閤。〔釋宮〕「小閨謂之丨」郝疏。〇丨丨，上下相乘也。〔詩・斯干〕「約之丨丨」朱傳。〇〔説文定聲・卷九〕祕丨即尚書省也。〔文選・陸機詩〕「絜身躋祕丨」。〇丨道，天子御道也。〔漢書・天文志〕「曰丨道」補注引〔占經〕。〇丨道謂淩空如棧道者。〔説文〕「隥，仰也」段注。〇唐以舍人年久者為丨老。〔通雅・官制〕〇丨，或作格，皆當讀如絡。絡，歷一聲之轉，丨丨猶歷歷，謂以繩束板疏落適均。〔詩・斯干〕「約之丨丨」後箋。〇丨，魯作格。（同上）集疏。

鶴

丨，鳥名。〔詩・鶴鳴〕「丨鳴于九皋」朱傳。〇丨，鳥名。或作鶮、鷱、鵠。〔集韻・鐸部〕〇丨，善鳴之鳥也。〔易・中孚〕「鳴丨在陰」述聞。〇丨，似鵠長喙。〔廣韻・鐸部〕〇鉏，其頭曰丨。〔説文定聲・卷九〕〔「鉏」下〕〇丨丨，潔白貌。〔孟子・梁惠王上〕「白鳥丨丨」朱注。〇〔通雅・卷一〇〕丨丨，狀其色也。〔吳越春秋〕「白鳥丨丨」。〇翯翯、丨丨、皠皠並與皬皬同。〔廣雅・釋訓〕「皬皬，白也」疏證。〇丨立，謂竦身而立也。〔國策〕「雀立」雜志。〇丨紐，鞭法也。〔通雅・刑法〕〇丨虱，即家首之實。〔通雅・艸〕〇丨頂乃鸕鷀。〔通雅・鳥〕

爵

丨，禮器也，取其鳴節足，所以戒荒淫之飲。〔説文〕「丨，禮器也」義證引〔九經字樣〕。〇丨者，飲酒之器之總名。〔儀禮・燕禮〕胡正義引胡承珙。〇凡酌酒而飲之器曰丨。丨者，實酒之器之統名，其別曰觚，曰觶，曰角，曰散。〔儀禮・鄉飲酒禮〕「獻用丨，其他用觶」胡正義引凌廷堪。〇丨猶秩也。〔漢書・楚元王傳〕「丨比皇子」補注引李慈銘。〇丨，丨位也。〔集韻・藥部〕〇丨，謂公、侯、伯、子、男、卿、大夫、士也。〔大戴・主言〕「明主因天下之丨以尊天下之士」王詁。〇丨，古音如釂，尊號之合音為丨，故借丨字當之。〔説文定聲・卷七〕〇丨，封也。〔廣韻・藥部〕〇丨謂假祖廟而命之也。〔禮記・郊特牲〕「古者五十而後丨」集解。〇丨即雀。〔説文〕「丨，禮器也」義證。〇丨與雀同。〔孟子・離婁上〕「為叢敺丨者」朱注。又〔釋木〕「唐棣，栘」郝疏。〇丨雀字異音義同。〔方言八〕「自關而西謂之桑飛，或謂之幭丨」疏證。〇丨與雀同音，後人因書小鳥之字為丨矣。〔説文〕「雀，依人小鳥也」段注。〇丨雀古通用。〔方言一三〕疏證。〇丨與雀古字通。〔釋草〕「莬，雀弁」郝疏。〇丨雀蓋古今字。〔説文〕「雀，從小隹，讀與丨同」句讀。〇丨，假借為雀字。〔説文〕「丨，禮器也」段注。〇〔説文定聲・卷七〕丨，叚借為雀。〔易・中孚〕「我有好丨」。〇丨當作雀。〔説文〕「雚，雚丨也」段注。〇丨猶鷦也，亦小之義也。〔方言八〕「自關而西謂之桑飛，或謂之幭丨」箋疏。〇丨、嚼、釂並字異而義同。〔廣雅・釋詁一〕「釂，盡也」疏證。〇丨與釂亦聲近義同。（同上）〇丨弁，士助君祭之服，服以祭其廟。〔説文〕「皃，冕也」義證引〔三禮圖〕。〇丨某與雀梅同。〔廣雅・釋木〕「丨某，鬱也」疏證。〇丨里刺即今之履歷手版也。〔通雅・書札〕

弱

丨者，橈也。〔説文〕「劣，丨也」段注。〇丨謂橈曲也。〔大戴・勸學〕「丨約危通」王詁。〇丨，尩劣也。〔説文〕「丨，橈也」義證引〔玉篇〕。〇丨，劣

丨。〔廣韻·藥部〕〇丨，劣也，懦也。〔通鑑·周紀五〕「法削則國丨」音注。〇愚懦不壯毅曰丨。〔大戴·文王官人〕「曰丨志者也」王詁。〇丨，無力也。〔慧琳音義·卷四〕引〔考聲〕。〇丨，丨卒也。〔國策·齊策一〕「丨守於主」鮑注。〇〔說文定聲·卷七〕丨，叚借為蒻。〔考工記·輪人〕「以為之丨」。〇〔同上〕丨，叚借為溺。〔書·禹貢〕「導丨水」。〇丨，古文作溺。〔漢書·地理志〕「道丨水」補注。〇丨當作溺。〔說文〕「屼，山也。或曰丨水之所出」義證。〇〔文選〕注引丨作溺。〔管子·水地〕「淖丨以清」義證引孫星衍。〇丨，哀公之名，〔春秋〕作溺，此與〔世家〕及〔漢書·人表〕作丨，蓋古通用。〔史記·十二諸侯年表〕「陳哀公丨元年」志疑。〇丨阿猶言丨緆。〔廣雅·釋器〕「絅，練也」疏證。〇〔石經〕以流為丨。〔書·盤庚〕注「丨一作流」孫疏。

約

丨，束。〔詩·采芑〕「丨軝錯衡」朱傳。〇丨，纏也。〔說文〕「丨，纏束也」義證引〔玉篇〕。〇丨，纏束之。〔國策·秦策一〕「請為子丨車」鮑注。〇丨者，纏束也。〔說文〕「拒，一曰丨也」段注。〇丨，纏束也，言水之旋繞也。〔大戴·勸學〕「弱丨危通」王詁。〇丨，丨束。〔廣韻·藥部〕〇丨，具也，蓋丨束戒令之。〔國策·秦策一〕「請為子丨車」補注。〇丨者，自斷之辭。〔國策·趙策一〕「丨兩主勢能制臣」鮑注。〇丨，束板也。〔詩·斯干〕「丨之閣閣」朱傳。〇丨，要也。〔論語·雍也〕「丨之以禮」朱注。又〔孟子·公孫丑上〕「然而孟施舍守丨也」朱注。又〔大戴·武王踐阼〕「惡有藏之丨」王詁。又〔子張問入官〕「所以治者丨」王詁。〇丨之訓為要。〔孟子·公孫丑上〕「然而孟施舍守丨也」焦正義。〇丨亦要也。〔管子〕「以誓要於上下薦神」雜志。〇丨與要一聲之轉，古亦通用。〔荀子·榮辱〕「丨者有筐篋之藏」平議。〇丨，要結也。〔孟子·告子下〕「我能為君丨與國」朱注。〇丨，寡也。〔禮記·坊記〕「君子丨言」集解。〇丨，少也。〔大戴·武王踐阼〕「惡有藏之丨」王詁。又〔衛將軍文子〕「丨貨去怨」王詁。又〔廣韻·藥部〕。〇丨，窮也。〔國策·齊策四〕「無德而望其福者丨」鮑注。又〔楚辭·九辯〕「余萎丨而悲愁」補注。〇丨猶窮也。〔大戴·虞戴德〕「居小不丨」王詁。〇丨，窮困也。〔論語·里仁〕「不仁者不可以久處丨」朱注。〇丨，貧困也。〔大戴·曾子立事〕「居丨而觀其不營也」王詁。〇丨猶貧困也。〔大戴·文王官人〕「隱丨者」王詁。〇丨，儉也。〔廣韻·藥部〕又〔集韻·藥部〕。〇丨，引申為儉丨。〔說文〕「丨，纏束也」段注。〇丨，節也。〔文選·招魂〕「土伯九丨」補正引徐鍇。〇丨猶節。〔國策·楚策一〕「楚士丨食」鮑注。〇丨，節量也。〔太素·人迎脈口診〕「夫丨方者」楊注。〇丨，斂丨。〔國策·秦策五〕「霸主丨而不忿」補注。〇丨亦收斂之義。〔釋訓〕「瞿瞿，儉也」郝疏。〇丨謂危丨。〔墨子·褋守〕「免於九十日之丨」閒詁。〇丨，棄也。〔楚辭·九辯〕「余萎丨而悲愁」補注引五臣注。〇人指上紋亦謂之丨，但象其刑而命之名耳。〔說文〕「節，竹丨也」句讀。〇丨與葯通。〔方言一三〕「葯，薄也」箋疏。〇丨名猶言名丨。〔荀子·正名〕「共其丨名」集解引王念孫。〇丨轂曰丨軝。〔說文〕「輹，車軸縛也」段注。〇丨尺，壓書尺也。〔義府·卷下〕

腳

丨之言卻也，凡卻步必先脛。〔說文〕「丨，脛也」段注。〇〔說文定聲·卷九〕丨，叚借為谻。〔子虛賦〕「射麋丨麟」。〇丨皷，梵語，唐云掩腋衣也。〔慧琳音義·卷六二〕

雀

丨，鳥丨。〔廣韻·藥部〕〇丨，短尾小鳥也。〔本草·卷四八〕〇丨，今俗云麻丨者是也，其色褐，其鳴節節足足。〔說文〕「丨，依人小鳥也」段注。〇丨，〔詩〕謂之黃鳥，俗所呼麻丨、黃丨皆是。〔說文定聲·卷七〕〇丨，一名家賓也。〔說文〕「丨，依人小鳥也」繫傳。〇丨，一名嘉賓，言栖宿人家如賓客也。〔同上〕義證引〔古今注〕。〇〔說文定聲·卷七〕龍丨，謂蒼龍朱鳥。〔東京賦〕「龍丨蟠蜿」。〇漢魏以前丨字多作爵，假借也。〔說文〕「蘥，爵麥也」繫傳。〇〔說文定聲·卷七〕丨，叚借為尊號之爵字。〔春秋考異郵〕「丨者，賞也」。〇丨立，踊也。〔國策·楚策一〕「丨立不轉」鮑注。〇丨行，丨躍也。〔說文〕「趞，丨行也」義證。〇丨麥，一名蘥，一名鷰麥。〔說文〕「蘥，爵麥也」義證引〔本草〕。〇〔說文定聲·卷七〕丨目，車茀也，所以障蔽。〔廣雅·釋器〕「丨目，蔽簹也」。〇丨芋，大奚毒也。海芋、丨芋、鬼芋、鬼臼、蚤休，蓋一類也。〔通雅·草〕

幕

丨，帷丨。〔廣韻·鐸部〕〇丨，覆冒也。〔說文定聲·卷一八〕〔「莽」下〕〇丨當為膜，亦丨覆也。〔太素·人合〕「人有丨筋」楊注。〇〔說文定聲·卷五〕丨者，慕也。〔魯語〕注「虞思字丨」。〔「思」下〕〇丨，沙漠也。〔通鑑·漢紀一一〕「常以為漢兵不能度丨輕留」音注。〇丨與漠同。〔漢書·李廣傳〕「南絕丨」補注引朱一新。〇〔說文定聲·卷九〕丨，叚借為漠。〔史記·匈奴傳〕「益北絕丨」。〇丨，漠借字。〔漢書·西域傳贊〕「而丨南無王庭」補注。〇〔漢書〕亦假丨為漠。〔說文〕「漠，北方流沙也」段注。〇丨讀曰漠。〔漢書·蘇建傳〕「徑萬里兮度沙丨」補注。又〔終軍傳〕「單于犇丨」補注。〇丨讀曰漠，借丨字耳。〔漢書·霍去病傳〕「常以為漢兵不能度丨輕留」補注。〇丨莫同。〔史記·建元以來侯者年表〕「衆利」志疑。〇莫、丨字通。〔漢書·地理志〕「姑丨」補注。〇丨又通作莫。〔說文〕「丨，帷在上曰丨」義證。〇〔史記〕丨作莫。〔左傳昭公元年〕「殺其二子丨及平夏」洪詁。〇丨亦省作莫。〔說文〕「丨，帷在上曰丨」句讀。〇〔說文定聲·卷九〕丨，叚借為募。〔釋言〕「丨，暮也」。〇〔同上〕丨，叚借為漫。〔史記·大宛傳〕「錢如其王面」索隱「丨，錢背也」。〇丨，字亦作縸。〔說文定聲·卷九〕〇丨或作冪。〔說文〕「丨，帷在上曰丨」義證。

洛

丨，本作雒，凡伊雒瀍澗之雒字從隹旁，各涇渭丨之丨字從水旁。〔漢書·地理志〕「逾于丨」補注引王念孫。〇〔說文定聲·卷九〕丨，叚借為雒。〔釋水〕「丨為波」。〇〔漢石經〕丨俱作雒。〔書·多士〕注「丨一作雒」孫疏。〇丨當作雒。〔漢書·地理志〕「道丨自熊耳」補注引汪遠孫。〇〔說文定聲·卷九〕丨，叚借為垎。〔楚辭·憫上〕「冰凍兮丨澤」。〇丨、路古通。〔史記·王子侯者年表〕「丨陵」志疑。〇〔史·贊〕丨作落。〔漢書·

公孫弘卜式兒寬傳贊」「曆數則唐都、—下閎」補注。〇—陽即成周。〔史記·呂不韋傳〕「食河南—陽十萬户」志疑引金耀辰。〇—汭，〔溝洫志〕作雒內。〔漢書·地理志〕「東過—汭」補注。〇—姑，〔左傳〕作落姑，〔釋文〕一本作路姑。路、—、落音義通。〔公羊傳閔公元年經〕「公及齊侯盟于—姑」陳疏。

壑

—，溝也，谷也。〔廣韻·鐸部〕〇—，谷也。〔慧琳音義·卷二七〕引〔玉篇〕。〇—，谿也。〔釋詁〕「—，虛也」鄭注。〇—猶谿谷也。〔慧琳音義·卷八三〕引顧野王。〇—，山水所趨也。〔孟子·滕文公上〕「則舉而委之於—」朱注。〇—，受水處也。〔孟子·告子下〕「是故禹以四海為—」朱注。〇—，池。〔詩·韓奕〕「實墉實—」朱傳。〇—，坑也。〔廣韻·鐸部〕〇—，虛也。〔同上〕又〔慧琳音義·卷二七〕引〔玉篇〕。〇—、阱、洫、阬、臽，皆虛之轉聲也。〔廣雅·釋水〕「阱，坑也」疏證。〇—，室也。〔慧琳音義·卷二七〕引〔玉篇〕。〇叡同—。〔廣韻·鐸部〕

索

—，繩—。〔廣韻·鐸部〕〇麻絲曰繩，草謂之—。〔說文〕「—，草有莖葉可作繩—」義證引〔急就篇〕顏注。〇糾繩曰—。〔同上〕義證引〔玉篇〕。〇—謂糾繩。〔詩·七月〕「宵爾—綯」通釋。〇—者，糾繩之名。〔同上〕後箋引〔述聞〕。〇—，絞也。〔同上〕朱傳。〇—，散也。〔說文〕「澌，水—也」義證引〔玉篇〕。又〔廣韻·鐸部〕。又〔太素·雜刺〕「—刺其腫上」楊注。〇—，盡也。〔通鑑·唐紀七〕「唯家之—」音注。又〔說文〕「澌，水—也」繫傳。又〔廣韻·鐸部〕。〇—訓盡。〔說文〕「—，艸有莖葉可作繩—」段注。〇—與悉同。〔釋詁〕「悉，盡也」郝疏。〇十尋曰—也。〔慧琳音義·卷七二〕引文戴。〇—，亦曰紼。〔說文定聲·卷九〕〇—，亦曰繂。〔同上〕〇—者，〔釋名〕云「—，素也」，素之義為空也。〔書·牧誓〕「惟家之—」孫疏。〇〔說文定聲·卷九〕—，叚借為素。〔小爾雅·廣言〕「—，空也」。〇—當為素字之誤。百素即百蔬，作素者借字耳。〔荀子·王制〕「魚鼈百—」集解引王引之。〇〔說文定聲·卷九〕—，叚借為略。〔左傳定公四年〕「疆以周—」。〇—綯猶言糾繩也。〔詩·七月〕「宵爾—綯」集疏引王引之。〇—總謂切撚之令緊者也。〔說文〕「撚，執也」義證引〔急就篇〕顏注。〇——猶瑟瑟也，—、瑟一聲之轉。故蕭—或為蕭瑟，—居或為瑟居，其義同也。此云——如樹，蓋不獨以狀言，且兼聲言矣。〔漢書·天文志〕「——如樹」補注。〇桑落合音為—。〔說文定聲·卷一八〕「郎下」〇〔通雅·卷三九〕—郎，桑落之反語也，又轉為桑郎。〔水經注〕「—郎有顧」。

郭

—，城—也。〔廣韻·鐸部〕〇—，外城。〔孟子·公孫丑下〕「七里之—」朱注。〇—與廓同。〔廣雅·釋器〕「—，削也」疏證。〇—、廓，古今字。〔方言一〕「張小使大謂之廓」箋疏。〇—即今廓字。〔說文〕「彉，滿弩也」段注。〇—、廓，正俗字。〔說文〕「鼓，—也」段注。〇—、廓古通用。〔方言九〕「劍削自關而東或謂之廓」疏證。〇—，景本作廓。〔漢書·律歷志〕「匏曰笙」補注引宋祁。〇—，張也，古作鞹。〔集韻·鐸部〕〇—者，覆冒之意。〔說文〕「鼓，—也」繫傳。〇—與桲亦同義。〔廣雅·釋言〕「桲，廓也」疏證。〇—者，胸臆也。〔太素·津液〕「腸胃充—故緩」楊注。〇〔說文定聲·卷九〕—，叚借為號。〔周書·王會〕「—叔掌為天子菉幣焉」。〇號、—音近義通。〔左傳莊公二四年經〕「—公」洪詁。〇—即號也。〔漢書·高惠高后文功臣表〕「肱玄孫—公乘堯詔復家」補注。〇〔說文定聲·卷九〕—，𩫏字之轉注。〔廣雅·釋器〕「—，劍削也」。〇〔同上〕—，叚借為𩫏。〔管子·度地〕「城外為之—」。〇借—為𩫏。〔說文〕「郭，—也」句讀。〇—當為𩫏。〔同上〕義證。〇𩫏、郭並同—。〔廣韻·鐸部〕〇〔通雅·卷四七〕—索，蠏行兒。〔林逋詩〕「水泥行—索」。〇—禪，竈神。〔通雅·卷二一〕

博

—，廣也，大也。〔廣韻·鐸部〕〇—，廣也。〔大戴·主言〕「行施彌—」王詁。又〔曾子立事〕「患其不—也」王詁。又〔勸學〕「不如升高而—見也」王詁。又〔論語·雍也〕「如有—施於民而能濟衆」朱注。又〔說文〕「—，大通也」義證引〔玉篇〕。又〔說文〕「褒，—裾」繫傳。〇—亦廣也。〔廣雅·釋詁二〕「素，廣也」疏證。又〔荀子〕「天見其明，地見其光」雜志。〇—，廣大也。〔詩·泮水〕「戎車孔—」朱傳。〇—，通也。〔說文〕「—，大，通也」義證引〔玉篇〕。又〔廣韻·鐸部〕。〇—者，通於古今，辨於然否。〔說文〕「心，人心也」義證引〔漢舊儀〕。〇—者，—通典傳。〔大戴·保傅〕「於是比選天下端士孝悌閑—有道術者」平議。〇凡取於人易為力曰—。〔說文〕「—，大，通也」段注。〇明於古今，溫故知新，通達國體謂之—士。〔同上〕義證引〔漢詔〕。〇—聞，謂閑習故事。〔大戴·衛將軍文子〕「—聞而時出其志」王詁。〇—，厚也。〔慧琳音義·卷八〇〕引〔考聲〕。〇—猶衆也。〔詩·泮水〕「戎車孔—」陳疏。〇—，布也。或作䪙。〔集韻·鐸部〕〇—，搏取也。〔大戴·曾子制言〕「不—厚祿」王詁。〇擲采為—。〔論語·陽貨〕「不有—弈者乎」劉正義。〇—，局戲也。〔同上〕朱注。〇—亦局戲也。〔說文〕「棊，簙棊」義證引〔急就篇〕顏注。〇—，局戲也，六著十二棊。〔國策·秦策三〕「請與叢—曰」鮑注。〇—，本字簙，用六棊六箸，亦謂之六箭。〔漢書·吾丘壽王傳〕「以善格五召待詔」補注引李慈銘。〇〔說文定聲·卷九〕—，叚借為簙。〔論語〕「不有—弈者乎」。〇借—為簙。〔說文〕「簙，一曰—棊也」句讀。〇—當為簙。〔說文〕「騏，馬青驪文如—棊也」義證。〇—當作簙，簙，局戲也。〔說文〕「局，一曰—，所以行棊」段注。〇〔說文定聲·卷九〕—，以薄為之。〔春秋繁露·仁義法〕「求諸人謂之薄」。〇〔同上〕—，叚借為專。〔考工記·冶氏〕「倨句外—」。〇〔同上〕—，叚借為搏。〔漢書·貨殖傳〕「宣曲任氏傳掘冢—」。〇—，官本作搏。〔漢書·翟方進傳〕「—擊豪彊」補注。〇〔說文定聲·卷九〕—，叚借為捕。凡取于人曰—取，皆捕字。〔詩〕箋「交—好也」。〇〔同上〕—，或曰借為賦，收也。〔詩〕箋「交—好也」。〇—為傅之假借。〔詩·泮水〕「戎車孔—」通釋。〇—陽當作傅陽。〔紀要〕偪陽城在兗州府。傅偪同音。〔漢書·灌嬰傳〕「攻—陽」補注引沈欽韓。〇〔說文定聲·卷九〕—，叚借為伯。〔廣韻〕—字注「古有—勞，善相馬也」。〇—腊，疊韻字，轉之

則為不借。〔廣雅・釋器〕「不借，履也」疏證。

錯〔說文定聲・卷九〕丨，今所謂鍍金，俗字作鍍。〔說文〕「丨，金涂也」。○丨，雜也。〔詩・漢廣〕「翹翹丨薪」朱傳。又〔廣韻・鐸部〕。又〔集韻・鐸部〕。○丨，文也。〔詩・采芑〕「約軧丨衡」朱傳。○丨，交丨也。〔荀子・天論〕「三者丨」集解引王念孫。○東西為交，上下為丨。〔續音義・卷八〕引〔考聲〕。○丨猶迭也。〔中庸〕「辟如四時之丨行」朱注。○丨，乖也。〔集韻・鐸部〕○〔說文定聲・卷九〕丨，叚借為遣。〔小爾雅・廣訓〕「丨，襍也」。○丨者，遣之叚借。〔詩・楚茨〕「獻醻交丨」通釋。○丨，或借為这遣字。邪行曰遣也。〔說文〕「丨，金涂也」段注。○丨，鑢也。〔集韻・鐸部〕○丨，鑢別名。〔廣韻・鐸部〕○丨，礪石也。〔詩・鶴鳴〕「可以為丨」朱傳。○丨，與厝、剒、斮字體異而音義皆同。〔文選・補亡詩〕「如磨如丨」集釋。○〔說文定聲・卷九〕丨，叚借為厝。〔廣雅・釋詁三〕「丨，磨也」。○丨為厝借字。〔書・禹貢〕「錫貢磬丨」孫疏。○丨，魯作厝。〔詩・鶴鳴〕「可以為丨」集疏。○丨，摩也。〔廣韻・鐸部〕○丨，本摩丨之義，與厲相同。〔詩・鶴鳴〕「可以為丨」後箋。○〔說文定聲・卷九〕丨，叚借為差，差丨雙聲。〔楚辭・憫上〕「心懷兮隔丨」。○甐、差、丨，一聲之轉。〔廣雅・釋詁三〕「甐、差、丨，磨也」疏證。○丨，置也。〔屈賦・天問〕「九州安丨」戴注。○昔、丨義並與皵同。〔廣雅・釋言〕「皵，皴也」疏證。○丨之為言蔟蔟也。〔詩・漢廣〕「翹翹丨薪」陳疏。○〔說文定聲・卷九〕丨，叚借為踧踖之踖字。〔易・履〕「丨然」。○丨衡，蓋車軛曰衡，塗金于衡，所以為文。〔詩・采芑〕「約軧丨衡」後箋引〔通義〕。○丨刀，佩刀，諸侯王黃金丨鐶。〔文選・四愁詩〕「美人贈我金丨刀」集釋引〔續漢書〕。○丨刀，作馬形於刀環內，以金鏤之。〔同上〕集釋引〔漢書〕如淳注。○丨刀，舊時蜀郡工官作金馬書刀者，似佩刀形，金丨其拊。〔同上〕集釋引〔漢書音義〕晉灼說。○丨鍉，言摩刀刃也。〔說文〕「厝，厲石也」義證。

躍丨，跳丨也。〔廣韻・藥部〕○丨，踊意同。〔左傳僖公二八年〕「距丨三百」疏證。○丨與趯略同。〔說文定聲・卷七〕○丨與趯古同聲而通用。〔方言一〕「躡、郅、跂、洛，登也」箋疏。又〔廣雅・釋訓〕「趯趯，跳也」疏證。○丨，齊、韓作趯。〔詩・巧言〕「丨丨毚兔」集疏。○丨亦動之義。〔文選・兩都賦〕「南丨朱垠」集釋。○丨，勇動也。〔太素・經脈病解〕「所謂甚則丨者」楊注。○丨，上也。〔廣韻・藥部〕○丨，進也。〔同上〕○丨與蹻通。〔方言一三〕「蹻，拔也」箋疏。○丨丨，跳疾貌。〔詩・巧言〕「丨丨毚兔」朱傳。○丨，如，如踊丨而出也。〔孟子・盡心上〕「丨如也」朱注。

若丨，杜丨。〔屈賦・惜往日〕「謂蕙丨其不可佩」戴注。○丨，杜丨也。〔楚辭・惜往日〕「謂蕙丨其不可佩」補注。○丨，杜丨，香草。〔廣韻・藥部〕○丨者，擇菜也。擇菜者必去其邊皮，因之凡可去之皮曰丨。〔說文〕「秧，禾丨秧穰也」段注。○〔說文定聲・卷九〕丨，擇也。〔晉語〕「吾誰使先丨夫二公子而立之」。○丨，訓擇。〔說文〕「丨，擇菜也」段注。○丨，擇之順手也。〔同上〕繫傳。○丨，順。〔書・堯典〕「丨予采」孫疏。又〔詩・烝民〕「天子是丨」朱傳。又〔墨子・經上〕「所丨而然也」閒詁引畢沅。○丨，順也。〔書・召誥〕「面稽天丨」平議。又〔詩・大田〕「曾孫是丨」陳疏。又〔禮記・禮器〕「致其敬而誠丨」集解。又〔大戴・夏小正〕「丨蟄而」王詁。又〔孟子・萬章上〕「瞽瞍亦允丨」朱注。又〔通鑑・唐紀二六〕「天地垂祐風雨時丨」音注。又〔荀子・非相〕「鄉則不丨」集解。又〔屈賦・天問〕「后帝不丨」戴注。又〔廣韻・藥部〕。○丨亦順也。〔書・康誥〕「未其有丨汝封之心」孫疏。○丨猶順。〔墨子・尚賢中〕「既曰丨法」閒詁引畢沅。又〔經下〕「多而丨少」閒詁引畢沅。○丨，善也。〔孟子・萬章上〕「瞽瞍亦允丨」焦正義引江聲。○丨，宜訓善。〔詩・閟宮〕「萬民是丨」通釋。○丨本有善義。〔詩・烝民〕「邦國丨否」通釋。○〔說文定聲・卷九〕丨，叚借為順，為善，善、順、丨一聲之轉。〔釋詁〕「丨，善也」。○丨，如。〔墨子・經上〕「所丨而然也」閒詁引張惠言。○丨，如也。〔墨子・經下〕「多而丨少」閒詁引張惠言。又〔墨子〕「人與」雜志。又〔廣韻・藥部〕。○丨，猶如也。〔通鑑・周紀四〕「不丨」音注。○丨與如同義。〔左傳宣公一七年〕「吾丨善逆彼」疏證引俞樾。○丨、如古通用。〔釋言〕「猷，丨也」郝疏。○丨通作如。〔釋言〕「丨，順也」郝疏。○丨、如，聲之轉。〔書・康誥〕注「丨一作如」孫疏。○丨、如音俱近順，假借字也。〔書・堯典〕馬融注「丨為順」孫疏。○丨、如，而俱聲相近。經作丨，亦順也。〔書・康誥〕注「丨一作而」孫疏。○丨，汝也。〔國策・東周策〕「王類欲令丨為之」鮑注。又〔魏策二〕「丨其為梁王代請說君」鮑注。又〔說文〕「侯，春饗所躲侯也」繫傳。又〔廣韻・藥部〕。○丨之上聲即汝也。〔字詁〕○丨，汝，爾也。〔漢書・司馬相如傳〕「僕尚惡聞丨說」補注引宋祁。○丨，女也。〔禮記・祭統〕「予女銘」集解。○丨，及也。〔漢書・郊祀志〕「蓋丨獸為符」補注。又〔天文志〕「其逆入，丨不軌道」補注。又〔張禹傳〕「丨上體不安」補注。又〔郭解傳〕「丨遇郝」補注引沈欽韓。又〔董賢傳〕「丨吏妻子居官寺舍」補注。又〔王莽傳〕「丨江南」補注。○丨訓及。〔漢書・天文志〕「丨曰殺將」補注。○丨，猶及也。〔漢書・景帝紀〕「丨雖文致於法而於人心不厭者」補注。又〔李尋傳〕「丨陛下出令有謬於時者」補注。又〔巴寡婦清傳〕「丨千畝巵茜」補注。又〔賈子・匈奴〕「丨大降者也」平議。又〔楚辭・招魂〕「和酸丨苦」補注。○丨猶及也，至也。〔釋詞・卷七〕○丨，此也。〔墨子・兼愛下〕「即丨其利也」閒詁引戴望。○丨亦此也。〔禮記・曾子問〕「以此丨義也」述聞。又〔論語・公冶長〕「君子哉丨人」述聞。又〔史記〕「此苦言」雜志。又〔管子・山國軌〕「此丨言何謂也」述聞。又〔輕重丁〕「此丨言曷謂也」述聞。又〔墨子・尚賢〕「此丨言之謂也」述聞。又〔荀子・儒效〕「此丨義信乎人矣」述聞。又〔新序・雜事〕「丨義信乎人矣」述聞。○丨亦即此也。〔墨子・節葬下〕「以此丨三聖王」閒詁。○丨亦此也。連言此丨者，古人自有複語耳。〔荀子〕「豫賈」雜志。○丨猶此也。〔公羊傳隱公四年〕「公子翬恐丨其言聞乎桓」陳疏。又〔國策〕「久居丨圍城之中」雜志。又〔漢書〕「畏丨禍戒」雜志。又〔墨子・節用上〕「丨則不難」閒詁引戴望。又〔釋詞・卷七〕。○丨猶此也。單言之則曰丨，連言之則曰丨此。〔公羊傳

定公四年」注「猶曰丨是時可興師矣」陳疏。○丨猶此也，連言之則曰丨此，或曰此丨。〔釋詞・卷七〕○丨與此同義。〔墨子〕「丨處官者」雜志。○丨，如此也。〔孟子・梁惠王上〕「以丨所為」朱注。又〔國策・齊策六〕「聞丨言」鮑注。○丨猶其也。〔釋詞・卷七〕○丨，乃也。〔國語・周語〕「狠田丨蓺」述聞。○丨，猶乃也。〔書・召誥〕「用乂民丨有功」述聞。○丨當訓乃。〔管子・君臣上〕「丨量能而授官」平議。○丨當訓為乃。〔管子・白心〕「丨有適」平議。○丨字當訓乃。〔管子・君臣下〕「丨稽之以衆風，丨任之以社稷之任」平議。○丨猶則也。〔釋詞・卷七〕○古謂丨為即。〔史記〕「是率諸侯」雜志。○丨亦與也。〔書・召誥〕「旅王丨公」述聞。又〔儀禮・鄉飲酒禮〕注「如讀丨今之丨」述聞。○丨猶與也。〔墨子・經説下〕「猶白丨黑也」閒詁。○丨之言同也。〔孟子・滕文公上〕「為丨親其鄰之赤子乎」焦正義。○丨，猶。〔國策・楚策一〕「丨扑一人」鮑注。○丨猶或也。〔漢書・孝成趙皇后傳〕「丨外家也」補注。又〔釋詞・卷七〕。○丨猶當也。〔左傳宣公一七年〕「吾丨善逆彼」平議。○丨，而也。〔釋詞・卷七〕○丨與而聲相近。〔書・召誥〕「越丨來三月」孫疏。○丨、而，語之轉。〔書・金縢〕「予仁丨考」述聞。○丨、而，一聲之轉，皆語詞也。〔廣雅・釋詁四〕「各、而，詞也」疏證。○丨猶然也。〔詩・皇皇者華〕「六轡沃丨」集疏。又〔孟子・梁惠王〕「吾不忍其觳觫丨無罪而就死地也」平議。又〔荀子・不苟〕「民猶丨未從也」集解引王念孫。又〔釋詞・卷七〕。○丨，辝也。〔廣韻・藥部〕○丨，發語辭。〔國策・楚策一〕「丨扑一人」補正。○〔説文定聲・卷九〕丨，段借發聲之詞。〔小爾雅・廣詁〕「丨，汝也」。○丨，詞之惟也。〔釋詞・卷七〕○〔説文定聲・卷九〕丨，段借助語之詞。〔釋言〕「猶丨也」。○丨，猶柰也。〔釋詞・卷七〕○丨即竹丨也。〔説文〕「穌，杷取禾丨也」繫傳。○丨蓀為一草。丨、蓀雙聲也。〔漢書・司馬相如傳〕「葴持丨蓀」補注引李慈銘。○丨即葉也。〔説文〕「穌，把取禾丨也」義證引〔圖經〕。○丨即穛也。〔説文〕「秧，禾丨秧穰也」段注。○丨當為穛。〔説文〕「穌，把取禾丨也」義證。○〔説文定聲・卷九〕丨，段借為叒。〔離騷〕「折丨木」。○丨干者，設數之言也。〔通鑑・唐紀四三〕音注引程大昌。○丨干者，亦不定之詞也。〔釋詞・卷七〕○凡數之不可知而約略舉之或其文太繁而撮舉之者曰丨干。〔漢書・食貨志〕「百加丨干」補注引王鳴盛。○〔説文定聲・卷一〇〕丨柯，猶言丨干，干、柯雙聲。〔匡謬正俗〕「俗謂如許物為丨柯」。〔「柯」下〕○丨何，言不可奈何。〔國策・魏策一〕「蔓蔓丨何」鮑注。○丨夫，發語詞也。〔釋詞・卷七〕○丨夫，轉語詞也。〔同上〕○丨乃，亦轉語詞也。〔同上〕○丨而者，不定之詞也。〔同上〕○灰野之山有樹，青葉赤華，名曰丨木。〔離騷〕「折丨木以拂日兮」補注引〔山海經〕。○丨英，即丨木也。〔文選・離騷〕「折丨木以拂日兮」集釋。○丨石聲相近，故丨榴又謂之石榴。〔廣雅・釋木〕「楉榴，柰也」疏證。○匈奴謂孝為丨鞮。〔漢書・匈奴傳〕「為復株絫丨鞮單于」補注引齊召南。○丨光丨滅，猶乍明乍暗。〔漢書・揚雄傳〕「丨光丨滅者」補注。○丨化，本多作其化。〔呂覽・懷寵〕「而民服丨化」校正。○丨，或作箬。〔説文〕「穌，把取禾丨也」義證引〔圖經〕。○丨，〔説苑〕作苦。〔呂覽・知度〕「丨夏至之日而欲夜之長也」校正。○丨，〔史記〕〔文選〕作苦，亦當作苦。〔漢書・賈誼傳〕「嗟丨先生」補注。○丨，鉉本及唐石經皆作苦。〔説文〕「雉，春秋傳有公子丨雉」段注。

縛　丨，束也。〔説文〕「臾，束丨捽抴為臾曳」段注。○丨者，束也。〔説文〕「輹，車軸丨也」段注。○丨，繫也。〔廣韻・藥部〕又〔慧琳音義・卷一〕引〔考聲〕。○丨為卷。〔左傳襄公二五年〕「閭丘嬰以帷丨其妻而載之」洪詁引杜氏。○〔説文定聲・卷九〕丨謂輔著，謂迫笮。〔釋名・釋言語〕「丨，薄也，使相薄著也」。○所以丨之之物亦曰丨。〔説文〕「丨，束也」段注。○丨即今所謂鉤心也。〔説文〕「輹，車軸丨也」義證引〔急就篇〕顏注。○丨，在車下主丨軸令輿相連，即今所謂鉤心也。〔説文〕「轉，車下索也」義證引〔急就篇〕顏注。○丨殺，亦曰絞。〔説文〕「摎，丨殺也」段注。○丨殺，若今以一繩勒死。〔説文〕「閿，經繆殺也」段注。○丨即縛字。〔國策〕「以與申丨」札記。

酌　丨，丨酒。〔廣韻・藥部〕○丨，丨酒也。〔孟子・告子上〕「丨則誰先」朱注。○丨者，盛酒行觴也。〔説文〕「妁，丨也」段注。○丨猶斟也。〔左傳僖公四年〕疏證。○丨，挹也。〔廣韻・藥部〕○丨，行也。〔同上〕○丨，益也。〔同上〕○丨，取也。〔同上〕○此丨即〔梓人〕之勺，勺以丨酒則亦通謂之丨。〔周禮・酒正〕「皆有丨數」孫正義。○丨、勺、汋並字異而義同。〔楚辭・招魂〕「華丨既陳」。○丨，勺之段借字。〔墨子・節用中〕「斗以丨」閒詁。○丨者，勺之段借。〔詩・行葦〕「丨以大斗」陳疏。○丨、汋，古今字耳。〔左傳宣公一二年〕「汋曰於鑠王師」洪詁。

託　丨，寄也。〔孟子・梁惠王下〕「王之臣有丨其妻子於其友」朱注。又〔廣韻・鐸部〕。○丨者，寄也。〔説文・敘〕「依聲丨事」段注。○凡寄為丨。〔孟子・萬章下〕「士之不丨諸侯」焦正義。○丨，依也。〔大戴・哀公問五義〕「不能選賢人善士而丨其身焉」王詁。○丨謂丨者，古人自有仕與丨之兩途，凡丨於諸侯者君必有以養之。〔韓子・外儲説左上〕「晉國之辭仕丨者國之錘」集解引俞樾。○丨與侂同。〔説文〕「丨，寄也」句讀。○丨與侂音義皆同。〔同上〕段注。○丨侂古通用。〔方言二〕「凡寄為丨」疏證。○〔説文定聲・卷九〕丨，段借為侂。〔論語〕「可以丨六尺之孤」。○丨當為侂。〔説文〕「寄，丨也」義證。○丨當作侂。〔説文〕「宅，所丨也」義證。○丨者，橐之假借字。〔説文〕「韇，一曰盛虜頭橐也」段注。○丨，南監本、閩本並作脱。〔漢書・尹翁歸傳〕「無有遺丨」補注引錢大昭。

削　〔説文定聲・卷七〕丨，刀室。〔説文〕「丨，鞞也」。○凡刀劍室通謂之丨，字或作鞘。〔廣雅・釋器〕「帢，劒丨也」疏證。○丨，刀之匣也。〔説文〕「丨，鞞也」繫傳。○丨，所以貯刀劍刃。〔同上〕義證引〔玉篇〕。○丨者，刀鞞也，俗作鞘。〔説文〕「鏢，刀丨末銅也」段注。○丨亦作鞘。〔方言九〕

「劍｜自河而北燕趙之閒謂之室」疏證。○｜、鞘，古今字。〔説文〕「鞞，刀室也」段注。○｜，今字作鞘。〔説文〕「｜，鞞也」段注。○｜，刻｜。〔廣韻・藥部〕○斷與｜義相近。〔廣雅・釋詁三〕「劃，｜也」疏證。○｜猶殺也。〔釋器〕「裳｜幅謂之襆」郝疏。○｜，侵也，奪也。〔通鑑・周紀五〕「今縱君家而不奉公則法｜」音注。○〔義府・卷下〕｜謂侵｜之也。〔冥通記〕「年内多勞扇｜鬼神」。○｜，地見侵奪也。〔孟子・告子下〕「魯之｜也滋甚」朱注。○｜，｜地也。〔國策・齊策四〕「無其實而喜其名者｜」鮑注。○｜，｜弱也。〔同上〕補正。○書刀謂之｜。〔通雅・書札〕○王畿其内一周方百里者二十謂之｜，亦謂之家，邑大夫之采也。〔説文定聲・卷九〕〔「都」下〕○｜者，縫也。〔荀子〕「補｜」雜志。○〔説文定聲・卷七〕｜，叚借為鄁。〔周禮・太宰〕「家｜之賦」。

鐸

｜，大鈴也，軍法用之。〔廣韻・鐸部〕○｜之制同鈴。〔説文〕「｜，大鈴也」段注。○木｜，金鈴木舌。〔廣韻・鐸部〕○〔説文定聲・卷九〕金口木舌為木｜，所以振文教。〔周禮・小宰〕「徇以木｜」。○〔同上〕金口金舌為金｜，所以奮武事。〔周禮・鼓人〕「以金｜通鼓」。

灼

｜，燒也，炙也。〔廣韻・藥部〕○｜，熱也。〔同上〕○焯與｜亦聲近義同。〔廣雅・釋詁二〕「焯，爇也」疏證。○｜，或通作焯。〔説文〕「｜，炙也」義證。○〔説文定聲・卷七〕｜，叚借為焯。〔射雉賦〕「｜繡頸而衮背」。○凡訓｜為明者，皆由經傳叚｜為焯。〔説文〕「｜，炙也」段注。○醫書以艾炙體謂之壯，壯者，｜之轉語。〔説文定聲・卷七〕○｜，痛也，謂憂懼也。〔慧琳音義・卷四四〕○｜與灼通。〔方言一二〕「灼，痛也」箋疏。又〔廣雅・釋詁二〕「灼，驚也」疏證。○｜亦作灼。〔方言一三〕「｜，驚也」疏證。○〔説文定聲・卷七〕｜，叚借發聲之詞。〔方言一三〕「｜，驚也」。○｜｜，明也。〔詩・桃夭〕「｜｜其華」集疏引魯韓説。○｜｜，華之盛也。〔同上〕朱傳。

鑿

｜，穿｜也。〔大戴・哀公問五義〕「五｜為政」王詁。○〔説文定聲・卷七〕凡開之皆曰｜。〔公羊傳成公一三年〕「公｜行也」。○凡穿物為空亦謂之｜。〔考工記〕「凡輻量其｜深以為輻廣」孫正義。○〔説文定聲・卷七〕所穿之孔即曰｜。〔考工記〕「量其｜深」。○〔同上〕凡竅亦曰｜。〔荀子・哀公〕「五｜為正」。○｜猶隧也，｜隧聲相近。〔漢書・劉向傳〕「羊入其｜」補注引錢大昕。○｜謂轂牙受菑蚤之空。〔考工記〕「凡輻量其｜深」孫正義。○｜，鏨也。〔廣韻・鐸部〕○〔説文定聲・卷七〕所以穿之具即曰｜。〔漢書・刑法志〕「其次用鑽｜」。○｜，舂也。〔左傳桓公二年〕「粢食不｜」疏證引〔禮部韻略〕引〔字林〕。○〔説文定聲・卷七〕｜，叚借為糳。〔左傳桓公二年〕「粢食不｜」。○經傳多叚｜為糳。〔説文〕「糳米，糲米一斛舂為八斗曰糳」段注。○｜，讀為糳。〔詩・揚之水〕「白石｜｜」陳疏。○｜，〔玉篇〕引作糳。〔左傳桓公二年〕「粢食不｜」疏證引校勘記。○｜為毀，古字假借。〔同上〕洪詁。○｜，〔淮南・主術訓〕作毀。〔同上〕疏證引校勘記。○｜空，掠虛也，唐詩謂空中行。〔通雅・音義襍論〕○〔通雅・卷四〕｜空，猶弄空也。〔漢書・張騫傳〕「然騫｜空」。○〔同上〕｜行，謂生事也。〔公羊傳〕「公｜行也」。○｜｜，巉巖貌。〔詩・揚之水〕「白石｜｜」朱傳。○｜｜，鮮明貌。〔同上〕後箋。○｜｜猶言齒齒也。凡有｜可枘之處與齟齬之狀皆名為齒。〔通雅・釋詁〕○｜落者，錯落也。〔同上〕○｜契，箕也。〔文選・典引〕「如室斯構而去其｜契」集釋引五臣注。○｜首，柄也。〔説文〕「梂，櫟實一曰｜首」繫傳。○｜，通作笮。〔説文〕「｜，穿木也」義證。

𣫞

｜，穿｜。〔廣韻・鐸部〕

卻

｜，退也。〔大戴・保傅〕「則未有異於｜走而求及於前人也」王詁。又〔説文定聲・卷九〕。又〔廣韻・藥部〕。又〔集韻・藥部〕。○舊校云｜一作退。〔呂覽・離俗〕「｜而去」校正。又〔權勳〕「擊金而｜之」校正。○｜，不受而還之也。〔孟子・萬章下〕「｜之｜之為不恭」朱注。○｜與推同義。〔廣雅・釋詁三〕「斥，推也」疏證。○｜屋者，謂開拓其屋使廣也。〔説文〕「庍，｜屋也」段注。○｜，仰也。〔儀禮・鄉飲酒禮〕「右手取肺｜」胡正義引李如圭。○｜，節欲也。〔集韻・藥部〕○｜，節也。〔廣韻・藥部〕○｜與隙通。〔列子・黄帝〕「其神無隙」平議。○〔説文定聲・卷九〕｜，叚借為隙。〔莊子・知北遊〕「若白駒之過｜」。○｜同却，縮也。〔儀禮・鄉飲酒禮〕「右手取肺｜」胡正義引吳廷華。○｜，俗作却。〔説文〕「｜，卩｜也」段注。○〔説文定聲・卷九〕｜，字亦作郤。〔呂覽・任地〕「使其民而郤之」。○｜，〔字書〕作卭。盧文弨曰今〔説文〕〔廣雅〕卭作迟。〔莊子・人間世〕「吾行｜曲」集釋。

却

｜，俗卻。〔廣韻・藥部〕○｜字作卻。〔漢書・諸葛豐傳〕「然後｜就斧鉞之誅」補注引宋祁。○｜猶退。〔國策・西周策〕「｜秦而定周也」鮑注。○｜，官本作劫。〔漢書・文帝紀〕「皇太后固要上」補注。

絡

｜，｜絲。〔廣韻・鐸部〕○｜即今之生䌳也。〔説文〕「䌳，粗緒也」義證引〔急就篇〕顔注。○繇、｜義與生絲並相近。〔廣雅・釋器〕「繇、｜，綃也」疏證。○｜，所以轉篗｜車也。〔説文〕「篗，收絲者也」義證引〔玉篇〕。○〔説文定聲・卷九〕｜，纏束之意。〔説文〕「｜，絮也」。○｜之言聯｜也。〔方言五〕「繘或謂之｜」箋疏。○｜與笿通。〔廣雅・釋詁三〕「笿，束也」疏證。○〔説文定聲・卷九〕｜，叚借為笿。〔西都賦〕「籠山｜野」。○汪本｜作落，古｜、落通。〔漢書・藝文志〕「原人血脈經｜」補注引朱一新。○｜，漢人多假落為之。〔説文〕「｜，絮也」段注。○〔説文定聲・卷九〕｜，叚借為露。〔淮南・覽冥〕「黄雲｜」。○｜絲，柎也。〔説文〕「檷，｜絲檷」繫傳。○｜緹，長翁鞾。〔通雅・衣服〕○今胡人履連脛謂之｜鞮。〔説文〕「鞀，鞀角，鞮屬也」繫傳。○今江南收絲，似小攪車，中有柄，聽絲旋其外，而中軸自轉，總曰｜子。〔通雅・襍用〕○〔説文定聲・卷九〕｜，字亦作繄。〔廣雅・釋詁二〕「繄，絣也」。○｜當為輅。〔説文〕「勒，馬頭｜銜也」義證。○官本｜作駱。〔漢書・刑法志〕「是猶

以轢而御騂突」補注。

鵲　—，即今俗稱喜—。〔詩・鵲巢〕「維—有巢」集疏。○—，古文作舄，—鳴唶唶，故謂之—。〔本草・卷四九〕○舄、䧿並與—同。〔廣雅・釋鳥〕「䧿鵲，䧿也」疏證。○宋有駿犬曰—。〔說文〕「猲，犬猲猲不附人也」義證引〔博物志〕。

度　—，—量也。〔廣韻・鐸部〕○—，計量也。〔大戴・五帝德〕「—四方」王詁。○—，揆—也。〔大戴・小辨〕「內恕外—曰知外」王詁。○—，意—也。〔大戴・五帝德〕「三王用—」王詁。○—謂忖—。〔說文〕「儀，—也」義證。○—之謂揣—之。〔漢書・曹參傳〕「—之欲有言」補注。○—，測。〔詩・抑〕「思不可—」朱傳。○—，謀。〔文選・西都賦〕「—宏規而大起」補正。○—，謀也。〔詩・皇矣〕「爰究爰—」朱傳。○—猶謀也。〔詩・皇皇者華〕「周爰咨—」朱傳。○—猶在也。〔左傳昭公二四年〕「同德—義」平議。○—，投土於版也。〔詩・緜〕「—之薨薨」朱傳。○〔說文定聲・卷九〕—，叚借為投。投—雙聲。〔韓詩章句〕「—，填也」。○—者，剫之省借，與斷義近。〔詩・閟宮〕「是斷是—」通釋。○—與剫通。〔廣雅・釋詁一〕「剫，分也」疏證引邵氏二雲。○〔說文定聲・卷九〕—，叚借為剫。〔左傳隱公一一年〕「山有木，工則—之」。○—即宅。〔說文〕「宅，所託也」義證。○宅、—同。〔方言三〕「—，凥也」疏證。○宅—，古同聲通用。〔詩・皇矣〕「爰究爰—」通釋。○城邑之居古音宅讀如—，故宅—古多通。〔方言三〕「—，凥也」疏證。○〔說文定聲・卷九〕—，叚借為宅。〔小爾雅・廣言〕「—，居也」。○—當作庑，即宅也。〔史記・夏本紀〕「三危既—」志疑。○古文宅與—皆作庑。〔五帝紀〕「五流有—」志疑。○—、愎、宅、咤並聲近而義同。〔廣雅・釋言〕「愎，恣也」疏證。○—與塽通。〔詩・緜〕「—之薨薨」通釋。

諾　—，應聲。〔公羊傳僖公元年〕注「—已皆自畢語」陳疏引孔廣森。○—，應聲也。〔通鑑・周紀二〕「千人之——」音注。○—，人應聲也。〔通鑑・周紀四〕「刑賞已—信於天下矣」音注。○—，應辭。〔詩・閟宮〕「莫敢不—」朱傳。○—，應辭也。〔論語・述而〕「子貢曰—」朱注。又〔孟子・梁惠王下〕「公曰—」朱注。○〔說文定聲・卷九〕—，應詞也。緩應曰—，疾應曰唯。〔說文〕「—，𧫧也」。○—，相然許之辭。〔大戴・保傅〕「應羣臣左右不知已—之正」王詁。○—皋，太陰神也。〔通雅・姓名〕○—瞿陀，梵語，或云尼俱陀，樹名。〔慧琳音義・卷四〕○喏即—也。〔通雅・疑始〕

萼　—，花—。〔廣韻・鐸部〕○—，華跗，或從噩，通作鄂。〔集韻・鐸部〕

橐　—，無底囊。〔廣韻・鐸部〕○—，無底袋也。〔漢書・揚雄傳〕「扶服入—」補注引宋祁。○無底曰—。〔說文〕「—，囊也」繫傳。○無底曰—，有底曰囊。〔詩・公劉〕「于—于囊」朱傳。○有底曰囊，無底曰—。〔漢書・陸賈傳〕「賜賈—中裝直千金」補注引周壽昌。又〔說文〕「—，囊也」義證引〔白帖〕。又〔慧琳音義・卷三〕引〔集訓〕。○〔說文定聲・卷九〕小而有底曰—，大而無底者曰囊。〔詩・公劉〕「于—于囊」。○無底曰—，有底曰囊，皆所以盛餱糧也。〔孟子・梁惠王下〕「于—于囊」朱注。○—與囊對文則異，散文則通。〔廣雅・釋器〕「—，囊也」疏證。○—，囊之無底者。〔詩・公劉〕「于—于囊」集疏引陳喬樅。○—謂囊之無當者。〔左傳宣公二年〕「寘諸—以與之」疏證引〔欽定春秋左傳讀本〕。○—，小囊也。〔慧琳音義・卷四七〕引〔集訓〕。○—，今纏腰下者。〔說文〕「—，囊也」繫傳。○〔說文定聲・卷五〕—，盛水器。〔莊子・天下〕「禹親自操—耜」。〔相下〕○—，以舉火攻城之具。〔墨子・節用上〕「有與侵就偓—」閒詁。○—者，橐之假借字。〔詩・斯干〕「椓之——」陳疏。○—，魯作橐。〔同上〕集疏。○—、柝並與欜通。〔廣雅・釋訓〕「欜欜，聲也」疏證。○—即沰之假借。〔說文〕「涿，流下滴也」段注。○〔說文定聲・卷九〕—，叚借為蠹。〔管子・地員〕「—土蟲易全處」。○——，杵聲也。〔詩・斯干〕「椓之——」朱傳。○——，椓木聲。〔同上〕通釋。○—籥，鑄冶者所以用吹火使炎熾也。〔慧琳音義・卷五一〕引顧野王。○—它或作駱駝。〔說文〕「佗，負何也」義證。○—駝，駝能負囊—，故名，方音譌為駱駝也。〔本草・卷五〇〕○—皋之音拓姑。〔通雅・疑始〕「九江郡有—皋縣」。○項—亦作項託。〔漢書・古今人表〕「達巷黨人」補注。

漠　—，沙—。〔廣韻・鐸部〕○—亦清也。〔莊子・知北遊〕「—而清乎」集釋。○—，清貌。〔釋言〕「—，清也」鄭注。○—為靜之清。〔同上〕郝疏。○—，安靜也。〔慧琳音義・卷七八〕引顧野王。○—，泊也。〔文選・時興〕「恬然存元—」李善注引〔廣雅〕。○〔說文定聲・卷九〕—亦即嘆字。〔荀子・解蔽〕「聽——而以為哅哅」。○〔同上〕—，叚借為嘆。〔漢書・馮奉世傳〕「元成等—然」。○—，怕也。〔廣雅・釋詁四〕○〔說文定聲・卷九〕—，叚借為怕。〔淮南・俶真〕「時既者其神—」。○—，施也。〔廣韻・鐸部〕○—，茂也。〔同上〕○—、謨互通。〔釋詁〕「—，謀也」郝疏。○〔說文定聲・卷九〕—，叚借為謨。〔釋詁〕「—，謀也」。○—，通作莫。〔釋詁〕「—，謀也」鄭注。○—者，莫之叚音也。〔同上〕郝疏。○—，或借莫字。〔說文〕「—，北方流沙也」義證。○—、慔、莫並通。〔墨子・非儒下〕「恬—待問」閒詁。○〔說文定聲・卷九〕—，叚借為慕。〔淮南・原道〕「—睧於勢利」。○〔同上〕—，叚借為瘼。〔史記・扁鵲傳〕「爪幕」索隱「—，病也」。○—，或作幕字。〔說文〕「—，北方流沙也」義證。

鑰　—，關—。〔廣韻・藥部〕○—，本作䦱，通作籥。〔方言五〕「户—，自關而西謂之—」箋疏。○—亦通作籥。〔同上〕疏證。

䦱　—，門—。〔廣韻・藥部〕○—者，以直木上貫關，下插地者也。古無鎖鑰字，凡鍵具皆用木，不用金。〔說文定聲・卷七〕○—，固關，令不可開。〔說文〕「—，關下牡也」義證引〔玉篇〕。○—，今之鎖牡也。〔同上〕義證引趙宧光。○—，〔釋典〕謂之户鉤。〔同上〕○—，鍵也。〔慧琳音義・卷一三〕引〔考聲〕。○—牡，一物也。〔說文〕「摽，一曰挈—牡也」段注。○—，今人作鑰也。〔說文〕「—，關下牡也」繫傳。○—，通作鑰。〔同上〕義證。

○丨，字或作錀，又作籥。〔廣雅·釋宮〕「投謂之丨」疏證。○丨，又通作籥。〔說文〕「丨，關下牡也」義證。○〔說文定聲·卷七〕丨，以籥為之。〔禮記·月令〕「慎管籥」。

著 丨，服衣於身。〔廣韻·藥部〕○丨，附也。（同上）○丨，相附丨也。〔慧琳音義·卷九〕○丨，在也。〔太素·藏府气液〕「脾藏有常丨土之精也」楊注。○丨，立也，成也。〔慧琳音義·卷一〇〕○丨，亦與褚同。〔儀禮·士喪禮〕「丨組繫」述聞。○褚與丨古字通。〔既夕禮〕「茵丨用茶」述聞。○丨，讀為褚。（同上）○丨，或作儲，作擆。〔慧琳音義·卷三〕

虐 丨言虎反足以爪人也。〔說文〕「丨，殘也」繫傳。○丨，酷丨。〔廣韻·藥部〕○丨謂殘酷不仁。〔論語·堯曰〕「不教而殺謂之丨」朱注。○丨即殺也。〔說文〕「弒，臣殺君也」義證。○丨為殺也。〔左傳宣公一五年〕「丨我伯姬」洪詁。○丨殺義相同也。〔書·呂刑〕注「丨一作殺」孫疏。○古音以殺為丨。〔釋言〕「獵，丨也」邵正義。○丨，災也。〔慧琳音義·卷二三〕引〔玉篇〕。○丨謂戲謔之甚。〔詩·淇奧〕「不為丨矣」通釋。○丨之言謔也。〔詩·抑〕「覆用為丨」通釋。○丨讀為謔。（同上）平議。○丨與謔聲相近。〔書·皋陶謨〕「傲丨是作」孫疏。○丨，李善〔魏都賦〕注引此作害。〔左傳宣公一八年〕「自內丨其君曰弒」洪詁。○官本丨作瘧。〔漢書·五行志〕「鄭伯弒死」補注。

掠 丨，奪取。〔國策·中山策〕「丨於郊野」鮑注。○抄丨，刼人財物。〔廣韻·藥部〕○丨，拷擊也，强取也。〔慧琳音義·卷一五〕引〔考聲〕。○丨，略取也，謂强奪取也。〔慧琳音義·卷九〕○丨，搒也，笞也。〔慧琳音義·卷一五〕引〔正字辯〕。○〔聲類〕丨作剠。〔左傳襄公二一年〕「周西鄙丨之」洪詁。

穫 丨，刈也。〔廣韻·鐸部〕○刈取曰丨。〔說文〕「丨，刈穀也」義證引〔急就篇〕顔注。○草曰刈，穀曰丨。〔慧琳音義·卷一〇〕○丨，刈稻也。〔通鑑·唐紀六六〕「收其所丨以食軍」音注。○丨，艾也。〔詩·大東〕「無浸丨薪」朱傳。○〔說文定聲·卷九〕丨謂獲也。〔呂覽·審時〕「稼就而不丨」。○丨，禾之早者可丨也。〔詩·七月〕「八月其丨」朱傳。○布穀，轉而為丨穀。〔方言八〕「布穀」箋疏。○丨，魯丨作穫。〔詩·大東〕「薪是丨薪」集疏。○丨，魯作護。〔詩·六月〕「整居焦丨」集疏。

泊 丨又為停泊。〔說文〕「洦，淺水也」段注。○今謂舟止於岸曰丨。〔慧琳音義·卷一三〕引顧野王。○丨，止也。〔楚辭·九辯〕「丨莽莽與壄草同死」補注。又〔廣韻·鐸部〕。又〔集韻·鐸部〕。○丨，又以為憺怕字。〔說文〕「洦，淺水也」段注。○丨與怕通。〔廣雅·釋詁四〕「怕，静也」疏證。○水白曰丨。〔通鑑·唐紀一八〕「留老弱於瓠蘆丨」音注。○丨，水白皃。〔集韻·鐸部〕○丨亦為厚薄字。〔說文〕「洦，淺水也」段注。○丨當為洦。〔說文〕「狛，甯嚴讀之若淺丨」義證。○丨，官本、南監本作洎。〔漢書·王莽傳〕「及北狄胡虜逆輿丨南僰虜若豆、孟遷」補注。

搏 丨，索持也。〔說文〕「瀛，丨魚也」段注。○丨，擊也。〔孟子·告子上〕「丨而躍之」朱注。又〔國策·燕策三〕「以手共丨之」鮑注。又〔廣韻·鐸部〕。○丨，擊取也。〔大戴·易本命〕「好竭水丨魚」王詁。○丨，手擊。〔廣韻·鐸部〕○手執曰丨。〔孟子·盡心下〕「善丨虎」朱注。○丨，撮也，持也。〔慧琳音義·卷七九〕引〔考聲〕。○丨，相得也。〔太素·陰陽合〕「丨而勿傳」楊注。○丨，至也。〔慧琳音義·卷七九〕引〔考聲〕。○丨亦為今之附近字。〔說文〕「丨，一曰至也」段注。○〔說文定聲·卷九〕丨，叚借為迫，讀如〔詩〕亦傅于天之傅。〔說文〕「丨，一曰至也」。○（同上）丨，叚借為輔，或為迫。〔釋名·釋牀帳〕「丨壁，以席丨著壁也」。○古經丨訓拍者，字之叚借。〔說文〕「拍，拊也」段注。○〔說文定聲·卷九〕丨，叚借為拍。〔書·益稷〕「丨拊琴瑟」。○丨，拍字之叚借。〔說文〕「丨，索持也」段注。○丨、拍、拍並聲近義同。〔廣雅·釋詁三〕「拍，拍，擊也」疏證。○〔說文定聲·卷九〕丨，叚借為鼓。〔左傳昭公一七年〕注「水穴合而相丨」。○丨，叚借為鋪。〔說文定聲·卷九〕○（同上）丨，叚借為敷。〔禮記·月令〕注「鳩，丨穀也」。○（同上）丨，叚借為捕。〔左傳莊公一一年〕「公右顓孫生丨之」。○丨，舊作捕。〔說文〕「瀛，丨魚也」段注。○丨與縛通，縛薄聲之轉。〔方言一三〕「約，薄也」箋疏。○〔說文定聲·卷九〕丨，叚借為髆。〔西山經〕「東望恒山有窮鬼居之，各在一丨」。○丨，義亦與膊同。〔廣雅·釋親〕「胉，脅也」疏證。○〔說文定聲·卷九〕丨，叚借為膊。〔周禮·掌戮〕「掌斬殺諜賊而丨之」。○丨、暴古音相近。〔釋訓〕「暴虎，徒丨也」郝疏。○丨，當為博。〔漢書·宣曲任氏傳〕「又況掘冢丨掩」補注。又〔管子·幼官〕「九本丨大」義證引王念孫。○丨膺，自槌胸。〔左傳成公一〇年〕「丨膺而踊」疏證引讀本。○石鼓文丨首即薄狩也。〔詩·車攻〕「丨獸于敖」通釋。○〔通雅·卷五〕丨撠，揭持也。〔孫臏傳〕「救鬭者不丨撠」。○丨杖即扶杖也。〔呂覽·異用〕「丨杖而揖之」平議。○丨拊，或謂之拊丨，或謂之拊，其實一也。〔廣雅·釋樂〕「丨拊，鼓名」疏證。○〔說文定聲·卷九〕丨勞，猶駁犖，爆爍也。〔禮記·月令〕注「丨勞」。

籥 丨謂編竹以習書。〔說文〕「丨，書僮竹笘也」繫傳。○〔說文定聲·卷七〕丨亦謂之觚，用版以白墡染之，可屢拭屢書者，其拭之之布曰幡。〔廣雅·釋器〕「丨，觚也」。○丨者，簡屬。〔書·金縢〕「啟丨見書」述聞。○丨者，竹觚。（同上）孫疏。○關西以書篇為書丨。〔說文〕「丨，書僮竹笘也」義證引〔纂文〕。○丨，樂器。〔廣韻·藥部〕○丨，樂器也。〔孟子·梁惠王下〕「管丨之音」朱注。○丨者，樂器，竹管，三孔，所以和衆聲也。〔詩·鼓鐘〕「以丨不僭」集疏。○丨，如笛而六孔，或曰三孔。〔詩·簡兮〕「左手執丨」朱傳。○丨，如笛，三孔，舞者所吹也。（同上）集疏。○丨，管也。〔大戴·五帝德〕「以歌丨舞」王詁。○丨，丨舞也。〔詩·鼓鐘〕「以丨不僭」朱傳。○〔說文定聲·卷七〕丨，所以通風鼓火之管，形如笛龠，此龠字之轉注也。〔老子〕「其猶橐丨乎」。○（同上）丨，叚借為龠。〔禮記·明堂位〕「葦丨伊耆氏之樂也」。○丨者，龠之叚借也。〔釋樂〕「大丨謂之産」郝疏。

○丨，韓作侖。〔詩·簡兮〕「左手執丨」集疏。○丨同鑰。〔墨子·號令〕「入請丨」閒詁引蘇時學。○丨與鑰同。〔書·金縢〕「啟丨見書」孫疏。○丨即今鑰字。〔說文〕「丨，書僮竹笘也」繫傳。○丨鑰同，關下牡也。〔國策·趙策三〕「魯人投其丨」鮑注。○丨鑰古通也，或亦作闟。〔漢書·廣川惠王傳〕「上丨於后」補注。○丨讀為鑰，鑰即匙也。〔墨子·備穴〕「為之户及闟丨」閒詁。○〔說文定聲·卷七〕丨，段借為闟，今字作鑰。凡鍵閉之具，古祇用木，後世始以銅鍱為之，此闟字之轉注。〔書·金縢〕「啟丨見書」。○丨即闟字之段借。〔說文〕「闟，關下牡也」段注。○丨舞，文舞也。〔詩·賓之初筵〕「丨舞笙鼓」朱傳。

崿 丨，崖也。〔慧琳音義·卷八三〕引〔考聲〕。○丨，崖也，或从噩。〔集韻·鐸部〕○丨，崖丨。〔廣韻·鐸部〕○丨蓋與堮通用。〔文選·西京賦〕「坻丨鱗眗」集釋。

⿱山噩 丨，山峯。〔廣韻·鐸部〕

鍔 丨，劒端。〔廣韻·鐸部〕○丨與咢通。〔廣雅·釋言〕「垠，咢也」疏證。○丨與鄂通。〔文選·西京賦〕「前後無有垠丨」集釋。○鄂，籀文丨。〔廣韻·鐸部〕

藿 丨，豆葉。〔廣韻·鐸部〕○丨，豆葉也。〔荀子·禮論〕「菽丨酒漿」集解引郝懿行。○豆葉曰丨。〔本草·卷一二〕○豆葉名丨。〔說文〕「⿱艹靃，尗之少也」義證引〔名醫别録〕。○丨者，豆之葉也。〔詩·小宛〕「中原有菽」傳「菽，丨也」集疏。○丨，菽之少者。〔國策·韓策一〕「大抵豆飯丨羹」鮑注。又〔慧琳音義·卷一〇〇〕引〔古今正字〕。○丨，豆苗也。〔慧琳音義·卷一〇〇〕引〔考聲〕。○丨猶苗也。〔詩·白駒〕「食我場丨」朱傳。又〔通雅·穀蔬〕。○丨，香草。〔廣韻·鐸部〕

⿱艹靃 〔說文定聲·卷一〇〕丨，尗之嫩葉。〔說文〕「丨，尗之少也」。○丨，艸名。〔集韻·鐸部〕

嚼 丨，噬丨。〔廣韻·藥部〕○肉食曰丨。〔通雅·疑始〕○丨，盡酒也。〔史記·游俠傳〕「使之丨」志疑引徐廣。○爵、丨、釂並字異而義同。〔廣雅·釋詁一〕「釂，盡也」疏證。○丨一作㰁，乃醮之段借。一作釂。〔史記·游俠傳〕「使之丨」志疑引〔說文繫傳〕。○凡推打筋謂之丨。〔周禮·考工記〕「筋欲敝之敝」孫正義。○丨亦謂之茹。〔方言七〕「茹，食也」箋疏。

嗺 丨與嚼同。〔方言七〕「茹，食也」箋疏。又〔廣雅·釋言〕「丨，茹也」疏證。

杓 丨，杯丨。〔廣韻·藥部〕○丨，挹酌器，通作勺。〔集韻·藥部〕○〔說文定聲·卷七〕丨，段借為勺。〔漢書·息夫躬傳〕「將行於杯丨」。○丨當為勺。〔說文〕「料，勺也」義證。○〔說文定聲·卷七〕丨，段借為杓。〔淮南·兵略〕「為人丨者死」。○〔同上〕丨，段借為幖。〔莊子·庚桑楚〕「我其丨之人耶」。

勺 丨，挹取也。〔廣韻·藥部〕○〔說文定聲·卷七〕丨，所以挹者。〔說文〕「丨，料也」。○十撮為丨。〔本草·卷二〕○十抄為一丨。〔說文〕「撮，四圭也」段注引〔孫子筭經〕。○丨與包同意。〔說文定聲·卷七〕○丨亦作杓。〔方言五〕「蠡，瓠丨也」箋疏。○丨俗作杓。〔說文〕「丨，料也」段注。○丨之言酌。〔廣雅·釋器〕「龍、疏、蒲、料，杓也」疏證。○丨、酌古字通。〔廣雅·釋詁一〕「酌，益也」疏證。○丨與酌通。〔說文〕「斟，丨也」段注。○〔說文定聲·卷七〕丨，段借為酌。〔禮記·内則〕「舞丨」。○丨，又通作酌。〔說文〕「丨，挹取也」義證。○丨，〔漢紀〕作酌。〔漢書·禮樂志〕「言能丨先祖之道也」補注引錢大昭。○丨，〔詩〕作酌，〔左傳〕作汋，〔繁露·質文篇〕作礿。〔漢書·禮樂志〕「周公作丨」補注。○丨，周公樂名。〔廣韻·藥部〕○丨，籥也。〔禮記·内則〕「舞丨」集解引熊安生。○〔說文定聲·卷七〕丨，猶灼也。〔思玄賦〕「心丨藥其若湯」。○〔同上〕丨，段借為旳。〔詩·賓之初筵〕「發彼有丨」。○段丨為旳。〔說文〕「旳，明也」段注。○丨藥，亦香草也。〔詩·溱洧〕「贈之以丨藥」朱傳。○丨藥為調和之名。〔同上〕集疏引陳喬樅。○丨藥之言適歷也，適亦調也。〔廣雅·釋草〕「攣夷，芍藥也」疏證。○丨藥之言適歷也，適歷，均調也。均調謂之適歷，聲轉則為丨藥。〔漢書·司馬相如傳〕「丨藥之和具而後御之」補注引王引之。

簙 丨，奕局戲也，謂行棊也。〔說文〕「丨，局戲也」義證引〔玉篇〕。○丨，局戲，六箸十二棊。〔集韻·鐸部〕○六丨，投六箸，行六棊，故為六丨也。〔楚辭·招魂〕「有六丨些」王注。○丨博古通用。〔方言五〕「丨謂之蔽」疏證。○丨通作博。〔說文〕「丨，局戲也」義證。又〔廣雅·釋言〕「兜、專，丨也」疏證。又〔釋器〕「丨箸謂之箭」疏證。○丨，本或作博。〔方言五〕「丨謂之蔽」箋疏。○丨，經典皆作博。〔說文〕「丨，局戲也」句讀。○丨，經傳多假博字。〔同上〕段注。

酪 丨，乳丨。〔廣韻·鐸部〕○丨，醋乳凝成也。〔慧琳音義·卷一三〕○丨，酢酨也。〔禮記·祭義〕「醴丨齊盛」集解。

謔 丨，戲丨。〔廣韻·藥部〕○丨，戲侮也。〔詩·板〕「無然丨丨」朱傳。○丨，戲言也。〔詩·終風〕「丨浪笑敖」朱傳。又〔同上〕集疏。

廓 丨，空也。〔廣韻·鐸部〕又〔太素·知湯藥〕「津液虛丨」楊注。○丨，虛也。〔廣韻·鐸部〕又〔集韻·鐸部〕。○丨，開也。〔同上〕○丨，大也。〔廣韻·鐸部〕○丨亦大也。〔詩·閟宮〕「大啟爾宇」通釋。○丨落，空寂也。〔楚辭·九辯〕「丨落兮羇旅」補注引五臣注。

綽 丨，寬。〔詩·角弓〕「丨丨有裕」朱傳。○丨，寬也。〔廣韻·藥部〕○丨亦為寬。〔書·無逸〕「不寬丨厥心」孫疏。○丨，開大也。〔詩·淇奧〕「寬兮

｜兮」朱傳。○｜｜，寬貌。〔孟子·公孫丑下〕「豈不｜｜然有餘裕哉」朱注。○柔貌亦謂之｜約。〔廣雅·釋詁一〕「婥約，好也」疏證。○｜約，｜與婥通，字或作淖，又作汋。〔同上〕○｜約，一作繛約、淖約。〔通雅·釋詁〕○｜，韓亦作婥。〔詩·淇奧〕「寬兮｜兮」集疏。○｜袖者，大袖衣也。〔慧琳音義·卷三七〕○｜，古本作卓。〔左傳襄公二五年〕「孟公｜」洪詁。○〔釋文〕｜本又作卓，同。〔左傳哀公九年〕「公孟｜辭師于吳」洪詁。○｜約，舒而不縱之意。〔漢書·司馬相如傳〕「便嬛繛約」補注。

繛 ｜，古文綽。〔廣韻·藥部〕○｜，或省作綽。〔漢書·司馬相如傳〕「便嬛｜約」補注。○｜，又通作逴。〔說文〕「｜，緩也」義證。○｜，通作淖。〔同上〕

霍 ｜，鳥飛急疾貌也。〔說文〕「靃，鳥也」義證引〔玉篇〕。○｜，猝急也。〔慧琳音義·卷一七〕引〔考聲〕。○｜，揮｜。〔廣韻·鐸部〕○｜，大貌。〔春秋名字解詁〕「蔡公孫｜字盱」述聞。○｜亦苗之總名。〔通雅·疑始〕○｜與劆亦聲近義同。〔廣雅·釋詁一〕「劆，解也」疏證。○｜與劃亦聲近義同。〔廣雅·釋詁二〕「劃，裂也」疏證。○｜、渙、滑三字一聲之轉。〔荀子·議兵〕「｜焉離耳」集解。○〔說文定聲·卷九〕〔爾雅〕之｜即衡山別名。〔釋山〕「｜山為南嶽」。〔「靃」下〕○〔同上〕〔廣雅〕之｜即天柱山，漢武帝移祀南嶽于此。〔廣雅·釋山〕「天柱謂之｜山」。○〔同上〕〔職方〕之｜即〔禹貢〕岳陽，亦名｜太山。〔周禮·職方氏〕「冀州其山鎮曰｜山」。○｜然，急疾之皃也。〔慧琳音義·卷四三〕○｜然，倐忽急疾之皃，或作靃。〔卷一七〕引顧野王。○｜然猶忽然。〔義府·卷下〕○｜人即〔地理志〕太原郡之葰人。｜、葰古字通。〔左傳襄公一〇年〕「納諸｜人」洪詁。○｜字當作葰。〔漢書·周勃傳〕「降下｜人」補注。

爍 ｜，灼｜。〔廣韻·藥部〕○｜與鑠通。〔廣雅·釋詁三〕「鑠，磨也」疏證。○暴｜，木枝葉缺落皃。通作樂。〔集韻·鐸部〕

鑊 ｜，鼎｜。〔廣韻·鐸部〕○｜，似鼎而無足。〔慧琳音義·卷一四〕引〔考聲〕。○｜，大盆。〔說文定聲·卷九〕○｜字亦作鑵。〔方言五〕「鍑，或謂之｜」箋疏。又〔說文定聲·卷九〕。○｜，字又作鑵。〔說文〕「｜，鑴也」義證。○｜，字又借濩。〔同上〕句讀。○｜，通作濩。〔同上〕義證。

莫 ｜，無也。〔詩·北風〕「｜赤匪狐」陳疏。又〔竹竿〕「遠｜致之」陳疏。又〔廣韻·鐸部〕。○｜即無，無即毋。〔孟子·盡心上〕「｜非命也」焦正義。○｜猶無也。〔漢書·游俠傳〕「｜足言者」補注引蘇輿。○｜，引伸之義為有無之無。〔說文〕「｜，日且冥也」段注。○曼、｜、無，一聲之轉。〔廣雅·釋言〕「曼，｜，無也」疏證。○｜，不也。〔詩·殷其靁〕「｜敢或遑」陳疏。○｜猶勿也。〔詩·行葦〕「｜遠具爾」朱傳。○｜，不肎也。〔論語·里仁〕「無｜也」朱注。○｜，不可也。〔同上〕朱注引謝氏。○｜，疑辭。〔論語·述而〕「｜吾猶人也」朱注。○｜，致疑貌。〔莊子·人間世〕「妄則信之也｜」集釋。○｜者，大也。｜｜者，矜大之容。〔荀子·非十二子〕「｜｜然」集解引郝懿行。○｜，定也。〔詩·巧言〕「聖人｜之」朱傳。又〔皇矣〕「求民之｜」朱傳。又〔廣韻·鐸部〕。○｜，晚。〔詩·蟋蟀〕「歲聿其｜」朱傳。○｜，晚也。〔同上〕集疏引韓說。○｜暮，古今字。〔同上〕陳疏。○｜，今俗作暮。〔說文〕「｜，日且冥也」繫傳。○〔說文定聲·卷九〕茻、｜亦一聲之轉，俗字作暮。〔說文〕「｜，日且冥也，从日在茻中」。○｜、幕同。〔墨子·備城門〕「藉｜長八尺」閒詁引畢沅。○｜，幕也。〔說文〕「繫，一曰惡絮」段注。○｜即幕也。〔史記·廉頗藺相如傳〕「｜府」志疑。○〔說文定聲·卷九〕｜，叚借為幕。〔漢書·李廣傳〕「｜府省文書」。○｜府即幕府。〔釋言〕「幕，暮也」郝疏。○姑｜作姑幕。〔漢書·景武昭宣元成功臣表〕「姑｜」補注。○｜亦模也。〔說文繫傳·通論下〕○｜訓為。〔詩·巧言〕「聖人｜之」通釋。○｜，菜也，似柳葉厚而長，有毛刺，可為羹。〔詩·汾沮洳〕「言采其｜」朱傳。○〔說文定聲·卷九〕｜，即〔爾雅〕之蕵蕪，似羊蹄菜而酸，或曰借為蕪。〔詩·汾沮洳〕「言采其｜」。○〔同上〕｜，叚借為漠，為溥。〔左傳〕「狄之廣｜」。○〔同上〕｜，叚借為謨。〔詩·巧言〕「聖人｜之」。○｜即謨之省借。〔詩·巧言〕「聖人｜之」通釋。○｜，魯作漠，齊作謨。〔同上〕集疏。○｜之言慔也。〔廣雅·釋詁一〕「｜，強也」疏證。○〔說文定聲·卷九〕｜，叚借為慔。〔淮南·繆稱〕「猶未之｜與」。○｜與慕亦聲近而義同。〔荀子〕「毅慕焉」雜志。○〔說文定聲·卷九〕｜，叚借為慕。〔論語〕「無｜也」。○〔同上〕｜，叚借為怕。〔詩·板〕「民之｜矣」。○｜讀為瘼。〔詩·板〕「民之｜矣」集疏引朱彬。○｜，魯、齊作瘼。〔詩·皇矣〕「求民之｜」集疏。○｜即嗼之省借。〔同上〕通釋。○〔說文定聲·卷九〕｜，叚借為橅。〔詩·抑〕「｜捫朕舌」。○〔同上〕｜，叚借為敷。〔廣雅·釋詁三〕「｜，布也」。○〔同上〕｜，叚借為貉。〔管子·制分〕「屠牛坦解九牛而刀可以｜鐵」。○〔同上〕｜，叚借為冢。〔荀子·成相〕「悖亂昏｜不終極」。○｜｜，茂也。〔詩·葛覃〕「維葉｜｜」集疏引魯、韓說。○｜｜，茂密貌。〔同上〕朱傳。○｜｜，盛貌。〔詩·旱麓〕「｜｜葛藟」朱傳。○｜｜，茂盛之貌。〔同上〕述聞。○｜｜，本為茂盛之貌。〔詩·葛覃〕「維葉｜｜」後箋。○｜｜猶言萋萋。〔同上〕通釋。○以｜｜為成就之貌，與萋萋同。〔同上〕後箋。○〔通雅·卷九〕｜｜，謂摸摸也。〔易林〕「｜｜輯輯」。○｜絡、孟浪、無慮，皆一聲之轉，皆都凡之意也。〔廣雅·釋訓〕「無慮，都凡也」疏證。○｜｜猶幕幕也。〔釋言〕「幕，暮也」郝疏。○干將、｜邪，皆利刃之貌，故又為劍戟之通稱。〔廣雅·釋器〕「干將、鏌鋣，劍也」疏證。○干將、｜邪，皆連語以狀其鋒刃之利，非人名也。〔同上〕○｜、鄭為同字。〔漢書·古今人表〕「鄭敖子華」補注引梁玉繩。○｜，當為其。〔左傳昭公二四年〕「｜將積聚也」述聞。○｜當作箕。〔漢書·地理志〕「折泉水北至｜入淮」補注。○｜敖，〔淮陰侯傳〕為連敖。〔左傳桓公一一年〕「｜敖患之」疏證引沈欽韓。

鑠 ｜，以火銷金之名。〔孟子·告子上〕「非由外｜我也」朱注。○｜，銷｜。〔廣韻·藥部〕○｜，銷｜也。〔說文〕「｜，銷金也」義證引〔玉篇〕。○｜，

盛。〔詩·酌〕「於丨王師」朱傳。〇丨者，目之美也。〔釋詁〕「丨，美也」郝疏。〇丨、雙，一聲之轉。〔方言二〕「丨，雙也」箋疏。〇太白、熒惑合，去之一尺曰丨。〔漢書·天文志〕「與金合為丨」補注引〔占經〕。〇丨與爍同。〔方言七〕「丨，摩也」箋疏。〇丨通作爍。〔釋詁〕「丨，美也」郝疏。〇〔說文定聲·卷七〕丨，叚借為燿，猶言雙眸炯炯也。〔方言二〕「丨，雙也，驢瞳之子，宋、衛、韓、鄭之間曰丨」。〇丨，通作燿。〔說文〕「丨，銷金也」義證。〇〔說文定聲·卷七〕丨，叚借為灼。〔七發〕「熚丨熱暑」。〇丨皪古通用。〔方言二〕注「言光明也」疏證。〇丨亦作皪。（同上）

籜　丨，竹丨。〔廣韻·鐸部〕〇丨，竹皮。〔集韻·鐸部〕

繳　丨，繒丨。〔廣韻·藥部〕〇丨，綸也。〔說文〕「隿，丨射飛鳥也」義證引〔環濟要略〕。〇丨即綸也。（同上）義證引〔三輔黃圖〕注。〇丨謂矰，射者丨纏也。〔慧琳音義·卷四八〕〇弋以絲繫矢曰丨。〔說文〕「隿，丨射飛鳥也」義證引〔古文苑〕注。〇丨，以繩繫矢而射也。〔孟子·告子上〕「思援弓丨而射之」朱注。〇丨射，縛取也。〔說文〕「隿，丨射飛鳥也」義證引趙宧光。〇丨檄謂丨既射高檄開以網鳥。〔說文〕「檄，丨檄也」義證。〇丨，生絹縷。〔國策·楚策四〕「治其矰丨」鮑注。〇丨，衣丨，衣領中骨。〔廣韻·麥部〕〇丨，衣領中骨，或从衣。〔集韻·麥部〕〇丨與繫同。〔廣雅·釋詁四〕「繫，纏也」疏證。〇〔說文定聲·卷七〕繫所以系繒矢而隿射者。〔說文〕「繫，生絲縷也」。〇繫為生絲縷之名，可用以繫弓弋鳥。〔孟子·告子上〕「思援弓丨而射之」焦正義。

諤　丨，謇丨，直言。〔廣韻·鐸部〕〇丨，謇直也。〔通鑑·周紀三〕「千人之諾諾，不如一士之丨丨」音注。〇丨丨，直言。或作讍。〔集韻·鐸部〕〇丨丨，咢咢，愕愕，並字異而義同。〔廣雅·釋訓〕「丨丨，語也」疏證。〇丨丨，正直之言也。〔慧琳音義·卷八八〕引顧野王。〇丨丨，正直之言皃也。〔卷八三〕引顧野王。〇丨亦警也。或為咢，或作愕。（同上）引〔古今正字〕。

鄂　丨亦驚也。〔漢書〕「連語」雜志。〇丨亦驚也。今人猶曰驚愕曰愕然。〔漢書·霍光傳〕「羣臣皆驚丨失色」補注引王念孫。〇丨，丨然外見之貌。〔詩·常棣〕「丨不韡韡」朱傳。〇丨，魯、韓作萼。（同上）集疏。〇〔說文定聲·卷九〕丨字亦作萼。江淹詩「青松挺秀萼」。〇丨，直言也。〔詩·常棣〕「丨不韡韡」後箋引〔字林〕。〇〔說文定聲·卷九〕丨，叚借為遌。〔漢書·霍光傳〕「羣臣皆驚丨失色」。〇（同上）丨，謂借為屰。〔漢書·霍光傳〕注「凡言丨者，皆謂砠礙不依順也」。〇（同上）丨，叚借為咢。〔長笛賦〕「不占成節丨」。〇（同上）丨，叚借為剻。〔甘泉賦〕「紛披麗其亡丨」。〇〔通雅·卷七〕丨謝即啎謝。〔史記·灌夫傳〕「武安丨謝」。〇丨即邢也。〔史記·殷本紀〕「丨侯」志疑。

亳　丨、薄古字通。〔左傳莊公一二年〕「公子御說奔丨」洪詁。〇丨，叚借為薄，殷湯始居之邑為南丨，又遷西丨。〔說文定聲·卷九〕〇丨，古亦借薄為之。〔說文〕「丨，京兆杜陵亭也」段注。〇丨者，薄假借字。〔書·商書序〕「湯始居丨」孫疏。〇丨當為薄。〔墨子·非命上〕「古者湯封於丨」閒詁引畢沅。〇〔大傳〕丨作薄。〔書·商書序〕「復歸于丨」孫疏。〇丨社，〔公羊〕作蒲社，蒲是薄之訛耳。〔漢書·五行志〕「丨社災」補注引沈欽韓。〇丨人謬忌，〔孝武紀〕作薄誘忌。薄即丨，誘則謬之譌也。〔漢書·郊祀志〕「丨人謬忌奏祠泰一方」補注引朱一新。〇〔說文定聲·卷九〕丨，叚借為宅。〔書·盤庚序〕「將治丨殷」。

恪　丨，敬也。〔詩·那〕「執事有丨」朱傳。又〔廣韻·鐸部〕。〇丨，敬也，禮之如賓客也。〔說文〕「愙，敬也」義證引〔孔叢子·答問〕。〇丨讀為格。〔左傳昭公七年〕「叔父陟丨」述聞。〇丨言，即格言也。〔逸周書·小開武〕「罔有丨言」述聞。〇丨者，愙之或體也。〔釋詁〕「丨，敬也」郝疏。〇丨，〔魏封孔羨碑〕又作愘。〔左傳襄公二五年〕「以備三丨」洪詁。〇悫同丨。〔廣韻·鐸部〕

愙　丨同恪。〔廣韻·鐸部〕〇丨，今字作恪。〔說文〕「丨，敬也」段注。〇丨，今皆作恪。（同上）繫傳。〇丨，俗作恪，亦通。〔慧琳音義·卷七八〕引〔字書〕。〇丨，通作恪，又通作愘。〔釋詁〕「恪，敬也」郝疏。〇丨，〔漢帝堯碑〕、〔魯峻碑〕、〔魏孔羨碑〕並作愘。〔說文〕「丨，敬也」義證。〇〔說文定聲·卷九〕丨，黃帝堯舜後也。〔說文〕「丨，敬也。春秋傳曰以陳備三丨」。〇（同上）丨，叚借為格，實為遐，即嘏。〔左傳昭公七年〕「叔父陟恪」。

攫　丨，搏也。〔大戴·誥志〕「鷙獸忘丨」王詁。又〔廣韻·藥部〕。又〔集韻·藥部〕。〇爪傷曰丨。〔慧琳音義·卷四八〕〇丨，持。〔國策·齊策六〕「猶將丨公孫子之腓而噬之也」鮑注。〇〔通雅·卷七〕丨挐，通作丨搦、捉搦，後轉為妠拿。〔解嘲〕「丨挐者亡」。

⿰國爪　爪持曰丨。〔慧琳音義·卷五〕引〔文字音義〕。

洦　丨，水竭也。〔廣韻·鐸部〕〇丨，猶竭也。〔大戴·誥志〕「深淵不丨」王詁。〇丨，乾也。〔孟子·離婁下〕「其丨也」朱注。〇丨當為涸，〔左傳〕省文作固。〔漢書·五行志〕「金鐵冰滯丨堅」補注引沈欽韓。〇丨，或作沍。〔集韻·鐸部〕

汋　丨者，水自然涌出。〔莊子·田子方〕「夫水之於丨也」集釋。〇丨，瀾丨。〔廣韻·藥部〕〇丨，酌聲類。〔周禮·士師〕「二曰邦丨」孫正義。〇〔說文定聲·卷七〕丨，叚借為酌。〔荀子·禮論〕「韶夏護武丨桓箾簡象」。〇（同上）丨，叚借為勺。〔莊子·田子方〕「夫水之於丨也」。〇酌、勺、丨並字異而義同。〔廣雅·釋樂〕「勺，樂名」疏證。〇〔說文定聲·卷七〕丨，叚借為液。〔釋名·釋形體〕「丨，澤也，有潤澤也」。〇丨，借為液字。〔說文〕「丨，激水聲也」段注。〇〔說文定聲·卷七〕丨，叚借為激。〔周禮·士師〕「一曰邦丨」。〇（同上）丨，叚借為鬻。〔釋天〕注「新菜可丨」。〇丨

約，柔弱貌。〔楚辭・遠遊〕「質銷鑠以—約兮」補注。〇〔楚詞〕—約即〔莊子〕淖約。〔說文〕「—，激水聲也」段注。〇—陂即芍陂也。〔左傳成公一六年〕「敗諸—陂」疏證引周宣武。

彴 —，橫木渡水。〔廣韻・藥部〕〇橫木渡水曰—。〔集韻・藥部〕〇—、榷，聲相近。〔廣雅・釋宮〕「榷、—，獨梁也」疏證。

鬻 —，內肉及菜湯中薄出之。〔廣韻・藥部〕〇—，渫也。〔說文〕「—，內肉及菜湯中薄出之」繫傳。〇—，今俗所謂煠也。（同上）段注。〇—，煮鬻湯中，今俗所謂煠也。〔說文定聲・卷七〕〇—，今字作瀹，亦作汋。〔說文〕「—，內肉及菜湯中薄出之」段注。〇—，今諸書多作瀹。（同上）繫傳。〇〔說文定聲・卷七〕—，以瀹為之。〔漢書・郊祀志〕「不如西鄰之瀹祭」。〇爚、瀹、—並通。〔廣雅・釋詁二〕「湯，爚也」疏證。〇〔說文定聲・卷七〕—，以汋為之。〔釋天〕注「新菜可汋」。

瘧 —，病也。〔廣韻・藥部〕〇—，或寒或熱病。〔說文〕「—，寒熱休作」義證引〔玉篇〕。〇—，寒熱休作之病，言其酷虐也。（同上）義證引〔急就篇〕顏注。〇老—，名瘖—，俗呼妖—。〔說文〕「痎，二日一發—」義證引〔本草〕。〇痁即—省文。〔墨子・經說下〕「若—病之之於痁也」閒詁引畢沅。

爚 —，爚—。〔廣韻・藥部〕〇—，煜爚光明。（同上）〇—，光也。〔說文〕「—，火飛也」義證引〔玉篇〕。〇—，光皃。〔廣韻・藥部〕〇—，電光皃也。〔慧琳音義・卷九九〕引〔字指〕。〇—，或借為燿字。〔說文〕「—，火光也」段注。〇—，或借為鑠字。（同上）〇〔說文定聲・卷七〕—，段借為鑠。〔莊子・胠篋〕「而以—亂天下者也」。〇—，或通作灼。〔說文〕「—，火飛也」義證。〇—、瀹、鬻並通。〔廣雅・釋詁二〕「湯，—也」疏證。〇〔通雅・卷九〕——，猶爍爍灼灼也。〔搜神記〕「異皃眼——」。〇—，或作爍者，俗體也。〔說文〕「—，火光也」段注。

钁 鉏之大者曰—。〔說文〕「—，大鉏也」段注。〇鐯、—並與櫡同。〔廣雅・釋器〕「櫡謂之—」疏證。

鶚 —，鳥名。〔廣韻・鐸部〕〇—，雕屬，或从隹从屰。〔集韻・鐸部〕〇—，狀可愕故謂之—。其視睢健，故謂之睢。能入穴取食，故謂之下窟烏。翱翔水上，扇魚令出，故曰沸波。〔本草・卷四九〕〇—，〔廣雅〕作鸋。〔說文〕「鳶，鷙鳥也」段注。〇—，閩本作鴞。〔漢書・地理志〕「猇，侯國，莽曰利成」補注引錢大昭。

龠 —，樂之竹管，三孔，以和衆聲也。〔詩・簡兮〕「左手執—」集疏引韓說。〇笛與—形相似，故對文則異，散文則通。〔廣雅・釋樂〕「—謂之笛，有七孔」疏證。〇—者，黃鐘律之實也。〔漢書・律歷志〕「其實一—」補注引錢大昕。〇—，量器名。〔廣韻・藥部〕〇—，容一千二百黍。〔說文定聲・卷二〕〔「升」下〕〇—與竹部籥異義，今經傳多用籥字。〔說文〕「—，樂之竹管」段注。〇—，經傳皆以籥為之。〔說文定聲・卷七〕〇—，或作籥。〔廣雅・釋樂〕「—謂之笛，有七孔」疏證。〇—，俗作籥。〔說文〕「—，樂之竹管」義證。

礿 —，祭名。〔廣韻・藥部〕〇宗廟之祭，春曰—。〔通鑑・齊紀一〇〕「時將—祭」音注。〇〔說文定聲・卷七〕周改夏祭曰—。〔禮記・祭統〕「春祭曰禴」。〇—，薄也。〔通鑑・齊紀一〇〕「時將—祭」音注。〇〔說文定聲・卷七〕—，段借為鬻。〔易・既濟〕「不如西鄰之禴祭」。〇—亦作禴。〔說文〕「—，夏祭也」段注。

禴 宗廟之祭，春曰祠，夏曰—，秋曰嘗，冬曰烝。〔詩・天保〕「—祠烝嘗」朱傳。〇—同礿。〔廣韻・藥部〕

郝 —，耕也。〔詩・載芟〕「其耕——」集疏引魯說。〇—即澤字。〔釋訓〕「——，耕也」鄭注。〇—、澤、釋三字音義同。（同上）邵正義。〇〔說文定聲・卷九〕—，段借為赫。〔字林〕「—，赤皃也」。〇（同上）—，或曰借為赤。〔廣雅・釋草〕「—蟬，丹蔘也」。〇—、郤古聲相近，—蟬即郤蟬也。〔廣雅・釋草〕「—蟬，丹蔘也」疏證。

髆 —，胷—。〔廣韻・鐸部〕〇—，胛也。〔慧琳音義・卷一二〕引〔字林〕。〇—或為胛。〔說文〕「—，肩甲也」義證。〇〔說文定聲・卷九〕—，以拍為之。〔周禮・醢人〕「豚拍魚醢」。

屩 —，草履也。〔通鑑・梁紀一〕「躡—徒步」音注。又〔廣韻・藥部〕。〇—，蓋輕便可遠行之履。〔說文〕「—，履也」段注。〇—即今之鞋也。〔說文〕「—，屐也」義證引〔急就篇〕顏注。〇—猶蹻，足高也。（同上）繫傳。〇—作蹻。〔史記索隱〕「異文」雜志。〇—亦作蹻。〔漢書・爰盎傳〕「屐步行七十里」補注。〇—又通作蹻。〔說文〕「—，屐也」義證。〇〔說文定聲・卷七〕—，以蹻為之。〔莊子・天下〕「以跂蹻為服」。〇〔史記・孟嘗君傳〕躡—，〔虞卿傳〕及〔漢書・王褒傳〕作蹻，假借字也。〔說文〕「—，履也」段注。〇—，字或作𩍐。〔說文〕「—，屐也」義證。〇—，又或作鞽。（同上）義證。〇—，字又作𩍐、鞽、蹻。〔說文〕「—，履也」句讀。〇—，或作𩍐，亦从革，通作蹻。〔集韻・藥部〕〇〔說文定聲・卷七〕—即〔左傳〕之扉。〔說文〕「—，草履也」。

駱 白馬黑鬣曰—。〔詩・四牡〕「嘽嘽—馬」朱傳。又〔駉〕「有驛有—」朱傳。又〔廣韻・鐸部〕。〇〔人表〕大—作大雒，蓋古通用，雒亦馬名也。〔史記・秦本紀〕「太几生大—」志疑。〇—，俗名大—城，即北魏大洛城。〔漢書・地理志〕「—」補注引〔紀要〕。〇—田，架田，即葑田也。〔通雅・地輿〕

膜 —，肉—。〔廣韻・鐸部〕〇皮內肉外曰—。〔續音義・卷四〕引〔考聲〕。〇在皮內肉外曰—。〔慧琳音義・卷一二〕引〔字統〕。〇—，肉薄皮也。〔續音義・卷四〕引〔切韻〕。〇〔說文定聲・卷九〕—，段借為摹。〔穆天子傳〕「吾乃—拜而受」。〇（同上）—，段借為漠。〔穆天子傳〕「西—

之所謂鴻鷺」。

粕 丨，糟丨。〔廣韻·鐸部〕○湰糟曰丨也。〔慧琳音義·卷九〕○湰糟曰丨，通作魄。〔集韻·鐸部〕

鏌 丨鋣，劍名。〔廣韻·鐸部〕

霩 丨，雲消皃。〔廣韻·鐸部〕○雲消謂之丨。〔集韻·鐸部〕○〔說文定聲·卷九〕丨，字亦作廓。〔廣雅·釋詁三〕「廓，空也」。○丨，今俗字作廓。〔說文〕「丨，雨止雲罷皃」段注。

飥 丨，餺丨。〔廣韻·鐸部〕○丨，餺丨，餅屬。或作䴲、饠。〔集韻·鐸部〕

遌 心不欲見而見曰丨。〔說文〕「丨，相遇驚也」義證引〔龍龕手鑑〕。又〔廣韻·鐸部〕。○〔說文定聲·卷九〕丨，字又作愕。〔高唐賦〕「卒愕異物」。○丨，俗作愕。〔說文〕「丨，相遇驚也」義證。○丨與迕同。〔同上〕義證引〔玉篇〕。○〔說文定聲·卷九〕丨，字亦作逜。〔管子·心術〕「無形則無所位逜」。○丨，或借噩字。〔說文〕「丨，相遇驚也」義證。○丨，〔天官書〕作俉。〔漢書·天文志〕「與人逢丨」補注。

妁 丨，媒也。〔孟子·滕文公下〕「不待父母之命媒丨之言」朱注。又〔說文定聲·卷七〕。又〔集韻·藥部〕。○丨，媒丨。〔廣韻·藥部〕

礴 丨，盤丨。〔廣韻·鐸部〕○丨，旁丨，混同也。〔集韻·鐸部〕

漷 丨，水名，在魯。〔廣韻·鐸部〕又〔集韻·鐸部〕。○泧丨，水勢相激皃。〔同上〕

濼 丨，水名，在濟南。〔廣韻·鐸部〕又〔集韻·鐸部〕。○丨，陂丨。〔廣韻·鐸部〕○丨，陂丨也。〔說文〕「䨣，雨濡革也」義證引〔玉篇〕。○丨，陂澤。或作𤃞。〔集韻·鐸部〕○凡陂池，山東名為丨。〔說文〕「丨，从水，樂聲」段注引玄應。○丨，大池也。〔慧琳音義·卷一七〕○丨泊，古今字。〔說文〕「丨，从水，樂聲」段注。○丨，幽州呼為淀。〔同上〕段注引玄應。○丨，藥艸，貫衆也，一名貫節，通作丨。〔集韻·藥部〕○丨，貫衆，即鳳尾艸。〔通雅·艸〕○丨即鳳尾艸根。〔釋艸〕「丨，貫衆」鄭注。○丨，艸名，或从艸。〔集韻·藥部〕○〔說文定聲·卷七〕丨，叚借為爍。〔素問·骨空論〕「淫丨脛痠不能久立」。

𤃞 丨，雨也。〔說文〕「䨣，雨濡革也」義證引〔玉篇〕。○丨，同濼。〔廣韻·鐸部〕

襮 黼領謂之丨。〔集韻·鐸部〕○丨，衣領。〔廣韻·鐸部〕○丨，表也。或从糸。〔集韻·鐸部〕○〔通雅·卷三六〕衣外飾曰丨，即謂表也。〔詩〕「素衣失丨」。○〔說文定聲·卷七〕丨，叚借為暴。〔廣雅·釋詁四〕「丨，表也」。

拓 丨，手承物。〔廣韻·鐸部〕○丨，手承物也。〔續音義·卷六〕引〔切韻〕。○丨，手推物，或作𢹲、托。〔集韻·鐸部〕○丨，大也。〔慧琳音義·卷八二〕引〔考聲〕。○丨，恢丨也。〔通鑑·晉紀七〕「性丨落高亮」音注。○丨是落丨，失節皃也。〔慧琳音義·卷五一〕○丨與祏通。〔廣雅·釋詁一〕「祏，大也」疏證。○〔說文定聲·卷九〕丨，叚借為碩。〔廣雅·釋詁一〕「丨，大也」。○〔同上〕丨，叚借為庍。〔小爾雅·廣詁〕「丨，開也」。○丨落者，脫落也，一作跅落。〔通雅·釋詁〕○〔史·表〕丨作柘，柘，沛郡縣。〔漢書·高惠高后文功臣表〕「以卒前二年起丨」補注。

蠖 丨，蚇丨，屈伸蟲名。〔廣韻·鐸部〕○〔說文定聲·卷九〕斥丨，尺丨，皆疊韻連語。〔說文〕「丨，尺丨，屈伸蟲也」。○丨與濩義亦相近。〔廣雅·釋詁三〕「濩，污也」疏證。

鎛 丨，鐘磬上橫木也。〔廣韻·鐸部〕○凡大鐘曰鏞，次曰丨。〔說文定聲·卷一二〕「頌」下〕○丨，田器也。〔廣韻·鐸部〕○田器曰丨。〔說文〕「丨，丨鱗也」段注。○丨，鋤之異名。〔釋器〕「斪斸謂之定」郝疏。○丨，迫也。〔說文〕「丨，丨鱗也」段注。○〔說文定聲·卷九〕丨，叚借為鑮。〔周語〕「細鈞有鍾無丨」。○丨，又通作鑮。〔說文〕「丨，一曰田器」義證。○丨，字或作𦔃。〔同上〕○丨，或作䥞。〔說文〕「丨，丨鱗也」義證。

格 古村落字亦作丨。〔說文定聲·卷九〕引徐廣。○〔說文定聲·卷九〕丨，今謂之籬芭，枝丨相交之意，字亦作落。〔廣雅·釋室〕「落，杝也」。○丨讀曰落，謂草木零落也。〔讀淮南子書後〕引時則篇「夏行冬令丨」雜志。○〔說文定聲·卷九〕丨，叚借為閣。〔小爾雅·廣詁〕「丨，止也」。○借丨為庋閣字。〔說文〕「丨，木長皃」段注。○丨，繩束墻版。〔集韻·鐸部〕○丨乃根之借字。〔管子·地員〕「其木乃丨」平議。○丨亦大也。〔書·西伯戡黎〕「丨人元龜」平議。○丨與恪古字通。〔論語·為政〕「有恥且丨」述聞。○〔說文定聲·卷九〕丨，叚借為愙。〔論語〕「有恥且丨」。○古字丨與嘏通。〔書·呂刑〕「庶有丨命」述聞。○今文丨為嘏。〔同上〕述聞引鄭注。○丨，借字也，嘏，正字也，大福曰嘏。〔儀禮·士冠禮〕注「今文丨為嘏」述聞。○丨讀為嘏，丨命，嘏命也。〔書·呂刑〕「庶有丨命」述聞。○〔通雅·卷一一〕丨澤，妖氣也，音鶴鐸。〔相如賦〕「建丨澤之脩竿」。○丨澤，氣如火狀，黃白色，起地至天，下大上銳。〔通雅·天文〕引張揖。○〔說文定聲·卷九〕丨，叚借為笿。〔周書·作雒〕「復丨藻棁」。○〔同上〕丨，叚借為笿。〔呂覽·過理〕「肉圃為丨」。

笿 丨之言落落然也，古通作落。〔廣雅·釋宮〕「丨，杝也」疏證。

昨 丨，丨日，隔一宵。〔廣韻·鐸部〕○〔說文定聲·卷九〕丨，絫日。〔說文〕「丨，壘日也」。○〔周禮·司尊彝〕叚丨為酬酢字。〔說文〕「丨，絫日也」段注。

柝 丨，行夜所擊木也。〔孟子·萬章下〕「抱關擊丨」朱注。〇丨即是闢。〔同上〕焦正義。〇丨亦榜也。〔説文〕「榜，判也」繫傳。〇土裂曰坼，木判曰丨。〔説文定聲·卷九〕〇土裂曰坼，木判曰丨，今人从手作拆。〔説文〕「丨，判也」段注。〇〔説文定聲·卷九〕丨，叚借為㯳，㯳亦判木為之，餺其中令相擊作聲。〔説文〕引〔易·繫辭傳〕「重門擊榜」。〇丨、㯳字通也。〔孟子·萬章下〕「抱關擊丨」焦正義。〇㯳、丨並與㯳通。〔廣雅·釋訓〕「㯳㯳，聲也」疏證。〇〔説文定聲·卷九〕丨，叚借為庛。〔淮南·原道〕「丨八極」。〇丨，字亦作㡿，俗又作拆。〔説文定聲·卷九〕

㯳 丨，亦行夜所擊者也。〔説文〕「㧑，夜戒守有所擊也」段注。〇丨，經傳亦以柝為之，行夜謂之㧑。〔説文定聲·卷九〕〇丨，今〔周易〕作柝，唯〔周禮〕作此丨字。〔説文〕「丨，夜行所擊者」繫傳。〇丨同榜。〔廣韻·鐸部〕〇丨之言橐也。〔廣雅·釋訓〕「丨丨，聲也」疏證。

酢 丨，酬丨。〔廣韻·鐸部〕〇賓酌主人為丨。〔易·繫辭上傳〕「是故可與酬丨」李疏引九家注。〇凡燕飲酒賓報主人之酒謂之丨。〔周禮·酒正〕「凡王之燕飲酒共其計」孫正義。〇丨，報也。〔詩·楚茨〕「萬壽攸丨」朱傳。又〔瓠葉〕「酌言丨之」朱傳。〇丨為飲食之禮相報也。〔釋詁〕「丨，報也」邵正義。〇先舉為丨。〔易·繫辭上傳〕「是故可與酬丨」李疏引九家注。〇丨本截漿之名。〔説文〕「丨，醶也」段注。〇丨，今之醋字。〔説文〕「菹，丨菜也」段注。〇丨，今字作醋。〔説文〕「醬，讀若江南謂丨母為醬」句讀。〇丨者，今之醋字，酸澀也。〔説文〕「齭，齒傷丨也」段注。〇丨，今作醋，古呼酸為醋，丨菜猶今之酸菜。〔説文〕「菹，丨菜也」句讀。〇丨，俗作醋。〔慧琳音義·卷一四〕〇丨，今俗皆用醋。〔説文〕「丨，醶也」段注。〇凡味酸者皆謂之丨。〔同上〕段注。〇丨，今人以此為酬醋字。〔同上〕繫傳。〇今經典皆以丨為醋。〔詩·瓠葉〕「酌言丨之」集疏。〇〔説文定聲·卷九〕丨，亦曰截，經傳多借為酬醋字，今丨醋二字互譌，如穜種之比。〔説文〕「丨，醶也」。〇〔同上〕丨，叚借為醋。〔釋詁〕「丨，報也」。〇丨，〔説文〕本字作醋，此假借字。〔書·顧命下〕「秉璋以丨」孫疏。〇丨或為作，同聲叚借字也。〔釋詁〕「丨，報也」郝疏。〇丨母，丨糟。〔説文〕「醬，髮皃」繫傳。

臛 丨即無菜之肉。〔儀禮·公食大夫禮〕「膷以東，臐膮」胡正義。〇丨，羹丨。〔廣韻·沃部〕〇丨，〔字書〕作膗，肉羹也。〔楚辭·招魂〕「露鷄丨蠵」補注。〇丨字本作膗，亦作臛。〔廣雅·釋器〕「臛，丨也」疏證。〇丨，俗膗字。〔説文〕「膹，膗也」段注。

醵 丨，合錢飲酒。〔廣韻·藥部〕

蘀 丨，葉落。〔廣韻·鐸部〕〇丨，槁木葉落也。〔詩·七月〕「十月隕丨」後箋引鄭玄。〇丨實為落葉之稱。〔同上〕通釋。〇丨，落也。〔同上〕朱傳。又〔詩·鶴鳴〕「其下維丨」朱傳。〇丨，木槁而將落者也。〔蘀兮〕「丨兮丨兮」朱傳。〇丨兮，蓋將落未落之辭。〔同上〕通釋。〇〔説文定聲·卷九〕

丨，竹皮也。謝靈運詩「初篁苞緑丨」。〇甘棗之山有草焉，葵本而杏葉，黃華而莢實，名曰丨，可以已瞢。〔説文定聲·卷九〕引〔中山經〕。

蹻 丨丨，舉足高。〔廣韻·藥部〕〇丨，舉足行高也，或从力。〔集韻·藥部〕〇丨，舉足也。〔説文〕「丨，舉足行高也」義證引〔三蒼解詁〕。〇〔説文定聲·卷七〕丨，足舉小高，今多以翹為之。〔説文〕「丨，舉足行高也」。〇丨俗與翹通。〔説文〕「丨，舉足行高也」義證。〇丨丨，驕貌。〔詩·板〕「小子丨丨」朱傳。〇丨，走丨丨皃。〔廣韻·藥部〕〇〔説文定聲·卷七〕丨，不平正意。〔方言七〕「丨，踞也」。〇丨，矯通。〔釋訓〕「矯矯，勇也」郝疏。〇丨與蹻通。〔廣雅·釋詁二〕「丨，健也」疏證。〇丨讀為蹻。〔同上〕〇〔説文定聲·卷七〕丨，叚借為屩。〔史記·平原君虞卿傳〕「躡丨擔簦」。〇丨與屩通。〔國策·秦策一〕「贏縢履丨」補注。〇後世屩丨通叚。〔漢書·王褒傳〕「離疏釋丨而享膏粱」補注。〇假丨為約字。〔説文〕「鷮，禮記曰知天文者冠鷮」段注。

斫 丨，刀丨。〔廣韻·藥部〕〇凡丨木、丨地、丨人皆曰丨矣。〔説文〕「丨，擊也」段注。〇丨與裁義相近。〔方言二〕「鉨，斲也」箋疏。〇丨者與斸聲轉義同。〔釋器〕「丨謂之鐯」郝疏。〇丨者，斤也。〔説文〕「鉏，立薅丨也」段注。〇〔説文定聲·卷九〕丨，叚借發聲之詞，今關西語亦然。郤丨，疊韻連語。〔方言一〇〕「揚、越之郊，凡人相侮以為無知，或謂之丨」注「郤丨，頑直之皃」。〇丨，碏丨，不解悟皃。〔集韻·藥部〕〇丨，各本作斫。〔説文〕「蜋，一名丨父」段注。

摸 丨，丨索。〔廣韻·鐸部〕〇丨，摖，捫搎也。〔集韻·鐸部〕又〔通雅·釋詁〕。〇丨，法也。〔慧琳音義·卷三〕引〔字林〕。〇丨與莫通。〔廣雅·釋詁二〕「莫，去也」疏證。〇丨、莫、摸字異義同。〔方言六〕「丨，去也」箋疏。

蠚 丨，螫也。〔通鑑·晉紀一五〕「必縱毒丨以向朝廷」音注。又〔廣韻·鐸部〕。〇丨，蟲行毒。〔廣韻·藥部〕〇丨，螫痛也。〔集韻·藥部〕〇丨，蟲毒。亦作蓋。〔同上〕〇丨、螫蓋本一字。〔説文〕「蓋，螫也」段注。〇丨、蓋、螫並字異而義同。〔廣雅·釋詁二〕「丨、蓋，痛也」疏證。〇丨，〔史記〕作螫。〔漢書·田儋傳〕「丨足則斬足」補注。

蓋 丨，或作蠚，亦作螫。〔集韻·鐸部〕〇丨，或作蛒。〔説文〕「丨，螫也」義證。

貉 丨，北方獸。〔廣韻·陌部〕〇丨形如小狐，毛黃褐色。〔説文〕「貈，似狐，善睡獸」義證引〔本草衍義〕。〇丨，狐狸也。〔詩·七月〕「一之日于丨」朱傳。〇丨與貛同穴各處，故字从各。〔本草·卷五一〕引王安石〔字説〕。〇丨，北方夷狄之國名也。〔孟子·告子下〕「丨道也」朱注。〇丨，蠻丨也。〔説文〕「丨，北方豸穜」義疏引〔玉篇〕。〇丨即蕺丨之類也。〔同上〕義證引〔急就篇〕顏注。〇丨丨，惡皃。〔説文〕「丨，孔子曰丨之言丨丨惡

也」段注。○〔說文定聲·卷九〕丨,叚借為嗼。〔釋詁〕「丨,定也」。○嗼、莫、丨並通,字又作貃。〔廣雅·釋詁四〕「嗼,定也」疏證。○丨貊通。〔釋詁〕「丨,靜也」鄭注。○丨貊音義通。〔釋詁〕「丨,定也」鄭注。○丨,經典作貊。〔說文〕「丨,北方丨,豸種也」段注。○丨,俗作貊。〔說文〕「丨,北方豸種」義證。○丨,通作貊,又通作募,亦作寞。〔釋詁〕「丨,靜也」郝疏。○募、丨、貊、莫、漠、嗼,並字異而義同。〔廣雅·釋詁四〕「募,靜也」疏證。○丨,通作貊,又通作莫。〔釋詁〕「丨,定也」郝疏。○丨,字亦作貃。〔說文定聲·卷九〕○丨,通作莫。〔釋詁〕「丨,定也」邵正義。○丨與莫通,又通作漠。〔釋詁〕「丨,靜也」邵正義。○丨縮,聲轉為莫縮,又轉為摸蘇,又變為落索,又變為莫落,又為幕絡。〔釋詁〕「丨縮,綸也」郝疏。○〔說文定聲·卷九〕丨,叚借為絡。〔釋詁〕「丨,綸也」。○(同上)丨,叚借為貉,實為佫。〔廣雅·釋詁二〕「貉,健也」。○(同上)丨,叚借為禡。〔周禮·肆師〕「祭表丨」。○丨、禡與隅同聲,皆增益之意,故又讀為十百之百也。〔廣雅·釋詁二〕「隅,益也」疏證。○丨,字俗作貉。〔說文〕「丨,北方豸種」義證。○丨,〔說文〕作貈,亦作貉。〔本草·卷五一〕○丨當為貈。〔說文〕「狟,丨之類」義證。○今字乃皆假丨為貈,造貊為丨矣。〔說文〕「貈,似狐」段注。○凡狐丨連文者皆當作此貈字。(同上)○丨,古音鶴也。〔說文〕「丨,北方豸種」繫傳。

臒 丨,丹也。〔廣韻·鐸部〕○丨,善丹也。〔集韻·藥部〕○凡采色之善者皆偁丨。〔說文〕「丨,善丹也」段注。

愕 丨,驚也。〔說文〕「㝳,寐而有覺」義證引〔字書〕。又〔廣韻·鐸部〕。○丨,相遇驚也。〔國策·燕策三〕「群臣驚丨」鮑注。○諤諤、咢咢、丨丨並字異而義同。〔廣雅·釋訓〕「諤諤,語也」疏證。

怍 丨,慙也。〔通鑑·晉紀三〕「而皓顏色無丨」音注。又〔宋紀六〕「曄顏色不丨」音注。○丨,慙丨。〔廣韻·鐸部〕○丨,心作動也。〔說文〕「丨,慙也」繫傳。○在心曰丨。〔說文〕「詐,慙語也」繫傳。○丨者,色漸變也。〔禮記·曲禮〕「將即席,容毋丨」集解。○色不和而有所變動曰丨。〔禮記·祭義〕「孝子臨尸而不丨」集解。○〔說文定聲·卷九〕丨,叚借為作。〔曲禮〕「容無丨」。○〔文選〕注引丨作作。〔管子·弟子職〕「顏色毋丨」義證引孫星衍。○丨,又借迮字。〔說文〕「丨,慙也」義證。○〔說文定聲·卷九〕丨,叚借為詐。〔論語〕「其言之不丨」。○丨,字或作怎。〔說文〕「丨,慙也」義證。

怎 丨、迮並與怍同。〔廣雅·釋詁二〕「怍,慙也」疏證。

鞹 丨,去毛皮。〔楚辭·怨思〕「筐澤瀉以豹丨兮」補注。○丨,去毛之革也。〔詩·韓奕〕「丨鞃淺幭」朱傳。○丨,獸皮之去毛者。〔詩·載驅〕「簟茀朱丨」朱傳。○丨,皮去毛。〔廣韻·鐸部〕○丨與鞟同義。〔詩·韓奕〕「丨鞃淺幭」陳疏。○丨,俗字作鞟,即革也。革,象形字,丨,諧聲字。〔說文定聲·卷九〕○丨,古書多作鞟。〔說文〕「丨,去毛皮也」義證。○丨,空廓之意也。(同上)繫傳。○丨鞃,以革裹車軾也。〔說文〕「鞃,車軾也」繫傳。

鞟 丨,皮去毛者也。〔論語·顏淵〕「虎豹之丨猶犬羊之丨」朱注。○彉、彍、丨並字異而義同。〔廣雅·釋詁一〕「彉,張也」疏證。

柞 丨,木名。〔廣韻·鐸部〕○丨,木名,即皁斗也。〔說文〕「丨,木也」義證引〔增韻〕。○丨即皁斗槲木,與櫟相似,亦有斗。〔漢書·司馬遷傳〕「采椽不斲」補注。○丨,櫟。〔詩·車舝〕「析其丨薪」朱傳。○丨,櫟也。〔詩·緜〕「丨棫拔矣」朱傳。○丨可薪,故引伸為凡伐木之偁。〔說文〕「丨,丨木也」段注。○除木曰丨。〔詩·載芟〕「載芟載丨」朱傳。○丨,屋棧也。〔說文〕「笮,屋牝瓦下」義證引〔急就篇〕顏注。○丨亦謂之簀。〔說文〕「笮,迫也」義證引〔急就篇〕顏注。○〔說文定聲·卷九〕丨,叚借為迮。〔考工·輪人〕「轂小而長則丨」。○(同上)丨,叚借為槎。〔詩〕「載芟載丨」。○丨即槎字,異部假借。〔說文〕「槎,衺斫也」段注。○丨義與唶亦相近。〔廣雅·釋言〕「唶,唶也」疏證。

堊 丨,白土。〔廣韻·鐸部〕○白土為丨。〔說文〕「丨,白涂也」段注。○丨,白善土也。(同上)繫傳。○〔通雅·卷四八〕丨,白墡也。〔子虛賦〕「丹青赭丨」。○丨,即今之石灰,因其可以坿飾牆壁,故得白坿之名。因白土可涂,故別色可涂者,亦謂之丨。〔漢書·司馬相如傳〕「其土則丹青赭丨」補注。○土以黃為正色,則白者為惡色,故名丨。〔本草·卷七〕○丨本白土,可以涂墻。〔說文〕「丨,白涂也」義證。○丨,白飾墻也。〔釋宮〕「墻謂之丨」鄭註。○〔說文定聲·卷九〕丨,叚借為惡,實為亞。〔禮記·襍記〕「廬丨室之中」。○丨塈,圬墁也。〔通雅·宮室〕

寞 丨,寂丨。〔廣韻·鐸部〕○丨,寂丨無聲也。〔集韻·鐸部〕

玃 丨,大母猴。〔說文定聲·卷九〕○丨,大猨也。〔廣韻·藥部〕○丨,其長七尺,人行健走,名曰猴丨,或曰猳丨。〔文選·南都賦〕「穀丨猱蜓戲其巔」集釋引〔博物志〕。○丨,貑玃也,能攫持人,好顧眄。(同上)集釋引〔爾雅〕郭注。○〔說文定聲·卷九〕丨,叚借為貜。〔呂覽·察傳〕「故狗似丨」。○(同上)丨,叚借為躍。〔史記·司馬相如傳〕「蠼以連蜷」。○丨,字或作蠼。〔說文〕「丨,母猴也」義證。○〔說文定聲·卷九〕丨,字亦作蠼。〔史記·司馬相如傳〕「蛭蜩蠼蝚」。○〔漢紀〕丨作蠼。〔漢書·鄒陽傳〕「齊人公孫丨謂濟北王曰」補注。○丨,〔文選〕作蠼,〔史記〕作蠗。〔漢書·司馬相如傳〕「蛭蜩丨蝚」補注。

膊 〔說文定聲·卷九〕丨,曝之屋上者。〔說文〕「丨,薄脯丨之屋上」。○丨之言輔也,兩肩謂之丨,義亦同也。〔廣雅·釋親〕「胉,脅也」疏證。○丨訓暴。〔方言一〇〕「丨,兄也」疏證。○丨與曝聲之轉也。〔廣雅·釋詁二〕「丨,曝也」疏證。○〔說文定聲·卷九〕丨,叚借為髆。〔淮南·說林〕「一

丨炭熯」。〇（同上）丨，以搏為之。〔周禮·掌戮〕「掌斬殺賊諜而搏之」。〇丨通作霮，同聲假借字。〔方言一〇〕「丨，兄也」箋疏。〇〔說文定聲·卷九〕丨，叚借發聲之詞。〔方言一〇〕「丨，兄也，荊、揚之鄙謂之丨」。

鏄 丨，大鍾。〔廣韻·鐸部〕〇丨，似鍾而大。（同上）〇丨形正圓，如碓頭，大上小下。〔說文定聲·卷九〕〇丨，十二辰頭鈴鍾也。〔集韻·鐸部〕〇丨，通作鎛。〔說文〕「丨，大鐘」義證。〇丨，經傳皆以鎛為之。〔說文定聲·卷九〕

臄 丨，口上肉也。〔詩·行葦〕「嘉殽脾丨」朱傳。〇丨，口上阿也。（同上）集疏引韓說。〇丨，切肉也，取脾腎寘腸炙之曰丨。〔集韻·藥部〕〇丨，或借噱字。〔說文〕「谷，口上阿也」義證。〇丨，字亦作噱。〔說文〕「丨，谷或從肉從豦」句讀。〇嗯、丨、噱並字異而義同。〔廣雅·釋親〕「噱，舌也」疏證。

斮 丨，斬也。〔廣韻·藥部〕〇〔說文定聲·卷九〕衺斬曰斫，正斬曰丨。〔說文〕「丨，斬也」。〇（同上）丨，叚借為厝。〔釋器〕「犀謂之丨」。〇丨，字亦作剒。〔說文定聲·卷九〕

噱 嗢丨，笑不止。〔廣韻·藥部〕〇丨讀為窮極倦谻之谻字，本作御，又作𠊾。作丨者，假借字耳。〔漢書·揚雄傳〕「遙丨虖紭中」補注引王念孫。〇谻丨並音其略反，故字亦相通。〔漢書〕「沈沈」雜志。〇〔說文定聲·卷九〕丨，叚借為臄，即谷。〔廣雅·釋親〕「丨，舌也」。〇嗯、臄、丨並字異而義同。〔廣雅·釋親〕「丨，舌也」疏證。

瘼 丨，病。〔詩·四月〕「亂離丨矣」朱傳。〇丨，病也。〔通鑑·唐紀六六〕「力求人丨」音注。又〔廣韻·鐸部〕。〇丨者，無名之病，常漠漠然也。〔說文〕「丨，病也」義證引〔急就篇〕顏注。〇齊人謂瘵病曰丨。（同上）〇〔說文定聲·卷九〕丨，叚借為敷。〔文選〕注引〔韓詩章句〕「丨，散也」。〇丨通作莫。〔釋詁〕「丨，病也」郝疏。

箬 丨，竹丨。〔廣韻·藥部〕〇丨即籜也。〔說文〕「丨，楚謂竹皮曰丨」繫傳。〇丨，竹皮也。〔慧琳音義·卷九四〕引〔文字典說〕。〇丨，今俗云筍籜。〔說文〕「丨，楚謂竹皮曰丨」段注。〇丨，若竹而弱，故名。〔本草·卷一五〕〇丨，竹箭葉也。〔慧琳音義·卷九四〕引〔考聲〕。

爝 丨，炬火。〔廣韻·藥部〕〇丨，炬火也。〔慧琳音義·卷四九〕引〔字書〕。〇丨，火炬，或作燋、焳、熦。〔集韻·藥部〕〇丨火，小炬火也。〔慧琳音義·卷八六〕引〔字書〕。

蒻 丨，蒲也，可以為席。〔楚辭·招魂〕「丨阿拂壁」補注。〇丨為蒲子，本在水中者為弱。〔文選·招魂〕「丨阿拂壁」集釋。〇丨謂蒲之柔弱者也。〔說文〕「丨，蒲子，可以為平席」義證引〔急就篇〕顏注。〇〔說文定聲·卷七〕丨，謂纖蒲嫩細在水中者。〔說文〕「丨，蒲子，可以為平席」。〇丨，頭葉似由跋半夏，根大如椀，一名蒟丨。〔文選·蜀都賦〕「其圃則有蒟丨茱萸」集釋引〔開寶本草〕。〇白席即白蒲席，謂丨也。〔說文〕「丨，蒲子，可以為平席」義證。〇揚州人謂丨為斑杖。（同上）義證引〔古今注〕。〇丨，蒲下入泥白處，今俗呼蒲白。〔說文〕「丨，蒲子，可以為平席」繫傳。〇丨，荷莖入泥之處。〔廣韻·藥部〕〇丨即根上初生萌葉時殼也。〔說文〕「丨，蒲子，可以為平席」繫傳。〇丨，菜名。〔廣韻·藥部〕〇丨，亦根菜也。〔慧琳音義·卷八〇〕〇丨與弱同。〔史記〕「阿縞」雜志。〇丨與弱通。〔廣雅·釋器〕「絅，練也」疏證。〇丨阿，猶言弱緆，羅紈是也。〔文選·招魂〕「丨阿拂壁」集釋引〔讀書志餘〕。

魄 丨與莫聲相近，故以為安定意也。〔書·泰誓〕馬融注「丨然，安定意也」孫疏。〇〔說文定聲·卷九〕丨，亦空虛之意。〔釋詁〕「丨，閒也」。〇落丨，貧無家業。〔廣韻·鐸部〕〇〔說文定聲·卷九〕丨，叚借為嘆。〔書·太誓〕「其聲丨」。

浞 丨，宋良犬。〔廣韻·燭部〕〇丨，宋良犬也。〔集韻·燭部〕〇丨即猲。〔說文〕「猲，犬猲猲不附人也」義證。

烙 丨，燒丨。〔廣韻·鐸部〕〇燒煑物著人曰丨。〔慧琳音義·卷一七〕〇丨，謂燒煑物著之也。〔慧琳音義·卷四六〕〇丨，謂燒鐵著物也。〔慧琳音義·卷六五〕〇炮丨當作炮格。〔呂覽·順民〕「願為民請炮丨之刑」校正。

濼 丨，水動皃。〔集韻·藥部〕

矱 丨，度也。〔廣韻·藥部〕又〔集韻·鐸部〕。〇丨，度也，規度高也。〔慧琳音義·卷八一〕引〔考聲〕。〇丨、矱、蒦並同。〔廣雅·釋詁一〕「丨，度也」疏證。

蒦 丨，度，或从尋。〔集韻·藥部〕〇丨，度也，或作矱。〔管子〕「巨丨」雜志。〇丨，善度人禍福也。〔說文〕「丨，規丨，商也」繫傳。〇〔說文定聲·卷九〕丨，字亦作矱。〔離騷〕「求矩矱之所同」。

矱 丨，規也。〔慧琳音義·卷八五〕引〔考聲〕。

葯 丨，艸名，白芷也。〔集韻·藥部〕〇丨，白芷葉。〔廣韻·藥部〕〇古所謂丨，即今之辛夷，非今之芍藥也。〔說文定聲·卷五〕（〔茝〕下）〇丨，纏也。〔集韻·錫部〕〇丨、約古通用。〔方言一三〕「丨，纏也」疏證。〇〔說文定聲·卷七〕丨，叚借為約。〔方言一三〕「丨，薄也」注「猶纏也」。〇丨、箹、靮聲義並相近。〔方言一三〕「丨，薄也」箋疏。

焯 一，火氣。〔廣韻·藥部〕〇一，明也。〔通鑑·魏紀五〕「羣下之能否一然形於目中」音注。〇箸明者，一字之訓。〔說文定聲·卷七〕〔「倬」下〕〇一與灼亦聲近義同。〔廣雅·釋詁二〕「一，爇也」疏證。〇〔說文定聲·卷七〕一，叚借為灼。〔廣雅·釋詁二〕「一，爇也」。〇一，或借灼字。〔說文〕「一，明也」義證。〇一，今〔尚書〕作灼，古義一、灼不同。〔說文〕「一，周書曰一見三有俊心」段注。〇一，字亦作晫。〔說文定聲·卷七〕

擢 一，手反覆也。或从隺。〔集韻·鐸部〕〇一，盤手戲。〔廣韻·鐸部〕

嗃 一，嚴厲皃。〔廣韻·鐸部〕〇一，聲也。〔集韻·鐸部〕〇一、謞、詨並同義。〔廣雅·釋詁二〕「一，鳴也」疏證。〇一一，一作確確、熇熇、謞謞。〔通雅·釋詁〕

謞 一，�。〔廣韻·鐸部〕〇一一，崇譊櫶也。〔集韻·鐸部〕〇一、熇、嗃音義同。〔釋訓〕「一一，崇譊櫶也」邵正義。〇一亦作熇。〔同上〕鄭注。

籗 一即今絡絲一也。〔說文〕「尿，一柄也」繫傳。〇〔說文定聲·卷九〕一，今蘇俗謂之一頭，有車曳者，有手轉者。〔方言五〕「一，榬也」。〇一，字亦作籰。〔說文定聲·卷九〕〇籰、匷並與一同。〔方言五〕「一，榬也」箋疏。〇一，或作䉯。〔同上〕〇一，各本訛作篗。〔廣雅·釋器〕「榬謂之一」疏證。

篗 一，榬也，所以絡絲一也。〔說文〕「一，收絲者也」義證引〔玉篇〕。〇一，字亦作籰。〔同上〕段注。

厝 一，礪石。〔廣韻·鐸部〕〇一、錯古字同用。〔漢書·地理志〕「是故五方雜一」補注引錢坫。〇許書一與錯義皆別，而古多通用。〔說文〕「一，一石也」段注。〇〔說文定聲·卷九〕一，今本以錯為之。〔詩·鶴鳴〕「佗山之石，可以為一」。〇一，通作錯。〔說文〕「一，厲石也」義證。〇一，又或作厝。〇〔同上〕〇一，字亦作碏。〔說文定聲·卷九〕〇〔同上〕一，叚借為踧踖之踖。〔廣韻〕「碏，敬也」。〇〔同上〕一，叚借為措。〔考工·梓人〕「故書則必如將廢一」。

咢 一者，譁訟也。〔說文〕「㙷，地垠咢也」段注。〇徒擊鼓曰一。〔詩·行葦〕「或歌或一」朱傳。又〔說文〕「一，譁訟也」段注。〇徒擊鼓謂之一。〔廣韻·鐸部〕〇一，又或作愕。〔說文〕「一，譁訟也」義證。〇一，經典借鄂字。〔同上〕〇〔說文定聲·卷九〕一，以鄂為之。〔費氾碑〕「謇鄂質直」。〇一作鄂作鍔者，皆叚借字。〔說文〕「㙷，地垠咢也」段注。〇一即遌。〔漢書·律歷志〕「一布於午」補注引周壽昌。〇仵、啎、一古並同聲。〔廣雅·釋言〕「午，仵也」疏證。〇一又作諤。〔說文〕「一，譁訟也」義證。〇諤諤、一一、愕愕並字異而義同。〔廣雅·釋訓〕「諤諤，語也」疏證。〇一或作壣作堮者，異體也。〔說文〕「㙷，地垠咢也」段注。〇一，各本作萼，俗字也。〔說文〕「詩曰一不韡韡」段注。〇咢，即一字，鍔同。〔國策〕「無釣咢鐔蒙須之便」札記。〇一者，譁訟也。〔說文〕「⿱宀⿰爿咢，二曰一⿱宀⿰爿咢」段注。〇一即遇也。〔說文〕「遻，相遇驚也」繫傳。〇一借為驚遻之遻。〔說文〕「⿱宀⿰爿咢，二曰一⿱宀⿰爿咢」段注。

碏 一，敬也。〔廣韻·藥部〕又〔集韻·藥部〕。〇一，石雜色。〔同上〕

矍 一，遽視貌。〔說文〕「一，視遽貌」義證引〔玉篇〕。又〔同上〕義證引〔類篇〕。〇一，視而無所依之也。〔說文〕「一，隹欲逸走也」義證引〔玉篇〕。〇一，左右驚顧。〔同上〕繫傳。〇一，心驚皃。〔慧琳音義·卷四二〕引〔考聲〕。〇一，義亦與戄通。〔廣雅·釋詁二〕「戄，驚也」疏證。〇一，鷹隼得逸志也。〔說文〕「一，隹欲逸走也」義證引〔玉篇〕。〇矆與一同。〔廣雅·釋訓〕「一一，視也」疏證。〇戄、䂄、一並字異而義同。〔廣雅·釋詁一〕「戄，驚也」疏證。〇一、矆並與矆同。〔廣雅·釋詁一〕「矆，視也」疏證。〇〔說文定聲·卷九〕一，叚借為眮。〔易·震〕「視一一」。〇〔同上〕一，叚借為界。〔說文〕「一，一曰視遽兒」。〇〔同上〕一，借為爽。〔易·震〕「視一一」鄭注「目不正」。〇一與攫、擢略同。〔說文定聲·卷九〕〇讀一若詎。〔說文〕「一，隹欲逸走也」義證引徐邈。

硌 一，磊一。〔廣韻·鐸部〕〇磊一，石皃。〔集韻·鐸部〕

各 一者，不同也。〔說文〕「佫，災也」繫傳。〇一乃語詞。〔書·盤庚下〕「一非敢違卜用」平議。〇一，當為若。若，隸或作若，與一相近，故訛而為一。〔廣雅·釋詁四〕「一，詞也」疏證。〇一當為託，聲之誤也。〔管子·地數〕「故先王一用於其重」平議。

皵 一，皮皺。〔廣韻·藥部〕〇一，皵也。〔集韻·鐸部〕

猎 一，獸名，似熊。〔廣韻·昔部〕〇一，黑獸似熊。〔集韻·昔部〕

踖 一，超遽也。或作踱。〔集韻·藥部〕〇辵、一、踱並同義。〔廣雅·釋宮〕「辵，犇也」疏證。

芍 一，一藥。〔廣韻·藥部〕〇一，一藥，香艸。〔集韻·藥部〕〇一藥猶婥約也，此草華容婥約，故以為名。〔本草·卷一四〕〇古言一藥，即兼牡丹，漢稱木一藥。〔通雅·艸〕〇一，艸名。〔集韻·藥部〕〇一，蔦芘，草名。〔廣韻·藥部〕

婼 一，不順也。〔集韻·藥部〕〇一，不從也。〔說文〕「一，不順也」義證引〔玉篇〕。〇〔說文定聲·卷九〕一，叚借發聲之詞，讀如兒。〔漢書〕「一月氏」。

躩 一，本訓當為疾行，即䠊、躍之或體。〔說文定聲·卷九〕〇一，盤辟貌。〔論語·鄉黨〕「足一如也」朱注。又〔廣韻·藥部〕。〇〔說文定聲·卷九〕一一，盤辟皃。〔論語〕「足一如也」。〇一，足驚將退也。〔說文〕「一，足一如也」繫傳。〇〔史記〕一作蠼。〔漢書·司馬相如傳〕「詘折隆窮一以連卷」補注。

糳 丨，精細米也。〔廣韻·鐸部〕○今江南謂師米為丨，音賴。〔左傳桓公二年〕「粢食不糳」疏證。○丨，一作鑿，精細米。〔楚辭·惜誦〕「丨申椒以為糧」補注。○丨與鑿通。〔廣雅·釋詁四〕「丨，舂也」疏證。○丨，經典借鑿字。〔說文〕「丨，糲米一斛舂為九斗曰丨」義證。

䨣 丨，其飛丨忽疾也。〔說文〕「丨，飛聲也」繫傳。○丨靡，弱貌。〔楚辭·招隱士〕「薠草丨靡」補注。○丨靡，草弱皃也。〔慧琳音義·卷八六〕引〔韻英〕。○丨靡，草偃皃也。〔慧琳音義·卷五一〕引〔考聲〕。○丨靡，草敷皃。〔慧琳音義·卷一一〕引〔韻詮〕。○丨，一作蘿，草木花敷貌。〔楚辭·招隱士〕「薠草丨靡」補注。○丨，俗作霍。〔說文〕「丨，飛聲也」段注。○丨，俗省作霍。〔說文定聲·卷九〕

敫 丨，光景流也。〔慧琳音義·卷九一〕引〔韻英〕。○丨，光景流皃。〔廣韻·藥部〕○丨，流放也。〔說文〕「丨，光景流也」繫傳。○丨與爚燿字音義略同。〔說文〕「丨，讀若龠」段注。○丨，通作爚。〔說文〕「丨，光景流也」義證。

踖 丨，行皃。〔集韻·藥部〕○丨，駁也。〔廣韻·藥部〕○丨，陵也。〔同上〕○丨，陵地也。〔集韻·藥部〕○丨與踧同。〔廣雅·釋言〕「踐，踧也」疏證。

踱 丨，跣足蹋地。〔廣韻·鐸部〕○丨，一曰乍前乍却。或从宅。〔集韻·鐸部〕○乇、丨、臭並音五略反，義亦同也。〔廣雅·釋宮〕「乇，犇也」疏證。○乇、躇、丨並同義。〔同上〕

沰 丨，赭也。〔廣韻·鐸部〕又〔集韻·鐸部〕。○丨與赭音義皆同也。〔說文〕「赭，赤土也」段注。○丨，磓也。〔廣韻·鐸部〕○丨，滴也。〔集韻·鐸部〕○磆、丨、磓一聲之轉。〔廣雅·釋言〕「磆、丨，磓也」疏證。○磆、擿、丨、石、磓、搥，聲義並相近。〔廣雅·釋詁四〕「搥，擿也」疏證。

祥 丨、部音同。〔左傳莊公二年經〕「夫人姜氏會齊侯于丨」洪詁。○丨，〔春秋〕古文當作䄷。〔同上〕疏證。

瘵 丨，治病。〔廣韻·鐸部〕○丨，治病也。〔集韻·鐸部〕○藥、丨、療並字異而義同。〔廣雅·釋詁三〕「療，治也」疏證。○丨與鑠通。〔廣雅·釋詁一〕「丨，病也」疏證。○丨或作療。〔方言一〇〕「療，治也」箋疏。

剫 丨，治木也。〔廣韻·鐸部〕○丨，亦借度為之。〔說文〕「丨，判也」句讀。○丨通作度。〔同上〕義證。

戄 丨，驚丨。〔廣韻·藥部〕○丨，驚也。或作擭。〔集韻·藥部〕○丨，遽視。〔廣韻·藥部〕又〔集韻·藥部〕。○丨，大視。〔廣韻·藥部〕○丨，諦視也。〔集韻·藥部〕○丨，遽也。〔同上〕○丨、瞿並與懼同。〔方言一三〕「懼，驚也」箋疏。○擭、丨、矍並字異而義同。〔廣雅·釋詁一〕「擭，驚也」疏證。

懩 丨，心動也。〔廣韻·鐸部〕○丨，驚也。〔集韻·鐸部〕○丨，憂也。〔同上〕

岝 丨㟧，山高。〔廣韻·鐸部〕○丨㟧，山高皃。〔集韻·鐸部〕○丨㟧，支硎也。〔通雅·地輿〕○〔說文定聲·卷九〕丨㟧，與柞鄂同。〔埤蒼〕「丨㟧，山不齊也」。

鮥 丨，魚名。〔廣韻·鐸部〕○丨，魚名，如鼉，喙長三尺，利齒，虎鹿度河擊之斷，卵如鴨。〔集韻·鐸部〕○丨當為鮥。〔說文〕「鮪，丨也」義證。

鷂 丨，鷚丨，鳥。〔廣韻·藥部〕○丨，天丨，鳥名，形如鷚，色似鶉。〔集韻·藥部〕○丨，或作籥。〔說文〕「鷚，天丨也」義證。○丨，當為籥。〔同上〕

鄀 丨，秦楚界小國。〔左傳文公五年經〕「秦人入丨」疏證引〔玉篇〕。

燋 丨，火未然也。〔廣韻·藥部〕○〔說文定聲·卷六〕丨，凡執之曰燭，未爇曰丨，丨即燭也。〔說文〕「丨，所以然持火也」段注。○丨者，灼龜之木也。〔慧琳音義·卷五〕○丨，灼龜也。〔集韻·覺部〕○以爝為之。〔莊子·逍遥遊〕「日月出矣，而爝火不息」。

迮 丨，起也。〔廣韻·鐸部〕又〔集韻·鐸部〕。○丨，倉猝也。〔集韻·鐸部〕○〔說文定聲·卷九〕丨，叚借為乍。〔公羊傳〕「今若丨而與季子國」。○丨或借乍字。〔說文〕「丨丨，起也」義證。○丨又借詐字。〔同上〕○㤰、丨並與怍同。〔廣雅·釋詁一〕「怍，慙也」疏證。○丨狹即窄狹。〔通雅·卷五〕○丨，〔韻譜〕作笮。〔說文〕「故，丨也」義證。

逴 丨，略丨，行皃。〔廣韻·藥部〕○丨通作踔。〔方言二〕「丨，驚也」箋疏。○〔說文定聲·卷七〕丨，叚借為燭。〔楚辭·大招〕「丨龍艴只」。

臭 丨，小兔也，獸名。〔集韻·藥部〕○丨乃㲋之俗體耳。〔說文〕「㲋，㲋獸也」段注。○乇、踱、丨並音丑略反，義亦同也。〔廣雅·釋宮〕「乇，犇也」疏證。

彍 丨，張弓。〔集韻·藥部〕○丨同彉。〔說文〕「彉，滿弩也」段注。又〔廣韻·鐸部〕。

彉 丨，弓張。〔廣韻·鐸部〕○丨、彍、𢐿並字異而義同。〔廣雅·釋詁一〕「丨，張也」疏證。○丨，字或作彍。〔說文〕「丨，滿弩也」句讀。又〔同上〕義證。○〔說文定聲·卷一八〕丨，字亦作彍。〔漢書·吾邱壽王傳〕「十賊彍弩，百吏不敢前」。

欂 丨櫨，枅也。〔廣韻·鐸部〕○丨櫨，柱上枅也。〔說文〕「開，門丨櫨也」段注。○丨櫨，柱上之枅也，自陝以西呼之為楮。〔說文〕「櫨，柱上柎也」義證引〔急就篇〕顔注。○丨櫨、薄櫨、丨盧並字異而義同。〔廣雅·釋宮〕「丨謂之枅」疏證。○〔說文定聲·卷九〕丨櫨猶薄盧，疊韻連語，在柱耑亦名枅，亦作㭒，亦名楮，即〔論語〕山節之節。〔淮南·本經〕「標株丨櫨」。〔淮南〕「〔欂〕下」○笮也，楮也，㮰也，芝㮰也，枅也，丨櫨也，六者一物也。

子〕「丨櫨」雜志。○丨，椽也。〔集韻・鐸部〕○丨，櫨也。〔文選・魏都賦〕「欒櫨疊施」集釋引〔字林〕。○丨，木名也。〔廣韻・麥部〕

玃 丨，猿類，似犬，食猴。〔集韻・藥部〕○丨，犬屬，食母猴。〔說文定聲・卷九〕○丨之為言猶矍也，矍為顧視貌也。〔釋獸〕「丨父善顧」述聞。○丨狙，獸名。〔說文〕「狙，玃屬」義證引〔玉篇〕。○丨狙即玃狙。〔說文〕「狙，玃屬」義證。○丨同玃。〔廣韻・藥部〕○〔說文定聲・卷九〕丨，段借為玃。〔爾雅〕「丨父善顧」。○丨，字或作玃。〔說文〕「丨，㹜丨也」義證。

蠼 丨猱，獮猴也。〔文選・上林賦〕「蛭蜩丨猱」注。○丨猱，〔史記〕作蠷蝚。蓋丨為蠷之形似而譌也。〔同上〕集釋。

皭 丨，白色。〔集韻・藥部〕○丨，靖也。〔廣韻・藥部〕○丨，淨皃。〔集韻・藥部〕

魠 丨，魚名。〔廣韻・鐸部〕○丨，名黃頰。〔說文〕「丨，哆口魚也」義證引〔玉篇〕。○〔說文定聲・卷九〕丨，即〔詩〕鱨鯊之鱨。〔上林賦〕「鰅鰫鰬丨」。○魨即俗所謂河豚，丨魚有毒似之。〔漢書・司馬相如傳〕「鰅鰫鰬丨」補注。○丨之異名曰鮔、魧、鱅。〔文選・上林賦〕「鰅鰫鰬丨」集釋引〔廣雅〕。

蜋 渠丨，蜉蝣，蟲，朝生暮死。〔廣韻・藥部〕○〔說文定聲・卷九〕聶丨，疊韻連語，亦作渠略同。〔說文〕「丨，聶丨也」。

蘥 丨，燕麥。〔廣韻・藥部〕○丨即燕麥也。〔說文〕「丨，爵麥也」繫傳。○丨即燕麥也，苗似小麥而弱，實似穬麥而細，所在有之。〔釋艸〕「丨，雀麥」鄭註。○丨，笛也，樂器名也，皆虛中能受氣而有聲也。〔慧琳音義・卷一二〕○〔說文定聲・卷七〕丨，字變作鸙。〔釋鳥〕「鷚，天丨」。○丨，今本作鸙。〔說文〕「鷚，天丨也」段注。

瀹 丨，漬也。〔廣韻・藥部〕又〔慧琳音義・卷九四〕引〔文字典說〕。○丨，今人曰煠。〔說文〕「丨，漬也」段注。○丨，內菜湯中而出也。〔說文〕「鬻，內肉及菜湯中薄出之」義證引〔玉篇〕。○丨，煮也。〔同上〕○丨，同鬻。〔廣韻・藥部〕○丨與鬻同音而義近。〔說文〕「丨，漬也」段注。○丨假為鬻。〔同上〕○〔說文定聲・卷七〕丨，段借為鬻。〔漢書・郊祀志〕「不如西鄰之丨祭」。○爚、丨、鬻並通。〔廣雅・釋詁二〕「湯，爚也」疏證。○丨，疏通之意。〔孟子・滕文公上〕「丨濟漯」朱注。○丨，分也。〔同上〕焦正義。○〔說文定聲・卷七〕丨猶決也，是本字。〔孟子〕「丨濟漯」。○〔同上〕丨，或曰借為擢，引也，亦猶排也，皆可通。〔孟子〕「丨濟漯」。○〔同上〕丨，字亦作瀹。〔莊子・知北遊〕「汝齊戒疏瀹而心」。○〔同上〕丨，借作爍。〔孟子〕「丨濟漯」。○〔同上〕丨，段借為𧾌。〔孟子〕「丨濟漯」。○丨，亦作汋。〔說文〕「丨，漬也」段注。○丨，官本作禴。〔漢書・郊祀志〕「不如西鄰之丨祭」補注。

䱜 丨，魚名，出東海。〔廣韻・藥部〕○丨，魚名。〔集韻・藥部〕○丨魚有橫骨如鐇。〔文選・吳都賦〕「鮣龜鱕丨」集釋引〔南越志〕。○丨魚長二丈，大數圍，皮皆鑢物。〔同上〕集釋引裴淵〔廣州記〕。○〔說文定聲・卷九〕丨即斮字或稓字。〔異物志〕「鐇丨有橫骨在鼻前，狀如斧斤，江東呼斧斤為丨，故謂鐇丨也」。

𥿋 丨，白丨，縞也。〔廣韻・藥部〕○白丨，謂白素之精者，其光丨丨然也。〔說文〕「丨，白丨，縞也」義證引〔急就篇〕顏注。○白光曰丨。〔通雅・綵色〕○丨，通作約。〔說文〕「丨，白丨，縞也」義證。

屵 丨，岸上見也。〔廣韻・藥部〕○〔說文定聲・卷七〕丨，遠望而見也。〔說文〕「丨，岸上見也」。

纅 丨，絲色。〔廣韻・藥部〕又〔集韻・藥部〕。○丨謂絲之色光彩灼然也。〔說文〕「丨，絲色也」段注。○〔說文定聲・卷七〕丨，玓瓅明光之色。〔說文〕「丨，絲色也」。○丨，治絲也。〔集韻・錫部〕

𧾌 丨，趠丨，行皃。〔廣韻・藥部〕○丨猶躍也。〔說文〕「丨，趠丨也」繫傳。○〔說文定聲・卷七〕丨，字又作𨇨。〔方言一三〕「𨇨，行也，拔也，出火為𨇨」。○丨即𨇨之異文。〔方言一三〕「𨇨，行也」箋疏。

𠜾 丨，利也。〔詩・載芟〕「有丨其耜」集疏引魯說。○丨利一聲之轉。〔釋詁〕「丨，利也」郝疏。○丨，今作畧。〔說文〕「丨，籀文𠜾」義證引〔玉篇〕。○丨者古字，𠜾者今字。〔說文〕「𠜾，刀劒刃也」段注。

䅵 丨，五穀皮。〔廣韻・藥部〕

鼩 丨，鼠屬。〔廣韻・藥部〕○丨，鼠名，出胡地。〔集韻・藥部〕○丨，鼠似兔而小也。〔廣韻・藥部〕○丨，鼠名，似兔而小。〔集韻・藥部〕○〔說文定聲・卷七〕此丨鼠即雀鼠，〔詩〕所詠之碩鼠也。〔廣雅〕「丨鼠，鼫鼠」。○雀與丨通。〔廣雅・釋獸〕「丨鼠，鼫鼠」疏證。

𨇨 丨，登也。〔廣韻・藥部〕○丨，履也。〔同上〕○丨，行也，或从蘥，从籥。〔集韻・藥部〕○丨與躍同聲。〔方言一〕「丨，登也」箋疏。○丨之言躍，抍之言升，皆上出之義也。〔廣雅・釋詁三〕「丨、抍，拔也」疏證。○丨與𨇨同。〔方言一三〕「𨇨，拔也」箋疏。

躍 丨，出走也。〔廣韻・藥部〕

繄 丨，紩也。〔廣韻・藥部〕又〔集韻・藥部〕。

擽 丨，竭也。〔集韻・藥部〕

叒 |，榑桑，|木。〔廣韻·藥部〕○|木即若木也。〔說文〕「|，日初出東方暘谷所登榑桑，|木也」義證引王觀國。○|木即榑桑。(同上)繫傳。○〔說文定聲·卷一〕|木，搏桑也。〔淮南·天文訓〕「東方，|也」。〔「東」下〕○|，段借為若。〔說文定聲·卷九〕○|，古書皆以若為之。(同上)

略 |，盼也。〔集韻·藥部〕○|，大目。〔廣韻·鐸部〕○略與|通。〔廣雅·釋詁一〕「|，視也」疏證。

彴 |，驚也。〔集韻·藥部〕○|，痛也。〔廣韻·藥部〕又〔集韻·藥部〕。○|，怒也。(同上)○|與灼通。〔方言一三〕「灼，驚也」箋疏。○|當為悼。〔說文〕「悼，懼也」義證。

謶 |，欺也。〔廣韻·藥部〕又〔集韻·藥部〕。

篧 |，篗|。〔廣韻·藥部〕○|，簉米具。(同上)引〔玉篇〕。

獡 |，犬驚。〔廣韻·藥部〕○南楚相驚曰|，讀若愬。〔通雅·釋詁〕○讚、|、虘皆驚散之貌也。〔廣雅·釋言〕「讚、|，虘也」疏證。○〔說文定聲·卷九〕|，段借為諎。〔方言二〕「|，驚也，南楚凡相驚曰|」。○|，以舄為之。〔說文定聲·卷九〕○||，犬不附人而驚兒。〔說文〕「|，犬||不附人也」義證引〔玉篇〕。○|，犬畏人也。(同上)繫傳。○|亦作㹱。(同上)段注。○〔說文定聲·卷九〕|，字亦作㹱。〔字林〕「㹱，宋良犬也」。○|亦作猎。〔說文〕「|，犬||不附人也」段注。○|，字亦作猎。〔說文定聲·卷九〕

𡤌 |，|媄之兒。〔廣韻·藥部〕○|，美兒。〔集韻·藥部〕○|，美好也。〔廣韻·藥部〕○〔說文定聲·卷七〕|，段借為燿。〔魯峻碑〕「令德孔|」。

楉 |，果名。〔集韻·藥部〕○|榴，安石榴。(同上)○|榴，安石榴也。〔廣韻·藥部〕○|與若同。〔廣雅·釋木〕「|榴，柰也」疏證。

𦞦 肉表皮裏曰|。〔說文〕「|，肉表革裏也」義證引〔急就篇〕顏注。○|如蒲荷之蒻深且白也。(同上)繫傳。○|，脆腝。〔廣韻·藥部〕○|之言弱也。〔廣雅·釋器〕「|，肉也」疏證。

惹 |，諳|。〔廣韻·藥部〕○綽|，不定兒。〔集韻·藥部〕

婥 |約，美兒。〔廣韻·藥部〕○|約，美好貌。〔本草·卷一四〕○|約，婦人耎弱兒。〔慧琳音義·卷七九〕引〔考聲〕。○|約，好也。〔集韻·藥部〕○綽與|通，字或作淖，又作汋。〔廣雅·釋詁一〕「|約，好也」疏證。

磭 |，大脣。〔廣韻·藥部〕○|，大脣貌。〔說文〕「䏍，厚脣貌」義證引〔玉篇〕。○|，屵|兒。〔廣韻·藥部〕○碑|，大脣兒。〔集韻·藥部〕

辵 |者，乍行乍止也。〔說文繫傳·通論上〕○|，行也。〔說文〕「|，乍行乍止也」繫傳。○|、躇、踱並同義。〔廣雅·釋宮〕「|，犇也」疏證。○|、踱、臭並音丑略反，義亦同也。(同上)○〔說文定聲·卷九〕|，段借為迮。○今〔公羊傳宣公六年〕「|階而走」。○今〔公羊傳〕|作躇。〔說文〕「|，乍行乍止也」繫傳。○|，今〔公羊〕作躇。〔說文〕「|，讀若春秋傳曰|階而走」段注。

趞 |，行兒。〔廣韻·藥部〕○〔說文定聲·卷九〕|，行輕之兒。〔說文〕「|，趬|也，一曰行兒」。

諎 |，驚也。〔廣韻·藥部〕○|與獡音義同。〔說文〕「|，驚兒」段注。○|與獡聲義並同。〔方言二〕「凡相驚曰獡」箋疏。○|，竦也。〔集韻·鐸部〕○|，敬也。〔集韻·昔部〕

㣉 |，當訓勞也。〔說文定聲·卷九〕○|，須臾。〔廣韻·藥部〕○|亦倦也。(同上)○|，困劇也。〔說文〕「|，徼|受屈也」繫傳。○|，極也。〔國策〕「有所卻」雜志。○〔說文定聲·卷九〕|，段借為臄。〔廣雅·釋詁一〕「|，笑也」。○|與谷同，字本作噱。〔廣雅·釋詁一〕「|，笑也」疏證。○〔說文定聲·卷九〕|，以谻為之。〔子虛賦〕「徼谻受詘」。○|、卻、谻、㤩並字異而義同。〔廣雅·釋詁一〕「|，極也」疏證。○|、卻、谻、卻並字異而義同。〔國策〕「有所卻」雜志。○|、㤩則一字。〔說文〕「|，徼|受屈也」句讀。○|與㤩同字。〔說文定聲·卷九〕

矆 |，驚視也。〔說文〕「|，大視也」繫傳。○|，遠視兒。〔集韻·藥部〕○|，猶盱也。〔說文定聲·卷一八〕〔「揚」下〕○|，勇兒。〔集韻·藥部〕○|，義亦與懩通。〔廣雅·釋詁一〕「懩，驚也」疏證。○|同曤。〔廣韻·藥部〕○矍、|並與曤同。〔廣雅·釋詁一〕「曤，視也」疏證。○|睒，今謂電也。〔通雅·卷九〕

彏 |，弓弦急兒。〔廣韻·藥部〕○急弦謂之|。〔集韻·藥部〕○|，字亦作彠。〔說文定聲·卷九〕

𧾩 |，大步。〔廣韻·藥部〕○|，大步也。〔集韻·藥部〕

櫡 〔說文定聲·卷九〕|，大鉏也。〔爾雅〕「斫謂之鐯」。○|與钁署同。〔說文定聲·卷九〕○|之言箸也。〔說文〕「|，斫謂之|」段注。○|，一作鐯，俗字也。(同上)○|，字亦作𥗋。〔說文定聲·卷九〕

𥗋 |，碎石。〔集韻·藥部〕○|字與櫡同。〔說文〕「|，斫也」句讀。○|當為櫡之或體，以其可擫石，故从石。〔說文定聲·卷九〕○|，〔爾雅〕作鐯。〔說文〕「|，斫也」繫傳。

襗 |，褻衣。〔廣韻·鐸部〕○〔說文定聲·卷九〕|謂脛衣。〔說文〕「|，絝也」。

𧮫 丨，笑皃。〔廣韻・藥部〕○〔說文定聲・卷九〕口之兩旁，上曰丨，下曰圅。〔說文〕「丨，口上阿也」。

⿰目矍 丨，大視。〔廣韻・藥部〕○丨，懼也。〔文選・魏都賦〕「丨焉相顧」張注。○丨與矍同。〔廣雅・釋訓〕「矍矍，視也」疏證。○矍、矆並與丨同。〔廣雅・釋詁一〕「丨，視也」疏證。

⿰車矍 丨，車輞。〔廣韻・藥部〕○丨，輯丨，車輞也。〔集韻・藥部〕○匷、攫並與丨通。〔廣雅・釋器〕「輯丨，輞也」疏證。

鐯 丨，钁也。〔廣韻・藥部〕○丨，字又作櫡，依許則當作⿰石著。〔說文〕「⿰石著，斫也」段注。

⿰忄蒦 丨，忖丨。〔廣韻・鐸部〕○度、丨，宅、咤，並聲近而義同。〔廣雅・釋言〕「丨，忖也」疏證。

護 丨，欺也。〔廣韻・鐸部〕

仛 丨，人所豎立。〔集韻・陌部〕○丨，他也。〔廣韻・鐸部〕又〔集韻・鐸部〕。

鄚 唐開元十三年衛包以丨類鄭，去邑作莫，今任邱縣。〔說文〕「丨，涿郡縣」義證。○北音呼丨為帽。〔漢書・地理志〕「丨，莽曰言符」補注。

⿰歹莫 丨，死也。〔廣韻・鐸部〕

⿱雨各 丨，通作落。〔廣雅・釋詁二〕「丨，墮也」疏證。○丨，今以零落字為之。〔說文定聲・卷九〕○丨，各本作零。〔說文〕「霝，雨丨也」段注。

嗼 丨，勳嚏。〔廣韻・鐸部〕○聲之靜曰啾丨。〔說文定聲・卷九〕（「募」下）○丨，或借漠字。〔說文〕「丨，啾丨也」義證。○丨，今字作寞。〔說文定聲・卷九〕○丨通作寞。〔釋詁〕「丨，定也」郝疏。○丨，通作莫。〔同上〕郝疏。○丨、莫音義通。〔同上〕鄭注。○丨、莫、貊並字異而義同。〔廣雅・釋詁一〕「丨，安也」疏證。○丨、莫、貉並通，字又作貊。〔廣雅・釋詁四〕「丨，定也」疏證。

笿 丨，亦籠。〔說文〕「丨，桮丨也」繫傳。○丨，籠丨。〔廣韻・鐸部〕○丨，杯籠也。〔慧琳音義・卷七六〕○丨猶今人言籮。〔說文〕「丨，桮丨也」繫傳。○丨，絡也。〔同上〕繫傳。○丨，引伸為籠絡字，今人作絡，古當作丨。〔同上〕段注。○丨、絡、落並與落通。〔方言五〕「桮落」箋疏。○丨又作落。〔說文〕「丨，桮丨也」義證。○丨，字或作簬，又通作落。〔同上〕義證。○丨亦作落。〔同上〕段注。

⿰革各 丨者，生革可以為縷束也。〔說文〕「韄，車伏兔下革也」段注。○丨，生革也。〔說文〕「銜，馬勒口中也」段注。○丨曰絡也。〔說文〕「丨，生革可以為縷束也」繫傳。○丨，經典借絡字。〔同上〕義證。○經典借絡為丨。〔同上〕句讀。

鉻 丨，剔去毛鬣爪甲。〔莊子・馬蹄〕「刻之雒之」集釋引王念孫。○丨，俗作⿰各刂，作斱。〔說文〕「丨，鬄也」段注。○丨，俗字作⿰各刂、作斱，蘇俗僧家披鬀謂之丨髮。〔說文定聲・卷九〕

⿰鼠各 丨，鼠名。〔廣韻・鐸部〕○丨，鼠，出胡地。〔同上〕○丨，鼠名，出胡地，皮可為裘。〔集韻・鐸部〕○丨，狐丨。〔說文〕「丨，鼠，出胡地」繫傳。

雒 丨，江東呼為鵋也。〔說文〕「丨，鵋鵙也」繫傳。○鴼即丨字，今江蘇此鳥尚呼鉤丨鴟。〔說文〕「丨，忌欺也」段注。○落、丨並與⿰各刂同。〔廣雅・釋詁一〕「⿰各刂，剔也」疏證。○丨讀為駱。〔莊子・馬蹄〕「刻之丨之」集釋引王念孫。○丨當為烙。〔同上〕平議。○漢忌水，改洛為丨。〔說文〕「丨，忌欺也」段注引曹丕。○魏黃初以前，伊丨字皆作丨，今書皆以洛為之。〔說文定聲・卷九〕○丨，各本作洛。〔說文〕「澗，一曰澗水，東南入丨」段注。○黑身白鬣曰丨。〔詩・駉〕「有駵有駱」朱傳。○丨即駱之異體。〔同上〕通釋。○大丨，〔秦紀〕作大駱。〔漢書・古今人表〕「秦大丨」補注。

⿰各刂 丨，去皮節。〔廣韻・鐸部〕○丨，剔也。〔同上〕○丨，剔也，或从斤。〔集韻・鐸部〕○丨與鉻同。〔廣雅・釋詁一〕「丨，剔也」疏證。

鴼 丨，鳥鸔，水鳥。〔廣韻・鐸部〕○〔說文定聲・卷九〕丨，水鳥。〔說文〕「丨，鳥鸔也」。

袼 丨，丨袖也。〔廣韻・鐸部〕○丨，褔丨。〔同上〕○掖謂之胳，故衣袂當掖處亦謂之丨。〔廣雅・釋親〕「胳謂之腋」疏證。○丨，衣腋縫。〔集韻・鐸部〕○丨，袂也。〔廣韻・鐸部〕○丨，袖也。〔集韻・鐸部〕

⿰歹各 丨，殂也。〔廣韻・鐸部〕○丨，殂丨，死也，通作落。〔集韻・鐸部〕○丨，零也，亦死也，隨也。通作落。〔慧琳音義・卷四二〕引〔字書〕。

⿰莫鳥 丨，似鶡，黑文赤頭。〔廣韻・鐸部〕○鷹赤首曰丨。〔集韻・鐸部〕

袥 〔說文定聲・卷九〕袠衩在正中者，言其中分曰衸，言其開展曰丨，今展丨字以拓為之。〔說文〕「丨，衣衸」。○丨，張衣令大也。〔說文〕「丨，衣衸」繫傳。○丨，開衣領也。〔廣韻・鐸部〕○丨，大也。〔廣雅・釋詁一〕○丨之言碩大也。〔廣雅・釋詁一〕「丨，大也」疏證。○丨之引伸為推廣之義。〔說文〕「丨，衣衸」段注。○今字作開拓，拓行而丨廢矣。〔同上〕

⿰足㡿 丨，丨弛。〔說文〕「⿺走㡿，距也」義證引〔玉篇〕。○丨，丨弛，不遵禮度之士。〔廣韻・鐸部〕○丨，亦作跅。〔說文〕「⿺走㡿，距也」義證引〔玉篇〕。

馲 丨，丨駝。〔廣韻・鐸部〕○〔說文定聲・卷九〕丨，亦以槖為之。〔釋畜〕釋文引〔字林〕「丨駝，似鹿而大，肉鞍，出繞山」。

侂 丨，託寄字。〔說文〕「丨，寄也」繫傳。○丨與託同。〔方言二〕「託，寄也」箋疏。又〔說文〕「丨，寄也」句讀。又〔廣雅・釋詁三〕「丨，寄也」疏證。又〔釋言〕「媵，託也」疏證。○丨與託音義皆同。〔說文〕「丨，寄也」段注。○丨通作託。〔同上〕義證。○丨，毀也。〔廣韻・鐸部〕○〔說文定聲・卷九〕丨，字亦作仛，俗作托。〔廣雅・釋詁四〕「仛，依也」。

矺丨，磓也。〔集韻·鐸部〕〇丨死，磔死也。〔通雅·刑法〕〇丨鼠，木名。〔集韻·鐸部〕〇丨，王棘。（同上）

逪丨，这丨也。〔說文〕「丨，迹丨也」義證引〔玉篇〕。〇東西為这，衺行曰丨。〔說文定聲·卷九〕〇（同上）丨謂木理交錯也，字變作皵，作撒。〔釋木〕「大而皵楸」。〇丨，經典借錯字。〔說文〕「丨，迹丨也」義證。〇〔說文定聲·卷九〕丨，以錯為之。〔詩·楚茨〕「獻酬交錯」。〇丨、这與錯、交通。〔廣雅·釋言〕「丨，这也」疏證。〇丨，通作錯。〔廣雅·釋言〕「逆，丨也」疏證。〇〔說文定聲·卷九〕丨，字又作皵。〔素問·生氣通天論〕「寒薄為皵」。

胳丨，腋。〔廣韻·鐸部〕〇股骨三，下謂之丨。〔左傳宣公一六年〕「原襄公相禮，殽烝」疏證引凌廷堪。〇〔說文定聲·卷九〕丨，叚借為骼。〔儀禮·有司〕「徹肩臂肫丨臑」。〇丨，〔禮〕或作骼。〔說文〕「丨，掖下也」繫傳。〇丨，牲後脛骨。〔集韻·陌部〕〇〔禮經〕牲體之丨，今文作丨，古文作骼。〔說文〕「丨，亦下也」段注。〇丨，俗作胳。（同上）〇〔說文定聲·卷九〕丨，俗字作袼。〔廣雅·釋器〕「袼，袖也」。

𧊜丨，大魚，似蝪蜥。〔集韻·鐸部〕〇丨，俗作𧍞、鰐、鱷。〔說文〕「丨，似蜥易，長一丈」段注。〇丨，字亦作鰐、作𧍞、作鱷。〔說文定聲·卷九〕〇丨，今作鰐、鱷。〔說文〕「丨，似蜥易，長一丈」句讀。〇丨，字或作鰐。（同上）義證。〇丨，又作鱷。（同上）

鰐丨，魚名。〔廣韻·鐸部〕〇丨魚，長二丈餘，有四足，似鼉，喙長三尺，甚利齒，虎及大鹿渡水，鰐擊之皆中斷。生子則出，在沙上乳卵，卵如鴨子，亦有黃白，可食。其頭琢去齒，旬日間更生，廣州有之。〔說文〕「𧊜，似蜥易，長一丈」段注引〔異物志〕。〇丨，〔說文〕作𧊜，似蜥蜴，長一丈，水潛，吞人即浮，出日南也。〔文選·吳都賦〕「龜鼉鯖丨」集釋。〇丨魚，別號忽雷，熊能制之，一名骨雷。（同上）集釋引〔洽聞志〕。〇丨，〔類篇〕或作鱷。（同上）集釋。

轉丨，車覆軛。〔廣韻·鐸部〕〇丨，韋褁車軛。〔集韻·昔部〕

蒪丨苴，大蘘荷名。〔廣韻·鐸部〕〇巴、丨古同聲，丨苴，正可通作巴苴。〔廣雅·釋草〕「馬髯，荔也」疏證。

萏丨，舂也。〔廣韻·鐸部〕〇丨，或作噂。〔集韻·鐸部〕

蝁丨，蛇名。〔廣韻·鐸部〕〇丨，一名蛈，大眼，最有毒，淮南人呼惡子。〔說文定聲·卷九〕〇丨之言惡也。〔釋魚〕「蛈，丨也」述聞。〇蛈與蛭，丨與惡，聲義亦同。〔廣雅·釋詁三〕「痓，惡也」疏證。

貈丨似狐，善睡，亦謂之貉。〔釋獸〕「丨子貆」鄭注。〇丨，獸名也，似狐而小也，俗作貉。〔慧琳音義·卷六三〕引〔考聲〕。〇〔說文定聲·卷六〕丨，字亦作貘。丨形誤而為貉，貉聲又變而為貘也。〔中山經〕「扶豬之山，有獸焉，其狀如貘而人目，其名曰麐」。〇丨，經典作貉字。〔說文〕「丨，似狐，善睡獸」義證。

騅丨，馬白額。〔廣韻·覺部〕又〔集韻·鐸部〕。〇〔說文定聲·卷七〕丨，漢三十六苑之一。〔說文〕「丨，苑名」。〇丨與駒音義皆同。〔說文〕「丨，一曰馬白額」段注。〇〔說文定聲·卷七〕丨，叚借為馰。〔說文〕「丨，一曰馬白額」。

胉丨，脅也。〔廣韻·鐸部〕〇丨，字或作膊，通作拍，又通作迫。〔廣雅·釋親〕「丨，脅也」疏證。

䐹丨，羹丨。〔廣韻·鐸部〕〇肉羹之稍乾者曰丨。〔說文定聲·卷一五〕〔「臏」下〕〇丨，似羹而濃也。〔慧琳音義·卷八一〕引〔考聲〕。〇羹之稍乾者為丨。〔說文定聲·卷一四〕〔「臐」下〕〇丨，此羹之實于豆者，不以菜芼之，其質較乾。〔說文定聲·卷七〕〇丨，羹也。〔通鑑·後唐紀七〕「頓食鷄丨數盤」音注。〇丨以肉為主。〔說文〕「丨，肉羹也」繫傳。〇無菜曰丨也。〔慧琳音義·卷七四〕〇無汁而燏曰丨。〔慧琳音義·卷六一〕〇羹丨，五味腥熟得宜也。〔慧琳音義·卷六六〕引顧野王。〇丨，字通作臛。〔說文〕「丨，肉羹也」義證。〇今本丨作膈，俗字也。〔釋名·釋飲食〕「丨，蒿也」疏證。

䩬丨，丨韃。〔廣韻·鐸部〕〇〔通雅·卷三六〕丨韃，革履之缺前者也。〔新唐書·西域傳〕「足曳丨韃」。

睢丨，望也。〔廣韻·鐸部〕〇丨，目明皃。〔廣韻·屋部〕

苲丨，西南夷号，亦作莋。〔慧琳音義·卷九六〕引〔考聲〕。

筰〔說文定聲·卷九〕丨，竹索也，今之篾纜。〔說文〕「丨，筊也」。〇丨，竹索也，引舟竹筊也。〔說文〕「丨，筊也」義證引〔玉篇〕。〇丨，竹索。西南夷尋之以渡水，故因号曰邛丨。（同上）義證引〔增韻〕。〇凡言丨者，夷人於大江水上置藤橋，謂之筰。〔漢書·地理志〕「定莋」補注引〔志稿〕。〇施竹索於兩岸，人乘其上，自擊往來如橋梁，名曰丨。〔慧琳音義·卷九〇〕〇丨，引舟筊，或作䇨。〔集韻·昔部〕〇〔說文定聲·卷九〕丨，叚借為迮。〔周禮·典同〕「侈聲丨」。〇丨同笮。〔廣韻·鐸部〕〇丨，今作笮，猶壓也。今謂笮出汁是也。〔慧琳音義·卷三三〕

飵楚人相謁食麥饘曰丨。〔廣韻·鐸部〕〇閩人呼食飯為丨飵。〔通雅·諺原〕〇丨，餥丨，食也。〔集韻·鐸部〕

秨丨，禾稼動搖。〔廣韻·鐸部〕〇丨，禾搖也。〔集韻·莫部〕〇今俗語說動搖之皃曰丨。〔說文〕「丨，禾䌛皃」段注。〇丨，禾稼皃。〔廣韻·暮部〕〇丨，禾稼也。〔集韻·莫部〕

⿰口尃 丨，噍皃。〔集韻·鐸部〕○丨噍，噍皃。〔廣韻·鐸部〕○丨噍，美食也。〔慧琳音義·卷六一〕引〔考聲〕。

⿰齒尃 丨，齧物聲。〔集韻·藥部〕○丨與噂同。〔說文〕「丨，噍堅也」句讀。○丨，或从簿，亦作噂。〔集韻·鐸部〕

⿰車尃 丨，車下索也。〔廣韻·鐸部〕○丨，以革為索終縛輿底也。〔說文〕「丨，車下索也」繫傳。○丨，車上囊，或从韋。〔集韻·藥部〕○丨，或借縛字。〔說文〕「丨，車下索也」義證。○丨，或作轉。(同上)

⿱艹⿰車乍 丨茹，草。〔廣韻·鐸部〕○丨茹，艸名。〔集韻·鐸部〕○丨茹，茨菰，正丨聲之轉。〔廣雅·釋草〕「丨茹，烏芋也」疏證。

⿰虫尃 丨蟭，螗蜋卵也。〔廣韻·鐸部〕○丨蟭，蟲名。螳蜋子也。〔集韻·鐸部〕

⿰羊尃 吳羊羜曰丨。〔集韻·鐸部〕○丨羘，獸名，似羊，九尾四耳，其目在背。〔廣韻·鐸部〕

瀖 丨泋，衆波聲。〔廣韻·鐸部〕○丨丨，水皃。〔集韻·鐸部〕○潅與丨同。〔廣雅·釋詁二〕「丨，漬也」疏證。

劐 丨，裂也。〔廣韻·鐸部〕又〔集韻·鐸部〕。○丨，亦劃也。〔廣雅·釋詁二〕「丨，裂也」疏證。

椁 丨，外棺也。〔論語·先進〕「顏路請子之車以為之丨」朱注。○〔說文定聲·卷九〕丨，周棺者也。〔說文〕「丨，葬有木亭也」。○沐丨，棺材光潔如沐。〔義府·卷上〕○〔說文定聲·卷九〕丨，叚借為度。〔考工·輪人〕「丨其漆內」。○丨，字亦作槨。〔廣雅·釋言〕「丨，廓也」疏證。○丨，舊作槨，俗寫。〔墨子·七患〕「死又厚為棺丨」閒詁引畢沅。

檴 丨落，木名。〔廣韻·鐸部〕○丨落，木名，可為杯器素。〔集韻·鐸部〕引郭璞。

濩 丨，煮也。〔詩·葛覃〕「是刈是丨」朱傳。○丨，瀹也。(同上)集疏引韓說。○丨，污也。〔集韻·鐸部〕○丨、蠖並與獲相近，皆污辱之稱也。〔方言三〕「獲，賤稱也」箋疏。○丨，湯樂名。〔集韻·鐸部〕○丨渃，大水。(同上)○蠖丨，宮室深邃。(同上)○丨落者，吳落也。〔通雅·釋詁〕○丨亦獲也，古聲義同耳。〔史記〕「不獲」雜志。○丨與獲古亦同聲。〔廣雅·釋詁三〕「獲，辱也」疏證。○丨，或假為護。〔說文〕「丨，雨流霤下皃」段注。○丨護二字古以同音通用。〔文選·典引〕集釋○丨，或假為鑊。〔說文〕「丨，雨流霤下皃」段注。

趯 丨與趒躍略同。〔說文定聲·卷七〕○丨亦逴也，方俗語有侈弇耳。〔廣雅·釋詁一〕「丨，驚也」疏證。○躍與丨古同聲而通用。〔廣雅·釋訓〕「丨丨，跳也」疏證。○丨丨，跳也。〔詩·草蟲〕「丨丨阜螽」集疏引魯、韓說。

娋 丨，小小侵也。〔集韻·藥部〕○〔說文定聲·卷七〕丨丨者，侵物以漸。〔說文〕「丨，小小侵也」。○丨，小丨侵也。〔說文〕「丨，小小侵也」義證引〔玉篇〕。○丨，通用削。(同上)義證。

⿰忄卻 丨，勞也。〔廣韻·陌部〕○丨，疲也。〔集韻·陌部〕○丨，疲力也。〔說文〕「丨，勞也」義證引〔玉篇〕。○丨猶卻也。(同上)繫傳。○卻、卻、欲、丨並字異而義同。〔廣雅·釋詁二〕「卻，極也」疏證。○丨與卻音義同。〔漢書·司馬相如傳〕「徼卻受詘」補注。○丨與卻音義皆同，本一字耳。〔說文〕「丨，勞也」段注。○丨當為卻之或體。〔說文定聲·卷九〕

⿰卻刂 丨，解也。〔廣韻·鐸部〕又〔集韻·陌部〕。○丨，裂也。〔廣韻·鐸部〕○丨，裂也，或作劃。〔集韻·陌部〕○丨，籀文作劙，又作劐、霍。〔方言一三〕「丨，解也」箋疏。

籗 丨，罩也，亦作篧。〔集韻·鐸部〕○〔說文定聲·卷九〕丨，字亦作篧。〔爾雅〕「篧謂之罩」。

⿰女霍 丨研，不解悟皃。〔集韻·藥部〕

⿰木霍 丨，稂耙艸也。〔釋艸〕「丨，烏階」鄭註。

⿱隺木 丨，落也。〔說文〕「丨，木葉陊也」義證引〔玉篇〕。○丨與蘀義同。(同上)段注。○丨與蘀同。(同上)義證引〔玉篇〕。○丨同檴。(同上)段注引〔玉篇〕。

狛 丨，獸，如狼。〔說文〕「丨，如狼」義證引〔玉篇〕。○丨，獸名，似狼。〔集韻·鐸部〕○丨與㹶同。〔說文〕「丨，如狼」義證引〔玉篇〕。○丨字又作㹶。(同上)句讀。○丨，〔廣韻〕作㹶。(同上)段注。

⿱暴衣 丨，領連也。〔說文〕「丨，頸連也」義證引〔玉篇〕。○丨，頸聯也。〔集韻·屋部〕○丨謂聯領于衣也，領謂之襮，聯之于衣謂之丨。〔說文定聲·卷七〕○丨，亦作襮。〔說文〕「丨，頸連也」義證引〔玉篇〕。

⿱雨革 丨，皮革得雨丨然起也。〔說文〕「丨，雨濡革也」繫傳。○〔說文定聲·卷九〕丨，革濡則虛起，今蘇俗語音如朴。〔說文〕「丨，雨濡革也」。○丨，雨也。〔廣韻·麥部〕又〔集韻·麥部〕。

蠌 〔說文定聲·卷九〕丨，即寄居也，如小蟹，戴殼而走。〔釋魚〕「螖丨，小者蟧」。○(同上)丨，謂今之蟛蜞也。〔釋魚〕「螖丨，小者蟧」注引或說「即彭螖」。

⿱艹僕 丨，蘀丨也。〔廣韻·鐸部〕○丨之言剝也。〔廣雅·釋木〕「丨，落也」疏證。

皬　一與翯同。〔廣雅・釋器〕「一，白也」疏證。○暠、翯、一並字異而義同。〔廣雅・釋器〕「翯，白也」疏證。○翯翯、鶴鶴、皠皠並與一一同。〔廣雅・釋訓〕「一一，白也」疏證。

⿰阝咢　一，阜兒。〔集韻・鐸部〕

擴　一，推廣之意。〔孟子・公孫丑上〕「知皆一而充之矣」朱注。○一，義亦與彉同。〔廣雅・釋詁一〕「彉，張也」疏證。

⿰矛殳　一、殺、椴並字異而義同。〔廣雅・釋器〕「一，矛也」疏證。

彴　一約，流星。〔廣韻・藥部〕○〔說文定聲・卷七〕一，字亦作彴。一約，疊韻連語，急疾兒。〔爾雅〕「奔星為彴約」。○(同上)一，叚借為榷。〔廣雅・釋室〕「彴，獨梁也」。○一，或作彴。〔說文〕「一，約也」義證。○一，羣書作彴。(同上)句讀。

偔　一，多也。〔廣韻・鐸部〕又〔集韻・鐸部〕。

偖　一，施也。〔集韻・藥部〕○一，安也。(同上)

⿰冫各　一凙，冰兒。〔廣韻・鐸部〕○冰謂之一凙。〔集韻・鐸部〕○一，凍堅也，或作洦。〔集韻・陌部〕

凙　一，冰結也。〔集韻・鐸部〕

㓵　〔說文定聲・卷九〕一，以咢為之。〔漢書・王褒傳〕「越砥斂其咢」。○一，或通作咢。〔說文〕「一，刀劍刃也」義證。○一亦省作咢。(同上)句讀。○〔說文定聲・卷九〕一，以略為之。〔詩・載芟〕「有略其耜」。○㓵者正字，略者假借字。〔說文〕「一，刀劍刃也」段注。○一通作鍔。(同上)義證。○一，今俗作鍔。(同上)繫傳。

⿰咢力　一一，動。〔廣韻・鐸部〕○一，動也。〔集韻・鐸部〕

圴　一，土跡。〔集韻・藥部〕

堮　一，圻一。〔廣韻・鐸部〕○一，坼也。或作壥、塄。〔集韻・鐸部〕○厓、岸、垠、一，一聲之轉。〔廣雅・釋丘〕「垠，厓也」疏證。

塻　一，舍一。〔廣韻・鐸部〕○一，塵一。(同上)○一，塵也。〔集韻・鐸部〕

夒　一，健兒。〔廣韻・藥部〕又〔集韻・藥部〕。

⿺辶虐　齊楚謂跛曰一。〔集韻・藥部〕

咯　一，訟言也，或从言。〔集韻・鐸部〕○一，雉聲。(同上)○一，古通作殼，大咯也。〔通雅・疑始〕

喥　一，口一一無度。〔廣韻・鐸部〕○一，言無度也。〔集韻・鐸部〕○一與⿰言度義相近。〔廣雅・釋詁二〕「⿰言度，欺也」疏證。

⿰口郭　一，叩聲。〔集韻・鐸部〕○一，噓也。(同上)

噁　一一，鳥聲。〔集韻・鐸部〕

⿰口著　一，聲也。〔集韻・鐸部〕

⿰口敦　一，敲一一，聲也，亦作⿰口郭。〔廣韻・鐸部〕○一一，猶屯屯之聲也。〔通雅・釋詁〕

⿰口臬　一，强一。〔廣韻・鐸部〕○一，鳴一一，亦作嗽。(同上)○一一，鳴聲。〔集韻・鐸部〕

嚛　一，食辛也。〔集韻・鐸部〕○⿰酉樂、一、酷並聲近而義同。〔廣雅・釋器〕「⿰酉樂，酢也」疏證。

⿰巾侖　幕屋謂之一。〔集韻・藥部〕

峈　一嶧，山兒。〔集韻・鐸部〕

⿰彳矍　一，往也。〔廣韻・藥部〕○一，行兒。〔集韻・藥部〕

⿸广蒦　一，廓一，空遠。〔廣韻・鐸部〕○一，廓一，空遠兒。〔集韻・鐸部〕

⿸广莫　一，定也。〔廣韻・鐸部〕又〔集韻・鐸部〕。○一，空也。(同上)

嬳　一，作姿態也。〔廣韻・藥部〕又〔集韻・藥部〕。○一，作姿態兒也。〔慧琳音義・卷五七〕引〔文字典說〕。○一，恐一。〔廣韻・鐸部〕○嬳，同一。〔廣韻・藥部〕

珞　一，瓔一也。〔廣韻・鐸部〕○一，瓔一，頸飾。〔集韻・鐸部〕

瓁　一，玉璞。〔集韻・鐸部〕○一，扑一。〔廣韻・鐸部〕

杔　一，一櫨也。〔漢書・司馬相如傳〕「華楓枰櫨」補注引〔玉篇〕。○一櫨，木名。〔集韻・鐸部〕

⿰木㡿　一，判也。〔慧琳音義・卷五〇〕引〔古今正字〕。○一，解木也，謂理直也。(同上)引〔考聲〕。○一，擊一。〔廣韻・鐸部〕○一亦作柝。〔漢書・王莽傳〕「重門擊一」補注引宋祁。

㮧 —，穿也。〔廣韻・鐸部〕又〔集韻・鐸部〕。

榡 —，木梢。〔集韻・鐸部〕

櫎 —，長也，通作曠。〔集韻・鐸部〕

樞 —，華盛皃。〔集韻・鐸部〕

犳 —，獸名。〔廣韻・藥部〕〇—，獸名，出隄山，狀如豹而無文。〔集韻・藥部〕

狂 ——，犬走皃。〔集韻・藥部〕

猼 —，犬名。〔廣韻・鐸部〕〇—，獸名，似人，有翼。〔集韻・鐸部〕

㪉 —，奪取物也。〔集韻・藥部〕

暀 —，暫明也。〔集韻・鐸部〕

暷 —，暴也。或作曝。〔集韻・鐸部〕

曤 —，明也。〔集韻・藥部〕

汑 —，滑也。〔集韻・鐸部〕

渃 —，大水也。〔楚辭・疾世〕「望江漢兮濩—」補注。〇—，濩—，水大皃。〔集韻・藥部〕

溹 —，水皃。〔集韻・鐸部〕

溥 —漠，水皃。〔集韻・鐸部〕

漼 —，灌也。〔集韻・鐸部〕〇—與濯同。〔廣雅・釋詁二〕「濯，漬也」疏證。

滈 —，久雨。〔集韻・鐸部〕

牫 —，山牛。〔廣韻・鐸部〕又〔集韻・鐸部〕。〇—，牛名，重千斤，出華陰山。〔集韻・鐸部〕

犦 —，牛名，犎也。〔集韻・鐸部〕

㩠 —，摸—。〔廣韻・鐸部〕〇—，摸也。〔集韻・鐸部〕

擆 —，置也。〔廣韻・藥部〕〇—，擊也。〔同上〕又〔集韻・藥部〕。

㩱 —，捎也。〔廣韻・藥部〕又〔集韻・藥部〕。〇—，擱也。〔集韻・藥部〕〇捎、—、撨，聲並相近。〔廣雅・釋詁一〕「捎、—、撨，擇也」疏證。

𣬛 —，氈屬，極細可以禦雨。〔集韻・鐸部〕

牔 —，屋耑版。〔集韻・鐸部〕

斱 —同鐯。〔廣韻・藥部〕〇—同櫡。〔墨子・經下〕「非半弗—」閒詁引楊葆彝。〇—與斫、斮義同。（同上）引盧文弨。〇—即斮字異文。（同上）引畢沅。

𣢑 —，嚼也。〔集韻・鐸部〕

炤 —，明也，通作灼。〔集韻・藥部〕〇—，明易見也。〔詩・正月〕「亦孔之—」朱傳。

熇 —，熱皃。〔廣韻・鐸部〕〇—，熾也。〔集韻・鐸部〕〇—，或借嗃字。〔說文〕「—，火熱也」義證。〇謞、—、嗃音義同。〔釋訓〕「謞謞，崇讒慝也」邵正義。〇—當為槁，色黑鹵枯槁也。〔太素・五藏痿〕「色黑而齒—」楊注。

𤈦 —，火也。〔集韻・鐸部〕

熐 —，火皃，或作㷬。〔集韻・鐸部〕

爈 —，火熾。〔集韻・藥部〕

㸌 ——，熱。〔廣韻・鐸部〕〇——，熱也。〔集韻・鐸部〕

爆 —，迫於火也。〔廣韻・鐸部〕〇—，迫近火也，或作皾。〔慧琳音義・卷六〕〇—，火乾也。〔集韻・鐸部〕〇—，熱也。或作煿。（同上）

䯪 —，仰也。〔廣韻・藥部〕

㤓 —，忖也。〔集韻・鐸部〕〇—，徵也。亦作忔。〔廣韻・鐸部〕〇—，企也，或作忔、愎。〔集韻・鐸部〕

㥾 —，心然也。〔集韻・鐸部〕

懽 —，恐懼皃。〔集韻・鐸部〕

慔 —，勉也。〔集韻・鐸部〕

砟 ｜，石上。〔廣韻・鐸部〕〇｜，石也。〔集韻・鐸部〕

砉 ｜，磨刀也。〔慧琳音義・卷八〇〕引〔考聲〕。〇｜，磨刃。〔集韻・藥部〕〇｜，磨刃也。〔慧琳音義・卷八九〕引〔考聲〕。〇｜，利也。〔慧琳音義・卷九三〕引〔韻英〕。

硑 ｜，磞｜，石聲。〔廣韻・鐸部〕又〔集韻・鐸部〕。

碍 ｜，磑也。〔集韻・藥部〕〇｜，｜磆，大脣兒。（同上）

䁨 ｜，驚視。〔廣韻・鐸部〕〇｜，駭視也，或从霍。〔集韻・鐸部〕

瞙 ｜，目不明，或从毛。〔集韻・鐸部〕〇｜，大視也。〔慧琳音義・卷五一〕引〔考聲〕。

矌 ｜，目張兒，或作瞕。〔集韻・鐸部〕

𥌎 ｜，美目。〔廣韻・藥部〕又〔集韻・藥部〕。〇｜，爍並與鑠通。〔方言二〕「黸瞳之子，宋衛韓鄭之間曰鑠」箋疏。

矐 ｜，重目。〔廣韻・鐸部〕〇｜，目開。（同上）〇｜，光明也。（同上）

𥌆 ｜，目瞑。〔集韻・藥部〕

睔 ｜，矐｜，視兒。〔廣韻・藥部〕

䅣 ｜，似黍而小。〔廣韻・鐸部〕〇｜，禾屬，似黍而小。〔集韻・鐸部〕

穱 ｜，穄也。〔集韻・藥部〕

䆐 ｜，艸名，可染皁。〔集韻・藥部〕

𤽩 ｜，大兒。〔廣韻・鐸部〕

𤽱 ｜，太白。〔廣韻・鐸部〕

𤷒 ｜，｜食，瘡疾。〔廣韻・藥部〕〇｜，瘡病。或从却。〔集韻・藥部〕

癨 ｜，淫｜，病也。〔廣韻・藥部〕又〔集韻・藥部〕。

𤻪 ｜，瘑｜。〔廣韻・鐸部〕〇｜，瘑｜，物在喉。〔集韻・鐸部〕

癨 ｜，吐病。〔廣韻・鐸部〕〇｜，病亂也。〔集韻・鐸部〕

𥨍 ｜，穿也。〔集韻・鐸部〕

矡 ｜，矛屬。〔集韻・藥部〕

𦗾 ｜，耳｜。〔廣韻・鐸部〕

𦗢 ｜，大耳。或从廣。〔集韻・鐸部〕

𧌃 ｜，天神蟲。〔廣韻・藥部〕〇〔說文定聲・卷九〕｜即蛣蜣也。蜣蛣之翻語為｜，侈口言之，渠｜者，疊韻連語。〔說文〕「｜，渠｜，一曰天社」。〇｜，亦名推丸，今蘇俗謂之屎羌郎。〔說文定聲・卷九〕〇｜蜋即蜣蜋。〔釋蟲〕「蛣蜣，蜣蜋」郝疏。〇〔玉篇〕｜與蜣同。〔說文〕「｜，渠｜」義證。

𧓌 ｜，蠗｜，螢火別名。〔廣韻・藥部〕〇｜，蠗｜，蟲名，螢也。〔集韻・藥部〕

䏍 ｜，｜脪也。〔廣韻・鐸部〕〇｜，｜脪，畜水腸。〔集韻・鐸部〕〇｜，腹大兒。（同上）〇｜，滴也。〔廣韻・鐸部〕〇｜，澆也。（同上）

胙 ｜，祭餘肉。〔集韻・鐸部〕

腭 ｜，齗也。〔慧琳音義・卷一三〕引〔韻詮〕。

𦜨 ｜｜，大笑也。〔廣韻・藥部〕〇｜，牛舌。〔集韻・藥部〕

𦢊 ｜，肫｜，無檢限也。〔廣韻・鐸部〕〇｜，肫｜，無檢也。〔集韻・鐸部〕

臒 ｜，羹肉。〔廣韻・鐸部〕〇｜，大也。〔廣韻・藥部〕〇｜，善也。（同上）

膊 ｜，割肉。〔廣韻・鐸部〕

箔 ｜，簾｜。〔廣韻・鐸部〕〇｜，簾也。〔集韻・鐸部〕

篧 ｜，籠也。〔集韻・鐸部〕

𥵊 ｜，竹組也。〔集韻・鐸部〕

䈾 ｜，第，竹名。〔集韻・鐸部〕

簿 ｜，蠶具。〔廣韻・鐸部〕〇｜，迫也。〔集韻・鐸部〕

⿱⺮搏　丨，蠶具名。〔廣韻・鐸部〕〇丨，蠶具。〔集韻・鐸部〕〇丨，丨齒相籑也。〔廣韻・鐸部〕

⿱⺮擭　丨，取魚竹器。或作篧。〔集韻・鐸部〕

⿱⺮濩　丨，筌，取魚器也。〔廣韻・藥部〕〇丨，取魚竹器。〔集韻・藥部〕

袥　丨，開衣令大也。〔集韻・鐸部〕

⿰衤尃　丨，短袂衫。〔廣韻・鐸部〕〇衫短謂之丨。〔集韻・鐸部〕〇丨，襌衣也。〔說文〕「襌，衣不重」義證引〔玉篇〕。〇丨，儉也。〔說文〕「儉，約也」義證引〔玉篇〕。〇丨，約也。〔同上〕〇丨即薄字。〔說文〕「爾雅，⿸疒京，薄也」段注。〇丨，今為薄。〔說文〕「襌，衣不重」義證引〔玉篇〕。

⿰米霍　丨，黍糉。〔集韻・鐸部〕

莡　丨，艸名。〔集韻・鐸部〕〇丨，草聲。〔廣韻・鐸部〕

藃　丨，木乾丨皃。〔集韻・鐸部〕〇丨，草肥皃。〔同上〕

⿱艹索　丨，草名。〔廣韻・鐸部〕又〔集韻・鐸部〕。

虁　丨，丨子，菜。〔廣韻・藥部〕〇丨，丨子，菜名。〔集韻・藥部〕

⿱若⿰若若　風吹水謂之丨。〔集韻・藥部〕〇丨丨，風吹水皃。〔廣韻・藥部〕

⿰各羽　丨翻，飛皃。〔集韻・鐸部〕

⿰飛各　丨，飛去也。〔廣韻・鐸部〕

縒　丨綜，亂也。〔廣韻・鐸部〕又〔集韻・鐸部〕。〇丨，鮮潔皃。〔同上〕

綹　丨，大絢。〔集韻・鐸部〕

輅　丨，王車。〔集韻・鐸部〕

輹　丨，丨輅。〔廣韻・鐸部〕〇丨輅，轉也。〔集韻・鐸部〕

轕　丨，車聲。〔集韻・鐸部〕〇丨，轇丨，車聲。〔廣韻・鐸部〕

覭　丨，久視也。〔集韻・鐸部〕

⿰龠見　丨，視不定也。〔廣韻・藥部〕〇丨，眩也，或作睔。〔集韻・藥部〕

⿰𤔔見　丨，視皃。〔集韻・藥部〕

趵　丨，跡也，亦作蹠。〔集韻・藥部〕

跅　丨，距落無檢局，或作蹄。〔集韻・鐸部〕

⿰足去　丨，行不進。〔集韻・藥部〕

⿰足叕　丨，足下文。〔廣韻・藥部〕又〔集韻・藥部〕。

踄　丨，蹈也。〔廣韻・鐸部〕

⿰足若　丨，踐也。〔廣韻・藥部〕又〔集韻・藥部〕。〇丨，蹂也。〔同上〕

逽　丨，走丨。〔廣韻・藥部〕〇丨，先也。〔集韻・藥部〕

⿺辶矍　丨，行不住丨丨天下。〔廣韻・藥部〕〇丨丨，周遊也。〔集韻・藥部〕

⿰角弱　丨，弓偏弱。〔集韻・藥部〕

詑　丨，毀也。〔集韻・鐸部〕

⿱若言　丨，約丨，歎美也。〔廣韻・藥部〕又〔集韻・藥部〕。

詐　丨，慙語。〔集韻・鐸部〕

謨　丨，謀也。〔集韻・鐸部〕

謣　丨，諻也。〔集韻・鐸部〕

謋　丨謊，狂言。〔廣韻・鐸部〕又〔集韻・鐸部〕。

謈　丨，詈也。〔集韻・鐸部〕

護　丨，妄言也。〔集韻・藥部〕

霣　丨，雨皃。〔集韻・鐸部〕

霹 |，美雨。〔廣韻·藥部〕○|，大雨。〔集韻·藥部〕

雀 |，鳥飛高也。〔集韻·鐸部〕○|，鳥飛高皃。(同上)○|與鶴同。〔國策〕「雀立」雜志。

阼 |，東階，賓主之所酬酢也。〔集韻·鐸部〕

鈼 |，釜也。〔説文〕「鈔，一曰鷺鼎」義證引〔玉篇〕。○|，甑也。〔集韻·鐸部〕○|，鈔也，吳人云也。〔廣韻·鐸部〕

鋈 |，白金。〔集韻·鐸部〕

鑩 |，鉤也。〔集韻·鐸部〕○|，以鐵作鉤物也。〔廣韻·鐸部〕

閣 |，閩|，牽引也。〔廣韻·藥部〕○|，牽引也。〔集韻·藥部〕

䩡 〔通雅·卷三五〕|輸即鞹軒也。〔詛楚文〕「|輸棧輿」。

䪁 |鞣，爍也。〔廣韻·鐸部〕

顎 嚴敬曰|。〔廣韻·鐸部〕○|，恭嚴也，或作顛、頞、顭。〔集韻·鐸部〕

鞞 |，面大皃。〔廣韻·鐸部〕○|，面大醜皃。或从屰。〔集韻·鐸部〕○奋，俗|。〔廣韻·鐸部〕

鞸 |，鞣|，胡履也。〔廣韻·鐸部〕

䯏 |，䐃也。或从專，亦作胉。〔集韻·鐸部〕

飵 |，食節。〔集韻·藥部〕

餺 |，|飥。〔廣韻·鐸部〕○|飥，餅也。或从尃，亦作麱。〔集韻·鐸部〕

餺 |，|餅。〔廣韻·鐸部〕

䬉 |，味薄。〔廣韻·鐸部〕○|，食無味。或从口。〔集韻·鐸部〕

颹 |，風聲。〔集韻·鐸部〕

䰐 |，髮也。〔集韻·鐸部〕

鬕 |，髻飾。〔集韻·鐸部〕

驝 |，駝，北方胡畜名也，俗作駱駝。〔慧琳音義·卷一三〕○|同馲。〔廣韻·鐸部〕○|、馲、駝、駞、橐、它並同。〔方言七〕「凡以驢馬、馲駝載物者謂之負佗」箋疏。

䴲 |麪，麬皮也。〔集韻·鐸部〕

麨 |，屑麥蒸之也。〔集韻·鐸部〕

鳶 〔説文定聲·卷九〕|，字亦作鶚。〔廣雅·釋鳥〕「鶚，鵰也」。

鶚 |，鷙鳥也，如雕而黑文白首赤足。〔慧琳音義·卷六五〕

鸌 |，水鳥。〔廣韻·鐸部〕又〔集韻·鐸部〕。

鸖 |，色白而長喙，頂皆朱色。〔慧琳音義·卷四〕○|，似鵠而觜長，神仙鳥也。(同上)引〔字書〕。

鶉 |公，鳥名。〔集韻·鐸部〕

鸜 |，三首三足鳥。〔廣韻·藥部〕○|，鳥名，如鷄，白身，三首，三足。〔集韻·藥部〕

𩹉 |，魚名，如蛇。或書作鰐。〔集韻·鐸部〕

鰝 |，大鰕。〔集韻·鐸部〕

鱳 |，魚名。〔集韻·鐸部〕

鱄 |，魚，似鯉，一目也。〔廣韻·鐸部〕○|，魚名，如鯉。〔集韻·鐸部〕

黐 〔集韻·鐸部〕油麻一榨曰|。

𪐞 |，婦人以點飾。〔集韻·藥部〕

鼶 |，|鼠。〔廣韻·鐸部〕○|鼶，鼠名。〔集韻·鐸部〕

齶 |，齒斷，或作咢、腭。〔集韻·鐸部〕

䚘 |，仰也，或从畬。〔集韻·藥部〕

龥 |，呼也。〔集韻·藥部〕

續經籍纂詁卷第一百

入聲

十一陌

陌 丨，阡丨，南北為阡，東西為丨。〔廣韻・陌部〕○丨，阡丨，田間道，南北曰阡，東西曰丨。〔集韻・陌部〕○丨，道也。〔慧琳音義・卷二七〕引〔玉篇〕。○丨亦横度之名。〔廣雅・釋宮〕「丨，道也」疏證。○丨與冒一聲之轉。〔廣雅・釋器〕「帞頭，幧頭也」疏證。○丨即帞。〔方言四〕「絡頭，帞頭也」疏證。○帞、袹、貊、丨並通。〔廣雅・釋器〕「帞頭，幧頭也」疏證。○丨，古只為伯。〔墨子・褋守〕「丘陵、阡丨」閒詁引畢沅。○丨字古止作百。〔釋名・釋典藝〕「建於道丨之頭」疏證。

石 丨，山骨也。〔説文〕「丨，山丨也」義證引〔增韻〕。○丨，土中堅者。〔同上〕義證引〔禮記外傳〕。○土精為丨。〔同上〕義證引〔物理論〕。○丨者，所服之乳丨藥也。〔慧琳音義・卷一八〕○丨，氣之核也，氣之生丨猶人筋絡之生爪牙也。〔説文〕「丨，山丨也」義證引〔物理論〕。○丨，擿也。〔漢書〕「投丨拔距」雜志。○丨，矺也，所以矺彈臃腫。〔國策・秦策二〕「怒而投其丨」鮑注。○二斛曰丨。〔本草・卷一〕○因儋受一丨，遂呼丨為儋。〔説文〕「䄷，百二十斤也」義證。○丨讀為擔。〔同上〕○丨、沰、搥、磓、擿、磓，聲義並相近。〔廣雅・釋言〕「磓、沰，磓也」疏證。○丨通作碩。〔漢書・匈奴傳〕「時奇譎之士丨畫之臣甚衆」補注引朱一新。○〔説文定聲・卷九〕丨，段借為碩。〔漢書・匈奴傳〕「丨畫之臣甚衆」。○丨，或借為碩大字。〔説文〕「丨，山丨也」段注。○丨畫即碩畫。〔通雅・釋詁〕○丨，或借為䄷字。〔説文〕「丨，山丨也」段注。○〔説文定聲・卷九〕丨，段借為䄷。〔説苑・辨物〕「十斗為一丨」。○古多段丨為䄷。〔説文〕「䄷，百二十斤也」段注。○〔通雅・卷三八〕丨承，礩礎也。〔尚書大傳〕「庶人有丨承」。○丨室者，藏本主之丨匰也。〔説文〕「祏，宗廟主也，周禮有郊宗丨室」義證。○丨的，丨壁之最著者也，壁立著明，如射侯之的也。〔通雅・地輿〕○丨炭，煤也。東北人謂之楂，南人謂之煤，山西人謂之丨炭。〔通雅・金石〕○丨流黄，今作硫黄，或作丨流丹。〔同上〕○丨髮，水衣也。〔説文〕「菭，水衣」義證引〔風土記〕。○丨花、鹿角、鷄腳一物也。〔通雅・艸〕○丨蘭，香草。〔楚辭・湘夫人〕「疏丨蘭以為芳」注。○丨蘭即山蘭也。〔文選・湘夫人〕「疏丨蘭以為芳」集釋引吴氏〔草木疏〕。○丨南生于丨間嚮陽之處，故名丨南。〔本草・卷三六〕○丨竹子，即洛陽花，今名洛陽錦。〔通雅・艸〕○丨龍芻，莞之長者，可席者也。〔同上〕○丨檀者，梣槻，今秦皮也。〔通雅・木〕○丨帆，今之鐵樹也。〔同上〕○丨帆，今之鐵樹也。生海底，出水即堅，色如鐵。〔文選・吴都賦〕「丨帆水松」集釋。○丨帆，生海底，高尺餘。〔同上〕集釋據〔本草綱目〕引陳藏器。○丨帆狀如柏。〔同上〕集釋引〔別録〕陶注。○丨決明，九孔螺也。〔通雅・蟲〕○丨決明，一名鰒魚。〔説文〕「鰒，海魚也」段注。○丨桂魚即鱖也。〔通雅・魚〕○丨，當為實。〔墨子・經説上〕「謂言猶丨致也」閒詁引畢沅。○〔説文定聲・卷九〕丨，字亦變作楉。〔廣雅・釋木〕「楉榴，丨榴也」。

客 丨，賓丨。〔廣韻・陌部〕又〔説文〕「丨，寄也」段注。○散文賓丨通稱，對文則賓尊而丨卑，賓大而丨小。〔説文定聲・卷一六〕〔「賓」下〕○丨小於賓。〔卷九〕○首坐謂之丨，唐謂之坐頭。〔通雅・稱謂〕○自此託彼曰丨。〔説文〕「丨，寄也」段注。○丨猶戰國之丨卿、丨將也。〔漢書・周昌傳〕「苛為丨」補注引沈欽韓。○〔史・表〕丨作舍人。〔漢書・高惠高后文功臣表〕「初以丨從入漢」補注引錢大昭。○丨，敬也。〔大戴・少閒〕「以丨事天子」王詁。○丨從，以他丨相從也。〔通雅・官制〕○丨當作容。〔漢書・主父偃傳〕「不丨於齊」補注引錢大昭。

白 丨，西方色。〔廣韻・陌部〕○丨者，陰氣。〔大戴・明堂〕「丨綴牖也」王詁。○物入陰色剝為丨。〔説文〕「丨，西方色，陰用事，物色丨皆入之」繫傳。○丨，太陽之明也。〔説文定聲・卷九〕○日未出地平時，先露其光恆丨，今蘇俗語昧爽曰東方發丨是也。〔同上〕○丨，明也。〔通鑑・周紀四〕「以國濟義，一日而丨」音注。○丨，明也，顯也。〔荀子〕「名聲日聞」雜志。○丨，猶明。〔國策・燕策二〕「不丨於臣之所以事先王之心」鮑注。○丨，明丨也。〔通鑑・周紀四〕「仁人之所務丨也」音注。○丨之言明丨也。〔廣雅・釋器〕「皔，丨也」疏證。○丨，顯著也。〔荀子〕「一朝而伯」雜志。○〔通雅・卷三八〕室之光處謂之丨。〔莊子〕「虛室生丨」。○丨過亦即著明之過也。〔漢書・谷永傳〕「竊恐陛下舍昭昭之丨過」補注引沈欽韓。○〔説文定聲・卷九〕丨，空素之意。〔後漢書・高彪傳〕「丨屋」。○丨猶素也，無官業，空一人耳。丨屋，即起家無所憑藉之義。〔漢書・吾丘壽王傳〕「起丨屋，裂地而封」補注引瞿鴻禨。○丨，告也，語也。〔廣韻・陌部〕○丨、答義近。〔釋詁〕「酬，報也」郝疏。○丨與伯同。百人為伯也，作丨者借字耳。〔荀子・王制〕「司馬知師旅甲兵乘丨之數」集解引王引之。○〔説文定聲・卷九〕丨，以伯為之。〔後漢書・馬融傳〕「偃伯于靈臺」。○丨與蛃聲轉。〔廣雅・釋蟲〕「丨魚，蛃魚也」疏證。○丨與帛古字通。〔釋天〕「繼旐曰旆」郝疏。○〔説文定聲・卷九〕丨，段借為帛。〔詩・六月〕「丨旆央央」。○丨亦帛之省借。〔詩・六月〕「丨旆央央」通釋。○丨當讀為帛。〔儀禮・士喪禮〕「冬丨屨」平議。○丨可作帛。〔文選・廣絶交論〕集釋。○丨望猶虛名也。〔通鑑・晉紀九〕「先丨望而後實事」音注。○確酒者謂之丨席。〔通雅・稱謂〕○世謂酒酣為丨著。〔通雅・事制〕引〔春明退朝録〕。○丨著謂流民不占户籍，別於土著者，故謂之丨著。〔義府・卷下〕○丨著，今人猶謂無故而費放財物者為丨著。〔通鑑・唐紀三八〕「甚者什取八九謂之丨著」音注。○丨著，丨取也。唐元載相時，郡縣丨取民錢曰丨著。〔通雅・事制〕○漢稱未仕之服為丨衣。〔漢書・王莽

傳〕「語臨宮中且有｜衣會」補注引周壽昌。○｜衣謂庶人。〔漢書・龔勝龔舍傳〕「聞之｜衣」補注引沈欽韓。○〔通雅・卷二五〕｜徒猶｜身也。〔管子・乘馬〕「｜徒三十人」。○｜直，隊直也。〔通雅・官制〕○｜矢謂告矢，即樂師之以行告也。〔通雅・禮儀〕○以｜餙首曰｜題，或以呼笠。〔通雅・衣服〕○〔通雅・戲具〕內戲曰｜打。〔韋莊詩〕「上相閒分｜打錢」。○｜打亦毬采之名。一曰兩人對蹴曰｜打。〔通雅・戲具〕引〔中山詩話〕。○｜選，漢｜金幣也。〔通雅・貨賄〕○｜坿即今之石灰，因其可以坿飾牆壁，故得｜坿之名。〔漢書・司馬相如傳〕「雌黃｜坿」補注。○男鬼薪，女｜粲。〔漢書・惠帝紀〕「皆耐為鬼薪｜粲」補注引沈欽韓。○｜雲，水土輕清之氣，當夜而上騰者也。〔詩・白華〕「英英｜雲」朱傳。○｜露，八月節，陰氣漸重，露濃色｜也。〔漢書・律歷志〕「｜露」補注引錢大昭。○崑山出五色流水，其｜水入中國，名為河也。〔離騷〕「朝吾將濟於｜水兮」補注引〔河圖〕。○｜水，神泉。〔同上〕補注引五臣注。○｜華，野菅也。〔詩・白華〕「｜華菅兮」朱傳。○｜芷，一名藚，一名苻蘺。〔說文〕「茝，藚也」義證引〔本草〕。○｜斂，一名菟核。〔說文〕「蔹，｜蔹也」義證引〔本草〕。○｜并，婁婦，即百部也。〔通雅・艸〕○｜烏，蚊蚋也。〔通雅・蟲〕○｜鯈即今｜鰷條。〔說文〕「鯈，鯈魚也」段注。○今俗呼｜鰷音如｜漂，蓋語聲之譌耳。〔釋魚〕「騆，黑鰦」郝疏。○｜雁曰霜信，小雁也。〔通雅・鳥〕○｜鶡，｜翰也。〔同上〕○｜脰烏，即今｜頸烏也。〔釋鳥〕「燕，｜脰烏」鄭注。○｜顛，馬之貴者。〔說文定聲・卷一〕〔「駹」下〕○｜顛，額有｜毛，今謂之的顙。〔詩・車鄰〕「有馬｜顛」朱傳。○｜鹿，色若霜，不與他鹿為羣。〔漢書・司馬相如傳〕「轆｜鹿」補注引〔晉徵祥記〕。○｜奥即｜澤獸。〔通雅・獸〕○｜集西，雍之麟也。〔漢書・禮樂志〕「｜集西」補注引劉攽。○｜當作勺。〔漢書・張禹傳〕「至禹父徙家蓮｜」補注引錢大昭。

澤　｜者，光潤也。〔說文〕「素，白致繒也，取其｜也」段注。○｜，潤｜。〔廣韻・陌部〕○｜者，言其潤｜萬物以阜民用也。〔周禮・司徒〕「｜虞每大｜大藪中士四人」孫正義。○｜謂雲氣潤｜。〔漢書・天文志〕「而｜摶密」補注。○｜，亦陂｜。〔廣韻・陌部〕○｜，水所鍾也。〔孟子・滕文公下〕「園囿汙池沛｜多而禽獸至」朱注。○水所鍾曰｜。〔說文〕「泑｜，在昆侖下」繫傳。○｜謂瀦水。〔孟子・梁惠王下〕「｜梁無禁」朱注。○水艸交厝曰｜。〔說文〕「｜，光潤也」段注。○水草交厝，名之為｜。〔詩・澤陂〕「彼｜之陂」集疏引陳喬樅。○有水謂之｜，無水謂之藪。〔左傳宣公一五年〕疏證引邵瑛。○｜，辟廱也。〔禮記・郊特牲〕「王立于｜」集解。○辟雍謂之｜。〔禮記・射義〕「先習射於｜」集解。○古臯、｜字相同。〔左傳襄公一七年〕「｜門之皙」洪詁引惠棟。○｜與臯，析言則二，統言則一。〔說文〕「臯，气臯白之進也」段注。○｜當為臯。〔說文〕「昦，大白｜也」義證。○兗有雷夏，徐有大野，揚有彭蠡、震｜，荊有雲夢，豫有滎播、菏｜、孟諸，雍有豬野，是謂九｜。〔史記・夏本紀〕「道九山」志疑。○｜，潤液也。〔大戴・夏小正〕「湅下而｜上多也」王詁。○｜，和潤也。〔說文〕「昦，大白｜也」繫傳。○｜謂流｜。〔大戴・禮察〕「而德｜洽禽獸草木」王詁。○｜猶言流風餘韻也。〔孟子・離婁下〕「君子之｜，五世而斬」朱注。○｜，讀若孟子曰君子之｜。〔大戴・禮三本〕「所以別積厚者流｜光」王詁。○｜，恩也。〔廣韻・陌部〕○｜，恩｜也。〔孟子・公孫丑下〕「則是干｜也」朱注。○〔說文定聲・卷九〕｜猶恩膏。〔孟子〕「君子之｜」。○｜，裏衣也。〔詩・無衣〕「與子同｜」朱傳。○｜即汗衣。〔左傳宣公九年〕疏證引沈欽韓。○衣於內而短者為｜。〔詩・無衣〕「與子同｜」通釋。○｜，齊作釋。〔同上〕集疏。○｜，薌｜之類。〔通雅・卷二〕○臭，古文以為｜字，｜謂｜蘭也。〔史記〕「臭茝」雜志。○｜即前蘘也。〔釋艸〕「｜，烏蘱」鄭注。○〔說文定聲・卷九〕｜，叚借為擇。〔家語・郊問〕「王親立于｜宮」。○｜讀為擇，謂擇守也。〔韓子・八經〕「易視以改其｜」集解。○｜當為擇。〔墨子・迎敵祠〕「｜急而奏之」閒詁引畢沅。○｜，古釋字。〔管子〕「｜其四經」雜志。○｜、釋字通。〔史記・留侯世家〕「呂后乃使建成侯呂｜劫留侯」志疑。○｜、釋古通。〔史記・高祖功臣侯者年表〕「節侯毛｜」志疑。○釋、｜，古字通用。〔漢書・燕王傳〕「不見｜」補注。○〔說文定聲・卷九〕｜，叚借為釋。〔夏小正〕「農及雪｜」。○｜，又借為釋字。〔說文〕「｜，光潤也」段注。○｜乃釋之借字。〔文選・封禪文〕「昆蟲闓｜」集釋。○〔考工記〕以｜為釋，同聲假借也。〔說文〕「釋，解也」段注。○｜，古舍字也。〔晏子春秋〕「國｜是」雜志。○｜讀為舍。〔管子〕「｜其四經」雜志。○舍、釋、｜三字古同聲而通用。〔同上〕○〔說文定聲・卷九〕｜，叚借為釋，實為釋。〔禮記・郊特牲〕「舊｜之酒」。○｜，魯作郝。〔詩・載芟〕「其耕｜｜」集疏。○郝、｜、釋三字音義同。〔釋訓〕「郝郝，耕也」邵正義。○〔說文定聲・卷九〕｜，叚借為宅。〔莊子・則陽〕「比于大｜百材皆度」。○〔同上〕｜，經傳皆以斥為之。〔史記・河渠書〕「溉｜鹵之地」。○｜｜，解散也。〔詩・載芟〕「其耕｜｜」朱傳。○｜瀉，一名水瀉。〔說文〕「藚，水舄也」義證引〔本草〕。○｜鹵即斥鹵。〔史記〕「｜鹹鹵」雜志。○〔通雅・卷四二〕｜葵，莓苔也。〔蕪城賦〕「｜葵依井」。○｜芬曰藚。〔說文〕「茝，藚也」義證引〔通志〕。○｜芬曰莞。〔同上〕○｜芬曰白茝。〔同上〕○｜芬曰白芷。〔同上〕○｜芬曰苻、蘺。〔同上〕○｜芬，楚人謂之葯。〔同上〕

伯　｜，長也。〔詩・巷伯〕朱傳。又〔書・酒誥〕「越庶｜君子」孫疏。又〔孟子・告子上〕「鄉人長於｜兄一歲」朱注。又〔廣韻・陌部〕。○｜者，長也。〔論語・微子〕「｜達、｜适」劉正義。又〔說文〕「霸，月始生魄然也」繫傳。○｜猶長也。〔說文定聲・卷九〕〔「柏」下〕○｜，位之長也。〔慧琳音義・卷四六〕引舍人。○｜，諸侯之長也。〔說文〕「｜，長也」繫傳。○｜謂九州之長也。〔禮記・玉藻〕「｜曰天子之力臣」集解。○｜，方｜也。〔詩・甘棠〕「召｜所茇」朱傳。○諸侯之盟主為｜。〔說文〕「霸，月始生魄然也」繫傳。○｜與霸同。〔漢書〕「亡益於時」雜志。○｜讀曰霸。〔通

鑑・周紀四〕「威動天下，五一是也」音注。○一，長子也。〔詩・載芟〕「侯主侯一」朱傳。○一，男子之字也。〔詩・蘀兮〕「叔兮一兮」朱傳。○一，婦人目其夫之字也。〔詩・伯兮〕「一兮朅兮」朱傳。○一仲，兄弟也。〔詩・何人斯〕「一氏吹壎，仲氏吹篪」朱傳。○一，馬祭也。〔説文定聲・卷六〕〔「禂」下〕○一，馬祖也。〔詩・吉日〕「既一既禱」朱傳。又〔釋天〕「既一既禱，馬祭也」鄭注。○一與禡通。〔詩・吉日〕「既一既禱」集疏引陳喬樅。○〔説文定聲・卷九〕一，叚借為禡。〔詩・吉日〕「既一既禱」。○一即禡之叚借。〔詩・吉日〕「既一既禱」通釋。○一與陌同。〔漢書・地理志〕「莽曰蘭東」補注。又〔漢書〕「收司」雜志。又〔廣雅・釋宮〕「陌，道也」疏證。○王本一作陌。〔漢書・食貨志〕「開仟一」補注引宋祁。○百與一字異音義同。〔詩・吉日〕「既一既禱」後箋引惠棟。○一、百通。〔墨子・號令〕「一長以上」閒詁。○一讀為百。〔韓子・難言〕「一里子道乞」集解引顧廣圻。○一牛，〔白水碑〕作百牛，古字通。〔史記・仲尼弟子傳〕「冉耕字一牛」志疑。○〔説文定聲・卷九〕一，叚借為佰。〔孟子〕「或相什一」。○陌、一、佰古通。以義言之，指錢布行伍自當從人，以田道論則宜從阜。〔史記・始皇本紀〕「躡足行伍之間，而倔起什一之中」志疑。○一與白義相通。〔荀子〕「一朝而一」雜志。○一讀為白。白，顯著也。〔荀子・儒效〕「一朝而一」集解引王念孫。○一當讀為敀。〔穀梁傳隱公二年〕「紀子一莒子而與之盟」平議。○一，〔説文〕作敀，迮也。此孔壁古文。〔書・立政〕注「一一作敀」孫疏。○一與柏古字通。〔漢書〕「柏夷亮父」雜志。○古一字多以木。〔同上〕○〔説文定聲・卷九〕一，以柏為之。〔穆天子傳〕「河宗之子孫鄘柏絮」。○一，古多假柏為之。〔説文〕「一，長也」段注。○一古多作柏，後人疑為相。〔呂覽・先己〕「夏后一啓與有扈戰於甘澤而不勝」校正引盧文弨。○一奮，〔古今人表〕作柏奮。〔左傳文公一八年〕「一奮」洪詁。○一明氏，王符引作柏明氏。〔左傳襄公四年〕「寒浞一明氏之讒子弟也」洪詁。○〔國策〕一作帛，古通。〔史記・張儀傳〕「大敗秦人李一之下」志疑。○一又可作帛。〔文選・廣絶交論〕集釋。○一嚭亦作帛喜。〔説文〕「嚭，大也」義證。○〔説文定聲・卷九〕一，叚借為迫。〔淮南・人間〕「陽虎將舉劍而一頤」。○一，字或作貊。〔説文〕「貉，北方豸種」義證引〔急就篇〕顔注。○一勞，百舌也。〔説文〕「鼢，地行鼠，一勞所化也」繫傳。○一鷯、一勞、一趙、鵙鳩、姑惡，苦吻鳥也。〔通雅・鳥〕

迹 一，足一。〔廣韻・昔部〕○一，足跡也。〔慧琳音義・卷八五〕○一者，步處也。〔説文〕「䡴，車一也」段注。○一，行一。〔説文〕「一，步處也」義證引宋均。○一謂成一。〔大戴・主言〕「其一可履」王詁。○一，行也。〔大戴・保傅〕「不務襲一於其所以安存」王詁。○所謂一者，足之自出而非足也。〔説文〕「一，步處也」義證引〔抱朴子・袪惑〕。○一，引申為凡一之偁。〔説文〕「䡴，車一也」段注。○一當作虛字解，猶言尋求之。〔漢書・杜周傳〕「一得失也」補注。○一猶推尋也。〔漢書・張敞傳〕「一盛衰」補注引蘇輿。○一本作速。〔説文〕「一，步處也」段注。○一，或作軼。〔説文〕「䡴，車一也」義證。○一，俗作跡。〔説文〕「一，步處也」義證。○跡同一。〔廣韻・昔部〕○跡與一同。〔方言・一三〕「迒，一也」箋疏。○速，籀文一。〔廣韻・昔部〕○一，或作遺、踈、速、蹟、跡。〔集韻・昔部〕

宅 一，居。〔詩・文王有聲〕「一是鎬京」朱傳。○一，居也。〔詩・閟宮〕「遂荒徐一」朱傳。又〔玄鳥〕「一殷土芒芒」朱傳。○一，居也。又〔説文・上説文書〕「一此汝瀕」段注。又〔廣韻・陌部〕。○一者，居也。〔晏子春秋〕「度其義」雜志。○一猶居也。〔國策・秦策四〕「大武遠一不涉」鮑注。○一，處也。〔禮記・表記〕「卜一寢室」集解。○人之居舍曰一。〔説文〕「一，所託也」義證引〔玉篇〕。○引伸之凡物所安皆曰一。〔説文〕「一，人所託凥也」段注。○至尊以天下為一，故曰一家。〔通雅・稱謂〕引李濟翁。○公主曰一家子。〔通雅・稱謂〕○一者，未仕而家居者也。〔儀禮・士相見禮〕「一者」述聞引敖繼公。○一，墓兆也。〔禮記・喪服〕「祔葬者不筮一」集解。○一，擇也。〔論語・里仁〕「擇不處仁」劉正義。○一與斥通，故亦有却義。〔儀禮・士相見禮〕「一者在邦」平議。○古文一、度同。〔晏子春秋〕「度其義」雜志。○一與度通。〔文選・思玄賦〕「匪仁里其焉一」集釋。○一，度古字通。〔晏子春秋〕「安邦而度家」雜志。○一與度通。度即度字，俗加心，是一為懲刈之義。〔書・堯典下〕注「一讀曰咤，懲刈之器」孫疏。○一亦與度通。〔書・立政〕「一乃事」孫疏。○〔説文定聲・卷九〕一，叚借為度。〔書・禹貢〕「三危既一」。○一當讀為度。〔書・多方〕「爾乃不大一天命」孫疏。○一、度，古同音通用，一即度。〔詩・皇矣〕「此維與一」通釋。○一、度古同聲。〔釋言〕「一，居也」郝疏。○度、慔、一、咤，並聲近而義同。〔廣雅・釋言〕「慔，忞也」疏證。○一，通作度。〔書・康誥〕「王一天命」孫疏。○此一今文皆作度也。〔書・堯典上〕「一嵎夷」孫疏。○一，作度，〔熹平石經〕作度，一與度經通用。〔書・立政〕注「一齊作度」孫疏。〔詩・文王有聲〕「一是鎬京」集疏。○一，魯一作度。〔詩・皇矣〕「此維與一」集疏。○相一作相土者，相度其土地，可以作一也。〔書・召誥〕「惟太保先周公相一」孫疏。○一或作秅。〔説文〕「櫨，一曰一櫨木」義證。○一亦作秅。〔同上〕句讀。○一櫨，或作秅櫨。〔漢書・司馬相如傳〕「華楓枰櫨」補注。○古一、託字同，一心猶言歸心。〔漢書・敘傳〕「西土一心」補注引周壽昌。○〔説文定聲・卷九〕一，叚借為咤。〔虞書〕「五一三居」。○咤，一同字。〔書・顧命〕「一授宗人同」平議。○〔説文定聲・卷九〕一，叚借為坼。〔易・象傳〕「百果草木皆甲一」。

厇 一，古宅字。〔説文〕「侂，寄也」繫傳。○一，古文宅。〔廣韻・陌部〕

席 一，薦一。〔廣韻・昔部〕○一，藉以坐者。〔大戴・曾子制言上〕「無一則寢其趾」王詁。○一，設一。〔國策・趙策四〕「一隴畝而廕庇桑」鮑注。○一，蒲筵也。〔儀禮・士冠禮〕「筮與一所卦者具饌于西塾」胡正義引敖繼公。○一，筵也。〔禮記・儒行〕「哀公命一」集解。○一即筵也，方幅如

巾，故从巾，丨廣三尺三寸三分寸之一，長則蒲筵丈六尺，其尋丨皆八尺。〔説文定聲·卷九〕○莞蒲曰丨。〔説文〕「丨，藉也」義證引〔增韻〕。○〔説文定聲·卷九〕丨即〔曲禮〕之函丈也。〔禮記·文王世子〕「遠近間三丨」。○丨，藉也。〔廣韻·昔部〕○丨與藉古同聲而通用。〔廣雅·釋器〕「笙，丨也」疏證。○〔通雅·卷四二〕丨箕，塞蘆也。〔李賀·塞上詩〕「天遠丨箕愁」。○〔説文定聲·卷九〕丨，段借為蓆。〔漢書·賈誼傳〕應劭注「丨，大也」。○丨，〔文選〕作席，古字。〔漢書·司馬相如傳〕「逡巡避丨」補注引何焯。

策　馬箠曰丨。〔説文〕「丨，馬箠也」段注。○丨，馬丨也。〔國策·趙策三〕「執丨而從」鮑注。○丨，馬杖。〔禮記·曲禮〕「乘路馬，必朝服載鞭丨」集解。○丨，鞭也。〔論語·雍也〕「丨其馬」朱注。○鞭、丨、箠皆馬撾之名，以扑罪人，亦以驅馬。〔説文〕「丨，馬箠也」義證引〔初學記〕。○丨，繫也。〔廣雅·釋器〕「丨，筴也」疏證。○丨，簡也。〔中庸〕「布在方丨」朱注。○丨，簡也，大事書之。〔國策·秦策一〕「書丨稠濁」鮑注。○丨，竹簡也。〔孟子·盡心下〕「取二三丨而已矣」朱注。○丨謂簡丨也。〔左傳文公一五年〕「各在諸侯之丨」疏證。○丨，古文册、筴，亦謀也。〔慧琳音義·卷五八〕○經傳多假丨為册。〔説文〕「丨，馬箠也」段注。○〔説文定聲·卷一二〕丨，段借為册。〔周禮·内史〕「則丨命之」。○借丨為册。〔左傳隱公一一年〕「不書於丨」疏證。○古字丨與册通也。〔釋名·釋書契〕「丨，書教令於上，所以驅丨諸下也」疏證。○〔釋文〕丨本又作册，亦作筴，或作筞。〔左傳定公四年〕「備物典丨」洪詁。○丨猶筴也。〔左傳文公一三年〕「繞朝贈之以丨」疏證。○天子之書，一曰丨書，二曰制書，三曰詔書，四曰戒丨。丨書以命諸侯王三公，戒丨以戒敕刺史太守。〔漢書·梁懷王傳〕「王背丨戒」補注引蔡邕〔獨斷〕。○丨，則初封及之國者所用。〔漢書·景帝紀〕「大鴻臚奏謚、誄、丨」補注引錢大昕。○歲三百六十五日四分日之一有奇，乾坤二丨三百六十減之餘五日四分日之一有奇，所謂丨餘也。〔漢書·律歷志〕「什乘元中，以減周天，得丨餘」補注引錢大昕。○丨，蓍也。〔楚辭·卜居〕「端丨拂龜」補注引五臣注。○丨，以蓍筮也。〔國策·秦策一〕「襄主錯龜數丨占兆」鮑注。○丨為筮。〔屈賦·卜居〕「端丨拂龜」戴注引〔曲禮〕。○丨，謀也。〔國策·秦策一〕「皆欲決於蘇秦之丨」鮑注。又〔廣韻·麥部〕。又〔集韻·麥部〕。○丨，謀筭也。〔續音義·卷三〕引〔字書〕。○丨，籌也。〔廣韻·麥部〕又〔慧琳音義·卷一三〕引〔考聲〕。○丨謂其所籌度。〔國策·秦策一〕「以順王與儀之丨」鮑注。○丨、刺，聲之轉耳。〔方言二〕「丨，小也」箋疏。○〔説文定聲·卷一一〕丨，段借為莿。〔方言二〕「丨，小也」。○〔同上〕丨，段借為蔌。〔莊子·達生〕「元端以臨牢丨」。○〔同上〕丨，段借為誎。〔廣雅·釋詁二〕「丨，箴也」。○側、丨、雀，聲相轉。〔釋木〕「唐棣，移」郝疏。

筴　丨，卜筮丨也。〔廣韻·麥部〕○小箕曰丨。〔集韻·麥部〕○丨即策之俗。〔周禮·大祝〕「六曰丨祝」孫正義。

莿　丨，艸名，策也。〔集韻·昔部〕

碧　丨，縹玉也。〔説文〕「丨，石之青美者」義證引〔急就篇〕顔注。○丨似玉。〔同上〕義證引〔矯世論〕。○丨，色也。〔廣韻·昔部〕○青色之深者為丨。〔通鑑·唐紀一九〕「舊服青者更服丨」音注。

籍　丨，簡長尺也。〔説文〕「丨，簿書也」繫傳。○丨者，尺二竹牒，記人之年、名字、物色，縣之宫門，案省相應，乃得入焉。〔同上〕義證引〔古今注〕。○丨，簿丨。〔廣韻·昔部〕○凡箸於竹帛皆謂之丨。〔説文〕「丨，簿也」段注。○丨，税也。〔詩·韓奕〕「實畝實丨」朱傳。○丨斂，税斂也。〔墨子〕「丨斂」雜志。○丨與位同義。〔荀子〕「埶丨」雜志。○丨亦位也。〔同上〕○丨，土地人民之丨，猶賜履也。〔國策·齊策四〕「天子授丨」鮑注。○丨猶令甲。〔國策·趙策二〕「國有固丨」鮑注。○丨，耕種於丨田也。〔左傳昭公一八年〕「鄅人丨稻」洪詁引服虔。○丨，薦也。〔管子〕「禪丨」雜志。○丨丨，狼丨也。〔通雅·釋詁〕○咋、丨並與唶同。〔廣雅·釋言〕「唶，唶也」疏證。○〔説文定聲·卷九〕丨，段借為咋。〔淮南·氾論〕「履天子之丨」。○丨有借義，借兵又作丨兵。〔漢書·衛青傳〕「造謀丨兵」補注引王先慎。○丨、藉字同。〔漢書·蕭望之傳贊〕「丨師傅之恩」補注。○丨、藉通用字。藉，薦也。〔漢書·叙傳〕「徒樂枕經丨書」補注。○丨當為憑藉之藉。〔荀子·正論〕「常有天下之丨」集解引盧文弨。○丨即藉用白茅之藉。〔漢書·陸賈傳〕「名聲丨甚」補注引周壽昌。○〔説文定聲·卷九〕丨，段借為藉。〔孟子〕「助者，丨也」。○本書丨、藉通假。〔漢書·劉屈氂傳〕「事丨丨如此」補注。○丨，藉字假音。〔墨子·魯問〕「丨而以為得」間詁引畢沅。○丨，藉之段字。〔墨子·魯問〕「丨設而親在百里之外」間詁。○丨讀為藉。〔韓子·八經〕「權丨不失」集解引顧廣圻。○丨讀為藉。藉，助也。〔韓子·八經〕「取資乎衆丨」集解。○丨讀曰藉，本書通作。〔漢書·枚乘傳〕「六國乘信陵之丨」補注。○唐寫本丨作藉，汪本作耤。〔漢書·食貨志〕「始開丨田」補注。○〔説文定聲·卷九〕丨，段借為誰。〔史記·項羽本紀〕「項丨字羽」。○丨亦鵲之假借。〔春秋名字解詁〕「原丨字亢」述聞。○丨讀為鵲，古音丨與鵲相近。〔春秋名字解詁〕「晉韓丨字叔禽」述聞。○〔説文定聲·卷九〕丨，段借為耤，為耡。〔禮記·祭義〕「天子為丨千畝」。○丨，古讀若昨。〔墨子〕「丨斂」雜志引〔唐韻正〕。

格　樹高長枝為丨。〔説文〕「丨，木長皃」繫傳。○丨，樹枝也。〔集韻·鐸部〕○丨，止也。〔通鑑·秦紀二〕「民莫敢丨者」音注。○丨即絡。〔説文〕「繈，觕纇也」段注。○丨，正也。〔通鑑·漢紀五二〕「清議以丨物」音注。○丨王為正王也。〔書·高宗肜日〕「惟先丨王」孫疏。○丨，度也。〔廣韻·陌部〕○丨，量度也。〔慧琳音義·卷七四〕○〔説文定聲·卷九〕丨，段借為度。〔蒼頡篇〕「丨、量，度也」。○丨，量也。〔廣韻·陌部〕○丨，式也。〔同上〕○丨，至。〔詩·抑〕「神之丨思」朱傳。○丨，至也。〔論語·為政〕「有耻且丨」朱注。又〔大學〕「致知在丨物」朱注。又〔禮記·緇衣〕

「民有丨心」集解。○貫通所至曰丨。〔書·堯典〕「光被四表，丨于上下」述聞引戴震。○丨為至，故可為來，亦為往。〔書·大誥〕「其有能丨知天命」孫疏。○丨，來。〔詩·楚茨〕「神保是丨」朱傳。○以丨為來也。〔書·堯典下〕「丨，汝舜」孫疏。○丨知天命，猶曰逆知天命。〔書·大誥〕平議。○丨、登轉相注。〔書·呂刑下〕注「丨，登也」孫疏。○丨與陟同義，陟丨謂魂升於天也。〔爾雅〕「丨、陟、登，陞也」述聞。○丨，舉持也。〔墨子·天志下〕「扭丨人之子女」閒詁引蘇時學。○丨丨猶揭揭也。〔釋訓〕「丨丨，舉也」郝疏。○丨，擊也，鬬也。〔通鑑·周紀三〕「驅羣羊而攻猛虎，不丨明矣」音注。○丨，鬬也。〔通鑑·秦紀二〕「民莫敢丨者」音注。○丨，當也。〔通鑑·周紀三〕「驅羣羊而攻猛虎，不丨明矣」音注。○丨，拒也。〔太素·人迎脈口診〕「名曰外丨」楊注。○丨猶敵。〔國策·楚策一〕「不丨明矣」鮑注。○丨，岠也。〔慧琳音義·卷四六〕○〔說文定聲·卷九〕丨，段借為挌。〔周書·武稱〕「窮寇不丨」。○丨與鉤同義。〔廣雅·釋器〕「鹿觡，鉤也」疏證。○丨即輅字，作丨者借字耳。〔晏子春秋〕「擁丨」雜志。○丨，輓車之橫木也。〔讀淮南子書後〕引〔覽冥篇〕雜志。○丨之言杆丨也。〔方言一三〕「襟，丨也」箋疏。○亦有借丨為扞挌字者。〔說文〕「丨，木長皃」段注。○丨即佫也。〔釋詁〕「丨，陞也」鄭注。○丨、佫，古今字。〔方言一〕「佫，至也」箋疏。○丨佫古通用。〔釋言〕「丨，來也」邵正義。又〔方言二〕「丨，來也」疏證。○丨即佫之假借字。〔詩·抑〕「神之丨思」陳疏。○丨，古字作佫，作丨者，段借字。〔詩·楚茨〕「神保是丨」通釋。○丨者，假之段音也，通作佫，又通作假，又通作椵，又通作格。〔釋詁〕「丨，至也」郝疏。○丨者，佫之段音也。〔釋詁〕「丨，陞也」郝疏。○丨同假。〔書·多士〕「惟帝降丨」孫疏。○丨與假通。〔書·多方〕「帝降丨于夏」孫疏。○丨通作假。〔釋詁〕「丨，至也」邵正義。○今文丨皆為假。〔書·君奭〕注「丨作假」孫疏。○凡〔尚書〕丨字，〔書傳〕引俱作假，蓋今文也。〔書·泰誓〕注「丨，一作假」孫疏。○今文引經丨字俱作假。〔書·皋陶謨下〕注「丨，一作假」孫疏。○丨，〔說文〕引作假，今文也。〔書·堯典上〕「丨于上下」孫疏。○丨當作假，亦作假。〔釋言〕「丨，來也」郝疏。○丨為假之假借字也。〔說文〕「假，非真也」段注。○〔說文定聲·卷九〕丨，段借為假，字亦作佫。〔方言一〕「佫，至也」。○丨、枷、竿，一聲之轉。〔廣雅·釋器〕「箷謂之枷」疏證。○丨是格字。〔漢書·司馬相如傳〕「夭蟜枝丨」補注引錢大昭。

挌

丨，枝柯也。〔說文〕「丨，枝丨也」段注引〔玉篇〕。○〔說文定聲·卷九〕丨，遮禦之意。〔說文〕「丨，枝丨也」。○丨，今作格。〔說文〕「丨，枝丨也」繫傳。○丨通作格。〔同上〕義證。○格行而丨廢矣。〔同上〕段注。

佫

丨，至也，亦作假。〔廣韻·陌部〕○丨，至也，或作佫、假、假、路，通作格。〔集韻·陌部〕○丨，古格字。〔說文〕「假，至也」段注。○丨與格同。〔方言一〕「丨，登也」箋疏。○丨、格古通用。〔方言一〕「丨，至也」疏證。

役

丨，執殳巡行也。〔說文定聲·卷一二〕○丨猶戍丨。〔國策·秦策二〕「宜陽之丨」鮑注。○丨，征伐之丨。〔國策·韓策三〕「丨於三川」鮑注。○丨者，謂使為兵。〔書·牧誓〕「以丨西土」孫疏。○丨，用也。〔孟子·告子下〕「書曰，惟不丨志于享」朱注。○丨謂丨使。〔大戴·曾子天圓〕「所以丨於聖人也」王詁。○丨，勞丨也。〔大戴·曾子制言中〕「以丨其身」王詁。○凡事勞皆曰丨。〔說文〕「丨，戍也」段注。○凡因事興起徒衆者並謂之丨。〔周禮·大宰〕「一曰聽政丨以比居」孫正義。○丨，為之使。〔國策·齊策四〕「天下之士皆為丨處」鮑注。○丨謂為其事也。〔禮記·表記〕「恭儉以求丨人」集解。○丨訓作為之為。〔廣雅·釋詁三〕「丨，為也」疏證。○丨又訓夫子為衛君之為。〔同上〕○丨，丨人。〔國策·韓策三〕「丨且共貴公子」鮑注。○丨，僕丨。〔國策·燕策一〕「亡國與丨處」鮑注。○服使賤者皆曰丨。〔公羊傳宣公一二年〕注「汲水漿者曰丨」陳疏。○丨，列也。〔詩·生民〕「禾丨穟穟」朱傳。○丨即服，皆皮也。〔同上〕通釋。○丨穎二字通用。〔同上〕○〔說文定聲·卷一一〕丨，段借為穎。〔詩·生民〕「禾丨穟穟」。○丨者，穎之假借。〔說文〕「丨，戍也」段注。○丨，三家作穎。〔詩·生民〕「禾丨穟穟」集疏。○宋本丨作役。〔左傳僖公二四年〕「蒲城之丨」疏證。○丨當作君子行役之役。〔左傳成公二年〕「無能為丨」疏證。

伇

丨，古文役字。〔漢書·劉向傳〕「天下苦其丨而反之」補注引錢大昭。○丨，古文役字也。〔廣雅·釋詁一〕「丨，使也」疏證。○官本丨作役。〔漢書·蕭何傳〕「高祖以吏繇咸陽」補注。

帛

丨者，絲所成。〔說文〕「織，作布丨之總名也」段注。○丨，素絲所織，長狹如巾，故字从白巾。〔本草·卷三八〕○丨，總言諸繒也。〔說文〕「丨，繒也」義證引〔急就篇〕顏注。○丨，幣丨。〔廣韻·陌部〕○丨，制幣也。〔禮記·曾子問〕「執束丨」集解。○少丨，蓋即小白，旗名。〔左傳定公四年〕「分康叔以大路、少丨」述聞。○〔說文定聲·卷九〕丨，段借為白。〔禮記·玉藻〕「大丨不緌」。○丨與白通。〔玉藻〕「大丨不緌」注「丨當為白」述聞。○丨，各本作白。〔說文〕「緌，丨文皃」段注。○丨，〔禮記〕作白，古字通用。〔漢書·孔光傳〕「伋生子上丨」補注引宋祁。○〔說文定聲·卷九〕丨，段借為帞。〔釋名·釋衣服〕「帞腹，橫帞其腹也」。○丨，字亦作帕。〔說文定聲·卷九〕

戟

丨，有枝兵也。〔孟子·公孫丑下〕「子之持丨之士」朱注。○丨，有支兵。〔國策·秦策一〕「迫則杖丨相撞」補正。○丨，有支矛。〔同上〕鮑注。○丨，刃丨。〔廣韻·陌部〕○丨，車丨也。〔詩·無衣〕「脩我矛丨」朱傳。○丨謂持丨。〔國策·秦策一〕「迫則杖丨相撞」鮑注。○丨，挶也，謂手執臂曲局如丨不可轉也。〔說文〕「据，丨挶也」繫傳。○丨挶，通為拮据。〔通雅·釋詁〕○雄丨，胡中有軶者。〔文選·子虛賦〕「建干將之雄丨」注引張揖。○今丨中有小孑刺者，所謂雄丨也。〔同上〕集釋引〔方言〕郭注。○丨，本作戟。〔方言九〕「丨，楚謂之孑」疏證。

戟　—，枝刃之矛也。〔説文〕「—，有枝兵也」義證引〔急就篇〕顔注。〇雙枝為—，單枝為戈。〔同上〕義證引〔增韻〕。〇—，三刃—也。〔同上〕義證引〔玉篇〕。〇—通作戟，有枝矛也。〔慧琳音義・卷三七〕〇小枝上向則為—。〔説文〕「戈，平頭—也」繫傳。〇—持者，手如—而持之也。〔説文〕「挶，—持也」段注。〇—挶者，謂屈兩肘如—形以捧物也。〔詩・鴟鴞〕「予手拮据」後箋。〇—即丮字。〔説文〕「挶，—持也」義證。〇〔説文定聲・卷五〕—，今字誤作戟。〔考工・冶氏〕「戟廣寸有半」。

璧　—，玉環也。〔國策・秦策一〕「白—百雙」補正。〇—，玉—也，肉倍好謂之—。〔説文〕「—，瑞玉圜也」義證引〔急就篇〕顔注。〇肉倍好曰—。〔國策・秦策一〕「白—百雙」補正。〇—與璽同，故称瑞玉也。〔説文〕「—，瑞玉圜也」義證。〇—珋即—流離也。〔説文〕「珋，石之有光者，—珋也」段注。〇—流離，梵書作吠瑠璃。—與吠音相近。〔漢書・罽賓國傳〕「—流離」補注引徐松。〇〔説文定聲・卷一二〕—，段借為擗。〔費鳳別碑〕「諸姑咸—踊」。〇〔同上〕—，段借為襞。〔淮南・覽冥〕「—襲無理」。〇〔同上〕—，段借為壁。〔後漢書・琅琊孝王京傳〕「—帶」。〇—當作壁。〔漢書・高惠高后文功臣表〕「爭惡，絶延—」補注引蘇輿。

驛　〔説文定聲・卷九〕—，即〔孟子〕之置郵，所謂遽也，馹為傳車，—為馬騎。〔説文〕「—，置騎也」。〇秦漢以後凡急事速行曰傳、曰馹，乘馬曰遽、曰—。〔周禮・行夫〕「行夫掌邦國傳遽之小事」孫正義。〇—，—馬。〔廣韻・昔部〕〇—遽，郵馬也。〔説文〕「傳，遽也」義證引〔增韻〕。〇古者置單馬乘之謂之—騎者，今之遞馬也。〔同上〕〇——，苗生貌。〔詩・載芟〕「——其達」朱傳。〇〔説文定聲・卷九〕—，段借為圛。〔書・洪範〕「曰—」。〇—，或借繹字。〔説文〕「—，置騎也」義證。〇—，通作繹。〔釋言〕「馹，傳也」邵正義。〇—，魯作繹。〔詩・載芟〕「——其達」集疏。〇導—，金陵本作導繹。〔史記・大宛傳〕「為發導—」志疑。

麥　—，穀名，秋種夏熟者。〔詩・桑中〕「爰采—矣」朱傳。〇—，埋之意。〔説文〕「—，芒穀，秋穜厚薶故謂之—」繫傳。〇—者，霾也。〔左傳宣公一二年〕「有—麴乎」疏證引焦循。〇—之言幕也。〔説文〕「—，芒穀」繫傳。〇—曰餅。〔説文〕「餅，麪餈也」繫傳。〇大—，一名穬—，五谷之盛。〔説文〕「麰，來麰—也」義證引吳普。〇今山東呼—熟為—秋。〔通雅・天文〕引白安石師。〇—飯，磨—合皮而炊之也。〔説文〕「餥，餱也」義證引〔急就篇〕顔注。〇—麴，作酒之物。〔左傳宣公一二年〕「有—麴乎」疏證。〇—麴即餅麴。〔同上〕疏證引李貽德。〇—，本訓當為往來之來，至也，與致、往字同意，自古與來字互易承用。〔説文定聲・卷五〕

頟　—之為始猶元、首之為始也。〔説文定聲・卷九〕〔「落」下〕〇—，凡有垠鄂之偁。〔説文〕「—，顙也」段注。〇—，俗作額。〔同上〕句讀。〇—，俗字作額。〔慧琳音義・卷一〕〇—，或作雒。〔漢書・蘇建傳〕「次曰車騎將軍龍—侯韓增」補注引宋祁。〇—，〔宣紀〕作雒。〔漢書・昭帝紀〕「遣執金吾馬適建、龍—侯韓增」補注引錢大昭。〇官本注—作額。〔漢書・諸侯王表〕「漢諸侯王厥角䭫首」補注。〇額與—同。〔廣雅・釋親〕「瀕、顔，額也」疏證。又〔方言一〇〕「—，額也」箋疏。

柏　—，木名。〔詩・柏舟〕「汎彼—舟」朱傳。又〔廣韻・陌部〕。〇—，木名，或从百。〔集韻・陌部〕〇萬木皆嚮陽，而—獨西指，蓋陰木而有貞德者，故字从白，白者，西方也。〔本草・卷三四〕引魏才子〔六書精蘊〕。〇—冬日者，言時已近冬。〔漢書・溝洫志〕「魚弗鬱兮—冬日」補注引王念孫。〇〔説文定聲・卷九〕—，段借為迫。〔周禮・司几筵〕「其—席用萑」。〇—，古多假借為促迫之迫。〔説文〕「—，鞠也」段注。〇〔通雅・卷一八〕—耳，迫耳也。〔北史〕「令深—耳」。〇—者，椁之借字。〔周禮・司几筵〕「其—席用萑」述聞。〇〔説文定聲・卷九〕—，段借為魄。〔廣雅・釋詁一〕「—，憂也」。〇〔同上〕—，段借為皷。〔漢書・東方朔傳〕「—者，鬼之廷也」。〇—、伯古通。〔史記・蘇秦傳〕「合膊」志疑。〇—、伯古字通。〔左傳定公四年經〕「蔡侯以吳子及楚人戰于—舉」洪詁。又〔國策・燕策二〕「果與—舉之戰」鮑注。〇古字—與伯同。〔漢書・地理志〕「秦之先曰—益」補注引錢坫。〇〔説文定聲・卷九〕—，段借為伯。〔考工・車人〕「—車轂長一柯」。〇—，古多假借為伯仲之伯。〔説文〕「—，鞠也」段注。〇—亦伯之段借也。〔釋詁〕「伯，長也」郝疏。〇伯、—，通作字。〔漢書・古今人表〕「—夷亮父」補注。〇—，元作伯。〔國策・燕策二〕「果與—舉之戰」鮑注。〇—亦作伯。〔漢書・古今人表〕「—皇氏」補注。〇此—字當作伯，官名，本當作皷，伯—並假字也。〔晏子春秋・諫上〕「令—巡氓家舍」平議。〇—舉，〔公羊〕作伯莒。〔左傳定公四年經〕「蔡侯以吳子及楚人戰于—舉」洪詁。

魄　—，魂—。〔廣韻・陌部〕〇形體謂之—。〔説文〕「魂，陽气也」義證引〔禮記外傳〕。〇凡人形體謂之—，其精氣謂之魂。〔儀禮・士喪禮〕胡正義。〇精之神曰—。〔通雅・身體〕引黄勉齋。〇—，精也。〔説文〕「—，陰神也」義證引傅遜。〇並精出入謂之—。〔同上〕義證引〔子華子〕。〇靜以鎮形之謂—。〔説文〕「魂，陽气也」義證引〔内觀經〕。〇氣勝志為—。〔通雅・身體〕引子瞻。〇—者，體之間也。〔釋詁〕「—，間也」郝疏。〇—，虚中之形。〔同上〕鄭注。〇—，陰也。〔説文〕「—，陰神也」義證引傅遜。〇地氣為—。〔同上〕義證引〔文子〕。〇—即朏也。〔書・康誥〕馬融注「—，朏也」孫疏。〇—者，謂月之形無光處暗晦者也。〔慧琳音義・卷一八〕引顧野王。〇今猶謂月黑夜為—。〔説文〕「霸，月始生—然也」句讀。〇—，迫也，著人也。〔慧琳音義・卷一八〕引〔文字典説〕。〇—同薄。〔漢書・司馬相如傳〕「旁—四塞」補注。〇—，俗呼朴樹，其木如檀，子大如梧桐子而黃。〔釋木〕「—，榽橀」鄭注。〇〔説文定聲・卷九〕期—者，醜貌也。〔列子・仲尼〕「是若欺—然」。〇—汗者，肺汗也。〔太素・經輸所療〕「—

汗不盡」楊注。○—，肺之神也，肺主皮毛腠理，人之汗者，皆是肺之—神所營，因名—汗。〔太素·調陰陽〕「—汗不盡」楊注。○皮毛腠理也，肺—所主，故汗出腠理，名—汗也。〔太素·陰陽雜記〕「—汗未藏」楊注。○〔說文定聲·卷九〕—，叚借為霸。〔月賦〕「朏—示沖」。○—者，霸之叚字。〔法言·五百〕「月未望則載—於西」平議。○〔漢書〕載〔尚書〕之文，—皆作此霸字。〔說文〕「霸，月始生—然也」繫傳。○〔說文定聲·卷九〕—，字作珀。〔廣志〕「虎—生地中」。

積　—，聚也。〔大戴·禮察〕「皆以—然」王詁。又〔子張問入官〕「源泉不竭故天下—也」王詁。又〔廣韻·昔部〕。○—者，聚也。〔說文〕「宁，辨—物也」段注。○〔說文定聲·卷一一〕禾穀之聚曰—。〔說文〕「—，聚也」。○凡粟米儲藏於倉庾通謂之—。〔周禮·旅師〕「平頒其興—」孫正義。○凡增益謂之—絫。〔說文〕「絫，增也」段注。○—，露—也。〔詩·公劉〕「迺—迺倉」朱傳。又〔載芟〕「有實其—」朱傳。又〔孟子·梁惠王下〕「乃—乃倉」朱注。○凡道路給賓客之用，少曰委，多曰—。〔儀禮·聘禮〕「—唯芻禾」胡正義。○—，習也。〔大戴·禮察〕「皆以—然」王詁。○—思當為精思。〔漢書·劉向傳〕「專—思於經術」補注。○—讀曰績。〔大戴·禮三本〕「所以別—厚者流澤光」王詁。○〔通雅·卷二五〕—射士，材官騶發也，謂—能善射之士也。〔鮮卑傳〕「鄧遵發—射士追擊」。○—，死非一之辭。〔說文〕「瀸，漬也」段注。○—，本又作漬。(同上)○〔說文定聲·卷一二〕—，叚借為漬，實為骴。〔公羊傳莊公一七年〕「瀸，—也」。○—讀為漬，漬死，病死也。〔漢書·鼂錯傳〕「屯則卒—死」補注。○殰、漬、—、膌，並字異而義同。(同上)補注引王念孫。○漬、—、膌、殲俱一聲之轉。〔釋詁〕「殲，盡也」郝疏。○穦、—、秩、栗皆聲之轉，字異義同。〔釋訓〕「挃挃，穫也」邵正義。○—，齊、韓作穦。〔詩·良耜〕「—之栗栗」集疏。○—，俗作積。〔說文〕「䅧，犂衣也」段注。○—，各本作積。〔說文〕「羵，羣羊相—也」段注。

脉　—，見其幽。〔國策·魏策一〕「前—地形之險阻」鮑注。○——，相視也。〔文選·古詩十九首〕「——不得語」注引〔爾雅〕。○—，今〔爾雅〕作覛，相也。(同上)集釋。

脈　—者，血之府。〔說文〕「𧖴，血理分衺行體者」義證引〔內經〕。○—瘍者，善驚之病也。〔說文〕「瘍，—瘍也」段注。○—瘍猶辟易也。〔廣雅·釋詁三〕「瘍，癡也」疏證。○——，有言不得吐之意。〔通鑑·隋紀三〕「何——邪」音注。○—蜴即眠娗之轉。〔方言一〇〕「眠娗、—蜴，欺謾之語也」箋疏。○—，通行本作脉。〔左傳僖公一五年〕「張—僨興」疏證。○—即衇。〔方言一〇〕「譎，或謂之衇」疏證。○—與衇同，義亦相近。〔方言一〇〕「凡相非議人或謂之衇」箋疏。○—、覛並與衇同。〔方言一〕注「言鬼衇」箋疏。

衇　—者，血也，脈不自動氣實使之。〔說文〕「𧖴，血理分衺行體者」義證引〔輟耕録〕。○—，五藏六府之气血分流四胑也。〔說文〕「—，血理之分衺行體中者」繫傳。○—，脈字也。〔說文〕「窅，入—刺穴謂之窅」繫傳。○—與脈同。〔方言一二〕「—，慧也」疏證。○—擿即脈蜴之轉。〔方言一〇〕「脈蜴，欺謾之語也」箋疏。○—俗作脈。○血理之分曰—。〔說文〕「𥿋，柀絲也」段注。○〔說文定聲·卷一一〕—，叚借發聲之詞。〔方言一〇〕「南楚以南凡相非議人謂之譎，或謂之—」。○—，又慧也。○—，俗作脉。〔說文定聲·卷一一〕

夕　—，暮也，字從半月。〔廣韻·昔部〕○—，月字之半也。〔說文〕「—，暮也」繫傳。○—，初夜。〔國策·趙策三〕「不出宿—」鮑注。○—猶宿也。〔詩·載驅〕「齊子發—」朱傳。○厚—猶長夜也。〔說文定聲·卷九〕〔「穸」下〕○通—，通宵也。〔說文〕「—，莫也」義證引〔洪武正韻〕。○人臣見於君，暮見謂—。〔左傳哀公一四年〕「子我—」平議。○〔通雅·卷二八〕—者，暮見也。〔詩〕「莫肯朝—」。○死者之所為—室。〔左傳莊公一九年〕「葬諸—室」疏證引沈欽韓。○—者，人意懈怠也。〔說文〕「夤，敬惕也」繫傳。○山西曰—陽。〔詩·公劉〕「度其—陽」朱傳。○—者與昔者同。〔晏子春秋〕「昔者」雜志。○—、昔古通用。〔廣雅·釋詁四〕「昔，夜也」疏證。○—與昔古字通。昔者，舊也。〔荀子·禮論〕「月—卜宅」集解引郝懿行。○—，經典或借昔字。〔說文〕「—，莫也」義證。○朝—，金陵本作朝昔。〔史記·楚世家〕「非特朝—之樂也」志疑。○—者，相繹也。〔說文定聲·卷一〇〕〔「多」下〕○—、繹疊韻。〔說文〕「多，—者相繹也」句讀。○—與哺皆有衺義。〔廣雅·釋詁二〕「—，衺也」疏證。○西、衺、—，一聲之轉。(同上)○—洩聲轉。〔釋木〕「蹶泄，苦棗」郝疏。○〔史·表〕—作夜。〔漢書·高惠高后文功臣表〕「深澤齊侯趙將—」補注。○〔說文定聲·卷九〕—，字變作汐。〔抱朴子〕「潮汐言汐者，據—至也」。○—當作少。〔漢書·東方朔傳〕「—時召讓朔」補注引宋祁。

液　—，津也。〔說文〕「—，盡也」義證引〔玉篇〕。○—，漬也。或作醳。〔集韻·昔部〕○〔說文定聲·卷九〕—，叚借為掖。〔漢書·王莽傳〕「—門」。○(同上)—，叚借為醳，實為釋。〔考工·弓人〕「冬析幹而春—角」。○—，〔史記〕〔文選〕作浹。〔漢書·司馬相如傳〕「休烈—洽」補注。

册　—，簡—。〔廣韻·麥部〕○簡牘曰—。〔說文〕「𠕁，告也」段注。○編簡謂之—，編木為垣謂之柵，義相近也。〔廣雅·釋宮〕「柵謂之棚」疏證。○—，—書也。〔說文〕「侖，思也」繫傳。○—猶典也。〔說文定聲·卷一五〕〔「侖」下〕○—，所言衆也。〔說文〕「𢙁，疾利口也」繫傳。○以簡告誡曰𠕁，—行而𠕁廢矣。〔說文〕「𠕁，告也」段注。○—，謀也，籌也。〔通鑑·漢紀一八〕「故臣愚—」音注。○—祝即禮告也。〔說文〕「禧，禮吉也」義證。○〔說文定聲·卷一一〕—，以嫧為訓。〔釋名·釋書契〕「漢制，約敕封侯曰—，—，嫧也，敕使整頤不犯之也」。○—同策。〔漢書·霍光傳〕「定萬世—以安社稷」補注。又〔趙充國傳〕「此虜在竟外之—」補注。○—與策同。〔漢書·諸侯王表〕「武帝施主父之—」補注引錢大昭。又〔淮

南・内篇」「利鍛」雜志。〇丨，經史多借策字。〔説文〕「丨，符命也」義證。〇丨作策者，策與丨經典通字。〔書・金縢〕注「丨作策」孫疏。〇丨，經傳多以策為之，俗作筴。〔説文定聲・卷一一〕〇景德本丨作策。〔漢書・董仲舒傳〕「迺復丨之曰」補注。〇丨，古文作箣，通作策。〔廣雅・釋器〕「箣謂之簡」疏證。

尺 丨，所以指斥槼榘事也。〔説文定聲・卷九〕〇丨一，詔策也。〔通雅・書札〕〇箋書謂之丨牘。〔同上〕〇丨籍，兵簿也。〔通雅・官制〕〇丨口，謂家口丨以上也。〔通雅・稱謂〕〇丨者，蒦也。〔説文〕「蒦，規蒦，商也」義證引〔漢律歷志〕。〇丨蠖即今蝍蛾，一名步屈。〔通雅・蟲〕〇丨與斥同。〔廣雅・釋地〕「斥，池也」疏證。〇丨通作斥。〔文選・洞簫賦〕集釋。〇丨或作斥。〔説文〕「蠖，丨蠖，屈申蟲也」義證。〇丨與蚇同。〔方言一一〕「蠀蝛謂之蚇蠖」箋疏。〇〔説文定聲・卷九〕丨，字亦作蚇，〔考工・弓人〕以㡿為之。〔廣雅・釋蟲〕「丨蠖，蠀蝛也」。〇指丨當為指㡿。〔説文〕「丨，所以指丨規榘事也」義證。〇丨，古書亦借赤為之。〔説文〕「丨，十寸也」段注。

隙 丨，壁孔也。〔廣韻・陌部〕〇丨，壁際也。〔説文〕「丨，壁際孔也」義證引〔玉篇〕。〇丨者，壁際也。〔説文〕「閒，丨也」段注。又〔説文〕「堨，壁閒丨也」段注。〇凡坼裂者皆曰丨。〔説文〕「丨，壁際也」段注。〇凡有兩邊有中者皆謂之丨。〔説文〕「閒，丨也」段注。〇丨，閑也。〔廣韻・陌部〕〇凡閒空皆曰丨。〔説文〕「丨，壁際也」段注。〇丨、閒義通。〔左傳宣公一二年〕疏證引李貽德。〇丨謂出一孔也。〔義府・卷下〕〇丨猶穿穴也。〔慧琳音義・卷六二〕〇丨，不合也。〔國策・燕策二〕「以與寡人有丨」鮑注。〇丨，怨也。〔廣韻・陌部〕〇丨，怨丨也，釁丨也。〔通鑑・周紀三〕「諸侯聞儀與秦王有丨」音注。〇丨，憾也。〔慧琳音義・卷六七〕引顧野王。〇丨，因閒丨所為有怨憾也。〔卷八一〕引顧野王。〇丨，所以怨憾也。〔卷三二〕引顧野王。〇丨，聞也。或从𡭴。〔集韻・陌部〕〇丨即𡭴之累增字。〔説文〕「𡭴，際見之白也」句讀。〇丨，叚借以郤為之。〔説文〕「丨，壁際也」段注。〇丨，字亦多以卻、以郤為之。〔説文定聲・卷九〕〇丨，古讀若郤。〔逸周書〕「六容」雜志。〇丨，元作郄。〔國策・燕策二〕「以與寡人有丨」鮑注。

逆 丨，迎也。〔論語・憲問〕「不丨詐」劉正義。又〔孟子・萬章上〕「以意丨志」朱注。又〔漢書・禮樂志〕「行樂交丨」補注引劉敞。又〔陳湯傳〕「今司隸反丨」補注。又〔通鑑・周紀三〕「國人丨而立之」音注。又〔説文〕「啎，屰也」段注。又〔廣韻・陌部〕。〇丨，未至而迎之也。〔論語・憲問〕「不丨詐」朱注。〇丨者，迮之迎也。〔釋言〕「丨，迎也」郝疏。〇丨者，反常道也，不順也。〔慧琳音義・卷七〕引〔考聲〕。〇丨謂悖丨。〔大戴・本命〕「丨家子不取」王詁。〇丨，亂也。〔廣韻・陌部〕又〔集韻・陌部〕。〇丨謂拒之。〔國策・齊策三〕「故專兵一志以丨秦」鮑注。〇丨，却也。〔集韻・陌部〕〇丨，卻也。〔廣韻・陌部〕〇丨謂丨命也。〔周官・宰夫〕「諸臣之復，萬民之丨」平議。〇丨，違命也。〔詩・泮水〕「孔淑不丨」朱傳。〇丨謂丨料。〔國策・秦策二〕「計聽知覆丨者」補正。〇丨色謂長者不悦之色也。〔大戴・曾子事父母〕「不干丨色」王詁。〇丨旅，近晉南鄙之客舍也。〔左傳僖公二年〕「保於丨旅」疏證引邵寶。〇丨，當作遻。〔韓子・難言〕「辭不悖丨」集解引顧廣圻。〇〔説文定聲・卷九〕丨，叚借為屰。〔禮記・仲尼燕居〕「勇而不中禮謂之丨」。〇古亦通用丨為屰。〔説文〕「啎，屰也」段注。〇丨，今人假以為順屰之屰，丨行而屰廢矣。〔説文〕「丨，迎也」段注。〇丨與遻同，丨字古讀若遻。〔國策〕「曲吾」雜志。〇丨又可讀若迎。〔史記〕「丨河」雜志。〇迎、丨、御，古聲並相近，故古文作丨河，今文作迎河也。〔同上〕〇丨當作迎。迎、丨聲相近，義亦不異。〔漢書・地理志〕「同為丨河」補注引錢大昕。〇丨字古讀若御。〔史記〕「丨河」雜志引〔廣韻正〕。〇丨旅，〔荀子〕作御旅，御與迓同，御，迎也，迎即丨也。〔左傳僖公二年〕「今虢為不道，保於丨旅」洪詁。〇御、丨、迎俱一聲之轉。〔釋詁〕「迓，迎也」郝疏。〇〔説文定聲・卷九〕丨，叚借為斥。〔考工・匠人〕「丨墻六分」。

畫 丨者，介也，今謂之畍丨。〔説文〕「繢，一曰丨也」段注。〇丨，分也。〔廣韻・麥部〕〇丨者，止也。〔列子・天瑞〕「丨其終」平議。〇丨，計策也。〔廣韻・麥部〕〇丨當為劃。〔説文〕「契，一曰契丨堅也」義證。〇〔説文定聲・卷一一〕丨，叚借為過。〔穀梁傳桓公六年〕「以其丨我」。〇〔同上〕丨，字亦作場。〔詩・信南山〕「疆場翼翼」。

百 丨，數名。〔廣韻・陌部〕〇丨亦成數。〔説文〕「丨，十十也」繫傳。〇凡衆多皆曰丨。引申之，凡極多極久曰丨。〔公羊傳莊公四年〕注「丨世，大言之爾」陳疏。〇丨，猶凡也。〔詩・雄雉〕「丨爾君子」朱傳。〇丨姓，丨官也。〔漢書・賈誼傳〕「則丨姓黎民化輯於下矣」補注引孔廣森。〇丨姓，羣臣也。〔書・堯典下〕「丨姓如喪考妣」孫疏。〇丨姓謂丨官族姓也。〔大戴・保傅〕「則丨姓黎民化輯於下矣」王詁。〇凡言丨辟皆指畿内諸侯。〔詩・烝民〕「式是丨辟」通釋。〇丨兩，車丨乘也。〔屈賦・天問〕「弟何易之以丨兩」戴注。〇〔通雅・卷三九〕丨末當是丨味。〔漢景星歌〕「丨末旨酒布蘭生」。〇丨穀，穀類非一，故言丨也。〔詩・七月〕「其始播丨穀」集疏引韓説。〇丨素即丨蔬。〔荀子〕「丨索」雜志。〇丨靈艸，蘐門草也。〔通雅・艸〕〇丨朋者，元龜之直至重者也。〔詩・菁菁者莪〕「錫我丨朋」後箋引〔詩説解頤〕。〇丨葉，牛肚也。〔説文〕「膍，牛丨葉也」繫傳。〇丨猶阡陌之陌。〔左傳僖公二八年〕「距躍三丨」疏證引邵寶。〇丨，今之陌字。〔説文〕「眖，竟也」段注。〇丨、陌古字通，陌者，橫越而前也。〔左傳僖公二八年〕釋文「丨音陌」述聞。〇丨與北音相近，故或亦作北。〔左傳定公一四年〕「敗鄭師及范氏之師于丨泉」洪詁。〇丨、迫古字通。〔左傳僖公二八年〕「曲踊三丨」洪詁。〇〔説文定聲・卷九〕丨，叚借為慔。〔左傳僖公二八年〕「距躍三丨，曲踊三丨」。〇古文伯、丨通用。〔漢書・

揚雄傳〕「伯牙絶弦破琴而不肯與衆鼓」補注引錢大昕。○|儀則柏翳也。〔漢書·叙傳〕「嬴取威於|儀兮」補注引劉奉世。

闢

|,開也。〔國策·齊策六〕「天地之|」鮑注。○|,啓也,開也。〔廣韻·昔部〕○|與古文開同意。〔説文定聲·卷一一〕○|,引申為凡開祏之偁。〔説文〕「|,開也」段注。○|者,兩之分也。〔易·繫辭上傳〕「其動也|」李疏。○|之言屏除,謂屏除惡人也。〔漢書·禮樂志〕「|流離」補注引王念孫。○|,經傳皆以辟為之。〔説文定聲·卷一一〕○|,古多叚借辟字。〔説文〕「|,開也」段注。○|,〔晉語〕作辟,古字。〔左傳宣公二年〕「寢門|矣」疏證。○〔説文定聲·卷一一〕|,叚借為避。〔周禮·閽人〕「則為之|」。

赤

正紅曰|。〔通雅·綵色〕○|即絳也。〔説文〕「絳,大|也」段注。○|、朱,赬,細分則異,概舉則通。〔説文〕「赬,|色也」義證引陳啓源。○|,南方色。〔廣韻·昔部〕○|,南方色,盛陽之氣也。〔大戴·明堂〕「|綴户也」王詁。○火行為|。〔説文〕「|,南方色也」義證引〔抱朴子〕。○凡洞然昭著皆曰|。〔同上〕段注。○古人謂空盡無物曰|。|族,言盡殺無遺。〔漢書·揚雄傳〕「不知一跌將|吾之族也」補注引竇革。○〔説文定聲·卷九〕|,顯然盡露,蓋蔽無存之意,|體、|腳亦同。或曰皆借為捇。〔淮南·天文〕「殺不辜則國|地」。○|,除撥也。〔集韻·昔部〕○|字指血色言之。〔漢書·揚雄傳〕「不知一跌將|吾之族也」補注引王念孫。○嬰兒體色|,故曰|子耳。〔漢書·賈誼傳〕「故自為|子而教固已行矣」補注引劉奉世。○|仄,|銅錢也。〔通雅·貨賄〕○|黄者,|色敝而黄也。〔説文〕「赮,|黄色也」段注。○|舃以金為飾,謂之金舃,為諸侯盛飾。〔詩·狼跋〕「|舃几几」集疏。○|繶即|舃之飾。〔周禮·屨人〕「屨為|舃黑舃|繶黄繶」孫正義。○丹參入心曰|參。〔本草·卷一二〕○|葿者,藜莖葉有|文者。〔説文〕「葿,|葿也」義證。○〔説文定聲·卷九〕|,叚借為捇。〔周禮·赤犮氏〕注「猶言捇拔也」。○〔同上〕|,叚借為斥。〔史記·晉世家〕「虜秦將|」。○|,俗借為尺。〔説文〕「|,南方色也」段注。○|、赫古通。〔漢書·高惠高后文功臣表〕「康侯|嗣」補注引錢大昭。○汪本|作赦。〔漢書·五行志〕「又飭衆官」補注引朱一新。○烾,古文|。〔廣韻·昔部〕

易

|,蟲名。或作蜴。〔集韻·昔部〕○〔説文定聲·卷一一〕在壁為蝘蜓,守宫也,蘇俗謂之壁虎。在草為蜥|,榮蚖也,蘇俗謂之四脚蛇,蛇醫即蜥|之轉語。〔説文〕「|,蜥|,蝘蜓,守宫也」。○|蜴,即蜥|而倒言之也。〔方言八〕「守宫,其在澤中者謂之|蜴」箋疏。○〔説文定聲·卷一一〕|,字亦作蜴。〔詩·正月〕「胡為虺蜴」。○|,變|。〔廣韻·昔部〕○|當讀為變|之|。〔禮記·學記〕「或失則|」平議。○|謂以物相|也。〔大戴·哀公問五義〕「若夫性命肌膚之不可|也」王詁。○|,改。〔詩·韓奕〕「朕命不|」朱傳。○|,改也。〔廣韻·昔部〕○|,改|也。〔國策·魏策三〕「安陵必|楚趙」補正。○不|,不改也。〔書·酒誥〕「保越怨不|」孫疏。○|與更同義。〔周官·函人〕「眡其裏而|則材更也」平議。○|,移也。〔慧琳音義·卷一一〕引〔考聲〕。○|,移之叚音也。〔釋詁〕「弛,|也」郝疏。○|,轉也。〔廣韻·昔部〕○|者,延也。〔左傳昭公二九年〕「|之亡也」平議。又〔商子·壹言〕「而不能以多力|人」平議。○|,奪也。〔廣韻·昔部〕○|,始也。〔同上〕○|猶治也。〔莊子·應帝王〕「胥|技係」集解。○|亦有治義。〔釋詁〕「平,|也」郝疏。○|者,所以休地力也。〔孟子·告子〕「|其田疇」平議。○|者,如也。〔論語·學而〕「賢賢|色」劉正義。○|謂卜筮之書也。〔禮記·祭義〕「立以為|」集解。○〔説文定聲·卷一一〕三|之|讀若覡,周|之|讀若陽,周人首乾故曰周|,周者,匋之借字,|者,易之誤字也,市六爻皆易,故曰匋易。〔周禮·大卜〕「掌三|之法」。○變|不|之字,借為傷,交傷即逡遲之意也。〔説文定聲·卷一一〕○〔同上〕|,叚借為傷。〔書·盤庚〕「無俾|種于茲新邑」。○借|為傷。〔説文〕「貿,|財也」句讀。○|者,傷之叚音也。〔釋詁〕「平,|也」郝疏。○|,當為傷,通用|。〔説文〕「換,|也」義證。○|當讀為弛。〔禮記·月令〕「|關市」平議。○|通作施。〔釋詁〕「平,|也」郝疏。○|當讀為施。〔荀子·君子〕「政令致明而化|如神」平議。○|與蜴通賜。〔方言一○〕「賜,欺謾之語也」箋疏。○|與瘍通。〔廣雅·釋詁三〕「瘍,癡也」疏證。○〔説文定聲·卷一一〕|,叚借為瘍。〔漢書〕「欒平侯訢病狂|」。○〔漢書〕所云|病者,當是瘍之叚借。〔説文〕「瘍,脈瘍也」段注。○場、|古通用,|即場也。〔易·大壯〕「喪羊于|」平議。○〔説文定聲·卷一一〕|,叚借為場,即畫。〔易·大壯〕「喪羊于|」。○|讀如〔素問〕解㑊之㑊。〔公羊傳文公一二年〕注「|怠猶輕惰也」陳疏引段玉裁〔尚書撰異〕。○〔説文定聲·卷一一〕|,叚借為貤,實為乙。〔左傳隱公六年〕「商書曰惡之|也」。○|牙,賈誼〔新書〕作狄牙,〔大戴禮記〕〔淮南王書〕並同。〔左傳僖公一七年〕「|牙入」洪詁。

革

皮去毛曰|。〔禮記·月令〕「皮|筋」集解。○去毛者曰|。〔説文定聲·卷一○〕〔「皮」下〕○云|者,析言則去毛曰|,統言則不別也。〔説文〕「皮,剝取獸|者謂之皮」段注。○皮與|二字對文則分别,散文則通用。〔説文〕「|,獸皮治去其毛曰|」段注。○皮去其毛染而瑩之曰|。〔説文〕「|,獸皮治去其毛|更之」繫傳。○理之曰|。〔説文〕「皮,剝取獸|者謂之皮」繫傳。○|,獸皮也。〔廣韻·麥部〕○|猶皮也。〔詩·羔羊〕「羔羊之|」朱傳。○|,甲也。〔孟子·公孫丑下〕「兵|非不堅利也」朱注。○|,甲胄之屬。〔中庸〕「衽金|」朱注。○|,甲也,以|為札。〔國策·秦策一〕「兵|大强」鮑注。○|謂三|。〔大戴·主言〕「是以兵|不動而威」王詁。○|,轡首也。〔詩·蓼蕭〕「鞗|冲冲」朱傳。○|,兵|也。〔廣韻·麥部〕○|,更也。〔墨子·貴義〕「舍言|思者」閒詁引蘇時學。○〔通雅·卷一〕|之即更。〔管子·山權〕「丁氏婦|築室」。○|,改也。〔墨子·七患〕「君朝之衣不|制」閒詁引蘇時學。又〔廣韻·麥部〕。又〔晏子春秋〕「嬰誠|之」雜志。○〔説文定聲·卷五〕|,叚借為

改，為更。改、更、—，一聲之轉。〔易・革〕鄭注「改也」。○—，變。〔詩・斯干〕「如鳥斯—」朱傳。○—，變也。〔大戴・曾子制言下〕「則衡言不—」王詁。○—，急也。〔禮記・檀弓〕「若疾—」集解。又〔禮運〕「匪—其猶」集解。又〔釋天〕「錯—鳥曰旟」鄭注。○—之言急也。〔詩・皇矣〕「不長夏以—」平議。○〔說文定聲・卷五〕—，亟也。〔詩・皇矣〕「不長夏以—」。○—，亟之叚借字也。〔說文〕「亟，敏疾也」段注。○亟與—通。〔文選・東京賦〕「湯武誰—而用師」集釋。○—、勒古字通。〔韓子・外儲說右下〕「使王良操左—而叱咤之」集解引孫詒讓。○—即勒之省。〔詩・蓼蕭〕「鞗—沖沖」通釋。○—即勒之省。〔說文〕「勒，馬頭落銜也」段注。○—蠻，猶言為變害也。〔屈賦・天問〕「—蠻夏民」戴注。○—車，重車也。〔左傳宣公一二年〕疏證引曹操。○—車，重車也，載器材、財貨、衣裝也。（同上）疏證引杜牧。○—轞，一曰重—幭，所以覆車笭也。〔說文〕「髀，鬃布也」義證引〔急就篇〕顏注。○—與鞸聲義並同。〔方言一〇〕「—，老也」箋疏。○亟、棘、—音義俱同。〔釋詁〕「亟，疾也」郝疏。○古音悈、戒、棘、—、極通用。〔釋言〕「悈，急也」邵正義。○轞、鞢、—並同。〔廣雅・釋器〕「鞢，勒也」疏證。○—當為霍。〔說文〕「霍，雨濡—也」義證。○〔說文定聲・卷五〕—，叚借為翱。〔詩・斯干〕「如鳥斯—」。○—為翱之叚借。〔說文〕「坺，坺土也」段注。○—，〔韓詩〕翱，異字而同音同訓，翼也。〔詩・斯干〕「如鳥斯—」後箋引〔詩小學〕。○〔說文定聲・卷五〕—，字亦變作愅。〔荀子・禮論〕「愅詭悒僾而不能無時至也」。○（同上）—，字亦變作撠。〔太玄・元數〕「撠繫其名」。

脊

—，背—。〔廣韻・昔部〕○—，背—也。〔說文〕「—，背呂也」義證引〔玉篇〕。○—，背骨也。〔慧琳音義・卷二〕○—，膂也。（同上）引〔集訓〕。○般中體謂之—。〔左傳宣公一六年〕疏證引凌廷堪。○—，死骨也。〔集韻・昔部〕○—，理。〔詩・正月〕「有倫有—」朱傳。○—，理也。〔慧琳音義・卷二〕引〔考聲〕。○—令，雝渠，水鳥也。〔詩・常棣〕「—令在原」朱傳。○—令，傳云雝渠也。雝渠一名精列，精列實—令之轉聲。（同上）後箋。○—令，魯作鶺鴒。〔詩・小宛〕「題彼—令」集疏。○—為迹之假借。〔詩・正月〕「有倫有—」通釋。○—，齊作迹。（同上）集疏。○—、蹐，古字通用。〔管子・度地〕「春不收枯骨朽—」義證。

獲

—，得也。〔論語・雍也〕「先難而後—」劉正義。又〔大戴・五帝德〕「執中而—天下」王詁。又〔廣韻・麥部〕。○—，謂得也。〔論語・雍也〕「仁者先難而後—」朱注。○—之言得也。〔左傳宣公一二年〕「皆重—在木下」疏證引焦循。○—，義取田獵得獸也。〔春秋名字解詁〕「魯展—字禽」述聞。○—亦克也。〔詩・泮水〕「淮夷卒—」陳疏。○—猶射也。〔淮南・說林〕「的的者—」平議。○—者，辱也。〔史記〕「不—」雜志。○囚、—義皆互通。〔左傳宣公二年〕「囚華元—樂呂」洪詁。○—即馘之叚借。〔詩・出車〕「執訊—醜」通釋。○—即為馘之假借，不服者殺而獻其耳曰馘。（同上）後箋。○—字即為馘之假借字。（同上）陳疏。○—謂算也。古文—作算。〔大戴・投壺〕「中—既置」王詁。○〔說文定聲・卷九〕—，叚借為穫。〔荀子・富國〕「一歲而再—之」。○—通作穫。〔釋詁〕「馘，—也」郝疏。○〔說文定聲・卷九〕—，以穀為之。〔莊子・駢拇〕「臧與穀二人」。○—，臧—。〔廣韻・麥部〕○〔說文定聲・卷九〕—，叚借為誤。〔淮南・兵略〕「八風屈伸不—五度」。○〔史記〕—作護。〔左傳哀公一五年〕「召—駕乘車」洪詁。○汪本—作護。〔漢書・地理志〕「回—」補注引朱一新。○—當作濩。〔呂覽・本味〕「貛貛之炙」校正。○—當為復。〔漢書・景武昭宣元成功臣表〕「侯賀—以丞相封」補注。○—，烏—，夷，夷羿，皆有力者。〔漢書・揚雄傳〕「及至—夷之徒」補注引劉敞。

翮

—者，羽莖也。〔說文〕「釳，乘輿馬頭上防釳插以翟尾鐵—」段注。○—，羽本。〔國策・楚策四〕「奮其六—」鮑注。○—謂鳥羽之本也。〔慧琳音義・卷二三〕引〔珠叢〕。○—，鳥羽。〔廣韻・麥部〕○—與翟略同。〔說文定聲・卷一一〕○（同上）—，叚借為鬲。〔史記・楚世家〕「吞三—六翼」。

屐

—，履—。〔廣韻・陌部〕○木舄曰—。〔通雅・衣服〕○—，木屬也。〔說文〕「—，屩也」義證引〔三蒼〕。○—，木履也。（同上）義證引〔古今苑〕注。○〔說文定聲・卷一一〕—，雨行所以踐泥者。〔說文〕「—，屩也」。○—者，以木為之而施兩齒，所以踐泥。〔說文〕「—，屩也」義證引〔急就篇〕顏注。○〔說文定聲・卷一一〕—即輿底板下左右兩木銜軸之轐，亦謂之伏兔，俗字作輾。〔釋名・釋車〕「—，似人—也」。○—，或通作芰。〔說文〕「—，屩也」義證。○〔說文定聲・卷一一〕—，叚借為攱字，誤作庪。〔釋天〕「祭山曰庪縣」。○（同上）—，支拄之義。〔禮記・內則〕注「庪食物也」。○（同上）—，叚借為楮。〔儀禮・鄉射記〕注「正中曰棟，次曰楣，前曰庪」。

適

—，之。〔詩・緇衣〕「—子之館兮」朱傳。○—，之也。〔詩・北門〕「王事—我」朱傳。又〔叔于田〕「叔—野」朱傳。又〔四月〕「奚其—歸」朱傳。又〔論語・子罕〕「未可與—道」劉正義。○—，往也。〔詩・甫田〕「今—南畝」朱傳。又〔廣韻・昔部〕。○—復猶往復也。〔莊子・在宥〕「挈汝—復之撓撓以游無端」平議。○—猶歸。〔國策・魏策一〕「攻楚而—秦」鮑注。○—，女子出嫁也。〔說文〕「嫁，女—人也」義證引〔玉篇〕。○—，近也，始也。〔慧琳音義・卷九〕○—爾者，始爾也。〔書・康誥〕「—爾」平議。○—者，宜也。〔說文〕「秝，稀疏—也」繫傳。○—與節同義。〔韓子・揚摧〕「必—其賜」平議。○—節義通。〔管子・禁藏〕「—車輿」平議。○—，善也。〔廣韻・昔部〕又〔慧琳音義・卷一三〕。○—者，善也。〔荀子・法行〕「瑕—並見」集解引郝懿行。○—，樂也。〔廣韻・昔部〕又〔慧琳音義・卷一三〕。○—，悅也。〔詩・巷伯〕「誰—與謀」通釋。○—者，悅也。〔國策〕「—秦」雜志。○—當訓悅。〔詩・伯兮〕「誰—為容」通釋。○—，歡極也。〔通鑑・陳紀一〕「多無—而去」音注。○—，悟也。〔廣韻・昔

部〕○ー者，〔詩〕傳云過也，過謂罪過。〔書・呂刑〕「上刑ー輕下服」孫疏。○ー謂主過也。〔慧琳音義・卷九〕○ー當為過。〔説文〕「歷，過也」義證。○ー，責也。〔廣雅・釋詁〕「過，責也」疏證。○過ー皆責也。〔詩・殷武〕「勿予禍ー」述聞。○ー過猶過ー也。〔逸周書〕「ー無見過過ー」雜志。○ー，當也。〔通鑑・漢紀三六〕「報答之辭，令必有ー」音注。○ー猶定也。〔國策・東周策〕「而無ー立也」鮑注。○ー之言枝也，相枝梧也。〔廣雅・釋言〕「ー，悟也」疏證。○枝、ー，語之轉。(同上)○ー之言枝也。相枝梧，枝ー，語之轉。〔方言一三〕「ー，牾也」箋疏。○ー即敵也。〔管子〕「ー勝」雜志。○ー即敵字，非他往之謂。〔説文〕「敬，肅也」段注。○〔通雅・卷一九〕ー人即敵人。〔史記・田單傳〕「ー人開户」。○ー，古敵字。〔管子・白心〕「兵之勝從於ー」義證。○ー同敵。〔墨子・備城門〕「可燒之以待ー」閒詁引畢沅。又〔備高臨〕「ー人積土為高」閒詁引畢沅。○ー與敵同。〔逸周書〕「靡ー無口」雜志。○敵、ー義相近，古多通用。〔廣雅・釋詁一〕「敵，正也」疏證。○敵ー通。〔國策〕「ー罷寡也」札記引吳師道。○ー、敵通也。〔書・多士〕「惟我事不貳ー」孫疏。○〔説文定聲・卷一一〕ー，叚借為敵。〔論語〕「無ー也」。○古多假借ー為敵。〔説文〕「敵，仇也」段注。○ー，敵字假音。〔墨子・備城門〕「候ー」閒詁引畢沅。○ー讀為敵。〔經説上〕「兄弟，俱ー也」閒詁。又〔韓子・八説〕「不ー有方鐵銛」集解引顧廣圻。○ー讀曰敵。〔大戴・千乘〕「而況有強ー在前」王詁。○ー當讀為敵。〔詩・伯兮〕「誰ー為容」陳疏。又〔孟子・離婁〕「人不足與ー也」平議。○是ー即讁也。人事不修，天降責怒，兆見於日，故曰ー。〔漢書・天文志〕「暈ー背穴」補注。○ー、讁同。〔國策・燕策二〕「ー燕者」鮑注。○ー、讁通。〔詩・殷武〕「勿予禍ー」朱傳。○經傳通以ー為讁。〔荀子〕「瑕ー並見情也」雜志。○ー讀為讁。〔詩・殷武〕「勿予禍ー」陳疏。又〔荀子〕「瑕ー並見情也」雜志。又〔廣雅・釋詁〕「過，責也」疏證。○ー讀為讁。〔韓子・解老〕「而聖人強以其禍敗ー之」集解引王渭。○ー當為擿之省借，投也。〔詩・北門〕「王事ー我」通釋。○ー與嫡通。〔左傳隱公八年〕服虔注「貴ー統」疏證。又〔廣雅・釋詁一〕「嫡，君也」疏證。○ー讀嫡子之嫡。〔荀子〕「時舉而代御」雜志。○ー讀曰嫡。〔通鑑・周紀二〕「無ー子」音注。又〔漢紀五〕「高皇帝ー長孫也」音注。○〔一切經音義〕引〔左傳〕作嫡，〔釋文〕ー本又作嫡。ー、嫡古字同。〔左傳宣公二年〕「宦卿之ー」洪詁。○ー室，正寢也。〔通雅・宮室〕○〔釋詞・卷九〕ー謂ー然。〔左傳昭公一七年〕「鳳鳥ー至」。○ー然謂偶然也。〔韓子・顯學〕「不隨ー然之善」集解引舊注。○ー當讀為ー見於天之ー。〔方言一三〕「ー，悟也」疏證。○ー、啻同。〔國策・秦策二〕「疑臣者不ー三人」鮑注。○ー與啻同。〔莊子・胠篋〕「何ー而無有道邪」集釋。○〔説文定聲・卷一一〕ー，叚借為啻。〔秦策〕「疑臣者不ー三人」。○ー猶是也。〔釋詞・卷九〕○ー猶若也。(同上)○ーー然，驚皃。〔集韻・錫部〕○〔通雅・卷一〇〕ーー猶忯忯也。〔莊子〕「ーー然驚」。○〔説文定聲・卷一一〕ー，叚借為婧。〔廣雅・釋詁一〕「ー，善也」。○(同上)ー，叚借為謫。〔孟子〕「人不足與ー也」。○(同上)ー，叚借為積。〔禮記・喪服記〕「ー博四寸出于衰」。○舒、伸、ー俱一聲之轉。〔釋言〕「展，ー也」郝疏。

幘 ー，冠ー。〔廣韻・麥部〕○ー者，韜髮之巾，所以整幘髮也，常在冠下，或單著之。冠ー非一稱也。〔説文〕「ー，髮有巾曰ー」義證引〔急就篇〕顏注。○ー即巾也。(同上)義證引〔輟耕録〕。○ー為首服。(同上)義證引李尤〔冠幘銘〕。○ー者，賾也，頭首嚴賾也。(同上)義證引〔續漢書・輿服志〕。○漢魏晉以來謂漆紗之冠曰ー。〔通雅・衣服〕○ー，古賤服。〔集韻・麥部〕○黑ー上下通服之，庖人則綠ー。〔漢書・東方朔傳〕「董君綠ー傳韝」補注引〔隋書・禮儀志〕。○〔説文定聲・卷一一〕ー，叚借為鰿。〔左傳定公九年〕「晳ー而衣貍製」。○鰿、ー、賾並聲近而義同。〔廣雅・釋詁四〕「鰿，齊也」疏證。

劇 ー，甚也。〔慧琳音義・卷五〕引〔考聲〕。○ー，甚也，謂更甚於前也。〔卷一〕引顧野王。○ー者，甚也。〔釋宮〕「三達謂之ー旁」郝疏。○ー，病篤增甚之辞也。〔慧琳音義・卷七〕引〔集訓〕。○ー，增也。〔廣韻・陌部〕又〔集韻・陌部〕。○ー，增也，甚也。〔漢書・鮑宣傳〕「今柰何反覆ー於前乎」補注引胡注。○ー，事之最要者。〔漢書・陳湯傳〕「以所犯ー易為罪」補注引周壽昌。○ー，艱也。〔廣韻・陌部〕又〔集韻・陌部〕。○ー，戲也。〔通鑑・唐紀五〕「請選銳士數百與之ー」音注。○ー與勮同，亦過甚之意。〔方言一二〕「自關而西秦晉之間，凡人語而過謂之過，或曰僉」箋疏。○ー即勮字之誤文。〔説文定聲・卷九〕○ー與御聲義並同。〔方言一二〕「御，傍也」箋疏。○〔説文定聲・卷九〕ー，叚借為𧇖。〔廣雅・釋親〕「ー，舌也」。

戹 ー，災也。〔廣韻・麥部〕○凡遇災難遭苦毒皆曰ー。〔慧琳音義・卷五五〕○ー與厄同。〔孟子・盡心下〕「君子之ー於陳蔡之閒」朱注。○今日謂人勉強不得已曰ー。〔説文〕「疒，痾也」繫傳。○ー，經典通作阸。〔説文〕「ー，隘也」義證。○ー，俗又作阨。(同上)○〔説文定聲・卷一二〕ー，叚借為軛。〔詩・韓奕〕「鞗革金厄」。

厄 ー，同戹。〔廣韻・麥部〕○ー當讀餩，謂飢。〔孟子・盡心下〕「戹於陳蔡之間」焦正義。○ー同軛。〔説文〕「噣，喙也」段注。○ー即軛之通借字。〔韓子・外儲説左上〕「鄭縣人得車ー也」集解。

磧 ー，砂ー。〔廣韻・昔部〕○無水草唯砂石，名之為ー。〔慧琳音義・卷八三〕○ー，水中沙灘也。〔説文〕「ー，水陼有石者」義證引〔三蒼〕。○ー即沙灘之大者兼有石也。〔慧琳音義・卷六一〕○ー，大ー也，即所謂大漠。〔通鑑・隋紀二〕「進圖入ー」音注。○ー，水渚石，水淺石見。〔説文〕「ー，水陼有石者」義證引〔玉篇〕。○ー之言積也。〔廣雅・釋水〕「磯，ー也」疏證。

隔　—，塞也。〔廣韻·麥部〕又〔太素·陰陽雜説〕「其傳為—」楊注。○—，格也。〔太素·調陰陽〕「陽氣當—」楊注。○—即擊字，謂擊柷也。〔漢書·揚雄傳〕「桔—鳴球」補注引段玉裁。○〔説文定聲·卷一一〕—，段借為擊。〔長楊賦〕「拮—鳴球」。○—，〔咎繇謨〕古文作擊，同音段借。〔説文〕「擊，攴也」段注。○〔説文定聲·卷一一〕—，字亦作膈。〔釋名·釋形體〕「膈，塞也，—塞上下使氣與穀不相亂也」。○—通作鬲。〔説文〕「—，障也」義證。○〔管子〕〔漢書〕漢碑多以鬲為—。〔漢隸拾遺·三公山碑〕雜志。○—亦省作鬲。〔説文〕「—，障也」句讀。○—，一作融。〔史記·始皇本紀〕「昭—內外」志疑引徐廣。

益　—，饒也。〔易·繫辭下傳〕「—，德之裕也」李疏引〔唐韻〕。○—者，饒也。〔説文〕「增，—也」段注。○—，增也。〔廣韻·昔部〕○—謂增—之也。〔國策·趙策三〕「以—愈强之秦」補正。○加于內曰—。〔説文定聲·卷一一〕〔「溢」下〕○—之言加也。〔孟子·滕文公上〕「又稱貸而—之」焦正義。○—猶言加賞也。〔墨子·號令〕「守以令—邑中豪傑」閒詁。○—亦滋也。〔廣雅·釋言〕「况，茲也」疏證。○—，進也。〔廣韻·昔部〕○—猶甚也。〔國策·中山策〕「中山雖—」鮑注。○—謂有禄位。〔國策·楚策三〕「齊人飾身修行得為—」鮑注。○—，漸也。〔漢書·鼂錯傳〕「輸將之費—寡」補注。又〔李廣傳〕「胡虜—解」補注。又〔蘇建傳〕「武—愈」補注。又〔淮陽憲王傳〕「令弟光恐王云王遇大人—解」補注。○—，漸進也。〔漢書·車千秋傳〕「百姓稍—充實」補注。○凡言—者，皆以漸而加之詞。〔漢書·廣川惠王傳〕「以故—不愛望卿」補注。○—與延同義。〔史記·封禪書〕「甘泉則作—延壽觀」志疑。○—母，一名夏枯艸。〔通雅·艸〕○—之為言阸也，言其所在之地險阸也。〔説文〕「鬮，陋也」義證引〔春秋元命包〕。○—讀為嗌。〔賈子·勸學〕「—口笑」平議。○—當讀為溢。〔莊子·人間世〕「過度—也」平議。○—，字亦作溢。〔説文定聲·卷一一〕○—當作溢。〔莊子·列御寇〕「故有貌愿而—」平議。○官本—作溢。〔漢書·敘傳〕「既—於世」補注。○洋—，金陵本作洋溢。〔史記·司馬相如傳〕「洋—乎方外」志疑。○〔説文定聲·卷一一〕—，字亦作葢。〔廣雅·釋艸〕「—母，茺蔚也」。○—，〔新序〕作蓋。〔呂覽·驕恣〕「大—百畝」校正。○—，韓亦作潤。〔詩·信南山〕「—之以霢霂」集疏。○—，一作愈。〔呂覽·務本〕「欲安而—危」校正。

柵　編豎木為—，从册，象—形。〔説文定聲·卷一一〕○—，豎木立—。〔廣韻·麥部〕○—者，豎編之。〔説文定聲·卷一四〕〔「棧」下〕○編簡謂之册，編木為垣謂之—，義相近也。〔廣雅·釋宫〕「—謂之棚」疏證。○—，村—。〔廣韻·陌部〕○豎木如牆曰—。〔慧琳音義·卷九〇〕引〔字統〕。○密豎柴木，横令如牆形，以斷人畜往來，名曰—籠。〔慧琳音義·卷六〇〕

窄　—，狹—。〔廣韻·陌部〕○—，狹也。〔集韻·陌部〕

覈　—，實也。〔廣韻·麥部〕又〔慧琳音義·卷六二〕引〔考聲〕。○—，考實事。〔説文〕「—，實也」義證引〔玉篇〕。○—者，考其實也。〔通鑑·漢紀三五〕「乃詔下州郡檢—」音注。○—，考事得實也。〔慧琳音義·卷九二〕引〔文字典説〕。○—，考求也，考事得其實也。〔卷四一〕引〔韻詮〕。○—，窮也。〔卷六二〕引〔考聲〕。○〔説文定聲·卷七〕凡物包覆其外，堅實其中曰—，故艸木之果曰—。〔説文〕「—，實也。考事而笮邀遮其辭得實曰—」。○〔同上〕麥糠中不破者亦曰—。〔漢書·陳平傳〕「亦食糠—耳」。○—亦屑中滓不細者，猶果核也。〔説文〕「麧，小麥屑之—」繫傳。○骨曰—。〔説文〕「骨，咳也」義證引〔典引〕蔡邕注。○〔説文定聲·卷七〕骨亦曰—。〔廣雅·釋器〕「—，骨也」。○—猶骨也。〔説文〕「核，蠻夷以木皮為匧」段注。○—謂桃梅之屬也。〔同上〕繫傳。○—與核同。〔廣雅·釋器〕「—，骨也」疏證。○—，核也。〔説文〕「骨，肉之—也」繫傳。○—、核，古今字。〔説文〕「瘃，中寒腫—」段注。又〔説文〕「骨，肉之—也」段注。○〔周禮〕經作—，注作核，葢漢人已用核為—矣。〔説文〕「—，實也」段注。○〔説文定聲·卷七〕—，字亦作槅。〔蜀都賦〕「肴槅四陳」。○—，〔蜀都賦〕作槅，段借字也。〔説文〕「—，實也」段注。○—或作[illegible]。〔説文〕「麧，堅麥也」義證。○—又作[illegible]。（同上）

核　—，果中—。〔廣韻·麥部〕○—者，人也，古曰—，今曰人。〔釋木〕「桃李醜，—」郝疏。○〔説文定聲·卷五〕—，段借為骸。〔詩·賓之初筵〕「殽—維旅」。○〔同上〕—，段借為荄。〔漢書·五行志〕「孕毓根—」。○〔同上〕—，段借為覈。〔漢書·刑法志〕「其審—之」。○—當作覈，經典借作—。〔釋木〕「桃李醜，—」郝疏。○—當作覈。〔説文〕「繜，用絭補—，名曰繜衣」段注。○—，以覈為之。〔周禮·大司徒〕「其植物宜覈物」。○—，齊、魯作覈。〔詩·賓之初筵〕「殽—維旅」集疏。○〔説文定聲·卷五〕—，字亦變作槅。〔蜀都賦〕「肴槅四陳」。

舄　—，履也。〔廣韻·昔部〕○—，履也。或作鞨、䩭。〔集韻·昔部〕○—，足履也。〔本草·卷一六〕○漢以前複底曰—。〔説文定聲·卷八〕〔「屨」下〕○複底而有木者謂之—。〔説文〕「履，足所依也」義證引〔急就篇〕顔注。○複下曰—。〔同上〕義證引〔三禮圖〕。○複丁曰—。〔説文〕「靪，補履下也」義證引〔禮圖〕。○以木置履下，乾腊不畏泥溼，故曰—。〔説文〕「屨，履也」義證引〔古今注〕。○—，葢借為履—字也。〔説文〕「—，䧿也」繫傳。○—謂椽頭雀出也。〔通雅·宫室〕○—同碣，柱下石也。〔墨子·備城門〕「植皆為通—」閒詁引蘇時學。○—，大貌。〔詩·閟宫〕「松桷有—」朱傳。○—，義亦與祏同。〔廣雅·釋詁一〕「祏，大也」疏證。○〔説文定聲·卷九〕—，段借為斥。〔漢書·溝洫志〕「終古—鹵兮生稻粱」。○—為斥之假借，大也。〔詩·閟宫〕「松桷有—」通釋。○—，古鵲字。〔同上〕義證引〔增韻〕。○—，䧿鵲。〔説文〕「—，䧿也」段注。○—本䧿字，自經典借為履—字而本義廢矣。〔説文〕「—，䧿也」義證引〔纂文〕。○—、䧿並與鵲同。〔廣雅·釋鳥〕「䧿鵲，䧿也」疏證。○—者，䧿之假借字。〔詩·

閟宮」「松桷有丨」後箋。○〔說文定聲·卷九〕丨，叚借為藉。〔廣雅·釋器〕「丨，履也」。○(同上)丨，叚借為舄。〔禮記·少儀〕注「名謂若韓盧宋鵲之屬」。

鵲 丨，同舄。〔廣韻·昔部〕○丨與舄通。〔方言四〕「屨中有木者謂之複舄」箋疏。

責 丨謂求負家償物也。〔說文〕「丨，求也」義證。○丨者，迫迮而取之也。(同上)繫傳。○丨，求也。〔國策·秦策四〕「秦丨賂於魏」鮑注。又〔廣韻·麥部〕。○丨備者，求全也。〔漢書·王嘉傳〕「勿丨以備」補注引胡注。○丨，取也。〔國策·西周策〕「歸其劍而丨之金」鮑注。○丨，問也。〔漢書〕「負處」雜志。○丨對為窮治也。〔說文〕「對，或從士」義證引錢大昭。○丨，引伸為誅丨、丨任。〔說文〕「丨，求也」段注。○〔通雅·卷一〇〕丨丨辟辟，急也。〔內經〕「丨丨然如刃」。○〔說文定聲·卷一一〕丨，叚借為誎。〔孟子〕「人之易其言也無丨矣」。○丨、債同。〔國策·齊策四〕「能為文收丨於薛者乎」鮑注。○丨，古債字。〔呂覽·慎大〕「分財棄丨」校正。○丨或作債。〔說文〕「丨，求也」義證。○丨，俗作債。(同上)句讀。○丨，本又作債。〔左傳昭公二〇年〕「已丨」洪詁引〔釋文〕。○〔通雅·卷七〕丨家即債家。〔後漢書·樊衷傳〕「丨家聞者」。○官本丨作負。〔漢書·高帝紀〕「此兩家常折券棄丨」補注。○丨，南監本、閩本並作負。(同上)引錢大昭。

⿰土㡿 丨，裂也，亦作坼。〔廣韻·陌部〕○丨，或作⿰扌㡿，撤也。〔慧琳音義·卷六二〕引〔考聲〕。

坼 〔說文定聲·卷九〕丨，土裂。〔說文〕「丨，裂也」。○丨、副皆裂也。〔詩·生民〕「不丨不副」朱傳。○丨，分也。〔太素·順養〕「水冰地丨」楊注。○丨，古音讀如託。〔說文〕「丨，裂也」段注。

⿰扌㡿 丨，毀也。俗作拆。〔續音義·卷五〕引〔切韻〕。○丨，破毀也。〔卷九〕引〔切韻〕。

拆 丨呼猶罅漏也。〔通雅·釋詁〕

惜 丨，恪丨。〔廣韻·昔部〕○丨，悋也。〔慧琳音義·卷三〕引〔考聲〕。○丨，貪也。〔集韻·昔部〕○丨，悼丨。〔屈賦·惜誦〕「丨誦以致愍兮」戴注。○〔通雅·卷三五〕丨千千，轉輪戲也。〔南宋市肆記〕「京瓦兒戲之塲，有丨千千」。

僻 丨，邪也。亦作薜。〔集韻·昔部〕○丨，邪丨也。〔廣韻·昔部〕○丨者，謂邪枉不中理也。〔慧琳音義·卷四七〕引顧野王。○丨謂為事邪枉不理也。〔卷七〇〕○丨即違也。〔荀子〕「辟違」雜志。○丨、違皆邪也。(同上)○丨者，偏也。〔詩·小旻〕通釋。○丨，側也。〔慧琳音義·卷一三〕引〔考聲〕。○丨，誤也。〔廣韻·昔部〕○丨，亦避也。〔慧琳音義·卷九〕○丨，避拜。〔說文〕「丨，

辟也」繫傳。○丨與辟通。〔釋訓〕「版版，丨也」郝疏。○〔說文定聲·卷一二〕丨，以辟為之。〔詩·蕩〕「其命多辟」。○丨，今〔詩〕作辟。〔說文〕「詩曰宛如左丨」段注。○丨當作辟。〔漢書·毋將隆傳〕「今賢等便丨弄臣」補注引宋祁。○此丨字當為辟。〔漢書·淮南厲王傳〕「毋敢復有邪丨背畔之意」補注。○丨，字亦作癖，亦皆以辟為之。〔說文定聲·卷一一〕○(同上)丨，叚借為躄。〔淮南·說山〕「畏馬之辟也不敢騎」。

癖 丨，腹病。〔廣韻·昔部〕又〔集韻·昔部〕。○丨，腹中塊病也。〔慧琳音義·卷六六〕引〔考聲〕。○氣結為丨。〔卷三八〕引〔文字集略〕。○丨，痃丨。〔廣韻·錫部〕

辟 丨，君。〔詩·桑扈〕「百丨為憲」朱傳。○丨，君也。〔詩·棫樸〕「濟濟丨王」朱傳。又〔文王有聲〕「皇王維丨」朱傳。又〔抑〕「丨爾為德」朱傳。又〔韓奕〕「以佐戎丨」朱傳。又〔禮記·祭統〕「對揚以丨之」集解。又〔集韻·昔部〕。○丨本訓當為君也，與君、后同意，節制人辠，惟丨作威也。〔說文定聲·卷一一〕○丨公，諸侯也。〔詩·雝〕「相維丨公」朱傳。又〔論語·八佾〕「相維丨公」朱注。○諸侯則曰丨公。〔詩·烈文〕「烈文丨公」通釋。○丨，法。〔詩·雨無正〕「丨言不信」朱傳。○丨為法。〔左傳宣公九年〕「無自立丨」疏證引顧炎武。○丨，法也。〔論語·八佾〕「相維丨公」劉正義引邵晉涵。○丨，法也，五刑有大丨。〔廣韻·昔部〕○丨，命也。〔續音義·卷七〕○丨，罪。〔大戴·千乘〕「陳刑制丨」王詁。○丨，罪也。〔左傳僖公二三年〕「貳乃丨也」疏證引〔御覽〕。○丨，引伸之為罪也，謂犯法者則執法以罪之也。〔說文〕「丨，法也」段注。○丨，明也。〔詩·抑〕「丨爾為德」集疏。又〔禮記·王制〕「天子曰丨廱」集解。又〔漢書〕「天軌之不丨」雜志。○丨亦明也。〔詩·抑〕「丨爾為德」通釋。又〔禮記·禮運〕「丨於其義」述聞。○丨，召也。〔續音義·卷七〕引〔考聲〕。○丨，績也。〔孟子·滕文公下〕「妻丨纑」朱注。○丨，占也。〔慧琳音義·卷一〇〕引〔考聲〕。○丨，問也。(同上)引〔字書〕。○丨，筋攣也。〔太素·熱病說〕「於四逆筋丨目浸」楊注。○丨者，遠也。〔左傳哀公七年〕「丨君之執事」平議。○丨，猶郤也。〔禮記·少儀〕「以受人則丨刃」集解。○丨，除也。〔詩·江漢〕「式丨四方」集疏引韓說。又〔集韻·昔部〕。又〔續音義·卷七〕引〔切韻〕。又〔通鑑·漢紀四〕「淮陰侯挈其手，丨左右」音注。○丨，引伸之為丨除。〔說文〕「丨，法也」段注。○丨與闢同，丨除也。〔孟子·離婁下〕「行丨人可也」朱注。○丨，開。〔詩·召旻〕「日丨國百里」朱傳。○丨同闢。〔墨子·非攻中〕「丨門除道」閒詁引蘇時學。又〔節葬下〕「丨草木」閒詁引畢沅。○丨與闢同。〔詩·江漢〕「式丨四方」朱傳。又〔孟子·公孫丑上〕「地不改丨矣」朱注。又〔離婁上〕「田野不丨」朱注。又〔告子下〕「土地丨」朱注。○丨與闢同，開也。〔釋宮〕注「門丨旁長欒也」述聞。○丨與闢同，開廣也。〔孟子·梁惠王上〕「欲丨土地」朱注。○丨與闢同，開墾也。〔孟子·離婁上〕「丨草萊」朱注。又〔告子下〕「我能為君丨土地」朱注。○〔說文定聲·卷一一〕丨，叚借為闢。〔荀子·議兵〕「丨

門除涂」。○丨，或借為闢。〔説文〕「丨，法也」段注。○丨即闢之叚借字。〔管子・乘馬〕「丨則愚」平議。○丨，闢假音字。〔墨子・號令〕「田不丨」閒詁引畢沅。○丨，闢字之假音。〔非攻中〕「不勝而丨」閒詁引畢沅。○丨讀曰闢。〔通鑑・周紀一〕「田野丨」音注。○丨讀曰闢，開也。〔大戴・五帝德〕「以丨山萊」王詁。○此丨讀闢。〔左傳成公二年〕「且懼奔丨」疏證引李貽德。○丨讀若闔闢之闢。〔説文〕「丣，古文酉」義證引顧藹吉。○丨讀作闢。〔左傳成公二年〕「丨女子」洪詁。○丨彊，當音為開闢之闢，彊場之彊。〔史記・漢興以來將相名臣表〕「大臣用張丨彊計」志疑引〔匡謬正俗〕。○丨重者，謂開闢傳前重車。〔左傳成公五年〕「伯宗丨重」疏證引〔讀本〕。○丨，重疊。〔太素・陰陽雜記〕「腎之陰謂之丨陰」楊注。○〔説文定聲・卷一一〕丨，叚借為襞。〔莊子・田子方〕「口丨焉而不能言」。○丨，或借為襞。〔説文〕「丨，法也」段注。○丨者，襞之假借也。〔説文〕「潄，丨潄鐵也」段注。○丨、襞並與襞通。〔廣雅・釋言〕「紉，襞也」疏證。○丨當與襞積之襞音璧同，謂儀節過繁如衣之襞積也。〔義府・卷上〕○丨，避也。〔左傳成公二年〕「且懼奔丨」疏證引李貽德。又〔説文〕「僻，丨也」繫傳。○丨、避同。〔中庸〕「而莫之知丨也」朱注。○丨同避。〔墨子・尚賢下〕「丨貧賤」閒詁引畢沅。○丨與避同。〔荀子〕「違其惡」雜志。○丨、避字同。〔墨子・尚同下〕「而丨百姓之毀」閒詁。○丨即避字。〔韓子・八經〕「知丨罪以止威」集解。○〔説文定聲・卷一一〕丨，叚借為避。〔小爾雅・廣言〕「丨，除也」。○經傳多假丨為避。〔説文〕「避，回也」段注。○丨，或借為避。〔説文〕「丨，法也」段注。○丨，避字假音。〔墨子・辭過〕「丨潤濕」閒詁引畢沅。○丨讀為避。〔墨子・備蛾傳〕「敵人丨火而復攻」閒詁引蘇時學。○丨讀曰避。〔通鑑・周紀二〕「申子乃丨舍請罪曰」音注。○丨讀如避。〔墨子・尚賢上〕「不丨貧賤」閒詁引蘇時學。○丨，〔晉世家〕作逃，逃即丨意。〔左傳宣公二年〕「而觀其丨丸也」疏證。○丨，逡遁丨位也。〔大戴・諸侯遷廟〕「君及在位者皆丨也」王詁。○〔説文定聲・卷一一〕丨，叚借為嬖。〔論語〕「友便丨」。○丨有丨止行人義。〔左傳成公二年〕「丨女子」疏證引沈欽韓。○〔説文定聲・卷一一〕丨，叚借為躄。〔荀子・正論〕「不能以丨馬毀輿致遠」。○丨當作躄，此省文作丨。〔新書〕作躄，俗字。〔漢書・賈誼傳〕「又類丨」補注。○丨當讀為趩。〔左傳成公二年〕「丨女子」疏證引惠棟。○〔説文定聲・卷一一〕丨，叚借為壁。〔釋天〕「營室，東丨也」。○丨，或借為壁。〔説文〕「丨，法也」段注。○丨，蓋字亦作壁。〔史記・王子侯者年表〕志疑。○丨、壁通。〔詩・靈臺〕「於樂丨廱」朱傳。○丨與壁古通用。〔史記・六國年表〕「宋丨公元年」志疑。○〔説文定聲・卷一一〕丨，叚借為璧。〔禮記・王制〕「天子曰丨雍」。○丨讀為璧。〔詩・皇矣〕「於樂丨廱」陳疏。○丨，邪也。〔詩・板〕「無自立丨」朱傳。○丨謂邪也。〔詩・小旻〕通釋。○丨為邪。〔左傳宣公九年〕「民之多丨」疏證引顧炎武。○丨邪二字義同。〔孟子・梁惠王上〕「放丨邪侈」焦正義。○丨，便丨。〔廣韻・昔部〕○丨，便丨也。〔論語・先進〕「師也丨」劉正義。○丨，便丨也，謂習於容止，少誠實也。（同上）朱注。○丨，當讀如便丨之丨。〔詩・葛屨〕「宛然左丨」通釋。○丨即僻。〔孟子・梁惠王上〕「放丨邪侈」焦正義。○丨與僻同。（同上）朱注。○丨，古僻字。〔左傳宣公一二年〕疏證。○丨者，今之僻字。〔説文〕「狄之為言淫丨也」段注。○丨、僻，古今字。〔説文〕「遹，回丨也」段注。○丨僻同字。〔國策〕「燕楚丨」札記。○〔説文定聲・卷一一〕丨，叚借為僻。〔詩・葛屨〕「宛如左丨」。○丨，或借為僻。〔説文〕「丨，法也」段注。○丨讀為僻。〔大學〕「人之其所親愛而丨焉」朱注。又〔呂覽・大樂〕「嗜欲不丨」平議。○丨，僻之借字。〔墨子・貴義〕「必去六丨」閒詁。○丨，僻字假音。〔墨子・辭過〕「不以為丨怪也」閒詁引畢沅。○丨謂僻違也。〔大戴・子張問入官〕「疾則丨矣」王詁。○丨回即僻違。〔荀子〕「丨違」雜志。○丨，三家作僻。〔詩・板〕「民之多丨」集疏。○丨，〔釋文〕作僻。〔左傳昭公一六年〕「丨邪之人而皆及執政」洪詁。○丨，〔藝文類聚〕引作僻。〔漢書・五行志〕「今吾執行毋乃有所丨」補注引朱一新。○丨即臂字。〔墨子・襍守〕「為丨梯」閒詁引畢沅。○丨，引伸為一邊之義。〔説文〕「丨，法也」段注。○丨之言邊也，屏於一邊也。〔説文〕「僻，丨也」段注。○丨，偏也。〔大學〕「丨則為天下僇矣」朱注。○丨猶偏也。〔大學〕「人之其所親愛而丨焉」朱注。○丨，繴之借字。〔墨子・非儒下〕「若機丨將發也」閒詁。○丨，譬喻也。〔莊子・庚桑楚〕「形與形亦丨矣」集釋引郭嵩燾。○丨，喻也，與譬同。〔楚辭・惜往日〕「丨與此其無異」補注。○丨同譬。〔墨子・節葬下〕「丨之無以異」閒詁引畢沅。○丨譬同。〔中庸〕「丨如行遠必自邇」朱注。○〔説文定聲・卷一一〕丨，叚借為譬。〔荀子・彊國〕「丨稱比方則欲自並乎湯武」。○丨，或借為譬。〔説文〕「丨，法也」段注。○丨讀曰譬。〔管子〕「丨之也」雜志。○丨讀作譬。〔孟子・盡心上〕「有為者丨若掘井」朱注。○丨，諸本作譬。〔左傳襄公八年〕「丨於草木」洪詁。○丨，拊心也。〔詩・柏舟〕「寤丨有摽」朱傳。○丨，拊心貌也。〔楚辭・思忠〕「寤丨摽兮永思」王注。○丨，擗古文假借字。〔詩・柏舟〕「寤丨有摽」陳疏。○丨，一作擗。〔楚辭・思忠〕「寤丨有摽兮永思」補注。○丨，本或作擗。〔釋訓〕「丨，拊心也」邵正義。○丨，字亦作擗。〔詩・柏舟〕「寤丨有摽」通釋。○丨，韓作擗。（同上）集疏。○丨者，叚音當作捭。〔釋訓〕「丨，拊心也」郝疏。○丨者，擘也。〔禮記・喪大記〕「不丨」集解。○丨與擘肌分理之擘同。〔説文〕「緝，績也」段注。○〔説文定聲・卷一一〕丨，叚借為擘。〔詩・燕燕〕「寤丨有摽」。○丨，叚為擘也。〔説文〕「擘，撝也」段注。○丨者，擘之省借，擘裂之稱。〔詩・柏舟〕「寤丨有摽」通釋。○〔説文定聲・卷一一〕丨，叚借為劈。〔廣雅・釋詁四〕「丨，半也」。○丨，今作劈。〔釋言〕「丨，歷也」鄭注。○〔説文定聲・卷一一〕丨，叚借為裨。〔禮記・玉藻〕「素帶終丨」。○（同上）丨，叚借為弭，丨弭雙聲。〔禮記・郊特牲〕「有由丨焉」。○丨讀如丨舉之丨。〔墨子・尚賢上〕「丨私怨」閒詁引畢沅。○丨、卑古字通。〔管子〕「卑耳之貉」雜志。○〔説文定聲・卷一一〕丨，叚借為庳。〔左傳哀公二年〕「不設屬丨」。○（同上）丨，廦仄之意也。〔莊子・馬蹄〕「擿丨為禮」。○（同上）丨，叚借

為辟。〔離騷〕「扈江離與｜芷兮」。○〔同上〕｜，叚借為辟。〔左傳莊公二一年〕「鄭伯享王于闕西｜」。○｜與辟同。〔釋言〕「｜，歷也」述聞。○〔說文定聲·卷一一〕｜，叚借為擗。〔書·金縢〕「我之弗｜」。○〔同上〕｜，叚借為辟。〔周禮·司市〕「｜布者」。○〔同上〕｜，叚借發聲之詞。〔方言三〕「南楚凡罵庸賤謂之田僮，或謂之｜」。｜，商人醜稱也」。○剖、｜、片、胖、半，皆一聲之轉也。〔廣雅·釋詁四〕「｜，半也」疏證。○擘、薜、｜並字異而義同。〔廣雅·釋詁一〕「擘，分也」疏證。○〔說文定聲·卷一一〕｜，叚借為冒。〔郭有道碑文〕「遂｜司徒掾」。○｜言即善言也。〔韓子·飭令〕「廷雖有｜言」集解。○｜藏者，盤｜收斂。〔說文〕「己，中宮也，象萬物｜藏詘形也」段注。○〔通雅·卷一〇〕「｜｜，急也。〔內經〕「｜｜然如彈石」。○｜積，｜疊停廢之謂也。〔太素·調陰陽〕「精絶｜積」楊注。○｜積即今服摺也。〔儀禮·士冠禮〕「皮弁服素積緇帶素韠」胡正義。○｜兒即俾倪也。〔左傳宣公一二年〕疏證。○〔通雅·卷七〕｜倪，通作俾倪、陴僻、睥睨、埤堄，斜目瞻相也。〔信陵傳〕「矦生｜倪故久」。○〔說文定聲·卷一一〕｜咠，猶俾倪，近視也。〔禮記·曲禮〕「負劍｜咠詔之」。○〔同上〕｜歷，俗字作霹靂。〔釋名·釋天〕「｜歷，｜析也」。○｜歷，字當作劈歷。〔釋名·釋天〕「震，又曰｜歷」疏證。○｜廱，天子之離宮。〔詩·靈臺〕「於樂｜廱」後箋引戴震。○｜廱，官舍也。〔廣雅·釋宮〕「｜廱，官也」疏證。○｜廱，大學也。〔詩·皇矣〕「於樂｜廱」陳疏。○｜廱，天子之學，大射行禮之處也。水旋丘如璧，以節觀者，故曰｜廱。〔詩·靈臺〕「於樂｜廱」朱傳。○｜雍，行禮樂，宣德化之地。〔詩·靈臺〕「於樂｜雍」集疏。○｜廱為游觀之所，在文王時已為合樂行禮之地。〔詩·靈臺〕「於樂｜廱」後箋。○｜雍又謂之澤宮，單言之，或曰雝，或曰澤。〔詩·振鷺〕「于彼西雝」後箋。○｜雍，水環似璧。〔說文定聲·卷一八〕〔「璜」下〕○｜雍，周之｜雍即虞庠，在國西郊，靈臺在焉。〔卷一八〕〔「堂」下〕○｜舉，猶古之興盱也。〔通雅·官制〕○｜雖與鶡鴠同。〔方言八〕「雞，陳楚宋魏之間謂之鶡鴠」箋疏。○｜，一作備。〔呂覽·重己〕「足以｜燥溼而已矣」校正。

辟

｜與庸同意。〔釋詁〕「｜，法也」郝疏。○｜，當訓常。〔同上〕○｜者，通作辟。〔同上〕

掖

｜，此亦兩臂也。〔說文〕「亦，人之臂亦也」義證引〔玉篇〕。○｜，臂下也。〔集韻·昔部〕○〔說文定聲·卷九〕｜，臂下脅上，正字當作亦。〔左傳僖公二五年〕「二禮從國子巡城｜以赴外」。○｜為亦之絫增字也。〔說文〕「｜，一曰人臂下也」句讀。○｜即亦之孳育字。〔說文〕「亦，人之臂亦也」句讀。○〔說文定聲·卷九〕｜，叚借為亦。〔說文〕「｜，一曰臂下也」。○｜，古作亦。〔說文·上說文書〕「詣左｜門外會」段注。○｜謂兩人夾持其兩｜。〔漢書·渠犂傳〕「常提｜搜索」補注引胡注。○｜，門旁小門也。〔集韻·昔部〕○外出大道為｜門。〔說文〕「闟，妄入宮｜也」義證引〔初學記〕。○｜、亦並與裓通。〔方言四〕「襘謂之裓」箋疏。○〔說文定聲·卷九〕｜，字亦作裓。〔方言四〕「襘謂之裓」。○｜，字或作腋。〔說文〕「｜，一曰臂下也」義證。○｜，俗亦作腋。〔同上〕段注。○｜，亦作夜。〔漢書·地理志〕「｜」補注。

腋

｜，肘｜。〔廣韻·昔部〕○｜，胳也。〔慧琳音義·卷一〕引〔古今正字〕。○｜，胳也，在肘後，通作掖。〔集韻·昔部〕○｜，髆下也。〔慧琳音義·卷六四〕引〔考聲〕。○｜，本作亦，或作掖。〔廣雅·釋親〕「胳謂之｜」疏證。

釋

｜，解也。〔詩·大叔于田〕「抑｜掤忌」朱傳。又〔廣韻·昔部〕。○｜，散也。〔廣韻·昔部〕○｜，消也。〔同上〕○｜，廢也。〔同上〕○｜，猶置。〔國策·楚策三〕「子｜之」鮑注。○｜，猶舍也。〔國策·魏策一〕「君何｜以天下圖智氏」鮑注。○｜，捨也。〔廣韻·昔部〕○〔說文定聲·卷九〕｜，叚借為捨。〔左傳襄公二一年〕「｜茲在茲」。○｜載，不乘車也。〔國策·燕策二〕「薛公｜載」鮑注。○｜，服也。〔廣韻·昔部〕○｜，無憾也。〔釋詁〕「｜，服也」鄭注。○｜，淅米也。〔詩·生民〕「｜之叟叟」朱傳。○淅米又謂之｜。〔儀禮·士喪禮〕「淅米于堂」胡正義。○｜，釋之叚借字也。〔說文〕「釋，漬米也」段注。○｜，魯作淅。〔詩·生民〕「｜之叟叟」集疏。○〔說文定聲·卷九〕｜，叚借為赦。〔晉語〕「君其｜申生也」。○〔同上〕｜，叚借為藉，為敍。〔儀禮·聘禮記〕「出祖｜軷」。○〔同上〕｜，字亦作懌。〔釋詁〕「懌，樂也」。○｜、懌古今字。〔說文〕「說，說｜也」段注。○古字懌皆作｜。〔釋詁〕「｜，服也」邵正義。○｜為本字，醳為或體字，懌為別體字。〔同上〕○古｜澤同字。〔漢書·高后紀〕「封中謁者張｜卿為列侯」補注。○｜、澤古字通。〔釋訓〕「郝郝，耕也」郝疏。○古｜字作澤。〔史記〕「｜」雜志。○｜，〔詩·載芟〕以澤為之。〔說文定聲·卷九〕○〔史·表〕｜作澤，字通。〔漢書·高惠高后文功臣表〕「後七年，侯｜之嗣」補注。○〔史記〕｜作澤，字通。〔漢書·張耳陳餘傳〕「陳｜往讓餘」補注。○舍、｜、澤三字古同聲而通用。〔管子〕「澤其四經」雜志。○〔通雅·卷二八〕｜菜即舍菜，致獻也。〔月令〕「樂正習舞｜菜」。○｜當作繹。〔漢書·王尊傳〕「姦邪銷｜」補注引宋祁。

舶

｜，海中大船。〔廣韻·陌部〕○海中大船曰｜。〔慧琳音義·卷一五〕○蠻夷泛海舟曰｜，或从帛。〔集韻·陌部〕○｜，崐崘船也。〔慧琳音義·卷七八〕引〔考聲〕。○｜之言博大也。〔廣雅·釋水〕「｜，舟也」疏證。

拍

｜，打也。〔廣韻·陌部〕○｜，撫也。〔慧琳音義·卷七八〕引〔古今正字〕。○假｜為髆字。〔說文〕「髆，肩甲也」段注。○空手拳舞曰｜張。〔通雅·釋詁〕○｜版，今版之始也。〔通雅·樂器〕○搏、｜、𢪃並聲近義同。〔廣雅·釋詁三〕「｜、𢪃，擊也」疏證。○｜即俗𢪃字。〔說文〕「𢪃，拊也」句讀。

𢪃

｜，擊也。〔廣韻·陌部〕○｜，擊也。或从白。〔集韻·陌部〕○〔說文定聲·卷九〕｜，叚借為膊。〔周禮·醢人〕「豚拍魚醢」。○〔同上〕｜，以搏

為之。〔考工〕「摶埴之工」。

𡩡 —，求也。〔廣韻·陌部〕〇—，取也。〔廣韻·麥部〕〇入室捜曰—。〔說文〕「摶，—持也」段注。〇—，探頤索隱之字也。〔說文〕「—，入家搜索之皃」繫傳。〇—，好也。〔廣韻·麥部〕〇—、索同。〔左傳定公四年〕「可覆視也」洪詁。〇—與索同。〔方言八〕「鋪頒，索也」箋疏。〇〔說文定聲·卷九〕—，以索為之。〔漢書·杜林傳〕「吹毛索疵」。〇—通作索。〔方言六〕「—，取也」箋疏。〇—，經典多假索為之。〔說文〕「—，入家捜也」段注。〇—，各本作索。〔說文〕「摶，—持也」段注。

索 —，求也。〔漢書·東方朔傳〕「徒—衣食」補注。又〔通鑑·周紀一〕「無故—地」音注。又〔周紀四〕「—為匹夫不可得也」音注。又〔離騷〕「憑不猒乎求—」補注。又〔集韻·陌部〕〇—者，求也。〔荀子·王制〕「魚鼈百—」集解引郝懿行。〇—猶求。〔國策·趙策三〕「而—以三萬之衆」鮑注。〇—亦猶蒐也。〔左傳襄公八年〕「悉—敝賦」平議。〇—亦取也。〔管子〕「漁利蘇功」雜志。〇—，奪也。〔太素·陰陽雜說〕「其傳為—澤」楊注。〇—，簡擇也。〔禮記·曲禮〕「大夫以—牛」集解。〇—同𡩡。〔廣韻·陌部〕〇—與𡩡同。〔廣雅·釋詁三〕「𡩡，獨也」疏證。〇—與𡩡通。〔廣雅·釋言〕「審、覆，𡩡也」疏證。〇〔說文定聲·卷九〕—，段借為𡩡。〔易·繫辭傳〕「探頤—隱」。〇—乃𡩡之假借字。〔說文〕「澌，水—也」段注。〇—者，𡩡之段借字。〔說文·上說文書〕「探嘖—引」段注。〇經史多假—為𡩡字。〔說文〕「—，艸有莖葉可作繩—」段注。〇今經典多假—為𡩡。〔文選·漢高祖功臣頌〕「京—既拒」集釋。

擇 —，選—。〔廣韻·陌部〕〇—亦選也。〔漢書〕「論臣」雜志。〇—車猶簡車、選車。〔墨子·明鬼下〕「武王以—車百兩」閒詁。〇—與求義近。〔釋言〕「流，求也」郝疏。〇—猶分也。〔孟子·梁惠王上〕「則牛羊何—焉」朱注。〇—亦為差。〔詩·十月之交〕「—有車馬」陳疏。〇邪哆之言謂之—言。〔書·呂刑〕「—言」述聞。〇—為敗也。〔楊公碑〕「罔有—言失行在于其躬」述聞。〇—讀為斁敗之斁。〔孝經〕「口無—言」皮疏。〇—讀為厭斁之斁。〔同上〕皮疏引阮福。〇—讀為斁。〔書·呂刑〕「罔有—言在身」述聞。〇〔說文定聲·卷九〕—，段借為殬。〔書·呂刑〕「罔有—言在身」。〇—為殬假借字。〔書·呂刑上〕「罔有—言在躬」孫疏。〇殬、斁、—，古音並同。〔書·呂刑〕「—言」述聞。〇—即懌也。〔書·康誥〕「予一人以懌」孫疏引段玉裁。〇—同釋。〔墨子·節葬下〕「操而不—」閒詁引畢沅。〇—讀為釋，釋、捨古通。〔墨子·經說上〕「取此—彼」閒詁。〇舊校云，—一作釋。〔呂覽·察今〕「—先王之成法」校正。〇—，通作澤。〔釋詁〕「流，—也」郝疏。〇—，或作澤。〔廣雅·釋天〕「格—，祆氣」疏證。〇—讀為措。〔墨子·尚同下〕「游佚而—之」閒詁。〇—知二字音亦通。〔左傳昭公一一年〕「—子莫如父」洪詁。〇官本注—作譯。〔漢書·禮樂志〕「象來致福」補注。

磔 凡言—者，開也，張也，刳其胸腹而張之，令其乾枯不收。〔說文〕「—，辜也」段注。〇〔說文定聲·卷九〕—，疈也，刳鷄胸腹而張之，令其乾枯不收，故从桀。〔說文〕「—，辜也」。〇—，張也，開也。〔廣韻·陌部〕〇—，裂也，張也。〔通鑑·漢紀二八〕「—尸東市門」音注。〇—，張也。〔說文〕「—，辜也」義證引〔玉篇〕。〇—，張開也。〔通鑑·梁紀二〕「須髮盡—」音注。〇—之言開拓也。〔廣雅·釋詁一〕「—，張也」疏證。〇—者，今之唐言一搩也，謂將手大拇指與第二指張開一搩是也。〔慧琳音義·卷三二〕〇—手者，開掌布地以頭指中指為量也。〔卷四三〕〇—手者，張其手，取大指中指所至為量也。〔卷六八〕〇—為疈辜。〔說文〕「桀，—也」繫傳。〇遷於四衢道中，令衆人指琢辱之，古云罰—罪也。〔慧琳音義·卷七八〕〇—亦坼也。〔廣雅·釋詁三〕「—，開也」疏證。〇—，字或作矺。〔說文〕「—，辜也」段注。

軶 —，車—。〔廣韻·麥部〕〇—謂轅端厭牛領者。〔慧琳音義·卷一〇〕〇—，衡下兩軥也，衡亦通謂之—。〔屈賦·卜居〕「寧與騏驥抗—乎」戴注。〇軥耑之衡，轅耑之槅皆名—，以其下缺處為軥，所以扼制牛馬領而稱也。〔說文定聲·卷一二〕〇—，俗作厄，難也，礙也。〔慧琳音義·卷一〇〕〇—亦作厄，叚借字也。〔說文〕「—，轅耑也」段注。〇〔說文定聲·卷一二〕—，以戹為之。〔詩·韓奕〕「鞗革金厄」。〇—，字亦作軛。〔說文定聲·卷一二〕〇—，隸省作軛。〔說文〕「—，轅耑也」段注。〇—，隸變作軛。〔說文〕「扼，搹或从戹」段注。〇—，通作扼。〔說文〕「—，轅前也」義證。〇—，又作枙。〔同上〕〇〔說文定聲·卷一二〕—，以鬲為之。〔考工·車人〕「鬲長六尺」。

軛 —即小車之衡，大車之鬲也。〔儀禮·既夕禮〕「楔貌如—上兩末」胡正義。〇—，轅端壓牛領木—也。〔慧琳音義·卷一二〕引〔考工記〕。〇—，轅前也。〔楚辭·離世〕「必折—而摧轅」補注。〇—，車轅前也。〔楚辭·卜居〕「寧與騏驥亢—乎」補注。〇—，礙也，縛也。〔慧琳音義·卷四〕引〔字書〕。

摘 —，手取也。〔廣韻·麥部〕〇—，取也，或从適。〔集韻·麥部〕〇引申之凡他取亦曰—。〔說文〕「—，拓果樹實也」段注。〇—，通作擿。〔同上〕義證。〇〔說文定聲·卷一一〕—，段借為擿。〔說文〕「—，一曰指近之也」。〇〔同上〕—，以擿為之。〔後漢書·光武紀〕「聽羣盜自相糾擿」。〇擿、—、揥聲近義同。〔廣雅·釋詁二〕「擿，搔也」疏證。〇—、擿、揥並與艍同義。〔廣雅·釋器〕「艍，鑹也」疏證。〇—辟當作—擗，—者取之，擗者分之，謂其煩碎也。〔莊子·馬蹄〕「—辟為禮」集釋引郭嵩燾。〇—遍，猶今之滾遍也。〔通雅·樂曲〕

射 —謂以弓矢—之也。〔易·井〕「井谷—鮒」述聞。〇—，厭也。〔詩·車舝〕「好爾無—」朱傳。又〔思齊〕「無—亦保」朱傳。又〔振鷺〕「在此無—」

集疏引韓說。〇丨者，陳列而宣示之。〔廣雅・釋詁一〕「庠，養也」疏證。〇養、丨皆教也。（同上）〇丨與斁同。〔詩・思齊〕「無丨亦保」朱傳。〇丨、斁通，厭也。〔詩・抑〕「矧可丨思」朱傳。〇經典亦假丨為斁。〔說文〕「斁，厭也」段注。〇丨與繹通。〔廣雅・釋詁四〕「繹，充也」疏證。〇丨繹古字通。〔廣雅・釋詁一〕「庠，養也」疏證。〇古丨字與夕通用。〔詩・思齊〕「無丨亦保」通釋。〇古丨字與夜通用。（同上）〇丨，無丨，九月律。〔廣韻・昔部〕〇丨魃謂大剛卯也，一名毅改。〔說文〕「毅，毅改，大剛卯也」義證引〔急就篇〕顔注。

䠶　丨，弓弩發也，或从寸。〔集韻・昔部〕〇〔說文定聲・卷九〕丨，叚借為斁。〔釋詁〕「射，厭也」。〇（同上）丨，叚借為睪。〔楚辭・天問〕「皆歸丨鞫而無害厥躬」。〇（同上）丨，叚借為繹。〔廣雅・釋詁一〕「丨，行也」。〇（同上）丨，叚借為殬。〔春秋繁露・郊祀〕「耗射下土」。

繹　丨，抽絲也。〔楚辭・九辯〕「有美一人兮心不丨」補注。〇丨，相續不絶也。〔論語・八佾〕「丨如也」朱注。〇丨，尋其緒也。〔論語・子罕〕「丨之為貴」朱注。〇丨之言尋也，不絶之意也。〔說文〕「多，重也」繫傳。〇丨，尋丨也。〔詩・賚〕「敷時丨思」朱傳。〇丨者，抽丨也，反復循省之謂也。〔說文〕「多，重也」句讀。〇丨，連絡也。〔詩・常武〕「徐方丨騷」朱傳。〇丨，引也。〔詩・賚〕「於丨思」集疏。〇丨，理也。〔楚辭・九辯〕「有美一人兮心不丨」補注。又〔廣韻・昔部〕。〇丨，解也。〔楚辭・九辯〕「有美一人兮心不丨」補注引五臣注。〇丨，陳也。（同上）補注。又〔廣韻・昔部〕。又〔集韻・昔部〕。〇丨，陳列聯屬之貌。〔詩・車攻〕「會同有丨」朱傳。〇丨，長也。〔廣韻・昔部〕〇丨、迆皆長意也。〔廣雅・釋宮〕「墿、迆，道也」疏證。〇肜、丨一聲之轉，皆長之義也。〔廣雅・釋詁二〕「丨，長也」疏證。〇丨，大也。〔廣韻・昔部〕〇丨，充也。（同上）〇丨，蓋盛貌也。〔詩・車攻〕「會同有丨」述聞。〇丨，生也。〔詩・載芟〕「丨丨其達」集疏引魯說。〇丨，終也。〔廣韻・昔部〕〇丨之言昔也，昔，久也。〔說文〕「酋，丨酒也」段注。〇丨酒謂日久之酒。（同上）〇丨者，祭而又祭之名。〔禮記・郊特牲〕「丨之於庫門內」集解。〇丨丨，不絶貌。〔詩・駉〕「以車丨丨」朱傳。〇丨丨猶融融，融、丨一聲之轉，義亦與長相近。〔方言一〕「丨，長也」箋疏。〇〔通雅・卷九〕丨丨，一作圛圛，通作驛驛、奕奕。〔前五行志〕「星隕如雨，丨丨未至地滅」。〇有丨猶丨丨也。〔詩・車攻〕「會同有丨」集疏。〇丨與斁通。〔書・立政〕「克由丨之」孫疏。〇〔說文定聲・卷九〕丨，叚借為斁。〔詩・泮水〕「徒御無丨」。〇古丨驛通。〔詩・駉〕「以車丨丨」陳疏。〇〔說文定聲・卷九〕丨，叚借為驛。〔詩・常武〕「徐方丨騷」。〇丨、斁、驛並通。〔詩・車攻〕「會同有丨」述聞。〇斁、丨、射並通。〔廣雅・釋詁四〕「丨，終也」疏證。〇丨嶧古字同。〔左傳文公一三年〕「邾文公卜遷于丨」洪詁。〇丨嶧古字同。〔左傳哀公七年〕「邾衆保于丨」洪詁。〇丨，魯作嶧。〔詩・閟宮〕「保有鳧丨」集疏。〇丨，應劭引〔傳〕作嶧。〔左傳文公一三年〕「邾文公卜遷于丨」疏證。〇〔說文定聲・卷九〕丨，叚借為懌，實為釋。〔詩・板〕「辭之丨矣」。〇〔詩〕丨作懌。〔左傳襄公三一年〕「辭之丨矣」洪詁。〇〔說文定聲・卷九〕丨，叚借為奕，丨亦奕也。〔詩・車攻〕「會同有丨」。

懌　丨，悅也。〔詩・板〕「辭之丨矣」朱傳。〇丨，悅也。〔詩・節南山〕「既夷既丨」朱傳。又〔廣韻・昔部〕。〇丨亦說也。〔詩・頍弁〕「庶幾說丨」通釋。〇丨，樂也。〔廣韻・昔部〕〇丨者，和順之意。〔禮記・文王世子〕「是故其成也丨」集解。〇丨，即怡也。〔史記・五帝紀〕「舜讓于德不丨」志疑。〇丨，改也。〔廣韻・昔部〕〇丨，釋。〔詩・節南山〕「既夷既丨」集疏。〇丨本字當為釋。〔文選・封禪文〕集釋。〇釋為本字，醳為或體字，丨為別體字也。〔釋詁〕「釋，服也」邵正義。〇丨亦當从采也。〔書・顧命上〕「王不丨」孫疏。〇丨，三家作釋。〔詩・靜女〕「說丨女美」集疏。〇丨，俗字，當為斁。〔書・梓材〕「用丨先王受命」孫疏。〇丨讀為殬。〔詩・板〕「辭之丨矣」集疏引朱彬。〇丨通作繹。〔釋詁〕「丨，樂也」郝疏。〇丨，魯亦作繹。〔詩・板〕「辭之丨矣」集疏。〇丨非古字，與擇音近，亦可通，故〔荀子〕為擇也。〔書・康誥〕注「丨作擇」孫疏。

斥　〔說文定聲・卷九〕丨謂卻退其屋不居。〔說文〕「丨，卻屋也」。〇丨、遮義同。〔墨子・褓守〕「丨坐郭內外」閒詁。〇丨，推也。〔太素・虛實補寫〕「出血勿之深丨」楊注。〇丨，拓也。〔通鑑・漢紀一四〕「張掖、酒泉遣騎假司馬為丨候」音注。〇丨，開廣也。〔通鑑・漢紀一〇〕「闢益丨」音注。〇丨，大也。〔集韻・昔部〕〇丨，丨大之意。〔左傳襄公一八年〕「晉人使司馬丨山澤之險」平議。〇丨，䟕也。〔集韻・昔部〕〇丨之言度也。〔漢書・東方朔傳〕「丨而營之」補注引王念孫。〇丨，指名。〔集韻・昔部〕〇〔說文定聲・卷九〕丨，叚借為尺。〔莊子・逍遥遊〕「丨鴳笑之」。〇丨，澤也。〔廣雅・釋地〕「丨，池也」疏證。〇澤、丨、舄三字通，俗加水作潟。〔書・禹貢上〕注「史遷丨作潟」孫疏。〇〔說文定聲・卷九〕丨，叚借為澤。〔廣雅・釋地〕「丨，池也」。〇丨與祏通。〔廣雅・釋詁三〕「祏，大也」疏證。〇〔說文定聲・卷九〕丨，叚借為庐。〔小爾雅・廣詁〕「丨，開也」。〇（同上）丨，叚借為逆。〔左傳襄公一八年〕「丨山澤之險」。〇（同上）丨，叚借為還。〔左傳襄公三一年〕「寇盜充丨」。〇（同上）丨，字亦作鳲。〔七啟〕「山鷄丨鴳」。〇丨，通作庐。〔集韻・昔部〕

奕　丨，大也。〔廣韻・昔部〕〇丨，高大也。〔慧琳音義・卷八五〕引〔考聲〕。〇丨丨，大也。〔詩・巧言〕「丨丨寢廟」朱傳。又〔韓奕〕「丨丨梁山」朱傳。〇丨丨，憂也。〔詩・頍弁〕「憂心丨丨」集疏引魯說。〇丨丨，憂心無所薄也。（同上）朱傳。〇丨丨，憂盛滿之貌，義與怲怲同。〔廣雅・釋訓〕「丨丨，盛也」疏證。〇丨，盛也。〔廣韻・昔部〕〇丨丨，連絡布散之貌。〔詩・車攻〕「四牡丨丨」朱傳。〇丨，行也。〔說文〕「丨，大也」義證引王觀國〔學林〕。又〔廣韻・昔部〕。〇丨丨，行也。〔集韻・昔部〕〇丨，累也。丨葉也，累世也。〔通鑑・陳紀八〕「梁主丨葉委誠朝廷」音注。〇丨，美容也。〔說文〕「丨，大也」義證引王觀國〔學林〕。〇丨，輕麗皃。〔廣韻・昔部〕〇丨丨、僷僷皆輕麗皃。〔集韻・昔部〕〇皃、丨、形為容皃之容。〔廣

雅・釋詁四〕「皃、丨、形，容也」疏證。〇丨、僷、容，聲之轉也。〔方言二〕「丨、僷，容也」箋疏。〇丨通作亦。〔釋詁〕「丨，大也」邵正義。〇丨通作亦，又通作繹。〔方言一〕「丨，大也」箋疏。〇丨或省作亦。〔説文〕「丨，大也」句讀。〇丨，魯、齊作繹。〔詩・閟宮〕「新廟丨丨」集疏。〇丨丨，齊作鶩鶩。〔詩・車攻〕「四牡丨丨」集疏引韓説。

弈

丨，圍棋也。〔孟子・告子上〕「今夫丨之為數」朱注。〇丨，博丨。〔廣韻・昔部〕〇北方之人謂棊為丨。〔説文〕「丨，圍棊也」義證引班固〔弈旨〕。〇丨丨，美皃。〔廣韻・昔部〕〇丨，盛也。〔集韻・昔部〕〇丨，容也。〔同上〕

帟

丨，幕也。〔慧琳音義・卷八五〕引〔考聲〕。〇小幕曰丨。〔廣韻・昔部〕〇丨，幄中座上承塵也。〔通鑑・唐紀一七〕「帷丨皆以錦繡為之」音注。〇丨，在上曰丨。〔集韻・昔部〕〇丨則蓋叚亦為之，亦之言重也。〔説文〕「幕，帷在上曰幕」段注。

迫

丨，近也。〔國策・秦策一〕「丨則杖戟相撞」鮑注。又〔廣韻・陌部〕。又〔太素・雜刺〕「丨藏」楊注。〇丨者，近也。〔説文〕「甹，丨也」段注。〇丨，迮也。〔慧琳音義・卷二一〕〇丨，逼也。〔廣韻・陌部〕〇逼、丨義亦為近。〔孟子・滕文公下〕「丨，斯可以見矣」焦正義。〇丨，隘也。〔慧琳音義・卷六〕引〔考聲〕。〇丨，辱也。〔禮記・儒行〕「可近而不可丨也」集解。〇丨，急也。〔廣韻・昔部〕〇丨，於急促義近。〔漢書・戾太子傳〕「銜至尊之命以丨蹙皇太子」補注引繆荃孫。〇丨，附也。〔廣韻・昔部〕〇丨脅，近附也。〔楚辭・哀時命〕「外丨脅於機臂兮」王注。〇丨，經典借薄字。〔説文〕「丨，近也」義證。〇丨當為敀。〔説文〕「笮，丨也」義證。

疫

丨，病流行也。〔大戴・盛德〕「六畜不丨」王詁。〇丨，癘鬼也。〔説文〕「丨，民皆疾也」義證引〔玉篇〕。〇丨亦鬼神在其間若皆應役然也。〔説文〕「丨，民皆病曰丨」繫傳。〇丨與𤸷同。〔廣雅・釋詁一〕「𤸷，病也」疏證。

譯

丨，謂傳四夷及鳥獸之語也。〔説文〕「囮，丨也」繫傳。〇丨，傳言。〔廣韻・昔部〕〇丨，傳言也。〔説文〕「丨，傳丨四夷之言者」義證引〔急就篇〕顔注。〇丨，傳言之人。〔周官〕象胥之職也。〔通鑑・漢紀一一〕「則廣地万里，重九丨」音注。〇丨、驛並通。〔漢書・張騫傳〕「為發丨道」補注。〇丨，北狄也。〔慧琳音義・卷八五〕引〔考聲〕。〇丨、斁、圛義並與睪同。〔方言一三〕「睪，明也」箋疏。〇〔説文定聲・卷九〕丨，叚借為擇。〔漢脩堯廟碑〕「各相土丨居」。〇〔同上〕丨，叚借為睪。〔方言一三〕「丨，見也」。〇丨，睪之叚字。〔管子・四時〕「闓丨跽」平議。

昔

古丨，腊同字。〔周禮・梓人〕「老牛之角紾而丨」平議。〇丨，羣書皆作腊。〔説文〕「丨，乾肉也」句讀。〇腊，籀文丨，肉久稱丨。〔易・噬嗑〕「噬丨肉，遇毒」李疏。〇丨與俎同意。〔説文定聲・卷九〕〇離日熯之為丨。〔易・噬嗑〕「噬丨肉，遇毒」李疏引虞注。〇丨，字或作焟。〔説文〕「丨，乾肉也」義證。〇〔説文定聲・卷九〕丨，字亦作焟。〔廣雅・釋詁二〕「焟，乾也」。〇丨、腊、焟並同。〔廣雅・釋詁二〕「焟，乾也」疏證。〇丨，往也。〔廣韻・昔部〕〇丨之訓為往。〔孟子・公孫丑下〕「丨者辭以病」焦正義。〇丨者，前日也。〔孟子・離婁上〕「丨日」朱注。〇丨為一丨之期，明日也。〔廣韻・昔部〕〇叚丨為昨。〔説文〕「丨，乾肉也」段注。〇〔説文定聲・卷九〕丨，叚借為昨。〔鄭語〕「毒之酋丨者」。〇丨，始也。〔廣韻・昔部〕〇丨，古也。〔集韻・昔部〕〇引伸之則以今丨為今古矣，今古之義盛行而其本義遂廢。〔説文〕「丨，乾肉也」段注。〇丨者，上代之稱。〔易・説傳〕「丨者聖人之所易也」李疏。〇丨，久也。〔説文〕「酋，繹酒也」段注。〇凡久謂之丨。〔説文〕「丨，乾肉也」段注。〇丨之訓為久。〔孟子・公孫丑下〕「丨者辭以病」焦正義。〇丨，夜也。〔書・大誥〕「若丨，朕其逝」孫疏。〇丨者，夜者也。〔莊子・田子方〕「丨者寡人夢見良人」集釋。〇古謂夜為丨，或曰丨者，或曰夜者。〔晏子春秋〕「夜者」雜志。〇丨猶夕，通丨猶通宵也。〔莊子・天運〕「則通丨不寐矣」集釋。〇丨之言夕。〔墨子・明鬼下〕「犧牲不與丨聚群」閒詁引畢沅。〇丨夕同聲，義亦同，當通作夕。〔通雅・釋詁〕〇丨與夕通。〔管子〕「旦暮」雜志。〇古叚丨為夕。〔説文〕「丨，乾肉也」段注。〇〔説文定聲・卷九〕丨，叚借為夕。〔廣雅・釋詁四〕「丨，夜也」。〇一丨，一夕也。〔説文〕「夕，莫也」義證引〔洪武正韻〕。〇〔通雅・卷一〇〕丨丨，夜夜也。〔列子〕「丨丨夢為國君」。〇丨之訓為舊。〔孟子・公孫丑下〕「丨者辭以病」焦正義。〇丨酒謂舊繹之酒。〔説文〕「酋，繹酒也」段注。〇丨，老也。〔説文〕「蜡，蠅胆也」段注。〇〔通雅・卷三四〕丨席、細席，皆謂平日之講席也。丨席，或謂丨日講席之所言。〔尸子〕「臨大事不忘丨席之言」。〇〔説文定聲・卷九〕丨，叚借為錯，實為遺。〔考工・弓人〕「老牛之角紾而丨」。〇丨、錯義與皵同。〔廣雅・釋言〕「皵，皰也」疏證。〇丨，一作赫。〔漢書・韋賢傳〕「於丨君子」補注引宋祁。〇丨，齊作彼。〔詩・小宛〕「念丨先人」集疏。

瘠

丨，瘦也。或作膌。〔慧琳音義・卷一五〕引〔考聲〕。〇丨，瘦也。〔廣韻・昔部〕〇丨，病也。〔同上〕〇丨謂死而不葬者也。〔説文〕「骴，鳥獸殘骨曰骴」義證引顧炎武。〇丨，古胔字。〔同上〕〇丨讀為掩骼埋胔之胔。露骨曰骼，有肉曰胔，作丨者，借字耳。〔荀子・榮辱〕「操瓢囊為溝壑中丨者也」集解引王念孫。〇丨即骴字。〔説文〕「骴，鳥獸殘骨曰骴」段注。〇丨少，亦當作省少，少即省也。〔禮記・樂記〕疏「或須丨少廉瘦者」述聞。〇丨通作[illegible]，又通作柴。〔釋言〕「臞，丨也」郝疏。〇殰、漬、積、丨並字異而義同。〔漢書〕「積死」雜志。〇漬、積、丨、瀸，俱一聲之轉。〔釋詁〕「瀸，盡也」郝疏。

膌

丨，丨腹。〔廣韻・昔部〕〇丨，瘦也。或作脨、瘠、胔。〔集韻・昔部〕〇丨，簿也。亦瘦也。〔慧琳音義・卷七〇〕〇丨，臞也。〔説文〕「丨，瘦也」義證引〔玉篇〕。〇〔説文定聲・卷一一〕丨，叚借為骴。〔漢書・食貨志〕「而國亡捐丨者」。〇〔同上〕丨，以胔為之。〔漢書・東海恭王彊傳〕「吐血

毀齒」。○|，經典用瘠字。〔說文〕「|，瘦也」義證。○|，亦作瘠。（同上）段注。

赫 |，赤也。〔廣韻·陌部〕○|，赤貌。〔詩·簡兮〕「|如渥赭」朱傳。○|，炎之極也。〔通鑑·晉紀二五〕「威勢翕|」音注。○|，顯也。〔詩·生民〕「以|厥靈」朱傳。○||，顯也。〔詩·常武〕「||業業」朱傳。○〔說文定聲·卷九〕||，顯盛之意。〔楚語〕「||楚國，而君臨之」。○||，顯盛也。〔詩·殷武〕「||厥聲」朱傳。○||，顯盛貌。〔詩·節南山〕「||師尹」朱傳。○||，威名光顯也。〔詩·出車〕「||南仲」朱傳。○||，盛也。〔大戴·勸學〕「無||之功」王詁。○|，盛皃。〔廣韻·陌部〕○|，明也。（同上）又〔集韻·陌部〕。○|，威明也。〔詩·皇矣〕「臨下有|」朱傳。○|，發也。〔廣韻·陌部〕○||，發也。〔續音義·卷八〕引〔考聲〕。○|猶||也。〔詩·淇奧〕「|兮咺兮」陳疏。○|亦怒也。〔詩·桑柔〕「反予來|」述聞。○|，威怒之貌。（同上）朱傳。○|，盛怒之皃。〔詩·皇矣〕「王|斯怒」陳疏。○|，|然，怒貌。〔孟子·梁惠王下〕「王|斯怒」朱注。○|如猶赤然也。〔詩·簡兮〕「|如渥赭」陳疏。○||，旱氣也。〔詩·雲漢〕「||炎炎」朱傳。○|，喧，宣著盛大之貌。〔大學〕「|兮喧兮」朱注。○|奕即盛大皃。〔續音義·卷六〕○|之言捇也。〔公羊傳宣公六年〕「|然死人也」述聞。○|與捇亦聲近義同。〔廣雅·釋詁二〕「捇，裂也」疏證。○〔說文定聲·卷九〕|，叚借為捇。〔江賦〕「或嚇鰓乎巖間」。○|虩，|狀其色赤，虩狀其式小。〔漢書·孝成趙皇后傳〕「|虩書」補注引周壽昌。○|虩、擊虩、繫縨並與幱幭同。〔廣雅·釋器〕「幱幭謂之帞」疏證。○|胥即華胥。〔莊子·馬蹄〕「夫|胥氏之時」平議。○〔說文定聲·卷九〕|，以奭為之。〔詩·瞻彼洛矣〕「韎韐有奭」。○|，字亦作赩。〔說文定聲·卷九〕○|，或作赩。〔說文〕「|，大赤皃」段注。○〔說文定聲·卷九〕|，字亦作焃。〔廣雅·釋器〕「焃，赤也」。○（同上）|，俗字作嚇。〔莊子·秋水〕「仰而視之曰嚇」。○菾即|之異文。〔方言一二〕「菾，怒也」箋疏。

爀 |，火色。〔廣韻·陌部〕

炙 |，|肉也。〔孟子·盡心下〕「膾|與羊棗孰美」朱注。○|，|肝也。〔詩·楚茨〕「或燔或|」朱傳。○|謂抗於火上而燒之也。〔禮記·內則〕「以其膋濡|之」集解。○|，引申之義為逼近熏|。〔說文〕「|，|肉也」段注。○|與熾義相近。〔方言一二〕「翕，熾也」箋疏。○|輠，車轂兩頭釭川也。一云脂角。〔慧琳音義·卷九一〕○|，字亦作炙。〔說文定聲·卷九〕○膹即|之異文。〔賈子·匈奴〕「美胾膹|肉」平議。

謫 罰罪曰|。〔慧琳音義·卷五二〕○|，罰也。〔通鑑·魏紀二〕「多揚人闇昧之失以顯其|」音注。○|，責也。〔廣韻·麥部〕○|亦瑕也。〔荀子〕「瑕適並見情也」雜志。○|字自謂過愆。〔國語·周語〕「必皆無|」述聞。○|猶摘也。〔說文〕「|，罰也」繫傳。○|，數也。〔詩·北門〕「室人交徧|我」集疏引韓說。○|、讁、讀、責，字異義同。〔方言三〕「|，怒也」箋疏。○〔說文定聲·卷一二〕|，叚借為謮。〔小爾雅·廣言〕「讁，責也」。○（同上）|，以適為之。〔史記·屈賈傳〕「又以適去」。○|或借適字。〔說文〕「|，罰也」義證。○|作適。〔史記索隱〕「異文」雜志。○〔漢書〕|作適。〔左傳昭公七年〕「|于日月之災」洪詁。○|，字或作讁。〔說文〕「|，罰也」義證。

讁 罰罪曰|。|，責也。〔慧琳音義·卷七一〕○|，責也。〔詩·北門〕「室人交徧|我」朱傳。○|適古通用，過也。（同上）通釋。○|適古通用，亦作讁。〔方言一〇〕「|，過也」疏證。○|通作適，亦作讁。（同上）箋疏。○|同讁。〔廣韻·麥部〕○|，俗讁字。〔詩·北門〕「室人交徧|我」陳疏。○|與讁同，又通作適。〔方言三〕「讁，怒也」箋疏。○官本|作讁。〔漢書·文帝紀〕「民|作縣官及貸種食未入」補注。○|，魯作適，韓作讁。〔詩·北門〕「室人交徧|我」集疏。○官本|作讁，〔史記〕|作適，|、讁、適通用，謂譴責也。〔漢書·田蚡傳〕「舉|諸竇宗室無行者」補注。

虢 |，河南之陝州也。〔左傳僖公二年〕「以伐|」疏證引閻若璩。○|在陝西鳳翔府寶雞縣東六十里。〔左傳桓公八年〕「王命|仲」疏證引〔大事表〕。○文王弟|仲初封于今陝西鳳翔府寶雞縣，為西|，後改封于今河南陝州，為東|。〔說文定聲·卷九〕○|亦作郭。〔史記·晉世家〕「|仲、|叔，王季之子也」志疑。○|或作郭。〔說文〕「郭，齊之郭氏虛」繫傳。○〔公羊〕|作郭。〔左傳僖公二年〕「假道于虞以伐|」洪詁。○|，〔穀梁〕作郭。〔左傳昭公元年經〕「會于|」洪詁。

腊 |，肉乾也。〔太素·寒熱雜記〕「鼻槁|」楊注。○合骨全乾謂之|。〔說文〕「膴，無骨|也」義證引〔急就篇〕顏注。○全而乾之曰|。〔儀禮·公食大夫禮〕「魚|飪」胡正義引陳祥道。○|，乾獸也。〔禮記·禮器〕「三牲魚|」集解。○|亦脯也。〔慧琳音義·卷六六〕○|亦久也。〔國語·周語〕「厚味實|毒」平議。○|亦得訓久，但|夕聲類相近。〔周禮·冢宰〕「|人」孫正義。○|、脩、腒，皆久也。〔廣雅·釋器〕「|、脩、腒，脯也」疏證。○腒之言居，|之言昔，皆久之義也。〔釋詁三〕「腒，久也」疏證。○昔、䐑、|、焟並同。〔釋詁二〕「焟，乾也」疏證。○|與皵通。〔釋言〕「皵，皷也」疏證。○|與皵，𪇰與皷，並同義。（同上）○脩|，小物也。〔慧琳音義·卷九六〕引〔古今正字〕。

簀 |，牀|。〔廣韻·麥部〕○|者，牀棧也，竹木為之。〔說文〕「轃，大車|也」段注。○|，棧也。〔詩·淇奧〕「綠竹如|」朱傳。又〔慧琳音義·卷五八〕。○|之言嫧也。〔廣雅·釋器〕「|」疏證。○|通作責。〔方言五〕「牀，齊魯之間謂之|」箋疏。○〔說文定聲·卷一一〕|，叚借為績。〔淮南·說山〕「死而棄其招|」。○〔淇奧〕詩叚|為積。〔說文〕「積，聚也」段注。

碩 |，大。〔詩·考槃〕「|人之寬」朱傳。又〔狼跋〕「公孫|膚」朱傳。又〔大田〕「既庭且|」朱傳。又〔崧高〕「其詩孔|」朱傳。○|，大也。〔詩·簡

兮〕「一人俁俁」朱傳。又〔巧言〕「蛇蛇一言」朱傳。又〔楚茨〕「為俎孔一」朱傳。又〔廣韻·昔部〕。又〔本草·卷五一〕。○一，亦大也。〔詩·椒聊〕「一大無朋」陳疏。○一，言長大也。〔詩·大田〕「既庭且一」陳疏。○一，肥大也。〔詩·駟驖〕「辰牡孔一」朱傳。○一人，大德之人。〔詩·考槃〕「一人之寬」陳疏。○一人猶言大賢。〔詩·簡兮〕「一人俁俁」集疏。○一人，尊大之稱。〔詩·白華〕「念彼一人」朱傳。○一女謂大德之女。〔詩·車舝〕「辰彼一女」集疏。○一膚者，心寬體胖之象。〔詩·狼跋〕「公孫一膚」通釋。○一與石同。〔易·剝〕「一果不食」李疏。○〔説文定聲·卷九〕一，叚借為石。〔為曹公作書與孫權〕「明棄一交」。○一與石二字互相借。〔説文〕「一，頭大也」段注。○一或作石。〔説文〕「一，大頭也」句讀。○一交即石交。〔通雅·釋詁〕○一、鼫同也。〔詩·碩鼠〕「一鼠一鼠」陳疏。○一即鼫之假借，取大義。〔同上〕通釋。○一乃鼫之借字。〔説文〕「鼫，五技鼠也」句讀。○一鼠，四足。飛不上屋。〔詩·碩鼠〕「一鼠一鼠」集疏引齊説。○一與頒同意。〔釋詁〕「一，大也」郝疏。○〔説文定聲·卷九〕一，叚借為蹠。〔易·蹇〕「往蹇來一」。○〔同上〕一，叚借為祏。〔小爾雅·廣言〕「一，遠也」。

賾 一，幽深也。〔慧琳音義·卷六〇〕引〔韻詮〕。○一，深含也。〔卷三一〕引〔集訓〕。○一，玄微也。〔卷一〕引〔桂苑〕。○一，玄妙也。〔卷六〇〕引〔珠叢〕。○一，探一。〔廣韻·麥部〕○一、嘖並與憤通。〔廣雅·釋言〕「憤，情也」疏證。○賾、嘖、一並聲近而義同。〔釋詁四〕「賾，齊也」疏證。

奭 一，赤貌。〔詩·采芑〕「路車有一」朱傳。又〔瞻彼洛矣〕「韎韐有一」朱傳。○一，盛也。〔廣韻·昔部〕又〔集韻·鐸部〕。○一，驚視皃。〔廣韻·昔部〕○一、赫音義同。〔釋訓〕「一一，迅也」郝疏。○〔説文定聲·卷五〕一，叚借為赫。〔詩·采芑〕「路車有一」。○一即赫之叚借也。〔説文〕「赫，大赤皃」段注。○〔詩〕中凡訓盛者，皆叚一為赫。〔同上〕○一讀為赫。〔詩·采芑〕「路車有一」陳疏。○一讀為赫，有一即有赫，猶言赫赫也。〔同上〕集疏。○一是正字，赫是假借字。〔説文〕「一，盛也」段注。○一與赩同。〔廣雅·釋器〕「赩，赤也」疏證。○〔説文定聲·卷五〕一，字亦變作赩。〔楚辭·大招〕「逴龍赩只」。○一，魯作赩。〔詩·瞻彼洛矣〕「韎韐有一」集疏。○〔通雅·卷八〕一然猶釋然。〔秋水篇〕「一然四解」。○〔説文定聲·卷五〕一，叚借為忒。〔廣雅·釋詁二〕「一，減也」。○此借一為螫。〔漢書·竇嬰傳〕「有如兩宮一將軍」補注。○一醜異文也。〔左傳僖公四年〕服注「召公一」疏證。

螫 一，蟲行毒。〔廣韻·昔部〕○一者，蟲行毒也。〔説文〕「蠚，虫也，一曰大一也」段注。○一，蜇也。〔慧琳音義·卷六五〕○一，亦作蜇。〔説文〕「一，蟲行毒也」段注。○一亦刺也。〔廣雅·釋詁二〕「蠚，痛也」疏證。○一與瘌同義。〔同上〕○一實與蠚同字。〔説文定聲·卷九〕○一通作赦。〔説文〕「一，蟲行毒也」義證。○一，古亦叚奭為之。〔同上〕段注。○〔説文定聲·卷九〕一，〔漢書〕以奭為之。〔史記·魏其武安侯傳〕「有如兩宮一將軍」。

藉 一，薦也。〔慧琳音義·卷五〕引〔考聲〕。○一，以草覆地也。〔卷四〕引〔韻英〕。○一，艸不編，狼一也。〔集韻·昔部〕○一，狼一。〔廣韻·昔部〕○一，陵一也。〔呂覽·慎人〕「一夫子者不禁」校正。○一、借同字。〔韓子·難一〕「乃躬一處苦而民從之」集解引顧廣圻。○一，假借也。〔韓子·備内〕「起勢以一人臣」集解引舊注。○一讀為笮。〔墨子·備高臨〕「枚機一之」閒詁。○〔説文定聲·卷九〕一，以耤為之。〔漢書·郭解傳〕「耤友報仇」。○一，當讀為籍。〔韓子·愛臣〕「不得一威城市」集解引俞樾。○官本一作籍，通用字。〔漢書·董賢傳〕「偏一上褒」補注。○官本、南監本一作籍，通用字。〔漢書·元后傳〕「車騎將軍音一稾請罪」補注。○一，字亦作躤。〔説文定聲·卷九〕

襞 一，一衣。〔廣韻·昔部〕○一，摺疊衣也。〔説文〕「一，韏衣」繫傳。○一，襞布帛之廣而摺疊之，蘇俗所謂打襉也。〔説文定聲·卷一二〕○一猶卷也。〔説文〕「一，韏衣」繫傳。○一亦謂之襵。〔説文〕「一，韏衣也」段注。○袧、一皆屈也。〔廣雅·釋言〕「袧，一也」疏證。○一，通作辟。〔説文〕「一，韏衣也」義證。○一，字亦作辟。〔廣雅·釋詁四〕「一，詘也」疏證。○一，經傳作辟。〔説文〕「一，韏衣也」段注。○一，經典皆以辟為之。〔説文定聲·卷一一〕○古一積字皆以辟為之。〔説文定聲·卷一四〕〔「韏」下〕○一積，狀衣之摺疊。〔漢書·司馬相如傳〕「一積褰縐」補注引郭嵩燾。○一詘與辟屈通。〔廣雅·釋言〕「袧，一也」疏證。○一，〔急就篇〕黄本作褻。〔説文〕「一，韏衣也」義證。

嗌 一，咽也。〔太素·藏府氣液〕「脈貫胃屬脾絡一」楊注。○一，喉也。〔廣韻·昔部〕○一，咽喉也。〔楚辭·大招〕「不澀一只」補注。○一者，扼也，扼要之處也。〔説文〕「一，咽也」段注。○一，餲也。〔楚辭·大招〕「不澀一只」王注。○一、喝、嗑字異義同。〔方言六〕「一，噎也」箋疏。○〔説文定聲·卷一二〕一，叚借為噎。〔方言六〕「一，噎也」。

穸 一，窀一。○窀，厚也。一，夜也。〔廣韻·昔部〕○長埋謂之窀，長夜謂之一。〔集韻·諄部〕○〔説文定聲·卷九〕窀一猶厚夕也，厚夕猶長夜也。〔説文〕「一，窀一也」。○窀一，〔孔宙碑〕作窀夕。〔左傳襄公一三年〕「惟是春秋窀一之事」洪詁引惠棟。○窀一，古字作屯夕。〔同上〕洪詁引正義。

砉 一，皮骨相離聲。〔集韻·陌部〕○一然，皮骨相離聲。〔集韻·麥部〕引崔譔。

祏 一，宗廟主。〔集韻·昔部〕○宗廟之木主名曰一。〔説文〕「一，宗廟主也」義證引〔藝文類聚〕。○一猶主也。〔説文〕「宔，宗廟宔一也」段注。○〔説文定聲·卷九〕一，宗廟宔藏也。〔説文〕「一，宗廟主也」。○一，宗廟中藏主石室。〔説文〕「一，宗廟主也」義證引〔五經文字〕。○一，廟中藏木主石

室也。〔通鑑・晉紀三五〕「遣使奉送宗廟主－還京師」音注。〇〔説文定聲・卷九〕－，叚借為拓，實為袥。〔桐柏碑〕「開－神門」。

亦 －，人之掖也。〔説文〕「－，人之臂－也」繫傳。〇－即掖門也。（同上）義證引董斯張。〇－，胳也。（同上）義證引〔玉篇〕。〇－，臂也。（同上）〇人臂兩垂，臂與身之閒則謂之臂－。〔説文〕「－，人之臂－也」段注。〇－、腋，古今字。〔説文〕「胳，－下也」段注。〇－，今別作腋。〔説文〕「－，人之臂－也」段注引徐鉉。〇－俗作腋。〔説文〕「胳，－下也」句讀。又〔説文定聲・卷九〕。〇－，今作掖。〔説文〕「－，人之臂－也」義證引〔玉篇〕。〇－，舊作掖。〔説文〕「䦨，妄入宮－也」段注。〇－，鉉本作掖，非其物也。鍇作腋，俗字也。〔説文〕「䩭，箸－鞥也」段注。〇－行，舊説為掖行。〔書・皋陶謨上〕「－行有九德」孫疏。〇－，重也。〔孟子・滕文公上〕「不－善乎」焦正義。〇－，引申為重累之詞。〔説文〕「－，人之臂－也」段注。〇－之言猶大也、甚也。（同上）〇－，揔也。〔廣韻・昔部〕〇－者，兩相須之意。〔説文・敍〕「郡國－往往於山川得鼎彝」段注引何休。〇－與奕古本通用。〔詩・文王〕「不顯－世」通釋。〇〔説文定聲・卷九〕－，以奕為之。〔帝堯碑〕「奕孔禎純」。〇（同上）－，叚借為奕。〔詩・豐年〕「－有高廩」。〇叚－為奕。〔説文〕「奕，大也」段注。〇－讀為奕。〔詩・文王〕「不顯－世」集疏引汪中。〇－，又或叚為射。〔説文〕「－，人之臂－也」段注。〇－、易二字古通用。〔孟子・萬章〕「－饗舜」平議。〇－，或叚為易。〔説文〕「－，人之臂－也」段注。〇〔説文定聲・卷九〕－，叚借為易。〔詩・文王〕「不顯－世」。〇－，又也。〔集韻・昔部〕〇－，語詞。〔詩・柏舟〕「－汎其流」通釋。又〔文王〕「不顯－世」通釋。又〔雨無正〕「－云可使」述聞。〇－，語詞也。〔詩・柏舟〕「－汎其流」陳疏。〇－者，語詞。〔詩・園有桃〕「蓋－勿思」通釋。〇－，語辭也。〔詩・有客〕「－白其馬」朱傳。〇俗用－為語詞。〔説文〕「－，人之臂－也」段注。〇－，承上之詞也。〔釋詞・卷三〕〇－者，承上之辭。〔漢書〕「竢慶雲而將舉」雜志。〇－有不承上文而但為語助者。〔釋詞・卷三〕〇－，助語辭。〔詩・豐年〕「－有高廩」朱傳。〇凡言盍－者，亦以－為語助。〔釋詞・卷三〕〇凡言不－者，皆以－為語助。（同上）〇〔説文定聲・卷九〕－，叚借助語之詞。〔易・井〕「－未繘井」。〇－當為亓，古文其字也。〔墨子・公孟〕「是－當而不可易者也」平議。

鬲 －，癧也。〔太素・蟲癧〕「氣為上－」楊注。〇－與隔同。〔漢書・韋賢傳〕「以－婼羌」補注引錢大昭。〇－與隔通。〔墨子・備梯〕「殺有一－」閒詁。〇〔説文定聲・卷一一〕－，叚借為隔。〔釋水〕「－津」。〇〔管子〕〔漢書〕漢碑多以－為隔。〔漢隸拾遺・三公山碑〕雜志。〇大車所用以制牛者，則謂之－。〔説文定聲・卷一八〕（「衡」下）〇－即槅字。〔釋名・釋車〕「槅，扼」疏證。〇〔説文定聲・卷一一〕－，叚借為槅。〔考工・車人〕「－長六尺」。〇－，叚借為軶。〔説文〕「軶，轅前也」段注。〇〔説文定聲・卷一一〕－，叚借為搹。〔儀禮・士喪禮〕「苴絰大－」。〇－津為九河

之一，而－乃縣名。〔漢書・溝洫志〕「自－以北至徒駭閒」補注引王念孫。

擗 －，拊心也。〔詩・柏舟〕「寤－有摽」集疏引韓説。〇－，拊心也。〔通鑑・晉紀二〇〕「－踊盡哀」音注。〇－，撫心也。〔通鑑・唐紀二九〕「－踊哭泣」音注。又〔廣韻・昔部〕。又〔慧琳音義・卷二七〕。〇－，撫也。〔集韻・昔部〕〇－地者，以哀痛故自投身於地。〔慧琳音義・卷二九〕〇－，蓋擘之或體。〔釋訓〕「辟，拊心也」郝疏。

踖 －，踧－，敬皃。〔廣韻・昔部〕〇－－，敬也。〔詩・楚茨〕「執爨－－」朱傳。〇－－，蓋執爨恭敬之皃。（同上）通釋。〇－，有容也。〔集韻・昔部〕〇－，躐也。（同上）〇－，踐也。〔廣韻・昔部〕〇－，踐也。或从耤、从藉、从走。〔集韻・昔部〕〇－或借錯字。〔説文〕「－，一曰踧－」義證。〇－與躤同。〔廣雅・釋言〕「踐，躤也」疏證。

貘 －，獸名。〔集韻・陌部〕〇－，食鐵獸，似熊，黃黑色。〔説文〕「－，似熊而黃黑色」義證引〔白帖〕。又〔廣韻・陌部〕。〇－即諸書所謂食鐵之獸也。〔説文〕「－，似熊而黃黑色」段注。〇－者，象鼻，犀目，牛尾，虎足，生南方山谷中。寢其皮溫，圖其形辟邪。〔漢書・司馬相如傳〕「其獸則庸旄－犛」補注引白居易〔貘屏贊序〕。〇－，白豹。〔廣韻・陌部〕〇豹白色者別名－。〔説文〕「－，似熊而黃黑色」義證引〔本草圖經〕。〇－，〔爾雅〕謂之白豹。（同上）段注。〇－，〔山海經〕謂之猛豹。（同上）〇中國謂之豹，越人謂之－。〔列子・天瑞篇〕釋文引〔尸子〕。〇－之為言猶白也。〔釋獸〕「－，白豹」述聞。〇－豿，蟲名，螗蜋也，通作莫。〔集韻・鐸部〕〇－，亦作狛。〔説文〕「－，似熊而黃黑色」段注。〇－，字作貊。〔説文定聲・卷九〕〇－，字亦作貊。〔説文〕「－，似熊而黃黑色」段注。〇－，〔中山經〕郭注字作狛。〔説文定聲・卷九〕〇（同上）－，字作獏。〔白帖〕引〔廣志〕「獏大如驢，色蒼白」。〇（同上）－，聲轉為猛。〔西山經〕「南山獸多猛豹」。

愬 －，告也。〔國策・齊策一〕「必東－於齊」鮑注。〇－，告－也。〔通鑑・周紀二〕「必東面而－於齊矣」音注。〇－，驚懼皃。〔廣韻・麥部〕〇驚懼謂之－，或作虩、覤。〔集韻・麥部〕〇－與虩古同聲。〔廣雅・釋訓〕「虩虩，懼也」疏證。〇〔説文定聲・卷九〕－－與虩虩、索索皆同。〔易・履〕「－－終吉」。（「訴」下）〇－亦作訴。〔方言一〇〕「諑，－也」疏證。〇－與遡通。〔文選・月賦〕「－皓月而長歌」集釋。〇舊校云，－一作遡字，讀如虩。〔呂覽・慎人〕「－－，履虎尾」校正。

骼 －，鹿角。〔廣韻・陌部〕〇鹿角無枝曰角，有枝曰－。〔集韻・陌部〕〇無枝曰角，有枝曰－。〔説文〕「－，骨角之名也」段注引〔玉篇〕。〇－之言枝格也。〔廣雅・釋器〕「鹿－，鉤也」疏證。〇－之言格。〔廣雅・釋言〕「－，角也」疏證。〇－與𧼮聲近義同。〔廣雅・釋詁四〕「𧼮，僵也」疏證。

骼 丨，骨丨。〔廣韻・陌部〕○露骨曰丨。〔管子〕「損瘠」雜志。又〔荀子〕「為溝壑中瘠」雜志。又〔通雅・身體〕。○枯骨曰丨。〔慧琳音義・卷九二〕引李林甫。○丨，本訓當為骨，人畜之通稱。〔說文定聲・卷九〕○(同上)丨，借為胳。〔儀禮・有司徹〕「羊丨」。○(同上)丨，叚借為格。〔吳都賦〕「嶲嶲笑而被丨」。○(同上)丨，叚借為碩。〔漢書・陳湯傳〕「掩丨」。○丨字或作骼。〔說文〕「丨，禽獸之骨曰丨」義證。○丨是本字，至〔埤蒼〕乃作骼，〔廣雅〕〔字林〕變作骬，又或作骸。(同上)段注。○丨亦作胳，於人曰髖也。(同上)

隻 丨，手持一鳥為丨。〔慧琳音義・卷一〕引〔羣書字要〕。○丨，單也。(同上)引〔桂苑珠藂〕。○丨，一也。〔廣韻・昔部〕○丨，本字也。易，借字也。〔公羊傳僖公三三年〕釋文「丨輪，一本又作易輪」述聞。

珀 丨，琥丨。〔廣韻・陌部〕○琥丨，出罽賓國。通作魄。〔集韻・陌部〕

齸 丨，麋鹿受食處。〔集韻・質部〕○丨，近於咽也。〔說文〕「丨，鹿麖粻」繫傳。○丨者，齸食之所在。(同上)○〔說文定聲・卷一一〕丨，蘇俗謂之轉草。〔說文〕「丨，鹿麖粻也」。

借 丨，假丨也。〔廣韻・昔部〕

膈 丨，胸丨。〔廣韻・麥部〕○丨，肓也，或从革。〔集韻・麥部〕○丨，胸內也。〔慧琳音義・卷七五〕引〔文字集略〕。

嘖 ○丨，大呼聲。〔廣韻・麥部〕○丨，嚍丨，叫也。(同上)○丨丨，鳴也。〔集韻・麥部〕○丨，初也。〔說文・叙〕「探丨索隱」段注。○丨者，陽氣之始生也。〔易・繫辭上傳〕「聖人有以見天下之丨」李疏。○丨，深也。〔說文・叙〕「探丨索隱」段注。○丨者，齊也。〔荀子〕「丨」雜志。○丨又訓至也。〔說文〕「丨，大呼也」繫傳。○丨，情也，當作情實解。〔荀子・君道〕「所以為丨也」集解引盧文弨。○丨與嫧通。〔廣雅・釋詁四〕「嫧，齊也」疏證。○丨，叚借為謫，怒也。〔說文定聲・卷一一〕○(同上)丨，叚借為績。〔督郵斑碑〕「丨意五業」。○(同上)丨，叚借為積。〔易・繫辭傳〕「聖人有以見天下之丨」。○賾、丨並與情通。〔廣雅・釋言〕「情，情也」疏證。○〔說文定聲・卷一一〕丨，字亦作情。〔廣雅・釋言〕「情，情也」。○丨室，即衢室之遺也。〔通雅・宮室〕○丨，或作唶。〔說文〕「丨，大呼也」義證。

搤 丨，持也，握也，捉也。〔廣韻・麥部〕○丨，把。〔國策・魏策一〕「莫不日夜丨腕瞋目切齒」鮑注。○丨與搹字同。〔廣雅・釋詁三〕「丨，持也」疏證。○丨與搹略同。〔說文定聲・卷一一〕○丨與扼通。〔廣雅・釋詁一〕「扼，取也」疏證。○〔說文定聲・卷一一〕丨，叚借為扼。〔莊子・馬蹄〕「加之以衡丨」。○搹、丨、扼並字異而義同。〔廣雅・釋詁三〕「丨，持也」疏證。○丨與扼同，促持之也。〔通鑑・漢紀三〕「此亦丨天下之亢而拊其背也」音注引張晏。○〔說文定聲・卷一一〕丨，叚借為溢。〔史記・孝武紀〕集解「滿手曰丨」。○(同上)丨，叚借為阸。〔管子・度地〕「因而丨之可也」。

扼 丨，持也，取也。俗作扼。〔慧琳音義・卷六〇〕引〔文字典說〕。○丨者，捏其項也。〔慧琳音義・卷六一〕○丨同搤。〔廣韻・麥部〕○丨，今隸變作扼。〔說文〕「丨，搹或从戹」段注。(「搹」下)

扼 丨味謂暗中絞縊也。〔韓子・備內〕「此鴆毒丨味之所以用也」集解引舊注。○〔史〕〔漢〕云丨捥者，言持手游民也。〔說文〕「擘，手擘也」段注。○丨腕，一作搤腕、丨挐、扼擊、搤捥、搤擊。〔通雅・身體〕

躑 丨躅，行不進也。〔廣韻・昔部〕○丨躅，驟舉足而不進也。〔慧琳音義・卷八〕引顧野王。○丨躅，猶情意徘徊而有進退。〔慧琳音義・卷八一〕○蹢躅、跢跦、蹢躅、丨躅、踟蹰、丨躅、踶蹰、騠躅、踟跦並字異而義同。〔廣雅・釋訓〕「蹢躅，跢跦也」疏證。

場 丨，壇丨。〔廣韻・昔部〕○丨者，疆丨也。〔說文〕「畛，井田閒百也」段注。○丨，畔也。〔詩・信南山〕「疆丨翼翼」朱傳。又〔集韻・昔部〕。○丨，古文作易。〔左傳桓公一七年〕「疆丨之事」疏證引惠棟。○丨，古祇作易。〔說文〕「畛，井田閒百也」段注。

蜴 丨，螈也。〔詩・正月〕「胡為虺丨」朱傳。○丨，蜥丨。〔廣韻・昔部〕○丨即蜥字。〔方言八〕「守宮，其在澤中者謂之易丨」箋疏。○丨即蜥字也。〔說文〕「虺，以注鳴者。詩曰胡為虺蜥」段注。○丨即蜥之或體。〔詩・正月〕「胡為虺丨」後箋。○丨，齊作蜥。(同上)集疏。○丨當作易。〔說文〕「蚖，榮蚖」段注。

幗 丨，婦人喪冠。〔廣韻・麥部〕○丨，婦人喪冠也。或从竹。〔集韻・麥部〕

踖 丨，小步。〔集韻・昔部〕○丨，步小而輕也。〔說文〕「丨，小步也」繫傳。○丨，丨地小步。〔廣韻・昔部〕○丨猶踧踖也。〔說文〕「丨，小步也」繫傳。○丨，累足也。〔詩・正月〕「不敢不丨」朱傳。○丨，履也。〔慧琳音義・卷八五〕引〔考聲〕。○趚、丨二字音義同。〔詩・正月〕「不敢不丨」通釋。

嫿 丨，分明好兒。〔廣韻・麥部〕○丨，好兒。〔集韻・麥部〕

摵 丨，拂著。〔廣韻・麥部〕○丨，拂也。〔集韻・麥部〕○丨，捎丨也。〔廣韻・麥部〕

嶧 丨，即秦刻石處也，在魯，山積石絡繹而成也。〔說文〕「丨，葛丨山」繫傳。○丨、檡，義並與繹同。〔廣雅・釋詁二〕「繹，長也」疏證。○丨繹古字通。

〔說文〕「丨，葛丨山」義證引胡渭。○丨與繹通。〔左傳宣公一〇年經〕「取繹」疏證。○〔說文定聲・卷九〕丨，叚借為繹。〔釋山〕「屬者丨」。

斁　丨，解散也。〔說文〕「丨，解也」繫傳。○丨與釋音義同，後人區別之。〔同上〕段注。○丨，猒也。〔廣韻・昔部〕○丨，斁也。〔慧琳音義・卷九二〕引〔韻詮〕。○丨，終也。〔慧琳音義・卷九六〕引〔古今正字〕。○丨射聲通。〔詩・葛覃〕「服之無丨」陳疏。○丨、繹、射並通。〔廣雅・釋詁四〕「繹，終也」疏證。○丨、射、夜、液皆同音通用字。〔文選・劇秦美新〕集釋。○丨，韓作射。〔詩・振鷺〕「在此無丨」集疏。○〔說文定聲・卷九〕丨，叚借為擇，實為殬。〔詩・思齊〕「古之人無丨」。○丨，即殬字叚借。〔詩・思齊〕「古之人無丨」通釋。○丨、圛、燡，義並與譯同，明著之意。〔方言一三〕「譯，見也」箋疏。○〔說文定聲・卷九〕丨，叚借為釋。〔說文〕「丨，終也」。○丨，俗作懌。〔說文〕「丨，解也」句讀。又〔同上〕義證。

綌　丨，絺丨。〔廣韻・陌部〕○丨，粗葛也。〔禮記・檀弓〕「丨衰繐裳」集解。○葛粗者曰丨。〔說文〕「絺，細葛也」段注。○葛之精者曰絺，麤者曰丨。〔論語・鄉黨〕「袗絺丨」朱注。○精曰絺，麤曰丨。〔詩・葛覃〕「為絺為丨」朱傳。○結曰絺，辟曰丨。〔同上〕集疏引韓說。

蓆　丨，大也。〔詩・緇衣〕「緇衣之丨兮」朱傳。又〔同上〕集疏引魯說。又〔廣韻・昔部〕。○丨，大也，即謂所儲之廣多也。〔詩・緇衣〕「緇衣之丨兮」後箋。○〔說文定聲・卷九〕丨，艸多也。〔說文〕「丨，廣多也」。○丨，通作席。〔釋詁〕「丨，大也」郝疏。○丨當為席。〔說文〕「荐，薦丨也」義證。○〔說文定聲・卷九〕丨，叚借為儲。〔韓詩章句〕「丨，儲也」。

貊　丨，貉之俗。〔墨子・非攻中〕「亡於燕代胡丨」閒詁。○丨，北人謂之皮狐子，又曰貔子，讀若嫲。〔通雅・疑始〕○丨，貘也。〔說文〕「拉，摧也」義證。○丨者，貘之借字。〔說文〕「貘，似熊而黃黑色」句讀。○丨，北狄。〔論語・衛靈公〕「雖蠻丨之邦行矣」朱注。○丨，蠻丨。〔廣韻・陌部〕○丨、袹、陌、鞨、帕、帓並與帞通。〔方言四〕「絡頭，帞頭也」箋疏。○帞、袹、丨、陌並通。〔廣雅・釋器〕「帞頭，幧頭也」疏證。

貃　丨，獸，好食鐵。〔說文〕「貘，似熊而黃黑色」義證引袁孝政。○嗼、莫、丨，並字異而義同。〔廣雅・釋詁一〕「嗼，安也」疏證。○募、貉、丨、莫、漠、嗼，並字異而義同。〔廣雅・釋詁四〕「募，靜也」疏證。

擘　丨，分丨。〔廣韻・麥部〕○丨，手析物破也。〔慧琳音義・卷四〇〕引〔字書〕。○丨，裂也。〔說文〕「丨，撝也」義證引〔玉篇〕。○丨，破裂也。〔慧琳音義・卷六九〕引〔文字典說〕。○今俗語謂裂之曰丨開。〔說文〕「丨，撝也」段注。○以手发弩曰丨張。〔通雅・釋詁〕○辟、丨並與襞通。〔廣雅・釋言〕「紉，丨也」疏證。○丨、薜、辟並字異而義同。〔廣雅・釋詁一〕「丨，分也」疏證。○丨之言屈辟。〔廣雅・釋言〕「紉，丨也」疏證。○〔說文定聲・卷一一〕丨，以辟為之。〔詩・柏舟〕「寤辟有摽」。○丨，通作辟。〔說文〕「丨，撝也」義證。○丨，亦省作辟。〔同上〕句讀。○〔說文定聲・卷一一〕丨，叚借為擗。〔孝經〕「擗踊哭泣」。○〔同上〕丨，以擗為之。〔禮記・禮運〕「其燔黍擗豚」。○〔同上〕丨，叚借為劈。〔說文〕「丨，撝也」。○〔說文定聲・卷一二〕借丨為臂。〔釋魚〕「蝮虺，博三寸，首大如丨」。（〔虫〕下）○丨，蓋臂之假借。〔釋魚〕「首大如丨」郝疏。

蹠　丨，足履踐也。〔廣韻・昔部〕○丨，踏也。〔通鑑・周紀二〕「被堅甲，丨勁弩」音注。又〔屈賦・哀郢〕「眇不知所丨」戴注。○楚人謂跳躍曰丨。〔廣韻・昔部〕○丨謂跳躍也。〔說文定聲・卷九〕（〔碩〕下）○丨，足下。〔國策・楚策二〕「丨穿膝暴」鮑注。○丨，補也。〔慧琳音義・卷三三〕○古有丨鎑之語，即此傳之⿰足彖⿰足盍。〔漢書〕「⿰足彖⿰足盍」雜志。○〔玉篇〕丨與跖同。〔說文〕「跖，足下也」義證。○〔說文定聲・卷九〕丨，叚借為跖。〔蒼頡篇〕「丨，躡也」。

跖　丨，足底也。〔說文〕「丨，足下也」繫傳。○〔說文定聲・卷九〕丨謂足底。〔說文〕「丨，足下也」。○丨，今所謂腳掌也。〔說文〕「丨，足下也」段注。○丨，足下也，亦作蹠。〔慧琳音義・卷九五〕引〔考聲〕。○丨同蹠。〔廣韻・昔部〕○丨與蹠同字，言跳躍遠避。〔漢書・揚雄傳〕「丨魂負沴」補注。○丨，或借蹠為之。〔說文〕「丨，足下也」段注。○丨，蹋也。〔讀淮南子書後〕雜志。○〔說文定聲・卷九〕丨，叚借為摭。〔漢書・揚雄傳〕「丨魂負沴」。

⿰足彖　丨，跖字之異者也。〔說文〕「跖，足下也」段注。

檗　丨，黃丨。〔廣韻・麥部〕○丨即今藥家用黃丨也。〔說文〕「丨，黃木也」繫傳。○丨，〔本草經〕之丨木也，一名檀桓。〔同上〕段注。○丨，一名檀桓。〔說文定聲・卷一二〕○丨，木根名檀桓。〔文選・子虛賦〕「丨離朱楊」集釋引〔本草經〕。○丨，又或作黃柏者。〔同上〕集釋。○丨當言柏，今人黃丨字作黃柏，正雙聲之轉也。〔說文〕「柏，讀若丨」段注。○丨，檗也。〔集韻・錫部〕○丨，字亦作蘗。〔說文定聲・卷一二〕○丨，俗加艸作蘗。〔文選・子虛賦〕「丨離朱楊」集釋。又〔說文〕「丨，黃木也」段注。

擿　丨，投也。〔集韻・麥部〕○丨亦投也。〔漢書〕「投石拔距」雜志。○丨，今之擲字。〔說文〕「敵，橫丨也」段注。○丨即今之擲字也。〔廣雅・釋詁三〕「丨，投也」疏證。○丨，今字作擲。〔說文〕「丨，一曰投也」段注。○丨亦剔也，謂挑剔也。〔慧琳音義・卷四七〕○丨，治之也。〔同上〕○丨，發也，動也。〔通鑑・陳紀九〕「發丨姦伏」音注。○丨，發動也。〔續音義・卷八〕引〔切韻〕。○丨，撥也。〔同上〕引〔玉篇〕。○摘、丨、擿聲近義同。〔廣雅・釋詁二〕「丨，搔也」疏證。○摘、丨、揥並與鬄同義。〔廣雅・釋器〕「鬄，髲也」疏證。○丨，碓也。〔集韻・錫部〕○石、沰、搥、碓、丨、磓聲義並相近。〔廣雅・釋言〕「磓，沰，碓也」疏證。○丨、擲、磓並通。〔廣雅・釋詁三〕「丨，投也」疏證。○〔說文定聲・卷一二〕丨，即所謂搔頭也。

〔詩・君子偕老〕「象之揥也」。○丨即後人玉導、玉搔頭之類也。〔説文〕「丨,搔也」段注。○丨通作擿。〔説文〕「丨,搔也」句讀。又(同上)義證。○〔説文定聲・卷一一〕丨,叚借為擿。〔淮南・本經〕「丨蚌蜃」。○(同上)丨,叚借為遻。〔文賦〕「意徘徊而不能揥」。○丨當作讁。〔漢書・孫寶傳〕「故欲丨觖以揚我惡」補注引宋祁。

擲 丨,投也。〔廣韻・昔部〕○丨,弃也。〔慧琳音義・卷三〕引〔韻英〕。○丨,剔也。〔卷七八〕引顧野王。○丨,搔也。〔廣韻・昔部〕○丨,振也。(同上)○丨與擿同。〔廣雅・釋詁四〕「搥,擿也」疏證。

馘 丨,割耳也。〔詩・皇矣〕「攸丨安安」朱傳。○丨,殺格而取耳。〔左傳成公三年〕「以為俘丨」疏證。○丨,截耳。〔廣韻・麥部〕○丨,所格者之左耳也。〔詩・泮水〕「在泮獻丨」朱傳。○丨,獲也。〔廣韻・麥部〕○丨為聝之或體。〔左傳成公三年〕「以為俘丨」疏證。○丨,本作聝。(同上)

阸 丨,塞也。〔廣韻・麥部〕○丨者,塞也。〔説文〕「陋,丨陝也」段注。○丨,限也,礙也。〔廣韻・麥部〕○丨,危也。(同上)○丨,迫也。(同上)○丨,隘古通用。〔説文〕「䨣,讀若春秋傳墊丨」段注。○丨陝者,如邊塞狹隘也。〔説文〕「陋,丨陝也」段注。○丨之言扼也。〔説文〕「丨,塞也」段注。○丨或作扼。(同上)義證。○〔説文定聲・卷一二〕丨,叚借為戹。〔賈子・道術〕「優賢不逮謂之寬,反寬為阨」。○丨當為戹。〔説文〕「陋,丨陝也」義證。○丨,古厄字。〔孟子・萬章上〕「是時孔子當阨」焦正義。○官本丨作阨。〔漢書・地理志〕「詩芮丨」補注。

阨 丨,阻塞地也。〔慧琳音義・卷八二〕引〔韻英〕。○丨,困也。〔孟子・公孫丑上〕「丨窮而不憫」朱注。○丨窮即困窮。(同上)焦正義。○丨即難也。〔孟子・萬章上〕「是時孔子當丨」焦正義。○〔釋文〕丨本亦作隘。〔左傳定公四年〕「直轅冥丨」洪詁。

汐 丨,潮丨。〔廣韻・昔部〕○丨,海潮丨池也。〔集韻・昔部〕○丨,水名,出陽城山。(同上)

磶 丨,柱下石。〔廣韻・昔部〕○丨,字通作舄。〔廣雅・釋宮〕「丨,礩也」疏證。○丨之言藉也。(同上)

撠 丨,持也。〔廣韻・陌部〕○丨,拘持也。〔集韻・陌部〕

啞 丨,笑聲。〔廣韻・陌部〕○丨丨,笑聲也。〔慧琳音義・卷一二〕又〔通雅・卷一〕。○丨丨,笑且言。〔易・震〕「笑言丨丨」李疏引虞注。○丨丨,樂也。(同上)引鄭注。○〔釋詞・卷四〕丨與惡同。〔韓子・難篇〕「丨是非君人者之言也」。

摭 丨,拾也。〔廣韻・昔部〕○丨,亦拾也。或作拓。〔慧琳音義・卷八二〕引〔古今正字〕。○丨,取也。〔禮記・禮器〕「有順而丨也」集解。○丨與拓通。〔廣雅・釋詁一〕「丨,取也」疏證。○丨亦作拓。〔方言一〕「丨,取也」疏證。

拓 丨,拾也。或作摭。〔集韻・昔部〕○丨同摭。〔廣韻・昔部〕

醳 丨,苦酒。〔廣韻・昔部〕又〔集韻・昔部〕。○丨,醇酒也。〔集韻・昔部〕○丨、釋同。〔國策・燕策二〕「王欲丨臣」鮑注。○丨、釋同字。〔國策〕「王欲丨臣」札記。○丨,古釋字。〔史記〕「釋」雜志。○古多以丨為釋字。(同上)○〔史記〕以丨為釋,同聲假借也。〔説文〕「釋,解也」段注。○丨榮即釋榮。〔通雅・釋詁〕○丨通作舍。〔史記〕「丨之愉」雜志。○丨當作繹。〔釋名・釋飲食〕「丨酒,久釀酉澤也」疏證。

唶 丨,嘆也。〔通鑑・漢紀六〇〕「不然則咄丨」音注。○丨,嘆聲。〔集韻・昔部〕○丨嘖為小聲。〔通雅・釋詁〕○齰、齚、丨、咋並字異而義同。〔廣雅・釋詁三〕「齰,齧也」疏證。○丨乃譖之或體。〔説文〕「借,假也」段注。

霡 丨霂,小雨貌。〔詩・信南山〕「益之以丨霂」朱傳。○丨霂,小雨。〔集韻・錫部〕○〔説文定聲・卷一二〕丨霂,雙聲連語,聲之舒緩即曰溟濛也。〔説文〕「丨,丨霂,小雨也」。

霢 丨霂字雙聲,轉為溟濛。〔釋天〕「小雨謂之丨霂」郝疏。○丨霂者,溟濛之轉語。〔説文〕「丨,丨霂,小雨也」段注。○丨若人之血脈流徧。(同上)繫傳。○丨又如沐之霑濡也。(同上)○丨,丨霂。亦作霡。〔廣韻・麥部〕

郤 〔説文定聲・卷九〕丨,叚借為隙。〔漢書・孫寶傳〕「與紅陽有丨」。○丨當作隙。古隙丨字相叚借。〔説文〕「郥,一曰郥,丨地」段注。○丨或作郄。〔説文〕「丨,晉大夫叔虎邑也」義證。○〔説文定聲・卷九〕丨,字亦作郄。〔周書・典寶〕「喜怒不郄」。○丨字,〔世家〕作郄。〔史記・十二諸侯年表〕「晉人立孝侯子丨為鄂侯」志疑。

齚 丨,齧也。〔廣韻・陌部〕○丨作齰。〔史記索隱〕「異文」雜志。○齰、丨、唶、咋並字異而義同。〔廣雅・釋詁三〕「齰,齧也」疏證。○丨,俗作咋。〔説文〕「丨,齰或從乍」義證。

咋 丨,啖也。〔通鑑・晉紀一〕「作虎跳狼爭丨齧之」音注。○丨,大聲。〔廣韻・麥部〕又〔集韻・陌部〕。○丨,呹丨,多聲。〔廣韻・陌部〕又〔集韻・陌部〕。○丨、籍並與唶同。〔廣雅・釋言〕「唶,唶也」疏證。○丨丨、譖譖同。〔説文〕「譖,大聲也」段注。○〔石經〕初本丨作乍。〔左傳定公八年〕「桓子丨謂林楚」洪詁。

嚇 丨,怒也。〔廣韻・陌部〕○丨,怒也,或作莽、奭,通作赫。〔集韻・陌部〕○丨與赫通。〔廣雅・釋詁二〕「赫,怒也」疏證。

躄 丨,跛丨。〔廣韻・昔部〕○跛者足屈而不伸,故亦謂之丨。〔廣雅・釋詁四〕「躄,詘也」疏證。○丨,跛之甚者也。〔通鑑・唐紀三九〕「選老丨者一

人」音注。○丨，足癧之異名也。〔慧琳音義・卷六二〕○攣丨，手足屈弱病也。〔慧琳音義・卷一三〕○癃、瘥、躄、丨並同。〔廣雅・釋言〕「躄，瘥也」疏證。○丨即躄之或體。〔墨子・尚賢下〕「丨瘖聾」閒詁。

𣦢　丨，跛不能行也。〔慧琳音義・卷四五〕引〔韻略〕。○丨，足偏枯不任行也。(同上)引〔考聲〕。○丨，足枯不能行也。或作躃。〔慧琳音義・卷二〕引顧野王。○丨，同躄。〔廣韻・昔部〕○丨，字或作躄。〔說文〕「丨，人不能行也」義證。

躄　〔說文定聲・卷一一〕丨，兩足廢。〔說文〕「丨，人不能行也」。○(同上)丨，以辟為之。〔漢書・賈誼傳〕「又類辟且病痱」。

刺　丨，穿也。〔廣韻・昔部〕又〔集韻・昔部〕。○丨，傷也。(同上)

莫　丨，定也。〔詩・板〕「民之丨矣」朱傳。○德正應和曰丨。〔集韻・陌部〕引鄭康成。○丨丨，清靜而敬至也。〔詩・楚茨〕「君婦丨丨」朱傳。○丨者，梵語，解毒藥名也。〔慧琳音義・卷七〕○丨者，梵語，能除衆毒神藥名也。〔慧琳音義・卷五〕○丨呼洛伽，梵語，不妙，亦名大蟒神也。〔慧琳音義・卷一〕○嗼、丨、貊並字異而義同。〔廣雅・釋詁一〕「嗼，安也」疏證。○嗼、丨、貉並通，字又作貊。〔廣雅・釋詁四〕「嗼，定也」疏證。○嫫、貉、貊、丨、漠、嗼並字異而義同。〔廣雅・釋詁四〕「嫫，靜也」疏證。○丨丨猶蝆蝆。〔方言一一〕「蟷螂或謂之蝆蝆」箋疏。○丨，〔毛詩〕作貊。〔左傳昭公二八年〕「丨其德音」洪詁。

潟　丨，鹹土。〔廣韻・昔部〕○丨，鹵地。〔集韻・昔部〕○丨，鹵也。〔集韻・藥部〕○丨即斥字也。〔史記〕「厥田斥鹵」雜志。○丨，字又作舄。(同上)

滷　丨，鹵丨。〔廣韻・昔部〕○丨，鹹也。〔廣韻・錫部〕○丨，苦地。或从舄，通作㡿、斥。〔集韻・昔部〕

驀　丨，騎丨。〔廣韻・陌部〕○丨，踰也。〔慧琳音義・卷六二〕引〔考聲〕。○丨，踰越也。〔卷三六〕引〔考聲〕。○丨，引伸為猝乍之偁。〔說文〕「丨，上馬也」段注。○丨，今用為猝乍之詞曰丨然。〔說文定聲・卷九〕

瓸　丨，瓦屋不泥也。〔集韻・陌部〕○丨，甎丨，井甃。〔廣韻・陌部〕

幱　丨幭，赤紙。〔廣韻・陌部〕又〔集韻・陌部〕。○丨幭即赫蹏，一作絁綈、絁蹏，赤紙也。〔通雅・器用〕

覛　丨，相視也，或書作䀣。〔集韻・麥部〕○丨與䀣通用。〔說文〕「丨，衺視也」段注。○〔說文定聲・卷一一〕丨，字亦作覔，俗作覓。〔廣雅・釋詁一〕「覔，視也」。○丨同覓。〔廣韻・錫部〕○〔說文定聲・卷一一〕丨，字亦作鷩。〔射雉賦〕「無見自鷩」。

蟈　丨，蝦蟆也。〔禮記・月令〕「螻丨鳴」集解引蔡邕。又〔說文〕「丨，蜮又从國」段注引鄭司農。○丨，今俗以為蝦蟇之別名。〔說文〕「蜮，短狐也」繫傳。○丨，螻丨，蛙別名。〔廣韻・麥部〕○丨，螻丨，蛙也，或作蜮。〔集韻・麥部〕○丨、蜮同字。〔廣雅・釋魚〕「鼃丨，長股也」疏證。○丨即蜮字之異者。〔說文〕「丨，蜮又从國」段注。

襗　丨，袴也。〔集韻・陌部〕○丨，衣襦。〔廣韻・昔部〕○丨，袗丨。〔廣韻・陌部〕○嶧、丨義並與繹同。〔廣雅・釋詁二〕「繹，長也」疏證。○丨，重祭名，殷曰肜，周曰丨，亦作繹。〔廣韻・昔部〕

鼫　丨鼠，形大如鼠，頭似兔，尾有毛，青黃色，好在田中食粟豆。〔集韻・昔部〕引郭璞。○丨鼠，螻蛄。〔廣韻・昔部〕○丨，今螻蛄也。〔說文〕「丨，五技鼠也」繫傳。○〔說文定聲・卷九〕丨，今目驗螻蛄實似此五技，故即以丨鼠之名名之。〔古今注〕「螻蛄，一名丨鼠」。○丨，字通作碩。〔廣雅・釋獸〕「鼩鼠，丨鼠」疏證。○丨，經典多借碩字。〔說文〕「丨，五技鼠也」義證。

耤　丨，丨田，借也。〔廣韻・昔部〕○丨，天子諸侯所耕田借人力以終之。〔集韻・昔部〕○丨田字六經多以藉字為之，亦取蹈藉之義。〔說文〕「丨，帝丨千畝也」義證引〔五經文字〕。○丨，今經典多作藉。(同上)段注。○丨，經傳皆以藉為之。〔說文定聲・卷九〕○丨，經典通用藉。〔說文〕「丨，帝丨千畝也」句讀。○丨通用藉。(同上)義證。○丨、藉、借通用。〔漢書・郭解傳〕「以軀丨友報仇」補注。

霸　丨，月始生。〔集韻・陌部〕○〔說文定聲・卷九〕丨，後世以魄為之。〔說文〕「丨，月始生魄然也」。○後代魄行而丨廢矣。〔說文〕「丨，月始生魄然也」段注。

佰　百人相雜謂之丨。〔說文〕「伍，相參伍」繫傳。○一百為一丨也。〔廣韻・陌部〕○丨之言百也。〔說文〕「丨，相什丨也」段注。○〔說文定聲・卷九〕丨，此言貨錢數也。〔漢書・食貨志〕「有仟丨之得」。○丨亦相保也。〔說文〕「丨，相什丨」繫傳。○丨，百人之長。〔集韻・陌部〕○〔說文定聲・卷九〕丨，此言百夫長也。〔過秦論〕「俛起什丨之中」。○(同上)丨，此言田東西界也。〔漢書・匡衡傳〕「南以閩丨為界」。○丨即今陌字，古衹作百、作丨。〔漢書・匡衡傳〕「南以閩丨為界」補注引朱一新。○〔說文定聲・卷九〕丨，叚借為袹。〔釋名・釋首飾〕「綃頭或謂之陌頭」。

洦　丨，淺水皃，或从柏。〔集韻・陌部〕○丨當為淺水皃。〔說文〕「丨，淺水也」義證。○丨，水淺皃。〔廣韻・陌部〕○〔說文定聲・卷九〕丨，叚借為怕。〔子虛賦〕「泊乎無為，澹乎自持」。○〔說文〕作丨，隷作泊，亦古今字也。〔說文〕「丨，淺水也」段注。○丨，俗作泊。〔說文〕「狛，甯嚴讀之若淺丨」段注。○丨，〔玉篇〕作湘。〔說文〕「丨，淺水也」義證。○〔說文定聲・卷九〕丨，以薄為之。〔謝惠連詩〕「曲汜薄停旅」。

湘　丨，洦丨，淺水。〔廣韻・陌部〕

帞 ｜，頭巾。〔廣韻・陌部〕○｜，頟巾也。〔慧琳音義・卷五三〕引〔字書〕。○｜頭之制，自項中而前交於額却繞髻。〔説文〕「髸，屈髮也」段注。○｜、帕同。〔方言四〕「絡頭，｜頭也」疏證。○｜、袹、貊、陌並通。〔廣雅・釋器〕「｜頭，幧頭也」疏證。

袹 ｜，｜複。〔廣韻・陌部〕○｜首，今人謂之抹額。〔通鑑・唐紀三一〕「紅｜首」音注。○｜即幭。〔説文定聲・卷九〕(「佰」下)○帞、｜、貊、陌並通。〔廣雅・釋器〕「帞頭，幧頭也」疏證。

𡖈 〔説文定聲・卷九〕｜，夜宋｜也。〔説文〕「｜，宋也」。○｜，此即寂寞之寞。〔説文〕「｜，寂也」繫傳。○｜，同蓦。〔廣韻・陌部〕○｜、貉、貊、莫、漠、嗼並字異而義同。〔廣雅・釋詁四〕「｜，靜也」疏證。

趈 ｜，逼也。〔集韻・陌部〕

蚝 ｜，｜蛨。〔廣韻・陌部〕○｜蛨，蟲名，蚣蝑也。〔集韻・陌部〕○｜蛨猶言蟅蟒也。〔廣雅・釋蟲〕「蟅蟒，蚮也」疏證。

舴 ｜艋，小船。〔廣韻・陌部〕○｜艋，小舟。〔集韻・陌部〕○小舟謂之｜艋，小蝗謂之蚱蜢，義相近也。〔廣雅・釋水〕「｜艋，舟也」疏證。

䵑 ｜，黏皃。〔廣韻・陌部〕○｜，黏也。〔集韻・昔部〕○｜，黏黐。〔廣韻・昔部〕

鮊 ｜，魚名。〔廣韻・陌部〕○〔説文定聲・卷九〕｜，即〔説苑〕之陽橋，今之白魚也。〔廣雅・釋魚〕「｜，鱎也」。○｜，一名鮍。〔説文定聲・卷九〕○｜之言白也。〔廣雅・釋魚〕「｜，鱎也」疏證。○〔説文定聲・卷九〕｜，字亦作鮊。〔石鼓文〕「又鱄又鮊」。

敀 ｜同迫。〔廣韻・陌部〕○｜，古迫字也。〔讀淮南子書後〕雜志。○｜，諸書借迫字。〔説文〕「｜，迮也」義證。○｜者，起之也，與迫音義同。(同上)段注。○｜，笮也。〔説文〕「笮，迫也」義證引〔韻譜〕。○｜，大打也。〔廣韻・陌部〕○〔説文定聲・卷九〕｜，叚借為伯。〔説文〕引〔書・立政〕「常｜常任」。○今〔尚書〕常｜作伯。〔説文〕「｜，迮也」繫傳。

㣡 ｜，相踦。〔廣韻・陌部〕○｜，足相踦皃。〔集韻・藥部〕○｜為本字，御、㣡皆其別體，〔方言〕因｜加人旁作㑾。〔方言一二〕「㑾，傍也」疏證。○｜音倦御之御也，與㣡之訓勞無異詁也。〔漢書・司馬相如傳〕「徼𨂷受詘」補注。○〔説文定聲・卷九〕｜，叚借為御。〔史記・司馬相如傳〕「徼｜受詘」。

𨂷 ｜，相踦也。〔集韻・陌部〕○御、卻、｜、㣡並字異而義同。〔廣雅・釋詁一〕「御，極也」疏證。○窮、極、倦、｜，一聲之轉也。(同上)○｜，〔玉篇〕作卻。〔説文〕「｜，相踦｜也」段注。

㣡 ｜，倦｜。〔説文〕「御，徼御受屈也」義證引〔玉篇〕。○｜亦㣡之異文。〔漢書・司馬相如傳〕「徼𨂷受詘」補注。

丮 ｜，持也。〔廣韻・陌部〕○〔説文定聲・卷五〕｜，字亦作撠。〔史記・孫吳傳〕「救門者不持撠」。

硋 ｜，碎石殞聲。〔廣韻・陌部〕

趚 趚｜，僵仆。〔廣韻・陌部〕○｜，僵也。〔集韻・陌部〕

簎 ｜，刺也。〔廣韻・陌部〕○｜，杈刺取魚鼈也。〔集韻・陌部〕○｜，刺取魚鼈也。〔集韻・麥部〕○｜，刺取黿魚也。〔集韻・昔部〕○｜，取魚箔也。〔廣韻・覺部〕○｜，打也。〔廣韻・昔部〕○〔説文定聲・卷九〕｜，以藉為之。〔列子・仲尼〕「長幼羣聚而為牢藉」。○｜，亦省作措。〔説文〕「｜，刺也」句讀。○｜，通作措。(同上)義證。○｜，又或作擉。(同上)○｜，字亦作擉。〔説文定聲・卷九〕

諎 ｜，大聲。亦作唶。〔廣韻・陌部〕又〔集韻・陌部〕。○｜，磨也。〔説文〕「｜，大聲也」義證引〔玉篇〕。○｜，酬言。〔集韻・鐸部〕

嘖 ｜，大呼也。〔集韻・陌部〕○｜嘖，大唤。〔廣韻・陌部〕○〔通雅・卷五〕｜唶則為大聲，｜唶一作護諎。〔信陵傳〕「晉鄙｜唶」。○｜唶，多言。〔集韻・陌部〕○｜，驚怛聲。(同上)

迮 ｜，迫｜。〔廣韻・陌部〕○｜，迫也。〔集韻・陌部〕○｜，引伸訓為迫迮，即今之窄字也。〔説文〕「｜，｜｜，起也」段注。○｜猶切近也。〔説文〕「敀，｜也」繫傳。○｜，狹小也。〔慧琳音義・卷六七〕引〔考聲〕。○｜當為笮，今之窄字也。〔説文〕「㕑，｜也」段注。○｜，此與作音義同。〔説文〕「｜，｜｜，起也」段注。○〔説文定聲・卷九〕｜，叚借為作。〔説文〕「｜，｜｜，起也」。○(同上)｜，俗字作窄。〔廣雅・釋詁一〕「窄，陿也」。○(同上)｜，又作乍。〔公羊傳〕「今若｜而與季子國」。

笮 ｜，屋上版。〔廣韻・陌部〕○〔説文定聲・卷九〕｜，屋上薄也，一名筄，如今之蘆簾。〔説文〕「｜，迫也，在瓦之下，棼上」。○屋上簿謂之屋｜也。〔説文〕「｜，迫也」繫傳。○｜，筄屬。〔集韻・陌部〕○｜，屋｜者本義，引伸為逼窄字。〔説文〕「｜，迫也」段注。○｜也，格也，栭也，芝栭也，枅也，欂櫨也，六者一物也。〔逸周書〕「復格」雜志。○格、｜一聲之轉。〔廣雅・釋宮〕「格謂之｜」疏證。○｜，迫也。〔説文〕「覈，乍邀遮其辭得實曰覈也」繫傳。又〔廣韻・陌部〕。○｜、窄古今字。〔説文〕「｜，迫也」段注。○｜，又或作窄。(同上)義證。○｜，矢服。〔廣韻・陌部〕○｜，猶壓也，今謂以槽｜出汁也。〔慧琳音義・卷四六〕○｜，或作窄，以槽｜出汁也。〔卷一三〕○｜者，壓｜出其汁也。〔廣雅・釋詁二〕「｜，盪也」疏證。○壓酒者曰｜，與榨通，本作泲。〔通雅・疑始〕○｜、醡、榨並同義。〔廣雅・釋詁二〕「｜，盪也」疏證。○｜，鎮也。〔説文〕「厭，｜也」繫傳。○｜，竹

索也。〔通鑑·後梁紀五〕「以竹丨聯艨艟十餘艘」音注。○丨，竹索，西南夷尋之以渡水。〔廣韻·鐸部〕○丨，今人謂之棧。〔說文〕「丨，迫也」義證引〔六書故〕。○〔通雅·卷四九〕丨即筰。〔杜詩〕「連丨動裊那」。○丨字本作筰，丨其省也。〔文選·難蜀父老〕「因朝冉從駹定丨存邛」集釋。○〔說文定聲·卷九〕丨，叚借為鑿。〔魯語〕「其次用鑽丨」。○〔同上〕丨，叚借為迮。〔漢書·王莽傳〕「迫丨青徐盜賊」。○丨，又通作柞。〔說文〕「丨，迫也」義證。○丨，或作迮。〔同上〕義證引〔六書故〕。

笮　丨，屋上板。〔說文〕「笮，迫也」義證引〔玉篇〕。

蚱　丨丨蟬。〔廣韻·陌部〕○丨蜢，蟬屬。〔集韻·陌部〕○丨，蟬聲也。〔本草·卷四一〕

齰　丨，齧也。或从乍，通作咋。〔集韻·陌部〕○丨同齚。〔廣韻·陌部〕○丨、齚、唶、咋並字異而義同。〔廣雅·釋詁三〕「丨，齧也」疏證。○丨同錯。〔墨子·公孟〕「丨然在天」閒詁引畢沅。○〔說文定聲·卷九〕丨，叚借為乍。〔左傳定公八年〕「桓子咋謂林楚」。○〔同上〕丨，字亦作咋。〔淮南·脩務〕「齕咋足以嚼肌碎骨」。○〔史記〕丨作齚，同。〔漢書·灌夫傳〕「杜門丨舌自殺」補注。

岝　丨崿，山皃。〔廣韻·陌部〕又〔集韻·陌部〕。○丨客，山峻皃。〔同上〕

𡧍　丨，壁際見白也。〔說文〕「丨，際見之白也」義證引〔玉篇〕。○丨者，際見之白。〔說文〕「隙，壁際也」段注。○〔說文定聲·卷九〕丨，際見之光，一綫而已。〔說文〕「丨，際見之白也」。○丨，西方小皃。〔廣韻·陌部〕

諮　丨與諤同。〔墨子·親士〕「上必有丨丨之下」閒詁引洪頤煊。○丨丨即詻詻。〔說文〕「丨，論訟也」義證引惠棟。○〔通雅·卷九〕丨丨即詻詻，其義則諤諤也。〔墨子〕「弗弗丨丨」。○〔說文定聲·卷九〕丨，叚借為挌。〔莊子·人間世〕「若唯無丨」。

屰　丨，不順也。〔說文〕「啎，丨也」段注。○丨，反也。〔說文〕「屰，吉而免凶也」繫傳。○丨，逆也。〔說文〕「瘚，逆气也」繫傳。○丨逆古字互通。〔方言一三〕「適，牾也」箋疏。○丨，經典借逆字。〔說文〕「丨，不順也」句讀。又〔同上〕義證。○丨，經傳多以逆為之。〔說文定聲·卷九〕○丨，後人多用逆，逆行而丨廢矣。〔說文〕「丨，不順也」段注。○丨與遻古亦同聲。〔國策〕「曲吾」雜志。○丨，月始生三日。〔集韻·鐸部〕

鞴　丨，補履。〔廣韻·陌部〕○丨，補也。〔集韻·麥部〕○丨，履頭。〔廣韻·麥部〕○履首謂之丨。〔集韻·麥部〕

䩹　補履謂之丨。〔集韻·陌部〕

虩　丨，虎驚皃。〔廣韻·麥部〕○丨，懼也。〔廣韻·陌部〕○丨，恐懼也。〔集韻·陌部〕○丨，恐懼皃。〔集韻·麥部〕○〔說文定聲·卷九〕丨丨，今作愬愬。〔易·履〕馬注「丨丨，恐懼也」。

縌　丨者，綬之系也，言其迎逆綬也。〔說文〕「丨，綬維也」義證引〔急就篇〕顏注。○丨者，古佩璲也。〔同上〕義證引〔輿服志〕。○〔說文定聲·卷九〕秦漢之綬，所以代古之韍佩也；秦漢之丨，如古之綬也。〔說文〕「丨，綬維也」。

䋭　丨，紱維。〔廣韻·陌部〕

飵　丨，飢。〔廣韻·陌部〕○丨，飢皃。〔廣韻·麥部〕○丨，飢皃也。〔說文〕「丨，飢也」義證引〔玉篇〕。

𩛒　丨，飢也。〔集韻·陌部〕

怕　丨，憺丨，靜也。〔廣韻·陌部〕○丨，安也，足也。〔慧琳音義·卷一五〕引〔考聲〕。○丨與泊同。〔漢書·司馬相如傳〕「泊乎無為」補注。○丨，通作泊。〔廣雅·釋言〕「漠，丨也」疏證。○丨，或借泊字。〔說文〕「丨，無為也」義證。○丨，叚借為攱，今懼丨字其義當為壓迮。〔說文定聲·卷九〕

趦　丨趚，倒地。〔廣韻·陌部〕

垎　丨，土乾也。〔廣韻·陌部〕○丨，堅也。〔集韻·陌部〕○〔說文定聲·卷九〕丨澤，俗字作洛澤。〔楚辭·九思〕「冰凍兮丨澤」。○丨，古音讀如貉。〔說文〕「丨，水乾也」段注。

茖　丨，山葱。〔廣韻·陌部〕又〔集韻·陌部〕。○葱之生於山者名丨。〔釋草〕「丨，山葱」郝疏。○丨葱，野葱也，山原平地皆有之。生沙地者名沙葱，生水澤者名水葱。〔本草·卷二六〕○丨，〔後漢·馬融傳〕以格為之。〔說文定聲·卷九〕

挌　丨，擊也，鬭也。〔廣韻·陌部〕○丨，擊也。或从樂。〔集韻·鐸部〕○丨，打也。〔廣韻·鐸部〕○丨，止也。〔廣韻·陌部〕○丨，正也。〔同上〕○丨與敋同。〔廣雅·釋詁三〕「敋，擊也」疏證。○〔說文定聲·卷九〕丨，字亦作敋。〔廣雅·釋詁三〕「敋，擊也」。○丨，經典借用格。〔說文〕「丨，擊也」句讀。○〔說文定聲·卷九〕丨，叚借為垎。〔管子·地員〕「乾而不丨」。

㴑　丨，土得水也。〔廣韻·陌部〕○土得水謂之丨。〔集韻·昔部〕

㵲　丨，土得水也。〔集韻·麥部〕○〔說文定聲·卷一一〕丨，沮洳也。〔說文〕「丨，土得水沮也」。○今俗謂水稍稍侵物入其內曰丨，當作㵲字。〔說文〕「㵲，土得水沮也」段注。

湁　丨，土得水也。〔廣韻·昔部〕

⿰氵虢 丨，水裂。〔廣韻·陌部〕

擭 丨，手取也。〔廣韻·陌部〕〇丨，布丨。（同上）〇丨，布丨也。〔集韻·陌部〕〇丨，握也。（同上）〇丨，柞丨，阱淺則施之。〔廣韻·鐸部〕〇〔說文定聲·卷九〕丨，段借為濩。〔說文〕「丨，一曰布丨也」。

鵅 丨，鵋鶀，鳥名。〔廣韻·陌部〕〇鴝丨，鳥名，鵂鶹也。〔集韻·陌部〕〇丨即雒字，各家音格，但今江蘇此鳥尚呼鉤雒鴟。〔說文〕「雒，忌欺也」段注。

鰏 丨，魚名。〔廣韻·麥部〕又〔集韻·麥部〕。〇丨⿰魚契，魚名。〔廣韻·陌部〕

蛒 丨，蟦螬別名。〔廣韻·陌部〕〇丨，蛭丨，蟲名，地蠶也。〔集韻·陌部〕〇丨，蝤蠐。（同上）〇蛞、狗、丨聲相轉。〔釋蟲〕「螜，天螻」郝疏。

敋 丨，擊也。〔廣韻·陌部〕又〔慧琳音義·卷三五〕引〔古今正字〕。〇丨，擊皃。〔集韻·陌部〕〇丨，手打之類。〔廣韻·陌部〕〇丨，今有丨耳之言是也，俗作摑。〔慧琳音義·卷七八〕引顧野王。

⿰扌虎 丨，打也。或作敋。〔集韻·陌部〕

摑 丨，打也。〔廣韻·麥部〕〇丨，批也。〔集韻·麥部〕〇丨裂，瘃壞也。〔慧琳音義·卷一九〕

彠 丨，度也。〔廣韻·麥部〕〇丨，規蒦。〔廣韻·陌部〕

搹 丨，捉丨。〔廣韻·陌部〕〇丨，正也。（同上）〇丨，古義同撓。〔說文〕「丨，按也」段注。

⿱艹⿰衤尃 丨，壁柱。〔集韻·陌部〕〇丨即壁中小柱。〔說文〕「丨，壁柱」繫傳。〇丨，〔西京雜記〕謂之壁帶。（同上）〇丨，何晏〔景福殿賦〕謂之落帶。（同上）〇丨，通作薄。（同上）義證。〇丨，或作欂。（同上）

⿰革蒦 丨，佩刀絲也。〔集韻·陌部〕〇丨，刀靶中韋。〔集韻·覺部〕〇丨，縛也。（同上）〇〔說文定聲·卷九〕丨，謂借為亭。〔莊子·庚桑楚〕「外內丨者」。〇（同上）丨，段借為獲。〔莊子·庚桑楚〕「外內丨者」。

韄 丨，佩刀飾。〔廣韻·陌部〕〇丨，刀飾把中皮也。（同上）〇丨靳，刀靶中韋。或從革。〔集韻·陌部〕

眽 丨，目財視貌。〔楚辭·逢尤〕「目丨丨兮寤終朝」補注。〇丨，目略視之也。〔說文〕「丨，目財視也」繫傳。〇丨與覛音義皆同。（同上）段注。〇丨，當為覛之或體。〔說文定聲·卷一一〕〇丨，別本作脈。〔漢書·揚雄傳〕「丨隆周之大寧」補注引宋祁。

劃 丨，錐刀刻。〔廣韻·麥部〕〇丨，以刀劃破物也。〔說文〕「丨，錐刀曰丨」義證引〔玉篇〕。〇丨，裂也。或从蒦。〔集韻·麥部〕〇丨，丨作事。〔廣韻·麥部〕〇丨字後出，即畫字轉注之意。〔說文定聲·卷一一〕〇丨即鏵聲之轉。〔方言五〕「臿，宋魏之間謂之鏵」箋疏。〇〔說文定聲·卷一一〕丨，字作繣。〔西征賦〕「繣瓦解而冰泮」。〇（同上）丨，字亦作砉。〔莊子·養生主〕「砉然嚮然」。〇（同上）丨，字又作騞。〔列子·湯問〕「騞然而過」。

劃 画、畫、丨皆一字。〔通雅·疑始〕

⿰或刂 丨，刀破。〔廣韻·麥部〕

鱯 丨，魚名。〔廣韻·麥部〕〇丨，魚名，大鮎也。〔集韻·陌部〕

膕 丨，曲腳中也。〔廣韻·麥部〕〇〔說文定聲·卷五〕丨，膝後曲腳之中，蘇俗謂之膝彎。〔廣雅·釋親〕「丨，曲腳也」。〇丨，並足也。〔集韻·麥部〕〇丨，曲膝中。〔集韻·德部〕〇膕同丨。〔廣韻·麥部〕

讗 丨，壯言。〔集韻·麥部〕〇丨，謂言堅壯不可回也。〔說文〕「丨，言壯皃」繫傳。〇丨，言壯皃。〔集韻·陌部〕〇丨丨，數相怒。（同上）〇丨，誇也。〔集韻·陌部〕〇丨嚄，疾言。〔廣韻·麥部〕

嚄 丨丨，誇皃。〔廣韻·陌部〕

薜 丨，藥艸。〔集韻·昔部〕〇丨即土山蘄。〔釋艸〕「丨，白蘄」鄭注。〇丨，藤生蔓延牆樹間，花生頗似丨荔。〔釋艸〕「丨，庚艸」鄭注。〇丨，當歸也。〔釋艸〕「丨，山蘄」鄭注。〇〔說文定聲·卷一一〕丨即當歸，細葉者名蠶頭當歸，出歷陽，色白大葉者名馬尾當歸，出隴西。〔爾雅〕「丨，山蘄」。〇丨，野苧也，苧而自生於山谷者。〔釋艸〕「丨，山麻」鄭注。〇丨與革同。〔廣雅·釋器〕「革謂之衰」疏證。〇丨，器破裂也。〔集韻·覺部〕〇丨荔，梵語，正言彌荔多，譯云祖父鬼也，舊譯云餓鬼。〔慧琳音義·卷九〕〇丨乃擘之叚借。〔說文〕「擘，撝也」段注。〇擘、丨、辟並字異而義同。〔廣雅·釋詁一〕「擘，分也」疏證。〇〔考工記〕假丨為劈。〔說文〕「劈，破也」段注。〇〔說文定聲·卷一一〕丨，段借為僻。〔漢書·揚雄傳〕「陋三王之陒丨」。

糪 丨，飯半生皃。〔廣韻·麥部〕〇丨，飯半腥半熟也。〔釋器〕「米者謂之丨」鄭注。〇米飰半腥半熟曰丨，或作檘。〔集韻·麥部〕〇〔說文定聲·卷一一〕丨，炊米半生半熟也，蘇俗所云隔生飯也。〔說文〕「丨，炊米者謂之丨」。〇飯中有胜米曰丨。〔說文〕「丨，炊米者謂之丨」繫傳。〇今謂豆不爛為丨豆也。（同上）

繴 ｜，罿也。〔廣韻·麥部〕又〔集韻·昔部〕。〇｜，捕鳥罔。〔集韻·麥部〕〇｜，或作辟。〔集韻·昔部〕

積 ｜，灰中種也。〔廣韻·麥部〕〇｜，種麥中蓋畬田。〔集韻·麥部〕

䐿 ｜，魚子脯也。〔集韻·麥部〕

𪘂 ｜，齒相值也。〔廣韻·麥部〕〇｜，齒相值。或从昔，亦作幘。〔集韻·麥部〕〇〔說文定聲·卷一一〕｜，整齊之意，與嫧同誼。〔說文〕「｜，齒相值也」。〇｜、幘、賾並聲近而義同。〔廣雅·釋詁四〕「｜，齊也」疏證。〇｜，字通作幘。〔同上〕〇〔說文定聲·卷一一〕｜，今本以幘為之。〔左傳·定公九年〕「晳｜而衣貍製」。〇〔同上〕｜，段借為齰，昔、責雙聲。〔說文〕「｜，一曰齧也」。

𠕋 ｜，告也。〔廣韻·麥部〕〇｜，冊祝告神也。〔說文〕「｜，告也」義證。〇｜，凡策命字當作此。〔說文定聲·卷一一〕

矠 ｜，矛也。〔廣韻·麥部〕〇｜，以叉矛取物也。〔同上〕〇｜，刺取也。或作簎。〔集韻·麥部〕〇｜，段借為簎也。〔說文〕「簎，刺也」段注。〇〔說文定聲·卷九〕｜，段借為簎。〔魯語〕「｜魚鼈」。

礊 ｜，堅也。〔廣韻·陌部〕〇｜者，堅也。〔說文〕「墽，磽也」段注。〇｜即磽确。〔說文〕「｜，堅也」義證。〇｜，鞕兒。〔廣韻·麥部〕〇｜，鞕聲。〔同上〕又〔集韻·麥部〕。

鰿 ｜，小魚。〔集韻·麥部〕〇｜，小魚也。〔楚辭·大招〕「煎｜臛雀」補注。〇｜，鮒。〔同上〕王注。〇｜之言茦也。〔廣雅·釋魚〕「｜，鮒也」疏證。

蟦 ｜，小貝。〔集韻·麥部〕〇｜，小貝也。〔廣韻·麥部〕〇｜鰿同義。〔廣雅·釋魚〕「｜，鮒也」疏證。〇｜即鰿也。〔釋魚〕「｜，小而橢」郝疏。

趚 ｜，急走也。〔廣韻·麥部〕〇｜，急走也，或从責。〔集韻·麥部〕

𧽾 ｜，走兒，或从彳、从辵。〔集韻·麥部〕〇｜，急遽也。〔集韻·昔部〕〇｜｜，倉卒。〔廣韻·昔部〕〇｜｜，黠兒。〔廣韻·麥部〕

憡 ｜，｜痛。〔廣韻·麥部〕〇｜、刺，皆螫毒之痛也。〔方言二〕「｜、刺，痛也」箋疏。〇｜、策、茦、莿聲義並近。〔同上〕

𢡔 ｜，耿介。〔廣韻·麥部〕〇｜，耿介也。〔集韻·麥部〕

褔 ｜，裘裏也。〔說文〕「䙐，裘裏也」義證引〔玉篇〕。〇｜同䙐。〔廣韻·麥部〕

䙐 ｜，薄也，或从衣。〔集韻·麥部〕

繣 ｜，徽也。〔集韻·麥部〕〇｜，結礙也。〔同上〕〇｜，徽｜，乖違。〔廣韻·麥部〕〇〔說文定聲·卷一一〕｜，段借為劃。〔西征賦〕「｜瓦解而冰泮」。

捇 ｜，掘土。〔廣韻·麥部〕〇掘土謂之｜。〔集韻·陌部〕〇｜，裂也。〔廣韻·麥部〕〇｜，開也。〔慧琳音義·卷一三〕引〔考聲〕。〇｜，開也，撤也。〔慧琳音義·卷三二〕引〔考聲〕。〇｜，拔，發擿也。〔集韻·昔部〕〇｜、劃、剨聲並相近。〔廣雅·釋詁二〕「剨，裂也」疏證。〇｜，〔周禮·赤犮氏〕以赤為之，拔除去之也。〔說文定聲·卷九〕〇｜，通作赤。〔說文〕「｜，裂也」義證。

䃒 ｜，石地。〔廣韻·麥部〕〇｜，地多石。〔集韻·麥部〕〇｜，塥也。〔說文〕「｜，石地惡也」義證引〔玉篇〕。〇｜，石也。〔同上〕〇｜與㕟略同。〔說文定聲·卷一一〕〇｜與㕟音義略同。〔說文〕「｜，石地惡也」段注。〇｜，字亦作塥。〔說文定聲·卷一一〕

掝 ｜，裂也。〔廣韻·麥部〕

搳 ｜，裂聲。〔集韻·麥部〕〇｜，裂聲也。〔廣韻·麥部〕〇｜，擘也。〔同上〕〇｜，擗也。〔集韻·麥部〕

㖪 ｜，大笑兒。〔廣韻·麥部〕〇｜，聲也。〔集韻·麥部〕〇｜，或作欻。〔方言一三〕「｜，聲也」箋疏。

焃 ｜，赤也。〔廣韻·麥部〕〇｜亦赫也。〔廣雅·釋器〕「｜，赤也」疏證。

搹 ｜，扼也。〔廣韻·麥部〕〇｜，把也。〔集韻·麥部〕〇｜，通作鬲。〔說文〕「｜，把也」義證。〇｜與搤略同。〔說文定聲·卷一一〕〇｜，字亦作扼。〔同上〕〇｜、搤、扼並字異而義同。〔廣雅·釋詁三〕「搤，持也」疏證。

槅 ｜，車｜。〔廣韻·麥部〕〇｜與軶同誼。〔說文定聲·卷一一〕〇｜即覈也。〔說文〕「核，蠻夷以木皮為匧」段注。〇〔說文定聲·卷一一〕｜，段借為覈。〔蜀都賦〕「肴｜四陳」。〇〔蜀都賦〕以｜為覈。〔說文〕「｜，大車枙」段注。〇｜，通作鬲。〔說文〕「｜，車枙」義證。〇｜，亦省作鬲。〔說文〕「｜，大車枙」句讀。〇｜，〔考工記〕作鬲。〔同上〕段注。

䈇 ｜，竹障，或从木。〔集韻·麥部〕

𢡬 ｜，智也。〔廣韻·麥部〕又〔集韻·麥部〕。〇｜，通作諽。〔集韻·麥部〕〇｜與諽通。〔廣雅·釋詁一〕「諽，慧也」疏證。

諽 ｜，謹也。〔廣韻·麥部〕〇｜，謹也。或从心。〔集韻·麥部〕〇｜，飾也。〔同上〕〇｜與革音義同。〔說文〕「｜，一曰更也」段注。〇〔說文定聲·卷五〕｜，段借為革，實為改。〔說文〕「｜，一曰叓也」。〇｜，通作革。〔廣雅·釋詁三〕「｜，更也」疏證。〇｜，經典並作革。〔說文〕「｜，一曰更也」義證。〇｜與悈音義同。〔說文〕「｜，飭也」段注。〇｜，或作愅。〔說文〕「｜，一曰更也」義證引〔玉篇〕。

虪　｜，虎聲。〔集韻・麥部〕○虪，虎聲。〔廣韻・麥部〕

𩌏　｜，轡首。〔廣韻・麥部〕○｜、革並同。〔廣雅・釋器〕「｜，勒也」疏證。

翮　｜，翅也。〔廣韻・麥部〕○｜，羖也。〔集韻・麥部〕○｜通作革。〔說文〕「｜，羖也」義證。又〔廣雅・釋器〕「｜，翼也」疏證。

犸　｜，犬怒張耳。〔廣韻・麥部〕

𥻨　｜，黏｜。〔廣韻・麥部〕○｜與𪏭同音。〔廣雅・釋詁四〕「𪏭，黏也」疏證。○｜，｜粇，壞米。〔集韻・麥部〕

吒　｜，吐怒也。〔楚辭・疾世〕「｜增歎兮如雷」補注。○｜，恨怒也。〔慧琳音義・卷七四〕引〔字書〕。○｜，嘲也。〔集韻・陌部〕○｜，亦作咤。〔說文〕「｜，噴也，叱怒也」段注。○〔說文定聲・卷九〕｜咟，字亦作蚝蛨，以蟅為之。〔方言一一〕注「蟒，亦呼｜咟」。

啗　｜謂鳥聲。〔集韻・麥部〕○｜喔，鳥聲。〔廣韻・麥部〕○｜，雞聲。〔說文〕「｜，喔也」義證引〔玉篇〕。○〔說文定聲・卷一二〕｜喔，雙聲連語，狀雞之聲。〔說文〕「｜，｜喔也」。○｜，逆氣。〔集韻・麥部〕○｜，小兒啼。（同上）○｜，字亦作呃。〔說文定聲・卷一二〕

呃　｜，氣逆也。〔慧琳音義・卷七六〕○｜，憂也。（同上）

鼫　｜，鼠名。〔廣韻・昔部〕又〔集韻・昔部〕。○｜，鼠屬。〔廣韻・麥部〕○｜，別作鼫。〔說文〕「｜，鼠屬」義證引〔玉篇〕。

豟　猪高五尺曰｜。〔本草・卷五〇〕

蚅　｜，烏蠋。大如指，似蠶。〔廣韻・麥部〕○｜，蟲名。〔集韻・麥部〕

𣘍　｜，木名。〔廣韻・麥部〕又〔集韻・麥部〕。○｜，古只作朿也。〔說文〕「𣘍，赤｜也」段注。

㴙　｜，所以攤水也。〔集韻・麥部〕○｜，遮水。〔廣韻・陌部〕

擌　｜，射中聲也。〔廣韻・麥部〕○｜擌，中聲。〔集韻・麥部〕○｜與跑，擌與趵聲義並相近。〔廣雅・釋言〕「跑，趵也」疏證。

摵　｜，殞落皃。〔廣韻・麥部〕○隕落謂之｜。〔集韻・麥部〕

疒　｜，疾也。〔廣韻・麥部〕○｜猶病之也。〔說文定聲・卷一二〕〔「㘸」下〕○｜，經傳皆以疾為之，而｜廢矣。（同上）○｜，籀文作疔。〔說文〕「｜，倚也」義證引〔玉篇〕。

謈　｜，不樂於食也。〔說文〕「｜，楚謂小兒嬾飻」繫傳。○楚人謂小嬾曰｜。〔說文〕「｜，楚謂小兒嬾｜」段注引〔玉篇〕。○今俗人謂嬾為｜。〔說文〕「｜，楚謂小兒嬾飻」繫傳。○｜，餅屬。〔集韻・麥部〕○｜，炙餅餌名。〔廣韻・麥部〕

瞁　｜，耳目不相信。〔廣韻・麥部〕又〔集韻・麥部〕。

蒚　｜，車前草。〔廣韻・昔部〕○｜，馬｜，艸名，車前也，或作藡。〔集韻・昔部〕

䯅　｜，骨間汁。〔集韻・陌部〕○｜，骨間黃汁也。〔慧琳音義・卷七五〕引〔韻詮〕。○｜，髂骨閒也。〔廣韻・昔部〕○｜，髂間。〔集韻・昔部〕

鶂　｜鵅，鳥名。〔集韻・昔部〕○鷃鴒，一名雝鶏，又名錢母，大於燕，頸下有錢文。〔廣韻・昔部〕○｜鴒，本又作即令。〔左傳昭公八年〕「｜鴒在原」洪詁引〔釋文〕。

鰿　｜，魚名。〔廣韻・昔部〕○｜，鮒也。〔說文〕「｜，魚名」義證引〔玉篇〕。○｜，形似小鯉，色黑而體促，腹大而脊高，所在有之。俗誤以鯽為之。〔說文定聲・卷一二〕○｜，今作鯽。〔說文〕「｜，魚也」繫傳。○｜，今亦借鯽為之。（同上）句讀。○｜，或作鰿。〔說文〕「｜，｜魚也」段注。○〔說文定聲・卷一二〕｜，字亦作鰿。〔廣雅〕「｜，鮒也」。○｜，字又作鰿。〔說文〕「｜，魚也」句讀。○｜鰿聲同。〔釋魚〕「鱎鰐，鱖鯞」郝疏。○｜，字亦作鰿。〔說文定聲・卷一二〕

鯽　｜魚，一名鮒魚。〔說文〕「鰿，魚名」義證引〔本草〕。○｜同鰿。〔廣韻・昔部〕○｜，今人用為鰿魚字。〔說文〕「鯽，鯽或從即」段注。（「鯽」下）

謚　｜，笑皃。〔廣韻・昔部〕○｜猶笑言呃呃也。〔說文〕「｜，笑皃」繫傳。

膉　｜，脰肉也。〔集韻・昔部〕○｜，肥也。〔廣韻・昔部〕又〔集韻・昔部〕。○｜，豕伏槽。（同上）

蓋　｜，益母草。〔廣韻・昔部〕○｜母，艸名，茺蔚也。〔集韻・昔部〕

睪　｜，伺人也。〔說文〕「｜，司視也」義證引〔玉篇〕。○｜，捕罪也。（同上）○｜即皋字。〔荀子・正論〕「代｜而食」集解引郝懿行。○｜即皋字也。〔國策〕「五國罷成｜」札記。○｜，俗皋字。蓋皋俗作臯，譌轉為｜。〔荀子・王霸〕「｜宰天下」集解引郝懿行。○〔說文定聲・卷九〕｜，叚借為皋。〔水經注・潁水〕「｜城即古成皋亭，皋、｜相似」。○｜，俗作罜。〔說文〕「翰，天雞」義證。○｜當作罜，罜即皋。〔說文〕「沾，水出壺關」義證。○〔說文定聲・卷一二〕｜，叚借為澤，即〔儀禮〕實綏澤之澤，香艸澤蘭也。〔荀子・正論〕「側載｜芷以養鼻」。○｜即澤之借字。〔史記〕「臭茝」雜志。○〔說文定聲・卷九〕｜，叚借為畢。〔荀子・王霸〕「｜牢天下而制之」。

裿　｜，袖也。〔廣韻・昔部〕○｜，袖也，或作褯。〔集韻・昔部〕○｜，｜縫。〔廣韻・昔部〕○｜通作掖。〔廣雅・釋器〕「｜，袖也」疏證。

瘍　｜，脈病也。〔説文〕「｜，脈｜也」義證引〔玉篇〕。〇｜，脈跳動也。（同上）繫傳。〇｜，病相染也。〔廣韻・昔部〕〇關中謂病相傳為｜。〔集韻・昔部〕〇｜，病也，或作瘵。（同上）

⿰火夜　｜，火光。〔廣韻・昔部〕〇｜，火光也，亦作煬。〔集韻・昔部〕引〔字林〕。

燡　｜，火甚之皃。〔廣韻・昔部〕

⿰丬睪　｜，光皃。〔廣韻・昔部〕〇｜，光也。或从火、从日。〔集韻・昔部〕

⿰災睪　｜，災也。〔集韻・昔部〕

墿　｜，道也。〔廣韻・昔部〕〇｜與驛同，謂長道也，義並與繹同。〔方言一〕「繹，長也」箋疏。〇｜，通作驛。〔廣雅・釋宮〕「｜，道也」疏證。〇｜之言繹也。（同上）

釋　｜，漬米。〔集韻・昔部〕〇｜，猶散也。〔説文〕「｜，漬米也」繫傳。〇｜，經文以澤為之。〔説文定聲・卷九〕〇（同上）｜，字亦作醳。〔禮記・郊特牲〕注「舊醳之酒謂昔酒也」。〇（同上）｜，叚借為釋。〔史記・淮陰侯傳〕「醳兵」。

睗　｜，睒｜，急視。〔廣韻・昔部〕

晹　｜，日覆雲暫見也。〔集韻・昔部〕〇｜，謂日在雲中倏出倏沒也。〔説文〕「｜，日覆雲暫見也」句讀。〇｜，日無光。〔廣韻・昔部〕

亘　｜，飯堅柔調也。〔説文〕「｜，飯剛柔不調相箸」義證引〔玉篇〕。〇｜，餅堅柔相著。〔廣韻・昔部〕〇〔説文定聲・卷一二〕｜，蘇俗謂之隔生飯。〔説文〕「｜，飯剛柔不調相箸」。〇｜與黐亦聲近義同。〔廣雅・釋詁四〕「黐，黏也」疏證。〇｜，今作適。〔説文〕「｜，飯剛柔不調相箸」義證引〔玉篇〕。

㡿　｜，逐也，遠也。〔廣韻・昔部〕〇｜，逐也。俗作斥。〔慧琳音義・卷四七〕引〔考聲〕。〇｜，逐也，為人所遠弃也。〔慧琳音義・卷七八〕引〔考聲〕。〇｜，遠也。〔卷四七〕引〔考聲〕。〇｜，引伸之為斥逐，為充斥。〔説文〕「｜，卻屋也」段注。〇｜，充滿也。〔説文〕「㡿，水出京兆藍田谷」義證引〔玉篇〕。〇｜，大也。（同上）〇｜，又引伸為指斥。〔説文〕「｜，卻屋也」段注。〇｜，候。〔廣韻・昔部〕〇｜與祏音義同。〔説文〕「祏，衣衸」段注。〇｜，或作斥。〔説文〕「｜，卻屋也」義證。

厈　｜，遠也。〔漢書・天文志〕「｜絶」補注。〇｜同㡿。〔廣韻・昔部〕〇｜即㡿之俗體。〔説文〕「訴，告也」義證。〇｜當為㡿。〔説文〕「訐，面相厈罪相告訐也」義證。〇〔通雅・卷八〕｜執即斥執。〔穀梁傳〕「晉侯｜執」。

䄷　四鈞曰｜。〔説文定聲・卷八〕（「鉄」下）〇四鈞為一｜。〔説文〕「｜，百二十斤也」義證引〔玉篇〕。〇〔説文定聲・卷九〕｜，以石為之。〔左傳昭公二八年〕「晉楊食我，字伯石」。〇（同上）｜，叚借為石。〔楚辭〕「悲任｜之何益」。〇｜，今省作石。〔説文〕「｜，百二十斤也」義證。〇有假｜為山石者。（同上）段注。

⿺麥啇　｜，麩｜。〔廣韻・昔部〕〇｜，麥屑。〔集韻・麥部〕〇｜，麥屑也。〔説文〕「｜，麥覈屑也」義證引李籍〔音義〕。〇｜，礦麥未籭，麩與麪并者。〔説文定聲・卷一二〕

趚　｜，側行也，或作趞。〔集韻・昔部〕〇｜，小行貌。〔説文〕「｜，側行也」義證引〔玉篇〕。〇｜，趚｜，行皃。〔廣韻・昔部〕〇〔説文定聲・卷一二〕｜，毛本作蹐，誼略同。〔詩・正月〕「謂地蓋厚，不敢不｜」。

洓　｜｜，雨聲。〔説文〕「｜，小雨霝皃」段注。〇〔説文定聲・卷一二〕｜｜，雨聲也。〔説文〕「｜，小雨零皃」。〇｜，俗作⿰氵策。〔説文〕「｜，小雨霝皃」段注。〇｜，字亦作⿰氵策。〔説文定聲・卷一二〕〇｜，水名，在北。〔廣韻・昔部〕〇｜，水名，在地北。〔集韻・昔部〕〇官本｜並作洓。〔漢書・地理志〕「臨邑有｜廟」補注。

⿰氵策　｜，小雨。〔廣韻・麥部〕

檡　｜，木名，棘也。〔集韻・陌部〕〇｜，梬棗。〔廣韻・昔部〕〇｜，梬棗也。〔説文〕「梬，棗也」義證引〔玉篇〕。

⿰目睪　｜，目明皃。〔集韻・昔部〕〇｜，視皃。（同上）〇｜，見皃。〔廣韻・昔部〕

蚇　｜蠖，蟲名。〔廣韻・昔部〕〇｜蠖，蟲名，今蝍蝛。〔集韻・昔部〕〇｜蠖，蟲名也，俗名步屈蟲也。〔慧琳音義・卷六九〕引〔考聲〕。〇｜，古通用尺。〔方言一一〕「蠀蝛謂之｜蠖」疏證。

䳭　｜，鳥名。〔廣韻・昔部〕〇｜，鳥名，雝鶏也。〔集韻・昔部〕

廦　｜，牆也。〔集韻・昔部〕〇｜，｜廱。〔説文〕「｜，牆也」義證引〔韻譜〕。〇｜，所謂｜廱。（同上）繫傳。〇｜，室屋。〔廣韻・錫部〕〇〔説文定聲・卷一二〕｜與壁同字，當訓旁室也，幽隱之處。〔廣雅・釋室〕「｜，垣也」。〇｜與壁同。〔説文〕「｜，牆也」句讀。又〔廣雅・釋宮〕「｜，垣也」疏證。〇｜與壁音義同。〔説文〕「｜，牆也」段注。〇〔説文定聲・卷一二〕｜，以辟為之。〔左傳莊公二一年〕「闕西辟」。〇｜，通作辟。〔説文〕「｜，牆也」義證。

蹢 ｜，舉足也。亦作躑。〔慧琳音義·卷四〇〕引顧野王。〇｜同躑。〔廣韻·昔部〕〇｜，字或作躑。〔說文〕「｜，住足也」義證。〇｜躅，躑躅也，皆雙聲疊韻而義略同。〔詩·靜女〕「搔首踟躕」後箋。〇｜躅、跢跦、｜躅、躑躅、踟躕、躑躅、踶躕、騠躅、踟跦並字異而義同。〔廣雅·釋訓〕「｜躅，跢跦也」疏證。〇｜躅之雙聲疊韻曰踟躕，曰跢跦，曰峙躇，俗用躊躇。〔說文〕「｜，｜躅，逗足也」段注。〇〔說文定聲·卷一一〕｜，段借為擿。〔莊子·徐無鬼〕「齊人｜子于宋者」。〇擿、擲、｜並通。〔廣雅·釋詁三〕「擿，投也」疏證。〇｜當讀謫。〔莊子·徐無鬼〕「夫楚人寄而｜閽者」平議。

皵 ｜，皮細起。〔廣韻·昔部〕〇｜，皮粗也。〔本草·卷三五〕〇｜，皴也。〔集韻·昔部〕〇｜，木皮甲錯也。（同上）〇皵、｜一聲之轉。〔廣雅·釋言〕「｜，皵也」疏證。

婧 ｜，齊也。〔集韻·昔部〕〇｜謂整齊也。〔說文〕「｜，齊也」段注。〇〔說文定聲·卷一一〕｜，整齊脩飭之意。〔說文〕「｜，齊也」。〇｜，整齊美好之意。〔說文定聲·卷一一〕〔「適」下〕〇｜，善也。〔集韻·麥部〕〇｜，鮮好。〔廣韻·麥部〕〇｜，健急皃。（同上）〇｜與嫧通。〔荀子〕「嫧」雜志。

坄 ｜，喪家塊竈。〔廣韻·昔部〕〇｜，或作垼。〔說文〕「｜，匋竈窗也」義證。〇〔說文定聲·卷一一〕｜，字亦作垼。〔儀禮·士喪禮〕「為垼于西墻下」。〇｜，今俗作垼。〔說文〕「｜，陶竈窗也」繫傳。〇｜，〔禮經〕作垼。〔說文〕「｜，匋竈窗也」段注。〇｜，又或作炈。（同上）義證。〇｜，古文〔禮〕作役。（同上）段注。

炈 ｜，陶竈囪。〔說文〕「坄，匋竈窗也」義證引〔玉篇〕。〇｜同坄。〔廣韻·昔部〕

豛 ｜，豬之別名。〔廣韻·昔部〕

𨐨 ｜，治也。〔廣韻·昔部〕〇｜字乃辟之分別文。〔說文〕「｜，治也」句讀。〇｜，經傳以辟為之。〔說文定聲·卷一一〕〇｜，今〔尚書〕作辟。〔說文〕「｜，治也」繫傳。

彳 ｜，小步也。〔說文繫傳·通論上〕〇｜，微步也。〔說文〕「｜，小步也」繫傳。〇｜，行也。〔說文〕「御，使馬也」繫傳。〇｜，相連也。〔說文〕「復，往來也」繫傳。〇｜亍，左右足相副而行也。〔說文繫傳·通論上〕〇〔說文定聲·卷九〕｜亍，今字作躑躅。〔射雉賦〕「｜亍中輟」注「止皃」。〇｜亍與蹢躅聲義亦相近。〔廣雅·釋訓〕「蹢躅，跢跦也」疏證。〇｜亍，方音讀剔禿。〔說文〕「亍，步止也」義證引趙宧光。

⿸尸糸 ｜，扉屣也。〔說文〕「｜，履也」義證引〔玉篇〕。〇〔說文定聲·卷九〕｜，當為青絲頭履之名。〔說文〕「｜，履也」。

嵮 ｜峭，密皃。〔集韻·陌部〕

乇 ｜，艸皃。〔集韻·陌部〕

⿰桷阝 ｜，角械木也。〔集韻·陌部〕〇〔說文定聲·卷九〕｜謂門器。〔說文〕「｜，角械也」。〇｜，以角為器也。〔說文〕「｜，角械也」繫傳。〇｜，木名。〔廣韻·麥部〕又〔集韻·陌部〕。〇｜，案足。（同上）

躤 ｜，踐也。〔說文〕「踐，履也」義證引〔字書〕。

⿰歹辟 ｜⿰歹析，欲死貌。〔說文〕「殂，往死也」義證引〔玉篇〕。〇｜⿰歹析，欲死之皃。〔廣韻·昔部〕〇｜，死皃。〔集韻·昔部〕〇〔說文定聲·卷一一〕｜亦作⿰歹辟。〔廣雅·釋詁三〕「⿰歹辟⿰歹析，歹也」。

⿱艹伇 ｜，燕人呼茷。〔廣韻·昔部〕〇｜，茇也。〔集韻·昔部〕

⿰役鳥 ｜鳩，鳥。〔廣韻·昔部〕

瞑 ｜，驚視。〔廣韻·昔部〕〇｜，驚視皃，或作覛。〔集韻·昔部〕

鐴 ｜，土犂耳。〔廣韻·昔部〕〇｜，犂耳也。〔集韻·昔部〕

騞 ｜，解牛聲。〔集韻·陌部〕

迟 ｜，曲行也。〔集韻·昔部〕〇｜通作枳。〔說文〕「｜，曲行也」段注。

⿰足康 ｜，手據地也。〔集韻·陌部〕〇｜，動作也。（同上）〇｜即康字。〔太玄·眾〕「｜戰喈喈」平議。

⿱艹敕 ｜，以穀和草餧馬也。〔說文〕「｜，以穀萎馬置莝中」義證引〔玉篇〕。〇｜，以穀飼馬。〔集韻·麥部〕

敇 ｜，以策擊馬曰｜。〔說文〕「策，馬箠也」段注。〇以策擊馬曰｜，策專行而｜廢矣。〔說文〕「｜，擊馬也」段注。〇｜，經典借策。（同上）句讀。〇〔說文定聲·卷一一〕｜，字亦作駛，作摵。〔公羊傳定公八年〕「臨南駛馬」釋文「本又作摵」。〇｜愜、側匿，聲亦相近。〔方言二〕注「｜愜亦慚貌」箋疏。

⿱脈鳥 ｜，鳥驚視。〔集韻·麥部〕〇｜，蓋即眽俗體。〔文選·射雉賦〕「無見自｜」通釋。

⿱穴省 ｜，窟也。〔廣韻·陌部〕〇｜，兔窟。〔集韻·麥部〕〇｜，兔窟也。〔說文〕「堀，兔堀也」義證引〔玉篇〕。

莢　|即草木之莉也。〔說文〕「|,莉也」繫傳。○|,依字當訓艸芒也,木曰束,艸曰|。〔說文定聲·卷一二〕○|,義與慊亦相近。〔廣雅·釋詁二〕「慊,痛也」疏證。

槭　|,木枝空皃。〔集韻·麥部〕○|,又木殞落皃。〔說文〕「|,木可作大車輮」繫傳。○〔通雅·卷九〕||,通作索索、摵摵。〔韋詩〕「古刀寒鋒青||」。

⿰木寺　|即〔方言〕之植。〔說文〕「|,槌也」段注。○|、植為言皆直也。〔廣雅·釋器〕「|、植,槌也」疏證。○〔說文定聲·卷五〕|,以植為之。〔禮記·月令〕「具曲植籧筐」。○|者,峙也。〔說文定聲·卷五〕○〔同上〕|,段借為峙。〔高唐賦〕「日對兮若松榯」。○|,字亦作榯。〔說文定聲·卷五〕○〔同上〕|,字亦作棏。〔呂覽·季春〕注「栚,關東謂之棏」。○|,又作棏,古文作槵。〔方言五〕「槌,謂之|」箋疏。

舍　|,釋也。〔大戴·夏小正〕「教之服車數|之也」王詁。又〔曾子立孝〕「言不自|也」王詁。○|,置。〔詩·雨無正〕「|彼有罪」朱傳。○|即放,放即縱。〔孟子·告子上〕「|則亡」焦正義。○〔通雅·卷八〕|然、奭然猶釋然。〔列子·天瑞〕「其人|然大喜」。○|,讀曰捨。〔通鑑·周紀一〕「乃|之」音注。又〔周紀三〕「今王|此而襲遠方之服」音注。又〔周紀四〕「|城陽而自王」音注。○〔說文定聲·卷九〕|,段借為藉,為敘。〔禮記·檀弓〕「有司以几筵|奠于墓左」。

睪　|與數音義相通。〔說文〕「|,引繒也」段注。○|與殬音義相通。〔同上〕

杸　〔說文定聲·卷一二〕柃|,敹麥器。〔說文〕「|,一曰燒麥柃|也」。○|,燒麥柃|也。〔集韻·麥部〕○|,小矛也。〔說文〕「|,種|也」繫傳。○|與殺字異而義同。〔文選·吳都賦〕「長殺短兵」集釋引〔字書〕。○矟、殺、|並字異而義同。〔廣雅·釋器〕「矟,矛也」疏證。

⿰石蒦　|礋,田器。〔集韻·麥部〕

愅　|,本作諽,飭也。〔方言一〇〕注「悈音良|」疏證。○〔通雅·卷四〕|詭猶弔詭也。〔荀子〕「|詭」。○|與革同,|、詭皆變動之貌。〔荀子·禮論〕「|詭悒僾」集解引郝懿行。

⿰言鬲　|與㦚聲義並同。〔廣雅·釋詁三〕「㦚,䛐也」疏證。

⿰扌革　|,改治也。〔集韻·麥部〕

焟　|,火乾。〔廣韻·昔部〕○昔、腊、|並同。〔廣雅·釋詁二〕「|,乾也」疏證。

靚　|,觀也。〔集韻·昔部〕○|與覿同。〔廣雅·釋詁一〕「|,視也」疏證。

飾　〔說文定聲·卷五〕|,㕞也。〔說文〕「|,刷也」。○|,通用拭。〔說文〕「㨳,拭也」義證。

寔　|當作實。〔左傳桓公六年經〕「|來」疏證引惠棟。○〔說文定聲·卷一二〕|,字亦作寘,是、真雙聲。〔說文〕「|,止也」。

趩　|,走貌。〔說文〕「|,一曰不行皃」義證引〔玉篇〕。

塥　|蓋謂堅垎。〔說文〕「垎,水乾也」段注。

螪　|,蜥易之合聲。〔釋蟲〕「蜴,|何」郝疏。

窢　|然,逆風聲。〔集韻·麥部〕○〔通雅·卷八〕|然即侐然。〔莊子〕「其風|然」。

⿸尸乇　|,張|。〔廣韻·麥部〕○|,張也。〔集韻·陌部〕

厚　|,石名。〔集韻·麥部〕

叵　|,物曲也。〔集韻·陌部〕○|,曲受也。〔同上〕

⿰亻啇　|,無憚也。〔集韻·麥部〕

減　|,寒皃。〔集韻·麥部〕

割　|,破聲。〔廣韻·麥部〕

墍　|,水土和也。〔集韻·陌部〕

塉　|,薄土。〔集韻·昔部〕○|,薄也。〔廣韻·昔部〕

墌　|,基址。〔廣韻·昔部〕○|,碁址也,或从石。〔集韻·昔部〕○|即基也。〔慧琳音義·卷八一〕引〔考聲〕。○|,築土為基。〔集韻·藥部〕

⿰鼓國　|⿰鼓歷,鼓聲。〔集韻·麥部〕

㚒　|,盜竊懷物也,从兩入。〔廣韻·昔部〕○|,盜竊寠物也,或作㚖。〔集韻·昔部〕

臭　|,白澤。〔廣韻·昔部〕○|,大白澤也。〔集韻·昔部〕

哷　|,嘔|。〔廣韻·陌部〕○|,嘔也。〔集韻·陌部〕

商 —，和也。〔集韻・昔部〕

唬 —，虎聲。〔集韻・陌部〕〇—，鳥啼。〔廣韻・陌部〕

啅 —噣，鳥鳴也。或作噣。〔集韻・麥部〕

嗝 —，雉鳴。〔廣韻・麥部〕〇——即咯咯。〔通雅・釋詁〕

喀 —，吐聲。〔廣韻・陌部〕〇—，或作㗇。〔說文〕「歐，吐也」義證。

啣 —，大笑。〔廣韻・陌部〕又〔集韻・陌部〕。〇—、膿、噱並字異而義同。〔廣雅・釋親〕「噱，舌也」疏證。

嘓 ——，口——，煩也。〔廣韻・麥部〕〇——，語煩，或从或。〔集韻・麥部〕〇

嘖 —嘖，叫也。〔廣韻・麥部〕〇—嘖，叫呼也。或从百。〔集韻・麥部〕〇——，嘖嘖也。〔通雅・釋詁〕

䜿 —，聲也。〔集韻・麥部〕

嶧 ——川。〔廣韻・昔部〕〇—，川名。〔集韻・昔部〕

嚗 —，戲—。〔廣韻・陌部〕〇——，嘔—，笑不出。〔集韻・陌部〕

嚙 —，囓也。〔集韻・昔部〕

圁 —，硬兒。〔廣韻・麥部〕

圛 —，升雲半有半無之義。〔說文〕「㪤，人姓也」段注。〇—，義與譯相近。〔廣雅・釋詁三〕「譯，見也」疏證。〇—，通作悌。〔釋言〕「悌，發也」邵正義。〇〔說文定聲・卷九〕—，今〔洪範〕以驛為之，鄭注則謂借為澤，古文作悌，〔史記〕作涕，或曰借為繹。〔說文〕「—，回行也，商書曰——者升雲，半有半無」〇(同上)—，謂借—為澤。〔書・洪範〕「曰驛」鄭注「—者，色澤而光明者也」。(「驛」下)

幭 —，冪也。〔集韻・昔部〕

幘 —，裂帛聲。〔廣韻・麥部〕又〔集韻・麥部〕。

客 —，山高大貌。〔楚辭・憫上〕「山岊兮——」補注。〇—，山高大兒，或从額。〔集韻・陌部〕〇—，峉—，或作峉。〔廣韻・陌部〕

嵴 —，山脊。〔集韻・昔部〕

復 —，小行。〔廣韻・昔部〕〇—，小行也。〔集韻・昔部〕

僨 —，容尋常人。〔廣韻・麥部〕

𢈈 —，張設屋也。〔集韻・陌部〕

㡻 —，夜也。通作昔。〔集韻・昔部〕

㢆 —，交—。〔廣韻・昔部〕

弻 —，束弓弩衣。〔集韻・麥部〕〇——䩑，補也。〔廣韻・麥部〕

㜸 —，靜也。〔廣韻・陌部〕又〔集韻・陌部〕。

嫡 —，嫁也。〔廣韻・昔部〕〇婦人謂嫁曰—。〔集韻・昔部〕

珴 —，玉采。〔集韻・昔部〕

杔 —櫨，壂酒器也。〔廣韻・陌部〕〇—櫨，盝酒具。〔集韻・陌部〕〇—，柱上枅。(同上)

柞 —鄂，捕獸檻中機也。〔集韻・陌部〕〇除艸曰芟，除木曰—。(同上)

栜 —，木名。〔集韻・昔部〕

棤 —，皮甲錯也。〔廣韻・昔部〕

梕 —，鑑—。〔廣韻・麥部〕〇—與栜同。〔廣雅・釋器〕「栜，槌也」疏證。

槶 —，蠶槌也。〔說文〕「苗，蠶薄也」義證。〇—即栜之異文。(同上)

槅 —，鞍—。〔廣韻・陌部〕〇—，槐架也。〔集韻・陌部〕

㯝 —，白—，木名。〔廣韻・鐸部〕〇—，木枝上生，或从束。〔集韻・陌部〕

㮨 —，屋穩木也。〔集韻・昔部〕

槒 —，磨牀。〔集韻・昔部〕

㮮 —，木屧。〔集韻・昔部〕

犿　｜，｜狛。〔廣韻·陌部〕

⿰犭丮　｜，｜獸。〔廣韻·陌部〕〇｜，獸名，窮獲也，或作犱。〔集韻·陌部〕

狛　｜，犿｜，驢父牛母。〔廣韻·陌部〕

⿰各戈　｜，擊也，鬬也，亦作斮。〔廣韻·陌部〕〇｜，鬬也，或从斤。〔集韻·陌部〕〇｜，捕也。〔同上〕

瓸　｜，甑｜，井甃也。〔說文〕「甃，井壁也」義證引〔玉篇〕。〇｜，甎瓸，甃也。〔集韻·陌部〕

⿰谷瓦　｜，瓶也。〔廣韻·昔部〕〇｜，倦｜。〔廣韻·陌部〕

⿰禾瓦　｜，盛酒器。或作⿰谷瓦。〔集韻·昔部〕

⿰百欠　｜，歕，笑語。〔集韻·麥部〕

泎　｜，瀺｜，水落地聲。〔廣韻·陌部〕〇｜，瀺｜，水落兒，或作灂。〔集韻·陌部〕

⿰氵亦　｜，淅｜，水兒。〔廣韻·昔部〕〇｜，水名。〔集韻·昔部〕

湱　｜，淢｜，波激水也。〔廣韻·陌部〕〇｜，淢｜，大波相激聲。〔集韻·陌部〕〇｜，水聲，或从號。〔同上〕

溹　｜，雨下兒。〔廣韻·陌部〕〇｜，雨兒。〔集韻·陌部〕〇｜，水名，在滎陽，｜水出聞喜縣。〔同上〕〇｜涫即桑乾也。〔通雅·地輿〕

漍　｜，水。〔廣韻·麥部〕〇｜，水也。〔集韻·麥部〕

澅　｜，水名，在齊。〔集韻·麥部〕〇｜即齊畫邑。〔史記·建元以來侯者年表〕「｜清」志疑。

⿱癶⿰氵又　｜，水分流。〔集韻·麥部〕

⿰氵闒　｜，水兒。〔廣韻·麥部〕〇｜，流也。〔集韻·麥部〕

⿰氵截　｜，小水。〔廣韻·昔部〕

⿰氵⿱辟十　｜，水流兒。〔集韻·昔部〕

⿰扌𠂢　｜之言劈也。〔廣雅·釋詁二〕「｜，裂也」疏證。

⿰扌朿　｜，扶｜也。〔廣韻·麥部〕

擛　｜，扶也。〔集韻·麥部〕

捒　｜擇，取物也。〔廣韻·麥部〕〇｜，擇也。〔集韻·麥部〕

揢　｜，手把著也。〔廣韻·陌部〕〇｜，搦也。〔集韻·陌部〕

搩　｜，手度物，或作⿱桀手。〔集韻·陌部〕

⿰扌暴　｜，擊聲。〔集韻·陌部〕

⿰扌脊　｜，擊也。〔集韻·昔部〕

⿰扌⿱䒑炎　｜，⿱竹⿰隹隹｜，捕鳥。〔廣韻·麥部〕〇｜，⿱竹⿰隹隹｜，捕鳥也。〔集韻·麥部〕

⿰扌截　｜，挻｜。〔廣韻·麥部〕〇｜，梃也。〔集韻·麥部〕

⿰毛畢　｜，毛｜。〔廣韻·昔部〕〇｜，毛也。〔集韻·昔部〕

⿰片斥　｜，｜開。〔廣韻·陌部〕〇｜，開也。或从㡿。〔集韻·陌部〕

⿰片辰　｜，破物也。〔廣韻·陌部〕又〔集韻·陌部〕。

⿰片辟　豆中小硬者為｜。〔說文〕「麧，堅麥也」義證引〔新字林〕。〇｜，豆中小硬者。〔廣韻·麥部〕〇⿰麥辟，豆中小硬者。〔集韻·麥部〕

⿰齒欠　｜，吐聲。〔集韻·陌部〕

炈　｜，燒麥。〔廣韻·麥部〕

⿰火革　｜，燒也。〔集韻·陌部〕

⿰忄砉　｜，心驚。〔廣韻·陌部〕〇｜，心驚兒。〔集韻·陌部〕

慖　｜，悖也。〔廣韻·麥部〕又〔集韻·麥部〕。

⿰忄畫　｜，不慧。〔廣韻·麥部〕〇｜，乖刺也。〔集韻·麥部〕〇｜｜，辯快。〔廣韻·麥部〕〇｜｜，快辨也。〔通雅·釋詁〕

⿰壴殳　｜，怖也。〔集韻·昔部〕

⿰礻睪　｜，祭之明日又祭名，殷曰肜，周曰｜，通作繹、鐸。〔集韻·昔部〕

砳 ｜，石聲。或作礐。〔集韻·麥部〕

礐 ｜，石聲。〔集韻·麥部〕〇｜硞，水石聲也。〔廣韻·麥部〕

砨 ｜，砥｜，土名。〔集韻·麥部〕〇｜，本作厄。〔史記〕「砥｜」雜志。

硅 ｜，｜破。〔廣韻·陌部〕

碱 ｜，｜破。〔廣韻·麥部〕〇｜，擊石。〔集韻·麥部〕

磧 ｜，｜碃。〔廣韻·昔部〕〇｜，碃｜，磑也。〔集韻·昔部〕

旻 ｜，小動。〔廣韻·昔部〕〇｜，小動也。〔集韻·昔部〕〇｜，舉目使人。（同上）

⿱谷目 ｜，眼也。〔廣韻·昔部〕〇｜，視也。〔集韻·昔部〕〇｜，眡也。（同上）

⿰目貝 ｜，閉目皃。〔集韻·陌部〕

瞔 ｜，張目。〔集韻·麥部〕

⿰目啇 ｜睪，目明皃。〔集韻·麥部〕〇｜，目豎。（同上）

⿰目鬲 ｜，瞔｜。〔廣韻·麥部〕〇｜，目不正。〔集韻·麥部〕

⿰目盧 ｜，目病。〔廣韻·麥部〕又〔集韻·麥部〕。

⿰目赫 ｜，目赤。〔廣韻·陌部〕又〔集韻·陌部〕。

矆 ｜，視遽皃，通作蒦。〔集韻·陌部〕

⿰禾易 ｜，禾終畝。〔集韻·昔部〕

⿰禾索 ｜，禾穗。〔集韻·陌部〕〇｜，禾皃。〔集韻·鐸部〕

⿰目犬 ｜，獸名，似狼，或書作狛。〔集韻·陌部〕

皛 ｜，明也。〔集韻·陌部〕〇｜，亦打。〔廣韻·陌部〕

瞔 ｜，淨也。〔廣韻·麥部〕又〔集韻·麥部〕。〇｜，義與婧亦相近。〔廣雅·釋詁二〕「婧，好也」疏證。

⿸疒束 ｜，瘮｜，寒皃。〔廣韻·麥部〕〇｜，瘮｜，寒病，或从敕。〔集韻·麥部〕

⿸疒戚 ｜，痛｜。〔廣韻·麥部〕〇｜，頭痛皃。〔集韻·麥部〕

⿸疒索 ｜，脉動也。〔集韻·陌部〕

⿸疒啇 ｜⿸疒束，寒病。〔集韻·麥部〕

皵 ｜，皴也。〔集韻·陌部〕〇｜，皴｜。〔廣韻·陌部〕

⿰矛責 ｜，矛屬。〔集韻·麥部〕

⿰耒各 ｜，耕也。〔集韻·陌部〕

⿰耒睪 ｜，耕。〔廣韻·昔部〕〇｜，耕也。或从易。〔集韻·昔部〕〇｜，耕皃。〔廣韻·昔部〕又〔集韻·昔部〕。

⿰耳啇 ｜，耳豎皃，或从二耳。〔集韻·麥部〕

覤 ｜｜，驚懼皃。〔集韻·陌部〕

虩 ｜，毛｜也，亦蠅｜也。〔慧琳音義·卷五九〕

⿰虫殳 ｜螫，蟲名。〔廣韻·昔部〕〇｜，刺，蟲名。〔集韻·昔部〕

蚸 ｜，蟲名，螳蜋也，一名｜蜋。〔集韻·昔部〕

蛨 ｜，蚝｜，蟲。〔廣韻·陌部〕〇｜，蚝｜，蟲名，螢蛸也。〔集韻·陌部〕〇登萊人呼｜蚝音如禡詐。〔釋蟲〕「土螽，蠰谿」郝疏。

蠌 ｜，蝟｜。〔廣韻·陌部〕〇｜，水蟲。〔集韻·陌部〕

⿰虫郭 ｜，蠋，蟲名。〔廣韻·昔部〕又〔集韻·昔部〕。

辟 ｜，翻車。〔廣韻·麥部〕

[illegible] ｜，器下平也。〔集韻·昔部〕

罄 ｜，器空。〔廣韻·麥部〕〇｜，器空盡。〔集韻·麥部〕

⿱竹白 ｜，竹名，白皮。〔集韻·陌部〕

箂　—，竹弗。〔集韻・陌部〕

䘐　—，犬血。〔廣韻・麥部〕又〔集韻・麥部〕。

𧘝　—，長衣也。〔集韻・昔部〕

𧙗　—膝，帬衸。〔廣韻・昔部〕〇—膝，裙衸也。〔集韻・昔部〕

褅　—，小兒衣。〔說文〕「幭，帬也」義證引〔玉篇〕。

襀　—，襞也。〔廣韻・昔部〕〇—，襞—也。〔說文〕「襞，韏衣也」義證引〔玉篇〕。〇—，襞—，衣間蹴也。〔集韻・昔部〕

襫　—，襏—，雨衣。〔廣韻・昔部〕〇—，襏—，蓑襞也。〔集韻・昔部〕

粣　—，粽也。〔集韻・麥部〕〇—，糝也。〔同上〕

𥼶　—，煑米多水。〔廣韻・陌部〕〇煑米為—。〔集韻・陌部〕

𥻦　—，白米也。〔集韻・麥部〕

䊒　—，穀糠不破者。通作覈。〔集韻・麥部〕

𦬛　—，藥艸。〔集韻・陌部〕

苩　—，藍之別名。〔廣韻・陌部〕〇—藍，艸名。〔集韻・陌部〕

𦲷　—，草。〔廣韻・陌部〕〇—，艸名，象帛。通作帛。〔集韻・陌部〕

𦳊　—，—卷。〔廣韻・昔部〕

䔁　—，茹，菜。〔廣韻・麥部〕〇—茹，草。〔廣韻・昔部〕〇—，菜名。〔集韻・麥部〕

蒦　—，艸名。〔集韻・陌部〕〇—，度也。或从尋。〔同上〕〇—，遽視貌也。〔說文〕「—，一曰視遽兒」義證引〔玉篇〕。〇—，急視而振救之。〔說文〕「擭，救視也」義證。〇—與矍義同。〔說文〕「—，一曰視遽兒」段注。〇〔說文定聲・卷九〕—，叚借為瞿，實為䀠。〔說文〕「—，一曰視遽兒」。

𦺊　—，大—，藥名。〔廣韻・陌部〕〇—，大—、巴—皆藥艸。〔集韻・陌部〕

𦾴　—，葛屬。〔集韻・陌部〕

𦿆　—蒚，藥草，車前別名。〔廣韻・陌部〕〇—蒚，藥艸，或作擇。〔集韻・陌部〕

𤢵　—，飛聲。〔廣韻・麥部〕〇—，䎦—，飛也，或作翻。〔集韻・麥部〕

翮　—，翱—，飛疾也。〔廣韻・陌部〕〇—，翱—，飛疾兒。〔同上〕〇—，翱—，疾飛也。〔集韻・陌部〕〇—，翱—，飛疾兒。〔同上〕

緙　—，紩也。〔廣韻・麥部〕又〔集韻・麥部〕。〇—，織緯。〔廣韻・麥部〕〇—，緯也。〔集韻・麥部〕

繴　—，織絲為帶。〔廣韻・麥部〕〇織絲為帶謂之—。〔集韻・麥部〕〇—，織絲帶也。〔同上〕

𦅸　衣領內謂之—。〔集韻・麥部〕

𦛗　—膱，光澤兒。〔集韻・昔部〕

𦞤　—，挑取骨間肉。〔集韻・麥部〕〇—，䐡也。〔集韻・昔部〕

𦡈　—，曲腳中也。〔廣韻・麥部〕

𧺮　—，行也。〔廣韻・昔部〕又〔集韻・昔部〕。

𧺆　—，跓步也。〔集韻・陌部〕〇—，距也。〔同上〕

蹠　—，半步。〔廣韻・陌部〕〇半步曰—，律文作跬。〔慧琳音義・卷五八〕

𧻓　—，—越。〔廣韻・陌部〕〇—，越也。〔集韻・陌部〕〇—，風入水兒。〔廣韻・陌部〕

趪　—趚，足長兒。〔廣韻・麥部〕〇—，趪趚，足長。〔集韻・麥部〕

赩　—，赤色。〔集韻・陌部〕

輅　—，輓車當胸橫木。〔廣韻・陌部〕〇—，車前橫木。或作輅。〔集韻・陌部〕

𨋫　—，車—。〔廣韻・陌部〕〇—，車軸伏免。〔集韻・陌部〕

𧯊　—，磨豆。〔廣韻・陌部〕〇—，破豆也。〔集韻・陌部〕

蹟　—，正也。〔廣韻・麥部〕又〔集韻・麥部〕。

𧠟　—，視兒，或作覛。〔集韻・麥部〕〇—，善驚也。〔同上〕

覛　｜，｜視。〔廣韻·麥部〕

覛　｜，普眠也。〔集韻·昔部〕

覭　｜髳，笰離也，艸木叢生皃。〔集韻·麥部〕○｜，翳薈也。〔釋詁〕「｜，離也」鄭注。

跂　｜，足也。〔集韻·陌部〕○｜蹻與屐屩同。〔廣雅·釋器〕「屐，屩也」疏證。

躃　｜，｜倒。〔廣韻·昔部〕○｜，倒也。〔慧琳音義·卷一二〕○｜，仆也。〔集韻·昔部〕○｜踊，碎身也。〔慧琳音義·卷七八〕○｜亦僻也。〔慧琳音義·卷七〇〕○｜，〔說文〕作壁，有足而不能行者。〔說文〕「壁，人不能行也」段注。

𨈬　｜軅，倮也。〔集韻·麥部〕

𧮰　｜，嫌恨。〔廣韻·陌部〕

觡　｜，角似鷄距。〔集韻·陌部〕

諜　｜，｜然。〔廣韻·陌部〕○｜，｜然，速也，或作謔。〔集韻·陌部〕○｜，疾意。〔同上〕○｜與捇同。〔廣雅·釋詁二〕「捇，裂也」疏證。

謮　｜，｜怒。〔廣韻·麥部〕○｜，怒也。〔集韻·麥部〕○｜，讓也。〔同上〕○｜通作嘖。〔同上〕

謕　｜｜，多言。〔集韻·陌部〕○｜｜，多言兒。〔廣韻·陌部〕

䪫　｜，辛｜｜。〔廣韻·麥部〕○｜，味辛也。〔集韻·麥部〕

𩁹　｜，雨兒。〔集韻·陌部〕

𩃎　｜，霢也。〔集韻·麥部〕

霢　｜霂，大雨。〔廣韻·昔部〕又〔集韻·昔部〕。

𩅰　｜，霢。〔廣韻·麥部〕○｜，雨也。或从索。〔集韻·陌部〕

𩆷　｜，霢｜，大雨。〔說文〕「霍，雨而雙飛者」義證引〔玉篇〕。又〔廣韻·昔部〕。又〔集韻·昔部〕。

𩄢　｜，雨兒。〔集韻·麥部〕

𨺅　｜當為陑。〔墨子·節葬下〕「面目陷｜」閒詁引畢沅。○｜當為𣧹。〔同上〕閒詁引盧文弨。

𣪧　｜，小矛。〔廣韻·昔部〕○｜，小矛，或从役、从矛。〔集韻·昔部〕

鉐　｜，鍮｜。〔廣韻·昔部〕○｜，鍮｜，以石藥治銅。〔集韻·昔部〕

𨦭　｜，鐵也。〔集韻·麥部〕

銆　｜刀，軍器。〔廣韻·陌部〕○｜刀，兵器。〔集韻·陌部〕

鉻　｜，鉤也。〔集韻·陌部〕○｜，陳公鉤也。〔廣韻·陌部〕○｜，鬄也。〔集韻·陌部〕

鎍　｜，鐵弗。〔集韻·陌部〕○｜，鐵繩也。〔集韻·鐸部〕

鏼　｜，槍也。〔集韻·麥部〕

鐬　｜，鐵器。〔集韻·麥部〕

䦟　｜，｜門聲。〔廣韻·麥部〕○｜，開也。〔集韻·陌部〕

闠　｜，開也。〔集韻·麥部〕

𩊅　｜，堅硬。〔廣韻·麥部〕○｜，堅也。〔集韻·麥部〕

𩋰　｜，素｜，履也。〔集韻·昔部〕

頊　｜顱，腦蓋。〔廣韻·陌部〕○｜顱，首骨。〔集韻·鐸部〕○｜顱，髑髏也。〔集韻·陌部〕○｜，腦髒。〔集韻·鐸部〕

顛　｜，頭不正。〔集韻·麥部〕○｜頗，頭不正兒。〔廣韻·麥部〕

𧣴　｜，弓弭。〔廣韻·昔部〕又〔集韻·昔部〕。

飵　｜，餾也。〔集韻·陌部〕○｜，蒸熟之名。〔廣雅·釋器〕「｜，䭀也」疏證。

䭯　｜鏑，相食箸。〔集韻·昔部〕

𩟐　飯壞曰｜。〔集韻·昔部〕

颬　｜，熱｜。〔廣韻·麥部〕○｜，風熱兒。〔集韻·陌部〕

䬙　｜颬，赤氣熱風之怪。〔廣韻·麥部〕○｜，颬｜，赤氣熱風之恠也。〔集韻·麥部〕

靳一，韄一。〔廣韻·陌部〕〇一，韄一，刀靶中韋。〔集韻·陌部〕

韄一韄，刀飾。〔廣韻·陌部〕〇一韄，刀靶韋也。〔集韻·陌部〕

鬕一，髮堅皃。〔集韻·陌部〕

𩮊一，髦一。〔廣韻·陌部〕〇一，髦皃。〔集韻·陌部〕

馲一，一𩣺。〔廣韻·陌部〕〇一𩣺，獸名，驢父牛母，或作馲、犵、豟。〔集韻·陌部〕〇牡驢交牛而生者為一𩣺。〔本草·卷五〇〕

𩣺一，獸名，或作狛。〔集韻·陌部〕〇一同狛。〔廣韻·陌部〕

𩧍一騠，騾屬。〔集韻·麥部〕〇牡牛交驢而生者為一驝。〔本草·卷五〇〕

䴥一，碎麥。〔廣韻·陌部〕〇麥碎曰一。〔集韻·陌部〕

鳰一，水鳥。〔廣韻·昔部〕

䳭一鶛，鳥名，毛備五色。〔廣韻·陌部〕〇一鶛，鳥名，錦文也。〔集韻·陌部〕

𪃖一，鳥名，或从隹。〔集韻·麥部〕

鸅一，鳥名，鵜鶘也，或从隹，通作澤。〔集韻·陌部〕〇一鸆即護田也。〔廣韻·陌部〕〇一鸆，洿澤，即今之淘河也。〔通雅·鳥〕

䱉一，魚名，有四足，如龜而行疾。〔集韻·昔部〕〇人魚曰一。〔通雅·魚〕

鱀一，鯿一，魚名。〔廣韻·陌部〕〇一，鯿一，魚名，皮有文。〔集韻·陌部〕

鮥一，海魚，似鯁，肥美。〔廣韻·陌部〕〇一，魚名。〔集韻·陌部〕

續經籍籑詁卷第一百一

入聲

十二　錫

錫一亦鉛一。〔廣韻·錫部〕〇一，賜也。〔詩·簡兮〕「公言一爵」陳疏。〇一，賜也，予也。〔通鑑·唐紀二五〕「束帛不充於一」音注。〇一，賜也，與也。〔廣韻·錫部〕〇一，加賜也。〔釋詁〕「一，賜也」鄭注。〇禹一，言禹受賜。〔書·禹貢下〕「禹一玄圭」孫疏。〇〔說文定聲·卷一二〕一，段借為賜。〔釋詁〕「一，賜也」。〇一即賜之段借。〔詩·采菽〕「何一予之」通釋。〇經典多段一為賜字。〔說文〕「一，銀鉛之間也」段注。〇凡經傳云一者，賜之假借也。〔說文〕「賜，予也」段注。〇一，魯、齊作賜。〔詩·韓奕〕「王一韓侯」集疏。〇一，與也。〔集韻·錫部〕〇一、與同義。〔書·洪範〕「一汝保極」孫疏。〇〔說文定聲·卷一二〕一，段借為緆。〔列子·周穆王〕「衣阿一」。〇一，〔文選〕作緆，古字通。〔漢書·司馬相如傳〕「被阿一」補注引錢大昭。〇〔說文定聲·卷一二〕一，段借為錫，字之誤也。〔廣雅·釋器〕「赤銅謂之一」。

壁編竹木泥塗之曰一。〔慧琳音義·卷四〕引〔字書〕。〇外露曰牆，室內曰一，亦牆也。〔同上〕〇堂下之牆謂之一。〔儀禮·士喪禮〕「衆主人辟于東一」胡正義。〇凡室中房中與夾之牆則謂之墉，堂上之牆則謂之序，堂下之牆則謂之一，其實一也。〔儀禮·士冠禮〕「陳服于房中西墉下」胡正義。〇一，軍壘。〔國策·燕策三〕「使左右司馬各營一地」鮑注。〇一亦謂築城以守也。〔漢書〕「原高」雜志。〇〔說文定聲·卷一二〕一，北方宿，一二星在室之東，故曰東一。〔釋天〕「娵觜之口營室，東一也」。〇一壘，星名，在羽林軍西，與上招搖鉤陳一例，並承上星陳天行也。〔文選·甘泉賦〕「屬堪輿以一壘兮」補正引許焯。〇一、辟古字通。〔漢書〕「辟土」雜志。〇一當作辟。〔說文〕「輩，兩一耕也」段注。〇〔說文定聲·卷一二〕一，以避為訓。〔釋名〕「一，辟也，所以辟禦風寒也」。〇官本注一作壁。〔漢書·景帝紀〕「濟南王辟光」補注。

厤一，治也。〔廣韻·錫部〕〇一者，調也，調和即治之義也。〔說文〕「一，治也」段注。〇一謂一正，主治一數者。〔大戴·千乘〕「日一巫祝」王詁。〇一，以治時編歲事者也。〔大戴·用兵〕「一失制」王詁。〇一，疑與厝略同，所以治玉石者。〔說文定聲·卷一二〕〇一鹿即〔毛詩傳〕之歷錄。〔說文〕「鞁，車束也」段注。〇一讀曰歷。〔大戴·五帝德〕「一日月而迎送之」王詁。〇一，聲轉作歷，又作麗。〔釋詁〕「一，數也」郝疏。

曆一象日月，為天部占驗之法。〔書·洪範上〕「五曰一數」孫疏。〇落下閎之法即所謂一，如周馮相氏所掌，今之推步學也。〔書·堯典上〕「一象日

月星辰」孫疏。○丨同歷。〔廣韻・錫部〕

歷 丨，經丨。〔廣韻・錫部〕○丨，過也。〔釋言〕「辟，丨也」鄭注。又〔廣韻・錫部〕。○丨，過也，猶橫行。〔國策・秦策一〕「橫丨天下」鮑注。○丨，行也。〔離騷〕「喟憑心而丨茲」補注引五臣注。又〔廣韻・錫部〕。○丨，更涉也。〔孟子・離婁下〕「朝廷不丨位而相與言」朱注。○丨，次也。〔廣韻・錫部〕○丨，近也。〔同上〕○丨猶逢也。〔離騷〕「喟憑心而丨茲」補注。○丨，選也。〔離騷〕「丨吉日乎吾將行」補注引五臣注。○丨，數也。〔廣韻・錫部〕○丨，筭也。〔離騷〕「丨吉日乎吾將行」補注引〔上林賦〕張揖注。○丨亦為久也。〔書・召誥〕「惟有丨年」孫疏。○丨亦艾也。〔書・君奭〕「弗克經丨」孫疏。○丨，相也。〔大戴・文王官人〕「丨其才藝」述聞。○丨，編閱也，有相規之義。〔釋詁〕「丨，相也」鄭注。○丨謂閱視之也。〔禮記・郊特牲〕「簡其車賦而丨其卒伍」述聞。○丨引伸為相視之相。〔釋詁〕「丨，相也」述聞。○丨引伸為治曆明時之曆。〔說文〕「丨，過也」段注。○丨象謂日月星辰也。〔漢書・律歷志〕「又曰治丨明時」補注引虞翻。○丨，丨日。〔廣韻・錫部〕○以丨為磿，自古已然。〔墨子〕「磿」雜志。○丨之言離也。〔同上〕○丨與離同義，離與丨皆分別之義。〔同上〕○丨落者，磊落也。〔通雅・釋詁〕○古者束輈曰丨錄。〔說文〕「轒，車軸縛也」段注。○丨錄，當為秝彔。〔說文〕「桼，車丨錄，束交也」義證。○〔說文定聲・卷一二〕丨，段借為秝。〔管子・地員〕「其民彊赤壚歷彊肥」。○〔同上〕丨，段借為厤。〔釋詁〕「歷，傅也」。○丨者，厤之段借。〔釋言〕「辟，丨也」郝疏。○辟與擘同，丨與厤同，擘厤皆治也，作辟丨者，借字耳。〔釋言〕「辟，丨也」述聞。○〔說文定聲・卷一二〕丨，段借為攊。〔莊子・天地〕「罪人交臂歷指」。○官本丨作攊，字同。〔漢書・鄒陽傳〕「使不羈之士與牛驥同皁」補注。○丨即瀝也。〔說文〕「籭，竹器也」義證。○〔說文定聲・卷一二〕丨，段借為瀝。〔釋名・釋疾病〕「歷匘，匘從耳鼻中出歷歷然也」。○丨，當讀為瀝。〔周禮・大司馬〕「受胔丨而皆飲之」平議。○丨、瀝字同。〔漢書・梅福傳〕「伏丨千駟」補注。○〔說文定聲・卷一二〕丨，段借為鬲。〔史記・滑稽傳〕「銅歷為棺」。○丨，〔魏三體石經〕作鬲。〔書・大誥〕注「丨，一作鬲」孫疏。○〔說文定聲・卷一二〕丨，段借為[illegible]。〔周禮・量人〕「與鬱人受胔歷」。○丨，字亦作从日厤聲。〔說文定聲・卷一二〕○〔同上〕丨，字亦作蔍。〔廣雅・釋草〕「大室，蔍也」。○丨通作麗。〔釋詁〕「艾，丨也」郝疏。○〔史記〕丨作矖。〔漢書・賈誼傳〕「丨九州而相其君兮」補注。

[illegible] 丨，越也。〔說文定聲・卷一二〕〔「栗」下〕○丨，義與秝同。〔廣雅・釋詁三〕「秝，疏也」疏證。○丨之言丨丨。〔廣雅・釋地〕「塿，土也」疏證。○丨塿，一聲之轉也。〔同上〕○丨鹿、麻鹿並與轣轆同。〔方言五〕「維車，趙魏之間謂之轣轆」箋疏。

櫪 丨，馬丨。〔廣韻・錫部〕○丨撕，以木椑十指而縛之也。〔說文〕「丨，丨撕，椑指也」繫傳。○〔說文定聲・卷一二〕丨撕亦疊韻連語。〔說文〕「丨，丨撕，柙指也」。○丨通作歷。〔說文〕「丨，丨撕，椑指也」義證。○〔說文定聲・卷一二〕丨，段借為櫟。〔南都賦〕「楓柙櫨丨」。

擊 丨，打也。〔廣韻・錫部〕又〔慧琳音義・卷二〕引〔桂苑珠叢〕。○丨者，支也。〔說文〕「斫，丨也」段注。○丨，攻也。〔慧琳音義・卷二二〕引〔考聲〕。○丨與椎同義。〔廣雅・釋詁二〕「㪉，椎也」疏證。○丨與投同義。〔廣雅・釋詁三〕「搒，投也」疏證。○丨戾者，拂戾也。〔荀子・勸學〕「非丨戾也」平議。○丨戾者，謂有所抵觸也。〔荀子・脩身〕「非丨戾也」集解引王念孫。○丨櫪者，以指互相刺為戲也。〔慧琳音義・卷六四〕○丨斷謂刑人，無諱言不避王。〔國策・秦策三〕「丨斷無諱」鮑注。○丨聲者，所謂呵殿也。〔說文〕「殿，丨聲也」義證。○〔通雅・卷三五〕丨壤，今之棒杖也。〔樂苑〕「丨壤歌」。○鵠鷊、丨穀聲相轉。〔釋鳥〕「鳭鳩，鵠鷊」郝疏。○丨穀又轉為郭公。〔同上〕○丨穀、鵠鷊、布穀並字異義同。〔方言八〕「布穀，周魏之間謂之丨穀」箋疏。○丨刺與敏疾義近。〔釋言〕「肇，敏也」郝疏。○赫虩、丨虩、繫縹並與幱幭同。〔廣雅・釋器〕「幱幭謂之帓」疏證。○〔說文定聲・卷一二〕丨，段借為乖。〔荀子・脩身〕「非丨戾也」。○〔同上〕丨，段借為解。〔儀禮・少牢禮〕「司士丨豕」。○舊校云，丨一作解。〔呂覽・精論〕「目丨而道存矣」校正。○〔說文定聲・卷一二〕丨，段借為繫。〔莊子・田子方〕「目丨而道存矣」。○丨當為繫，實為系。〔說文〕「盭，引丨也」義證。○〔說文定聲・卷一二〕丨，段借為轚。〔秦策〕「車轚丨」。○丨字當作轚。〔文選・廣絕交論〕「輜軿丨轊」集釋。○丨當為擊。〔說文〕「潎，於水中丨絮也」段注。○丨，〔史記〕作翮，丨即翮也，古丨鬲通用也。〔漢書・賈誼傳〕「遙增丨而去之」補注引錢大昭。

績 丨，緝也。〔詩・七月〕「八月載丨」朱傳。又〔廣韻・錫部〕。○凡麻枲之事謂之丨。〔周禮・閭師〕「不丨者不衰」孫正義。○〔說文定聲・卷一二〕丨，迹也，續也。〔左傳昭公元年〕「遠丨禹功」。○丨，繼也。〔廣韻・錫部〕○丨，功也。〔詩・文王有聲〕「維禹之丨」朱傳。又〔孟子・萬章上〕「謨蓋都君咸我丨」朱注。○丨，功業也。〔廣韻・錫部〕○丨，業也。〔集韻・錫部〕○丨，成也。〔廣韻・錫部〕○功丨者，事業之成也。〔釋詁〕「丨，成也」郝疏。○丨、功皆成也。〔逸周書〕「一人」雜志。○丨，事也。〔廣韻・錫部〕○庶丨即庶事也。〔釋詁〕「丨，事也」述聞。○今丨麻者，亦呼緝麻。〔通雅・疑始〕○丨行猶云履而行之也。〔書・皋陶謨上〕注「丨為丨行」孫疏。○丨之言積也。〔說文〕「丨，緝也」段注。○丨通作積，又通作迹。〔釋詁〕「丨，業也」郝疏。○丨與迹同，亦謂行也。〔書・皋陶謨上〕注「史遷作致可丨行」孫疏。○假丨為迹。〔詩・殷武〕「設都于禹之丨」通釋。○丨，當為蹟之段借。〔詩・文王有聲〕「維禹之丨」通釋。

勣 丨，功也。〔廣韻・錫部〕○丨，功名，通作績。〔集韻・錫部〕○丨，功効者也。〔慧琳音義・卷八〇〕引〔考聲〕。○丨，績之或體。〔釋詁〕「績，功也」郝疏。

篴　｜，樂器。〔集韻·錫部〕〇｜笛，古今字。〔說文〕「笛，七孔筩也」段注。〇｜讀為滌。〔說文〕「藋，釐艸也」義證引程瑤田。

笛　｜，樂器。〔廣韻·錫部〕〇｜，羌｜。〔集韻·錫部〕〇｜長尺有四寸。〔說文定聲·卷六〕〇｜與龠形相似，故對文則異，散文則通。〔廣雅·釋樂〕「龠謂之｜，有七孔」疏證。〇｜或作篴。〔同上〕〇｜又作篴。〔通雅·疑始〕〇｜，〔周禮·笙師職〕作篴。〔說文〕「藋，釐艸也」義證引程瑤田。

敵　｜，匹也。〔廣韻·錫部〕〇｜，輩也。〔同上〕〇｜言其力適均。〔國策·齊策一〕「齊楚之權｜也」補注。〇｜、適通。〔國策·齊策五〕「則是以衆强｜罷寡也」補正。〇｜適義相近，古多通用。〔廣雅·釋詁一〕「｜，正也」疏證。〇｜當讀為適，古字通用。〔荀子·彊國〕「｜中則奪」集解引俞樾。〇｜讀為適，｜適古多通用。〔廣雅·釋詁三〕「｜，主也」疏證。〇〔說文定聲·卷一二〕｜，經傳多以適為之。〔孟子〕「仁者無｜」。〇｜通作適，又與嫡同。〔釋詁〕「｜，匹也」郝疏。〇〔說文定聲·卷一二〕｜，經傳多以適、以嫡為之。〔廣雅·釋詁一〕「｜，正也」。〇｜當讀為適。〔荀子·彊國〕「｜中則奪」平議。〇｜，元作適。〔國策·齊策五〕「則是以衆强｜罷寡也」鮑注。〇｜當作適。〔管子·兵法〕「用｜教之盡也」平議。〇｜，主也。〔廣韻·錫部〕〇｜，當也。〔通鑑·周紀四〕「乃責薄疑以｜如耳」音注。又〔廣韻·錫部〕。〇｜猶當也。〔左傳桓公八年〕疏證引惠棟。〇｜、彊、應、丁為相當之當。〔釋詁〕「昌、｜、彊、應、丁，當也」述聞。〇｜、當，一聲之轉。〔釋詁〕「｜，當也」郝疏。〇｜、當、對俱一聲之轉。〔釋詁〕「｜，匹也」郝疏。〇｜與特義近。〔同上〕〇〔新序〕｜作狄。〔左傳昭公四年〕「｜亦喪之」洪詁。

滴　｜，水｜也。〔廣韻·錫部〕〇｜，水落也。〔慧琳音義·卷三〕引〔考聲〕。〇凡言｜瀝者，皆謂漉出而餘｜也。〔說文〕「瀝，浚也」繫傳。〇今俗語評簷水溜下曰｜濩。〔說文〕「濩，雨流霤下皃」段注。

鏑　｜，箭鏃。〔廣韻·錫部〕〇｜，髐箭也。〔通鑑·漢紀三〕「冒頓乃作鳴｜」音注引應劭。〇｜，古亦作鍉。〔說文〕「｜，矢鏠也」段注。〇｜，或作鍉。〔同上〕義證。

檄　｜者，以木為書，長二尺。〔說文〕「｜，二尺書」義證引〔急就篇〕顏注。〇｜，木簡也，長二尺，有所召，書上以傳之。〔慧琳音義·卷六九〕引〔考聲〕。〇｜，符｜。〔廣韻·錫部〕〇｜，徵兵之書也。〔說文〕「｜，二尺書」繫傳。〇｜書者，所以罪責當伐者也。〔慧琳音義·卷四九〕〇｜，陳彼之惡，說此之德，曉慰百姓之書也。〔同上〕〇｜與激義相近。〔廣雅·釋器〕「矟，矛也」疏證。〇木無枝為｜。〔說文〕「｜，二尺書」繫傳。〇｜，擢直上也。〔同上〕〇｜者猶言戈也。〔釋木〕「無枝為｜」郝疏。〇〔說文定聲·卷七〕｜謂借為擢。〔釋木〕「無枝為｜」注「｜擢直上」。〇〔同上〕｜，叚借為濯。〔釋木〕「無枝為｜」。〇檄書，所以罪責當伐者而曉諭慰譬百姓之書也。〔慧琳音義·卷二〇〕引顧野王。

激　｜，疾波。〔廣韻·錫部〕〇｜，水奔射也。〔慧琳音義·卷八〕引〔考聲〕。〇｜，水凝邪疾波也。〔卷七八〕引〔古今正字〕。〇〔說文定聲·卷七〕｜謂水凝而邪行，其波疾急半遮，即所謂礙也。〔說文〕「｜，水礙衺疾波也」。〇〔同上〕｜，急速也。〔儀禮·特牲禮〕今文「｜沃」。〇｜，發也。〔慧琳音義·卷六五〕〇｜猶滑也。〔左傳宣公四年〕疏證。〇矟、｜皆長貌也。〔廣雅·釋器〕「矟，矛也」疏證。〇｜，當訓如。〔漢書·溝洫志〕「｜使東抵東郡平剛」補注。〇｜，清聲也。〔文選·招魂〕「｜楚之結」補正。〇｜謂清聲也。〔慧琳音義·卷六六〕引顧野王。〇｜楚、結風，並歌舞曲名。〔漢書·司馬相如傳〕「｜楚結風」補注。〇｜楚，古葢作敫楚。〔說文〕「敫，所歌也」段注。〇｜與徼、邀音義略同。〔說文〕「｜，一曰半遮也」段注。〇｜，或通作徼。〔同上〕義證。〇〔說文定聲·卷七〕｜，叚借為擊。〔釋名〕「｜矛，擊截也，可以｜截敵陣之矛也」。〇〔同上〕｜，叚借為警。〔莊子·齊物論〕「｜者謞者」。〇〔同上〕｜，叚借為皦。〔莊子·盜跖〕「脣如｜丹」。〇〔同上〕｜，叚借為歘。〔楚辭·招魂〕「發｜楚些」。〇〔同上〕｜，字又作磯，磯礉雙聲。〔孟子〕「是不可磯也」。〇｜，當為敫。〔儀禮·特牲饋食禮〕注「今文淳作｜」述聞。

寂　｜，靜也，安也。〔廣韻·錫部〕〇無人聲曰｜。〔慧琳音義·卷一二〕引〔玉篇〕。〇｜寞，止息貌。〔楚辭·九辯〕「欲｜寞而絕端兮」補注引五臣注。〇｜寞，一作宋莫、啾嗼、宋漠、淑漠。〔通雅·釋詁〕〇｜寥，一作｜廖、｜寥、｜漻、宋廖、宋寥，通作｜聊、淑湫。〔同上〕〇〔說文定聲·卷六〕｜，叚借為啾。〔說文〕「｜，無人聲」。〇｜即宋。〔方言一〇〕「宋，安靜也」疏證。

宋　｜，｜寞字。〔說文〕「｜，無人聲也」繫傳。〇｜與安皆訓靜。〔方言一〇〕「｜，安靜也」疏證。〇死之靜曰｜𣩵。〔說文定聲·卷九〕〔「募」下〕〇｜，同寂。〔廣韻·錫部〕〇｜，俗作寂。〔慧琳音義·卷五一〕〇｜，今作寂。〔說文〕「｜，無人聲也」句讀。〇｜，今字作寂。〔同上〕段注。〇｜，亦或作家。〔方言一〇〕「｜，安靜也」疏證。〇｜，口部作啾。〔說文〕「｜，無人聲也」段注。〇｜、誺、啾、寂並字異而義同。〔廣雅·釋詁四〕「募、｜，靜也」疏證。〇募、｜合言之則曰｜募。〔同上〕〇｜募、寂漠、｜漠、寂寞並字異而義同。〔同上〕

家　｜，古文寂字也，靜默無人聲也。〔慧琳音義·卷八九〕〇｜同寂。〔廣韻·錫部〕〇｜、宋並與寂同。〔方言一〇〕「｜，安靜也」箋疏。

翟　｜，雉。〔廣韻·錫部〕〇古謂雉為｜。〔說文〕「｜，山雉也」繫傳。〇｜，雉羽也。〔詩·簡兮〕「右手秉｜」朱傳。〇｜，美羽貌。〔本草·卷四八〕〇｜，謂教羽舞者也。〔禮記·祭統〕「｜者」集解。〇〔說文定聲·卷七〕｜者，持｜羽以舞者。〔禮記·祭統〕「｜者，樂吏之賤者也」。〇〔同上〕｜，此以｜羽為車飾者。〔周禮·巾車〕「重｜、錫面朱總」。〇〔同上〕｜，此刻繪為｜形者。〔詩·君子偕老〕「其之｜也」。〇〔同上〕夏｜，此｜

之異種，經傳多以狄為之。〔書·禹貢〕「羽畎夏｜｜有五采」。○｜與狄同。〔通鑑·周紀二〕「皆以夷｜遇秦」音注。又〔周紀三〕「顧爭於戎｜」音注。○〔說文定聲·卷七〕｜，叚借為狄。〔鄭語〕「北有衛、燕、｜、鮮」。○｜、狄古通。〔漢書·地理志〕「羽畎夏狄」補注。○｜亦狄之叚音耳。〔釋詁〕「逷，遠也」郝疏。○｜，｜車也，夫人以｜羽飾車。〔詩·碩人〕「｜茀以朝」朱傳。○｜茀，蓋厭｜也。〔同上〕陳疏。○｜，字亦作鸐。〔說文定聲·卷七〕

覿 ｜，見也。〔廣韻·錫部〕○｜者，儥之俗字。〔說文〕「愉，論語曰私｜愉如也」段注。○｜當作儥。〔左傳昭公四年〕「西陸朝｜而出之」洪詁。

現 ｜，同覿。〔廣韻·錫部〕

䚀 ｜，目赤。〔廣韻·錫部〕又〔集韻·錫部〕。○｜，遥視，或作覿。〔同上〕

逖 ｜，遠也。〔廣韻·錫部〕○｜，或訓為遠。〔左傳僖公二八年〕「糾｜王慝」疏證引惠棟。○｜，驅之使遠。〔詩·抑〕「用｜蠻方」集疏引魯說。○｜，遠也。〔說文定聲·卷一二〕〔「擿」下〕○｜，憂也。〔易·渙〕「渙其血去｜出」李疏引虞注。○｜，或訓為治。〔左傳僖公二八年〕「糾｜王慝」疏證引惠棟。○｜同逷。〔書·多方〕「離｜爾土」孫疏。○｜與逷同。〔廣雅·釋詁一〕「逷，遠也」疏證。○｜，古文作逷。〔左傳僖公二八年〕「糾｜王慝」疏證引惠棟。○｜，古文作逷，又與剔通，訓為治。〔同上〕洪詁。○｜，省作狄。〔釋詁〕「逷，遠也」郝疏。○｜與狄同。〔左傳僖公二八年〕「糾｜王慝」洪詁。又〔同上〕疏證引惠棟。○｜，或借狄字。〔說文〕「｜，遠也」義證。○〔說文定聲·卷一二〕｜，以狄為之。〔詩〕「舍爾介狄」。○｜，借作惕。〔易·渙〕「渙其血去｜出」李疏。○｜與剔通。〔左傳僖公二八年〕「糾｜王慝」疏證引惠棟。○〔說文定聲·卷一二〕｜，叚借為鬄。〔詩·抑〕「用逷蠻方」。

逷 ｜，遠也。〔詩·抑〕「用｜蠻方」朱傳。○｜，古文逖。〔同上〕通釋。又〔釋詁〕「｜，遠也」鄭注。又〔廣韻·錫部〕。○｜，魯作逖。〔詩·抑〕「用｜蠻方」集疏。

糴 ｜，市穀米。〔廣韻·錫部〕○｜，入米也。〔說文〕「｜，市穀也」義證引〔玉篇〕。

𥻘 ｜同糴。〔廣韻·錫部〕

析 ｜，分也。字從木斤，破木也。〔廣韻·錫部〕○｜，分也。〔通鑑·周紀三〕「龍甚辯｜」音注。○｜，分也，離也。〔通鑑·周紀四〕「則是上下｜也」音注。○｜者，言其狀分｜也。〔說文〕「䑛，牛百葉也」繫傳。○｜即分頒之義。〔漢書·司馬相如傳〕「｜圭而爵」補注。○｜亦散也。〔漢書〕「粲而不殊」雜志。○〔通雅·卷三七〕｜即緆也。〔蜀都賦〕「細都弱｜」。○｜、斯聲相近，故古字通用。〔史記〕「蒧斯」雜志。○｜支，〔史記索隱〕引〔大戴禮〕作鮮支，〔後漢書·西南夷傳〕作賜支，皆音相近。〔書·禹貢〕「織皮昆侖，｜支」孫疏。○｜，故楚白羽邑。〔左傳僖公二五年〕「秦人過｜」疏證引〔郡國志〕。○｜木，次名，從尾十度至斗十一度為｜木，其間為漢津。〔漢書·律歷志〕「日在｜木」補注引錢大昕。○涼州地生｜草，皆中國苗，燕麥是也。〔漢書·司馬相如傳〕「其高燥則生葴｜苞荔」補注引〔廣志〕。○〔說文定聲·卷一二〕｜，以昔為之。〔史記·田完世家〕「弓膠昔幹」。○〔同上〕｜，叚借為晳。〔左傳昭公二〇年〕注「衛黑背｜朱鉏王父」。○｜，〔文選〕注引作晳。〔左傳定公九年〕「鄭駟歂殺鄧｜」洪詁。○蛾｜，外傳作蛾晳。〔左傳僖公一五年〕「蛾｜謂慶鄭曰」洪詁。○｜，〔水經注〕引作淅。〔左傳昭公一八年〕「遷許於｜」洪詁。○漢魯峻碑｜作肵。〔左傳昭公七年〕「其父｜薪」洪詁。○〔說苑〕｜作折。〔呂覽·直諫〕「｜宛路之矰」校正。

桁 ｜，析分也。〔慧琳音義·卷一二〕引〔韻英〕。○｜，俗析。〔廣韻·錫部〕○｜與析同。〔楚辭·惜誦〕「令五帝以｜中兮」補注。

晳 ｜，人白色也。〔廣韻·錫部〕○｜｜，猶煌煌也。〔詩·東門之楊〕「明星｜｜」朱傳。○｜通作析。〔說文〕「｜，人色白也」義證。○〔說文定聲·卷一二〕｜，叚借為析。〔尚書大傳〕「名曰｜陽」。○｜，白也。〔詩·君子偕老〕「揚且之｜」朱傳。○古晳、｜通寫，而析與晳通。〔史記·仲尼弟子傳〕「公晳哀，字季次」志疑。

溺 ｜，｜水。〔廣韻·錫部〕○不浮曰｜。〔慧琳音義·卷七〕引〔字書〕。○｜，覆没也。〔大戴·武王踐阼〕「與其｜於人也」王詁。○｜謂為所冒没。〔國策·秦策一〕「｜於辭」鮑注。○｜，惑也。〔慧琳音義·卷二九〕引〔考聲〕。○｜、苦，皆勞也。〔國策·趙策二〕「勿令｜苦於學」鮑注。○｜與休通。〔方言一三〕「涅，休也」箋疏。○〔說文定聲·卷七〕｜，叚借為休。〔禮記·緇衣〕「小人｜于水」。○｜，正作休。〔慧琳音義·卷二〕○｜，今人用為休没字，｜行而休廢矣。〔說文〕「｜，从水，弱聲」段注。○｜胞即膀胱也。〔通雅·諺原〕○｜，本〔禹貢〕｜水既西之｜字，借為沈休之休字，又借為便尿之尿字。〔漢書·周仁傳〕「常衣弊補衣｜袴」補注引李慈銘。○｜，又用為人小便之尿字。〔說文〕「｜，从水，弱聲」段注。

休 ｜，沈溺之本字也。〔說文〕「｜，没也」段注。○｜即古溺字。〔方言一三〕「涅，｜也」疏證。○｜與溺通。〔廣雅·釋詁一〕「溺，没也」疏證。○｜溺古通用。〔方言一三〕「涅，｜也」疏證。○｜溺古通字。〔同上〕「出｜為抍」箋疏。○｜，經傳皆以溺為之。〔說文定聲·卷七〕

覓 ｜，求也。〔廣韻·錫部〕○｜，索也。〔說文〕「否，不見也」義證引〔玉篇〕。○｜舉，梯媒，言關節也。〔通雅·官制〕

摘 ｜，發也，動也。〔廣韻·錫部〕○〔說文定聲·卷一二〕｜，叚借為嫡。〔舞賦〕「｜齊行列」。

狄　｜，北｜。〔詩・閟宮〕「戎｜是膺」朱傳。又〔廣韻・錫部〕。○｜，北胡。〔國策・齊策六〕「攻｜」鮑注。○｜者，易也。〔論語・八佾〕「夷｜之有君」劉正義。○｜牙即易牙。〔法言・問神〕「｜牙能喊」平議。○｜之言淫辟也。〔説文・敍〕「五曰轉注」段注。○｜即逖之省。〔漢書・禮樂志〕「假｜合處」補注。○｜與逖同。〔荀子〕「修潔之為親而雜汙之為｜」雜志。○｜與逖同，遠也。｜｜者，疏散之容也。〔荀子・非十二子〕「｜｜然」集解引郝懿行。○〔説文定聲・卷一一〕｜，叚借為逖。〔詩・瞻卬〕「舍爾介｜」。○｜讀為逖。〔荀子〕「脩潔之為親而雜汙之為｜」雜志。○｜、剔、逖、逷古字並通。〔方言一二〕「剔，｜也」箋疏。○｜，三家作逖。〔詩・瞻卬〕「舍爾介｜」集疏。○｜、剔古亦通用。〔方言一二〕「剔，｜也」疏證。○｜猶逷也。〔詩・泮水〕「｜彼東南」朱傳。○｜讀為逷。〔詩・瞻卬〕「舍爾介｜」陳疏。○｜為愁之省，即惕之或體。〔同上〕平議。○〔説文定聲・卷一一〕｜，叚借為鬄。〔詩・泮水〕「｜彼東南」。○〔同上〕｜，叚借為躍。〔禮記・樂記〕「｜成滌濫之音作」。○｜讀為誂。〔樂記〕「流辟邪散｜成」述聞。○｜，亦作㺳。〔方言一二〕「剔，｜也」箋疏。○｜與翟同。〔廣雅・釋器〕「｜，羽也」疏證。○〔説文定聲・卷一一〕｜，叚借為翟。〔廣雅・釋器〕「｜，羽也」。○｜與翟通。〔書・顧命下〕「｜設黼扆」孫疏。○｜泉，〔五行志〕引作翟泉，〔水經注〕同。〔左傳定公元年〕「合諸侯之大夫于｜泉」洪詁。

荻　｜，萑也。〔廣韻・錫部〕○｜，萑葦屬。〔國策・趙策一〕「皆以｜蒿苦楚廧之」鮑注。○〔説文定聲・卷一一〕｜，今曰蘆花。〔淮南・説林〕「蒿苗類絮」。○｜，草也。〔慧琳音義・卷一〇〕

藡　｜，艸名，萑也，或从狄。〔集韻・錫部〕

冪　圓內容方，而方外圓內之四邊謂之｜也。〔説文定聲・卷一七〕〔「幎」下〕○幭、｜字異，其義亦同。〔廣雅・釋詁二〕「幎，覆也」疏證。

幎　｜，覆也。亦作冪。〔廣韻・錫部〕○｜，有覆尊之｜，有覆簋之｜，有覆帽之｜，有覆面之｜，有覆答之｜，有覆鼎之｜。〔説文定聲・卷一七〕○｜與幭同義。〔同上〕○｜、冪、鼏、冖並通。〔廣雅・釋詁二〕「｜，覆也」疏證。○〔説文定聲・卷一七〕｜，〔禮記・玉藻〕以幦為之。〔周禮・巾車〕「犬䄙，鹿淺䄙」。○｜，字別作䄙。〔説文定聲・卷一七〕○〔同上〕｜，字又作帲。〔廣雅・釋詁一〕「帲，覆也」。○｜，字別作塓。〔説文定聲・卷一七〕

羃　｜，覆也。〔國策・楚策四〕「解紵衣以｜之」鮑注。又〔魏策四〕「其自｜繫也完矣」鮑注。○｜，覆食巾。〔廣韻・錫部〕○｜羅，婦人所戴。〔同上〕○〔通雅・卷三六〕｜羅，障面也，羅似幅巾，｜則似罩耳，今人眼罩是也。〔新唐志〕「婦人施｜羅以蔽身」。○〔同上〕｜羅，借作烟皃。〔唐豆盧回詩〕「｜羅野烟起」。

鷁　｜，水鳥也。〔廣韻・錫部〕○｜首與艗首同，船頭也。〔方言九〕「船首，或謂之艗首」箋疏。

鶃　｜，水鳥。〔説文定聲・卷一一〕○｜｜，鶃聲也。〔孟子・滕文公下〕「惡用是｜｜者為哉」朱注。○｜，今字多作鷁。〔説文〕「｜，｜鳥也」段注。○〔説文定聲・卷一一〕｜，字變作艗。〔方言九〕「船首或謂之艗艏」。○鶂，鳥名。〔集韻・麥部〕○鶂同鷁。〔廣韻・錫部〕

戚　｜，親也。〔大戴・四代〕「｜然」王詁。又〔通鑑・周紀五〕「而君為貴｜」音注。又〔慧琳音義・卷一五〕引〔考聲〕。○｜，親｜。〔廣韻・錫部〕○｜｜，親也。〔詩・行葦〕「｜｜兄弟」朱傳。○｜，憂。〔詩・小明〕「自詒伊｜」朱傳。○｜，憂也。〔大戴・曾子立事〕「殺人而不｜焉」王詁。又〔漢書・敍傳〕「武、嘉｜之」補注。又〔楚辭・九辯〕「悲憂窮｜兮」補注。○｜又引申訓憂。〔説文〕「｜，戉也」段注。○｜，疾也。〔大戴・禮察〕「法令極而民哀｜」王詁。○｜猶速也。〔考工記〕「無以為｜速也」述聞。○｜，促也。〔楚辭・九辯〕「悲憂窮｜兮」補注。○｜，促迫。〔説文〕「｜，戉也」段注。○〔説文定聲・卷六〕｜，叚借為促。〔小爾雅・廣詁〕「｜，近也」。○｜讀如迫促之促。〔釋名・釋采帛〕「其形｜｜」疏證。○｜，迫也。〔楚辭・九辯〕「悲憂窮｜兮」補注。○｜之為言迫也。〔詩・公劉〕「干戈｜揚」陳疏。○｜，古音同蹴，迫也。〔説文〕「蹵，涉水蹵｜也」段注。○｜，各本作蹴。〔説文〕「縬，一曰｜也」段注。○｜，今之蹙字也。〔説文〕「辠，言辠人｜鼻苦辛之𢝊」段注。○｜，今之蹙也。〔説文〕「緎，衣｜也」段注。○｜聲近蹙而訓為疾也。〔周禮〕「眡瞭」杜注「鼜讀為憂｜之｜」述聞。○｜讀為蹙。〔漢書〕「｜｜」雜志。○｜當讀為蹙。〔論語・八佾〕「與其易也，寧｜」平議。○｜，古聲與蹙相近。〔廣雅・釋樂〕「鼜鼓，鼓名」疏證。○｜｜即蹙蹙。〔論語・述而〕「小人長｜｜」平議。○｜，俗作蹙。〔説文〕「縬，一曰｜也」段注。○｜讀與蹴同。〔廣雅・釋詁三〕「縬，縮也」疏證。○｜與俶聲近義亦同。〔方言一二〕「俶，動也」箋疏。○｜與俶亦聲近義同。〔廣雅・釋詁一〕「俶，動也」疏證。○｜與慼通。〔孟子・告子下〕「｜之也」焦正義。○〔説文定聲・卷六〕｜，字亦作慼。〔漢書・司馬相如傳〕「躬慼胼胝無胈」。○｜與慼同。〔廣雅・釋訓〕「慼慼，憂也」疏證。○｜，今本作慼，俗字也。〔説文〕「顣，商書曰率顣衆｜」段注。○｜，古慼字。〔詩・小明〕「自詒伊｜」陳疏。○〔説文定聲・卷六〕｜，以慼為之。〔夏承碑〕「君之羣慼」。○｜，後別製慼。〔説文〕「｜，戉也」段注。○〔説文定聲・卷六〕｜，叚借為慽。〔論語〕「小人長｜｜」。○｜即慽之叚借字也。〔説文〕「慽，𢝊也」段注。○｜｜，心動貌。〔孟子・梁惠王上〕「於我心有｜｜焉」朱注。○｜朒與側慝亦聲近而義同。〔廣雅・釋詁三〕「側慝，縮也」疏證。○｜施，惡疾名。〔詩・新臺〕「得此｜施」後箋引〔詩附記〕。○｜施，不能仰，亦醜疾也。〔同上〕朱傳。○｜施為不能仰之疾，而面柔者似之。〔同上〕集疏。○｜施，物名，｜施之蟲蹣

蹣匍匐而不能高仰，因而人之病僂者有似於丨施。（同上）後箋。○丨施、蟾蜍、蹴蛸，喻醜惡。（同上）集疏引韓説。○丨施，蓋醜惡之通稱。〔詩·新臺〕「籧篨不鮮」通釋。○人之不肖者亦曰籧篨、丨施、侏儒。〔廣雅·釋訓〕「規覷，籧篨、侏儒」疏證。○丨施，一作規覷、頍頷、蹴䖘、蝳蝐。〔通雅·釋詁〕○丨施與規覷同。〔廣雅·釋訓〕「規覷，籧篨、侏儒」疏證。○丨施，齊作䵶鼁。〔詩·新臺〕「得此丨施」集疏。○（同上）丨，叚借為黿，即䵶。〔詩·新臺〕「得此丨施」。○〔説文定聲·卷六〕丨，叚借為族，實為屬。〔禮記大傳〕「丨單于下」。○丨城亦皆閾之假借也。〔儀禮·士冠禮〕「布席于門中，闑西閾外」胡正義。○丨，古音近造，與慘聲合。〔釋訓〕「慘慘，愠也」郝疏。○丨又作籍，音相近也。〔文選·四子講德論〕「宵丨」集釋引梁玉繩。○丨有宿音，故通作遬。（同上）○舊本丨作臧。〔呂覽·審為〕「丨不得也」校正。○丨，斧。〔詩·公劉〕「干戈丨揚」朱傳。○丨，斧也。〔孟子·梁惠王下〕「干戈丨揚」朱注。○丨，或作鏚。〔説文〕「丨，戉也」義證。○〔説文定聲·卷六〕丨，今字作鏚。〔左傳昭公一二年〕「剥圭以為鏚柲」。

鏚

丨，干丨斧鉞。〔廣韻·錫部〕

慼

丨，憂心。〔廣韻·錫部〕○丨，懼也。（同上）○丨與戚通。〔左傳僖公一五年〕「二三子何其丨也」疏證。○丨讀為戚。〔韓子·有度〕「無百里之丨」集解引顧廣圻。○丨，本作戚，戚近之臣。〔書·盤庚上〕「率籲衆丨」平議。○丨，〔説文〕引作戚，葢謂貴戚近臣。〔書·盤庚上〕注「丨，一作戚」孫疏。○丨讀為蹙。〔釋言〕「慄，丨也」述聞。○丨與蹙古聲相近。（同上）○慄丨者，當作栗蹙，亦叚借也。〔釋言〕「慄，丨也」郝疏。

滌

丨，洗也。〔廣韻·錫部〕○丨，除也。（同上）又〔慧琳音義·卷八五〕。○丨，蕩除也。〔大戴·夏小正〕「寒日丨凍塗」王詁。○丨，淨也。〔廣韻·錫部〕○丨，引伸為凡清滌之詞。〔説文〕「丨，洒也」段注。○丨丨即丨蕩之義。〔詩·雲漢〕「丨丨山川」後箋。○丨丨，猶脩脩也。（同上）陳疏。○丨丨，一作蔋蔋、菽菽、濯濯，言丨盡也。〔通雅·釋詁〕○丨源者，謂疏達其水原也。〔書·禹貢下〕「九州丨源」孫疏。○丨同條。（同上）○〔説文定聲·卷六〕蕭丨猶蕭條也。〔蔡湛頌〕「蕭丨而雲消」。○（同上）丨，叚借為盪。〔周禮·司烜氏〕注「以明水滫丨」。○（同上）丨，謂借為惕，為宕，攸、易雙聲。〔禮記·樂記〕「狄成丨濫之音作」王肅注「放盪也」。○（同上）丨，叚借為鋚。〔禮記·樂記〕「狄成丨濫之音作」。○丨，古亦作滺。〔説文定聲·卷六〕○丨，三家作蔋。〔詩·雲漢〕「丨丨山川」集疏。

的

丨，質也。〔詩·賓之初筵〕「發彼有丨」朱傳。○丨，所射質。〔韓子·內儲説上〕「令之射丨」集解引舊注。○丨即侯。〔文選·華林園集詩〕「發彼五丨」集釋。○丨即鵠也。〔國策·齊策五〕「今夫鵠丨」鮑注。○丨，指丨。〔廣韻·錫部〕○丨，明也。（同上）○丨，又作旳，明也，謂丨然明見也。〔慧琳音義·卷四八〕○丨，明皃也。〔卷八〕○丨之言灼灼也。〔廣雅·釋器〕「丨，白也」疏證。○丨，定也。〔慧琳音義·卷八〕○丨乃凡物點注之名。〔本草·卷三三〕○丨與旳同。〔廣雅·釋詁四〕「旳，明也」疏證。○丨字正作旳。〔詩·賓之初筵〕「發彼有丨」通釋。○丨當作旳，從日。〔漢書·地理志〕「平丨，侯國」補注引宋祁。○〔通雅·卷九〕丨丨，丨確義也。〔才調集·杜羔妻趙氏詩〕「良人丨丨有奇才」。○馬白頟名曰丨盧。〔説文〕「馰，馬白頟也」義證引〔相馬經〕。○藏本丨作適。〔韓子·姦劫弒臣〕「廢正丨而立不義」集解引顧廣圻。○丨皪，〔史記〕作玓瓅。〔漢書·司馬相如傳〕「丨皪江靡」補注。

旳

丨，明也。〔説文〕「埻，埻丨」段注。○丨通作招。〔國策〕「以其類為招」雜志。○丨，光丨然也。〔説文〕「丨，明也」繫傳。○丨之言灼灼也。〔廣雅·釋詁四〕「丨，明也」疏證。○丨，水之一滴不廣。〔説文〕「丨，明也」繫傳。○〔説文定聲·卷七〕丨，以約為之。〔七發〕「九寡之珥以為約」。○丨又作約字。〔説文〕「丨，明也」義證。○丨又通作適。（同上）○丨、的古今字。〔説文〕「臬，射埻丨也」段注。○丨，俗作的。〔説文〕「丨，明也」義證。○丨，俗字作的。（同上）段注。又〔説文定聲·卷七〕。○丨丨即的的。〔通雅·釋詁〕○丨為馰之古文。〔説文〕「馰，馬白頟也」句讀。

菂

丨，芙蕖中子，或省通作的。〔集韻·錫部〕○丨者，的也，子在房中點點如的也。〔本草·卷三三〕

喫

丨，丨食。〔廣韻·錫部〕

噭

丨，同喫。〔廣韻·錫部〕

甓

丨，瓴甋也。〔詩·防有鵲巢〕「中唐有丨」朱傳。○丨，瓴丨，甗甎。〔廣韻·錫部〕○墼燒成謂之丨。〔説文〕「寝，地室也」義證引戴震。○丨，塼也。〔説文〕「丨，瓴甋也」繫傳。○今呼丨為甎。〔説文〕「寝，地室也」義證引戴震。○丨，䃂，今之甃地也。〔通雅·宮室〕

霹

丨，丨靂。〔廣韻·錫部〕○丨靂，雷之急激者，或从石。〔集韻·錫部〕○丨靂者，陽氣動作，大雷震也。〔慧琳音義·卷一二〕引〔古今正字〕。

瀝

丨，滴丨。〔廣韻·錫部〕○丨與漉略同。〔説文定聲·卷一二〕○丨，通作歷。〔説文〕「丨，浚也」義證。

藶

丨，葶丨子。〔廣韻·錫部〕○丨，葶丨，艸名。〔集韻·錫部〕

惕

丨，懼也。〔通鑑·漢紀三八〕「故日夜丨厲」音注。又〔説文〕「丨，敬也」義證引〔玉篇〕。○丨謂懼也。〔太素·經脈之一〕「心丨丨如人將捕之」楊注。○丨，怵丨，憂也。〔廣韻·錫部〕○丨，愁也。〔慧琳音義·卷五二〕○丨，愁也，亦憂也。〔卷七四〕○丨，不安也，憂也。〔卷五七〕引〔考聲〕。○丨，驚也。〔卷七八〕引〔古今正字〕。○丨丨，亦憂勞之意。〔詩·防有鵲巢〕「心焉丨丨」陳疏。○丨丨，愛也。（同上）集疏引魯説。○借丨丨為懌

慴。〔釋訓〕「丨丨，愛也」郝疏。○丨丨猶忉忉也。〔詩・防有鵲巢〕「心焉丨丨」朱傳。○丨丨即施施也。〔釋訓〕「丨丨，愛也」平議。○丨與施皆聲近夷。〔書・盤庚〕「不丨予一人」孫疏。○丨當讀為施。(同上)平議。○丨，〔白虎通・號篇〕引作施，施蓋丨之緩讀。〔書・盤庚〕注「丨，一作施」孫疏。○〔說文定聲・卷一一〕丨，以易為之。〔論語〕「與其易也寧戚」。○丨，段逖為之。〔易・渙上九〕「渙其血去逖出，无咎」平議。○丨、逖、愁，古字通。(同上)李疏。

愁　丨，勞也。〔楚辭・悲回風〕「悼來者之丨丨」補注。又〔廣韻・錫部〕。○丨丨，驚懼貌。〔屈賦・悲回風〕「悼來者之丨丨」戴注。○丨亦寫作惕。(同上)○丨與惕同。〔漢書・王商傳〕「卒無怵丨憂」補注引宋祁。

裼　丨，袒也。〔通鑑・周紀三〕「秦人捐甲徒丨以趨敵」音注。○丨，袒衣。〔廣韻・錫部〕○去上衣曰丨。〔國策・齊策六〕「肉丨而進」補正。○〔說文定聲・卷一一〕丨，謂去衣見體也。〔韓子〕「頓足徒丨」。○丨，衣見內也。〔說文〕「丨，袒」繫傳。○丨，露也，謂摺上衣之衽於內，而露其中衣也。〔禮記・曲禮〕「其有藉者則丨」集解。○覆衣謂之丨，丨之言露可見之辭。〔說文〕「衺，上衣也」義證引〔五經要義〕。○凡澤衣之上，冬則加裘，裘上必有衣，謂之丨衣，開其正服之前衿見丨衣，謂之丨。〔說文定聲・卷一一〕○非盛禮則以見美為敬，開正服之前衿，袒出左袖而見丨衣，謂之丨。〔卷三〕〔「襲」下〕○中衣亦曰丨衣，深衣也。〔卷一八〕〔「常」下〕○丨，褓也。〔詩・斯干〕「載衣之丨」朱傳。○〔說文定聲・卷一一〕丨，但也。〔說文〕「丨，袒也」。○(同上)丨，段借為褅。〔詩・斯干〕「載衣之丨」。○丨，〔詩・斯干〕假借為褅字。〔說文〕「丨，但也」段注。○丨讀為褅。〔詩・斯干〕「載衣之丨」陳疏。○〔說文定聲・卷一一〕丨，段借為緆，實為裼。〔禮記・檀弓〕「袪丨之可也」。○丨當讀為緆，緆，緣也。〔禮記・檀弓上〕「袪丨之可也」述聞。

剔　丨，解骨。〔廣韻・錫部〕○丨，解骨也。〔慧琳音義・卷七八〕引〔韻英〕。○丨，解也。古作𤝞，或作肆。〔集韻・錫部〕○丨，剝也。〔慧琳音義・卷七八〕引〔考聲〕。○丨亦鬀也。〔說文〕「鬀，鬄髮也，小兒曰鬀」段注。○丨與鬄同。〔廣雅・釋詁一〕「剃，丨也」疏證。○丨即鬄字之或體。〔說文定聲・卷一一〕○丨者，鬄之省俗。〔說文〕「鬄，鬀髮也」段注。○丨當作鬄，解也。〔說文〕「冎，丨人肉置其骨也」段注。○丨，〔禮〕古文作鬄，今文作丨。〔說文〕「鬄，鬀髮也」段注。○丨齒纖，刺齒也，今人曰丨牙杖。〔通雅・襍用〕

𤝞　丨同剔。〔廣韻・錫部〕○丨為剔之或體，狄乃丨之省字。〔方言一二〕「剃，狄也」箋疏。○丨、鬄，剔並字異而義同。〔廣雅・釋詁三〕「丨，屠也」疏疏。○〔玉篇〕丨與剔同。〔說文〕「冎，剔人肉置其骨也」義證。

緆　丨，細布。〔廣韻・錫部〕○丨，細布也。〔集韻・昔部〕○飾裳之下畔為丨也。〔儀禮・既夕禮〕「縓綼丨」胡正義。○下曰丨，丨者，褖也。〔說文定聲・卷一四〕(「緣」下)○〔說文定聲・卷一一〕丨，段借為褖，丨，褖也。〔儀禮・既夕禮〕「縓綼丨」。○丨，治麻布也。〔說文〕「丨，細布也」義證引〔玉篇〕。○十五升布成，治之使滑易，是曰丨。(同上)段注。○丨，易也，治其布使滑易也。〔文選・子虛賦〕「被阿丨」集釋引〔儀禮〕「冪，用綌若錫」鄭注。○治其布使滑易者為丨，不治其布者為緦。〔說文定聲・卷一一〕○丨，通作錫。〔說文〕「丨，細布也」義證。○〔說文定聲・卷一一〕丨，以錫為之。〔儀禮・燕禮〕「冪，用綌若錫」。

礫　丨，碎石也，麁砂也。〔慧琳音義・卷一〇〕○丨，大砂也。〔卷一〕引〔考聲〕。○丨，石兒，或作硌、磟、珞。〔集韻・錫部〕○丨，料也，小石相枝柱其間，料料然出內氣也。〔說文〕「丨，小石也」段注。○黃丨，黃屑木也。〔文選・上林賦〕「鮮支黃丨」集釋引顏師古。○黃丨，疑即〔本草〕之黃櫨，丨與櫨一聲之轉。(同上)集釋。○丨當為蘗。〔漢書・司馬相如傳〕「鮮支黃丨」補注引沈欽韓。

櫟　丨，木名，柞屬。〔廣韻・錫部〕○丨，一名柞。〔說文定聲・卷七〕○丨即柞。〔釋木〕「丨，其實梂」郝疏。○丨曰橡，亦曰槲。其實作梂，曰皁斗，曰橡斗。然有二種，南土多槲，北土多丨。〔說文〕「丨，木也」義證引〔通志〕。○丨，其實名樣，一名草，一名橡斗子，殼可染皁，其樹華葉俱似栗。〔說文定聲・卷七〕○此言丨者，即栩也。〔說文〕「草，草斗，丨實也」段注。○丨，一名栩。〔說文定聲・卷七〕○丨，亦名杼。(同上)○丨，一名樸櫨，亦名構欏。(同上)○丨，亦云櫪，音同也。〔說文〕「丨，木也」義證引〔本草拾遺〕。○丨謂丨敵也。〔漢書・揚雄傳〕「桔隔鳴球」補注引段玉裁。○〔說文定聲・卷七〕丨，撈取作聲也。〔史記・楚元王世家〕「嫂詳為羹盡，丨釜」。○(同上)丨，段借為轢。〔史記・萬石張叔傳〕注「丨機轄」。○(同上)丨，段借為擊。〔射雉賦〕「丨雌妬異」。○(同上)丨，段借為撩。〔史記・楚元王世家〕「嫂詳為羹盡，丨釜」。

轢　丨，車踐。〔廣韻・錫部〕○車踐為丨。〔通鑑・隋紀二〕「多被陵丨」音注。○丨，車所踐也。〔說文〕「轥，丨田也」段注。○丨，車輾也。〔慧琳音義・卷七八〕引〔考聲〕。○丨，陵踐也。〔通鑑・隋紀二〕「多被陵丨」音注。○今彰德、衛輝諸府有田器曰衮，以石作之，圓如屋柱，長四五尺，有軸轉之，故曰丨。〔說文〕「案，丨禾也」義證。○吾鄉治場或曰丨田。(同上)義證。○丨，通作櫟。〔說文〕「丨，車所踐也」義證。

皪　丨，的丨，白狀。〔廣韻・錫部〕○丨，的丨，白皃，或从歷。〔集韻・錫部〕

鬲　丨，鼎屬也，圓而弇上。〔荀子・大略〕「丨如也」集解引郝懿行。○丨是空足之釜。〔方言五〕「鍑，吳揚之間謂之丨釜」箋疏。○丨之言歷也，鼎足疏闊歷歷然也。〔釋器〕「款足者謂之丨」述聞。○丨、歷古字通。〔荀子〕「亭山」雜志。○丨，讀與歷同字。(同上)○丨，漢令作歷，或作甂。〔廣雅・

釋器」「一，釜也」疏證。

𩱻　一，上烝氣也。〔説文〕「一，甗也」義證引〔五音集韻〕。

瓹　一，鬲同。〔吕覽・安死〕「皆鄉里之所釜一者而逐之」校正引顧炎武。○一即鬲之或體。〔釋器〕「款足者謂之一」郝疏。○一，舊作鬲。〔吕覽・安死〕「皆鄉里之所釜一者而逐之」校正。

甗　一，瓦器。〔廣韻・錫部〕○一，又作歷。〔説文〕「一，漢令鬲」句讀。

鎘　一，一鎗。〔廣韻・錫部〕

鬲　一同鎘。〔廣韻・錫部〕○鬲，或作鬲。〔説文〕「鬲，漢令鬲」義證引〔玉篇〕。

汨　一灑，水名，在豫章，屈原所沈之處。〔廣韻・錫部〕

適　一，從也。〔廣韻・錫部〕○一，主也。〔詩・伯兮〕「誰一為容」朱傳。又〔巷伯〕「誰一與謀」朱傳。○一，專主也。〔論語・里仁〕「君子之於天下也，無一也」朱注。又〔國策・東周策〕「而無一立也」補正。○心之所主為一。〔通鑑・魏紀二〕「心無一莫」音注。○一，親也。〔集韻・錫部〕○一與的同。〔義府・卷下〕○一，可也。〔論語・里仁〕「無一也」朱注引謝氏。○一，指實也。〔慧琳音義・卷八四〕引〔考聲〕。○一亦可為計數之數。〔春秋繁露・玉杯〕「故按春秋而一往事」平議。○一莫，猶言敵慕，謂無人無相也。〔慧琳音義・卷九〕○一亦調也。〔廣雅・釋草〕「欒夷，芍藥也」疏證。○均調謂之一歷，聲轉則為勺藥。（同上）

嫡　一，正也。〔廣韻・錫部〕○一，君也。（同上）○一，孎一。〔廣韻・陌部〕○一孎，女審諦皃。〔集韻・昔部〕○〔説文定聲・卷一二〕一孎，謹飭之意，一孎猶躑躅，雙聲連語。〔説文〕「一，孎」。○一庶字古祇作適。〔説文〕「一，孎也」段注。○一字疑古本作適，此適庶之適。〔公羊傳昭公五年〕「匿一之名也」平議。○一字疑古本作適，此適然之適。〔公羊傳昭公五年〕「其名何一得之也」平議。○〔説文定聲・卷一二〕一，經傳皆以適為之。〔廣雅・釋詁一〕「一，君也」。○一者，滴也。〔説文繫傳・通論中〕○〔説文定聲・卷一二〕一，叚借為敵。〔詩・江有汜〕序「一能悔過也」。

嬉　一，古皆借適，近乃借嫡。〔説文〕「一，孎也」句讀。

靮　一，馬韁。〔廣韻・錫部〕○一，繮也。〔集韻・錫部〕○〔説文定聲・卷七〕一即畢字，畢一雙聲。〔廣雅〕「一謂之繮」。○一之言扚也。〔廣雅・釋器〕「一謂之繮」疏證。○〔通雅・卷三五〕一當音約。〔左傳〕「臣負羈一」。

闃　一，寂靜也。〔廣韻・錫部〕○一，靜也。〔集韻・錫部〕○〔説文定聲・卷一二〕一即窡字。〔吴都賦〕「嵺澗一」。（「闃」下）○闃，寂靜也。〔續音義・卷一〇〕引〔字書〕。○一，寂寞空壙也。〔慧琳音義・卷九一〕引〔考聲〕。○一，無人貌也。（同上）

鬩　一，鬭也。〔通鑑・漢紀五六〕「兄弟鬩一」音注。又〔廣韻・錫部〕○一，鬭狠也。〔詩・常棣〕「兄弟一于牆」朱傳。○一，狠也。〔通鑑・唐紀四七〕「日有忿一」音注。○一，戾也。〔通鑑・漢紀五六〕「兄弟讒一」音注。又〔唐紀四七〕「日有忿一」音注。又〔廣韻・錫部〕○一，很也。〔通鑑・漢紀五六〕「兄弟讒一」音注。又〔廣韻・錫部〕○一，相怨也。〔通鑑・唐紀四七〕「日有忿一」音注。又〔廣韻・錫部〕○一，恨也。〔集韻・陌部〕○一，懼也。（同上）○〔説文定聲・卷一二〕一，字亦作闃。〔易・豐〕姚信本「一其無人」。○一亦作㦌。〔方言一〕「脅一，懼也」疏證。

鶪　一，伯勞。〔廣韻・錫部〕○一，鳥名。或从隹，亦作䴌。〔集韻・錫部〕○〔説文定聲・卷一二〕一，以鴃為之。〔夏小正〕「五月鶪則鳴」。○一，〔夏小正〕〔孟子〕作鴃。〔説文〕「一，伯勞也」段注。○〔説文定聲・卷一二〕一，字亦作䴌。〔易・通卦驗〕「博勞好單棲，其聲䴌䴌」。

䴌　一，伯勞也。〔詩・七月〕「七月鳴一」朱傳。○一即苦鳥。（同上）後箋引〔通雅〕。

蹢　一，蹄。〔詩・漸漸之石〕「有豕白一」朱傳。○一，蹄也。〔廣韻・錫部〕○一，蹄也，或从豕。〔集韻・錫部〕

迪　一，道也。〔廣韻・錫部〕○一，道。道者，達也。〔書・皋陶謨下〕「一朕德」孫疏。○一者，道。〔書・洛誥〕「一將其後」孫疏。○一又為引道之道也。〔説文〕「一，道也」繫傳。○〔説文定聲・卷六〕一謂導也。〔説文〕「一，道也」。○一猶導也、達也，語之轉。〔屈賦・懷沙〕「易初本一兮」戴注。○一，進也。〔詩・桑柔〕「弗求弗一」朱傳。又〔廣韻・錫部〕○一者，行也。〔書・微子〕「詔王子出一」孫疏。○一，蹈也。〔廣韻・錫部〕○一、蹈古同聲。〔廣雅・釋言〕「一，蹈也」疏證。○一，用也。〔書・君奭〕「乃惟時昭文王一見冒」述聞。又（同上）孫疏。又〔召誥〕「天一從子保」述聞。○一，正也。〔漢書・敘傳〕「漢一於秦」補注引蘇輿。○一，發語詞也。〔釋詞・卷六〕○一，句中語助也。（同上）○一，詞之用也。（同上）○一、妯，文異義同。〔釋詁〕「一，作也」述聞引錢氏。○一者，妯之叚音也。（同上）郝疏。○〔説文定聲・卷六〕一，叚借為妯，為柚，實為軸。〔釋詁〕「一，作也」。○（同上）一，叚借為由，實為以，一以一聲之轉。〔書・牧誓〕「昏棄厥遺王父母弟不一」。○一當讀為由。〔書・牧誓〕「昏棄厥遺王父母弟不一」平議。○一字當訓為遹，一即由字，亦語詞。〔書・立政〕「一惟有夏」孫疏引畢以田。○軸一並从由聲，一亦音逐，故與軸通矣。〔釋詁〕「一，進也」郝疏。○一從由得聲，亦或同猶。〔書・君奭〕「尚一有禄」孫疏。○一同攸。〔書・酒誥〕「一畏天顯小民」

孫疏。○丨與攸通。〔書・召誥〕「天丨從子保」孫疏。○丨可訓為修。〔書・西伯戡黎〕注「不修教法」孫疏。○丨者，與篴聲相近。〔書・多方〕「勸于帝之丨」孫疏。

覡　丨，能見神也。〔說文〕「丨，能齋肅事神明，在男曰丨，在女曰巫」繫傳。○丨，男巫。〔集韻・麥部〕○在女曰巫，在男曰丨。〔漢書〕「巫鬼」雜志。○〔說文定聲・卷一一〕巫丨二者皆以除疾，故並偁。〔管子・權脩〕「好用巫毉」。○丨，巫丨，男曰巫，女曰丨。〔廣韻・錫部〕

酈　丨，今為鄧州縣。〔說文〕「丨，南陽縣」繫傳。○丨當作鄜，屬左馮翊。〔史記・高祖功臣侯者年表〕「子台封丨侯」志疑。○下丨，〔漢書〕作下鄜，古字通用。〔史記・建元以來侯者年表〕「下丨」志疑。

踧　丨丨，平易也。〔詩・小弁〕「丨丨周道」朱傳。又〔集韻・錫部〕。○丨踖，行不進也。〔慧琳音義・卷八九〕引〔考聲〕。

菥　丨蓂，大薺。〔廣韻・錫部〕○丨蓂，菜名，木薺也。〔集韻・錫部〕○丨蓂，似薺菜，但葉差大而莖稍高耳。〔釋艸〕「丨蓂，大薺」鄭注。○丨蓂，一名茂菥。〔文選・南都賦〕「丨蓂芋瓜」集釋引〔本草〕。○丨蓂，一名大蕺〔同上〕○丨蓂，一名馬辛，一名大蕺，一名茂丨。〔釋艸〕「丨蓂，大薺」鄭注。○丨蓂子，一名蔑丨，一名大蕺，一名馬辛，一名大薺。〔說文〕「蓂，析蓂，大薺也」義證引〔本草〕。○〔說文定聲・卷一二〕丨，字亦作菥。〔字林〕「菥，草也，生水中，其花可食」。○丨，〔史記〕作菥，〔漢書〕省艸作析，蓋古斯與析通。〔文選・子虛賦〕「其高燥則生葴丨苞荔」集釋。

淅　丨，汰米。〔廣韻・錫部〕○丨，洗米也。〔本草・卷二二〕○丨者，汏米也。〔說文〕「練，湅繒也」段注。○丨，洮也，江南言丨，中國言洮。〔慧琳音義・卷七五〕○丨，漬米水也。〔孟子・萬章下〕「接丨而行」朱注。

蜥　丨蜴。〔廣韻・錫部〕○丨易，俗謂之四脚蛇。〔方言八〕「守宮，秦晉西夏或謂之丨易」箋疏。○丨蜴，俗謂之四腳蛇。〔說文定聲・卷一七〕〔蜓〕下〕○丨易者統名，倒言易丨及單言丨者，別其在澤中者言之。〔說文〕「易，蝘蜓，守宮也」段注。○〔說文定聲・卷一一〕在草曰丨易，蘇俗謂之四腳蛇是也，在壁曰守宮，蘇俗謂之壁虎，即蠍虎是也，二者同類。〔說文〕「丨，丨易也」。○小而青者曰丨蜴。〔釋魚〕「丨蜴」鄭注。○丨亦作蜴。〔說文〕「丨，丨易也」段注。○丨，通作蜴。〔釋魚〕「丨蜴」郝疏。

頔　丨，好兒。〔廣韻・錫部〕○丨，好也。〔集韻・錫部〕

籊　丨，竹長殺兒。〔集韻・錫部〕○丨丨，長而殺也。〔詩・竹竿〕「丨丨竹竿」朱傳。○丨，竹竿兒。〔廣韻・錫部〕又〔集韻・錫部〕

弔　丨，至也。〔詩・天保〕「神之丨矣」朱傳。又〔廣韻・錫部〕。○丨者，至也。〔說文〕「𨑩，至也」義證引〔文心雕龍・哀弔〕。○丨，愍。〔詩・節南山〕「不丨昊天」朱傳。○不丨猶不祥也。〔左傳成公一三年〕「穆為不丨」平議。○〔說文定聲・卷七〕丨，叚借為俶，俶丨雙聲。〔書・柴誓〕「無敢不丨」。

吊　丨亦訓善。〔書・盤庚下〕「丨由靈」平議。○丨作淑者，古字通用。〔莊子・德充符〕「彼且蘄以淑詭幻怪之名聞」平議。

⿺辶雷　丨，雨也。〔廣韻・錫部〕○丨，雨兒。〔集韻・沃部〕

鷊　丨，小草，雜色如綬。〔詩・防有鵲巢〕「邛有旨丨」朱傳。○丨，韓作虉，齊魯作鷏。〔同上〕集疏。

虉　丨，綬草。〔廣韻・錫部〕○丨，小艸也，有雜色，似綬。〔集韻・麥部〕○丨，鳥名。〔同上〕

鷏　丨，小草雜色似綬也。〔說文〕「丨，綬也」繫傳。○丨，〔毛詩〕作鷊，叚借字也。〔說文〕「丨，綬艸也」段注。○〔說文定聲・卷一一〕丨，字作虉。〔釋草〕「虉綬」。

趯　丨，跳兒。〔廣韻・錫部〕○丨丨，跳也。〔集韻・錫部〕○丨，古皆訓為躍。〔說文〕「丨，踊也」義證。○丨丨，躍也。〔詩・出車〕「丨丨阜螽」陳疏。○丨丨，躍貌。〔詩・草蟲〕「丨丨阜螽」朱傳。○〔說文定聲・卷七〕丨，叚借發聲之詞。〔廣雅・釋詁一〕「丨，驚也」。○〔同上〕丨，以狄為之。〔荀子・非十二子〕「狄狄然」。

⿺辶翟　丨，同趯。〔廣韻・錫部〕

獥　丨，狼子。〔廣韻・錫部〕又〔集韻・錫部〕。

倜　丨，丨儻，不羈。〔廣韻・錫部〕○丨儻，猶出羣也。〔慧琳音義・卷八九〕引顧野王。○丨，超遠也。〔荀子・君道〕「丨然乃舉太公於州人」集解引郝懿行。○丨與俶同。〔廣雅・釋訓〕「俶儻，卓異也」疏證。

俶　丨儻，卓異也。〔集韻・錫部〕○丨，或作倜。〔同上〕

毄　丨，攻也。〔廣韻・錫部〕○勤苦用力曰丨。〔集韻・錫部〕○丨者，抑泥土為之令其堅激也。〔說文〕「墼，瓴適也」義證引〔急就篇〕顏注。○〔說文定聲・卷一一〕丨，叚借為系。〔周禮・校人〕注「三阜為丨」。○丨，假借為系字，今之繫也。〔說文〕「丨，相擊中也」段注。○古假丨為係，後人盡改為繫耳。〔說文〕「係，絜束也」段注。

惄 ｜，飢也。〔詩・汝墳〕「｜如調飢」集疏引魯說。○｜，飢意也。(同上)朱傳。○｜，飢貌。〔釋言〕「｜，飢也」鄭注。○｜，飢皃。〔集韻・沃部〕○飢為｜字本訓，｜之訓恖，本〔方言〕恖與思義相近。〔詩・汝墳〕「｜如調飢」後箋。○｜，心之飢也。〔廣韻・錫部〕○｜，思。〔詩・小弁〕「｜焉如擣」朱傳。○｜，思也。〔詩・汝墳〕「｜如調飢」集疏引魯說。又〔廣韻・錫部〕。○｜為憂悵之思也。〔釋詁〕「｜，思也」郝疏。○｜，憂也。〔廣韻・錫部〕○｜與⿰忄勺同聲。〔方言一〕「或謂之｜」箋疏。○｜然、欿然，即蹙然，謂其蹙蹙之容也。〔通雅・釋詁〕○〔說文定聲・卷六〕｜，叚借為慼。〔說文〕「｜，一曰憂也」。○古｜愵通用。〔說文〕「愵，惄皃」段注。○｜為古文，愵為後來孳生之字。〔詩・汝墳〕「｜如調飢」後箋。○｜，韓作愵。(同上)集疏。

⿰山思 ｜，古文惄。〔廣韻・錫部〕

⿰山惄 ｜與惄同。〔廣雅・釋詁一〕「惄，憂也」疏證。

塓 ｜，塗也。〔廣韻・錫部〕又〔集韻・錫部〕。○｜與塓同。〔廣雅・釋宮〕「塓，塗」疏證。○｜、墁聲相轉。〔釋宮〕「鏝謂之杇」郝疏。

狊 ｜，張翅振翼。〔釋獸〕「鳥曰｜」鄭注。○｜，犬視。〔集韻・錫部〕○｜，犬視也。〔廣韻・錫部〕○｜，俗字作瞁。〔說文定聲・卷一一〕○(同上)｜，〔左傳〕〔爾雅〕字作溴。〔公羊傳襄公一六年〕「會于｜梁」。

殈 ｜，鳥卵破也。〔廣韻・錫部〕○｜，卵折。〔集韻・昔部〕○卵坼不成曰｜。〔集韻・錫部〕○｜即㲉也。〔說文〕「㲉，卵不孚也」段注。○｜與掝通。〔廣雅・釋詁二〕「掝，裂也」疏證。

馰 ｜顙，馬白額。〔廣韻・錫部〕○旳顙之馬謂之｜。〔說文〕「｜，馬白頟也」段注。○〔說文定聲・卷七〕馬白額名｜者，後製字。〔釋畜〕「｜顙，白顛」。(「旳」下)○因馬有旳顙，又製｜字。〔說文定聲・卷七〕○(同上)｜與騅同。〔易〕曰「為｜顙」。

樀 ｜，屋梠。〔廣韻・錫部〕又〔集韻・錫部〕。○｜，檐也。〔說文〕「｜，戶｜也」義證引〔玉篇〕。○｜，朝門之檐也。(同上)繫傳。○｜亦曰槐，曰楣、曰橑，凡｜皆即檐雨水所滴處，故曰｜，門前之｜則曰闇。〔說文定聲・卷一一〕○｜，機上卷絲器。〔集韻・錫部〕

墼 ｜，土｜。〔廣韻・錫部〕○㙺土方而不燒為｜也。〔慧琳音義・卷二八〕引顧野王。○｜，土甎不燒者。〔卷六二〕○｜者令適，未燒者也。〔說文〕「坴，絫｜也」段注。○〔說文定聲・卷一一〕｜，今俗云土｜，是與坴同誼。〔說文〕「｜，一曰未燒者也」。○(同上)｜，今俗曰甎。〔說文〕「｜，令適也」。○｜壘，壘｜而為障蔽也。〔說文〕「坴，絫｜也」義證引〔急就篇〕顏注。○｜謂之陶。〔說文〕「⿱穴復，地室也」義證引戴震。

艗 ｜首，舟也，或从木、从兒。〔集韻・錫部〕○｜，舟，舟頭為鷁首。〔廣韻・錫部〕○｜艏，舟也，古通用鷁首。〔方言九〕「首謂之｜首」疏證。

⿰虫朿 ｜，｜蜆。〔廣韻・錫部〕

⿰歹析 ｜，⿰歹辟｜，欲死之皃。〔廣韻・錫部〕

轚 ｜，舟車。〔廣韻・錫部〕

⿱艹毄 ｜，草名。〔廣韻・錫部〕○｜與蘻同字。〔說文定聲・卷一一〕

⿱毄鳥 ｜，鳥名，似烏。〔廣韻・錫部〕○〔說文定聲・卷七〕｜，鷹屬。〔釋鳥〕「｜，鶌鷵」。

⿱辟力 ｜，剖也，裂也，破也。〔廣韻・錫部〕○｜，義與副近而不同，今字用｜為副，｜行而副廢矣。〔說文〕「｜，破也」段注。○今俗語緝麻析其絲曰｜，即林也。〔說文〕「林，葩之總名也」段注。○｜歷，疾雷之名。〔說文〕「震，｜歷振物者」段注。○｜與劈微別。〔說文定聲・卷一一〕○｜，又或假擘為之。〔說文〕「｜，破也」段注。○｜當作劈。〔文選・安陸昭王碑文〕「雖鄧訓致｜面之哀」集釋。

⿱厤心 ｜，急速。〔廣韻・錫部〕○｜、朴雙聲，形容急速之意。〔方言一二〕「｜朴，猝也」疏證。

⿰金𠂢 ｜，裁木為器。〔廣韻・錫部〕○梁益謂裁木為器曰｜。〔集韻・麥部〕○｜之言劈。〔廣雅・釋詁二〕「｜，裁也」疏證。○｜音劈歷之劈。〔文選・蜀都賦〕「｜摫兼呈」集釋引〔方言〕郭注。○｜，義與⿰扌𠂢同。〔廣雅・釋詁一〕「⿰扌𠂢，裂也」疏證。○｜，今或作鈲。〔文選・蜀都賦〕「｜摫兼呈」集釋。

瓅 ｜，珠｜。〔廣韻・錫部〕○｜又借爍字。〔說文〕「｜，玓｜」義證。○｜字或作礫。(同上)○〔說文定聲・卷七〕玓｜，作的皪亦同。〔說文〕「｜，玓｜也」。

秝 ｜，稀踈。〔廣韻・錫部〕○｜，稀疏｜｜然。〔說文〕「｜，稀疏適也」義證引〔玉篇〕。○凡言歷歷可數、歷録束文皆當作｜，歷行而｜廢矣。〔說文〕「｜，稀疏適｜也」段注。○適｜者，疊韻連語，均勻之皃，藝禾寂勻，故會二禾意也。〔說文定聲・卷一一〕○｜彔與轣轆亦同義，維車也。〔方言五〕「維車，趙魏之間謂之轣轆車」箋疏。○｜又借磿字。〔說文〕「｜，稀疏適也」義證。○｜，俗作森。(同上)

⿰羊歷 ｜，羖｜。〔廣韻・錫部〕○｜，羖｜，山羊。〔集韻・錫部〕

磿 ｜，石聲。〔廣韻・錫部〕○｜｜，石小聲。〔說文〕「｜，石聲也」義證引〔玉篇〕。○｜與歷通。〔墨子〕「磿」雜志。○〔說文定聲・卷一一〕｜，叚借為秝。〔周禮・遂師〕「及窆抱｜」。○｜，字亦作礰。〔說文定聲・卷一一〕○｜鹿猶鹿盧，語之轉耳。〔墨子〕「｜鹿」雜志。

蒚｜，山蒜。〔廣韻·錫部〕○｜，山蒜之名。〔說文定聲·卷一二〕○蒜之生於山者名｜。〔釋草〕「｜，山蒜」郝疏。○｜，蒲臺頭名。〔廣韻·麥部〕○｜，莞上之臺首也。〔說文〕「｜，夫蘺上也」繫傳。○｜，蒲｜，謂今蒲頭有臺，臺上有重臺，中出黃即蒲黃。（同上）義證引〔玉篇〕。○西方名蒲中莖為｜。〔集韻·麥部〕○｜，艸名。〔集韻·錫部〕

⿸尸歷｜，履下。〔廣韻·錫部〕○〔說文定聲·卷一一〕｜謂底箸地者。〔說文〕「｜，履下也」。

鷊｜，雉屬。〔廣韻·錫部〕又〔集韻·麥部〕。○｜，鸛鳥，鷄屬。〔廣韻·陌部〕○鸛鳥亦曰｜。〔說文定聲·卷一一〕「騶」下

躒｜，動也。〔大戴·勸學〕「騏驥一｜」王詁。又〔廣韻·錫部〕。又〔集韻·鐸部〕。○〔釋文〕｜，本作櫟。〔左傳昭公五年〕「輔｜」洪詁。○〔史記〕｜作櫟。〔左傳定公三年〕「荀｜」洪詁。

⿺走樂｜，動也。〔廣韻·藥部〕又〔集韻·藥部〕。○｜同躒。〔廣韻·錫部〕○〔說文定聲·卷七〕｜，字亦作躒。〔大戴記〕「騏驥一躒」。○｜，今傳作躒。〔說文〕「｜，讀若春秋傳曰輔｜」段注。○｜，經典作躒。〔說文〕「｜，動也」義證。○｜，經典皆借躒。（同上）句讀。

⿰米樂｜，雜也。〔集韻·錫部〕○｜，雜糅食名。〔廣韻·錫部〕○｜與沙礫之礫聲義並同。〔廣雅·釋詁一〕「｜，雜也」疏證。

擽｜，捎也。〔廣韻·錫部〕○｜，本作櫟，此蓋為借礫字，礫者，小石也。〔荀子·王霸〕「｜然扶持心國」集解引郝懿行。○｜然，落石貌。〔通鑑·周紀四〕「｜然扶持心國」音注。○〔說文定聲·卷七〕｜，段借為撩。〔釋名·釋首飾〕「導或曰｜鬢，以事名之也」。○（同上）｜，段借為櫟。〔史記·萬石張叔傳〕集解「｜機軖」。○｜當為櫟。〔說文〕「敔，樂器」義證。

甋｜，瓴｜，甎也。〔廣韻·錫部〕

⿱罒勺｜，魚罾網也。〔廣韻·錫部〕

魡｜，魚名。〔廣韻·錫部〕○｜，繫魚也，或作⿱罒勺。〔集韻·錫部〕

⿰石啇｜，磓。〔廣韻·錫部〕○｜之言擿也。〔廣雅·釋詁四〕「｜，伐也」疏證。○｜、擿、沰、石、磓、搥，聲義並相近。〔廣雅·釋詁四〕「搥，擿也」疏證。○｜、沰、磓，一聲之轉。〔廣雅·釋言〕「｜、沰，磓也」疏證。○水｜，番車。〔集韻·錫部〕

⿰石勺｜同⿰石啇。〔廣韻·錫部〕

⿺辶弔｜，至也。〔廣韻·錫部〕○｜，〔小雅〕〔盤庚〕皆作弔。〔說文〕「｜，至也」段注。○｜，經典借弔字。（同上）義證。

⿱敫角｜，杖耑拄地處。〔說文〕「｜，杖耑角也」繫傳。○｜，以角飾杖策頭。〔廣韻·錫部〕○｜，後世或飾以玉，其耑刻為鳩形。〔說文定聲·卷七〕○｜，放耑角。〔集韻·覺部〕○｜當為擊字之誤。〔說文〕「敫，｜田也」義證。

屔｜，石地惡。〔廣韻·錫部〕○｜，不煩易意。〔說文〕「｜，石地惡也」繫傳。○｜與碣略同。〔說文定聲·卷一一〕

⿰彳由｜，行平易不止也。〔說文〕「｜，行｜｜也」繫傳。○｜與宙同，古往今來無極之名。（同上）段注引〔玉篇〕。○｜｜，行皃。〔集韻·沃部〕○｜｜蓋與〔小弁〕踧踧同，行平易也。〔說文〕「｜，行｜｜也」段注。○｜又借逐字。（同上）義證。○｜，經典作迪。（同上）

⿰骨易｜，骨間黃汁。〔廣韻·錫部〕○｜，骻中也。〔集韻·錫部〕

鬄｜，鬀髮。〔廣韻·昔部〕○｜者，鬀髮也。〔說文〕「鉻，｜也」段注。○由｜之本義而引伸之則為解散。〔說文〕「｜，鬀髮也」段注。○〔說文定聲·卷一一〕｜，段借為鬀。〔說文〕「｜，鬀髮也」。○省｜作剔。〔說文〕「｜，鬀髮也」句讀。○〔說文定聲·卷一一〕｜，字亦作剔。〔通俗文〕「去骨曰剔」。○｜，又通作剔。〔說文〕「｜，鬀髮也」義證。○〔說文定聲·卷一一〕｜，字亦作㓮。〔廣雅·釋詁二〕「㓮，屠也」。○㓮、｜、剔並字異而義同。〔廣雅·釋詁三〕「㓮，屠也」疏證。○｜，亦借用鬄。〔說文〕「｜，鬀髮也」句讀。○｜，通作鬄。（同上）義證。○〔說文定聲·卷一一〕｜，以肆為之。〔周禮·大司徒〕「羞其肆」。○（同上）｜，段借為剔。〔廣雅·釋詁三〕「剔，罵也」。○（同上）｜，段借為鬄。〔射雉賦〕「邪眺旁剔」。○（同上）｜，字亦作剔。〔太玄·夷〕「陽氣傷剔」。○｜，字亦作揚。〔說文定聲·卷一一〕

⿰火皀｜，望見火皃。〔廣韻·錫部〕○｜，望火皃。〔集韻·錫部〕○｜，望見火。〔說文〕「｜，望火皃」義證引〔玉篇〕。○｜，望見火光。（同上）義證引〔五音集韻〕。

⿰火㠯｜然猶旳然也。〔說文〕「｜，望見火皃」段注。○｜，各本篆體作⿰火皀。（同上）

⿰目脩｜，失意視皃。〔廣韻·錫部〕○｜，或作⿰目脩。〔說文〕「｜，失意視也」義證。○〔說文定聲·卷六〕｜，字亦作⿰目脩。〔魏都賦〕「⿰目脩焉失所」。

愵｜，憂皃。〔廣韻·錫部〕○｜，古文惄，憂也。〔慧琳音義·卷六五〕○｜、惄並與惄同。〔方言一〕「惄，傷也」箋疏。

⿰口叔｜嗼，無聲。〔廣韻·錫部〕○｜嗼而無聲，言安靖也。〔說文〕「｜，｜嗼也」義證引〔玉篇〕。○〔說文定聲·卷六〕｜嗼，無聲也，古皆以宋為之。〔說文〕「｜，｜嗼也」。○宋、諔、｜、寂並字異而義同。〔廣雅·釋詁四〕「宋，靜也」疏證。○｜與家通。〔方言一〇〕「家，靜也」箋疏。○｜，字亦作諔。〔說文定聲·卷六〕

扚 一，擊也。〔集韻・錫部〕〇一，引也。〔廣韻・錫部〕又〔集韻・錫部〕。〇一，按也。（同上）

斛 一，量也。〔廣韻・錫部〕〇一，量器。〔集韻・錫部〕

⿰忄勺 一，一痛。〔廣韻・錫部〕〇一，痛也。〔集韻・錫部〕

⿰牜啇 一，特牛。〔廣韻・錫部〕〇牛之牡者曰一。〔本草・卷五〇〕

燩 一，乾燥也。〔廣韻・錫部〕

幦 一，車覆闌。〔禮記・少儀〕「拖諸一」集解。〇一，車覆笭也。〔說文〕「一，髤布也」義證引〔五經文字〕。〇一，車覆軨也。〔廣韻・錫部〕〇一，覆笭也。〔集韻・錫部〕〇一，古者車前後禦風塵之篚，用竹或用髤。〔說文定聲・卷一一〕〇一，桼布。〔集韻・昔部〕〇一，髤布之專名。〔說文定聲・卷一一〕〇一之言幎也，幎，覆也。〔廣雅・釋器〕「覆笭謂之一」疏證。〇一義亦與幎同。〔廣雅・釋詁二〕「幎，覆也」疏證。〇一，字或作幭、蔑、⿰衤冥，其義同也。〔廣雅・釋器〕「覆笭謂之一」疏證。〇〔說文定聲・卷一一〕一，段借為幭。〔禮記・玉藻〕「君羔一虎犆」。

⿰衤冥 一同幦。〔廣韻・錫部〕〇幭、幦、一，字異而義同。〔廣雅・釋詁二〕「幎，覆也」疏證。

糸 一，細絲也。〔說文〕「絫，增也」段注。又〔廣韻・錫部〕。〇細絲曰一。〔說文〕「一，細絲也」段注。〇一蠶所吐為忽，十忽為絲，一，五忽也。〔集韻・錫部〕引徐鍇。〇一，五忽也。〔說文〕「一，細絲也」繫傳。〇一者，絲之半。〔說文定聲・卷七〕〔幺下〕〇一，微也。〔廣韻・錫部〕〇一之言蔑也，蔑之言無也。〔說文〕「一，細絲也」段注。〇一，連也。〔廣韻・錫部〕

鼏 一，一蓋。〔廣韻・錫部〕〇一，鼎蓋也。〔說文〕「鼆，鏠甘飴也」段注。〇一，覆鼎者。〔集韻・錫部〕〇一，覆樽巾也。〔說文〕「一，以木橫貫鼎耳而舉之」義證引〔玉篇〕。〇扃者，段借字，一者，正字。（同上）段注。〇〔說文定聲・卷一七〕一，以扃為之。〔考工・匠人〕「廟門容大扃七个」。〇一與幎通。〔廣雅・釋言〕「一，闔也」疏證。〇一，段借為幎。〔說文定聲・卷一七〕〇（同上）一作幂也。〔禮記・禮器〕「犧尊疏布一」注「或作幕」。〇幎、冪、一、冖並通。〔廣雅・釋詁二〕「幎，覆也」疏證。〇一，古文皆作密，則以密為之。〔說文定聲・卷一七〕〇〔禮〕古文一皆為密。〔說文〕「鼏，讀若一」段注。

冖 一，以巾覆物。〔說文〕「一，覆也」義證引〔文字音義〕。〇一即幎字之古文也。〔說文定聲・卷一一〕〇一蒙，一聲之轉。〔釋言〕「蒙，奄也」郝疏。

⿱竹冥 一，笍一。〔廣韻・錫部〕〇一，笍一，傘帶也。〔集韻・錫部〕〇一與縝同義。〔廣雅・釋器〕「縝，繩索也」疏證。〇一之言縝也。〔廣雅・釋器〕「一，帶也」疏證。

蓂 一，菥一。〔廣韻・錫部〕〇一，艸名。〔集韻・錫部〕

⿰糸冥 一，綱繩。〔廣韻・錫部〕〇一，荊州謂帆索曰一。〔集韻・錫部〕

鸊 一鷉，須贏，即今之鸊鷉，油鴨也。〔通雅・鳥〕〇一鶃，聲並與一鷉相近。〔方言八〕「鷄，陳楚宋魏之間謂之一鷉」箋疏。〇一鷉與辟雉同。〔廣雅・釋獸〕「辟雉，雞也」疏證。〇一鷉，亦作辟雉。〔方言八〕「雞，陳楚宋魏之間謂之一鷉」疏證。〇一鷉與鷿鷉皆疊韻字，為形容之詞，故鷄謂之一鷉，野鳧亦謂之一鷉，不嫌異物同名也。〔方言八〕「野鳧，其小而好沒水中，南楚之外謂之鷿鷉」箋疏。〇一鷿同。（同上）疏證。〇一與鷿同。（同上）箋疏。〇鷿，鳥名，或从隹，亦書作鷿。〔集韻・錫部〕〇鷿，野鳧，其大者曰鶻鷉。〔說文定聲・卷一一〕〇鷿鷉，鳥名，似鳧而小，足近尾。〔廣韻・錫部〕〇鷿鷉，或作一鶃。〔釋鳥〕「鷉，須贏」郝疏。

⿸厂辟 一，仄也。〔集韻・昔部〕〇一，仄起。〔廣韻・昔部〕〇一，偪仄字當作此。〔說文定聲・卷一一〕〇一陋即〔堯典〕側陋。〔說文〕「一，反也」義證。〇一，通作辟。（同上）

⿰蚤鼓 〔說文定聲・卷六〕一，讀如促也。〔說文〕「一，夜戒守鼓也」。〇一，今〔周禮〕作鼜。〔說文〕「一，夜戒守鼓也」段注。

慽 一，痛。〔廣韻・錫部〕〇一，或書作慼。〔說文〕「一，悳也」段注。〇一，經典作慼。〔說文〕「一，憂也」句讀。〇一，或借戚字。（同上）義證。〇一，今作戚。（同上）繫傳。〇一，經傳皆以戚為之。〔說文定聲・卷六〕〇一，字亦作慽。（同上）〇一，字亦作愳。（同上）〇（同上）一，字亦作慼。〔蒼頡篇〕「慼，憂皃」。

幭 一，幦，⿰衤冥字異而義同。〔廣雅・釋詁二〕「幎，覆也」疏證。

幭 一，車覆式也。或作簚。〔集韻・錫部〕

萆 一，雨衣。〔廣韻・昔部〕〇〔說文定聲・卷一一〕一即〔爾雅・釋艸〕之蘪，从水生也，一蔍，當作一蘪。〔說文〕「一，一曰一蘪，似烏韭」。〇生水中者為一，亦曰水衣，曰水垢，曰魚衣，即〔說文〕之菭，〔爾雅〕之藫也。〔說文定聲・卷一一〕〇一，字亦作蓖。（同上）〇一，讀曰蔽。〔史記・淮陰侯傳〕「從間道一山而望趙軍」志疑引〔瞥記〕。〇〔通雅・卷七〕一山猶蔽山。〔韓信傳〕「間道一山」。〇一蔍即一荔。〔說文〕「一，一曰一蔍，似烏韭」義證。〇一作卑。〔史記索隱〕「異文」雜志。

爑丨蠡，乾酪，或作䤈，亦从鼏。〔集韻·錫部〕○丨當為鼊，言酪之甘，如䗍蜜也。〔漢書·揚雄傳〕「燒丨蠡」補注引沈欽韓。

鬄丨，髮也，或作鍚。〔集韻·錫部〕○丨、髢同字，訓髮。〔說文〕「鬄，鬄髮也」段注。○〔說文定聲·卷一一〕丨，叚借為鬄。〔儀禮·士喪禮〕「四丨」。

彴丨約，讀如招搖。〔說文〕「丨，約也」段注。

䤈丨，下酒。〔廣韻·錫部〕○丨，漉酒也。〔說文〕「丨，酮也」義證引〔玉篇〕。○丨謂滴瀝而下也。（同上）段注。○〔說文定聲·卷一一〕丨與瀝、漉略同，實即隔字之轉注。〔說文〕「丨，酮也」。○（同上）丨，以歷為之。〔周禮·量人〕「受斝歷」。○丨，〔周禮·量人〕作歷，古文叚借。〔說文〕「丨，酮也」段注。

歖〔說文定聲·卷一一〕丨且，亦微笑聲也。〔說文〕「丨丨，且也」。○丨與〔字林〕之謚音義同。〔說文〕「丨，一曰小笑」段注。

椑丨，棺也。〔廣韻·昔部〕又〔集韻·昔部〕。○丨，大棺。〔廣韻·錫部〕○丨，親身棺也。〔禮記·曾子問〕「以丨從」集解。○〔說文定聲·卷一一〕丨猶言伏舍也。〔禮記·曾子問〕「三年之戒以丨從」。○（同上）丨，以辟為之。〔左傳哀公二年〕「不設屬辟」。○（同上）丨，段借為庳。〔禮記·檀弓〕「君即位而為丨」。

鼳丨，鼠名，狀如鼠，在樹木上。或作䶂。〔集韻·錫部〕○丨，獸名。（同上）○丨，鼠名，今江東山中有，狀如鼠而大，蒼色。（同上）引郭璞。

㥌丨，牛屬。〔集韻·錫部〕

糴丨，穀粟之名。〔廣韻·錫部〕○丨，穀名，或从禾。〔集韻·錫部〕

䃎丨，碤丨，石次玉也。〔廣韻·錫部〕又〔集韻·錫部〕。

𤀹丨沐，遽也。〔廣韻·錫部〕○丨沐，怖懅也，通作悐。〔集韻·錫部〕○丨亦作惆。〔方言一〇〕「丨，遽也」疏證。○丨與闃並通。（同上）箋疏。

䈇丨，籬屬。〔廣韻·錫部〕○斛注謂之丨。〔集韻·錫部〕

殳丨，矛也。〔廣韻·錫部〕○丨，矛屬，長丨謂之勃盧，或作矜。〔集韻·錫部〕○丨今〔廣雅〕作矟，矛長九尺者也。〔文選·吳都賦〕「長丨短兵」集釋。○矟、丨、殺並字異而義同。〔廣雅·釋器〕「矟，矛也」疏證。○〔說文定聲·卷一一〕丨，字从役省聲。〔廣雅·釋器〕「丨，矛也」。

厤丨鹿、轣轆，雙聲字。〔方言五〕「維車，趙魏之間謂之轣轆」箋疏。

倶丨，丨黠。〔廣韻·錫部〕○丨，黠也。〔集韻·錫部〕

傶丨，通作戚。〔廣雅·釋詁三〕「丨，近也」疏證。

熵丨，光皃。〔集韻·錫部〕

瀝丨丨，寒皃。〔集韻·錫部〕

㓮丨，斷也。〔集韻·錫部〕

則丨，剔也。〔集韻·錫部〕

剔丨，劃開。〔廣韻·錫部〕○丨，劃也。〔集韻·錫部〕

墒階謂之丨。〔集韻·錫部〕

墼丨，墣也。〔集韻·錫部〕

壢丨，坑也。〔集韻·錫部〕

啇丨，本也。〔廣韻·錫部〕又〔集韻·錫部〕。

啺丨丨，鳥聲，或从析。〔集韻·錫部〕

嚦丨丨，聲也。〔集韻·錫部〕

礿丨，橋也。〔集韻·錫部〕

竅丨，揚皃。〔廣韻·錫部〕

弔丨，射質也，通作的。〔集韻·錫部〕

嬥丨丨，好也。〔集韻·錫部〕

杓丨，柄末橫木。〔廣韻·錫部〕○丨，物之標准，通作鈞。〔集韻·錫部〕

楸丨，臧梈。〔廣韻·錫部〕○丨，木名。〔集韻·錫部〕

椇丨，鐘丨。〔集韻·錫部〕

樍 —，樫木別名。〔廣韻・錫部〕〇—，木名，樫也。〔集韻・麥部〕

櫂 楚宋謂棿曰—。〔集韻・錫部〕〇—，木枝直上皃。〔同上〕〇—，樹枝直上皃。〔集韻・陌部〕

⿰歹歷 —蜥，欲死皃。〔集韻・錫部〕

敫 —，敬也。〔廣韻・錫部〕又〔集韻・錫部〕。〇—，古亦讀如激。〔說文〕「—，所歌也」段注。

⿰堯支 —，鷩—。〔廣韻・錫部〕〇—，鷩也。〔集韻・錫部〕

⿰歷殳 —，亂也。〔集韻・錫部〕

晰 —，明也。〔史記・趙世家〕「吾有所見子—也」志疑引〔史詮〕。又〔集韻・錫部〕。

⿰日鬲 —，明也。〔集韻・錫部〕

渧 在空為—，至地為滴。〔慧琳音義・卷二六〕

漻 —，變化皃。〔集韻・錫部〕

漃 —漻，草貌也。〔文選・七發〕「—漻薵蓼」集釋引〔讀書志餘〕。

澼 —，漂也。〔集韻・錫部〕〇—即潎之異文。〔說文〕「潎，於水中擊絮也」義證。〇漂、潎、洴、—，一聲之轉，漂之言摽，潎之言擊，洴之言拼，—之言擗，皆謂擊也。〔廣雅・釋言〕「漂，潎也」疏證。〇—，腸間水。〔集韻・昔部〕〇—，洩膿血也。〔太素・調陰陽〕「腸—為痔」楊注。

⿰氵幕 —，瀝—，水淺。〔廣韻・錫部〕〇—，水淺皃，通作溟。〔集韻・錫部〕〇—注，淺水也。〔通雅・地輿〕

擊 —，傍擊。〔廣韻・錫部〕〇—，旁擊也。〔集韻・錫部〕

攊 —，擊口也。〔廣韻・錫部〕

赥 —，笑聲。〔廣韻・錫部〕

⿰狊欠 —，去涕。〔廣韻・錫部〕

⿰鬲欠 —，去涕也。〔集韻・錫部〕

⿰歷欠 —，痛也。〔廣韻・錫部〕又〔集韻・錫部〕。

焱 —，火華。〔廣韻・錫部〕〇火華謂之—。〔集韻・錫部〕〇—，火焰也。〔廣韻・錫部〕

焬 —，乾皃。〔集韻・錫部〕

熐 夷人聚落謂之—。〔集韻・錫部〕

⿰嚴殳 —，刈也。〔集韻・錫部〕

⿰忄赤 —，心不安也。〔廣韻・錫部〕〇—，心不自安。〔集韻・錫部〕

惁 —，敬也。〔廣韻・錫部〕〇—，憖也。〔說文〕「—，敬也」義證引〔玉篇〕。

⿱殺心 —，敕也。〔廣韻・錫部〕

憿 —，疾也，或書作憝。〔集韻・錫部〕

⿱毄心 —，敕也。〔集韻・錫部〕

⿰忄歷 —，心所營也。〔集韻・錫部〕

⿰忄閱 —，惶恐。〔廣韻・錫部〕〇楚人謂慙曰—慌。〔集韻・陌部〕

⿸疒歷 —，牀簀。〔集韻・錫部〕

⿰示啇 —，福—。〔廣韻・錫部〕〇—，福也。〔集韻・錫部〕

礕 —礰，石聲。〔集韻・錫部〕

眽 —蜴，欺慢也，楚人語。〔集韻・錫部〕

⿰目戚 —，見也。〔集韻・錫部〕

⿰目敫 —，目不瞬。〔集韻・錫部〕

⿰目樂 —，目暫視。〔集韻・錫部〕

⿰目歷 —瞴，視明皃。〔廣韻・錫部〕〇——，目明。〔集韻・錫部〕

⿰禾啇 離而種之曰—。〔集韻・錫部〕

癧｜，瘰｜。〔廣韻·錫部〕○｜，瘰｜，病也，或作𤻤。〔集韻·錫部〕○｜，皮肉結也。〔慧琳音義·卷四〇〕引〔考聲〕。

𥨊｜，穿也。〔集韻·錫部〕

𧯈｜，回陁。〔集韻·錫部〕

𤿲｜，皮乾聲。〔集韻·錫部〕

矵｜，矛也。或从兮。〔集韻·錫部〕

矜｜，矛也。〔廣韻·錫部〕

𥍛｜，矛也。〔廣韻·錫部〕

䅲｜，種也。〔集韻·錫部〕

𦗲｜，耳審聞。〔集韻·錫部〕

䖘｜，俗虒字。〔說文〕「虒，白虎也」段注引〔玉篇〕。

螰｜，蟾蜍別名。〔廣韻·錫部〕○｜，蟲名，蟾蜍也，或書作蜮。〔集韻·錫部〕

蝷｜，蟲名。〔集韻·錫部〕○｜，踈｜，蟲名。〔廣韻·錫部〕

𧕋｜，野蠶。〔集韻·錫部〕

𣋕｜，冪｜，煙狀。〔廣韻·錫部〕○｜，冪｜，煙皃，或从日。〔集韻·錫部〕

肑｜，腹下肉也。〔廣韻·錫部〕○｜，脅也。〔集韻·錫部〕

䏘｜腿，強脂。〔廣韻·錫部〕○｜脹，強脂也。〔集韻·錫部〕

𦟮｜，臍也。〔集韻·錫部〕

䶂｜，吹器。〔廣韻·錫部〕又〔集韻·錫部〕。

䈏｜，薄也。〔集韻·錫部〕

篍竹火約刀為｜。〔集韻·錫部〕

艊｜，船也。〔集韻·錫部〕

衶｜，襌衣。〔集韻·錫部〕

䙯｜，纏裹。〔廣韻·錫部〕

芍｜，蓮中子。〔廣韻·錫部〕

蓧〔說文定聲·卷六〕｜｜，〔孟子〕用濯濯，亦同。〔說文〕「｜，艸旱盡也。詩曰｜｜山川」。○｜｜，今〔詩〕作滌滌。〔說文〕「｜，詩曰｜｜山川」段注。

䓣｜，艸木疏皃。〔集韻·錫部〕

𦶢｜，草也。〔廣韻·錫部〕○｜，艸名。〔集韻·錫部〕

蒖｜，艸名。〔集韻·錫部〕

䔎｜，草木旱死也。〔廣韻·錫部〕

蓧｜，盛種器也。〔廣韻·錫部〕○｜，盛土於器謂之｜。〔集韻·錫部〕○｜，艸名，蓨也，或作苗。〔同上〕

綼｜，紟｜，絜也。〔廣韻·錫部〕

纙｜，綠色。〔廣韻·錫部〕又〔集韻·錫部〕。

䌳｜，繩為界埒也。〔集韻·錫部〕

趯｜趨，狂走皃。〔集韻·錫部〕

𧽝｜趚，行皃。〔廣韻·錫部〕○｜趚，盜行。〔說文〕「趚，側行也」義證引〔類篇〕。又〔集韻·昔部〕。

𨃎｜，行皃，或作𨄥、㒩。〔集韻·錫部〕

轣｜轆，亦通作厤鹿。〔方言五〕「維車，趙魏之間謂之｜轆車」疏證。

轣｜轆與歷鹿同。〔廣雅·釋器〕「維車謂之厤鹿」疏證。

醿｜䤨，酩滓。〔廣韻·錫部〕○｜䤨，酪也。〔集韻·錫部〕

豴｜，蹢也。〔釋獸〕「四｜皆白豥」鄭注。

⿰豕覓 —，白豕黑頭。〔廣韻・錫部〕〇—，白豕黑頭謂之—。〔集韻・錫部〕

規 —覞，面柔也。〔說文〕「䏘，面和也」義證引〔玉篇〕。〇—覞，面柔。〔廣韻・錫部〕又〔集韻・錫部〕。

覭 —，微見皃。〔集韻・錫部〕〇—，小皃。〔廣韻・錫部〕

⿰足狊 —，踞也。〔廣韻・錫部〕又〔集韻・錫部〕。

躃 —，不長不短，舉止輕易也。〔慧琳音義・卷一五〕引〔考聲〕。

迄 —，跛也。〔集韻・昔部〕

逐 —，速也，或作浟。〔集韻・錫部〕

⿺辶歷 —，近也。〔集韻・錫部〕

⿰豸歷 —，獸名，或作貖、䝂。〔集韻・錫部〕

觻 —，角鋒。〔廣韻・錫部〕〇獸角鋒曰—。〔集韻・錫部〕

誎 —，私訟。〔廣韻・錫部〕

⿰言𠂢 —，僻也。〔集韻・錫部〕〇—，狡獪。〔同上〕

詆 —誘，狡猾。〔廣韻・錫部〕

譤 —，訐也。〔集韻・錫部〕

⿱辟豕 —邪，獸，獸身鳥喙。〔廣韻・錫部〕〇—邪，獸名。〔集韻・錫部〕〇—，鳥喙。〔同上〕

霢 —，—小雨。〔集韻・錫部〕

靂 —，霹—。〔廣韻・錫部〕〇—，霹—也。〔集韻・錫部〕

鍉 —，唾器。〔集韻・錫部〕

闢 —，開也。〔集韻・錫部〕

⿰歷頁 —，噸也。〔集韻・錫部〕

⿰骨歷 —，骨病。〔集韻・錫部〕

⿵門鬲 —，殺也。〔集韻・錫部〕

⿱髟歷 —，髮疎皃。〔集韻・錫部〕

⿰馬鬲 —，馬色。〔廣韻・錫部〕又〔集韻・錫部〕。

⿰馬見 —，馬多惡也。〔廣韻・錫部〕〇馬囓謂之—。〔集韻・錫部〕〇—，馬驚視。〔同上〕

⿰麥啇 —，—麩。〔廣韻・錫部〕〇—，麥屑。〔集韻・錫部〕〇

⿰鹵翟 —，鹹也。〔集韻・錫部〕

鶪 —，鳥也。〔廣韻・錫部〕〇—，鳥名。〔集韻・錫部〕

⿱歷鳥 —，鳥名。〔廣韻・錫部〕〇—，鳥名，似鷹而大也。〔集韻・錫部〕

鷊 —鶂，鳥名，雖鶇也。〔集韻・錫部〕〇—鶂，似青雀也。〔慧琳音義・卷六二〕引〔文字典說〕。

鰍 —，東海有馬—魚。〔廣韻・錫部〕〇—，馬—，魚名，出東海。〔集韻・錫部〕

⿰魚歷 —，魚名。亦作鯿。〔廣韻・錫部〕

⿸广秝 —，以爪擇物。〔集韻・錫部〕

⿰黑冥 —，黷，黑青。〔廣韻・錫部〕〇—，闇也。〔集韻・錫部〕

⿰黑責 —黰，色敗。〔廣韻・錫部〕〇—黰，色敗黑。〔集韻・錫部〕

⿰黑歷 —，黑皃。〔集韻・錫部〕

鼊 —，鼊—，似龜而漫胡無指爪，其甲有黑珠，文如瑇瑁，可飾物。〔廣韻・錫部〕〇—鼅，龜屬。〔集韻・錫部〕

⿰鼻歷 —，鼻別臭。〔集韻・錫部〕

⿰齒歷 —，齒病。〔廣韻・錫部〕又〔集韻・錫部〕。

續經籍籑詁卷第一百二

入聲

十三職

職　丨者，謂其善聽也。〔說文〕「丨，記散也」段注。○纖微必識是曰丨。〔同上〕段注。○丨與聖同意。〔說文定聲·卷五〕○丨，主。〔詩·蟋蟀〕「丨思其居」朱傳。又〔十月之交〕「丨競由人」朱傳。又〔抑〕「亦丨維疾」朱傳。又〔周禮·職幣〕「丨幣」述聞。○丨猶主。〔國策·秦策三〕「使丨事」鮑注。○凡言丨者主其業也。〔周禮·天官冢宰〕「分丨」孫正義。○丨，專主也。〔詩·大東〕「丨勞不來」朱傳。○丨，專也。〔桑柔〕「丨涼善背」朱傳。○丨謂得主其國中之吏事耳。〔漢書·燕剌王傳〕「得丨吏事」補注引王念孫。○丨謂所主之事，大宰八則之官丨是也。〔周禮·天官冢宰〕「設官分丨」孫正義。○任事謂之丨。〔左傳文公一五年〕「空官廢丨」疏證引李貽德。○〔周禮〕國有六丨，皆主記事之微也。〔說文〕「丨，記微也」繫傳。○丨，以為官丨字，猶今言知府、知縣也。〔說文定聲·卷五〕○掌賦入之官謂之丨內。〔周禮·天官冢宰〕「丨內上士二人」孫正義。○丨當訓為常。〔詩·蟋蟀〕「丨思其居」平議。○丨，皆謂常思之也。〔詩·蟋蟀〕「丨思其憂」述聞。○丨，常也。〔漢書·季布傳〕「季布為項籍用丨耳」述聞引師古注。○丨猶所也。〔漢書·西域傳〕「漢使西域益得丨」補注引王念孫。○丨與所同義。〔漢書〕「得丨」雜志。○丨當訓為適，祇也。〔詩·巧言〕「丨為亂階」通釋。○丨乃語詞，當讀為識。〔詩·烝民〕「袞丨有闕」平議。○丨為句中語助。〔詩·抑〕「亦丨維疾」通釋。○丨為發語詞。〔十月之交〕「丨競由人」通釋。○丨與識古通用。〔烝民〕「袞丨有闕」通釋。○丨即識之借字。〔墨子·號令〕「不欲寇微丨」閒詁。○丨即織。〔號令〕「為微丨」閒詁引畢沅。○丨，同織。〔襍守〕「為微丨」閒詁。○丨、織以音同通借，〔說苑·復恩篇〕作「庸織」。〔史記·齊太公世家〕「庸丨之妻好」志疑。○〔說文定聲·卷五〕丨假借樴。〔周禮·牛人〕「以授丨人而芻之」。○丨，通作尚。〔詩·蟋蟀〕「丨思其居」通釋。又〔尚書·秦誓〕「黎民亦丨有利哉」孫疏。○〔說文定聲·卷五〕丨即葴之小者，葴、丨一聲之轉。〔釋草〕「丨，黃蒢」。○丨，〔玉篇〕作蘵。〔說文〕「蒢，黃蒢，丨也」義證。○丨字亦變作蘵。〔說文定聲·卷五〕○丨田，丨分田也。〔通雅·事制〕

國　丨，邦丨。〔廣韻·德部〕○〔毛詩〕丨作邦。〔左傳昭公二八年〕「王此大丨」洪詁。○〔尚書〕丨作邦。〔左傳襄公三一年〕「大丨畏其力」洪詁。○丨當作邦。〔管子·牧民〕「毋曰不同丨」義證引王念孫。○丨者，郊內之都也。〔說文定聲·卷五〕○古所謂丨即今所謂都也。〔晏子春秋〕「丨都之市」雜志。○或域丨三字，古聲義並同。〔廣雅·釋詁〕「域，丨也」疏證。○丨者，諸侯所封之域。〔詩·國風〕朱傳。○經傳凡泛言丨家者，實皆域字，專言丨中者，丨之正字。〔說文定聲·卷五〕○經傳皆謂都中為丨中。〔晏子春秋〕「丨都之市」雜志。○丨謂王丨也。〔大戴·主言〕「雖有丨焉」王詁。○丨作兵者是也。〔漢書·鼂錯傳〕「四者，丨之至要也」補注。○丨當作貴。〔韓子·難一〕「以敗為不可以治丨」集解引王渭。○〔御覽〕守丨作守固。〔呂覽·用民〕「內之則不可以守丨」校正。○丨政，正卿也。〔左閔公二年〕「君與丨政之所圖」洪詁引賈逵。○凡王子弟謂之丨子。〔周禮·均人〕「以三德丨子」孫正義。○丨士，名蓋一丨者。〔國策·趙策一〕「知伯以丨士遇臣」鮑注。○丨老，即帝師之稱。〔本草·卷一二〕引陶弘景。○丨老，丨之卿大夫致仕者。〔大戴·千乘〕「息丨老六人」王詁。○丨老，三老也。〔漢書·賈誼傳〕「春秋入學，坐丨老」補注引孔廣森。○丨道，謂道中九經九緯之涂也。〔墨子·非攻下〕「棘生乎丨道」閒詁。○丨香，香甲於一丨也。〔左傳宣公三年〕「以蘭有丨香」疏證。○丨香，猶丨工之稱。〔同上〕○丨學，少學之異名。〔義府·卷下〕○丨當作谷。〔漢書·卑陸國傳〕「王治天山東乾當丨」補注引劉奉世。○丨當作圜。〔史記·天官書〕「丨以靜」志疑。○丨當作圃。〔漢書·古今人物表〕「石丨」補注引錢大昕。○丨，〔通考〕作安闕。〔王子侯表〕「侯安丨嗣免」補注引蘇輿。○〔說文定聲·卷五〕丨貉，假借雙聲連語，即禹知聲蟲也。〔釋蟲〕「丨貉，蟲蠁」。

德　丨，升也，言漸進也。〔說文繫傳·通論上〕○丨，丨行，又升也。〔廣韻·德部〕○俗謂用力徙前曰丨。〔說文〕「丨，升也」段注。○升聞曰丨。〔同上〕繫傳。○〔說文定聲·卷五〕丨，登也。〔易·剥〕「君子丨車」。○丨訓登。〔說文〕「丨，升也」段注。○丨、登亦音之轉。〔書·皋陶謨〕「群后丨讓」孫疏。○丨者，得也。〔說文〕「丨，升也」繫傳。又〔大戴·曾子立事〕「苟有丨焉」王詁。又〔禮記·玉藻〕「立容丨」集解。○丨者，得也，得其道於心而不失之謂也。〔論語·述而〕「據於丨」朱注。○丨當作得。〔韓子·主道〕「臣制財利則主失丨」集解。又〔莊子·讓王〕「道丨於此則窮通」平議。○丨當為得。〔墨子·備城門〕「行丨計謀合」閒詁。又〔淮南子·道應〕「國之所以存者道丨也」平議。○丨與得通。〔墨子·節用〕「民丨不勞」閒詁。又〔管子·立政〕「謁得于上」平議。又〔呂覽·報更〕「此書之所謂丨」校正。○丨者，內得己，外得於人也。〔大戴·曾子立事〕「壯稱無丨」王詁。○丨道即得道也。〔荀子·解蔽〕「丨道之人」集解引王念孫。○丨，常丨也。〔屈賦·天問〕「夜光何丨」戴注。○丨者，道之得於心者也。〔禮記·表記〕「君子之丨」集解。○丨者，行道而有得於心也。〔禮記·祭義〕「貴有丨」集解。○丨行，外內之稱，在心為丨，施之為行。〔大戴·盛德〕「古者天子孟春論吏丨行」王詁。○丨者，得其性也。〔大戴·勸學〕「似丨」王詁。○盛丨者天也。〔易·繫辭〕「盛丨大業」李疏引荀爽。○丨謂所得之善。〔孟子·盡心上〕「尊丨樂義」朱注。○丨，恩丨也。〔大戴·禮祭〕「丨澤洽禽獸草木」王詁。○丨，恩之也。〔國策·東周策〕「而

—東周」鮑注。○—，感恩也。〔說文定聲·卷五〕(「得」下)○—，謂恩惠也。〔論語·憲問〕「以—報怨」朱注。○—，惠也。〔詩·雨無正〕「不駿其—」朱傳。○—猶惠也。〔孟子·滕文公上〕「從而振—之」朱注。○—厚，猶言仁厚。〔禮記·樂記〕「以繩—厚」述聞。○〔說文定聲·卷五〕—即至、敏、孝也。〔大戴·四代〕「有天—」。○大曰—。〔說文〕「—，升也」繫傳。○—謂調良也。〔論語·憲問〕「稱其—也」朱注。○—，本作義。〔荀子·議兵〕「遠方慕其—」集解引王念孫。○—猶義也。〔左傳成公一六年〕「有—之謂」疏證。○—，填星，土也。〔漢書·郊祀志〕「天其報—星云」補注引張文虎。○—心，善意也。〔詩·泮水〕「克廣—心」朱傳。○—義當作得議。〔韓子·八說〕「賤—義貴」集解引顧廣圻。○—操，謂有—而能操持也。〔荀子·勸學〕「夫是之謂—操」集解引郝懿行。○—讓猶言陟讓，—、陟聲相近。〔書·皋陶謨〕「群后—讓」孫疏。○—讓，依今文義則是迎尸。(同上)○—音，猶令聞也。〔詩·狼跋〕「—音不瑕」朱傳。○—音，言語也，婦人言其夫待己之意。〔詩·日月〕「—音無良」後箋引嚴華谷。○—音，非必有—之音，所謂—有凶有吉也。(同上)後箋。○—音，或指名譽，或指號令，或指語言。(同上)後箋引〔稽古篇〕。○〔毛詩〕—作典。〔左傳昭公六年〕「文王之—」洪詁。○〔說文定聲·卷五〕—假借為福。〔禮記·哀公問〕「百姓之—」。○(同上)—，段借為直，讀如直而勿有之直。〔易·繫辭〕「有功而不—」。○—當讀為直。〔左傳襄公二九年〕「辯而不—」平議。○—當讀為植。〔禮記·內則〕「立容—」平議。○—當讀為特。〔書·顧命〕「王義嗣—答拜」平議。○—同悳。〔書·高宗肜日〕「天既孚命正厥—」孫疏。○悳，古—字。〔漢書〕「安意」雜志。

悳 —者，得也。〔說文〕「天，顛也」義證引戴侗。○—，外得于人者，恩—之—，內得于己者，道—之—，經傳皆以德為之。〔說文定聲·卷五〕○—，直心為—。〔說文繫傳·通論上〕○—，古德字。〔荀子〕「不息」雜志。○—，經典借德、得二字。〔說文〕「—，外得于人，內得于己也」義證。○—，感恩也。〔說文定聲·卷五〕(「得」下)

食 —，集眾米而成—也。〔說文〕「食，亼米也」段注。○—，祿也。〔論語·衛靈公〕「敬其事而後其—」朱注。○—，飲—。〔廣韻·職部〕○凡有養於口體皆得言—。〔國策·宋衛策〕「—高麗也」鮑注。○—，謂治田以耕者。〔墨子·非攻下〕「未能—其地」閒詁。○—當訓為用。〔論語·陽貨〕「焉能繫而不—」平議。○用與—義同。〔書·洛誥〕「惟洛—」平議。○虧毀曰—。〔大戴·誥制〕「則日月不—」王詁。○—者，消滅之義。〔釋詁〕「—，僞也」述聞。○—、詐者，虛僞之義。〔釋詁〕「載、謨、—、詐，僞也」述聞。○載、謨、—，皆為也。(同上)○—，為，助也。〔詩·丘中有麻〕「將其來—」通釋。○—，言不能供意。〔漢書·罽賓國傳〕「國或貧小不能—」補注引徐松。○—指，第二指，俗所謂啑鹽指也。〔左傳宣公四年〕「子公之—指動」洪詁引服虔。○〔說文定聲·卷五〕—，段借發聲之詞。〔方言一○〕「—閣，勸也」。○—閣，勸也。〔廣雅·釋詁〕「相勸曰聳」疏證。○—當為盦。〔文選·曲水詩序〕「侮—來王」集釋。○—，魯作蝕。〔詩·十月之交〕「此日而—」集疏。○官本—作蝕。〔漢書·高帝紀〕「日有—之」補注。又〔景帝紀〕「二月壬子晦，日有—之」補注。○〔說文定聲·卷五〕—，段借為蝕。〔釋天〕「日月虧曰—」。○—當為蝕。〔說文〕「蝕，蟲食也」義證。○—當讀為蝕。〔管子·君臣〕「主德不立，則婦人能—其意」平議。○〔說文定聲·卷五〕—段借為飾。〔釋詁〕「—，僞也」。○—當讀為飾。〔周禮·天官〕「王齊則共—王」平議。○湖州人所謂辣虎即—茱萸也。〔說文〕「萸，茱萸也」義證。○—葛，理粗如首烏，其大者若小兒形，亦名乾葛。〔文選·吳都賦〕「—葛香茅」補正。○—與飤同。〔管子〕「唐圉」雜志。

蝕 凡日月在一度相遇，則日為之—，正一度相對，則月為之虧。〔漢書·律歷志〕「在望日衝辰」補注引〔夢溪筆談〕。○—，日—也。〔廣韻·職部〕

餘 —，今文省作蝕。〔說文〕「—，敗創也」義證。○—字從虫，蠹蟲食物為本義，日月虧毀為轉注。〔說文定聲·卷五〕○—，經傳皆以食為之。(同上)

色 心達於氣，氣達於眉間是之謂—。〔說文〕「—，顏气也」段注。○—者，神氣之凝也。〔大戴·文王官人〕「喜—由然以生」王詁。○—謂人面顏—。〔說文〕「—，顏气也」義證。○—理，膚理也。〔荀子·正名〕「形體—理」集解引王引之。○—斯猶—然，驚飛貌也。〔公羊傳哀公六年〕「—然，驚駭貌」陳疏。○—，引伸之為凡有形可見之偁。〔說文〕「—，顏气也」段注。○—，顏—。〔廣韻·職部〕○—，顏—也。〔詩·烝民〕「令儀令—」朱注。○鮮—當為鮮支。〔說文〕「縛，白鮮—也」義證。○〔說文定聲·卷五〕—，或曰借為歡。〔公羊傳哀公六年〕「皆—然而駭」。○—當作邑。〔漢書·鼂錯傳〕「此民所以輕去故鄉而勸之新—也」補注引錢大昕。○—當為邑，邑邑與悒悒同。〔荀子·哀公〕「不知——」集解引郝懿行。○—當為光。〔說文〕「玓，玓瓅，明珠—」義證。○—讀令儀令—之—。〔詩·泮水〕「載—載笑」後箋。○—當為包。〔說文〕「孛，人—也，從子」義證。○〔說文定聲·卷五〕—，段借為痒。〔廣雅·釋詁二〕「—彌縫也」。

力 人之理曰—。〔說文〕「—，筋也，象人筋之形」段注。○—，筋也。〔廣韻·職部〕○—，猶務也。〔左傳昭公一二年〕「形民之—」述聞。○—，勤也。〔說文〕「地，元氣初分，重濁陰為地」義證引〔春秋說題辭〕注。○—，猶疾也。〔詩·蕩〕「女興是—」陳疏。○〔說文定聲·卷五〕—猶亟也。〔漢書·汲黯傳〕「今病—」。○—，謂用—。〔詩·正月〕「亦不我—」朱傳。○—，功也。〔左傳襄公二三年〕「信有—於臧氏」述聞。○—者，功也。〔荀子·富國〕「百姓之—」集解引王念孫。又〔荀子〕「待之而後功」雜志。又〔法言·淵騫〕「—不足而死有餘」平議。○—，勉。〔詩·烝民〕「威儀是—」朱傳。○引申之凡精神所勝任者皆曰—。〔說文〕「—，筋也」段注。○—，〔文子〕〔淮南〕並作功。〔呂覽·應同〕「霸者同—」校正。○〔說文定

聲・卷五〕丨，叚借為扐。〔禮記・王制〕「祭用數之仂」。○丨即為用。〔詩・正月〕「亦不我丨」通釋。○〔說文定聲・卷五〕丨，叚借為勊。〔禮記・坊記〕「食時不丨珍」。○〔同上〕丨字亦作仂。〔廣雅・釋詁四〕「仂，勤也」。○以立為丨，義俱相近。〔書・泰誓〕「必丨賞罰」孫疏。○必丨，〔抱樸子・用刑篇〕作畢立。〔同上〕○必丨，〔說苑・正理篇〕引作畢協。〔同上〕○丨當為市。〔漢書・食貨志〕「長於時，聚於丨」補注引王念孫。○丨來，猶勞來。〔漢書・王莽傳〕「丨來農事」補注。○諸本丨誤功。〔左傳昭公二八年〕「今女有丨於王室」洪詁。○丨乃多字之誤。〔荀子・榮辱〕「然而人丨為此」平議。○丨疑方字之誤。〔墨子・公輸〕「塹長以丨」平議。○丨疑人字之誤。〔墨子・經說上〕「丨則弗趨也」平議。○半丨疑半分之誤。〔管子・國蓄〕「物適賤則半丨而無予」平議。

翼 丨，羽丨。〔廣韻・職部〕○丨為羽丨，用本字之訓。〔書・臯陶謨〕「庶明勵丨」孫疏。○龔、丨、翊並同義。〔廣雅・釋訓〕「丨丨，飛也」疏證。○丨，輔。〔詩・行葦〕「以引以丨」朱傳。○丨謂可為輔者。〔卷阿〕「有馮有丨」朱傳。○輔、丨通訓。〔書・臯陶謨〕「丨作輔」孫疏。○丨，謂隨從之在兩旁者。〔屈賦・悲回風〕「丨遙遙其左右」戴注。○〔說文定聲・卷五〕丨猶夾也。〔琴賦〕「騈馳丨驅」。○丨者，南方朱鳥之第六宿。〔禮記・月令〕「日在丨」集解。○〔通雅・卷四〇〕船以艘名，亦以丨名。顏延年詩「千丨泛輕波」。○丨，恭也。〔續音義・卷三〕引〔切韻〕。又〔廣韻・職部〕。○丨，敬也。〔詩・斯干〕「如跂斯丨」朱傳。又〔文王有聲〕「以燕丨子」朱傳。又〔六月〕「有嚴有丨」朱傳。又〔慧琳音義・卷三五〕引〔考聲〕。○丨，美也。〔廣韻・職部〕○丨，送也。〔慧琳音義・卷三五〕○丨，和也。〔同上〕○丨當訓敬。〔漢書・翟方進傳〕「予敬以終於此謀」補注。○丨，盛也。〔廣雅・釋詁一〕「憑，滿也」疏證引戴震。○丨，成也。〔詩・文王有聲〕「以燕丨子」集疏。○丨，助也。〔同上〕又〔廣韻・職部〕。○丨，藉也。〔詩・生民〕「鳥覆丨之」朱傳。○丨，疾趨也。〔楚辭・悲回風〕「丨遙遙其左右」補注。○丨、鄂通稱。〔韓子・難言〕「丨侯炙」集解。○丨侯，〔國策〕、〔史記〕皆作鄂侯。〔同上〕集解引顧廣圻。○丨、張皆星名。〔漢書・李尋傳〕「丨張舒布」補注。○丨室者，左路寢也。〔書・顧命〕「延入丨室」孫疏。○厲、丨謂附助。〔書・臯陶謨〕「庶明勵丨」孫疏。○丨丨，行列整治之狀。〔詩・采薇〕「四牡丨丨」朱傳。○丨丨，順序貌。〔采芑〕「四騏丨丨」朱傳。○丨丨，整飭貌。〔信南山〕「疆埸丨丨」朱傳。又〔殷武〕「商邑丨丨」朱傳。○丨丨，嚴正貌。〔禮記・少儀〕「匪匪丨丨」集解。○丨丨，嚴正也。〔詩・緜〕「作廟丨丨」朱傳。○與與、丨丨，皆蕃盛貌。〔楚茨〕「我稷丨丨」朱傳。○丨之言盛也，謂氣化充滿盛作。〔屈賦・天問〕「馮丨惟象，何以識之」戴注。○丨丨猶與與也。〔詩・楚茨〕「我黍與與，我稷丨丨」述聞。○丨丨，恭敬貌。〔烝民〕「小心丨丨」朱傳。○丨丨，勉敬也。〔文王〕「厥猶丨丨」朱傳。○丨姦，謂與姦人相比黨。〔漢書・董賢傳〕「丨姦以獲封侯」補注引王文彬。○丨者，釴之假借。〔說文〕「鬲，鼎屬也」段注。○丨即釴聲借字也。〔釋器〕「附耳外謂之釴」郝疏。○丨丨與奕奕同。〔詩・那〕「萬舞有奕」後箋。○奕、丨字通。〔墨子・非樂上〕「萬舞丨丨」間詁。○〔說文定聲・卷五〕丨假借為弋，或曰借為覬。〔書・多士〕「敢丨殷命」。○翌為明日之明，又為明顯之明，字通作丨。〔廣雅・釋訓〕「丨丨，明也」疏證。○丨與翌通。〔書・顧命〕「越丨日乙丑」孫疏。○官本丨作翌。〔漢書・梁懷王傳〕「輔丨立」補注。○〔說文定聲・卷五〕丨叚借為翌，實為昱。〔書・金縢〕「王丨日乃瘳」。○丨同昱。〔書・召誥〕「若丨日乙卯」孫疏。○丨通作趩。〔釋詁〕「丨，敬也」郝疏。○〔說文定聲・卷五〕丨假借為趩，為趩。〔小爾雅・廣言〕「丨，送也」。○〔同上〕丨，據許書，則借為趩。〔論語〕「趨進丨如也」。○丨，魯作翊。〔詩・卷阿〕「有馮有丨」集疏。

⿰羽弋 丨古文翼。〔廣韻・職部〕

墨 丨，黑也。〔三藏聖教序〕「翰丨」音義引〔考聲〕。○丨者，黑土也。〔說文〕「丨，書丨也」義證引蘇易簡〔文房四譜〕。○古者以黑土為丨，故字從黑土。〔本草・卷七〕○丨，翰丨也。〔莊子・大宗師〕「聞諸副丨之子」集解。○丨，筆丨。〔廣韻・德部〕○丨，一名鯨，此丨鯨謂以丨畫當黥不加刻涅也。〔漢書・刑法志〕「有象刑丨黥之屬」補注。○丨，松之煙也。〔本草・卷七〕引寇宗奭。○今人謂石炭為丨。〔說文〕「丨，書丨也」義證引顧炎武。○丨者，幽闇之意。〔荀子・解蔽〕「丨以為明」集解引郝懿行。○丨，兆廣也。〔禮記・玉藻〕「史定丨」集解引〔周禮・占人〕注。○〔說文定聲・卷五〕丨，黃帝七輔之一。〔後漢書・王符傳〕「禹師丨如」。○丨，變凶。〔左傳僖公三三年〕「子丨衰經」洪詁引賈逵。○〔說文定聲・卷五〕丨，叚借為冒。〔左傳昭公一四年〕「貪以敗官為丨」。○丨與⿰禾黑聲義亦相近也。〔廣雅・釋詁三〕「⿰禾黑，敗也」疏證。○〔說文定聲・卷五〕丨叚借為黑。〔廣雅・釋器〕「丨，黑也」。○〔同上〕丨叚借為⿰糸黑。〔國語・周語〕「丨丈尋常之間」。○丨、默同。〔國策・楚策四〕「丨丨之化」鮑注。○丨與默同。〔荀子〕「丨云」雜志。又〔荀子・解蔽〕「故口可劫而使丨云」集解引郝懿行。○丨與默通。〔漢書・田蚡傳〕「故嬰丨丨不得意」補注引錢大昕。○⿰糸黑、纆、丨並通。〔廣雅・釋器〕「⿰糸黑，纆索也」疏證。○丨當作⿰糸黑，⿰糸黑與纆同。〔漢書・揚雄傳〕「徽以糾丨」補注引梁章鉅。○丨，別本作黛。〔國策・楚策三〕「粉白丨黑」補正。○丨讀曰嘿。〔漢書・李廣傳〕「陵丨不應」補注。○悓、丨皆慙也，丨與悔聲相近。〔廣雅・釋詁〕「悓，慙也」疏證。○丨與悔亦聲近義同。〔廣雅・釋詁〕「悔，貪也」疏證。○丨、嘿通。〔方言一〇〕「凡小兒多詐而獪謂之央亡，或謂之嘿屎」疏證。○丨與嘿通。〔方言一〇〕「嘿，獪也」箋疏。○丨，度名也，五尺曰丨。〔離騷〕「背繩丨以追曲兮」補注。○丨魚，烏鰂也。〔通雅・魚〕○〔通雅・卷四〕丨屎，借窶嚚之滑，而狀人之詐也。〔列子〕「丨屎單至」。○丨井，冰井臺下有冰室，室有數井，井深十五丈，藏冰及石丨焉。〔文選・魏都賦〕「丨井鹽池」集

釋。○丨井，鄴西高陵西伯陽城西有石丨井，井深八丈。〔文選・魏都賦〕劉注。○〔說文定聲・卷五〕丨，字變作蟔。〔釋蟲〕「蟔蛅蟴」。

極

丨，屋脊之棟也。〔說文〕「丨，棟也」繫傳。○丨，屋棟也。〔漢書・枚乘傳〕「單丨之紘斷幹」補注引沈欽韓。○棟最上一層曰丨，謂之脊桁。〔說文〕「丨，棟也」義證引趙宧光。○丨，在屋之正中至高處，至者下之丨，者，高之至也。〔說文定聲・卷五〕○今人謂高及甚為丨。〔說文〕「丨，棟也」繫傳。○丨，高也。〔廣韻・職部〕○丨，中也。〔詩・青蠅〕「讒人罔丨」陳疏。又〔大戴・禮察〕「取舍之丨定於內」王詁。又〔廣韻・職部〕。又〔大戴・少間〕「民以知丨」王詁。○丨，本也。〔同上〕○丨訓中，猶言中正。〔周禮・天官冢宰〕「以為民丨」孫正義。○丨，一訓中。〔釋宮〕「棟謂之桴」郝疏。○丨，至也。〔詩・載馳〕「誰因誰丨」朱傳。又〔氓〕「士也罔丨」朱傳。又〔楚茨〕「永錫爾丨」朱傳。又〔緜蠻〕「畏不能丨」朱傳。又〔思文〕「莫匪爾丨」朱傳。○丨即至也。〔說文〕「屆，行不便，一曰丨」繫傳。○丨，至也。〔荀子・賦篇〕「其丨之遠」集解引王念孫。又〔離騷〕「相觀民之計丨」補注。又〔廣韻・職部〕。○行所至曰丨。〔屈賦・惜誦〕「同丨而異路」戴注。○所擬至曰丨。〔屈賦・抽思〕「何丨而不至」戴注。○丨，致也。〔大戴・五帝德〕「丨畋土石金玉」王詁。○丨，已也。〔詩・鴇羽〕「曷其有丨」朱傳。又〔青蠅〕「讒人罔丨」朱傳。又〔瞻卬〕「豈曰不丨」朱傳。又〔漢書・宣帝紀〕「永惟罔丨」補注引周壽昌。○丨，窮也。〔詩・南山〕「曷又丨止」朱傳。又〔何人斯〕「以丨反側」集疏。又〔蓼莪〕「昊天罔丨」朱傳。又〔大戴・禮察〕「法令丨而民哀戚」王詁。又〔禮記・儒行〕「流言不丨」集解。又〔孟子・離婁〕「丨之於其所往」朱注。又〔孟子・梁惠王〕「至於此丨」朱注。○丨，竟也。〔慧琳音義・卷七〕引〔考聲〕。○丨，猶窮也。〔屈賦・惜誦〕「有志丨而無旁」戴注。○丨、止俱窮盡之義。〔釋詁〕「觳，盡也」郝疏。○丨盡義亦為竭，竭、丨聲又相轉也。〔釋詁〕「盎，竭也」郝疏。○丨，盡也。〔大戴・勸學〕「駑馬無丨」王詁。又〔禮記・禮運〕「百貨可丨」集解。○丨有盡義。〔易・文言〕「與時偕丨」李疏。○丨，求之盡也。〔詩・菀柳〕「後予丨焉」朱傳。○丨，遠也。〔史記〕「丨臨」雜志。又〔廣韻・職部〕。○丨，終也。〔廣韻・職部〕○丨亦謂之危。〔說文〕「丨，棟也」繫傳。○丨字當作凶字。〔漢書・王嘉傳〕「其國丨危」補注引宋祁。○丨，誅也。〔大戴・用兵〕「暴丨不辜」王詁。○丨當讀為誅丨之丨。〔詩・載馳〕「誰因誰丨」通釋。○丨，猶放也。〔左傳宣公四年〕「子公之食指動」疏證引〔御覽〕。○丨，叚借為吃，吃丨雙聲。〔說文定聲・卷五〕○丨謂疲劇也。〔釋言〕「㦣，怠也」郝疏。○丨，疲也。〔說文〕「忓，丨也」義證。○丨，㑢倦也。〔說文〕「㑢，勞也」義證引〔本草〕注。○丨，疲丨也。〔荀子・非相〕「丨禮而褫」集解引劉台拱。○丨為倦丨。〔漢書・趙充國傳〕「徼丨迺擊之」補注。○窮、丨、倦、㑢，一聲之轉也。〔廣雅・釋詁一〕「㑢，丨也」疏證。○丨猶準也。〔說文〕「必，分丨也」段注。○丨為準則。〔書・洪範〕「建用皇丨」平議。○丨猶則也。〔書・度訓〕「爵以明等丨」平議。○丨亦法也。〔詩・殷武〕「四方之丨」通釋。○丨亦可訓法。〔思文〕「莫匪爾丨」平議。○古音悈、戒、棘、革、丨通用。〔釋言〕「悈，急也」邵正義。○丨與戒同義，至也。〔方言一〕「假、佫，至也」箋疏。○〔說文定聲・卷五〕丨，或曰借為戒。〔書・洪範〕「六丨」。○丨戒即儆戒也。〔墨子・天志〕「莫知以相丨戒」閒詁引俞樾。○丨謂權也。〔墨子・經說〕「丨勝重也」閒詁引畢沅。○丨猶鞠也。〔詩・南山〕「曷又丨止」集疏。○丨猶亟也。〔周禮・序官〕「設官分職，以為民丨」平議。○丨獨猶言偏獨。〔呂覽・勿躬〕「丨獨六合」校正引趙義明。○丨走，卒然而走。〔韓子・存韓〕「以丨走則發」集解引舊注。○三丨，初四下丨，二五中丨，三上上丨。〔易・繫傳〕「三丨之道也」李疏引陸績。○丨，表也。〔詩・殷武〕「四方之丨」朱傳。○丨言四遠之賢士。〔漢書・鼂錯傳〕「四丨之內」補注。○五丨，謂五刑之中。〔書・呂刑〕「屬於五丨」孫疏。○丨謂八丨。〔楚辭・天問〕「天丨焉加」補注。○丨指八丨。〔文選・大將軍讌會被命作詩〕「陵風協丨」補注引何焯。○丨，北丨也。〔漢書・天文志〕「客星在紫宮中斗樞丨間」補注引王念孫。○北丨，太陰之中，空虛之處也。〔楚辭・大招〕「盈北丨只」王注。○丨當讀為亟，古字通也。〔易・節〕「失時丨也」平議。又〔書・大誥〕「予不敢不丨卒」述聞。○古字丨與亟通。〔書・大誥〕「丨卒寧王圖事」述聞。○丨通作亟。〔墨子・天志下〕「莫知以相丨戒」閒詁引俞樾。○〔說文定聲・卷五〕丨，叚借為亟。〔荀子・賦〕「出入甚丨」。○丨猶亟也。〔韓子・存韓〕「以丨走則發之」集解引俞樾。○丨與亟、㥛並同，㥛、亟皆敏疾之意。〔荀子・王霸〕「主之所丨」集解引郝懿行。○丨、㥛古通用。〔廣雅・釋詁二〕「丨，吃也」疏證。○丨亦作㥛。〔方言一〇〕「丨，吃也」疏證。○丨當為㥛。〔詩・菀柳〕「後予丨焉」平議。○〔說文定聲・卷五〕丨，叚借為㥛。〔淮南子・精神〕「隨其天資而安之不丨」。○丨與殛同。〔說文〕「屆，一曰丨」句讀。○丨、殛古字通。〔莊子・盜跖〕「罪大丨重」平議。○丨當作殛。〔同上〕集釋引俞樾。○〔說文定聲・卷五〕丨，叚借為殛。〔儀禮・大射儀〕「朱丨三」。○丨與勴聲相近。〔書・呂刑〕「人丨于病」李疏。

息

人之氣急曰喘，舒曰丨。〔說文〕「丨，喘也」段注。○丨，謂喘丨也。〔詩・狡童〕「使我不能丨」通釋。○丨，喘丨。〔太素・經筋〕「其成丨賁者」楊注。○丨者，氣在人身中所稟以生也。〔慧琳音義・卷七二〕○丨，鼻息出入者也。〔論語・鄉黨〕「屏氣似不丨者」朱注。○丨，休丨也。〔大戴・千乘〕「丨國老六人」王詁。○丨，引伸為休丨之偁。〔說文〕「丨，喘也」段注。○丨有二義，餽為滋丨之丨，喙呬為休丨之丨。〔方言二〕「餽、喙、呬，丨也」箋疏。○丨其勞而勞之，亦謂之丨。〔儀禮・鄉飲酒禮〕「乃丨司正」胡正義。○丨，引伸為生長之偁。〔說文〕「丨，喘也」段注。○丨，生長也。〔孟子・告子〕「是其日夜之所丨」朱注。又〔漢書・天文志〕「故候丨秏者」補注。○丨，生也。〔國策・齊策四〕「是助王丨其民者也」鮑注。○丨者，身外生之也。〔說文〕「瘜，寄肉也」繫傳。○丨、蕃義同。〔周禮・地官〕「以保丨六養萬民」孫正義。○丨，子也。〔通鑑・周紀五〕「老臣賤丨舒

祺」音注。又〔唐紀六〇〕「逆｜虜胤」音注。〇｜，止也。〔詩・殷其靁〕「莫敢遑｜」朱傳。又〔葛生〕「誰與獨｜」朱傳。又〔蜉蝣〕「於我歸｜」朱傳。又〔廣韻・職部〕。又〔通鑑・周紀二〕「令民父子兄弟同室内｜者為禁」音注。〇｜者，止也。〔説文定聲・卷四〕〔「痰」下〕〇｜者，已也。〔同上〕〇｜，媿｜也。〔廣韻・職部〕〇｜者，休也。〔説文定聲・卷四〕〔「痰」下〕〇｜有止義，勞而止｜謂之｜。〔儀禮・鄉飲酒禮〕「乃｜司正」胡正義。〇｜，寧｜也。〔屈賦・遠遊〕「至南巢而一｜」戴注。〇〔説文定聲・卷五〕｜以塞為訓。〔釋名〕「｜，塞也。塞，滿也」。〇｜猶滅也。〔中庸〕「則其政｜」朱注。又〔管子・七法〕「猶左書而右｜之」平議。〇｜，滅字之誤。〔荀子・非相篇〕「文久而｜」集解引王念孫。〇｜，留也。〔太素・經脈正別〕「工之所｜也」楊注。〇｜，安也。〔詩・狡童〕「使我不能｜兮」朱傳。又〔通鑑・漢紀四五〕「唯知姑｜」音注。〇｜，〔世本〕作｜姑。〔漢書・律歷志〕「子隱公｜立」補注引錢大昕。〇｜猶處也。〔詩・小明〕「無恒安｜」朱傳。〇｜，老物也。〔説文〕「蜡，蠅胆也」段注。〇尌｜，即姑｜，亦即姑且，又即苟且，皆率略偷安之義。〔釋詁〕「苦，｜也」郝疏。〇｜、間義並通。〔左傳文公一二年〕「文王克｜」疏證引洪亮吉。〇古謂賒賃生舉錢為｜錢。〔説文〕「瘜，寄肉也」繫傳。〇今人出錢生利亦曰｜。〔慧琳音義・卷七一〕〇旋生土為｜壤。〔説文〕「｜，寄肉也」繫傳。〇｜壤，坌土也。〔通雅・地輿〕〇〔説文定聲・卷五〕｜假借為塞或已。〔廣雅・釋詁〕「｜，安也」。〇〔同上〕｜，假借為思。〔詩・漢廣〕「不可休｜」。〇｜當為思之譌字。〔詩・漢廣〕「不可休｜」後箋。〇｜、餽聲義同。〔釋詁〕「棲，｜也」郝疏。〇｜與餽通。〔廣雅・釋詁四〕「餽，長也」疏證。〇〔説文定聲・卷五〕｜，字亦作餽。〔方言二〕「餽，｜也」。〇〔同上〕｜假借為郎。〔左傳隱公一一年〕「｜侯伐鄭」。〇〔説文定聲・卷五〕｜，假借為熄。〔易・革〕「水火相｜」。〇〔同上〕｜段借為孳。〔周禮・大司徒〕「以保｜六養萬民」。〇｜，當作息。〔大戴・公冠〕「六合之内靡不｜」述聞。又〔荀子・堯問篇〕「多其功而不｜」集解引王引之。〇｜當是瘜之古字。〔説文〕「瘜，寄肉也」句讀。

直

十目燭隱曰｜。〔説文定聲・卷一一〕〔「是」下〕〇見之審則必能矯其枉，故曰正曲為｜。〔説文〕「｜，正見也」段注。〇｜，盡言以相正也。〔孟子・滕文公〕「不｜，則道不見」朱注。〇｜者，能正言極諫。〔論語・季氏〕「友｜」劉正義。〇｜指，言無所迴避也。〔韓子・説難〕「｜指是非」集解引舊注。〇｜，謂正人之過也。〔詩・羔裘〕「邦之司｜」述聞。〇｜，謂正人之曲也。〔詩・定之方中〕「匪｜也人」通釋。〇｜者，正也。〔易・同人〕「同人之先以中｜也」述聞。又〔大戴・衛將軍文子〕「而好｜其功也」王詁。又〔衛將軍文子〕「｜己而不｜於人」王詁。又〔曾子制言中〕「是以君子｜言｜行」王詁。〇中｜，亦中正也。〔易・困〕「乃徐有説，以中｜也」述聞。〇｜謂相切｜也。〔大戴・衛將軍文子〕「｜己而不｜人」述聞。〇｜者，誠也。〔論語・雍也〕「人之生也｜」劉正義。〇｜，繩也。〔禮記・月令〕「先定準｜」集解。又〔漢書〕「分當相｜」雜志。〇｜，繩也。繩訓為｜，故｜亦訓為繩。〔漢書・孫寶傳〕「分當相｜」補注引王念孫。〇曲｜者，言木可揉曲，亦可從繩正｜。〔書・洪範〕「木曰曲｜」孫疏。〇｜，當也。〔儀禮・士冠禮〕「設洗，｜于東榮」胡正義。又〔墨子・經説下〕「參｜之也」閒詁引張惠言。又〔備穴〕「穴亣土｜之」閒詁引畢沅。又〔通鑑・唐紀三〕「｜幽州之北」音注。又〔太素・五藏脈診〕「滑不｜」楊注。又〔説文定聲・卷一一〕〔「遅」下〕〇｜猶當。〔國策・齊策三〕「｜使送之」鮑注。〇｜，｜前。〔國策・魏策一〕「｜而不倚」鮑注。〇｜者，｜前不變之謂。〔屈賦・抽思〕「何靈魂之信｜兮」戴注。〇｜，謂徑行自遂。〔論語・陽貨〕「古之愚也｜」朱注。〇｜，徑｜也。〔漢書・匈奴傳〕「上｜欲從單于求之」補注引胡注。〇｜，伸也。〔孟子・滕文公下〕「枉尺而｜尋」朱注。〇｜訓為長。〔禮記・少儀〕「性之｜者」平議。〇｜猶宜也。〔詩・碩鼠〕「爰得我｜」朱傳。〇｜，順。〔羔裘〕「洵｜且侯」朱傳。〇相當值之值，古止作｜。〔釋詁〕「梏，｜也」郝疏。〇古字例以｜為值。〔説文〕「值，持也」段注引姚察。〇｜，相當值也。〔詩・柏舟〕「實維我｜」集疏。〇｜讀曰值。〔漢書・李廣傳〕「與單于相｜」補注。〇｜，但也。〔禮記・祭義〕「參｜養者也」集解。〇｜猶但也。〔孟子・梁惠王〕「｜不百步耳」朱注。〇｜猶故也。〔漢書・張良傳〕「｜墮其履圯下」補注。〇〔説文定聲・卷五〕｜，段借發聲之詞，與用特、但、弟皆同。〔左傳莊公二七年〕「｜來曰｜」。〇｜讀為職，職亦所也。〔詩・碩鼠〕「爰得我｜」述聞。〇青赤氣長而立日旁為｜。〔漢書・天文志〕「｜為自立」補注引〔隋志〕。〇｜與置同。〔墨子〕「脱文」雜志。〇｜與特古同聲而通用。〔史記〕「｜墮其履圯下」雜志。〇｜之言特也。〔同上〕〇｜、特古字通。〔漢書〕「臣望東北汾陰｜有金寶氣」雜志。〇｜猶特也。〔同上〕〇｜兵，劍矛之屬。〔墨子・魯問〕「｜兵當心」閒詁。〇｜，特也。〔詩・定之方中〕「匪｜也人」集疏。〇｜、特聲近。〔釋詁〕「敵，當也」郝疏。〇〔説文定聲・卷五〕｜假借為特。〔禮記・郊特牲〕「首也者｜也」。〇｜猶特也。〔定之方中〕「匪｜也人」陳疏。又〔漢書・郊祀志〕「｜有金寶氣」補注引王念孫。〇〔釋詞・卷六〕｜猶特也，但也。〔禮記・祭義〕「參｜養者也」。又〔漢書・田儋傳〕「非手足戚」補注。〇〔釋詞・卷六〕｜猶特也，專也。〔晏子・雜篇〕「故｜使楚矣」。〇｜之為言特也。〔莊子・德充符〕「丘也，｜後而未往耳」集解。〇｜與道古通用。〔詩・碩鼠〕「爰得我｜」通釋。〇〔説文定聲・卷五〕｜段借為植。〔考工・弓人〕「骨｜以立」。〇〔玉海〕引之，｜作紀。〔漢書・高惠高后文功臣表〕「又作一八侯之位次」補注〇〔説文定聲・卷五〕｜段借為殖。〔史記・龜策傳〕「神龜知吉凶而骨｜空枯」。〇〔同上〕｜段借為孳。〔太玄・玄文〕「｜，東方也」。〇〔同上〕｜段借為飾。〔禮記・玉藻〕「虎犆」注「｜謂緣也」。〇職、｜古字通。〔詩・碩鼠〕「爰得我｜」述聞。〇｜轅謂大車。〔説文〕「轛，車衡三束也，｜轅暈縛」句讀。〇｜轅謂牛車，所謂大車也。〔同上〕段注。〇｜，當為悳。〔書・皋陶謨〕「其弼｜」孫疏。又〔管子・四時〕「則為人下者｜」平議。

得 行而有所取，是曰—也。〔說文〕「—，行有所㝵也」段注。○—當為㝵。〔說文〕「—，行有所—也」義證。○古有㝵無—，小篆加彳，實一字也。〔說文定聲·卷五〕○求、—、取三字可同義。〔孟子·公孫丑〕「不—於言」焦正義。○—，—失。〔廣韻·德部〕○—，獲也。〔慧琳音義·卷四〕引〔考聲〕。○—猶知也。〔列子·湯問〕「伯牙所念鍾子期，必—之」平議。○—猶足也，謂足與語也。〔大戴·衛將軍文子〕「賜—，則願聞之也」王詁。○—，猶便也。〔公羊傳僖公二六年〕「未—乎取穀也」述聞。○姚云—一作能。〔國策·秦策三〕「而不—傷者」補正。○—猶與也。〔國策·齊策三〕「楚—成」鮑注。○—猶勝。〔國策·西周策〕「今秦攻周而—之」鮑注。○—之言登也。〔說文〕「德，升也」義證引錢坫。○—者，登也，—、登雙聲字。〔漢書·渠犂傳〕「失亦上集不—」補注引徐松。○—猶言不自安。〔漢書·翟方進傳〕「內不自—」補注。○—之言中也。〔詩·采苓〕「胡—焉」通釋。○—當為中。〔淮南子·齊俗〕「故天之圓也不—規，地之方也不—矩」平議。○—者，虜之也。〔史記·建元以來侯者年表〕「—復累綈緩等」志疑。○—者，—其人殺之，非名。〔漢書·高帝紀〕「沛公左司馬—殺之」補注引王鳴盛。○—謂—位也。〔荀子·子道篇〕「其未—也」集解。○—謂—賊。〔大戴·保傅〕「所尚者告—也」王詁。○—亡，猶言無他否也。〔通雅·諺原〕○—所者，復其舊之謂也。〔義府·卷上〕「雅頌—所」詁。○—董、—鞳，即—寶也，匱董之原也。〔通雅·古器〕○官本—作遇。〔漢書·賈誼傳〕「—坎則止」補注。○—當作見。〔韓子·外儲〕「—有子父乘車過者」平議。○—當為德。〔商子·開塞〕「先—而防」平議。○—當讀為德。〔禮記·坊記〕「民猶—同姓以弒其君」平議。○—即德也。〔說文〕「德，升也」段注。○官本—作德。〔漢書·藝文志〕「至齊之—」補注。○—作德，古通用。〔史記·高祖功臣侯者年表〕「侯—」志疑。○古—德字通用。〔荀子·解蔽〕「宋子蔽於欲而不知—」集解引俞樾。○—，〔史記〕作德，字通。〔漢書·項籍傳〕「吾為公—」補注。○—當作德。〔韓子·難三〕「賞者不—君」集解引顧廣圻。○〔說文定聲·卷五〕—段借為德。〔易·小畜〕「尚—載」。○〔同上〕—段借為悳。〔孟子〕「所識窮乏者—我與」。○—璣與德幾，古字通用。〔墨子·明鬼下〕「—璣無小」閒詁引蘇時學。○〔說文定聲·卷五〕—段借為值。〔莊子·大宗師〕「—者，時也」。○—，一作以。〔呂覽·謹聽〕「使夫自—之」校正。○—乃見字之誤。〔晏子·諫下〕「可立—死」平議。

㝵 —為古文得，在小篆則訓取也。〔說文〕「—，取也」段注。○—，經傳皆以得為之。〔說文定聲·卷五〕○—，古得字。〔國策〕「未見—城」雜志。○得當作—。〔說文〕「—，取也」義證。

北 〔說文定聲·卷五〕二人相比為从，二人相違為—。〔說文〕「—，乖也，從二人相背」。○—之言背也。〔釋訓〕「朔，—方也」郝疏。○—亦可訓背。〔書·堯典〕「分—三苗」孫疏。○古—、背通用。〔同上〕孫疏引段玉裁。○—，段借為背。〔說文定聲·卷五〕○—為內，南為外。〔漢書·天文志〕「出黃道—」補注引沈欽韓。○—作火正。〔史記·太史公自序〕「—正黎以司地」志疑。○—，—方寒涼不毛之地也。〔說文〕「—，乖也」段注。○戰敗曰—。〔詩·巷伯〕「投畀有—」朱傳。○軍奔曰—，謂背而走也。〔說文〕「—，乖也」段注。○—為敗—之—也。〔漢書·張良傳〕〔國策·中山策〕「乘勝逐—」鮑注。○—為敗—之—。〔通鑑·周紀四〕「追亡逐—」音注。○〔說文定聲·卷五〕—段借為敗—之—。〔漢書·高帝紀〕「項羽追—」。○—，奔—也。〔通鑑·周紀四〕「逐—至藍田」補注引周壽昌。○—、伏聲相近也。〔廣雅·釋詁三〕「—，伏也」疏證。○—，南—，亦奔也。〔廣韻·德部〕○—者，宿在—方也；落，天之藩落也。〔漢書·天文志〕「旁一大星，—落」補注。○—辰，—極，天之樞也。〔論語·為政〕「譬如—辰」朱注。○—斗，七星，在中宮。〔屈賦·東君〕「援—斗兮酌桂漿」戴注。○蒙古語噶達素，—極星。〔史記·大宛列傳〕「惡睹本紀所謂崑崙者乎」志疑。○—陸言在，謂十二月日在危一度。〔左傳昭公四年〕「日在—陸而藏冰」洪詁引服虔。○—紫，今之正紫也。〔通雅·綵色〕○—風，寒涼之風也。〔詩·北風〕「—風其涼」朱傳。○—風謂之涼風。〔同上〕集疏引魯說。○—風又曰廣莫風。〔同上〕集疏。○卯酉以—律呂為—風。〔左傳襄公一八年〕「吾驟歌—風」洪詁引服虔。○—風，夾鍾、無射以—。〔同上〕○—人是複姓，〔漢書·古今人表〕作—人亡擇。〔莊子·讓王〕「舜以天下讓其反—人无擇」俞樾。○—道，蓋許時語，立乎南以言—之辭。〔說文〕「私，禾也。—道名禾主人曰私主人」段注。○—芒山，一曰平逢山，亦曰太平山，在今河南府洛陽縣東—，跨偃師、鞏、孟津三縣界，綿亙四百餘里。〔說文定聲·卷一八〕（「邙」下）○—海為匈奴—界。〔漢書·蘇建傳〕「乃徙武—海上無人處」補注引齊召南。○—陵，雁門也。〔通雅·地輿〕○—户是地名，嚮字衍。〔史記·始皇本紀〕「南至—嚮户」志疑引盧學士。○—發，國名。〔漢書·韓安國傳〕「則—發，月氏可得而臣也」補注引劉敞。○—發，—狄地名。〔同上〕補注引錢大昕。○—湖，今泊湖也。〔漢書·地理志〕「—湖在南」補注引錢坫。○—當為南。〔漢書·田蚡傳〕「蓋侯—鄉」補注。○官本—作比。〔漢書·諸侯王表〕「諸侯—境」補注。

黑 —者，北方色也。〔說文〕「緇，帛—色也」段注。○—，北方陰色。〔說文〕「—，火所熏之色也」義證引〔玉篇〕。○—，北方色。〔廣韻·德部〕○—說，謂若佛及弟子所說惡法，名為—說。〔慧琳音義·卷四八〕○—水，今雲南怒江。〔漢書·地理志〕「有—水祠」補注引陳澧。○〔通雅·卷八〕—太即—闥。〔北齊石浮圖記〕「—太」。○玄參入腎曰—參。〔本草·卷一二〕○—，讀為纆。〔春秋名字解詁〕「罕父—字子索」述聞。

側 不正曰仄，不中曰—。〔說文〕「—，旁也」段注。○不正曰矢，不中曰—。〔說文定聲·卷五〕○—亦訓旁。〔儀禮·士冠禮〕「—尊」胡正義。○—，旁。〔詩·緜蠻〕「止于丘—」朱傳。又〔蕩〕「時無背無—」朱傳。○—，傍—。〔廣韻·職部〕○—亦訓邊。〔儀禮·士冠禮〕「—尊」胡正義。○—，不正也。〔禮記·曲禮〕「有憂者—席而坐」集解引胡銓。○—者，轉之留。〔詩·關雎〕「輾轉反—」朱傳。○—，傾也。〔賓之初筵〕「—弁之俄」朱傳。

○丨者，傾待之義。〔通鑑・梁紀一五〕音注。○丨，特也。〔禮記・雜記下〕「升自丨階」集解。○〔說文定聲・卷五〕丨，叚借為特。〔儀禮・士冠禮〕「丨尊」。○反、丨二字同義。〔詩・雲漢序〕「丨身修行」通釋。○廁、丨與危之義同。〔釋詁〕「裁，危也」郝疏。○丨，不安也。〔文選・湘君〕「隱思君兮陫丨」補正引集注。○丨，幽也。〔說文〕「匿，丨逃也」繫傳。○丨匿即堯典之側陋，謂隱不出者也。〔說文〕「匿，丨匿也」段注。○丨意猶丨詞。〔說文〕「錗，丨意」段注。○丨陋為隱匿。〔書・堯典〕「明揚丨陋」孫疏。○〔說文定聲・卷五〕丨叚借為矢。〔書・洪範〕「無反無丨」。○丨匿猶縮濡，亦遲貌。〔說文〕「朒，朔而見東方謂之縮朒」義證引〔初學記〕。○〔說文定聲・卷五〕丨叚借為惻。〔平輿令薛君碑〕「丨爾酸辛」。○〔同上〕丨假借為測。〔廣雅・釋詁一〕「丨，度也」。○〔同上〕丨叚借為塓。〔左傳襄公二五年〕「崔氏丨葬莊公」。○丨，或作則，則者法則也。〔莊子・列禦寇〕「醉以酒而觀其丨」集釋引俞樾。○丨叚借為則。〔說文定聲・卷五〕○丨當作則。〔史記・齊悼惠王世家〕「太子丨立」志疑。○昃、仄、丨、稷，并字異而義同。〔廣雅・釋言〕「昃，跌也」疏證。○丨亦與仄通。〔說文〕「丨，旁也」句讀。○丨通作仄。〔同上〕義證。○丨，齊或作仄。〔詩・賓之初筵〕「丨弁之俄」集疏。○丨，齊作仄。〔蕩〕「時無背無丨」集疏。○〔說文定聲・卷五〕丨叚借為仄。〔書・堯典〕「明明揚丨陋」。○〔同上〕丨叚借為昃。〔儀禮・既夕〕「日丨」。○丨，昃也。〔說文定聲・卷五〕〔「稷」下〕○丨、策，雀聲相轉。〔釋木〕「唐棣，栘」郝疏。○丨室即君之父兄行也。〔韓子・亡徵〕「君不肖而丨室賢」集解。○國家、丨室、貳宗皆天子、諸侯、卿大夫之副貳。〔漢書・賈誼傳〕「非有仄室之埶以豫席之也」補注。○産舍謂之丨室。〔漢書・南粵傳〕「高皇帝丨室之子」補注引沈欽韓。○縮朒、丨慝、仄慝，并聲近而義同。〔廣雅・釋詁三〕「丨慝，縮也」疏證。○〔說文定聲・卷五〕丨亦名朒。〔書・洪範〕「朔而月見東方謂之丨匿」。○丨匿，亦作縮朒。丨與縮，匿與朒聲近義同。〔漢書・五行志〕「丨匿」補注引錢大昕。

飾

丨、拭無二義，凡物去其塵垢，即所以增其光彩。〔說文〕「丨，㕞也」段注。○丨、拭古今字。〔說文〕「工，巧丨也」段注。又〔說文〕「瀎，瀎泧，丨滅皃」段注。○丨、拭正俗字。〔說文〕「幡，書兒拭觚布也」段注。○丨名云丨，拭也。物穢者，拭其上使明，由他物而後明，猶加文於質上也。〔大戴・盛德〕「明堂不丨」王詁。○古者拂拭字只用丨。〔說文〕「㕞，丨也」段注。○丨從巾，是拭治為本義，文丨為轉注。〔說文定聲・卷六〕〔「修」下〕○丨者，今之拭字。〔說文〕「擊，丨也」段注。又〔說文〕「𦘺，聿丨也」段注。○丨，今拭字。〔說文〕「刷，刮也」段注。○丨即拭也。〔周禮・夏官〕「祭祀丨羔」孫正義。○〔說文定聲・卷五〕丨字亦作拭。〔釋詁〕「拭，清也」。○丨，各本作拭。〔說文〕「㨖，丨也」段注。又〔說文〕「㕞，丨也」段注。○凡踵事增華皆謂之丨，則其引申之義也。〔說文〕「丨，㕞也」段注。○丨，裝丨也，修理清潔也。〔大般若經・卷一〕「綺丨」音義引〔考聲〕。○丨，裝丨。〔廣韻・職部〕○丨，修丨也。〔說文〕「修，丨也」義證引〔玉篇〕。又〔大戴・勸學〕「見人不可以不丨」王詁。○丨，領緣也。〔論語・鄉黨〕「君子不以紺緅丨」朱注。○丨，緣袖也。〔詩・羔裘〕「羔裘豹丨」朱傳。○丨，緣丨非實也。〔國策・楚策一〕「丨辯虛辭」鮑注。○丨，服著華麗也。〔大般若經・卷一〕「綺丨」音義引〔集訓〕。○丨，謹正也。〔慧琳音義・卷一三〕引〔考聲〕。○丨，整齊也。〔史記・秦始皇本紀〕「丨省宣義」志疑引補正。○丨，謂增成之。〔漢書・盖寬饒傳〕「言足以丨君之辭」補注。○丨，表也。〔禮記・曾子問〕「禮以丨情」集解。○丨，好也。〔大戴・曾子立事〕「丨其美而不伐也」王詁。○丨，引伸之為文丨。〔說文〕「縟，緐采丨也」段注。○丨，文丨也。〔大戴・文王官人〕「不丨其美」王詁。○丨身，謂以寵榮光丨相持其身也。〔韓子・說難〕「以丨其身」集解引舊注。○〔說文定聲・卷五〕丨假借為敕。〔淮南子・時則〕「丨喪紀」。○丨饐，作餕饐，謂食餘而致壞也。〔墨子・辭過〕「夏則丨饐」閒詁引張文虎。○古書通以丨為飭。〔荀子〕「丨動」雜志。○丨與飭、勑古皆通用。〔荀子〕「不危」雜志。又〔荀子・君道〕「謹修丨而不危」集解引盧文弨。○丨當為飭。〔說文〕「悈，丨也」義證。○丨當作飭。〔說文〕「諽，丨也」義證。○丨當讀為飭。〔管子・牧民〕「守國之度，在丨四維」平議。○丨讀為飭。〔荀子〕「丨動」雜志。○丨舊作飭。〔漢書・文帝紀〕「不得以金銀銅錫為丨」補注引宋祁。○古書丨、飭多互譌。〔說文〕「悈，丨也」段注。○〔說文定聲・卷五〕丨叚借為飭。〔穀梁傳襄公二五年〕「小邑必丨城而請罪」。○丨，若覆食之冪。〔墨子・辭過〕「夏則丨饐」閒詁引畢沅。○丨饐當作餲饐。〔同上〕閒詁引洪頤煊。○丨，各本作色。〔說文〕「縟，緐采丨也」段注。

餝

丨、飾同。〔國策・秦策一〕「文士并丨」鮑注。○丨讀曰飾，覆也。〔大戴・千乘〕「丨五兵及木石曰賊」王詁。

賊

丨從貝從戈，戈有殘毀之義。〔義府・卷上〕○丨為殘丨。〔書・堯典〕「怙終丨刑」孫疏。○丨，害。〔詩・抑〕「不僭不丨」朱傳。又〔書・呂刑〕「罔不寇丨」孫疏。○丨，害也。〔大戴・盛德〕「設陷以丨之也」王詁。又〔禮記・經解〕「易之失丨」集解。又〔論語・先進〕「丨夫人之子」朱注。又〔孟子・離婁〕「丨恩之大者」朱注。又〔孟子・盡心〕「為其丨道」朱注。又〔孟子・梁惠王〕「仁者謂之丨」朱注。又〔晏子春秋〕「君之丨者」雜志。○丨者，害人之名。〔論語・憲問〕「是為丨」朱注。○丨者，切害之意。〔論語・堯曰〕「慢令致期謂之丨」朱注。○丨，謂傷害於物。〔論語・陽貨〕「其蔽也丨」朱注。○丨，盜也。〔廣韻・德部〕○丨與殺同義。〔方言一〕「虔、劉，殺也」箋疏。○丨亦殺也。〔廣雅・釋詁一〕「虔，殺也」疏證。○殺人不以道曰丨。〔國策・東周策〕「嚴氏為丨」鮑注。○食節曰丨。〔詩・大田〕「及其蟊丨」朱傳。○論字體則盜小而丨大，盜輕而丨重，今律反是。〔說文定聲・卷五〕○丨吏，吏之為姦丨者也。〔漢書・汲黯傳〕「外挾丨吏」補注。○丨氣，陽陰不正之氣為災者也。變氣、螯氣與丨氣義同。〔漢書・鼂錯傳〕「丨氣息」補注。○大丨星，一名六丨。〔史記・天官書〕「丨星」志疑。○舊校云，丨一作殘。〔呂覽・遇合〕「是以丨其身」校正。

○丨當為賊，形近而誤。〔墨子·天志〕「丨金木鳥獸」閒詁。○丨當作賊。〔漢書·薛宣傳〕「丨取錢財」補注引王念孫。

賊 丨同賊。〔廣韻·德部〕

刻 丨，刻鏤，又剥也。〔廣韻·德部〕○丨，鍥也。〔說文〕「漏，以銅受水，丨節，晝夜百丨」義證引〔洪武正韻〕。○丨即勒也。〔史記·封禪書〕「丨勒始皇所立石書旁」志疑。○鍥漏以候日晷曰丨。〔說文〕「漏，以銅受水，丨節」義證引〔洪武正韻〕。○晷度曰丨，時分八丨，晝夜共百丨。〔同上〕○丨飾，以膠刷鬢使就理，如丨畫然也。〔漢書·司馬相如傳〕「靜莊丨飾」補注。○丨畫，裁製奇巧也。〔說文〕「襐，飾也」義證引顏師古。○丨以識之，故謂所識者曰丨。〔說文定聲·卷八〕〔「漏」下〕○丨引伸為丨覈、丨薄之丨。〔說文〕「丨，鏤也」段注。○丨，勵也。〔楚辭·悲回風〕「丨著志之無適」補注。○丨，怪也。〔通鑑·魏紀六〕「深自丨怪」音注。○丨猶深也。〔國策·秦策一〕「丨深寡恩」鮑注。○丨暴作苛暴。〔漢書·百官公卿表〕「部刺史，掌奉詔條察州」補注。○丨作孩者，聲義皆相近。〔書·微子〕注「丨一作孩」孫疏。○〔說文定聲·卷五〕丨段借為晐。〔呂覽·達鬱〕「人主賢則人臣之言丨」。○〔同上〕丨段借為克。〔書·微子〕「我舊云丨子」。○〔同上〕丨段借為悈。〔廣雅·釋詁四〕「丨，貧也」。○丨段借為高，魯顏丨，字子驕。〔說文定聲·卷五〕○〔同上〕丨猶識記也。〔後漢·申屠剛傳〕「懼然自丨」。○剋與丨音相近。〔書·微子〕注引馬融「丨，侵丨也」孫疏。○剋、丨古通，亥即丨，字脱其半。〔史記·仲尼弟子列傳〕「顏高字子驕」志疑。

則 丨，今俗云科丨是也。〔說文〕「丨，等畫物也」段注。○丨，節也，取用有節。〔同上〕繫傳。○丨，法也。〔詩·伐柯〕「其丨不遠」陳疏。又〔六月〕「閑之維丨」朱傳。又〔皇矣〕「順帝之丨」朱傳。又〔抑〕「鮮不為丨」朱傳。又〔大戴·小辨〕「官治物丨曰知事」王詁。又〔大戴·千乘〕「以教民之不丨時」王詁。又〔禮記·禮運〕「聖人作丨」集解。又〔孟子·滕文公〕「惟堯丨之」朱注。又〔韓子·喻老〕「丨雖無飛，飛必冲天」集解。又〔通鑑·周紀三〕「蠻夷之所丨效也」音注。○丨，亦法也。〔詩·下武〕「孝思維丨」陳疏。○丨，訓為法。〔釋天〕「萬物有功烈法丨也」郝疏。○〔通雅·卷八〕丨土，言法也。〔作雒篇〕「受丨土于周室」。○丨，法丨。〔廣韻·德部〕○丨，引伸之為法丨。〔說文〕「丨，等畫物也」段注。○丨，猶準也。〔論語·泰伯〕「唯堯丨之」朱注。○丨，準丨也。〔中庸〕「言而世為天下丨」朱注。○丨，刌劑也，様也。〔通鑑·魏紀八〕「取今丨古」音注。○丨、即聲相轉。〔釋詁〕「即，尼也」郝疏。○即、丨雙聲。〔漢書·爰盎傳〕「丨私，吾不受私語」補注。○丨與即同。〔荀子·子道〕「丨不幸」集解引王念孫。○丨當讀為即。〔賈子·容經〕「身似不丨」平議。○丨、即同字。〔漢書·揚雄傳〕「丨泰山之封」補注。○丨、即字同。〔漢書·杜鄴傳〕「閒未旬月、丨有詔還」補注。○官本丨作即，即、丨字同。〔漢書·禮樂志〕「遂定儀法」補注。○即、丨字同。〔漢書·溝洫志〕「山行丨梮」補注。○丨，三家作即。〔詩·終風〕「願言丨疐」集疏。○丨、即古通用。〔說文〕「疴，病也」句讀。○〔釋詞·卷八〕丨，字或通作即。〔書·禹貢〕「西戎丨叙」。○丨字古與即通。〔儀禮·喪服〕「父卒丨為母」胡正義。○古丨、即字通。〔漢書·張禹傳〕「禹丨謂上曰」補注。○丨、即字通。〔漢書·王莽傳〕「丨時成創」補注。○〔說文定聲·卷五〕丨猶即也。〔詩·終風〕「願言丨嚏」。又〔墨子·備穴〕「穴丨遇」閒詁引蘇時學。○丨與均亦同義。〔管子·七法〕「物雖不甚多，皆均有焉，而未嘗變也謂之丨」述聞。○丨與等同義。〔說文〕「丨，等畫物也」述聞。○丨猶等也，均也。〔左傳昭公七年〕「官職不丨」述聞。○丨有等義。〔論語·泰伯〕「唯堯丨之」平議。○丨猶或也。〔莊子·逍遥遊〕「時丨不至」集解引王引之。又〔釋詞·卷八〕。○丨字當訓或。〔莊子·逍遥遊〕「時丨不至」平議。○〔說文定聲·卷五〕丨假借為財，實為才。〔荀子·勸學〕「口耳之間丨四寸耳」。○丨與咫古通用。〔國語·楚語〕「是知天咫，安知民丨」平議。○丨同側。〔墨子·備水〕「置丨瓦井中」閒詁引畢沅。○〔說文定聲·卷五〕丨段借助語之詞，實為曾，曾、丨雙聲。〔禮記·檀弓〕「亡丨弗之忘矣」。○丨段借之為語詞。〔說文〕「丨，等畫物也」段注。○丨字為句末語助詞。〔詩·正月〕「彼求我丨」通釋。又〔同上〕集疏。○丨者，若也。〔荀子·議兵篇〕「大寇丨至」集解引王念孫。○丨與若同義。〔漢書·谷永傳〕「陛下丨不深察」補注引王念孫。○〔釋詞·卷八〕丨，猶若也。〔書·洪範〕「女丨有大疑」。又〔荀子·禮論篇〕「丨失亡其群也」集解。○丨者，承上起下之詞。〔釋詞·卷八〕○語詞之安，或為乃，或為丨，或為是，或為於是，其義并相近。〔管子〕「置大夫以為廷安入其受命」雜志。○〔說文定聲·卷五〕丨，猶乃也。〔詩·新臺〕「鴻丨離之」。又〔釋詞·卷八〕。○〔同上〕丨猶而也。〔左傳文公二年〕「勇丨害上」。○丨與只同。〔國語·楚語〕「是知天咫，安知民丨」平議。○〔釋詞·卷八〕丨猶其也。〔禮記·檀弓〕「丨謂之何」。○丨猶是也。〔詩·芄蘭〕「雖丨佩觿」陳疏。○天丨，猶言天常。〔易·乾〕「乃見天丨」述聞。○有丨猶言有常。〔易·震象〕「後有丨也」述聞。○失丨，猶言失常。〔易·明夷〕「失丨也」述聞。○反丨猶言反常。〔易·同人〕「則困而反丨也」述聞。○違丨猶言變常也。〔易·謙〕「不違丨也」述聞。○丨當作有。〔漢書·地理志〕「丨禺同山」補注。○〔漢·表〕丨作明，蓋古字通借。〔史記·高祖功臣侯者年表〕「恭侯丨」志疑。○丨能，舊本作別能。〔呂覽·去宥〕「別宥丨能全其天」校正。○丨:〔風俗通〕作苟。〔左傳僖公七年〕「心丨不競」洪詁。○浮丨作浮出。〔呂覽·忠廉〕「浮丨又取而投之」校正引李善注。○丨作必。〔左傳昭公一八年〕「小國忘守丨危」洪詁引鄭衆。

劕 丨重貝者，定其等差之意。〔說文〕「丨，古文則」段注。○丨古文則。〔廣韻·德部〕

塞 丨，窒也。〔慧琳音義·卷六六〕引〔考聲〕。又〔廣韻·德部〕。○丨，滿也。〔同上〕○丨，隔也。〔同上〕○丨猶蔽也。〔論語·八佾〕「邦君樹丨

門」劉正義。○｜，止也。〔大戴・禮察〕「夫禮之｜」王詁。○｜訓為閉。〔韓子・八經〕「則姦宄｜矣」集解。○｜，未達也。〔中庸〕「不變｜焉」朱注。○｜，實。〔詩・燕燕〕「其心｜淵」朱傳。又〔定之方中〕「秉心｜淵」朱傳。又〔常武〕「王猶允｜」朱傳。○｜猶充也，｜耳即充耳也。〔大戴・子張問入官〕「統絖｜耳」王詁。○和氣充｜天地，日月無不到也。〔漢書・終軍傳〕「積和之氣｜明」補注。○｜，答也。〔漢書・張湯傳〕「無以｜責」補注。又〔公孫弘傳〕「恐病死無以｜責」補注。又〔漢書・王褒傳〕「不足以｜厚望」補注。○｜，當也。〔慧琳音義・卷六六〕引〔考聲〕。○｜、賽古字通用。〔管子・四時〕「禁博｜」義證引孫星衍。○｜、賽義通。〔韓子・外儲說〕「殺牛｜禱」集解。○｜與澀聲義並同。〔方言七〕「杜、蹻，澀也」箋疏。○｜、釋聲相近，本一姓。〔漢書・罽賓國傳〕「｜種分散」補注引徐松。○｜與㥶通。〔廣雅・釋詁一〕「㥶，安也」疏證。○｜、㥶與實通。〔方言六〕「｜，安也」箋疏。○｜為實者，｜與㥶通。〔書・皋陶謨〕注「史遷｜作實」孫疏。○〔說文定聲・卷五〕｜叚借為㥶。〔方言六〕「｜，安也」。○｜為㥶之假借，安也。〔燕燕〕「其心｜淵」後箋。○｜者，㥶之假借，實也。（同上）通釋。○｜淵，壯其心之靜深。（同上）後箋。○｜當讀為思。〔書・皋陶謨〕「剛而｜」平議。○｜當為穿。〔墨子・備城門〕「｜外塹」閒詁。○｜當為𡫳。〔說文〕「昏，｜口也」義證。○〔說文定聲・卷五〕｜假借為𡫳。〔禮記・孔子閒居〕「志氣｜乎天地」。

𡫳　｜廢而俗多用塞。〔說文〕「𡫳，隔也」段注。○｜與塞音同義近。〔說文〕「｜，窒也」段注。○｜，經傳皆以塞為之。〔說文定聲・卷五〕○｜之隸體為𡨄。〔說文〕「窒，｜也」段注。○凡填塞字皆當作｜，自塞行而｜、㥶皆廢矣。〔說文〕「｜，窒也」段注。○｜，經典皆借塞。（同上）句讀。

㥶　｜，經典多借用塞。〔說文〕「｜，實也」句讀。

𡨄　自用塞為填｜字，而｜廢矣。〔說文〕「窒，𡫳也」段注。

式　｜，法也。〔廣韻・職部〕○｜，法。〔詩・楚茨〕「如幾如｜」朱傳。又〔思齊〕「不聞亦｜」朱傳。又〔烝民〕「古訓是｜」朱傳。又〔長發〕「帝命｜于九圍」朱傳。○檢、｜皆法也。〔荀子〕「檢｜」雜志。○｜，規榘也。〔說文〕「｜，法也」繫傳。○｜與模範義同。〔周禮・天官〕「典婦功掌婦｜之灋以授嬪婦」孫正義。○｜謂用財之節度。〔說文〕「｜，法也」段注。○引伸之義為｜，用也。（同上）段注。○｜，用。〔詩・小宛〕「｜穀似之」朱傳。又〔桑柔〕「作為｜穀」朱傳。○｜，用也。〔蕩〕「不義從｜」朱傳。又〔楚茨〕「｜禮莫愆」陳疏。又〔孟子・非命下〕「帝｜是增」閒詁引江聲。又〔通鑑・漢紀四九〕「既已｜序」音注。○｜猶用也。〔國策・秦策一〕「｜於政不｜於勇」鮑注。○｜，度也。〔廣韻・職部〕○｜亦由也。〔釋言〕「｜用也」郝疏。○｜，車中小俛也。〔大戴・曾子制言下〕「五耦而｜」王詁。○｜，車前橫木。〔論語・鄉黨〕「凶服者｜之」朱注。○｜，小低貌。〔國策・楚策一〕「｜而能起」鮑注。○｜與忒，聲義相近。〔廣雅・釋言〕「忒，慎也」疏證。○｜廓，猶言規模也。〔詩・皇矣〕「憎其｜廓」朱傳。○〔說文定聲・卷五〕｜叚借為試。〔釋言〕「｜用也」。○｜，語詞。〔詩・節南山〕「｜夷｜已」通釋。又〔角弓〕「｜居婁驕」通釋。○｜，語辭也。〔節南山〕「｜月斯生」集疏。○〔釋詞・卷九〕｜，語詞之用也。〔斯干〕「｜相好矣」。○〔說文定聲・卷五〕｜叚借發聲之詞。〔式微〕「｜微｜微」。○｜，發語辭。〔式微〕朱傳。○〔說文定聲・卷五〕｜叚借為飾。〔荀子・禮論〕「濡巾三｜而止」。○｜者，飾之假借。〔說文〕「飾，㕞也」段注。○〔說文定聲・卷五〕｜叚借為載。〔禮記・仲尼燕居〕「車得其｜」。○｜與軾同。〔漢書・王吉傳〕「馮｜撙銜」補注。○〔說文定聲・卷五〕｜叚借為軾。〔儀禮・士喪禮〕「君｜之」。○｜猶軾也。〔左傳莊公一〇年〕「登軾而望之」疏證。○〔說文定聲・卷五〕｜字亦變作栻。〔廣雅・釋器〕「栻，梮也」。○（同上）｜叚借為忒。〔詩・賓之初筵〕「｜勿從謂」。○｜，〔史記〕作釋。〔漢書・張良傳〕「｜箕子門」補注。○〔潛夫論・述赦篇〕｜作戒，蓋今文也。〔書・康誥〕「自作不典｜爾」孫疏。○｜，本作戒，隸書戒字與｜相似而誤。〔漢書・藝文志〕「所以慎言行，昭法｜也」補注引王念孫。○｜當作成。〔漢書・地理志〕「｜」補注引錢大昕。○｜為伐，形相近。〔書・商書序〕「帝伐之惡」孫疏。

軾　｜，車前橫木也。〔大戴・保傅〕「在｜為和」王詁。○｜，車前橫木。〔國策・楚策二〕「式而能起」補注。又〔國策・秦策一〕「伏｜樽銜」鮑注。○｜，車前。〔廣韻・職部〕○輿之在前者曰｜。〔說文〕「｜，車前也」段注。○輿四圍，旁謂之輢，前謂之｜。（同上）段注。○車闌上之木，周于輿外者，在前曰｜，在旁曰輢，輢上曲鉤曰較，｜在兩較之間卑於較二尺二寸。〔說文定聲・卷五〕○｜與較皆車闌上之木，周於輿外，非橫在輿中。〔說文〕「｜，車前也」段注引戴震。○〔說文定聲・卷五〕｜可以凭人，故人凭｜上即謂之｜，經傳多以式為之。〔淮南・脩務〕「魏文侯過其閭而｜之」。○（同上）｜謂革之施于｜上者，即〔說文〕之絥。〔廣雅・釋器〕「鞦謂之｜」。○｜，車上所憑者。〔楚辭・九辯〕「涕潺湲兮下霑｜」補注引五臣注。○｜，經傳多作式者，古文假借也。〔說文〕「｜，車前也」段注。○｜，〔史記〕作式。〔漢書・石奮傳〕「見路馬必｜焉」補注。

域　｜，邦也。〔廣韻・職部〕○｜，居也。（同上）○｜國，〔周禮〕作邦國。〔大戴・朝事〕「以同｜國之禮」王詁。○｜，國也。〔三藏聖教序〕「東｜」音義引〔考聲〕。○或、｜、國三字，古聲義並同。〔廣雅・釋詁四〕「｜，國也」疏證。○古音國讀如｜。〔漢書・西域傳〕「西｜」補注引徐松。○｜同或。〔說文〕「囿，苑有垣也」段注。○｜即或。〔說文〕「或，邦也」段注。○｜，或後起之俗字。（同上）段注。○｜，塋｜也。〔詩・葛生〕「蘞蔓于｜」朱傳。○｜，封境也。〔玄鳥〕「｜彼四方」朱傳。○｜者，界也。〔史記〕「破匈奴西｜數萬人」雜志。○｜，界限也。〔孟子・公孫丑下〕「｜民不以封疆之界」朱注。○｜，分也。〔莊子・德充符〕「知不出乎四｜」集釋。○｜通有。〔詩・玄鳥〕「肇｜彼四海」通釋。○有、｜字通。〔漢書・律歷志〕

「共工氏伯九丨」補注引周壽昌。○丨、有古通用。〔荀子〕「人有是」雜志。○人丨是，人居是也。〔同上〕○〔通雅·卷一○〕丨丨牧牧，猶鬱鬱穆穆也。〔易林〕「丨丨牧牧，憂和相伴」。○丨、有一聲之轉。〔廣雅·釋詁二〕「或，有也」疏證。○丨，官本作地。〔漢書·地理志〕「成帝時，劉向略言其丨分」補注。○丨，短狐蟲。〔廣韻·職部〕

⿱大或　丨與域通。〔廣雅·釋詁二〕「畛丨，方也」疏證。○〔說文定聲·卷五〕丨，疑古書有訓力者。〔字林〕「丨，大力貌」。

殖　丨，脂膏敗也。〔說文定聲·卷五「直」下〕○丨，或通作膱。〔說文〕「丨，脂膏久丨也」義證。○丨，字亦作膱。〔說文定聲·卷五〕○丨，生也。〔大戴·盛德〕「地宜不丨」王詁。又〔廣韻·職部〕。○丨，多也。〔廣韻·職部〕又〔慧琳音義·卷二九〕引〔考聲〕。○丨，長也。〔大戴·曾子立事〕「亂言而弗丨」王詁。○丨，種也。〔慧琳音義·卷一〕引〔纂韻〕。又〔國策·秦策三〕「丨穀富國」鮑注。○多積者謂之丨貨，引伸段借之義也。〔說文〕「丨，脂膏久丨也」段注。○丨、蒔，置，聲近而義同。又〔廣雅·釋詁四〕「丨、蒔，置，立也」疏證。○蘇俗謂燭久而敗曰蚩，即丨之音轉。〔說文定聲·卷五〕○丨與植通。〔廣雅·釋詁四〕「丨，立也」疏證。○丨，或作植。〔慧琳音義·卷一〕○丨讀為植，立者謂之植，橫者謂之梁。〔春秋名字解詁〕「齊杞丨字梁」述聞。○植謂蕃植也，字通作丨。〔廣雅·釋詁三〕「植，多也」疏證。○丨假借為植。〔說文定聲·卷五〕○丨、植同。〔國策·秦策三〕「辟地丨穀」鮑注。○丨丨，平正也。〔詩·斯干〕「丨丨其庭」朱傳。○丨段借為直。〔說文定聲·卷五〕○〔同上〕丨段借為䵒、為埴。〔考工·弓人〕注「膱亦黏也」。○〔同上〕丨字亦作殕。〔廣雅·釋詁〕「殕，敗也」。○〔同上〕丨，段借為蒔。〔蒼頡篇〕「蒔，種也」。○〔同上〕丨，段借為茲。〔廣雅·釋詁一〕「丨，積也」。○〔同上〕丨，段借為孳。〔國語〕「樂以丨財」。

植　丨，當為直立之木。〔說文〕「丨，戶丨也」段注。○丨，持門直木。〔墨子·備城門〕「門丨關必環固」閒詁。○丨即門戶之橫鍵所穿木也，鐍所附焉。〔說文〕「丨，戶丨也」繫傳。○丨，古門外閉，中豎直木以鐵了鳥關之可加鎖者。〔說文定聲·卷五〕○丨為立木，所以鍵門持鎖。〔釋宮〕「丨謂之傳」郝疏。○丨者，立木於門中所以鍵固管籥。〔同上〕鄭注。○丨，立也。〔述三藏記〕「久丨」音義引〔考聲〕。○丨，種也。〔廣韻·職部〕○丨，播也。〔慧琳音義·卷八〕引〔字書〕。○丨，生也。〔慧琳音義·卷八四〕引〔韻詮〕。○丨根生之屬曰丨。〔說文〕「樹，生丨之總名」義證引〔玉篇〕。○丨，長也，積也。〔慧琳音義·卷四〕引〔考聲〕。○丨，謂蕃丨也，字通作殖。〔廣雅·釋詁三〕「丨，多也」疏證。○丨，主也。〔左傳宣公二年〕「華元為丨」疏證引〔御覽〕。○丨，多也。〔慧琳音義·卷四〕引〔纂韻〕。○丨，引申為樹立之義。〔周禮·地官〕「及弊田丨虞旗」孫正義。○丨，立志也。〔廣韻·職部〕○丨與殖，字異義同。〔方言一二〕「殖，立也」箋疏。○丨，或通作殖。〔說文〕「樹，生丨之總名」義證。○丨，當讀為殖。〔淮南·原道〕「形丨」平議。○直、丨亦古字通。〔禮記·檀弓〕「丨於晉」述聞。○并丨，〔國語〕作廉直。〔禮記·檀弓〕「行並丨於晉國」述聞引吳澄。○丨段借為直，讀如直而勿有之直。〔說文定聲·卷五〕○丨，置也。〔廣韻·職部〕○殖與丨通。〔廣雅·釋詁四〕「殖，立也」疏證。○丨與值通。〔書·金縢〕「丨作戴」孫疏。○〔說文定聲·卷五〕丨段借為值。〔淮南子·原道〕「丨之而塞于天地」。○丨鼓，即楹鼓也，或謂之建鼓。〔廣雅·釋樂〕「丨鼓」疏證。○丨遺腹，所謂君死而世子生也。〔漢書·賈誼傳〕「丨遺腹」補注引王鳴盛。○〔說文定聲·卷五〕丨段借為茲。〔廣雅·釋詁三〕「丨，多也」。○〔同上〕丨段借為志，即識。〔楚辭·招魂〕「弱顏固丨」。○丨當讀為職。〔左傳宣公元年〕「華元為丨」平議。○丨當讀為脂。〔左傳襄公三〇年〕「其君弱丨」平議。○丨作戴者，戴亦丨也。〔書·金縢〕注「史遷丨作戴」孫疏。○丨，本作悳，古德字也。〔管子·立政〕「草木不丨成」平議。○丨乃悳字之誤。〔管子·版法〕「正彼天丨」平議。○丨又作⿱艹殖。〔方言一二〕「丨，立也」箋疏。

敕　丨，誡也。〔說文〕「飭，致臤也」段注。又〔廣韻·職部〕。○丨，戒。〔詩·楚茨〕「既匡既丨」朱傳。○丨，戒也。〔通鑑·魏紀四〕「出教丨之」音注。○漢時，丨為上命下之辭。凡官長行於掾史，祖父行於子孫，皆可稱丨。〔漢書·陳萬年傳〕「公移丨書」補注引周壽昌。○丨者，自上命下之辭。〔說文〕「丨，誡也」義證引顧炎武〔金石文字記〕。○丨，執鞭以出教令也。〔同上〕繫傳。○禁於未然之謂丨。〔同上〕義證引宋聖訓。○丨，整也。〔通鑑·漢紀二三〕「音謹丨」音注。○丨，正也。〔廣韻·職部〕又〔通鑑·漢紀二三〕音注。○丨，固也。〔廣韻·職部〕又〔通鑑·漢紀二三〕音注。○丨，理也。〔廣韻·職部〕又〔通鑑·漢紀二三〕音注。○丨，勞也。〔廣韻·職部〕○丨，書也。〔同上〕○丨，急也。〔同上〕○丨，謹也。〔釋詁〕「丨，勞也」鄭注。○謹與丨同義。〔釋詁四〕「慎，丨也」疏證。○丨與勑通。〔廣雅·釋詁一〕「勑，順也」疏證。○飭、勑、丨，古通用。〔廣雅·釋詁二〕「蒇，備也」疏證。○〔說文定聲·卷五〕丨段借為勑。〔釋詁〕「丨，勞也」。○丨字亦作憖，相承又以勑為之。〔說文定聲·卷五〕○丨、飭音義同也。〔釋名·釋書契〕「丨，飭也」疏證。○丨通作飭。〔釋詁〕「丨，勞也」郝疏。○〔說文定聲·卷五〕丨段借為飭。〔詩·楚茨〕「既匡既丨」。○丨即飭之假借。〔說文〕「丨，誡也」段注。○丨通作𢽥。〔說文〕「丨，誡也」義證。○丨，一作效。〔韓子·主道〕「賢者丨其材」集解引盧文弨。○丨，或作傳。〔說文〕「丨，誡也」義證。○丨又作勅。〔同上〕○丨字又作嗽。〔說文〕「丨，吮也」句讀。○〔說文定聲·卷五〕丨段借為𢽥。〔說文〕「丨，臿地曰敕」。

勑　丨同敕。〔書·皋陶謨〕「丨我五典」孫疏。○飭、丨、敕，古通用。〔廣雅·釋詁二〕「蒇，備也」疏證。○丨、飭並與敕通。〔方言一三〕「敕，戒備也」箋疏。○後人用丨為敕。〔說文〕「敕，誡也」段注。○〔說文定聲·卷五〕丨，段借為敕。〔虞書〕「丨天之命」。○隸借丨為敕。〔說文〕「丨，勞也」義證。

○丨，以敕為之，丨、勑形聲俱近。〔説文定聲·卷五〕○〔同上〕丨假借為來，實為麥。〔廣雅·釋詁四〕「倈，伸也」。○〔同上〕丨叚借為湨。〔水經·洧水注〕「湨水，時人謂之丨水，丨音相變故字从聲變」。○丨，經典多作來。〔説文〕「丨，勑丨也」句讀。

勑 丨同敕。〔書·皋陶謨〕「丨天之命」孫疏。又〔廣韻·職部〕。○丨同飭。〔書·多士〕「告丨于帝」孫疏。又〔書·多士〕「丨殷命」孫疏。

飭 丨，牢密，又整備也。〔廣韻·職部〕○丨，整也。〔詩·六月〕「戎車既丨」朱傳。○丨，修整也。〔説文〕「丨，致堅也」繫傳。○丨，治也，整也。〔通鑑·周紀四〕「丨士卒」音注。○丨，整治也。〔大戴·盛德〕「丨其官」王詁。又〔通鑑·周紀三〕「太子將丨君臣之義」音注。○丨修也。〔同上〕○丨謂警丨。〔大戴·盛德〕「亂則丨冢宰」王詁。○丨，戒也，猶正。〔國策·燕策一〕「丨君臣之義」鮑注。○〔説文定聲·卷五〕丨以飾為之。〔淮南子·本經〕「飾曲岸」。○丨、勑、敕古通用。〔廣雅·釋詁二〕「蕆，備也」疏證。○〔説文定聲·卷五〕丨，敕字也。〔史記·五帝紀〕「信丨百官」。○丨與敕義略同。〔説文〕「丨，致臤也」段注。○丨、敕通。〔方言一三〕「敕，戒備也」疏證。○〔説文定聲·卷五〕丨叚借為敕。〔廣雅·釋詁二〕「丨，備也」。○丨字義是飾。〔呂覽·節喪〕「黼黼文章可以丨之」校正。○古書通以飾為丨。〔荀子〕「飾動」雜志。○飾與丨、勑古皆通用。〔荀子〕「不危」雜志。○丨與飾通。〔呂覽·先己〕「子女不丨」校正。○丨，古又作飾。〔文選·辨亡論〕「飾法修師」集釋引惠棟。○丨，〔月令〕作飾，古飾、丨亦或通用。〔呂覽·季秋〕「厲服厲丨」校正。○〔説文定聲·卷五〕丨叚借為飾。〔禮記·樂記〕「復亂以丨歸」。○越本丨作飾。〔漢書·董仲舒傳〕「脩丨」補注引宋祁。○丨盡與備厚對文，丨亦備也。〔漢書·高惠高后文功臣表〕「愛敬丨盡」補注引蘇輿。

棘 卑而未實者並束為丨。〔説文定聲·卷五〕○丨即棗也，析言則分棗、丨，統言則曰丨。〔説文〕「棗，羊棗也」段注。○丨即小棗叢生者。〔釋木〕「終，牛丨」郝疏。○丨，小棗，亦越戟名。〔廣韻·職部〕○大曰棗，小曰丨。〔本草·卷二九〕引〔埤雅〕。○丨，刺之大者為棗，小者為丨，對文則別，散文則通。〔詩·凱風〕「吹彼丨心」後箋。○丨，棗之短者。〔詩·園有桃〕「園有丨」朱傳。○丨，酸棗也。〔凱風〕「吹彼丨心」後箋引嚴粲。又〔本草·卷二九〕。○丨，酸棗之樹也。〔説文〕「樲，酸棗也」義證引〔急就篇〕顔注。又〔説文〕「丨，小棗叢生者」義證引〔急就篇〕顔注。○丨即棗，亦堅緻滑易之木也。〔説文〕「楇，盛膏器」繫傳。○丨，一名樲。〔説文〕「丨，小棗叢生者」義證引〔急就篇〕顔注。○丨而相並橫生者曰丨。〔詩·凱風〕「吹彼丨心」後箋引陳粲。○列生而低者曰丨。〔本草·卷三六〕○丨，小木，叢生多刺難長。〔詩·凱風〕「吹彼丨心」朱傳。○丨者，刺也，戟有刺，故名之曰丨。〔方言九〕「戟，楚謂之孑」箋疏。○丨與戟同。〔同上〕○丨為戟之同音借字。〔文選·過秦論〕「鉏櫌丨矜」集釋。○丨，訓戟。〔説文〕「戟，有枝兵也」段注。○丨，戟也，皆古字假借通用。〔方言九〕「戟，楚謂之孑」疏證。○丨，即蒺藜之刺。〔詩·楚茨〕「言抽其丨」後箋。○丨即荆丨之丨。〔孟子·告子上〕「養其樲丨」焦正義引錢大昕。○丨，箴也。〔廣韻·職部〕又〔慧琳音義·卷三〕引〔切韻〕。○丨，丨箴也。〔説文〕「丨，小棗叢生者」義證引〔玉篇〕。○丨，長成薪。〔詩·凱風〕「吹彼丨薪」陳疏。○丨，急也。〔詩·素冠〕「丨人欒欒」朱傳。又〔采薇〕「玁狁孔丨」朱傳。又〔出車〕「維其丨矣」陳疏。又〔斯干〕「如矢斯丨」朱傳。又〔文王有聲〕「匪丨其欲」朱傳。又〔抑〕「俾民大丨」朱傳。又〔江漢〕「匪疚匪丨」朱傳。又〔禮記·王制〕「西方曰丨」集解引周謂。又〔楚辭·天問〕「啟丨賓商」補注。又〔通鑑·宋紀七〕「歸訴困丨」音注。○經傳之丨多訓亟也。〔説文〕「僰，犍為蠻夷也」段注。○古多叚丨為亟字。〔説文〕「丨，小棗叢生者」段注。○丨叚借為亟。〔説文定聲·卷五〕○丨，羸瘠也。〔廣韻·職部〕又〔詩·素冠〕「丨人欒欒」集疏引魯説。○丨即為瘠。〔同上〕通釋。○丨猶難也。〔國策·韓策三〕「是丨齊秦之威」鮑注。○丨，廉隅也。〔詩·斯干〕「如矢斯丨」後箋引段注。○丨言步蹇。〔國策·楚策四〕「負丨而不能上」鮑注。○丨薪，丨之長衹可為薪。〔詩·凱風〕「吹彼丨薪」後箋。○丨矜謂伐丨以為杖也。〔漢書·項籍傳〕「鉏櫌丨矜」補注引王念孫。○丨匕，以丨為匕，所以載鼎肉而升之於俎也。〔詩·大東〕「有捄丨匕」朱傳。○丨壁，即宋、鄭會戰之大丨也。〔漢書·吳王傳〕「西敗丨壁」補注。○亟、丨、革音義俱同。〔釋詁〕「亟，疾也」郝疏。○古音悈、戒、丨、革、極通用。〔釋言〕「悈，急也」邵正義。○丨、革古同音通用。〔詩·文王有聲〕「匪丨其欲」通釋。○丨、革古通。〔史記·高祖功臣侯者年表〕「靖侯赤」志疑。○丨，齊作革。〔詩·文王有聲〕「匪丨其欲」集疏。○丨與勒聲近而義同。〔斯干〕「如矢斯丨」通釋。○〔説文定聲·卷五〕丨叚借為僰。〔禮記·王制〕「四方曰丨」。○〔同上〕丨，叚借為飾。〔楚辭·天問〕「啟丨賓商」。○〔同上〕丨，叚借為戟。〔左傳隱公一一年〕「子都拔丨」。○〔同上〕丨，叚借為疚，長言曰疚，短言曰丨。〔詩·素冠〕「丨人欒欒」。○〔同上〕丨，叚借為仄。〔莊子·逍遥遊〕「湯之問丨」。○〔同上〕丨，叚借為脥，丨、脥雙聲。〔呂覽·任地〕「丨者欲肥，肥者欲丨」。○丨同翮。〔墨子·耕柱〕「三丨六異」閒詁引宋翔鳳。○丨，其地在魏郡，以安陽在内黄也。〔史記·高祖功臣年表〕「丨蒲」志疑。○丨丘，或即上丨，蓋鄉侯也。〔史記〕「丨丘」志疑。○〔説文定聲·卷五〕丨字又變作⿰王棘。〔埤蒼〕「垂⿰王棘，地名」。○〔同上〕丨字又變作蕀。〔廣雅·釋草〕「蕀苑，遠志也」。

惑 丨，亂也。〔説文〕「疑，丨也」段注。○丨，疑也。〔同上〕義證引〔增韻〕。○疑即丨也。〔晏子春秋〕「蔽諂」雜志。○丨，迷也。〔大戴·曾子制言〕「是以丨闇」王詁。○丨，迷丨。〔廣韻·德部〕○瞀者，丨也。〔漢書〕「晧頤志而弗瞀」雜志。○瞀與丨同義。〔漢書〕「瞀亂富貴之耳目」雜志。○丨瞀猶瞀丨也。〔漢書〕「連語」雜志。○欺與丨義亦相近。〔晏子春秋〕「君之惶丨」雜志。○惶、丨語之轉耳。〔同上〕○〔説文定聲·卷六〕鍾丨，鍾聚也。〔莊子·天地〕「以二缶鍾丨也」。〔「缶」下〕○丨，宋本作或。〔説文〕「迷，丨也」段注。○丨字本作或。〔漢書·李廣傳〕「丨失道」補注引王

念孫。又〔漢書·卜式傳〕「不為利｜」補注引王念孫。○｜，經典通作或。〔說文〕「｜，亂也」義證。○｜亦當作或。〔同上〕句讀。○或與｜通。〔管子〕「素食」雜志。又〔墨子·明鬼下〕「｜聞之」閒詁。○｜謂之猶，亦謂之豫。〔荀子〕「豫賈」雜志。○｜｜，謂｜之甚。〔漢書·賈誼傳〕「衆人｜｜」補注。○｜，謂｜闇。〔大戴·盛德〕「迷｜失道」王詁。○｜闇，謂迷於不明之處。〔大戴·曾子制言上〕「是以｜闇」王詁。

默 ｜，犬｜無聲逐人。〔說文〕「｜，犬暫逐人也」繫傳。○｜，犬不吠，暫逐人也。〔慧琳音義·卷七八〕引〔古今正字〕。○或曰犬不吠而逐人為｜，故而為不語。〔說文定聲·卷五〕○｜亦作嘿。〔說文〕「｜，犬暫逐人也」段注。○｜，靜也。〔慧琳音義·卷八九〕引〔考聲〕。○｜叚借為靜穆之偁。〔說文〕「｜，犬暫逐人也」段注。○｜，寂無人聲也。〔楚辭·悲回風〕「路眇眇之｜｜」補正。○｜，不言也。〔慧琳音義·卷七八〕引〔字書〕。○｜｜，不言貌。〔楚辭·卜居〕「吁嗟｜｜兮」補注引五臣注。○〔說文定聲·卷五〕｜叚借為黑。〔廣雅·釋器〕「｜，黑也」。○黑，幽靜茫昧之意，皆｜字之轉注。〔說文定聲·卷五〕〔「默」下〕○｜亦墨字也。〔廣雅·釋器〕「｜，黑也」疏證。○墨與｜同。〔荀子〕「墨云」雜志。○〔說文定聲·卷五〕｜叚借為冒，｜、冒雙聲。〔家語·正論〕「貪以敗官為｜」。○〔同上〕｜，宓犧六佐之一。〔論語摘輔象〕「視｜主災惡」。

嘿 ｜，默字俗寫。〔墨子·貴義〕「｜則思」閒詁引畢沅。○｜｜，志不遂也，或作默。〔慧琳音義·卷二〇〕引〔考聲〕。

織 布者，麻縷所成，帛者，絲所成，作之皆謂之｜。〔說文〕「｜，作布帛之總名」段注。○經與緯相成曰｜。〔同上〕○凡繒布不須翦裁而成者謂之｜成。〔說文〕「纚，冠｜也」段注。○功多色重謂之｜。〔詩·六月〕「｜文鳥章」後箋。○｜，組｜。〔廣韻·職部〕○｜餘為機尾。〔說文〕「繢，｜餘也」段注。○｜餘，今呼為機頭。〔同上〕○｜紝，治繒帛者。〔左傳成公二年〕「｜紝」洪詁引服虔。○｜古叚借為識字。〔說文〕「｜，作布帛之總名」段注。○識或作｜。〔管子〕「女勤於纖微而｜歸于府」雜志。○幟、｜、識、志，並通。〔廣雅·釋器〕「幟，幡也」疏證。○｜、幟字同。〔詩·六月〕「｜文鳥章」朱傳。○｜女，星名。〔大東〕「跂彼｜女」朱傳。○〔說文定聲·卷五〕｜女，三星，形如鼎足，一巨二細，在天漢之北與漢南河鼓相對。〔夏小正〕「｜女正北鄉」。○〔同上〕｜字變作蟙。〔方言〕「蝙蝠，北燕謂之蟙蠌」。○〔同上〕｜字亦變作繶。〔廣雅·釋詁三〕「繶，束也」。

匿 ｜，藏也。〔廣韻·職部〕○藏｜義皆為微。〔釋詁〕「竄，微也」郝疏。○｜，微也。〔廣韻·職部〕○｜者，亡也。〔說文〕「乚，｜也」段注。○｜，亡也。〔廣韻·職部〕○｜，陰姦也。〔同上〕○｜，隱也。〔通鑑·漢紀三〕「敢有含｜」音注。○｜，古慝字。〔逸周書〕「｜」雜志。○｜與慝同。〔管子〕「百｜」雜志。又〔荀子〕「｜則大惑」雜志。○慝、｜同字。〔漢書·孔光傳〕「謂朓側｜」補注。○｜亦與慝同。〔管子〕「百｜」雜志。○｜讀為慝邪也。〔荀子·樂論篇〕「文章｜而采」集解。○｜當讀為慝。〔周書·五權〕「匱乃｜」平議。○｜讀為慝。〔淮南子·泰族篇〕「故民無｜」雜志。

○｜、慝古字通。〔管子·明法〕「以相為｜」平議。○｜與慝古字通。〔管子〕「百｜」雜志。○〔說文定聲·卷五〕｜字亦變作慝。〔釋訓〕「崇讒慝也」。○忒、貣、慝、｜並通。〔荀子〕「脩道而不貣」雜志。○〔說文定聲·卷五〕｜叚借為幅。〔御覽〕引〔通俗文〕「竹器邊緣曰｜」。○〔同上〕｜，叚借為恧。〔方言二〕「㥾，愧也」。○〔同上〕｜叚借為忒。〔詩·柏舟〕「之死矢靡慝」。○｜字亦變作㥾。〔說文定聲·卷五〕

億 十萬曰｜。〔廣韻·職部〕又〔孟子·離婁〕「詩云，其麗不｜」朱注。又〔詩·伐檀〕「三百｜兮」朱傳。又〔楚茨〕「我庾維｜」朱傳。○數萬至萬曰｜。〔豐年〕「萬｜及秭」朱傳。○｜者，滿也。〔左傳襄公二五年〕「不可｜逞」述聞。○｜之本義訓滿。〔詩·楚茨〕「我庾維｜」通釋。○古字｜與意通。〔易·震〕「｜喪貝」平議。○｜，或叚借為意字。〔說文〕「｜，安也」段注。○｜讀為意。〔荀子〕「｜忌」雜志。○｜讀為意。意，疑也。〔荀子·賦篇〕「不｜忌」集解引王念孫。○｜，度也。〔廣韻·職部〕又〔論語·先進〕「｜則屢中」劉正義。又〔楚辭·天問〕「何所｜焉」補注。○｜，安也。〔廣韻·職部〕○｜猶安也。〔說文〕「｜，安也」繫傳。○｜，盈也。〔詩·楚茨〕「我庾維｜」集疏引王引之。○｜、盈亦語之轉也。〔廣雅·釋詁〕「臆，滿也」疏證。又〔廣雅·釋詁〕「盈，滿也」疏證。○肊、臆、憶、｜、意五字並通。〔廣雅·釋詁一〕「臆，滿也」疏證。○意、｜、臆並與意同。〔漢書〕「好惡積意」雜志。○｜與臆、憶通用。〔漢書·陳湯傳〕「策慮愊｜」補注引沈欽韓。○｜，未見而意之也。〔論語·憲問〕「不｜不信」朱注。○｜亦，即抑亦。〔史記〕「｜亦」雜志。○｜猶抑也。〔說文〕「｜，安也」繫傳。○｜，歎辭也。〔易·象〕「震來，厲」李疏引干寶。○｜，惜辭也。〔易·震〕「｜喪貝」李疏引虞翻。○〔釋文〕｜，本亦作噫，故云惜辭也。〔同上〕李疏。○不｜猶不逞。〔賈子·淮難〕「不｜之人」平議。○｜逞即｜盈。〔漢書〕「好惡積意」雜志。○｜變，猶上文言千變萬化也。〔漢書〕「意變」雜志。○維｜猶既盈也。〔詩·楚茨〕「我倉既盈」述聞。○三百｜者，三百繶也。〔詩·伐檀〕「三百｜兮」平議。

億 ｜通作億。〔說文〕「｜，安也」義證。○｜，今字作億。〔說文〕「｜，安也」句讀。○｜與億同。〔廣雅·釋天〕「从天至地，一｜一萬」疏證。○｜，安也，今作億。〔史記〕「大忠」雜志。○〔說文定聲·卷五〕｜叚借為𢡃，實託名幖識字，今人乃以萬萬為億。〔詩·假樂〕「子孫千億」。○〔同上〕｜叚借為意。〔論語〕「不億不信」。○〔同上〕｜，叚借為𢡃，億逞猶滿盈也。〔左傳襄公二五年〕「不可億逞」。○〔同上〕｜叚借為噫，實發聲之詞。〔禮記·文王世子〕「億可以為之」。○｜，實亦䇷之或體。〔說文定聲·卷五〕

億 ｜即億省。〔說文〕「𢡃，滿也」義證。

䇷 ｜，或借億字。〔說文〕「｜，快也」義證。

臆 ｜，胷｜。〔廣韻·職部〕○｜，胸前也。〔慧琳音義·卷一三〕○｜讀為十萬曰億之億。〔賈子·連語〕「左｜右｜」平議。○意字本作意，或作億，又作｜。〔漢書·賈誼傳〕「好惡積｜」補注引王念孫。○意亦作｜。〔漢書·敘傳〕「儀遺讖以｜對」補注引周壽昌。○｜，意之假借字也。〔説文〕「𦤎，滿也」段注。○臆、｜、憶、億、𦤎五字並通。〔廣雅·釋詁一〕「臆，滿也」疏證。○｜與臆同。〔廣雅·釋親〕「臆，匈也」疏證。

臆 臆與｜同。〔廣雅·釋親〕「｜，匈也」疏證。○｜、臆、憶、億、𦤎五字並通。〔廣雅·釋詁一〕「臆，滿也」疏證。○肊、｜一字也。〔廣雅·釋親〕「肊、｜，匈也」疏證。

肊 ｜、臆，一字也。〔廣雅·釋親〕「｜、臆，匈也」疏證。○｜，或作臆，胸骨也。〔慧琳音義·卷三七〕引〔古今正字〕。○｜，胸歧骨也。〔説文〕「｜，胷肉也」義證引〔六書故〕。○｜段借𦤎。〔説文定聲·卷五〕○｜，气滿。〔廣韻·職部〕○〔説文定聲·卷五〕｜謂借為噫。〔方言一三〕「臆，滿也」注「愊臆氣滿」。○〔同上〕｜段借為醫。〔周禮·酒正〕注「漿水臆濫」。

𦤎 〔説文定聲·卷五〕｜以意為之。〔魯峻碑〕「永傳億齡」。○意，本作｜。〔漢書〕「好惡積意」雜志。○｜、億、臆並與意同。〔同上〕○〔説文〕｜，今作億。是從意之字多與從意者相通。〔史記〕「大忠」雜志。○〔説文〕｜，〔方言〕作臆。〔同上〕○滿、｜義同。〔墨子·節葬下〕「寢而埋之滿｜」閒詁。○｜，經典借億字，或借臆字。〔説文〕「｜，滿也」義證。○｜或借啻字。〔同上〕○｜又作億。〔同上〕○｜即音之或體，經傳皆以億為之。〔説文定聲·卷五〕

譩 ｜，數也，通作億、意。〔集韻·職部〕

憶 臆、臆、｜、億、意五字並通。〔廣雅·釋詁一〕「臆，滿也」疏證。○｜，念也。〔廣韻·職部〕○｜，記也。〔通鑑·齊紀二〕「無不諳｜」音注。

特 〔説文定聲·卷五〕樸、｜雙聲連語，如曰牿｜也。〔説文〕「｜，樸｜，牛父也」。○｜，本牛父之稱，通言之則羊豕及馬皆有｜名。〔詩·柏舟〕「實為我｜」後箋。○｜，牡牛也。〔説文〕「｜，樸｜，牛父也」義證引〔玉篇〕。○牛之牡者曰｜。〔本草·五〇卷〕○凡畜之牡者皆可謂之｜，反言之則孤｜者必有偶，故又為匹偶之稱。〔詩·柏舟〕「實為我｜」後箋。○獸三歲曰｜。〔伐檀〕「縣｜」朱傳。○｜，一牲也。〔説文〕「犅，｜牛也」繫傳。○｜，｜生之苗也。〔詩·正月〕「有菀其｜」朱傳。○一子曰｜。〔本草·卷五〇〕○｜，｜牛。〔廣韻·德部〕○｜本訓牡，陽數奇，引伸之為凡單獨之偁。〔説文〕「｜，牛也」段注。○｜、獨、徒俱一聲之轉。〔釋詁〕「梏，直也」郝疏。○｜，獨也。〔廣韻·德部〕又〔禮記·內則〕「使之｜餕」集解。又〔禮記·間傳〕「重者｜」集解。又〔通鑑·漢紀四二〕「公車｜徵」音注。又〔慧琳音義·卷一二〕引〔考聲〕。○｜，雄也。〔慧琳音義·卷一二〕○｜與直音近義通。〔釋詁〕「梏，直也」郝疏。○〔説文定聲·卷五〕｜，〔韓詩〕作直，謂借為值。〔詩·柏舟〕「實維我｜」。○｜猶直也。〔墨子〕「持」雜志。○｜，韓作直。〔詩·柏舟〕「實維我｜」集疏。○直、｜通用。〔墨子·明鬼下〕「｜注之污壑」平議。○｜即直也。〔韓子·和氏〕「｜帝王之璞未獻耳」集解。○｜，直也，猶言但也。〔荀子·勸學〕「安｜將學雜識志，順詩書而已耳」集解引郝懿行。○｜為奇。〔詩·柏舟〕「實維我｜」陳疏。○｜，匹也。〔我行其野〕「求爾新｜」朱傳。○｜，亦匹也。〔柏舟〕「實維我｜」朱傳。○｜，又為耦。〔同上〕陳疏。○｜，止，卓立也。〔説文〕「犆，｜止也」段注引徐鍇。○｜，傑出之稱。〔詩·黃鳥〕「百夫之｜」朱傳。○〔説文定聲·卷五〕｜猶騭也，亦以稱馬。〔周禮·校人〕「凡馬｜居四之一」。○〔同上〕｜，一面也。〔周禮·小胥〕「士犆縣」。○｜，因其獨立之意，則為雄俊之稱。〔詩·柏舟〕「實維我｜」後箋。○｜，又單獨之義，男女皆可通，故傳箋以為外婚無偶之女。〔同上〕後箋。○〔説文定聲·卷五〕｜，此未嫁之女。〔詩·我行其野〕「求爾新｜」。○〔同上〕｜，此未娶之男。〔柏舟〕「實維我｜」。○顧猶｜也。〔漢書〕「分當相直」雜志。○待、｜聲相近，故字相通。〔漢書〕「待用之」雜志。○〔説文定聲·卷五〕｜段借為飾。〔禮記·玉藻〕「羔幦豹犆」。○〔同上〕｜段借為發聲之詞，諸書亦或以直為之，或以地、以第、以但、以亶、以徒、以獨為之，皆一聲之轉。〔莊子·齊物論〕「而｜不得其眹」。○｜字亦作犆。〔説文定聲·卷五〕○｜猶犆也。〔詩·柏舟〕「實維我｜」後箋引惠棟。○｜亦作犆。〔説文〕「｜，｜牛也」段注。○｜舟，單舟。〔説文〕「斻，旃」繫傳。○｜揖者，奇拜。奇猶｜也。〔公羊傳宣公六年〕「禮，臣拜然後君答拜」陳疏引惠士奇。○｜以作徒以。〔漢書·賈誼傳〕「｜以簿書不報」補注引宋祁。○｜者，人名也。〔管子·山致數〕「｜命我曰」平議。○｜將，楚漢間所置將名。〔漢書·灌嬰傳〕「卒斬敵及｜將五人」補注引周壽昌。○｜作時。〔史記·季布欒布列傳〕「故｜召君耳」志疑引〔史詮〕。又〔漢書·竇嬰傳〕「列侯莫敢與亢禮」補注引宋祁。○｜，〔御覽〕作將。〔呂覽·貴信〕「人｜刼君而不盟」校正。

勒 〔説文定聲·卷五〕｜為轡之所系，故曰轡首。｜為銜之所系，故曰絡銜。〔説文〕「｜，馬頭絡銜也」。○｜謂之轡。〔左傳成公二年〕疏證引汪士鐸。○頸下當膺大帶謂之｜。〔左傳成公二年〕疏證引汪士鐸。○｜其鐵曰｜。〔説文〕「｜，靼也」繫傳。○｜成者，封禪也。〔漢書·終軍傳〕「思於｜成」補注引李慈銘。○｜，引伸之為抑｜之義。〔説文〕「｜，馬頭落銜也」段注。○｜，刻也。〔禮記·月令〕「物｜工名」集解。○｜，或曰借為刻。〔説文定聲·卷五〕○｜，又為物｜工名之義。〔説文〕「｜，馬頭落銜也」段注。○｜段借為防，為朸。〔説文定聲·卷五〕○｜乃朸之譌文。〔史記·齊悼惠王世家〕「以｜侯」志疑。○〔説文定聲·卷五〕｜假借為敕，實為勑。〔穆天子傳〕「｜七萃之士」。○｜與𩋒、革，古亦通用。〔廣雅·釋器〕「𩋒，｜也」疏證。○｜、棘字通。〔釋草〕「髦，顛棘」郝疏。○｜字亦作𩋒。〔説文定聲·卷五〕○〔同上〕｜段借為翮。〔詩·斯干〕「如鳥

斯丨」。○俗本丨譌作勁。〔説文〕「墊，玲墊」義證。

劾

丨者，用法以糾有罪也。〔説文・叙〕「舉丨」段注。○丨，推丨也。〔説文〕「丨，法有辠也」義證引〔玉篇〕。○丨，獄相告證之辭也。〔慧琳音義・卷八八〕引顧野王。○〔説文定聲・卷五〕丨以覈為訓。〔周禮・鄉士〕注「如今丨矣」疏「丨，實也」。○丨，推窮罪人也。〔廣韻・德部〕○丨，俗作刻。〔説文〕「丨，灋有辠也」段注。○丨當作劾。〔漢書・韓信傳〕「諸校丨首虜休」補注引沈欽韓。

慝

丨之言匿也，謂姦謀陰匿者。〔周禮・夏官〕「察軍丨」孫正義。○丨謂陰隱為惡也。〔左傳文公一八年〕「服讒蒐丨」洪詁引服虔。○丨，惡也。〔廣韻・德部〕又〔詩・瞻卬〕「伊胡為丨」朱傳。又〔逸周書〕「匿」雜志。又〔論語・顔淵〕「非脩丨與」劉正義。○丨，怨惡也。〔孟子・梁惠王〕「民乃作丨」朱注。又〔通鑑・唐紀四六〕「消丨於未萌」音注。○丨，愧也。〔慧琳音義・卷八二〕引〔古今正字〕。○丨，邪也。〔詩・柏舟〕「之死矢靡丨」朱傳。又〔大戴・五帝德〕「其德不丨」王詁。又〔荀子〕「匿則大惑」雜志。○丨，差也。〔同上〕雜志。○丨即匿也。〔説文定聲・卷五〕(「恧」下)○丨，古只作匿。〔墨子・脩身〕「譖丨之言」閒詁引畢沅。○丨即匿之異文。〔墨子・尚賢〕「隱丨良道」閒詁引畢沅。又〔管子〕「百匿傷上威」雜志。○忒、貣、丨、匿並通。〔荀子〕「脩道而不貣」雜志。○丨、匿字同，作匿為正。〔漢書・康居國傳〕「越丨地」補注。○丨，韓作嫟。〔詩・瞻卬〕「伊胡為丨」集疏。○丨字當讀為忒，忒，差也。〔國語・周語〕「過丨之度」述聞。○差忒字古通作丨。(同上)述聞。○丨當為忒之同音假借，更也。〔詩・柏舟〕「之死矢靡丨」通釋。○以態為丨者，古聲不分去入也。〔荀子〕「詐態」雜志。

昃

〔説文定聲・卷五〕丨以稷為之。〔郙閣頌〕「劬勞日稷」。

𣅝

丨，日在西方。〔廣韻・職部〕○丨，日映也。〔説文〕「丨，日在西方時側也」義證引〔玉篇〕。○丨、昊、仄、側、稷，並字異而義同。〔廣雅・釋言〕「昊，昳也」疏證。○丨又借稷字。〔説文〕「丨，日在西方時側也」義證。○丨，又省作仄。(同上)義證。○丨，字或作昊。(同上)義證。○丨亦作昊。(同上)段注。

昊

丨，日丨。〔廣韻・職部〕○丨，旁也。(同上)○丨，傾也。(同上)○丨之言傾側。〔廣雅・釋言〕「丨，昳也」疏證。○丨，不正也。〔廣韻・職部〕○丨、仄、側、稷，並字異而義同。〔廣雅・釋言〕「丨，昳也」疏證。

仄

丨者，側也。〔説文〕「廉，丨也」句讀。○丨與側通。〔説文〕「頃，丨也」句讀。○〔史記〕丨作側。〔漢書・食貨志〕「鑄官赤丨」補注引周壽昌。○〔説文定聲・卷五〕丨叚借為側。〔釋水〕「穴出，丨出也」。○丨者，圻堮陖陗之謂。〔説文〕「廉，丨也」段注。○丨謂邪也。〔詩・小旻〕通釋。○穴與丨皆不正之名。〔釋水〕「丨出」鄭注。○丨，人在厓石之下不得安處也。〔説文〕「丨，側傾也」繫傳。○丨，丨陋。〔廣韻・職部〕○〔説文定聲・卷五〕丨本訓當為陝隘。〔廣雅・釋詁一〕「丨陋也」。○丨，皆義借為矢也。〔説文定聲・卷五〕○丨當為矢。〔説文〕「傾，丨也」義證。○〔説文定聲・卷五〕丨叚借為昃。〔周書・周祝〕「故日之中也丨」。○丨慝即側匿，言月晦也。〔通雅・天文〕○丨弁作側弁。〔説文〕「丨弁之俄」段注。

稷

丨、齋，大名也。粘者為秫，北方謂之高粱，通謂之秫秫，又謂之蜀黍。〔説文〕「丨，齋也」段注引程瑤田〔九穀考〕。○丨亦作齋。〔説文〕「丨，齋也」繫傳。○丨，五穀之揔名，一曰黍屬。〔廣韻・職部〕○丨者，五穀之長。〔論語・憲問〕「禹丨躬稼」劉正義。○丨，粟也，五穀之長也。〔慧琳音義・卷九〕○丨亦通稱為粟，為穀。〔説文〕「丨，齋也」義證引盛百二。○丨、粟一種，但二名耳。(同上)義證引〔急就篇〕顔注。○丨，漢人謂之嘉穀，亦謂之粟，即今俗云小米也。〔書・盤庚〕「越其罔有黍丨」孫疏。○漢人謂丨為粟米，今俗謂之小米。〔書・酒誥〕「藝黍丨」孫疏。○丨即穄，一名粢字。〔説文〕「丨，齋也」繫傳。○丨曰明粢。〔詩・甫田〕「以我齊明」朱傳引〔曲禮〕。○丨亦謂之粢。〔説文〕「丨，齋也」義證引〔急就篇〕顔注。○丨一名粢，俗名小米者。(同上)義證引盛百二。○丨、穄、粢皆一物，語音之輕重耳。〔本草・卷二三〕引〔爾雅翼〕。○〔説文定聲・卷五〕秦漢以來誤以粱為丨，乃加高粱以木丨之稱，又謂之蜀黍。〔廣雅・釋草〕「藋粱，木丨也」。○丨亦穀也，一名穄，似黍而小。〔詩・黍離〕「彼丨之苗」朱傳。○今之高粱，古之丨也。〔廣雅・釋草〕「藋粱，木丨也」疏證。○丨，今之高粱。〔説文定聲・卷五〕引程瑤田。又〔周禮・天官〕「冢宜丨」孫正義。○丨者，穀神。〔論語・先進〕「有社丨焉」劉正義。又〔孟子・盡心下〕「社丨次之」朱注。○社者，五土之神。丨者，於五土之中，特指原隰之祇。〔漢書・郊祀志〕「未立官丨」補注引〔通典〕。○丨，疾。〔詩・楚茨〕「既齊既丨」朱傳。○丨，進力治稼也。〔本草・卷二三〕○〔説文定聲・卷五〕丨假借為即。〔詩・楚茨〕「既齊既丨」。○古假丨為即。〔説文〕「丨，齋也」段注。○丨亦假為昃字，如〔穀梁〕日昃作日丨是也。(同上)○〔説文定聲・卷五〕丨叚借為昃。〔孝經鉤命訣〕「日丨而赤光起」。○(同上)丨叚借為肅，丨肅雙聲。〔周書・王會〕「丨慎大麈」。○(同上)丨叚借為否。〔呂覽・權勳〕「小臣丨」。○丨在河南歸德府商丘縣境。〔春秋桓公二年〕「鄭伯于丨」疏證引〔春秋輿圖〕。○高大如蘆，蓺以正月，故為五穀之長，其實麤大，故謂之疏食，即〔禮記・玉藻〕之丨食也。〔説文定聲・卷五〕○粢食，丨食，疏食，異名而同實也。〔史記〕「糲粱」雜志。○〔説文定聲・卷一二〕丨，以畟為之。

〔爾雅〕「粢丨」。

識

丨，常當為意，字之誤也。〔説文〕「丨，常也」段注。○丨，亦知也。〔孟子・告子下〕「髡必丨之」焦正義。○丨亦訓適也。〔詩・蟋蟀〕「職思其居」通釋。○丨與適同。〔左傳成公一六年〕「丨見不穀而趨」洪詁。○〔釋詞・卷九〕丨猶適也。〔左傳成公一六年〕「丨見」。○丨，記也。〔荀子・

勸學」「將學雜｜」集解引郝懿行。〇｜，記也。〔通鑑・晉紀六〕「默｜」音注。〇幟、織、｜、志並通。〔廣雅・釋器〕「幟，幡也」疏證。〇〔説文定聲・卷五〕｜叚借為職。〔脩筆嶽碑〕「周禮｜方氏」。〇｜、職二字經典互易本訓，〔爾雅〕〔周禮〕之職當作言旁｜，凡記｜應當作耳旁職。〔説文〕「｜，常也」義證。〇｜方即職方。〔通雅・釋詁〕〇｜當為職。〔呂覽・君守〕「君者無｜」平議。〇幟之言｜也。〔廣雅・釋器〕「幟，幡也」疏證。〇｜作幟。〔墨子〕「衣章微」雜志。〇｜當為識。〔大戴・夏小正〕「采｜」王詁。〇｜，一作議。〔呂覽・慎勢〕「非而細人所能｜也」校正。

逼 ｜，迫也。〔廣韻・職部〕又〔慧琳音義・卷二〕引〔韻英〕。〇｜，本又作偪。〔説文〕「迫，近也」段注。〇｜或作偪。〔慧琳音義・卷二〕

偪 ｜同逼。〔廣韻・職部〕〇｜，古逼字。〔孟子・滕文公上〕「禽獸｜人」焦正義。〇｜，正字，逼，俗字。〔漢書・揚雄傳〕「｜揚侯」補注。

克 ｜者，肩也。〔説文〕「勊，尤勮也」段注。〇以肩任物曰｜，今蘇俗負小兒于背，語兒云｜在肩上。〔説文定聲・卷五〕〇｜，能。〔書・君奭〕「其汝｜敬」孫疏。〇｜，能也。〔廣韻・德部〕又〔詩・南山〕「匪斧不｜」朱傳。又〔正月〕「既｜有定」陳疏。又〔大戴・衛將軍文子〕「｜篤」王詁。又〔大學〕「｜明德」朱注。又〔通鑑・魏紀六〕「連不｜果」音注。〇｜即勝。〔釋詁〕「捷，勝也」郝疏。〇｜，勝也。〔廣韻・職部〕又〔詩・小宛〕「飲酒溫｜」朱傳。又〔桑柔〕「如云不｜」陳疏。又〔雲漢〕「后稷不｜」朱傳。又〔大戴・盛德〕「刑罰必不｜」王詁。又〔論語・顔淵〕「｜己復禮」朱注。〇能勝此物謂之｜。〔説文〕「｜，肩也」繫傳。〇勝此物謂之｜。〔國策・中山策〕「秦軍大｜」鮑注引徐鉉。〇｜，好勝也。〔大戴・四代〕「｜勿與比」王詁。〇｜，好勝。〔論語・憲問〕「｜伐、怨、欲不行焉」朱注。〇｜，偏勝也。〔大戴・文王官人〕「陰陽｜易」王詁。〇｜，自伐而好勝人也。〔詩・蕩〕「曾是掊｜」通釋引李黼平。〇｜勝，謂忌｜求勝其民。〔漢書・匡衡傳〕「｜勝之佐」補注。〇｜即任也。〔詩・敬之〕「佛時仔肩」後箋。〇凡物壓於上謂之｜。〔説文〕「｜，肩也」段注。〇〔説文定聲・卷五〕｜叚借為刻。〔詩・雲漢〕「后稷不｜」。〇｜當作刻。〔漢書・匡衡傳〕「而上｜暴」補注引宋祁。〇｜與刻通。〔春秋名字解詁〕「郟子｜字儀父」述聞。〇｜通作尅，急迫也。〔詩・常武〕「不測不｜」通釋。〇｜、尅字通。〔國策・中山策〕「秦軍大｜」補注。〇｜與尅同。〔方言一三〕注「掊尅深能」箋疏。〇百家之書｜、剋不分。〔説文〕「勊，尤勮也」段注。〇｜俗作剋。〔説文〕「｜，肩也」段注。〇｜或作剋。（同上）義證。〇｜之為剋，字義並通。〔史記・宋微子世家〕「曰涕曰霧」志疑。〇｜與可同義，但轉其聲耳。〔字詁〕〇｜綽猶｜寬。〔漢書・禮樂志〕「｜綽永福」補注。〇不｜猶不測也。〔詩・常武〕「不測不｜」平議。〇｜，當作交。〔大戴・文王官人〕「陰陽｜易」述聞。〇｜與核聲相近。〔書・呂刑〕「其審｜之」孫疏。〇｜讀為核。〔管子〕「不｜其罪」雜志。〇｜當為覈，假借字。〔書・呂刑〕「其審｜之」孫疏。〇｜當作悳。〔淮南子・主術〕「力優而｜」平議。

剋 ｜，陸本作克。〔釋詁〕「｜，勝也」郝疏。〇｜即克字。〔史記・仲尼弟子列傳〕「公哲哀，字季次」志疑。〇勊通作｜，又作尅。〔釋詁〕「｜，勝也」郝疏。〇｜者，勊之俗體也。（同上）〇｜者，以力制勝之謂。〔説文〕「勊，尤勮也」段注。〇｜與刻通。〔左傳僖公三〇年〕疏證引李貽德。〇｜，｜己，又必也。〔廣韻・德部〕〇｜，殺也。（同上）〇｜，急也。（同上）

尅 ｜則殺也。〔國策・中山策〕「秦軍大｜」鮑注。

蜮 ｜，因其以氣射害人，故謂之短弧，作狐非也，其氣為矢。〔説文〕「｜，短狐也」段注。〇｜，短弧，即射工也，亦呼水弩。（同上）段注引顔師古。〇｜，口中有横物如角弩，聞人聲以氣為矢，用水勢以射人，隨所箸發創，中影亦病也。（同上）段注引陸佃、羅願。〇｜，蟲名，短狐，狀如鼈，含沙射人，久則為害，生南方。〔廣韻・德部〕〇｜，蟲名，短狐也，或從國。〔集韻・德部〕〇｜，短狐也，江淮水皆有之，能含沙以射水中人影，其人輒病。〔詩・何人斯〕「為鬼為｜」朱傳。〇｜，短狐，水神也。（同上）集疏引韓説。〇｜字亦作魊。〔説文定聲・卷五〕〇魊與｜古字通，｜當為魊也。〔詩・何人斯〕「為鬼為｜」平議。〇戜與域同。（同上）陳疏。〇｜當為蟈。〔呂覽・任地〕「又無螟｜」校正引惠棟。〇｜叚借為蟘。〔説文定聲・卷五〕〇（同上）｜叚借為蛄。〔廣雅・釋蟲〕「螻蟈，螻蛄也」。〇（同上）｜，屈造，疑即鼓造，謂梟也。〔夏小正〕「四月鳴｜」。

卽 ｜，就也。〔廣韻・職部〕又〔易・訟〕「｜命」述聞。又〔詩・東門之墠〕「子不我｜」朱傳。又〔東方之日〕「履我｜兮」朱傳。又〔禮記・内則〕「｜席飲食」集解。又〔論語・子路〕「亦可以｜戎矣」朱注。又〔論語・子張〕「｜之也温」劉正義。又〔孟子・滕文公上〕「｜位而哭」朱注。又〔墨子・備穴〕「客｜穴」閒詁引畢沅。又〔韓子・孤憤〕「｜主心」集解。又〔漢書・雋不疑傳〕「亡不｜死」補注引胡注。又〔漢書・王莽傳〕「遣使者｜赦盜賊」補注引胡注。又〔國策・秦策三〕「莫肯｜秦」鮑注。〇｜猶就也。〔説文〕「｜，｜滄也」繫傳。〇古｜、就同字。〔漢書・禮樂志〕「磑磑｜｜」補注。〇｜，就。〔詩・十月之交〕「不｜我謀」朱傳。〇｜，今也。〔廣韻・職部〕〇｜，近也。〔釋詁〕「｜，尼也」述聞。〇｜，尼也，尼，近也。〔左傳成公一三年〕「｜楚謀我」洪詁引〔爾雅〕郭注。〇｜猶若也。〔公羊傳襄公二七年〕「我｜死」陳疏。又〔公羊傳莊公三二年〕「寡人｜不起此病」陳疏。又〔公羊傳昭公一四年〕「以加録卒事｜非禮」陳疏。又〔公羊傳僖公三三年〕「爾｜死」述聞。又〔漢書・京房傳〕「淮陽王｜朝見」補注引蘇輿。又〔漢書・張敞傳〕「事｜有業」補注引蘇輿。〇｜，若也，古謂若為｜。〔史記〕「是率諸侯」雜志。〇｜與若同義。〔史記〕「今單于能｜前與漢戰」雜志。〇｜，舍也。〔廣韻・職部〕〇｜，半也。（同上）〇｜，言器與人不相黏著。〔公羊傳桓公二年〕「器之與人，非有｜爾」平議。〇｜通作則。〔釋詁〕「｜，尼也」郝疏。〇｜當為則。〔説文〕「給，絲勞｜給」段注。〇鄂本｜作則，｜、則亦通。〔公羊傳襄公二七年〕「我｜死」陳疏。〇｜、則古通用。

〔墨子·尚同中〕「一其舉事速成矣」閒詁引俞樾。○一與則通用。〔墨子·非樂上〕「然一姑嘗數天下分事」閒詁引蘇時學。又〔漢書·王莽傳〕「絳侯一因漢藩之固」補注。○一與則古通用。〔漢書·天文志〕「一為天下侯」補注。○則、一字通,並訓若。〔漢書·谷永傳〕「一以為誠天意也」補注引蘇輿。○古字以一為則。〔漢書〕「則」雜志。○一、則同。〔墨子·兼愛下〕「然一之交別者」閒詁。○古一則同字。〔漢書·高帝紀〕「而釁鼓」補注。又〔漢書·平帝紀〕「其當驗者,一驗問」補注。又〔漢書·衡山王傳〕「一使捕嬴」補注。○一與則同。〔漢書〕「陷假」雜志。○〔釋詞·卷八〕一字亦作則。〔漢書·王莽傳〕「應聲滌地,則時成創」。○則、一聲相近,古字通。〔漢書·張良傳〕「有功一位不益」補注引錢大昕。○一,當讀為則。〔禮記·哀公問〕「一安其居」平議。○一當作節。〔說文〕「一,一食也」段注。○一當為卩。卩通作節,誤為一。(同上)義證。○〔說文定聲·卷一二〕一叚借為卩。〔方言一二〕「一,半也」。○一同即。〔廣韻·職部〕○一字作即。〔國策〕「客一對曰」雜志。○〔說文定聲·卷一二〕一,叚借為發聲之詞。〔漢書·西南夷傳〕注「一,若也」。○〔釋詞·卷八〕一,猶今人言即是也。〔左傳襄公八年〕「非其父兄,一其子弟」。○〔釋詞·卷八〕一,猶今人言即今也。〔史記·項羽本紀〕「一日因留沛公與飲」。○一猶是。〔國策·魏策四〕「一王有萬乘之國」鮑注。○〔釋詞·卷八〕一,猶或也。〔國語·越語〕「無乃一傷君王之所愛乎」。又〔史記〕「即」雜志。又〔漢書·揚雄傳〕「一為怪迂」補注。○一與或古同義。〔史記〕「即」雜志。○〔釋詞·卷八〕一猶遂也。〔書·西伯戡黎〕「殷之一喪」。○一世猶言就世。〔左傳成公一三年〕「獻公一世」疏證。○一拜,就其所在拜授也。〔通雅·官制〕○一無充實義,一一猶就就也。〔漢書·禮樂志〕「磑磑一一」補注。○一一與稽稽、秩秩、翼翼、儗儗同意。〔通雅·釋詁〕○一治行裝而隨使者也。〔漢書·張敞傳〕「一裝隨使者」補注引胡注。○〔說文定聲·卷一二〕一,今本以次為之。〔書·康誥〕「勿庸以一汝封」。○一士,亦言依士,士謂主也,立名從主,故言依士。〔慧琳音義·卷五〇〕○〔說文定聲·卷一二〕一叚借為祝,一祝雙聲。〔水經·沐水注〕「一邱縣,故春秋之祝邱也」。○一丘故城,在沂州府蘭山縣東南。〔左傳桓公五年經〕「城祝丘」疏證。○〔通雅·卷三五〕一橋,蓋今之轎也,古謂之檋,一作輂。〔河渠書〕載「禹山行一橋」。○〔說文定聲·卷一二〕一,叚借為堲,即垐。〔禮記·檀弓〕「夏侯氏之一周」。○(同上)一,字亦變作蝍。〔廣雅·釋蟲〕「蝍蛉,倉螘也」。○一,一作鄉。〔國策·秦策三〕「莫肯一秦耳」補注。

堲 一,燒土,周棺也,或从火,通作即。〔集韻·職部〕○一叚借為疾。〔說文〕「敀,人姓也」段注。○一即疾。〔說文〕「坺,坺土也」段注。○一,風一,又疾也。〔廣韻·職部〕

拭 一者,飾之叚音也。〔釋詁〕「一,清也」郝疏。○一,漢字,即飾字也。〔說文〕「撎,一也」句讀。○一當為飾。(同上)義證。○一與拂義略同。〔說文〕「擎,飾也」段注。○塗與一義相近。〔廣雅·釋宮〕「㦢,塗也」疏證。○一,一刷。〔廣韻·職部〕○一當為式。〔漢書·王莽傳〕「天文郎桉一於前」補注引沈欽韓。○官本桉一作按栻。〔漢書·王莽傳〕「桉一於前」補注。

⿰巾式 一,同拭。〔廣韻·職部〕

弋 一,橜也,所以掛物也。〔說文〕「一,橜也」義證引〔玉篇〕。○一者,物之株橛。〔說文〕「弌,古文一」繫傳。○一,凡用橜有所表識者,如酒旗之類;有所維繫者,如⿰丬弋⿰口弋之類。〔說文定聲·卷五〕○橜亦一射。〔廣韻·職部〕○一,繳射。〔詩·女曰雞鳴〕「一鳧與鴈」朱傳。○繳射曰一。〔大戴·夏小正〕「鳴而後知其一也」王詁。○一,繳射也。〔大戴·主言〕「畢一田獵之得」王詁。又〔屈賦·惜誦〕「矰一機而在上兮」戴注。○一,以生絲繫矢而射也。〔論語·述而〕「一不射宿」朱注。○用一為隿射字,其誤久矣。〔說文〕「一,橜也」段注。○凡衺銳之木皆得謂之一。〔說文定聲·卷五〕○一者,柲也,長六尺六寸,其刃橫出,可句可擊。(同上)〔「戈」下〕○一,杙也。〔說文〕「一,橜也」繫傳。○一字或作杙。(同上)義證。○一,或作杙。〔廣雅·釋宮〕「椵、橛,杙也」疏證。○杙與一同。〔墨子〕「滲一」雜志。○〔說文定聲·卷五〕一以杙為之。〔左傳襄公一七年〕「以杙抉其傷」。○俗用杙為一。〔說文〕「一,橜也」段注。○一讀曰杙,故言椓也。〔漢書·揚雄傳〕「椓截嶭而為一」補注。○一,今字作杙。〔說文〕「必,从八一」段注。○一、杙古今字。〔說文〕「橶,一也」段注。○翼同一。〔書·多士〕「一,作翼」孫疏。○一,厚者是也。〔漢書·文帝紀〕「身衣一綈」補注引沈欽韓。○一,即樴也。〔釋宮〕「雞棲於一為桀」郝疏。○一謂鷙鳥也,鷹隼之屬。〔大戴·夏小正〕「十有二月鳴一」王詁。○一即雖也。〔說文〕「鷳,睢也」段注。○一之字變為鳶,鳶行而一廢矣。(同上)○一獵者,游田之事也。〔春秋名字解詁〕「楚蔿艾獵字叔敖」述聞。○〔說文定聲·卷五〕一叚借為似。〔詩·桑中〕「美孟一矣」。○一氏,〔左氏〕〔穀梁〕作姒氏,似、一一聲之轉。〔公羊襄公四年經〕「夫人一氏薨」陳疏。○一,〔春秋〕或作姒,蓋杞女,夏后氏之後。〔詩·桑中〕「美孟一兮」朱傳。○一讀為姒。(同上)陳疏。○畢一,〔月令〕作畢翳。〔呂覽·季春〕「田獵罼一」校正。○一與以一聲之轉,〔詩〕一或即妀之省,妀本婦人姓,而以婦官之稱。〔詩·桑中〕「美孟一兮」後箋。○〔說文定聲·卷五〕一叚借為雉。〔夏小正〕「十有二月鳴一」。○〔卷五〕此誼一字之轉注。〔說文〕「雉,繳射飛鳥也」。〔「雉」下〕○〔卷五〕一假借為黓,即酟。〔漢書·文帝紀贊〕「身衣一綈」。○(同上)一字亦變作芅。〔釋草〕「長楚跳一」。○(同上)一字變作繖。〔太玄·逃〕「維繖其繩」。

陟 一,登。〔詩·車舝〕「一彼高岡」朱傳。○一義同登。〔書·堯典〕注「史遷一作登」孫疏。○一,升也。〔廣韻·職部〕又〔詩·卷耳〕「一彼崔嵬」朱傳。○一,陞也。〔慧琳音義·卷八五〕又〔通鑑·漢紀一九〕「黜一有序」音注。○一,進也。〔廣韻·職部〕○一亦陞也。〔書·君奭〕「殷禮一配

天」孫疏。○〔竹書紀年〕凡帝王之終皆曰丨。〔同上〕平議。○丨，三重也。〔慧琳音義·卷八五〕○丨，同敕。〔書·立政〕「成湯丨丕」孫疏。○丨讀為德者，古聲同。〔說文〕「德，升也」義證引錢坫。○丨、騭通。〔釋詁〕「丨，陞也」郝疏。○丨、騭古今字。〔說文〕「騭，牡馬也」段注。○〔說文定聲·卷四〕丨，叚借為騭，執丨即〔禮記·月令〕之縶騰駒，〔周禮·庾人〕之佚特。〔夏小正〕「執丨攻駒」。○〔通雅·卷三二〕丨釐，一作側理、丨俚，苔紙也。〔拾遺記〕「本丨釐紙，漢人語訛爾。又作丨里」。○丨釐乃水中苔，今取以為紙，名為苔紙。〔說文〕「菭，水衣」義證引〔本草〕唐本注。○生水者丨釐。〔通雅·艸〕○丨方者，史公說為巡守。〔書·堯典〕「丨方乃死」孫疏。○丨、假同義。〔書·皋陶謨〕注「史遷勑為丨」孫疏。

測　度其深所至亦謂之丨。〔說文〕「丨，深所至也」段注。○廣深曰丨。〔同上〕義證引〔玉篇〕。○丨，意度也。〔大戴·四代〕「淺無丨深」王詁。○丨，度也。〔廣韻·職部〕○凡量度之事並謂之丨。〔周禮·地官〕「以土圭之灋測土深」孫正義。○丨猶卜也。〔國策·魏策二〕「將丨交也」鮑注。○丨，盡也。〔大戴·哀公問五義〕「能丨萬物之情性」王詁。又〔禮記·樂記〕「而丨深厚」述聞。○無丨，言無盡也。〔莊子·在宥〕「彼其物無丨」集解。○沈、湥、潛、丨俱聲相轉也。〔釋言〕「潛，丨也」郝疏。○丨當為側之假借，隱伏也。〔詩·常武〕「不丨不克」通釋。

冒　丨，干也。〔廣韻·德部〕○引伸之有所干犯而不顧亦曰丨。〔說文〕「丨，冢而前也」段注。○丨，貪也。〔慧琳音義·卷四六〕○抵丨當為抵皃。〔說文〕「蠈，吏抵丨取民財則生」義證。○丨，通作墨。〔同上〕義證。○丨音墨，頓音毒。〔漢書·匈奴傳〕「名曰丨頓」補注引宋祁。

翊　丨，輔助也。〔慧琳音義·卷三六〕引〔考聲〕。○丨，輔也。〔慧琳音義·卷六二〕引顧野王。○今言輔丨猶翼戴也。〔說文〕「丨，飛皃」繫傳。○丨，輔丨。〔廣韻·職部〕又〔說文〕「丞，丨也」義證引〔玉篇〕。○龔、翼、丨並同義。〔廣雅·釋訓〕「翼翼，飛也」疏證。○丨與翼同。〔廣雅·釋訓〕「翼翼，敬也」疏證。○丨當作翼，俗書以丨為翼，翼猶輔也。〔說文〕「丞，丨也」段注。○〔說文定聲·卷三〕丨，叚借為翼。〔漢書·百官公卿表〕「左內史更名左馮丨」。○丨，俗翼字。〔說文〕「丞，丨也」句讀。○丨與浚同義。〔方言六〕「浚，敬也」箋疏。○〔說文定聲·卷三〕丨，叚借為昱。〔釋言〕「翌，明也」。

抑　丨，按也。〔廣韻·職部〕又〔大戴·曾子疾病〕「曾元丨首」王詁。○丨，按也，人所按，故為困。〔國策·齊策六〕「使管仲終窮丨」鮑注。○丨，止也。〔孟子·滕文公下〕「禹丨洪水」朱注。○丨猶弇蓋也。〔說文定聲·卷四〕〔厭〕下。○丨，樂奏之丨揚也。〔字詁〕○丨丨，密也。〔詩·假樂〕「威儀丨丨」朱傳。又〔抑〕「丨丨威儀」朱傳。○丨丨，慎密也。〔賓之初筵〕「威儀怭怭」朱傳。○丨之言堙也。〔墨子〕「溝境」雜志。○堙，皆塞之也。〔同上〕○丨，理也。〔慧琳音義·卷五四〕引〔考聲〕。○丨又引伸之為凡謙下之偁。〔說文〕「归，按也」段注。○丨之言屈丨也。〔墨子·親士〕「丨而大醜」閒詁引俞樾。○古丨、意字通。〔詩·正月〕「丨此皇父」後箋。○丨、意古字通。〔史記〕「亡其」雜志。○〔釋詞·卷三〕丨，字或作意。〔莊子·盜跖〕「意知而力不能行邪」。○丨，當讀為意。〔孟子·梁惠王〕「丨王興甲兵危士臣」平議。○丨首，不意貌。〔國策·韓策二〕「公仲且丨首而不朝」鮑注。○丨，言密之而不揚其惡。〔漢書·昭帝紀〕「丨而不揚」補注引周壽昌。○丨即下。〔孟子·滕文公下〕「禹丨洪水」焦正義。○丨謂戰勝匈奴，丨之在下也。〔漢書·李廣傳〕「丨數萬之師」補注。○丨隱者，言其聲之庳下也。〔文選·長笛賦〕「笢筠丨隱」集釋。○丨為廣頟之美。〔詩·猗嗟〕「丨若揚兮」後箋。○丨，美色者。〔同上〕○丨，發語辭。〔詩·十月之交〕「丨此皇父」朱傳。又〔釋詞·卷三〕。又〔孟子·梁惠王上〕「丨王興甲兵」朱注。又〔孟子·滕文公下〕「丨亦盜跖之所築與」朱注。○〔說文定聲·卷一二〕丨，叚借為發聲之詞。〔詩·十月之交〕「丨此皇父」。○丨，語辭。〔中庸〕「丨而強與」朱注。○丨，語助辭。〔詩·大叔于田〕「丨磬控忌」朱傳。○丨，疑辭也。〔漢書·敘傳〕「其丨者從橫之事復起於今乎」補注。○丨者，亦疑辭也。〔釋詞·卷三〕○丨，反語辭。〔論語·學而〕「丨與之與」朱注。又〔論語·憲問〕「丨亦先覺者」朱注。○讀與丨聲近而義同。〔廣雅·釋詁一〕「丨，安也」疏證。○丨、歕丨聲之轉。〔方言〕「丨，安也」箋疏。○丨，詞之轉也。〔釋詞·卷三〕○〔同上〕丨，亦詞之轉也。〔左傳昭公三〇年〕「其丨亦將卒以祚吳乎」。○丨與懿古字通。〔詩·猗嗟〕「丨若揚兮」述聞。○丨叚借為懿。〔說文定聲·卷一二〕○丨即懿之假借，美色。〔詩·猗嗟〕「丨若揚兮」通釋。○丨，通作懿。〔賓之初筵〕「威儀丨丨」通釋。○丨，讀為懿。〔十月之交〕「丨此皇父」陳疏。○〔說文定聲·卷一二〕丨，或曰借為浥，亦通。〔荀子·成相〕「禹有功，丨下鴻」。○丨，字又作億。〔釋詞·卷三〕○〔同上〕丨，字又作噫。

噫　〔書·金縢〕「噫公命我勿敢言」。○丨，當從反印作归。〔釋名·釋形體〕「臆猶丨也」疏證。○丨與抑通，字或作意，又作億。〔易·繫辭〕「丨亦要存亡吉凶」述聞。○丨亦即抑亦二字連讀。〔同上〕述聞。

惻　丨，愴也。〔廣韻·職部〕○丨，傷之切也。〔孟子·公孫丑上〕「皆有怵惕丨隱之心」朱注。○〔說文定聲·卷五〕丨，叚借為切，丨切雙聲。〔詩·氓〕箋「言其懇丨款誠」。

扐　丨，筮者著蓍指間。〔廣韻·德部〕○丨，一曰指間也，通作艻。〔集韻·德部〕○丨，縛也，關中語。〔集韻·職部〕○丨，並合掛左手之小指為一丨。〔易·繫辭上〕「歸奇于丨以象閏」李疏引虞翻。○凡數之餘謂之丨。〔說文〕「丨，易筮再丨而後卦」義證引〔玉篇〕。○〔說文定聲·卷五〕丨，謂數之奇餘也，以力為之。〔禮記·王制〕「祭用數之仂」。○丨，餘也。〔說文定聲·卷五〕〔仂〕下。

泐　水之理曰丨。〔說文〕「力，筋也，象人筋之形」段注。○〔說文定聲·卷五〕阞聲，水理也。〔說文〕「丨，水石之理也，從水，從阞」。○丨，水石理也。

〔集韻·職部〕○－言石因其脈而解裂也。〔說文〕「－，水石之理」繫傳。○－，石散－。〔同上〕義證引〔玉篇〕。○－，凝合。〔廣韻·德部〕○〔說文定聲·卷五〕－，叚借為阞。

〔考工記〕「石有時以－」。

亟 －，疾也。〔廣韻·職部〕又〔易·說卦傳〕「為－心」李疏。○－，疾。〔詩·何人斯〕「爾之－行」朱傳。○－，急也。〔說文〕「－，敏疾也」段注。又〔廣韻·職部〕。又〔詩·北風〕「既－只且」朱傳。又〔靈臺〕「經始勿－」朱傳。又〔國策·東周策〕「－亡來」鮑注。又〔墨子〕「苟生」雜志。又〔管子〕「農事為敬」雜志。○－猶急也。〔詩·北風〕「既－只且」集疏引韓說。○－、急同字。〔韓子·內儲下〕「必－聽從」集解。○－，速也。〔孟子·梁惠王上〕「經始勿－」朱注。○－，趣也。〔廣韻·職部〕○－，數也。〔釋言〕「屢，－也」鄭注。又〔大戴·文王官人〕「－變而多私」王詁。又〔禮記·少儀〕「－見曰朝夕」集解。又〔公羊傳僖公四年〕「而－病中國」陳疏。又〔論語·陽貨〕「－失時」劉正義。又〔孟子·離婁下〕「仲尼－稱於水」朱注。又〔孟子·萬章下〕「－餽鼎肉」朱注。又〔通鑑·陳紀二〕「先是士人－乘輕船」音注。○－猶數。〔國策·齊策四〕「君王無羞－問」鮑注。○－，屢也。〔公羊傳宣公九年〕注「－，疾也」陳疏引孔廣森。○－，極也。〔慧琳音義·卷九二〕○－與極同。〔管子〕「－」雜志。○－，猶促也。〔漢書·廣陵厲王傳〕「出入無悰為樂－」補注。○苟、－、悈並同義。〔廣雅·釋詁一〕「－，敬也」疏證。○－與䩯通。〔廣雅·釋詁一〕「䩯，疾也」疏證。○－通作悈，又通作極，亦通作苟。〔釋詁〕郝疏。○－亦作悈。〔說文〕「－，敏疾也」段注。○〔說文定聲·卷五〕－叚借為悈。〔易·說卦〕「為－心」。○－，通作棘，又通作革。〔釋詁〕「－，疾也」郝疏。○－、棘、革音義俱同。〔同上〕○〔詩〕多叚棘為－。〔說文〕「－，敏疾也」段注。○〔說文定聲·卷五〕－叚借為苟。〔廣雅·釋詁一〕「－敬也」。○－與苟古字通。〔大戴·武王踐阼〕平議。○－字又作苟。〔墨子〕「苟生苟義」雜志。○〔說文定聲·卷五〕－，叚借為㥯。〔方言一〕「－，愛也，東齊海岱之間曰－，秦晉之間凡相敬愛謂之－」。○－憐，即矜憐，聲相轉。〔釋訓〕「矜憐，撫掩之也」郝疏。

殛 －，誅也。〔廣韻·職部〕又〔孟子·萬章〕「－鯀于羽山」朱注。○－，誅者，責遣之，非殺也。〔書·堯典〕注「－，誅也」孫疏引馬融。○－即放也。〔書·堯典〕「－鯀于羽山」孫疏。○－，言極之遠方，至死不反。〔書·洪範〕「－一作極」孫疏。○－通作極。〔說文〕「－，殊也」義證。○－字古多作極。〔書·多方〕「我乃其大罰－之」孫疏。○－鯀為極之假借。〔孟子·萬章上〕「－鯀于羽山」焦正義。○〔說文定聲·卷五〕－叚借為極。〔漢書·禮樂志〕集注「－，窮也」。○－即極耳。〔義府·卷上〕○極與－通。〔左傳僖公二八年〕「明神－之」疏證引校勘記。

忒 －，疑也。〔說文〕「－，更也」段注。又〔詩·鳲鳩〕「其儀不－」後箋。○－謂儗也。〔說文定聲·卷五〕○－，疑也，疑是疑貳。〔書·洪範〕「民用僭－」孫疏引江聲。○－，差也。〔廣韻·德部〕又〔大學〕「詩云，其儀不－」朱注。又〔荀子〕「脩道而不貳」雜志。○－，差。〔詩·抑〕「昊天不－」朱傳。○－，過差也。〔閟宮〕「享祀不－」朱傳。○凡人有過失改常謂之－。〔說文〕「－，更也」段注。○－，變也。〔詩·抑〕「昊天不－」陳疏。又〔瞻卬〕「鞫人忮－」朱傳。○－，更也。〔說文定聲·卷五〕〔「匿」下〕○－之引申為已甚，俗語用之或曰大，或曰太，或曰－。〔說文〕「－，更也」段注。○〔遼史〕以皇后為－里蹇。〔通雅·稱謂〕○貳與－同。〔荀子〕「脩道而不貳」雜志。○古－、貳通用。〔詩·鳲鳩〕「其儀不－」陳疏。○－、貳、慝、匿並通。〔荀子〕「脩道而不貳」雜志。○貸與－蓋本一字。〔說文〕「差，貳也」段注。○－，通作貸。〔釋言〕「爽，－也」郝疏。○－，又作貸。〔管子〕「不貣」雜志。○貣與－通。〔書·洪範〕注「－為貣」孫疏。○－與貣古字通。〔說文〕「蟘，蟲食苗葉者」義證。○－，又通作貣。〔釋言〕「爽，－也」郝疏。○－之叚借為貣。〔說文〕「－，更也」段注。○古－多借貣為之。〔詩·鳲鳩〕「其儀不－」後箋。

忒 －通作忒。〔釋言〕「爽，忒也」郝疏。

湜 －，水清也。〔廣韻·職部〕又〔說文〕「－，水清底見也」義證引〔玉篇〕。○－，水見底。〔同上〕義證引〔韻譜〕。○－－，水清貌。〔詩·谷風〕「－－其沚」陳疏。○－－，即狀水止之貌。〔同上〕通釋。○－謂借為是也。〔說文定聲·卷一一〕

緎 －，縫也。〔廣韻·職部〕○－，裘之縫界也。〔詩·羔羊〕「素絲五－」朱傳。○縫之有界限謂之－。〔同上〕後箋引胡一桂。○－，羔裘之縫也。〔同上〕後箋引集解。○－同黬。〔廣韻·職部〕○－作黬。〔詩·羔羊〕「素絲五－」集疏。○－，數也。〔同上〕集疏引韓說。○－，絲之量數。〔同上〕後箋引戴震。○紽、－、總，皆數也。〔同上〕述聞。○四紽為－。〔同上〕述聞。

棫 －，白桵也。〔詩·緜〕「柞－拔矣」朱傳。○－即山柘也。〔釋木〕「－，白桵」鄭注。○櫟有二種，一種不結實者名－。〔說文〕「－，白桵也」義證引〔本草〕。○－，木叢。〔廣韻·職部〕○－林，諸書或作咸林。〔說文〕「鄭，京兆縣，周厲王子友所封」義證。

淢 －，溭－，波勢。〔廣韻·職部〕○－，疾流。〔同上〕○－，水流疾戫惑也。〔說文〕「－，疾流也」義證。○－即戫字。〔說文〕「戫，水流皃」段注。○－者，逆也。〔淮南·本經〕「抑－怒瀨」平議。○－，城溝也。〔詩·文王有聲〕「築城伊－」朱傳。○－即洫之古文。〔說文〕「閾，門榍也」段注。○－，或作洫。〔詩·文王有聲〕「築城伊－」集疏。○－叚借為洫。〔說文〕「－，疾流也」段注。○－叚借為洫，洫－雙聲。〔說文定聲·卷五〕○〔同上〕－，或曰借為瀎。〔笙賦〕「愀愴惻－」。

罭 －，魚網。〔集韻·職部〕又〔廣韻·職部〕。○九－，九囊之網也。〔釋器〕「緵罟謂之九－」鄭注。○－之言域也，所以囊括為界域。〔同上〕郝疏。

畟 丨丨，耜也。〔詩・良耜〕「丨丨良耜」集疏引魯説。○丨丨，嚴利也。〔同上〕朱傳。○丨丨，耜利也。〔集韻・職部〕○丨，陳設器物盛貌也。〔慧琳音義・卷九二〕引〔韻略〕。○丨，陳設器物整齊之貌也。〔慧琳音義・卷四〇〕引〔古今正字〕。○丨丨，陳器狀。〔廣韻・職部〕○丨方，謂正方也。〔慧琳音義・卷七〇〕○丨方，齊整之貌也。〔慧琳音義・卷七九〕引〔古今正字〕。○〔説文定聲・卷五〕丨字亦作謖，音轉讀如宿。〔釋言〕「謖，起也」。

崱 丨嶷，山峯貌也。〔慧琳音義・卷二三〕○丨嶷，山峻貌也。〔慧琳音義・卷八二〕引〔韻英〕。○屴丨，山連皃。〔集韻・職部〕○丨屴，山皃。〔廣韻・職部〕○丨屴，山大皃。〔集韻・職部〕

㥛 丨，各本作疾也。〔説文〕「丨，急性也」段注。○丨與急雙聲同義。〔同上〕段注。○丨與急字誼同音別。〔説文定聲・卷五〕○丨，急性相背。〔廣韻・職部〕○丨與極同。〔方言一〇〕「極，吃也」箋疏。○極、丨古通用。〔廣雅・釋詁二〕「極，吃也」疏證。○苟、亟、丨並同義。〔廣雅・釋詁一〕「亟，敬也」疏證。○悈、丨、亟、戒、棘、革六字古同音假借通用。〔説文〕「丨，疾也」義證引龔麗正。○丨與亟同。〔方言一〕「亟，愛也」箋疏。○丨亦作亟。〔廣雅・釋詁〕「丨，愛也」疏證。○丨有假戒為之者。〔説文〕「丨，急性也」段注。○〔説文定聲・卷五〕丨，叚借為悈。〔説文〕「丨，一曰謹重皃」。○丨，又作悈。〔説文〕「丨，疾也」句讀。○丨有假棘為之者。〔説文〕「丨，急性也」段注。○丨，有假革為之者。〔同上〕段注。○〔説文定聲・卷五〕丨，叚借為暱。〔廣雅・釋詁一〕「丨，愛也」。

螣 食葉曰丨。〔詩・大田〕「去其螟丨」朱傳。○丨，叚借為蟘，丨、蟘一聲之轉。〔説文定聲・卷二〕○丨與蟘通，蝗之大名。〔詩・螽斯〕「螽斯羽」後箋。○丨，蛇。〔廣韻・德部〕○丨或作蚮。〔説文定聲・卷二〕（「勝」下）

⿰虫貣 丨，今〔詩〕作螣。〔説文〕「丨，蟲食苗葉者」段注。○丨，假螣為之。〔同上〕段注。○丨字或作螣。〔同上〕義證。○螟丨字古亦作螟螣。〔説文〕「黱，畫眉墨也」段注。○丨是介屬。〔説文〕「蟊，蟲食艸根者」段注。○丨字，〔經典釋文〕〔五經文字〕皆作丨，俗作蟘。〔説文〕「貣，從人求物也」段注。○貣、丨聲相近，諸書通用貣。〔説文〕「丨，蟲食苗葉者」義證。○〔玉篇〕丨譌為蟘。〔同上〕義證。

蟘 〔説文定聲・卷五〕丨叚借為螣。〔方言一一〕「蟒，宋、魏之間謂之蚮」。

萴 丨即烏頭也。〔説文〕「丨，烏喙也」繫傳。○丨，草也。〔廣韻・職部〕○丨，〔名醫別錄〕作側字。〔説文〕「丨，烏喙也」義證。○〔地理志〕丨作崱，〔詩疏〕引作季崱。〔左傳昭公二〇年〕「季丨因之」洪詁。

閾 丨，門榍也。〔集韻・職部〕○丨，梱也。〔論語・鄉黨〕「行不履丨」劉正義。○丨，門限。〔同上〕又〔廣韻・職部〕。○丨謂門下橫木，為內外之限也。〔儀禮・士冠禮〕「布席于門中，闑西丨外」胡正義引邢昺。○丨，門限也。〔説文〕「丨，門榍也」繫傳。又〔儀禮・士冠禮〕「丨，閾也」述聞。○丨，柣也。〔論語・鄉黨〕「行不履丨」劉正義。○丨，梱也。〔同上〕○丨，〔禮〕古文作戚。〔説文〕「丨，門榍也」段注。

⿵門洫 丨古文閾。〔廣韻・職部〕

嶷 丨，九丨山，在今湖南永州府寧遠縣之南，桂陽州藍山縣之西南。〔説文定聲・卷五〕○丨，當如仡立之仡。〔詩・生民〕「克岐克丨」通釋。○丨，岐丨。〔廣韻・職部〕○丨丨，高貌。〔大戴・五帝德〕「其德丨丨」王詁。○丨謂崱也。〔慧琳音義・卷二二〕○〔説文定聲・卷五〕丨叚借為嶷。〔詩・生民〕「克岐克丨」。

僰 丨，犍，各本作犍。〔説文〕「丨，犍，為蠻夷也」段注依漢碑。○丨即犍，為蠻夷也。〔漢書・嚴安傳〕「降羌丨」補注。○丨，夷中最仁，有仁道，故字從人。〔漢書・地理志〕「丨道」補注引〔地理風俗記〕。○丨，丁壯皃，亦醜也。〔廣韻・德部〕○丨人，爨人，即今雲南之黑羅羅、白羅羅也。〔通雅・地輿〕○丨與㔸同。〔方言一二〕「㔸，農夫之醜稱也」箋疏。

纆 丨，繩索也。〔慧琳音義・卷二三〕引〔珠叢〕。○丨，索也。〔廣韻・德部〕○丨，索也，以牽馬。〔國策・韓策三〕「子丨牽長」鮑注。○徽、丨皆繩也，三股曰徽，兩股曰丨。〔説文〕「⿰糸黑，索也」義證引〔五經文字〕。○丨，讀如墨，索也。〔讀淮南子書後〕引「不若尋常之墨」雜志。○⿰糸黑、丨、墨並通。〔廣雅・釋器〕「丨，繩索也」疏證。

⿰糸黑 丨，經典作纆。〔説文〕「丨，索也」句讀。○兩股曰丨。〔説文定聲・卷六〕（「糾」下）○〔説文定聲・卷五〕丨以黑為之。〔史記・仲尼弟子列傳〕「罕父黑，字子索」。○丨，或作纆。〔説文〕「丨，索也」義證。○丨，通作墨。〔同上〕義證。○丨，又作墨。〔同上〕句讀。

襋 丨，衣領交也。〔廣韻・職部〕○丨，衣領。〔詩・葛屨〕「要之丨之」朱傳。○衣耑曰丨。〔説文定聲・卷五〕○丨、衱、袷字異，聲義並同。〔方言四〕「衱謂之褗」箋疏。○丨亦作⿰衤亟。〔説文〕「丨，衣領也」段注。又〔説文定聲・卷五〕。

⿰女弋 丨，婦官也。〔廣韻・職部〕○丨，通作弋。〔説文〕「丨，婦官也」義證。○丨，〔春秋〕亦用弋為之。〔同上〕段注。○丨，〔漢書〕亦作弋。〔同上〕○丨，〔漢書〕以弋為之。〔説文定聲・卷五〕○丨，以姬為之。〔同上〕○丨，漢時借姬為之。〔説文〕「丨，婦官也」段注。

洫 〔説文定聲・卷一二〕○丨，田間水道也。〔考工記・匠人〕「方十里為成，成間廣八尺深八尺謂之丨」。○丨，溝丨。〔廣韻・職部〕○丨，城池。〔詩・

文王有聲〕「築城伊｜」集疏引魯說。○｜，倍溝。〔說文定聲·卷八〕〔「溝」下〕○成首謂之｜。〔論語·泰伯〕「盡力乎溝｜」劉正義。○｜，深意。〔集韻·錫部〕○｜謂毛孔也。〔太素·虛實補寫〕「｜泝起于毫毛」楊注。○｜，亦作減。〔說文〕「｜，成間廣八尺深八尺謂之｜」段注。○〔說文定聲·卷十二〕｜，以減為之。〔詩·文王有聲〕「築城伊減」義證。○｜，或借減字。〔說文〕「｜，十里為成」義證。○對文則有甽、遂、溝、｜、澮之異，散文則通謂之溝｜。〔廣雅·釋水〕「｜，溝，坑也」疏證。○壑、阱、｜、陷、臽，皆虛之轉聲也。〔廣雅·釋水〕「阱，坑也」疏證。○｜，侐之叚借。〔說文〕「侐，靜也」段注。○〔說文定聲·卷十二〕｜叚借為侐。〔莊子·齊物論〕「以言其老｜也」。○〔同上〕｜叚借為淢。〔莊子·則陽〕「所行之備而不｜」。

踣 ｜，僵也。〔通鑑·漢紀四二〕「頓｜呼嗟」音注。○｜，斃也。〔同上〕又〔廣韻·德部〕。○｜，倒也。〔同上〕○｜，覆也。〔通雅·疑始〕○前覆曰｜。〔釋言〕「斃，｜也」郭注。○｜，覆也。〔通雅·疑始〕○｜，古本作仆。〔釋言〕「弊，｜也」郝疏。○｜與仆同。〔廣雅·釋詁四〕「仆，僵也」疏證。〔說文〕「｜，僵也」段注。○仆、｜，部古字通。〔墨子〕「軋部職如進數」雜志。○｜、仆同。〔釋名·釋姿容〕「仆，｜也」疏證。○｜與仆音義皆同。〔說文定聲·卷五〕｜叚借為赴。○｜，赴雙聲。〔莊子·秋水〕「｜水則接掖持頤」。○｜與殆通。〔廣雅·釋詁三〕「殆，敗也」疏證。○｜、趙同。〔說文〕「｜，僵也」段注。○｜與疐聲義同。〔釋言〕「疐，仆也」郝疏。○｜當讀剖。〔呂覽·行論〕「舉矣而不｜」校正。

熄 ｜，畜火。〔廣韻·職部〕○｜，滅也，火滅為｜。〔通鑑·周紀三〕「安居而天下｜」音注。○〔說文定聲·卷五〕｜猶已也。〔孟子〕「王者之迹｜」。○｜，猶寒也。〔說文定聲·卷五〕○｜，史多用為息字。〔說文〕「｜，畜火也」繫傳。

寔 ｜，實也。〔廣韻·職部〕○｜字亦作實。〔釋詞·卷九〕○｜通作實。〔釋詁〕「｜，是也」邵正義。○｜，或通作實。〔說文〕「｜，止也」義證。○｜與實同。〔詩·小星〕「｜命不同」朱傳。○｜，韓作實。〔同上〕集疏。○〔說文定聲·卷十二〕｜，叚借為實。〔禮記·坊記〕「｜受其福」。○｜，當作實。〔左傳桓公六年經〕「六年春正月｜來」洪詁。○｜，是也。〔廣韻·職部〕○｜，是，聲義皆同。〔詩·小星〕「｜命不同」陳疏。○｜訓為是。〔左傳桓公六年〕「正月｜來」洪詁引陳樹華。○〔說文定聲·卷十二〕｜，叚借為是，實為柴。〔公羊傳桓公六年〕「｜來者何，猶曰是人來也」。○〔同上〕｜叚借為是。〔周語〕「咨于故｜」。○〔同上〕｜，值也。〔易·坎〕「｜于叢棘」。○｜如此，止如此也。〔說文〕「｜，止也」繫傳。○｜，正。〔說文〕「｜，正也」段注。

穡 種曰稼，斂曰｜。〔廣韻·職部〕○收斂曰｜。〔說文〕「｜，穀可收曰｜」義證引〔物理論〕。○斂曰｜。〔同上〕義證引〔玉篇〕。○斂之曰｜。〔詩·伐檀〕「不稼不｜」朱傳。○｜猶收也。〔說文〕「穀可收曰｜」義證引〔物理論〕。○｜與嗇、轖並通。〔管子·度地〕「上相｜著者」平議。○｜作嗇。〔方言一二〕「嗇，積也」箋疏。○｜即嗇之後出字。〔說文定聲·卷五〕○｜，魯作嗇。〔詩·伐檀〕「不稼不｜」集疏。○｜，熹平石經作嗇。〔書·無逸〕注「｜一作嗇」孫疏。○在亩曰｜。〔說文定聲·卷九〕〔「稼」下〕

嗇 ｜，愛惜也。〔廣韻·職部〕○｜，愛也。〔通鑑·齊紀五〕「然非所以｜神養性」音注。○｜，愛濇也。〔漢書·翟方進傳〕「是天反復右我漢國」補注。○｜，此字本訓當為收穀，即穡之古文也。〔說文定聲·卷五〕○｜，貪也。〔廣韻·職部〕○｜，吝積而不散也。〔說文〕「啚，｜也」繫傳。○｜，積也。〔廣韻·職部〕○｜，省也。〔大戴·夏小正〕「｜人不從」王詁。○｜，吝也。〔國策·齊策五〕「不｜於戰攻之患也」鮑注。○｜，慳也。〔廣韻·職部〕○人皆受之亩而復口之為｜。〔說文〕「啚，｜也」繫傳。○｜｜，惡寒之貌也。〔太素·厥心痛〕「腹脹｜｜然」楊注。○｜，通作穡。〔說文〕「｜，愛濇也」義證。○｜，古穡字。〔漢書·成帝紀〕「服田力｜」補注引錢大昕。○古多假｜為穡。〔說文〕「穡，穀可收曰穡」段注。○轖、轖、｜並通。〔廣雅·釋詁二〕「轖，合也」疏證。○｜人，謂省｜徒衆也。〔大戴·夏小正〕「｜人不從」王詁。○｜夫，職聽訟收賦稅也。〔說文〕「｜，愛｜也」繫傳。○鄉吏之有秩者曰三老，曰｜夫，曰游徼。〔漢書·朱邑傳〕「少時為舒桐鄉｜夫」補注引〔官本考證〕。○｜民，農夫。〔大戴·四代〕「｜民執功」王詁。○來者，亩而藏之，故田夫謂之｜夫。〔說文定聲·卷五〕○｜，〔漢書〕作牆。〔史記·貨殖列傳〕「田｜」志疑。○｜，通作色。〔說文〕「｜，愛濇也」義證。○〔說文定聲·卷五〕｜，叚借為轖。〔方言一二〕「｜，彌合也」。○｜，當為甾。〔管子·輕重〕「乘天｜而求民鄰財之道也」平議。

嗇 ｜乃嗇之古文。〔通雅·卷四九〕○｜，今作嗇。〔方言一〇〕「｜，貪也」疏證。○｜，收也。〔說文〕「穡，穀可收曰穡」繫傳。○田夫為｜夫。〔同上〕繫傳。○｜通作嗇，亦曰轖。〔方言一二〕「｜，彌合也」疏證。

埴 ｜，黏土也。〔集韻·職部〕○｜，黏土。〔廣韻·職部〕○｜字又作戠。〔廣雅·釋地〕「｜，土也」疏證。○｜，古文作戠，火盛色赤，故戠為赤也。〔書·禹貢〕注「｜作戠」孫疏。○｜，鄭作戠，當讀如本字。〔書·禹貢〕「厥土赤｜墳」平議。○〔說文定聲·卷五〕｜，以殖為訓。〔釋名·釋地〕「土黃而細密曰｜」。○〔同上〕｜，故書以植為之。〔考工記〕「搏｜之工二」。○｜字亦作埴。〔說文定聲·卷五〕

戠 ｜，埴之異字。〔說文〕「埴，黏土也」段注。○黏土曰｜。〔同上〕○｜亦黏也。〔釋名·釋地〕「黏昵如脂之職也」疏證。○｜者，雜色也。〔書·禹貢〕「厥土赤埴墳」平議。○｜，兵也，其誼不見經傳，與我字同。〔說文定聲·卷五〕○｜、埴音義同。〔說文〕「埴，黏土也」段注引〔禹貢正義〕。

○〔説文定聲·卷五〕一,叚借為埴。〔書·禹貢〕鄭本「厥土赤一、墳」。○一者,熾也。〔説文定聲·卷三〕〔「先」下〕○一,讀為熾。〔説文〕「埴,黏土也」段注。○〔説文定聲·卷五〕一或曰借為熾。〔易·豫〕「朋盍一」。○一,叚借為植,為值。〔説文定聲·卷五〕

墌　一,埴之異字。〔説文〕「埴,黏土也」段注。

葍　一,蘆一。〔廣韻·德部〕○一,今之蘿蔔也。〔説文〕「一,蘆一」段注。○一讀為蔔,音轉字通也。〔釋草〕「葖,蘆葩也」郝疏。

蔔　一同葍。〔廣韻·德部〕

匐　一,匍一。〔廣韻·德部〕

匐　一,同匐。〔廣韻·德部〕

隿　一,獵也。〔説文〕「繳,一射收繁具也」繫傳。○一,或曰鳶雅同類,鷲鳥曰鳶,烏雅曰烏鳶,烏鳶亦雙聲連語。〔説文定聲·卷五〕○一,經傳無作一者,一即鳶字,鶗也。〔同上〕○一通作弋。〔説文〕「一,繳射飛鳥也」義證。○一,今作弋。〔同上〕繫傳。○〔説文定聲·卷五〕一以弋為之。〔夏小正〕「鳴弋」。○一,經傳多假弋為之。〔説文〕「一,繳射飛鳥也」段注。○一,經典即借弋為之。〔説文〕「一,從隹,弋聲」句讀。○〔説文定聲·卷五〕一,叚借為雅,弋雅雙聲。〔周禮·射鳥氏〕「以弓矢敺烏鳶」。○〔同上〕一字亦作鳶。〔漢書·梅福傳〕「鳶鴟遭害」。

釴　一,鼎附耳在外也。〔廣韻·職部〕○一猶翼也。〔釋器〕「附耳外謂之一」郝疏。

芅　一,今羊桃也,或曰鬼桃,葉似桃而花白。〔廣韻·職部〕

瀷　一,水湊急也。〔集韻·職部〕○一,水聚。〔廣韻·職部〕○一,水潦積聚。〔同上〕○許州長社縣一水,俗名勑水。〔説文〕「一水出河南密縣大隗山」義證引〔元和志〕。○一即瀷之或體。〔説文定聲·卷五〕○一,此瀷字之異體,後人收入。〔説文〕「一,一水」段注。

犆　一,緣也,或從巾。〔集韻·職部〕○一,牛也。〔廣韻·職部〕○一,特也。〔禮記·王制〕「天子一礿」集解。

膱　脯長尺有二寸曰一,又肥腸。〔廣韻·職部〕○一與職亦同義。〔廣雅·釋器〕「膱,臭也」疏證。○一亦作職。〔説文〕「殖,脂膏久殖也」段注。○一即殖字。

(同上)

殖　一,字或作膱。〔説文〕「一,脂膏久殖也」句讀。

轖　凡革鞔謂之一。〔説文〕「一,車箱交革也」段注。○〔説文定聲·卷五〕一,謂交結錯亂也。〔文選·七發〕「中若結一」。○一,引申之為結塞之偁。〔説文〕「一,車箱交革也」段注。○〔説文定聲·卷五〕一,或曰借為穽。〔文選·七發〕「結一」。○繬、一、嗇並通。〔廣雅·釋詁二〕「繬,合也」疏證。○一,假借為濇也。〔説文〕「濇,不滑也」段注。○一,或作轖。〔説文〕「一,車籍交錯也」義證。

椶　一,木名似松。〔廣韻·職部〕○一,木似松。〔説文〕「一,細理木也」義證引〔字書〕。○〔説文定聲·卷五〕一以楔為之,楔一雙聲。〔蜀都賦〕「椶枒楔樅」。

繶　舄屨牙底相接縫中之飾謂之一。〔周禮·天官〕「屨為赤舄赤一」孫正義。○一,絛繩。〔廣韻·職部〕○一與纏同。〔廣雅·釋詁三〕「纏,束也」疏證。

檍　一,木名,可為弓幹。〔集韻·德部〕○格一名木橿也。〔廣韻·職部〕○一,一名土橿。〔説文〕「橿,枋也」繫傳。

橲　一,梓屬。〔廣韻·職部〕○一字或作檍。〔説文定聲·卷五〕○一、檍古今字。〔説文〕「一,梓屬」段注。○一通作檍。〔説文〕「一,梓屬,小者可為弓材」義證。

阞　地之理曰一。〔説文〕「力,筋力,象人筋之形」段注。○一,地脈理。〔廣韻·德部〕又〔説文〕「一,地理也」義證引〔玉篇〕。○一,地之脈理也。〔同上〕繫傳。○一,石理也。〔説文定聲·卷五〕○〔同上〕一者,十分之一也。〔考工·輪人〕「以轂圍之,一柟其藪」。〔「橾」下〕○一假為扐。〔説文〕「扐,易筮再扐而後卦」段注。○〔説文定聲·卷五〕一叚借為泐。〔考工·匠人〕「凡溝逆地一謂之不行」。

玏　一同瓅。〔廣韻·德部〕

楅　一,束也。〔廣韻·職部〕○一,逼也,衡木也,横逼於角以防牛觸衡。〔周禮·地官〕「設其一衡」孫正義引曾釗。○一,所以皮矢也。〔集韻·職部〕○一,畐,各本作逼者,後人以俗字改之也。〔説文〕「一,以木有所畐束也」段注。○〔説文定聲·卷五〕一叚借為稫。〔周禮·籩人〕注「鮑者于一室中糗乾之」。

湢　一汎,水驚涌皃。〔集韻·職部〕○一,一汎,水驚起勢也。〔廣韻·職部〕

赩　一,大赤也。〔廣韻·職部〕○一,赤貌也。〔文選·魏都賦〕「中朝有一」注引毛萇〔詩傳〕。○一與黯亦通。〔方言一三〕「黯,色也」箋疏。○一,〔白虎通〕引〔詩〕作奭。〔文選·魏都賦〕「中朝有一」集釋。

餩　一,噎也。〔集韻·德部〕○一,噎聲。〔廣韻·德部〕

蠠 丨，同匿。〔廣韻·職部〕

蟔 丨，黑毛蟲也，亦謂之蛓。〔釋蟲〕「蛄蟴」鄭注。

魊 丨，小兒鬼。〔廣韻·職部〕〇丨，鬼也。〔左傳莊公一八年經〕疏證。〇丨、蜮古字通。〔左傳莊公一八年經〕「秋，有蜮」疏證。〇丨，一說鬼因風伺人也，或書作䰲。〔集韻·德部〕〇䰲，鬼丨旋風。〔廣韻·德部〕

鱡 丨，烏丨。〔廣韻·德部〕〇丨，諸書通作賊。〔說文〕「丨，鰞丨，魚名」義證。

鰂 丨，同鱡。〔廣韻·德部〕〇丨字又作鱡。〔說文〕「丨，鰞丨，魚名」義證。〇丨，〔吳都賦〕作賊，他書作鱡。(同上)段注。〇丨，鶂烏所化，其口腹猶相似，腹中有墨，能吸波潠墨，令水溷自衛。(同上)段注。〇丨，今名海鰾鮹是也。(同上)段注引劉淵林。〇〔說文定聲·卷五〕丨，背骨，即今之海鰾鮹也。〔周書·王會〕「某丨之醬」。

奭 丨，邪視皃。〔集韻·職部〕〇丨，斜視。〔廣韻·職部〕

樴 丨，杙也。〔廣韻·德部〕〇丨謂之杙，在牆者謂之楎，在地者謂之臬，大者謂之拱，長者謂之閣。〔說文〕「丨，弋也」段注。〇丨與杙之言直也。〔廣雅·釋宮〕「椵、橛，杙也」疏證。〇〔說文定聲·卷五〕丨挺直如弋者也。〔儀禮·鄉射禮記〕注「丨猶脡也」。〇丨之謂杙，可以繫牛。〔說文〕「丨，弋也」段注。〇丨引伸凡物一枚曰一丨。(同上)〇〔說文定聲·卷五〕丨，字變作膱。〔儀禮·聘禮記〕「薦脯五膱」。〇〔鄉射禮〕古文丨為戴。〔說文〕「戴，大臠也」段注。〇丨通作職。〔說文〕「丨，弋也」義證。〇〔說文定聲·卷五〕丨，以職為之。〔周禮·肆師〕「頒于職人」。〇(同上)丨段借為埴，或為䵺。〔考工·弓人〕故書「凡丨之類不能方」。〇(同上)丨，段借為殖。〔廣雅·釋器〕「膱，臭也」。

幅 凡布帛廣二尺二寸，其邊曰丨。〔說文〕「丨，布帛廣也」段注。〇丨猶言邊丨也。〔詩·長發〕「丨隕既長」朱傳。〇丨，行縢名。〔廣韻·職部〕〇丨，引伸為邪丨。〔說文〕「丨，布帛廣也」段注。〇〔說文定聲·卷五〕丨段借為副。〔漢尹宙碑〕「位不福德」。〇(同上)丨段借為畐。〔廣雅·釋詁一〕「丨，滿也」。

愊 丨，誠也。〔集韻·職部〕〇丨，悃丨，至誠。〔廣韻·職部〕〇丨，悃丨也。〔說文〕「丨，誠志也」段注。〇丨猶邊際也，謂際畔也。〔慧琳音義·卷九〕〇〔說文定聲·卷五〕丨，段借為畐。〔漢書·陳湯傳〕「策慮丨億」。〇悀、涌、丨、畐並通。〔廣雅·釋詁一〕「丨，滿也」疏證。〇丨臆，凡怒而氣滿謂之丨臆，哀而氣滿亦謂之丨臆。〔廣雅·釋詁一〕「臆，滿也」疏證。

稫 䭅、丨義並與愊同。〔廣雅·釋詁〕「愊，滿也」疏證。〇丨，蹂禾下葉。〔集韻·職部〕〇丨稄，禾密皃。〔廣韻·職部〕

副 丨，析也。〔廣韻·職部〕〇丨，剖也。〔廣韻·屋部〕〇丨，剖也，或作疈。〔集韻·屋部〕〇坼、丨皆裂也。〔詩·生民〕「不坼不丨」朱傳。〇丨當讀如為天子削瓜者副之之副。〔海內經〕郭注引啟筮丨作剖。〔呂覽〕「丨之以吳刀」校正引梁中子。〇丨，鄭注〔周禮〕作疈。〔說文〕「周禮曰丨辜祭」段注。

畐畐 丨，多也。〔集韻·職部〕〇丨，多也，密也。〔廣韻·職部〕

杙 丨者，劉劉丨也，劉子生山中，實如梨，酢甜，核堅。〔說文〕「劉劉，丨」段注。〇今人以丨為檕弋字。(同上)〇丨，果名，如梨，亦檕也。〔廣韻·職部〕〇丨，檕也。〔通鑑·後晉紀二〕「先於海口多植大丨」音注。〇在牆曰丨，在地曰橛。〔慧琳音義·卷六一〕〇丨當作弋。〔釋宮〕「樴謂之丨」郝疏。又(同上)鄭注。〇丨、弋古通用，弋，橛也。〔方言五〕「橛，燕之東北謂之椵」疏證。〇丨與弋同。〔墨子〕「湪代」雜志。〇〔說文定聲·卷五〕丨，段借為弋。〔釋宮〕「樴謂之丨」。〇丨即楎矣。〔釋宮〕「在牆者謂之楎」郝疏。〇丨通作留。〔說文〕「丨，劉劉丨」義證。〇〔說文定聲·卷五〕丨，亦作榴。〔吳都賦〕「�榴禦霜」。〇丨或作榴。〔說文〕「丨，劉劉丨」義證。

仂 丨，勤也。〔集韻·職部〕〇丨，不懈。〔廣韻·職部〕〇〔說文定聲·卷一五〕丨即力也。〔廣雅·釋詁四〕「勤，丨也」。(「勤」下)〇丨，禮祭用數之丨。〔廣韻·德部〕〇丨，一曰稅什一也。〔集韻·職部〕〇丨、扐蓋同字。〔說文〕「丨，易簭再扐而後卦」段注。〇蓋丨本作忇也。〔說文〕「忇，材十人也」段注。

或 丨者，封也，國者，邦也，天子諸侯所守土為域，所建都為邦。〔說文定聲·卷五〕〇丨者，竟內之封。(同上)(「國」下)〇丨即邦域正字。〔墨子·經說上〕「丨，知是之非此也」閒詁。〇丨、國古通用。〔淮南·齊俗〕「丨人菹子」平議。〇丨、國古今字。〔說文〕「丨，邦也」段注。〇古丨、國同用。〔說文〕「國，邦也」段注。〇丨、域、國三字古聲義並同。〔廣雅·釋詁四〕「域，國也」疏證。〇丨，段借為國。〔說文定聲·卷五〕〇丨即邦域之域。〔廣雅·釋詁〕「丨，有也」疏證。〇丨，又從土作域。〔說文定聲·卷五〕〇丨、域同字。〔說文定聲·卷一五〕(「員」下)〇丨即邦域正字。〔墨子·經下〕「宇丨徙」閒詁。〇丨，域正字。〔墨子·經下〕「丨，過名也」閒詁。又〔經下〕「動，丨從也」閒詁。〇丨，本域之正文，借疑為丨也。〔說文〕「𣢜，吹氣也，從欠，丨聲」句讀。〇丨亦域字。〔說文〕「國，邦也」繫傳。〇丨，古音同域。(同上)段注。〇丨讀為域。〔賈子·匈奴〕「慮出其單于丨」平議。〇凡人各有所守，皆得謂之丨。〔說文〕「丨，邦也」段注。〇丨，有也。〔說文〕「侯，春饗所䠶侯也」繫傳。又〔漢書〕「豈丨」雜志。〇丨猶有也。

〔釋詞·卷三〕○丨，有也。〔詩·裳裳者華〕「丨黃丨白」陳疏。又〔莊子·則陽〕「接子之丨使」集解引俞樾。○丨作有者，今文也。〔書·無逸〕注「丨作有」孫疏。○丨、有通字。〔書·文侯之命〕「罔丨耆壽」孫疏。○古丨與囿通用。〔說文〕「囿，苑有垣也」段注。○丨者，有也，丨與有聲相近，其義相同，而字亦相通。〔漢書·揚雄傳〕「丨稱戲農」補注引王念孫。○〔說文定聲·卷五〕丨叚借為有。〔小爾雅·廣言〕「丨，有也」。○丨同惑。〔墨子·備梯〕「適人必丨」閒詁引畢沅。○丨與惑同。〔墨子·備蛾傳〕「敵人必丨」閒詁引畢沅。又〔孟子·告子上〕「無丨乎王之不智也」焦正義。又〔讀淮南子書後〕引〔主術篇〕「則乘驥而丨」雜志。又〔國策·卷下〕「臣甚丨之」札記。又〔漢書·嚴助傳〕「丨於逆順」補注。又〔漢書·谷永傳〕「丨亂陰陽」補注。○丨，古惑字。〔漢書·禮樂志〕「丨莫甚焉」補注。又〔漢書·黥布傳〕「臣竊為大王丨之」補注引錢大昕。○丨即惑。〔詩·小宛〕「彼昏不知」通釋。○丨與惑通。〔管子〕「素食」雜志。○丨，古多叚借為惑。〔說文〕「惑，亂也」段注。○〔說文定聲·卷五〕丨，叚借為惑。〔孟子〕「無丨乎王之不智也」。○丨，不定也，疑也。〔廣韻·德部〕○〔釋詞·卷二一〕丨猶支也。〔詩·賓之初筵〕「丨佐之史」。○丨者，疑辭。〔孟子·公孫丑下〕「丨者不可乎」朱注。○〔釋詞·卷三〕丨，語助也。〔詩·天保〕「無不爾丨承」。○〔說文定聲·卷五〕丨叚借為惑。〔大戴·公冠〕「遵並大道邠丨」。○丨思丨縱，猶言彼思此縱。〔左傳成公八年〕「唯丨思丨縱也」疏證。○丨、滮一聲之轉。〔方言一〇〕「滮，丨也」疏證。○丨，今文一作克。〔書·文侯之命〕「罔丨耆壽」孫疏。○無丨，〔月令〕作無有，或亦訓有也。〔呂覽·季夏〕「無丨斬伐」校正。○丨字亦作閾，見〔孫根碑〕。〔說文定聲·卷五〕

愎 丨，很也。〔廣韻·職部〕又〔通鑑·周紀一〕「智伯好利而丨」音注。又〔通鑑·晉紀四〕「嚴碎專丨」音注。○丨、鷙皆很也。〔管子〕「上彌殘苟」雜志。○丨，戾也。〔楚辭·天問〕「伯禹丨鮌」補注。又〔通鑑·梁紀一三〕「丨諫而來」音注。○丨字又作復，又作愎。〔管子〕「上彌殘苟」雜志。○復與丨同。〔荀子〕「恨後遂過」雜志。○丨，字從心复聲，故與覆通。〔管子〕「上彌殘苟」雜志。

醷 丨，釀醴酏為漿也。〔集韻·職部〕○丨，濁漿。〔廣韻·職部〕○丨，古作臆，即臆梅漿也。〔說文定聲·卷五〕〔「醫」下〕

翌 丨，明日。〔廣韻·職部〕○丨為明日之明，又為明顯之明，字通作翼。〔廣雅·釋訓〕「翼翼，明也」疏證。○丨，天寶間盡改為翼。〔說文〕「翊，飛皃」段注。○丨為明日之明，又為昭明之明。〔釋言〕「丨，明也」述聞。○丨，日明也。〔說文〕「昱，明日也」義證引〔纂要〕。○〔尚書〕言丨日者，明日也。〔說文〕「翽，丨也」繫傳。○丨，當為昱。〔同上〕義證。○丨者，昱之假音也。〔釋言〕「丨，明也」郝疏。○凡經傳子史丨日字皆昱日之叚借。〔說文〕「昱，日明也」段注。

侐 丨，靜也。〔廣韻·職部〕○丨，清靜也。〔詩·閟宮〕「閟宮有丨」朱傳。○侐、洫皆丨之假借。〔說文〕「丨，靜也」句讀。○丨，韓作𨳿。〔詩·閟宮〕「閟宮有丨」集疏。

𨳿 丨同侐。〔廣韻·職部〕

杙 丨，局。又木名。〔廣韻·職部〕

蠹 丨，痛傷也。〔集韻·職部〕○丨，傷痛其心。〔廣韻·職部〕○丨當作譩，音義皆近。〔說文〕「丨，讀若憘」段注。

墄 丨，階齒。〔廣韻·德部〕

薏 丨苡亦蓮心。〔廣韻·職部〕○丨，乃蓮子之心。〔本草·卷一五〕○丨苡仁，一名解蠡，一名屋菼，一名起實，一名贛。〔說文〕「蓄，蓄苡」義證引〔本草〕。○丨苡，穀類。〔同上〕義證引〔六書故〕。○丨苡，即草珠也。〔慧琳音義·卷三八〕引顧野王。○丨猶意也，含苦在內也。〔本草·卷三三〕

蓄 丨同薏。〔廣韻·職部〕○丨字亦作薏，薏苡生交。吡者，子大，其地呼為𦻝珠。〔說文定聲·卷五〕○丨，今謂之薏米也。〔說文〕「丨，薏苡」繫傳。○丨亦稱英。〔同上〕義證。○丨，堅者曰𦻝珠。〔同上〕繫傳。

疈 丨，磔牲也。〔集韻·麥部〕○丨，今〔詩〕作副。〔說文〕「坼，詩曰不坼不丨」段注。

揊 丨又作擂，古本作丨，丨副同。〔韓子·顯學〕「不丨痤則寖益」集解。

鴔 丨，鳥名。〔集韻·職部〕○丨，鵖丨鳥。〔廣韻·職部〕

蟙 丨蠌，蟲名，蝙蝠也，或從式。〔集韻·職部〕○丨蠌蟲，蝙蝠別名也。〔廣韻·職部〕

𧊽 丨蠌，蟲名，仙鼠也。〔集韻·職部〕○丨即蟙。〔方言〕「蝙蝠，北燕謂之蟙蠌」疏證。○丨與蟙同。〔廣雅·釋鳥〕「伏翼，丨蠌也」疏證。

蘵 丨，草名，似酸漿。〔廣韻·職部〕○丨，草，葉似酸漿。〔說文〕「蒢，黃蒢，職也」義證引〔玉篇〕。○丨草，葉似酸漿。〔漢書·司馬相如傳〕「蔵持若蓀」補注引〔玉篇〕。○丨，丨菜也，俗呼竹茶，可作菹，葉似蒟醬葉。〔釋艸〕「丨，黃蒢」鄭注。○丨，古字祇作職，通作識，藏、丨皆後出字。〔漢書·司馬相如傳〕「蔵持若蓀」補注引李慈銘。

淔 丨，謂即灌水也。〔說文定聲·卷五〕○丨菌芝，一名丨灌。〔同上〕○丨之言殖也。〔釋草〕「丨，灌」郝疏。○丨假借為茲，丨灌者，茲貫之借字。〔說文定聲·卷五〕

侙 丨意愼，又惕也。〔廣韻·職部〕○丨然，矜惕之貌也。〔說文〕「丨，惕也」繫傳。○〔說文定聲·卷五〕丨，今本〔吳語〕作戚。〔說文〕「丨，惕也，春秋國語曰，於其心丨然」。

鳿 丨，鸂丨。〔廣韻·職部〕○〔說文定聲·卷五〕丨字亦作鷘。〔玉篇〕「谿丨，水鳥」。

鷘 丨同鳿。〔廣韻·職部〕

慗 丨，从也。〔集韻·職部〕○

憖 丨，從也。〔廣韻·職部〕

遫 丨，張也。〔廣韻·職部〕○丨，古速字。〔左傳成公三年〕疏證引沈欽韓。○古戚、速同音，丨即戚。〔呂覽·勿躬〕「臣不若甯丨」校正。○丨，〔左〕〔穀〕俱作速，古字同。〔史記·十二諸侯年表〕「衛穆公丨元年」志疑。

穡 丨，早種禾。〔廣韻·職部〕○丨，早種也。〔集韻·職部〕○先種曰丨。〔詩·閟宮〕「丨穉菽麥」朱傳。○先穜先熟曰丨，後穜後熟曰穉，先穜後熟曰種，後穜先熟曰穋。〔說文定聲·卷五〕○〔同上〕丨叚借為孳。〔西狹頌〕「民以貸丨」。○丨又借植字。〔說文〕「丨，早穜也」義證。○丨，或借殖字。（同上）

樴 丨，木名。〔廣韻·職部〕○丨，木名也。〔說文〕「丨，木也」繫傳。

瘜 丨，惡肉。〔廣韻·職部〕○丨又作膍，惡肉也。〔慧琳音義·卷二六〕○丨，蘇俗謂之百日瘡。〔說文定聲·卷五〕○（同上）丨字亦作膍。〔方言一三〕「膜，膍也」。○丨字或作膍。〔說文〕「丨，寄肉也」義證。○丨、息字異義同。〔方言一二〕箋疏。

鄎 丨，新息也。〔通雅·地輿〕○〔說文定聲·卷五〕丨以息為之。〔左傳隱公一一年〕「鄭息有違言」。○丨通作息。〔說文〕「丨，姬姓之國」義證。

膍 丨丨肉。〔廣韻·職部〕又〔說文〕「瘜，寄肉也」義證引〔玉篇〕。

餕 丨，食也。〔廣韻·職部〕○餕、丨為消長之長。〔廣雅·釋詁四〕「餕、丨，長也」疏證。

堲 丨，遏遮也。〔廣韻·職部〕○〔說文定聲·卷五〕丨以側為之。〔左傳襄公二五年〕「側葬莊公」。

澅 丨，篆文，各本作澅。〔說文〕「丨，从水，畜聲」段注。

黵 丨，青黑色。〔集韻·職部〕○丨，赤黑皃。〔廣韻·職部〕

歗 丨，悲意。〔集韻·嘯部〕○丨，小怖皃。〔廣韻·職部〕○小怖曰丨也。〔慧琳音義·卷七四〕引〔通俗文〕。○丨然，恐怖也。〔卷七六〕引〔考聲〕。

茍 ○〔公羊傳〕「丨然而駭」，今作「色然」。〔說文〕「丨，悲意」段注。丨，自急敕也。〔說文繫傳·通論下〕○丨猶愼言也。〔詩·抑〕「無曰丨矣」通釋。○丨簡謂丨且簡略也。〔漢書·董仲舒傳〕「而顓為自恣丨簡之治」補注。○丨，且也。〔詩·君子于役〕「丨無飢渴」朱傳。○丨者，亟也。〔說文繫傳·通論下〕○〔說文定聲·卷五〕丨叚借為亟。〔釋詁〕「寁、駿、肅、亟、遄，速也」。○丨作亟，假借。〔說文〕「丨，自急敕也」繫傳。○丨、亟、極並同義。〔廣雅·釋詁一〕「亟，敬也」疏證。○〔後漢〕續志作丨漏，即後世所謂句漏也。〔漢書·地理志〕「丨扇」補注。

廙 丨，行屋，所謂幄也。帳有梁柱可移徙，如今之蒙古包之類。〔說文〕「丨，行屋也」段注。○丨與幄誼同，今蒙古包類是。〔說文定聲·卷五〕○丨字或作帟。〔說文〕「丨，行屋也」義證。○丨，敬也。〔廣韻·職部〕○丨，魏晉後用為翼字，如魏丁丨字敬禮，是用為小心翼翼字也。〔說文〕「丨，行屋也」段注。○〔說文定聲·卷五〕丨，叚借為翼。〔玉篇〕「丨，敬也」。○丨，不利也。〔集韻·職部〕

潩 丨水，俗名勑水。〔說文〕「丨，丨水」段注引李吉甫。○丨，時人謂之敕水，非也。敕、丨音相類，故字从聲變耳。（同上）○〔說文定聲·卷五〕丨水，俗謂之敕水。〔說文〕「丨，丨水，出河南密縣大隗山，南入潁」。○丨亦作瀷。〔說文〕「瀷，水出河南密縣」義證引〔六書故〕。

趩 丨，趨進丨如也。〔廣韻·職部〕○丨，進趨皃。〔慧琳音義·卷三五〕○丨，趨進便駃復有儀容如鳥之翼也。〔說文〕「丨，趨進丨如也」繫傳。○丨，今〔論語〕作翼字，假借也。（同上）繫傳。○丨，後製字。〔說文定聲·卷五〕

醷 丨，酒色。〔廣韻·職部〕○〔說文定聲·卷五〕丨，酒黑色也。〔說文〕「丨，酒色也」。○（同上）丨字亦作默。〔廣雅·釋器〕「默，黑也」。

黓 丨，黑也。〔廣雅·釋器〕○丨，皁也。〔廣韻·職部〕○玄丨，歲陽也。〔釋天〕「太歲在壬曰丨」郝疏。○丨即醷。〔說文定聲·卷五〕〔「弋」下〕

繶 丨，縪也。〔廣韻·職部〕○丨，縫也。〔廣韻·職部〕○丨、轖、嗇並通。〔廣雅·釋詁二〕「丨，合也」疏證。○丨與嗇同。〔方言一二〕「丨彌合也」箋疏。○丨、嗇古通用。（同上）疏證。

黬 丨，羔裘之縫。〔廣韻·屋部〕又〔廣韻·職部〕。○丨，縫也，或从糸，从革。〔集韻·職部〕○丨，以黑為縫也。〔說文〕「丨，羔裘之縫」繫傳。○〔說文定聲·卷五〕丨字亦作繶。〔廣雅·釋詁二〕「繶，合也。繶，縫也」。○丨俗作緎。〔說文〕「丨，羔裘之縫」義證。○〔說文定聲·卷五〕丨，今〔雜記〕作紱，以織為之。〔埤雅·釋羔〕引〔西京雜記〕「五絲為繙，倍繙為升，倍升為丨，倍丨為紀，倍紀為緵」。

蕀 丨，遠志別名。〔廣韻·職部〕

蛡 丨，蜂房也。〔集韻・職部〕○丨丨，蟲行皃。〔廣韻・職部〕○丨，一曰蟲行皃。〔集韻・職部〕

蝍 丨蛆，蟲名。〔廣韻・職部〕○丨蛆即蝍蛆也。〔釋蟲〕「蒺藜丨蛆」平議。○蝍與丨同。〔方言一一〕「蜻蛉謂之丨蛉」箋疏。○丨與蠀同。〔方言一一〕「蠀蝛謂之蚇蠖」箋疏。○丨蛆，蜈蚣。〔廣韻・屑部〕○丨蛆，蟲名，蜈蚣也。〔集韻・屑部〕

揤 丨，捽也。〔廣韻・職部〕○丨裴音即非，在肥鄉縣南五里。〔漢書・敘例〕「今依晉灼但稱鄭氏耳」補注引鄭氏。

⿸疒即 丨，頭痛。〔廣韻・職部〕

堛 丨，塊也。〔集韻・職部〕○丨，土田。〔廣韻・職部〕○丨即墣之異文。〔說文〕「丨，凷也」段注。

揊 丨，擊聲，或作敁撲。〔集韻・職部〕○丨，擊聲。〔廣韻・職部〕○丨，重擊聲也。〔慧琳音義・卷八一〕引〔考聲〕。

稪 丨，火乾肉也。〔廣韻・職部〕○丨、糒並與僃同。〔廣雅・釋詁二〕「丨，乾也」疏證。○丨，〔方言〕作僃。〔說文〕「丨，以火乾肉也」段注。○丨又或作焙，而異其音。〔同上〕○丨，俗作焙。〔說文定聲・卷五〕○丨，今蘇俗或言逼，或言焙。〔同上〕

糒 丨同稪。〔廣韻・職部〕○丨與㷉同。〔廣雅・釋器〕「糗，㷉也」疏證。○稪、丨並與僃同。〔廣雅・釋詁二〕「稪，乾也」疏證。

煏 丨，火乾也。〔集韻・德部〕○丨即稪字。〔說文〕「稪，以火乾肉也」段注。

僃 糒與丨亦聲近義同。〔廣雅・釋詁二〕「稪，乾也」疏證。○丨，籀文作䅭、稪，省作煏，並與稪同。〔方言七〕「丨，火乾也」箋疏。

⿰片畐 丨，坼也。〔廣韻・職部〕○丨則判木也。〔說文〕「丨，片也」段注。○丨，即與版同物也。〔說文〕「丨，判也」句讀。

夨 丨，象頭傾，因以為凡傾之偁。〔說文〕「丨，傾頭也」段注。○丨與夭同誼，夭者屈也，夭折于右，丨傾于左，經傳多以側為之。〔說文定聲・卷五〕○丨，今並作側。〔說文〕「丨，傾頭也」義證引〔玉篇〕。○丨，或通作昃。〔同上〕

⿰口疑 丨，〔說文〕曰小兒有知也。〔廣韻・職部〕○丨，哄丨，無聞見也。〔廣韻・志部〕○丨然，小兒生而有知也。〔慧琳音義・卷九二〕引〔考聲〕。

馥 丨，香。〔廣韻・職部〕

朸 木之理曰丨。〔說文〕「力，筋也」段注。○丨，石之理解為泐，與此同義。〔說文〕「丨，木之理也」繫傳。○〔說文定聲・卷五〕丨，直也。〔詩・斯干〕「如矢斯丨」。○〔毛詩〕「如矢斯棘」，〔韓詩〕棘作丨，〔韓〕丨為正字，〔毛〕棘為假借字。〔說文〕「丨，木之理也」段注。○丨、勒音同。〔釋草〕「髦，顛蕀」郝疏。

仂 丨，功大。〔廣韻・德部〕○丨，經典借特字。〔說文〕「丨，材十人也」義證。

貣 丨，從人求物也。〔廣韻・德部〕○從人借便錢物曰丨。〔慧琳音義・卷三一〕○丨亦借也。〔慧琳音義・卷八二〕○丨，借物用而後還。〔慧琳音義・卷八二〕引〔字書〕。○丨，假丨於人也。〔卷一二〕引〔集訓〕。○丨，差也。〔管子〕「不丨」雜志。○丨與忒同，忒差也。〔荀子〕「脩道而不貳」雜志。○〔說文定聲・卷五〕丨，假借為忒。〔史記・宋世家〕引〔洪範〕「衍丨」。○忒、丨、慝、匿並通。〔荀子〕「脩道而不貳」雜志。○丨誼與匃同，今字多以丨為之。〔說文定聲・卷五〕○丨通作貸。〔說文〕「丨，從人求物也」義證。○丨即代之借字。〔左傳僖公一五年〕「卜貳」疏證引王引之。

⿰扌㝵 丨，擊也。〔集韻・德部〕○丨，打也。〔廣韻・德部〕○丨，挨也。〔集韻・德部〕

𡫳 丨，實也。〔集韻・德部〕○塞與丨通。〔廣雅・釋詁一〕「丨，安也」疏證。○丨，經傳皆以塞為之。〔說文定聲・卷五〕○丨，經典借塞字。〔說文〕「丨，實也」義證。○丨今皆作塞，借也。〔同上〕繫傳。○丨，亦可訓瘱。〔詩・燕燕〕「其心塞淵」後箋。○〔說文定聲・卷五〕丨字亦變作賽。〔史記・封禪書〕「冬丨禱祠」。

𡨄 丨通作塞。〔釋言〕「窒，塞也」郝疏。

垘 土壅曰丨。〔集韻・德部〕○丨，填塞。〔廣韻・德部〕

蟘 丨，蟲名，兔缺也。〔集韻・德部〕○丨，一曰小蟲。〔集韻・德部〕○丨，蟲名，似虻而小，青班色，齧人。〔廣韻・德部〕

䞳 丨，僵也。〔廣韻・遇部〕○丨與踣音義並同。〔說文〕「丨，僵也」段注。○丨即踣之或字。〔說文定聲・卷五〕

⿰黍畐 丨，治黍禾豆下潰葉也。〔集韻・職部〕○丨，黍豆潰葉也。〔廣韻・德部〕○丨，〔玉篇〕作稫。〔說文〕「丨，治黍禾下潰葉」義證。

稫 丨，治黍豆也。〔說文〕「⿰黍畐，治黍禾豆下潰葉」義證引〔玉篇〕。

覄 丨，賤稱。〔集韻・職部〕○丨，農夫賤稱。〔廣韻・德部〕

膱 丨，脯脡也，長尺有寸。〔集韻・職部〕○丨、貣古字通。〔廣雅・釋器〕「丨，臭也」疏證。○丨字或作膩。〔廣雅・釋地〕「埴，土也」疏證。

䆅 丨然，逆風聲。〔集韻・職部〕

䩯 丨，韋堅也，或从韋。〔集韻・職部〕○丨，皮鞕皃。〔廣韻・職部〕○丨，此字即〔儀禮・大射儀〕朱極三，〔士喪禮〕纊極二之極，所以韜指放弦令不挈指者，以韋為之，故从革。〔說文定聲・卷五〕○丨與亟、極略同。〔同上〕

惑丨，水流也。〔集韻·德部〕○丨，水流皃。〔廣韻·德部〕○〔説文定聲·卷五〕丨以鰔為之，亦雙聲連語。〔思玄賦〕「鰔汨飂淚」。○（同上）丨段借為鰔。〔廣雅·釋詁三〕「彧，文也」。○丨字與淢同。〔説文〕「丨，水流丨丨也」句讀。○丨，字亦作彧。〔説文定聲·卷五〕

勊丨，目强。〔廣韻·德部〕○〔説文定聲·卷五〕丨段借為高，剋高雙聲。〔論語〕「子畏於匡」集解「弟子顏剋」。○（同上）丨段借為克。〔字林〕「剋，能也」。○丨，經史多以力為之。〔説文定聲·卷五〕○（同上）丨字亦誤作尅。〔釋詁〕「尅，勝也」。

皕丨，二百。〔廣韻·職部〕

忒丨，經典作忒。〔説文〕「丨，失常也」義證。○丨，經典借忒為之。（同上）句讀。○丨即忒之或體。〔説文定聲·卷五〕○丨字或作忒。〔管子〕「不貣」雜志。○丨，或借作貣。〔説文〕「丨，失常也」義證。○丨，又借慝字。（同上）義證。

愆丨，過也，或作寋。〔慧琳音義·卷一五〕引〔考聲〕。

墊丨、玏同字。〔説文〕「玏，玏丨，石之次玉者」段注。○丨謂石之次玉者。〔説文定聲·卷五〕○（同上）丨字亦作玏。〔子虛賦〕「瑊玏元厲」。○丨俗作玏。〔説文〕「丨，玏丨也」義證。○丨，或省作勒。（同上）

嫼丨，嫉怒。〔廣韻·黠部〕丨，怒也。〔集韻·德部〕○丨，通作赫。〔説文〕「丨，怒貌」義證。

帤丨，幡也。〔集韻·職部〕又〔廣雅·釋器〕「丨，幡也」疏證。又〔廣韻·職部〕。○丨讀如抑。〔廣雅·釋器〕「丨，幡也」疏證。又〔説文定聲·卷五〕。

㥾丨，愧也。〔廣韻·職部〕又〔集韻·質部〕。○丨，通作匿，亦作慝。〔方言二〕「丨，愧也」箋疏。

嬑丨，悦也。〔詩·瞻卬〕「伊胡為丨」集疏引韓説。

耭丨，耕也。〔廣韻·職部〕○丨字或作穓。〔廣雅·釋地〕「丨，耕也」疏證。

掝丨丨與混污音相轉，此假借字耳。〔荀子·不苟〕「其誰能以己之潐潐受人之丨丨者哉」集解引郝懿行。

見丨，突前也。〔集韻·德部〕

傻丨，小也。〔集韻·職部〕

剭丨，刺也。〔集韻·職部〕

尥丨，脛交。〔廣韻·職部〕○丨，行脛相交也。〔集韻·職部〕

𤈦丨，竊盜挾藏謂之丨。〔集韻·職部〕

𠢦丨，力也。〔集韻·職部〕○趙魏之間謂棘曰丨。（同上）

勴丨，助也。〔集韻·職部〕又〔廣韻·職部〕。

𠤮丨，蟲食病。〔廣韻·職部〕

𠥾丨，大鼎。〔廣韻·職部〕

唧丨丨，聲也。〔廣韻·職部〕

㖪丨，聲也，或从旻。〔集韻·職部〕

啻〔釋詞·卷九〕丨作翅。〔孟子·告子〕「奚翅食重」。○（同上）丨字亦作適。〔國策·秦策〕「疑臣不適三人」。○適與丨同。〔讀淮南子書後〕引〔道應篇〕「奚適其有道也」雜志。

嘪丨，聲也。〔廣韻·職部〕

嚜丨，俗作嘿，無言也。〔慧琳音義·卷六六〕引〔文字典説〕。○丨、屎為雙聲。〔方言一〇〕「丨屎姡獪也」箋疏。

𡇇丨，閉也。〔集韻·職部〕又〔廣韻·職部〕。

胔丨，瓫盆骨也。〔廣韻·職部〕○丨，缺盆骨也。〔集韻·職部〕

𢧐丨，瓦坏也。〔集韻·職部〕

蟘丨，食禾葉蟲。〔廣韻·德部〕

𡼏丨嶷，山峻兒。〔集韻·職部〕又〔廣韻·職部〕。

窅丨，暫視。〔廣韻·德部〕○丨，暫視也。〔集韻·職部〕○丨，細視也。〔廣韻·職部〕

寨丨，安也。〔廣韻·德部〕

崱丨丨，山兒。〔集韻·職部〕○丨，山直。〔廣韻·職部〕

帴丨，巾帛被風聲，或書作幗。〔集韻・德部〕〇丨，巾帛從風聲。〔廣韻・德部〕

婌老女卑賤謂之丨。〔集韻・德部〕〇罵女老丨。〔廣韻・德部〕

归丨，或通作意。〔說文〕「丨，按也」義證。〇丨按當作按印也。（同上）段注。

殖丨，多也。〔集韻・職部〕

代丨，行也。〔集韻・職部〕〇丨，行丨。〔廣韻・職部〕

得丨滴，水少。〔集韻・職部〕又〔廣韻・職部〕。

扻丨，擊也。〔集韻・德部〕又〔廣韻・德部〕。

揬丨，支也。〔集韻・職部〕

捗丨，打也。〔集韻・職部〕

㨁拄杖曰丨。〔廣韻・職部〕

㨹丨，打也。〔廣韻・職部〕

𣭈丨，毛少也。〔集韻・職部〕

㤜丨，心動也。〔集韻・職部〕又〔廣韻・職部〕。

恜丨，从也。〔廣韻・職部〕〇丨，慎也。（同上）〇〔通雅・卷一〇〕丨，惕也。〔顏氏家訓〕曰「卜得惡卦，反令丨丨」。

悈丨，急也。〔廣韻・職部〕

㥀丨丨，快也。〔廣韻・德部〕〇丨，心懼。〔集韻・德部〕

惐丨，心惑也。〔集韻・職部〕

惄丨，通作㥿，又通作愵。〔釋詁〕「丨，思也」郝疏。

𢢼丨，惛也。〔集韻・德部〕

懎丨，悲恨。〔廣韻・職部〕

懝丨，有所識也。〔廣韻・職部〕

愼丨，瞋怒兒。〔廣韻・職部〕〇丨，怒也。〔集韻・職部〕

𢡟丨，不言也。〔慧琳音義・卷九〇〕引顧野王。

殕丨之言腐也。〔廣雅・釋詁三〕「丨，敗也」疏證。〇丨，殪丨。〔廣韻・德部〕

殛丨，死也。〔集韻・職部〕

𣨛丨，殘裂也。〔集韻・職部〕

𣢑丨丨，聲吹貌。〔廣韻・職部〕

𡁆丨，錯喉也，或作欭。〔集韻・職部〕

𣤶丨，一曰小笑。〔集韻・齊部〕〇丨，唾聲。（同上）

𢻰丨，皷。〔廣韻・職部〕

烅丨，火光也。〔集韻・職部〕

烒丨，火兒。〔集韻・職部〕又〔廣韻・職部〕。

熼丨，火光。〔廣韻・職部〕〇丨，火兒。〔集韻・職部〕

爅丨，火兒。〔集韻・德部〕

氻丨，水聲。〔集韻・德部〕

㴉丨，水凝合兒。〔廣韻・職部〕

沠湢丨，水勢。〔廣韻・職部〕

淯丨，肥澤也。〔集韻・職部〕

淂丨，水兒。〔集韻・德部〕又〔廣韻・德部〕。

㴧丨，水兒。〔集韻・職部〕〇丨，水。〔廣韻・職部〕

潩 |淢,水皃。〔集韻·職部〕〇|淢,水勢。〔廣韻·職部〕

犆 |,鈍也。〔廣韻·德部〕

⿰牜畟 |,牛名。〔廣韻·職部〕

⿰犭力 |,犬爭皃。〔集韻·職部〕

⿰犭畟 犬生三子曰|。〔集韻·職部〕〇|,犬生三子。〔廣韻·職部〕

櫪 馬曰|。〔說文定聲·卷六〕〔「牢」下〕

槭 |,木名。〔集韻·德部〕

⿰耒戚 |耨草生。〔廣韻·德部〕

⿸疒尋 |,病也。〔集韻·德部〕

癔 |,病也。〔廣韻·職部〕

⿸疒翼 |,病也。〔集韻·職部〕〇|,痒|,淫|。〔廣韻·職部〕

⿱羽王 |,舞名。〔集韻·職部〕

⿰王勒 |,美石次玉也。〔廣韻·德部〕

甙 |,瓴瓮骨也。〔廣韻·職部〕

稙 |,專一也。〔集韻·職部〕

⿰禾弋 |,禾|。〔廣韻·職部〕

稄 |,稫|。〔廣韻·職部〕

⿰禾㝵 |,穀穰也。〔集韻·德部〕

⿰禾則 |,禾稠貌。〔集韻·職部〕

⿰禾⿱羽王 |,蕃蕪貌,或作穓。〔集韻·職部〕〇|,黍稷蕃蕪皃。〔廣韻·職部〕

⿰禾⿱日夂 |,禾束也。〔集韻·職部〕

⿱田干 |,田器。〔廣韻·職部〕

帽 |,⿰目犬|。〔廣韻·德部〕

⿱目夂 |,舉目使人。〔廣韻·職部〕

⿰目耳 |,耳目不相順也。〔集韻·職部〕

⿰目式 |,目所記也。〔集韻·職部〕

瞀 |,睡目皃。〔集韻·職部〕〇|,睡目。〔廣韻·德部〕

⿰目亟 |,張目也。〔集韻·職部〕

⿰目悳 |瞖,目欲臥皃。〔集韻·德部〕〇|瞖,欲臥也。〔廣韻·德部〕

瞖 ⿰目悳|,欲臥也。〔廣韻·德部〕

⿰目戠 |,油敗。〔廣韻·職部〕

⿰目墨 |睿,視無所見。〔集韻·德部〕

肋 |,脅|。〔廣韻·德部〕〇|,亦謂之幹。〔說文〕「|,脅骨也」段注。

⿰月即 |膩,膏澤也。〔集韻·職部〕〇|,膏澤。〔廣韻·職部〕

腷 |臆,意不泄皃,或作服。〔集韻·職部〕〇|臆,意不泄也。〔廣韻·職部〕〇|臆,猶盈滿也。〔慧琳音義·卷九八〕引顧野王。

⿰月直 |,肥也。〔集韻·職部〕

覤 ||,驚懼皃。〔集韻·職部〕

⿸虍襄 〔說文定聲·卷五〕|字又作瓖。〔說文新附〕「瓖,環屬」。

⿰羊亟 |,羊名。〔集韻·職部〕

⿱代虫 關中謂蛇蠆毒曰|,或書作蚮。〔集韻·德部〕

⿱北虫　|，蟲似蟹，四足。〔廣韻·德部〕

蟘　|同蚮。〔廣韻·德部〕

蟔　|，蟲名。〔集韻·職部〕〇|，蟲也。〔廣韻·職部〕

⿰虫嗇　|，蟲也。〔廣韻·職部〕

蠈　|，蝗食禾節者，或从則。〔集韻·德部〕〇|，食禾節蟲。〔廣韻·德部〕

⿰虫意　|，小蜂。〔廣韻·職部〕〇|，或作⿱意虫。〔廣雅·釋蟲〕「蟋，|也」疏證。

⿱臺虫　|，蟲名。〔集韻·德部〕

⿰虫資　|蜮即蝍蜮。〔釋蟲〕「蠖，蚇蠖」郝疏。

⿰虫覆　|，蟲名，蝗也。〔集韻·德部〕〇|，蝗蟲名。〔廣韻·德部〕

⿰月或　|，飛也。〔集韻·職部〕又〔廣雅·釋詁三〕疏證。

翊　|，鳥飛聲。〔集韻·職部〕〇|，羽聲。〔廣韻·職部〕

竻　|，竹根。〔集韻·德部〕又〔廣韻·德部〕。

⿱竹弋　|，竹索。〔集韻·職部〕

⿱竹或　|，竹叢生。〔集韻·職部〕

⿱竹直　|，笙也。〔集韻·職部〕

⿱竹息　|，簣|。〔廣韻·職部〕

⿱竹嗇　|，飾也。〔集韻·職部〕〇|，篩|。〔廣韻·職部〕

艻　|，蘿|，香草。〔廣韻·德部〕〇|，香菜也。〔慧琳音義·卷六五〕

⿱艹或　|，叢也。〔廣韻·職部〕〇|，艸木叢生，通作棫。〔集韻·職部〕

菩　|，草名。〔廣韻·德部〕

蒠　|，菲|菜。〔廣韻·職部〕

蓛　|，草名。〔廣韻·職部〕

薔　|，|虞蓼也。〔廣韻·職部〕

⿱艹賊　|，草名。〔廣韻·德部〕

⿱艹冀　|，艸名，藕翹。〔集韻·職部〕〇|，藕翹。〔廣韻·職部〕

艒　|，⿰舟窔釣艇。〔廣韻·德部〕

⿰衤弋　|，衣|。〔廣韻·職部〕〇|，黑衣。〔集韻·職部〕

裓　|，衣襟也。〔慧琳音義·卷一一〕引〔字書〕。〇|，襟也。〔慧琳音義·卷七八〕引〔考聲〕。〇|，婦人之衣，大帶也。〔續音義·卷九〕

⿰糸弋　|，織已經未緯也。〔集韻·職部〕

⿰耒㝵　|，穀|。〔廣韻·德部〕

⿰耒畟　|，耜也。〔廣韻·職部〕

⿱嗇鬲　|，以新穀汁漬舊穀也。〔集韻·緝部〕

⿰豸力　|，遼東犬名。〔廣韻·職部〕〇|，犬名，出遼東。〔集韻·職部〕

賾　|，深邃難知也。〔慧琳音義·卷一〇〇〕引〔韻英〕。

⿱羽角　||，角兒。〔集韻·職部〕〇|，|岳，角貌。〔廣韻·職部〕

⿰足㝵　||，行兒。〔集韻·德部〕〇|，行||。〔廣韻·德部〕

⿰虫戚　|，踐害也。〔集韻·德部〕

⿱㝵皿　|，蹙也。〔集韻·職部〕〇|，蹙迫急。〔廣韻·職部〕

⿺走力　|，|趩，行兒。〔說文〕「趩，一曰不行貌」義證引〔類篇〕。〇|趩，行兒。〔集韻·職部〕

⿺走戚　|，盜走。〔集韻·職部〕

趨｜，走也。〔集韻．職部〕

趩｜，行聲。〔廣韻．職部〕

遈｜，行也。〔集韻．職部〕〇｜，流行。〔廣韻．職部〕

𧩼｜，訥言也。〔集韻．職部〕〇｜，訥言。〔廣韻．職部〕

欯｜，笑聲謂之｜。〔集韻．職部〕

𧹞｜，赭色。〔集韻．職部〕又〔廣韻．職部〕。

鉽｜，鼎屬。〔集韻．職部〕〇｜，鼎｜也。〔廣韻．職部〕

𨸲｜，地裂也。亦作隔。〔廣韻．職部〕〇地裂謂之｜，或作隔。〔集韻．職部〕

𨼌｜，山陊。〔集韻．職部〕

𩓐｜，頬也。〔集韻．職部〕又〔廣韻．職部〕。

䩹｜，馬勒。〔集韻．職部〕

𩏂｜，車馬絡帶。〔廣韻．職部〕〇｜，車藉交革也。〔說文〕「｜，車籍交錯也」義證引〔玉篇〕。

韹｜，履也。〔集韻．職部〕

䬍｜，風皃。〔集韻．職部〕

䭢｜、稫，義亦與愊同，俗本作偪。〔方言六〕「腹滿曰愊」箋疏。〇｜，飽貌。〔集韻．職部〕又〔廣韻．職部〕。

䰄｜，髮垢也。〔集韻．職部〕

䮚｜，馬走。〔廣韻．職部〕

驨｜，高走。〔集韻．職部〕

鯽｜，魚名。〔廣韻．職部〕〇｜乃俗鰂字。〔說文〕「｜，鰂或从即」段注。

䱛｜，魚名。〔集韻．職部〕

鰠｜，魚名。〔廣韻．職部〕

鱢｜，魚名，鰜也。〔集韻．德部〕

鳨｜，鳥名，小鳧也。〔集韻．職部〕〇｜，似鳧而小。〔廣韻．職部〕

𪌲｜，麥麴也，或從禾。〔集韻．職部〕〇｜，麥｜。〔廣韻．職部〕〇｜，麥皮也。〔慧琳音義．卷三〇〕引〔文字集略〕。〇｜，麥糠也。〔卷三〇〕引〔考聲〕。

鴏｜，鴨屬。〔集韻．德部〕〇｜，｜鷗。〔廣韻．德部〕

鴔｜，｜鴿。〔廣韻．職部〕

鷃｜，鳥名。〔集韻．職部〕

鶝｜，鳥食。〔集韻．職部〕又〔廣韻．職部〕。

默｜，欬也，或从口。〔集韻．德部〕〇｜，唾聲。〔廣韻．德部〕

鼣｜，鼠名。〔廣韻．錫部〕

齸｜，齒疾。〔集韻．職部〕

續經籍籑詁卷第一百三　入聲

十四緝

緝　一，績也。〔廣韻・緝部〕又〔慧琳音義・卷七二〕引〔文字典説〕。○用縷以縫衣亦為一。〔説文〕「一，績也」段注。○凡麻漚之而撚之，然後續之為縷曰一。〔説文定聲・卷三〕○一熙者，熠熙也。〔卷五〕〔「熙」下〕○一，引申之為積厚流光之偁。〔説文〕「一，績也」段注。○一，續。〔詩・行葦〕「授几有一御」朱傳。又〔文王〕「於一熙敬止」朱傳。又〔維清〕「維清一熙」朱傳。○一，續也。〔通鑑・晉紀二六〕「一熙政事」音注。又〔慧琳音義・卷四七〕。○一，繼續也。〔大學〕「詩云，於一熙敬止」朱注。○一一，有條理貌。〔詩・巷伯〕「一一翩翩」朱傳。○一一，人之罪也。〔同上〕○一一者，言之密也。〔同上〕通釋。○一為咠之假借，謂小語無聲，若在鬲間之意。〔同上〕後箋。○一一，口舌聲。〔集韻・緝部〕又〔詩・巷伯〕「一一翩翩」朱傳。○一與輯、戢皆通。〔行葦〕「授几有一御」後箋。○一一為咠咠之假借。〔巷伯〕「一一翩翩」陳疏。○〔説文定聲・卷三〕一假借為熠，毛以一御為熠爗字。〔行葦〕「授几有一御」傳「一御，踧踖之容也」。○〔同上〕一，假借為熠。〔釋詁〕「一，光也」。○一同緁，漢時通用。〔説文〕「齎，緶也，裳下一」段注。○一即緁。〔説文〕「緁，緶衣也」段注。○〔説文定聲・卷三〕一，段借為緁。〔儀禮・喪服傳〕「齎，一也」。○一，湒之假借。〔釋詁〕「一，光也」平議。○〔説文定聲・卷三〕一，段借為濈，為咠。〔後漢書・蔡茂傳〕「以厭遠近不一之情」。○一，齊、魯作咠。〔巷伯〕「一一翩翩」集疏。○一讀為戢。〔詩・行葦〕「授几有一御」陳疏。○〔説文定聲・卷三〕一，假借為⿰糸集。〔陽給事誄〕「以一華裔之衆」。

緁　一，緶衣也，或作⿰糸習。〔集韻・緝部〕

輯　一，和也。〔廣韻・緝部〕又〔大戴・保傅〕「則百姓黎民化一於下矣」王詁。○一者車之和也。〔釋詁〕「一，和也」郝疏。○一，和。〔詩・公劉〕「思一用光」朱傳。又〔板〕「辭之一矣」朱傳。又〔抑〕「一柔爾顔」朱傳。○一睦謂和也。〔左傳宣公一二年〕「而卒乘一睦」疏證。○一引申為和。〔説文〕「一，車輿也」段注。○一與集古字通。〔國語・晉語〕「一訓典」平議。○一，魯亦作集。〔詩・板〕「辭之一矣」集疏。○一，別集之名，實本於歆之一略，而一略又本於〔商頌〕之一云。〔漢書・藝文志〕「故有一略」補注引吳仁傑。○一，斂也。〔集韻・緝部〕○一，引申為斂義。〔説文〕「一，車輿也」段注。○習，一聲近義亦通矣。〔釋詁〕「一，和也」郝疏。○一與揖通。〔書・堯典下〕注「一作揖」孫疏。○一、揖二字，原同音通用。〔文選・補亡詩〕「一一和風」集釋。○一即楫也。〔漢書・鄧通傳〕「以濯船為黃頭郎」補注。○一，通作揖，又通作緝，又通作集。〔釋詁〕「一，和也」郝疏。○〔説文定聲・卷三〕一，段借為戢。〔虞書〕「一五端」。○〔同上〕一，段借為斟，為濈。〔釋詁〕「一，和也」。○〔同上〕一段借為⿰糸集。〔虞書〕王注「一，合也」。○〔通雅・卷二四〕一濯，船官也。〔劉屈氂傳〕「太子矯制發一濯士」。

戢　一，聚而藏之也，以其字從戈，故曰藏兵。〔説文〕「一，藏兵也」段注。○一，藏也。〔通鑑・晉紀一〇〕「朕愧一于心」音注。○一，聚。〔詩・時邁〕「載一干戈」朱傳。○一，止也。〔廣韻・緝部〕○一，斂也。〔同上〕又〔詩・鴛鴦〕「一其左翼」朱傳。又〔慧琳音義・卷八三〕引〔考聲〕。○一，斂。〔詩・桑扈〕「不一不難」朱傳。○一，安集也。〔孟子・梁惠王下〕「詩云，思一用光」朱注。○〔説文定聲・卷三〕和為一之本訓。〔説文〕「濈，和也」。〔「濈」下〕○〔卷三〕一段借為⿰糸集。〔釋詁〕「一，聚也」。○一者，捷也，謂捷其噣於左也，凡禽鳥止息，無論長頸短喙，必捷其噣於左翼。〔詩・鴛鴦〕「一其左翼」後箋。○一、捷雙聲，捷有插訓。〔同上〕○一當讀為捷。〔商子・算地〕「故其農勉而戰一也」平議。○〔説文定聲・卷三〕一，段借為插。〔廣雅・釋詁二〕「一，插也」。○〔同上〕一謂借為插。〔韓詩〕「一，捷也」。○一，通作輯。〔釋詁〕「一，聚也」郝疏。○一當讀為濈。〔詩・桑扈〕「不一不難」通釋。○〔説文定聲・卷五〕一，段借為濈。〔孟子〕「思一用光」。○一，段借為斟。〔説文定聲・卷五〕○一又通作集。〔釋詁〕「一，聚也」郝疏。○一又通作戠。〔釋詁〕「一，和也」郝疏。○一、際通。〔釋詁〕「一，捷也」郝疏。

立　一，行一。〔廣韻・緝部〕○一，猶行也。〔大戴・曾子制言上〕「衡道而彊一之」王詁。○一，住也。〔廣韻・緝部〕又〔慧琳音義・卷八〕引〔切韻〕。○一，成也。〔廣韻・緝部〕又〔慧琳音義・卷八〕引〔切韻〕。又〔大戴・曾子立事〕「友以一其所能」王詁。○一，置也。〔大戴・曾子制言上〕「一之則義也」王詁。○訓一為定。〔詩・思文〕「一我烝民」通釋。○一，駐車也。〔禮記・少義〕「然後還一」集解。○古者位、莅、一三字同聲而通用。〔廣雅・釋言〕「位，莅也」疏證。○外傳一作莅。〔呂覽・制樂〕「周文王一國八年」校正。○一，涖也。〔大戴・曾子立事〕「雖外人亦不能一也」王詁。○一，古借此為位字。〔説文〕「一，住也」繫傳。○一即位也。〔論語・鄉黨〕「一不中門」劉正義。○一，古位字。〔漢書・天文志〕「是謂驚一絕行」補注引錢大昕。○古文〔春秋經〕「公即位為公即一」。〔漢書・天文志〕「是謂驚一絕行」補注引周壽昌。○一當讀為位。〔論語・衛靈公〕「知柳下惠之賢而不與一也」平議。○泣與一同音，故哭泣之泣亦通作一。〔晏子春秋〕「出背而一」雜志。○一即泣字也。〔同上〕○一當為並，並，皆也。〔漢書・雋不疑傳〕「丞相御史中二千石至者一莫敢發言」補注引王念孫。○一，亦粒之省借，猶穀也。〔詩・桑柔〕「滅我一王」通釋。○一、粒通。〔思文〕「一我烝民」朱傳。○一，假借為粒。〔説文定聲・卷三〕○〔通雅・卷三七〕一筆，猶簪筆也。

〔金元志〕「赤有貂蟬丨筆」。○〔通雅・卷一七〕丨泉，瀑布也，亦謂之泄。〔終南山賦〕「丨泉落落」。○丨證，周法也。〔左傳桓公二年〕「故丨華氏也」疏證引惠棟。○丨拜，言其速。〔漢書・車千秋傳〕「丨拜千秋為大鴻臚」補注引朱一新。○丨春，正月節。〔漢書・律歷志〕「丨春」補注引錢大昕。○丨夏，四月節。丨秋，七月節。丨冬，十月節。（同上）○〔說文定聲・卷三〕丨，段借為逮，丨、逮雙聲。〔周禮〕故書〔司市〕「市師丨焉」。

集 衆鳥曰丨。〔說文〕「雧，群鳥在木上也」義證引〔禽經〕。○丨，凡鳥所止處之稱。〔論語・鄉黨〕「翔而後丨」劉正義。○丨當作雧。〔說文〕「雧，合也，從系丨」段注。○丨，聚也。〔廣韻・緝部〕又〔大戴・保傅〕「賦與丨讓不以節」王詁。又〔孟子・離婁下〕「七八月之間雨丨」朱注。又〔漢書・石奮傳〕「人臣尊寵迺舉丨其門」補注引王文彬。○丨、聚聲相轉。〔釋詁〕「揫，聚也」郝疏。○丨，會也。〔廣韻・緝部〕○丨，言平時匯丨，非烏合也。〔國策・趙策三〕「而以丨兵三萬」鮑注。○丨，合也。〔大戴・千乘〕「辨爵丨德」王詁。○古雜、丨二字皆訓合。〔孟子・公孫丑上〕「是丨義所生者」焦正義。○丨，和。〔大戴・虞戴德〕「衆則丨」王詁。○丨，就也。〔廣韻・緝部〕○丨，韓作就。〔詩・小旻〕「是用不丨」集疏。○丨，就。〔大明〕「有命既丨」朱傳。○謂丨為就之假借。〔小旻〕「是用不丨」後箋。○就、丨一聲之轉，皆謂成就也。〔廣雅・釋詁三〕「丨，就也」疏證。○讀丨音如就。〔詩・小旻〕「是用不丨」通釋。○丨，成也。〔廣韻・緝部〕又〔小旻〕朱傳。又〔黍苗〕「我行既丨」朱傳。○丨，安也。〔廣韻・緝部〕○丨，同也。（同上）○丨，衆也。（同上）○丨，止也。〔詩・鴇羽〕「丨于苞栩」朱傳。○丨亦止也。〔漢書〕「采崪」雜志。○丨，北人呼市為丨，所謂合市也。〔說文〕「亼，三合也，讀若丨」義證。○丨與輯同，謂綴合成書。〔漢書・天文志〕「漢魏鮮丨臘明正月決八風」補注引〔占經〕。○丨讓，謂責備於一人也。〔大戴・保傅〕「賦與丨讓不以節」王詁。○上丨蓋即上計，言上之簿亦不登載。〔漢書・渠犂傳〕「失亦上丨不得」補注引徐松。○烏丨，猶言烏合。〔漢書・鄒陽傳〕「周用烏丨而王」補注。○丨課錄者，諸郡各上其計，總會京師，次其名録。〔說文〕「計，會也」義證引顏師古。○丨者，幬之段借字。〔荀子・禮論〕「大路之素未丨也」平議。又〔荀子・禮論〕集解引俞樾。○〔說文定聲・卷三〕丨，段借為濈，為卙。〔左傳成公一六年〕「丨睦以事君」。○（同上）丨或曰借為湒。〔淮南・說山〕「雨之丨無能霑」。○（同上）丨，段借為䌖。〔孟子〕「是丨義所生者」。○（同上）丨，段借為就，實亦為䌖。〔小爾雅・廣詁〕「丨，成也」。○（同上）丨，段借為拾。〔廣雅・釋詁一〕「丨，取也」。○丨、雜古通用。〔荀子〕「並行而雜」雜志。○諸書無訓丨為正者，丨當為準字之誤也。〔廣雅・釋詁一〕「丨，正也」疏證。○古謂丨為褋。〔說文〕「份，文質備也」段注。

褋 丨之為言集也，合也。〔詩・女曰雞鳴〕「丨佩以贈之」陳疏。○集議，作丨議。〔史記・袁盎鼂錯列傳〕「集議」志疑引〔班馬字類〕。

雧 丨，衆集也。〔說文〕「丨，群鳥在木上也」繫傳。○丨，引申為凡聚之偁。（同上）段注。

邑 古國，丨通偁。〔說文〕「丨，國也」段注。○夏商天子所居名丨。（同上）義證引錢大昕。○凡丨，有先君之主曰都，無曰丨。（同上）繫傳。○皇后公主所食曰丨。〔漢書〕「皇太后」雜志引〔漢紀〕及〔通典〕。○列侯公主所食曰丨。〔漢書・儒林傳〕「郡國縣官有好文學」補注引齊召南。○四井為丨。〔左傳襄公二六年〕「先八丨」洪詁引服虔。又〔漢書・刑法志〕「是謂千乘之國」補注引錢大昕。○丨，縣丨。〔廣韻・緝部〕○丨，縣也。〔說文〕「丨，國也」義證引〔太平御覽〕。○所居曰丨。〔公羊傳桓公元年〕「丨多田少稱丨」陳疏引孔廣森。○凡民所聚居大小通曰丨。〔周禮・夏官〕「物之可以封丨者」孫正義。○丨曰築。〔說文〕「丨，國也」繫傳。○丨，一作苢，草傷壞也。〔楚辭・九辯〕「葉菸丨而無色兮」補注。○丨，不安也。〔離騷〕「忳鬱丨余侘傺兮」補注引五臣注。○〔說文定聲・卷三〕丨段借為意，丨、意雙聲。〔漢書・酷吏傳贊〕「阿丨人主」。○（同上）丨，段借為悒，於丨猶鬱抑也。〔漢書・谷永傳〕「忿丨非之」注「丨，於丨也」。○丨丨，不得志之不樂之意。〔通鑑・漢紀五八〕「正丨丨不得志」音注。○丨丨，不得志之貌。〔通鑑・陳紀一〕「陛下安能七年丨丨如此乎」音注。○丨丨刺刺，抑抑戚戚也，丨丨本當作悒悒。〔通雅・釋詁〕○丨、里通。〔釋言〕「里，丨也」郝疏。○丨讀曰悒。〔大戴・哀公問五義〕「而志不丨丨」王詁。○丨城，當作昌城，〔後漢〕改作阜城。〔漢書・地理志〕「東北至丨城入大河」補注引王鳴盛。

急 丨亦堅也。〔釋詁〕「膠，固也」郝疏。○丨，困難也。〔大戴・五帝德〕「知民之丨」王詁。○丨，丨疾。〔廣韻・緝部〕○丨，窮迫也。〔論語・雍也〕「君子周丨不繼富」朱注。○〔說文定聲・卷三〕丨，段借為竟。〔廣雅・釋詁一〕「丨，盡也」。○（同上）丨，段借為亟，丨、亟雙聲。〔詩・六月〕「我是用丨」。○丨就者，謂字之難知音，緩丨可就而求焉。〔漢書・藝文志〕「丨就一篇」補注引沈欽韓。○丨之為言猶汲汲矣。〔釋言〕「㤮，丨也」郝疏。○丨名，謂縣令以嚴丨稱者。〔漢書・尹翁歸傳〕「有丨名則少緩之」補注。○丨，齊作戒。〔詩・六月〕「我是用丨」集疏。○丨通作戒。（同上）通釋。○丨字又作伋。〔說文〕「丨，褊也」句讀。○丨，〔史記〕、〔漢書〕人表並作伋。〔左傳桓公一六年〕「衛宣公烝於夷姜，生丨子」洪詁。

伋 丨、急同義。〔說文〕「丨，丨丨，行急也」句讀。○〔說文定聲・卷三〕丨，當訓急思也。〔說文〕「丨，人名」。○丨，趣事也。〔慧琳音義・卷八六〕引〔考聲〕。

魥 丨與伋音義蓋相近。〔說文〕「伋，人名」段注。○〔說文定聲・卷三〕丨即伋字也。〔荀子・解蔽〕「其名曰丨，其為人也善射」。〔「伋」下〕

入 丨，內也。〔廣韻・緝部〕○丨、內二字古通用。〔說文〕「丨，內也」句讀。○丨讀為內。〔墨子・褋守〕「丨柴」閒詁。○〔書〕出丨亦作出內，古內字作丨。〔漢書・百官公卿表〕「龍作納言，出丨帝命」補注引錢大昕。○丨者，丨內朝。〔左傳成公六年〕「公揖而丨」疏證引沈欽韓。○丨，納也。

〔廣韻・緝部〕又〔詩・思齊〕「不諫亦｜」集疏引王引之。又〔荀子〕「作之則將｜」雜志。○｜者，｜納也。〔荀子・解蔽〕「虛則｜」集解引王念孫。○｜謂納其言。〔漢書・劉向傳〕「上輒｜之」補注引錢大昕。○｜，得也。〔廣韻・緝部〕○從外曰｜。〔大戴・曾子制言下〕「是以君子不犯禁而｜」王詁。○｜，從上俱下｜而散也。〔說文〕「｜，內也」繫傳。○凡去其國，國逆而立之曰｜。〔左傳桓公一五年經〕「許叔｜於許」疏證。○｜猶歸。〔國策・西周策〕「則周必折而｜於韓」鮑注。○｜，干之也。〔說文〕「干，犯也」繫傳。○｜，未適人及反而在室者曰｜。〔禮記・大傳〕「四曰出｜」集解。○｜耳、蠙蛩，音轉字變也。〔釋蟲〕「蠙衙，｜耳」郝疏。○｜舞，〔月令〕作習舞。〔呂覽・仲春〕「命樂正｜舞」校正。○｜閣，御便殿也。〔通雅・禮儀〕○〔說文定聲・卷三〕｜子，謂贅壻者也。〔周禮・媒氏〕「凡娶，判妻｜子者」。○｜子，媵妾不聘者。〔通雅・稱謂〕○｜猶與。〔國策・魏策二〕「令毋敢｜子之事」鮑注。○｜漢謂漢中。〔漢書・高惠高后文功臣表〕「以將軍｜漢」補注。

泣

｜，無聲出涕。〔廣韻・緝部〕○哭無聲曰｜。〔說文繫傳・通論下〕○｜之甚者謂之｜血。〔詩・雨無正〕「鼠思｜血」通釋。○｜，主於悲滯於內也。〔說文繫傳・通論下〕○｜，哭之細也。（同上）○〔說文定聲・卷三〕｜，叚借為颯。〔漢書・揚雄傳〕「猋｜雷厲」。○（同上）｜，叚借為立。〔素問・六節藏象論〕「凝于脈者為｜」。○｜與立同音，故哭｜之｜亦通作立。〔晏子春秋〕「出背而立」雜志。○｜，讀為澀。〔素問〕「脈｜而血虛」。〔說文〕「澀，不滑也」義證引焦竑〔筆乘〕。○〔文選〕｜作拉。〔漢書・揚雄傳〕「猋｜雷厲」補注。○｜，魯作波。〔詩・氓〕「｜涕漣漣」集疏。

溼

凡｜之所从生，多生於上有覆而氣不渫。〔說文〕「｜，幽｜也，从一，覆也，覆土而有水故｜也」段注。○｜，水霑也。〔廣韻・緝部〕○｜｜，言潤澤也，牛之為物，病則耳燥，安則溫潤而耳澤，故古之視牛以耳。〔詩・無羊〕「其耳｜｜」後箋引〔埤雅〕。○｜｜，牛臥則耳下垂，｜｜者其垂也。（同上）後箋引董廣川。○｜｜與蟄蟄同為和集之意。（同上）後箋。○〔說文定聲・卷三〕｜，叚借為濕。〔詩・中谷有蓷〕「暵其｜矣」。○（同上）｜，叚借為慹。〔方言一〕「｜，憂也」。○｜，今字作濕。〔說文〕「｜，幽｜也」段注。○｜字多以濕為之。〔說文定聲・卷三〕○｜、慎、恤俱一聲之轉。〔釋詁〕「恤，憂也」郝疏。○〔說文定聲・卷三〕｜，字亦變作儑。〔荀子・不苟〕「窮則弃而儑」。

濕

｜與溼通。〔廣雅・釋詁一〕「溼，憂也」疏證。又〔方言一〕「溼，憂也」疏證。○｜義與墊同。〔廣雅・釋詁一〕「溼，下也」疏證。○𡑞、｜古字通。〔荀子〕「卑｜」雜志。○｜，當讀為曬，曬與｜聲近故通。〔廣雅・釋詁二〕「曬，曝也」疏證。○｜｜，潤澤也。〔詩・無羊〕「其耳溼溼」朱傳。○｜，亦且乾也。〔詩・谷中有蓷〕「暵其｜矣」述聞。○｜即漯。〔通雅・地輿〕○｜，〔漢・志〕作漯。〔說文〕「｜，水出東郡東武陽」義證引〔六書故〕。○｜，兗州水名，經典別以漯為此字。（同上）義證引〔五經文字〕。○｜，兗州水名，經典相承以為燥溼之溼。（同上）○｜宜作溼。〔孟子・公孫丑上〕「是猶惡｜而居下也」焦正義。

習

｜，鳥數飛也。〔論語・學而〕「學而時｜之」朱注。○｜，學也。〔大戴・小辨〕「其｜可乎」王詁。又〔廣韻・緝部〕。○｜，重｜也。〔大戴・保傅〕「必先有｜」王詁。又〔論語・學而〕「學而時｜之」朱注引程子。○｜為重。〔書・金縢〕「｜吉」孫疏。○｜之言重也。〔禮記・儒行〕「不｜其謀」平議。○｜，重也。〔通鑑・晉紀四〕「此之翕｜」音注。○｜謂溫｜。〔大戴・保傅〕「簡聞小誦不傳不｜」王詁。○｜，溫｜也。〔大戴・曾子立事〕「患其不｜也」王詁。○｜、復同義。〔釋言〕「狃，復也」郝疏。又〔詩・大叔于田〕「兩服上襄」通釋。○｜謂教｜。〔大戴・子張問入官〕「不｜」王詁。○｜謂所｜之業。〔大戴・保傅〕「｜與智長」王詁。○｜，所能者。〔國策・楚策三〕「願王召所便｜而觴之」鮑注。○｜，因也。〔廣韻・緝部〕又〔通鑑・晉紀四〕「此之翕｜」音注。○｜，仍也。（同上）○〔說文定聲・卷三〕｜，積也。〔易・坎〕劉注「水流行不休，故曰｜」。○｜，引伸之義為｜孰。〔說文〕「｜，數飛也」段注。○｜，熟也。〔通鑑・周紀二〕「誦其辭甚｜」音注。○｜，引伸之凡相效謂之｜。〔說文〕「俗，｜也」段注。○｜之言猶續也。〔釋詁〕「續，繼也」郝疏。○｜，言玩其兵。〔國策・趙策四〕「兩國交以｜之」鮑注。○｜，亦為狎。〔書・立政〕「｜逸德之人」孫疏。○｜，狎也。〔大戴・保傅〕「左右之｜反其師」王詁。○｜猶狎。〔國策・秦策三〕「親｜之故」鮑注。○｜謂便｜。〔釋詁〕「閒，｜也」鄭注。又〔大戴・保傅〕「若夫服｜積貫」王詁。又〔大戴・保傅〕「以導｜之也」王詁。○〔說文定聲・卷九〕｜與勉同誼。〔說文〕「慕，｜也」。〔「慕」下〕○｜謂肄｜。〔周禮・春官〕「讀禮書而協事」孫正義。○｜｜，和舒之貌。〔詩・谷風〕「｜｜谷風」陳疏。○｜｜，和舒也。（同上）朱傳。○｜｜，和調貌。（同上）○〔說文定聲・卷三〕｜，叚借為疊。〔易・坎〕「｜坎」虞注「常也」。○｜、俗雙聲字，俗即是｜，非所謂｜風俗也。〔荀子〕「｜俗」雜志。○｜與襲通。〔廣雅・釋詁四〕「襲，重也」疏證。○襲與｜通。〔左傳襄公一三年〕「五年而歲｜其詳」洪詁。

給

｜者，相足也。〔說文〕「拒，｜也」段注。○｜，足也。〔大戴・衛將軍文子〕「欲｜則豫」王詁。又〔論語・公冶長〕「禦人以口｜」劉正義。又〔孟子・梁惠王下〕「秋省斂而助不｜」朱注。○｜，供｜。〔廣韻・緝部〕○以物與人曰｜。〔說文〕「匄，气也」段注。○｜，權供也。〔續音義・卷一〕引顧野王。○｜、應皆供也。〔義府・卷上〕○｜，具也。〔墨子・經說下〕「已｜則當｜」閒詁引張惠言。○急曰｜，緩曰應。〔義府・卷上〕○｜之言急也。〔國語・晉語〕「聰敏肅｜」述聞。○〔說文定聲・卷三〕｜，此字當訓相續也。〔說文〕「｜，相足也」。○｜，捷也。〔大戴・曾子立事〕「進｜而不讓」王詁。○｜，辨也。〔論語・公冶長〕「禦人以口｜」朱注。○｜命即恭命。〔說文〕「龔，｜也」義證。○〔說文定聲・卷三〕｜，或曰疾速之

義，借為僆。〔荀子·非十二子〕「齊丨便利」注「急也」。○(同上)或曰接丨借為僆荅。〔大戴·保傅〕「接丨而善對」。

十 丨，數名。〔廣韻·緝部〕○丨者，總成數。〔說文〕「計，會也，算也」繫傳。○丨者，成數。〔說文〕「博，大通也」繫傳。○丨，數之終也。〔說文繫傳·通論上〕○丨，數之終。〔論語·公冶長〕「回也聞一以知丨」朱注。○一二三四合為丨數。〔漢書·律歷志〕「合而為丨」補注引錢大昕。○丨者，散於四方也。〔說文〕「叶，響布也」繫傳。○〔說文定聲·卷三〕丨，以什為之。〔文選·謝靈運傳論〕「紛披風丨」注「詩每丨篇同卷，故曰什」。○官本注丨分作什分。〔漢書·哀帝紀〕「其令水所傷縣邑及他郡國災害什四以上」補注。○丨千，謂一成之田。〔詩·甫田〕「歲取丨千」朱傳。○丨駕，丨日之程也。〔荀子〕「丨駕」雜志。○丨駕，丨日之程也。旦而受駕，至暮脫之，故以一日所行為一駕。〔荀子·勸學〕「駑馬丨駕」集解引劉台拱。○丨二，次之名，出於二十八宿。〔屈賦·天問〕「丨二焉分」戴注。○丨二次者，恒星天之一周。〔漢書·律歷志〕「終於斗丨二度」補注引錢大昕。○秦冬丨月為夏正七月，亦即太初後改麻之七月也。〔漢書·高帝紀〕「元年冬丨月，五星聚於東井」補注。○丨乃七字之誤。〔春秋繁露·爵國〕「通佐丨上卿」平議。○丨當作五。〔荀子·禮論篇〕「天子棺椁丨重」集解引郝懿行。

拾 俯有丨，仰有取。〔說文〕「丨，掇也」段注。○丨，收丨。〔廣韻·緝部〕○丨，即俗所謂收丨也。〔說文〕「丨，掇也」段注。○丨，掇也。〔廣韻·緝部〕○丨，斂也。(同上)又〔續音義·卷一○〕引〔考聲〕。○丨，以皮為之，著於左臂以遂弦，故亦名遂。〔詩·車攻〕「決丨既佽」朱傳。○丨、捍、韝，皆謂遂也，著於左臂所以扞弦也。〔廣雅·釋器〕「丨、捍、韝，韘也」疏證。○丨，更也。〔儀禮·既夕禮〕「即位丨踊三襲」胡正義。○〔說文定聲·卷三〕丨，叚借為陟。〔禮記·曲禮〕「丨級聚足」。○(同上)丨，以狎為之。〔舞賦〕「車騎並狎」。○(同上)丨，以跆為之。〔廣雅·釋詁三〕「跆，代也」。○(同上)丨，叚借為袷。〔廣雅·釋器〕「丨、室，劍削也」。○(同上)丨，叚借為迨。〔儀禮·大射儀〕「丨發以將乘矢」。○(同上)丨，此韐之轉注。〔吳語〕「百夫決丨」。○(同上)丨，叚借為韐。〔詩·車攻〕「決丨既佽」。

什 丨保，五家為比，十家為聯，五人為伍，十人為聯，使之相保相受。〔說文〕「丨，相丨保也」段注引族師職。○二伍曰丨。〔禮記·祭義〕「軍旅丨伍」集解。○丨伍，丨主十家，伍主五家，以相檢察。〔說文〕「伍，相參伍也」義證引〔續漢書·百官志〕注。○十夫為丨，以年為長，即丨吏也。〔左傳襄公二三年〕「使其丨吏」洪詁引〔周禮·大聚篇〕。○十人相雜謂之丨。〔說文〕「伍，相參伍」繫傳。○丨，聚也，雜也。〔慧琳音義·卷四七〕○丨，眾也，雜也，會數之名也。〔慧琳音義·卷一○〕○丨，篇丨。〔廣韻·緝部〕○〔詩〕以十篇為一丨。〔說文〕「丨，相丨保也」繫傳。○丨，丨物也。〔廣韻·緝部〕○後世曰丨物，古曰任器。〔說文〕「丨，相丨保也」段注。○丨物，謂資生之物也，今人言家產器物猶云丨物。〔慧琳音義·卷四七〕

○〔說文定聲·卷三〕丨，以十為之。〔管子·立政〕「十家為丨」。○(同上)丨，叚借為十。〔孟子〕「其實皆丨一也」。○丨即十也，即所計數也。〔漢書·王莽傳〕「以丨率多少而損膳焉」補注引周壽昌。○〔通雅·卷一五〕丨方即丨邡，猶言釋放。〔漢書·張良傳〕「封為丨方侯」。○(同上)丨邡，益州縣名。〔後漢書·儒林傳〕「楊仁拜丨邡令」。○丨谷即洛汭。〔通雅·地輿〕○丨與鍣音近。〔墨子·備城門〕「諸藉車皆鐵丨」閒詁引畢沅。

襲 小斂大斂之前，衣死者謂之丨。〔說文〕「丨，左衽袍」段注。○丨，凡斂死者，左衽不紐。〔說文定聲·卷三〕○丨猶斂也。〔卷三〕(「讋」下)○不露裼衣謂之丨。〔卷一二〕(「裼」下)○盛禮則以充美為敬，不露裼衣謂之丨。〔說文〕「衺，上衣也」義證引〔五經要義〕。○衣一丨謂單複稱具也。〔說文〕「丨，左衽袍」繫傳。○丨，重也，謂舒其上衣之左衽，以重於右襟之下，而掩其中衣也。〔禮記·曲禮〕「無藉者則丨」集解。○丨，重衣也。〔通鑑·周紀三〕「今王舍此而丨遠方之服」音注。○丨，重也。〔禮記·曲禮〕「卜筮不相丨」集解。○凡古云衣一丨者，皆丨褺之假借。〔說文〕「褺，重衣也」段注。○凡經典重丨之義，皆當作褶，褶義之引伸。(同上)段注。○〔說文定聲·卷三〕丨，叚借為褺。〔漢書·昭帝紀〕「賜衣被一丨」。○丨或為褺之假借。〔文選·王命篇〕「思有短褐之丨」集釋。○丨，因也。〔廣韻·緝部〕又〔大戴·保傅〕「不務丨迹於其所以安存」王詁。又〔荀子·議兵篇〕「因其名，丨其處」集解。又〔楚辭·九辯〕「丨長夜之悠悠」補注。又〔太素·知要道〕「若是則外內相丨」楊注。○丨，及也。〔廣韻·緝部〕○〔通雅·卷四○〕凡一重謂之一丨，不獨衣稱丨也。〔文選〕「應門八丨」。○丨，重也。〔韓子·孤憤〕「今丨迹於齊晉」集解引舊注。又〔太素·量順刺〕「刺其方丨也」楊注。○〔說文定聲·卷三〕丨，亦重也。〔左傳莊公二八年〕「婦人不忘丨讎」。(「執」下)○丨者，重丨也。〔公羊傳僖公一四年〕「丨邑也」平議。○丨，合也。〔廣韻·緝部〕○丨，入也。(同上)又〔管子〕「邪氣入內」雜志。又〔楚辭·九辯〕「丨長夜之悠悠」補注。○丨，深藏也。〔漢書·賈誼傳〕「丨九淵之神龍兮」補注。○丨，掩丨。〔廣韻·緝部〕○丨，字引伸為凡揜丨之用。〔說文〕「丨，左衽袍」段注。○無鐘鼓曰丨。(同上)補正引陸氏〔纂例〕。○掩其不備曰丨。〔國策·西周策〕「其實丨蔡」鮑注。○丨，掩取也。〔孟子·公孫丑上〕「非義丨而取之也」朱注。○〔說文定聲·卷三〕丨，置函于蓋上，則函掩蓋也。〔禮記·少儀〕「劍則啟櫝蓋丨之」注「郤合之也」。○丨，同也。〔慧琳音義·卷四九〕○丨，反也。(同上)○〔說文定聲·卷三〕丨，接也。〔史記·屈賈傳〕「丨九淵之神龍兮」。○(同上)丨，叚借為接。〔廣雅·釋詁一〕「丨，及也」。○丨，愛也。〔慧琳音義·卷四九〕○丨然，合一之貌。〔荀子·王霸〕「使丨然終始猶一也」集解引王念孫。○丨節，猶丨級，節級意同，以節持之，亦謂以上下之等治之。〔韓非子·八經〕「官丨節而進」集解引王先謙。○丨謂重繞在外。

〔韓子·有度〕「｜涿方城」集解引王先謙。〇〔說文定聲·卷三〕｜，叚借為蟄。〔公羊傳僖公一四年〕「｜，邑也」。〇（同上）｜，或曰此義皆借為戢。〔禮記·少儀〕「劒則啟櫝蓋｜之」。〇（同上）｜，叚借為協。〔小爾雅·廣言〕「｜，合也」。〇｜，叚借為佮。〔說文定聲·卷五〕〇（同上）｜，叚借為給。〔儀禮·士喪禮〕「襚者以｜」。〇（同上）｜，叚借為匧，為匣。〔王命篇〕「思有裋褐之｜」。〇｜字通作習。〔廣雅·釋詁四〕「｜，因也」疏證。〇古｜字多與習通。〔儀禮·士喪禮〕「以｜」胡正義引胡承珙。

及　｜，逮也。〔廣韻·緝部〕〇｜，與也。〔詩·氓〕「｜爾偕老」朱傳。又〔大戴·主言〕「非道邇也，｜其明德也」王詁。又〔大戴·千乘〕「｜民共饗其祿」王詁。〇｜，與。〔詩·緜〕「爰｜姜女」陳疏。〇｜，至也。〔廣韻·緝部〕又〔易·中孚〕「象曰，信｜豚魚也」述聞。又〔大戴·千乘〕「｜量地度居」王詁。又〔周書〕「時之還」雜志。〇｜，連也。〔廣韻·緝部〕〇｜，辭也。（同上）〇〔釋詞·卷五〕｜，猶若也。〔禮記·察法〕「｜夫日月星辰」。又〔管子〕「｜齊君之能用之也」雜志。〇｜猶汲汲也。〔詩·鴻鴈〕「鴻鴈于飛」陳疏。又〔大戴·武王踐阼〕「無懃弗｜」王詁。又〔用兵〕「｜利無義」王詁。〇｜之為言恐弗｜也。〔公羊傳隱公元年〕「｜猶汲汲也」陳疏引孔廣森。〇｜猶屬也。〔左傳成公一〇年〕「被髮｜地」疏證。〇｜猶兼。〔墨子·公孟〕「猶不可｜也」閒詁引畢沅。〇｜與隶同意。〔說文定聲·卷三〕〇｜者，追而｜之也。〔左傳宣公一四年〕「車｜於蒲胥之市」疏證引桂馥。〇不｜，亦不遇也。〔易·小過〕「不｜其君」述聞。〇不｜，即不任。〔漢書·蕭望之傳〕「不｜賓贊」補注引周壽昌。〇｜日，猶｜時。〔大戴·本命〕「是故女｜日乎閨門之內」王詁。〇｜時，謂隨時也。〔曾子立事〕「｜時以行」王詁。〇｜其，若其也。〔管子〕「｜齊君之能用之也」雜志。〇｜夫，若夫也。（同上）〇〔說文定聲·卷三〕｜，叚借為疊。〔書·呂刑〕「何度非｜」。〇｜讀為岌。〔管子·侈靡〕「乃｜人之體」平議。〇｜讀為急。〔左傳僖公一五年〕「｜可數乎」平議。〇｜又通作亟。（同上）〇｜又作𨑛，𨑛疑逮字之異體。〔說文定聲·卷三〕

𨑛　｜，古文及。〔廣韻·緝部〕

級　｜，本謂絲之次弟，故其字从糸。〔說文〕「｜，絲次弟也」段注。〇｜，引申為凡次弟之稱。（同上）〇｜，等｜。〔廣韻·緝部〕〇｜，階之次第。（同上）〇｜，階等也。〔慧琳音義·卷一〇〕引〔考聲〕。〇｜，尊卑之次第。〔說文〕「｜，絲次弟也」段注。〇天子階九等，每一尺為一｜也。〔漢書·賈誼傳〕「故陛九｜上」補注引王文彬。〇斬首為｜。〔說文〕「｜，絲次弟也」段注。〇秦法斬首一，賜爵一｜，故因謂斬首為｜。〔漢書·武帝紀〕「斬首三千餘｜」補注引胡三省。〇師旅斬首一人，賜爵一｜，因名賊首為｜也。〔慧琳音義·卷九〕〇獲生人亦名｜。〔通雅·卷八〕〇〔通雅·卷八〕｜兆即綴兆，言無者之行位兆節也。〔樂書〕「｜兆疾徐」。〇｜與伋皆急字之假借也，急者憂恐迫切之意。〔春秋名字解詁〕「燕｜字思」「魯孔伋字子思」述聞。

⿰阝及　｜，階等也，通作級。〔集韻·緝部〕

歰　｜，不滑也。〔楚辭·大招〕「不｜嗌只」補注。〇｜，難也。〔廣雅·釋詁三〕「｜，吃也」疏證。〇｜誼與濇同。〔說文定聲·卷三〕〇（同上）｜，叚借為翣。〔周禮·喪祝〕注「四｜之屬」。〇澀與｜同。〔廣雅·釋詁二〕「｜，吃也」疏證。〇｜，一作澀。〔楚辭·大招〕「不｜嗌只」補注。〇｜，俗作⿱𣥠此。〔說文〕「｜，不滑也」義證。〇｜，又借作泣字。（同上）〇｜，又作澁。（同上）

澀　｜與歰同。〔廣雅·釋詁〕「歰，難也」疏證。〇｜、澁並與歰同。〔方言七〕「杜蹻歰也」箋疏。

澁　｜，竹，笏竹也。〔通雅·竹〕

⿰口歰　｜，口不能言也，通作歰。〔集韻·緝部〕

譅　｜，〔集韻〕作⿰口歰，口不能言也。〔楚辭·七諫〕「言語訥｜兮」補注。〇｜者，難也。（同上）朱注。〇｜囁，言不止。〔集韻·緝部〕

濇　｜，不滑也。〔集韻·職部〕〇｜，不滑。〔廣韻·緝部〕〇｜，不滑也。〔太素·調食〕「氣｜以收」楊注。又〔陰陽〕「按尺寸而觀浮沉滑｜」楊注。〇｜，不滑也，與澀同義而雙聲。〔說文〕「歰，讀若｜」段注。〇｜之古文作歰。〔說文〕「｜，不滑也」句讀。〇｜猶澀也。〔慧琳音義·卷一〕

粒　｜，米｜。〔廣韻·緝部〕〇｜，此當作米｜也。〔說文〕「｜，糂也」段注。〇今俗語謂米一顆曰一｜。（同上）〇｜食，謂食穀之人。〔墨子·尚賢下〕「｜食之所養」閒詁。〇｜，當讀為「立我烝民」之立，立者成也，定也。〔書·皋陶謨〕「烝民乃｜」述聞。〇〔說文定聲·卷三〕｜呼為皀也。〔顏氏家訓·勉學〕「蜀土呼｜為逼」。

揖　｜，推手也，視朝之禮也。〔大戴·諸侯釁廟〕「君｜之乃退」王詁。〇推手曰｜，引手曰厭，下手曰撎。〔公羊傳僖公二年〕「獻公｜而進之」陳疏引孔廣森。〇凡推手曰｜，引手曰厭。〔儀禮·鄉飲酒禮〕「賓厭介入門左」胡正義引凌廷堪。〇〔說文定聲·卷三〕推其手使前曰｜，若今之長｜，則古所謂肅也。〔說文〕「｜，攘也」。〇凡拱其手使前曰｜。〔說文〕「｜，攘也」段注。〇凡推手小下之為土｜，推手小舉之為天｜，推手平之為時｜也。（同上）〇｜謂｜而進之也。〔廣雅·釋詁二〕「｜，進也」疏證。〇｜，遜。〔廣韻·緝部〕〇｜，進也。（同上）〇｜，俯身也。〔禮記·內則〕「出入｜遊」集解。〇｜，耦，謂以｜相親耦也。〔詩·還〕「｜我謂我儇兮」後箋。〇〔說文定聲·卷三〕｜，叚借為壓，凡辭讓之意，禮用｜，引進之意，禮用壓。〔說文〕「｜，一曰手著胸曰｜」。〇｜，或以厭為之。〔說文定聲·卷三〕〇｜，字亦作撎。（同上）〇〔說文定聲·卷三〕｜，叚借為戢。

〔虞書〕馬本「丨五瑞」注「斂也」。○〔同上〕「丨」，叚借為渫。〔漢書·郊祀志〕「丨五瑞」。○丨與揖通。〔荀子〕「拱揖」雜志。○丨與揖同。〔呂覽·情欲〕「酌者衆則速盡」校正。○丨丨，會聚也。〔詩·螽斯〕「螽斯羽，丨丨兮」朱傳。○丨丨，螽斯斂羽群集之貌。〔同上〕後箋。○丨丨，義與集集同。〔廣雅·釋訓〕「集集，衆也」疏證。○丨，魯、韓作集。〔詩·螽斯〕「螽斯羽，丨丨兮」集疏。○丨，〔尚書〕作輯，古字通。〔漢書·郊祀志〕「丨五瑞」補注引錢大昕。○丨與輯通。〔賈子·容經〕「故能宗丨其國」平議。○丨，輯之假借。〔螽斯〕「螽斯羽，丨丨兮」後箋。○丨，當讀為輯。〔公羊傳僖公二二年〕「子丨師而行」平議。○丨，當作楫。〔墨子·明鬼下〕「袾子杖丨」閒詁引蘇時學。

汁　古經傳多假丨為叶。〔說文〕「丨，液也」段注。○古通作叶。〔方言三〕「協，丨也」箋疏。○丨，合也。〔大戴·誥志〕「此為歲虞丨月」王詁。○丨，瀋也，液也。〔廣韻·緝部〕○丨，瀋也。〔說文〕「丨，液也」義證引〔急就篇〕顏注。○丨與瀋略同，審，十，一聲之轉。〔說文定聲·卷三〕○丨與協通。〔管子〕「論比計」雜志。○丨古通作協。〔方言三〕「協，丨也」箋疏。○〔說文定聲·卷三〕丨，叚借為協。〔周禮·鄉士〕「丨日刑殺」。○協洽作丨洽。〔史記索隱〕「異文」雜志。○〔說文定聲·卷三〕丨，叚借為什。〔王君鄉道碑〕「丨邡王君」。○丨音什。〔說文〕「邡，丨邡」段注引如淳注。○丨防，〔說文〕作什邡。〔漢書·高惠高后文功臣表〕「丨防肅侯雍齒」補注。○丨邡縣，屬廣漢郡。〔留侯世家〕作什方。〔史記·高祖功臣侯者年表〕「丨邡」志疑。○今文湆皆作丨。〔說文〕「丨，液也」句讀。

笈　丨，負書箱。〔廣韻·緝部〕○丨謂學士所以負書箱。〔慧琳音義·卷一〇〕引〔風土記〕。

蟄　凡蟲之伏為丨。〔說文〕「丨，藏也」段注。○丨，藏也。〔大戴·夏小正〕「若丨而」王詁。○丨，靜也。〔詩·螽斯〕「宜爾子孫丨丨兮」集疏引魯說。○丨丨，和靜、安靜也。〔同上〕後箋。○丨丨，安靜而各得其所也。〔同上〕集疏引何楷。○丨與宋聲轉。〔釋詁〕「丨，靜也」郝疏。○丨，隱也。〔慧琳音義·卷八三〕引顧野王。○丨，丨蟲。〔廣韻·緝部〕○丨，藏也。〔同上〕○丨謂丨蟲，物之巨細，或行，或毛，或倮，或介，或鱗，皆有之。〔大戴·夏小正〕「啟丨」王詁。○丨，蟲也。〔衛將軍文子〕「開丨不殺」王詁。○丨丨，亦多意。〔詩·螽斯〕「宜爾子孫丨丨兮」朱傳。○丨丨，衆也。〔說文〕「卙，卙卙，盛也」繫傳。○丨丨，此卙義近之也。〔同上〕○丨者，存之本。〔易·繫辭下傳〕「龍蛇之丨」李疏。○丨當作蟄。〔說文〕「蟄，下也」義證。

笠　丨，本以御暑，亦可御雨。〔說文〕「丨，簦無柄也」段注引汪龍。○簑丨無柄曰丨。〔同上〕義證引〔增韻〕。○簦與丨對文則異，散文則通。〔廣雅·釋器〕「簦謂之丨」疏證。○丨，雨丨。〔廣韻·緝部〕○丨，所以禦雨也，小而無把首戴以行謂之丨。〔說文〕「簦，丨蓋也」義證引〔急就篇〕顏注。○丨轂，兵車旁幔輪謂之丨轂。〔左傳宣公四年〕「又射，汏輈，以貫丨轂」洪詁引服虔。○丨轂，轂之盖如丨，所以蔽轂上以禦矢也。〔同上〕○丨轂，車轂上鐵也。〔同上〕○〔說文定聲·卷三〕丨即鍵也，蘇俗謂之鎖簧，俗謂之鎖殼。〔廣雅·釋室〕「丨扊，户牡也」。

執　丨者，捕罪人也。〔說文〕「撚，丨也」段注。○丨，持也。〔廣韻·緝部〕又〔禮記·文王世子〕「丨禮者詔之」集解。又〔大戴·四代〕「丨國之節也」王詁。○丨，引申之為凡持手之偁。〔說文〕「丨，捕辠人也」段注。○丨，守也。〔廣韻·緝部〕又〔論語·述而〕「丨禮」朱注。又〔漢書·李尋傳〕「丞相孔光，大司空師丹丨政諫爭」補注引何焯。○丨言善守。〔國策·楚策一〕「有丨而愛之」鮑注。○丨，謂守而不失。〔孟子·離婁上〕「湯丨中」朱注。○丨，操也。〔廣韻·緝部〕○凡有官守者，皆曰丨政。〔說文〕「印，丨政所持信也」段注。○丨事，羣有司也。〔大戴·千乘〕「此所以使五官治丨事政也」王詁。○其本非專主而聯事通職以共其禮者，則謂之丨事。〔周禮·天官〕「設官分職」孫正義。○丨，專丨也。〔論語·子罕〕「吾何丨」朱注。○丨，攝也。〔廣韻·緝部〕又〔大戴·曾子立事〕「丨誣以彊」王詁。○丨猶奉也。〔禮記·曲禮〕「丨天子之器則上衡」集解。○丨猶親密也。〔墨子·尚賢中〕「不可以不丨善」閒詁。○丨如丨友之丨，丨友者其交不能解丨。〔義府·卷上〕○丨熱為苦熱。〔詩·桑柔〕「誰能丨熱」集疏。○丨熱，謂熱不去體，若丨持然。〔同上〕後箋引楊升菴。○丨謂相持而不服。〔墨子·經上〕「服丨說」閒詁。○丨謂人各丨持一說。〔墨子·經說上〕「丨服難成」閒詁。○丨，固丨也。〔漢書·中山靖王傳〕「朋黨丨虎」補注。○丨，縶也。〔大戴·文王官人〕「丨之以物而遫警」王詁。○丨與縶通。〔廣雅·釋獸〕「騺，雄也」疏證。○〔說文定聲·卷三〕丨，叚借為縶。〔禮記·月令〕「則丨騰駒」。○丨捕，引申之與拘止義同。〔周禮·夏官〕「春祭馬祖丨駒」孫正義。○〔通雅·卷三〕丨禮，乃蓺禮也。〔論語〕「詩書丨禮」。○丨，禽，丨禽鳥服役。〔國策·韓策三〕「身丨禽而隨諸御」補注。○丨，僥即丨競。〔通雅·釋詁〕○丨與懾通。〔廣雅·釋言〕「丨，脅也」疏證。○懾服、慴服、讋服、丨服、慹服，並字異而義同。〔廣雅·釋言〕「懾，服也」疏證。○丨與固義相近。〔釋詁〕「拱，固也」疏證。○丨與藝聲相近，故㚔讀若丨。〔漢書〕「瓡」雜志。○丨讀為熱。〔管子·幼官〕「則得地不丨」平議。○〔說文定聲·卷三〕丨，叚借為熱。〔漢書·陳萬年傳〕「豪彊丨服」。○丨當為熱。〔大戴·文王官人〕「丨之以物」平議。○〔說文定聲·卷三〕丨，叚借為接。〔禮記·曲禮〕「丨友稱其仁也」。○〔同上〕丨，叚借為褺，實為疊。〔越語〕「而又與大國丨讎」。○〔同上〕丨，叚借為織，丨織雙聲。〔楚辭·靈懷〕「丨組者不能至兮」。○丨當讀為職。〔詩·執競〕「丨競武王」平議。○〔說文定聲·卷一八〕丨，讀如子莫丨中之丨，言丨一也。〔孟子〕「君子不亮惡乎丨」。〔「倞」下〕○丨，本作設。〔大戴·文王官人〕「丨之以物」述聞。○丨當為埶，古勢字。〔商子·慎法〕「此其丨」平議。○丨當為虱。〔說文〕「撚，丨也」義證。○丨當作服。〔漢書·東方朔傳〕「主自丨宰敝膝」補注引劉攽。○丨楯、丨戟二者，亦郎也。〔漢書·惠帝紀〕「謁者，丨楯、丨戟、武士，騶比外郎」補注引沈欽韓。

下—曰—。〔詩·簡兮〕「—有苓」朱傳。又〔皇皇者華〕「于彼原—」朱傳。又〔管子·形勢〕「平原之—」義證引王念孫。〇—，下濕之處。〔詩·隰桑〕「—桑有阿」朱傳。〇—者，下而澤也。〔説文〕「—，阪下溼也」義證引〔春秋説題辭〕。〇蓋上—指平地言之，下—指阪言之。（同上）段注。〇其卑于原者即—也。〔文選·兩都賦〕「原—龍鱗」集釋。〇—為田之處。〔詩·載芟〕「徂—徂畛」朱傳。〇—者，田耕之處。（同上）陳疏。〇—者，溼也。〔説文〕「—，阪下溼也」義證引〔春秋説題辭〕。〇—、濕字通。〔漢書·地理志〕「濕陰」補注。〇〔説文定聲·卷三〕—叚借為濕。〔左傳哀公二七年〕「—之役」。〇（同上）—，叚借為墕。〔詩·載芟〕「徂—徂畛」。〇（同上）—，叚借為翕、為習。〔古今人表〕「齊—朋」。〇舊校云，—一作阪阬。〔呂覽·安死〕「葬於阪—」校正。〇—，原—，亦州名。〔廣韻·緝部〕〇—城，在武陟縣西南十五里。〔左傳隱公一一年〕「—城」疏證引沈欽韓。〇—，又姓，齊有大夫—朋。〔廣韻·緝部〕

汲　—者，引水於井也。〔説文〕「綆，—井綆也」段注。〇—，引水於井也。〔儀禮·士喪禮〕「管人—」胡正義。〇—，—引也。〔廣韻·緝部〕〇—，引水也。〔慧琳音義·卷九九〕引〔文字典説〕。〇凡擢引皆曰—。〔説文〕「—，引水也」段注。〇—，引申為凡引物之稱。〔周禮·冬官〕「大—其版」孫正義。〇——，欲速也。〔大戴·衛將軍文子〕「亡——」王詁。〇——者，急辭。〔公羊傳隱公元年〕「及猶——也」陳疏引孔廣森。〇岌、圾、—，皆字異而義同。〔廣雅·釋詁〕「殆，危也」疏證。〇彶彶、——、伋伋，並字異而義同。〔廣雅·釋訓〕「彶彶，勵也」疏證。〇—，聲與扱相近。〔方言一三〕注「扱猶—也」箋疏。〇—，聲與扱亦相近也。〔廣雅·釋詁一〕「扱，取也」疏證。〇——，或作伋伋。〔説文〕「孳，——生也」義證。〇—與彶通。〔廣雅·釋訓〕「彶彶，勵也」疏證。〇——，古書多用為彶彶，同音叚借。〔説文〕「—，引水也」段注。〇——與彶彶同，急行也。〔説文〕「孜，孜孜，——也」段注。〇凡用——字，乃彶彶之假借也。〔説文〕「彶，急行也」段注。〇〔説文定聲·卷三〕—，叚借為彶。〔禮記·問喪〕「望望然，——然」。〇—，國名。〔史記·高祖功臣侯者年表〕「—侯」志疑引〔史詮〕。

吸　—，內息。〔廣韻·緝部〕〇—，內息，納其息也。〔説文〕「—，內息也」段注。〇—，引也。（同上）義證。〇翕、歙、噏、—，並字異而義同。〔廣雅·釋詁一〕「翕，引也」疏證。〇〔説文定聲·卷三〕—，叚借為扱。〔太玄·玄圖〕「邪謨高—」。〇（同上）—，叚借為歙。〔廣雅·釋詁四〕「—，飲也」。

唈　—，僾氣不舒之貌。〔荀子·禮論篇〕「愅詭—僾」集解引郝懿行。〇—，嗚—，短氣。〔廣韻·緝部〕〇—，古多作邑。〔説文〕「先，歓食屰气不得息曰先」段注。

縶　—馬絆也。〔慧琳音義·卷八〕引〔集訓〕。〇—，絆其足。〔詩·白駒〕「—之維之」朱傳。〇兩足不相過謂之—。〔慧琳音義·卷四九〕〇兩足不能相過，衛謂之—。〔左傳成公二年〕「韓厥執—馬前」洪詁引〔穀梁傳〕。〇—，拘也。〔左傳成公九年〕「南冠而—者誰也」洪詁。〇—，繫馬。〔廣韻·緝部〕〇—，囚繫人也。〔慧琳音義·卷八〕〇—，禁也。〔卷九三〕〇—與蟄同義。〔説文〕「—，馽或從糸執聲」義證。〇—，監本、閩本皆作摯，官本作摯，〔左傳〕亦作摯。〔漢書·律歷志〕「我高祖少昊—之立也」補注引錢大昕。

葺　—，茨也。〔廣韻·緝部〕又〔屈賦·湘夫人〕「—之兮荷蓋」戴注。又〔慧琳音義·卷九八〕引〔文字典説〕。〇以草蓋屋為—。〔卷五四〕〇〔説文定聲·卷三〕以茅蓋屋曰—。〔説文〕「—，茨也」。〇—，以草覆屋也。〔慧琳音義·卷八二〕引〔考聲〕。〇覆蓋曰—。〔卷一〇〕引〔通俗文〕。〇—，修補。〔廣韻·緝部〕〇—，補治也。〔慧琳音義·卷九八〕引〔文字典説〕。〇—，理也。〔卷八二〕〇—，累也，苫也。〔卷一〇〕〇〔説文定聲·卷三〕—，叚借為緝，為䌖。〔楚辭·悲回風〕「魚—鱗以自別兮」。

褶　有表里而無著者謂之—。〔禮記·喪大記〕「—衣—衾」集解。〇—，袷也。〔集韻·緝部〕〇—，袴—。〔廣韻·緝部〕〇—袴，戎服也。〔通雅·衣服〕〇—，襲也。〔集韻·緝部〕〇—，布—衣也，今之寬袖。〔通鑑·陳紀九〕「以其—袖縛之」音注。

潗　—，水潗也，或作湒。〔集韻·緝部〕〇—，泉出。〔廣韻·緝部〕〇—與湒同。〔説文〕「湁，湁湒，鬻也」段注引〔周成雜字〕。〇—亦作湒。〔漢書·司馬相如傳〕「湁—鼎沸」補注。

湒　—又訓雨下。〔説文〕「湁，湁—，鬻也」段注引〔周成雜字〕。〇—，雨皃。〔廣韻·緝部〕〇——，雨聲也。〔慧琳音義·卷五二〕〇——，叚借為角皃。〔説文〕「—，雨下也」段注。〇—或作潗。〔説文〕「湁，湁—」義證。〇〔説文定聲·卷三〕—字亦作霵。〔洞簫賦〕「嗜霵曄踕」。〇—字亦作霫。〔説文定聲·卷三〕

苙　—，畜欄也。〔集韻·緝部〕〇—，白芷。〔廣韻·緝部〕〇〔説文定聲·卷三〕—，即今白及，一名苀，亦名賫也。〔廣雅·釋草〕「白—，苀賫也」。〇—與櫪聲義並同，養馬器也。〔方言五〕「—圂」箋疏。〇—當為苣。〔墨子·備城門〕「二步積—」閒詁。〇〔説文定聲·卷三〕—，疑借為柙也。〔孟子〕「既入其—」注「欄也」。

彶　——，遽也。〔廣韻·緝部〕〇——，急行也。〔慧琳音義·卷八五〕引〔韻英〕。〇急、—疊韻，凡用汲汲字，乃——之假借也。〔説文〕「—，急行也」段注。〇——，繫於心也，趣於事也。〔慧琳音義·卷一九〕引〔考聲〕。〇—義與馺同。〔方言一三〕「馺，馬馳也」箋疏。〇汲與—通。〔廣雅·釋訓〕「——，勵也」疏證。〇——、汲汲、伋伋，並字異而義同。（同上）疏證。〇〔説文定聲·卷三〕—，叚借為仡，侸仡雙聲。〔字林〕「侸，勇壯貌」。

〇〔同上〕—字亦作俋。〔莊子·天地〕「俋俋乎耕而不顧」。

岌　—，高皃。〔廣韻·集部〕〇——，不安貌也。〔孟子·萬章上〕「天下殆哉，——乎」朱注。〇—、圾、汲，皆字異而義同。〔廣雅·釋詁一〕「殆，危也」疏證。

圾　—，危也。〔集韻·緝部〕〇—、岌，義並同。〔墨子·非儒下〕「此時天下—乎」閒詁。〇岌、—、汲，皆字異而義同。〔廣雅·釋詁一〕「殆，危也」疏證。

岋　〔說文定聲·卷三〕—者，汲也。〔釋山〕「小山岌，大山峘」。〇—，字又作圾。〔說文定聲·卷三〕〇—，字又作砐。〔同上〕

翕　—，起也。〔廣韻·緝部〕〇—，歛也。〔廣韻·緝部〕又〔慧琳音義·卷五五〕。〇—，合也。〔詩·常棣〕「兄弟既—」朱傳。又〔周書〕「—其目」雜志。又〔論語·八佾〕「始作，—如也」朱注。又〔通鑑·晉紀四〕「此之—習」音注。又〔慧琳音義·卷五五〕。又〔廣韻·緝部〕。〇—者，兩之合也。〔易·繫辭下傳〕「其靜也—」李疏。〇〔說文定聲·卷三〕—，飛起也。〔夏小正〕「蜧之興五日—」。〇—，相合起也。〔說文〕「—，起也」繫傳。〇—，火炙。〔廣韻·緝部〕〇—，火炙物氣匇起也。〔慧琳音義·卷八〕引〔考聲〕。〇—，盛也。〔廣韻·緝部〕又〔通鑑·晉紀二五〕「威勢—赫」音注。〇—，合而盛也。〔漢書·司馬相如傳〕「—呷萃蔡」補注。〇—猶收也。〔國策·秦策三〕「亦能—其心乎」鮑注。〇—，聚也。〔廣韻·緝部〕〇—，動也。〔同上〕〇—，衆也。〔通鑑·晉紀四〕「此之—習」音注。〇—，引也。〔詩·大東〕「載—其舌」朱傳。〇—肩，畏懼貌。〔漢書·揚雄傳〕「—肩蹈背」補注。〇—，和也。〔詩·常棣〕「兄弟既—」集疏引齊說。〇——者，小人當與之合。〔釋訓〕「——，莫供職也」郝疏。〇—與脅通。〔文選·解嘲〕「—肩蹈背」集釋。〇脅、—、歙三字古皆通用。〔同上〕集釋。〇—、熻，義並相近。〔廣雅·釋詁三〕「—，熾也」疏證。〇—、歙、噏、吸，並字異而義同。〔廣雅·釋詁一〕「—，吸也」疏證。〇—、吸，音同通用。〔詩·大東〕「載—其舌」通釋。〇—，韓作吸。〔同上〕集疏。〇—，段借為歙，為吸。〔說文定聲·卷三〕〇—乃歙之省文，歙有縮義。〔韓子·喻老〕「將欲—之」集解。〇—當為歙。〔說文〕「歙，—气也」義證。〇—亦作熻。〔方言一三〕「—，炙也」疏證。〇〔說文定聲·卷三〕—，段借為熻，為熠。〔方言一二〕「—，熾也」。〇〔同上〕—，段借為闟。〔易·繫辭傳〕「其靜也—」。〇〔同上〕—，段借為敆。〔方言三〕「—，聚也」。〇—，段借為詥。〔說文定聲·卷三〕〇〔同上〕—字亦變作熻。〔廣雅·釋詁二〕「熻，爇也」。

歙　—之言攝也。〔說文〕「—，縮鼻也」段注。〇—與歙、與吸略同，凡納氣則鼻蹙。〔說文定聲·卷三〕〇—與翕同。〔漢書·韓延壽傳〕「郡中—然」補注。〇—又通作翕。〔說文〕「—，縮鼻也」義證。〇—、噏、翕、吸，並字異而義同。〔廣雅·釋詁一〕「翕，引也」疏證。〇—或作噏。〔說文〕「—，縮鼻也」義證。〇—，亦作噏。〔說文定聲·卷三〕〇〔同上〕—，借為翕。〔後漢書·張衡傳〕「我不忍以—肩」。〇〔同上〕—，段借為脅，為劫。〔莊子·山木〕「則呼張—之」。〇〔同上〕—，段借為搚，為摺，為拉。〔淮南·主術〕「—金椎」。〇胎肩、—肩，猶脇肩。〔通雅·身體〕〇〔通雅·卷一八〕𪖙𪖙即—欱，醜也。〔王孫賦〕「鼻䶑齁以𪖙𪖙」。〇〔說文定聲·卷三〕—或疑此借為鄐。〔說文〕「—，丹陽有—縣」。

噏　—同吸。〔廣韻·緝部〕〇—，內氣也，飲也。〔慧琳音義·卷一五〕引〔考聲〕。〇—，古文歙、—二形，今作吸，謂氣息入也，亦引也。〔慧琳音義·卷四六〕〇—，又作歙、吸。〔卷三七〕

濈　—，和也。〔廣韻·緝部〕〇——，和也。〔詩·無羊〕「其角——」朱傳引王氏說。〇〔說文定聲·卷三〕—字從水，當以此為本訓。〔南都賦〕注引〔埤蒼〕「—，水行出也」。〇—，經傳多以輯為之。〔說文定聲·卷三〕〇〔同上〕—以㠯、以戢為訓。〔無羊〕傳「聚其角而息，——然也」。

裛　—，纏也。〔說文〕「—，書囊也」義證引〔玉篇〕。〇—，書囊。〔集韻·緝部〕〇—，一曰香襲衣也。〔同上〕〇—，香。〔廣韻·緝部〕〇—與裛略同。〔說文定聲·卷三〕〇〔同上〕—，段借為浥。陶淵明〔䄷詩〕「—露掇其英」。

浥　—，溼也。〔說文〕「鮑，饐魚也」段注。〇—，濕潤。〔廣韻·緝部〕〇—，溼潤也。〔說文〕「—，溼也」義證引〔玉篇〕。〇—，宊陷也。〔集韻·帖部〕〇〔說文定聲·卷三〕—，段借為墊。〔漢書·司馬相如傳〕「踰波趨—」。

熠　—燿者，火光盛貌也。〔慧琳音義·卷八五〕引〔考聲〕。〇〔說文定聲·卷三〕—，飛有光也。〔詩·東山〕「—燿宵行」傳「—燿，燐也，燐，螢火也」。〇—，—燿，螢火。〔廣韻·緝部〕〇—燿，為螢光。〔詩·東山〕「—燿其羽」通釋。〇—燿，鮮明也。〔同上〕朱傳。〇—燿，明不定貌。〔東山〕「—燿宵行」朱傳。〇—燿，以為鬼火，或謂之燐。〔同上〕集疏引韓說。

槢　—，堅木名。〔廣韻·緝部〕〇—，堅木也。〔說文〕「—，木也」繫傳。又〔同上〕義證引〔玉篇〕。〇—，〔莊子〕〔淮南〕有椄—字，皆謂械楔，不為木名。〔說文〕「—，木也」段注。〇〔說文定聲·卷三〕—，段借為疌，或為牒。〔莊子·在宥〕「聖知之不為桁楊椄—也」。

摺　—，敗者，毀也。〔說文〕「—，敗也」段注。〇—，今義為—疊。〔同上〕

潝　㴔即—字也。〔說文〕「—，水流疾聲」段注。〇——，相和也。〔詩·小旻〕「——訿訿」朱傳。〇—，水流皃。〔廣韻·緝部〕〇—，魯作翕，又作歙。〔同上〕集疏。

㴔　—，急流皃。〔集韻·緝部〕〇—即潝字也。〔說文〕「潝，水流疾聲」段注。

霫　丨，雴丨，大雨。〔廣韻・緝部〕

悒　丨，憂丨。〔廣韻・緝部〕○丨，憂丨也。〔説文〕「丨，不安也」繫傳。○丨，憂也。〔楚辭・天問〕「何所丨」補注。又〔慧琳音義・卷五七〕引〔古今正字〕。○丨，歎息也。〔同上〕○丨，恨也。〔慧琳音義・卷九七〕引〔考聲〕。○丨，通作邑。〔釋言〕「僾，唈也」郝疏。○丨，其字古通作邑。〔説文〕「丨，不安也」段注。○丨，或借邑字。〔同上〕義證。○丨亦省作邑。〔同上〕句讀。○丨又通作唈。〔釋言〕「僾，唈也」郝疏。○丨丨，不舒之貌。〔大戴・曾子立事〕「君子終身守此丨丨」王詁。○丨納，當作浥納，婥阿之狀。〔説文〕「納，絲溼納納也」段注。

挹　丨，亦抒也。〔説文〕「斞，丨也」段注。○丨，酌也。〔廣韻・緝部〕又〔國策・齊策三〕「若丨水於河」鮑注。○丨，從上酌之也。〔説文〕「丨，抒也」繫傳。○凡以器斞酌於水謂之丨，今謂以心測於法亦謂之丨。〔慧琳音義・卷二一〕○以器俯而取水曰丨，人之謙下者亦曰丨。〔通鑑・漢紀三四〕「深自降丨」音注。○丨、斞義同。〔詩・大東〕「不可以丨酒漿」陳疏。○丨，遜也。〔通鑑・梁紀一九〕「此事推丨已久」音注。○丨，謙也。〔慧琳音義・卷一一〕引〔考聲〕。○丨，損也，飲也。〔卷六〇〕引〔考聲〕。○丨與揖通。〔荀子・議兵篇〕「拱丨指麾」集解引王念孫。○丨義與揖同。〔通鑑・秦紀一〕「拱丨指麾」音注。○丨，或作揖，拱手而舉以敬讓也。〔慧琳音義・卷四二〕○丨與抑通，按也。〔文選・洞簫賦〕「丨抐擫擸」集釋。○〔説文定聲・卷三〕丨段借為抑。〔荀子・宥坐〕「此所謂丨而損之之道也」。○扱、丨聲相近。〔廣雅・釋詁一〕「扱，取也」疏證。

𡑞　丨，下入。〔廣韻・緝部〕○〔説文定聲・卷三〕丨，字亦作𡒄，田塍埒謂之丨，畦界曰下，猶壇高曰深也。〔廣雅・釋詁一〕「𡒄，下也」。○丨，田實也。〔集韻・業部〕○丨，墊也。〔説文〕「丨，下入也」義證引〔玉篇〕。○丨與𡒄同。〔廣雅・釋詁一〕「丨，下也」疏證。○丨、濕古字通。〔荀子〕「卑濕」雜志。○〔説文定聲・卷三〕丨以隰為之。〔詩・載芟〕「徂隰徂畛」。

蕺　丨，菜名。〔廣韻・緝部〕○丨，菜也。〔文選・南都賦〕「若其園圃則有蓼丨蘘荷」集釋引〔玉篇〕。○丨，字〔北户録〕作蕊。〔本草・卷二七〕○丨，蕊香菜，根似茆根，蜀人所謂葅香。〔文選・南都賦〕「若其園圃則有蓼丨蘘荷」注引〔風土記〕。○荆揚人謂葅為丨。〔同上〕集釋引崔豹〔古今注〕。○丨，關中謂之葅菜。〔説文〕「葅，菜也」義證引蘇恭。○丨，艸名，葉似喬麥，生濕地。〔集韻・緝部〕○丨，其葉腥氣，故俗呼為魚腥草。〔本草・卷二七〕

蕺　丨，香菜，根似茅根，蜀人所謂葅香。〔説文〕「葅，菜也」段注引〔風土記〕。○丨，秦人謂之葅子。〔同上〕義證引〔北户録〕。○丨與蕺同。〔廣雅・釋草〕「葅，蕺也」疏證。○丨，艸聲。〔集韻・緝部〕○丨與蕺同，即今魚腥艸也，凶年人掘食之。〔説文〕「葅，菜也」段注。

霵　丨，雨下。〔廣韻・緝部〕○丨，又暴雨兒。〔同上〕

咠　丨丨，聶語也，或從口。〔集韻・緝部〕○丨丨，讚言也。〔廣韻・緝部〕○丨、胥同，待也。〔國策・魏策四〕「韓且坐而丨亡乎」鮑注。○丨丨，今〔詩〕作緝緝。〔説文〕「丨，詩曰丨丨幡幡」段注。○〔説文定聲・卷三〕丨，段借為啑。〔儀禮・士相見禮〕注「呫，嘗膳」。○〔同上〕丨字亦作呫，丨、呫雙聲。〔史記・魏其武安侯列傳〕「乃效女兒呫囁耳語」。○丨，一本胥。〔國策・魏策四〕「韓且坐而丨亡乎」補正。

諿　丨，和也。〔集韻・緝部〕又〔廣韻・緝部〕。○丨，辯也。〔集韻・緝部〕

馽　丨，絆馬也。〔楚辭・九思〕「赴崑山兮丨騄」補注。○丨，或从糸執，會意，今隸變作丨。〔説文定聲・卷三〕○〔同上〕丨，下縶為本義，上縶為轉注。〔詩・有客〕「言授之縶，以縶其馬」。○丨即縶正字。〔左傳成公二年〕「執縶馬前」疏證引臧琳。○〔説文定聲・卷三〕丨，生而病足，故命之曰縶，字或變作踂。〔左傳昭公二十年〕「盗殺衛侯之兄縶」。

𩡧　丨，馬絆。〔廣韻・緝部〕

𩣡　丨，今〔左傳〕作執縶馬前。〔説文〕「丨，春秋傳曰韓厥執丨前」段注。

慹　丨，怖也。〔廣韻・緝部〕○丨，怖畏也。〔説文定聲・卷三〕（「墊」下）○丨，不動兒。〔廣韻・帖部〕又〔説文〕「丨，悑也」段注引司馬彪。○坅、攝、丨，聲義並同。〔廣雅・釋詁四〕「坅，靜也」疏證。○丨與慴、與懾略同。〔説文定聲・卷三〕○〔通雅・卷七〕丨服即懾服。〔漢書・朱博傳〕「豪强丨服」。○懾服、慴服、讋服、執服、丨服，並字異而義同。〔廣雅・釋言〕「懾，服也」疏證。○〔説文定聲・卷三〕丨，段借為蟄。〔莊子・田子方〕「丨然似非人」。○〔同上〕丨字亦作惵。〔東都賦〕「惵然意下」。

鰼　丨，今泥鰌。〔説文〕「丨，鰌也」段注引郭璞。○丨，以鱓而短小。〔説文定聲・卷三〕

騽　丨，馬豪也。〔集韻・緝部〕○丨，馬豪骭。〔廣韻・緝部〕○丨，驪馬黄脊。〔同上〕又〔説文〕「丨，馬豪骭也」義證。○丨字亦作驤。〔説文定聲・卷三〕

亼　丨，合也。〔集韻・緝部〕○丨口，合口也。〔説文〕「合，丨口也」繫傳。○丨者，取三合之義。〔説文〕「俞，空中木為舟」繫傳。○丨，集也。〔説文〕「食，丨米也」段注。又〔説文〕「僉，皆也」繫傳。○丨，衆集也。〔説文〕「舍，市居曰舍」繫傳。○丨，集册書也。〔説文〕「侖，思也」繫傳。

卙　丨，詞之集也。〔説文〕「丨，詞之丨矣」義證引〔玉篇〕。○丨，協和也，與濈略同。〔説文定聲・卷三〕○丨，今〔毛詩〕作輯。〔説文〕「丨，詞之集也」段注。○〔説文定聲・卷三〕丨，以輯為之。〔詩・板〕「辭之輯矣」。○丨，又借楫字。〔説文〕「丨，詞之丨矣」義證。

鏶 一，鍱也。〔集韻·葉部〕〇一，鐵鍱。〔廣韻·緝部〕〇一，炙鐵。〔廣韻·葉部〕〇凡金銀銅鐵錫椎薄成葉者，謂之一。〔說文定聲·卷三〕

廿 一，共也。〔說文繫傳·通論上〕〇二十為一，音入。〔史記·周本紀〕「后稷卒，子不窋立」志疑。〇〔說文定聲·卷三〕一，叚借為疾，一、疾雙聲。〔說文〕「竊」篆說解「一，古文疾」。

嗺 一嚩，一嗺皃。〔廣韻·緝部〕

緁 一，合也。〔廣韻·緝部〕〇衆絲之合曰一。〔說文〕「一，合也」段注。〇一，蠻夷貨名。〔廣韻·緝部〕〇一，經傳皆以集為之，或以褋、以就為之。〔說文定聲·卷三〕〇（同上）一叚借為雧。〔吳都賦〕「一賄紛紜」。

蕺 一，艸不生。〔集韻·帖部〕〇一，草木生貌。〔說文〕「一，艸木不生也」義證引〔玉篇〕。〇一，一曰茅莠。〔集韻·帖部〕〇一，樹也。〔詩·生民〕「一之荏之」朱傳。〇〔說文定聲·卷三〕一，或謂言蕪薉不治如芓芽也。〔周語〕「墾田若一」。〇一之言蟄也。〔說文〕「一，艸木不生也」段注。〇一與臬通。〔廣雅·釋詁一〕「臬，法也」疏證。〇一，或又作藝。〔說文〕「一，艸木不生也」義證。〇一、蕺形聲雖異，實一字重出。（同上）〇一，篆文當從埶，從坴之字，多誤為幸。（同上）

襍 〔說文定聲·卷三〕一，古深衣右自領及衽，左自袼及衽皆緣之。〔說文〕「一，袷緣也」。〇一，襟緣。〔廣韻·緝部〕〇一，裙緣上也。〔說文〕「一，袷緣也」義證引〔玉篇〕。〇一，緅緶之也。（同上）繫傳。〇一，禮備緝字為此。（同上）

葉 一，菩也。〔廣韻·緝部〕

扊 一，户鍵。〔廣韻·緝部〕〇〔說文定聲·卷三〕一即欇字也。〔廣雅·釋室〕「笠一，户牡也」。〔「笠」下〕

膥 一，瀹也。〔說文〕「䐑，於湯中爚肉也」義證引〔玉篇〕。〇一，肉半生半熟。〔廣韻·緝部〕〇一，生熟半也。〔說文〕「䐑，於湯中爚肉也」義證引〔玉篇〕。

邑 一一，耕人行皃。〔集韻·緝部〕

㞕 一，㞕一，前後相次也。〔廣韻·緝部〕〇〔說文定聲·卷四〕一，叚借為乏，實為貶。〔廣雅·釋詁三〕「一，少也」。〇（同上）一，謂從後相屆，或疑與㞕㞋等字皆言抱背之事。〔說文〕「一，屆一也」。

譶 一，𧭪一，言不止也。〔廣韻·緝部〕〇〔通雅·卷一〇〕一一即䜐䜐也，三言言其多，亦重沓之意。〔三都賦〕「㵽一㬩㺒」。

鴗 一，魚狗也，似翡翠而小，青碧可愛。〔釋鳥〕「一，天狗」鄭注。〇一，小者名魚狗，大者名翠。〔釋鳥〕注「小鳥也，青似翠」述聞。〇一，澤狗，即水狗，一名魚狗。〔釋鳥〕「一，天狗」述聞引〔易林〕。〇一，水狗。〔廣韻·緝部〕〇一，今所在園池有之，謂之魚狗，亦謂之魚虎。〔說文〕「一，天狗也」段注。〇一即〔廣雅〕之車搞、雔札也，春分時先鷄而鳴。〔說文定聲·卷三〕〇（同上）一字亦作鴗。〔釋鳥〕「鴗鴗，鵜鴗」。

芨 一，烏頭也。〔釋艸〕「一，堇艸」鄭注。〇一，烏頭別名。〔廣韻·緝部〕〇一即烏頭也。〔說文〕「一，堇艸也」繫傳。〇〔玉篇〕一字為堇草，為烏頭別名。〔說文〕「蓳，蘳艸也」義證引程瑤田。〇一，艸名，烏頭也。〔集韻·緝部〕〇一，一名蓳。〔說文定聲·卷三〕〇一，亦曰萌。（同上）〇一通作蒁。〔廣雅·釋草〕「蓳，羊蹏也」疏證。〇一字亦作蒁。〔說文定聲·卷三〕〇（同上）一，叚借為及。〔爾雅〕「木槿」注「或呼曰及」。

蒁 一，艸名，蓳也。〔集韻·緝部〕又〔說文〕「蓳，蘳艸也」義證引〔玉篇〕。〇一同芨。〔廣韻·緝部〕

湇 一，羹汁。〔集韻·業部〕又〔廣韻·緝部〕。〇一，肉汁。〔集韻·洽部〕〇一，大羹。〔說文〕「汁，液也」義證引〔佩觿〕。〇一，大羹也。〔禮記·少儀〕「凡羞有一者」集解。〇一，幽深也。〔說文〕「一，幽溼也」段注引〔五經文字〕。〇一浥，濕也。〔詩·行露〕「一浥行露」集疏引魯、韓說。〇汁謂之一。〔通雅·飲食〕〇〔說文定聲·卷三〕一字亦作脸。〔廣雅·釋器〕「膹謂之脸」。〇〔儀禮〕字作一，今文皆作汁。〔說文定聲·卷三〕

脸 一之言汁也，字亦作湇。〔廣雅·釋器〕「膹謂之一」疏證。〇一又作湇。〔說文〕「肬，肉汁滓也」義證。

郠 一，今作歙縣也。〔說文〕「一，地名」繫傳。〇〔說文定聲·卷三〕歙，疑正字當作一。〔說文〕「丹陽有歙縣」。

闟 戟名曰一。〔廣韻·緝部〕

咠 一，衆口。〔集韻·緝部〕又〔廣韻·緝部〕。

竝 一，危也，或從及。〔集韻·緝部〕〇一，危也。〔廣韻·緝部〕

曝 一，欲燥。〔廣韻·緝部〕〇一亦且乾也。〔廣雅·釋詁二〕「一，曝也」疏證。〇一亦且乾也。〔廣雅·釋草〕「益母，充蔚也」疏證。

翜 一，疾飛。〔廣韻·緝部〕

熻 一，一熱。〔廣韻·緝部〕〇一與翕通，爇也。〔方言一二〕「翕，熾也」箋疏。〇翕與一通。〔廣雅·釋詁二〕「一，爇也」疏證。〇翕、一，義並相近。〔廣雅·釋詁三〕「翕，熾也」疏證。

湁 一，一潗，沸貌。〔廣韻·緝部〕〇一潗，水沸之皃也。〔說文〕「一，一湒，灩也」段注引〔雜字〕。又（同上）義證引〔雜字〕。

霅 一霫，大雨。〔集韻·緝部〕〇一，大雨。〔廣韻·緝部〕

図　｜図，私取物，或作図囬。〔集韻·緝部〕○｜｜，私取皃。〔廣韻·緝部〕○人謂禽獸就地舐物為｜。〔說文〕「｜，下取物宿藏之」繫傳。○〔說文定聲·卷四〕｜，段借為罨。〔廣雅·釋器〕「｜，率也」。○〔同上〕｜，字亦作圝。〔廣韻〕「圝，捕魚網也」。

鵖　｜，鳥名。〔廣韻·葉部〕○｜鴔猶鶝鴔，語轉聲耳。〔方言八〕「鳸，或謂之鶝鶝」疏證。又〔廣雅·釋鳥〕「戴紝，戴勝也」疏證。

皀　｜，穀香。〔廣韻·緝部〕○｜者，米之馨香也。〔說文定聲·卷一二〕〔「皀」下〕又〔卷一二〕〔「即」下〕○｜，粒也。〔集韻·職部〕○｜，粒。〔廣韻·職部〕

斟　｜，盛也。〔集韻·緝部〕○｜｜，蠶盛貌，當即斟字畫訛。〔通雅·釋詁〕○｜，今江蘇俗語多云密｜，｜音如蟄。〔說文〕「汝南名蠶盛曰｜」段注。○〔說文定聲·卷三〕｜，以蟄為之。〔詩·螽斯〕「蟄蟄兮」。○｜｜、揖揖、緝緝相通。〔通雅·釋詁〕○〔說文定聲·卷三〕｜，字借作甡。〔廣雅·釋訓〕「甡甡，盛也」。○｜借蟄字。〔說文〕「｜，｜盛也」義證。

謵　｜讋，言不正也。〔說文〕「｜，言｜讋也」義證引〔玉篇〕。○｜，竦慴失氣之皃。〔說文定聲·卷三〕○｜，言辭懼也。〔說文〕「｜，言｜讋也」繫傳。

⿰亻執　｜，執事者，通作執。〔集韻·緝部〕

⿰土臿　｜塌，累土也。〔集韻·緝部〕○｜，｜塌，重累土也。〔廣韻·緝部〕○｜塌，即屆尼也，以後次前積疊之謂。〔文選·吳都賦〕「｜塌鱗接」集釋。

⿰彳歰　｜，行不進也。〔集韻·緝部〕○｜，行皃。〔同上〕又〔廣韻·緝部〕。○｜譶，聲多也。〔文選·琴賦〕「紛｜譶以流漫」補正。○｜與駁同。〔方言一三〕「駁馬馳也」箋疏。

⿰亻歰　｜，不及。〔廣韻·緝部〕○｜當從彳，行貌。〔文選·吳都賦〕「｜譶衆翏」集釋。○｜譶，言語不止皃。〔同上〕集釋引〔廣韻〕。

驫　｜，馬衆也，或從集。〔集韻·緝部〕

⿰咠鳥　｜鳩，此似鸐鴿，無冠而長尾，多在山寺尉檻間，今謂之烏鴉。〔釋鳥〕「｜鳩，鵜｜」鄭注。○｜鳩，小黑鳥，鳴自呼，江東名烏鳴。〔集韻·緝部〕

⿱髟乏　｜，鳥名。〔集韻·緝部〕○｜，小于鵓鳩，黃白班，文首，毛有文，如纏機縷之勝，故曰戴勝，以三月鳴。〔說文定聲·卷四〕○〔同上〕｜字亦作鴔。〔方言八〕「鳸鳩，朝鮮洌水之間謂之鶝鶝」。

偮　｜｜，人衆皃。〔集韻·緝部〕

⿰亻臿　｜傷，小人皃。〔集韻·緝部〕○｜，一曰黠也。〔同上〕

⿰亻集　｜，人衆也。〔集韻·緝部〕

儑　｜，傝｜。〔廣韻·勘部〕

⿰侖刂　｜，欲割也。〔集韻·緝部〕

卌　｜者，數之積也。漢石經以為四十字。〔說文〕「桂，｜叉可以劃麥」段注。

⿰口立　｜｜，送舟聲。〔集韻·緝部〕

⿰口犮　｜｜，衆聲。〔集韻·緝部〕

⿰口習　｜｜，忍寒聲。〔廣韻·緝部〕

⿰口戢　｜｜，喻也。〔集韻·緝部〕又〔廣韻·緝部〕。

⿰口霅　｜囁，衆聲疾皃。〔集韻·緝部〕

岦　｜岌，山皃。〔廣韻·緝部〕

⿰山集　｜嶸，山皃。〔集韻·緝部〕

⿰韋及　新羅謂絹曰｜。〔集韻·緝部〕

孨　｜，戢｜，聚皃。〔廣韻·緝部〕○｜，聚貌，或作孴。〔集韻·緝部〕

孴　｜，多皃。〔廣韻·緝部〕

⿱埶女　〔說文定聲·卷一三〕｜，段借為摯。〔說文〕「｜，一曰虞書雉｜」。

嬆　｜，莊嚴。〔廣韻·緝部〕○｜，女性淨。〔集韻·緝部〕

⿰土集　｜，泉出於土也。〔集韻·緝部〕

⿰彳咠　｜，行皃。〔集韻·緝部〕

⿰忄咠　｜，心不正也。〔集韻·緝部〕

⿰爿戢　｜，殳立皃。〔集韻·緝部〕

熠 丨，殳立皃。〔集韻·緝部〕

噏 丨，日乾物也。〔集韻·緝部〕

歙 丨，擊也。〔集韻·緝部〕

戢 丨，兵掩也，通作襲。〔集韻·緝部〕

泙 丨，脣聲。〔集韻·緝部〕

泅 丨，濕丨。〔廣韻·緝部〕

漐 丨，汗出皃。〔集韻·緝部〕又〔廣韻·緝部〕。

漐 〔通雅·卷二〕丨，小雨不輟也。〔醫書〕言「丨丨，汗出」。

潛 丨，潗丨，水文皃。〔廣韻·緝部〕

濕 丨丨，小雨。〔集韻·緝部〕

楫 丨檝，林木皃。〔集韻·緝部〕

欇 丨，木茂皃。〔集韻·緝部〕

𣠽 丨丨，木盛皃。〔集韻·緝部〕○丨丨，盛衆皃。〔廣韻·緝部〕

瓡 丨與報皆執之譌，隸書執或作執，故譌為丨，又譌為報。〔漢書·王子侯表〕「丨節侯息」補注引王念孫。○丨當作瓡。〔史記·王子侯者年表〕「丨節」志疑。○丨讀與狐同。〔漢書〕「丨讘」雜志。

瘤 丨，小痛也。〔集韻·緝部〕○丨丨者，俗語也，蓋謂風蚌皮膚間丨丨然也。〔慧琳音義·卷七七〕

逮 丨，臨也。〔集韻·緝部〕又〔廣韻·緝部〕。

砬 丨磼，石聲。〔集韻·緝部〕○丨，一曰石藥，能制藥毒。〔同上〕○丨，石藥。〔廣韻·緝部〕

褶 丨，袷緣。〔集韻·緝部〕

稓 丨丨，禾衆皃。〔集韻·緝部〕○丨，稠丨丨。〔廣韻·緝部〕

睸 丨，目動也。〔集韻·緝部〕○丨，眨睸。〔廣韻·緝部〕

䁗 丨，淚出皃。〔集韻·緝部〕又〔廣韻·緝部〕。

瞺 丨，視皃。〔集韻·緝部〕

䁯 丨，目睛中枯也。〔集韻·緝部〕

䏡 丨，肥膏也。〔集韻·緝部〕○丨，一曰創潰出皃。〔同上〕

䐳 丨，脯也，屈曰丨。〔集韻·緝部〕

䎲 丨，牛耳動皃。〔集韻·緝部〕又〔廣韻·緝部〕。又〔詩·無羊〕「其耳溼溼」後箋引〔廣韻〕。○丨，耳動搖皃。〔同上〕後箋引〔玉篇〕。

蝃 丨，蟲行皃。〔集韻·緝部〕

蝂 丨，蝓，蟲名，螢火也，或從昱。〔集韻·緝部〕

翖 丨，翖，飛皃。〔廣韻·合部〕

笝 丨，捕魚竹器。〔集韻·緝部〕

箕 丨丨，覆也。〔廣韻·緝部〕○丨，織竹器緣。〔集韻·緝部〕

簪 丨，覆船具，或作艒、艓。〔集韻·緝部〕○丨，簷丨，修船具也。〔廣韻·緝部〕○丨，古文簪。〔廣韻·祭部〕

籾 丨，竹名。〔集韻·緝部〕

莔 丨，莻丨。〔廣韻·緝部〕

葿 丨，艸傷壞也。〔集韻·緝部〕○丨，丨菸，茹熟。〔廣韻·緝部〕

莦 丨莔，艸密皃。〔集韻·緝部〕○丨，丨莔。〔廣韻·緝部〕

菰 丨，冬瓜。〔廣韻·緝部〕

𦨚 丨，舟行。〔集韻·緝部〕

艒 丨同簪。〔廣韻·緝部〕

褔　丨，重緣。〔廣韻·緝部〕〇丨丨，衣重緣。〔集韻·緝部〕

屆　丨尼，從後躡也。〔集韻·緝部〕〇丨，丨尼。〔廣韻·緝部〕

礐　丨，以新穀汁漬舊穀也。〔集韻·緝部〕

𧣴　丨，角多皃。〔集韻·緝部〕又〔廣韻·緝部〕。

𩸞　丨同𧣴。〔廣韻·緝部〕

𧿹　丨，斂膝坐也。〔集韻·緝部〕〇丨，膝坐。〔廣韻·緝部〕

𧬘　丨，疾言也。〔集韻·緝部〕〇丨，一曰丨評，語聲。〔同上〕〇丨，丨評，語聲也。〔廣韻·緝部〕〇丨丨，失志皃。〔說文〕「讋，失气言」義證引曹操。

𩌏　丨，物相重累。〔集韻·緝部〕

鐢　丨，通作樊。〔說文〕「丨，京兆杜陵鄉」義證。

雭　丨，小雨聲。〔廣韻·緝部〕〇丨，一曰小雨。〔集韻·緝部〕

霵　丨，雨聲。〔集韻·緝部〕〇丨，雨下皃。〔同上〕

隟　丨，庢險危皃。〔集韻·緝部〕

𣪠　丨，小兒履也。〔廣韻·緝部〕

飁　丨丨，大風。〔集韻·緝部〕〇丨，颯丨，大風。〔廣韻·緝部〕

飸　丨，食丨。〔廣韻·緝部〕

馺　丨丨，馬行皃。〔集韻·緝部〕〇丨丨猶趿趿也。〔方言一三〕注「丨丨，疾貌也」箋疏。

𩧯　丨丨，馬行皃。〔集韻·緝部〕

䲯　丨，魚衆皃。〔集韻·緝部〕

鴔　丨丨，鳩鳥。〔廣韻·緝部〕

鴚　丨，丨鴚，鳥名，亦鴔皮。〔廣韻·緝部〕

鵖　丨，鵖丨，鳥名。〔廣韻·緝部〕

𪂶　丨，鳥名。〔集韻·緝部〕又〔廣韻·緝部〕。

鼛　丨，鼓無聲。〔廣韻·緝部〕

齸　丨齵，咬堅物聲。〔集韻·緝部〕〇丨，齧聲。〔廣韻·緝部〕

續經籍籑詁卷第一百四

入聲

十五合

合丨，即今答字，丨亦當也。〔說文定聲·卷三〕（「應」下）〇丨，同。〔廣韻·合部〕〇丨會猶際會也。〔漢書·敘傳〕「定丨會之計」補注。〇丨，聚也。〔禮記·燕義〕「春丨諸學」集解。又〔論語·子路〕「苟丨矣」朱注。〇丨，凡兩丨之偁。〔說文〕「緤，丨也」段注。〇〔國策·秦策〕丨，〔韓子·初見秦〕並作對。〔釋詁〕「丨，對也」述聞。〇〔說文定聲·卷三〕或曰和諧當為丨對之轉注。〔呂覽·古樂〕「以比黃鍾之宮適丨」注「和諧也」。〇配、丨，皆對也。〔周書〕「丨於四海」雜志。〇〔水經注〕引丨作會。〔左傳哀公七年〕「丨諸侯於塗山」洪詁。〇丨猶答也。〔周書〕「丨於四海」雜志。〇丨與答古同義。（同上）〇丨，匹也。〔離騷〕「湯禹嚴而求丨兮」戴注。又〔天問〕「女歧無丨，夫焉取九子」戴注。〇丨，配也。〔詩·大明〕「天作之丨」朱傳。〇丨猶足也。〔孟子·梁惠王〕「此心之所以丨於王者」平議。〇丨，與敵丨鬬。〔國策·秦策一〕「一可以丨十」鮑注。〇丨鬬者，丨而至於鬬也。〔漢書·天文志〕「木與金丨鬬」補注。〇舊校云，丨一作同。〔呂覽·察今〕「今之法多不丨乎古之法者」校正。〇丨，音閤，牽丨也。〔通鑑·漢紀四七〕「造丨私意」音注。〇丨，完也。〔廣雅·釋詁四〕「丨，同也」疏證。〇丨蟬，連弩也，一曰白間。〔通雅·戎器〕〇丨香曰調香，曰褋馥，曰練香。〔通雅·褋用〕〇凡樂皆四節，四謂之丨樂。〔儀禮·鄉飲酒禮〕「工歌鹿鳴」胡正義引凌廷堪。〇將試自保曰丨保。〔通雅·官制〕〇唐言丨韻，猶今之叶韻。〔漢書·賈誼傳〕「夫豈從蝦與蛭螾」補注。〇丨韻，猶叶韻。〔漢書·孝武李夫人傳〕「申以信兮」補注引王鳴盛。〇丨，亦六丨，天地四方對也。〔廣韻·合部〕〇丨辰謂丨朔所入恒星度分也。〔漢書·律歷志〕「則丨晨所入星度也」補注引錢大昕。〇丨，丨集。〔廣韻·合部〕〇古答問之字直作丨。〔釋詁〕「丨，對也」郝疏。〇丨與給通。〔晏子春秋·問上〕「君得丨而欲多」平議。又〔管子·正世〕「而實丨於傷民」平議。又〔論語·子路〕「苟丨矣」平議。〇丨與拾通擵。〔方言二〕「擵，摝取也」箋疏。〇〔說文定聲·卷三〕丨，段借為佮。〔詩·大明〕「天作之丨」。〇（同上）丨，段借為匌。〔禮記·王制〕「天子不丨圍」。〇（同上）丨，段借為洽。〔考工·弓人〕「春液角則丨」。〇（同上）丨以洽為之。〔詩·大明〕「在洽之陽」。〇（同上）丨，段借為詥。〔荀子·非十二子〕「丨羣者也」。〇（同上）丨，段借為敆。〔廣雅·釋詁四〕「丨，同也」。〇（同上）丨，上敆字，下詥字。〔考工·弓人〕「秋丨三材則丨」。〇（同上）丨，段借為含。〔周禮·鬯人〕注「蚌曰丨漿」。〇（同上）丨，段借為韐。〔考工·函人〕「丨甲五屬」。〇（同上）丨，段借為闔。〔漢書·兒寬傳〕「丨祛于天地神祇」。〇丨，此即今之所用之答字，古或作盒，下當從曰，不從田。〔說文定聲·卷三〕〇丨，一本作勝，韓作對，當也。〔國策·秦策一〕「一可以丨十」補注。〇〔合陽馮翊縣志〕丨作郃。〔漢書·王子侯表〕「丨陽侯喜」補注。〇丨當作谷。〔漢書·地理志〕「東北至任入寖」補注。〇丨當作舍。〔韓子·外儲說〕「皆丨勢之易也」集解引顧廣圻。〇丨當為詥。〔說文〕「話，丨會善言也」義證引〔報任安書〕臣瓚注。〇蓋夏水暴長，施丨於肥，故曰丨肥。〔漢書·地理志〕「丨肥」補注。〇丨，取戰功立侯國號耳。〔漢書·衛青傳〕「封敖為丨騎侯」補注。〇蓋此侯號為丨騎而食邑於南郡高城縣。〔史記·建元以來侯者年表〕「丨騎」志疑。〇丨，韓寶劍名，〔策〕作丨伯。〔史記·蘇秦列傳〕「丨膊」志疑。〇天地辟，分為十紀，曰丨雒。〔廣雅·釋天〕「四曰丨雒紀」疏證。〇丨，器名。〔廣韻·合部〕〇丨，即計當之意。〔廣雅·釋詁二〕「稽，當也」疏證。〇十圭為一丨。〔說文〕「撮，四圭也」段注引孟康。〇十勺為一丨。（同上）段注引〔孫子筭經〕。〇十勺為丨。〔本草·卷一〕〇〔說文定聲·卷三〕丨，量容二千四百黍。〔說苑·辨物〕「十龠為一丨」。〇丨龠即一龠也。〔漢書·律歷志〕「丨龠為丨」補注引錢大昕。〇凡斛，右耳為丨，丨容二千四百黍。〔說文定聲·卷二〕（「升」下）〇丨，相去一尺內為丨。〔漢書·天文志〕「丨散犯守」補注。

塔丨，浮圖。〔廣韻·盍部〕〇丨，廟也。〔慧琳音義·卷八一〕引〔文字典說〕。〇丨思哈河，字音譌變為太子河。〔漢書·地理志〕「大梁水西南至遼陽入遼」補注。

答丨亦對也。〔逸周書〕「合於四海」雜志。〇丨與對，聲之緩急。〔書·洛誥〕注「丨作對」孫疏。〇丨，魯作對。〔詩·雨無正〕「聽言則丨」集疏。〇丨，當也。〔廣韻·合部〕〇丨，丨拜。〔史記·周本紀〕「武王亦丨拜」志疑引〔三墳補遺〕。〇官本丨作荅，字同。〔漢書·律歷志〕「丨應之道也」補注。〇官本丨並作荅。〔漢書·郊祀志〕「以丨嘉瑞」補注。

荅丨，小豆。〔廣韻·合部〕〇丨，小豆也。〔通雅·穀蔬〕〇小豆則曰丨。〔說文定聲·卷一〕（「戎」下）又（卷六）。（「尗」下）〇小豆名丨。〔本草·卷二四〕〇丨，然也。〔慧琳音義·卷七〕引〔考聲〕。〇丨，即幨也。〔墨子·備高臨〕「城上以丨」閒詁引畢沅。〇丨，段借為酬丨。〔說文〕「丨，小尗也」段注。〇〔說文定聲·卷三〕丨，段借為敆。〔史記·貨殖傳〕「蘖麴鹽豉千丨」。〇丨遝，〔史記〕作榙樑，木也，果似李。〔文選·上林賦〕「丨遝離支」集釋引〔說文〕。〇丨布即納布。〔漢書·巴寡婦清傳〕「丨布皮革千石」補注引沈欽韓。〇〔說文定聲·卷三〕丨字亦變作嗒。〔莊子·齊物論〕「丨焉似喪其耦」。〇丨字亦誤作答。〔說文定聲·卷三〕〇（同上）丨，段借為合。〔詩·雨無正〕「聽言則答」。

盒丨，古答字。〔釋言〕「丨，然也」鄭注。〇丨，經傳通作答。〔廣雅·釋言〕「對，丨也」疏證。〇丨即答字。〔詩·雨無正〕「聽言則丨」通釋。

納 丨丨，溼意。〔説文〕「丨，絲溼丨丨也」段注。○丨，内也。〔廣韻・合部〕○丨，古通作内。〔廣雅・釋詁三〕「丨，入也」疏證。○丨當為内。〔漢書・百官公卿表〕「龍作丨言，出入帝命」補注引錢大昕。○丨當作内。〔公羊傳文公一四年〕陳疏引惠棟。○丨通作内，又通作芮。〔春秋名字解詁〕「晉郤芮字子公」述聞。○古文多叚丨為内。〔説文〕「丨，絲溼丨丨」段注。○〔説文定聲・卷一二〕丨，叚借為内。〔廣雅・釋詁三〕「丨，入也」。○丨、入，經典通字。〔書・禹貢中〕注「丨作入」孫疏。○丨，藏也。〔詩・七月〕「三之日丨于凌陰」朱傳。○丨丨，包容也，「丨丨如海流」。〔通雅・卷一〇〕引裴遜之詩。○丨猶受也。〔漢書・枚乘傳〕「丨其基」補注。○丨猶致也。〔公羊傳隱公三年〕「先君之所為不與臣國而丨國乎君者」陳疏。○今時亦呼縫紩為丨。〔釋言〕「黹，紩也」郝疏。○丨者，補也。〔漢書〕「周内」雜志。○丨與衲通。〔廣雅・釋詁四〕「衲，補也」疏證。○丨、衲，内古字通。〔漢書〕「周内」雜志。○丨丨，義與軜相近。〔廣雅・釋詁一〕「軜，弱也」疏證。○〔説文定聲・卷一二〕丨丨，本訓絮也。〔説文〕「丨，絲溼丨丨也」。○〔同上〕丨叚借為鰨。〔周書・王會〕「於越丨」。○〔同上〕丨，叚借為軜。〔荀子・正論〕「三公奉軶持丨」。○〔同上〕丨，叚借為貀。〔後漢・東夷傳〕注「丨似豹無前足」。○有丨文者曰丨布。〔通雅・布帛〕○丨石失，丨貼可，皆金錦也。〔通雅・布帛〕

榻 丨，牀也。〔廣韻・盍部〕○丨，長牀也。〔大般若經・卷三〕「牀丨」音義引〔桂苑珠叢〕。○丨，小版牀也。〔慧琳音義・卷四三〕引〔考聲〕。○丨即套也。〔字詁〕引錢功父〔澹山褋識〕。○丨即緆，緆即套。〔字詁〕○丨，平也。〔慧琳音義・卷七七〕引〔古今正字〕。○丨亦即磬也。〔説文〕「磬，鼙聲也」段注。○丨亦平意也。〔廣雅・釋器〕「廣平、丨，枰也」疏證。○枰與丨，對文則異，散文則通。〔同上〕○丨布，即荅布也。〔通雅・布帛〕○丨乃荅之譌。〔史記・貨殖列傳〕「丨布」志疑。

閤 丨，門旁小户也。〔説文〕「丨，門旁户也」義證引朱鶴齡。○〔説文定聲・卷三〕丨，今蘇俗所謂腳門是也，或言東丨，或言南丨、西丨。〔漢書・公孫宏傳〕「開東丨」。○唐時御便殿曰入丨，謂立儀仗于前殿，喚仗則自東西丨入也。〔説文定聲・卷三〕○凡上書言丨下者，猶言門下，謙不敢稱正門之下，謂旁門之下也。〔同上〕○丨下，今人譌為閣下。〔説文〕「丨，門旁户也」段注。○閨丨連言，多不分別。〔釋宫〕「小閨謂之閤」郝疏。○官本丨作閣。〔漢書・公孫弘傳〕「開東丨以延賢人」補注。又〔漢書・雋不疑傳〕「勝之開丨延請」補注。○丨下，猶言執事也。〔説文〕「丨，門旁户也」段注。○丨，今内閣、閣下字，皆誤作閣。〔説文定聲・卷三〕

雜 丨與辭字義略同。〔説文〕「丨，五采相合也」段注。○丨采，謂服色不純。〔大戴・保傅〕「縱上下丨采不以章」王詁。○丨，集也。〔廣韻・合部〕又〔續音義・卷七〕引〔切韻〕。○集、丨古字通。〔荀子〕「并行而丨」雜志。○丨，讀為集。〔墨子・兼愛中〕「有所丨於生人之間」閒詁。○丨讀為集。〔荀子〕「並行而丨」雜志。又〔荀子・禮論篇〕「表里竝行而丨」集解引王念孫。○丨，亦借為聚集字。〔説文〕「丨，五采相合也」段注。○丨，參也。〔慧琳音義・卷二〕引〔考聲〕。○丨，引申為凡參錯之偁。〔説文〕「丨，五采相合也」段注。○丨，共也。〔大戴・哀公問五義〕「丨於雲蜺」王詁。○丨，和也。〔慧琳音義・卷二〕引〔字書〕。○丨、襲、粲、輯，皆重積之義。〔漢書・司馬相如傳〕「丨襲粲輯」補注。○縱、丨，皆亂也。〔大戴・保傅〕「縱上下丨采」述聞。○丨沓者，紛盛貌也。〔慧琳音義・卷三九〕○凡云丨廁者，猶云溷丨。〔説文〕「廁，清也」段注。○丨，非一也。〔離騷〕「丨申椒與菌桂兮」補注引五臣注。○丨，猝也。〔廣韻・合部〕○丨，穿也。〔同上〕○丨説，丨家説也。〔漢書・韓安國傳〕「嘗受韓子、丨説鄒田生所」補注。○丨説，丨家之説，兼儒墨合名法者也。〔漢書・公孫弘傳〕「乃學春秋丨説」補注引何焯。○丨佩，佩玉有蔥衡，下有雙璜、衝牙蠙珠，以納其間，琚瑀以丨之。〔詩・女曰鷄鳴〕「丨佩以贈之」集疏引三家説。○古字丨與帀通。〔易・繫辭傳〕「恒丨而不厭」述聞。○丨當為帀，帀，周也。〔同上〕○丨猶帀也。〔墨子・備穴〕「左右俱丨」閒詁。○丨讀為帀。〔荀子・禮論篇〕「竝行而丨」集解引俞樾。○丨，帀也。〔廣韻・合部〕

襍 漢人多用丨為集字。〔説文〕「嚨，一曰丨語」段注。○今人言集，漢人多言丨。〔説文〕「蓮，艸貌」段注。○漢人多叚丨為集。〔説文〕「雧，羣鳥在木上也」段注。○丨，〔月令〕作集。〔呂覽・仲秋〕「四方來丨」校正。○丨、集，一聲之轉也。〔方言三〕「丨，集也」箋疏。○丨者，帀也。〔國語・吴語〕「丨受其刑」平議。○古多假丨為帀。〔説文〕「帀，匊也」段注。○〔説文定聲・卷三〕丨即〔周禮〕之一就再就，或曰此義借為帀亦通，就、丨、帀，一聲之轉。〔呂覽・論人〕「圜周復丨」。○凡獄訟多言丨治之，猶今言會審也。〔説文定聲・卷三〕○〔同上〕丨，叚借為雧。〔楚語〕「古者民人不丨」。○〔同上〕丨，叚借為霅。〔方言一三〕「雜，猝也」。○〔同上〕丨字或為雅。〔禮記・學記〕「不學丨服」。

臘 丨者，祭先祖。〔説文〕「丨，冬至後三戌丨祭百神」義證引〔玉燭寶典〕。○王者各以其行盛日為祖，衰日為丨。〔同上〕義證引〔魏臺訪議〕。○國朝用漢丨，蓋冬至後第三戌大墓日也。〔漢書・元后傳〕「至漢家正丨日」補注引沈欽韓。○丨，合也，合祭祀諸神也。〔説文〕「丨，冬至後三戌丨祭百神」繫傳。○丨者，報諸鬼神，即古聖賢有功於民者皆享之。〔同上〕義證引〔漢舊儀〕。○丨，祭名也，日月會於龍尾，百物備合，於是祭群神也。〔同上〕義證引〔太平御覽〕。○丨，接也，廣祭百神也。〔同上〕義證引〔急就篇〕顔注。○丨，接也，祭宜在新故交接也。〔同上〕義證引〔太平御覽〕。○後世丨有新故交接之義。〔同上〕義證引杜公瞻。○丨謂以田獵所得禽祭也。〔周禮・地官〕孫正義。○十二月八日為丨日。〔漢書・天文志〕「丨明日」補注引沈欽韓。○丨，夏在丑月，殷在子月，周在亥月，秦漢皆與夏制同，而漢日獨用戌。〔説文定聲・卷四〕○丨，丨蜡。〔廣韻・盍部〕○丨即蜡也。〔説文〕「丨，冬至後三戌丨祭百神」段注。○丨沓子者，以五穀雜合一處，用以加持，如今俗言丨雜子也。〔續音義・卷四〕○〔説文定

聲・卷四〕以索訓丨，猶言丨即蜡也。〔廣雅・釋天〕「丨，索也」。〇丨，劒兩刄也。〔集韻・葉部〕〇丨明，言丨明日也。〔通雅・天文〕又〔漢書・天文志〕「而漢魏鮮集丨明正月旦決八風」補注引沈欽韓。〇官本注丨作獵。〔漢書・霍去病傳〕「而去病尚穿域蹋鞠也」補注。〇〔說文定聲・卷四〕丨，叚借為鬣，丨即脊也，隆然如鬣，故名。〔考工・桃氏〕「為劒丨廣二寸有半寸」。〇（同上）丨，蓋謂借為鍱。〔考工・桃氏〕注「丨謂兩刄」。〇丨字亦作臈。〔說文定聲・卷四〕

臈 丨，俗臘。〔廣韻・盍部〕

帀 丨，周也。〔廣韻・合部〕〇丨，周回也。〔通鑑・漢紀三二〕「環城一丨而歸」音注。〇丨，遍也。〔廣韻・合部〕〇丨者，圍丨也。〔說文〕「師，二千五百人為師」繫傳。〇〔說文定聲・卷四〕丨，以浹為之，字因變作浹。〔周禮・大宰〕「挾日而斂之」。〇丨，疑是市，讀若貝。沛、貝同音，省文作丨。〔呂覽・應言〕「丨丘之鼎以烹鷄」校正。〇丨俗誤作匝。〔說文定聲・卷四〕

匝 丨即俗帀字。〔說文〕「營，帀居也」句讀。

迊 丨同帀。〔廣韻・合部〕

闔 丨，閶丨。〔廣韻・盍部〕〇丨，户扇也。〔禮記・少儀〕「排丨說屨於户」集解。〇丨扉，對文則別，散則通也。〔釋宮〕「丨謂之扉」郝疏。〇丨，閉也。〔楚辭・天問〕「何丨而晦」補注。〇丨，閉户也。〔大戴・千乘〕「有丨而不通」王詁。〇丨，或曰閉義借為扂。〔說文定聲・卷四〕〇丨、合同。〔國策・秦策三〕「臣愚而不丨」鮑注。〇丨與合同，合郡謂總一郡。〔漢書・武帝紀〕「今或至丨郡而不薦一人」補注。〇丨，俗作闔。〔廣韻・盍部〕〇〔說文定聲・卷四〕丨，字亦作闟。〔史記・匈奴傳〕「闟然更始」。〇粟特、温那沙皆丨蘇聲之轉。〔漢書・陳湯傳〕「又遣使責丨蘇、大宛諸國歲遺」補注引沈欽韓。〇〔說文定聲・卷四〕丨，叚借發聲之詞。〔管子〕「丨不起為寡人壽乎」。〇（同上）丨，叚借為蓋。〔周禮・圉師〕「茨牆則翦丨」。〇（同上）丨，叚借為鈒。〔東京賦〕「闟戟轇轕」。〇丨，〔春秋後語〕丨作舍。〔國策・齊策六〕「丨城陽而王」補注。〇丨即楚公子閭。〔漢書・古今人表〕「公子丨」補注引錢大昕。〇顏丨作顏淵。〔莊子・達生〕「顏丨遇之」集釋引俞樾。

蛤 丨，蚌丨。〔廣韻・合部〕〇圓者通曰丨。〔本草・卷四六〕〇丨與解同聲通用。〔方言八〕「守宮大者而能鳴謂之丨解」箋疏。

⿱合虫 丨之言合也。〔廣雅・釋魚〕「丨，蒲盧也」疏證。〇〔說文定聲・卷三〕魁丨，即〔爾雅〕之魁陸，亦曰蚶子，俗名瓦楞子。〔說文〕「丨，蜃屬」。〇丨生水中，有雌雄，狀若小鼠，夜即居松樹上，投一獲二。〔說文定聲・卷三〕引〔廣州記〕。〇丨以聲得名，非介屬。（同上）

沓 丨，語多丨丨也。〔廣韻・合部〕〇泄泄丨丨，皆多言之意。〔義府・卷上〕〇丨，合也。〔慧琳音義・卷八五〕又〔續音義・卷四〕引〔考聲〕。〇丨，亦重也。〔慧琳音義・卷八五〕〇丨，重複也。〔詩・十月之交〕「噂丨背憎」朱傳。〇丨猶疊也。〔屈賦・天問〕「天何所丨」戴注。〇丨猶重疊也。〔慧琳音義・卷三九〕引顧野王。〇丨，引申為凡重丨字。〔說文〕「丨，語多丨丨也」段注。〇丨，衆多貌也。〔慧琳音義・卷九一〕〇丨，當也。〔卷八五〕〇〔通雅・卷四九〕丨猶今之言一套也。〔避暑錄話〕「雖封皮亦十百為丨」。〇丨丨，即泄泄之意。〔孟子・離婁上〕「泄泄猶丨丨也」朱注。〇丨，或作誻。（同上）〇丨，叚借為達字。〔說文〕「丨，語多丨丨也」段注。〇丨，叚借為疊。〔顏氏家訓・書證〕「重丨是多義證。〇〔說文定聲・卷三〕丨，叚借為疊。〔顏氏家訓・書證〕「重丨是多饒積厚之意」。〇（同上）丨，叚借為佮。〔小爾雅・廣言〕「丨，合也」。〇（同上）丨，叚借為涾。〔七發〕「發怒庢丨」。〇（同上）丨，叚借為錔。〔漢書・外戚傳〕「切皆銅丨黃金涂」。〇（同上）丨，叚借為誻。〔鄭語〕「其民丨貪而忍」。〇丨作榙，或體也。〔釋宮〕「閞謂之槉」郝疏。〇丨，謂縣以丨水得名。〔漢書・地理志〕「丨氏」注「氏，水也」補注引徐松。

榼 丨，酒器也。〔廣韻・盍部〕又〔說文〕「茜，一曰茜，丨上穽也」段注。〇丨，盛酒之器，其形榼榼然也。〔說文〕「榼，酒器也」義證引〔急就篇〕顏注。

榼 丨，疑即盇之或體，盇為何不之詞所專，因加木旁耳。〔說文定聲・卷四〕

鴿 丨，鳥名。〔廣韻・合部〕〇丨，性淫而易合，故名。〔本草・卷四八〕〇丨，形如鳩之可畜於家者，狀全與勃姑同。〔說文〕「丨，鳩屬也」段注。〇丨，形如勃姑，勃姑雛也，蘇俗謂之水勃姑。丨馴狎可畜於家，兩兩相匹，不䙝交，每孕二卵，伏十八日而化。〔說文定聲・卷三〕〇丨色，骨青碧色也。〔慧琳音義・卷二〕

踏 丨，著地。〔廣韻・合部〕〇丨，箸地也，正作蹋。〔慧琳音義・卷一五〕〇〔史記〕丨作蹋。〔漢書・司馬相如傳〕「糾蓼叫奡丨以艐路兮」補注。〇〔通雅・卷二九〕丨、蹋一字。李太白詩「忽聞岸上丨歌聲」。〇今蜀呼屐曰丨丨。〔通雅・釋詁〕

蹋 丨，踐也。〔廣韻・盍部〕又〔慧琳音義・卷一五〕引〔考聲〕。〇〔說文定聲・卷四〕丨為毛丸以蹴戲也。〔別錄〕「蹙鞠，黃帝作蹹」。〇丨歌，丨地為節也。〔通雅・樂曲〕〇丨，俗作踏。〔說文〕「丨，踐也」段注。又（同上）義證。〇丨與蹋與踏略同。〔說文定聲・卷四〕〇丨字或作蹹。（同上）〇丨，俗又作蹹。〔說文〕「丨，踐也」義證。〇丨，俗作躢。（同上）

蹹 丨，蹹丨。〔廣韻・合部〕〇丨，踐也。〔慧琳音義・卷一九〕〇丨即蹙也。〔國策・齊策一〕「六博丨鞠」鮑注。〇〔通雅・卷二九〕丨亦蹋也。〔唐志〕「士女丨歌為隊」。

蹹　|與蹋同。〔漢書·霍光傳〕「欲|大夫門」補注。○|，俗字。〔史記〕作蹋。〔漢書·霍去病傳〕「而去病尚穿域|鞠也」補注。

颯　|，風聲。〔廣韻·合部〕○|飄，大風。〔集韻·緝部〕○|然，疾速貌。〔慧琳音義·卷一三〕○|，通作拉。〔說文〕「|，翔風也」義證。○|與𩗗同。〔廣雅·釋訓〕「𩗗𩗗，風也」疏證。

𩗗　|，疾風也，或作颯。〔慧琳音義·卷一五〕

拉　|，摧也。〔廣韻·合部〕又〔管子〕「脅之」雜志。又〔慧琳音義·卷六三〕引〔古今正字〕。又〔續音義·卷九〕引〔古今正字〕。○|，折也。〔說文〕「|，摧也」義證引〔玉篇〕。又〔廣韻·合部〕。○搚、拹、|、摺、折，並字異而義同。〔廣雅·釋詁一〕「摺，折也」疏證。○|與摺與拹略同。〔說文定聲·卷三〕○〔同上〕|，叚借為颯。〔羽獵賦〕「猋|雷厲」。○|襍，一作|颯，轉為槍臘。〔通雅·釋詁〕○|沓，一作㹦𤢹、鸙鷚、鶍鷙、邋遢、驪騴，猶拉襍也。〔通雅·釋詁〕○〔說文定聲·卷三〕|，叚借為翊。〔舞賦〕「|揩鵲驚」。○〔同上〕|，字變作菈。〔吳都賦〕「菈擸雷硠」。○|即㕇字。〔說文〕「㕇，石聲也」段注。○順天人謂之||古，即螻蛄之轉聲也。〔廣雅·釋蟲〕「炙鼠，螻蛄也」疏證。○|，敗也。〔廣韻·合部〕

搚　|同拉。〔廣韻·合部〕

㩉　|同拉。〔廣韻·合部〕

摺　|，敗也。〔廣韻·合部〕

㹦　|𤢹，飛也。〔廣雅·釋詁三〕「翋𦑣|𤢹」疏證。

遝　|，追|。〔廣韻·合部〕○|，及也。〔廣雅·釋言〕疏證。○|，行急也。〔慧琳音義·卷八八〕引〔考聲〕。○|，衆行皃也。〔卷八五〕引〔集訓〕。○|，前也。〔卷八八〕引〔考聲〕。○|猶言|至也。〔釋言〕「逮，|也」鄭注。○|謂至也。〔周書〕「時之還」雜志。○|、眾、誻，並聲近義同。〔方言三〕「|，及也」箋疏。○|、逮古字通用。〔墨子·非攻下〕「今|夫好伐之君」閒詁引洪頤煊。○|與逮同字。〔說文定聲·卷一二〕又〔周書〕「時之還」雜志。又〔墨子〕「還至」雜志。○|即𢕖字。〔說文〕「𩤐，馬相及也」義證。

韐　|，韍|，大帶。〔廣韻·合部〕○|，韠也。〔詩·瞻彼洛矣〕「韎|有奭」朱傳。○|，經典有|無韐，|行而韐廢矣。〔說文〕「|，韐或從韋」段注。

漯　|，一作濕。〔書·禹貢〕「浮于濟|」注「|一作濕」孫疏。○〔說文〕濕正字，|隸省，濕、溼字誤。〔漢書·地理志〕「|陰，莽曰翼成」補注。○|作濕。〔漢書·地理志〕「禹治|水」補注引宋祁。○|應作濕。〔漢書·地理志〕「浮于泲、|」補注引徐松。○|改作濕。〔漢書·地理志〕「桑欽言|水所出」補注引宋祁。○重|即重溼也。〔春秋繁露·循天之道〕「冬避重|」平議。○古燥濕字作溼，|水字作濕，今借濕作濕，而別卜以為水名，非也。〔漢書·地理志〕「禹治|水」補注引錢坫。○〔漢志〕及〔續志〕並作濕，乃|本字，後世借為燥溼字也。〔史記·建元以來侯者年表〕「|陰」志疑。

濕　漢隸以濕為燥溼字，乃以漯為泲濕字。〔說文〕「|，|水」段注。○|讀為塭。〔呂覽·聽言〕「其室培濕」平議。○〔說文定聲·卷三〕|，叚借為溼。〔易·文言傳〕「水流|」。○|當為隰。〔漢書·王子侯表〕「濕成侯忠」補注。

盇　|，何不也。〔廣韻·盇部〕又〔釋詞·卷四〕。又〔孟子·梁惠王上〕「則|反其本矣」朱注。○|，何也。〔釋詞·卷四〕○|與嗑同，通作闔。〔釋詁〕「|，合也」郝疏。○蓋、闔並與|同。〔釋言〕「曷，|也」述聞。○〔釋詞·卷四〕|字亦作蓋。〔禮記·檀弓〕「子蓋言子之志於公乎」。○〔同上〕|，又作闔。〔管子·小稱〕「闔不起為寡人壽乎」。○蓋、|古今字，漢世作|，唐亦作|，不作蓋也。今直隸衡水有|姓，土人尚呼合音。〔漢書·元帝紀〕「大臣楊惲、|寬饒等坐刺譏辭語為罪而誅」補注引周壽昌。○|同鶡。〔集韻·曷部〕

敆　|，合會也。〔廣韻·合部〕○今人同爨共居謂之|火。〔釋詁〕「|，合也」郝疏。○|，今俗云|縫。〔說文〕「|，合會也」段注。○|通作祫。〔釋詁〕「|，合也」邵正義。○|通作欱。〔同上〕郝疏。

欱　|，大歠也。〔廣韻·合部〕○|，大歠也。或作哈，俗字也。〔慧琳音義·卷六二〕引〔考聲〕。○|與吸意相近。〔說文〕「|，歠也」段注。○|猶飲取也。〔慧琳音義·卷五八〕○|字亦作齣。〔說文定聲·卷三〕○〔同上〕|字亦作哈。〔淮南·氾論〕「嘗一哈水」。○|，別作哈歃。〔通雅·疑始〕

蓋　|，苦|。〔廣韻·盇部〕○|即闔，謂門扇也。〔左傳莊公三二年〕「能投|於稷門」疏證引焦循。○借|為闔。〔同上〕疏證引朱駿聲。○|者，盇之假借，何也。〔詩·園有桃〕「|亦勿思」通釋。

葢　盇、闔、|，並字異而義同。〔廣雅·釋詁三〕「盇，何也」疏證。○|，俗作蓋。〔慧琳音義·卷二〕○〔說文定聲·卷一三〕|，叚借為何弗之合音。〔禮記·檀弓〕「|言子之志」。○〔同上〕|，叚借為曷。〔秦策〕「|可忽乎」。○至|當為至卞。〔漢書·地理志〕「西北至|入池水」補注引王念孫。○〔說文定聲·卷三〕|，字亦作篕。〔方言五〕「籧篨，自關而東或謂之篕掞」。○|同盇。〔墨子·非攻中〕「則|嘗鑒之於智伯」閒詁引畢沅。

盍　|，合也。〔說文繫傳·通論下〕○|，何不也。〔墨子〕「益蓋」雜志。又〔史記〕「且自大君之門」雜志。○|通蓋。〔釋言〕「弇，蓋也」郝疏。○|

通作蓋，又通作闔。〔釋言〕「曷，丨也」郝疏。○丨，經傳多以蓋為之，俗字作盍。〔說文定聲・卷四〕○害、曷、丨俱一聲之轉。〔釋言〕「曷，丨也」郝疏。○害、曷、胡、丨、何，皆一聲之轉。〔廣雅・釋詁三〕「害，何也」疏證。○〔說文定聲・卷四〕丨，叚借為闔。〔荀子・宥坐〕「復瞻九盇皆繼」。○（同上）丨，叚借為佮。〔釋詁〕「盇，合也」。○（同上）丨，叚借為發聲之詞。〔釋言〕「曷，盇也」。○丨與蓋同。〔漢書・昭帝紀〕「亦有燕、丨，上官逆亂之謀」補注引錢大昕。○丨旦，一作䳋旦、渴旦、鶡旦，寒號也。〔通雅・鳥〕

闔 丨、蓋聲同，古字叚借通用。〔釋器〕「白蓋謂之苫」郝疏。○丨之者，閉也。〔說文〕「捭，兩手擊也」段注。○盇、丨、蓋，並字異而義同。〔廣雅・釋詁三〕

鞳 鏜丨，鐘聲。〔廣韻・盇部〕

靸 丨，小兒履。〔廣韻・合部〕○丨丨，鞋。〔廣韻・盇部〕○今江南謂靴無頭者為丨。〔慧琳音義・卷五九〕○丨鞮卬角也，今江南謂靴無頸者為丨。〔說文〕「丨，小兒履也」義證引〔字苑〕。○丨謂韋履頭深而兑平底者也。今俗呼謂之跣子。（同上）義證引〔急就篇〕顏注。○西浙之人以草為履而無跟名曰丨鞵。（同上）義證引〔輟耕錄〕。○丨，跣履也。〔通雅・衣服〕○蹝、丨、趿，義並與馺同。〔廣雅・釋言〕「馺，馳也」疏證。○〔說文定聲・卷三〕丨，叚借為彶。〔漢書・司馬相如傳〕「汩減丨以永逝兮」。○（同上）丨，字亦作鞳。〔長楊賦〕「革鞳不穿」。○〔史記〕丨作噏，此借丨為吸耳，借丨以狀水流之疾。〔漢書・司馬相如傳〕「汩減丨以永逝兮」補注。

⿰韋及 丨同靸。〔廣韻・合部〕

唈 丨者，悒之或體也。〔釋言〕「僾，丨也」郝疏。○丨僾即僾丨也。（同上）○歍丨即於悒，或作嗚丨，亦作嗚咽。（同上）

馺 丨，馬行疾。〔廣韻・合部〕○丨，馬行皃。〔說文〕「丨，馬行相及也」義證引〔玉篇〕。○丨與及聲相近。〔廣雅・釋詁一〕「丨，及也」疏證。○丨娑，參差透遲皃。〔說文〕「丨，馬行相及也」繫傳。○丨娑，馬行疾皃。（同上）義證引〔三輔黃圖〕。○丨娑、駘盪，皆以馬行皃皃臺之高也。（同上）段注。○小山丨，〔爾雅〕作小山岌。〔說文〕「丨，从馬，及，及亦聲」段注。

趿 丨，進足。〔廣韻・合部〕○俗謂著履曰丨。〔說文〕「丨，進足有所擷取也」義證。○丨曰躂。〔說文〕「踏，丨也」義證引〔字書〕。○丨與扱通。〔方言・三〕「扱，擭也」箋疏。○丨與彶略同。〔說文定聲・卷三〕○丨，今謂丨踏蟲，即索索語聲之轉。〔釋蟲〕「螒，天雞」郝疏。

噆 丨，蚊蟲丨人。〔廣韻・合部〕○丨，銜也。〔說文〕「丨，嗛也」義證引〔玉篇〕。○丨，亦作呞嗒，敕也。〔通雅・疑始〕

闒 丨，門樓上屋。〔廣韻・盇部〕○丨茸，意下。〔集韻・盍部〕○丨即今闒字。〔說文〕「丨，樓上户也」段注。又（同上）句讀。○丨茸，劣也。〔楚辭・憂苦〕「雜班駮與丨茸」補注。○丨茸，獰劣也。〔通鑑・唐紀五二〕「伓尤丨茸」音注。○丨茸，不肖也，劣也。〔通鑑・梁紀一五〕「卿不宜自同丨茸」音注。○丨䢇，不肖也。〔說文〕「⿰女盧，丨⿰女盧亦如之」義證引〔玉篇〕。○丨即馨也。〔說文〕「馨，聾聲也」段注。○〔說文定聲・卷四〕丨茸，盖借為雜冗，或曰借為狎媵。〔悼李夫人賦〕「嫉妬丨茸」。○〔卷五〕丨⿰女盧，亦作蹋跆。〔廣韻〕「丨⿰女盧，連手唱歌也」。（「⿰女盧」下）

譗 丨，譶丨。〔廣韻・合部〕○〔通雅・卷一〇〕丨丨謂多言也，一作嚞嚞、嗒嗒，龖龖。〔荀子〕「丨丨然而沸」。○丨丨，若水流沓沓也。〔通雅・釋詁〕○丨丨與沓沓同。〔荀子・正名〕「丨丨然而沸」述聞。○丨與沓字音義皆同。〔說文〕「丨，譅丨也」段注。○丨字或借作沓字。（同上）義證。○〔說文定聲・卷三〕丨，叚借為沓。〔荀子・正名〕「黑者之言丨丨然而沸」。○丨謂語相反丨。〔說文定聲・卷三〕○丨，或作嗒。〔說文〕「丨，譅丨也」義證。

軜 丨，驂馬內轡繫軾前者。〔廣韻・合部〕○丨，驂內轡也。〔詩・小戎〕「鋈以觼丨」朱傳。○丨通作納。〔說文〕「丨，驂馬內轡繫軾前者」義證。

溘 丨，奄也。〔廣韻・合部〕又〔通鑑・唐紀四一〕「丨死無日」音注。又〔通鑑・宋紀一〇〕「質常恐丨先朝露」音注。○丨，奄忽也。〔離騷〕「寧丨死以流亡兮」「丨埃風余上征」補注。○丨，至也。〔廣韻・合部〕○丨，依也。（同上）

嗑 丨同諡。〔廣韻・盇部〕○丨，噬嗑，卦名。〔廣韻・盇部〕○丨，或作諡。〔說文〕「丨，多言也」義證。○〔說文定聲・卷四〕丨假借為欱。〔易・彖傳上〕「頤中有物曰噬丨」。

姶 丨，美好皃。〔廣韻・合部〕

涾 丨，沸溢。〔廣韻・合部〕○丨，沸溢也。〔說文〕「丨，涫溢也」義證引〔玉篇〕。○丨，沓沓然沸也。（同上）繫傳。

鞜 丨，革履。〔廣韻・合部〕又〔集韻・合部〕。○丨，裒，生革履也。〔通雅・衣服〕○丨，鞮也。〔說文〕「靸，小兒履也」義證引〔玉篇〕。

卅 丨，三十。〔廣韻・盇部〕

嚃 丨，歠也。〔廣韻・合部〕○丨，不嚼也。〔集韻・霽部〕○丨，大歠也。〔集韻・合部〕○丨即䑙也。〔說文〕「䑙，歠也」段注。

䵬 丨，黑也。〔集韻・合部〕

嗒 丨丨然忘懷也。〔廣韻・盇部〕○丨，舐丨。〔廣韻・合部〕○丨，舐也。〔集韻・合部〕

磕 丨，大聲也。〔慧琳音義・卷八三〕引〔字指〕。

磕 ｜，石聲。〔廣韻·盍部〕○｜，今江南凡言打物破碎為｜破，亦大聲也。〔慧琳音義·卷七〇〕○｜，今俗用為｜破字，謂破聲也。〔説文定聲·卷四〕○｜叚借為欠，今俗又用為｜睡字。〔同上〕○｜字亦作礚。〔同上〕

郃 ｜陽，古莘國。〔通雅·地輿〕○｜陽，〔高紀〕及〔吳王濞傳〕並作合陽。〔漢書·惠帝紀〕「｜陽侯仲薨」補注引齊召南。○｜者，佮之叚音也。〔釋詁〕「｜，合也」郝疏。○｜，叚借為佮，為詥。〔説文定聲·卷三〕○｜通作協。〔釋詁〕「｜，合也」邵正義。○｜即洽。〔説文〕「洽，霑也」段注。○｜，今〔詩〕作洽。〔説文〕「｜，詩曰在｜之陽」段注。○〔説文定聲·卷三〕｜，叚借為合。〔詩·大明〕「在｜之陽」。

詥 ｜，諧也。亦作合。〔廣韻·合部〕○｜，會言也。〔集韻·合部〕○｜，凡和協字，經傳皆以合、洽為之。〔説文定聲·卷三〕○和協之義為｜。〔卷三〕〔「佮」下〕○｜之言合也。〔説文〕「｜，諧也」段注。○｜或與合通。〔同上〕義證。

耠 ｜，耕也。〔廣韻·合部〕

鉿 ｜，二尺鋌。〔廣韻·合部〕

匌 ｜，｜帀也。〔廣韻·合部〕又〔集韻·合部〕。○｜，周帀也。〔廣韻·合部〕○｜字通作合。〔廣雅·釋言〕「｜，帀也」疏證。○｜之言合也。〔説文〕「｜，帀也」段注。○｜通作合。〔同上〕義證。

佮 ｜，合也。〔廣韻·合部〕○｜，併｜聚。〔同上〕○｜，合取也。〔説文〕「｜，合也」義證引〔玉篇〕。○｜，人相合也。〔同上〕繫傳。○｜，經傳通以合為之，配耦之義為｜。〔説文定聲·卷三〕○〔説文定聲·卷一五〕｜，叚借發聲之詞，用為詞之適也，郤也。〔杜甫詩〕「野航恰受兩三人」。〔「恰」下〕○｜，通作洽，又通作郃，又通作袷。〔釋詁〕「｜，合也」郝疏。○〔説文定聲·卷三〕｜，叚借為伋，字作左心右合。〔説文新附〕「恰，用心也」。○〔同上〕｜，叚借為歙、為吸。〔老子〕「將欲翕之」。○〔同上〕｜，字亦作翕。〔太玄·廓〕「陰氣瘱而念之」。○｜與敆同。〔説文〕「｜，合也」句讀。○｜字亦作翕。〔説文定聲·卷三〕○｜，姓也。〔廣韻·合部〕

⿸广合 ｜，閉也。〔集韻·合部〕○閉戶曰｜。〔廣韻·合部〕○｜，閉戶聲。〔同上〕又〔説文〕「｜，閉也」義證引〔玉篇〕。○｜，閉藏也。〔説文定聲·卷四〕〔「瘱」下〕○｜，闔也。〔説文〕「｜，閉也」義證引〔玉篇〕。○｜為褰舉之義。〔同上〕段注。○｜，古闔字。〔説文〕「闔，門扇也」義證引〔纂文〕。○〔説文定聲·卷四〕｜字又或作⿸厂合。〔江賦〕「鼓⿸厂合窟以漰渤」。○〔同上〕｜，字又作廅。〔南都賦〕「潛廅洞出」。○｜字亦作⿸厂盍。〔同上〕○｜，姓也。〔廣韻·盍部〕

⿰巾及 ｜，以席載穀。〔廣韻·合部〕又〔説文〕「｜，蒲席䈁也」義證引〔玉篇〕。○｜，所以屯米，亦名䈁。〔説文定聲·卷三〕○䈁與｜，一物也。〔説文〕「䈁，｜也」段注。

踏 ｜，跳也。〔集韻·合部〕○｜當作跳。〔説文〕「｜，趿也」段注。○｜，趿也，或从答。〔集韻·合部〕

榙 ｜𣝭，果名，似李。〔廣韻·合部〕又〔集韻·合部〕。○｜𣝭，木名。〔廣韻·合部〕○｜𣝭，或通作荅遝。〔説文〕「𣝭，｜𣝭木也」義證。○｜，〔漢書〕〔文選〕皆作荅遝，假借字也。〔説文〕「｜，｜𣝭，果似李」段注。○｜𣝭，作嗒遝。〔史記索隱〕「異文」雜志。

⿰彳習 ｜，衆皃。〔廣韻·合部〕○｜譶，疾皃。〔集韻·合部〕○｜，今人言⿰彳習沓是也。〔説文〕「｜，行皃」繫傳。○｜、靸、趿，義並與馺同。〔廣雅·釋言〕「馺，馳也」疏證。

鈒 ｜，鋌也。〔廣韻·緝部〕又〔集韻·緝部〕。○｜，｜鏤。〔廣韻·合部〕○｜，戟也。〔廣韻·緝部〕又〔文選·藉田賦〕「瓊｜入蘂」集釋引〔廣韻〕。○｜，或作闟錣。〔集韻·緝部〕○｜戟即闟戟。〔通雅·鹵簿〕○｜，小鋒。〔集韻·緝部〕○｜，小矛，用以戰。〔説文定聲·卷三〕○〔同上〕｜，以闟為之。〔東京賦〕「闟戟轇轕」。○｜，或作闟。〔文選·藉田賦〕「瓊｜入蘂」集釋引〔集韻〕。

⿰扌沓 ｜，指｜。〔廣韻·合部〕○｜，古文䪞。〔説文〕「｜，縫指｜也」句讀。○｜，或疑｜字本訓當為射韝，拾借為｜。〔説文定聲·卷三〕〔「拾」下〕○射韝亦曰臂｜。〔卷三〕○〔同上〕｜謂劍衣。〔説文〕「｜，一曰韜也」。○｜，冒也。〔集韻·合部〕○｜，一曰摹也，或作搨、搭。〔集韻·合部〕○｜以革為之，其以金者為錔，今蘇俗謂之鍼褁。〔説文定聲·卷三〕○｜之言重沓。〔説文〕「摹，規也」段注。○經傳以拾為｜。〔説文定聲·卷三〕〔「錔」下〕

⿰木沓 ｜，柱上木也。〔廣韻·合部〕○柱斗謂之｜。〔集韻·合部〕○｜，柱｜頭。〔廣韻·合部〕○｜，柱耑。〔集韻·合部〕

龖 ｜，龍飛之狀。〔廣韻·合部〕○龍飛謂之｜。〔集韻·合部〕○｜，飛龍皃。〔説文〕「｜，飛龍也」義證引〔玉篇〕。

譶 ｜，疾言。〔廣韻·合部〕○｜儸，語不正也。〔續音義·卷四〕引〔字書〕。

𣝭 ｜，榙｜。〔廣韻·合部〕○榙｜，木果似李。〔説文〕「｜，榙｜木」繫傳。○｜，疑即郁李之類，棣屬。〔説文定聲·卷一二〕○〔同上〕｜，字亦作檁。〔史記·司馬相如傳〕「榙檁荔枝」。

⿰石沓 ｜，舂已復擣之為｜。〔廣韻·合部〕○｜，再舂也。〔説文〕「｜，舂已復擣之曰｜」義證引〔玉篇〕。○｜之言沓也。〔同上〕段注。

譅 丨，妄言。〔廣韻·合部〕○丨諮，妄語也。〔説文〕「諮，丨諮也」義證引〔玉篇〕。○丨諮，語相及也。〔説文〕「丨，語相反丨也」義證。○〔説文定聲·卷一二〕丨，語相及也。〔六書故〕引唐本〔説文〕。○眔、丨，義並與遝通。〔廣雅·釋言〕「遝，及也」疏證。○〔説文定聲·卷一二〕丨，以懷為之。〔淮南·主術〕「辯慧懷給」。

眔 丨，目相見。〔廣韻·合部〕○丨，以目尾其後，猶孟子之施從而瞯也，从尾省，亦合。〔説文定聲·卷一二〕○丨即小魚之鯤。〔字詁〕○丨與隶音義俱同。〔説文〕「丨，目相及也」段注。○丨、譅，義並與遝通。〔廣雅·釋言〕「遝，及也」疏證。

鍸 丨，器物丨頭。〔廣韻·合部〕○丨者以金有所冒也。〔説文〕「輨，轂耑丨也」段注。○丨之言合沓也。〔廣雅·釋器〕「鏅，丨也」疏證。○丨通作沓。〔説文〕「丨，以金有所冒也」義證。○丨亦省作沓。〔説文〕「丨，从金，沓聲」句讀。○鈥、丨，一聲之轉。〔廣雅·釋器〕「鈥，錧也」疏證。

媘 丨，俛伏也。〔集韻·合部〕○丨，安皃。〔廣韻·合部〕

嚺 丨謂若犬以口取食也。〔説文〕「丨，歠也」繫傳。○丨同猪。〔廣韻·合部〕○丨，俗字作嗒。〔説文〕「丨，歠也」句讀。○〔説文定聲·卷三〕丨字亦作嚃。〔禮記·曲禮〕「毋嚃羹」。

鞳 丨，鼓聲也。〔廣韻·合部〕○丨，鼓聲丨磬。〔廣韻·盍部〕○丨，鞺聲也。〔説文定聲·卷六〕（「鞳」下）○〔説文定聲·卷三〕丨，以鞈為之。〔上林賦〕「鏗鎗闛鞈」。○丨，古書或借鞈為丨。〔説文定聲·卷三〕○（同上）丨，以闔為之。〔司馬法〕「鞺聲不過闔」。○丨，字亦作韐。〔説文定聲·卷三〕

磼 丨，磼丨。〔廣韻·合部〕

砬 丨，石聲。〔廣韻·合部〕又〔集韻·緝部〕。○〔説文定聲·卷三〕丨，以拉為之。〔吳都賦〕「菈擸雷硠」。○丨亦拉字。〔説文〕「丨，石聲也」段注引〔玉篇〕。

罯 丨，罔也。〔集韻·合部〕

呞 丨，入口。〔廣韻·合部〕○丨，入口也。〔慧琳音義·卷七六〕引〔韻略〕。○入口曰丨。〔慧琳音義·卷七二〕引〔字統〕。○丨，嗍也，淺入口而味之也。〔卷一三〕引〔考聲〕。○丨，亦嗍，俗作唼。〔卷六三〕○丨，唊也，或作唼、啑、喢、唼。〔集韻·合部〕

唼 丨，淺入口而味之，亦作呞。〔慧琳音義·卷七九〕引〔考聲〕。○丨，鳥食也。〔卷一五〕○丨，鳧鴈之類口食謂之丨。〔卷一〕引顧野王。○丨，嗍也。〔卷七六〕引〔考聲〕。○丨，〔史記·呂后紀〕作啑血。〔漢書·王陵傳〕「始與高帝丨血而盟」補注引王念孫。

噈 丨，欶丨。〔廣韻·合部〕○丨咯，忸怩，慙也。〔集韻·合部〕○丨咯，忸怩也，亦作蹙。〔大般若經·卷一〕「嚬丨」音義引〔考聲〕。

菈 丨，丨𦺅。秦人呼蘿蔔。〔廣韻·合部〕○東魯人呼蘆菔為丨𦺅。〔廣韻·合部〕○丨，菜名，蘆菔，東魯謂之丨𦺅。〔集韻·合部〕

緔 丨，竹索。〔集韻·合部〕

軜 丨，腝皃。〔廣韻·合部〕

衲 丨，補丨紩也。〔廣韻·合部〕○丨與納通。〔廣雅·釋言〕「紩，納也」疏證。○納、丨、内古字通。〔漢書〕「周内」雜志。

魶 丨，魚名，似鼈無甲有尾，口在腹下。〔廣韻·合部〕○丨即鰨。〔通雅·魚〕○丨，一作鰨。〔説文〕「鰨，虛鰨也」段注。

鰨 丨，字亦作魶。〔説文定聲·卷一二〕○丨，魚似鼈無甲。〔漢書·司馬相如傳〕「禺禺魼鰨」補注引〔玉篇〕。

鞥 丨，車具。〔廣韻·合部〕○丨，小兒履，名丨皵。〔廣韻·合部〕○丨，有所掩覆處也。〔説文〕「丨，車具也」繫傳。

鞳 丨，皮裹角也。〔廣韻·合部〕○丨猶今人言轡丨結也。〔説文〕「丨，轡丨」繫傳。○丨之言罨也。〔説文〕「丨，一曰有龍頭繞者」段注。

敆 聚會之義為丨。〔説文定聲·卷三〕（「佮」下）○今竹木器物鬬枸，蘇俗謂之合縫，是此丨字。〔卷三〕○（同上）丨，以合為之。〔考工·弓人〕「秋合三材」。

㬎 丨，日中見絲。〔廣韻·合部〕○〔説文定聲·卷三〕丨，惡絮繫縲也。〔説文〕「丨，或以為繭，繭者絮中往往有小繭也」。○凡光明昭著之誼，古文作丨，不作顯也。〔説文定聲·卷三〕○丨猶乾也。〔卷三〕（「溼」下）○丨謂衆明，顯專行而㬎廢矣。〔説文〕「顯，頭明飾也」段注。○丨、顯，古今字。〔説文〕「㬎，顯也」段注。○丨、顯一字。〔説文〕「丨，衆微杪也」句讀。○丨讀若翕，與顯為雙聲。〔説文定聲·卷三〕○丨，今本經傳皆以顯為之。（同上）○（同上）丨，俗字作曝。〔通俗文〕「欲燥曰曝」。○丨枼與殗殜聲近義同，皆雙聲亦疊韻字也。〔方言二〕「凡病而不甚曰殗殜」箋疏。○〔説文定聲·卷三〕丨，叚借為㗱、為讘。〔説文〕「丨，或曰衆口皃，讀若唫」。○丨、累隸通，猶濕水作漯水。〔説文〕「㒍，𠈌皃」義證。

䁮 丨，物濕附箸也。〔集韻·合部〕

䣜 丨，二志泰山郡皆有蓋縣。〔説文〕「丨，地名」段注。

毾 丨，丨㲪。〔廣韻·盍部〕○丨，毛席也。〔慧琳音義·卷一〇〕○毛蓐細者曰丨㲪。〔卷五二〕

鰈 丨，比目魚別名。〔廣韻·盍部〕○丨，比目魚也。〔慧琳音義·卷八五〕○許書鰨即丨也。〔說文〕「狧，讀如比目魚丨之丨」段注。○丨即許書鰨字。〔說文定聲·卷九〕〔「魼」下〕

𦐇 丨，飛皃。〔廣韻·盍部〕○丨，盛也。〔說文〕「丨，飛盛皃也」繫傳。○〔說文定聲·卷四〕丨字亦作⿱罘鳥，丨、罘雙聲。〔玉篇〕「鸓⿱罘鳥，飛起皃」。○〔同上〕丨字亦作⿰羽罘，丨、罘雙聲。〔吳都賦〕「趁䞡翋⿰羽罘」。○〔同上〕丨字亦作𦑣，丨、沓雙聲。〔梁王菟園賦〕「徐飛翋𦑣」。

妠 丨，姶丨聚物。〔廣韻·合部〕

㕒 丨，山左右有岸。〔廣韻·合部〕

砐 丨，峇丨。〔廣韻·合部〕

⿸疒合 丨，寒丨病。〔廣韻·合部〕○丨，寒病。〔集韻·合部〕

篕 丨，籧篨也。〔廣韻·盍部〕又〔集韻·盍部〕。○丨棭，籧篨也。〔同上〕

鑞 丨，錫丨。〔廣韻·盍部〕○丨字亦作⿰金曷。〔說文定聲·卷四〕

⿰𦐇刂 丨，相著聲，一曰丨鉤也。〔廣韻·盍部〕○丨，鉤也，或作鍸。〔集韻·盍部〕

狧 丨，犬食。〔廣韻·盍部〕○丨，以舌吞物。〔說文〕「丨，犬食也」繫傳。○丨字亦作猎，蘇俗謂犬不吠而猝噬人曰冷丨狗。〔說文定聲·卷四〕○〔史記〕丨作舐也，異字異音而同義。〔說文〕「丨，犬食也」段注。○〔玉篇〕丨、獦同。〔同上〕義證。○丨亦作猎。〔同上〕段注。

⿰言闔 丨，謂謚忘語也。〔廣韻·合部〕

⿰缶乏 丨，瓶。〔廣韻·盍部〕○丨，器也。〔集韻·盍部〕○丨，尖底缶，用以汲。〔說文定聲·卷四〕

傝 丨，偛丨。〔廣韻·合部〕○丨，偛丨不著事也。〔廣韻·盍部〕○〔荀子〕弃而丨，丨即此儑。〔說文〕「儑，㒓皃」義證。

⿸疒盍 丨，疲病。〔集韻·盍部〕○〔說文定聲·卷四〕丨，跛則依倚。〔廣雅·釋詁四〕「溘，依也」。○丨，短氣也。〔廣韻·盍部〕○丨，短氣。〔合部〕○〔說文定聲·卷四〕丨，叚借為奄，實為覢。〔廣韻〕「丨，短氣也」。○〔同上〕丨字亦變作殗。〔方言二〕「殗殜，微也」。○丨，字或誤作溘。〔說文定聲·卷四〕

柆 丨，搨析之殺也。〔說文〕「丨，折木」繫傳。○丨與拉同。〔同上〕句讀。○丨，義亦與摺同。〔廣雅·釋詁一〕「摺，折也」疏證。

盦 〔說文定聲·卷三〕丨與弇略同，或曰此謂器皿之蓋。〔說文〕「丨，覆蓋也」。○丨通作盒。〔說文〕「丨，覆蓋也」義證。○丨蓋與罯通。〔同上〕句讀。○丨，此與奄義略同。〔同上〕段注。○丨，蓋弇之別體。〔說文〕「弇，蓋也」段注。

⿱盍缶 〔說文定聲·卷六〕丨，缶聲也。〔說文〕「丨，鼓缶聲也」。

⿰羽罘 丨，飛也。〔集韻·盍部〕○獵丨。〔廣韻·盍部〕

⿰亻盍 丨，傝丨，不謹皃。〔廣韻·盍部〕○丨、嗑，聲義並同。〔廣雅·釋詁三〕「丨，惡也」疏證。

嗑 丨丨，醜也。〔集韻·盍部〕○丨，一曰食皃。〔集韻·盍部〕○丨丨，食皃。〔廣韻·盍部〕

⿰盍攴 丨，起也。〔集韻·盍部〕

⿰虫盍 丨，丨蜡。〔廣韻·盍部〕○丨蜡，蟲名。〔集韻·盍部〕

⿷匚盍 丨丨，崩損也。〔廣韻·盍部〕○丨，山旁穴。〔集韻·盍部〕

塌 〔說文定聲·卷四〕丨，今俗曰坍丨。〔廣雅·釋詁二〕「丨，墮也」。○丨地、剩茶，茶稅也。〔通雅·貨賂〕

⿸户合 丨，擊也，或从厂。〔集韻·合部〕

⿰革盍 丨丨，鞈胡履。〔廣韻·狎部〕○丨鞈，革履。〔集韻·盍部〕○丨，履也。〔廣雅·釋器〕「丨，履也」疏證。

⿰亻沓 丨，傝丨，不著事也。〔廣韻·合部〕

偒 丨，㑫，惡也。〔集韻·盍部〕○丨，傝隷，亦丨㑫儜劣。〔廣韻·盍部〕○丨㑫，不謹皃。〔同上〕又〔集韻·盍部〕。

儠 丨，㑫，惡皃。〔集韻·盍部〕

⿰沓刂 丨，鉤也。〔集韻·合部〕

匌 丨匌，重疊也。〔集韻·合部〕

⿹勹蜀 丨，彩，婦人髻飾花也。〔廣韻·合部〕○丨，飾采謂之丨，或作⿰革盍。〔集韻·盍部〕

⿸尸合 或曰丨即匌字。〔說文定聲·卷四〕〔「居」下〕

⿸厂合 山左右有岸曰丨，或从启。〔集韻·合部〕

㤿 丨，壓也。〔集韻·帖部〕
㕅 丨，噏也。〔集韻·合部〕
嗒 〔通雅·卷一〇〕丨丨，亦是多言意。〔詩〕注疏作「噂噂丨丨」。〇丨，語相惡也。〔通鑑·晉紀三〕「其餘謗丨」音注。
𠷞 丨，柔也。〔集韻·合部〕
㗩 丨，衆聲。〔廣韻·合部〕
嚃 丨丨，鳴也。〔集韻·緝部〕
嚺 丨，口丨丨。〔廣韻·緝部〕
嚍 丨，助舞聲也。〔廣韻·盍部〕
亟 丨，會也。〔廣韻·合部〕〇丨，會也，通作部。〔集韻·合部〕
庅 丨，屋聲。〔集韻·合部〕
庵 丨丨，低，又屋。〔廣韻·合部〕
㿻 丨，和也。〔集韻·合部〕
㝫 丨，寢而首動也。〔集韻·合部〕
峆 丨嵢，山皃。〔集韻·合部〕
峇 丨，山形。〔集韻·合部〕
埯 丨，地之區處。〔集韻·盇部〕
嶫 丨，〔史記〕作礏礏。〔漢書·司馬相如傳〕「嵯峨丨嶫」補注。
帢 丨，帳上覆。〔廣韻·合部〕又〔集韻·合部〕。
㚺 丨，嫆丨，女字。〔廣韻·合部〕
嫆 丨，女有心丨丨也。〔廣韻·合部〕

媕 丨，姶，女皃。〔集韻·合部〕〇丨，面丨姶皃。〔廣韻·合部〕
㙁 丨，黑土也。〔集韻·合部〕
墖 丨丨，土墮皃。〔集韻·盇部〕
搭 丨，摸丨。〔廣韻·盍部〕〇丨，擊也。〔集韻·合部〕
搕 丨以手盍也。〔廣韻·合部〕〇丨，以手覆也。〔集韻·盇部〕〇丨，取也。（同上）〇丨，丨㧺糞也。〔廣韻·合部〕
揩 丨，手打也。〔廣韻·盍部〕
㨉 丨，打丨。〔廣韻·合部〕〇丨，打也。〔集韻·合部〕
搶 丨，同揩。〔廣韻·盍部〕
擸 丨，折也。〔廣韻·盍部〕又〔集韻·盇部〕。〇丨，丨㧺破壞也。〔廣韻·盍部〕〇丨，或作擖。〔集韻·盇部〕
㧺 丨，擸丨和雜。〔廣韻·盍部〕〇丨，破聲。〔集韻·盇部〕〇丨，搕丨糞。〔廣韻·盍部〕〇丨，一曰持也。〔集韻·盇部〕
攟 丨，排也。〔集韻·盇部〕
毾 丨，毢丨，眼睫長。〔廣韻·合部〕
㤶 丨，心恐也。〔集韻·盇部〕
㿯 丨，山旁穴。〔廣韻·盍部〕〇丨，閉户。〔集韻·盇部〕
欱 丨欣，呻也。〔集韻·合部〕
歁 丨歁，癡皃。〔廣韻·合部〕又〔集韻·合部〕。
欱 丨，丨瘷。〔廣韻·合部〕〇丨，瘷也。〔集韻·合部〕〇丨，大吸。〔廣韻·盍部〕〇丨，大唻也。〔集韻·盇部〕
歆 丨歁，不滿。〔廣韻·合部〕〇丨丨，不滿兒。〔說文〕「歁，食不滿也」義證引〔玉篇〕。
歃 丨，丨歠聲。〔廣韻·合部〕〇丨歠，聲也。〔集韻·合部〕
㪉 丨，敲也。〔集韻·盇部〕

⿰歹立　一，朽折也。〔集韻·合部〕

熆　一，吹火也。〔廣韻·盍部〕

⿰火奄　一，藏火也。〔集韻·合部〕〇一，烹菜也。〔集韻·合部〕

⿰火闒　一，爛也。〔廣韻·盍部〕又〔集韻·盍部〕。〇一，墮也。〔廣韻·合部〕

⿰氵币　一，湆一，䨻濕。〔廣韻·合部〕

溚　一，濕也。〔集韻·合部〕

溻　一，濕也。〔集韻·盍部〕

⿰氵雜　一，沸皃。〔集韻·盍部〕〇一，絶皃。〔集韻·合部〕

⿰木翕　一同榻。〔廣韻·盍部〕

⿰牜習　一，一粒。〔廣韻·合部〕〇一，牛抵也。〔集韻·合部〕

⿰牜翕　一，抵也。〔集韻·盍部〕

⿰犭合　一，犬食。〔廣韻·合部〕又〔集韻·合部〕。

⿰犭沓　一，犬食。〔廣韻·合部〕

⿰犭荅　一，犬食，或作㹺。〔集韻·盍部〕〇一，犬食也。〔説文〕「狧，犬食也」義證引〔玉篇〕。〇一與狧同。〔同上〕義證引〔玉篇〕。

⿰犭𦐇　一，獸走皃。〔集韻·盍部〕

⿰柔内　一，柔也。〔集韻·盍部〕

⿱亼皮　一，皮一。〔廣韻·合部〕〇一，皮縱。〔集韻·合部〕

⿰耳皮　一，皺一。〔廣韻·盍部〕

⿰巤皮　一皺，皮瘦寬皃。〔廣韻·盍部〕〇一皺，皮皃，或作皺。〔集韻·盍部〕

⿱穴合　一，合也。〔集韻·合部〕〇一，一合相當也。〔廣韻·合部〕

⿸疒及　一，病也。〔廣韻·緝部〕〇一，病劣也。〔集韻·緝部〕又〔廣韻·合部〕。〇一，肥一。〔廣韻·盍部〕〇一，無气力也。〔説文〕「一，病劣也」繫傳。

⿸疒盍　一，病寒也。〔集韻·合部〕

⿰王罨　一，婦人首飾。〔集韻·合部〕

矺　一，擲地聲。〔廣韻·盍部〕

砝　一，石聲。〔廣韻·盍部〕又〔集韻·盍部〕。

磖　一，一磼。〔廣韻·合部〕〇一磼，物破聲。〔集韻·合部〕

磼　一嶫，山高。〔廣韻·合部〕〇一磼，山高皃，或从山。〔集韻·合部〕

⿰石𦐇　一，動一。〔廣韻·合部〕

⿰石雜　一，石多皃。〔廣韻·盍部〕〇一，石多皃，或書作礳。〔集韻·盍部〕

⿰合瓦　一，器破。〔集韻·合部〕

祫　一，大合祭也。〔集韻·合部〕〇一有二，殷祭如今所行歲暮之禮，喪畢如今所行升祔之禮。〔説文定聲·卷三〕〇凡毀廟未毀廟之主皆陳于太祖合食，故曰一。〔同上〕〇〔同上〕一，叚借為協。〔詩·豐年〕「以一百禮」。

秴　一，種也。〔集韻·合部〕

⿰目荅　一，欲睡皃。〔集韻·合部〕

⿰目業　一，一睡。〔廣韻·盍部〕〇一，睡皃。〔集韻·盍部〕

盒　一，一盤覆也。〔廣韻·合部〕

⿰月立　一臘，肉雜也。〔集韻·合部〕

⿰月合　一，竦體皃。〔集韻·合部〕

⿰月及　一，肥也。〔集韻·合部〕

耷　一，大耳。〔廣韻·盍部〕

聕｜，大耳垂皃。〔集韻・合部〕

𦧈｜，歠也，或从習。〔集韻・盇部〕

𦧲｜同狧。〔廣韻・盍部〕

𦏈｜，羊腌。〔廣韻・合部〕

蝫｜，蟲多皃。〔集韻・合部〕

𧍝｜，蝫｜蟲。〔廣韻・合部〕

𧐎｜，俗蠟。〔廣韻・盍部〕

蠟｜，密｜。〔廣韻・盍部〕〇｜，蜜滓。〔集韻・盇部〕〇｜猶蠟也。〔本草・卷三九〕

翖｜，飛皃。〔集韻・合部〕〇｜，翋｜，飛皃。〔廣韻・合部〕

獵｜翋，飛初起皃。〔廣韻・盍部〕〇｜，飛皃，或从鳥。〔集韻・盇部〕

笚｜，竹相擊。〔廣韻・盍部〕又〔集韻・盇部〕。

𥮜｜，纜舟竹索也。〔廣韻・盍部〕〇｜，維舟竹索，或从甲。〔集韻・盇部〕

𥯛｜，竹冒也。〔集韻・合部〕〇｜，一曰竹名。（同上）又〔廣韻・合部〕。

𥲸｜，窻扇。〔廣韻・盍部〕〇客扉謂之｜，或从木。〔集韻・盇部〕

莢角曰｜。〔本草・卷二四〕

𦱛｜，草。〔廣韻・合部〕〇｜，艸名。〔集韻・合部〕

䓠｜，菜生水中。〔廣韻・合部〕〇｜，菜名，生水中，大葉，或作荣。〔集韻・合部〕〇｜，荷覆水。〔廣韻・盍部〕

𦼓｜，艸名，可作布。〔集韻・盇部〕〇｜｜布。〔廣韻・盍部〕

𦺙｜，艸聲。〔集韻・盇部〕

䕅｜，草簾。〔廣韻・怗部〕〇｜，户簾。〔廣韻・合部〕〇｜，户簾也，或从竹。〔集韻・合部〕

𦨈｜，船皃。〔廣韻・合部〕

𦨴｜，舟動皃，或从及。〔集韻・合部〕

艙｜，兩槽大船。〔廣韻・盍部〕〇｜，兩船併也。〔慧琳音義・卷九九〕引〔考聲〕。〇｜，兩曹大舟也，俗作䑽。（同上）引〔文字集略〕。

𧙝｜襗，衣敝。〔集韻・合部〕

褡｜，横｜小被。〔廣韻・合部〕〇被横謂之｜。〔集韻・合部〕〇｜，一曰衣敝。（同上）

𧞤｜襗，衣敝。〔集韻・盇部〕

𦆕｜，繒｜。〔廣韻・盍部〕

𦇝｜颯，紛雜皃，或作𦆕。〔集韻・盇部〕

𠅣｜，不一也。〔集韻・合部〕

𥡡｜，繪也。〔集韻・合部〕

䑽｜即艙也，大舫也。〔通雅・襍用〕

踚｜，跛疾，或作𤹙、痷。〔集韻・合部〕〇｜，跛｜。〔廣韻・合部〕

𨂿｜，跛行皃。〔廣韻・合部〕

𨃶｜｜，行皃。〔廣韻・盍部〕又〔集韻・盇部〕。

𨄈｜，足重皃。〔集韻・合部〕

𨆚｜，止也。〔廣韻・合部〕又〔集韻・合部〕。

趿｜，䞶｜，急走。〔廣韻・合部〕

䞶｜趿，走急皃。〔集韻・合部〕

𧽤｜，疾走皃。〔集韻・盇部〕

迨｜，｜遝，行相及也。〔廣韻・合部〕〇｜遝即遝逮。〔釋言〕「遝，逮也」郝疏。〇〔説文定聲・卷三〕｜，行相逮及之意。〔説文〕「｜，遝也」。〇｜遝

與合沓聲義亦同。〔廣雅·釋詁〕「沓，合也」疏證。

遝 —，遝—，不謹事。〔廣韻·盍部〕

𨘃 —，褁—。〔廣韻·合部〕

邋 —遢，行皃。〔廣韻·盍部〕又〔集韻·盇部〕。

䛡 —謳，笑語。〔集韻·合部〕

𧩽 —，靜也。〔廣韻·盍部〕〇—，多言。〔同上〕

謵 —䛺，多言。〔廣韻·盍部〕〇—䛺，多言，或作讕。〔集韻·盇部〕

𧨊 —，聲也。〔集韻·盇部〕

譫 —，多言。〔廣韻·盍部〕〇—，多言也。〔集韻·合部〕

讕 〔說文定聲·卷四〕—與讗略同。〔說文〕「—，嗑也」。

𨋩 —，車釭。〔集韻·合部〕〇—，車釭—也。〔廣韻·合部〕

𨍭 —，車聲。〔廣韻·盍部〕

𪐛 —，積厚。〔廣韻·合部〕〇—，積厚也。〔集韻·合部〕〇——，重沓也。〔通雅·釋詁〕

鈉 —，治鐵也。〔集韻·合部〕

鎝 —，鍱也，通作鈒。〔集韻·合部〕

鎑 —鉾，溫器。〔集韻·盇部〕

鑉 —鑪，箭也。〔集韻·盇部〕

闒 —，閉也。〔集韻·盇部〕

䨑 —，雨下也。〔集韻·盇部〕

𡢀 —，女態。〔集韻·葉部〕〇—，一曰前却不媚。〔同上〕

雥 —，羣鳥。〔廣韻·合部〕〇三鳥曰—，鳥相聚也。〔說文〕「—，羣鳥也」義證引楊慎。〇〔通雅·卷五〕—集，雜遝而至也。許善也。〔神雀神〕「嘉貺—集」。

乖 —，惡也。〔集韻·盇部〕

餉 —，餲—。〔廣韻·盍部〕

餲 —，—餉。〔廣韻·盍部〕〇—，餉，食皃。〔集韻·盇部〕

𡍮 —，惡也。〔廣韻·盍部〕

頜 —頷，頤傍。〔廣韻·合部〕〇—，—車也。〔集韻·合部〕

𩓣 —車，頷骨。〔廣韻·盍部〕

鞈 —，防扞。〔廣韻·合部〕〇—，一曰扞防也，或从夾。〔集韻·合部〕〇—，轉注為決拾之拾，射箸左臂所以衛臂與衣者，經傳皆以拾為之。〔說文定聲·卷三〕〇—，此字即〔考工·函人〕合甲五屬之合，亦即〔車攻〕決拾既佽之拾。〔同上〕〇扞心之革曰—，故扞臂之革亦曰—，扞指之革亦曰—。〔同上〕〔「拾」下〕〇—，鼓聲。〔荀子·議兵〕「—如金石」集解引俞樾。〇〔說文定聲·卷三〕—，叚借為鼛。〔淮南·兵略〕「若鐘之與—」。

韐 —，指衣。〔集韻·合部〕〇—，不穿也。〔慧琳音義·卷七二〕引〔古今正字〕。〇—韐，𥦃皃也。〔同上〕引〔考聲〕。

𩏑 —，皮服。〔集韻·盇部〕〇—，熱——。〔廣韻·盍部〕

師 —，斷聲。〔廣韻·合部〕又〔集韻·合部〕。

骰 —髁，首動皃。〔集韻·合部〕

𩭊 —，髮也。〔集韻·合部〕

𩢍 —，馺—，馬行皃。〔說文〕「馺，馬行相及也」義證引〔玉篇〕。〇—，馺—，馬行。〔廣韻·合部〕

𩤯 —，驞—，馬行不進。〔廣韻·盍部〕

鮯 —，魚名。〔廣韻·合部〕又〔集韻·合部〕。

[illegible]　—，魚名。〔廣韻·合部〕〇—，以竹貫魚為乾，出復州界。〔廣韻·業部〕

𩵹　—，魚口動皃。〔集韻·合部〕

魼　—同鰈。〔廣韻·盍部〕

鰪　—，魚名，似鱝而小。〔集韻·合部〕〇—，—鰳，魚名。〔廣韻·盍部〕

鰨　—，魚名，似鮎四足。〔廣韻·盍部〕〇—，魚似鮎四足。〔説文〕「—，虛—也」繫傳。〇—，〔史記〕作魶。〔文選·上林賦〕「禺禺魼—」集釋。〇—、鰈，蓋音轉異文。〔漢書·司馬相如傳〕補注。〇—，薄魚昜土而行者，今謂之—鰻。〔説文〕「—，虛—也」義證引戴侗。

鵮　—，鳥名。〔廣韻·合部〕又〔集韻·合部〕

[illegible]　—，鳥名。〔廣韻·盍部〕又〔集韻·盍部〕。

[illegible]　—鶔，鳥飛。〔廣韻·盍部〕〇—鶔，初飛皃。〔廣韻·合部〕

[illegible]　—，鼓聲。〔廣韻·盍部〕

[illegible]　—，鼛之異文也。〔説文〕「鼛，鼓鼙聲也」義證。

[illegible]　—，齧聲也。〔廣韻·合部〕〇—，食也。（同上）〇—，食也，或作哈、嗋。〔集韻·合部〕

讋　—，言不正，籀从二龍。〔集韻·合部〕

續經籍籑詁卷第一百五

十六　葉

葉　—，枝—。〔廣韻·葉部〕〇〔説文定聲·卷四〕—猶枝也。〔吳都賦〕「雖累—百疊」。〇—，世。〔詩·長發〕「昔在中—」朱傳。〇凡物之薄者皆得以—名。〔説文〕「—，艸木之—也」段注。〇—，折而分版，謂之—子。〔通雅·書札〕〇（同上）—子格曰鶴格，猶今之紙牌也。〔澠水燕談録〕「唐太宗問一行世數禪師製—子格」。〇—與僷同。〔廣雅·釋訓〕「僷僷，容也」疏證。〇—、僷，並與偞同。〔方言二〕「偞，容也」箋疏。〇—與揲通。〔廣雅·釋詁一〕「揲，積也」疏證。〇—即堞字。〔墨子·褋守〕「傅—五寸」閒詁引畢沅。〇—與堞同。〔墨子〕「毋偞堞三尺」雜志。又〔墨子〕「寇至隨—去」雜志。〇—，〔續志〕作楪。〔漢書·地理志〕「—楡」補注。〇〔説文定聲·卷四〕—，段借為褋，即直裙謂之襜褕，亦短褐之類。〔方言二〕「—褕毳也」。〇（同上）—，段借為厭。〔家語〕「—拱而對曰」。〇—，本作莎，即〔爾雅〕所謂蒿侯莎者也。〔漢書·五行志〕「天雨草，而—相樛結」補注引王念孫。

帖　—，券—。〔廣韻·帖部〕〇—，帛書署也，引伸為今俗語帮—之字。〔説文〕「鞊，履後—也」段注。〇—，帛署書也。〔説文〕「—，帛書署也」義證引〔九經字樣〕。〇—，今人所謂籤也。（同上）段注。〇—，又牀前帷也。〔廣韻·帖部〕〇—，引伸為—服，—妥。〔説文〕「—，帛書署也」段注。〇—與怗通。〔廣雅·釋詁四〕「怗，靜也」疏證。〇—，聑之段借字也。〔説文〕「聑，安也」段注。

貼　—，以物之質錢。〔廣韻·帖部〕〇—，小耳垂。〔集韻·帖部〕〇俗製—字為相附之義。〔説文〕「帖，帛書署也」段注。〇以他官兼曰—職。〔通雅·官制〕〇〔通雅·卷二八〕—，今之—黄，乃古之引黄。〔龍川志〕「富鄭公上章—黄」。

牒　—，札也。〔國策·齊策四〕「乃取所怨五百—」鮑注。〇—，簡也。〔説文〕「—，札也」繫傳。〇—，札相連者也，今簡疏也。〔慧琳音義·卷八五〕引〔考聲〕。〇—，厚者為牘，薄者為—。〔説文〕「—，札也」段注。〇—亦木牘也。（同上）繫傳。〇木謂之—，亦謂之牘，亦謂之札，聯之為編，編之為册。〔説文定聲·卷一四〕（「簡」下）〇小簡曰—，大簡曰册，薄者曰—，厚者曰牘。〔説文定聲·卷四〕〇上行下曰—劄。〔通雅·書札〕〇下行上曰—呈。（同上）〇書版曰—。〔廣韻·帖部〕〇—，籍也。〔通鑑·漢紀四八〕「未有録—」音注。〇—謂簡—，即經書之通稱也。〔慧琳音義·卷二

一〕〇牀版謂之｜，簡亦謂之｜，其義一也。〔廣雅・釋器〕「｜，版也」疏證。〇訟詞亦曰｜。〔通雅・書札〕〇｜與揲聲亦相近。〔廣雅・釋詁二〕「揲，積也」疏證。〇〔説文定聲・卷四〕｜，以諜為之。〔史記・三代世表〕「余讀諜記」。〇〔同上〕｜，叚借為疊。〔淮南・本經〕「積｜旋石」。〇｜當作枼。〔方言〕「牀上其版，魏之北郊，趙魏之間謂之｜，或曰牑」疏證。〇｜，當作棶。〔墨子・八輪〕「以｜為械」閒詁引俞樾。

接　｜，交也。〔廣韻・葉部〕〇｜即交也。〔孟子・梁惠王上〕「兵刃既｜」焦正義。〇手交為｜。〔説文定聲・卷四〕〇｜手，交兩手。〔國策・趙策四〕「馮忌｜手俛首」鮑注。〇｜，持也。〔廣韻・葉部〕〇｜者，續也。｜怨謂連續修怨。〔荀子・王制〕「莫不懷交｜怨」集解引郝懿行。〇｜，猶承也。〔孟子・萬章下〕「｜淅而行」朱注。〇｜，合也。〔廣韻・葉部〕〇｜，會也。〔同上〕〇〔説文定聲・卷四〕｜，欱也。〔荀子・大略〕「先事慮事謂之｜」注「讀為捷」。〇｜，鄭注〔禮記〕作捷。〔左傳桓公六年〕「｜以大牢」洪詁。〇〔左氏〕〔穀梁〕｜作捷，捷、｜二字古多通用。〔公羊傳文公一四年經〕「晉人納｜菑于邾婁」陳疏引臧琳。〇捷、｜字亦通。〔墨子・脩身〕「｜之肌膚」閒詁。〇〔通雅・卷三〕｜要即捷要，｜與捷通。〔魏武紀〕注「抄集諸家兵法，名曰｜要」。〇｜子，〔漢書〕作捷子，古著書者之名號。〔莊子・則陽〕「｜子之或使」集釋引〔史記索隱〕。〇｜，俗作浹，義並同。〔墨子・脩身〕「｜之肌膚」閒詁。〇｜，挾之本字。〔説文〕「挾，俾持也」段注。〇｜與挾通。〔墨子・脩身〕閒詁。〇｜有插音，故與插通。〔漢書〕「｜刃」雜志。〇｜讀為插。〔漢書・蒯通傳〕「｜刃於公之腹」補注引王念孫。〇〔説文定聲・卷四〕｜，叚借為挾。〔廣雅・釋詁三〕「｜，持也」。〇〔同上〕｜，叚借為使。〔大戴・保傅〕「｜給而善對」。〇｜之言倢也，次也。〔國語・吳語〕「遷軍｜龢」述聞。〇〔説文定聲・卷四〕｜，叚借為疌，為翜。〔釋詁〕「｜，捷也」。〇｜，即臿之叚借。〔説文〕「臿，春去麥皮也」段注。〇〔説文定聲・卷四〕｜，叚借為椄。〔廣雅・釋詁三〕「｜，續也」。〇〔同上〕｜，叚借為萎。〔詩・關雎〕傳「荇，｜余也」。〇〔同上〕｜，叚借為帀。〇〔同上〕｜，叚借為翣。〔周禮・縫人〕故書「衣｜櫬之材」。〇〔小爾雅・廣詁〕「｜，達也」。〇｜離，白帽也，編鷺羽為衣曰白鷺縗。〔説文定聲・卷四〕〔睞下〕〇〔卷九〕｜羅，白帽也。〔爾雅〕「鷺春鉏」注「頭翅背上皆有長翰毛，江東取為㨗攡曰白鷺縗」。〔「鷺」下〕〇｜慮、族累、銼鑹，皆語之轉耳。〔廣雅・釋詁二〕「矬，短也」疏證。

獵　冬｜曰狩，宵田曰｜。〔説文〕「｜，放｜逐禽也」段注。〇｜，取獸。〔廣韻・葉部〕〇｜，犬逐狩也。〔慧琳音義・卷一一〕引〔考聲〕。〇｜，犬逐獸也。〔卷二〕引〔考聲〕。〇今通謂畋狩為｜。〔卷二〕〇｜者，所以為宗廟之事也。〔説文〕「禰，秋田也」繫傳。〇｜者，捷也。〔釋天〕「春｜為蒐」郝疏。〇反遜為｜。〔釋言〕「䟝，躐也」郝疏。〇凌｜猶凌虐也。〔釋言〕「｜，虐也」述聞。〇｜，引伸為凌｜、為捷｜。〔説文〕「｜，放｜逐禽也」段注。〇｜有從旁陵｜之義。〔釋言〕「｜，虐也」郝疏。〇辭賦家用｜｜字，蓋當作儠儠。〔説文〕「儠，長壯儠儠也」段注。〇辭賦家言旌旗｜｜，是其〔鬣〕叚借字也。〔説文〕「鬣，髮鬣鬣也」段注。〇｜，今之躐字，踐也。〔説文〕「踂，步行｜跋也」段注。〇｜亦與擸通。〔廣雅・釋詁一〕「擸，折也」疏證。〇擸、躐、｜並通。〔廣雅・釋詁三〕「擸，持也」疏證。〇｜、料聲之轉也。〔國策・卷下〕札記。〇｜涉即欐欇，皆音同叚借字也。〔釋木〕「欇，虎櫐」郝疏。〇〔説文定聲・卷四〕｜，叚借為擸。〔史記・日者傳〕「｜纓正襟危坐」。〇〔同上〕｜，字亦變作躐。〔禮記・學記〕「學不躐等也」。〇〔同上〕｜，叚借為椄。〔釋魚〕「龜後弇諸｜」。〇〔同上〕｜，或曰借為拉。〔洞簫賦〕「｜若枚折」。〇〔同上〕｜，叚借為歷。〔吳語〕「以犯｜吳國之師徒」。〇官本｜作臘。〔漢書・平帝紀〕「帝崩于未央宮」補注。〇｜字亦作獵。〔説文定聲・卷四〕

妾　古者女有辠為｜。〔説文繫傳・通論中〕〇｜，不娉。〔廣韻・葉部〕〇女為｜。〔國策・秦策四〕「流亡為臣｜」鮑注。〇北人謂｜曰小婆子。〔説文〕「嫛，奢也」義證。〇奔則為｜。〔説文繫傳・通論中〕〇｜人，猶詩云我人也。〔漢書・孝成班倢伃傳〕「豈｜人之殃咎兮」補注引周壽昌。〇｜，接也，得接於君者也。〔説文〕「｜，有辠女子給事之得接於君者」義證引〔玉篇〕。〇〔説文定聲・卷四〕｜，媵｜。〔夏小正〕「｜子始蠶」。

蝶　｜，蛺｜。〔廣韻・帖部〕〇｜，｜蝽。（同上）〇｜蝽，蟲名。〔集韻・帖部〕

蜨　｜，俗作蝶。〔説文〕「｜，蛺｜也」句讀。〇｜，蛺｜，蟲名。〔廣韻・帖部〕

疊　｜，重也。〔慧琳音義・卷九二〕引〔考聲〕。〇｜，積也。（同上）又〔卷八〕引守忠。〇｜，明也。（同上）引顧野王。〇｜，懼。〔詩・時邁〕「莫不震｜」朱傳。〇｜者，慴之假借字。（同上）陳疏。〇同出一韻，則為｜韻。〔通雅・小學大略〕〇｜，同疊。〔廣韻・帖部〕

疊　｜，重也。〔廣韻・帖部〕〇〔説文定聲・卷三〕｜謂褒孕重身也。〔廣雅・釋言〕「｜，懷也」。〇｜，積也。〔廣韻・帖部〕〇〔説文定聲・卷三〕｜謂衣裳襞｜也。〔廣雅・釋詁四〕「｜，詘也」。〇｜，墮也。〔廣韻・帖部〕〇｜，明也。（同上）〇｜，累也。（同上）〇〔説文定聲・卷三〕｜，以及為之。〔書・呂刑〕「何度非及」。〇（同上）｜，叚借為墊。〔廣雅・釋詁二〕「｜，墮也」。〇（同上）｜，叚借為磬。〔謝元暉鼓吹曲〕「｜鼓送」。〇（同上）｜謂借為荅。〔詩・時邁〕韓詩章句訓「應也」。〇｜，字亦作氎。〔説文定聲・卷三〕〇｜，叚借為讋，為慴。（同上）〇｜字亦作㲲。（同上）

篋　｜，箱｜。〔廣韻・帖部〕〇淺曰箱，深曰｜。〔慧琳音義・卷七〕〇｜，笥也，从竹匧聲也。〔三藏聖教序〕「三｜」音義引〔古今正字〕。〇｜者，笥也。〔説文〕「緘，所以束｜也」段注。〇｜，長笥也。〔説文〕「匧，藏也」義證引〔急就篇〕顏注。〇｜，竹笥也。〔通鑑・周紀三〕「文侯示之謗書一｜」音注。〇｜者，盛經書衣物器也。〔三藏聖教序〕「三｜」音義。〇｜，械也，或作椷。〔慧琳音義・卷二〕引〔考聲〕。〇｜與匧同。〔儀禮・士冠

禮」胡正義。○丨、棫，一聲之轉。〔廣雅・釋器〕「匧謂之棫」疏證。

涉 丨，徒行渡水也。〔廣韻・葉部〕○行渡水曰丨。〔詩・匏有苦葉〕「濟有深丨」朱傳。○丨，渡也。（同上）集疏引韓説。○水行曰丨。〔詩・載馳〕「大夫跋丨」朱傳。又〔左傳昭公一二年〕「跋丨山林」洪詁引服虔。○水行為丨。〔通鑑・唐紀三四〕「茇丨至此」音注。○丨，由膝以上為丨之正限，深於此而上於帶則為厲，淺於此而褰衣則為揭耳。〔匏有苦葉〕「濟有深丨」後箋。○丨，歷也。〔廣韻・葉部〕又〔慧琳音義・卷六〕引〔韻英〕。○丨，猶歷也。〔大戴・文人官人〕「丨物而不終」王詁。○丨，入也。〔慧琳音義・卷三〕引晉灼。○丨，猶入也。〔漢書〕「丨獲」雜志。又〔漢書・霍去病傳〕「丨獲單于章渠」補注。○丨，血流皃。〔廣韻・帖部〕○丨與陟聲相近，字之段借。〔書・微子〕「若丨大水」孫疏。○官本丨作陟。〔漢書・五行志〕「伊丨相太戊」補注。○〔説文定聲・卷四〕丨，段借為蟄。〔與陳伯之書〕「朱鮪丨血于友于」。○丨江，楚歌名。〔楚辭・招魂〕「丨江采菱」補注引五臣注。○丨當作沙，昭沙為複姓。〔漢書・高惠高后文功臣表〕「平州共侯昭丨掉尾」補注引錢大昕。○丨谷，地名也。〔國策〕「道丨山谷」雜志。○丨安，此乃名號，非地名，言匈奴来降，登丨長安。〔史記・建元以來侯者年表〕「丨安」志疑。

鬣 丨，須丨。〔廣韻・葉部〕○馬豕之鬣亦曰丨。〔説文〕「丨，髮丨丨也」段注。○丨者，儠之段借字也。〔説文〕「儠，長壯儠儠也」段注。○丨丨，動而直上皃，所謂頭髮上指，髮上衝冠也。〔説文〕「丨，髮丨丨也」段注。○丨即巤字，此俗體也。〔説文定聲・卷四〕○丨者，巤之絫增也。〔説文〕「丨，髮丨丨也」句讀。○丨、獵，義並與儠同。〔廣雅・釋詁二〕「儠，長也」疏證。○巤、丨、㲱、獵，並字異而義同。〔廣雅・釋器〕「丨，毛也」疏證。○丨，字又作獵。〔説文定聲・卷四〕

㲱 丨，長毛。〔廣韻・葉部〕

毼 丨即㲱字也。〔説文〕「鬣，或从毛」段注。○丨，車翣以禦風塵也，或作馲。〔集韻・葉部〕

捷 丨，獲也。〔廣韻・葉部〕○丨，勝也。（同上）又〔詩・采薇〕「一月三丨」朱傳。○軍得勝曰丨。〔慧琳音義・卷一六〕○丨，疾也。〔廣韻・葉部〕又〔韓子・有度〕「上智丨舉中事」集解。○丨，疾貌。〔詩・烝民〕「征夫丨丨」朱傳。○丨，取疾驅之義。〔春秋名字解詁〕「齊公孫丨字子車」述聞。○丨，速也。〔漢書・揚雄傳〕「豈駕鵝之能丨」補注引何焯。○丨猶斬也。〔漢書・霍去病傳〕「丨首虜八千九百六十級」補注。○丨，慧也。〔慧琳音義・卷六七〕引〔考聲〕。○丨，成也。〔廣韻・葉部〕○丨，佽也。（同上）○丨，剋也。（同上）○丨謂如逐禽而得之也。〔説文〕「丨，獵也」段注。○〔説文定聲・卷三〕丨段借為倢。〔小爾雅・廣詁〕「丨，疾也」。○丨，韓作倢。〔詩・烝民〕「征夫丨丨」集疏。○倢、丨、疌並通，皆健之義也。〔廣雅・釋詁二〕「倢，健也」疏證。○㨗與丨同。〔廣雅・釋言〕「㨗，亟也」疏證。○丨字亦作㨗。〔説文定聲・卷三〕○〔卷一三〕丨謂接也。〔釋詁〕「際，丨也」。（「際」下）○丨者，接也。〔荀子・君子〕「事業丨成」集解引郝懿行。○丨與接古字通。〔左傳莊公一二年經〕「宋萬弒其君丨及大夫仇牧」洪詁引惠棟。○丨與接古字通。〔莊子・徐無鬼〕「搏丨矢」集釋引俞樾。○丨、接，古通用字。〔漢書・司馬相如傳〕「丨垂條」補注。○丨、接古字同。〔左傳僖公三二年經〕「鄭伯丨卒」洪詁。○丨與接字異而義同。〔漢書〕「揵之江」雜志。○丨者，接之假借。〔詩・巷伯〕「丨丨幡幡」陳疏。○〔説文定聲・卷三〕丨，段借為接。〔釋詁〕「接，丨也」。○（同上）丨，比次相接也。〔周禮・典瑞〕司農注「駔外有丨盧也」疏「若鋸牙然」。○丨之言接也。〔漢書〕「揵之江」雜志。○丨當讀為接。〔莊子・徐無鬼〕「敏給搏丨矢」平議。○〔左〕踕作丨。〔史記・鄭世家〕「子文公踕立」志疑。○丨與克同意。〔釋詁〕「丨，勝也」郝疏。○丨與獵同意。（同上）○丨丨，儇利貌。〔詩・巷伯〕「丨丨幡幡」朱傳。○〔通雅・卷一〇〕丨丨，截截，即諓諓也。〔書〕「截截善諞言」。○丨丨，譖言，或从人，亦作唼。〔集韻・葉部〕○丨，通作唼，口舌多言之貌。〔詩・巷伯〕「丨丨幡幡」後箋。○丨，三家作唼，亦作倢。（同上）集疏。○〔説文定聲・卷三〕丨段借為輯。〔左傳昭公八年〕「齊公子丨，字子車」。○（同上）丨，段借為濈。〔呂覽・論威〕「丨于肌膚也」。○丨與插古字通。〔文選・七啟〕「丨忘歸之矢」集釋。○丨，古插字也。〔管子〕「丨衽」雜志。○丨與插同。〔淮南子・泰族篇〕「丨吻而朝天下」雜志。○〔説文定聲・卷三〕丨，段借為插。〔儀禮・士冠禮〕「丨柶興」。○古多借丨為插。〔説文定聲・卷一四〕（「建」下）○丨，插之假借字。〔文選・七啟〕「丨忘歸之矢」集釋。○丨讀為插。〔墨子・經説上〕「丨與狂之同長也」閒詁。○丨，讀曰楫，船櫂也。〔春秋名字解詁〕「王札子字丨」述聞。○丨枝，〔通考〕作接枝。〔漢書・渠犂傳〕「故輪臺以東丨枝、渠犂皆故國」補注引徐松。○丨菑，〔公羊〕作接菑。〔左傳文公一四年經〕「晉人納丨菑于邾」洪詁。

頰 丨者，面旁也。〔説文〕「耿，耳箸丨也」段注。○丨，面也。〔廣韻・帖部〕○頤曰丨，曰輔，頤內之牙牀骨曰丨車。〔説文定聲・卷四〕○目下耳前曰丨，或作脥。〔大般若經・卷一〕「丨頷」音義引〔玉篇〕。○輔丨在耳目之間，與舌不相接而相通。〔易・咸〕「咸其輔丨舌」纂疏。○丨猶口也。〔説文定聲・卷四〕（「挾」下）○凡言丨者，今俗謂牙牀骨。〔説文〕「丨，面旁也」段注。○丨車或曰鼸車。〔説文〕「嗛，口有所銜也」段注。○引伸之丨亦曰頒。〔説文〕「頒，一曰鬢也」段注。○〔説文定聲・卷四〕丨，或曰借為狎。〔莊子・漁父〕「不擇善否兩容丨適」。○丨，段借為㥦。〔説文定聲・卷四〕

熸 丨，籀文頰。〔廣韻・帖部〕

楫 丨，櫂。〔詩·棫樸〕「烝徒丨」朱傳。○丨，一名櫂，亦曰棹，皆掉之俗字，亦名橈。〔説文定聲·卷三〕○丨，舟丨。〔廣韻·葉部〕○丨，所以行舟也。〔詩·竹竿〕「檜丨松舟」朱傳。○〔説文定聲·卷三〕丨，以輯為之。〔漢書·元后傳〕「輯濯越歌」。○(同上)丨，叚借為緝。〔漢書·兒寬傳〕「統丨羣元」。○(同上)丨，叚借為箑。〔呂覽·明理〕「有若山之丨」。○丨又作棹。〔説文〕「丨，舟櫂也」義證。○丨，又作艥。(同上)○丨，又作梢。(同上)○丨，或作檝。(同上)○丨，當為揖。〔漢書·兒寬傳〕「統丨羣元」補注引錢大昕。○丨，齊作檝。〔詩·棫樸〕「烝徒丨之」集疏。

檝 丨，櫂也。〔大戴·勸學〕「假舟丨者」王詁。○丨，舟丨。〔廣韻·緝部〕○丨，舟旁撥水者短曰丨。〔説文〕「楫，舟櫂也」義證引〔字書〕。○丨同楫。〔廣韻·葉部〕又〔方言九〕「楫謂之橈」疏證。○丨、艥、輯並與楫同。(同上)箋疏。

攝 丨，引持也。〔國策·楚策四〕「右丨丸」鮑注。○丨，總持也。〔通鑑·陳紀六〕「鎮丨重要」音注。○丨，整也。〔論語·鄉黨〕「丨齊升堂」劉正義。○丨者，整飭之意。〔説文〕「丨，引持也」段注。○丨，兼也。〔廣韻·葉部〕又〔論語·八佾〕「官事不丨」朱注。又〔慧琳音義·卷二〕引包咸。○丨，兼統也。〔大般若經·卷八〕「揔丨」音義引〔考聲〕。○丨，録也。〔廣韻·葉部〕○丨，合也。〔墨子·親士〕「尚丨中國之賢君」閒詁引畢沅。○丨，收也。〔國策·楚策四〕「丨禍為福」補注。又〔通鑑·晉紀二二〕「一切丨還」音注。○丨，斂也。〔論語·鄉黨〕「丨齊升堂」劉正義。○丨，斂也。〔慧琳音義·卷六〕引〔考聲〕。○丨，代也。〔左傳成公四年〕「皇戍丨鄭伯之辭」疏證引讀本。○丨之言代也。〔左傳成公一六年〕「請丨飲焉」平議。○〔説文定聲·卷四〕丨，叚借為代。〔周禮·大宗伯〕「若王不與祭則丨位」。○丨即佐也。〔詩·既醉〕「朋友攸丨」述聞。○〔説文定聲·卷四〕丨，猶假也。〔儀禮·士昏禮〕注「用助祭之服親迎，丨盛也」。○丨之言佐也，助也。〔左傳襄公一四年〕「書於伐秦，丨也」平議。○丨，管束也。〔論語·先進〕「丨乎大國之間」朱注。○丨相者，乃儐相會盟之事。〔史記·孔子世家〕「由大司寇行丨相事」志疑。○丨，總録也。〔通鑑·魏紀一〕「刺史多不能丨郡」音注。○丨，猶籥也。〔論語·先進〕「丨乎大國之間」平議。○丨，檢也。〔詩·既醉〕「丨以威儀」朱傳。○丨，追也。〔通鑑·晉紀二三〕「丨還」音注。○丨，曲折也。〔集韻·葉部〕○屏丨，丨束茅以為屏蔽。〔左傳昭公一八年〕「使子寬子上巡羣屏丨」洪詁引鄭衆。○丨，形如要扇，皆所以分別尊卑為祭祀之位，近漢亦然。(同上)洪詁引韋昭。○丨，一曰龜名。〔集韻·葉部〕○〔説文定聲·卷四〕丨，叚借為貣，弋、聶雙聲。〔禮記·檀弓〕「冉子丨帛乘馬而將之」。○(同上)丨，叚借為飾，丨、飾雙聲。〔儀禮·既夕〕「白狗丨服」。○(同上)丨，叚借為聑。〔楚語〕「悛而不丨」。○(同上)丨，叚借為夾。〔論語〕「官事不丨」。○丨然，天下安。〔廣韻·帖部〕○丨衛即營衛也。〔通鑑·陳紀六〕「加以膚凑不適，丨衛有虧」音注。○丨讋，〔史〕作懾慴，丨，懾之叚借。〔漢書·霍去病傳〕「輜重人衆丨讋者弗取」補注引李慈銘。○丨與懾通。〔墨子·親士〕「尚丨中國之賢君」閒詁。又〔史記〕「目丨之」雜志。○〔説文定聲·卷四〕丨，叚借為懾。〔史記〕「目丨之」。○丨讀為懾。〔左傳襄公一一年〕「武震以丨威之」述聞。○丨與懾同，懼也。〔左傳襄公一一年〕「武震以丨威之」述聞。○丨與攝亦聲近義同。〔廣雅·釋詁三〕「攝，持也」疏證。○妠、丨、慹，聲義並同。〔廣雅·釋詁四〕「妠，靜也」疏證。○襵、丨、摺並通。(同上)「襵，詘也」疏證。○丨與襵通。〔廣雅·釋詁〕「襵，詘也」疏證。○丨提，歲名也。〔文選·離騷〕「丨提貞于孟陬兮」集釋引〔學林〕。○丨提，六星，直斗杓之南，主建時節。〔楚辭·怨上〕「丨提兮運低」補注引〔晉志〕。○丨提格者，太歲在寅之號。〔漢書·天文志〕「太歲在寅曰丨提格」補注。又〔漢書〕「太歲在子」雜志。○〔説文定聲·卷六〕丨城，在今博平縣。〔左傳昭公二〇年〕「聊丨以東」。(「聊」下)○〔通雅·卷三三〕漢時呼扇為丨。〔禮記〕注「以布衣木如丨」。

躡 丨，蹈也。〔廣韻·葉部〕又〔慧琳音義·卷七二〕引〔文字典説〕。○丨者，蹈也。〔説文〕「縮，一曰蹴也」段注。又〔國策·韓策三〕「蹙列侯而殪之」補正。○丨，蹈。〔國策·秦策四〕「丨其踵」鮑注。○丨，履也。〔廣韻·葉部〕○丨，登也。(同上)○丨，急也。(同上)○〔通雅·卷七〕丨蹀，通作蹀躞、蹀屧，轉為捷丨、撇屑。〔文選·南都賦〕「羅襪丨蹀而容與」。○〔説文定聲·卷四〕丨，叚借為駬。〔方言一二〕「丨，急也」。

諜 丨，反間。〔廣韻·帖部〕○丨，軍中細作人。〔左傳成公一六年〕「丨輅之」疏證。○丨，譜丨也。〔廣韻·帖部〕○丨，太史公書借為牒札字。〔説文〕「丨，軍中反間也」段注。○〔史記〕叚丨為牒。〔説文〕「牒，札也」段注。○〔説文定聲·卷四〕丨，叚借為牒。〔漢書·禮樂志〕「披圖案丨」。○丨，言相次也。〔集韻·帖部〕○丨，便僻也。〔莊子·人間世〕「法而不丨」集釋引俞樾。○丨丨，辨利之皃。〔慧琳音義·卷三九〕引顧野王。○〔説文定聲·卷四〕丨，叚借為讋。〔莊子·人間世〕「大多政法而不丨」。○(同上)丨，叚借為僷。〔莊子·列禦冦〕「形丨成光」。○丨，諸作諜。〔左傳哀公一六年〕「晉人使丨於子木」洪詁。○丨，王符引作誘。〔左傳哀公元年〕「使女艾丨澆」洪詁。

堞 丨，城上垣。〔廣韻·帖部〕○丨，城上女墻。〔國策·齊策五〕「令於境內盡丨中為戰具」鮑注。○葉與丨同。〔墨子〕「寇至隨丨去」雜志。○丨，字或作墷。〔廣雅·釋宮〕「丨，女牆也」疏證。

墷 丨，城上女垣也。〔慧琳音義·卷八〕引〔古今正字〕。○〔説文定聲·卷四〕丨，古城用土加以專牆，為之射孔以伺非常，曰女垣，猶謂小牆也，亦謂之陴，或謂之俾倪。〔説文〕「丨，城上女垣也」。○丨，今字作堞。〔説文〕「丨，城上女垣也」段注。○丨，或作堞。(同上)義證。○丨與陴異字而同義。(同上)段注。

協 丨，和也。〔廣韻·帖部〕○丨，同言之和也。〔説文定聲·卷四〕○丨，合也。〔廣韻·帖部〕又〔書·皋陶謨〕「同寅丨恭和衷哉」孫疏。又〔楚辭·

天問〕「撰體丨脅」補注。〇丨，合也，言稽合同異，折衷取裁。〔漢書·司馬遷傳〕「丨六經異傳」補注。〇〔說文定聲·卷一六〕丨者，同心也。〔釋詁〕「賓、丨，服也」。(「賓」下)〇丨謂合之以舞時是也。〔屈賦·天問〕「干丨時舞，何以懷之」戴注。〇〔詩〕丨作洽。〔左傳襄公三一年〕「民之丨矣」洪詁。〇協與丨通。〔釋詁〕「丨，和也」郝疏。〇丨洽，作汁洽，作噩作，作鄂涒灘，作汭漢。〔史記索隱〕「異文」雜志。〇丨、汁古多無別。〔方言三〕「丨，汁也」疏證。〇丨、勰通。〔釋詁〕「勰，和也」郝疏。〇丨，官本作脅。〔漢書·五行志〕「則陰氣丨木」補注引錢大昕。〇丨者，通作叶，又通作叶，又通作汁。〔釋詁〕「丨，和也」郝疏。

叶 丨，古文協。〔廣韻·帖部〕〇丨，協也。〔說文〕「丨，同衆之龢也」段注引杜子春。〇丨，書或為丨，或為汁。(同上)段注。〇協與丨同，字亦作汁。〔廣雅·釋天〕「黑曰丨光紀」疏證。〇〔周禮〕丨作協。〔大戴·朝事〕「丨辭令」王詁。

叶 〔韻會〕丨，古協字。〔漢書·五行志〕「次四曰丨用五紀」補注引周壽昌。〇〔通雅·卷八〕丨用即協用。〔漢書·五行志〕「丨用五紀」。

俠 丨者，甹也。〔說文〕「泌，丨流也」段注。〇丨，自喜自傳之意也。〔說文〕「丨，傳也」繫傳。〇丨與挾通。〔方言一三〕「丨，護也」箋疏。又〔方言三〕「丨斯，敗也」箋疏。〇丨，徐鍇〔韻譜〕作挾。〔說文〕「褭，丨也」義證。〇〔說文定聲·卷四〕丨，段借為挾。〔韓子·八說〕「人臣肆意陳欲曰丨」。〇丨卒，〔左氏經〕作挾卒，古挾丨通。〔公羊傳隱公九年經〕「丨卒」陳疏。〇輕與丨同義。〔廣雅·釋詁二〕「遊，丨也」疏證。〇丨流者，輕快之流，如丨士然。〔說文〕「泌，丨流也」段注。〇丨，任丨。〔廣韻·帖部〕〇丨，任丨也。〔說文〕「甹，亟詞也」繫傳。〇丨者，便捷任氣自由之為也。(同上)〇丨，古或借為夾字。〔字詁〕〇漢人多用丨為夾。〔說文〕「㚒，一曰丨也」段注。〇古多段丨為夾。〔說文〕「夾，持也」段注。〇丨與夾通。〔法言·淵騫〕「滕灌樊酈曰丨介」平議。〇〔說文定聲·卷四〕丨，段借為夾。〔漢書·叔孫通傳〕「殿下郎中丨陛」。〇丨讀曰夾。〔通鑑·秦紀一〕「死士丨刺之」音注。〇丨轂即夾轂也。〔公羊傳哀公一三年〕注「滕薛丨轂而趨」陳疏。〇丨，兩也。〔禮記·祭義〕「丨甒」集解。〇〔說文定聲·卷四〕丨，段借發聲之詞。〔廣雅·釋詁三〕「丨斯，敗也」。〇(同上)丨，謂借為姎。〔漢書·禮樂志〕「丨嘉夜」注「美人之稱」。〇丨，段借為愿。〔說文定聲·卷四〕〇丨即夾侍意。〔漢書·禮樂志〕「丨嘉夜」補注。〇〔說文定聲·卷四〕丨，段借為椄。〔吳都賦〕「丨楝陽路」。〇(同上)丨，段借為市。〔韓詩〕「使不丨四方」。

莢 丨之言夾也，兩旁相夾，豆在其中也。〔廣雅·釋草〕「豆角謂之丨」疏證。〇丨、萁丨、榆丨。〔廣韻·帖部〕〇丨蓮即蘂迷。〔通雅·木〕〇丨字亦作筴。〔說文定聲·卷四〕〇(同上)丨，段借為梜。〔字林〕「筴亦著也」。〇(同上)丨段借為痰。〔周禮·大祝〕「六曰筴祝」。〇(同上)丨，段借為栅。〔莊子·達生〕「以臨牢筴」。〇(同上)丨，段借為匧。〔莊子·人間世〕「鼓筴播精，足以食十人」。〇丨，或曰借為積。〔說文定聲·卷四〕〇(同上)丨，段借為策，丨策一聲之轉。〔潘尼懷退賦〕「畏鹽車之嚴筴」。〇(同上)丨，段借為册，丨、册一聲之轉。〔魯語〕「使書以為三丨」。〇丨字，一本作鋏字。〔漢書·高后紀〕「行八銖錢」補注引宋祁。〇丨，又姓。〔廣韻·帖部〕

曄 丨，光也。〔廣韻·葉部〕又〔楚辭·遠遊〕「耀靈丨而西征」補注。〇丨，丨丨。〔廣韻·緝部〕〇丨丨，謂茂盛。〔文選·兩都賦〕「丨丨猗猗」集釋。

皣 丨同曄。〔廣韻·葉部〕〇丨，亦作燁。〔方言一二〕「丨，晠也」疏證。

爗 丨丨，電光貌。〔詩·十月之交〕「丨丨震電」朱傳。

厭 丨，凡喪服言尊之所丨，皆笮義。〔說文〕「丨，笮也」段注。〇丨為立而引手箸胸。(同上)〇丨，伏。〔廣韻·葉部〕〇丨，伏也。〔禮記·曲禮〕「苞屨扱衽丨冠」集解。又〔國策·秦策四〕「丨案萬乘之國」補正。又〔通鑑·晉紀四〕「仍施諸丨劾符書藥物」音注。又〔唐紀六四〕「恐不丨天下之望」音注。〇丨，服也。〔漢紀八〕「而於人心不丨者」音注。〇丨，合也。〔說文〕「丨，笮也」段注。又〔通鑑·唐紀六四〕音注。〇引手曰丨。〔說文〕「揖，攘也」段注。〇〔禮經〕推手曰揖，引手曰丨，丨即〔尚書大傳〕〔家語〕之葉拱。〔說文〕「丨，笮也」段注。〇〔說文定聲·卷四〕丨，按也。〔淮南·氾論〕「丨文搔法」。〇丨，禳也。〔通鑑·宋紀一四〕「劉玄宮為丨勝」音注。〇丨，困迫也。〔說文定聲·卷四〕〔淹〕下〇〔卷四〕丨猶窮極也。〔漢書·周勃傳〕「處尊位以丨之」。〇丨，臨也。〔左傳文公二年〕「以丨之也」疏證引顧炎武。〇丨，魅也。〔續音義·卷五〕引〔韻略〕。〇丨，惡夢。〔廣韻·葉部〕〇丨、魘，正俗字。〔說文〕「寱，寐而丨也」段注。〇丨，俗字作魘。〔說文〕「丨，一曰合也」段注。〇〔說文定聲·卷四〕丨，或曰眯，俗字變作魘。〔西山經〕「有鳥名曰鵸䳜，服之使人不丨」。〇丨，培壓也。〔國策·秦策四〕「丨案萬乘之國」補正。〇丨，言案之不丨。(同上)鮑注。〇〔通雅·卷一一〕丨旦，應旦也，謂黎明昧爽也。〔荀子〕「丨旦」。〇〔說文定聲·卷四〕丨旦，旦而未明也。〔荀子·儒效〕「丨旦于牧之野」。〇丨然，消沮閉藏之貌。〔大學〕「見君子而後丨然」朱注。〇丨浥，溼意。〔集韻·緝部〕〇丨浥，即涪浥之假借，濕也。〔詩·行露〕「丨浥行露」通釋。〇丨浥，道中之露也，傳以丨浥為多露濡溼之意。(同上)後箋。〇丨浥，晨夜道多湛露，濺衣濡襦，重不可步。(同上)後箋引〔易林〕。〇〔說文定聲·卷四〕丨段借為抑，丨、抑雙聲。〔儀禮·喪服傳〕「先君餘尊之所丨」。〇(同上)丨，段借為壓。〔儀禮·鄉飲禮〕「賓丨介升」。〇(同上)丨，段借為偃。〔禮記·曲禮〕「丨冠不入公門」。〇(同上)丨，段借為弇，或為犯。〔晉語〕「判丨晉軍」。〇(同上)丨，段借為協。〔說文〕「丨，一曰合也」。〇丨通作壓。〔廣雅·釋言〕「鎮，笮也」疏證。〇丨與壓通。〔釋詁三〕「壓，著也」疏證。〇丨讀為壓。〔荀子·儒效〕「丨旦」平議。〇壓、擫、壓、丨並

通。〔廣雅·釋詁三〕「壓，按也」疏證。○丨，魯韓作湆。〔詩·行露〕「丨浥行露」集疏。○丨丨，韓作稽稽。〔載芟〕「丨丨其苗」集疏。○丨，魯作愔。〔小戎〕「丨丨良人」集疏。○丨，魯作懕。〔湛露〕「丨丨夜飲」集疏。○古文〔禮〕揖，丨分別，今文〔禮〕丨皆為揖，而〔禮經〕有丨譌作擡者。〔說文〕「丨，笮也」段注。○丨，古懕字。〔詩·小戎〕「丨丨良人」陳疏。

愜　丨，心伏也。〔廣韻·帖部〕○丨，快也。（同上）○丨，可也。〔慧琳音義·卷五二〕○丨，當也。〔卷七三〕引〔考聲〕。○丨，當意也，可也。〔卷八〕引〔考聲〕。○丨，當意也，亦作㥦。〔卷三二〕引〔考聲〕。○丨與懕同。〔廣雅·釋詁三〕「懕，可也」疏證。

㥦　丨同愜。〔廣韻·帖部〕○丨，人皆得歡心也。〔說文定聲·卷四〕〔「頰」下〕○丨今作愜。〔說文〕「丨，快也」段注。又〔說文定聲·卷四〕。○丨，今多作愜。〔說文〕「丨，快也」繫傳。○〔史記〕丨作嗛，蓋義與丨同。〔漢書·文帝紀〕「天下人民未有丨志」補注引錢大昕。

氎　丨，細毛布。〔廣韻·帖部〕○丨，毛布，或从罘。〔集韻·帖部〕○丨，毛布也，草花布也。〔慧琳音義·卷一四〕引〔考聲〕。○丨，西國草名也，其草花絮堪以為布。〔卷四〕

⿰罘毛　丨同氎。〔廣韻·帖部〕

勰　丨，思也。〔廣韻·帖部〕○協、丨通。〔釋詁〕「丨，和也」郝疏。○丨，古文協字。（同上）鄭注。

睫　丨，目丨。〔廣韻·葉部〕○丨，眼瞼毛也。〔慧琳音義·卷六〕○丨古作䀹。〔漢書·爰盎傳〕「陛下不交丨解衣」補注引錢大昕。○此丨字當作䀹。〔釋名·釋形體〕「丨，插也」疏證。

䀹　丨，眥毛也。〔說文〕「丨，目旁毛也」義證引〔三蒼〕。○丨，或作睫，俗作睞，眼瞼上毛也。〔慧琳音義·卷四九〕○丨，閉目也。〔韓非子·說林上〕「則丨一目」集解。○〔說文定聲·卷四〕丨，叚借為接。〔釋鳥〕注「今江東人取以為睫攡，名之曰白鷺縗」。○丨同睫。〔廣韻·葉部〕○丨，或作睫。〔說文〕「丨，目旁毛也」義證。

浹　丨，洽也。〔廣韻·帖部〕又〔通鑑·漢紀一六〕「人事丨，王道備」音注。○丨，徹也。〔廣韻·帖部〕又〔集韻·洽部〕。又〔通鑑·漢紀一六〕音注。○丨，通也。〔廣韻·帖部〕○丨，丨辰，十二日也。（同上）○丨，潤也。〔慧琳音義·卷九三〕引〔韻詮〕。○丨渫，水皃。〔集韻·洽部〕○丨，多作挾。〔荀子·君道〕「周丨於天下」集解引郝懿行。○丨當為挾。〔荀子·解蔽〕「丨萬物之變」集解。

浹　丨，丨渫。〔廣韻·帖部〕○丨渫，冰凍。（同上）

笈　丨，負書箱。〔廣韻·洽部〕又〔廣韻·葉部〕。○丨，書丨。〔廣韻·業部〕○古人多言負丨，謂自負也。〔說文〕「极，驢上負也」繫傳。○丨，〔說文〕作极。（同上）義證引〔御覽〕。

懾　丨，怖也。〔廣韻·葉部〕又〔通鑑·周紀三〕「愁居丨處，不敢動搖」音注。○丨，怖也，恐怖之極也。〔慧琳音義·卷四九〕○丨，心伏也。〔廣韻·葉部〕又〔通鑑·周紀三〕「愁居丨處」音注。○丨，失常也。〔廣韻·葉部〕又〔慧琳音義·卷五五〕引〔字書〕。又〔通鑑·周紀三〕「愁居丨處」音注。○丨，失氣也。〔廣韻·葉部〕又〔國策·秦策三〕「趙楚丨服」鮑注。又〔通鑑·周紀三〕「愁居丨處」音注。○丨猶懼也。〔大戴·文王官人〕「臨丨以威而氣不卑」王詁。○丨猶恐懼也。〔史記〕「目攝之」雜志。○丨、慴，恐懼也。〔集韻·葉部〕○丨，畏懼之也。〔說文定聲·卷四〕〔「攝」下〕○丨，服也。〔廣雅·釋言〕疏證補。○〔說文定聲·卷四〕丨，叚借為㒤。〔說文〕「丨，一曰服也」。○丨與㒤通。〔廣雅·釋詁二〕「㒤，丨也」疏證。○丨與攝通。〔史記〕「目攝之」雜志。○丨與躡同。〔廣雅·釋詁一〕「躡，急也」疏證。又〔方言一二〕「躡，急也」箋疏。○丨與慴、與慹、與怯略同。〔說文定聲·卷四〕○丨與惵同義。〔逸周書〕「心遷移」雜志。○丨，字亦作惵，嬴也。〔說文定聲·卷四〕○丨服、慴服、讋服、執服、慹服，並字異而義同。〔廣雅·釋言〕「丨，服也」疏證。

㒤　丨、懾音義同。〔說文〕「丨，心服也」段注。○丨與懾同。（同上）繫傳。○〔說文定聲·卷四〕丨，以懾為之。〔廣雅·釋言〕「懾，般也」。○（同上）丨叚借為懾。〔廣雅·釋詁二〕「丨，懼也」。

惵　丨，思懼兒。〔廣韻·帖部〕○丨猶懼也。〔慧琳音義·卷九六〕引顧野王。○丨，恐懼也。〔逸周書〕「心遷移」雜志引〔玉篇〕。○丨與懾同義。（同上）○〔說文定聲·卷四〕丨，嬴也。〔方言一二〕「丨，嬴也」。〔「懾」下〕○〔卷八〕丨者，枼之借字。〔方言一二〕「丨者，嬴也」。〔「者」下〕

⿰忄枽　〔通雅·卷九〕丨丨即惵惵。〔東都賦〕「丨丨黔首」。

慴　丨，懼也。〔廣韻·葉部〕又〔集韻·緝部〕。○丨，伏也。〔廣韻·葉部〕又〔續音義·卷一〇〕引〔切韻〕。○丨，怯也。〔廣韻·葉部〕○丨，懾也。〔廣韻·帖部〕○丨即懾也。〔逸周書〕「從處」雜志。○丨與慹、懾皆略同。〔說文定聲·卷三〕○丨，通作懾，又通作㒤，又通作慹。〔釋詁〕「丨，懼也」郝疏。

蹀　丨，躞丨。〔廣韻·帖部〕○丨躞，步小皃也。〔慧琳音義·卷九五〕○丨，蹈也。〔集韻·帖部〕○丨與⿱執足同，字亦作跕。〔廣雅·釋詁一〕「丨，履也」疏證。

挾 —，謂俾夾而持之也。〔說文〕「—，俾持也」段注。○—，懷也。〔廣韻·帖部〕○—，如今人言懷—也。〔說文〕「—，俾持也」段注。○—謂矢與弦成十字形也。〔同上〕○—，持也。〔廣韻·帖部〕又〔慧琳音義·卷一二〕引〔考聲〕。又〔通鑑·周紀一〕「—匕首，入襄子宮中塗廁」音注。○—，藏也。〔廣韻·帖部〕又〔慧琳音義·卷一二〕引〔考聲〕。○—，藏於掖也。〔卷一四〕引〔考聲〕。○—，護也。〔廣韻·帖部〕○—，以腋持物也。〔孟子·梁惠王上〕「—太山以超北海」朱注。○—，夾持之。〔國策·趙策三〕「以銳師居安邑以—秦」補正。○—，牽制之。〔同上〕鮑注。○—者，兼有而恃之之稱。〔孟子·萬章下〕「不—長」朱注。○—，有也。〔詩·大明〕「使不—四方」朱傳。○〔說文定聲·卷四〕—，捎也。〔淮南·人間〕「秦皇—録圖」注「銷也」。○—猶要也。〔說文定聲·卷四〕〔「俠」下〕○〔卷四〕—，叚借為發聲之詞。〔方言三〕「—斯，敗也」。○—，接之本字。〔說文〕「—，俾持也」段注。○—與接同聲亦同義。〔詩·大明〕「使不—四方」通釋。○—與接字通。〔孟子·盡心上〕「—貴而問」焦正義。○—與接義同。〔同上〕○—讀為接。〔賈子·春秋〕「寇—城堞矣」平議。○—，古通作夾。〔廣雅·釋詁四〕「—，輔也」疏證。○〔說文定聲·卷四〕—，叚借為夾。〔廣雅·釋詁四〕「—，護也」。○〔同上〕—，叚借為梜。〔管子·弟子職〕「右執—匕」。○—讀為梜。〔管子·弟子職〕「右執—匕」平議。○〔說文定聲·卷四〕—，叚借為褎夾之夾。〔釋言〕「—，藏也」。○〔同上〕—，叚借為頰。〔晉語〕「遇兆—以銜骨」。○〔同上〕—，叚借為插。〔儀禮·鄉射禮〕「兼—乘矢」。○—猶給也，讀為浹。〔管子·揆度〕「下農—三」平議。○—，〔左傳〕作浹。〔說文〕「—，俾持也」段注。○古浹字止作—。〔詩·大明〕「使不—四方」通釋。○—與俠通。〔廣雅·釋詁三〕「俠斯，敗也」疏證。○—亦作俠。〔方言三〕「—斯，敗也」疏證。○—，叚借為帀。〔說文定聲·卷四〕○—、帀義同。〔周禮·天官〕「—日而斂之」孫正義。○—與制義亦相近。〔史記〕「折韓」雜志。○今人或謂箸為—提。〔通雅·襍用〕

鋏 —，冶器者，鑄於鎔中，則以此物夾而出之。此物金為之。〔說文〕「—，可以持冶器鑄鎔者也」段注。○—，長—，劍名。〔廣韻·帖部〕○—，劍把也。〔國策·齊策四〕「長—歸來乎」鮑注。○—，把也。〔楚辭·涉江〕「帶長—之陸離兮」補注引〔莊子〕。○—誼與鉗與鉆略同，蘇俗炊爨之火夾，亦其類也。〔說文定聲·卷四〕○—謂讀若挾持之挾。〔說文〕「—，可以持冶器鑄鎔者也」段注。○〔說文定聲·卷四〕—，此義疑借為挾，劍把手所挾持處，故謂之挾。〔莊子·說劍〕「韓魏為夾」。○〔同上〕—，此義疑借為鈒。〔吳都賦〕「毛羣以齒角為矛—」注「刀身劍鋒，有長—短—」。

屧 —，屐也。〔廣韻·帖部〕○—，履中薦也。〔廣韻·帖部〕○—，鑿腹令空薦足者。〔慧琳音義·卷四八〕○—，又作蘗，履屬也。〔卷五〕

喋 —，便語。〔廣韻·帖部〕○—，江南謂吃為—。〔集韻·葉部〕○—，啑—，梟鴈食也。〔廣韻·狎部〕○—，血流皃。〔廣韻·帖部〕○—，〔史記〕作啑，啑、唼同字。〔漢書·文帝紀〕「新—血京師」補注。○—，自為唼—之—，唼、—二字本通。〔漢書·文帝紀〕補注引周壽昌。○呭呭之為——。〔漢書·張釋之傳〕「豈效此嗇夫——利口捷給哉」補注。○—與喋同。〔方言一〇〕「吃，或謂之喋」箋疏。

喋 —即喋字，唐人避諱缺筆。〔漢書·陳湯傳〕「席卷—血萬里之外」補注引朱一新。

箑 —，扇也。〔廣韻·葉部〕又〔集韻·葉部〕。○—、疾、扇，皆聲之轉耳。〔方言二〕「扇，疾也」箋疏。○—、捷字並通，疾也。〔方言二〕箋疏。○—亦作翣。〔方言五〕「扇自關而東謂之—」疏證。

燮 —，和也。〔廣韻·帖部〕又〔詩·大明〕「—伐大商」朱傳。又〔慧琳音義·卷三三〕。○—，雍雍喈喈心和形於言也。〔說文〕「—，和也」繫傳。○—即襲之假借。〔詩·大明〕「—伐大商」通釋。○內與—聲相近，假借字。〔書·洪範〕注「—作內」孫疏。○公子—，〔穀梁〕作公子濕，古—、濕、溼音義通。〔公羊傳·襄公八年經〕「獲蔡公子—」陳疏。

褶 —，袷也。〔廣韻·帖部〕○—，謂重衣之最在上者也，其形若袍，短身而廣袖。〔說文〕「襲，左衽袍」義證引〔急就篇〕顏注。○—，一曰左衽之袍也。〔同上〕

靨 —，面上—子。〔廣韻·葉部〕○嬮、—、䩄並同義。〔廣雅·釋詁一〕「嬮，好也」疏證。

嬮 —，女字。〔廣韻·葉部〕

鑷 —與銸同，拔髮也。〔說文〕「銸，鉆也」義證引〔玉篇〕。○—，—子。〔廣韻·葉部〕○—，車綦也。〔說文〕「鉆，鐵銸也」義證引〔玉篇〕。○—與銸同。〔同上〕○銸、籋、—並同義。〔廣雅·釋言〕「銸，鉆也」疏證。

鞢 —，—鞢，射具。〔廣韻·帖部〕○—謂決也，著於右手大指所以引弦也。〔廣雅·釋器〕「拾，—也」疏證。○—，所以助鉤弦，若今皮—。〔說文〕「—，射決也」繫傳。○—即今人之扳指也。經典多言決，少言—。〔同上〕段注。○—，決也，以象骨為之，著右手大指，所以鉤弦闓體。〔詩·芄蘭〕「童子佩—」朱傳。○—字从韋，當从鄭箋訓為禮經之極，以朱韋為之，箸食指、將指、無名指各一，亦決類也。〔說文定聲·卷四〕○—同韘。〔廣韻·葉部〕

弽 —，弓—。〔廣韻·帖部〕○—，射決張弓，又童子佩之。〔廣韻·葉部〕

熠 —，火皃。〔廣韻·緝部〕

華 —，盛也。〔詩·出車〕「黍稷方—」朱傳。

爗 ｜，爗｜，火盛。

讋 〔廣韻·葉部〕｜，失氣也。〔通鑑·漢紀五五〕「衆數千人皆｜服」音注。又〔通鑑·唐紀四六〕「衆皆｜服」音注。○｜，怖也。〔慧琳音義·卷五六〕○｜，或作慴，怖畏也。〔卷九一〕○｜，中自服也。〔說文〕「｜，失气言，一曰不止也」繫傳。○｜，多言也。〔廣韻·葉部〕○｜，言不止也。〔說文〕「｜，失气言」義證引〔玉篇〕。○｜，或借襲字。〔說文〕「｜，一曰不止也」義證。○〔說文定聲·卷三〕｜，段借為襲。〔淮南·氾論〕「因其資以｜之」。○〔同上〕｜，段借為嚞。〔說文〕「｜，一曰不止也」。○｜與慴古字通。〔漢書·項籍傳〕「府中皆｜伏」補注引錢大昕。○｜，此與慴音義同。〔說文〕「｜，失气言」段注。○｜與慴略同。〔說文定聲·卷三〕○攝｜，〔史〕作懾慴，｜與慴同義。〔漢書·霍去病傳〕「輜重人衆攝｜者弗取」補注引李慈銘。○｜，或借譫字。〔說文〕「｜，失气言」義證。

摺 ｜，敗也。〔慧琳音義·卷九三〕引〔考聲〕。又〔管子〕「脅之」雜志。○｜與拉同，摧也，折也。〔通鑑·唐紀二一〕「｜膺籤爪」音注。○｜與拉略同。〔說文定聲·卷三〕○｜，疊也。〔廣韻·葉部〕○｜，今義為｜疊。〔說文〕「｜，敗也」段注。○〔說文定聲·卷三〕｜，段借為燮。｜、燮雙聲。〔廣雅·釋詁一〕「｜，折也」疏證。○襵、攝、｜並通。〔漢書·古今人表〕「夷王｜」。○｜義與下擠字同。〔廣雅·釋詁〕「襵，詘也」疏證。

讘 ｜，詁｜。〔廣韻·葉部〕○｜者，喹短言之。〔說文定聲·卷三〕〔「㬎」下〕○〔卷四〕｜，段借為聶。〔史記·魏其武安侯列傳〕「呫｜耳語」。

饁 ｜，餉。〔詩·甫田〕「｜彼南畝」朱傳。○｜，餉田。〔廣韻·葉部〕○｜，餉田也。〔詩·七月〕「｜彼南畝」朱傳。○｜，饋也。〔甫田〕「｜彼南畝」陳疏。

跕 ｜，｜屣。〔廣韻·帖部〕○｜，一曰徐行。〔集韻·帖部〕○｜屣，徐行也。〔慧琳音義·卷八八〕○｜屣，徐行曳屣也。〔卷九九〕引〔考聲〕。○｜，行曳履。〔集韻·帖部〕○｜屣，履踐也。〔慧琳音義·卷八八〕引〔考聲〕。○｜，墮落。〔廣韻·帖部〕○｜｜，墮落也。〔集韻·帖部〕○｜即疌字，｜躧，服虔所謂「蹝屣履」是也。〔漢書·地理志〕「女子彈弦｜躧」補注引錢坫。○蹀與躠同，字亦作｜。〔廣雅·釋詁一〕「喋，履也」疏證。

歙 ｜，懼皃，或作慄。〔集韻·葉部〕○｜，黟｜。〔廣韻·葉部〕

霅 ｜霵，雨聲。〔集韻·緝部〕

欇 ｜，虎櫐也。〔廣韻·葉部〕○｜，虎豆也，藤蔓林樹生，莢有毛刺。〔釋木〕「｜，虎櫐」郭注。○｜，蔓木名，虎豆也。〔集韻·葉部〕

𣡌 ｜，樹葉動皃。〔廣韻·葉部〕○｜，風動皃。〔同上〕○楓木一名｜｜。〔說文〕「｜，木葉搖白也」繫傳。○〔說文定聲·卷四〕｜，以獵為之，今紫藤

也，蘇俗謂之芝藤花。謝靈運〔山居賦〕「獵涉蘡薁」。○〔同上〕｜，段借為攝。〔方言五〕「僉，宋魏之間謂之欇殳」。

褋 ｜，襌衣。〔廣韻·帖部〕○｜，禮襜袖襦也。〔楚辭·湘夫人〕「遺余｜兮醴浦」補注引五臣注。○｜亦作襍。〔廣雅·釋器〕「｜，襌衣也」疏證。又〔方言四〕「襌衣，江淮南楚之間謂之｜」疏證。

襍 ｜字或作褋。〔說文〕「｜，南楚襌衣曰｜」義證。○｜又借作緤。〔同上〕

擪 ｜，指按也。〔廣韻·葉部〕○厭與｜同，一指按也。〔淮南子·說林篇〕「使工厭竅」雜志。○｜，持也。〔廣韻·葉部〕○｜者，引手使指按着胸也。〔說文定聲·卷四〕〔「厭」下〕○｜，引手按胸也。〔同上〕〔「揖」下〕○〔同上〕｜，以厭為之。〔笙賦〕「厭焉乃揚」。○｜亦省作厭。〔說文〕「｜，一指按手」句讀。○〔說文定聲·卷四〕｜，以壓為之。〔莊子·外物〕「壓其顪」。○｜之言壓也。〔廣雅·釋詁三〕「｜，按也」疏證。○｜、擫、壓、厭並通。〔同上〕○〔說文定聲·卷四〕｜，以葉為之。〔家語·辨樂〕「葉拱而對」。○〔同上〕｜，字亦變作擫。〔說文新附〕「擫，姿也」。

擫 ｜同擪。〔說文〕「擪，一指按也」段注。○｜與厭通，投也。〔方言一〇〕注「江東又呼｜」箋疏。○〔通雅·卷三〇〕｜擫，一作擪抲，手執之壯也。〔洞簫賦〕「挹抐｜擫」。

躐 ｜，踐也。〔廣韻·葉部〕○失節而踐曰｜。〔禮記·玉藻〕「為｜席」集解引庾蔚。○｜與越義同。〔說文〕「｜，䟒，越也」段注。○｜，凝也。〔說文〕「跙，步行｜跋也」繫傳。○｜者，獵之或體也。〔釋言〕「跋，｜也」郝疏。○擸、｜、獵並通。〔廣雅·釋詁三〕「擸，持也」疏證。○｜｜當作甄甄。〔說文〕「甄，蹈瓦聲甄甄也」段注。

怗 ｜，靜也，或从枼。〔集韻·帖部〕又〔廣韻·帖部〕。○｜，安也。〔同上〕○｜，服也。〔同上〕○俗製｜字為安服之義。〔說文〕「帖，帛書署也」段注。○｜與惉同。〔廣雅·釋詁一〕「惉，安也」疏證。○｜懘，一作惉滯、怗懘。〔通雅·釋詁〕○｜又譌為從巾之帖。〔說文〕「聑，安也」義證。

擸 ｜，擇持也。〔說文〕「｜，理持也」義證引〔玉篇〕。○｜又通作躐。〔同上〕義證。又〔同上〕句讀。○｜通作獵。〔同上〕句讀。○〔說文定聲·卷四〕｜，以獵為之。〔後漢·崔駰傳〕「躐纓整襟」。○｜、躐、獵並通。〔廣雅·釋詁三〕「｜，持也」疏證。

輒 ｜，輢下附軫象耴下垂，故又謂之｜。〔周禮·冬官〕「車軫四尺，謂之一等」孫正義。○｜，專｜。〔廣韻·葉部〕○｜，專也。〔通鑑·晉紀一〕「不如｜召」音注。〔說文〕「｜，車兩輢也」段注。○｜還，當作輙行。〔韓子·內儲下〕「趙乃｜還」集解引王念孫。○耳垂

謂之耴，故車耳亦謂之丨。〔春秋名字解詁〕「鄭公孫丨字子耳」述聞。○耳垂左右皆外向，其象侈張，丨之反出以向外，亦如之。〔同上〕「魯子叔丨字伯張」述聞。○丨，叚借為耴。〔左傳〕鄭大夫子耳名丨。〔說文定聲・卷四〕○丨、耴古字通。〔春秋名字解詁〕述聞。○〔說文定聲・卷四〕丨，叚借為縶。〔穀梁傳昭公二〇年〕「盜殺衛侯之兄丨」。○丨與㘨亦聲近義同。〔廣雅・釋詁四〕「㘨，靜也」疏證。

緁 丨，緶衣也。〔集韻・葉部〕○丨者，緶其邊也。〔說文〕「丨，緶也」段注。○丨，連丨。〔說文〕曰「緶衣也」。〔廣韻・葉部〕○丨與緝聲義並近。〔方言九〕「所以縣櫂謂之緝」箋疏。○〔說文定聲・卷三〕丨，以緝為之。〔儀禮・喪服傳〕「齎，緝也」。○〔同上〕丨字亦作⿰糸幼。〔廣雅・釋詁二〕「⿰糸幼、緤，縫也」。○丨字亦作緤。〔說文定聲・卷三〕○〔同上〕丨字亦作襵。〔通俗文〕「便縫曰襵」。○⿰業刂、丨並音且葉反，義相近也。〔廣雅・釋詁二〕「⿰業刂，續也」疏證。

⿰糸幼 丨，縫也。〔廣韻・葉部〕○丨，丨緤，補衣。〔同上〕○丨，丨緤，補縫也。〔集韻・葉部〕

襵 丨，襞也。〔廣韻・葉部〕○丨，衣丨。〔同上〕○丨，詘也。〔說文〕「襞，韏衣也」義證引〔玉篇〕。又〔說文〕「詘，一曰屈襞」義證引〔玉篇〕。○丨，小褻也，裙腰襵也。〔慧琳音義・卷八二〕○丨謂不申也。〔卷五六〕○丨、攝、摺並通。〔廣雅・釋詁四〕「丨，詘也」疏證。

⿰衤輒 丨，正體作襵，或作⿰衤耴。〔慧琳音義・卷六二〕

⿰衤耴 丨，衣領。〔廣韻・帖部〕

⿰業刂 丨，續也。〔廣韻・葉部〕又〔集韻・業部〕。○丨、緁義相近。〔廣雅・釋詁二〕「丨，續也」疏證。

⿰糸習 丨，緶衣也。〔楚辭・昭世〕「襲英衣兮緹丨」補注引〔集韻〕。○丨亦緁字也，通作緝。〔廣雅・釋詁二〕「丨，緁也」疏證。

捻 丨，指丨。〔廣韻・帖部〕○丨，捏也。〔慧琳音義・卷一八〕引〔考聲〕。又〔卷三三〕。又〔卷六五〕。○丨，手把衣角曰丨。〔卷一〇〇〕○丨與抐聲相近也。〔廣雅・釋詁三〕「拈，持也」疏證。○拈與丨一聲之轉。〔同上〕

謵 丨，小語。〔廣韻・葉部〕○丨，小言。〔集韻・葉部〕○丨，謂讋語不止。〔同上〕○丨，言不止也。〔慧琳音義・卷五二〕○〔說文定聲・卷三〕丨，叚借為習。〔莊子・庚桑楚〕「復丨不餽而忘人」。

苶 丨，疲皃。〔集韻・帖部〕○丨，病劣皃。〔廣韻・帖部〕○丨，一曰忘也。〔集韻・帖部〕○〔說文定聲・卷一二〕薾亦作丨。〔莊子・齊物論〕「丨然疲役」。〔「薾」下〕○丨者，薾之變也。〔說文〕「薾，智少力劣也」段注。

鍱 丨，銅丨。〔廣韻・葉部〕○丨，椎薄之也。〔說文定聲・卷四〕〔「擛」下〕○丨，金銀銅鐵之椎薄成葉者也。〔卷四〕○丨又作鏶。〔說文〕「丨，鏶也」義證。○丨字亦作鏶。〔說文定聲・卷四〕○丨或作鏶。〔說文〕「丨，鏶也」義證。○丨與葉同音，鏶與集同音，集、葉皆聚也，故丨又謂之鏶矣。〔廣雅・釋詁三〕「葉，聚也」疏證。○丨與鍇音同。〔墨子・備城門〕「以錮若鐵丨之」閒詁引畢沅。

婕 丨，丨好。〔廣韻・葉部〕○〔說文定聲・卷三〕丨，此以接為訓。〔史記・外戚世家〕「尹丨好」索隱「承也」。○〔同上〕丨以倢為之，漢制婦官始製此字。〔漢書・外戚傳〕「至武帝制倢伃、娙娥、傛華、充衣」。

䐑 丨，細切肉也。〔廣韻・葉部〕○丨，切也，或从聶，通作聶。〔集韻・葉部〕○聶切曰丨。〔通雅・飲食〕○〔說文定聲・卷四〕丨，所謂藿葉切也。〔周禮・醢人〕注「皆丨而切之」。

聶 丨，附耳和小語也。〔說文〕「咠，丨語也」句讀。○丨，登也，亦是附耳私語也。〔莊子・大宗師〕「瞻明聞之丨許」集解。○丨，一耳就二耳也。〔說文〕「丨，附耳私小語也」繫傳。○丨，木葉動皃。〔集韻・葉部〕○〔說文定聲・卷四〕丨，叚借為攝。〔海外北經〕「丨耳之國，為人兩手丨其耳」。○丨許，攝而保之無所施與也。〔莊子・大宗師〕「聞之丨許」集釋引李注。○〔說文定聲・卷四〕丨，叚借為翕。〔釋木〕「守宮槐葉，晝丨宵炕」。○〔同上〕丨，叚借為䐑。〔禮記・少儀〕「丨而切之為膾」。○〔同上〕丨，以讘為之。〔史記・魏其武安侯傳〕「呫囁耳語」。○〔同上〕丨，叚借為緁。〔素問・調經論〕「丨辟氣不足」。○嵒為正字，丨為假借字。〔左傳僖公元年經〕「次于丨北」疏證引臧壽恭。○丨字或作囁。〔說文〕「丨，附耳私小語也」句讀。

囁 丨，口動。〔廣韻・葉部〕○丨，言無節。〔集韻・葉部〕○丨，一曰私罵。〔同上〕○丨嚅，小語謀私貌也。〔楚辭・怨世〕「喜丨嚅而妄作」戴注。○丨，今人作丨丨，即聶聶也。〔通雅・釋詁〕○丨嚅當作丨吺。〔說文〕「吺，丨嚅多言也」義證引〔六書正譌〕。

籋 丨，箝也。〔廣韻・葉部〕○丨，箝也，或作筿。〔集韻・帖部〕○丨，音聶，小鉗也。〔說文〕「燕，玄鳥也，口布翅枝尾」繫傳。○所以箝者曰丨，以竹為之。〔說文定聲・卷四〕〔「箝」下〕○凡脅持物以竹曰丨，曰箝，以鐵曰鑷，曰鉗，曰鈷，曰銸，蘇俗謂之鑷子。〔說文定聲・卷一二〕○夾取之器曰丨，今人以銅鐵作之，謂之鑷子。〔說文〕「丨，箝也」段注。○丨，竽竹。〔集韻・齊部〕○丨，小箱。〔廣韻・帖部〕○〔說文定聲・卷一二〕丨，叚借為躡，丨躡雙聲。〔漢書・郊祀志〕「丨浮雲」。○〔同上〕丨，叚借為檷。〔易・姤〕子夏傳「繫于金鑈」。○丨，今俗作鑷。〔說文〕「丨，箝也」繫傳。○銸、丨、鑷並同義。〔廣雅・釋言〕「銸，鈷也」疏證。

鑈　—,終絲具。〔集韻·答部〕〇—同籋。〔廣韻·帖部〕

梜　—與筴同。〔廣雅·釋器〕「筴謂之箸」疏證。

緤　—,紬—,補衣。〔廣韻·葉部〕〇—、緁,聲並與剩同義相近。〔方言六〕「剩,續也」箋疏。

椄　—,續木。〔廣韻·葉部〕〇—者,續木也。〔說文〕「軻,—車軸也」段注。〇〔說文定聲·卷四〕从彼樹移—此樹,後世謂之嫁樹也。〔說文〕「—,續木也」。〇—槢,梁也。〔集韻·葉部〕〇—者,子初生—見於父。〔左傳桓公六年〕「—以太牢」疏證引服虔。〇—子,謂梨柿之屬,同類相接者也。〔慧琳音義·卷二六〕〇—通作接。〔說文〕「—,續木也」義證。〇接、—字同,古木、手通寫。〔漢書·古今人表〕「鄭文公—」補注引梁玉繩。〇—之言接也,今接行而—廢。〔說文〕「—,續木也」段注。

菨　—,莕—,水草可食。〔廣韻·葉部〕〇〔說文定聲·卷四〕—,段借為翣。〔祝睦碑〕「—蔞以席」。

倢　—,斜出也。〔廣韻·葉部〕〇—,利也。〔同上〕〇〔說文定聲·卷三〕—,便利之意。〔說文〕「—,佽也」。〇—,便也。〔廣韻·葉部〕〇—仔,次於皇后。〔說文〕「—,次也」繫傳。〇婦官謂—仔也。〔說文〕「仔,婦官也」繫傳。〇—仔,婦官也,亦作婕好,蓋言敏捷而又安舒與。〔說文〕「—,佽也」段注。〇—仔,二字連文,婕嬩即婕好。〔漢書·昭帝紀〕「母曰趙—仔」補注引錢大昕。〇——,樂事也。〔詩〕云「征夫——」段注引〔玉篇〕。〇—,段借為婕。〔說文定聲·卷三〕〇—,捷也,乃相承敏捷之意。〔說文〕「仔,婦官也」義證引〔石林燕語〕。〇—與捷通。〔廣雅·釋訓〕「倢倢,憭也」疏證。〇—、捷古通用。〔方言一〕「捷,鬼,慧也」疏證。〇—通作捷。〔說文〕「—,佽也」義證。〇〔說文定聲·卷三〕—,以捷為之。〔詩·烝民〕「征夫——」。〇—、捷、疌並通。〔廣雅·釋詁二〕「—,健也」疏證。〇—與捷、捷並同。〔方言一〕「宋楚之間謂之—」箋疏。〇〔說文定聲·卷三〕—字亦作僷。〔廣雅·釋詁一〕「僷,疾也」。〇〔同上〕—以嗺為之。〔漢書·揚雄傳〕注。

鯜　—,魚名。〔廣韻·葉部〕〇—,俗呼為魚婢,江東呼為妾魚。〔說文〕「—,魚也」句讀。〇—或通作妾。〔說文〕「—,魚名」義證。

蛺　—,—蝶。〔廣韻·帖部〕〇—蝶,蝶美于須,蛾美于眉,故又名蝴蝶,俗謂須為胡也。〔本草·卷四〇〕

蠳　—同蜨。〔廣韻·帖部〕

揲　—,度—。〔廣韻·葉部〕〇—,閱持也。〔集韻·葉部〕〇—,摺—。〔廣韻·怗部〕〇〔說文定聲·卷四〕—荒,謂取膏肓入膈膜也。〔史記·扁倉傳〕「—荒爪幕」。〇—貫,猶言積累。〔廣雅·釋詁一〕「—,積也」疏證。〇——,動兒,或从三耳。〔集韻·葉部〕〇〔說文定聲·卷四〕—,段借為鍱。〔淮南·說山〕「—挺其土而不益厚」。〇〔同上〕—,段借為葉。〔管子·弟子職〕「執箕膺—」。

偞　—,卑。〔廣韻·帖部〕〇—,畏迫自卑也。〔集韻·葉部〕〇—,疾不甚兒。〔同上〕〇—,輕也。〔同上〕〇——,輕薄美好兒。〔廣韻·葉部〕〇——即偞偞。自關以西,美容謂之奕,或謂之偞。——,輕薄美好兒,後人亦有用奕奕偞偞者。〔通雅·釋詁〕

僷　—亦輕薄之兒。〔說文〕「—,宋衛之間謂華——」繫傳。〇—,偞,華也。〔集韻·葉部〕〇——猶佔佔也。〔說文〕「華——」繫傳。〇〔說文定聲·卷四〕—,段借為媟。〔禮記·玉藻〕「若祭謂己僷卑」。〇〔同上〕—段借為婕。〔廣雅·釋詁四〕「—,詘也」。〇—亦作偞。〔說文〕「—,宋衛之間謂華——」段注。又〔說文定聲·卷四〕。〇—通作葉。〔方言二〕「—,容也」箋疏。

煠　—,爚—。〔廣韻·葉部〕〇—,爚也。〔集韻·葉部〕

䈎　—,篇—。〔廣韻·葉部〕〇—,篇簿書—。〔同上〕〇—,書篇名,或从艸。〔集韻·帖部〕〇—,小兒所書寫,每一笘謂之一—,字亦可以葉為之,俗用頁,頁即首字,今音誤用葉。〔說文定聲·卷四〕〇—與籥一聲之轉。〔廣雅·釋器〕「—,籥也」疏證。〇—之言葉也,與簡牒之牒同義。〔同上〕〇—,小兒所書寫,每一笘謂之一—。今書一紙謂之一頁,或作葉。〔說文〕「—,籥也」段注。

殜　—,一曰微也。〔集韻·葉部〕〇—殗,病也。〔同上〕〇—、殜同。〔方言二〕「—,微也」疏證。

淁　—,裁有水也。〔集韻·葉部〕〇—,—泜,纔有水兒。〔廣韻·葉部〕

儠　〔說文定聲·卷四〕—,謂人高大豐偉。〔說文〕「—,長壯——也」。〇或曰—亦鬣字。〔說文定聲·卷四〕〇—,〔傳〕借鬣字。〔說文〕「—,長壯——也」義證。

甄　—,蹈瓦聲。〔廣韻·葉部〕〇—,蹈瓦聲也。〔廣韻·帖部〕〇〔說文定聲·卷一四〕—字亦作瓻。〔通俗文〕「瓦破聲曰瓻」。

邋　—,邁也。〔廣韻·葉部〕〇或曰—還猶迨還也,行相逮及之意,亦猶拉擸、𤞽獵字也。〔說文定聲·卷四〕〇〔同上〕—,段借為拉。〔說文〕「—,擠也」。〇—,或借作攦字。〔說文〕「—,擠也」義證。〇—與攦同。〔廣雅·釋詁二〕「攦,折也」疏證。〇〔說文定聲·卷四〕—字亦作劙。〔廣雅·釋詁一〕「劙,斷也」。〇—,疑即躐字。〔說文定聲·卷四〕

巤　—,本也,又鼠毛。〔廣韻·葉部〕〇——,言分張。〔通雅·釋詁〕〇—與鬣蓋正俗字。〔說文〕「—,毛—也」段注。〇—,或借作鬣字。〔同上〕義證。〇許意—為今馬鬣字,鬣為顫動之字,今則鬣行而—廢矣。〔說文〕「鬣,髮鬣鬣也」段注。〇鬣即—之絫增字也。〔說文〕「—,毛—也」句讀。〇—、鬣、獵,並字異而義同。〔廣雅·釋器〕「鬣,毛也」疏證。

崨 丨，丨磼，山連延也。〔廣韻·葉部〕

㚔 丨，盜不止也。〔集韻·緝部〕○丨，所以犯驚人也。〔說文〕「丨，所以驚人也」義證引〔五經文字〕。○大羊為丨，統言曰皋。〔說文定聲·卷三〕○丨，一曰讀若瓠者，當云讀若瓠讘，謂丨聲如讘也。〔說文〕「丨，一曰讀若瓠」義證。

夲 丨者，罪也。〔說文〕「睪，司視也」段注。〔「睪」下〕

⿰馬耴 丨，馬步疾也。〔廣韻·葉部〕○丨，馬行疾也。〔集韻·葉部〕○丨字亦作⿰馬聶。〔說文定聲·卷四〕

⿰女占 丨，輕薄。〔廣韻·葉部〕○丨與沾亦聲近義同。〔廣雅·釋詁一〕「丨，補也」疏證。○〔說文定聲·卷四〕丨，此誼與婕略同。〔說文〕「丨，一曰女輕薄善走也」。

嵒 丨，多言。〔廣韻·葉部〕○丨，多言也。〔說文〕「嵒，周書曰，畏于民嵒」義證引〔困學紀聞〕。○丨，曳丨，爭言也。〔說文〕「丨，多言也」義證引〔玉篇〕。○丨、聶古字通。〔左傳哀公一二年〕「丨戈錫」洪詁。○〔說文定聲·卷四〕丨字亦作攝，即〔左傳昭公二〇年〕所謂聊攝以東也。〔說文〕引〔春秋傳〕「次於丨北」。○丨，當為碞。〔說文〕「碞，磛丨也」義證。○丨，今〔左〕作聶。〔說文〕「丨，春秋傳曰，次于丨北」段注。○丨，〔僖元年〕次于聶北，〔說文〕引作丨北，聶為丨之誤。〔左傳哀公一二年〕「丨戈錫」洪詁。○丨與讘略同。〔說文定聲·卷四〕○此與讘音義皆同。〔說文〕「丨，多言也」段注。

⿱執言 丨，多言。〔集韻·帖部〕○丨讘，多言。〔集韻·緝部〕○丨，多言也。〔說文定聲·卷四〕〔「諜」下〕○丨，拾人語也。〔廣韻·葉部〕○〔說文定聲·卷三〕丨，以諜為之。〔史記·張釋之馮唐傳〕「嗇夫諜諜」。○呫聶，當作此丨讘字也。〔說文〕「丨，丨讘也」繫傳。○〔說文定聲·卷三〕丨字亦作喋。〔史記·匈奴傳〕「喋喋而呫呫」。○丨字亦作啑。〔說文定聲·卷三〕○〔同上〕丨字亦作呫。〔史記·魏其武安侯傳〕「乃效女兒呫囁耳語」。○〔同上〕丨，叚借為讋。〔史記·孝文紀〕「喋血京師」。○〔同上〕丨，叚借為⿰口集。〔儀禮·士相見禮〕注「今云呫，嘗膳」。

极 丨，驢上負版。〔廣韻·葉部〕又〔說文〕「丨，驢上負也」義證引〔玉篇〕。○今人為木牀以跨驢背以負載物，即古之丨也。〔同上〕繫傳。○〔說文定聲·卷三〕丨，如今扁箱，便于行李。周處〔風土記〕「笈謂學士所以負書箱如冠箱而卑者也」。○丨之言篋也。〔說文〕「丨，驢上負也」繫傳。○丨即笈。〔同上〕又〔通雅·襍用〕。○〔說文定聲·卷三〕丨，字亦作笈。〔史記·蘇秦傳〕「負笈從師」。○丨，丨插。〔廣韻·業部〕

耴 丨，耳垂也。〔說文〕「輒，車兩輢也」段注。○鄭有公孫輒，字子耳，以丨為之。〔說文定聲·卷四〕

鮿 丨，婢丨魚，即青衣魚。〔廣韻·葉部〕○〔說文定聲·卷四〕丨即今不著鹽而乾者也。〔史記·貨殖傳〕「丨千石」集解「膊魚也」。○丨、鮑，通謂淹魚。〔漢書·巴寡婦清傳〕「丨鮑千鈞」補注引沈欽韓。

⿰巾耴 丨，衣領。〔廣韻·帖部〕○丨，衣衿，或从衣。〔集韻·葉部〕○丨猶摺也。〔說文〕「丨，領耑也」繫傳。○丨亦謂之帕。〔說文定聲·卷四〕○丨此篆與帕篆同義。〔說文〕「丨，領耑也」段注。

曄 丨，草木，白華。〔廣韻·葉部〕

⿱咠鼓 丨，鼓無聲。〔廣韻·帖部〕

⿱耴鼓 丨，字又作⿱咠鼓。〔說文〕「丨，鼓無聲也」段注。○丨字亦誤作⿱咠鼓。〔說文定聲·卷三〕

鞊 丨，鞍丨。〔廣韻·帖部〕○丨鞢，鞍具。〔同上〕○丨鞢，馬被具。〔集韻·帖部〕

呫 丨，嘗也。〔廣韻·帖部〕○丨囁，附耳小語聲。〔集韻·葉部〕又〔說文〕「聶，駙耳私小語也」段注。○丨囁，細語也。〔通鑑·後唐紀三〕「反丨囁於郭公之門」音注。○丨，一曰多言，或作咶。〔集韻·葉部〕○丨丨與喋喋通。〔通雅·釋詁〕○〔說文〕丨作詀，囁作讘，古通用。〔漢書·灌夫傳〕「丨囁耳語」補注引王先慎。

綊 〔說文定聲·卷四〕丨，乘輿為飾。〔說文〕「丨，紅丨也」。

劦 丨，同力。〔廣韻·帖部〕○丨，力不輟也。〔集韻·帖部〕○丨紵者，脫空象漆布為之。〔慧琳音義·卷七七〕○〔說文定聲·卷四〕丨，叚借為⿰風劦，丨、列雙聲。〔說文〕引〔山海經〕「惟號之山，其風若丨」。

⿰風劦 丨，風也。〔集韻·帖部〕○丨，風調也，通作劦。〔同上〕

唊 丨丨，多言也。〔廣韻·帖部〕○丨或作⿰言夾。〔說文〕「丨，妄語也」義證。

⿰言夾 丨當作唊，唊，妄語也。〔韓子·姦劫弒臣〕「讘丨多誦先古之書」集解。

褺 丨，重衣。〔廣韻·帖部〕○丨讀如重疊之疊。〔說文〕「丨，重衣也」段注。○丨猶襞，捲衣也。〔慧琳音義·卷六四〕引〔文字集略〕。○丨字亦作褻，外形內聲，與褻字聲義皆別。〔說文定聲·卷三〕○丨江，〔漢·志〕作墊江。〔說文〕「丨，重衣也」義證。○〔說文定聲·卷三〕丨江亦作墊江。〔說文〕「丨，巴郡有丨江縣」。

⿱執足　丨，足躞丨然連蹋也。〔説文〕「丨，丨足也」繫傳。○丨，今俗作蹀。〔同上〕繫傳。○丨即蹀字也。〔同上〕段注。○〔説文定聲·卷三〕丨字亦作蹀。〔廣雅·釋詁一〕「蹀，履也」。○丨，叚借為喋。〔説文〕「丨，丨足也」段注。○丨，叚借作啑。〔同上〕○蹀與丨同，字亦作跕。〔廣雅·釋詁一〕「蹀，履也」疏證。○〔説文定聲·卷三〕丨字亦作跕，執、占一聲之轉。〔漢書·地理志〕「女子彈弦跕躧」。○〔同上〕丨，以謺為之。〔漢書·文帝紀〕注「蹀謂履涉之耳」。○〔同上〕丨，猶蹋也。〔説文〕「丨，丨足也」。○〔同上〕丨，叚借為渫。〔桐柏碑〕「蹀穢濟遠」。○〔同上〕丨字亦作踥。〔廣雅·釋訓〕「踥踥，行也」。

敜　丨，其本字，涅，其叚借字也。〔説文〕「丨，塞也」段注。○〔説文定聲·卷三〕丨，以涅為之，丨、涅雙聲。〔儀禮·既夕記〕「隸人涅厠」。

屟　丨，履中薦，或作屧、⿱艹屧。〔集韻·帖部〕○丨，履中替也。〔説文〕「丨，履中薦」繫傳。○丨，如今婦女鞵中所施木底也。〔説文定聲·卷四〕○丨，今籢匵中抽屜字，當以此丨為之。〔同上〕○丨，同屧。〔廣韻·帖部〕○丨字亦作屧。〔説文定聲·卷四〕○丨，〔玉篇〕作屜。〔説文〕「丨，履中薦也」義證。○丨字亦作⿱艹屧。〔説文定聲·卷四〕

⿰王燮　丨，石似玉。〔廣韻·帖部〕

⿱燮火　〔説文定聲·卷四〕丨字亦作煠。〔廣雅·釋詁二〕「煠，爚也」。

⿰耴支　丨，使也。〔廣韻·帖部〕又〔集韻·葉部〕。

聑　丨，耳垂皃。〔廣韻·帖部〕○〔説文定聲·卷四〕丨五官莫安于耳。〔説文〕「丨，安也」。○〔同上〕丨，叚借為耴。〔埤蒼〕「丨，耳𠂢也」。○丨，通作攝。〔説文〕「丨，安也」義證。○丨，又作貼。〔同上〕○丨，或作怗。〔同上〕○丨，字或作怗，又借帖及貼。〔同上〕句讀。

⿰扌耴　丨，拈也。〔廣韻·葉部〕○丨，持也。〔集韻·葉部〕○〔説文定聲·卷四〕丨，謂以指取物。〔説文〕「丨，拈也」。○丨，打也。〔廣韻·帖部〕○丨字亦有作趣者，〔史記〕作干趣。〔左傳襄公二五年〕「陪臣干丨」洪詁。○丨，〔釋文〕服本作訊，謀也。〔同上〕○丨，俗作捻。〔説文〕「丨，拈也」義證引〔六書故〕。○丨與⿰金耴亦聲近而義同。〔廣雅·釋言〕「⿰金耴，鉆也」疏證。

⿰女夾　丨丨，得志。〔廣韻·帖部〕○丨，少氣皃。〔同上〕○丨，女行急皃。〔集韻·洽部〕○丨與愿，音義皆同也。〔説文〕「丨，得志丨丨也」段注。○丨與愿略同。〔同上〕丨叚借為婳。〔説文〕「丨，一曰少氣也」。○丨叚借為呷。〔説文定聲·卷四〕

⿰金耴　丨，鉆也。〔廣雅·釋言〕疏證。○拔髮謂之丨，後作鑷，凡夫曰兼丨，江北曰折鑷。〔通雅·襍用〕○丨，拔毛具也，俗作鑷。〔慧琳音義·卷六三〕引〔文字典説〕。○丨，拔髮也。〔説文〕「丨，鉆也」義證引〔玉篇〕。○丨與鑷同。〔同上〕○丨，凡鐵鉗火夾之類皆是。〔説文定聲·卷四〕○丨與⿰扌耴，聲亦相近。〔廣雅·釋詁三〕「丨，持也」疏證。○丨、籋、鑷並同義。〔廣雅·釋言〕「丨，鉆也」疏證。

婳　丨，所謂儳言。〔説文〕「丨，疾言失次也」段注。

俺　丨與奄義略同，其音當亦同。〔説文〕「丨，大也」段注。

犣　丨，牛牲。〔廣韻·葉部〕○丨牛，旄牛也。〔説文〕「犛，西南夷長髦牛也」義證引〔廣志〕。○鬣、丨，義並與儠同。〔廣雅·釋詁二〕「儠，長也」疏證。

⿰巤刂　丨，削也。〔廣韻·葉部〕○丨，擇也。〔同上〕

疌　丨，凡便捷之字當用此。〔説文〕「丨，疾也」段注。○丨通作捷。〔同上〕義證。○丨與倢同，亦作捷。〔廣雅·釋詁一〕「倢，疾也」疏證。○丨即寁之或體。〔詩·終風〕「願言則嚏」後箋。○倢、捷、丨並通，皆健之義也。〔廣雅·釋詁二〕「倢，健也」疏證。

寁　丨，速。〔詩·遵大路〕「不丨故也」朱傳。又〔廣韻·葉部〕。○丨，速，急也。〔遵大路〕「不丨故也」後箋。○進之速為丨。〔同上〕通釋。○丨，作屋居之速也。〔集韻·葉部〕○去之速為丨。〔詩·遵大路〕「不丨故也」通釋。○丨，本或作疌。〔説文〕「疌，疾也」段注。○丨，亟也。〔廣韻·葉部〕○丨之言接也。〔詩·遵大路〕「不丨故也」平議。○丨，亦作⿸广疌。〔説文定聲·卷三〕○丨通作嚔。〔説文〕「丨，居之速也」義證引邵晉涵。

⿸广疌　丨即寁。〔説文〕「寁，尻之速也」段注。○丨、搢同字。〔説文〕「戠，闕，从戈从音」段注。

⿰糸集　丨，合也。〔廣韻·葉部〕又〔集韻·葉部〕。○丨，遠方物也。〔廣韻·葉部〕○丨，一曰遠夷物。〔集韻·葉部〕○丨、貨、布、帛曰賄。〔文選·吳都賦〕「丨賄紛紜」劉注引〔扶南傳〕。

⿱疌金　丨，鏶丨。〔廣韻·葉部〕○丨者，躡也。〔説文〕「丨，機下足所履者」段注。

⿰火聶　丨，熸也，或从日。〔集韻·葉部〕○丨同囁。〔廣韻·葉部〕

⿰足耴　丨，足不相過。〔廣韻·葉部〕○兩足不能相過，楚謂之丨。〔左傳成公二年〕「韓厥執縶馬前」洪詁引〔穀梁傳〕。○丨義亦與躡同。〔廣雅·釋詁一〕「躡，急也」疏證。

踥　丨丨，往來皃。〔廣韻·葉部〕○丨蹀，行貌。〔楚辭·哀郢〕「衆丨蹀而日進兮」補注。

⿰禾夾　丨，丨穧。〔廣韻·帖部〕

怗 —，安也。〔廣韻·帖部〕○—，安也，或作惵。〔集韻·帖部〕○怗與—同。〔廣雅·釋詁一〕「—，安也」疏證。

帖 —領曰偃領。〔通雅·衣服〕○—黃或曰押黃。〔通雅·禮儀〕引李肇。○〔通雅·卷三四〕唐以—白為名器，謂緣飾—邊之類。〔唐鑑〕「有—白檀牀二」。○〔說文定聲·卷四〕妥—者，平尉合著之謂。〔楚辭·序〕「事不妥—」。○舉人摠括經文，以應—試曰—括。〔通雅·書札〕○以帛曰—。〔說文定聲·卷四〕○〔同上〕—，實即慊之轉音。〔釋名·釋牀帳〕「牀前帷曰—，言——而垂也」。○〔同上〕—，叚借為黏或為聑。〔楚辭序〕「妥—」。○〔同上〕—，叚借為偪。〔公羊傳僖公四年〕「卒—荆」。○〔同上〕—字變作怗。〔廣雅·釋詁四〕「怗，靜也」。○—字變作怗。〔說文定聲·卷四〕

埝 —，陷聲。〔廣韻·帖部〕○—，一曰陷也。〔集韻·帖部〕○—，益也。〔同上〕

㘨 —，深也。〔廣韻·帖部〕○—猶怗也，語有輕重耳。〔廣雅·釋詁四〕「—，靜也」疏證。○—、攝、慹，聲義並同。〔同上〕

笘 —，—籙，籥也。〔集韻·帖部〕○—亦謂之觚。〔說文〕「籥，書僮竹—也」段注。○—，折竹箠也。〔廣韻·帖部〕○—，簡也。〔集韻·帖部〕

獵 —，豕長毛謂之—。〔集韻·葉部〕○鬣、鬛、獵、—，並字異而義同。〔廣雅·釋器〕「鬣，毛也」疏證。

𠩂 —，厓—。〔廣韻·業部〕○—，厓毛，或作厒。〔集韻·業部〕

偞 —，厭也。〔禮記·玉藻〕「若祭為己—卑」集解。

偛 —怗，黠兒。〔集韻·葉部〕○—，一曰皮皺。〔同上〕

佔 —，低—也。〔廣韻·帖部〕○—傻，輕佻兒。〔集韻·帖部〕

匧 —，藏也。〔廣韻·帖部〕○—之言挾也。〔廣雅·釋器〕「—謂之椷」疏證。○—，或作篋。〔同上〕○—，緘也。〔說文〕「—，藏也」義證引〔玉篇〕。

渫 —，浹—。〔廣韻·帖部〕

呿 —，臥聲。〔廣韻·業部〕○—，臥息。〔集韻·業部〕

呫 —，多言。〔廣韻·帖部〕○—，多語也。〔集韻·帖部〕

唽 —，多言。〔廣韻·葉部〕○—，多口。〔同上〕

嗋 —，吸也。〔集韻·業部〕

㗼 —，口動兒。〔集韻·業部〕

𪢊 —，齧聲。〔廣韻·葉部〕

㗱 —，—呫多言。〔廣韻·帖部〕

嚈 —呫，多言，或从言。〔集韻·帖部〕

𡰪 —，一曰小步。〔集韻·葉部〕

凨 —，下也。〔集韻·帖部〕

𢏚 —，弓弽兒。〔廣韻·業部〕○—，弓強。〔集韻·業部〕

𥨍 —，下也。〔廣韻·帖部〕

𡾋 —，山谷形。〔集韻·葉部〕

嶪 —，岌—，山兒。〔廣韻·業部〕

聿 —，執事也。〔說文繫傳·通論下〕

𢄂 —，束帶。〔廣韻·帖部〕又〔集韻·帖部〕。

帹 —，幧頭。〔集韻·葉部〕

姂 —婑，女不善兒。〔集韻·葉部〕

㛍 —，—洽。〔廣韻·帖部〕○—，洽也。〔集韻·帖部〕

壛 —，隄也。〔集韻·業部〕

堊 —，堅也。〔集韻·帖部〕

徢 —，—行走兒。〔廣韻·帖部〕

抾 —，持也。〔集韻·業部〕○—，挹也。〔同上〕又〔廣韻·業部〕。

揞 —，捏也。〔集韻·葉部〕

㨗 —，速也，或作建。〔大般若經·卷三〕「—速」音義引〔韻英〕。○—，健也。〔同上〕

捷　丨亦慧也。〔慧琳音義·卷一三〕

擸　丨，取也。〔集韻·帖部〕

㩞　丨，掛丨。〔廣韻·帖部〕

𣰰　丨，毛弱兒。〔集韻·葉部〕

𢗰　丨，偛丨，小人兒。〔廣韻·葉部〕〇丨𢥞，志輕兒。〔集韻·帖部〕〇丨，怪也。〔葉部〕

悏　丨，快也。〔廣韻·帖部〕〇丨，怪也。〔集韻·葉部〕

惗　丨，相憶。〔廣韻·帖部〕〇丨，思也。〔集韻·帖部〕

㦒　丨，懼也。〔廣韻·業部〕〇丨，懼也，通作業。〔集韻·業部〕

厭　丨，心可也。〔集韻·葉部〕

懕　丨，𢗰，輕薄兒。〔集韻·帖部〕

𢥞　丨，意不平。〔集韻·帖部〕

牒　丨，牀版。〔廣韻·帖部〕〇丨，牀簀也，或从禾。〔集韻·帖部〕

𦢊　丨，丨牒，小契。〔廣韻·帖部〕〇丨，丨牒，小楔。〔集韻·帖部〕〇丨，一曰簡也，或作㯰。〔同上〕

䐲　丨，丨治。〔廣韻·帖部〕〇丨，治也。〔集韻·帖部〕

殜　丨，病也。〔廣韻·葉部〕〇丨，殗丨，病。〔廣韻·葉部〕

𣄁　丨，掩光名。〔廣韻·葉部〕

𣅋　丨，乾也。〔集韻·葉部〕〇丨，日乾也。〔集韻·業部〕〇丨，曯丨。〔廣韻·業部〕

𣈶　丨𣋡，日欲没也。〔集韻·葉部〕

曗　丨，光盛兒。〔慧琳音義·卷三二〕引〔文字集略〕。

𣋡　丨，日暗。〔廣韻·葉部〕〇丨，日欲入也。〔集韻·葉部〕

㰹　丨，羡欲也。〔集韻·帖部〕

歐　丨，吹氣也。〔集韻·帖部〕〇丨，貪也。〔集韻·葉部〕〇丨，愒欲。〔廣韻·葉部〕

敢　丨歃相著。〔廣韻·業部〕〇丨歃，相及也。〔集韻·業部〕〇丨，丨歃。〔廣韻·業部〕

歃　丨，氣動兒。〔集韻·葉部〕〇丨，敢丨。〔廣韻·葉部〕

熁　丨，火乾也。〔集韻·驗部〕〇丨，火迫也。〔集韻·業部〕〇丨，火氣丨上。〔廣韻·業部〕

𤒹　丨，火聲。〔集韻·帖部〕

爓　丨，火不明。〔集韻·業部〕

𣴩　丨，㳬丨，纔有水兒。〔廣韻·葉部〕

㴴　丨，水流。〔廣韻·業部〕

渫　丨，去水也。〔集韻·葉部〕〇丨丨，波連兒。〔集韻·帖部〕〇丨，〔史·表〕作㻡。〔漢書·王子侯表〕「牟平侯丨」補注。

𣿊　丨，横水大版。〔廣韻·業部〕又〔集韻·業部〕。

枼　丨，薄也。〔廣韻·葉部〕〇丨之言葉也，如木葉之薄也。〔説文〕「丨，楄也，丨，薄也」繫傳。〇丨，牖也。〔説文〕「丨，楄也」義證引〔玉篇〕。〇丨，牀簀。〔同上〕義證引〔類篇〕。

枮　丨或作杉。〔説文〕「丨，木也」義證。〇丨，或作粘。〔同上〕

𣐋　丨，劒柙。〔廣韻·葉部〕

𣏴　丨，木小葉。〔廣韻·葉部〕〇丨，木小葉也。〔集韻·葉部〕〇丨樓，蕈也。〔集韻·帖部〕

楪　丨，牖也。〔集韻·葉部〕〇丨即匾聲之轉。〔方言五〕注「今河北呼小盆為匾子」箋疏。〇丨榆，楪榆，皆葉榆國。〔通雅·地輿〕

橄　丨，葉動兒。〔廣韻·葉部〕〇丨，木葉動兒。〔集韻·葉部〕

𣞗　丨，屋笮枝。〔集韻·帖部〕

㮯　丨，木踈兒。〔集韻·帖部〕

櫼 一，柶端。〔廣韻·葉部〕〇一，柶端木也。〔同上〕〇一，柶端，通作葉。〔集韻·葉部〕

橃 一，飯臿。〔廣韻·葉部〕〇一，飯臬也。〔集韻·葉部〕

㯹 一，木名，有絹可為布。〔集韻·帖部〕

⿰牛劦 一，一犍。〔廣韻·帖部〕〇一，牛健謂之一。〔集韻·帖部〕

⿸疒欠 一，欠氣也。〔集韻·業部〕

⿸疒去 一，羸也。〔集韻·業部〕〇一，病劣。〔廣韻·業部〕

⿸疒夾 一，〔玉篇〕作瘞，病少氣。〔說文〕「一，病息也」義證。〇一，病息猶病間也。〔說文定聲·卷四〕〇(同上)一，以莢為之。〔周禮·大祝〕「筴祝」。

⿸疒疌 一，病少氣。〔集韻·葉部〕

⿸疒戠 一，少氣也。〔廣韻·葉部〕〇一，病少氣。〔說文〕「⿸疒夾，一曰少氣也」義證引〔玉篇〕。

痷 一，瘦病。〔集韻·葉部〕

㾜 一，羸一。〔廣韻·葉部〕〇一，行不正也，或作⿺辶集。〔集韻·帖部〕

砝 一，硬也。〔廣韻·業部〕〇一，硬也，或从劫。〔集韻·業部〕

礏 一崨，山之連接。〔廣韻·業部〕

⿰夾瓦 一，半瓦。〔廣韻·帖部〕〇一，一曰半瓦。〔集韻·葉部〕〇一，瓦相掩。(同上)

⿰業瓦 一，瓦破聲。〔集韻·帖部〕

⿰禾及 一，艸名。〔集韻·業部〕

⿰禾奄 一，禾敗不生。〔集韻·業部〕

⿰禾枼 土一，農具也。〔廣韻·葉部〕

⿰禾厭 一，禾不實。〔集韻·葉部〕

⿰酉妾 一，接也。〔集韻·葉部〕

⿰齒疌 一，楊麥杴。〔集韻·葉部〕〇一，一曰古田具，或从甾。(同上)

⿰目劫 一，視皃。〔廣韻·業部〕〇一，急視。〔集韻·葉部〕

⿱罒妾 一，伺視也。〔廣韻·葉部〕又〔集韻·葉部〕。

⿰目妾 一，目毛也。〔慧琳音義·卷六〕引〔通俗文〕。

⿰目枼 一，目一。〔廣韻·帖部〕〇一，閉一目。(同上)〇一，視不正皃。〔集韻·葉部〕〇一與䁋同。〔廣雅·釋言〕「睑，䁋也」疏證。〇一與䁋同。(同上)

䁋 一，目眇視，或作睫、瞼。〔集韻·葉部〕

⿰目戠 一，目暗。〔廣韻·葉部〕〇一，病視也。〔集韻·葉部〕

瞱 一，目動皃。〔廣韻·葉部〕又〔集韻·葉部〕。

⿱厭目 一，目動皃。〔集韻·葉部〕

⿰目聶 一，目動之皃。〔廣韻·葉部〕

⿰目燮 一，閉目。〔集韻·帖部〕

⿰月夾 一，腹下也。〔集韻·帖部〕

⿰月耴 一，䐑一。〔廣韻·葉部〕〇一䐑，肉動皃。〔集韻·葉部〕

⿰月疌 一，髃也。〔集韻·葉部〕

⿰月習 一，爚也。〔集韻·葉部〕〇一，一曰生熟半。(同上)

䐑 一，動一。〔廣韻·葉部〕〇一，內動也。〔集韻·葉部〕

耴 一，耳垂。〔廣韻·帖部〕〇一，耳垂也。〔集韻·帖部〕

⿰耳習 一，耳也。〔集韻·葉部〕

⿰耴丸 一，盇屬，或从土。〔集韻·葉部〕

碟 一，小舐曰一。〔廣韻·帖部〕〇一，大小舐，或作⿰犭占。〔集韻·帖部〕

⿰虫瓦　|，蟲行皃。〔集韻・葉部〕

⿱⿰西瓦虫　|，蟲行皃。〔集韻・帖部〕

翣　|，柩羽飾。〔集韻・葉部〕○|，武飾也。〔莊子・德充符〕「不以|資」集釋引宋均。○|枚，謂先人墳墓也。〔莊子・德充符〕集釋。

菾　|，草。〔廣韻・帖部〕

萐　|，|莆，瑞草。〔廣韻・葉部〕○|莆，瑞艸。〔集韻・葉部〕

⿱艹捷　|，編艸障户。〔集韻・葉部〕

⿱艹碟　|，草名。〔廣韻・帖部〕

⿱艹⿰西瓦　|，艸葉踈皃。〔集韻・帖部〕

笧　|，竹|。〔廣韻・葉部〕

筴　|，箸|。〔廣韻・帖部〕○|，箸也。〔集韻・帖部〕○|，一曰小箕。〔同上〕○|亦箸也。〔儀禮・士冠禮〕「筮人執|」胡正義。

⿱竹念　|，竹索。〔集韻・帖部〕

⿱竹臿　|，竹葉。〔廣韻・葉部〕

⿱竹⿰糹瓦　|，竹笭，所以乾物。〔集韻・帖部〕

⿱竹⿰西瓦　|，編竹為之。〔廣韻・葉部〕○江湖船上或單稱船倉中蹋足隔貨者曰|，或作笭|。〔通雅・諺原〕

鍱　|，|皺。〔廣韻・帖部〕○|，皺也。〔集韻・葉部〕又〔帖部〕

⿱竹⿱亼冊　|，竹笪也。〔集韻・帖部〕

⿰舟疌　|，舟行也。〔廣韻・帖部〕又〔集韻・葉部〕。

艓　|，舟名。〔集韻・葉部〕又〔帖部〕。○〔通雅・卷三四〕最小曰|。杜甫詩「取給行|子」。

裌　|，衽也。〔集韻・帖部〕

褺　|，衣相箸。〔集韻・帖部〕

⿰糹步　|，繒屬。〔集韻・葉部〕

緤　|，繒帛番數也。〔集韻・葉部〕○|，西國布名也。〔慧琳音義・卷一二〕○|之言曳。〔廣雅・釋器〕「靮謂之緤」疏證。

緁　|，續縷也。〔集韻・葉部〕

⿰糹疊　|，絲數。〔集韻・帖部〕

⿰犭聶　|，梁之良豕。〔廣韻・葉部〕

踗　|，行輕也。〔集韻・帖部〕

踂　|跋，當音聶越，今蜀滇之間有此語。〔通雅・諺原〕

⿰足奄　|，跛也。〔集韻・葉部〕○|，跛行皃。〔廣韻・洽部〕

踕　|，足疾。〔廣韻・葉部〕

躞　|，|蹀。〔廣韻・帖部〕○|蹀，行皃，或从習。〔集韻・帖部〕○|蹀，小步貌也。〔慧琳音義・卷二四〕

⿰足疊　|，小走聲。〔廣韻・帖部〕

迊　|，|⿺辶業，走也。〔廣韻・帖部〕○|⿺辶業，走皃。〔集韻・帖部〕

⿺辶業　|，迊|，走也。〔廣韻・帖部〕○|，前頓也。〔集韻・業部〕又〔說文〕「迊，前頓也」義證引〔玉篇〕、〔類篇〕。

詀　|，|讘，細語。〔廣韻・葉部〕又〔集韻・葉部〕。○|，妄言。〔集韻・帖部〕

⿰言疌　|，多言也，又口|。〔廣韻・葉部〕

⿰言巤　||，多言。〔集韻・葉部〕

⿸厤言　|，言疾。〔廣韻・葉部〕○|，言疾也。〔集韻・葉部〕○|，以大對小之言。〔說文〕「諎，大聲也」義證引〔類篇〕。

⿰車疊　|，車聲。〔廣韻・帖部〕又〔集韻・帖部〕。

⿰車疌　|，斬也。〔集韻・葉部〕

⿰豆㬎　|，豆也。〔集韻・葉部〕

𪔣丨，鼓聲。〔集韻·帖部〕
鉆丨，丨著物。〔廣韻·帖部〕〇丨，鐵鉗也。〔集韻·帖部〕〇丨，一曰膏車丨。〔同上〕
鍱丨，鐵也。〔集韻·葉部〕〇丨，鐵丨。〔廣韻·葉部〕
鍂丨，小釘。〔廣韻·帖部〕〇丨，小頭釘。〔集韻·帖部〕〇丨，小釵。〔同上〕
鍒丨，薄金也。〔慧琳音義·卷九〕
鍗丨，樵也。〔集韻·業部〕〇丨，一曰治甲器。〔同上〕
䨜丨，丨霎，小雨。〔廣韻·葉部〕
霅丨，雨雪皃。〔集韻·葉部〕
霎丨，小雨。〔廣韻·葉部〕
䨲丨，寒也。〔集韻·帖部〕〇丨，一曰寒具。〔同上〕
𩅿丨，小雨。〔集韻·帖部〕
𨻰丨，地險隘也。〔集韻·葉部〕
𨼲丨，女子態，又前郤丨媚也。〔廣韻·葉部〕
䩎丨，車具。〔集韻·業部〕又〔廣韻·業部〕。
韘丨，鞊丨，鞍具也。〔說文〕「鞊，韋飾」義證引〔玉篇〕。〇丨，鞊丨，鞍具。〔廣韻·帖部〕〇丨，鞢丨。〔廣韻·狎部〕
韢丨丨，馬鞊也。〔廣韻·葉部〕
顳丨，丨顬，鬢骨。〔廣韻·葉部〕〇丨顬，耳前動也。〔集韻·葉部〕〇丨顬即讘吺。〔通雅·釋詁〕
鞊丨，韘，帶具。〔集韻·帖部〕
諗丨，聲絶。〔廣韻·帖部〕〇丨，聲止也，或从言。〔集韻·帖部〕
諜丨，樂也。〔集韻·業部〕又〔廣韻·業部〕。

颵丨，風動皃。〔集韻·葉部〕
颹丨，風皃。〔集韻·葉部〕
䫠丨，風皃。〔集韻·葉部〕
餂丨，餅也，或从麥。〔集韻·帖部〕
餜丨，餅屬，或从米。〔集韻·葉部〕
髮丨，髮踈皃。〔集韻·帖部〕
鬣丨，帚端。〔集韻·葉部〕
騤丨，丨丨，馬高大。〔廣韻·業部〕〇丨，馬高大謂之業。〔集韻·業部〕
騠丨，馬行輕皃。〔集韻·業部〕
魬丨，枯魚。〔集韻·業部〕
魼丨，魚脅也。〔集韻·業部〕
鰪丨，魚名。〔集韻·業部〕〇丨，一曰河豚。〔同上〕〇丨，一曰漬魚也，或从邑。〔同上〕
鰈丨，東方比目魚名，或作鰨。〔集韻·帖部〕〇丨與塌鯊相類，一眼，兩魚相合乃得行，今所在海中皆有。〔釋地〕「東方有比目魚焉，不比不行，其名謂之丨」鄭注。〇丨，魚名。〔集韻·業部〕
鰴丨，魚名。〔集韻·帖部〕
鱲丨，魚名。〔廣韻·葉部〕
鱳丨，魚盛。〔廣韻·業部〕〇丨，魚盛皃。〔集韻·業部〕
鴭丨，丨鵖，戴勝別名。亦作鵊。〔廣韻·葉部〕
鵖丨，鳥名，戴勝也。〔集韻·葉部〕
䳖丨，鳥飛。〔廣韻·葉部〕〇丨，鳥飛皃。〔集韻·葉部〕〇丨，一曰鳥名。〔同上〕

鴡丨鴉，鳥名。〔集韻·葉部〕

鸓丨，鳥名，狀似鵲，赤黑色，兩首四足可禦火。〔廣韻·帖部〕

䩞丨，餅屬。〔集韻·帖部〕

黮丨，竹裏黑也。〔廣韻·帖部〕又〔集韻·帖部〕。○丨，丨黚首。〔廣韻·帖部〕引〔音譜〕。

䮹丨，絲壞也。〔集韻·葉部〕

龞丨，龍髻也。〔集韻·帖部〕

續經籍籑詁卷第一百六

入聲

十七洽

洽丨，霑也。〔廣韻·洽部〕又〔慧琳音義·卷一一〕。○丨，合也。〔廣韻·洽部〕又〔詩·賓之初筵〕「以丨百禮」朱傳。○丨、比，皆合也。〔正月〕「丨比其鄰」朱傳。○〔毛詩〕叚丨為合。〔說文〕「丨，霑也」段注。○〔說文定聲·卷三〕丨叚借為合。〔詩·大明〕「在丨之陽」。○丨，和也。〔廣韻·洽部〕又〔慧琳音義·卷一一〕。○丨，浹也。〔大戴·禮察〕「德澤丨禽獸草木」王詁。○丨，潤也。〔慧琳音義·卷一一〕○丨，濡也。〔慧琳音義·卷二二〕引〔玉篇〕。○丨，備。〔詩·豐年〕「以丨百禮」朱傳。○丨，澤也。〔楚辭·九辯〕「君之渥丨」補注引五臣注。○丨，水名。〔詩·大明〕「在丨之陽」朱傳。○丨，叚借為詥。〔說文定聲·卷三〕○〔同上〕丨，叚借為敆。〔詩·載芟〕「以丨百禮」。○丨讀為協。〔詩·板〕「民之丨矣」陳疏。○丨，齊作協。〔江漢〕「丨此四國」集疏。○丨即郤之叚借。〔大明〕「在丨之陽」通釋。○丨，三家作郤。〔同上〕集疏。○丨，〔史記〕作沾。〔漢書·王陵傳〕「汗出丨背」補注。○丨平，當為治平。〔漢書·蕭望之傳〕「致於丨平」補注引王念孫。

䨐丨，澈溼也。〔集韻·洽部〕○丨同洽。〔廣韻·洽部〕

狹丨，丨隘。〔廣韻·洽部〕○丨謂窘迫。〔漢書·兒寬傳〕「時裁闊丨」補注。○丨，犬馬丨習，循也。〔慧琳音義·卷一二〕○丨、狎通。〔釋詁〕「狎，習也」郝疏。○丨與陿通。〔廣雅·釋詁一〕「傜，陿也」疏證。○丨當為陜。〔說文〕「頭，丨頭頸也」義證。○借丨為陜。〔說文〕「頭，丨頭頸也」句讀。○丨中，即今富陽縣，絕江而東，取紫霄宮路，江流至此極丨。〔史記·始皇本紀〕「丨中」志疑引陳鵠。○丨中為赭、龕二山之海門，亦非餘杭也。〔始皇本紀〕「乃西百二十里從丨中渡」志疑。

陜丨，不廣也。〔說文〕「丨，隘也」義證引〔玉篇〕。○丨輸，雙聲連語，不定之皃。〔說文定聲·卷四〕（「歎」下）○〔卷四〕丨，以脇為之。〔釋蟲〕注「身陜而長」。○丨與狹同。〔墨子·備穴〕「廣丨為度」閒詁引蘇時學。○丨俗作陿。〔說文〕「丨，隘也」段注。○丨，字或作陿。〔同上〕句讀。○丨，又或作峽。〔同上〕義證。○丨，俗作峽。〔同上〕段注。又〔同上〕句讀。○〔說文定聲·卷四〕丨字亦作峽。〔淮南·原道〕「仿洋于山峽之旁」。○丨，俗作陿、狹。〔墨子·親士〕「谿丨者速涸」閒詁。

㕁 ｜，｜辟。〔廣韻·狎部〕○｜，辟也。〔集韻·洽部〕○｜與陜同。〔說文〕「｜，辟也」句讀。○｜即陜之或體。〔說文定聲·卷四〕○｜與陜音同義近。〔說文〕「｜，辟也」段注。

陿 ｜，隘也。〔楚辭·哀時命〕「固｜腹而不得息」補注。○｜，山側也。〔思古〕「聊浮遊於山｜兮」王注。○｜，迫隘不廣大也。〔慧琳音義·卷六〕引〔玉篇〕。○｜陒猶狹隘也，謂民生計窮蹙。〔荀子·議兵〕「其生民也｜陒」集解引郝懿行。○｜陒即狹隘也。〔荀子〕「負服矢」雜志。○｜陒，俗本作狹隘。〔荀子·議兵〕「其生民也｜陒」集解引盧文弨。○｜小者，即鄙陋之意。〔漢書·食貨志〕「｜小漢家制度，以為疏闊」補注引張照。○｜、陜並同狹。〔廣韻·洽部〕○｜與峽同。〔楚辭·思古〕「聊浮遊於山｜兮」補注。○｜，〔史記〕作陜，借字。〔漢書·司馬相如傳〕「爾｜游原」補注。○｜或作阻。〔漢書·楊僕傳〕「獨有先破石門、尋｜」補注引宋祁。

法 ｜，常也。〔廣韻·乏部〕又〔大戴·曾子立事〕「行必有｜」王詁。又〔保傳〕「學業不｜」王詁。○｜，則也。〔廣韻·乏部〕○｜，數也。〔同上〕○｜，止之義也。〔釋言〕「禦，禁也」郝疏。○｜，｜度、｜則也。〔書·盤庚〕「正｜度」孫疏。○｜，｜度也。〔中庸〕「行而世為天下｜」朱注。○｜，制度也。〔孟子·離婁上〕「下無｜守也」朱注。○｜借為｜度之義。〔墨子·法儀〕閒詁引畢沅。○｜謂｜令。〔漢書·高帝紀〕「且｜以有功勞行田宅」補注。○｜者，謂以｜施之。〔說文〕「㓝，灋有辠也」段注。○｜即禮也，｜數即禮數也。〔荀子·非相〕「守｜數之有司」集解。○｜亦治也。〔漢書·昌邑哀王傳〕「相殺傷者當勿｜」補注引曾廣鈞。○｜，本為刑｜，引申之凡典禮文制通謂之｜。〔周禮·天官大宰〕「以八灋治官府」孫正義。○｜，效｜也。〔大戴·虞戴德〕「明｜于天明」王詁。○｜猶楷式也，軌也。〔慧琳音義·卷三〕引顧野王。○｜者，天理之當然者也。〔孟子·盡心下〕「君子行｜」朱注。○｜謂政事條格也。〔左傳宣公一六年〕「以脩晉國之｜」疏證。○｜者，正也。〔荀子·儒效〕「行｜至堅」雜志。○｜，正也。〔漢書·賈誼傳〕「易服色制度」補注。又〔荀子〕「行｜至堅」雜志。○｜與正同義。〔漢書〕「｜而不譎」雜志。○｜猶正也。〔同上〕○｜門猶正門，｜制度即正制度。〔同上〕○｜語者，正言之也。〔論語·子罕〕「｜語之言」朱注。○｜家，｜度之世臣也。〔孟子·告子下〕「入則無｜家拂士」朱注。○｜家者，習刑｜之家也。〔漢書·禮樂志〕「｜家又復不傳」補注。○｜，占驗之｜也。〔漢書·息夫躬傳〕「其｜為有兵亂」補注。○｜者，房占候之｜，著之於書者也。〔漢書·京房傳〕「｜曰，道人始去」補注引胡注。○｜謂之刑，亦謂之容，義並相近。〔廣雅·釋詁一〕「容，｜也」疏證。○｜謂之肖，亦謂之類，義亦相近也。〔釋詁一〕「類，｜也」疏證。○｜來，梵語，譯云｜上，亦云｜鏡。〔明度無極經·卷四〕「｜來」音義。○｜酒，言以｜製酒。若宋之庫酒，世稱官醞也。〔漢書·叔孫通傳〕「置｜酒」補注引周壽昌。○｜酒，謂朝畢以｜置酒也。〔同上〕補注引劉攽。○帖刻于石而榻之，曰｜帖。〔通雅·碑帖〕○｜，此衰分法也。〔漢書·律歷志〕「東九西七乘歲數，并九七為｜」補注引李銳。○｜，本作具。〔大戴·朝事〕「諸侯自為政之｜也」述聞。○｜室，〔列子〕及〔淮南·道應訓〕俱作浴室。〔呂覽·精論〕「死於｜室」校正。○官本｜作發。〔漢書·谷永傳〕「徵｜如雨」補注。○｜字古作佱，與定相似，故今文為定。〔書·大誥〕「易｜易定」孫疏。

灋 ｜，常也，又數也。〔慧琳音義·卷七〕引〔切韻〕。○〔說文定聲·卷四〕｜，長也。〔釋詁〕「｜，常也」。○〔說文定聲·卷一〕木曰模，水曰｜。〔說文〕「鎔，冶器法也」。（「鎔」下）○｜，引伸為凡模范之稱。〔說文〕「｜，刑也」段注。○｜同法。〔廣韻·乏部〕○｜，古法字。〔方言七〕「肖、類，法也」疏證。又〔通鑑·周紀一〕「起明｜審令」音注。○｜與法同。〔方言七〕箋疏。

佱 ｜，古文法字。〔管子·輕重〕義證。

甲 ｜，一也。〔說文〕「｜，位東方之孟，陽气萌動，從木戴孚｜之象也」繫傳。○｜，十干之首。〔說文〕「早，晨也」繫傳。○｜本十干之首，以木戴孚｜之象。〔說文〕「｜，位東方之孟」段注。○｜者，日之始也。言始得氏以受封。〔莊子·庚桑楚〕「｜氏也」集釋。○｜，又象人頭。〔說文〕「｜，位東方之孟」繫傳。○〔義府·卷下〕｜乙猶次第，謂不須一一告之也。〔冥通記〕「忽｜乙告之」。○｜，｜兵。〔廣韻·狎部〕○｜亦兵之類。〔說文〕「戎，兵也」段注。○｜，合言之，上旅下旅通謂之｜，分言之上旅謂之｜，又名為盤領。〔周禮·冬官〕「權其上旅與下旅而重若一」孫正義引戴震。○｜，｜士也。〔公羊傳閔公二年〕「桓公使高子將南陽之｜」陳疏引孔廣森。○〔說文定聲·卷四〕古先有護首之｜，後制護身之｜，因復名｜為冑。〔易·說卦傳〕「離為｜冑」。○〔同上〕命｜冑之兵為｜。〔左傳成公元年〕「作邱｜」。○｜，引申為｜冑字。〔說文〕「鎧，｜也」段注。○｜者，鎧也。〔說文〕「鱗，魚｜也」段注。○｜，鎧也，象戴｜于首之形。〔說文定聲·卷四〕○｜，長也。〔詩·芄蘭〕「能不我｜」朱傳。○｜，狎也。〔同上〕集疏引魯說。○｜，亦｜子。〔廣韻·狎部〕○｜，借以紀旬紀年紀月，以配五行，以配八方。〔說文定聲·卷四〕○介蟲外骨謂之｜。〔說文〕「鼈，龜｜邊也」段注。○流螺曆曰｜香。〔通雅·木〕○〔說文定聲·卷四〕｜以敁為訓。〔釋名·釋形體〕「肩，堅也，｜，闔也，與胸脇皆相會闔也」。○｜，狎之假借。〔詩·芄蘭〕「能不我｜」通釋。○｜為狎之叚借字。〔說文〕「｜，位東方之孟，易气萌動，从木戴孚｜之象」段注。○〔說文定聲·卷四〕｜叚借為狎。〔釋言〕「｜，狎也」。○〔卷四〕借｜為柙。〔廣雅·釋詁四〕「檢，｜也」。（「檢」下）○〔說文定聲·卷四〕易傳借｜為莢，借宅為乇，猶言華實也。〔易〕「百果草木皆｜宅」。○柙、押並與｜通。〔廣雅·釋詁四〕「檢，｜也」疏證。○帝｜即祖｜，殷之賢君。〔史記·三代世表〕「帝｜滔」志疑。○｜水，一名吉水，一稱夾河，皆｜音變字。〔漢書·地理志〕「又有｜水」補注。

業　丨，栒上大版，刻之棲丨如鋸齒者也。〔詩・靈臺〕「虡丨維樅」朱傳。○縣鏞鼓之栒者，有版曰丨，刻之捷丨如鋸齒。〔說文定聲・卷一二〕（「樅」下）○栒以縣鐘鼓，丨以覆栒為飾，其形刻之捷丨然如鋸齒，又以白畫之分明可觀，故此大版名曰丨。〔說文〕「丨，大版也」段注。○丨之為言齾也。〔同上〕○〔說文定聲・卷四〕丨，轉注為築牆之版。〔釋器〕「大版謂之丨」。○〔同上〕丨又為書冊之版。〔禮記・曲禮〕「請丨則起」。○丨，事也。〔廣韻・業部〕又〔大戴・衛將軍文子〕「丨功不伐」王詁。又〔五帝德〕「卒丨之辨」王詁。○丨，事功也。〔子張問入官〕「脩丨居久而譚」王詁。○丨丨，大也。〔詩・常武〕「赫赫丨丨」朱傳。○丨，大也。〔廣韻・業部〕○丨，次也。〔同上〕○丨猶次也，次亦敘也。〔釋詁〕「丨，敘也」述聞引韋注。○丨有次弟之義。〔國語・齊語〕「修舊法擇其善者而丨用之」平議。○丨屨，織之有次丨而未成者。〔孟子・盡心下〕「有丨屨於牖上」朱注。○丨，敘也。〔廣韻・業部〕○丨，始也。〔同上〕○丨之義為始。〔釋詁〕「丨，大也」平議。○丨與基同義，故亦訓為始。〔廣雅・釋詁一〕「丨，始也」疏證。○丨居最上，亦引申為始初之義。〔說文定聲・卷四〕○〔同上〕丨猶起也。〔太史公自序〕「項梁丨之，子羽接之」。○丨，敬也。〔廣韻・業部〕○丨丨，壯也。〔詩・采薇〕「四牡丨丨」朱傳。○丨丨，健貌。〔烝民〕「四牡丨丨」朱傳。○丨，牡也。〔集韻・緝部〕○丨丨，危也。〔詩・雲漢〕「兢兢丨丨」朱傳。又〔長發〕「有震且丨」朱傳。○丨丨，危懼之意。〔通鑑・漢紀五七〕「今吳下丨丨」音注。○丨，謂子孫纂丨也。〔墨子・天志上〕「丨萬世子孫」閒詁。○丨丨猶奕奕。〔詩・烝民〕「四牡丨丨」陳疏。○丨與緒互相訓，此言事有端緒也。〔漢書・張敞寬〕「事即有丨」補注引周壽昌。○〔說文定聲・卷四〕丨引申為學丨，功丨，次丨。〔釋詁〕「丨，事也」。丨，敘也。丨，緒也。丨，大也」。○丨與創、造、作等字相轉注。〔孟子・盡心下〕「有丨屨于牖上」焦正義。○〔說文定聲・卷四〕丨叚借為隉。〔詩・長發〕「有震且丨」。○〔同上〕丨叚借為巘，為嶭。〔後漢・班固傳〕「增槃丨峨」。○〔同上〕丨叚借為爗。〔詩・常武〕「赫赫丨丨」。○丨讀為剿。〔左傳昭公元年〕「臺駘能丨其官」平議。○丨俗作𤗸。〔說文〕「丨，大版也」段注。○丨字亦作𤗸。〔說文定聲・卷四〕○丨，〔亢倉子〕作級。〔呂覽・上農〕「大夫士皆有功丨」校正。

𤗸　丨同業。〔廣韻・業部〕

⿰阝業　丨，危兒。〔廣韻・業部〕○丨，厓險危兒。〔集韻・業部〕

匣　丨，箱丨也。〔廣韻・狎部〕○丨，古亦借柙為之。〔說文〕「丨，匱也」段注。○丨，〔論語〕作柙，柙丨古通用。〔漢書・梁懷王傳〕「虎兕出於丨」補注。○丨作押。〔史記索隱〕「異文」雜志。

壓　丨，壞也。〔廣韻・狎部〕○丨，鎮也。（同上）○丨，笮也。（同上）○丨，冥笮物也。〔慧琳音義・卷一六〕○丨當作厭，笮也。〔說文〕「鎮，博丨也」段注。○丨，降也。〔廣韻・狎部〕○丨猶降也。〔慧琳音義・卷七六〕引顧野王。○丨，安也。〔楚辭・九辯〕「自丨桉而學誦」補注引〔釋文〕。○丨，按也。（同上）補注。○舍人上事，紫褥面北拜廳角，閣老立褥之東北隅，曰丨角。〔通雅・禮儀〕引宋次道。○〔通雅・卷二八〕丨角，隅坐也。〔東觀奏記〕「施一榻，丨角而坐」。○〔說文定聲・卷四〕丨叚借為擪。〔莊子・外物〕「丨其顪」。○（同上）丨叚借為厭。〔蒼頡篇〕「丨，笮也」。○丨當依〔玉篇〕作厭。〔說文〕「輓，大車後丨也」段注。○擪、擫、丨、厭並通。〔廣雅・釋詁三〕「擪，按也」疏證。○〔說文定聲・卷四〕丨叚借為抑，丨、抑雙聲。〔廣雅・釋言〕「丨，鎮也」。○（同上）丨叚借為偃。〔列子・湯問〕「彼其丨我哉」。○（同上）丨叚借為垔。〔說文〕「丨，一曰塞補也」。○（同上）丨叚借為協。〔繁陽令楊君碑〕「克丨帝心」。○（同上）丨叚借為戕。〔齊策〕「刑馬丨羊」。

鴨　丨，水鳥。〔廣韻・狎部〕○丨，字亦作鴄。〔說文定聲・卷四〕○丨亦作鶩。〔說文〕「鶩，舒鳧也」義證引〔玉篇〕。○鶩與丨同。〔晏子春秋〕「鳧雁」雜志。

乏　丨，反其正也。〔說文〕「匱，匣也」段注。○丨，匱也。〔廣韻・乏部〕又〔大戴・主言〕「無市而民不丨」王詁。○丨者，匱也。〔管子〕「正食」雜志。○丨，絕也。（同上）又〔孟子・告子下〕「空丨其身」朱注。○丨，容也。〔說文定聲・卷四〕○拒矢者曰丨。〔說文定聲・卷一七〕（「正」下）○丨與覂亦聲近義同。〔廣雅・釋詁一〕「覂，棄也」疏證。○〔說文定聲・卷四〕丨叚借為覂。〔莊子・天地〕「無丨吾事」。○丨字本作覂。〔說文〕「覂，反覆也」句讀。○避矢者為丨。〔說文定聲・卷四〕○丨與丏篆文相似，義取蔽矢。〔說文〕「丏，不見也。象雝蔽之形」段注。○〔說文定聲・卷四〕丨叚借為貶。〔呂覽・季春〕「振丨絕」。

怯　丨，畏也。〔廣韻・業部〕○丨，畏少也。〔慧琳音義・卷三〕引顧野王。○丨，弱也。〔慧琳音義・卷四〕引〔韻詮〕。○或心去為丨。〔說文繫傳・通論下〕○愶與丨亦聲近義同。〔廣雅・釋詁四〕「愶，丨也」疏證。○丨，〔史記〕作却。〔國策・齊策六〕「勇士不丨死而滅名」補注。○丨薛，元之宿衛也。〔通雅・官制〕

劫　丨，强取也。〔廣韻・業部〕○丨，强奪取之也。〔通鑑・晉紀三七〕「丨剝行人以為樂」音注。○丨，脅止也。〔國策・秦策一〕「丨天子」鮑注。○丨，勢脅也。〔通鑑・周紀五〕「張二奇兵以丨之」音注。○丨者，以力脅止也。〔說文〕「鉗，以鐵有所丨束也」段注。○丨，力止也。〔說文定聲・卷三〕（「欽」下）○丨，梵語，唐曰長時不限歲也。〔慧琳音義・卷一八〕○盜禦人於國門之外，亦丨也。〔說文〕「丨，人欲去以力脅止曰丨」段注。○〔說文定聲・卷四〕丨，叚借為怯。〔詩・終風〕「願言則疌」傳「疌，丨也」。○丨字亦作抾，俗誤作刼，作刦。〔說文定聲・卷四〕○（同上）抾、

摸，猶言持去也。〔方言六〕「抾、摸，去也」。〇丨，俗作刦。〔說文〕「丨，人欲去以力脅止曰丨」段注。

刦 丨，强取也。〔集韻·業部〕〇丨，刧同。〔國策·秦策三〕「以齊秦丨魏」鮑注。〇丨與劫同，袪、怯與抾同，古字通。〔方言六〕「袪、摸，去也」箋疏。

脅 〔說文定聲·卷四〕丨謂傍也。〔廣雅·釋詁四〕「丨，方也」。〇丨之言夾也，在兩旁之名也。〔廣雅·釋親〕「膀，丨也」疏證。〇兩腋下謂之丨。〔大戴·帝繫〕「啓其左丨」王詁。〇丨，腋下之名也，其骨謂之肋，牲體則為之拍。〔說文定聲·卷四〕〇丨，脅丨。〔廣韻·業部〕〇丨猶肋也。〔左傳僖公二三年〕「聞其駢丨」疏證。〇丨謂兩乳之下及胳外也。〔屈賦·天問〕「撰體協丨，鹿何膺之」戴注引王砯。〇丨猶迫也。〔說文〕「劫，人欲去以力丨止曰劫」段注。〇丨肩者，故為竦敬之狀也。〔孟子·滕文公下〕「丨肩諂笑」焦正義。〇丨驅者，以一條皮上繫於衡，後繫於軫，當服馬之丨，愛慎乘駕之具也。〔詩·小戎〕「游環丨驅」後箋引焦正義。〇丨亦作愶，憪與閱亦同，合言之則曰丨閱。〔方言一〕「丨閱，懼也」箋疏。〇丨亦作愶。〔同上〕疏證。又〔說文定聲·卷四〕。〇丨，俗作愶。〔說文〕「人欲去以力丨止曰劫」段注。〇〔說文定聲·卷四〕丨字又變作愶。〔廣雅·釋詁四〕「愶，怯也」。〇丨與愶通。〔廣雅·釋詁四〕「愶，怯也」疏證。〇〔說文定聲·卷四〕丨叚借為翕。〔孟子〕「丨肩」。〇丨、翕聲相近。〔孟子·滕文公下〕「丨肩」焦正義。〇〔說文定聲·卷四〕丨叚借為劫。〔禮記·禮運〕「是謂丨君」。〇〔同上〕丨叚借為怯。〔方言一〕「丨閱，懼也」。〇〔同上〕丨，或曰此義借為挾。〔廣雅·釋器〕「馬鞅謂之丨」。〇丨字亦作脥。〔說文定聲·卷四〕〇〔同上〕丨叚借為歙。〔高唐賦〕「股戰丨息」。〇〔同上〕丨，叚借為闔。〔漢書·王莽傳〕「動靜辟丨」。〇丨字亦作胛。〔說文定聲·卷四〕〇丨字亦作脇。〔同上〕〇〔同上〕丨字又變作岬。〔水經·江水注〕「赤岬山如人袒胛」。〇丨當讀為搚。〔公羊傳僖公一三年〕「蓋徐莒丨之」平議。〇駢丨。〔論衡〕作比脇。〔左傳僖公二三年〕「曹共公聞其駢丨」洪詁。

愶 丨，近也。〔慧琳音義·卷一八〕引〔韻詮〕。〇丨，急也。〔同上〕引〔韻英〕。〇丨，以威力相恐也。〔廣韻·業部〕〇丨，赫也。〔慧琳音義·卷九〇〕引〔文字典說〕。〇丨與怯亦聲近義同。〔廣雅·釋詁四〕「丨，怯也」疏證。〇脅與丨通。〔釋言〕「執，脅也」疏證。〇丨、憪、怵並字異而義同。〔方言一〇〕「凡窘猝怖遽謂之澗沭」箋疏。

鍤 丨，綴衣針。〔廣韻·葉部〕〇丨，今製衣裘用之，蘇俗謂之弼針，與箴微別，丨者，𩫏衣使平直，以鐵為之。〔說文定聲·卷四〕〇丨，鍪也。〔通鑑·周紀四〕「乃身操版、丨，與士卒分功」音注。〇丨之言深入也。〔說文〕「丨，𩫏衣鍼也」段注。〇〔說文定聲·卷四〕丨叚借為插或為銚。〔漢書·王莽傳〕「負籠荷丨」。〇丨之言插也。〔廣雅·釋器〕「丨，鍼也」疏證。〇丨當作臿。〔釋器〕「斛謂之疀」郝疏。〇丨當為臿。〔說文〕「銛，丨屬」義證。〇丨或作臿。〔漢書·王莽傳〕「父子兄弟負籠荷丨」補注引宋祁。〇丨、臿、插，並字異而義同。〔廣雅·釋器〕「鍏，臿也」疏證。〇疀、歃，並與丨同，所以穿地者也。〔廣雅·釋詁三〕「斛，穿也」疏證。

疀 丨即鍤也，亦謂之鍬。〔釋器〕「斛，謂之丨」鄭注。〇丨，同臿。〔廣韻·洽部〕

臿 丨，舂去皮也。〔廣韻·洽部〕〇丨者，舂去麥皮也。〔說文〕「銛，丨屬」段注。〇〔說文定聲·卷四〕丨與舂同意。〔廣雅·釋詁四〕「丨，舂也」。〇丨引伸為凡刺入之偁。〔說文〕「丨，舂去麥皮也」段注。〇丨與插同。〔漢書〕「接刃」雜志。〇丨者，今之插字。〔說文〕「敊，一曰丨地曰敊」段注。〇〔說文定聲·卷四〕丨，一說此義實為插字之轉注，借為插。〔淮南·精神〕「揭钁丨」注「鍤也」。〇丨即楸鍤字也。〔說文〕「茉，兩刃丨也」繫傳。〇丨，晉人借鍤。〔說文〕「稟，茉丨也」句讀。〇借丨為疀也。〔同上〕〇丨、疀、鍤、插，古字並通。〔方言五〕「丨，燕之東北，朝鮮洌水之間謂之斛」箋疏。〇插、丨、扱、捷古通用。〔廣雅·釋詁二〕「扱，插也」疏證。〇丨當作疀，古田器。〔說文〕「⿰阝臽，耕以丨浚出下壚土也」段注。〇〔說文定聲·卷四〕丨以接為之。〔周禮·廩人〕「共其接盛」。〇丨、喿，古今字也。〔說文〕「丨，舂去麥皮也」段注。〇〔說文定聲·卷四〕丨字亦作喿，丨、喿雙聲。〔廣雅·釋詁四〕「喿，舂也」。〇〔同上〕丨叚借為銚，銚丨雙聲。〔方言五〕「丨謂之斛」。

⿰𦥑疌 丨古文臿。〔說文〕「疀，斛也」義證。

⿰由疌 丨，斛旁庣也。〔說文定聲·卷三〕〇〔同上〕丨借斛，喿為銚也，挑歃、喿臿、銚鍤、斛丨，皆雙聲通借。〔方言五〕「臿，燕之東北，朝鮮洌水之間謂之斛，趙魏之間謂之喿」。〇〔同上〕丨叚借為臿。〔說文〕「丨，又曰古田器也」。〇丨字亦作疀。〔說文定聲·卷三〕

插 丨，刺入。〔廣韻·洽部〕〇丨，刺入也。〔說文〕「丨，刺肉也」義證引〔玉篇〕。〇丨、鍤同，刺土器。〔國策·齊策六〕「立則杖丨」鮑注。〇丨者，擔也，兩頭鐵銳所以丨刺禾束而擔之也。〔說文〕「丨，刺肉也」義證引〔急就篇〕顏注。〇丨，舂去皮也。〔說文〕「臿，舂去麥皮也」義證引〔急就篇〕顏注。〇銚謂之丨。〔說文定聲·卷四〕〔「歃」下〕〇丨笏，搢笏也。〔淮南子·泰族篇〕「插吻而朝天下」雜志。〇丨，漢人注經多叚捷字、扱字為之。〔說文〕「丨，刺肉也」段注。〇〔說文定聲·卷四〕丨以捷、以扱為之。〔儀禮·士冠禮〕「捷柶」注「扱柶」。〇宋本丨作捷。〔管子·小匡〕「管仲詘纓丨衽」義證引孫星衍。〇丨、臿古字通。〔漢書〕「根垂地中」雜志。〇丨、臿、扱、捷古通用。〔廣雅·釋詁二〕「扱，丨也」疏證。〇〔說文定聲·卷四〕丨字亦作剒。〔韻集〕「剒，入也」。〇丨與接同字。〔漢書〕「接刃」雜志。〇〔說文定聲·卷四〕丨字又誤作掐。〔說文新附〕「掐，爪刺也」。

歃 丨，歠也。〔說文〕「灋，飲丨也」段注。又〔說文〕「醑，丨也」段注。〇丨，丨血。〔廣韻·葉部〕又〔廣韻·洽部〕。〇丨，丨血也。〔說文〕「丨，歠也」義

證引〔玉篇〕。〇丨，以口微吸之也。〔慧琳音義・卷八五〕引〔玉篇〕。〇丨，謂以口微吸之也。〔說文〕「丨，歠也」義證引〔字書〕。〇丨謂小飲也。〔說文〕「醑，丨也」段注。〇丨或作唽。〔說文〕「丨，歠也」義證。〇丨字又作啑、唼。（同上）句讀。〇丨叚借為插。〔說文定聲・卷四〕〇（同上）丨字又作𠯗。〔通俗文〕「入口曰𠯗」。〇𧋘、丨，並與鍤同，所以穿地者也。〔廣雅・釋詁三〕「𣂝，穿也」疏證。丨，或作櫂。〔說文〕「稟，茉臿也」義證引聶崇義。〇丨，又作櫂。（同上）義證。〇丨或作稟，譌作秉。（同上）

敱　丨，盡也。〔廣韻・洽部〕〇鍦、鍤，字並與丨同。〔廣雅・釋器〕「丨，臿也」疏證。〇丨即鍦字。〔說文定聲・卷四〕（「臿」下）

押　丨，丨署。〔廣韻・狎部〕〇丨，丨籬壁也。（同上）〇檢丨當作檢柙。〔漢書・揚雄傳〕「蠢迪檢丨」補注引司馬光。〇〔通雅・卷四二〕丨不盧，蓋活鹿草之類也。〔癸辛雜志〕「回回國有藥，名丨不盧者」。

狎　丨，習也。〔廣韻・狎部〕〇丨，安習也。〔大戴・四代〕「習未之丨」王詁。〇丨，習見也。〔孟子・盡心上〕「予不丨于不順」朱注。〇丨，近。〔墨子・號令〕「丨郭」閒詁引畢沅。〇丨引伸為相習之偁。〔說文〕「丨，犬可習也」段注。〇〔說文定聲・卷四〕丨叚借為疊。〔舞賦〕「車騎並丨」。〇丨當為甲，甲者會也。〔墨子・號令〕「丨郭」閒詁引俞樾。〇丨，經典借甲字。〔說文〕「丨，犬可習也」義證。〇丨古叚甲為之。（同上）段注。

袷　丨，複衣。〔廣韻・洽部〕〇丨，夾衣也。〔說文〕「丨，衣無絮」繫傳。〇丨，衣有表裏而不著絮者。〔說文定聲・卷三〕〇丨複，夾衣也。〔通雅・衣服〕〇丨，中衣之交領也。〔禮記・曲禮〕「天子視不上於丨」集解。〇丨，交領也。〔禮記・深衣〕「曲丨如矩以應方」集解。〇丨，縫也。〔集韻・洽部〕〇衱為本字，丨為通借。〔釋器〕「衱謂之裾」郝疏。〇裾袷丨衱，俱聲相轉也。（同上）〇丨同衱。〔廣韻・業部〕〇丨與衱同。〔廣雅・釋器〕「衱，謂之褗」疏證。〇〔說文定聲・卷三〕丨叚借為迨。〔東京賦〕「結飛雲之丨輅」。〇（同上）丨叚借為襘。〔禮記・曲禮〕「天子視不上于丨」。〇丨字亦作裌。〔說文定聲・卷三〕〇（同上）丨字亦作褶。〔禮記・玉藻〕「帛為褶」。

裌　丨，同袷。〔廣韻・洽部〕〇丨同袷。〔說文〕「袷，衣無絮」義證引〔玉篇〕。

衱　丨，衣領。〔廣韻・業部〕〇交領謂之丨。〔集韻・葉部〕〇丨，裾衣之後裾也。〔釋器〕「丨謂之裾」鄭注。〇丨、袷古通用。〔方言四〕「丨謂之褗」疏證。〇丨為本字，袷為通借。〔釋器〕「丨謂之裾」郝疏。

祫　丨，祭名。〔廣韻・洽部〕〇丨，大合祭也。〔通鑑・晉紀四〕「乙巳，丨祭」音注。〇丨，合也。〔禮記・王制〕「丨禘丨嘗丨烝」集解。〇丨之言合也。〔儀禮・士虞禮〕「哀薦丨事」胡正義引周學健。

帢　丨，士服狀如弁，缺四角。〔廣韻・洽部〕〇丨，弁缺四隅曰丨，言揣其隅也。〔通雅・衣服〕

㡸　丨，並同帢。〔廣韻・洽部〕

翣　丨，羽飾也。〔慧琳音義・卷五六〕〇丨，夾翣也。〔說文〕「丨，棺羽飾也」繫傳。〇丨，扇也。〔禮記・明堂〕「周之璧丨」集解。〇丨形如扇，以木為匡。禮，天子八，諸侯六，卿大夫四，士二。〔廣韻・狎部〕〇丨，漢制以木為匡，衣以畫布，或以竹為之，如今之掌扇，疑古本以羽為之，與羽蓋同，後世以布或以席。〔說文定聲・卷四〕〇丨如箑，本為貴者燕器，故喪制用之，樂器之飾則畫其形者也。（同上）〇丨、扇一聲之轉。〔方言五〕「扇自關而東謂之箑」箋疏。又〔廣雅・釋草〕「烏萐，射干」疏證。〇扉、丨，義亦同也。〔廣雅・釋宮〕「扇，扉也」疏證。〇丨、箑並同。〔方言五〕注「今江東亦通名扇為箑」箋疏。〇經文假丨為箑也。〔說文〕「箑，扇也」段注。〇〔說文定聲・卷四〕丨或曰此義借為箑。〔禮記・明堂位〕「周之璧丨」為鐘鼓簨上之飾」。〇箑、篓、丨並通。〔廣雅・釋器〕「箑謂之扇」疏證。〇〔說文定聲・卷四〕丨字亦作篓。〔呂覽・有度〕「冬不用篓」。〇〔周禮〕故書丨作接，假借字也。〔說文〕「丨，棺羽飾也」段注。〇〔周禮・巾車〕丨字故書為毴，亦或為毷。毴、毷皆即𦒎字也。〔說文〕「𦒎，或从毛」段注。

箑　丨，行書也，或作箑。〔集韻・洽部〕〇丨，行書。〔廣韻・洽部〕

搯　丨，以指爪丨也。〔慧琳音義・卷一〇〕〇〔詩〕曰左旋右丨，今〔詩〕作左旋右抽。〔說文〕「丨，捾也」繫傳。〇丨與抽同。〔說文〕「丨，捾也」段注。

掐　丨，爪丨。〔廣韻・洽部〕〇爪按曰丨。〔說文〕「丨，捾也」段注。

啑　丨，小啜也。〔通鑑・漢紀五〕「始與高帝丨血盟」音注。〇丨，啖也。〔集韻・合部〕〇丨謂以口微吸之也。〔左傳僖公二八年〕「盬其腦」疏證引李貽德。〇丨，丨喋。〔廣韻・狎部〕〇丨，喋也。〔說文〕「歃，歠也」義證引〔字書〕。〇丨喋，水鳥食皃，或从妾。〔集韻・狎部〕〇漢以食指為丨盬指。〔通雅・身體〕〇食指曰丨盬指。〔說文〕「指，手指也」段注。〇丨，書亦作歃。〔說文〕「歃，歠也」義證引〔字書〕。〇丨嗜从唇舌。〔通雅・疑始〕〇丨亦作嚁唼嘁，敕也。〔通雅・疑始〕〇丨，又疌之變體。〔詩・終風〕「願言則丨」後箋。

夾　丨，持也。〔廣韻・洽部〕〇丨，傍也，或从人。〔集韻・帖部〕〇丨介猶言輔助也。〔書・多方〕「爾曷不丨介乂我周王」平議。〇丨室，房左右為東西丨室。〔說文定聲・卷一八〕（「房」下）〇丨，取也。〔慧琳音義・卷六五〕〇丨，膝也。（同上）〇丨者，盜竊褱物也。〔說文〕「匚，衺徯有所丨藏也」段注。〇丨，古書多作俠。〔說文〕「㾊，廣也」段注。〇丨，各本作俠也。〔說文〕「匚，衺徯有所丨藏也」段注。〇〔說文定聲・卷四〕丨叚借為鋏。〔周禮・司弓矢〕「并丨」。〇（同上）丨叚借為郟。〔史記・吳世家〕「楚丨敖」。〇丨本作郟。〔漢書・古今人表〕「楚丨敖」補注。

筴　｜，箸也，鍼箭具。〔廣韻・洽部〕○｜，馬箠也。〔大戴・盛德〕「刑者｜也」王詁。○〔說文定聲・卷一四〕｜，篋也，貯米器。〔莊子・人間世〕「鼓｜播精」。（「播」下）○執｜當作執筮。〔儀禮・士冠禮〕「筮人執｜」平議。○｜當讀為懕。〔管子・白心〕「刺刺者不以萬物為｜」平議。

恰　｜，用心苦。〔廣韻・洽部〕○｜｜，用心也。〔慧琳音義・卷三三〕○｜，用心也。〔慧琳音義・卷九一〕引〔韻詮〕。又〔卷九二〕引〔韻略〕。○｜｜，用心皃也。〔卷八六〕引〔考聲〕。

貶　｜，射者所蔽。通作乏。〔集韻・乏部〕

胛　｜，背｜。〔廣韻・狎部〕又〔說文〕「｜，肩甲也」義證引〔玉篇〕。○｜者，甲之俗也。〔說文〕「髆，肩甲也」段注。

萐　｜莆，一名倚扇，一名實閶，一名倚｜。〔說文〕「｜，｜莆，瑞艸也」義證引〔瑞應圖〕。○｜莆，瑞草，王者孝德至則｜莆生於廚，其葉大如門，不搖自扇飲食。〔廣韻・洽部〕○烏｜，一名烏翣。翣與｜通。〔廣雅・釋草〕「烏｜，射干也」疏證。

箑　｜，扇之別名。〔廣韻・洽部〕○｜，後人以竹及紙為｜，故字从竹。〔本草・卷三八〕○〔說文定聲・卷三〕｜，以翣為之。〔淮南・說林〕「被裘而以翣翼」。○｜、⿱竹妾、翣，並通。〔廣雅・釋器〕「｜謂之扇」疏證。

⿱竹妾　｜，同箑。〔廣韻・洽部〕

簍　｜與箑同。〔呂覽・有度〕「冬不用｜」校正。

柙　｜，檻也，所以藏虎兕也。〔廣韻・狎部〕○｜，檻也。〔說文〕「匣，匱也」段注。又〔論語・季氏〕「虎兕出於｜」集解。○｜，引伸為凡檢｜之偁。〔說文〕「｜，檻也」段注。○｜叚借為抑，今用為簽押字，押抑雙聲。〔說文定聲・卷四〕○（同上）｜叚借為匣。〔列子・湯問〕「｜而藏之」。○｜、匣字也，亦謂之鋏。〔說文〕「柗，劍｜也」繫傳。○借｜為匣也。（同上）句讀。○〔說文定聲・卷四〕｜叚借為夾。〔廣雅・釋詁四〕「押，輔也」。○（同上）｜叚借為疊。〔漢書・息夫躬傳〕「羽檄重迹而押至」。○｜亦柗也。〔廣雅・釋器〕「柗，削也」疏證。○｜、押，並與甲通。〔廣雅・釋詁四〕「檢，甲也」疏證。○｜，一作[illegible]。〔說文〕「｜，檻也，从木甲聲」句讀。○｜字亦誤作押。〔說文定聲・卷四〕

郟　｜鄏即｜山，北邙山也，在河南府洛陽城北二里。〔左傳桓公七年〕「王遷盟、向之民於｜」疏證引〔大事表〕。○〔說文定聲・卷四〕｜，叚借為夾。〔任伯嗣碑〕「｜河阻山」。○｜，〔史記〕作夾。〔左傳昭公元年〕「謂之｜敖」洪詁。

霅　｜｜，震電。〔集韻・葉部〕○｜｜，聲光襍沓之皃。〔說文〕「｜，｜｜，靁電皃」段注。○｜，衆言聲。〔廣韻・狎部〕○｜，人衆聲也。〔說文〕「｜，｜｜，震電皃」繫傳。○〔說文定聲・卷三〕｜叚借為嚞。〔說文〕「｜，一曰衆言也」。○｜字亦作霎。〔說文定聲・卷三〕○｜字亦作雭。（同上）

霎　｜，小雨。〔廣韻・洽部〕○｜即霅之俗字。〔說文〕「霅，霅霅，靁電皃」段注。

扱　｜，取也。〔廣韻・洽部〕○｜，祍者，謂以祍收取物。〔釋器〕「｜祍謂之襭」郝疏。○｜之為言挹取之也。〔廣雅・釋詁一〕「｜，取也」疏證。○｜，獲也。〔廣韻・洽部〕○｜，舉也。（同上）○｜，載也。〔說文〕「皀，穀之馨香也」繫傳。○｜，引也。〔廣韻・洽部〕○〔說文定聲・卷三〕｜叚借為插。〔廣雅・釋詁二〕「｜，插也」。○（同上）｜叚借為及。〔儀禮・士昏禮〕「婦拜｜地」。○｜，高三尺。〔國策・秦策四〕「城不沈者三｜耳」鮑注。○｜與插同。〔儀禮・士冠禮〕「婦拜｜地」胡正義。○｜，插之叚借字也。〔說文〕「｜，收也」段注。○｜、挹聲相近，故古或通用。〔廣雅・釋詁一〕「｜，取也」疏證。又〔方言一三〕「｜，擭也」箋疏。○｜从及聲，｜襭聲轉。〔釋器〕「｜祍謂之襭」郝疏。○插、臿、｜、捷古通用。〔廣雅・釋詁二〕「｜，插也」疏證。

擖　｜，箕舌。〔集韻・葉部〕○｜，押｜，重接皃。〔廣韻・狎部〕○｜即擸之俗體。〔說文〕「邋，擸也」義證。

跲　｜，躓礙。〔廣韻・洽部〕○｜，躓也。〔廣韻・業部〕○〔說文定聲・卷三〕｜叚借為給。〔郭究碑〕「幼而有｜」。○（同上）｜叚借為拾，實為迨。〔廣雅・釋詁三〕「｜，代也」。○拾與｜通。〔廣雅・釋詁三〕「｜，代也」疏證。○｜與劫音義同也。〔詩・終風〕後箋引〔毛詩正義〕。○｜當讀為佮。〔禮記・中庸〕「言前定則不｜」平議。

⿰脅欠　｜，｜氣。〔廣韻・業部〕○｜與歙略同。〔說文定聲・卷四〕○（同上）｜字亦作嗋。〔莊子・天運〕「予口張而不能嗋」。

⿰劦欠　｜，同⿰脅欠。〔廣韻・業部〕

⿰目咸　｜，目｜。〔廣韻・洽部〕○｜，眸子枯陷也。〔說文〕「｜，目陷也」義證引〔六書故〕。○｜引伸為凡陷之偁。（同上）段注。○｜，各本訛作睞，今訂正。〔廣雅・釋詁四〕「｜，陷也」疏證。

帢　｜，榼也。〔說文〕「｜，士無市有｜」繫傳。○｜、｜口，亦同韐。〔廣韻・合部〕○｜同韐。〔廣韻・洽部〕

⿰革夾　｜，履根。〔廣韻・洽部〕○〔說文定聲・卷四〕｜，即｜韡也，韡之鈌前壅者。〔說文〕「｜，｜韡，沙也」。○｜沙與鞈靸同。〔廣雅・釋器〕「鞈靸，履也」疏證。○｜字亦作⿰革盍。（同上）

鞈　｜，此當作所以防捍也。〔說文〕「｜，防汗也」段注。○｜猶今胡人扞腰也。（同上）繫傳。○鞨與｜古字通。〔漢書・司馬相如傳〕「鏗鎗

闟丨」補注。

眨 丨,目動。〔廣韻・洽部〕○〔説文定聲・卷四〕丨字亦作睞。〔葛洪字苑〕「丨,目數開閉也」。

㞜 丨,楔也。〔集韻・洽部〕○丨,薄楔。〔廣韻・洽部〕○丨,薄丨。〔廣韻・狎部〕○丨,從後相躡也。〔説文〕「丨,從後相臿也」義證引〔玉篇〕。○躡,各本作丨。〔説文〕「丨,丨尼,從後相躡也」段注。

囟 丨,手取物。〔廣韻・洽部〕○丨,手取物也。〔説文〕「丨,下取物縮藏之」義證引〔玉篇〕。○丨,今農人於河底取泥糞田曰罱河泥,字亦作罱,南、丨雙聲。〔説文定聲・卷四〕

䀹 丨,視也。〔集韻・洽部〕

翈 丨,翮上短羽。〔廣韻・狎部〕

浹 丨丨,渫,冰凍相著。〔廣韻・狎部〕

窨 丨,人神脉刺穴。〔廣韻・狎部〕○〔説文定聲・卷四〕丨段借為厭。〔周成難字〕「丨,楞也」。

閘 丨,閉門。〔廣韻・盍部〕○丨謂樞轉軋軋有聲。〔説文〕「丨,開閉門也」段注。○丨,今河中疊石,左右設版瀦水,可以啟閉曰丨門,曰丨版,曰丨河,曰丨官,以利漕艘往來,即此字之轉注。〔説文定聲・卷四〕○丨字亦作牐。(同上)

柙 丨,理亂。〔廣韻・狎部〕○丨亦謂函物之器也。〔説文〕「丨,檢柙也」段注。○丨,謂書封函之上恐磨滅文字,更以一版于上丨護之。(同上)繫傳。○丨,今人作柙。(同上)

翜 丨,捷也。〔廣韻・狎部〕○丨,今俗語霎時者當作此。〔説文〕「丨,捷也」段注。○〔説文定聲・卷四〕丨段借為俠。〔説文〕「丨,一曰俠也」。○(同上)丨字亦作翈。〔廣雅・釋器〕「翈,羽也」。

拹 丨,亦作拉。〔説文〕「拉,摧也」段注。○丨或作拉者,叚借字也。〔説文〕「丨,摺也」段注。○丨,今本作擠。〔説文〕「齧,齒丨也」段注。○〔説文定聲・卷四〕丨字亦作擠。〔廣雅・釋詁一〕「擠,折也」。○丨或作擠者,或體也。〔説文〕「丨,摺也」段注。○丨或作擠。(同上)義證。又(同上)句讀。○官本丨作協。〔漢書・禮樂志〕「又不丨於鐘律」補注。○擠、丨、摺、拉、折,並字異而義同。〔廣雅・釋詁一〕「摺,折也」疏證。

擠 丨,摺丨相和。〔廣韻・盍部〕○丨與拉同。〔廣雅・釋詁一〕「攋,折也」疏證。○丨即拹字。〔説文定聲・卷四〕(「邋」下)○丨當為拹。〔説文〕「邋,丨也」義證。又〔説文〕「齧,齒丨也」義證。

狎 多畏曰丨。〔説文繫傳・通論下〕○丨,本義謂犬畏人也。〔説文定聲・卷四〕○丨同怯。〔廣韻・業部〕○丨,經典用怯字。〔説文〕「丨,多畏也」義證。○丨,脅也。〔説文繫傳・通論下〕○〔説文定聲・卷四〕丨以懾為訓。〔釋名・釋言語〕「怯,脅也,見敵恐脅也」。○(同上)丨段借為刼。〔廣雅・釋詁二〕「怯摸,去也」。○(同上)丨字亦作㤼。〔詩・終風〕釋文引崔云「毛訓疌為㤼,今俗人云欠欠㤼㤼是也」。○〔説文定聲・卷四〕丨以怯、㥦為之。〔史記・廉頗藺相如傳〕「然士或㥦懦」。

噆 丨,合也。〔集韻・業部〕○丨,口丨嚇。〔廣韻・業部〕

渫 丨,浹丨。〔廣韻・狎部〕

鉀 丨丨,鑪。〔廣韻・盍部〕○丨,鎧屬。〔廣韻・狎部〕○丨,鐵衣也。〔慧琳音義・卷四九〕

媌 丨,疾言失次也。〔廣韻・洽部〕又〔集韻・洽部〕。○丨,一曰怯也。(同上)

欶 丨,氣逆。〔廣韻・洽部〕○丨欱,為喘息之息。〔廣雅・釋詁二〕「丨欱,息也」疏證。

凹 丨,下也。〔廣韻・洽部〕○丨,低下也,或作窅。〔集韻・洽部〕○丨,墊下也。〔慧琳音義・卷六九〕引〔抱朴子〕。○丨,謂中下也,象形。(同上)引〔考聲〕。○丨,陷也。〔説文〕「墊,下也」義證引〔字苑〕。○凹丨,物低垂皃。〔集韻・洽部〕

瘧 丨,丨蹄足病。〔廣韻・洽部〕○丨,創也。〔集韻・洽部〕○丨字通作挾。〔廣雅・釋詁一〕「丨,創也」疏證

庘 丨,屋壞也。〔廣韻・狎部〕○壞屋謂之丨。〔集韻・狎部〕○丨,屋卑小也。〔慧琳音義・卷六〇〕引〔集訓〕。○丨,一曰豕屋。〔集韻・狎部〕

豯 丨,豕母。〔廣韻・狎部〕

帢 丨,面衣。〔廣韻・狎部〕

㓣 丨,續也。〔廣韻・業部〕○丨與緤義相近也。〔廣雅・釋詁二〕「緤,縫也」疏證。

抾 丨,挹也。〔集韻・業部〕○丨,兩手挹也。〔集韻・之部〕○丨,把也。〔廣韻・之部〕

胠 〔説文定聲・卷九〕丨,一名胳。〔説文〕「丨,腋下也」。

鉣 丨,帶鐵。〔廣韻・業部〕○丨,馬組帶飾也。〔説文定聲・卷四〕

䋈 丨,丨緤,縫也。〔廣韻·業部〕又〔廣雅·釋詁二〕疏證。

腌 丨,鹽丨魚。〔廣韻·葉部〕〇丨,鹽漬魚也。〔廣韻·業部〕〇丨,五味漬之不曬也。〔說文〕「丨,漬肉也」繫傳。〇丨,今淹漬字當作此,淹行而丨廢矣。〔同上〕段注。〇〔說文定聲·卷四〕丨字亦作醃。〔廣雅·釋器〕「醃,葅也」。

罨 〔說文定聲·卷四〕丨,亦以捕魚。〔風土記〕「丨如罾而小,斂口從水上掩而取之也」。〇〔同上〕丨字亦作⿸㫃奄。〔廣雅·釋器〕「⿸㫃奄,率也」。〇丨,罔也。〔集韻·葉部〕

⿸㫃奄 丨,手網。〔集韻·葉部〕

⿱穴奄 丨盂,埾周也。〔通雅·襍用〕

罨 丨,罜也,以網魚也。〔說文〕「丨,罜也」義證引〔玉篇〕。〇丨,網。〔廣韻·合部〕〇丨,網也。〔集韻·合部〕〇丨,魚網。〔廣韻·業部〕〇丨,網紫也。〔說文〕「丨,罜也」義證引〔初學記〕。〇丨,網從上掩之也。〔同上〕繫傳。

裛 丨,書囊也。〔廣韻·業部〕〇丨,囊也。〔說文〕「丨,書囊也」義證引〔玉篇〕。

姂 丨,好皃。〔廣韻·乏部〕又〔說文〕「丨,婦人皃」義證引〔韻譜〕。〇丨,好皃。〔集韻·乏部〕

⿰耒奄 丨,耕種。〔廣韻·業部〕

殗 丨,丨殜,不動皃。〔廣韻·業部〕〇丨殜,握遞,病狀也。凡病而不甚曰丨殜,今讀奄帖。〔通雅·身體〕

痷 丨作⿰火業,又作殗,⿰火業與殗義亦通。〔方言二〕「丨,微也」箋疏。

⿰火業 丨,病也。〔集韻·乏部〕

⿰巾奄 丨,幧頭也。〔廣韻·業部〕又〔集韻·業部〕。

⿰金奄 丨,椎丨,田器。〔廣韻·業部〕

⿰魚邑 丨,同腌。〔廣韻·業部〕〇丨,鹽漬魚也。今謂裛魚,裛即丨也。〔漢書·巴寡婦傳〕「鮿鮑千鈞」補注引沈欽韓。〇丨鰔,臭也,或从息,从奄。〔集韻·業部〕

餣 丨,餌也,菜也。〔廣韻·業部〕

魻 丨,魚名。〔集韻·狎部〕〇丨鰈,鱗次衆多皃。〔同上〕

哈 丨,魚多皃。〔廣韻·合部〕〇入曰丨。〔說文〕「歃,温吹也」義證引〔玉篇〕。〇丨,今鎮西府丨密通判也,出瓜曰丨密。〔漢書·地理志〕「杜林以為古瓜州地,生美瓜」補注。

⿰木合 丨,劍柙。〔集韻·合部〕又〔廣韻·合部〕。〇丨,劍匣。〔廣韻·業部〕〇〔說文定聲·卷三〕丨謂劍匣。〔說文〕「丨,劍柙也」。〇丨,丨棔,木也。〔廣韻·合部〕〇丨棔,木名,朝舒暮卷。〔集韻·合部〕〇丨之言合也。〔廣雅·釋器〕「丨,削也」疏證。

⿰業乚 丨,引也。〔廣韻·業部〕又〔集韻·業部〕。

偛 丨㑳,小人皃。〔廣韻·洽部〕又〔集韻·洽部〕。

⿰臿刂 丨,入也。〔廣韻·洽部〕又〔慧琳音義·卷六二〕引〔韻英〕。〇丨,陷也,通作斛。〔集韻·洽部〕

㑳 丨,偛丨。〔廣韻·洽部〕〇丨,丨厔,忽觸人也。〔集韻·洽部〕

⿰合刂 丨,切聲。〔集韻·洽部〕

劄 丨,刺著。〔廣韻·洽部〕〇丨子,移牘也。唐人奏事,非表非狀者謂之丨子,亦謂之錄子,又謂之榜子。〔通雅·書札〕〇丨假以職名曰丨付。〔同上〕〇妓不呼自來,謂之丨客。〔通雅·稱謂〕引〔夢華錄〕。

呷 丨,喤丨,衆聲。〔廣韻·狎部〕〇丨,吸也。〔漢書·司馬相如傳〕「翕丨萃蔡」補注。〇〔說文定聲·卷四〕丨字亦作欱。〔廣雅·釋詁二〕「欱,息也」。

⿰口劫 丨丨,聲也。〔集韻·業部〕

唼 丨,今閩粵人謂喫為丨。〔釋言〕「啜,茹也」郝疏。〇丨喋,鳧鴈食貌。〔楚辭·九辯〕「鳧鴈丨夫粱藻兮」補注。〇接、捷字同,故接、丨通用。〔漢書·揚雄傳〕「靈修既信椒、蘭之丨佞兮」補注。

⿰口臿 丨,口丨。〔廣韻·洽部〕〇丨⿰口芻,小人言也。〔同上〕〇丨⿰口芻,人小言。〔集韻·洽部〕

⿰口芻 丨,⿰口臿丨,小人言薄相。〔廣韻·洽部〕

嚃 〔說文定聲·卷三〕丨字亦作囁。〔淮南·覽冥〕「囁喋苛事」。

圔｜，｜窊，聲下。〔廣韻·洽部〕

𡵜｜，靜也。〔集韻·乏部〕〇｜，靜｜。〔廣韻·乏部〕

姶｜，女巧。〔集韻·洽部〕

𡤻｜，美也。〔集韻·洽部〕〇｜｜，美皃。〔廣韻·洽部〕

埉｜，水旁地。〔集韻·洽部〕

𢔭｜，行皃，或从辵。〔集韻·洽部〕

㤶｜，｜喜。〔廣韻·狎部〕〇｜，悅也。〔集韻·狎部〕

牐｜，下｜，閉城門也。〔廣韻·洽部〕

欱｜，｜嘗。〔廣韻·洽部〕

㪟｜，盡也。〔集韻·洽部〕

炠｜，火皃。〔廣韻·狎部〕〇｜，火乾也。〔集韻·狎部〕

烚｜，火｜。〔廣韻·洽部〕

㶡｜，火乾也。〔集韻·洽部〕

煠｜，湯｜。〔廣韻·洽部〕

𤆝｜，火乾。〔廣韻·洽部〕

汎｜淁，聲微小皃，或从乏。〔集韻·乏部〕

泛｜，水聲。〔廣韻·乏部〕

𣲙｜，｜涵，下溼。〔集韻·狎部〕

浥｜，潤也。〔廣韻·業部〕〇｜，波下，又濕皃。〔廣韻·洽部〕〇｜，水窊陷也。〔集韻·洽部〕

㵫｜，水皃。〔集韻·乏部〕〇｜，㵫｜，水皃。〔廣韻·乏部〕

㴔｜濈，湍流。〔集韻·洽部〕

㵤｜，水皃。〔集韻·洽部〕

㵝｜，溢也。〔集韻·洽部〕

姶｜，姡｜。〔集韻·洽部〕

㮑｜，木折聲。〔集韻·洽部〕

椄｜，木理起皃。〔集韻·狎部〕

㭱｜，檻也。〔說文〕「柙，檻也」義證引〔玉篇〕。〇｜，檻也，所以藏虎兕也。（同上）義證引〔五音集韻〕。

斠｜，入也。〔集韻·洽部〕〇｜，｜斫。〔廣韻·洽部〕

㹨｜，狗食。〔廣韻·洽部〕〇｜，犬食也。〔集韻·洽部〕

猲｜，恐受財。〔廣韻·乏部〕〇｜，短喙犬。〔集韻·乏部〕

𤿭｜，皺｜，皮老。〔廣韻·洽部〕

𥥛｜，土墊。〔集韻·洽部〕〇｜突，即凹凸坳垤。〔通雅·地輿〕

𤵸｜，欠氣。〔廣韻·業部〕

疺｜，瘦也。〔集韻·乏部〕

㾑｜，江淮之間謂病劣曰｜。〔集韻·洽部〕

㾜｜，痹也。〔廣韻·洽部〕

痷｜，病也，或从盍。〔集韻·洽部〕〇｜，瘦病。〔說文〕「㿅，跛病也，又讀若掩」義證引〔五音集韻〕。〇｜殜，半卧半起病也。（同上）義證引〔玉篇〕。

珨｜，蜃器。〔廣韻·洽部〕〇｜，蜃飾器。〔集韻·洽部〕

玾｜，玉名。〔廣韻·狎部〕

𥐇｜，山側。〔廣韻·狎部〕〇｜，自上加下也。〔慧琳音義·卷五二〕

盍 丨，和五味以烹也。〔集韻・洽部〕〇丨，五味調肉菜。〔廣韻・洽部〕引〔文字音義〕。

𥎰 丨，矢皃。〔廣韻・乏部〕

𣇟 丨，溝相接。〔集韻・洽部〕

㰹 丨丨，鼻息。〔廣韻・狎部〕又〔集韻・狎部〕。

䀹 丨，相著。〔廣韻・洽部〕〇丨，相著也。〔集韻・洽部〕〇丨，水溝相著也。〔慧琳音義・卷三五〕引〔考聲〕。

䀫 丨，眼細暗。〔廣韻・洽部〕〇丨，眇也。〔集韻・洽部〕

䁆 丨，閉目。〔廣韻・業部〕

𦡯 丨，臢肉也。〔集韻・洽部〕

虖 丨，虎習搏也。〔廣韻・狎部〕〇丨，虎習搏皃。〔集韻・洽部〕

蚴 丨，斑身小蟲。〔廣韻・洽部〕

𤟹 丨，飛上皃。〔廣韻・乏部〕

㺔 丨𤟹，飛上皃。〔廣韻・乏部〕

笚 丨，竹名。〔廣韻・狎部〕又〔集韻・狎部〕。〇丨，一曰擊也。（同上）

𥬪 丨，竹維舟謂之丨。〔集韻・洽部〕〇丨，一曰補籬也。（同上）

𥳐 丨，竹名，或省。〔集韻・狎部〕

䩚 丨，華葉重多皃。〔集韻・狎部〕

䓝 丨，艸名。〔集韻・洽部〕

𧙃 丨，衿也。〔集韻・狎部〕

𧚏 丨，丨略絜束皃。〔廣韻・洽部〕

𧞢 丨，丨襠。〔廣韻・盍部〕〇丨襠，婦人袍。〔集韻・盍部〕

粬 丨，粘也。〔集韻・洽部〕

絚 丨，縫也。〔集韻・洽部〕

𨡅 丨，嘗也。〔廣雅・釋詁三〕疏證。

貕 丨，獸名。〔廣韻・洽部〕〇丨，獸名，或从豕。〔集韻・狎部〕

賱 丨，博戲名。〔集韻・洽部〕

踊 丨，足動皃。〔集韻・洽部〕

趇 丨，走皃。〔廣韻・洽部〕又〔集韻・洽部〕。

趚 丨，行丨丨。〔廣韻・狎部〕

趏 丨，行疾也。〔廣韻・洽部〕

訲 丨，多言也。〔集韻・狎部〕〇丨，諭丨，語聲。〔廣韻・狎部〕

諈 丨，儳言。〔集韻・洽部〕〇丨諜，言不定。（同上）〇丨，讀丨，多言。〔廣韻・洽部〕

谽 丨，丨誵，言無倫脊也。〔集韻・洽部〕

譀 丨，誕也。〔集韻・狎部〕〇丨，誇誕。〔廣韻・狎部〕

鼅 丨，丨臭也。〔廣韻・業部〕〇丨與䭲同。〔廣雅・釋器〕「䭲，臭也」疏證。

鞨 丨，丨鞢。〔廣韻・狎部〕

韐 丨，韍丨，韋蔽膝。〔廣韻・洽部〕

颬 丨，風疾。〔廣韻・狎部〕〇丨，風急皃。〔集韻・洽部〕

餄 丨，丨餅。〔廣韻・洽部〕

餂 丨，餌也。〔集韻・洽部〕

騒 丨，馬行皃。〔集韻・葉部〕〇丨丨，馬驟。〔廣韻・洽部〕

鰈 —，魚名。〔廣韻·業部〕

鳪 —，鳥名。〔廣韻·洽部〕又〔集韻·帖部〕。

鸈 —，鳥名，知人吉凶。〔廣韻·業部〕又〔集韻·業部〕。

齁 —齁，鼻息。〔廣韻·洽部〕

鼆 —齁，鼻息，或从合，从欠。〔集韻·洽部〕

齒 —，齒曲生皃。〔集韻·洽部〕〇—，一曰缺齒。〔同上〕〇—，一曰唯聲，或从咸，亦書作齾。〔同上〕

齡 —，盡内口中也。〔集韻·洽部〕

齹 —，齒曲生，又缺也。〔廣韻·洽部〕〇—，噍聲。〔集韻·洽部〕

鹹 —，齧咋皃。〔廣韻·洽部〕〇—，噍聲也。〔同上〕

齭 —，—齣，齒動皃。〔集韻·洽部〕

老抽查終審。

第三是全面復審階段，即一九九二年冬至一九九五年冬。書稿內審工作結束之後，立即將幾十大包送交出版社，這已經是一九九一年秋末了。出版社鄭重其事，一年後決定讓夏秀流老先生出任該書的責任編輯。雖然此書已一審再審，但畢竟由於工程浩大，又書出衆手，在半年多的抽查中，這位老先生在體例、行文、書寫方面還是發現了不少失誤。為確保此項千秋功業之質量，社裏毅然決定由我和他兩人從頭開始全面復審。此時，吳孟老已是舊病復發卧床休養，有時還住院治療。每當我在他的病榻前匯報書稿有誤或提及修訂進程時，他三番兩次囑託「此項重任惟有你一人承擔了」，並提出讓我任總纂，他退而當顧問。我含淚堅辭，因為我心裏明白，如果沒有吳孟老主持其事，此項文史工程是不可能啓動的。就這樣經歷了三個嚴寒與酷暑，我幾乎每天騎着自行車往返於出版社和學校之間。而不幸的是，在書稿全面復審的第三年剛剛開始，即一九九五年元月，我們的總纂吳孟復先生不幸謝世，實在令我們同仁十分傷感！

一九九五年冬，全面審稿一結束，原以為這下可大功告成，豈料在排印上又遇到障礙，因為書稿中繁難字、生僻文太多，當時電腦排版技術未能過關而「慘不忍睹」，便又不得不把書稿改為人工書寫。書寫完畢，又動員我們漢語言文字學專業的所有博士生和碩士生參加校對。如此邊抄邊校邊改，延續了四年之久。結果仍然覺得不够理想，於是又返回用電腦照排。如此反反復復又拖延了三四年。真可謂好事多磨矣！

多虧我們大家的耐性與韌勁，加之安徽教育出版社原、現任領導和責任編輯的支持和幫助，此項浩大工程得以實施，並即將與廣大讀者見面，這可以説是新世紀所帶給社會的文化福音。

白兆麟 二〇〇三年六月十九日 於安大困廬

後記

《續經籍籑詁檢字表》照排稿字頭和頁碼的校對、編定，又用了一個多月，終於結束。我長長地噓了一口氣。這項在吳孟復先生生前的創議下，由我省六所高校二三十位老中青三代教師通力合作的文史工程，從一九八七年末醞釀，次年春啓動至今，已歷經十六個寒暑，其間之艱辛曲折可想而知了。

這項工程自啓動至定稿，大體分為三個階段。第一是醞釀、收詁階段，即一九八七年秋至一九八九年秋。首先由吳孟復先生提出此項極具學術價值的課題；其次指定幾位副總纂及主要編寫成員；再次委託石雲孫副總纂起草《凡例》，並要我協同他潤飾定稿。在此基礎上，由吳老主持，先後舉行了三次編審會議。第一次是在一九八八年四月上旬，一方面交流並討論各人試寫的卡片，研究並確定了收詁製卡細則，另一方面決定了今後的工作安排。第二次是在一九八八年十一月中旬，主要研究編寫人員的調整充實，補充了收詁製卡的細則，並明確安徽教育出版社已將此大型工具書列入出版計劃。第三次是在一九八九年八月中旬，其內容是最後確定編詁人員，對收詁寫卡的收尾、按韻歸卡、試寫編詁條目以及完成初稿等項工作做了具體安排，並決定由我先寫出編詁樣稿以示範。

第二是編詁內審階段，即一九八九年冬至一九九一年秋。編詁試寫稿匯總後，又先後召開了兩次小型會議：一次是一九九〇年六月上旬的各片負責人會議，主要是討論並決定了有關字詁編寫的幾個具體問題；一次是一九九一年元月的總纂、副總纂碰頭會，研究內部審稿問題，為保證此項大型文史工程的質量，決定在編寫組內部實行三級審稿制，即先由各校召集人初審該校所撰稿，再由三位副總纂遞相審核初稿，最後由總纂終審定稿。

在以上兩個階段，我作為常務副總纂，做了如下幾件工作：一、協助吳老修訂《凡例》，物色人選，確定書目；二、協助吳老明確三次編審會議的討論內容，並由我整理出會議紀要交助理發佈；三、草擬並修訂如下幾個文件——《續經籍籑詁收詁製卡細則》（共三款二十條）及《補充細則》（共二款八條），《字詁編寫程序與條例》（共十三條），《字詁編寫細則》（共十三條），《編詁工作應當注意的事項》（共十五條），《有關編詁的幾個具體規定》（共十條），以及《書名省稱統一格式》（共六十餘種）與《說明》（共八條），《更正與補充》（共六條），《標點符號用法的規定》（共七條）等；四、在最後階段協助吳

｜，並字異而義同。〔廣雅·釋詁四〕「磤，聲也」疏證。○〔說文定聲·卷一五〕｜，叚借為殷。〔蜀都賦〕「邑居｜賑」。○｜賑即殷賑。〔說文〕「賑，富也」義證。○｜｜，言水聲殷然也。〔漢書·司馬相如傳〕「沈沈｜｜」補注。○｜｜、殷殷，並與轗轗同。〔廣雅·釋訓〕「轗轗，聲也」疏證。○｜，齊作殷。〔詩·柏舟〕「如有｜憂」集疏。○｜憂，〔淮南·說山篇〕注引詩作殷憂。(同上)述聞。

謹 ｜，慎也。〔廣韻·隱部〕○｜，緊也。(同上)○｜，嚴也，振起其廢弛而｜嚴之。〔孟子·梁惠王上〕「｜庠序之教」焦正義。○大戴禮曰，博學而孱守之，正謂｜也。〔說文〕「孨，｜也」段注。○｜與誠同義。〔釋言〕「誥，｜也」郝疏。○｜與敕同義。〔廣雅·釋詁四〕「慎，敕也」疏證。○｜，敕約也。〔釋言〕「誥，｜也」鄭注。○｜者，戒敕之謂。(同上)述聞。○｜猶約結也。(同上)平議。○｜，斂束之意。〔詩·民勞〕「以｜無良」朱傳。○｜，順也。〔太素·調陰陽〕「｜道如法」楊注。○｜者，擇其可。〔中庸〕「庸言之｜」朱注。○｜者，行之有常也。〔論語·學而〕「｜而信」朱注。○｜與信義近。〔墨子·節用中〕「愛民｜忠」閒詁。○｜力，猶言勤｜。〔漢書·衛綰傳〕「綰曰邑｜力」補注。○｜者，慎也，亦通作慎。〔釋言〕「誥，｜也」郝疏。○〔說文定聲·卷一五〕｜，叚借為堇。〔禮記·內則〕「塗之以｜塗」。○｜與墐通。〔廣雅·釋詁〕「恮，慬也」疏證。○｜當為慬。〔說文〕「慐，｜也」義證。又「惄，｜也」義證。○｜與僅通。〔墨子·尚賢上〕「｜上為鑿一門」閒詁。○｜，廑字假音。〔辭過〕「｜此則止」閒詁引畢沅。○｜，俗作慬。〔說文〕「犪，牛柔｜也」義證。○｜與慬通。〔廣雅·釋詁一〕「慬，善也」疏證。○慬｜犪擾並通。〔廣雅·釋詁四〕「慬，柔也」疏證。○｜當為結。〔穀梁傳桓公二年〕「｜言而退」平議。○｜當讀為結。〔管子·禁藏〕「｜其忠臣」平議。○｜，字亦作懃。〔說文定聲·卷一五〕○(同上)｜，堇之誤字，俚或借堇，堇誤堇，堇亦作懃耳。〔廣雅·釋言〕「俚、懃，賴也」。

近 ｜，迫也。〔廣韻·隱部〕○｜，幾也。(同上)○幾｜汽，俱雙聲。〔釋詁〕「幾，汽也」郝疏。○距國五十里為｜郊。〔說文定聲·卷七〕(「郊」下)○｜臣，在朝之臣。〔孟子·萬章上〕「吾聞觀｜臣」朱注。○｜臣，謂左右執法謁者、三公九卿五諸侯之屬。〔漢書·李尋傳〕「犯上將｜臣」補注。○｜臣，謂左右便嬖側媚之人。〔大戴·保傅〕「賜與侈於｜臣」王詁。○｜事，亦往事也。〔漢書〕「行事」雜志。○｜屬，猶言｜今。〔漢書·杜周傳〕「察｜屬之符驗」補注。○〔說文定聲·卷一五〕｜，叚借為祈。〔禮記·祭法〕「相｜於坎壇」。○｜字，先字之誤。〔墨子·親士〕「甘井｜竭」平議。又〔親士〕「招木｜伐」閒詁引俞樾。

惲 ｜，厚也。〔續音義·卷一〇〕○｜，重也。(同上)○｜，厚重也。〔廣韻·吻部〕○｜厚字當如此，今皆作渾厚，非是。〔說文〕「｜，重厚也」段注。○｜，今渾厚字以渾為之。〔說文定聲·卷一五〕○｜，謀也。〔廣韻·吻部〕○｜，議也。(同上)○｜，謀也。〔續音義·卷一〇〕○｜，或借渾字。〔說文〕「｜，重厚也」義證。○｜，當作頵。〔史記·楚世家〕「欲殺其弟熊｜」志疑。○｜者，即楚成王。攷成王之名，〔左氏春秋〕作頵是也，〔公〕、〔穀〕訛作髡。〔史記·十二諸侯年表〕「楚堵敖五，弟｜」志疑。○｜，釐公之名，〔左氏春秋〕作髡頑，〔公〕、〔穀〕作髡原，而〔年表〕、〔世家〕並作｜，音與髡亦相近，疑訛髡為｜。〔十二諸侯年表〕「鄭釐公｜元年」志疑。

忿 ｜，怒也。〔廣韻·吻部〕○多怒訓｜。〔論語·陽貨〕「矜也｜戾」劉正義。○｜與憤義不同，憤以气盈為義，｜以狷急為義。〔說文〕「｜，悁也」段注。○｜懥，怒也。〔大學〕「身有所｜懥」朱注。○｜言，怨言也。〔大戴·曾子大孝〕「｜言不及於己」王詁。○｜悁，悁介而恨也。〔說文〕「｜，悁也」繫傳。○｜，當作怠，怠與倦義相近。〔禮記·坊記〕「從命不｜」述聞引〔集說〕。○呂｜，〔水經注·三一卷〕作呂怨。〔史記·呂后本紀〕「呂｜為呂成侯」志疑。○｜疑，當為忿礙。〔說文〕「哽，語為舌所介也」義證。

槿 ｜，木｜，朝生夕隕，可食。〔說文〕「蕣，木堇」義證引〔玉篇〕。○｜，木｜櫬也。〔廣韻·隱部〕○｜，又名蕣，一曰朝華，一曰日及，亦曰王蒸，又曰赤堇。(同上)

菫 ｜，菜也。〔廣韻·隱部〕○｜，俗謂之｜菜。〔說文〕「菫，艸也」義證引〔唐本草〕。○｜，烏頭也。〔詩·緜〕「｜荼如飴」朱傳。又〔呂覽·別類〕「萬｜不殺」校正。○｜，今｜葵也。〔楚辭·傷時〕「｜荼茂兮扶疏」補注引〔爾雅〕注。○｜蘄芹菥，四字一義也。〔本草·卷二六〕○蘄｜並音居隱反，其義同也。〔廣雅·釋詁四〕「蘄，黏也」疏證。○｜與僅同。〔漢書〕「財幸」雜志。○｜當為堇。〔說文〕「茇，｜草也」義證。○｜當作堇。〔詩·緜〕「｜荼如飴」陳疏。

蓳 ｜，所謂灰藋，葉背有白灰。其紅灰者，古謂之藜，皆可蒸食，藜又可為杖。〔說文定聲·卷一五〕○｜，此菜野生，非人所種。作紫花，味苦，瀹之則甘滑。(同上)○〔說文定聲·卷一五〕｜即蕣。〔禮記·月令〕「木堇榮」。○(同上)｜，叚借為勤。〔管子·五行〕「以待乎天堇」。○｜，經傳皆以堇為之，省艸。〔說文定聲·卷一五〕○｜，今經典通用堇字。〔說文〕「｜，从艸堇聲」段注。○｜，字亦作槿。〔說文定聲·卷一五〕

坋 ｜之言被也。〔說文〕「｜，塵也」段注。○凡為細末糝物若被物者皆曰｜。(同上)○｜，毛訓大防者，宜以｜為本字，墳、濆皆假借字也。〔詩·汝墳〕「遵彼汝墳」後箋。○｜，大防。〔集韻·文部〕○｜，防隄也。〔說文〕「｜，塵也」繫傳。○今蓬勃字，亦當作｜。〔說文定聲·卷一三〕(「坺」下)○墳｜義同。〔廣雅·釋詁一〕「墳，分也」疏證。○〔說文定聲·卷一五〕｜，叚借為墳。〔說文〕「｜，一曰大坊也」。

墳 水厓高地曰｜。〔屈賦·哀郢〕「登大｜以遠望兮」戴注。○｜謂厓岸，狀如｜墓，名大防也。〔詩·汝墳〕「遵彼汝｜」後箋引李巡。○｜，當作坋，

續經籍籑詁卷第四十二　上聲

十二吻

吻　丨，口丨。〔廣韻·吻部〕〇丨，口兩角也。〔慧琳音義·卷八一〕〇〔説文定聲·卷一二〕丨，或曰口卷也，可以卷制食物使不落也。〔釋名〕「丨，免也，入之則碎，出則免也」。〇呡與丨同。〔墨子〕「惟舌」雜志。〇丨同脗。〔廣韻·吻部〕〇丨，字亦作脗、作脗，皆脣之俗也。〔説文〕「脣，丨或从肉从昏」段注。〇丨，字俗作脗。〔説文定聲·卷一二〕〇膹肳，李善注〔文選·亡命〕作脣丨。〔呂覽·觀表〕「管青相膹肳」校正。

粉　丨，燒鉛成胡丨。〔廣韻·吻部〕引〔博物志〕。〇丨謂鉛丨及米丨，皆以傅面取光潔也。〔説文〕「丨，傅面者也」義證引〔急就篇〕顔注。〇餈而傅以他丨曰丨餈。〔説文定聲·卷五〕（「餌」下）〇丨，傅於餌餈之上，亦所謂傅面歟。〔卷一五〕〇丨，引伸為凡細末之偁。〔説文〕「丨，所以傅面者」段注。〇米末謂之丨。〔説文定聲·卷一五〕〇丨與坌義亦相近。〔廣雅·釋詁三〕「坌，塵也」疏證。

薀　蘊丨古通用。〔方言一三〕「蘊，晠也」疏證。〇蘊與丨同。（同上）箋疏。〇丨與蘊同。〔方言一三〕「蘊，饒也」箋疏。〇丨，俗作蘊。〔廣雅·吻部〕又〔説文〕「丨，積也」段注。〇丨，或作蘊。（同上）義證。〇丨，藏也。〔廣韻·吻部〕〇丨，積也。〔荀子〕「其功盛姚遠矣」雜志。〇積之低為丨。〔説文〕「丨，積也」繫傳。〇〔説文定聲·卷一五〕丨，叚借為君。〔蜀都賦〕「襍以蘊藻」。〇丨，或借苑。〔説文〕「丨，積也」義證。〇丨，或借宛。（同上）〇丨與蘊，丨與鬱，聲義皆通。〔説文〕「宛，屈艸自覆也」段注。〇丨鬱宛，並語之轉，皆晠之意也。〔方言一三〕「蘊，晠也」箋疏。〇丨與温通。〔荀子〕「其功盛姚遠矣」雜志。〇丨亦作緼。〔方言一三〕「蘊，饒也」疏證。〇〔説文定聲·卷一五〕丨，叚借為煴。〔方言一三〕「蘊，晠也」。〇（同上）丨，叚借為醞。〔後漢·桓榮傳〕「温恭有蘊藉」。〇丨醞温緼，並同音可通。〔文選·逸民傳論〕「士之丨藉義憤甚矣」集釋。〇丨藉即醞藉。（同上）〇温藉者，含蓄有餘之意，或作醞藉，或作丨藉。〔漢書〕「連語」雜志。

憤　丨，濍也。〔通鑑·周紀二〕「孝公發丨」音注。又〔廣韻·吻部〕。〇丨，盈也，心氣發也。〔慧琳音義·卷四〕引〔考聲〕。〇丨，盛也，怒氣充盛也。〔卷四八〕〇丨，怒氣盈盛也，情感動也。〔卷一〇〕〇丨謂怒氣盈滿也。〔卷四七〕〇丨者，心求通而未得之意。〔論語·述而〕「不丨不啓」朱注。〇丨丨，積丨也。〔大戴·勸學〕「無丨丨之志者」王詁。〇丨，通作賁。〔方言一二〕「丨，盈也」箋疏。〇丨、賁古字通。〔左傳僖公一五年〕「亂氣狡丨」洪詁。〇丨，或借賁字。〔説文〕「丨，濍也」義證。〇丨與奮同。〔墨子〕「恚癘」雜志。〇丨同憤。〔廣韻·吻部〕〇官本丨作忿。〔漢書·賈誼傳〕「發丨快志」補注。〇丨，疑隤字之誤。〔淮南·人間〕「丨然自反」平議。

隱　丨，藏也。〔大戴·保傅〕「丨琴瑟」王詁。又〔文王官人〕「雖欲丨之」王詁。又〔廣韻·隱部〕。〇丨，避藏也。〔漢書·食貨志〕「各丨屏而鑄作」補注引周壽昌。〇〔説文定聲·卷一五〕丨即笑也，俗作弆，猶藏也。〔禮記·檀弓〕「其高可丨也」。〇丨，匿也。〔大戴·主言〕「上好德則下不丨」王詁。〇丨，自匿也。〔國策·趙策二〕「丨中不竭」鮑注。〇丨，如丨民。〔漢書·刑法志〕「丨之吕阸」補注引劉台拱。〇丨，蔽也。〔大戴·主言〕「賢民無所丨」王詁。又〔説文〕「幽，丨也」句讀。〇丨與避義相近。〔廣雅·釋詁〕「腓，避也」疏證。〇丨，微也。〔大戴·文王官人〕「丨約者」王詁。又〔廣韻·隱部〕。〇丨，微也，謂卑微也。〔大戴·文王官人〕「迷丨遠而不相舍」王詁。〇丨，闇也。〔大戴·曾子本孝〕「丨不命」王詁。〇丨，暗處也。〔中庸〕「莫見乎丨」朱注。〇丨，幽也。〔詩·柏舟〕「如有丨憂」集疏引魯説。〇丨，深遠也。〔慧琳音義·卷四〕引〔考聲〕。〇丨，私也。〔廣韻·隱部〕〇丨當訓為私。〔莊子·外物〕「相結以丨」平議。〇丨，痛也。〔詩·柏舟〕「如有丨憂」朱傳。又〔楚辭·湘君〕「丨思君兮陫側」戴注。又〔廣韻·隱部〕。〇丨，痛之深也。〔孟子·公孫丑上〕「皆有怵惕惻丨之心」朱注。〇丨者，猶今人言苦衷也。〔書·無逸〕「小人之依」述聞。〇丨，病也。〔禮記·學記〕「丨其學」述聞。〇丨，塞也。〔管子〕「以繕緣繕」雜志。〇丨與塞同義。（同上）〇丨，憑也。〔孟子·公孫丑下〕「丨几而卧」朱注。〇丨，依據也。〔楚辭·悲回風〕「丨岐山以清江」補注。〇丨、依、倚三字義同。〔孟子·公孫丑下〕「丨几而卧」焦正義。〇丨於德，猶云依於德。〔管子·勢〕「則丨於德」平議。〇丨，安也。〔楚辭·抽思〕「行丨進兮」補注。又〔廣韻·隱部〕。〇丨之言安也。〔釋名·釋宮室〕「擾，丨也」疏證。〇丨，定也。〔廣韻·隱部〕〇丨，郵也。〔通鑑·後周紀三〕「恩丨誠信」音注。〇丨，審也。〔説文〕「檃，栝也」繫傳。〇丨語，世謂之廋辭，亦謂之謎。〔漢書·東方朔傳〕「迺與為丨耳」補注引周壽昌。〇丨曲，大小便。〔太素·陰陽雜記〕「有不得丨曲」楊注。〇丨背曰養和，蓋今之靠背也。〔通雅·襍用〕〇丨栝即檃栝。〔説文〕「桂，衺曲」繫傳。〇丨，通作乚。〔釋言〕「厞，丨也」郝疏。〇〔説文定聲·卷一五〕丨，叚借為乚。〔齊語〕「丨五刃」。〇丨乚，古今字。〔説文〕「乚，匿也」義證。〇丨偃音相近，偃猶仰。〔墨子·公孟〕「丨以為廣」閒詁。〇丨之言意也，意丨古同聲。〔廣雅·釋詁一〕「丨，度也」疏證。〇丨意，聲轉字通。〔釋言〕「丨，占也」郝疏。〇〔説文定聲·卷一五〕丨，叚借為億，實為意，丨意一聲之轉。〔釋言〕「丨，占也」。〇丨忌即意忌，謂妬賢也。〔荀子〕「丨忌」雜志。〇丨之通為依，猶丨之通為殷也。〔釋詁〕「丨，微也」郝疏。〇丨與殷同，亦聲之大也。〔漢書·禮樂志〕「休嘉砰丨溢四方」補注。〇丨與殷聲近義同。〔廣雅·釋詁一〕「殷，大也」疏證。又「殷，痛也」疏證。〇磤轠殷

『十二五』國家重點圖書出版規劃項目
二〇一一—二〇二〇年國家古籍整理出版規劃項目

續經籍籑詁

吴孟復　總纂
白兆麟　常務副總纂

時代出版傳媒股份有限公司
安徽教育出版社